连云港市志

（下）

连云港市地方志编纂委员会 编

LIANYUNGANG

SHIZHI

1984~2005

方志出版社

图书在版编目（CIP）数据

连云港市志：1984~2005/连云港市地方志编纂委员会编.
-- 北京：方志出版社，2017.12
ISBN 978-7-5144-2319-8

Ⅰ.①连… Ⅱ.①连… Ⅲ.①连云港－地方志－
1984~2005 Ⅳ.①K295.33

中国版本图书馆CIP数据核字（2016）第320238号

连云港市志（1984~2005）

编　　者：连云港市地方志编纂委员会
责任编辑：陈　菁

出 版 人：冀祥德
出 版 者：方志出版社
　　　　　地址　北京市朝阳区潘家园东里9号（国家方志馆4层）
　　　　　邮编　100021
　　　　　网址　http://www.fzph.org
发　　行：方志出版社发行中心
　　　　　电话（010）67110500
经　　销：各地新华书店
印　　刷：南京凯德印刷有限公司

开　　本：889×1194　1/16
印　　张：146
字　　数：4102千字
版　　次：2017年12月第1版　2017年12月第1次印刷
印　　数：0001-5000册

ISBN 978-7-5144-2319-8　　定价：1300.00元

目 录

（下册）

第三十卷 军 事

第三十一卷 科学技术

第三十二卷 教 育

第三十三卷 文 化

第三十四卷 新闻出版

第三十五卷 文 博

第三十六卷 卫 生

第三十七卷 体 育

第三十八卷　精神文明建设

第三十九卷　劳动人事

第四十卷 民 政

第四十一卷 社会生活

第四十二卷 区县概况

第四十三卷　人　物

连云港市志

第三十卷　军　事

连云港市古为东夷之地，军事斗争历史悠久。中华人民共和国成立后，党和政府高度重视连云港地区国防建设，毛泽东主席曾于20世纪60年代圈定连云港地区为“战略要地”。国家在该地区部署陆、海、空军部队，加强该地区的国防建设。

1984～2005年，连云港市国防和军队建设贯彻执行中央军委新时期军事战略方针，坚持走注重质量的精兵强兵之路，以巩固海防、建设海防为己任，以军事训练为中心，以现代化、正规化为方向，不断拓展和深化军民联防、联建的方法手段，走军民融合式发展路子，思想政治建设得到加强，战备训练水平不断提升，国防动员和后备力量建设创新发展，后勤装备保障和人防工作扎实有效。

22年间，连云港警备区（军分区）和驻连部队持之以恒地开展正规化、现代化、规范化军事训练。在训练对象上，重点抓好首长机关、专业骨干训练和“四会”教练员培训，以提高首长机关组织指挥能力、专业骨干专业技能和教练员教学水平；在训练方式上，注重从单一兵种训练发展到诸兵种一体化训练；在训练内容上，从机械化条件下训练发展到信息化条件下训练，增强部队战斗力。

第一章　军事组织

连云港市地处南北要冲，自古以来便是兵家必争之地，军事活动频繁。中华人民共和国成立后，党和政府十分重视连云港地区国防建设，先后在该地区设立警备司令部、军事管制委员会、人民武装部、军分区、警备区等军事机构，境内驻军涵盖陆军、海军、空军、武装警察部队、预备役部队等诸军兵种，是全国军事组织较多的城市之一。1984～2005年，连云港地区驻防过团以上单位20余家，海防建设不断加强，防御能力得到提高。

第一节　军事机关

一、连云港军分区

1983年4月11日，江苏省军区下达命令，撤销连云港市人民武装部，组建连云港军分区，隶属江苏省军区，下辖赣榆县、东海县、灌云县人民武装部和连云区、新浦区、海州区、南城区、盐区人民武装部。7月，新浦区、海州区人民武装部合并，成立新海区人民武装部；盐区、南城区人民武装部合并，成立云台区人民武装部。

1985年10月19日，南京军区命令83075部队与连云港军分区合编，称连云港军分区。合并时辖83076部队、83077部队、83051部队，新海区、连云区、云台区、东海县、赣榆县、灌云县人民武装部和江苏省军区离职干部休养所。1986年6月，新海区撤销，新海区人民武装部撤销建制，分别成立新浦区人民武装部、海州区人民武装部。

二、连云港警备区

1990年11月17日，根据南京军区命令，连云港军分区改编为连云港警备区。改编后连云港警备区辖83076部队、83077部队、83051部队和新浦区、海州区、连云区、云台区人民武装部，东海县、赣榆县、灌云县人民武装部以及江苏省军区离职干部休养所。1992年10月，83076部队撤编。1995年，江苏省军区离职干部休养所改称连云港警备区离职干部休养所。1996年8月，随着行政区划调整，灌南县人民武装部由淮阴军分区转隶连云港警备区。1996年，连云港市完成县（区）人民武装部收归军队建制工作。2002年，云台区人民武装部撤销建制。

至2005年底，连云港警备区辖73201部队、73202部队和新浦区、海州区、连云区、赣榆县、东海县、灌云县、灌南县人民武装部以及连云港警备区离职干部休养所。

第二节 驻 军

一、陆军

83076部队 组建于1958年11月21日。后奉命自射阳县合德镇移防至连云港地区，驻防在赣榆县，先后隶属于济南军区、南京军区。1985年12月，转隶连云港军分区建制领导。1992年10月，该部建制撤销。

73201部队 组建于1961年4月。先后隶属于济南军区和南京军区。1985年12月，该部转隶连云港军分区，代号为83077部队。2000年10月改代号为73201部队，隶属于连云港警备区。

73202部队 组建于1970年5月5日。1985年12月，由江苏省滨海县坎北王塔调至灌云县大伊山，代号为83051部队，隶属于连云港军分区。2000年10月改代号为73202部队，隶属于连云港警备区。

预备役高射炮兵第二师某团 前身为陆军第12集团军某部。先后经历11次大的编制调整，调防安徽蒙城、湖北宜都、四川璧山、浙江金华以及江苏滨海、灌南、涟水等地。1998年11月，该部机关移防江苏省连云港市海州区，选调连云港警备区部分专业技术干部组建预备役高炮团，由连云港警备区代管。1999年10月20日，转隶江苏陆军预备役步兵师。2005年1月，部队编制体制调整，改称江苏陆军预备役高射炮兵某团。

二、海军

91316部队 组建于1982年。驻江苏省响水县陈家港镇，隶属于连云港水警区。1985年部队精简整编，连云港水警区撤销，部队移防至连云港，隶属于原海军上海基地。2004年，隶属于海军某部。

三、空军

94575部队 组建于1965年5月12日。1984年至1988年12月，隶属于空军航空兵。1988年12月至2003年12月，隶属于南京军区空军。2003年12月，部队编制调整隶属于济南军区空军。

94587部队　组建于1956年8月。先后隶属空军后勤部、北京军区空军、济南军区空军、南京军区空军。2003年底转隶济南军区空军。

第三节　武装警察部队

一、武警江苏省总队连云港市支队

1984年，武警江苏省总队连云港市支队（简称市武警支队）、五图河农场中队、东海县农场武警中队、市机动中队成立。1987年5月，内卫与边防分开。是年10月，东海县农场武警中队撤销。1989年，市武警支队设立警卫通信中队。

1992年5月，根据武警总部命令，重新调整支队编制。市武警支队轮训队更名为武警连云港市支队教导队。撤销警卫通信中队，设警卫通信排。机动中队更名为武警连云港市支队一中队，五图河农场中队更名为武警连云港市支队二中队。1996年8月，武警淮阴市支队灌南县中队划归市武警支队管辖。1999年10月，市武警支队成立第三中队。2005年12月，市武警支队成立直属大队部和警道勤务汽车中队。

二、武警连云港市边防支队

1984年3月，中国人民武装警察部队连云港市边防支队（原连云港市人民边防武装警察支队，简称武警连云港市边防支队）设司令部，边防科改称边防保卫局。

1987年5月，武警连云港市边防分局成立，划归连云港市公安局领导。下辖灌云县、赣榆县武警边防大队，连云港机场安全检查站及13个边防派出所。同月，组建连云区、云台区公安分局边防股（又称边防大队）和连云港市边防工作站。

1990年12月31日，武警连云港市边防分局改建为武警连云港市边防支队（正团级），对内称连云港市公安局边防分局，管辖赣榆县、灌云县、连云区、云台区4个边防大队，13个边防派出所，1个机场安全检查站和边防工作站。1992年8月，武警连云港机场安全检查站移交民航部门管辖。是年12月，83077部队驻前三岛分队撤防，由武警连云港市边防支队接防，成立武警连云港市前三岛边防大队，下设平山岛、达山岛、车牛山岛边防派出所。

1995年9月，新增设太平边防派出所。1996年8月，灌南县划归连云港市管辖，堆沟边防派出所归属武警连云港市边防支队管辖。

2002年8月，连云港市公安局边防分局更名为连云港市公安边防支队，原武警序列称谓中国人民武装警察部队连云港市边防支队保持不变。武警连云港市前三岛边防大队与云台边防大队合并，平山岛、达山岛、车牛山岛边防派出所，归属云台边防大队管辖。

2004年3月，新增设刘口边防派出所。至2005年底，连云港市公安边防支队下设4个边防大队、19个边防派出所。

三、武警连云港市消防支队

1983年起，连云港市公安消防队伍统一纳入武警部队序列，实行党委领导制，健全大队机构设置，公安行政编制干部全部转为现役。武警连云港市消防大队（副团级），又称连云港市公安消防大队（消防科），下辖新海区、云台区、连云区、赣榆县、东海县、灌云县公安局6个消防股和6个

图 30-1 市消防支队对市民进行消防培训 吉志强 摄于 2002 年

消防中队。1986年6月，新海区析为新浦区和海州区，原新海消防股撤销，组建新浦区、海州区2个消防股。

1988年3月，武警连云港市消防大队改编为武警连云港市消防支队，正团级，又称连云港市公安局消防支队。1994年12月，赣榆县、东海县、灌云县相继成立消防大队。1995年5月，连云港市盐场公安分局设立消防科。

1996年8月，因区划调整，原属淮阴市的灌南县划归连云港市管辖，灌南县消防大队划归连云港市消防支队管辖。2001年，云台区撤销，云台区消防股撤销。2002年9月，新浦区、海州区、连云区、开发区、云台山景区、盐场消防股改为消防科。2003年上半年，新浦区、海州区、连云区、开发区、景区、盐场消防科改为消防大队。

至2005年底，武警连云港市消防支队下辖新浦区、海州区、连云区、开发区、盐场、东海县、赣榆县、灌云县、灌南县消防大队以及轮训队、特勤中队。

第四节 县（区）人民武装部

1984年，连云港军分区下辖赣榆县、东海县、灌云县人民武装部和新海区、连云区、云台区人民武装部（简称人武部），均为团级单位。1986年6月，新海区撤销，新海区人武部撤销建制，分别成立新浦区人武部、海州区人武部。是年，县（区）人武部改归地方建制。1996年，县（区）人武部改归部队建制。是年8月，随着行政区划调整，灌南县人武部由淮阴军分区划归连云港警备区管辖。2001年11月，云台区人武部撤销建制。至2005年未有变化。

第二章 战备与训练

1984～2005年，驻连云港部队以新时期军事建设战略方针为统揽，加强战备教育、战备值班和方案演练，开展新兵、骨干和军事主官训练。在做好陆地训练的同时，注重结合连云港区位特点开展海上训练。连云港警备区和73201部队等单位多次获“军事训练先进单位”称号。

第一节 战 备

一、战备教育

1984年，驻连云港部队组织官兵学习加强国防力量建设等有关论述，进行战备形势教育。对战备值班提出“信息灵通、反应敏锐、效率很高”的要求，强化各单位战备值班，重点掌握敌情动态、重大灾情和抢险救灾、各种突发事件等信息。

1992年，驻连云港部队按《全军部队战备工作若干规定》，对首长机关、部（分）队职责、日常战备制度及部队战备设施建设作出规定。1999年，连云港警备区战备工作落实《战备工作规定》和《分队战备工作手册》，全面加强部队、民兵战备工作的规范化、制度化建设。通过组织四级军事主官集训，明确警备区战时的主要任务，突出对科技练兵和主要作战对象的战术思想、作战原则、作战样式、作战特点、战术手段的深入研究。

2000年，台海局势紧张。驻连部队贯彻中央军委有关台湾问题的指示，进行增强战斗精神的教育，确立“首战用我、用我必胜”的信心和决心。2001年，驻连部队开展以形势任务、安全保密为重点的战备教育，加强战备值班制度的落实。2003年，连云港警备区认真抓好战斗精神准备教育，开展心理战研究试点工作。2004年，连云港警备区利用节假日等时机，深入组织区、团首长机关和部队进行战备形势、任务、职能教育，强化各级战备意识，提高日常战备水平。

2005年，突出反“台独”应急作战准备，驻连部队广泛开展“强化战斗精神，提高打赢能力”三题教育，提高对反“台独”应急作战的正义性认识，引导官兵树立立足现有装备敢打必胜信心、打赢信息化条件下局部战争的决心、“牢记使命、听党指挥、敢打必胜、不怕牺牲、讲求科学、精武强能”的战斗意志、战斗精神和战斗作风。

二、战备值班和方案演练

1984年，驻连部队与民兵积极做好节假日和日常战备执勤工作。重大节日期间，按战备执勤任务，指定部队和民兵应急分队担任战备值班任务，对重要目标加强执勤巡逻和战备方案演练。1985年，驻连部队、民兵根据上级要求和所担负的任务，研究拟制、修订完善战备预案和战时兵员动员方案，根据拟定方案加强演练。

1986年，县（区）人武部改归地方建制，成为地方党委一个军事部门。根据中央军委规定，仍坚持战备值班制度，运用情况通报，编发宣传资料等方式，检查落实各项战备措施，严格值班制度。是年1月，连云港军分区根据江苏省军区要求，上报《连云港市军警民联防方案》，明确连云港市军警民联防的指导思想、联防区域划分、联防方式和联防任务区分，成立由市委书记、军分区第一政委任指挥，市委副书记、副市长、军分区司令员任副指挥的联防领导机构。是年6月11日，为做好防台防汛抢险救灾工作，连云港军分区印发《连云港市防台防汛抢险救灾预案》。

1988年，连云港军分区根据江苏省军区《制定海防战备工作制度的通知》和《拟制民兵应急分队战备工作若干规定的通知》，组织所属部队进行战备工作试点，加强各类值班，随时处置突发事件。

1992年，连云港警备区采取自上而下的方法，研究和部署江苏省军区下达的战备工作试点任务。是年，连云港警备区组织区、团两级先后修订完善抗登陆作战预案、指挥所编组方案、防空袭疏散方案、抢险救灾方案、军警民联防方案。1996年，县（区）人武部改归部队建制。连云港警备区加强所属部队和人武部机关全时制战备值班制度建设，及时掌握敌情、社情动向，准确接收上级命令、指示和下级的请示、报告。1999年，连云港警备区根据《战备工作规定》和《分队战备工作手册》，修订指挥所编组、防空袭疏散、后方防卫、协助地方维护社会稳定、抗洪抢险救灾等方案，全面加强部队、民兵战备工作的规范化、制度化建设。

2001年3月，连云港警备区后勤部依据可能担负的作战任务，制定后勤保障计划、后勤保障方案。2002年，连云港警备区针对战备值班任务调整后带来的新情况、新特点、新要求，进一步修订完善、规范统一战备方案，并就可能担负的任务进行多次演练，完成战备值班分队调整工作。

2003～2005年，连云港警备区加强首长、作战、机要、通信、机关等各类值班以及战备值班分队人员、装备的落实。各县（区）人武部按照正规化达标建设标准，建立和完善作战室、作战值班室日常制度，提高日常战备水平。

第二节 训 练

20世纪80年代，各部队陆续改革试验训练体制。驻连云港地区陆军部队借鉴外地军队经验，根据实际情况进行大胆尝试。有的按照不同的入伍年限，实行分编分训；有的实行混编分训；还有的不分入伍年限，根据完成的训练科目，实行升级制等。驻连部队坚持按纲施训，根据军事斗争准备的需要和上级的训练指示，结合部队实际，实施各种内容的整体训练。

1985年12月至1986年5月，连云港军分区完成新兵入营训练。1986年，连云港军分区根据"四能"（平时能组织训练、平时工作能互相代替、战时能代替指挥、能使用现代化指挥作业工具）要求，加强"一专多能"训练。是年7月，江苏省军区召开"一专多能"观摩会，连云港军分区组织汇报表演。1987年8月，连云港军分区战士代表江苏省军区参加南京军区侦察兵比武，刘杰获捕俘技术第一名，荣立二等功。

1988年2月25日至3月8日，连云港军分区组织炮兵营长和连长集训竞赛。4月，83051部队王延美参加南京军区气象分队训练竞赛，取得个人全能第二名好成绩。6月，连云港军分区组织后勤专业强化训练。8月，南京军区组织后勤专业训练竞赛，连云港军分区获3个团体、1个个人单项第一名，受到南京军区通报表彰。12月，83051部队被南京军区评为后勤训练考核优胜单位。

图30-2 部队拉练 李家岭 摄于2005年

1989年，连云港军分区全训分队平均完成127个训练日，连队参训率平均达83%。组织军械员、炊事员、卫生员、驾驶员、司务长、军械（汽车）修理工等专业人员集训17期，计

图 30-3 2003 年 11 月 11 日，部队组织攀登训练。 警备区 供

180余人，解决连队保障专业人员少、训练难组织的问题。10月底，在南京军区和江苏省军区对军分区的基础训练考核中，连云港军分区参考61个连（次）、161项基础训练科目，合格率99.3%，优秀率85%。是年底，52人参加江苏省军区后勤专业8个科目的基础训练考核，全部取得优等成绩。1990年1月5～7日，连云港军分区在灌云县五图河地区对6个建制连进行带战术背景的炮兵实弹射击竞赛。

1991年，连云港警备区组织相关人员参加军区集训，以团为单位，利用10天时间组织强化训练，提高各级军官正规化组训水平，并在全区开展争当郭兴福式优秀教练员活动。6月，总参谋部通信部考核警备区守机分队，总机班被评为南京军区优秀话务班，话务员李向梅被评为南京军区优秀话务员，荣立三等功。6月下旬至8月中旬，83051部队在江苏省军区炮兵军官射击竞赛中，被评为先进单位。7月，警备区戴振涛、周金红等6人代表江苏省军区参加南京军区报务专业比武，戴振涛夺得南京军区发报第四名，荣立三等功；周金红夺得江苏省军区抄报第一名。

1993年，连云港警备区共举办各类集训22期，集训人员560人次，排以上干部普遍进行轮训。6月18～24日，警备区选拔16名“四会”（会讲、会做、会教、会做思想工作）教练员参加江苏省军区分队“四会”教练员教学法比武竞赛，3人获省军区优秀“四会”教练员称号，6人获得省军区“四会”教练员称号。7月，连云港警备区后勤部参加南京军区师级后勤机关干部业务知识考核竞赛，取得单位第二名、个人第三名的成绩。10月，连云港警备区在南京军区组织的通信兵比武中，获团体第一名。

1994年1月，连云港警备区利用训练预备期组织1期以教学法和各类法规学习为主要内容的集训，分区、团两级机关和营连军政主官参加培训。是年，83051部队被南京军区评为军事训练先进单位。

1995年4～5月，连云港警备区圆满完成江苏省军区三级主官集训战术示范和保障任务，3个示范科目被制作成录像片，配发省军区所辖部队。5月，江苏省军区在连云港地区组织炮兵指挥干部比武竞赛，83051部队排长叶新成获综合第一名，记个人三等功。

1997年，连云港警备区举办训练等级评定骨干集训4期，参加63人次；组织建制连队共390人进行野营

图 30-4 2004 年，连云港警备区组织海训。 警备区 供

图 30-5 民兵实弹训练 金同乐 摄于 2005 年

拉练，完成战术、技术科目10个。5月，组织83077部队完成江苏省军区下达的对抗演练任务，摸索海防分队对抗训练经验，编写《海防分队战术对抗训练组训法》手册。7月6～10日，南京军区组织通信专业技术比武，连云港警备区获报话专业团体第一名。

1998年3月底，连云港警备区对所属5个全训连队、4个非全训连队共同训练情况进行抽考，共抽考58个科目（次）。7月中旬，江苏省军区抽考连云港警备区共同训练、单兵训练、分队干部"四会"教学等49个课目（次）。从8月开始，连云港警备区组织所属部队完成30个训练日的野外驻训。11月中旬，连云港警备区召开部队训练、管理工作经验交流暨训练科目汇报表演会。

1999年1月4日至2月28日，连云港警备区组织第二年度兵及士官、军官进行装备专业复、补及适应性训练，123人参加。9月16～17日，江苏省军区在连云港警备区进行装备科技练兵成果交流和比武竞赛活动。连云港警备区15项科技革新成果、11项课件软件参赛，被江苏省军区评为装备科技练兵技术革新先进单位。是年，连云港警备区后勤部被南京军区表彰为后勤科技练兵先进单位；83077部队被南京军区表彰为军事训练一级单位和海训先进单位；83051部队被江苏省军区评为军事训练一级单位。

进入21世纪，驻连各部队和民兵预备役军事训练的正规化得到加强，训练质量大幅提升，防卫作战和多样化军事任务完成能力全面发展。2000年1月7～22日，连云港警备区在58分队组织军械员、民兵装备仓库保管员集训和专工、修理工适应性训练，共134人参训。10月，连云港警备区组织反敌小股袭扰作战实兵、实弹演练。是年，连云港警备区组织8人参加江苏省军区"四会"教学竞赛，6人获一、二、三等奖，2人入选省军区"十佳"教练员，连云港警备区被省军区评为军事理论研究先进单位。是年，连云港警备区组织海训，846名官兵参加。

2001年3月27日，连云港警备区组织全训单位官兵进行共同科目比武考核竞赛。是年7月10日，警备区组织官兵参加海上游泳训练，参训率90%。

2002年4月22～29日，江苏省军区在73202部队组织地炮指挥干部集训，连云港警备区炮兵分队基层营、连主官48人参训。是年6月7～8日，江苏省军区按纲施训先行成果观摩座谈会在连云港召开。警备区演示部队按纲施训先行训练成果。11月29日，73201部队被南京军区表彰为海训先进单位。

2004年1月和6月，连云港警备区分2期组织优秀指挥士官集训。7月中旬至8月中旬，警备区组织部队完成濒海训练工作，分队落实海训时间179小时，首长机关落实海训时间48小时。

2005年2～5月，连云港警备区组织部队及各类集训队，轮流进驻前三岛进行训练。8月17日，江苏省军区抽考警备区机关和2个人武部机关500米蛙泳，合格率100%。11月19～20日，连云港警备区举办第二届军事体育运动会。是年，连云港警备区被南京军区表彰为军事训练先进单位，73201部队被江苏省军区评为军事训练一级单位。

第三章　兵　役

1984～2005年，连云港兵役工作由市、县（区）政府和军事机关统一领导，执行义务兵役制为主体的义务兵与志愿兵相结合、民兵与预备役相结合的兵役制度。市政府和军事机关每年印发有关通知，召开征兵动员会、研讨会、现场观摩会，组织有关业务集训，开展征兵工作争先创优活动，坚持征兵工作阳光操作。随着经济社会发展，对兵员的学历要求逐步提高，兵员整体素质呈上升趋势。对现役军人退出现役后的工作、学习、生活，连云港市根据国家有关政策给予安置。

第一节　兵役登记

1984年，第二部《中华人民共和国兵役法》颁布，实行以义务兵役制为主体的志愿兵与义务兵相结合的兵役制度。

1987年，连云港市在机关团体、企事业单位、居委会以及农村行政村建立兵役登记站。兵役登记要填写兵役登记表，经兵役登记和初审合格的称应征公民，由各县（区）兵役机构发给应征公民证。是年，连云港市适龄青年报名登记率达99.9%。此后10年间，一直稳定在93%以上。

1999年，连云港市征兵办公室印发《关于搞好兵役登记工作和高考落榜生统计工作的通知》，提出做好兵役登记工作的具体要求。各兵役登记站在主要路口或人员集中地张贴兵役登记通知，明确登记的对象、时间、地点和要求。1999～2000年，全市适龄青年报名登记率在98%以上。

2001～2002年，连云港市各县（区）征兵办公室在兵役登记时，把预征对象的政治、身体、文化、家庭地址、联系方式等登记造册，并明确报名应征的时间、地点和逃避服兵役的处罚条款。

2003～2005年，连云港市、县、区征兵办公室逐步改变登记方法，由突击完成任务向主动了解摸清情况转变，由进站登记向上门登记转变。

第二节　兵员征集

1984年，新颁布的《中华人民共和国兵役法》明确规定军分区和县（区）人民武装部兼任同级人民政府兵役机构。1990年后，每年征兵工作期间，连云港市都成立由兵役、公安、交通、卫生、宣传、财政等部门负责人组成的市征兵工作领导小组，负责征兵工作，政府负责人任组长，兵役等部门负责人任副组长，下设办公室，办公室设在兵役部门，具体办理征兵事宜。征兵工作结束后，征兵领导小组和办公室即行撤销。各县（区）也相应成立征兵工作领导小组和办公室，负责本地区兵员征集工作。

1990～1999年，连云港市除1990年为春、冬两季征兵外，其他年份均为冬季征兵。

2002年，为落实新颁布的《征兵工作条例》和教育部、解放军总参谋部、总政治部联合印发的《关于从全日制高等学校在校学生中征集新兵有关问题的通知》，连云港市共征集在校大学生129人入伍。是年，随着连云港市城市化进程加快、城市化水平提高，非农兵员征集比例由18%提高到30%左右。

2005年，连云港市开始从中、高等职业技术学校（院）培训合格、具有相应专业资格的男性公民中招收士官。

第三节　退役安置

一、复员（退伍）军人安置

1984年，连云港市贯彻落实《中国人民解放军志愿兵退出现役安置暂行办法》，对退出现役的志愿兵，原则上转业回原籍，由县以上退伍军人安置办公室（简称安置办）负责安置。赣榆县、东海县、灌云县由各县安置办公室安置，新浦区、海州区、云台区、连云区由市安置办公室安置。在安置转业志愿兵时，一般按专业技术对口分配；在外地结婚的志愿兵，一般回入伍时户口所在地安置，转业志愿兵随军家属按转业干部家属有关规定办理。

1987年始，连云港市贯彻执行国务院颁布的《退伍义务兵安置条例》，退伍兵原是农业户口的，对确无住房或者严重缺房而自建和靠集体帮助确有困难的，安排一定数量的建筑材料和经费帮助解决；服役期间立二等功（含二等功）以上的，安排其工作；有一定专长的向有关部门推荐录用。各用人单位向农村招工时，对荣立三等功、超期服役和女性退伍义务兵，给予优先照顾。原是城镇户口的退伍义务兵，由市、县统一分配工作，实行按系统分配，包干安置。是年，开始发放现役义务兵家属优待金。

1990年，连云港市接收安置春季、冬季退伍义务兵2批，城镇义务兵全部安置在效益较好的全民所有制单位，并通过考试择优录用部分退伍义务兵充实到公安部门。

1999年，针对退伍安置任务重、安置难、矛盾突出等情况，退伍军人安置工作在加强指令性计划的同时，采取双向选择等多种方法拓宽安置渠道，保证城镇、农村退伍兵的第一次就业。连云港市认真组织实施既定的《连云港市退役士兵安置暂行办法》，并制定补充说明。

2001年，市政府印发《退役士兵安置管理暂行规定》，根据市场经济条件下的退役士兵安置工作特点，推行安置就业和自谋职业相结合并鼓励士兵自谋职业，政府给予经济补偿，接收单位可以实行退伍士兵安置任务有偿转移。自谋职业的城镇退伍士兵除可享受促进就业的优惠政策外，按服役年限9年及以下和10年及以上2个等次，政府分别按当地上年度职工平均工资的3倍和5倍发给一次性经济补偿金。

2003年6月，连云港市民政局会同财政、税务、环保、卫生、劳动、工商等9个部门，出台《关于鼓励城镇退役士兵自谋职业有关优惠政策的意见》，对选择自谋职业的退役士兵，按服役年限2至4年、5至8年和9年以上3个档次，分别按连云港市年度职工平均工资的3倍、4倍和5倍发给一次性经济补助金。至2005年底未有变化。

二、伤病残军人安置

1985年，根据江苏省有关规定，连云港市对农村入伍的二、三等残废军人，均分配在农场、林场、社队企业工作。1986年，连云港市对在越南自卫反击战中负伤致残的二、三等残废军人，全部安排在全民所有制单位工作。各县（区）、乡镇纷纷创办伤、病、残退伍军人福利厂，帮助伤、病、残军人劳动致富，减轻国家负担。

1990年，全市共有老红军7人、特级残废军人3人、一级残废军人17人。各有关部门均按照规定予以特殊照顾。

2000～2005年，市民政局对伤、病、残退伍战士安置工作作出规定，凡病情较轻而又稳定的精神病员，回家休养，须治疗的，由当地卫生部门负责安排；病情较重须收容治疗的，由连云港市民政局负责收治，其医疗费由民政部门解决。家住农村的退伍精神病员，住院期间生活有困难者，当地民政部门予以适当补助。

第四章 国防后备力量建设

党和国家高度重视以民兵预备役部队为基础的国防后备力量建设，并把国防后备力量建设作为国家“三结合”（中国人民解放军、中国人民武装警察、民兵预备役相结合）武装体制的重要组成部分。1984～2005年，连云港市国防后备力量建设重点为加强民兵工作和预备役建设。为适应国防建设和维护社会稳定需要，民兵工作以减少数量、提高质量、突出重点、打好基础为原则，整顿和调整民兵组织，民兵队伍由数量型向质量型、技术型过渡，为打赢高科技条件下的人民战争奠定坚实基础，在保卫国家安全和维护社会稳定中发挥作用。

第一节 民 兵

一、民兵组织

1984年，连云港市对民兵组织进行调整，保留基干民兵和普通民兵，取消武装基干民兵。1989年，连云港市开始组建民兵应急分队。各县（区）建1个连，沿海及重要乡镇建1个排。同时重视提高女基干民兵、转业军人、退伍军人和专业技术人员在基干民兵中的比例。

1998年12月，根据新颁布的《中华人民共和国兵役法》，连云港市民兵仍分为基干民兵和普通民兵。28岁以下的退出现役的士兵和经过军事训练的人员，以及选定参加军事训练的人员，编为基干民兵；其余18～35岁符合服兵役条件的男性公民，编为普通民兵。根据需要，吸收女性公民参加基干民兵。

2004年，为落实江苏省军区《下达民兵作战力量整合任务》精神，连云港地区民兵组织细分为5类8支骨干队伍。至2005年未有变化。

图 30-6 2003 年，连云港警备区召开民兵遂行重大任务政治工作座谈会。 警备区 供

二、政治教育

1984～1987 年，连云港市举办国防知识竞赛、电视大赛 351 次，举办国防演讲会、报告会 1125 次，出版黑板报 3500 期、墙报 1800 期、国防宣传专栏 1500 期。

20 世纪 80 年代后期，连云港地区民兵政治教育主要是随着国家政治、经济、军事形势的发展，围绕党的中心任务，结合地区、单位实际与民兵思想情况进行。

20 世纪 90 年代，连云港地区民兵教育形式主要采取上政治课，刊授、函授，组织民兵读报、收听广播、收看电视等形式。1991 年，全市刊授教育普及率农村达到 80%，城市达到 90% 以上。

进入 21 世纪后，针对"台独"分子的猖獗活动，连云港警备区着重对民兵进行提高作战能力、维护国家主权和两岸统一、反对分裂的战备教育。2005 年，全市民兵普遍接受刊授、函授教育。

三、军事训练

1984 年以前，连云港地区民兵军事训练周期为两年，一般在冬春农闲季节进行，采取以县乡集中训练、县乡分片设点训练、乡厂集中吃住训练和乡厂分片设点训练等多种方式进行。1985 年后，根据江苏省军区训练工作指示精神，将原来的两年周期训练改为年度训练，训练人数逐年减少。民兵训练的内容，根据各个时期民兵所担负的任务和当时的武器装备以及国内外战备形势确定。各县（区）民兵训练基地初步建成，采取基地统一训练与分片设点联训相结合的办法进行。

1985～1990 年，连云港市民兵军事训练对象为新入队的基干民兵和民兵干部。训练科目主要有高射机枪、轻机枪、榴弹炮、火箭炮、通信侦察、单兵、队列和战术等。一般在冬春季进行，分期分批，每期训练时间 25～30 天，采取部队带训、基层单位自训与专业跨系统联训相结合的方法组织实施。

20 世纪 90 年代早期，民兵军事训练注重依托训练中心施训，培养顽强的战斗意志和优良的战斗作风，以适应现代条件下战时参战支前和平时战备执勤的需要。1995 年后，连云港市民兵训练以民兵干部、民兵专业技术兵和民兵应急分队为重点对象，同时加大民兵军事训练工作改革力度。是年，完成步兵、高机、高炮、侦察、通信、工兵、防化、海军、空军等 10 个专业和民兵应急分队训练任务。

进入 21 世纪后，连云港市民兵训练主要采取以专职人民武装干部集训带动民兵分队训练的方式进行。民兵分队训练在抓好本职训练的基础上，增加防火和防暴训练。2000 年后，连云港警备区坚持每年组织民兵进行防火训练。

图 30-7 训练间隙女民兵阅读报纸 警备区 供

2004年5月21～30日，连云港市组织民兵参加省军区在射阳靶场组织的实弹射击考核，连云港市民兵获命中拖靶优胜奖、实弹射击优胜奖及安全管理、政治工作、后勤保障、装备工作先进等8个奖项。

2005年，连云港警备区组织民兵进行灭火技能训练和应急行动演练。清明期间，出动民兵110人次协助地方巡山设卡，确保无重大火情发生。是年5月25日至6月3日，连云港市民兵参加江苏省军区在射阳靶场组织的防空分队实弹射击考核，分别取得命中2个和1个拖靶、弹迹均为优秀的好成绩。是年，连云港警备区组织民兵进行盾牌操、擒拿格斗等防暴技能训练。

图 30-8　2005年，灌云县开山岛民兵哨所巡逻查滩。
警备区　供

第二节　预备役

一、预备役登记

1998年11月，连云港市成立预备役高炮团，正式进行预备役登记统计工作。1999年，根据财政部、总参谋部《关于在主要方向和重点地区的部分省（市）普遍开展地方与军事专业对口技术人员预备役登记工作的通知》，全市第一次对所有18～35岁年龄段的男性公民进行军事专业对口技术人员预备役登记工作。2000～2005年，预备役登记工作采取逐年统计的办法进行。

二、预备役军官授衔

根据《中华人民共和国预备役军官法》和中央军委《关于评定授予预备役军官军衔工作的指示》，连云港开始预备役军官评定授衔工作。1999年6月，市委、市政府、连云港警备区联合印发《关于做好连云港预备役部队预备役军官军衔评授工作的意见》，成立以市委书记为组长的评授军衔工作领导小组。是年7月，预备役高炮二师为该团16名被授予预备役中校、少校军衔的预任军官举行授衔仪式；团为预备役上尉及以下预任军官授衔。至2005年，每年6月30日结合预备役登记、统计工作，对预备役军官进行一次核对，注销超过服预备役军官最高年限和有其他变动情况的人员，登记新增和调进人员。

三、预任军官和士兵管理

1998～2005年，连云港预备役部队始终把预任军官队伍建设作为部队建设的重点来抓，先后制定《预任干部管理暂行规定》《预任干部岗位职责》《预任干部管理实施办法》，针对预任军官和士兵平时分布在当地县（区）党政机关、企事业单位的实际，把预任干部队伍建设纳入地方党政干部管理机制，实行共同考察、共同调配、共同培养、共同使用、共同奖励、共同关心的“六位一体”系统化管理机制，建立健全学习教育、请示、报告和“回团日”等制度。团、营（连）分别坚持每两月、每月向所在地县（区）、乡镇党委汇报一次工作。坚持团机关预任军官到岗日活动，预任

图 30-9　2005 年，连云港市举行预备役抢险演练。
警备区　供

团领导干部，每两月集中到预备役部队办公一次，利用节日集中训练等，落实年度预任军官训练任务。开展多种形式活动，促进官兵相识，连队军官熟悉班长、排长姓名、年龄、工作单位、专业技术和现实表现，基本掌握本连人员主要情况；坚持政治教育，以集中为主，辅以函授、跟踪教育等。通过落实行之有效的规章制度，加强现任、预任干部之间的协调沟通，发挥预任军官的作用，促进各项工作落实。

针对市场经济条件下预备役建设特点、规律，连云港预备役部队制定《兵员动态管理暂行规定》，建立有效的兵员动态管理机制。完善点验制度，定期不定期地开展兵员动员集结点验，检查组织落实情况。年度民兵组织整顿时，预任官兵出入队人员比例控制在10%左右，点验到点率不低于90%。依托社区、企事业单位以及党团组织，形成党政军群齐抓预任官兵的管理网络，建立内联互通的信息系统，增加管理的实效性。根据《江苏省民兵预备役工作条例》，对预备役人员平时的管理，实行由户籍所在地的基层武装部和预备役部队负责，与预备役人员保持不间断的联系，时刻掌握他们的动态。预备役部队人员离开户籍所在地时间较长的，应主动向户籍所在地基层人武部或预备役部队报告自己的去向，在接到召回通知后按时归队，以确保战时兵员动员等应急任务的完成。

第三节　学生军训

1985年，依据教育部、劳动人事部、财政部、解放军三总部联合下发的《关于高等院校、高级中学进行军事训练试点问题的通知》精神，连云港在校生军训步入规范化军训试点阶段。1987年5月，淮海大学在前三岛首次开展连云港市本科在校大学生军训，为期7天。至“九五”期末，全市90%的高校和高级中学先后开展学生军训工作，部队先后派出2000多名官兵训练试点院校学生4.5万人、非试点院校学生7.3万人。至2005年底，连云港市所有普通高校和高级中学（含中等职业学校）全面开展学生军训工作，建立起比较成熟和完善的军事理论教学体系和军事技能训练体系，实现技能训练规范化、理论教学现代化、质量监控标准化、军训保障制度化。

第五章　国防动员

1984～1995年底，连云港市国防动员工作由中共连云港市人民武装委员会组织实施。1996

年1月后，市和各县（区）国防动员委员会相继成立，承担本级国民经济、武装力量、人民防空、交通战备等方面的动员工作，开展国防教育、国防潜力调查、国防动员演练，提高战时组织指挥能力和实战能力。

第一节　国防教育基地

一、连云港市国防教育基地

始建于1991年，位于连云港经济技术开发区中云乡境内，占地10万多平方米，由训练区、教学区、生活区和服务区组成。训练区面积约5万平方米，建有综合训练场1个、体能训练场1个、射击场1个；教学区面积约1万平方米，建有教室4间、资料室1间、教员办公室5间、器材室1间；生活区面积约3万平方米，建有宿舍楼3栋、食堂3栋；服务区建筑面积约3万平方米，建有招待所、服务社、卫生所、国防园、健身房等教学服务保障设施，可供500人食宿和学习。1996年被江苏省全民国防教育委员会命名为全民国防教育基地。

图30-10　2003年11月11日，市教育部门组织中小学生到军民联防模范连接受国防教育。　警备区　供

二、抗日山烈士陵园

抗日山原名马鞍山，位于赣榆县西部夹谷山南端。民国30～33年（1941～1944年），八路军115师教导队2旅、山东军区和滨海地区广大军民，冒着战争的硝烟4次兴工，在抗日山南坡为抗日死难烈士树碑建塔，抗日山由此而得名。1949年后，赣榆县委、县政府多次整修扩建，建成抗日山烈士陵园。陵园占地23.73公顷，分8个坡段，383级台阶，由抗日烈士纪念塔、纪念亭、纪念堂、纪念碑等建筑物和东西两大墓群组成。墓区内有752座烈士墓，安葬着800余名烈士，塔碑上铭刻着3576位烈士的英名。1982年以后，抗日山烈士陵园先后被确定为省级重点文物保护单位、全国重点烈士纪念建筑物保护单位、江苏省爱国主义教育基地、省青少年教育基地和连云港市爱国主义教育基地、市党员干部教育基地。1996年被江苏省全民国防教育委员会命名为全民国防教育基地。（参见第十七卷第一章第八节《抗日山风景区》）

三、安峰山烈士陵园

位于东海县安峰山。为纪念安峰山事件中牺牲的革命先烈，东海县委、县政府于1988年建立安峰山烈士纪念碑，1994年扩建为安峰山烈士陵园。陵园占地约7万平方米，由安峰山事件烈士纪念塔、革命烈士纪念馆、革命烈士纪念堂和碑廊组成，主塔高30.7米。1998年被江苏省全民国防教育委员会命名为全民国防教育基地。

四、灌南县烈士陵园

位于灌南县新安镇。1947年10月，华中野战军11纵队31旅91团、92团、93团发动解放新安镇战斗，取得重大胜利。为纪念此次战斗中牺牲的解放军指战员，灌南县委、县政府于1959年兴建灌南县烈士陵园。陵园占地5.76万平方米，由灌南人民革命纪念馆、英雄广场、纪念碑、解放新安镇烈士冢、吴书烈士纪念亭、汤曙红烈士纪念亭组成。1972年后，灌南县委、县政府多次对烈士陵园进行修缮。2002年9月，陵园被江苏省全民国防教育委员会命名为全民国防教育基地。

第二节　国防动员演练

1984～2002年，连云港市按照着眼实战、紧贴任务、立足实际、突出重点的思路，围绕国防动员委员会机构平时怎么建、战时怎么用、平战怎么联的问题，采取自导自演、军地联动、演训结合的方式，加强国防动员演练。通过演练，完善战时国防动员运行机制，提高国防动员组织指挥能力。

2003年10月14～16日，市国防动员委员会（简称市国动委）组织战时动员指挥演练。演练采取现场、网上同步的方式进行，主要进行指挥所开设、受领动员任务、提出动员支前建议、召开作战会议及拟制动员方案计划等内容。

图30-11　2003年，连云港市组织民兵分队参加江苏省军区考核。　　警备区　供

2004年7月17日，市国动委在灌南县组织全市县级国动委战时动员支前指挥演练暨办公机构规范化建设试点观摩会活动。8月，连云港市各县（区）国动委结合民兵分队训练与演练，均组织国动委带部分实兵动员支前保障演练。

2005年5月11～26日，连云港市国动委参加江苏省国动委“苏动-2005”演练。

第六章　人民防空

连云港市人民防空委员会是全市人民防空工作的领导机构。市人民防空办公室（简称市人防办）为市政府主管人民防空工作的常设职能部门，挂市民防办公室牌子。20世纪80年代开始，连云港市人民防空工作围绕经济建设中心，推进人防建设指导思想战略转变，在保证战备效益的基础上，注重社会效益和经济效益。2001～2005年，连云港市人民防空工作坚持长期准备、重点建设、平战结合的方针，贯彻与经济建设协调发展、与城市建设相结合的原则，依法加强人防工程设施建设，充分发挥人防资源优势兼容田湾核电站场外核应急救援工作，构建防空防灾一体化体制。2005年10月，连云港市人防办被国家国防动员委员会授予“人民防空先进单位”称号。

图 30-12　云台山隧道　　李家岭　摄

第一节　人防工程建设

1985年，连云港市结合民用建筑修建防空地下室（简称“结建”），人防工程正式起步，采取督促自建、易地建设、筹集资金统一修建等办法，推进“结建”人防工程建设。

2003年，市区在建防空地下室17个，其中新开工14个，当年主体竣工11个。2004年，市区新立项防空地下室10个，在建防空地下室29个，其中新开工23个，主体竣工19个。2005年，市区新立项防空地下室29个，在建防空地下室30个，主体竣工16个。

2001～2005年，市区建成防空地下室57个。至2005年底，市区人防工程人均使用面积超过国家人防办规定的“十五”期末人均面积指标。

第二节　通信警报建设

1986年，为适应人防工作调整需要，撤销市与区之间的电话专线，市区改为市内普通电话；市人防办至省人防办的直达电话改为经淮阴市人防办接转的专线电话；人防警报收信台奉南京军区指示，停止工作；全市音响警报器由市人防办直管改为市人防办与设立单位分级管理。市人防通信站利用现有人员、设备、器材，为党政机关、企事业单位安装电话交换总机、修理分机和家用电器，开展多种经营服务项目，初步实现人防通信平时与战时结合。

1989年，位于市区海昌南路13号的市人防通信楼主体工程落成。结合该楼建设，铺设从“810”指挥所经邮电局至通信楼3.8千米地下电缆，同时安装通信铁塔。1990年2月，市人防办和市人防通信站迁至新建成的人防通信楼办公。市人防通信站用房增至376平方米，基本上满足18个通信要素用房需要；市区铺设的18.3千米地下电缆50%连通成网；投资20万元购置24部无线电话机，组建1个基地网和1个应急网；购置1台SOPHO-250门数字程控交换机并投入使用；利用电视台微波线路开通连云港至省间的微波电话。

1998年10月，市政府印发《连云港市市区防空警报设施建设管理办法》，对防空警报设施管理作出明确规定，确定每年11月7日（连云港市解放纪念日）为防空警报试鸣日。试鸣信号统一

图 30-13 2005 年 10 月 29 日，连云港市在连云港火车站组织城市防空袭演习。 侍志 摄

为国家人防委规定的预警信号，鸣36秒，停24秒，连续3次。

2004年，市人防应急机动指挥通信系统投入使用。该系统由应急通信车和固定通信站组成，配备短波、超短波、异频接转器、GSM/GPRS、卫星视频终端、多功能一体机、GPS定位系统、程控交换机、车载综合电源等设备。11月7日，市区警报试鸣首次实现集中控制，并向手机、小灵通用户发布试鸣短信息。

2005年8月8日，经市长办公会批准，连云港市警报试鸣日改为9月17日（1937年9月17日连云港市首遭日本侵略军飞机空袭）。是年9月17日，市、县组织警报试鸣。

第三节 场外核应急管理

1999年10月20日，江苏田湾核电站正式开工建设。

1999年11月12日，省政府决定成立江苏省核事故应急协调委员会及连云港市场外核应急指挥部，设公众信息组、通信保障组、医疗救护和辐射防护组、公安组、去污洗消组、隐蔽和撤离安置组、交通保障组、海事组、后勤保障组等10个核应急专业组，负责核事故单项应急决策和指挥工作。连云港市场外核应急指挥部先后编制核应急预案、应急计划、执行程序、实施细则，组建核应急专业队和核应急联络员队伍。核应急专业队有队员700人，进行多次核应急演习。2002～2005年，举办3期全省中学生核应急夏令营，参加学生170多人，普及核应急知识。

2005年9月，连云港市场外核应急指挥部在连云地区设立隐蔽撤离前沿指挥部，负责核事故应急时公众的隐蔽撤离工作。

图 30-14 2003 年，连云港市场外核应急指挥部组织核应急演习。 侍志 摄

第七章 拥政爱民

1984～2005年，连云港警备区和驻连云港部队发扬中国人民解放军的优良传统，广泛开展拥

政爱民和军民共建活动，积极支援和参与地方物质文明和精神文明建设，在抢险救灾、重点工程、扶贫帮困、捐资助学、维护社会治安、军民共建文明单位和共创双拥模范城等方面作出重大贡献。

第一节　支援地方建设

1984年，赣榆县兴办民兵企业13家，年创产值500余万元；全县有民兵致富专业户1.89万户。城东乡基干民兵王节立带头勤劳致富，主动承包条件差的2.93公顷对虾塘，实行科学养虾，获得丰收。是年，王节立出席共青团中央召开的农村专业户座谈会，被授予"全国新长征突击手"称号。

1985年，全市创办民兵经济实体73个，实现产值3000万元、税利325万元。收益除上缴国家税收、提留公共积累和支持社会公益事业外，直接用于开展民兵活动经费43万元，35个乡（镇）实现民兵活动经费基本自给。至1987年底，连云港市民兵经济实体143个，实现产值7422万元、利税560万元，直接用于民兵建设经费96万元，全市民兵活动经费基本自给的乡（镇）增加到86个。

1990～1992年，连云港警备区加强对新时期拥政爱民工作的组织领导，各驻军单位开展军民共建活动，支持地方经济建设。驻连部队投入30多万个劳动日、8000余台次车辆，参加东陇海铁路复线工程、连云港西大堤工程、新墟公路、宁连高速、民航机场、经济技术开发区、淮海工学院、港口等重点工程建设。1992年8月，连云港港口出现压货现象，连云港警备区立即派出官兵和车辆，连续奋战17个昼夜，抢装抢运货物1.8万多吨。

1996年，驻连部队投入5800多个劳动日，出动机械405台次，参加筑路6150多米，铺设自来水管道2100多米。在连云港拦海大堤"三通"（通水、通邮、通电）工程中，连云港警备区组织近500名官兵，出动车辆19台，连续奋战8天，完成土石方1万余立方米，铺筑海滨大道1300多米，铺设自来水管道1100多米。

1999年，为支持田湾核电站建设，连云港警备区让出唯一的综合战术训练场地，并动用挖掘机、推土机、运输车等大型工具，抽调100余名官兵填土整平坑道、壕沟，确保核电站按期施工建设。是年4月，连云港警备区组织驻连部队、武警官兵530多人次，参加云台山30公顷森林义务治虫和云台山风景区植树造林活动。

2000～2005年，连云港警备区协调驻连部队参加地方重点工程建设12个，共出动兵员1.22万人次，开挖土石方2980立方米，动用车辆560多台次，新栽经济林23公顷，植树5.4万余株、绿篱6400米，种植各类草坪2.3万平方米。

第二节　抢险救灾

1984年2月8日，云台山发生火灾，驻守在山下的83077部队机关和直属队的100多名干部战士奋战1个多小时，扑灭2000多平方米的大火，使国家和群众财产免受重大损失。

1985年9月，连云港地区发生特大洪水灾害，全市民兵2万多人次投入抗洪抢险。1987年12月27日，锦屏山马耳峰西南坡发生山林火灾，海州区人武部组织民兵、消防、武警、驻军近千人赶

图 30-15　2005 年，驻连云港部队帮助解救搁浅船只。
侍志　摄

至现场扑救。1989年3月28日，锦屏山电视发射台附近发生火灾，海州区民兵、驻军1000余人赶至现场扑救。1939年夏收时，灌云县遭受特大暴雨，新沂河沿线7000公顷小麦被洪水淹没，驻军部队奋战3天，水中抢收抢运减轻灾害损失。

1990年7～8月，灌南境内连降暴雨，新沂河水行洪5000立方米每秒，全县1.4万多公顷农田受涝，5000多间房屋倒塌。灌南县人武部组织民兵连支购运炸药，投入抗洪抢险工作。新沂河沿线8个乡镇1.8万多名民兵，连续五天五夜吃住在新沂河大堤上，扛运草包7000余只，挖运土方6万余立方米，保证了大堤的安全。

1990年后，连云港警备区每年协调团以上单位进行抢险救灾演练，制订和完善抢险救灾行动方案，确保一旦有任务做到随时拉得出、联得上、合得成。

1991年6月，特大暴雨袭击连云港，新沂河告急。连云港警备区派出380名指战员，调动28台车辆，连夜冒雨奔赴60千米外的爆破点，完成炸坝泄洪任务。灌南县民兵响应号召，全力投入抗洪抢险，成建制投入民兵4.2万多人，挖运土方3000余立方米，清障68千米，帮助修复民房1640间，为灾区捐款4万多元。

1990～1992年，驻连部队参加抢险救灾1206次，派出官兵8万多人次，出动飞机、艇船、车辆2804台次，抢救受灾群众1680人次，抢救物资4200多吨；市消防支队出动车辆2089辆次，人员1.6万多人次，消除火灾隐患980起。

1993年8月初，连云港地区连降暴雨。连云港警备区根据江苏省军区和省防汛抗旱指挥部命令，出动30多辆车辆、450名官兵，经过21小时的连续奋战，挖坑3000个，炸掉积土2.1万立方米，高标准完成任务。

1994年5月10日，锦屏磷矿尾矿坝因地下排水侵蚀，导致堤坝倒塌，洪水、泥沙淹没陶湾村果园13.33公顷和部分农田。海州区人武部组织民兵近千人帮助受灾群众生产自救。1995年12月19日，锦屏山北麓发生山林火灾，过火面积12.5公顷，烧毁林木1万多株，海州区人武部组织民兵800人前往现场扑救。

图 30-16　2002 年 11 月 9 日，锦屏山发生山林火灾。图为军民灭火现场。
消防支队　供

1998年，东西连岛发生特大火灾，连云港警备区组织部队出动官兵400多人次，连续奋战10个多小时，扑灭大火。9月，在抗御强台风袭击中，连云港警备区组织民兵1.5万余人次抢险救灾，抢修民房140余间，抢运物资200余吨，挽回直接经济损失1000余万元。

2000年8月，连云港市遭遇百年不

遇的洪涝灾害，连云港警备区积极协调驻军和民兵预备役人员投入抗洪抢险，共投入人员2万多人次，出动车辆2000多辆次，转移群众1206人，抢运物资1647吨，排除险情25处。在保护新海发电厂过程中，官兵们在水中连续奋战30多个小时，确保了电厂安全，保证全市抗洪抢险正常用电。灌南县人武部组织民兵预备役人员抢救和疏散群众2万人次，挽回经济损失100多万元。

2002年11月9日，锦屏山发生火灾。海州区人武部组织600多名民兵预备役人员奋战2个小时，动用车辆20辆，扑灭大火。2003年8月，海州区发生洪涝灾害，连云港警备区组织3000余名民兵参加抗洪抢险，保护人民群众的生命财产安全。

2005年4月4～6日，北固山、前云台山等地区相继发生多处山林火灾。连云港警备区组织4000多名官兵和民兵预备役人员参加灭火，连续奋战40多个小时，扑灭山火面积150公顷，保护了人民群众生命财产安全。

第三节　维护社会治安

1988年10月29日，全国通缉的哈尔滨持枪杀人犯宋某某、白某某潜入连云港市，连云港市出动民兵9000余人，配合部队和公安干警堵截围捕。11月1日，宋、白二犯在灌云县穆圩乡被击毙。灌云县穆圩乡民兵孙爱国在同二犯搏斗中牺牲，徐浩全负伤。江苏省政府和江苏省军区授予孙爱国“见义勇为的好民兵”称号，并批准孙爱国为革命烈士，为徐浩全记一等功。

20世纪90年代，连云港市民兵除积极配合公安机关打击刑事犯罪活动外，按照上级部署，多次进行全市非法地爆器材和非法枪支弹药的收缴工作。在节假日和特殊时期做好值勤、巡逻及维护秩序等工作。春秋时节，组织民兵在云台山周围上山路口执勤，防止山林火灾。

2002年，在公安系统组织的“追三逃”“网上打拐”“三禁三打”“扫黄打黑”专项斗争中，连云港警备区和其他驻连部队协助驻地公安机关破获刑事案件230多起，抓获嫌疑人830多人；对连云港沿海偷渡活动实施重点整治，抓获偷渡人员200余人。

2004年，连云港市深入开展以打黑除恶、治危除患为整治重点的“百日专项行动”。连云港市民兵协助市边防支队严厉打击发生在沿海边防辖区的各类违法犯罪活动，有效净化社会治安环境。

2005年6月15日，连云港市边防支队联合市渔政部门开展2005年连云港海域及海州湾渔场执勤执法行动，在连云港海域进行海上联合执法。

第四节　“双带双扶”活动

2003～2005年，全市驻军团级单位广泛参与到“双带双扶”[①]活动中，培养致富带头人662人，组织劳务输出5.3万人，带动全市5000余户特困家庭走上致富之路，近10万名群众受益。在四县分别

① “双带双扶”指组织部队和民兵预备役人员带头创业致富、带动共同致富，扶助贫困村和贫困户、扶持贫困小学和特困学生。

图 30-17　连云港警备区出资援建希望小学　　警备区　供

发展海产品养殖基地、草莓生产基地、葡萄生产基地、速生林生产基地等各类基地123个。至2005年底，驻连部队投入帮扶资金43万余元。

一、扶贫帮困

捐资助学　连云港警备区采取团职以上干部每人每年捐出一个月基本工资，区、团两级从机动费中补助一部分的办法，设立“双带双扶”专项基金，同时在部队和民兵预备役中大力开展“两少两多”活动，即“少买一件衣服，多捐一点钱；少抽一包烟，多买一本书”，帮助贫困学生解决实际困难。2002年底，警备区出资7万余元，帮助灌云县南岗乡西岗小学修建一条中心水泥路和校园花坛，美化学校环境。2003年出资6万元，帮助学校建起质量较高的篮球场和器械场，捐赠桌椅150套。

帮扶贫困地区　2003～2005年，连云港警备区帮助驻地贫困地区改善医疗条件，为乡镇医院培训卫生技术人员510人次，免费支持医疗设备、器材和药品价值4万余元。每年年底，警备区还协调驻连云港部队组成10支医疗小分队，分赴四县贫困地区进行义务巡诊，免费给群众治病1530余人次。

二、献爱心活动

连云港警备区积极协调驻连部队广泛开展为贫困户和军烈属献爱心活动，每年元旦和春节组织各单位走访慰问5～10户军烈属、优抚人员、贫困户和下岗失业人员，每户发放价值500元左右的钱物，帮助他们解决生产生活中的困难。2005年，连云港警备区采取每户补助6000元，协调省市扶贫办出一点、自己有能力的再拿一点的办法，帮助灌云县南岗乡岗西村3户军烈属家庭完成草房改瓦房工程；为解决岗西村农民灌溉问题，连云港警备区出资7万元，协调市县相关部门出资10万余元，在岗西村建起一条长1400米的灌溉渠，解决全村300多农户灌溉问题；对部分特困户，连云港警备区组织人员实地调查，根据实际情况，给每户家庭发放启动资金1000元，发展家庭养殖。至2005年底，不少家庭脱贫致富。

图 30-18　连云港警备区援建岗西村村部座谈会
警备区　供

第三十一卷　科学技术

1984年以后，连云港市科技工作坚持科技与经济紧密结合，狠抓科技成果转化，加强科技服务体系建设，围绕重点领域和科技先导型区域支柱产业发展，集中力量攻克一批产业共性关键技术，促进区位优势、资源优势向产业优势和经济优势转化，在高新技术产业发展、星火支柱产业培育、重大科技基础设施建设、“产、学、研”合作和科技成果转化方面形成鲜明特色。1989年，市委、市政府提出科技兴市发展战略，积极推进技术创新，全面推进科技进步，整体规划星火产业带、高新技术、农业科技、海洋科技、专利和科学技术普及工作。1997年，连云港高新技术产业开发区获江苏省人民政府批准成立，逐步发展成为促进技术进步、增强自主创新能力的重要载体，成为带动区域经济结构调整和经济发展方式转变的强大引擎。2001年，市科学技术委员会更名为市科学技术局。全市进一步加大对科技的投入和对企业的扶持力度，促进高新技术产业化和科学技术发展。全国科技兴海技术转移中心连云港中心承担的省级科技兴海项目“对虾多倍体及性控技术试验研究”“海水养殖动物多倍体育种育苗和性控技术”被列入国家“863”计划海洋生物技术重大项目，赣榆县中华绒螯蟹良种场成为江苏省第二个国家级中华绒螯蟹良种繁育基地。至2005年底，连云港市拥有省级高新技术开发区1个、国家级高新技术特色产业基地4个，获批认定国家火炬计划重点高新技术企业9家、国家重点新产品58个，全市形成8个星火计划支柱产业。各类专业技术人员13.76万人，每万人拥有专业技术人员超过300人。东海县被科技部、财政部命名为国家富民强县示范县。

气象、地震工作紧紧围绕经济、社会建设中心，全力做好气象服务和地震监测，不断强化气象、地震防灾减灾能力建设，在应对自然灾害、保障人民生命财产安全等方面发挥独特作用。

第一章 机构队伍

1984～2005年，连云港市有中国船舶重工集团公司第七一六研究所（简称七一六研究所）、中蓝连海设计研究院、市农业科学院3家部省属科研机构和建筑设计研究院有限责任公司等市属科研机构，组建有8个省级工程技术研究中心、25个市级工程技术研究中心。

至2005年底，全市拥有国务院特殊津贴专家75人、省政府有突出贡献中青年专家41人、享受市政府特殊津贴人员60人，各类专业技术人员队伍发展到13万余人，每万人拥有专业技术人员和在校大学生分别为301.9人和60.4人，成为全市科技创新、成果转化的领头羊和生力军。但人才资源总量偏少，仅占全省人才资源总量的5%；人才的行业、地域分布不均，多集中于教育、卫生领域，企业、农村占有量偏少。

第一节　科研机构

一、部省属科研机构

中蓝连海设计研究院　原名化学工业部化学矿山设计研究院，成立于1962年1月，1996年更名为化工部连云港设计研究院。1998年12月加盟中国蓝星（集团）总公司，2005年5月更名为中蓝连海设计研究院。主要从事科研、勘察、工程咨询与设计、工程总承包、工程监理、选矿药剂环保处理、药剂技术开发与生产。20世纪90年代以后，陆续完成一批矿肥结合、钾资源开发等有代表性的特大型工程，获国家、省部级科学技术进步奖和优秀工程勘察设计奖等近180项，拥有专有技术40余项，其中胶磷矿选矿工艺技术处于世界先进水平。2005年，全院职工581人，其中科技人员424人。

图31-1　七一六研究所的科研人员在检测研究成果
赵鸣　摄于1999年

中国船舶重工集团公司第七一六研究所　前身为第六机械工业部第七研究院第十六研究所，成立于1965年6月，驻河南洛阳，后迁四川万县，1987年迁至连云港市，又名江苏自动化研究所。2005年职工1071人，其中科技人员660人，先后有29名专家享受国务院特殊津贴，12人获省部级有突出贡献专家称号，100多人次被评为国家级、省部级专家或入选国家级、省部级人才工程。设有一级学科控制科学与工程硕士点、兵器科学工程联合博士点和博士后科研工作站。专业设置有系统工程、自动控制、计算机应用、数学、精密机械、电子技术、显示技术等，主要从事自动化控制研究。在北京、上海、青岛和德国科隆等地设有控股公司或分支机构，是江苏省文明单位，国务院学位委员会第四批公布的硕士、博士培养单位，承担的国家火炬计划——“520”工程为基础创建的高新技术产业，在国内外石油行业具有广泛影响。

连云港市农业科学院　前身是连云港市农业科学研究所，成立于1981年，2002年更名为连云港市农业科学院，又名江苏徐淮地区农业科学研究所。主要开展作物学、园艺学、园林花卉学、果林学、植物保护、水产、畜禽、中草药和农业资源利用研究。内设花卉中心、蔬菜研究室、科技开发中心、杂粮室等机构。1984～2005年，共承担国家、部省及地市级各类科研课题210多项，课题总经费860余万元；通过鉴定成果200余项，其中省级科技进步奖7项；通过国家、省、市级审定品种10余个。2005年，全院职工59人，其中科技人员40人。

二、市属科研机构

连云港市建筑设计研究院有限责任公司　前身为新海连市资源勘察设计室，成立于1958年。1978年12月改称连云港市规划建筑设计院。1981年6月改称连云港市建筑设计院。1995年1月更名为连云港市建筑设计研究院。2003年4月，由事业单位改制为民营科技型企业——连云港

图 31-2 江苏省海水研究所是省内为数不多的以海洋为研究对象的研究机构。图为研究所实验室。 赵鸣 摄于2004年

市建筑设计研究院有限责任公司。2005年底,公司在职职工130人,拥有建筑师、结构工程师、城市规划师、设备工程师、监理工程师等各类专业技术人才120人。改制后的公司拥有连云港市建筑设计研究院工程勘察有限责任公司、连云港市连大建设监理有限公司、连云港市豫诚工程造价有限公司、连云港市建筑设计研究院总承包公司、连云港市博瑞工程招标有限公司、连云港市建院置业有限公司6家子公司。

连云港市海洋与水产科学研究所 前身是中科院江苏省分院新海连市水产科学研究所,成立于1958年,2002年7月更名为连云港市海洋与水产科学研究所。主要从事渔业水域水质生态监测、海洋生物资源和海洋生态环境调查、渔业污染事故调查评估、水生野生动植物资源保护、渔业资源增殖放流、渔业生态环境评价、水产病害调研和防治、水产养殖新品种选育引进及人工繁殖、增殖养殖技术的基础研究、开发及相关技术咨询、培训、评估和技术服务等。2005年,全所职工14人,其中科技人员7人。建所以来引进、选育水产优、新品种19个,其中在连云港市形成产业规模的有对虾、紫菜及河蟹育苗等,选育紫菜优良品系5个,保存单细胞藻类18个。

连云港市生产力促进局 前身为成立于1978年12月的连云港市科学技术情报研究所。1997年5月增挂连云港市生产力促进中心牌子,实行一套工作机构、两个机关名称的运行机制。1999年2月市生产力促进中心从市科技情报研究所划出。2001年11月,连云港市生产力促进中心、科技情报研究所实行人员和资源整合,组建连云港市生产力促进局。2005年,全市形成由150个情报网、站、室,500余名专、兼职情报人员组成的科技情报网络。

连云港市蜜蜂医疗研究所 1981年,连云港市蜜蜂医疗研究室成立。1982年改称连云港市蜂疗医院,1988年改称连云港市蜜蜂医疗研究所,仍保留蜂疗医院名称。2001年并入连云港市中医院。所内设蜂疗门诊部、蜂产品部等科室,主要从事蜂针和蜂制品的临床应用研究。由该所研发的蜂毒解痛膏、蜂胶片、蜂花粉等制品对治疗类风湿关节炎、风湿性关节炎、强直性脊柱炎及软组织损伤、高脂血、脂肪肝等疾病均有显著疗效。2005年,全所职工10人,其中科技人员9人。

三、工程技术研究中心

1997年,市科委印发《连云港市工程技术研究中心管理办法》,在江苏省率先开展市级工程技术研究中心组建工作。是年,依托恒瑞医药股份有限公司、康缘药业股份有限公司、晶宇电子有限公司、华威电子集团有限公司、杜钟氨纶有限公司组建首批5个市级工程技术研究中心。1998年,依

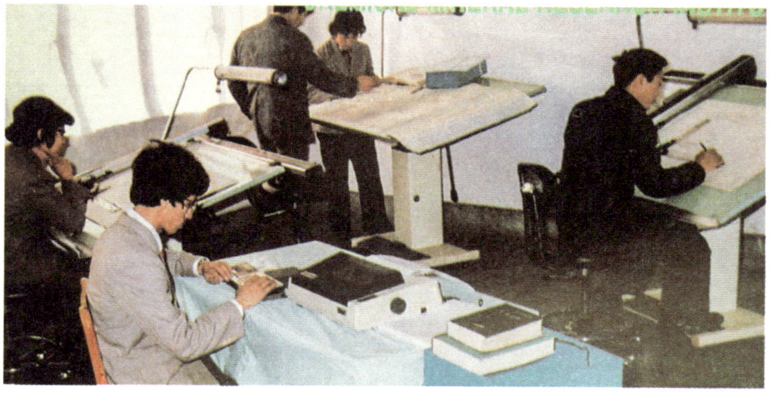

图 31-3 20世纪90年代初的企业工程技术研究中心 赵鸣 摄

托化工部连云港设计研究院，组建连云港市首个省级工程技术研究中心——江苏省海洋化工工程技术研究中心。至2005年底，全市组建25个市级工程技术研究中心、8个省级工程技术研究中心。

2005年连云港市省级工程技术研究中心一览表

表31-1

序号	工程技术研究中心	依托单位	组建年份
1	江苏省海洋化工工程技术研究中心	化工部连云港设计研究院	1993
2	江苏省新型抗肿瘤药物工程技术研究中心	江苏恒瑞医药股份有限公司	1999
3	江苏省集成电路封装用环氧模塑料工程技术研究中心	连云港华威电子集团有限公司	2000
4	江苏省新型肝病药物工程技术研究中心	江苏正大天晴药业股份有限公司	2001
5	江苏省中药质量控制工程技术研究中心	江苏中康新药指纹图谱有限公司、江苏康缘药业股份有限公司	2001
6	江苏省新型复合包装材料工程技术研究中心	连云港中金医药包装有限公司	2002
7	江苏省石英材料工程技术研究中心	连云港福东正佑照明电器有限公司	2003
8	江苏省消化道药物工程技术研究中心	江苏豪森药业股份有限公司	2004

2005年连云港市级工程技术研究中心一览表

表31-2

序号	工程技术研究中心	依托单位	组建年份
1	连云港市新型抗肿瘤药物工程技术研究中心	江苏恒瑞医药股份有限公司	1997
2	连云港市新型中药及制剂工程技术研究中心	江苏康缘药业股份有限公司	1997
3	连云港市石英晶体元器件工程技术研究中心	连云港晶宇电子有限公司	1997
4	连云港市微电子材料工程技术研究中心	连云港华威电子集团有限公司	1997
5	连云港市特种合成纤维工程技术研究中心	连云港杜钟氨纶有限公司	1997
6	连云港市精细化工产品工程技术研究中心	江苏双菱化工有限公司	1998
7	连云港市药用复合包装材料工程技术研究中心	连云港中金医药包装有限公司	1998
8	连云港市新型抗肝炎药物工程技术研究中心	连云港正大天晴药业股份有限公司	1998
9	连云港市临床医学实验研究中心	连云港市第一人民医院	1998
10	连云港市树脂基复合材料工程技术研究中心	连云港连众玻璃钢集团有限公司	1999
11	连云港市棉花及副产品加工工程技术研究中心	江苏金田集团有限公司	1999
12	连云港市海洋生物工程技术研究中心	淮海工学院海洋学院等	1999
13	连云港市啤酒大麦及麦芽工程技术研究中心	江苏三得利食品有限公司	1999
14	连云港市应用生物技术中心	连云港师范高等专科学校	2000
15	连云港市计算机网络工程技术研究中心	连云港职业技术学院	2000
16	连云港市阻燃剂工程技术研究中心	连云港市海水化工有限公司	2001
17	连云港市纺织机械工程技术研究中心	连云港纺织机械厂	2001

续表 31-2

序号	工程技术研究中心	依托单位	组建年份
18	连云港市种子工程中心	连云港市种子站	2001
19	连云港市现代设计及制造工程技术研究中心	连云港化工高等专科学校	2001
20	连云港市石英材料工程技术研究中心	连云港福东正佑照明电器有限公司	2002
21	连云港市塑料挤出工程技术研究中心	连云港杰瑞模具公司（716 所）	2003
22	连云港市轻工机械工程技术研究中心	连云港天明机械有限公司	2003
23	连云港市海洋水产品病害监测检疫工程技术研究中心	赣榆县海洋渔业指导站	2003
24	连云港市消化道药物工程技术研究中心	江苏豪森药业股份有限公司	2003
25	连云港市流量仪表工程技术研究中心	连云港连利水表有限公司	2004

第二节　科技队伍

1984 年，连云港市有各类专业技术人员 25346 人。1985 年，中共连云港市委印发《关于加强教育科技工作的意见》，市科学技术委员会印发《关于制定 1985～1990 年期间科技人员逐年进修计划的通知》，明确具有初级以上技术职称人员的继续教育实行按系统、分级负责，条块结合。1988 年开始，由市委组织部、宣传部、市科委、人事局、财政局等部门共同选拔、推荐、评议有突出贡献的中青年专家，每两年评选一次。当年金鏐、房柱、宋玉斋、许恒道、吕理森获“江苏省有突出贡献的中青年专家”称号。1989 年，市委、市政府确立科技兴市战略，成立连云港市科技干部进修学院。全市以市场需求为导向，加大人才引进力度，加强人才市场建设，扩大人才总量。1990 年，全市各类专业技术人员发展到 6.05 万人。20 世纪 90 年代，全市科技工作以加快建设苏北星火产业带为中心，注重人才的培养和引进。1996 年各类专业技术人员增加到 7.45 万人，其中高级职称 1663 人、中级职称 1.6 万人；科技活动人员 6446 人，多集中在科研机构、大中型工业企业和民营科研机构。进入 21 世纪，市委、市政府坚持人才资源是第一资源的理念，高度重视创新型、复合型人才队伍建设，围绕港口、制药、机械、化工、水产、农业等支柱产业和重点领域，开展人才引进和智力引进，全市科技队伍得到稳步发展。至 2005 年底，各类专业技术人员队伍发展到 13.76 万人，其中高级职称 6272 人、中级职称 41853 人，每万人拥有专业技术人员和在校大学生分别为 301.9 人和 60.4 人，拥有国务院特殊津贴专家 75 人、省政府有突出贡献中青年专家 41 人、享受市政府特殊津贴人员 60 人。

图 31-4　2003 年，连云港留学人员创业园在连云港经济技术开发区揭牌。　赵鸣　摄

1984～2005年连云港市各类专业技术人员情况统计表

表 31-3　　　　单位：人

年　份	全　市	市　区	赣榆县	东海县	灌云县	灌南县
1984	25346	14303	3597	1883	3363	2200
1985	26921	11349	3647	5305	3229	3391
1986	28266	9993	4348	6822	3520	3583
1987	33649	11691	5050	8136	3837	4935
1988	39491	14941	5601	9652	4182	5115
1989	48448	19870	7200	11405	4558	5415
1990	60502	28612	7800	12905	4968	6217
1991	63417	28332	8400	13462	6814	6409
1992	69450	31074	9100	15300	7379	6597
1993	57080	14702	9400	15683	10311	6984
1994	64055	18187	10600	15893	11681	7694
1995	70843	17430	12300	16788	13998	10327
1996	74485	31956	13416	11871	9325	7917
1997	93905	47751	15345	12778	9773	8258
1998	101692	50388	15702	15003	12091	8508
1999	104530	47535	18330	15608	13542	9515
2000	98455	45172	16352	15300	11776	9855
2001	101557	43647	19756	16137	12247	9770
2002	113968	51180	19594	18030	14706	10458
2003	118235	47406	21670	19210	16502	13447
2004	126600	53371	22110	19444	17158	14517
2005	137608	84374	16113	14605	12590	9926

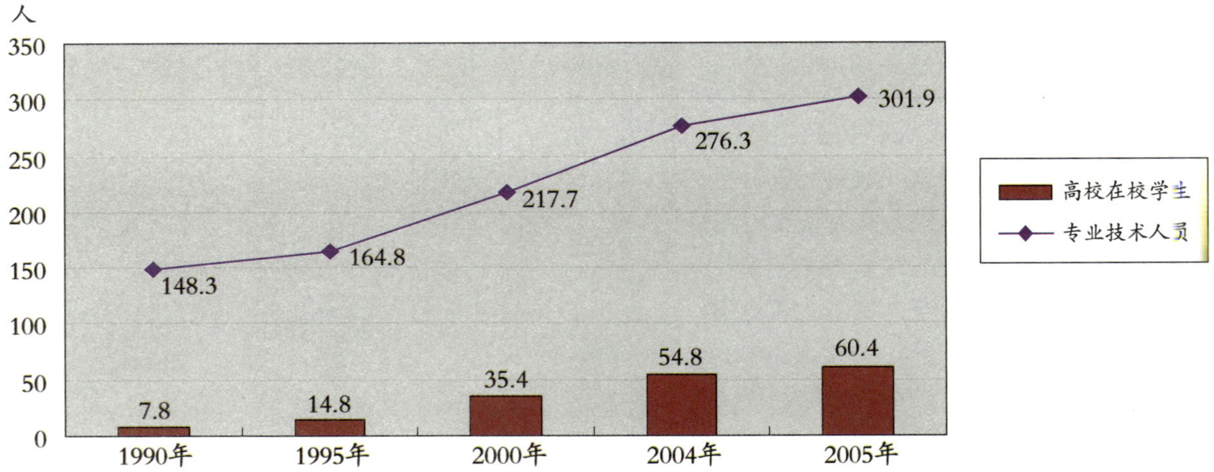

图 31-5　1990～2005年部分年份连云港市每万人拥有技术人员和在校大学生人数示意图

第二章　科技兴市

1984年10月，连云港市科技工作会议传达全国、全省科技工作会议精神，研究科技体制改革方案和促进科技进步的有关政策。1989年4月，市委、市政府召开全市科技工作会议，确立科技兴市发展战略。1990年8月，市人大通过《关于依靠科技进步振兴经济的决议》。1992年，市委印发《关于深入实施科技兴市发展战略的若干政策措施》。1994年，市政府出台《连云港市1994～1995年进一步实施科技兴市战略的若干意见》。1995年，市委、市政府印发《关于实施科教兴市战略加速科技进步的若干措施》，对推动企业技术进步、加快农业和海洋技术开发、培育和发展高新技术、技术市场、人才市场等提出可操作性意见。2000年12月，市委、市政府成立科教兴市领导小组，制定出台《关于进一步加强技术创新工作的意见》《关于进一步推进科技成果转化和高新技术产业化的意见》《加快发展民营科技企业若干规定》《党政领导科技进步与人才工作目标责任制考核制度》等政策措施，推进科教兴市工作。至2005年底，全市有国家重点高新技术企业9家、省高新技术企业38家、国家级博士后科研工作站5个。以新医药、新材料为代表的高新技术产业快速发展，建有国家火炬计划产业基地2个、国家“863”计划成果产业化基地2个，初步建成东海硅资源深加工等8个科技先导型区域性支柱产业。

第一节　科技兴农

1984年，连云港市委、市政府提出“科技兴农”战略，以提升农业综合生产能力为出发点，加速改造传统农业，推动农作物向纯良化、统供化方向发展，植保向统防统治、综合防治方向发展，土壤肥料向配方化、系列化方向发展，畜牧、水产养殖向工厂化方向发展。是年，全市共有农业科技人员661人，农业科技贡献份额29%。国家科委“沙地葡萄优质丰产技术研究”和“黄淮海中低产地区夏秋粮均衡增产综合栽培技术体系试研究”攻关课题在连云港取得成效，葡萄亩产达到1530千克；夏秋粮通过技术进步增加产值约2500万元，占总产值的40%左右。1985～1986年，灌云县开展夏大豆丰产栽培技术研究，“灌豆1号”公顷单产2250千克栽培模式的研制与应用获得成功。1988年，市农业局啤酒大麦优质高产栽培技术研究及其开发利用研究组筛选出的“早熟3号”“苏

图31-6　2005年，市农科院科研人员在研究作物生产技术。
赵鸣　摄

图31-7　2005年，东海县举办科技书籍下乡活动。
赵鸣　摄

啤1号”大麦品种开始推广种植。1989年，赣榆县试验旱地全程机械化育苗技术，将农机、农艺、秧苗运筹联为一体，育苗工作效率提高30倍。全市第一个星火计划技术密集区赣榆县厉庄乡夏花生地膜覆盖高产栽培技术开发，是年获得成功。1991年9月，江苏省科技兴农工作经验交流会在东海县召开。1992年，围绕科技兴市战略，市政府成立星火产业开发带建设协调领导小组，市科委印发《连云港市“八五”期间实施科技兴农意见》，启动科技兴农战略。1995年，东海县外向型农业综合开发区获省政府批准。

1997年，全市开始实施农业品种、技术、知识“三项”更新工程，引进、培育、推广农村牧渔新品种，推广农作物综合栽培、地膜覆盖、节水灌溉等实用新技术。是年，市政府就海洋科技开发和海洋经济发展现状，制定《连云港市科技兴海“九五”实施计划和2010年规划纲要》，市科委印发《连云港市星火发展基金管理暂行办法》。省政府于7月在灌云县召开苏北星火带灌云棉花支柱产业新闻发布会暨科技研讨恳谈会，授予灌云县省级星火技术密集区铜牌，以杨集、板浦、伊山等镇为中心区，重点发展棉花及其副产品深加工产业。11月，国家科委、国家海洋局、国家计委、农业部等联合发文设立3个科技兴海技术转移中心，连云港市名列其中。

1998年，江苏省“九五”农业综合试验基地和科技示范园区工作交流会在东海县召开，学习推广东海县、赣榆县建设农业综合试验基地和示范园区经验。1999年，省科委批准灌云县启动建设农业科技示范园区，试验棉花新品种及其配套的高产、高效栽培技术。省委、省政府着力推进“海上苏东”进程，加快苏北星火产业带建设，确定连云港海产品养殖与加工业为区域重点支柱产业，并进行重点培育。东海县农业综合试验基地通过省专家组考核认定，被确定为省“十五”时期重点建设农业科技示范园区，被省科委授牌认定为首批省级基地园区和全省重点农业综合基地、科技示范园区，是全市第一家获得授牌认定单位。2000年，经农业部批准，东海县与南京农业大学共建全省有机食品科技示范园区，发展优质高效农业。翌年，全国科技兴海技术转移中心连云港中心承担的省级科技兴海项目“对虾多倍体及性控技术试验研究”通过专家组验收，列入国家“863”计划海洋生物技术重大项目。

2001年，省科技厅将东海县外向型农副产品深加工支柱产业列为省级科技先导型区域性支柱产业。2002年，灌云县被评为苏北星火产业开发带建设先进集体，受到省政府表彰；市政府转发《苏北星火产业带开发连云港区域“十五”建设方案》。2003年，江苏省确定连云港现代农业科技示范园区为首批省级综合性农业科技示范园区。2004年，赣榆县中华绒螯蟹良种场建设项目通过农业部验收，成为江苏省第二个国家级中华绒螯蟹良种繁育基地。

至2005年底，全市培育建设东海县外向型农副产品加工、灌南县板蓝根中药材、市区海洋化工、市区中西药等8个星火支柱产业，是年实现产值209.2亿元、利税40.8亿元。全市省级星火龙头企业达15家。东海县被科技部、财政部命名为富民强县示范县。全市基本建成农业科技进步决策体系、农村科技管理体系、农村科技示范体系、农村科技推广体系和农村科技信息服务体系。全市农业科技人员2705人，其中农民乡土技术人员166人。全市农业科技进步贡献份额达46.8%。

第二节　高新技术产业

1988年8月，国家科委批准实施火炬计划。1989年，连云港市委、市政府召开全市科技工作会议，确立科技兴市发展战略。全市以高新技术为主导，努力培育高新技术企业，大力发展高新技术产品，走新型工业化道路。1997年，连云港高新技术产业开发区获批成立。2001年12月，国家火炬计划连云港新医药产业基地获科技部批准，成为苏北地区首家国家火炬计划特色产业基地。2005年，连云港市抓住省实施高新技术产业"双倍增"计划机遇，以项目建设为抓手，以制造业信息化为突破口，以产学研为纽带，推动高新技术产业成为经济发展的主导产业，全年高新技术产业实现产值62.04亿元，占全市规模以上工业总产值的64.9%。至2005年底，全市国家级高新技术产业基地发展到4个，拥有国家级高新技术企业9家、省级高新技术企业38家。

一、高新技术产业园区

1997年8月2日，省政府批复同意成立省级连云港高新技术产业开发区，规划面积3平方千米，其中起步区面积1平方千米，享受省级经济开发区和高新技术产业的有关优惠政策。市政府于10月30日成立连云港高新技术产业开发区管理委员会，与连云港经济技术开发区管委会实行一套工作机构、两个机关名称的管理体制。高新技术产业开发区创业中心在高新区管委会的领导下具体负责高新区的开发和日常工作。1999年5月，经省科委批准，连云港高新技术产业开发区创业中心成为连云港市首个省级高新技术创业服务中心。2005年12月30日，连云港高新技术产业开发区通过国家发改委审核公告，更名为江苏连云港高新技术产业园区。

2001～2005年江苏连云港高新技术产业园区企业及从业人员统计表

表31－4

年　份	区内企业（家）				区内人员（人）			科技活动经费（万元）
	总数	高新技术企业	产值亿元以上企业	"三资"企业	总数	从事高新技术生产人数	从事高新技术研发人数	
2001	30	3	5	9	4000	1725	52	1000
2002	39	3	5	12	6500	1625	162	1400
2003	43	4	5	13	7200	1900	210	2159
2004	62	11	8	21	7280	1960	315	3144
2005	69	11	9	25	8360	2410	363	3616

2001～2005年，连云港高新技术产业园区生产总值由3.08亿元增长至10.38亿元，五年增长237.01%；财政收入由1800万元增长至1.64亿元，增长811.11%；工业总产值由12.33亿元增长至29.84亿元，增长142.01%；高新技术产值由3.95亿元增长至13.54亿元，增长242.78%；企业总收入由10.95亿元增长至46.41亿元，增长323.84%；高新技术企业总收入由2.25亿元增长至13.73亿元，增长510.22%；总利润由950万元增长至2.7亿元，增长2739.7%；高新技术企业利润由2102万元增长至2.4亿元，增长1042.58%；总税收由3376万元增长至5990万元，增长

77.43%；高新技术企业总税收由1689万元增长至2656万元，增长57.25%；出口创汇由5158万美元增长至1.31亿美元，增长153.92%。为支持高新技术产业的研发，税收返还由914万元增长至3733万元，5年增长308.42%。

2001～2005年江苏连云港高新技术产业园区综合经济指标统计表

表31-5

年　份	地区生产总值（亿元）	工业总产值（亿元）		收　入（亿元）		利　润（万元）		税收（万元）		出口创汇（万美元）		财政收入（万元）
		总计	高新技术企业产值	总计	高新技术企业收入	总计	高新技术企业利润	总计	高新技术企业税收	总计	高新技术企业创汇	
2001	3.08	12.33	3.95	10.95	2.25	950	2102	3376	1689	5158	—	1800
2002	3.70	14.80	4.74	13.14	3.09	3840	2952	4051	2025	5540	3500	2100
2003	5.90	18.46	6.16	19.63	4.32	4256	3542	5158	2430	6317	2850	2940
2004	8.65	36.59	10.34	37.16	10.48	20486	19861	2935	1997	9574	6831	11760
2005	10.38	29.84	13.54	46.41	13.73	26977	24017	5990	2656	13097	8299	16369

二、高新技术特色产业基地

2001年12月，国家火炬计划连云港新医药产业基地获科技部批准，成为苏北地区首家国家火炬计划特色产业基地。产业基地骨干企业有恒瑞医药股份有限公司、康缘药业股份有限公司、正大天晴药业股份有限公司、豪森药业股份有限公司、中金玛泰医药包装有限公司和千樱医疗设备有限公司6家公司，其中国家火炬计划重点高新技术企业4家。2003年12月，经科技部评定，江苏恒瑞医药股份有限公司、连云港华威电子集团有限公司被认定为“十五”期间国家“863”计划成果产业化基地，成为苏北地区仅有的2个（全省12个）“863”计划成果产业化基地。

2004年1月，经科技部批准，东海硅材料产业基地成为连云港市第二家国家火炬计划特色产业基地。产业基地骨干企业有福东正佑照明电器有限公司、太平洋石英股份有限公司、中电华威电子股份有限公司、东海硅微粉有限责任公司、东海海王石英制品有限公司和东海县晶体材料厂6家企业。

图31-8　国家级连云港新医药产业基地

吉志强　摄于2005年

至2005年底，连云港市建成国家火炬计划连云港新医药产业基地、国家火炬计划东海硅材料产业基地、中电华威国家“863”计划科技成果产业化基地、恒瑞国家“863”计划科技成果产业化基地4个国家级高新技术特色产业基地。国家火炬计划连云港新医药产业基地有5家国家重点高新技术企业、5个省级工程中心、3个国家级博士后科研工作站；承担省以上科技计划项目172项，其中9个项目获创新药物和中药现代化国家重大科技专项

（"863"计划）支持和滚动支持、3个项目获省科技成果转化专项资金支持；承担省以上火炬计划57项，实施专利30余项；重点企业共获新药证书87个，其中一类新药6个、二类新药23个。国家火炬计划东海硅材料产业基地有国家火炬计划重点高新技术企业1家、省级高新技术企业6家，承担省以上火炬计划15项、省科技成果转化资金项目1项，建有2个省级工程中心，基本建成石英玻璃管、硅微粉、石英玻璃原料三大硅材料生产基地和石英灯具、晶体切片2个应用产品生产加工中心。中电华威国家"863"计划成果产业化基地生产的集成电路封装用环氧模塑料技术水平国内领先，形成4大系列近百个规格品种；承担国家、省级科技计划15项，其中国家"863"计划项目1个、省科技成果转化资金项目1个。恒瑞国家"863"计划成果产业化基地为全国最大的抗肿瘤药物生产基地，获新药证书40个，其中一类新药4个、二类新药10个；3个项目被列入国家"863"计划，1个项目被列入省科技成果转化资金项目。

三、高新技术企业和高新技术产品

1989年，以实施首个国家高新技术产业化项目为标志，高新技术工作在全市科研院所及企业中展开。1991年，省科委开展省级高新技术企业认定工作，连云港市以大中型企业为重点，以发展高新技术为主攻方向，推进工业企业科技进步。1992年，市科委制定高新技术发展规划，引导和支持企业向高新技术企业发展。1995年，全市国有企业着力以高新技术改造传统产业，调整企业产品结构、技术结构，培育龙头企业和新兴产业。1996～2000年，全市8个产品被列入国家重点新产品计划。全市生物技术与医药领域的抗肿瘤药物、新型抗肝炎药物、新型中药等新产品不断涌现，市场占有率不断提高，恒瑞医药股份有限公司成为全国最大的抗肿瘤药物生产基地。电子信息领域的环氧模塑料及其配套产品硅微粉和专用树脂在技术水平、市场占有率等方面均居全国第一，自动控制、显示、模/数、数/模转换等技术居国内领先水平。新材料领域的差别化系列氨纶丝、药用复合包装材料、玻璃钢管道均代表国内同类产品的先进水平。至2005年底，全市围绕新医药、新材料、电子信息、机电一体化等高新技术重点领域，紧跟国内外科技发展前沿，不断加大新产品研制开发、高新技术企业培育、高新技术成果转化等方面的工作力度，高新技术企业和高新技术产品培育开发方面取得丰硕成果，共获批认定国家火炬计划重点高新技术企业9家、省级高新技术企业38家，获批国家重点新产品58个、省高新技术产品152个。

图31-9　20世纪90年代初，连云港市纺织机械厂研究所科技人员全部采用电脑进行设计。　赵鸣　摄

2005年连云港市高新技术产业情况一览表

表31-6

产业分类	单位数（家）	年均从业人员（人）	产品销售收入（万元）	利税总额（万元）	工业总产值（万元）	出口交货值（万元）
合计	70	12539	531932	111137	620392	33667
计算机及办公设备制造业	1	75	2586	277	2571	2378

续表 31-6

产业分类	单位数（家）	年均从业人员（人）	产品销售收入（万元）	利税总额（万元）	工业总产值（万元）	出口交货值（万元）
电子及通信设备制造业	6	1438	31966	2898	33564	354
医药制造业	12	5801	330517	99010	406135	3610
专用科学仪器设备制造业	6	833	22186	83	24796	8030
电气机械及设备制造业	15	1826	51669	2984	52867	6752
新材料制造业	30	2566	93008	5885	100459	12543

2005 年连云港市国家火炬计划重点高新技术企业一览表

表 31-7

序 号	企 业 名 称	认定年份
1	连云港杜钟氨纶有限公司	1999
2	江苏恒瑞医药股份有限公司	
3	江苏中金玛泰医药包装有限公司	2000
4	江苏康缘药业股份有限公司	
5	江苏正大天晴药业股份有限公司	2001
6	连云港鹰游纺机有限责任公司	
7	江苏中电华威电子股份有限公司	
8	江苏豪森药业股份有限公司	2002
9	连云港中复连众复合材料集团有限公司	2003

2005 年连云港市省级高新技术企业一览表

表 31-8

序 号	企 业 名 称	认定年份
1	七一六研究所自动控制器件研究中心	1993
2	江苏正大天晴药业股份有限公司	
3	江苏康缘药业股份有限公司	1995
4	连云港杜钟氨纶有限公司	
5	江苏中电华威电子股份有限公司	
6	江苏中金玛泰医药包装有限公司	1996
7	江苏恒瑞医药股份有限公司	1997
8	连云港中复连众复合材料集团有限公司	1999
9	连云港千樱医疗设备有限公司	
10	连云港鹰游纺机有限责任公司	2000
11	七一六研究所	
12	灌南压铸机有限公司	
13	江苏豪森药业股份有限公司	

续表 31-8

序　号	企　业　名　称	认定年份
14	连云港泰乐化学工业有限公司	2001
15	连云港福东正佑照明电器有限公司	
16	连云港死海溴化物有限公司	2002
17	连云港市东海海王石英制品有限公司	
18	东海县太平洋石英制品有限公司	
19	连云港远洋流体装卸设备有限公司	
20	连云港康盛制药有限公司	
21	天田连云港机械有限公司	2003
22	江苏苏云医疗器材有限公司	
23	东海县晶体材料厂	
24	连云港东海硅微粉有限责任公司	
25	江苏德邦兴华化工股份有限公司	
26	连云港三吉利化学工业有限公司	
27	东海县宝盛石英制品有限公司	2004
28	连云港市德邦精细化工有限公司	
29	连云港市连利水表有限公司	
30	连云港市研磨厂	2005
31	连云港九洲电控设备有限公司	
32	连云港太阳雨热水器制造有限公司	
33	连云港市天明机械有限公司	
34	连云港北方变速器有限责任公司	
35	连云港机床厂有限公司	
36	连云港市无线电元件七厂	
37	连云港国鑫医药设备有限公司	
38	连云港海盛石英科技有限公司	

2005 年连云港市国家重点产品一览表

表 31-9

序　号	产品名称	生产单位	认定年份
1	高强节能螺旋钢卷钉	荣星五金制品公司、市拔丝制钉厂	1996
2	KL-1000-20线性集成电路用环氧模塑料	江苏华威电子集团有限公司	
3	L-苯丙氨酸	连云港极美生化食品总公司	
4	依托泊甙软胶囊（威克）	连云港制药厂	
5	JA210A型矮壳石英晶体元件	连云港市飞宇石英晶体器件研究所	
6	JB8A型BT石英晶体元件	连云港市飞宇石英晶体器件研究所	
7	电子转换模块ZSZ自整角机数字转换器	江苏自动化研究所	
8	GJ5E2-150型滚筒熨平机	连云港皮革机械厂	

续表31-9

序　号	产品名称	生产单位	认定年份
9	HJD-04程控交换机用石英晶体元件	连云港市飞宇石英晶体器件研究所	1997
10	天舒胶囊	江苏康缘药业股份有限公司	
11	盐酸噻氯匹定原料及其制剂（齐洛）	江苏恒瑞医药股份有限公司	1998
12	JA216、JA218A型表面安装石英晶体元件	连云港市电讯器材厂	
13	KL-3000-1型霍尔电路封装用环氧模塑料	连云港华威电子集团有限公司	
14	十滴水软胶囊	连云港康缘制药有限责任公司	
15	绒面螺旋型全刮底印花毛巾服饰产品	连云港市毛巾厂	
16	全弹提花灯芯绒	连云港泰斯达纺织集团公司	
17	氨纶经编专用丝	连云港杜钟氨纶有限公司	
18	依替膦酸二钠及其片剂	江苏正大天晴药业股份有限公司	
19	玻璃纤维缠绕增强热固性不饱和聚酯树脂大型容器	连云港连众玻璃钢集团有限公司	
20	JA500型低功耗石英晶体元件	连云港市电讯器材厂	1999
21	单孔纺氨纶丝	连云港杜钟氨纶有限公司	
22	KL-4000-1型256K集成电路用环氧模塑料	连云港华威电子集团有限公司	
23	1万吨/年高含量氯化苄	双菱化工集团有限公司	
24	QM98起毛机	连云港纺织机械厂	
25	阿曲库铵苯磺酸盐及其制剂	江苏恒瑞医药股份有限公司	
26	盐酸氨溴索原料及制剂30毫克/片0.3克/毫升	江苏恒瑞医药股份有限公司	2000
27	KL-1000-5B型大功率全包封用环氧模塑料	江苏华威电子集团有限公司	
28	耐高温氨纶丝	连云港杜钟氨纶有限公司	
29	单硝酸异山梨酯缓释片	连云港臣功达春制药有限公司	
30	抗骨增生胶囊	江苏康缘药业股份有限公司	2001
31	罗红霉素分散片	江苏恒瑞医药股份有限公司	
32	药品包装用纸/铝/塑复合膜	连云港中金玛泰医药包装有限公司	
33	玻璃纤维增强塑料保温管	连云港连众玻璃钢集团有限公司	
34	重酒石酸长春瑞滨原料及其注射液	江苏豪森药业股份有限公司	2002
35	塑料异型材高性能挤出模具	七一六研究所	
36	1.2～0.8微米技术用环氧膜塑料	江苏中电华威电子有限公司	
37	盐酸拓扑替康原料药及其制剂	江苏恒瑞医药股份有限公司	2003
38	雷贝拉唑钠肠溶片	江苏豪森药业股份有限公司	
39	银翘解毒软胶囊	江苏康缘药业股份有限公司	
40	激光器用石英玻璃管	连云港福东正佑照明电器有限公司	
41	建筑工程招投标管理系统	七一六研究所	

续表 31-9

序　号	产品名称	生产单位	认定年份
42	盐酸伊立替康原料药及其制剂	江苏恒瑞医药股份有限公司	2004
43	拉克替醇原料及散剂	江苏正大天晴药业股份有限公司	
44	枸橼酸莫沙必利原料及片剂	江苏豪森药业股份有限公司	
45	聚合物锂离子电池芯内包装成型材料	连云港中金玛泰医药包装有限公司	
46	烧口排气管	东海县太平洋石英制品有限公司	
47	纬编专用氨纶丝	连云港杜钟氨纶有限公司	
48	彩效色斑丝	连云港涤纶厂	
49	玻璃钢三相分离器	连云港中复连众复合材料集团有限公司	
50	盐酸吡格列酮原料药及其制剂	江苏恒瑞医药股份有限公司	2005
51	加替沙星片	江苏豪森药业股份有限公司	
52	腰痹通胶囊	江苏康缘药业股份有限公司	
53	低羟基滤紫外石英玻璃管	东海县太平洋石英制品有限公司	
54	高保型氨纶丝	连云港杜钟氨纶有限公司	
56	TUS型氨纶卷绕机总成（原现代纺丝机架总成）	连云港市天明机械有限公司	
57	PP/PP/PP三层大输液膜	连云港中金玛泰医药包装有限公司	
58	热固性树脂木（杨木改性）产品	连云港建利木业有限公司	

四、火炬计划项目

1989年，七一六研究所自动控制器件研究中心投入350万元，实施全市第一个国家火炬计划项目“高精度数字模拟转换器件”。2001年，连云港福东正佑石英制品有限公司承担的省级火炬计划项目“低熔点UV石英玻璃管”通过验收。该项目是连云港市第一个由民营科技企业承担的省级火炬计划项目。至2005年底，连云港市共获批实施国家火炬计划项目63个，项目总投资10.29亿元；获批实施省火炬计划项目138个，项目总投资17.43亿元。

1989～2005年连云港市获批国家火炬计划项目一览表

表 31-10　　　　单位：万元

序号	项目名称	承担单位	开始年份	总投入
1	高精度数字模拟转换器件	七一六研究所自动控制器件研究中心	1989	350
2	微晶特种材料	连云港市特种灯泡厂	1990	104
3	900兆赫频段移动通讯用压电器件	连云港市电讯器材厂	1991	400
4	牵牛星杀螨剂	连云港市第二农药厂	1992	330
5	超高效除草剂水星原药	连云港市第二农药厂	1993	600
6	灵巧型电子功能模块	七一六研究所自动控制器件研究中心		400
7	车辆悬挂高强高弹扭力轴	连云港山口机电制造公司	1994	2100
8	CAD/CAM塑料异型材模具	七一六研究所		450
9	碳塑料	连云港市华宁工贸公司		26280

续表31-10

序号	项目名称	承担单位	开始年份	总投入
10	线性集成电路用环氧模塑料	连云港市电子器材厂	1995	320
11	塑料构件CAD/CAM系统	七一六研究所	1996	950
12	GPS目标数据采集系统	七一六研究所	1997	450
13	天舒胶囊	连云港康缘制药有限公司		1120
14	MB322烫剪机	连云港市纺织机械厂		445
15	耐氯型氨纶丝	连云港氨纶厂		1800
16	氨纶有光丝	连云港氨纶厂	1998	1300
17	金泰口服液	连云港康缘制药有限公司		1500
18	高性能氨纶经编专用丝	连云港氨纶厂	1999	1200
19	药品包装用铝塑易撕膜袋	连云港中金玛泰医药包装有限公司		1850
20	依替膦酸二钠原料及片剂	连云港正大天晴药业股份有限公司	2000	800
21	来曲唑原料及制剂	江苏恒瑞医药股份有限公司		1000
22	Scorpion钻机	连云港黄海机械厂		300
23	盐酸氨溴索原料及其制剂	江苏恒瑞医药股份有限公司	2001	1200
24	药用复合成型材料	连云港中金玛泰医药包装有限公司		2800
25	微细旦氨纶丝	连云港钟山氨纶有限公司		2500
26	盐酸拓扑替康原料药及其制剂	江苏恒瑞医药股份有限公司	2002	1000
27	头孢克洛分散片	连云港豪森药业股份有限公司		600
28	腰痹通胶囊	连云港康缘药业股份有限公司		2028
29	高速纺氨纶丝	连云港杜钟氨纶有限公司		840
30	1M集成电路用环氧模塑料	江苏中电华威电子股份有限公司		800
31	烧口排气管	东海县太平洋石英制品有限公司		680
32	高压玻璃纤维增强环氧管	连云港连众玻璃钢集团公司		800
33	水浴式灭菌器	连云港千樱医疗设备有限公司		1000
34	MB342型六辊磨毛机	连云港纺织机械厂		1700
35	直接增压式压铸机	灌南压铸机有限公司		980
36	S9-M-30/1600/10全密封变压器	东北输变电设备集团连云港变压器有限公司		156
37	盐酸吡格列酮原料药及其制剂（瑞彤）	江苏恒瑞医药股份有限公司	2003	5500
38	拉克替醇原料及散剂	江苏正大天晴药业股份有限公司		1000
39	新型抗拉齿双金属带锯条	天田连云港机械有限公司		1000
40	SOP封装用环氧模塑料	江苏中电华威电子有限公司		1000
41	MB334高速起毛机	连云港鹰游纺机有限责任公司		1200
42	机织专用氨纶丝	连云港杜钟氨纶有限公司		1800
43	SOP环氧模塑料用硅微粉	连云港东海硅微粉有限责任公司		7530

续表 31-10

序号	项目名称	承担单位	开始年份	总投入
44	海上航运警告接收设备用石英晶体元件	连云港市无线电元件七厂	2004	1050
45	多西他赛原料药及其制剂（艾素）	江苏恒瑞医药股份有限公司		3000
46	盐酸二甲双胍缓释片	江苏正大天晴药业股份有限公司		800
47	加替沙星片	江苏豪森药业股份有限公司		1100
48	高温氯化反应器用高品质厚壁石英玻璃管	连云港鑫安石英制品有限公司		500
49	年产200吨抗低温石英玻璃管	连云港福东正佑照明电器有限公司		800
50	棉包芯氨纶丝	连云港杜钟氨纶有限公司		1750
51	PM啤酒瓶美容机	连云港市新浦有机化工厂		430
52	MB345超柔磨毛机	连云港鹰游纺机有限责任公司		1207
53	盐酸伊立替康原料药及其制剂	江苏恒瑞医药股份有限公司	2005	1900
54	甘草酸二铵肠溶胶囊	江苏正大天晴药业股份有限公司		1100
55	盐酸氨溴索氯化钠注射液（维可莱）	江苏豪森药业股份有限公司		700
56	注射用苦参碱	江苏康缘药业股份有限公司		600
57	双黄连软胶囊	江苏康缘药业股份有限公司		500
58	连熔法生产半导体技术用大口径石英玻璃管	东海县宝盛石英制品有限公司		450
59	金卤灯用石英玻璃管	东海县太平洋石英制品有限公司		1000
60	300吨/年汽车金卤灯用滤紫外线低羟管	东海县海王石英制品有限公司		600
61	导电玻璃纤维增强塑料三相分离器	连云港中复连众复合材料集团有限公司		800
62	LMV533全自动PE膜包装机	连云港鹰游纺机有限责任公司		1600
63	KND15型高效揉布机	连云港市天明机械有限公司		2880
合计				102930

五、科技型中小企业技术创新基金

1999年，国务院批准设立科技型中小企业技术创新基金，由科技部主管，财政部监管，通过无偿资助、贷款贴息等方式，支持科技型中小企业创新创业。至2005年底，连云港市共有12个项目获得国家科技型中小企业技术创新基金立项支持，获拨款总额872万元。

1999～2005年连云港市获国家科技型中小企业技术创新基金支持项目一览表

表 31-11　　单位：万元

序号	项目名称	承担单位	立项年份	拨款
1	金振口服液	连云港康缘制药有限责任公司	1999	67
2	年产150吨单孔纺氨纶丝	连云港氨纶厂		100
3	聚合物锂离子电池电解液阻隔成型材料	连云港本一化工有限公司	2001	80

续表31-11

序号	项目名称	承担单位	立项年份	拨款
4	腰痹通胶囊规模化生产	江苏康缘药业股份有限公司	2002	85
5	雷贝拉唑钠肠溶片产业化	江苏豪森药业股份有限公司	2003	80
6	高强度气体放电灯用滤紫外线低羟基管中试	东海县海王石英制品有限公司	2004	60
7	嵌入式系统开发平台	连云港杰瑞深软科技有限公司		60
8	JRT型全自动卷绕机项目产业化	连云港市天明机械有限公司	2005	55
9	FA200丝束拉断机	连云港鹰游纺机有限责任公司		50
10	半导体技术用大口径高品质石英玻璃管中试	东海县宝盛石英制品有限公司		75
11	半导体及光通讯用超纯石英砂产业化	东海县太平洋石英制品有限公司		75
12	罗红霉素缓释制剂产业化	江苏豪森药业股份有限公司		85

六、科技攻关计划

科技攻关计划是国家、省设立的重点解决国民经济和社会发展中重大科技问题的科技发展计划。2002年12月，江苏恒瑞医药股份有限公司的COX-Ⅱ抑制剂的开发研究、江苏康缘药业股份有限公司的银杏内酯注射液的研究、华威电子股份有限公司的ULSI电路封装用环氧塑封料制备技术研究3个项目列入国家“863”计划。至2005年底，连云港市共承担国家“863”计划5项、省科技攻关计划（工业）12项，获拨款总额1170万元。

2001～2005年连云港市承担省以上科技攻关计划（工业）项目一览表

表31-12　　单位：万元

序号	项目名称	承担单位	起止年限	省拨款	计划类别
1	4M集成电路封装用环氧模塑料中试	江苏省集成电路封装材料工程技术研究中心	2001～2003	100	省工业攻关
2	0.25～0.18微米QFP/TQFP集成电路用环氧模塑料	江苏中电华威电子股份有限公司	2002～2004	30	省工业攻关
3	新型高性能锂动力电池芯包装材料	连云港中金玛泰医药包装有限公司		50	省工业攻关
4	嵌入式软平台技术研究	江苏自动化研究所	2003～2005	30	省高技术研究
5	高效光热选择性吸收膜技术开发	连云港市太阳雨热水器制造有限公司		20	省工业攻关
6	新型非均相液-液分离机的研制	连云港市晶达计量泵有限公司		20	省工业攻关
7	高纯粒化石英加工处理工艺的研究及工艺试验	连云港福东正佑照明电器有限公司		20	省工业攻关
8	50t/a对三氟甲基苯胺生产工艺技术开发与产业化	江苏省海洋化工工程技术研究中心	2004～2006	50	省工业攻关
9	卷绕机开发及产业化	连云港市天明机械有限公司		50	省工业攻关

续表 31-12

序号	项目名称	承担单位	起止年限	省拨款	计划类别
10	智能化羊毛拉伸联合机开发及产业化	连云港鹰游纺机有限责任公司	2005～2007	40	省工业攻关
11	高性能大丝束碳纤维复合材料及应用技术开发产业化	连云港中复连众复合材料集团有限公司	2005～2007	40	省工业攻关
12	环保节能格法工艺生产超薄平板玻璃技术开发及应用	东海县华泰玻璃制品有限公司	2005～2007	40	省工业攻关
13	COX-Ⅱ抑制剂	江苏恒瑞医药股份有限公司	2002～2004	100	国家“863”计划
14	银杏内酯注射液	江苏康缘药业股份有限公司	2002～2004	100	国家“863”计划
15	ULSI电路封装用环氧塑封料制备技术研究	连云港华威电子集团有限公司	2002～2004	150	国家“863”计划
16	导电玻璃纤维增强塑料及其应用技术	连云港连众玻璃钢集团有限公司	2003～2005	80	国家“863”计划
17	ULSI电路封装用环氧封装料中试技术及环保型环氧封装料研究	江苏中电华威电子股份有限公司	2004～2005	250	国家“863”计划
省拨款合计				1170	

第三节　科技成果

一、科技成果评审与奖励

1984年，连云港市鉴定科技成果105项，其中8项获省级奖励。

1986年，市政府印发《连云港市科学技术进步奖励办法》，使科技进步奖励走上规范化制度化轨道。此后，市科委相继制定《连云港市科学技术进步奖的奖励范围和评审标准实施细则（试行）》《关于连云港市科学技术进步奖增设四等奖及其评审标准的通知》。2002年8月，市政府印发《连云港市科学技术进步奖评审表彰办法》，对1986年的奖励办法进行修订完善。

至2005年底，全市有2944项科技成果通过鉴定，其中76项成果达到当时国际先进水平，1377项成果达到当时国内领先或国内先进水平，868项成果达到当时省内领先或省内先进水平。全市174项重大科技成果获省科技进步奖，其中二等奖12项、三等奖78项、四等奖84项。1579项科技成果获市科技进步奖，其中特等奖2项、一等奖69项、二等奖417项、三等奖782项、四等奖309项。

1984～2005年连云港市科技成果鉴定及获奖统计表

表 31-13　　单位：项

年　份	鉴定项目数	国家级奖	省级奖	市级奖				
				特等奖	一等奖	二等奖	三等奖	四等奖
1984	105	—	8	—	2	17	10	—
1985	105	4	4	—	1	12	18	—

续表 31－13

年份	鉴定项目数	国家级奖	省级奖	市级奖				
				特等奖	一等奖	二等奖	三等奖	四等奖
1986	128	—	5	—	1	9	23	—
1987	145	1	10	—	2	13	29	—
1988	133	—	6	—	1	16	33	—
1989	113	—	7	—	—	16	39	12
1990	172	—	11	—	—	15	31	17
1991	151	—	8	—	2	11	20	50
1992	158	—	8	—	1	11	23	40
1993	208	—	10	—	2	18	26	42
1994	156	—	11	—	3	19	32	26
1995	145	—	14	—	3	17	38	32
1996	118	—	14	—	3	17	38	32
1997	114	—	7	—	3	17	31	32
1998	117	—	7	—	2	19	32	26
1999	128	—	14	1	1	28	54	—
2000	114	—	6	—	7	28	52	—
2001	118	—	3	—	5	30	53	—
2002	133	—	7	—	4	26	54	—
2003	128	—	9	—	8	30	44	—
2004	131	—	1	—	9	22	57	—
2005	124	—	4	1	9	26	45	—

二、科研成果选介

中华绒螯蟹天然海水工厂化育苗技术　该项目由赣榆县水产研究所、赣榆县海带育苗场实施。根据中华绒螯蟹（河蟹）幼体不同发育阶段的生态要求，采取调光、控温、充气、施肥、换水等措施，控制水色、水质变化，适量投喂适口饵料，及时防除病害，创造适宜的生态条件以适应河蟹各期幼体生长发育的需要，促使顺利变态，达成大眼幼体，提高了成活率，最高出苗15.53万只/立方米，育苗成活率66.9%（大眼幼体100%）。该成果通过两年534立方米水体试验，共育苗3394.77万只，出苗率、成活率远远高于国内同类科研成果，达到国际先进水平。1984年获江苏省重大科技成果二等奖。

爆炸法处理水下软基及施工新工艺　该项目由连云港建港指挥部、中科院力学研究所、交通部第三航务工程勘察设计院和锦屏磷矿共同实施。包括排淤填石法、爆炸夯石法、爆炸挤淤法等水下软基处理施工新技术，处理水下淤泥厚度12米以上，形成了针对不同工程目标的施工方法，达到国际先进水平，为港口水工建筑物软基处理新工艺，成果技术在连云港庙岭二期集装箱等6

项工程中应用。1987年获江苏省科技进步奖二等奖。1990年获国家科学技术进步奖二等奖。1993年获中国专利奖。

16SXZ10AA数字—旋转变压器转换器、14位小型旋转变压器—数字转换器 该项目由七一六研究所实施。该两种产品适应了小型化要求的高性能、低功耗，转换精度高，转换速度快，高可靠轴角转换模块，体积和重量仅为原模块产品的二分之一，广泛适用于工业、航天、航空、航海等部门的自动控制系统。1995年获江苏省科技进步奖二等奖。

图31-10 "爆炸挤淤"建港口 谢飞 摄于2005年

50吨/日色拉油全连续生产工艺与设备 该项目由赣榆县植物油厂实施。采用全连续精炼技术工艺，生产设备国产化，大部分设备自制，生产线自动化程度高，其中连续碱炼、连续脱色、连续脱臭达德国设备水平。1995年获江苏省科技进步奖二等奖。

塑料异型材共挤出技术及模具塑料异型材共挤出技术 该项目由七一六研究所实施。项目包括化学配方、共挤出成型工艺、挤出生产线、专用共挤机、共挤模具和共挤型材制造等技术。1996年获江苏省科技进步奖二等奖。

氨纶有光丝 该项目由连云港氨纶厂实施。通过对各种添加剂的筛选、优化和技术改造，在常规氨纶丝生产基础上开发成功氨纶有光丝。该丝既保持了常规氨纶丝的耐老化、防变黄等优良性能，又有较好的有光透明性，极大提高了氨纶及其织物的染色性能，克服了常规氨纶丝染深色时易产生色斑、色花，染浅色时鲜艳度不足的缺点。该丝具有独特的闪光效果，达到国际20世纪90年代先进水平，填补国内空白。1997年获江苏省科技进步奖二等奖。

256K集成电路、中功率全包封用环氧模塑料 该项目由连云港华威电子集团有限公司实施。成果包含256K集成电路、中功率全包封用两个环氧模塑料产品。其中，256K集成电路用环氧模塑料通过对触媒等微量组分进行深入研究，优化工艺条件，改进和完善配方制成，产品经华晶中央研究所的512K集成电路上批量使用，每次均获通过；中功率全包封用环氧模塑料采用线形酚醛树脂固化环氧树脂体系，选择新型填料并改变粒度和提高堆积密度等措施达到高导热性能的目的，同时也解决因提高填料比例造成的流变性能急剧下降和封装工艺等技术难题。1998年获江苏省科技进步奖二等奖。

聚合物锂离子电池芯内包装成型材料 该项目由江苏中金玛泰医药包装有限公司实施。成果采用自行研制的具有特殊功能的粘合剂、涂层，通过复合设备及特殊处理工艺技术，将多种材料有机牢固地联结制成，是聚合物锂离子电池研制攻关的三大技术难题之一。它具有对外界空气高度阻隔性，对内界电解液的高度阻隔性和良好的稳定性，良好的冷冲压成形性，耐电池周边铜网、铝网毛刺在抽真空时的穿刺性，良好的电性能，良好的抗污染性能和夹杂金属电极片高强度严密热封性，产品技术指标达到日本同类产品水平。2003年获江苏省科技进步奖二等奖。

JRT型全自动卷绕机 该项目由连云港天明机械有限公司实施。JRT型全自动卷绕机由箱体、槽辊、摩擦辊、卷绕轴、切换机构和落筒机构等系统组成。该项目产品的卷绕线速度可达1200米/分，而国外同类产品最高速度是1000米/分，线速度提高20%；卷绕线速度一致，卷绕退绕张力恒定，丝卷无凸肩、凸肚现象，且成型良好；优化设计满卷切换机构，在原有270度切换角的基础上增加了一档180度的切换角，从而当满卷切换时，大大减少废丝产生与设备故障率；采用工业现场总线连接上位计算机和PLC及变频器，各工艺参数实现实时在线监控。2005年获江苏省科技进步奖二等奖。

图31-11　中国有史以来最深的科学钻井、全世界穿过造山带最深部位的科学深钻——中国大陆科学钻探第一井。　侍志　摄

中国大陆科学钻探第一井　1997年6月，中国大陆科学钻探被国家科技领导小组确定为“九五”国家重大科学工程，是世界上第一口钻入大陆古山脉最深部位的科学深井。1998年12月21日，中国大陆科学钻探2号预先导孔在东海县开钻。2001年4月22日，中国大陆科学钻探工程的钻前工程在东海县开工建设，标志着中国大陆科学钻探工程正式启动实施。是年8月4日，全国首项重大地质科学工程——中国大陆科学钻探第一井在东海开钻。入选2002年全国十大科技事件。2005年1月13日，中国大陆科学钻探第一井在东海县毛北村成功穿越地层5100米，最终达5158米，这表明中国首创的马达加液动锤金刚石取心钻探技术达到世界领先水平。

第三章　科技交流与合作

随着改革开放的不断深入，科技领域加强对外交流与合作，成为促进经济发展，推动科技进步，实现持续创新，构建和谐社会的重要力量。1984～2005年，连云港市科技部门扎实推动与高等院校、科研院所的合作，积极组织国际交流与合作，通过人才引进、技术转让、联合研发、搭建高科技联合研发中心和技术孵化器，集聚高端创新资源，建立产业创新集群和技术创新服务平台等方式，引进高端科研成果。交流合作主要涉及新医药、新材料、新能源、装备制造、电子信息、节能环保和海洋高新产业等领域。

第一节　国际科技交流与合作

1985年，连云港市科技对外交流中心成立后，邀请美籍华人到连云港考察并作学术报告，邀请瑞典电线电缆方面的退休专家对市电线厂进行技术指导。1986年引进国外智力项目及对外交流项目9项。1987年，国外智力引进国家范围增加到美国、日本等6个国家。1989年完成对外科技交流项目8项，其中派出各类专业技术人员6批14人次、引进国外专家2批3人次；组织水产技术考察团赴日本福冈等地进行水产技术考察，选派4名技术人员到科威特进行为期两年的养虾技术指导。

1990～1995年，全市引进国外智力项目55个。1996年接待日本、美国、荷兰等外国专家7批9人次，对连云港市港口管理与规划、工农业生产中技术难题进行技术咨询，全年引进国外智力和对外科技交流项目19个。

1997年获得国家外国专家局批准引进国外智力项目20个，国家资助引智经费20.4万元，当年执行15个；引进日本、德国、法国、英国、荷兰等国专家16人次；完成出国培训项目2个，派出科技人员10人次赴韩国、日本、法国、英国等国参加培训；与国家科委中国星火总公司合作，派遣赴日农业研修生10人。

1998年经国家外国专家局审批立项引进国外智力项目15个，获得国家外国专家局资助经费33.2万元；接待日本、美国、英国、德国等国专家15人次；开展对外科技交流7项，派出22人次赴日本等国参加各种培训；选派13名工程技术人员赴日本参加技术培训，选派赴日农业研修生7人；首次组团赴日举办海洋科技开发培训班，学习日本海洋开发和水产品加工技术。

1999年实施引智项目19个，聘请日本、美国、德国等国专家23人次。开展对外科技交流、考察及海外培训13批次。邀请日本网箱养鱼专家指导网箱养殖技术。

2000年，玻璃钢烟气脱硫技术等16个项目列入国家引智项目。全市引进国外技术管理专家21人，开办讲座20余场，培训技术管理人员1400余人。氨纶熔融纺丝新技术被列为江苏省国际科技合作项目，通过消化吸收国外先进技术，提高自主创新能力，技术水平达到国际先进。建立对外合作与交流渠道30多个。连云港设计研究院聘请加拿大、荷兰等国专家指导该院实验室试验技术，并与外国专家达成长期合作意向。

2001年，正大天晴制药有限公司承担的抗病毒药物膦甲酸钠项目通过美国FDA阶段性验收。新批引进国外技术管理人才项目20个，引进国外专家23人次。申报日本花甲项目14个，实施板栗栽培技术、仙客来栽培技术等4个项目，引进日本花甲专家4人，开办讲座10余场，培训技术管理人员1000余人次。

2002年，连云港市2个项目列入省国际科技合作计划。组织参加全国第十一届引进日本花甲协会专家暨项目洽谈会、第六届中国东西部合作与投资贸易洽谈会。

2003年，连云港市2个项目列入省国际科技合作计划。其中，连众集团引进意大利Sarplast公司大口径锁紧承插接头设计和制造技术，管道最大口径由600毫米提高到1800毫米，参与国际市场竞争能力增强。七一六研究所向朝鲜首都建设局输出年产10万立方米硬聚氯乙烯门窗整厂工程技术。化工部连云港设计研究院利用选矿、钾盐化工等优势，参与老挝万象平原年产100万吨优质氯化钾生产基地建设。

2004年，连云港市引进欧盟海产品加工工艺技术等4个项目列入省国际科技合作计划，项目数和拨款金额在全省省辖市中居第三位，苏北第一。七一六研究所向土耳其输出多腔、多点密封塑钢门窗系统项目，年创汇100多万美元。市科技局组织科技交流团赴日本堺市访问，探讨两市科技合作前景和方式，推介一批科技合作项目。先后选派4 人参团出访非洲、俄罗斯、英国、德国、奥地利等多个地区和国家，有针对性地进行科技考察和项目洽谈活动。组织医药和硅资源领域龙头骨干企业赴南非参加国际科技展览会，11家企业35个项目（产品）参展。

2005年，连云港市跟踪推进南非国际创新科技展后续项目。市科技局组织相关企业参加在印度举办的中国适用技术产品展览会，组织江苏康缘药业股份有限公司与美国合作的桂枝茯苓胶囊美国新药临床研究。江苏恒瑞医药股份有限公司从俄罗斯引进的六氟异丙醇生产技术和连云港中复连众复合材料集团有限公司与意大利合作的烟气脱硫用玻璃钢喷淋管技术项目，获省国际科技合作经费资助18万元。全年组织科技系统6批15人次开展国际间科技交流。

至2005年底，全市共引进国外智力项目及对外交流项目248个，国外智力引进国家范围扩大到美国、德国、意大利、俄罗斯、日本等10余个国家。接待国外专家学者33批165人次，派出各类专业技术人员28批84人次。

第二节　国内科技交流与合作

1984年3月，连云港市科委与无锡轻工研究院建立全面科技协作关系，落实成果转让、协作攻关、技术服务项目24项。7月，与江苏工学院、解放军通讯工程学院、航天部三院二十三所签署科技协作协议。9月，与华东水利学院正式建立协作关系。1986年，市政府先后与中国舰船研究院、电子工业第二十八研究所、齐齐哈尔市、机械部北京自动化所、中国建筑西北设计院签订科技合作协议书。1993年6月，航天工业部三院以成果转让、技术攻关、技术服务、技术咨询及有关技术情报交流等形式与连云港市开展协作。1994年，市政府与北京市新技术产业开发试验区正式签订结为友好城区协议，在科技经济、人才培养、吸引外资发展外向型经济，尤其是发展高新技术产业等方面进行合作。

1997年，市科委组织40多家单位参加国家科委举办的全国新技术、新成果交流会，洽谈签订67个项目；组织参加1997北京中外高新技术及经贸合资合作会议；召开1997连云港科技信息发布会。1999年，举办全市科技经济对接暨信息发布会，南京理工大学、无锡轻工大学、青岛海洋大学、江苏省技术市场，及淮海工学院、七一六研究所、化工部连云港设计研究院、市农科所、连云港化工高专进行信息发布，达成意向技术合作协议35项；华威电子集团、东堡集团等6家企业分别就项目研制、技术难题攻关、技术引进和成果转让与各自对接技术依托单位签订合同或协议。

2002年上半年，市科技局组织举办全市农业科技成果信息发布暨合作洽谈会，江苏省农科院、南京农业大学、西北农林大学、江苏大学、扬州大学以及镇江市农科所、镇江市蔬菜研究所等单位现场发布最新农业科技成果信息。围绕《镇江市与连云港市国民经济和社会发展2002年合作计划》，两市科技部门举办2002年连云港市农业科技成果信息发布暨合作洽谈会，江苏大学、镇江市农科所等8家单位在会上发布近百项先进农业科技成果和实用技术信息，签订28项合作协议，镇江市科技局安排科技经费20万元，支持连云港市5个"产、学、研"合作项目；省"333工程"富民强省连云港科技行活动签订合作项目202项，协议金额5.3亿元。9月24～25日，在市国际展览中心召开连云港新医药新材料高新技术产业化专家论坛暨成果展示会。10月，省科技厅、省海洋与渔业局和连云港市政府共同主办的2002中国（江苏）海洋和水产加工国际博览会在连云港国际展览中心举办，中科院第一海洋研究所、第二海洋研究所、青岛海洋大学、上海水产大学、江苏省海洋水产研究所、淮海工学院海洋水产学院等科研院所、高等院校发布可以产业化的新技术、新成果。

2003年11月，连云港市与东南大学达成全面合作协议。在连云港—东南大学科技成果展示洽谈会上，东南大学发布300多项最新科技成果，300多家企业参加"产、学、研"联合活动，集中签约的20个项目总投资1.3亿元，签订意向性合作协议46个。是年，连云港市与清华大学的全面合作正式启动，清华大学向连云港企业推介2批362项重点科技成果推广项目。市科技局组织相关企业参加江苏省高新技术产业化成就展示暨洽谈会，达成协议项目35项。

2004年，等离子法的纳米球形硅微粉、紫菜无贝壳育苗等一批科技合作项目取得重要进展。在3月份举行的江苏省政府与北京大学全面科技合作协议签约仪式上，康缘公司与北京大学签订合作协议，双方合作研究痛安注射液项目。市科技局组织与华东船舶学院、江苏大学、镇江蔬菜研究所开展新一轮南北科技合作项目。

2005年9月，“长三角”民营科技企业苏北行活动在灌南县开展。参加投资洽谈的苏南、浙江、上海地区企业80多家，与会代表400多人，洽谈签订合作项目16项，协议投资额近24亿元。北京航空航天大学专家教授应邀到连云港市，考察中复连众、市研磨厂等企业，就风力发电机叶片线型设计、碳化硅微粉分级流量控制等项目达成合作意向。市科技局组织企业参加南京理工大学产学研论坛，东海硅微粉公司与国家特种超细粉体工程技术研究中心就球型硅微粉生产工艺项目签订初步合作协议。10月，在南通召开的国防科工委项目展示洽谈会上，连云港市有10个项目达成合作意向。

至2005年底，连云港市与清华大学、东南大学、中国舰船研究院等13所高等院校、科研院所签订全面合作协议，组织各类“产、学、研”活动100多场，签署各类校企合作协议800多个。

第四章　科技服务

1984～2005年，连云港市通过科技情报、科技咨询、技术市场等平台，不断丰富科技服务内容，创新服务模式，推动科技创新和科技成果转化，促进科技经济深度融合。

第一节　科技情报

1984年，连云港市科技情报研究所成立国外样品样本馆，向市有关部门推荐驻外使馆项目400余个。1985年5月，连云港市政府发布《连云港市科技情报工作条例》。6月，市科委印发贯彻《连云港市科技情报工作条例》的5个规范。1986年，徐、淮、盐、连四市淮海科技情报联谊会成立。1989年，市科技情报研究所与市电教馆建立协作关系，开展声像服务。1990年，市科技情报研究所成为沿海开放城市和经济特区情报网、华东城市科技情报协作网、上海经济区科技情报网和苏北科技情报联谊会成员单位。1994年3月，经市科技情报成果评审委员会评审，连云港市工业经济技术指南和连云港市名特优获奖产品指南项目获市1994年度科技情报成果一等奖。1996年，连云港市科技信息网络启动建设。1997年，省科委、省财政厅批准连云港市为省科技信息网络第二批建设单位。

2000年8月，连云港市科技情报所承担完成的连云港市科技信息网络建设项目通过鉴定，获2000年度市科技进步二等奖。是年，连云港市科技数字化图书馆经省科技厅批准开始建设。2001年，省科技厅批准建设海洋科技信息网站（www.haiyang.net.cn），2002年底建成运行。2002年，国家级连云港新医药产业化基地科技创新网络服务平台启动建设，被列入省科技创新服务体系计划，2003年被列入国家火炬计划。

随着互联网的普及应用，全市科技情报事业得到长足发展。至2005年底，全市形成由150个情报网、站、室，500余名专兼职情报人员组成的科技情报网络。市科技情报研究所2个项目列入国家科技计划，5个项目获得省科技计划项目支持，获得市科技进步一等奖1项、二等奖1项、三等奖1项。

第二节　技术市场

1985年，连云港市科技市场成立。是年9月举办连云港市首届技术交易会，省内外8家科研单位、17家厂矿企业应邀参会。1988年，连云港市技术市场管理办公室成立。市政府颁布《连云港市技术市场管理办法》。市科委与5家银行联合印发《关于加强技术贸易费用管理的通知》。1989年，市科委、税务局联合印发《关于加强技术贸易管理的通知》。

1993年9月，江苏省科委组织全省科研院所、高等院校、工厂、企业集团在加拿大多伦多市举办1993江苏技术产品展示洽谈会，连云港市科委组织参展项目30个、产品54种，交流项目20个，与外商洽谈项目58个，签订意向性合同6个，2个产品获展示会金奖。1998年，市科委组织新产品、新技术信息发布会，邀请全国新产品开发委员会专家、教授到连云港发布信息，达成意向协议30余个；组织80多家企事业单位参加中科院和江苏省联合举办的高新技术及其产业化合作交易洽谈会，签订15个合作协议。

2000年，市科委组织28家企业、48个高新技术产品参加第二届世界科技城市联盟大会暨2000中国南京高新技术成果展示交易会，交流、洽谈20多个技术合作项目。参加首届江苏省高新技术成果网上交易会，开通网交会专用网站，收集项目信息260多条，江苏威宇集团等企业与有关科研院所签订35个意向合作项目。2001年，市科技局组织部分高新技术企业参加深圳高交会、苏州APEC技交会、南宁火炬成果交易会、常州中小企业商品博览会、海南新成果新技术展示交易会5个全国性技术成果交易会，展示科技成果100余项，发放宣传资料2万余份。2002年，在第六届中国东西部合作与投资贸易洽谈会上，连云港设计研究院与西藏签署班戈错盐湖锂、硼资源合作开发协议，项目总投资1亿元。

2005年，全市登记技术开发、技术转让、技术咨询、技术服务类合同171个，合同金额6026.15万元。

第三节　科技咨询

1985年，连云港市电力学会为市塑料二厂设计与国外生产线配套的变电所。是年，连云港市经济技术咨询服务中心成立。1986年，矿山院科协为青海钾肥厂建设工程从可行性研究到技术引进、招标决标以及施工组织管理等方面提供全面系统的咨询服务，不仅保证工程及早试车投产，而且为国家节约大量资金，仅工程招标审核就节约1475.2万元。1985～1989年，全市科技咨询分支机构由35个发展到62个，完成科技咨询1043项，创造经济效益约2亿元。1989年2月，市邮电局开工建设4000门程控电话机房空调设备，机房室温达38摄氏度，机器不能保证正常工作。市制冷协会花1个月时间，对空调系统进行修改、调试，终于达标，保证了全市电话的正常使用。1989～1993年，全市科协系统组织科技人员2万余人次参加科技咨询服务工作，完成技术合同1760个，合同额1060万元；为239家中小企业提供技术扶持，增创经济效益约2亿元。1993年，江苏省科技咨询协会连云港办事处设立。市科协组织35家单位，携59个产品和成果，参加江苏省首届专利科技博览会，获7块金牌、8块银牌。

1996年，市科委、教委、电视台联合创办《科学与教育》栏目，每月制作2期节目。1997年，江苏省无形资产评估事务所连云港代办处成立，与江苏省专利局联机设立江苏省专利信息网连云港检索站，配置中国专利数据库光盘，选择30家企业作为建立专利工作制度的试点单位。1998年，连云港市科技信息网建成运行，初步建成专利、新技术、新产品等数据库，为企业和社会提供多方面科技信息服务。市生产力促进中心建立计算机辅助设计（CAD）技术推广中心，市科委印发《连云港市CAD应用推广示范企业管理办法（试行）》。2000年，市CAD技术培训中心在连云港化工高等专科学校成立，举行市CAD技术应用高层研讨会；市科委印发《连云港市CAD应用推广示范企业验收办法》，当年市科委认定连云港纺织机械厂等8家企业为全市第一批CAD技术推广示范企业。

2002年，连云港市科技咨询评估业务能力建设项目列入2003年度省科技创新服务体系计划。该项目按照ISO 9000标准要求，建立完善的科技咨询评估体系，建成连云港市科技咨询评估专家库，解决中小科技咨询评估机构专业技术人员缺乏的矛盾，完成科技评估项目400多个、重大项目咨询近40项，为20多家企业提供信息化应用咨询服务。

2003年6月，连云港市制造业信息化示范工程领导小组成立。以省内高等院校、科研院所及信息化咨询服务机构的20名专家为技术支持力量，成立市制造业信息化咨询专家组；以市生产力促进局为主体，联合市内高等院校和科研院所，成立市制造业信息化推进服务中心。

2005年，连云港市科技成果转化中心建设项目列入2005年度省科技创新服务体系计划。截至年底，全市共有7家省级信誉科技咨询企业，建成由800多名具有高级职称的专业技术人员组成的市科技咨询评估专家库。市制造业信息领导小组组织专家认定市制造业信息化示范企业50家、培训机构8家、咨询服务机构5家。以市生产力促进局为主要依托，建成包括软件开发、软件供应商、信息化咨询机构等为主的科技咨询服务体系，有服务机构9个、专业从业人员252人。

第五章　科技管理

1984～2005年，连云港市围绕科技计划管理、科研机构转企改制、科技人才管理等重点环节，认真抓好科技管理工作，共安排市级计划项目3084个。2001～2005年，连云港市组织实施国家、省、市科技计划项目2028个，安排项目经费1.72亿元。其中，获批国家项目207个，经费2229万元；获批省级项目681个，经费1.28亿元；下达市级项目1140个，经费2158万元。项目数、经费数均超过1984～2000年的总和。至2005年底，全市共申请专利2542件，授权专利1530件。

第一节 科技计划管理

1984年，连云港市科技项目经费由无偿制改为有偿制，新产品开发项目实行合同制。1985年，连云港市科技开发中心成立，进一步确立从科研到开发一条龙计划管理模式。围绕全市经济建设总体规划，组织技术攻关，加强实用技术研究，把科研开发重点放在周期短、投资少、见效快、效益高的项目上。当年全市安排科技计划项目128个，其中新上项目60个、结转项目68个。1986年，新上项目53个，加上历年结转项目62个，共下达项目115个。落实星火计划项目12个，其中5个项目被列入国家及省级星火计划。项目主管部门制定"五定"措施，即定技术目标、定工作程序、定人员责任、定协作关系、定经费偿还事项，进一步完善科技合同制。1987年，全市科技计划下达重点集中在精细化工、电子工业技术、轻工食品、水产养殖、非金属矿产资源开发利用等方面，安排指令性计划项目45个、指导性计划项目53个，清理历年结转项目94个。1988年安排指令性计划项目34个、指导性计划项目33个。1989年安排计划94个，其中新上指令性计划54个、指导性计划17个、往年结转项目23个。1990年，全市确定发展生物技术、机电一体化和新型材料3个高新技术重点领域，全年新上市级计划项目51个。市科委印发《连云港市科学技术发展计划项目管理办法》和《连云港市科学技术指导性计划管理办法》，从计划编制原则、重点、程序、实施、经费管理、奖罚等各个环节予以明确，计划项目管理逐步科学化、规范化和制度化。

1991～1992年，全市新上指令性项目188个，新上省级指导性计划项目78个。1993年，全年共实施农业科技计划项目150个，其中新上项目36个、结转项目114个，重点在基地建设、星火计划和水产养殖3个方面加强科技兴农的部署。此后，科技计划项目逐年增多。1996年实施各类科技计划项目360个。1997年，全市科技工作狠抓星火产业带建设，共实施13类科技发展计划，组织实施各类计划项目388个，其中新上项目202个、结转项目186个。1998年，灌云县"棉花150"创高产体系优化及关键技术研究课题，列入科技部第一批科技发展计划，这是连云港市首次承担国家级农业科技攻关项目。全年下达市级各类科技计划项目211个，争取省级以上项目70个，科技总投入3.5亿元，获省以上科技拨款293.5万元。1999年，市科委下达市级项目220个，争取国家级项目17个、省级项目74个。组织实施40个工业科研开发项目，全市新上省以上星火计划项目24个，其中国家级星火计划项目11个，项目总投资1.4亿元，省以上星火计划项目落实贷款7440万元。15个星火计划项目争取省财政贴息156万元，贴息总额位居全省第二。

2000年，市科委下达市级科技计划项目186个，争取国家级科技计划项目22个、省级科技项目101个。新上省以上火炬计划项目16个，其中国家级3个。组织实施14个市级火炬计划项目，总投资1.42亿元。组织推广控速结晶生产氯化钾工艺技术等7项重大工业科技成果。新上市以上农业科研开发计划37项，示范推广旱育稀植机抛等农业新技术15项。新上省以上星火计划项目40个，其中18个项目列入国家星火计划。下达科技拥军专项计划6项，安排使用科技进步基金10万元，这是连云港市首次把科技拥军项目作为专项科技计划下达。

2001年，市科技局印发《全市"十五"科技计划体系框架》，分研究开发类计划、科技产业化计划、科技基础设施建设计划、其他计划4个板块，包括10类具体计划，相应取消原来的地方专项、成果推广和电子信息应用推广计划，其相关内容纳入科技基础设施建设计划。市政府于6月转发市科委《连云港市"十五"科技发展计划及专题计划纲要》。是年，下达15批438个市级科技计划项目，其中结转175个、新上263个。新上省级以上科技计划项目116个，获省以上科技拨款首次突破1000万元大关，达到1138万元。科技拨款数和项目数分别列苏北五市第一位和第二位。2002年，新上市级科技计划9大类245项、省级以上科技计划项目140个，获省级以上科技拨款1759万元。113个项目列入省级各类计划，获省科技拨款1124万元，居苏北五市之首，并超过镇江、泰州，列全省第七位。

2003年2月，市科技局印发《连云港市科技发展计划管理办法》，针对科技计划编制、计划管理、经费管理等关键环节，进一步明确基本要求和操作程序。5月，在省科技厅启动的首批5项"非典"防治科技攻关计划项目中，康缘药业股份公司防治"非典"药物热毒宁注射液的研究列入其中，获省科技拨款50万元。全市全年下达市级项目10大类237项，41个项目被列入科技部计划，138个项目被列入省级科技计划，恒瑞医药公司的那格列奈原料药及其制剂项目、抗炎新药艾瑞昔布项目和正大天晴公司的异甘草酸镁原料及其注射液项目列入国家"十五"计划时期创新药物和中药现代化重大科技专项。2004年，全市下达市级科技计划9大类243项，2个项目被列入省科技成果转化资金重大专项，获省科技经费支持2400万元，争取省级以上科技经费突破4000万元。

2005年，全市176个项目列入国家、省级科技计划，获省以上科技拨款6135.5万元。其中，获批国家级科技项目52个、拨款324万元；省级科技计划124个、拨款5811.5万元，连续五年位居苏北第一。安排市级科技项目147个、经费640万元。

第二节　科研机构改革

1984年，连云港市科委印发《关于科技体制改革的初步意见》《连云港市化工研究所继续作为改革试点单位的意见》《连云港市民办科技服务机构暂行管理办法》《关于连云港市农村科研体制的调查和改革的初步意见》，为全市科技体制改革作准备。1985年，市科委印发《连云港市科研机构整顿改革的实施办法》。是年11月，市园林科研设计所成立，主要从事城市绿化研究，隶属市园林管理局。1986年11月，市科委、科协、农科所、水产所、农机所5家单位科研事业费划转到市科委统一管理。1987年4月，市政府批转《关于推进科学技术研究机构体制改革的暂行规定》，全市5家工业技术开发型科研单位中，电子、机械、化工、建工4个所实行所长任期目标责任制，同时实施科研单位拨款制度由无偿到有偿的改革。

1988年，全市大部分市属科研机构实行内部课题承包制。全市批准新建4个独立的科技开发机构、16个非独立的技术贸易机构、4个民办科研所、5个局级科研机构。1990年3月，全国第一家市级太阳能研究机构——连云港太阳能研究所成立。5月，中国首家研究开发虫类药资源的专门机构——连云港市虫类中药研究所成立。1992年，市科委、人事局、劳动局、工商局、税务局等部门联合印发《连云港市关于鼓励民办科技机构发展的若干意见》，规定民办科技机构可以接收大中专毕业生，在职科技人员可以进入民办科技机构工作，实行聘用合同制。是年，新批民办科技机构7个。1993年，全民所有制科研机构开始试行工资总额与效益挂钩浮动办法。市园林科研设计所与市园林局签订承包经营合同，成为全市第一个与主管部门签订承包经营合同的公益型科研所。

1997年，按照国务院加快科技体制改革精神和省政府部署，市科委对市属研究所改革进行调查研究，形成市属研究所改革初步方案。1998年，《1998～2000年全市深化科技体制改革实施方案》出台。1999年7月，化学工业部连云港设计研究院正式由事业型科研机构转制为科技型企业。2001年4月，市政府办转发市科委等部门关于连云港市科研机构改革转制工作实施意见，全面启动应用型科研机构改革转制工作。年底，化工所、机械所、电子所、建工所、宝玉石所、工艺美术所6家应用开发型研究所基本完成改革转制工作。同年7月1日起，市财政对科研机构不再拨付经常性科学事业费，财政拨款主要用于补助科研机构转制过渡期（2001年7月1日至2005年12月31日）内单位需缴纳的养老保险费，补助转制过渡期内科研机构进入市场形成自我发展能力的重点项目，支持非营利科技机构承担重大公益性研究任务、开展公共科技服务所需的科研及服务设施建设和仪器更新。采用竞争择优方式支持有关重点实验室、工程技术研究中心、科技开发中试基地、科普基地等保障全市科技创新能力的重大技术基础设施建设项目。至2005年底，全市科研机构全部完成转企改制工作，成为自主经营、自负盈亏的市场主体。

第三节　科技人才管理

1989～1990年，连云港市政府先后颁布《连云港市对优秀工程、农业技术人员实行奖励的试行办法》《关于改革专业技术人员管理制度促进人才合理流动暂行规定》。1991年6月，市政府印发《连云港市人才合理流动七个暂行规定》。10月，市委出台《关于选拔、管理有突出贡献专业技术人员的暂行办法》。1992年8月，市委、市政府召开全市科技大会，重奖金鏐、胡森、陈永江等8名科技人员。9月，市科委发布《关于在我市实施专业技术人员继续教育证书制度的办法（试行）》。1993年10月，市政府颁发《关于表彰1991～1992年度取得显著成绩的科技人员的决定》。1994年7月，市委组织部、市人事局、劳动局、教委、科委联合印发《关于高级职称人员退（离）休有关问题的通知》，规定具有各类高级专业技术职务任职资格的女性专家，凡身体能坚持正常工作，本人自愿要求继续工作的，退休可延迟到60岁；有重大贡献的专家，其退休费标准可按规定提高，按苏政发〔1986〕195号文件执行。1999年10月，市政府表彰1997～1998年度全市优秀工程技术人员和优秀农业技术人员。2003年6月，江苏省委、省政府授予10名活跃在科技工作第一线的人员“江苏创新创业人才奖”称号，恒瑞医药股份有限公司高级工程师孙飘扬榜上有名。2005年，连云港市在全省率先建立专业技术人员远程继续教育网上订单式培训系统，对45家试点单位40岁以下工作人员进行网上订单式培训考试。

第四节　知识产权管理

1985年，连云港市专利管理处成立。是年，全市4人获国家专利局颁发的专利代理人证书，完成3项专利申请代理。1987年，市科委印发《连云港市专利管理工作的暂行规定》《关于专利许可证必须经专利管理机关鉴证的通知》。1988年，市专利管理处发布《关于设立连云港市专利开发基金的决定》。是年，全市有23人获江苏省专利工作者证书，建立专利机构49个。至1990年底，全市13人获全国企业专利工作者证书，申请专利135件，其中96件获专利权，经市专利管理处鉴证，实施专利34件。

1991年，在江苏省优秀专利实施项目“佳利奖”评奖活动中，全市参评4项专利，获银奖2个、优秀奖1个。1992年，市新海发电厂实施的隔绝风门专利，改变球磨机遇故障需6台同停检修的情况，每年可增加的发电量折合人民币约6000万元。对虾弧菌病生态控制技术专利在省盐业水产养殖公司投入应用，每年为该公司增创产值92万元、利税30万元。1996年，市政府出台《关于开展全市知识产权法制培训教育活动的安排意见》。是年，中国专利江苏信息分中心连云港检索站成立。1997年，黄海机械厂、康缘制药有限责任公司2项外观设计专利获评江苏省1997年度优秀专利项目。1998年，全市32家企事业单位进行专利工作制度试点。1999年，市专利信息中心开展中国专利数据库检索服务，年信息更新量达10万多条。“一种织物的熨烫辊”和“药品包装盒”被认定为省优秀专利。是年，连云港市在全省率先建立欧洲专利数据库和PCT国际专利数据库检索系统。

图31-12 市知识产权保护部门注重增强青少年版权意识。图为保护知识版权签名活动。
赵鸣 摄于2004年

2000年3月，市科委印发《关于加强专利工作促进技术创新的意见》，6月出台《连云港市重点专利申请项目资助办法（试行）》，首次安排专项资金扶持专利申请，资助96个重点专利申请项目。市政府办公室印发《关于加强全市专利工作的意见》，内容包括领导考核、激励扶持等政策措施。

2001～2005年，以“4·26”世界知识产权日为契机，全市广泛开展专利及知识产权宣传培训工作。2002年，化工部连云港设计研究院、连云港鹰游纺织机械有限公司、江苏康缘药业股份公司、江苏汤沟酒业有限公司、连云港自然纤维制品有限公司、江苏豪森药业股份有限公司、灌南压铸机有限公司7家企业被列为省级专利试点企业。2003年，江苏康缘药业股份有限公司被确定为第二批全国企事业专利工作试点单位，成为连云港市首家进入全国企事业专利工作试点的单位。江苏康缘药业股份有限公司、江苏豪森药业股份有限公司等8家企业被认定为2003年度江苏省企事业知识产权管理工作推进计划实施单位。2004年，市知识产权局建成专利战略分析系统专月数据库，并正式投入运行。化工部连云港设计研究院、江苏豪森药业股份有限公司被认定为江苏省重点领域企业和行业知识产权战略推进计划承担单位。康缘药业股份有限公司董事长肖伟获“江苏省首届十大优秀专利发明人”称号。是年，市政府将原连云港市政府知识产权办公会议升级为连云港市政府知识产权联席会议。

2005年，市政府出台《连云港市保护专利权专项行动实施方案》。3月，由中国知识产权研究会、江苏省知识产权研究会联合最高人民法院、海关总署举办的中国2005年知识产权保护论坛在连云港市召开。至2005年底，全市共申请专利2542件，授权专利1530件。

1985～2005年连云港市专利申请授权情况统计表

表31-14　　　　单位：件

年　份	专利申请量	专利授权量	年　份	专利申请量	专利授权量
1985	11	0	1996	79	62
1986	4	7	1997	104	32
1987	13	4	1998	79	74
1988	30	11	1999	89	80
1989	40	32	2000	139	81
1990	37	42	2001	163	116
1991	80	29	2002	235	108
1992	69	75	2003	282	189
1993	76	41	2004	351	175
1994	58	62	2005	537	268
1995	66	42	合计	2542	1530

第六章　气象工作

1978年1月，连云港市气象台恢复重建，采取手绘天气图方法，并结合数理与统计预报方法制作天气预报产品。1995年开展人工影响天气工作。1997年，市气象台手工绘制天气图业务逐渐停止，天气预报人机交互处理系统投入应用，各类电脑传真图、数值天气预报产品通过信息网络参与预报分析。气象服务从专业、公众气象服务发展到为决策服务。

第一节　气象监测预报

一、地面观测网

连云港市国家基础气象观测站共有7座，分别位于连云港市区、赣榆县、东海县、灌南县、灌云县、西连岛及燕尾港。赣榆站为国家基本气象站，其余为国家一般气象站。国家一般气象站执行每天3次定时观测，白天守班，夜间不守班，观测项目有云、能见度、天气现象、气压、温度、湿度、风向风速、降水、蒸发、地表温度、地温、日照、积雪深度。国家基本气象站执行每天4次定时观测，昼夜守班。全市各站除按照国家规定完成基本任务外，赣榆县、灌云县气象站承担编发定时绘图天气报告、补充定时绘图报、航危报任务，赣榆县气象站还承担冻土、农业气象要素观测任务，燕尾港气象站每年5～6月承担编发渔汛报任务。自2001年开始，全市国家基础气象台站陆续实施自动化改造，赣榆基本站于2002年1月1日正式实施自动站单轨业务运行，其余站于2003年1月1日正式实施自动站单轨业务运行。自动站单轨业务运行后，取消云、能见度、天气现象之外的大部分人工观测项目。2003年开始，全市启动无人大气自动监测站网建设。2005年8月27日，连云港市气象观测站增加闪电定位仪探测项目。至2005年底，全市共建成区域无人自动气象站26座，其中含核应急外场自动气象站8座。

图31-13 2004年9月16日，连云港市新一代天气雷达经过一年零四个月的安全运行，正式交付使用。 侍志 摄

二、天气雷达

1985年，市气象局使用711型车载流动测雨雷达。1988年3月移装在市气象局办公楼楼顶，海拔高度17米，有效探测距离200千米。1988年10月12日，在花果山金牛岭安装落成714型天气雷达，海拔高度593.9米，最大探测半径400千米。2002年3月，新一代多普勒天气雷达项目立项，2003年5月在花果山金牛岭建成并投入试运行，是年7月一次性通过中国气象局现场测试和验收。该雷达最大探测半径460千米，每6分钟一次对周边大气进行立体扫描，一次生成76种产品，为当时国际最先进的天气雷达。

三、天气预报

20世纪80年代初开始，市气象局着手研制各类灾害性天气专家预报系统，天气预测准确率有所提高。1985年天气雷达建成使用后，以天气雷达为主要探测手段，结合卫星云图，发布每天12小时以内的短时天气预报，并通过甚高频电话向连云港市气象台和各县气象局传输。1992年，雷达数字化和气象信息网络化以后，市县和周边外省市邻近气象部门都可以通过微机获得714型雷达探测资料，制作短时天气预报。

随着9210气象综合信息处理系统在全国气象部门的推广，1997年起，手工绘制天气图退出历史舞台，微机版MICAPS天气预报分析系统投入业务应用，各类电脑传真图、数值天气预报产品通过信息网络参与预报分析。是年，连云港市海洋气象台成立，制作发布海浪、海温等海洋预报产品。2003年，新一代天气雷达投入业务使用后，雷达产品进入市气象局域网，实现资料共享，结合自动站资料，短时临近预报进入业务化运行。2005年6月，市气象台开始制作发布突发灾害性天气预警信号，发布台风、暴雨、高温、寒潮、大雾、雷雨大风、大风、冰雹、雪灾、道路结冰10类灾害性天气预警信号。

图31-14 1997年，连云港市海洋气象台挂牌仪式。 赵鸣 摄

第二节　气象服务

一、决策气象服务

决策气象服务是指为党政领导发展生产、促进经济建设和抗灾救灾提供的气象信息服务。主要包括重要灾害性天气防御和重大社会活动气象保障服务。1984～2005年，连云港市气象局开展台风、暴雨、寒潮、冰雹等重大灾害天气气象预报服务，为重要农时、春运、中高考、连云港之夏、金秋登山节、西游记文化节、江苏农洽会等系列重大活动提供气象保障服务，先后于1997年、2000年被中国气象局授予“重大气象服务先进集体”称号。

二、公众气象服务

市气象台成立后，广播、电视和报纸一直是公众获取天气预报的主要媒介。公众服务产品从一开始的天气状况、风、温度预报，向生产、生活领域具有较强针对性的气象预报领域拓展。1992年5月，连云港天气预报开始在中央电视台《新闻联播》后全国天气预报节目中播出。1993年，市气象局、电信局联合开通“168”天气预报自动答询热线。1996年7月1日，市气象部门自主制作的气象影视节目在连云港电视台新闻综合频道正式播出，其后增加制作并在经济生活和影视综艺频道播出气象节目。是年，市气象局自主建设“121”电话天气预报自动答询平台。1998年建成手机短信天气预报发布平台，为手机用户提供天气预报短信服务。2003年，“121”电话平台更名为“96121”天气热线，通过不断扩容，至2005年底，热线已有180条线路、9个信箱、15类天气产品，可即时为社会公众提供包括专家在线在内的各类气象咨询服务。2005年12月，“96121”天气热线被评为连云港市首批优质服务品牌。

三、专业气象服务

1982年，市气象局启动面向专业用户的专业气象服务工作。对象主要以农场、仓储、砖瓦厂和港口生产等气象敏感行业为主，以气象警报接收机和邮寄为主要服务方式。2000年，连云港市专业气象台成立，先后增加核电、电力生产和运营、商业、航运、化工、风能开发、海上运动等专业气象服务，专业气象服务取得长足发展，专业气象服务领域显著拓展，传真、微机终端、网络服务和电子显示屏等成为主要服务手段。

第三节　气象通信和科研

一、气象通信

20世纪80年代初无线电传完全取代莫尔斯通信，实现了气象通信的自动化。1985～1994年，连云港市气象局通过短波通信方式接收传真图。1992年5月，因连云港市天气预报登上中央电视台业务需要，连云港至南京专用低速报路开通，实现电信电传发报。1986～2004年11月，通过甚高频方式实现台站无线实时联络，此后通过视频会商系统进行省、市、县联络会商。1992～2005

年，通过分组网通信方式传输气象报文。1997年5月，随着9210系统建成，卫星通信投入业务运行，市气象局建成VSAT站，各县气象局建成PCVSAT单收站，数据量每日达数百兆。1996～2005年，通过卫星接收站接收日本GMS卫星云图。2004年，省、市、县光纤通信网建成，安装使用SONY视频会议系统终端。2005年安装鼎视通MCU设备，可管理全市四县气象部门视频会议系统终端，收发气象信息，实现从市、县气象局域网络到国家、省、市、县气象部门收发信息的网络化。

二、气象科研

1985年，市气象局根据省气象局要求配备专职科技管理人员，负责全市所属气象台、站科研管理，全市气象科研工作逐步展开。气象科研项目渠道来源有江苏省气象局、连云港市科委和市气象局自立课题项目等。1990年开始，市气象局从专业气象有偿服务收入中提取一定比例费用，作为自立科研项目课题研究基金。至2005年底，累计开展省、市课题40余项，开展市气象局自立课题100余项，其中获中国气象局科技进步三等奖1项，省、市科技进步奖30余项，科研内容涉及连云港地区天气系统研究、预报监测方法研究、新业务系统应用技术研究、农作物栽培生产气象条件研究、气象科技服务技术研究、气候考察研究、计算机应用研究等领域。

第四节　雷电防护和人工影响天气

一、雷电防护

1989年末，连云港市气象局开始防雷安全检测工作。1993～1996年，该项工作由市劳动局负责。1997年，连云港市防雷中心成立，办公地点设在市气象局，负责全市防雷装置和防雷工程设计、施工、检测、监督、技术指导、人员培训以及防雷技术产品的开发、推广应用等工作。2000年《中华人民共和国气象法》颁布实施，明确县级以上气象主管机构的防雷安全社会管理职能，从此市气象部门全面开展雷电防护工作，各县也相继成立防雷安全管理机构，实施防雷安全社会管理；同时，根据2000年6月颁布实施的《防雷减灾管理办法》规定，气象部门对防雷检测、设计施工等实行资质管理。2003年后，随着防雷安全越来越得到社会重视，市气象局防雷中心适时开展防雷设计施工图审查，从设计阶段就严把防雷工程质量关，进一步完善新建建筑物的防雷安全管理。

二、人工影响天气

1992年，连云港市发生严重旱情。在市政府要求下，省人工降雨办公室依据天气情况于7月9日在苏北进行飞机人工增雨，获得成功，这是全省首次进行人工增雨。1995年4月，连云港市人工影响天气领导小组成立，办公室设在市气象局，人工影响天气工作步入正规化发展轨道。连云港市人工增雨和防雹作业设备最初使用

图31-15　1997年6月30日，连云港市率先在全省开展火箭人工增雨作业。图为作业现场。　　赵鸣　摄

三七高炮，组织实施按照高炮作业方式进行，随着1997年初连云港高炮营撤编，开始改用WR-IB型火箭作业。1997年6月30日凌晨，在赣榆县实施江苏首次火箭人工增雨作业。是年11月21～22日，江苏省火箭人工影响天气现场交流会在连云港市召开。此后，连云港市人工影响天气工作得到快速发展，在全市范围内陆续建立四县和东辛农场火箭增雨防雹作业基地。至2005年底，全市共实施火箭人工增雨、消雹、消雨作业54次，创造经济效益3亿多元。

第七章　地震预防与监测

连云港市在市、县设有地震局（地震办公室），有2个省属地震台、1个数字地震台网中心、4个市属地震台和1个中继站，负责对市域内及周边地区的震情监测预报、地震应急与防震宣传。1984～2005年，连云港市地震台网共记录本市境内ML≥2.0级地震14次（最大为3.5级地震），邻区ML≥5级以上地震波及连云港市地震4次（最大为1984年黄海6.2级地震）。

第一节　地震监测

一、地震监测台站

1984年，连云港市地震监测台站有省属连云港地震台和东海县、灌云县、灌南县地震台（其中东海县为水化台），以及锦屏磷矿形变台、新海发电厂地震台、港务局地震台、台南盐场地震台。主要观测项目有测震、地磁、地倾斜、水氡、电磁波等。1992年，市地震局新安装1台电磁波仪器，赣榆县在赣马中学新安装1台土电位仪。1999年，东海县政府投资6万元打了1眼深井，并购置1台高精度水温仪；市地震局购置1台西安产MDCB电磁波仪并于当年投入观测；连云港地震台钻孔应变项目于12月投入观测。2000年12月，灌南县地震局购置1台MDCB-3型电磁波仪，结束该县多年来无地震监测手段的历史。2005年6月，赣榆县新安装1台MDCB-V型32方位电磁波监测仪。

二、田湾数字地震监测台网

2000年3月，田湾数字地震监测台网项目由省发展计划委批准立项；12月，省政府为该监测台网建设拨款180万元，由省地震局和连云港市政府共同承担建设任务。2002年7月，田湾数字地震监测台网建成，通过省地震局基建验收组的验收。田湾数字地震监测台网由强震监测系统和微震监测系统组成。强震监测系统按照极限安全地震动加速度峰值和地震报警的需要及国家标准《核电厂抗震设计规范》ZGB50267－97的要求设计建设，微震监测系统由连云港地震台、灌云地震台、赣榆地震台、车牛山岛地震台（江苏省第一个海洋地震台）、东陬山地震台、东连岛信号中继站5个子台和连云港市地震数据处理中心组成。2003年8月，台网正式运行。田湾数字地震监测台网建成后，省地震局又将苏北地区的徐州地震台、沛县地震台、宿迁地震台、射阳地震台数字地震监测信号并入连云港市地震监测台网，连云港市地震监测能力有了明显提升。田湾核电站周围地区监控能力达到1.0级，网内监控能力达到1.5级，以田湾核电站为圆心，半径100千米内监控能力达到2.0级。台网多次监测到山东临沂及青岛的小震群，为地震预报和地震趋势判断提供科学依据。

三、震情监测

1984～2005年，连云港市地震台网共记录市境内ML≥2.0级地震14次，最大地震为1987年10月21日灌南3.5级地震；邻区ML≥5级以上地震波及连云港市4次，最大地震为1984年5月21日黄海6.2级地震，连云港市居民有明显震感，但都没有造成人员伤亡和震害。连云港市地震局分析预报人员先后对1999年12月30日安徽利辛4.7级地震、2000年7月16日台湾兰屿6.6级地震、2001年2月24日印尼7.1级地震、2001年3月2日台湾5.6级地震、2001年3月24日日本九州6.4级地震、2005年11月26日江西九江5.7级地震等在震前作出过地震三要素的内部预测，程度不同地有所对应，取得较好的预测效果。连云港地震台测震、地磁、核旋等观测手段先后8次获得全省第一名，被省地震局记集体二等功；1项成果获中国地震局科技成果三等奖，并被授予“张衡杯”监测资料成果奖。

1984～2005年连云港市ML≥2.0级地震情况统计表

表31-15

序　号	发震日期	时　刻	纬　度	经　度	震　级	地　点
1	1987年10月21日	11时05分00.0秒	34°03′	119°30′	3.5	灌南县
2	1989年5月30日	22时41分00.0秒	34°36′	118°45′	2.4	东海县
3	1989年8月24日	10时14分00.0秒	34°33′	119°22′	2.0	灌云县
4	1991年9月13日	00时01分00.0秒	34°57′	119°11′	2.4	赣榆县
5	1991年10月19日	09时18分00.0秒	34°22′	119°07′	2.1	灌云县
6	1992年12月23日	17时26分00.0秒	34°15′	119°07′	2.5	灌云县
7	1993年7月19日	15时32分00.0秒	34°24′	119°28′	2.5	灌云县
8	1993年8月12日	05时44分00.0秒	34°24′	119°45′	2.1	灌南县
9	1996年8月10日	09时52分00.0秒	34°20′	119°07′	2.0	灌云县
10	2000年11月13日	15时30分00.0秒	34°18′	119°41′	2.2	灌南县
11	2000年12月11日	18时01分00.0秒	34°29′	119°01′	2.8	东海县
12	2001年10月3日	13时11分00.0秒	34°42′′	119°05′	2.2	赣榆县
13	2004年9月8日	19时56分00.0秒	34°13′	119°33′	3.2	灌南县
14	2004年11月16日	01时41分00.0秒	34°12′	119°31′	2.4	灌南县

1984～2005年邻区波及连云港市ML≥5级地震情况统计表

表31-16

序　号	发震日期	时　刻	纬　度	经　度	震　级	地　点
1	1984年5月21日	23时38分54秒	32°29′	121°36′	6.2	黄海
2	1987年2月17日	11时03分27秒	33°35′	120°32′	5.0	射阳
3	1992年1月23日	05时41分19秒	35°12′	121°04′	5.3	黄海
4	1995年9月20日	11时14分27秒	35°00′	118°00′	5.2	苍山

第二节 地震应急与防震宣传

一、地震应急

1985年起，连云港市着手研究地震应急工作。1986年7月完成《连云港市地震构造图》编制工作。1992年7月，江苏省苏北地震烈度复核验收会在连云港市召开。1997年12月，市政府印发《连云港市破坏性地震应急预案》，并建立防震减灾联席会议制度，一旦出现重大地震灾情，联席会议成员单位自动转为市抗震救灾指挥部成员单位。

2001年起，市地震局协助省地震局对田湾核电站场址、市政府行政中心大楼、新海发电厂扩建工程等进行地震安全性评价，为工程建设提供安全可靠、经济合理的抗震设防要求。

2003年8月，市政府办公室印发《连云港市地震安全性评价管理办法》，规定一般工程必须按照国家地震动参数区划图进行抗震设防，设防烈度高于国家地震动参数区划图设防标准的重大工程、特殊工程、生命线工程、可能发生严重次生灾害的工程必须进行专门的地震安全性评价工作，并按照地震安全性评价结果，按地震主管部门批准的抗震设防标准进行设防；按照职责分工，一般建设工程的抗震设防要求由市建设局抗震办管理，重大工程、特殊工程、生命线工程和可能引发严重次生灾害的工程地震安全性评价工作由连地震局进行管理。

2005年，市政府召开地震联席会议成员单位负责人会议，布置建设防震减灾预警机制和修订地震应急预案工作。

二、防震宣传

1984～2005年，市地震部门加强防震宣传教育工作。先后编印《防震知识》《地球·地质·地震》《防震抗震知识300题》《怎样防避地震》《地震应急工作指南》《神工鬼斧话地震》《揭开地震神秘的面纱》等地震科普知识读本，其中《怎样防避地震》《神工鬼斧话地震》被江苏省地震局评为全省地震系统优秀科普作品。1998年《中华人民共和国防震减灾法》颁布施行后，市地震局利用每年3月1日防震减灾法颁布纪念日、7月28日唐山大地震纪念日、10月第二个周三国际减灾日，组织咨询、讲座、图版展览、散发科普资料、放录像、出黑板报、印发科普简报等大型地震科普宣传活动，提高社会各界的防震减灾意识和技能。2004年11月，市地震局、连云区政府在宿城乡建成连云港市地震科普教育基地，设有30块地震科普图片展板、60件岩石和矿物标本、14台地震仪器、1个录像播放厅等设施，至2005年底受教育群众1万余人次。

图31-16 市地震部门开展青少年地震科普宣传活动
侍志 摄于2005年

连云港市志

第三十二卷　教　育

改革开放后，连云港市教育事业迎来新的发展机遇。1985年，全市普遍实行市、县、乡镇分级办学、分级管理新体制，教学投入显著增加，至年底，全市农村中小学基本实现“一无两有”（校校无危房，班班有教室，人人有课桌凳）。1987年，市政府印发《关于加快普通教育事业改革和发展的决定》，就全市义务教育和普通教育如何为地方经济建设服务、加强和改革中小学德育工作、提高教师素质、稳定教师队伍、多渠道筹措教育经费、改善办学条件等重大问题作出具体规定。1996年，全市完成“两基”（基本普及九年义务教育、基本扫除青壮年文盲）目标。

1995年1月，市委、市政府召开全市教育工作会议，明确提出全面实施科教兴市战略，落实教育优先发展战略措施。“八五”和“九五”计划期间，结合实施义务教育，全市加快中小学布局调整和体制改革步伐，各级各类学校内部管理体制改革不断深入，全市义务教育阶段学生全部实行免试就近入学。积极实施基础教育课程改革，通过创建合格中小学、省示范初中、重点高中和创建评估实验示范幼儿园等举措，全市基础教育办学水平和教学质量进一步提升。全市高中教育事业稳步发展，农村实行普教、职教和成人教育“三教”统筹综合改革。中等职业教育结构改革取得新进展。高等教育初具规模。20世纪90年代，全市各类专门人才培养总量比80年代翻一番，全民受教育程度和劳动者素质显著提高。至2000年底，初步建立了符合教育发展规律、主动适应港城建设和社会主义市场经济发展需要的教育体系。

2001～2005年，全市教育改革和发展的力度进一步加大。农村义务教育全面实行以县为主的管理体制，实现了从农民群众办学为主向政府办学为主、从乡镇政府管理为主向县级政府管理为主的转变。基础教育运行质量进一步提升，义务教育迈入均衡发展轨道。通过实施“三新一亮”（新课桌、新课凳、新讲台、电灯亮）工程、“六有”（有整洁校园、有卫生食堂、有水冲厕所、有安全宿舍、有冷热饮用水、住宿生每人有一张床）工程和“校校通”（教育信息化建设工程）工程，全市中小学校硬件设施不断完善，信息化、现代化水平不断提高。职业教育学校通过重组整合，规模进一步扩大，办学层次提升，教育结构优化，初步建立起与地方经济社会发展和企业用工需求相匹配的职业教育体系。高等教育通过资源整合，扩大办学规模，实现跨越式发展。全市共兴办600多所民办学校，累计投入资金5亿多元。

至2005年底，全市有各级各类学校1489所，在校生99.47万人。九年义务教育人口覆盖率达100%，小学入学率99.98%，初中入学率99.97%，高中入学率87.3%，青壮年非文盲率99.3%。全市人均受教育年限10.2年。

第一章 教育改革

1984年，灌云县、赣榆县朱堵乡、东海县安峰乡进行县、乡分级办学、分级管理试点，揭开全市教育体制改革序幕。1985年中共中央《关于教育体制改革的决定》颁布后，连云港市普遍推行基础教育市、县、乡镇分级办学、分级管理的新体制。1990年，农村启动实行普通教育、职业教育和成人教育“三教统筹”综合改革，推动农民整体素质提升和农村经济发展。全市农垦、盐业、铁路系统和碱厂办学全部移交地方。市、县区教育行政主管部门积极稳妥地推进以政府办学为主、社会广泛参与、多种形式并存的基础教育办学体制改革，深化招生、收费、就业制度改革，义务教育阶段全部实行免试就近入学制度，推行非义务教育缴费上学制度，实行双向选择、自主择业的毕业生就业制度。全市各级各类学校深化内部用人、分配、管理制度改革，高校实行党委领导下的校长分工负责制，各级各类其他学校推行以校长负责制、教职工全员聘任制、岗位责任制、津补贴总量包干制为主要内容的人事制度改革和后勤部门社会化改革。2005年，初步形成与全市经济社会发展和教育事业发展相适应的教育体制及教育工作机制。

第一节 管理体制改革

一、分级办学 分级管理

1984年，连云港市教育体制改革试点工作启动，确定灌云县、赣榆县朱堵乡、东海县安峰乡试行分级办学、分级管理。1985年，中共中央颁布《关于教育体制改革的决定》，连云港市在总结试点经验的基础上，全面推行分级办学、分级管理体制，把发展基础教育的责任和部分权限交给地方。明确市教育局负责管理连云港教育学院、海州师范学校、连云港师范学校、市区范围内的重点中学、市聋哑学校；各县教育局负责管理本县范围内的重点中学、完全中学、农村职业中学、实验小学、教师进修学校；乡（镇）村共同负责管理本乡（镇）村的初中（含联中）、小学。至20世纪90年代末，全市基本形成市、县、乡三级办学、三级管理新体制，市管理市直学校，县管理县直学校，乡管理乡村学校。

2000年，市政府将原属海州区管理的蔷薇中学并入海州中学，实行一体化管理，原蔷薇中学改称海州中学分校；将原属新浦区管理的新浦中学和延安高级职业中学收归市教育局直接管理，逐步改革普通高中、职业高中的管理体制，加大市级统筹力度。

2001年，市政府召开全市教育工作会议，明确县级政府负责全县办学规划、学校布局调整、教育投入、教育经费管理和教师工资发放。市教育局制定印发《关于切实做好农村中小学教师工资上划县级管理工作实施意见》，各县开始实行教师工资上划县级统一发放的管理制度。从2002年起，全市开始实行农村义务教育阶段以县为主的管理体制，教师工资发放实行县级财政专户管理，此后未发生新的拖欠教师工资现象。

2003年，针对全市部门办学存在的规模小、质量低、效益差、资产流失严重的问题，市政府批准市区十校资源优化配置重组方案，将原行业部门办的7所职业学校和市电视大学划归和委托给市教育行政部门管理，并根据全市社会经济发展需要，对专业进行重新划分和调整，构建计算机辅助设计等5大实训中心，形成市职教中心、旅游学校和高级技工学校3大教育集团，市区职业教育体系初步建立。

2005年，农村义务教育以县为主管理体制全面确立，全市农村义务教育实现从农民群众办学为主向政府办学为主、从乡镇政府管理为主向县级政府管理为主的转变，各县实现由县级政府统一规划教育事业、统一筹措教育经费、统一发放教师工资、统一管理教师队伍的管理目标。

二、学校内部管理体制改革

1985年，中央提出在中小学实施内部管理体制改革后，全市有部分小学在吸收外地经验的基础上，进行尝试。1990年，全市有7所中学、42所小学进行学校内部管理体制改革试点工作。1993年，根据《中国教育改革和发展纲要》精神，市教育委员会印发《关于在海州中学等三所学校实施内部管理体制改革的决定》，在市直属学校中的海州中学、连云港教育学院附属中学、海州师范附属小学实施内部管理体制改革试点。主要内容是对20世纪80年代一直沿用实行的党支部领导下的校长分工负责制进行改革，实行校长负责制、教职工聘任制、结构工资制、岗位责任制和奖惩制度。教育主管部门对实施内部管理体制改革的学校进行核编、定编，并测算包干工资的总额。在参照方案中对各项改革工作的内容加以细化，设定具体操作方法。学校从校长到每一名教职工都定出明确的岗位职责。改革调动了教职工积极性，改善了教职工生活待遇，推动了教育质量提升。1994年，市教育局在全市扩大改革试点面，鼓励凡有改革积极性的学校都进行改革。

1998年底，连云区政府办公室印发《连云区教职工聘用管理办法》。此后，区委、区政府又相应出台《连云区推行中小学中层及以上干部聘任制的意见（试行）》《关于中小学教职工聘用管理工作若干问题的处理意见》《连云区中小学教职工津贴发放暂行办法》等，对全区每所学校的岗位职数、任职条件、聘任程序、岗位待遇、聘后管理作出具体规定。是年，灌南县开始实行全员聘任制、校长选任制、岗位责任制和经费包干制。1999年，灌南县教育系统举行教师业务知识考试，全县1444名参考人员中，823人通过考试取得聘任资格，425人取得试聘资格，196人被缓聘处理。东辛教育集团在首轮聘任中，742名教职工全员参与，实际聘用618人，落聘124人，其中代课教师全部辞退，减员幅度达16.7%。各县区对试聘、落聘人员采取试聘、缓聘、待岗、转岗学习等处理办法。1999年，全市学校教师（不含企业办学单位）有45人落聘、379人试聘、241人缓聘，初步形成竞争氛围，缓解了师资分布不均问题。1999年5月，全市师资工作会议召开，市政府办公室印发《关于中小学实行全员聘任制的意见》，各县区、直属学校按政策规定全面推行全员聘任制。2000年6月，市教委召开全市中小学全员聘任制经验交流会。此后，教职工全员聘任制成为全市教育系统的常规工作，且在发展中不断完善。

2000年初，全市高校后勤社会化改革、人事制度改革工作启动，确定以连云港职业技术学院为试点单位。是年4月，职业技术学院后勤部门开始从学院行政系统剥离，成立生活服务中心、车辆服务中心、文印中心、学生公寓管理中心、校园环境管理中心、水电管理维修中心、基建维修中心、医疗服务中心8个自主经营、独立核算、自负盈亏的后勤服务实体，按现代企业管理机制运作，于年底完成剥离工作。是年，学院制定《机关工作人员竞争上岗实施意见》，经定岗、定编、个人申请、笔试、面试、党委研究、公示等程序，28人竞聘上岗；机关科室人员进行转制分流，从原130余人精简到66人。是年底，对系部主任、副主任进行民主直选，25人当选系部正、副主任。2001年底，连云港师范专科学校、连云港电视大学相继成立独立核算、自负盈亏的后勤服务公司。当年建成的高校生活园区一期工程4幢学生公寓楼交付使用，3000余名大学生入住。全市各高校食堂全面实行承包管理。连云港师范专科学校实行教职工全员聘任制，按需设岗，竞争上岗；打破分配上的平均主义和干部能上不能下的惯例，实行机关机构改革和系部分配制度改革；实行学校中层干部试聘制，教师工资实行系部工资包干制，拉开优秀教师与一般教师分配档次，留住了一批骨干教师。

2005年，市教育局制定《连云港市教育局直属社会公益型事业单位人事制度改革实施计划》，在15所直属学校实施全员聘任工作。在2520名应聘者中，聘用教学岗位2092人、教辅岗位121

人、后勤岗位121人、转岗42人、缓聘52人、落聘15人、提前离岗退养64人、高职低聘13人，有6%的教师离开原工作岗位。初步形成以岗定薪、以岗定人、薪随岗变的人事管理机制。选聘新教师实行双向选择、凡进必考、择优录用，经两轮考试，按程序进行，全过程监督，年内共吸纳新教师2000余人。

第二节　办学体制改革

一、民办教育

改革开放后，连云港市的民办教育首先在幼儿教育上取得突破。20世纪80年代末90年代初，全市企事业单位、机关团体等社会各方面力量办起一批幼儿园。

1994年起，连云港市社会力量办学快速发展。1994年5月，经市政府批准，连云港市第一所个人开办的全日制小学——连云港市凤凰学堂建成，校址在新浦区南城镇，是年招收一年级新生30余人。

1996年，根据省教委、省物价局《关于中小学办学体制改革中有关问题的通知》精神，市教育行政部门出台了相应的中小学办学体制改革办法，依托省、市重点学校、实验学校举办10所民办公助学校[①]。1998年进行民办公助办学体制改革试点，确定市解放路小学、海州师范学校附属小学、连云港师范附属小学为试点学校。1999年，在保证义务教育阶段每一个学生都有一个学籍前提下，全市15所省、市级重点中学和8所实验小学进行民办公助试点。

2000年，按市教育行政部门的要求，有条件的公办幼儿园按民办机制运作，实行公有民办、民办民营，或采取承包、租赁等办法；普通高中段学校根据学校办学现状，选择实行公办民助、民办公助、民办民营3种办学体制改革模式；省市重点中学实行初高中分离，分离后的高中部分实行公办民助，缴费上学；办学条件差、办学水平不高的学校实行与省市重点中学联合办学，或按民办公助方式运作；职业学校根据社会需求，组建职教股份制集团，或以学校为单位引入民营机制以增强办学活力。义务教育阶段学校继续选择部分办学条件好、办学水平高的学校和办学条件差、办学水平低的薄弱学校进行办学体制改革试点。实验小学、示范性初中、现代化窗口学校根据实际情况进行三种形式的改革：一是全部改为公有民办学校；二是部分引入民办机制举办公办民助班；三是发挥名校效应，用公办民助方式跨区域兼并薄弱学校以盘活教育资源。是年，市教委制定《连云港市非学历中等教育机构设置暂行规定》，规定教育机构的设置标准、审批程序和管理办法。组建社会力量办学评审专家组，将社会力量办学审批工作移交市行政审批服务中心进行，以增强透明度。是年底，经市县两级行政部门审批的社会力量办学机构133个，全年培训各类人员21万人次。

2001年，市教育局对满一年试办期的18个教育机构进行评估验收，换发社会力量办学许可证。市教育局针对各教育机构纷纷举办面向中小学生的文化补习培训班问题，出台《关于当前进一步加强社会力量办学管理工作意见》，叫停一批以营利为目的的文化补习班，特别对举办气功专业的社会力量办学机构进行清理整顿，作出处理决定。是年，新海实验中学和连云港外国语学校按民办机制进行自主招生，连云港师专第一附属小学与新海实验中学联办九年一贯制试验班，

---

① "公"指政府、"民"指社会团体和公民个人，是政府办学与社会各界参与办学相结合的新体制。

连云港外国语学校与海州中学联合进行高中段“3+2”办学模式试验。

2002年，民办连云港南洋国际学校奠基；2003年主体工程竣工，是年9月正式开学。

2003年，市教育局调研各县区民办学校、公办民助中小学招生收费情况，对热点学校进行个案调整，出台《2004年全市中小学中专校招生工作意见》，规定公办民助中小学在符合独立法人、独立校园、独立实行经费核算和人事管理办学条件的前提下，须经物价部门对收费批准审核后方可招生，其当年招生数和班数不得超过所依托的公办学校招生规模。

2005年，市区按民办机制运作的公办初中和公办民助初中采用电脑派位方式录取新生。市政府制定印发《关于加快发展民办教育的暂行规定》，鼓励社会力量举办民办教育。为吸引外地骨干教师到连云港任教，规定外市大学本科及以上学历，年龄在40周岁以下，中学一级以上职称的优秀高中教师到连云港市民办学校（不含高校）任教，按人才流动有关政策规定，享受事业单位待遇。至年底，全市共审批民办教育机构400多个，投入资金5亿多元，在校生近10万人，初步形成以公办学校为主体、社会各界共同参与的办学格局。

二、企业办学划转地方

2000年2月，省政府下发《关于进一步推进我省国有企业分离办社会职能的实施意见》，对分离企业办学提出6条实施意见。2001年3月，省政府办公厅下发《关于省农垦企业分离办学职能的实施意见》，对分离办学的对象、学校资产移交、人员移交、学校接收单位、移交后的办学经费、移交的时间安排及组织领导工作等提出明确实施意见。2001年5月23日和8月29日，连云港市政府两次召开市长办公会，专题研究境内农垦企业分离办学职能问题，要求加快岗埠农场、东辛农场、云台农场、南云台林场的分离办学进度，在组织领导、工作进程、移交人员、资产等方面提出具体要求。2001年上半年，各有关县区成立企业分离办学职能领导小组并展开工作。年内，岗埠农场、东辛农场完成学校财产、债权、债务清理登记上报和教职工登记、核编、资格认定及留用人员的鉴定工作，按属地管理原则，分别与东海县、灌云县签订移交协议。东辛农场移交灌云县教育局管理的教职工533人（其中职工109人），岗埠农场移交东海县教育局管理的教职工274人（其中职工18人）。至2004年底，云台农场中小学在职教职工65人（其中职工6人）、南云台林场中小学在职教职工46人（其中职工4人）移交新浦区教育局管理。省农垦系统移交连云港市918名教职工（其中职工137人）。

2003年7月，省政府办公厅转发省教育厅、财政厅、人事厅、经贸委、盐务局《关于省盐业企业分离办学职能的实施意见》。江苏金桥盐化集团有限责任公司按文件精神对所属5大盐场中小学的财产、债权、债务进行全面清理、登记，是年10月报上级部门审核、备案。又按《省政府办公厅转发省编办等部门关于核定中小学教职工编制实施意见的通知》规定，根据各盐场中小学所处地区类别进行核编。由于各盐场中小学教学人员和非教学人员超编，采取考试择优移交的办法，239名教职工（含教辅、工勤人员29人）通过考试。

2004年1月6日，市政府办公室印发《关于铁路系统办学移交地方管理的实施意见》，对铁路系统在连云港市辖区内所办中小学移交地方管理的新浦铁路职工子弟中学、新浦铁路职工子弟小学、连云港铁路职工子弟小学的在职教职工77人（以2003年12月31日为限，在2003年12月31日前已达退休年龄及已办理离退休手续人员不作移交）整建制移交地方管理提出明确意见。新浦铁路职工子弟中学、新浦铁路职工子弟小学由市教育局接收，人员分别并入连云港师专附属中学和连云港师专第一附属小学。连云港铁路职工子弟小学由连云区政府负责接收，人员并入陶庵小学。是年10月，中石化碱厂小学、碱厂中学移交连云区教育局管理。

第三节　招生考试制度改革

一、初中招生考试制度改革

1984年，连云港市区一般中学采取按小学毕业生家庭住址分片就近升入初中的办法，重点中学采取就近和适当择优相结合的办法招生。

1986年，市区取消初中招生考试，只进行毕业统考，凡准予毕业的小学生都可升入初中学习。新海中学根据毕业生成绩就近招收具有新浦地区常住户口的民主小学、浦西小学、南极路小学、幸福路小学、西巄小学、临洪小学的毕业生100人和其他小学毕业生200人。海州中学在海州地区择优招收具有常住户口的小学毕业生。各县重点中学招生办法由各县自定。

1987～1988年，新海中学初中部招收4个班200名学生。其中，在新浦地区西部招收70人，在新浦地区东部招收130人。海州中学初中部招收8个班400名学生，在海州、锦屏、新坝地区招生。市教育局要求各县按国家教委改革初中招生办法的通知精神，两三年内过渡至实行就近入学，取消重点中学择优招收初中生的办法。

1989年，小学毕业生考试在科目计分上略有调整，语文、数学、英语满分为100分，在计作升学成绩时满分为70分；自然学科计作升学成绩时满分为30分。未开设英语课的学校不考英语。

1991年，市区一般中学仍实行划片招生。市区重点中学采取分配名额的办法招生，分配名额时，对江苏省新海中学附近的西巄小学、浦西小学、临洪小学仍给予适当照顾。是年，新海中学、海州中学采用这种办法各招收300名初中新生。

1998年5月，《全市义务教育阶段中小学全面实施就近免试入学方案》颁布实施，正式在全市范围内全面取消“小升初”考试，首先在新浦区、海州区实施义务教育阶段免试就近入学。1999年，市区初中学校招生全部实施免试就近入学。

2003年起，全市初中招生全面实行“义务教育通知书”制度，严格履行小学与初中的交接手续，防止学生流失。2004年，省示范初中设立的民办公助班停止招生，符合“四独立”[①]条件的市区民办初中采用电脑派位方法录取新生，县城民办初中仍采用考试择优录取办法招收新生。2005年，全市小学生毕业升学率达99.97%。

二、中等教育招生考试制度改革

1986年前，连云港市中等教育考试招生实行预选考试制度，报考师范美术、音乐班的考生还须加试专业。

1986年，市区中等教育（含普高、职高、中师、中专）招生取消预选考试，初中毕业考与升学考合并进行，根据考生成绩，按考生报考志愿顺序录取。新海中学高中部继续对各县招生，每县15人。各区除可以指定本区一所完中的毕业生不予报考重点中学外，其他学校均可报考重点中学。

1990年起，按省教委规定，全市对初二年级学生进行历史、地理科目的结业会考，成绩计入学生档案，缺少成绩者不发给毕业证书。历史、地理一张试卷，成绩各占50%，其中乡土历史占15%。

① “四独立”指独立招生、独立财务、独立教学设施、独立法人。

1992年，连云港市首次在重点高中、中等师范招生时增加体育考试，考试项目有50米跑、立定跳远、推铅球三项。每项满分20分，共60分。评分标准按省编中学生体育课本初三年级身体素质考核评分标准制定。1994年，体育三项每单项成绩改为满分15分，总分45分，评分标准未变。从1995年起，全面实行初中毕业生升学体育考试制度。

自1996年起，根据国家教委颁布的《九年义务教育全日制小学、初中课程计划（试行）》要求，连云港市在每年的5月28日对全市初中进行历史、地理、生物学科结业会考，作为义务教育阶段的终结性考查。地理、生物会考在初二年级进行，历史会考在初三年级进行。

1999年起，全市高中阶段教育的各类招生工作实行统一管理、统一组织、统一政策、统一考试、统一录取。市教委设计开发了1999年连云港市中等学校招生考试计算机管理系统软件，应用于学籍管理、考务工作和教学评估。

2003年，全市高中段招生按招生范围、计划和要求，实行考生一次填报志愿。志愿包括新海高级中学、国家级示范高中、省重点高中、五年制高职（含师范类）、普通高中（含市重点高中、综合高中）、普通中专、职业类学校（含市属地方普通中专、职业高中、成人中专、技工学校）。五年制高职（含师范类）与普通高中不得兼报；普通中专与职业类学校不得兼报；往届初中生不得报考国家级示范性普通高中和省重点中学。全市初中生毕业考试与升学考试一并进行，实行“两卷合一”。报考师范类及省中专有关专业的须参加体检，报考师范类和普通高中音体美特长生须参加面试。

2004年，招生办法除按2003年的方法实行外，又规定按民办机制运作的学校、公办民助学校必须按物价部门核定的标准及收费方式收费，学校一律不得擅立项目乱收费。从严执行公办高中招收择校生的“三限”（限人数、限钱数、限分数）政策，规定择校生比例不得超过高中实际招生总人数的20%；少数通过银行贷款易地扩建校舍，招生规模超过2000年实际招生总人数1倍的学校，择校生比例最高不得超过该校总人数的35%；录取中不得低于市招生办公室设定的最低控制分数线；择校生收费标准严格按市教育、物价、财政部门的规定执行，四星级高中每生不得超过2.5万元，三星级高中每生不得超过1.8万元，二星级高中（含综合高中）每生不得超过1万元，一般高中不超过0.5万元。择校生按规定一次性缴纳择校费后，分学期缴纳学费。是年，连云港市首次把实验操作测试成绩记入中考总分（满分10分），在江苏省属首创。

2005年，市教育局制定并实施《连云港市初中生学业考试、综合素质评价及高中招生制度改革方案》，在全市初中段学校实行学业水平评价。学业水平评价包括学业考试（语文、数学、外语、物理、化学、政治和历史各科总分750分）；学业考查含英语口语、理化生实验操作、体育、生物、地理、信息技术、劳动技术、研究性学习等。实行初中生综合素质评价的内容为道德品质、公民素养、学习能力、交流与合作能力、运动与健康、审美与表现六方面。由学生自评和互评、班主任评价、任课教师评价三方对每个学生的6个方面进行评价。评价等第从高到低分为A（优秀）、B（良好）、C（合格）、D（不合格）4个层次。总计有18种结果，对18种结果加权分析后，再参照学生综合实践活动过程中的表现情况最终得出综合性评价等第。高中招生坚持综合评价择优录取的原则，即改变以升学考试科目简单相加为唯一录取标准的做法，高中招生录取既看学生学业成绩，又看综合素质；既看学生现有发展水平，又看其成长过程；既看学生全面发展，又看某一方面突出才能。这一方案的实施，对全市推进中小学实施素质教育和新课程改革具有导向作用。

三、高等学校招生考试制度改革

1984年，根据全国、全省高校招生制度规定，连云港市应届高中毕业生继续实行高考预选制度。全市参加高考预选考生8271人，合格考生4968人。社会青年、在职职工参加高考预选考试，由县区组织进行，可以单独命题，也可以结合应届高中毕业生的预选考试一起进行。

1988年，连云港市制定高校招生预选考试的工作意见，明确参加招生预选考试的对象、条件、报名等规定。预选指标分配到县，指标中文科类占20%、理科类（含体育）占75%、外语类占5%。

1991年，江苏省普通高校招生预选考试与省属师范专科院校提前单独招生结合进行。全市10151人参加预选考试（其中应届生6128人、往届生4023人），其中4253人通过预选参加当年高考。是年，高校、中专（招收高中毕业生）共录取连云港市新生2401人，其中重点高校308人、一般高校488人、专科学校1313人、中专292人。省师范专科院校参加省命题考试，采取提前单独招生、定向录取的办法。全市4607人报考师范专科，达线203人。由于生源较好，当年省属师范院校在连云港市扩招24名本科生。

自1991年秋季起，连云港市实施国家教委《现行普通高中教学计划的调整意见》和普通高中会考制度，取得会考合格证书的考生才可参加当年全国高考。1994年，全市6163名学生报名参加普通高中毕业会考，9科会考合格人数5369人，合格率87.12%；不合格437人，流失357人。

1998年，江苏省被教育部列为高考“3+X”试点地区。从1999年起改为先考试后填报志愿，开始实行新一轮高考制度改革。2000年，试行“3（语文、数学、外语）+小综合（文科综合或理科综合）”，语文考试时间为150分钟，数学、外语（增加听力考试）考试为120分钟。每门分值150分，小综合分值300分，总分750分。当年高考实行考生档案电子化，艺体类考生进行网上录取。2002年起试行“3（语文、数学、外语）+文理综合（不再分文、理科）”。从当年的高二年级开始，9门学科文化课不再组织全省的统一会考，由学校自行组织结业考试。保留技能项目的全省统一考查，包括理科实验操作、劳动技术和信息技术，学生取得这三个科目的合格证书才能毕业并有资格参加高考。

2003年，江苏省在高校统一招生考试中实行“3+2”模式。“3”即为语文、数学、外语，每位考生必考。每门学科分值150分，计入高考总分。“2”为在政治、历史、地理、物理、化学、生物5门学科中，由考生根据自己的特长和高校的要求自主选择2门考试科目，每门分值150分，计入高考总分。从2003年起，每年的高考考试时间提前一个月进行，即每年的6月7日、8日、9日、10日四天。2005年起，高考志愿填报办法实行平行志愿加征求志愿。2005年，全市25541人报名参加高考，20549人被各类高校录取，录取率80.45%。

第四节　农村教育综合改革

1983年，东海县张湾乡利用原农经试验站基地，办起连云港市第一所乡镇成人教育中心校。1984年，东海县政府召开全县农民教育经验交流会，总结推广张湾乡的办学经验。至1985年底，东海县各乡镇基本建齐成人教育中心校，在全市产生示范和辐射效应。1988年，东海县被国家教委确定为“燎原计划”（即通过“农科教”结合培养农村致富能手和带头人，实现农村共同富裕的计划）示范县，被省教委确定为全省教育综合改革试验区。是年，全市先后有36个乡镇被省政府确定为“燎原计划”示范乡镇，共确定“燎原计划”项目28个，贷款154万元，产生经济效益3.2亿元。

1990年开始，全市推行农村教育综合改革，改革的主要内容是在农村实行普通教育、职业教育与成人教育“三教统筹”，资源共享，加快对农民的文化和技术培训，全面提高农民素质，同时进一步加强乡、村两级成人学校建设，使农村教育更好地为“三农”服务。至1990年底，全市97个乡镇中，有78个乡镇建起成人教育中心校，其中有58所乡镇成人教育中心校达到市级验收标准。1992年，全市87个乡镇建成成人教育中心校，多层次、多形式举办各类实用技术培训班，成人教育中心校还向中专、大专层次发展，为乡镇企业培养一批较高层次的技术人才。全市在农村逐步建立起农村教育与当地经济社会相互促进、协调发展的机制。

图 32-1　2005年，农村中学学生用显微镜进行科学观察。　赵鸣　摄

1996年4月，市教委召开全市农村成人教育工作会议，推广灌云县东辛乡，东海县石梁河乡、黄川乡成人教育基地建设的成功做法。赣榆县教育部门配合县委组织部门，对1000名村级企业干部进行文化基础知识和实用专业技术的系统培训。东海县教育部门配合乡镇企业按全省“二四八工程”（对乡镇企业职工进行培训，达到每百人有2人大专毕业、4人中专毕业、8人中技毕业）的要求，培训企业骨干分子，提高乡镇企业干部和村干部学历层次。是年10月，市政府召开全市教育促小康工作交流现场会，推广赣榆县、东海县的做法。年底，全市10个乡镇的农村教育综合改革工作受到省教委表彰。

2000年，赣榆县龙河乡等5个乡镇成人教育中心校被省教育厅确定为重点乡镇成人教育中心校。年内，全市教育兴农工作会议在东海县召开，印发《进一步加快农村成人职教中心建设的意见》。2004年，全市创建1个省级农科教结合示范基地和1个省级社区教育实验区。全年推广农业科技致富项目236个，其中省级立项项目23个。

2005年，市教育系统利用连云港职业技术学院和其他高校有关专业的人才和学科优势，举办各种形式的农村实用技术培训班，全年受训农民41万人次。在帮助农民掌握实用技术的同时，重点培训一批能帮助和带领农民走向市场的农民经纪人，带动农民走出家门，走向市场，助劳致富。年内，市农科教结合示范基地在赣榆县揭牌，全市劳动力转移培训11.4万人次。

第二章　基础教育

1984～2005年，随着教育体制改革的逐步深入和义务教育法的全面贯彻实施，连云港市的基础教育进入普及提高、稳步发展的新时期。其间，通过省示范性实验园、市优质幼儿园评审，小学达标校和合格初中验收，完善高中质量评价制度，创建省、市合格重点中学，撤并和改造薄弱学校，加大对特殊教育的投入等一系列举措，实现市、县（区）、乡三级办学和中小学“一无两有”（小学、初中校舍校校无危房；班班有教室，人人有课桌凳）的基本办学目标，基础教育成效明显。全市4～6周岁幼儿入园率由1984年的56.6%提高到2005年的99.5%。小学、初中入学普及率、巩固率、毕业率均达到国家实施九年制义务教育所规定的目标，办学条件和办学水平有较大提高；初中毕业生升入高一级学校的比例由1984年的24.4%提升到2005年的87.3%。普通高中事业稳步发展。2005年，高中在校生人数由1987年的2.03万人增加到9.66万人，高考本二以上上线人数6655人，上线率达27.95%，居全省第四位。在三星级以上学校接受优质普通高中教育6.95万人，占全市普通高中在校生的71.95%。普通高中与职业高中招生数之比为1∶0.9。从1997～2003年的两轮改造薄弱学校工作，全市共撤并、改造薄弱学校1138所。

2005年，全市有幼儿园759所，在校生10.7万人；小学487所，在校生41.14万人；特教学校7所，在校生2783人；普通中学214所，在校生39.61万人；职业高中15所，在校生2.41万人。

第一节　幼儿教育

一、事业概况

1984～1987年，连云港市继续改革幼儿教育办学体制，走政府负责、社会各界参与办园的路子，呈现城市教育部门办园，行业、企业等社会力量办园和农村村村办园的景象。1984年，全市有幼儿园1788所1911个班，在园幼儿6.2万人，幼教职工3273人，4～6周岁幼儿入园率56.6%。总体上办学设施缺乏，师资队伍素质不高，管理理念有待提高。

1988～1990年，全市幼儿教育事业贯彻全国托幼工作会议纪要精神，稳步发展。1988年，全市有幼儿园1670所3095个班，在园幼儿11.68万人，教职工4420人。是年，按《连云港市幼儿园全面评估指标体系》评估定类，有13所幼儿园被评为市级一类幼儿园。1990年，全市幼儿园发展到1933所3506个班，在园幼儿13.45万人，教职工5150人。连云港市被列为实施国家《幼儿教育管理条例》和《幼儿园工作规程（试行）》试点市，实行幼儿教师持证上岗制度，开展幼儿园分类评估验收工作，幼儿园规模扩大，多数幼儿园能按大、中、小班分班教学，单班幼儿园减少。

1991～2000年，全市幼儿教育事业继续稳步发展。各县、区结合农村教育综合改革，大力提高农村幼儿入园率。从1993年起，村幼儿园逐步实行乡统筹统管、多渠道筹资办园的机制，加快幼儿园环境和办学条件的改善。1994年以后，市区幼儿园逐步设立游戏室、电教室、科学实验室及图书阅览室等，建设户外活动软塑场地，购置大型活动器材，每班有钢琴、彩电等，部分幼儿园开设英语课。1994年，连云港市启动幼儿教育现代化工程试点工作，开展江苏省示范性实验幼儿园创建。市政府印发《关于加强和改进幼教工作的意见》，农村乡镇中心幼儿园与中心小学分离。是年，全市学前三年入园（班）率88.2%，学前一年入园率97%，注册幼儿园111所，注册率81.2%。1997年开始规划、

图32-2　20世纪90年代初，幼儿园小朋友春游桃花涧。
赵鸣　摄

调整幼儿园设点布局。至2000年底，全市有一类幼儿园79所，其中东海县幼儿园、东海县实验小学附属幼儿园、赣榆县海头镇中心幼儿园、市六一幼儿园、市机关幼儿园、市钟声幼儿园、市商业幼儿园被评为省示范实验幼儿园。

图32-3　20世纪90年代起，城区幼儿园进行教育教学改革，将教学内容渗透于幼儿各项活动中。　　俞德春　摄

进入21世纪，全市幼儿教育事业步入新的发展阶段。2001年，实施教育部颁布的《中国儿童发展纲要》，幼儿教育走上法制化、规范化轨道。创建市一类幼儿园8所，新浦区小红花幼儿园、海韵幼儿园被评为省示范性实验幼儿园，创省内民办幼儿园被评为省级示范性实验园先例。2005年，幼儿教育被纳入国民教育体系，成为基础教育的重要组成部分。是年底，全市有幼儿园759所，其中省示范性实验幼儿园31所；在园幼儿10.7万人，其中在省示范性幼儿园接受优质教育的幼儿1.17万人。在省、市示范园和优质园创建活动的推动下，各幼儿园办学条件和软硬件设施不断完善，幼儿教师队伍不断充实，教育教学水平不断提高。

1984～2005年连云港市幼儿园情况统计表

表32-1

年　份	合计（所）	班级数（个）	在园幼儿数（人）	教职工数（人）
1984	1788	1911	62015	3273
1985	1727	2557	88520	4382
1986	1749	2862	99228	4589
1987	1470	3086	106940	4833
1988	1670	3095	116802	4420
1989	1870	3315	126581	5055
1990	1933	3506	134507	5150
1991	1062	3506	157984	5610
1992	1109	3599	168976	5901
1993	1070	4135	190249	6629
1994	1258	4001	168731	6698
1995	1266	4321	196307	6363
1996	718	4784	199336	6837
1997	669	4067	189317	6971
1998	955	4387	140984	7157
1999	990	4307	127432	8056
2000	961	4190	110704	6389
2001	771	3223	93191	4315

续表32-1

年　份	合计（所）	班级数（个）	在园幼儿数（人）	教职工数（人）
2002	795	3246	86078	4212
2003	757	3200	86357	3975
2004	681	3434	94869	3916
2005	759	3607	107032	4459

2005年连云港市省级示范性实验幼儿园情况统计表

表32-2

辖　区	园　名	班级数（个）	在园幼儿数（人）	教职工数（人）	园　址
新浦区	市六一幼儿园（总园）	19	680	63	新浦区建国路144号
	市钟声幼儿园（总园）	38	1187	131	新浦区吉祥路183号
	市机关幼儿园（总园）	22	760	72	新浦区市民路36号
	市商业幼儿园	26	1068	84	新浦区菜市街30号
	市商业兴业幼儿园	10	396	35	新浦区海昌南路兴业小区
	市苍梧小红花幼儿园	11	386	36	新浦区常乐新村
	市海韵幼儿园	21	633	67	新浦区海宁小区
	市亲亲宝贝园	9	314	35	新浦区海昌南路34号
	市万润幼儿园	7	228	27	新浦区万润园小区
	市钟声艺术幼儿园	5	129	22	新浦区苏欣汽车站附近
	市玉带幼儿园	7	188	25	新浦区玉带新村
海州区	海州区幼教中心	13	394	42	海州区南大街西侧
	新海电厂幼儿园	6	98	21	新海电厂住宅区
连云区	连云区幼教中心	9	165	34	原墟沟南巷小学校址
	钟声核电国际幼儿园	6	85	23	连云区墟沟核电住宅区
	连云区扬帆幼儿园	11	294	37	连云区西小区大院内
赣榆县	赣榆县实验幼儿园（总园）	29	1183	102	赣榆县青口镇中心社区
	赣榆县赣马幼儿园	67	1510	221	赣榆县赣马镇中心社区
	赣榆县东方幼儿园	—	—	—	赣榆县青口镇红旗路1号
	赣榆县海头镇中心幼儿园	55	1587	173	赣榆县海头镇社区
	赣榆县沙河幼儿园	83	2530	259	赣榆区沙河镇驻地
东海县	东海县幼儿园	24	1143	81	东海县牛山镇和平东路168号
	东海县第二幼儿园	47	1345	—	东海县牛山镇和平西路25号
	东海县张湾幼儿园	41	681	127	东海县张湾村
	东海县石榴幼儿园	59	956	183	东海县石榴村
	东海县青湖幼儿园	65	1110	201	东海县青湖镇
	东海县平明幼儿园	64	1585	195	东海县平明乡

续表 32-2

辖　区	园　名	班级数（个）	在园幼儿数（人）	教职工数（人）	园　址
灌云县	灌云县六一幼儿园	14	659	45	灌云县伊山镇
	灌云县机关幼儿园	12	452	39	灌云县伊山镇胜利西路
灌南县	灌南县机关幼儿园	13	274	42	灌南县新安镇县委家园
	灌南县实验小学幼儿园（总园）	11	638	36	灌南实验小学院内

二、教育教学

1984～1990年，全市幼儿园按教育部1981年颁布的《幼儿园教育纲要》（试行草案）组织安排教育教学活动。贯彻保（育）教（育）并重原则，开设体育、语言、常识、计算、音乐、美术等课程。从生活卫生习惯、体育活动、思想品德、语言、常识、计算、音乐、美术8个方面，按小班（3～4岁）、中班（4～5岁）、大班（5～6岁）分别规定教学内容与要求。教学中使用录音机、幻灯机、投影仪等。开设的课程多数使用全国统编教材，同时参考使用市自编教材。

20世纪90年代，全市幼儿园按照国家新颁发的《幼儿教育管理条例》和《幼儿园工作规程》（简称“两个法规”）开展德、智、体、美诸方面相互渗透的教育教学工作。全市城区各类幼儿园进行教育教学改革，将教学内容渗透于幼儿生活的各项活动中，并在实验示范幼儿园和一类幼儿园开展教学科研课题研究。

2000～2005年，贯彻国家新颁布的《幼儿园教育指导纲要》，全市幼儿教育按纲要提出的健康、语言、社会、科学、艺术5个方面组织实施各类教育活动，倡导自主、合作的探究模式，构建具有特色的幼儿园园本课程。省示范性幼儿园和市一类幼儿园结合实际开展实践性研究，编写了一批有特色、适用性较强的园本教材，实施幼儿素质教育。

三、托管与保育

托管制度　根据国家规定的幼儿园工作条例和规程，连云港市幼儿园一般实行两种托管制度，即全托制度和日托制度。全托幼儿除节假日外，全部寄宿在幼儿园，食宿费用由幼儿家长负担；日托幼儿早来晚归，幼儿园中午为其办理午餐，并由值班保育老师护理午睡。全市全托制幼儿园很少，市区只有民营双语幼儿园、市机关幼儿园、市钟声幼儿园实行全托制或设有全托班。部分农村幼儿园不能实行完全的日托制，幼儿中午由家长接回吃饭和午休。

保育制度　1984年以后，全市各幼儿园实行“两点一餐”制（上午点心，下午点心，一顿午餐），订有一周食谱，注重营养合理搭配。普遍建有幼儿专用厨房和卫生设施，配备保育员，建立、完善幼儿晨间个人卫生检查和定期健身体检、卫生消毒隔离、安全防护检查制度。

1984～2005年，全市各类幼儿园按照幼儿园“两个法规”的要求，建立和完善生活制度、体检制度、饮食管理和卫生制度、体育锻炼制度、疾病预防制度、安全制度、家长联系制度。

四、幼儿园选介

连云港市机关幼儿园　位于新浦区市民路36号，1952年创办。原名新海连市托儿所，“文化大革命”期间停办。1974年恢复重建，更名为连云港市机关幼儿园，隶属于市级机关事务管理局。1988年被评为连云港市一类幼儿园。1991年开展省级课题幼儿乐教模式实验研究，1993年率先在全市进行双语教学的探索和研究，1997年通过江苏省示范性实验幼儿园验收。2005年拥有总园、玉带分园和苍梧分园3个园区，40个班级，在园幼儿1334人，教职员工133人。幼儿园园舍结构新颖，功能合理，设施设备完备，设有综合资源室、美工创意坊、幼儿图书室、苍梧人家、轮滑运动区、多功能音乐厅等专用活动室，体现环境教育化、教育生活化、生活多元化的幼教特色。

连云港市六一幼儿园 位于新浦区建国路144号，1956年由新海连市文教局创办，是江苏省首批示范性实验幼儿园，先后获得“全国巾帼文明岗”“江苏省文明学校”“江苏省和谐校园”“江苏省绿色幼儿园”“江苏省文明单位”“连云港市幼儿教育先进集体”等称号。2005年拥有六一总园、万润分园和中央华府分园3个园区，有班级30个，在园幼儿830人，教职工99人。园内环境优美，配套设施齐全。幼儿园班班配有钢琴、电视机、笔记本电脑、照相机等教学设备。

图32-4 2002年，钟声幼儿园举行庆祝春节活动。 赵鸣 摄

连云港市钟声幼儿园 位于新浦区吉祥路183号，始建于1958年，是连云港市教育系统创办最早的托幼园之一。2002～2004年，学校先后兼并重组原市中心幼儿园，成立钟声核电国际幼儿园、钟声艺术幼儿园。先后获“江苏省示范实验幼儿园”“江苏省文明单位”“江苏省教科研先进单位”“江苏省现代化教育科技实验学校”“江苏省科普教育基地”等称号。2005年有49个教学班，1401名学生，教职工176人。

赣榆县实验幼儿园 位于赣榆县青口镇，始建于1958年，原名县直机关幼儿园，1983年更名为赣榆县实验幼儿园。2000年经省教育厅验收，被确认为江苏省示范性实验幼儿园。2005年拥有4个分园和1个早教中心。总部占地1.7万平方米，建筑面积7040平方米，绿化面积5317平方米，户外活动场地面积11731平方米。5个园所共有教学班36个，幼儿1200余人，教职工173人。

东海县幼儿园 位于东海县牛山镇，创建于1958年。1998年被评为江苏省示范性实验幼儿园，又先后被评为江苏省绿色幼儿园、江苏省优秀家长学校、江苏省巾帼文明示范岗、连云港市模范幼儿园。2005年有24个班级，1143名幼儿，教职工81人，被评为市首批管理规范示范园。

灌云县六一幼儿园 位于灌云县伊山镇，始建于1958年。校园占地4260平方米，建筑面积3480平方米，其中标准化厨房260平方米，绿化面积980平方米，教学环境幽雅。2005年有14个班，在园幼儿659人，教职工45人。幼儿园在实施基础课程的同时，根据幼儿年龄特点，每个班级的区域活动都创设了各类角色游戏，如理发店、超市、医院等，培养幼儿的语言表达、社会交往、团结协作等综合能力，同时还开设剪纸、折纸、手工制作等美工区，培养幼儿的动手和协调能力。2005年被授予“省级巾帼示范岗”称号。

灌南县机关幼儿园 位于灌南县新安镇，始建于1959年。灌南县机关幼儿园是连云港市最早以音乐为特色的幼儿园。该园钢琴、电子琴、古筝教育具有特色，被上海音乐学院、中央音乐学院、南京艺术学院批准为连云港市音乐教学考级基地。先后获“江苏省巾帼示范岗”“市优秀家长学校”等称号。2004年被省教育厅授予“江苏省示范性实验幼儿园”称号。2005年有13个教学班，在园幼儿274人，教职工42人。

第二节　小学教育

一、事业概况

1984年，连云港市小学教育贯彻教育部“学校要办到学生家门口”的就近办学精神，全市98.7%的行政村办有小学；共有小学1738所，在校学生39.09万人，教职工1.65万人。

1985年，中共中央《关于教育体制改革的决定》颁发后，连云港市开始全面实施分级办学、分级管理，农村小学下放到乡镇一级管理，乡镇承担小学教育的办学任务，改变过去面广量大的农村小学“县里管不到、乡镇管不了”的状况，小学的办学和管理得到加强。同时改革普通教育管理体制、办学方针、教学内容和方法，调动各方面办学积极性。全市小学基本实现“一无两有”，办学条件明显改善。

1987年，新建连云港师范第一附属小学，规模24个班；连云区环山街小学并入连云区胜利街小学。至1988年底，全市有小学1608所，在校学生34.18万人，毕业生6.2万人，教职工1.77万人。小学义务教育达标乡镇17个。

1990年，市区启动小学学制五年改六年工作。1992年，贯彻省教委关于小学、初中教育教学改革的意见精神，全市中小学开始实施素质教育。

1990～1994年，市民重教意识不断增强，但是全市教育发展不平衡、城乡学校差距较大、师资分布不均衡，从而引发小学择校热和课外培训热。新浦区解放路小学、连云港师专附属小学等省级实验小学成了择校热焦点。1994年，全市第一所民办小学——凤凰学堂创办。

1995年以后，全市按改造薄弱学校的规划，进一步调整农村小学布局，同时启动教育现代化工程，创建合格中心小学。1996年，全市小学招生12.34万人，在校生58.98万人，小学入学率99.68%，巩固率99.65%。全市1200所完全小学，达到小学常规管理要求的有1126所，经验收成为市常规管理合格校的实验小学和中心小学有102所。

1997年，全市大规模改造薄弱学校的工作全面展开。1998年，撤并完全小学200所，改造薄弱小学75所，完全小学改教学点120所。“小升初”考试废除。是年小学招生11.56万人，在校生65.75万人，小学入学率99.51%，巩固率99.81%。至2002年底，全市中小学布局调整，累计撤并小学307所，完全小学改教学点547所。

2005年，全市小学由1984年的1738所撤并为487所，在校学生41.14万人，专任教师2.02万人，小学招生5.32万人，入学率、巩固率和毕业生升学率分别为99.98%、99.94%和99.97%。流动人口子女接受义务教育享受与居住地居民同等待遇，保证了流动人口子女顺利接受义务教育。

图32-5　20世纪90年代新华书店经常送书下乡。图为小学生在流动书摊选购图书。　赵鸣　摄

1984～2005年连云港市小学教育情况统计表

表32-3

年份	学校数（所）	班级数（个）	在校学生数（人）	巩固率（%）	入学率（%）	毕业生数（人）	毕业率（%）	升学数（人）	升学率（%）
1984	1738	9973	390892	98.27	98.34	66589	98.95	5060	76.45
1985	1704	9984	379373	97.87	98.27	67117	98.37	5023	83.17
1986	1666	9975	365102	98.17	98.87	64874	98.12	4533	78.22
1987	1643	9910	350050	98.87	98.07	61457	97.27	5413	89.24
1988	1608	9987	341794	98.78	98.43	62023	97.10	5754	98.27
1989	1615	10022	337298	98.93	98.72	63676	99.63	5821	98.27
1990	1597	10179	339968	99.39	99.68	61849	99.62	45657	73.[illegible]2
1991	1574	10353	348596	99.92	99.42	59929	99.51	4917	79.[illegible]
1992	1566	10601	367206	99.01	99.35	57657	99.08	45651	79.[illegible]8
1993	1550	11059	395995	98.99	99.60	56629	99.70	47273	83.48
1994	1531	11544	439547	100.37	99.56	62869	99.04	56468	89.[illegible]
1995	1521	11960	466555	98.81	99.87	67131	96.88	41226	96.26
1996	1795	14858	589823	99.65	99.68	80876	99.17	76252	94.28
1997	1783	15557	628242	99.76	99.89	86973	99.73	83719	96.26
1998	1764	16010	657460	99.81	99.51	74586	79.53	72336	96.98
1999	1699	15896	641894	97.26	99.72	78639	87.40	71597	91.05
2000	1641	15510	634715	97.70	99.78	78499	109.30	73252	93.32
2001	1475	14244	608463	97.88	99.85	87577	100.10	83527	95.38
2002	1368	13357	564650	98.26	99.97	107126	99.15	101613	94.85
2003	465	11767	504045	100.25	99.96	118303	98.98	112594	99.95
2004	469	10912	446970	98.53	99.98	110811	99.51	106857	96.43
2005	487	9872	411449	99.94	99.98	88123	100.40	88097	99.97

二、教育教学

1984年，市区小学实行五年制，每节课40分钟，统一使用教育部编教材。

1985年秋季起，云台区大村小学开始《现代小学数学》实验教材教改实验。1986年秋季起，海师附小、东海县实验小学、新县小学6个班开始参加课程教材研究所小学数学教材研究实验组编写的《小学实验课本数学》的教学实验工作。

1986～1989年，全市小学将课外活动作为一门正式课程列入课表；课堂教学

图32-6　2001年，解放路小学迁入海连中路新址。
赵鸣　摄

结构分为课前预习、课堂新授、巩固练习和布置作业几大环节，课堂教学的有效性有所提升。

1990年，根据国家教委《关于改进和加强教学研究工作的若干意见》精神，连云港市各学校开展素质教育研究。赣榆城头小学的音乐录像课在全国音乐教改会上受到专家好评。解放路小学开始五年周期的素质教育实验，连云港师范附属小学开展“小学生自主发展的教育模式”研究，赣榆县实验小学进行“构建小学主体教育模式，全面提升学生素质”实验研究，东海县实验小学开展“苏北地区小学生技能教育模式”研究，灌南县实验小学进行“打实基础，发展特长”研究。课堂教学模式由应试教育向素质教育方向发展。

图32–7 “十五”省级规划课题小学创新性教学模式实验研究开题仪式 赵鸣 摄

1996年，全市围绕现代教学观念和教学目标、教学评价方法、计算机辅助教学等方面开展课堂教学研究。市教委开展大规模公开课活动，先后组织特级教师上示范课、观摩课，基本功、优质课获奖选手上汇报课，中青年骨干教师上公开课、研究课活动。

2002年秋季新学期，市区小学开始课程改革实验，全部实施新课程，使用新教材，从三年级起开设外语课和信息技术课以及研究性学习、社区服务、社会实践、劳动技术等综合实践课，采用等级记分制进行学业评价。2003年，全市小学根据江苏省教育厅《关于调整九年义务教育课程（教学）计划通知》和《江苏省义务教育课程设置方案》要求，执行部分实验学科逐渐过渡办法。是年，市教育局制定《连云港市小学课程改革、管理评估办法》，采用“教师课堂教学评价表”和“小学生学习过程评价表”，对学校课程设置进行多元、动态、开放式的评价。

2005年，市教育局落实《中共中央、国务院关于进一步加强和改进未成年人思想道德建设的若干意见》，制定实施方案，列出23条具体措施，强化小学生日常行为规范教育、法制教育和爱家乡教育。全市开展弘扬和培育民族精神、爱国主义教育、读书节等多项主题教育活动。当年全市小学课程改革在目标、结构、内容、实施、评价等方面作出较大幅度调整。市教研室在全市小学推行“三案六环节”[①]教学模式，效果良好。

三、学校选介

连云港市解放路小学 原址在新浦区解放路和海昌路交会处，始建于民国25年（1936年）。1981年3月被评为江苏省首批实验小学。2001年迁入海连中路17号原新浦中学校址。2005年，学校占地4.09万平方米，建筑面积1.99万平方米；有教学楼4栋、综合楼及行政楼各1栋，设有体育馆、乒乓球馆、剧场、多功能室、舞蹈房等专用设施；有教学班73个，在校学生3900余人，教职工197人。

连云港市海州实验小学 位于海州区朐阳门广场西侧，前身为始建于1926年的东海县第一高等小学。2005年在集中优质资源办教育的布局调整背景下，整合城区百年老校中大街小学及

① “三案”指教案设计、学案设计、巩固案设计个人主备、集体复备、个人再备；“六环节”即自学质疑环节、交流展示环节、互动探究环节、精讲点拨环节、矫正反馈环节和迁移运用环节。

砚池小学、蔷薇小学，异地新建一所现代化学校。学校占地5.8万平方米，建筑面积1.49万平方米，有教学班47个，学生2300余人，教师120余人。

连云区墟沟小学　位于连云区大巷北路10号，始建于清宣统三年（1911年）。学校校名先后有经正小学堂、灌云县立墟沟初级国民小学、渔村师范实习学校、连云市立墟沟新民小学、东海实验区立墟沟小学、海州市立第三区中心小学、连云港市北城中心国民学校、新海连市墟沟完全小学、连云港市墟沟中心小学等。2002年10月，被省教育厅批准为江苏省实验小学。2005年，学校占地1.3万平方米，有49个教学班，在校生2529人，教师134人。

图32-8　小学生在做实验　　侍志　摄于2005年

连云港师范高等专科学校第一附属小学　位于新浦区龙河北路124号，建成于1988年。初名连云港师范学校附属小学，2000年8月改为现名。1997年创建省实验小学；1998年7月兼并刘䴵小学，成立师专一附小东校区；2003年8月东校区划出，成立连云港师专三附小；2001年7月和新海实验中学联合成立九年一贯制学校，2002年7月分离；2004年1月，新浦铁路职工子弟小学并入。2005年有教学班59个，学生3433人，专任教师148人。

连云港师范高等专科学校第二附属小学　位于海州区新建西路26号，始建于1927年。原名江苏大学区立东海中学实验小学，1932年更名为江苏省立东海师范学校附属小学，1959年更名为江苏省海州师范学校附属小学，1981年被江苏省政府认定为省实验小学，2000年定名为连云港师范高等专科学校第二附属小学。2005年，学校占地面积2.16万平方米，建筑面积1.15万平方米。有46个教学班，学生2590人，在职教师118人。

赣榆县实验小学　位于赣榆县青口镇文化路89号，始建于1948年。原名青口隆家巷初级小学。1950年迁至青口西门里，改名为西门里初级小学。1962年迁入停办的赣榆师范校址，更名为青口北门外小学。1972年改名为赣榆县教师进修学校附属小学。1982年改名为江苏省赣榆县实验小学。2005年，学校占地2.74万平方米，建筑面积1.04万平方米。有53个教学班，学生3376人，教职工144人。

东海县实验小学　位于东海县牛山镇和平东路168号，创办于1960年。1998年被确定为江苏省实验小学。东海县实验小学依托东海儿童版画这一优质社会资源，成功打造了以儿童版画为龙头的艺术教育办学特色。2005年，学校占地3.17万平方米，建筑面积1.6万平方米。有53个教学班，在校学生3300多人，教职工138人。

灌云县实验小学　位于灌云县伊山镇西苑北路55号，始建于清宣统元年（1909年），初名大伊镇三育小学堂。建校初期，先后有陈百川、朱仲琴、马文广等学者、教育家任校长。中华人民共和国成立前，学校先后易名为大伊市三育小学校，灌云县第二高等小学校，灌云县伊山中心小学校，第二、四、六、八保国民学校等。中华人民共和国成立后，学校先后被命名为伊山中心小学、灌云师范附属小学、灌云县实验小学。“文化大革命”期间增设初、高中班，校名一度改为灌云县伊山镇朝阳九年制学校。1982年，被江苏省教育厅命名为首批省级实验小学。2005年，学校占地4.96万平方米，建筑面积2.9万平方米。新、老两个校区有77个教学班，学生5223人，教职工187人。

灌南县实验小学　位于灌南县新安镇新东路3号，始建于1960年。1960年2月至1962年8月校名为灌南县师范学校附属小学，1962年9月至1976年7月更名为灌南县实验小学，1976年8月至1978年7月更名为灌南县东方红学校，1978年8月再次更名为灌南县实验小学。2000年被命名为江苏省实验小学。2005年，学校占地5.53万平方米，有75个教学班，在校学生3500余人，教职工210人。

第三节　初中教育

一、事业概况

1984年，随着小学毕业生数量的增加，连云港市初中生源暴涨，乡办初中、小学附设初中班、村联办初中应运而生。当年全市有初中204所，教学班1826个，在校学生101468人。由于初中发展较快，校舍、师资、实验器材、体育设备和运动场地等都不能满足需要，为缓解全市初中教师紧缺问题，市教委安排海州师范教师进修部开设3个月一期的初中教师短训班，结业发给中学专业合格证书，教师持合格证上岗。

1985年，中共中央《关于教育体制改革的决定》颁发后，连云港市委、市政府印发《关于加快连云港市普通教育事业改革和发展的决定》，实行分级办学、分级管理的新体制，调动地方办学积极性。是年，市教育局、连云区政府、宿城乡联合投资30万元建成宿城中学教学、实验综合楼。同年，全市开展合格初中达标验收工作。

1987年，全市农村初中把校园经济和劳动技能教育结合起来。赣榆县黑林中学、东海县西双湖中学等开辟果树、蔬菜基地，培养学生为家乡致富的专长。连云区宿城中学开设“3+1”试点班，初三没有考入高中的学生进入云雾茶栽培、林木管理班学习，一年后成为发展家庭林业的技术员。1988年，海州中学、宿城中学、西双湖中学、黑林中学、灌云县中学被评为江苏省劳技课先进集体，宿城中学获评农业部、中国科协、团中央联合表彰的“实践教育活动先进单位”。

1989年，连云港市开始初中免试划区招生改革，但由于教育资源不均衡，一些学生家长为了能让孩子进入好学校，不惜迁居、迁移户口乃至空挂户口，在市区形成初中择校热，以致划区招生实施受阻。

20世纪90年代初，市教委加大改善办学条件和学校布局调整力度，缓解择校热。初中教育按照九年制义务教育的要求，着力抓教育普及率和办学条件、办学水平的达标，同时进行乡镇初中的布局调整。市直属中学进行初、高中分离和初中与初中合并工作。2001年，新海中学的初中部与高中部分离后，独立为新海实验中学，东方中学的初中部、海滨中学的初中部并入连云区西苑中学。对小升初及中考制度实施改革，1992年起，新海中学和海州中学的初中招生名额分配到各小学。

1994年前的十年间，连云港市初中升学史上出现过一段“中专热”。高中门庭清冷，小中专备受青睐，原因是计划经济时代考上中专就有了城镇户口，有了城镇户口就可以分配工作，因而吸引了大批考生特别是农村考生报考小中专。中专热适逢集资办学的大气候，连云港中等师范学校有部分降线特价生指标。“就是砸锅卖铁，也要背着4万元来港师排号”的学生家长络绎不绝。中专热到1996年下半年开始降温，迎来市场经济时代的读书新理念，“读好高中、考大学、有出路”成为新潮流。

1996年，灌南县划属连云港市，全市初中学校（含完全中学）达到220所，其中省、市重点中学10所。全市首批10所民办公助学校开始招生，共招收初中学生1055人。

1998年，全市撤并联中26所，改造初中15所，8个乡镇3所中学达到市“七五”初级中等义务教育办学标准，22个乡镇达到市初等义务教育整体合格乡镇办学标准。城乡初中布局调整后，学校个体规模扩大，教育投资集中，办学条件明显改善，师资队伍建设和教学管理得到加强，教学质量有所提高。

2000年5月，为发挥优质教育功能，提升初中教育教学质量，海州区蔷薇中学与海州中学初中部组建海州中学分校并隶属海州中学领导和管理，后更名为海州实验中学。2000年6月连云港外国语学校成立，7月开始招收初一新生464人。是年，在全市开展创建无流生乡镇和无流生学校活动，巩固义务教育成果。根据《江苏省教育现代化实施纲要》精神，启动乡镇教育现代化创建工程。为改变中心城区学校办学规模小、校舍陈旧的面貌，加快新浦地区的教育发展，2000年6月19日，市党政联席会议确定对新浦地区的8所学校①实施布局调整（时称“八校联动”）：江苏省新海中学实施初高中分离，新浦中学高中部与新海中学高中部合并，组建江苏省新海高级中学，迁至新浦新区；延安职业中学迁至新海中学原址，更名为连云港市职教中心；解放路小学、公园小学合并，迁入新浦中学原址，组建新的解放路小学；新海中学初中部组建新海实验中学，迁至延安职业中学原址办成九年一贯制学校；西籁小学、浦西小学合并，迁至新海中学初中部原址，组建为新海小学；新海中学、新浦中学承担的初中教育施教区分流到陇东中学、临洪中学和新海实验中学。

2001年，全市中小学实行新一轮布局调整。其间，企业办学划归地方管理，取消农村联中。并对全市初中进行教育现代化示范初中评估，有11所初中被确认为市级示范初中。全市中小学布局调整累计撤并初中18所。是年，省教委关于在全省学习泰兴洋思初中的决定发出后，市教委制定《连云港市学习洋思合格初中评估细则》，其主要内容为端正教育思想、不分快慢班、学校领导要代好一门课分管一个年级，并对教学目标、教学内容、教学结构、教学方法、教学状态、教学效果提出具体要求。在新课改过程中，市教育部门实施了初中十校课改协作联动方案，加强区域协作，放大优质资源效应。

2005年，全市有初级中学157所（含九年一贯制学校28所），4999个教学班，在校学生29.96万人，毕业率达81.4%，初中毕业生升学率87.3%。市区有3所省级示范初中设立民办公助班。城镇初中和农村中心初中全部达到市级合格初中标准，达到信息技术辅助教学的设施要求。

1984～2005年连云港市初中教育情况统计表

表32-4

年　份	学校数（所）	班级数（个）	在校学生数（人）	巩固率（%）	毕业生数（人）	毕业率（%）
1984	204	1826	101468	92.9	31435	92.9
1985	266	2227	121586	80.2	32491	80.2
1986	269	2235	121452	98.4	39876	98.4
1987	276	2231	124321	97.0	40213	97.0
1988	262	2411	125632	96.4	40376	96.4
1989	265	2393	121845	94.4	38339	96.5
1990	267	2448	126035	85.4	35870	85.4

① 8所学校指新海中学、新海实验中学、新浦中学、延安职业中学、解放路小学、公园小学、浦西小学、西籁小学。

续表 32-4

年　份	学校数（所）	班级数（个）	在校学生数（人）	巩固率（%）	毕业生数（人）	毕业率（%）
1991	263	2476	129721	84.5	36459	84.5
1992	263	2550	129580	88.2	38105	88.2
1993	252	2621	133174	81.5	39156	81.5
1994	240	2759	144476	82.4	39676	82.4
1995	229	3062	161884	76.4	41226	76.4
1996	220	3879	212504	69.2	48966	69.2
1997	213	4128	230242	80.6	61886	80.6
1998	199	4111	227208	93.5	70810	93.5
1999	187	3851	187289	86.5	54023	86.5
2000	184	3765	191244	84.2	53681	84.2
2001	165	3939	207778	75.1	52015	75.1
2002	160	4274	238879	72.6	57826	72.6
2003	143	4987	280246	64.7	60426	64.7
2004	163	5034	303929	71.0	71909	71.0
2005	157	4999	299570	81.4	81267	81.4

2005 年连云港市市区初中情况统计表

表 32-5

辖　区	校　名	班级数（个）	在校学生数（人）	教职工数（人）
新浦区	新浦中学（初中部）	20	902	72
	海宁中学	45	2378	146
	临洪中学	12	498	48
	花果山中学	21	800	73
	林场中学	6	189	25
	农场中学	5	153	21
	南城中学	7	240	28
	云台中学	24	996	83
	铁路中学	10	395	46
	宁海中学	28	1806	108
	新世纪实验学校	8	356	31
海州区	幸福路中学	8	340	31
	朐山中学	16	667	59
	锦屏中学	31	1565	114
	新坝中学	27	1431	123
	海州双语学校	10	496	41

续表 32-5

辖　区	校　名	班级数（个）	在校学生数（人）	教职工数（人）
连云区	东港中学	40	2100	137
	西苑中学	36	1678	138
	连云中学	16	831	57
	海滨中学	8	239	31
	板桥中学	11	463	45
	碱厂中学	6	188	25
直属单位	连云港师范高等专科学校附属中学	43	2405	173
	连云港外国语学校（初中）	21	956	78
	连云港市新海实验中学	60	3289	247
	连云港市海州实验中学	54	3071	212
开发区	中云中学（初中）	20	971	82
	朝阳中学	25	1199	102
	猴嘴中学	8	400	33
	南洋国际学校（初中）	6	100	23

二、教育教学

1984年，连云港市初中年级执行《全日制六年制中学教学计划》。1984年9月入学的初一学生地理学科增加《连云港地理》乡土教材，数学学科使用江苏教育出版社教材，初二、初三年级代数、几何、英语分别使用人民教育出版社、江苏教育出版社、译林出版社的教材。

针对中小学片面追求升学率、学生课业负担过重的情况，1984年，省政府批转省教育厅《关于纠正普通中学片面追求升学率的报告》。从1985年起，连云港市教育行政部门要求全市中小学必须按课程计划规定开设劳动技术课，至1987年底，全市开设劳动技术课的中学增加到100余所。市各级教育行政部门及中小学先后成立德育工作领导机构，学校还成立家教委员会，社区成立教育委员会，形成学校、家庭、社区“三结合”德育工作网。“八五”计划期间，全市共成立市、县两级德育研究会6个，确定15家德育教育试点单位，就德育教育实践中存在的突出问题申报立项一批国家和省、市级教育科研课题。各中学在上好每周两节体育课的基础上，积极开展课外体育活动，建立学生体质达标卡，针对学生的不同情况因人施教。

图 32-9　课外活动是学校教育的重要形式。图为老师在课外活动中进行教育辅导。　　　赵鸣　摄于1985年

从1986年开始，市教委将工作重心放在抓初中教学上。语文学科开展单元整体目标教学法，1个单元分12个教时：单元起始0.5个教时，课内讲读5个教时，课内自读2个教时，听说或作文训练3个教时，单元总结0.5个教时，单元测试、反馈1个教

时，强调单元整体意识和目标意识，杜绝或减少教学中的盲目性和随意性。

1988年，市教育局召开全市普通教育工作会议，确立普通教育由片面的升学教育转为全面素质教育的工作方向。至1990年，语文学科单元整体目标教学法初见成效，全市初中语文均分、及格率、优分率，由1986年的57.3%、47.8%、5%提升至68.6%、76%、23%；低分率由1986年的3%降至0.3%。1995年初，市教育行政部门对全市140所中小学素质教育实施情况展开调查，重点调查课程计划执行情况、教学改革、学生课业负担、师资队伍建设等情况。是年，江苏省素质教育经验交流会在连云港市召开，宿城中学在交流会上发言。1996年，经省教委、省体委评定，连云港市中小学体育达标率、优秀率列全省第一。2000年，市教委制定《连云港市关于推进素质教育进一步减轻学生过重课业负担的意见》，在执行课程计划、开齐开足课程、控制学生的在校时间和作业量、严禁体罚和变相体罚学生、中小学生就近入学、控制乱办班乱补课乱收费等方面提出严格要求，促进素质教育的顺利实施。是年，市教育局制定印发《连云港市中小学实验室管理规范》，加强实验教学，培养学生动手能力，连云港师专附中等7所学校被省教育厅批准为创建标准化实验室首批学校。

2004年，全市初中全面启动第八次课程改革实验，执行《江苏省义务教育课程设置实验方案》。初中采用分科和综合相结合，初一开设思想品德、语文、数学、英语、历史、地理、生物、体育与健康、音乐、美术、综合实践活动以及地方与校本课程，升入初二年级后设置物理课程，升入初三年级后设置化学课程。

2005年，连云港市基础教育课程改革专项实验基地成立，新海实验中学、连云港师专附属中学、连云港市外国语学校、连云港市海宁中学、赣榆县实验中学、灌云县实验中学为基地成员学校，增强了初中课改协作联动的辐射功能。

三、学校选介

连云港市新海实验中学　位于新浦区南极南路。学校前身是1930年设立的普爱中学。1948年更名为山东省立新海中学，1953年更名为江苏省新海中学。2001年实行初、高中分离，在江苏省新海中学初中部的基础上组建新海实验中学。学校先后获得国家级巾帼文明岗、省示范初中学校、省基础教育改革先进集体、省现代教育技术应用先进单位、省教育装备现代化建设实验学校等荣誉300余项。2005年，学校有60个班，在校学生3289人，教职工247人。

图32-10　连云港外国语学校　　侍志　摄于2005年

图32-11　连云港市海州实验中学　侍志　摄于2005年

连云港外国语学校　位于新浦区龙河南路24号。该校前身是创办于1978年的连云港市第八中学，1980年更名为站南中学，1986年6月更名为连云港教育学院附属中学，2000年6月更名为连云港师范高等专科学校附属中学，2000年8月增挂连云港外国语学校牌子，属公办民助学校。2005年，学校有教学班26个，在校学生1387人，教职工103人。其中，初中部有教学班21个，在校生956人，教职工78人。

连云港市海州实验中学 位于海州区新建中路38号。该校前身是始建于1906年的海州官立中学堂。2000年6月，海州中学兼并蔷薇中学。是年9月实行初中、高中分离，成立海州中学初中部。2001年10月更名为海州实验中学。2005年，学校有54个教学班，在校学生3071人，教职工212人。

连云港市东港中学 位于连云区墟沟街道大巷路，创建于1989年。学校是江苏省首批实施教育现代化工程示范初中之一。先后被评为江苏省文明单位、省模范中学、省现代化教育技术工作先进集体、省中小学党建工作先进集体、江苏省心理健康教育实验学校等。从1992年有首届毕业生起，连续12年获得连云港市初中教学质量优秀奖。2005年有初中教学班40个，在校学生2100人，教职工137人，其中中学高级教师16人、中学一级教师54人。

连云港市宿城中学 位于连云区宿城风景区，始建于1970年，1975年开设高中班。该校是一所集“农、科、教”于一体的特色学校，是20世纪80年代全省中小学深化教改和教育转轨的先进典型。1984年，学校把劳技课基地建设、发展校园经济和校园文化统筹安排，开设“3+1”林业技术专业班，培养有一技之长的建设人才。学校承担“七五”“八五”国家重点科研项目“普通中小学劳动、技术、职业教育研究”任务。1988年，学校被评为江苏省普通中学劳技教育先进集体，是年获农业部、中国科协、团中央“实践教育活动先进单位”表彰。2000年，该校学生并入连云中学就读，校园被辟为连云港市中小学生素质教育基地。先后被命名为连云港市中小学生素质教育基地、江苏省青少年校外活动示范基地、省科普基地。

赣榆县实验中学 位于赣榆县青口镇黄海东路，前身为赣榆县立初级中学，始建于1923年。2000年8月，赣榆县中学实施初、高中分离，初中部更名为赣榆县实验中学。学校利用地处黄海岸边的优越条件，建立多个海洋生物采集基地。2004年，学校划归鼎大教育集团，按公办民营方式运作。2005年8月，学校划回县教育局。2005年，学校有在校学生4798人、教职工238人。学校先后获得省示范初中、全国全民健身周先进单位、省2001年高考优秀考点、省教育科研先进集体、省现代化实验学校、全国教育网络系统示范单位等多项荣誉。

东海县实验中学 位于东海县牛山镇和平东路，创建于1953年。前身为东海县中学。2000年，初、高中分离。学校先后通过省实施现代化教育示范初中、省文明单位、省园林式单位、省模范学校、省绿色学校验收，并相继获“国家中学生健康人格培养研究基地”“现代学校制度研究实验学校”“江苏省现代教育技术实验学校”等称号。学校确立基础学科课程、综合实践课程、个性特长课程“三位一体”的课程体系，在学生科技活动、水晶文化研究、无线电测向、文学社团活动、古钱币文化研究等方面形成特色。2005年，学校有教学班24个，教职工95人，在校学生1400人。

第四节　高中教育

一、事业概况

1984年，连云港市有高中55所，有教学班381个，在校学生2.02万人。当年毕业5923人，高考录取率17.78%。一直到20世纪90年代初期，全市高中学校数、教学班数和在校学生数均较稳定，毕业生数和高考录取率持续缓慢上升。

20世纪80年代后期至90年代中期，社会兴起一股中专热、中师热，高中招生受到冷落，高中教育发展缓慢。

1994年，是高中会考与高考接轨的第一年。全市共有6163名学生参加会考，九科会考合格人数5369人，合格率87.12%。从上线人数看，高中教育质量在低起点的基础上略有提高。

1995年6月，依据《江苏省重点高中合格标准》《江苏省重点高中评估验收细则》，连云港市教育行政部门制定《连云港市重点中学基本合格标准》《连云港市重点中学检查验收细则》，开始创建重点高中。

1996年，按照市教委《关于普通高中布局调整的通知》，对办学条件差、师资严重缺乏、生源不足、教育质量不高的高中进行撤并，农村的"戴帽高中"并入合格高中。在全市范围内开展常规管理达标校检查评估活动和普通高中星级评估工作。

1998年，新海中学通过国家级示范高中省评估验收。灌云县杨集中学、东海县白塔中学、市东方中学、赣榆县厉庄中学、赣榆县海头中学被省教委确认为省级重点中学，赣榆县赣马中学、东海县第二中学、赣榆县城头中学、赣榆县青口一中、灌云县陡沟中学被命名为市重点中学。是年，全市参加高考人数8619人，本科达线2307人，达线率26.77%。

1999年秋季开始，初、高中办学分离。是年，全市高中入学率53.2%，列全省13市第8位，比省平均水平低11.8个百分点；高考本科达线4046人，首次超过4000人，比1998年增加1739人，增幅为75.38%，列全省第一，录取率69.41%，是恢复高考制度以来最高一年。

2000年，全市创办7所综合高中。通过评估验收，全市有6所普通高中晋升为江苏省四星级重点高中。投资8000万元建成江苏省赣榆高级中学。是年，新海高级中学、东海县高级中学开工兴建，2001年建成。市教育局调整市区重点中学招生范围，新海高级中学和海州高级中学面向全市（包括县区）招生，东方中学面向市区招生。

2001年，连云港市外国语学校开始举办高中教育，是年招收高中部2个班。2003年，全市有省四星级高中8所、三星级高中15所、二星级高中2所。高考本科过线率46.4%，列全省第三。

2004年，为适应连云港市加快发展东部城区的需要，市东方中学并入新海高级中学，更名为江苏省新海高级中学东方分校；新浦区陇东中学更名为新浦中学，优质高中的覆盖面进一步扩大。经过三年布局调整，全市撤并普通高中4所，至年底有高中49所，公办普通高中校均服务人口11万人。各高中学校全力应对高中入学高峰，扩大办学规模，加强内涵建设，积极实施"名校工程"。是年，全市普通高中招生33948人，较2003年增加2800人。高考本科达线9551人，达线率45.5%。

2005年秋季，按江苏省教育厅统一部署，高中课程改革实验在全市高中正式实施。全市高中段招生7.1万人，其中普通高中招生3.8万人。在三星级以上优质普通高中接受教育学生6.95万人，占全市普通高中在校生的71.95%。高中入学率87.3%。是年，全市高考九门学科成绩平均分首次全面超过省平均分，总均分475.12分，高出省平均分12.77分，位于南通、常州、无锡之后，列第四名；高考本科达线9547人，本科上线率37.38%，高出省平均2.85个百分点，列全省第四名。

1984～2005年连云港市高中教育及高考情况统计表

表32-6

年份	学校数（所）	班级数（个）	在校学生数（人）	巩固率（%）	毕业生数（人）	高考情况			
						报名数（人）	录取数（人）	录取率（%）	本科录取人数
1984	55	381	20239	87.8	5923	5913	1051	17.78	396

续表 32-6

年份	学校数（所）	班级数（个）	在校学生数（人）	巩固率（%）	毕业生数（人）	高考情况			
						报名数（人）	录取数（人）	录取率（%）	本科录取人数
1985	55	381	20239	88.2	5953	5953	1403	23.57	596
1986	55	383	20339	88.7	6015	6015	1501	24.95	561
1987	55	383	20339	88.7	6013	6013	1730	28.77	636
1988	55	386	20489	91.3	6238	6238	1736	27.83	733
1989	55	386	21845	104.0	7593	7593	1784	23.50	587
1990	55	372	21162	99.0	7012	7012	1868	26.64	728
1991	53	367	19465	96.0	6231	6231	2109	33.85	796
1992	50	374	20006	93.2	6020	6020	2528	41.99	900
1993	50	378	19638	100.0	6653	6653	3861	58.03	840
1994	51	378	19597	93.6	6118	6118	3087	50.46	760
1995	47	394	20850	88.6	6161	6161	3666	59.50	1034
1996	57	609	27499	72.7	6666	6666	4588	68.83	1567
1997	61	618	33393	67.8	7547	7547	4432	58.73	1936
1998	47	695	38001	68.0	8619	8619	4605	53.43	2307
1999	42	805	42651	73.5	10450	10450	7253	69.41	4046
2000	41	898	48256	83.0	13345	13345	9120	68.34	4824
2001	42	1044	56444	68.7	12928	12928	10723	82.94	5105
2002	42	1177	66081	68.3	15034	15034	12995	86.44	7671
2003	46	1325	74734	78.0	19424	19424	16948	87.25	9018
2004	49	1508	86574	72.7	20991	29217	21007	71.90	9551
2005	57	1676	96550	79.4	25541	25541	20549	80.45	9547

2005年连云港市主要高中情况一览表

表 32-7

辖区	校名	班级数（个）	在校生数（人）	教职工数（人）
新浦区	江苏省新海高级中学	82	4489	344
	连云港市外国语学校	20	951	72
	连云港市新浦中学	27	1393	102
海州区	江苏省海州高级中学	52	2912	183
连云区	江苏省新海高级中学东方分校	36	1890	143
	连云港市海滨中学	12	723	57
开发区	连云港开发区高级中学	12	634	53

续表 32-7

辖区	校 名	班级数(个)	在校生数(人)	教职工数(人)
赣榆县	江苏省赣榆高级中学	92	5050	302
	赣榆县青口第一中学	54	3246	182
	赣榆县海头中学	62	3365	195
	赣榆县赣马中学	42	2614	132
	赣榆县厉庄中学	48	3204	153
	赣榆县外国语学校	13	676	42
东海县	江苏省东海高级中学	107	5738	332
	东海县白塔中学	60	3869	201
	东海县石榴高级中学	68	4752	224
灌云县	江苏省灌云高级中学	84	4620	288
	灌云县板浦高级中学	63	4063	194
	灌云县杨集中学	42	2582	129
灌南县	江苏省灌南高级中学	64	3761	203
	灌南县高级中学二中	54	3135	172
	灌南县外国语中学	26	1430	81

二、教育教学

1984～1988年，连云港市高中学制由两年制逐步过渡为三年制，蔷薇中学、陇东中学、延安中学、新浦中学和猴嘴中学采用部分过渡到三年制、部分保留二年制，其他完全中学从1982级新生开始执行三年学制。为维护学籍的严肃性，市教育主管部门要求严格控制班级学生名额，普通高中每班50人，重点高中每班45人。

1988年，高一设政治、语文、数学、物理、化学、历史、地理、外语、体育、音乐等课程；高二增设生物；高三课程同高二。1991年，实施国家教委《现行普通高中教学计划调整意见》，在高中一、二年级开设历史必修课，在高一第二学期和高二年级开设地理必修课。20世纪90年代，各高中学

图32-12 2005年，江苏省新海高级中学教学楼。 市教育局 供

校均设有物理、化学、生物专用实验室和图书阅览室、体育器材室和卫生室等教学专用房，配置相应的实验仪器、图书资料、体育器材和卫生设施。市、县、乡三级电教基地完成建设，初步建成视听教育信息网络，制作电视教材、专题片、科教片等地方性教育资料25部，直接用于中学教学；建成市级实验中心87个。2000年，连云港师专附中、新浦中学、灌南县实验中学、大港职业中学等6所学校建成校园闭路电视、计算机网络系统。

2001年，开始实施教育部颁发的新课程计划，研究性学习、社会实践、社区服务、劳技教育构成综合实践活动，作为必修课列入课程计划。全市40所普通高中都制定了新课程计划实施方案，学生在老师指导下，独立完成课题。市教育局适时表彰11个优秀研究性学习课题小组和相关的指导教师。

2003年，全市普通高中高考稳定在较高层面，全市本科达线率列全省第三名，总均分居全省第四名，本科上线数占全省上线数比例从2000年的5.4%逐年上升到2003年的7.29%。市教育局在设立教学质量优胜奖的基础上，增设教学质量特色奖。江苏省新海高级中学因考入清华大学、北京大学学生数为全市各中学之首，赣榆县中学因600分以上考生数居全市之首，赣榆县青口一中因艺体生提前录取达线数居全市之首，获高中教学质量特色奖。

2005年秋季新学期，全市高中段课程改革实验工作启动。这次高中课程改革实行“学习领域+科目+模块”的课程结构，以模块为单元组织教学。课程共设置语言与文学、人文与社会、科学、技术、艺术、体育与健康、综合实践活动等8个学习领域。每一领域由课程内容相近的若干科目组成，共有语文、数学、外语（英语、日语、俄语等）、思想政治、历史、地理、物理、化学、生物、艺术（或音乐、美术）、体育与健康、技术12个科目。全市建成网络教室799间、多媒体教室516间，实现网络资源进高中课堂。

三、学校选介

江苏省新海高级中学 位于新浦区苍梧路58号，是国家级示范高中、江苏省首批重点中学、江苏省首批四星级高中、全国教育系统先进集体，南京大学、清华大学、复旦大学、北京大学优质生源基地。学校的前身是私立普爱学校于1930年设立的中学部（普爱中学）。1948年更名为山东省立新海中学。1953年1月更名为江苏省新海中学。2001年实施初、高中分离，由江苏省新海中学高中部和原连云港市新浦中学高中部合并而成。学校占地20.67万平方米。拥有2.1万平方米的教学楼群，120间标准教室，1.6万平方米的综合实验楼和图书馆、艺体馆等建筑。学校安装了多媒体教学系统、校园网络系统和信息查询系统，实现办公无纸化。2005年，学校有82个教学班、学生4489人、教职工344人。

江苏省海州高级中学 位于海州区，始建于1906年。学校是连云港地区首批省重点中学、国家级示范高中、江苏省首批四星级高中。其前身为1906年由石室书院改建的海州官立中学堂。此后曾先后用名江苏省立第十一中学、江苏大学东海中学、国立第四中山大学区东海中学、中央大学区立东海中学、江苏省立东海中

图 32-13 海州高级中学校门 市教育局 供

学、江苏省立东海师范学校、新海连市初级中学、新海连市海州中学、连云港市第二中学。2001年4月，连云港市海州中学高中部更名为江苏省海州高级中学。2005年，学校有52个教学班、学生2912人、教职工183人。

江苏省赣榆高级中学　位于赣榆县青口镇，创办于1923年。前身是清末民初的怀仁书院，后更名为赣榆县中学。1978年，学校被江苏省教育厅确定为首批省重点中学。2000年，学校初、高中分离，在县城北部建设新校，高中部即为江苏省赣榆高级中学。2002年4月，学校被江苏省教育厅评定为国家级示范高中。2004年3月被省教育厅命名为江苏省首批四星级普通高中。2005年9月被连云港市政府授予首批名校称号。学校是南京大学、东南大学、中国矿业大学、南京航空航天大学、南京理工大学、河海大学等全国重点大学的优质生源基地，中国人民大学自主招生试点学校。2005年，学校有92个教学班、学生5050人、教职工302人。

江苏省东海高级中学　位于东海县牛山镇，创建于1953年，是中国矿业大学等教育部直属全国重点大学的优质生源基地，江苏省四星级高中。1980年被确定为省重点中学。2001年，学校易址重建，更名为江苏省东海高级中学。学校占地16.35万平方米，建筑面积8.1万平方米。2005年，学校有教学班107个、学生5738人、教职工332人。

江苏省灌云高级中学　位于灌云县新城区，创建于1952年，是江苏省首批四星级普通高中、国家级示范高中、江苏省体育传统项目学校。多次获得连云港市教学评估和管理优秀奖，多次被评为全国群众体育先进单位。学校占地18.68万平方米。2005年，学校有84个教学班、学生4620人、教职工288人。

江苏省灌南高级中学　位于灌南县人民中路20号，创建于1958年，为首批省属重点中学、江苏省四星级重点高中，南京大学、中国矿业大学优质生源基地。学校占地20万平方米，建筑面积8.33万平方米。2005年，学校有64个教学班、学生3761人、教职工203人。

第五节　特殊教育

1984年前，连云港市有东海县聋哑学校和连云港市聋哑学校2所特殊教育学校，教学班15个。

1984年，市政府印发《关于进一步发展连云港市特殊教育的意见》，市、县、区配备专职特教干部，各乡镇中小学校、各类特殊教育学校都建立残疾儿童教育档案。是年“三残”（肢残、体残、智残）儿童入学率19%。

1986年，在新浦区南极路小学办起全市第一个培智班，招收12名弱智儿童入学。

1987年，市解放路小学、赣榆县青口小学和云台区盐坨小学开办培智学校（班），全市培智儿童辅导班达到5个。

1988年，赣榆县筹建聋哑学校。至年底，全市在校聋哑、弱智儿童669人。1991年，新浦区教育局撤销双池小学改建特殊学校，更名连云港市新浦培智学校。

1993年2月，市聋哑学校开始举办盲班，招收盲生就读，打破全市没有盲校的历史。市教育局印发《连云港市关于“八五”期间发展特殊教育规划》。是年，全市有4所聋哑学校、4所培智学校。全市盲残学龄儿童78人，入学6人，入学率7.7%；聋哑学龄儿童556人，入学385人，入学率69.92%；弱智学龄儿童3505人，入学培智学校834人，在普通小学随班就读500人，入学率38.06%。

1994年，特殊教育纳入义务教育范畴。东海县被省教委、残联、民政厅联合表彰为江苏省特殊教育先进县。1996年，东海县、赣榆县被表彰为全国特殊教育先进县。全市“三残”儿童入学率94%。

2000年，灌云县聋哑学校筹建，并于2001年春季开始招生。2003年，市聋哑学校被江苏省教育厅评定为江苏省特殊教育现代化示范学校。

2004年，东海县培智学校并入县特殊教育学校，成为连云港市第一所将“三残”儿童集于一所学校学习的特殊教育学校。赣榆县被江苏省教育厅确定为随班就读支持保障体系实验工作先进县。市聋哑学校更名为市特殊教育中心。

2005年，全市有特殊教育学校7所，68个班，在校学生2783人，教职工211人。

1984～2005年连云港市特殊教育情况统计表

表32-8

年　份	学校数（所）	班级数（个）	听障学生数（人）	智障学生数（人）	教职工数（人）
1984	2	15	124	127	48
1985	2	15	131	135	49
1986	2	15	141	131	51
1987	2	21	134	187	67
1988	5	42	301	368	162
1989	5	53	306	433	99
1990	5	60	333	511	112
1991	6	78	370	639	139
1992	8	85	383	744	139
1993	8	96	385	834	141
1994	6	91	214	1379	177
1995	8	124	692	2378	190
1996	12	174	841	4158	247
1997	12	260	829	4567	225
1998	12	256	750	4274	213
1999	12	272	593	3573	193
2000	12	214	535	3323	195
2001	8	56	545	4061	195
2002	8	55	534	3013	196
2003	7	59	421	2890	200
2004	7	60	524	2459	202
2005	7	68	657	2126	211

连云港市特殊教育中心　位于新浦区朝阳中路与康泰南路交会处，始建于1978年。原名连云港市聋哑学校，是集盲九年义务教育、聋九年义务教育、职业高中教育和学前教育，兼康复、培训为一体的综合性特殊教育学校。校园占地1.3万余平方米，建筑面积5800余平方米，绿化面积1400余平方米。学校先后开设保健按摩、烹饪、缝纫、编织、电脑等职业技能专业，形成较为完整的特殊教育办学体系。2003年被评为江苏省特殊教育现代化示范学校。2004年更名为市特殊教育中心。2005年实行免费入学。

图 32-14　连云港市特殊教育中心　　　市教育局　供

第三章　中等职业技术教育和中等师范教育

20世纪80年代初期，连云港市开始进行中等教育结构改革，发展中等职业教育。1984年，全市有普通中等专业学校4所，在校生1514人；有独立设置的职业高中3所，另有附设职业高中班的普通中学15所，在校生3245人；有技工学校3所，在校生8842人；有中等师范学校2所（其中1所1984年刚建，当年未招生），在校生596人。

1986年后，全市技工教育规模逐渐扩大，先后新成立学校4所。职业教育内部结构更加贴近经济和社会发展要求，在事业规模、办学质量和层次上有明显提升。“九五”和“十五”时期，通过资源整合、强校联合、改革内部管理机制，进一步提升办学层次和水平。至2005年底，全市有普通中等专业学校4所，办学点17个，在校生2.5万人；职业高中15所，在校生2.41万人；技工学校6所，在校生8842人。职业高中招生数接近普通高中招生数，两者比为0.9∶1，初步改变普通高中与职业教育比例失调、结构不合理的状况，职业教育品牌优势初步形成，全市建成9个省级示范专业、5个省级高技能人才培养基地、3个省级技能型紧缺人才培养培训基地。

第一节　普通中等专业教育

一、事业概况

1984年，连云港市有江苏省盐业学校、连云港水产学校、连云港卫生学校、连云港财经学校4所普通中等专业学校。在校生总数1514人，毕业生总数368人，教职工450人，其中专任教师211人。这4所学校都是独立建制的普通中等专业学校。1986年，江苏省粮食技工学校和连云港市体育运动学校成立。从是年开始出现其他办学机构联办的普通中专班或办学点。

1986年，连云港财经学校更名为江苏省连云港财经学校，2004年升格为江苏省连云港财经高等职业技术学校，增挂“江苏联合职业技术学院连云港财经分院”牌子。

1988年，连云港卫生学校更名为江苏省连云港中药学校，2004年升格为江苏省连云港中医药高等职业技术学校，增挂“江苏联合职业技术学院连云港中医药分院”牌子。

1993年，江苏省盐业学校将原江苏省盐业技工学校并入。1998年，江苏省盐业学校并入淮海工学院。

1997年，连云港水产学校增挂“淮海工学院水产专科部”牌子。1999年并入淮海工学院。

2000年，江苏省粮食技工学校增挂“连云港工贸学校”牌子，1999年更名为江苏省经贸高级技工学校，2002年增挂“江苏省经贸技师学院”牌子，2005年升格为江苏省连云港工贸高等职业技术学校。

至2005年底，全市有普通中等专业学校4所，分别是连云港中医药高等职业技术学校、江苏省连云港财经高等职业技术学校、连云港市体育运动学校、江苏省连云港工贸高等职业技术学校，其他机构或办学点17个。全年招生1.19万人，在校生2.5万人，毕业班学生4791人，毕业生3811人。

1984～2005年连云港市普通中等专业教育情况统计表

表32-9

年　份	学校数（所）	学生数（人）				教职工数（人）	
		招生数	在校生数	毕业班生数	毕业生数	合　计	其中任课教师
1984	4	—	1514	—	368	450	211
1985	4	723	1885	681	541	466	317
1986	5	1004	2447	1006	790	535	371
1987	5	1012	2441	851	1005	577	402
1988	5	990	2571	602	847	562	411
1989	5	1054	3020	891	600	561	425
1990	5	922	3042	1034	878	558	417
1991	5	925	2919	936	1022	559	414
1992	5	1132	3105	1028	938	549	404
1993	5	1892	3955	1073	1027	639	429
1994	6	2295	5184	973	1069	666	461
1995	6	3551	7750	1420	966	706	497
1996	6	5877	12959	2831	1885	721	526
1997	6	6893	17778	3865	2812	719	528
1998	5	6116	19801	5867	4006	484	438
1999	5	5765	19586	6391	5926	481	436
2000	4	3963	17007	6108	6364	407	211
2001	5	3122	14092	6037	6071	437	247

续表32-9

年　份	学校数(所)	学生数(人)				教职工数(人)	
		招生数	在校生数	毕业班生数	毕业生数	合　计	其中任课教师
2002	5	4187	11960	4308	5514	455	264
2003	5	4924	12580	2804	4254	409	294
2004	4	8264	16644	4211	3583	498	383
2005	4	11856	25018	4791	3811	600	413

2005年连云港市普通中等专业学校基本情况统计表

表32-10　单位:人

项　目	学生数				教职工数	
	招生数	在校生数	毕业班生数	毕业生数	合计	其中专任教师数
总计	3109	7215	1512	1257	603	413
连云港工贸高等职业技术学校	775	2151	532	330	223	180
连云港市体育运动学校	63	130	30	86	74	34
连云港中医药高等职业学校	1226	2874	548	503	158	91
连云港财经高等职业技术学校	1045	2060	402	338	148	108

二、学校选介

江苏省连云港财经高等职业技术学校　该校前身为连云港市会计职业学校,创建于1964年。1973年更名为连云港市财经学校。

1984年,学校开设财政、税务、财务3个专业,16个班。1986年连云港市财经学校更名为江苏省连云港财经学校,隶属省财政厅领导。是年,学校开始招收应届高中毕业生,其中财会师资为大专,学制三年;其余为中专,学制二年。1993年,学校被江苏省政府批准为省(部)级重点中等专业学校。1995年后,学校分别与常州技术师范学院、淮海工学院、连云港职业技术学院等高校合作,举办专科层次的学历教育,其中增挂淮海工学院连云港财校专科部牌子期间,共培养9届20多个班级的近千名大专毕业生。1999年,为适应市场经济和用人机制的变化,学校对专业作出较大调整,并停招高中毕业生,改招初中毕业生,中专学制由原来的高中后两年调整为初中后三年。2004年起,学校面向全省招收初中毕业生,培养五年一贯制大专生。2004年5月,学校升格为高职校,改称江苏省连云港财经高等职业技术学校,同时增挂江苏联合职业技术学院连云港财经分院牌子。

2005年,校园占地面积12万平方米,建筑面积7.1万平方米,图书馆藏书18万册。开设会计电算化、电子商务、商务英语、会计与审计、计算机应用技术、金融保险、市场营销7个专业,76个教学班,在校生2060人,毕业生338人。教职工总数148人,其中专任教师108人;中高级职称占80%、"双师型"(有专业技术职称,同时拥有中级以上技能等级证书)教师占60%。学校先后获"全国财政教育先进单位""江苏省职业教育先进单位""江苏省文明单位"等称号。

江苏省连云港中医药高等职业技术学校　该校前身是创建于1958年6月的连云港市卫生学校。1988年6月,连云港市卫生学校更名为江苏省连云港中药学校。

图 32-15 江苏省连云港中医药高等职业技术学校
市教育局 供

1995年起，学校相继与南京医科大学、苏州大学和南京中医药大学联合开设护理、预防医学、临床医学、药剂、中药等专业函授大专班。1996年成为全国中等中医药专业教育达标学校。2001年成为国家中医药管理局全国11所重点中等中医药学校之一。2002年，开设五年制高职中药专业。2003年，开设五年制高职护理专业。2004年4月，经江苏省教育厅批准升格为高等职业技术学校，更名为江苏省连云港中医药高等职业技术学校，同时增挂“江苏联合职业技术学院连云港中医药分院”牌子，是江苏省唯一的中医药高等职业技术学校。2005年1月，被教育部认定为第二批国家级重点中等职业学校。2005年，开设五年制高职中药制药技术专业、高职药物制剂技术专业、高职医药营销专业。

2005年，校园占地面积33万平方米，建筑面积9万平方米，图书馆藏书13万册。学校面向全省招生，开设中药、中药制药技术、药物制剂技术、药品经营与管理、药物分析技术、药学、药剂设备制造与维修、康复治疗技术、护理9个五年制高职专业及护理、中药、制药技术3个中职专业。其中，高职中药和高职护理专业均为省级示范专业和省级课程改革专业实验点，高职中药为省特色专业，高职护理为省品牌专业。在校生2874人，教职工158人，其中专任教师91人。

江苏省连云港工贸高等职业技术学校 该校前身为淮阴粮食技工学校，1986年迁入连云港并更名为江苏省粮食技工学校。学校规模定为在校生600人。当年9月开始招生，首批招收100名新生，生源以徐州和连云港为主，设粮油储藏、粮油加工2个专业。1991年2月被省劳动局列为全省首批重点技工学校。1997年3月被批准为国家级重点技工学校。1999年，江苏省粮食技工学校更名为江苏省经贸高级技工学校。2002年增挂“江苏省经贸技师学院”牌子。2005年12月升格为高职校，改名为江苏省连云港工贸高等职业技术学校。学校通过ISO 9000全面质量管理体系认证，设有国家职业技能鉴定所，是国家重点中专校、国家级就业指导示范基地、江苏省高技能

图 32-16 江苏省连云港工贸高等职业技术学校 市教育局 供

人才培养示范基地，机电技术应用专业通过省级示范专业评审。

2005年，学校占地面积5.3万平方米，建筑面积6万余平方米。有教学班39个，在校生2151人，当年毕业生330人。教职工223人，其中专任教师180人，本科以上学历100%，"双师型"教师占专任教师总数的70%。

连云港市体育运动学校　该校前身是连云港市少年儿童业余体校。1986年，经省政府批准，建立连云港市体育运动学校（中专层次）。为完善办训、办学体制，保留连云港市少年儿童业余体校建制。1987年，经市政府批准成立连云港市云峰中学（初中层次），对外"三块牌子"，对内"一套班子"（即一套领导班子、一套训练班子、一套文化教学班子），初步形成连云港市少年儿童阶梯式体育业余训练的组织体系。

学校自建立起，每年招收运动训练专业中专生40人，专业项目是根据连云港市业余训练项目设置安排，设田径、排球、篮球、举重、摔跤、柔道、皮划艇等。初中实行单轨制，从初一至初三，实施义务教育。1993年，在苍梧小区东划拨3.87公顷土地，迁建体育运动学校。1996年，近2万平方米的新体校建成，是年3月搬迁，并通过省教育厅办学条件评估。

2003年，为加强少年儿童业余训练的文化学习，提高运动员、教练员的学历层次，学校与连云港师专三附小协议合办小学，与连云港师专协议联合举办"五年一贯制"体育教育方向大专班，每年计划招生人数50人。2004年，与北京体育大学签订协议，设立北京体育大学连云港体校函授站，解决连云港市周边地区体育专业"专升本"的学历提高问题，完成学校从小学、初中、大专、本科的"教学一条龙"办学战略。

2005年，学校在校生130人，毕业生86人，教职工74人，其中专任教师34人。至2005年，学校培养出世界冠军3个，亚运会冠军6个，亚洲冠军14个，全运会冠军13个，全国冠军21个。

第二节　职业高中教育

20世纪80年代初，连云港市根据国务院关于中等教育结构改革文件精神，首先在市区中学进行改革试点，先后在延安职业中学、陇东职业中学等校创办服装、钟表等高中职业班，并面向各县、区扩大试点，职业高中迅速发展。职业高中班一般由普通高中改办或在普通中学附设，招收初中毕业生，学制2～3年。文化课使用国家统一的职业高中教材，专业课参照同类型中专教材和根据培养目标自编教材。办学形式基本有教育部门和有关单位联办、教育部门自办、工厂企业等用人单位自办3种，其中联合办学是主要形式。1984年，全市有职业高中3所，30个班；附设职业班的普通中学15所，37个班。招生867人，毕业生229人，在校生1662人。

职业中学和普通中学附设班的专业是根据连云港市的经济发展需要设置的。至1988年底共设置97个专业。工业方面有玻璃仪器、火柴、机电、机械、纺织、电子、电器、电光源、发配电、热动、造纸、检修、轻工等，农业方面有农技、发酵、农机、饲养、食用菌、农学、小麦、兽医等，服务与管理方面有旅游、经营管理、园林、物资、烹饪、护士、缝纫、食品加工、审计、财经、装潢美术、粮食管理和商品管理、打字、环保、统计、供销等，建筑方面有建筑预算与安装、水泥、建材、塑化、土建、工民建等，运输方面有运输、船舶轮机、理货、港口业务、海员等，文教方面有幼师、文艺、英语、文秘、工艺美术等，水产方面有淡水养殖、海水养殖、水产等，矿业方面有采选等。

20世纪90年代，全市加快重点职业学校建设，先后有连云港职业技术教育中心等10所职业高中被认定为省重点职业高中。全市还按照省提出的职业技术教育“1122工程”①要求，加快市区和各县、区职业教育中心校建设。随着农村产业结构调整、城市用工制度改革、第三产业兴起，对人才的需求结构发生变化，各校农林、信息技术、财经、计算机等专业得到加强，二、三产业专业设置比例上升。

2001～2005年，特别是国务院《关于大力推进职业教育改革与发展的决定》下发后，全市职业高中再次进入大发展时期。职业高中在校生由2001年的1.05万人，增加到2005年的2.41万人；教职工由2001年的1030人，增加到2005年的1667人。市、县、区持续加大对职业教育投入，在机电一体化、数控技术和电子电工、信息技术、计算机应用等专业，装备一批与现代化生产基本同步的先进设备，专业现代化水平不断提高。

1984～2005年连云港市职业高中情况统计表

表32-11

年份	学校数（所）	班级数（个）	学生数（人）				教职工数（人）	
			招生数	在校生数	毕业班生数	毕业生数	合计	其中任课教师
1984	3	30	867	1662	651	229	176	163
1985	6	129	3164	6180	1298	682	315	252
1986	19	179	3803	8832	2398	1266	439	363
1987	20	185	3344	9229	2795	1828	588	474
1988	26	199	3359	9803	3458	2821	878	580
1989	26	206	3675	9571	2829	3371	885	633
1990	25	223	3281	9426	2858	2793	920	648
1991	27	238	3850	10416	3248	2799	922	672
1992	27	244	3894	10820	3166	3056	1052	751
1993	23	272	4609	12172	3799	2944	1184	757
1994	24	323	4212	12003	4081	3788	1172	815
1995	23	305	5410	13551	4408	4192	1305	965
1996	28	334	5206	14087	4431	4604	1428	1055
1997	29	319	4725	12822	4706	4521	1448	1076
1998	23	292	4306	11835	4283	4424	1528	1138
1999	20	201	2577	7626	2914	4270	1143	9[illegible]0
2000	17	225	4429	8879	3220	2905	1045	806
2001	16	246	5585	10514	2315	3368	1030	753
2002	14	270	6210	13098	3615	3265	1212	887
2003	14	—	7881	17549	6246	3858	1386	1095
2004	13	—	9807	18147	5263	7184	1415	1103
2005	15	—	10574	24102	9216	5432	1667	1516

① “1122工程”指到2000年在江苏省要建设100所重点职业中学；其标准是每所职业中学要有1万平方米的建筑；2000名在校生；年办学经费达200万元。

第三节　技工教育

1984年，连云港市有技工学校3所，分别是连云港港务局技工学校、连云港市建筑技工学校和连云港市锦屏磷矿技工学校。

1986年2月，淮阴粮食学校迁至连云港市新浦区大庆路，改名为江苏省粮食技工学校，隶属于江苏省粮食局。

1989年4月，江苏省盐业技工学校在连云港市开办，校址在连云港市新浦区，隶属于江苏省盐业公司。同时，锦屏磷矿技工学校撤销。

1992年，在灌云县职业中学的基础上组建灌云县技工学校，该校于2000年9月并入灌云县教育中心，仍保留灌云县技工学校牌子。

1993年，江苏省盐业技工学校并入江苏省盐业学校，但保留建制。

1996年10月，连云港市技工学校成立，隶属于市劳动局。

1998年，江苏省盐业技工学校并入淮海工学院。

1999年，经劳动部批准，江苏省粮食技工学校更名为江苏省经贸高级技工学校，2002年增挂江苏省经贸技师学院牌子。

2002年7月，连云港市技工学校与连云港市建筑技工学校、连云港建筑职工中等专业学校合并成立连云港市高级技工学校，隶属于市教育局，但被合并学校的校名、建制仍然存在。

2004年8月，连云港港务局技工学校更名为连云港港口技工学校。是年12月，经江苏省劳动和社会保障厅批准，连云港市首家民办技工学校——连云港市信息技工学校成立。

至2005年底，连云港市有技工学校6所。在6所学校中，集国家级重点技校、高级技校、技师学院为一体的1所、省级重点技校1所、普通技工学校4所。开设专业43个，其中70%以上为复合工种。在校生6880人，教职工2860人。全市各类技校毕业生累计2.27万

图32-17　2005年，连云港市有技工学校6所，在校生6880人。图为技工学校学生在上实训课。　市教育局　供

图32-18　2005年，连云港市职业学校技能大赛现场。　俞德春　摄

人。全市形成以技师学院为龙头、以特色技工学校为重点的培养技能人才的技工教育与职业培训体系。

第四节 中等师范教育

一、事业概况

1984年，连云港市有江苏省海州师范学校和连云港师范学校2所中等师范学校。是年，海州师范学校共有16个班，在校生596人；专任教师51人。连云港师范学校于1984年11月建立，是年未招生。1999年，市政府将海州师范学校、连云港师范学校、连云港教育学院三校合并升级，2000年成立连云港师范高等专科学校，从而实现全市师范教育从中专到大专、本科的过渡。

2005年，全市有师范类专科学校1所，在校生1354人，是年毕业410人。

二、学校选介

江苏省海州师范学校 简称“海师”，成立于民国3年（1914年），初名江苏省立第八师范学校，校址在灌云县板浦镇。学校成立初期，学制为五年，分为预科（1年）和本科（4年）。本科又分为艺术、文科、理科。民国11年起学制改为六年（前师三年，招收高小毕业生；后师三年，招收初中毕业生）。第八师范共办学13年，招收学生13届，另招2届讲习科。毕业学生9届约350人，讲习科毕业学生约60人。民国17年与江苏省立十一中学合并，改称东海中学，校址在石室书院旧址。东海中学本部分为初中、高中（普通科、师范科）两部。又在原八师校址设乡村师范科，墟沟设渔村师范科，均隶属东海中学，学制均为三年。东海中学学生主要来自海属四县和徐属八县。学校的课程分为必修和选修两类。初中和高中注重文化必修课，特别是理化学科。师范科另增设各种教育课程，如教育概论、教育原理、教育统计、各科教学法等。选修课针对高中、师范特点而开设，分为文史组、地理组、自然组、教育组四大类。民国21年，东海中学更名为江苏省立东海师范学校。抗日战争时期，学校一度停课。民国37年11月7日，海州、新浦地区宣告解放。学校成立复课委员会，查找失散的校具，召开座谈会，动员师生返校上课。学校定名为山东省东海师范学校。中华人民共和国成立前，东海师范是东海、赣榆、沭阳、灌云地区最高学府、教师摇篮，也是这一地区早期中共党组织开展革命活动的基地。中华人民共和国成立后，东海师范学校进入新的发展阶段。1952年，学校开始执行教育部《三年制师范教学计划》，将原中师两年制改为三年制。同时，学校招收简师班，学制为三年。1951～1952学年度，招收了3个速成师范班。1953年，学校改名为江苏省东海师范学校。1959年，江苏省东海师范学校更名

图32-19 江苏省海州师范学校 赵鸣 摄于1998年

为江苏省海州师范学校，招收初中毕业生入学，学制三年。1978年4月，经省政府批准，海州师范开办徐州师范学院连云港师资专科班，设政治、语文、物理、化学4个专业，学制二年。同时，为解决“文化大革命”以后全市中学教师青黄不接的问题，开设语文、史地、化学3个专业班，招收高中毕业生入学，学制二年。1980年起，中师教育步入正轨，开始招收初中毕业生入学，学制三年，既有普师班，又有英语、体育、美术、音乐、幼教等专业班。课程设置开始执行教育部颁发的《中等师范学校教学计划》（试行草案）。1992年，海州师范学校开始首次招收五年制大专班，到1997年专科毕业，这是海州师范培养的首批具有专科学历的小学教师。1999年7月，市政府决定连云港教育学院、连云港师范学校和海州师范学校实行联合办学，筹建连云港师范专科学校，同时撤销连云港教育学院、连云港师范学校和海州师范学校建制。2000年3月，连云港师范高等专科学校正式成立。

江苏省连云港师范学校　简称“港师”，筹建于1984年，于1985年9月招生。学校占地5.5万平方米，建筑面积1.3万平方米。学校倡导献身教育、艰苦创业、为人师表、勤奋好学的校风和全面发展、创新务实、一业多能、热爱专业的学风，坚持面向农村的办学方向，重视对学生加强专业思想教育和基本功训练。1998年，连云港教育学院、连云港师范学校和海州师范学校实行联合办学，筹建连云港师范专科学校。

连云港师范高等专科学校　筹建于1998年12月，成立于2000年3月。是由连云港教育学院、连云港师范学校、海州师范学校合并组建而成。（参见第三十二卷第四章第二节《市属高等院校》）

1984～2005年连云港市普通中等师范教育情况统计表

表32-12

年　份	学校数（所）	学生数（人）				教职工数（人）	
		招生数	在校生数	毕业班生数	毕业生数	合　计	其中任课教师
1984	2	—	596	—	—	—	51
1985	2	721	1309	409	379	186	95
1986	2	611	1508	373	402	229	119
1987	2	559	1695	524	371	233	125
1988	2	485	1654	609	524	251	131
1989	2	420	1463	560	609	262	139
1990	2	381	1288	485	558	258	134
1991	2	356	1157	450	485	252	131
1992	2	510	1218	381	449	251	130
1993	2	835	1674	389	387	266	131
1994	2	866	2153	553	389	279	144
1995	2	1070	2669	761	556	311	170
1996	2	1077	2986	979	760	337	187
1997	2	1140	3147	1030	977	338	189
1998	2	1304	3524	1028	1024	348	194

续表 32-12

年份	学校数（所）	学生数（人）				教职工数（人）	
		招生数	在校生数	毕业班生数	毕业生数	合计	其中任课教师
1999	1	630	3262	1123	892	323	188
2000	1	534	2671	1096	1121	520	335
2001	1	513	2088	557	1096	532	355
2002	1	424	2064	213	862	536	373
2003	1	424	1501	243	210	—	—
2004	1	576	1424	548	426	—	—
2005	1	410	1354	410	410	576	413

第四章　普通高等教育

1984年，连云港市只有2所市属高校，即连云港化学矿业专科学校和连云港职业大学。化学矿业专科学校有在校生900余人，教职工320余人；连云港职业大学有在校生400余人，教职工70余人。

1985年，连云港市第一所省属高等院校——淮海大学筹建。1989年正式成立，定名淮海工学院。1992年，连云港化学矿业专科学校更名为连云港化工高等专科学校。1993年，连云港职业大学更名为连云港职工大学。1999年，连云港职工大学与原连云港市职业技术教育中心合并成立连云港职业技术学院。

2000年，由连云港教育学院、海州师范学校、连云港师范学校三校合并组建的连云港师范高等专科学校正式成立。

2002年，连云港化工高等专科学校并入淮海工学院。

至2005年底，连云港市有普通高等学校3所，其中淮海工学院为省属高校，连云港职业技术学院、连云港师范高等专科学校为市属高校。3所高校当年毕业生6290人、招生8725人、在校生2.75万人；教职工2599人，其中专任教师1620人。是年，全市高等教育自学考试报考人数3.15万人，毕业生1774人。

1985～2005年连云港市普通高等教育情况统计表

表 32-13

年份	学校数（所）	学生数（人）				教职工数（人）	
		招生数	在校生数	毕业班生数	毕业生数	合计	其中任课教师
1985	3	1151	1907	383	245	596	260

续表32-13

年　份	学校数（所）	学生数（人）				教职工数（人）	
		招生数	在校生数	毕业班生数	毕业生数	合　计	其中任课教师
1986	3	854	2025	702	400	798	350
1987	3	989	2403	696	661	925	442
1988	3	1137	3020	974	694	950	459
1989	3	1071	3109	992	1023	970	458
1990	3	1083	3190	1156	977	912	444
1991	3	1207	3531	1145	1245	981	440
1992	3	1436	3596	922	995	920	464
1993	3	2368	5316	1564	997	1022	941
1994	3	2257	5981	1970	1467	1057	525
1995	3	2351	6351	2282	1951	1079	543
1996	3	2810	6871	2109	2263	1122	612
1997	3	3779	8926	2141	2313	1193	653
1998	3	3880	9764	2253	2231	1216	707
1999	3	5001	10994	2674	2294	1460	867
2000	4	6251	15473	3540	3078	2158	1313
2001	4	7541	19298	3934	3296	2411	1468
2002	3	7523	22428	5545	3968	2432	2416
2003	3	7425	24247	7048	5181	2501	1432
2004	3	7848	25064	6224	6947	2552	1491
2005	3	8725	27510	6592	6290	2599	1620

第一节　省属高等院校

连云港市省属高等院校只有淮海工学院1所，是江苏省委、省政府为了加快发展苏北、合理调整全省高等教育布局，在连云港市创办的一所以培养应用型人才为主的综合性大学。校址在连云港市新浦区苍梧路59号。

淮海工学院原名淮海大学，筹建于1985年。1986年9月4日举行开学典礼，1989年更名为淮海工学院。

1993年6月，经国务院学位委员会和国家教委批准，增列淮海工学院为学士学位授予单位。1998年、1999年，江苏省盐业学校、连云港水产学校相继并入。1999年9月，被中国教育工会评为全国教育系统民主管理先进单位。2002年，连云港化工高等专科学校并入。2003年9月被

图 32-20 淮海工学院 吉志强 摄于 2001 年

评为江苏省文明学校。地理信息数据采集与处理专业被评为全省高校特色专业，高等数学等12门课程被评为全省普通高校优秀课程，机械制造及其自动化、应用化学、海洋生物学被列为江苏省重点建设学科。2001～2005年，全院教师在国内外刊物上发表学术论文2500余篇，被SCI、EI、ISTP三大国际权威期刊收录近百篇；出版专著、译著和教材近80部。100多个科研项目通过鉴定和验收，“智能卡式水表及其小区网络系统设计研究”获省科技进步三等奖，“数字城市空间管理动态信息采集研究”获中国测绘学会科技进步三等奖，一批成果获得连云港市自然科学、哲学社会科学优秀成果一等奖。海洋生物技术实验室被列为江苏省重点建设实验室，工程训练中心等3个基础实验室被列为财政部中央与地方共建高校基础实验室。与连云港市科技局共建连云港现代设计与制造工程中心、连云港海洋生物技术工程中心，与江苏康缘药业股份有限公司共建康淮海洋药物研究所，与东南大学、赣榆县政府和榆城集团等单位签订“产、学、研”合作协议。

2005年，学校占地123万平方米，资产总值6亿元，校舍面积54.6万平方米。全日制在校学生1.5万余人，教职工1619人。学院共有14个系部和3个二级学院，34个本科专业，专业门类覆盖工学、管理学、文学、理学、农学、法学、经济学七大学科。

学校拥有实验室面积6.53万平方米，生均4.35平方米；教学仪器设备价值6800多万元；全院建制性实验室21个（其中工程训练中心1个），下设146个分室，其中7个基础实验室于2002年全部通过省教育厅组织的基础课教学实验室合格评估，大学物理实验室等2个基础实验室被列为全省高校基础课实验教学示范中心建设点。

图书馆馆舍面积1.86万平方米，建有11个流阅一体化的文献中心以及教师研究室、文献检索室、电子阅览室、听音室等服务窗口；拥有阅览座位1470个，电子阅览室座位310个，视听室座位48个。文献总量55万册，其中中文图书50万册、外文图书1.3万册、中外文合订本期刊3万余册。年均外借图书25万册。同时，建成并开通《中国学术期刊（光盘版）》镜像站一级中心和省高等教育数字化图书馆海洋与核能文献服务中心。校园网络以校园主干网为中心，形成以千兆主干网络为主体的二级星形拓扑结构，覆盖整个校区。

附：合并的大专院校

1998年、1999年、2002年，江苏省盐业学校、连云港水产学校、连云港化工高等专科学校相继并入淮海工学院。

江苏省盐业学校 该校前身是1959年成立的新海连制盐工业技术学校，校址在新海连市大浦镇，设制盐工艺专业，首届招生约200人。1960年春，江苏省政府正式批准创建江苏省制盐工业技术学校（简称盐校），与新海连市制盐工业学校一套班子。1980年1月，经江苏省轻工业厅批准，将江苏省制盐工业技术学校更名为江苏省盐业学校。

1984年，学校开设制盐工艺、化工工艺、盐业机械、轻工机械、土木建筑、工业企业管理等专业。1986年，学校又将制盐工艺、盐化工艺专业合并为盐化管理专业，招生对象由高中毕业生改为初中毕业生，学制由原来的三年改为四年。1987年，学校作为全国3所盐业中等专业学校之一，承担为江苏沿海盐产区培养中等技术、管理人才的任务，并向省内外招收代培学生。1993年，江苏省盐业工业技工学校并入，仍保留编制。至1997年底，江苏省盐业学校占地20万平方米，建筑面积近4万平方米，设有无机化学、有机化学、分析化学、物理化学、电子、电力拖动、物理、电子电路、天平计量、财会模拟等20余个实验室，设置制盐工艺、盐化工艺、轻工机械、机电技术应用、无机化工、微机及其应用、财务会计、市场营销8个专业，在校生2074人；另有海盐、盐化、建筑、机电等4个技工专业的在校生221人，在校生规模合计达到2295人；教职工258人，其中专任教师112人。校内建有钳工实习车间和外线工、建筑专用场地，拥有连云港皮革机械厂、黄海化工厂、台北盐场、东山电厂等定点实习单位。建校30多年间，累计为国家培养和输送大中专毕业生2724人、技工762人，其他各类培训4000余人。

1998年4月15日，根据江苏省政府对江苏高等教育的宏观部署、调控和有关指示精神，江苏省盐业学校整建制划归淮海工学院，成为淮海工学院东港学院。

连云港水产学校 该校原名新海连水产专科学校，成立于1958年，校址在新海连市墟沟镇北固山南麓，占地8万平方米，建筑面积7600余平方米。1964年更名为江苏省连云港水产学校，专业设置以海洋捕捞和水产养殖专业为主，学制四年，面向初中毕业班招生。“文化大革命”期间，学校被撤销，1978年恢复。

1984年，学校开设职工中专班和师资大专班，招收学生全部为高中毕业生。1994年增设渔业机械、计算机应用、经济管理等专业。1996年增招航海捕捞专业、网具专业，开设五年制海水养殖专业高职班。1997年6月26日，连云港水产学校与淮海工学院合作办学，淮海工学院水产专科部在连云港水产学校正式挂牌。1998年，增设农（水）产品贮藏与加工、制冷空调专业。至此，学校已拥有海水养殖、淡水养殖、水产品加工、农（水）产品贮藏与加工、制冷空调、航海捕捞、轮机管理、渔业机械、计算机应用、经济管理10个专业30个班级，在校生1300人，教职工140余人，教学仪器设备以及实验设施等资产价值200多万元，各类实验室30多个。

1999年7月8日，江苏省政府决定将连云港水产学校并入淮海工学院，成立淮海工学院海洋与水产学院。

连云港化工高等专科学校 该校的前身是锦屏磷矿技术学校，成立于1958年，是化工部直属院校之一。历经40多年的发展，先后经过了由技工学校—中等专业学校—工人大学—高等专科学校—并入淮海工学院的历史沿革和由矿区到市区的迁移过程。

1959年6月，锦屏磷矿技术学校更名为锦屏矿业学校。“文化大革命”期间，学校停办，改为连云港市锦屏机械厂、连云港市轴承厂。1975年，连云港市锦屏矿业学校恢复，并改为矿山工人大学。学校由石化部与连云港市双重领导，以部为主，开办地质、采矿、选矿、机电4个专业，学制暂定两年，每年招生330人。1980年5月，经国务院批准，学校改建为连云港化学矿业专科学校。设矿山地质、采矿、选矿、矿山机械、矿山电气化专业，学制三年，规模900人。从1980年起参加全国统一招生，当年面向全国招收大专生150人，并在新浦区通灌南路建校。1992年恢复中专招生。1992年4月1日，经国家教委批准，学校更名为连云港化工高等专科学校。1998年，学校先后与南京化工大学、淮海工学院联合办学，开始本科层次教育，培养机械设计与制造等专业人才；并先后与中国矿业大学、南京大学、南京理工大学等联合举办研究生课程进修班。

2002年8月，学校并入淮海工学院。是年在校生5000多人。

第二节　市属高等院校

2005年，连云港市属高校有连云港职业技术学院、连云港师范高等专科学校2所。

一、连云港职业技术学院

该校前身是连云港职业大学，创建于1983年。1993年改称连云港职工大学。1999年7月经教育部、江苏省政府批准，由连云港职工大学、连云港市职业技术教育中心合并成立连云港职业技术学院。

连云港职业技术学院属于三年制普通高等专科院校。占地31万平方米，建筑面积20万平方米，教学仪器设备总值2630万元。拥有校内实验室、实训基地84个，校外实验实训基地70个，学院自主建设的“产、学、研”一体化实践基地7个，并设有国家职业技能鉴定所，能对10个专业的13个工种进行技能鉴定。设有国际交流合作学院、机电工程学院、信息工程学院、商学院、成人教育学院等二级学院及公共管理系、艺术与旅游系、建筑工程系、化学工程系、外语系、基础课部、政教部等系部；开设46个专业，涉及农林、生化、土建、制造、电子信息、环保、财经、旅游、公共事业等12个高职高专专业目录大类。

图32-21　连云港职业技术学院　　　俞德春　摄

2005年，连云港职业技术学院有在校生5527人；教职工521人，其中具有副高级以上职称的教职工95人，具有博士、硕士学位教师49人。

二、连云港师范高等专科学校

1998年12月，经江苏省政府批准，连云港教育学院、连云港师范学校、海州师范学校实行联合办学，筹建连云港师范专科学校。1999年7月，市政府印发《关于筹建连云港师范专科学校的通知》，决定撤销连云港教育学院、连云港师范学校、海州师范学校，筹建连云港师范专科学校。2000年3月，连云港师范高等专科学校正式成立。

学校建有现代化教学楼、科学宫、音乐楼、图书馆、体育馆、实验室等设施。学校11个系共设27个专科专业，其中师范类专业17个、非师范类专业10个。另有与徐州师范大学、淮阴师范学院合作办学的6个本科专业。学校为专科层次的市属普通高等学校，实行省市共建、以市为主的办学体制。2000年首次面向江苏全省招生，是年招收新生1590人，其中与徐州师范大学合作招收本科生201人。2003年，连云港市经济管理干部学校并入。2004年，学校非师范专业建设取得进展，部分系师范与非师范专业数达1∶1，中文系汉语言文学专业被评为省高校特色专业。2005年，学校拥有2个校区、1个培训中心。校本部位于苍梧路53号，以原连云港师范学校为基础扩建而

图 32-22　连云港师范高等专科学校　　市教育局　供

成，占地面积18万平方米。通灌校区即原市经济管理干部学校校区，占地面积3万平方米；港口培训中心占地面积3000平方米。学校录取普通专科生1885人，录取五年制师范新生559人，专科在校生4994人，本科在校生600人。教职工459人，其中专任教师304人，正高职称11人，副高职称98人，博士、硕士生204人（含在读）。

第三节　高等教育自学考试

1983年始，连云港市面向全社会开展高等教育自学考试，并成立相应的领导组织和管理机构，负责市区和各县的报名、组织和考务工作。

20世纪90年代初，随着招聘招工对学历的不断重视，参加高等教育自学考试的考生逐年增加，规模逐步扩大，成绩不断提高。1994年开始，先后开考了本科、专科、中专三个层次文、理、工、农、医、管理等42个专业，每年报考人数均保持在1万人以上。一些大专学历人员报考双学历或本科学历的人数逐步增加，自学考试成为受过高等专科教育和中等专业教育人员继续接受高等教育的重要形式。

90年代后期，农村乡镇自学考试报考人数有较大发展。1998年，连云港市为首批152名自学考试农业户口毕业生办理了农村户口转为城镇户口手续，并依托乡镇成人教育中心和农业中心校建立自学考试乡镇服务站，当年建站25个，农村自学考试报名200人。1999年，连云港市依托江苏省启动农村自学考试实验区的契机发展乡镇服务站，新增站点79个，乡镇服务站报名人数达3463人，农村自学考试实验区报名1609人。是年，连云港市被评为江苏省自学考试农村实验区试点工作先进集体。2000年，全市127个乡镇全部建立自学考试乡镇服务站，乡镇服务站报名人数达5946人，农村自学考试实验区报名854人。

2002年，为了适应广大考生因专业计划的过渡需要增加考试机会的现状，连云港市首次增加考试次数，自学考试由原来一年考两次改为考四次。

1984～2005年，全市有57.45万人报名参加自学考试，1.45万人取得自学考试毕业证书。

1984～2005年连云港市高等教育自学考试情况统计表

表32-14　　单位：人

年　份	报名人数	毕业人数	年　份	报名人数	毕业人数
1984	5194	—	1995	26915	532
1985	10188	—	1996	30038	548
1986	13573	190	1997	33937	700
1987	13346	124	1998	41091	732
1988	13377	276	1999	47058	729
1989	15624	304	2000	47338	804
1990	17983	298	2001	39602	1127
1991	21909	309	2002	35898	1719
1992	22692	345	2003	32876	1567
1993	19236	299	2004	32939	1741
1994	22342	385	2005	31436	1774

第五章　成人教育

1984～2005年，连云港市经济和社会发展对各类人才的需求日益迫切，对劳动者的文化、业务和技能要求越来越高。全市各地各单位、各行各业日渐重视对在职人员和农民的知识技能培训，包括职工教育、农民教育、青壮年扫盲在内的各级各类成人教育事业得到相应发展，成人学历教育、非学历教育方兴未艾，且呈现成人初等教育和成人中等教育逐渐缩减、成人中等专业教育和成人高等教育逐渐上升的趋势。

至2005年底，全市培训城乡劳动力240万人次，其中农村剩余劳动力转移培训50万人次。全市共创建5个省级农科教示范基地、1个国家级社区教育实验区、4个省级社区教育实验区。

第一节　青壮年扫盲

中华人民共和国成立后，连云港市范围的扫盲教育运动共有三次。1950年，根据中央人民政府“开展识字教育，逐步减少文盲”的号召，全市城乡大办扫盲班、识字班，掀起扫盲的第一次热潮。1984年，江苏省根据国务院《关于扫除文盲的指示》，经省人民代表大会六届二次会议通过，发布《江苏省扫除文盲暂行条例》，全市扫盲工作进入第二次高潮。1984年，东海县、赣榆县相继扫除文盲，灌云县88%的乡镇完成扫盲任务。至1985年底，全市城乡基本扫除青壮年文盲。1988年，国务院发布《扫除文盲工作条例》，连云港市掀起声势浩大的第三次全民扫盲热潮。第三次扫盲工作历时5年。1989年，全市办扫盲班594个，参加人员1.02万人，是年脱盲6745人；举办业余小学班902个，人数1.54万人；业余初中班24个，人数977人；业余高中班30个，人数1353人；各类技术培训班3335个，人数15.41万人；中专班1个，40人；大专班1个，40人。全市1802个村中，有1025个村举办脱盲班，占56.88%；乡村企业973家，单独办学270家，占27.75%。1990年，全市所有乡镇办起成人教育中心校，是年培训结业8.47万人。1992年，赣榆县被评为全国扫盲先进单位，受到国家教委表彰；东海县因一年扫盲2万人受到省教委奖励。至1995年底，全市各县区均通过国家、省脱盲验收，15～40周岁非盲率由1990年全国第四次人口普查时的86.2%升至98.3%，脱盲后的巩固提高率达97.5%。

第二节 农民教育

1983年，连云港市第一所乡镇成人教育中心校在东海县张湾乡创办，结束全市农村成人教育无专门学校和专职教师的历史。至1989年底，全市97个乡镇中有94个建立乡镇成人教育中心校，1786个村中有1574个建立村农民文化技术学校，分别是总数的97%和88%。

1988年底，国家教育委员会开始在全国部分县乡组织实施“燎原计划”，东海县被列为全国“燎原计划”示范县。市委、市政府出台实施“燎原计划”方案，成立相应的领导小组，走经济、教育相结合，多渠道、多形式办学路子。至1994年底，全市农村高中段职业技术教育学生数占整个高中段学生数的50%。先后有36个乡镇被省政府确定为“燎原计划”示范乡镇。实施“燎原计划”项目28个，产生经济效益3.2亿元，带动近40万名农民脱贫致富。赣榆县金山镇、东海县青湖镇分别受到国家教育委员会和农业部的表彰。是年，国家教育委员会组织实施联合国人口基金第三期人口教育计划，赣榆县徐福镇成人教育中心校、东海县平明乡成人教育中心校被列为该计划人口教育项目学校。

20世纪90年代初，为适应市场经济和农民群众的需要，全市自1991年起开始大规模地开展以回乡初、高中毕业生，农村妇女，农村基层干部为重点的农村成人实用技术培训。1995～1999年，全市每年平均培训农民40万人次。

2000年，市教委印发《关于2000年我市农村成人教育工作重点与典型培育的意见》，提出为农服务的要求。全市上下协同配合，使农村的实用技术培训、初等职业技术教育、业余初中、成人高中、大专自学考试等工作形成合力。全市农村劳动力人均受教育年限达8.6年，完成农村各级各类培训9.7万人次，其中初等职业技术培训3.69万人次。

2001年，根据《中共江苏省委、江苏省人民政府关于加快农业和农村经济结构调整，促进农民增收的若干政策意见》及有关文件精神，连云港市整体推进江苏在全省实施的“5112教育富民工程”①，开展社会教育实验，构建终身教育体系。全年成人初等职业技术培训2.18万人次、农村实用技术培训59.1万人次。全市全年共有1.32万人通过培训毕业，其中升入高等院校1322人、进城就业1.01万人、出国劳务515人、应征入伍1226人。共培养农村致富骨干5.6万人。

2003年，市委、市政府印发《关于实施农村劳务输出百万工程的意见》，制定实施农村劳务输出百万工程的培训规划，拓宽渠道，加快农村富余劳动力向非农业领域培训转移的速度。全市农

① “512教育富民工程”指“十五”期间，江苏省委省政府在全省组织实施的一项富民工程，即通过职业教育与成人文化技术培训，转移500万名农村新增和剩余劳动力，培养100万名农村致富骨干，重点推广1000个农村科技致富示范项目，培训200万名下岗（失业）转岗职工，全面提高城乡劳动者科学文化素质。

村新增劳动力2.08万人，经培训转移1.36万人，转移率66%；通过职业教育和成人教育的技术培训，全市共转移农村剩余劳动力11.05万人。

2005年上半年，连云港市农村成人教育信息网站开通。是年，全市农村劳动力转移培训11.4万人次，其中新增加劳动力培训3万人次；农村实用技术培训41万人次。全市有省级科教示范基地5个、市级7个、县区级295个，推广科技项目282个，产生经济效益超过1亿元。

第三节　职工教育

1981年，连云港市、县、区政府均成立职工教育管理委员会，下设职工教育管理办公室；市有关委、局、公司、企业成立教育科，形成上下沟通、横向联合的职工教育网络。依托系统、行业、工会和厂矿企事业单位的职工学校开展文化专业知识教育。利用电视、广播、函授等教学手段，提高在职职工的文化程度和专业知识。采取脱产、半脱产、业余学习的形式完成教育培训任务。20世纪80年代平均每年约有1万人左右参加各种学历教育和培训。

1988年开始，职工教育目标管理责任制在全市范围内推开。每年初召开全市职工教育工作会议，签订职工教育目标管理责任书，年底对照检查细则进行检查验收，评比出职工教育先进单位和先进工作者。

1998年，市职工教育管理办公室组织17.1万人次参加培训、完成计划的114%，职工全员培训率42.8%，其中岗位培训14.1万人次、培训面82%；组织1.6万人次参加全省外语和计算机考试，完成计划的160%。成人中专校共录取新生2887人，完成计划的150%，毕业2263人。3264人参加成人高中学习，毕业1626人。

2001年，全市各级各类职工培训12.2万人次，全员培训率33%。参加各类实用技术技能培训的下岗职工1万余人次。全年共组织2次1.1万人参加的省外语、计算机应用能力等级考核，合格率73%。

2004年，市教育局等部门制定印发职工教育工作意见，制定全市创建学习型企业工作计划，开展创建学习型企业经验交流会。是年，全市有成人中学39所，在校生1674人；成人中专校4所，在校生2566人；成人技校1008所，在校生14.24万人。

1988～2005年，全市每年职工培训人数保持在12万～15万人，全员培训率保持在45%左右。

第四节　其他成人教育

一、初等学历教育

1984年，连云港市有成人小学1590所，其中职工小学22所、农民小学1568所（小学班674个、扫盲班894个）。在校生数16751人，其中职工小学1475人、农民小学15276人。毕业班生数3557人，其中职工小学725人、农民小学2832人。教职工总数1373人，其中专任教师16人。

2002年，职工小学停止招生。2004年，民办小学小学班停止注册。

2005年，全市成人小学只有民办小学的扫盲班。共有学校37所，教学班（点）447个。结业班生数8853人，注册学生数7806人。教职工总数288人，其中专任教师125人。

二、中等学历教育

1984年，全市有成人中等专业学校2所和教师进修学校4所。是年招生1025人，在校生2868人，毕业41人，专任教师34人。

20世纪90年代，全市中等专业教育发展较快。到1995年，中等专业教育学校发展到7所，教师进修学校仍为4所。2002年，随着灌云县卫生职工中专和灌南县教师进修学校的创办，成人中等专业教育学校发展到13所。

2002年，市政府对市区10所学校进行资源重组。2003年，教师进修学校停止招生。重组调整后，全市有成人中等专业学校3所，即连云港建筑职工中等专业学校、东海县卫生职工中等专业学校、灌南县卫生职工中等专业学校。另有3个办学机构，即连云港师范高等专科学校成教院、江苏广播电视中专连云港分校、赣榆县职业教育中心。

三、高等学历教育

1984年，连云港市有独立的成人高校2所，即连云港职业大学和连云港教育学院；有非独立成人高校1所，即连云港市广播电视大学。1999年，连云港职工大学和连云港职业技术教育中心合并成立连云港职业技术学院。同年，职业技术学院继续教育学院开始招生。连云港师范高等专科学校成立后，于2000年创办的成教部开始招生。2004年，淮海工学院成教院开始招生。2005年，连云港市有独立的成人高校1所，即连云港市广播电视大学；有附设成人教育学院或成人教育部的院校3所，即淮海工学院、连云港市职业技术学院和连云港师范高等专科学校。是年招生1740人，在校生4424人，毕业1807人；教职工135人，其中专任教师89人。

连云港广播电视大学 位于新浦区苍梧路39号。成立于1979年，原为江苏省广播电视大学连云港分校，1985年经省政府批准改称连云港广播电视大学，下辖赣榆、东海、灌云、灌南4所县级分校和港口校区。学校以远程开放教育为主体，开放教育、高职教育、社会培训、联合办学齐头并进，涵盖文、理、经济、工科、药学、管理、教育七大类36个专业。先后被教育部评为全国电化教育工作先进单位、全国教育网络系统示范单位。2005年，学校有在校生5087人，教职工125人，开展成人培训2万人次。

图32-23 连云港广播电视大学 赵鸣 摄于2002年

第六章 社会力量办学

20世纪80年代后期，连云港市开始出现民办教育。90年代后，连云港市认真贯彻国家关于

“积极鼓励，大力支持，正确引导，加强管理”的方针，在鼓励社会力量办学、促进教育改革与发展等方面进行了积极的探索。办学范围从幼儿教育、成人教育扩大到基础教育、职业教育和高等教育各个领域，办学主体、办学形式日趋多样化，有社会团体办学，有企业和公民个人投资或集资办学，有政府部门与企业联合办学。2005年，社会力量办学成为全市教育事业的重要组成部分。

第一节　办学规模

连云港市社会力量办学出现于20世纪80年代后期。1994年在南城镇创办的凤凰学堂，是连云港市第一所民办全日制小学，1994年下半年正式招生，1997年夏停办。1997年，国务院颁布《社会力量办学条例》后，连云港市民办教育从服装裁剪、美容美发等技能培训为主的短期培训班，逐步发展到初、高中文化补习、成人高考、自学考试辅导、少儿艺术培训、外语计算机培训、电（气）焊工培训等多种培训，办学形式以业余为主。2000年，全市有各级各类培训机构180余个，在灌云、灌南的一些乡村出现靠租赁校舍或利用家庭住宅举办的民办中小学20余所、幼儿园50余所，办学条件简陋。

2001～2005年，特别是随着《中华人民共和国民办教育促进法》以及《中华人民共和国民办教育促进法实施条例》的颁布实施，市委、市政府对民办教育事业的发展更加重视，市人大、市政协每年都要对全市民办教育工作组织视察和调研，社会力量办学成为教育发展新的增长点，逐步形成以政府办学为主、社会各界共同办学的多元化办学格局。2002年10月，连云港市当时规模最大的民办学校——连云港南洋国际学校，在连云港经济技术开发区破土动工。2003年9月建成。全市新增20余所投入较多、规格较高、规模较大的民办学校。同时，相当一部分民办学校，由于缺乏后续资金等多种原因只是昙花一现，如连云港市凤凰学堂、连云港南洋国际学校、连云港金山桥学校、东海县龙海双语学校、东海县浦南外国语学校、东海县航天中英文学校、灌云文达中学等学校都是开办不久即相继停办。还有的如赣榆中英文学校整体转让给赣榆外国语学校，灌云外国语学校整体转让并更名为灌云县中学城西分校，东海县潮源中学和灌南外国语学校改制为公办学校。

2005年，全市有民办教育机构436个，累计投入建设资金5亿多元，在校生近10万人。民办小学在校生1.75万人，占全市小学生总数的4.25%；民办初中在校生3.71万人，占全市初中生总数的12.39%；民办高中在校生1.48万人，占全市高中生总数的15.32%；民办幼儿园在园幼儿3.51万人，占全市在园幼儿数的32.83%。全市从事民办教育的专职教职工8424人、兼职教师1700余人。

2005年连云港市各类民办学校分布情况统计表

表32-15　　单位：所

	12年制	9年制	高中	完中	初中	小学	职中	幼儿园	非学历	合计
合计	10	18	1	7	9	34	2	160	195	436
市区	2	—	—	1	2	—	—	40	107	152
赣榆	1	2	—	2	3	—	2	11	16	37

续表32-15

	12年制	9年制	高中	完中	初中	小学	职中	幼儿园	非学历	合计
东海	2	13	1	2	—	1	—	58	16	93
灌云	3	2	—	2	1	25	—	47	21	101
灌南	2	1	—	—	3	8	—	4	35	53

第二节　管理与督导

20世纪80年代初，连云港市已经出现一些社会力量举办的各类培训班。但由于国家、省教育行政部门尚未出台有关社会力量办学的相关文件，因此审批管理方面不够规范，审批程序较为简单，一般分管领导在申请报告上签字同意后就准予办学。

1988年10月，国家教委发布《关于社会力量办学几个问题的通知》后，连云港市开始规范社会力量办学。特别是1997年7月《社会力量办学条例》发布后，市教育行政部门负责对申请举办社会力量办学机构进行审批，并按照条例要求实行办学许可证年检制度，各类办学机构都有相应的评估细则，对未经批准擅自举办的培训机构进行查处。

2002年12月《中华人民共和国民办教育促进法》颁布实施后，民办教育开始有两个审批渠道，举办实施学历教育、学前教育、自学考试助学及其他文化教育的民办学校，由县级以上人民政府教育行政部门按照国家规定的权限审批；举办实施以职业技能为主的职业资格培训、职业技能培训的民办学校，由县级以上人民政府劳动和社会保障行政部门按照国家规定的权限审批。各类学校、培训机构也都有了相应的办学设置标准。民办中小学的管理按照属地管理的原则，和公办学校一样统一纳入各级教育行政部门的教育教学管理。是年，针对面向中小学生文化补课的各类培训班泛滥的问题，市教育局研究出台《关于禁止中小学假期违规办班的通知》，对在办学中存在明显问题的10余家单位进行调查处理。是年，全市有6家社会力量办学单位被取消办学资格、2家单位被限期整改、1家单位被勒令停止招生。

图32-24　学校师生讨论问题　赵鸣　摄于1985年

2005年，市政府印发《连云港市关于加快发展民办教育的暂行规定》，明确规定各级教育、劳动保障等有关行政主管部门对民办学校在业务指导、教研活动、教师培训进修、表彰奖励、信息服务等方面，与公办学校同等对待，为民办学校发展创造条件。市教育督导部门建立对民办学校的督导制度，完善评估体系。为吸引外地骨干教师到连云港市民办学校任教，规定外市大学本科及以上学历、年龄在40周岁以下、中教一级以上职称的优秀高中老师到连云港市民办学校任教，按人才流动的有关规定享受事业单位待遇。

第七章　教　师

1984～2005年，随着教育事业的改革和发展，连云港市教师队伍不断充实和壮大。90年代实施九年制义务教育，中小学教师队伍按照实施义务教育的标准和要求进行充实调整。2001～2005年，随着教育改革的深化和各类教育的发展，全市教师队伍在数量、学历层次、职称资格、业务水平等方面又有新提高。2005年，全市各级各类教职工数达54866人，其中专任教师46643人，分别比1984年增长74.8%、83.4%。高中教师学历达标和提升效果明显，本科学历以上者占82.47%，比1984年提高43.19%。全市小学、初中、高中教师学历达标率分别为99.2%、96.9%和82.47%。

第一节　队伍状况

1984年，连云港市有教职工3.14万人，其中专任教师2.54万人。专任教师中，中学教师6340人、小学教师15350人、幼儿园教师2929人，其他820人；高中教师本科以上学历占39.28%，比省平均低6.64%，居全省第11位；初中教师专科以上学历占33.19%，比省平均低4.92%，排全省第7位；小学教师中师以上学历占23.74%，比省平均低4.38%，排全省第8位；幼儿园教师幼师以上学历占27%，比省平均低18.94%，排全省第11位。

为改变此种落后状况，连云港教师进修学校更名为连云港教育学院后，担负全市初中师资培养和在职教师培训进修双重任务。全市各县区都推出奖励政策，鼓励中学生报考师范。市教育局发文规定，从1984年秋季起，连云港市报考高校考生，凡考分进入省第一批录取分数线，被本省师范院校录取者，每年市招生办给予补助费80元。市教育局从1984年起指派专人赴各省属院校宣传动员外地大中专毕业生到连云港任教。1987年，市教育局进行中小学教师专业合格证书考试试点工作，委托连云港教育学院开设面授辅导点4个，计15个专业28个班，开设31门课程。至1988年底，连云港教育学院培养570名专科生。

1988年，全市161人被本科师范院校录取。年内，改革中师招生办法，实行幼师、音乐、美术3个学科提前单独招生，定向招生。招生计划95人，4300余人报名。在全市农村建立12个固定的师范生教育实习基地。至1992年底，海州师范学校、连云港师范学校共培养小学教师3354人，连云港教育学院培养初中教师1429人。是年底，全市中小学教师中，具有高级技术职务的937人、中级技术职务的5413人。

20世纪90年代，连云港市坚持统筹安排、加强重点、兼顾一般和面向基层的原则，将师范类毕业生充实到教学第一线。1993年，全市在中等师范毕业生中实行计划指导下有限双向选择的就业办法，即改变单一统配教师的做法，在搞好宏观调控的同时，让毕业生在一定范围内选择就业单位，用人单位自主选定毕业生，实行供需见面、双向选择。1994年，双向选择工作在全市全面推开，毕业生一次选中率在75%以上。是年，全市师范类毕业生实行见习、服务期制度，见习期1

年，服务期5年，规定服务期不满5年的不得调离教育系统。1995年以后，市区初中生人数逐年递增，小学办学规模萎缩，出现初中教师短缺、中师毕业生就业困难等问题。市教育行政部门科学规划，合理调配本科生，放开毕业生就业市场，鼓励专科毕业生深造，适量分流中师毕业生。

1996年，海州师范学校、连云港师范学校通过省首批中师办学条件标准化验收。全市教育系统共接收师范学校毕业生和外省市、外系统教师1787人。

1999年5月，市政府印发《连云港市教师队伍管理办法》，加强对教师队伍管理。2001年起，全市建立起市、县两级教育人才市场。市、县、区教育人事部门为每所学校分学科制定进人计划。2002年，市教育局、市编委对全市教师编制进行核查。是年，全市中学教师缺口约1200人，小学教师缺口约1500人，多分布在偏远地区和农村。

2004年，全市通过双向选择接收1300余名师范类毕业生。小学、初中、高中教师学历达标率分别为98%、96%和79%。推行教师资格认定制度，面向社会进行第三次教师资格认定工作，全市共有2941人合格。

2005年，全市有教职工5.49万人，其中专任教师4.66万人，分别比1984年增长74.8%、83.4%。高中教师本科学历以上者占82.47%。全市小学、初中、高中教师学历达标率分别为99.2%、96.9%和82.47%。至2005年底，全市通过考核选招任用民办老师517人，有995名合同制民办教师通过报考中师的途径进入公办教师队伍，还有1522名合同制民办教师。

1990～2005年部分年份连云港市各级各类学校教职工情况统计表

表32－16　单位：人

年份	合计		普通高校		中等专业学校		中学		职业中学		小学		幼儿园		特殊教育	
	合计	专任教师	合计	专任教师	合计	专任教师	合计	专任教师	合计	专任教师	合计	专任教师	合计	专任教师	合计	专任教师
1990	37377	29782	912	444	817	417	11290	8182	920	648	18176	15501	5150	4512	112	78
1995	42739	34329	1079	543	1017	497	13436	9953	1305	966	19349	16721	6363	5513	190	136
2000	51305	43850	2158	1313	407	211	17259	13984	1045	806	23852	21922	6389	5468	195	146
2005	54866	46643	2599	1620	610	419	23788	19786	1667	1316	21532	20166	4459	3177	211	159

1990～2005年部分年份连云港市大、中、小学校教师情况统计表

表32－17

年份	普通高等学校					高中教师			初中教师			小学教师		
	合计（人）	教授（人）	副教授（人）	讲师教员（人）	助教（人）	合计（人）	其中本科以上		合计	其中高校本专科以上		合计（人）	其中中师高中毕业以上	
							人数（人）	占比（%）	人数（人）	人数（人）	占比（%）		人数（人）	占比（%）
1990	444	—	58	153	233	1392	689	49.5	6790	4329	63.8	15501	11897	76.7
1995	543	11	176	292	64	1506	887	58.9	8447	7114	84.2	16721	15263	91.3
2000	1316	16	298	562	440	3091	1991	64.4	10893	10386	95.3	21922	21315	97.2
2005	1620	93	519	756	252	5750	4742	82.5	14036	13564	96.6	20166	20008	99.2

说明：1. 1990年教授数据未查到。

2. 教师质量评估，中小学以学历衡量，高校以职称衡量。

第二节　教师专业化建设

一、教师职称

1988年起，连云港市教育系统全面推行专业技术职务聘任制。教师职称评审实行评聘结合，评审通过即聘任相应职务，享受相应待遇。1988年初，全市首批446名中小学教师获中小学高级教师任职资格，13名中专校教师获中专校高级讲师任职资格，占参评数的6%。1988年6月，经市中学教师中级职务评审委员会评审，1794名教师获中学一级教师任职资格，占参评数的28%；经市中等专业学校教师中级职务评审委员会评审，43名中专校教师获中专校讲师任职资格；经市小学教师高级职务评审委员会评审，2227名小学教师获小学高级教师任职资格，占小学教师参评数的29%。

1991年起，教师职称评审工作每年进行一次。初、中级职称评审由市人事局扎口管理，高级职称评审由江苏省相关部门负责。同时实行专业技术资格和专业技术职务评聘分开政策，即取得专业技术资格并受聘专业技术职务后才能享受相应待遇。

1994年起，申报高一级职称教师须参加全国或江苏省职称外语考试。2000年，申报高一级职称教师须参加江苏省职称计算机信息技术应用能力考核。

至2005年底，全市高中、职业高中专任教师中共评出中学高级教师1131人，中学一级教师3067人，分别占高中、职业高中专任教师数的16%和43.4%；初级中学专任教师中共评出中学高级教师814人、中学一级教师5081人，分别占初级中学专任教师的5.8%和36.2%；小学（幼儿园）专任教师中共评出幼儿园高级教师470人、小学高级教师9683人，分别占小学（幼儿园）专任教师数的2%和41.2%。通过职称改革，中小学教师在工资待遇上受益面达80%以上。

二、教师资格

1995年，国家教委《教师资格条例》颁布后，连云港市于1996年启动首次教师资格过渡工作，以学校为单位组织实施，参加过渡的教师填写教师资格过渡表，经审核同意后，存入个人档案，当时全市有2.3万名教师完成过渡。

2002年5月，市教育局印发《连云港市首次认定教师资格工作实施意见》，全面启动教师资格认定工作，先后对全市各级各类教师对照标准，认定资格，合格者发给教师资格证，无资格证书者不能应聘上岗。全市教育系统共有1.6万余名教师通过资格认定，其中非师范教育毕业申请人员284人。此后，教师资格认定工作每年底启动，次年5月结束。

至2005年底，教师资格认定工作无明显变化。

第三节　进修与培训

一、教师进修培训

1985年5月，连云港市教育局在海州师范学校成立中师函授部，统一管理全市中师函授工作。1985年全国第一个教师节前，市政府决定在墟沟海滨筹建连云港教师活动中心，主要用作教师假期培训进修、休息疗养，1987年7月正式启用。是年，市教育局进行中小学教师《专业合格证书》考试试点工作；市教育学院进行考前培训，开设面授辅导点4个。全市有1所教育学院、2所中等师范、1个中师函授部、4所教师进修学校，初步形成较完整的师范教育和中小学师资培训体系。

1992年，市教育局印发《连云港市实施〈江苏省小学教师基本功要求〉培训与考核规划》。1993年2月，市教委成立中小学教学基本功训练领导小组，下设办公室，与市教研室合署办公。

1994年起，在职中小学、幼儿园教师必须接受师范院校公共必修课《教师口语》的继续教育。经考核合格，由市教委发给结业证书。1995年起，该项培训列入教师晋升高、中、初级专业技术职务的必备条件。

1996年，全市建立以政府拨款为主、多渠道筹措、学校和教师合理分担的教师培训经费投入机制。是年，6000余名中小学教师参加教师自学考试。

1997年7月，连云港市小学教师培训中心成立，挂靠连云港师范学校。在连云港高等师范专科学校组建调整过程中，市政府批准成立连云港教育培训中心，市小学教师培训中心作为连云港教育培训中心的派出机构，负责全市小学、幼儿园教师继续教育工作。

2000年，连云港市中小学、幼儿园教师继续教育工作领导小组成立，指导全市中小学、幼儿园教师继续教育工作。是年起，组织实施第一轮中小学教师全员培训，历时5年，每位教师5年内接受不少于240个学时的培训。

2005年，市教育局印发《关于组织实施新一轮中小学教师全员培训的通知》。至年底，全市构建了小学以市小学教师培训中心辐射各县教师进修学校，中学以连云港师范高等专科学校辐射城区和乡镇中学的教师培训管理网络，形成面向全员、突出重点、按岗分级、整体提高的中小学教师继续教育模式。

二、教育干部培训

1985年5月，市教育局安排30名教育干部参加省教育厅在连云港教育学院举办的干部培训班学习。11月，举办第一期初中校长学习班，系统学习教育理论和教育管理知识，集中学习40天。

1986～1990年，市教育学会、市教科所每年利用暑期联办全市中小学校长管理培训班，培训内容为学校管理的理论和实践、国内外教育改革与发展的趋势等，五年共培训1000余人次。

1991年4月，市教育局成立教育行政干部培训工作领导小组。连云港教育学院与省教育学院联办完全中学校长班。各县教师进修学校开办初中校长和联中校长班。至1994年底全部完成中学校长岗位培训任务，实施校长持证上岗制。

1995年起，连云港师范学校成人教育处定期举办中小学校长任职资格班和中小学校长高级研修班。经考核合格，颁发由省教委统一印制编号的江苏省中小学校长任职资格培训合格证书，作为该校长职务聘任、晋级、提干、评优评先的必要条件。

2000年起，全市教育系统每年安排5名县处级领导干部、10名县区教育局长分别参加国家行政学院和省教育学院举办的教育干部培训班。

至2005年底，全市举办22期中学校长任职资格培训班，培训1200人次；举办11期小学校长任职资格培训班，培训800余人；举办10期中学校长提高研修班，培训600余人；举办4期小学校长提高研修班，培训200余人。

第八章 教育管理

1984年,连云港市教育局为市政府主管教育工作的综合职能部门,负责全市教育行政管理工作。1993年,市教育局更名为市教育委员会,2001年再次更名为市教育局。

1984～2005年,市教育行政主管部门加强对县区和各学校的教育督导,深化实施素质教育和教育现代化工程,推动全市"两基"目标的实现和达标验收;开展教育教学改革和新课程改革实验,实施初中和高中教学质量工程,推动全市初等教育办学水平提高;多渠道筹措教学经费,生均占有教育经费稳步提升,学校教育设施特别是电化教育发展步伐加大。

第一节 教育督导

1990年,连云港市政府在市教育局成立市教育督导室,代表政府开展教育督导工作。市教育督导室建立后,除配备督导室正副主任和专职督学外,还聘任一批兼职督学和特约教育督导员。各县、区也先后成立教育督导机构。各级教育督导室全力投入"两基"达标验收工作,检查督导各级政府对教育的投入情况和学校办学条件改善情况并限期整改。

1996年,各县、区全部实现"两基"达标,年底通过省级验收。从1996年起,市、县、区教育督导机构对"两基"实行年审制度,对全市部分地区"两基"工作出现停滞或反弹的情况进行督查整改。

1997～2001年,市、县、区教育督导室开展全市教育现代化合格乡镇的督导及评估工作,并根据省教委教育督导室出台的《素质教育十条要求》,把保障全市实施素质教育作为教育督导工作的主要任务,每年开展督导检查。

2002～2005年,市政府教育督导室对农村义务教育以县为主管理体制改革进行督查,开展教育费附加征收、管理、使用和中小学生均公用经费的专项督查,重点督查学校公用经费落实和教师工资按时足额发放情况。从2005年起,全面开展发展性督导评估,对各县区政府年度教育工作进行督导评估和考核,保证教育投入的"三增长两提高"①。

第二节 教育科研

1984年,连云港市、县、区教研室配合中小学教师在全市开展教学实验108项。1985年3月,

① "三增长两提高"即财政教育拨款高于财政经常性收入增长,生均教育经费有所增长,教师工资和生均公用经费有所增长;财政性教育经费占地区生产总值的比例有所提高,教育经费支出占财政总支出的比例有所提高。

市教育局出台《教学改革成果奖励条例(试行)》,对全市中小学在课堂教学方法、教材、教学管理、课堂结构(含开辟第二课堂)等方面的改革取得突出成果的学校和个人予以奖励,对在省以上有推广价值的成果予以重奖。是年,新海区教研室《小学低年级“看图说写”作文教材改革实验》获江苏省普通教育改革优秀成果集体三等奖,东海县教研室《小学数学应用题教学中的思维训练》获个人三等奖。

1986年,市教研室制定《兼职教研员工作条例》,在市区聘任首批77名兼职教研员,基本做到各区、各科、各年级有1名兼职教研员,形成教研室、兼职教研员、学校教研员、学科备课组的教学研究工作网络。全市25项教学实验项目获市首批教学改革成果奖。

1986年开始,市教研室运用教育统计学理论对当年市区初中毕业考试和升学考试试卷进行测定,得出具体数据,分析质量原因。是年下半年,全市实施提高初中教学质量工程,重点视导检查20所初级中学。1987年、1988年,省教委分别在连云港市召开以小学语文听读欣赏、大面积提高中小学音乐教学质量为主题的现场观摩交流会,在全省范围内推介这两项成果。1988年,全市有教改实验点(班)400多个,教改内容涉及学制、课程结构、教材教法、考试方法、课内课外活动等。小学生的“注音识字、提前读写”,中小学音乐奥尔夫·柯达伊音乐教学法等教改项目在一定范围内推广。

1989年,市教研室制定《连云港市中小学教学基本要求》《连云港市中小学备课、课堂教学量化评估标准》《连云港市中小学教导处工作条例》《连云港市中小学教研组工作条例》《连云港市中小学教学基本要求达标校评估方案》等实施细则,作为开展教研活动、视导检查和各类评估的规则。

20世纪90年代起,国家基础教育课程计划多次调整,市教研室主要开展全市基础教育课程实施和课程改革措施的制定、研究教材教法、实施全市中小学幼儿园教学管理、各科教学研究工作、推广教学研究成果、实施教育教学质量评估等工作。1993年,全市评出14所中学和66所小学为教学基本要求达标校。设立初中教学质量奖,采取平均分、优分率、及格率、报考率高、低分率低的综合评估方案来评奖。奖励种类有教学质量优秀奖、教学质量进步奖、教学质量特别奖。是年秋季,此评估奖励方法推广至全市小学。

1996年,市教委在全市开展课堂教学质量年活动,全市中小学22门学科集中142名教师开设观摩课、研究课、达标课、示范课等会课活动,参加听课活动教师5000余人,诸多中青年教师从活动中脱颖而出。是年底,市区小学语文、数学双科及格率97.1%,初中一次考试毕业率80.87%,1994级高中会考六门学科一次及格率77.18%。

2000年起,国家新一轮基础教育课程改革启动。全市教学研究工作重点转向基础教育课程改革实验领域。市教委出台《连云港市基础教育课程改革实施方案》,明确课程改革实验工作的指导思想、目标任务、促进实施等内容;印发《关于在全市基础教育课程改革中开展评“三优”活动的通知》《关于课改实验区教学与管理工作的几点意见》《关于评选首批课改先进集体和先进个人的通知》等文件。

2003年初,市教育局召开全市基础教育课程改革工作会议,在小学实验区和课改实施两年的基础上,启动全市初中课程改革实验工作。各实验区、学校举办课堂教学开放周,开家长会,办家长学校,发宣传手册,把新课程理念及产生的变化适时展示给社会和家长。制定《校本教学研究实施方案》,建立课程改革例会制、校本培训、校本教研、联络员和学校个性化建设等常规制度。全市大部分学校制定《校本教研实施方案》,确定市、县(区)、学校三级课改联络员,定时赴学校调研、指导。

2005年，全市首批基础教育课程改革专项实验基地建立。新海实验中学为综合实践活动基地，连云港师专附中为校本学习与培训制度建设实验基地，海宁中学为学生综合素质评价实验基地，赣榆县实验中学为校本课程建设实验基地，灌云县实验中学为教师评价机制研究实验基地。至年底，在省级、国家级教育主管部门组织的优秀课、教学基本功等比赛中获一等奖的中小学教师达150余人次。

第三节　教育经费

一、经费来源

连云港市教育经费的来源主要有四条渠道：国家财政拨款，主要用于人员经费、公用经费及支付人民助学金；地方财政经费，主要用于教育基建维修；学费收入，占教育经费总量不足20%；集资，主要用于改善农村中小学办学条件。

1983年6月，全市开始实行分级办学，分级管理，分渠道筹措教育经费。1984年，全市集体和个人共集资1867万元。市政府根据国务院有关规定，对全市乡镇工业企业和市区有经营收入的企事业单位征收教育费附加，至1985年底，全市共征收教育费附加2900万元，翻建危房17万平方米，添置课桌凳8500套。1986年底，全市中小学基本达到“一无两有”（校校无危房、班班有教室、人人有课桌凳）要求。

各级财政加大对教育的投入，市财政教育经费投入超过财政收入的增长比例。1985年全市教育事业费比1984年增长17.62%，超过财政收入15.2%的增幅。全市中学生人均占有教育经费由1983年的77元增加到1985年的97元，其中市区增长最快，由1983年的107元增加到1985年的157元。全市小学生人均占有教育经费由1983年的36元增加到1985年的48元，市区由1983年的60元增加到1985年的91元。

1989年，市政府在《关于加快普教事业发展和改革的决定》中明确规定，省下达的基建经费和地方机动财力用于基建的部分，每年用于中小学基建的比例不得少于20%；城市维护建设费每年用于中小学的比例不得少于10%。城乡教育事业费附加全部用于普通教育事业，主要解决民办教师待遇，改善办学条件，补充办公经费不足。1990年，全市各级政府对教育的拨款达7727.6万元，比1985年增加3432万元，增长86.4%。

1995年，市政府召开常务会议，决定农村教育费附加由乡镇财政所按上一年农民人均纯收入的1.5%标准征收，统一纳入财政专户，专款专用。对财政较为紧张的区，市财政给予一定的补贴，用于教师工资发放，防止发生拖欠教师工资现象。

1996年，按照省政府关于将教师培训经费纳入当地政府财政教育预算的要求，连云港市从当年起将教师工资总额的2.5%作为教师培训专款纳入财政预算，建立以政府拨款为主、多渠道筹措、学校和教师合理分担的教师培训经费投入机制。

2004年，全市义务教育阶段收费实行“一费制”（指在严格核定杂费、课本费和作业本费标准的基础上确定一个收费总额，然后一次性向学生收取）收费办法。市区、县城学校初中每生每学期收取杂费98元，农村88元；市区、县城小学每生每学期收取杂费66元，农村56元。2005年春季学期起，执行新杂费标准。非义务教育阶段的高中学费标准，省重点高中每生每学期800元，市重点高中每生每学期600元，农村高中每生每学期420元。

2005年，全市教育经费总额19.28亿元，是1984年的56倍。22年间全市累计教育经费总投入105.04亿元，其中政府财政拨款78.78亿元，占75 %。

二、经费支出

1984年，全市教育事业费支出3432万元，其中人员经费支出比重较大，且呈逐年上升趋势。1986年人员经费支出占教育事业费支出的68.72%；1988年提高到72.8%。

20世纪90年代，因教育事业快速发展，学校设施改善，教师待遇提高，教育经费支出逐年增加，从1991年的9647万元增加到1999年的5.83亿元，增长5倍。

2000年起，国家推行非义务教育缴费上学制度，逐步增加个人在教育成本中的分摊比例。国家对义务教育阶段贫困生实行“两免一补”（免杂费、免书本费、补助寄宿生生活费），残疾学生全部免费上学。市教育局配合金融管理部门，做好大学生助学贷款工作，落实奖、贷、助、补、减免等措施，缓解特困生的经济困难。

2005年，市教育局为义务教育阶段8.26万名贫困生免费发放教科书，为6.11万名学生免杂费805.96万元，为583名考上大学的家庭贫困生提供帮扶资金214万元。全年全市教育经费支出19.28亿元，是1984年的56倍。

1984～2005年连云港市教育事业费支出情况统计表

表32-18

年份	支出数（万元）	教育部门办学校生均占有教育事业费（元/生）		年份	支出数（万元）	教育部门办学校生均占有教育事业费（元/生）	
		中学生（不含中职）	小学生			中学生（不含中职）	小学生
1984	3432	86	41	1995	22317	486	227
1985	3972	97	48	1996	33821	572	227
1986	4295	126	55	1997	38309	637	308
1987	4783	140	64	1998	42152	642	367
1988	5988	154	75	1999	58331	656	456
1989	6783	171	83	2000	79441	710	533
1990	7973	184	90	2001	83811	782	584
1991	9647	198	96	2002	111523	851	655
1992	9913	226	107	2003	134677	919	710
1993	12008	284	140	2004	164537	996	796
1994	19893	468	214	2005	192776	1304	1062

第四节 电化教育

1988年7月，新落成的连云港市电化教学馆（简称市电教馆）投入使用，为全市中小学普遍开展电化教学提供技术和设施支持。市电教馆着手内部建设管理，以收集、制作、研究、整理、传输教育信息为主要工作职能。到1990年底全面完成建设规范的市、县、乡三级电化教学基地任务。

1991年，全市共建成放像点100个，初步形成市县乡（镇）三级合理分工、相互协调的电化教育网络，直接为全市的师资培训、课堂教学、学生思想品德教育和成人教育提供帮助。东海县成为全省第一个建立教育电视台的县。

1993年，市电教馆录制的全市14名优秀教师执教的课堂教学录像课被省教委录用，其中两位教师录像课被国家教委选为联合国儿童基金远距离骨干教师电视培训教材。

1998年，全市有13所中小学经验收符合省电化教育实验学校的条件，其中有2所学校被认定为全国首批开展教育技术现代化实验的项目学校。全市中小学改革教学方法，探索和完善计算机辅助教学，推广“三机一幕”（收录机、电视机、计算机、投影仪）进课堂和多媒体教学工作。1999年，全市电教设备硬件投入资金1730万元。全市投影仪班普及率28.5%，收录机班普及率33.9%电视机班普及率11.3%，计算机校普及率6.3%。

2000年后，教育技术和信息现代化步伐加快。市政府在赣榆县海头镇、石桥镇召开全市教育现代化乡镇现场会，制定《连云港市乡镇基本实现教育现代化实施方案》。连云港师专附中等6所中小学开始建设校园闭路电视和计算机网络。年内全市共投入电化教育资金2800多万元，配置计算机3117台、投影仪（幕）2334套、收录机2570台、电视机2.14万台，“三机一幕”进教室步伐加快，电教资源配置有较大改善。市解放路小学被批准为全国现代教育技术实验学校，全市有3所学校建成校园计算机网络，100所学校与公共信息网连接，建成多媒体教室31间。

2001年，全市有260所中小学通过各种形式链接因特网。有计划地在全市中小学添置教育现代化的软硬件设备，继续丰富全市软件库，编目整理后供全市中小学使用。建成市教育网络并投入运行。灌云县、连云区、开发区电化教育中心达到省定标准。

2002年，市教育城域网工程启动，全市建成14个校园网，赣榆县建成教育城域网中心网站。全市教育技术设备投入资金5400多万元，中小学生平均41人拥有1台计算机，并全部建成网络机房，建立多功能教室87间。2003年，建成连云港市教育城域网网络中心并完成全市首批50所学校接入。连云港市电化教学网站发布平台建成投入使用。全市教育信息技术设备投入资金1亿多元，平均每23名学生拥有1台计算机，多功能教室达852间，“三机一幕”等常规电教设备稳步增长。全市29所学校申报省级现代化教育技术实验学校、示范学校并通过初步验收。年内，筹建连云港教育资源网，完成50G容量的中小学教学资源库的网上发布，普遍开展网络资源的运用研究。2004年，市教育城域网正常运行，全市214所学校建成校园网，计算机房校普及率达93%。

2004年，全市积极实施“校校通”[1]工程。建成连云港教育城域网网管中心，新接入102所学校，建成校园网120个。发挥网络服务功能，先后开通邮件服务、350G的教育资源服务、WEB服务、FTP服务、即时通信、网上直播、视频点播等服务功能。全市教育系统共增台式计算机6000台、笔记本电脑870台、液晶投影机200台、数字视频展示台300台。普遍开展网络资源应用培训和研究，组织教学录像课程评比、信息技术竞赛等活动。

2005年，东海县、灌南县建成教育城域网分中心，全市农村中小学全面实现“校校通”，累计投入资金4000万余元。连云港市教育城域网整合信息资源的功能更完善，为全市教育教学提供更有效的服务，教育信息网全年点击量达45万人次。

---

① “校校通”指利用现代信息技术，实现家庭与学校快捷、实时沟通的教育网络平台。

连云港市志

第三十三卷　文　化

第一章　文　学

第一节　小　说

第二节　诗歌　散文

第三节　报告文学　民间文学　影视创作

第二章　美术　摄影

第一节　绘　画

第二节　书法　篆刻　雕塑

第三节　摄　影

第三章　音乐　舞蹈

第一节　音　乐

第二节　舞　蹈

第四章　戏剧　曲艺

第一节　戏　剧

第二节　曲　艺

第五章　群众文化

第一节　文化馆　图书馆

第二节　文化活动

第三节　民族民间文化保护

第四节　电　影

第六章　文化市场管理

第一节　音像市场管理

第二节　歌舞厅管理

第三节　游艺管理

第四节　网吧管理

第五节　民间演出管理

第七章　档案工作

第一节　档案馆

第二节　档案接收与征集

第三节　档案编研与利用

第四节　珍贵档案保护

第八章　地方志工作

第一节　地方志编纂

第二节　年鉴编纂

第九章　艺　文

第一节　文学艺术类

第二节　科学技术类

第三节　社会科学类

第四节　地情风物类

1984～2005年，连云港市在大力推进经济建设的同时，加快文化事业和文化产业发展步伐。1984年后，市委、市政府相继出台《关于在全市开展特色文化乡镇创建活动的意见》《连云港市加强文化市场管理工作意见》等文件，明确各时期各阶段文化工作的目标和政策措施，积极稳妥地推进文化体制改革，电影公司、影剧院、图书馆等公益性文化事业单位在干部人事制度改革、收入分配制度改革、社会保障制度改革等方面迈出重要步伐。市、县文化行政部门按照“两为”（文艺为人民服务，为社会主义服务）方向和“双百”（百花齐放、百家争鸣）方针，一手抓繁荣，一手抓管理，加大对歌舞厅、网吧、音像制品市场、私营书店等新型文化、娱乐场所的管理，构建健康向上的文化市场体系，推进文化更好地为经济建设服务。1995年，市政府设立市文学艺术奖——连云港文学奖，推新人，出精品，繁荣社会主义文艺创作。至2005年底，全市群众文艺创作获省以上奖项200多个，其中国家级奖项20多个。连云港籍作者出版各类图书专著超过6000种。有关部门常年组织开展社区艺术节、家庭艺术节、农民艺术节等各类文艺演出活动，定期举办灯会、文艺晚会、歌舞大奖赛、书法、绘画、摄影展览。2000年，全市启动“在海一方”广场文化系列活动，年均举办各类活动超百场次，送电影过万场次，观众近百万人次，基本满足城乡居民日益增长的文化需求。

22年间，档案、地方志工作取得长足进步。档案工作为适应改革开放需要，逐步从管理党政文书档案向管理党政文书与管理经济、科技档案并重转变，进一步融入全市经济社会发展大潮。地方志工作扎实开展，全面完成社会主义时期首轮市、县、区志编修任务，全市出版综合性志书9部，地方综合性年鉴实现以县区为单位全覆盖。2000年出版的《连云港市志》获江苏省第七次哲学社会科学优秀成果三等奖，2004年版《连云港年鉴》获首届中国地方志年鉴奖特等奖，2005年版《连云港年鉴》获江苏省第四次地方志优秀成果评比特等奖。

第一章 文 学

1984～2005年，连云港市的文学创作取得丰硕成果，小说、散文、诗歌、报告文学等齐头并进，全面发展。广大作家、艺术家潜心创作，推出一批以弘扬主旋律、宣传改革开放以来各行各业取得的伟大成就、展示连云港市独特的地域文化和崭新的人文风情的精品力作，在省内外及国家级专业刊物和艺术竞赛评比中获得诸多荣誉。

第一节 小 说

一、长篇小说

从20世纪80年代中期起，马昭、陈武、张延诗、李惊涛、潘姗姗、苏常强、王继平等人先后出版或发表长篇小说。马昭历史小说《草堂春秋》由春风文艺出版社出版。陈武发表《我的老师有点花》《连滚带爬》《废品收购站的初恋和其他的哀伤》3部长篇小说。其中，《我的老师有点花》在《十月》发表后受到关注；《连滚带爬》在《钟山》发表后，湖南文艺出版社作为重点选题收入《中国社会热点小说丛书》。潘姗姗的长篇小说《河对岸》在《钟山》发表。李惊涛的《兄弟这事》、王继平的《昙花镇》、张延诗的《乱世群雄》、苏常强的《野荞麦》等长篇小说相继出版。成冈在国内多家出版社出版类型化长篇小说《阿丝地狱》《沉睡谷》《鬼童》等。

二、中短篇小说

1984～2005年，连云港市中短篇小说创作取得突出成就，以张文宝、李惊涛、陈武、张亦辉、刘晶林、李建军、李洁冰、刘放、董淑石等为代表的作家，在国内多家杂志发表中短篇小说并出版中短篇小说集。张文宝在《作品》《朔方》《雨花》等杂志发表中短篇小说《白夜》《白山》等。1993年，《人民文学》推出李海涛的小说《老家的皂角香》。李惊涛在《钟山》《青年文学》等杂志发表中短篇小说《城市的背影》《西窗》，中短篇小说集《城市的背影》被中国现代文学馆收为馆藏作品。张亦辉在《作家》《北京文学》等杂志发表中短篇小说《布朗运动》《证婚人啊你是谁》《牛皮带》等。刘晶林在《少年文艺》《北方文学》《山东文学》等杂志发表中短篇小说《住校生》《奇鸟》等，短篇小说《住校生》获江苏《少年文艺》1999年度优秀小说奖，2000年获江苏省首届“紫金山文学奖”。陈武在《钟山》《十月》《作家》《花城》等数十家大型刊物发表《时间风景》《换一个地方》等共计200多万字中短篇小说，多篇小说被《小说选刊》《小说月报》选载，十余部小说被中国作协、人民文学出版社等出版的“年选”收入文集。2001年、2002年入选中国小说学会“年度排行榜”。2002年，中篇小说《换一个地方》获江苏省第二届“紫金山文学奖”中篇小说奖。李洁冰短篇小说《乡村戏子》在《青年文学》发表后，被《新华文摘》选载。刘国华的《海边的故事》、苗运琴的《敲门》、李建军的《寻访记忆》、潘姗姗的《潘姗姗短篇小说集》、樊云生的《太阳打西边出》、范永华的《超低空飞翔》等短篇小说集相继出版。蒯天的《有魅力的不仅仅是女人》等中篇小说集出版。杨士敏的中篇小说《五星杨》在《雨花》发表。董淑石的中篇小说《双桥》、刘放的中篇小说《河龙口》在《清明》发表。《双桥》还获得该刊特别奖。张文宝出版短篇小说集《鬼桥》，徐习军出版短篇小说集《一片空白》，陈武出版短篇小说集《渡口》。

三、小小说

以徐习军、相裕亭、李琳等人作品为代表的小小说创作，取得一定的成就。相裕亭在《雨花》《大家》等刊物发表作品100多万字，多篇小小说被《小小说选刊》《微型小说选刊》选载，2004年由郑州《小小说选刊》《百花园》发起，经全国读者投票，评选全国最受读者欢迎的十大小小说作家，相裕亭名列其中。

第二节　诗歌　散文

一、诗歌

1985～2004年，颜景标出版诗集《白色走廊》，在《诗刊》《十月》《扬子江》等刊物发表短诗和组诗；2005年出版诗歌集《易歌》。

1991～2005年，孔灏在《诗刊》发表《春风十里扬州路》《出门前告诉娘上哪里去》《幸福的苹果来到我们中间》等20多首诗歌和组诗。2004年，在澳门全球华人同题诗大赛中获优秀奖；2005年获第三届华文青年诗人奖入围奖。

图 33-1　东海县桃林镇举办的千年桃林酒中秋诗会
赵鸣　摄于2005年

同期，李淑云的散文诗在《诗刊》发表；刘磊的诗作《中草药》在《人民文学》发表。刘国华的《海边的诗》、张立国的《春天的小榆树》、王士恒的《永恒的情愫》、吴龙迪的《露珠集》、望川的《微笑的湘妃竹》、李明的《秋天的心事》、王军先的《多雨季节》等诗集相继出版。周庆荣的《飞不走的蝴蝶》等译作诗集出版。蒯天创作的大型舞蹈诗《云港云》文学剧本获第二届中国戏剧文学奖剧本奖。

二、散文

1985年，刘国华的散文《银色的大地》获《海洋》杂志全国征文一等奖；1990年出版散文集《海洋猎奇》。周维先的散文《天堂之网》《爱的风景》被《散文选刊》选载，《爱的风景》被收入《江苏文学50年·散文卷》。

彭云的《海州乡谭》，苗运琴的《故乡风情》，刘畅征的《片羽集》，包殿贵的《点燃雪山》，侍述明的《云台晨曦》《傲来国探幽》，王军先的《敏感香水》等散文集和刘安仁的杂文集《世象摭拾》相继出版。

第三节　报告文学　民间文学　影视创作

一、报告文学与文艺评论

连云港市的报告文学起步较晚但成绩斐然。1995年，张文宝、蒯天创作出版的长篇报告文学《东方大港梦》，获江苏省第二届"五个一工程奖"。刘晶林的报告文学《一个人、一个村庄和一个梦》获2002年《人民文学》征文优秀作品奖。此后，刘国华主编的报告文学集《海阔凭鱼跃》、沈涛的长篇纪实文学《海雨天风》、张文宝的长篇报告文学《汪氏三兄弟》、刘晶林的长篇报告文学

《红色创意》、包殿贵的纪实文学《长歌无泪》等一批作品发表。

李惊涛的文学评论《我释“苍凉黄昏”》获《当代小说》1989～1990年度优秀文学作品评论奖一等奖，文艺论文集《作为文学表象的爱与生》被中国现代文学馆收为馆藏作品。

二、民间文学

1984年，市文联民间文艺工作者协会编辑出版《连云港民间传说》，在江苏省首届民间文学作品授奖大会上获集体荣誉奖。

1987年，市民间文艺工作者协会调查采集387万字的民间文学资料，其中《房四姐》长诗共846行，打破连云港民间无长诗的说法。

1992年，由彭云、姜威、刘兆元、于继增等人主编的《连云港民间文学集成》由江苏文艺出版社出版。这是连云港市有史以来规模最大的一部文艺类书籍。是年，姜威创作的民间文学集《〈西游记〉外传》获江苏省第二届民间文学奖一等奖。

此后陆续出版的民间文学著作有姜威的《沉浮海州王》《猪八戒出生记》，朱守和的《拆轿杀驴斗州官》《东海民歌》，尚爱民的《东海民间故事》，崔月明的《古朐流风》，崔月明、陈武的《海州童谣》《连云港风物传说》，刘兆元、崔月明的《南城凤凰文化》等。

2005年，文化部和中国民间文艺家协会授予姜威“民间文学集成贡献奖”。

三、影视创作

1987年，周维先领衔编剧的电影《夏之雨 冬之梦》，剧作家程景楷创作、青年电影制片厂拍摄的故事片《公民从这里诞生》分别在全国公映。《夏之雨 冬之梦》在全国公映后，引起评论界广泛关注，被誉为新时期江苏第一部散文电影，《中国电影报》《中国电影时报》《电影文学》纷纷刊文评述。

1990年，广西电影制片厂推出周维先参与创作的电影《雪豹下落不明》，在惊险与喜剧相结合等方面作出有益的探索。

1993年，周维先编剧、南京电影制片厂拍摄的电影《早春一吻》在全国公映。1994年，《早春一吻》获第十四届中国电影金鸡奖特别奖、第二届北京大学生电影节优秀影片奖和第三届江苏省文学艺术奖，剧本收入《江苏文学50年·电影文学卷》。

此后，连云港市剧作家们创作编剧的多部电视剧在省级以上电视台播出并获得奖项。周维先创作的中篇连续剧《小萝卜头》获第十七届中国电视金鹰奖、第十九届全国电视剧飞天奖、江苏省“五个一工程奖”、江苏省优秀电视剧奖；为周恩来百年诞辰创编的电视剧《梅园往事》分别获江苏省“五个一工程奖”、全国“五个一工程提名奖”、江苏省优秀电视剧奖。沈涛、尚爱民、王光彪等人创作拍摄的5集电视连续剧《罪与罚》获江苏省优秀电视剧一等奖，全国电视剧飞天奖提名奖。由沈新创作的儿童剧《妈妈，我要飞了》获全国儿童剧“金猴奖”好节目奖。王志坚撰稿、王光彪拍摄的电视报告文学《五彩路》获江苏省“四新”作品奖。彭云、王光彪创作的电视音乐风光片《渔湾童谣》获江苏省政府优秀文艺节目一等奖。王光彪、陈武创作的电视散文《云朵》获第二届江苏省电视金凤凰奖一等奖。王继平编剧，张琦、王光彪拍摄的电视连续剧《水晶缘》获江苏省“五个一工程奖”。张琦导演的长篇电视连续剧《青春波尔卡》、电视剧《海边来的孩子》获江苏省“五个一工程奖”，《海边来的孩子》还获得中国电视剧飞天奖。电视剧《五九看柳》获中国电视剧金鹰奖。

第二章　美术　摄影

1984年后，经济上的改革开放，为连云港市造型艺术的繁荣带来前所未有的机遇。1985年，市群众艺术馆开办业余美术学校，至1988年培养国画人员150余人。市教育学院、海州师范学校、延安中学及赣榆县、东海县、灌云县的聋哑学校都设立专业美术班，为全市中小学培养大量的美术教育人才。市群艺馆、县文化馆以及美术家沙龙、画廊经常举办各类画展，向社会展出市内外美术家的作品。版画艺术异军突起，东海县少儿版画创作多次在全国及国际赛事中获奖。1992年，连云港市书画院建成启用。进入21世纪，起步较晚的油画、水彩画取得可喜的成绩。全市各县区、各主要行业都成立摄影工作者协会，摄影作品多次在国内外获奖，成为全市对外文化交流的一支重要生力军。

第一节　绘　画

一、版画

20世纪80年代后，东海县文化馆涌现一批有才华的版画作者，形成创作群体，在全省乃至全国产生一定影响。1984年，周兴、周国忠创作的版画《岭上八月》入选第六届全国美术展，实现连云港市美术作品入选全国美术展"零"的突破。1985年6月，东海县儿童版画研究会成立。是年，在全国第一届少儿版画展览中，连云港市入选作品18件，其中代军的《繁忙的码头》、王苏的《寄给台湾小朋友的信》、李保东的《夏夜看西瓜》、刘彩霞的《戏猫图》获中国少年儿童版画展览优秀作品奖。1986年，版画家彦涵应邀到连云港市访问，市博物馆展出彦涵版画作品。市电视台录制反映东海儿童版画活动的专题片《新苗茁壮》在中央电视二台播放。东海儿童版画作品还于1985年和1988年两次到日本参加中日中小学生绘画交流展。1991年7月，由东海县政府、文化部少儿司、中国美术家协会版画委员会、中国版画家协会及江苏省文化厅等单位联合在北京中国儿童少年活动中心举办东海县少儿版画展。是年9月，东海县政府和上海科教电影制片厂合拍的电影艺术片《东海儿童版画》在东海县海陵影剧院举行首映式，该片被译制成多国文字，拷贝在国内外发行。1992年，张岚军的《晚秋时节》入选第十一届全国版画展。1994年，朱汉云创作的版画《南长街》入选第八

图33-2　2003年，连云港籍著名画家彦涵向市美术馆捐赠抗击"非典"版画作品《生命卫士》。　　俞德春　摄

届全国美术展。1999年，张岚军的《素水之曲》、管为民的《秋祭》、狄时光的《荷塘情趣》等5幅作品入选第九届全国美术展。2004年，朱汉云创作的版画《空间》、张岚军创作的版画《天堂寨系列之六》入选第十届全国美术展。

二、国画

1984年，周明亮创作的国画《渔家》入选第六届全国美术展，获优秀作品奖，并被中国美术馆收藏。1984～1988年，全市美术工作者努力繁荣国画创作，在省级以上报刊发表或参展的国画作品比中华人民共和国成立后的前35年的总和还多。1991年9月25日，市书画院举行一期工程竣工典礼，日本堺市文化访中团友人参加了竣工典礼。中日双方共植友谊树，两国书画家进行书画表演。1992年10月28日，市书画院正式建院并举办建院书画展，展出作品66件。1996年10～12月，市书画院赴开封、郑州举办"陆桥行"巡回展。1997年9月16日，市政府和中央电视台联合举办新亚欧大陆桥美术作品汇展，在连云港、洛阳、兰州、乌鲁木齐等城市巡回展出，历时两年，于1999年11月30日结束。

1999年，周明亮、郭守其、孙建军合作的国画《小岛喜事》入选第九届全国美术展。2000年7月，市书画院与韩国清州美协组织中韩美术家代表团互访，并分别在韩国清州市、中国连云港市举办中韩美术交流展，全市8名书画家赴韩交流。

2002年2月，市书画院举办迎春中国画展，50余幅国画参加展出。2003年，市书画院组织7件作品参加省文化厅主办的江苏赴上海国画大展，2件作品分别获二等奖、优秀奖。

2005年，张龙新创作的巨幅国画《长城万里行》在北京中国军事博物馆展出。

三、油画

1989年，连云港市油画研究会成立，有会员50余人，并举办全市首届油画作品展览。2005年11月，连云港市东方画廊举办孙传斌从艺50周年绘画作品展，展出其创作的油画、水彩画精品60余幅，这是连云港市第一个油画、水彩画作品个人展。

第二节　书法　篆刻　雕塑

一、书法

1985年，杜庚参加连云港市书画作品赴日本展出活动。是年，徐兆良书法获《中国书法》评比佳作奖，陈凤桐获优秀奖。1986年，张耀山在中国书协、中国青少年书法报举办的全国"神龙杯"书法比赛中获青年甲组金奖。1987年，市文化部门组织苏北六市书法联展、顾铁侬书法遗作展及连云港市首届书法比赛。1988年，市文联举办百尺长卷书法集体创作活动，庆祝连云港市解放40周年。1993年，陈迅书法作品入选第五届全国中青年书法篆刻作品展。1997年，陈迅、阎揆、施新宇、何连海书法

图33-3　2004年，《张耀山手书西游记》出版。图为张耀山与《张耀山手书西游记》。侍志　摄

图 33-4　1996 年 5 月，连云港市美术书法摄影作品展在江苏省美术馆举办。　侍志　摄

作品入选全国中青年书法展。1998 年，陈迅书法作品在江苏省首届美术节上获金奖。2002 年，韩秉华、傅汝明作品入选首届全国书法“兰亭奖”展。

2004 年，市书协主席张耀山耗时两年创作的《张耀山手书西游记》由线装书局出版，开创书法形式手书《西游记》之先河。是年，连云港市书法家协会换届，新一届理事会平均年龄不足 45 岁。至 2005 年底，全市共有中国书法家协会会员 32 人，江苏省书法家协会会员 124 人，在读书法本科生、研究生 50 多人。有 50 多人参加全国书协举办的各类书展。

二、篆刻

1986 年 2 月 9～20 日，市群众艺术馆举办连云港市九印人作品展览，展出作品近千方，这是全市首次规模较大的篆刻作品单项展览。1986 年 10 月，连云港市苍梧印社成立后，组织广大作者切磋技艺，繁荣篆刻艺术。其社员的篆刻作品在全国和省内外展览及大赛中先后 6 次获奖，其中许厚文 1988 年获今日江苏篆刻大奖赛优秀奖。1995 年初，苍梧印社在市群众艺术馆主办江苏省印社作品联展，全省 24 家印社近 300 名作者的作品参加展出。2000 年后，苍梧印社有 10 余名社员的书法篆刻作品参加全国展览。2001 年、2004 年，何连海作品先后获江苏省青年书法篆刻精品展金奖、林散之书法大展金奖。

三、雕塑

1986 年，市群众艺术馆成立雕塑创作室，并对外开展大型雕塑业务。其中，市涤纶厂雕塑《起飞》、高公岛乡雕塑《渔家姑娘》、灌云印刷厂雕塑《毕升》、市医药站雕塑《李时珍》、东辛农场雕塑《耕耘》，以及市第一人民医院、北京市少儿活动中心等单位的《少儿群像》《小萝卜头》等均有特色。

第三节　摄　影

1980 年 11 月，连云港市摄影工作者协会成立，会员 27 人，后更名为连云港市摄影家协会。此后，县区、行业摄影家协会相继成立，会员发展到 130 余人。各级摄影家协会成立后，常年组织会员深入基层和周边地区采风，并充分利用文化馆、文化宫等画廊和展厅经常举办摄影作品展览活动。

市文化馆在开展群众性摄影活动的基础上，组织摄影工作者深入生活，贴近基层，并采用蹲点创作、参观创作和短期创作等方式，创作新作品，积极向各报刊、展览送稿。江苏省摄影家协会成立时举办了首届全省摄影展，连云港市来俊华、李训敦各有1幅作品参展。1986年10月，全市举办首次个人摄影作品展——来俊华连云港风情绘，展出作品120幅。是年，徐晔宇、戎磊在南京工人文化宫举办个人摄影作品展。徐晔宇出版《徐晔宇摄影艺术作品集》。为借鉴国内外摄影技术和经验，连云港市摄影工作者逐步开展与国内外摄影界的创作交流活动，先后组织"连云港掠影""连云港风情"影展到日本交流展出，参展创作作品近百幅。为宣传连云港市改革开放成就，连云港市摄影工作者和全国其他13个沿海开放城市联合，先后举办两届沿海开放城市及经济特区、港口"人·海·情"摄影作品展览，每届参展作品每市各20幅。1988～1989年，连云港市联合陇海铁路沿线的徐州、开封、郑州、洛阳、西安等13个城市，连续举办多届"横贯中国"摄影艺术联展，每届每市参展作品各20幅。1989年，为庆祝连云港市和日本堺市结为友好城市5周年，由市文化局主办的"连云港赞"美术摄影作品展赴日本展出。1998年5月9日，市文化局等部门在市博物馆举办新亚欧大陆桥沿线中心城市摄影展，共有17个城市262幅作品参加展览。2001年4月28日，市文化局等部门在云台宾馆举办两省五市"我们的城市"摄影展，展出作品200多幅。2003～2005年，刘元超、许金方、李家岭、陈庆港等人作品相继在国际、国内获奖。

第三章　音乐　舞蹈

1984～2005年，连云港市音乐、舞蹈艺术在继承传统的基础上有新的发展，涌现出一大批扎根基层、题材多样、富有时代特色和地方特色的音乐、舞蹈作品。灌南县王咏梅的歌曲作品8次在全国大赛中夺魁。经整理发掘的海州五大宫调被确定为省级非物质文化遗产。群众性音乐、舞蹈得到广泛普及，特别是民间舞蹈从内容到形式都有质的飞跃。

第一节　音　乐

一、民歌

号子　号子是和劳动节奏密切结合的民间音乐，属最古老的民歌形式。流传在连云港市的号子有渔民号子、盐工号子、农作号子、搬运号子、打夯号子、采石号子等，其内容、形式、风格皆与某种生产劳动的特征有着直接的联系。随着社会的发展，生产劳动方式的演进，许多号子已不复流传。1986年，市文化主管部门组织文艺工作者对当地的号子进行抢救性采录、整理，共采录号子30多首（种）。

渔民号子　分布在赣榆县、灌云县沿海地带及连云区沿海渔村。在连云区东西连岛流传的渔民号子分为《摇缆（绳）号子》《开网号子》《打桩号子》《拔篷号子》《撑船号子》《打浮号子》等，赣榆和灌云等地流传的号子分为《起锚号子》《推关号子》《扯篷号子》《拉大网号子》《点水号子》《开网号子》《卸鱼号子》等。渔民号子粗犷简朴，多一呼众应，周而复始，随劳动的节律和强度不同，其旋律、节奏亦作高低缓急的变化。

盐工号子　流传在连云港市台南、台北、徐圩、灌西等盐场，已采录的有《打包号子》《推火车号子》《戽水号子》《拉纤号子》《拉旱沪号子》《上大跳号子》等。较具代表性的有一领众和的《打包号子》（亦称《搭肩号子》），曲调豪放朴实。

海州五大宫调　海州五大宫调也称海州宫调牌子曲，可分为大调和小调两个系统，是明清俗曲在江苏的重要一脉。海州五大宫调的形成与连云港地区盐业生产的发展有密切关系。连云港市的板浦镇不仅是历史上的重要商埠，也是海州五大宫调流传的一个重要门户。板浦是淮盐的重要产区，盐产量居淮北之冠，它靠盐河经淮安与运河相接，将沿海一带的淮盐源源不断地运往扬州，又将扬州的商品杂货运回板浦。许多盐商聚居板浦，不仅留心词曲，随船还蓄有声伎。这些曲牌随盐河流传，并在海州扎下根来，不断吸收地方语言的特点和民歌中的丰富营养，逐步形成独具一格的海州五大宫调。

演唱海州五大宫调的艺人自称"玩友"，原多为盐商、文人和盐务官吏，以后身份渐杂，士农工商无不借此演唱自娱。演唱形式以坐唱为主，一人演唱众人伴奏，或和上一两句伴唱，说白很少。伴奏乐器有二胡（正、反宫两把）、琵琶、月琴、三弦、箫笛、檀板、碟琴等。众多"玩友"在小曲堂内碰曲（即学唱曲牌），这些小曲堂直至20世纪30年代仍门庭若市。

1985年后，文化部开展对民族民间文艺集成志书的编纂工作。连云港市文化局组织力量进行采风录音，通过收集、记录、整理，海州五大宫调的数十首曲牌和曲目收入《中国民族民间音乐集成·江苏卷》。2004年7月，江苏省文化厅确定海州五大宫调为省级首批非物质文化遗产试点保护项目。

图 33-5　五大宫调演出　　侍志　摄于2005年

海州五大宫调赵绍康小曲堂传承一览表

表33-1

姓　名	性别	出生年月	师　承	擅长技艺
赵绍康	男	1922.08	师从孙汝德、徐锦凤、钱乐山	擅长【波扬】【叠落】【南调】、海州五大宫调中的所有大调、套曲、小调等二胡伴奏
张步高	男	1935.05	师从李玉华、赵绍康	擅长海州五大宫调中的所有大调、套曲、小调等二胡伴奏
董文才	男	1938.07	师从赵绍康	擅长海州五大宫调中的所有大调、套曲、小调等二胡伴奏
伏开金	男	1934.09	师传	擅长海州五大宫调中的所有大调、套曲、小调等二胡伴奏
李忠友	男	1935.08	师从曹守春	擅长海州五大宫调中的所有大调、套曲、小调等二胡伴奏

续表 33-1

姓 名	性别	出生年月	师 承	擅长技艺
徐毓芳	女	1946.10	师从钱乐山	擅长海州五大宫调中的所有大调、套曲、小调演唱
阎秀英	女	1939.07	师从钱乐山	擅长海州五大宫调中的所有大调、套曲、小调演唱
潘家英	女	1951.06	师从朱克义	擅长《挑帘》《裁剪》《捉奸》《杀嫂》等大型套曲演唱
谭明霞	女	1960.05	师从赵绍康、刘洪网、徐敏兰	擅长海州五大宫调中的所有大调、部分套曲、小调，还有【马头调】【俏人儿我的心肝】等稀有曲目的演唱
王郑霞	女	1958.03	师从谭明霞	擅长海州五大宫调中的所有大调、部分套曲、小调，还有【马头调】【俏人儿我的心肝】等稀有曲目的演唱
刘庆文	女	1941.11	师从付金华、阎秀英等	擅长海州五大宫调中的所有大调、部分套曲、小调演唱，尤其对小调的演唱很有特点

海州五大宫调刘长兰小曲堂传承一览表

表 33-2

姓 名	性别	出生年月	师承	擅长技艺
刘长兰	女	1939.07	师从钱乐山、孙汝德、徐锦凤、赵广江	擅长海州五大宫调的各个大调及套曲的演唱，可熟练敲打碟琴伴奏
封秀丽	女	1968.03	师从刘长兰	擅长海州五大宫调中的所有大调、套曲、小调及【马头调】【俏人儿我的心肝】等稀有曲目演唱
唐桂林	男	1924.03	师从刘长兰	擅长【南调】【叠落】【满江红】、《二十四秋》《挑帘》《活捉张三郎》《烟花女子叹十声》《庵堂会》《小对口》等演唱
刘南林	男	1964.10	师从刘长兰	擅长海州五大宫调中的所有大调、套曲、小调等曲目伴奏，且能自弹自唱
丁乐兰	女	1942.12	师从刘长兰、徐毓花	擅长《梁祝姻缘》、【叠落】【波扬】【软平】【南调】、《梧桐叶落》等演唱
张振霞	女	1951.12	师从刘长兰、刘庆文	擅长海州五大宫调中的所有大调、部分套曲、小调演唱。
王永华	男	1949.09	师从刘长兰、封秀丽	擅长海州五大宫调中的所有大调、套曲等曲目伴奏，且能伴奏淮海戏、民间小调等
徐毓建	男	1949.07	师从刘长兰、封秀丽	能熟练掌握各个大调及【马头调】【俏人儿我的心肝】等稀有曲目的伴奏
贺从贵	女	1955.12	师从封秀丽	擅长【叠落】【南调】等大调和【五更鼓儿敲】【五更想情郎】【五更分情郎】【十劝郎】【十想郎】【十送郎】【梁兄十送】等小调的演唱

其他民歌 连云港市民歌蕴藏量极为丰富，据1987年的调查，仅东海县就征集民歌3000多首，包括劳动歌、时政歌、仪式歌、情歌、生活歌、儿歌、杂歌、历史传说歌等类。这些民歌反映不同历史时期的政治经济状况及各层次人群劳动生活的喜怒哀乐。流行的曲调有100种以上，较常使用的有【姐儿溜】【打牙牌】【小放牛】【调兵调】【劝郎调】【探妹调】【五更调】（包括【大五更】【小五更】【闹五更】【五更等郎】等）、【月儿渐渐高】【孟姜女】【李玉莲】【梳妆台】【手

扶栏杆】【绣花灯】【绣麒麟】【下盘棋】【摘石榴】【提蒜薹】【打新春】【十杯酒】【十写】【泗州调】【四季游春】【四季相思】【马头调】【上河调】【下河调】【八段锦】【铺地锦】【哭七七】【好风光】【梨膏糖调】【连哩罗】等。收集整理的叙事长歌《房四娘》，有16章252节，大部分每节4行，共1084行。

二、器乐曲

鼓吹乐 是以唢呐为主奏乐器的民间音乐演奏形式，在连云港市流传数百年之久，为全市器乐曲中曲牌最多、流传最广、影响最大的一类。如东海县安峰镇许家鼓吹乐班社可追溯至清代康熙末年，已传承20代，全镇共有16个鼓吹乐班社。灌云县下车乡于家兄弟鼓吹乐班社在民间颇负盛名，他们根据昆曲曲牌改编的大型套曲《昭君和蕃》流传至今。赣榆县和灌南县的民间鼓吹乐班社各有30多个。新浦区、海州区和连云区的民族民间鼓吹乐班社也十分流行。

2002年11月，连云港市选送的唢呐二重奏《回老家的印象》参加在南京举行的全省民歌民乐民舞大赛，获民乐类金奖。东海县唢呐传承人桑发迎祖孙三代四口人同台演奏唢呐，登上中央电视台《神州大舞台》节目。

至2005年底，经采集整理近百首鼓吹乐曲目中，用于喜庆场合20余首，如【合家欢】【憾动山】（亦称【汉东山】）【洞房赞】等；用于丧事的数十余首，如【开门】【桃红】【柳摇金】等；亦有婚丧喜庆皆用的【山坡羊】【傍妆台】【柳青娘】【小桃红】【豆叶黄】等。

吹打乐 是以唢呐、竹笛等乐器和锣鼓等打击乐合奏的民乐演奏形式，流传于海州区、灌云县等地，其曲目多源于昆曲折子戏唱腔，如【寄生草】等，存10余首，多用于喜庆、大型灯会、庙会等场合。乐队有站立和坐奏两种形式，一般设置在一个长约3米、宽约2.5米、高2.5米的布棚内。布棚四周围绣有花饰，四角有4人持竹竿支撑布棚，以便于乐队行走时演奏，乐曲一般反复十次，故又称“十番锣鼓棚”。“十番锣鼓棚”的演奏顺序一般从【卢林】【水仙子】等小曲开始，后接大曲【三档】，最后奏【四面锦】结束。

锣鼓乐 是以锣、鼓、钹等打击乐器演奏的民乐演奏形式，连云港市流传的锣鼓乐有【锣鼓十八番】【鸿雁落沙滩】【十八步】【三连子】4种，曲目多来自民间。【锣鼓十八番】等锣鼓乐多用于节日喜庆、灯会、庙会以及丰收农闲时的自娱活动，有走、坐两种演奏形式。每番锣鼓经节奏不同，周而复始，变化无穷，乐队编制为板鼓、盒鼓、大锣、云锣、大铙、碰铃，需9人演奏。其中，以开发区中云街道焦庄的《锣鼓十八番》最负盛名，灌云县中正、太平埝等地也时有流传。灌南县张店的锣鼓是在各自家中演奏，一家敲响、邻家相和，有“张店锣鼓——各打各”之说。2000年，在第六届中国艺术节上，赣榆县殷庄锣鼓参加开幕式等7场演出。2002年，赣榆锣鼓参加在南京举办的江苏“三民”大赛，获民间舞蹈鼓乐类金奖。

图33-6 2004年，连云港市举办民族鼓乐精英赛。 俞德春 摄

弦索乐 是以二胡、三弦、琵琶等丝弦乐器为主要演奏乐器的民乐演奏形式，连云港地区较常用的有【八板】【柳青娘】【转州城】等民间传统曲牌，用于花船、花挑等民间歌舞、喜庆活动及其他自娱活动。

三、音乐创作

连云港市音乐创作和当地人民生活、情感息息相关。1984年后，市群众艺术馆大力培养业余音乐创作人员，每年均举行全市性业余音乐创作活动，举办各类讲习班，并创办《黄海歌声》《群众文艺》《花果山》等文艺刊物，发表群众创作的优秀音乐作品。连云港市文工团组建创作组，深入民间采风，创作和演出《云台山歌》《云雾茶之歌》等一批音乐作品，《黄海渔歌》《连云港情曲》《留春曲》《夏夜的港湾》等数十首创作音乐在省级以上报刊上发表或获奖。市群众艺术馆还以举办新作品演唱会及组建海燕艺术合唱团等方式，推荐、演唱业余作者的音乐作品。1988年，市有关部门组织拍摄音乐风光电视片《连云港风情》，共推出《您好连云港》《盐田情》《到大海去》《卖海鲜的姑娘》等创作歌曲11首。市文化局和市总工会等单位联合举办行歌、厂歌大奖赛，参赛歌曲数十首，其中《港歌》在全省厂歌行歌大奖赛中获银奖。1991年1月，在江苏省群众文化新作品巡回赛中，连云港市选送的男声独唱《祝福你，中国》获一等奖、女声独唱《仰望中国》获二等奖。是年3～8月，市委宣传部、市文化局、广电局、文联联合举办"家乡之歌"征集活动，应征作品150首，15首获优秀创作奖。在江苏省群众文化先进县（市）、区文艺汇演和连云港市迎香港回归"百年梦圆"征歌比赛及第六届中国艺术节上，连云港市的创作歌曲《云港恋歌》《回归的香港》《老师的目光》《我深深地爱着这片土地》等均获奖。进入21世纪，灌南县王咏梅的歌曲作品8次在全国大赛中夺魁，歌曲《你好，世界杯》被选为2002年世界杯球迷主题歌，《放飞青春》被选为第七届全国大学生运动会会歌，《让我们在一起》被选为首届威海国际人居节节歌，《和谐中国》被指定为第十届全国运动会火炬传递主题歌，《让时代为我们喝彩》被选为十运会会歌。《和谐中国》《赶上好时候》《手拉手，心连心》《和是我们共唱的歌》多次被中央电视台大型晚会选用。《美丽的家园》等入选中国音乐学院教材。

第二节 舞 蹈

一、民间舞蹈

连云港地区流传的民间舞蹈主要有在赣榆县、东海县流传的丢丢老爷舞（又称抬四老爷）、车子灯舞，在东海县李埝乡一带流传的劳动舞、南辰乡的跑马灯舞，在灌云县流传的十八花子戟南海、火虎舞、大头和尚舞，在灌南县流行的金凤雀舞及各县区均流行的莲湘舞、花船舞、蚌舞、狮子舞、花挑舞、大补锅舞、龙灯舞、高跷舞等，地方特色浓郁。在传统节庆活动中，这些传统的民间舞蹈仍为广大群众喜闻乐见。

二、舞蹈创作

连云港市舞蹈创作始于中华人民共和国成立后。20世纪80年代初，台北盐场创作的《盐工舞》、连云区墟沟文化站创作《渔民舞》参加江苏省首届业余文艺汇演，分获一、二等奖。为活跃群众性舞蹈创作，市文化局于1988～1991年3次举办全市业余舞蹈比赛。1996年后创作的舞蹈

《一切为了人民》《小小兵》《走山》《水晶娃》《敲海蛎》《银山海娃》等，在连云港市第四届舞蹈比赛、江苏省第二届少儿艺术节、江苏省第三届少儿艺术节、江苏省第四届少儿艺术节、江苏省群众文艺新作品巡回赛、江苏省第四届音乐舞蹈节中获奖。1999年，连云港市歌舞团创作演出连云港市首部大型音乐舞蹈诗《云港云》，参加江苏省第四届音乐舞蹈节，获优秀剧目奖、舞美设计金奖等奖项。2002年10月20日，首届江苏"金芒果杯"民歌、民乐、民舞大赛在南京举行，连云港市选送的舞蹈《渔家乐》《小五更》《踩曲欢歌》获铜奖。2005年，市歌舞团创作的舞蹈《茉莉花》《杏花春雨》参加中国核工业创建50周年晚会，受到观众的好评。

第四章　戏剧　曲艺

1984年，连云港市保留有淮海戏、京剧、话剧、吕剧、童子戏、工鼓锣、琴书、大鼓、渔鼓9个戏曲品种，全市有连云港市淮海剧团、连云港市京剧团、连云港市话剧团，赣榆县京剧团、东海县吕剧团、灌云县淮海剧团、灌南县淮海剧团7个成建制的戏剧团体。1984年后，随着电视逐步普及，各种新型文艺形式兴起，观众欣赏需求多元化，戏曲观众大量流失，专业剧团的演出面临严峻挑战。全市文艺表演团体借鉴经济改革思路，实行增量改革和承包责任制。1987年组建连云港市歌舞团。1988年，赣榆县在全省县级剧团中率先引入企业机制，改赣榆京剧团为黄海歌舞艺术团。1993年9月，文化部《关于进一步加快和深化艺术表演团体体制改革的通知》下发后，全市文艺表演团体走上调整布局结构和搞活内部经营机制的改革之路。2002年，市话剧团和市群众艺术馆进行资源整合，市歌舞团更名为连云港市歌舞剧院，后又组建女子民乐团。全市专业表演艺术团体实行演职人员聘用制度、创收目标责任制度和演出奖励分配制度，逐步走出困境，重新呈现活力。

第一节　戏　剧

一、淮海戏

淮海戏原称"海州小戏"，发源于清代乾隆年间，是连云港市土生土长的地方戏曲剧种。淮海戏唱腔尾音往往突然翻高八度，使唱腔响遏行云，具有拉人心魄的艺术魅力，也被人们称为"拉魂腔"。

淮海戏的声腔源于海州一带的民歌【太平调】和【猎户腔】，经艺人们长期实践，已发展为女腔以【好风光】为基本曲调，【二泛子】【诉堂调】等为辅助曲调；男腔以【东方调】为基本曲调，【龙门调】【小生调】等为辅助曲调的综合性板腔体戏曲声腔体系。唱腔有【慢板】【快板】【二行板】【小滚板】等不同板式。【小滚板】又称【一挂鞭】，演唱时几十句唱词由慢渐快，一气呵成，最后猛地甩一个长腔，给观众以一泻千里之感。

淮海戏深受连云港地区人民的喜爱，中华人民共和国成立后最兴盛时期全市有5个专业艺术

图 33-7 海州古城内的淮海戏演出
赵鸣 摄于2000年

表演团体，各县区的业余剧团更是星罗棋布，演出非常活跃。1985年后，受多元化艺术形式的冲击，淮海戏演出渐呈不景气状态，全市只保留了连云港市淮海剧团、灌南县淮海剧团及灌云县淮海剧团。但许多民间剧团的演出仍方兴未艾。1988年，在戏剧不景气的情况下，市淮海剧团克服困难，排演创作剧目《魂断海州》，参加全市第二届专业剧团创作剧目调演，获演出奖和编剧、导演、作曲一等奖。后又排演现代戏《巧凤》和《光明使者》，演出超过100场次。灌南县淮海剧团重视戏剧小品的创作和演出，1991年，《渔塘边》参加中国戏剧百优小品大赛获三等奖；1992年12月，《野花》参加文化部第二届“群星奖”比赛获银奖。1995年12月，在江苏省文化厅和连云港市政府主办、连云港市文化局承办的江苏省首届淮海戏艺术节上，连云港市淮海剧团创作演出的《红尘悲歌》获优秀剧目奖、优秀表演奖等15个奖项；灌云县淮海剧团创作演出的《春天的事业》获剧目奖等10个奖项。1998年12月，市淮海剧团演出大型现代戏《代代乡长》，参加省第二届淮海戏节，获优秀剧目奖、优秀编剧奖和导演、舞美、灯光等多项大奖。灌南县淮海戏剧团排演的《姐妹花》获12项大奖。《代代乡长》还参加第三届江苏省戏剧艺术节，获优秀编剧奖，同时获江苏省精神文明建设“五个一工程奖”。2005年12月，市淮海剧团排演的大型现代戏《老圩门》，获市第六届专业剧团新剧目调演优秀剧目奖。是年，由中国市长学会、中国广播电视学会、电视戏曲研究会主办，安庆市政府承办的2005中国文化名城“春约梨园”迎春电视晚会在安庆电视台集中拍摄，连云港市淮海剧团与市电视台合作选送的淮海戏《三拜堂》选段参加拍摄。

二、京剧

京剧在连云港市有着悠久的历史，始于清代同治年间。中华人民共和国成立后，连云港市先后成立4个专业京剧艺术表演团体。1984年1月，市京剧团排练新编历史剧《审骨辨忠》，参加全省青年演员创作剧目调演，获剧本奖和舞台艺术奖。1985年3月，京剧麒派传人小麟童加盟连云港市京剧团，9月率团赴上海公演，上海《文汇报》《解放日报》《新民晚报》等多家媒体均以显著标题赞扬连云港市京剧团的演出。此后受多元文化流入的影响，京剧演出市场出现衰退景象。1988年11月，江苏省电视台和连云港市文化局联合拍摄的全省第一部京剧戏曲电视片《故城春梦》在连云港市新浦公园开机。该片在全国第四届戏曲电视大赛中获“攀枝花”奖。1990年10月，市文化局依靠社会赞助，在黄海影剧院举办纪念徽班进京二百周年振兴京剧艺术联欢晚会，有派传人宋长荣、连云港市京剧团王素芳联袂演出3台京剧专场。1990年后，由于演出市场疲软，连云港市京剧团停止演出，但民间的京剧票友演出活动仍然十分活跃。1995年，赣榆县京剧团创演的大型历史京剧《徐福》，囊括7项大奖，并获市“五个一工程奖”。2001年，赣榆县京剧团创作排练现代京剧《海州湾》，在连云港市剧本创作评比中获一等奖。

三、话剧

1964年4月，连云港市成立专业话剧团。1984年，市话剧团排练创作剧目《最后一杯苦酒》和《野蔷薇》，参加连云港市首届专业剧团创作剧（节）目调演，分别获创作、演出一等奖和创作、演出二等奖。其中，《野蔷薇》半年内演出53场，受到江苏省文化厅表彰。1985年后，话剧演出市场不景气，但连云港市话剧艺术工作者仍坚持创作，坚持上山下乡为广大观众演出，在历次省、市专业剧团调演中都取得较好成绩。1986年6月，市话剧团被接纳为中国话剧研究会成员。其间排演的新戏《案件在你身边》《爱的风采》《冰山情》《徐洪刚》等，演出均超过100场。同时，作为话剧的另一种形式戏剧小品在群众中蓬勃兴起。1987年12月后，相继涌现出《小路弯弯》《冬夜》《刘六六的追求》《让我喜欢让我忧》《四九小阳春》《春风花烛》《我们班的故事》《追求》《三更月芽》《赶海》《照相》《赵钱孙李》《最后一朵玫瑰》《今晚不谈那个》《还是那个月亮》《想死人的侉哥哥》《渔塘边》《野花》等一大批优秀戏剧小品，不仅深受当地群众喜爱，还分别在全国和省级文艺比赛中获奖。1996年6月，市话剧团排演反映反腐倡廉的大型话剧《苍天在上》，在市区及淮阴地区演出78场。1997年排演创作大型话剧《生命的长堤》，参加连云港市第四届专业剧团新剧（节）目调演，获优秀节目奖，并获江苏省第三届精神文明建设“五个一工程奖”。1999年排演反映新浦长途汽车总站长途服务组学雷锋事迹的话剧《车站浪漫曲》，在省第三届戏剧节上获优秀剧目奖，参加庆祝中华人民共和国成立50周年优秀剧目展演，并获省第四届精神文明建设“五个一工程奖”。为满足广大观众需求，市话剧团创作演出一批戏剧小品，其中《一瓶茅台酒》《盐水鸭》入围江苏省戏剧小品大赛并获得2块银牌。2002年6月，市话剧团和市群众艺术馆进行资源整合，实行一套工作机构、两个机关名称的管理体制，话剧演出中止。

图33-8 2000年1月15日，市话剧团组织排演的话剧《车站浪漫曲》演出现场。 侍志 摄

四、吕剧

吕剧原名“扬琴戏”，自20世纪50年代由山东传入连云港市。因其主要唱腔曲牌源于淮北一带的【罗江怨】【凤阳歌】【叠断桥】等民间小调，很受连云港市群众的欢迎。1960年，东海县成立专业吕剧团，白塔、青湖、驼峰、横沟等十多个乡镇都成立业余吕剧团。1996年，东海县吕剧团携创作演出新剧目《红丝带》参加江苏省首届青年演员曲目调演，获省“五个一工程奖”，这也是连云港市首部戏剧作品获此奖项。1997年8月，根据现代吕剧《红丝带》改编拍摄的电视剧《五九看柳》获第十五届中国电视金鹰奖、中国电视剧展播进取奖。2001年12月，吕剧《山乡情》获市“五个一工程奖”。2002年10月，《春打六九头》被中央电视台拍摄成4集电视戏曲片在央视8套和11套播放。2005年12月，现代吕剧《草莓扣》获市第六届专业剧团新剧（节）目调演优秀演出奖。东海吕剧团年平均演出200场，是江苏省唯一的专业吕剧艺术表演团体。

五、童子戏

连云港市童子戏起源甚早，它和古代的巫觋活动有着紧密的联系。在海州锦屏山的将军崖岩画中，考古学家就发现许多巫的形象以及“皇舞祭天”“执干戚舞”的舞蹈画面，被认为是“原始社会的祝祀乐舞”。童子戏演出时，除了演出情节曲折离奇的剧目外，还要穿插各种规模不等的祭祀仪式。哪些仪式后面演出什么剧目，都有严格规定。近代人们把这类戏曲形式称之为“傩戏”“仪式剧”。

童子戏唱腔粗犷质朴，高亢有力。它的原始唱腔【嗬大嗨】，据传是根据农村耕田时所唱的赶牛号子演化而成，后逐渐发展了【童子调】【老可调】【十拜调】【满台腔】等基本唱腔，有“九腔十八调”之称。童子戏演唱时无丝弦乐器伴奏，演员清唱时，靠锣鼓击节或众人伴唱作过渡音乐。童子戏有一种独特的乐器称“狗皮鼓”，用3个大小不一的铁圈串起而成，上端大铁圈蒙上狗皮，下端小铁圈上缀有9个小铁环，伴奏时演员持竹签击打鼓面，“咚咚”有声，艺人们称其为“三教九流”。

20世纪80年代后期，国际和国内掀起一股傩文化研究热，连云港市文化局和江苏电视台、江苏艺术研究所合作，请来童子戏老艺人，在云台山焦庄进行“铺坛”“牛郎会”等仪式表演和童子戏演出，拍摄电视资料片《海州童子戏》，为这项古老的文化遗产留下一份珍贵的资料。该电视片在国际傩学研究会放映后，引起与会者的兴趣。日本、法国及中国台湾、中国香港地区的一些学者相继到连云港考察海州童子戏。连云港市研究者撰写的《海州童子戏初探》《海州童子戏的傩仪及其他》等10多篇文章在国内发表，有的还被翻译成英文、日文介绍到国外。至2005年底，连云港市仅存曹艳玲童子剧团1个民间职业演出团体。曹艳玲童子剧团常年在农村演出，主要剧目有《曹庄打柴》《兰继子讨饭》《休丁香》等，有时也兼演淮海戏。曹艳玲父亲曹秀芝能背诵50余台童子戏传统戏剧目，是童子戏艺人中唯一能表演祭祀仪式及“咬鸡”“砍刀”等绝技的艺人。中央电视台到连云港拍摄《走进中国·山海连云港》系列电视片时，特地拍摄剧团演出的童子戏《曹庄打柴》。

第二节　曲　艺

一、工鼓锣

工鼓锣流布于连云港市灌云县、东海县和市区大部分地区。解放战争年代，因工鼓锣艺人积极参加淮海战役的宣传工作，许多艺人走上前线，唱书鼓舞军民的斗志，深受欢迎，故又被称为“淮海锣鼓”。

工鼓锣属吟诵类曲种，其声腔由海州一带方言衍化而成，带有似唱非唱、说唱相间的特点。它的演唱质朴刚劲，透露出苏北人朴实醇厚的气质，体现海州一带的民情民俗。工鼓锣连敲带唱，只需一人，故有“一人一台戏”之说。它演唱灵活方便，无论是街头巷尾还是农村场院，都可随时设点开唱，被称为表演艺术的“快马轻骑”。

中华人民共和国成立后，工鼓锣艺人也参加国家、省、市、县级的曲艺文艺会演。灌云县工鼓锣艺人张同举作为江苏曲艺团的代表，赴北京参加全国首届曲艺会演，表演书目《单刀赴会》，受到党和国家领导人的接见。该书目被上海唱片公司灌制成唱片，在全国发行。一代年轻的工鼓锣艺人也不断涌现。灌云县21岁女艺人李炳红，在1985年的连云港市曲艺会演中，以一篇《李三万》书目获榜首，被推为市民间艺人联合会主席。1985年10月1日，《新华日报》刊载灌云县工鼓锣艺人普法宣传的事迹。2000年9月，中国曲艺家协会授予灌云工鼓锣艺人张同举“中国曲艺50年特别贡献曲艺家”称号。2001年后，工鼓锣听众人数急剧减少。2005年，灌云县工鼓锣协会仍保留会员50余人。

二、琴书

琴书即“苏北琴书”，也称“苏北扬琴”或“丝弦”，分布于东海县、赣榆县、灌云县及市区。清代末年，琴书由山东传入江苏北部，与当地民歌小调结合发展而成。由于使用的方言不同，苏北琴书又形成了南、北两种风格不同的演唱流派，即琴书中所谓的“南门”与“北门”。赣榆县琴书艺人孙芝美、荣凤楼夫妇艺高一筹，影响一方。他俩在长期的共同艺术生涯中，创造琴书中独具一格的荣派艺术，被听众誉为“盖海州”，中华人民共和国成立后被南京市曲艺团吸收为该团主要演员。

苏北琴书的曲目极为丰富，连云港地区流传百余种。题材主要来源于历史故事、民间传奇、神话故事、现代小说、新人新事，如《江宁府》《孟姜女哭长城》《猪八戒拱地》《海岛女民兵》《两辆自行车》等。1990年后，琴书在连云港地区呈衰落趋势。

三、大鼓

大鼓亦称“苏北大鼓”或“赣榆大鼓”。早在南宋时期，赣榆境内便传唱大鼓，后分东、西两路流传，西部主要流传于赣榆县境内，东部主要流传于东海县境内。中华人民共和国成立后，艺人演艺条件改善，从艺者相继不断，1985年后发展到近百人。1986～1988年，东海县文化局、司法局在全县开展法制、计划生育、保险等专题曲艺宣传演唱活动，大鼓艺人踊跃参加，演唱200余场，听众达30余万人次。赣榆县墩尚镇大鼓艺人许家昌、孙书芳夫妇珠联璧合，演出风靡赣榆城乡。他们编创演唱《十劝同志要守法》《祸从赌起》等脍炙人口的新书目，从赣榆县乡间地头，走向市、省剧场，走进中央人民广播电台和中央电视台，《人民日报》《中国法制报》等7家全国性媒体作宣传报道，2004年底被中共江苏省委宣传部授予“江苏省文艺之星”称号。

大鼓常演的书目，以枝蔓清晰的大部头书目为主，数目约50部左右，主要有《五香宝》《铁镗关》《八姐下幽州》《双靶记》《秦英征西》等。改编和创作的现代题材的书目有《壁垒森严》《上海案件》《平原游击》等。

四、渔鼓

渔鼓又名“道情”，主要流行于东海县、赣榆县。相传为东汉张道陵始创，原为道士传颂教义的杂曲。渔鼓传入连云港市较晚，民国期间，东海县境内始有艺人演唱。经半个多世纪的流传，渔鼓与当地的方言俚语融为一体，腔调上已完全被当地乡音同化，并加以一定韵律，故而久唱不衰。许多大鼓艺人擅长渔鼓，两栖作艺。中华人民共和国成立后，新一代渔鼓艺人迅速成长。渔鼓流传在连云港市的书目约40余部，传统书目占主要成分，多为历代艺人口传心授保留下来，如《三捍旗》《无底洞》《鸡宝山》《说岳》《响马传》《杨家将》等。1985年，女艺人陈秀梅表演的曲目《杨八姐救六郎》，在连云港市曲艺杂技会演中获得优秀演出奖。随着电视普及，演唱的人日益见少，到2005年，仅在农村逢集过年偶有演唱。

第五章　群众文化

改革开放后，党和政府重视群众文化活动，连云港市各县区和乡镇相继建立文化馆和文化站，利用庙会、节庆、送文化下乡、电影放映等形式，组织城乡居民开展各类文化活动，起到自娱、自乐和自教的作用。1984年，市电影公司成立电影录像放映队，兼放录像片。1985年，全市城乡电影放映单位达278个。1990年后，随着文化娱乐市场竞争的激烈，全市电影观众锐减。市县电影剧场公司从改善内部经营管理入手，加强放映渠道的管理，提高放映技术，举办各类不同主题的影片放映周等，使全市电影放映工作在艰难中运行。在积极拓展农村电影市场的同时，城区不少演映场所对内部设施条件进行改造，制定"坐席软椅化、放映自动化、光源氙气化、空调冷气化、音响立体化"的五化目标，使观众的视听质量和观赏环境都有明显的改观。2000年后，"在海一方"广场文化活动的经常化、定期化举办，促进了全市群众文化活动的扎实开展。至2005年底，全市有文化馆8个，文化站97个，影剧院8个。有公共图书馆7个，藏书98.9万册；市图书馆建成新馆阅览大楼，馆藏图书50万册，跻身于全国一级图书馆行列。县级公共图书馆及工会、学校以及港务局、新海发电厂等企业的各类专业图书馆也相应建立和健全，全市形成较为完整的图书馆网络。

第一节　文化馆　图书馆

一、文化馆

连云港市文化馆　前身为新海连市人民文化馆，成立于1950年底。1986年11月更名为连云港市群众艺术馆，先后出版文艺报刊《群众文艺》《花果山》等。1988年，馆内中层干部实行聘用制，同时开展多种经营及"以文补文"活动。1990年后，不断深化内部机制改革，实行绩效挂钩的工资分配制度，精简行政及部分业务人员，加强对群众性艺术活动的辅导和培训，并成立经营实体"市文化艺术服务中心"。1994年12月，该馆迁入朝阳路新址，全面对社会开放。2002年，更名为连云港市文化馆，组建有市文化馆艺术团、市少儿艺校、市少儿书画院等基本队伍。

县区文化馆　连云港市四县三区都建有文化馆，成立最早的是灌云县文化馆，成立于1949年；成立最晚的是新浦区文化馆，成立于1966年。

2005年连云港市县区文化馆情况一览表

表33-3

名　称	成立年份	建筑面积（平方米）	人员编制数（人）	功能设置	等　级
赣榆县文化馆	1951	3940	27	设音舞部和美术部，并配有相应的创作室、辅导室、展览厅等	二级馆

续表 33-3

名　称	成立年份	建筑面积（平方米）	人员编制数（人）	功能设置	等　级
东海县文化馆	1951	3800	19	设办公室、财务后勤部、文艺部、美术部、舞蹈培训基地、少儿版画培训基地、声乐器乐书画培训室、美术展览厅、多功能演艺厅等	一级馆
灌云县文化馆	1949	1500	19	设文艺部、美工部、辅导部、办公室	无等级
灌南县文化馆	1958	2000	19	设办公室、艺术团、培训部、书画院、摄影部、非遗中心和放映部	三级馆
新浦区文化馆	1956	2045	25	设文艺部、美工部、辅导部、办公室	二级馆
海州区文化馆	1953	1000	8	设群文部（艺术部）、培训部（艺术培训中心）、办公室	三级馆
连云区文化馆	1951	2000	17	设非遗办公室、文艺部、美宣部、培训辅导部、产业部、办公室	二级馆

二、图书馆

连云港市图书馆　成立于1958年底。1984年7月，市图书馆机构进行调整，设有采编组、借阅组、辅导组、科技组、少儿组及办公室。1985年成立参考咨询部，开展咨询检索、信息服务、课题服务等工作。1988年9月，建筑面积2400平方米的阅览大楼落成，改善了市图书馆工作条件。1994年被评为国家二级图书馆。1995年，该馆藏书达39.95万册，接待读者20.5万人次，外借图书9.15万册次，馆内阅览12万人次，出新书刊宣传栏22期。2001年正式成立电子阅览室。从1997年开始，在社区、学校、企业、军营、乡村等设立50多个馆外服务点。2003年6月，重新整合后的连云港市图书馆迁至新浦区苍梧路56号，新馆总建筑面积1.6万平方米，增挂“连云港市教育图书馆”牌子，行政上隶属于连云港市教育局，业务上由连云港市文化局主管，同时升格为副处级全民事业单位。2005年，馆藏由建馆初期藏书3.5万册发展到50万册，跻身于全国一级图书馆行列。收藏地方文献1300多种2800余册。《海州文献录》《云台山志》等珍贵的地方典籍，《连云港市志》《连云港统计年鉴》等当代史料文献，《西游记》《镜花缘》等方面的研究文献成为重要馆藏。馆内提供的借阅服务主要有图书借阅、报刊阅览、电子阅览、盲人阅览等，设阅览座席620个。图书借阅流程由最初的手工检索、人工统计，发展到计算机管理、自动化检索。

连云港市少儿图书馆　是原市图书馆资源重组后组建的财政全额拨款的公益性事业单位，隶属于连云港市文化局，2003年9月26日开馆，位于新浦区市化

图 33-9　20世纪80年代连云港市图书馆的流动借阅点　赵鸣　摄

路37号，占地1500平方米，馆舍建筑面积3400平方米，有少儿、文化艺术类藏书5万册。馆内设阅览室、电子试听室、图书外借室、音像资料外借室，有阅览座席400个；各类计算机设备(包括终端)30台，建有局域网和本馆网站，是全国文化信息共享工程、江苏文化网连云港中心站、国家一级图书馆。年接待读者达30万人次。至2005年底，共送书下乡32次，送去图书1.7万册，组织各类读者活动40次。

其他图书馆 除市级图书馆外，连云港市还有县区级公共图书馆和各级工会、学校、厂矿等专业图书馆数十个，可以满足不同层次、不同需求的读者需要。

2005年连云港市县区、学校图书馆情况一览表

表33-4

名　称	成立年份	建筑面积(平方米)	功能设置	备注
连云区图书馆	1994	300	设图书外借室、报刊阅览室、电子阅览室等服务窗口	三级馆
东海县图书馆	1969	4056	设采编室、辅导部、小说外借室、期刊阅览室、报纸阅览室、少儿图书馆、社会科学文献借阅室、自然科学文献借阅室、参考工具书查阅室、电子阅览室、讲座室、共享工程展播室和读者服务成果展览室等部门	一级馆
赣榆县图书馆	1976	800	设采编室、辅导部、外借室、期刊阅览室、报纸阅览室、社会科学文献借阅室、自然科学文献借阅室等部门	二级馆
灌云县图书馆	1978	1411	设外借处、成人阅览室、少儿阅览室、地方文献资料室、参考咨询室、采编室、电子阅览室、阅报室等部门	三级图书馆
灌南县图书馆	1988	1014	设采编室、辅导部、外借室、期刊阅览室、报纸阅览室、社会科学文献借阅室、自然科学文献借阅室等部门	三级图书馆
淮海工学院图书馆	1985	22904	包括本部馆、通灌分馆和东港学院图书馆。建有报刊、过刊、新书、外文、理工(一)、理工(二)、理工(三)、社会科学、海洋、文艺等流阅一体化的文献中心，以及教师研究室、文献检索室、电子阅览室等服务窗口	拥有纸质文献76.11万册(包括中外文纸质图书及期刊合订本)，电子期刊2.26万种
连云港师范高等专科学校图书馆	1999	9138	设期刊部、采编部、流通部三部门，另设有社会科学借书处、自然科学借书处、文学借书处、报刊阅览室、艺术阅览室、电子阅览室等专业服务分区	藏书43万册(不包括电子文献)
连云港职业技术学院图书馆	1979	2172	设三部一室，即采编部、流通部、阅览部和办公室。其中，阅览部有5个阅览室，包括社会科学阅览室、自然科学阅览室、工具书阅览室、期刊阅览室和电子阅览室	藏书37.75万册，期刊615种，报纸42种
连云港市委党校图书馆	1961	1500	设有采编部、流通部、社会科学阅览部、经济学阅览部、法学阅览部、管理科学阅览部、党史阅览部、党建阅览部和办公室等部门	全省党校系统图书馆现代化管理达标和图书馆系统先进集体
连云港财经高等职业技术学校图书馆	1988	4000	设有采编部、流通部、阅览部和办公室四个部门	

第二节　文化活动

一、庙会文化

连云港市传统的文化活动最早的当推庙会群众文化活动。朝阳镇的东海孝妇祠建于宋代，每逢农历三月初三日，远近民众争赴三月三庙会，在祭拜窦娥娘娘的同时，还举行形式多样的文化活动。海州的"四月八"庙会，原为民间的浴佛节，但随着进香民众的不断增多，除了交易农产品外，玩花船、踩高跷、唱鼓书、听小戏、看杂耍等文化活动，成为每年"四月八"庙会不可或缺的重要内容。云台山三元宫的庙会文化也颇具特色。在四乡八舍进香队伍的人潮中，活跃着一支童子戏演唱队伍。他们高举幡旗，捧着五颜六色的"挂子"，手敲狗皮鼓，口唱童子调，山上民众争相观看，使庙会的形式更加丰富多彩。随着社会的发展，庙会文化的地位越来越突出。如海州"四月八"庙会，专门划出一方阵，供各种富于特色的传统文化展示演出，又称为"四月八"文化庙会。

二、节庆文化

民间节庆活动是连云港市传统文化活动的另一种重要形式。春节期间的戏曲演出和花船、花挑、蚌舞、龙舞、狮舞等民间舞蹈表演，为人们增添节日的欢乐；农历正月十五日元宵节灯会，街头巷尾处处灯火相映；端午节连云港市虽未见有赛龙舟活动的记载，但保留了综合性文艺演出的习俗；中秋节为团圆节，人们在合家团聚举杯邀明月的同时，也欣赏音乐和歌舞的表演，电台、电视台每年一度的中秋晚会，成为广大群众的一道丰盛文化大餐。市、县文化行政管理部门也注重利用民间节日举办各类大型群众文化活动，增添节日热烈欢庆的气氛。1984年春节期间，连云港市文化局举办全市首次民间舞蹈会演，全市各县区6支代表队近百个节目参加演出，东海县南辰乡70多名农民演员演出的大型广场舞蹈"跑马灯"，展示了气势恢宏的艺术魅力。1986年元宵节灯会盛况空前，来自全市各县区的工厂、商店、机关、学校的各支队伍，从元宵节下午3时起举着各式各样的灯笼，自郊外依次向市区开进，"八仙过海""天女散花"等各色传统花灯和"五谷丰登""飞船火箭"等具有现代气息的彩灯交相辉映，似一条条蜿蜒的火龙。市区群众争相观看，一时间万人空巷。

随着经济繁荣和社会发展，一些大型的群众文化活动也应运而生。1990年12月，赣榆县举办首届徐福节，全县13个乡镇23家机关单位的1124名演员参加环城民间文艺表演和仿古乐表演，中外宾客和县城10余万人沿街观看。1991年10月，东海县首届水晶节开幕，东海县专业和业余文艺工作者表演反映民间民俗的大型文艺节目。1992年春节期间，赣榆县、东海县和灌云县的民间舞蹈演出队，沿市区通灌路、解放路进行巡回表演。这次环城舞蹈突出"猴年吉庆"的主题，1200多名演

图33-10　2005年春节期间，连云区海棠社区居民在观看花船表演。
文化局　供

员参加表演，舞蹈形式有花车、花船、海蚌舞、狮子舞、跑驴等近20种。1993年，市文化局举办首届“连云港之夏”广场演出。此外，如江苏渔民文化节、赣榆徐福节等群众性文艺活动一直在持续进行。至2005年底，全市累计举办“连云港之夏”广场演出9届，江苏渔民文化节2届，东海水晶节8届，赣榆徐福节5届，现场观众达数百万人次。

三、送文化下乡

1986年起，戏曲演出跌入低谷。市淮海剧团及四县剧团积极服务农民和农村，努力开展送戏下乡演出活动，全市年均组织送戏下乡约300场次。

1990年，市文化局组织大规模“送文化下乡”活动，全年组织100多场文艺演出，演出人员达10万多人次，观众达100万人次。

1996年起，根据中宣部等八个部门联合举办全国文化科技卫生“三下乡”活动的要求，市文化局每年组织文艺分团参加全市文化科技卫生“三下乡”活动，时间多在春节之前，演出一般由市歌舞团承办。市文化馆组织送年画、写春联等活动，年均组织写对联200余副。

1998年起，落实国家农村电影放映“2131工程”，由县级主管部门组织、各乡镇具体实施，一村一月放映一场电影。全市年均放映电影1.7万余场次。

2003年，市文化局被表彰为全市文化科技卫生“三下乡”先进集体。2004年，市文化局被省委宣传部评为江苏省“三下乡”活动先进集体。

2005年，市少儿图书馆购买1辆流动送书车，启动“少儿流动书库”工程，在边远地区建立20个流动送书点，惠及贫困地区中小学生数万人，在全省产生广泛影响。全市各级各类图书馆开展送书下乡活动16次，送书1.2万余册。放映电影1308场，参与“三下乡”活动演职员1.6万人次，观众达190万人次。

四、“在海一方”广场文化活动

1999年，针对群众文化发展新趋势，赣榆县在全市率先举办广场文化活动。在调研总结赣榆经验的基础上，2000年5月，市委、市政府成立以市委宣传部、市文化局等13家成员单位（后增加到24家）组成的广场文化活动协调委员会，在全市范围内启动连云港市首届“在海一方”广场文化系列活动。在运作过程中，协调委员会调动各企事业单位和广大群众参与广场文化活动积极性，突出地方特色，注重在活动组织设计上下功夫，拓展活动领域和形式，提高活动质量和档次。首届“在海一方”广场文化活动以“新世纪·新港城”为主题，从5月启动到11月闭幕，全市城乡共举办100多场大中型广场文化演出活动。此后，“在海一方”广场文化系列活动作为一项文化惠民工程连年实施，一般在5～6月开幕，11～12月结束。通过市县互动、多行业参与、企事业单位冠名赞助等方式，年均举办各类群众性展演活动120场次，受众近百万人次，成为连云港市影响力最大、群众参与度最高的一项群众文化活动。在广场文化活动引领下，全市形成特色群众文艺团队200余个，初步建成万余人的基层文艺人

图33-11 “在海一方”广场文化系列活动走进灌南
侍志 摄于2003年

才队伍，各县、区广场文化活动也形成自己特色。2005年，举办“环保杯”先进文化进万家暨第六届“在海一方”广场文化系列活动。市文化馆还组建业余艺术团，常年深入基层为群众演出。

第三节　民族民间文化保护

2003年底，国家启动民族民间文化保护工程。2004年9月4日，中共连云港市委、市政府召开民族民间文化保护工程动员大会，制定连云港市民族民间文化保护工程实施方案，成立连云港市民族民间文化保护工程指导委员会。市文化局设立民族民间文化保护中心。市民族民间文化保护中心根据国家相关文件要求和连云港市的具体情况，确定保护工作的主要对象为全市珍贵、濒危、具有历史价值的民族民间传统文化，包括传统的口述文字，戏曲、曲艺、音乐、舞蹈、美术、魔术，工艺美术和制作技艺，传统的礼仪、节日、庆典和体育活动，以及与上述各项相关的代表性原始资料、实物和场所。是年组织全市力量对上述项目开展拉网式的资料普查。是年底，江苏省文化厅确定海州五大宫调为首批全省民族民间文化保护工程试点项目，并和市文化局签订为期4年的试点项目任务书，由市民族民间文化保护中心具体实施。该中心深入社区采风，寻查演唱曲调的老人，采取录音、录像等方式，收集大量的曲谱和文字资料，扶持社区民间小曲堂的演唱活动，并协助连云港师范高等专科学校音乐系建立海州五大宫调研究所，利用市淮海剧团演员演唱发音和海州五大宫调相似的因素，在市淮海剧团建立海州五大宫调传习所。

2005年8月，文化部拟建立第一批国家级非物质文化遗产保护名录，市民族民间文化保护中心按省、市文化行政部门的部署，着手海州五大宫调的申报工作。是年12月，江苏省文化厅组织全省民间工艺绝技展，市民族民间文化保护中心组织海州五大宫调演唱队去南京现场演唱，组织连云港柳编艺人在会上进行现场编制表演。2005年底，民族民间文化保护工程更名为非物质文化遗产保护工程。

第四节　电　影

一、电影发行放映

20世纪80年代中期，连云港市电影剧场公司发行范围除市区各放映单位外，还负责赣榆县、东海县、灌云县及中央、省驻连云港各放映单位的影片发行工作。省电影公司根据放映单位的增加数量，每月供应给连云港市35毫米影片节目15～16个、拷贝2～3个，16毫米、8.75毫米影片节目由1个增加到3～4个，每县基本上能保留1个节目。市电影剧场公司采取对三县电影公司分配、再由县公司排片到各类放映单位的逐级发行办法。此后，影片的发行保持省、市、县的代理发行渠道。1984年，全市共有电影放映单位307个，该年人均看电影33.3场，其中农村人均年看电影32.2场。按江苏省电影发行放映公司规定，对质量高的影片实行浮动票价，在市区部分影院还开辟小夜市电影。

1986年，按省文化厅、广播电视厅的规定，连云港市电影剧场公司开展电影录像带发行放映工作，初为代理省电影公司发行，1989年10月改为自购录像带自办发行，但录像带仍由省电影公司供应。

1990年后，随着全国电影市场的滑坡，加之文化娱乐市场竞争激烈，影片数量少、质量差，全市电影观众锐减。市电影剧场公司从改善内部经营管理入手，加强放映渠道管理，改进放映技术，举办各类主题影片放映和重大题材影片放映活动。1998年，市电影剧场公司全年发行各类影片120部，放映1.8万场，观众450万人次，完成放映收入325万元、发行收入160万元。1999年投放市场35毫米电影新片96部，放映3100场。但终因大势所趋，观众上座率难以回升，电影放映面临困境。2004年，市电影剧场公司被列为全市首批改制单位，启动改制程序。

二、影剧院

工人电影院　原为建于1952年的新海电影院，位于新浦区市化路，1953年更名为工人电影院。2000年因电影市场萎缩和影院设备落后而关闭。

工人文化宫剧场　前身为市工人俱乐部的一个露天舞台，1956年底建成，位于新浦区市化路东首。工人文化宫剧场为新浦地区戏剧演出主要场所，除连云港市剧团演出外，上海越剧院、江苏省京剧院、山东省吕剧团、中国铁路文工团等外地剧团曾在此演出。该剧场兼放电影。1994年改造为大富豪夜总会。

黄海影剧院　1979年1月正式开业，位于新浦区海连中路与南极路交叉口。总建筑面积4000平方米。黄海影剧院分主建筑（前大厅、观众厅、舞台）和附属建筑（空调机房、演员宿舍、餐厅）两部分。观众厅设座席1383个。影院除放映电影外，还先后接待省以上文艺团体30多个开展演出活动。一些全市性的庆典活动及重要会议也多在此举行。1989年被江苏省文化厅命名为明星剧场。2005年黄海影剧院改制转企，成为江苏金海投资有限公司全资企业，是市区集电影放映、会议接待、文艺演出为一体的大型文化娱乐场所。

艺术剧院　1982年10月竣工开业，初建时位于新浦区海连东路，1994年移建到新浦区朝阳中路60号。面积900平方米，观众座席450个，以放映电影为主，也接待少量的外地剧团演出，是组织市区群众开展各类文化艺术展演的主要场所。

东方影视中心　1989年4月竣工试营业，位于新浦区解放西路28号，是在原解放露天电影院的基础上，由中国电影发行放映公司、江苏省电影发行放映公司和连云港市电影剧场公司合资兴建的综合性娱乐场所。一期工程主体建筑面积4288平方米，观众座席825个，另设置有200个软席的小放映厅。1996年以后，受电视、网络等各种娱乐方式的冲击，观众数直线下滑，2002年停业。2004年8月被市政府列入第一批改制单位。

2005年连云港市其他影剧院情况统计表

表33-5

序　号	名　称	开业时间	占地面积（平方米）	座位数（个）
1	连云港影剧院	20世纪40年代	—	1030
2	东海海陵影剧院	1979	9350	1300
3	灌云影剧院	1982	3700	1361
4	灌南影剧院	1982	14320	1281
5	赣榆影剧院	1984	7200	1400
6	新海发电厂俱乐部	1991	—	968

第六章　文化市场管理

1984年后，各种文化思潮的涌入和文化项目的上马，使社会文化市场获得勃勃生机，不仅传统的民间演唱恢复发展，而且外来的文化活动也以商品经济形式迅速发展，如营业性舞厅、歌厅、桌球厅、录像厅、网吧等遍布全市城乡。文化市场的繁荣发展丰富了人民群众的精神文化生活，但也带来一些社会问题。连云港市、县、区文化行政主管部门坚持一手抓繁荣，一手抓管理，相继成立文化市场管理处和文化市场管理站，先后制定印发《关于连云港市文化市场管理办法的通知》等多项文件，对社会文化市场加强管理。

第一节　音像市场管理

20世纪80年代后，连云港市音像市场从无到有，逐步发展，渐渐繁荣，进入以音乐盒带、录像带为主要载体的发展时期。这一时期，出现不少音乐盒带、录像带等音像制品以及录音录像出租、放映经营单位，在较大程度上提高了市民精神文化生活质量，为全市音像市场的进一步发展奠定了基础。1985年，市政府成立音像制品管理领导小组，下设办公室和审片小组，办公室设在市广播电视局。至1987年底该领导小组撤销时，共审片385部1258盘。1990年2月，根据江苏省政府的有关文件，文化系统内的录音录像市场由文化部门统一管理。市文化市场管理处着手并进一步加强对文化系统内音像市场的清理整顿和登记发证工作，是年底，全市有3个录音带批发点、6个录像带发行站、89个录像放映点，市文化录像发行站、海州电影院录像室等6家单位被评为江苏省音像放映、发行先进单位。1993年，市政府出台大力发展个体经济的政策，允许个人经营录像放映、音像出租和音像制品销售，音像市场迅速扩大。1995年，全市文化系统有录音带批发点3个、录像带发行站8个、录音放映点86个，全市音乐盒带、录像带市场进入鼎盛发展时期，录像厅成为当时最风靡的娱乐场所。1997年底，市广电局成立音像管理科，加强对音像制品市场的管理。

90年代，以CD、VCD、超级VCD（DVD）等激光影碟为主要载体的音像制品逐渐在市区、县城、乡镇乃至农村出现，激光影碟音画质量较音乐盒带、录像带清晰稳定，价格方面也具有优势，且便于在家庭等私人空间播映，很快风靡一时。

2001年11月6日，经市长办公会议研究决定，市广电局承担的音像制品管理职能移交市文化局负责。2002年2月1日，国务院《音像制品管理条例》正式施行，规定不再审批经营性音像制品放映单位，已依法设立的不得更新现有设备，并于5年内予以关闭。音乐盒带、录像带市场逐步萎缩，连云港市音像市场步入以CD、VCD、超级VCD（DVD）等激光影碟为主要载体的发展时期。

音像市场日渐繁荣的同时，部分经营者通过不法经营牟利，出现非法经营盗版、淫秽、反动、封建迷信音像制品行为，扰乱了音像市场的正常秩序，对社会风气形成危害。市、县文化行政部门以“反盗版天天行动”为导向，采取系列措施，对从事非法音像经营的单位和个人进行严厉打击。2000～2005年，全市文化部门通过开展音像市场“扫黄打非”专项行动、打击违法音像制品“金风”行动、出租示范店评比活动等，年均收缴、销毁非法音像制品20余万盘（张），较好地规范了音像市场秩序。至2005年底，全市音像零售及出租单位408家。

第二节　歌舞厅管理

连云港市首家营业性舞厅为1985年2月开业的连云饭店舞厅。随着经济的改革开放，人民群众文化生活日益丰富多彩，西方的迪斯科、太空舞等涌入，刺激了舞厅行业的发展，不少单位会议室、俱乐部改装的舞厅相继开业。这些舞厅由各自主管局批准，报市文化市场管理处备案。因无统一规定，秩序比较混乱，舞厅内争吵打架和寻衅滋事事件时有发生。1986年，根据中共中央宣传部、公安部和国家工商管理总局指令，各营业性舞厅一律停止开放。不久，中央有关部门发文，允许开放营业性舞厅，由文化部门主管，公安、工商、物价等部门协同管理。1987年，云华宾馆舞厅率先开张，全市兴办舞厅热再起，当年经审批的舞厅有24家，舞厅的灯光、音响及装潢均向豪华型发展，票价也大幅度上扬。1990年底，跳舞热有所降温，全市有舞厅15家，跳舞人数呈下降趋势。1991年后，跳舞成为人们开展业余文化生活、进行社会活动的重要方式，机关干部和中老年群众相继步入舞厅，使舞厅热再度升温，一些宾馆、饭店都开设歌舞厅。至1995年底，全市有歌舞娱乐场所117家。

1999年后，按照国务院《娱乐场所管理条例》规定，文化行政主管部门不再收取文化市场管理费，实施监督检查所需经费由地方财政解决。2000年1月1日起，由文化行政部门代征娱乐业营业税。随后开展整顿和规范文化市场秩序工作，根据市场发展状况对歌舞娱乐场所进行压缩和整顿，重点打击社会丑恶现象，严厉打击卖淫嫖娼、赌博及吸毒贩毒等违法犯罪活动。同时将消防安全检查作为管理重点，开展歌舞娱乐场所专项整治，对全市范围内的歌舞厅、网吧等公共文化娱乐场所开展火灾隐患普查整治，对经营期间安全出口上锁、疏散通道堵塞、消防设施缺少或损坏等违规行为进行查处，责令违规单位及时整改，并在场所醒目处张贴警示性标牌。

21世纪初，全市开展娱乐场所审核登记备案和年审换证工作，对文化娱乐、演出、电影等场所开展安全生产专项检查和消防安全专项整治，重点进行整治歌舞娱乐场所吸贩“摇头丸”统一行动。

至2005年底，全市有歌舞厅89家，其中市区34家、东海县23家、赣榆县13家、灌云县5家、灌南县14家。

第三节　游艺管理

1985年，福建、广州籍商人在连云港市区摆出几张球台，新浦开始出现营业性桌球活动。1986年3月，南京市浦口区文化馆与新浦区文化馆合资在新浦区文化馆活动板房内开办营业性桌球，购票上台，每盘0.2元。此后桌球热在全市兴起，不到一年全市已逾2000台，市区就有300多台，城市农村、室内室外，随处可见。桌球的广泛流行，丰富了广大青少年的课外生活，但一定程度上影响交通市容，而且影响到学生的学习和市民的休息，赌博现象也时有发生。对此，市文化市场管理处会同有关部门制定《关于对我市经营桌球活动的个体户加强管理的通知》和《关于加强桌球管理的意见》，紧急制定整顿措施，控制发展，强化管理，将桌球集中到几个不影响交通市容的地段，规定收费价格，限制活动时间，严厉打击赌博和变相赌博活动。文化、公安、工商、城管、街道和卫生等部门，各负其责，有效扭转桌球市场一度失控现象。

1987年，连云港市开始出现营业性电子游艺机。此活动带有科技性和娱乐性，一经流入，很快在青少年中风行。全市营业性游戏机最多时达到500多台。为防止游艺机对青少年的学习和健康产生不良影响，市文化局采取有控制有发展的原则，对电子游戏室进行压减和整顿，对全市电子游艺市场的经营及节目内容实行定期检查。同时，以高密度巡查为基本方法，联合公安、工商等部门，对电子游戏经营场所进行排查和整治，严厉打击游戏室无证经营、设置赌博机型以及在非国家法定节假日接纳未成年人等违法行为。进入21世纪后，随着游艺娱乐市场专项整治的持续开展，以及网吧、互动电视、新媒体等娱乐类型的出现和冲击，全市游艺娱乐场所逐渐萎缩。

2005年，连云港市游艺娱乐场所主要类型为桌球室（摊）、电子游戏厅等。全市游戏机场所共314家，其中市区112家、东海县37家、赣榆县25家、灌云县116家、灌南县24家。

第四节　网吧管理

连云港市第一家网吧出现于20世纪90年代末。进入21世纪后，网吧市场迅猛发展。市文化部门坚持和谐管理与严查重罚相结合，在采取科学措施推动网吧市场规范发展的同时，坚持将网吧市场专项整治行动覆盖全年，对违法违规网吧给予罚款、责令停业整顿、吊销网络文化经营许可证等行政处罚，严厉打击网吧市场接纳未成年人进入及包夜经营等违法违规行为，有效规范网吧市场经营秩序。

2001年，市政府先后出台《连云港市对举报网吧等互联网上网服务营业场所违法经营活动有功人员的奖励办法》《关于取缔“黑网吧”的通告》等文件，开展“零点行动”，打击网吧违法经营行为，对全市证照不齐的网吧进行重新审核，对全市网吧等互联网上网服务营业场所实施专项治理，开展全市网吧监管系统建设工作。全市采取集中宣传、分片试点、分步安装、调试运行、统一使用的工作步骤，为360多家网吧1万余台客户端安装“净网先锋”软件，安装率、在线率达90%以上，位于江苏省前列。

2005年，市文化局、公安局、工商局等九部门联合开展进一步深化网吧管理活动，市网吧专项整治工作领导小组调整为市网吧管理工作协调小组，网吧长效管理工作日趋科学、完善。至年底，全市有网吧390余家。

第五节　民间演出管理

1984年，连云港市有民间艺人2000余人，其中以说唱艺人和唢呐吹奏艺人为主体。灌云县演唱工鼓锣的艺人最多时达700余人。市文化市场管理处成立后，着手进行民间艺人的整顿工作。艺人需先到所在乡登记，由乡文化站组织考核，考查演唱内容和演唱水平，不合格者不予发证，无证艺人一律不准进入市场。经乡考试合格者，发证只准在本乡演唱。优秀者由乡文化站推荐到县、区社会文化市场管理站考核，合格者可发专业演唱证，可流动出乡、出县（区）和出市演唱。外市艺人也凭证统一安排。各县、区均成立民间艺人协会，全市成立民间艺人联合会。各协会定期将所属县、区内民间艺人集中起来，学习政策，切磋技艺，繁荣创作。1986年后，市文化局制定《连云港市民间艺人演唱活动管理办法》《关于加强民间唢呐艺人管理的意见》《关于统一全市民间艺人管理费收费标准的通知》等文件，对促进民间艺人提高素质、促进演出市场健康发展产生积极作用。20世纪90年代后，受多种娱乐形式兴起的冲击，全市民间艺人人数锐减，相关管理工作相应减少。

2000年前后，演出主体不再是个体的民间艺人，由多人组成的民间职业演出团体成为经常出现的演出主体。团体演出对推动演出市场进一步繁荣发展起到重要作用，也产生了无证演出、淫秽色情、低俗演出等违法违规现象。为严厉打击非法演出，规范演出市场，市文化局制定演出市场管理规范，给全市专业演出团体核发营业演出许可证，禁止无证经营。按计划安排和管理本市和外地到连云港市演出的各类艺术表演团体。外地演出团体到连云港演出须持有当地演出管理部门颁发的营业演出许可证及演出介绍信，上交演出节（剧）目单，由市文化局审查所演节（剧）目内容，安排演出地点。确立日常巡查与依据举报核查相结合的演出管理制度，对演出团体严格审查、严格把关；对流动演出进行全程监督，派专人对演出内容进行监控。同时，进一步完善市、县（区）、乡三级管理机制，通过扩大宣传、聘请演出市场监督员、发动群众举报、将农村和乡镇演出市场确定为管理重点以及市县区联动等措施，构建遍布城乡的监管网络。2005年10月，市文化局开展全市营业性演出单位、个人检查登记和培训工作。

第七章　档案工作

20世纪80年代中后期，为适应改革开放需要，连云港市档案工作的重点逐步从管理党政文书为主，向管理党政文书与管理经济、科技档案并重转变。进入90年代后，档案管理方式逐步从主要使用行政手段向依法管理方式转变。以档案法制化、规范化、信息化和现代化为核心内容，努力创新档案服务机制，全面提升档案工作为全市“三个文明”服务的水平。全市各级综合档案馆开始大量接收破产、改制企业档案，并为企业职工查阅工龄、落实身份、提前退休、特殊工种认定提供原始依据。自2003年起，市、县（区）两级档案馆拓宽档案工作领域，先后建立现行文件服务中心，向社会各界提供已公开的政府文件信息，档案工作进一步融入全市经济社会发展大潮。

第一节　档案馆

一、连云港市档案馆

市档案馆位于新浦区海昌北路104号，建成于1985年10月，总面积2070平方米，是江苏省二级档案馆。1990年，市档案馆馆藏全宗110个，档案总数2.56万卷。至2005年12月，馆藏档案实有全宗198个，档案总数9.76万卷2.68万件。馆藏档案以文书档案为主体，专门档案有科技、会计、统计、公证、房产、审计、婚姻、基建、职称、干部、惩处、清房、诉讼、书画，以及声像、实物17个门类，另有各种图书资料超过1.1万册。馆内建有现行文件服务中心、档案目录中心。

二、县区档案馆

1984年，东海县、赣榆县、灌云县、灌南县设有档案馆。1992年，新浦区、海州区、连云区、开发区档案馆先后设立。2005年，全市有8个县区档案馆，馆藏档案27.93万卷。

三、专业、企业档案馆

连云港市城市建设档案馆　始建于1981年10月。1986年11月，新馆建成投入使用，建筑面积1450平方米，位于新浦区朝阳中路112号。2005年底，馆藏档案18个大类105个属类6.8万余卷。有工程地图4.36万张、地图1.83万张、图书资料6014册、照片8500张、录音带31盒、录像带92盒、光盘28张。

连云港港口集团档案馆　建成于20世纪80年代初。至2005年底，档案馆工作用房面积1499平方米。馆藏档案共3.86万卷5091件，包括文书档案1.33万卷2587件、科技档案8279卷、会计档案1.28万卷、实物档案618卷、声像档案2504件、人事档案3506卷。

第二节　档案接收与征集

依法接收和征集是国家档案资源建设的两种重要途径。1984年，连云港市档案馆依法接收档案2680卷，资料2452册，录音、录像、照片60盒3133张。

1985年，全市开展大规模档案接收工作。市档案局印发《关于接收档案进馆的通知》，市档案馆及东海县、赣榆县、灌云县档案馆共接收文书档案4432卷。是年，市档案馆征集1943年刘少奇在东海和1958年刘少奇在淮阴的照片，1938～1984年历届东海县主要领导人照片，明代万历年间“孔子相鲁”会齐侯处碑帖，1944～1955年赣榆县历届政府、县长、各乡的印章、边戳，兰州军区悼念一等功臣王西善烈士录像带，建立22个名人全宗。东海县征集1938～1984年历届县主要领导人和名人照片档案。

1986年6月，市委办公室批转市档案局《关于接收档案进馆工作的意见》，要求各单位在10月底前，对1980年以前形成的永久、长期保存的各种档案材料全部向市档案馆移交。市档案馆制定《档案馆收集档案范围实施细则》，通过开动员会、发通告、实地检查督促、抓典型以点带面等方式，狠抓档案资料接收进馆工作。是年，市、县区档案馆共接收档案资料3.06万卷册，其中市档案馆征集1737～1937年珍贵档案资料334卷。

1987年4月，市档案局印发《关于开展文明档案馆建设活动的通知》，市、县档案馆加大档案馆建设力度，一批有价值的档案资料接收进馆。是年，灌云县接收各类档案2.09万卷，东海县征集名人照片、证书、奖杯等实物档案116件。

1992年，全市档案工作以加强基础工作和开放档案为重点，各级档案馆接收档案6454卷。

1996年，市档案馆接收档案1.01万卷，年度接收档案数量占原有馆藏总量五分之一。面向社会征集档案80多件，各种家谱、志书、地方史料等200余册。东海县档案馆接收档案610卷，征集东海水晶节、温泉水质、地质矿产、电视剧本、文艺小说等10余种反映东海地方特色档案资料。灌南县档案馆接收县志、科技档案、名人档案443卷。

2001年，全市党政机构改革启动后，市委办公室、市政府办公室印发《关于在党政机构改革中切实加强档案管理的意见》，市档案馆及时将在机构改革中撤并的30家单位档案接收进馆。2001年12月，市委办、市政府办印发《关于市区行政区划调整中档案处置的意见》。截至2002年底，市档案馆接收云台区文书、基建、婚姻、会计、实物等门类档案1.21万卷。

2002年5月，市委办、市政府办印发《连云港市档案馆接收征集档案资料暂行办法》。2003年起，市档案馆加快到期档案依法接收进馆进度，当年接收档案6289卷。是年，市档案馆征集连云港之夏、《西游记》文化节和2003年江苏国际农业洽谈会等重要会议、重大活动档案资料进馆。赣榆县档案馆征集抗日山烈士陵园建园60周年活动资料48册；东海县档案馆征集全国政协主席李瑞环、驻奥地利大使卢永华到东海视察等一批珍贵照片。

2005年5月，市档案局、市档案馆印发《连云港市档案馆档案接收规范》，全年依法接收市劳动局、财政局等24家单位1.18万卷1.22万件档案进馆。是年，海州区接收852卷婚姻登记档案进馆。赣榆县档案馆与县政协办公室联合征集地方名人照片、家谱等66卷。市档案局、市先进性教育办公室联合下发《关于做好我市开展保持共产党员先进性教育活动文件材料收集归档工作的通知》，明确并规范教育活动档案的收集责任、范围和工作要求。

第三节　档案编研与利用

一、档案史料编纂研究

1984年，连云港市档案系统围绕城市开放、经济体制改革开展档案资料编研，共编辑各种资料汇编41种约49万字。1985年，市档案馆围绕经济体制改革、城市开放、整党工作编写《连云港市大事记》《外引内联项目汇编》等16种约80万字的档案史料。

1986年，市档案馆编纂完成《连云港地方工业史料汇编》《连云港市渔业概况（一）》。1987年，东海县档案馆为配合中心工作，编辑各种资料汇编27万字。

1988年，市档案馆编纂《连云港市大事记（1948～1966）》。1988～1990年先后完成《档案工作文件汇集》5册。

1993年，市档案局利用馆藏档案资料汇编《党和国家领导人、著名专家学者在连云港》。

1996年，按照编研工作要为经济建设服务和历史研究服务的原则，市档案馆重点编纂40万字的《民国时期海属县市建制区划沿革暨档案文献选编》和近25万字的《连云港市大中型企业概览及三资企业名录》。赣榆县档案馆编写的《吴敬梓在赣榆》《铁血锄奸报国团简介》等编研成果，在国家和省级刊物上发表。东海县结合地方特色编纂《矿产资源汇编》。

1998年，市档案馆围绕党委、政府的中心工作、领导决策管理以及形势需要，编写一批实用性和针对性强的档案汇编，重点编纂《连云港市档案馆指南》《连云港大事记（1967～1997）》和《连云港市建国以来精神文明建设典范人物事迹选编》。赣榆县档案馆编写《万事由来》《古今中药方选粹》。灌南县档案馆编印《村级集体经济典型汇编》等20种80万字材料。东海县档案馆编写《东海景点介绍》《辑录〈新华日报〉东海农业情况》等多种编研材料。

1999年,各级档案馆编纂一批与经济建设和社会发展密切相关的编研成果。市档案馆编写《国有企业下岗职工基本生活保障与再就业文件选编》《连云港市主要河流水库概览》和《连云港市专利简介》,赣榆县、灌南县档案馆编写《党政机构改革文件汇编》,开发区档案馆编写《工程建设项目档案汇编》等。

2001年,市档案馆编纂《连云港市"一五"至"十五"国民经济和社会发展计划文件汇编》《离退休人员待遇文件选编》《连云港市人代会历届会议概况》《名人与连云港》《友好城市资料选编(1982~2000)》和《连云港风情》6本编研资料。围绕建党80周年,举办纪念中国共产党建党80周年暨迎接市第九次党代会召开档案史料陈列展览,展出珍贵档案史料100多件。

2002年,市档案馆编纂《苍梧片影》《连云港风情》等10种编研资料。2003年完成《连云港市档案馆指南》《党风廉政建设文件选编》《三资企业暨招商引资文件选编》《海郡拾遗》和《中国共产党连云港市历次代表大会文献汇编》5本编研材料。赣榆县围绕县委县政府中心工作编写《赣榆县招商引资参考资料选编》《赣榆县防治非典型肺炎文件汇编》等6个文件汇编。

2004年,市档案馆完成《海州民俗》《城市房地产暨房屋拆迁文件选编》的编研。2005年完成《中共中央关于农村改革六个一号文件汇编》等编研资料。

二、档案查阅利用

1984年,市、县4个档案馆共接待利用者1.56万人次,调阅档案2.14万卷。1985年,共接待利用者1万人次,提供档案资料5.56万卷,为整党清理"三种人"、落实政策、解决土地纠纷、工资改革等提供依据。

1987年5月,市档案局对市档案馆接待查档时间作出调整,规定每周一、二、四、五为接待查档时间。1988年,市、县档案馆共接待查阅档案资料1.44万人次,提供档案资料7.25万卷,为落实户粮政策、解决土地纠纷、城市建设和编史修志等提供依据。

1989年,市、县档案馆为落实政策、解决土地纠纷、编史修志提供档案查阅12157人次,调阅档案资料6.67万卷,利用档案间接或直接产生经济效益2490万元。其中,赣榆县档案馆为全县各单位提供征地批复,解决土地权属纠纷,节省上交补证费用约1000万元。市木材公司利用合同档案,解决了与外商的经济纠纷并获得赔偿39万美元。

1990年,市、县档案馆共接待查档1.52万人次,提供档案资料9.98万卷。全年利用档案直接或间接产生经济效益1670余万元,其中市物资贸易中心利用档案维护企业合法权益,为企业挽回经济损失近1000万元。

1992年,市、县综合档案馆共接待查档6793人次,查阅档案资料3.82万卷,为经济建设、编史修志、解决经济纠纷提供原始依据。

1995年,全市企业、科技事业单位档案工作快速发展,根据1995年申报江苏省档案管理标兵企业的13家单位统计,利用档案产生的经济效益达7321万元。

1998年,市及东海县、赣榆县、灌云县、灌南县5个综合档案馆共接待查档3013人次,提供档案1.22万卷,为工龄证明、退伍人员定补、解决土地纠纷提供详实依据。

2001年,市、县档案馆接待档案查阅7137人次,提供档案资料2.3万卷,为大量困难企业职工和下岗工人提供政策依据。2004年,市档案馆接待查档1700人次,提供利用档案资料4600卷,取得良好的经济和社会效益。

2005年,全市档案馆接待查档2866人次,提供档案6985卷,为全市经济发展和编史修志提供大量档案资料。

1984～2005年连云港市综合档案馆档案利用情况统计表

表33-6

年份	人次	卷册	年份	人次	卷册
1984	15617	21380	1985	10022	55598
1986	8124	27260	1996	3040	9512
1987	11303	51707	1997	4040	10225
1988	14425	72530	1998	3013	12151
1989	12157	66737	1999	8239	14640
1990	15168	99796	2000	7031	13245
1991	12239	44648	2001	7137	22973
1992	6793	38189	2002	7506	16580
1993	7270	21989	2003	11038	36823
1994	5238	12613	2004	10899	25147
1995	3920	11791	2005	2866	6985

第四节　珍贵档案保护

一、珍贵档案选录

淮北盐务档案　时限为清宣统二年至民国38年（1910～1949年），共1326卷。该部分档案资料较为完整、系统地反映了淮北盐业的生产、管理、储运、营销等情况，数量多、内容丰富、门类齐全、保存完好，是研究中国盐业发展史不可多得的素材。

清朝雍正年间圣旨　形成时间是清雍正十三年（1735年）。圣旨长175厘米、宽40厘米。据《江氏家谱》记载，江氏先祖江云起任徐州沛县县令时，一心爱民，民众安居乐业。江云起在继母病重期间，割股煎汤为继母治病，孝行感动皇帝。雍正皇帝为表彰其仁政爱民、孝子孝行，特颁布该圣旨。

史志谱类档案　主要有《陆秀夫家谱》11卷、明《隆庆海州志》10卷、清《嘉庆海州直隶州志》10卷、清《海州文献录》16卷、《汪氏族谱》10卷、《两淮盐法志》64卷等。

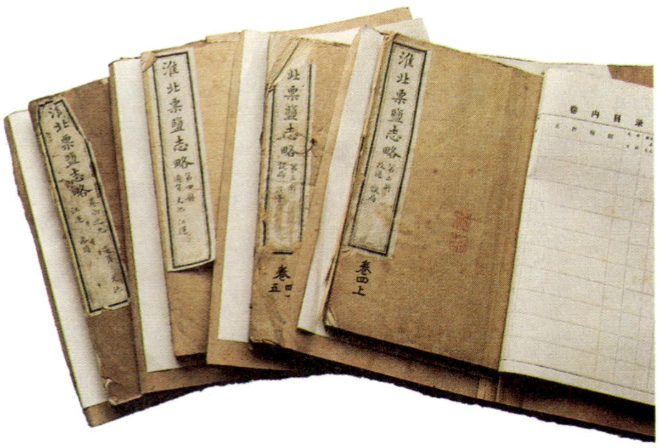

图33-12　存于市档案馆的《淮北票盐志略》

侍志　摄于2005年

《陕西各界陇海铁路连云港考察记》　民国23年（1934年），陇海铁路通车。11月，由陕西省金融、实业、新闻等各界组成的陇海铁路连云港考察团到连云港考察，了解连云港及陇海铁路商运情况。考察团成员将途中十日参观概略情形，在各有关报刊上发表，后将原稿重新整理成《陕西各界陇海铁路连云港考察记》。该档案是研究连云港开发与中西部地区发展之间关系问题的重要文献，对于促进陇海铁路沿线省份合作和连云港港口建设具有重要的史料价值。

民国时期连云港地方报纸　时限为民国

31～38年（1942～1949年），主要有《大中报》《苏报》《海报》《新海报》《徐报》《淮海报》《苏北报》7种11册。报纸内容主要反映连云港地区国民党统治时期的政治、军事、经济、文化和社会生活状况及共产党领导人民军队解放劳苦大众情况。该资料弥补地方档案的不足，为研究民国地方史和新闻史提供珍贵的文字纪录。

《啸月山房文集》 黄道传著，民国元年（1912年）出版，共1册。黄道传，字习斋，号薪田，清道光二十六年（1846年）出身于海州书香世家，被誉为海属一带儒宗、学界领袖。清光绪三十二年（1906年），黄道传于海州石室书院东侧建海州中学堂（海州中学前身），为首任中学监。《啸月山房文集》共收文章31篇、诗143首，是不可多得的珍贵的地方文献。

《连云市建设计划大纲（草案）》 形成于民国35年（1946年），1册。民国24年11月，连云港设市方案获中华民国行政院批准。5个月后，张振汉出任连云市首任市长。张振汉到任后，制定《连云市建设计划大纲（草案）》。该建设计划大纲分引言、沿革、资料、计划概要、经费、结论等部分，提出连云市建设的基本目标、市政建设和海港建设计划。计划提出将连云市建设成为“堪与上海相仲伯，以较青岛远过之”的大港，实现孙中山的宏图伟愿。该大纲是连云市建市和发展的原始文件，对于研究连云市的建市目的、总体规划和海港建设等具有重要的史料价值。

美国传教士穆庚扬所摄清末民国海州照片 该组照片拍摄于清光绪三十四年至民国24年（1908～1935年），由连云港市第二人民医院（前身为中华基督教会新海连市私立义德医院）创建人穆庚扬拍摄，共78张。穆庚扬（L.S.MORGAN）系美国传教士，20世纪初到海州传教，相继开办西医医院和护士学校，开创了连云港地区近代西医治疗和医学教育的先河。穆庚扬在海州期间与其夫人共同拍摄大量照片，记录外国人在海州的工作、生活和学习情况，也反映了清末民初海州地区的自然地理、民俗风情和社会状况，为研究海州的历史人文和社会风俗提供了宝贵的资料。

尹湾汉墓简牍 1993年在东海县温泉镇尹湾村西南，发现汉代墓葬11座，发掘6座。6号墓发掘出竹简133枚、木牍24块共约4万字。其中，竹简有《神乌傅》《元延二年日记》《刑德行时》《行道吉凶》；木牍有《集簿》《东海郡吏员簿》《东海郡下辖长吏名籍》《东海郡下辖长吏不在署未到官者名籍》《东海郡属吏设置簿》《永始四年武库兵车器集簿》《赠钱名籍》《礼钱簿》《神龟占·六甲占雨》《博局占》《元延元年历谱》《元延三年历谱》《君兄衣物疏》《君兄缯方缇中物疏·君兄节笥小物疏》以及名谒等等。这批简牍内容丰富，反映西汉末年政治、经济、军事及社会生活的各方面，多属首次发现。它是中国迄今发现最早、最完整的郡级行政文书档案。其中元延三年（前10年）五月历谱是中国迄今所发现最早的完整日书。1998年9月被邮电部作为特种邮票《中国古代档案珍藏》的图案之一。2002年，尹湾汉墓被公布为江苏省第五批文物保护单位。

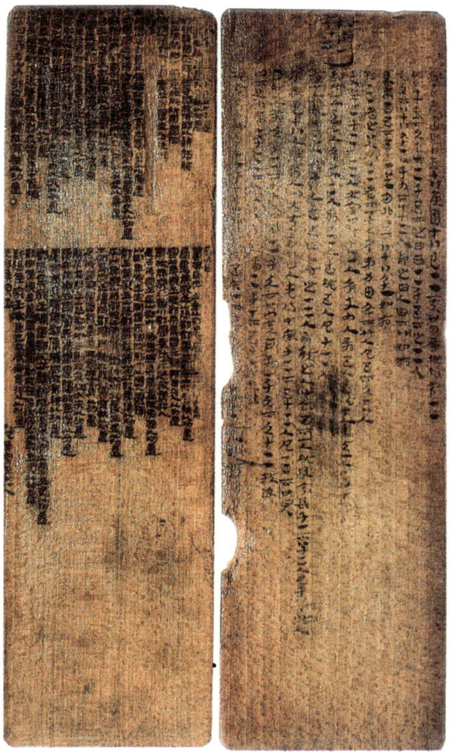

图33-13 东海尹湾汉墓出土的简牍
赵鸣 摄于2005年

二、珍贵档案抢救

1985年3月，市财政局、档案局下达各县档案馆一次性档案事业补助费2000元，用于档案馆保存的中华人民共和国成立前各个历史时期珍贵档案的修复、复制、编目、有关设备的购置以及历史档案的征集工作。1988年1月，市财政局、档案局再次下达各县档案馆国家重点档案抢救一次性档案事业补助费2000元。

1998年9月，第13届国际档案大会在中国召开，邮电部将尹湾汉墓简牍作为特种邮票《中国古代档案珍藏》的图案之一印刷发行。2003年3月，尹湾汉墓简牍中的西汉郡级档案文书被国家档案局组织的“中国档案文献遗产工程”国家咨询委员会评审会评定为第一批入选《中国档案文献遗产名录》的48项档案文献第一项。2005年，省档案局在全省开展江苏省珍贵档案评选工作，东海尹湾汉墓简牍被列入《江苏省珍贵档案文献名录》。

第八章　地方志工作

1986年8月，连云港市地方志编纂委员会成立，编委会下设办公室，具体负责地方志编纂的规划、组织和编审工作。1987年，全市社会主义时期首轮修志工作全面展开。市、县、区实行党委领导、政府主持、部门配合、专家修志的工作机制，采用分级编修、主编总纂的方式，开展市志编纂工作，并对各类志稿实行分级评审制度。至2000年8月，市、县、区首轮修志基本结束。共出版市志1部、县区志8部，总字数1300万余字。

1998年，市委、市政府决定编纂出版《连云港年鉴》，并成立连云港年鉴编纂委员会。1999年，《连云港年鉴》正式创刊。2000年11月，市地方志编纂委员会与连云港年鉴编纂委员会合并为市地方志编纂委员会，市长担任主任委员。至2005年底，《连云港年鉴》共出版7卷，总字数800万余字。各县、区综合年鉴从1997年起陆续创刊，至2005年实现县区综合年鉴全覆盖。

其间，全市各级地方志部门、有关单位和广大地方文化爱好者，积极开展地情调研，推广方志文化，编印地情资料，推动地方志成果为全市经济建设和社会发展服务。

第一节　地方志编纂

一、《连云港市志》编纂

1986年8月，连云港市地方志编纂委员会及其办公室成立。是月，《连云港市志》编纂工作开始。1987年8月，市政府召开市第一次地方志工作会议，全市修志工作全面展开。市地方志编纂委员会办公室（简称市地方志办）拟定《连云港市志》篇目、编纂方案及凡例。1989～1991年，市地方志办采取专题培训、专业指导、个别辅导等方式，先后举办16期修志人员培训班，参训人员达700多人次。1990年4月，市政府召开全市第二次地方志工作会议，推动全市修志工作，加快编修进度。

1992年1月至1995年10月，市地方志办通过实施“三审一验收”（自审、联审、评审、验收）程序，保证分志稿编修质量。各分卷初稿形成后，先由单位自审，然后由市地方志办组织相关单位修志工作者和专家联审，再由市人大、市政府、市政协及相关综合部门组织领导、专家、学者参加，进行市级评审。依据提出的意见和建议，加工修改，交付验收。1995年10月，各分卷编写任

图 33-14 2005 年 11 月 18 日，连云港市第三次地方志工作会议召开。 侍志 摄

务全部完成。其间，市地方志办组织召开志稿评审会近百次，并进一步修订市志篇目、凡例，制定总纂行文规则。

1995年11月至1999年7月，《连云港市志》进入评审修改、调整充实阶段。1995年12月，《连云港市志》评审会召开，与会领导专家原则同意《连云港市志》（稿）通过评审，并提出修改意见。随后市地方志办制定总纂修改方案，对志稿进行修改补充、调整完善。1998年4月，《连云港市志》通过省地方志办公室验收。

2000年6月，《连云港市志》由方志出版社出版，全书418万字，分上、中、下三册，由图照、卷首、分志和附录四部分组成。志以章、节、目、子目4个层次记述，计60分卷302章1107节。《连云港市志》载述事物尽量追溯历史，下限至1990年，图照延至1999年。2001年，《连云港市志》获江苏省第七次哲学社会科学优秀成果三等奖。

2005年，根据国务院办公厅《关于进一步加强地方志编纂工作的通知》，市政府决定在全市范围内开展第二轮地方志编纂工作。市地方志办开展市志续修的各项准备，调研、拟订续修工作方案，编制续修《连云港市志》篇目，并召开6次有各阶层人士参加的讨论会，对篇目进行修订完善。是年11月18日，市政府召开全市第三次地方志工作会议，正式启动全市第二轮修志工作。同月，市政府办公室印发《关于做好新一轮地方志编纂工作的通知》《关于印发连云港市志（1984～2005）资料征集篇目的通知》。

二、县区志编纂

《赣榆县志》 1986年5月，赣榆县政府发布《关于征集新编〈赣榆县志〉资料的通知》。1989年7月，赣榆县委、县政府召开县志编修工作会议，启动县志编修工作。1994年5月，《赣榆县志》完成初稿。1995年9月，《赣榆县志》通过江苏省地方志办公室评审。1997年10月，《赣榆县志》由中华书局出版。全书180万字，设29篇130章556节。所记诸事上限追溯事物发端，下限至1990年。2005年底，根据省、市部署，赣榆县启动续修《赣榆县志》。

《东海县志》 始修于1990年初，1993年3月完成总纂稿。是年7月，通过省、市评审。1994年3月，由中华书局出版。全书132.8万字，设33篇164章563节。所记诸事上限追溯事物发端，下限至1990年，人物传及大事记延至1993年。2005年底，根据省、市部署，东海县启动续修《东海县志》。

《灌云县志》 始修于1984年10月，1995年底成稿。1996年1月，通过省、市评审。1997年12月，修改稿报省地方志办公室验收。1999年9月，由方志出版社出版。全书176万字，设30篇167章562节。所记诸事上限追溯事物发端，下限至1990年，人物传

图 33-15 20 世纪 80 年代以后连云港市出版的部分志书、年鉴 侍志 摄

及大事记下延至1998年。2005年，根据省、市部署，灌云县启动续修《灌云县志》。

《灌南县志》 始修于1986年8月。1993年8月完成总纂稿，是年11月通过省、市评审。1995年6月，由江苏古籍出版社出版。全书127万字，设30编155章502节。所记诸事上限追溯事物发端，下限至1987年底，人物及大事记下延至1993年。2005年底，根据省、市部署，灌南县启动续修《灌南县志》。

《新浦区志》 始修于1990年7月。1994年初形成初稿，1998年底完成总纂稿，1999年12月通过市评审。2000年8月，由方志出版社出版。全书98.8万字，设25编131章485节。所记诸事上限追溯事物发端，下限至1990年。2005年底，根据省、市部署，新浦区启动重修《新浦区新志》。

《海州区志》 始修于1990年8月。1996年5月完成送审稿，同年12月通过市评审。1999年7月由方志出版社出版。全书79万字，设28篇134章442节。所记诸事上限追溯事物发端，下限至1992年，大事记延至1996年。2005年底，根据省、市部署，海州区启动续修《海州区志》。

《连云区志》 始修于1990年5月。1992年底完成分志初稿，1994年5月开始总纂，是年10月通过市评审。1995年12月，由方志出版社出版。全书62万字，设22章106节。所记诸事上限追溯事物发端，侧重记述1933年连云港港建港以后社会发展的基本面貌；下限至1990年，大事记及人物下延至1994年。2005年底，根据省、市部署，连云区启动续修《连云区志》。

《云台区志》 始修于1989年12月，1993年底完成总纂，1994年8月通过市评审。1995年2月，经市新闻出版局审批内部出版。全书61万字，设24章127节。所记诸事上限追溯事物发端，下限至1990年。2001年云台区撤销，未开展区志续修工作。

三、乡镇志行业志编纂

全市首轮修志期间，市、县、区除编纂市志及县、区志外，全市有关行业、部门、企业以及乡镇编纂公开出版的行业志、乡镇志等志书60部。

1984～2005年连云港市出版乡镇志、行业志一览表

表33-7

序号	书名	主编（总纂）	出版单位	出版时间	字数（万字）
1	《灌云县卫生志》	吴继敏	江苏科学技术出版社	1990.06	63
2	《灌南县交通志》	张新羽　唐建法	中国展望出版社	1990.08	25
3	《灌云县统计志》	朱光	南京大学出版社	1990.10	16
4	《灌云县人口计划生育志》	苏云峰	东南大学出版社	1991.01	18
5	《连云港乡土志略》	王庆云　李洪甫	江苏科学技术出版社	1991.03	17
6	《连云港市民政志》	刘风光	南京大学出版社	1991.08	48
7	《海州民俗志》	刘兆元	江苏文艺出版社	1991.10	43
8	《灌云县医药志》	沈正中	江苏科学技术出版社	1991.11	—
9	《东辛农场志》	李开涛	江苏人民出版社	1992.04	43
10	《连云港口岸志》	杨贤益	人民交通出版社	1992.11	57
11	《连云港市粮食志》	毕经邦	中国地质大学出版社	1992.12	44
12	《连云港军事志》	周敦祥　马全珍　宋玉友	中国地质大学出版社	1993.03	22

续表33-7

序　号	书　名	主编（总纂）	出版单位	出版时间	字数（万字）
13	《连云港港志》	张树玉　杨贤益	人民交通出版社	1993.04	97
14	《灌云县供销合作社志》	吴福田	江苏科学技术出版社	1993.04	25
15	《连云港群山概览》	高凤凯　相秉瑠	海洋出版社	1993.06	30
16	《连云港市劳动志》	董汉清	江苏古籍出版社	1993.06	18
17	《灌云县粮食志》	李家岗	江苏科学技术出版社	1993.08	25
18	《连云港曲艺志》	刘增国	中国戏剧出版社	1994.01	17
19	《连云港戏曲志》	刘增国	中国戏剧出版社	1994.01	25
20	《连云港市工会志》	邓元伦	北京燕山出版社	1994.07	52
21	《赣榆县粮食志》	于建业	中华工商联合出版社	1994.11	25
22	《东海县粮食志》	朱守和	中国商业出版社	1995.04	32
23	《灌云县教育志》	周庆昭	上海科学技术出版社	1995.08	44
24	《连云港市公安志》	张立国	中国城市出版社	1995.09	31
25	《灌云县科学技术志》	柳祖葵	江苏科学技术出版社	1995.10	73
26	《连云港市教育志》	史爱荣	中国矿业大学出版社	1995.12	22
27	《东海县工会志》	刘书田	方志出版社	1995.12	20
28	《灌云方言志》	张琪珂	内蒙古人民出版社	1995.12	18
29	《连云港市文化志》	刘增国　朱秋华　骆玉宽	中国戏剧出版社	1996.03	27
30	《连云港电力工业志》	殷开龙	方志出版社	1996.04	31
31	《新海发电厂志》	赵凤刚	华龄出版社	1996.06	19
32	《连云港人物志》	夏兴仁　陆永学	燕山出版社	1996.08	20
33	《灌云县民政志》	汤震	黄山出版社	1996.12	34
34	《赣榆县教育志》	李家藻	方志出版社	1997.03	38
35	《灌云县邮电志》	朱兆忠　任芝祥	江苏古籍出版社	1997.08	16
36	《东海县邮电志》	刘延尚	江苏古籍出版社	1998.06	10
37	《古今连云港》	俞素娥　张良群	中国文史出版社	1998.10	37
38	《连云港市卫生志》	张文科	方志出版社	1998.11	43
39	《连云港市邮电志》	王长钦	江苏古籍出版社	1999.03	40
40	《淮海戏志》	刘增国	江苏文艺出版社	1999.06	32
41	《锦屏磷矿志》	倪爱传	中国矿业大学出版社	1999.09	53
42	《东海县水利志》	刘宝昌	方志出版社	2000.01	15
43	《灌云县水利志》	董良华　潘寅时	方志出版社	2000.01	17
44	《灌南县水利志》	王育生	方志出版社	2000.01	23
45	《海州区水利志》	梁乐声	方志出版社	2000.01	15
46	《赣榆县水利志》	李传勇	方志出版社	2000.02	15

续表 33-7

序　号	书　名	主编（总纂）	出版单位	出版时间	字数（万字）
47	《花果山乡志》	赵悦君	中华书局	2000.10	54
48	《赣榆县煤矿志》	汪家友　苏守瑞	中国矿业大学出版社	2000.12	41
49	《连云港市水利志》	张卫怀	方志出版社	2001.04	37
50	《连云港艺文志》	许厚文　崔月明	沈阳出版社	2001.06	12
51	《灌云县政协志》	张真杏	中国文联出版社	2001.06	25
52	《连云港市金融志》	孙恩庆	中国矿业大学出版社	2001.10	29
53	《赣榆县邮电志》	梁培起　仲新明	方志出版社	2001.10	35
54	《连云港市第一人民医院院志》	杨廷仁	吉林人民出版社	2001.12	53
55	《赣榆方言志》	刘传贤	中华书局	2001.12	28
56	《连云港市财政志》	张文武	中国财政经济出版社	2002.10	82
57	《赣榆县土地志》	孙兴平	方志出版社	2004.01	47
58	《连云港市第二人民医院院志》	葛其善	中国矿业大学出版社	2004.02	50
59	《花果山志》	孙锡华	中华书局	2005.06	80
60	《朝阳镇志》	张义壮	方志出版社	2005.06	104

除上述公开出版的志书外，全市相关单位以内部出版、内部印刷的方式编纂了一批部门类、行业类、专业类志书以及年鉴等地情资料，如《连云港市政协志》《灌云县人大志》《赣榆县电力工业志》《灌南县邮电志》《江苏省徐圩盐场志》等。

1984～2005年连云港市地方志书成果获省级以上荣誉情况一览表

表 33-8

书　名	获奖年份	获奖情况
标点本《隆庆海州志》	1993	1992年全国志书成果一等奖
《东海县志》	1994	江苏省地方志优秀成果二等奖
《连云港电力工业志》	1997	江苏省第二次地方志系统优秀成果一等奖
《连云区志》	1997	江苏省第二次地方志系统优秀成果优秀奖
《连云港市志》	2001	江苏省第七次哲学社会科学优秀成果三等奖
《赣榆县志》	2001	江苏省第三次地方志系统优秀成果一等奖
《灌云县志》	2001	江苏省第三次地方志系统优秀成果一等奖
《新浦区志》	2001	江苏省第三次地方志系统优秀成果一等奖
《海州区志》	2001	江苏省第三次地方志系统优秀成果二等奖
《连云港市水利志》	2001	江苏省第三次地方志系统优秀成果二等奖
《赣榆方言志》	2003	江苏省第八次哲学社会科学优秀成果三等奖
《连云港市财政志》	2003	江苏省第八次哲学社会科学优秀成果三等奖

四、旧志整理与利用

1984～2005年，连云港市旧志整理利用主要包括影印旧志和标点注释旧志。先后影印《嘉庆海州直隶州志》《云台山志》《云台新志》等一批旧志，对《隆庆海州志》《康熙海州志》《嘉庆海州直隶州志》等旧志进行标点注释。1992年，标点本《隆庆海州志》在全国方志成果展览会上获全国志书成果一等奖。

1984～2005年连云港市旧志整理出版情况一览表

表33-9

名　称	编纂年代	整理者	出版形式	出版印行时间	整理方式
《嘉庆海州直隶州志》	清嘉庆年间	彭云	内部印刷	1990.07	影印
《云台山志》	清乾隆年间	彭云	内部印刷	1991.08	影印
《云台新志》	清道光年间	彭云	内部印刷	1991.09	影印
《隆庆海州志》	明隆庆年间	张卫怀　汤兆成	北京燕山出版社	1992.06	标点
《嘉庆海州直隶州志》	清嘉庆年间	仲其臻等	南京大学出版社	1993.07	标点、注释
《康熙海州志》	清顺治年间	高金吉　张卫怀　汤兆成	中国科学技术出版社	1994.06	标点
《赣榆县志》	明万历年间	刘传贤	方志出版社	2004.04	点校

第二节　年鉴编纂

一、《连云港年鉴》编纂

1998年，市委、市政府决定编纂出版《连云港年鉴》，当年成立连云港年鉴编纂委员会。1999年，《连云港年鉴（1999）》创刊。全书93.6万字，大16开本，精装。从2003年起同步出版全文检索光盘，2004年起开始制作全书主题索引，至2005年底共出版7卷800余万字。

图33-16　1999年《连云港年鉴》创刊，至2005年共出版7卷。
侍志　摄

《连云港年鉴》为市政府主办、市地方志办公室负责编纂的年度综合性资料书。采用分类编排法，设类目、分目、条目3个层次，条目为记述的基本层次。

《连云港年鉴（2000）》获江苏省第三次地方志系统优秀成果评比一等奖，2004卷获首届中国地方志年鉴奖特等奖，2005卷获江苏省第四次地方志优秀成果评比特等奖。

《连云港年鉴》获省以上荣誉一览表

表 33-10

名　称	获奖年份	获奖情况	表彰奖励单位
《连云港年鉴（2000）》	2001.12	江苏省第三次地方志系统优秀成果评比年鉴类一等奖	江苏省地方志办公室
《连云港年鉴（2004）》	2004.12	首届中国地方志年鉴奖特等奖	中国地方志指导小组办公室
《连云港年鉴（2005）》	2005.12	江苏省第四次地方志优秀成果评比特等奖	江苏省地方志办公室

二、县区年鉴编纂

《赣榆年鉴》创刊于2003年8月，16开、精装本公开出版。至2005年底，共出版2卷。其中，2004年、2005年为合订卷。

《东海年鉴》创刊于2004年9月，每年出版1卷。每卷以16开、精装本公开出版。至2005年底，共出版2卷。

《灌云年鉴》创刊于2004年12月，每年出版1卷。每卷以大16开、精装本公开出版。至2005年底，共出版2卷。

《灌南年鉴》创刊于1997年11月，每年出版1卷。每卷以16开、精装本公开出版。至2005年底，共出版9卷。

《新浦年鉴》创刊于2001年12月，每年出版1卷。每卷以16开、精装本公开出版。至2005年底，共出版5卷。

《海州年鉴》创刊于2000年。创刊号名《海州区年鉴》，2001年更名为《海州年鉴》。《海州年鉴》每卷以大16开、平装本内部刊印。至2005年底，共刊印6卷。

连云港市县区级年鉴获省以上荣誉一览表

表 33-11

名　称	获奖年份	获奖情况	授奖单位
《灌南年鉴（2004）》	2004.12	首届中国地方志年鉴奖二等奖	中国地方志指导小组办公室
《东海年鉴（2004）》	2004.12	首届中国地方志年鉴奖二等奖	中国地方志指导小组办公室
《新浦年鉴（2004）》	2004.12	首届中国地方志年鉴奖二等奖	中国地方志指导小组办公室
《赣榆年鉴（2003）》	2004.12	首届中国地方志年鉴奖质量校对优秀奖	中国地方志指导小组办公室

三、专业年鉴编纂

1984～2005年，全市连续内部出版、内部印刷的专业年鉴有《连云港统计年鉴》《连云港港年鉴》等。1985年前，市统计部门每年编印《连云港市国民经济统计资料》。1986年起，改名为《连云港统计年鉴》，内容作了进一步调整和充实，资料更加翔实。《连云港港年鉴》由连云港港务局年鉴编辑委员会编辑出版，创刊于1991年，至2005年底共出版15卷，为逐年编辑出版的、记载连云港港各项建设情况的海港专业年鉴。

第九章　艺　文

1984～2005年，连云港市机关、企事业单位、高校、研究机构、学术团体等单位和个人，出版的图书有6000多种。本章选编部分图书和音像作品，也收录一些非连云港籍人士对连云港历史文化和经济社会发展现实问题研究的成果，按文学艺术类、科学技术类、社会科学类、地情风物类进行分类记述。各类所记述的图书按作者姓氏笔画排序，作者为多人的作品集中在第一作者名下。

第一节　文学艺术类

了了村童著《秋赠》，1988年11月中国文联出版社出版。

卜希书《中国汉隶全集临本3卷》，1993年12月学苑出版社出版。

于继增著《海滩集》，1993年10月新疆青少年出版社出版。

马昭著《草堂春秋》，1984年10月春风文艺出版社出版。

马戴著《马戴诗二卷》，1987年12月上海古籍出版社出版。

文聿信编辑并摄影《水晶奇观》，1996年4月辽宁画报出版社出版。

王士恒著《永恒的情愫》，1994年10月民族出版社出版。

王世印著《极乐鸟》，1995年10月广西民族出版社出版。

王军先著《多雨季节》，1993年12月山东文艺出版社出版。

王志坚著《盐的故事》，1997年6月江苏人民出版社出版。

王实伦著《永恒的丰碑》，1993年7月南京大学出版社出版。

王继平著《昙花镇》，2000年8月中国文联出版社出版。

王辅一著《罗炳辉将军传》，1986年9月解放军出版社出版。

王辅一著《项英传》，1995年中央党史出版社出版。

王铜起、汪维懋编《赣榆诗词集萃》，2000年9月江苏文艺出版社出版。

王善同、张立国编《鸥翅上的旋律》，1993年10月新疆青少年出版社出版。

包殿贵著《失去风帆的船》，1993年8月北方文艺出版社出版。

包殿贵著《她在丛中笑》，1994年11月中国妇女出版社出版。

卢冀宁、汪维懋编著《历代边塞诗词选析》，1997年11月军事谊文出版社出版。

申震著《林荫细雨》，1997年9月黄河出版社出版。

白化文著《三生石上》，1998年中国友谊出版社出版。

白炎著《彦涵传》，1993年11月吉林美术出版社出版。

石仁勇、关华主编《三更月芽》，1995年10月新疆人民出版社出版。

石仁勇绘编《石仁勇画集》,1999年12月中国世界语出版社出版。
关伟编写《金黄的童话树》,1991年10月中国妇女出版社出版。
刘太义绘《亚洲水彩画名家丛书·刘太义》,1999年1月天津人民美术出版社出版。
刘玉清著《生命恋曲》,1999年1月江西人民出版社出版。
刘兆元主编《谚语集成》,1992年7月江苏文艺出版社出版。
刘国华著《海边的故事》,1989年11月江苏文艺出版社出版。
刘国华著《海边的诗》,1992年3月江苏文艺出版社出版。
刘畅征著《片羽集》,1999年12月海天出版社出版。
刘海燕著《心痕》,1999年3月四川文艺出版社出版。
刘晶林著《秋天的感觉》,1993年10月新疆青少年出版社出版。
刘增国主编《连云港戏曲音乐集成》,1993年5月中国戏剧出版社出版。
刘增国主编《海州宫调牌子曲大成》,1993年5月中国戏剧出版社出版。
刘德慧著《飞行员妻子的故事》,1996年10月国际文化出版社出版。
孙汉洲主编《爱国诗鉴》,1997年6月中国矿业大学出版社出版。
孙映逵编著《岑参诗抄》,1989年中州古籍出版社出版。
孙映逵主编《全唐诗流派品汇4集》,1998年北岳文艺出版社出版。
成刚著《城市浪子》,1993年8月时代文艺出版社出版。
朱文泉著《海边孩子的歌》,1992年2月文光出版社出版。
朱守和著《拆轿杀驴斗州官》,1993年5月江苏文艺出版社出版。
朱守和、崔月明主编《连云港民间情歌》,1999年北方文艺出版社出版。
朱其铠编著《聊斋志异选》,1984年4月齐鲁书社出版。
朱其铠校注《谢榛全集》,2000年2月齐鲁书社出版。
朱南溪著《朱南溪歌曲选》,1993年7月中国国际广播出版社出版。
朱秋华著《朱秋华剧作选》,1991年2月江苏文艺出版社出版。
纪祥华著《爱的橄榄树》,1992年10月金陵书社出版。
纪祥华、张立国著《心的历程》,1993年10月新疆青少年出版社出版。
许其举著《天地悠悠》,1995年4月广西民族出版社出版。
许磊然译《父与子》,1994年河北教育出版社出版。
许磊然译《贵族之家》,1995年人民文学出版社出版。
吴卫著《尘缘如梦》,1996年1月宁夏人民出版社出版。
吴加庆主编《在海一方》,1998年1月江苏文艺出版社出版。
吴龙迪著《露珠集》,1993年3月民族出版社出版。
吴越中、张进贤、陈振伦、陈凤桐主编《当代书法家座右铭墨迹选》,1997年5月漓江出版社出版。
张大玉著《盐乡情》,1992年10月海洋出版社出版。
张之主编《健康长寿书法篆刻选辑》,1993年3月中国旅游出版社出版。
张文宝著《鬼桥》,1994年5月海南国际新闻出版中心出版。
张文宝、蒯天著《东方大港梦》,1995年12月江苏文艺出版社出版。
张立国著《春天的小榆树》,1991年1月哈尔滨出版社出版。
张立国著《依恋》,1993年10月新疆青少年出版社出版。

张延诗著《乱世风流》，2000年6月大众文艺出版社出版。
张成杰著《走进秋天》，1998年5月中国三峡出版社出版。
张朴夫、吴勤生著《苦路芳林》，1991年8月人民出版社出版。
张佑元著《山、海、港》，1993年12月广西民族出版社出版。
张明万著《神奇的海》，1984年上海少年儿童出版社出版。
张耀山编《全国少儿书画集锦》，1997年10月河南美术出版社出版。
张耀山、董淑贵编《连云港市少儿书画作品集》，1998年1月河南美术出版社出版。
李小舟著《黄海潮》，1993年10月北方文艺出版社出版。
李时人主编《古今山水名胜诗词辞典》，1991年8月陕西人民出版社出版。
李时人著《金瓶梅新论》，1991年8月学林出版社出版。
李时人、何满子主编《明清小说鉴赏辞典》，1992年9月浙江古籍出版社出版。
李时人编《中国禁毁小说大全》，1992年10月黄山书社出版。
李时人编著《全唐五代小说》，1998年9月陕西人民出版社出版。
李进著《李进歌诗101首》，1993年6月中小学音乐报社出版。
李进著《孤独之旅》，1995年10月国际文化出版公司出版。
李岩志著《成语随感录》，1993年3月首都师范大学出版社出版。
李明著《秋天的心事》，1993年12月山东文艺出版社出版。
李琳著《雕塑城市》，1993年4月现代出版社出版。
李琳著《屐痕梦影》，1993年10月新疆青少年出版社出版。
李琳著《月亮船》，1994年10月新疆青少年出版社出版。
李道莹、夏春赋主编《绿色的延伸》，1991年4月中国文学出版社出版。
李德身著《王安石诗文系年》，1987年9月陕西人民出版社出版。
李德身编著《唐宋元小令鉴赏辞典》，1990年华岳文艺出版社出版。
李德身著《宋代文学史话》，1992年10月陕西人民教育出版社出版。
李德身著《欧梅诗传》，1998年5月吉林人民出版社出版。
杨春生著《浮在海面的黄土》，1994年7月民族出版社出版。
杨绪敏、周清明编著《中外古今名人传略》，1991年8月中国矿业大学出版社出版。
沈涛著《海雨天风》，1996年2月军事谊文出版社出版。
花千红著《花千红画集》，2000年3月天津人民美术出版社出版。
邱怀荣著《梦遗乡野》，1997年6月江苏文艺出版社出版。
陈武著《六月雪》，1994年5月海南国际新闻出版中心出版。
周维先著《早春一吻》，1992年11月中国广播电视出版社出版。
孟凡思著《孟子世家》，1986年3月宝文堂书店出版。
孟凡思著《步芳集》，1998年12月海天出版社出版。
孟春编著《历代名人咏灌水云山诗词选编》，1999年12月海天出版社出版。
尚爱民、朱守和主编《东海民歌》，1999年1月北方文艺出版社出版。
武骝著《虎须一绺》，1994年10月新疆青少年出版社出版。
罗平著《焦虑的年代》，1993年7月海南出版公司出版。
苗运琴著《故乡风情》，1990年11月江苏文艺出版社出版。
苗运琴著《敲门》，1991年11月江苏文艺出版社出版。

苗运琴、周彬等编著《水晶之光（上下册）》，1994年5月江苏文艺出版社出版。
范永华著《海边的风》，1990年1月北方文艺出版社出版。
俞筱敏等编著《中国古代文学》，1988年12月延边大学出版社出版。
姜威编《西游记外传》，1986年5月上海文艺出版社出版。
彦涵著《彦涵纪游图》，1984年河北人民美术出版社出版。
赵匡民著《鸡血石》，1994年新疆青少年出版社出版。
钟伯友绘著《钟伯友速写选》，2000年4月中国社会出版社出版。
骆玉宽、崔月明编著《海韵山情》，2005年1月陕西旅游出版社出版。
徐友志著《尘缘》，1993年2月北方文艺出版社出版。
徐明德著《迷舟》，1990年9月南京出版社出版。
殷红坚著《草帽集》，1989年11月花山文艺出版社出版。
海英著《海英诗选》，1998年2月金陵出版社出版。
陶明君编著《中国画论辞典》，1993年12月湖南出版社出版。
崔月明、朱守和主编《连云港风物传说》，2001年沈阳出版社出版。
崔月明、朱守和主编《连云港民间机智人物传说》，2001年沈阳出版社出版。
崔月明、陈武主编《海州童谣》，2004年1月中国文联出版社出版。
曹鸣喜编绘《曹鸣喜作品集》，1997年8月南京师范大学出版社出版。
望川著《微笑的湘妃竹》，2000年8月珠海出版社出版。
黄永言著《朱智贤传》，2000年11月人民教育出版社出版。
黄金喜著《祭祖》，1997年12月新华出版社出版。
傅璇琮主编《唐才子传校笺四册》，1987～1990年中华书局出版。
彭云、于继增、姜威、刘兆元主编《连云港市民间文学集成》，1992年7月江苏文艺出版社出版。
彭云著《海州乡谭》，1988年12月江苏人民出版社出版。
程景楷、王海安主持编写《中国电影艺术丛书》，1985年3月高等教育出版社出版。
董志祝著《彩色的飞花》，1999年8月北岳文艺出版社出版。
蒯天著《有魅力的不仅仅是女人》，1995年9月安徽文艺出版社出版。
樊云生著《忙月》，1993年8月北方文艺出版社出版。
颜景标著《白色走廊》，1993年10月新疆青少年出版社出版。
薄其友著《绿色的心灵》，2000年8月中国文联出版社出版。

第二节　科学技术类

丁培贤、曹华棣编著《小儿老人用药指南》，1989年12月江苏科学技术出版社出版。
尹立乔著《美容与健康》，1999年9月科技教育出版社出版。
王隆香、郑义诚、吴惠明编著《爱牙、健齿、强身》，1992年11月科学普及出版社出版。
卢发煦等编著《简明心电图手册》，1988年湖南科学技术出版社出版。
刘荣暄、刘毅朴、时学黄编《工程力学习题指导》，1984年9月中国建筑工业出版社出版。

孙秀廷著《作物配方施肥技术》，1993年9月四川科学技术出版社出版。

孙秀廷编著《复混肥料的生产与应用》，1994年12月中国农业出版社出版。

许赞有著《中国柳编工艺》，1989年1月江苏科学技术出版社出版。

何浩明著《医学实验研究论文集》，1997年3月原子能出版社出版。

吴舟编著《百树治百病》，1998年上海中医药大学出版社出版。

吴舟编著《百饮治百病》，1999年4月上海中医药大学出版社出版。

吴鑫主编《怎样防避地震》，1993年5月地震出版社出版。

李其禄编著《精神病的中医治疗》，1994年8月中国中医药出版社出版。

杨广泽等编著《医用诊断X线防护知识问答》，1987年4月南京工学院出版社出版。

杨廷柱著《太阳能利用开发与制作》，1988年哈尔滨工业大学出版社出版。

杨廷柱编著《太阳能技术》，1990年东北工学院出版社出版。

杨成俊、黄跃进主编《大棚养鳖》，1999年4月中国农业科技出版社出版。

杨成俊主编《药用动物养殖60法》，1997年4月中国农业科技出版社出版。

陈龙保编《高等数学》，1989年山东大学出版社出版。

陈龙保编《熵与随机变量分布律》，1996年中国矿业大学出版社出版。

陈庆云、方开泰编著《实用回归分析》，1988年10月科学出版社出版。

周克振、邵风扬编著《百花治百病》，1996年12月金盾出版社出版。

周克振编著《强身延年膏滋良方》，1990年10月金盾出版社出版。

周克振编著《常见病中医自疗便方》，1992年3月金盾出版社出版。

周承祖著《承祖菜谱》，1996年2月中国妇女出版社出版。

周重新等编著《常用耳显微手术图谱》，1999年7月福建科学技术出版社出版。

孟繁学编著《奇妙数学大世界（A卷、B卷）》，1999年8月知识出版社出版。

房柱著《蜂胶》，1984年8月中国农业出版社出版。

房柱著《花粉》，1985年5月中国农业出版社出版。

郑宏婕编著《电力电子技术》，1994年5月科学普及出版社出版。

段继承编著《长寿秘诀与疗养》，1991年9月华夏出版社出版。

相秉、王留编著《农业系统工程的应用与研究》，1992年3月交通大学出版社出版。

胡景泰等编著《甜菜制糖工业手册》，1998年1月轻工业出版社出版。

胡森主编《中国浆果病虫害及其防治》，1994年11月中国农业科技出版社出版。

赵化南等整理编著《吴门曹氏三代医验集》，1988年3月江苏科学技术出版社出版。

徐广才主编《立体农业创效益》，1992年4月科学普及出版社出版。

徐广才、鲁金武、周佃宝编著《日光温室蔬菜栽培技术》，1992年9月科学普及出版社出版。

耿守仁等编著《疗养康复500问》，1993年2月科学普及出版社出版。

曹玉平、袁淦编著《现代珠算》，1996年8月高等教育出版社出版。

曹延松编著《花生栽培问答》，1986年6月江苏科技出版社出版。

曹延松编著《江苏油作科学》，1995年11月江苏科技出版社出版。

曹鸣喜主编《手工制作》，1996年8月江苏教育出版社出版。

盛伯华等编著《沥青路面施工养护和改善》，1983年3月人民交通出版社出版。

董淑炎等编著《药用动物养殖法》，1987年6月上海中医学院出版社出版。

第三节　社会科学类

丁世尤主编《解放军将领故事选》，1990年11月解放军出版社出版。

丁玉冰、徐习军著《现代管理新概念：企业文化》，1998年10月内蒙古人民出版社出版。

丁福德、王治龙、余克超主编《走向科学——工商行政管理理论初探》，1991年2月海洋出版社出版。

卞洪登著《中国资本运营方略》，1997年改革出版社出版。

王天化、徐家康主编《现代汉字表音字简编》，1993年8月北京师范大学出版社出版。

王永斌等编《银行制度与管理》，1990年海洋出版社出版。

王志坚编著《古老宝石——水晶》，1998年1月气象出版社出版。

王志国、周宁主编《连云港文化概观》，1998年4月新疆人民出版社出版。

王志明著《经济管理体制概论》，1988年鹭江出版社出版。

王玖兴著《费希特及其哲学体系》，1985年山东人民出版社出版。

王玖兴著《雅斯贝尔斯的存在主义》，1985年中国社会科学出版社出版。

王玖兴著《关于〈精神现象学〉》，1988年商务印书馆出版。

王建成主编《徐福研究十年》，1993年9月南京大学出版社出版。

王荣秦主编《信息管理导论》，1990年8月人民出版社出版。

王辅一著《新四军简史》，1987年12月中共党史出版社出版。

王辅一主编《简明军事百科手册》，1989年11月军事科学出版社出版。

古龙高编著《新亚欧大陆桥经济方略》，1998年6月东南大学出版社出版。

史爱荣、王实伦、郭玺、孙玉章著《教育新探》，1991年11月海洋出版社出版。

史爱荣、王道美、朱祺祥主编《市场经济基本知识问答》，1993年10月南京大学出版社出版。

叶明轩主编《农村金融新萃》，1992年1月海洋出版社出版。

白化文、杨宝玉著《敦煌学目录初探》，1989年河北人民出版社出版。

白化文著《汉化佛教与寺院生活》，1990年天津人民出版社出版。

白化文、孙欣著《古代小说与宗教》，1992年辽宁教育出版社出版。

白化文、李鼎霞、许德楠校注《入唐求法巡礼行记校注》，1992年花山文艺出版社出版。

白化文、许德楠点校《稽神录·括异志》，1996年中华书局出版。

白化文、李鼎霞点校《楹联丛话全编》，1996年北京出版社出版。

白化文著《汉化佛者法器服饰略说》，1999年商务印书馆出版。

刘明辉、杨雄胜、邵良志著《经济监督通论》，1992年9月大连理工大学出版社出版。

孙长贵编撰《进出口贸易和海事诉讼》，1991年9月延边大学出版社出版。

孙汉洲、李耀振、王强主编《古代教育启示录》，1997年9月中国矿业大学出版社出版。

孙汉洲著《孔子智慧与现代文明》，1999年12月江苏古籍出版社出版。

孙玉章、朱强、薛有成主编《怎样当好小学生家长》，1992年7月中国妇女出版社出版。

孙玉章、朱强、薛有成主编《怎样当好中学生家长》，1993年4月中国妇女出版社出版。

孙佳讯著《〈镜花缘〉公案辨疑》，1984年5月齐鲁书社出版。

孙金科著《日本人民的反战斗争》，1996年2月北京出版社出版。
孙映逵主编《古典文献学论集》，1996年黄山书社出版。
孙映逵校注《唐才子传校注》，1991年中国社会科学出版社出版。
孙映逵著《易经对话录》，1996年社会科学文献出版社出版。
朱秋华著《海州曲论》，1992年11月中国戏剧出版社出版。
朱智贤、林崇德著《思维发展心理学》，1986年北京师范大学出版社出版。
朱智贤、林崇德著《儿童心理学史》，1988年北京师范大学出版社出版。
朱智贤主编《心理学大辞典》，1989年北京师范大学出版社出版。
朱智贤著《朱智贤心理学文选》，1989年人民教育出版社出版。
吴方友著《科普创作散论》，1991年12月黑龙江科学技术出版社出版。
张可著《拙人轩论文选》，2000年7月延边大学出版社出版。
张良群主编《海外纪行》，1997年12月中国矿业大学出版社出版。
张登华主编《商业心理学》，1994年5月南京大学出版社出版。
张锐戟编著《人才修养教程》，1986年河南人民出版社出版。
张殿臣、顾涧清主编《加强和改进企业思想政治工作》，1989年3月海洋出版社出版。
张殿臣、孟祥途、刘开山著《论新亚欧大陆桥与苏北的振兴》，1996年8月海洋出版社出版。
李广成、顾涧清、滕雯主编《海州湾论丛》，1991年2月海洋出版社出版。
李怀志编著《新闻理论与实践》，1995年4月南京大学出版社出版。
李岩志主编《全国职工教育家论文精选》，1992年9月南京出版社出版。
李洪甫著《古技艺丛考》，1984年6月江苏科学技术出版社出版。
李洪甫著《李洪甫史志论集》，1992年3月燕山出版社出版。
李登年著《中国古代筵席》，1996年2月江苏人民出版社出版。
李德身著《中学语文全程训练》，1985年11月陕西人民教育出版社出版。
李德身著《语文开窍》，1987年陕西人民教育出版社出版。
李震著《曾巩年谱》，1997年12月苏州大学出版社出版。
杨东升著《国情学》，1992年12月南京大学出版社出版。
杨东升、吴价宝、杨根荣、黄云发著《企业家学》，1997年12月新疆人民出版社出版。
杨汝熊著《国民教育通论》，1995年中国矿业大学出版社出版。
杨春生、徐其林主编《中国四沿经济发展战略研究》，1994年6月复旦大学出版社出版。
汪维懋著《常用汉语重言词词典》，1999年3月辽宁教育出版社出版。
沈淦编著《古案百例今译》，1992年7月南京大学出版社出版。
陈国兴、李万来主编《企业文化新论》，1991年12月中国工人出版社出版。
陈国兴等主编《当代中国工运理论研究文选》，1993年10月人民出版社出版。
陈振伦主编《对外交往指南》，1992年11月海洋出版社出版。
陈振伦、王志国主编《共和国史话》，1993年6月中国文学出版社出版。
范永泉、张殿臣、顾涧清编著《论海州湾的综合开发》，1989年7月学苑出版社出版。
罗栋生、张殿臣、王庆云、顾涧清主编《亚欧新海大陆桥研究》，1990年6月海洋出版社出版。
周文军主编《税收学概论》，1997年1月北京经济学院出版社出版。
周绍良、白化文、李鼎霞编《敦煌变文集补编》，1989年北京大学出版社出版。
孟繁学编著《少儿益智大观园》，1998年2月珠海出版社出版。

房树德编《纪检办案文书教程》，1992年四川科技大学出版社出版。

郑文翰主编《军事大辞典》，1992年12月辞书出版社出版。

姚春元、颜宽仕编《简明中国战争辞典》，1997年7月新疆人民出版社出版。

姜威主编《先行之光》，1992年12月海洋出版社出版。

柳兴隆、张晓华编著《老子引得　老子参校》，1998年12月三秦出版社出版。

段继承、任宪武、吉济华编著《医院卫生管理》，1989年11月江苏科学技术出版社出版。

赵健杰、黄绍国、张同华主编《中国工会理论文库(第二卷)》，1999年12月中国三峡出版社出版。

徐定华、张登华、缪学荣、章姚姚编著《小学心理学》，1994年4月苏州大学出版社出版。

徐征、鲁庆胜、顾涧清主编《企业共保合同制的理论与实践》，1990年3月海洋出版社出版。

徐敬诚、周介达、赵金海主编《我看这十年》，1995年12月江苏人民出版社出版。

徐敬诚主编《陆桥行》，1996年12月江苏人民出版社出版。

秦光汉主编《低谷崛起——陇海兰新经济带联合发展之路》，1989年7月海洋出版社出版

秦光汉、王其泰、罗栋生、张传藻、张建民著《苏北工业化研究》，1990年12月河海大学出版社出版。

聂世民编《江苏省六年制小学试用语文课本(第八册)》，1983年10月江苏教育出版社出版。

莫增荣著《中国教育精粹》，1992年6月安徽省少年儿童出版社出版。

袁昌尧、徐正、黄宝才主编《当代国际关系》，1993年8月江苏教育出版社出版。

顾涧清著《沿海开放经济简论》，1990年10月海洋出版社出版。

顾涧清、张建民、胡贻政著《中国陆桥经济》，1992年8月海洋出版社出版。

顾敦沂主编《中等师范学校教育实习大纲》，1989年4月人民教育出版社出版。

黄永言编《中等师范教育实习手册》，1984年10月人民教育出版社出版。

彭维友、金绍培、顾涧清、邓维鉴、李安庆、骆名蓟著《现代港口经济》，1992年7月海洋出版社出版。

程智培主编《连云港市开放型经济战略纵论》，1994年12月改革出版社出版。

董淑炎等编著《健美与抗衰老菜谱》，1990年上海中医学院出版社出版。

董淑亮著《童话里的科学》，2000年3月中国矿业大学出版社出版。

董菊初著《叶圣陶语文教育思想概论》，1998年10月开明出版社出版。

蒋希文著《徐邈音切研究》，1999年3月贵州教育出版社出版。

韩守训著《武警军事业务工作探微》，1993年3月四川科学技术出版社出版。

韩毓麟主编《超越之路》，1994年4月新华出版社出版。

鲁勒、程景楷、伍铁林著《电影文学论》，1997年10月宁夏人民出版社出版。

鲍建宾主编《论共保合同制》，1991年4月科学普及出版社出版。

臧雷编写《少儿智能自测与训练》，1991年10月中国妇女出版社出版。

樊永生著《新闻杂拌》，1991年9月河北人民出版社出版。

魏宗荣、王统美编著《中国古代廉政佳话》，1994年10月新疆青少年出版社出版。

第四节　地情风物类

丁运安主编《连云港市行政区划》，1997年7月知识出版社出版。

丁运安主编《连云港市地名概览》，2000年2月知识出版社出版。
于继增著《沿海风情录》，1991年8月海洋出版社出版。
于锦鸿著《徐福东渡之谜新探》，1990年1月江苏人民出版社出版。
于锦鸿编著《徐福东渡的遗迹与传说》，1990年3月海洋出版社出版。
王其泰、李洪甫主编《孔望山造像（第一集）》，1990年7月海洋出版社出版。
王持编著《连云港市农村能源区划》，1985年江苏科技出版社出版。
王峰主编《东海县交通史》，1991年4月江苏人民出版社出版。
王铜起主编《赣榆》，1993年1月江苏人民出版社出版。
石仁勇、刘洪石编著《彦涵研究》，1994年1月江苏美术出版社出版。
包殿贵主编《东方桥头堡巾帼英雄谱》，1991年12月中国妇女出版社出版。
戎东方、宋开智、唐宗元著《徐福》，1997年5月中国广播电视出版社出版。
刘作勇、陈鹏、刘德山主编《海灌地区方言土语研究》，1992年南京大学出版社出版。
刘明宣编著《山海古韵》，2000年7月中国矿业大学出版社出版。
刘洪石、李均明执行主编《尹湾汉墓简牍综论》，1999年2月科学出版社出版。
刘增国主编《连云港文化大观》，2000年8月中国文联出版社出版。
朱炳旭著《明海州史小录》，2003年12月新疆青少年出版社出版。
朱殿卿编《热血凝成的乐章》，1999年12月南京出版社出版。
许燕鎏、王亚旭主编《连云港市革命烈士传选编》，1993年2月南京出版社出版。
许燕鎏主编《中共连云港历史大事记》，1993年1月南京出版社出版。
许燕鎏、相恒伯主编《革命战争中的淮北盐场》，1994年5月南京出版社出版。
许燕鎏、陈天柱主编《连云港革命斗争故事选》，1994年10月南京大学出版社出版。
苏中保主编《海州石刻》，2004年12月新疆人民出版社出版。
苏波主编《徐福研究论文集》，1991年10月中国科学技术出版社出版。
何萍主编《连云港工商指南》，1997年6月中国轻工业出版社出版。
吴加庆主编《观光连云港》，1997年7月新疆人民出版社出版。
吴加庆主编《走向世界的连云港》，2000年12月五洲传播出版社出版。
吴舟著《云台百草》，1994年10月新疆青少年出版社出版。
吴炳裔主编《连云港市工业经济技术指南》，1991年8月江苏科学技术出版社出版。
吴炳裔、程志友主编《连云港市名特优获奖产品指南》，1992年科学普及出版社出版。
宋开智主编《连云港概览》，1990年1月海洋出版社出版。
宋彩玉统稿《江苏盐业史略》，1993年4月江苏省科技出版社出版。
张传藻著《连云港地理与经济》，1999年3月河海大学出版社出版。
张佑元著《黄海第一岛》，1991年7月改革出版社出版。
张良群著《徐福故里揭秘》，1990年6月新世界出版社出版。
张怡山主编《江苏人民革命斗争群英谱·赣榆分卷》，1999年1月江苏人民出版社出版。
张学贤等主编《杏坛五十秋——怀念郇华民同志》，1996年2月中国矿业大学出版社出版。
张铁曙著《今日赣榆》，1989年10月社会科学院出版社出版。
张殿臣、秦光汉主编《市情、战略、蓝图》，1989年6月海洋出版社出版。
张殿臣、顾润清主编《连云港市解放四十年经济发展史》，1990年1月海洋出版社出版。
张殿臣、白化文、顾润清主编《连云港与海上丝绸之路》，1990年9月海洋出版社出版。

张殿臣、顾涧清、张建民编著《连云港市经济地理》，1991年8月海洋出版社出版。

张殿臣、顾涧清著《新亚欧大陆桥》，1991年8月海洋出版社出版。

李时人著《李汝珍及其〈镜花缘〉》，1999年1月春风文艺出版社出版。

李建军主编《连云港市交通史》，1989年8月南京大学出版社出版。

李洪甫、刘洪石著《连云港山海奇观》，1986年12月地质出版社出版。

李洪甫著《花果山》，1987年3月江苏人民出版社出版。

李洪甫著《孔望山与将军崖》，1988年9月江苏人民出版社出版。

李洪甫著《连云港地方史稿》，1990年6月上海社会科学院出版社出版。

李洪甫、武可荣著《海州石刻》，1990年9月文物出版社出版。

李洪甫编著《太平洋岩画》，1997年11月上海文艺出版社出版。

李焕新、崔维甫主编《连云港市医学名人录》，1994年1月海洋出版社出版。

杨东野、程士德主编《海州名人大辞典》，2003年12月吉林人民出版社出版。

杨春流、刘畅征主编《文明在连云港》，1993年8月海洋出版社出版。

沈涛、苗运琴著《东海》，1991年2月江苏人民出版社出版。

陈天柱主编《连云港小百科》，1993年3月江苏人民出版社出版。

陈天柱、彭云、张学贤主编《连云港市场大观》，1994年8月中国计划出版社出版。

陈传康主编《连云港市域发展战略研究》，1991年10月海洋出版社出版。

周文军主编《云台山资源经济》，2001年海洋出版社出版。

周永卓主编《留在东海的足迹》，1991年4月南京大学出版社出版。

范永泉、张殿臣、顾涧清、余克超编著《连云港大观》，1988年7月海洋出版社出版。

赵泳主编《连云港港口建设纪实》，1993年中国矿业大学出版社出版。

俞素娥、张良群主编《古今连云港》，1998年10月中国文史出版社出版。

南清云主编《连云港四十年（1949～1989）》，1989年9月中国统计出版社出版。

相秉瑠主编《连云港市农业资源与区划》，1988年11月江苏科学技术出版社出版。

夏春赋、李道莹主编《黄海明珠》，1989年10月海洋出版社出版。

徐守盛主编《辉煌十五年·连云港卷》，1995年5月光明日报出版社出版。

徐德济主编《连云港港史(古、近代部分)》，1987年6月人民交通出版社出版。

徐德济主编《连云港港史（现代部分）》，1989年2月人民交通出版社出版。

殷红坚著《灌南》，1990年12月江苏人民出版社出版。

郭守常、李广成主编《大陆桥与连云港对外开放》，1992年10月海洋出版社出版。

郭玺、孙佶编著《桥头堡的昨天、今天和明天》，1991年10月中国妇女出版社出版。

戚桂森、孙宜武主编《峥嵘岁月》，1990年12月江苏人民出版社出版。

龚来宝、张良群、范君、赵鸣编著《走向世界的连云港》，1992年8月今日中国出版社出版。

彭云、徐静潭主编《神禹新篇》，1990年4月江苏人民出版社出版。

彭维友主编《陇海兰新经济带的东大门——连云港港》，1990年8月人民日报出版社出版。

程天良著《神秘之雾的消散——徐福东渡之谜今与昔》，1992年10月学林出版社出版。

程志友、杨宗桂、王道美、秦光汉、汤建明主编《东桥头堡上的明珠》，1991年10月科学普及出版社出版。

葛莘、王健、李慧主编《灌云县革命烈士传》，1996年1月南京出版社出版。

韩世泳著《海州方言》，2004年9月银河出版社出版。

第三十四卷　新闻出版

1984～2005年是连云港市新闻出版事业快速发展时期，经历由广播、报纸为主的传统传媒向传统传媒与现代传媒结合、现代传媒为主导的转变过程。在市委机关报《连云港日报》的基础上，创办了全市第一家晚报——《苍梧晚报》，报纸形态更加多样，时效性和信息量进一步增强。与此同时，报纸印刷技术和信息化水平不断提高，实现电脑排版、远程传版和胶版印刷。连云港人民广播电台先后开办有线广播、调频广播和无线广播，形成新闻台、经济台、音乐台系列格局，全天播音时间达到50小时。1985年，连云港电视台开播，并逐步形成新闻综合、经济生活、影视综艺3个各具特色的频道。1994年，连云港有线电视试播，至2005年底基本建成覆盖城区的有线电视管网。全市各新闻媒体突出改革开放和社会主义现代化建设主旋律，紧紧围绕市委市政府中心工作和群众关心的社会热点、难点问题，传递党和政府的声音，反映群众呼声和要求，坚持正确舆论导向，搞好新闻报道和文化传播。

1989年，连云港市文化局增设新闻出版科，开始对新闻出版行业实施行政管理。1991年，新闻出版科更名为新闻出版处，对全市图书和报刊的编辑、印刷、发行实施行政管理。1996年，市文化局增挂市新闻出版局牌子，开展报刊清理和整顿，对全市印刷行业和出版物发行市场进行管理和监督，全市新闻出版事业步入良性发展轨道。

第一章　报纸　期刊

1984年，连云港市有公开发行的市委机关报1种，企业报和专业报4种，公开发行的刊物5种。20世纪90年代中期，各县县委机关报先后复刊。2000年，连云港历史上第一张晚报——《苍梧晚报》创刊发行。与此同时，报纸印刷技术和信息化水平不断提高，实现电脑排版、远程传版和胶版印刷。21世纪初，县委机关报停刊，转办一批省内刊号出版物。至2005年底，全市有公开出版的报纸2种、期刊7种，经省新闻出版局批准的报刊型内部资料出版物32种，其中报纸13种、刊物19种。

第一节　报纸出版

一、《连云港日报》

历史沿革　《连云港日报》为中共连云港市委机关报。其前身为《新海连市报》，创刊于1958年3月1日，同年5月1日更名为《新海连日报》，1961年10月更名为《连云日报》。1969年9月25日，《连云日报》更名为《连云港报》，1972年9月停刊。1979年3月28日复刊，沿用停刊前的报名《连云港报》。1991年1月1日，报纸改为周七刊，报名改为《连云港日报》。

从1979年复刊到2005年，《连云港报》《连云港日报》经历了4开小报到对开大报到彩报的发展历程，大致可以分为两个阶段。

第一阶段从1979年至1992年，《连云港报》《连云港日报》坚持走开放型办报之路，开始组织大型系列报道。这段时间报纸把宣传重点放在清除“左”的影响、拨乱反正、解放思想、农村改革和发展农业经济、经济体制改革、加快经济健康发展、对外开放、社会主义精神文明建设的宣传上。

1979年3月28日，《连云港报》复刊，4开4版，周二刊，版面以地方新闻为主，地方新闻又以经济报道为主，期发数6000多份。

1980年1月，《连云港报》改出周三刊，仍然是4开4版，期发数增加至1万份。

1984年7月1日，《连云港报》改为周六刊，期发数3万份。

1988年1月1日，《连云港报》开始自办发行，期发数7万份。

1990年5月18日，《连云港报》正式采用胶版印刷。是年6月30日，《连云港报》4个版面全部实现激光照排和胶印。

1991年1月1日，《连云港报》改出周七刊，更名为《连云港日报》，周一到周六为4开4版；星期天出版《星期刊》，对开4版。1992年撤销《星期刊》，改出《周末》，并提出“在稿件的组织和版面的安排上要有晚报风格”的办报思路。

第二阶段从1993年至2005年，《连云港日报》围绕市委、市政府的中心工作，做强政务新闻，并组织一系列重大活动报道、深度报道。创新典型报道的内容和形式；关注民生，服务社会，关心弱势群体；加强新闻舆论监督；及时准确完整报道突发事件，展现主流媒体权威性。

1993年1月1日起，《连云港日报》从4开4版改为对开4版，进入大报时代。报社提出抓住头条新闻，强化深度报道，并且通过举办头条新闻大赛等举措，调动采编人员和广大通讯员撰写重头稿件积极性，土地规划、减轻农民负担、企业减亏、第二职业等深度报道，在社会上反响强烈。

2004年1月1日，《连云港日报》实现双面彩色印刷，同时推出“瘦身”高报版式。在版面安排上，实践新闻立报理念，实行双要闻版模式。A1版集中报道涉及全市大局，市委、市政府中心工作，江苏省及国际国内的重要新闻；B1版立足于深度报道、典型报道以及关于时事的分析报道。两个版面各具特色、互为补充，使报纸刊登的要闻显著增加，报道质量明显提高。

图34-1　20世纪80年代，连云港报社印刷厂铅字排版车间。　　赵鸣　摄

2005年，报社增加中央和省级重大工作报道、农村工作报道、国内新闻和国际新闻报道，形成A、B、C 3叠12版的版面格局。

2005年底，连云港日报社有工作人员260人，其中正高级职称1人、副高级职称15人。固定资产1508.5万元。拥有《苍梧晚报》、连云港新闻网、印刷厂、广告公司、发行公司、报业发展公司、读者服务公司、新闻旅行社等下属实体和单位。

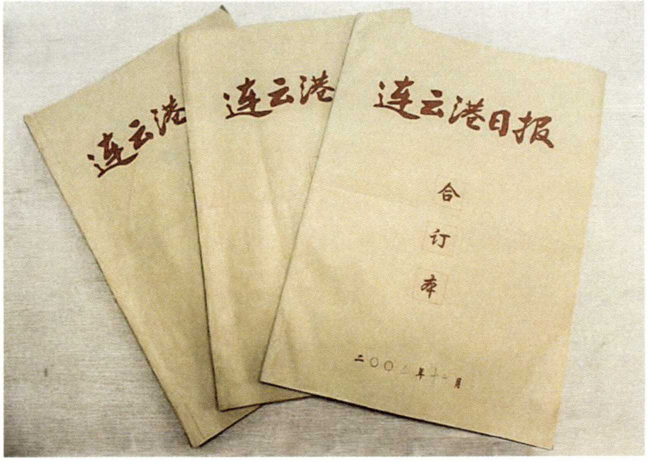

图 34-2　《连云港日报》合订本
俞德春　摄于2005年

版面栏目　1984年，《连云港报》有4开4个版面，一版要闻，二、三版连云港市新闻，四版副刊。主要栏目有《读者来信》《大家谈》《新青年》《花果山》等。

1993年，《连云港日报》有对开4个版面，一版要闻，二、三版本市新闻，四版时事。主要栏目有《车间班组》《农村见闻》《农苑》《时评》等。

2005年，《连云港日报》有对开A、B、C 3叠12个版面，A1、B1为要闻版，A2为农村新闻，A3为国内新闻，A4为国际新闻。主要专版有民生服务、法制周刊、文体新闻、副刊等。

深度报道　《连云港日报》从复刊至2005年，多次利用深度报道反映经济、社会改革。改革报道从联产承包开始，对实行联产承包制的典型采取消息、通讯、评论等多种体裁，进行多角度、全方位的深度报道。1984年2月21日一版头条刊发通讯《张林山之路》，介绍东海县养鸭专业户张林山发展商品生产遭受的挫折、打击，中央一号文件给他撑了腰、鼓了劲，各级党政部门给予他多方面支持，专业生产迈上康庄大道，报纸同时配发评论员文章《张林山的遭遇说明了什么？》，引起广泛反响。1983年的《黄海之滨"祁三万"》、1985年的《万修善创办"岛式养殖"》2篇关于农村改革的报道获评当年度江苏省好新闻一等奖。1995年连续6个头版宣传连云港市六大经济改革典型。2001年，系列报道《石梁河在哭泣》获省好新闻一等奖。2003年抗击"非典"期间，《连云港日报》开辟《来自抗非第一线的报道》《抗非第一线共产党员》专栏，摄影记者深入隔离病区拍下珍贵照片。是年，连云港日报社获"江苏省'抗非'报道先进集体"称号。

舆论监督　连云港日报社在实践中总结出"严格选择舆论监督报道专题、有限控制传播流程、创新舆论监督报道形式、努力规避负面效应"四大原则，开设《记者行动》《特别报道》《追踪报道》等舆论监督专栏。2000年7月10日的《石梁河在哭泣》系列报道，2003年10月《谁为这片蓝天绿林负责》系列报道，2004年春节后的《节后上班第一天》等报道，对促进问题解决、维护群众合法权益起到积极作用。

重大宣传　1986年4～12月，连云港报社开展"新西游记"大型采访活动。活动期间，共派出5批12名记者沿陇海、兰新铁路，赴江苏、安徽、河南、陕西、甘肃、青海、宁夏、新疆8个省、区的40多个城市采访，历时7个月，行程4万多千米，发表系列通讯85篇、专电专讯12篇、专版5个、照片110幅。《人民日报（海外版）》《新华日报》《新闻战线》《中国记者》和国内多家报刊报道这一活动。"新西游记"被评为1986年度江苏省报纸好新闻一等奖，其做法和经验载入《中国新闻年鉴》。

1995年，连云港日报社推出"陆桥行"大型采访活动。是年3月28日，首批"陆桥行"采访记者启程。报社派出5批记者，沿新亚欧大陆桥西行采访，经苏、皖、豫、陕、甘、宁、新等省、区，历时半年，采写发表100多篇通讯。是年9月23日起，连云港日报社邀请新华社驻外记者完成国外段的采访报道，开创地方报纸与国家通讯社联手进行跨国采访的先例。1997～2005年，连续宣传"雷锋车"先进事迹。2000年3月起，延续8个月对江苏、云南两省热心人士积极救助云南前线烈士之女吉云云的事迹进行宣传报道。

1984～2005年连云港日报社获江苏省报纸优秀作品一等奖作品一览表

表 34-1

年 份	作品名称	作者/编辑	体 裁
1985	万修善创办“岛式养殖”	王绪年　戴心平	消息
1986	新西游记	集体	连续报道
1986	白水条借走4万双　动真的追回50万 市皮鞋厂认真加强企业管理	周介达　张志勇	消息
1987	蜂疗医院访问记	滕　英	通讯
1989	航标灯下	逯同文　缪同武	通讯
1990	寻火者	刘畅征　顾爱民	通讯
1993	赣榆县用“两分法”科学指导秋播	李宜庆	消息
1994	本是讨债者却成扶贫人	王同科	消息
1995	陆桥行	集体	大型系列报道
1996	树立廉洁自律的公仆形象	刘畅征　沈　裕	消息
1997	崛起的连云港海洋产业	周介达　金同启	消息
1998	三任书记共绘一张图	周介达　金同启　李祥龙	消息
1999	我市海洋渔业调整结构迫在眉睫	金同启　张伟义　马继祥	消息
2000	海水养殖产量首次超过捕捞量	金同启　梁　琪　杨守刚	消息
2001	赣榆海洋经济夺得全省五项冠军	吴茂祥　金同启	消息
2001	80%的奇迹是如何创造的	昌慧东	通讯
2002	三吉利初胜欧盟	高庆华	消息
2002	在海一方“波”连波	顾　红　宋浩学　李　康　王　婷	通讯
2003	他采写了独家新闻	高庆华	通讯
2003	谁为这片蓝天绿林负责	施连山	读者来信
2004	贸易壁垒调查第一案昨立案	黄彦斌	消息
2004	多一份实惠 多一份信心	谈　虹　刘　伟	通讯
2004	农民增收自愿服务队	集体	系列报道
2004	2004年6月29日A1版	谈　虹　施连山	版面
2005	激情作笔写人生	徐勤飞　顾　红	通讯
2005	新闻报道的策划与创新	颜士友	论文

广告经营　1984年7月，连云港报社成立发行广告部，是年广告收入11万元。1988年，广告收入88万元。1989～1991年，广告年创利水平在100万元左右。

1992年起，报社在广告经营上引入竞争机制，同时鼓励编辑、记者“下海”搞广告经营，1992年、1993年、1997年、2000年、2004年组织5次竞争上岗，16名编辑、记者脱离采编岗位，从事广告经营和管理工作。2000年起，报社逐步建立健全各项广告经营管理制度，对广告经营人员取消固定工资（存入档案），按广告收入实绩的6%计发工资。2004年，报社建立健全价格管理、业务费管理等10项制度，规定部门承包人若连续3个月未完成任务的，免去承包人资格；临时业务员连续两年完成任务者，报社与其签约，享受正式职工待遇。

2005年，《连云港日报》广告发布业务收入1350万元，完成利润1086.7万元。

报纸发行　1987年以前，《连云港报》发行一直采用邮发模式，存在发行费率高、报款不能及时拨付、发行量增长缓慢、发行质量不稳定等弊端。

1987年9月，连云港报社成立发行部，筹备自办发行工作。1988年1月1日起，《连云港报》正式改为自办发行，并在新浦区、海州区、云台区、连云区成立发行站，招聘70多名投递员，由发行部直接管理；赣榆县、东海县、灌云县委托县委宣传部发行。是年10月底，三县同时挂牌成立《连云港报》发行站。

2002年，随着报业经济的发展和发行市场的变化，报社决定收回三县《连云港日报》发行权，成立驻县记者站负责发行工作。是年，灌云县、赣榆县、东海县记者站先后成立。1996年划归连云港市管辖的灌南县，于2005年成立灌南发行站，改邮发为自办发行。自办发行以后，《连云港日报》发行量逐年提升，由2002年底的3.9万份，增加到2005年的5万份；发行队伍由2002年的70多人增加到2005年的150多人。2000～2005年，发行收入成为报社的主要收入之一。

2005年7月，报社提出因地制宜、多渠道、多形式、分批建设《连云港日报》村级阅报栏，解决村民读报、用报和党报终端发行问题。是年，首批建设农村阅报栏318个。

二、《苍梧晚报》

《苍梧晚报》由连云港日报社主办，创刊于2000年10月1日，4开16～32版，双面彩色印刷，全部采用电脑激光照排，全国公开发行。

2001年8月，《苍梧晚报》进行第一次改版，改变以前海派晚报的风格，突出版面立体感和新闻立体感，初步形成《苍梧晚报》独有的风格。是年，《苍梧晚报》着力打造"小记者"等一批在全国、全省有影响的活动平台，举办第一届读者节。2002年，《苍梧晚报》开辟由市纪委、市委宣传部、连云港日报社主办，由晚报承办的品牌栏目《行风热线110》，上线单位达100多家。晚报热线部处理突发事件300余起，问题解决率达95%以上。2003年，《苍梧晚报》推出抗击"非典"英雄耿文灿、"六千元现象"等一批重大典型，其中"六千元现象"入选2004年全省第一届精神文明新人新事评选并名列首位。2004年，省纪委专门下文，在全省纪检系统推广《苍梧晚报》"行风热线"的做法；《中华读书报》头版头条报道《苍梧晚报》"行风热线"专栏的经验和做法。2004年7月，通过改变报型，使晚报版式更加符合阅读习惯，报纸期发数达到4万份，广告发布量实现翻番。

2005年，《苍梧晚报》举办"红色贝雷帽"大学生送报、"红马甲"进社区发行晚报等活动，在读者中产生重大影响。

至2005年底，《苍梧晚报》采编人员增加到70多人，报纸每日32版全彩色印刷，报纸期发数4.7万份，广告年发布量1230万元，广告利润984.8万元，成为连云港市主流媒体之一。小记者注册8000人，分布于市区及4县100余所中小学。小记者平台以"记录成长，赢得明天"为口号，形成了采访、采风、讲座、竞赛4大类品牌活动，发表小记者习作约5万篇。

图34-3　2000年10月1日，《苍梧晚报》创刊。
侍志　摄

附：《江苏盐业报》

前身是1948年4月5日由中共两淮盐特委创办的《盐场大众》报。1949年11月1日复刊后，由原8开4版改为4开4版，仍为五日刊。1953年，《盐场大众》更名为《淮北盐工报》，改为4开4版周一刊，报名由中国书法家协会主席舒同题写。1958年底，因淮北盐场下放地方，《淮北盐工报》停刊。1976年，江苏省淮北盐务管理局恢复，该刊随之复刊。1983年，江苏省盐业公司成立，是年7月经江苏省委宣传部批准，《淮北盐工报》在省内、主要在盐业系统公开发行，发行量5500份。1986年7月1日，《淮北盐工报》更名为《江苏盐业报》，同年10月由周一刊改为周二刊。1988年，经国家新闻出版署批准，《江苏盐业报》在全国公开发行，国内统一刊号为CN32－0039，发行量7000份，是全国唯一公开发行的盐业报。20世纪90年代初期，国家整顿削减出版物，《江苏盐业报》仍保留公开出版发行资质。2000年，国家进一步整顿报刊市场，《江苏盐业报》从7月起正式停刊，其刊号由新创办的《苍梧晚报》使用，原江苏盐业报社人员划转连云港日报社。至此，这一办刊52年、累计出刊1390期的报刊退出新闻出版舞台。

第二节　期刊出版

一、《连云港文学》

前身是《群众文艺》，创刊于1971年，由连云港市革命委员会政工组主办。1976年转为市文化局主办，改名《连云港文艺》。1980年，市文联成立后转由市文联主办，1982年第3期起更名为《连云港文学》，主要发表小说、诗歌、散文、报告文学、民间文学、影视剧本、校园文学、文学评论，以及连云港地区作者的美术、摄影、书法、篆刻等作品。1983年，经中共江苏省委宣传部和江苏省新闻出版局批准，公开发行。1984年，通过邮局向全国发行。1992年，由季刊改为双月刊。1998年，开本由原来的32开改为16开。至2005年底共出版162期。

二、《淮海工学院学报（人文社会科学版）》

创刊于1990年，是江苏省教育厅主管、淮海工学院主办、淮海工学院学术期刊社编辑出版的人文社会科学类学术刊物。中文月刊，大16开，国内外公开发行。主要内容涉及政治、哲学、法律、文学、文艺理论、语言、艺术、经济与管理、新闻与大众传媒、社会学、历史与文化、教育理论与实践以及其他相关学科，主要特色栏目有《马克思主义与现当代中国》《西游记研究》等。

三、《淮海工学院学报（自然科学版）》

创刊于1985年，是江苏省教育厅主管、淮海工学院主办、淮海工学院学术期刊社编辑出版的自然科学（包括技术科学）类学术性刊物。中文季刊，大16开，面向国内外公开发行。主要内容涉及数理科学、机械工程、电子工程、计算机工程、化学工程、海洋科学与技术、食品工程、土木工程、测绘工程以及经济管理等相关学科，主要特色栏目有《海洋科学与技术》等。

四、《连云港师范高等专科学校学报》

创刊于1984年，原名《连云港教育学院学报》。2000年，连云港师范高等专科学校组建后更名为《连云港师范高等专科学校学报》，是连云港市政府主管、连云港师范高等专科学校主办、国内外公开发行的综合性学术理论刊物。主要栏目有《政治法律研究》《哲学研究》《历史文化研究》《〈镜花缘〉研究》《文学研究》《语言文字研究》《教育研究》《数理科学和化学研究》《经济研究》《区域发展研究》等，其中《〈镜花缘〉研究》是该刊多年坚持的一个特色栏目，是展示连云港地域文化研究成果的窗口。

五、《连云港职业技术学院学报》

创刊于1988年，原名《高教研究》。1991年更名为《连云港职业大学学报》，刊期由半年刊改为季刊，仍为内部刊物。1999年1月，经国家新闻出版署批准，《连云港职业大学学报》更名为《连云港职业技术学院学报》，由连云港市人民政府主管，连云港职业技术学院主办，国内外公开发行。

六、《指挥控制与仿真》

创刊于1979年，是由中国船舶重工集团公司主管，第716研究所主办，以海、陆、空和仿真技术为主，包括作战系统、武器系统及其设备的武器工业类学术技术期刊。该刊面向海、陆、空、二炮、航天等各个领域的专家、学者、研究生及相关科研院所科研技术人员，具有广泛的作者群和读者群。

七、《化工矿物与加工》

创刊于1972年，化工部连云港矿山设计研究院主办，月刊。刊物主要刊载中国化工原料矿产和与化工生产相关的其他非金属矿产等的开发利用、选矿深加工、采矿以及设备研制、市场开发等方面的论文、科技成果、生产经验、综合评述等。

第三节 报刊管理

1984年，连云港市有公开发行的市委机关报1种，企业报和专业报4种，公开发行的刊物5种。1989年，市文化局新闻出版科设立，组织报刊开展业务研讨和编校质量评比等活动，引导报刊社正确进行舆论宣传，提高报刊质量。1993年，根据新闻出版署发布的《报社记者站管理暂行办法》，市文化局、市委宣传部加强对驻连云港记者站和连云港本地报社记者的管理，维护其正常活动和合法权益；禁止“有偿新闻”，依法查处报刊社、记者站的违法违规行为。1995～1998年，全市进行报刊清理整顿，截至1998年底，全市有报纸、期刊19种。其中，持全国统一刊号的报纸5种、期刊8种，持江苏省内部报刊准印证的报纸4种、期刊2种。社会科学类期刊7种、自然科学类期刊3种。全市报刊、驻连云港记者站和连云港本地报社记者的管理步入规范化轨道。

图34-4 2003年，连云港市新闻工作者协会召开第五次代表大会。 赵鸣 摄

1999年，全市持全国统一刊号的《淮海

工学院学报》《连云港化工高等专科学校学报》《连云港职业技术学院学报》《连云港教育学院学报》4家高校学报和《淮海工学院》《连云港化工高专》2家高校校报开始使用高校学报、校报系列的国内统一刊号。

2000年10月1日，连云港市第一张晚报——《苍梧晚报》正式创刊，《江苏盐业报》停办。次年，赣榆、东海、灌云、灌南4家县报被吸纳为《连云港日报》地方新闻版。全市共有报刊社驻连云港记者站11家，内部资料性出版物33种，其中报纸10种、期刊23种。全市各报刊社、编辑部、记者站共有专、兼职从业人员200余人。

2001年，灌南县新闻出版（版权）局在全市率先挂牌，成为苏北、苏中地区第一家县级新闻出版（版权）行政管理机构。2001年10月，市"扫黄"办公室与新闻出版处分立。2003年底，《连云港日报》四县地方新闻版停止出版。

2005年，连云港市有国家、省及市级报刊社驻连云港记者站12家，有经省新闻出版局批准的报刊型内部资料出版物32种，其中报型内部资料13种、刊型内部资料19种。全市各报刊社、编辑部、记者站有专、兼职从业人员近400人，其中120余人持有新闻出版总署核发的记者证。市级新闻出版管理部门组织开展非法报刊专项整治工作，将8类非法报刊的出版、印刷、发行行为在新闻媒体上予以公开曝光，要求非法从业人员主动接受处理，共取缔3家非法编辑部，收缴非法报纸5000余份。

第四节　印刷管理

20世纪80年代后期起，连云港市文化局根据国家《印刷行业管理条例》等印刷业相关管理规定，结合全市印刷业实际，把促进全市印刷业发展作为新闻出版管理工作的重点，以规范管理促繁荣发展，重点抓好书刊印刷定点企业和各类单项许可印刷企业、包装装潢印刷企业的管理监督工作。1990年6月，全市有16家印刷企业首批领取江苏省书报刊印刷许可证。连云港市印刷厂被新闻出版署定为书刊印刷国家定点企业。赣榆县印刷厂、东海县印刷厂被江苏省新闻出版局确定为书刊印刷省级定点企业。通过多年的清理整顿和培养发展，至1999年底，全市有各类印刷企业512家。其中，出版物印刷企业22家（含书报刊印刷省级定点企业2家、书报刊印刷许可证企业20家）、包装装潢印刷品印刷企业72家、其他印刷品印刷企业418家（含复印、影印、打字企业259家）。全年出版物印刷企业共承印各类正式出版物126种10656.47万册，其中图书105种679.56万册，报纸11种9968.41万份，期刊10种8.5万册，基本满足全市印刷需求。

2000～2002年，根据全省整顿和规范印刷市场秩序工作会议精神，市新闻出版、公安、工商、质检部门及市"扫黄"办公室根据新修订的《印刷业管理条例》《印刷业经营者资格条件暂行规定》等法律法规，按照压缩总量、优化结构、加强监管、严格规范的要求，整顿和规范印刷市场秩序，压缩不符合条件的印刷企业，使全市印刷企业的总量、结构和布局进一步趋于合理。全市各级新闻出版管理部门在巩固印刷业整顿成果的同时，通过参观、研讨、培训、考察等多种途径，积极引导、努力拓展印刷企业经营和管理人员的视野，确保印刷业保持良好的发展势头。2002年7月，连云港市印刷行业协会成立，34家印刷企业作为第一批团体会员加入协会。随着企业各项管理制度的健全，在2003年对全市具有胶印印刷设备企业的拉网式检查中，未发现有承印政治性非法出版物及盗版教材教辅的现象。

2005年，市新闻出版管理部门先后为中金玛泰、瑞德彩印、苏源印刷等20余家印刷单位提供上门服务，帮助他们解决在设立、经营和发展中的各类实际问题。投资达1.7亿元的中金玛泰公司成为全市首家经省新闻出版局批准设立的中外合资包装装潢印刷企业。是年，市新闻出版局、市印刷行业协会组织开展“走出连云港，谋求新发展”系列考察交流活动，先后组团参加第一届国际全印展、全国第十五届书市、苏州印刷机械展、淮安包装印刷设备展、上海国际印刷包装展及省“方正杯”印刷行业技能比赛等活动。

第五节　发行管理

20世纪90年代，连云港市新闻出版部门统筹规划，合理布局，做好书报刊经营单位许可证的审批工作，巩固国营，发展民营，多渠道促进出版物发行网点建设，推动全市发行业有序发展。至1999年底，连云港市有书报刊发行网点325个、电子出版物经营网点34个。其中，市及赣榆、东海、灌云、灌南四县新华书店经江苏省新闻出版局批准为图书二级批发单位，市新华书店有图书发行网点9个，赣榆、东海、灌云、灌南四县新华书店共有图书发行网点29个。是年，市新华书店销售图书628.88万册，销售码洋3269.72万元；四县新华书店销售图书2400.34万册，销售码洋1.06亿元。

2002年，全市各级新闻出版管理部门调整工作思路，加大对民营书业的扶持力度。在加强日常监管、规范市场秩序的基础上，各级管理部门通过组织外出学习考察，提供政策咨询、信息解析、上门服务，减少审批环节，开展职业技能鉴定考核等措施，鼓励民间和外来资金投资出版物发行业。

2003年，面对突如其来的非典型性肺炎疫情，各级新闻出版管理部门通过邮政快递、电话预约、电子邮件、委托办理等多种手段，克服困难，保证日常审批和监管工作的开展。各级新闻出版管理部门还联合新华书店、民营书店开展读书活动，并组织图书捐赠活动10余次，捐赠物品、图书价值20万余元。2003年后，全市民营书业呈现迅猛发展势头，当年新增民营书店百余家，吸纳资金500万余元，全市出版物市场出现多元化发展趋势。连云港书店有限公司经省新闻出版局批准，成为全市继新华书店之后首家获得出版物二级批发权的民营书店。在市县新闻出版管理部门的积极支持下，该公司大力发展连锁店，带动和促进全市一批民营书店的发展。是年，新华鸿国书城在连云港开业，改变全市无大型书城的历史。市新闻出版管理部门通过树典型、学经验，打造一批“经营示范店”和“双优诚信店”。在全市第二批正版出版物经营示范店评比活动中，有14家书店被评为经营示范店。

图34-5　连云港市新华书店营业大厅
赵鸣　摄于2005年

2005年，全市出版物发行业特别是民营书业继续保持快速发展势头，在经营单位数量未有明显增长的情况下，出版物销售收入增加1000万元。全市民营书业实现销售收入3000万元，超额完成年销售收入增长20%的目标。连云港书店、大众书局连云港店、时代超市、兴四方软件店、连云区百年书店、连云区海艳书报刊社、灌南县读来读去书店、灌南县英才书店、东海县求知书店、东海县红叶书店、赣榆县教育书店、赣榆县文汇书店等一批书店成为民营书业“领头羊”，其销售收入占全市民营书店销售总收入的90%以上。新华书店系统在出版物发行中继续发挥主渠道作用，连云区新华书店新楼投入使用。市县新华书店在强化硬件建设的同时，加大服务和市场营销力度，发行图书、报刊、电子音像制品2600万册，实现销售收入1.7亿元。

第二章　广播　电视

1984～2005年是连云港市广播电视业快速发展的时期。连云港人民广播电台先后开办有线广播、调频广播和无线广播，形成新闻台、经济台、音乐台系列格局，全天播音时间达到50小时。1985年，连云港电视台开播，并逐步形成新闻综合、经济生活、影视综艺3个各具特色的频道。是年，广播电视中心竣工，电视台560平方米电视演播大厅投入使用。1993年底，连云港市有线电视事业开始起步，市区率先在新浦西小区开展入户安装，赣榆县、东海县、灌云县、灌南县也逐步发展有线电视事业。1997年起，广播电视事业建设与管理的重点转向有线电视。市广播电视局、各县广播电视局均成立“村村通”工作领导小组，具体指导并组织实施有线电视“村村通”工程建设。至2005年底，全市共有市级电视发射台、转播台8座，卫星收转台89座；建成光缆干线5191千米、电缆干线22695千米，88个乡镇实现市、县、乡联网，镇通率100%，光纤联村1001个，村通率70%；有线电视用户达到40万户，总入户率35.3%；市区数字有线电视正式开播，赣榆县率先实现有线电视“村村通”。

第一节　广　播

一、沿革

有线广播　1984～1990年，连云港市有线广播事业平稳推进。1990年，全市有线广播信号线总长711.6千米，输出馈线4385.8千米，安装入户喇叭41.8万只，其中动圈音箱9.9万只，有线广播全市平均入户率67%，市区入户率落后于农村。1993年8月，市电台停止有线广播。

县级有线广播站联通乡（镇）的广播专线大部分建于1970～1973年，历经多年使用已到大修期，1990年后大部分不能畅通。

1992～1998年，全市由乡镇政府投资建立21座用于传输有线广播信号的调频发射台（频率68兆赫至86兆赫，功率10瓦），主要功能是传输乡（镇）到村广播室的有线广播信号。由于调频发射机维修困难，使用不便，到2002年大部分停机。

调频广播　1989年，连云港市第一个调频立体声广播节目开办，频率94.4兆赫。20世纪90年代初，调频广播开始替代有线广播，区广播站收转市电台调频信号。1990～1993年，各县广电局先后开办调频立体声广播电台。

无线广播　1994年3月，市电台无线广播改为相对独立的建制，配备副台长主持业务工作。5月，无线广播节目改版，形成八大版块44个子栏目的格局。第一次开办主持人直播节目，实现重要会议现场实况转播、与兄弟台异地双向热线直播及户外现场直播。1995年12月20日，连云港人民广播电台经济生活频率开播。2000年1月1日，市电台交通音乐频率开播。广播事业跨入一台多频率的发展阶段。

图34-6　2001年，连云港人民广播电台现场直播《西游记》文化节盛况。　侍志　摄

2002年，市电台开播《行风热线》。是年，市电台与中国国际广播电台联办《大圣故里——连云港》专栏，填补连云港市广播海外宣传的空白。2003年，市电台《东方女孩》栏目获中国广播电视首届“十佳公共栏目”奖，是获此殊荣的唯一地市级广播电台。2005年，市电台录制的长篇连播作品《一路格桑花》获中国广播影视作品最高奖“中国广播影视大奖”。截至2005年12月底，市电台先后获国家级政府奖11项，省级政府奖一等奖26项、二等奖87项、三等奖98项。

二、节目设置

新闻类节目　1984年起，连云港市电台自办新闻类节目《新闻》《快讯》《港城风貌》等，《农村》节目实行市、县台站联办，各县每月都有一档节目在市电台播出。1985年，新闻类节目增设《报刊摘要》，后《报刊摘要》更名为《各地之声》，《快讯》更名为《港城短讯》。1989年起，开办板块式新闻性综合节目《星期半小时》，1995年初，首次采用主持人直播形式播出综合性新闻节目《1350新闻网》。

《新闻》节目中有较大影响的专题和系列报道有《非凡40年征文》《港城美》《走向辉煌——推进两个根本转变》《悼念小平同志》《庆香港回归》《新世纪 新形象》《内陆腹地便捷的出海口》《依靠科技建大港》《蔚蓝色的希望》《勃勃兴起的小康文化》《陆桥风景线》《陆桥经济与西部开发》《沿桥城市的中国之最》《城市名人》《新世纪 新蓝图 新举措》《走遍乡镇》《革命圣地行》《陪你同游花果山》《实践“三个代表”推进快速崛起》《身体力行“三个代表”》《我是一名共产党员》《党旗飘扬》《跨越今朝》《贯彻十六大精神 实现富民强市目标》《优化投资环境 推进快速崛起》以及新浦汽车总站长途组34年学雷锋典型系列报道等。

图34-7　2002年5月，《行风热线》开播。图为市劳动和社会保障局相关负责人在解答市民热线电话。　市人社局　供

2002年5月，市纪委、市委宣传部和市广播电视局联合主办，市电台承办的《行风热线》节目开播，平均每年接听群众来电3000余次，来信700余封。依托《行风热线》栏目，市电台先后举办“行风热线500期”大型纪念文艺晚会、直播室进农村“面

图 34-8 2003 年，《东方女孩》获全国首届十佳公共栏目奖。李家岭 摄

向农民、服务春耕”大型广场活动等。

社会教育类节目 1984 年，市电台社会教育类节目有《青年》《听众园地》《文化与生活》等，设《青春之歌》《知心朋友》《青年信箱》等子栏目。1987 年，增设《法制园地》节目。1988 年起，陆续开办理论类讲座节目，如《社会主义初级阶段理论广播讲座》《邓小平建设有中国特色的社会主义理论学习纲要》《2010 年远景目标纲要》《精神文明建设宏伟纲要》《理论之窗》等。后来，陆续开办影响较大的社会教育类栏目有《感谢有你》《东方女孩》等。其中，《东方女孩》节目获 2001 年度江苏省广播电视十大名牌专栏奖、2003 年度省广播电视社教优秀栏目奖；2003 年获中国广播电视新闻奖首届十佳公共栏目奖，与中央人民广播电台《新闻和报纸摘要》栏目同享殊荣；2005 年获江苏省广播电视十大名牌专栏奖。

文艺类节目 1984 年起，市电台开办的文艺类节目有《音乐》《文学》《戏曲》《曲艺》《戏曲之友》《广播剧院》《曲艺晚会》《每周一歌》《听众点播》《艺林漫步》《长篇连续广播》《影视欣赏》《家庭周末晚会》13 个节目。1989 年开办的调频立体声广播主要内容有中外名曲、抒情歌曲、通俗歌曲、戏曲选段、相声、童话故事等。1994 年起，陆续开办文艺类节目《文化时空》《特快专递》《空中书场》《音乐磁场》《文化时空》《欢乐天地》等。制作播出的长篇报告文学《高原雪魂——孔繁森》、广播报告文学《东方大港梦》、广播小说《人气》《拥抱生命》《一路格桑花》获国家级政府奖。此后，连云港人民广播电台还制作播出一批优秀广播剧，《妈妈，我要飞了！》《海胖和他的梦》《暖风急流》《秦香莲喊冤》《含笑的蓓蕾》《银花果》《编外村官儿》《面对衣食父母》《绿叶信》等均获得国家级奖项。

服务类节目 1984 年起，市电台陆续开办《天气预报·广告》《经济信息》《企业之声》《企业园地》《优秀产品排行榜》《企业喜庆台》《1350 信箱》等栏目。

1990～2005 年连云港人民广播电台获国家级广播电视政府奖（中国广播奖）部分作品一览表

表 34-2

作品	类别	主创人员	奖次	年份
《含笑的蓓蕾》	广播剧	茆德烨	三等奖	1991
《银花果》	广播剧	孙宗贤 茆德烨	三等奖	1994
《世纪贵族》	广播小说连播	许玉连 华鹏	三等奖	1996
《人间正道》	广播小说连播	许玉连 华鹏	三等奖	1997
《西北王的败落》	广播小说连播	刘建华 贾继明 马富胜 刘建林	三等奖	1998
《人气》	广播小说连播	刘建华 贾继明 马富胜 陶苇	二等奖	1999
《编外村官儿》	广播剧	茆德烨 王锐 马富胜 饶津发 贾继明	三等奖	2000
《拥抱生命》	广播小说连播	刘建华 马富胜 马绍军	一等奖	2001
《陪你同游花果山》	现场直播	马绍军 罗娟 马富胜 陈坤	三等奖	2001

续表 34-2

作品	类别	主创人员	奖次	年份
《东方女孩》	社教栏目	茆德烨　葛小琴	全国首届“十佳公共栏目”奖	2003
《一路格桑花》	广播小说连播	刘建华　马富胜　马绍军	中国广播影视大奖	2004

三、经营创收

1984年起，市电台陆续加入长江流域广告协作组、全国北方城市台协作网、江苏城市台协作网、淮海经济区城市广告协作组织，扩大交流空间。1985年，广告收入7000元。1989年6月，成立电台经济信息部，开办经济信息节目。1990年开办《企业之声》节目。1993年以后，广播广告加速发展。1995年，实现广告收入76万元，是1985年的10.9倍。1999年，电台广告创收210万元。2002年起实现自收自支。2005年经营创收612万元。

1985～2005年部分年份连云港人民广播电台广告收入统计表

表 34-3　　单位：万元

年份	收入	年份	收入	年份	收入
1985	0.7	1995	76.0	2002	463.0
1987	3.6	1996	90.0	2003	460.0
1990	10.0	1997	100.0	2004	552.0
1991	14.0	1999	210.0	2005	612.0
1992	20.0	2000	343.0		
1993	30.0	2001	405.0		

第二节　电　视

一、电视转播台

历史沿革　1983年，连云港电视转播台与省微波信号接通，8月1日起用8频道1千瓦发射机正式转播江苏电视台节目。1984年，市广播电视局开办连云港市电视新闻，5月23日开始试播，每周1档5分钟，不出播音员图像，由电台播音员配音，晚上黄金时间插播，与江苏台合用8频道播出，发射功率10千瓦。第一条新闻拍摄内容是市委、市政府召开劳模表彰大会。拍摄依靠手势指挥，经3个小时手动剪辑，30多分钟的素材形成一条3分钟电视新闻，第二天专人乘长途公交车将这条新闻送到江苏电视台，当天晚上被《江苏新闻》采用播出30秒。据统计，1984年，市区每百户人家有电视机72台，至1985年底全市城乡有电视机近10万台。苏北、鲁南10多个县10多万台电视机均可接收到连云港电视转播台的节目。1985年连云港电视台成立后，电视转播台成为电视台的发射部门。

转播山东电视台节目发射设备　1971年起，用2频道1千瓦电视发射机转播山东电视台节目，直到1986年停止转播。

转播江苏电视台节目发射设备 1983年2月11日，用自制8频道1千瓦电视发射机通过省苏北微波信号试转江苏电视台节目。8月1日，用购置的8频道10千瓦电视发射机，正式转播江苏电视台节目，1984年5月起插播连云港市新闻。1991年3月起，改用18频道10千瓦发射机，全时段转播江苏电视台节目。

其他小功率电视差转台、转播台 20世纪80年代初，为解决连云港港区群众收看电视难问题，市广播电视局建设大桅尖差转台、北固山电视转播台。此后，从城市到农村相继建起20余个电视差转台，用小功率补点的办法，尽可能地让全市每个角落都能接收到电视节目。21世纪初，随着有线电视的逐步普及，小功率电视差转台逐步取消。

二、连云港电视台

历史沿革 1985年5月1日，连云港电视台正式开播，台址在新浦区解放西路6号。当时只有台呼号，没有台建制。电视报道组共6人，2套摄录设备，1条编辑线，每周办1档10分钟《连云港新闻》节目。后逐步成立新闻部、综合广告部、节目制作部，先后开办《连云港新闻》《每周一歌》《港城纵横》《科学知识讲座》《家庭影院》《党员教育节目》等栏目。1989年9月，市电视台组装第一台电视转播车，配置三讯道模拟信号摄录设备，从此，对市区重大活动可以通过光纤和电缆传输进行现场电视转播。1991年3月开始单独使用8频道播出连云港电视台节目，此后平均每周自办节目达13小时50分钟。1994年，连云港电视台开办《LTV新闻》《今晚30分》《港城纵横》《科学与生活》《大视野》《党员教育节目》《每周一歌》《家庭影剧院》《大观园》《影视之窗》《点歌台》等10余个栏目。1996年，560平方米演播厅投入使用。是年底，市电视台与太原电视台合办春节电视文艺晚会。是年起，连云港电视台节目播出由人工操作变为计算机自动控制。2001年，原有线电视台频道划入连云港电视台，形成新闻综合、经济生活、影视综艺3个各具特色的频道。栏目也根据频道特点重新调整，新闻节目增加手语《新闻集锦》，经济生活频道设《生活调查》《百姓日记》《特别体验》《跟我逛市场》《健康顾问》《房地产资讯》栏目。影视综艺频道增加一个以知识竞答为主的直播栏目《联通幸福》。2002年起，建设新闻非线性编辑网并购置6+2讯道全数字电视转播车。至2005年底，连云港电视台自办新闻综合、公共、影视3个频道10余个各具特色的栏目，每天累计播出时间50小时，其中自办节目2个多小时。无线发射的新闻综合频道开办有大型新闻栏目《直播连云港》《港城日历》《晚间播报》《英语新闻》、手语《新闻集锦》，外宣栏目《今日连云港》，少儿栏目《红帆船》，服务性栏目《房地产资讯》《影视星空》《点歌台》《天气预报》《空气质量周报》等栏目；有线传输的公共频道开办有《跟我逛市场》《健康顾问》等栏目；影视剧频道主要播出电视剧、综艺类节目。

图34-9 连云港市广电大楼 赵鸣 摄于2005年

收视用户40多万户，全台基本实现数字化、网络化、自动化，新闻节目和专栏节目非线性编辑网共有40多个站点，摄、录、编设备全部数字化；建有一个560平方米大演播厅，3个50平方米小演播室，800多平方米的开放式跃层综合演播制作中心；开通与省电视台及市内各县电视台的光纤双向传输网络；无线发射功率10千瓦，节目信号覆盖苏北、鲁南，半径达100千米，收视人口可达1500万人。

1997～2005年，连云港电视台连续8年获省广电局新闻宣传先进单位称号，并获江苏电视台“繁荣荧屏奖”，2001年被省广电局确定为新闻免检单位。截至2005年底，拍摄各类专题片200多部、电视剧22部198集，累计有280多部作品获中国广电新闻奖和国家级“飞天奖”“金鹰奖”“星光奖”“金桥奖”、江苏新闻奖、团中央和省“五个一工程奖”、省“金凤凰奖”等奖项，2个自办栏目获省十大优秀栏目称号，90多篇宣传和技术论文在省级以上刊物发表或获奖。从1992年起，连云港电视台的电视节目开始进入境外电视网，陆续与美国斯科拉电视网、凤凰卫视欧洲台、长江卫视、黄河电视台等建立合作关系，每年都有20多部电视片在海外播出。2005年，美国斯科拉电视网采用连云港电视台节目320分钟，长江卫视采用连云港电视台节目115分钟。连云港电视台还经常与中央台及其他省级电视台合作拍摄专题节目，节目、电视剧被江苏电视台、中央台、东方卫视、湖南卫视、山东卫视、海南旅游卫视和全国城市台及其新闻协作网采用播出，逐步形成面向国内外的多层次、全方位立体外宣体系。

摄像录像设备　1985年，市电视台配有2台DXC-1820P摄像机、2台DXC-M3P摄像机及配套的VO-4800录像机。1987年，添置1套BVP330摄像机和BVU-110录像机，同步购置BVU800与BVU820编辑机，这套设备专门用于拍摄电视剧。20世纪90年代初，一体化摄录设备取代原来的分体摄录设备。1998年购进第一批数字摄像机。至2005年底，市电视台拥有电视摄像机40多台，其中数字摄像机30多台；录像机90多台。

播控设备　1985年，市广播电视局开通广播电视局主楼到锦屏山发射台的微波线路，在广电局办公楼第5层约15平方米房间组建最初的电视播控机房，从此告别爬山送录像带的历史。主要设备包括2台VO系列放像机、2台视频监视器，视频、音频信号采用手动切换。1996年，市电视台争取到江苏电视台设备更新时退下的一套自动播出设备，初步实现播出自动化。

2000年后，市电视台进行中心机房改造与设备更新，有线、无线播控机房合二为一，同时购置自动播出系统，新建屏幕墙，实现3个频道播出的自动化。2004年，启用数字放像机播出《连云港新闻》，提高了播出质量。

节目制作设备　1985年建台初期，连云港电视台使用录像机手动编辑。后添置编辑线实现自动编辑。1995年起，陆续购进BET编辑线。1998年，陆续添置非线性编辑系统。2002年，投资300万元建成新闻非线性编辑网，由9个节目制作站和1个配音工作站组成。2005年，建成新闻非线性编辑网、节目非线性编辑网、配音、演播室、导播室一体化的电视节目制作中心，全台电视节目制作实现数字化。

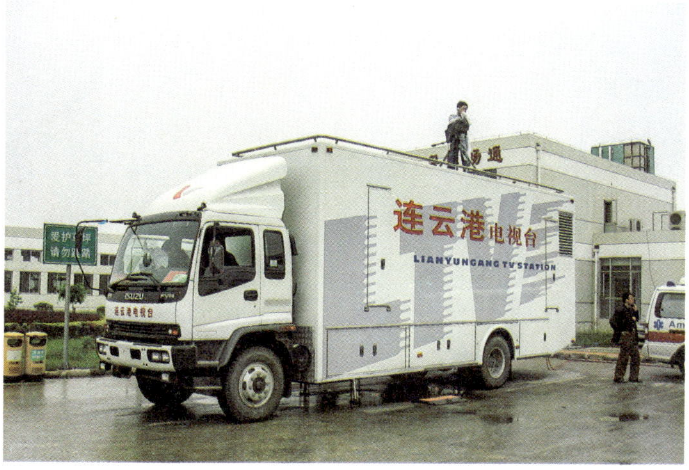

图 34-10　2005年，连云港电视台购置八讯道数字电视转播车。
侍志　摄

发射设备　1986年2月5日，市电视台在锦屏山发射台建成江苏省第一座市

图 34-11　连云港电视台直播室　　赵鸣　摄于1990年

级卫星地面接收站，该站能同时提供中央电视台一套、二套、中国教育电视台等多套电视节目。投入使用后，启用新购置单通道2频道1千瓦发射机，全时段转播中央电视台第一套节目。1987年5月，购置24频道10千瓦单通道分米波发射机1台，用于转播中国教育电视台电视节目，是年底购置1台24频道1千瓦单通道发射机。1988年11月，购置18频道10千瓦发射机2台作为主、备机，转播中央台第二套电视节目，插播上海电视台节目。1989年9月，购置1千瓦30频道分米波发射机1台，转播中国教育电视台节目。是年12月，又购置1台单通道2频道1千瓦发射备机。1992年12月，购置6频道300瓦电视发射机1台及50瓦备机1台，在广播电视局楼顶铁塔上安装发射天线，转播上海电视台节目，新浦、海州居民能收看到上海电视台节目。1999年春，2频道发射天线更新为4面2层偶极子，安装在76米铁塔上。2004年3月，购置全固态1千瓦发射机1台，替换原二频道主机，转播中央台第二套节目。是年3月，分别购置1台全固态18频道、8频道10千瓦发射机替换原主机，10月又分别购置1台全固态1千瓦备机。至2004年10月，市电视台完成全部电视发射机的全固态更新，降低了运行成本，提高了播出质量。

节目设置　1985年，市电视台正式开播新闻节目，每周1档，每档10分钟，每天重播1遍。每天播放2集电视剧，并转播中央电视台《新闻联播》和江苏台《江苏新闻》，每晚播出总计约2小时50分钟。1987年后陆续开办社教、文艺、服务等节目。1991年，市电视台使用8频道独立播出。新闻节目逐年延长，每档由10分钟增加到20分钟，至1994年均为每天1档。2001年，市电视台形成新闻综合、经济生活、影视综艺3个定位明确、对象感强、各具特色的频道，共计办有各类栏目30余个。2005年，《新闻大通道》时长40分钟，由每周1档增加到每周2档、3档。是年，连云港电视台3个频道播出节目17633小时，其中新闻节目占7.13%，专题节目占21.49%，综艺节目占14.92%，影视剧占45.98%，广告占5.76%，其他占4.72%。全年播出自制节目时间为2862小时，制作电视节目2434小时。

经营创收　1985年6月，连云港电视台正式开办电视广告业务。1992年，市广播电视局对电视广告实行公开竞标，是年广告收入达到412万元，比1991年增长2.58倍，位居全省市级台第五位。2001年初，根据3个频道设立3个广告部。广告部门不断加强和完善内部管理和考核机制，做好广告客户的服务工作，促进了广告业务的健康发展。2003年5月，广告部开办经济类节目《市场直通车》，设《经济信息报道》《企业龙虎榜》《时尚风》《汽车沙龙》《消费面对面》等子栏目，为观众提供丰富的经济资讯和商品信息，展

图 34-12　《海边来的孩子》开镜仪式
赵鸣　摄于1998年

示企业风采，引领消费时尚。2004年初，市电视台广告中心成立，依托强势媒体优势，优化广告资源，拓展广告市场，以现代化广告经营理念指导广告实践，建立严格的业务申报、款到播出、广告会办等制度，电视广告收入逐年稳步增长。2005年，连云港电视台实现广告收入3825万元。

1985～2005年连云港电视台广告收入统计表

表34-4　　单位：万元

年　份	收　入	年　份	收　入	年　份	收　入
1985	7	1993	480	2001	1660
1986	17	1994	630	2002	2300
1987	33	1995	780	2003	2531
1988	46	1996	900	2004	3000
1989	63	1997	1100	2005	3825
1990	87	1998	1242	总计	22248
1991	115	1999	1420		
1992	412	2000	1600		

三、有线电视台

历史沿革　1993年底，市委、市政府决定筹建连云港有线电视台，发展城区有线电视。市政府成立有线电视指导委员会，具体实施城区有线电视联网工作。

图34-13　2005年12月28日，连云港数字有线电视开播。侍志　摄

1994年，连云港市有线电视总体规划经省、市有关专家多次论证后正式实施。在市广播电视局附楼5楼设1个总前端，采用当时先进的550兆邻频传输，传送15套电视节目。当年有线电视试播，试播区域新浦区西小区的群众收看到15套图像清晰、内容丰富的有线电视节目。全年发展用户1.6万户。1995年，开工架设长45千米的市广播电视中心中心机房至平山中继台及平山中继台至各光节点的光缆线路，为全省第一条长距离广播电视二级光缆网。1996年，有线电视网开始传输中央电视台三套、五套、六套、八套加密卫星电视节目和中央电视台七套节目，投资150万元自办的新闻节目《有线新闻》正式播出。

2001年9月，连云港有线电视台更名为连云港市广播电视传输总台，主要职能为建设市、县、乡、村有线电视传输网，发展有线电视用户，传输有线电视节目并进行网络的多功能开发等。2002年1月，连云港人民广播电台孔望山中波发射台、连云港电视台锦屏山电视发射台、北固山电视转播台、连岛电视差转台并入连云港市广播电视传输总台。是年，建立有线电视服务信息管理系统，实现用户管理的全程自动化。2002～2005年，完成市区有线电视网络光缆化改造，每个光节点所带用户从100户至500户不等，并在全国广电系统中领先实施有线电视光缆化改造、光纤到楼、光纤到户工程。至2005年底，基本建成覆盖城区的有线电视管网。市区有有线电视用户

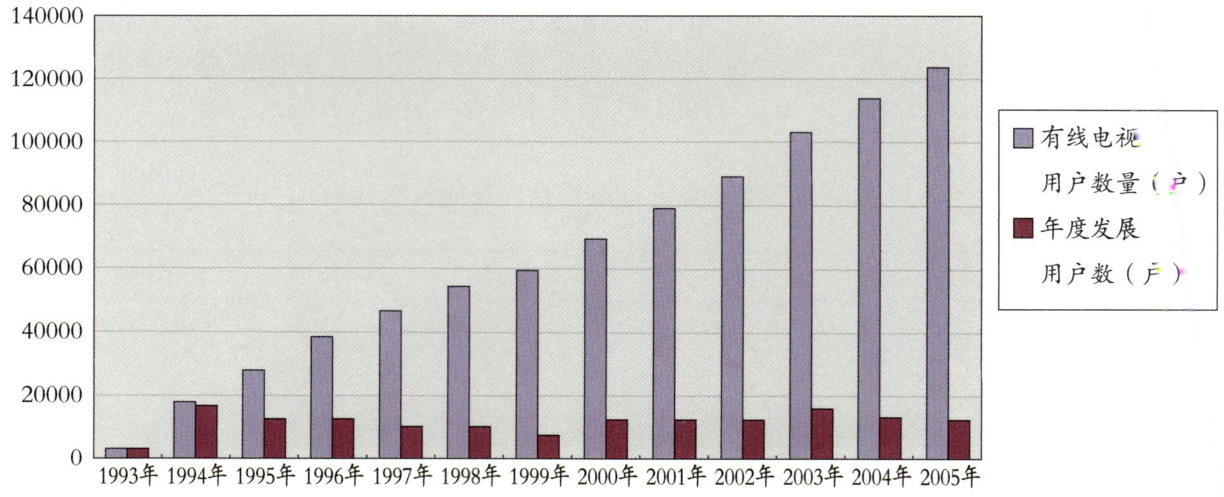

图 34-14 1993～2005年连云港市有线电视用户发展图

12.89万户，总入户率62.69%。其中，市区农村用户1.12万户，入户率23%；89个村中有73个村开通有线电视信号，通村率82.02%。2005年12月28日，市区数字有线电视正式开播。网内传输节目套数增加至80余套。

全市干线传输网络 1997年5月28日，市政府召开全市广播电视光缆传输建设工作会议，对建设全市广播电视光缆传输网络进行部署。市广播电视局成立省、市光缆网筹建办公室，负责与连云港有线电视台合作建设市、县联网城区段17千米的光缆传输线路。1997年6月，各县光缆建设工程全面开工，11月底，广播电视光缆传输网全线贯通，全长207.5千米，总投资1500万元，在苏北地区率先实现有线电视市、县联网。1997年11月，省、市干线网阿尔卡特SDH设备启用，江苏电视台一套、二套，江苏有线电视台一套、二套、江苏教育电视台、江苏卫视公共频道等节目通过光缆传送到各市。1999年，省、市干线网添置华为2500+SDH设备，扩充系统功能。2005年8月，省、市干线网添置华为3500+SDH设备，扩充系统功能，提高系统可靠性，实现SDH设备的备份。

市区传输网络 1993年12月，市广播电视局至新浦区西小区的QR-860主干电缆完成架设，开工建设西小区覆盖约1000户的试点网络。1994年，建设新浦区南小区、东小区、北小区和海州区传输网络，架设主线15千米、支线30千米、小区分配网络50千米，在南小区、东小区和解放路以南地区进行规模区域安装。1995年，东部城区有线电视安装工作列入市政府社会事业发展管理目标。是年3月，开工架设广电局中心机房至平山中继台及平山中继台至港区的各光节点的二级光缆传输线路，5月底完成连云中继台初期工程并投入使用；中心机房添置专用的信号输出用光发射机，完成45千米光缆架设任务，为全省第一条长距离广播电视二级光缆网，连云港有线电视台成为江苏省第一个实现光缆长距离传输广播电视信号的地市级台。6月28日，连云区墟沟城区300余户有线电视用户试开通，网络技术指标通过省广播电视厅和省广播电视科研所验收，各项技术指标达到部颁甲级标准。1996年5月，连云区西墅村建成全省第一个光缆传输有线电视村。1998年投资120万元架设光缆30千米，完成海州地区部分电缆网的光缆化改造，建成云山、宿城有线电视网，配合市政道路改造完成海连西路、苍梧路以及多处新建小区的光缆地埋工程。1999年7月，建成贯通西大堤和连岛的光缆传输线路19千米，开通连岛地区有线电视信号。1999～2005年，市区广播电视网络建设有序推进，至2005年底，市区建成有线电视光缆916千米、光纤16228千米。

1985～2005年连云港电视台电视剧生产情况一览表

表 34-5

序号	剧　名	生产年份	拍摄单位	获奖或播出情况
1	淮海浪士	1985	连云港电视台、市文化局、上海电影制片厂演员剧团	中央电视台、江苏电视台、连云港电视台播出
2	大圣还乡	1986	连云港电视台	
3	你我头上一方天	1987	连云港电视台、市文化局	中央电视台、江苏电视台、连云港电视台播出，全国100多家城市电视台交流
4	金钥匙与商神杖	1988	连云港电视台、连云港海关	中央电视台、江苏电视台、连云港电视台播出，全国100多家城市电视台交流
5	罪与罚	1989	连云港电视台、中央电视台、江西电影厂	全国电视剧飞天奖提名奖、省优秀电视剧奖第一名
6	她的代号白牡丹	1990	连云港电视台、河南电视台	中央电视台、江苏电视台、连云港电视台播出，全国100多家城市电视台交流
7	百年梦幻	1992	连云港电视台、市委宣传部	中央电视台、江苏电视台、连云港电视台播出，全国100多家城市电视台交流
8	醋圣	1992	连云港电视台、灌云县板浦镇	中央电视台、江苏电视台、连云港电视台播出，全国100多家城市电视台交流
9	海英草	1993	连云港电视台、江苏电视台、省盐业公司	江苏电视台、连云港电视台播出
10	水晶缘	1994	连云港电视台、东海县委、县政府	1995年获第11届江苏省优秀电视剧奖第一名、1996年获江苏省第二届“五个一工程奖”
11	山妹	1995	连云港电视台	江苏电视台、连云港电视台播出
12	五九看柳	1996	连云港电视台、东海县委、县政府	1997年获全国第15届电视剧金鹰奖进取奖、最佳单本戏曲电视剧三等奖
13	青春波尔卡	1998	连云港电视台、北京电视台	1998年获江苏省第三届“五个一工程奖”
14	海边来的孩子	1998	连云港电视台、中央电视台	1999年获第15届江苏省优秀电视剧奖、第19届全国电视剧飞天奖三等奖、2000年获江苏省第四届“五个一工程奖”
15	暖流	1999	连云港电视台	江苏电视台、连云港电视台播出
16	爱的本色	2000	连云港电视台	2002年江苏省长篇电视剧二等奖
17	七彩瓜瓜园	2001	连云港电视台	2002年获团中央“五个一工程奖”、2003年获江苏省第五届“五个一工程奖”

续表 34-5

序号	剧　名	生产年份	拍摄单位	获奖或播出情况
18	平民大总统	2002	连云港电视台、江苏电视台	2002 年获全国第 20 届电视剧“金鹰奖”中篇提名奖、2003 年江苏省第五届“五个一工程奖”
19	乡里乡亲	2002	连云港电视台	2003 年获江苏省优秀电视剧奖
20	非典型家庭	2003	连云港电视台	连云港电视台播出
21	戒指	2005	连云港电视台、市委宣传部	2005 年获江苏省“金凤凰”电视剧特别奖
22	小金猴巧遇石爷爷	2005	连云港电视台	系列片

1985～2005 年连云港电视台获中国广播电视奖作品一览表

表 34-6

序号	作　品	类　别	主创人员	获奖年度及奖项	备注
1	罪与罚	电视剧	戴国邦　沈新　王光彪等	1990 年获全国电视剧飞天奖提名奖	广播电影电视部
2	变化中的中国——连云港	栏目	连云港电视台对外部	1997 年获中国外宣金桥奖提名奖	国务院新闻办公室
3	退休以后	专题	单振林　车敬义　赵云山　杨德功	1997 年获中国外宣金桥奖提名奖	国务院新闻办公室
4	水晶奇石	专题	赵云山　胡长春　单振林　杨德功　昌东明	1997 年获中国外宣金桥奖”提名奖	国务院新闻办公室
5	异国一家人	专题	赵云山　胡长春　单振林　杨德功　昌东明	1997 年获中国外宣金桥奖提名奖	国务院新闻办公室
6	走不出江南	文艺（MTV）	张树扬　张琦等	1998 年获中国电视文艺星光奖二等奖	中国广播电视学会
7	港城呼唤大旅游	社教	徐孝枫　宋洪新　昌东明	1999 年获中国广电新闻三等奖	国家广播电影电视总局
8	海边来的孩子	电视剧	杨增泰　张琦等	1999 年获全国电视剧飞天奖三等奖	国家广播电影电视总局
9	浪漫夏日	播音主持	邢　颖	1999 年全国广播电视三等奖	中国广播电视学会
10	打工教练	纪录片	徐　娜　李家岭	2002 年获中国外宣金桥奖二等奖	国务院新闻办公室
11	留住三峡的人	文艺	宫海洋等	2003 年获中国电视文艺星光奖二等奖	中国广播电视协会

连云港市志

第三十五卷　文　博

连云港地区拥有悠久而灿烂的历史文化。桃花涧遗址、大贤庄遗址等旧石器时代晚期遗址的发现，证明连云港地区在四五万年前已有人类活动踪迹；二涧遗址、大伊山石棺墓证实6500年前当地受山东北辛文化和苏北青莲岗文化影响，形成独特的地域文化；以藤花落遗址为代表的新石器时代遗址的发现，揭示出连云港地区具有当时比较先进的城市文明。至2005年，连云港地区发现新石器时代遗址20余处，其中大伊山石棺墓是中国迄今发现最早的石棺墓。这里发掘大量汉代古墓葬，出土许多精美的汉代文物。东海县温泉镇尹湾村出土的西汉东海郡简牍是中国现存唯一的西汉郡级地方行政文书档案，西汉晚期东连岛“东海琅琊郡界域”刻石是中国迄今发现的唯一的汉代界域刻石。全市发现石质文物150余处，其中公布为各级文保单位68处，内容涉及社会、经济、文化、军事、宗教、艺术、科技、地理、环保等诸多方面，时间纵贯5000年。至2005年底，连云港市有不可移动的地上、地下文物古迹500余处。其中，全国重点文物保护单位3处、省级文物保护单位17处。将军崖岩画是中国最古老的新石器时代岩画，也是唯一反映远古农业部落祭祀内容的岩画；孔望山摩崖造像是中国最早的佛教艺术石窟，比敦煌莫高窟早300年。

改革开放以后，连云港市全面推进历史文化遗产保护工作。1984年4月至1985年10月，市政府组织力量在全市范围进行一次大规模文物普查，基本勾勒出连云港市历史发展的基本脉络。普查中发现的重要文物古迹，相继被公布为各级文物保护单位。以此次文物普查为契机，全市积极宣传和贯彻执行《中华人民共和国文物保护法》，做好文物法律、法规的宣传普及。各县区相继成立文物保护管理机构和文物收藏陈列单位，建立市、县、乡三级文物保护网络。1997年，连云港市将军崖岩画、孔望山摩崖造像和海清寺塔文物保护研究所相继成立，加强对文物的保护和研究。市、县博物馆加强硬件设施建设，积极丰富壮大馆藏，多层次、全方位展示连云港历史文化。2005年底，市博物馆馆藏各类文物1.6万余件，其中一级文物10件、二级文物84件。

第一章 遗 址

连云港市有被列为全国文物保护单位的遗址1处、省文物保护单位的遗址4处、市文物保护单位遗址14处，还有不少遗址被列为县、区文物保护单位。这些遗址遗迹涉及政治、宗教、军事、科技、农业、工业、建筑、交通、水利等领域，印证了连云港地区悠久的历史和灿烂的文明。被评为2000年度中国考古十大新发现的藤花落遗址，是江苏省发现的第一座龙山时代城址，也是中国迄今发现的第一座具有内外城两重城墙结构的史前城址。

第一节 史前遗址

一、桃花涧遗址

位于海州区锦屏镇桃花村锦屏山南麓桃花涧西侧，其中包含位于将军崖岩画南侧80米的将军崖旧石器时代晚期细石器文化遗址。遗址坡积物厚约2米，面积约5000平方米，1979年发现。通过采集和试掘，石器标本有舟状石核、两极石核、漏斗状石核、半锥体石核、刮削器、尖状器、人工石片和小石叶等。据中国科学院古脊椎动物与古人类研究所鉴定，标本为旧石器时代晚期文化遗存，是当时发现的中国东部沿海地区唯一含有小石叶的遗址，对研究古文化发展和古人类迁徙有重要意义。1982年被公布为连云港市第一批文物保护单位。2004年10月，南京博物院、连云港市文管办、连云港市博物馆联合对距桃花涧遗址西南约300米的将军崖旧石器时代晚期细石器文化遗址进行调查、发掘，探明遗址面积2万平方米，发现1处石铺生活面、2处很可能属于灶坑的遗迹，找到了产出石制品的原生层位，采掘出土石制品1500件。经专家考证，桃花涧是中国东部沿海地区唯一的有明确层位关系的旧石器时代遗址，反映了四五万年前古人类的生活情况。

二、大贤庄遗址

位于东海县山左口乡。1978年9月，江苏省旧石器时代考古训练班在此采集到252件石器标本。1984年春，考古工作者又在何山头、南山、石碑、港顶子等地采集到159件石器标本。石器类型具有山西沁水下川细石器的风貌，属于旧石器时代晚期的文化遗物。其中一件与磨光石斧器形相同而无磨制痕迹的打制石斧，明显反映出从旧石器时代向新石器时代过渡的特征，距今约1.6万～1万年。该遗址的发现，不仅揭开了苏北鲁南近海地区旧石器文化考古的序幕，也填补了江苏省旧石器文化考古空白。1995年4月被公布为江苏省第四批文物保护单位。

图35-1 大贤庄遗址　　　　赵鸣 摄于2004年

三、大伊山遗址

位于灌云县伊山镇任庄村大伊山东麓的青风岭上，海拔高度8米。1981年11月，伊山乡砖瓦厂工人在此取土时，挖出一件磨光石斧，随即献交当地文化部门。根据出土器物特点判定，大伊山遗址属青莲岗文化，距今约6000多年。1995年4月被公布为江苏省第四批文物保护单位，1996年11月被公布为第四批全国重点文物保护单位。

四、大村遗址

位于新浦区花果山乡前云村，面积约2万平方米。1960年由江苏省文物工作队发掘。遗址文化层分上、中、下三层，从上至下依次为汉代文化层、周代文化层、新石器时代文化层。上层出土汉灰陶片、陶井圈及六朝青瓷片；中间层出土青铜鼎4件，最大一件口径48厘米、高55厘米，器身厚重，耳直立口沿上，颈周饰云雷纹，具晚商风格，为江苏出土最大的青铜鼎；下层出土陶器有鼎、盉杯、盘等，以砂质、泥质红陶为主，灰陶、黑陶次之。石器有斧、锛簇、砺石等，骨器有骨簇、骨锥，还发现几座被破坏的墓葬，死者头部均罩有红陶钵。1982年，遗址被公布为连云港市第一批文物保护单位。

三、小村遗址

位于新浦区花果山乡小村东，面积约4000平方米。遗址1977年试掘，文化层厚约2.5米，跨新石器、周、汉代，出土有新石器时代夹砂红陶，灰陶的鼎、豆、罐等残片，西周鬲足、豆柄，战国时期的几何印纹陶片，汉代绳纹瓦片等。1982年与大村遗址合并被公布为连云港市第一批文物保护单位。

六、二涧遗址

位于海州区锦屏山东麓南端的二涧口。发现于1958年。1959年11～12月、1960年3月28日至4月20日，江苏省文物工作队先后两次对遗址进行发掘，发掘总面积336平方米，清理属青莲岗文化墓葬7座，属龙山文化灰坑7个和1处烧土面，共出土重要文物100余件、陶片2500余片。遗址地表为汉代文化层，下层叠压着龙山文化层和青莲岗文化层。二涧遗址的发掘，从地层上解决了龙山文化与青莲岗文化的先后关系。1982年被公布为连云港市第一批文物保护单位。

七、朝阳遗址

位于连云区朝阳镇韩李村。发现于1975年。遗址面积近1万平方米，地表发现陶片、红烧土和鼎足等遗物。1976年春，经南京博物院发掘，发现地表之下即文化层，可分为早、中、晚三期。早期与邳县大墩子遗址的早期相当，中、晚期与大汶口文化中、晚期相当。出土陶器以夹砂红陶和泥质红陶为主，有少量灰陶和黑陶。朝阳遗址上承北辛文化，下接龙山文化，发展序列比较清楚。1982年被公布为连云港市第一批文物保护单位。

八、藤花落遗址

位于连云港经济技术开发区中云办事处西诸曹居委会南侧，南云台山和中云台山之间谷地的冲积平原上，面积40万平方米。为距今6000年前的龙山文化遗址。发现于1986年。1996年春，南京博物院、连云港市文管办、市博物馆组成考古队进行试掘。1998～2004年通过大面积钻探和发掘，发现龙山文化城址、城壕、大型台基、居住房址、大型红烧土祭祀遗存、道路、灰坑、灰沟、水沟、石埠头、水稻田及岳石文化的环壕、灰坑等遗迹，出土玉器、石器、陶器2000多件及碳化稻粒数百颗。藤花落古城由内外两道城垣组成，外城平面呈圆角长方形，由城墙、城壕、城门等组成，面积约14万平方米，周长1520米，用版筑和堆筑方法筑成。城墙中间有垄状凸起的墙芯，并开凿较浅的墙芯基槽，在墙芯中部和两侧均有粗壮的木桩加固，墙外两侧木桩均为规则的排桩。城壕在外城墙的外侧，宽7.5～8米、残深0.8米，内弧形壕壁，壕底凹圜。内城平面呈圆角方形，面积约4万平方米，周长806米。内城发现44座房址，有长方形单间房、双间房、排房、"回"字形房，所有房址都在内城之中。最具代表性的是内城居住区北发现的平面呈回字形的F26，外间面积109平方米、内间面积32.5平方米，墙基槽宽32～50厘米、深40厘米，基槽内墙柱洞密集，直径粗大，内间平面上还分布3块石块，房址南部正中还接有一条宽3.2米的道路。从它的形制与规模看，不是普通民居，而是一座与宗教、祭祀或其他大型集会活动有关的建筑设施，应为藤花落古城居民经常性的宗教类活动重要场所。遗址中还发现特定情形下的祭祀类活动遗迹。在古城南城门、大型红烧土广场和F45等处发现了分别埋置成人、孩童、猪遗骸的人祭坑和动物祭坑。北部内外城之间发现水田遗迹，由水田、水口、水沟组成，其土壤经江苏省农科院测试分析，含有大量的水稻植硅体。另在漂洗灰坑填土时发现炭化禾颗粒数百粒，经鉴定为粳稻。遗址出土的生产工具中石器特别发达，斧、锛、刀、镞、凿等形式多样，且大部分磨制极为精致。动物遗骸有猪、牛、羊、梅花鹿等，不见贝类等海洋生物遗骸。藤花落龙山时代遗址是国内保存最完好的内外城结构城垣遗址，因其重要性、代表性和特殊性，被评为“2000年度中国考古十大新发现”。2002年被公布为江苏省第五批文物保护单位。2003年11月至2004年4月第四次联合发掘，新发现房址、大型红烧土祭祀遗存、石板路等遗迹以及龙山文化时期的偶蹄类动物足迹、水田遗迹和北辛文化时期的遗存等。

九、陶湾遗址

位于海州区锦屏镇陶湾村西，为新石器时代、商周时期遗址。面积约8000平方米，1960年发掘。文化层厚约1.5米，出土有新石器时代夹砂红陶器和石器，商周时期的灰陶绳纹鬲足、几何印纹硬陶片和黑皮陶片等。1982年被公布为连云港市第一批文物保护单位。

十、马腰岭遗址

位于海州区锦屏镇陶湾村西北，为新石器时代、商周时期遗址，1960年调查发现。现存遗址是高出地面3米的土墩，南北长80米，东西宽30米，文化层厚约1米。遗址出土新石器时代泥质平底碗、夹砂红陶罐腹片，商周时期绳纹鬲足等，地表还曾采集到打制石器。1982年与陶湾遗址合并被公布为连云港市第一批文物保护单位。

十一、土船顶遗址

位于海州区朐阳街道园林村，为商周遗址。遗址面积约3500平方米，1981年发现。文化层厚约2米，地表采集到商周时期红陶及灰陶鬲足、鬲口、豆把残片和砺石、石斧以及几何印纹陶片等。遗址中含木炭，并有多处火烧痕迹。1982年被公布为连云港市第一批文物保护单位。

十二、九龙口遗址

位于海州区锦屏山九龙口下。遗址有2个圆形土墩，东墩在1957年出土战国编钟9只。整个遗址高出地面约3米，面积6平方米，考古采集到战国、商代陶器。1982年被公布为连云港市第一批文物保护单位。在1984年文物普查中，连云港市博物馆考古工作人员在遗址地表采集到几何印纹硬陶、软陶片数百片，还在遗址上发现俗称“藏军洞”的封土石室数座。

第二节　历史时期遗址

一、曲阳城遗址

位于东海县曲阳乡，因地处“淮曲之阳”而得名，为西汉遗址。城系夯土版筑而成，夯层、夹眼皆清晰可见。城形制略呈长方形，南北长约350米，东西宽约300米。城垣保存完好，城基宽15米，残高5～5.5米，东西北三面各有原城门的豁口，长50米，宽40米。城外未见壕沟遗迹，城内地面多汉代陶片。1995年4月被公布为江苏省第四批文物保护单位。

二、东海庙遗址

位于海州区孔望山南侧，为东汉遗址。据清《嘉庆海州直隶州志》引赵明诚《金石录》“东海庙碑”条记载，东海庙始建于东汉初，重建于汉永寿元年（155年），汉熹平元年（172年）重修，毁于宋金时期。在约1000平方米范围内可见大量东汉绳纹、弦纹板瓦、筒瓦及云纹瓦当。2001年在孔望山摩崖造像南50米、馒头石西10米，发掘出一条面阔7间约35米、进深3间约15米的建筑基槽，槽宽1.5～2.5米，柱洞直径0.4米以上，似为南北朝时期一大型宗教建筑基址，另出土4个汉代云纹瓦当和板瓦、筒瓦残件及大量南北朝至唐代遗物，可能是东海庙遗址的一部分。

三、东海县城遗址

位于新浦区南城镇东、西凤凰山之间，俗称南城，又称凤凰城，为南朝宋至清代遗址。南北朝时曾在此侨置青、冀二州及其郡县，隋至清为东海县治。清《嘉庆海州直隶州志》载，城始筑于南朝宋泰始六年（470年），“垒石为城，高八九尺”。又据明《隆庆海州志》载：“旧有大小二城，宋宝祐中贾似道献捷筑。西南二面控海，东北二面抵山，实为重镇，持此以胜金。大城连接小城，东西二面通为一城，周一十三里，皆砌以石，有东、南、北三门。明洪武元年（1368年）调官军镇守。……永乐十六年（1418年），淮安卫指挥佥事周得辛增高二尺五寸，并女墙高二丈二尺五寸，城铺二十五座。又有东南水关。东、西二门以南有池。”东海县城在明、清时皆有修缮，城墙局部易石为砖。清咸丰十一年（1861年）重修南门时，曾掘得石刻“宁海门”一块，宽六尺，高三尺，字径一尺五寸，上有“贞观十三年春魏征题”小字题款。清代中期以后，随着云台山与大陆相连，东海县城的战略地位逐渐降低，其防务渐废。城墙于1958年被拆去砖石，后陆续损毁。至1990年时，仅存位于东大街南首的南城门及附近长约14米的一段城墙，城内还保留着一条完好的古街道——东大街。

四、龙兴寺遗址

位于海州区朐阳街道孔望山村孔望山龙洞东侧山麓台地上，为唐至清代遗址。龙兴寺始建于唐神龙元年（705年），由于寺西石壁上有一天然石洞，传说有黄龙在此修炼飞升，遂有宋人题刻“龙洞”二字在洞的正上方。龙兴寺后改称龙洞庵，有大殿、山门、西配殿、南殿和僧舍等建筑，西配、南殿为文物展厅。1961年曾在龙洞庵下土层里出土了7尊石佛造像，其中有确切纪年的2尊，分别为北齐“武平二年”“武平三年”。可见，此处佛事更早于唐代。“文化大革命”中，龙洞庵建筑全部被毁。1979年在原址上重建山门、大殿、东西配殿、僧舍等，重开佛事。地属2002年被公布为江苏省第五批文物保护单位的龙洞摩崖石刻群范围内。

五、碓臼庵遗址

位于海州区锦屏山南麓将军崖西北250米处，为北宋至明代遗址。据清《嘉庆海州直隶州志》记载，庵建于北宋，毁于明代。遗址长12米，宽10米。基石上有高浮雕石虎2只，其下有“元祐二年”款；其西南侧3米崖壁上，刻有1龛，龛中有浮雕残佛像1尊；东南山崖上，有石臼1处。地属1988年公布的全国重点文物保护单位将军崖岩画保护范围内。

六、海清寺遗址

位于新浦区花果山乡大村水库东岸，始建年代不晚于北宋天圣元年（1023年），应与海清寺塔为同一寺院。据《花果山志》记载："清末民初尚有正殿五间、东西配殿各三间，山门巍峨，气势壮观。民国9年（1920年）春，曾在此开设海林小学。"1990～1998年维修海清寺塔散水坡、塔院道路时，曾在寺院内发现大量瓦砾，其中有唐、五代、宋代莲花纹瓦当、花卉纹滴水等建筑构件，有六朝至明清时期陶瓷片以及时代不详的石雕功德柱、僧人灵塔等遗物。1997年于海清寺塔正南方约30米处清理出一段大型青砖铺就的遗迹。2002年于海清寺塔正北方约20米处发现一覆莲纹石柱础，直径约40厘米，疑为原海清寺大殿遗物。因未做考古勘探，海清寺寺址整体布局已不甚清晰，唯存海清寺塔、海清寺石匾、海清寺井等遗迹，地属1982年被公布为江苏省第一批文物保护单位的海清寺塔范围内。

七、孔望山城遗址

位于海州区朐阳街道孔望山村。古城沿山脊而建，东西长640米，南北宽550米，总面积约29公顷。古城北城垣保存基本完整，沿孔望山山脊修建，宽度约2米，高1～3米；南城垣沿凤凰山山脊而建，较完整，宽度5～8米，高约4米；东、西城垣建在两山之间的空地上，以西城垣的保存状况最好，宽度约10米，高5米以上；东城垣除在孔望山东南山坡、山脚留有一段以及在山南果园内保存2个土堆外，其余部分地表已无存。从城垣断面上显示的叠压关系、城垣底部出土的瓷片、砌筑台阶的青砖以及城垣外筑有马面判断，此城筑于宋代，不是行政经济型的城市遗址，而是一座全国罕见的、保存较为完整的宋代军事城堡。1982年被公布为连云港市第一批文物保护单位。

八、刘志洲山宋金、宋蒙交战战场遗址

位于海州区锦屏镇岗嘴村、酒店村刘志洲山、哑巴山，为南宋遗址。遗迹保存有岩画、戍守城垣、炮台、船闸及零星题刻等。戍守城垣由巨石垒成，残存长约500米，宽4.7米，高约3米。其北端石上有3处岩画，刻船10艘。一处画面底部似有隶书题刻，字迹已漫漶。刘志洲山北坡还有"招信军""招信总部""苏总管"等零星题刻。1995年被公布为第四批江苏省文物保护单位。2004年2月，在此又陆续发现了4组船画石刻、1组楼阁石刻、1组人物石刻，另外还新发现多处有关"招信军""安淮军""咸淳七年"的题刻及有关金国、金人等文字题刻。据岩画所刻船只形制及"招信军"等题刻，并伴有大量宋金遗物，再考南宋初期金兵三围海州、海州军民奋起抵抗、李宝水师"锚泊东海"助战以及宋蒙在海州的战事等史实，证明刘志洲山、哑巴山一带是宋金、宋蒙交战战场遗址。

哑巴山炮台遗址 位于哑巴山东南端山嘴。筑于宋金之际。尚存炮槽半座，长1.7米、残宽0.2米、深0.75米，呈半圆形。东侧尚有架炮台一处，长0.17米、宽0.13米、深0.08米。1995年纳于刘志洲山宋金交战战场遗址内，被公布为第四批江苏省文物保护单位。

九、三元宫遗址

位于新浦区花果山乡花果山青峰顶，为明至民国时期遗址，原名三元庙，祭祀三元大帝，后又有海宁寺、三官庙之名。因三元庙规制狭小，明万历十五年至二十四年（1587～1596年）山阳人谢淳毁家重修。清代和民国年间又多次修整。三元宫香火鼎盛时有僧众数百人，分住36所，各号房头。民国27年（1938年）6月，三元宫及其附属建筑毁于日本侵略军的飞机轰炸和焚烧。中华人民共和国成立后，云台山作为旅游景区对外开放，于1980年4月起在原址上重建三元宫及其附属建筑，有正殿5间、中殿3间、山门3间、东西配殿各3间，占地面积约560平方米。1993年更名

为海宁禅寺，伽蓝七堂俱备。2001年被公布为连云港市第三批文物保护单位。2005年新建钟楼、鼓楼和罗汉堂。

十、齐鲁会盟遗址

位于赣榆县班庄镇夹谷山西南麓，相传为春秋时齐鲁会盟之地。明代曾在此建圣人殿、圣化亭、夹谷书院。调查发现遗址面积约1500平方米，有齐鲁会盟碑1块。1993年被公布为连云港市第二批文物保护单位。

图 35-2　赣榆县孔子会齐侯处碑

吉志强　摄于2005年

十一、南固山烟墩遗址

位于连云区墟沟街道大巷居委会烟墩山顶，为明、清遗址，建于明洪武年间（1368～1398年），用于防倭。调查发现炮台1座，直径约10米，残高2米。护墙皆由花岗岩石块垒成，直径约40米，高1.5米，宽1米。清光绪二十一年（1895年），冯子材奉张之洞之命到墟沟一带办防，曾巡视于此。1993年被公布为连云港市第二批文物保护单位。

十二、悟道庵遗址

位于连云区宿城乡六竹园村黄茅顶，为明至清代遗址。悟道庵始建于明万历四十二年（1614年）。清光绪三年（1877年）重建，更名为三教寺。毁于民国27年（1938年）日本侵略军轰炸。此庵为典型的中国四合院式建筑群，坐北朝南，平面略呈正方形，山门和正殿建在一条南北中轴线上，两边各建有东西配殿，占地面积约400平方米。正殿、东西配殿均已倒塌，只剩下顶部已损坏的断壁。从遗址判断，悟道庵正殿为面阔三间12米、进深10米的硬山式建筑，东西配殿均为面阔三间10米、进深5米的硬山式建筑。山门门向173度，以石砌成，开单拱石门，呈拱形发券，门道宽1.3米，高2.05米，整个山门面阔三间12米、进深4米、残高4米。山门的门楣上嵌有汉白玉楷书“三教寺”匾额。山门顶部已毁，其过道两侧高开的窗洞显示山门的东西两厢是二层结构。山门内嵌东海悟道庵碑。庵前有千年银杏树2株。1993年与悟道庵石刻群合并被公布为连云港市第二批文物保护单位。

十三、汤沟酒窖遗址

位于灌南县汤沟镇汤沟酒厂院内，为明至清代遗址。始建于明代，清代陆续扩建，至今该酒窖仍在使用。占地面积200平方米，有房屋6间，内有老窖池口10个，每个窖池南北长3米，东西宽2米，深1.6米，是酿造汤沟美酒的最佳曲种之源。在窖池西5米有一井，名“香泉”，是酿酒的水源。井旁遗存明代大型石碾、石磨各一，在酒窖西南50米处，有一形似鳖状的池塘，名“鳖大汪”，后因香泉井水不足，又采用该池水酿酒。2001年被公布为连云港市第三批文物保护单位。

十四、大雾崖石城遗址

位于连云区朝阳乡太白涧南山大雾崖下。石城始筑于清咸丰十一年（1861年）八月，竣工于同治元年（1862年）正月。城依山势而筑，下临深潭，块石砌筑，南北长约500米，高1.2～3米，宽0.9～1.1米，正中留有一门，宽1.5米。城内崖头下有新县人张百川《雾崖石城记》刻石1处。1993年被公布为连云港市第二批文物保护单位。

十五、陇海公寓旧址

位于新浦区民主中路23号，民国14年（1925年）海州镇守使白宝山部退役营长雷鹤亭建。公寓为四合院式二层连体楼房，俗称“跑马楼”式，是连云港地区近现代建筑的代表。楼房为砖木结构，上下共23间客房，门面南向，面阔近20米，高约12米，占地面积200平方米。门面上端砌有山形壁饰，开发券拱门，门旁各有一圆柱为饰。门上匾额楷书“陇海公寓”，其东西两侧分别有“群贤毕至”“迎宾”和“少长咸集”匾额。天井中以青砖铺地，上为玻璃天窗，天井东北、西北各设木制楼梯，一楼无回廊，二楼设回廊。抗日战争时期中共长江局派张文海、伍志钢、谷牧、李欣等组建新编57军112师中共地下工委，并在此发展667团团长万毅等爱国官兵入党。1978年，陇海公寓改名新城旅社对外营业。1987年，连云港市委、市政府重新修缮，恢复原貌，并辟作市革命纪念馆。1993年被公布为连云港市第二批文物保护单位。2003年拆除，拟迁移至市革命纪念馆新址内保护。

第二章　墓　葬

连云港境内的早期墓葬以土坑墓和石棺墓为主，从其葬制、葬具及随葬器物分析，主要为青莲岗文化遗存。中华人民共和国成立后特别是1984年后，连云港地区的考古工作取得丰硕成果，其中以两汉墓葬的发掘成果最为显著，以新石器时代的大伊山石棺墓、西汉双龙汉墓和尹湾汉墓最具地域特色。大伊山石棺墓是国内迄今发现最早的石棺墓；双龙汉墓中发现的西汉湿身女尸，保存完好，可以与长沙马王堆汉墓中出土的女尸媲美；尹湾汉墓中出土了中国迄今发现最早、最完整的郡级行政文书档案。

第一节　史前及商周墓

一、大伊山石棺墓

图35-3　灌云县大伊山石棺墓　吉志强　摄于2001年

大伊山石棺墓位于灌云县伊山镇任庄村大伊山东麓青风岭大伊山遗址。1985年2月至1986年4月，南京博物院、连云港市博物馆和灌云县博物馆先后两次对遗址进行联合发掘，揭露面积500平方米，清理新石器时代墓葬66座，其中石棺墓64座，排列密集，大致成行，很像一个氏族的公共墓地。墓的葬式均作单人仰身直肢葬，死者头部覆盖红陶钵。多数墓有少量随葬品，共出土陶器、石器、玉器、骨器等150件。根据出土器物特点，大伊山石棺墓属青莲岗文化系统，距今6000多年，是国内迄今发现最早的石棺墓。1995年4月被公布为江苏省第四批文物保护单位，1996年11月被公布为第四批全国重点文物保护单位。

二、大村商周墓

位于新浦区花果山乡大村水库。1958年修筑大村水库时被发现，是年11月由江苏省文物工作队发掘。墓为2座土墩墓，没有发现棺椁。出土青铜鼎4件，鼎器身厚重，两耳直立于口沿上，足与器底相接处中空，足下端作马蹄形。器身与足均有突出的钩戟，以代替直棱。其中一鼎口径48厘米，为迄今江苏省境内发现的最大青铜鼎，其制作质朴，上下连为一体，中缺，足中空。鼎的饰纹比较疏简，除鼎颈上有一周云雷纹、颈上有两道弦纹外，器表其余部分皆朴素无纹，与商代铜器制作精工、花纹繁丽的作风不同，有着比较明显的西周早期铜器的特征，专家考证其为西周早期中原文化东移海滨的历史见证。1982年并入大村遗址被公布为连云港市第一批文物保护单位。

三、九龙口战国墓

位于海州区锦屏镇陶湾村锦屏山九龙口下，为战国时期墓葬。1957年发掘，叠压在九龙口商代文化层上层。地表为圆形土墩，直径9.5米，高3.7米，为竖穴土坑木椁墓，坑口长3.6米、宽2.1米、深3.4米，棺椁已朽。出土一套9只青铜编钟。1982年与九龙口遗址合并被公布为连云港市第一批文物保护单位。

四、孔望山西城门墓群

位于海州区孔望山西南麓孔望山古城西城门北侧10余米的土城墙下，地属1982年公布的连云港市第一批文物保护单位孔望山抗金古城保护范围内。2002年在解剖西城墙时发现。计有3座，构筑于孔望山西南一条南北向延伸、顶部较为平缓的岗地顶部，被古城墙叠压。编号为M2～M4。3墓分布较为集中，其时代从战国到西汉。

2号墓（M2） 位于三座墓的最东侧。为一同茔异穴墓，包括方向、形制相近的两个墓坑，因头向不明墓坑方向为116度或296度，分别编号为M2-1、M2-2，北侧的M2-1打破M2-2。M2-1、M2-2各有封土。M2-2封土仅存东南部，残高1.3米，经过夯打，夯层厚5～20厘米。封土内未见遗物。M2-1封土西部有一个盗洞。M2-1墓坑在封土下开口，竖穴，上半部为土坑，下半部为凿石坑，深2.1～2.2米。口部平面为长方形，长2.95米、宽2.65米。坑壁上直下稍斜。坑底部较平，中部稍下凹。底面亦呈长方形，长2.35米、宽2.2米。坑底南部有木棺痕迹，平面呈长方形，长2.3米、宽0.9米。棺内被盗扰，人骨架无存，也无遗物。在棺木北侧发现随葬品5件，集中放置于坑底北侧中部，摆放整齐、未经扰动，有夹砂红褐陶小壶、泥质灰褐陶罐各2件，漆耳杯1件（保存状态极差，未能取回）。M2-2墓坑大部被M2-1所叠压，仅东南隅在其自身封土之下，为竖穴，上半部为土坑，下半部为凿石坑，西部深2.6米、东部深2.3米。墓坑口部西高东低，平面呈长方形，长3.5米、宽2.45米。坑壁上直下稍斜。坑底略平，平面亦呈长方形，长3.08米、宽2.11～2.28米。坑底中部有两条平行的凿石凹槽，两凹槽方向与墓坑垂直，形制相同，平面呈长条形。这两个凹槽可能是放置垫木用，但未见木块。坑底北部残存棺木侧板痕迹和底板。木棺平面呈长方形，长2.49米、宽1米，内被盗扰，人骨架无存，仅在东南角发现残玉剑璏1件。木棺南侧为边厢，仅见板灰痕迹，平面呈长方形，长1.78米、宽0.58米，内部放置摆放整齐的随葬品22件，其中陶器有泥质灰陶壶、鼎各2件，钵、盘、泥质灰褐陶盒各1件，夹砂灰陶小壶3件，未能修复的罐、豆、杯、匙等共6件，漆器有可辨器形的耳杯3件、盒2件，不能辨形的器物1件。其年代为战国晚期。

3号墓（M3） 位于M2西，相距0.5米。其南侧封土遭现代取土破坏，现存北侧封土顶部平，残存厚度0.55～0.95米，未见遗物。M3的封土打破M2的封土。M3的墓坑开口于封土下，方向25°，竖穴，上半部为土坑，下半部为凿石坑，深1.04米。坑口平面略呈长方形，南部稍宽，长2.13～2.16米、宽1.28～1.36米。坑壁上直下稍斜。坑底较平，中部稍下凹，底面亦略呈长方形，长1.9～2.03米、宽1.24～1.34米。坑底发现木棺侧板、底板痕迹。木棺平面呈长方形，长1.8米、宽0.55米，内无人骨架。棺内有随葬品7件，除1件置于馆的中部外，其余均集中摆放于棺北侧。棺外东侧另有随葬品3件。这些随葬品中石器有黛板、拭各1件，陶器有泥质灰褐陶罐3件，铜器有镜1件、钱若干，铁器有环首削1件，骨器有簪1件，以及漆器1件。其年代为西汉。

4号墓（M4） 位于M3西南侧。封土已遭现代取土破坏。墓坑口部呈长方形，长3.04米、宽1.51～1.55米。坑壁直壁稍斜。墓坑上半部为土坑，下半部0.45米为凿石坑，深1.13米。坑底部平坦，底面略呈长方形，长3.01米、宽1.51～1.52米。方向28度。坑内棺具已腐烂，仅保留不规则形板灰痕迹，板灰范围内发现粘连一体的铜钱2枚，其北侧有陶罐2件。其年代为西汉。

第二节　汉　墓

一、霍贺墓

位于海州区网疃庄小礁山北麓，为西汉晚期霍贺及其妻合葬墓。1973年3月，由南京博物院发掘。墓由墓坑、椁室、木棺3部分组成，墓坑为竖井式，椁室用楸木块拼构。室置两棺。随葬品90余件，有漆奁、漆耳环、漆案、木砚盒、鸠杖、铜镜、印章、铜饰件、铁剑、铁环首书刀、铅丸、釉陶壶等，其中一环首书刀，近环首处阴刻“宜官朒二千石”6字，为确定墓主身份提供了依据。1982年并入海州古墓葬群被公布为连云港市第一批文物保护单位。

二、侍其繇墓

位于海州区网疃庄小礁山东麓，为西汉晚期侍其繇及其妻合葬墓。1973年12月，当地农民在挖土时发现，由南京博物院发掘清理。墓由墓坑、木椁、木棺组成。墓坑内置2椁2棺，南北并列，皆长方形，东西向。随葬品102件，以漆木器为主，另外还有铜壶、铜镜、带钩、五铢钱、玉眼盖、玉鼻塞和陶器以及竹筒残片、栗子、枣核等物；龟钮银印1枚，长宽各为1.4厘米，印面有“侍其繇”3字阴刻篆书，证明墓主人为俸禄2000石的官吏。1982年并入海州古墓葬群被公布为连云港市第一批文物保护单位。

三、白鸽涧墓群

位于海州区朐阳街道园林村南白鸽涧北，为西汉墓葬群。1985年、1998年、2004年在此先后勘查发现汉墓6座。1985年发掘2座竖穴土坑木椁墓，出土西汉釉陶器、丝织带、竹筲等。地属1982年公布的连云港市第一批文物保护单位海州古墓葬群范围内。

白鸽涧2004年汉墓 位于园林村白鸽涧一民居庭院下。为竖穴土坑木椁夫妻合葬墓。其中一口棺具长2.4米、宽0.8米，另一口棺具长2.6米、宽0.55米。出土有笄、铜镜、五铢钱、石黛板等。初步判断时代为西汉后期。

四、锦屏林场果园墓群

位于海州区孔望山西麓锦屏林场驻地果园，为西汉墓葬群，已探得4座。1980年发掘2座西汉晚期竖穴土坑木椁墓，棺椁已朽。1号墓出土西汉釉陶器，2号墓出土陶马俑、彩绘虎纹黛板盒等。1982年并入海州古墓葬群被公布为连云港市第一批文物保护单位。

五、孔望山墓群

位于海州区孔望山南麓石象东侧水池附近梨园中，为西汉墓葬群。1986年在此勘查发现多座汉墓。已发掘2座竖穴土坑木椁墓，出土木俑若干及西汉釉陶器一批。地属1982年公布的连云港市第一批文物保护单位海州古墓葬群范围内。

六、石棚山墓群

位于海州区朐阳街道网疃村、双龙村石棚山附近，为西汉墓葬群。1983～2002年，经多次勘查发现近20座汉墓。先后发掘了8座，其中有单人墓和夫妻合葬墓，均为竖穴土坑木椁墓，出土了西汉中、晚期遗物，有铜镜、木俑、釉陶罐、壶、丝织品、五铢钱等。地属1982年公布的连云港市第一批文物保护单位海州古墓葬群范围内。

双龙汉墓　位于双龙村花园路北首。2002年7月7日修筑花园路时发现，7月8～19日进行抢救性发掘，共有墓葬2座，编号为M1、M2。两处墓葬分别出土了一批汉代遗物，特别是编号为M1的墓葬出土了一具保存完好的汉代女尸——“凌惠平”。这也是中国境内出土的第三具汉代马王堆类型湿尸。

图35-4　2002年7月9日，海州区一处大型汉墓中发现保存完好的汉代女尸。图为发掘现场。　侍志　摄

M1开口距地表3.2米，底至基岩，为二椁四棺竖穴土坑墓，平面呈“刀”字型，墓向100度，墓口已破坏至椁室盖板。墓室东西长4.2米、南北宽3.6米、残深1.5米，头向东偏南10度。椁室周围填充10余厘米宽的青膏泥。墓室内置二椁室即北椁室和南椁室。椁室均有脚厢，但未见随葬品。北椁室内置棺3具，由南往北编号为1、2、3号棺，其中2号棺为男性，其椁板上刻有“东公”隶书，3号棺内出土了“凌惠平”女尸；南椁室略小，单置4号棺。4具棺木中，3号棺保存最完整，其他棺内的顶板均有不同程度损坏，1号、4号棺内遗骸均已腐朽，2号棺则保存完整。该墓葬葬式为仰身直肢葬，随葬品也较为丰富。其中，1号棺出土一件女木俑，还出土了连弧纹铜镜、铜钱等。2号棺出土一批木牍，主要是名谒，另出有铁剑、毛笔、板研、梳篦及铜镜、龟钮印、桥钮印、五铢钱等。出土的名谒上记载了河南太守、河南都尉、东海太守、弘农太守曾派下属拜谒墓主人，显示墓主人身份不低。3号棺内出土有漆方盒、线绕、彩绘尺、针筒、梳篦、衣物疏及铜四乳四螭镜、带皮绶龟钮印等。龟钮铜印印文清晰，为“凌氏惠平”。4号棺出土一套七子漆奁盒、铜钱、木梳等。

M2位于M1东南约2.5米，为竖穴土坑一椁双棺一脚厢夫妻合葬墓，平面呈长方形。墓向300度。墓室长2.8米、宽1.66米、深2.2米。椁与棺严重腐朽，遗骸已腐烂。脚厢内出土木俑，棺内出土铜钱、铜镜、铁剑、漆绘方奁、纱冠等。依据出土文物判断，M2时代为西汉中晚期至新莽时期。

戴胜墓 位于双龙村南门外。1975年10月发掘，西汉竖穴土坑木椁墓，出土青玉猪一对、玉剑璲、铜印各一件。印文"戴胜之印"。

七、尹湾汉墓

位于东海县温泉镇尹湾村西南，为汉代墓葬群，面积约2500平方米。此处原有人工堆积的若干封土，经长年演变而成高岭，海拔54米。1993年发现墓葬11座，发掘6座，2004年发掘2座均为竖穴石坑木椁墓，分合葬、单葬两种。墓坑构筑在基岩上，有椁有棺，有的还有边、足厢，出土文物丰富，计有漆、木、陶、铜、铁器200余件。2002年尹湾汉墓被公布为江苏省第五批文物保护单位。

1号墓 位于墓群东南侧。1993年发掘，早年被盗，棺椁已朽。出土铜博山炉、盘、砚、刷、釉陶壶、龙凤牛角饰、骨簪以及五铢钱227枚、"货泉" 23枚等。

2号墓 距1号墓西北2米。1993年发掘，椁已朽，棺为整段楸木刳制而成。墓主身上覆盖缯绣衾被2层，全身裹殓衣、丝织品10余层。出土铜镜、书刀以及"大泉五十" 钱币98枚。

3号墓 距2号墓东北3米。1993年发掘，为夫妻合葬墓，早年被盗，破坏严重，并有焚烧痕迹，仅出土玉肛塞1件及五铢钱数枚。

4号墓 距3号墓西偏北15米。1993年发掘，为夫妻合葬墓，椁已朽，棺局部坍塌，出土铜盘、镜、饰件、钉、"大泉五十" 钱币36枚及釉陶壶等。

5号墓 距4号墓东南10米。1993年发掘，为夫妻合葬墓，早年被盗，墓室已被破坏殆尽，棺椁、尸骨均已朽，仅出土铜镜1面。

6号墓 位于5号墓西北4.5米。1993年发掘。墓室由一椁二棺一足厢组成。足厢中随葬品丰富，有铜樽、盘、带钩、书刀、五铢钱162枚、铁剑、刀、釉陶壶、瓿、持盾俑、女侍俑、漆耳杯、水盂、勺、竹笥、木蝉、梳、篦、面罩、枕、印、木雕虎头、毛笔、玉蝉、琉璃璧以及竹简133枚、木牍24块共约4万字。其中，竹简有《神乌傅》《元延二年日记》《刑德行时》《行道吉凶》；木牍有《集簿》《东海郡吏员簿》《东海郡下辖长吏名籍》《东海郡下辖长吏不在署未到官者名籍》《东海郡属吏设置簿》《永始四年武库兵车器集簿》《赠钱名籍》《礼钱簿》《神龟占·六甲占雨》《博局占》《元延元年历谱》《元延三年历谱》《君兄衣物疏》《君兄缯方缇中物疏·君兄节笥小物疏》以及名谒等等。这批简牍内容十分丰富，反映了西汉末年政治、经济、军事及社会生活的各方面，多属首次发现。它是中国迄今发现年代最早、内容最完整的郡级行政文书档案。其中，元延三年（前10年）五月历谱是中国迄今所发现最早的完整日书。从简牍中得知墓主人姓名师饶，字君兄，曾任东海郡五官椽、功曹史等，葬于元延三年。这些简牍得到了国内著名学者的高度评价，并被列为1995年度全国社科基金资助项目，1998年9月还被邮电部作为特种邮票《中国古代档案珍藏》的图案之一。

7号墓 距5号墓东南8米。2004年12月发掘，因被盗掘和扰乱，未出土文物。

8号墓 距5号墓西北7米。2004年12月发掘，因被盗掘和扰乱，未出土文物。

八、网疃公墓区墓群

位于海州区朐阳街道网疃村公墓区内，为西汉墓葬群。1964年发掘一墓，出土黄玉猪一对。

1981年发掘一座竖穴土坑木椁夫妇合葬墓，棺具用整段楸木刳空而成，出土釉陶壶、罐、五铢钱和丝织品等。1996年调查发现10余座汉墓。1997年清理一座西汉土坑木椁墓，出土龙头铜刷、铁书刀、牛角发夹、砚台、毛笔头、硬笔头以及五铢钱等。地属1982年公布的连云港市第一批文物保护单位海州古墓葬群范围内。

九、小礁山墓群

位于海州区朐阳街道网疃村小礁山北坡台地，为西汉墓葬群。1992年发掘一座竖穴土坑木椁夫妻合葬墓。墓坑为长方形，东西宽2.95米，南北长3.75米。棺用整段楸木刳成，椁板为楸木制成。仰身直肢葬式。经鉴定，两棺内骨骼均系老年。墓内出土20余件遗物，有漆鞘铁剑、书刀、漆奁盒、耳杯、回纹铜镜等。地属1982年公布的连云港市第一批文物保护单位海州古墓葬群范围内。

十、饮马池西汉墓

位于海州古城东门外市制砖厂东南坡，1998年发掘，为西汉竖穴土坑木椁墓，一棺一边厢。棺用整段楸木刳空而成，尸骨已朽。边厢出土釉陶器9件、漆器3件。地属1982年公布的连云港市第一批文物保护单位海州古墓葬群范围内。

十一、张庄西汉墓

位于海州区朐阳街道网疃村张庄，1981年清理，为西汉中晚期竖穴土坑木椁墓，出土铜镜、木俑等。1982年并入海州古墓葬群被公布为连云港市第一批文物保护单位。

十二、吴窑墓群

位于海州区朐阳街道孔望山村吴窑，为西汉中晚期墓葬群。1980～1997年发现古墓15座。1984年发掘3座。2000年7月27日至8月4日，为配合高速公路建设，市文管办、博物馆对孔望山村吴窑水库西岸高速公路取土场进行考古调查，清理西汉早期墓4座、宋代石筑水井1眼。西汉早期墓均为竖穴土坑木椁墓，墓坑呈长方形，单人葬，棺椁均已朽。棺内文物多残朽，仅见一残损铁剑。棺椁外出土有灰陶罐、瓮残片。地属1982年公布的连云港市第一批文物保护单位海州古墓葬群范围内。

十三、海州制砖厂墓群（汉墓）

位于海州区南门外市制砖厂（大成窑厂）院内和海州南门制砖厂（南门砖厂）院内，为西汉（含新莽）、东汉、西晋、五代十国、宋代墓葬群。20世纪80年代后，先后在此发掘汉墓9座、西晋墓1座、五代十国墓2座、宋墓数十座。1982年并入海州古墓葬群被公布为连云港市第一批文物保护单位。

西汉3号墓 位于南门制砖厂院内、市制砖厂北侧，叠压在古海州城城壕下。1986年清理，依发掘次序编号为M3，为西汉中晚期竖穴土坑木椁夫妻合葬墓。墓坑东西长3.15米，南北宽2.1米。两棺均存骨骼，头向295度，出土铜镜、木梳、铁剑、书刀等遗物7件。

西汉4号墓 位于南门制砖厂院内。1988年清理，依发掘次序编号为M4，为西汉中晚期竖穴土坑木椁夫妻合葬墓，存有骨骼，头向120度，出土釉陶壶、瓿、木俑、铁剑、玉带钩等遗物10余件。

市制砖厂汉墓 位于市制砖厂院内。1996年清理，为竖穴土坑木椁夫妻合葬墓。男性棺内骨骸较完整，出土时尸身上还留有丝织物残迹，脚下有一双已腐烂的麻草脚鞋，出有残铁剑、书刀、木衣物券、竹头簪、五铢钱等；女棺内尸骨已朽，出木梳、五铢钱等。

市制砖厂新莽墓 位于市制砖厂院内的三道崖，叠压在古海州城城墙外郭下。1990年9月发现竖穴土坑木椁墓3座，其中2座已遭破坏。一座完整者为竖穴土坑木椁墓，一棺一边厢。棺内出土"大泉五十"铜钱24枚以及边廓上带一周朱绘纹饰的木刀、木剑各一；边厢内出土"大泉五十"铜钱32枚以及名刺2件，其中一件名刺上有墨书"孙[望]"字样。墓葬时代当为新莽时期。

东汉2号墓 位于南门制砖厂院内。1981年发掘，为东汉晚期砖石结构墓葬，依发掘次序编号为M2。墓葬由甬道、前室、后室三部分组成，东西长7米，南北宽3.12米。甬道为斜坡式土筑。前室平面呈正方形，顶为四隅卷进式构造。后室平面作长方形，顶以13块块石逐步内收垒砌而成。墓门向西，开于前室西壁，以两块石封门，封门石外有砖砌门垛，上置条石为额，下置垫石为础。前后室有门相通。门由两块条石作立柱，上置条石作楣，门柱与楣间有凿槽咬合，后室东西两壁皆有石柱，柱下有础。墓底以砖铺作人字形纹，墓顶用砖石迭砌，墓壁系采用一顺一丁法以青砖砌成。墓内葬具已朽烂，随葬品有铜弩机4件、辟邪1件和大量鹅卵石。据出土文物推断，此墓大致筑于东汉晚期。这种砖石结构东汉晚期墓，在连云港市属首次发现。1982年被公布为连云港市第一批文物保护单位，名"东汉2号墓"。

市制砖厂汉画像石墓 位于南门制砖厂院内。1984年发掘，东汉画像石墓，已遭毁。出土门阙、铺首纹画像石4块、铜镜1面。

十四、孔望山北侧东汉墓

位于海州区新建东路北侧、市纺织厂南围墙外，1995年发掘，系东汉竖穴土坑木椁墓。墓开口于地表下约4米，墓主为一男性。在棺外棺面上死者头部位置出土一陶罐。棺内出土一柄残铁剑和少量五铢钱。地属1982年公布的连云港市第一批文物保护单位海州古墓葬群范围内。

十五、网疃东汉墓群

位于海州区朐阳街道网疃村。1997年调查发现2座东汉长方形券顶砖室墓，其中一座墓顶已塌，采集到东汉花纹砖等。地属1982年公布的连云港市第一批文物保护单位海州古墓葬群范围内。

第三节 魏晋至近现代墓

一、海州唐墓

位于海州东门外。1979年春发掘，出土木俑一组4件，其中木骑马俑1件、侍俑3件。1982年并入海州古墓葬群被公布为连云港市第一批文物保护单位。

二、玉带河吴大和五年王氏墓

位于海州城东门外北的玉带河南岸。1956年冬在玉带河裁弯取直工程中发现。是年12月9～14日，江苏省文物管理委员会组织人员进行发掘清理。砖室结构，门南向，墓室长7.7米、宽2.75～2.85米。室内有龛12个，东西壁各5龛，北壁2龛，龛呈凸字形。殉葬品以瓷器、木制品和金属制品为主。据出土的墓志载，死者为太原县君王氏夫人。1982年并入海州古墓葬群被公布为连云港市第一批文物保护单位。

三、园林墓群

位于海州区朐阳街道园林村锦屏山北坡，为五代十国、北宋墓葬群，1982年发掘。在东西长15米、南北宽25米范围内发掘出4座五代十国至北宋时期墓葬。1982年并入海州古墓葬群被公布为连云港市第一批文物保护单位。

1号墓 位于墓群之南。南唐时墓。为近长方形砖壁石顶墓，墓内木棺及骨架已残朽，墓主为女性。出土青瓷执壶、白瓷碗、盂、盒、釉陶罐、枕、漆茶托、银手镯、发钗、“官都省铜坊”铜镜及“开元通宝”铜钱等。

2号墓 位于1号墓东。北宋时期墓葬。为前后室砖墓，前室平面近椭圆形，东侧附有一小耳室。后室为长方形。墓内有木棺一具，出土影青瓷盏托、菩萨头像、碗、釉陶枕、陶砚、铜镜及“太平通宝”“天禧通宝”铜钱17枚。

3号墓 位于1号墓西北。为长方形砖壁石顶墓。墓无前壁，其余三壁用乱砖叠砌，很不规整，墓顶盖以4块大石，无铺地砖，未见人骨架，仅在墓外西南角有一残破的泥质灰陶盆。

4号墓 位于1号墓北20米。为北宋初墓。为带短甬道前后室砖墓，前室近圆形，直径1.67米，以3块长方形石封门。后室为长方形，长1.89米，宽1.03米，用一块石封堵。前后室皆以碎砖乱石迭砌而成。墓顶已遭破坏。墓内有木棺一具，骨架散乱于前后室，为男性，出土影青瓷碗、白瓷碗、釉陶罐、碗、陶盆、钵、银发钗、毬纹铜镜及“开元通宝”铜钱等。

四、海州制砖厂墓群（宋墓）

位于海州古城东门外市制砖厂院内，为西汉、东汉、西晋、五代十国、宋代墓葬群，以宋墓为多。墓地原是一高出地面约2～3米的黄土岭。1973年8月，南京博物院和连云港市博物馆相继对该墓地内数十座宋墓进行发掘与清理。墓葬均系砖室，墓室平面除少数是腰鼓形或椭圆形外，其余皆作长方形券顶，墓壁多用长条形素面砖并以“三顺一丁”式砌造而成。随葬品中以瓷器居多，几乎包括了宋代的各个窑口，从而从侧面反映海州确是唐宋时期较为重要的交通和商品贸易中心之一。1982年并入海州古墓葬群被公布为连云港市第一批文物保护单位。

五、新海发电厂墓群

位于海州区新建西路北新海发电厂院内。为汉、宋代墓葬群，以宋墓为多。1986年发现。出土耀州窑瓷盏等大量宋代瓷器。另外，还发现一口小井，内有人骨1具和1罐宋代铜钱，铜钱重2千克。地属1982年公布的连云港市第一批文物保护单位海州古墓葬群范围内。

六、白虎山宋墓

位于海州区白虎山南麓。1996年发掘，为宋代长方形券顶砖室墓。墓壁用砖“三顺一丁”砌造。南北两壁有砖雕直棂假窗。墓内出土酱釉碗等。地属1982年公布的连云港市第一批文物保护单位海州古墓葬群范围内。

七、青龙涧北宋墓

位于海州区白虎山北麓青龙涧南侧。1998年4月清理，为北宋晚期砖室墓。墓距地面3.3米。

墓穴呈长方形，用青砖“一顺一丁”砌就。墓顶用10块精细加工的长条石铺平。夯土做底，未铺砖。棺内有骨架，已朽，为女性。出土陶瓷器6件、石器1件、漆木器5件、金属器4件。地属1982年公布的连云港市第一批文物保护单位海州古墓葬群范围内。

八、吴窑宋墓

位于海州区朐阳街道孔望山村吴窑，编号为吴窑1号墓、2号墓。1号墓1983年清理，出土巩县窑大瓷碗1件和景德镇窑、繁昌窑瓷器若干。2号墓为北宋夫妇合葬砖室墓，墓室面积约20平方米，地面平铺一层1000多枚“太平通宝”钱，出土白瓷、影青瓷片。地属1982年公布的连云港市第一批文物保护单位海州古墓葬群范围内。

九、涧西宋墓

位于海州区朐阳街道双龙村涧西组、朐阳门南100米。2001年3月清理，清理时墓口已残，开口距地表1.6米，为砖室墓。墓圹长240厘米，宽86厘米，内置砖砌墓室。墓室上盖青石板，四壁及底为砖构。墓室南端已遭挖掘机破坏，北端为委角。墓室内未见棺木及遗物。从其形制、结构判断，当为宋墓。地属1982年公布的连云港市第一批文物保护单位海州古墓葬群范围内。

十、双龙金墓

位于海州区朐阳街道双龙村涧西组，西距朐阳门约200米。2001年3月发掘，为竖穴土坑砖石结构夫妻合葬墓。墓圹内为砖砌墓椁。椁中为2个位置平行、尺寸相同的长方形棺室，墓砖皆顺铺，2个棺室相距60厘米。棺室内置石灰、石屑浇浆棺具工具，无棺盖，但出土时棺口表面有一层约1厘米的浇浆板。出土有金笄、金耳坠、银钏、银如意、铜镜、风字砚及“元丰通宝”“正隆元宝”铜钱等。此墓为连云港市境内首次发掘的金代墓葬。墓内出土的金质文物也是连云港地区首次正式发掘的金质饰品。地属1982年公布的连云港市第一批文物保护单位海州古墓葬群范围内。

十一、张朝瑞墓

位于海州区朐阳街道孔望山村凤凰山南麓。张朝瑞（约1536～1608年）字子祯，海州人，明隆庆年间进士，官至南京府丞、掌大鸿胪，被考核为“天下清官第一”。其墓《嘉庆海州直隶州志·墓冢》有载，现为民居所压。墓前神道两侧石兽大多被毁，市博物馆藏其石虎、石羊、石猴各1尊。1982年并入海州古墓葬群被公布为连云港市第一批文物保护单位。

十二、袁芳墓

位于海州区朐阳街道园林村园林水库旁，为明代砖墓，出土《淮阳海州袁君刘氏夫妇合葬墓志铭》，知墓主为袁芳。地属1982年公布的连云港市第一批文物保护单位海州古墓葬群范围内。

十三、证因和尚灵塔

位于海州区白虎山东麓青龙涧南。为清光绪年间僧人墓葬，1999年南园新村建设工地出土，现存碧霞寺内。灵塔用花岗岩雕作，喇嘛塔形。塔身为鼓礅形，高1米，腹径0.9米，上下端径0.6米。腹上有竖刻阴现碑文，碑文刻在一阳文壶门中，共三行：“光绪九年十二月穀旦”“证因大和尚果公玉灵”“阖镇监立”，楷书，字径5厘米。壶门上饰覆莲纹璎珞宝盖，下饰莲花为座。地属

1982年公布的连云港市第一批文物保护单位海州古墓葬群范围内。

第三章　石　刻

连云港境内多山，石材丰富，形成独特的石刻文化。远至8000年前的将军崖岩画，近至民国的石刻，数量众多，有数千处之多。主要形式有岩画、造像、石雕、摩崖石刻、碑刻等，内容涉及当时寺庙、学校、名人、盐业、政治、经济、文化、民俗等，具有很高的宗教、民俗、人文、历史、文学、书法和科学研究价值，是连云港古老历史文化的重要见证。其中，西汉晚期东连岛东海琅琊郡界域刻石是中国迄今发现唯一的汉代界域刻石，将军崖岩画是中国最古老的新石器时代岩画，孔望山佛教摩崖造像是中国最早的佛教艺术造像，比敦煌莫高窟早300年。

第一节　岩　画

一、将军崖岩画

位于海州区锦屏镇锦屏山南麓。岩画共有5组，面壁光滑，线条宽浅，有的断面呈撇口“U”形。经专家鉴定，距今约8000～10000年，是中国发现的最古老岩画，也是唯一反映农业部落生产、生活的石刻岩画。

第一组（A组）岩画，在山坡西侧，南北全长4.2米，宽2.8米，以人面和农作物及星云图案为主，编号为A1～A34。图案为阴线刻，刻痕一般深度为1厘米，最浅者0.4厘米，宽度在2～3厘米之间。其中人面像13个，最大的高90厘米、宽110厘米。人面多有头饰，以网纹为多，也有复线角纹和弦纹头饰。人面脸颊上多刻有杂乱斜横线条，眼睛用同心圆表示。这些人面像除A6为着裙人物外，大都无四肢，躯干仅用一根上至头顶经颔下的线条表示。而且都与下面的农作物图案衔接，农作物图案用由下向上的辐射状线条表示。

图35-5　将军崖岩画距今约8000～10000年，是中国发现最古老的岩画。　吉志强　摄于2003年

第二组（B组）岩画在山坡南侧，长9米，宽9米，以太阳、星象、子午线、类似兽面等图案为主，编号为B1～B97。其中，大多数兽面头向北偏东60度，刻痕宽平，最宽者4厘米，但较A组浅，刻痕上布满麻点状浅坑，为凿痕。在B组岩画的东部，兽面、动物头骨图案比较集中，数量也多。2个鸟头像清晰。在B组岩画西半部有大量的双圈圆点、单圈圆点以及圆点和线等符

号规律地分布成带状，长达6米，中间有短线将它分成4节，有的圆点后有短线相连，是一幅类星象图。B组岩画中央有3个呈三角形排列的太阳图案。在这组图案东部有一根长5.5米的人工刻线，宽约4厘米，经鉴定，系一根子午线。

第三组（C组）岩画在山坡顶部偏东侧，由人面、兽面和各种符号组成，编号是C1～C22。C组岩画中的4个人面像，2个有头饰，C21羽饰，C11倒三角饰；两个无头饰（C10、C3）。其表现手法与A组不同，用圆点和短线表示人的眼、鼻、口。

第四组（D组）岩画位于山坡前三组岩画中间，由三块大石头和地面的“米格”或“棋盘”图案组成。

将军崖岩画是汉族地区首次发现的岩画。岩画第一组人面纹A2、A3拓片作为中国最早的天文文物资料陈列于北京天文馆古观象台。1988年，将军崖岩画被公布为第三批全国重点文物保护单位。1990年，B组星象图（局部）模型作为中国最早的古代天文科技成果赴比利时布鲁塞尔、韩国汉城展出；将军崖岩画危岩加固工程列入国家“八五”时期文物抢救维修计划。1993～1996年，连云港市文管办联合中国文物研究所、南京工程兵工程学院对岩画进行大吨位预应力锚索加固。2003年5月，市将军崖岩画文保所工作人员对将军崖岩画例行检查时在岩画第二组东侧、第三组南侧新发现了类鱼形纹等图案。2004～2005年，连云港市文管办联合中国文物研究所对岩画表面进行防风化保护。

2005年3月，市将军崖岩画文保所工作人员在后小山顶部、距第一处岩画东南上方约100米处发现第五组岩画。第五组岩画刻在南北长9.7米、高0.55～1.7米的一块巨岩西侧面上，内容有人面、蹄形、星云、火焰形纹等图案及符号。这组岩画的制作方法、内容均与原有岩画极为相似。

二、刘志洲山石刻苑囿图

位于海州区锦屏镇岗嘴村刘志洲山南麓，刻于一块天然平整的石壁上。刻面长约6.3米，高0.6～1.6米，单线阴刻，刻绘亭院、楼阁、池塘、走兽、水禽、人物等图像，汉代岩画风格明显。所刻动物图像可辨有鸭、水鸟、鹿等禽兽。所刻亭阁为带斗拱式建筑，立于水面上。其亭阁形式与2000米外桃花涧出土的东汉画石像图像相似，因此推断其年代为汉代。1995年被公布为江苏省第四批文物保护单位。

三、刘志洲山岩画

前志[①]作“夹山船刻”。位于海州区锦屏镇岗嘴村刘志洲山北坡、东北坡、西坡，有船画、楼阁、官吏等图像。刻画船只20多艘，阴线刻，最大的长135厘米，最小的长17厘米。其中，小狙洞东南处3组1995年纳于刘志洲山宋金交战战场遗址内，被公布为第四批江苏省文物保护单位。楼阁建筑图岩画面向正南，画面由2幢建筑组成，一幢是两层楼阁，另一幢是单层建筑。官吏画像图画面阴刻一头戴幞头的宋代官员半身像，通高0.55米、宽0.46米，头部高0.23米、宽0.22米。

四、大伊山梅花鹿岩画

前志作“大伊山崖画”。位于灌云县伊山镇山西村东大伊山大山圩西侧绝壁上，俗称“梅鹿石”。该岩画刻于元皇庆二年（1313年），画面高1.1米，宽1.2米，分鹿画和铭文两部分。鹿刻于

① 本志所称前志，指2000年6月方志出版社出版的《连云港市志》。

图 35-6　灌云大伊山梅花鹿岩画　赵鸣　摄于1995年

画面右上部，鹿角为单枝，呈倒八字形，周身斑纹、短尾，行走状，高0.25米，长0.4米，阴线刻纹清晰流畅。鹿身后为铭文，从右至左竖排7行，共47字，楷书，字大小和排列不均，有些字迹已风化，字径6～10厘米。文曰“皇庆贰年正月二拾二日上山拜崖二月二十日折□□忍□推平余个刘长天也具有固喈□□打石一行弟兄四人”。1994年6月，灌云县博物馆在其下方建观赏平台一座。1995年4月对岩画进行保护。是年被公布为江苏省第四批文物保护单位。

第二节　造像　石雕

一、孔望山摩崖造像

位于海州区孔望山西南麓，依山崖的自然形势凿成。刻面东西长17米，上下高约8米，共105个造像。造像内容分为佛教造像、道教造像和世俗画3个方面。造像的雕凿技法主要有阴线刻、平面浅刻、浅浮雕、高浮雕等。据专家考证，摩崖造像雕刻于东汉桓帝、灵帝时期，是中国最早的佛教摩崖造像，比敦煌莫高窟早300年，对佛教史、美术史和中外关系史研究都有很高价值，被录入《世界古迹丛书〈中国卷〉》。

明清时，该造像就成为有名的人文景观，见于地方史志和登临者游赏后所留下的勒石题记和诗咏中。“孔望山石上有车辙马迹，峭壁岩嶙，有诸贤摩崖像，冠裳甚古，如读汉画”①的历史文献记载，反映了古人对孔望山摩崖造像内容与成像年代的初步认识和直观印象。1956年被列为江苏省省级文物保护单位。20世纪70年代末，连云港市博物馆通过对汉代朐县的社会背景、经济状况及孔望山摩崖造像布局、雕刻技法的分析，认为其主要内容是汉代画像石上常见的宴饮、乐舞、杂技之类题材，人物造像的冠式也具有明显汉代特征，并将其时代确定为东汉，引起考古界注目。1980年6月，中国历史博物馆研究员史树青首次指出孔望山摩崖造像含有佛教内容，是现存较早的摩崖石刻。是年，北京大学、中央美院和故宫博物院的著名专家学者，也都认为孔望山摩崖造像应该是中国较早的佛教遗迹之一。10月末，确认摩崖造像群是一组既有佛教内容又有道教内容的造像群，引

图 35-7　孔望山东汉摩崖石刻　赵鸣　摄于2003年

① 参见《嘉庆海州直隶州志·卷十一》

起中外学术界轰动和广泛研究。孔望山摩崖造像题材的重新鉴定被公认为是1980年中国考古五大成果之一。1981年4月，连云港市博物馆在北京举办孔望山摩崖造像小型展览，并举行高层次学术座谈会，形成孔望山摩崖造像属东汉晚期作品，有佛道内容、人物的汉式冠服、汉画像石式雕刻技法的主流意见。7月，《文物》刊载孔望山东汉摩崖造像消息与图片，中国佛教协会会长赵朴初看后，挥毫写下《孔望山东汉摩崖造像摄影观后题》七绝一首："海上丝绸路早开，阙文史实证摩崖。可能孔望山头像，及见流沙白马来。"提出孔望山摩崖造像证实了史籍没有载明的海上丝绸之路是从古代海州地区开始的卓见。1988年1月，国务院将孔望山摩崖造像公布为第三批全国重点文物保护单位。1990～1992年，孔望山摩崖造像危岩加固工程列入国家"八五"时期重点文物抢救维修计划并付诸实施。2000～2004年，中国历史博物馆与南京博物院、连云港市文管办、博物馆组成联合考古队对孔望山摩崖造像进行第二次全面调查，重新编号造像92个，认为造像群南150米处的圆雕石蟾蜍、造像群东约70米处的圆雕石象和带碑槽的馒头石，以及龙洞和位于山顶的杯盘刻石、石承露盘与孔望山摩崖造像时代风格相近且有着密切联系，当为同时期，可能都是东海庙遗物。2005年对造像表面进行了防风化保护。

二、伊芦山六神台佛教造像

前志作"六神台佛教造像"。位于灌云县伊芦乡毛场村南伊芦山西峰，俗称落神台、六神台，为唐宋时期佛教摩崖造像群。整个造像刻在六神台西南高约5米、宽约10米的峭壁上，共42尊，分2组。一组在六神台绝顶西南下1米处绝壁上约2平方米的石窟内，利用天然洞穴稍作加工而成。窟内东壁上有高浮雕像6尊，其中5尊为坐佛像、1尊为立姿力士像，通高均约50厘米，全部刻在高0.6米、宽约2米的神龛内。北面2尊已残毁不可辨；南面4尊保存良好，面目神态尚可看清。这6尊佛像即为俗称的六神。另一组造像位于石窟下1米处的峭壁上，分布在5平方米范围内，共计36尊。大部分已残毁，但仍可辨出是刻在大小不等的龛内，每龛3～8尊。佛造像用高浮雕，有坐有立，有的还有须弥座。有7个龛全毁，仅剩背光、须弥座。其间，有一处题刻曰"仙山方士"，楷书，字径约5厘米。在这组造像的顶部，有一"人"字形凿槽，两边基本对称，正好将这组造像罩住，可能是早年保护造像的木构窟檐遗迹。1988年3月被公布为灌云县第一批文物保护单位。1994年，连云港市文管办、灌云县博物馆对造像群周围勘查清理，在造像石壁底部清理出宋代砖砌供台和唐末风格瓦当、陶瓷器残片，证明此处为唐宋时期一座石窟寺遗址。1995年4月被公布为江苏省第四批文物保护单位。

图35-8 伊芦山六神台力士像
赵鸣 摄于1995年

三、石雕

石蟾蜍 位于孔望山造像群南150米，利用一块露出地表的山石圆雕而成。长2.4米，宽2.2米，底座高约0.2米，通高1.1米。头部略损，前两肢半残，眼睛阴刻，背上遍刻阴线鳞纹。年代为东汉。1988年并入孔望山摩崖造像，被公布为第三批全国重点文物保护单位。

石象 位于孔望山造像群东约70米，以一块花岗岩巨石的自然形状圆雕而成。象体长4.8

米，背宽3.5米，底座高0.4米，通高2.6米。象身东侧以阴线刻一高1.13米、宽0.62米的刻面，上刻隶书“象石”2字。在刻铭与象前腿之间，有一平面浅浮雕象奴，高0.92米，头束椎髻，右手持钺，双足系链锁。石象足下雕有仰瓣莲纹。年代为东汉。1988年并入孔望山摩崖造像，被公布为第三批全国重点文物保护单位。

图35-9　中国最大的汉代圆雕造像——孔望山石象
赵鸣　摄于1988年

馒头石　位于石象南15米，高4米，直径3米。顶部有南北向的长方形凿槽，槽沿长0.75米，宽0.25米，深0.5米。槽沿向下7厘米处四壁内收，形成两层沿，沿长0.67米，宽0.2米。有学者认为它可能是东海庙碑的碑座，为东海庙遗物。

白鸽涧玄武石雕　前志作“玄武石”。位于海州区锦屏山白鸽涧北侧，依山石的自然形状圆雕而成。当地人称其为“龟蛇二将”，因其作龟蛇样相绕嬉戏之状得名。石雕高40厘米，宽90厘米，长186厘米，头南向，通体无透雕，蛇身无腹线。技法与孔望山石蟾蜍近似，具有东汉石雕风格。1982年被公布为连云港市第一批文物保护单位。

锦屏山石虎浮雕　前志作“石臼石虎”。位于海州区锦屏山将军崖岩画北约200米处，原碓臼庵址，依山岩浮雕而成。共2只，一东一西，头北尾南，相对圈卧。东虎身长30厘米，宽18厘米，浮雕出地8～9厘米。西虎身长24厘米，宽14厘米，浮雕出地3～5厘米。石虎有年款，刻在东虎前肢下5厘米处。一行四字，为“元祐二年”，楷书，字径4厘米。

延福观石碑首、碑座　位于新浦区云台乡东磊村钟鼎延福观院内。1998年调查发现碑首3件、碑座1件，年代不详。其中，一件碑额高约75厘米、宽约80厘米、厚约20厘米，正反面各雕双龙抢珠纹饰，底边以海水云纹为饰，中间雕凸线碑框，内刻双钩楷书“圣旨”2字，字径约14厘米；其碑座为长方体委角，高约55厘米、宽约1米、厚约40厘米，从下往上略有收分，四面皆浮雕有龙纹，正反两面雕双龙戏珠主纹，辅以云纹和海水江崖纹，两侧则各雕一飞龙纹饰。另2件为碑首，均无文字，均雕二龙戏珠纹饰，其一雕工较精细，其二雕工粗糙，均为花岗岩质地。地属1993年公布的连云港市第二批文物保护单位延福观保护范围内。

九龙桥石赑屃　位于新浦区花果山乡花果山九龙桥西首北侧。据《花果山志》载，石赑屃原位于花果山下弥陀庵前，应为一对之一。其背部有长方形碑座，通体长2.5米，宽1.3米，高0.85米，头部残损。地属1982年公布的连云港市第一批文物保护单位九龙桥范围内。

海清寺塔石赑屃　位于新浦区花果山乡前云村大村水库东侧海清寺塔院内。据《花果山志》载，石赑屃原位于花果山下弥陀庵前，与九龙桥石赑屃应为一对。其背部有长方形碑座，通体长2.5米，宽1.3米，高0.85米。地属1982年公布的江苏省第一批文物保护单位海清寺塔范围内。

第三节　摩崖石刻

一、东连岛东海琅琊郡界域刻石

前志作“东连岛界域刻石”。位于连云区连岛镇东连岛村灯塔山羊窝头北坡海岸、苏马湾海边沙滩东南缘。共有两块，一块在羊窝头北坡，距海水低潮平面约8米；一块在苏马湾沙滩东南缘与山岩交界处，距海水低潮平面约5米，两处刻石相距约2000米。羊窝头刻石于1987年发现，苏马湾刻石于1998年发现。两处刻石现存可辨文字94个，其中苏马湾刻石60字，基本保存完好，又有确切纪年，内容涉及新莽时期东海郡朐县和琅琊郡柜县划界事，是中国迄今发现最完整、内容明确、有确切纪年的唯一西汉晚期（新莽）界域刻石，也是中国迄今发现年代最早的界域刻石。其字体显示出隶书从秦篆脱颖而初创阶段的风格，因此也是现存西汉石刻中的瑰宝。1995年，连云港市文管办联合南京博物院对羊窝头界域刻石进行防风化保护。是年，羊窝头界域刻石被公布为江苏省第四批文物保护单位，名“东连岛东海琅琊郡界域刻石”。是年，界域刻石铝合金保护罩被盗。2002年10月，两块刻石遭盗拓、翻模。是年，苏马湾界域刻石被省政府并入“东连岛东海琅琊郡界域刻石”中。2003年，在苏马湾界域刻石上建立保护亭。

羊窝头刻石 位于东连岛最东端灯塔山羊窝头北侧临海山坡，为新莽时期石刻。此地势险要，人迹罕至。1987年发现时刻石已与母岩体相距3.8米，系风化后与母岩体分离自然下滑并断为左右二截紧密相依的楔形大石。右石与左石因此产生前后错位，右石北面和左石北面的前后差距约0.3米，左石北面伸入右石部分约0.4米。右石北面（即刻字面）东边高1.1米、西边高1米、上边长1.2米、底边长1.07米，呈平行四边形，底边倾角为33度；西面上边长2米、底边长2米、南边高0.7米、北边高1米；南面呈梯形，上边长0.27米、底边长0.3米、高0.7米。左石北面（即刻字面）东边高约0.75米、西边高约1.1米、上边通长1.8米、底边通长1.6米，底边倾角为31度；西面上边长3.6米、东面上边长3.6米；南面呈倒梯形，上边长1.6米、底边长1.2米、高0.3米。整个刻面布局自然，是就着石壁西高东低的形势摩刻而成。因刻石与母岩分离，刻面也一分为二，并可能造成位于左石最西与右石重叠部分的一行刻字损坏。经测量，在母岩上时整个刻面面向方位角为0度，而现右刻面面向方位角为27度，左刻面面向方位角为35度。刻石因长期遭海水浸蚀，风化严重。多数字迹已模糊不清，有的地方岩面剥落，字迹无存。左石末行后面似乎还有字迹，但已无法确认。据2000年的调查数据：右石刻面高0.95米、宽0.75米，文4行；左石刻面高0.8米、宽0.7米，文4行。共约40余字，皆阴刻竖书，字体为隶书，明显带有篆意。行字、行距、字距、字径均不等，最小字高9厘米、宽10厘米，最大字高20厘米、宽18厘米。因有苏马湾刻石作比，故羊窝头刻石文字尚可辨认出34字：东海郡朐与琅邪郡柜，界北界尽，郡因诸山山坡以北□柜。西直□□，与柜分高，□为界，东各□无极。

苏马湾刻石 位于东连岛苏马湾沙滩东南缘一块独立的花岗片麻岩石壁上，为新莽时期石刻。在其东部附近的岩石呈千姿百态的海蚀地貌，刻石所在的岩石正是其中一块。该石北面总长5.5米、东端高约1.6米、中部高约1.8米、西端高约0.6米，最高处高约2米；东部厚约1米、中部厚约0.8米、西部厚约0.3米、西端厚约0.1米。与羊窝头刻石相比，苏马湾刻石刻面保存良好，字迹较为清晰，也是依岩石西高东低的形势布局。整个刻面面向方位角为0度，刻面宽约2.15米、高约0.9米，文12行，计60字。首行、二行、五行、六行、九行、十一行为5字，三行、四行、十行为6字，七行、八行、十二行为4字。行距、字距、字径皆不等。刻文最小字高8厘米、宽10厘米，最大字高17厘米、宽24厘米，为阴刻竖书，字体为隶书带篆意，可以辨认的有60字：东海郡朐与琅邪郡柜为界，因诸山以南属朐，水以北属柜，西直况其，朐与柜分高柜为界，东各承无极。始建国四年二月朔乙卯，以使者徐州牧治所书造。

“始建国”为新王莽年号，始建国四年即公元12年。内容涉及汉代（新莽）东海，郡朐县与琅琊郡柜县的界域划分之事。2002年，苏马湾界域刻石被江苏省政府并入省第四批文物保护单位“东连岛东海琅琊郡界域刻石”中。

二、孔望山杯盘刻石

图 35-10　孔望山杯盘刻石　赵鸣　摄于 1988 年

位于海州区朐阳街道孔望山村孔望山山巅，凿于一天然大石上，因石形如砚，俗称"砚石"，系东汉时期祭祀东海君遗迹。大石为近椭圆形的扁平巨石，东西长3.2米，南北宽2米，厚0.7～1米，底部有3块小石支撑，表面经人工打制，较平滑，中凹刻圆盘1只，直径40厘米。圆盘北、西、南绕刻长10～20厘米、宽7～10厘米的椭圆形杯8只。杯盘西30厘米处有长60厘米、宽15厘米和长40厘米、宽15厘米的长方形凹槽2个。大石东北端壁上刻隶书"砚石"两字。1982年被公布为连云港市第一批文物保护单位。

石承露盘　位于杯盘刻石南侧约3米，年代为东汉。以往被认为是烽燧的石刻遗迹。2002年由中国历史博物馆、南京博物院、连云港市文管办、连云港市博物馆组成的考古队考证为石承露盘。石承露盘由露盘和底座两部分组成。在巨石顶部刻出一个边长75厘米、深约2厘米的正方形凹槽，以放置承露盘。北部有一条人工刻成的2～3厘米的沟槽延伸到巨石的下部的集露槽。集露槽呈圆形，直径20厘米。承露盘则由一块整石雕成，平面正方形，边长70厘米、厚25厘米。承露盘顶部凹刻有一个边长约60厘米的正方形盘槽，盘槽的东南角有一喇叭形的流口，可以使承接的露水由此流入集露槽。利用承露盘收集和餐饮仙露是东汉至魏晋时期方士和道士经常用的求仙之术，统治阶级也深受其影响，在当时的皇宫中也建有承露盘。再结合杯盘刻石的耳杯形制、杯盘格局以及山下孔望山摩崖造像诸遗迹分析，石承露盘和杯盘刻石应是与洛阳上清宫杯盘刻石时代相近的道教遗存。

三、郁林观石刻群

前志作"郁林观石刻"。位于新浦区花果山乡飞泉村云台山狮子岩下，因西侧有隋开皇年间郁林观遗址，故名。在狮子岩喷水崖下镌刻了唐、宋、明、清直至现代题刻17处，包括唐刻1处、宋刻8处、明刻2处、清刻3处、现代题刻1处、无年款的2处，书体各异。1982年，石刻群中的唐隶石刻"东海县郁林观东岩壁纪"摩崖题刻被江苏省政府公布为第三批文物保护单位，郁林观宋人摩崖题刻被公布为连云港市第一批文物保护单位。是年，连云港市博物馆建立保护栏。1994年，连云港市文管办扩建保护栏，1995年对其进行危岩加固。2002年，郁林观宋人摩崖题刻及附近题刻被并入省级文物保护单位"东海县郁林观东岩壁纪"摩崖题刻中，更名为郁林观石刻群。

图 35-11　郁林观石刻群中的宋篆石刻　赵鸣　摄于1995年

东海县郁林观东岩壁纪摩崖题刻　俗称"唐隶"，刻面面南，高2.1米，宽3.8米，文25行，满行17字，共393字，隶书，字径11厘米。唐开元七年(719年)海州司马崔惟怦之子崔逸撰文，书刻者无款。宋代，该刻被著名金石家赵明诚、李清照夫妇收录于《金石录》中。书体横平竖直，波磔分明，结构严谨，带有浓郁的篆意。因而历史上对该刻曾有“八分”和“隶书”之争。该刻不仅居江苏唐刻之冠，也是国内现存摩崖唐刻中的翘楚。

祖无择三言诗刻　俗称“宋篆”，刻面面北，宽4.2米，高3～4米，共102字，文12行，行7字，计81字，字径25厘米，篆书；题款21字，2行，字径10厘米，篆书。为祖无择诗、苏唐卿篆、王君章镌，刻于北宋庆历甲申年（1044年）七月。内容记述了祖无择、苏唐卿、王君章三人畅游云台山的感受。

石曼卿五言诗刻　位于“宋篆”同岩壁东下方，年代为北宋。刻面宽1.35米、高1.1米，文11行，前5行满行10字，后6行满行12字，楷书杂魏意，字径7厘米，为宋代海州人谭亨甫于大观丁亥年（1107年）录石曼卿咏“唐隶”“宋篆”五言诗，并附谭氏题勒跋文。1982年并入郁林观宋人摩崖题刻中被公布为连云港市第一批文物保护单位。2002年被江苏省政府并入省级文物保护单位东海县郁林观东岩壁纪摩崖题刻中，更名郁林观石刻群。

杨公持等题名　位于“宋篆”所在巨石的东侧崖壁上，年代为北宋。刻面朝东，文3行，行字不等，计18字，文曰“郑圃、杨公持、公承、东朐谭亨父同游，大观丁亥”，行书，字径11厘米。1982年并入郁林观宋人摩崖题刻中被公布为连云港市第一批文物保护单位。2002年被江苏省政府并入省级文物保护单位东海县郁林观东岩壁纪摩崖题刻中，更名为郁林观石刻群。

王邦题名　位于“唐隶”南侧下方3米处，年代为北宋。刻于一锥状岩石上，刻面朝天，字迹漶漫，行楷，字径6.5厘米，可辨其刻“王邦”“崇宁”“七月”等字。1982年并入郁林观宋人摩崖题刻中被公布为连云港市第一批文物保护单位。2002年被江苏省政府并入省级文物保护单位东海县郁林观东岩壁纪摩崖题刻中，更名为郁林观石刻群。

刘居实题刻　位于“唐隶”同岩壁西侧，年代为北宋。刻面朝南，刻于一阴线刻长方形刻面内，刻面高1.1米、宽0.7米，文5行，行书，字径10厘米，文曰“通判海州刘居实德充，案行属部，过妙云观，登狮子岩，至郁林观少息，投宿海清宫。重和二年仲春十有一日”。重和为宋徽宗年号，重和二年为公元1119年，当年11月改元宣和。1982年并入郁林观宋人摩崖题刻中被公布为连云港市第一批文物保护单位。2002年被江苏省政府并入省级文物保护单位东海县郁林观东岩壁纪摩崖题刻中，更名为郁林观石刻群。

宋四士题名　位于“唐隶”同岩壁西侧，年代为南宋。刻面朝南，共5行，竖排。前1行6字，篆书，曰“宋四士尝登山”，字宽6厘米，高9厘米；后4行文曰“石林虞仲子、水石草堂道人、无碍居士、芝台翁”，行书，字径15厘米。有学者考证题刻为金元间宋之遗民所题。1982年并入郁林观宋人摩崖题刻中被公布为连云港市第一批文物保护单位。2002年被江苏省政府并入省级文物保护单位东海县郁林观东岩壁纪摩崖题刻中，更名为郁林观石刻群。

石林虞仲子题名　位于“唐隶”同岩壁西侧宋四士题名下方，年代为南宋。文曰：“石林虞仲子”5字，横排，行书，字径12厘米，当为宋四士题名石刻同时、同书刻者为之。1982年并入郁林观宋人摩崖题刻中被公布为连云港市第一批文物保护单位。2002年被江苏省政府并入省级文物保护单位东海县郁林观东岩壁纪摩崖题刻中，更名郁林观石刻群。

亢之等题名　位于“唐隶”同岩壁西侧宋四士题名西下，年代为南宋。文曰“亢之同来，祖贶同游”，8字，3行，首行4字，后2行各2字，字径12厘米，亦当为宋四士题名石刻同时、同书刻者为之。1982年并入郁林观宋人摩崖题刻中被公布为连云港市第一批文物保护单位。2002年被江苏省政府并入省级文物保护单位东海县郁林观东岩壁纪摩崖题刻中，更名为郁林观石刻群。

王同题刻　位于“唐隶”东侧喷水崖岩壁上，年代为明代。共计2处。其一刻于喷水崖岩壁飞泉瀑布北侧高显处，文曰“飞泉”，楷书，竖排，字径1.3米，上款“明嘉靖甲辰廿三年秋仲月望日”、下款“奉训大夫海州知州中泉王同书”，篆书竖排，各1行，字径15厘米。其二刻于喷水崖岩壁下部飞泉瀑布北侧一平整岩面上，文曰“采山钓水，抹月批风”，楷书，横排2行，字径约45厘米，上款“甲辰冬至”、下款“中泉王同”，篆书竖排，字径约20厘米。上款右上角刻面外还残留“甲辰”二字的一半痕迹，亦为篆书竖排，当为刻工上石时因布局不合理而重新布局镌刻时留下的。2002年被江苏省政府并入省级文物保护单位东海县郁林观东岩壁纪摩崖题刻中，更名为郁林观石刻群。

师亮采题刻　位于“宋篆”所在巨石的东侧崖壁上、杨公持等题名旁，年代为清代。文曰“知海州事韩城师亮采、王昙、钱泳登此。嘉庆丙子七月”，行书，6行，行字不等，字径15厘米。王昙（1760—1817年），清代诗人，又名良士，字仲瞿，秀水（今浙江嘉兴）人，当地有瓶山，因以瓶山自号，乾隆五十九年（1794年）举人，会试不第，白衣终身，著有《烟霞万古楼文集》等。时人将他与常州诗人黄仲则诗合刻，题曰“乾隆二仲”。王昙与孙原湘、舒位并称“后三家”或“江左三君”。钱泳（1759—1844年），原名钱鹤，字立群，号台仙，一号梅溪，清代江苏金匮（今属无锡）人，长期做幕客，足迹遍及大江南北，工诗词、篆、隶，精镌碑版，善于书画，作印得三桥（文彭）、亦步（吴迥）风格，有缩临汉碑，集各种唐碑石刻行世，著有《履园丛话》《履园谭诗》《兰林集》《梅溪诗钞》等，辑有《艺能考》。2002年该题刻被江苏省政府并入省级文物保护单位东海县郁林观东岩壁纪摩崖题刻中，更名为郁林观石刻群。

古愚子听琴处题刻　位于“飞泉”题刻北侧约10米处岩壁上，年代为清代。文曰“古愚子听琴处”，文3行，行2字，楷书，字径35厘米。款曰“大清嘉庆戊寅中秋朔”，楷书，字径约12厘米。嘉庆戊寅即公元1818年。2002年被江苏省政府并入省级文物保护单位东海县郁林观东岩壁纪摩崖题刻中，更名为郁林观石刻群。

黄道传题刻　位于“宋篆”同岩壁东上方，年代为清代。文曰“垂虹溅雪，漱玉喷珠”，4行，行2字，隶书，字径35厘米。上款“东岩观瀑右摩崖”、下款“宣统元年，黄道传题并书，赵秉汉监刻”，3行，行字不等，楷书，最后5字刻于阴线刻面框外。上下款字径8厘米。宣统元年即公元1909年。2002年被江苏省政府并入省级文物保护单位东海县郁林观东岩壁纪摩崖题刻中，更名为郁林观石刻群。

廉石题刻　位于“宋篆”所在巨石的西侧崖壁上，年代不详。文曰“廉石”，竖排，隶书，字径45厘米，无款。2002年被江苏省政府并入省级文物保护单位东海县郁林观东岩壁纪摩崖题刻中，更名为郁林观石刻群。

濯缨泉题刻　位于狮子岩下濯缨泉中一块不规则圆形砾石上，年代不详。文曰“濯缨泉”，竖排，双钩楷书，字径约40厘米，无款。2002年被江苏省政府并入省级文物保护单位东海县郁林观东岩壁纪摩崖题刻中，更名为郁林观石刻群。

叶圣陶题刻　位于“唐隶”所在巨石东侧岩壁上，年代为现代。文曰“唐隶宋篆”，篆书，无款，字径约30厘米，系20世纪80年代叶圣陶为郁林观石刻群题写，连云港市文物保护人员摹刻于此。2002年被江苏省政府并入省级文物保护单位东海县郁林观东岩壁纪摩崖题刻中，更名为郁林观石刻群。

四、白虎山摩崖题刻

位于海州区朐阳街道白虎山上，有唐、宋、金、元、明、清、民国时期题刻30余处，主要是题名和诗刻。石刻中有年款的唐刻1处、宋刻4处、金刻1处、元刻2处、明刻1处、清刻5处，其他还有年代不详的“蓬莱庵”“白虎山”“小石棚”“全真”“松风水月亭台”“寿山瀫书处”“小羊山”“天池”“龙泉”“多娇”等等。白虎山摩崖题刻的字体有篆、隶、楷、行四种，其中宋代张叔夜题名碑为研究宋江起义的重要史料。1995年被公布为江苏省第四批文物保护单位。

卢绍题名 位于白虎山牛眼洞上方，年代为唐代。刻面高0.8米，宽1.3米。文8行，行8字，字径9厘米，楷书。文曰："海州刺史赐绯鱼袋卢绍，军事判官前左领侍卫、仓曹参军、前军事判官、前太子通事舍人王旬。唐宣宗大中十二年正月十七日仝登。"大中十二年即公元858年。

余授题名 位于白虎山牛眼洞上方，南与卢绍题名紧接，年代为北宋。刻面南北长1米，高0.8米。文7行，行5字，字径10厘米，楷书。文曰："郡守莆阳余授、从事濠梁许光、朐山令渠丘于辛、监酒税颍州杜开。建中靖国元年重九日。"建中靖国元年即公元1101年。

张叔夜题名 位于牛眼洞上方卢绍题名南10余米处的一面西石壁上，年代为北宋。俗称张叔夜登高碑。刻面长2.2米，高1.5米。文17行，行7字，字径18厘米，款字13厘米，皆正楷。文曰："徽猷阁待制知州事张叔夜、淮东兵马都监刘绳孙、前兵马钤辖赵子庄、兵马钤辖赵令懋、前朐山令阎质、司刑曹王冶、怀仁主簿蒋仝、权朐山尉王大猷。宣和庚子重阳日同登，□□□□献书。"宣和庚子即宋徽宗赵佶宣和二年，公元1120年。

赵福题名 位于白虎山牛眼洞上方，南距卢绍题名约5米，年代为金代。刻在南北长1.1米、高0.6米、深0.3米的龛内，字迹比较清晰。文8行，前7行每行4字，末行2字，字径13厘米，楷书。文曰："户部员外郎赵福，郡佐温迪罕安住，郡幕完颜玄　承安五年三月初一日　仝登。"承安五年即公元1200年。

修正造题记 位于白虎山北坡半山腰一处面北石壁上、磨盘石南侧，年代为南宋。刻面高1.17米，宽0.95米。文6行，每行字数不等，首行2字，第2行8字，第3行7字，第4、5行8字，最后一行4字，楷书，字径大小不等，最大字径19厘米，最小字径10厘米。文曰："今记　大宋国海州南□，立观音一堂，德恩僧单身乞化，年六十八。宝庆二年六月□日，修正造题。"由于题记所在岩壁风化严重，字迹漫漶，无法详辨。宝庆二年即公元1226年。

僧德恩题记 位于修正造题记西约5米处面北岩壁上，年代为南宋。共4行，行字不等。文曰"僧德恩　今□大宋宝庆二年七月□佛堂卒造"。文字书写潦草，风化严重。该题刻发现于2005年。内容与修正造题记相互印证。从书体、字迹看，二刻应为同一人书写。

廉青山题名 位于白虎山牛眼洞上方，西下方距卢绍题名约5米，年代为元代。刻面南北长1.8米，高0.8米。文3行，第1行2字，余每行7字，字径10厘米，楷书。文曰："题名奉训大夫淮安路海宁州达鲁花赤兼劝农事廉青山、奉议大夫淮安路海宁州知州兼劝农事萧谧、承务郎淮安路同知海宁州事天下奴、承事郎淮安路海宁州判官赵贺翁、吏目上官思恭。致和元年四月□日立，前儒学直学高尚志书。"致和元年即公元1328年。

曾寿题名 位于白虎山牛眼洞上方，东下方距卢绍题名2米，廉青山题名后，年代为元代。刻面南北长1.8米，高0.8米，刻字面长58厘米，其余部位打磨光滑未刻字。该题刻文6行，首行4字，余每行10字，字径8厘米，楷书。文曰："题名现任忠显校尉淮安路朐山县达鲁花赤兼劝农事曾寿，淮安路朐山县尉□□致和元年四月日立。前海宁州儒学直学高尚志书。"

蓬莱庵诗刻 位于白虎山山顶南一面东南岩壁上的正方形刻面内，年代为明代。刻面边长2米。文11行，首行7字，末行5字，余每行8字，字径23厘米，小篆。文曰："蓬莱庵。晚雅西定山枫静，南雁鸣长海月孤。蓬岛盛传仙迹旧，烟波遥望森中都。大明嘉靖廿有五年丙午中秋后三日，奉训大夫直隶淮安府知州河南郏县中泉王同题，同游者同知严士、判官许贯、吏目王淇也。"雅即鸦，西即栖。嘉靖廿五年即公元1546年。

蓬莱庵题刻 位于白虎山南坡半山崖壁，年代不详。文曰"蓬莱庵"，竖排，楷书，字径约25厘米，无款。疑为明代题刻。

白璧山题刻 位于白虎山东坡半山一光洁平整的崖壁上，年代为清代。文曰“白璧山”，行书，字径30～50厘米不等。上款曰“康熙乙卯秋日”，下款曰“宛平刘天宁题”，楷书，字径7厘米。康熙乙卯即公元1699年。刘天宁清代顺天宛平人，清康熙三十六年（1697年）知海州。

师亮采题记 位于白虎山东南部半山腰、小石棚内西壁，年代为清代。刻面南北长0.85米，高0.6米。文5行，前3行4字，第4行5字，末行4字。文曰“知海州事师亮采以嘉庆丙子八月朔来谒岳庙题记”，字径12厘米，隶书。嘉庆丙子为清嘉庆二十一年（1816年）。

驺虞题刻 位于白虎山东南部半山腰、小石棚内北壁，年代为清代。刻面高0.61米，宽0.48米。文曰“驺虞”，篆书，字径约28厘米。款曰“师亮采题”，隶书，字径约10厘米。此刻或为清嘉庆二十一年（1816年）八月初一题，或为此日之后师亮采于海州知州任上所题。驺虞，为传说中的一种仁兽，不食生物，亦称驺吴、驺牙；也指古代掌管鸟兽的官吏。

鼇头山诗刻 位于白虎山东坡半山腰、白璧山题刻上方约5米处光洁平整岩壁上，年代为清代。刻在南北长1.8米、高1.2米刻面内。“鼇头山”3字为行书，字径13厘米；诗序文4行，每行15字；诗2行，每行10字。序、款字径6厘米，诗刻字径8厘米，皆行书。文曰：“鼇头山。海州城西有白虎山，其名弗驯，或称白璧，人弗肖。余谛视之，实类鼇首，因取晓策扶桑之意，更其名曰鼇头山，以奠海[疆]，兼为多士登瀛之兆焉。地接瀛州近，山应戴巨鼇。凭将纶五色，一钓海天高。大清道光乙未仲夏月长沙陶澍。”此诗刻后又有王梦龄和诗诗刻，为隶书，字径4厘米，文曰：“太子少保两江总督陶公，以阅伍至海州，登兹山之顶，肇锡嘉名，因系以诗，亲题妙墨，兆科第之祥，晋海疆之福也。梦龄权牧是州，躬逢其盛，谨寿诸贞石，并次韵于后，以志荣幸。峰头龙节驻，白虎变金鼇。偶试丝纶手，榑桑晓策高。同知衔署海州事海康王梦龄谨识。”道光乙未即道光十五年（1835年）。

王先谦题刻 位于白虎山东坡半山腰、鼇头山诗刻北侧约2米处岩壁上，年代为清代。题刻在南北长1.6米、高1.2米刻面内。文10行，行字不等，满行9字，字迹大多已模糊不清，尚可辨“光绪丁亥夏[长]沙王先谦、曲阜孔广謇、会稽陶濬宣、石灵梁恩霈、慈谿林颐山、善化刘钜同游。濬宣题”等字。

白虎山题勒 位于白虎山半山腰、张叔夜题名同岩壁北略偏下，年代不详。刻面南北长1.5米，高0.75米。文曰“白虎山”，无款，隶书，字径40～50厘米。传为民国初年海州镇守使白宝山题。

小石棚题刻 位于白虎山东南部半山腰、小石棚外西壁，年代不详。刻面南北长1.27米，高0.4米。文曰“小石棚”，字径28～33厘米，隶书，无款。

五、龙洞摩崖石刻群

位于海州区孔望山南麓龙洞庵西侧的龙洞内外崖壁。龙洞为一海蚀洞，经人工加工而成，高约2米，宽约2米，深约2.5米。洞内壁面光滑，似经反复打磨，表面附着较明显的香火烟炱。直对洞口的内壁底部刻有一鱼纹。今人考证龙洞为道教修炼之所。龙洞摩崖石刻群共分两处，一处刻于龙洞内外石壁上，另一处刻于龙洞庵内及庵后丹崖壁上。石刻主

图 35-12 孔望山龙洞摩崖石刻群 赵鸣 摄于2003年

要分布在宽30米、高4.5米的崖壁上，计有宋刻10处、明刻9处、清刻2处、无款题刻4处。书体有楷、隶、行、篆，字径大小不一，大字近米，小字寸余，最大者为明代“归云飞鸟”题刻，字径达90厘米。位于龙洞庵院内及正殿后东侧、北侧的崖壁，自古有丹崖之称。在丹崖之上长10米、高6米的范围内，有明至民国时期石刻多处，称丹崖摩崖题刻群，其中有明刻1处、无款题刻7处，字体有隶、楷、行3种，最大字径80厘米。另外龙洞庵院内水井井栏外壁还有民国时期题刻1处。1982年，石刻群纳入孔望山摩崖造像，被江苏省政府公布为第三批文物保护单位，名“龙洞石刻”。2002年被江苏省政府重新核定公布为江苏省第五批文物保护单位，定名“龙洞摩崖石刻群”。

蒋之奇题名 位于龙洞内正面岩壁，年代为北宋。文曰“蒋之奇来观海，壬子”，楷书，字径8厘米。蒋之奇，字颖叔，江苏宜兴人，北宋嘉祐二年（1057年）进士，北宋文学家，神宗时任殿中侍御史，以诬劾欧阳修被贬为监宣州税，旋为淮东转运副使，后为翰林学士，同知枢密院事。他的诗作丰富，有《丹阳集》。此刻是北宋神宗熙宁五年（1072年）他任淮东转运副使时到孔望山观海时的题刻，其书体颇有碑意，稚拙可爱。

元丰六年题刻 位于龙洞外西侧上方、安钝题名下方，叠压于曾孝蕴题名之下，年代为北宋。此题刻系自左向右书写，文5行，行4字，文字因被叠压，无法卒读，可识读的有“临川□□□游元丰六年九月十日□□□□□□□”，楷书，字径10～13厘米不等。元丰六年即公元1083年。

王华曜题名 位于龙洞外西侧面南石壁，年代为北宋。刻面高0.4米，宽0.71米。文9行，行5字，文曰“王华曜守东武，由朐山太守吕望之率王硕父、黄天倪观东海于龙兴山之乘槎亭，饮于仰止亭。元祐四年三月四日”，行书，字径3厘米。元祐四年即公元1089年。

曾孝蕴题名 位于龙洞外西侧上方、安钝题名下方，叠压于元丰六年题刻上，年代为北宋。共5行，皆楷书。前3行行3字，文曰“曾孝蕴、蒋琢、周何、田望”，字径13厘米；后2行行4字，文曰“绍圣丙子正月来游”，字径8厘米。曾孝蕴，字处善，为有御赐“两朝顾命定策亚勋”之号的太傅曾公亮从子，凭功绩进显谟阁直学士，又加龙图阁学士，终年65岁，追赠通议大夫。题刻中旧志皆作“绍兴”，今从“绍圣”。绍圣丙子为宋哲宗绍圣三年（1096年）。而旧志所谓蒋球周的“球”应为“琢”，名亦非读作“蒋球周”，应为“蒋琢”。周何，为海州属县朐山县县令，姓名见锦屏山龙祠摩崖石刻群之绍圣四年题刻。田望，北宋人，见北宋词人贺铸（1052—1125年）的七律《舟次淮阴呈邑令田望》。

游龙兴山寺题名 位于龙洞西侧上方、被安钝题名叠压，年代为北宋。刻面宽0.62米，高0.75米。文5行，满行6字，字径8厘米，篆书。前3行被明代安钝题名所掩，第4行、第5行尚全，尚可辨识，文曰“元符三年十月丁卯，[曾]肇楝刘握[乔]甬段缄王律满损之游龙兴山寺”。元符三年即公元1100年。

余授、张勘题名 位于龙洞正上方，年代为北宋。文曰：“莆阳余授传师，长乐张勘深道，建中靖国元年十月八日同游。”文4行，行6字，楷书，字径13厘米。其上有字径为20厘米的竖排“龙洞”二字，亦楷书，无款，但与其书体风格相近，应为同一人所书。建中靖国元年即公元1101年。余授，北宋熙宁间（1068～1077年）进士，博学有文名，除官校书郎。张勘乃北宋爱国诗人张元幹叔父，题刻中称长乐人，此石刻为确定张元幹的籍贯提供了可靠证据。

田升之大观题名 位于龙洞东侧石壁，年代为北宋。文6行，楷书，字径14厘米。文曰：“李子骏、王舜文、王仲举、孙少魏同游。大观庚寅闰八月十二日田升之书。”大观庚寅即公元1110年。

田升之政和题名 位于龙洞外侧大块石上，年代为北宋。文7行，前6行行8字，末行4字，字径12厘米，楷书。文曰：“路分王舜文、钤辖赵彦明、通判傅显道、县宰闾丘君泽、教授李吉奏、判官向持正、推官吕永甫同来。政和元年八月九日，郡守田升之题。”政和元年即公元1111年。明清旧志记载，该题刻系从孔望山西侧移来此处。

政和八年题刻　位于龙洞外侧右上方，年代为北宋。刻在边长约0.9米的正方形刻面内，似叠压在某题刻上，文6行，前5行6字，末行7字，行楷，字径4厘米，文字漶漫，莫可卒辨，文曰：“□□名四，赈济职事，[屡]□此，登视洞宫，[阎]文伯，□明，仲杨子，□偕老人，政和八年孟冬四日书。”政和八年即公元1118年。

太守绍圣题刻　位于龙洞外侧右上方、政和八年题刻下方，年代为北宋。据《海州石刻》所载《政和八年题记》拓片，可见政和八年题刻下方有书体不同的题刻残段，文曰“□□仲俞燕□太守绍圣”，文5行，行2字，字径6厘米。

忠玉游题刻　位于龙洞内门口西南壁上方，年代不详。文曰“忠玉游”，字径7厘米，无款，似被凿磨致残。清《嘉庆海州直隶州志》云：“颇似山谷，疑亦宋刻也。”

王永和题名　位于龙洞西侧上方、安钝题名西，年代为明代。刻面高0.8米，宽0.4米。文3行，行字不等，满行13字，楷书，字径5厘米。文曰：“大明正统九年甲子端阳月，钦差工部侍郎昆山王永和用节游览于此。”正统九年即公元1444年。

杨昶题名　位于龙洞东侧上方、政和八年题刻下方，年代为明代。刻面宽0.62米，高0.9米。文6行，首行14字、末行5字、余行9字。文曰：“大明成化六年庚寅五月二十九日，淮安知府杨昶，海州知州陈昺，同知唐震，判官施纶、戴璿，儒学学正毋诚，训导周烨、赵谏，公暇同览于此。”楷书，字径10厘米。成化六年即公元1470年。海州旧志均载为“五月二十七日”，今从石刻改。

安钝题名　位于龙洞外西侧上方、叠压在游龙兴山寺题名之上，年代为明代。题刻计7行，文5行、款2行，共54字。文首行11字，第二、三、四行9字，第五行6字，第六、七行为从款，分别为6字、4字，皆楷书，字径6厘米。文曰“大明成化十年春三月朔日，直隶淮安府同知安钝，抚民之暇，偕知州陶昃，因观古圣贤遗像，来游此洞，三慨以书”，从款曰“海州书吏钱铸，老人刘宣”。此刻叠压在“游龙兴山寺”题刻之上，虽真书不佳，却是研究孔望山摩崖造像在明代即已被发现的实证。成化十年即公元1474年。

林廷玉诗刻　位于龙洞外东侧6米余处石壁上，年代为明代。刻面高0.8米，宽1.9米。文12行，行6字，字径10厘米，楷书。诗题为《看龙洞偶成》。诗云：“幻化起溟濛，丹崖一洞空。地灵呼即应，应是讶相逢”。跋曰：“明弘治十二年，余以工科都给事中言□□□□□□□事，谪判海州，重九日游此，闽人林廷玉谨识。”跋文中有7字刻后复被凿平。明弘治十二年即公元1499年。林廷玉，明福建侯官人。因弹劾副主考程敏政场屋阅卷可疑六事，令程敏政致仕，被贬海州。其人刚明果断，民服其公，政声丕著，后累官至都御史。

劳山翁题名　位于龙洞东侧上方约4米、七十一福地题刻下方，年代为明代。刻面高0.9米，宽1.6米。文3行，满行7字，计19字。文曰“正德丙子春二月清明后一日，即墨劳山翁游此”，楷书，字径10厘米。正德丙子为明武宗正德十一年（1516年）。劳山翁即蓝章，字文绣，即墨人，成化进士，正德初任都察院左都御史，以不附刘瑾知名。

廖世昭摩崖题名　位于龙洞西3米，年代为明代。刻面高0.7米，宽0.67米。文曰“明嘉靖二年夏四月，越坡廖世昭，厓山周必诚同游”，文4行、行5字，隶书，字径13厘米。嘉靖二年即公元1523年。

王同六言诗刻　位于龙洞外西侧约25米面南石壁上，年代为明代。刻面高1.45米，宽2.35米。文13行，满行5字，文、款字径皆25厘米，篆书。文曰：“龙洞良宵月照，黄花满地秋香。此时此会文彦，一觞一咏情长。矗矗山岩曲抱，潺潺朐海东流。明朝分袂城市，琴尊回忆绸缪。”款曰："嘉靖乙巳重阳，海州知州中泉王同题。"嘉靖乙巳即明世宗嘉靖二十四年（1545年）。王同，字一之，号中泉，河南郏县人，明嘉靖年间知海州，善书大字榜书和玉箸篆。

归云飞鸟题刻 位于龙洞西5米，年代为明代。刻面高1.13米，宽4.15米。横批，行书，字径90厘米，上下款各5字，篆"丙午中秋日，中泉王同书"，字径12厘米。丙午即明嘉靖二十五年（1546年）。

陈文烛孔望山铭 位于龙洞崖壁东北上方、丹崖正上方高约10余米处面南岩壁上，年代为明代。刻面高约2米、宽1.6米，字迹已漫漶，难以辨识。铭文书体介于魏隶之间，曰："积石岩岩，东海弥弥，伊谁登之，大哉孔子。历聘列国，问官郯子。从游之徒，斫斫阙里。雅颂既厘，春秋成史。颜渊喟然，曾子曰唯，吾道万年，流行不已，观海于澜，真难为水。岂无王侯，何能似此。当时则荣，没则已矣。东泰在瞻，洙泗伊迩。勒铭高山，景行行止。隆庆壬申日，沔阳陈文烛撰。"旧志收录时遗录刻款和年月日，"斫斫阙里"皆误为"断断阙里"。陈文烛，明代隆庆年间（1567～1572年）淮安知府，湖北沔阳人。

归云洞题刻 位于龙洞西侧上方石壁，年代为明代。刻面高2.9米，宽1.09米。横书"归云洞"3字，字径85厘米，行楷。此题刻先刻字的外廓，后刻字心，故字廓清晰，深没石壁约2厘米。上下款各8字，曰："万历壬辰年秋柒月，余姚仰皋邵瑞辰书。"字径10厘米，楷书。万历壬辰年即明神宗万历二十年（1592年）。

钱泳等五人题名 位于龙洞门楣正上方，年代为清代。文5行，行3字，隶书，字径15厘米，文曰"吕星垣、王良士、许乔林、包世臣、钱泳来"。从书法艺术比较，为钱泳手笔。

师亮采题名 位于龙洞外东侧6米余处石壁上、紧接林廷玉诗刻下方，年代为清代。刻面高0.92米，宽1.8米。文8行，满行5字，计38字。文曰"嘉庆廿一年八月四日，朝议大夫知海州事韩城师亮采，致祭龙神庙过此，与寮佐同登，爰记岁月。"隶书，字径18厘米。嘉庆廿一年即公元1816年。

第七十一福地题刻 位于龙洞东侧上方约4米，年代不详。刻面高0.42米，宽1.87米。横批，文曰"第七十一福地"。行楷，字径18厘米。上款竖书"中元甲子"，字径8厘米；下款竖书"释氏浩然书"，字径6厘米。浩然，一说为清末龙洞庵住持；一说为清僧雪峰，又名明初，字东升，华亭（今上海松江）沈氏，有《雪峰诗稿》。

浴龙池题刻 位于龙洞西侧约18米石壁上，年代不详。文曰"浴龙池"。竖排，楷书，字径15厘米，无款，年代无考。题刻近旁有一马镫形小龛，其下有石凹积水成泓。清《嘉庆海州直隶州志》将其列在明代石刻目后。

彦翼元因题刻 位于龙洞洞口外西侧、王华曜题名西旁，年代不详。文曰"彦翼元因"。竖排，楷书，无款，字径12厘米。

月末潮生题刻 位于龙洞庵正殿后院外东北上方一长条状山岩面南崖壁上，年代不详。文曰"月末潮生"，横批，楷书，无款，字径40厘米。

石峡题刻 位于月末潮生题刻同岩壁西侧，年代不详。文曰"石峡"。隶书，无款，字径50厘米。

孔望山题刻 位于龙洞崖壁东北上方孔望山半山、海拔高度约30余米处面南岩壁上，年代不详。文曰"孔望山"，竖排，隶书，无款，字径60厘米。

问官台题刻 位于龙洞崖壁东北上方孔望山半山、海拔高度约30余米处面南岩壁上、孔望山题刻东侧，年代不详。文曰"问官台"，横排，隶书，无款，字径约60厘米。

天圆地方题刻 位于龙洞东北上方孔望山主峰面南岩壁上，年代不详。文曰"天圆地方"印章式布局，篆书，无款，字径15厘米。

小坐题刻 位于龙洞崖壁东北上方孔望山主峰面南岩壁上，年代不详。文曰“小坐”，竖排，篆书，无款，字径18厘米。

岗厓题刻 位于龙洞崖壁东北上方孔望山主峰面南岩壁上，年代不详。文曰“囱厓”，篆书，无款，字径15厘米。

甘露泉井栏题刻 位于龙洞庵正殿石阶东侧甘露泉井栏上，年代为民国。文横批曰“甘露泉”，上款“民国廿七年立”，下款2行“三清观，悟清助”，皆竖排。字径约25厘米、款字径约10厘米，皆楷书。民国廿七年即公元1938年。

六、龙祠摩崖石刻群

位于海州区锦屏山之巅马耳峰东南100余米处，海拔429米。龙祠为上下两个天然石洞，经人工加工而成，是宋代官民祈雨之处。石刻分布在上洞内外岩壁上，共有9处，其中字迹可辨认的7处，计宋刻6处、金刻1处。在上洞洞口外上方石壁、绍圣四年题记和金大定九年题记的上方分别并排分布有两处长方形刻面，东面的一处宽104厘米、高39厘米、深1厘米，西面的一处宽40厘米、高43厘米、深1厘米，其上字迹模糊不清。石刻的内容对研究中国古代史特别是对研究中国古地理、古气象、古生态环境、古民俗以及古代书法提供了可信的实物资料。1987年，连云港市文管办、海州区文管办对龙祠摩崖石刻进行初步调查、记录。1993年被公布为连云港市第二批文物保护单位，名“龙祠摩崖石刻”。2001年8月，市文管办对龙祠摩崖石刻进行第二次、第三次调查、记录并识读。2002年被公布为江苏省第五批文物保护单位，更名为龙祠摩崖石刻群。

庆历六年题刻 位于上洞内东南壁上，年代为北宋。刻面宽1.17米，高0.76米。文11行，行6字，共66字，字径9厘米，楷书。文曰“庆历丙戌岁甲午月壬辰日，知州王信臣、通判刁约、监榷萧映、张子谅、驻泊訾文明、巡检曹元禋，率涟水新守逄冲，登朐岭，休于石庵之前，逮□□□□不沦，□□□□题。”庆历丙戌即北宋仁宗庆历六年（1046年）。

庆历七年题刻 位于上洞口内西侧壁上，年代为北宋。刻面宽0.53米，高0.5米。文6行，行6字，共36字，字径6厘米，楷书。文曰：“梅挚、董沂、张有德、陈谅、刘公弼、韩泽祷雨龙祠，同憩岩阬。时庆历七年四月二十日公弼谨题。”梅挚字公仪，成都新繁人，进士，起家大理评事、知蓝田上元县，徙知昭州，通判苏州，庆历中擢殿中侍御史，徙开封府推官，迁判官，改度支判官，进侍御史，加同中书门下平章事，因“言事有体”以为户部副使，后因事降知海州，徙苏州，入为度支副使，又擢天章阁待制、陕西都转运使，还判吏部流内铨，进龙图阁学士、知滑州，累迁右谏议大夫，徙江宁府、河中。

皇祐五年题刻题记 位于上洞内西侧壁，年代为北宋。刻面宽0.7米、高0.95米，方向192度，楷书，共6行，行9字，共54字，字径10厘米，字迹漫漶，可辨文大致为“海[知]雄奉□命题石，□知[讷]知规□孙登此，[观]高密守携稚子知雄□，尚书郎陈述[五]行[书]，皇祐癸巳中秋后二日”。皇祐癸巳年即北宋仁宗皇祐五年（1053年）。

绍圣四年题刻 位于上洞外上方石壁略偏东，年代为北宋。刻面宽0.72米，高0.65米。文7行，行7字，共49字，字径7厘米，楷书。文曰：“绍圣四年春旱，闰月壬子，太守鲍[粹]、监郡陈昇、都巡检李禹锡、县令周何、尉沈钧宿斋祷于龙祠，癸丑雨应，三月辛酉[复][海]祭谢。”绍圣四年即公元1097年。周何，姓名亦见龙洞摩崖石刻群之绍圣三年曾孝蕴题名。

崇宁元年题刻 位于上洞外上方偏西石壁上，年代为北宋。刻面宽1.04米、高0.7米、深0.02米，大字9行65字，满行8字，字径约6厘米；小字5行57字，行字不等，字径约4厘米，皆楷书。

大字文曰："岁次壬午，改元崇宁。季夏旱甚，是月甲午，躬率僚属，祷于祠下，越六日乃雨。自申至戌，阖境告足。复涓日，陈馔于南楼之上，以谢神贶。朝奉大夫知军州事，蔡渊摩崖以记。"小字文曰："西京左藏库使路分都监刘用章，奉议郎通判军州事燕若霖，承奉郎监酒税杜开准 州防御推官知县事于宰，录事参军周兴龄，司户参军邓绍密。"题刻刻于崇宁壬午年，即北宋徽宗崇宁元年（1102年）。邓绍密（1073—1129年），《宋史·高宗二（本纪）》《续资治通鉴·宋纪》载其事，曾知兴仁府，卒于寿春府任上。

宣和二年题刻 位于上洞外西侧壁上，年代为北宋。刻面宽0.32米，高0.34米。文4行，行6字，共24字，楷书，字高5～6厘米、宽3～5厘米。文曰："宣和二年四月十一日，奉[管][勾 州□沈真张□[于][朐]山高永记。"宣和二年即公元1120年。

金大定九年题刻 位于上洞外上方石壁偏东、并列于绍圣四年题刻旁，年代为金代。刻面宽0.84米，高0.64米。文9行，满行8字，字径8厘米，楷书。文："昭毅大将军行海州，刺史兼知州事[统]押军马上，轻车都尉，漆水郡开国[伯]，食邑七百户耶律[牙][哥]，祷雨[屡][应]，许[新][建][祠]宇经，始于大定九年五月十四日，落成于当年五月二十七日。"大定是金世宗完颜雍年号，大定九年即公元1169年。

顺治五龙□庙勒石 位于上洞西南30米处部队营房东墙上，年代为清代。文曰"大清顺治己亥年姑洗月，上吉州守庞宗圣同，[训][导]金世玮，祷雨屡应，捐俸处建五龙□庙，勒石永誌。"竖排4行，行字不等，满行12字，楷书，字径8厘米。顺治己亥为清顺治十六年（1659年）。姑洗月指农历三月。

七、塔山摩崖题刻

新设山路记石刻 位于海州区朐阳街道孔望山村吴窑塔山南坡塔山古道上。文曰"新设山路记。为□□□山下，不平故难行……金明昌二年春三月日笔。"刻于塔山古道东侧岩石上 楷书，已模糊不清。塔山古道自塔山延伸到夹山口海港遗址，为宋金时期海州至板浦的一条重要通道。它是由占据海州的金朝军队、地方行政长官达鲁花赤等与当地老百姓耗费巨资铺筑而成。为纪念此盛举，在路东勒石以记之。金明昌二年即公元1191年。

吴廷翰题刻 位于海州区朐阳街道孔望山村塔山南坡塔山古道东边的面南石壁上，刻面宽1.2米、高0.93米。文4行，行5字，字径17厘米，款3行，行7～8字，字径14厘米，皆楷书。文曰："不见桃花树，云封石室空，登山怀旧迹，留詠翠微中。清嘉庆九年秋九月，长洲吴廷翰偕江宁王宾登山题石。"嘉庆九年即公元1804年。

八、刘志洲山题刻群

位于海州区锦屏镇酒店村、岗嘴村的刘志洲山、哑巴山，宋金、宋蒙交战战场遗址内。1995年被公布为第四批江苏省文物保护单位。

咸淳七年招信前部安淮军刘题记 位于刘志洲山西部、酒店村采石场上方偏南的一自然岩石立面上，面向西南。刻面宽0.32米，高0.73米。文曰"招信前部、安淮军刘[元]□，咸淳七年二月日记"，竖写，文3行，字宽7厘米、高12厘米，楷书。咸淳七年即公元1271年。

招信后部题刻石刻 位于刘志洲山东南坡一自然岩石立面上，面向正东。刻面长0.48米、宽0.4米。文曰"招信后部，山下五军一山"。字径13厘米，竖写，文3行，楷书。

招信军宋提典题刻 位于刘志洲山西北坡一自然岩石立面上，面向东南。刻面长0.3米、宽0.1米。文曰"招信军，宋提典"。字径10厘米，竖写，文2行，字体为楷书。

奚润之题刻　位于刘志洲山南坡一自然岩石立面上，面向东南。刻面长1.1米，宽0.8米。文曰“大□招信部帐前，李士，□尚，奚润之”。字径12厘米，竖写，文4行，楷书。在最后一行“奚润之”3字的右上方，刻有一钟形图案，高25厘米、宽14厘米，钟内刻有“王用”2字，亦楷书，字径约9厘米。

哑巴山招信军题刻　位于哑巴山一自然岩石上，面向东南。刻面长0.56米，宽0.16米。文曰“招信军”。字径16厘米，竖写，文1行，楷书。

刘志洲山东北坡招信军题刻　位于刘志洲山东北坡岗嘴村采石场塘口上方7米处一自然岩石立面上，面向西北。刻面宽0.12米，高0.5米。文曰“招信军”。最大字宽12厘米、高20厘米，竖写，文1行，楷书。

右军周□家题刻　位于刘志洲山东北坡第四组船画的南部约1.5米的山石立面上。刻面高0.17米，宽0.16米。文曰“右军，周□家”。字宽6厘米、高9厘米，竖写，文2行，楷书。

武都统题刻　位于刘志洲山东北坡一自然岩石立面上，面向东南。刻面高0.37米，宽0.15米。文曰“武都统”。字宽15厘米、高10厘米，竖写，文1行，楷书。

此石有金人题刻　位于刘志洲山西南坡一自然岩石上，面向东南。刻面高0.82米，宽0.13米。文曰“此石有金人者出日”。字宽13厘米、高7.5厘米，楷书，竖写，文1行。

金国题刻　位于刘志洲山南坡一自然岩石立面上，面向东南。刻面高0.11米，宽0.38米。文曰“金国”。字宽10.5厘米、高11厘米，横写，文1行，楷书。

泗州部束题刻　位于刘志洲山西坡一自然岩石立面上，面向西南，南距官吏画像约20米左右。刻面长30厘米，高27厘米。文曰“泗州部，束”。字宽9厘米、高13厘米，横写，文2行，楷书。

泗州题刻　位于刘志洲山西南坡一自然岩石立面上，面向西南。题刻共4字，横刻“泗州”2字，在“泗”字底部向左16厘米处，竖刻“未月”2字。字宽15厘米、高9厘米，皆楷书。

苏总管吴舒正题刻　位于刘志洲山西北坡一自然岩石立面上，有左右2处。左侧岩面面向西南，竖刻“苏总管”3字，刻面高0.38米、宽0.2米，“苏”字高18厘米、宽20厘米，“总”字高9厘米、宽10厘米，“部”字高7厘米、宽5厘米；右侧岩面面向东南，竖刻2行“吴舒正”3字，刻面高0.21米、宽0.17米，字高10厘米、宽7厘米。

□□[挥]泗州部题刻　位于刘志洲山西南坡一自然石立面上，在天然石洞的上方。文曰“□□[挥]泗州部”，计6字，楷书。

右武峰两军等零星题刻　位于刘志洲山的西坡一天然岩石上方，零星分布。文曰“右武峰两军□□”。字径13厘米，文1行，刻面通长0.7米。另有“东”“汪”“张”“曹万”“泗州”等零星刻字。

天雄右武夆两军题刻　位于刘志洲山西坡的一块天然岩石上。文曰“天，雄右武夆两军占石，坑”。文3行，楷书。

天下太平题刻　位于刘志洲山西坡岩石上。文曰“三月日三，天下太平，上下四月太平”。文3行，楷书。

天凤堂题刻　位于刘志洲山西坡岩石上。文曰“天凤堂”。竖写，楷书。

雄右题刻　位于刘志洲山西坡岩石上。文曰“雄右”。竖写，楷书。

凌云观题刻　位于海州区锦屏镇岗嘴村刘志洲山北峰崖壁绝巘处。此处俗称“小姐洞”。在面朝西北的绝壁上从北到南共分布有4个自然海蚀洞，洞口大致呈斜直线排列，从高到低，分布在20米范围内，分别编号1、2、3、4。1号洞实为自然岩龛，大致呈菱形，岩龛壁极平整，上有题刻1处，即凌云观题刻。题刻为清代孙姓、张姓道士所题，上部为竖排楷书“凌云观”3字，字径约20厘米；下部为题记，计7行，满行7字，字径约6厘米，行楷。2号洞位于1号洞南侧下方2米，也为自然岩龛，人工略加开凿，洞口不规则，洞底部还有一洞，略呈菱形，内有人工凿刻一长方形龛，高约50厘米、宽约80厘米、深约10厘米。龛外沿龛口上部有双阴线刻纹饰，作莲纹壶门状。壶门图案被一连接石龛上部的线框龛叠压。龛南侧上部有“王永”2字，楷书，字径5厘米。从刻痕看，当与线框同为后刻，线框最晚。石龛北侧上部有竖排隶书“小姐洞”3字，字径约20厘米，当为今人所题。3号洞位置略低于2号洞，位于2号洞南侧2米，洞口略呈马蹄形，深约1米余，底部亦平整，未发现文物遗迹。最南边的4号洞最大，但洞口最小，洞口为方形，洞口上部有人工砌补痕迹。洞内有利用自然岩石人工砌筑的石台。石台南北长约2米、宽约1米、高约0.6米。洞口外南侧约3米处岩壁上有阴线刻兽纹1处，兽头北，尾上翘，作回首凝视状，高约15厘米、长约25厘米。3、4号洞内部相通，实为一洞。3、4号洞口前有较为平坦的开阔地约100平方米。在题刻西侧约5米处有一长舌状招崖石，石尖朝北，呈30度倾角，石面平整，中部偏上有一人工打凿的长方形凹槽，东西长60厘米、南北宽35厘米、深30厘米。石凹槽北部上方近石尖处有似有规律排列的石凹窝7个，直径约5厘米，深约4厘米。石凹槽、石凹窝之间还有一个孤立的、略浅的石凹窝，直径约4厘米，深约2厘米。推断为道教祭祀遗迹，时代应与凌云观题刻相当。2004年因开山采石需要，经市文管部门同意，将题刻、石洞、石凹槽、石凹窝切割搬迁至锦屏镇桃花村桃花涧风景区内。地属1995年江苏省第四批文物保护单位刘志洲山宋金交战战场遗址保护范围内。

九、石棚山摩崖题刻

位于海州区朐阳街道网疃村石棚山上。山上多奇石怪洞，岩石壁上有明、清时代的摩崖石刻28处，自古为文人游赏胜地。相传北宋词人石曼卿为海州通判时，常上山读书，蔡景繁、苏东坡、党怀英、戴南枝、杨锡绂等均曾来此。1982年被公布为江苏省第三批文物保护单位。

廖世昭题名 位于石棚、东侧一块形如马耳的石上，刻面高0.8米、宽1.13米。文曰：“大明嘉靖葵未岁四月维夏壬申朔，海州知州前进士闽中廖世昭、学正新会周必诚，同游石棚登马耳。”刻文5行，楷书，字径18厘米。廖世昭书。

小九曲 位于锦岩北侧岩壁上。文曰“小九曲”，越坡世昭题石。篆书，字径33厘米。款6字，廖世昭书。

高行清风题勒 位于石棚门楣上。文曰“高行清风”。上款“中泉王同”，下款“为石公曼卿书”，分刻在“高行清风”前后，行楷，字径100厘米。

石曼卿读书处 位于石棚山顶南侧。文曰“石曼卿读书处”。隶书，字径45厘米。无款。据考为明代。

聚奎岩 位于锦岩北侧崖壁上。文曰“聚奎岩”。行书，字径42厘米。无款。据考为明代。

交华亭 位于石棚山西侧面西岩壁上，文曰“交华亭”。篆书，字径50厘米。无款。据考为明代。

戴易诗刻 位于石棚山石室后岩壁，文曰：“一片寒云覆石棚，空岩花草孰知名？何当自有山川后，千古唯闻石曼卿。海上青山似旧时，春来何日更花枝。东风二月江南客，谁共题君坠泪碑。山阴南枝

图35-13 石棚山“高行清风”石刻 赵鸣 摄于1995年

戴易题。”隶书。该刻为清代。

泠音 位于王庄水库南岸岩石上，文曰“泠音，康熙□□”。楷书，字径28厘米。

师亮采题名 位于石棚东石壁。文曰“石室。韩城师亮采题”。“石室”为篆书，字径40厘米；款为隶书，字径18厘米。刻于清嘉庆二十一年（1816年）。

东皋 位于锦岩北侧岩壁上。文曰“东皋”。篆书，字径42厘米。无款。

观澜 位于石棚北侧崖壁上。文曰“观澜”。隶书，字径38厘米。无款。

石棚 位于石棚内南侧崖壁上。文曰“石棚”。隶书，字径60厘米。无款。

云梯 位于万花岩南侧。文曰“云梯”。楷书，字径36厘米。无款。

万花岩 位于石棚山西侧面南崖壁上。文曰“万花岩”。楷书，字径45厘米。无款。

少赤壁 位于石棚山西侧面北崖壁上。文曰“少赤壁”。楷书，字径38厘米。无款。

龙门 位于石棚山西侧面崖壁上。文曰“龙门”。楷书，字径35厘米。无款。

天蟾独躍 位于石棚山西南面西岩壁。文曰“天蟾独躍”。楷书，字径51厘米。无款。

海鳌 位于石棚山顶西侧面西崖壁上。文曰“海鳌”。行楷，字径60厘米。无款。

锦岩 位于石曼卿读书处西侧面东岩壁。文曰“锦岩”。隶书，字径60厘米。无款。

风洞 位于石棚东侧面北崖壁。文曰“风洞”。隶书，字径35厘米。无款。

叠翠 位于石棚山西南面北岩壁。文曰“叠翠”。楷书，字径45厘米。无款。

十、伊芦山石刻群

位于灌云县伊芦乡伊芦山上。伊芦山又称伊莱山，历代文人多留题刻，1999年调查发现保存较好的明刻5处、清刻2处、无年款题刻7处。2001年被公布为连云港市第三批文物保护单位。

廖世昭题刻 位于伊芦乡伊芦山西峰，年代为明代。刻面高0.7米，宽0.67米。文曰“明嘉靖二年夏四月，越坡廖世昭，匡山周必诚同游”，文4行，行5字，隶书，字径13厘米。嘉靖二年即公元1523年。

奇泉题刻 位于伊芦乡伊芦山中庵后岩壁上，年代为明代。奇泉为花岗岩砌的2眼通井。井口无井栏。明海州知州王同于井壁竖刻“奇泉”草书2字，字径75厘米，右竖篆上款“戊[申]年”，左竖篆下款“王同书”，字径18厘米。

高山流水题刻 位于伊芦乡伊芦山中部，年代为明代。刻面高4.3米，宽1.08米，横书楷体“高山流水”，字径1米；左竖篆“丙午年秋月”，右竖篆“中泉王同书”，字径20厘米。丙午年即明嘉靖二十五年（1546年）。

云洞题刻 位于伊芦乡伊芦山中部东侧，年代为明代。刻面高1.05米，宽0.8米。共8字，横列，行草“云洞”2字，字径65厘米，款“戊申年王同书”。戊申年即明嘉靖二十七年（1548年）。

含光题刻 位于伊芦乡伊芦山西峰，年代为明代。刻面高1.2米，宽2.2米。存6字，横列，楷书“含光”2字，字径95厘米，款“□□年王同书”。

龙神岩题刻 位于伊芦乡伊芦山西峰，年代为清代。刻面高2.44米，宽1.3米。共15字，楷书，中间竖刻“龙神岩”3字，字径35厘米，左边竖刻“求雨会公立”，右边竖刻“大清光绪廿二年”。光绪廿二年即公元1896年。

云龙潭题刻 位于伊芦乡伊芦山西峰，年代为清代。刻面高1.2米，宽0.4米。共9字，横列“云龙潭”3字，字径33厘米，款“□安歙人方瑚”，皆楷书。

更衣处题刻 位于伊芦乡伊芦山西峰，年代不详。刻面高0.75米，宽2米。竖书，隶书“更衣处”三字，字径60厘米。无款。

唧盂处题刻 位于伊芦乡伊芦山西峰，年代不详。刻面高0.9米，宽0.4米。竖书，楷书“唧盂处”3字，字径30厘米。无款。

翠壁题刻 位于伊芦乡伊芦山西峰，年代不详。刻面高1.33米，宽2.35米。横列，隶书“翠壁”2字，字径130厘米。无款。

月泉题刻 位于伊芦乡伊芦山西峰，年代不详。刻面高1.3米，宽0.6米。竖书，篆体“月泉”2字，字径60厘米。无款。

云关题刻 位于伊芦乡伊芦山西峰，年代不详。刻面高1.6米，宽0.8米。竖书，隶书“云关”2字，字径66厘米。无款。

三生石题刻 位于伊芦乡伊芦山西峰，年代不详。刻面高0.75米，宽1.6米。横列，隶书“三生石”3字，字径0.5米。无款。

第一峰题刻 位于伊芦乡伊芦山西峰。刻面高0.77米，宽2.8米。横列，隶书“第一峰”3字，字径0.6米。无款。

十一、东山摩崖题刻群

位于新浦区南城镇东山山脊南段，分布在东山南峰和去玉皇宫沿路两侧及玉皇宫南徒然洞一带，有明、清、民国时期的题刻30余处。字径最大68厘米，最小8厘米，字体不一，主要有“龟崖石”“苍梧山”“海阔天空鸢飞鱼跃”“天池”等摩崖题刻、牌坊题刻、徒然洞题刻等，另外还有大量明、清及近代的民俗石刻，内容多为祈祷、祝愿、凭吊之类。1993年被公布为连云港市第二批文物保护单位，名“南城东山摩崖题刻”。徒然洞题刻于2002年并入云台山抗日石刻群，被公布为江苏省第五批文物保护单位。

东山石坊 位于东凤凰山南段山脊。为全石结构，东西向，现存单间双柱。从双柱残留的榫眼判断，原有云头、抱鼓等构件，今均不存。柱头雕有石兽，西向，兽首残缺。柱根部有不规则长方形柱础，双柱则分别立于柱础中间的长方形柱洞中。额枋上各有两组一斗三升斗拱承托结顶。结顶为单檐起脊两面坡，瓦垄清晰，脊及檐口勾头滴水已残，但可辨大致形状。坊的额上东西两面均刻有文字。面西一面（正面）字迹模糊，不可卒读；面东一面为“紫气东来”，楷书，字径约18厘米。柱身上也刻有文字，亦楷书，字迹漫漶，北柱西面尚可辨“天汉玉皇宫”5字，字径约15厘米，南柱西面仅可辨“[祥]云”2字，字径亦约16厘米。在北柱“玉皇宫”3字及以下的几字上面有叠刻“□□传世”4字，在南柱“云”字以下几字上面有叠刻“孝子碑坊”4字，字径约15厘米，当为后来者为之。从坊的形制、风化程度及文字字体、内容来看，该石坊建于明代。1993年并入南城东山摩崖题刻被公布为连云港市第二批文物保护单位。

十二、水帘洞摩崖题刻

分布在花果山水帘洞内外石壁上，明刻有海州知州王同书写的“高山流水”“神泉普润”题刻，清刻有海州知州师亮采书写的“灵泉”和清道光十五年(1835年)道光皇帝赐给陶澍的御书“印心石屋”等。洞门上还有“水帘洞”3字题刻。

十三、游青峰记摩崖题刻

前志作花果山石刻之顾乾游记石刻。位于花果山青峰顶八戒石东侧岩壁处，“一线天”西侧，刻在一块南北宽约2.3米、高约3.2米的厚度均匀、表面平整的天然石板上，故又名“天然碑”。题刻共31行949字。前24行为题记正文，首行4字，第2～23行42字，最后7行为落款，行字不等，字径约5厘米，皆楷书。刻文首题《游青峰记》，记咏云台山风物名胜、古迹传闻及游山经过，系明万历乙酉（1585年）冬十月四日，唐伯元撰文并书。题刻刻在一巨大的阴线碑形框内，碑框顶部为圆额，内有阴线刻丹凤朝阳纹。唐伯元，明代澄海人，字仁卿，万历二年（1574年）进士，历知万年县、泰和县，迁南京户部主事，进郎中，因上疏反对王守仁从祀文庙，为南京给事中钟宇淳所驳，谪海州判官。屡迁尚宝司丞，用为吏部员外郎，历考功、文选郎中，佐尚书孙丕扬澄清吏治，《明史》称赞其为“岭海士大夫仪表”。曾辑注《二程语录纂》《礼篇》《易注》，著有《醉经楼集》6卷。1982年被公布为连云港市第一批文物保护单位。

汪心渊题刻 位于天然碑上《游青峰记》题刻碑框左下角外侧，年代为明代。文11行，行字不等，字径约4厘米。文曰：“淮阴郡守汪心渊同海州贡士江期文、江期贵，庠生汪能容、江之渊、李文媖、杨由灿、杨邦直、江之表、武峰、何嘉胤游此。崇祯九年三月初一日记。”崇祯九年即公元1636年。

仙砚题刻 位于天然碑东侧5米处，年代不详。此处有一多边形块状巨石，顶端部分内凹，可常年蓄水。其北壁平整，壁面横刻“仙砚”2字，隶书，字径25厘米。

十四、悟道庵石刻群

位于连云区宿城乡大竹园村黄茅顶悟道庵遗址。1993年被公布为连云港市第二批文物保护单位。

振亚、许鸿宾题刻 位于庵前天然石门西壁南北西侧。有“念佛成佛”“别有洞天”“德云常在”3处题刻，为民国法起寺僧振亚、板浦人许鸿宾题，文字径20～50厘米，款字径12～14厘米，楷书。振亚，清末民初人，行伍出身，民国初年为宿城法起寺住持，在地方上颇有影响。

许鸿宾醴泉题刻 位于庵后井泉上西岩壁、东岩壁。题“醴泉”2字，楷书，字径40厘米。东岩壁款署“民国八年许鸿宾”，楷书，字径15厘米。民国8年即公元1919年。

十五、照海亭摩崖题刻群

见前志花果山石刻之照海亭石刻。位于新浦区照海亭周围及七十二洞区的岩壁上，有题名、诗刻和碑刻，书体有篆、隶、楷、行，其中明刻1处、清刻9处、民国石刻8处、无年款石刻12处。1982年被公布为连云港市第一批文物保护单位。

啸云洞题刻 位于照海亭南、“一线天”东侧啸云洞外岩壁上，年代为明代。文曰“乍见天吴”。楷书。款曰“泰昌元年杜一璠题”，亦楷书。泰昌元年即公元1620年。

秦镇熙题刻 位于照海亭西南巨崖下面西岩壁上，年代为清代。刻面用单线加框，文曰“同悟性天”。行楷横批，字径30厘米。上款曰：“大清光绪二十八年四月初五日，予与心二马公约雨棠禅兄，同访悟五禅师于云台，导游此胜境，尘缘顿消，不可略而弗志。”下款曰：“庚寅进士、御前侍卫秦镇熙撰书。”上款6行，首行13字，末行3字，余行8字，字径6厘米；下款职务“庚寅进士、御前侍卫”分二行书写，下接一行“秦镇熙撰书”，皆楷书。光绪二十八年即公元1902年。

恩光普照题刻 位于照海亭南岩壁上，年代为清代。文曰“恩光普照”，隶书横批，字径约16厘米。上款1行，曰“光绪甲辰仲冬月”。下款3行，曰“蓝翎五品衔国学生、湖南平江县信士傅映楚敬献”。楷书竖排，字径约5厘米。光绪甲辰即清光绪三十年（1904年）。

须弥映海题刻 位于照海亭南莲花洞洞口右上方1.5米面东岩壁上，年代为清代。文曰“须弥映海”。隶书横批，字径25厘米。上款曰“光绪丁未年”，下款曰“净业比丘秀峦书”，行书，字径5厘米。光绪丁未年即光绪三十三年（1907年）。秀峦为清末三元宫大悲庵住持僧。

寿山福海题刻 位于照海亭南莲花洞洞口上方1米面东岩壁上，年代为清代。文曰“寿山福海”。篆书横批，字径50厘米。上款曰“丁未夏日”，下款曰“吴县宋治基题”，皆楷书，字径10厘米。丁未应即清光绪三十三年（1907年）。

明照无二题刻 位于照海亭旁岩壁上，年代为清代。刻面宽1.7米，高0.5米。文曰“明照无二”。隶书横批，字径30厘米。上款曰“光绪丁未立”。下款曰“溧邑弟子陶义珍献”，行楷，字径4厘米。光绪丁未即光绪三十三年（1907年）。

倚天照海之亭题刻 位于照海亭东岩壁上，年代为清代。文曰“倚天照海之亭”。行书横批，字径约40厘米。上款1行，曰“戊申四月”。下款3行，曰“悟阳道人属涛园沈瑜庆自南昌官廨邮寄”。款竖排，字径约5厘米，款后钤印2方，印文不辨。此题刻年代应为清光绪三十四年（1908年）。沈瑜庆（1858—1918年），字志雨，号爱苍、涛园，沈葆桢四子。清光绪五年，父死，恩赏为候补主事，光绪十一年举人，以恩荫签分刑部广西司行走，后历任江南水师学堂会办、总办、督署两江总督张之洞总文案兼总筹防局营务处、淮扬兵备道、护理漕运总督兼代淮安关监督、湖南按察使、顺天府知府、山西按察使、广东按察使、江西布政使、护理江西巡抚、云南布政使、贵州巡抚，民国后曾受聘福建通志局总纂修，工诗，有《涛园集》传世。

涧水环流人堪涤虑题刻 位于照海亭东下方5米一巨岩顶部平整岩面上，年代为清代。石刻面天，文曰“涧水环流，人堪涤虑；云山遥镇，海不扬波”。竖书2行，字径约12厘米。款2行，字径约4厘米。上款曰“宣统二年题照海亭”。下款曰“钓石段崇安”。文、款皆楷书。宣统二年即公元1910年。

海天一览题刻 位于照海亭东下方5米一巨岩顶部平整岩面上、紧接涧水环流人堪涤虑题刻，年代为清代。石刻面天，文曰“海天一览”。横批，字径约40厘米，楷书。款竖书，上款2行，曰“宣统二年题。海天洞”；下款1行，曰“段崇安书”，字径约8厘米，楷书。

山高水远志大身闲题刻 位于照海亭下方一面北平整巨岩壁上，年代为清末民初。文曰“山高水远，志大身闲”。在“山高水远”“志大身闲”两侧分题4行联款，曰：“悟五禅棣居洞后，余复来过访见其人其地，幽僻森然，流连不忍去，因作短联以志其实云。如兄杜□撰并书。”文款皆竖排。文字径30厘米，楷书；款字径8厘米，亦楷书。

王晓农诗刻 位于照海亭东小蓬莱附近面向西南岩壁上，年代为民国。文曰：“界。绝塞归来瞬六年，劳劳未结拜山缘。谁图鞅掌风尘日，翻作驰怀景物天。方外迷途频指点，个中丘壑尽流连。何曾不解岩栖乐，争奈名心未尽捐。”款曰：“民国元年秋月，公偕武□□登云台，得悟五、秀峦诸上人导游山中名胜，色赋此霁赠上人□志鸣雪哲甫王晓农。”“界”字独刻于诗文左上方，魏体，字径55厘米。诗文为隶书，字径12厘米。款字为行楷，字径5厘米。民国元年即公元1912年。

别有天地题刻 位于王晓农诗刻所在岩石面北岩壁上，年代为民国。文曰“别有天地”。楷书横批，字径30厘米。后有题记：“民国四年阴历二月九日”“潼城程肇湜”与友人张杰夫、张镜清、周子久、江敬斋、程理堂同往三元宫进香，结交悟五和尚，游览海天洞、照海亭，“作数语以志弗忘云”。题记共13行，满行9字，字径4厘米。民国4年即公元1915年。

云台胜境题刻 位于照海亭左下方岩壁上，年代为民国。文曰“云台胜境”。2行，行2字，呈正方形印文布局，隶书，字径50厘米。上款曰“民国五年中秋上浣”，1行。下款曰“润民武学澍题翼亭，王儒纲书石”，2行，楷书，字径8厘米。武学澍号润民，时为灌云县郁林乡董事。民国5年即公元1916年。

洞天福地题刻 位于照海亭下方岩壁上，年代为民国。文曰“洞天福地”。隶书横批，字径30厘米。款曰：“民国八年夏，同弟牖民、子震洋、震球，游悟五上人所居照海亭海天洞之纪念，许鸿宾。”9行，行字不等，行书，字径亦3～8厘米不等。民国8年即公元1919年。

环瀛仰镜 位于照海亭东南约20米岩壁上，年代为民国。文曰“环瀛仰镜”。横批，魏碑体，字径67厘米。款曰“临川李瑞清”，楷书，竖排，字径6厘米。款后还具跋文10行，满行11字，隶书竖排，字径4厘米。“环瀛仰镜”为晚清书法家“清道人”李瑞清书予悟五和尚，民国9年（1920年）李瑞清的学生余清歙等9人旅行至此，在悟五处得见其师遗墨，便将此书法作品摹勒于此。

云天深处题刻 位于照海亭旁岩壁上，年代为民国。文曰“云天深处”。横批，楷书，字径35厘米。上款曰“民国十年正月”，下款曰“沭阳程肇湜题”，行楷，字径6厘米。民国10年即公元1921年。

杨乃昌题刻 位于照海亭南5米面北岩壁上，年代为民国。文曰“海天福地/养性参禅”。隶书2行，行4字，字径30厘米。上款曰“悟五大和尚法鉴”，下款曰“发弟杨乃昌题”，皆行书，字径8厘米。

仙径题刻 位于照海亭西南下方岩壁上，年代为民国。文曰“仙径”。隶书，竖排，字径30厘米。

海天洞题刻 位于照海亭南海天洞洞门外正上方，年代不详。海天洞又称“悟五洞”，上接照海亭，为悟五和尚挖掘石隙形成的人工洞。洞门外正上方岩壁有一刻面，宽1.5米、高0.6米，内横刻“海天洞”3字，楷书，无款，字径40厘米。另外，在洞口铺地块石上还发现行书“海天洞”3字，亦无款，字径25厘米，当为海天洞早年被废弃的石匾。

第一天门题刻 位于照海亭西南仙径题刻下方70厘米，年代不详。文曰“第一天门”。行书横批，字径30厘米。

张宝莲鹤字题刻 紧接山高水远志大身闲题刻后，年代不详。文曰“鹤”。字径约60厘米，行书。款题于其右侧，曰“张宝莲”，字径15厘米，楷书。

小蓬莱题刻 位于照海亭东小蓬莱附近游步道中间一裸露岩石西南壁上，年代不详。文曰“小蓬莱”，楷书横批，无款，字径20厘米。传为段祟安题。

娲遗石题刻 位于照海亭东小蓬莱附近一岩隙所夹大石块——“娲遗石”南壁上，年代不详。文曰“娲遗石”，竖书，楷体，字径16厘米。

阿耨达池题刻 位于照海亭东小蓬莱附近阿耨达池上方岩壁上，年代不详。文曰“阿耨达池”，竖书，楷体，字径12厘米。

二仙洞题刻 位于照海亭南二仙洞岩壁上，年代不详。刻面宽1.6米，高0.55米。文曰“二仙洞”，行楷横批，字径50厘米。

莲花洞题刻 位于照海亭南莲花洞洞口上方岩壁上，年代不详。刻面宽1.6米，高0.5米。文曰“莲花洞”，楷书横批，无款，字径30厘米。

三种意因题刻 位于照海亭南岩壁上，年代不详。文曰“三种意因”。篆书横批，字径约20厘米，无款。

金桥题刻 位于照海亭东岩壁上，年代不详。文曰“金桥”，楷书横批，字径约40厘米，无款。

万佛洞题刻 位于照海亭东岩壁上，年代不详。文曰“万佛洞”。楷书横批，字径约40厘米，无款。

朝阳洞题刻 位于照海亭南、八戒石下，年代不详。朝阳洞为自然石隙洞，经人工稍加凿砌而成，为民国初年三元宫住持厚庵修炼处，内曾供释迦像。洞口朝南，东西阔约7米，南北进深约4米，可容10余人。题刻有二，一在洞口西侧上方，镌“朝阳洞”3字，隶书，字径约30厘米；二在洞口东侧上方，镌“朝阳洞”，楷书，字径亦约30厘米。皆无款。

十六、东磊延福观摩崖题刻群

位于新浦区云台乡东磊村云台山南侧围屏山钟鼎（俗称中顶），有清代石刻10处、民国石刻6处、无年款石刻15处，刻于延福观附近的岩壁上。1989年与延福观合并被公布为云台区第一批文物保护单位，名“延福观、东磊山石刻群”。地属1993年公布的连云港市第二批文物保护单位延福观范围内。

杨廷镇天台诗刻　位于延福观东北一峭壁上，年代为清代。刻面高1.44米，宽0.44米。诗曰：“不见天台山，忽睹天台石。采药忆遐踪，徘徊岩下立。”字径10厘米，楷书。款具“康熙二十三年海州司训杨廷镇刻”。康熙二十三年即公元1684年。

杨廷镇玉女洗头盆诗刻　位于延福观后山壁玉女洗头盆处，年代为清代。杨廷镇题诗并勒。诗曰：“飞流漂洒落云根，冷韵清音绕石门。恍似华山来玉女，竟看珠溅洗头盆。”字径11厘米，楷书。

洗头盆石刻群　位于延福观后山壁玉女洗头盆附近，年代为清至民国。此处有“小蓬莱”“天上人间”“群仙聚会”“仙家乐境”“慈悲济世”“寿命长生”“焦石鸣琴”“穹窿散仙”“拳石”“三三洞”等题刻，书体有篆书、楷书、行书。

杨廷镇海外壶天题刻　位于南竹园岩壁，年代为清代。文曰“海外壶天”。横排，字径40厘米，楷书。款曰“海州司训杨廷镇书，康熙甲戌孟夏月”。亦楷书，字径10厘米。康熙甲戌即公元1694年。

万肖裔万壑朝宗题刻　位于延福观院墙外南10米悬崖壁上、与登山观海题刻相对，年代为清代。刻面高0.5米，宽1.93米。“万壑朝宗”横写，字径44厘米，楷书。款具“甲戌仲夏朐守鄞溪万肖裔题”，款字径6厘米，楷书。甲戌即清康熙三十三年（1694年）。

钱泳书登山观海题刻　位于延福观院墙外南10米，年代为清代。刻面长1.2米，宽0.6米。文曰“登山观海”，字径35厘米，隶书。题记曰：“观察唐仲冕、知州师亮采、参将陈階平登此，同游者王昙、汪宝树。嘉庆丙子闰六月登山钱泳书。”7行，行5字，字径14厘米，亦隶书。嘉庆丙子即公元1816年。

千岩万壑题刻　位于烧香路北崖壁上，年代为清代。文曰“千岩万壑”。款曰：“道光乙巳，长白沾研、香州司马、泰邮张小山、鄂诸任魏珊、江都田季华偕同鲍石生练师到此同游，抚琴者司马正襟危坐，夕阳连山，挽琴而去。”行楷，字径7厘米。道光乙巳即公元1845年。

鲍石生云海大观题刻　位于烧香路北崖壁上，年代为清代。文曰“云海大观”。篆书，竖排，字径20厘米。款曰“鲍石生题”，竖排，行书，字径14厘米。鲍石生，清道光年间人。

鲍石生山灵石幻题刻　位于延福观东北方100余米岩壁上，年代为清代。文曰“山灵石幻”。篆书，2行，行2字，印文排列，字径16厘米。款曰“鲍石生题”，竖排，楷书。

一阳子九转丹成题刻　位于延福观院内玉兰山房南10米岩壁上，年代为清代。文曰“九转丹成”。楷书，字径16厘米。上款“光绪二十年冬月”，下款“道人一阳子笔”，亦楷书，字径4厘米。其左侧还刻有双连环图案。光绪二十年即公元1894年。

陶士英温泉题刻　位于延福观后山面东岩壁，年代为民国。文曰“温泉”。楷书，字径60厘米。竖款1行，具“民国八年春，陶士英题”，楷书，字径10厘米。民国8年即公元1919年。

白宝山民国8年题刻　位于延福观南、大殿西岩壁，年代为民国。文曰“神”。楷书，字径84厘米。上下款各4字，曰“民国八年，白宝山题”，亦楷书，字径12厘米。

宋球重来东磊题刻　位于东磊山石海的三磊石上，年代为民国。文曰“重来东磊”。竖书，隶书，字径25厘米。上款曰“民国十七年春”，下款曰“宋球”。楷书，字径10厘米。宋球，字天愚，灌云县白蚬人，时为当地教育界名士，民国16年（1927年）在新县乡的灌云县第三高级小学任校长，民国19年后从政，先后任灌云县第十区、第七区、第二区区长及灌云县文教科科长。抗战期间亲率壮丁抗日。民国31年逝世时年仅54岁。

磊石题刻　位于东磊山石海的三磊石上，年代为民国。文曰“磊磊落落”，行书，字径15厘米。上款曰“民国廿年春”，下款从左向右曰“湖南刘嘉祠小沛王仲傅仝题”，2行，字径5厘米，亦行书。民国廿年即公元1931年。

王惠云题刻　位于云屏山顶南天门烧香路南侧路旁石上，年代为民国。文曰“太平石”。楷书，竖排，字径5厘米。款曰：“民国二十年，王惠云。”楷书，字径4厘米。民国二十年即公元1931年。

大芬诗刻　位于延福观院内东南石梯北崖壁上，年代为民国。文曰：“云山橐华乙丑秋，欲别云山意未休。身后苦川尘俗累，一心寄此学巢由。”款曰：“民国三十一年秋中徐十月升云，大芬。”楷书，字径5厘米。民国31年即1942年。

沾林题刻　位于烧香路北岩石上，年代不详。共计3处。一曰“鼓琴石”，篆书，竖排，字径8厘米，款“沾林题”，行楷，字径5厘米；二曰“引仙崖”，篆书，竖排，字径11厘米，款“沾林题”，行楷，字径5厘米；三曰“吞海”，篆书，竖排，字径16厘米，款“沾林书”，行楷，字径5厘米。

鲍秋涛题刻　位于烧香路北崖壁上，年代不详。文曰“海上仙山”，篆书，字径18厘米。款曰“黄海鲍秋涛”，行楷，竖排，字径8厘米。

鲍春江题刻　位于延福观东北角，年代不详。文曰“人间天上”，篆书竖排，字径20厘米。款“鲍春江题”，楷书，字径10厘米。

子丹洞题刻　位于延福观东北角，年代不详。文曰“子丹洞”，款“悟阳子修”，行楷，竖排，字径3.5厘米。

十七、西山摩崖题刻群

前志作南城西山石刻。位于新浦区南城镇西山东南坡山脚一高3米、南北长约10米的平整花岗岩巨石壁上，计3处。1993年被公布为连云港市第二批文物保护单位，名“南城西山摩崖题刻”。

管干珍题刻　位于题刻群中部，年代为清代。刻面高1.83米，宽0.7米。文曰“俯瞰东溟”，行书，横批，字径约30厘米；款曰“阳湖管干珍”，楷书，竖排，字径约8厘米。管干珍，字阳复，号松崖，武进人，工画，乾隆进士，累官至漕运总督，以清节著，礼部改“贞”为“珍”。

钱泳题刻　位于题刻群南部，年代为清代。钱泳（1759—1844年），清金匮（今江苏无锡）人，初名鹤，字立群，号仙召，亦号梅溪，清代金石学家、书画家，清嘉庆年间来此，并隶书竖题“夕佳”2字，字径约50厘米，款“钱泳题”，楷书，字径约15厘米。

三言诗刻　位于题刻群北部，年代为民国。刻面高1.2米，宽0.9米，为三言诗刻。诗8行，行6字，字径13厘米；款2行，行12字，款署“静涵笔”“霞峰录”，字径10厘米，皆隶书。武霞峰字同举，清末民初江苏著名水利专家，南城镇人。

十八、仙人屋摩崖题刻

前志作仙人屋石刻。位于连云区宿城乡万寿山南麓西侧。仙人屋又名“半半居”“瓢崖洞”，为天然石隙洞，洞内有门、有窗、有案，佳境天成。题刻刻于岩洞内外壁上，共有石刻5处。有道光十五年（1835年）两江总督兼两淮盐运使陶澍题刻“仙人屋”“玉女窗”以及四首五言绝句。

另外洞内还有当时法起寺方丈通裕题勒“半半居”三字，以及通裕和诗题刻。文字皆楷书。陶澍（1779—1839年），字子霖，号云汀，清代湖南安化人，嘉庆进士，道光朝官至太子少保、两江总督兼管盐政，道光年间两至海州督办海运，首创“票盐”。1982年题刻被公布为连云港市第一批文物保护单位，名“宿城仙人屋石刻”。

十九、龙门村摩崖题刻

前志作龙门村石刻。位于墟沟镇龙门村，刻在后大门一处临海崖壁上。刻面高1.5米，宽2.5米，刻文为隶书“云水荡胸”，字径59厘米。后有楷书跋文，为光绪二十五年（1899年）黄道传所书。1982年被公布为连云港市第一批文物保护单位。

二十、太白涧摩崖石刻

前志作太白涧诗刻。位于连云区朝阳镇新县村太白涧。相传李白曾游此涧，故名。涧内一巨石上镌“太白石”，楷书，无款。其下方为民国初年新县张百川七律诗刻4首，高3米、宽4.5米，24行，字径10厘米，内容咏太白涧四时风光，诗刻右上角被毁。1982年被公布为连云港市第一批文物保护单位。

小乌龙潭石刻　前志作乌龙潭。位于太白石西北20余米处小乌龙潭面西岩壁高显处，年代为清代。刻五律4首，咏雾崖四时风景。光绪三十二年（1906年）十月新县张百川题并书。1982年与太白涧摩崖题刻合并被公布为连云港市第一批文物保护单位。

二十一、雾崖石城记摩崖题刻

《雾崖石城记》刻于清光绪三十四年（1908年）夏五月，石面风化，不少字迹已漫漶。此记由张百川撰文，王儒纲书丹，分别刻于雾崖石城内南部险崖下的一块巨岩顶面和距离此石北侧十余米的另一块巨岩岩面上，均面天。南面巨岩顶部上的文字共分4个部分，每个部分文4行，满行22字，隶书，字径8厘米；北部巨岩岩面上为《雾崖石城记》正文的最后17字以及撰写此文的缘由和撰文、书丹者名号，文8行，满行22字，隶书，字径10厘米。1993年纳入大雾崖石城被公布为连云港市第二批文物保护单位。

二十二、入海须到底题刻

位于连云区宿城乡万寿山南麓、万寿山抗日石刻西侧崖壁上，刻面高1.1米、东西宽6.5米。文曰“入海须到底”，楷书，字径约1米；款为“民国八年振亚草”，3行，行字不等，字径10～18厘米，除最后一字为草书外，余皆楷书。民国8年即公元1919年。地属2002年被公布为江苏省第五批文物保护单位的云台山抗日石刻群保护范围内。

二十三、许鸿宾民国8年题刻

位于连云区宿城乡万寿山南麓、万寿山抗日石刻同一崖壁上，刻面高1.7米、东西宽0.6米，被曾锡珪“殷忧启圣，多难兴邦”题刻的落款部分叠压，而且该题刻文字遭到凿刻破坏，尚可辨其内容为“民国八年同弟牗□□法[起][寺]板浦[许]鸿宾”。

二十四、龙潭涧摩崖诗刻

前志作皇窝石刻。前志龙潭涧石刻条与皇窝石刻条将民国10年（1921年）张百川、张恩洄二诗刻重复记述。1982年公布的连云港市第一批文物保护单位——龙潭涧摩崖石刻仅包含张百川、张恩沛二诗刻内容，而不包含白宝山龙潭题刻和五言诗刻内容。现从1982年正式公布的文保单位内容予以介绍。

龙潭涧摩崖诗刻　位于连云区高公岛黄窝村。张百川诗刻在黄窝龙潭涧的一块巨石上。文曰："民国十年夏咏龙潭飞雪：山势崔巍列画屏，龙潭飞雪偏珑玲。浪翻瀑影和烟卦，风送涛声拍枕听。梯路云封千树黑，石门雨过万峰青。黄窝仿佛桃源境，赏月看花且诵经。新县乡百川张学翰题。石工龚学古刊。"正楷，字径10厘米，书法工整丰腴。张思沛诗刻在张百川诗刻侧。文曰："民国辛酉，设帐黄窝。二年，于兹与居停张翁履之，里人胡维忠等陟游泉石，观龙泉飞瀑，涤寒侵日，浪激喧雷，时值盛暑，一经枕漱，凉澈心脾。相与流连，因以赋之：为爱仙源水一方，龙潭幽曲午风凉。渊涵鱼跃腾云气，树带蝉鸣掩日光。蹑尾定依梯路险，举髯真觉石门昂。泉声远接潮声壮，添助波澜稳泊航。新县乡云书张恩沛题。"隶书，字径10厘米，书法浑厚凝重。

二十五、虎口岭石刻群

留仙泉石刻　位于连云区宿城乡留云岭村虎口岭南坡路西侧，年代为民国。刻于泉旁巨石上，题"留仙泉"3字，隶书竖排，字径约50厘米。后附题记曰："汉僧会尊者留仙饮泉处，旧有题额，数千年字迹模糊。民国十三年甲子，振亚补刻，许立芬书。"隶书竖排，3行，满行14字，字径约12厘米。民国13年即1924年。20世纪90年代中，当地人在万寿山南坡，用3块石每块各刻1字的方式复制了"留仙泉"三字并组合成碑，竖于仙人屋西侧。1993年作为虎口岭石刻群之一与子午亭合并被公布为连云港市第二批文物保护单位。

振亚桥题刻　位于虎口岭南坡振亚桥西侧石壁上，年代为民国。文曰"振亚桥"，隶书横批，字径约30厘米。竖款2行，行7字，曰"民国第一甲子年，振亚建许鸿宾题"，隶书，字径约10厘米。民国第一甲子年即公元1924年。1993年作为虎口岭石刻群之一与子午亭合并被公布为连云港市第二批文物保护单位。

二十六、云台山抗日石刻群

分别位于连云区徐圩镇、高公岛、万寿山、宿城乡、新浦区南城镇境内的云台山上，共有万寿山、飞来石、围屏山、鹿场、东陬山、徒然洞6处抗日石刻，真实反映了民国27年（1938年）中国守军在连云港保卫战中舍身保国的悲壮历史。2002年被公布为江苏省第五批文物保护单位。

东陬山抗日石刻　位于徐圩镇东陬山麓藏军洞内。藏军洞为抗战初期胡文臣带领士兵就旧藏军洞改建的防空洞，洞内空间不规则，平面呈大鲵（"娃娃鱼"）形，东北部较宽敞，应即旧洞，呈不规则椭圆形，南部渐窄，平面呈"S"形连接北部，洞内通长18.5米、洞内高1.5～3.3米、洞口内宽1米、洞内通道宽1.8米、洞底最宽处6.8米。设有2个洞口，分别面向西南、西北。洞口、洞内通道、洞外护坡为钢筋混凝土构筑。护坡上有覆土伪装。南侧洞口巷道内进深5.8米拐弯处正对洞口石壁上有诗刻一首，曰："日寇犯我海疆，飞机到处逞强。为免轰炸殃及，依山筑室避将。"刻面高1米，宽0.75米。字径15厘米，楷书。上款曰"民国廿七年八月吉旦"，下款曰"上校总队长胡文臣题"，字径6厘米，亦楷书。北侧洞口巷道内进深3.8米处洞壁上部有一高0.35米、宽0.85米的刻面，内刻"藏军洞"3字，楷书，字径20厘米，无款，应亦为胡文臣题。民国廿七年即公元1938年。胡文臣，字相卿，河北省静海县人，少将军衔，1938年任陆军游击第八军第三总队总队长，并在东陬山一带驻防抗日，是年11月在宿迁与侵华日军激战中牺牲。

飞来石抗日石刻　位于高公岛乡吕端山顶。刻于大桅尖峰飞来石南侧壁上。刻面高1.12米，宽0.54米。行草，4行，每行6～9字不等，字径10厘米左右。文曰：“国难当头，吾辈三人当以死赴之，得不死，则亦得后天下之乐而也。邵思三。”款下钤印两方，印文漫漶不辨。民国27年（1938年），中国守军曾在此抵抗入侵日军，文中言抗日战事，铭志壮怀激烈。

图35-14 万寿山抗日石刻 赵鸣 摄于2002年

万寿山抗日石刻 前志作万寿山石刻。位于宿城乡万寿山南麓、宿城水库北100米处万寿山悬崖上。为民国27年（1938年）5～6月间驻守于此的第八军军长曾锡珪及其部属冯岳等所题刻。在宽约10米、高约4米的石面上刻有抗日石刻3块。其一，“保我山河”4字，字径38厘米，下署“粤东冯岳”。前有跋：“民国二十七年五月，倭寇由老窑、孙家山强行登陆，余奉命率游击第二纵队向后云台山堵击。苦战经月，信赖官军用命，顽寇迄未得逞，爰刻石志念。”字径6厘米。其二，大字“殷忧启圣，多难兴邦”。字径80厘米，下署“曾锡珪题”，并有小篆，图章“曾锡珪氏”一方，后面有跋：“溯自抗日战争，敌恃其海陆空军联合，大力破我要塞，肆行无忌。本年五月廿日，敌又施其故伎，进犯我连云港。经我官兵奋勇抗战，时逾匝月，敌终未能越雷池一步，斯乃告慰者，而我守备东西连岛将士，又复慷慨赴义，竟作壮烈牺牲，比古之田横五百蹈海壮士无逊色焉！国家兴亡，匹夫有责，追往思来，壮怀无已，爰镌八字于石，勉我袍泽，此作纪念云尔，公历一九三八年六月二十八日湖北沔阳曾锡珪识。”字径8厘米。其三，“保卫疆土，复兴中华”，字径19厘米，下署“五月下旬合州李志新题字”。前跋云：“民国二十七年五月，倭寇大举进犯连云港，余奉命指挥守军与敌血战月余，赖我将士忠勇抵抗，誓保河山，顽敌迄未得逞。爰题数字，共相奋勉。”字径6厘米。以上三刻均楷书，石刻字迹基本清晰。1982年，该石刻群被公布为连云港市第一批文物保护单位。曾锡珪，湖北沔阳人，原为两淮税警团主任，抗战后其部队改编为国民革命军游击第八军，下设6个纵队，曾锡珪任军长，驻守云台山。

围屏山抗日石刻 位于宿城乡大竹园村张楼庄西300米。为七言诗，周从权题。诗云：“云台山顶雾茫茫，此是抗日大战场。百日争夺暂归去，可恨倭儿未斩光。”款：“一九三八年八月沈阳周从权题。”诗中抒发了撤离战场前的激愤心情。石刻位于一天然小石棚内壁上，刻面高1.55米、宽0.6米，楷书，字径6厘米。

鹿场抗日石刻 位于宿城乡大竹园村上洞庄。文曰“人心不死，国必不亡”，字径约15厘米；款具“歧山”，字径约8厘米。楷书，行笔草率，刻痕亦浅，刻在路旁石上。

徒然洞抗日题刻 前志作“徒然洞”题刻。位于南城镇东山徒然洞。刻于侵华日军构筑的防空洞工事之门楣和洞外石壁上。洞门额题“徒然洞”，字径25厘米左右。上款“民国三十五年孟春”，下款“阜宁高卓然题，住持隆引敬勒”。洞门东南侧偏上为古诗一首。西南侧偏上为高聿华《题徒然洞》，文曰：“蠢尔倭奴，残暴妄动。公理难容，徒留此洞。”洞口东南上方5米岩壁上还有武柏年《题徒然洞》诗一首。四刻皆为民国35年（1946年）春题勒，均为楷书。后三刻字径约10厘米。

第四节 碑 刻

一、碑

海州乡贡进士题名碑 位于海州区幼教中心院内东侧围墙内壁。碑为青石质，明成化七年（1471年）立，通高1.77米、宽0.81米，须弥座高0.56米、宽1.2米，圆首，边饰卷云纹。碑额篆书，字径7厘米；碑文楷书，字径2厘米。卢陵王概撰文，钱塘唐震书丹，建昌程洛篆书，计500余字。1982年被公布为连云港市第一批文物保护单位。

皇明学训碑 位于海州区幼教中心院内东北侧围墙内。碑为青石质，尾部残损，残宽1.52米，高0.7米，厚0.22米，碑边饰一周忍冬纹，碑表面亦有残损，致使部分字迹脱落，现存文56行，满行25字，可辨字数765字。楷书，字径2厘米。首行4字曰“皇明学训”。

新建海道碑记碑 位于海州区钟鼓楼东门北侧。碑体尚完好，额作弧形，沉积岩质地，通高2.3米，宽0.98米，厚0.28米。碑正面为明嘉靖二十三年（1544年）海州知州王同所书《重修镇远楼碑记》，文11行，楷体。碑阴为明正德年间（1506～1521年）镌《新建海道碑记》。

孔子相鲁会齐侯处碑 位于赣榆县班庄镇夹谷山西麓。该碑立于明万历四年（1576年），以纪念春秋时齐鲁夹谷会盟。碑高2.18米，宽0.8米，厚0.23米，镌“孔子相鲁会齐侯处”8字，字径33厘米，楷书。

海州太守张公去思碑 位于海州区石棚山顶西部万花岩北侧。圆首，额横题“海州”2字，字径18厘米。碑额、碑边饰忍冬纹，碑心题“太守张公去思碑”，楷书，字径18厘米。文曰“公姓张，名允绅，字行夫，别号汉浦，湖广襄阳县人，由庚午科进士初任江西饶州府安仁县知县，升本州岛知州，未期月，以贤卓调寿州，士民戴之”。楷书，4行，行14字，计56字，字径6厘米。碑高2米、宽0.95米，厚0.2米。张允绅于明万历十三年（1585年）任海州知州，此碑立于他离任之后。1982年并入石棚山摩崖题刻被公布为江苏省第三批文物保护单位。

明神宗续颁藏经敕谕碑 位于花果山三元宫大殿北约20米的团圆宫正殿内，碑为青石质，高2.83米，宽1.04米，厚0.2米，共8行，满行26字，字径5厘米。碑额高0.2米，镌“圣旨”2字，碑立于明万历三十年（1602年）九月初六日。其碑阴为《明神宗颁赐藏经敕谕》碑碑文。因《明神宗颁赐藏经敕谕》碑原碑毁于民国27年（1938年）日本侵略军轰炸，今人将碑文刻录于此。

东海悟道庵碑 嵌于悟道庵山门内东壁上。碑为石灰岩质，高1.51米，宽0.83米，厚0.19米。明万历四十二年（1614年）海州知州杨凤等立，黄宣泰撰文，清顺治十二年（1655年）重刊，云鹤纹饰边，字径2厘米，楷书。1993年并入悟道庵石刻群被公布为连云港市第二批文物保护单位。

了空碑 位于悟道庵山门外天然石门东侧壁上。碑高1.98米，宽0.98米，厚0.16米，圆额，额及边饰卷云纹。碑文楷书，文9行，款2行，字径4厘米，为“皇朝万历岁次乙卯孟冬十月”涟水杨珊之“门下生魏子纮、沙诏等立”。皇朝万历乙卯即明万历四十三年（1615年）。该碑在“文化大革命”中被砸裂为两截，碑上裂隙犹在。1993年并入悟道庵石刻群被公布为连云港市第二批文物保护单位。

海清寺塔葛真镌石记碑 位于海清寺塔二层回廊内壁。碑高0.43米，宽0.95米，共20行，行字不等，计82字，字径2厘米，行书，其中有6字受损，难以辨清。碑为北宋天圣丙寅岁（1026年）海州沭阳县茂林北保兴国村施主葛真撰，武陵郡龚洞奇书，长安邓文吉镌字。

重复云台山香火田地碑 前志作“重修”。此碑坐落于花果山三元宫正殿西侧碑亭内。民国27年（1938年）日机轰炸云台山，该碑脱落。1985年重修碑亭，复安原位，为市级文物保护单位。田地碑始立于清康熙十四年（1675年），为砚石雕成，三节。碑碣宽1.18米，高0.87米，厚0.46米。两面浮雕二龙戏珠，形态生动。碑座和碑碣形制一样。碑座下尚有高0.4米狭肩的二层台埋入地下。座上正中有一正方形榫眼，和碑身下一长0.3米的石榫接合成一整体，碑身高1.56米，宽0.88米，厚0.29米。正文14行，行42字，字径2厘米。书体取法欧阳询。由奉直大夫、知江南淮安府海州事赵之鼎撰文，杨书屏书丹。碑文记三元宫修建缘起，清初裁海、复海的始末，明以来免赋的香火田三处，是研究云台山成陆、裁复海史及封建社会寺院经济的重要实证。其碑阴为明代天启四年（1624年）张兆增《敕赐护国三元宫海宁禅寺碑记》，由于风化严重，多数字迹已漫漶或剥蚀。

清风顶云台山香火田地碑 位于花果山三元宫海宁禅寺正殿阶东侧。碑额雕双龙抢珠纹，高0.95米，宽0.85米，厚0.3米；碑座高0.65米，宽1.15米，厚0.35米；碑身高1.55米，宽0.85米，厚0.26米。碑身阴阳二面均有碑文，皆楷书。阳面为清顺治时的《清风顶云台山香火田地碑记》，仅有12字受损。阴面文字风化严重，记崇祯六年（1633年）高晋卿、周通渊、陈云笈3位太监呈请来三元宫监理僧道焚修及三元宫修建事宜。2001年纳入三元宫遗址被公布为连云港市第三批文物保护单位。

灯油田记碑 位于海州区碧霞宫后殿西墙上。碑高1米，宽0.55米，圆额，额横书“灯油田记”4字，楷书，字径8厘米。碑文10行，行字不等，楷书，字径亦3～5厘米不等。文曰：“州之西南隅山曰白虎，左侧有青龙涧焉。前朱雀，后玄武，石如尽盖天划奇观也。中建碧霞宫，亦称灵应。余拜之，见琉璃无油乃计月而供。适庙旁有苗生，原粮田拾贰亩，捐俸捌俩伍钱买之，一岁所获足供一岁之油庶。佛经所云：日月灯者，永放光明于海国矣。因记之。顺治十年三月之吉，海州知州□阳敬元陈薰沐拜撰。贡士陈嗣良书丹，住持僧寿极立石。”

题复云台山青峰顶并纪碑 位于花果山三元宫海宁禅寺正殿东侧碑亭内。碑额雕二龙戏珠纹，辅以云纹。碑额高0.7米、宽1.1米、厚0.3米，额篆“题复云台山青峰顶并纪”，5行，行2字，字径16厘米；碑座高0.9米，宽1.2米，厚0.35米；碑身高1.6米，宽0.9米，厚0.28米。由于风化十分严重，石灰岩质地的碑体已沿岩石自然切理碎裂。碑上半部字迹尚清晰，但由于风化、涂污严重，识读已困难；下半部的字迹已基本风化剥蚀。整个碑文可辨字迹有：“康熙拾伍年拾壹月”“海州生员江之□”“为黄淮之尾闾”“黄淮漫决以致淮杨水患”“康熙拾陆年叁月拾壹日题本月拾叁日奉”“臣哲尔肯等谨题”“淮安府所为海州云台一山”“苏纳海等会阅江南省沿海一带地方”“立边界以及严禁奸徒出入往来”“会同详勘情由密□□题伏乞”“康熙拾陆年柒月初叁日题本月初四日奉”“奏钦此密封到部□臣等自议得吏部侍郎哲尔肯等疏”“十八处田土膏腴与主民国课大有利益等语今将”“人民招徕役业踊垦地亩，限以三年起科”“立边界以及严禁奸徒出入往来之处”“因查海州所属云台山既经侍郎哲等”“钱粮隐乏之际不便另行添设，应行□督”“康熙拾陆年柒月二十八日准兵部等”“江宁县臣江宁提督”“东海营分归”“二营兵丁”“禁奸徒出入往来之处等项事宜逐一详□前来”“海州营□□把总方□□亦应换给东海营”“中军守备撤回海州管理□□□粮事务，另委营弁驻□赣榆”“云台山提要之莺游山”“官兵防守舟如复于民□往来济渡”等等。由上述文字可知此碑与“复海”有关，涉及“复海”以后的清政府在海州地方的军政措施及调度。2001年纳入三元宫遗址被公布为连云港市第三批文物保护单位。

康熙海州重修庙学记碑 位于海州文庙戟门西墙上。碑方首抹角，高约2米，宽约0.75米。额篆“海州重修庙学记”，字径12厘米。文22行，满行56字，楷书，字径2.5厘米。碑表面风化严重，大部分文字剥蚀，不可卒读，然可辨其时代为康熙四十一年（1702年）。

河道总督残碑 位于新浦区花果山乡前云村大村水库东侧海清寺塔院中。石灰岩质地，残高1.1米，宽1.1米、厚0.25米。碑身两侧雕有二龙戏珠纹饰，碑文漫漶，碑正中可辨有“河道总督加太子少保兵部尚书□都察院右都御史□□□□”“大清康熙□□年□□□□”等字迹，竖书1行，楷书，字径5厘米。地属1982年公布的江苏省第一、二批文物保护单位的海清寺塔范围内。

登云台山记碑 现存6块，其中5块位于新浦区花果山三元宫东侧院墙壁上，1块位于海清寺院内。为清淮安知府姚陶于康熙四十九年（1710年）的一篇登云台山赈灾日记，兼记所见云台胜景。姚陶《云台山记》一卷载入清光绪年间王锡祺《小方壶斋舆地丛钞》和民国时期劳亦安辑《古今游记丛钞》。碑文共计824字，行书，字径约4厘米。完整的5块碑石高0.45米，宽0.82米。2001年纳入三元宫遗址被公布为连云港市第三批文物保护单位。

雍正重建海州庙学记碑 位于海州文庙戟门东墙上。碑为圆额，高1.9米，宽0.75米。文19行，满行52字，楷书，字径2.5厘米。碑表面风化磨损较重，文字已漫漶，许多字已不可识读。此碑立于清雍正十二年（1734年）。

云台山二十四景碑 原位于花果山三元宫大佛殿两廊，为清代黄申瑾于雍正七年（1729年）游览云台山后精心绘制的云台山景物图，刊刻于乾隆二年（1737年），计有总图2块、小图24块、记言4块，共30块碑石，石灰岩质地。后大图、记言碑石散佚，仅存小图拓本24张、小图碑石19块。小图详细描绘了云台山上下24处风物胜景，拓本、碑石制作皆精，高0.35米，宽0.32米，厚0.08米，均藏于连云港市博物馆。

甲子桥碑 位于海州古城东门外甲子桥东首南侧，为清嘉庆年间（1796～1820年）海州知州唐仲冕修建甲子河及桥时所立。碑圆首，正书“甲子桥”3字，为唐仲冕书丹，字径35厘米。上款“嘉庆九年夏五月重建”，下款“长沙唐仲冕”，字径10厘米。

淮安府山阳县板闸助缘功德碑 位于花果山三元宫灵官殿山门内南侧，为清嘉庆十六年（1811年）三月淮安府山阳县板闸信女、安东县会首、海州莞渎会首、阜宁县庙湾会首、水绿舍香首、仁和镇香首、五辛港香首共计52人捐助银两，修建观音殿的功德碑，详细记录了捐资者的姓名与捐资额。碑为石质，高0.6米，宽1.1米，字体为楷书，正文字径2.5厘米，首行“淮安府山阳县板闸”及落款“嘉庆十六年三月日”，字径均为4厘米。碑边饰一周浮雕卍字纹。2001年纳入三元宫遗址被公布为连云港市第三批文物保护单位。

云台山灵官殿募化观音殿山门碑 位于花果山三元宫灵官殿山门内北侧，分为碑额、碑身。其上部为石质碑额，镌刻云鹤纹浮雕图案，中间镌“芳薇不替”4字，字径8厘米。其下部为石质碑身，高1.7米、宽0.75米，为清嘉庆十六年（1811年）住持僧心恒建立、赵天嘉书丹的助缘功德碑。2001年纳入三元宫遗址被公布为连云港市第三批文物保护单位。

留云岭诗碑 位于连云区虎口岭山脊子午亭西侧山道旁。该碑为清代道光十五年（1835年）陶澍题，青石质，方首抹角，方座，通高1.96米，宽0.78米，厚0.19米。碑文为五言诗一首，系游览即景之作。文款计6行，其中诗题1行“留云岭，虎口岭改名”，诗文2行“为霖四海心，处处留云驻。仙山海气深，此是留云处。”款3行“道光十五年岁次乙未孟夏月，太子少保兵部尚书兼都察院右都御史两江总督长沙陶澍题”。皆楷书，除诗题中“虎口岭改名”字径约5厘米外，其他诗题诗文字径11厘米，款字径8厘米。1993年作为虎口岭石刻群之一，与子午亭合并被公布为连云港市第二批文物保护单位。

双龙井碑 位于海州古城朐阳门双龙井西侧。碑为长方形，高1.2米，宽0.6米，厚0.12米，方形委角碑额上饰一朵莲花纹，碑中部镌“雙龍井”3字，楷书，字径约30厘米，上款为“光绪三年三月穀旦”，下款为“州牧林达泉重濬”，楷书，字径约10厘米。1993年并入双龙井被公布为连云港市第二批文物保护单位。

游延福观记碑 位于新浦区云台乡东磊村延福观院内，2005年时尚存碑石17块，其中完整的有11块。碑记分为两部分，前一部分为游记，分刻于高1.2米、宽0.6米、厚0.1米的青石碑上，记述清光绪十九年（1893年）九月九日“知府衔知海州事兼袭云骑尉湘乡谢陶”率“记名用海州分司南昌徐绍恒”“提督海州参将湘阴杨文彪”等一干官佐游览延福观事，仅存11块碑石；后一部分为题名，记录诸游览者详细官职头衔及籍贯姓名，分刻于高1.2米、宽0.5米、厚0.1米的青石碑上，这部分碑石仅存6块。整个游记及题名均由时任浙江某县知县的沈云沛书写。游记部分为隶书，每碑书4行，行9字，字径12厘米。题名部分为楷书，每碑书4行，行9字，字径12厘米。1993年纳入延福观被公布为连云港市第二批文物保护单位。

云台海天洞缘起略碑 位于花果山照海亭内壁上，石灰岩质地，高0.45米，宽1.15米。碑文记述作者好友静澄和尚的弟子悟五，勤勉向佛，为从师言，“周历名山古刹”“参学仪轨”，返回后，“爬剔搜寻，嵌室成洞，上下四旁，迷嵱为一片”，开出海天洞后，又营造照海亭的事迹。文中还记述了洞、亭内外景致及悟五之匠心，以及作者撰写此记的缘由。落款“宣统二年岁在上章掩茂之壮月上浣，云台里人润民武学澍、章兰磏书并刻”，楷书，字径1厘米。此碑书刻时间应为公元清宣统二年（1910年）八月。1982年纳入照海亭石刻被公布为连云港市第一批文物保护单位。

留云岭德政碑 位于连云区宿城乡留云岭村虎口岭东侧的子午亭旁。两碑并立，形制一致，青石质，方首方座，通高2米，宽0.85米，厚0.19米。一碑为白宝山立，文曰“威振海隅”，上款：“峻青白师长　德政。”一碑为齐问渠立，文曰“海邦砥柱”，上款：“清如齐营长　德政。”两碑具相同下款，即“民国十二年苍梧北乡绅学农商暨法起寺公立”。文字径33厘米、款字径6厘米，文皆隶书，款皆楷书。1993年，与子午亭合并被公布为连云港市第二批文物保护单位。

二、匾

宁海门题匾 1981年冬文物普查中发现，碑已残，唯“宁海”2字依稀可辨，魏碑，字径50厘米。据张百川《云台导游诗钞》载，碑出土于清咸丰十一年（1861年），上有字径五尺的“宁海门”3个大字，并有“贞观十三年春魏徵题”的题款。宁海门即古东海县城的南门。据考证，该碑并不是魏征所题，它是《西游记》“魏征梦斩泾河龙”故事影响下产生的海祭镇物。地属1993年公布的连云港市第二批文物保护单位凤凰城门保护范围内。

明熹宗延福观题匾 位于新浦区云台乡东磊村钟鼎延福观山门正额。青石质，高0.43米，宽1.96米，匾心内凹，四边雕饰一周凸起的莲瓣纹，文曰“敕赐护国延福观”，楷书，字径约30厘米。款竖书1行，曰“明天启四年”。楷书。1993年纳入延福观被公布为连云港市第二批文物保护单位。

明熹宗天启六年三元宫题匾 位于花果山三元宫山门正额。匾心内凹，四边雕饰一周凸起的莲瓣纹。文曰“敕赐护国三元宫”。字径约30厘米。上款竖书2行，曰“钦差司礼监太监高晋卿[奉]□督理重建”，字径约4厘米；下款竖书1行，曰“大明天启六年岁次丙寅二月吉旦”。字径4厘米，均为楷书。2001年纳入三元宫遗址被公布为连云港市第三批文物保护单位。

康熙十九年城隍庙匾 嵌于南城城隍庙山门外正额上。匾为石质，宽1.4米，高0.48米。文曰“城隍庙”。楷书，字径约30厘米。款竖排，上款曰“康熙庚申年穀旦”。下款曰“弟子李芝秀立”。楷书，字径约5厘米。

同治十年城隍庙匾 嵌于南城城隍庙山门内门额上方。匾为石质，宽约1.4米，高0.42米。

文曰“城隍庙”。字径约30厘米。款竖排，上款曰“同治辛未季秋榖旦”。字径约4厘米；下款曰“阖城重修”。字径约6厘米。文、款皆楷书。

三教寺匾　位于连云区宿城乡大竹园村黄茅顶悟道庵山门的门楣上。上书“三教寺”，楷书，字径20厘米。上款为“大清光绪十二年吉旦”，下款为“住持僧师峦重建”，字径4厘米。

千祥云集匾　位于新浦区云台乡东磊村延福观院内。匾为青石质，高0.47米，宽1.6米，厚0.07米，表面有凸线边框。内镌“千祥云集”4字，行书，字径22厘米。上款“光绪十九年”，下款“洛阳左书”，楷书，字径5厘米。1993年纳入延福观被公布为连云港市第二批文物保护单位。

云台山山门题匾　云台山山门即花果山三元宫海宁禅寺的院门，该题匾位于院门门额。匾书“云台山”，字径约24厘米，行书。上下款各5字，为“光绪己亥春，树艺公司建”。楷书，字径10厘米。

海清寺题匾　位于海清寺塔北40米处原海清寺大殿基址上。石质，长约1.1米，高0.38米，厚0.12米。文曰“海清寺”。行书，字径约30厘米。2005年藏于海清寺塔文物保护研究所院内。

海清寺塔根深固蒂题匾　位于海清寺塔一层南门额。青石质地，高0.42米，宽0.9米。文曰“根深固蒂”，楷书，字径20厘米。匾的末端有题款，已漫漶难辨。

三、碣

董隐糺集弟子共修起塔记碣　位于海清寺塔四层南门外壁。碣高0.72米，宽0.7米，楷书。全文600余字，因风化严重，仅末4行可读。文曰：“大宋国天圣二年，糺集弟子共修起塔，大斋一十三会，至天圣六年十月二十日在邓迁宅前建碑记。千人都会首董隐、千人副会首唐荣、千人点检滕达书，同修胜塔，愿值记华见闻，随意福德，河沙滨珠成守元镌。”

海清寺塔魏钧等千人记碣　位于海清寺塔二层回廊内西南壁。碣高0.44米，宽0.88米。文45行，行字不等，字径1厘米，楷书，为沭阳县厚丘镇右知客押衙买摸当镇酒场魏钧，承引官富行首，充镇□买张恭，兴国村千人都会首葛真等助缘立碣。

海清寺塔徐政等记碣　位于海清寺塔二层回廊内东南壁。碣高0.45米，宽0.42米。文18行，行字不等，字径1.5厘米，楷书。为怀仁县西南保行疏会首等，施主徐政，会首李关等助缘立碣。

海清寺塔胡仁矩等记碣　位于海清寺塔三层回廊内壁。碣高0.4米，宽0.78米，文17行，行字不等，字径2厘米，楷书。文曰：“维南赡部洲大宋国海州朐山县西关界，糺会首弟子胡仁矩，今众会砖价钱，就东海县海清寺每日捐钱贰拾文足，具姓名如后……”

海清寺塔徐遇糺集助缘记碣　位于海清寺塔五层回廊内壁。碣高0.36米，宽0.6米，文15行，行字不等，字径2厘米，行楷，共101字（有5字不清），字迹清新。碣边饰一圈草叶纹。为“大宋国海州朐山县北保西次沟庄都会首徐遇”糺集42人助缘、修塔、安佛像立碑事，时在北宋天圣九年（1031年）二月三日，泗州汤龙山、成守元镌。

助缘同修舍利宝塔第五级记碣　位于海清寺塔五层南门外东侧壁。碣高0.4米，宽0.7米，文467字（有26字不清），行楷，题首为“助缘同修舍利宝塔第五级记”，碣文内容为“将仕郎宋海州东海县尉兼主簿事□[太]□”于“皇宋天圣九年岁辛未四月初七日记”。

将仕郎宋海州东海县尉兼主簿事糺劝助缘记碣　位于海清寺塔五层南门外西侧壁。为塔第五层南门外东侧壁《助缘同修舍利宝塔第五级记》的续碣。内容记助缘者“将仕郎宋海州东海县尉兼主簿事□□□”“[朝]奉郎[宋]海州东海县令张德北”“造塔都维那柳峦”“刘制”“王进”等僧俗75人姓名、身份和助缘数额。碣高0.45米，宽0.7米。文468字（其中有5字不清），行楷。款曰“皇宋天圣九年岁次辛未四月日记，匠人张文秀镌”。

四、墓志

东晋纪年砖 1986年3月，灌云县陡沟乡张薛村东晋墓出土，藏灌云县博物馆。纪年砖长0.32米，宽0.16米，厚0.05米。菱纹模印在砖的一端和一侧，铭文“义熙九年为卞证君作”。义熙九年即公元413年。

吴大和五年王氏墓志 1956年12月出土于海州东门外玉带河五代砖室墓中，该墓志藏南京博物院。碑为石质，长宽各0.48米，厚0.19米。楷书，结体严谨。根据墓志记载，该墓建于吴大和五年农历八至九月间，葬于同年九月二十九日，墓主为海州刺史赵思虔夫人王氏，享年41岁。吴大和五年即公元933年。

米芾残碑 1976年出土于海州朐山宋墓，藏连云港市博物馆。墓志残碑为4块，最大宽0.27米，高0.18米。左起竖书10行44字。4块残碑尚有65字可读，字径1.5厘米。文曰：“使淮安乡太称绍圣于京师年以是岁十月朐山县凤凰山长乡县君逢氏马尚书礼部侍郎涟水军使米芾。”

淮阳海州袁君刘氏夫妇合葬墓志铭 墓志铭分盖、铭两部分，大小一致，皆呈正方形，边长0.5米、厚0.08米。文字均刻于方石板上的阴线方框内。志盖文3行曰：“考袁大公妣刘二娘合葬之墓。”上款1行“成化三年十一月中旬置”，下款3行“孝子袁镛、袁镗、袁[铿]，孙袁天锡立。石匠张谨”。文字径5厘米，款字径4厘米，皆楷书。铭文记墓主生平等内容，共19行，满行19字，楷书，字径2厘米。据墓志铭，袁芳字德茂，号东圃，其高祖袁林职大宁万户，曾祖袁宝授颍州千户，其人性仁慈，“施棺木以葬死，发积粟以贷饥”。妻刘氏“乃赣榆通府刘骥之女”，天顺六年（1462年）卒，享年56岁，先葬于南山之前。袁芳卒于明成化三年（1467年），享年60岁，其妻遂祔葬于此。铭文落款为“成化三年九月上旬监察御史三涟苏庆撰。孝子袁镛、袁镗，孙袁天锡，石匠张谨”。

第四章 文物收藏

20世纪80年代以后，配合城市开发建设、工农业生产以及科学研究需要，连云港市博物馆对地上文物进行调查采集，对地下文物进行科学发掘、清理，并通过接收捐赠、拨交、收购、交换等方式，扩大馆藏。至2005年底，连云港市博物馆有馆藏文物近万件，分为陶瓷、玉石器、漆木器、金银器、石刻、拓片、字画、版画、钱币、碑帖、文献、楹联、铜镜、油画、革命文物、古籍图书、墓葬集品17个品类，其中重要的藏品有尹湾汉墓简牍、北朝石刻造像、海清寺塔地宫文物、三元宫佛教文物等。

第一节 玉石器 陶瓷器

一、玉石器

谷纹玉璧 1984年11月16日由灌云县伊山镇砖瓦厂顾飞雨捐赠给灌云县博物馆。保存基本完整，呈扁平圆形，直径13.5厘米，厚0.4厘米，中部透穿圆孔，内饰谷纹，有加工痕迹。

玉玦　1985年3月由连云港市博物馆、灌云县博物馆在大伊山石棺墓发掘出土。保存基本完整，直径2.5厘米，厚1.45厘米，呈算盘珠状，有一缺口，缺口相对有磨制石槽一道。

石锛　1985年4月由连云港市博物馆、灌云县博物馆在大伊山石棺墓遗址发掘出土。保存基本完整，通体磨光，通长17.5厘米，宽5厘米，厚3.4厘米，呈长方形，顶部呈弧形，一面斜刃，刃微残，表面有天然形成的鸡血纹理。

单孔石斧　1985年4月在大伊山石棺墓出土。通长19.02厘米，宽4.2～6.6厘米，厚1厘米，略呈长方形，偏上部有一个对钻孔，圆弧刃，通体磨光，有使用痕迹。

单孔石斧　1985年4月在大伊山石棺墓出土。保存基本完整，通长13.2厘米，宽6.6厘米，厚1.2厘米，表面有天然形成的龟裂纹，略呈长方形，舌状，偏上部有一个对钻孔，圆弧刃，通体磨光。

单孔舌形石斧　1985年4月在大伊山石棺墓遗址出土。整体保存较完整，通体磨光，扁平体，长14厘米，宽13厘米，厚1.5厘米，偏上部有一个对钻孔，圆弧刃，做工精细，造形规整。

带槽石器　1985年4月在大伊山石棺墓出土。保存较完整，通长14.5厘米，宽7.5厘米，厚7.3厘米，整体呈洗衣板形，上端为长方柄状，顶中部钻一个圆孔，一面略呈弧形，中部有五道平行横凸棱。该石器有明显使用痕迹。

石凿　1985年4月在大伊山石棺墓出土。保存基本完整，通长15.2厘米，宽2.6～3.4厘米，厚1.2～1.6厘米，呈长条形，一面斜刃，刃部有使用痕迹，通体磨光。

玉珠　1986年3月由南京博物院、连云港市博物馆、灌云县博物馆在大伊山石棺墓遗址发掘出土。保存基本完整，长2.5厘米，宽2.8厘米，厚2.4厘米，整体呈腰鼓形，中部有一个对钻孔，两端面较平。该器物玉色青中夹有白色细颗粒。

绿松石耳坠　1986年3月在大伊山石棺墓出土。为一大一小两件，保存基本完整，体形较小，呈长方形，偏上部有一个对钻小孔。

玉剑格　1987年12月2日由灌云县博物馆工作人员在灌云县板浦镇中正街征集。保存基本完整，玉质细腻，呈浅黄色，长7.4厘米，宽1.8厘米，格中部有一长方形孔，表面雕有浅浮雕云纹，玉质精美，工艺精湛，为汉代剑饰。

单孔石斧　1991年3月4日由灌云县博物馆工作人员在灌云县侍庄乡合兴庄征集。保存基本完整，通长12.3厘米，宽18.3厘米，厚2.7厘米，呈长方形，偏上有一个对钻孔，两面斜刃，通体磨光，表面有天然形成的纹理。该器器形较大。

玳瑁笄　1991年9月10日在灌云县龙苴镇范庄1号墓中出土。保存较完整，呈黑褐色，长条弧形，七齿，通长22.1厘米，宽1.3厘米，厚0.1厘米，齿长16.88厘米，柄长5.22厘米。

玛瑙剑璏　2002年于海州区朐阳街道双龙村双龙汉墓出土。该剑璏长7厘米，宽2.5厘米，厚2.6厘米，玛瑙质，保存较完整，底部稍有残缺。剑璏呈半透明状，利用玛瑙表面的自然红色纹理巧雕成突起的峰峦状。

二、陶瓷器

印花三彩鞍形枕　早年村民平整土地时发现，1984年2月，灌云县博物馆工作人员在龙苴镇龙苴村征集。该枕全长18厘米，边长11.2厘米，呈长条形，束腰，两头呈正方形，两头立面为酱黄彩菊冠纹，纹理清晰，压印工整。枕面四面束腰，翠绿釉，压印缠枝

图35-15　清康熙绿釉紫龙纹瓷碗
市博物馆　供

纹，中部酱黄彩压印六角形凹窝纹。枕边缘釉色有脱落现象。

康熙款绿釉紫龙纹瓷碗 1986年与故宫博物院交换而来。口径11.3厘米，底径4.1厘米，高5.5厘米，侈口，尖唇微撇，深腹，平底，矮圈足，圈足内书“大清康熙年制”双圈青花楷书款。碗内壁胎体洁白细腻，外壁以绿色为底，绘有紫红色的翔龙图案，周围填充吉祥云纹，为清代景德镇官窑器中的精品。

康熙款黄地青花寿云龙纹瓷碗 1986年与故宫博物院交换而来。口径13.1厘米，底径5.6厘米，高5.7厘米，侈口，深腹，平底，矮圈足，圈足内书“大清康熙年制”双圈青花楷书款。碗内壁胎质洁白细腻，口部和底部内外各有两周青花圈线，碗底部和外壁以黄釉为地，绘有青花彩五爪蟠龙和四周云气，腹下有一圈海水纹。该瓷碗图案流畅，色调柔和，为清代景德镇官窑器中的精品。

雍正款祭红釉撇口瓷碗 1986年与故宫博物院交换而来。口径15.1厘米，底径5.8厘米，高6.6厘米，侈口，深腹，平底，矮圈足，圈足内书“大清雍正年制”双圈青花楷书款。碗内壁胎质洁白细腻，碗外壁施祭红釉，色调柔和。为清代景德镇官窑器中的珍品。

雍正款青花缠枝花卉纹瓷碗 1986年与故宫博物院交换而来。高5.9厘米，口径15.3厘米，底径5.8厘米，侈口，弧壁，深腹，平底，矮圈足，圈足内书“大清雍正年制”双圈青花楷书款。胎质洁白细腻，口部和底部内外各有两周青花圈线，碗口外侧有一周卷云纹，其下的主纹为缠枝花卉，碗内双圈内饰吉祥花卉。该瓷碗青花发色清淡柔和，色彩细腻均匀，为清代景德镇官窑器中的精品。

乾隆款炉均釉灯笼瓷尊 1986年与故宫博物院交换而来。瓷尊高23厘米，口径7.7厘米，底径8.3厘米，小直口，尖唇微撇，短颈，溜肩，肩下两侧有对称的细条状隆起，直壁，下腹微收，矮圈足，釉质凝厚，釉面呈深浅两种蓝色的气泡状斑点，发色均匀柔和，为清代官窑器，器型完整，胎质坚致细腻，釉色晶莹，工艺精湛。

乾隆款黄釉忍冬纹瓷盘 1986年与故宫博物院交换而来。高4.7厘米，口径26.8厘米，底径17.2厘米，侈口，弧壁，浅腹平底，矮圈足，圈足内书“大清乾隆年制”青花篆书款。盘内为色彩均匀细腻的黄釉，盘外壁以黄色为地，绘有工整对称的数株绿色蔓藤图案，为清代景德镇官窑器中的精品。

嘉庆款青花梵文八宝勾莲高足瓷盏 1986年与故宫博物院交换而来。高13.8厘米，口径13.6厘米，底径7.4厘米，口沿微残，侈口，尖唇微撇，弧壁，深腹，平底，高圈豆状足，圈足内书“大清嘉庆年制”青花篆书款。盏内外以白胎为底，口部和底部内外一周有青花双弦线，盏内底部绘仰莲纹，外壁绘缠枝莲纹并夹杂有梵文，足部绘有如意璎珞纹，为清代景德镇官窑器中的精品。

图35-16 清嘉庆青花梵文八宝勾莲高足瓷盏 市博物馆 供

宣统款青花松竹梅纹瓷碗 1986年与故宫博物院交换而来。碗口径13.4厘米，底径5.2厘米，高6.8厘米，侈口，弧壁，深腹，平底，矮圈足，圈足内书“大清宣统年制”双圈青花楷书款。胎质洁白细腻，口部和底部内外各有两周青花圈线。碗内双圈内饰吉祥云纹，碗外壁一周绘有青花松、梅、竹“岁寒三友”图案，各占三分之一空间，青花色泽艳丽，浓淡恰到好处，青花发色清淡柔和，色彩细腻均匀，为清代景德镇官窑器中的精品。

彩绘陶侍女俑 1990年1月26日，灌云县博物馆清理大伊山石佛寺旁一座古墓，出土半两钱及西汉彩绘陶侍女俑、陶猪圈各2件，陶灶、陶鼎、陶杯、陶谷仓、陶罐各1件。两件西汉彩绘陶侍女俑颈部均残损。陶俑高33.5厘米，重3.3千克，模制，长裙束腰，袖手恭立，腰微前倾，面部、领口处、裙摆处均施有朱红彩绘，领口处同时还饰有黑色彩绘。陶俑造型优美，彩绘色彩鲜艳，为研究西汉服饰提供了重要佐证，具有较高的艺术欣赏价值和研究价值。1993年8月被江苏省文化厅专家组鉴定为二级文物。

髹漆陶匜 1991年3月于灌云县板浦镇菜园村出土。该汉髹漆陶匜纵16.1厘米，横13.7厘米，高6.1厘米，口呈方形，敞口，平沿直腹，平底微圆，口一侧有长方槽形流，内饰变形弦纹，色彩局部脱落，呈黑漆色，口沿及柄处微残。1993年8月被江苏省文化厅专家组鉴定为二级文物。

青釉盘口四龙首形系瓷罐 1992年于新浦区花果山乡当路村征集。高46.5厘米，腹径64厘米，口径18.5厘米，底径17厘米，盘口，丰肩，鼓腹，腹下部内收，平底，颈上及肩部各有两道凸起弦纹，四龙首形系，龙首雕刻精美，釉色黄中泛绿，内施满釉，外半釉，垂淌至足，局部脱落，胎体较厚，胎色呈灰白色，器形规整，装饰精致，是南方越窑系青瓷的代表作品之一。

髹漆茧形壶 1994年于新浦区花果山乡飞泉汉墓出土。壶口径11厘米，底径9.7厘米，高26.5厘米；腹通长29厘米，宽15厘米。平口，带盖，细颈，圈足，茧形腹，腹上有纵向弦纹六匝，通体髹褐黄色生漆。

第二节 金属器 漆木竹器

一、金属器

铭文铜权 1986年3月灌云县叮当河伊山镇段拓宽工程中出土。该铜权保存基本完整，通高10.5厘米，底径5.1厘米，重0.7千克。权身由方环钮、束腰球体和圆台体座组成。权身球体部位有一洞，权体阴刻铭文“□□二士”4字。

青铜剑 1989年8月入藏灌云县博物馆。该件战国青铜剑保存较完整，通体磨光，长49.8厘米，宽4厘米，双面开刃，刃部锋利，喇叭形首，圆柱状茎，宽格，凸脊，弧刃。该剑铸造工艺精湛，剑丛有纹。

益都路铜权 1990年12月入藏灌云县博物馆。权为青铜铸造，表面有深绿色铜锈，上部梯钮，中有扁圆孔，体扁平，上窄下宽，呈六棱八面，束腰，底呈台阶状，通高10.7厘米，体宽3～4.3厘米，座高2.5厘米，重450克。正面阴刻“大德十年”纪年，背面阴刻“益都路”铭文。大德是元成宗铁木尔的年号，大德十年为公元1306年；益都路，据《元史·地理志》益都路条，为中书省辖，领司一、县六、州八，州领十五县。灌云县的龙苴镇，元代是海宁州辖区，隶属于淮安路。在此地出土造型别致、年代确切的“益都路”铜权，对研究元代的度量衡制度具有重要价值。1993年8月被江苏省文化厅专家组鉴定为二级文物。

变形鸟纹双耳三足青铜盘 1991年3月入藏灌云县博物馆。该件春秋变形鸟纹双耳三足青铜盘保存基本完整，高16.2厘米，口径32.5厘米，足高8.3厘米，腹深1厘米，折沿，短流上仰，两侧各有一长方形附耳，浅腹，底近平，尾部呈折扇形，略上翘，上部饰变形云纹，腹部饰龙纹一圈，短蹄足。该盘造型别致，为研究吴越文化提供了重要佐证。1993年8月被江苏省文化厅专家组鉴定为二级文物。

青铜鼎 1991年3月入藏灌云县博物馆。该件春秋青铜鼎保存基本完整，通高32.3厘米，口径35.5厘米，腹深16.6厘米，足高15厘米，重11千克，方形立耳，口微敛，折沿，弧腹，腹中部有一道弧纹，圆底，三蹄足，腹部有一小孔。

熙宁七年盐撇 盐撇亦称盘铁，为熬盐之器，盖于火坑之上，燃其盐撇，泼卤其上，以取盐晶。该盐撇应由四块拼接成圆形，此为四块中的一块，于1992年在海州东门外甲子桥下发现并征集至连云港市博物馆。直径158.5厘米，厚8厘米，齿长30厘米，齿宽29厘米，其中一齿上铸铭文“熙宁七年，字二”6字。熙宁七年即公元1074年。该类文物在全国范围内发现极少，具有地方特色，且有明确的纪年及编号，对研究宋代盐业生产规模和生产工具具有重要参考价值。

龙钮九叠文铜印章 1992年连云港市盐场公安局拨交市博物馆。器形完整，铜质，印面尺寸较大，近方形，边长7.7厘米，通高5.5厘米。印钮为一只身材娇小、身体光滑、首尾相盼、蜷曲为环形的蛟龙。蛟龙造型形态饱满，生动逼真，四足立起支撑身体。印文为九叠文。该铜印造型规整，铸造精美。

“徐安世”龟钮铜印章 1992年于海州区双龙村出土。边长1.6厘米，高1.6厘米，重18克，龟钮，铜质。龟的造型形态饱满，生动逼真，龟首昂扬上翘，四足伸展，龟甲、眼、口、皮肤褶皱等细部特征描绘准确。印文为篆书白文“徐安世印”4字。该印造型规整，铸造精美。

图35-17 “凌氏惠平”龟钮铜印章 侍志 摄于2003年

“凌氏惠平”龟钮铜印章 2002年于海州区双龙村双龙汉墓出土。边长1.3厘米，高1.5厘米，龟钮，青铜质。龟的造型形态饱满，生动逼真，龟首昂扬上翘，四足伸展，龟甲、眼、口、皮肤褶皱等细部特征描绘准确，钮上穿有黄色皮绶，皮绶柔软有韧性。印文为篆书白文“凌氏惠平”4字。该印造型规整，铸造精美。

“凌舜”龟钮银印章 2002年入藏连云港市博物馆。该印章边长1.3厘米，通高1.4厘米，龟钮，银质。龟的造型形态饱满，生动逼真，龟首昂扬上翘，四足伸展，龟甲、眼、口、皮肤褶皱等细部特征描绘准确。印文为篆书白文“凌舜”2字。

银棺、鎏金银棺、银方匣 均为1974年修海清寺塔时发现。银棺长20.5厘米，宽5.6～8.8厘米，高9～10.5厘米。棺头前饰天王、力士像；棺盖上饰佛涅槃像；棺两侧饰佛十大弟子哭泣象等；棺后刻供养人姓名、瘗藏年月等铭文。鎏金银棺置于银棺内，长13厘米，宽5.7厘米，高7.5厘米。顶上饰佛涅槃像，棺前和左右两侧各饰一结跏趺坐于莲台上的佛像。棺后铭文为“施主弟子沈忠恕与家眷孟氏二娘子于天圣四年丙寅岁四月八日安葬舍利功德记”；棺内有“佛牙”一枚。银棺内后部置一银方匣，长5.7厘米，高6.7厘米，盖顶边长4厘米。匣盖上铭文“佛真舍利两颗永同供养进士傅昙一家发心共施”，匣前、后亦有铭文。匣内置“佛骨”16块、佛真身舍利2颗，内装数百粒舍利子的琉璃瓶1只。

二、漆木竹器

神乌傅竹简 1993年于东海县温泉镇尹湾汉墓出土。长条状，呈黄褐色，质地疏松，保存基本完整。神乌傅竹简全套共21枚，其中18枚书写正文。其余3枚中，一枚书写标题，长23厘米，宽0.8厘米，厚0.2厘米；一枚上部文字漫漶，下部有双行小字，长22厘米，宽1.2厘米，厚0.2厘米；一枚为素面简，长21.2厘米，宽0.9厘米，厚0.15厘米。2000年，竹简经脱水处理后放入有机玻璃盒内封存并真空充氮加以保护。《神乌傅》是一篇基本完整的创作于西汉时期（约在西汉后期）的"失赋，以隶书、草书两种字体在竹简上书写，约660字，极具研究价值。

刑德行时竹简 1993年于东海县温泉镇尹湾汉墓出土。长条状，呈黄褐色，质地疏松，保存均基本完整，有数道裂纹。共11枚。其中有2枚，其一顶头黑原点下隶书"刑德行时。鸡鸣至蚤食……日中至鸡鸣"等29字，长22.8厘米，宽0.4厘米，厚0.1厘米。其二隶书"甲乙、端、令、罚、刑、德"等7字，长22.7厘米，宽0.3厘米，厚0.1厘米。刑德行时竹简是汉代以日干和一日中的时段为依据占测行事吉凶的文献资料，具有极高的历史研究价值。

元延二年日记竹简 1993年于东海县温泉镇尹湾汉墓出土。长条状，呈黄褐色，质地疏松，每支简顶头书顺序号，隶书第一、第二……，凡十一、廿一，省略十或廿，且每简皆有两道刻痕，出土时绳索清晰可见。元延二年日记竹简共56枚。其中有3枚，其一上端有道纵向裂纹，横向有数道裂痕，隶书"正月大、三月大、五月大……十一月大"等18字，长2.9厘米，宽0.3厘米，厚0.15厘米；其二上部缺损较大、下端有数道裂痕，残存隶书"辛酉、庚申、己未"6字，长7.5厘米，宽0.3厘米，厚0.15厘米；其三有较大残缺，横向有四道裂痕，纵向有道裂缝，隶书"癸亥宿南春宅……庚申"等12字，长10厘米，宽0.3厘米，厚0.15厘米。《元延二年日记》是迄今中国发现最早的汉人实用日记，对了解汉代社会历史有着珍贵的史料价值。

名谒木牍 1993年于东海县温泉镇尹湾汉墓出土。木牍为长方形，呈灰褐色，质地疏松，隶书，长22厘米，宽6.4厘米，厚0.1厘米。正面书"进卒史师卿"，反面书"东海大守级遣功曹史奉谒……再拜"。木牍正面书写接受者的官职，一般不称名，或书字，或书卿，或书君。背面书进谒人官职和名。该木牍为东海太守遣功曹史等人拜见当时为卒史的师饶时的名谒，对研究汉代礼制及葬俗有着重要的参考价值。

君兄缯方缇中物疏木牍 1993年于东海县温泉镇尹湾汉墓出土。长方形，呈灰褐色，质地疏松，保存较为完整，脱水后稍有变形，隶书，字迹较清晰。长21.9厘米，宽6.4厘米，厚0.15厘米。正面书有标题"君兄缯方缇中物疏"，除记载随葬刀、笔、管、板砚等文具外，还记录了各种随葬的著作。反面书标题"君兄节司小物疏"，记录随葬物品有疏笔、须牙、交刀、镜、手巾、方絮等。汉君兄缯方缇中物疏木牍对研究汉代葬俗文化具有重要的参考价值。

神龟占木牍 1993年于东海县温泉镇尹湾汉墓出土。长方形，呈黄褐色，质地疏松，保存较完整，脱水后稍有弯曲变形，正反两面皆隶书。长22.1厘米，宽8.3厘米，厚0.3厘米。正面右起第七行、第八行字迹模糊不清，上、中段的内容为神龟占。中段绘一神龟图像，上段是说明文字，下段为六甲占雨，即将六十甲子按六甲排列于一图形上，下面标有"占雨"两字。反面为博局占内容，上图下文，分五段，每段十行，第四段与第五段部分字迹模糊不清。汉神龟占木牍记载了汉人实用的几种占卜技术，极具研究价值。

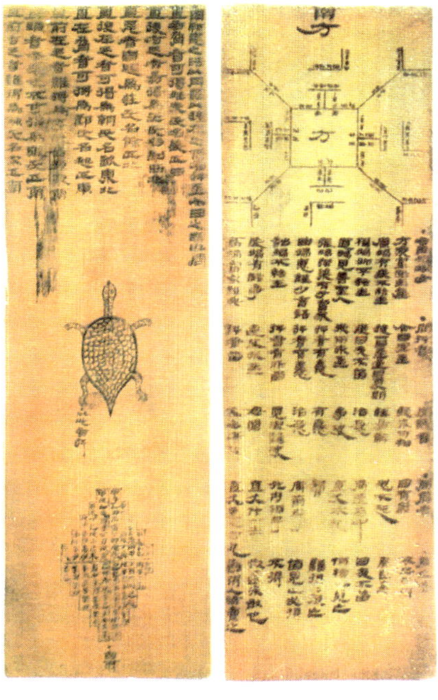

图35-18 东海尹湾汉墓出土的神龟占木牍 赵鸣 摄于1996年

武库兵车器集簿木牍 1993年于东海县温泉镇尹湾汉墓出土。长方形，长22厘米，宽6.5厘米，厚0.3厘米，呈黄褐色，质地疏松。隶书，正面六排，背面五排，每排21～26行不等，逐项记载了汉永始四年（前13年）武库所收藏兵车器的名称和数量，最后还有总的统计数字，共计240种23268487件。木牍正面第三栏右下部和反面第五栏后部所书文字内容特殊，和兵车器是什么关系尚不清楚。该武库兵车器集簿木牍对研究西汉时期军事情况具有重要参考价值。

彩绘漆木尺 2002年于海州区双龙村双龙汉墓发掘出土。木质，一端有孔，双面均有彩绘，长22.5厘米，宽1.8厘米，厚0.5厘米。绘图方法为黑线描底，彩色填充，色彩丰富，有红、黑、蓝、白等多种颜色。内容为车马出行、象车、仙人、云纹、山峦等。图景为大象拉车，车内二人对坐，两侧有鼓手擂鼓，两乘马车前驱开道，车后有数骑随行。汉彩绘漆木尺制作精细，纹饰精美。

漆木鸠杖 2003年于连云港经济技术开发区中云办事处华盖山发掘出土。鸠杖由木斑鸠和杖杆两部分组成，通体髹黑漆。杖杆是用一根粗细均匀的硬木刨削抛光而成，长203厘米，宽2.8厘米，厚1.7厘米。杖杆的最上端为一个雕刻精致的木斑鸠，呈卧姿俯于杆上，通过鸠身下端的銎孔与杖杆插合在一起。木斑鸠长23厘米，宽6厘米，高7厘米。甘肃武威先后两次出土过汉代中晚期有关“高年赐王杖”的诏令简牍，这件鸠杖应是该诏令的实证，因此具有极高的历史研究价值。

第三节 古字画

一、书法

包世臣行书立轴 该立轴纵223厘米、横85厘米，画心纵118厘米、横62.5厘米，纸本，行书。此作品以侧笔势贯全幅，笔画形成不同的、互相对应的侧面，流动中呈波浪起伏状，同时下笔有力，体势伸展，笔画跳荡飞扬，姿态飘逸。落款为“安吴包世臣”。包世臣，字慎伯，晚号倦翁，安徽泾县人，清代著名学者、文学家、书法家、书学理论家，工诗文书画，能篆刻，其书法备得古人执笔运锋之奇，以侧取势是他书法的最大特点。

倪长犀行书立轴 该立轴纵330.5厘米、横97厘米，画心纵228.2厘米、横76.4厘米，纸本，行书。整幅书法作品笔法流畅，浑朴雄健，天成自然，字体稳实而不板滞，笔画多转折，气势贯通，是一幅不可多得的行书作品。倪长犀，字六通，清代赣榆县人，康熙年间（1662～1722年）进士，历任河南仪封、湖北谷城知县，博学能文，工诗善书，尤精篆刻，有《栎天阁诗存》一辑存世。

二、绘画

乾隆王春明墨竹图轴 该立轴纵273.3厘米、横110.5厘米，画心纵158.6厘米、横92厘米，纸本墨笔。画面内容为墨竹。作者用简单的笔墨将竹子由近及远的层次感表现出来，看似静态的画面中孕育着动感，将竹子的柔韧、摇曳、纤秀描绘得淋漓尽致。落款“乾隆四十三年秋写于况壬城南草堂 王春明”。整个作品构思巧妙，布局严谨，工笔细腻。

徐麐荷鸭横批 该立轴纵196.8厘米、横94厘米，画心纵126.8厘米、横78厘米，设色，纸本。画面为三只鸭子正在水中嬉戏，一只伫足岸边观望。几株荷花在水中随风摇曳。花、叶线条工细而不呆板，栩栩如生。画面构思巧妙，恬润温雅，一股清逸秀爽之气荡漾于笔情墨韵之间。

沈闳秋山楼阁青绿山水立轴 该立轴纵269厘米、横90厘米，画心纵163.5厘米、横71.5厘米，绢本。画面中峰峦叠嶂，浓密茂盛的树木和参差不齐的庙宇楼阁相互掩映，宛如人间仙境一般。作者将山峰、怪石用以绿色渲染，更给人意境悠远的感觉。落款为“秋山楼阁 甲寅仲冬写 华亭沈闳”。沈闳，字元渚，号远渚，娄县（今上海）人，清乾隆时期著名书法家，善画山水，有沈周风范。

李广训祝寿图轴 该立轴纵275.7厘米、横145.2厘米，画心纵163厘米、横129.5厘米，纸本，设色，山水人物画。画面中有起伏的高山、浓密的松柏，在山峰之巅，一群仙人正在恭迎从天而降的神仙寿星和一只长尾仙鸟；山峰之下，小桥流水，岸边无数仙人在忙碌着，整个画面热闹而喜庆。整幅画面布局紧凑而和谐，虚实处理得当，富有节奏感，用色浓淡适宜，人物特征描写、刻画细腻，构思非常巧妙。

王潜青绿山水立轴 该立轴纵209.8厘米、横118.5厘米，画心纵182.5厘米、横99.5厘米，绢本，设色，青绿山水。画面上方是连绵的山峰，山坡上隐约有几处房舍，周围树木林立，云雾缭绕，整幅画面充满神秘奇幻的色彩，构成一幅虚无缥缈的神话境界。王潜，号东皋子，江苏高邮人，工山水、花卉，多与房瀛合作，时称“二妙”，画水墨荷花颇佳，存世作品相当稀少。

嘉庆少云甫山水图轴 该立轴纵134厘米、横48厘米，绢本，设色，青绿山水。此图画面朴素自然，意境悠远，洋溢着浓郁的山野气息，远处山峰林立，树木枝繁叶茂，近处小桥流水，溪水清澈见底。整幅画面布局紧凑，层次分明，立体感极强。

童衡没骨花卉图轴 该立轴纵228.7厘米、横68.4厘米，画心纵104.2厘米、横49厘米，绢本，设色。画面主体内容为牡丹花、蝴蝶和蜜蜂。整体构思巧妙，画工细腻，笔墨自如，将花与虫、动与静完美地结合起来，大气中不失精细，意喻富贵吉祥。作者童衡，字聘三，号志丑，沈铨入室弟子，善画花卉、翎毛、走兽，尤擅画马、鹿、松鹤，笔墨工致，形态逼真，栩栩如生。

光绪盛宝山水楼阁立轴 该立轴纵259厘米、横97厘米，画心纵141厘米、横77厘米，纸本，设色。画面绘有金碧辉煌的庙宇和高高耸立的寺塔，周围雾气缭绕，建筑物在云雾和树木的映衬下显得愈发雄伟壮丽。画左上方题有“戊戌孟冬黄埔玉坡盛宝写”，其下有朱文小印两方。整幅画面用笔工整，刻画入微，设色纯净雅洁。作者盛宝，清著名画家，与毛梓霏、陈熙光、牧冠桥号称“塞外四杰”。

淮水晴蓑水墨立轴 该立轴纵305厘米、横115厘米，画心纵174厘米、横92厘米，纸本，设色。画面中有三株硕大的荷叶和一株小巧的荷花，岸边芦苇丛生，一只鸭子正在河边觅食。画面左上方题诗一首。画面布局合理，疏朗有致。

宋幹万年比寿图轴 该立轴纵292厘米、横113厘米，画心纵176.3厘米、横93.8厘米，墨笔，纸本。整幅作品苍劲有力，笔法娴熟。落款：“万年比寿图。时在乙丑重阳后五日，写似惠臣一兄先生属画雅正。宋幹。”宋幹，曾于清末任赣榆县令，擅长画山水、花鸟。

2005年连云港市各级博物馆馆藏一级文物一览表

表35-1

序号	名 称	时 代	来 源	质地及外观	收藏单位
1	石函	北宋	1974年11月海清寺塔地宫出土	石灰岩质，盖折为3节，系旧痕，一痕上有细腰榫槽	连云港市博物馆
2	银棺	北宋	同上	银质，棺体近长方体，前高后低，前宽后窄，器表錾刻纹饰及铭文	同上
3	鎏金银棺	北宋	同上	银质，长方体盝顶，器表刻纹饰及铭文	同上
4	银精舍	北宋	同上	银质，长方体盝顶，有镂空门窗	同上
5	黄玉猪（一对）	西汉	1964年海州区网疃大队西汉夫妇合葬墓出土	黄玉质，卧豕形，尾部有一小孔	同上

续表35-1

序号	名　称	时　代	来　源	质地及外观	收藏单位
6	琉球炉	清	1976年自山东省文管会索还	紫铜质，圆形、鼓腹、三足，重5.1千克，器表有铭文	同上
7	襄城楚境尹戈（一组3件）	战国	1990年7月海州区锦屏镇陶湾村附近征集	青铜质，最小一件有铭文2行“都寿之岁襄城楚境尹所造”	同上
8	西郭宝墓名刺（2件）	西汉	1985年4月海州区锦屏镇黄石崖西郭宝墓出土	楸木质，长方形，一枚3行14字，一枚3行12字，墨书	同上
9	西郭宝墓遣册	西汉	同上	楸木质，长方形，形状基本完整	同上
10	西郭宝墓毛笔	西汉	同上	木质，兔豪，残长21.2厘米	同上
11	节杖	—	—	楸木质，圆柱体，长2.16米，下端有一12厘米错金铜镦	赣榆县博物馆

2005年连云港市各级博物馆馆藏部分二级文物一览表

表35-2

序号	名　称	时　代	来　源	质地及外观	收藏单位
1	铁匣	北宋	1974年11月海清寺塔地宫出土	铁质，近长方体，匣体、盖呈对斗状，底有铭	连云港市博物馆
2	银匣	北宋天圣四年（1026年）	同上	银质，正方体盝顶，带四足壶门式托泥，前后有铭文	同上
3	万历圣旨	明万历三十年（1602年）	原藏三元宫，1973年由市地志文物陈列室拨交	纸本横卷，圣旨色黄，装裱黄褐，有二龙戏珠云龙纹	同上
4	王敀《江关烟雨图》	清乾隆十五年（1750年）	1967年市财政局拨交市地志文物陈列室，1973年拨交市博物馆，1979年南京博物馆重裱，次年入藏	绢本，立轴，纵192厘米、横104厘米	同上
5	杨晋《天香书屋图》	清	同上	绢本，为四条屏之一，纵50厘米、横48厘米	同上
6	马元驭花鸟图轴	清	—	绢本，立轴	同上
7	边寿民干笔小品册页（6幅）	清乾隆	—	纸本，册页，长24厘米、宽19厘米	同上
8	骨针	新石器时代	海州区岗嘴村二涧遗址采集	骨质，上粗下尖，有针眼，断为二，已修复	同上
9	七子漆奁盒（一组8件）	西汉	海州区小礁山霍贺墓出土	夹纻胎，盒圆形，内置7个形状各异小盒，小盒内盛梳篦、耳环、辰砂，器表皆有纹饰	同上
10	漆板研盖	西汉	海州西汉墓出土	木胎髹漆，长方形，断为二，变形，已修复，器表绘熊、虎相斗纹	同上
11	木男侍俑	西汉	1979年5月花果山高高顶汉墓出土	木质，人形，双手似执物奉于胸前	同上

续表35-2

序号	名 称	时 代	来 源	质地及外观	收藏单位
12	木雕贵妇出游俑（一组4件）	晚唐	1979年春海州果园唐墓出土	木质，骑马俑一，侍俑三，其侍俑中一作牵马状，二作陪侍状	同上
13	带槽石斧	新石器时代	连云区徐圩镇东陬山采集	石质，色灰白，磨制，形狭长，中部偏上带一凹槽	同上
14	龙形玉佩	战国	1973年4月海州区网疃三队采集	玉石质，色灰白，龙形，器身饰谷纹	同上
15	青玉猪（一对）	西汉	1975年10月海州区南门外戴胜墓出土	青玉质，卧豕形	同上
16	玉剑璏	同上	同上	青玉质，平面长方形，侧呈瓦刀状，饰兽面纹、连云纹	同上
17	白玉四环蟠螭佩	元	市财政局拨交	白玉质，透雕四蟠螭相绕成十字海棠花形	同上
18	佛牙	北宋	1974年11月海清寺塔地宫出土	马上颚第三齿，石化程度高，根残缺，色青绿	同上
19	东魏武定元年造像幢	东魏武定元年（543年）	1961年海州结核病院采集	灰白色矾石质，近长方体经幢形，四面龛雕佛、菩萨像	同上
20	北齐武平三年石造像	北齐武平三年（572年）	1961年海州师范师生在龙洞庵下采集	片麻岩质，青灰色，高浮雕立佛像，有舟形背光，背光后有铭文	同上
21	青玉蟠螭璧	宋	1978年12月白鸽涧生产队捐赠	青玉质，直径21厘米、孔径4.5厘米，肉浮雕二蟠螭戏珠纹	同上
22	汉白玉佛造像	明	供于龙洞庵，1966年由三元宫交市博物馆	汉白玉质，坐佛像	同上
23	玉带版	明	原藏三元宫，后转交市地志文物陈列室，1973年拨交市博物馆	青白玉，有桃形、长方形、一端为圆角的长方形三种，雕五爪龙等纹饰	同上
24	铜甗	西周	1960年云台公社大村西周墓出土	青铜质，颈部有2道弦纹，缺箅	同上
25	铜鼎	西周	同上	青铜质，立耳，颈部有雷纹一道，腹、足部有扉棱，一足内撇	同上
26	铜鐎斗	西晋	1978年9月中云公社隔村收购站拣选	青铜质，口沿延伸部分残，沿上立耳，三兽足外撇，腹部饰2道弦纹，龙柄，有流	同上
27	带鞘铁剑	西汉	1985年4月海州陶湾村黄石崖西郭宝墓出土	剑铁质，虽有锈蚀，仍可见寒光；鞘夹纻胎，髹漆	同上
28	“大定通宝”连珠纹镜	金	1981年5月在海州区哑巴山征集	青铜质，圆形，鼻钮，连珠纹钮座，内区旋饰5枚“大定通宝”钱纹、柿蒂纹，外区一周连珠纹	同上
29	三元宫铜菩萨造像（3躯）	明	原藏三元宫，1976年5月入藏	青铜质，分别为宝装文殊、普贤、观音菩萨坐于莲座上，下有狮、象、犼形座，每件可拆为三	同上
30	绿釉四系罐	隋	花果山乡当路村	瓷胎，绿釉，四系	同上
31	青釉绿彩水盂	唐	1979年7月海州区南门大队王庄生产队王冕献交	瓷胎，釉下绿彩，长沙窑	同上

续表35-2

序号	名　称	时　代	来　源	质地及外观	收藏单位
32	影青瓷盂	北宋	1972年海州南门大队采集	瓷胎，青白釉，景德镇窑	同上
33	青白釉菊瓣纹瓷盒	南宋	连云港市博物馆旧藏	瓷胎，青白釉，景德镇窑，口部有残缺，底有款识	同上
34	青瓷小盏	宋	1981年6月海州区大成砖厂采集	瓷胎，青釉，胎上划印菊花纹，耀州窑	同上
35	青白釉花口碗	宋	1979年2月海州区大成砖厂出土	瓷胎，青白釉，花口，圈足	同上
36	船形茶盏	晚唐	1965年10月18日海州园林寺大队果园生产队张思霞、郑传香挖地时发现献交	瓷胎，青釉，胎厚重，圈足有支烧点，越窑	同上
37	正德黄釉碗	明正德	1986年10月7日用汉代鹅形玉带钩与故宫博物院交换而来	瓷胎，深腹撇口高圈足，内外黄釉，底白釉，足露胎，有窑红，青花双圈楷书“大明正德年制”款，官窑	同上
38	青白釉缠枝莲纹高足碗	清	同上	瓷胎，青白釉，饰缠枝莲纹，碗内底心有双圈6字2行“大清乾隆年制”楷书款，乾隆御窑	同上
39	玉剑饰（3件）	汉	1979年赣榆县朱堵公社寺后大队汉墓群出土	玉质，色黄绿，为剑格、剑琫、剑珌，器表有浮雕龙纹	赣榆县博物馆
40	朐臣铜锅	西汉	1981年赣榆县朱堵公社寺后大队汉墓出土	青铜质，身盂形，三蹄形足，折耳方穿，腹上部有篆铭	同上
41	铜灯（2件）	汉	—	青铜质，一为豆形，一为龟形，龟形灯内外刻有龙凤神兽纹、云纹	同上
42	青瓷罐	西晋	—	瓷胎，中上部施青釉，肩上四系，有凸棱一周，有布、弦、曲线纹	同上
43	蒲纹琉璃璧	汉	1984年东海县浦南乡九凤墩汉墓群出土	琉璃质，直径17厘米、孔径4厘米、厚0.5厘米，双面肉饰蒲纹	东海县博物馆
44	青铜匜	春秋	1982年1月东海县青湖公社丁旺大队春秋墓出土	青铜质，身瓢形，三兽足，兽形柄部有一裂纹，腹部饰一周云雷纹	同上
45	铜罍	同上	同上	青铜质，小口、双耳、鼓腹、平底，腹饰云雷纹、弦纹	同上
46	“军假司马”铜印	汉	1988年12月东海县曲阳乡曲阳城遗址内出土	青铜质，印面正方形，边长2.3厘米、通高2.2厘米，主体呈梯形	同上
47	铜鋗	汉	1980年东海县双店公社竹墩大队出土	青铜质	同上
48	父子诏量	秦	1982年东海县双店公社大队出土	青铜质，近椭圆形，方柄，柄中空，斜直壁微鼓腹，平底，口、壁有磨损	同上
49	益都路铜权	元大德十年（1306年）	1990年12月灌云县龙苴镇农民打井时发现	青铜质，六棱八面，上窄下宽，正、背面皆有铭文	灌云县博物馆

续表35-2

序号	名　称	时　代	来　源	质地及外观	收藏单位
50	陶侍女俑(6件)	东汉	1983～1984年灌云县大伊山砖瓦厂、夹山口西东汉墓出土	陶胎，人形，其中四陶俑高矮服饰一致	同上
51	髹漆陶匜	西汉	灌云县板浦镇菜园村西汉墓出土	陶胎，髹黑漆，瓢形，长槽流，直壁微鼓腹，小平底	同上

第四节　博物馆

1959年，赣榆县博物馆组建，为全市第一家综合性博物馆。1973年5月，连云港市博物馆在市地志文物陈列室的基础上成立，2002年在市行政中心东南建设新馆。至2005年底，全市有市、县级综合性博物馆5家、民俗博物馆1家。

一、连云港市博物馆

前身为设在海州大慈禅寺内的市地志文物陈列室。1973年5月8日改称连云港市博物馆，移址到新浦公园。1986年移址到新浦区苍梧路35号，占地面积2.47万平方米，建筑面积5000平方米。1990年8月，市政府拨专款在市博物馆内建设彦涵美术馆。1999年，市博物馆扩建。2002年，市博物馆移址新建。新馆占地2.67万平方米，建筑面积1.3万平方米。至2005年底，连云港市博物馆拥有馆藏文物1.6万余件，其中一级文物10件、二级文物84件、三级文物7712件、一般文物1226件、参考品1342件。

图35-19　连云港市博物馆　　侍志　摄于2005年

二、赣榆县博物馆

1959年，赣榆县博物馆成立，在县图书馆内办公，1961年撤销，文物工作先后由县文化馆、图书馆代管。1984年全国第二次文物普查时，赣榆县成立文物普查办公室，文物保护管理工作由县图书馆移交县文物普查办公室。1986年12月，赣榆县重建博物馆，馆址位于青口镇菜市街5号。2003年迁至环城南路70号文华园文化大厦三楼，有库房60平方米、展厅320平方米。至2005年底，赣榆县博物馆拥有馆藏文物930件，其中一级文物1件、二级文物9件、三级文物45件、参考品875件；另有民俗文物1000余件。

三、东海县博物馆

成立于1987年12月，与东海县图书馆合署办公。2002年搬迁至图书馆新综合大楼。至2005年底，东海县博物馆有文物藏品2000余件，其中一、二、三级文物45件。

四、灌云县博物馆

前身为1981年在县图书馆成立的文物办公室。1985年6月成立灌云县博物馆，馆址在灌云县伊山镇胜利西街11号，有工作人员4人，分考古征集、保管、陈列三组，陈列室120平方米。2005年有馆藏文物3003件。

五、灌南县博物馆

成立于2003年5月16日，同年10月从县文化馆析出单独办公。2005年底，博物馆暂设在灌南县农业银行院内，拥有馆藏文物860余件、古钱币2万余枚。其中，重要的有吴承恩撰墓志铭2方、夔龙双耳和田白玉杯1只、龙首青铜锏1枚、明代铜佛1尊、汉至明清瓷器百余件、清末至民国初年木刻画板200余块、西晋石羊1对。

六、连云港市民俗博物馆

位于新浦区市化路35号。占地面积750平方米，建筑面积1160平方米。2002年，经有关部门批准，以刘兆元为首的一批对地方民俗文化有着深厚感情的学者倡议成立市民俗博物馆，2004年元旦对外开放。馆藏的400余件藏品，大致可分为人生礼仪、农工百商、岁时节庆、教书育人、衣食住行等类别。其中，较为珍贵的有清末民初的花轿、称量珍贵物品的戥子以及部分反映清末至民国期间新浦地区群众生活习俗的分家契约、合婚书、商业合同等。

图35-20　连云港市民俗博物馆　赵鸣　摄于2005年

第五章　文物保护与管理

1980年11月，连云港市文物保护管理委员会（简称市文管会）成立，代表市政府负责全市的文物保护管理工作，宣传和贯彻执行文物保护的法律法规及各项政策。市文管会下设办公室，办公地点设在市文化局。此后，各县区也相应成立文物管理委员会及其办公室。为加强连云港市境内重点文物保护单位保护和研究工作，市政府于1992年印发《连云港市各级文物保护单位“四有”①工作实施意见》，于1997年11月成立连云港市将军崖岩画文物保护研究所、连云港市孔望山摩崖造像文物保护研究所、连云港市海清寺塔文物保护研究所。此后又相继发布文物保护单位巡视检查规定、文物保护单位保护范围及建设控制地带管理规定等，加强文物行政执法，打击文物违法行为。

---

① “四有”指有保护范围、有保护标志、有记录档案和有保管机构。

第一节 文物调查与发掘

一、文物调查

普查 1984年4月10日至1985年10月1日，连云港市文物普查领导小组组织在全市范围内进行了一次文物普查。普查期间，先后举办文物普查、文物鉴定、文物建档等各类培训班9期，受训骨干446人次。采取发放宣传提纲、张贴标语、出黑板报、开通有线广播、举办文物展览等办法进行广泛宣传。先后召开大小会议、座谈会4396场，共收集群众提供的文物线索5283条。根据所登记的流散文物线索征集文物1599件。1987年，市文管会组织市县博物馆及县区相关工作人员，对1984年普查成果进行复核审定和补课，补查发现东连岛羊窝头的西汉界域刻石。1998年12月，经连云区连岛乡居民提供线索，又发现苏马湾界域刻石。

民居专项调查 1998年3月始，市文管会开展全市古代民居调查工作，基本摸清全市古代民居情况。2002年7月，根据市规划局提供的线索，调查发现民主路近现代典型建筑郭海山宅院、山东同乡会旧址，并确认天福食品店、刘一麟医院等一批民国时期中西合璧风格的建筑。2004年5～9月，对南城镇凤凰社区东大街和板浦镇东大街、西大街等地的清末民初民居进行详细调查。

石刻专项调查 2001年9月，市文管会组织力量重新调查识读龙祠摩崖石刻群、龙洞摩崖石刻群、云台山抗日石刻群、郁林观石刻群，为这些文物古迹申报江苏省第五批文物保护单位取得第一手资料。2003年5月，在将军崖岩画第二组东侧、第三组南侧发现“鱼形”图案。是年12月至2004年4月，在刘志洲山地区新发现文物石刻、船画10余处。同时，对石棚山、蜘蛛山、锦屏山、二涧水库、大伊山、马陵山等地的古代星象图遗迹进行测绘和拓片。2005年3月，经海州区锦屏镇居民提供线索，在将军崖岩画所在的后小山山顶又发现一组新的岩画，其制作方法、内容均与原有岩画极为相似。

二、考古发掘

1984年以后，考古工作者相继在境内发现数量众多的古遗址、古墓葬、古建筑、古石刻及具有纪念性的近现代史迹。经科学发掘和调查，掌握了这些古文化遗迹和近现代史迹的分布状况，较为全面地解读这些文化遗存承载的历史信息，基本勾勒出连云港市历史发展的脉络。古遗址和古墓葬中的大批文物，经过科学的发掘清理、修复保护，充实了连云港市馆藏文物的数量，馆藏文物的质量也得到提高。

以藤花落遗址为代表的新石器时代遗址的发现和发掘，基本上揭示出连云港地区新石器时代各文化之间的承续关系。从距今6500年的大伊山石棺墓的发现、发掘，到朝阳遗址、藤花落龙山时代城址的发现、发掘，不仅揭示江苏新石器时代青莲岗文化与大汶口文化、龙山文化的先后关系，而且为与山东及周边地区新石器时代考古学文化作比较研究提供丰厚的实物资料。特别是藤花落龙山文化时期双重城圈的发现，对研究原始社会末期城市和国家的形成乃至中国文明起源有重要意义，被评为2000年度中国考古十大新发现。

对大村西周贵族墓中青铜器的研究显示，在西周早期，中原的政治势力已渗透至连云港地区。春秋战国时期一系列墓葬中出土的铜器，印证史书所载的吴、越、齐、楚各国于此纷争的局面。

以尹湾汉墓、双龙汉墓为代表的上百处两汉时期墓葬及连岛界域刻石等遗迹的发掘与发现，

图 35-21 1999 年，中国连云港东海尹湾汉墓简牍学术研讨会召开。 赵鸣 摄

揭示出两汉时期统治者对连云港地区的管理程度，同时反映了当时连云港地区社会经济的发展状况。通过对其中出土的各类文物，特别是简牍、漆木器、丝绸、尸骨等珍贵文物的研究，进一步展现出两汉时期连云港地区政治、经济、军事、文化发展的基本情况以及人们日常物质生活、精神生活的某些片段，弥补史书记载的不足。

连云港地区出土的大批唐宋时期的瓷器，以及成组的木俑、金银器、佛像、铜镜等文物，是古代连云港地区进入经济繁荣时期的佐证。尤其是海州出土的唐宋时期的瓷器，几乎囊括了当时全国各大窑口的产品，这为研究唐宋瓷的传播及外销路线、唐宋对外贸易，提供了新的佐证，同时对研究连云港地区河道、海港的变迁具有重要价值。

第二节 文物保护

一、文物保护单位

至2005年底，连云港市共有地上地下文物古迹500余处，有公布的各级文保单位122处，其中国家级3处、省级17处、市级50处、县（区）级52处。

2005年连云港市国家级文物保护单位一览表

表 35-3

序 号	批 次	时 代	名 称	地理位置
1	第三批	新石器时代	将军崖岩画	海州区锦屏镇桃花村
2	第三批	东汉	孔望山摩崖造像	海州区孔望山西南麓
3	第四批	新石器时代	大伊山石棺墓	灌云县伊山镇任庄村

2005年连云港市省级文物保护单位一览表

表 35-4

序 号	批 次	时 代	名 称	地理位置
1	第一、二批	北宋	海清寺塔	新浦区花果山乡前云村
2	第三批	明、清	石棚山摩崖题名石刻	海州区石棚山
3	第三批	民国	抗日山烈士陵园	赣榆县夹山乡抗日山
4	第四批	西汉	东连岛东海琅琊郡界域刻石	连云区连岛镇东连岛村羊窝头北侧、苏马湾沙滩南
5	第四批	汉	刘志洲山石刻苑囿图	海州区锦屏镇岗嘴村
6	第四批	唐	伊芦山六神台佛教造像	灌云县伊芦乡毛场村

续表35-4

序　号	批　次	时　代	名　称	地理位置
7	第四批	唐至民国	白虎山摩崖题刻	海州区白虎山
8	第四批	宋、金	刘志洲山宋金交战战场遗址	海州区锦屏镇岗嘴村
9	第四批	元	大伊山梅花鹿岩画	灌云县伊山镇大伊山顶
10	第四批	旧石器时代晚期	大贤庄遗址	东海县山左口乡前贤村
11	第四批	汉	曲阳城遗址	东海县曲阳乡
12	第五批	新石器时代	藤花落遗址	连云港开发区中云办事处西诸曹居委会
13	第五批	汉	尹湾汉墓	东海县温泉镇尹湾村
14	第五批	宋、金	龙祠摩崖石刻群	海州区锦屏山马耳峰
15	第五批	民国	云台山抗日石刻群	云台山之万寿山、飞来石、围屏山、鹿场、东陬山、东凤凰山
16	第三、五批	唐、宋、明、清、现代	郁林观石刻群	新浦区花果山乡飞泉村
17	第三、五批	宋、金、明、清、民国	龙洞摩崖石刻群	海州区孔望山龙洞内外

2005年连云港市市级文物保护单位一览表

表35-5

序　号	批　次	时　代	名　称	地理位置
1	第一批	旧石器时代晚期	桃花涧遗址	海州区锦屏镇桃花村
2	第一批	新石器时代	二涧遗址	海州区锦屏镇岗嘴村
3	第一批	新石器时代	朝阳遗址	连云区朝阳镇韩李村
4	第一批	新石器时代	大村遗址（包括小村遗址）	新浦区花果山乡前云村、小村
5	第一批	新石器时代	陶湾遗址（包括马腰岭）	海州区锦屏镇陶湾村
6	第一批	商、周	土船顶遗址	海州区朐阳街道园林村
7	第一批	战国、商代	九龙口遗址（包括尾矿坝）	海州区锦屏镇陶湾村
8	第一批	秦汉至清	海州古墓葬群	海州区白虎山至孔望山、玉带河至锦屏山
9	第一批	东汉	海州东汉二号墓	海州区南门大队砖厂
10	第一批	东汉	孔望山杯盘刻石	海州区孔望山山顶
11	第一批	东汉	白鸽涧玄武石雕	海州区锦屏山白鸽涧北侧
12	第一批	明	海州乡贡进士题名碑	海州区中大街幼教中心内
13	第一批	明至现代	水帘洞摩崖题刻	新浦区花果山水帘洞
14	第一批	明	《游青峰顶记》碑	新浦区花果山天然碑
15	第一批	明至民国	照海亭石刻	新浦区花果山照海亭
16	第一批	清	龙门村摩崖题刻	连云区墟沟镇龙门村
17	第一批	清	宿城仙人屋石刻	连云区宿城乡万寿山
18	第一批	民国	龙潭涧摩崖石刻	连云区高公岛乡黄窝村
19	第一批	民国	太白涧摩崖石刻	连云区朝阳镇太白涧

续表35-5

序号	批次	时代	名称	地理位置
20	第一批	宋	孔望山抗金古城	海州区孔望山、凤凰山
21	第一批	金	塔山古道	海州区朐阳街道塔山
22	第一批	明	九龙桥	新浦区花果山九龙桥
23	第一批	明	古关帝庙前山门	新浦区花果山南天门
24	第一批	明	海州钟鼓楼城门	海州区鼓楼街
25	第一批	明至清	碧霞宫	海州区白虎山东麓
26	第一批	清	海州文庙戟门	海州区中大街幼教中心内
27	第二批	春秋	齐鲁会盟遗址	赣榆县班庄镇夹谷山
28	第二批	明至民国	南城东山摩崖题刻	新浦区南城镇东凤凰山
29	第二批	明至民国	悟道庵摩崖题刻群	连云区宿城乡大竹园村
30	第二批	明	延福观	新浦区云台乡东磊村
31	第二批	明	南固山烟墩	连云区墟沟镇南固山
32	第二批	明	双龙井	海州区幸福南路南首西侧
33	第二批	清、民国	南城西山摩崖题刻	新浦区南城镇西凤凰山
34	第二批	清	城隍庙	新浦区南城镇
35	第二批	清	凤凰城门	新浦区南城镇东大街南首
36	第二批	清	大雾崖石城	连云区朝阳镇大雾崖
37	第二批	清	李汝珍故居	灌云县板浦镇东大街
38	第二批	清	甲子桥	海州区东门外甲子河
39	第二批	清	文峰塔	赣榆县赣马镇城里村
40	第二批	清、民国	子午亭（含虎口岭石刻群）	连云区宿城乡留云岭村留云岭
41	第二批	民国	陇海公寓	新浦区民主中路23号
42	第二批	民国	磨山抗日烈士纪念塔	东海县石梁河乡磨山
43	第二批	民国	谢家洋房	海州区中大街
44	第二批	现代	徐福祠	赣榆县金山镇徐福村
45	第三批	明、清	伊芦山摩崖题刻群	灌云县伊芦乡伊芦山
46	第三批	明	三元宫遗址	新浦区花果山三元宫
47	第三批	清	汤沟酒窖	灌南县汤沟镇汤沟酒厂
48	第三批	民国	东亚旅社	新浦区新市路35号
49	第三批	民国	陈调元小楼	连云区墟沟镇北固山
50	第三批	民国	连云港火车站	连云区连云镇中山路北侧

二、文物维修

1984年以后，市文物行政管理部门采取有效措施，保护和利用各类文化遗产。利用国家补助资金，完成国家“八五”重点文物抢救维修计划项目——将军崖岩画、孔望山摩崖造像保护工程，实施大伊山石棺墓保护工程。争取省拨资金，对海清寺塔、郁林观石刻群、东连岛西汉界域刻石等一批省级文保单位进行维修保护；利用地方自筹资金，对公大商行、东亚旅社、古凤凰城门等一批市、县级文保单位进行修缮保护。至2005年底，上述项目总投资1565万元，其中国家和省补助资金780万元、自筹资金785万元。全市共实施40余项文化遗产保护工程、科研以及文博设施建设项目，一批濒临损毁的文化遗产得到抢救性保护，一批文物保护单位成为省、市级爱国主义教育基地和旅游休闲场所。

1984～2005年连云港市境内部分文物保护维修项目表

表35-6 单位：万元

序号	项目名称	地址	项目内容	造价	经费来源	实施年份
1	南城凤凰城门维修	新浦区南城镇	城门洞加固、维修破损青砖墙体	1	市财政	1984
2	南城城隍庙维修	新浦区南城镇	维修大殿、配殿屋面，破损墙体、木门窗	1	寺庙自筹	1984 1991
3	陇海公寓维修	新浦区民主中路	维修屋面、木结构、砖、石墙体	13	市房产公司	1987
4	赣榆文峰塔维修	赣榆县赣马镇	维修砖塔墙体、塔刹及环境整治	8	省文化厅	1987
5	九龙桥维修	新浦区花果山景区	维修破损桥面、桥拱、桥栏	20	景区自筹	1987
6	海州钟鼓楼维修	海州区中大街	城门洞拱顶渗水处理、拱顶加固、墙体整修	1	市文化局	1987
7	大伊山石棺墓土坡加固	灌云县伊山镇	土坡块石加固	3	省文化厅	1989
8	水帘洞石刻群加固	新浦区花果山景区	危岩锚杆加固、裂隙灌浆，环境整治	23	景区自筹	1989
9	海清寺塔院环境整治	新浦区花果山乡前云村	建立塔院、仿古门厅、办公院落及环境绿化	180	自筹	1988～1999
10	公大商行抗震加固	新浦区民主中路	楼房抗震加固、楼面护栏维修	3.1	市财政	1988
11	李汝珍故居维修	灌云县板浦镇	复建门厅、客厅，维修故居房屋，环境整治	50	省、县财政	1990～1991
12	生庆公茶庄维修	新浦区民主中路	屋面维修，木走廊、木门窗维修	5	自筹	1989
13	孔望山摩崖造像维修加固	海州区孔望山村	危岩锚杆加固、裂隙灌浆，建立排水系统	33	国拨	1991
14	将军崖岩画锚索加固	海州区锦屏镇	危岩锚索加固、裂隙压浆，片状风化注浆加固	110	国拨	1993～1996
15	郁林观石刻群维修	新浦区花果山乡飞泉村	建立保护栏，危岩加固，裂隙灌浆，环境整治	15	省拨	1994～1995
16	东海琅琊郡界域刻石加固	连云区连岛镇	石刻裂隙灌浆，防风化加固	6	省拨	1995
17	六神台佛教摩崖造像维修	灌云县伊芦乡	危岩加固、裂隙灌浆粘结、环境整治	5	省拨	1995

续表35-6

序号	项目名称	地址	项目内容	造价	经费来源	实施年份
18	双龙井环境整治	海州南门外	周边环境整治，建立院墙、井亭，院内绿化	15	自筹	1993
19	碧霞宫中大殿移建	海州区白虎山村	因寺院建设，经批准向南移25米	7	自筹	1997
20	梅花鹿岩画维修	灌云县伊山镇	裂隙加固、环境整治	5	省拨	1997
21	刘少奇旧居维修	赣榆县黑林镇	夯土墙体，院墙维修，草屋顶维修，环境整治	10	市委组织部	2002
22	苏马湾界域刻石保护亭	连云区连岛镇	建立苏马湾界域刻石保护亭	8	省拨	2003
23	陈调元小楼维修	连云区墟沟镇	对建筑全面维修及环境整治	30	自筹	2004
24	墟沟天主教堂维修	连云区连云镇	对建筑全面维修及环境整治	40	自筹	2004
25	将军崖岩画防风化保护	海州区锦屏镇	进行岩画化学防风化保护，片状岩石风化维修	55	国拨	2004～2005
26	孔望山摩崖造像防风化保护	海州区孔望山村	岩石裂隙灌浆，对造像化学防风化保护	55	国拨	2005

三、文物行政执法

1984年以后，市文化局、文管办、博物馆等单位按照《中华人民共和国文物保护法》，加强文物安全保卫与文物违法行为的调查处罚。1992年始，全市文物保护管理工作逐步制定明确规范，市政府印发《连云港市各级文物保护单位“四有”工作实施意见》，做到有保护范围、有保护标志、有记录档案、有保管机构。1997年7月，市政府印发《关于进一步加强文物工作的通知》。1999年7月，市政府发布《连云港市文物保护单位巡视检查报告制度规定》《连云港市各级文物保护单位保护范围及建设控制地带管理规定》。2003年12月，市文管会印发《连云港市文物保护管理委员会委员单位文物保护工作职责》。至2005年底，破获文物走私案4起、文物盗窃案1起，查处盗掘、私挖古墓葬、古遗址案件8起，文物哄抢案件6起，文物损毁、损坏、涂污案件15起，其他文物违法案件近百起，18名违法人员受到刑事、行政处罚，290余件文物收缴博物馆收藏。其中，市文管会、博物馆配合国家文物出境鉴定站江苏站，协助连云港海关连续查获在工艺品、石制品中夹带战国青铜器、明代石雕人物以及民俗文物190余件，受到国家文物局办公室通报表扬。

连云港市志

第三十六卷 卫　生

第一章　医疗卫生改革

第一节　医疗保健制度改革

第二节　医疗体制机制改革

第三节　医疗服务改革

第二章　机构队伍

第一节　机　构

第二节　队　伍

第三章　医疗事业

第一节　西　医

第二节　中　医

第三节　护　理

第四节　大型医疗器械设备

第五节　医政管理

第六节　医学科研

第四章　疾病预防控制

第一节　计划免疫

第二节　传染病防治

第三节　寄生虫病防治

第四节　地方病防治

第五节　卫生防疫管理

第五章　妇幼保健

第一节　妇女保健

第二节　儿童保健

第三节　“三网”监测

第四节　爱婴医院创建

第六章　爱国卫生运动

第一节　卫生城市创建

第二节　农村改水改厕

第三节　健康教育

第七章　公共卫生监督

第一节　环境卫生监督

第二节　劳动卫生监督

第三节　食品卫生监督

第四节　学校卫生监督

第五节　放射卫生监督

20世纪80年代中期起，连云港市逐步开展卫生管理体制和运行机制改革，推动卫生事业随经济社会进步全面、协调、可持续发展。改变单纯依靠国家举办卫生事业的模式，采取合并、兼并、重组等形式，对卫生资源进行整合，引导卫生资源合理配置。开放多元合作办医，吸纳社会力量兴办医疗机构，扶持、规范个体开业行医。1998年以后，推进乡镇卫生院产权制度改革和乡、村医疗机构一体化改革，加快城乡基层卫生服务体系建设。推进城市医院运行机制改革，改革人事和分配制度；推进医院分级管理，实行执业许可证制度，提升医疗机构管理水平。2001年，贯彻国务院《关于建立城镇职工基本医疗保险制度的决定》，全市在城镇统一实行职工基本医疗保险制度，运行了近50年的公费医疗、劳保医疗停止运作。2003年，市政府印发《关于在全市建立新型农村合作医疗制度的实施意见》，在全市建立以大病统筹为主的新型农村合作医疗制度，赣榆县被确定为江苏省首批新型合作医疗试点县。至2005年底，全市各级各类卫生机构数由1984年的608个增至923个，设置床位数由5411张增至8240张，卫生技术人员数由8200人增至11929人。全市参加合作医疗人数达287.39万人，占全市农村人口总数的91.31%。

各级政府和市、县卫生行政主管部门贯彻“预防为主”方针，加强公共卫生建设，规范卫生防病、监督、应急工作。1997年后，丝虫病达到消灭标准，麻风病达到基本消灭标准。2000年后，霍乱、脊髓灰质炎无病例再发生，其他各种严重危害人民健康的传染病发病率（除结核病外）均大幅下降。2005年，全市法定传染病发病率下降至129.66/10万，低于全省200.86/10万的平均水平。在积极预防传染病、流行病的同时，努力加强公共卫生体系建设，疾病预防控制水平和公共卫生应急处置能力显著提高，经受住了2003年春夏“非典”（非典型性肺炎）流行的严峻考验。认真推行妇幼保健保偿制度，加强和规范各项母婴保健技术服务，妇幼保健系统管理规范，质量提高。2005年，全市孕产妇、儿童系统管理率分别达到82.5%和93.7%，孕产妇、婴儿死亡率分别下降至29/10万和9.06‰。

1990年开始，全市持续开展创建卫生城市活动，逐步加大城乡基础卫生设施建设力度，坚持开展大规模的灭鼠、灭蚊、灭蝇、灭蟑螂和农村改水改厕活动，全市卫生状况和环境质量有了明显改善；广泛开展健康教育，居民自我保健意识和健康知识水平明显提升。2005年，全市65家单位被命名为市级卫生社区、居民委员会，6个镇被命名为市级卫生镇，13个村被命名为市级卫生村。农村自来水普及率96.76%，受益人口332.98万人。

第一章 医疗卫生改革

20世纪80年代中期起，连云港市逐步开展卫生事业管理体制改革，改变单纯依靠国家举办卫生事业的模式，调动地方、部门、集体和个人办医的积极性。同时，在医疗卫生机构内部实行院、所、站长负责制，改革人事、劳动和分配制度，完善绩效考核机制，实行全员聘用制和人事代理制，调动广大医护人员积极性，提高医疗卫生机构的社会和经济效益。1998年以后，乡镇卫生院和部分厂矿企业医院实行产权制度改革，全民或集体性质医院改制成为民营医疗机构；市政府出台相关规定，鼓励多渠道办医，扶持个体、私营医疗机构合法经营；整合卫生资源，引导卫生资源合理配置。改革公费医疗和劳保医疗，建立以用人单位和职工个人缴费为基础的职工基本医疗保险制度；积极推进农村卫生服务体系建设和新型农村合作医疗制度，加快农村卫生发展。规范药品流通、购销体制，实行药品采购招标制度，遏制药品回扣歪风。

第一节　医疗保健制度改革

一、公费医疗

1984年卫生部、财政部《关于进一步加强公费医疗管理的通知》下发后，连云港市结合本地实际，建立公费医疗管理机构，配备专职人员，控制医疗消费，克服以往机关医院只管治病、配药，不管医疗费使用效益的倾向，增强机关医院的管理职能。1990年，连云港市制定公费医疗管理实施细则，规定市级机关公费医疗实行单位核算、定额包干管理办法，经费由市财政负担。1992年起，逐步实行医疗费用由国家、单位、个人合理负担的办法，坚持定点医疗，根据以需定筹、略有结余、合理增长的原则，合理确定定额，超支经费由医疗单位、享受单位适当负担，个人少量负担。尽管采取多种办法，但公费医疗费用仍然大幅上升。1998年12月，国务院下发《关于建立城镇职工基本医疗保险制度的决定》后，连云港市随即成立医疗保险管理处，并于2000年7月印发《连云港市城镇职工医疗保险制度改革实施方案》等文件。2001年，全市统一实行城镇职工基本医疗保险制度，公费医疗停止运作。

二、合作医疗

20世纪80年代，全市农村合作医疗处于低潮时期。1991年，全市农村推行福利风险型合作医疗，参加者每年交款6～8元，就可享受看病时仅交药费的优惠。其中3～4元留村卫生室用于乡村医生工资，其余由乡镇集中统筹使用，用于大病、重病住院医药费报销。1997年4月，市政府印发《连云港市农村合作医疗管理办法》，以农村居民个人为主、集体扶持、政府引导，共同筹集基金，为农民提供基本医疗服务。1998年6月，省政府下发《关于进一步完善农村合作医疗制度的意见》，要求坚持民办公助和自愿参加的原则，以解决农村居民因病致贫、因病返贫为重点，根据当地经济发展水平和各方面的承受能力，因地制宜地确定合作方式，不断发展和完善合作医疗制度。此后，连云港市根据当地实际情况，确立先实行大病医疗保险，逐

图36-1　2003年底，赣榆县新型合作医疗人口覆盖率超过90%。　市卫生局　供

步向合作医疗保险过渡。1998年，全市以县为单位全面达到初级卫生保健（简称初保）合格县目标，启动初保合格乡镇创建。各地积极宣传，出台政策，探索模式，抓好试点，使全市农村合作医疗工作稳步推进。至年底，全市有35个乡镇647个村实行多种形式的合作医疗，以行政村为单位覆盖率达32.4%。1999年，市政府出台《关于加强全市农村合作医疗工作的意见》，增加对合作医疗的财政投入，市财政增列"初保"专项资金20万元，赣榆县首次增列"初保"专项资金80万元，东海县8个乡镇政府为启动合作医疗垫付资金70万元；全市有836个村142万名农村居民参加合作医疗，分别占村和农业人口总数的39.8%和40.07%。

图36-2　2005年4月，市政府召开市区新型农村合作医疗保险启动工作会议。　市卫生局　供

2003年9月，市政府印发《关于在全市建立新型农村合作医疗制度的实施意见》，在全市建立以大病统筹为主的新型农村合作医疗制度。赣榆县被确定为江苏省首批新型合作医疗试点县，东海县桃林镇、灌云县沂北乡、灌南县花园乡被确定为连云港市试点乡镇，是年10月启动试点工作。至年底，赣榆县新型合作医疗人口覆盖率90.04%，桃林镇、沂北乡和花园乡合作医疗人口覆盖率接近90%，四县新型农村合作医疗以村为单位覆盖率35%。

2004年4月起，市属四县全部实行新型农村合作医疗，是年参加合作医疗269.23万人，占四县农村居民总数的85.5%。2005年4月，新浦区、海州区、连云区开始实行新型农村合作医疗制度，至年底，15.24万人参加合作医疗，占城区农村居民总数的89.39%。各乡镇相继成立新型农村合作医疗管理委员会。全市参加合作医疗人口287.39万人，占农村人口总数的91.31%。

新型合作医疗基金由省、市、县财政补贴和乡（镇）、村集体资金扶助以及参加合作医疗农民个人缴费三部分组成。其中，省财政通过专项转移支付补助参加合作医疗农民每人每年10元，市、县财政补助每人每年10元；乡（镇）、村集体资金补助每人每年2元；参加合作医疗农民每人每年交费10元。至2005年底，全市累计筹集合作医疗基金3.16亿元，为患病农民约17万人次累计报销医药费2.8亿元。赣榆县在新型合作医疗试点中创新筹资机制，建立农民滚动式预缴费制度，受到农民欢迎。

三、劳保医疗

1984年，全市厂矿企业实行劳保医疗。厂矿企业职工医药费由企业全部报销，一些规模较大的厂矿设医务室，职工在医务室看病免费，到医院看病需从医务室转诊。20世纪90年代后，各厂矿企业加强医药费用管理，有的企业根据经济效益、职工工龄长短规定医药费用标准，发给个人，超支不补，节约归己。由于医疗费用增长过快，企业难以承受，多数企业实行门诊就医费用自付，住院费用根据不同病种规定报销上限，超额部分个人负担一定比例。2001年，厂矿企业职工医疗纳入城镇职工基本医疗保险，劳保医疗停止运作。

第二节　医疗体制机制改革

一、产权制度改革

1984年，连云港市各区组建卫生局，郊区各乡镇卫生院管理权限由市卫生局转交区卫生局。1991年起开展农村卫生技术、设备、房屋“三项”建设，至2000年底，十年间共投入建设资金9248万元，建成业务楼111栋，购置医疗设备626台，培训卫生技术人员1039人次。

1998年，根据中共十五大关于公有制实现形式多样化的精神，灌云县陡沟乡、下车乡卫生院进行股份合作制试点。

1999年，全市推行乡、村卫生机构一体化管理，把村卫生室的产权和人事、药械、财务等管理权收归乡镇卫生院。至2000年底，全市乡、村卫生室实行一体化管理的达71.84%，甲级村卫生室占总数的77.76%。

2001年，赣榆县按照医防分开、产权与经营权分开的原则，在黑林、海头、城头3个乡镇卫生院进行合作经营试点，建立以国有资产入股、职工参股控股、医院管理层持大股为特征的政府举办合作医疗新模式。通过改制，将职工与医院利益结成共同体，实行捆绑经营。卫生院利用募集来的资金，用于急需医疗设备的添置、门诊病房的装修，积极引进适宜项目、适宜技术，以及用于药品招标采购的资金周转，整体实力和服务功能呈现量化膨大。3家试点医院医患双方满意度达85%以上。2002年，全市全面推行农村卫生改革，赣榆县乡镇卫生院改革扩大至21家；灌南县进行医防分设、医院租赁经营、防保所政府举办改革；东海县将乡镇卫生院交由县直属医院托管。2003年，赣榆县在22家乡镇卫生院实行合作经营产权制度改革。东海县采取托管和股份制改造，有6家乡镇卫生院改建为社区卫生服务中心，47个村卫生室改建为社区卫生服务站。灌南县由县人民医院对五队乡等6家乡镇卫生院进行兼并，在人才、技术、资金、设备等方面加大投入，实施连锁经营；对花园乡等14家乡镇卫生院实行所有权与经营权分离改革，卫生院集体资产由公开招聘的院长自主经营、自负盈亏；对县第二人民医院等实行医防分设，医院租赁经营，防保所由政府举办。至年底，全市乡镇卫生院发展取得良好成效，亏损面较上年下降45.5%。2004年，灌云县、灌南县通过兼并重组、“两权”（所有权、经营权）分离、股份制改造等方式，吸引社会资本，完成35家乡镇卫生院改革。

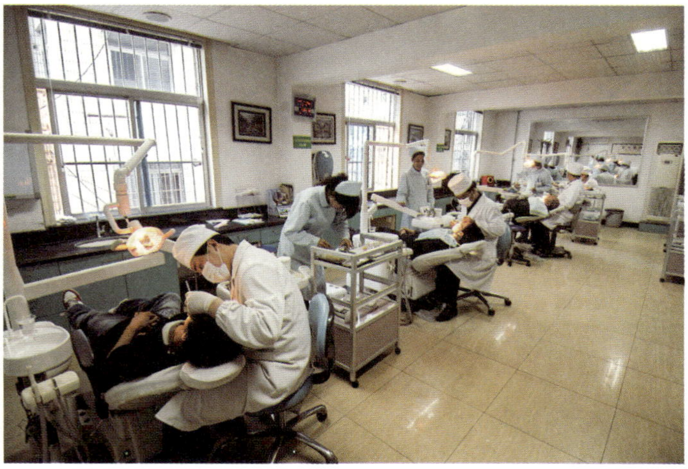

图36-3　口腔门诊　　赵鸣　摄于2004年

2005年，全市有乡镇卫生院100家，建制内48家乡镇卫生院完成所有权与经营权分离，门诊量、业务收入较2004年平均提高50%以上。灌南县在江苏省率先组建乡镇卫生管理所。

二、多渠道办医

1985年后，市区个体行医者日渐增多，开业审核发证工作由市卫生局转到各区卫生局办理，申请开业者均须由当地卫生主管部门经过考试考核后方可发证。

1990年，市区有个体开业者22人。

20世纪90年代后期，市、县、乡财政加大对卫生事业基本建设投入，并鼓励企业或个人对医疗单位无偿支持。1998年，市卫生局要求城镇医院兴办社区服务机构，卫生系统多家医疗单位根据需要外设门诊部、诊所、社区卫生服务站。贯彻《医疗机构管理条例》，市卫生行政主管部门集中力量做好社会办医和厂矿医院、卫生所的登记、评审、发证工作，清理整顿无证非法行医，1999年共取缔非法个体行医48家。是年，各县卫生局均成立卫生执法大队。

图36-4　宏田医院是连云港市首家民营医院。图为医院开业仪式。　赵鸣　摄于1998年

2001年，全市核准登记非营利性医疗机构195家，其中政府办54家、事业单位办44家、企业办91家、社会团体办3家、其他3家；核准登记营利性医疗机构151家，其中个体诊所142家、企业办2家、社会团体办3家、其他4家。

2002年，市卫生局组织第一次个体开业考核。是年，新增民营个体诊所96家。市第一人民医院利用奥地利政府贷款528万欧元引进59台先进医疗设备，市第二人民医院以融资租赁方式招商260万元引进计算机精确放疗设备，市中心血站利用国债资金360万元建设综合楼，改善医疗条件。是年，由台商投资建设的国泰医院，是连云港市第一家境外投资医院。2003年，根据江苏省卫生厅《关于加快发展个体私营医疗机构的实施意见》，全市新批一级医院7家、综合门诊部12家；核准登记非营利性医疗机构411家，其中政府举办147家；核准登记营利性医疗机构319家，其中个体诊所279家、民营23家、股份制1家、股份合作制1家、其他15家。市第三人民医院引进资金200万元，与上海协仁医院有限公司联合开设生殖医学专科分院，突出妇产科专业优势。

2005年，市政府出台《关于鼓励社会力量兴办医疗机构的若干意见》，为民营医疗机构发展和公立医院改制提供政策保障。

三、卫生防疫体制改革

根据国家、省统一部署要求，从2001年底开始，全市自上而下实施卫生监督与疾病控制体制改革，撤销市卫生防疫站、市皮肤病防治所、市健康教育所，组建市疾病预防控制中心（简称市疾控中心）和卫生监督所。2002年4月，市卫生监督所、市疾控中心正式成立，均为副处级事业单位，全民事业编制。市疾控中心负责各类疾病包括性病、皮肤病预防控制和卫生技术服务，市卫生监督所承担卫生行政许可、资格认证和卫生执法工作。各县区先后于2002年、2003年作相应调整。

四、卫生资源整合

2001年，市政府出台区域卫生规划，按照区域分布特点和“控制总量、盘活存量、优化增量、提高质量”的思路，对部分医疗卫生单位进行整合。是年，承担公费医疗的市机关医院并入市第一人民医院，市蜂疗研究所并入市中医院。2002年，东海县中医院与县卫生学校合并重组。2003年，省盐业总医院并入市第二人民医院，成为市第二人民医院东院区。2004年10月，市东方医院并入市第一人民医院，改称市第一人民医院东方医院，并增挂连云港市涉外医院牌子。是年，全市采供血机构合并调整，东海县、赣榆县、灌云县、灌南县人民医院血库撤销，分别成立四县采供血分站，隶属于市中心血站。2005年，市第二人民医院移交北京中康德众医院管理有限公司托管，期限3年。

五、医疗机构内部改革

20世纪90年代后期，各医疗机构开始启动以人、财、物为主的内部改革。1999年，围绕城镇职工医疗保险制度改革，各医疗机构做好各项配套改革，改变以往单纯从事医疗工作局面，向集医疗、预防、保健、康复于一体的多层次服务发展。东海县人民医院和市红十字医院推行人事制度改革，按照岗位公开、职责公开、考核标准公开的原则，试点全员聘任制。

2000年，以竞争上岗、全员聘任为主要内容的人事制度改革在全市各级医疗卫生单位全面实行。赣榆县在全系统推行以全员聘任、全过程优质服务、全面质量管理为中心内容的"三全"工程；连云区采用竞聘方式公开选拔乡镇卫生院长；东海县人民医院在完成人事制度改革的基础上，率先进行分配制度改革，推行绩效工资制，探索工资与贡献、绩效挂钩的分配方式。四县卫生系统清退编外临时人员1000余人，部分单位对新分配人员试行人事代理制。

2002年，东海县人民医院进行第二轮人事制度改革。全市各二级医院都开展以双向选择和竞争上岗为主要内容的全员聘用制。市第二人民医院组建36个医疗组和21个护理组，将职工工资分为固定工资和效益工资两部分，以医疗组和护理组为分别核算单位，实行不同的考核和分配标准。市妇女儿童医院将奖金分配向临床和技术风险高的专科倾斜，不同岗位拉开差距。

2003年，全市各医疗机构相继完成新一轮人事制度改革，中层干部实行竞争上岗，职工双向选择、全员聘用。在分配制度改革中，各单位制定合理的分配系数，进一步拉开分配档次。

2005年，全市各级医疗卫生单位推行政务、院务、医务"三公开"，扩大群众知情权和选择权。市第二人民医院被北京中康德众医院管理有限公司托管后，实行院务会议事制度，对医院重点工作进行裁决。

第三节　医疗服务改革

一、医院医疗服务

20世纪90年代，连云港市各县区以上医院坚持以病人为中心的服务模式，加大硬件投入，增加便民措施。门、急诊减少就诊环节，分楼层挂号、取药；医技科室规定出具报告时间；病区开展向病人献爱心、送温暖活动；门诊实行各级医师排班制，每日保证有副主任医师出普通门诊；病房实行疑难危重病人大科集中讨论分析会诊制度。全市二级以上医院开展整体护理模式病区试点，强化病人护理。1999年，全市各级医院普遍实施一次申告待岗制度，全市卫生系统共有45人因违规受到待岗处理，促进了医护人员服务态度的明显改善。

图36-5　医务人员开展义务医疗咨询活动
赵鸣　摄于1999年

2000年，全市卫生系统深入开展创建文明行业活动，重点解决医疗安全、医生收取回扣、乱收费和服务态度等方面问题，在行风建设中加大明察暗访力度。2001年，全市各县区以上医院门诊、病区推广病人选择医生的医疗服务模式，门诊病人择医率达48%。部分单位还同时开展病人选护士、病区选医疗组的医护服务模式，促进医疗机构内部运行机制改革。2003年，市直各医院启动后勤社会化改革，将食堂、洗衣房、水电维修、保安等部门与医院剥离，交给社会承办。2004年，市直各医院进一步推广后勤社会化改革，降低医院运行成本。针对实施主诊医师负责制后出现的过度医疗等问题，市卫生局出台《关于加强医疗机构主诊医师负责制管理工作的意见》，加强监督检查，规范医疗行为。市第一人民医院实行科主任领导下的三级导向主诊医师负责制，为病人提供更加周到、细致的服务。

2005年，全市各级医疗单位深入开展“医院管理年”活动，入（出）院诊断符合率、术前术后诊断符合率、表格书写合格率、消毒隔离合格率等医疗质量、护理质量指标明显改善。

二、社区卫生服务

1998年，新浦区在全市率先推行社区卫生服务，建立社区卫生服务管理中心，并在浦西办事处开展试点，将原浦西街道卫生所改建为浦西社区卫生服务站，服务范围为浦西街道办事处所辖的13个居民委员会；以市眼科医院为依托，建立南小区社区卫生服务站，服务范围为新南街道办事处所辖的11个居民委员会。随后，各社区卫生服务站从居民健康调查入手，开展建立居民健康档案、制定服务方案等项工作。至1999年底，浦西社区卫生服务站完成5个居民委员会的5405名居民的登记建档工作，建立老人保健卡822份、八类疾病防治卡725份、老年及慢性病患者档案1075份。2000年，市卫生局连续制定印发《连云港市社区卫生服务中心（站）建设标准》《连云港市城市社区卫生服务中心（站）考核评估标准》《连云港市社区卫生服务机构工作制度》《连云港市社区卫生服务规范站评审标准》。2001年，全市建成17个规范的社区卫生服务站（中心），配置社区卫生服务人员140余人，开设家庭病床193张，建立健康档案18162户35831人，签订医疗服务合同14270人次。2002年，社区卫生服务由城镇扩大到县区，全市社区卫生服务机构增加到32个，从业人员316人，共收治病人40万人次，开设家庭病床268张，建立居民健康档案2.1万户6.3万人，签订医疗服务合同5328人。2004年，开始创建社区卫生服务示范区。市政府在连云区召开创建省级社区卫生服务示范区动员暨相约健康社区行活动启动大会，各区分管区长、民政局长及市各有关部门负责人约110人参加会议。

2005年，全市创建7个城市社区卫生服务机构、25个农村社区卫生服务中心、146个农村社区卫生服务站。新浦北小区社区卫生服务站被江苏省卫生厅命名为江苏省社区卫生服务示范站，浦河社区卫生服务站等25个社区卫生服务站被评为连云港市社区卫生服务规范站。

图 36-6　2003 年，新浦区召开个体医疗协会成立大会。
俞德春　摄

三、药品集中招标采购

20世纪90年代末，针对药品购销中

不正之风愈演愈烈的情况，全市各医疗单位推行民主公开、优质优价、主渠道采购的药品采购办法，东海县、赣榆县对乡镇卫生院药品、器械采购实行统一报审、统一场所、集中洽谈、全程监督的竞价采购办法，有效遏制药品购销中的不正之风。2001年，市卫生局成立药品联合采购委员会和药品联合采购监督委员会，组建专家评委库。出台《连云港市药品集中招标采购实施意见》，规定市直属医疗单位药品和医用材料采购计划集中招标，确定供货单位和价格。是年举办2次招标采购活动，招标金额1300万元，平均降幅16.41%。市直属医疗单位药品收支两条线工作启动运行。2003年，全市药品集中招标采购463个品种8270万元，各级医疗机构加大招标药品使用力度，招标药品品种在处方药中的比重达63.4%。2004年，全市药品集中招标采购1.22亿元，减轻群众医药费负担2767万元。

2005年，市卫生局聘请20名采购监督员，对卫生系统药品和器械采购等工作进行监督。市、县药品招标价格比平时采购价格平均下降约30%。

第二章　机构队伍

1984～2005年，连云港市卫生资源有较大幅度增长。2005年，全市医疗卫生机构数、卫生技术人员数、平均每万人拥有病床和医生数分别是1984年的1.52倍、1.45倍、1.18倍和1.24倍。

第一节　机　构

1984年，连云港市有医疗卫生机构608个，其中市区336个、赣榆县64个、东海县73个、灌云县84个、灌南县51个；有病床5411张，其中市区1631张、赣榆县877张、东海县1032张、灌云县1217张、灌南县654张。1990年，全市有医疗卫生机构659个，病床6195张。2005年，全市有医疗卫生机构923个，病床8240张，分别比1984年增加315个和2829张。新增综合医院18个、卫生防疫站1个。四县药品检验所于2001年以后陆续划归同级药品监督管理局。

2005年，全市923个医疗卫生机构中，按功能性质分，有医院53个、乡镇卫生院100个、疗养院4个、专科防治所1个、门诊部725个、卫生防疫机构10个、妇幼保健所9个、其他21个；按经济类型分，国有239个、集体243个、联营9个、私营412个、其他20个；按设置主办单位分，政府办187个、企业办124个、其他612个。

1984～2005年连云港市卫生机构情况统计表

表36-1

年份	卫生机构（个）		医院床位数（张）	每万人拥有医院床位数（张）
	总数	其中：医院		
1984	608	139	5411	15.4

续表 36-1

年份	卫生机构(个)		医院床位数(张)	每万人拥有医院床位数(张)
	总数	其中:医院		
1985	622	132	5325	15.0
1986	640	133	5566	15.4
1987	642	134	5787	15.7
1988	653	136	5859	15.6
1989	654	138	5830	15.2
1990	659	139	6195	15.6
1991	690	139	6398	15.7
1992	690	140	6559	15.8
1993	665	141	6452	15.4
1994	663	146	6433	15.2
1995	663	146	6501	15.3
1996	797	147	6603	15.3
1997	806	147	6712	15.4
1998	838	147	6739	15.3
1999	731	149	6882	15.4
2000	670	149	6962	15.4
2001	708	147	6983	15.2
2002	705	154	7336	15.8
2003	790	150	7419	15.9
2004	867	150	7672	18.8
2005	923	158	8240	18.2

说明:1. 1996年后机构数中均包括个体办诊所。
2. 医院数包括医院、卫生院、社区卫生服务中心。
3. 卫生机构数含村卫生室。

一、主要医疗机构

连云港市第一人民医院 位于新浦区通灌北路182号。简称市一院。始建于1951年10月,名称几经变动,1986年定名为连云港市第一人民医院。1993年9月增挂"连云港市红十字第一医院"牌子,1994年10月被评为国家三级乙等医院。1999年增挂"徐州医学院附属连云港医院"牌子。2001年,连云港市机关医院并入。2004年,连云港市东方医院并入。2005年,医院占地7.5万平方米,设置病区25个952张病床。全院职工1204

图 36-7 连云港市第一人民医院 赵鸣 摄于2005年

图 36-8　连云港市第二人民医院　俞德春　摄于 2005 年

图 36-9　连云港市妇幼保健院　　赵鸣　摄于 2005 年

人，其中卫生技术人员 1079 人。技术人员中高级职称 213 人，博士 5 人，硕士 42 人，本科 500 余人，享受政府津贴 9 人。

连云港市第二人民医院　位于海州区幸福路 161 号。简称市二院。其前身为海州基督教会于清光绪三十四年（1908 年）开办的义德医院。1951 年，收归国有，名称几经变更。1986 年，定名为连云港市第二人民医院。1991 年增挂“徐州医学院教学医院”牌子。1996 年增挂“连云港市肿瘤医院”牌子，为国家二级甲等医院。2003 年，江苏省盐业总医院划归该院。2005 年，该院占地 4.5 万平方米，有职工 1071 人、床位 731 张。

连云港市中医院　位于新浦区朝阳中路 160 号。1984 年 6 月建立。国家三级乙等中医院。2005 年，该院建筑面积 1.7 万平方米，开放床位 251 张。有职工 419 人，其中卫生技术人员 358 人，有江苏省名中医 3 人、连云港市名中医 6 人。

连云港市妇幼保健院　位于新浦区苍梧路 10 号。建院于 1986 年，1989 年更名为连云港市妇女儿童医院。1994 年增挂“连云港市第三人民医院”牌子。2005 年更名为连云港市妇幼保健院。国家二级医院。2005 年，该院占地 1.2 万平方米，设 6 个病区 200 张床，有职工 306 人。

连云港市第四人民医院　位于海州区西门路 81 号。简称市四院。前身为建立于 1964 年的连云港市结核病防治医院，1988 年 11 月改称市第四人民医院。2005 年，该院占地 2.68 万平方米，设 5 个病区 150 张病床，有职工 147 人。

连云港市急救中心　位于新浦区苍梧路 41 号。前身为建立于 1980 年的连云港市救护总站，1995 年 3 月改称连云港市红十字救护总站，2004 年 11 月改称连云港市急救中心。2005 年，中心有职工 35 人，在市一院、二院、中医院、解放军第 149 医院、市一院东方医院、海港医院设立 6 处急救分站。

连云港市第一人民医院东方医院　位于连云区中华西路 57 号。前身为建立于 1950 年的连云诊疗所。1999 年 3 月改称连云港市东方医院。2004 年 10 月并入市第一人民医院，改称连云港市第一人民医院东方医院，增挂“连云港市涉外医院”牌子，为国家二级乙等医院。2005 年，该院建筑面积 4 万平方米，开放病床 317 张。全院有职工 265 人，其中卫生技术人员 208 人。

东海县人民医院　位于东海县牛山北路 78 号。成立于 1956 年，是卫生部首批审定的二级甲等医院。2005 年，该院住院病人 2.35 万人次，门诊 23.94 万人次，手术 4484 人次，总收入 8139.87 万元，净资产 6780 万元，有 5 项科研课题获市、县科技进步奖。

赣榆县人民医院　位于赣榆县黄海路 39 号。名称几经变动，1956 年县卫生院与县工人医院合并后改称赣榆县人民医院。1994 年，该院被卫生部评为二级甲等医院。1996 年，该院被评为爱婴医院。1997年增挂“徐州医学院教学医院”牌子。2005年,该院建筑面积1.9万平方米,开放床位352张,门诊14.41万人次,出院1.18万人次,床位使用率78.6%,业务总收入6202万元。有职工582人,其中专业技术人员522人。

灌云县人民医院 位于灌云县伊山镇健康路2号。建立于1945年1月,2003年增挂“徐州医学院教学医院”牌子。2005年,该院占地2.67万平方米,医疗用房面积2.24万平方米,设置10个病区,开放床位360张。有职工422人,其中专业技术人员316人。

灌南县人民医院 位于灌南县新安镇人民中路6号。建立于1958年3月,1992年10月被评为国家二级甲等医院。2000年成为徐州医学院教学医院。2005年改制,由贵州益佰制药股份有限公司投资接管。2005年,该院占地4.6万平方米,设置11个病区400张病床。全院职工489人,其中专业技术人员386人。

二、市级预防保健机构

连云港市疾病预防控制中心 位于新浦区海连中路27号。2002年4月,由市卫生防疫站、皮肤病防治所、健康教育所合并重组建立,为连云港市卫生局直辖副处级事业单位。占地9470平方米,建筑面积9670平方米。2005年,该中心有职工109人,其中正高级职称19人。

连云港市卫生监督所 位于新浦区苍梧路19号。2002年4月,由市卫生防疫站、皮肤病防治所、健康教育所合并重组建立,为市卫生局直辖副处级事业单位。2005年,该所占地1.29万平方米,有专业技术人员36人。

连云港市妇幼保健所 位于新浦区海昌路29号。成立于1953年。2001年与市妇幼保健院合并,但保留原机构名称。2005年,该所建筑面积1700平方米,有工作人员20人,其中高级职称4人。

连云港市红十字中心血站 位于新浦区朝阳中路6号。前身为附设于市第一人民医院内的新浦中心血库,始建于1965年。2005年,该站占地面积7100余平方米,建筑面积5000余平方米,有职工56人。

图36-10 连云港市中心血站业务楼 市卫生局 供

三、市级医疗科研机构

连云港市蜜蜂医疗研究所 前身为成立于1981年的连云港市蜜蜂医疗研究室。1982年改称市蜂疗医院。1988年更名为市蜜蜂医疗研究所。2001年并入市中医院。(参见第三十一卷第一章第一节《科研机构》)

连云港市心血管病研究所 1988年2月,连云港市第一人民医院心血管疾病研究室成立,1988年10月更名为连云港市心血管病研究所。2005年,该所有主任医师2人、副主任医师2人。

连云港市临床肿瘤研究所 1988年9月建立,隶属连云港市第二人民医院。2005年,该所有兼职主任医师23人、副主任医师29人、主治医师44人,其中研究生学历13人、在读研究生2人。

连云港市计划生育技术研究所 1988年4月建立,隶属连云港市妇女儿童医院。2005年,该所有兼职主任医师1人、副主任医师2人。

第二节 队 伍

1984年，连云港市有卫生技术人员8200人，其中医生3272人。20世纪90年代后期，特别是进入21世纪后，随着卫生事业发展，门诊部、诊所、社区卫生服务站数量大量增加，从业人员也大幅增加，市卫生行政主管部门定期组织执业医师、执业护士考试，命名市级名中医、中西医结合专家。2005年，全市有卫生技术人员11929人，其中执业医师4317人、执业助理医师931人、注册护士4004人、药剂员869人、检验员595人、其他1213人。每万人拥有医生11.5人，比1984年增加2.2人。在国有医疗机构从业者7669人，占64.29%；在集体医疗机构从业者2742人，占22.99%；在联营和私营医疗机构从业者1229人，占10.3%；其他289人，占2.42%。

1984～2005年连云港市卫生技术人员队伍情况统计表

表36-2　　　　单位 人

年份	卫生技术人员		每万人拥有医生数
	总数	医生	
1984	8200	3272	9.3
1985	8082	3102	8.7
1986	8452	3288	9.1
1987	8674	3253	8.8
1988	9103	3647	9.7
1989	9574	4062	10.6
1990	9922	4347	11.0
1991	10480	4563	11.2
1992	10951	4656	11.2
1993	11040	4850	11.6
1994	11390	5037	11.9
1995	12000	5230	12.3
1996	12164	5130	11.9
1997	12587	5421	12.5
1998	12690	5593	12.7
1999	12336	5531	12.4
2000	12050	5276	11.7
2001	12244	5497	11.9
2002	11831	5115	11.0
2003	12072	5346	11.5
2004	11675	5236	11.2
2005	11929	5248	11.5

第三章　医疗事业

1984年以后，连云港市中、西医临床医疗技术水平不断提高。内科开展心血管介入治疗，外科能进行肾、肝移植和关节置换，妇产科可以实施试管婴儿等辅助生育技术。市第一人民医院脑外科跻身于省级重点学科行列。1990年起，全市县以上医院和80%的乡镇卫生院设置中医科室和中药房。全市中医和中西医结合医疗技术在继承传统基础上向专科专病治疗方向发展。县级以上医院强化专科护理技术，提高护理技术水平和护理工作质量，从功能制护理转为责任制护理，并试行整体护理。

第一节　西　医

一、内科

心血管内科　1984年，市一院建立心血管试验室，相继开展心电监测、电击复律、心脏起搏、心脏电生理检查等。1987年，市二院成功抢救一例广泛心肌梗塞、心跳骤停6分钟病人。1988年，市二院开展急性心肌梗塞静脉溶栓治疗。1989年，市一院为风湿性心脏病伴阿斯氏综合征病人成功安装永久性心脏起搏器；1990年，在北京阜外医院医师指导下开展二尖瓣狭窄经皮球囊成形术；1994年，开展创伤性希氏束心电图测定永久性心脏起搏器AAI安置术；1995年，成功开展射频消融术；1997年，开展选择性冠状动脉造影术、成功施行经皮冠状动脉成形术及冠状动脉内支架置入术。1999年，市二院成功实施经皮穿刺心包置管引流术，应用血浆置换术救治成功一例格林-巴利综合征患者。2002年，市一院成功为一例下腔静脉血栓形成并发肺栓塞的患者置入下腔静脉滤器。

神经内科　1984年，市二院开设脑电图室，应用高压氧治疗急性脑梗塞病人取得明显疗效。1989年，市一院运用腹蛇抗栓酶治疗缺血性脑病。1997年，市二院开展脑脊液细胞学检查。1998年，市一院成功开展脑活检、颅内血肿抽吸、DSA脑血管造影。2000年，市二院开展头颅穿孔减压治疗脑出血取得满意效果。2001年开展经皮穿颅脑脊液引流。

消化内科　1984年，市二院设立胃镜室。1987年开展微波扩张治疗放疗后食道狭窄及术后吻合口狭窄、肝静脉导管肝穿刺活检及幽门弯曲菌检查等。1990年，市一院在乙状结肠镜和纤维结肠镜下应用无水酒精注射，成功摘除2例肠息肉；1992年成功为一例肝硬化食道静脉曲张破裂出血病人进行内窥镜下硬化剂注射治疗；1995年，开展胰腺肿瘤细针病灶穿刺抽吸组织细胞学检查及细针抽吸肝脏组织活检。1996年，市二院应用内窥镜下食管曲张静脉结扎术治疗因重度静脉曲张多次引起消化道出血的病人；2000年，为一例患有先天性食管狭窄的患者成功实施食管内支架置放术。

呼吸内科　1984年，市四院对肺结核咯血长期不止的病人用激素治疗止血。1986年，市一院开展纤维支气管镜检查。1989年，市四院开展经皮肺活体组织检查。1991年，市二院应用膈肌起搏治疗慢性阻塞性肺气肿。1994年，市一院成功开展纤维支气管镜下行支气管肺泡灌洗治疗肺脓肿、肺不张。1996年，市二院开展胸腔活检术，应用床边双套管胸腔闭式引流术及雾化吸入治疗呼吸道疾病；市一院成功抢救一例嗜神经病毒感染7天无自主呼吸的军人。1997年，市二院开展动脉血气分析。2000年，市四院开设淋巴结核科，2004年应用中西医结合治疗淋巴结核取得良好效果。

内分泌科 1989年，市一院设立内分泌科，市二院开展雌二醇、睾丸酮测定。1995年，市卫生局确定市二院内分泌专业组为市重点专科。1998年，市二院成立内分泌科，开展血谷氨酸脱羧酶抗体测验以对糖尿病分型，开展鸟羟哺氨酸测定。2001年，市二院开展甲亢突眼病的放射治疗。2005年开展脑垂体肿瘤、泌乳素瘤、甲状腺瘤、甲状腺癌、阿迪森氏病、柯兴氏综合征、肾上腺瘤、嗜咯细胞瘤、胰岛素瘤以及多发性内分泌腺瘤的治疗。

肾内科 1987年，市一院、二院分别设立人工肾室，开展血液透析。1988年，市二院开设肾内科门诊。1989年，市一院成功抢救一例因吸入多种药物重度中毒引起循环、呼吸衰竭病人。1991年，市二院应用中西医结合治疗和血液透析，成功抢救一例急性肾无尿6天病人。1995年，市一院成功开展肝硬化顽固性腹水大剂量安体舒通速尿加连续输注血浆、毒蕈中毒红细胞吸附技术。1998年，市一院成功抢救一例无自主呼吸长达14天的有机磷农药中毒患者。2000年，市二院开展血液过滤、血液灌流、血浆置换等治疗技术。

二、外科

骨科 1984年，赣榆县人民医院采用旋股外动脉升支血管置入股骨头方法，治疗股骨头无菌坏死。1985年，市二院开展颈椎骨索瘤摘除术，1989年开设小儿麻痹症后遗症专科门诊。1990年，市一院为一例左股骨完全离断病人成功实施断肢手术。1992年，市二院应用右膝下外血管带腓骨上段皮瓣移植重建后绕腕关节，治疗右桡骨远端骨巨细胞瘤；市一院为一例右脚外伤皮缺损、骨外露患者施行带血管蒂的背阔肌皮瓣桥式交叉移植手术。1995年，市一院施行人工关节置换术。1998年，市二院先后为2例患有肢体恶性肿瘤和骨盆巨大肿瘤病人实施手术。2001年，市东方医院施行左拇指断指再植术获得成功。

普外科 1984年，市二院设立普外科，1987年首次施行幼儿脾脏切除术。1989年，市一院设立普外科，开展肛门肿瘤切除、肛门成形术等。1995年，市二院开展经皮肝穿胆道造影术，市一院开展腹腔镜胆囊切除术。1999年，市二院施行首例枕颈交界双哑铃状神经鞘瘤切除术。2000年，市一院完成一例胰管切开取石胰管空肠吻合术。2003年，市一院成功完成首例肝脏移植手术，手术时间长达7小时，术后患者肝功能基本恢复正常；2004年，首次运用腹腔镜切除阑尾。2005年，市二院相继开展胃肠癌规范化根治术、腹腔镜下微创手术、无张力疝修补术等。

胸外科 1985年，市二院开展胸腺肿瘤切除术、食管闭合合并气管瘘食管再造术及肺叶、全肺切除术。1989年，市一院成功摘除一个重达600克的纵膈肿瘤，成功施行肺癌右全肺及右房部分切除术。1994年，市一院成功施行法洛氏三联征加动脉导管未闭体外循环直视手术，市二院成功施行动脉导管未闭结扎术。1998年，市一院成功施行心脏双瓣置换术，市二院开展三尖瓣下移畸形矫正术、肺静脉畸形引流矫治术等。1999年，市一院开展非体外循环心脏不停跳冠状动脉搭桥术，市二院运用房缺扩大及房壁翻转术治愈1例右肺静脉畸形引流伴房间隔缺损的严重先天性心脏病患儿。2003年，市一院成功施行三尖瓣成形及房间膈修补术。2005年开展气管肿瘤切除术。

脑外科 1987年，市二院成功开展小脑脓肿切除术。1989年，市一院成功施行脑胼胝体中部动静脉畸形显微手术，首次施行经股动脉插管全脑血管造影术。1992年，市二院对脑溢血患者手术治疗成功；还成功救治一例颅脑严重外伤，深度昏迷35天的病人。1994年，市一院开展胎脑移植治疗脑功能障碍性疾病手术。1997年，市二院引进脑地形图仪。2000年，市一院为一例脑右肢功能区叶内疤痕性病灶导致癫痫大发作病人施行微创开颅切除术，市二院施行高位颈椎椎损减压术救治成功4例高位脊髓损伤患者。2003年，市一院脑外科被评为江苏省重点专科。

泌尿外科 1985年，市二院开展前列腺癌根治术、经尿道窥视下行尿道狭窄切开术以及膀胱异物取出术；1987年开展膀胱黏膜代后尿道治疗外伤性尿道闭塞；1988年开展肾囊穿刺术。1989年，市一院为一例克兴氏综合征患者施行双侧肾上腺切除术，开展先天性尿道下裂松解矫正及游离尿道拖出成形术。1990年，市二院采用自行设计的L型套管尿道会师器，对尿道损伤患者施行经膀胱穿刺尿道会师术取得成功。1992年，市一院开展经尿道膀胱肿瘤切除，以无水酒精作硬化剂治疗肾囊肿。1994年，市一院成功施行一例阴茎离断再植术、一例肾脏巨大错构瘤切除术。1998年，市二院为一例先天单侧孤立肾并患巨大肾结石病人手术，成功取出鹿角状结石各1枚，另取出多枚黄豆大小结石。1999年，市二院成功施行首例同种异体肾脏移植手术。

小儿外科 1985年，市二院为一例出生仅6天、患先天性食管闭锁合并吸入性肺炎的新生儿施行食道重建手术；1986年开展先天性尿道下裂行膀胱黏膜尿道一期成形术及心包剥脱术；1988年开展漏斗胸廓成形术；1989年开展阴茎根部海绵体松解延长治疗阴茎缺损，开设小儿麻痹症后遗症专科门诊。1991年，市一院成立小儿外科，成功为一例先天性胆总管囊肿患儿施行囊肿切除间置空肠代替胆道加矩形瓣成形术。1992年，市二院采用去神经带血管股薄肌移植肛门外括约肌成形治疗儿童肛门失禁症，开展新生儿巨大脑膨出修补术；1993年手术治愈1例罕见的幼儿消化道溃疡伴穿孔出血；1995年为一患儿成功切除肝右叶原发性肝癌。1998年，市一院为一患儿成功摘除3千克重寄生胎。1999年，市二院手术治愈1例罕见的右异位输尿管口囊肿、伴有重肾双输尿管畸形的病儿。

烧伤科 1985年，市一院开展游离肌皮瓣移植术。1986年，市二院成功救治一例烧伤面积96%的病人。1989年，市一院成功抢救一例烧伤面积85%的病人。1992年，市二院开展休克期切痂手术，成功救治一例深二度至三度黄磷烧伤面积达36%的病人。1999年，市二院首次为一例出生13天的烫伤患儿，应用自体皮移植术获得成功。2000年，市一院成功救治一例烧伤面积86%，其中三度烧伤面积70%的病人。

三、妇产科

1985年，市一院开展子宫广泛切除加盆腔淋巴结清扫术，6月开始临床应用宫腔镜。1988年，市一院开展一例乙状结肠代阴道成形术，市二院成功抢救1例羊水栓塞引起凝血障碍致大出血病人。1992年，市妇幼保健院开展腹腔镜临床应用和无痛分娩手术。1993年，市一院成功抢救一例罕见的母体内胎儿脐带断裂患者。1995年，市一院开展电视腹腔镜下各类手术。1997年，市二院开展宫颈癌介入疗法，1999年成功救治一例罕见的HELLP综合征合并弥漫性血管内凝血患者。2001年2月8日，市妇幼保健院助孕中心采用体外受精、胚胎移植手术培植的首例试管婴儿诞生。2005年，市二院使用LEEP刀治疗宫颈病变。

四、儿科

1984年，市二院开展新生儿复延监护。1988年，市一院采用酚妥拉明佐治喘憋性肺炎和难治性心力衰竭；市二院开展晚发性维生素K缺乏性颅内出血症的治疗，采用早期明确诊断、早期使用维生素K、及时输入新鲜血液的方法，成功抢救数十例患儿。1990年，市一院开设新生儿无陪病房，市二院开展新生儿缺氧缺血性脑病治疗。1993年，市二院收治一例出生仅数小时患缺氧缺血并伴有烫伤面积50%的危重病儿，该病儿全身青紫、频繁抽搐，经抢救治愈；1998年成功救治一例出生仅4小时、患有三度皮肤硬肿症伴肺出血的早产儿。1998年，市一院收治一例急性感染性多发性神经根炎的8岁女患儿，经50余天抢救治疗痊愈。

五、口腔科

1984年，市二院开展面部基底细胞癌切除加胸锁乳突肌皮瓣转移整复术。1985年，市二院口腔科被定为市重点专科，1986年成功施行颈动脉体瘤切除术、巨大面部淋巴管瘤切除术、舌淋巴细胞血管瘤切除加颈阔肌皮瓣成形术，1988年为一例患舌淋巴管瘤病人切除病舌并重建新舌成功。1990年，市一院为一例腮腺管未分化癌患者施行颊颌颈联合根治手术，同年开展双侧颌关节假关节成形术；1992年为一例腮腺黏液表面癌患者在显微镜下行面神经移植术。1993年，市二院手术治愈一例头部多处病变，颅骨损坏严重，患后顶部、右颞部、右上颌多发性骨嗜酸性肉芽肿的2岁患儿。1995年，市一院开展面神经麻痹颅内段减压术；市二院为一例面部烧伤畸形致牙关紧闭10余年患者施行矫治手术，使其恢复咀嚼功能。1997年，市二院开展种植牙手术；1998年为1例患有罕见的颌骨巨大神经鞘瘤病人成功施术，颌面部复位良好。2005年，市二院采用保留关节头和关节盘，用颞肌瓣对去骨区保护方式，治疗严重颞颌关节强直取得成功；市一院采用血管化右前臂皮瓣移植施行舌头再造术。

六、耳鼻喉科

1985年，市一院开展全喉切除术和水平上半喉切除术；市二院开展咽部脊索瘤切除术、筛窦移位脑膜瘤切除术、面神经移植术、舌根腺样囊性癌根治术及喉内血管内皮瘤切除、声带成形重建术。1986年，市二院开展全喉切除并咽气管吻合术取得成功，开展颈部巨大错构瘤切除术和小耳廓成形术。1988年，市二院首次开展全麻支撑喉镜显微手术及垂直半喉切除加发音重建手术；市一院首次成功施行人工镫骨手术。1989年，市二院施行4例非植入性电子耳蜗术。1996年，市一院施行一例经唇下鼻中隔蝶窦入路切除垂体腺瘤手术。1995年，市二院开展鼻腔内窥镜手术。1999年，市一院开展喉次全切除会厌伴重建喉腔手术。2001年，市东方医院成功开展腭内静脉球体手术。

七、眼科

1985年，市一院开展泪囊鼻腔吻合术和青光眼小梁切除术。1988年，市二院成功为一名105岁双目失明老人施行白内障摘除术；市一院开展眼胎植入术；眼科医院开展角膜移植显微手术。1991年，市一院实施眼球后海绵状血管瘤切除术。1994年，眼科医院开展白内障囊外摘除加人工晶体植入显微手术。1999年，市二院开展白内障超声乳化人工晶体植入术。2001年，市东方医院开展眼科微创手术。2005年，眼科医院开展近视眼准分子激光手术。

八、肿瘤科

1982年，市二院购进无锡产直立式钴治疗机，开展食道癌、乳腺癌、喉癌、皮肤癌、肺癌、鼻咽癌的放射治疗；1983年设肿瘤病区；1990年开展肿瘤的综合治疗及中医中药、免疫调节和生物治疗，开展放疗前化疗、放疗后化疗和晚期食道癌姑息治疗；1993年引进后装放射治疗系统，采用遥控方法进行腔内放射治疗宫颈癌、阴道癌等。1994年，市一院设立肿瘤病区。1996年，市二院引运德国产直线加速器一台，开展全肺、全肝及全腹腔放疗；应用联合化疗方案治疗小细胞肺癌有效率100%、治疗非小细胞肺癌有效率50%，有效生存期7～18个月，最长者10年以上。2000年，市二院引进微量泵疗新技术，2005年开展时辰化疗、中心静脉置管化疗、胸腹腔置管化疗等。

九、皮肤科

1982年6月，市一院设皮肤科病床5张，全年收治红斑狼疮、皮肌炎、硬皮病、疮疹样皮炎、重型药疹、大疱性表皮松解症、新生儿剥脱性皮炎、坏死性脓疱病等47例。1984年，市二院开始应用电解、冷冻等方法治疗皮肤病。1989年、1990年，市一院、二院相继开展美容业务，治疗黄褐斑、痤疮、血管瘤、皮脂腺痣、黑色素痣、血管痣等。1999年，市二院成功救治一例全身水泡、大量体液渗出伴高热昏迷休克的罕见皮肤病患儿；市一院开展鼾症、痔疮激光治疗。

十、麻醉科

1984年，市二院组建麻醉组，开展静脉复合麻醉；1986年组建麻醉科。1988年，市一院将硬膜外麻醉用于开胸手术。1990年，市二院应用微机智能程序控制麻醉技术取得成功；开展异氟醚降压麻醉，使术中降压、复压迅速可靠。1991年，市二院开展手术中血氧饱和度检测。1993年，市一院完成体外循环心脏直视手术等重大手术的麻醉。1996年，市二院应用双腔管支气管内麻醉给湿肺病人做手术。1999年，市二院开始应用新型麻醉药氟吗西尼、艾司洛尔等。市一院将硬膜外自控镇痛泵应用于病人术后镇痛。2000年，市一院开始应用离心泵、膜式肺。

十一、放射科

1984年，市二院开展乳腺X线检查。1986年，市一院开展透视动态观察和体层摄片；1987年开展心导管检查和经导管选择性动脉造影术；1989年开展经股动脉插入导管选择全脑血管造影术，应用电子计算机X线断层扫描仪（CT机）进行脑、胸、腹扫描。1990年，市二院开展肝癌的介入放射治疗及支气管碘油造影、颈动脉造影；1993年开展椎管造影加CT扫描。1997年，市一院在CT引导下介入治疗巨大肾囊肿取得成功，市二院设立介入放射治疗门诊。2000年，市二院完成1例X线导向下食道内支架置放术。2001年，该院螺旋CT投入使用。

十二、检验科

1988年，市一院开展血清丙酮酸激酶测定、性病USR测定、免疫球蛋白E测定、血气分析、羊水胆碱酯酶测定、纤维蛋白降解产物测定、抗精子抗体测定、弓形体抗体测定等。1990年，市二院开展尿液系列化检验和发锌检测，1991年开展心肌酶谱（包括同功酶）检测，1993年开展血小板相关抗体检测。1994年，市一院开展真菌及细菌L型检验、衣原体培养。1995年，市二院开展肌红蛋白测定。1996年，市一院开展厌氧菌培养。1997年，市二院开展精液常规分析、抗双链DNA抗体检测。1998年，市一院开展全自动药物过敏鉴定分析。2000年，各医院开展凝血常规检查，废除凝血时间测定。

十三、功能检查科

1984年，市一院、二院相继设立功能检查科，包括心电图、脑电图、B型超声波检查等。此时心电图检查项目有常规九导联心电检查、二级梯运动检查及阿托品、心得安等药物的实验检查等；脑电图检查项目有癫痫、神经衰弱、偏头痛和脑血管头痛检查定位等；B型超声波检查项目有肝、胆、胰、肾、输尿管、膀胱、胃肠、胸腹及盆腔的超声波探查等。1990年，市一院开展二维心脏超声检查及功能测定。1992年，市二院设立彩色超声波检查室，陆续开展胎儿心脏探查、冠心病心肌梗塞定位定性探查、心室壁节断性运动状况检查等。1994年，市二院开展大血管彩超探查，对大动脉炎、动静脉栓塞、动静脉瘤等作出定位诊断，开展心脏负荷超声检测。1995年，市二院脑电图室开展脑占位性病变、老年性痴呆、脑发育不全、脑肿瘤及脑梗塞等的定位诊断。2000年，市一院开展膝关节病变和肺部病变超声探查。2005年，市二院开展超声引导射频消融治疗子宫肌瘤等。

十四、病理科

1984年，市二院开展对胸腹水、尿液及肿块穿刺液的细胞学检查；1987年开展新生儿出生缺陷检测；1991年，开展骨髓穿刺活检；1992年开展纤维支气管镜肺活检和男性不育症睾丸活检。1994年，市一院开展28种特殊染色体检查和免疫组化检查。2002年，市二院开展糖胺、微量元素及肿瘤相关抗原检查，2004年开展细胞定性定量分析。

第二节　中　医

一、内科

1984年，连云港市中医院成立。1985年6月，市中医院筹建内、儿科病房，收治各类内科、儿科病人。1988年，内、儿科联合成立病区，治疗以中医中药为主，较少收治危重病患。1994年，脑血管病科独立分出，成立病区。1995年，各病区搬入病房大楼，内、儿科在一个病区。1997年儿科分出后，内科成立独立病区，主要收治心血管、内分泌、呼吸、消化、肾脏、血液等病患。2002年，糖尿病、消化内科分出，成立单独病区。2003年10月，内科分为心血管组、呼吸组、肾脏病组。

脑血管病科　1994年9月，市中医院筹建中西医结合脑血管病科，开设脑血管病门诊。采用国际初级联合卒中单元的模式，集急性抢救、神经康复、健康教育为一体，中西医结合救治各种类型脑血管疾病。是年，还开展了颈动脉注射尿激酶溶栓治疗急性脑梗死技术。1996年，与上海医科大学进行技术合作，开展血液物化系列检测项目。2000年开始应用静脉注射尿激酶溶栓治疗急性脑梗死技术。2001年与天津中医学院第一附属医院联合成立全国针灸临床研究中心连云港分中心，引进石学敏院士的“醒脑开窍”针灸治疗中风技术。2003年，脑血管病科被评为市临床一类重点专科。2004年增加语言评定与治疗、吞咽障碍的评估与治疗、神经阻滞、减重支持训练等疗法和技术。

心血管病科　1994年，市中医院心血管科开展静脉溶栓技术和食道电生理技术。1996年，添置除颤仪1台，用于复律及抢救室颤病人。2001年建立CCU病房（冠心病监护病房），增添多参数监护仪，收治冠心病、心绞痛、心肌梗死病人及其他危重病人。2002年为病人安装临时起搏器，成功抢救1例急性心肌梗死伴三度房室传导阻滞病人。2003年，运用深静脉置管作胸腔闭式引流术。2003年10月单独成立心血管组。2005年，完成首例冠状动脉造影术。

呼吸内科　1997年，市中医院设立内科独立病区，收治的呼吸系统疾病患者，主要有老年型慢性支气管肺炎、肺源性心脏病、气胸等患者。2000年开展新式胸腔插管闭式引流技术，治疗气胸、腹腔积液的病人，并开展纤维支气管镜检查；是年12月，购置美产纽帮200呼吸机一台。2003年应用普米克令舒在顽固性慢性喘息性支气管炎急性发作救治方面有所突破。2004年开展表面激素吸入在COPD（慢性阻塞性肺疾病）急性加重期的应用。

图36-11 连云港市中医院在全省率先开展"中医中药我先行"活动。图为启动仪式。 市中医院 供

糖尿病科 1998年2月，市中医院自主研发益气养阴降糖丸、糖肾丸、糖足泡液，用于治疗糖尿病气阴两虚症、糖尿病肾病等。2002年3月，筹建糖尿病消化病区，主要收治糖尿病酮症、酮症酸中毒，糖尿病高渗综合征，糖尿病低血糖症，糖尿病并发尿路感染、肺部感染，糖尿病足坏疽，糖尿病神经病变，糖尿病皮肤瘙痒症，糖尿病合并高血压、冠心病、脑梗死。以中西医结合疗法，采用口服、外用、熏蒸、针灸、推拿、理疗等方法，疗效显著。2003年添置养身王气血循环机和输液泵各1台。2004年添置多普勒血流声音分析仪1台。2005年开展胰岛素持续皮下输注技术，对糖尿病进行强化治疗。

消化内科 2002年4月，市中医院筹建消化内科病区，以收住消化系统的常见病、多发病患者为主，开展腹腔穿刺、胸腔穿刺、内镜检查等项目。2003年，成功抢救1例上消化道大出血患者，电子肠镜投入使用。2004年，开展内镜下治疗食管良、恶性疾患狭窄内镜下扩张、内镜下止血、取异物等。2005年，成功抢救重症坏死性胰腺炎患者3人，同时购入高频电发生器，开展内镜下息肉切除及止血等治疗。

二、外科

1984年9月，市中医院设立外科门诊，含普外、骨科、痔科。1987年设立外科病房；普外、骨伤、痔瘘3个专业组建设简易手术室。1989年1月开展普外、骨伤、痔瘘专业手术，并承担了大部分妇科手术。1992年，骨伤科分出，成立单独病区。1995年5月，痔瘘科分出，成立单独病区。1999年，妇科独立，并开展妇科手术。

普外科 1987年外科病房设立后，开展阑尾、疝修补术等手术。1989年开展胃大部切除手术、乳癌根治、肠吻合术等较大手术，开展胆囊炎、胆石症的治疗。1991年开展外伤性脾切除、脾切除并断流术、甲状腺手术。1993年开展颌面部手术。1994年开展普胸外科手术、眼科手术。1995年5月开展甲状腺癌、食管贲门癌、胃癌、大肠癌等根治手术和耳鼻喉科手术，同时开始收治烧、烫伤患者及妇科手术治疗卵巢囊肿、宫外孕等患者。1996年7月开展口腔颌面外科手术。1997年10月开展化脓性胆囊炎切开取石并T型管引流、乳癌盆腔转移切除术、脑出血血肿清除减压术。1998年开展肺楔状切除术、腹部闭合伤救治和肝、脾、肾破裂修补术。2004年开展食管癌根治术、膈肌破裂修补术、胸膜切除术、肺叶（段）手术。

烧伤创疡科 1988年，引进卫生部十年百项科技成果第一批推广项目"烧伤湿润暴露疗法"，治疗各种类型、各种深度的烧伤及创疡病人。1994年成立中国烧伤创疡连云港市科技医疗中心。

骨伤科 1984年9月成立门诊。1987年6月筹建骨科病区，开始收治骨伤科病人，开展骨折切开复位、内固定等手术。常规开展腰椎间盘手术治疗，跟骨骨折撬拨、切开复位内固定，骨盆骨折切开复位内固定，手足骨折切开复位内固定，拇外翻手术治疗，软组织手术、截骨手术、拇近节趾骨1/2切除术等。自制消瘀止痛膏，用于治疗跌打损伤；自制三色膏，用于治疗风寒关节痛；自制接骨膏，用于治疗闭合性骨折。

肛肠科 1988年，成立痔科门诊。1989年研制消炎止痛膏、清凉膏。1992年引进安氏注射疗法，形成手术、理疗、中药多手段的特色专科雏形。1993年研制消炎止痛液用于临床。1994年开展消痔灵注射疗法。1995年开展便秘手术治疗，同时引进排便造影和结肠运输实验技术。1997年，进行水肿烘烤治疗。1998年被评为市级重点专科。

三、妇科

1984年市中医院建院初期，设妇科门诊，主要以中医妇科门诊为主，收治部分先兆流产等病人住院治疗。1990年开展B超监视下输卵管通液、输卵管碘油照影、宫颈激光治疗等，此时，妇科以中医药为主治疗不孕症、盆腔炎、痛经、功血、先兆流产等疾病。1998年筹建妇科病房，收治宫外孕、子宫肌瘤、盆腔炎、妊高症等病人，开展子宫肌瘤、附件包块、宫外孕、先兆流产、功血、盆腔炎、中孕引产等10余病种的手术或保守治疗。2003年开展宫腔镜检查及镜下输卵管通液技术，子宫肌瘤的微创手术，阴式子宫全切除及卵巢癌、宫颈癌的手术治疗和术后化疗等。

四、儿科

1984年，市中医院建院初期即开设儿科门诊，以中医中药为主，治疗儿童疾病。1986年，开设儿科病房，收治病儿多以常见病为主，以中西医结合为治疗手段。1993年在门诊开展中医外治疗法，自制腮腺膏、消散膏、消蛾膏、暖脐膏、肺炎贴膏、厌食膏、蛲虫膏等外治药膏，疗效确切。同时开展药物超声雾化吸入疗法，治疗呼吸道疾病。1996年用简易CPAP装置配合药物治疗，成功抢救1名2个月大的并发心衰、呼衰和中毒性脑病的重症肺炎患儿。1999年用中药息喘汤、祛喘丸防治儿童哮喘，取得满意疗效。运用养阴扶正法防治小儿反复呼吸道感染，应用胃苓汤加减治疗秋季腹泻，取得较好疗效。2004年应用中药治疗小儿杂病，如多发性抽动症、小儿睡行症等，取得较好疗效。

五、麻醉科

1991年以前，外科医生、手术室护士兼操作麻醉。从建院初期至1991年，先后开展静脉复合全麻、硬膜外麻醉、蛛网膜下腔阻滞麻醉、骶管阻滞麻醉、臂丛神经阻滞麻醉等数千例。1992年开展上胸段高位硬膜外阻滞麻醉。1995年开展静吸复合全麻。1996年开展单侧支气管内麻醉行肺部手术。1997年开展双腔管支气管内麻醉，用于胸外手术病人。1998年开展术后镇痛，急慢性腰腿痛的骶管内冲击疗法。2001年正式启用术中救治，用氧和负压均由中心机房管道供应，开展经鼻盲探气管插管术。2002年开展经硬膜外持续镇痛技术，有效减轻手术病人术后疼痛；实施整体护理，对手术病人实行术前访视、术后随访制度。2003年开展盲探光索气管插管技术。2004年开展经静脉持续镇痛技术，应用异丙酚、卡肌宁、芬太尼静脉复合全麻，动脉置管持续监测血压。是年，建立麻醉苏醒室。2005年开展喉罩全麻、食道气管联合通气导管全麻技术。

六、皮肤科

1984年，市中医院皮肤科成立，以中医中药为主治疗各种皮肤病，开设银屑病和痤疮2个专病门诊。90年代，开发研制治疗寻常性银屑病的银屑灵胶囊、治疗扁平疣的祛疣合剂、治疗痤疮的痤疮胶囊、治疗白癜风的白驳丸及白癜风搽剂、治疗湿疹的四黄三子汤及止痒粉。21世纪初，引进真菌检查技术、白癜风表皮移植术、激光、高频电针及微波治疗术等现代化的诊疗手段。

七、推拿科

1984年，市中医院筹建推拿科，主要治疗范围涉及内科、妇科、儿科、骨伤科等多个科别数十个病种，如胃下垂、高血压、急性乳腺炎、中风后遗症、痛经、月经紊乱、小儿腹泻、斜颈、疳积、青少年假性近视等。2001年开展针刺结合推拿的新疗法，使软组织损伤类疾病疗效有大幅提高。

八、针灸科

图 36-12　20世纪80年代，外国游客参观中国针灸医术。赵鸣　摄

1984年9月，市中医院组建针灸科，应用头体针、穴位注射、刺血、隔药灸、耳压、刮痧等治疗颈肩腰腿痛、肩周炎、中风、眩晕、头痛、三叉神经痛、面瘫、面肌痉挛。1987年开展冬病夏治穴位敷贴法，治疗慢性支气管炎、支气管哮喘，形成特色疗法。1995年开设家庭病房，开展预约上门服务。2001年，全国针灸临床研究中心连云港分中心成立，引进由中国工程院院士石学敏创立的醒脑开窍针刺法治疗脑中风技术这项国家级科研成果，脑中风的治疗水平得到提高。2002年开展针灸减肥美容项目，针灸治疗高脂血症、脂肪肝。开展针灸配合点刺、拔罐治疗黄褐斑和痤疮取得较好临床效果。2004年，应用国际流行的光子疗法，治疗神经痛、妇科病、带状疱疹等。2005年，骨质增生及寒湿痛针药并用综合治疗有效率90%以上。

九、口腔科

1992年，市中医院筹建口腔科，开展拔牙、补牙、镶牙治疗。1994年开展各种活动义齿、固定义齿和牙体牙髓病治疗（补牙）。1996年，口腔科开设病房，开展唇裂和腭裂修复手术、各种颌面创伤的骨折内固定手术、良性肿瘤摘除手术、恶性肿瘤根治手术、腮腺肿瘤切除手术、下颌骨切除重建术，是年为市福利院患儿免费实施唇裂、腭裂修复手术。1999年采用固定矫治器和功能性矫治器，治疗青少年牙齿不齐、开颌、下颌前突等各种畸形。2003年开展口腔颜面部各类大型创伤急救与整复，包括钛板、可吸收生物材料板颌面骨坚固内固定等。2004年开展人工牙种植术、双侧颈淋巴结清除术、上下颌骨切除髂（肋）骨重建术、颌面缺损的游离皮瓣修复技术等大型手术，利用普通与贵重金属烤瓷技术治疗牙列缺损、修复牙体。

十、眼科

1987年，市中医院设立眼科。门诊利用中医耳部放血配合中药内服或冲洗等诊疗方法治疗结膜炎、睑腺炎、角膜炎、虹膜睫状体炎、眼科血症等，针灸配合中药内服治疗眶上神经痛、视疲劳、假性近视和低度近视，黄连海螵蛸棒治疗沙眼及滤泡性结膜炎等均收到较满意的疗效。中药煎剂内服治疗眼底出血，中药治疗单疱病毒性角膜炎、色素膜炎、眼睑炎性假瘤及眼科疑难杂症等方

图 36-13　市中医院眼科医生在义诊
俞德春　摄于2004年

面取得较好的疗效。1994年夏季，连云港市急性结膜炎流行，市中医院眼科拟方、制剂室煎制，配出红眼洗剂，为病人洗眼，配合以眼部滴药。1996年，市中医院开展第一例老年性白内障囊内摘除术。2000年，天津眼科医院连云港市斜视弱视防治中心在市中医院成立，开展斜视弱视手术。

十一、耳鼻喉科

1987年，市中医院设立耳鼻喉科。主要诊治耳鼻喉科常见病、多发病，用中医中药治疗一些疑难病症。1994年起开展常规耳鼻喉科手术，如耳鼓膜修补术，耳道肿瘤切除术扁桃体摘除术，鼻息肉切除手术，鼻窦炎手术，上颌窦、筛窦根治术，咽部、会厌部肿瘤摘除术等。

十二、结石科

1995年，市中医院设立结石科，以药物配合推按运经仪、排石仪治疗泌尿系及肝胆系结石、胆囊炎。1996年6月开展输尿管结石快速排石止痛治疗。1999年自主研发橘茴排石冲剂、金橘胆胃丸、利胆排石丸、胆石丸。2000年，开展B超定位电磁式体外冲击波碎石治疗。2005年开展电脑自动跟踪B超全方位定位和X光定位液电式体外冲击波碎石技术。

十三、男性科

1992年，市中医院设立男性科，开展男子不育、阳痿、早泄、不射精等性功能障碍疾病，前列腺、附睾、包茎，非淋、湿疣等各种泌尿、性疾病的检查治疗以及性心理、生理障碍、性教育等性咨询门诊。

第三节　护　理

1984年，连云港市有护理人员1817人，其中护师158人、护士1368人、护理员291人。是年，各医院开始推行护理责任制，建立护理示范病区，市级医院实行护士长总值班制度，开展夜间查房、护理个案查房，病区建立护理工作记录制度。市二院开设护理部，形成由护理部主任、科护士长、病区护士长三级护理管理体制。1987年，责任制护理走向规范化，各级医疗机构护理人员在做好常规护理的同时，重点加强对危重病人的护理；开展18项护理操作训练，举办护理操作竞赛示范表演。1988年后，各医院成立病区管理小组和病历检查小组，对照省卫生厅颁布的标准制订检查评分标准和护理病历评分标准，提高护理文书书写质量。1990年后注重提高专科护理质量，开展专科护理培训和技术考核。1992年，市一院基础护理达标率90%、护理文书书写合格率96%，呼吸科护士能使用高频呼吸机配合膈机起搏治疗呼吸衰竭病人，心内科护士能进行二尖瓣狭窄球囊扩张术的术前准备和术后护理。1994年根据创建等级医院要求，各医院加强病区治疗室管理，强化护理质量控制；组织护理开展“三基”（基本理论、基本知识和基本技能）训练；市卫生局贯彻《中华人民共和国护士管理办法》，对全市各级医疗机构中的2765名在岗护士执业资质进行审查认定，对其中2640名护士予以注册。1997年开始推行整体护理。各医院成立领导小组，确定试点病区，举办整体护理学习班，制定整体护理模式工作制度，将入院介绍、检查和治疗指导、疾病防治知识宣传、出院指导、家庭护理保健指导等列为护理工作重点。1998年开展首次连云港市十佳优秀护士评选活动。2000年，各医院实行护士长竞聘上岗、护士双向选择岗位，推行护理人性化和“以病人为中心”服务理念，要求护士每做一项护理前必须与病人沟通，以取得病人对护理行为的理解和配合。2002年，全市医疗系统开始对护理人员进行专业理论、实际技能操作、应急能力的考核评估。是年，市二院护理危重病人1529人次，满意率98.2%；基础护理、一级护理、二级护理的合格率均达100%；“三基”考核合格率达99.6%。2005年，全市注册护士4004人，其中市区2006人、赣榆县530人、东海县491人、灌云县593人、灌南县384人。

图36-14 市东方医院护理人员专业理论学习

俞德春 摄于2003年

第四节 大型医疗器械设备

一、放射设备

1988年，市一院从意大利进口电视遥控1250毫安X光机（包括心血管台、胃肠台）1台。1990年，市二院添置KQ全景X线机1台。1991年，市一院购置50毫安遥控X光机1台。1992年，市二院引进德国西门子牌全身CT机（电子计算机X线断层扫描仪）1台。1993年，市一院购进日本产中场超导型核磁共振成像扫描机1台；市二院购进上海产双光源乳腺检查仪1台。2000年，市一院购进德国西门子牌螺旋CT 1台；市二院购进数字化遥控X线机和亚秒级螺旋CT各1台。2003年，市二院购进数字化血管X线摄像装置1套。2004年，市妇幼保健院购进全自动洗片机1台。2005年，市二院购进直线加速器1套；市中医院购进大型血管造影介入及诊断系统1套。

二、检验设备

1988年，市一院购进血流变仪1台。1991年，市一院购进全自动生化分析仪1台、酶联免疫检测仪1台。1992年，市二院添置智能血液凝集仪、钾钠氟自动分析仪、自动血液检查计数器。1996年，市一院购置基因扩增仪；1998年购置全自动细菌培养和全自动药敏鉴定分析仪。2001年，市二院购置全自动尿中有形成分分析仪。2003年，市妇幼保健院购置免疫荧光分析仪。2005年，市二院购置液相色谱仪。

三、其他设备

1985年，市妇幼保健院购进阴道镜；1992年购进1套德国产腹腔镜。1999年，市二院购进前列腺腔内电气化治疗仪、双极高频电解器等。2000年，市中医院购进电子胃镜1台。2001年，市二院购进纤维支气管镜、多功能麻醉机；市妇幼保健院购进北京产多功能精子动态分析仪。2002年，市二院购置膀胱镜；市妇幼保健院购置日本产纤维鼻咽喉镜、英国产胎儿监护仪、输卵管通液治疗仪。2004年，市东方医院购进台湾产电动手术床和电动产床。2005年，市二院购置椎间盘镜；市妇幼保健院购置产科中央监护系统。

第五节　医政管理

一、医疗机构及从业人员管理

1984年，连云港市各区组建卫生局，郊区各乡镇卫生院管理权限由市卫生局转交各区卫生局。1988年12月，市农村卫生工作协会成立。1989年，市卫生局对全市1780个行政村卫生室整顿，其中1659个村卫生室坚持集体办医方针，纳入村办乡管轨道。

1992年，市卫生局成立医院评审委员会，市内各级医院开始实行分级管理试点。东海县人民医院被确定为江苏省第一批二级医院试点单位，赣榆县中医院被确定为江苏省县级中医院分级管理试点单位。1993年正式施行医院分级管理，市卫生局举办医院分级管理及评审学习研讨班，县区以上医院的院长、医务科长等60余人参加学习。1994年贯彻国务院颁布的《医疗机构管理条例》，经江苏省医院分级管理评审组检查验收，市第一人民医院达三级乙等医院标准，东海县人民医院和赣榆县人民医院达二级甲等医院标准。市卫生局确定赣榆县班庄中心卫生院等15个乡镇医院为第二批一级医院分类管理试点单位。1995年，市第二人民医院通过二级甲等医院评审，灌云县人民医院、盐务局职工医院、海港医院通过二级乙等医院评审，市第三人民医院、市第四人民医院、市红十字医院、新浦区人民医院、海州区人民医院、云台区人民医院通过二级医院基本标准评审，市中医院和赣榆县中医院通过二级中医院基本标准评审，东海县桃林中心卫生院等15个乡镇卫生院通过一级甲等卫生院评审。

1997年，贯彻《江苏省实施〈医疗机构管理条例〉办法》，连云港市开始对各级各类医疗机构注册、登记、发放医疗机构执业许可证。市卫生局成立医疗机构评审委员会，下设医院专业评审委员会、乡卫生院专业评审委员会、妇幼保健专业评审组、医疗急救站专业评审组、临床检验中心专业评审组、康复疗养院评审组。至年底，全市2791个各级各类医疗机构中有1088个获医疗机构执业许可证。1999年贯彻卫生部颁发的《医师资格考试暂行办法》，连云港市于11月举行首次医师资格考试，全市1302人报名应考。是年，全市有83人取得个体开业医师资格证书。

2001年，全市开展城镇医疗机构分类管理登记。全市申请登记医疗机构325个，经核准登记为非盈利性机构172个、盈利性机构153个。2003年11月，连云港市医院管理协会成立。2005年，全市923个医疗机构均领取执业许可证。

二、医疗质量管理

1984年起，市卫生局加强对县级以上医院医疗质量监督管理，各级医院健全各类工作人员职责和各项工作制度，并及时予以完善。二级以上医院建立医疗质量管理委员会、院内感染管理委员会、病历质量检查组等组织，强化质量管理。对一些新规范、新技术要求，市卫生局及时举办培训班，贯彻实施，并对病历书写新规范、消毒新要求等贯彻情况进行专项督查。1992年以后，强化“三基”训练和考试。全市每年对二级以上医院组织1～2次医疗质量检查，并公布检查结果，促进医院提高医疗质量。

1998年，全市二级以上医院按照省卫生厅颁布的等级医院建设标准，全面加强内部质量管理工作，建立质量控制体系，强化各项规章制度和技术操作规范的落实。

2002年，市卫生局印发二级以上医院感染检查标准及评分标准、急诊科专项检查标准等，对医院的院内感染管理、护理质量管理、门诊服务及检验质量控制评价等提出明确要求，并组织力量进行专项检查。

2005年，市卫生局根据新修订的《中华人民共和国传染病防治法》及其配套法规，组织开展全市传染病防治执法检查和医疗废物管理专项检查8次，检查各类医疗卫生机构425个次。

三、医疗事故处理

1987年国务院颁布《医疗事故处理办法》后，连云港市及各县、区卫生系统均成立医疗事故技术鉴定委员会。各医院如发生医疗纠纷，由医院自行调解处理，医患双方意见不一时，向事故鉴定委员会提出鉴定申请；如属事故，鉴定费由医院承担，并按规定予以赔偿。

2002年，国务院颁布《医疗事故处理条例》，规定事故鉴定由市级医学会承担。至2005年底，市医学会技术鉴定医疗事故23例，完成鉴定8例，其中4例未构成等级事故，其余15例诉讼方提出中止或撤诉。

第六节　医学科研

20世纪80年代中期，省卫生厅实施重点课题招标制，每年向各市卫生局下达申报卫生部及省卫生厅科研项目招标课题任务，转发国家和省科委有关卫生科技招标项目，同时设立市级科技发展项目补助经费，每年视各市申报的项目下达2万～4万元补助。1991年，连云港市首次召开卫生科技工作会议，设立连云港市医学科技发展基金，出台《连云港市卫生局科研项目管理办法》，成立连云港市卫生科学技术委员会，建立以市直医疗卫生单位为主的医学图书情报协作网，鼓励各医疗单位开展新技术、新项目引进和开发应用、专科专病等临床应用研究。1984～2005年，全市卫生系统获省部级以上科研成果21项。

表36-3　1984～2005年连云港市卫生系统部分获省部级以上奖励科技成果一览表

序号	名　称	完成单位	主要完成人	完成年份	获奖等级
1	流行性出血热的防治	赣榆县卫生局 赣榆县卫生防疫站 赣榆县人民医院 江苏省卫生防疫站 徐州医学院	厉章定　龚国祥	1985	江苏省人民政府开发苏北优秀科技项目二等奖

续表 36-3

序号	名　称	完成单位	主要完成人	完成年份	获奖等级
2	1982年全国营养调查	中国预防医学科学院营养与食品卫生研究所及二十九省市区营养调查队连云港市卫生防疫站	—	1988	国家科学技术进步奖二等奖；卫生部科学技术进步奖一等奖
3	中医药治疗流行性出血热临床和实验研究	南京中医学院 东海县人民医院	周仲瑛等 徐德先	1988	国家中医药管理局科学技术进步奖一等奖
4	湿润灌溉防治稻田蚊虫推广应用研究	赣榆县卫生防疫站 赣榆县农业局	孙曰快 宋忠节	1988	卫生部、中央爱卫会科技进步奖三等奖
5	清瘟合剂治疗以流行性出血热为主的病毒性疾病的临床研究原理探讨	南京中医学院 东海县人民医院	周仲瑛等 徐德先等	1988	江苏省科技进步奖三等奖
6	中国对虾弧菌病生态调控防治法研究	江苏省盐业水产养殖公司 连云港市卫生防疫站 江苏省淡水水产研究所 江苏省盐业公司总医院	杨立艾 贺天笙　郭仁友 唐天德 汪福喻	1992	江苏省科技进步奖二等奖
7	32P胶体间质内放疗损伤及戊巴比妥保护作用的实验研究	连云港市第一人民医院 苏州大学附属一医院	李爱民　朱风清 陈　覃　荣文霞 刘希光	2002	江苏省科技进步奖三等奖
8	东海县农民糖尿病患病和影响因素的调查及对糖耐量低减干预治疗五年观察	东海县人民医院	宋怀方　谢观球 李　萍　宋莹莹	2002	江苏省科技进步奖三等奖
9	囊性颅咽管瘤CT立体定向内放疗临床研究	连云港市第一人民医院	李爱民　刘希光 陈　覃　朱风清 葛成勇　周　源 李　宁	2003	江苏省科技进步奖三等奖
10	慢性肝病肝细胞凋亡途径的研究	连云港市第一人民医院	陈乃玲　白　玲 李　琳　邓　涛 张　昶　陈佩兰 陈　昊	2005	江苏省科技进步奖三等奖

1988～2005年连云港市卫生系统获专利成果一览表

表 36-4

序号	名　称	完成单位	主要完成人	批准年份	专利类别
1	卡口旋转式斯氏针牵引弓	连云港市第二人民医院	张学康 栾金达 王贯中	1988	实用新型专利
2	布粉器	连云港市爱国卫生运动委员会办公室	张家才	1988	实用新型专利
3	前列腺无刀口手术器械	连云港市第二人民医院	黄永斌	1989	实用新型专利
4	食品销售器	连云港市爱国卫生运动委员会办公室	张家才	1989	实用新型专利
5	中药汤液罐头	江苏省盐业公司总医院	谈井山	1990	实用新型专利
6	薰灸器	江苏省盐业公司总医院	谈井山	1990	实用新型专利

续表 36-4

序号	名　称	完成单位	主要完成人	批准年份	专利类别
7	多功能脉枕	江苏省盐业公司总医院	谈井山	1991	实用新型专利
8	全方位牵引电动按摩床	东海县安峰中心卫生院	何培彬	1993	实用新型专利
9	纤维内窥镜专用浸泡或消毒装置	灌云县人民医院	王丛路	1998	实用新型专利
10	中药肛疗带	赣榆县人民医院	王济平	1999	实用新型专利
11	食管癌专用四腔三囊化疗管	灌云县人民医院	王丛路	1999	实用新型专利
12	一种医用灌注器	赣榆县人民医院	王济平	2000	实用新型专利
13	一种肺上叶切除术后引流管	赣榆县人民医院	江　晨	2001	实用新型专利
14	一种治疗肛裂的手术剪	灌云县人民医院	车兴美	2003	实用新型专利

第四章　疾病预防控制

1984年后，连云港市不断加强疾病预防控制工作，计划免疫范围进一步扩大，覆盖面进一步提升，百日咳、白喉、流行性乙型脑炎、破伤风等都于1984年后纳入计划免疫范围；传染病防治工作进一步加强，丝虫病达到消灭标准，麻风病达到基本消灭标准，急性传染病发病率大幅下降，过去流行的霍乱、钩端螺旋体病、脊髓灰质炎无病例再发生，但性病、艾滋病呈现散发、多发态势。开展地方性氟中毒和碘缺乏病防治，降氟改水受益164个病区村20.4万人；通过食盐加碘和服食碘油丸等措施，全市基本实现消除碘缺乏病目标。2003年，许多地方发生急性传染性非典型肺炎，连云港市全民动员，切实做好防控工作，保证了生产、生活正常运转。

图 36-15　1987 年 4 月 25 日，连云港市开展全国第二个计划免疫宣传日活动。　侍志　摄

第一节　计划免疫

一、脊髓灰质炎

该病1983年被纳入计划免疫范围。1984～1988年，连云港市无病例。1989年，全市发病23例，死1例，发病率0.71/10万。1991年发病3例。1992年后无报告病例。1993年后无脊髓灰质

炎野株病例。1990～1996年，市、县、区卫生防疫部门对全市4岁以下儿童进行13轮强化免疫，累计服苗儿童393万人次，占应服苗儿童的98.8%。1997年经江苏省消灭脊髓灰质炎审评小组认定，连云港市已无脊髓灰质炎临床符合病例。1993～2001年，市防疫部门搜索AFP（急性弛缓性麻痹）疫情，监测206例（按15岁以下儿童数1/10万指标确定）。2001年7月，连云港市通过省卫生厅组织的消灭脊髓灰质炎计划免疫综合考核。此后至2005年，防治工作转为维持和加强无脊髓灰质炎监测状态。

二、百日咳

该病1984年纳入计划免疫范围，每年均按常规对儿童接种百（日咳）白（喉）破（伤风）三联菌苗。1984～2005年，全市报告百日咳病例866例。1990年为高峰年，全市报告187例。1991年，全市接种三联菌苗35.94万人次，接种率93%。1991年后发病率逐年下降，且散发无流行。其中2000年、2001年、2005年无发病。2005年3月，按照卫生部《疫苗流通和预防接种管理条例》规定，一类菌苗（吸附百白破三联菌苗）由政府免费提供；二类菌苗（吸附无细胞百白破三联菌苗）可减少接种副反应发生率，由居民自愿自费接种。2005年，全市接种一、二类菌苗9.38万人次，接种率95%。

三、流行性乙型脑炎

该病1984年纳入计划免疫范围。历年皆有发病，主要发生在农村，多发于5岁以下儿童。1984年，全市发病57例。1988～1992年发病较多，年均发病135例。2004年，全市乙脑疫苗基础免疫接种4.5万人次，接种率96.32%。2005年，全市发病9例。

四、风疹

该病市内常见，多发于冬春。1998年后开始应用麻腮风三联疫苗预防该病。2004年开始报告和统计疫情，全年全市报告4例，发病率0.09/10万。2005年报告1例，发病率0.02/10万。

五、病毒性肝炎

该病历年皆有，以甲、乙型肝炎为多。1984年，市卫生防疫站制定印发《病毒性肝炎预防措施》，规定对该病疫情要建立专册登记和统计，对饮食行业从业人员及幼托机构保育员每年进行一次乙肝表面抗原检测。1987年，开始在新生儿和重点人群中进行乙肝疫苗接种。市卫生防疫站制定阻断母婴乙型肝炎传播工作方案，要求各医疗卫生单位对孕妇全部进行乙型肝炎表面抗原检测，对检测结果阳性孕妇所生的新生儿全部进行乙肝疫苗接种。1991年，乙肝疫苗接种纳入市区和部分农村计划免疫基础接种范围。1992年为发病高峰年，全市发病4595例，死3例，发病率131.2/10万。是年，全市开始推广甲型肝炎疫苗接种。1999年，市区新生儿乙肝疫苗接种率达98.9%，农村接种

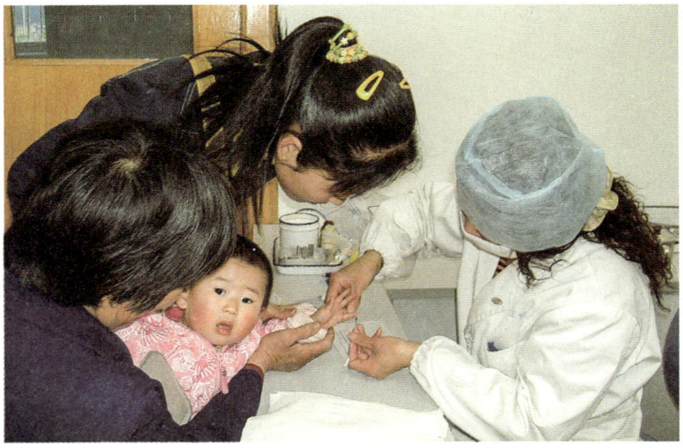

图36-16 市疾控中心预防接种门诊为儿童检查乙肝抗体 侍志 摄于1991年

率91.6%，赣榆县青口、黑林、龙河、朱堵4个乡镇被列为江苏省肝炎监测点，定期采集急性期肝炎病人和自然人群血清进行检测。2003年7月1日起，乙肝疫苗接种纳入儿童计划免疫范围。1991～2005年，全市发病2.69万例，平均每年发病1791例。

六、流行性腮腺炎

该病市内常见，多发于冬春。1995年后开始预防接种腮腺炎疫苗，后改为麻（疹）腮（腺炎）二联疫苗或麻腮风（疹）三联疫苗接种。1997年3月，市内部分大、中、小学校和幼托机构发生流行性腮腺炎，市卫生局、市教育委员会、市妇女联合会联合发文要求各地各单位认真搞好健康教育，保护易感人群，对幼托机构的儿童和中小学生以及孕妇按自愿原则做好应急预防接种。2004年，全市报告流行性腮腺炎186例，2005年报告270例。

第二节　传染病防治

一、急性传染病

霍乱　连云港市为该病易发地区。1984年，全市乡镇以上医院均设有肠道门诊，对所有就诊的腹泻病人进行粪便检验。1985年，改肠道门诊的有泻必检为疑似病人留验，改疫情监测的“全民检索”为“重点人群检索”，重点加强沿海地区居民及渔、船民检疫。1984～1988年，每年皆有发病，其中1986年全市发病73例。1989～1993年未见发病。1994～1999年发病173例。1994年为高峰年，全市发病108例，发病率3.03/10万。1994年8月17日，赣榆县城东乡发现首例霍乱病人，9月上旬疫情迅速蔓延，波及市内36个乡镇、场、街道。市政府召开控制疫情蔓延紧急会议，研究部署防疫工作，市、县、区卫生防疫站安排24小时值班监测和汇总疫情，组织技术人员奔赴各发病现场，隔离治疗病人，采集病人便样和疫点水样，对病家和周围环境消毒杀虫，对与病人密切接触者给予预防性服药，9月中旬发病渐少，9月18日后流行终止。1995年后，市防疫部门每年均在流行季节前制定印发《关于做好霍乱等肠道传染病预防工作的通知》。2000年后无病例发生。2000～2005年，全市各医疗机构肠道门诊累计登记、查治腹泻病人15.75万人次，粪便检验2.56万人次。

性病　1986年，市内首次发现3例淋病。1987年发现29例，其中淋病27例、梅毒2例。1988年，病例渐多，疫情蔓延，市皮肤病防治所组织性病普查，设立性病咨询门诊部。1989年，市委发文要求严厉打击卖淫嫖娼犯罪活动，加强性病防治工作。1993年，市卫生局、公安局联合发出通知，要求对卖淫嫖娼人员强制进行性病检查，指定连云港市性病防治监测中心（设在市皮肤病防治所内）和东海县、赣榆县、灌云县的性病防治监测中心为性病诊治专业机构。1994年12月，市政府印发《连云港市性病防治管理办法》。1998年达发病高峰，全市发现性病1051例，其中梅毒280例、淋病771例。1999年后发病渐少。2005年，全市发现性病297例，其中梅毒84例、淋病213例。

艾滋病　1996年，全市发现首例艾滋病毒感染者。1999年，全市发现首例艾滋病（AIDS，获得性免疫缺陷综合征）。2000年，江苏省卫生厅批准连云港市中心血站、连云港市皮肤病防治所、连云港市第一人民医院等16家医疗卫生单位分别建立艾滋病检测初筛实验室。2002年，市政府印发《连云港市预防和控制艾滋病性病工作意见（2002～2005）》，要求卫生部门强化对血液和血液制品的感染因子和高危人群的监测工作。2004年10月，市政府成立艾滋病防治工作领导小组，召开艾滋病防治工作会议；有关部门采取艾滋病干预措施，在城区部分道路两侧和公共场所安装

70余台安全套自动售卖机；市疾控中心、治安收容所、戒毒所联合对97名被羁押的吸毒与卖淫嫖娼人员进行HIV抗体检测，对发现的5名HIV阳性和艾滋病人开展流行病学调查，建立健康档案，进行心理疏导治疗。至2005年底，全市共发现艾滋病人和艾滋病毒感染者15例。

流行性感冒（人感染高致病性禽流感） 1984～2003年，全市未见流行性感冒流行。2004年报告1例。是年，市卫生局制定印发《连云港市突发禽流感疫情应急预案（试行）》，要求各级卫生部门加强食品卫生监督管理、组建应急处理专业队伍，确定市第一人民医院、市第二人民医院、市东方医院及4个县人民医院为哨点医院，严密筛查监测流感病例。

麻疹 历年皆有发病，多发于冬春，一般每隔5～6年即有一次发病高峰。1984年，全市发病1531例，发病率达52.01/10万。1991年，全市发病358例，发病率10.27/10万，灌云县龙苴镇范庄村发生暴发流行。1997年，全市发病160例，发病率3.67/10万，灌云县龙苴镇龙东村发生暴发流行。2002年，全市发病106例，发病率2.34/10万，赣榆县徐山乡大葛埠村发生暴发流行。2005年，全市发病203例，发病率4.34/10万，死亡1例。局部地区暴发流行时，有关部门一般采取给疫区易感儿童应急接种疫苗的办法，以提高其免疫力，阻止疫情扩散。1991～2005年，全市按计划接种麻疹疫苗209.25万人次。

流行性出血热 连云港市为该病流行区，历年皆有发病，疫情以东海县、赣榆县为重。1984年为发病高峰年，全市发病1626例，死亡60例，发病率55.6/10万，疫情波及市内77个乡、镇、场，东海县疫情最重，发病1048例，死亡50例，发病率122.2/10万，为江苏省野鼠型出血热发病最高值。此后发病率逐年下降，1991年，全市发病697例。1993年，市、县卫生防疫部门在赣榆县金山乡、灌云县伊芦乡等7个出血热高发乡镇开展突击灭鼠活动。2005年，全市发病105例。

细菌性痢疾 该病历年皆有，多发于夏秋。1984年，全市发病3482例。1990年，该病被列为连云港市重点防治的传染病之一，全市乡镇以上医院在流行季节到来前开设肠道门诊，有关部门做好垃圾、粪便的无害化处理，加强水源消毒和水质监测，控制水介传播。1991年，全市发病1980例，发病率56.84/10万。2003年，全市发病487例，无死亡，发病率10.63/10万，为历年最低。1991～2005年，全市发病1.76万例，死亡2例。

伤寒、副伤寒 连云港市为该病易发地区，且极易发生局部暴发流行。1984年，全市发病118例。1988年为发病高峰，全市发病445例，发病率达14/10万，疫情波及市内64个乡镇，且连续发生6起局部暴发流行。1990年，该病被列为重点防治的肠道传染病。1992年，全市发病106例，发病率3.03/10万。是年4月，东辛农场发生暴发流行，先后发病16例；8月云台林场发生暴发流行，先后发病10例。1998年，全市报告71例，死亡1例，发病率1.62/10万。是年12月，灌云县宁海乡发生甲型副伤寒暴发流行，15天共发病37例，死亡1例。至2005年底，全市发病1651例，死亡2例。

流行性脑脊髓膜炎 1984年为该病高发年，全市发病832例，死亡24例。1985年，该病纳入计划免疫范围。1986年后疫情基本得到控制。2004年略有增多，达24例。是年，市内2岁以上儿童应急预防接种流脑菌苗15万人次。2005年，全市共完成流脑菌苗接种11.06万人次，其中基础免疫接种5.5万人次、应急接种5.55万人次。1984～2005年，全市共发病1399例，均呈少量散发状态，未见流行。

猩红热 该病市内常见，全年皆可发病，多见于冬春。1984～2005年，全市共报告2133例，发病较多的年份有1989年189例、1990年170例、1991年183例。

急性出血性结膜炎 该病市内常见。2004年开始报告和统计疫情，是年报告10例。2005年报告39例，发病率0.83/10万。

感染性腹泻 1999年，市内首次发现大肠杆菌感染性腹泻疫情。2004年开始报告和统计疫情，是年报告74例，发病率1.58/10万。2005年报告46例，发病率0.98/10万。

狂犬病　1984年，全市发病10例。卫生防疫部门使用狂犬疫苗注射以预防该病，注射对象主要为被犬咬伤的人或犬以及其他家畜。1988年发病16例。1994～2002年无病例。2003年病例迅速增加，2003年7月至2004年5月，全市报告41例，其中东海县17例、灌云县13例、赣榆县2例、灌南县8例、新浦区1例。2004年，市政府成立狂犬病防治工作领导小组，印发《关于进一步加强狂犬病预防控制基础工作的意见》，全市防疫部门及时购置足量的狂犬疫苗和狂犬病免疫球蛋白，对被犬咬伤人员做好预防接种和治疗。2005年发病略减，全市报告9例。1984～2005年，全市发病141例，全部死亡。

钩端螺旋体病　2001年、2003年各发病1例，其他年份无疫情报告。

二、慢性传染病

结核病　1984年，全市发病297例。1985年后发病逐渐增多。1995年，东海县被确定为实施卫生部加强与促进结核病控制项目县，开始对该病防治实施规范化管理，对“涂阳”（痰中结核菌涂片检查阳性）肺结核病人的治疗药品减半收费，减免费由国家、省和当地政府共同承担。1996年，全市报告2006例，开始占据市内各类传染病发病率首位。1996年，市政府印发《连云港市传染病防治“九五”规划》和《连云港市传染病防治方案》，提出在“九五”期间将结核病平均患病率控制在200/10万以内、“涂阳”患病率控制在65/10万以内的目标。1997年，赣榆县被确定为结核病控制项目县。1999年，灌南县被确定为结核病控制项目县。2000年，赣榆县厉庄乡被确定为全国结核病流行病学抽样调查点。2001年，灌云县被纳入结核病控制项目县。2002年9月，四县全部被纳入江苏省CIDA-WHO（世界卫生组织加拿大国际发展部）结核病控制项目县。2004年，在城区开展结核病控制项目。2005年，全市发病2598例，为历年最多。

图36-17　2002年9月24日，连云港市启动中加合作CIDA-WHO结核病控制项目。　　侍志　摄

麻风病　1984年，全市发病26例。是年，市政府成立麻风病防治领导小组。1996年，市政府印发《连云港市传染病防治“九五”规划》，提出在“九五”期间基本消灭麻风病、将年平均患病率控制在1/10万以内的目标。1997年，全市发现病人9例，年发病率0.02/10万；共有现症病人30例，年患病率0.68/10万，达基本消灭麻风病指标。2005年，全市发病6例。

1984～2005年连云港市传染病报告病例统计表（一）

表36-5　　单位：例

年份	霍乱	传染性非典型肺炎	淋病	梅毒	HIV/AIDS	病毒性肝炎	脊髓灰质炎	流行性感冒	麻疹	流行性出血热	狂犬病	流行性乙型脑炎	细菌性痢疾	伤寒和副伤寒
1984	2	—	—	—	—	1125	1	0	1531	1626	10	57	3482	118
1985	5	—	—	—	—	690	0	0	976	1322	2	79	3224	50

续表 36-5

年份	霍乱	传染性非典型肺炎	淋病	梅毒	HIV/AIDS	病毒性肝炎	脊髓灰质炎	流行性感冒	麻疹	流行性出血热	狂犬病	流行性乙型脑炎	细菌性痢疾	伤寒和副伤寒
1986	73	—	3	—	—	2149	0	0	584	1286	13	42	4555	24
1987	2	—	27	2	—	2939	0	0	100	770	12	95	3815	101
1988	6	—	—	—	—	1956	0	0	32	515	16	106	2874	445
1989	0	—	—	—	—	4228	23	0	38	344	12	119	2240	171
1990	0	—	27	—	—	3635	19	0	285	374	6	265	2585	93
1991	0	—	91	—	—	3264	3	0	358	697	1	59	1980	45
1992	0	—	165	—	—	4595	0	0	107	509	0	130	1672	106
1993	0	—	708	—	—	2602	3	0	94	512	1	16	922	56
1994	108	—	711	—	—	1257	0	0	93	479	0	60	1562	77
1995	23	—	152	—	—	1356	0	0	0	379	0	45	1360	45
1996	9	—	388	144	1	2180	0	0	13	285	0	11	1381	46
1997	12	—	712	278	1	1992	0	0	160	233	0	11	1294	65
1998	13	—	771	280	0	1483	0	0	6	208	0	52	1022	71
1999	8	—	666	244	1	1310	0	0	8	214	0	18	912	47
2000	0	—	675	152	0	1146	0	0	8	170	0	27	918	26
2001	0	—	577	111	1	1117	0	0	37	102	0	6	912	0
2002	0	—	254	38	2	1001	0	0	106	111	0	21	745	9
2003	0	0	229	15	1	873	0	0	11	103	24	16	487	15
2004	0	0	292	58	5	1307	0	1	16	163	35	15	1296	16
2005	0	0	213	84	15	1389	0	0	203	105	9	9	1112	25

1984～2005年连云港市传染病报告病例统计表（二）

表 36-6　　　　单位：例

年份	流行性脑脊髓膜炎	百日咳	白喉	新生儿破伤风	猩红热	钩端螺旋体病	流行性腮腺炎	风疹	急性出血性结膜炎	其他感染性腹泻病	麻风病	结核病	疟疾	丝虫病
1984	832	142	0	—	154	0	—	—	—	—	26	297	1341	3511
1985	212	177	0	—	130	0	—	—	—	—	28	729	232	22304
1986	49	9	0	—	69	0	—	—	—	—	21	910	58	302
1987	34	97	0	—	94	0	—	—	—	—	17	1606	34	1835
1988	32	37	0	—	158	0	—	—	—	—	9	1128	9	23
1989	58	86	0	—	189	0	—	—	—	—	9	1942	6	44
1990	44	187	0	—	170	0	—	—	—	—	15	1922	10	53

续表 36-6

年份	流行性脑脊髓膜炎	百日咳	白喉	新生儿破伤风	猩红热	钩端螺旋体病	流行性腮腺炎	风疹	急性出血性结膜炎	其他感染性腹泻病	麻风病	结核病	疟疾	丝虫病
1991	24	32	0	0	183	0	—	—	—	—	15	1943	3	4
1992	15	20	0	15	106	0	—	—	—	—	20	1983	2	18
1993	13	16	0	0	68	0	—	—	—	—	11	1942	1	14
1994	9	20	0	0	86	0	—	—	—	—	13	1876	2	6
1995	6	5	0	0	70	0	—	—	—	—	2	1726	2	29
1996	16	9	0	2	47	0	—	—	—	—	2	2006	1	5
1997	6	5	0	1	77	0	—	—	—	—	9	1781	2	0
1998	1	4	0	5	106	0	—	—	—	—	19	1756	0	0
1999	2	6	0	2	107	0	—	—	—	—	4	1686	1	0
2000	0	0	0	1	41	0	—	—	—	—	1	1433	2	0
2001	0	0	0	0	28	1	—	—	—	—	9	1361	8	0
2002	2	1	0	0	31	0	—	—	—	—	7	1600	0	0
2003	4	5	0	0	24	1	—	—	—	—	1	2125	5	0
2004	24	8	0	3	45	0	186	4	10	74	3	2257	5	0
2005	16	0	0	2	150	0	270	1	39	46	6	2598	9	0

附：抗击“非典”纪实

2002年11月16日，广东佛山发现首例“非典”（传染性非典型肺炎）病例后，疫情迅速蔓延。2003年3～4月，“非典”疫情渐趋严重。3月下旬，市卫生局在全市实行疫情日报制度，市疾病预防控制中心加强疫情监测、制定应急工作预案，部署公共场所消毒任务，在报纸电视上开展预防知识宣传。4月4日，市卫生局成立“非典”防治领导小组和防治专家组，印发《连云港市非典型肺炎控制预案》等文件。4月8日，市卫生局召开防治“非典”专项工作会议，传达省、市政府对防治“非典”工作的要求，部署各项防治工作。4月10日，市卫生局对市、县、区医院院长、医务科长、呼吸科主任以及全市各疾病预防控制机构的业务骨干等百余人进行业务培训，培训内容包括“非典”的预防、治疗、各项工作制度以及医务人员的自我保护方法等。4月17日，市委召开常委会；4月19日，市政府召开常务会议，分别听取全市“非典”防治工作情况汇报，研究各项防治工作。其间，成立连云港市“非典”

图 36-18　2003年，东海县抗“非典”医护人员宣誓加入中国共产党。　侍志　摄

防治领导小组和“非典”防治指挥部，由常务副市长任组长，市政府办公室、市委宣传部以及市教育局、卫生局、公安局等19个行政部门负责人为成员。4月19日，市政府召开全市非典型肺炎防治工作会议，传达全省“非典”防治工作会议精神并提出贯彻意见，对全市防治工作作全面动员和具体部署。随后，各县（区）、乡镇（街道）均成立由党政“一把手”任组长的“非典”防治领导小组，层层召开会议，通报疫情，传达省、市政府有关指示，提出各项工作要求；制定各项应急预案并组织相关部门学习和演练；实行防治工作责任制、疫情监测报告属地管理责任制；建立县（区）、乡镇（街道）、村（居委会）三级疫情报告监测体系，宣传普及防治知识，在卫生部门设置热线电话等，迅速形成全民动员、全社会共同参与的工作局面。

其间，为防止传染源由外地输入，连云港市火车站、汽车站、码头、机场及公路要道口均设立检查站，派专人每天24小时值守，所有过往车辆、船舶均登记并喷洒消毒液，对旅客测量体温并填写健康登记卡留存备案；将由疫区返乡的务工人员、学生及外地到连云港的人员作为重点查治对象，严格检查并登记，一人一表建立健康档案；对有发热症状者，立即送定点医院发热专科门诊进一步检查并隔离；对无发热症状者则安排集中隔离或在家隔离，明确专人监控，定时测量体温。灌南县对所有返乡人员实行集中隔离观察，该县在外务工人员12.1万人，在外就读学生3568人，2003年4月下旬至5月中旬由疫区陆续返乡2.13万人，先后被隔离观察9204人。为防止人流集中造成疫情传播，海州区停办了四月八（农历）白虎山庙会和新坝物资交流大会。

5月3日，连云港市发现1例“非典”疑似病例。患者田某某，男，17岁，灌云县同兴镇人，4月27日无明显诱因出现发热、咳嗽、有痰伴少量血丝，至当地卫生室就诊。5月3日，转诊至灌云县人民医院，体温达40摄氏度，当晚7时，经市“非典”专家组会诊，认为该患者有发热、咳嗽等症状，且体温一直在38摄氏度以上，发病前无其他症状，血液白细胞不升高或在正常范围，胸片有肺部阴影，符合疑似“非典”病例诊断标准第二条要求，故诊断为“非典”疑似病例。确诊后，该患者即被转往连云港市第四人民医院，按卫生部推荐的治疗方案隔离治疗。市“非典”防治指挥部要求对病患住所、同兴镇中心卫生院及患者所在村卫生室进行全面消毒，对15名与患者密切接触者隔离观察，通知取消同兴镇各类大型活动，连续两周在患者所在村开展发热病人筛查。市卫生局向省卫生厅发出疫情报告。病人入院3天后病情逐步好转，5月24日，经专家组会诊认为痊愈准予出院。5月30日、6月7日两次对患者复查均未见异常。6月9日，市专家组再次进行回顾性诊断并经省专家组远程会诊，确认该患者为左肺炎，排除传染性“非典”诊断。7月后，“非典”疫情逐渐减轻、解除，市内工作和生活秩序逐步恢复正常。7月6日，全市防治“非典”工作先进事迹报告暨表彰大会在市公安局礼堂举行，会议表彰了抗击“非典”50个先进集体、12家支持抗‘非典”有功单位、100名先进个人。

第三节　寄生虫病防治

一、疟疾

连云港市原为疟疾高发地区，1960年仅市区即发病7.15万人，发病率高达2709.6/万。经多年防治，发病率大幅下降。1984年，全市发病1341例。1991年，全市采血涂片检测11.6万人；对两年内有疟疾病史者和重点人群进行休止期根治4132人，其中全程服药3933人；对3名现症病人及时给以氯氨伯喹四日全程治疗。1998年，全市无发病。各级防疫部门仍坚持按疟疾防治方案开展疫情监测，采取措施巩固防治成果。1999年，赣榆县班庄乡被确定为江苏省疟疾监测点，东海县桃林镇被确定为连云港市疟疾监测点。是年，经省卫生厅考核确认，市内四县全部达到基本消灭疟疾标准。2002年，全市无发病。2005年，全市发病9例。1984～2005年，全市共发病1733例。

二、丝虫病

连云港市生态条件适宜蚊媒孳生繁殖和丝虫病传播，为该病中、低流行区，传播媒介为淡色库蚊。1984年，全市发病3511例。1985年，全市发病人数激增，有22304人。随即开展大规模防治，赣榆县、灌云县和市郊区用海群生7日疗法治疗微丝蚴阳性者；东海县、灌南县用海群生拌食盐普通治疗。至1988年底，市内各县区先后通过江苏省卫生厅组织的评估考核，达到基本消灭丝虫病标准。此后防治工作转向病原学监测，对残存的微丝蚴阳性者进行治疗。1989～1996年，全市微丝蚴阳性率为0.12%，1997年后未见阳性。其间，曾捕捉解剖淡色库蚊2954只，未发现微丝蚴阳性蚊。2000年8月，经省卫生厅丝虫病评审考核组确认，连云港市达到卫生部颁布的消灭丝虫病标准。

第四节 地方病防治

一、地方性氟中毒

1983～1986年，连云港市卫生防疫部门普查水中氟含量，共普查1374个村，采集水样7228份，经检测氟含量超标（大于1毫克每升）1211份，占16.73%；超标水样中，河水占2.31%、塘水占4.5%、浅井水占91.68%、深井水占0.83%，赣榆县柘汪乡西林子村的水中氟含量最高，达9.55毫克每升。通过普查确定全市地方性氟中毒病区共321个村，涉及人口43.49万人，占全市农村总人口的16.91%；按病区范围大小和患病程度排列，以东海县为首。全市对每升水中氟含量大于1毫克地区的8～15岁在校学生进行氟斑牙普查，查出氟斑牙患者5.13万人，患病率66.12%，赣榆县最高。1987年，在赣榆县大岭乡、殷庄乡、城南乡、欢墩乡开展氟骨症调查，共普查739人，经临床检查和X线摄片确认氟骨症218人，多为硬化型氟骨症，患病率29.5%。

市卫生防疫站为所有病区村建立防治工作档案。赣榆县城南乡官庄顶村、东海县温泉镇刘湾村被确定为“地氟病”监测点，赣榆县柘汪乡西林村、东海县房山镇房东村被确定为改水效果观察点。1986年，江苏省财政厅拨款13万元，支持东海县高桥村，赣榆县董沟村、柳湖村、柴荡村、新庄村，灌云县龙苴村，海州区洪门村、夏庄村8个病区村进行降氟改水，各村集体和居民个人集资47万元，至年底，村民全部饮用低氟自来水。至2005年底，全市建降氟改水工程（水厂）121座，其中85座水厂正常运行，供应164个氟病区村的20.4万名居民。

二、碘缺乏病

1983年，全市首次开展碘缺乏病流行病学调查。1985年，开始对碘缺乏地区的7～14岁儿童普遍口服碘油丸，服药半年后进行效果观察，甲状腺肿大率明显下降。1992年，市卫生防疫站配合省卫生防疫站在市内选点进行该病流行情况复查。1994年首次开展碘缺乏病宣传日（5月15日）活动。1995年，开展第一次全市性碘缺乏病病情调查。调查结果表明，连云港市虽地属沿海，但环境中却缺碘，水中碘含量最低的赣榆县朱堵乡某村仅有2.2微克/升；居民普遍缺碘，尤以西部丘陵地区为甚，碘缺乏较严重的乡镇有云台区猴嘴镇、朝阳镇、花果山乡、南城镇、中云乡，赣榆县徐山乡、城头乡、石桥乡、厉庄乡、土城乡，灌云县伊山镇、板浦镇、图河乡、下车乡、陡沟乡等，以上地区少年儿童甲状腺肿大率最高达63.4%，有些患儿已出现呆、小、傻、聋、哑、瘫等症状和特殊面容，随机抽查部分小学生的智商曲线明显左移10～20个百分点。

1995年，市政府印发文件，开始推行在食盐中加碘的防治措施。1995～1998年，在部分县区开展重点人群补服碘油丸工作，累计补服碘油丸120万人次。1998年12月，市区和东海县在自查自评基础上通过市政府对其进行的消除碘缺乏病目标考评。1999年、2004年，灌南县、赣榆县和灌云县分别通过市级消除碘缺乏病目标考评。

第五节　卫生防疫管理

一、计划免疫管理

1984年9月，连云港市卫生防疫站制定《连云港市1984～1990年计划免疫工作规划》《连云港市1984～1986年计划免疫实施方案》和《连云港市计划免疫工作考核办法》。1985年，全市计划免疫冷链运转工作启动，成立由市卫生局局长为组长、有关单位领导为成员的冷链运转工作领导小组。至年底，全市118个乡、镇、场、办事处中有67个开展常年计划免疫接种门诊，确定每月10～20日为预防接种日。1990年推行计划免疫保偿制，由入保儿童家长一次性交纳保险金，乡镇卫生院按免疫程序实施预防接种，其间如发生计划免疫针对性疾病，则给予一次性诊疗赔偿费。1991年，全市开展规范化预防接种门诊建设，以县为单位儿童免疫接种率达85%，通过国家有关部门达标评审。1996年通过以乡镇为单位免疫接种率达85%的国家达标评审。1998年开始实行流动儿童计划免疫接种。2002年，连云港市疾病预防控制中心调查16个乡镇650名流动儿童，“五苗”单苗接种率和“四苗”覆盖率都在80%以上。2002年，全市开展预防接种副反应监测报告工作，全年报告21例，发生率29.7/10万。2005年6月1日起，连云港市贯彻国务院颁布的《疫苗流通和预防接种管理条例》，开展计划免疫管理检查，常住儿童和流动儿童的建卡率分别达到99.5%和100%，“四苗”覆盖率分别达92.2%和90.3%。

二、疫情报告管理

1984年，江苏省卫生厅对连云港市的传染病报告质量进行首次检查考核，结果漏报率高达71.2%，其中以百日咳的漏报率为最高，达91.7%；病毒性肝炎漏报率25.7%，为全省最高。为改变此种落后状况，1985年3月，连云港市卫生防疫站制定《连云港市疫情报告工作制度》印发各县区执行。10月，组织全市性传染病报告工作检查，结果总漏报率66.93%，较前略有下降。此后，传染病漏报率逐年下降，1986年降至38.5%，1987年降至20.56%，1989年后降至5%以下。1990年开始推行传染病疫情报告管理责任制，由市卫生局与传染病各法定报告单位按年度签订传染病疫情报告管理责任合同书，合同书的主要内容有各类传染病的门诊登记率、报告率、报告及时率、漏报率和传染病报告卡填写质量等。1991年1月，市卫生局印发《连云港市疫情报告工作程序》和《连云港市暴发疫情处理规程》，规定各级医疗单位发现暴发疫情时，应立即以电话逐级报告卫生防疫部门并填写报告卡，各县、区卫生防疫站填写暴发疫情登记表一式两份，分别上报省、市防疫站，并于12小时内（其中甲级传染病应立即）派人赴暴发点调查处理。2002年，全市启用新的疫情管理电脑软件和新的传染病报告卡。2004年开始实行甲、乙、丙类传染病疫情网络直报。是年4月，市卫生局印发《关于重申做好突发公共卫生事件网络直报工作的通知》；7月，在全市进行网络直报工作和统计数据质量督导检查；年底，网络直报单位覆盖率由年初的40%上升至90%。

2005年，全市共报告乙类传染病15种6077例，报告发病率129.40/10万；报告丙类传染病5种359例，报告发病率7.64/10万，均低于全省平均发病水平。

第五章　妇幼保健

1984年起，连云港市政府和各级卫生部门除坚持开展女职工劳动保护、妇女病普查普治、儿童计划免疫及相关健康保健等各项工作外，注重从制度建设层面加大妇幼保健工作力度，先后制定出台《连云港市妇幼保健保偿服务暂行办法》《连云港市女工保健管理细则》《连云港市新生儿疾病筛查管理规定》《连云港市新生儿疾病筛查补偿细则》等一系列制度规定，积极推行母乳喂养、母婴同室，开展“三网”监测①和创建爱婴医院、爱婴市活动，妇女儿童健康水平不断提高。

第一节　妇女保健

一、妇女病普查普治

1984年，连云港市妇女病发病率37.6%，1990年降至22.8%，其中以子宫脱垂病人下降最为显著，所查已婚妇女15.87万人中有21人患有此病，占被检妇女总数的0.13%。

随着医学技术发展和妇女健康需求提高，全市妇女病查治项目和技术日渐完善。1989年，乳房检查和冷光透照纳入普查。1993年起，妇女病普查开始运用B超。各种检查诊断技术与院（所）治疗接轨，冷冻治疗技术逐渐被激光、微波治疗所取代。1997年，市妇幼保健所对3082名妇女进行以防癌为主的妇科病检查，查出患病472人，患病率15.31%。1998年，市卫生局、劳动局、总工会、妇联联合下发《关于开展妇女病普查普治的通知》，要求各单位贯彻执行《女职工劳动保护验收细则》中规定的对女职工每1～2年进行1次以防癌为重点的妇女病查治的要求，建立健全女职工健康档案。是年，全市妇女病普查22.08万人，查出患病人数4.25万人，患病率19.24%，全部进行了针对性治疗。2001年，全市普查23.03万人，普查率57.75%，疾病检出率14.8%。2005年，全市普查19.64万人，普查率53.07%，疾病检出率20.53%，宫颈癌和乳腺癌发病率分别为0.51/10万和2.04/10万。

---

①“三网”监测指孕产妇死亡率监测、儿童死亡率监测、出生缺陷监测。

二、女职工卫生保健

1987年，市总工会颁发《女职工卫生室检查验收标准》。1990年2月，市卫生局制定《女职工保健评比标准》。7月，在市锦屏化工厂等10家企业试行女工系列保健管理。1992年，市劳动局、总工会、卫生局印发《连云港市女工保健管理细则》。是年，全市建立女职工卫生室146个。1994年，市人事局、劳动局、妇联联合对25家企业开展女职工保健工作调查。1997年，市政府印发《女职工劳动保护规定》，对女职工在孕期、产期、哺乳期、月经期和更年期的劳动保护措施给予严格规定。1998年，市劳动局、总工会、妇联联合召开全市女职工劳动保护先进表彰会，有16家企业、单位受到表彰。2001年，连云区成立社区医疗服务站，在社区内开展女职工健康咨询、家庭病床、护理病人等项目，增强社区女职工卫生服务功能。2004年，市政府出台困难企业职工参加基本医疗保险暂行办法，切实保障女职工生育权益。随着医疗保险改革的推进，至2005年底，原以企业、单位为主体的女职工卫生保健被一年一度的体检所替代。

第二节　儿童保健

一、托幼机构卫生管理

1985年，连云港市妇幼保健所配合市总工会、妇联、教育局对105个托幼机构执行卫生保健制度情况进行检查。1987年，市总工会、妇联、教育局、妇幼保健所联合出台《托幼机构分类检查评比方法》。1990年，全市有托幼机构1958个，入托儿童14.3万人，托幼工作人员5753人。1996年，市、县妇幼保健所对全市托幼机构保健人员进行为期15天的上岗培训，培训内容包括托幼机构卫生管理、儿童常见病及传染病防治、儿童生长发育基础知识等。1998年，按照江苏省托幼机构卫生保健合格评分标准，市教育委员会、卫生局联合对市区21所幼儿园和1所托儿所进行检查评审，其中20所评审合格、2所被责成限期整改。是年，全市18所一类幼儿园制定食谱，每月开展1次营养分析。2003年，市卫生局、教育局联合印发《关于认真做好托幼机构卫生保健工作的通知》，规定凡申报各级各类托儿所、幼儿园的单位和法人，不具备卫生保健合格条件、未取得卫生行政部门颁发的卫生保健合格证，一律不予登记注册和评估定类；凡申报省示范性实验园及市一类园的托幼机构，除应持有卫生保健合格证外，保健老师和炊事员尚需提供保健老师合格证和健康合格证明。2005年，全市有托幼机构759个，符合卫生保健要求的达80%。

二、儿童健康保健

1994年，连云港市作为江苏省试点地区，开展0～4岁儿童生命监测。1995年，全市0～2岁儿童10.53万人，纳入儿童系统保健管理8.5万人，管理率80.76%。1997年，开展儿童铅负荷普查。1998年，开展小儿呼吸道监测、生长发育监测和眼耳口鼻保健服务。是年，0～6岁儿童保健管理率88.76%，新生儿访视率74.72%。2004年，市卫生局、计划生育委员会、妇联、残联印发《连云港市0～6岁儿童听力筛查、诊断管理办法》。2005年8月，市卫生局印发《连云港市新生儿听力筛查实施方案》，召开新生儿听力筛查启动会议，举办听力筛查培训班。是年，全市新生儿疾病筛查率86.1%，共筛查发现15例苯丙酮尿症、58例甲状腺功能低下，除4例放弃治疗外，其余治疗情况良好。是年，全市儿童保健覆盖面85.4%。

第三节　“三网”监测

1990年起，连云港市在部分医疗机构中实施出生缺陷监测，主要内容有围产期出生缺陷检测、新生儿遗传代谢性疾病早期筛查等。1991年，经8家县级以上医院检测，新生儿存活总数8297例；围产儿死亡229例，死亡率35.07‰；畸形儿77例，发生率9.03‰。1998年，开始实施孕产妇死亡率、儿童死亡率监测，并和新生儿出生缺陷监测一起形成“三网”监测。2005年，全市孕产妇死亡15例，死亡率29/10万，死亡原因依次为羊水栓塞、产后出血、肺栓塞、妊娠合并症；婴儿死亡459例，死亡率9.06‰，死亡原因依次为早产低体重、出生窒息、意外窒息；出生缺陷227例，发生率4‰；围产儿死亡551例，死亡率10‰。

第四节　爱婴医院创建

1993年开始，连云港市贯彻“儿童优先、母亲安全”的政策，广泛开展创建爱婴医院活动。是年底，全市有13家医疗保健机构获“爱婴医院”称号。1994年，爱婴医院创建扩展为创建爱婴县、爱婴市活动，开始宣传提倡母乳喂养。全市各医疗保健机构均张贴《世界卫生组织促进母乳喂养成功十条标准》《国际母乳代用品销售守则》《医院母乳喂养规定》等。5月，市卫生局在东海县召开创建爱婴医院现场会，10月举办母乳喂养及创建爱婴医院师资培训班。是年，市妇幼保健院通过卫生部、省卫生厅爱婴医院验收，市内4个月婴儿的母乳喂养率达65.82%。1997年，市政府成立创建爱婴市领导小组，出台《连云港市创建“爱婴市”实施方案》，市妇女儿童委员会印发《创建爱婴市行动计划的通知》，层层动员，广泛参与。1998年，市卫生局出台一、二级医院爱婴医院评估标准，母乳喂养率上升至83.6%。至2000年底，全市具备接生能力的137家医疗机构全部获爱婴医院称号，其中135家医院取得母婴保健技术服务职业许可证、907名妇产科技术人员取得母婴保健技术考核合格证书。2002年，市内住院分娩的新生儿纯母乳喂养率提高到90%以上。

2003年以后，全市各医疗卫生机构加强爱婴医院内涵建设，从重点落实母乳喂养扩展到提高产科质量和医院基础管理水平，并建立爱婴医院自我评估机制。市卫生局按照《中华人民共和国母婴保健法》及相关规定，对全市从事母婴保健技术服务的机构进行评审、换证。2005年，全市继续巩固爱婴医院创建成果，大力宣传倡导母乳喂养。

第六章　爱国卫生运动

20世纪80年代中期起，随着连云港市城乡建设规模的不断扩大，爱国卫生运动的形式和内容也不断变化和拓展，由初期的除“四害”、讲卫生、改善城乡生产和生活环境，逐渐转变到创建卫生城市、提高城乡居民的生活质量和健康水平上来。1989年4月，全市开展第一个爱国卫生月活动。此后，各级政府和爱国卫生运动委员会（简称爱卫会）办公室积极推行爱国卫生工作制度、门前卫生和卫生包干区责任制度、公共场所禁止吸烟制度、爱国卫生义务劳动制度，组织社会各界认真开展健康知识普及、创建卫生社区、农村改水改厕和灭鼠、灭蚊蝇、灭蟑螂等项活动，使城市、乡村环境得到进一步改善，城乡居民健康水平和卫生保健意识进一步提升。

第一节　卫生城市创建

1988年，连云港市开始创建卫生城市。市政府印发《关于加强爱国卫生工作的决定》提出爱国卫生运动的主要任务是除“四害”（老鼠、蚊、蝇、蟑螂），综合治理内外环境，重点搞好“门前三包”和市容环境卫生。是年，结合世界无烟日（4月7日）、计划免疫宣传日（4月25日）等项活动，市、县卫生行政管理部门以吸烟与健康、食品卫生、水与疾病的关系为主题，组织医疗卫生工作人员走上街头开展健康教育宣传活动。1989年4月，全市开展第一个爱国卫生月活动。1993年4月1日，全市开展第一个爱国卫生突击日活动，市四套班子领导率市级机关200余人到新浦公园清扫积存垃圾、打捞水面漂浮物。

1994年，市政府按照《全国城市卫生检查评比标准》，经研究确定在钓鱼山新建1座垃圾填埋场。是年，市区水冲式公共厕所172座，占市区公厕总数的93%；新建新浦区凌洲路、连云区石门涧沟及海滨北路等城市防洪排涝工程；整治新浦区龙尾河，搬迁和平桥农贸市场。1996年，江苏省爱国卫生运动委员会命名连云港市为省卫生城市。

1997年，市区推行垃圾袋装化，是年底垃圾袋装化率40%。1998年，市爱卫会办公室印发除“四害”工作意见，建立健全市、区、办事处、居委会四级除害网络，开展以综合环境整治为主的城区除“四害”活动，巩固提高省灭鼠灭蟑先进城市成果。加强环卫设施、园林绿化、市容市貌、食品卫生、公共场所卫生、饮用水卫生等的建设和管理，开展爱国卫生先进单位、无吸烟单位、‘十佳五差”居委会评比，推动全市爱国卫生创建工作全面开展。

图 36-19　2005年7月28日，警备区组织部队开展创建卫生城市活动。　警备区　供

2001年9月，省爱卫会组织有关专家对连云港市灭蝇效果进行考核鉴定后，命名连云港市为“灭蝇先进城市”。2002年，市政府出台《连云港市城市环境卫生设施配套建设实施办法》，4月和5月下旬，在全市组织开展爱国卫生突击旬活动，6月14～20日，开展以优美环境迎接连云港之夏爱国卫生突击周活动。是年，经江苏省爱卫会组织专家考核，连云港市被命名为江苏省无烟草广告城市。

2005年，全市开始争创全国卫生城市，市爱卫会办公室制定《连云港市各行业各单位卫生达标要求》,对各县区申报的各类市级爱国卫生先进单位进行检查验收,165家单位达到市级创建爱国卫生先进单位标准,被命名为市爱国卫生先进单位,54家单位被命名为市级无吸烟单位,65家单位被命名为市级卫生社区、居民委员会,6个镇被命名为市级卫生镇,13个村被命名为市级卫生村。

第二节　农村改水改厕

一、改水

1984年起,连云港市农村改水从打水井改变为推广自来水。1987年,市卫生行政部门组织人员对农村饮水进行调查,制定《连云港市"七五"期间降氟改水规划》并实施,至年底,全市农村建设中小型水厂27座,受益37个村6万余人。1992年,省、市改水任务以责任书形式落实到各县区责任单位和责任人。是年,投入改水资金296.19万元。其中,省、市、县三级财政投资54.9万元,乡(镇)村集体投资84.4万元,群众集资156.89万元,新建村水厂22座,受益4.8万人;延伸管网15处,受益2.66万人,其中降氟改水工程5处,受益2.21万人。1998年,全市贯彻落实省淮北高氟和污染严重地区改水攻坚方案,把农村改水工作列入经济和社会发展的30项目标和市政府为民办实事工程,实行目标管理,进行跟踪督查。是年,全市投入改水资金2185万元,完成改水受益20.92万人,其中降氟改水受益9.36万人、治污改水受益11.56万人。

1999年8月,市卫生防疫站对全市农村水厂进行执法检查,抽查61个乡镇137座水厂,近70%的水厂出厂水未经过净化和消毒处理。市卫生局印发《关于加强农村饮用水卫生管理工作的通知》,要求严格按照供水单位卫生许可证发放程序做好技术审核工作,督促供水单位建立健全卫生管理制度,完善净化消毒检验设施,建立农村生活饮用水厂卫生档案。2001年,全市筹集改水资金1586万元,81个村完成改水,受益16.81万人,其中降氟改水受益1.84万人、治污改水受益14.97万人。至2005年底,全市累计建设水厂717座,其中乡镇水厂83座、联村水厂212座、单村水厂422座,受益乡镇79个、村1754个、人口332.98万人;农村改水普及率96.76%,基本实现改水目标。

二、改厕

1990年以后,全市农村改厕工作主要是开展县城和农村集镇的厕所改造,从旱厕改成水冲式,并建设大型无害化蓄粪池处理公共厕所粪便。1992年,全市投入改厕资金216.9万元,改厕3630户,其中双瓮漏斗式446户、沼气式3184户。1998年,全市农村改厕工作与开展初级卫生保健和创建卫生镇村工作紧密结合,因地制宜,不拘形式,推广小三格卫生户厕和三联式沼气户厕,全年全市完成1.1万户农村改厕任务。2000年,市爱卫会办公室组织以县、乡、村为单位开展全市农村户厕调查,在赣榆县仲集前村、东翁庄村、西林子村,东海县太平村开展以村为单位的二格式集中改厕试点。2002年,市卫生局、规划局、国土局联合印发《关于在农村新建住房配套建设无害化厕所的通知》,选择赣榆县塔山镇大莒城村进行无害化改厕试点。7月,市政府在大莒城村召开全市农村改厕工作现场会。是年,全市完成农村改厕1.62万户,其中无害化厕所6001户、卫生厕所1.02万户。2005年,全市完成农村改厕2.13万户,其中无害化厕所0.94万户、卫生厕所1.19万户。

第三节 健康教育

1988年，全民健康教育提上连云港市爱国卫生运动工作日程，此后逐渐深化。1992年，市卫生行政主管部门印发各类卫生知识宣传材料13.5万份，出动卫生宣传车837台次，组织14支卫生文艺宣传队演出176场次，组织各界群众86.2万人次参加卫生突击和义务劳动。1995年，连云港市健康教育所成立，是年，编发《连云港卫生报》。各区、街道、居民委员会均配备专兼职健康教育工作人员，市区中小学开设健康教育课；区以上医院在院内设健康教育宣传栏，市二院针对病人不同情况发放健康教育处方，市四院和市康复医院设立心理咨询门诊；连云港广播电台开播《空中诊所》《1350直播》栏目。1996年，连云港市成立“全国九亿农民健康行动”（2002年改称“亿万农民健康促进行动”）领导小组。是年，各大、中、小学校均开展创建无烟学校活动。1999年，成立连云港市健康教育协调指导委员会。是年，全市中小学基本普及健康教育，建立健康教育档案的学校达95.4%；各医院健康教育逐渐规范，利用世界卫生日、世界结核病防治日、“4·25”计划免疫日、防治碘缺乏病日、母乳喂养日、全国爱眼日等卫生宣传日，组织卫生技术人员走上街头，走进社区、乡村，开展卫生知识宣传咨询活动和义诊，是年接受服务的城乡群众13万余人次。是年6月1日，《连云港市公共场所禁止吸烟暂行规定》开始实施。2001年3月，市健康教育所开展预防艾滋病知识巡回展活动，历时20天，在新浦区、海州区、连云区和东海县、赣榆县展出12场次，近2万名大中专学生和近15万名群众参观展览。通过开展健康科普知识宣传，农民的健康知识知晓率和健康行为养成率有所提高。至2003年底，全市农村成人健康知识知晓率75.4%、学生健康知识知晓率85.3%。2005年，市爱卫会举办结核病预防知识讲座和全市医院健康教育培训班，在社区张贴宣传画3200张，向居民发放宣传材料8种4万余份。11月，省爱卫会检查组对连云港市“亿万农民健康促进行动”开展情况进行终期督导评估，肯定连云港市在贯彻“亿万农民健康促进行动”方面成效显著，走在全省前列。

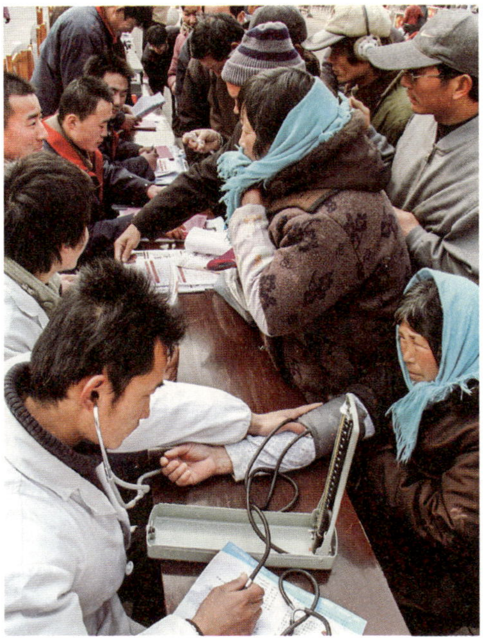

图36-20　2003年4月7日世界卫生日前后，赣榆县人民医院开展送医下乡活动。　侍志　摄

第七章 公共卫生监督

连云港市、县、乡三级卫生监督监测队伍健全，管理制度落实。环境卫生、劳动卫生、食品卫

生、学校卫生、放射卫生等各项卫生监督监测工作依法进行，扎实有效。1984年后，国家、省出台一系列新的条例、法规，连云港市认真贯彻落实，公共场所卫生、饮用水卫生、化妆品卫生、职业病防治等各项卫生监督工作更加深入。

第一节　环境卫生监督

一、公共场所卫生监督

1986年开始，连云港市卫生防疫站对市区各游泳池及天然游泳场的水质及消毒情况进行定期监测。1987年开展旅馆、理发馆、公共浴室卫生管理试点工作。1988年，贯彻国务院《公共场所卫生管理条例》，市政府出台《连云港市公共场所卫生管理办法》《连云港市公共场所从业人员健康检查办法》，市、县卫生行政部门按条例对公共场所实施卫生管理监督。1989年开始对各公共场所实行卫生许可证发放制度，是年对经检测合格的13家旅馆、影剧院发放卫生许可证，至1998年底发放640家。2002年，市卫生监督所对各公共场所微小气候和空气中微生物以及公共用具进行卫生检测，共检测142家，包括旅馆、餐厅、歌舞厅、桑拿洗浴中心、健身中心、咖啡厅、美容美发厅、会议室、候车室、超市商场等各类公共场所，卫生情况良好。2005年，全市有公共场所3800家，发证1400家；应体检4.56万人，实际体检3.1万人。卫生监督部门加强卫生监测和执法检查力度，实施处罚180家次。

图 36-21　执法人员查处非法诊所

俞德春　摄于2005年

二、饮用水卫生监督

境内于20世纪60年代进行过首次饮用水水源水质调查。1985年，开展第二次饮用水水源水质调查，市卫生局、市政公用局联合出台《连云港市生活饮用水水源选择有关规定》。1990年开始对城镇饮用水进行定期监测。1999年开始对部分单位的二次供水采样检测。2002年，对市内29家桶装饮用水企业生产的饮用水水质开展全面监测，采集水样126份，经检测合格率为75%。2005年，对全市的生活饮用水企业开展专项整治，对各桶装饮用水企业开展量化分级管理，评出食品卫生A级企业12家、B级企业8家、C级企业2家、D级企业2家。对市内62家桶装饮用水企业生产的饮用水水质开展全面监测，采集水样130份，经检测合格率为76%。

三、化妆品卫生监督

1988年，《江苏省化妆品卫生管理暂行办法》颁布实施。1990年，连云港市卫生监督部门首次开展市场销售化妆品的卫生监督检查，是年抽检各类化妆品样品36份，获得有效检测数据152

个。2002年开始对特殊用途化妆品的质量进行监测，抽取30个品牌的样品送省卫生监督所进行卫生学检测，其中铅含量超标1个、金黄色葡萄球菌超标2个。2002年后开始对市内化妆品生产厂家、销售企业进行卫生监督。2005年监测325家次，合格279家次。

第二节　劳动卫生监督

一、职业病防治

1983年，连云港市开始在各工矿企业建立劳动卫生防护及职业病档案试点工作，至1988年，有277家工矿企业建立该项档案，占防治重点厂矿的72.1%。1991年，市卫生局、劳动局、总工会联合开展厂矿建设项目的职业卫生审查，完成连云港港口散装码头等7个项目的初步设计卫生审查、东海八一齿轮厂等3个项目的竣工审查验收。1993年，市卫生防疫站对全市工矿企业的职业危害展开全面调查，全市县级以上企业368家，有352家企业的4.43万名职工接触职业性有害物质；乡镇企业1458家，有587家的2.15万名职工接触有毒物质。职业毒害以粉尘为首，其次是高温、噪声、化学品；查出尘肺病40例、慢性职业中毒20例。1996年，市卫生防疫站开设职业病门诊，对铅中毒、苯中毒、锰中毒病人进行驱铅、驱锰、生白细胞治疗。2000年4月，连云港市经济委员会、劳动局、卫生局、总工会联合印发《关于进一步加强职业病防治监督管理的通知》，开始在工矿企业实行职业病监督管理分工负责制、职业病危害项目“三同时”（同时设计、同时施工、同时投入生产和使用）审查制、有害作业场所监测和急性职业中毒报告制。2001年10月《中华人民共和国职业病防治法》颁布实施后，连云港市于2002年4月开展《中华人民共和国职业病防治法》宣传周活动，5月对市内制鞋、箱包行业违规使用苯及其化合物行为进行专项整治，11月召开化工行业、机械行业和制药行业职业病防治工作现场经验交流会。2005年，市卫生监督部门对300余家厂矿企业实施卫生监督。

二、农药中毒监督

20世纪80年代以后，农村实行土地承包制度，农药由一家一户自行购买、使用，农药管理和农药中毒防治难度加大，非生产性中毒增多。1982～2001年，全市发生生产性农药中毒4969人，死亡39人；非生产性农药中毒8969人，死亡867人。为避免农药中毒发生，市、县卫生防疫部门每年均采取多种形式宣传防护知识，制定推广安全用药制度。1990年，市卫生防疫站举办农药中毒防治培训班3期、农药中毒抢救学术讲座1期，参加培训人员440人次。2002年后，农药中毒防治工作由县、区卫生防疫部门承担。随着防治网络的健全和各项防治措施的落实，2003～2005年，全市农药中毒人数呈逐年下降趋势。

第三节　食品卫生监督

1983年起，连云港市卫生防疫部门开始对全市食品经营单位和个体商贩在检查合格的基础上发放卫生许可证，是年发证2400家。20世纪80年代中后期，市、县卫生部门对食品生产经营单位开展卫生监督检查，每家单位一般每年接受检查2～3次。1991年，全市实施食品卫生质量联检制度，由市卫生防疫站将16类食品的监督抽检任务分解到各县、区卫生防疫站，统一时间采样，统一标准检测，对查出的不合格食品统一处理。1992年，《连云港日报》公布44家餐饮单位的餐具消毒检测结果。1996年，对群众投诉较多的伪劣散装青岛啤酒和"崂福"等7个品牌的矿泉水，市卫生局发布禁止销售通告。2000年，灌南县查出有毒大米（使用非食用油抛光）12吨，全部查封。是年10月，连云港卫生网站开通运行，随时发布食品卫生监督情况和相关食品卫生知识。2003年，鉴于国内、省内食物中毒事故频发，市卫生监督所制定预防食物中毒工作方案，开展5次全市性学校卫生安全专项整治活动、9次餐饮业食品卫生大检查，查封不合格食品1867千克，处罚不合格经营户59户，罚款17万元。2004年，全市建立食品安全预警制度，通过新闻媒体先后对霉变甘蔗、油扁豆、织纹螺、亚硝酸盐等有毒物品向公众发出预警6次。2005年，全市开展食品卫生整治活动23次，检查各类食品生产经营单位1.76万家次，处罚270家次。是年，全市发生食物中毒9起158人次，无死亡病例。

第四节　学校卫生监督

1990年，连云港市开始贯彻国务院颁发的《学校卫生工作条例》，东海县被省确定为农村学校卫生试点县，赣榆县青口一中、青口小学和灌云县中学被确定为试点学校。全市卫生防疫部门对学校开展建立档案、健康调查、疾病防治、教学卫生达标等项工作。规模较大中学和重点中心小学设有医务室，其他学校一般有兼职保健老师。1992年，市卫生防疫站印发《连云港市学生常见病、传染病、地方病防治工作计划》。是年，对4所城乡中小学进行预防保健工作监测，发现学生营养不良患病率6.42%、肥胖率3.94%、视力低下率41.2%、龋齿率22.3%、沙眼阳性率21.3%、蛔虫感染率26.8%。1993年，东海县通过江苏省农村学校卫生试点工作检查验收，1997年通过学生常见病防治省级考评。1998年，市卫生防疫部门对市区7～14岁中小学生进行贫血患病率抽样调查，结果为37%；发现疥疮疫情暴发点2处，及时采取疫点措施，用硫磺熏蒸、患者用疥灵霜涂抹，控制疫情播散。2000年，市卫生局对学生常见病进行抽查，发现沙眼患病率4.97%、龋齿患病率2.93%、视力低下率13.1%、贫血患病率18.45%，轻、中、重度营养不良分别为5.65%、1.39%、0.45%。2003年8月，市卫生局、教育局联合印发《关于加强学校食品卫生安全监督开展食品卫生量化分级管理的通知》。至2004年8月，完成108所学校和幼托机构的食品卫生量化分级，其中被确定为A级单位15家、B级单位47家、C级单位28家、D级单位17家。2005年，市卫生监督所开展学校食堂卫生专项整治5次。

第五节　放射卫生监督

一、环境放射性水平监测

1984年，连云港市环境放射性本底监测站开始对大气中氡子体水平进行监测，对居民所受的有效剂量当量进行估算。1988年，先后两次对市内16眼矿泉（其中1眼为温泉）进行天然放射性核素（β、U、Tb、Ra、Rn）放射性水平调查。1992年开始对出口的蚕豆、白云豆等农产品和市自来水公司所属各水厂的水源水检测总α、总β和Cs137含量。1993年开始，市环境放射性本底监测站、公安局联合对市内各放射性同位素工作单位进行卫生监督和放射源清理。1994年对连云港市辐照中心改址工程设计初步方案进行卫生学审查，并进行土建前本底放射性水平及空气中臭氧含量监测。1998年3月，连云港放射性污染监测站（即连云港放射性本底监测站）被卫生部列为全国15个重点监测站之一，开始进行核电站卫生监督的各项准备。1999年9月30日10时35分，日本茨城县东海村JCO公司铀浓缩加工厂发生严重核事故。市卫生防疫站于9月30日至10月4日针对该事故对连云港地区的放射性污染水平进行监测，监测项目包括大气沉降物、空气中气溶胶和雨水中的总放射性β水平等，监测数据测出并经审核后立即电话报告国家核事故医学应用中心。2002年7月，市卫生局、公安局、环保局根据举报，联合对连云港三吉利化工公司非法使用7枚放射源一事进行督查，责令其补办卫生许可证和放射人员工作证。2005年5月，市卫生监督所、核应急办公室在田湾核电站投料发电前对12个稳定性碘片贮存发放点进行督查。

二、医用放射线卫生监督

1987年，市卫生防疫站开始建立全市X线机监测档案。1993年，对市第二人民医院医用直线加速器建筑地址进行放射性本底水平监测，1994年10月，对该加速器机房进行土建后本底放射性水平和空气中臭氧含量检测。1999年3～5月，开展全市医用射线调查，全市有医用X射线装置207台，其中50毫安以下X线机68台、51～199毫安26台、200毫安90台、201～399毫安5台，牙科X线机4台，乳腺X线机1台，全身CT机11台，碎石机2台，共有469名X线工作者。市、县卫生防疫部门加强对放射性装置监督管理，按规定全面监测合格后发给使用证，以后每年进行抽查复核。

三、工业放射卫生监督

1983年起，连云港市对工业探伤用X线机进行卫生监督。1987年底开始根据《建筑材料放射卫生防护标准》，对各类建筑材料进行放射性监测。1988年在市卫生防疫站内设立建筑材料放射卫生监测实验室。1991年开展工业用放射性同位素的监督检测和发证建档工作。1999年3月19日，《扬子晚报》登出有关花岗岩中的放射线对人体有害的文章，引起部分市民恐慌，市卫生防疫站于5月上旬对市售天然石材进行放射性检测，共检测45种花岗岩、23种大理石的195个样品放射性γ水平，结果认定194个样品的A类产品可用于居室内装修，分别出具产品质量检测报告书。根据2003年10月1日颁布的《中华人民共和国放射性污染防治法》规定，市环境保护行政主管部门进一步对放射性污染防治工作依法实施统一的监督管理。

四、放射从业人员健康保护

1986年，市卫生防疫站建立放射从业人员剂量监测档案。1989年11月，连云港市放射性疾病诊断组成立，由6名专业技术人员组成。1990年开展全市放射从业人员健康普查。1993年对全市477名放射线工作者中的284人进行三年一次的例行体检，发现有17人外周白细胞总数低于正常值、9人眼晶状体混浊严重，8人被建议不宜从事放射工作而调离。1997年开展医用X线工作者肿瘤流行病学调查。2000年对65家单位的283名放射从业人员进行所受放射剂量检测，人均年剂量当量为0.7毫希，其中42名从事放射性同位素工作的人员人均年剂量当量为0.71毫希。2003年，在全市放射从业人员体检中发现有3人眼晶状体混浊严重，经市职业病诊断组确诊为放射性白内障Ⅱ度。

连云港市志

第三十七卷　体　育

连云港市民间传统体育历史悠久，项目繁多。1984年以后，全市机关、厂矿企事业单位、社区、乡镇普遍建立体育组织，常年开展形式多样的群众性体育活动。1990年，开展第七套广播体操活动月、游泳活动月活动和元旦长跑比赛，全市体育人口覆盖率达37%。2000年，市体育局根据连云港市的地域特征，推广“夏游泳、秋登山、冬长跑、春演练”的全民健身“四季歌”工程。全市机关、厂矿企事业单位普遍兴建篮球场、乒乓球室、棋牌室，购置多种体育器材，每年举办职工运动会、农民运动会、老年人运动会、残疾人运动会等各类体育活动。与此同时，自发性、多元性健身休闲活动也如雨后春笋般涌现出来，登山户外休闲、背包族、山地自行车族等悄然兴起，渐行渐旺。至2005年底，全部城市街道和90%的农村乡镇达到“八个一工程”①基本要求，常年参加体育活动的人口达全市总人口的46%。

竞技体育成绩斐然。1984年，连云港市体育运动委员会根据人群特征和运动项目特征，将着力发展“篮球、排球、水、耐、力”项目，作为连云港市竞技体育发展的战略指导思想，确定以篮球、排球、帆板、游泳、田径中长跑、竞走、摔跤、柔道为重点发展项目。1986年，新建以培养体育人才为重点的连云港市体育运动学校和连云港市云峰中学，会同原有的连云港市少年儿童业余体校，形成“一条龙”式的新训练体制。1990年，成立柔道、摔跤、田径专业队。2001年7月，市体育运动委员会更名为市体育局。全市开展的体育项目中，男子篮球、女子排球、女子足球、无线电测向、柔道、摔跤等项目在江苏省一直保持优势。1984～2005年，平均每年向省级运动队输送体育人才12人左右，在省年度比赛中共获金牌264枚，在省运动会上获金牌101.5枚，在全国城市运动会上共获金牌13枚、银牌9枚、铜牌7枚。

体育设施投入逐渐增大。1984～2005年，全市新建、改建各类体育场地2366个，占地1566万平方米。2005年底，每万人拥有体育场地5个，人均体育场地面积1.6平方米，高于全省平均水平。

第一章 体育设施

1984年前后，连云港市体育场馆设施总体比较匮乏，市区仅有以南广场为主的体育中心。灌云县建有田径场，赣榆县、东海县、灌南县建有人民体育场，分别形成各县体育中心雏形。其他体育场馆设施多以学校操场为主，兼顾集会。1989年，全市有体育场21个、体育馆1个、小型运动场413个、足球场18个、篮球场268个、排球场（房）73个、游泳池3个、灯光球场4个、旱冰场2个、健身房2个、射击场1个。

此后，随着改革开放不断深入和经济社会发展，市政府为满足市民体育锻炼的要求，逐步加

① “八个一工程”指建立一个健身组织网络、每年举办一次全民健身周活动、建设一个全民健身工程（点）、建设一批晨（晚）练健身点、建设一支社会体育指导员队伍、建立一个国民体质测定站、每年进行一次系列科学健身讲座、形成一个特色体育项目。

大体育设施建设的投入，陆续建成一批大中型公共体育设施。至2005年底有各类体育场地2362个，其中标准场地1359个、非标准场地1003个，占地1566万平方米。

2005年连云港市体育场地设施数量统计表

表37-1　　　　单位：个

行政区	总计	标准场地	非标准场地	行政区	总计	标准场地	非标准场地
连云港市	2362	1359	1003	灌南县	268	156	112
赣榆县	481	280	201	新浦区	320	196	124
东海县	504	235	269	海州区	91	54	37
灌云县	407	229	178	连云区	291	209	82

第一节　公共体育设施

1984～2005年，连云港市体育系统新建、改建公共体育场馆62个。2003年，省体育局在连岛建成江苏省连岛海上训练基地，占地3.67万平方米。全市建成全民健身工程28个，100%的城市街道和90%的乡镇达到“八个一工程”基本要求。

一、省属体育场馆

2003年，江苏省体育局在连岛建成江苏省连岛海上训练基地，占地3.67万平方米，建筑面积1.47万平方米，主要场馆有2个，总投资1830.5万元。这是江苏省第十次运动会第一个交付使用的训练中心。

二、市属主要体育场馆

1984～2005年，市级体育系统共新建、改建场馆30个，占地6.5万平方米，建筑面积4.62万平方米。

连云港市体育场　又称南广场，位于新浦区海丰巷4号。1956年建成，占地4.07万平方米。建有田径场1个，有8条400米煤渣跑道，内设足球场，还有投掷、跳高、跳远等区，总投资2.5万元。

连云港市体育馆　位于市体育场西侧。1966年建成，建筑面积1377平方米。设有篮球场、排球场、羽毛球馆，总投资30万元。

连云港市练习馆　位于市体育场东南侧。1972年建成，建筑面积792平方米，可供篮球、排球、乒乓球、摔跤教学训练用，总投资8万元。

连云港市游泳馆　位于市体育场西南侧。1989年建成，建筑面积1050平方米，总投资110万元。

图37-1　2003年，江苏省体育局在连岛建成江苏省连岛海上训练基地。　赵鸣　摄

连云港市体育运动学校综合馆　位于新浦区绿园路。1996年建成，建筑面积4997平方米，总投资700万元。

连云港市郁洲健身中心篮球场　位于新浦区海连东路34号。2001年建成，占地420平方米，总投资1.9万元。

连云港市郁洲健身中心室外网球场　位于新浦区海连东路34号。2001年建成。占地4204平方米，总投资78万元。

连云港市郁洲健身中心室外游泳池　位于新浦区海连东路34号。1981年建成，占地2.25万平方米。总投资37万元。

三、县区体育场馆

1984～2005年，县、区共新建体育场馆32个。其中主要有灌云县体育馆、灌云县游泳馆等9个，占地8.53万平方米，建筑面积6244平方米。

1984～2005年连云港市各县、区新建主要体育场馆统计表

表37-2

场馆名称	建成年份	占地面积（平方米）	建筑面积（平方米）	场地面积（平方米）	总投资（万元）
灌云县体育馆	1999	17000	2340	608	230
灌云县游泳馆	1986	1735	780	410	63
东海县体育场	1986	22595	1890	20240	61
灌云县乒乓球训练房	1984	750	240	220	43
东海县自行车竞训场	2000	11808	0	10662	36
东海县体育中心游泳池	1992	2700	360	1250	34
温泉镇育才文武学校武术房	2000	180	154	136	28
灌南县游泳池	1996	3500	120	1250	25
灌南县体育场	1985	25000	360	17444	20

四、全民健身工程

1999年，市体委在市区各街道开展全民健身工程建设试点工作。以社区为单位，利用公园、住宅小区、街道等户外边角修建8～10个健身设施，主要项目有能屈能伸（锻炼腰腿柔韧性）、蜻蜓点水（锻炼腿脚灵活性）、勇往直前（锻炼平衡力）、腹背生肌（锻炼腰腹力）、以手代步（锻炼上肢力量）、举手之劳（锻炼纵跳能力）、空中飞人（锻炼下肢爆发力）、高亦可攀（锻炼上下肢协调能力）、身手不凡（锻炼上肢支撑能力）、站好了别趴下（锻炼下肢支撑能力）等。各单位

图37-2　全民健身工程　　俞德春　摄于2003年

图 37-3　2005 年，连云港开发区全民健身运动会闭幕式。侍志　摄

在建设时，根据当地群众喜好，增加或减少个别项目。至2002年底，相继建成墟沟街道、陶庵街道、恒利小区等5个全民健身工程。

2003年底，全市全民健身工程发展到21个，全民健身点169个，晨（晚）练活动点600个，新增活动场地面积3.48万平方米。墟沟镇全民健身工程被评为国家全民健身标志工程。

2004年，全市新建成全民健身工程4个、全民健身点50个。全市全民健身工程25个，全民健身点219个，晨（晚）练活动点600余个。80%城市社区和50%的农村乡镇达到“八个一工程”基本要求。为推进全民健身运动的开展，全市建立起150个社会体育辅导站。

2005年，全市新建成全民健身工程3个、全民健身点30个。全市全民健身工程达28个，全民健身点达249个；晨（晚）练活动点增加到895个。100%的城市街道和90%的农村乡镇达到“八个一工程”基本要求。

第二节　学校体育设施

1984～1989年，连云港市先后新建、改建785个学校体育设施。进入20世纪90年代，除市区小学因生源较多，可供学生体育活动的操场面积尚难达到国家规定的人均标准外，全市公办中小学校的体育设施普遍得到改善，设施比较完备的有新海实验中学、海州中学等。至2005年底，全市教育系统有体育设施1672个，占全市体育设施总数的70.67%；场地面积418万平方米，建筑面积11万平方米。

1989年连云港市学校体育设施统计表

表 37-3　　单位：个

类　别	高　校	中　专	中　学	小　学	合　计	备　注
健身房	2	—	—	—	2	—
排球房	—	—	1	—	1	—
运动场400米跑道	3	6	8	—	17	—
小运动场200米、300米跑道	—	—	130	283	413	—
足球场	5	3	5	1	14	—
篮球场	21	25	120	102	268	水泥场地
排球场	3	8	38	21	70	水泥场地

1995～2005年连云港市学校系统新建主要体育场馆情况统计表

表37-4

场馆名称	建成年份	占地面积（平方米）	建筑面积（平方米）	场地面积（平方米）	投资额（万元）
海州高级中学体育馆	1997	2500	2400	800	350
赣榆县高级中学体育场	2000	22990	—	7538	320
赣榆县高级中学体育馆	2001	6893	3990	2544	420
东海县高级中学体育场	2001	19688	1360	17444	613
灌云中学体育馆	2001	560	480	900	500
东海县高级中学体育馆	2003	8580	3375	2060	603
东海县外国语学校小运动场	2003	1500	—	8500	350

第三节 企事业单位体育设施

1984～2005年，连云港市企事业单位新建、改建体育设施628个，场地面积317万平方米，建筑面积12万平方米。

1984～2005年连云港市企事业单位新建主要体育设施情况统计表

表37-5

场地名称	建成年份	占地面积（平方米）	建筑面积（平方米）	场地面积（平方米）	投资额（万元）
连岛海滨浴场	1994	52500	40000	80000	10020
连云港港务有限公司健身房	1994	110	200	110	150
灌云县聚福楼保龄球馆	1998	800	595	600	25
西墅海滨浴场	1998	6000000	120	560000	100
苏马湾生态园	1999	70000	40000	20000	10020
高公岛乡天然海滨浴场	1999	20000	700	12000	1200
海宁游泳池	1999	3215	885	1326	180
龙湾大酒店室内游泳馆	2000	150	450	360	40
龙湾大酒店台球房	2000	60	180	150	15
杨军健身房	2001	270	540	493	30
赣榆县新世纪大酒店篮球场	2001	620	—	608	10
核电专家村游泳馆	2001	870	844	816	360
隆迪葡萄酒业有限公司篮球场	2002	1073	—	420	10
运通健身中心	2003	427	1390	924	600
金辰实业有限公司健身房	2003	—	1322	1290	380
核电专家村保龄球馆	2003	573	426	378	122

第二章　社会体育

社会体育包括民间体育、社区体育、学校体育、职工体育、农民体育、老年人体育、残疾人体育等。1984～2005年，随着人民生活水平不断提高，全民健身需求日益高涨，连云港市体育管理部门组织开展了田径运动会、篮球运动会、职工运动会、农民运动会、残疾人运动会、家庭运动会、趣味运动会、楼梯运动会等比赛项目。通过开展丰富多彩的体育活动，增强了人民体质。全市掀起了前所未有的全民健身热潮，全民健身取得明显成效。

第一节　民间体育

连云港市民间流行的体育项目种类繁多，尤以棋牌、武术、游泳、跳绳、踢毽子、拔河、钓鱼、风筝等项目历史悠久、参与者多。20世纪80年代后，各种新兴的大众化的体育活动如体育舞蹈、保龄球、门球、轮滑、台球、健身操开始在不同人群中流行。

一、棋牌

1984年后，连云港市多次举办全市范围内的围棋锦标赛等棋牌类赛事，组织开展中小学生“三棋”（围棋、象棋、国际象棋）比赛，并承办国家级、省级棋牌比赛。

图 37-4　休闲时候的职工下棋活动
赵鸣　摄于1998年

1985年7月，江苏省十一届运动会桥牌比赛在连云港市举行，参加单位为全省各系统桥牌代表队。

1991年11月11～15日，连云港市“百货大楼小家电杯”围棋升段级赛、象棋升级赛举行，7家单位参加比赛。12月15～21日，连云港市第三届围棋锦标赛举行。

1994年1月31日至2月3日，全市中小学生“三棋”比赛在建国路小学举办。6月15～21日，市第五届围棋锦标赛举行。12月1～4日和12月13～18日，分别在市文化宫、市档案局举办连云港市1994年“三棋”段级位赛。

1998年11月28～29日，连云港市首届“红杉树杯”中国麻将大赛在市烟草专卖局举办。

2003年3月22～23日，全市中小学生棋类比赛在解放路小学举办。

二、武术

1984年4月，在江苏省武术挖掘整理普查展览暨老拳师和稀有拳种观摩表演大会上，赣榆县农民刘洪锦的世传器械“夹子矛”和套路“旋风八卦掌”被确认为稀有器械和拳种，并摄制录像片存档。刘洪锦赴南京五台山体育馆献艺。是年，连云港市武术运动员参加省第二届职工武术比赛、省第一届农民运动会，获铜牌2枚。1984年，全市有操拳辅导站15个，举办操拳训练班100期。

1988年5月，市体委在市体育馆举办“连云港日报杯”市武术散手精英赛。

1990年，连云港市武术运动员参加省十二届运动会武术比赛，获铜牌1枚。

图37-5　2004年9月，全国武术散打冠军赛在淮海工学院体育馆举办。　李家岭　摄

1993年4月，连云港市少年儿童武术比赛在市体育馆举行，各县区中、小学校参加。

1999年6月，市武术锦标赛暨4～6段选手表演赛在市体育馆举行。8月，江苏省青少年武术（散手）比赛在连云港市举办。

2001年7月，江苏省青少年武术（散打）比赛在连云港市举办。

2002年4月，“孔望山杯”全民健身演练大会暨连云港市武术比赛在孔望山风景区广场举办。

2004年9月，2004年全国武术散打冠军赛作为十运会试运转比赛项目在淮海工学院体育馆举办。各省、自治区、直辖市和行业体协的32支男队、21支女队、178名运动员参加17个项目角逐。连云港市运动员郜普庆获70公斤级冠军。

三、游泳

连云港市东临黄海，水网密布，会游泳的群众很多，靠打鱼为生的渔民、运输的船民都有很高的游泳水平。1986年9月，市体委举办全市游泳比赛，锦屏磷矿代表队获成年组总分第一名。1988年举办游泳传统校游泳比赛，赣榆县代表队获男、女团体冠军，并获得14项中的13枚金牌。

1989年7月，连云港市游泳馆建成。1990年9月，在江苏省第十二届运动会游泳比赛中，连云港市运动员在男11岁组个人混合泳中获2个第四名，在女10岁组个人混合泳中获第二名、第三名、第四名各1个。是年，市少年业余体校游泳班有学员41人，其中重点业余体校8人、普通业余体校33人。1991年2月，江苏省短池游泳比赛在连云港市游泳馆举行，13个市代表队参加。1993年4月30日至5月2日，连云港市春季室内游泳比赛在市游泳馆举办，各机关、企事业单位、大专院校参加。

1999年8月，“连岛杯”海上游泳比赛在连云区连岛海滨浴场举办。2000年1月，连云港市水上训练中心成立。

2003年，全市建成体育馆、池8个，随着条件的改善，连云港市游泳项目的训练逐渐得到保证。

四、跳绳　踢毽子

连云港市的踢毽子活动在青少年中开展广泛。每年冬季，学生们三五成群，聚在一起，以踢毽子取暖，有时也互比高低。各中小学校在冬季普遍开展踢毽子活动，并进行个人和集体比赛。1987年，省教育委员会（简称省教委）和省体育运动委员会（简称省体委）号召全省中小学在冬季开展长跑、跳绳、踢毽子三项活动，全市中小学生积极响应。

1994年1月，全市中小学校踢毽、跳绳比赛在市体育馆举行。1994年10月20日至1995年2月底，市教委、体委联合在全市中小学校开展冬季长跑、踢毽、跳绳百日锻炼活动。

1995年2月，全市中小学生踢毽、跳绳比赛在市体育馆举办。

2002年11月，全市中小学生踢毽、跳绳比赛在赣榆县举办。

2005年1月，市体育局、灌云县教育局联合举办的2004学年连云港市“维维双宝杯”中小学踢毽、跳绳比赛在灌云县东辛农场小学举行。

五、拔河

连云港市沿海渔民及船民历来有拔河习俗，这与沿海渔猎及水乡拉纤有关。市历届职工、农民、妇女运动会上，都把拔河作为竞赛项目，学校也经常开展拔河比赛。

图 37-6　职工运动会拔河场面　　赵鸣　摄于2001年

赣榆县是全国闻名的“拔河之乡”。拔河在赣榆民间既是一项十分普及的群众性体育活动，又是一项扶正祛邪、祈求丰收的传统民俗活动。20世纪90年代末，市、县体育部门全力组建赣榆拔河队；1999年5月，第一次派队参加在扬州市举办的江苏省农民运动会拔河比赛，获得男子组冠军。2000年后，赣榆拔河队多次代表江苏省参加全国拔河锦标赛。拔河运动代表性传承人徐永[illegible]，一直专注于拔河理论和技战术的研究，他结合运动力学、材料学、营养学、医学等多门学科，对拔河运动的原理、技术技法、训练教学等进行了全面深入的研究，在赣榆县体育局的支持下编著《拔河》一书，填补了国内拔河理论空白，并被确定为全国拔河技战术专业教材。

六、风筝

放风筝是连云港人民普遍喜爱的活动。1988年，海州区风筝代表队赴山东潍坊参加全国第三届风筝比赛。1989年，海州区风筝协会成立。是年海州区风筝代表队代表连云港市参加在南通举办的全国“紫琅杯”风筝邀请赛，参加潍坊中国风筝精英大奖赛，参加北京第二届国际风筝邀请赛，4人获得2个冠军、2个亚军。1990年7月，海州区风筝代表队在第三届北京国际风筝邀请赛中，获得团体总分第二名，单项获金牌3枚、银牌2枚、铜牌5枚。

1994年，市东街道“健身之歌”活动和广大农村的飞龙（风筝）活动日益红火，各具特色。

1995年9月，市体委在市体育场举办连云港市风筝比赛。

1998年4月，市“王子杯”风筝比赛在海州区朐阳门广场举办。

1999年4月15～19日，经国家体育总局批准，由中国风筝协会、江苏省体委和连云港市政府共同主办的第五届中国国际风筝会和第九届全国风筝赛在连云港市举办，5个国家的选手参加比赛。

七、登山

图 37-7　连云港市经常举办登山比赛。图为家庭登花果山比赛。　　赵鸣　摄于2005年

连云港市山地资源丰富，云台山横贯市区。登山是群众喜爱的体育项目。1984～2005年，民间登山活动十分活跃，企事业单位经常组织登山活动，每年各学校组织的春游、秋游也多以登山为主。

20世纪80～90年代，登山户外休闲活动在连云港兴起。2002年，连云港市第一家户外企业、第一座户外拓展基地、第一家户外专业装备店和第一个户外运动网站——追梦户外运动俱乐部成立，推动了全市登山户外运动的发展和层次的提升。至2005年底，追梦户外运动俱乐部的网上注册会员达8000多人。10多家户外运动俱乐部及装备店铺在各县、区先后成立，全市户外运动注册会员达2万人之多。花果山、锦屏山、前后云台山成为登山热点。每到周末，大专院校师生和退休老同志、企事业单位职工和年轻的机关干部成为登山户外运动的主体。登山爱好者探索创新走遍云台短线78条、中长途经典驴线20多条、国际自助游线路4条。至2005年底，由市政府主办的花果山金秋登山节连续举办5届，近万人参加活动。

第二节　社区体育

1984年后，随着改革开放不断深入和群众生活水平不断提高，全民健身需求日益高涨，社区体育应运而生并逐步得到加强。

1995年，国务院颁布《全民健身计划纲要》后，连云港市逐步形成政府全力推动、社会积极参与、群众广泛参与的全民健身热潮。全市群众性的篮球、乒乓球、棋类等活动十分活跃，全年组织竞赛活动700余次；群众晨间锻炼蔚然成风，新浦区每天参加活动的人数4万人。新浦区路南街道、连云区陶庵街道被江苏省体委命名为江苏省体育工作先进街道。

图 37-8　社区文体中心　　吉志强　摄于2005年

1997年4～10月，全市开展全民健身体育系列活动。5月1日，市政府召开全市“庆五一、迎回归”全民健身运动万人演练大会。6月，在市体育馆举行“迎回归、庆七一”体育舞蹈大赛。是年，连云港市被

图 37-9 木兰扇是连云港市群众喜爱的一项体育活动
赵鸣 摄于1996年

评为江苏省全民健身活动先进市、第八套广播体操推广先进市和冬季锻炼“三项”活动先进市称号，有9家单位和6名个人在第八届全运会期间被评为全国群众体育工作先进单位和先进个人。

1998年，连云港市体育总会和各单项协会共举办15次健身体育比赛。全市成人体质监测工作圆满完成。“九五”期间，全市全民健身活动形成网络，每年参加健身活动的人数超过10万人。全市4个全民健身工程、11个全民健身点、200多个辅导站和400余名三级社会体育指导员发挥了积极作用。连云港市被评为全国“全民健身宣传周”优秀组织奖，7家单位获“江苏省全民健身宣传周先进单位”称号。

2000年，连云港市开展以“春演练、夏游泳、秋登山和冬长跑”为主要内容的全民健身“四季歌”系列活动，全市社区参加体育活动的人口达38.2%。2002年，市体育行政主管部门培养二、三级社会体育指导员150人，10万人参加体育健身周活动，初步形成市、县（区）、街道（乡镇）三级群众体育组织，500个晨（晚）练活动点得到统一规范管理，常年参加体育活动的人数占总人口的40%以上。举办江苏省首届沙滩秧歌大赛、江苏省拔河比赛、连云港市孔望山全民健身演练大会、迎元旦万人火炬长跑活动。全市参加国民体质监测测试人数达1万人次。新浦区市东街道被评为全国体育先进社区，路南街道被评为江苏省体育先进社区。

2004年，全市建立150个社会体育辅导站，培养1000余名社会体育辅导员，常年参加体育活动的人口达全市总人口的45%以上。连云港市体育局先后举办全民健身周启动仪式、全国太极拳邀请赛、中英太极拳交流大会、全民健身新优项目展示等大型活动。在全市15个社区开展“人人健身家家乐”全民健身活动，举办家庭运动会、趣味运动会、楼梯运动会。新浦区路南街道被授予“全国体育先进社区”称号。

2005年，全市常年参加体育活动的人口达全市总人口的46%。市体育局积极力推体育进社区、体育下乡活动，创办社区体育节，相继举办首届市社区体育节、十运会火炬传递、全民健身周、全民健身演练、迎“十运会”亿万群众健步走等10多项大型全民健身活动。全市有8个集体、5名个人被评为2001～2005年度全国群众体育先进单位和先进个人。灌云县伊山公园获“全国优秀健身点”称号，市区苍梧绿园被评为全国优秀气功活动点。

第三节　学校体育

1984年，连云港市各级各类学校认真贯彻落实全国学校体育、卫生工作经验交流会精神，坚持每天1小时体育锻炼，坚持“两课”（每周两节体育课）、“两操”（每天做广播操和眼保健操）、“两活动”（每周两节课外体育活动）。

1985年10月，举办市第19届中学生田径运动会及市小学生田径运动会，此后形成制度，市、县每年举办中小学田径运动会和篮球、排球比赛。是年，全市推行《国家体育锻炼标准》达标活动，至1990年，全市1827所学校施行《国家体育锻炼标准》，达标率98.9%，优秀率54.1%，小学组达标率一直名列全省第一名。全市三级体育传统校发展到107所，东海县中学、新浦中学被评为全国体育传统项目学校先进集体。学生体质普遍增强，体育竞赛成绩不断提高。全市中小学校中有省级体育传统项目学校13所、市级体育传统项目学校22所、县区级体育传统项目学校48所。

1991 年6月，连云港市中小学体育传统校田径比赛在市体育场举行。11月，连云港市第24届中学生田径运动会暨连云港市小学生田径比赛在市体育场举行。

1992年4～5月，举办连云港市中学生足球联赛，利用星期天时间在市体育场举行。10月31日至11月1日，在市体育场举办市成人中专校第六届田径运动会，有6所中专校参加比赛。

1993年3月，举办连云港市少年优秀运动员举重、摔跤、柔道比赛。同月，在市体育场举行连云港市青少年田径单项比赛。4月，连云港市少年儿童武术比赛在市体育馆举行，各县、区中小学校参加。5月，市中学生篮球比赛在市体委训练馆举办；同月举办连云港市"锦屏磷矿动力杯"小学生乒乓球锦标赛，有6支代表队参赛；在通灌路小学举办"通灌路小学杯"连云港市小学生排球比赛，有7所小学参加比赛。

1998年10月，"润浦纺织杯"市中小学生田径运动会在灌云县板浦中学举办。11月，市"钟表眼镜商场杯"中学生足球比赛在市体育场举办。

2002年3月，市青少年柔道比赛在市体校柔道馆举办。5月，市小学生排球比赛在解放路小学举办。6月，连云港市首届"鹰游杯"少年儿童乒乓球锦标赛在市锦山宾馆举办。8月，市"鹰游杯"小学生篮球比赛在大庆路小学举办。同月，在健身中心游泳池举办市中小学游泳比赛。11月，市"中国人寿保险杯"中小学生田径运动会在江苏省新海高级中学举办。12月，市"东高地杯"青少年举重锦标赛在市体育运动学校举办。

2003年，全市学校体育以提高青少年身体素质为重点，全面推行《学生体质健康标准》，50万名学生参加"冬季三项"（跳绳、踢毽子、长跑）活动。至年底，全市体育传统项目布局学校达182所，形成各具特色的学校体育发展格局。申请注册连云港市体育运动学校和连云港市体育健身中心2个国家级青少年俱乐部，国家级青少年俱乐部增加到6个，注册会员1万余人。

2004年，全市首批11所学校体育设施向社会开放。2005年1～10月，先后举办市中小学生棋类比赛、举重比赛、武术比赛、篮球比赛、乒乓球比赛、足球比赛和田径运动会。12月，连云港市"英豪杯"首届高校跆拳道比赛在连云港师范高等专科学校举办。

2005年，全市新获批准国家级体育传统学校1所、省后备体育人才基地2个。全市拥有国家级青少年俱乐部6个、省级体育传统学校6所。

图 37-10　解放路小学学生正在做广播体操

赵鸣　摄于2003年

第四节 职工体育

图 37-11 江苏新海发电有限公司举办大型职工运动会。
赵鸣 摄于1991年

1984年后，连云港市机关、企事业单位普遍建立体育组织，开展夏游泳、秋登山、冬长跑、常年做广播操等多种多样的职工体育活动。球类运动是市区职工体育活动的重要内容，部分企事业单位常年活跃着职工业余球队，并经常举办比赛。

1984年10月，市第七届职工运动会在新浦举行。是年，市体委选拔组建篮球、排球、足球、田径、武术、游泳、举重等8个项目代表队，参加省第二届职工运动会，获得田径、男子篮球等项目5项冠军、2项亚军。是年，市造纸厂、罐头厂、锦屏磷矿、涤纶厂、农药厂、化工公司、体委群体科被省体委、省总工会授予江苏省职工体育先进集体称号。

1985年，全市厂矿企事业单位、产业系统共举办体育竞赛活动2312次，参加活动4.76万人次。是年，锦屏磷矿男子篮球队获华东地区化工矿山篮球赛冠军，并代表江苏省参加全国化工矿山篮球赛；市粮食系统男篮获省粮食系统篮球赛第一名。

1986年，职工健美运动在部分厂矿企业逐渐开展起来。市电化厂工人张惠明两次参加全国健美比赛，分别获得无级别冠军和70公斤级冠军。1989年，全国总工会、国家体委授予连云港市万名职工冬季长跑活动先进城市称号，授予化工部化工矿山设计研究院冬季职工长跑活动先进基层单位称号。至1991年底，全市组建了16个行业体协，夏游泳、秋登山、冬长跑、常年坚持做广播操四项群众性体育活动形成制度。

20世纪90年代中期以后，连云港市国有企业进行体制改革，部分大中型企业破产或效益不佳，职工体育活动开展受到影响。城市社区举行的广播操、广场篮球赛、拔河等赛事活动吸引数千名职工群众参加。

2000年后，各单项体育协会、各系统、各单位在节假日结合自身行业特点，举办各种体育活动。各企事业单位职工积极参加市、县运动会职工部比赛和单项比赛。

2005年，全市组织开展纪念《中华人民共和国体育法》颁布10周年和江苏省全民健身日活动。市体育局组织举办全市职工大众广播体操比赛和“金海岸杯”首届职工风采艺术节乒乓球锦标赛。

图 37-12 2005年，外国留学生在赣榆般庄感受腰鼓魅力。
赵鸣 摄

第五节　农民体育

图 37-13　2004 年，连云区举办渔民文化节。
吉志强　摄

20世纪80年代，连云港市有条件的农村开始兴建篮球场、乒乓球室、棋牌室，购置体育器材。东海县兴建乒乓球训练房、灯光球场、田径场、游泳池。赣榆县和灌云县兴建田径场、灯光球场和游泳馆。市、县均举办农民运动会。东海县浦南乡每年举办一届运动会，比赛项目有20多个，成为远近闻名的体育先进乡。1988年，灌云县被国家体委命名为全国体育先进县，该县各乡镇建起18个灯光球场，涌现出有一定名气的篮球村、篮球乡。

20世纪90年代后，随着社会的进步发展，农民的健康意识逐步增强，农民体育得到更快发展。各县、区每年举办一次农民运动会；多数乡镇都建立了体委、体协和体育辅导站，配齐兼职体育干部；结合本地特点，利用农闲、节假日开展小型多样、丰富多彩的体育活动。开展农村体育先进乡镇创建工作，至1990年底，22个乡镇被命名为江苏省体育先进乡镇。1996年，连云港市组团参加江苏省第三届农民运动会，共获金牌17枚，综合排名全省第一。“九五”计划期间，在农村组织开展“亿万农民健身活动”，全市40个乡镇被命名为江苏省体育先进乡镇，灌云县宁海乡等10个乡镇被评为全国“亿万农民健身活动”先进单位。

2000年，在江苏省第四届农民运动会上，连云港市获优秀组织奖，赣马镇等4个乡镇被评为江苏省农民体育先进乡镇。赣榆县农民拔河队在全国第四届农民运动会上获得亚军。连岛镇被评为全国“亿万农民健身活动”先进乡镇。

2004年，国家体育总局把开展体育下乡活动和构建全民健身服务体系作为新世纪群众体育工作的总要求。4月，市政府在海州区锦屏镇举行连云港市首届农民体育节及连云港市体育下乡活动启动仪式。全市相继开展渔民文化体育节、国民体质监测车乡镇行、亿万农民健身等大型活动，促进农村体育活动蓬勃开展。是年，连云港市组队参加省第五届农民运动会，获得组织工作一等奖，金牌数和团体总分排名全省第三。

图 37-14　2005 年 4 月 10 日，连云港市第二届农民体育节在桃花涧风景区举行。　李家岭　摄

2005年4月10日，连云港市第二届农民体育节在桃花涧风景区举行，全市7个县区、21支代表队的240多名农民运动员参加比赛。该届体育节共设立农民三项、拔河、武术、舞龙、风筝、掰手腕六大类别的竞赛。

第六节　老年体育

随着人们健康意识的提高，越来越多的老年人参与到体育锻炼中来。

1984年，连云港市共有操拳辅导站15个，举办操拳训练班100期，参加学习人数2万人次，其中离退休干部、老年工人占多数。1984年8月，江苏省老年人游泳比赛在连云港市举办。

1985年，连云港市有7名老人被评为江苏省健康老人。东海县成立老年人体育协会，有会员140人，常年举办登山、自行车骑行、乒乓球等项比赛。是年，在江苏省第三届老年长跑比赛上，新浦磷矿职工李宁远获1万米比赛第一名。

1986年，老年门球在全市逐步推广，市体委、老干部局、老年体协、门球协会密切配合，制定计划，落实场地、器材。东海县老年门球活动比较活跃，县体委专门举办门球训练班，至1987年底，全县有17个门球队，队员109人，建设门球场15处。

1987年，连云港市举办老年象棋、钓鱼、游泳、乒乓球、门球、篮球6项7次比赛。是年，市老年门球队组建，队员64人，5月，在商丘举办的淮海经济区"九龙杯"门球赛中获第四名。东海县老年门球队在1987年江苏省门球赛中获得冠军，并代表江苏省参加全国门球比赛。

1988年起，每年举办市退休职工运动会。是年，比赛项目有象棋、扑克、乒乓球、钓鱼等。

20世纪90年代，在市体委、老年体育协会的指导下，市老年长跑队、乒乓球队、篮球队陆续成立。1997年，举办首届市老年人运动会。是年6月，江苏省第二届"恩来杯"老年男子篮球比赛在连云港市体育馆举办。1999年10月，在江苏省老年人体育工作先进表彰大会上，灌南县老年体协、东海县老年体协、东辛集团老年体协获先进集体称号。

图37-15　2005年，老年人健身娱乐呈现多样化。图为太极拳展示交流。　俞德春　摄

进入21世纪，老年人健身娱乐呈现多样化态势，流行的健身活动包括体育舞蹈、呼啦圈、健身气功、老年迪斯科、保龄球、广场舞等。其中，由中国老年人体育协会推广的太极健身球从2000年起在各地得到迅速推广。2005年11月，市体育局、老年体协在市体育馆举办连云港市健身球保健操交流表演赛，赣榆县、灌云县、连云区、新浦区10个健身点的近200名中老年人参加表演赛。

第七节　残疾人体育

1984～2005年，连云港市通过举办残疾人运动会、选拔残疾人运动员参加省以上残疾人运动会等渠道，积极推动残疾人体育工作的开展。

1984年2月，在连云港市首届伤残人运动会上，有21名盲人、聋哑人运动员参加比赛。1986年、1993年，市体委先后举办连云港市第一届、第二届残疾人运动会，127名运动员参加了田径、游泳、乒乓球、射击、举重、盲人柔道6个项目的比赛。1997年8月，省残疾人游泳、乒乓球锦标赛在连云港市举行，连云港市代表队获得8个单项第一、5个单项第二，总分排名第一。2003年，蒯学通、叶如意、张文馨、张春翠作为在第六届全国残疾人运动会上取得优异成绩的运动员及其教练员，受到江苏省政府表彰。2004年，省残联在连云港市建立江苏省残疾人坐式排球训练基地，以连云港市残疾人运动员为主力的省残疾人坐式排球队在“交通杯”全国坐式排球锦标赛上夺得女子第一名、男子第三名的好成绩。2005年，全市有26名残疾人选手入选国家队、省队。

1984～2005年连云港市残疾人体育获奖一览表

表37-6

年 份	地点	参赛项目	获奖情况	备注
1986	青岛	沿海开放城市“新兴杯”聋哑人男子篮球赛	第四名	
1987	南京	江苏省伤残人运动会	14枚金牌、15枚银牌、9枚铜牌	破9项省纪录
1992	广州	全国残疾人运动会	乒乓球单打冠军和双打亚军	
1995	无锡	江苏省特奥会	30枚金牌、18枚银牌、6枚铜牌	金牌数、奖牌数列全省各市之首
1995	南京	江苏省第四届残疾人运动会	13枚金牌、4枚银牌、8枚铜牌	
1997	连云港	江苏省残疾人游泳、乒乓球锦标赛	8个单项第一、5个单项第二	总分第一
2003	南京	第六届全国残疾人运动会	20枚金牌	总分全省第一
2003	新西兰	世界轮椅击剑比赛	1枚金牌、2枚银牌、1枚铜牌	
2004	嘉兴	2004年“交通杯”全国坐式排球锦标赛	女子第一名、男子第三名	

第三章 竞技体育

1984年，连云港市体委经过长期调查、分析与研究，提出着力发展“篮球、排球、水、耐、力”项目的思路，并将其提升为连云港市竞技体育发展的战略指导思想，确定将篮球、排球、帆板、游泳、田径中长跑、竞走、摔跤、柔道作为重点发展项目。随着竞技体育实力不断提升、经费投入不断增长，至2005年底，全市开展的运动项目拓展到足球、田径、武术、羽毛球、击剑、拳击、跆拳道、皮划艇、赛艇、自行车、乒乓球等20个项目，注册运动员达800人，竞技体育成绩形成不断上升态势，在所参加的全国城市运动会、江苏省运动会以及江苏省年度比赛中都取得较好成绩。输送的运动员在全国运动会和一系列重大国际比赛中多人次取得优异成绩。

第一节　体育运动项目布局

1984年，连云港市体委提出着力发展“篮球、排球、水、耐、力”项目的战略布局后，投入大量的人力、物力、财力，改善运动训练条件与环境，引进专业技术人才。先后于1985年1月成立连云港市摔跤队，1987年4月成立连云港市柔道队，使设定的重点发展项目组（建）队工作基本完成。同时，连云港市体委积极申请承办省专业运动队，省女子足球队、省马拉松队、省帆板队落户连云港市。

20世纪90年代，市体育行政部门根据市情不断调整、拓展重点运动训练项目。1991年4月成立连云港市皮划赛艇队，1995年11月成立连云港市自行车队，1996年7月成立连云港市武术散手队，1998年在连云港市武术散手队基础上建立的江苏省武术散手队在连云港市成立。在发展重点项目的同时，连云港市体委还开设乒乓球、田径、无线电测向、举重、沙滩排球等项目，并根据连云港市条件先后开设击剑、拳击、跆拳道等项目，并积极探索教体结合、社会力量联合办队模式。

2004年，市体育局确立“缩短战线、突出重点、调整结构、提高效益”的发展方针，努力完善项目设置，搞好重点项目布局，形成以排球、皮划赛艇、武术散手、自行车等优势项目为龙头，带动全市竞技体育整体实力全面提高的发展格局。投入100多万元改善皮划赛艇训练基地、东海自行车训练基地、武术散手训练基地的训练和生活条件，初步形成青少年运动员年龄梯队衔接、运动项目结构趋于合理的训练培养格局。排球（新海中学）、篮球（外国语学校）、足球（海州中学）实现了教体结合、联合办队，跆拳道、武术散打、乒乓球、围棋、象棋等项目训练由社会体育俱乐部或培训机构承担，初步形成多种形式办队办训的局面。

图37-16　自行车项目是连云港市竞技体育的优势项目。吉志强　摄于2005年

1984～2005年，连云港市平均每年向省运动队输送12名优秀运动员，在省年度比赛中累计获金牌264枚，在省运动会上累计获金牌101.5枚，在全国城市运动会上累计获金牌13枚、银牌9枚、铜牌7枚。

第二节　体育竞赛

一、参加国际比赛、全运会和全国性专业比赛

1984～2005年，连云港籍运动员参加国际单项比赛获得金牌4枚、铜牌1枚，亚洲单项比赛获得金牌16枚、铜牌2枚；参加国际综合性运动会，获得奥运会银牌1枚，亚运会金牌3枚、铜牌

3枚，东亚运动会铜牌1枚；参加全运会，获得金牌11枚、银牌8枚、铜牌8枚。2003年，连云港籍运动员邰普庆在第七届世界武术锦标赛上获70公斤级散打金牌，成为连云港市历史上第一个世界冠军；李梅芳在公路自行车项目上夺得江苏省第一个进军雅典奥运会人场券，填补连云港市个人项目选手参加奥运会的空白。22年间，全市涌现出一批优秀运动员，推动了竞技体育事业发展。

1984～2005年连云港籍运动员参加奥运会成绩一览表（前三名）

表37-7

年　份	项　目	姓　名	性　别	比赛名称	地　点	获奖项目	成　绩
1996	足球	陈玉凤	女	第26届奥运会	美国亚特兰大	女子足球	第二名

1984～2005年连云港籍运动员参加世界锦标赛、世界杯赛及其他国际单项比赛成绩一览表（前三名）

表37-8

年份	项目	姓名	性别	比赛名称	地点	获奖项目	成绩
1985	乒乓球	陈　红	女	罗马尼亚国际乒乓球比赛	布拉索夫	女子单打	第三名
						女子双打	第一名
						混合双打	第一名
2003	武术散打	邰普庆	男	第7届世界武术锦标赛	澳门	70公斤级	第一名
2004	武术散打	邰普庆	男	第2届世界杯武术散打比赛	广州	70公斤级	第一名

1984～2005年连云港籍运动员参加亚洲运动会、东亚运动会成绩一览表（前三名）

表37-9

年份	项目	姓名	性别	比赛名称	地点	获奖项目	成绩
1990	击剑	许学宁	男	第11届亚洲运动会	北京	重剑团体	第二名
	拳击	赵德岭	男			+91公斤级	第二名
1993	赛艇	时海峰	男	第1届东亚运动会	上海	四人单桨	第三名
1994	击剑	许学宁	男	第12届亚洲运动会	日本广岛	重剑个人	第一名
						重剑团体	第二名
1998	排球	张锦文	女	第13届亚洲运动会	泰国曼谷	女子排球	第一名
2002	自行车	李梅芳	女	第14届亚洲运动会	韩国釜山	24公里个人计时赛	第一名

1984～2005年连云港籍运动员参加亚洲锦标赛成绩一览表（前三名）

表37-10

年份	项目	姓名	性别	比赛名称	地点	获奖项目	成绩
1989	击剑	许学宁	男	第1届亚洲击剑锦标赛	北京	重剑团体	第一名
1991				第2届亚洲击剑锦标赛	马来西亚	重剑团体	第一名
						重剑个人	第一名

续表 37－10

年份	项目	姓名	性别	比赛名称	地点	获奖项目	成绩
1997	排球	张锦文	女	第9届亚洲女排锦标赛	菲律宾	女子排球	第一名
	举重	刘长柱	男	第29届亚洲举重锦标赛	扬州	76公斤级	第一名
	击剑	许学宁	男	第5届亚洲击剑锦标赛	伊朗	重剑团体	第一名
2000	沙滩排球	韩　波	女	亚洲沙滩排球锦标赛	广州	沙滩排球	第三名
2001	赛艇	方永彩	男	第9届亚洲赛艇锦标赛	西安	双人单桨	第一名
2002	自行车	李梅芳	女	第22届亚洲自行车锦标赛	泰国	25公里个人计时赛	第一名
	沙滩排球	韩　波	女	亚洲沙滩排球锦标赛	营口	沙滩排球	第三名
2003	自行车	李梅芳	女	第23届亚洲自行车锦标赛	韩国	20公里个人计时赛	第一名
						场地3公里个人追逐赛	第一名
						团体追逐赛	第一名
2004	沙滩排球	韩　波	女	亚洲沙滩排球锦标赛	连云港	沙滩排球	第一名
	自行车	李梅芳	女	第24届亚洲自行车锦标赛	日本	20公里个人计时赛	第一名
						3公里个人追逐赛	第一名
	武术散打	张亭宾	男	第6届亚洲武术锦标赛	缅甸	60公斤级	第一名
2005	自行车	李梅芳	女	第25届亚洲自行车锦标赛	印度	公路个人计时赛	第一名

1984～2005年连云港籍运动员参加全运会成绩一览表（前三名）

表 37－11

年份	项目	姓名	性别	比赛名称	地点	获奖项目	成绩
1987	击剑	许学宁	男	第六届全国运动会	广州	重剑团体	第一名
		张双喜				佩剑团体	第三名
	无线电	张新霞	女			80米波段	第一名
	柔道	卢志华	男			95公斤级	第三名
1993	击剑	许学宁	男	第七届全国运动会	北京	重剑个人	第一名
						重剑团体	第二名
1997	摔跤	蒋寿团	男	第八届全国运动会	上海	自由式82公斤级	第一名
	自行车	李梅芳	女			公路个人计时赛	第三名
	赛艇	时海峰	男			双人单桨无舵手	第一名
						四人单桨无舵手	第二名
	排球	张锦文	女			女子排球	第三名
		孟晓薇					
	击剑	许学宁	男			重剑团体	第二名

续表 37-11

年份	项目	姓名	性别	比赛名称	地点	获奖项目	成绩
2001	排球	殷　勇	男	第九届全国运动会	广东	男子排球	第一名
		陈朝辉					
		张　伟					
	自行车	李梅芳	女			公路个人计时赛	第一名
		王　利				公路团体	第一名
		汪鹏燕					
		李梅芳					
		李梅芳				3000 米追逐赛	第二名
	赛艇	方永彩	男			双人单桨无舵手	第三名
	武术	乔小军	男			90 公斤级	第三名
	散打	靳国玉					第三名
2005	武术	邰普庆	男	第十届全国运动会	南京	67.5 公斤级	第一名
	散打	张亭宾				58 公斤级	第二名
		郑　伦				77.5 公斤级	第二名
	赛艇	方永彩	男			八人单桨有舵手	第三名
	自行车	李梅芳	女			公路个人计时赛	第一名
						公路个人赛	第二名
		李梅芳				公路团体计时赛	第一名
		王　利					
		王　利				场地 3 公里个人追逐赛	第二名

1984～2005 年连云港籍运动员参加全国专业比赛成绩一览表（前三名）

表 37-12

年份	项目	姓名	性别	比赛名称	地点	获奖项目	成绩
1984	篮球	张六茹　朱莉莉	女	全国篮球联赛	上海	女子篮球	第三名
	排球	朱凤霞　尤新莉　汪亚萍	女	全国排球甲级联赛	南京	女子排球	第一名
	击剑	唐　雨　张双喜	男	全国击剑锦标赛	昆明	佩剑团体	第三名
	自行车	陈玉霞	女	全国场地自行车比赛	北京	3000 米个人追逐赛	第一名
1985	篮球	于万民　薛亚平　袁春健	男	全国篮球锦标赛	无锡	男子篮球	第三名
		张六茹	女		双鸭山	女子篮球	第二名
	排球	朱凤霞　尤新莉　汪亚萍	女	全国排球锦标赛	杭州	女子排球	第二名
	乒乓球	陈　红	女	全国乒乓球锦标赛	杭州	女子双打	第二名
	击剑	张双喜	男	全国击剑锦标赛	贵阳	佩剑团体	第二名
	篮球	张六茹　矢莉莉	女	全国篮球甲级联赛	沈阳	女子篮球	第一名
	自行车	江舜华	女	全国赛车场自行车赛	北京	3000 米团体追逐赛	第三名

续表 37-12

年份	项目	姓名	性别	比赛名称	地点	获奖项目	成绩
1986	帆板	陈永明	男	全国帆板锦标赛	连云港	三角绕标	第三名
	篮球	张六茹　朱莉莉	女	全国篮球甲级联赛	武汉	女子篮球	第二名
	排球	朱凤霞　尤新莉　汪亚萍	女	全国排球锦标赛	天津	女子排球	第三名
	乒乓球	陈　红	女	全国乒乓球锦标赛	郑州	女子双打	第一名
	击剑	张双喜	男	全国击剑锦标赛	南京	佩剑团体	第一名
1987	篮球	张六茹　朱莉莉	女	全国篮球锦标赛	郑州	女子篮球	第二名
	击剑	张双喜　唐　雨	男	全国击剑锦标赛	南京	男子佩剑团体	第二名
		许学宁				男子重剑	第二名
						男子重剑团体	第一名
	自行车	陈玉霞	女	全国公路赛车场锦标赛	太原	3000米团体追逐赛	第三名
						3000米个人追逐赛	第二名
						3000米团体追逐赛	第三名
	帆板	陈永明	男	全国帆板锦标赛	连云港	三角绕标	第三名
1988	击剑	许学宁	男	全国击剑冠军赛	贵阳	重剑个人	第二名
	皮划艇	刘大海	男	全国青年皮划艇锦标赛	岳阳	500米单人划艇	第三名
		刘大海　李大明				500米四人划艇	第三名
						1000米四人划艇	第一名
		刘大海　李大明	男	全国皮划艇锦标赛	上海	1000米四人划艇	第二名
	乒乓球	陈　红	女	全国乒乓球锦标赛	镇江	女子双打	第三名
1989	皮划艇	刘大海　李大明	男	全国皮划艇锦标赛	南昌	500米四人划艇	第一名
						1000米四人划艇	第三名
1990	击剑	唐乃强　孙　炎　周　峰	男	全国少年击剑锦标赛	广州	佩剑团体	第一名
1991	自行车	仲崇文	男	全国场地自行车冠军赛	昌平	4公里团体赛	第二名
	健美	张惠民	男	全国健美锦标赛	北京	85公斤级	第三名
1992	篮球	王玉华	女	全国篮球锦标赛	丹东	女子篮球	第三名
	击剑	许学宁	男	全国击剑锦标赛	天津	重剑团体	第三名
	摔跤	蒋寿团	男	全国摔跤冠军赛	哈尔滨	自由式90公斤级	第二名
	排球	张锦文	女	全国排球甲级联赛	石家庄	女子排球	第二名
	赛艇	时海峰	男	全国赛艇锦标赛	上海	2000米四人单桨有舵手	第一名
						2000米双人单桨无舵手	第一名

续表 37-12

年份	项目	姓名	性别	比赛名称	地点	获奖项目	成绩
1994	摔跤	蒋寿团	男	全国摔跤锦标赛	成都	自由式 82 公斤级	第三名
				全国摔跤冠军赛	萧山	自由式 82 公斤级	第三名
	排球	张锦文	女	全国女排甲级联赛	淮阴	女子排球	第三名
	击剑	许学宁	男	全国击剑冠军赛	成都	重剑个人	第三名
	赛艇	时海峰	男	全国赛艇锦标赛	武汉	四人单桨	第三名
		王　嵩　朱建军　高永峰				轻量级四人单桨	第三名
	柔道	薛兰梅	女	全国柔道锦标赛	咸阳	-72 公斤级	第三名
1995	击剑	许学宁	男	全国击剑锦标赛	上海	重剑个人	第一名
						重剑团体	第三名
	自行车	仲崇文	男	全国自行车场地冠军赛	太原	40 公里记分赛	第三名
	排球	张锦文　孟晓薇	女	全国排球锦标赛	淮阴	女子排球	第一名
		陈朝辉　孙龙健	男		南昌	男子排球	第二名
	摔跤	蒋寿团	男	全国摔跤锦标赛	淄博	自由式 82 公斤级	第一名
1996	排球	孟晓薇	女	全国排球锦标赛	漳州	女子排球	第二名
		张锦文		全国排球甲级联赛	南京		第二名
	摔跤	蒋寿团	男	全国摔跤锦标赛	呼和浩特	自由式 82 公斤级	第三名
				全国摔跤冠军赛	合肥		第二名
	柔道	滕光应	男	全国柔道冠军赛	合肥	86 公斤级	第二名
	自行车	李梅芳	女	全国自行车冠军赛	太原	奥林匹克竞速赛	第三名
				全国自行车锦标赛	北京		第三名
	帆板	唐雅珩	女	全国帆板锦标赛	汕尾	三角绕标	第一名
						长距离	第一名
1997	举重	刘长柱	男	全国举重锦标赛	沈阳	76 公斤级	第一名
	自行车	李梅芳	女	全国场地自行车锦标赛	北京	女子计分赛	第一名
	击剑	许学宁	男	全国击剑冠军赛	北京	重剑团体	第三名
	摔跤	蒋寿团	男	全国摔跤锦标赛	长沙	自由式 82 公斤级	第一名
1998	举重	刘长柱	男	全国举重冠军赛	长沙	77 公斤级	第三名
	摔跤	蒋寿团	男	全国摔跤锦标赛	南宁	自由式 82 公斤级	第一名
		王利华		全国摔跤冠军赛	兰州	古典式 110 公斤级	第三名
	自行车	李梅芳	女	全国公路自行车锦标赛	威海	个人赛	第二名
	排球	陈朝辉	男	全国排球锦标赛	咸阳	男子排球	第二名
		张　伟					第二名

续表 37-12

年份	项目	姓名	性别	比赛名称	地点	获奖项目	成绩
1999	举重	刘长柱	男	全国举重锦标赛	武汉	76 公斤级	第一名
	排球	韩　波	女	全国沙滩排球锦标赛	上海	女子沙滩排球	第三名
	自行车	李梅芳	女	全国场地自行车冠军总决赛	南京	3 公里个人	第二名
				全国场地自行车锦标赛	北京	3 公里个人	第一名
						计分赛	第三名
						计时赛	第二名
		李梅芳　王　利		全国公路自行车锦标赛	清河	团体赛	第三名
	举重	刘长柱	男	全国举重冠军赛	宜昌	77 公斤级	第二名
	柔道	滕光应	男	全国柔道冠军赛	邢台	90 公斤级	第一名
	赛艇	方永彩	男	全国赛艇冠军赛	肇庆	双人单桨	第一名
				全国赛艇锦标赛	岳阳		第二名
	排球	张　伟　陈朝辉	男	全国排球锦标赛	漳州	男子排球	第一名
2000	赛艇	方永彩	男	全国赛艇锦标赛	上海	双人单桨公开级	第一名
				全国赛艇冠军赛			第一名
	柔道	滕光应	男	全国柔道锦标赛	吉安	–90 公斤级	第二名
		龚晓玲	女	全国柔道冠军赛	焦作	–78 公斤级	第一名
	排球	张锦文	女	全国排球甲级联赛	北京	女子排球	第二名
		韩　波	女	全国沙滩排球巡回赛	北京	女子沙滩排球	第二名
				全国沙滩排球锦标赛	茂名		第三名
	举重	刘长柱	男	全国举重锦标赛	苏州	77 公斤级	第一名
	自行车	李梅芳	女	全国公路自行车锦标赛	鞍山	个人计时赛	第一名
2001	排球	韩　波	女	全国沙滩排球总积分赛	上海	女子沙滩排球	第一名
	自行车	李梅芳	女	全国场地自行车锦标赛	上海	个人追逐赛	第二名
	赛艇	方永彩	男	全国赛艇冠军赛	上海	双人单桨	第三名
2002	柔道	滕光应	男	全国柔道锦标赛	南昌	90 公斤级	第一名
				全国柔道冠军赛	重庆		第三名
		李素霞	女	全国柔道冠军赛	重庆	78 公斤级	第三名
		龚晓玲		全国柔道锦标赛	南昌	78 公斤级	第三名
	排球	陈朝辉　张　伟　杨少波	男	全国排球甲级联赛	北京	男子排球	第一名
	武术散打	邰普庆	男	全国武术散打锦标赛	大连	70 公斤级	第一名
		乔小军				85 公斤级	第一名
		陈德余				65 公斤级	第三名
		邰普庆		全国武术散打冠军赛	广东	70 公斤级	第一名
		乔小军				85 公斤级	第二名
	自行车	李梅芳	女	全国公路自行车冠军赛	邢台	20 公里个人计时赛	第一名
		李梅芳　王　利				50 公里团体赛	第一名
		王　利		全国公路自行车锦标赛	秦皇岛	计时赛	第二名
	排球	韩　波	男	全国沙滩排球冠军赛	嵊泗	男子沙滩排球	第三名

续表37-12

年份	项目	姓名	性别	比赛名称	地点	获奖项目	成绩
2003	柔道	滕光应	男	全国柔道锦标赛	红河	90公斤级	第一名
				全国柔道冠军赛	邢台		第三名
	摔跤	朱艳晓	男	全国摔跤冠军赛	许昌	古典式74公斤级	第三名
		伏广挥				自由式55公斤级	第三名
	武术散打	郜普庆	男	全国武术散打冠军赛	郑州	70公斤级	第一名
		乔小军				85公斤级	第一名
	自行车	李梅芳	女	全国场地自行车锦标赛	秦皇岛	个人计时赛	第一名
		李梅芳				个人追逐赛	第三名
		李梅芳　王　利				团体追逐赛	第三名
		王　利				个人记分赛	第三名
		封宽高	男			计时赛	第一名
						越野赛	第一名
	足球	申倍倍	女	全国足球U-18锦标赛	上海	女子足球	第三名
	赛艇	方永彩	男	全国赛艇锦标赛	广州	2000米MK2	第三名
	皮艇	程　思	女		延庆	1000米MK2	第三名
						2000米MK2	第三名
2004	自行车	李梅芳	女	全国公路自行车冠军赛	上海	个人赛	第一名
		李梅芳　王　利				团体赛	第三名
	排球	韩　波	女	全国沙滩排球巡回赛	北京	女子沙滩排球	第二名
	赛艇	赵　露	男	全国赛艇锦标赛	上海	四人双桨公开级	第三名
	摔跤	朱艳晓	男	全国摔跤青年锦标赛	南昌	古典式84公斤级	第一名
	武术散打	郜普庆	男	全国武术散打锦标赛	福州	70公斤级	第二名
		乔小军				85公斤级	第二名
		郜普庆		全国武术散打冠军赛	连云港	70公斤级	第一名
	自行车	李梅芳	女	全国公路自行车锦标赛	辽宁	个人计时赛	第二名
		李梅芳　王　利				团体赛	第二名
	帆板	秦振美	女	全国帆板锦标赛	连云港	团体赛	第一名
	柔道	李素霞	女	全国柔道冠军赛	淮安	-78公斤级	第三名
	曲棍球	孙剑冰　金星星　马　威	女	全国曲棍球锦标赛	广州	女子曲棍球	第三名
	排球	武　园	女	全国排球锦标赛	天津	女子排球	第三名
		张　慧					
2005	帆船	仲海南	男	全国OP帆船锦标赛	海口	个人赛	第二名
	自行车	王　利	女	全国自行车锦标赛	沈阳	个人追逐赛	第二名
		刘　颖		全国山地自行车锦标赛	包头	越野团体赛	第一名

二、参加全国城市运动会

中华人民共和国城市运动会是连云港市可以单独组团参加的唯一一个全国大型综合性运动会。1984～2005年，连云港市体育代表团参加第一届至第五届全国城市运动会，累计获得金牌14枚、银牌8枚、铜牌7枚。

第一届全国城市运动会 1988年10月23日至11月2日在山东济南举行。连云港市体育代表团81名运动员参加篮球、排球、田径、举重、摔跤、柔道6个项目的比赛，获铜牌1枚。

第二届全国城市运动会 1991年9月20～28日在河北省唐山市举行。连云港市体育代表团参加女篮、田径、摔跤、柔道、击剑、举重6个项目比赛，34名男女运动员进入决赛，获金牌2枚、铜牌1枚、3个第4名、4个第6名、2个第8名，总成绩位居全国93个参赛城市的第35位。

第三届全国城市运动会 1995年10月22～30日在江苏省南京市举行。连云港市体育代表团39名运动员参加了田径、举重、女子柔道等5个项目的比赛，获金牌4枚、银牌2枚、铜牌1枚，总成绩列42个参赛城市的第27位，同时获体育道德风尚奖。

第四届全国城市运动会 1999年9月11～20日在陕西省西安市举行。连云港市体育代表团52名运动员参加了篮球、田径、举重、柔道、羽毛球5个项目的比赛，获金牌2枚、银牌2枚和铜牌1枚，并被国家体育总局和大会组委会授予优秀后备人才奖、后备人才输送奖和体育道德风尚奖。

第五届全国城市运动会 2003年10月18～23日在湖南省长沙市举行。连云港市体育代表团61名运动员参加了田径、举重、女子排球、女子沙滩排球、自行车、武术套路、武术散手、帆板8个项目的比赛，获金牌6枚（女子排球冠军计4枚金牌）、银牌4枚、铜牌3枚，总成绩列79个参赛城市的第17位。

1984～2005年连云港籍运动员参加全国城市运动会成绩统计表（前三名）

表37-13

届次	项目		运动员	名次
第一届	田径	女子跳高	刘　璐	第三名
第二届	篮球	女子	连云港队	第一名
	举重	男子60公斤级	王志强	第一名
	田径	男子标枪	杜新兵	第三名
第三届	柔道	女子48公斤级	刘　丽	第一名
		女子52公斤级	何　吉	第一名
		女子+72公斤级	曹海荣	第一名
		女子无差别	龚晓宁	第二名
	田径	女子4×100米	连云港队	第一名
	举重	男子64公斤级	冯　明	第三名
		男子76公斤级	袁爱军	第二名
第四届	田径	女子100米	秦旺平	第二名
		女子200米		第一名
		女子100米栏	徐　佳	第三名

续表 37-13

届　次	项　目		运动员	名　次
第四届	柔道	女子57公斤级	徐玉华	第二名
		女子-78公斤级	尹玉峰	第一名
第五届	排球	女子	连云港队	第一名
	自行车	女子争先赛	张　蕾	第一名
			童春丽	第二名
		女子山地越野赛	任志远	第二名
		女子奥林匹克竞速赛	史　娟　张　蕾　童春丽	第三名
		男子奥林匹克竞速赛	孙海峰　张　武　朱　卫	第三名
	沙滩排球	女子	张　希　胡晓燕	第一名
	武术套路	男子长拳	张　凯	第二名
	举重	男子62公斤级	张　斌	第二名
	武术散手	男子团体	连云港队	第三名

三、参加江苏省运动会

1984～2005年，连云港市体育代表团共参加5届（十一届至十五届）江苏省运动会，取得较好成绩。

江苏省第十一届运动会　1986年10月4～8日在徐州市举行。连云港市代表团参加田径、游泳、篮球等16个项目比赛，获金牌9枚、银牌31枚、铜牌21枚，打破2项省少年组纪录。在田径比赛中，中小学部青年组获团体总分第二名。田径运动员刘海波、周振山分别打破男子少年甲组10千米竞走、标枪江苏省纪录。

江苏省第十二届运动会　1990年9月2～8日在南京市举行。连云港市组成300人的体育代表团参加了田径、篮球、举重等14个项目比赛。获金牌19枚（全国运动会成绩计入金牌2枚）、银牌22枚、铜牌24枚，有10人次破江苏省年龄组纪录。在田径比赛中获青少年部男子A组团体总分第一名。男女柔道、摔跤、男篮、无线电测向获得团体前三名，其中男子柔道获得团体总分冠军。

江苏省第十三届运动会　1994年9月4～9日在无锡市举行。连云港市获金牌11枚（全国运动会成绩计入金牌1枚）、银牌19枚、铜牌20枚，3人破省纪录，8人达国家一级运动员标准，田径比赛成绩列全省第六，向省级以上运动队输送运动员人数列全省第五。

江苏省第十四届运动会　1998年9月6～11日在南京市举行。连云港市运动员共夺得金牌27.5枚（亚洲运动会、全国运动会成绩计入金牌6.5枚）、银牌23.5枚和铜牌19枚，被大会组委会授予体育道德风尚奖，实现金牌数、奖牌数的历史性突破。

江苏省第十五届运动会　2002年10月19～22日在苏州市举行。连云港体育代表团326名运动员参加了18个大项的比赛，获金牌35枚（亚洲运动会、全国运动会成绩带入7枚，男子排球甲乙组分别获第二名计金牌4枚、优秀运动员输送及年度省比赛总成绩带入金牌5枚）、银牌29枚、铜牌32枚，位居全省总分榜第八名，获体育道德风尚奖和后备人才输送奖，取得连云港体育代表团参加江苏省运动会历史最好成绩。

第三节　承办重要赛事

一、承办国际级赛事

1999年4月，由中国风筝协会、江苏省体委和连云港市政府共同主办的“春兰杯”第五届中国国际风筝会和第九届全国风筝赛在连云港市举行，5个国家选手参加比赛。

2003年8月，由国际排联主办，中国排协、江苏省体育局和连云港市政府承办的“花果山杯”2003年斯沃奇世界女子沙滩排球巡回赛中国连云港站比赛在连岛海滨浴场举行。

图37-17　2004年5月，世界男子沙滩排球巡回赛在连云港市体育场举行。　赵鸣　摄

2004年5月，“奥林匹克花园杯”2004年SWATCH世界男子沙滩排球巡回赛中国连云港公开赛在市体育场举行，中国、意大利、美国、法国、巴西等30多个国家的100多名运动员参加比赛。10月，2004年“红河杯”亚洲沙滩排球锦标赛在连云港市体育场举行。此次赛事由亚洲排球联合会主办，中国排球协会、江苏省体育局和连云港市政府承办，共有中国、印度尼西亚、日本、哈萨克斯坦、新西兰等国家和地区的15对男选手和16对女选手参赛。

二、承办国家级赛事

1984年6月，全国青年篮球赛在连云港市体育馆举行，这是国家体委委托连云港市承办的全国性竞赛项目。

1986年6月，全国帆板锦标赛暨中日帆板友谊赛在连云港市进行，全国各地的14支代表队参赛。8月，全国青少年无线电测向比赛在连云港市举办，全国各地的38支代表队172名运动员参赛。1986年9月8日，全国第六届围棋国手战、全国第二届围棋“新秀杯”赛在连云港市开赛，经过8天137场比赛，于9月15日结束。

图37-18　2004年10月，全国帆板锦标赛在连云港市扬帆。　俞德春　摄

1988年6月，国家体委委托连云港市举办全国帆板优秀选手赛。

1989年8月18～25日，承办全国少年宫系统第三届“如意杯”乒乓球邀请赛。

1992年10月7～13日，承办全国青年篮球联赛第二阶段连云港赛区“物资集团杯”男子决赛。

1995年4月，承办第三届全国城市运动会柔道预赛。

1999年4月，承办第九届全国风筝赛。

2001年2月，承办“春兰杯”全国山地车冠军赛暨九运会山地车预赛。同月，承办“春兰杯”全国山地车冠军赛第二站比赛。8月，承办“阿米尼杯”全国青少年自行车锦标赛。

2003年10月，承办全国帆船锦标赛暨全国青年帆船锦标赛。

2004年9月，全国武术散打冠军赛在淮海工学院体育馆举行。同月，第九届“国际奥委会主席杯”全国百城自行车赛连云港“宇研杯”分区预赛在东海县体育场自行车训练基地举行。10月，承办全国帆板锦标赛。

2005年，承办第十届全国运动会帆船、帆板、沙滩排球、武术散打比赛。

三、承办省级赛事

1984年1月，受省体委委托，连云港市承办全省女子足球集训比赛。7月，承办江苏省青年举重比赛和江苏省无线电测向比赛。9月，省总工会、省体委委托连云港市举办江苏省第二届职工运动会乒乓球比赛。

1985年3月，江苏省女子足球选拔赛在连云港市举行。5月，江苏省县级田径比赛在连云港市举行。7月，承办江苏省第十一届运动会桥牌比赛和省第十一届运动会中小学部、第三届中学生运动会男子篮球比赛。1986年8月，承办江苏省第十一届运动会中小学部女子足球比赛、江苏省第十一届运动会中小学部武术比赛。

1987年7月2～5日，承办全省健美比赛，全省17支代表队参赛。7月10～16日，承办江苏省中学生排球比赛，全省各市的16支代表队参赛。

1989年7月，承办江苏省少年女子排球比赛，江苏省8个市代表队参加。同月，承办江苏省中学排球传统校女子排球比赛。

1990年7月，承办江苏省第十二届运动会青少年部甲组篮球比赛。

1993年7月，承办由江苏省体委主办的江苏省少年乙组“新海中学杯”排球比赛，男队有7支代表队，女队有8支代表队参加比赛。同月，承办江苏省青少年摔跤比赛。

1994年7月，承办江苏省第十三届运动会棋类比赛。

1998年7月，承办江苏省第十四届运动会青少年部柔道项目的决赛。

2002年6月23～30日，承办江苏省第六届“省长杯”中学生女子足球比赛暨2002年全国中小学生女子足球联赛江苏赛区预赛。

2004年4月，承办“连云港太平洋保险杯”2004年江苏省青少年乒乓球团体赛。5月，承办江苏省青少年沙滩排球比赛。7月，承办江苏省青少年柔道比赛。8月28日至9月1日，承办江苏省青少年赛艇、皮划艇

图37-19　1999年，连云港市政府和春兰集团联合举办“春兰杯”第五届中国国际风筝赛会暨第九届全国风筝赛。　赵鸣　摄

比赛。

2005年7月，承办江苏省青少年OP帆船比赛，青少年赛艇、皮划艇比赛，江苏省少儿花样游泳比赛，江苏省青少年沙滩排球比赛。

第四节　运动员　裁判员　教练员

一、运动员

1984～2005年，连云港市输送的运动员在奥运会、亚运会、全运会和世界、亚洲重要单项比赛中取得优异成绩，为江苏省和国家作出了贡献。其间，连云港籍获得世界冠军的运动员有邵普庆（武术），获得亚洲冠军的运动员有许学宁（击剑）、张锦文（排球）、李梅芳（自行车）、张亭宾（武术）、刘长柱（举重）、方永彩（赛艇）、韩波（沙滩排球），另有16人次获得全运会冠军。

二、裁判员

连云港市裁判事业起步较晚，后经举办培训班等形式加强培养。1986年，全市有等级裁判员96人，1990年发展到136人。其中，国家级裁判员2人。至2005年底，连云港市体育运动各项目的国家级以上裁判有7人。其中乒乓球国际裁判邵性庭多次参加重大国际比赛裁判。

2005年连云港市国家级、国际级裁判一览表

表37－14

姓　名	性　别	项　目	裁判等级	单　位
邵性庭	男	乒乓球	国际级	连云港市体育局
查长丁	男	田径	国家级	连云港市体育局
李爱民	男	排球	国家级	连云港市建设银行
张惠明	男	健美	国家级	连云港市郁洲健身中心
刘　勇	男	沙滩排球	国家级	连云港师范专科学校
王　霞	女	田径	国家级	连云港市教育局
汪　涛	女	柔道	国家级	连云港市海州区教育局

三、教练员

1990年，全市有专职教练员53人，其中高级教练员6人、一级教练员21人、二级教练员19人、三级教练员7人。90年代后，通过培训和引进外地教练，教练员队伍逐渐扩大。至2005年底，全市获得高级教练员以上任职资格的有9人。

1984～2005年连云港市高级教练员一览表

表37－15

姓　名	性　别	任职项目	任职资格等级	获得任职资格时间	单　位
李志学	男	田　径	高级教练员	1988.06	连云港市体工队

续表 37-15

姓　名	性　别	任职项目	任职资格等级	获得任职资格时间	单　位
许有堂	男	田　径	高级教练员	1988.08	连云港市体育运动学校
房月林	男	篮　球	高级教练员	1988.08	连云港市体育运动学校
陈广友	男	篮　球	高级教练员	1993.08	连云港市体育运动学校
田守芳	男	举　重	高级教练员	1996.02	连云港市体育运动学校
武可云	男	田　径	高级教练员	1996.02	连云港市体育运动学校
柳胜军	男	田　径	高级教练员	2000.01	连云港市体工队
张　群	男	无线电	高级教练员	2001.12	连云港市体育运动学校
汪玉林	男	柔　道	高级教练员	2002.08	连云港市体育运动学校

第四章　体育产业

连云港市体育产业伴随着全民健身发展逐步兴起。群众逐步从自发、简易的运动方式向追求场地、器材、服装过渡。有条件的场馆开始举办技能培训，开展有偿服务。与此同时，专营体育运动器具、服装的专卖店开始在步行街、海昌路等商业区出现，且日渐红火。2000年后，体育彩票销售点从城市扩展到农村，多元化体育产业初步形成。

第一节　体育商品市场开发

20世纪80年代中期开始，连云港市区和各县建设了一批体育馆、游泳馆、体育场、溜冰场等体育设施，利用这些场馆，举办体育技能培训，开展有偿服务。这些场馆设施和培训都以体育部门为主办单位，以维持经营成本的公益性质为主，是连云港市体育产业雏形。1989年，市体委筹办劳动服务公司，1990年完成经营收入126.4万元，弥补体育经费的不足。1991年，市体育运动学校奥林商店正式挂牌对外营业。1995年，国务院颁布《全民健身计划纲要》后，一些群众喜爱的体育项目如网球、乒乓球、羽毛球、台球等球类，以及健身、健美开始走入寻常百姓家，体育消费渐渐形成。2001年后，体育产业化进一步发展，有偿训练市场逐渐红火；竞技体育比赛采用挂杯、出售冠名权、场地出售广告摊位等形式，解决竞赛费用不足的问题。2003年，市体育局采取依托企业、扶持民办两种办法，依托连云港港口集团公司建立金海岸乒乓球俱乐部，扶持民办的英豪搏击俱乐部，并逐步推广。2个俱乐部组建不同组别的运动队19支，队员440人。在世界女子沙滩排球、中美篮球对抗赛等比赛中，采取政府支持、市场动作的办法，实行以赛养赛。2005年以竞赛表演、健身娱乐、技能培训、体育无形资产为主要内容的多元化体育产业初步形成。

1984～2005年连云港市主要体育培训机构一览表

表 37-16

序号	机构名称	成立年份	培训项目	年培训（人次）	年活动（万人次）
1	连云港市体育场	1956	篮球、门球、跑步等	600	50
2	连云港市游泳馆	1989	游泳	400	4
3	连云港市冠军体育健身俱乐部	1994	健美、健身	1500	1
4	连云港市神州武术散打培训学校	1998	武术散打、武术套路、武术器械、跆拳道、拳击、泰拳、柔道、摔跤	500	—
5	连云港市郁洲健身中心	2001	游泳、网球、乒乓球	500	3

第二节　体育彩票销售

连云港市的体育彩票销售始于2000年。2000年1月，连云港市体育彩票管理中心成立，是年，体育彩票销售收入突破5000万元，总量占全省的4%，公益金收入近400万元。大批公益金投入到全民健身设施的建设和全民健身活动中，带动全民健身的发展。2001年，在传统电脑彩票基础上增加即开型彩票。2005年开始实行省、市、县（区）三级加专管员管理模式，各县设立体育彩票管理办公室。继即开型体育彩票开通后，电脑型体育彩票、足球彩票、大乐透相继开通上市，销售点从城市扩大到农村。至2005年底，体育彩票销售点发展到120个，5年间累计销售体育彩票2.74亿元。体育彩票销售提取公益金2192万元，建成全民健身工程28个、全民健身点219个，完成场馆维修改造3000平方米，举办全国以上赛事4次。

图 37-20　连云港市体育彩票管理中心

赵鸣　摄于2001年

2000～2005年连云港市体育彩票销量统计表

表 37-17　　　单位：万元

年　份	销　量	年　份	销　量
2000	5214	2003	4053
2001	5268	2004	3192
2002	4490	2005	5206

连云港市志

第三十八卷　精神文明建设

1984年，连云港市开展“五讲四美三热爱”（讲文明、讲礼貌、讲卫生、讲秩序、讲道德，心灵美、语言美、行为美、环境美，热爱祖国、热爱社会主义、热爱中国共产党）活动，标志着全市精神文明建设创建活动拉开序幕。1986年10月始，全市人民认真贯彻中共十二届六中全会通过的《中共中央关于社会主义精神文明建设指导方针的决议》，把思想道德建设作为精神文明建设的主要内容。各级党委和政府坚持在干部、群众和学生中普遍开展爱国主义、集体主义和社会主义教育，加强“三德”（社会公德、职业道德、家庭美德）建设，引导人们树立建设有中国特色社会主义的共同理想和正确的世界观、人生观、价值观，做“四有”（有理想、有道德、有文化、有纪律）社会主义公民。全市社会文明程度不断提高，先后涌现出“雷锋车”等一批全国、全省思想道德建设先进典型。

1991年1月，连云港市精神文明建设活动委员会（后更名为市精神文明指导委员会）成立。是年，市委召开精神文明建设工作会议。1993年，市文明办创作《连云港市文明市民三字经》（简称《文明市民三字经》）在全市推广，在全国率先制定文明单位、文明商店、文明村镇、文明工厂、文明街道等系列创建标准，文明创建步入正轨。1995年，市委制定印发《连云港市爱国主义教育三年（1995～1997）实施规划》，指导和促进精神文明建设在更广阔的领域持之以恒地开展。1998年9月，市委决定把创建文明城市工作作为精神文明建设龙头工程，变阶段性、突击式创建为全社会共同参与的群众性创建活动。

2001年9月20日，中共中央印发《公民道德建设实施纲要》。全市人民把践行“爱国守法、明礼诚信、团结友善、勤俭自强、敬业奉献”的基本道德规范和文明创建活动紧密结合起来，形成以创建文明城市为龙头，以创建文明行业、文明单位、文明村镇、文明社区为基础，以创建优质服务单位及各类单项创建活动为重点的三大系列精神文明创建活动。至2005年底，全市有10家单位获得全国文明单位和全国精神文明建设工作先进单位称号，5个村镇获得全国文明村镇和先进村镇称号。

第一章　思想道德建设

1984年开始，连云港市精神文明建设以思想道德建设为重点，以提高全体市民思想道德和科学文化素质、做“四有”公民为目标，坚持对市民进行爱国主义教育，加强“三德”建设。20世纪90年代，通过开展创建文明新风、做文明市民等主题教育活动，全市人民的整体素质和社会文明程度有了较大提高，涌现出“雷锋车”、锐意改革的开拓者及精神文明“十佳”等一批精神文明建设先进典型。进入21世纪，全市全面贯彻《公民道德建设实施纲要》，开展科教、文体、法律和卫生进社区，诚信港城及“与雷锋车同行”等活动，大力宣传、推介全市精神文明建设的先进典型和群体，塑造新时期连云港人新形象，引导全市人民树立中国特色社会主义共同理想和正确的世界观、人生观和价值观，积极投身港城建设。2004年、2005年，市委宣传部连续两年出版2辑《可爱的连云港人》，宣传他们助人为乐、见义勇为、爱护公物、保护环境的社会公德意识，爱岗敬业、诚实守信、办事公道、服务群众、奉献社会的敬业精神，尊老爱幼、男女平等、夫妻和睦、勤俭持家、邻里团结的家庭美德，引导广大市民自觉做中华民族传统美德的传承者、社会主义道德规范的实践者和新型人际关系的倡导者。

第一节 爱国主义教育

20世纪80年代初期，连云港市主要围绕坚持四项基本原则①进行爱国主义教育。

1989年，结合庆祝中华人民共和国成立40周年，市委宣传部印发《关于在全市广泛开展大唱革命歌曲的通知》，推荐《没有共产党就没有新中国》等20首革命歌曲，在全市城乡开展大唱革命歌曲活动。

1991年，市委宣传部、组织部等单位组织庆祝中国共产党成立70周年主题教育活动；举行"革命歌曲大家唱"竞赛，厂矿、机关、学校、农村近百万名群众参加演唱活动。赣榆县农民开展献策、议策、决策、对策"致富四部曲"活动，东海县职工开展职工劳动竞赛活动，灌云县党员开展"点、面、体"闪光活动，新浦区退休老干部开展"智囊团"和党员责任区活动，海州区在广大青少年中进行"两史一情"（近代史、现代史，基本国情）教育，市交通局党员开展"奉献卡、奉献牌、奉献点"活动等。

1994年8月，全市各级党委组织群众认真学习中共中央发布的《爱国主义教育实施纲要》，把人民群众的爱国热情引导和凝聚到建设有中国特色社会主义事业上来。1995～1996年，按照《连云港市爱国主义教育三年（1995～1997）实施规划》要求，以振奋民族精神，增强民族凝聚力，树立民族自尊心和自豪感为目的，举行抗日山、安峰山烈士陵园献花圈仪式；举办侵华日军南京大屠杀暴行史料展、"不忘国耻""民族魂"图片展，召开纪念抗战胜利50周年座谈会、学术讨论会，命名市县两级共44个爱国主义教育基地，组织1000多人参与挖掘人民群众在抗战中的英雄史迹和数十万人次参加的抗日歌曲演唱活动；3036名离退休老干部分赴各大中小学，举行革命传统教育报告3159场，听众达60万人次。全市中小学普遍开展"两史一情"教育和"爱我中华"读书活动。在全市干部群众中开展"树桥头堡市民形象"活动。

1997年，全市各单位和学校组织收看香港回归祖国电视节目，举办文艺演出、报告会、图片展。1998年11月27日，市委举办"走进新时代——纪念党的十一届三中全会20周年暨连云港市解放50周年"大型文艺晚会。是年，市委宣传部命名新浦汽车总站荣誉室、东海县吕祥璧烈士陵园、东海县安峰山烈士陵园、灌南县烈士陵园为连云港市爱国主义教育基地。

1999年，借澳门回归祖国契机，全市围绕中华人民共和国成立50周年开展庆祝活动，进行爱国主义思想教育。市委印发《关于深入进行爱国主义教育的意见》，组织开展新世纪连云港人精神大讨论。市委宣传部组织升国旗、唱国歌、庆国庆爱国主义教育系列活动，开展《中华人民共和国国旗法》知识竞赛、升国旗仪式、国歌主题教育、庆国庆读书竞赛等活动。团市委举办"青春

---

① 坚持四项基本原则，即坚持社会主义道路，坚持人民民主专政，坚持中国共产党领导，坚持马克思列宁主义、毛泽东思想。

之光”大型诗歌朗诵会和“五四的纪念”大型文艺晚会。市委党史工办编辑革命烈士传记《群英谱》。《连云港日报》、市电台、电视台分别开设专栏专题，推出纪念中华人民共和国成立50周年、“五四”运动80周年系列宣传栏目《辉煌50年》《50年50人》等。

2001年，围绕纪念中国共产党成立80周年，全市开展群众性革命歌曲学唱活动，举办纪念中国共产党成立80周年歌曲演唱赛，唱响“共产党好、社会主义好、改革开放好”的主旋律。市级新闻宣传媒体组织“革命圣地行”大型易地采访活动，对一批优秀共产党员进行集中宣传，展示优秀共产党员风采。东海县博物馆、东海水晶城、东海县档案馆、灌云县档案馆、灌南县档案馆被确定为第三批连云港市爱国主义教育基地。

2004年，市委宣传部、市民政局等部门制定出台《连云港市爱国主义教育基地管理办法》，加强爱国主义教育基地建设。李汝珍纪念馆被省委宣传部命名为第三批省级爱国主义教育基地。

2005年，全市以纪念抗战胜利60周年为契机，深入开展红色旅游、文艺演出、读书活动、大唱革命歌曲、抗战知识竞赛等群众性教育活动。市电视台拍摄孔望山摩崖石刻、雷锋车荣誉室、徐福祠、李汝珍纪念馆、市博物馆5个省级爱国主义教育基地专题电视片。抗日山烈士陵园被中宣部命名为全国第三批爱国主义教育示范基地。

第二节　“三德”教育

一、社会公德教育

1984年1月，市委、市政府提出要普遍地、扎实地开展城乡各类文明单位创建活动，并要求把建设文明单位作为“五讲四美三热爱”教育活动的基本形式和基本内容。

1985年，市委宣传部印发《关于广泛开展“四有”教育的意见》。6月26日至7月2日，中宣部在连云港市召开华北、华东、华南10个省市宣传部部长座谈会，中心议题是如何进行“四有”教育。会议期间，与会人员参观市葡萄酒厂、涤纶厂，听取厂党委关于“四有”教育情况汇报。是年，市委宣传部召开1984年度“五讲四美三热爱”教育活动先进集体、先进个人表彰大会，表彰103家先进单位、147名积极分子和405户“五好”家庭。

1986年，连云港市开展先进人物模范事迹报告活动，赣榆县工艺陶瓷总厂厂长蒋祖安、白集煤矿供销科煤炭销售司磅员卢胜韬、新浦长途汽车站服务班班长徐梅、市纺织厂挡车工汪珍、东海县石湖乡石湖小学教师何庆珍、灌西盐场航运公司青年马长林6人组成市先进人物模范事迹报告团，陆续在各县区及17个系统进行21场巡回报告。1990年，全市中小学普遍开展“学雷锋、学赖宁”活动。是年，市委宣传部出版发行《农村精神文明建设百题问答》，系统介绍农村精神文明建设方面涉及的十大问题。1993年，市文明办编印《文明礼仪指南》，倡导平等、团结、友爱、互助的社会主义新型人际关系。

1994年，市文明办将《文明市民三字经》谱成曲，以三字歌谣的形式对市民进行思想道德、社会公德、职业道德教育。市委宣传部组织实施精神文明建设“五个一工程”[①]。市文联创作《百年

① “五个一工程”指一部好的戏剧作品、一部好的电视剧（电影）作品、一本好的图书、一篇好的理论文章、一首好歌。

梦幻》《醋圣》《霍秀英》《早春一吻》《连云港民间文学集成》《共和国史话》等一批精神产品。1995年，市委宣传部在市民中推广传唱《连云港文明市民之歌》；举办《文明市民三字经》演唱会，采用京剧、评剧、淮海戏、民歌、舞蹈以及现代歌曲等多种艺术形式，广泛宣传《文明市民三字经》；印制“文明市民三字经”系列毛巾，在全市各机关、企事业单位批发销售。1996年，市政府印发《连云港市市民“十不”行为规范管理办法》，在龙河广场举行告别陋习落实“十不”[①]动员大会，在全市市民中开展普及“十不”“五提倡”[②]活动。

1997年，全市各级各部门以“80字社会公德规范”[③]为抓手，广泛开展公民道德建设。全市确定新海发电厂、市邮电局、连云港师范学校、云台区西庄村、市自来水公司、新浦区龙尾街道为社会公德、职业道德、家庭美德普及教育首批试点单位。是年起，在全市市民尤其是中小学生中推广普及《连云港市家教五字鉴》。连云港化工高等专科学校、海州师范学校、连云港师范学校等10所大中专院校和中小学开展创建“三化”（绿化、美化、净化）式校园活动。此后，“三化”式校园活动作为一项经常性活动迅速在全市大中专院校、中小学普遍展开。著名词作家乔羽创作歌曲《在海一方》，作为连云港市市歌，在市民中广为传唱。

2001年，全市上下围绕增强连云港意识、树立连云港人新形象这一目标，开展“树立连云港意识”大讨论活动，以思想大解放促进经济大发展。基层单位举办近百场座谈会、交流会，近万名干部群众直接参与讨论，提炼出连云港精神和连云港人新形象的内涵和本质，即“昂扬向上，开放包容，勤勉创业，排难奋进”，成为全市人民共同行动准则。市委宣传部、市妇联等部门印发《关于贯彻落实〈公民道德建设实施纲要〉的意见》，动员广大妇女弘扬中华民族传统美德，积极参与到道德建设活动中来。全市开展第五届精神文明建设百件好事和十佳新人新事评选活动，共收到各类新人新事材料500多份，收到选票1万多张。宋世敏、王晖当选省第四届精神文明建设新人新事。全市开展救助烈士遗孤吉云云活动，印发《关于在救助吉云云活动中加强思想道德教育的意见》，共有十几万人参与救助活动，捐助资金70多万元。

2005年，市委宣传部、市教育局组织开展连云港市首批青少年校外活动基地申报工作。经过评选，连云港现代农业科技示范园区、连云港市少年宫、连云港市孔望山风景区、赣榆县抗日山烈士陵园、赣榆县刘少奇旧居、东海县安峰山烈士陵园、东海县少儿图书馆、灌南县烈士陵园被命名为连云港市首批青少年校外活动基地。

二、职业道德教育

1988年始，连云港市精神文明建设以培育“四有”社会主义公民为目标，在城市机关和企事业单位中深入推进职业道德教育，开展树职业理想、讲职业道德、遵职业纪律、学职业技能活动，并集中抓好重点窗口行业和地段的综合治理。对市民进行遵守公共秩序，讲究公共卫生，改善公共关系宣传教育，进一步把精神文明建设任务落实到基层。

1991年8月，全市卫生系统广泛开展“病人在我心中”百日竞赛活动，促进医德医风转变，以实际行动纪念毛泽东主席“救死扶伤”题词50周年。

---

① “十不”即不说粗话脏话、不随地吐痰、不在公共场所抽烟、不乱丢杂物、不乱贴乱画、不乱倒垃圾、不破坏绿化、不损坏公共设施、不乱穿马路、不乱搭乱建。

② “五提倡”即提倡用敬语、说普通话、戒烟、文明交往、垃圾袋装入桶。

③ “80字社会公德规范”即举止大方，语言文明；和气谦让，礼貌待人；敬老爱幼，帮孤助残；乐善好施，扶贫济困；热心公益，关心集体；勤俭节约，利国利民；珍爱自然，美化家园；爱护绿化，讲究卫生；维护秩序，严守法纪；见义勇为，弘扬新风。

1996～1999年，全市600多家单位深入开展学交警活动，加强职业道德建设。全市公安、工商、税务、邮电等行业开展创"文明窗口单位"活动，增强诚信为民、经营为民、一切为民的服务意识，坚持挂牌上岗，微笑服务，杜绝使用50句服务忌语；商业服务单位加强行风建设，教育经商人员树立良好的经营道德，开展诚实经营、守信经营、优质服务活动。1997年，市国税局、供电局、卫生局、交行连云港支行、中保寿险连云港分公司被评为市职业道德建设先进单位，20名个人被评为市行业职业道德标兵。

2000年，全市企业职工开展"爱我中华、兴我企业、看我贡献"主题教育活动，近20万名职工参加展"四德"（社会公德、职业道德、家庭美德、个人品德）风采活动。确立"80字职业道德规范"[①]。全市广大教职工开展"十不""五提倡"教育，自觉接受学生、家长和社会监督。

2004年，全市开展向抗"非典"英雄耿文灿学习活动，深入推进职业道德建设。耿文灿生前系灌南县长茂镇防保所医生，从医38年，刻苦学习、勤奋工作、乐于助人，在平凡的工作岗位上尽职尽责，无怨无悔，默默奉献，赢得广泛尊敬与爱戴，在防"非典"战役中不幸以身殉职。

2005年，全市各行各业开展弘扬"三创"（创业、创新、创优）精神、奋力提速赶超的主题教育活动。全市党政机关结合实际，制定服务创优的具体内容和相关措施，市级机关工委制定印发《机关工作人员优质服务工作守则》和机关干部文明用语、服务忌语，规范机关干部言行。28个与经济发展密切相关的部门通过《连云港日报》向社会进行公开承诺，打造服务型机关。出租汽车行业首次实施星级评定，在社会上引起较大反响。

三、家庭美德教育

1985年以后，连云港市在开展创建"五好"（爱国守法、热心公益好，学习进步、爱岗敬业好，男女平等、尊老爱幼好，移风易俗、少生优育好，夫妻和睦、邻里团结好）家庭活动中，重点开展对家庭成员的美德教育。以"四有、四自"[②]和"一教四普及"[③]活动为主线，提高广大妇女素质，引导她们积极投身"富民、兴连、争贡献"的主题活动中。1991年，围绕"爱小家，建大家"主题，市妇联等单位开展国际家庭宣传周活动。1994年，全市"五好"家庭发展到28万户。1996年，市妇联在全市妇女中开展"一二三"（1个书橱、2份报纸或杂志、300本藏书）巾帼读书活动，举办征文、演讲比赛，鼓励妇女多读书、读好书。

1997年，全市开展1995～1996年度百户文明户、千户"五好"家庭评选活动，表彰100户文明户、1000个"五好"家庭。是年，市委宣传部、市教委结合制定和实施"四有"新人教育计划，将"四有"新人教育与学校教育、家庭教育相结合，形成社会、学校、家庭相结合的全方位、立体式教育格局。1998年，市妇联印发《关于在全市广泛开展家庭美德教育的意见》，在全市开展家庭美德普及教育活动，提出"80字家庭美德规范"[④]，从尊老爱幼、男女平等、夫妻和睦、勤俭持家、邻里团结五个方面提出要求，并把它作为市民基本道德规范加以推崇，作为"五好"家庭评选的条件。

---

① "80字职业道德规范"即立足本职，忠于职守；钻研业务，工作勤奋；言而有信，童叟无欺；以诚为本，取信于人；坚持原则，廉洁奉公；公平正直，是非分明；学习雷锋，不谋私利；热情周到，方便他人；人人为我，我为人人；多作奉献，报效国家。

② "四自"即自尊、自信、自立、自强。

③ "一教四普及"即思想政治教育，普及科学文化知识、科学育儿知识、妇女卫生知识、法律常识。

④ "80字家庭道德规范"即继承传统，发扬美德；幼有所教，老有所养；尊重妇女，保护儿童；优生优育，男女一样；互敬互爱，互信互勉；互帮互让，互慰互谅；勤劳致富，生活俭朴；婚丧节庆，从简为上；和睦友善，互相帮助；不弄是非，彼此谦让。

2001年，市委宣传部、市文明办、市妇联等部门联合印发《连云港市市级“五好”文明家庭、“十星户”评比工作管理办法》，进一步加强新时期“五好”文明家庭和“十星户”创评工作的组织领导。2003年，市妇联、市委政法委等部门印发《连云港关于预防和制止家庭暴力的意见》，在新浦区和连云区试点建立家庭暴力投诉中心和家庭暴力伤情鉴定中心。市委宣传部、市妇联等6个部门联合举办以“关注孩子，爱在家庭”为主题的第一届家庭文化艺术节，通过家庭才艺书画展、“我说我家”演讲比赛、中老年妇女书画展、“美在家庭”文艺晚会等活动，全方位展示“五好”文明家庭创建和家庭美德建设成果。

2005年，赣榆县在全县家庭中开展“我与孩子同学习共成长”家庭读书活动；新浦区75个社区成立家庭教育工作指导机构，完善社区“母亲课堂”。全市开展十类百户特色“五好”文明家庭评选活动，廉洁型家庭代表东海县的钱恩英家庭和学习型家庭代表连云区的王浩敏家庭获得全国“五好”文明家庭称号。

第三节　未成年人思想道德建设

1984年，连云港市各级各类学校在广大青少年中广泛开展“四有”教育。

1986年开始在未成年人中开展普法教育。1987年，市、县、区普遍举办青少年法律知识竞赛，成立家长学校，使家庭教育和学校教育紧密结合起来。1988～1990年，各地组织青少年参观改革开放图片展览，举办中学生日常行为规范知与行比赛。在青少年中开展“树立起人生的路标”读书活动，进行共产主义理想和革命传统教育，抵制资产阶级自由化和精神污染，推动青少年读书活动深入持久地开展。

1991～1992年，各级各类学校在全市广大青少年中进行“两史一情”教育。1993年，海州区人民法院新岸业余学校成立，学校坚持“接受教育、重塑自我、走向新岸”的办学宗旨，对法院判处缓、管的失足少年进行道德与法制教育，讲授文化科学知识，开展学英模、做好事活动，做好思想转化工作。全市教育系统举办“学史明志、实践成才”主题系列竞赛活动。

1997年，全市开展以迎香港回归祖国为主题的宣传教育活动，强化青少年爱国主义教育。组织青少年向长途汽车站“雷锋车”组学习活动。1999年4月，全市法院开通青少年司法维权热线电话，解答青少年法律咨询，对在校学生和社会青少年进行法制宣传教育。

2001年起，《苍梧晚报》以《教育周刊》为平台，与市教育管理部门、各中小学深入合作，组建苍梧晚报小记者团，首批发展小记者300人。随着小记者队伍的不断壮大，《苍梧晚报》适时调整版面，把教育版扩大到8个版面，实行编采合一，提高版面质量，逐步培养青少年读报习惯，提高他们的习作兴趣和水平。随着全国第八次基础教育课程改革的深入，苍梧晚报小记者团开始注重指导学生开展社会实践，根据不同时期和特点，推出讲座、竞赛、采风、采访活动，每年周期性举办新闻知识讲座，开展英语口语、书画、征文比赛，每周分批次组织小记者到工厂、农村、企事业单位参观学习。

2003年，全市建立10个小公民道德建设活动实践基地，解放路小学成立全市第一支少年交警队。2004年，市委宣传部制定印发《加强和改进未成年人思想道德建设行动计划》，实施学校育人、团队育人、家庭育人、活动育人、基地育人、环境育人六大工程，扎实推进未成年人思想道德建设。市委宣传部、市文明办召开未成年人思想道德建设座谈会，专题研究未成年人教育保护问题。

2005年，市委宣传部、市教育局等部门在未成年人中开展以“弘扬雷锋精神、民族精神代代传”为主题的系列教育活动。苍梧晚报小记者团发展到1万人，涉及全市90余所中小学，建成市级小记者采访基地15个、省级采访基地3个，成为全市开展素质教育和未成年人思想道德建设的有效平台。

第四节　主题教育活动

一、文明新风教育

1984年，结合“五讲四美三热爱”活动，连云港市农村广泛开展破除封建迷信、改革陈规陋习活动。1987年3月，市委宣传部印发破除封建迷信、创建文明新风相关文件，录制《神鸟与财神》《算命求子》《巫师的骗术》等破除封建迷信的纪录片、科教片，在全市97个乡镇巡回放映。

1989年11月30日，市委、市政府召开扫除“六害”动员大会，要求全市人民行动起来，集中打击和查禁取缔卖淫嫖娼、制作贩卖传播淫秽物品、拐卖妇女儿童、私种吸食贩卖毒品、聚众赌博和利用封建迷信骗财害人等社会丑恶现象，强化社会主义精神文明建设。

1994年5月，市委、市政府决定在全市普及市民外语会话，并把这项工作列入1994年经济建设、社会发展和精神文明建设50项目标，编印《市民日常外语会话》教材，5月1日起在市电台、电视台开办《市民外语日常会话用语》电视专题节目，聘请外籍专家录制中日、中英、中韩3种会话音像资料，并举办外语会话电视大奖赛。

2001年，中共中央《公民道德建设实施纲要》下发后，市委以增强连云港意识、树立连云港人新形象大讨论为抓手，大力加强公民道德建设，提高市民素质和公共道德水平。市委宣传部编印《公民道德知识读本》3万册，分发到各基层单位；将80字公民道德规范设计成形象生动、通俗易懂的卡通画，印制2万份张贴到各服务行业、窗口单位和公共场所。在《连云港日报》上刊登试卷，举办学习纲要知识竞赛。组织130多个公民道德建设宣讲团，3500名老党员、老干部深入到机关、企业、学校和社区作报告4000余场，受教育群众达100万人次以上。组织词曲作家创作《公民道德建设组歌》4首，制成光盘和磁带，发放到各机关事业单位、大中专院校、街道村组进行学唱。

2003年，连云港市启动学习型城市建设，举办全市第一个“全民读书月”活动，营造争做学习型文明市民的良好风气。

2004年，结合学习浙江经验，市级媒体开设《我为全民创业做什么大讨论》《创业者之歌》等专栏，促进全市思想大解放。市委宣传部组建全民创业先进事迹报告团，在全市巡回报告7场，现场听众6000人次。

图38-1　1986年，全市商店等公共场所显眼处张贴的礼貌用语。　赵鸣　摄

2005年，全市科教、文体、法律、卫生“四进社区”活动蓬勃开展。科教进社区，以“讲科学生活、建文明社区”为主题，面

向社区居民开展科普教育活动；文体进社区，主要是围绕中华人民共和国成立56周年和邓小平同志诞辰101周年等开展活动，建立社区图书室，组织居民开展读书活动；法律进社区，主要围绕"四五"普法，搞好法制宣传和法规培训，在居民中普及相关法律知识；卫生进社区，开展送医送药活动，加强社区卫生服务机构的规范化建设。

二、文明市民公约

1991年，市文明委印发《关于下发文明单位标准及〈连云港市市民守则〉的通知》，明确文明市民的行为规范和准则。连云港市市民守则共90字：热爱祖国，致力建设港城；勤奋学习，为四化做贡献；遵纪守法，维护公共秩序；礼貌待人，树立文明新风；敬老爱幼，家庭邻里和睦；讲究卫生，不要乱吐乱扔；爱护公物，不要乱涂乱抹；美化环境，植树种花护鸟；移风易俗，实行计划生育。

1993年初，连云港市尝试将精神文明建设活动需要解决的问题，用"三字经"的形式表达出来，编写了连云港市文明市民三字经。"三字经"以社会主义道德风尚为核心，体现"连云港，开放城，花果山，扬美名"的地方特色和时代特征。1994年，市文明委在全市广泛宣传《文明市民三字经》，在龙河广场竖立巨幅宣传牌，印发数万份宣传招贴画。同时邀请书画名家用行、草、隶3种字体书写，配上汉语拼音和图画，编印成《文明市民三字经书画册》。邀请著名作曲家作曲、歌唱家演唱《文明市民三字经》，使之在群众中广泛传唱。市总工会将《文明市民三字经》作为对广大职工进行"三德"教育的教材，市妇联将其作为农村扫盲课本，广大中小学将之作为政治课教学内容。《文明市民三字经》共192字：连云港，开放城；花果山，扬美名；好市民，树新风；讲文明，兴港城；拥护党，志坚定；爱祖国，心赤诚；守法纪，按章程；缴税费，照规定；遵国策，重优生；服兵役，耀门庭；搞绿化，护环境；美容貌，讲卫生；学知识，长本领；干四化，奔前程；多奉献，学雷锋；爱岗位，职责明；公益事，多出力；公与私，要分清；要致富，勤劳动；买与卖，应公平；懂礼貌，互尊重；遇坏事，敢斗争；戒赌博，破迷信；红白事，简朴行；帮孤寡，助残人；扶老幼，邻里诚；夫妻好，敬如宾；教子女，正言行；婆媳和，姊妹亲；敬长辈，和亲朋；三字经，记心中；民安定，国繁荣。在《文明市民三字经》普及的启发下，赣榆县编写《小康歌》，将实现小康的目标、内容、时间以及实施纲领凝练成通俗的话语表达出来。海州区新编的《家庭教育"三字经"》，集思想性、知识性、趣味性于一体，雅俗共赏，城乡皆宜。

1997年，市文明委编纂《连云港市民文明公约》，并认真做好宣传教育工作，在全体市民特别是广大青年、学生中推广普及。连云港市民文明公约共72字：热爱祖国，建设港城；遵纪守法，维护安定；敬业爱岗，诚实守信；崇尚科学，言行文明；讲究卫生，保护环境；热心公益，助残济困；爱护公物，勤俭节约；移风易俗，计划生育；尊老爱幼，邻里和睦。

三、诚信港城建设

2003年，市政府召开全市社会信用体系建设动员大会，启动"共铸诚信港城"活动。是年，命名新浦区陇海步行街、连云区栖霞路步行街、赣榆县时代广场步行街和灌云县胜利西路商业街为2003年度连云港市文明诚信示范街。

2005年，全市学校广泛开展"诚信伴我行"征文比赛、"诚信做人"学教活动、"用心灵呼唤诚信"演讲比赛、"诚信手拉手"帮扶助学等活动，组织"诚信——我们的第二生命""真诚永远、诚信无价"等主题班会。全市还结合重阳节、"三八"妇女节开展争做文明信用使者活动。

第二章　文明创建

1984～1992年，连云港市以“做文明市民，建文明单位，创文明城市”为主要内容的精神文明创建活动蓬勃开展，15家单位被授予市文明单位称号。“做文明市民”，即以培育“四有”社会主义公民为目标，持续开展“三德”教育，不断提升全体市民素质。“创文明城市”，即依据城市和农村各自特点，分别以创“三优”（优美环境、优良秩序、优质服务）和刹“三风”（赌博风、玩乐风、吃喝风）为突破口，开展针对性强、扎实有效的活动。全市城乡纷纷开展文明单位、文明行业、文明窗口、文明社区（小区）、文明村镇创建活动，全方位提升各基层单位的文明程度。1998年，以争创全国卫生城市为标志，连云港市文明创建工作进入新阶段。进入21世纪，全市精神文明创建以树立连云港人新形象、增强连云港意识为抓手，以为打造区域性国际海港城市提供强大的精神动力为目标，把精神文明建设的任务落实到基层，涌现出一大批省级文明单位、省级文明行业、省级文明社区和村镇，“雷锋车”组所在的连云港汽车总站连续22年获得“全国文明站”称号。

第一节　文明城市创建

1984～1990年，连云港市开展“做文明市民、建文明单位、创文明城市”活动。在城市机关和企事业单位中，以培育“四有”社会主义公民为目标，继续进行职业道德教育，开展“树职业理想、讲职业道德、遵职业纪律、学职业技能”活动，注重抓好重点窗口行业和地段综合治理；在农村，重点开展“三提倡，三反对”①活动，支持和帮助农村红白理事会开展活动；在广大市民中突出社会公德教育，重点进行“遵守公共秩序，讲究公共卫生，改善公共关系”的宣传教育。在全市进一步开展文明村镇、文明单位和军民共建活动，使精神文明建设在全市落地生根。

1991～1992年，全市开展“做文明市民、创文明单位、建文明城市、树文明新风”活动。具体实施围绕“一个口号、两条线、一个重点、一个目标”进行。“一个口号”，就是“文明在连云港”。“两条线”，一条线是城区，开展创建文明单位和创“三优”竞赛活动；另一条线是农村，开展创建文明村镇竞赛活动，以刹“三风”为突破口，以评“三户”（守法光荣户、文明卫生户、五好家庭户）为基础，在全市农村推广东海县黄川乡的经验，开展“五好、四通、三达标”②活动。“一个重点”，即以思想道德建设为重点。“一个目标”，即以提高人民思想道德素质为根本目标，带动城乡精神文明建设，为全市经济建设和改革开放提供智力支持、精神动力、思想保证和良好的社会环境。

① “三提倡，三反对”即提倡健康科学，反对封建迷信；提倡孝老爱亲，反对自私狭隘；提倡邻里和谐，反对不相往来。

② “五好、四通、三达标”即经济发展好、支部建设好、村容村貌好、村风民风好、邻里关系好，通路、通水、通广播、通电话，教育达标、计划生育达标、卫生达标。

图 38-2 2005 年，新浦区在市民中开展“星期六人人都是志愿者”活动。 侍志 摄

市委、市政府授予新浦区糖业烟酒公司等143家单位、赣榆县班庄乡古城村等122个村1991～1992年度市级文明单位和文明村称号；授予灌云县董秀英等38户家庭“五好”家庭标兵户称号。

1995年，全市开展城市卫生万人执法百日整顿活动，投资200余万元新建海州钓鱼山垃圾卫生填埋场一期工程，建成3座集装箱式垃圾中转站，新建7座水冲厕所，市区新增绿地76公顷。市委、市政府授予市燃料集团公司等292家单位“1993～1994年度市级文明单位”称号；评选“十佳文明户”、百户“五好家庭”。赣榆县被评为省精神文明建设活动先进县。

1997年，全市大中小学开展“三化”（绿化、美化、净化）式校园创建活动，各工厂企业开展“花园式”工厂创建活动。是年，评选出新海发电厂、市第三水厂等20个市级“花园式”工厂。

1999年，市委办公室印发《连云港市1999年创建文明城市实施意见》。全市各单位踊跃参加创建活动，涌现出3家全国精神文明创建先进单位和一批省级先进单位，4个行业被评为江苏省创建文明行业工作先进行业，4个居民小区被评为江苏省文明小区，3个乡镇被评为省文明乡镇，5个村被评为省文明村。全市省级文明单位总数达到78家。

2000年，市政府出台《关于在全市开展治理乱贴乱画活动的实施意见》。市城管局对市区主干道和广场窗口地段两侧的近400块广告亮化设施、50余座公用电话亭、700余根电线杆上的约6万多条小广告进行清理，对道路两侧墙体及建筑工地围墙上的2000余处乱写乱画进行涂料覆盖，粉刷墙面约6000平方米。全市参加省级文明城市考核的171个项目总得分920分。

2001年，全市以争创优秀旅游城市为契机，以文明城市171个目标考核项为抓手，实行创建工作项目化管理。市委、市政府印发文明城市创建工作目标任务书和文明社区、文明行业、文明村镇管理办法。是年，全市共评出市级文明单位443家、文明乡镇23个、文明村83个、文明小区13个、文明风景旅游区2个。

2005年，全市各级风景名胜区、旅游度假区参加连云港市第二届文明风景旅游区评选活动。是年，连云港市被评为江苏省创建文明城市工作先进市。

第二节 文明单位、文明行业创建

一、文明单位创建

1984年，连云港市开始文明单位创建和评选工作，以此作为全市精神文明建设的重要抓手。是年，市委宣传部、市纪委、建设银行、第三招待所等15家单位被授予“文明单位”称号。此后每隔两年开展一次市级文明单位评比命名工作，并于评比后第二年进行表彰。1986年，连云港市23家单位被省委、省政府命名为1984～1985年度省级文明单位。1988年，获评1986～1987年度省级文明单位9家。

1991年，新增市邮电局、市锦屏化工厂等13家单位为1988～1990年度省级文明单位。是年，市委、市政府印发《关于命名表彰1990年度市级文明单位、文明村的决定》，命名东海县水利局等128家单位为1990年度市级文明单位，其中东海县16家、赣榆县17家、灌云县18家、新浦区28家、海州区16家、云台区16家、连云区17家。

1992～1993年，市文明委在全市火车站、汽车站、机场、售票处等客运窗口单位中开展以优质服务、优良秩序、优美环境为内容的创"三优"竞赛活动，评选出新浦汽车总站、民航连云港站、东海汽车站、新浦火车站、连云港汽车运输总公司102汽车队为一级窗口单位，连云港汽车运输总公司108汽车队、连云港火车站、灌云县汽车站为二级窗口单位，赣榆县汽车站、市交警四中队为三级窗口单位；评选出新浦汽车总站、民航连云港站、徐州铁路分局新浦火车站、市公路客运服务处、市交警四支队等单位为1993年度春运创"三优"竞赛活动优胜单位。

1995年，市委、市政府印发《关于开展城市创"三优"竞赛活动的意见》。灌云县商业、供销等服务行业开展不讲50句忌语活动；市商业系统组织"青年文明岗""文明服务窗"评比活动，市卫生系统开展"白衣天使杯"竞赛活动。竞赛活动中，涌现出新浦汽车总站、民航连云港站、徐州铁路分局新浦火车站等9家优胜单位。是年，赣榆县中学等53家单位被授予"1993～1994年度省级文明单位"称号。1997年，市国税局等330家单位被评为1995～1996年度市级文明单位。是年，省文明委授予江苏省新海发电厂、连云港供电局、连云港邮政局、连云港市港航监督处等60家单位"1995～1996年度江苏省文明单位"称号。

1998年，新浦汽车总站等76家单位被评为省文明单位，433家单位被授予"1997～1998年度市级文明单位"称号。2001年，新浦汽车总站等74家单位通过省文明办检查验收，有6家单位被省委、省政府命名为省级文明单位标兵，有68家单位被命名为省级文明单位。2003年，451家单位被评为市级文明单位，新浦汽车总站等88家单位被推荐申报江苏省文明单位。2005年，全市有1000余家企事业单位以及其他所有制经济形式组织和乡镇（村）参与文明单位创建，有515家单位达到创建标准，江苏电信连云港分公司获"全国文明单位"称号，市商业银行等9家单位进入全国精神文明建设先进单位行列。

二、文明行业创建

20世纪90年代初，城市文明单位创建活动逐步深化，并向全行业延伸，文明行业创建活动在全市各系统兴起。民航连云港站为争创省级文明单位和华东地区文明航空港，制定《民航连云港站创建文明航空港实施方案》，列出11项目标，并落实了25项具体措施。1994年，全市窗口单位开展文明窗口单位知识竞赛和"八五奉献杯"立功竞赛活动，近100家企业15万名职工参加。市商业系统把职业道德教育与维护消费者利益挂起钩来，整体推进全行业文明建设，市百货大楼、东方大厦和轻工商场等一批商业骨干企业在全市发出倡议，不经营假冒伪劣商品，不经营"三证"不全商品，不经营超"三期"商品，受到消费者好评。1995年，全市以"四德"教育为重点，开展"岗位学雷锋，行业树新风"活动，加强行业精神文明建设，市文明委表彰50家创企业精神先进单位。1995年12月至1996年3月，全市商业、供销系统开展"百城万店无假货"活动。参与活动的重点单位有百货大楼、华联商厦、糖业烟酒总公司等43家单位，分别结合本单位的经营范围和经营特点，通过电视、报纸向社会各界作出承诺。

1997年，市有关部门印发《关于开展创建"五星级行业"活动的意见》，在全市与群众生活、工作密切相关的邮电、供电、卫生等20个窗口服务行业和执法部门中开展法纪星、团结星、服务星、环境星、经济星"五星级"行业创建活动。全市有近20%的行业和单位达到"五星级行业"标准。1997年5月和1998年4月,省委宣传部、省文明办和省有关行业(系统)主管部门先后确定并公布2批全省创建文明行业示范点,连云港市有12个行业(系统)主管部门被授予“全省创建文明行业示范点”称号。

1999年,全市继续深入开展“五星级”文明行业创建工作,在全市参创的29个行业中,首次开展十佳文明服务标兵和十佳文明服务窗口评比活动。全市出租车行业开展优质服务竞赛和争创文明出租车活动,评选出50辆文明出租车。在全省文明行业检查考评中,省检查组明察暗访全市29个行业60家基层单位中的20家窗口单位,对连云港市文明行业创建工作给予高度评价,认为连云港市文明行业创建工作起步早、起点高、成效显著。省文明办授予市供电系统、中国人寿保险公司连云港分公司系统、市地税系统、市商检系统等47个系统“江苏省创建文明行业工作先进市行业”称号;赣榆县卫生系统、灌云县卫生系统等55个系统获“江苏省创建文明行业工作先进县行业”称号。新浦汽车总站长途服务组、市公安局指挥中心“110”报警服务台等10家窗口单位被授予“连云港市首届十佳文明服务窗口”称号。

2001年,陇海步行街开街并在全国步行街中率先实行“以街养街”政策,通过深入开展以“百城万店无假货”为载体的文明创建活动,三年实现“从场到市”的嬗变,四年实现发展繁荣,被授予全国“百城万店无假货活动示范街”称号。是年,市文明委授予连云港市国税、交通银行、市气象、国检、地税等18个行业“1999~2000年度连云港市文明行业”称号。

2002年,连云港市组织开展第二届十佳文明服务窗口、十佳文明服务标兵评选活动。市行政审批中心服务大厅、204国道宁海收费站等10家单位被授予“第二届十佳文明服务窗口”称号。开展连云港市首届文明导游员评选活动,10人被授予“连云港市首届文明导游员”称号。

2003年,全市开展2001~2002年度市级文明行业、单位申报推荐、考核验收工作,44个行业、451家单位达标。连云港市国税局等34个行业被推荐申报江苏省文明行业;连云港市商业银行等11个行业被推荐申报江苏省创建文明行业工作先进行业。2004年,市行政审批中心、东海县地税局第一税务分局办税服务厅等10家窗口单位被评为连云港市第三届十佳文明服务窗口。

2005年,市文明办、市整顿和规范市场经济秩序工作领导小组办公室印发《关于在全市组织开展“创四城、铸诚信、迎十运、满意在窗口”活动的通知》,新浦汽车总站、连岛海上训练基地等25家窗口单位被评为优胜单位。全市有50个行业、515家单位达到创建文明行业标准。

第三节 文明村镇、文明社区创建

一、文明村镇创建

1989年,连云港市委宣传部印发《关于在全市农村广泛开展争创文明村活动的意见》,提出文明村建设的具体要求,制定文明村、遵纪守法光荣户、“五好”家庭、文明户的评比标准。精神文明创建活动开始覆盖到农村,形成城乡共同参与的新局面。

1991年,市委、市政府命名表彰赣榆县青口镇新庄村等90个村为1990年度市级文明村,其中赣榆县30个、东海县31个、灌云县13个、新浦区1个、海州区5个、云台区6个、连云区4个。

1997年,市委宣传部印发《关于在全市开展文明村镇创建工作的意见》,明确全市创建文明村镇工作的奋斗目标是:到20世纪末,全市60%的村和乡镇分别建成各级文明村、文明乡镇,建成8个省级文明乡镇、20个市级文明乡镇、40个县级文明乡镇。

1998年，全市农村开展文明户、新风户评比活动。灌云县开展“十星文明户”试点工作，全市形成浓郁的创建文明村镇氛围，涌现出宋口村、沙河镇等一批先进典型。

1999年，赣榆县青口镇宋口村被推荐申报全国创建文明村工作先进村，赣榆县青口镇等3个乡镇、5个村被授予“1997～1998年度江苏省文明村镇”称号，东海县浦南镇等8个乡镇、13个村被授予“1997～1998年度江苏省创建文明村镇工作先进集体”称号，赣榆县青口镇新庄村等115个村被评为1999年市级创建文明村镇工作先进村。2001年，《连云港市文明村镇创建管理办法》印发，进一步规范文明村镇创建的过程管理工作。灌云县开展“颂灌云、展风采、树形象”集中宣传活动，在新闻媒体开设《灌云意识大家谈》《天南海北灌云人》《行业先进人物风采》《灌云科技新花》等栏目，营造全县文明建设的良好氛围。赣榆县青口镇宋口村等24个村获批1999～2000年度江苏省文明村。2005年，全市有37个乡镇、97个村达到创建标准，赣榆县柘汪镇获“全国文明乡镇”称号。

二、文明社区（小区）创建

1997年，《连云港市创建文明小区实施意见》《关于开展创建机关文明大院的通知》印发，开始在全市住宅小区和机关大院开展创建文明社区、文明机关大院活动。年底评选出东海县委、新浦区政府、市外经委、交通局、供电局、国家安全局、科委、园林局、中级人民法院、人民检察院为机关文明大院。1999年，省文明办授予连云港碱厂生活小区、新海发电厂西大岭小区、海宁小区、市级机关宿舍区“1997～1998年度江苏省文明小区”称号。

2000年，全市开展倡导文明新风、共建美好家园活动。市文明委授予连云港碱厂生活区、市级机关宿舍区、海宁小区、西大岭小区、玉带新村、东大新村、中华新村、杰瑞小区、黄海机械厂生活区、大巷小区、西园小区、新孔路小区、南园新村13个小区“1999～2000年度连云港市文明小区”称号。5月，全省文明社区创建工作座谈会在连云港市召开。年底，全市社区建成60多所文明市民学校、110多所基层党校、40所职工学校，各街道、居委会普遍设立橱窗、画廊、板报等教育设施，作为对居民进行教育的阵地。是年，各社区筹集建设资金2000余万元，种植绿地面积181公顷，建设市民广场、苍梧绿园、人民公园等市民休闲娱乐场所46处；动员4万余人清理社区乱贴乱画、白色污染及乱堆乱放等，保持社区环境卫生。全市建成社区服务中心8个、社区服务站240个、老年公寓9所、老年活动站270个、青少年文化阅览室560个。8个小区被省文明委命名为1999～2000年度省级文明住宅小区。

图 38-3 全国学习型社区——连云港星化社区老年人在学习
侍志 摄于2005年

2001年，市文明委授予新浦区海宁社区、龙尾社区，连云区大港路社区、东园社区、荷花街社区为“全市首批文明社区”称号。2005年，授予新浦区新东街道龙尾社区、新东街道苍梧社区、新南街道海宁社区、路南街道贾圩社区、新海街道星化社区，连云区墟沟街道东园社区、连云街道临海社区、荷花社区，海州区幸福路街道西大岭社区，国营东辛农场创业路社区，赣榆县青口镇中心社区、青口镇新庄社区，东海县牛山镇和平社区，灌云县伊山镇镇西社区，灌南县新安镇人民社区15个社区为连云港市文明社区。

第四节　共建活动

一、军民共建

军民共建社会主义精神文明在连云港市具有悠久的传统。1984年，驻连云港部队与地方政府建立军民共建点186个，协助共建单位办起文化娱乐场所150多处，赠送书籍7816册、文体器材200余件，为群众修理收录机、电视机、手表、自行车、缝纫机等各种家庭用具3万多件次，修理农机具9943台。驻城市部队开展以共建文明街、文明店、文明学校、文明公园为主要内容的共建活动，驻农村部队重点巩固和发展原有的共建点，驻海岛部队积极参加文明海岛建设活动，是年有70%～80%共建点建成符合中央军委总政治部要求的文明单位，南京军区某部高炮营2连、守备1连等9家单位被评为军民共建先进集体。市、县、区先后成立拥军优属、拥政爱民（简称“双拥”）领导小组。各乡镇、街道成立“双拥”领导小组，村、街、工厂建立军人家庭服务中心，形成市委议军会议、军地领导现场办公、宣传教育、走访慰问等多种制度，“双拥”工作步入经常化、制度化。

1985年2月，东海县10万名民兵和400名驻军指战员，在34千米长的石梁河工地上，奋战20多天，完成石梁河第8期配套工程。共挖土石250多万立方米，使石梁河开始全面发挥效益。

1986年，军民共建活动逐步从环境整治向物质文明、精神文明建设的广阔领域拓展，并把军民共建发展到军警民共建。配合地方治理赌博、封建迷信、红白喜事大操大办等歪风，全市民兵广泛开展“十个带头”活动，即带头婚事新办，带头不要彩礼，带头禁止赌博，带头学雷锋做好事，带头不请客送礼，带头破旧俗，带头破除封建迷信，带头拒黄扫黄，带头艰苦朴素，带头学习科技文化，广泛开展争当移风易俗带头人活动，推动全市社会主义精神文明建设深入开展。1987～1989年，连云港市连续三年被中共江苏省委、省政府、省军区评为军民共建先进单位。

1993年，连云港市新浦汽车总站女子民兵排被中宣部、国务院办公厅和解放军总政治部授予全国学雷锋先进集体称号。此后至1999年，新浦汽车总站女子民兵排相继被江苏省政府、江苏省军区授予“雷锋式女子民兵排”称号，被江苏省军区司令部、政治部授予“民兵带头参加精神文明建设先进示范点”称号，被中央文明委评为全国精神文明建设工作先进单位。

图38-4　驻连云港官兵帮助当地建设　　　警备区　供

1994年，连云港市委、市政府和连云港警备区对长期以来形成的军民共建点进行调整，打破区域界限，把全市135个部（委、办、局）、288家企事业单位，与驻连云港部队团、营、连进行挂钩结对，互办实事，每个团级单位普遍同1～2家大中型企业挂钩。印发《连云港驻军援建“希望工程”开展结对助学活动实施意见》。由连云港警备区牵头协调驻连云港部队团以上单位与驻地32个乡镇的1100多名特困学生结为助学对子，采取每2名干部、每4名志愿兵资助1人的办法，每年向特困生资助100元，保证其完成九年制义务教育。

1997年，连云港港务局第二港务公司、连云港边防检查站获评“全国军民共建精神文明先进单位”。1998年，连云港警备区、驻连云港部队、公路沿线民兵与市公路、城建、城管等部门在宁连公路连云港段、新墟公路和城区朝阳路、海棠路4条主干道开展军民共建文明路活动。

1999年起，驻连云港部队42名团级单位主官与连云港市42名特困职工在高校读书的子女建立结对助学关系，每年为每名学生资助500元，直至完成学业。

2001年3月起，全市广泛开展军地共同学习实践“三个代表”重要思想活动，成立军地共学示范对子126对，通过共学互教、共建互益、共创互促，进一步增强基层党组织的凝聚力、战斗力。连云港海事局、连云港出入境检验检疫局、连云港海关等单位被表彰为2000年度江苏省共建社会主义精神文明口岸活动先进单位和结对先进单位。

2004年9月，连云港市在江苏省率先成立第一家地级市拥军协会，拥有会员100余人。协会秘书处积极协调会员与驻地部队结为军民共建对子，有计划、有步骤地组织开展拥军优属活动；整合会员资源800余万元，帮助有关部队和优抚对象办实事300余件，成为连云港市社会化拥军的新亮点。连云港供电公司、市燃料集团、江苏康缘药业股份有限公司、连云港港口集团、江苏新海发电有限公司等大中型企业与驻连云港部队建立精神文明建设共建对子，帮助官兵解决工作、生活中的困难和问题。

2005年，连云港警备区筹集资金17万元，帮助革命老区灌云县南岗乡岗西村修筑完成约1400米的灌溉水渠。岗西村村民为铭记连云港警备区的军民情，特取名“军民连心渠”，并立碑纪念。是年，连云港市和东海县、赣榆县、灌云县、连云区、新浦区获得第八届省级双拥模范城称号。市民政局组织摄制电视专题片《东方大港双拥潮》，编写出版30万字的双拥文集《云水相连》。市交通部门推出现役军人免费乘坐市区部分公交车的措施。

二、城乡结对共建

2003年，连云港市在全省率先开展城乡共建文化先进村行动。制定《连云港市文化先进村创建标准(试行)》，采取文化搭台、城乡联动、强强联合、结对共建等方式，开展城乡共建文化先进村活动。赣榆县宋口村等30个村文化事业建设取得显著成效，成为全市广大农村基层文化建设的品牌和亮点。新海发电有限公司等30个（家）文明行业、文明单位在共建活动中，充分发挥精神文明建设排头兵作用，为发展农村先进文化送项目、送技术。至2005年底，全市有260多个（家）文明行业、文明单位与行政村结对共建，投入资金2000多万元，培育文化先进村202个，城乡共建活动受到中央文明办的肯定。

第三章　树立文明新风

创建文明城市、文明单位、文明社区、文明村镇活动，使连云港市城乡新人新事不断涌现。全市各级党委和政府因势利导，积极开展“十佳”新人新事和百件好事等评选、表彰活动，在全社会大力弘扬文明新风。1997年，市委作出向新浦汽车总站长途服务组学习的决定，推动全市精神文明建设持续开展。文明新风的树立，在全市结出丰硕的果实，见义勇为、志愿者服务、结对帮扶孤弱群体、敬业奉献、助人为乐、诚实守信蔚然成风。

第一节　典型宣传

1984年，连云港市集中宣传改革中的一批先进典型，组织新华日报社记者、连云港报社记者联合采访，集中宣传赣榆县工艺美术厂厂长蒋祖安勇于开拓、锐意改革的先进事迹，在《连云港报》上发表9篇新闻、言论和通讯。1985年，召开全市企业"四有"教育经验交流会，重点推介市色织一厂采用谈心、座谈、演讲等形式开展职工教育的典型经验。1986年，市委宣传部推出6个农村改革和1个城市改革的典型，组成报告团，到基层巡回演讲，并将报告会摄制成录像带，分发全市各乡镇播放。

1987年，连云港市探索基层单位开展精神文明建设的思路，市委宣传部分别在赣榆县城头镇和市红旗化工厂进行试点并召开现场会；召开城区街道办事处党委书记会议，总结推广新浦区路南办事处和连云区陶庵办事处建设精神文明的成功经验。省、市在东海县安峰乡召开反对封建迷信现场经验交流会，推广安峰乡创建红白理事会、改革陈规陋习的经验。是年底，全市各乡镇都成立红白理事会，95%的村成立红白理事会分会。

1990年，市委宣传部、团市委、市教育局联合举行连云港市学雷锋树新风典型事迹报告会，新浦汽车站"雷锋车"组代表、市解放路小学学生、驻军某部班长等4人介绍长期坚持学雷锋的做法和体会。

1991年，各县区、各单位普遍开展"文明在连云港"系列活动。为制定不同类型文明单位标准，市委宣传部抽调一批干部组成工作组，分赴街道、商店、医院、学校、厂矿调查研究，探索创建文明单位的路子。在城区摸索总结财办系统在窗口行业开展文明服务店际竞赛活动和礼仪礼貌以及普通话培训的经验；在农村总结推广赣榆县大高庄村和云台区刘巷村扎扎实实搞文明村规划与建设的经验。1992年，全市推广典型经验，新闻媒体连续报道48个科技兴市典型，分别召开文明单位、文明学校、文明村、文明居委会经验交流会或现场会，使典型经验得到推广和弘扬。

1993年，全市各级宣传部门加强典型树立。市委宣传部先后总结表彰学雷锋先进集体和个人，表彰省级、市级文明单位、"五好"家庭、"五好"家庭标兵；推广东风制药厂、东辛农场、东海玻璃厂等重点企事业单位大胆开拓、走向市场的先进经验，大力宣传"如意的路子""沙河的经验""浦南的方向"等具有时代性、示范性的典型。赣榆县委宣传部总结20个奔小康先进村、20家私营企业和60个专业大户闯市场、奔小康的典型经验，编辑出版20万字的《小康路上排头兵》。

1994年，全市600多家单位自发开展"学交警、树形象、讲文明、正行风"活动。灌云县委宣传部编写《领头雁》一书，宣传80多名农村共产党员在市场经济中敢于带头致富、善于科学致富、乐于带领群众共同致富的先进事迹。市交通局在全系统广泛开展向勇斗歹徒献出生命的董志好学习的活动。

1995年，全市组织"加快奔小康"宣传，宣传10个小康村典型，新闻单位开辟奔小康系列讲座、系列调查。市委宣传部编写反映20个村支部带领群众奔小康事迹的《来自小康村党组织的报告》和反映全市30名优秀党员事迹的报告文学集《共产党员风采录》。“七一”前后，组织6名优秀共产党员事迹巡回报告会。推广东海县开展“新风新事月月评”活动经验，开展全市性的“百件好事”评选活动；成立见义勇为基金会，大力宣传苏贻宏、曹开华等一批先进模范人物。

1996年，全市组织颂“八五”、迎“九五”、两个根本性转变、国有企业改革、精神文明建设巡礼等几次大的宣传活动，推出医药行业开拓经营、纺织系统盘活存量资产、三得利食品公司实施名牌战略、华东铝塑公司一等品工作法等一批先进典型。

1999年，全市组织开展与“雷锋车”同行帮扶活动，召开弘扬“雷锋车”精神理论研讨会。深化国有企业改革的宣传，对德邦公司、恒瑞集团和变压器厂等企业的改革进行深入调查和全面报道，其中德邦经验被《人民日报》、中央电视台《新闻联播》《焦点访谈》作为“学邯钢、企业脱困”的典型加以介绍。

2000年，连云港市召开全市文明行业创建工作经验交流会、全市文明村镇创建工作现场经验交流会，重点推广赣榆县宋口村、海头镇等文明村镇创建工作典型经验，推出市国税局、市交通银行、市气象局等一批市级文明单位。开展第五届百件好事和“十佳”新人新事评选活动。新浦汽车总站长途服务组陈叶俊作为全省唯一的典型，入选全国职业道德建设十佳标兵。

2001年，全市配合“干好‘十五’第一年，迎接建党80年”主题教育活动，广泛开展先进典型宣传。一季度，重点宣传赣榆县农村信用社积极服务“三农”（农业、农村、农民）、发展壮大自己的先进事迹；二季度，重点宣传特困企业锦屏磷矿发扬自力更生、艰苦奋斗的精神，依靠市场求生存，依靠改革求发展的典型经验；三季度，重点宣传基层优秀共产党员、东海县张湾乡工商所协税员张成高的先进事迹。

2002年，策划宣传一批全市实践“三个代表”重要思想、加强思想道德建设的先进集体和个人，推出东海县南辰精神、全国优秀党务工作者钱云珠、连云港鹰游纺机有限责任公司董事长张国良、好军嫂胡文红、司法助理王立步等一批先进典型。在新浦区海连中路建立英模形象展示一条街，把首批评选出的15名先进人物形象制成广告灯箱进行集中展示。市委宣传部组织21世纪连云港人新形象先进事迹报告团，赴各县、区巡回报告。

2003年，全市推出“雷锋车”、耿文灿、潘少和、“6000元现象”等一批重大典型。其中，“6000元现象”在全省第七届“十佳”新人新事评选中名列榜首，潘少和被中组部评为全国抗击“非典”工作优秀共产党员。市委召开“雷锋车”运行40周年纪念大会，表彰一批与“雷锋车”同行活动先进集体和先进个人。组织抗击“非典”先进事迹报告团，赴基层巡回报告。抓住“6000元现象”这一契机，借助新闻媒体深度报道，编发各类新闻和评论文章190余篇，并组织座谈会、报告会、演讲会来挖掘这一现象的时代意义，提升全体市民的思想境界。向广大市民发出“做可爱的连云港人”倡议，在媒体开辟《可爱的连云港人》专栏，集中宣传300多件好人好事，形成做文明市民、树港城形象的良好氛围。

2004年，“雷锋车”、耿文灿作为省重大典型得到深入宣传。市委宣传部、市文明办等部门注重利用身边典型来教育和引导广大干部群众，推出一心为民办实事的好民警吉令剑，临危不惧、勇斗歹徒光荣牺牲的好村民丁照前，勇救落水儿童的好职工柯成等先进典型。其中，丁照前、柯成获省第八届精神文明建设新人新事提名奖，市政府追授丁照前“连云港市见义勇为先进分子”称号。

2005年，天明机械有限公司董事长卢明立、赣榆县残联理事长瞿世花被推选为省“三创之星”先进典型，《新华日报》、江苏电视台、中国江苏网等10家新闻媒体进行集中宣传。

第二节　雷锋车

“雷锋车”是自1963年全国开展向雷锋同志学习活动以来连云港市涌现出的典型。新浦汽车总站长途服务组的一群女服务员把学雷锋的着眼点放在如何为旅客排忧解难上，她们发现一些携带行李较多和行动不便的老弱病残旅客从新浦火车站到长途汽车站转车困难大，便拿着3条小扁担和绳子，前往火车站为旅客免费挑运行李。半年后，车站领导看到这些服务员干得有声有色，便专门为她们购置1辆平板车，让她们多接旅客、多拉行包。从此，这辆小板车风里来雨里去，为各方旅客排忧解难。旅客们亲切地称这辆平板车为“雷锋车”。多年来，“雷锋车”班组的服务人员换了一茬又一茬，但雷锋精神却始终贯穿在她们的全部工作和服务过程中。她们从早到晚，日日、月月、年年，助人为乐，把旅客当亲人。“宁愿自己千般苦，不让旅客一时难”是她们的共同誓言。

1997年，市委、市政府作出开展向新浦汽车总站长途服务组学习活动的决定，在全市各地区、各行各业广泛开展学习新浦汽车总站长途服务组活动。连云港警备区在全市民兵预备役人员中广泛开展向新浦汽车总站女子民兵排学习活动。

图 38-5　20世纪90年代的“雷锋车”接待站
李家岭　摄

1998年2月10日，新浦汽车总站长途服务组被确定为江苏省精神文明建设重大典型。17日，江苏省委宣传部在南京大行宫会堂举行“雷锋车”先进事迹报告会，并发出通知，号召全省军民学习“雷锋车”精神。“雷锋车”荣誉室被连云港市委命名为爱国主义教育基地。26日，中宣部、中央文明办、团中央召开先进典型座谈会，新浦汽车总站长途服务组应邀到会发言。

1999年，连云港市排演大型话剧《车站浪漫曲》，以艺术的形式再现新浦汽车总站长途服务组36年坚持拉“雷锋车”、义务接送旅客的先进事迹。市委宣传部召开全市弘扬“雷锋车”精神理论研讨会。全市1010多家机关企事业单位、个人捐款2000多万元，资助1960多户特困职工家庭和6000多户困难户；援建希望小学7所，3000多名困难学生入学得到帮助，6000多名女童完成九年制义务教育；帮助“三老”优抚对象5670户，建房1981间，修房533间；培训1500多名残疾人，300多名残疾人实现就（从）业，帮助1000余户贫困残疾人脱贫；结对帮助孤儿50多人，建成集养、治、教、康复、娱乐为一体的多功能儿童福利院。

2000年，全市深入开展“与雷锋车同行”系列活动，倡导文明新风。全市各级文明单位捐款2000余万元，新建、援建希望小学11所，扶助近4000名辍学儿童、1500名高校特困生。是年，“雷锋车”荣誉室被江苏省委命名为江苏省爱国主义教育基地。

2003年，市委召开“雷锋车”运行40周年纪念大会，命名表彰市第二人民医院学雷锋小组等一批“与雷锋车同行”先进集体和20名先进个人。2004年，市文明办发出倡议，号召广大群众为建设“雷锋车”雕塑奉献爱心，2个月内收到捐款70万元。

图38-6　2005年，新型电动“雷锋车”在服务旅客。侍志　摄

2005年4月，连云港市与“雷锋车同行”志愿者总会成立。至年底，“雷锋车”免费运送老弱病残旅客近22万人次，义务运送旅行包22万多件，行程10多万千米。在42年的历程中，“雷锋车”车型由开始时的人力木板车、铁板车、脚踏三轮车发展到机动电瓶车，车换了8辆，人换了8轮。累计有500多人担任过“雷锋车”的拉车人和驾驶者，这些人被广大旅客和社会各界称呼为“雷锋车手”。“雷锋车”成为连云港市、江苏省乃至全国交通系统精神文明建设和优质服务、好人好事的代名词。“雷锋车”也给新浦汽车总站创造了显著的荣誉。车站连续22年获得“全国文明站”和“江苏省文明单位”称号，先后获全国五一劳动奖状、全国三八红旗集体、全国学雷锋先进集体、全国先进基层党组织、全国精神文明建设先进单位等中央、省、市级荣誉称号300多项。“雷锋车”精神培育出各类先进人物300多人次，其中有2名全国人大代表、数十名全国服务标兵和省、市级劳模。《人民日报》、新华社、中央电视台等13家国内主流媒体记者集中采访“雷锋车”40余年情系旅客、爱心奉献的感人事迹，把“雷锋车”组作为2005年全国精神文明重大典型推向全国。

第三节　新人新事评选

1989年，东海县在全市率先开展新人新事月度评选活动，成立由县委宣传部牵头、11个部门参加的新人新事月度评选委员会，下设办公室，每月定期将乡镇和县直单位推荐上来的新人新事进行评选，大力倡导拾金不昧、助人为乐、尊老爱幼、见义勇为、移风易俗等新风尚。

1992年，连云港市开展“十佳”改革新闻人物评选活动，共评出“十佳”改革新闻人物、优秀改革新闻人物各10人。1994年11月，开展“十佳”私营企业、“十佳”文明集贸市场评选活动。

1995年，连云港市开展第一届精神文明“百件好事”评选活动，市汽车运输公司灌云分公司董志好、王统年保卫旅客生命财产安全，新浦汽车总站“雷锋车”组为旅客服务等百件好事上榜。1996年，再次开展“十佳好事”评选活动。经过申报评选，市公路管理处郊区管理站职工苏贻宏奋不顾身救火、新海电厂希望工程基金会等被评为“十佳”好事。1997年，市文明委表彰市第三届精神文明“十佳”新人新事，卞长勇勇斗歹徒、扶贫助困等“十佳”新人新事入选。1999年，解放军战士姚华银勇救落水儿童、全国拥军模范王统美设立军功奖等被表彰为连云港市第四届精神文明“十佳”新人新事。2003年6月26日，外地宾客6000元被大风卷起撒落，在客人惊呆之时，过往的市民刘强等人纷纷伸出援助之手，主动将散落的现金如数捡起，交还失主。此事被称为“6000元现象”，折射出连云港市全面贯彻《公民道德建设实施纲要》取得的硕果，刘强得到市文明委的通报表彰。是年抗击“非典”英雄耿文灿、抗击“非典”优秀共产党员潘少和、见义勇为李传义、义务献血程锡珍、科技兴市阎斌伦、勇斗歹徒“8·28”见义勇为群体、建成亿元村为民谋利赵同高、爱军拥军张贯立、舍身护款斗歹徒马见福入选市第七届精神文明“十佳”新人新事。

2004年，连云港市“6000元现象”在全省第七届“十佳”新人新事评选中名列榜首，潘少和被中组部评为全国抗击“非典”工作优秀共产党员。是年，灌云县伊山镇村民“8·5”先进群体、灌南县堆沟港镇司法助理王立步等被评为连云港市第八届精神文明“十佳”新人新事。

2005年，市委宣传部举办市第九届精神文明建设“十佳”新人新事评选活动，命名表彰连云港市“十佳”精神文明建设新人新事。是年，全市开展“感动港城”精神文明建设新人新事十年回放暨十大感动港城人物评选活动。至年底，全市共评比产生精神文明建设“十佳”新人新事100个，先进典型近千个，其中13个先进人物和事件先后被评为江苏省精神文明建设新人新事。

第四节　见义勇为表彰

1993年11月22日，王统年（男，35岁，连云港汽车运输总公司灌云公司驾驶员）和董志好（男，23岁，连云港汽车运输总公司灌云公司售票员）驾车由山东临沂返回灌云途中，遭4名歹徒爬车抢劫。为保护旅客财产安全，王统年立即停车，与售票员董志好一起捉拿歹徒。搏斗中，歹徒用刀刺伤王统年的胸部、颈部，董志好被歹徒刺中太阳穴，但他俩不顾伤痛，奋力搏斗，直到在群众的帮助下将歹徒擒获，董志好因伤势过重，壮烈牺牲。1993年6月13日中午，一名窃贼趁农村麦收大忙家中无人之机一路行窃。当窜至刘朝阳（男，10岁，赣榆县城南乡四沟中心小学五年级学生）家行窃时，被刘朝阳及其表弟撞见，兄弟俩奋勇擒贼。盗贼凶相毕露，抡起拳头猛打，刘朝阳被打得鼻青眼肿，鲜血直流。但兄弟俩非常顽强，一边抱住歹徒，一边大声呼救，在闻讯赶来的群众协助下，将窃贼扭送派出所。为表彰王统年、董志好、刘朝阳见义勇为先进事迹，1994年3月，中共江苏省委宣传部、江苏省公安厅决定授予王统年、刘朝阳“江苏省见义勇为先进分子”荣誉称号，并颁发荣誉证书；追授董志好“江苏省见义勇为先进分子”荣誉称号。

1995年2月，市见义勇为基金会成立。4月，连云港市召开第一次见义勇为先进分子表彰大会，授予苏贻宏、仇新龙、杨春胜、孙贤刚、刘刚、徐田伟、王成坡、王长喜、张加进，追授因抢救落水儿童牺牲的徐彩虹、薛倩“连云港市见义勇为先进分子”称号并向他们颁发奖金。10月，市见义勇为基金会召开第二次理事会，授予周新梅、孙高礼、王福祥，追授于建才“连云港市见义勇为先进分子”称号。12月1日，省见义勇为基金会对薛倩、杨胜春、刘刚、徐田伟、薛明恒、王成坡颁发特别困难补助金。

1996年8月，省公安厅、省见义勇为基金会表彰奖励积极参加“严打”斗争的有功群众，杨善玲、赵世祥、陈得岭、张宜桥、尚修宪受到表彰。12月，市委、市政府召开全市见义勇为先进事迹表彰大会，对万井岗等21名见义勇为群众和陆跃中等20名见义勇为政法干警进行表彰奖励。1997年元旦、春节期间，王兴亚、汪之相、朱崇俊、庄建顺4名英模功臣和苏贻宏、于建才、王福祥、徐彩虹等见义勇为先进分子受到省公安厅慰问。1998年6月，省政府在南京召开全省第五次人民群众见义勇为先进分子表彰暨全省见义勇为工作会议，杨兵被授予“江苏省见义勇为英雄”称号，凌加坤、崔海波、卞长勇、赵世祥被授予“江苏省见义勇为先进分子”称号。7月，市政府召开全市第五次见义勇为表彰大会，表彰奖励纪庆祝等22名见义勇为先进分子，颁发奖金1.88万元。12月，省公安厅、省见义勇为基金会决定表彰奖励破案防范“百日会战”期间见义勇为有功人员，两名牺牲人员王生、王俊杰和光荣负伤的贾国俊受到表彰。1999年9月，市见义勇为基金会对破获“8·29”银行抢劫案见义勇为有功人员刘士莲、田军、赵军、江要伦、徐传军等各奖励1000元。

2000年1月4日凌晨，交通银行连云港分行发生4名歹徒窜入营业大楼盗窃案。值勤员王晖发现盗窃犯罪嫌疑人后，不顾个人安危，在身负6处伤口情况下仍与歹徒进行殊死搏斗，在同事姚建国、韩志武协助下将歹徒擒获。交通银行总行、南京分行、连云港分行，省、市见义勇为基金会召开表彰大会，对王晖等3名见义勇为有功人员进行表彰奖励。在5月召开的全省第六次人民群众见义勇为先进分子表彰大会上，王晖、田军、颜峰、贾国俊、刘继华被授予“江苏省见义勇为先进分子”称号。8月，省见义勇为基金会决定给勇斗歹徒的市东大物产开发物业管理部管理员倪廷军颁发奖金3000元。2001年10月，在第七次全国人民群众见义勇为先进分子暨首届见义勇为工作先进单位和先进工作者表彰大会上，王晖被授予“全国见义勇为先进分子”荣誉称号。

2002年5月，全省第七次见义勇为先进分子表彰大会授予赣榆县见义勇为基金会、刘立顺为江苏省见义勇为工作先进单位和江苏省见义勇为先进个人，授予刘洪民“江苏省见义勇为英雄”称号，高建林、庄凤花、倪廷军获得“江苏省见义勇为先进分子”称号。9月，市政府授予徐娟、祝井标、姚家同、王佘堂、任礼贵、李应忠、许莉等“连云港市见义勇为先进分子”荣誉称号。省见义勇为基金会决定对因跳水救人牺牲的赣榆县城头镇西留夫小学五年级学生徐娟的家属颁发抚恤金1万元，对灌云县“8·5”交通事故救助工作见义勇为有功群体颁发奖金2万元。市见义勇为基金会、市公安局、工商银行连云港分行召开表彰大会，对市“8·21”银行抢劫案见义勇为有功人员许莉、张军、俞承忠、李应忠、蔡胜利、陆国华、仇新亮、张春生、杨怀庭等进行表彰奖励。2003年3月，省见义勇为基金会对“3·2”特大交通事故中见义勇为事迹突出的孙良祥、张永凯、刘永峰、徐光辉、徐新前、苏贻童等进行表彰奖励。6月，市见义勇为基金会对临危不惧、身负重伤、勇斗歹徒的市阳光出租车公司驾驶员李传义和连云港汽车运输公司旅游出租公司驾驶员何军各颁发奖金5000元。8月，市政府授予连云港开发区罗盖特有限公司总经理、法国籍人士罗泰瑞“连云港市见义勇为先进分子”荣誉称号，表彰他奋不顾身、跳水救人见义勇为行为。11月26日，4名犯罪嫌疑人窜至东海县石湖乡楚团村盗窃家畜时被村民发现后，骑2辆摩托车逃跑，村民丁照前、薛金启两人骑1辆摩托车追赶约4000米后同犯罪嫌疑人展开搏斗，丁照前不幸牺牲，薛金启被殴打致伤。市政府授予薛金启、追授丁照前“连云港市见义勇为先进分子”荣誉称号，市见义勇为基金会分别奖励7000元和13000元，省见义勇为基金会颁发丁照前家属抚恤金2万元、奖励薛金启5000元。

2004年，市见义勇为基金会和市公安局制定《关于对现场抓获犯罪嫌疑人的见义勇为人员奖励办法》。7月，市见义勇为基金会、市公安局召开表彰会，对连云区“5·5”抢劫案见义勇为群体张勇等7名群众和新浦区“6·17”抢劫案见义勇为群体张玲等10名群众及开发区“6·9”抢劫案中勇抓抢劫歹徒的个体司机廖林等18名见义勇为有功人员进行集中表彰奖励。市见义勇为基金会于7月在全市开展“英雄谱”宣传活动。9月，省见义勇为基金会表彰奖励市“8·28”抢劫案中见义勇为有功人员尹备生、周军、刘传刚。全省第八次见义勇为表彰大会在南京召开，李传义、祝国强、柯成、罗泰瑞被授予“江苏省见义勇为先进分子”称号。

2005年4月，市公安局印发《关于向见义勇为基金会捐款者赠送车辆吉祥号牌的实施方案》，决定在全市广大人民群众中开展向捐款者赠送车辆吉祥号牌活动，共发放车辆吉祥号牌1300副，募捐款631万元。为策应“平安连云港”创建和“严打整治”等专项斗争，动员和发动全社会力量搞好社会治安工作，市见义勇为基金会、市公安局制定《关于对在打盗车专项工作中见义勇为人员奖励办法》《关于对在打黑除恶斗争中见义勇为人员奖励办法》。全年共召开表彰会3次、奖励

99人、发放奖金和抚恤金19.1万元。10月，召开全市第六次见义勇为先进分子表彰大会，向21名市见义勇为先进个人颁发奖金、抚恤金11万元，向3个先进集体颁发奖金1.5万元。

第五节　志愿者服务

1995年，由共青团连云港市委发起，在全市广大青少年中成立志愿者服务组织，在社会上开展志愿服务。是年，连云港市青年志愿者协会成立。此后，全市各县、区陆续成立志愿者服务总队，机关、企事业单位和学校成立服务大队。全市广大志愿者秉承“奉献、友爱、互助、进步”的志愿精神，把志愿服务作为一种境界追求，默默无闻地奉献。

1999年，全市成立社区青年志愿者共建委员会10个，建立市级青年志愿者社区服务示范基地20个，开始为连云港之夏、花果山登山节等大型活动提供服务。

2000年，市青年志愿者开展文化、科技、卫生“三下乡”活动。淮海工学院、化工高专、中药学校等单位1万多名大中专学生青年志愿者组成200余支小分队深入农村贫困地区，发挥知识、智力优势，为群众提供服务，义务演出150余场，捐献衣物2万件，捐书3万册。3月5日，全国第一个青年志愿者服务日前后，全市1万多名志愿者走上街头，走进社区，开展送温暖、献爱心活动。是年，5000名青年志愿者为第三届连云港之夏、“四夏”[①]大忙、市第十次运动会、花果山金秋登山节提供服务。开展青年志愿者“认养一片绿地，美化港城明天”、结对特困职工、下岗职工培训班等活动。

2002年，团市委出台《关于在全市推行青年志愿者注册制度的实施意见》，在赣榆县召开2000余名各界青年参加的全市青年志愿者注册大会，并通过报纸、电视台等媒体，面向社会公开招募青年志愿者，使全市青年志愿者服务运行机制进一步规范，队伍不断壮大。志愿者服务范围从“一对一”结对服务、广场便民服务、社区志愿者服务发展到义务献血、助老、助残、助医、助学各个领域，在满足百姓民生需求和提升城市形象等方面发挥重要作用。

2003年，在全市抗击“非典”过程中，为减少人员流动，解决农村在外务工人员的后顾之忧，全市组成青年志愿者帮耕助困服务队5000余支，活跃在全市田间地头，为2万余户外出务工青年家庭提供义务服务。《人民日报》《中国青年报》《新华日报》等媒体进行专题报道。6月12日，连云港市志愿者协会正式注册成立，统一组织、协调全市志愿者服务社会的各项活动。2004年，江苏农业国际合作洽谈会在连云港市举行，全市精心挑选100名责任心强、纪律性强、仪表端庄、素质过硬的优秀大学生组成服务农洽会的青年志愿者队伍，他们以其良好的精神面貌和训练有素、热情周到的服务，得到广大宾客的高度赞誉。

2005年，团市委印发《关于进一步加强社区青年志愿者服务工作的意见》，结合“志愿服务献爱心，体验真情社区行”等主题活动，进一步加强志愿者队伍建设，推动志愿服务项目实施，完善志愿者招募管理机制，逐步实现志愿者工作的社会化运作、规范化管理和事业化推进。4月，连云港市“与雷锋车同行”志愿者总会成立。至年底，连云港市志愿者协会拥有8个县区分会、17个专业（行业）分会、100多个基层协会和近300支志愿者服务队伍，注册会员7万余人。“雷锋车”组、市志愿者协会、清洁海岸义工团等志愿组织在全国获奖。

---

① “四夏”即夏收、夏插、夏种、夏管。

连云港市志

第三十九卷　劳动人事

1984～2005年是国家实行改革开放政策、国民经济由计划体制向社会主义市场体制全面转变的关键时期，也是全面实行和深化劳动人事制度改革的关键时期。按照中央和省统一部署，连云港市自1984年开始试行劳动合同制，先后制定《连云港市实行劳动合同制暂行办法》和相关配套文件，召开全市推行劳动合同制度动员大会。此后又于1986年出台《关于贯彻执行国务院改革劳动制度四个〈暂行规定〉及省政府实施细则的意见》，提出并持续推行全员劳动合同制，推进集体协商和集体合同制度。至1996年底，全市城镇、集体企业签订劳动合同的职工达35.2万人，占职工总数的99.96%，基本确立劳动合同制度的主导地位。与此同时，全市劳动力市场、劳务中介机构兴起，企业用工自主权扩大，改变了以政府"统包统配"为主要特征的计划经济劳动就业模式，逐步形成并确立"国家宏观调控、企业自主用人、个人自主择业、市场调节供求、社会提供服务"的市场化劳动用工制度。劳动争议仲裁、劳动用工年检、劳动关系协调等项工作相继展开，劳动者合法权益得到保障，侵害职工合法权益的不良行为得到及时制止和制裁。

22年间，全市人事工作围绕经济建设和社会发展大局，逐步把工作重心从干部人事管理转向人才管理、人才开发上来，组织实施机构改革，推行国家公务员制度，推进事业单位综合配套改革，建立起较为科学的人力资源调控体系和运行机制，初步形成适应社会主义市场经济的人事工作体制，实现人事管理的科学化、规范化和制度化，为全市经济和社会事业的发展提供重要的人事、人才支撑。

第一章　劳动就业

1984年，连云港市试行劳动合同制，开始劳动就业制度改革。至20世纪90年代中期，基本确立劳动合同制度的主导地位，改变以政府"统包统配"为主要特征的计划经济劳动就业模式。大量劳动力涌入市场自主择业，一段时期内出现就业难的现象。市劳动部门加强劳动就业服务体系建设，加快职业技术培训步伐，促进城乡统筹就业，努力降低失业率。至2005年底，全市逐步形成"国家宏观调控、企业自主用人、个人自主择业、市场调节供求、社会提供服务"的劳动就业服务新模式。

1984～2005年，全市就业人数基本呈上升趋势。1984年，全市就业人员166.89万人，1990年突破200万人，以后稳定在210万人左右。2005年达227.6万人，比1984年增加60.71万人，增长36.38%。

三大产业从业人员就业结构随产业结构的调整而变化。1984年，全市三大产业从业人数之比为73∶14∶13，2001年改变为56∶20∶24，2005年为43∶26∶31。第一产业从业人员始终占比最大，但在就业总人数中的比重逐年降低。第二产业从业人员逐年增长，但增速缓慢，2004年超过50万人，达50.32万人。第三产业从业人员增长较快，2005年从业人员68.47万人，是1984年的3.3倍。

第一节　劳动就业制度改革

1984年12月，连云港市政府召开全面推行劳动合同制动员大会，开始在全市试行劳动合同制。会上印发《连云港市实行劳动合同制暂行办法》规定，此后新招工人一律实行劳动合同制，但退伍军人、退役优秀运动员及技工学校毕业生除外；合同制工人实行养老、待业、医疗等社会保险制度；招收合同制工人必须签订长期合同或短期合同，短期合同一般为3～5年，长期合同期限可订至6年以上直至退休年龄。

1985年5月开始，在国家统筹规划和指导下，连云港市实行劳动部门介绍就业、职工自愿组织起来就业和自谋职业相结合的“三结合”就业方针。

1986年7月，国务院下发《关于发布改革劳动制度四个规定的通知》。11月13日，市政府印发《关于贯彻执行国务院改革劳动制度四个〈暂行规定〉及省政府实施细则的意见》，对劳动、工资、保险三大制度进行全面改革。实行劳动合同制，推行工资总额与经济效益挂钩，实行职工退休费社会统筹，允许企业辞退违纪职工。废除企业招工“子女顶替”（即内招）办法，但矿山井下、海洋捕捞和盐业生产等企业“内招”办法暂不变。上述单位城镇户口的职工子女，也允许参加当地社会统一招工。至1990年底，全市签订劳动合同制工人5.91万人。其中，全民合同制工人4.89万人，占全民所有制职工总数的18.25%；集体合同制工人1.02万人，占集体所有制职工总数的8.97%。

1992年5月，连云港市开始推行全员劳动合同制。是年，选取连云港市外贸运输公司等5家企业试行。市劳动局成立劳动制度综合配套改革领导小组，先后研究制定《关于进一步搞活大中型企业的若干措施》《关于贯彻市政府〈关于深化企业内部配套改革若干意见〉的实施意见》。是年8月5日，市政府办公室转发市劳动局关于劳动工作简政放权、转换职能的意见，确立和扩大企业用工自主权，允许企业根据生产和工作需要，在国家政策和核定的用人计划内，在本地区城镇待业人员中自行招工，自主决定用工数量、形式、时间、对象、条件，面向社会公开招收，经全面考核后择优录用；允许不同所有制身份的工人在不同所有制企业间流动，同时简化工人调动手续，除跨省、市、县的工人调动需由市、县劳动行政部门审批外，市区工人调动和劳动合同制工人转移（转正定级后）手续，均由调出调入企业根据劳动部门有关规定直接办理。

图39-1　20世纪80年代中后期，工厂的用人制度开始改革，工人必须与企业签订劳动合同。图为集中签订劳动合同签字仪式。　赵鸣　摄

1993年，连云港市改革劳动力资源配置方式，确立企业是用人主体、劳动者是劳动主体的用工制度。企业在招收市区城镇户口待业人员时，不需逐级呈报招工计划，劳动部门也不再下达招工指标，而改为在年终统计时予以认可；改革工人身份由企业所有制限定的管理办法，规定企业无论属于何种所有制性质，其新招收的工人，只要与企业签订劳动合同、缴纳养老保险金、办理录用手续，均为企业劳动合同制工人，可在市区

内合理流动，不再按全民或集体区分个人身份。至年底，全市实行全员劳动合同制的企业达100多家。

1995年1月1日，《中华人民共和国劳动法》实施。市政府发布《连云港市劳动合同制度实施细则》，市劳动局印发《关于推动各类企业全面实行劳动合同制度的通知》，要求市内所有企业按照“先改制、后配套”的总原则，在年底前全部实行劳动合同制度，取消不同所有制企业职工的身份界限，取消用人单位内全民职工与集体职工、干部与工人、固定制职工与合同制职工的身份界限，各类人员全部由用人单位按照劳动合同制统一管理。8月14日，市政府召开贯彻实施劳动法大会，推动企业全面实施劳动合同制度。至年底，全市企业签订劳动合同的职工达29.8万人，占全市企业职工总数的93.77%。

1996年，根据劳动部和省劳动厅相关要求，连云港市开始在企业中推行集体协商和集体合同制度。是年，市劳动局、经济委员会、总工会联合印发《关于逐步实行集体协商和集体合同制度的通知》，选择市化肥厂、百货大楼等8家已实行现代企业制度的单位作为试点，召开全市企业实行集体协商与集体合同制度理论研讨暨经验交流会。是年，劳动合同制开始向乡镇企业、私营企业和个体工商户延伸。年底，全市签订劳动合同的国有、集体、外商投资企业的职工达35.2万人，签订率由1995年的93.77%上升到99.96%；全市机关、事业单位有87%的工勤人员签订劳动合同，全市乡镇骨干企业签订劳动合同的职工有1.91万人，私营企业签订劳动合同的职工有1225人。是年，市劳动局首次开展对各类用人单位的用工年审，印发《关于实施劳动用工年审制度的意见》，对劳动用工年审的实施步骤、范围、方法以及法律依据等作出详细规定。至2002年末，全市签订集体劳动合同的企业达1168家，其中国有和集体企业648家、外商投资企业206家、私营企业30家、乡镇企业180家，有104个乡镇签订区域性集体合同；涉及职工26万余人，覆盖面达各类企业职工的71.3%。

2003年6月，市劳动和社会保障局印发《关于进一步深化劳动保障用工制度改革的通知》，规定取消企业招工限制条件，取消劳动者就业和劳动关系转移限制条件，取消外来劳动力、农村劳动力和临时性用工审批计划，打破劳动者地区、城乡和身份限制，全面推行城乡就业一体化。

2004年，市劳动和社会保障局开始采取各种措施鼓励企业吸纳本地劳动力就业，鼓励农村劳动力进城工作。2005年，全市新增签订并鉴证劳动合同5.79万人，其中市区新增4.53万人，较2004年分别增长38.2%、29%。

第二节　城镇就业

20世纪80年代初，由于“文化大革命”期间城镇待业人员的累积和城镇新生劳动力的成长，以及“上山下乡”知识青年大批回城，连云港市出现就业难情况，城镇待业人员增多。市劳动部门通过兴办劳动服务公司、扶持集体经济事业发展、严格控制农民工等措施，扩大就业安置容量。1985年后，贯彻落实“三结合”（劳动部门介绍就业、自愿组织起来就业和自谋职业相结合）就业方针，调动社会各方面安置就业积极性。1988年，全市待业率降至2.2%。

1989年5月，市劳动局印发《关于进一步做好劳动就业工作的意见》，提出继续贯彻“三结合”就业方针以及整顿清理计划外用工的具体措施。

1990年，市劳动局组织人力对社会待业人员的数量、性别、文化结构、专业特长及地区分布等

图 39-2　大中专毕业生参加人才招聘大会
侍志　摄于2004年

进行调查登记。截至当年10月底，全市共有城镇待业人员2.6万人，其中16～25周岁2万人、26～50周岁5935人；市区有待业青年8963人，比1989年底减少4675人。

1991年，市劳动局印发《连云港市城镇待业人员登记管理细则》，确定待业登记的对象为：待业青年，包括初、高中和职业中学毕（肄）业生、未就业的“五大”毕（肄）业生、各类大中专院校中途退学的学生、国家不包分配的自费学习的大中专毕业生等；由就业转为待业的人员，包括被单位除名的职工、自动离职的劳动合同制工人、刑满释放及解除劳教人员等；社会闲散劳动力（年龄为男26～50周岁、女26～45周岁）。

1992年后，由于产业结构调整，各类企事业单位富余人员逐渐增多，城镇就业形势又趋严峻。连云港市各级政府和劳动行政管理部门实行城乡统筹就业政策，坚持农村劳动力就业离土不离乡、以就地消化为主；加快培育发展劳务市场，使劳动力资源配置方式尽快转向市场；努力发展第三产业，扩大就业容量；大力发展省内外和境外劳务输出，减轻社会就业压力。1993年，全市共安置1.2万名城镇待业人员就业，年末城镇失业率3.2%。1994年，全市共安置1.18万名城镇人员就业，年末城镇失业率降至2.7%。

1995年3月底，市政府召开全市劳动就业工作会议，提出打破城乡分割的就业局面，在保持城镇就业稳定发展的同时积极组织农村剩余劳动力向非农业领域转移，促进劳动力资源合理配置的城乡统筹就业基本方针。1996年，全市共安置1.26万名城镇各类人员就业，年末城镇失业率2.6%。1997年，全市安置1.41万人就业，其中市区6254人、四县7858人，年末失业率2.6%。

1984～2005年连云港市城镇职工就业结构统计表

表39-1　　单位：万人

年　份	职工人数	其　中		
		国有经济	集体经济	其他经济
1984	34.54	22.80	11.71	0.03
1985	36.32	23.96	12.33	0.03
1986	37.75	25.25	12.46	0.04
1987	39.56	26.92	12.50	0.14
1988	40.40	27.99	12.23	0.18
1989	41.01	28.21	12.45	0.35
1990	42.02	28.71	12.93	0.38
1991	43.28	29.65	13.12	0.51
1992	43.63	30.54	12.52	0.57
1993	45.48	32.19	12.40	0.89

续表 39-1

年　份	职工人数	其　　中		
		国有经济	集体经济	其他经济
1994	44.44	31.52	11.58	1.34
1995	45.02	32.42	10.99	1.61
1996	45.06	32.42	10.76	1.88
1997	44.76	32.74	10.20	1.82
1998	44.18	31.86	9.36	2.96
1998（新口径）	36.84	24.62	6.98	5.24
1999	34.72	23.69	5.95	5.08
2000	31.95	22.57	5.28	4.10
2001	29.64	21.22	4.12	4.30
2002	27.79	18.96	3.62	5.21
2003	26.84	17.47	3.27	6.10
2004	26.66	15.79	2.74	8.13
2005	27.97	15.75	2.43	9.79

说明：1998 年后数据中不含离开本单位仍保留劳动关系的职工

1997 年后，随着所有制结构调整，城镇劳动力加快由国有企业向“三资”企业转移、由公有制企业向非公有制企业转移。与此同时，出现大量职工下岗失业现象，失业率攀升。1998～2000 年，城镇登记失业人数维持在 2 万人左右，2002 年达到 3.1 万人，2003 年增加到 4.4 万人，2004～2005 年则保持在 5 万人左右，失业率也从 2% 上升到 4%，就业形势严峻。其间，一方面劳动力结构性矛盾日益突出，传统行业出现大量失业人员，大龄妇女和缺乏一技之长的劳动者再就业面临困境；另一方面，新兴产业、行业所需要的高素质、高技能人才供不应求。市、县劳动部门一方面通过“4050”人员（即女年满 40 周岁、男年满 50 周岁的下岗失业人员）摸底，实施岗位援助，发放再就业优惠证，政府购买岗位，推出“二帮一”再就业培训工程，协调有关部门出台《下岗失业人员小额担保贷款管理暂行办法》等措施，帮助困难群体再就业；另一方面，通过拓展岗位、落实政策、完善服务等措施，推进就业、再就业。2002 年起建立连云港市就业工作联席会议制度，原则上一季度召开一次，定期通报劳动就业工作中的重要情况和突出问题，研究制定相应政策措施，协调联席会议各组成部门工作。是年，全市劳动服务企业、社区就业实体、生产自救基地、小企业、私营企业开发就业岗位 1.44 万个。2004 年，东海县建成全省最大、功能先进的县级劳动力市场，全市有四星级劳动力市场 1 个、三星级劳动力市场 3 个。2005 年全市新增就业岗位 3.3 万个，城镇就业人员达 48.63 万人。

图 39-3　2005 年，全市城镇就业人员达 48.63 万人。图为人力资源市场招聘活动。　侍志　摄

第三节　农村劳动力转移就业

20世纪80～90年代，为缓解城镇就业难，连云港市对农村劳动力进城务工控制较严。1982年，市委发出通知，要求各单位对使用的农村进城务工人员进行清理，凡私招乱雇的一律清退。据统计，全市共有农村进城务工人员2.41万人，其中市郊区9569人、外地1.46万人，至年底共清退8855人，同时安置城镇待业人员7077人就业。1986年3月1日，市劳动局印发《关于对临时工、季节工的管理实施办法》，规定事业单位原则上不得使用临时工、季节工，各企事业单位確因生产工作需要使用临时工、季节工时，由单位申请，主管部门向市、县劳动服务公司申报，统一由市、县劳动服务公司组织调配，推行合同化管理，使用时间最多不得超过1年；招用农村进城务工人员的，须报市劳动局批准。1989年5月，市计划经济委员会、劳动局联合印发《关于清退全民所有制单位计划外用工的通知》，重点清理几年来计划外招收的农村进城务工人员。

1990年1月1日开始，连云港市对农村进城务工人员实行务工许可证制度。是年底，市区28家企事业单位共招用农村进城务工人员3642人，办理临时务工许可证3185人，办证率87.45%。

1992年，灌云县在全市率先组织农村劳动力进城务工。是年5月开始，灌云县劳动部门先后4次派人赴无锡调查了解对劳动力的需求情况，同时组织30余人分赴全县25个乡镇进行劳动力资源调查，并进行分类统计，建立劳动力个人档案，按1：2比例将输出指标分配到各乡镇进行初选，经严格把关挑选后，与需求方开展双向选择，择优录用。是年9月，灌云县向无锡市区的18家企业、无锡市郊区的13家企业及张家港市相关企业输送首批劳务人员545人。市劳动局在灌云县召开全市劳务输出现场研讨会，推介灌云县的做法。至年底，全市组织劳务输出6500余人次。

1993年，市劳动部门共为市内各企事业单位调配临时工9410人，办理农村劳动力进城务工许可证8713人次。赣榆县被确定为江苏省农村劳动力开发就业试点县。

1994年8月，连云港市召开职业介绍工作会议，把农村就业工作纳入培育和发展劳动力市场的大局中，从统筹规划城乡就业、开拓农村就业渠道、完善农村就业服务网络、提高农村劳动力素质以及政策导向等方面部署和推进农村就业工作。1995年，贯彻劳动部农村劳动力跨省流动就业管理暂行规定，实行全国统一的流动就业证（卡）管理制度。至年底，全市累计安排农村劳动力流动就业约20万人次。

图39-4　省、市劳动保障部门为外出务工农民解释政策　　侍志　摄于2002年

1997年3月10日，全市首次召开乡镇劳动管理工作会议，总结开拓农村就业途径、提高农村劳动者基本素质和技能、引导农村劳动力合理流动的经验。

2002年后，连云港市劳动保障部门加强协调组织，境内劳务输出持续快速增长。2002年8月初，连云港市、镇江市联合在新浦区举办劳动力专场招聘会，镇江市提供33家用人单位1728个岗位，共有7825人进场招聘，823人当场签订就业意向协议书。是年底，连云港市劳动和社会保障局印发《关于全面推进我市劳务输出和南北劳动力交流工作的通知》。截至2003年底，全市县域以外的劳务输出人员达59.17万人。市劳动和社会保障局在太仓、镇江分别设立劳务输出办公室。

2004年初，为加快推进城乡统筹就业、促进农村富余劳动力转移，市劳动和社会保障局组织有关人员对全市农村劳动力分布及就业状况开展调查。结果显示：全市有农村劳动力161.6万人，其中男性86.89万人，女性74.71万人；16～25周岁61.39万人，26～44周岁58.39万人，45周岁以上41.82万人；大专及以上2.91万人，中专及高中25.29万人，初中及以下133.4万人；从事第一产业69.16万人，在本地从事第二产业3.89万人、第三产业1.31万人；转移劳动力中，从事建筑业最多，占25.84%，其次是制造业、居民服务业，分别占17.67%和10.8%。全市农业生产实际需要劳动力58.04万人，剩余劳动力103.56万人。是年3月18日，市劳动和社会保障局采取市、县、区联动方式，举办南北挂钩万人创业就业招聘洽谈会。上海、南京、镇江、苏州、无锡、常州、扬州、南通等地用工企业及境外劳务中介机构142家单位提供75个工种11808个岗位，其中国内129家单位提供72个工种10773个岗位、境外13家单位提供16个工种1035个岗位。此后又不定期举办13场大型劳务输出洽谈会。农村劳动力转移持续快速增长。是年底，全市农村外出务工人员达76.9万人，当年农民外出务工收入总额达36亿元，外出务工使全市农村人口平均增收999.15元，占农民人均纯收入的28.54%。

2005年，市委、市政府出台《关于进一步做好农村富余劳动力进城务工就业管理和服务工作的意见》，取消对用人单位使用农村富余劳动力的行政审批，取消农民进城务工就业的职业工种限制，取消专为农民进城务工设置的登记项目，实行暂住证管理，把拖欠农村进城务工人员工资列入企业破产第一清偿程序，逐步建立城乡一体化的劳动力市场。开展以“树典型、送岗位、送政策、送温暖、创品牌、加快农村劳动力转移、促进社会经济全面发展”为主题的农村劳务输出“春雨行动”，提供岗位3.59万个；在全省率先全面推行农民培训券制度，将省农村劳务输出培训资金和市、县、区农村劳务输出专项资金全部用于发放农民培训券，总额超过700万元。是年，全市新增农村劳动力转移10.8万人；农村外出务工人员累计87.4万人，占全市农村劳动力总数的52.4%。

图39-5 2005年，连云港市首发全省第一张农民培训券，持券农民接受就业技能培训可减免费用。 侍志 摄

第四节 再就业工作

1993年，连云港市劳动局在海州区举办全市首次待业职工转岗训练班。是年登记待业职工1002人，重新就业380人。1994年后，待业职工人数增长加快，是年底全市失业职工有近8000人。

1995年，连云港市开始实施再就业工程。市政府成立以常务副市长为组长的全市再就业工程领导小组，印发《连云港市实施再就业工程暂行办法》；召开全市劳动就业工作会议，着重部署实施再就业工程和农村劳动力开发就业与有序流动工作。是年，通过开展转业转岗训练、帮助困难企业职工进行生产自救、利用失业保险基金扶持失业职工再就业等方法，使3000余名企业富余人员得到分流安置、409名失业职工走上新的就业岗位、813名下岗职工获得转业转岗培训、2000余名下岗职工从事个体经营和私营经济。

1996年后，全市失业职工和企业隐性失业人员日益增多，其中女职工失业问题突出。至1996年第一季度，全市破产、停产、半停产企业有81家，涉及职工1.58万人。另有职工因本人合同期满或其他原因被企业辞退或除名，或是职工因长期病假或其他原因离岗，待其恢复工作后已无合适岗位而下岗。据市劳动局开展的调查统计，是年全市下岗职工2万余人，其中女职工8200多人，占41%以上。1997年，连云港市被劳动部确定为女职工下岗与再就业状况抽样调查样本城市，云台农场、新海发电厂、天晴制药总厂等35家企业被抽选为样本企业。

1998年，全市企业职工下岗达到高潮。是年7月底，全市下岗职工累计达5.09万人，占职工总人数的15.6%。下岗率超过10%的有6个县、区，分别是赣榆县22.6%、灌云县21.6%、连云区17.4%、云台区14.7%、开发区13.2%、新浦区13%；市属各工业公司（局）中，下岗率超过10%的有12家（个）：连云港市轻工业公司41.6%、连云港市纺织工业公司34.7%、连云港市皮塑工业公司33.3%、连云港市电子工业公司31.9%、连云港市化工工业公司28.1%、连云港市锦屏磷矿26.5%、连云港市建筑总公司25.6%、连云港市机械工业公司25.1%、连云港市供销总社23.5%、连云港市贸易局20%、连云港市建材工业公司19%、连云港市交通局14.5%。市委、市政府对此高度重视，召开全市国有企业下岗职工基本生活保障和再就业工作会议，印发《关于切实做好国有企业下岗职工基本生活保障和再就业工作的通知》，要求各企业裁员和下岗人数一定要控制在职工总数的10%以内；现役军人家属、烈属，市级及市级以上劳动模范，残疾人或因工伤残者，夫妻双方有一方失业或下岗者，女职工在孕期、产期、哺乳期者，原则上不得安排下岗；凡有下岗职工的企业均要建立职工再就业服务中心，保障下岗职工基本生活。市劳动局建立解困与再就业工作领导小组，并组织近百名相关工作人员对国有和集体企业职工下岗情况进行调查。市劳动局、人事局、财政局、经济委员会等单位连续印发《关于为保障企业下岗未就业职工基本生活筹集资金的通知》《关于建立对市属企业下岗职工基本生活保障和再就业工作督查制度的通知》《关于认真做好下岗职工基本生活保障资金审定和拨付工作的通知》《关于印发〈连云港市再就业基地管理办法〉的通知》《关于实施“三年五万”再就业培训计划的通知》等文件。至年底，全市2.32万名职工实现再就业，再就业率51.6%；下岗职工再就业培训率93.6%；未实现再就业的下岗职工2.18万人，下岗率降至6.5%。有下岗职工的国有和集体企业建立再就业服务中心（站）892个，未实现再就业的下岗职工全部进入服务中心，按期领取基本生活费。是年6～12月，全市发放下岗职工生活费及代缴保险费累计2897.2万元。

图39-6 2004年，市劳动就业部门开展“零就业”家庭免费技能培训。 侍志 摄

1999年，市劳动部门开始对下岗职工实行就业登记证和下岗职工自谋职业信息证“双证”管理。是年，全市实现再就业的下岗职工1.63万人，再就业率51.26%，其中自谋职业从事个体经营的7949人、占再就业总人

数的48.75%；年末尚存下岗职工1.55万人，下岗率4.63%。

2001年，市政府开始实施社区就业工作三年规划，出台对从事社区就业的下岗失业人员的税费减免政策。市劳动和社会保障局发布《连云港市再就业培训定点单位管理暂行办法》《连云港市再就业培训补贴申请程序及补贴办法》。自7月开始，市劳动和社会保障局会同经贸、财政、工商、税务、民政、工会、妇联、共青团、残联等部门，在全市范围内开展再就业援助行动。是年，全市新增下岗职工1974人，12月末全市尚在各企业再就业服务中心的下岗职工共7224人，下岗率2.3%；实现再就业5015人，再就业率40.98%。

图39-7　台北盐场下岗失业人员专场招聘会
吉志强　摄于2002年

2002年后，再就业工作重点向特困群体倾斜。是年1月，市劳动和社会保障局在云台宾馆召开“心连心”结对帮扶特困职工动员大会。7月，市政府出台《关于促进下岗、失业职工中特困群体再就业工作的意见》，提出6项援助措施。是年，全市下岗职工再就业4822人，再就业率68%，其中帮助夫妻双下岗等特困群体再就业161人。

2003年4月，市劳动就业管理处设立“4050”电话求职服务专线，全天候开通，专门帮助下岗失业人员中“4050”困难群体再就业。

2004年初，市劳动和社会保障局对全市特困家庭户情况进行摸底调查。调查显示，截至是年一季度末，全市共有特困家庭5626户，其中新浦区749户、海州区210户、连云区474户、开发区193户、赣榆县1384户、东海县960户、灌云县906户、灌南县750户。调查完成后，编印《连云港市特困家庭户人员花名册》分发至各县、区劳动就业机构。编制《连云港市市区“4050”人员花名册》，详细记录市区1309名（其中男413人、女896人）“4050”人员的姓名、性别、年龄、文化程度、家庭住址、转岗培训意向、再就业意向等。全年全市累计发放再就业优惠证2.78万份，减免下岗失业人员各种税费2985.9万元，其中免收行政收费89.4万元、减免税收1013.6万元，发放社会保险补贴820.1万元、岗位补贴200.6万元、职业介绍补贴175万元、再就业培训补贴647.2万元，援助小额担保贷款40万元。再就业人数快速增长，全市有2.52万人实现再就业，其中“4050”等特困群体4300人。

2005年，全市下岗失业人员实现再就业2.75万人，其中“4050”人员3400人；年末城镇登记失业率4.13%。

1998～2005年连云港市城镇失业人员就业情况统计表

表39-2　　单位：人

年　份	年末实有登记失业人数	失业人员就业人数	登记失业率（%）
1998	21590	12235	2.04
1999	21965	12376	2.12
2000	20395	11358	2.04

续表 39-2

年　份	年末实有登记失业人数	失业人员就业人数	登记失业率（%）
2001	26944	11266	3.14
2002	31233	12937	4.30
2003	43561	17943	4.20
2004	51078	25166	4.29
2005	49350	27509	4.13

第五节　就业服务

一、劳动就业服务体系

劳动就业管理机构　1980年，连云港市劳动就业管理处的前身——连云港市劳动服务公司建立，其主要职能为安置城镇待业青年就业。城区各街道办事处也相继建立劳动服务公司或劳动服务站。自1982年起，市内各行业主管局（公司）和市各直属单位纷纷建立本系统或本单位的劳动服务公司。至1990年末，全市经劳动行政主管部门批准建立的劳动服务公司54家，初步形成以安置待业青年就业为主，为生产和生活服务的劳动服务公司网络。但此类劳动服务公司以后逐步演变为经济实体，失去就业服务功能。

1991年1月15日，连云港市劳动服务公司更名为连云港市劳动就业管理处，各县、区劳动行政部门设置的劳动服务公司也随之更名为县、区劳动就业管理处，均为全民事业单位。城区各乡、镇、街道办事处劳动服务站同时更名为就业管理站，为集体事业单位。

1997年3月10日，全市乡镇劳动管理工作会议召开。是年，各乡镇劳动管理服务机构统一定名为乡镇劳动所或乡镇劳动管理服务所。是年底，全市除新浦区外的122个乡镇、街道全部建立劳动所或劳动管理服务所，共配备专、兼职工作人员246人，承担管理本乡镇农村劳动力和外来劳动力、组织本乡镇劳务输出、开展职业介绍和就业培训以及劳动业务咨询、工资管理、社会保险、企业职工交流、劳动力资源调查统计等职能。

图 39-8　农村进城务工人员返乡创业汇报会
俞德春　摄于2001年

2005年，市劳动就业管理处建成计算机中心机房，与市区27个街道、123个社区的劳动服务站实现联网互通，形成就业信息服务网络。

职业介绍机构　1992年12月《连云港市职业介绍工作暂行办法》出台。1993年2月10日，连云港市职业介绍所成立。此后，各县、区职业介绍机构相继成立。

1994年8月17日，全市职业介绍工作会议召开，提出培育和发展劳动力市场、强化劳动就业服务、尽快形成市场就业新格局的要求。是年，审批非劳动部门职业中介机构5家，在市内各行业聘用职业介绍信息员132人。

1995年3月，市职业介绍所更名为连云港市职业介绍服务中心。至年底，市、县、区劳动部门建立职业介绍机构8家，乡镇、街道劳动就业服务站103个，另有经劳动部门批准建立的社会职业介绍机构11家，初步形成全市性的职业介绍网络。各职业中介机构全年共接待求职登记8.7万人次，安置城镇失业人员11785人就业。其中，市区安置5449人；东海县、赣榆县、灌云县各安置2130人、1828人、2378人。

图39-9　连云港市劳动保障部门通过进乡进村"大篷车"，向外出务工农民发放外出务工指南，提供岗位信息、技能培训信息。　侍志　摄于1995年

1996年，伴随着下岗失业人员增多和就业难，全市劳动力市场出现用工介绍机构鱼龙混杂的现象。市劳动局先后对非劳动部门职业中介机构经营活动进行3次检查清理，依法取缔无证无照非法职业中介机构10家，收回职业介绍许可证1家，责令停业整顿1家，3家自行解散，非法中介活动得到遏制。

2000年4月，市劳动、公安、工商行政管理等部门再次对全市职业中介机构进行清理整顿，依法取缔11家非法职业中介机构，对已领取职业介绍许可证的合法职业中介机构逐家进行规范整顿。8月下旬，市劳动部门在市委党校举办全市职业介绍资格培训班，考试成绩合格者发给全省统一的职业介绍资格证书。

2002年，全市着力加强职业中介机构内部建设，提高职业中介水平。全市有各类职业介绍机构116家，其中由劳动保障部门办的公共职业介绍机构93家、非劳动保障部门（包括公民个人）办的职业介绍机构23家。有专、兼职信息员82人，会员制单位104家。全年全市有3.74万人次在各类职业介绍机构登记求职，职业介绍成功率63.6%。

2005年，全市各类职业介绍机构达到126家。

劳动力市场　1993年6月8日，市劳动局举办首次劳务洽谈会，市区22家用工单位和各类求职人员签订意向性用工协议53份，收到求职登记表133份。

1996年10月，连云港市劳动力市场建成投入使用，总面积4464平方米，其中劳动力交流大厅面积686平方米、可容纳1000余人同时交流洽谈；交流大厅设置就业咨询、求职登记、招工招聘、合同鉴证、代保管档案等10个服务窗口，为求职者提供"一条龙"服务。市政府发布《连云港市劳动力市场规则》和《企业职工人事档案寄存办法》等管理规定。是年有59家企业先后进场招工，进场洽谈就业的劳动者达7580人次，975人被各类企业录用。

1999年，市劳动局、工商行政管理局联合成立连云港市劳动力市场管理办公室，负责劳动力市场的日常监管工作。是年，市劳动力市场管理办公室发布《关于加强我市劳动力市场管理的通告》，规定凡从事私营企业雇工和各类职业中介的单位和个人，必须到市劳动就业管理处劳动力市场管理办公室办理登记、验证手续，换发新的职业介绍许可证，之后凭职业介绍许可证到工商行政管理局办理营业执照。

2000年，市劳动力市场信息网开通，市与区实现劳动力供求信息实时联网，市与县实现供求信息电话拨号联网。市劳动局出台《连云港市劳动力市场管理办法》《连云港市职工档案托管和劳动保障事务代理管理办法》，建立劳动力供需信息资源库，打击非法职介行为。是年，全市劳动力市场发布招工信息643条，提供就业岗位6400个，4800人通过劳动力市场实现就业。

2003年，全市共组织就业专场招聘会87场，其中市、县、区联动大型招聘会5场；有2.6万余人次进场求职，1.24万人次下岗失业人员登记求职。

2004年，赣榆县、东海县、海州区、连云区劳动力市场相继建成投入使用，其中东海县劳动力市场为全省面积最大、功能最先进的县级市场。是年，全市各劳动力市场举办就业、再就业专场招聘会88场，其中市、县、区联动大型招聘会9场；共有4.3万余人次进场求职，2.91万余人次下岗失业人员登记求职。

2005年，市劳动力市场组织就业、再就业专场招聘会76场，其中大型招聘会5场；共有11.4万人次进场求职，为3.9万人次下岗失业人员进行免费求职登记。

二、职业培训

20世纪80年代初，连云港市开始在城镇待业青年中试行"先培训后就业"制度，职业培训机构发展加快。1988年起，实行工人技术考核制度、职业技能鉴定制度和职业资格证书制度，职业培训进入法制化、正规化渠道。至2005年底，全市建立省级高技能人才培训基地2个、市级高技能人才培训基地8个、各类技工院校5所、就业训练中心8个、国家职业技能鉴定所（站）25个，另有民办各类职业培训机构135家，初步形成职业技能培训、职业技能鉴定和技工学校教育的完整体系。

就业前培训 20世纪80年代初，连云港市开始实行先培训后就业、先培训后上岗制度，推行就业前培训。初期培训重点主要为城镇待业青年。1984年，市劳动局发文规定，就业前培训时间一般为半年至一年，最长不超过两年。1986年11月，连云港市职业技术培训中心成立，隶属市劳动局，其主要职能为统筹规划就业前培训。1988年，开始执行江苏省劳动局关于就业培训中心培训期限的规定：熟练工种不少于半年，技术工种不少于一年；培训内容主要是专业理论和技能训练，以技能训练为主；培训形式一般有定向培训、企业自行培训、委托代培、联合培训等。至1990年底，全市建立职业中学25所、就业训练中心8个，另开设会计、机械、纺织、工艺、加工、烹饪、服务员、幼儿教师、锅炉工等70多个工种的就业前培训班404个，培训结业1.11万人，培训生当年就业率95%以上。

1993年，全市举办各类就业前培训班70个，培训人数3412人，其中11个工种的2695人培训结业，另有3010名待业青年经劳动就业指导培训后领取合格证书。

1994年，连云港市施行首次职业中学全市统考。是年，在市内有条件进行技术等级考核的13所职业中学设立4个不同工种的职业技能鉴定站(点)。是年，农村劳动力培训开始纳入就业前培训体系，各县劳动行政部门依托乡镇劳动服务站建立培训基地，打破城乡界限，开展劳务输出人员的输前培训。灌云县劳动局先后举办机械加工、缝纫纺织等专业培训班，并增设法律常识、职业道德教育等课程，500余名乡镇富余劳动力接受培训。

1996年，全市开始实行就业上岗准入制度，市政府出台《关于从事技术工种劳动者就业上岗前必须进行培训和技能鉴定的意见》，要求从事技术工种的劳动者就业上岗前必须经过培训并实行职业资格证书（技术等级证书）制度，未经培训或经培训但未取得职业资格证书（技术等级证书）者不得上岗从事技术工作；各类培训实体的毕（结）业生，培训期满的学徒和转业转岗人员，须经职业技能鉴定机构考核鉴定，并取得职业资格证书（技术等级证书）或岗位合格证书后方可就业和上岗；职业介绍机构和用人单位必须凭职业资格证书（技术等级证书）或岗位合格证书推荐办理就业上岗有关手续。

1997年后，就业前培训的重点逐渐转移到失业和下岗职工的转业转岗培训和创业培训。是年7月14日，市劳动力市场交易大厅举行首期城镇失业职工转业培训班开学典礼，该期培训共设置电脑、营养员、汽车修理、装潢、缝纫5个专业，学员587人。是年，连云港市开始试行劳动预备制度，对城镇新生劳动力即普通中学初、高中毕业未能升入高一级学校学习且有就业愿望的青年，有计划、按步骤追加半年至3年的职业培训和相关教育，取得相应的职业资格后实现就业。是年9月10日，市内首期劳动预备制度试点班在灌南县职业培训中心开学。该期试点班开设机械、文秘2个专业，招收学员80人，培训期满经考核达到中级工标准的，发给中级技术等级证书。

图 39－10　连云港市农村劳动力转移前技能培训教学实习现场　　侍志　摄于1997年

1999年4月，市劳动局、人事局、财政局、民政局和连云港警备区政治部联合举办的首期驻连云港部队干部家属就业再就业培训班在市就业训练中心开学。该班实行免费培训，有49名军嫂参加，为计算机文字录入处理技能培训，时间3个月。

2000年，市政府印发《关于发布连云港市实行就业准入控制的职业目录及有关问题的实施意见的通知》，开始全面推行职业准入制度，对66个职业严格实行准入控制。全年共举办各类职业技能培训班42个，累计培训各类人员8000余人；经考核鉴定，7588人获职业资格证书，包括初级工3176人、中级工3808人、高级工293人、技师303人、高级技师8人。

2003年，全市农村劳动力培训重点拓展建筑、纺织、食品加工、水产营销、水产育苗等特色产业的技能培训。是年底，全市建成各类培训基地65个，培训项目20余种，形成赣榆县马站乡的保安培训输出基地、东海县劳动局培训学校的缝纫工出国劳务培训基地等品牌。

2004年，市劳动和社会保障局、财政局等部门联合出台《关于加强农村劳务输出专项资金管理的意见》，明确由市财政每年按全市农业人口人均0.1元标准安排，县、区财政每年分别按本地区农业人口人均1元、2元标准安排该项资金；地方财政安排资金与省安排的促进农村劳务输出培训补助资金共同组成农村劳务输出专项资金，由市、县、区农村劳务输出协调小组扎口管理、统筹使用，各级劳动就业管理机构具体经办。该项资金主要用于补贴农民应缴的职业技能培训费，重点补助接受职业技能培训的贫困户，农村未能升学的初、高中毕业生和失地农民。

2005年，市有关部门广泛开展就业前培训、职业技能培训和转业转岗培训，形成以劳动保障部门为主，工、青、妇、组织、人事、残联、企业主管部门和社会培训机构广泛参与的培训格局。全市共组织各类职业技能培训22.84万人次，其中下岗失业人员1.8万人、劳动预备制学员2.76万人。

在职职工培训　20世纪80年代初开始，随着各类产业结构的调整重组和科技水平的提升，全市在职职工技术培训力度不断加强，内容更加丰富，培训标准明显提高。1984年，市内部分企业开始进行中级技术培训试点。1986年开始培训企业班、组长。自1988年开始，市劳动局先后在机械、纺织、轻工、港务局等行业系统举办高级工培训班。1991年9月25日，连云港港务局在全市国有企业中首家举办的中级技工培训班结业，该班46名学员均为港务局所属各工区、公司生产第一线工人，年龄最小23岁、最大50岁，40人获连云港市工人技术考核委员会颁发的中级技术等级证书。

1993年，市劳动局、经济委员会、邮电局及连云港市用户交换机管理委员会，联合对全市用户交换机工作人员进行培训考核。至“八五”计划期末，连云港市在市机械、商业、粮食、交通等行业共培训学员1800人，全市初、中、高级技术工人的结构比例由1990年的75∶23∶2提高到67∶30∶3，基本形成较为合理的高、中、初级技工“三结合”和技能、技巧、管理“三结合”的培训格局。

1996年，全市职工培训基地建设稳步发展，各县、区劳动部门和各企业主管部门都建立了相对独立的职工培训和实习基地；培训质量明显提高，基本达到规范化要求。市劳动局组织编写《营业员培训教材》《驾驶员实训教材》《考评员培训教材》等各种培训教材，建立办班许可证和招生广告许可证制度，规范培训、考核和发证工作程序。9月1日《中华人民共和国职业教育法》颁布后，在职职工培训重点转为岗位技能培训。1997年，全市各级就业训练中心先后举办初、中、高级技工培训班57个，培训人数3570人，涉及机械、电子、纺织、注塑、商业、餐饮、旅游、驾驶、理发、服务等工种。

2000年，连云港市开始允许社会力量举办职业培训机构，是年有25家非劳动部门举办的培训机构获得市内首批社会力量办学许可证。至2002年底，非劳动部门举办的职业技能培训机构达43家，拥有专职教职员300余人、兼职教职员260余人，当年开展的各类职业技能培训总量超过2万人。是年，全市技术工人技能等级初、中、高比例达40∶53∶7，参加岗位技能培训的企业职工达6.1万人，岗位培训面达78.6%。

2004年，连云港市职业培训指导服务中心挂牌运行。2005年，全市经劳动部门审批的民办职业培训机构有89家，设置40多个工种，年培训能力约5万人。培训项目拓展到数控铣工、加工中心操作工、营养配餐师等专业。全市组织各类职业技能培训22.84万人次，其中各企、事业单位在职职工培训6.2万人次。

技工培训　1984年，连云港市有3所技工学校，分别是连云港港务局技工学校、连云港市建筑技工学校和连云港市锦屏磷矿技工学校。1986年2月，江苏省粮食技工学校由淮阴迁入。1989年4月，江苏省盐业技工学校开办。至1990年底，市内5所技工学校设置13个专业，教学以生产实习教学为主，生产实习课时约占总课时的50%～60%，理论课时约占40%～50%。

1991年5月，市劳动局颁发《连云港市技工学校毕业生实行技术等级考核实施办法（试行）》，规定凡1988年以后按国家计划招收并经劳动部门批准入学的技工学校毕业生，均要实行毕业证书和技术等级证书制度。

1992年，经江苏省政府批准，在灌云县职业中学基础上组建灌云县技工学校。1993年，连云港市首次对新招收的技校生实行全市文化基础理论课会考。1995年6月，市劳动局组织4所职业中学的50名应届毕业生参加五级车工、钳工全省统考，其中12人获五级工证书。11月中旬，在省劳动厅组织的合格技校评估检查中，市内5所技校均被评为合格。

1996年10月，省政府批准建立连云港市技工学校，由市劳动局管理。该校于2002年7月和连云港市建筑技工学校、连云港市建筑职工中等专业学校合并，对外称连云港市高级技工学校，改由连云港市教育局管理。

自1997年起，连云港市对各技工学校、职业中学、职业中专毕业生的技术等级实行全市统考。1998年，在各技工学校和职业中学中开展规范化教学管理活动，在省劳动厅组织的检查评估中，省粮食技工学校被评为示范学校，港务局技工学校被评为优秀学校，其余为合格学校。1999年，经劳动部批准，江苏省粮食技工学校更名为江苏省经贸高级技工学校。

2000年后，技工学校实行“自主招生、登记入学、宽进严出、逐级分流”政策，开放招生市场。是年，全市技校招生906人，完成招生计划的91%；应届毕业生1056人，安置就业902人，安置率85.42%。2001年首次开展春季招生工作，全年全市技校招生960人，其中市技工学校春、秋两季共招生233人。2002年，江苏省经贸高级技工学校经省劳动和社会保障厅同意，增挂“江苏省经贸技师学院”牌子。

2004年8月，连云港港务局技工学校更名为连云港港口技工学校。是年，江苏省经贸高级技工学校通过ISO 9001：2000质量管理体系认证。

2005年，全市6所技工学校共设置专业43个，有3所学校开办高级技工班；共有在校生6889人，教职员工2860人。1985～2005年，全市各类技校累计毕业学生2.27万人。

职业技能鉴定　1988年，连云港市开始恢复工人技术考核制度。1989年4月，连云港市工人技术考核委员会建立，办公室设在市劳动局，开始组织市内各企事业单位中工人的技术考核、技师考评和核准发证工作。1990年2月，市劳动局、计划经济委员会、人事局及总工会联合印发《连云港市实行技师聘任制实施办法》，确定连云港市机床厂、锦屏化工厂、纺织厂、涤纶厂、火柴厂5家企业为首批工人技师聘任制试点单位。1991年，在市属机械行业和连云港港务局评聘首批工人技师39人。1989～1992年，全市组织27个工种849名工人的考核鉴定，有672人获市工人技术考核委员会办公室颁发的高级技术等级证书。

1992年，连云港市开始实行职业中学（班）毕业生技术等级考核制度，合格者由市工人技术考核委员会办公室发给技术等级证书。

1993年，技师评聘工作全面实施。市劳动局制定印发《关于加快我市技师聘任制工作的通知》和《关于工人技师培训考核管理实施意见》等文件。是年底，对具备申报技师条件的近700名高级工组织考评，聘任工人技师398人。

1994年5月，根据劳动部职业技能鉴定规定，连云港市在4所职业中学设立首批职业技能鉴定站。其中，连云港市商业中等专业学校负责全市商业经营类和服务业的初、中级鉴定；连云港市职业教育中心负责全市机械类通用工种、文字信息处理工和化工类中级资格鉴定及新浦、海州、云台地区的初级资格鉴定；市延安中学负责全市服装、裁剪、缝纫工、财会和电焊工类中级资格鉴定及新浦、海州、云台地区的初级资格鉴定；市大港职业中学负责连云地区的文字处理工、服装、裁剪、缝纫工及财会人员的初、中级资格鉴定。锦屏职业中学、东辛农场职业中学、赣榆县职业中学、东海县职业中学、灌云县职业中学获得设立职业技能考核点资格，负责组织规定范围内毕业生初级技术等级的考试考核和报考中级技术等级毕业生的推荐工作。至年底，先后开展汽车驾驶、汽车修理、化工分析、商业营销、文字信息处理等10个专业50多个工种的职业技能鉴定；全市有1.05万名技术工人通过考核取得全国通用的技术等级证书。

1995年初，连云港市开始实行职业技能鉴定社会化管理，市内首批12个国家职业技能鉴定所成立，涉及计算机、中式烹调、中式面点、汽车修理、农业机械修理等20多个专业。是年，市劳动局、计划经济委员会、总工会、团市委、妇联联合举办全市车工、钳工、中式烹调、餐厅服务4个工种技能竞赛，对各工种评选出的前十名选手授予“技术能手”称号。在全市已被评聘的1055名技师和已获初、中、高级技术等级证书的2万余名技工中，评选十佳优秀技师和十佳优秀技工。是年8月16～18日，市劳动局举办首期职业技能鉴定考评员培训班，158人通过考试取得职业技能鉴定考评员资格。

1998年起，各技术工种的职业技能鉴定实行逐级培训和考核鉴定，职业技能培训的申报资格由培训单位和鉴定机构实行两级审查。是年，在江苏省第三届烹饪技术比赛中，连云港市贸易系统代表队的10名选手获4金、5银、1铜。在1998年度全省青年岗位能手评选中，连云港港务局第三港务公司机械队的丁士兵被授予“江苏省杰出青年岗位能手”称号，连云港市白集煤矿的张长迎、交通部三航五公司路桥公司的史美桥、赣榆县电信局的王胜、新浦区环境监理大队的李涛被授予“江苏省青年岗位能手”称号。至1998年底，全市有4.56万人获得各种职业资格证书。

1999年，开始规范职业资格证书管理，停止核发办理技术等级证书、技师合格证书、高级技师合格证书，统一更改为核发职业资格证书。7月1日起启用劳动和社会保障部统一印制的职业资格证书。根据劳动和社会保障部《关于开展技师考评社会化管理试点工作的通知》要求，实行技师资格认定与聘任分开，先在中式烹调师等10个专业中试行。技师资格认定采取考、评结合方式，分为技能鉴定和综合评审两部分；对取得技师资格的人员，由用人单位根据生产经营实际需要，予以聘任，签订技师聘任合同。

至2000年底，全市建立24家国家职业技能鉴定所，拥有491名国家技能鉴定考评员。2001年，技师考评社会化管理范围扩大，在省政府公布的95个就业准入控制专业工种中全面展开。2003年，职业技能鉴定实行考核与培训分离，健全鉴定机构评估制度，规范鉴定考务管理，市劳动局对各鉴定所（站）进行治理整顿，撤销9家不符合要求的鉴定所（站）。

2004年后，连云港市启动实施“技能振兴行动”，对企业急需的技术技能型、复合技能型和知识技能型等高技能人才加大培训考评力度。2005年，全市评聘技师和高级技师467人。全市有职业技能鉴定所（站）21个。至2005年底，全市累计颁发各类职业资格证书14.1万人次，其中初级工5.18万人次、中级工6.92万人次、高级工1.57万人次、技师4297人次；技术工人持证率达68.2%，初、中、高级持证比例为37∶49∶14。

1989～2005年连云港市颁发各类职业资格证书人次统计表

表39-3　　　　单位：人次

年　份	初级工	中级工	高级工	技师、高级技师	合　计
1989	1036	1976	482	—	3494
1990	1682	2306	544	—	4532
1991	2674	2782	702	39	6197
1992	2846	2632	686	232	6396
1993	2246	2762	963	398	6369
1994	2642	2946	873	605	7066
1995	2496	3072	928	522	7018
1996	2372	2847	782	326	6327
1997	2123	2774	326	153	5376
1998	2382	2976	424	236	6018
1999	3294	4317	468	296	8375
2000	3176	3808	293	303	7580
2001	3284	3968	964	352	8568
2002	3607	4025	1082	94	8808
2003	4839	7697	1882	132	14550

续表39-3

年 份	初级工	中级工	高级工	技师、高级技师	合 计
2004	4201	8258	2028	142	14629
2005	6902	10088	2210	467	19667
合 计	51802	69234	15637	4297	140970

2005年连云港市职业技能鉴定所(站)一览表

表39-4

序号	承建单位	鉴定所名称	批准成立年月	鉴定范围	鉴定级别
1	南化连云港碱厂	连云港碱厂职业技能鉴定站	1994.10	化学分析工、化工操作工等	初、中、高级
2	江苏省经贸技师学院	连云港市金谷国家职业技能鉴定所	1995.03	粮油食品制作工，车、钳、电、数控车工等	初、中、高级
3	灌云县劳动局	灌云国家职业技能鉴定所	1995.03	钳、电、车、缝纫工等	初、中级
4	连云港市延安职业中学	连云港市延安职业中学国家职业技能鉴定所	1995.03	商业美工、收银员，车、钳、电、数控车工，化学检验工等	初、中、高级
5	连云港市交通局	连云港市交通国家职业技能鉴定所	1995.03	汽车驾驶员、汽车维修工	初、中、高级
6	连云港市技工学校	连云港市兴建国家职业技能鉴定所	1995.03	车、钳、电工，数控车工、瓦工、管道工、装饰装修工	初、中、高级
7	连云港港务局	连云港市港埠国家职业技能鉴定站	1995.03	港口装卸工、港口装卸机械修理工等	初、中、高级
8	东海县劳动局	东海国家职业技能鉴定所	1995.07	钳、电、车、数控车工等	初、中级
9	赣榆县劳动局	赣榆国家职业技能鉴定所	1995.07	钳、车、电、瓦工等	初、中级
10	连云港市旅游局	连云港市涉外宾馆国家职业技能鉴定所	1996.07	餐厅服务、客户服务员，西式面点师等	初、中、高级
11	连云港市农机局	连云港市农机行业国家职业技能鉴定所	1997.12	农机修理、农机驾驶等	初、中、高级
12	连云港市就业训练中心	连云港市劳动国家职业技能鉴定所	1998.12	车、钳、电、数控车、加工中心操作工，中式烹调面点师、美容美发师等	初、中、高级
13	灌南县劳动局	灌南国家职业技能鉴定所	2000.06	钳、电、车、电焊工等	初、中级
14	连云港市职业技术学院	连云港市职业技术学院国家职业技能鉴定所	2000.06	车、钳、电、数控车工，化学检验师，服装设计师等	初、中、高、技师级
15	连云港广播电视大学	连云港电大国家职业技能鉴定所	2003.05	计算机操作员、电子商务员、维修电工等	初、中、高级
16	连云港市自来水公司	连云港市水行业国家职业技能鉴定站	2003.05	净水工、水暖工、水质检验工、供水管道工、寻线听漏工、供水调度工等	初、中、高级
17	连云港大港职业高级中学	连云港大港职中国家职业技能鉴定所	2003.05	计算机操作员，车、钳、电、数控车工，缝纫工，中式烹调、中式面点师等	初、中、高级
18	连云港市旅游学校	连云港市旅游学校国家职业技能鉴定所	2003.05	客房服务、餐厅服务员，中式烹调、中式面点师等	初、中、高级

续表 39－4

序号	承建单位	鉴定所名称	批准成立年月	鉴定范围	鉴定级别
19	淮海工学院	淮工国家职业技能鉴定所	2003.06	测量放线、车、钳、电、数控车工等	初、中、高级
20	黄海机械厂	黄海机械厂技能鉴定站	2003.08	机械加工、电工、电焊工等	初、中、高级
21	连云港财经高等职业技术学校	连云港财经国家职业技能鉴定所	2005.04	计算机操作员、计算机网络管理员、网页创作员、营销员等	初、中、高级

第二章　劳动管理

20世纪80年代中期，在以搞活企业为中心环节的经济体制改革中，连云港市城镇国有、集体企业用工自主权逐步扩大，劳动用工由计划安排和指标控制逐步向市场配置转变，劳动计划（包括国家指令性计划和指导性计划）随着劳动用工制度改革的不断深化而逐渐缩减，至1993年基本取消。劳动合同制普遍推行，农村劳动力进城就业的各种政策性限制被废除。

1986年11月，连云港市劳动仲裁委员会成立，中断30年的劳动争议仲裁工作开始恢复。20世纪90年代中期，市劳动监察机构成立，用人单位与劳动者签订劳动合同情况、劳动者的工资保障情况及职工享受保险福利等情况开始纳入监察检查范围。

第一节　劳动计划管理

1984年后，劳动计划（包括国家指令性计划和指导性计划）管理，随着劳动用工制度改革的不断深化而逐渐缩减。

1986年，连云港市劳动局印发《关于对临时工、季节工的管理实施办法》，要求对市区各单位使用的40371名临时工、季节工、农村进城务工人员进行普查清理，计划外用工一律签订短期合同并报劳动行政部门审批，禁止私招乱雇。矿山井下、野外勘探、海洋捕捞、盐业生产4个行业的“内招”职工子女政策，以及1957年底前参加工作、家居农村的老工人退休后允许其1名农村适龄子女顶替政策仍保持不变，统一由劳动部门办理录用手续，纳入劳动计划管理，同时由公安、粮食部门办理户口、粮食关系“农转非”手续，但“内招”农村户口子女的户口农转非指标须经省政府批准。1988～1991年，全市共为1250人办理子女顶替招工录用手续、为372人办理“内招”录用手续。

1989年5月11日，市劳动局、公安局、粮食局联合发文，要求对工人调配工作加强管理，规定县内单位以及与外县之间工人调动仍由县劳动局办理，市区与外市县（含市辖三县）之间工人调动由市劳动局办理；市内单位之间工人调动、国家党政群机关和事业单位调入工人的，须报经市劳动局研究同意后，凭市编制委员会办公室调进人员通知单办理相关手续；劳动合同制工人原则上在合同期内不予调动。5月22日，市计划经济委员会、劳动局联合印发《关于清退全民所有制单位计划外用工的通知》，要求各单位严格清退计划外用工，重点是近几年计划外招收的农村进城务工人员；同时规定，任何单位和部门未经市劳动部门批准，均不得再增加新的计划外用工。当年省下达连云港市清理计划外用工任务为3600人，实际完成3200人。1990年，市属各单位清退计划外用工4117人，完成省下达任务的95.75%，其中清退计划外农村进城务工人员2630人，占63.88%。

1990年，市劳动局和市计划经济委员会联合下达全民所有制单位1990年劳动工资计划，强调要继续执行从紧安排、从严控制的原则，坚决维护国家劳动工资计划的严肃性，进一步健全计划宏观调控制度，严格控制招工和自然减员补充。是年制定印发《关于加强对农村劳动力进城务工管理实施办法》，实行农村劳动力临时务工许可证制度。全年市劳动局审批8996名农村进城务工人员使用计划，为市区39家企事业单位审核颁发使用农村劳动力手续，发放临时务工许可证近4000份。

1991年10月，市政府印发《连云港市全民所有制企业临时工管理暂行办法》，明确规定使用临时工必须报计划，经批准后方能凭劳动行政部门下达的使用计划办理招工事宜；临时工要签订临时劳动合同，农村临时工不转户口粮油关系并须实行临时务工许可证制度。是年，全市全民所有制单位共有计划外用工3.89万人，其中2.9万余人为全民所有制单位中的集体所有制人员，均为特定历史条件下经各级劳动部门安排。为理顺关系，市劳动局报经省劳动局批准，将该批人员改变档案身份，纳入全民职工计划内管理。

1992年10月4日，市劳动局印发《关于进一步落实企业用工自主权认真搞好市区内工人调动的通知》，开始放松对工人调动的管理，规定市属各企业之间工人转移工作单位，由企业直接办理；各区属企业和区属集体、事业单位之间工人调动和劳动合同制工人转移工作单位，由各区劳动人事部门自行确定管理办法；市区党政群机关以及所有制性质相同的事业单位之间的工人调动、合同制工人转移工作单位，以及由机关调往事业单位、机关事业单位调往企业，均由双方主管部门自行办理；从企业调往全民事业单位、从企事业单位调往机关仍由市劳动局办理。至1993年底，由机关调往事业、由事业调往企业的工人调动管理进一步放松，劳动计划管理基本取消。

1994年8月，市劳动局印发《关于加强对使用农村劳动力管理的意见》，规定用工单位确需招收农村劳动力的，必须按照"先报后批、批后再招"的程序，由企业主管部门按劳动工资隶属关系向市、县劳动行政部门提出用工申请，批准后方可招用；招收农民合同制工人的，须经市级劳动行政部门批准。

1997年，市劳动局印发《关于加强对外来劳动力计划管理工作的通知》。自此至2003年，每年均印发相关文件，要求各单位严格执行劳动局计划，控制和减少使用外来劳动力，腾出就业岗位安置企业富余人员和城镇新生劳动力。1998年，全市清退外来劳动力8432人，腾岗安置失业和下岗职工6088人。

2003年6月，市劳动局印发《关于进一步深化劳动保障用工制度的通知》，劳动计划管理全面取消。

2005年，市劳动和社会保障局转发省劳动和社会保障厅《关于废止农村劳动力跨省流动就业管理暂行规定》，取消针对农村劳动力进城就业的各种限制性政策规定，废止外来人员就业证和外来人员就业登记卡。

第二节　劳动关系协调

1998年3月，连云港市劳动局根据劳动部《关于企业实施股份制和股份合作制改造中履行劳动合同问题的通知》要求，开始开展企业劳动关系协调工作，要求企业改制时必须注重劳动关系调整工作；在企业实施股份制或股份合作制改造后，用人单位主体发生变化的，应当由变化后的用人主体继续与职工履行原劳动合同；由于企业改制导致原劳动合同不能履行的，企业与职工应当依法变更劳动合同，经与职工协商确实不能就变更劳动合同达成一致意见的，可按《中华人民共和国劳动法》有关规定办理；在股份合作制改造中，企业不得强迫职工入股，不得因职工不入股而降低劳动报酬、停发工资或硬性安排下岗，更不得以此为由解除与职工的劳动关系。10月6日，市劳动局、经济委员会和总工会、企业家协会联合印发《关于建立劳动关系协调会议制度的通知》，规定劳动关系协调会议由市劳动局代表市政府、市总工会代表职工、市经济委员会和市企业家协会代表企业三方组成；会议正式成员9人，每方3人，由各方代表单位的分管领导担任首席代表，有关职能业务科室负责人和工作人员担任代表；协调会议一般每年召开2次。12月1日，连云港市正式建立劳动关系协调会议制度。

1999年10月，为加强企业劳动合同管理，规范企业用工行为及离岗人员劳动关系，解决企业中普遍存在的劳动法律关系和事实劳动关系脱节问题，市劳动局组织开展市内企业职工劳动关系情况调查，在各类企业的13.97万名职工中发现4.37万名离岗人员，经梳理，成功理顺其中2226名职工的劳动关系。是年12月15日，市劳动局转发省劳动厅《关于加强劳动合同管理理顺劳动关系的意见》，要求严格按照劳动法律法规规定的程序，依法理顺各类人员劳动关系、特别是离岗人员劳动关系。

2002年，市劳动和社会保障局、总工会、经济贸易委员会、企业家协会联合印发《关于进一步建立健全市级劳动关系三方协调机制的意见》，进一步明确协调内容：平等协商制度、集体合同制度以及劳动合同制度的推进和完善；企业改制改组过程中劳动关系的调整；企业工资收入分配激励机制、企业经营者年薪制的建立和执行；最低工资、工作时间、休息休假、劳动安全卫生、女职工和未成年工特殊保护、生活福利待遇、职工技能培训等标准的制定与实施；劳动争议的预防和处理；职工民主管理和工会组织建设及有关劳动关系调整的其他问题。是年5月10日至5月10日，市劳动和社会保障局在全市范围内开展"集体合同和劳动合同管理年"法律政策宣传月活动。

2003年，市劳动关系协调会议三方成员联合印发《关于实施"维权年"的工作意见》，确定建立企业预留薪制度，并将其作为维权年活动的重要内容。2004年，协调劳动关系三方会议制度向乡镇、社区延伸，逐步形成协调劳动关系组织网络体系。

2005年，市劳动关系协调会议三方成员联合印发《关于建立工资协商工作制度的通知》，要求各用工单位实行工资集体协商，建立工资协商要约、整改、处罚、审查、报告5项工作制度。市、县、区劳动部门以调整劳动关系为突破口，重点关注农村进城务工人员工资支付、劳动合同订立、经济补偿金和安置费支付、社会保险持续等问题，着力解决劳动关系突出矛盾，维护劳动者合法权益，促进劳动关系和谐稳定。

第三节　劳动工时和休假制度

一、工时制度

1994年前，连云港市企业实行一周6天、每日8小时工作制。1994年3月1日起，连云港市开始按国家规定实行职工每日工作8小时、每周工作44小时的新工时制度，即第一周的星期六和星期日为休息日，第二周的星期日为休息日，依次循环。是年5月，市劳动局、人事局转发江苏省劳动厅和江苏省人事局关于实施新工时制的通知，规定：实行新工时制后，企业原实行25.5天月工资制和实行计件工资、定额工资的单位，应按法定工作23.5天相应调整月工资率和计件、定额工资单价。6月10日，市劳动局、公安局、总工会联合转发《关于加强外商投资企业和私营企业劳动管理切实保障职工合法权益的通知》，要求企业严格执行国家规定的工时和休假制度；如因生产经营需要，在征得工会同意并与职工协商后，可以延长工作时间，但是每日延长不得超过3小时、每月累计延长不得超过44小时。

1995年5月1日起执行国务院规定的新工时制度，即职工每日工作8小时、每周工作40小时，每周可享受2天休息日，每月工作天数由23.5天减少为20.92天。5月15日，市劳动局转发《国务院关于职工工作时间的规定实施办法》，要求因工作性质或生产特点的限制需实行不定时工作制或综合计算工时工作制等其他工作和休息办法的企业，要严格按规定办理审批手续；对执行每周工作40小时确有困难的企业，可以申请暂缓执行，但最迟不得超过1997年5月1日。

至2005年，仍执行1995年国务院规定的新工时制度。

二、休假制度

1994年前，职工每周休息1天公休假日。1994年3月起每周公休假日1.5天。1995年5月1日后每周公休假日为2天。

1999年前，全民节日每年共7天，即1月1日元旦1天，春节3天，5月1日劳动节1天，10月1日国庆节2天。此外，3月8日国际劳动妇女节女职工放假半天，5月4日中国青年节青年职工放假半天。1999年后，全体公民的法定节假日由每年7天增加到10天，即1月1日元旦1天，春节3天，5月1日劳动节3天、10月1日国庆节3天。

第四节　劳动监察

1995年4月，连云港市劳动局设置劳动监察科，其主要职能为劳动执法及对劳动合同进行鉴证等。6月，各县、区劳动部门建立劳动监察工作报告制度和统计报表制度。年底，各县、区均建立劳动监察机构，配备专职劳动监察员27人。

1996年，全市建立劳动用工年（审）检、劳动监察文书等制度。12月，市政府印发《连云港市劳动监察规定》。1996年9月至1997年3月，市劳动局组织开展劳动用工年检，检查2227家各类企业，涉及职工25.16万人；检查中发现有155家企业内部规章违反劳动法律法规，发出劳动监察询问通知书26份，下达劳动监察限期整改指令书32份，查出企业未签订劳动合同8616份、未缴养老保险金额1049.6万元、拖欠克扣职工工资534万元、擅自使用外来工1148人、未办理劳动就业证（卡）1002人，行政处罚用人单位9家，罚没款金额6.93万元。1997年5月，在全市范围开展劳动监察执法月活动，市、县、区劳动监察机构抽查各类企业842家，涉及职工5.1万人。检查中发现，拖欠克扣工资现象依然存在，新工时制度未完全执行到位，欠缴社会保险金现象较为严重。检查敦促企业补发拖欠工资255.06万元，补发职工加班费1.98万元，补缴养老金311.8万元，清退违法收取职工的风险抵押金12.6万元，清退违法使用外来工636人，发出劳动监察整改指令书1[illegible]份。

1998年2月，连云港市劳动监察支队成立，各县、区劳动监察大队随后相继成立。7月，市劳动局颁发《连云港市劳动监察程序制度》《连云港市劳动监察投诉举报制度》《连云港市劳动关系与监察情况统计报表制度》《连云港市劳动监察重大情况报告制度》《连云港市劳动监察案件审议和审批制度》《连云港市劳动监察处罚听证和复议制度》《连云港市劳动监察人员“八不准”制度》7项劳动监察工作制度。5～9月，按劳动部统一部署，分3次对市内各类企业的用工情况进行专项检查，查出19家企业存在非法用工行为，对其中问题比较严重的13家企业下达限期整改指令书。全年日常巡查各类用人单位1826家，受理劳动争议案件35起，结案34起；鉴证劳动合同1.62万人，其中1967人为新招职工；纠正无效合同331份。

2001年，全市开展劳动力市场秩序、残疾人按比例就业、劳动合同管理、社会保险、劳动保障法律执行5次专项检查。其中，残疾人按比例就业专项检查于5月中旬开始，市本级共抽查各类用人单位23家，对未按规定比例安排残疾人就业或未按规定缴纳就业保障金的13家用人单位依法处理。是年7月6日，对经查实确有使用童工行为的连云港市金辉钢铁有限公司作出罚款1万元的决定。1997～2001年，连云港市各级劳动监察机构共查处违法使用童工案件25起，涉及非法使用童工62人。

2003年8月，连云港市首次举行劳动保障行政处罚听证会。市劳动和社会保障局依据《劳动行政处罚听证程序规定》和《江苏省行政处罚听证程序规则（试行）》，对海州工艺品公司未按整改指令书限期整改、延迟缴纳社会保险费一案，举行行政处罚公开听证。听证当事人对自身的违法事实无异议，缴纳所欠的社会保险费，为达到法定退休年龄的8名职工办理退休手续。

2004年，市劳动和社会保障局、公安局、工商行政管理局、总工会联合开展农村进城务工人员劳动保障权益保护专项检查活动，重点对使用农村进城务工人员较多的建筑、服务、加工3个行业进行全面检查。专门成立全市农村进城务工人员劳动保障权益保护专项检查领导小组，检查用人单位376家，涉及农村进城务工人员11141人，立案查处违规案件60起，责令56家违规企业限期整改，责令支付196名农村进城务工人员工资及补偿金18.65万元、补缴各项社会保险费21.34万元。全年追回被拖欠农村进城务工人员工资1471万元，查办涉及农村进城务工人员工资案件213起，责令用工单位与所使用的农村进城务工人员签订劳动合同9507份。

2005年，全市各级劳动监察机构共接受劳动监察投诉1113起，为3151名职工追讨工资514.48万元，为601名职工追回押金51.8万元，责令用工单位为3111名职工补缴社会保险费469.4万元、补签劳动合同9385份。对侵犯农村进城务工人员权益行为采取惩治措施，全年共为2726名农村进城务工人员追讨工资332万元，为112名农村进城务工人员追回押金5.33万元，责令用工单位为447名农村进城务工人员补缴社会保险费83.5万元、签订劳动合同7996份。

第五节　劳动争议处理

1986年7月，国务院下发《关于发布改革劳动制度四个暂行规定的通知》，开始恢复已中断30年的劳动争议仲裁工作。是年11月，连云港市劳动争议仲裁委员会成立，赣榆县、东海县、灌云县随后相继成立劳动争议仲裁委员会，各基层单位组建劳动争议调解委员会。

1987年5月，连云港市劳动争议仲裁委员会受理首起劳动争议案。申诉方为中国江苏三得利食品有限公司。该公司面向社会公开招聘的一批职工，分属市内10多家企业，因均为生产技术骨干，原单位不同意放人，经劳动仲裁委员会调解，有7家单位同意放人应聘。

1987～1990年，市内有930家企业相继建立劳动争议调解委员会，占总数的98.3%。各级劳动仲裁委员会受理各类劳动争议案件524起，均处理结案。其中，通过调解方式结案的153起，仲裁方式结案的7起，其他方式结案的364起；职工胜诉率34%，企业胜诉率28%，双方各有胜诉的占38%。

1991年，全市共受理劳动争议案件36起，其中全民所有制单位24起、集体所有制单位11起、外商投资企业1起，均结案。

1995年后，随着《中华人民共和国劳动法》的颁布施行，企业和职工运用法律保护自身合法权益的意识显著增强，同时因在企业改制、重组过程中涉及劳动合同的重新签订、变更、解除等问题较多，劳动争议案件大幅增加。1996～2000年，全市各级劳动争议仲裁机构共受理争议案件621起。2000年开始，各乡镇开始设立劳动仲裁办事处，是年有18个乡镇建立劳动仲裁办事处。全市企业建立劳动争议调解委员会2122个，有专职调解人员2684人、兼职调解人员5358人。

2001年，市劳动争议仲裁委员会开展“劳动争议处理质量年”活动，组织劳动争议仲裁庭观摩评估。全市受理劳动争议案件385起，结案373起，结案率96.88%。其中，市本级受理121起，结案114起，结案率94.21%。

2003年，灌云县劳动争议仲裁委员会被省劳动和社会保障厅、省劳动争议仲裁委员会授予“先进劳动争议仲裁委员会”称号。2004年9月，市劳动争议仲裁委员会所建的2个标准仲裁庭启用，面积分别为80平方米和60平方米，均设有仲裁员台和申请人席、被申请人席、旁听人席。全市全年受理劳动争议案件585起，调解结案324起、裁决结案199起、撤诉62起。

2005年，海州区在全国首创试行劳动仲裁陪审员制度。全市受理劳动争议案件785起，通过调解结案412起、裁决结案287起、撤诉86起。是年，连云港市劳动争议仲裁委员会被评为江苏省先进劳动争议仲裁委员会。至2005年底，市劳动部门共收到行政复议申请33起，按案由分为工伤认定18起、行政处罚6起、行政不作为6起、其他行政行为3起；受理32起，维持原行政决定19起、限期改正原行政决定1起、限期履行行政行为1起，另有不予支持申请1起、中途撤回7起、撤销3起。

第三章　人事及机构管理

1984～2005年，连云港市进行3次市级党政机构改革和1次政府机构改革，县、区党政机构和乡镇机构改革也同步进行，各地区、各部门、各单位“定职能、定内设机构、定人员编制”，推动机构精简和职能转变。1996年起，逐步推行和实施国家公务员制度，完善以干部选拔任用、建立健全激励竞争机制为重点的相关配套改革，加强公务员考试录用、教育培训、考核奖惩的管理。2003年，市政府成立事业单位改革领导小组，在事业单位推行人事和分配制度改革，逐步建立符合各类事业单位特点的政事分开、科学分类、符合社会主义市场经济的干部人事管理制度和收入分配制度。推进机关事业单位工资制度改革，完善专业技术人员职称评聘和专业技术资格考试制度，推进评聘分开。高层次人才招聘选拔取得良好效果，硕士、博士在毕业生引进中的占比逐年扩大。截至2005年底，全市累计有享受国务院特殊津贴的专家75人、省政府有突出贡献中青年专家41人，博士后工作站达到5家。

第一节 机构改革

一、1984年市级党政机构改革

1982～1984年，江苏省各级党政机关自上而下进行了一次较大规模的机构改革。根据省委、省政府1983年7月5日批准的连云港市党政机构改革方案，市委工作部门减少为6个，即市委办公室、组织部、宣传部、统战部、农村工作部、政法委员会。此后，根据改革和对外开放的需要，市委工作机构继续作了局部调整，如建立市委党史工作委员会、高校工作委员会（1993年5月并入市教委），加强市委研究机构、保密机构、台湾工作机构、市纪委内部机构建设。至1994年底，市委有工作部门8个、直属机构6个。

市政府工作部门由62个调整为34个，减少28个，精简45.16%。此后，市政府相继成立信访办、机关事务管理局、法制局、监察局、开发区管理委员会、经济体制改革委员会等机构，计划经济机构、劳动人事机构、税务机构先后合并分设。至1994年底，市政府工作部门41个，直属办事机构18个，经济管理机构13个。

改革后，全市党政群机关（不含公检法司）行政编制由3167人减少为2013人，精简36.44%。

二、1996年市级党政机构改革

1996年7月，省委、省政府印发《关于连云港市党政机构改革方案的通知》。7月8日，市委、市政府召开市级党政机构改革动员大会，全市党政机构定职能、定机构、定编制“三定”改革全面展开。

市级党政机构改革后，设置市级党政机构58个，其中市委工作机构9个、市政府工作机构49个，另设部门管理机构10个。核定行政编制2300人。与原有机构相比，精简24.4%，人员编制精简30.1%。

三、2001年市级党政机构改革

2001年7月12日，市委、市政府印发《连云港市市级党政机关机构改革实施意见》，7月14日，市委、市政府召开全市市级党政机构改革动员大会，部署实施新一轮党政机构改革工作。

改革后，市委工作机构由9个调整为8个，市政府工作部门由44个调整为38个，全市市级机关行政编制由2166人减少为1625人，减少541人，精简24.98%。其中，市委机关行政编制由335人精简为267人，减少68人，精简20.3%；市政府机关行政编制由1579人减少为1106人，减少473人，精简29.96%。各部门领导职数按正职1人、副职1～4人配备。各部门内设机构领导职数按科室人员编制核定，3人科室设1正职，4～6人科室设1正1副，7人以上科室设1正2副。

四、2005年市级政府机构改革

2005年5月26日，市政府召开全市政府机构改革工作会议，6月10日印发《连云港市人民政府机构改革实施意见的通知》。组建市国资委；市发展计划委员会改组为发展和改革委员会，将经济体制改革委员会办公室的职能划入发展和改革委员会；市安监局明确为市政府工作部门；市计划生育委员会更名为人口和计划生育委员会；市卫生局承担的保健品审核职能划入省垂直管理的市食品药品监督管理局。2005年底，市政府设工作部门40个、直属特设机构1个、派出机构2个、直属事业机构12个。

五、县、区党政机构改革和乡镇机构改革

县、区党政机构改革 1983年第四季度，按照省委、省政府部署，全省64个县（市）党政机关机构改革工作全面展开。1984年2月7日，市委、市政府对各县、区机构改革方案作出批复。赣榆县、东海县、灌云县委工作机构由改革前的9～10个统一减少为6个，政府工作机构由50个左右减少至28～29个。新海区、连云区、云台区委工作机构改革后均设4个，区政府工作部门均设17～18个。市编制委员会核定东海县党政群机关编制总额710人、赣榆县682人、灌云县681人、新海区140人、连云区116人、云台区123人。此后，各县、区党政机构根据改革开放和经济发展的需要，对机构进行适当调整和增加。

1996年，县、区机构改革的主要任务是理顺县、乡关系，将属于乡镇的权力下放给乡镇，切实转变县属党政机关职能，逐步将专业经济部门改为经济实体或服务实体。

2001年，县、区机关与市级机关同步进行党政机构改革。改革后，党委工作机构各县一般设置6个、各区一般设置5个，另设2～3个部门管理机构；纪律检查委员会按党章设置，监察局与纪律检查机关合署办公；政府工作部门各县按22个左右设置，各区按15个左右设置；国家级开发区党政机构在10个以内设置，省级开发区党政机构在6个以内设置。县区机关行政编制精简15%。

2005年，全市开展新一轮政府机构改革。县、区政府不单独设立国有资产监督管理机构，但要明确由县、区国资办履行出资人职责，承担国有资产监督管理职责；县发展计划局改组为发展和改革委员会；县、区安监局明确为县、区政府工作部门；县、区计划生育委员会更名为人口和计划生育委员会；县卫生局承担的保健品审核职能划入省垂直管理的县食品药品监督管理局。

乡镇机构改革 在1984年县、区党政机构改革的同时，全市农村进行政社分设、建立乡人民政府的工作。乡的设置基本上以原人民公社的规模设置。新建立的乡镇党政机关的职位设置，根据新的职能进行适当调整，人员编制根据中央“乡的编制要求精干，不得超过现在公社的人员编制”的要求，进行从严控制。1987年3月，省委、省政府下发《关于核定全省乡镇党政机关人员编制的通知》，要求按照各县人口和人口密度确定乡镇人员编制。省里核定连云港市县级乡镇党政机关人员编制3122人，市里留下机动名额398人，实际下达分配的编制数是2724人，其中东海县925人、赣榆县921人、灌云县878人。

1989年3月、1991年8月，市编委两次对区属乡镇机关进行定编增编。各县、区根据乡镇规模的大小、经济和社会发展的实际，对职位进行较为合理的设置，党委一般设正、副书记，组织委员，纪检委员，宣传委员等职位；政府一般设正、副乡镇长等；人民团体有妇联、团委。1990年10月，市委、市政府印发《连云港市乡镇机构编制管理暂行办法》，标志着全市乡镇机关机构编制管理迈上规范化轨道。

1997年8月，全市机构改革完成后，全市118个一、二类乡镇均设置4～5个综合性办公室和1～2个专业性办公室，保留人武部、监察室；2个三类乡镇各设党政机构4个。全市核定乡镇行政编制4890人。改革后，120个乡镇及8个街道办事处的党政机构精简40%左右。

2001年，在县、区机构改革中，配套进行乡镇机构改革和乡镇事业单位改革。乡镇党委、政府机构合并设置，一般设5个左右综合性办公室，行政编制精简25%。

2005年，全市政府机构改革主要在市、县政府进行，未涉及乡镇。

六、事业单位改革

为确立事业单位的合法地位，1993年，江苏省对事业单位实施法人登记制度，全市开展事业单位登记和赋码标识工作，连云港市法人事业单位代码为46804680～46821099，非法人事业单位代码为E8696520～ E8750559。至1994年底，全市完成2600余家事业单位的资格认定、登记、赋码和发证工作。1995年开始事业单位首次年检，全市年检事业单位2020家，以后历年都开展年检工作。2001年2月，市事业单位登记管理局成立，开展全市事业单位初始登记工作。是年，全市登记事业单位1959家，其中市级323家、区级360家、县级1276家。2002年，开展全国统一登记制度后首次年度检验。267家市直属事业单位通过年检，113家单位进行相关事项变更。2003年，市政府成立事业单位改革领导小组，印发《关于深化事业单位改革的意见》《关于市属生产经营型事业单位改制转企工作的实施意见》《连云港市事业单位实行聘用制未聘人员安置实施细则》等文件，将市属411家事业单位按功能进行分类，初步确定83家生产经营型事业单位作为下一步转企改制的对象，并在教育、卫生等100余家事业单位进行用人制度和分配制度改革试点，在全省率先全面推行事业单位评聘分开制度改革，按照"个人申报、社会评价、单位聘用、政府调控"原则，完成科学设岗工作。2004年，市委、市政府召开市属事业单位改革动员大会。2005年，全市继续推进生产经营型事业单位改制转企，市属67家生产经营型事业单位中，撤销17家、转企43家、暂缓改革2家、其余5家正在改制进行中；全面启动社会公益型事业单位人事制度、分配制度改革，初步完成社会公益型事业单位的分类界定；推行网上登记管理，全市网上年检事业单位1813家，办理变更登记398家，办理注销登记69家，设立、登记事业单位法人137家。

第二节　机构编制管理

一、行政机构编制管理

1986年起，连云港市机构编制部门严格执行机构编制事项一支笔审批制度，对有关机构设置、增加人员编制、提高机构级别、增加干部职数等事项实行严格控制。1986年1月，市编制委员会印发《关于进一步加强机构编制管理的通知》，对行政机关的工资基金管理和人员调动等问题作出规定。1986年10月，市委、市政府印发《关于机构编制管理的暂行规定》，要求机构编制实行"专题报告，专门承办，专项通知"的审批制度。1987年6月，根据中共中央、国务院《关于制止机构、编制和干部队伍膨胀的通知》，市委、市政府印发《关于加强机构编制管理工作有关问题的通知》，重申坚持机构编制审批一支笔制度。1989年2月，市委办、市政府办联合印发《关于进一步加强机构编制管理工作的意见》，作出"严格控制增设机构，严格控制扩大编制，严格控制人员膨胀，严格机构编制审批程序"的四条规定。市委、市政府先后两次发文，撤销93个非常设机构。1989年3月，市编委办印发《关于四区机关增编工作中若干问题的规定》，明确新增加的189名行政编制的使用范围，同时要求各区按照拟定的"消肿"方案，对现有超编人员进行清理。1989年下半年，市编委办公室在对全市11家行政性公司进行调研的基础上，印发《关于当前机械等11家公司机构编制管理的通知》。是年，市编委办公室对市级机关和事业单位的1.54万名在编人员，按规定的人员结构和标准进行审核，核定县级以上领导干部449人、科级干部2007人、一般行政管理干部2665人、专业技术干部5938人、后勤服务人员1805人、生产工人2569人。1990年，经市委、市政府批准，《连云港市乡镇机构编制管理暂行办法》颁布施行。在控制机构编制膨胀过程中，全市各级编制部门将机构编制管理与经费控制、法律监督结合起来，进行综合治理，先后采取将工资基金管理与编制管理相结合、机关事业单位进人实行核发通知单等措施。1992年9月18日，市政府印发《关于将云台区中云乡划归连云港经济技术开发区管理的通知》，不改变现行行政编制，将中云乡成建制划归经济技术开发区。10月27日，市编制委员会印发《关于划拨编制的通知》，划转中云乡政府行政编制20人、司法专项编制1人、农财税专项编制2人到开发区，相应核减云台区相关编制。1992年，全市新增行政编制4人，各级行政机关编制总额达8288人，实有在职人员7937人，缺额351人。

1992年10月，中共十四大明确中国经济体制改革的目标是建立社会主义市场经济体制，并提出用三年时间基本完成行政管理体制和机构改革任务。中央、省召开机构改革工作会议。市委、市政府印发《关于冻结我市各级党政群机关机构编制和人员的通知》，进一步明确各地不得新增机构和编制，不得从企事业单位调入工作人员。1993年5月12日，市政府办公室转发市编委办、财政局联合拟定的《连云港市市级党政群机关实行编制内工资总额包干的暂行办法》，从1993年6月1日起，全市党政群机关实行节编有奖、超编受罚的编制包干办法。市编委办公室先后选择连云港经济技术开发区、海州区锦屏镇作为机构改革试点单位进行试点。

1996年，全市开展党政机构改革。至1997年8月底，全市机构改革顺利完成。改革后，市级党政机构设置58个，核定行政编制2300人；东海县设置党政机构38个，核定行政编制848人；赣榆县设置党政机构38个，核定行政编制835人；灌云县设置党政机构38个，核定行政编制817人；灌南县设置党政机构38个，核定行政编制725人；新浦区设置党政机构26个，核定行政编制204人；海州区设置党政机构26个，核定行政编制198人；云台区设置党政机构26个，核定行政编制200人；连云区设置党政机构26个，核定行政编制198人。全市乡镇核定行政编制4890人。

1999年，根据国务院和省政府相关要求，连云港市完成工商、地税、质量技术监督等系统的编制上划和移交工作，实现省以下工商、地税和质量技术监督系统的垂直管理。2000年，全市核定各级各类行政编制1.11万人，实有在职人员9855人。

2001年实行党政机构改革，市级党政机构设置46个，核定行政编制1625人；东海县设置党政机构31个，核定行政编制677人；赣榆县设置党政机构31个，核定行政编制669人；灌云县设置党政机构31个，核定行政编制651人；灌南县设置党政机构31个，核定行政编制580人；新浦区设置党政机构23个，核定行政编制175人；海州区设置党政机构23个，核定行政编制170人；连云区设置党政机构23个，核定行政编制170人；云台区设置党政机构23个，核定行政编制172人。全市乡镇核定行政编制3545人。是年，云台区撤销，原有编制分别划归新浦区、连云区、开发区；8个市级行政性公司转型改制，组建相应的资产公司或集团公司，原有的行政编制撤销。2005年7月1日起，对急需新增附属编制的行政机关实行定员不定编的附属用工制度，不再核增附属编制；新增定员不定编人员实行劳动合同制管理，按企业人员办理养老保险和各项社会保障。

二、事业单位编制管理

1984年，全市事业机构总数3701个，人员编制总数7.88万人，实有在职7.81万人。1986年1月，市编制委员会印发《关于重新核定事业单位人员编制的通知》。1987年8月开始，执行省政府办公厅颁发的《江苏省事业单位编制管理暂行办法》。1988年，市编委办公室对东海县、赣榆县、灌云县的事业机构编制进行核定，东海县有事业单位247家，核定编制1.08万人，实有1.11万人；

赣榆县有事业单位275家，核定编制1.23万人，实有1.13万人；灌云县有事业单位151家，核定编制1万人，实有1.03万人。1989年，完成市级事业单位编制核定，全市有市级全民事业单位249家，编制1.27万人，实有1.07万人。1990年，对全市事业机构设置和人员编制进行检查清理。1991年，全市有全民事业单位2367家，核定人员编制总数5.39万人，实有4.99万人，空编0.43人。1992年7月，市编制委员会同意海州区、云台区、连云区设立农村社会养老保险事业管理处，隶属区民政局。当年，全市撤并乡镇各类事业单位381家，清退乡镇自有资金开支人员2646人；新增各类事业单位41家，新增事业人员编制329人。

1993年开始逐步放开机构编制管理权限，市编制委员会将各类事业单位根据经费渠道分为全额拨款、定额补助和自收自支三种类型。对事业单位机构编制按照经费渠道实行分类管理，即严格控制行政管理、社会公益类事业单位机构编制增长，对自收自支、实行企业化管理的事业单位适当放宽管理。1993年7月，市编制委员会将各区党政机关工作部门和直属机构、相当于副科级以上全民事业单位、区直属和区辖乡镇、街道属集体事业单位的建立、调整、撤销、合并、更名和人员编制的核定、增减权限下放给各区编制委员会。1996年8月，由省总工会管辖的连云港国际海员俱乐部下放给连云港市总工会管理，该俱乐部人员编制由省编制委员会收回。1997年[illegible]月，部分事业单位列入相关部门的行政机构序列，市编制委员会收回260名事业编制。1998年4月，市编制委员会对要求参照执行国家公务员制度的部分事业单位进行资格认定。1999年，为贯彻落实中共十五届三中全会精神，切实减轻农民负担，开始进行乡镇编外人员的清理工作，至2000年底，全市共清退乡镇编外人员1.08万人。

2002年5月，市委召开乡镇事业机构改革工作会议，印发《关于乡镇事业单位改革实施意见》，要求坚持政事分开原则，转变乡镇政府职能，改进政府对所属事业单位管理方式，按不低于30%精简乡镇人员编制。改革后，全市乡镇事业单位（含街道办事处事业单位）由原来的1551家减少到774家，人员编制由8266人减少到5698人，实有在职人员由8483人减少到5182人；通过改革共撤并777家乡镇事业单位，分流3301名事业单位工作人员，清退1412名临时工作人员。

2003年，连云港市开始推进农技推广服务体系分类改革。2004年，连云港市事业单位改革工作领导小组及办公室成立。两年间，全市撤销14家事业单位。2005年，各乡镇开展机构编制和实有人员自查工作。

第三节　干部人事管理

一、人事计划管理

1984年，为加强专业人才和干部管理并为制定“七五”人才规划作准备，连云港市人事局对全市5.04万名各类专门人才和干部的基本情况进行调查登记，将调查结果输入计算机进行综合处理，首次利用计算机进行人事计划管理。1985年，市、县编制管理部门对机关和事业单位实行工资基金核定制度，控制机关和事业单位盲目进人。是年，市人事局对市内15个系统（行业）的54家单位走访调查，提出关于加强劳动计划管理意见的报告。1987年开始对全市干部实行计划管理，市人事局为政法、税务、保险、银行等11个部门增加干部编制623人。1988年，根据中央和省关于逐步调整干部结构、加强干部队伍宏观控制的指示精神，市人事局发文严格控制党政群机关干部人数，对确需增加干部的部门和单位，要在现有的干部和大中专毕业生及军队转业干部中调剂解决；各事业单位原则上不再从工人中吸收干部。1990年，开始按国家统一计划、省市分级管理的原则进行人事计划管理。是年10月25日，经连云港市机构编制委员会批准，市人事局设立综合计划科，编制4人。1991年10月，市机构编制委员会、人事局、劳动局联合印发《连云港市机关、事业单位调进人员程序》。是年，全市机关、事业单位新进人员2690人，主要为大中专毕业生和军队转业干部等统配人员。1992年1月，全市机关、事业单位开始实行工资计划按季审批制度。1994年，连云港市被人事部确定为工资水平调查样板点，市人事局、统计局完成对国家机关工作人员和国有制造企业相关人员的工资水平对比调查。1995～1997年，市人事局对全市1300余家机关事业单位工资基金进行审核，换发新的《工资基金管理手册》；编制《连云港市机关事业单位劳动工资"九五"计划》和全市专业技术人员中长期规划。1999年6月，市人事局、财政局、地税局联合印发《连云港市事业单位工效挂钩和工资总额包干暂行办法》，将事业单位工资总额与其经济效益和社会效益指标挂钩，使工资总量控制与内部分配管理权限分离。

2000年 1月，市委组织部、市人事局联合印发《连云港市事业单位补充工作人员暂行办法》，规定事业单位补充工作人员必须在核定的编制数和编制结构比例及当年增人计划范围内进行，除国家和地方政策性安置的人员经批准后可直接办理手续外，财政全额拨款和具有行政职能的事业单位补充工作人员必须引入竞争机制，按照"公开、平等、竞争、择优"的原则，公开招考录用。

2001年7月，市委办公室、市政府办公室联合印发《连云港市市级机关行政附属编制人员管理暂行办法》，规定机关行政附属编制需要补充的人员必须在机构编制部门核定的编制数和当年的增人计划内进行；新进人员一律实行新的用工制度，面向社会公开招聘，其人事关系由市人事部门代理。

2002年3月29日，市政府颁发《连云港市"十五"人事人才计划》。5月13日，市委组织部、市人事局联合印发《连云港市事业单位补充工作人员公开考试实施细则》，规定事业单位补充工作人员（含工勤人员），除政策性安置人员以及工作急需的具有本科及其以上学历或高级专业技术资格的人员外，一律采取考试和考核相结合的办法，面向社会公开招考，择优聘用。5月21日，市委组织部、市人事局联合印发《关于加强机关事业单位人员计划管理工作的意见》。2003年开始在全市实行年度进人计划管理。

2005年起，按照省委、省政府关于在事业单位"建立考试制、推进聘用制、扩大代理制、试点职员制"要求，对经机构编制部门批准设立并进行法人登记的事业单位新进人员，须在核定的编制数额内，通过公开招聘的方式进行。是年7～8月，市人事局开展"十一五"人才发展规划编制调研工作，拟定《连云港市人才发展"十一五"规划》报市委、市政府审批。

二、干部调配

1984年7月，市政府印发《关于改进干部调配工作的意见》，下放干部调配权限，简化干部调配手续，市、区县处级以上主管部门之间的干部调动可直接商调办理手续，各县进出干部由县直接办理，驻连云港市的部、省属企事业单位干部调出亦可自行办理。1985年，全市调进526人，其中科技干部486人。1985年12月，市委组织部印发《关于严格干部管理工作的通知》，规定凡是副科级以上职务干部或调进市各部委办、工会、共青团、妇联的工作人员，均由市委组织部办理手续；一般干部的调配，由市劳动人事局办理。1986年5月，市政府印发《关于严格干部调配工作的意见》，要求引进外地人才要把好政治、业务素质关，严格控制科技人员调出。1989年4月，市委组织部、市人事局、劳动局、编制委员会联合发文，对市内党政群机关和事业单位工作人员的调配程序，作出明确规定：调配县处级领导干部，由市编制委员会办公室根据市委组织部调令核增工资计划；调配科级干部、一般干部和工人，一律控制在编制数内，经审核后再办理相关手续。1984～1989年，全市调出干部822人，调进2055人，市内调配1328人。1993年，全市通过行政调配和人才市场共从外市引进干部511人，其中具有大专以上学历271人；在市区引进的376人中，具有大专以上学历214人，具有中级职称92人、高级职称1人。1997年，开展党政群机关人员分流，内调安置一批西藏干部和工人。1999年完成“民转公”103人、“农转非”177人。成建制上划干部1527人，其中市工商局上划754人、市地税局上划745人、市新华书店上划28人。2004年，市委组织部、市人事局印发《连云港市县处级领导干部配偶调动工作暂行规定》。

三、军队转业干部安置和培训

安置　1984年，连云港市军队转业干部职务安排主要根据建设需要和干部具体条件并参照在军队的原职务进行，团职转业干部一般按低半职安排职务；专业技术干部尽量按专业对口安排，也可安排业务相近的工作。全年安置军队转业干部184人。1985年，全市安置军队转业干部358人，由于转业干部渐多，职务安排出现困难，对团职干部开始按低一级职务安排。1987年开始，采取个人自荐与单位择优相结合的办法，改革转业干部安置办法。2001年，执行军队转业干部安置暂行办法，探索量化积分、择优指令分配和自主择业相结合的安置方式，是年接收安置军转干部130人。2003年1月1日起，自主择业军转干部纳入医疗保险，所需经费列入当年财政预算。2004年2月，连云港市自主择业转业军官服务中心成立，为市人事局所辖科级事业单位。2004年4月，市军队转业干部安置工作领导小组制定印发《市区营以下军队转业干部接收安置办法》，市区接收安置工作根据军队转业干部（含文职和技术干部）在军队的军龄、职务、贡献等情况，实行量化积分、自主择岗，积分内容包括军龄、职务、学历、奖励、优待、伤残、惩戒7个方面。2004年10月开始，自主择业的军转干部每人每月享受地区补贴300元。2005年3月，市人事局、财政局、劳动和社会保障局联合印发《关于发放自主择业军队转业干部地区补贴等问题的补充通知》，对地区补贴的发放范围、补贴标准、经费来源及医疗保障等作出具体规定。是年，全市安置军队转业干部181人。至2005年底，全市累计接收自主择业军转干部68人。

培训　1984年，按国务院和中央军委要求，对军队转业干部进行上岗前转业培训，培训时间为半年。1985～1987年，全市有564名军转干部参加省有关部门举办的各类培训班，345人参加市办各类培训班，53人由接收安置单位联系进入有关学校或省有关主管部门开办的培训班学习。1989～1998年，军转干部培训工作实行由省统一规划、分片设点、按行业系统对口编班的培训方法。1999年，全市有86名军转干部参加省培训，172人参加市培训。2001～2004年，全市有234名军转干部参加省培训，232人参加市培训。2005年，全市军转干部51人参加省培训，120人参加市培训。

1984～2005年连云港市军队转业干部安置情况统计表

表39-5　　单位：人

年份	安置总人数	其中				配偶随迁人数	子女随迁人数
		团职人数	营职人数	连排职人数	专业技术人数		
1984	184	23	87	56	18	112	218
1985	358	57	160	103	38	153	316
1986	540	38	141	261	100	130	220
1987	334	17	60	190	67	81	121
1988	232	23	64	109	35	59	76

续表 39-5

年　份	安置总人数	其　中				配偶随迁人数	子女随迁人数
		团职人数	营职人数	连排职人数	专业技术人数		
1989	111	17	32	43	19	21	35
1990	100	19	33	37	11	33	41
1991	88	9	32	13	34	17	41
1992	82	11	26	21	22	21	30
1993	152	20	55	48	29	35	39
1994	124	15	57	21	31	32	35
1995	121	26	45	23	26	36	45
1996	129	18	49	30	31	31	38
1997	134	23	40	21	50	36	45
1998	146	32	46	31	36	42	56
1999	266	45	115	41	65	61	64
2000	222	44	82	54	42	39	47
2001	130	26	42	32	30	21	25
2002	90	26	27	16	21	14	26
2003	116	37	37	21	21	16	16
2004	191	38	69	43	41	28	29
2005	181	29	59	45	48	19	19

说明：安置点人数中含师职转业干部，在人员分类中未列入。共7人，其中1987年、1988年、1995年、1996年和1998年分别安置1人，1992年安置2人。

第四节　公务员管理

一、推行国家公务员制度

1993年10月国务院颁布施行《国家公务员暂行条例》后，连云港市逐步开展公务员制度单项法规实践，举办国家公务员制度骨干培训班。1996年，全市开始循序渐进开展公务员过渡工作，举办公务员过渡培训，开展过渡培训试点。市人事局完成《连云港市国家公务员职位分类实施方法》《连云港市国家公务员非领导职务设置办法》等文件的起草。1997年2月20日，市政府召开全市推行国家公务员制度动员大会，印发《连云港市国家公务员制度实施方案》和现有人员向公务员过渡意见等配套文件。市人事局召开全市职位分类工作会议，举办职位分类培训班，制定印发《新录用国家公务员任职定级暂行规定》《关于职位说明书申报验收及加强职位职数管理的通知》等文件，完成市直机关和县区非领导职务设置方案。是年，市政府办公室等48个工作机构和市信访局等7个部门管理机构设置调研员20人、助理调研员47人、正副主任科员398人。1998年，全市机关工作人员向国家公务员过渡审批工作结束，职位管理顺利完成从干部权限管理向职位职数动态管理的转变。全市12112名机关工作人员中，11625人被批准过渡为国家公务员，385人暂缓过渡，102人不予过渡。市直机关55家单位共设置公务员职位2305个，其中处级领导职位210个、科级领导职位797个、科级非领导职位381个、科员和办事员职位917个。是年，实行科级职务任职资格审查和任免备案制度，全年市人事局审查942人，其中科级领导职务687人、主任科员83人、副主任科员172人。

1999年后，全市严格按照公务员条例和各项法规要求，在考试录用、教育培训、考核奖惩、交流回避等方面逐步建立健全公务员管理的运行新机制。人事部门开展公务员制度执法检查，对全市国家行政机关公务员考录、考核、轮岗等制度执行情况进行监督检查。是年，市直机关56家单位中有45家单位进行职位轮换，其中轮岗面达30%以上的有38家单位。2001年，市委组织部、市人事局联合印发《关于在市级机关机构改革中加强国家公务员、参照管理机关工作人员职位管理工作的通知》，要求严格按照“三定”方案核定的编制数、领导职数和人事部门核定的非领导职务职数，按照相关规定确定内设职位的名称、层次、职责和数量。2000～2004年，按照市委“一年一评议，三年一竞争，五年一轮岗”的要求，市直机关部门开展两次竞争上岗工作，连云港经济技术开发区管委会全面推行待岗制、末位淘汰制。2005年，结合政府机关效能建设，全市人事部门积极探索把效能建设与年度目标考核和人员年度考核相结合的办法和机制。至2005年底，全市有公务员（含参照管理）15607人。

二、招录

1984年，连云港市开始实行“三制并行”干部管理办法，即在国家机关和部分事业单位实行干部录用制，在企业实行干部招聘制，在乡镇实行干部选聘合同制。是年，市委组织部、市人事局印发《关于企事业单位整顿“以工代干”工作意见》，对市内各企业、事业单位“以工代干”人员进行整顿，为6737名“以工代干”人员办理转为国家干部的手续。1987年对一年聘用合同期满的1986届连云港市职业大学毕业生进行考核，99名优秀者被录用为国家干部。1988年，在市政法系统、工商税务系统和银行系统招聘录用干部过程中引入竞争机制，在2546名考生中择优聘用277人为干部。是年，对1970年实行“社来社去”政策的大中专毕业生进行摸底调查和登记造册，通过公开考试，从196名报考人员中择优聘用139人为县区以下乡镇机关和企事业单位干部。1990年，市委组织部、市人事局联合印发《连云港市乡镇聘用干部管理暂行办法》，对乡镇干部的聘用、使用、考核、晋升、流动、待遇以及档案管理等作出详细规定。1993年，按照江苏省委组织部和省人事局《关于进一步坚持和完善乡镇干部聘用制的意见》，全市招考聘用乡镇干部235人。

1996年全市推行国家公务员制度后，对进入县以上国家行政机关的各学校毕业生实行统一招考录用办法，当年法院和检察院系统招考录用优秀毕业生44人。1997年9月，首次面向社会公开招考县以上机关公务员和参照公务员制度管理单位工作人员，全市有2231名考生参加全省统一笔试，232人被录用。1998～2001年，全市共招考录用公务员635人，其中乡镇司法公务员23人。2002年，全市组织两次公务员招考，共录取305人。2003年，市人事局组织招考录用公务员169人，其中配合市委组织部面向省内外公开招考选拔领导干部111人。2004～2005年，全市招考录用公务员分别为352人和255人。

三、培训

1997年，市人事局印发《连云港市机关工作人员向国家公务员过渡培训办法》。1998年，市政府印发《关于在全市国家公务员中开展培训工作实施方案》，要求对进入机关工作的大学毕业生坚持先培训、后上岗、再录用。2000年，在全市国家公务员中组织开展世界贸易组织知识培训。2001～2002年，在全市国家公务员和参照管理机关工作人员中开展办公现代化知识培训，对培训合格者由市人事局核发合格证书，作为公务员上岗的必备条件。2004年，为适应经济全球化和全市外向型经济发展需要，对公务员和参照管理人员进行外语听说能力培训和考核。是年，市人事局委托北京师范大学研究生院为连云港市培养公共管理硕士（MPA）。2005年7月，市人事局通过因特网在45家政府机关国家公务员中开展公共管理基础课程“网上订单式”培训试点。

四、考核奖惩

考核　1993年前，全市行政考核奖励种类单一，考核结果运用不广泛。1993年后，为落实《国家公务员暂行条例》和《国家公务员考核暂行规定》，市人事局出台《关于机关工作人员实行年度考核的暂行办法》，对当年度市政府直属行政机关的科级和科级以下工作人员的考核内容、考核程序等作出具体规定，首次提出将考核结果分为优秀、称职、不称职3个等次，作为增资调级、表彰奖励、晋升职务、学习培训等依据。1994年，市人事局印发《连云港市国家行政机关工作人员年度考核实施办法》，全市有14846人参加考核，其中被确定为优秀等次1994人、称职等次12370人、不称职等次61人、未定等次421人。1998年，在县处级公务员考核中采取分类考评、逐级确定考核等次的办法。是年，全市参加考核的县处级公务员247人，其中确定为优秀等次58人、称职等次189人。2001年，在公务员年度考核中增设“基本称职”等次。2002年，《连云港市国家公务员行为规范实施细则》颁布施行。2005年，市委组织部、市人事局转发《关于江苏省国家公务员和机关工作人员年度考核基本称职、不称职等确定标准（试行）的通知》，全市机关参加考核1.58万人，其中优秀2064人、称职1.34万人、基本称职11人、不称职12人、不定等次327人。

奖惩　1984年5月25日，市政府召开1983年度国家机关、事业单位奖励表彰大会，对64名有功人员授奖。这是市内首次开展国家机关和事业单位工作人员奖励表彰活动。是年底，全市党政机关和事业单位评出1984年度先进工作者3265人、记功468人、记大功239人、晋升工资320人，另有115人受处分。1986年11月26日，市政府批转市劳动人事局《关于进一步做好国家行政机关工作人员奖惩工作意见的报告》，全市党政机关参加奖励评选8430人，评出先进工作者582人、记功64人、记大功36人、晋升一级工资14人。

1988年5月，市政府印发《连云港市关于国家行政机关开展奖励工作的暂行规定》，对奖励的原则、条件及种类等作出明确规定。市人事局负责日常惩戒工作管理，办理政府批准的惩戒呈报手续。1989年，全市国家机关和事业单位69人受到行政处分。1994年开始，公务员考核奖惩取消原有的先进工作者、记功、记大功、晋升工资等奖励种类，实行嘉奖、记三等功、二等功、一等功、授予荣誉称号等新的奖励种类。是年，全市国家机关和事业单位工作人员受嘉奖2888人，记三等功154人。1995年，开始执行《国家公务员奖励暂行规定》，全市国家机关奖励1578人，事业单位奖励4721人。

1997年，连云港市荣获全国自强模范和全国残联系统先进工作者称号人员享受省部级劳动模范待遇。1998年，获全国农业综合开发先进工作者、全国税务系统先进工作者称号人员和获全国检察机关模范检察干部、全国交通系统劳动模范和先进工作者称号人员享受省部级劳动模范待遇。

2000年，连云港市首次开展“人民满意公务员”评比表彰活动，10人被市政府授予“人民满意公务员”称号。2003年，全市评选“人民满意公务员”20人、“人民满意公务员集体”10个。2004年，连云区连岛镇镇长胡传宏被省政府授予“人民满意公务员”称号、连云港市公安局交巡警支队一大队被省政府授予“人民满意公务员集体”称号。

第五节　专业技术人员管理

一、职称评审

1985年11月，连云港市职称评定工作领导小组成立，1986年7月更名为连云港市职称改革领导小组。是年，全市成立7个县（区）职称改革领导小组、106个系统（行业）职称改革办公室、226个职称评审委员会。1988年10月，全市首次技术职务聘任工作结束，涉及全民事业单位1120余家、专业技术人员2.26万人，1.71万名专业技术人员被聘任高、中、初级技术职务。1989年，基本完成企业专业技术职务聘任工作，涉及全民所有制企业641家、集体所有制企业543家，评聘高级技术职务254人、中级2525人、初级1.28万人。1990年首次开展评聘补缺工作，全市共补聘高级技术职务79人、中级技术职务680人。1996年，职称管理工作划归市人事局，市职称改革领导小组1997年起改称专业技术人员职称工作办公室，对外称连云港市专业技术人员职称工作领导小组办公室。1999年开始推行专业技术职务岗位管理。是年，全市评聘专业技术人员1.25万人，其中高级报评814人、评审通过640人，中级报评3822人、评审通过3721人。2000年1月，市专业技术人员职称工作领导小组发布《连云港市农民技术职称评定工作实施意见（试行）》，对农民技术职称的评定范围、系列档次、任职条件、报评材料、评审程序、组织领导等作出详细规定。2001年，全市277人首批通过评审获得农民技术职称。2003年，市职称工作领导小组印发《连云港市初级专业技术资格确定办法》，对不符合初定初级条件的人员晋升初级专业技术资格，由评审改为考试，全市有2074人报名参加教育、新闻、艺术、农业、综合五大类专业考试，1646人成绩合格取得初级专业资格。是年起，将专业技术职称评审向非公有制经济、农村和乡镇企业人才倾斜，开展农民技术职称评审工作，全市乡土人才中获得技术职称的有1125人。2004年，非公经济组织专业技术人员报评中级资格计算机可先评后考，拓宽申报渠道。2005年，卫生管理专业和医学工程专业的中、初级专业技术资格实行以考代评。全市推荐评审专业技术资格5607人，其中高级推荐1224人、评审通过841人，中级推荐4383人、评审通过3585人；通过考试取得初级技术资格1853人，初定专业技术资格3663人。

1992～2005年连云港市专业技术人员职称申报、评审情况统计表

表39-6　　单位：人

年份	高级			中级			初级评审	初定	初级考试	乡镇农民地方职称	职称考试
	申报数	批准数	通过率（%）	申报数	批准数	通过率（%）					
1992	327	166	50.8	2155	2112	98.0	9440	2359	—	—	13206
1993	499	244	48.9	1945	1945	100.0	5013	3209	—	—	12657
1994	352	174	49.4	1930	1857	96.2	2845	2973	—	—	13308
1995	398	291	73.1	2066	1520	73.6	2697	3001	—	—	3747
1996	428	320	74.8	1815	1525	84.0	2455	3331	—	—	10932
1997	448	335	74.8	2428	2355	97.0	2387	4877	—	—	10434
1998	705	534	75.7	3173	3051	96.2	2248	5755	—	—	12645

续表 39-6

年份	高级			中级			初级评审	初定	初级考试	乡镇农民地方职称	职称考试
	申报数	批准数	通过率（%）	申报数	批准数	通过率（%）					
1999	814	640	78.6	3822	3721	97.4	2843	5338	—	607	13535
2000	853	665	78.0	2867	2840	99.0	2632	5496	—	434	13500
2001	838	587	70.0	2250	2113	93.9	1429	4040	—	398	11607
2002	789	599	75.9	3163	2905	91.8	1575	4788	—	427	14762
2003	953	715	75.0	4703	3556	75.6	—	4707	1646	1125	17086
2004	1232	854	69.3	4029	3464	86.0	—	2705	1831	—	25286
2005	1224	841	68.7	4383	3585	81.8	—	3663	1853	1014	26769

说明：从2003年起，对不符合初定初级条件的人员晋升初级专业技术资格，由评审改为考试。

二、专业技术职务聘任

1986年2月国务院发布《关于实行专业技术职务聘任制度的规定》后，连云港市开始实行专业技术职务聘任制度。1986～1990年，全市共聘任各类专业技术人员6.75万人，其中高级技术职务1040人、中级1万人、初级5.65万人。1991年，连云港市职称改革领导小组印发《关于企事业单位专业技术人员进行年度考核的实施意见（试行）》，要求各单位组织对所聘任人员的全面考核并进行综合评定，按优、良、中、差四档确定等级。1992年起，在企业中推行专业技术职务聘任制，实行评聘分开。2000年开始实行专业技术职务岗位管理。对财政全额拨款单位，除高等学校和各类中等专业学校以及中小学校外，不再下达专业技术岗位数额。事业单位填报《连云港市事业单位专业技术人员岗位管理手册》，经市、县、区职称主管部门批准后方可开展评审工作。2002年，实行专业技术职务按需设岗、按岗聘任。2003年，市人事局完成事业单位专业技术职务岗位设置工作，审批1061家事业单位设岗方案。市内570家事业单位完成专业技术职务竞争上岗工作，4897名专业技术人员通过竞争获得聘任。2004年，市人事局制定出台《2004年全市职称工作意见》《当前职称改革工作中若干问题的意见》，进一步完善事业单位专业技术职务岗位设置管理及专业技术职务竞争上岗工作，公益型和行政管理型事业单位的竞争上岗率达80%。2005年，全市事业单位推行专业技术职务全员竞争、缺位竞争。

三、专家选拔

1989年，连云港建港指挥部金鏐、赣榆县农艺师许恒道、市水产局吕理森、东海县人民医院宋玉斋、市蜂疗医院房柱获“江苏省有突出贡献的中青年专家”称号。

1991年，连云港建港指挥部金鏐、东海县人民医院主任医师宋玉斋、连云港港务局孟庆广、灌南县中医院周达春获准享受国务院特殊津贴。1996年，人事部批准连云港港务局姚明善、市卫生防疫站赵文彬、连云港纺织机械厂张国良为1996年度享受国务院特殊津贴人员。省政府批准赣榆县农机推广站樊家志、市第一人民医院李新民、连云港石油化工总厂李一丁、灌云县农业技术推广中心吴淑宝为1996年度江苏省有突出贡献的中青年专家。1997年，连云港石油化工总厂李一丁、赣榆县农机推广站樊家志、连云港市职业技术教育中心沈倩文获准享受国务院特殊津贴。1998年，连云港康缘制药有限公司肖伟、灌云县农机推广中心吴淑宝、赣榆县中学李震获准享受国务院特殊津贴。是年，连云港港口工程设计研究所武可贵被批准为国家有突出贡献中青年专家；市环境保护监测站袁文昌、连云港建港指挥部高兆福、连云港恒瑞制药有限公司陈永江、市水利规划设计院张传祖、江苏省新海中学曹家英被评为江苏省有突出贡献中青年专家。1999年，东海县作物栽培技术指导站段祥茂、灌南县中学杨斌获准享受国务院特殊津贴。2000年，《连云港市人民政府实施特殊津贴暂行办法》经市政府第28次常务会议通过颁布，赣榆县农作物栽培技术指导站秦德荣等10人，经市政府批准首批享受市政府特殊津贴。是年，赣榆县农作物栽培技术指导站夏新宇、东海县农技中心赵新华、连云港市话剧团化敏、三得利食品有限公司王莉、中国船舶重工集团第七一六研究所陈方、徐大林6人被批准为江苏省有突出贡献中青年专家；江苏恒瑞医药有限公司陈永江、东海县农业技术推广中心李本良被批准享受国务院特殊津贴。

2002～2005年，王龙、李永安、戴翔翎、乔光辉、陶惠启、徐大勇被批准享受国务院特殊津贴；戴翔翎、杨增泰、吴惠毅、孙正军被批准为江苏省有突出贡献中青年专家；苏仕华、胡爱林等40人被批准享受市政府特殊津贴。

四、智力引进

1985年6月，连云港市对外科技交流中心成立，与连云港市科技协作办公室合署办公，隶属市科学技术委员会。1985年10月，市对外科技交流中心邀请瑞典退休电线电缆专家诺特·布拉特到连云港市无线电厂进行技术指导。1987年，诺特·布拉特被连云港市无线电厂聘为技术顾问，成为全市第一位获得中国对外科技交流中心颁发的“优秀服务证书”的外国专家。1990年4月，市对外科技交流中心与日本朝日机器株式会社签订市内第一份科技合作协议书，由连云港市每年派遣2名研修生赴日学习制冷设备的维修和保养技术，日方承担研修生的全部费用。1991年4月，连云港市引进国外智力领导小组成立。1997年1月，市科学技术委员会内设国际科技合作科，与市引进国外智力领导小组办公室合署办公。2001年9月，市人事局设立连云港市外国专家局，将国外智力引进职能由市科委划入。2004年8月23～24日，市政府和省人事厅联合举办建设服务型政府与区域经济发展国际专家论坛，德国、日本、加拿大等国家和中国香港地区的9名专家，就建设服务型政府、区域经济发展、城市规划与港口建设等进行专题研讨。是年，市发展计划委员会、经济贸易委员会和港口管理局、经济技术开发区等单位的管理人员，从事经济和环境建设的科技人员28人，赴法国参加城市建设与管理培训。2005年，围绕港口建设、制药、机械、化工、水产、农业等支柱产业和重点领域引进25个引智项目。1985～2005年，全市组织实施引进国外智力项目223个，接待20余个国家和地区的专家296人次。

五、博士后工作

2002年，恒瑞医药股份有限公司、康缘制药公司、716研究所组建博士后科研工作站，正大天晴公司组建博士后技术创新中心。2005年，市有关部门制定博士后科研工作站管理办法，进一步加强博士后科研工作站制度化建设，至年底，全市有博士后工作站5家、进站博士12人。

第六节　人才工作

一、人才招聘

1984年6月，连云港市人才交流服务中心成立，8月面向全国招聘人才。1989年2月，市人事局、计划经济委员会联合举办首次连云港市高校毕业生人才市场，市内各县区和市各行业主管部门及企业的84家用人单位参加，各类应届毕业生和家长2000余人进场洽谈，120名毕业生当场签订招聘合同。1991年6月，市政府印发《连云港市人才合理流动七个暂行规定》，人才流动管理逐步步入制度化、正常化轨道。1992年10月，连云港市人才市场建立。是年12月，市人事局组织40余家用人单位参加省人才智力交流大会，协议接收大中专毕业生353人。1993年3月，市人事局组织人员参加全国首届人才技术交流洽谈会，协议引进各类人才253人。是年，市人才市场举办人才集市20余次，从市外引进各类急需人才120余人；市人事局为170余名科技人员办理流动手续、为38名科技人员办理辞职手续、为17人办理停薪留职手续。1994年，连云港市人才交流服务中心与无锡市人才服务中心互设联络站。1997年，市人才交流服务中心开展对当年未就业大中专毕业生委托保管档案业务。1998年5月，市、县人才市场实现计算机信息联网和人事信息的分散收集、集中管理。2000年9月1日，连云港市网上人才市场开通。2001年4月8日，市人才交流服务中心受江苏省国际人才交流中心委托设立出国留学咨询报名处，开展出国留学服务。2002年起，市直各事业单位新进人员均须到市人才交流服务中心办理人事代理。2003年8月，市人才交流服务中心举办江苏连云港2003年企业经营管理人才暨夏季交流大会，市内和周边城市的323家企事业单位参会，提供3640个就业岗位，吸引6000多人与会洽谈，2300多人签订意向性就业协议。当年10月，连云港市人才交流服务中心与上海市人才服务中心签订人才服务合作协议书，确定双方互设窗口、实行人才网站链接、及时发布人才服务信息、互相提供人事人才代理服务。2004年1月17日，苏北五市2004年春季人才交流大会在连云港市举办，331家企事业单位进场招聘，提供就业岗位4430个，6000余人进场洽谈。2005年，市人才交流服务中心举办日常人才集市47场，进场招聘单位2574家，提供就业岗位4万余个，全年人事代理1.05万人。

二、毕业生就业

1984～1992年，大中专毕业生实行按计划统一分配就业政策。1984年，全市接收分配大中专毕业生835人，其中大专以上学历273人、中专学历562人。1985年，为解决人才急需，市人事局除接收计划内分配的730名毕业生外，争取到计划外毕业生79人。1987年，市人事局、计划经济委员会按加强重点、面向基层的基本原则制定大中专学生分配方案，全市接收各类毕业生1198人，其中，分配到能源、交通、轻纺、农林等重点部门369人，分配到县以下基层单位515人。1988年，市人事局提出“统筹兼顾、合理使用、加强重点、面向基层”的分配原则，全年接收各类毕业生1210人，其中大学本科生269人、专科生144人、中专生797人。1989年2月24日，连云港市举办首次高校毕业生人才市场。1992年，全市接收毕业生2032人。

1993～1999年，高校毕业生分配制度实行改革，形成计划统配与市场选择相结合就业模式。1994年，全市接收非师范类大中专毕业生2567人，其中按计划统一分配毕业生2058人、通过人才市场推荐就业毕业生466人。1995年3月，市政府印发《连云港市地方大中专毕业生就业管理暂行办法》，规定毕业生首次就业要面向基层、面向生产第一线，通过人才市场，按照“供需见面、双向选

图39-11　2005年，全市接收大中专毕业生2358人。图为春季人才招聘会。　王振　摄

择、自主择业、不包分配”原则落实就业单位或自谋职业。是年，全市接收并安排统配大中专毕业生2448人。1996年，接收并安置三峡库区大中专毕业生88人。1998～1999年，全市安置统配和双向选择毕业生5130人就业。

2000年，开始实行市场化就业，市内各类用人单位对首次就业的大中专毕业生实行试聘制度，工作第一年为见习期，毕业生与用人单位签订连云港市大中专毕业生见习试聘合同书，毕业生在见习试聘期内的人事关系、档案，由市、县人才服务机构统一管理。全年接收大中专毕业生2728人。2004年8月，连云港市毕业生就业工作领导小组成立。2005年，全市接收大中专毕业生2358人。

1984～2005年连云港市接收大中专毕业生情况统计表

表39-7　　单位：人

年份	接收总数	博士生	硕士生	本科生	大专生	中专生	其他
1984	835	—	—	273		562	—
1985	730	—	—	161		569	计划外7[illegible]人
1986	892	—	—	197		695	—
1987	1198	—	—	216	109	873	—
1988	1210	—	—	269	144	797	计划外90人
1989	1340	—	18	289	233	800	—
1990	1371	—	—	300	271	800	非统配生240人
1991	1814	—	11	669		1134	非统配生520人
1992	2032	—	—	864		1168	非统配生3[illegible]3人
1993	2751	—	737		688	1326	—
1994	2567	—	—	450	909	1208	三峡生88人
1995	2448	—	6	463	709	1270	—
1996	2804	—	13	585	698	1508	留学回国1人
1997	2854	—	28	699	622	1505	—
1998	2772	—	27	680	908	1157	—
1999	2358	1	30	925	528	874	—
2000	2728	4	41	1012	414	1257	地方院校8[illegible]9人
2001	1121	—	13	714	294	100	—
2002	1352	20	21	800	310	201	—
2003	2535	10	71	1276	728	450	—
2004	2834	2	117	1606	805	304	—
2005	2358	5	143	812		1398	—

三、人事争议仲裁

1984年，市人才交流服务中心成立。1991年6月，市政府印发《连云港市人才流动争议仲裁暂行规定》。1992年7月，连云港市人事争议仲裁办公室成立。1992～1996年，市人事争议仲裁办公室收到仲裁申请32件，受理20件，均以调解方式解决。1999年3月，连云港市人事争议仲裁委员会成立。是年7月，市政府印发《连云港市人事争议处理实施细则》。1997～2000年，共收到仲裁申请105件，案由多为因个人在工资福利、个人身份及辞职辞退等方面的问题与单位发生争议，均通过调解协商方式得到解决。2000年5月，市人事争议仲裁庭成立，市人事争议仲裁委员会印发《连云港市人事争议仲裁庭开庭规则》。2003年8月，市人事争议仲裁委员会与市中级人民法院联合开展人事争议仲裁与司法接轨工作。2001～2005年，收到人事争议仲裁申请95件，受理75件，其中74件通过协商调解处理结案、1件通过人事争议仲裁庭裁决结案。

第四章　劳动工资

1984年，连云港市开始尝试工资制度改革。1985年试行企业工资总额与经济效益挂钩。1987年，工人实行岗位等级工资制，行政管理人员实行职务等级工资制，同时在企业内部推行计件工资制、浮动工资制、工效挂钩制、定额包干制等多种分配形式。1996年，连云港市在三得利食品有限公司和宇研鞋业有限公司试行以集体谈判和民主协商方式决定职工工资水平，在全省率先推行企业工资协商制度。最低工资制度、工资增长指导线制度、职工工资指导价位调查等制度和措施的实施，保证了职工工资随着经济发展同步增长，全市在岗职工年人均工资由1984年的854元增长到2005年的15043元。

第一节　工资制度改革

一、职工工资制度改革

效益工资制　1984年6月，连云港市劳动局制定印发《劳动工资管理改革暂行意见》，尝试把工人的招收调配、转正定级、奖金分配、奖惩方式等15项权力下放给企业，以增强企业经营活力。

1985年1月，国务院下发《关于国营企业工资改革问题的通知》，对企业职工工资进行第三次重大改革，实行企业职工工资总额与企业经济效益挂钩的分配制度，工资总额随企业经济效益的高低按比例上下浮动，同时实行企业工资分级管理体制。是年，市劳动人事局在市内25家大中型企业中选取经济效益逐年提高的9家企业进行改革试点。市陇东火柴厂、市红旗化工厂、市变压器厂、市绝缘材料厂、市制碘厂5家企业经省劳动局批准后，试行1∶0.65的工资总额与经济效益挂钩比例。

1988年，市劳动局、计划经济委员会、体制改革办公室、财政局、税务局联合印发《关于我市推动工资总额与经济效益挂钩的通知》，在全市实行效益工资制度。至年底，经批准实行效益工资制度的企业有333家，涉及职工9.08万人，其中全民所有制企业280家、职工77764人，集体所有制企业53家、职工1.31万人。1990年2月，市劳动局印发《关于工效挂钩企业职工上浮升级有关问题的通知》，将当年人均上浮一级的职工浮动工资转为标准工资。

1992年开始，改进工资与效益挂钩方式，实行人均工资与人均税利挂钩，企业挂钩浮动比例调整到1∶0.3至1∶0.8范围内；将单一挂钩指标改为复合指标。其中，对以上缴税利或实现税利额为挂钩指标的企业，改为同时实行与劳动生产率、资金利税率、工资利税率等复合指标挂钩；对以营业收入、外贸收购额和实物销售量为挂钩指标的企业，改为同时与上缴税利、实现税利、劳动生产率、资金利税率、工资利税率等一项或两项指标挂钩；经济效益指标的核定，仍以上年年终结算挂钩的经济效益指标的实绩为基数。至1996年底，全市实行工效挂钩企业1042家，其中国有企业536家、职工14.68万人，集体企业506家、职工5.94万人，分别占国有、集体企业全部应挂钩职工的95.97%和80.92%。

2000年，市劳动局、财政局、地方税务局、国有资产管理局联合印发《关于印发〈连云港市2000年度企业工资指导线实施意见〉的通知》，确定对按照建立现代企业制度要求完成公司制改造、公司法人治理结构健全的竞争型企业，经劳动保障部门批准实行自主决定工资总额的办法，不再实行工效挂钩。

岗位等级工资制 1986年3月，经江苏省工资改革领导小组和省劳动局批准，煤炭企业工人实行岗位等级工资制，行政管理干部实行职务等级工资制，专业技术干部实行技术等级工资制。

1987年2月，市计划经济委员会、劳动人事局、财政局和市纺织工业公司联合印发《关于纺织系统推行新五岗工资制实施细则（试行）的意见》，在全市纺织、丝绸行业的一线生产工人中推行新五岗工资制，在部分企业中推行计件工资制、浮动工资制、定额包干制等多种企业内部分配形式。

岗位技能工资制 1992年开始，市劳动局在全市企业推行岗位技能工资制，选取连云港市变压器厂、车辆厂、石油化工机械总厂、锦屏化工厂等8家企业为首批试点单位。

1993年，连云港市化肥厂、绝缘材料厂、电机厂、机械厂、机床厂、光学仪器厂、水表厂、水泵厂、农机厂、酿化厂、纺织厂和连云港港务局、连云港市供销总社等22家企业试行岗位技能工资制，涉及职工2.2万余人。

1994年，岗位技能工资制在全市全面实施，市劳动局、财政局、计划委员会、经济委员会印发《关于深化企业工资制度改革适当解决企业职工工资问题的通知》，确定将企业职工原有工资类别全部套改为技能工资制标准。套改工作于1995年结束，全市共有1264家企业的18.21万名职工实行技能工资制，较套改前人均月增工资98.92元。

年薪制 1996年，全市试行企业经营者年薪制，主要在国有独资企业和国有控股企业的董事长、总经理或厂长、经理等企业主要领导中实施。1997年6月，连云港市资产经营责任制指导小组印发《关于对1996年度资产经营者责任制试点企业的经营者进行年薪兑现的通知》，首次对17名经营者实行年薪制，经审定批准的年薪最高者5000余元、最低者4000余元。

1997年起，连云港市实行企业经营者收入登记制度，规定凡具有独立法人资格的国有企业（含国家控股的股份制企业）和城镇集体企业的经营者即厂长、经理、副厂长、副经理（包括书记）及相当职务人员，都必须依法进行收入登记。企业经营者收入登记工作列入劳动部门正常业务管理范围，凡拒绝登记或瞒报少报的，劳动部门有权直接查处。

2000年12月，市政府针对年薪制实行的范围、公开程序、年薪限额等问题，修订并印发《关于印发〈连云港市企业经营者年薪制试行办法〉的通知》，确定自2001年1月1日起施行企业经营者年薪制，规定企业经营者年薪由基本年薪、效益年薪和奖励3部分构成；基本年薪由企业在当年成本中按实列支，并预付给主管该企业年薪制考核管理的部门实行专户管理。

2001～2005年，全市先后实行年薪制的企业有恒瑞集团、恒瑞股份、康缘药业、德邦集团、中金医药包装公司、连众集团、华威集团、双凌集团、港口集团、化工集团、第二农药厂等30余家。

二、机关事业单位工资制度改革

1985年，国家实施第三次工资制度改革，机关工作人员职务等级工资制改为以职务工资为主的结构工资，分为基础工资、职务工资、工龄津贴和奖励工资4部分。1986年，按省定方案提高工资地区类别，全市涉及机关和事业单位工作人员4.22万人，人均月增资2元。经1985年的工资改革和1986年的提高工资地区类别，全市机关事业单位人均月增资20.2元。1988年，市人事局对全市机关事业单位5.93万名职工工资进行审核，为符合升级条件的3.29万人办理工资升级手续。1990年，全市机关事业单位进行工资普调和复调，其中普调工资5.81万人，人均月增资7.27元；复调工资4.17万人，人均月增资8.53元。1992年，按照国务院有关文件精神，机关事业单位工作人员工龄工资由每年0.5元提高到每年1元，全市参加调整6.67万人，人均月增资11.50元；调整机关事业单位工作人员职务（岗位）津贴，全市参加调整6.7万人，人均月增资28.16元。

1993年，国家实行第四次工资制度改革，机关和事业单位实行不同的工资制度，行政机关建立职务级别工资制（包含基础工资、职务工资、级别工资、工龄津贴、综合补贴和职岗津贴6个部分），事业单位建立体现不同类型不同行业特点的工资制度，建立正常的考核增资办法，改革奖励制度。1994年5月，该制度在连云港市全面实施，全市参加工资改革的6.65万名在职工作人员，改革后人均月增资154元，人均月工资444元。1996年，市人事局首次为连续两年考核合格的机关事业单位工作人员晋升职务工资档次，人均月增资21元。1999年起，实行机关事业单位工作人员每两年正常晋升一档工资制度。2004年，调整国家机关和事业单位工资标准。市人事局出台市直机关、事业单位地方岗位补贴实施办法，在工资中增发地方岗位补贴。2005年，各单位进一步规范津贴补贴，加强收支两条线管理。

第二节　职工工资

一、职工工资总额与工资水平

1985年9月，连云港市贯彻国务院《工资基金暂行管理办法》，加强工资总额管理，各单位根据国家核定的年度工资总额编制工资基金使用计划，经主管部门审核，并经劳动行政部门批准后，列入《工资基金管理手册》，开户银行据此监督。

1990年8月，市劳动局、财政局印发《关于进一步改进和完善企业工资总额同经济效益挂钩办法的意见》，要求有条件的企业均要实行工资总额与经济效益挂钩，暂不能实行总额挂钩的企业实行工资总额包干办法，逐步建立起企业工资分级管理和调控体制。10月，市劳动局、税务局印发《关于进一步改进和完善集体企业工资总额与经济效益挂钩办法的意见》，将集体企业纳入工资总额与经济效益挂钩范围，实施统一管理。是年，按照国家统计局《关于工资总额组成的规定》文件精神，工资总额包括计时工资、计件工资、奖金、津贴和补贴、加班加点工资、特殊情况下支付的工资。

1991年，连云港市改进工资总额与经济效益挂钩办法，对1988年以后批准实行工效挂钩的企业，开始实行“分挂分提”办法，即按企业劳动生产率、人均创利率、工资税利率和资金税利率等经济指标，结合全年经济效益分别核定工效挂钩浮动比例。

1993年，市劳动局选择连云港市车辆厂和连云港市塑料一厂进行自定工资总额试点，允许企业有权使用工资总额和自我积累的工资储备金，有权选择适合本企业的具体分配形式，有权制定职工晋级增薪和降级减薪办法，政府不再为企业规定具体的工资形式。是年起，市辖各县按企业产出效益指标调控的弹性工资总额实行计划管理。

1994年，弹性工资总额计划实施范围扩大到全市各类企业，初步实现对不同地区、不同行业（部门）、不同企业工资总额的分级分类管理。是年12月，市劳动局、财政局、财经办公室、人民银行连云港市支行联合印发《关于严格控制消费基金过快增长和加强企业工资总额管理的通知》，加强对工资总额的管理与审批，做到企业工资总额增长不高于劳动生产率增长。是年，职工工资总额较上年度增长35.1%，为增长幅度最大一年，年人均工资3891元。

1997年，对工资总额实行“封顶”和“保底”办法，即对经济效益增长过快的企业，在计提效益工资时以不超过核定工资总额基数的30%予以封顶；对经济效益大幅下滑的企业，在扣减工资总额基数时以不超过核定工资总额基数的20%为最大额度。

2000年开始把企业工资指导线方案与工资总额的宏观调控结合实施，引导工资总量调控向工资水平调控过渡。2002年，市区职工年人均工资超过1万元。

2005年，连云港市开始试行企业工资集体协商、自主确定工资总额办法，对已实行工资集体协商的企业，按照“工资总额增长幅度低于本企业经济效益增长幅度，职工实际平均工资增长幅度低于本企业劳动生产率增长幅度”的原则，在政府公布的工资指导线预警线范围内，根据自身情况，通过集体协商自主确定年度工资水平；企业工资总额基数按上年统计年报加减合理调整因素确定，企业职工平均工资按上年企业职工平均工资确定。

1984～2005年，全市在岗职工工资总额和年人平均工资逐年提高。1984年，全市职工工资总额2.91亿元，人均工资854元；2005年分别增长到41.71亿元和1.5万元，分别是1984年的14.34倍和17.61倍。

1984～2005年连云港市职工工资总额和工资水平统计表

表39-8

年 份	工资总额（万元）	增长幅度（%）	人年平均工资（元）	增长幅度（%）
1984	29097	—	854	—
1985	36584	25.7	1038	21.5
1986	43276	18.3	1181	13.8
1987	49482	14.3	1293	9.5
1988	60799	22.9	1536	18.8
1989	65927	8.4	1625	5.8
1990	75656	14.8	1838	13.1
1991	83398	10.2	1966	7.0
1992	97272	16.6	2255	14.7
1993	126354	30.0	2811	24.7
1994	170667	35.1	3891	38.4

续表39-8

年 份	工资总额(万元)	增长幅度(%)	人年平均工资(元)	增长幅度(%)
1995	207082	21.3	4663	19.8
1996	231270	11.6	5175	11.0
1997	249668	8.0	5578	7.8
1998	243057	-2.6	6547	17.4
1999	248034	2.0	7083	8.2
2000	258152	4.1	8006	13.0
2001	270052	4.6	8982	12.2
2002	284157	5.2	10075	12.2
2003	306213	7.8	11262	11.8
2004	341769	11.6	12713	12.9
2005	417116	22.0	15043	18.3

1984～2005年连云港市不同所有制单位职工年平均工资统计表

表39-9　　单位：元

年 份	全市平均	国有单位	集体单位	其他单位
1984	854	919	722	867
1985	1038	1120	974	1467
1986	1181	1277	984	1750
1987	1293	1403	1058	1583
1988	1536	1682	1207	1856
1989	1625	1783	1270	1558
1990	1838	2059	1357	1608
1991	1966	2168	1518	1863
1992	2255	2506	1667	1822
1993	2811	3075	2120	2896
1994	3891	4351	3663	3519
1995	4663	5114	3411	4313
1996	5175	5697	3740	4470
1997	5578	6144	3883	5100
1998	6547	7105	4694	6436
1999	7083	7556	5009	7367
2000	8006	8543	5382	8432
2001	8982	9522	5716	9587
2002	10075	10663	6389	10553
2003	11262	11719	7005	12257

续表39-9

年　份	全市平均	国有单位	集体单位	其他单位
2004	12713	13754	7367	12512
2005	15043	16512	9112	14161

说明：1998年后数据中不含离开本单位仍保留劳动关系的职工。

二、工资集体协商

1996年，连云港市开始在江苏三得利食品有限公司和宇研鞋业有限公司试行以集体谈判和民主协商方式决定工资水平。1998年，在20家企业进行工资集体协商试点，1999年试点进一步扩大到县、区企业。

2000年7月，市劳动局、总工会联合印发《关于印发〈连云港市企业工资集体协商（试行）办法〉的通知》，确定企业工资集体协商的内容为企业工资分配制度、工资标准和工资分配形式，企业工资水平及其增长幅度，职工的奖金、津贴、补贴等分配办法，职工工资发放时间和支付办法，职工保险、福利方面的待遇标准，企业公益金的使用和劳动分红办法，双方的违约责任，工资集体合同的有效期限和起止时间。至2002年底，全市实行工资集体协商的企业有174家，其中国有企业33家、城镇集体企业54家、外资和港澳台资企业17家、股份制企业51家、私营企业14家、合资企业4家、其他类型企业1家。

2005年4月，市劳动和社会保障局、总工会、经济贸易委员会、企业家协会联合印发《关于推行工资协商的意见》，确定由市劳动关系协调会议成员单位统筹、协调和监督检查工资集体协商工作。7月，市劳动关系协调会议成员单位联合印发《关于建立工资协商制度的通知》，要求建立工资集体协商要约、整改、处罚、审查、报告5项制度。8月，市政府印发《关于进一步推进全市企业工资集体协商的意见》，要求全市所有企业三年内逐步建立工资集体协商制度。是年底，市内100人以上生产经营正常并建立工会的企业中，有92%的企业建立工资集体协商制度；50人以上生产经营正常并建立工会的企业工资集体协商建制面为87.72%。

三、工资增长指导线

按照省劳动厅要求，连云港市自1996年起试行企业工资增长指导线制度。企业工资增长指导线包括工资增长基准线、工资增长预警线、工资增长下线，由市劳动局在组织调查测算研究后确定，经省劳动厅审核、市政府批准，然后颁布施行。是年公布的工资增长指导线为工资增长基准线16%，工资增长预警线24%，工资增长下线为零增长或负增长。

1998年，市劳动局印发《关于印发〈连云港市1998年度企业工资指导线〉的通知》《关于连云港市企业工资指导线实施意见》，规定市内所有国有企业、国有控股企业、城镇集体企业、股份制企业、外商投资企业、私营及其他企业，都应在发展生产、提高效益的基础上，按照年度企业工资指导线的要求，安排好职工工资的正常适度增长。其中，生产经营正常、经济效益比上年度显著增长、应付工资结余较多的企业，可按工资指导线规定的预警线年工资增量为780元/人以内选择，也可按本企业上年度实发工资总额在增幅14%以内选择增量；生产经营基本正常、经济效益基本持平、有一定应付工资结余的企业，可按工资指导线规定的基准线年工资增量为450元/人以内选择，也可按本企业上年实发工资总额在增幅8%以内选择工资增量；经济效益下降的企业，可根据其实际承受能力和当年物价因素，适当安排职工增资，可按工资指导线的下线年工资增量

280元/人执行；停产、半停产和严重亏损企业，实际工资水平可以零增长或负增长，但其支付给职工的工资必须符合最低工资保障制度的有关规定；外商投资企业和私营企业应根据工资指导线进行集体协商确定工资，经济效益有较大幅度提高的企业，本年度职工工资增长可不受预警线限制，由企业自主决定。2003～2005年，全市企业工资增长基准线为6%～11%，工资增长预警线为12%～18%，工资增长下线为3%～4%。

1996～2005年连云港市企业工资增长指导线统计表

表39-10

年　份	工资增长基准线	工资增长预警线	工资增长下线
1996	16%以内	24%以内	零增长或负增长
1997	14%以内	18%以内	零增长或负增长
1998	8%	14%	5%
1999	8%	15%	4%
2000	9%	16%	4%
2001	9%	16%	4%
2002	9%	16%	4%
2003	6%～10%	12%～18%	3%～4%
2004	6%～10%	12%～18%	3%～4%
2005	6%～11%	13%～18%	3%～4%

四、职工工资指导价位

1999年，市劳动局首次开展劳动力价位调查，抽取不同行业、不同规模、不同类型且生产经营正常、工资分配较为规范的企业，对1998年度劳动力价位数据进行调查收集整理，经分析测算后确定1999年度劳动力市场指导价位，对外公布，作为用人单位确定本单位各种岗位职工工资的标准。公布的劳动力市场工资指导价位按不同经济类型、不同行业、不同工种、不同隶属关系、不同学历层次和专业技术等级、不同年龄和工龄以及性别分类，每类均有相对应的高位数、中位数和低位数3种工资指导价位，分别适合进入劳动力市场的经济效益较好、一般和较差的企业。此外还有各行业人工成本的水平、构成比例及投入产出等各项数据。

2000～2005年，市劳动局每年均进行劳动力市场指导价位调查和发布。2005年，调查样本抽取93家生产经营正常企业，涉及职工2.66万人，个体样本采集6042人，涉及142个工种岗位，调查后生成568个劳动力市场工资指导价位。

五、最低工资制度

1995年起，连云港市建立最低工资制度，每年向社会发布最低工资标准，用人单位支付劳动者工资不得低于当年当地最低工资标准。是年，市区执行江苏省1995年度企业最低工资二类标准，即月最低工资175元；赣榆县、东海县、灌云县执行三类标准，即月最低工资140元。

1996年3月，连云港市推行困难企业建立工资预留账户制度。对经市劳动局批准暂缓执行最低工资标准的确有困难的企业，及其他因停产、半停产严重亏损而不能按时发放职工工资的国有、集体企业，在提出申请并经劳动部门批准后，可以在企业基本账户开户行或信用社开立工资预留账户，以保障困难企业职工基本生活资金。是年，市劳动局共审批市区11家困难企业建立预留账户。

2001年，连云港市开始实施小时工最低工资标准，市区为三类标准，每小时最低2.6元；赣榆县、东海县、灌云县、灌南县为四类标准，每小时最低2.1元。此后每年都有调整。

2005年，市区企业执行三类最低工资标准，即月最低工资480元，小时工最低每小时4.1元；赣榆县、东海县、灌云县、灌南县执行四类最低工资标准，即月最低工资400元，小时工最低每小时3.4元。

第三节　福利待遇

一、职工福利

工资奖励　1984年，连云港市执行国务院有关规定，企业厂长有权对技术进步快、劳动工作好、在工作中作出特殊贡献的职工晋升工资级别，是年晋升面为3%。

1988年1月，市政府印发《关于市级先进企业优惠政策的暂行规定》，确定对市级先进企业在工资、奖金、信贷等方面给予政策优惠，职工起点工资上浮1元，厂长（经理）工资上浮半级，工资总额上浮部分列入工厂成本。

1990年5月，市劳动局对获得省级先进企业称号的连云港市水表厂和连云港市砂轮厂进行奖励，晋升其全部厂级干部、部分中层以下干部和工人的工资级别，将其起点工资标准由原来的37元提高到39元。

1991年3月，按江苏省盐业公司通知，对获1989年度省级先进企业的台南盐场、灌东盐场职工给予提高工资标准奖励，在原工资起点标准上增加2元；其场长、党委书记和在工作中作出突出贡献的其他场级干部晋升一级工资，晋升面约占场级干部的50%。

1992年3月，按省人事、劳动、科技部门通知，给予有突出贡献的中青年专家各晋升2档工资奖励。

1994年7月，市政府发布《连云港市激励企业加速发展的若干规定》，对增加利润、加大投入增加产出、开发新产品，以及推进企业组织结构调整和建立风险制度的各类企业，分别给予奖励经营者、分红和晋升工资级别等政策。是年，全市7人获得晋升一级工资奖励。

1995年后不再实行工资奖励制度。

工作津贴　1984年，连云港市执行省有关部门规定，在化工行业试行有毒、有害作业岗位津贴制度。是年12月，开始对市内机械行业中从事高温和苦、脏、累工作的一线生产工人试行岗位津贴制度，发放标准为每人每日0.4元。

1991年7月，按省劳动厅、财政厅、石油化工厅通知，将化工行业中有毒、有害作业岗位津贴标准分为：甲等，极度危害，每日每人1元；乙等，高度危害，每日每人0.8元；丙等，中度危害，每日每人0.6元；丁等，轻度危害，每日每人0.4元。

1994年6月，连云港市建立纺织企业一线运转岗位津贴制度和建筑材料行业艰苦岗位津贴制度。下半年，调整医药行业有毒、有害作业岗位津贴标准和物资行业从事废旧物资回收处理岗位津贴标准。

2004年6月，连云港市开始对省级以上离退休劳动模范按月发放荣誉津贴，全国劳动模范每人每月100元，省部级劳动模范每人每月80元。所需资金原则上由劳动模范所在单位解决，破产、改制及特别困难企业由同级财政解决。

2005年，按省劳动和社会保障厅通知，连云港市调整企业职工夏季防暑降温津贴标准，规定从事室外作业和高温作业人员每人每月120元，非高温作业人员每人每月100元；全年按4个月计发，列入企业成本费用。

生活补贴　1984年12月，市财政局、人事局、劳动局联合印发通知，对中华人民共和国成立后参加工作的老干部、老工人退休后发给退休费补贴，按其工作年限和连续工龄分为30年以上、25年以上、20年以上3个档次，在原退休费基础上分别发放15%、10%、5%的生活补贴。

1990年2月，连云港市提高全民所有制单位职工包括离退休职工取暖补贴标准，由每人每月5元提高到8元。集体所有制企业参照执行。

1993年4月，市财政局印发《关于放开粮油价格后对城镇职工及有关人员发放补贴的通知》，从当月起，给城镇职工和有关人员发放每人每月6元的生活补贴；给列为补贴对象的大、中专在校生发放每人每月4元补贴，全年按10个半月发放。6月，印发《关于调整民用燃料、水、电价格后适当给职工及有关人员发放补贴的通知》，给国家机关和各企事业单位在职职工及离退休人员发放每人每月8元的生活补贴。

工人退休退职待遇　1984年前，连云港市按国务院于1978年5月颁布的《关于工人退休退职暂行办法》执行工人退休退职待遇：退休时工龄10～20年的退休费为其本人工资的60%、工龄20年以上的为75%，退休职工享有与在职职工同一标准的物价补贴、粮价补贴、副食品价格补贴和肉价补贴、冬季宿舍取暖补贴等；退职职工按月发给相当于本人标准工资40%的生活费、低于20元的按20元发给，与在职职工一样享受副食品价格补贴、肉价补贴等。其间，于1983年将退职职工生活费最低保证数由20元提高至25元，1988年提高至40元。自1985年5月起，对未参加当年工资改革的离退休职工，每人每月发给12元生活补贴，1988年1月起提高至每人每月17元。

1989年，市区企业退休人员人均月退休费（养老金）突破100元，为100.05元。

1990年4月起，按省规定，连云港市对连续工龄满30年的退休职工每月增发本人原工资10%的退休补助费，满20年不满30年的职工每月增发本人原工资5%的退休补助费。

1994年开始按省政府颁布的《江苏省改革企业职工基本养老金计发办法的试行意见》执行，对1994年1月1日以后退休的企业职工实行新的退休费计发办法，对1993年底前国有企业和县、区属以上城镇集体所有制企业退休（职）人员，按国家和省原规定计发的养老待遇不变。至2005年，连云港市企业退休人员人均月退休费逐年增长，2005年达665.05元。

丧葬补助费和抚恤待遇　1988年之前，连云港市执行国务院于1953年颁布的《劳动保险条例》，职工因工死亡发给本企业人均工资3个月的丧葬费，并根据供养人口多少按月发给死者工资的25%～50%的抚恤费；非因工死亡发给本企业人均工资2个月的丧葬补助费，并按供养人口多少一次性发给死者工资6～12个月的供养直系亲属救济费。

1988年6月开始，连云港市执行江苏省规定，对企业职工因工或非因工死亡的除发给300元丧葬费外，另发给一次性抚恤费，其标准为因工死亡600元、非因工死亡400元；因病或非因工死亡职工的供养直系亲属一次性救济费停发，根据其生活困难情况给予定期救济，其标准为户口在城镇的每人每月25～28元，户口在农村的每人每月20～23元，孤独一人者另加5元。

2004年1月1日起执行国务院颁布的《工伤保险条例》。2005年10月21日，市政府颁布《连云港市实施〈工伤保险条例〉细则》，规定：职工因工死亡，其直系亲属从工伤保险基金领取丧葬补助金、供养亲属抚恤金和一次性工亡补助金；丧葬补助金标准为6个月的统筹工伤保险基金地区上年度职工月平均工资；供养亲属抚恤金按照职工本人工资的一定比例发给由因工死亡职工生前提供主要生活来源、无劳动能力的亲属，比例标准为配偶每月40%，其他亲属每人每月30%，孤寡老人或者孤儿每人每月在上述标准的基础上增加10%；一次性工亡补助金标准为60个月的统筹基金地区上年度职工月平均工资。

二、机关事业单位奖金、津贴、补贴

职务（岗位）津贴 1993年工资制度改革后仍予保留。1995年11月确定该项津贴由基础津贴和职务津贴构成。基础津贴于1996年10月由原20元调整为35元。职务津贴于1996年10月、1998年10月、2000年10月进行了3次调整。

地方岗位（生活）补贴 2004年1月1日，市级机关和事业单位在职人员按月发放地方岗位补贴，对离退休人员发放地方生活补贴。

综合补贴 1993年进行工资制度改革时，将原有的各项物价补贴和福利性补贴统一冲销64元后，剩余的66元作为地方综合补贴继续发放。1996年该补贴标准提高18元。1997年7月，全省统一提高至165元。

政法系统干警特殊岗位津贴 1987年开始执行公安干警值勤岗位津贴和岗位津贴。1999年8月，根据省人事厅、财政厅通知，连云港市按不同类型确定政法干警特殊岗位津贴：公安、国家安全、监狱、劳改干警的特殊岗位津贴为350元，法院、检察院法警的特殊岗位津贴为280元，法院、检察院和司法局一般干警为210元。

纪检监察人员办案补贴 1998年9月1日起执行。各级纪检监察机关工作人员以及各部门各单位纪检监察专职人员，每月办案补贴不低于60元。

警衔津贴 1995年1月1日起实行。2003年7月1日起调整为：二级警员113元、一级警员121元；三级警司129元、二级警司138元、一级警司147元；三级警督156元、二级警督165元、一级警督174元；三级警监184元、二级警监194元、一级警监204元。

政法委工作人员津贴 2003年7月1日起执行，具体标准按职务级别和工作年限划分档次，其中工龄不满5年的办事员每月105元，工龄不满20年的科员每月122元，工龄不满20年的科级副职每月139元，科级正职、处级副职每月166元，处级正职每月171元，厅级副职每月183元。

奖金 1993年工资制度改革规定，对机关事业单位工作人员年度考核为称职以上的年终发给一次性奖金，但未予执行。2001年按国务院通知开始执行。2002年，省人事厅下发通知规定，年终一次性奖金发放的范围和对象为：国家机关和事业单位年度考核为称职（合格）及以上的在编工作人员，考核年度内离退休人员。市直机关事业单位年终一次性奖金的计发基数按本人当年度12月份工资标准加上国家规定的职务岗位津贴、基础津贴和综合补贴月标准之和计算。

连云港市志

第四十卷　民　政

第一章　基层自治组织建设

第一节　村民委员会建设

第二节　居民委员会建设

第二章　拥军优属和优抚安置

第一节　拥军优属

第二节　抚恤优待

第三节　接收安置

第四节　烈士褒扬

第五节　双拥模范城创建

第三章　社会福利

第一节　“五保”供养

第二节　福利生产与福利彩票

第三节　救济救助

第四章　民间组织管理

第一节　社会团体登记与管理

第二节　民办非企业单位登记与管理

第五章　民政事务管理

第一节　婚姻登记

第二节　殡葬管理

第三节　收养管理

第四节　地名管理

1984～2005年，连云港市民政事业秉持“上为政府分忧，下为百姓解愁”的宗旨，不断拓宽工作领域，创新工作举措，在保障人民群众基本生活权益、维护人民群众民主政治权利、缓解社会矛盾、维护社会稳定、促进社会公平、推动社会进步等方面发挥了重要作用。至2005年底，全市乡镇由1984年的102个减为87个，村由1984年的1783个减为1437个，有社区居委会204个。全市深入贯彻《中华人民共和国村民委员会组织法》和《中华人民共和国城市居民委员会组织法》，基层民主建设得到加强，自治组织和社区建设稳步推进，服务水平日益提高。拥军优抚安置工作成绩显著，连云港市于1994年、1997年、2000年、2004年获得“全国双拥模范城”称号，实现“四连冠”。至2005年底，全市注册登记民间组织1033个，其中社团642个、民办非企业单位391个。全市各级民政部门大力发展以养老服务、福利彩票和救济救助为主要内容的社会福利事业，取得显著成效。为孤老残幼服务的社会福利院、儿童福利院和敬老院、养老院，通过政府投入和社会捐助，面貌、设施逐步改观完善，城市福利院、养老院、农村敬老院分别达到4所、50所、74所。城乡社会救助体系不断完善，各级民政部门对城乡困难户，生活上没有依靠的老、弱、孤、残、幼和遭受不幸事故不能维持基本生活的群众，以及受灾群众实施救灾救济，保障了因灾致贫、流浪乞讨、精简退职等特殊人群的正常生活。

第一章 基层自治组织建设

1984～2005年，连云港市按照村民委员会组织法的规定和全省统一部署，共进行7届村民委员会换届选举工作。村委会换届率和村民参选率都在90%以上。1992年连云港市全面开展村民自治示范试点工作，1998年7月市委召开全市农村基层民主建设工作会议，推动全市村委会民主选举、民主决策、民主管理、民主监督向纵深发展。

20世纪80年代末，随着市民居住小区化的发展，特别是城市居民委员会组织法颁布实施后，全市加强了社区居委会建设。至2005年底，全市社区居委会达204家。通过建立社区服务中心和服务网络、将社区服务纳入城镇建设规划、开展志愿服务、创建示范社区等举措，全市社区服务实现了从单纯为民政工作对象服务转变为为全体居民服务、从单一型服务转变为复合型服务、从一个部门转变为多个部门综合服务的“三个转变”。

第一节 村民委员会建设

一、村民委员会选举

1984年，连云港市辖赣榆县、东海县、灌云县、新海区、连云区和云台区，共12个镇、82个乡、

图 40-1　东海县民主选举现场　　侍志　摄于1988年

8个街道、1783个村。

1988年4月，按照全省统一部署，连云港市进行第一届村民委员会换届选举，按"党支部提名、村民酝酿、党委审定、张榜公布"程序确定候选人名单，以无记名投票方式选举村委会主任、副主任及委员。全市1783个村，有1692个村依法选举产生村委会，换届率94.9%。

1991年，全市进行第二届村委会换届选举。全市1787个村，有1743个村依法选举产生新一届村委会，村委会换届率97.54%，村民参选率95%。

1994年，全市进行第三届村委会换届选举。全市1784个村，当年有1716个依法选举产生新一届村委会，换届率96.19%，村民参选率96.7%；另有68个村委会于1995年完成换届选举工作。

1996年，原属淮阴市的灌南县划归连云港市管辖。全市村委会增加到2114个，其中赣榆县766个、东海县479个、灌云县426个、灌南县329个、新浦区2个、海州区43个、连云区26个、云台区43个。

1998年，全市进行第四届村委会换届选举。全市有171.56万名选民参加换届选举，参选率97.24%，选举产生新一届村委会成员7440人、新一届村民代表5.37万人。

1999年，全省统一要求各市进行第五届村委会换届选举工作，连云港市因刚举行过第四届村委会换届，所以没有进行第五届换届。是年，全市实行村组合并，精减四分之一的村干部，对3起随意撤换村委会主任的事件进行了处理。

2001年，云台区撤销，全市村委会减少较多。是年进行第六届村委会换届选举。全市1473个村有1457个村换届选举，选举产生新一届村委会成员6825人，其中主任1305人、副主任953人、委员4557人。2003年，全市开展村委会调整合并工作，村数缩减为1445个，减少村干部8385人。

2004年10月至2005年4月，全市进行第七届村委会换届选举。全市1437个村委会有1421个村委会进行换届选举，11个村经批准暂缓选举，一次选举成功率达97%，居全省前列。有172个村实行了党支部书记与村委会主任"一肩挑"。

2001～2005年连云港市村民委员会情况统计表

表 40-1

年份	单位数（个）	其中			村委会成员（人）	其中		
		居民1000户以下（个）	居民1000～3000户	居民3000户以上（个）		中共党员（人）	女性（人）	村民自治模范乡镇数（个）
2001	1473	—	—	—	—	—	—	—
2002	1468	—	—	—	—	—	908	30
2003	1445	—	—	—	5963	4106	1060	24
2004	1433	—	—	—	5337	3819	883	18
2005	1437	778	558	71	6363	3958	738	—

二、村民自治

1987年11月,《中华人民共和国村民委员会组织法(试行)》颁布实施后,连云港市制定了贯彻意见,先后在赣榆县、东海县、灌云县和云台区6个乡的61个村进行村级组织配套建设试点。1991年,各地把实施《中华人民共和国村民委员会组织法(试行)》全面纳入村级组织配套建设,举办乡镇干部培训班18期,培训干部1092人,占乡镇干部总数的44%;培训村级干部5058人,当选的村委会主任、副主任基本轮训一遍。全市创建村民自治示范乡镇1个、示范村27个。

1992年,连云港市全面开展村民自治示范试点工作,市、县(区)、乡镇三级举办培训班156期,参加培训的乡镇干部和村委会干部1.39万人次。全市有170多个村达到自治示范标准。东海县石梁河乡、连云区高公岛乡柳河村的村民自治示范工作经验,在全省村民自治示范会议上作交流。1993年,全市1787个村委会,有313个建成村民自治示范村。赣榆县马站乡、灌云县小伊乡祝庄村的经验,分别在省、市依法治村工作会议上作介绍。1995年,全市又有72个村达到示范村标准,提前一年达到了《江苏省农村基层组织建设三年规划》的要求。在全国村民自治示范表彰会上,连云区院前村被评为全国模范村委会,赣榆县下口村村委会主任胡永松被评为全国优秀村委会主任。

1998年11月《中华人民共和国村民委员会组织法》正式颁布实施后,连云港市紧紧抓住民主选举、民主决策、民主管理、民主监督四个环节,积极开展村民自治活动。至年底,全市80%以上的村建立村民代表会议制度,85%以上的村实行村务公开制度。

1999年,连云港市开展以基层民主政治为核心的村民自治活动,涌现出一批村民自治模范村、镇。全市有926个村达到村民自治模范单位标准,有192个村委会被评为市级文明单位;2114个村民调解委员会全部建成标准化调解委员会,达标率100%;有6个村委会和6名村委会主任受到省委组织部、省民政厅表彰。连云区被授予"省级村民自治模范区"称号。

2002年5月28日,全市村委会制度建设现场会在连云区召开,推广该区建立村委会9项制度、保障农民民主权利的经验和做法。2004年,市委出台《关于进一步加强村务公开工作的意见》,建立健全村民委员会民主选举、村民议事和村务公开制度,规范村级重大事务的决策、管理和监督程序。全市深入开展模范单位创建活动,20个村民自治模范乡镇、50个村民自治模范村受到表彰。

2005年,市委出台《关于健全和完善村务公开和民主管理制度的意见》,对村务公开的内容、程序、形式、时间、组织领导、管理和监督作出详细规定。全市以乡镇为单位开展村委会成员培训,建立和完善各项规章制度。新浦区出台《深化村务公开和民主管理制度目标任务分工表》,村务公开和民主管理力度进一步加大。

第二节　居民委员会建设

一、组织建设

1984年,连云港市有134个社区居委会。市民政部门对516名居委会干部的自然状况进行调查摸底,对38名年老体弱者进行调整,充实新生力量。1989年,新浦区结合实际,召开400余人参加的街道居委会工作会议,研究制定《新浦区居民委员会工作暂行条例》《关于居民委员会干

图 40-2 2003 年，全市全面推行居委会居务公开。图为海宁社区居务公开栏。 侍志 摄

部待遇问题的暂行规定》，并在全区广泛开展“评选十佳文明居委会、争当文明居委会标兵”活动，省民政厅简报转发新浦区做法。

1990年1月1日，《中华人民共和国城市居民委员会组织法》（以下简称居民委员会组织法）正式施行。连云港市认真学习宣传居民委员会组织法，基层民主政治建设得到加强。海州区对22个居委会主任进行培训，并对居委会干部待遇作出暂行规定。新浦区举办居委会干部学习班，多数居委会实行民主选举，并评选表彰“十佳”文明居委会。1991年，全市215个居委会，有86个完成换届选举，培训居委会干部680人。

1993年，全市220个居委会，有160个进行换届选举，占居委会总数的72.73%，其中市区换届率达90%。新浦区、连云区举办13期培训班，培训居委会干部620人次。9月下旬，市民政局在新浦区临洪办事处召开全市居委会工作经验交流现场会。1995年，新浦区港西居委会被评为全国模范居委会。

2001年8月开始，全市城区全面启动居委会调整合并工作。历时一年，全市社区居委会由209个调整合并为186个。

2003年，全市坚持抓好社区党建工作，选好配强干部，总结探索新时期抓好社区党员教育管理的经验，充分发挥党的领导核心作用和统揽协调全局的作用，全市200个居委会全部建立党支部。全面推行居委会民主选举、民主决策、民主管理、民主监督和财务公开、政务公开，实现社区居民的自我管理、自我服务、自我教育。制定居民公约，建立居民会议议事制度，实现居民讨论决定本居住区域的公共事务、公益事业及涉及全体居民利益的重大事项。在特色社区创建活动中，全市有10个社区争创成为民主自治型社区。市、县民政部门建立组织领导、工作运行、考核激励三大机制，组织开展创建学习型社区及“民政杯”先进文化进万家活动，促进示范创建活动的不断深入。新浦区被省民政厅授予“社区建设示范区”称号。连云区加大调研和协调力度，在全市率先解决社区干部工资待遇问题。

2004年，市委、市政府出台《关于加强城市社区委员会建设的意见》，落实社区居委会办公经费和专职人员工资待遇，实行定员、定工资标准、定办公经费补助的“三定”方案，办公经费和专职人员工资由政府财政统一划拨。

2005年，全市有204个社区居委会。市财政协调135万元，对社区专职工作人员工资进行补贴。连云区投资100余万元，对7个社区居委会办公用房和活动用房进行改建与扩建。

2001～2005年连云港市社区居委会情况统计表

表 40-2

年 份	社区居委会（个）	社区居委会工作人员（人）	中共党员（人）	女性（人）	居民小组（个）
2001	209	777	—	472	1574

续表 40-2

年 份	社区居委会（个）	社区居委会工作人员（人）	中共党员（人）	女性（人）	居民小组（个）
2002	186	131	733	436	1489
2003	200	901	577	549	2396
2004	197	758	476	527	3508
2005	204	781	427	542	3556

二、社区服务

1984～1987年，连云港市广泛建立家庭服务站，为优抚对象、孤寡老人和生活有困难的居民提供买菜、买粮、代看小孩等服务。海州区成立孤老服务站、精神病人工疗站、残疾儿童寄托站，受到社会欢迎。

1988～1989年，全市因地制宜，因陋就简，发展社区服务网络，提高服务质量。共有社区服务机构15家，精神病人监护组15个，家务劳动服务站（组）135个，军人家庭服务中心70个，弱智儿童辅读班、残儿寄托班6个。24个街道开展居委会系列化服务。海州区围绕“敬老、爱幼、扶残、便民”开展社区服务，在城区形成区、街、居3个层次，老人、残疾人、优抚、便民服务4条线的社区服务网络。新浦区围绕居民群众生活需要，开展从优抚对象到“四残”人员、从家务劳动服务到婚姻介绍、从社会稳定到环境卫生等全方位的服务50余项，建立一批经营型与福利型相结合的服务实体。

1990年，全市15家社区服务统管机构、24个居委会系列服务网络实现科学管理，正常运转。新浦区社区服务将单纯为民政工作对象服务转变为为全体居民服务，由单一型向复合型转变，由一个部门服务转变为多个部门综合服务，成为全省社区服务达标区。

1992年，全市社区服务逐步迈向产业化、实体化。新浦区、海州区各社区服务网点都有自己的经营项目和创收目标。新浦区把社区服务作为城市建设系统工程的配套项目纳入城区建设规划，列入年度经济、社会发展总体目标，既面向老年人、残疾人、优抚对象提供无偿服务，又面向社区居民和经济建设实行有偿、无偿双向服务。连云区投资120万元，兴建集社区服务、社会福利为一体的服务中心；海州街道办事处改建、扩建300平方米的残疾儿童寄托站。

图 40-3 2005年起，连云港市在行政村建设公共服务中心，图为灌云县杨集镇行政村公共服务中心揭牌仪式。
赵鸣 摄

1994～1995年，全市贯彻民政部发布的《关于加快发展社区服务业的意见》，拓宽服务范围，扩大服务领域，社区服务网络化乡镇达到12个，网络化街道达到9个；建立社区服务志愿团体385个，志愿者1.35万人；建立社会服务基金组织38个，筹集基金180万元；建立社区服务工作协调机构39家、红白理事会181个、家长学校35所、便民服务网点2922个、家

图 40-4 开发区新光社区服务中心民政服务窗口
吉志强 摄于2002年

务劳动服务组织255个。

1997年，《连云港市社区服务发展规划》实施。全市以街道、镇为主体，以居委会为依托，开展多层次、多角度和多种形式的社区服务活动。新建或完善社区服务中心138个、老人服务设施113个、优抚服务设施116个、残疾人服务设施24个、婚姻殡葬服务站206个；有便民利民服务设施1613个、社区服务志愿者组织160个、社区服务人员8339人。新浦区被命名为江苏省社区服务示范城区。

1998年，全市社区服务组织共吸收2.9万余名下岗职工再就业。下岗职工较多的新浦区通过社区服务途径，安置3600多人再就业。

1999年，市政府召开全市社区服务工作会议和社区服务工作现场会，制定《关于开展创建全市社区服务示范城区、街道（镇）活动的实施意见》及考核、评分细则，出台《连云港市社区服务业管理办法》，全市广泛开展争创社区服务示范城区、街道（镇）活动。

2001年，市政府印发《关于加强城市社区建设的若干意见》，召开全市社区建设工作会议，进一步明确社区建设的指导思想、管理体制、发展目标和主要内容。深入开展社区建设示范创建活动，创建2个社区建设示范区、4个社区建设示范街道、8个社区建设示范小区、8个社区志愿者基地。新浦区海宁社区、龙尾社区，连云区东园社区被省文明办和省民政厅表彰为省级文明社区示范点。

2002～2004年，全市坚持社会化、产业化的方向，加强社区服务基础设施建设，合理配置社区资源，拓展服务领域，为下岗职工提供4.8万个就业岗位。2004年，市政府制定创建特色社区参照标准，广泛开展争创自治型社区、管理型社区、服务型社区、学习型社区、平安型社区等特色社区活动。新浦区被命名为省社区建设示范区。

2005年，市政府出台《关于开展星级社区创建活动的通知》，开展星级社区创建活动，全年创建10个特色社区。新浦区新南街道、新海街道星化社区获得中央文明办、民政部、新闻出版总署、广播电影电视总局联合表彰，分别被评为万家社区图书室援建读书活动先进街道、万家社区图书室援建读书活动先进社区学习型社区。

第二章 拥军优属和优抚安置

1984～2005年，连云港市不断完善双拥工作机制，建立健全组织机构网络，使双拥工作始终保持军地齐抓共管的整体合力，通过高质量开展国防双拥教育、高标准培育双拥（拥军优属拥政爱民）先进典型、高品位建设双拥宣传设施，营造浓厚的双拥氛围。全市军民紧紧围绕地方生产力和部队战斗力双赢的目标，在经济建设的主战场上通力协作、团结进取；在精神文明建设中携手共建、相互促进；在战胜各种自然灾害和完成急难险重任务时同舟共济、并肩作战，双拥工作成绩显著，1994年、1997年、2000年、2004年连续四次获得“全国双拥模范城”荣誉称号。市、县党委和政府在为部队提供科技、教育和文化支持，各类练兵服务和为部队演习做好动员支前保障的同时，还把解决部队普遍关注、官兵和优抚对象反映最强烈的热点和难点问题作为双拥工作的重点来抓，全面落实优抚安置政策，妥善解决随军、随调干部家属工作及子女入学等问题，实行优抚经费自然增长机制，建立三级优抚医疗网络，走出一条具有时代特征、海港特色的双拥工作之路。2003年后，对城镇退役士兵、复员军人安置工作进行改革，实行政府安置就业、政策优待扶持就业和自谋职业、经济补偿相结合的安置办法，2005年，全市退役士兵、复员军人自谋职业率53%。

第一节　拥军优属

1983年，连云港市军民共建领导小组成立，共建文明村、文明岛、文明街、文明校98个。1984年3月28～30日，市政府和驻连部队联合召开为期3天的“双拥”先进代表会，出席代表342人，表彰41个先进集体和20名先进个人。市委、市政府领导带队深入营房、海岛慰问，召开座谈会，举行联欢会。灌云县委、县政府在慰问中，就地解决驻军困难；东海县在驻军调防执行任务中，县领导多次深入营房慰问留守人员和家属，帮助解决粮油问题，供销部门将副食品送到营房，还组织30多名民兵为营房执勤。各县区还组织180支义务帮工队，利用八一建军节、春节为驻军洗衣服、修理电器。

1985年，连云港市军人家庭服务中心指导委员会成立。全市广泛开展“抓双拥，促优抚”活动。1987年，省、市联合组织慰问团，慰问驻连云港部队，纪念建军60周年，大力开展拥军活动，帮助解决烈军属困难1100多件次。全市军属户均优待标准371元，比1986年增加55元，增长17.41%。实行优待金乡统筹的乡镇达96%。夏季农忙时节，各县区积极组织团员、民兵，义务帮助烈军属收割小麦、插秧。

1989年元旦、春节、八一建军节期间，全市开展慰问和“拥军优属宣传月”活动。东海县驻军赴京执行戒严任务回撤后，市、县及时走访慰问，并解决部分军官的家属住房、孩子入学等实际困难。是年，驻连云港海军2艘舰艇赴南沙群岛海域执行任务，市政府召开有关单位负责人会议，全力以赴，保障供给，拨专款购买慰问品赠送至部队。赣榆县在全县开展“爱长城、壮军威”拥军优属活动，清明节组织各界人士13万人次到抗日山烈士陵园缅怀先烈；举行抗日山陵园上升为国家级陵园的揭牌仪式。1990年，省、市在前三岛举行守岛建岛30周年纪念活动。

1991～1996年，全市以创建“双拥模范城（县区）”为契机，制定规章制度，军地互办实事。1991年，市委、市政府、连云港警备区制定《双拥工作八项制度》，即议军会议制度、协调会议制度、活动日制度、过军事日制度、互访制度、联络员制度、检查评比制度、表彰先进制度。印发《双拥服务公约》《社会窗口单位服务公约》及《连云港市创建模范乡镇街道办事处标准》等。1992年，军地互办10件实事，广泛开展双向服务一条街活动和争创拥军优属先进单位活动。连云区被省政府、省军区命名为双拥模范区，赣榆县、东海县、新浦区被省政府、省军区评为双拥先进单位。

个体专业户、赣榆县海头镇农民企业家王统美，在民政部和中央电视台举办的百名拥军优属模范评选活动中，被评为拥军优属模范。1993年，市政府制定印发《关于在新形势下进一步做好拥军优属工作的若干规定》，连云港警备区制定《驻军拥政爱民公约》。1994年，连云港市被民政部、解放军总政治部命名为全国双拥模范城。1995年，市政府出台《连云港市发放和筹集城镇义务兵家属优待金暂行办法》。1996年，印发《关于开展再创双拥模范城活动的意见》，召开全市双拥工作会议，广泛开展拥军慰问活动。

1997年，市国防园建成开放，一年中接待参观者1.3万人次。市国防园和抗日山烈士陵园双双被命名为省国防教育基地。连云港边防检查站、连云港港务局二公司被评为全国军民共建先进单位，王统美再次被评为全国拥军模范。

1999年，市政府制定《连云港市城市义务兵优待金筹集暂行办法》《关于进一步做好军队干部就业再就业工作的意见》等4个文件。全市把双拥宣传纳入全民教育体系，市双拥工作领导小组印发《开展军民共建社会主义精神文明活动的意见》，将双拥工作与社会主义精神文明建设结合起来，推动拥军优属工作向纵深发展。

2000年，连云港市抓住获全国双拥模范城“三连冠”的契机，大力开展科技拥军。市双拥工作领导小组印发《关于广泛开展科技拥军活动大力支持部队科技练兵的通知》，市政府3次召开科技拥军协调会。科研院校为警备区革新技术120项，其中2项获南京军区评比三等奖；为驻连云港部队开设军事英语、计算机操作和法律常识等培训班，有358名官兵获得微机操作等级证书。2001年，全市参加科技拥军活动的专家、科技工作者102人，为部队办实事315件，科技拥军总投入达180万元。2003年，市双拥办与市有关单位为海军79大队、市武警支队等单位建立3个科技拥军活动中心，进一步扩大科技拥军成果。

图40-5　2005年，连云港市军供站、军休干部活动中心成立。侍志　摄

2004年，连云港市第四次获得“全国双拥模范城”称号，实现“四连冠”。2005年，市民政局组织摄制电视专题片《东方大港双拥潮》，编辑出版双拥文集《云水相连》。市交通局、海通集团出台《关于现役军人免费乘坐市区部分公交车的规定》。

第二节　抚恤优待

1984年，连云港市政府规定农村义务兵家属优待标准，按照当地一个整劳动力年收入的70%进行优待，全市为1.5万户优抚对象发放优待金259.36万元，保证其生活水平不低于当地群众生活水平。原来优待偏低的灌云县，优待总额比1983年增加30多万元，军属优待户均达172元。赣榆县从实际出发，为优抚对象解决无烟煤150吨，调剂细粮5吨。

1985年，市政府印发《城镇义务兵优待奖惩暂行办法》，对在部队服役满3年的战士家庭每户每年补助300元，4年以上的每户每年补助400元；获大军区以上单位授予英雄模范称号和荣立一等功者，一次性奖励500元，二等功奖励300元，三等功奖励100元。各地根据当地情况，对烈军属、伤残军人采取优先供应生产资料、优先安排播种、优先安排招工、优先安排子女入学入托等优惠政策。全市优待优抚对象1.7万户，优待金额292万元，比1984年增加33万元。是年6月起，将全市1907名烈士家属、因公牺牲和病故军人家属的定期定量补助改为定期抚恤金。

1986年，市民政局组织专门人员对全市烈属、在乡复员军人进行普查，扩大定额补助面。全市为9921户军属发放优待金211万元，平均每户213元。灌云县伤残复员军人疗养院新建厨房、库房和院内混凝土路面，使院容有了改观。1987～1988年，全市105个乡镇和街道办事处中，有102个实行优抚经费由乡镇统筹，户均优待标准270～400元。市区户均优待标准400～800元。

1989年，全市深入宣传贯彻《军人抚恤优待条例》和《江苏省军人抚恤优待条例实施办法》，启动解决在乡老复员军人“三难”（生活难、住房难、治病难）问题的试点工作。市民政局在灌云县召开解决“三难”现场交流会。全市97个乡镇全部实现乡统筹，给1.32万户优抚对象发放优待金400万元，户均304元。其中，烈属1366户，户均294.28元；军属6518户，户均433.56元；伤残军人2490户，户均184元；复员军人2785户，户均266.2元。市有关部门从57家企业筹集优待金30万元，优待城镇义务兵708户，户均424元。兴办5个优抚门诊所，为老复员军人建房291户。

1990年，全市为1645户“三属”（革命烈士、因公牺牲军人、病故军人的家属）提高抚恤金，为8053名在乡老复员军人提高定额补助标准，为3670名伤残军人换发残废证，为22人调整伤残等级，为优抚对象建房100户、修房300间，兴办优抚诊所6个。1992年，全市优抚诊所发展到65个，优抚对象“三难”问题基本得到解决。1995年，全市筹集优待金730万元、拥军优属基金470万元，帮助120户老复员军人修建住房，创办完善25个乡级优抚诊所，大幅度提高优抚对象定补标准：“三属”人员城镇每人每月增加30元，农村每人每月增加20元；在乡老红军老战士每人每月增加60元；在乡老复员军人、抗日战争时期入伍的老战士每人每月增加25元，解放战争时期入伍的老战士每人每月增加20元，中华人民共和国成立后入伍的老战士每人每月增加15元；战争年代荣立一、二、三等功的在乡老复员军人每人每月分别增加奖金15元、10元、5元；对特等、一等革命伤残军人的护理费由原90元提高至201元。

1997年7月1日起，全市优抚对象定期抚恤补助标准普遍提高11.5%，优抚自然增长机制逐步完善。1998年，在全国拥军优抚安置工作会议上，连云港市作为唯一的地级市，交流了《强化政府行政职能建立自然增长机制大力推进帮扶优抚对象工作》的经验。

1999年，根据全国双拥工作领导小组和民政部通知精神，连云港市制定《关于在全市开展“爱心献功臣行动”的实施意见》，在全市广泛开展“爱心献功臣行动”。市双拥办公室组织市属87家单位和新浦区、海州区、连云区、开发区，对633户“三老”（老伤残军人、老复员军人和老烈属）优抚对象实行对口帮扶。全市普遍组织献爱心捐款活动，522.8万元捐款全部送到“三老”优抚对象手中。

2001年，《连云港市重点优抚对象医疗保障金管理规定》出台，市、县、区分别建立医疗保障金，成立医疗保障金管理小组，负责资金筹集及使用检查工作。全市共普查重点优抚对象1.38万人，其中城镇1807人、农村1.2万人。

2003年，连云港市进一步落实抚恤优待政策，优抚经费自然增长机制不断完善。按照上年度当地人均纯收入的25%、70%的标准，发放“三老”优抚对象和农村义务兵优待金。全年安排

6100多名重点优抚对象体检，看病3.6万人次，减免费用50万余元。为近千名重点优抚对象办理住院医疗保险，解决优抚对象医疗难问题。全市各级发放优待金、抚恤金、定期补助金3911.89万元。

2005年，连云港市有优抚对象1.27万人，其中革命伤残军人2527人、烈军属1017人、在乡复员退伍军人9185人。全市优抚对象抚恤定补经费调整兑现，抚恤定补自然增长和“两金合一”得到落实，义务兵优待金发放到位。建立重点优抚对象大病医疗保障金，为6000多名重点优抚对象办理住院医疗保险。发放优抚经费4371万元，其中省市拨付2774万元、县区财政1597万元。东海县率先在全市实现县财政统发抚恤定补经费。按照新的《军人抚恤优待条例》，出台现役军人和残疾军人在交通、游览方面的优待政策。

第三节　接收安置

一、军队离退休人员安置

1984年，连云港市军队退休干部安置领导小组更名为军队离休退休干部安置领导小组，下设办公室，编制4人。是年10月，接收安置第一批军队退休干部41人，对接收的军队离退休干部随迁家属和子女，是在职干部的，由人事部门联系落实工作单位；是工人的，由劳动部门和有关部门协商落实接受单位，办理调动手续。子女上学由民政部门协助就近入学。

1985年5月，市军队退休干部休养所、市军队退休干部第二休养所成立。

1990年，全市开展自我教育、自我服务、自我管理，争创文明干休所活动，东海县干休所、灌云县干休所被评为市级文明干休所。全市接收安置军队离退休干部17人。

1996年，全市接收安置第四批军队离退休干部39人，各干休所广泛开展达标评优活动，在注重硬件建设的同时，强化服务管理。1997年，先后3次调整和提高全市军队离退休干部生活待遇。1999年，全市落实军队离退休干部“两个待遇”（政治待遇、生活待遇），为201名老干部办理军粮关系补贴，调整定期增长经费；为35名军队退休干部办理医疗改革有关手续。

2005年，全市接收安置军队离退休干部20人，其中师职干部6人、团职干部8人、营以下6人，基本做到部队、接收单位和军休干部“三满意”。

二、军队退役人员安置

1984年，连云港市贯彻《中国人民解放军志愿兵退出现役安置暂行办法》，对退出现役的志愿兵，原则上转回原籍，赣榆县、东海县、灌云县由县安置办公室安置，新浦区、海州区、云台区、连云区由市安置办公室安置。在安置转业志愿兵时，一般按专业技术对口分配，对在外地结婚的志愿兵，一般回入伍时户口所在地安置，转业志愿兵批准的随军家属，按转业干部家属的有关规定办理。全市共接受安置退伍军人3017人，其中城镇退伍军人1005人、农村退伍军人2012人。各县区、乡镇成立669个“两用人才”（军队、地方都能发挥作用的人才）介绍所。

1986年，全市发挥军人家庭服务中心作用，介绍录用有一技之长的退伍战士2900多人。1987年开始，连云港市贯彻执行国务院颁布的《退伍义务兵安置条例》，退伍兵原是农业户口的，对无房自建和靠集体帮助确有困难的，安排建筑材料和经费帮助解决；在服役期间立二等功（含二等功）以上的，安排其工作；对有一定专长的，向有关部门推荐录用。各用人单位向农村招工时，对荣立三等功、超期服役和女性退伍义务兵，给予优先照顾。原是城镇户口的退伍义务兵，由市、县统一分配工作，实行按系统分配，包干安置。全市安置退伍军人1840人。

1989年，在企业实行优化组合、安置工作难度大的情况下，连云港市有关部门积极与接收单位协调，争取理解与支持，共同解决安置难问题。全市接收安置1118名退伍军人，其中农村义务兵1008人。各级荐才站向社会推荐安置使用"两用人才"396人。市军转站负责转运新、老兵4703人。1990年，接收安置春季、冬季退伍义务兵2批，城镇义务兵全部安置在效益较好的全民所有制单位，并通过考试，择优录用部分退伍义务兵充实到公安部门。全市接收安置退伍军人1480人，开发使用军地"两用人才"908人。

1992年，针对退伍兵员多、安置难度大的特点，连云港市有关部门对立功受奖人员、超期服役人员、党员骨干实行优先安置。全市共接收安置退伍战士1363人，其中城镇户口789人。

1997～1998年，在机关事业单位精简整编、企业减员增效情况下，连云港市有关部门改进安置方法和手段，强化依法安置，走出一条依靠"行政手段调控，法律手段保障，经济手段搞活"的新路子。市政府出台《连云港市退伍安置工作暂行办法》，全面推行"供需见面、双向选择、包底安置"的新举措，条件成熟一个安置一个，成熟一批安置一批。

2000年，连云港市在全省率先开辟退役士兵劳务市场，举办退役士兵就业安置双向选择洽谈会，有48名退役士兵与接收单位签订就业协议。大力鼓励安置任务有偿转移，全市接收退役士兵2492人，收取有偿转移费15万元，为8名退伍战士办理自谋职业手续。

2001年，全市接收退役士兵2362人，其中义务兵2154人、士官208人，需在城镇安置1133人、市区安置520人。至年底，全市安置率达100%，上岗率80%。为确保退役士兵的第一次就业，市有关部门加大改革力度，积极探索退役士兵安置工作新路子。灌南县大胆改革，实行择优安置、竞争上岗、公开打分的办法安置退役士兵，收到良好效果。全市设立退役士兵安置保障金，采取市、区各负担50%经费的方法，解决退役士兵待分配期间的生活补助资金。

2003年，连云港市继续推进退役士兵安置工作改革。市政府印发《关于做好退役士兵接收安置工作的意见》，出台鼓励城镇退役士兵自谋职业的优惠政策，市民政局与劳动部门联合开展退役士兵技能培训。通过政策鼓励、业务培训、媒体宣传，推进安置任务有偿转移和退役士兵自谋职业，市区有128名退役士兵自谋职业，自谋职业率达24%。

2005年，全市接收退役士兵2432人，其中义务兵2336人、转业士官96人，需要安置工作881人，市区需安置工作480人。市财政安排518万元，收取各用人单位有偿转移金104.8万元，为252名退役士兵发放自谋职业补助金692万元，自谋职业率达53%，自谋职业人数比2004年增长1倍。至年底，基本形成退役士兵多渠道、多层次安置工作格局。

第四节　烈士褒扬

一、新增革命烈士

1984～2005年，连云港市先后有17人经民政部或省政府批准追认为革命烈士。

1984年4月28日，灌云县伊山镇入伍的吉兴林在云南老山前线战斗中牺牲，被追记二等功。1984年10月3日晚，兰州军区某部营区381号坑道起火，赣榆县厉庄乡人、营长王西善冒着洞内严重缺氧中毒窒息的危险，冲进坑道，扑灭了火源。战友们的生命和国防设施保住了，但他献出了年仅33岁的宝贵生命。王西善牺牲后，民政部批准他为革命烈士。兰州军区追记他一等功，授予他“模范营长”称号。1985年5月31日，东海县黄川镇时湖村人、中国人民解放军35293部队74分队司务长时净支在对越自卫反击战中牺牲。1985年10月12日，赣榆县朱堵乡大高庄村人、战士袁春奎在对越自卫反击战中牺牲，中国人民解放军总政治部、民政部批准他为革命烈士。1985年10月26日，东海县牛山镇张庄村人、陆军某师3团炮兵连战士贾景远在对越自卫反击战中牺牲。1987年6月27日，赣榆县石桥镇王集村人、盐城市滨海县消防中队战士张明瑾前往滨海县獐沟乡灭火救灾，途经苏北灌溉总渠上的通榆大桥时，因会车后主动避让行人，消防车坠入渠中，不幸牺牲，1987年被批准为革命烈士。1988年6月4日下午，徐圩盐场辛高圩小学五年级学生杨佃池在放学途中勇救落水儿童，不幸溺水身亡，被民政部追认为革命烈士。1988年10月31日，灌云县龙苴镇果林村人、穆圩乡供销合作商店经理孙爱国，在围歼全国通缉的哈尔滨逃窜至穆圩乡的特大持枪杀人犯宋某某、白某某的战斗中，与歹徒展开生死搏斗，被凶犯开枪击中头部牺牲，后被江苏省政府追认为革命烈士。1989年5月23日，台南盐场人、刘圩港民兵哨所哨员徐传宝因制止盗沙毁堤，被歹徒推入2米深的海水中，献出了年仅18岁的生命，被省政府追认为革命烈士。1991年5月26日，灌云县中学生赵虹和课外学习小组6人，到大伊山采集标本，因抢救落水同学牺牲，年仅14岁。灌云县委、县政府召开表彰大会，授予赵虹“赖宁式好少年”光荣称号。共青团连云港市委员会授予他“英雄少年”称号，并追认他为共青团员。1993年2月，江苏省人民政府追认赵虹为革命烈士。

1993年10月18日，灌云县下车乡席圩村人、军人唐凡田因勇斗盗窃武器弹药歹徒牺牲，兰州军区空军批准唐凡田为烈士，追记二等功。1993年11月22日，灌云县汽车运输公司售票员董志好因勇斗抢劫客车货物歹徒牺牲，江苏省政府追认他为革命烈士。1997年10月20日凌晨，灌云县小伊乡伊北村人、连云港市新浦公安分局市东派出所联防队员杨兵在辖区执行任务时，遇到2名形迹可疑人，便上前盘查。这2个人突然持刀向杨兵刺来。杨兵在身负重伤的情况下，顽强地追出140多米，搏斗中又被歹徒刺了一刀，因流血过多牺牲。1998年，杨兵被江苏省政府追认为革命烈士。1999年1月31日，新浦区浦东派出所副所长赵林在浦东派出所盘查犯罪嫌疑人时，犯罪嫌疑人引爆随身携带的手榴弹，赵林因伤势严重经抢救无效，于1999年2月1日牺牲。5月，省政府追认赵林为革命烈士。2000年9月19日，东海县驼峰乡南榴村人、沈阳空军大队代理参谋（副营职）刘喜在辽宁锦州机场执行飞行任务中牺牲。2003年9月，东海县石梁河镇袁湖村人、三级飞行员卜庆飞在广西南宁机场飞行训练中牺牲，被批准为革命烈士。2003年11月26日，东海县石湖乡团池村人、农民丁照前在洪庄镇勇斗歹徒牺牲，被省政府追认为革命烈士。

二、烈士纪念建筑物建设和烈士事迹宣传

1984年，全市建有抗日山烈士陵园、东海县安峰山烈士陵园、灌云县烈士陵园、东海县磨山烈士纪念塔、灌云县侍庄乡烈士公墓、灌云县白蚬乡烈士公墓、东海县吕祥璧烈士陵园7处烈士纪念建筑物。

1985年，兰州军区政治部摄制介绍赣榆籍烈士王西善事迹的报告文学电视片《啊，巴丹吉林》，获总政治部、文化部、中央电视台一等奖。兰州军区政治部、陆军某师和赣榆县委分别发出号召，向王西善学习，《解放军报》等全国各大报刊登载王西善的事迹。1990年，赣榆县在抗日山烈士陵园为王西善立墓，并在其母校设立纪念雕像。

1989年8月，赣榆抗日山烈士陵园被批准为第二批全国重点烈士纪念建筑物保护单位。1995年，全市各级民政部门加强烈士陵园建设，东海县政府筹集130万元扩建安峰山烈士陵园。按照

《连云港市爱国主义教育三年（1995～1997）实施规划》要求，举行了抗日山、安峰山烈士陵园献花匿仪式。

1999年，连云港市委党史工办征集、编辑革命烈士传记《群英谱》。

2001年，赣榆县投入1200万元，扩建抗日山烈士陵园。

2005年，全市有革命烈士纪念建筑物12处。与1984年相比，22年间新增灌南县烈士陵园、汤曙红烈士陵园、连云区烈士陵园、东海县桃林烈士陵园、灌云县沂北乡烈士陵园，全市争取抗日山、安峰山革命烈士陵园修葺经费160万元。赣榆县抗日山烈士陵园被中宣部命名为全国爱国主义教育示范基地。

第五节　双拥模范城创建

1991年1月，民政部、中国人民解放军总政治部在福建省福州市召开全国拥军优属拥政爱民工作会议，邓小平为“双拥模范城”“双拥模范县”题词，拉开全国范围内创建双拥模范城（县）活动的帷幕。9月，省委、省政府召开双拥工作会议，部署创建双拥模范城活动。连云港市围绕地方生产力和部队战斗力双赢目标，推进军民融合式发展，政府牢固树立国防建设与经济建设同步发展的思想，支持部队做好“以军事斗争准备为龙头”的各项工作。驻连云港部队支持地方经济建设，勇于承担急难险重任务。军地双方结下深厚情谊。形成以1991年、1994年、1997年、2000年为起点的4个创建工作周期，连续四次获得“全国双拥模范城”荣誉称号。

1991～1993年，市、县区、乡镇层层成立双拥工作领导小组和双拥办公室，形成一级抓一级、层层抓落实、军地齐抓共管的良好局面。各级军地领导自觉带头接受双拥教育、带头参加双拥活动、带头执行双拥政策、带头协调军民关系、带头解决军民关心的热点难点问题。建立、完善党委常委议军会议、军地联席会议、驻连云港部队联席会议、双拥工作领导小组年会、成员述职会、双拥工作评比表彰以及领导干部过军事日等制度。市委每年至少召开一次常委议军会，专题研究解决双拥创建中的重点、难点问题。市、县区普遍召开创建双拥模范城活动动员大会。市委、市政府把创建双拥模范城纳入年度目标管理。1993年，连云港市被省政府、省军区命名为全省双拥模范城；赣榆县被命名为全省双拥模范县；连云港港务局拥军优属工作，驻连云港37643部队、83239部队拥政爱民工作受到省表彰。全国拥军模范、赣榆县养虾专业户祁德林应邀赴京参加全国“又是春风满人间”大型文艺晚会，受到党和国家领导人接见。

图40-6　1994～2004年，连云港市连续四次获得“全国双拥模范城”称号。　来俊华　摄

1994年7月，连云港市被命名为全国双拥模范城。以此为契机，全市以创建拥政爱民十佳单位、拥军优属十佳企业、军民共建十佳对子、热心国防教育十佳领导干部、扶持优抚对象奔小康十佳个人为抓手，加大优抚安置力度，切

图 40-7 2005 年，连云港开展双拥模范城创建活动。
侍志 摄

实为优抚对象解决生产、生活困难。在全国优抚工作会议和全省民政工作会议上，连云港市介绍积极引导、扶持优抚对象解“三难”、脱贫致富奔小康的经验。灌云县、东海县、赣榆县被评为省级双拥模范县。全国拥军模范王统美应邀到北京参加国庆观礼，受到党和国家领导人接见。

1997年1月，连云港市第二次被命名为全国双拥模范城。市、县、区财政投入100万元用于春节和“八一”期间的拥军优属慰问活动。全市各大中型企业和乡村、学校与驻连云港30家团级单位挂钩共建，建成共建点489个，其中有313个被评为县以上精神文明建设先进单位。市交通局投资90万元，对云台区海滨路进行改造，并命名为“双拥路”。1998年，海军总部命名一艘新型导弹护卫舰为“连云港舰”，市长夏耕率慰问团赴舟山海军基地参加命名授旗仪式，授予该舰官兵“连云港荣誉市民”称号，并赠予其10万元军功奖励基金。至1999年底，全市双拥共建点达490个，85%的共建单位被评为县区以上精神文明建设先进单位。

2000年，连云港市实现全国双拥模范城“三连冠”。2000～2005年，全市开展慰问驻军活动，在春节、“八一”期间给部队送去慰问品。市有关部门投资20多万元，为官兵安装卫星电视接收系统。市双拥办投资7.5万元，为炮团安装有线电视。东海县将价值20多万元的电脑、多媒体投影仪等送到县人武部；赣榆县投入12.5万元为地处荒滩、远离城镇的驻军安装22台有线电视；灌云县投入50.6万元用于科技拥军。全市科技拥军投入达541万元，开展活动156次，专家授课409人次，培训人才3926人，办实事281件，赠送各类书籍11.8万册。市供电公司、燃料集团、江苏康缘药业有限公司、连云港港口集团、江苏新海发电有限公司等大中型企业与驻连云港部队建立共建对子，帮助官兵解决工作、生活中的困难和问题。2003年“非典”期间，连云港市千樱医疗设备公司向解放军北京小汤山医院捐赠价值42万元的医疗设备，并派出技术人员前往安装，受到国家和中央军委领导的赞扬。2003年起，每年8月被定为全市“双拥宣传月”。全市开展双拥知识电视竞赛等系列活动，在领导干部、民兵预备役人员及青少年学生中广泛开展“国防教育周”“军营一日生活”等活动。每年组织2万多名学生到宿城海军少年军校和军民联防模范连军训基地军训，每年都有约100万人接受爱国主义教育。2004年，连云港市第四次蝉联全国双拥模范城称号。是年，连云港市第五次启动“全国双拥模范城”活动。2004年9月23日，市民政局召开连云港市拥军协会成立大会暨第一届会员代表大会。连云港市民政局、连云港燃料集团、连云港鹰游纺机责任有限公司被江苏省政府、江苏省军区表彰为拥军优属先进单位，解放军73201部队被江苏省政府、江苏省军区表彰为拥政爱民先进单位。

2005年，连云港市争取省民政厅支持，依法征收安置任务有偿转移金。市民政局及时完成全市复员退伍军人数据库信息采集，并按要求上报省民政厅。2005年，连云港市、赣榆县、东海县、灌云县、灌南县和连云区顺利通过第八届省双拥模范城（县区）考核验收。

第三章 社会福利

1984～2005年，连云港市大力发展以养老服务、福利彩票和救济救助为主的社会福利事业，取得显著成效。顺利完成省农村“五保”关爱工程建设项目，农村“五保”老人基本做到应保尽保，城市福利院、养老院（机构）、农村敬老院分别达到4所、50所、74所，2005年供养人数分别达到306人、1625人、2180人。加强福利彩票销售规范化管理。以救灾捐赠、社会救济、救助服务为主要内容的救济救助工作上为政府分忧，下为百姓解愁，保障了因灾致贫、流浪乞讨、精简退职等特殊人群的正常生活。

第一节 “五保”供养

一、农村“五保”供养

1984年，连云港市农村“五保”[①]对象共1.19万人。对“五保”对象一般采取进敬老院集中赡养和包护小组形式分散供养两种方式。是年，全市有农村敬老院497所，入院老人2559人，占“五保”老人总数的21.44%。分散供养的“五保”对象每人每年照顾口粮250～350千克、油5～6千克、零用钱160～180元。

1987年，全市有敬老院503所，入院老人2777人。赣榆县大岭乡集资27万元建成有83间瓦房的综合性敬老院。1989年，全市84个乡镇有83个实现“五保”乡统筹。赣榆县改建、联建、扩建、新建敬老院的经验在省有关会议上作交流。灌云县各乡镇均建有中心敬老院。1990年，全市“五保”乡统筹实现全覆盖。是年起，分散供养由钱物供养转变为发放生活费，当年人均供养费标准为616元。

图40-8 乡镇敬老院 赵鸣 摄于1998年

1991年，全市投资209万元，新建、扩建乡级敬老院24所、村级敬老院3所。全市84个农村乡镇，实现乡乡有中心敬老院。至年底，全市共有乡、村敬老院298所，入院老人2657人，占“五保”老人总数的25%。1992年，各级敬老院坚持走以副补院道路，大力发展院办经济。有的一院一

① “五保”即指农村居民中无法定扶养义务人，或者虽有法定扶养义务人、但扶养义务人无扶养能力的，无劳动能力的老人，无生活来源的农村孤寡老人、未成年的孤儿，符合“五保”条件的残疾人。

图 40-9 敬老院老人与家人欢聚 赵鸣 摄于2002年

品，有的一院多品，既增加院内收入，又改善“五保”老人的生活条件。院办经济年产值达400多万元，纯收入100多万元。灌云县21所乡镇敬老院，集中供养“五保”老人439人，院办经济实现产值150万元，纯收入33.4万元。赣榆县乡镇敬老院经济实本当年纯利润达到“五保”供养经费的20%。

1993年，全市乡镇敬老院大力发展院办经济，提高“五保”供养生活标准。全市各敬老院投入资金200万元，新上项目56个，实现纯收入106.5万元，2615名集中供养的“五保”老人生活水平普遍高于当地群众平均水平。1995年，全市农村敬老院院办经济纯收入达208.3万元。省民政厅在灌云县召开院办经济现场会。东海县投资4万元，为13所乡镇敬老院安装太阳能洗浴设备。1997年，全市有“五保”对象1.08万户1.18万人，供养经费全部实行乡镇统筹，其中有2280人住进敬老院集中供养，人均供养水平1500元。

1998年，全市1.06万户1.17万名“五保”对象人均供养标准基本达到当地群众生活水平。1999年，全市105所乡镇敬老院、124所村级敬老院全部建立院务管理委员会，实行民主管理，让老人参与管理和监督。各乡镇以敬老院为依托，形成乡镇有“五保”服务中心、村有“五保”服务组、散居“五保”户有包护人的服务网络。2001年，市、县、区政府投入43万元用于农村敬老院建设，改建16所，修缮11所。全市共有“五保”供养对象8774户9591人，供养率达100%，其中集中供养4046人，入院供养率42.19%。赣榆县从福利彩票销售基金中支拨10万元用于改建、扩建敬老院；灌云县拨款15万元，对全县15所敬老院、300余间房屋进行装修。

2004年，全市“五保”供养工作坚持以敬老院为基础、集中供养和分散供养相结合，以政府投入为主、社会力量支援为补充，不断完善农村“五保”供养体系。全市供养“五保”对象1.07万人，其中集中供养2033人，年供养标准1457元；分散供养8619人，年供养标准1302元，基本达到应保尽保的要求。

2005年，连云港市顺利完成省农村“五保”关爱工程建设项目。全年改建、扩建和新建农村敬老院56所，新增床位2805张，争取省级资金1492万元，落实市、县、乡镇配套资金740万元。至年底，全市农村敬老院74所，入院老人2180人。集中供养率县平均达到35%，区达到40%。

二、福利院建设

1986年，连云港市社会福利院建立，改善收养办法，实行服务承包，当年面向社会收养3名生活费、医疗费、管理费自理的孤寡老人。1992年，市福利院投资45万元建成综合楼，收养97人。1994年，全市建立孤老帮护组70个，开展城市孤老帮护工作，参加帮护的干部群众400多人。

20世纪90年代中期，全市突破单一由国家办福利事业的格局，转变为由国家、集体、个人共同兴办，社会福利事业逐步向纵深推进。1999年，全市建起社会福利公益性服务设施2435个，其中国营42个、集体1320个、个体私营1073个。城区13所福利院供养280名孤寡老人和残疾儿童。

2001年，连云港市作为全省三个试点市之一，开始启动社区老年福利服务“星光计划”首批实施项目4个。市、县区先后成立社区老年福利服务“星光计划”领导小组，制定实施方案和年度发展计划。2002年，新南街道、陶庵街道、朐阳镇、双龙社区等首批试点项目按时完成任务。9月，国务院督查调研组到连云港督查，对连云港市 4 个试点项目的建设、管理和运营方式给予肯定。民政部在全国“星光计划”研讨会上介绍连云港市经验。

2003年，全市第二批“星光计划”19个项目按时完成建设，投入资金737.4万元，其中地方政府配套691.4万元、市级以下福利金资助46万元。按照投资主体多元化、服务对象公众化、运行机制市场化、服务方式多样化、服务队伍专业化的要求，推进社会福利社会化。至年底，全市有福利机构18所，其中个体6所；床位近400张，逐步形成居委会有活动站点、街道有服务中心、乡镇有综合性老年福利服务设施的服务网络。市社会福利院率先在苏北通过国家方圆认证中心ISO 9001:2000质量体系认证，并被省民政厅批准为省一级福利事业单位，获“江苏省文明单位”称号。

2004年，全市实施“星光计划”项目31个，其中街道6个、社区居委会21个、老年福利机构4个，总投资2173.4万元，建筑面积8439平方米，其中政府投入580万元、自筹资金890.4万元、社会力量投入资金336万元、地方福利金资助157万元、部省级福利金资助210万元。市民政局、海州区民政局被评为省“星光计划”项目组织先进单位，新浦区星化社区老年之家、连云区陶庵街道办事处、海州区石棚山庄老年公寓被评为全省“星光计划”项目建设先进单位。

2005年，全市民政部门办社会福利院4所，供养对象306人。江苏省养老护理员培训基地在市社会福利院挂牌。市社会福利院获得“省文明单位”和“省巾帼文明示范岗”称号。

图 40-10　市儿童福利院开展教学活动
赵鸣　摄于2005年

表 40-3

2005年连云港市社会福利事业基本情况统计表

项目	单位	全市	其中				
			市区	赣榆县	东海县	灌云县	灌南县
社会福利院	所	4	2	1	—	1	—
工作人员	人	64	45	13	—	6	—
床位	张	323	283	20	—	20	—

第二节　福利生产与福利彩票

一、社会福利生产

1984年，连云港市兴办福利企业22家。其中城区街道办事处办18家、乡镇办4家。1984年5月8日，市编制委员会同意成立市民政工业公司，编制15人，内设人秘科、生产技术科、财务供销科。其职责为掌握直属民政企业生产的经营情况，下达生产任务，管理企业生产及维修材料的计划申报、调拨，企业技术革新和改造，研制新产品，改进工艺流程，传递信息等。非市属福利企业由市民政局福利科负责有关统计、协调事务。是年，全市福利企业完成总产值697万元，实现利润37.7万元，上缴税款42.1万元。县区办福利企业40家，乡镇办和居委会办的生产自救性单位和服务网点200多个，有职工2000多人。市卷尺厂“三五”牌和“鲸”牌皮卷尺被评为省优质产品。此后，福利企业发展加快，至1988年底，全市福利企业达213家。

1989年，贯彻中央“治理整顿，深化改革”的方针，落实《江苏省乡镇福利企业管理办法》，市民政局会同工商、税务等部门对全市236家福利企业进行清理整顿，对符合条件的202家福利工厂颁发福利企业证书。是年，全市福利企业创产值7141.37万元，实现利润559万元。

1991年，全市福利生产以市、县区福利企业为龙头，乡镇福利企业为骨干，219家市办、县区办、乡镇办、村组办、联办、个人办的福利企业“六轮齐转”，给全市福利企业带来生机和活力。全市福利企业共安置有劳动能力的“四残”（盲、聋、哑、肢体残疾）人员2182人，占生产人员总数的53.38%，福利企业进入发展黄金时期。1992年，全市社会福利企业发展到248家，安置“四残”人员2053人，占生产人员总数的55%。是年，全市福利企业创产值1.49亿元，实现利税0.11亿元。

1996年，针对民政经济所面临的困境，市民政局认真剖析市属福利企业的困难状况和原因，实事求是地制定“深化改革、用足政策、综合整治、扩大总量、强化管理、走出低谷、扭亏增盈”的工作思路，狠抓体制改革，增强经营活力。全市福利企业完成总产值5.08亿元、销售收入3.6亿元，实现利税0.36亿元。

2002年，全市民政系统福利企业完成工业总产值1.22亿元，实现销售收入1.16亿元。全年争取各类科技开发经费14万元，签约实施项目6个，在谈项目2个，项目总投资640万元。

2005年，全市有福利企业145家，安置“四残”人员1401人，实现总产值4.98亿元、销售收入4.54亿元。其中，市民政局直属福利企业实现工业总产值2.15亿元、销售收入2.14亿元。申报市级以上科研项目6个，2个项目被列入省级科技计划，1个项目申报国家级科技计划。新浦区成立全市首家福利企业管理协会。

二、社会福利彩票

1989年，连云港市社会福利有奖募捐委员会成立，开始社会福利有奖募捐活动，当年共销售社会福利有奖募捐奖券291万元。1991年，奖券发行由传统式转向即开型实物兑奖，全年销售奖券221万元。1993年，社会福利有奖募捐工作学习外地经验，加大宣传力度，设大奖组，全市共发行奖券320万元。

1996年，全市销售福利彩票1120万元，首次突破1000万元。

1998年，市编办批复成立连云港市社会福利有奖募捐办公室。

1999年，全市共销售福利彩票6015万元。2000年，启动并开展“江苏风采”电脑福利彩票的发行销售工作，设立电脑销售点114个，培训350人次，全年销售电脑福利彩票1360万元。

2001年，市、县区民政部门适应市场和彩民需求，先后推出电脑传统型玩法和乐透型玩法，实现一机两用，增加销量。全年销售各类福利彩票2485万元。其中电脑彩票1955万元，列全省第五位；即开型彩票530万元，列全省第四位。福利彩票培训中心建成使用。

2002年，连云港市在全省率先销售即开型网点彩票，实现销售额282万元。全年销售电脑票和即开票2048万元。全市涌现出年销售彩票30万元以上的投注站15个，其中单机销售最多的达62万元。

2004年，全市福彩大奖组和电脑彩票销售3235万元，市区及赣榆、东海、连云、海州均开展大奖组销售，筹集社会福利基金410万元。

2005年，全市有投注站280个，销售福利彩票6368万元。在全省首批获准开业的10个“中福在线”项目中争取到2个，连云区、新浦区“中福在线”销售点率先于4月和6月建成开业。

第三节　救济救助

一、灾害救济

1984年7～8月，连云港市遭受特大暴风、台风、冰雹袭击，冰雹单体最大重量1.6千克，部分地区积雹厚20厘米。灾情遍及46个乡镇450个村，全市12.87万公顷农田受灾。省、市民政部门先后拨款185万元、木材90立方米，发放临时救济款66万元，解决灾区群众的生活困难。

1985年9月，连云区、云台区遭受特大暴雨和山洪袭击，有707公顷农田受淹，660公顷鱼虾塘被冲坏，4人死亡，4人重伤，经济损失1000万元以上。从墟沟到连云镇9千米长铁路路基被冲毁，铁路中止运行24小时。市政府组成抢险救灾指挥部，连夜赶到灾区，现场指挥抗灾；驻连云港部队600名指战员参加抢险抗洪，修复铁路、公路；省、市下拨救灾款75万元、木材235立方米、水泥500吨、钢材32吨，组织群众抗灾自救。

1987年，连云港市遭到风、雨、雹、旱等灾害侵袭，31个乡镇、16万户农户、8.7万多公顷农作物受灾，400多间民房倒塌，粮食减产5460万千克。灾情发生后，各级党委、政府领导立即奔赴灾区，查看灾情，慰问灾民，组织抗灾救灾，省、市拨款180万元，保证灾民正常生活。

1988年5月6～7日，市内部分地区短时间降雨量100毫米，风力9级以上，致使231间民房受损、37间倒塌、3300多公顷农作物被淹。赣榆县青口、城南、墩尚、朱堵、赣马，东海县曲阳、平明、张湾、房山，海州区洪门等乡镇受灾严重。县、乡政府和民政部门领导赶赴现场，查看灾情，组织群众抗灾，抢修受损民房，调拨农用物资支援灾区，下拨救灾款10万元。

1989年，连云港市遭受严重冻、雨、风、旱等自然灾害，夏秋两季农作物受灾面积28.5万公顷，有167万人受灾，倒塌民房4633间，损坏民房1.5万间，刮断大小树木19.5万棵，死亡大牲畜501头，有17人死亡、24人受重伤。全市共下拨救灾款245万元、钢材85吨、木材220立方米。在全市干部职工中开展为灾民募集衣被活动，共募集5万余件支援重灾户。共为446家特困户建房1233间，保障灾区群众生活。

1990年，赣榆县、东海县、灌云县及市郊75个乡镇多次受到冰雹、暴雨、龙卷风、台风等袭击。市政府发出《关于切实做好排涝降渍工作的紧急通知》。省、市领导深入灾区慰问灾民。全年省、市、县下拨救灾款296万元、救灾粮137万千克、木材400立方米、钢材145吨、水泥200吨。募集人民币50.7万元、粮票券14.5万千克、衣服鞋帽3.67万件、化肥160吨、水泥50吨、钢材2吨、门窗200件、木材500立方米。为灾民建房1.37万户3.36万间，修缮损坏民房4.33万间，其中民政救济对象7421户1.78万间，5.23万户23.55万名受灾群众生活得到保障。

1991年5～7月，连云港市遭受大暴雨和龙卷风袭击，造成经济损失5.1亿元。各级民政部门查灾核灾、安置灾民、组织募捐、帮助灾民重建家园。全市下拨救灾款759万元，募捐救灾款99万元，安排灾民口粮115.5万千克，下拨各类救灾物资1350多吨，调拨计划内化肥2500吨、磷肥300吨、钢材100吨、木材300立方米，提供良种12.3万千克，帮助2793户灾民建起6981间新房，为1.05万户灾民修复2.63万间房屋。全市掀起救灾捐赠、定向募捐、赈灾义演义卖3次救灾捐赠高潮。募集人民币404.2万元、粮票（券）101万千克、衣被2450件、煤炭1000吨、木材40立方米、水泥150吨、钢材49.6吨、磷肥200吨、面粉10吨、海带10吨。

图 40-11　2005 年，全市下拨救灾补助款 1280 万元，救助 29.1 万人。图为民政工作人员在向受灾群众寄递棉被。

民政局　供

1992年，全市遭受3次自然灾害袭击，直接经济损失4.6亿元。各级民政部门下拨救灾款815万元，安排群众口粮4900吨，帮助灾民修建房屋589户1712间。在全市范围开展救灾募捐活动，募集人民币25.7万元、粮票（券）15.8万千克、衣物6.39万件，保证灾民基本生活。

1993年，连云港市6次遭受霜冻、干旱、冰雹、暴风雨等灾害袭击。全年下拨救灾款580.4万元、粮食90万千克、化肥110吨、柴油2000多吨、木材250立方米，储备粮食14.5万千克。

1999年，连云港市遭受10次自然灾害袭击，造成14.5万公顷在田作物受淹，0.7万公顷作物绝收；受灾人口11.95万余人，因灾伤病85人；损坏房屋2387间，倒塌房屋847间；造成直接经济损失3.66亿元，其中农业损失3.51亿元。各级民政部门下拨救灾款669万元，治病用款35万元，购粮110余万千克，帮助386户灾民建房816间，下发衣被5110件。

2000年8月30日，连云港市遭受特大水灾，致使26.7万多公顷农作物受淹，700余家厂矿企业被迫停工，大量民宅倒塌，直接经济损失32.6亿元，其中农业损失21.1亿元。灾情发生后，民政部、江苏省领导到连云港察看灾情和慰问灾民。市委、市政府把救灾作为当时压倒一切的中心工作。市民政局印发《关于进一步做好灾民建房工作的意见》，出台《关于灾民建房减免费用的通知》等一系列优惠政策。全市争取省救灾款1430万元，向灾区运送救灾物资240吨，分发救灾衣被23万余件，完成灾民建房4.11万户，3.5万户因灾损坏房屋全部修复。

2001年，受2000年“8·30”水灾影响，灾区群众春荒缺粮严重。市民政局组成4个调查组，对全市春荒缺粮情况进行专题调研，从省里争取540万元救灾款，购买救济粮3909吨，救济缺粮群众3.2万户11万余人。

2003年6～8月，全市平均降雨963.5毫米，造成严重洪涝灾害。全市各级党委、政府成立工作组，走村串户，查核灾情。市民政局成立查灾、募捐、综合3个工作组，深入基层，对救灾工作进行指导，并向上争取资金2056.45万元，其中用于帮助灾民建房1147万元；市下拨201.28万元，帮助建房4525户1.18万间，使10多万户困难户基本生活得到保障。

2004年，市、县、区制定春荒灾民生活救助方案，省第一批下拨救灾资金150万元，市下拨60万元，70%用于购买粮食保障灾民基本生活，30%用于灾民重病、大病医疗救助。省第二批拨款连同市、县配套救灾资金500多万元，购买粮食1700吨，救助7.3万户18万余人。

2005年，全年共有1296户2839间倒塌房屋恢复重建，下拨春荒、冬令救济及灾民建房补助款1280万元，救助29.1万人。

二、社会救济

1985年，全市救济国民党投诚起义人员14人，每人每月30元。1987年，救济国民党投诚起义人员105人，其中城市28人。城市每人每月30.66元，农村每人每月28.6元。救济20世纪60年代精简退职老职工132人。

1996年，全市开展扶贫济困送温暖活动，966家单位捐赠各类衣物23.17万件，募捐现金32.6万元。

1999年后，随着社会保障体系的逐步完善，城市救济、农村救济及专项救济等社会救济的人数逐年减少，标准不断提高，领域不断拓宽，资金发放总金额增大。社会救济的对象从困难户、五保户拓宽到中华人民共和国成立前入党的农村老党员，从灾后慰问、节日慰问发展到经常性慰问，资金来源也日益多渠道、多样化。2001年，全市建立经常性社会捐助接收站3个，募集捐助款近2万元、衣物176件。

2003年，连云港市贯彻落实中共中央办公厅、国务院办公厅关于进一步开展经常性社会捐助活动的意见精神，开展捐助月和宣传周活动；社区普遍设立经常性社会捐助工作点，规范款物的接收、管理和发放工作。全市接收社会捐赠款674万元，其中接收抗"非典"捐款131万元、救灾建房捐赠款321万元。

2005年，全市有20世纪60年代精简退职老职工70人。市民政局、财政局、劳动和社会保障局出台文件，提高20世纪60年代精简退职老职工的定补标准，城镇由原来的每人每年130元提高到190元，农村由原来的每人每年90元提高到150元。市政府出台《连云港市农村医疗救助实施细则》，财政部门根据审核的救助对象人数，2005年按每人10元救助资金列入财政预算，其中市财政每人补助2元、县区财政每人补助8元。是年，市、县落实农村医疗救助专项资金383万元，资助全市8.6万户农村"五保"户、低保户、重灾户参加新型农村合作医疗。东海县和海州区民政局被省民政厅表彰为社会救助工作先进集体。

三、救助服务

1984年，连云港市收容遣送站毗邻火车站，配合公安、交通、文化、信访等部门维护社会治安，安定社会秩序。是年，共收容遣送598人次。1992年，连云港市收容遣送站狠抓规章制度落实，制定站内管理若干规定，使收容遣送工作走上正规化，全年收容遣送各类外流人员40人。

1998年底，连云港市流浪儿童救助中心投入使用。1999年，连云港市遣送站配合"110"行动，收容遣送各类外流人员776人次。

2003年8月1日，《城市生活无着的流浪乞讨人员救助管理办法》（简称救助管理办法）施行后，连云港市积极贯彻执行，废除强制性的收容遣送，推行自愿求助和无偿救助。2003年10月，连云港市收容遣送站更名为连云港市救助管理站。2004年，连云港市救助管理站投资264万元，购买新浦区第二招待所，进行改造搬迁。2005年，按照国务院救助管理办法和实施细则，建立相关制度，加强人员培训，全年救助308人，求助救助率100%。

第四章　民间组织管理

民间组织包括社会团体和民办非企业单位。20世纪90年代至2005年的10余年间，连云港市坚持培育发展与监督管理并重方针，深入贯彻落实民间组织登记管理法规，坚持依法行政，建立健全民间组织登记审批、年度检查等制度；积极培育发展行业性社会团体，民间组织队伍日趋壮大。至2005年底，全市注册登记各类民间组织1033个，其中社会团体642个、民办非企业单位391个。民间组织成为服务经济社会发展、维护社会稳定的重要力量。

第一节　社会团体登记与管理

一、社会团体登记

1990年，国务院颁布《社会团体登记管理条例》。1990年12月，连云港市、县、区民政部门开展社团清理整顿工作。经调查摸底，至1992年底，完成社会团体清理整顿工作。全市市属社团217个，清理整顿后保留194个，占总数的89.4%；审批新成立12个。县、区社团240个，乡镇、街道办事处属社团400个，清理整顿后分别保留197个、314个，分别占总数的82.08%和78.5%。审批了8个社团兴办的经济实体。

1993年，全市504个社团，年检429个，年检率85.12%。其中，市属社团196个，年检179个，年检率91.33%，不合格社团2个。全市144个法人社团，兴办经济实体67个。完成社团统一代码和社团证书换发工作。至1995年底，全市社团发展到637个，其中市属219个、县（区）级229个、乡镇（街道）级189个。新批社团8个，注销社团2个，对8个不合格社团责令限期整改。1998年，全市120个乡镇级社团全部转为上一级社团的分支机构。

1999年，全市基本完成社会团体第二次清理整顿工作，参加清理整顿的587个社团，保留352个，注销175个，继续整顿60个。其中，市属226个社团，保留187个，注销29个，继续整改9个，取缔1个。

2000年，市民政局对市属221个社团实施年检，参检率96.3%；完成社团清理整顿扫尾工作，全市撤并社团205个；对69个非法人社团中符合条件的44个非法人社团重新核准，办理法人社团登记；办理各类备案登记手续210项，查处违法社团2个、非法民间组织3个。全市有社团382个，其中市属221个、县区属161个。

2001年，连云港市社团管理工作严把注册审批关，审慎批建新的社团组织，对与经济和社会发展密切关联的行业性社团，进行重点培育和发展；对不易界定的社团严格控制。全市有社团441个，其中省属1个、市属226个、县区属185个、新申办社团20个、批建9个。

2005年，全市有注册登记社会团体642个。

二、社会团体管理

1990年6月，市民政局成立连云港市社会团体登记管理科，正式开展社会团体登记管理工作。

1992年6月，全市社团管理工作会议在连云区召开，对市属社团的会员进行清理整顿，换发新证。市民政部门对社团印章进行检查，规定会费的收费标准和开支渠道，印制统一的收费票据，使社团管理工作逐步走向正规化。

1993年，全市举办首次市属社团社会服务活动，有25个社团走向社会开展咨询服务，增强社团的知名度和凝聚力。1998年，市民政部门组织社团从服务大局出发，进行职工持股会的调研、登记与管理规范工作，出台《连云港市职工持股会管理暂行规定》及规范性文本，在省政府召开的全省加强民间组织管理、维护社会稳定工作会议上交流经验。

1999年，市政府召开全市民间组织管理、维护社会稳定工作会议，全面总结部署民间组织管理工作。依据国家新出台的管理条例，对社会团体进行重新审定、换发新证，对党政领导干部在社团中兼职问题提出具体解决意见，对气功类社团进行重点整治。

2000年，连云港市慎重做好对气功类社团的专项清理整顿工作。全市原有各类气功类社团5个，其中市属2个、县属3个，分支机构15个，分别按程序进行清理，办理注销、登记手续。

2001年，市民政局制定印发《关于加强和改进社团自律工作的意见》等文件，设立民间组织服务中心，配备一批现代办公设备。开展对老乡会、同学会、战友会的调查摸底工作，及时查处非法民间组织，保证社团健康发展。海州区、灌云县在民间组织管理中宣传到位，协调及时，登记规范，保证民间组织的正常发展。

2003年，市民政局通过现场会等方式，对民间组织管理人员进行民间组织登记、年检、档案管理等方面的培训；采用典型介绍、座谈讨论和研讨培训等形式培训民间组织负责人，促进民间组织的规范发展。

2005年，连云港市发展社区民间组织，全市民间组织登记管理工作健康发展。6月30日，成立民间组织发展促进会。11月28日，开通市民间组织网。

第二节　民办非企业单位登记与管理

1996～1997年，连云港市对民办非企业单位进行调查摸底，全市有民办非企业单位1360家。至2000年底，全市民办非企业单位发展到1750家。是年，全市启动民办非企业单位复查登记工作，市委办公室、市政府办公室出台《关于在全市开展民办非企业单位复查登记工作的意见》，并将新浦区、灌南县作为试点县区，全面开展民办非企业单位复查登记工作。2001年，市政府召开民办非企业单位工作协调会，理顺登记管理机关与业务主管部门之间的关系，完善双重管理体制。全市有737家民办机构纳入复查范围，其中办理工商登记401家、在民政部门申报336家，核准登记115家，登记合格率100%。2003年，市属民办非企业单位58家，登记合格率100%。

2005年，全市首家社区民办非企业单位注册登记，实现社区民办非企业单位零的突破。灌云县全年培育发展民办非企业单位32家，增幅处于各县区前列。全市注册登记民办非企业单位391家，其中市属民办非企业单位52家，年检率95%。

第五章　民政事务管理

1984～2005年，连云港市各级民政部门认真执行国家颁布的有关婚姻登记的法律法规，逐步完善和规范婚姻登记程序，健全婚姻登记制度和婚姻档案管理，不断提高婚姻登记水平和质量，全市结婚登记率稳步提升。2000～2005年，全市共办理国内收养登记1048件。

22年间，以推行火化为主要标志的殡葬改革由城市向农村全面铺开，少占地、不占地的殡葬方式逐步为广大人民群众所接受。殡葬基础设施日益完善，到2005年底，全市有殡仪馆5家，经营性公墓6处，火化率100%。

第一节 婚姻登记

1984年，连云港市办理结婚登记手续2.1万对、离婚手续274对。是年11月，市民政局举办婚姻登记员培训班，学习婚姻登记业务知识和政策规定。1985年，根据省民政厅统一规定，结婚证上开始加盖婚姻登记机关的婚姻登记专用章（钢印）。1987～1989年，全市清理非法婚姻，东海县对部分乡镇婚姻登记工作进行抽查；灌云县结合农村土地调整对非法婚姻进行清理登记；赣榆县民政局会同公安、司法、妇联、计生部门组成清查小组，对非法婚姻逐村逐户调查，共查处68对非法婚姻。

1990年，针对一些地区在婚姻管理中出现违反《中华人民共和国婚姻法》（简称婚姻法）、婚姻登记办法的现象，市民政局印发《关于加强婚姻管理工作的通知》，要求各婚姻登记机关严格依法办事，加强婚姻档案及婚姻证书的管理。市民政局、司法局、妇联等部门联合在新浦百货大楼组织纪念1950年版婚姻法颁布40周年、1980年版婚姻法颁布10周年宣传咨询活动。全市办理结婚登记手续3.05万对、离婚手续348对。

1992年，针对结婚登记率下降、违法婚姻上升问题，市委、市政府出台《关于制止违法婚姻加强晚婚晚育工作的意见》，强调结婚必须依法登记，严禁近亲结婚。是年，全市共办理结婚登记2.22万对、离婚登记324对，晚婚率85%。

1997年，全市婚姻登记机关开始推行服务承诺，公开服务项目和收费标准，出具票据，禁止乱收费。

2000年7月1日起，全市统一使用新式婚姻状况证明、结婚申请书、离婚申请书。市婚姻登记机关就非法缔结婚姻关系的问题及婚姻登记中搭车收费情况进行检查，进一步规范婚姻登记工作。

2001年，新修订的婚姻法颁布实施。全市婚姻登记机关组织各县、区婚姻登记员参加民政部举办的婚姻登记管理培训班。严格依法办事，纠正以晚婚年龄代替法定婚龄的倾向；对符合结婚条件、仅欠缺形式要件而以夫妻关系同居的当事人，动员补办结婚登记。

2002年，全市婚姻登记机关开始使用办公自动化系统进行婚姻登记。全市共办理结婚登记2.34万对，离婚登记1137对，补办夫妻关系证明书225对，登记合格率100%。

2005年，全市共办理结婚登记3.02万对，离婚登记2989对，补证520对，登记合格率100%。

1996～2005年连云港市婚姻登记情况统计表

表40-4　　单位：对

年　份	登记结婚	复婚	登记离婚	年　份	登记结婚	复婚	登记离婚
1996	33627	200	536	2001	22931	84	1104
1997	29587	122	684	2002	23362	123	1137
1998	27592	62	595	2003	23183	1436	1250
1999	26017	59	798	2004	29478	138	26[illegible]3
2000	29494	256	1030	2005	30160	1257	2989

第二节 殡葬管理

一、丧葬改革

1984年，连云港市开始全面推行火葬。全市张贴布告数十万张，市区出动宣传车，利用幻灯、黑板报到乡村宣传火葬的好处。各乡村普遍制定乡规民约。是年市区火化率达93%；全市火化率81.7%，居全省第5位。

1986年，全市各级民政部门层层发动群众，破除封建迷信，摒弃陈规陋习，树立文明丧葬新风。东海县安峰乡成立全市第一个红白理事会，对促进殡葬改革起到积极作用。1987年，市民政局、市委宣传部、市司法局、团市委、市妇联印发《关于在全市农村乡（镇）、村两级建立红白事理事会的意见》，乡镇级理事长一般由乡镇长兼任，成员由宣传、民政、司法、公安、团委、妇联等部门的负责人参加，主要负责指导、协调村理事会工作，组织交流经验，帮助村理事会解决困难。村理事会一般由村主任兼任理事长，其成员由团支部书记、妇女主任、治安保卫主任和一些德高望重的村民代表参加，主要负责指导村民操办婚丧事宜。城区街道办事处和居民委员会建立的理事会，还吸收辖区内厂矿事业单位负责人参加。全市推广东海县安峰乡、灌云县同兴乡建立红白理事会的经验，召开现场会，使红白理事会活动普遍开展，至年底，全市105个乡镇（街道办事处）、1699个村委会和181个居委会建立起红白理事会或理事分会，为群众操办红白事1.05万件，节约资金820多万元。各地把红白理事会纳入乡规民约，限制操办规模，推广火葬方式，遏制迷信活动。遇到丧事，理事会成员主动到丧家慰问，征求丧主意见，宣传殡葬改革。6月下旬，省民政厅在连云港市召开现场会。

1988年7月，市政府印发《关于进一步加强殡葬改革意见的通知》，针对殡葬改革发展不平衡、骨灰装棺乱葬现象增多、丧事中的封建迷信活动在少数地区比较严重的问题，提出加强殡葬改革工作的意见。20世纪80年代末90年代初，全市乡村约有150多万座坟墓，占地3300多公顷。针对土葬回潮风，市政府印发《关于进一步推行火葬制止封建迷信活动的通知》。

1992年，全市殡葬改革工作注重后进地区转化和殡葬事业单位管理工作。赣榆县政府出台《关于进一步做好殡葬改革工作的意见》，对后进乡镇实行划片包干，促进火化率的提高。云台区政府发布《关于进一步推行火葬制止封建迷信活动的通告》，把殡葬改革纳入政府目标考核内容，层层签订工作责任状。全市对火化率在80%以下的17个乡镇实行重点管理，有半数以上乡镇火化率明显提高。

图40-12 海葬 市民政局 供

1996年，全市贯彻落实《连云港市殡葬改革管理办法》和《关于平迁林区坟墓实行定点集中管理的通告》，推行骨灰处理多样化，破除丧葬陋习，提倡节俭办丧事，在全市范围内开展大规模的迁坟工作，还田266.7公顷。1997年，全市通过迁移坟墓，还田1566.7公顷，达到“无坟市”的要求，全市火化率首次达100%。灌云县被民政部授予“殡葬改革先进集体”称号。

2000年，连云港市巩固殡葬改革成果，推行骨灰处理多样化。市民政局对经营性公墓进行年检。2002年，市政府发布《关于进一步深化殡葬改革和加强殡葬管理的通告》，将殡葬改革与创建文明城市、生态旅游城市相结合，对道路两侧300米以内的坟墓进行清理，共迁移坟墓1700余座。

2005年，市民政局组织对全市经营性公墓实施年度执法检查，会同有关部门开展海葬前期准备工作。全市有殡仪馆5家，各殡仪馆共火化遗体2.4万具，火化率100%。

二、殡仪服务

1984年，连云港市有4个火葬场，1989年全部更名为殡仪馆。1990年，民政部颁布殡仪馆等级标准、殡仪馆等级评比办法。全市各地殡仪馆积极争取当地政府对殡仪馆更新改造资金的投入，多方筹措资金，积极争创等级殡仪馆。1992年，市殡葬协会成立，市殡仪馆被评为省级文明单位，市殡葬管理处主任兼市殡仪馆馆长钱云珠被全国总工会授予五一劳动奖章。此后，全市殡仪馆进一步完善服务设施和项目，提供接尸、冷藏、化妆、整容、照相、出租花圈、出租吊唁厅、骨灰寄存等全方位服务。2000年，连云港市殡仪馆被民政部评为国家二级殡仪馆，赣榆县殡仪馆被评为国家三级殡仪馆。2005年，市民政局组织对全市经营性骨灰公墓实施年度执法检查。组织散葬坟墓的调查摸底，提交《关于加强公墓管理推进殡葬改革的意见》和《连云港市公墓管理办法》。全市有经营性公墓6处，占地3.8公顷。

第三节　收养管理

1992年3月31日前，收养登记法规不健全，连云港民间存在事实上的“收养”。是年4月1日，《中华人民共和国收养法》实施。连云港市确立收养制度，政府各职能机构依法履行各自的职责：市民政部门办理收养登记手续，司法部门办理收养公证，公安部门办理被收养人的出生证明、户籍登记，计划生育部门执行收养不得违背计划生育法律法规事宜。

1999年4月，《中华人民共和国收养法》修订。5月，民政部发布《中华人民共和国收养子女登记办法》《外国人在中华人民共和国收养子女登记办法》。市民政部门除办理国内公民收养登记外，还负责对社会福利机构的监督管理，指导福利机构安置、抚养孤儿和弃婴，依法做好送养工作。

2001～2005年，全市共办理收养登记被收养953人，其中社会福利机构抚养的孤儿8人、社会福利机构抚养的弃婴304人。

2001～2005年连云港市收养登记统计表

表40-5　　　　单位：人

年份	被收养人						
	合计	社会福利机构抚养的孤儿	社会福利机构抚养的弃婴	其中：被外国人收养	社会弃婴	父母无力抚养的儿童	其他
2001	105	—	33	33	31	4	37
2002	280	—	102	102	68	—	110

续表40-5

年　份	被收养人						
	合　计	社会福利机构抚养的孤儿	社会福利机构抚养的弃婴	其　中 被外国人收养	社　会 弃　婴	父母无力抚养的儿童	其　他
2003	209	8	65	65	21	59	56
2004	254	—	104	—	18	53	79
2005	105	—	—	—	14	6	85

第四节　地名管理

一、地名标准化

1984年，连云港市在市民政局设地名委员会办公室，赣榆县、东海县、灌云县成立地名委员会，设办公室。

1984年初，连云港市对沿海岛屿等进行两个月普查，共普查地名9163条。1987年，全市整顿原有的地名标志。如有的地名标志脱漆、掉字、生锈、残缺不全、有门无号、有路无标志现象较多；新建的住宅和道路有的未设置标志；有些机关、学校、商店、工厂等企事业单位自编门牌号；改建拓宽道路和拆迁地段，大部分地名名存实亡，门牌号码不连续。这种现象造成信难送、人难找、款难汇、电报难发、报刊难送等困难。全市本着"规范、牢固、美观、醒目"的设置原则，实行一个地区不同类别的地名标志统一样式、统一规格、统一材料、统一安装。市区街道设置钢管立柱式、铁柜、有机玻璃面的地名标牌，农村设置带底座的碑牌式石质永久性标志牌，逐步实现街有街牌、路有路牌、巷有巷牌、门有门牌、村有村牌，达到地名社会化、明码化要求。市地名委员会与市规划局、公安局、交通局联合发出《关于清理非规范化地名用字的通知》，对车站、码头使用的各种票证、地名标志牌进行清理，城镇地名标志牌首先从路、街、巷、门牌入手清理，新浦、海州、云台、连云区的42条主要交通交叉口，新设置钢管立柱式、铁柜架、有机玻璃面街路牌264块，其中新浦区130块，海州区46块，猴嘴镇44块，连云镇、墟沟镇44块。灌云县伊山镇采取调查登记、逐户（名）核对、标准化处理、核对人册、科学编码、复查验收、牌户一致的办法，共设置街、路、巷牌264块，门牌1.1万块。赣榆县在国道、省道、县道沿线村庄设置路牌242块。灌云县设置路牌90块，东海县设置24块，市郊设置50块。

1989～1990年，根据中国地名委员会、民政部和江苏省《地名补查和资料更新工作方案》，对全市三县四区105个乡镇、街道办事处的行政区划单位和居民地名称，各专业部门使用的场、台站，以及机场、港口、码头、渡口、桥梁、闸坎、水库、公路、铁路、海湾、岛屿、河、企事业单位、名胜古迹及其他人工建筑物、自然实体等地名，全部进行补更工作。全市共补查、更新地名1.06万条，其中补查地名1884条、更新地名7609条、未变化1091条，消亡地名463条。通过现场调查、多方搜集资料、进行历史考证，核实审查地名的来历、涵义、历史沿革和有关政治、经济、文化、自然现状等情况，为地名定音、定码、定义、定位、定类等提供可靠的依据。

1990年，连云港市完善市、县区地名委员会及办公室，全市105个乡镇、街道办事处均成立地名领导小组，开展地名补查、资料更新工作和部分乡镇的地名标志设置工作。1991年，全市完成地名补查和资料更新工作，经省、市联合验收达到优良级标准。农村地名标志和城镇路、街、巷、门牌的设置与管理有新突破，各地地名知名度明显提高。1992年，全市新设置和更新乡、村地名牌3222块，达到乡镇、村都有地名标志的目标。省民政厅在连云港市召开地名工作现场会，参观赣榆县和市区的地名标志，市民政局被省民政厅评为全省地名工作先进单位。全市地名补更资料达到优良级标准，赣榆县、东海县、灌云县、新浦区被评为省地名补更工作先进单位。

1993年，市政府制定《连云港市地名管理办法》，完成乡镇地名标志扫尾工作。1995年，全市普查和抽查24个乡镇、4个国营农林场、89个行政村的地名工作。市区制作安装60块美观坚固的广告式地名牌。东海县检查、整顿县城道路名称，更换路巷牌110块。

1996年，连云港市依法实施市区140条道路名称的调整、更名、命名。1997年，全市组织公安、公商、城建等部门对市区店铺非标准名称进行清理。8月，省民政厅在赣榆县召开行政区划地名现场会，肯定连云港市结合城镇规划完善地名标志设置的做法。

1999年，连云港市广泛征求各界人士意见，将花果山路更名为苍梧路、花果山进山通道命名为海峰路；在海连路、瀛洲路、苍梧路、国展路等地新设立136块不锈钢支架、高档反光膜地名标志牌。2000年，连云港市区新设34块不锈钢支架、高档反光膜地名标志牌，美化城市环境。2002年，市区在部分新扩建的道路上设置60块标准地名牌。各县城区及主要集镇按照国家标准地名标志设置地名标志牌。市区新城区道路、桥梁命名工作按照地名命名操作程序，广泛征求意见，反复研究，形成方案，上报市政府审批。

2003年，全市贯彻落实地名管理办法，抓好地名设标工作，完成市政区图、城区图的出版任务。2004年，连云港市修订出台地名管理办法，解决地名命名、更名无章可循的难题，使地名管理工作走向规范化、法制化轨道。完成省民政厅下达的城市标准地名标牌设置任务，共设置标准地名标牌504块，通过省民政厅的检查验收。

2005年，全市组织普查业务培训，建立地名数据库；采用市场化运作方式，吸纳资金300万元，完成市区部分道路270块标准地名标志设置。东海县、灌南县民政局被省民政厅评为标准地名设置工作先进集体。

图40-13 连云港市地名委员会编纂的《江苏省连云港市地名录》 侍志 摄于2005年

二、地名文献编撰

1987年，《东海县地名手册》出版。1988年，《青口镇路、街、巷名录》出版。1989年，连云港市完成《沿海开放城市街巷地名大全》的编辑撰写任务。1993年，全市完成《连云港市志·地名志》的编撰任务。1995年，赣榆县成立地名学会，编辑出版《赣榆县经贸交通旅游图》。1997年，连云港市在江苏地市级机构中率先由国家级出版社出版《连云港市行政区划》。1999年，连云港市在全省率先成立行政区划地名学会，出版《连云港市地名概览》。在市政府科研成果评选中，丁运安主编的《连云港市行政区划》获二等奖。2005年，全市完成《江苏政区通典》连云港市域的编写工作。

连云港市志

第四十一卷　社会生活

1984～2005年，伴随着改革开放和连云港市经济发展的步伐，连云港市城乡居民收入逐步提高，完成从生存型向温饱型转变，并逐步向小康迈进。至2005年底，全市小康实现程度75.2%，城镇居民人均可支配收入由1984年的600余元增加到1万余元；农村居民人均纯收入由1984年的400余元增加到接近4000元。百户家庭电脑、移动电话拥有量在2003年后显著增长，家庭信息化程度显著提升。居民生活消费由低层次、生存型向高层次、享受型转变，消费结构、消费观念和生活方式发生巨大改变，在继承扬弃传统习俗的同时，一些新习俗伴随着改革开放兴起。

1986年，全市在国营企业中统筹提取劳动合同制工人退休养老基金，开始建立职工失业保险制度。之后逐步建立和完善养老、医疗、工伤、生育等各项社会保险制度。至2005年底，全市城镇企业职工参加基本养老保险25.08万人，农村参加养老保险54.5万人，机关事业单位参加养老保险1.11万人；33.6万人参加城镇职工医疗保险；失业、工伤、生育保险在全市企事业单位铺开。城乡居民最低生活保障不断完善，基本建成覆盖全市、涉及各类劳动者的较为完善的社会保障体系。

20世纪80年代后，落实党的宗教政策，境内宗教场所、宗教活动得到恢复，佛教、道教、伊斯兰教、天主教、基督教五大宗教宣传教义，发展信徒。至2005年底，全市有信教群众20万余人、教职人员726人。境内少数民族从1984年的25个不足2000人，发展到2005年的52个1.5万人，在政治上享有平等和当家做主的权利。关心下一代、关爱老人蔚然成风，残疾人扶助等工作稳步推进。

第一章　人民生活

1984～2005年，连云港市城乡居民生活完成从生存型向温饱型转变，并逐步向小康迈进。收入水平稳步提高，消费结构、消费观念和生活方式发生巨大改变。城市居民人均可支配收入由1984年的604元，增加到2005年的10006元，年均增长14.3%；农村居民人均纯收入由1984年的462元，增加到2005年的3869元，年均增长10.65%。随着市场化程度提高及劳动用工制度、企业改革深化，城镇居民收入结构日趋多样化，财产性、经营性收入日益增加；农村居民工资性收入于2003年超过第一产业收入占据支撑地位，收入渠道发生根本性改变。全市城市居民恩格尔系数由1985年的51.05%下降到2005年的38.55%，农村居民恩格尔系数由1985年的57.18%下降到2005年的46.08%，食品支出在居民生活消费支出中所占比重持续下降，生活质量逐步提高。生活方式在逐步取消凭票供应和消费的基础上，开始注重消费品质，吃要营养健康，穿要时尚漂亮，行从自行车、摩托车发展到自驾汽车，住从平房发展到成套商品房、小洋房。

在生活质量普遍提高的同时，全市居民收入水平和消费水平在全省13个省辖市所处位次却日益落后，差距逐渐扩大。城乡差别、县区差别、县乡差别、高收入与低收入差别在一定程度上存在，且呈急剧扩大趋势。

第一节 城镇居民生活

一、收入

1984～2005年，连云港市城镇居民收入水平稳步提高，年均增长14.3%。2005年，人均可支配收入首次突破1万元，达10006元。同时，随着市场化程度提高及劳动用工制度、企业改革深化，居民收入结构日趋多样化。

1984～2005年连云港市城镇居民人均可支配收入增长情况统计表

表41-1

年 份	可支配收入（元）	比上年增长（%）	年 份	可支配收入（元）	比上年增长（%）
1984	604	—	1995	4504	16.1
1985	815	34.9	1996	4993	10.9
1986	1016	24.7	1997	5296	6.1
1987	1084	6.7	1998	5458	3.1
1988	1325	22.2	1999	5981	9.6
1989	1471	11.0	2000	6457	7.9
1990	1501	2.0	2001	6981	8.1
1991	1731	15.3	2002	6953	-0.4
1992	1997	15.4	2003	7782	11.9
1993	2623	31.3	2004	8872	14.0
1994	3881	47.9	2005	10006	12.8

说明：2002年后执行新口径，不含从工资中扣除的社会保障支出。

收入水平 1984～1996年，全市城镇居民收入快速增长。除1987年、1990年增幅在7%以下，其余10年增幅均超过10%。其间，国家先后数次对中小学教师、技术职务获得者和部分行政、事业单位职工增加工资，工薪收入的增长成为拉动居民可支配收入快速提高的主要因素。20世纪80年代中后期，城镇居民家庭“万元户”不断涌现。特别是1992年邓小平视察南方重要谈话发表后，国家经济发展进入快车道，城镇居民收入水涨船高，1993年、1994年居民收入分别比上年增长31.3%和47.9%，成为历史上居民收入增幅最大的时期。

1997～2002年，城镇居民收入增长缓慢。6年间居民收入环比增幅均不足10%，特别是2002年因统计口径改变，人均可支配收入不再包含扣除的社会保障支出，导致当年城镇居民人均可支配收入比2001年小幅下降。其间，国际、国内宏观经济趋紧，国内市场需求不足，国有企业改革深化，一些企业减员增效或关、停、并、转，下岗失业职工增加，影响城镇居民收入的提高。

2003～2005年，城镇居民收入稳定增长，年均增幅接近或保持在12%以上。全市经济发展和改革开放步伐加快，政府相继出台增加工资、提高最低工资标准、发展个体民营经济等多项富民政策举措，居民除了工资收入增长，财产性、经营性收入也日益增加。

1985～1991年，全市城镇居民收入高于全省平均水平。1992年开始除个别年份外，均落后于全省平均水平，2002年实行统计新口径后差距呈显著扩大趋势，2005年差值达到最大值2313元。

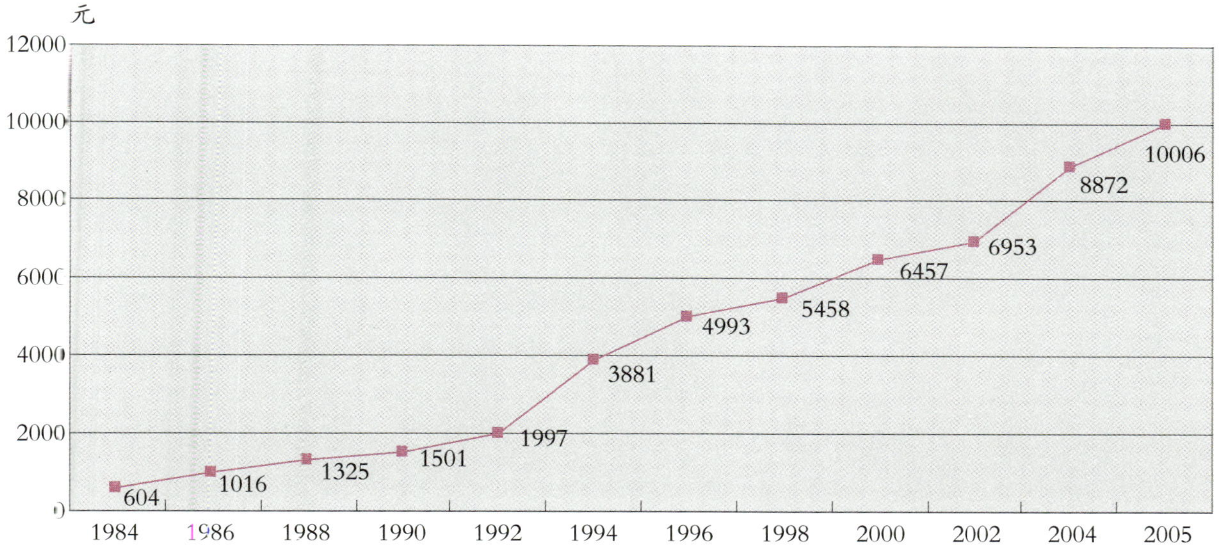

图 41-1　1984 ～ 2005 年主要年份连云港市城镇居民人均可支配收入变化图

1985～2005年连云港市城镇居民人均收入与省平均水平比较一览表

表 41-2　　单位：元

年份	城镇居民人均收入	全省平均水平	两者差距	年份	城镇居民人均收入	全省平均水平	两者差距	年份	城镇居民人均收入	全省平均水平	两者差距
1985	815	766	49	1992	1997	2138	-141	1999	5981	6538	-557
1986	1016	910	106	1993	2623	2774	-151	2000	6457	6800	-343
1987	1084	1005	79	1994	3881	3779	102	2001	6981	7375	-394
1988	1325	1270	55	1995	4504	4634	-130	2002	6953	8178	-1225
1989	1471	1372	99	1996	4993	5186	-193	2003	7782	9262	-1480
1990	1501	1464	37	1997	5296	5765	-469	2004	8872	10482	-1610
1991	1731	1623	108	1998	5458	6018	-560	2005	10006	12319	-2313

收入结构　城镇居民家庭收入主要包括工薪收入、经营性收入、财产性收入和转移性收入。1985～2005年，全市城镇居民工薪收入是家庭收入的主体，占55%左右；其次是转移性收入，占25%左右，且呈上升趋势，2005年达31%。城镇居民家庭收入形成以工薪收入为主体、转移性收入为辅助、财产性收入和经营性收入为组成部分的多元化收入格局。

1995～2005年部分年份连云港市城镇居民人均收入构成统计表

表 41-3　　单位：元

年　份	人均现金收入	收入构成				
		工薪收入	经营性收入	其他劳动收入	财产性收入	转移性收入
1995	5283	3356	34	84	27	968
2000	7802	4247	222	302	76	1637

续表 41-3

年 份	人均现金收入	收入构成				
		工薪收入	经营性收入	其他劳动收入	财产性收入	转移性收入
2001	8321	4343	254	183	97	2138
2002	8798	4606	161	166	102	2348
2003	8686	5022	643	59	95	2520
2004	9481	5518	791	110	78	2984
2005	10587	6298	876	56	70	3287

收入差距 1984～2005年，城镇居民收入分配制度发生较大变化，“大锅饭”平均主义的分配形式被打破，与社会主义市场经济体制相适应的社会分配制度逐步建立并完善。在城镇不同收入阶层家庭收入水平呈现逐年提高、同步增长的同时，不同阶层居民收入差距逐渐拉大，且呈急剧扩大趋势。1990年，城镇居民高收入组人均可支配收入152.3元，低收入组人均可支配收入61.5元，高收入组是低收入组的2.5倍。2005年，城镇居民高收入组人均可支配收入31419元，低收入组人均可支配收入2614元，高收入组是低收入组的12倍。15年间，收入差距明显扩大。

二、消费

1984～2005年，随着城镇居民收入水平逐年提高，消费环境不断改善和人们消费观念的改变，居民家庭消费水平稳步增长，消费结构趋于优化。

消费水平 1984年，全市城镇居民人均生活消费支出502元，2005年人均消费支出7213元，是1984年的14.37倍。其中，食品支出占个人消费支出比重（恩格尔系数）在20世纪80年代中期至90年代中期保持在50%上下，最高的1990年、1991年达55%以上，显示这一时期市区居民生活水平处于温饱阶段。2000年以后，居民恩格尔系数稳定保持在40%以下，食品消费开始摆脱过去以粮食为主的数量型，逐渐向讲究营养、保健、休闲、方便等质量型转变；衣着消费由单调、低档、耐穿向多样、中高档转变，追求个性、时尚特征明显；耐用消费品从无到有，从少到多，从低档到高档，从“老四件”（自行车、手表、缝纫机、收音机）向“新四件”（彩电、冰箱、洗衣机、录音机）转换和普及；强身健体、教育文化娱乐、网络交友购物活动逐渐被广大居民所接受。2005年，城市居民人均消费性支出7213元。其中，医疗保健支出675元，教育文化娱乐服务支出943元，分别占消费性支出的9.4%和13.1%，比1984年分别提高9个和3.3个百分点。

图 41-2 20世纪90年代末，随着互联网的迅速发展，市民有了新的信息交流平台。图为连云港市首届网友联谊活动现场。 侍志 摄

1984～2005年连云港市城镇居民人均年消费性支出统计表

表 41-4

年 份	支出（元）	恩格尔系数（%）	年 份	支出（元）	恩格尔系数（%）
1984	502	56.77	1985	668	51.05

续表 41-4

年 份	支出(元)	恩格尔系数(%)	年 份	支出(元)	恩格尔系数(%)
1986	871	46.61	1996	3649	51.90
1987	906	50.99	1997	3668	50.19
1988	1204	48.92	1998	3945	47.20
1989	1181	53.34	1999	4091	44.93
1990	1224	55.39	2000	4737	38.65
1991	1445	55.09	2001	4908	38.51
1992	1626	52.95	2002	5059	36.94
1993	2214	47.74	2003	5768	36.04
1994	3118	47.92	2004	6218	38.81
1995	3726	47.67	2005	7213	38.55

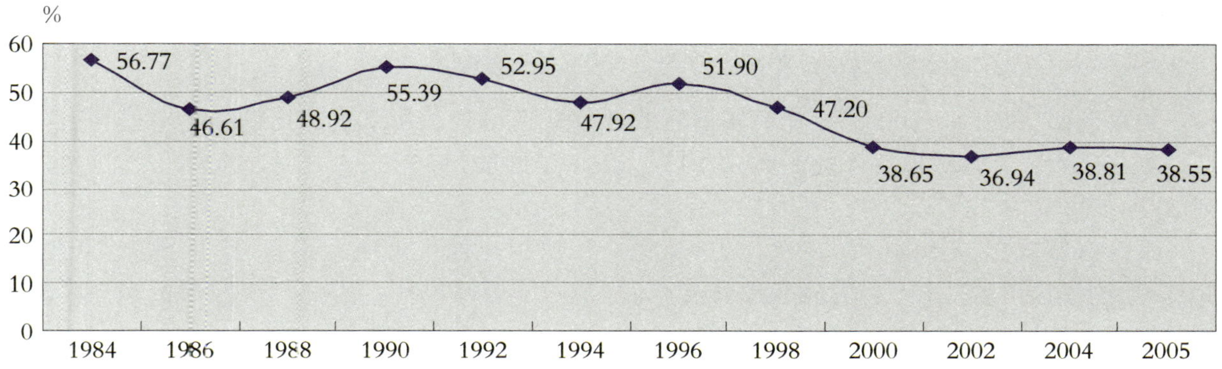

图 41-3 1984 ～ 2005 年部分年份连云港市城镇居民恩格尔系数变化示意图

消费结构 1984～2005 年，全市城镇居民消费结构中，反映基本生存需要的食品、衣着、家庭日用品等支出所占比重呈现下降趋势。从平均每人每月消费性支出构成看，2005 年，城镇居民家庭人均每月食品、衣着、家庭设备用品支出占总消费支出的 52.68%，比 1995 年下降 18.62 个百分点。体现自身发展需要的医疗保健、交通通信、教育文化娱乐服务所占比重上升，2005 年此三项支出占总消费支出 30.9%，比 1995 年提升 13.3 个百分点。消费结构变化显示城镇居民在物质生活得到较好改善的同时，精神生活不断得到充实与提升，养生意识不断增强。

1995～2005 年部分年份连云港市区居民家庭平均每人每月消费性支出统计表

表 41-5 单位：元

指 标	1995 年	2000 年	2001 年	2002 年	2003 年	2004 年	2005 年
消费性支出	310.54	394.72	409.01	421.60	480.64	518.16	601.07
食品支出	147.60	152.59	157.53	155.73	173.24	201.10	231.73
衣着支出	43.78	41.49	43.65	46.54	49.15	51.34	55.08
家庭设备支出	29.94	56.37	41.02	21.79	31.64	32.29	34.55
医疗保健支出	5.57	17.71	23.60	21.06	38.26	34.02	56.27
交通和通信支出	20.14	25.67	29.82	33.11	46.53	51.01	53.70

续表 41-5

指　标	1995 年	2000 年	2001 年	2002 年	2003 年	2004 年	2005 年
娱乐文教服务	28.92	44.05	66.42	78.14	79.13	77.70	78.55
居住支出	24.86	42.45	33.26	54.86	48.78	56.31	72.75
其他支出	9.73	14.38	13.70	10.38	13.91	14.39	18.44

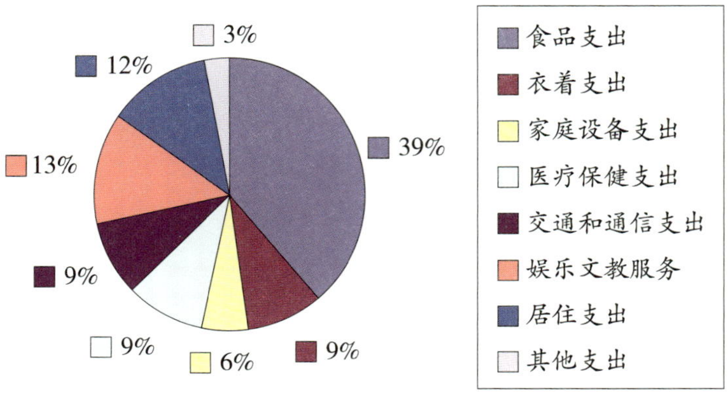

图 41-4　2005 年连云港市市区居民家庭平均每人每月消费性支出占比图

食品支出　1984～2005 年，全市城镇居民为改善饮食结构和质量，用于食品方面支出的绝对额持续增加，平均每人每月食品支出从 1984 年的 6.79 元增加到 2005 年的 231.73 元，但食品支出在全部消费支出中的比重逐步减少，从 1984 年的 56.77%下降到 2005 年的 38.55%。

教育支出　1984～2005 年，全市城镇居民教育费支出占消费支出的比例和绝对值均有显著增加。1995 年，人均每月教育费支出 10.29 元，2005 年增加到 39 元；占比从 1995 年的 1.71%提高到 2005 年的 6.5%。

医疗保健支出　1984～2005 年，全市城镇居民医疗保健支出从无到有，逐年增长。20 世纪 80 年代中期至 90 年代初，人们的医疗保健意识不强。1995 年后，随着居民医疗保健观念的转变和对健康的重视，医疗保健服务支出大幅增加，从 1995 年的 66.84 元提高到 2005 年的 675.24 元，10 年增长 9.1 倍，年均增长 26.02%。

三、家庭资产

1984 年，全市城镇居民家庭资产以家具物品、耐用消费品和少量现金为主。20 世纪 90 年代，居民家庭现金、存款大幅度增加，机关企事业职工通过住房制度改革开始实现居者有其屋。2002 年，人均储蓄逾万元，2005 年为 1.15 万元。

现金　1984 年，城镇居民人均全年现金收入 671.17 元。1995 年增加到 5283 元。2005 年突破 1 万元，达 10587 元，是 1984 年的 15.77 倍、1995 年的 2 倍。

储蓄　1984 年，城镇居民储蓄存款余额 1.04 亿元，人均储蓄存款 224 元。1995 年，城镇居民储蓄存款余额 4.6 亿元，人均储蓄存款 6523 元。2005 年，该两项指标分别增加到 199.67 亿元和 11530 元，分别是 1984 年的 191.99 倍和 51.47 倍。

1984～2005 年连云港市城镇居民储蓄情况统计表

表 41-6

年　份	储蓄存款余额（万元）	人均储蓄存款（元）	年　份	储蓄存款余额（万元）	人均储蓄存款（元）
1984	10442	224	1987	40855	809
1985	16811	352	1988	63007	1215
1986	27138	553	1989	85819	1623

续表41-6

年　份	储蓄存款余额（万元）	人均储蓄存款（元）	年　份	储蓄存款余额（万元）	人均储蓄存款（元）
1990	115301	2125	1998	778274	9310
1991	147646	2676	1999	871879	9998
1992	178766	3135	2000	922875	8616
1993	223068	3519	2001	1040258	9134
1994	334411	4929	2002	1298833	10485
1995	460160	6523	2003	1495463	9385
1996	621672	7214	2004	1756755	10329
1997	707045	8536	2005	1996726	11530

住宅　1984年，全市每百户城镇居民家庭平均住房面积5.86平方米，多为单位公房。1992年，全市实施住房制度改革，房屋产权由公房变为私有，真正实现居者有其屋。城镇居民住房条件大为改观，配套设施日益完善。至2005年底，每百户城镇居民家庭平均住房面积23.87平方米，是1984年的4.1倍。城镇居民家庭住房商品化率78%，住房私有化率93.5%。三居室、二居室的独套公寓成为市民住宅建筑式样主体，占65%以上。对住房进行装修的家庭占53%，自来水普及率100%，78%的家庭拥有自己独立的配套卫生设施，49.5%的家庭用上空调、暖气等清洁的取暖设施。

耐用消费品　1984年，全市城镇职工家庭每百户拥有耐用消费品为：自行车141辆、缝纫机98台、电风扇51台、洗衣机12台、电冰箱1台、收音机79台、彩电3台、黑白电视机72台、收录机27台、照相机1台、摩托车3辆。1995年，城市居民家庭平均每百户拥有组合家具58套、自行车226辆、摩托车8辆、电风扇209台、洗衣机89台、电冰箱88台、彩色电视机91台、录音机75台、照相机35架、组合音响10台、空调16台、淋浴热水器39台。2000年后，移动电话、家用电脑、健身器材开始进入寻常百姓家。至2005年底，每百户拥有自行车、录音机、电风扇比1995年减少，被摩托车、彩色电视机、空调取代；移动电话、家用电脑每百户拥有量75部、34台。

图41-5　1992年，全市实施住房制度改革，房屋产权由公房变为私有，真正实现居者有其屋。图为连云港市城镇居民家庭。　赵鸣　摄

1995～2005年部分年份连云港市城镇居民家庭平均每百户耐用消费品拥有量统计表

表41-7

项　目	单　位	1995年	2000年	2001年	2002年	2003年	2004年	2005年
组合家具	套	58	70	73	66	78	78	76
自行车	辆	226	202	216	197	180	180	153
摩托车	辆	8	20	21	21	31	32	20
电风扇	台	209	206	219	209	189	184	179

续表 41-7

项　目	单　位	1995 年	2000 年	2001 年	2002 年	2003 年	2004 年	2005 年
洗衣机	台	89	95	94	92	93	93	91
电冰箱	台	88	87	84	89	85	86	77
彩色电视机	台	91	111	114	118	130	131	127
录音机	台	75	68	70	58	38	38	26
录放像机	台	20	19	19	16	14	14	9
照相机	台	35	33	35	32	37	35	31
组合音响	台	10	21	24	21	36	36	21
中高档乐器	件	19	6	8	6	4	8	4.5
空调器	台	16	25	30	30	65	71	73
电炊具	台	64	102	106	78	92	93	103
脱排油烟机	台	30	61	64	54	65	66	70
沐浴热水器	台	39	50	56	58	58	60	72
吸尘器	台	18	9	10	10	11	11	6
移动电话	部	—	17	26	43	78	80	75
家用电脑	台	—	8	14	16	20	21	34
健身器材	件	—	6	5	2	3	3	2

说明：本表所缺数据系因当年未作统计。

有价证券　1990年以后，全市城镇居民拥有有价证券（包括国库券、股票、基金等）渐增。特别是1990年、1991年上海证券交易所和深圳证券交易所开业后，城镇居民通过证券交易所买卖股票，俗称“炒股”。2005年，全市有5万户左右的股票开户账户，全年股票成交额55.96亿元。

第二节　农村居民生活

一、收入

1984～2005年，连云港市农村居民生活完成从生存型向温饱型转变，2001年开始向全面小康迈进。22年间，全市农村居民人均纯收入从1984年的462元增加到2005年的3869元，增长7.37倍。收入结构发生变化，农业不再成为主要收入来源。

收入水平　1983年以前，农村居民收入基本来源于种植业、林业、牧业、渔业、副业，工资收入甚微。1983年起，农民开始有了一定的工资收入，该年度全市农村居民从企业直接得到的工资收入2160.65万元，人均9.3元，占农民人均纯收入的2%。

1984～1990年，农民收入持续增长。在此阶段，农村产业结构持续调整，农村非农产业兴起和发展，农村经济发展由过去单一的农业转向农、工、商综合经营。非农产业及多种经营的发展，促进了农民收入持续增长。1984～1990年，农民人均纯收入分别为462元、495元、530元、567元、

607元、650元、696元；农民人均现金收入分别为429元、525元、574元、590元、779元、808元、854元。

1991～1999年，农村居民收入快速增长。农产品产量全面增长，农产品价格全面放开，农业生产效益有了很大提高，农民来自一产的收入明显增加；各种市场的建立使商品流通从“小流通”走向“大流通”，农村劳动力不仅进入流通领域跑运输、搞采购、推销农产品，而且部分剩余劳动力离乡寻求就业门路，拓宽农民收入渠道，农民来自二、三产业的收入快速增长。1994年，农民人均纯收入跨越1000元台阶，1995年跨越2000元台阶。

2000～2002年，农民收入缓慢增长。农产品出现结构性过剩，由卖方市场转为买方市场，内需不足，市场物价持续回落。2000年，连云港市遭遇特大洪涝灾害，农业受灾严重，农民收入增长缓慢。三年中，农民家庭经营性收入增长缓慢，工资性收入持续增长，所占比重越来越大。2000年，农民人均纯收入2597元，比1999年减少454元，2002年也仅恢复到2991元。

2003～2005年，农民收入高速增长。中央、国务院确立“多予、少取、放活”的农村工作方针，出台减免农业税、实行粮食直补等惠农政策，使农民增加了可观的政策性收入。2003年，全市农民承担农业税及其附加和一事一议筹资分别比2002年减少327.3万元和457.7万元。2004年，全市共发放粮食直补和良种补贴4705.92万元，农民承担的农业税较2002年减少1.49亿元。2005年，农业税全部免征，全市发放粮食直补和良种补贴7076.6万元，农民人均政策性增收55元。其间，市委、市政府开展“四级联动帮扶到户，项目推进致富农民”活动，组织实施户均输出一人、户均增收千元富民工程。从中央到地方，一系列富裕农民举措使农民收入高水平快速增长。2005年，全市农民人均纯收入3869元，比2003年提高730元，年均增长11.02%。

1984～2005年连云港市农村居民人均纯收入统计表

表41-8

年　份	人均纯收入（元）	比上年增减（%）	人均现金收入（元）	比上年增减（%）
1984	462	—	429	—
1985	495	7.14	525	22.38
1986	530	7.07	574	9.33
1987	567	6.98	590	2.79
1988	607	7.05	779	32.03
1989	650	7.08	808	3.72
1990	696	7.08	854	5.69
1991	745	7.04	848	-0.70
1992	803	7.79	857	1.06
1993	941	17.19	965	12.60
1994	1375	46.12	1368	41.76
1995	2011	46.25	2092	52.92
1996	2396	19.14	2481	18.59
1997	2705	12.90	2954	19.06
1998	2938	8.61	3064	3.72
1999	3051	3.85	3164	3.26

续表 41-8

年　份	人均纯收入（元）	比上年增减（%）	人均现金收入（元）	比上年增减（%）
2000	2597	-14.88	2658	-15.[illegible]9
2001	2763	6.39	2734	2.86
2002	2991	8.25	3127	14.37
2003	3139	4.95	3432	9.75
2004	3501	11.53	3795	10.58
2005	3869	10.51	4511	18.87

收入结构　1984～2005年，全市农村居民收入稳步增长的同时，呈现家庭第一产业收入占比逐步减少、工资性收入占比稳步提高，环比增幅逐年扩大的趋势。和2000年相比，2002年农民家庭经营性收入只增加97元，增幅仅为6%；而农民工资性收入却增加了257元，增幅为28%。2003年，农民工资性收入占人均纯收入的比重达44%，第一产业收入占人均纯收入比重为41%，农民工资性收入首次超过第一产业收入。至此，农民收入渠道发生根本性转变，在农民收入结构中，第一产业收入的主要支撑地位被工资性收入取代。2005年，全市农民人均工资性收入占人均纯收入的比重达47%，其中市区44.9%、赣榆县49.7%、东海县42.4%、灌云县43.8%、灌南县56%，远远超过第一产业收入占比。

贫富差距　1984～2005年，全市农村居民生活水平有很大提高，但和城镇居民相比，仍有很大差距，且差距逐年增大。1984年，全市城乡居民收入相差142元，到2000年扩大到3860元，2005年更扩大到6137元。1984年，城镇居民人均可支配收入为农村居民人均纯收入的1.31倍，2000年扩大到2.49倍，2005年扩大到2.59倍。2005年，城镇居民恩格尔系数比农村居民恩格尔系数低7.53个百分点，城镇居民人均衣着消费额是农村居民人均衣着消费额的3.9倍，城镇居民人均文化娱乐用品及服务消费额是农村居民人均文化娱乐用品及服务消费额的2.4倍，城镇居民人均存款额是农村居民人均存款额的6.43倍。22年间，城镇居民可支配收入增长15.57倍，而同期农民人均纯收入只增长7.37倍，收入差距呈日益扩大之势。

图 41-6　拦海大堤建成后，在改善交通状况的同时，成为市民海钓好去处。
赵鸣　摄于2005年

全市区域间农民收入一直存在较大差异。1984年，市区农村居民人均纯收入577元，赣榆县、东海县、灌云县、灌南县农村居民人均纯收入分别为404元、470元、32[illegible]元、252元，东海县农民人均纯收入是灌南县农民人均纯收入的1.86倍。是年赣榆县有农村专业户8474户，占全市农村专业户总户数的70%。市委、市政府采取措施加大落后地区非农经济发展力度，增加农民收入，缩小地区间农村居民收入差距。至2005年底，以县（区）为单位的农民收入差距在缩小，但以乡为单位，差距仍很大。2005年，市区农村居民人均纯收入4508元，高于四县农村居民人均纯收入；赣榆县、东海县、灌云县、灌南县农村居民人均纯收入分别为4178元、4015元、3582元、3415元；灌南县农村居民人均纯收入为赣榆县农村居民人均纯收入的82%，为市区农村居民人均纯收入的76%。在全市所有乡镇中，连云区高公岛乡农村居民人均纯收入最高，达8250元，东海县南辰乡农村居民人均纯收入最低，为2738元；全市87个乡镇中，有50个乡镇高于全市农村居民人均纯收入水平，37个乡镇低于全市农村居民人均纯收入水平。在全市4个县中，低于全市农村居民人均纯收入水平的乡镇，赣榆县2个，东海县9个，灌云县14个，灌南县12个；市区13个乡镇，有8个乡镇农村居民人均纯收入超过5000元，有5个乡镇超过4100元。

较高收入农户与较低收入农户生活差距明显。2005年，全市共有18个乡镇农村居民人均纯收入达5000元以上，有324个村、20.15万户农村居民人均纯收入达5000～10000元。人均纯收入8000～10000元的农户恩格尔系数为40.69%，高于人均纯收入1000～2000元的农户平均水平9个百分点。人均纯收入8000～10000元的农户与人均纯收入1000～2000元的农户相比，人均衣着消费差距是3.1倍，人均家庭设备、用品消费差距是3.5倍，人均文化教育、娱乐消费差距是2.35倍，人均成人培训费差距是15.6倍，人均娱乐消费差距是2.31倍，人均工资性收入差距是5.3倍，人均存款差距是2.6倍。

2005年，四县仍有数千户低收入户。低收入户贫困原因主要是劳动力文化素质和劳动技能较低，劳动力初中以下文化程度占84.9%；家庭经济基础薄弱，低收入户年末人均拥有的金融资产不到全市农户人均的一半；收入来源单一，低收入户总收入中家庭经营性收入占73.5%，多数为纯农户，劳动力中外出打工的只占31.5%，人均纯收入低于300元以下农户中，劳动力外出打工只占不到5%；赡养的人口多，低收入户劳动力负担系数为2.9，较全市平均水平高0.64；生产经营组织化、社会化程度较低，低收入农户中，参加各类专业性合作经济组织的只占6%。

二、消费

1984～2005年，全市农村居民人均消费支出逐年增长，生活消费结构由生存型向温饱型转变，并逐渐向小康迈进；生活方式逐渐向城市靠近，用于食品、衣着等基本型消费比重开始下降，恩格尔系数2000年后稳定低于50%；交通通信、文教娱乐服务、医疗保健等发展型消费逐渐受宠，消费结构逐渐趋于合理。

1984～2005年连云港市农村居民人均消费支出统计表

表41-9

年　份	人均消费支出（元）	比上年增减（%）	恩格尔系数	年　份	人均消费支出（元）	比上年增减（%）	恩格尔系数
1984	409	—	57.30	1993	757	15.40	64.60
1985	439	7.33	57.18	1994	1081	42.80	63.18
1986	470	7.06	57.23	1995	1415	30.90	59.22
1987	503	7.02	57.26	1996	1596	12.79	58.65
1988	538	6.96	57.25	1997	1538	-3.63	57.93
1989	576	7.06	57.29	1998	1356	-11.83	56.86
1990	617	7.12	57.21	1999	1317	-2.88	54.97
1991	661	7.13	57.34	2000	1541	17.01	45.88
1992	656	-0.76	60.37	2001	1627	5.58	46.47

续表 41-9

年　份	人均消费支出（元）	比上年增减（%）	恩格尔系数	年　份	人均消费支出（元）	比上年增减（%）	恩格尔系数
2002	1723	5.90	44.86	2004	2048	15.19	4[illegible].85
2003	1778	3.19	47.69	2005	2574	25.68	46.08

消费水平　1984～2005年，全市农村居民人均生活消费支出大幅提高。2005年，人均生活消费支出2574元，是1984年的6.29倍。其中，食品支出1186元，是1984年的4.2倍；衣着支出168元，是1984年的2倍；居住支出253元，是1984年的5.15倍；家庭设备用品支出118元，是1984年的1.4倍；医疗保健支出142元，是1984年的65.4倍；交通通信支出243元，是1984年的24.2倍；文化教育娱乐支出396元，是1984年的13.4倍；其他支出68元。

1984～2005年，全市农村居民人均生活消费水平在全省位次呈现先高后低、逐步落后状态。1984年，全市农村居民人均消费支出409元，比全省平均水平高49元；2005年，全市农村居民人均消费支出2574元，比全省平均水平低992元。

消费结构　农村改革开放以前，全市农村居民生活消费结构长期维持在“一吃、二住、三穿、四用”的消费格局。1984年，全市农村居民生活消费结构发生质的转变，用品消费比重上升到第二位，居住消费比重退居第三位，演进为“一吃、二用、三住、四穿”。至2005年底，在农村居民生活消费结构中，吃、穿、住消费下降了17%，用品及其他消费增长了17%。

文化生活消费　1978年以前，全市农村居民生活消费结构属物质型消费结构，农村居民文化生活服务支出所占比重不到1%。1984年后，随着物质生活普遍改善，农村居民精神生活有了新的追求，文化生活日益丰富。1995年，全市农村居民人均生活费支出1415元，其中文化娱乐用品及服务支出126.88元、占8.97%。2005年，全市农村居民人均生活费支出2574元，其中文化娱乐用品及服务支出396元、占15.38%，10年间提高6.41%。

食品消费　农村改革开放以后，农村居民整体消费水平提高，食品消费开始下降，但食品消费始终占较大比重，即恩格尔系数始终较高。1984年，农村恩格尔系数为57.3%。1985～1999年，农村恩格尔系数一直保持在50%～60%之间。2000年开始下降至50%以下，最低是2002年，为44.86%。

生活消费　1978年以前，农民生活消费品中，购买部分不足40%。1978年以后，随着商品经济发展和农民购买力提高，农民商品性消费比重逐步提高。1984年，全市农民生活商品性消费比重达55%，农民生活消费转变为商品性消费为主、自给性消费为辅。1998年，全市农民生活商品性消费比重达69%，其中食品46%，衣着99.7%，住房93.6%，家庭设备用品、医疗保健、交通通信、文教娱乐用品、其他商品和服务消费的商品化程度均达100%。

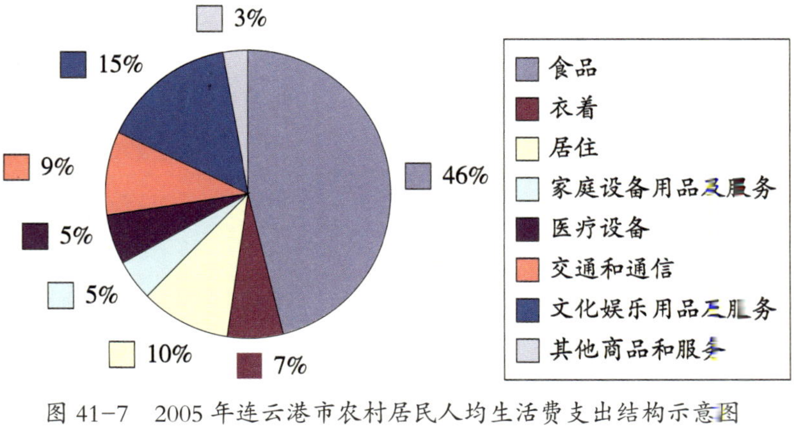

图 41-7　2005年连云港市农村居民人均生活费支出结构示意图

三、衣食住行

衣　1982年，全市农村居民可以放开购买棉布，较全国提前两年废止布票制度。是年，全市农民人均消费棉布4.15米、化纤布0.93米。20世纪80年代中期，随着农民生活水平的提高，农民用于衣着的消费逐年增多，大部分农村居民的穿着告别了补丁，较富裕的少数农民穿上了呢绒、绸缎。1996年，全市农村居民衣着消费支出110.38元，是1984年的3.5倍。2004～2005年，农村经济快速发展，农民收入大幅度增加，农村居民用于衣着的消费猛增，分别达127元、168元。青年农民购买成品衣服蔚然成风，皮装、羽绒服、时尚品牌服装也很多见。20多年间，农民衣着消费发生深刻变化，从凭票供应，买布裁衣到成衣消费比重明显扩大，并向中高档转变；一季多衣取代一衣多季；一件衣服"新老大、旧老二、缝缝补补给老三"的现象一去不复返。

食　1984年以后，大部分农民解决温饱以后，食物消费开始讲究营养、健康，副食增长速度快于主食增长速度，在1984～2005年的22年中，全市农民食物消费结构发生了很大变化，食物消费质量逐步提高。人均消费粮食减少，消费动物油趋零，富裕的农民为了身体健康减少猪肉食用量，牛羊肉、家禽、蛋奶、水果、水产品消费量成倍增长。2005年与1984年相比，人均油脂类消费量增长64.3%，肉禽蛋类消费量增长近70%，奶制品成为食物消费的重要部分。随着消费观念的改变，人均在外饮食支出逐年增加。

1984～2005年主要年份连云港市农村居民家庭平均每人主要食物年消费量统计表

表41-10　　单位：千克

项　目	1984年	1995年	2005年	2005年比1984年增长
粮　食	285.5	253.0	226.6	-21%
植物油	2.9	7.1	6.4	1.2倍
动物油	0.1	0.1	趋零	—
猪　肉	5.7	3.8	5.4	-5%
牛羊肉	0.1	0.5	1.6	15倍
禽肉及制品	0.8	1.1	3.8	3.8倍
蛋类及制品	3.1	9.4	8.0	1.6倍
水产品	2.6	6.4	7.3	1.8倍
水　果	2.6	5.4	16.8	5.5倍
酒　类	3.2	5.4	6.8	1.1倍

住　1984年后，农村居民收入增长较快，开始热心建造住房，改善居住条件。1984年，全市农村人均用于改善居住条件支出49.1元，人均住房面积14.13平方米。20世纪80年代后期，农村掀起一股建房热潮，扩大住房面积，改善住房结构，农村住房纷纷从草房过渡到砖瓦房。20世纪90年代开始，农村居民开始大规模地建造砖木结构住房，少数农村居民建造钢筋混凝土结构住房，个别农民盖起楼房。1998年，市委、市政府在全市范围内实施草危房改造工程，农村草危房越来越少，居民住房质量越来越好。2005年，

图41-8　中云街道农民新居　　吉志强　摄于2005年

图 41-9　20世纪90年代初，摩托车开始进入市区富裕的农村居民家庭。图为红光五交化商场内的摩托车销售中心。　赵鸣　摄

全市农村基本消灭草危房，农村居民大多住上瓦房，很多富裕的农村居民盖起了两层小楼，还有一部分农民住上了别墅。赣榆县青口镇宋庄村326户村民，全部住在由专家设计宽敞漂亮的别墅楼里。2005年，全市农村人均用于改善居住条件支出253元，人均住房面积24.5平方米，分别是1984年的5.15倍和1.73倍。

行　1984年，全市每百户农村居民家庭拥有自行车104辆，自行车成为遍及农村的普通交通工具。此后，随着农民收入的提高，摩托车开始进入市区富裕的农村居民家庭。1994年，市区大约有3%的农村居民家庭有摩托车。1995年，全市大约有2%的农村居民家庭拥有摩托车，市区有摩托车的农村居民家庭所占比重提高到17%。2005年，全市拥有摩托车的农村居民家庭比重达37%，东海县更高达57%。

1989年，赣榆县青口镇宋口村农民宋世敏①家买了一辆奔驰轿车，这是连云港市拥有轿车的第一个农民家庭。随着全市农村经济的快速发展，部分富裕的农民拥有轿车在农村已不是稀罕事。2005年，赣榆县宋口村农民私人拥有轿车38辆，开发区西庄村农民私人拥有轿车12辆，海州区网疃村农民私人拥有轿车10辆，东海县小里村农民私人拥有轿车3辆。

四、家庭耐用消费品

农村改革开放以前，全市农村居民家庭耐用品很少。1982年以后，自行车、缝纫机、收音机、手表开始进入较富裕的农村居民家庭，当时农村青年结婚讲究的“三转一响”也就是这四件物品。1984年后，农村居民家庭耐用品拥有量大增。是年，每百户农村居民家庭拥有大型家具149件、自行车104辆、电风扇2台、黑白电视机5台、收录机3台。1990年，较富裕的农村居民家庭有了彩色电视机、电冰箱、洗衣机。1995年，每百户农村居民家庭拥有大型家具735件、自行车167辆、电风扇155台、黑白电视机71台、收录机21台、洗衣机12台、电冰箱5台、彩色电视机1[illegible]台、摩托车2辆、照相机1台。2000年，较富裕的农村居民家庭有了影碟机、录像机、电话机、移动电话。2005年，较富裕的农村居民家庭开始使用抽油烟机、微波炉、热水器、空调、组合音响、录放像机、家用计算机等现代耐用消费品。

1984年、2005年连云港市每百户农民家庭耐用消费品年末平均拥有量对比表

表 41-11

名　称	单　位	1984年	2005年	名　称	单　位	1984年	2005年
大型家具	件	149	751	电话机	部	0	90
洗衣机	台	0	54	移动电话	部	0	50
电风扇	台	2	230	彩色电视机	台	0	39
电冰箱	台	0	19	黑白电视机	台	5	30
空调器	台	0	7	录放像机	台	0	3

① 2003年6月1日，宋世敏当选为赣榆县副县长，是连云港市有史以来第一位直接从农民中选出的副县长。

续表 41-11

名　称	单　位	1984年	2005年	名　称	单　位	1984年	2005年
抽油烟机	台	0	4	影碟机	台	0	36
微波炉	台	0	3	组合音响	台	0	11
热水器	台	0	23	收录机	台	3	17
自行车	辆	104	172	照相机	台	0	4
摩托车	辆	0	37	家用计算机	台	0	3

第二章　社会保障

20世纪80年代中期，在劳动用工制度推向市场化的同时，与之相适应的社会保障体系也开始建立。1986年，连云港市开始在国营企业中统筹提取劳动合同制工人退休养老基金，建立职工失业保险制度，开始社会保险制度改革。1992年正式颁布实施《连云港市企业职工养老保险暂行办法》和《连云港市企业职工待业保险暂行办法》，将参保范围扩大到各类企业职工，包括农民合同制职工和计划内城镇临时工，社会保险范围不断扩大。1996年实施《连云港市企业职工工伤社会保险暂行办法》《连云港市企业职工生育社会保险暂行办法》，1997年建立解决困难企业职工生活困难资金筹集和管理制度，启动城乡居民最低生活保障工作。2000年建立城镇职工基本医疗保险制度，2001年7月出台《连云港市城镇职工补充医疗保险暂行办法》，实行大病医疗救助等补充保障政策。是年12月出台《连云港市城镇个体从业人员和失业职工基本医疗保险管理办法（试行）》，将基本医疗保险覆盖面扩大到所有城镇居民。2004年1月1日起实施《连云港市工伤保险认定办法》和《连云港市城镇职工生育保险实施细则》。2005年10月制定出台《连云港市实施工伤保险条例细则》。至此，基本建成覆盖全市、涉及各类劳动者的较为完善的社会保障体系。至2005年底，全市25.08万人参加城镇职工养老保险，54.5万人参加农村养老保险，1.1万人参加机关事业单位养老保险；33.6万人参加医疗保险，覆盖面达90%；纳入城市和农村低收入保障对象分别达到2.09万人和9.23万人。

第一节　养老保险

一、城镇养老保险

企业养老保险　1986年10月1日，连云港市开始在国有企业中提取劳动合同制工人退休养老基金，规定自该工人被录用之月起，按月提取，提取数额为合同制工人工资总额的18%；工人个人也须缴纳养老基金，数额为不超过该工人标准工资的3%，为结算方便，暂按每人每月1.5元缴纳。国家机关、事业单位和社会团体的劳动合同制工人个人不缴纳。是年10月8日，连云港市社会劳动保险管理处建立，其主要职能为筹集、管理、支付合同制工人退休养老金和企业固定制工人退休费用社会统筹基金。

1988年1月，市政府印发《连云港市市区企业职工退休养老费用社会保险统筹办法》，确定自当年1月1日起，市区范围内的中央部属（铁道部所属企业因自行筹集除外）、省属、市属和军队所属全民所有制和集体所有制企业、国营集体联营企业及机关事业单位所属独立核算的集体所有制企业固定制职工和合同制工人，均参加市区退休养老费用统筹。统筹标准为：固定制工人，全民企业实际支付退休费用占其工资总额7%～17%的按工资总额12%缴纳，7%以下或17%以上的按实际比例增减5%；集体企业实际支付退休费用占其工资总额13%～23%的按18%缴纳，13%以下或23%以上的按实际比例增减5%缴纳。劳动合同制工人退休养老费用，企业按工资总额的18%缴纳，其本人按标准工资的3%缴纳。不实行退休养老费用统筹的单位按劳动合同制工人工资总额的20%缴纳，工人本人不缴纳。是年底，参加退休养老费用统筹的企业537家，职工14万人，其中离退休人员2.12万人；统筹基金收入2240万元，支出1640万元。

1990年，全市调整企业固定制职工退休费用统筹基金提取比例，全民企业提取比例由原占固定职工工资总额的12%提高到14%，集体企业由原18%提高到22%。至1992年底，全市参加社会养老保险的企业1938家，参保职工21.33万人，基金收入8106万元；离退休人员2.8万人，退休养老费用支出5776万元。

1993年1月1日开始执行《连云港市企业职工养老保险暂行办法》，确立企业职工养老保险由国家、企业、职工个人三方共同负担原则，市内各种所有制城镇企业的各类职工包括固定工、合同工、临时工均纳入统筹范围，改变以往不同所有制企业按不同比率缴费的做法，全市统一缴费比率确定为市区按职工工资总额的16%、各县按19%缴纳养老保险金，职工个人按其工资总额的2%缴纳。1993年7月起，全市试行由社会保险机构直接发放退休人员养老金。

1994年1月1日起，全市离退休人员统一使用江苏省政府制发的职工退休养老证，同时按《江苏省改革企业职工基本养老金计发办法的试行意见》实行新的基本养老金计发方法。将基本养老金分为社会性养老金和缴费性养老金两部分，分别计算。建立基本养老金正常调整机制，每年7月1日按照退休职工所在地上一年职工社会平均工资增长率的一定比例调整养老金缴费基数。是年7月，市政府出台《连云港市城镇私营企业职工和个体劳动者参加社会养老保险暂行办法》，将城镇私营企业职工、个体劳动者以及居住在城区、持农村户口的私营企业和个体经济从业人员纳入社会养老保险统筹范围。规定其缴纳养老保险费满十年以上，达到国家法定退休年龄时，即可享受与国有企业职工相同的退休养老金待遇；其缴纳养老保险费标准按上年全市职工平均月工资总额的18%换算为人均绝对值确定，当年暂按每人每月40元、最高不超过80元缴纳，以后每年根据全市企业职工月均工资变化情况调整一次。至1995年底，社会养老保险覆盖市内所有国有、集体、外商投资企业以及部分私营和个体企业，参加基金统筹单位2863家、职工21.27万人。领取养老金的企业离退休职工44952人。

图41-10　1995年底，社会养老保险覆盖市内所有国有、集体、外商投资企业以及部分私营和个体企业。图为社会保险宣传咨询活动。　　赵鸣　摄

1996年，市政府印发《连云港市城镇企业职工养老保险实施细则》，将市区各类企业（不含省盐业公司所属国有企业）基本养老保

险费的缴纳比例确定为16%，赣榆县、东海县、灌云县、灌南县的企业缴纳比例分别确定为19%、19%、19%、17%；职工个人缴纳比例确定为4%，由企业在发放工资时代为扣缴。至1997年底，全市有3698家国有和集体企业参加基本养老保险，涉及在职职工24.91万人、离退休职工5.32万人。全年收缴养老保险费2.77亿元，支出离退休费2.49亿元。2000年12月，市社会劳动保险管理处获全国劳动和社会保障系统集体一等功。

2001年，养老保险出现“三增三降”情况，即：养老金支出增长、企业欠费增长、收支赤字增长、参保人数下降、备付能力下降、收缴率下降。1～7月，灌南县、灌云县、东海县、赣榆县养老基金赤字分别为819万元、888万元、897万元、492万元，灌南县备付能力不足一个月。各级劳动保障部门加大征缴清欠力度，扩大参保面，加强保险缴费基数审计审核，严格管理退休审批、退休年龄认定和养老金计发关。是年5月22日，市劳动和社会保障局印发《关于与企业解除劳动关系职工接续养老保险关系有关问题的处理意见》，对接续养老保险缴费标准、养老保险关系变更方法及档案托管程序等作出明确规定。

2002年起，市内各县区企业缴纳养老保险费比例统一提高到20%，职工个人缴费比例调整到7%。是年底，全市养老保险参保职工24.38万人，全年基金收入3.14亿元，收缴率90%；全年支出4.6亿元。

2003年，全市养老保险覆盖面进一步扩大，凡市区行政区域内，年龄在16周岁以上有合法收入的劳动者，包括大中专毕业生未落实就业单位者、失业待业人员、外出务工人员、个体工商户及其雇工，以及采取灵活方式就业人员，均可参加社会养老保险。参保者凭户口簿和身份证即可办理参保缴费手续，缴纳数额视本人经济状况在每月110～540元范围内选择；如持有个体工商户执照，还可对以往漏缴欠缴的养老保险费补缴。2004年1月1日起，城镇企业职工养老保险个人缴费比例调整到本人工资总额的8%。

2005年底，全市参加养老保险企业3257家，参保职工25.08万人，领取养老保险金人数8.39万人；养老保险基金收入6.28亿元，支出6.57亿元。全市企业7.05万名退休人员实行社会化管理，社会化管理率95.3%。

表41-12

1988～2005年连云港市企业职工基本养老保险运行情况统计表

年 份	参保企业数（家）	参保人数（人）	离退休人数（人）	征缴收入（万元）	养老金支出（万元）	基金累计结余（万元）
1988	537	140062	21165	2240	1640	809
1989	852	189646	25332	4210	3233	1532
1990	849	196859	27143	5186	3903	2637
1991	892	214960	31079	7802	5709	4426
1992	1938	213321	28000	8106	5776	7512
1993	2161	224272	40085	12013	9359	9863
1994	1804	208802	42342	16969	13739	13812
1995	2863	212677	44952	20993	15988	19484
1996	3705	245419	51104	26616	20064	28464
1997	3698	249123	53150	27716	24923	31034
1998	3637	250830	57829	27664	31134	29403
1999	2955	247032	53351	27308	29651	33431

续表 41-12

年 份	参保企业数（家）	参保人数（人）	离退休人数（人）	征缴收入（万元）	养老金支出（万元）	基金累计结余（万元）
2000	2838	251342	58429	29962	34059	31670
2001	2835	257417	62577	28371	37993	23447
2002	2207	243840	67831	31405	46034	13986
2003	2190	234045	73083	42374	48834	14918
2004	2258	242923	78220	48842	56005	14402
2005	3257	250758	83924	62753	65670	20631

机关事业单位养老保险　1994年，市政府颁布《连云港市机关事业单位工作人员养老保险暂行办法》，确定自当年10月1日起实行机关事业单位工作人员养老保险制度改革，养老保险基金由国家、单位、个人共同负担，按照“以支定收、略有结余、留有部分积累”原则统一筹集；单位按在职人员工资总额与离退休（职）费用总和的19%缴纳基本养老保险基金，在职职工个人按本人工资总额的2%缴纳养老保险（有条件的单位可为职工代缴1%）。

2002年，市政府印发《关于调整市直机关事业单位养老保险缴费比例的通知》，自9月1日起，将差额拨款、自收自支事业单位的缴费比例由21%调整为24%，其中单位缴费比例由职工工资与离退休费两项之和的19%调整为20%，个人缴费比例由在职职工本人工资额的2%调整为4%（单位仍可为个人代缴1%）。

2003年1月起，行政机关（含参照单位）、全额拨款事业单位暂停实施养老保险，其实际发生的离退休费用由财政预算安排和机关事业单位养老保险金补助解决，2004年1月起由财政全额预算安排。2005年底，全市机关事业单位参保职工1.11万人，征缴保费5381.71万元，支出养老金5006.76万元。

1995～2005年连云港市机关事业单位养老保险基金运行统计表

表 41-13

年 份	单位数（家）	在职参保人数（人）	享受待遇人数（人）	征缴保险费（万元）	支付养老金（万元）	当期基金节余（万元）
1995	378	17097	2834	2386.29	1801.83	584.46
1996	384	17586	3166	2778.47	2315.84	462.63
1997	393	18240	3442	3442.00	2962.32	479.68
1998	422	19466	4008	4162.36	3582.90	579.46
1999	421	19534	4344	5248.24	4899.98	348.26
2000	430	19896	4500	5799.25	5479.93	319.32
2001	407	19374	4780	7053.13	7074.59	-21.46
2002	394	19700	5222	8340.82	8734.00	-393.18
2003	231	11553	2980	4961.71	4290.46	671.25
2004	233	11816	3161	5553.34	4869.00	684.34
2005	220	11076	3197	5381.71	5006.76	374.95

二、农村养老保险

1992年，连云港市民政局成立农村社会养老保险事业管理处，经办农村养老保险。是年7月在灌云县东辛乡试点。此后各县区陆续出台农村社会养老保险实施意见或暂行办法，年底前相继实施。该保险基金筹集以个人缴纳为主，集体补助为辅，国家给予政策扶持；参保范围为年满20周岁至60周岁的非城镇户口人员，包括农民、渔民、乡镇企业职工、各类企事业单位录用的合同工或临时工、各乡镇机关聘用的合同制干部、民办教师、外出务工经商者和其他劳动者；投保者年满60周岁起按月或按季领取养老金，其数额根据投保数额和年限计算确定。是年，全市参保人数3000人，至1994年底增加至6.44万人，累计结余资金2767.23万元。

1994年，市政府印发《连云港市农村社会养老保险暂行办法》。1996年7月，连云港市农村社会养老保险金管理委员会成立。1998年，市政府印发《连云港市农村社会养老保险办法》，至年底，全市参保人数7.8万人，领取养老金人数199人。全年收取养老保险费390.03万元，支出养老金97.81万元，累计结余保险费7986.01万元。

2002年起，全市农村养老保险职能由市民政局划归市劳动和社会保障局，在市社会劳动保险管理处内增设农村养老保险科，同时撤销市民政局农村社会养老保险管理处。至2005年底，全市共有农村养老保险工作机构97家，其中县区级7家、乡镇级90家，均为自收自支事业单位，共有专兼职工作人员168人；参保单位涉及全市7个县区（新浦区除外）99个乡镇1490个村和1012家乡镇企业。全市累计参保人数54.5万人，养老基金累计结余9638.08万元。东海县被江苏省劳动和社会保障厅确定为农村社会养老保险试点单位。

第二节　医疗保险

1999年，连云港市开始探索城镇职工医疗保险制度改革，筹建医疗保险管理机构和计算机网络系统。2000年7月28日，市政府印发《连云港市城镇职工医疗保险制度改革实施方案》《连云港市城镇职工基本医疗保险实施细则》和《连云港市城镇职工基本医疗保险个人账户管理办法》等12个配套文件。8月1日，基本医疗保险制度开始实施。实施范围为连云港市行政区域内城镇用人单位，包括企业（国有企业、集体企业、外商投资企业、私营企业等）、机关、事业单位、社会团体、民办非企业单位及其职工，城镇个体经济组织业主及其从业人员、乡镇企业及其职工暂不参加。基本医疗保险费由用人单位和职工个人共同承担，单位缴费率为当地上年度职工工资总额的7%、个人缴费率为本人上年度工资收入的2%，合计9%。离休干部、老红军不参加医疗保险，其医疗待遇保持不变，医疗费用按原资金渠道解决；已退休人员个人不缴纳医疗保险费；国家公务员在参加医疗保险基础上可享受医疗补助。是年，市本级参保单位451家，职工5.2万人，筹集医疗保险费2519.49万元、征缴率95%。是年12月，各县区相继启动实施基本医疗保险。

2001年7月30日，市政府印发《连云港市城镇职工补充医疗保险暂行办法》，确定补充医疗保险费由用人单位按月缴纳，数额一般为该单位在职职工工资总额与退休人员养老金之和的4%，主要用于补助基本医疗保险支付范围内个人自付超过一定数额的医疗费用、市级以上劳动模范基本医疗保险支付范围内个人自付部分以及因参保职工特殊病情需要、单位规定可报销的其他医疗费用。是年底，全市参保单位1754家，全年医疗保险费收入1.03亿元，支出3749万元，基金累计

图 41-11　2005 年，全市参加医疗保险人数 33.6 万人。图为市社会保障部门到社区开展医疗保险咨询服务。
吉志强　摄

节余9645万元；确定定点医院45家、定点药店6家、定点便民门诊4家。12月18日，市政府办公室发布《连云港市城镇个体从业人员和失业职工基本医疗保险管理办法（试行）》，将市区范围内未达到法定退休年龄、具有连云港市城镇户口的个体从业人员和失业职工，自2002年1月1日起纳入基本医疗保险范围，其保险费按市区上年度职工平均工资的9%、医疗救助基金按每人每月6元缴纳，按年缴费办理参保或续保手续。

2002年，全市开始实施大病医疗救助制度，所有参加基本医疗保险的职工都须同时参加大病医疗救助，以解决大额医疗费用问题。开始在效益较好、原劳保待遇较高的企业中推行补充医疗保险和商业再保险，以弥补基本医疗保险低水平缺陷。将医保覆盖面向困难企业延伸，以解决特困人群的医疗保障问题。是年开始实行公务员医疗补助，补助经费由同级财政部门列入当年财政预算或按原渠道筹集。筹集标准为该公务员所在单位上年度在职职工工资及退休人员养老金总额的4%，主要用于补助符合基本医疗保险用药和诊疗范围的医疗费用。市离休干部医疗统筹管理办公室成建制划入市医疗保险管理处。年底，全市参保单位2236家，保险费收入1.46亿元，征缴率98%，支出8255万元。

2003年5月，市政府印发《关于调整我市基本医疗保险有关政策的通知》，规定自当年6月1日起将居住外地人员住院发生的基本医疗保险范围内医疗费用中，超出连云港市同级医院水平的部分，个人自费比例由20%调整为10%；经批准转外地住院发生的基本医疗保险范围内的医疗费用，需个人先行自付比例由20%调整为10%；职工基本医疗保险最高支付限额由10万元调整为15万元。是年，《连云港市困难企业职工参加基本医疗保险暂行办法》出台，将约1.8万名困难企业职工纳入基本医疗保险范围，规定有缴费能力的单位可按9%比例缴费，享受所有医保待遇；有部分缴费能力的单位可按5%比例缴费，享受包括住院及门诊大病、慢性病、特殊病种和特殊检查、特殊治疗以及家庭病床在内的统筹基金支付项目待遇；缴费能力确有困难的单位可按4%比例缴费，享受住院报销待遇。市劳动和社会保障局制定出台《二等乙级以上革命伤残军人医疗费统筹管理暂行办法》，规定凡应参加基本医疗保险的市属单位及已参加基本医疗保险的部、省属单位，其伤残军人均应参加医疗费统筹，统筹经费由医疗保险经办机构管理，纳入社会保障财政专户，单独筹集，专款专用；伤残军人医疗待遇不变，医疗费用按原资金渠道解决，医疗费统筹基金不足支付部分由财政解决。

2004年4月1日起，市区个体从业人员和失业职工医疗保险缴费执行新标准：参加基本医疗保险并建立个人账户的职工，按市区上年度平均工资的9%缴纳，即每月缴纳标准100元，年缴纳标准1200元，另按每人每月6元缴纳医疗救助基金；只参加基本医疗住院及统筹基金支付项目保险、不建立个人账户的职工，月缴费标准60元（含医疗救助基金），年缴费标准720元。全年全市吸纳70家困难和破产企业的1.1万名职工参保，市本级累计吸纳1.2万名灵活就业人员参保。至2005年底，市内困难和破产、关闭企业退休人员基本纳入医保范围。全市参加医疗保险单位3850家，参保人数33.6万人，覆盖面90%。全市医疗保险基金收入3.29亿元，支出2.65亿元。

第三节　失业保险

1986年10月，连云港市贯彻国务院《国营企业职工待业保险暂行规定》和江苏省《关于贯彻〈国营企业职工待业保险暂行规定〉的实施细则》，在市内国营企业中筹集职工待业保险费，由劳动行政主管部门所属的劳动服务公司负责管理和发放。该待业保险金由单位缴纳，职工个人不缴。至1990年底，全市848家全民所有制企事业单位的15.6万名职工参加待业保险。

1991年8月，市政府印发《连云港市职工待业管理暂行规定》，确定纳入待业管理的职工范围为：宣告破产企业的职工，濒临破产的企业在法定整顿期间被精减的职工，国家机关、企事业单位和社会团体中被终止、解除合同的劳动合同制工人，企业辞退的职工，以及待业重新就业后在试用期内被退回的职工。待业职工管理机构为市、县、区劳动就业管理处，其主要职责为办理职工待业手续和待业登记，管理待业职工档案，发放职工待业救济金等。1992年12月，市政府印发《连云港市企业职工待业保险暂行办法》，将待业保险覆盖范围扩大到县、区以上集体所有制企业职工、外商投资企业中的中方职工和国家机关、事业单位、社会团体中的劳动合同制工人。对待业职工享受救济金额度和期限作出规定：待业职工在单位连续工龄满一年不满两年的，其待业救济金按3个月发放，满两年不满三年的按6个月发放，满三年不满五年的按12个月发放，满五年以上的按24个月发放，但均要扣除企业应发生活补助费的月份。被企业开除、除名职工领取待业救济金的期限最长不得超过一年。待业救济金的发放以职工待业前两年内月平均标准工资为计算基数，其待业后的第1～12个月按基数的75%发放，第13～24个月按基数的50%发放，待业救济金的最低基数为每月35元。在享受待业救济金期间，由其本人凭职工待业证于每月25～30日到户口所在地的县、区劳动就业管理处领取。是年，全市有711家单位16.25万名职工参加待业保险，1200余人领取待业救济金。

1993年7月起调整待业救济金领取标准：市区每人每月60元，各县每人每月55元；以五年为基数，待业职工连续工龄每超过一年，在基本额度基础上每月增发补助救济金1元。1995年1月起，失业救济金从企业办理职工失业手续后的次月起发放，不再扣除企业已发月份的生活补助费；失业职工不到市、县、区劳动部门登记办证的，不纳入失业职工管理范围；过月未领的失业救济金不再补发。6月，市劳动局、财政局和中国人民银行连云港分行联合印发通知，将所有参保单位失业保险金缴纳比例统一为职工工资总额的1%。1998年1月1日起再次调整失业救济金发放标准：市区失业职工每人每月126元，赣榆县、东海县、灌云县、灌南县每人每月105元。1999年1月1日起，失业保险覆盖面扩大到个体工商户和私营企业主。企业职工个人开始缴纳失业保险基金，额度为本人上年度工资总额的1%，由所在单位按月代扣代缴；单位缴纳额度提高到上年度职工工资总额的2%。

2001年1月1日起，全市实行全省统一的就业登记证，用人单位、职工个人缴纳保险费和职工享受失业保险费情况均记录在内。6月底，市区停止职工下岗登记，改为直接进行失业登记，同时给予失业保障。年末，全市参加失业保险职工38.35万人，收缴基金4616.64万元，支出3408.47万元，领取失业保险金10.91万人。全市基金累计节余5731.71万元，备付能力11.4个月。2002年建立失业保险缴费与享受待遇挂钩制度，根据单位和个人缴纳失业保险基金情况确定失业职工享受的待遇。建立失业保险预警制度，年底完成职工下岗保障和失业保险并轨。

至2005年底，全市失业保险参保人数37.03万人，基金收入7133.5万元，基金支出6106.8万元，全市失业保险基金备付能力为11个月。

第四节 工伤保险

1996年之前，连云港市一直沿用1953年修订公布的《中华人民共和国劳动保险条例》，因工负伤的医疗费、药费和就医经费全部由单位负担，住院治疗期间生活费用由单位补助2/3，工资照发。1996年10月1日，市政府颁布实施《连云港市企业职工工伤社会保险暂行办法》，规定市内各类企业和用人单位均应参加职工工伤保险，按规定缴纳保险费；工伤保险费为企业职工工资总额的0.5%，全部由企业缴纳，列入企业成本，为税前列支，职工个人不缴纳；对符合伤残评定标准的职工发给职工工伤证书，按伤残1～10级享受工伤保险待遇。1999年开始贯彻江苏省政府下发的《江苏省城镇企业职工工伤保险规定》和江苏省劳动厅颁发的《江苏省城镇企业职工工伤保险规定实施办法》。至2001年底，全市工伤保险参保职工20.99万人，全年工伤保险费收入494万元，支出214万元，保险基金累计节余1779万元。2002年由于应参保人数减少和大量企业改制、破产过程中的被精简职工未立即再就业，因而未继续参加工伤保险，年末参保人数减至18.7万人。是年，全市工伤保险费收入463万元，支出377人次保险费253万元。

2004年根据国务院颁发的《工伤保险条例》及劳动和社会保障部颁发的《工伤认定办法》，市劳动和社会保障局于12月25日印发《连云港市工伤认定办法》，规定职工发生事故伤害，所在单位应当自事故伤害发生之日起30日内，向当地劳动保障部门提出工伤认定申请；提出工伤认定申请应当填写工伤认定申请表，并提交劳动合同文本复印件或者其他建立劳动关系的有效证明、受伤职工身份证复印件、医疗机构出具的受伤后诊断证明书、事故情况说明等材料。年末，全市参加工伤保险职工19.18万人，基金收入577万元，支出1144万元。

2005年10月，市政府印发《连云港市实施工伤保险条例细则》，将实施范围和对象扩大到与机关、事业单位、社会团体形成劳动关系的编制外人员，工伤认定情形扩大到10类，视同工伤情形3类。职工被认定为工伤后，对符合工伤保险基金支付范围的医疗费用，全部由工伤保险基金支付；职工因工致残的，按伤残程度分为1～10级，从工伤保险基金中支付相应的一次性伤残补助金和伤残就业补助金，同时按月支付伤残津贴，其中一级伤残津贴为本人工资的90%。2005年，全市参加工伤保险职工21万人，基金收入755万元。

第五节 生育保险

1996年之前，连云港市执行1956年修订的《中华人民共和国劳动保险条例》，女职工产假期间工资照发。1988年9月按国务院《女职工劳动保护规定》，女职工产假由原来的56天调整为90天，工资照发；产假期满后因身体原因仍不能工作的，按生病待遇处理。1996年10月1日，市政府印发《连云港市企业职工生育社会保险暂行办法》，规定市内各类企业和用人单位均应参加生育保险，按规定缴纳保险费；生育保险费按企业职工工资总额的0.5%交纳，列入企业成本，为税前列支，职工个人不缴纳；女职工生育按照规定享受产假，产假期间企业停发工资，由社会保险管理机构发给生育津贴和支付生育医疗费用。1997年，市区共有502名女职工从社会劳动保险机构领取生育医疗费用和生育津贴153万元。至2002年底，全市参加生育保险职工19.3万人，基金收入526万元，基金支出358万元。

2004年1月1日起，《连云港市城镇职工生育保险办法》实施，原《连云港市企业职工生育社会保险暂行办法》废止。办法规定，职工生育保险基金按照属地原则实行社会统筹，设立生育保险基金；生育保险基金列为财政专户，实行收支两条线管理，由财政、审计部门依法监督；生育保险费由地税部门征收，由用人单位按其上年职工工资总额的1%提取缴纳。女职工生育或者流产，按照国家、省和市有关规定享受产假，产假期间本人工资照发，由生育保险基金以生育津贴的形式对用人单位予以补偿；因生育、流产或者实施计划生育手术，并在规定的医疗机构就诊，符合规定项目和标准的检查费、接生费、手术费、普通病房住院费及医药费等医疗费，由生育保险基金按定额支付；女职工生育出院后，在产假期间因生育引起疾病的医疗费用也由生育保险基金支付；对参加生育保险的男职工，其配偶未列入职工生育保险范围、不能享受生育保险有关待遇的，由生育保险基金按照规定标准报销50%的生育医疗费。至2005年底，全市生育保险参保职工20.18万人，保险费征收1413万元。

第六节　最低生活保障

一、城市居民最低生活保障

1996年按照民政部统一部署，连云港市对市区5个街道办事处、3个城镇的居民进行随机抽样调查，了解城市居民特别是困难户生活情况。经过调查，低于市区城市居民最低生活保障线的居民有622户1340人，月需补助金额7.2万元。

1997年4月，市政府出台《连云港市城市居民最低生活保障暂行办法》，成立城市居民最低生活保障领导小组，开始全面实施城市居民最低生活保障制度。市民政局、财政局、劳动局、总工会等部门经过分析测算，确定全市城镇居民最低保障线为每人每月100元。1997年7月，市政府在新浦区举行连云港市城市居民最低生活保障金首发式。12月，全市城乡联动，对城市保障对象889户1744人发放保障金33.09万元。

1999年10月1日，国务院《城市居民最低生活保障条例》颁布实施。市民政局、财政局组织有关人员到县区抽查，及时解决资金不到位问题。全市城镇低保人数由上年度的1569人增加到3050人，农村低保人数由5935人增加到6478人，全年共发放保障金431.62万元。

2000年，全市认真贯彻国务院《城市居民最低生活保障条例》精神，举办由217人参加的低保政策培训班。对低保对象坚持动态管理和微机管理，在全省率先实现全市联网。全市共发放低保金502.4万元，其中城市低保金250.46万元，保障1460户3106人的生活。是年，全市有375户954人新纳入低保范围，东海县低保人数由原来的273人增加到439人，增长40%。连云区、新浦区对低保工作实行规范化管理，强化督查，确保资金及时发放。

2001年，全市各级民政部门采取有力措施，狠抓最低生活保障扩面工作。至年底，全市城市保障低保对象1.27万人，发放保障金410多万元，基本实现省政府提出的到年底前将所有符合条件的城市贫困居民都纳入最低生活保障范围的工作目标。

2002年，《连云港市城市居民最低生活保障办法》和《连云港市城市居民最低生活保障办法实施细则》颁布。市、县（区）两级财政共安排低保资金552.68万元，比2001年增长125.3%。各县区均建立低保金专户，及时拨付资金，实行封闭管理，专款专用。灌云县、新浦区、海州区通过银行发放保障金。全市有城市居民最低生活保障对象5683户1.47万人，其中在职职工295人、下岗职工2750人、离退休人员269人、“三无”人员1310人、失业人员2425人、其他人员7655人，保障人数占全市非农业人口的1.21%，发放保障金842万元。

2003年针对按照实际收入计算家庭收入和户籍制度改革等政策调整所带来的新情况，市民政局抓好低保提标扩面和动态管理，切实做到应保尽保。城市低保对象保障标准从130元提高到150元，有低保对象6975户1.85万人，发放保障金1090万元。

2005年7月1日起，全市提高城镇居民低保保障标准，市区由原150元提高到170元，东海县、赣榆县、灌南县由原130元提高到150元，灌云县由原130元提高到140元。全市纳入城镇低保人数8315户2.09万人，发放保障金1307万元。

2001～2005年连云港市城镇居民最低生活保障情况统计表

表41-14

年　份	城镇居民最低生活保障人数（人）	按人员性质分类（人）				城镇居民最低生活保障家庭数（户）	城镇低保资金当年末月计划支出（万元）
		下岗人员	“三无”人员	在职人员	其他		
2001	12659	—	—	—	—	—	—
2002	14705	2750	1310	295	10350	5683	74
2003	18527	3332	1401	352	13442	6975	1038
2004	20672	3426	1753	432	15061	7647	1184
2005	20930	3954	847	311	15818	8335	1471

二、农村居民最低生活保障

1997年按照省政府统一部署，连云港市、县、区均成立农村最低生活保障领导小组，制定实施办法，出台实施方案，提出界定农村最低生活保障的标准、范围，明确资金来源、渠道。根据实际情况，界定农村居民最低生活保障标准为每人每月55～85元。是年12月对农村保障对象2952户6516人发放保障金37.2万元。

1999年，市政府两次召开常务会议，研究农村居民最低生活保障工作，决定“三条线保障标准”比上年提高30%，即：市区由原来的每人每月100元提高到130元；赣榆县、灌云县由原来的每人每月90元、灌南县由原来的每人每月87元、东海县由原来的每人每月100元，统一提高到每人每月130元；其中对单身和70岁以上老人的保障标准提高到每人每月150元，于7月1日实施。

2000年，市民政局、监察局、财政局对低保落实兑现情况进行检查。是年发放农村低保金251.96万元，保障2526户6239人的生活。

2004年，市政府出台《连云港市农村居民最低生活保障制度的意见》，意见规定保障的指导思想、保障原则、保障对象和保障标准的确定、保障金的发放与管理、救助措施等，于12月1日起实施。各县区随后出台本级农村低保实施办法或细则，建立特困户数据库、月报制度，搞好动态管理，实行按月发放。是年，市政府还出台《连云港市农村医疗救助实施细则》，形成覆盖城乡居民的最低生活保障体系。

2005年，市民政局争取省农村低保金2818万元，省对四县补助比例达90%，为全省最高。全市共有农村低保对象9.23万人，发放农村低保金3280万元，全部实行由银行打卡发放，基本实现农村困难群众应保尽保。

2001～2005年连云港市农村居民最低生活保障情况统计表

表41-15

年　份	保障人数（人）	保障家庭数（户）	低保资金支出（万元）	农村定期救济人数（人）
2001	8332	—	234	1112
2002	5758	2850	—	—
2003	5753	2148	207	1151
2004	3877	1867	158	11048
2005	92348	43951	3280	8816

三、困难职工生活保障

1996年，连云港市开始将困难企业职工和下岗职工的基本生活保障列为市劳动部门解困工作重点。1997年初，市政府印发《关于建立解决困难企业职工生活困难资金制度的通知》，提出依照分级筹集、分级管理、分级负责原则建立解困资金筹集和管理制度。1998年开始贯彻落实中共中央“两个确保”（即确保下岗职工基本生活保障金和离退休人员养老金按时足额发放）方针，市劳动局采取“三三制”办法筹集下岗职工基本生活和缴纳基本社会保险费用的资金，即由财政安排三分之一，企业负担三分之一，社会筹集（包括从失业保险基金中调剂）三分之一。至2000年底，全市筹集下岗职工生活保障资金1.1亿元，为7.45万名下岗职工累计发放1.09亿元，其中发放基本生活费2670.6万元、代缴“两金”（养老金和失业保险金）1526.7万元。

图41-12　连云港开发区给就业困难人员发放社保补贴
吉志强　摄于2005年

2002年10月1日，市政府印发《连云港市城市居民最低生活保障办法实施细则》。困难企业中军队转业干部家庭享受最低生活保障的，转业干部本人的保障标准在当地最低生活保障标准的基础上增加5%；市级以上劳动模范家庭享受最低生活保障的，劳动模范本人的保障标准在家庭人均月补保障金的基础上增加20元。2005年春节前，市劳动和社会保障局从下岗职工基本生活保障资金中提取140万元，对市属15个行业83家困难企业中确需政府救助的6825名职工，按平均每人200元标准给予一次性生活补助。

第三章 群体关爱工作

1992年4月,连云港市关心下一代工作委员会(简称关工委)成立。至2005年底,全市各级关工委以促进和保障青少年健康成长为己任,充分发挥广大“五老”(老干部、老战士、老专家、老教师、老模范)的政治、经验、威望、时空、亲情等优势,不断拓宽工作领域,在青少年思想建设、法制宣传教育、建设社会主义新农村、关怀贫困生、改善薄弱中小学校办学条件等方面取得显著成绩,先后为2.6万名城乡家庭困难学生和500余所城乡中小学校提供资助。

1986年,市委明确老龄问题委员会是由市有关部门和群众团体组成的社会团体,委员会下设办公室,办公室设在市民政局。至2005年底,全市广泛开展敬老、养老、助老的道德教育,综合运用教育、舆论、行政等手段,弘扬中华民族孝敬爱老美德,树立依法维护老年人合法权益的法治意识。

1979年1月,连云港市聋哑人协会成立,隶属市民政局。政府通过定期召开盲人聋哑人代表大会实施对残疾人的管理、服务。1989年9月,连云港市残疾人联合会成立。至2005年底,市残疾人联合会认真履行职能,在对全市残疾人的康复训练、教育就业、扶贫解困、宣传文体、信访维权等方面作出积极贡献,1999年、2002年先后两次获“全国残疾人按比例就业工作先进单位”称号。

第一节 关心下一代工作

一、组织网络和队伍建设

1992年4月10日,连云港市委第81次常委会议研究同意成立连云港市关工委。1992年10月28日,市关工委召开第一次会议。至1993年底,东海县、赣榆县、灌云县、新浦区、连云区、海州区、云台区、连云港矿专、淮海工学院关工委先后成立。县区成立关工委后,关工委组织逐步向乡镇、街道、村、社区、机关、企事业单位、学校等基层延伸。市关工委重点动员组织市直属单位和市属大中型企业组建关工委。至1995年底,全市初步建立起条块结合、覆盖城乡的关心下一代工作网络,乡镇、街道全部建立关工委,村、社区、中小学校组建率85%。

2004年2月26日,中共中央、国务院下发《关于进一步加强和改进未成年人思想道德建设的若干意见》,强调要着力建设一支包括老干部、老战士、老专家、老教师、老模范“五老”在内的专兼职结合、素质较高、人数众多、覆盖面广的未成年人思想道德建设工作队伍。4月2日,连云港市委组织部印发《关于进一步加强关心下一代基层组织建设有关工作的通知》,对配好基层关工委领导班子、建立关工委培训制度等提出明确要求,乡镇、街道关工委主任一般由党委分管副书记兼任,常务副主任由身体较好、热心关心下一代工作的同级离退休老同志(含二线及离岗休养人员)担任,负责关工委日常工作;村、社区关工委主任由村、社区主任兼任,聘请居住在村、社区有威望、有热情的“五老”负责关工委日常工作。至2005年底,全市共建立县区关工委8个,市和县区直属机关单位关工委235个,企业关工委350个,乡镇、街道、社区、村关工委4326个,各级各类大中专院校、中小学校关工委1150个。全市关心下一代工作“五老”队伍发展到近3万人，其中思想道德宣讲员1.3万余人、法律宣传报告员2400人、扶贫帮困资助员5520人、失足少年帮教员7780人、网吧义务监督员1200人。

二、青少年思想道德主题教育

市关工委成立后，每年结合时事政治宣传及党和国家重大纪念日开展青少年思想道德主题教育活动。本着就近就便、立足基层的原则，广泛组织“五老”入村、到校、进社区、进机关、进企业，通过举行报告会、宣讲会、读书会、故事会、座谈会、家访等形式，对全市青少年进行思想道德教育、社会主义核心价值体系教育、革命传统教育，增强爱国、爱党、爱社会主义、爱家乡情感，树立正确的人生观、世界观、价值观。全市每年有近3万名“五老”参与各类主题教育报告会和宣讲活动，有20万人次以上青少年接受教育。全市各级关工委还利用清明节、劳动节、建党纪念日、建军节、国庆节、抗日战争胜利、红军长征胜利等重要节庆日，组织青少年参观爱国主义教育基地、祭扫烈士陵园、举行成人宣誓仪式，对青少年进行爱党、爱国家、爱社会主义和革命传统教育。在每年的主题教育中，各级关工委会同有关部门丰富思想道德教育的有效形式，先后开展观看电影、画展、征文比赛、演讲比赛、撰写学习心得、社区志愿服务、英模人物采访等适合青少年特点的思想道德主题教育实践活动。

三、青少年法制宣传教育

从1999年开始，全市各级关工委以法制教育报告团为依托，组织“五老”法制报告团成员深入青少年开展法制教育，鼓励青少年学法知法，增强法制观念，远离违法犯罪。1999年，全市共有3000名“五老”宣讲《中华人民共和国宪法》《中华人民共和国刑法》《中华人民共和国劳动法》《中华人民共和国预防未成年人犯罪法》《中华人民共和国未成年人保护法》等与青少年成长息息相关的法律法规120场次，受教育青少年8万多人次。2000年4～6月，市关工委、综治办等六部门联合开展预防未成年人违法犯罪集中宣传教育活动，市关工委翻印《中华人民共和国预防未成年人犯罪法》1万份，编印宣讲提纲200份，发放至全市中小学校。各县区关工委从培训骨干入手，组织法制报告团成员深入村、社区、学校、家长学校进行宣讲，举行法制报告150场次，受教育青少年及家长16万人次。2002年，市关工委按照“四五”普法要求，与市司法局、教育局等部门联合出台《关于进一步加强全市青少年法制宣传教育工作的实施意见》，召开全市青少年法制宣传教育工作会议。2004～2005年围绕建设平安社区、平安乡村、平安校园活动，全市各级关工委在已有法制报告团和帮教员的基础上，着手组建关爱工作团，动员“五老”与服刑人员未成年子女、流浪儿童、辍学学生、孤残儿童、闲散未成年人进行结对帮教。全市组建关爱工作团和关爱工作分团852个、关爱工作小组2000个，参与结对帮教的“五老”达1万余人。各级关爱工作团成员坚持预防为主、帮

图41－13　连云港市建国路小学学生在接受革命传统教育
侍志　摄于2005年

教结合方针，在预防上下功夫，在帮教上花力气，使全市近4000名有不良行为以及刑释解教、社区矫正青少年犯与过去告别，成为知法守法的公民。

四、网吧和游戏机室义务监督

从2004年开始，全市各级关工委按照省关工委、省文化厅部署，组织动员城乡“五老”进行网吧和游戏机室义务监督工作，协助文化、公安、工商等部门净化青少年成长社会文化环境。按照每个网吧配2名义务监督员的要求，由各级关工委推荐责任心强、身体较好的城乡“五老”，经市、县、区文化部门聘任并统一培训后，佩戴江苏省网吧义务监督证，分别对全市网吧进行义务监督。是年，全市各级关工委动员691名责任心强、有法律知识、身体健康的“五老”担任全市372家网吧、388家游戏机室义务监督员，引导青少年安全使用互联网。至2005年底，全市动员组织1200名“五老”担任网吧义务监督员。

五、扶贫助学

市关工委成立后，每年都把扶贫助学作为一项主要工作，为城乡义务教育阶段薄弱中小学校改善办学条件，为家庭困难中小学生、孤残儿童、城市外来务工人员子女、农村留守儿童解决生活及学习上的部分费用，保证其义务教育阶段的生活及就学。1993～2000年，全市各级关工委共向160所城乡中小学校、幼儿园赠送课桌凳2500套、风琴34台、爱国主义教育影视片2000部、图书4万册，为全市城乡4000名家庭困难学生解决学习费用和生活费用。

2001年后，各县区关工委对贫困学生开展摸底调查，建立工作台账和资助计划，确定帮扶对象和资助单位。2002年，赣榆县关工委对全县513名孤儿的学习和生活作出具体安排，做到学习有保障，生活有来源。东海县、灌云县、灌南县先后将贫困生与资助单位结成帮扶对子。2003年，各县区关工委多方筹措资金，为城乡50所中小学校赠送课桌凳1605套、讲台20张，为1031名家庭困难孩子解决部分生活费用。2004年，全市以各种形式资助贫困生、孤残儿童、留守流动儿童1.2万人。东海县关工委募集资金5.5万元，订制学生课桌凳800套、讲台32张，赠送给15个乡镇18所中小学校。市级机关关工委募集资金购置10台电脑资助东海县南辰乡中学。市教育系统关工委发动机关和直属10所学校，通过爱心互助互动活动，为市特教中心募集助学金5万多元。连云区、新浦区、海州区关工委进一步完善扶贫助学工作机制，推行“定时间、定人员、定标准”的资助办法，向520名家庭经济困难学生发放助学金20万元。

2005年，各县区、各基层关工委强化调查和统计工作，建立和完善本地区贫困生台账。连云区关工委建立区乡联手、前后衔接、分级管理、跟踪服务助学新模式，扶贫助学由义务教育扩展到非义务教育及当年考入大学的贫困生。灌南县关工委募集助学金9万元，订制960套学生课桌凳，赠送给全县8个乡镇15所小学和县聋哑学校。赣榆县关工委向4所农村中小学赠送价值4万元图书。

第二节　老龄工作

一、老年人权益保护

1986年，连云港市委明确老龄问题委员会（简称老龄委）是由市有关部门和群众团体组成的社会团体，委员会下设办公室，办公室设在市民政局。1988年，全市乡、镇、街道办事处建立老龄委105个，2000个村（居）委会有1180个村建立老人协会。1988年7月，《江苏省保护老年人合法权益条例》（简称条例）发布施行后，全市广泛开展敬老、养老、助老的道德教育，综合运用教育、舆论、行政等手段，弘扬中华民族美德，树立老龄意识、养老意识和依法维护老年人合法权益的法治意识。中小学把敬老、养老、助老作为重要内容纳入课堂教学，把敬老、养老、助老教育同开展文明社区、文明村镇、文明家庭创建活动结合起来，通过树立、表彰一批尊老好子女、好职工、好公民典型和开展各种富有教育意义的活动，在全社会形成尊重、关心、帮助老年人的良好社会风尚。是年，市老龄委大力宣传条例，全市出墙报、板报、简报405期，画廊36期；利用有线广播宣讲2500余次，召开各类宣传、贯彻会议210次，处理侵犯老年人合法权益案件15起。

1988年9月，市政府批转市老龄委《关于认真搞好省首届敬老日活动的意见》。全市悬挂横幅标语430条，张贴标语1.32万张。敬老日前后，全市组织各类服务队430支2150人，为老人做好事3万余件，上门送粮、煤2.8万千克，召开各类座谈会、茶话会、祝寿会1500余次，免费为老年人放电影110场，观影老人4万人次，增发节日补贴金2万元，为老人赠送礼品3000余件。

1990年，全市部分农村开展签订赡养老人义务书工作，签订赡养义务书5.27万份，落实赡养老人3.76万户。

1991年6月5～7日，市人大常委会召开八届二十五次会议，听取市老龄委关于贯彻实施条例情况的报告。1992年5月，港口经济开发公司获全国老有所为先进集体创新奖。1993年7月，苏北六市老龄工作座谈会在连云港市召开，会议着重研究老年经济发展问题。

1995年12月，全市97%的村、居委会建立老年协会，会员人数达20万人。全市有727个老年协会经验收合格，达标率41%。

1998年4月，市老龄委举办市直单位老年人权益保障法培训班。全年参加学习培训的有近10万人。市电台音乐交通频道开播《夕阳红》栏目，宣传老年法，宣传尊老敬老，深受老年人欢迎。1998年底，全市有百岁老人125人，其中男82人、女43人。各级党委、政府关心百岁老人，春节、敬老日期间，市县区领导都登门看望。各地及时为百岁老人办理荣誉证，按月发放100元营养补贴。灌南县、海州区在财政比较困难的情况下拨出专款，保证百岁老人营养补贴按时发放。灌南县三口乡把贯彻条例落实到具体行动，为全乡老人免除“两工”和各种统筹费，减轻农村老人负担。云台区与婚姻登记部门联系，宣传条例、婚姻法，解决老年人再婚难题。年底，民政部、劳动部、全国总工会、共青团中央、全国妇联和中国老龄协会联合在全国开展“三奖”评选活动，连云港市有6人榜上有名，其中敬老好儿女金榜奖2人、老有所为奉献奖2人、重视老龄工作功勋奖2人。

1999年是联合国确定的国际老年人年。3月，市政府印发《关于认真做好老年人社会优待和服务工作的通知》，规定对老年人实行社会优待具体内容。为保证各项优待内容落实到位，市政府多次召开文化、园林、交通、城管、财政等部门参加的协调会，研究贯彻意见，把优待内容具体落实到各个职能部门。截至年底，全市办理百岁老人荣誉证54份、70岁以上老人优待证4万份、60岁以上老人优待证5000份。全市有老年经济实体1000家，年产值近亿元。

2000年12月，市老龄问题委员会更名为市老龄工作委员会，工作力度进一步加大。是年，市老龄委、老干部局、退管会等部门在苍梧绿园联合举办老年人游园活动，近5000名老人兴致勃勃地参加了游园。市老龄委、新浦区老龄委在昌旺购物中心门前开展敬老服务一条街活动。2001年，全市有百岁老人64人，其中男性13人、女性51人。赣榆县有8人、东海县16人、灌云县19人、灌南县17人、新浦区4人。其中，百岁老人最多的是灌云县，占全县老年人口的0.17‰。

2003年敬老日前后，东海县开展百户好家庭、百对好夫妻、百名好婆婆、百名好媳妇“四百”评比活动。新浦区召开敬老日庆祝表彰大会。连云港港务局为56名老人举行钻石婚、金婚庆典

图 41-14　2004 年，新浦区社区医疗站为老人免费体检，建立健康档案。　　侍志　摄

仪式。市神龙出租汽车公司8名司机用出租车载着市老年公寓18名老人游览市区景点。2003年10月11日，市政府在新浦区礼堂召开全市庆祝敬老日暨表彰大会。会议表彰赣榆县柘汪镇政府等24个老龄工作先进集体以及35名老龄工作先进个人和10名敬老好儿女，通报市健康长寿之星和老年书画展评选结果。

2004年5月14日，市政府召开全市老龄工作会议，传达全省老龄工作会议精神，全面部署创建全国老龄工作先进县区、先进单位工作。东海县为全县70岁以上老人办理免费乘坐县城公交车卡，60岁以上老年人看病免收挂号费，县城公园和公共活动场所对老年人免费开放。海州区老年活动中心正式挂牌，对老年人开放。新浦区在老人医疗方面实行优先，社区医疗站为老人免费体检，建立健康档案。经过省检查组考评验收，海州区、新浦区和东海县被评为江苏省老龄工作先进县区。年底，全市60岁以上老年人口达50万人，占总人口的10.7%。全市有百岁老人74人，其中男性10人、女性64人。百岁老人平均年龄102岁。分布在赣榆县12人，东海县22人，灌云县15人，灌南县16人，新浦区5人，海州区2人，连云区2人。是年，全市办理老年优待证3000余份。市老龄办协调海通集团和人寿保险公司继续为70岁以上老年人办理免费乘车证，全年共办理老年人免费乘车证4000份。市财政部门优先保证百岁老人每月100元营养补贴及时足额发放。

2005年初，市老龄办开展全市空巢老人生活状况调查，共调查赣榆县、东海县、灌云县、海州区等4个县区6个乡镇9个村，撰写调查报告《关于我市空巢老人的调查》。全市各行政村（街道）均建立老人协会，建成老年活动室。市老龄办对老年人口分年龄段进行调查摸底，了解掌握老年人口发展变化情况，为制定老年优待政策提供决策依据。

二、老年大学

1987年春，市长办公会议决定创建市老年大学，是年9月19日建校。学校创办初期借用市文化宫的活动室办班，聘请3名老师担任教师，开设保健和书画班，首批学员均为市级机关离退休干部。是年，灌南县老年大学成立。1988年，市老年大学首届56名学员完成学业。1990年，市老年大学新设4个班，聘请老师6人，学员160多人。1994年，赣榆县老年大学成立。1995年，市老年大学迁至老干部活动中心，开办12个班，聘请老师12人，学员300多人。1997年，连云区老年大学、国营东辛农场老年大学成立。1998年，连云港港务局老年大学成立。2000年3月，市长办公会议研究决定将新浦区同兴街小学整体划转扩建为市老年大学，校园占地4660平方米，建筑面积1500多平方米，开设29个班级，聘请老师20人，学员500多人。2002年，海州区老年大学成立。2003年9月，在第二届全市老年文艺调演中，市老年大学获一等奖1个、二等奖1个、三等奖2个。2004年，中船重工第七一六研究所老年大学成立。2004年10月，市老龄办、老年体育协会和社会劳动保险处联合举办连云港市“福彩杯”首届老年大学运动会，市老年大学、赣榆县老年大学、灌南县老年大学、海州区老年大学、连云区老年大学、港口集团老年大学和七一六研究所老年大学7支代表队185名运动员参加运动会，参赛运动员平均年龄59岁，最大74岁。

2005年，市老年大学出台凡连续15年入读老年大学和年满80岁以上学员可免费参加学习的新举措，有20多人符合条件。市老年大学组织学员参加"在海一方"广场文化演出等社会公益活动，多次到市民广场、苍梧绿园演出。海州区、赣榆县、灌南县老年大学组织学员开展健康文明、积极向上的文化体育活动，组织广场文艺演出，活跃老年人精神文化生活。是年，市老年大学开设文史、书法、国画、实用技术、声乐、戏曲、乐器、舞蹈、养身保健9个系28个专业89个班级，学员2366人，聘请5名管理人员和29名教师。18年间，学校累计举办教学成果展览42次，展出字画5600多幅、摄影作品2800多张、诗词5800多首。

图 41-15　连云港老年大学画展　侍志　摄于2004年

第三节　残疾人工作

一、残疾人康复工作

1988年，国务院下发《中国残疾人事业五年工作纲要(1988~1992年)》。根据纲要精神，连云港市于1989年成立残疾人"三项康复"（白内障复明、小儿麻痹后遗症矫治、聋儿康复）办公室，市政府于6月14日批转市计经委、民政局等部门《关于连云港市残疾人"三项康复"工作实施的通知》。1990年1月10日，江苏省残疾人"三项康复"工作办公室批准第二批白内障复明、小儿麻痹后遗症矫治手术医疗点，灌云县人民医院、赣榆县人民医院被批准为定点医疗点。至1995年底，全市培训智残儿童家长55人，建立智力残疾儿童康复点1个、社区康复站43个。

1998年，全市开展精神病防治工作并在新浦区完成试点。1999年，市区调查并确诊的精神性疾病患者3723人，占总人口的6.53‰。至2001年底，市区精神病患者监护率达90%以上，显好率70%，社会参与率达50%以上。2003年，市长江假肢装配服务站于9月开业后供应残疾人用品、用具2000余件。2004年，市残疾人联合会为400名下肢残疾者捐赠轮椅，为92名肢体残疾者免费安装假肢，为30名聋哑人配置助听器，为55名低视力患者装配助视器，发放麻风畸形残具近2000件。

2005年，市、县残疾人康复办公室制定出台贫困白内障患者手术扶助办法，确立市眼科医院及四县人民医院为全市白内障扶贫定点医院，市、县、区建立白内障患者手术数据库。全年完成白内障手术2081例，脱残率97%。全市救助贫困聋儿60人，实施小儿麻痹后遗症矫治手术109例。2.83万名精神疾病患者98%得到监护，85%以上病人得到治疗。

图 41-16　1989年，连云港市成立残疾人"三项康复"办公室。图为连云港市残疾人康复中心。　侍志　摄

1989～2005年连云港市残疾人“三项康复”工作情况统计表

表41-16　　单位：例

年　份	白内障复明	小儿麻痹症后遗症矫治	聋儿听力语言训练
1989～1990	1926	259	0
1991～1995	3769	1088	179
1996	1493	0	0
1997	842	304	34
1998	1180	324	101
1999	1804	491	113
2000	1800	160	90
2001	1500	160	60
2002	1500	40	40
2003	1500	200	100
2004	2053	118	76
2005	2081	109	60

二、残疾人就业

1984～1994年，残疾人就业主要由各级民政部门举办的福利企业接收，因公致残人员由原工作单位管养。1995年，市编委办批准成立连云港市残疾人劳动服务部，为残疾人就业提供服务，至1995年底，全市福利企业发展到288家，安置有劳动能力的“四残”人员就业2426人。1997年，市区共分散安置30余名残疾人就业，收缴残疾人就业保障金120余万元。

2000年，全国残疾人职业技能选拔赛在上海举行，灌云县王苏菁（肢残）获得计算机编程一等奖，淮海工学院夏青（肢残）获组装个人计算机特别奖。是年9月，市残联、劳动局、计委等部门联合出台《连云港市残疾人劳动就业实施办法》，对全面实施残疾人按比例就业、扶持个体就业和自愿组织起来就业、稳定搞活、集中就业作出新规定。是年，全市安置残疾人按比例就业103人，扶持494名残疾人个体就业，安排128名残疾人集中就业，收缴市属以上单位残疾人就业保障金100余万元。2001年，市编委办批复成立连云港市残疾人康复职业培训中心。2002年，市残疾人联合会继1999年后再次获得“全国残疾人按比例就业工作先进单位”称号。2004年，市残疾人劳动服务部更名为市残疾人就业管理中心。

2005年，市残联举办电脑培训班、盲人按摩班和农村种植养殖培训班，全市近300名残疾人参加培训，盲人按摩培训班就业率100%。开展残疾人人力资源中介和劳务输出活动，全市集中和分散安置残疾劳动力600人，向外地输出残疾劳动力226人。

第四章　民族　宗教

1984年，连云港市有少数民族25个，人口不到2000人。1984年后，随着经济社会发展，大量外来人口迁入境内定居，其中包括少数民族，他们在连云港打工、投资、经营、定居，从事各种经济社会活动。2000年，全市少数民族增加到49个，少数民族人口增加到9573人。至2005年底，全市有蒙古族、回族、藏族、维吾尔族、苗族、壮族等52个少数民族1.5万人，占全市总人口的0.32%。少数民族人口在连云港增加较快，他们特有的风俗习惯、宗教信仰和其在节庆、饮食、丧葬等方面的习俗，与汉民族存在较大差异。连云港市本着各民族平等互助的工作方针，尊重他们的信仰和习俗，保障他们的权益，积极帮助他们勤劳致富，推进各民族团结进步，共同繁荣。

20世纪80年代后落实党的宗教政策，市内寺院陆续重建，宗教活动得到恢复。佛教、道教、伊斯兰教、天主教、基督教五大宗教在境内译经讲学、宣传教义、发展信徒，举办社会公益和慈善事业。各宗教团体、宗教界人士和广大信教群众坚持爱国爱教、独立自主、自办教会，积极为社会主义建设和祖国统一大业作贡献。1990年，市民族宗教事务局成立后，认真落实党的宗教政策，依法加强对宗教事务的管理，引导宗教界人士为改革开放和社会主义物质文明、精神文明建设服务。至2005年底，全市有信教群众20万余人，其中佛教2万余人、道教6000人、伊斯兰教5000人、天主教7000人、基督教16万余人。全市共有宗教活动场所457处，其中佛教16处、道教3处、伊斯兰教3处、天主教7处、基督教428处。五大宗教共有教职人员726人。其中，佛教的比丘66人、比丘尼25人；道教的道士6人；伊斯兰教的阿訇1人、海里法2人；天主教的神甫3人、修女3人；基督教的牧师3人、长老23人、传道人员136人、神学生11人。

第一节　佛　教

20世纪80年代以后落实宗教政策，市区修整复原龙洞庵、百子庵、观音庵、碧霞宫、三元宫、阿育王塔等佛教建筑。1984年，连云港市有僧尼21人，1990年增加到22人。2003年2月，连云港市佛教协会成立。2005年，全市有僧尼91人，信众2万余人。

一、寺院

海宁禅寺　位于云台山青峰顶，兴修于唐，宋时重建。初为道教活动场所，供奉三元大帝，时名三官庙。明万历十五年（1587年）更名为海宁寺。明天启四年（1624年）重修扩建，更名为三元宫。清代，三元宫香火鼎盛，但建筑屡次兴废。民国27年（1938年）6月，三元宫建筑群遭日军轰炸，成为废墟。

图41-17　1993年9月，三元宫更名为海宁禅寺。图为海宁禅寺佛事活动。　赵鸣　摄

中共十一届三中全会后落实宗教政策，1979年，市政府着手修复三元宫。1980年首建三元宫的正殿、二殿和山门，于1983年建成。1987年重塑三元大帝神像。1993年9月，三元宫更名为海宁禅寺。海宁禅寺是花果山的主庙，庙内为二进大院，后为正殿，前为二殿，4座偏殿，1座山门。正殿大雄宝殿有玻璃钢佛像3尊，佛教称为“三世佛”，每尊高3.6米。正中是释迦牟尼佛，左边是东方净琉璃世界的药

师佛，右边是西方极乐世界的阿弥陀佛，又叫无量寿佛。大殿门额书悬“大雄宝殿”四字，为中国佛教协会会长赵朴初所题。殿前东西立2块香火田地碑，西厢为古佛殿，殿中古佛是镇江金山寺赠送给海宁禅寺镇寺之宝，神态端庄，线条流畅，是国内少有的古佛像。殿前还有2棵古银杏，东雄西雌，雄者高28米、胸围5.33米，雌者高24米、胸围4.3米，其树冠遮天蔽日，皆是千年古木，为省级保护名木。大雄宝殿前是天王殿（通称为二殿），殿中间祀奉弥勒菩萨，两旁为四大天王，也称四大金刚。海宁禅寺山门前磴道古有“五十三参”之说，后修为109级，分5个级数不等梯台。

图41-18　1993年，海州碧霞宫更名为碧霞寺。图为碧霞寺大殿。　　赵鸣　摄

碧霞寺　位于海州区南门外白虎山东麓，市级文物保护单位。原名碧霞宫，始建于元泰定元年（1324年），是一处供奉碧霞娘娘的道场，后毁于战火。明末崇祯年间（1628～1644年），寿极和尚（海州人，俗姓朱）看好碧霞宫风水，住在原址破庙内，四处化缘，于清初顺治年间（1644～1661年）将其重新修复，作为念佛道场。其后三百年，碧霞宫香火鼎盛，盛名远播。民国初年有庙田80多公顷，常住僧众40余人。中华人民共和国成立后，碧霞宫先后作为部队营房、工厂厂房。1993年经中国佛教协会副会长明旸法师提议，更名为碧霞寺，作为佛教首堂道场。至1997年陆续重修藏经阁和碧霞祠。2000年经科学规划，将寺门调为东向，兴建大雄宝殿和天王殿。2005年，寺内有僧众18人。

百子庵　位于海州区鼓楼和朐阳门之间，坐东朝西，面向幸福南路，为海州区第一批开放的宗教活动场所，又名准提庵，建于晚清。“文化大革命”时期僧俗杂居。改革开放后落实宗教政策交还僧人管理。20世纪90年代初期得益于海州古城改造和城市建设，陆续兴建山门、准提楼。1996年兴建供奉缅甸玉佛的玉佛楼。2000年建成大雄宝殿，正式形成一个完整的庵院格局。2005年底有比丘尼12人。

兴国寺　位于开发区朝阳镇。唐元和年间（806～820年）兴建，唐末废于兵火。宋元祐二年（1087年）重建。几度兴废。清光绪三十一年（1905年），朝廷废科举，兴学校，当地贡生张百川将兴国寺改办蔚云学堂。民国30年（1941年），兴国寺30间庙宇被日军焚毁。改革开放后落实宗教政策，兴国寺迁至孝妇祠旧址恢复重建，即朝阳镇东北的狮子山下，紧靠新墟一级公路。新建的兴国寺，有山门、孝妇殿、观音殿、大雄宝殿等建筑。2005年有僧众3人。

普照寺　位于新浦区南城镇北端城隍庙东侧。始建于宋咸淳年间（1265～1274年），与城隍庙交互兴废。2000年7月由修恒法师主持重建大雄宝殿和东配房，占地面积1000余平方米。2005年有僧众6人。

二、宗教活动

佛教弟子每日做早课、晚课、坐禅。每年农历四月初八佛诞节各地有庙会，尤以海州白虎山庙会为盛，附近城乡到此香客达数万人。农历腊月初八日成道节，寺院僧尼煮腊八粥，进香、花、烛、果供佛。农历二月十五日，寺院举行法会，诵《遗教经》，祭吊释迦牟尼。每年十一月“打佛七”，每个“佛七”诵经7天，共21天。僧尼受请为死者超度亡魂，在安葬死者前举行，僧人若干名，身着袈裟，演奏乐器，念经超度鬼魂脱离苦难，名之曰“放焰口”。农历七月十五日为佛教盂兰盆会，是佛教徒追荐祖先的节日，佛徒施斋供僧，搭经坛，和尚举办水陆道场，放焰口，念经超度孤魂。中华人民共和国成立初期，增加祝愿世界和平、为正义战争死难烈士祈祷等内容。1993年11月16日，纪念僧众爱国爱教行为的义僧亭和云台山僧众抗日纪念碑在花果山落成。1998年11月28日，海宁禅寺举行全堂佛像开光暨钟鼓楼奠基典礼。九华山仁德和尚、如皋定慧寺恒岳大和尚、镇江三宝大和尚、南京灵谷寺方丈真慈大和尚等诸多高僧和海内外信众、社会各界人士、地方民众逾万人参加盛典。2001年9月26日至10月11日，海宁禅寺举行迎请玄奘法师顶骨舍利供奉大典。在千佛殿作瞻礼堂，半月之中海内外万余人前来瞻仰礼敬玄奘法师顶骨舍利。2002年9月30日，玄奘纪念堂奠基。2003年9月举行《西游记》文化节期间，海宁禅寺举行建寺千年、恢复开放10周年暨千年古佛开光庆典，数百名佛教界人士参加庆典。2004年8月28日，海宁禅寺举行五百罗汉堂落成、斗战胜佛开光暨昌鉴法师方丈升座庆典。2005年12月28日，海宁禅寺举行钟鼓楼落成暨地藏王菩萨开光庆典。

第二节　道　教

中华人民共和国成立时，连云港地区有道士、道姑130余人。其后，老道士先后去世，年轻道士大多还俗，道教活动逐渐停止。2001年3月，道士朱健受聘率道士进驻玉皇宫，从事道务活动。2005年，境内有道士6人，主要活动场所在南城玉皇宫和东磊延福观，有信众6000人。

一、宫观

玉皇宫　位于新浦区南城镇东凤凰山绝顶。建于隋开皇五年（585年）。历史上多次重修。民国28年（1939年）毁于日军兵火。1998年，群众集资重建，有大殿、观音殿、花山殿、三官殿等建筑。2005年，有道士3人。

延福观　位于东磊围屏山下。始建于明代万历（1573～1620年）年间。崇祯（1628～1644年）年间，太监高晋卿、陈增和赵真极等奉命督造重修。300年间香火不断，甚至连围屏山也被赋予道教的名称——钟鼎山。由于延福观紧靠围屏山，地势险要，又隐蔽于绿色丛林之中，抗日战争时期躲过了日本飞机的狂轰滥炸，成为云台山中唯一免遭劫难的庙宇。“文化大革命”后期，大殿和玉兰山房被拆毁，其余设施也全部遭破坏。21世纪初，经多方筹资，延福观主殿于2001年11月23日落成。殿的宽长各为15米，面积225平方米，连同四周走廊总面积324平方米。2002年9月新建塑像。2002年11月26日举行神像开光典礼，各地道观的道士、居士、信众等数百人参加。观中道务由南城玉皇宫住持朱健（道号名君）兼管。2005年有道士3人。

二、宗教活动

道教的宗教活动内容注重修炼和经典科仪，做早晚功课。做功课时一般唱赞讽经，均有乐器伴奏。道场是道教规模较大的讽经礼拜仪式，每逢诸神的诞辰，信众朝山进香，又称“香汛”。主要节日有三元、三清、五腊。三元即正月十五日天官圣诞为上元节、七月十五日地官圣诞为中元节、十月十五日水官圣诞为下元节，三清即二月十五日为太清道德天尊（老君）圣诞、夏至为上清灵宝天尊圣诞、冬至为玉清元始天尊圣诞，五腊即正月初一为天腊、五月初五为地腊、七月初七为道德腊、十月初一为民岁腊、十二月初八为王侯腊。每逢这些节日，道场均有法事活动。应居民之请超度亡灵，丧事、过七、做阴寿、断七烧孝等做超亡经忏，讽诵《受生经》或《血湖经》，少则单人、三五人，多则十余人，规模大小视主家所请。也有道士做延生经忏，贺生消灾延寿。有些法事活动，尤其是画符箓、念咒语、送灶书等活动，现已不再进行。但香期、斋醮、经忏及在道观举行的一些法会，一直延续至今。

第三节　伊斯兰教

中华人民共和国成立后，外地穆斯林陆续进入连云港市参加社会主义建设，主要分布在市区大中型企事业单位。1983年、1984年、1985年兴建或重建东海县桃林清真寺、灌云县四队清真寺、连云港市清真寺。1985年，连云港市伊斯兰教协会成立。1990年，全市有穆斯林2364人。2002年10月，市伊斯兰教第一次代表大会召开。全市穆斯林宗教信仰受到尊重，宗教活动得到保障，政治地位、社会地位、经济地位得到提升，多人当选市、县人大代表和政协委员。至2005年底，全市有开放的清真寺3处，有穆斯林5000人、阿訇1人、海里法2人。

图41-19　连云港市清真寺　　赵鸣　摄于1992年

一、清真寺

连云港市清真寺　坐落在新浦区解放西路67号。1985年10月兴建，1987年11月6日举行落成典礼，对外开放。该寺为阿拉伯式建筑风格，坐北朝南，占地1100平方米，建筑面积900平方米。内设礼拜殿60平方米，此外有水房、教长室、清真餐厅、办公室和会议室等。市伊斯兰教协会设在寺内。

东海县桃林清真寺　坐落在东海县桃林镇，1983年建成开放。寺内有大殿3间、经房3间、沐浴室2间。1996年7月，桃林清真寺列入登记管理。

灌云县四队镇二队村清真寺　坐落在灌云县四队镇二队村车轴河南岸，始建于清光绪十二年（1886年），1984年10月重建。有大殿3间、水房1间、阿訇休息间1间、讲堂1间。

二、宗教活动

伊斯兰教规定每个成年的穆斯林，除了具有表现在思想意识方面的信仰外，还必须履行表现在行动方面的五大功修，即“念”“礼”“斋”“课”“朝”。连云港穆斯林习惯念《清真言》，即“万物非主。唯有真主，穆罕穆德，真主钦差”。凡过宗教生活的都能以阿拉伯语和汉语诵念；不会诵念的，在习俗礼仪需要时往往请阿訇领念，自己随念。连云港穆斯林与全国穆斯林一样，礼拜时都面向西方，并以波斯语音称履行拜功为做“乃玛孜”。日常礼拜功课有每日五次的五番拜和每周一次的聚礼拜。连云港穆斯林习惯以阿拉伯语称周五为主麻日，履行此项拜功为礼主麻。境内穆斯林在教历九月履行斋戒功课。其群体性活动为开斋节、古尔邦节等，一般在清真寺举行宗教仪式。当代连云港穆斯林普遍保持土葬习俗，并坚持于亡故后72小时内入土。清真寺均设殡仪室，有专用设备，办理殡葬事务。治丧期间，家属男性戴白礼拜帽，女性戴白盖头。

第四节　天主教

境内天主教于清光绪年间（1875～1908年）由徐州教区经沭阳等地教会传入。"文化大革命"期间，天主教堂受冲击，房屋被占用，宗教活动被迫停止。20世纪80年代落实宗教政策，退还房产。1985年，连云港天主堂重建落成，成为全市天主教活动中心。1990年境内信徒达1500人。2000年8月，连云港市天主教爱国会成立。2005年信徒增加到7000余人，主要分布在市区及东海县的桃林、石湖、白塔，灌云县的小伊、宁海等乡镇。有7处天主教活动场所，神甫、修女各3人。

一、教堂

连云港天主堂　位于新浦区双池街卫生巷2号。1980年恢复宗教活动，划归徐州教区管辖，由徐州教区派神甫到该堂主持教务。1983年在原址扩建教堂6间，1985年落成，可容纳300人，成为全市天主教活动中心。2000年8月16日，连云港市天主教爱国会成立，会址设在市天主堂。2005年，连云港天主堂有神甫1人、修女1人。

二、宗教活动

连云港天主教会宗教活动按本教区主教或中国天主教主教团准印的周年瞻礼单进行。宗教礼仪活动繁多，弥撒是主要内容。除特殊情况外，弥撒应在教堂或规定的地点举行。天主教神职人员必须遵守中国天主教主教团或本教区所作的有关规定进行弥撒。每年四大瞻礼（耶稣复活节、神圣降临节、圣母升天节和圣诞节）或其他有意义的重大日期，连云港天主堂举行大礼弥撒或奉香唱经弥撒。每逢主日（礼拜日），在弥撒开始前，由主祭神甫举行洒圣水礼仪。教徒们每逢主日或大瞻礼日进堂做弥撒时，还诵念经文。每当教徒死亡或周年，其亲属好友为其献亡者弥撒和追思礼仪。每年11月2日为追思已亡者瞻礼，本堂神甫为所有亡者举行总亡者弥撒和追思礼仪。天主教七件圣事即圣洗、坚振、告解、圣体、终傅、神品、婚配正常进行。

第五节　基督教

清光绪年间（1875～1908），美国基督教南长老会派遣米德安夫妇、闻声夫妇、慕庚扬夫妇由清江浦到海州创办教会，基督教传入连云港。中华人民共和国成立后，连云港基督教广大教徒坚持自办教会事业，逐步提高爱国主义觉悟，教堂和教徒不断增多。1984年，全市有教徒3280人、慕道友1.6万人。1990年，全市有教徒3.15万人，其中东海县、灌云县均超过1.3万人。2005年底，全市基督教教徒、慕道友增至16.8万余人。有教职人员173人，其中牧师3人、长老23人、传道人员136人、神学生11人。

1984年，全市开放的基督教教堂有4处，批准设立的活动点有48处，1987年活动点增加到62处。1988年5月，连云港市基督教协会成立，连同1983年5月成立的连云港市基督教"三自"（自治、自养、自传）爱国运动委员会，连云港市基督教“两会”机构日渐健全。1990年，全市经正式批准开放的教堂60处，其中东海县25处、灌云县24处、赣榆县5处、市区6处。至2005年底，全市有市级、县区级基督教团体7个，依法登记的基督教堂、点428处。

一、教堂

新浦基督教堂　位于新浦区南极南路，占地3920平方米。1992年秋动工兴建，次年12月交付使用。教堂和院门均坐东朝西。进入院门迎面是教堂的五层门厅楼，进深5米余，宽约24米。尖顶，仿哥特式教堂建筑。大礼拜堂长约24米、高约12米，内厅跨度15米，6间。连同门厅楼整个教堂建筑面积1100平方米。

灌南县基督教堂　位于灌南县新安镇人民桥西侧，始建于1984年。由于信徒增多，1994年重新扩建。新堂占地8100余平方米，建筑面积2000平方米，坐西向东，砖混结构。教堂的门厅楼为4层，屋顶上置一金属十字架。教堂主体部分与门厅楼是连体建筑，二层高8米。全堂可容纳2000人礼拜。

灌云县基督教堂　位于灌云县伊山镇胜利桥南、盐河东岸，2004年10月新建，2005年12月落成使用。占地面积3960平方米，建筑面积3000余平方米，坐东朝西。主楼共6层，高37米，聚会大厅为2层，可容纳3000人礼拜。

二、宗教活动

中华人民共和国成立后，全市基督教教职人员响应《中国基督教“三自”革新宣言》，实行“自治、自养、自传”。1958年底，新浦、海州两教堂合并为新浦教堂。“文化大革命”期间，全市基督教停止宗教活动。1981年贯彻落实宗教政策，新浦教堂重新开放，由牧师、长老、信徒代表7人组成堂务管理小组。1983年5月，连云港市基督教第一次代表会议召开，成立连云港市基督教“三自”爱国运动委员会。1988年5月召开第二次代表会议，同时成立连云港市基督教协会。此后，赣榆县、东海县、灌云县、灌南县、连云区相继成立基督教“三自”组织。市、县、区基督教“两会”团结带领广大信徒群众，开展爱国主义教育、神学思想教育，有序管理各堂点，规范宗教活动。

教会每周举行一次礼拜，多在星期天上午或下午举行，故又称主日崇拜。按主领礼拜人预先安排的礼仪程序举行，教徒唱赞美诗、祈祷、读经。教堂每年举行施洗圣礼，慕道友经过4个月培训，学习基本要道、“三自”常识及有关宗教法规等课程，考核合格的给予洗礼。施洗时，圣职人员将祈祷祝圣的清水点在受洗者额头上作为洗礼，仪式庄严隆重，以示受洗者“悔改信主”“洗净罪过”。教徒每年至少须领圣餐一次。

基督教影响较大的纪念日主要有耶稣圣诞节、耶稣复活节和圣灵降临节，各教会都要举行盛大的纪念活动。此外，每年公历8月的星期六和星期日是世界和平祈祷节，每年9月30日是全国基督教“三自”爱国运动纪念日，教徒集于教堂为世界和平献祈祷。

第六节　宗教事务

一、宗教政策宣传贯彻

1984年后，连云港市继续落实宗教政策，恢复神职，调整工资，有的给予定期生活补助。市民族宗教事务局成立后，组织宗教人员学习、理解中国共产党的宗教政策。2000年起，宗教界开展爱国主义教育，全市天主教会于7～9月进行坚持独立自主、自办教会方针的集中教育。2005年3月，国务院《宗教事务条例》施行，连云港市确定3月份为全市《宗教事务条例》宣传月，编印和发放宣传材料3万余份。全年举办各类培训班307期，2.07万人次参加培训。是年，市委办公室、市政府办公室出台宗教事务条例贯彻意见，对抵御境外利用宗教进行渗透提出明确要求。市委统战部、市民族宗教局联合举办全市乡镇统战委员、民族宗教助理培训班，建立健全宗教团体和宗教活动场所管理制度、宗教教职人员认定备案制度、宗教出版物管理制度，提高基层宗教部门依法管理宗教事务的能力。灌南县在宗教界实施“三二一工程”（培养加工户300户、输出劳务2000人、培养致富带头人100人），引导信徒念好致富经。灌云县开展科技讲座进教堂活动，制作2000多张种养殖实用技术光盘赠送各教堂。

二、宗教活动场所管理

1984年后，境内农村出现自发修复旧寺庙、旧教堂现象，宗教活动渐趋活跃。1990年，全市经批准开放宗教活动场所75处。1997年起对宗教活动场所予以登记、年检。是年，全市正式登记宗教活动场所205处，其中基督教195处；临时活动场所67处，其中基督教62处；暂缓登记105处，合并和不予登记的宗教活动场所210处。2000年，市、县民族宗教局及时制止、瓦解天主教地下势力的各种违法活动，教育动员受地下势力迷惑、控制的信教群众回到政府批准的堂点开展宗教活动。2001年，全市在各宗教活动场所开展争创文明场所和争当“五好”信徒活动，按照宗教法规，规范宗教活动场所内部管理，建立规章制度。2003年，全市开展基督教私设聚会点专项治理活动，共取缔私设聚会点192处。开展宗教场所制度建设、班子建设，创建2处省级模范宗教活动场所、10处市级模范场所。2005年，市民族宗教局对全市485处宗教活动场所进行全面调研，清理28处，保留457处，调整和充实宗教活动场所负责人300余人。连云区全面推行宗教活动场所负责人、领导小组成员双推直选和讲道人循环讲道制度。海州区建立宗教工作信息网络，做好为宗教活动场所建设服务工作。

三、惩治非法宗教活动

随着信教群众逐年增多，境内借佛、道名义敛财、搞封建迷信活动及以宗教为幌子的非法宗教活动时有发生。2000年针对梵蒂冈的所谓“封圣”活动，市天主教爱国会组织爱国力量予以声讨、抑制。2003年，市有关部门取缔基督教私设聚会点230处，取缔“东方闪电”“门徒会”等邪教和非法聚会点30余处，抓获16名邪教分子。2004年依法处理10名邪教组织成员。2005年，全市开展农村基督教私设聚会点专项治理，共依法治理非法宗教活动点30余处，没收非法出版物100余册，教育转化信教群众300余人。

第七节　民族工作

一、少数民族权益保障

1984年后，连云港市继续贯彻中国共产党的民族政策和法律法规，对发生的民族矛盾纠纷和突发性情况进行妥善处理。20世纪90年代末，市区有北京饭庄和回民饭店2家清真饭庄，此后随着少数民族人口的不断迁入，全市清真网点建设得到加强。2001年起，连云港市有关部门按照政策规定为少数民族子女落实高考加分，是年共办理少数民族子女加分44人。至2002年底，全市清真饮食点发展到78个。2003年，各县区把民族宗教工作纳入社会治安综合管理体系，纳入统战工作目标管理。市民族宗教、劳动、民政等部门多方努力，使全市少数民族下岗职工全部纳入低保。全市确定6家少数民族定点医院，在挂号、检查、住院床位等费用上给少数民族群众看病就医提供优先和优惠服务，有的还实行床位费全免、治疗费减20%、中药费减半等优惠。2005年，市、县、区挂牌成立8个民族宗教法律事务援助中心。灌南县民族宗教法律援助中心会同司法、劳动、工商等部门联合开展法律援助"大篷车"服务，多次赴苏南、浙江等地为外出打工的少数民族劳动者讨回工资近百万元。全市深入开展民族团结进步争创活动，在苏北率先成立民族团结进步促进会。市眼科医院被确定为少数民族群众医疗定点医院。市劳动保障部门为200多名少数民族群众免费举办纺织、种植养殖、缝纫、摩托车修理、厨师等实用技能培训班。市民族宗教部门为3家少数民族特需用品生产企业争取到享受流动资金贷款贴息2.88个百分点的优惠政策。《连云港市少数民族工作进社区的意见》制定实施，100多个社区建立少数民族工作制度。至2005年底，市教育局共为500余名参加高考的少数民族考生办理政策加分。

二、少数民族扶贫开发

1984年，全市少数民族群众大多解决了温饱问题。但由于疾病、受灾等因素的影响，至1999年底，全市仍有1531户4607名少数民族贫困人口。进入21世纪后，全市少数民族工作把重点放在对农村少数民族的扶贫上，从政策、资金等方面扶持少数民族企业，帮助少数民族发展生产、脱贫致富。2000年初，市民族宗教部门分别在灌云县四队镇和灌南县六塘乡大西村帮助少数民族散居户建立种羊繁殖基地和粉丝生产加工包装基地。2003年，市政府办公室出台《连云港市少数民族扶贫开发工作的实施意见》《连云港市少数民族2003～2005扶贫开发工作规划》将少数民族扶贫开发工作纳入市、县、区年度目标考核。全年用于少数民族扶贫资金170万元，帮助313户少数民族贫困户脱贫，帮助285名少数民族贫困户子女入学。2004年，全市用于少数民族扶贫开发资金255.88万元，帮助642户少数民族贫困户脱贫，解决236名少数民族贫困子女入学。20余名民营企业家与70余户少数民族贫困家庭签订帮扶协议，所属企业吸纳近100名少数民族群众就业并帮助80余名贫困学生完成学业。市、县政府利用灌云县沂河淌丰富的资源，引导少数民族大力养殖食草动物鹅和羊，扶持57户少数民族建立起家庭鹅、羊场，兴建羊圈130多间，饲养种羊1400余只、鹅3万只，通过基地繁殖、农户饲养，带动少数民族群众走上脱贫致富之路。2005年，市民族宗教局落实少数民族扶贫发展资金635.7万元，帮助335户少数民族贫困户脱贫，解决220余名少数民族贫困子女入学。赣榆县实施"三帮四培"（建立帮扶机制、确定帮扶重点、明确帮扶目标，培育养殖基地、劳动密集型企业、示范户、开展科技培训）扶贫工程，在欢墩镇新建33.33公顷少数民族种养殖基地，进基地的少数民族户均收入都超过1万元。东海县确定少数民族特困户176户，逐户落实帮扶单位、责任人和帮扶资金。至2005年底，全市建立2个省级、31个市级少数民族生产基地和13家少数民族企业，1126户少数民族贫困户实现脱贫。全市少数民族贫困户脱贫率96.41%，为苏北地区最高，77.71%的少数民族贫困户达到或超过当地人均收入。

三、民族学校建设

2003年6月2日，康缘药业集团出资在灌云县四队镇少数民族聚居地建立康缘民族学校。以十年为期资助学校100万元，帮助学校改善教学条件。2004年5月，市民族宗教局协调苏州市佛教界为连云港市爱心捐赠人民币30万元，建设赣榆县黑林镇大树希望小学，新建标准化教室36间，建筑面积1000平方米。是年12月25～26日，苏州台湾同胞投资协会、苏州伟顺办公设备有限公司等单位和部分苏州热心市民专程到赣榆县黑林镇大树希望小学，为大树希望小学送去电脑、传真机、复印机、羽绒服、棉被等钱物20余万元。是年，台湾佛光山星云法师捐赠人民币10万元、市民族宗教局牵头筹资10万元，在灌云县伊山镇建立三庄希望小学。

第五章　民　俗

连云港市古称海州，“南蔽江淮，北控齐鲁”，处于陆上丝绸之路和海上丝绸之路的交汇点、南北气候的过渡带，吴越文化和齐鲁文化在此交汇；又是佛教初传和佛、道两教长期弘法的地方。千百年来，儒家传统文化、宗教文化和南北文化在境内交融渗透，造就了古海州地区文化和风俗的多元性，形成了既具中华文化传统，又具有海州地方特色的丰富多彩的风土民情和地方习俗。

海州民俗在其形成的过程中，不断地随着社会的发展而除旧布新。中华人民共和国成立特别是改革开放以后，境内民风民俗也随着社会文明程度的提高而发生较大的变化，一些传统的不健康的民俗逐步为社会所摒弃，一些新的礼仪和生活习俗逐步在民间流行。

本章所述的民俗以古海州地方民俗为主，基本涵盖连云港市境域内各地城乡居民的风俗习惯。境内渔民和盐民大多从农民、山民转产而来，他们在特殊的环境中生产、生活而形成的一些独特风俗习惯，没专条作专门记述。

第一节　礼仪习俗

一、称谓

家族　本族人，互称“家里的”或“一家子”；相互之间以辈分为依据，分长辈、平辈、晚辈，按习俗冠以称谓。称父母为爸爸（大大）、妈妈，称祖父母为爷爷（老爹）、奶奶，称曾祖父母为老太太、老太奶，称高祖父母为老老太、老老太奶，再往上溯统称老老太。父亲兄弟多的按排行分别称爷或叔。比父亲年龄大的称爷，爷的妻子称娘；比父亲年龄小的称叔，叔的妻子称婶。父亲的同辈姐妹，不分远近，一律称姑或姑妈（姑姑）。称呼长辈人不准带名字。同辈人之间，不分远近，比自己年龄大的称哥、姐，比自己小的称弟、妹。哥哥的妻子称嫂，弟弟的妻子称弟妹或弟媳。嫂子和弟媳互为妯娌。妻子称呼别人随丈夫，对晚辈人一般直呼其名，不带称谓。除亲生儿女外，不分远近，晚一辈叫侄，晚两辈叫孙，晚三辈叫重孙，晚四辈叫辉孙，再往下均为辉辉孙，称女性晚辈则在相应辈分下加“女”字，如侄女、孙女等。

老亲　系由父辈以上婚姻关系所构成。父亲的姐妹统称姑妈，姑妈的丈夫称姑爷或姑父；父亲的姑妈、姑爷称姑奶、姑爹，再向上就称姑老太；与姑妈的子女互称表兄弟、表姊妹、表哥、表嫂、表姐、表姐夫。母亲的父母称舅爹、舅奶，外祖父、外祖母或外公、外婆。母亲的兄弟为舅舅或舅父。舅舅的妻子称妗子或舅母、舅妈。与舅父的子女互称表兄弟、表姊妹，母亲的姊妹称姨娘（姨母、姨妈），姨娘的丈夫称姨夫（姨父）。

时亲 时亲系由自身及同辈人所建立。时亲也称新亲，姊妹的丈夫称姐夫、妹夫，姊妹的子女叫外甥、外甥女；外甥的子女与自身女儿的子女统称外孙、外孙女。称妻子的父母为岳父母、泰山、丈人、丈母娘。称妻子的兄弟为内兄弟或小舅子。称妻子的姐妹为大姨子、小姨子。姨子的丈夫互为连襟，互称襟兄弟。

社交场合 对男性尊称“先生”，称女性为“女士”；对未婚女子均称“小姐”，对已婚女子称“夫人”。对年纪大的人，不分男女通称“老人家”“老年人”“有年人”。对老年夫妻称“老两口”“老公俩”。对比自己年龄大的男性，称“大哥”，对较年轻的女性称“大姐”，对已婚的妇女称“大嫂”，对小女孩称“小大姐”。对教师、医生通称“先生”，对有技术（手艺）人称“师傅”。

中华人民共和国成立后，同事之间通称“同志”。也有按年龄大小在其姓之前加“老”或“小”字相称的；对科技人员在其职称之前冠姓氏相称；对领导人在其职务之前加以姓氏相称。对年长者在其姓后加“老”字相称，以示尊敬。

改革开放后，“先生”“女士”“老板”“董事长”“总经理”等称呼已渐为习。亲属之间的称呼也渐趋规范。

二、交往

待客 请客吃饭，讲究者皆发请柬，一般皆登门邀请。特别是遇有喜事和丧事请长辈时，必亲自登门邀请，否则被视为大不敬。宾客至家，先要让座敬茶。宾客赴宴，座位有主次，分上、下首。旧时民间通用八仙桌，大面为主，左手为上。同桌长辈坐首席，同辈同桌时，年长者坐首席，其他依次而坐。现时多用圆桌，座位一般不太考究，有“圆桌无上下”之说。但较正规的宴请，仍分主家、主宾、副主宾之座次。

礼尚往来 亲朋好友之间，遇有婚丧喜庆大事，有出礼之俗。庆贺婚嫁、老人过寿、小孩过生日、考上大学、参加工作等称喜礼。喜礼必须在喜事正日子之前将礼物或礼金送上，不可事后补礼。出丧礼，在“五七”（35天）之内都可以出礼。

出礼可送礼金，也可以送礼品。旧时出喜礼，闺女出嫁一般都送富荣果（俗称“大头果子”）、条酥、麻饼等点心，也有送鞋（手工做的绣花鞋）、袜、毛巾、香皂等礼物。男孩娶亲的出礼金，俗称磕头礼。收喜礼后，都要以富荣果作为回礼。现时出礼都以礼金为主。

工商企业开张、新办学校、医院，大型工程开工落成，单位庆典，多送匾、花篮等一类礼物或礼金表示祝贺。

尊老敬老 春节前几天小辈要给至亲长辈送节日礼物，一般送烟、酒、点心。近时送钱者多。在外地工作，即使路远一般也都要赶回家过年，除夕中午和祖父母、父母一起吃团圆饭。初一早上，祭天地、祖先后，要到长辈房中磕头、问安，祝老人新年万事如意，长辈给压岁钱。

八月十五中秋节，在外地的小辈也要赶回家与老人一起过节，并要送月饼、烟、酒、水果等礼物，孝敬老人。

20世纪80年代中期起，连云港市广泛开展尊老、敬老、助老活动。乘坐公交车，提倡主动让座给老人；对70岁以上老人，实行免费乘车。90年代后，每年春节前夕，市、县、区领导分别在境内走访慰问敬老院老人，送节日礼品和慰问金，与社会孤老共吃年饭。

禁忌 忌对长者直呼其名。俗以为这样没礼貌。

忌叫师长乳名。否则，被视为不尊重师长。

向别人问事，忌直喊“喂”“嗨”“唉”等不礼貌语言，或不呼称谓突如其来地向人问事的冒失行为。

忌对老人出言不逊。尤忌对老人讲话时带不文明的词语和吵架时语伤对方父母。

忌午后探望病人。

探访亲友时，忌不打招呼、不敲门，直入人家屋里。

忌将钟作为礼品赠人。送钟，有“送终”之嫌。现在有人将钟称为“走时”，赠送钟便成了送人“时运”，免了“送终”之嫌。

忌说别人年龄七十三、八十四。民间有“七十三、八十四，阎王不请自去”之说。故遇此年龄都少说一岁，或多说一岁。

三、婚嫁

相亲 20世纪90年代以后，青年人谈情说爱的机会更多，或通过网络自由恋爱，谈婚论嫁已无需父母、媒人撮合。“媒人”演变成“婚姻介绍所”“相亲网”“电视相亲节目”等。青年男女经恋爱确定婚姻关系后，都要给对方父母看看，俗称“相亲”，对方父母还要给见面礼。

下礼 旧时，订婚后，男、女双方到结婚年龄时，男家要给女家送衣料、首饰和礼金，俗称“下礼”“过礼”。并将结婚日期告知女家，俗称“送喜日子”。

此后，男家开始装修新娘房，请“全面奶奶”（即双亲健在、儿女齐全的女人）套喜被子、揣喜枕头。被子、枕头四角要放上用红纸裹好的红枣、染红的花生及桂圆、栗子，寓意“早生贵子”。新郎官要给祖先上坟（俗称“上喜坟”）。待嫁女开始梳髻、减饭（俗称“扣饭”“间饭”）。

现时，下礼之俗已改变，有的男方直接给女方礼金，称彩礼。彩礼多少没有规定，视家庭经济状况而定。金戒指、金项链是必不可少的。套喜被子、揣喜枕头、装修新房之俗仍兴。梳髻、减饭之俗已无。

结婚照 中华人民共和国成立后，照订婚照、结婚照之风渐兴。但也只在照相馆或家中照相。20世纪80年代后期起，拍婚纱照之风兴起。街上出现婚纱照相馆，为即将举行婚礼的青年男女提供西服和婚纱，并有专业人士为其化妆。20世纪90年代中期起，有的照相馆配有专车将照相人带到海边或其他风景区去照实景婚纱照，婚纱照也由用纪念册存放变为大幅悬挂照片。

2001年后，拍婚纱照已成婚嫁习俗，城乡盛行。

催妆 旧时，喜日子前一天，即催女方向男家运送嫁妆，谓之“催妆”。有钱人家办喜事，新婚所有家具由女方陪给，俗称“陪嫁妆”。催妆之日，女家要将所有嫁妆送到男家，叫“过嫁妆”。此日早晨，男家要祭祖，俗称“上喜坟”。早饭后，男方要将备好的两包糕、一只大公鸡、一对鲤鱼和一块“双刀肉”送到女家。女家接到四样礼后，留下糕和肉，把公鸡和鲤鱼交由送礼人带回，俗称“回头礼”。有“收下双刀肉，冷肉换热肉”“公鸡两头跑，来年生小小（男孩）”“鲤鱼再回头，生儿跳龙门”之谚。过嫁妆时要吹吹打打、放鞭炮。催妆这天女方亲朋好友要出礼致贺，女家要宴请宾客。

中华人民共和国成立后，陪嫁妆、催妆之俗仍盛行。但新婚所用家具渐转由男方置办。女方陪送床上用品、化妆品及自行车、电风扇、电视机、电冰箱等物。现时，催妆之日出礼、女方宴请之事也有放到结婚之日与男家一起进行的。

压床 催妆之日，男方铺好喜床后，要找个小男孩（俗称“童男子”）在喜床上睡一夜，谓之

“压床”，寓“婚后头胎生男孩”之意。此俗今仍沿袭。

开脸 上头 婚礼这天早晨，出嫁女要梳妆打扮做新娘，先由“全面奶奶”为其“开脸”，即用两根红丝线绞除脸上的汗毛，然后“上头”，亦称“上妆”，即帮助穿红棉袄、红棉裤，勒红布带，穿红花鞋，梳头搽粉，盖红盖头。这一切均在娘家进行的称为“大来”。如两家距离太远，出嫁女则于喜日前一天随嫁妆同到男家，不进新房，在婆母或婶母处过夜，第二天清晨“上妆”，称为“小来”。

中华人民共和国成立后，新郎、新娘穿着打扮不断变化。20世纪50～60年代，新郎兴穿中山装，新娘兴穿列宁服、剪短发或扎双辫子。“文化大革命”期间，新郎、新娘都以穿黄军装为时尚。改革开放后，新郎穿呢服、西装，新娘穿旗袍、婚纱。

20世纪90年代起，新娘“开脸”已不兴，“上妆”多到美容厅，由美容师为其化妆、做发型。新娘婚纱先以水红色为主，现以全白色为时尚。“盖头”早已不用。

送亲 迎亲 中华人民共和国成立后，提倡移风易俗。女青年出嫁时，路近的步行至男家，路远的骑自行车，或新郎用自行车接新娘回家。改革开放后，多以轿车迎亲。迎亲人随车到新娘家迎接新娘，送亲人也随车将新娘送到新郎家。而且，时兴迎亲车队披红挂花，沿街行进时边放高升（爆竹），边摄像留念。也有在新郎家门口拦迎亲轿车的，名为让新娘“纳性子”，实是图热闹，待新郎给喜烟、喜糖后便让新娘进门。海州民间有条规矩，迎亲回去不能走同一条路线，俗称“不走回头路”。

图41-20 20世纪90年代末的集体婚礼 赵鸣 摄

婚礼 古今习俗皆视举行了婚礼才为正式结婚。婚礼隆重，习俗较多。

旧时，新娘进家后，在新房当间设供桌、摆供品，焚天地纸，放鞭炮，举行拜堂仪式：一拜天地、二拜祖宗、夫妻对拜后，还要拜长辈，新郎新娘共同依次给家中近亲长辈磕头。

现时，拜堂之俗仍盛行。但城镇婚礼渐转到举办喜宴的宾馆、饭店举行，由婚庆服务公司人员主持，比旧时增加了戴戒指、喝交杯酒、互相拥抱、双方家长讲话等新内容，婚礼期间全程摄像留念。

婚礼俗称办喜事，规模视经济状况而定。20世纪90年代以后，市区内办喜事者都要大宴宾客，少则十几桌，多则百余桌，参加婚宴的亲朋好友一般都出礼钱。2000年之前，一般送100元，2000年后一般送200元。

闹房 也叫“闹新娘子”，是婚礼中最热闹最有趣的环节。俗话说“三天里头无大小”，闹房不分辈分高低，不分长幼尊卑，大家尽可随便逗笑取乐。“闹喜不翻脸”，无论怎么闹，主家是不能生气的。闹得最起劲的一般都是新郎的兄弟、朋友，一个个竭尽所能，想出各种各样花点子，让新郎新娘共同表演节目，如咬糖、啃苹果、舔筷子、脱绣鞋、开汽车、过独木桥等，有雅有俗，戏弄得新郎新娘洋相百出。最有趣的是耍大伯头，即新郎的哥哥。闹房的人专门把大伯头抓进新房，出难题让其说喜话。大伯头这喜话是很难说出口的，怎么也不说，几个人便将其按住，用锅底灰把他抹成大花脸，一个个捧腹大笑，才让其逃离。闹房必须在一更时结束，接着要举行“送房”仪式。

送房　送房有点烛、请烛、请新郎新娘喝交杯酒、送烛、送新人入洞房、撒帐、戳窗等程序。这些程序现在有的变换了场合，如“送新人入洞房”，把新娘迎到家时，就立即送入洞房；“喝交杯酒”一般在婚宴仪式上举行，其他的已不时兴了。

送糕茶　旧时，喜日第二天清晨，新娘由伴娘梳妆打扮后，要在伴娘陪同下到公婆等长辈房中请安，送上糕茶以示孝顺。送糕茶时，公婆、长辈要给喜钱。此风现在乡村仍有。

瞧亲　谢媒　回门　旧时，新婚第四天，新娘的父兄，要到新郎家探望，俗称“瞧亲”。此为新亲第一次上门，男家要设宴款待。亲家双方此日共邀媒人赴席，并尊推其坐上首，称为“谢媒”。

新婚第四天或第六天，女家要接新娘回家过一天，俗称“回门”。新娘一人回门，称“单回门”，新郎和新娘一同到女家去，称“双回门”。“回门”当天晚要回新房，有新婚月内不空新房之俗。

现时，此俗改变不大，多于新婚第四天“瞧亲”后，就把新娘、新郎接回家过一天，晚上由新娘之父或兄送其回新郎家，新郎家晚上要设宴招待亲家人。

招女婿　旧时，有些人家无男孩，族中又无男可嗣，或不愿嗣，另有人家多子，又无力娶妻者，经媒人说合，男入女门，为女方父母养老送终，继承女方产业。通称“招女婿”“招养老女婿”“招赘”，俗称“倒站门”。招女婿要写婚约，双方家长及媒人均要签字画押。婚约中除写明对女方父母恭行孝道、生养死葬、继承家业外，特别要写明从祖和不从祖。不从祖的要改姓换名从女家姓，将来子孙永从女家姓；从祖的分生前从祖和生后从祖，生前从祖即本人不改姓名，下一代从女家姓，生后从祖指本人及后代均不改姓名。穷人家招女婿各式均很简单，但富人家与办喜事同，只是不用花轿，不要嫁妆。入赘后，女婿以女家为家。

今此俗仍有。

四、生育

有喜　妇女怀孕，称之为“有喜”，也叫“害伢子”。在怀孕期间，孕妇生活上有许多约束，有“六不许”，饮食上有很多禁忌，有“七不吃”等。孕妇也会享受一定的照顾，注意休息，不让干重活，想吃的食物尽量满足。现代知识女性非常重视胎教，多听音乐，保持精神愉快。

坐月子　产妇生孩子一个月内称“月地里”。“月地里”产妇不得出门，要在床上调养，称“坐月子”。“月地里”产妇每天早晚要吃加有胡椒粉的红糖水泡馓子和煮鸡蛋。

起名字　孩子出生后，有先起“小名字”（乳名）之俗，到孩子上学时再起学名，俗称“大名字”。起“小名字”多图吉庆顺口，也有按孩子出生时的季节、时辰、气候起的，并没有什么讲究，一般只是表达父母的愿望，或者为了一个纪念，或者就是触景生情。有的人家干脆就把名字的最后一个字相叠，如“玲玲”“雯雯”等。小名一般只在家中或很要好的朋友间使用，叫起来非常亲切。孩子出生后所起名字，上学时仍然使用的俗称“连根号”。起“大名字”，要按家族中行字起，以识别辈分。今此俗多有沿用。

打脐屎　投奶　洗三　新生儿在三天内要用勾藤、甘草（有的加少许大黄）煎汤喝，这叫“打脐屎”，又叫“打胎气”，使孩子腹内无脏物，以便三日后吃奶消化。产后三日，如产妇奶水不足，喝新鲜鲫鱼煮的汤催奶，俗谓“鲫鱼汤投奶”。婴儿出生第三天，俗称“三朝子”。旧时，此日有全家欢庆，中午聚餐，并请原接生婆或有经验的老年妇女，为其洗澡去脏气，叫“洗三”。现在孕妇多在医院生产，“打脐屎”已不时兴，各项护理更科学全面。

送红蛋报喜　婴儿出生六天平安无事，便无“七朝疯”之虞，要向舅父家报喜。报喜的方式是送染成红色的煮鸡蛋，俗称喜蛋。喜蛋逢男单数，寓意是逢单下次再生男孩，习惯数常为九十九或八十九，叫“喜不足”。逢女双数，寓意是已经逢双了，下次就要生男孩了，习用数多为五十六或六十六等。这个风俗在20世纪末还是个必走的程序，进入新世纪有所淡化。

十二朝改案 新生儿十二天平安无事，全家大喜，大谢天地诸神。民间传说，孩子降生是催生娘娘催赶，送生娘娘护送来的。催生娘娘待孩子降生后就回去，送生娘娘还要留在“暗房”，继续保护孩子至十二朝。十二朝期满，送生娘娘也要回去，孩子便交给人间天地诸神保护，类似交接，故称“改案”。另有一说：新生儿在十二天之内很娇弱，应使他像在娘胎里一样，不见风不见亮，因此产房要遮闭成“暗房”。十二天后，孩子可以见光亮了，所以就叫“改暗”。改案和改暗是两码事，但须同时并行。产妇娘家此日要前往送礼，俗称“送馓礼”。礼品一般有糖、鸡蛋、馓子、新生儿衣服等，放在笆斗里，用小车推着送上门，寓意“才高八斗，学富五车”，送礼到门口要放鞭炮。其他亲友此日也送礼致贺。主家先要给每位送礼人泡碗馓子吃。这天孩子可以抱出房。亲友回去时，要回赠礼品及红鸡蛋，俗称“回礼”。

满月七顿饭 民间相信月地里能“带”病，即产妇身上平时的疾病，可以通过坐月子的调养自然消失。月地里能带好平时的病，满月这天又能带好月地里新惹的病。满月这天，不准产妇做任何事情，从早到晚要吃七顿饭，还要把扁担搭在门坎上，在扁担上睡一会，说是“满月七顿饭，到老腰不疼”“满月睡扁担，到老腰不弯”。

满月 婴儿满月，要祭祖谢天地，大庆一番。天井内设香案，点烛放鞭炮，焚长香、大香，烧天地纸。祖先堂前供上5个喜蛋、烧“红包袱”。婴儿第一次出房门见天，由母亲抱着到香案前、祖先堂前磕头，这叫“烧喜纸”。若家中无祖先神主，由婴儿的父亲拿着喜蛋和“红包袱”到每个亡祖坟前烧供，这叫“上喜坟”。烧喜纸、上喜坟时要祷告亡祖：家中添了新丁，请祖宗亡人吃喜蛋用喜钱，保佑孩子平安，长大后荣宗耀祖。

祭天地祖宗后，产妇抱着孩子当门坐在房外，为婴儿洗脸掸胭脂，披红罩衣，接受亲朋贺礼，为其上锁子、戴项圈。

新生儿满月的日子，喜主要大宴宾客，向亲友庄邻散喜蛋。

躲尿窝 满月第二天，舅奶家要把新生儿母子接到家过几天，这叫“躲尿窝”。经过躲尿窝，孩子可以免灾发旺又不尿床。孩子动身躲尿窝前，要洗脸搽粉，在前额、鼻子、两腮都点上红色圆点，把孩子“掸个小花脸子”。帽子上要钉个铜顶针，顶针洞内插桃树枝，手里还要拿桃树枝。打扮完毕，用舅家“十二朝”送来的青尿布盖着头才能上路。说是桃树枝能避邪，铜顶针能驱鬼，花脸子能使神仙不认识，恶鬼吓一跳，舅家的青尿布能挡各种恶气。

孩子到了舅家，一进门舅妈舅奶就要赶快揭开尿布，象征性地又打又骂。舅奶骂外孙只能说“奶奶腿”“小厚脸”之类的话，这样打骂以后，主孩子在舅家不生病。打骂之后，把孩子抱到灶前，尿泡尿，让孩子的手拿一拿火叉，就算尿窝躲过了。此俗今仍兴，只是拿桃枝等程序简化了。

凑百岁 新生儿满100天，要有一番庆贺。富人家大宴宾朋，赴席者要出贺礼，名目是给孩子吃百家饭，穿百家衣，过百岁。一般人家孩子过百天，在庄邻中凑一百家（多家，象征性的）钱粮，凑一百家碎布缝制一件衣裳，表示孩子吃了百家饭穿了百家衣，寓意孩子得到众人呵护，顺利成长，这叫“凑百岁”。

剃长命头 新生儿满百日这天要剃头，这是第一次剃头，又叫“剃胎头”“剃喜头”“剃长命头”。剃下的头发，要用红布包好，缝成小球，扣在孩子手腕上。俗称此举可压惊、消灾、驱邪。旧俗以为三、五、七月不吉利。如孩子百日在农历三、五、七月里，“剃胎头”则需提前或推后。也有些人家取第一次剃头的头发加工成一支毛笔，给孩子永久珍藏。今此俗仍兴。

生育禁忌 忌妇女手对手接盐。

忌已婚未孕妇女进产妇的房子。旧俗以为未怀孕女子和刚生孩子尚未满月的产妇，皆为“空肚子”，空空相见会使未孕妇女一生不孕。

忌新娘见俗称“红人”的未满月产妇。如无意间相遇，新娘要立即解开一个衣扣，俗称“解怀”，以不影响怀孕。

孕妇忌吃兔肉、驴肉、鸽肉、鳖肉、麻雀、鲤鱼和泥鳅鱼。旧俗以为孕妇一旦吃了这些东西，生出的孩子会出现“三瓣嘴”“雀斑”“驴长脸”“对子眼”或“绿豆眼”等情况，对孩子不利。

孕妇忌敞开裤脚子。旧时以为扎紧裤脚可以防止孩子生下后得“七朝疯”（破伤风）。

孕妇忌夜间到室外行动，以防“坏星”照胎，生怪胎。

忌孕妇跨水牛绠子。旧俗以为孕妇跨水牛绠子，会像牛一样12个月才临产。

忌孕妇坐囤粮食用的摺子，旧时以为这样可以避免孩子夭折。

忌孕妇坐在绳子上，旧俗以为这样可以避免生育时的“盘肠生”现象。

忌将婴儿的衣服、尿布晾在室外过夜，俗以为这样对儿童健康成长不利。

五、过生日

过周岁　婴儿满周岁，过第一个生日，俗称“过头生日”，一般人家要大宴亲朋，按俗规为孩子做衣服。姨妈要给孩子送一双袜子，舅妈给孩子送一褂一裤。褂裤必须是蓝色，寓意将来孩子成为蓝衫秀才。姑妈要送给孩子一双鞋，款式是下述两种之一：猪鞋，在鞋头绣猪的口鼻眼，两边各装一个大猪耳，取意猪泼辣好养，少病不死；钥匙鞋，鞋头绣三个钥匙齿，取意钥匙开心窍，象征将来孩子聪明，会读书。

过了周岁以后，每年的生日只是中午吃一顿面条，俗叫给孩子“扎根”和“长尾巴”。头一碗要给过生日的人吃，以示庆贺。

整生日　指逢十岁的生日。旧时，四十周岁前的整生日一般不当回事，与小生日同样过。唯对孩子十周岁生日比较重视，有条件的人家这天要给孩子穿新衣服。另外，对女孩二十岁生日比较讲究，认为那是在家过的最后一个整生日，年龄相仿的姊妹、好友都要来祝贺。

现时，只要是整生日都很重视，对孩子10岁、20岁生日尤其重视。20世纪90年代起，很多青年把20岁生日和考上大学庆贺活动一并举行，长辈及亲友也多出礼金致贺。主家均到宾馆、饭店设宴待客。

做寿　也称“祝寿”。一般从50岁开始，岁数逢10的生日，也称“寿诞”或“寿辰”。为年满80岁及其以上的长辈举行的诞生日庆贺礼仪，称为“做大寿”。在这一天为老人举行祝寿活动，有繁有简，视生活条件及寿星身份而定。一般人家均邀亲友来贺，礼品有寿桃、寿联、寿幛、寿面等。隆重者要设寿堂，燃寿烛，结寿彩，寿星着新衣，坐中堂，接受亲友、晚辈的祝贺和叩拜。寿辰早上吃长寿面，中午宴宾朋。寿筵结束，宾客将碗筷带走，俗称“讨寿”。此俗至今仍沿袭，而礼仪渐简，至亲、晚辈多送礼金。儿女多为老人添置衣物，有的晚辈仍给老人叩头祝寿，老寿星给每个叩头的儿孙磕头钱。20世纪80年代后期起，时兴到电台点歌祝寿。寿筵也从家庭走进饭店。过寿人所坐之桌放置生日蛋糕，按寿龄在蛋糕上插燃彩色小蜡烛若干支。农村还有包电影、请剧团演戏为老人祝寿的。

过九　古海州民间老人过寿，都是过九不过十。凡老人过大生日，即逢十的整岁，一般都在逢九的那年提前祝寿，并作大庆。

六六寿　逢父或母66岁生日，出嫁的女儿要为之祝寿。是日，将猪腿肉切成66小块，形如豆瓣，俗称“豆瓣肉”，红烧后，盖在一碗大米饭上，连同一双筷子一并置于篮内，上用红布遮盖，由女儿、女婿送给父（岳父）或母（岳母）品尝，以示祝寿。肉块多，寓意老人长寿。父或母接此甚悦，在鞭炮声中，美餐一顿。

六、丧葬

剃头洗澡 人临终前，要用温水把身子擦一擦，俗称“洗澡”。男的还要剃头、刮脸、修胡子；女的要整理发型。意在清清而来，清清而去。

穿送老衣 死人穿的衣服俗称“送老衣”“寿衣”。按习俗“送老衣”要在人咽气之前穿上。旧时，“送老衣”不配衬衣，袖子要盖过手指。男人用蓝布，女的用红绿两色布，并配花裤子。俗称死者穿衬衣，会使人丁不旺；袖子短，会使后人受穷。20世纪80年代后，此风渐改，男的有用呢服当寿衣的，女的仍沿旧俗。

传事禀 人亡后，最迟要于第二天派人到亲友家报丧，俗称“传事禀”。现时，人亡后，家人都立即向至亲好友报丧。除家住不远的长辈、至亲派人登门报丧外，一般都通过电话报丧。

捅当间 烧铺堂纸 死者穿上送老衣后，要移放到当间的“挺尸床”上，俗称“捅当间”。死者已无长辈在世的，“挺尸床”放在当间上首；如仍有长者在世的，要置于当间下首。

20世纪90年代中后期起，穿“送老衣”诸事，多由殡葬服务中心人员进行。

死者安置好后，用一张白纸盖在死者身上。接着，由死者女儿（无女儿可由侄女或孙女）烧纸，先在亡人头前烧纸，一直烧往门外，烧到路上，边烧边哭。意在花钱为死者买路。俗称“烧铺堂纸”。铺堂纸烧后，还要烧“轿”，俗称烧“断气轿”，供死者使用。

打狗饼 倒头饭 引魂灯 旧俗，人死后要在其衣袖里放7块指头大小的面饼，俗称“打狗饼”（男的左4右3，女的左3右4），以供亡人对付恶狗。还有在亡人袖内（男左女右），放一股香的，俗称“打狗棍”。

亡人头前要放置一碗热水浸泡成的米饭，饭上直插一双筷子，俗称“倒头饭”。以供亡人路上食用。

亡人头前、脚后要各点一盏豆油灯，头前的俗称“引魂灯”，脚后的叫“照路灯”。有“灯光越明亮，子孙越兴旺”之说。此俗现仍盛行。

扎哭丧棒 “哭丧棒”又称“泣杖”。用芦柴扎成棒状，外边糊上白纸制成。俗定死者儿子拿的要缠满白纸条条，称“毛泣杖”；侄儿拿的为一半带白纸条条；孙子拿的不带白纸条；重孙拿的则要贴上红纸条。长子拿“泣杖”领丧。如死者长子已不在，要由长孙拿“毛泣杖”领丧，俗称“承重孙”。20世纪60年代前后，此俗全无。80年代后期，此俗重兴。

戴孝 人亡后，亲人要按血缘亲疏及辈分高低，分别穿戴用白布缝制、毛边向外的孝帽，俗称“戴孝”也称“破孝”；亡人的亲生子女和儿媳，从头到脚都着白色，腰间束一缕麻丝，俗称“孝绦”。亲生儿、过继儿、抱养儿统称孝子，身穿齐脚孝袍，头顶1尺零7寸（市尺）宽、两边拖到地面的白布，俗称“孝搭头”。女儿、儿媳穿与短褂等长的孝褂，“孝搭头”齐膝长，脚穿草鞋，若穿布鞋，要蒙白布。父母双亡的全蒙白布；父母还有一人在的，只前半截蒙白布。

孝帽有讲究，儿子的是“折角”，如父母还有一人在，孝帽要把一角折起来，如父母两人都不在，两个角都要竖起来。侄儿的是“四角”，孙子辈的戴“一把抓”，重孙辈的则要在“一把抓”上钉红布条，曾孙钉红、黄两色布条，有的就戴红孝帽。吊丧亲友都给一顶“一把抓”孝帽。妇女不给孝帽，给孝巾。

此俗20世纪60年代前后废止。80年代后期起，渐又兴起。现时，给吊丧的亲友的“一把抓”孝帽已改为孝帽布。

办丧事　为死者办理后事叫办丧事。城市居民办丧事，一般不请吹鼓手，只设灵堂供家人和亲朋吊唁，送葬时便撤去灵堂。农村或小城镇部分居民，办丧事颇为讲究，尤其是德高望重的年长者或儿孙满堂的老人去世更要大操大办。丧家要请红白理事会分别负责内外事务，使整个丧事过程井然有序。为了表示孝心，主家至少要请一班吹鼓手，在迎宾、送汤、出殡过程中吹奏乐曲。在出殡的头一天晚上，丧家贵客要另外给吹鼓手赏钱，让其尽兴吹唱，有的还表演歌舞。21世纪初开始，办丧事请吹鼓班子频率较20世纪后半期有所抬头，吹奏的都是流行歌曲，并用上音响设备，尽可能地扩大声势，有的人家还雇请专人哭丧。

置棺　入殓　吊丧　旧俗，人死后用棺材土葬。老年人在活着时置办的棺材俗称“喜材”，人死后赶制的棺材俗称“寿材”。棺材按其板材厚度分为“元花”“四五六”“一二三”“天地同”和“薄皮材”等几等。贫穷人多用“薄皮材”，有的甚至只能用“芦席包”埋葬。

死者遗体入殓，俗称“上材”。“入殓”后的棺材称“灵柩”。死者若有亲生子女或娘家亲人未到，入殓后暂不封盖。待亲人到齐时，盖棺并用钉钉牢，俗称“煞盖”“封棺”。“封棺”钉“喜钉”时，由孝子用搭头布包住钉子，扶正钉时喊叫死者“躲钉”。入殓后，要将入殓时留下的“打狗饼”“打狗棒”、蒙脸纸之类打扫干净。俗称“扫灵”。意在扫除晦气，主家中平安。饯程之日在放棺材的门前搭丧棚，放祭桌，桌上置厢亭，亭内放亡人灵牌或遗像，两旁贴挽联。厢亭前置香烛、清茶、果品。桌前放席子、折好的被子，供吊丧人跪拜使用。亲友吊丧时，孝子要陪跪，以示回敬。

1964年起，连云港市实行殡葬改革，推行火葬。现死者遗体已全部实行火化，骨灰置于骨灰盒内，葬于墓内。20世纪80年代以后，死者绝大多数是在医院里去世，一般都停放在医院的太平间。只有一些年龄较大的老人会在弥留之际拉回家中，在家中设立灵堂，供亲友吊唁。20世纪末开始，民间出现专业办理丧事机构，灵堂都是请他们布置。今置棺、入殓之俗已无，吊丧之俗仍存。

送汤　辞灵　旧俗，人亡后孝子要上孝，哭至土地庙，为亡人送“倒头汤”，谓之“送汤”。每天早、中、晚3次。意为给亡人送吃喝之物。亡人入殓后饯程之日，中午不送，只早晚送汤，且送汤时伴有乐器，俗称送“响汤”，晚上称“送盘缠”“起程”。送盘缠回来，晚饭后开始鼓乐高奏，附近近亲均来奉献4碗饺子于丧棚供桌上，叩头后即将饺子撤下，倒入篮中。将空碗口向下退回，并逐一登记。俗称“辞灵”。现此俗仍存，农村尤盛。

出殡　出殡俗称出棺。棺材从灵堂抬出大门时，女眷不送程，不送葬，不上坟。故棺材抬到大门口，要停一会，让女眷们哭别。当棺材重新抬起时，长子在棺材前头，将“老盆”摔碎，俗称“掼老盆”。出棺时必备两样丧品：引魂幡和铭旌。引魂幡有两种规格：一是片幡，用红绿黑三色彩纸，剪成碗口大小的“回”字和“寿”字图案，连接成七尺七寸的燕尾形彩带，一式两面，分别挑在竹竿上。二是鹤幡，用彩色纸糊成鹤、篮、桶、球四物，挑在竹竿上。铭旌是在一块五尺七寸长（或四尺七寸长）的红绸上，用金粉写出亡人的姓名籍贯和亡时年龄。出棺时挑在竹竿上，在棺材下井俗叫“棺登位”后，敷在棺盖上用酒浇贴。若干年后，红绸腐烂，金字便印在棺盖上。故铭旌就是棺志铭。因它长如一条大手巾，又写着人名，所以叫铭巾或名巾。

安葬　棺材抬到墓地后，先在事先挖好的墓坑（俗称“金井”）中央放上数枚枣、栗、桂圆，再将棺材放入，同时将“照路灯”“引魂灯”放在棺材前后，铭旌敷在棺盖上，棺上放张“包棺席”，孝子们各向棺材上推三把土，最后由抬棺人圆坟。孝子们回到家门口，要跨火堆，到放置在门前的凳上抓些糕、鱼和零钱，俗称“抓富贵”。

殡葬改革后，遗体实行火化，“出棺”之俗已无。但安葬（安葬骨灰盒）、“抓富贵”之俗仍沿用。

葬后祭扫 旧俗，孝子要于亡人安葬后第3天去上坟，给新坟添土，俗称“伏三”；人死后第7天为头祭，以后每7天为1次，连祭7次。每次头天晚上设祭，于门前置一小桌，上放4碗饺子、4碗清茶，执事人在桌前烧纸，孝子们跪于桌后长哭。俗称“报七”。

每逢第7日要去上坟。如人死后第7日碰上（农历）初七、十七、二十七这些带“七”的日子，俗称“犯七”。“犯七”的，在第一个七天上坟时要备1把小纸伞和49面小纸旗。孝子们边转边把纸伞插于坟顶，把纸旗插于坟四边。俗称“转七”。另有在第5个七天那天五更时，在门外置桌供菜，家人面向东方，围跪于桌边哭泣，谓之“望七”。

现在境内逝者大都在公墓安葬，亲属中男女都去送葬，一般是安葬后男子先在坟前叩头行礼，然后在远处等待的女眷们再到坟前叩头。同时，将“伏三”上坟一起进行，直到“五七”时再到坟前祭扫。

丧葬禁忌 忌用柳木打棺材。

“打喜材”时，忌将口朝上。俗以为口朝上有装人之嫌。

忌用缎子做寿衣。“缎子”与“断子”谐音，犯断子绝孙之嫌。

禁忌以皮袄、皮裤作为寿衣。否则死者来世会转为兽类。

忌给亡人穿衬衣、衬裤。俗以为死人穿衬衣、衬裤会使后代人丁不旺、受穷。

死者穿衣时禁忌孕妇近前，以防亡灵伤着胎儿。

忌猫、狗一类畜牲进入停放亡人遗体的灵堂。俗以为畜牲靠近亡人会为其“换气”，使其起身走尸，成为“走尸鬼”。因此，皆用“蒙脸纸”将亡人脸盖住。

出棺时忌棺材碰到门框或墙角，否则会使后人晦气。

忌将孝绦落入放棺材或骨灰盒的金井内。否则，会使后人“少白头”（少年时期长白头发）。

禁忌孝子在守灵期间说笑、剃头、洗澡、洗脚、剪指甲等。俗以为此等行为皆属对亡灵不敬。

孝子守孝3年间，春节忌贴红春联、放鞭炮。守孝期间禁忌丧眷参加一切文娱活动，禁忌和别人吵闹打架。

忌戴着别人的孝帽或膀缠别人家的孝帽布进自家的门。俗以为这样于自家长辈不利。

忌戴着孝到别人家去，俗以为会给别人家带来晦气。

现时，除打棺材、上材禁忌外，其他各项禁忌，民间仍很讲究。

第二节　生活习俗

一、服饰

服装 改革开放后，服装款式、颜色日趋多样化。男的多穿西装、夹克衫、休闲服、坎肩（马甲）等。年轻女性服装花样更多，蝙蝠衫、三套装、露脐衫、吊带衫等时兴款式均风行一时。青少年夏秋盛行运动衫、香港衫、T恤衫、牛仔服，冬季穿着羽绒服、各式皮毛衣、军大衣、太空棉服等。中老年、农民也由以穿传统便服变为各种休闲服为主。下衣，青少年女子夏秋以穿连衣裙、百褶裙、西装裙、短裙等为主，男子以穿制服裤、休闲裤为主。

鞋袜 中华人民共和国成立后，流行穿牛皮底布鞋、塑料底布鞋、高矮帮胶鞋。20世纪70年代后，民间自制鞋逐渐减少。平时以穿皮鞋、布鞋为主。夏天穿各式凉鞋，劳动时多穿胶鞋。冬季穿布制棉鞋和各种保暖鞋。纱袜渐为各式化纤袜所替代。

巾帼　中华人民共和国成立后，青少年男子戴八角帽、解放帽。中青年女子兴顶花布头巾、纱巾。20世纪70年代前后，中青年女子一度兴用彩色腈纶方巾，中老年男子兴戴三块瓦帽或毛线帽。改革开放后，帽子样式增多，中青年男女戴连衣风雪帽，或各式毛绒帽；中老年男子兴戴礼帽；冬季老年妇女兴戴毛线帽或绒帽。

饰物　改革开放后，妇女、儿童佩戴饰物之俗再兴，且逐渐发展为中青年妇女戴金项链、水晶项链、金耳环、金耳坠、金戒指或珠宝饰物。老年妇女戴金镯、银镯、玉镯、金耳环。男子也有戴金戒指、金项链的。

二、饮食

主食　民间一般一日都是三餐，早晚吃稀粥加干的面食，中午吃米饭，俗称"干饭"。不同的季节或不同的活动，饮食上有着不同的习俗。农忙季节，重劳力每天都要吃五顿，甚至六顿。早饭前吃的一顿叫"早头脑"，早饭与午饭之间吃的一顿叫"接晌"，晚饭之后吃的一顿叫"晚夜宵"。过去冬季农闲，有的人家睡得早起得迟，一天只吃两顿饭，上午一顿叫"东南晌"，下午一顿叫"西南晌"。

居民饮食以面食为主，面食主要做成饼、馒头、卷子之类，统称"干的"。每一次都做得很多，要够吃好几顿。吃的时候放锅上蒸热。

"小鱼不解馋，全靠辣和咸"。境内靠海，居民口味重，喜欢吃咸的和辣的，尤其在冬季，每顿饭都少不了辣椒酱。辣椒酱是用小磨磨出来的，吃起来辣，闻起来香，特别可口。

副食品主要有南瓜、白菜、山芋、胡萝卜、穇子、榆树叶皮、洋槐花、海英菜、芙子、毕球、马苋菜等。荒年用副食代替主食，故民间有"瓜菜代"的谚语，代食品有人工种植生长的，也有野生的。

地方风味菜，有小鸡烧栗子、风鸡、风鱼、风兔子、荠菜饺子、狗肉冻子、凉粉、闷瓜、盐水蟹子、盐水对虾、蟹渣、蟹子豆腐、虾酱、虾婆饼、蒸鱼籽等。猪头肉、虎皮肉也别有风味。

节令食　不同的时令节日，有不同的特定食物，叫"节令食"。

正月初一日，汤圆、水饺。

正月初五日，早晨吃面条，俗称"吃财神面"。

正月初七日，用黄豆或花生仁水磨成糊与野菜同煮，叫作"小豆腐"或"菜渣子"，这样的食物叫作"仙人脑子"，传说吃了老者长寿，幼者聪明。

正月十五，早上吃元宵（汤圆），中午吃饺子。

二月初二日，早晨吃面条；中午吃馒头，或吃荠菜饺、荠菜饼尝新。

清明节吃韭菜饺子。

端午节吃粽子。

六月初六日，吃炒面，以干面粉炒熟，食用时掺糖，冲开水搅拌，俗叫和炒面。

入伏，吃粥、梢瓜。入伏当日要把头一年腊月三十日中午的干饭锅巴煮成粥，叫"吃伏饭"；同时人人都要吃一点当地盛产的梢瓜。

七月十五日，吃饺子。因吃饺子成俗，民间有歇后语："七月半的饺子——干爽"。

八月十五日，吃月饼、西瓜及煮食所有新成熟的农产品。

九月初九日，早晨吃蒸糕，中午喝茱萸酒，有"重阳吃块糕，到老不弯腰"之说。

十月初一日，吃饼。俗谚说"十月朝吃顿饼，一冬也不冷"。

冬至日，中午饭菜丰盛，晚上煮食老番瓜（南瓜），据说吃了整个冬天手脚不生冻疮。

图 41-21　街头蒸糕　　赵鸣　摄于 2001 年

十二月初八，吃“腊八粥”，即用板栗仁、白果仁、核桃仁、红枣、糯米、红小豆、豇豆、小米等熬成的粥。

改革开放后，社会生活节奏加快，境内居民的饮食习俗也随之有较大改变，但主食品种变化不大。有些家庭主妇厨艺较好，逢年过节仍能做些节令食品，但大部分家庭都是在超市买速冻汤圆或罐装八宝粥等节令食品；一些上班族的小家庭，经常去吃快餐或买些半成品（如牛奶、面包、面条等）回来加工。人们饮食结构发生了很大的变化。

饮食禁忌　吃饭时忌敲空碗。俗以为敲空碗是要饭的动作，另以为敲空碗会越敲越穷。

吃饭时忌伸懒腰。俗以为这样不文明，会让人讨厌。

吃饭时忌多说话。有“吃不言，睡不语”之谚。

忌把筷子直插于碗中央。俗以为只有死人的筷子插在碗中央。

忌用剪子剪食物吃。俗以为吃了会生剪口疮（口角炎）。

忌将梨切开分给别人吃。俗以为“分梨”与“分离”谐音，不吉利。

席间忌站起来夹远处的菜。

忌席间评论饭菜不好，以免有对主人不敬之嫌。

席间，忌主人先于客人吃完饭放下碗筷。否则，有慢待客人、催食、吝啬之嫌。

赴宴时，吃好后忌不道别就离席而去。俗以为此举是对人不敬。

宴请时忌席未散就抹桌，扫地。俗以为这是在“赶客”，待人不礼貌。

吃饭忌剩饭、俗称“嘴根子”，俗以为浪费粮食是“伤天理”，会受老天惩罚。因此，民间十分注重教育孩子吃多少饭就装多少饭，不要浪费粮食。

忌饮食过量。俗以为每顿饭少吃点有益健康。有“少吃一口，活到九十九；多吃一口，不拉就呕”之谚。

忌吃“发物”。民间称一些容易诱发某种病、疮的食物为“发物”。常被称为“发物”的有公鸡、红鱼、驴肉、香椿、扁豆、芫荽等。

过生日忌吃饺子。

忌多吃杏子、李子。有“桃饱人，杏伤人，李子树下抬死人”之谚。

三、建房

选宅基　农村建房第一件大事是选宅基，标准是山地要隐，平原要显，坐满朝空，四平八稳。山区住宅要建在群山环抱之中，或居山洼，或沿涧沟；平原住宅，要先积土筑成高地（俗叫“高崮顶”“高骨顶”），房屋建在高顶上，居高临下；要背山面水，门前无任何遮挡，视野开阔，宅基地块要相对方正平坦。旧时，庙宇是正南正北的，因此民间建住宅定向时都要偏一点，偏向东称“东南向”，偏向西称“西南向”。偏向哪边，则要因地而定。俗以河流为一条“龙”，又把河湾当作一张

"弓"，很忌讳在"弓背""龙脊"即河湾处建村，认为"弓"的张弛、"龙"的舒腰，均会给河湾处带来不安稳，能把人财淘荡光；而在河湾内"弓弦"里（又叫"河套"内）建村居住，聚气聚财，人财两旺，故有"十湾九富"和"十湾九财主"之谚。境内几乎每个河湾均有村庄，庄名叫张湾、李湾、张套、李套的很多。

下堑脚　即奠基，民间视此为建筑施工中第一大事。奠基开始先放长串鞭炮，以期驱邪。向地槽内丢做基础的石头（俗称"丢垫脚石"）时，要放鞭炮"壮喜"，要给瓦工一些"喜钱"。同时，要在房屋正中心的地面上挖一小洞，富人家在小洞放一块玉或一块银元的。也有的人家在洞内放些茶、米、面和带"乾隆"字样的铜钱。俗称"镇宅"，或称"压喜"，以寓房主家有吃有喝有钱花。

照梁　墙框砌好后铺放桁条，俗称"上梁"。上梁前，把木梁抬到新墙框内，披上红绫（或红布），用桦树皮（俗叫"花皮"）扎成火把（俗叫"财神把子"），点燃后在梁及桁条上照，边照边说喜话："一照金梁玉柱，二照金玉满堂，三照喜报三元，四照事事如意，五照五路财神，六照六六大顺，七照天献七巧，八照八仙聚会，九照九天同庆，十照十全十美。"

拜梁　照梁的同时，在木梁前设立香案，点红烛烧长香，屋主人的家长，衣着整齐"拜梁"：向木梁每磕一个头，作三个揖，共磕三个头，作九个揖。拜梁后以红布作索，把木梁提到墙上悬立，边提边说喜话："脚踏云梯步步高，鲁班大师也来到，手执彩虹提金梁，金梁玉柱架金桥，架好金桥八仙过，千秋万代吉星照。"

贴红对联　梁到墙顶，摆放好桁条，在有关部位贴红对联。门上贴："上梁喜逢黄道日，竖柱正遇紫微星"；当门的后墙上贴竖条："姜太公在此，百无禁忌"；梁膀上贴："青龙盘玉柱，彩凤绕金梁"；当门房间的中脊桁条上贴五个红字方："福、禄、寿、喜、财"；所有门窗上均贴彩色挂浪。

滚梁　铺设桁条完毕之后，匠人站在梁膀桁条上，放鞭炮，说喜话，撒馒头、糖果、钱币等，叫"滚梁"。

晒梁　滚梁之后，在中脊桁条上披红绫、红布，叫做"洪福齐天"。披红后，工匠停工，新房的上下内外不准有人，让太阳"晒梁"，又叫"聚阳气"，俗以正午时晒梁为最好，晒梁之后，太阳偏西，覆葺屋面。

有钱难买雨浇梁　上梁时遭遇到雨淋最高兴，越遭雨淋，工匠和主人干得越欢，叫"有钱难买雨浇梁"。对上梁喜雨，有两种传说：一说是洪福冲天，下雨报喜，下雨洗尘；一说是新房经过天水浇洗，可以除去各种恶气，使新房更加洁净，主将来住房的人平安。

踩当门　上梁是建房中的一件喜事，当天的中午和晚上，屋主人要办酒席款待工匠，有的还要给喜钱；亲邻好友要来贺喜，出贺礼、喝喜酒，俗叫"踩当门"。送踩当门的礼品讲究吉利。

前不出头、右不能高　平行居住的房子，左右邻房，必须在一条线上，俗叫"一条脊"或"一条龙"，又必须是同样高低。若有错前了，叫做"错牙"，"牙""伢"同音，会使小孩不安。高低不同，叫作"高的压了低的气"，被压的人会财不旺，若有高低，只准左边的房子高，不许右边的房子高。俗谚说："左青龙，右白虎，宁叫青龙高万丈，不让白虎抬了头。"

奴不欺主　在同一个院内建房，偏房厢房不能大于、高于主房，前边的房子不能大于、高于后边的房子，叫"奴不欺主"。

门窗四不冲　相距不远的房屋之间，门窗所向忌讳很多，最主要的有：门与窗不能相对（又叫"相冲"），门不对烟囱，门不对屋爪，门不对路头和水沟头。

避讳　建房中遇有犯忌或不祥之物，要采取相应的办法来"破"，叫"避讳"。如：垒影壁，门前垒一道墙（俗叫“影壁”），把犯忌的事物遮挡住，即可逢凶化吉；设镇石，迎着一切不祥之物，竖立一块石头，上刻“泰山石敢当”5个字，能镇万般邪恶；悬八卦图，在门楣的正上方，悬挂一个木制八卦图案，降妖伏怪，逢凶化吉；镶太平镜，在门楣的正上方，镶嵌一面镜子，俗叫“太平镜”，又叫“照妖镜”或“反射镜”，可以将不祥之物和妖魔鬼怪反射回去。哪里有不祥之物，就把太平镜放在相应的地方。

中华人民共和国成立后，民间自建房仍讲究方向，诸多习俗仍沿袭。20世纪70年代起，城乡居民建楼房的渐多。世纪之交前后，城镇居民入住商品房的越来越多，农村居民建房要服从统一规划，“选宅基”等宅居习俗已无条件继续延续。公家盖屋、开发商建商品楼房也多讲究在开工时举行奠基仪式（相当于民间“下堑脚”），有的还请地方党政领导和业务上级领导为其剪彩，放鞭炮、放礼炮。楼房封顶时，隆重举行相当于民间建房上梁的封顶仪式。随着统一规划建房用地、统一成排建房规划的实施，城镇住宅小区的开发建设，居民多购买商品房居住。购房时多注重楼层高低、采光和居住小区整体环境等。如遇上门冲着路头、屋山头、墙拐之类情况，多在自家门楣中央安置“八卦”或“太平镜”，以求心理平衡。不再像旧时为此而吵架打架，甚至结仇。

四、居住　出行

居住　旧时，境内居民住宅多为平房，一般是3间：当中一间开门为厅，两头房住人，俗称“三间两头房”。大户人家住房讲究老幼尊卑，辈分高低。在一个庭院中，堂屋为主，偏房为次；在主次房中，各以左为上。通常长辈居主屋，晚辈住偏屋；长辈居上首（左边），晚辈住下首。同辈人长兄住上首。住楼房的，老人住底层。无论何人何房，禁忌床头靠近门窗，尤其忌讳床头正对大门。

中华人民共和国成立后，城乡居民中，不论住房多少、条件孬好，在安排居住时，仍沿旧习，尽量为长辈、老人提供方便。农村凡有宅院、两三代同住一个院落的，更讲究尊敬长辈。改革开放后，城区兴建楼房，居民住房由宅院式转向单元结构房。但绝大多数人家仍注意将向阳房间让老人居住。

搬家　民间视搬家为大事、喜事，特别讲究选日子，一般选用双日。民间有（农历）正月、五月不搬家之俗，也有三月、七月不搬家的。搬入的房屋，无论是新房还是旧房，首先都要把室内垃圾打扫干净。再以少许柴草在室内烧一烧，俗称“壮把火”，以使室内更加清静无邪。家具进屋之前，先在室内外放挂鞭，以图喜气。向新居内搬东西时，讲究先将炉灶安置好。俗以为先让灶王爷登位，可保一家有饭吃，一世平安。20世纪90年代以后，城乡居民购置商品房的越来越多。购房一般是毛坯房，要加以装修。装修有的简单，能满足起居即可；有的则比较豪华，堪比宾馆，按购房者经济条件而定。凡遇亲朋好友搬家，民间有送礼致贺乔迁之喜的习俗。所送礼物一般为大葱一束，象征宅第冲阳；鲤鱼两条，象征年年有余；另有蒸糕、肉等。近亲也有送日常生活用具的。主家对送礼的亲友，有请吃喜酒以示感谢之俗。

出行　民间把外出办事叫“出门”。旧时出远门讲究查“皇历”选好日子，不会查皇历的人，则按“出门三、六、九，回家二、五、八”的俗规行事，每月只有逢三、六、九的日子才能出门。凡出远门，临行前要在祖先堂前烧香磕头，请祖宗保佑路上平安，办事顺利。出门前，吃水饺，意为“弯弯顺”，预祝一路顺风，办事顺利。忌吃面条，面条拉拉扯扯不利索。出远门归来时，一家人团在一起吃顿饭，叫“接风”“洗尘”。

中华人民共和国成立后，外出时烧香求神之俗已改。送行、接风、洗尘之俗仍沿袭。

第三节　节庆习俗

一、传统节日

过年　民间把正月初一称为“过年”。节前称“忙年”，即为过年期间准备食品、用品，家家办年货，做新衣，举行扫尘、祭灶、祭祖、吃团圆饭（亦称吃年饭）、贴春联、挂年画、守岁等活动。企事业单位一般在节前举行迎春团拜会和各种娱乐活动。节日期间，人们互相拜年，放爆竹、喝春酒、吃年糕、吃饺子、吃元宵（汤圆）。城乡普遍开展耍龙、舞狮、扭秧歌、玩花灯等活动，表示除旧布新、送穷迎富、驱邪辟瘟，祈祷在新的一年里五谷丰登、吉祥如意。民间在初一天亮时，鸣放高升和鞭炮，称“迎新”。早饭后晚辈向长辈拜年，长辈给晚辈压岁钱。亲朋之间登门拜年，相互祝贺新年好之俗仍盛行。20世纪90年代中期起，兴电话拜年或用手机发短信拜年。初二，新出嫁的女儿要带领丈夫回娘家，丈夫要带着许多礼品给岳父母磕头送礼，向岳父母家的祖先供桌磕头。初三拜月牙。正月初四晚上，为财神爷暖寿，在财神的供桌上点烛烧香，装上一大碗汤圆作供品，雅称为“元宝供”。全家人向财神磕头，祷告财神爷保佑今年生意兴隆、财源茂盛。初五日为财神生日，一般民间信仰的财神有三位：一位是文财神比干，一位是关圣帝关云长，一位是武财神赵公明。正月十二过小年。亲戚、朋友互相吃请，一直延续到正月十五，这个年才算过去。

元宵节　元宵节又称灯节、上元节。地方上搭台唱大戏，各家门前挂灯笼。早晨吃元宵（汤圆），中午吃“弯弯顺”（饺子）。一般从上午就开始举行舞龙、舞狮等娱乐活动，晚上张灯结彩、游戏玩耍。20世纪末开始，政府每年都要组织庆元宵大型系列活动。市区在苍梧绿园等处放焰火，举办灯会。花果山举办三元宫庙会，朝山进香的香客络绎不绝。海州区举行舞龙舞狮、高跷、龙灯、花挑花船、蚌舞等表演。

二月二　农历二月初二称“龙抬头”，又叫龙头节、青龙节、春龙节、挑菜节。民谚曰：“二月二龙抬头，家家带欢猴”。欢猴是比喻出嫁的女儿。二月初二这天，家家都要带闺女回娘家吃一顿中饭，饭后即可回家。也有许多城里人纷纷到郊外山坡田头挑荠菜，用荠菜包饺子吃。现在，二月二这天，闺女是不需要带的，一般都是主动回娘家吃午饭。有二月二给小孩剃胎头之俗，以为龙抬头之日剃龙头对孩子前程有益。

清明节　民间有清明节前后几天扫墓祭祖之俗。扫墓时给坟上添土，用红纸压坟头，俗称“圆坟”，意为替死者整修住宅。有“清明前十天盖瓦房，清明后十天盖草房”之说。多以水饺为祭品，烧冥纸，叩拜。民间另有于清明早晨在门上插柳之俗。

现时，民间对清明扫墓仍很重视。机关、学校在此日集体到烈士陵园凭吊烈士。

端午节　又叫五月端、五月端午和端阳节。家家户户都要吃粽子，打百草露，门上插艾插菖蒲，喝雄黄酒。在新生儿的房间门上挂艾虎，小孩子洗百草汤、挂老虎肚兜和穿老虎鞋小猪鞋、扣花绒、挂香荷包等风俗还一直保持。

六月六　六月六吃炒面、晒宝、晒龙衣。这一天，每家都要炒麦面吃炒面。传说六月六吃了炒面，主整个夏天腰不疼、不中暑。民间还特别重视“晒宝”“晒龙衣”，即把家中收藏的人参、鹿茸、珍珠、细软和衣被等全部拿到堂前院内晒太阳，防止霉烂。一些读书人把家中收藏的字画和书籍拿出晒太阳，防止虫蛀。小孩端午节扣在手足上的绒线，于此日剪下抛到屋上，俗称让喜鹊叼去搭鹊桥，以便七月七日牛郎织女相会。炒面现在超市里有售，很少有人在家自己炒了。

七月半 也称“七月十五”、中元节，俗称“鬼节”，一般人家要包饺子、上坟烧纸、祭祀亡灵。一些信仰佛教的居民还要到寺庵中参加盂兰盆会，超度逝者，为生者祈福。除祭奠祖宗，即“家鬼”外，还要烧纸给无家无后代的“野鬼”（俗叫“孤魂鬼”），叫“斋孤”。乡村通常是一些好行善事的人，买点纸在三岔路口焚烧。

中秋节 俗称“八月半”，也叫“团圆节”。这天，家家户户都要购买月饼和各种水果 置办酒席，中午吃团圆饭，小家庭全体成员都要到男方父母家团聚。祭月、拜月、赏月等活动主要是在晚上。家家户户在月亮升起之前，在自家的庭院或楼台比较宽敞的地方，朝着月亮升起的方向摆一张供桌，桌上放置糖饼、月饼和苹果、葡萄、香蕉、花生、芋头、毛豆、藕等。全家人围坐在一起，边吃瓜果边赏月。民间还有于次日带女儿回家过一天之俗，称为“翻芋头皮”。现时，敬月之俗已淡出，其余各俗均沿袭。

重阳节 农历九月初九，民间有登高、吃蒸糕的风俗。有“重阳吃块糕，一寒也不焦”“重阳吃块饼，一寒也不冷”之谚。重阳节卖蒸糕随送彩色小纸旗，以小旗象征茱萸，寄托对远方亲人的思念。经济条件较好的家庭，中午有吃蟹赏菊的习俗。此时河蟹是一年中最肥的时候，适值菊花盛开，吃蟹赏菊，确是家庭乐趣。

重阳各俗今仍沿袭。1988年，国家将农历九月初九定为“中国老人节”，俗称敬老节。每年此节前后，政府和各单位开展敬老、尊老活动。有的单位还在此日举办登山活动。

十月朝 即农历十月初一，时令已是水冷草枯，进入农闲季节。民间多在这天上坟祭祖，同时为逝去的长辈送寒衣，用纸剪裁好成套的单衣、棉衣、皮袄、鞋帽等服装在墓前焚化。

冬至 冬至亦称“短日节”，俗称“冬”或“过冬”。民间对“过冬”非常重视，称“冬大如年”。冬至一般是上午兄弟姐妹相约，一起上坟烧纸，回来后中午一大家团聚。有的人家因天寒地冻或路远，不到坟上去了，就在靠近家边的三岔路口拜祭，这种拜祭形式叫“望烧”。“望烧”一般都在晚上举行。“过冬”习俗今仍盛行。

腊八节 又叫“吃佛饭”。腊月初八一大早，各个寺庙里的僧人、尼姑将寺庙里的大锅都搬出来，一起架在院中，将玉米、小米、高粱、红枣、花生、核桃仁、瓜子仁、板栗仁等倒进锅里，堆好干柴，便生火熬粥。粥熬成以后，第一锅用来敬佛，第二锅僧尼自己吃。然后便开始由小和尚、小尼姑提着竹篮，给附近人家送粥，叫“送佛饭”。腊八这一天，民间家家都要煮腊八粥。过去，穷人家不可能什么谷物都有，左邻右舍，亲戚朋友便将家中所有品种的粮食都拿出来，互相赠送。我送你一捧花生，你赠我几个枣，他又给了一点莲子，哪怕一小袋的高粱，都能分送十几家。这样一凑，品种便齐全了。真正做腊八粥，也没有明确规定哪几样东西，一般是有什么就放什么，十几样东西放一起煮也行，不足八样也可以。但都尽可能多放一些，据说，哪一种粮食放进腊八粥，来年就会增产。有民谚道：“吃了腊八粥，明年大丰收。”寄托了人们企盼五谷丰登的愿望。现在腊八节家家都要吃腊八粥，一般都是自家动手做，市面上也有卖现成的。近年来，有的街道、社区在腊八节准备够百余人吃的腊八粥，请居民一起来品尝，以增添邻里的和睦氛围。

祭灶 民间把灶王爷看成是监督善恶、保人平安的保护神，家家灶间都设有灶王爷神位，灶王龛一般都设在灶间的东面或北面墙上，把灶王爷的神像供在中间。民间认为灶王爷每年回天宫“述职”一次，来去各家均要祭拜，俗称“祭灶”。祭灶分送灶和接灶。农历十二月二十三日或二十四日晚为送灶日。旧时做官人家都在二十三日送灶，一般人家都在二十四日送灶，有“官三民四”之说。过去，做雇工的也要过了祭灶才拿到工钱回家过年。

送灶日的晚上，各家贴印有灶王爷画像的“灶马”，烙糖饼（俗称“祭灶饼”），在灶台上放供品，燃烛烧香，为灶王爷送“灶马”，祈祷灶王爷上天“述职”时多说好话，送灶人一边烧香一边口念请灶老爷“上天言好事，下界保平安”。送过灶才可以吃祭灶饼，民间有“为块祭灶饼熬烂了眼”之说。祭灶只由男人进行，有“女不祭灶”之俗。

接灶都在三十晚上子夜之前进行，接灶较简单。现民间仍有过祭灶、烙灶饼之俗，送灶、接灶礼仪已淡化。

除夕　年三十，就是每年的最后一天，即大月是农历十二月三十日，小月为十二月二十九日，也叫“三十晚”或“年晚”。三十晚这天要做16件事：点狼烟、争（蒸）春、敬土地、贴春联、祭祖、吃团圆饭、贴挂浪、贴六神、竖天灯、摆供、辞岁头给压岁钱、暖糖炒果子、拦金马驹、为孩子免灾、压福压财气、烤元宝火守岁。上述活动基本保留的有贴春联、祭祖、吃团圆饭、给压岁钱，贴挂浪、贴六神在“文化大革命”后消失一段时间，20世纪80年代后逐渐增多。晚上8点开始，家家户户几乎都围坐在电视机前，观看中央电视台春节联欢晚会。

二、社会节日

元旦　1月1日，国家法定放假1天。企事业单位一般都在节前几天举行庆元旦、迎新年联欢。节日当天，商场会搞一些猜灯谜有奖促销活动。人们多举行如家庭团聚、同学聚会、游公园、逛商场等一些休闲、娱乐活动。

国际妇女节　3月8日，国家法定妇女放假半天。企事业单位一般都在节前几天组织妇女举行登山寻宝、拔河、跳绳、打排球、打乒乓球等体育竞赛；表彰一批“三八”红旗手、女能人、岗位标兵等；妇联组织搞一些维护妇女合法权益宣传活动。

植树节　3月12日植树节前后，机关、学校、企事业单位等都组织参与植树活动。

国际劳动节　5月1日，全世界劳动人民团结战斗的节日，又称劳动节、五一节。国家法定放假1天。节前，机关、企事业单位都举行各种娱乐活动和座谈会；市级以上政府都要表彰一批劳动模范和先进单位。

青年节　5月4日，为了使青年继承和发扬“五四”运动的光荣传统而规定的纪念“五四”运动的节日。各级团组织都会举行知识竞赛、演讲比赛、报告会和各种联谊活动，表彰优秀团员、青年。

国际儿童节　6月1日，主要是幼儿园和小学的少年儿童举行庆祝活动，少先队组织开展各种文体活动。

中国共产党成立纪念日　7月1日，党组织举行庆祝大会，带领党员开展各种纪念活动。

中国人民解放军建军节　8月1日，各级政府机关、各单位均举行拥军优属、慰问烈军属活动，有的单位搞军民联欢，有的单位组织妇女到部队营房为战士拆洗衣被等。

教师节　9月10日，教师的节日。政府机关和社会各界开展慰问教师活动。

国庆节　10月1日，国家法定放假3天。机关、学校、企事业单位都要升国旗，并在大门上悬挂灯笼、彩旗美化环境，营造节日气氛。放假前，举行茶话会、联欢会、文艺会演等庆祝活动。

其他　进入21世纪，社会上一些青年人过起了洋节，商家抓住商机，迎其所好，促销节日礼物，媒体也积极宣传。过洋节在一部分青年人中成为时尚，不少家庭在圣诞节为孩子选购圣诞礼物，恋爱中的男女在情人节互赠信物，孩子在母亲节为母亲祝福，等等。

第四节　信仰民俗

一、祭祀

祖先　境内民间在一年之中的清明、七月十五、十月朝、冬至、除夕有祭祖的习俗。旧时在家族祠堂中供奉的祖宗牌位前祭祀，“文化大革命”后，祠堂不存，家中也不再设牌位，一般在前述的几大节日到祖先坟墓前致祭。此俗长盛不衰，且祭品种类繁多。

观音　观世音是佛教中的救苦救难菩萨，也是连云港境内民众与之结缘最早、信奉程度最深的神灵。一般人家都供奉其神像，早晚焚香礼拜，祈求护佑平安。农历二月十九为观音诞辰，俗传是日求子最灵。士女云集观音庵，焚香祈祷，向观音施舍长明灯油，或供长幡，以求观音菩萨保佑安康，无子者求其赐子。若生子，则抱至观音菩萨座下，皈依寄名，以求长寿。僧尼于是日建“观音会”，做道场。信奉观音的妇女，是日吃素，称“观音素”。此俗今存。

二、崇拜

城隍　城隍老爷是兼管阴阳、有求必应的一方保护神，从天灾人祸到邻居口角、家庭不睦，他都过问。境内古城海州、南城、赣榆等地城隍庙每年举行3次烧香会，其间坐坛在正堂享受香火，行坛离庙出巡。规模最大、香火最盛的是清明节，很多人家都到庙上烧香磕头，其时城隍出坛，在城内转一圈，保佑全年风调雨顺、国泰民安。第二次香火会在五月端午节，城隍出坛为万民送瘟神。第三次香火会在农历七月十五，城隍出坛为万民消灾斋孤。21世纪以后，南城城隍庙内香火仍然旺盛。

土地神　土地神又称“福德正神”。土地老爷是民间最信赖的神，凡有财产买卖或误解纠纷等，只要在土地庙前赌过咒，双方心里都踏实。

灶君　灶君以锅灶为府，常年监督一家人的善恶，保护一家人的平安，人们把它当作一家之主，称为“灶老爷”，称其妻为“灶奶奶”。每年腊月二十四至次年正月初一，灶老爷要骑着毛驴到西天述职，为了使灶老爷到西天说好话，带回好运，腊月二十四晚要设供品和路费盘缠，为灶君送行，叫“祭灶”或“送灶”。现时民间仍把“祭灶”作为节日过，虽然仪式没有了，但做些祭灶饼全家品尝之俗仍然延续。

财神　供奉财神形式不一，富贵人家常在正屋屋顶第二路桁条上，悬挂大红纸印就的五张“财神马子”，叫福、禄、寿、喜、财五路财神。大多数人信奉文财神比干、武财神赵公明。家中贴一张铁帽黑脸的赵公明画像，再穷的人家过年时也要用红纸写“财神”二字贴在家中。正月初五是财神生日，家家户户要吃面条为财神贺寿，叫“吃财神饭”；传说财神误把面条当作穿钱的绳子，就会给贺寿人很多钱穿在面条上，故又叫作“吃钱串子”。也有吃“财神糕”的，“糕”与“高”同音，意在使钱越叠越高，粮食囤子越圈越高。民间各商家的店堂内都供奉一尊勇武、讲义气、集忠孝节义于一身的关圣帝君像，他们把关公奉为武财神。读书人供奉的文财神则是文昌帝君。此俗今存。

行业始祖　民间各行业都奉一位尊神为其行业始祖，祈求始祖保佑业内人士财源兴旺，通过始祖保持业内团结。木匠建筑行业奉鲁班为始祖，铁匠奉老君，裁缝奉轩辕氏，剃头匠和乞丐奉罗祖大仙，文具商奉文昌帝君，等等。每逢重要节日，行业人士要集体祭拜。

龙王 古海州临海，沟河湖荡成片，到处都有龙王庙。民间对龙是三分崇拜七分惧怕，每年春节、二月初二、六月初三等日，人们都要到龙王庙烧香磕头，祷告龙王大发慈悲，保一方风调雨顺，人口平安。尤其是渔民，出海前要捧着猪头甚至抬着整猪去龙王庙烧香磕头，回来后还要谢龙王。内河船民每经过龙王庙都要烧香磕头，每月的初一、十五更要到龙王庙烧香磕头求龙王保佑。

碧霞 境内白虎山、南城两处碧霞宫，俗称奶奶庙。每年四月初八海州碧霞宫都举行香火会，形成了苏北、鲁南有名的白虎山庙会。碧霞奶奶最受女性尊崇，妇女到庙上求子求福求富贵的最多。碧霞塑像前昼夜灯火不熄。传说碧霞是光明之神，管一方人的眼亮，凡患眼病者到奶奶庙求仙水洗眼，均要带二斤素油给庙上，庙内的两口大油缸，常年油满欲溢。现两处碧霞宫香火仍旺。

桃树 人们认为桃树能避鬼祛邪，道士作法用的斩妖长剑就是桃木削成的，所以每家宅旁都喜欢种一棵桃树。家中若有病人，要在门上插一根桃树枝。还有用桃核雕成小花篮、小动物等，系在孩子的手腕上，既避邪又是装饰品。此俗今存。

虎境 境内人崇虎，西北部尤盛，认为虎是兽中大王，各种野兽恶畜和五毒蛇虫都怕它，因而能镇妖驱鬼避邪。给孩子取名为大虎、小虎、似虎的屡见不鲜。山上有久旱不涸的“虎皮井”，宴席上有作头菜的“虎皮肉”，文人富家常在主屋或书房挂一幅虎中堂，一般人家也爱贴虎年画，有的地方专门在病人和新生儿的床头挂一张虎镇邪。孩子出生至六岁“小扎根”，身上总是不离虎。冬天老虎帽、老虎鞋、老虎袖，夏季什么衣服都不穿，还要挂一方老虎肚兜。此俗今存。

三、巫术

风水 过去民间极重风水，认为它的好坏，会影响子孙后代的祸福。故每逢造房、建坟时，必先请风水先生看风水，寻觅吉地。现时，群众虽知此乃迷信，但在民间仍有很大影响。

求签 旧时占卜方式之一。签，为竹制卜具，贮于签筒，旧时寺庙多备于神案上，供香客占卜凶吉祸福用。每一竹签上都刻有号数，另备纸片，写上诗语，编号与竹签相符，汇集悬在庙壁上或放于柜中，称为“签诗”。求签时，问卜者先虔诚地向神像或佛像磕头祷告，诉说欲求何事，尔后从签筒中任抽一签，照签号去取签诗，凭其语以卜休咎。也有不断摇动竹筒，取先掉出筒外的竹签，按编号去取签诗以决休咎。俗信求得上签得福，求得下签临祸。现此俗在境内各寺庙中仍存。

择吉 选择吉日以图趋吉避凶的活动。凡婚娶、丧葬、造屋、远行、耕种、渔猎、就学、拜师、游乐等无不翻黄历或请风水先生择宜。逢吉方行，遇凶即止。现境内很多家庭为子女婚期择吉的风俗仍然普遍存在。

第五节 行业习俗

一、农业习俗

歇地如歇马 在耕作制度上，通常选择若干适当的作物品种交错施种，忌讳种重茬，什么庄稼能肥地、什么庄稼会薄地要轮着种。俗以小甜瓜、黄豆、花生为肥田作物，认为山芋、胡萝卜和高粱最夺地力。地力同人力、畜力一样，不能出过了头，要有一个休息和恢复的机会，故有“歇地如歇马”之谚。这种习俗符合科学种田要求，境内农村仍沿此俗。

图 41-22　花果山山民　　　　吉志强　摄于 2000 年

锄头有粪　农作物播种后，紧接着是施肥除草。俗以为田中杂草会与庄稼争夺地力，杂草锄掉，方能把地劲留给庄稼。锄草与施肥效果相同，故有“锄头有粪”之谚。

观天　农民在年初一天不亮时观天，寻找预示未来丰歉祸福的兆头，以指导本年的生产和生活。如认为年五更刮西南风主当年有蝗虫和旱灾；东北风主当年雨水多有水灾；西北风主年景寡薄，虽无大灾，小灾不断，庄稼都长不好；东南风最好，风调雨顺大丰收。并把正月初一至初十各定为某物的象征日，什么象征日是阴天，就主什么有灾。如一鸡、二狗、三猪、四羊、五牛、六马、七人、八谷等，初六阴天马有灾，初七阴天人有灾。除正月观天，平时亦善于从天象、气象中推断其相应的变化，其中一部分是农民长期实践形成的农谚。诸如“清明不明，雨下不停”“清明下雨，半个月不晴”“正月雷，遍地贼；二月雷，蛇虫探木堆；三月雷，狗馇白米堆”，意即正月行雷主饥荒，二月行雷主虫害大，三月行雷最好。“东虹风，西虹雨，南虹、北虹卖儿女”“六月六湿了龙衣下四十天”，即六月初六这天下雨，要连下四十天。“重阳无雨看十三，十三无雨顶冬干”“立夏东风昼夜晴，立秋北风当时雨”“十月朝，西南风，卖棉大哥手捶心（冬天不冷）”“春雾狂风冬雾雪”“晴冬烂年”等。现农村中的老农仍从此俗。

二、工商业习俗

起店号　店号即商号，商家视此为大事，讲究吉利。商店常用的吉利字有“丰”“泰”“兴”“恒”“福”“昌”“盛”等，合股商店多用“同”“协”“和”“合”“顺”等一类吉利字。自营商店标明姓记和经营内容、方式。

20 世纪 90 年代起，一些上规模的商店、酒店、宾馆常用“大”“城”“中心”等字词，称某某大厦、某某大楼、某某大酒店，也有称某某商场、某某商城、某某销售中心等。

挂牌匾　商店牌匾，俗称“招牌”。商家均视牌匾为脸面，店无论大小都讲究招牌的书写制作。通常请当地书法名家或在社会上有声誉的名人书写，也有请外地书法名家书写，以振声誉。旧时，商店牌匾多为木质，精雕细刻。也有的直接做于墙上。

现时，招牌字多用金属或塑料制作，且越做越大，工艺越来越精。20 世纪 80 年代开始出现霓虹灯牌匾和彩色喷绘牌匾等。

商店牌匾一经挂出，就不能随便拿下。“拿牌匾”就意味着倒店、倒号。

择吉开张　旧时，商店开业均选黄道吉日，俗称“择吉开张”。开张之日敬财神、放鞭炮、挂牌匾，张贴“开门大吉”“生意兴隆通四海，财源茂盛达三江”之类楹联。大店开张之日还宴请地方军政要员、社会贤达、商界名流、帮派头目。

现时，工商界仍讲究择吉开张，有的选在重大节日开张，举办开业（或投产）典礼，邀请有关单位、人士参加，请地方党政领导和上级主管部门领导为其揭牌、剪彩。

开市大吉　一般商店、手工业者均在新年开市的第一天优待第一位顾客，以图做成新年第一笔生意，叫“开市大吉”。每天清晨开门也讲究做成第一笔生意，称“开门大吉”。现时商家仍沿袭此俗。

讲究数字谐音　改革开放后，受广东等地人影响，民间在使用号码、日期、时间时，选用与“发”谐音的“8”、与“钱”谐音的“7”，以图吉利。商家开业多选用带“8”的日期、时间，以致有的高价拍卖、抢购带“8”的电话号码和车牌照号码，号码中的“8”字越多价格越高。忌用与“死”谐音的“4”“14”等数字。

站柜台　过去，商店里的店员（今称营业员）从早晨开门，到晚上关门，一律要站着干活，俗称“站柜台”。商家讲究礼貌待人、和气生财，不准店员坐着或趴在柜台上。今多数店铺仍从此俗。

饭店不催客　开饭店的每天早开门，晚关门。晚间，只要有客人在吃饭，再晚也得侍候，不得催促客人快吃快走。今饭店仍从此俗。

三、渔民习俗

敬天后娘娘　海州湾一带渔民认为天后娘娘是最慈善、最忠实的海上保护神。农历每月初一、十五都要焚香祈祷。三月二十三日天后娘娘诞生日、九月初九天后娘娘飞升日，渔民会将自己的船名及船上人员名单写在红纸上，放在天后娘娘神像前，祈求保佑。

出远海的每条大船后梢的舵楼内，均有神龛供奉天后娘娘，求其随船保护。船从出海到归来，神龛前的香不能熄火。也有的船制作一面“娘娘旗”，旗上书写或绣上“天上圣母”四个大字，或写上“天后圣母急急如律令”字样。

造船　渔民对造船历来十分讲究，开工选双日，在开工、铺置、上大肋、上金头、冠戴等关键性工序开始时，都要举行庆典。

造船从船底开始，船底合好后与第一道横筋（即大桅座）结合是全船的基础，叫“铺置”，船家要烧香、叩头，敲锣打鼓放鞭炮。安装大桅座用的方孔两边两根大钉叫“喜钉”，必须由木匠中大师傅亲自钉，一面钉，一面要说喜话。船两帮上“大肋”，也要烧香、放鞭炮。安装在船头上叫“金头”的一根横木，必须用榆木或槐木。金头上要雕一双“龙眼”，龙眼两侧上方钉两根钉子，叫“元宝灯”，钉子上挂一束红布条，叫“彩子”。龙眼上涂颜色，叫“开光”。龙眼中心要涂一点红色，叫“点眼”。点眼必须用公鸡冠子的血，被取血的公鸡不能立即杀掉，要放在船后喂养，待船出海返回上岸后杀掉，与第一网捕的鱼一起敬老龙王和天后娘娘。

新船下水的当天，要庆祝，俗称“冠戴”。船主在船头摆上盐、茶、菜、米、面供品，还要“抛舱钱”，用铜板、银元，由木工边抛边说喜话：“一把金钱抛进舱，马鲛鳓鱼尽船装；二把金钱抛上梁，金银财宝动斗量；三把金钱抛上梢，富贵荣华节节高。”

新船造好后，在下坞前，船上必须日夜有人，俗称“压船”。新船下水，要拖，但不能叫拖下水，而叫“放”。

为船起名　海州湾一带的船，同人一样，都有自己的名字，不但有大名、正名，还有小名或诨名。起大名的一般规律是随船主的排行或按船主的字号、店号命名，大名一般为官家登记造册所用。小名供日常民间呼唤，一般是根据船的造型、色彩或造船过程中木工大师傅遇到印象最深的事，灵机一动说出来

图 41-23　海州湾一带渔民习俗丰富多彩。图为连云区西墅村渔民靠岸休整。　　吉志强　摄于 2005 年

的，其特点是不犯忌又吉利，通俗幽默，便于人们记忆和呼唤，如“大花轿”“小花鞋”“新娘子”“大直腰”“大蛤蟆”“红大椒”等等，均属此类。

船一旦有了名字，就终身不变，即便易主，名字也不能变。

请老大　船上掌舵的人俗称船老大，简称老大。出海尤其是出远海之前，每条船上必须选一名船老大，作为绝对权威，以便统一全船人员的意志。

境内连岛的船在海上作业，一般有三种情况：一是自家的船，自己家人使用，这叫自船自老大，是少数；二是几家定一只船，合伙使用，在合伙人中推荐一人做老大，船在海上，即便是儿子当老大，父亲也要绝对服从儿子指挥；三是船主不出海全靠雇用人出海，雇人首先要雇好老大，才好雇工，因为船工要看老大的才能方可决定自己是否从雇。选老大最重要的条件是要有丰富的海上生活经验和随机应变的本领。船主对船老大特别尊重，必须亲自登门拜请，故习称为请老大。每次出海前船主都要设宴招待船老大，船老大出海后，船主均按时向船老大家送粮送草，照顾其家，使老大在海上安心操作。

结帮　渔民中“拉帮结派”是生产生活中须臾不可缺少的事情，是其生产生活的环境所决定的。每个鱼汛期间，鱼群越多的地方风险越大。为了应付海上变化莫测的风险，往往一个地方或一个渔村、一个家族，需十几只几十只船组织成帮，近海也至少要两只船一起出海，以便相互照应，从来没有一只船单独出海的。连岛、连云、海棠、陶庵、西墅等渔村都属于鹰游门里的帮。在一帮船中，多年自然地形成一个旗船为全帮发号施令，旗船上一名最有经验的船老大叫旗民。旗船抛锚停船下网，大家都在周边停下；旗船拔锚行走，大家都跟着行走。旗民在船上一般不干活，由帮内各船主动向他献俸，受俸数额比一般船老大高出数倍。

祖孙不同船　渔民中形成一项风俗：“祖孙不同船”，进而演变为父子不同船和兄弟不同船等等。即便是海上经验十分丰富的人，亦不与自己的儿子、孙子同船出海。儿孙要出海，只能登别人的船。实际这项风俗是因为海上风险太大，以防万一而形成的。

出海捕鱼　每年第一次出海，多在清明前后，选双日二、八日出海。出海当天，船老大带领船员捧着猪头，在鞭炮、锣鼓声中祭船敬龙王。一般用椭圆形木桶装着猪头，猪嘴里衔着猪尾巴。祭船后，全体船员一起吃猪头，猪尾巴一定要给二老大吃，因猪尾巴象征测验水深的点水杆，一说是邀鱼鞭子。这时船老大点燃花皮（桦树皮）与芦苇扎成的火把（称“财神把子”），将渔具等船上物品照一遍，边照边说喜话，照完将火把抛向远方，越远越好。这个过程叫照财神路。

渔船出海，船上人数不能逢七逢八。船上还要带一两个童男子，俗称“小伙计”，以图吉利。

渔船出海离开码头后，船上人就不洗脸、不刷牙了。

船到现在新黄河口外，俗称“过尖老大”，船头、烧锅的几个人要把事先准备好的猪头拿到船头，烧柱香，磕头祷告，接着，就打下第一网。开网取鱼要说喜话。

渔业生产禁忌　渔民忌讳说与不吉利字谐音的字。帆篷，只准说篷，不准带与“翻”字谐音的“帆”字。把物件从高处拉到低处，或把站着的东西放倒，禁说拉、放。把篷往下拉，不能说“拉篷”，而要说“小篷”。把篷往下拉一部分，叫“搓篷”。把低处的东西拉到高处，把平放的东西立起来，要说“起”“拔”。船调换方向，禁说“调头”，而要说“调戗”。拿东西不小心掉了下来，禁说“喔嚯嚯”。接住对方送给的东西，禁说让对方“撒手”，只能说让对方“放手”。渔民认为“撒手”“喔嚯嚯”是人落水无救的意思。

渔民对数字有忌讳，认为“四”谐音“死”，“八”是人的分开，“七”是鬼的日子，“十”谐音“失”，“十四”是“失事”谐音，“二十四”谐音“儿失事”。遇到初四、初十，便说为“大初三”或“小初五”“大初九”或“小十一”。也忌选带“四”字的双日子。

图 41-24　渔业生产禁忌众多。图为高公岛渔民出海捕鱼。吉志强　摄于 2000 年

渔船上平时绝对禁止触动太平锚、太平篮、太平斧和太平仓。并忌在它们面前说犯忌的话。

渔民忌讳蹲着双手托腮，以为这是遇难犯愁的样子；忌讳人蹲着抱膝头，以为这是生意不好"清等"的兆头。

禁忌将仓板、锅盖翻过来放，而只能揭起左右或前后移动。忌讳将鱼筐等家具底朝上晒或存放。以为翻过来是翻船的恶兆。

渔船出海前，忌怀孕妇女从船头绕过或从渔具上跨过。如发生上述之事，则要推迟出海 1～3 天。

忌妇女踩、跨渔网和纲绳。万一有女的跨过了纲绳，即以说"小脚跨大纲，鱼虾装满仓"之类吉利话以"破灾"保平安。

渔民出海后在船上吃第一顿鱼，须先把生鱼拿到船头祭龙王、海神，而后整鱼直接下锅，最大的鱼头由船老大吃。盛鱼的盘子放好位置后，不准挪动。每顿鱼不准吃光，留着投入下顿鱼锅内。

船上忌说饼，称饼为"瓦屋垄子"；忌说"盛饭"，应说"装饭"或"起饭"。因"盛"与"沉"谐音。

船上称筷子为"篙子"，忌伸筷子捡别人面前的鱼，这叫"过河"。如犯忌，船老大即将"过河"的筷子夺下来抛入海里，以让筷子做人的替身。

忌将筷子横放在碗口上。俗以为此举会使船搁浅，船横着动不了。

船上忌坐着吃饭，只能蹲着；在一次航行中，吃第一顿饭蹲的地方，就是各人本次航行中每次吃饭蹲的地方，不准移动位置。否则叫"离了窝"。

船上吃饭忌把剩饭、剩菜、刷锅水倒到海里。一定要集中起来带到陆地上倒，否则会得罪龙王。

忌在船帮上小便，小便应到后梢。在后梢两人不能同时大小便。

忌坐在船舵口把腿耷拉下来。

船上忌趴着睡觉。

请求别船帮助，只准伸手摇晃，忌招手呼叫。也可在第二桅杆上打出信号。如见求助而不往，将会受到谴责。

在船上换衣服要在八尺舱内换，忌在船面上把衣服脱光。俗以为，这样天后娘娘会生气。

四、盐民习俗

八卦滩　海盐生产的基本设施是盐滩，境内沿海一带的池滩形式以"八卦滩"为主。八卦滩，就是仿古代八卦阵图铺筑而成，为一个边长六百弓的正方形，沿正方形的外围挖成河，便于行船运盐，用挖出的泥筑成圩堤。在圩内按八卦方位建成八份池滩，滩滩相咬。在八卦中间的"太极图"位置，挖一个正方形水塘，俗称"胖头河"。盐民的房子和盐廪就建在太极图上。因为八卦滩的外围均有圩堤，故把每个八卦滩称为一条圩子，俗称"盐圩子"。居住在滩内的盐民自称为

“圩下人”。最早盐民用海水煮盐，所以，又把盐民称为“灶民”，也叫“灶户”，盐民们吃的粮食叫“灶粮”。

观天象 盐民有年五更观天象的习俗，认为年五更刮南风则产盐多，盐色好；刮东风则雨水多，产量少。盐民每天早晚都要观天象。早晨观天象决定当天卤水灌不灌格子，傍晚观天象是为了对第二天的天气作出判断，目的是为使制好的卤和盐不被雨水“烫”（融化）掉。盐民们喜欢久旱无雨多产盐。

盐婆生日 盐民最信仰盐婆娘娘，认为盐婆娘娘是盐业的祖师母，也是盐民的保护神。正月初六是盐婆娘娘的生日，也是盐的生日，这一天要处处事事图吉利，讨得盐婆娘娘的高兴。早晨，家长带领全家能上滩干活的人，捧着盐婆娘娘的神像，来到自家的晒盐滩头或风车头，摆下香案，点烛烧香、烧纸马、放鞭炮、磕头祷告，请求盐婆娘娘大发慈悲，开恩显灵，保佑今年产盐多、盐粒大、盐花白等等。

烧龙王纸 盐民久居海滨，对龙王十分信仰崇拜，每年二月初二日都要捧着香烛纸马、熟猪头到龙王庙供奉，边烧纸磕头，边祷告龙王爷多送好水多晒好盐。大多数盐民距龙王庙很远，便在海边面向大海烧纸磕头祈祷，这叫“烧龙王纸”。烧过纸后，用草木灰在住宅前后左右空场画大圈子，俗叫“围仓”“打仓囤”，在仓内有的撒粮食，有的撒些盐，可预兆产的盐多，发的灶粮多。

开晒 盐民谚语：“春过三月三，脱脚快下滩”。每年农历三月初三，开晒是定规，即使是刮风下雨天气，也要象征性地到盐滩头、风车前动动手，做一做开晒动作。

接天水　爽冻 旧时盐民吃水问题很难解决，很多盐民集资雇一只木船，专门运淡水，但往往供不应求，特别是到了冬天，河水结冰，无法行船，就供应不了淡水。为此，盐民在高地上挖一塘，下雨时把家中所有缸、坛、盆、罐都拿出来，放在屋檐下等雨水，集中倒入塘中备用，叫“接天水”。冬天，则把河里的冰块捞上来，堆在一起化水饮用，称“爽冻”。

于公牌子 盐民崇拜于公，故每份滩头都插上一块木牌，上写“于公”两字，叫“于公牌子”。民国后，一些盐业资本家也在滩头插上牌子作界牌，但盐民仍习惯地称为“于公牌子”。

晒龙盐 六月初六，称为龙王生日，这一天，盐民都要晒一些盐，称为“龙盐”。据说这天晒的盐，感应龙王灵气，腌东西不霉不苦，做汤味鲜，他们都要珍藏一些供自家食用，还作为女儿陪嫁物和馈赠亲友的礼物。

第六章　方　言

连云港境内方言有两类，一类是属于中原官话郑曹片的青泉（青口、温泉）小片，另一类是属于江淮官话洪巢片的海灌（海州、灌云、灌南）小片。青泉小片包括赣榆县和东海县的南辰、石梁河、黄川、青湖、横沟、石榴、温泉、李埝、李埝林场、双店、山左口、桃林、石埠、洪庄、石湖等乡镇（场），其方言特征是没有入声，古入声清音字及次浊字今读阴平、全浊字今读阳平。海灌小片包括灌云县、灌南县及新浦、海州、连云三区和东海县的安峰、房山（南部）、平明（南部）、张湾等乡镇，其方言特征是有入声，除少数入声字变成舒声外，入声自成一类。东海县的种畜场、曲阳乡、牛山镇、房山（北部）、平明（北部）、驼峰、白塔、岗埠农场等乡镇（场）处于两类方言的过渡带，其方言特征是越往南的村庄入声字越多，越往北的村庄入声字越少。青泉小片的方言与海灌小片的方言在语音方面差异较大，在词汇方面也有明显的不同，比如海州人能听懂赣榆话，但赣榆人要听懂海州话却不太容易。

连云港市处在南北方言的交接过渡地带，这里的方言既有北方方言的特点，又受南方方言的影响。这和政区沿革、人口迁徙、经济文化的交流很有关系。近几十年来，随着城市的发展，大量的外地人特别是附近市县的人定居城区，使连云港市方言发展变化加快，有向普通话靠拢的明显趋势。

本卷首先简述境内的方言差异，然后详细记述市政府驻地的新浦话。记音用国际音标。

第一节　方言差别

一、语音差别

声母

f、xu的分混　在青泉小片和牛山、房山、张湾等乡镇f、xu不混。海灌小片的大部分地区是xu混入f，但灌云东南及灌南一线是f混入xu。

n、l的分混　n、l在青泉小片及方言的过渡地带不混，在海灌小片往往是n混入l。

尖团音的分混　赣榆话分尖团，东海鲁兰河以北的一些村庄也分尖团，即古声母精组和见晓组在今细音前声母不同。在分尖团的地区，海头、龙河、官河、土城、城头、夹山以北的乡镇尖音是tθ tθ‘θ，青口、朱堵、门河、班庄以南的乡镇尖音是ts ts‘s。除此之外的市内其他地方则不分尖团。

ts、tʂ两组声母的分混　海灌小片的多数地区是古精组声母混入知庄章三组声母中，杨集、图河、燕尾等地是知庄章三组声母混入精组声母中。青泉小片的欢墩、班庄、大岭、沙河以南地区及方言的过渡带ts、tʂ两组声母不混。

赣榆县大部分地区，古精组声母与知庄章三组声母区别清楚，而且知庄章三组声母今音又分为tʂ tʂ‘ ʂ、tʃ tʃ‘ʃ两组。tʂ组声母包括庄组、知组开口二等、章组止摄开口和知章两组合口（遇摄除外），tʃ组包括知组开口三等、章组开口（止摄除外）和知章两组遇摄合口，有少数字例外。青口、赣马一带的新派把tʃ组声母字归到见系细音字声母tɕ组中。

日母字的读音　日母止摄开口三等字“儿耳二”等，在青泉小片的夹山、城头、土城、龙河以北是lə，赣马、班庄以南的地方是ɚ，墩尚是ə；在方言的过渡带及云台、连云区是ɑ，在海灌小片的其他地方则是ɛ。除此之外的日母字，如“人日如软”等，赣榆县是零声母，东海、灌云、灌南三县和市区是ʐ。

韵母

果摄一等见系开口、合口字的今韵母，在青泉小片及方言的过渡带一般不混，开合分明，“饿”字例外；在海灌小片则是开口字混入合口字中。

房山、平明、白塔、驼峰、牛山等乡镇的许多村庄受沭阳话的影响，流摄来母一、三等字相混，如“刘＝楼꜀ləu、柳＝楼ᶜləu、馏=漏ləuᵓ”。图河、燕尾一带，“牛”念əu^{35}、“刘”念ləu^{35}。

在海灌小片，咸山两摄的舒声字今音合流，失掉鼻音韵尾，成为鼻化韵，分为æ̃、ẽ、õ三个韵部。分部的条件大致是古韵的开合等，开口一二等、合口二等并为æ̃部，合口一等、合口三等知系并为õ

部，开口三四等并为ẽ部；合口三四等或并于合口一等，或并于开口三四等。古咸山两摄舒声字在青泉小片则合为一个韵部，在方言的过渡带也大多合为一个韵部。

深臻两摄和曾梗通（唇音）三摄今开口、齐齿两呼舒声字，在海灌小片为ŋ尾韵；青泉小片的大部分地区的韵尾分为n、ŋ两个，但赣榆北部夹山到黑林、徐福、石桥、柘汪，前鼻音韵母失掉n尾、主元音鼻化。这类字在土城、朱堵、城头（东部）、徐山（东部）、厉庄（南部）等乡镇合为一个韵部，失掉n尾、主元音鼻化；官河、龙河、海头一带的情况与海灌小片相同。

曾梗通三摄舒声合口字在赣榆（靠近山东省及东海县的乡镇除外）话中是闭口韵uŋm、yŋm，在市内其他地方则是ŋ尾韵。如“东同笼公工董桶总冬宋农忠充弓众龙从松冲供重巩颂轰宏弘（以上uŋm韵）、穷雄熊融胸凶容用兄荣永（以上yŋm韵）”。在赣榆中部前后鼻音不分的地方还有臻摄舒声合口字，如“昆婚魂滚春唇纯顺（以上uŋm韵）、旬巡均菌允君军勋云训韵晕（以上yŋm韵）”。在石桥、黑林、夹山、徐山（西部）、班庄、欢墩等乡镇的许多村庄，曾梗通（非唇音）三摄舒声合口字混入开口字，如“东=灯ctəŋ、虫=城ctʂ‘əŋ、巩=耿ckəŋ、熊=行cɕiŋ”。

声调

阴平　图河、燕尾一线是低降调；市内其他地方则是降升调，除靠近山东省的少数村庄之外，人们念阴平字时喉头有发紧的感觉，特别是海灌小片的方音。阴平字在赣榆北部的调值是214，在赣榆南部及东海县的西北部一般是213，在海灌小片多数是313。

阳平　在青泉小片是高平调，在海灌小片及方言的过渡带是中升调或高升调。

上声　黑林到徐福、海头以北地区其调值是213，青口、城东、城南、宋庄一带的新派是213、这一带的老派及青泉小片的其他地方是35。海灌小片多数是41。

去声　在青泉小片是高降调，在海灌小片是高平调。

入声　分布在海灌小片及方言过渡带的南部，有长调、短调的差异。新浦、海州、云台山区、墟沟、连云到板浦、伊山是24，灌云的东部、东南部是4，张湾、龙苴到南岗是3。

二、词汇语法差别

青泉小片、海灌小片在词汇方面的差别主要表现在同义异形上，即方言之间意义相同、词形不同的词较多。这也反映了两片方言文化背景的差别。例如：

青泉、海灌小片方言同义异形示例一览表

表41-17

青泉片	海灌片	普通话	青泉片	海灌片	普通话
叔	爷	叔叔	抹澡	搌澡	擦澡
老嬷嬷	老嫚子	老妇女	知道	懂	知道
舅老爷	舅爹	外祖父	告诉	关照	叮嘱
俺	我	我	摔	掼	摔
耳芯子	耳虱子	耳垢	血鳝	长鱼	黄鳝
撒谎	侃空	撒谎	地瓜	山芋	甘薯
翅膀	翅拐子	翅膀	照葵	望葵	向日葵
癞蛤蟆	癞姑子	蟾蜍	信皮子	信壳子	信封
坷螬	仰脸虫	蛴螬	银角子	银开子	硬币

续表 41-17

青泉片	海灌片	普通话	青泉片	海灌片	普通话
秫秫	芦秫	高梁	糟了	坑得了	糟了
桑仁子	桑枣子	桑椹	当天子	家天子	庭院
早上	早星	早晨	垮土	塘灰	灰尘

青泉小片有儿化韵，有一大批儿尾词，如“花儿、一下儿、瓜儿、坡儿、猫儿、鸟儿、豆儿、歌儿、菜儿、被儿、味儿、脸蛋儿、一点儿、花园儿、根儿、裙儿、亮儿、瓶儿、熊儿”。海灌小片没有儿化韵，也就没有儿尾词，但子尾词却比青泉小片的话丰富，下边列举的词在青泉小片一般不说。如拳头子、肚脐子、脊梁子、袖头子、翅膀子、孙女子、今天子、抽屉子、戏迷子、风镜子、葱白子、屋脊子、泉眼子、明天子等。

青泉小片第一人称代词“俺”的使用频率高于“我”，“俺”既表示单数，又表示复数。海灌小片第一人称用“我”不用“俺”，但城区的青少年用“俺们”表示第一人称的复数。灌云话第一人称“哃”时，既表示单数，又表示复数。例如：

第一人称使用对比示例一览表

表 41-18

类　别	赣　榆	新　浦	灌云、灌南
单数	俺哥今日娶媳子了。	我大哥今天带媳妇。	哃哥今天带媳妇了。
复数	他不去俺两人去。	我们两个去。	哃开会吧，不等他们两个了。

第二节　语音系统

一、声韵调

声母（18）

p帮鼻板布别　p‘坡瓶浦怕魄　m妈明米梦木　f翻肥粉富福
t灯端顶度笛　t‘涛同梃兔铁　l拉泥鲁虑糯
tʂ招贼主坐织　tʂ‘村蚕吵醋册　ʂ桑时扫睡拾　ʐ扔人软锐热
tɕ精军酒贱杰　tɕ‘秋桥请去确　ɕ兴贤小线席
k赶根广贵国　k‘开狂砍库渴　x花红海汇黑　Ø牙二然硬闰

1.n、l不分，多数情况下念l。
2.tʂ　tʂ　ʂ的发音部位略靠前，接近ts　ts‘　s。
3.f、xu混读，如“飞=灰xuei^{313}、夫=呼xu^{313}”。

韵母（40）

ʅ　资支词四事　i　批弟你齐椅　u　肤图粗胡务　y　侣剧墟玉
I　爹姐茄写夜

ɑ	巴爬打拉岔	iɑ	俩加卡虾雅	uɑ	抓挂跨华洼		
o	播罗锁哥鹅						
ɛ	排来财开耳	iɛ	街界鞋蟹	uɛ	揣帅快槐外		
ei	辈飞梅队岁			uei	垂蕊桂会味		
ɔ	胞桃抄高傲	iɔ	苗调票交谣				
əɯ	豆楼守沟后	iəɯ	丢贸靴鸠油				
æ̃	班返胆敢安	i æ̃	间铅咸限雁	u æ̃	赚拴关晚		
ẽ	展缠闪然	iẽ	坚牵线燕				
õ	般段船官完					yõ	绢全宣玄
ɑŋ	忙方唐上港	iɑŋ	粮江墙香阳	uɑŋ	庄床广皇忘		
əŋ	本登争恨恩	iŋ	贫定亲辛影				
oŋ	洞龙春宫容	ioŋ	君穷胸允云				
ɐ	八发塔蜡喝	iɐ	夹恰侠鸭	uɐ	刷刮括滑袜		
ə	迫得室客额	iə	灭帖列歇叶	uə	目复夺说物	yə	律脚雪育月
		iI	笔密踢吉益				

1.ʅ 的舌位略前。

2.ei、uei的韵尾舌位较低，相当于I。

3.æ̃ ẽ õ 的鼻化程度，海州区的比新浦、云台、连云三区的重。

4.新浦的许多中年人、青年人没有iə韵，iə韵字归入iI韵中。在uə、yə两韵中，来自深臻曾梗通五摄的字，海州话是uʊ、yʊ两韵，与uə、yə分立，如：独tuʊ^{13}、夺tuə^{13}，突t‘uʊ^{13}、脱t‘uə^{13}、陆luʊ^{13}、洛luə^{13}，竹tʂuʊ^{13}、捉tʂuə^{13}，叔ʂuʊ^{13}、说ʂuə^{13}，哭k‘uʊ^{13}、扩k‘uə^{13}，屋uʊ^{13}、握uə^{13}；律luʊ^{13}、略luə^{13}，菊tɕyʊ^{13}、绝tɕyə^{13}，屈tɕ‘yʊ^{13}、确tɕ‘yə^{13}，蓄ɕyʊ^{13}、学ɕyə^{13}，育yʊ^{13}、月yə^{13}。这是新浦话与海州话的主要差别。

声调

调类代码	调类	调值	例字
1	阴平	313	刚知专尊丁边安开超初粗天偏婚商三飞
2	阳平	35	穷陈床才唐平寒时详扶鹅娘人龙难麻文
3	上声	41	古展纸走短普好手死粉五女染老暖买武
4	去声	55	近坐倍厚社父帐正汉送放助大害树饭岸
5	入声	13	急职一出匹黑惜桌接说发岳纳物局食白

阴平字的调值，起头比北京音的上声起头高一点，下降后略微迟顿一下，然后快速升高；在下降和迟顿阶段，喉头有明显的收紧动作。去声的调值是445，记作55。入声是长调，不带喉塞音，比阳平字的调值略低一点，应记作24。

二、连读变调

这里描写的连读变调，不包括含轻声字的两字组、三字组。为了行文方便，下文用代码表示调类，1、2、3、4、5分别表示阴平、阳平、上声、去声、入声。下表表左标明前字调类，表端标明后字调类。表中同一横行组合的前字调类相同，同一竖行组合的后字调类相同。变调相同的，不再用线条分开。两字组连调共有25种组合，前字变调，后字一律不变调，但阴平加上声和阴平加去声的组合前字不变调。举例排在表下。

新浦话两字组连读变调表

表41-19

<table>
<tr><th></th><th>1　阴平　313</th><th>2　阳平　35</th><th>5　入声　13</th><th>3　上声　41</th><th>4　去声　55</th></tr>
<tr><td>1　阴平　313</td><td colspan="3" rowspan="3">21</td><td colspan="2"></td></tr>
<tr><td>4　去声　55</td><td colspan="2">313</td></tr>
<tr><td>5　入声　13</td><td></td><td></td></tr>
<tr><td>2　阳平　35</td><td colspan="5" rowspan="2">55</td></tr>
<tr><td>3　上声　41</td></tr>
</table>

11　[313/21　313]　知音　tʂʅ　iŋ　阴天　iŋ　tʻiẽ　花生　xuɑ　ʂəŋ　丁香　tiŋ　ɕiaŋ
12　[313/21　35]　知名　tʂʅ　miŋ　猪皮　tʂu　pʻi　汪塘　uaŋ　tʻaŋ　推头　tʻei　tʻəɯ
15　[313/2113]　知足　tʂʅ　tsuə　生铁　ʂəŋ　tʻiə　钢笔　kaŋ　piI　锅屋　ko　uə
41　[51/21　313]　自卑　tʂʅ　pei　汽车　tɕʻi　tʂʻei　认生　ʐəŋ　ʂəŋ　是非　ʂʅ　fei
42　[55/21　35]　自由　tʂʅ　iəɯ　泡茶　pʻɔ　tʂʻɑ　算盘　ʂõ　pʻõ　树皮　ʂu　pʻi
45　[55/21　13]　自杀　tʂʅ　ʂɐ　罪恶　tʂei　ə　大雪　tɑ　ɕyə　树叶　ʂu　iə
43　[55/313　41]　自满　tʂʅ　mõ　上火　ʂaŋ　xo　豆饼　təɯ　piŋ　报纸　pɔ　tʂʅ
44　[55/313　55]　自爱　tʂʅ　ɛ　犯罪　f æ̃　tʂei　菜地　tʂʻɛ　ti　地蛋　ti　t æ̃
51　[13/21　313]　职工　tʂə　koŋ　竹杆　tʂuə　k æ̃　读书　tuə　ʂu　蜜蜂　miI　fəŋ
52　[13/21　35]　职权　tʂə　tɕʻyõ　出头　tʂʻuə　tʻəɯ　学堂　ɕyə　tʻaŋ　屋梁　uə　liaŋ
55　[13/21　13]　职业　tʂə　iə　积木　tɕiI　mə　蜡烛　lɐ　tʂuə　月食　yə　ʂə
53　[13/21　41]　职守　tʂə　ʂəɯ　滴水　tiI　ʂuei　石板　ʂə　p æ̃　节省　tɕiə　ʂəŋ
54　[13/55　55]　职位　tʂə　uei　出汗　tʂʻuə　x æ̃　国庆　kuə　tɕʻiŋ　立夏　liI　ɕia
21　[35/55　313]　辞书　tʂʻʅ　ʂu　塘灰　tʻaŋ　xuei　茴香　xuei　ɕiaŋ　镰刀　liẽ　tɔ
22　[35/55　35]　辞行　tʂʻʅ　ɕiŋ　围棋　uei　tɕʻi　喉咙　xəɯ　loŋ　煤油　mei　iəɯ
25　[35/55　13]　辞职　tʂʻʅ　tʂə　劳力　lɔ　liI　墙壁　tɕʻiaŋ　piI　陪客　pʻei　kʻə
23　[35/55　41]　辞典　tʂʻʅ　tʻiẽ　年底　liẽ　ti　沿海　iẽ　xɛ　床板　tʂʻuaŋ　p æ̃
24　[35/55　55]　辞令　tʂʻʅ　liŋ　城市　tʂʻəŋ　ʂʅ　麻袋　mɑ　tɛ　停电　tʻiŋ　tie
31　[41/55　313]　子孙　tʂʅ　ʂəŋ　火车　xo　tʂʻei　剪刀　tɕiẽ　tɔ　顶针　tiŋ　tʂəŋ
32　[41/55　35]　子时　tʂʅ　ʂʅ　酒瓶　tɕiəɯ　pʻiŋ　小娘　ɕiɔ　liaŋ　买油　mɛ　iəɯ
35　[41/55　13]　子目　tʂʅ　muə　打发　tɑ　fɐ　解渴　tɕiɛ　kʻɐ　火药　xo　yə
33　[41/55　41]　子女　tʂʅ　ly　井水　tɕiŋ　ʂuei　老酒　lɔ　tɕiəɯ　土产　tʻu　tʂʻæ̃
34　[41/55　55]　子弟　tʂʅ　ti　冷静　ləŋ　tɕiŋ　马路　mɑ　lu　老树　lɔ　ʂu

三、声韵配合关系

新浦话声母、韵母的配合关系见下表。表里把韵母分成开齐合撮四类，声母分成八类。空格表示声韵不相拼合。

新浦话声韵配合关系表

表 41-20

	开口呼	齐齿呼	合口呼	撮口呼
p pʻ m	包 盘 梦	标 皮 面	布 普 目	
f	翻		富	
t tʻ	多 同	低 田	度 脱	
l	男	娘	路	女
tʂ tʂʻ ʂʐ	在 愁 婶 软		祖 锤 霜 如	
tɕ tɕʻ ɕ		鸡 桥 信		举 渠 先
k kʻ x	哥 口 汉		姑 葵 荒	
ø	文	羊	伟	玉

第三节　同音字汇

本字汇收常用字4400多个，先按韵母分部，同韵的字按声母排列，声韵相同的字按声调排列。有音无字者用“□”表示，后加小字注解。举例时用“~”代替本字。字下加双线表示文读音，字下加单线表示白读音，字下加浪线表示特殊读音。数码①②③④⑤代表阴平、阳平、上声、去声、入声。

ʅ

tʂ　①资姿咨龇兹滋~生孳孜辎淄知蜘栀支枝之芝肢脂指~头　②□~僵：物品僵硬　③紫姊子仔梓纸只~有咫旨指~南趾止址　④自恣字治滞制智至致雉挚置志痣

tʂʻ　①雌滋~水迋跑：吓~了痴疵眵嗤　②词祠辞迟瓷磁慈池驰弛踟持刺~溜　③此齿耻匙汤~　④翅刺赐次伺~候厕炽寺洪门~

ʂ　①诗斯撕嘶厮私司丝思师狮尸施虱　②时　③史使驶始矢死屎　④四驷肆伺饲嗣似祀寺恃侍世势誓逝氏是示谥视嗜士仕市柿事试社

i

p　②鼻　③比彼匕　④闭币敝蔽毙弊箅痹裨婢秘便~泌~阳避陛

pʻ　①批砒丕坯胚邳披　②皮疲啤脾琵枇　③痞庇痹　④屁媲

m　①眯~眼咪笑~~　②迷谜眯物入目中縻弥猕靡□~量：比划　③米眯上~欲睡　④昧~良心泌秘□故意留下别人的东西

t　①低提~溜：拎　③底抵砥柢邸　④帝缔蒂弟递第地

tʻ　①梯　②堤提蹄啼题　③体　④替剃涕屉嚏

l　①哩~唧：边讲~骂、罗嗦　②尼泥呢花达~倪霓犁梨黎黧蠡离分~漓璃厘狸~猫蜊　③你里理鲤俚狸狐~李礼拟　④利痢莉离~开例厉励砺丽吏腻隶荔

tɕ　①鸡稽跻嵇羁奇~数几~乎肌饥机讥叽圾箕扒~子姬基戟　②□老~：鬼怪，吓唬小孩用语　③挤已几~

个虮济~南　④计济救~荠~菜剂继系~鞋带祭际寄技妓髻冀骥记纪忌既季悸箕

tɕʻ　①期欺妻凄栖　②齐脐蛴奇崎骑芪祁歧其祺旗麒　③起启杞岂企　④气汽弃器砌契

ɕ　①西牺栖犀兮羲曦嘻嬉熙希稀　②畦奚溪携　③喜洗玺徙　④戏细系~统

ø　①衣依医伊　②宜谊仪移夷姨胰疑怡贻饴沂遗彝　③椅倚已以蚁尾~巴　④艺亿忆诣羿义议蚁易肆意臆薏异毅

u

p　③补哺捕谱家~　④布怖步部埠薄

pʻ　①铺~设　普饭~了捕　②葡匍蒲菩　③甫浦脯胸~普谱歌~　④铺饭~

f　①夫肤麸敷　②俘孚符扶芙浮孵　③府腑俯斧釜腐辅脯杏~　④父赋傅赴讣付附咐附富副覆妇负阜

t　①都首~屎□长时间煮：~豆腐　②嘟拟声词　③堵赌睹肚胃　④度渡镀妒杜肚腹蠹吐~饭喂小孩□拽~：态度生硬地拉扯摇晃

tʻ　①□吞：鸭子吃食，整~　②图徒屠途涂荼　③土吐　④兔菟

l　①捋~袖子　②炉芦庐奴努蝼~蛄卢颅　③鲁橹卤乳豆腐~　④路怒努赂露~水

tʂ　①朱株珠诛蛛猪诸租属~连嘱　③主拄祖组阻煮　④柱住注驻蛀炷铸贮著箸苧助

tʂʻ　①粗初　②除锄厨橱躇储雏　③楚础暑鼠署褚姓处相~杵□平着铲起：~土　④醋处~所

ʂ　①苏酥稣书叔输殊抒梳疏蔬舒枢　②黍暑署薯鼠数~指头　③树素嗉鸡~子诉庶恕墅曙数漱戍竖塑

ʐ　②如茹儒　③乳汝儒孺

k　①姑菇孤箍辜　②鸪泣~~：鹁鸪　③古估牯股鼓臌蛊贾　④故固锢雇顾□~拥：微动

kʻ　①枯骷　③苦　④库裤□金属农具上用来安装柄的口：锄~，锨~

x　①呼乎烀□依靠：~靠　②胡湖猢糊葫蝴瑚煳狐弧壶　③虎琥浒戽泼：~水　④户护沪扈互怙瓠

ø　①乌呜污巫诬侮　②吴吾梧鼯蜈无芜毋　③五伍午忤武舞梧鹉　④务雾戊误悟焐晤痦恶可~

y

l　①捋~胡子　②驴闾鱼木~子　③女吕侣旅缕屡　④虑滤

tɕ　①拘驹居车~马炮□粘住，靠紧，攀牢　③举莒矩　④具惧俱锯据剧踞句聚巨拒距苣炬

tɕʻ　①区驱躯蛆趋岖　②渠瞿徐　③取聚　④去趣觑

ɕ　①虚墟嘘须需吁长~短叹盱稰稰~子　②徐　③许栩诩　④序叙绪絮续婿

ø　①淤瘀迂裕　②鱼渔于盂余愚虞娱榆愉俞於予我　③语与屿雨宇禹羽予给~　④玉御驭与参~誉豫预遇寓妪芋愈喻逾

I

p　③秕

t　①爹

tɕ　③姐蜞~蛴：蝉　④借褯这

tɕʻ　①敧躺：~在地上　③茄邪　④且

ɕ　①险~点：差点儿　②斜邪　③写些□敞：~怀　④谢谢卸泻赦舍宿~

ø　①椰□小声哼哼　②爷耶　③野也冶惹　④夜

ɑ

p　①巴叭占：吃碟~碗芭钯疤屎疤粑扒~皮　②□婴儿　③把~岗靶　④霸把刀~耙罢爸坝

p‘ ①趴 ②爬钯筢杷枇~琶耙 扒 ③□~轱 ④怕

m ①妈豚暗暗地查看：~眥 ②麻 吗□皮~：调皮 ③马码蚂玛 ④骂

t ①耷□父亲 ③打 ④大

t‘ ①他她它

l ①拉垃~圾啦哗~旯 ②拿 ③哪喇~叭 ④那□两腿分开

tʂ ①楂渣馇边煮边拌：~猪食碴两脚~地 喳~~叫爹~箸咋~乎拃一~长 ③眨砟碳~子 ④乍炸诈痄榨茬树~

tʂ‘ ①叉鱼~杈木~衩~口：口袋□~呱：交谈差~别 ②茶搽查调~碴茬~口叉挡：~路 ③扠直接用嘴咬狗~人，猪~食，~饭吃衩裤~子 ④岔差错叉~开腿汊杈树~衩皮~子

ʂ ①沙纱砂鲨洒米~了 唰木~子 ②啥眥~么：偷偷地查看 ③洒~水车傻 ④厦大~沙蚕~：蚕屎□渗水□锯：~树枝

k ①旮 ②尬尴~蛤~蜊生~古□划：~火柴尕小、少一~~

k‘ ②卡~车 咔~叽□翻扣：~碗

X ①哈~气 ②哈点头~腰 蛤~蟆 □~斯：颤抖

∅ ①腌~洒：垃圾

iɑ

l ③俩两个

tɕ ①家佳加枷痂嘉袈笳 ③假贾 ④价架驾嫁稼

tɕ‘ ①掐一小~ ②□靠武力抢夺：东西给他~去了 ③卡发~、鱼刺~着了 ④卡~腰站在路口

ɕ ①虾瞎~腰：弯腰□被偷 ②霞瑕暇遐斜 ④下吓夏厦~门

∅ ①邪丫桠 ②牙伢芽蚜衙涯天~崖山~ ③雅哑讶 ④亚

uɑ

tʂ ①抓髽 ②□轻轻地扫：~地 ③爪~子

tʂ‘ ①□猛地抓住：~个蝴蝶

ʂ ①唰象声词：雨~~的，字写~~的 ③耍玩~

k ①瓜呱~啦拉讲个不停 ②□牵扯：衣服叫树枝~了个口子 ③寡剐呱啦~ ④挂卦褂

k‘ ①夸垮 ③侉山东~子 ④挎跨胯

x ①花化叫~子劐~开 ②华桦哗划~船□全、都：地上~是水 ④画化话

∅ ①娲挖蛙青~ ②娃哇 ③瓦~房□舀：~饭搲用指甲抓：脸~抓破了 ④洼瓦~匠

o

p ①波菠玻播 ③簸~米 ④簸~箕

p‘ ①坡颇剖 ②婆 ④破

m ①摸 ②谟模馒磨~刀魔摩摹~仿 ③亩母拇牡抹涂~ ④贸磨石~茂墓暮慕募幕

f ②否~决

t ①多 ②哆 ③朵躲垛墙~子 ④舵惰剁垛草~跺堕

t‘ ①施 ②驮坨砣驼佗陀 ③妥椭 ④唾

l ①啰~嗦 ②罗锣箩萝逻骡螺挪 ③裸 ④糯摞

tʂ ②昨 ③左佐 ④做坐座

tʂ‘ ①搓蹉~跎 ②矬 ④错措~施锉

ʂ ①蓑梭唆索牛~子 ②□囤屯：用箔子~麦子 ③所锁琐

k ①哥歌锅戈过走~了 ②□发~：发呆 ③果锞裹 ④个过~去

k'　①棵颗窠科蝌苛咳~嗽　②□蹺起一腿，用另一条腿跳　③可坷　④课骒嗑~瓜子

x　①呵~斥□~奉：吹捧　②河何荷~花禾和~平　③火伙　④贺货祸荷负~和~面

Ø　①窝莴涡蜗屙踒~了脚倭捼卷折：绳子~在手里　②蛾鹅俄峨娥讹　③我　④饿卧

ε

p　③摆□略洗一下：~手、~水果　④败拜湃稗

p'　①罷猛地坐下：一腚~地上□双腿瘫痪：~了，~子　②排徘脾　③跐踢：~一脚　④派

m　②埋~伏　③买　④卖迈

t　①呆袋口~　③歹好~逮□在：~这块　④代岱贷袋黛戴待怠殆迨带大~夫

t'　①胎苔舌~　②台抬苔蒜~　③□清闲自在：透~　④太汰态泰

l　①奶牛~口~汰：懒散，不洁　②来莱　③奶~~乃　④耐奈赖癞

tʂ　①灾栽斋　③宰载年~崽　④在再载装~债寨瘵□~子：手脚上的鸡眼□钉：~鞋，钉子：鞋~子□用清水冲洗：~碗

tʂ'　①猜差出~钗□嫁接：~树。杂交：~驴　②才财材豺柴裁瘵枯、硬：手挺~　③采彩睬踩　④菜蔡

ʂ　①腮鳃筛塞~入　④晒赛塞边~

k　①该垓赅　③改　④盖丐概溉赣~榆

k'　①开楷　②□~奸：不合作、暗中破坏　③凯恺铠慨楷~模　④忾□推诿：两人~起来了

x　①□在人多的地方偷窃：~逮手　②孩核~心还~是　③海□坏了、糟了：弄~得了　④害亥

Ø　①哀唉~哟挨~号　②儿而崖挨~打□被：~他拿去了　③矮耳饵尔蔼霭　④艾碍爱暖二贰隘

iε

tɕ　①街皆阶秸　③解~放　④介芥界疥届戒诫械解押~

tɕ'　③遣楷大~字

ɕ　②鞋谐　④蟹懈邂解识文~字械

tʂ　③□筋~的：肌肉或食物结实有弹性　□丁儿：萝卜~子　④拽

tʂ'　①搋~面揣　④踹䦟~碓

ʂ　①衰摔　③甩□无能：~子，这人太~　④帅率~领

k　①乖□碰、打、接触：别~他□叫~子：蝈蝈

③拐□~古：脾气怪　④怪𦙶挎：~着书包

k'　③扻蒯　④块快筷会~计刽

x　②槐怀淮徊　③□~拉：态度生硬地拉扯摇晃　④坏

Ø　①歪□~~：蛤蟆、河蚌　②蛙~子：青蛙□坐在地上挪蹽　③脚~了□~老将：下棋时出将　④外

ei

p　①碑卑杯悲　③□拨：~面鱼子　④倍臂贝辈背焙被备

p'　②培陪赔裴　④沛配佩辔呸

m　②梅枚媒煤莓霉玫眉嵋楣　③美镁每　④妹昧寐魅媚谜打哑~

f　①飞妃非菲霏绯蜚　②肥　③匪诽翡　④肺废吠沸痱费

t　①堆　③□咳嗽　④队对兑碓

t'　①推　②颓　③腿　④蜕褪退

l　①□打~~：赶牛时的吆喝号子　②雷擂~鼓　③磊蕾馁垒累积~傫　④类内累劳~泪擂打~

tʂ　①遮　②贼　③嘴者　④罪柘最醉蔗这

tʂ'　①崔摧催车马~　②随~他去　③扯　④脆翠粹翠瘁

ʂ　①虽尿赊奢　②谁蛇佘隋随　③舍~弃髓𦈌布边散开　④岁碎隧穗祟社舍房~

ʐ ③惹

kʻ ②剋

uei

tʂ ①追锥椎脊~ ④坠縋缀赘

tʂʻ ①吹炊 ②垂捶棰锤槌椎~鼓

ʂ ①摔 ②谁 ③水 ④睡税瑞

l ④税芮蕊瑞

k ①规归龟硅圭闺□~腰:弯腰 ③鬼诡轨 ④桂瑰跪柜贵刽

kʻ ①盔亏 ②葵魁奎逵 ④愧溃

x ①灰恢挥辉徽 ②回茴蛔 ③毁悔诲 ④会绘烩汇慧惠贿秽讳晦卉溃

∅ ①威偎煨葳巍萎人穷自~ ②伟韦围违苇维惟唯帷微危桅为圩 ③委诿萎~靡尾结~ ④位卫未味为~什么伪喂胃渭谓慰尉

ɔ

p ①包胞苞雹褒 ③保堡葆褓鸨宝饱 ④抱菢~鸡刨~床鲍报暴爆豹

pʻ ①抛脬泡灯~ ②袍刨~地 ④炮泡~茶

m ①猫夜~子:猫头鹰峁淮阴~子 ②矛茅猫锚毛羊~髦 ③卯铆毛一~钱 ④冒帽貌

t ①刀叨鱽□用筷子夹：~菜 ③岛捣蹈祷倒导 ④到倒~水道悼稻盗

tʻ ①涛滔掏绦套被~：被胎 ②桃逃淘陶啕萄讨 ④套

l ①孬捞乱~：乱拿 ②劳捞打~唠牢挠蛲铙 ③老佬姥恼脑 ④闹涝捞取高处、远处的物品

tʂ ①召昭招糟遭朝~阳钊 ③早枣澡找爪沼 ④照皂灶造罩棹笊赵兆诏躁肇

tʂʻ ①操杪抄钞超剿巢□用筷子从锅里~面条嘈莫~：外边有人听 ②曹漕槽朝~南潮嘲 ③草吵炒 ④糙踔跨：~沟□摩擦:在沙里~~锹

ʂ ①烧骚臊狐~稍捎梢□~瓜：夏季产的长形黄皮菜瓜 ②韶绍介~ ③扫嫂少多~ ④哨邵少~年潲肖臊害~扫~帚苕㑲速度快□耳~子：耳垢

ʐ ②饶娆 ③绕围~扰 ④绕~道

k ①高羔糕茭~瓜膏~药 ③稿搞篙镐搅膏药~ ④告膏~油

kʻ ①敲 ③考烤~火拷 ④靠犒铐烤~油炒菜

x ①蒿薅 ②毫豪嚎耗号~叫 ③好~坏郝 ④浩皓好爱~号~码

∅ ①熝~菜 ②熬鳌 ③袄懊~悔 ④敖傲鳌奥澳懊

iɔ

p ①标膘长~镖骠彪飙瞟盯：~着他，别让跑了 ③表裱婊 ④摽鳔膘油发过的猪皮：吃~汤

pʻ ①飘漂~浮 ②瓢嫖剽 ③瞟~上一眼 ④票漂~白

m ②苗描瞄喵 ③秒眇渺藐 ④庙妙

t ①雕凋碉刁叼貂 ④吊掉钓调~查铫

tʻ ①挑~水 ②条鲦调~和笤迢 ③挑~选窕 ④跳眺 篠宋~立交桥粜

l ②辽疗寥聊撩嘹獠镣缭僚燎~原 ③鸟袅潦 燎灯~了头发了 ④料尿撂瘳

tɕ ①交郊茭胶娇焦蕉礁椒浇教~书 ③饺狡铰绞缴搅矫侥 ④叫较校~对教~育窖觉睡~膏~油

tɕʻ ①跷锹劁缲~边敲 ②乔侨桥荞瞧 ③巧 ④俏峭鞘悄翘窍橇

ɕ ①消销硝霄箫嚣枵逍 ②肴淆 ③小晓 ④笑效校学~孝哮

∅ ①妖邀腰要~求幺吆 ②摇谣遥窑姚尧肴淆 ③咬舀 ④耀跃鹞要重~

əɯ

t ①都~是兜 ③斗升~抖蚪陡 ④豆逗痘窦斗~争，两块布~起来□~巧：碰巧□急~：着急，激动

t‘ ①偷 ②头投揄引：~奶俞用细棍通：~炉子 ③敨弄散:这捆给弄~了 ④透

l ①溜满：~~一缸水 ②楼搂~地蝼喽 ③篓搂~抱 ④漏露~出陋瘘

tʂ ①周舟州洲诌胡~ ③走粥扭拧：~断了肘 ④奏揍纣咒皱邹㑇宙昼骤胄荮籀

tʂ‘ ①抽□让风吹干:衣服挂在外边~ ~ ②愁酬筹踌仇惆 ③丑瞅 ④臭凑

ʂ ①收搜艘嗖飕馊 ③手守首叟擞 ④受授瘦兽寿售

ʐ ①□照：~头~棍□扔：~过来□理采:不~他 ②柔揉 ④肉

k ①勾沟钩佝篝 ③狗苟枸 ④够构购垢

k‘ ①扣纽~抠~出来眍 ②□凶、厉害：这人太~ ③口 ④叩扣~押寇蔻豆~

x ①齁 ②𥬠喉猴瘊 ③吼 ④后厚候

ø ①欧殴讴鸥区姓沤 ③呕偶藕㶉~狼烟 ④怄

iəɯ

t ①丢

l ①溜~走了 ②牛流刘浏琉硫留榴瘤 ③柳纽扭绺 ④谬馏溜水~：流动的水流六

tɕ ①究鸠揪鬏疚纠□小~：小孩 ③酒九久玖灸韭 ④救就臼舅咎旧

tɕ‘ ①秋揪瞅楸鳅丘 ②求球仇姓囚泅酋瘸 ③朽㱔折：~树枝

ɕ ①休修羞靴 ③朽 ④秀绣锈袖

ø ①幽优忧攸悠□扔 ②由油邮尤犹游

③友有酉莠 ④又右佑幼宥囿黝柚釉

æ̃

p ①班斑瘢颁扳 ③板版 ④办扮瓣□~嘴:争吵

p‘ ①攀 ④盼襻

m ①妈～～ ②蛮鳗 ③嫚老~子：老太婆，老婆 ④迈

f ①帆番翻 ②凡矾烦繁藩樊 ③反返 ④饭贩犯范泛

t ①丹担~心单耽 ③胆掸 ④淡担~子旦但诞蛋弹氮

t‘ ①贪坍滩摊 ②坛潭谭檀谈痰弹~琴 ③毯坦 ④探炭碳叹

l ②男南兰拦栏蓝篮难 ③览揽榄缆奶~~ ④烂滥难灾~

tʂ ①簪 ③斩崭盏攒~钱 ④暂赞绽栈蘸站

tʂ‘ ①掺参~加搀餐□啄:鸡~米□钉：~鞋 ②蚕惭残馋谗潺□捣：~蒜 ③产铲参 ④灿檕插:把棍~在泥里

ʂ ①山舢三叁杉 ③伞散松~馓产 ④散~气

k ①甘柑干~湿肝竿尴 ③敢橄感杆秆赶擀 ④干~部

k‘ ①刊看~门堪勘 ③砍坎槛侃 ④看~见

x ①憨酣鼾 ②含函涵寒韩衔~草 ③罕喊 ④汉汗旱捍锝

ø ①安鞍庵鹌 ②□叹词，表示惊异 ③俺埯揞□应答声，是，对 ④暗岸按案

i æ̃

tɕ ①间空~艰监~牢奸 ③拣减碱简柬 ④涧间~断监~视鉴谏舰

tɕ‘ ①铅 ④嵌槛门~堑

ɕ ②咸闲衔~接 ③喊 ④限馅陷苋~菜

ø ①淹 ②颜 ③眼 ④雁

u æ̃

tʂ ③赚骗：~人 ④撰赚挣：~钱

ʂ ①栓栓删闩 ③□选:把好的~出来 ④涮□抽选：~草缮屋

k ①关鳏 ④掼惯

k‘ ②环荣壶~踡~腿

x ①欢 ②环还~帐

∅ ①弯湾 ②玩顽 ③晚挽娩 ④万

ẽ

tʂ ①占~卜沾粘毡瞻刮轻剁：~肉 ③展捱黵 ④占~领战颤

tʂ‘ ②蝉禅~宗婵缠蟾 ③谄

ʂ ①扇煽膻苫草~子 ③闪陕 ④扇苫~屋善膳缮蟮单姓禅~让赡骟~马

ʐ ②然燃 ③染

i ẽ

p ①边编鞭□小~~：蓖麻 ③扁蝙匾鳊褊贬 ④变便方~辨辫辩卞汴遍做一~

p‘ ①篇偏翩 ②便~宜 ③谝贬笑~：讽刺 ④片骗遍~地

m ②棉绵眠 ③免勉娩鞔析起来缝：~边 ④面缅

t ①掂颠癫巅 ③点典碘 ④店惦垫电佃甸殿靛淀奠簟~箩：芦苇编的祭品

t‘ ①天添 ②田恬甜填 ③舔腆 ④掭

l ②连涟莲年粘~糕鲇怜联镰臁帘 ③脸埝捻撵碾 ④念捻灯~子恋练链殓敛楝

tɕ ①肩掮兼尖煎犍笺坚占沾粘毡刮瞻 ③检俭捡剪茧趼展捱黵 ④件贱溅饯践剑见建腱健荐渐箭占战颤

tɕ‘ ①牵千迁歼纤~纬 ②钱前乾~坤虔潜钳蝉婵禅缠蟾 ③浅遣谴谄 ④欠芡歉扦拉~

ɕ ①先仙籼鲜锨掀扇煽膻苫 ②贤弦涎粘~嫌纤~纬 ③显闪陕险 ④现蚬线宪腺羡扇苫善膳缮蟮单禅赡骟

∅ ①烟胭咽~喉焉蔫腌醃阉淹 ②言延涎筵炎盐严阎研沿岩檐然燃□挤、夹：手叫门~着了 ③演掩衍兖染 ④验埝黄九~、李~厌艳焰酽彦谚堰砚咽燕宴□门~后：门背后

õ

p ①般搬 ④半拌绊伴扶比

p‘ ①潘 ②盘磐蟠 ④叛判

m ②馒瞒 ③满 ④漫幔镘

t ①端 ③短断拦路抢动：~路 ④段锻煅缎断判~

t‘ ②团抟疃 ③湍~急

l ②蛮孪鸾銮栾 ③暖卵 ④乱

tʂ ①专砖肫 ③转~达 ④转~动篆传~记钻~石

tʂ‘ ①穿川氽窜东跑西~ ②船传~达椽 ③喘 ④串窜~动篡纂

ʂ ①酸 ④算蒜

ʐ ③软阮

k ①官棺观参~冠衣~ ②馆管 ④贯罐灌冠

k‘ ①宽 ③款

x ①欢獾 ②桓 ③缓 ④换唤涣焕患宦幻

ø　①豌剜　②完丸纨　③腕皖碗宛婉惋

yõ

tɕ　①捐娟鹃涓　③卷~起来　④倦卷试~眷券入场~圈羊~绢蕈舅~母

tɕʻ　①圈圆~　②权全泉拳蜷踡颧　③犬　④劝券

ɕ　①宣喧暄渲轩　②玄悬旋漩眩　④绚镟羡楦

ø　①鸳渊冤　②元园芫员圆缘原源袁猿辕垣援　③远　④院愿怨苑

ɑŋ

p　①帮邦梆傍~晚浜□补:~一块　③榜绑膀~子　④棒谤磅~秤泵稖

p　①膖豆子泡~了　②旁螃膀~胱庞彷　③耪嗙乱说　④胖

m　②芒茫忙盲氓　③莽蟒

f　①方芳坊妨~人　②房防坊纺妨~碍　③访肪仿纺　④放

t　①当应~裆　③党挡档　④当正~荡砀宕盪用两个容器来回倒，使流汁食物降温

tʻ　①汤傥　②堂嗻膛镗棠唐塘糖溏搪赤唐螗　③躺淌　④烫趟

l　①狼黄~子囔　②狼蜋廊囊　③朗攮　④浪齉□皱纹：一脸~子

tʂ　①张章彰蟑樟臧脏赃　③掌长生涨~潮　④丈仗杖帐胀涨障葬脏内~藏西~

tʂ　①仓苍沧舱昌菖猖娼　②常嫦尝偿长~短场麦~肠藏收~　③厂敞鳖场市~　④唱倡畅怅

碜擦：~了一身灰

ʂ　①桑丧~事伤商墒　③嗓搡□塞：~满了口袋晌赏　④丧~失上尚徜

ʐ　①让不用~，吃光了自己拿　②瓤穰□累：走~了　④让

k　①冈刚纲钢岗南~：灌云地名缸豇肛缰　③港讲岗站~口很.非常：~好了口钻：~过去　④杠虹出~，天~起来了钢把刀、锹之类工具回炉加钢□呛:香烟太~□垫高、夯实

kʻ　①康慷糠　③□用头抵：~人　④抗炕扛

x　①夯　②航杭行排~绗　④巷项~圈

ø　①肮　②昂　③卬~们：我们，在青少年中使用□焚烧:草垛~了　④盎

iɑŋ

l　②娘良粮凉量~布粱梁　③两俩　④亮辆晾量数~酿踉

tɕ　①江豇姜疆僵缰礓刚将~来　③蒋奖耩讲跰老~子　④匠酱将~军降~雨犟

tɕʻ　①腔羌炝呛风~着了枪　②墙蔷樯详祥翔强~弱　③抢强~大搶~面饼□铲：~锅　④戗呛

ɕ　①箱厢湘相~好乡香襄镶　②享降~服　③想响饷　④向象像橡相~面项

ø　①央秧殃鞅嚷阳太~　②羊洋氧阳扬央中当~鸯疡　③养痒仰　④样恙漾

uɑŋ

tʂ　①庄桩装妆　③奘把成根的物体弄整齐：~筷子　④壮状撞幢僮~族

tʂʻ　①窗疮□脸~黄:脸色很黄　②床噇　③闯~过去　④创闯~关东

ʂ　①双霜孀　③爽漺沥水：把韭菜~~　④双

k　①光胱桄　③广　④逛桄~线□~脸

kʻ　①筐匡诓　②狂　③□坟坑　④矿旷况框

x　①荒慌　②皇惶凰黄磺簧蝗　③谎恍幌　④晃

ø　①汪枉　②王亡芒麦~望到外边~~　③网往~来　④忘妄往~东旺望希~

əŋ

p　①崩绷嘣奔~跑镑迸~火星□溅：~一身水　③本　④笨奔投~蹦镚泵蚌~埠

p‘ ①烹怦砰喷~水 ②朋棚鹏 盆彭澎膨蓬 ③捧 ④碰喷~香□正在：~干活

m ①闷少言寡语□腐朽：木头一淋就~了 ②门们扪蒙溢濛曚朦萌盟□藏~~：捉迷藏 ③猛锰蜢 ④孟闷焖梦懑

f ①丰风沨疯枫分区~吩纷芬封峰烽锋蜂 ②坟冯焚汾逢缝~补 ③粉 ④奉凤俸缝裂~份氛粪岔愤奋

t ①灯登凳板~噔蹬敦墩吨蹲 ③等盹戥 ④质顿扽囤炖磴瞪凳邓

t‘ ①吞火通腾慢~~ ②疼屯豚誊腾飞~藤臀 ③跞在泥水里踩：~烂泥 ④褪吞~子：凳子

l ①楞~子：呆子扔~石头 ②能仑抡伦沦纶轮 ③冷 ④论弄恁木麦楞嫩

tʂ ①争挣~扎睁峥狰筝贞侦针珍诊真斟正~月征砧尊遵曾~祖增憎赠罾 ③整抆枕~木怎 ④郑挣牛~断了绳子阵振震镇证政正~北症圳枕~着书睡赠□澄清：~水

tʂ‘ ①村撑抻称~号铛饼~子 ②成城诚盛~水承丞呈程逞乘~法惩沉层曾~经存臣辰晨忱陈尘 ③碜 ④寸衬忖蹭磨~掌桌~秤称~心趁

ʂ ①深孙升僧森参人~生甥笙牲申伸呻绅身声 ②绳神 ③损笋榫省沈审婶髓~西 ④胜圣甚慎盛~大渗瘆乘史~剩□~牛：公牛

ʐ ①扔 ②人仁壬任姓 ③忍 ④认刃纫韧任~务

k ①根跟更~改梗耕 ③庚艮羹耿埂梗颈脖~ ④更~好

k‘ ①吭坑□低：头~着 ③恳垦肯啃 ④掯紧抓不放□垢：茶~

x ①亨哼 ②痕恒衡 ③很狠 ④恨□丢掉

ø ①恩 ②嗯表示怀疑的语气词 ③摁 ④硬嗯

iŋ

p ①兵宾滨缤镔冰斌彬 ③饼丙禀秉 ④病柄并摒摈鬓殡

p‘ ①拼姘乒 ②平评坪萍贫凭频瓶屏 ③品 ④聘喷~香

m ②明名铭旻萌珉缗冥瞑螟 ③敏闽闵悯抿皿 ④命谜泼~：出谜语

t ①丁叮盯钉玎靪疔 ③顶鼎 ④定腚锭订钉：~鞋

t‘ ①听厅 ②亭停婷廷庭蜓霆莛 ③挺艇 ④梃挺打：~一顿

l ①拎 ②林淋琳霖玲聆龄铃伶翎凛灵棂凌陵绫零宁拧凝麟磷鳞临 ③领岭檩 ④令另菱赁佞棱淋~病宁~可

tɕ ①今衿斤巾金筋禁这种布~穿襟京惊鲸兢经痉旌荆津精睛晶□土经：大土坯 ③紧卞阱谨紧锦景儆警 ④近净静尽烬进浸妗仅噤禁~止劲泾颈茎径竞境镜敬

tɕ‘ ①轻青清蜻菁侵亲~人倾卿 ②情晴赜秦寝擎勤琴禽擒芹□~死：找死 ③请顷苘 ④庆吣亲~家磬

ɕ ①星腥惺猩新薪心芯笔~辛欣兴~起 ②型形邢刑行寻~思□改嫁：~人了 ③醒擤省反~ ④信性姓芯灯~兴幸杏囟衅讯

ø ①音鹰因姻洇纸~茵阴荫英婴缨鹦蚁蚂~应~该 ②银迎营吟淫寅蝇盈赢茔萤荧 ③影引蚓饮~酒隐尹颖 ④印饮~牛应答~硬映

oŋ

t ①冬东咚 ③董懂 ④动洞冻栋咚

t‘ ①通 ②同桐铜佟彤童潼僮瞳 ③统捅桶筒 ④痛恸

l ①农哝浓脓龙陇胧笼聋隆窿 ③拢垄 ④弄

tʂ ①终宗综踪鬃中~心忠盅钟衷 ③总准谆肿种~子怎踵□：~火：使死火复燃 ④众重~视

纵粽踪中~计仲种~地

tʂʻ　①春椿充葱匆聪囱冲~茶　②从丛虫重~阳崇纯唇谆醇鹑　③蠢宠　④铳冲说话~人

ʂ　①松嵩　②㞞　③耸□三嘲二~　④送顺讼颂宋诵舜瞬

ʐ　②荣容镕蓉戎绒融茸冗

k　①工功攻公蚣恭供~养宫躬弓　③滚拱巩汞龚宓窗钻:从洞口~过去　④共供上～贡棍

kʻ　①昆坤空　③孔恐捆　④困空～子控

x　①昏婚轰烘哄~笑□变软:~柿子　②红虹洪鸿宏横魂浑馄弘　③哄~骗　④讧哄起~

ø　①温翁嗡　②文蚊纹条~闻　③稳刎吻紊　④问瓮

ioŋ

tɕ　①军君均钧　③菌窘迥　④郡俊骏竣峻

tɕʻ　①倾皴　②穷琼群裙

ɕ　①胸勋兄熏凶汹匈　②熊雄寻巡旬循㞞　④训驯讯迅汛殉逊

ø　①拥晕揞推:~门　②云芸耘匀　③永咏泳允勇涌踊　④用闰润佣运孕韵酝蕴

ɐ

p　⑤八拔跋雹

m　⑤抹~布沫跊一直往前走,不停顿:从门口~过去了

f　⑤发法乏伐垡筏阀罚

t　⑤答搭沓一~纸达笪耷

tʻ　⑤塔褡塌踏榻~本溻榻遢褟汗~子獭□脱漏

l　⑤腊蜡纳捺辣瘌旯邋落遗留

tʂ　⑤杂闸扎札轧铡炸~油条砸咂折~断浙哲蛰惊~蛰褶辙车~

tʂʻ　⑤插察擦嚓撤彻

ʂ　⑤杀刹撒靸飒卅煞霎摄涉折~本舌没

ʐ　⑤热

k　⑤鸽蛤~蟆割葛各阁搁胳郭□老~子:小儿子轧结交纥

kʻ　⑤磕渴

x　⑤合盒喝

iɐ

tɕ　⑤夹挟荚颊甲胛

tɕʻ　⑤恰洽拤

ɕ　⑤瞎辖匣狎狭峡侠黠

ø　⑤压押鸭轧噎

uɐ

ʂ　⑤刷

k　⑤括搜~刮郭

kʻ　⑤搳括包~刮

x　⑤滑猾石骨划计~

ø　⑤袜

ə

p　⑤拨钵不勃垺饽脖渤孛~篮:浅圆形柳编用具博薄剥驳北百泊柏伯白帛醭卜檗擘

p‘ ⑤泼朴仆扑迫魄拍帕曝瀑

m ⑤莫膜寞摸墨默陌木麦脉没

f ⑤佛弗拂绋

t ⑤得德□紧:挤~~的

t‘ ⑤特

l ⑤肋勒搦~菜

tʂ ⑤执汁侄秩质则贼泽择宅窄摘责掷只一 ~鸡炙塞瓶~直值植殖职织

tʂ‘ ⑤策册赤斥尺吃拆测侧恻

ʂ‘ ⑤十拾涩瑟虱实失室适释石湿食塞堵~识式饰啬色

ʐ ⑤日

k ⑤格革隔膈嗝给把~你鸽虼疙角豆~子髁

k‘ ⑤刻克客磕咳~嗽颏下骨~：下巴壳

x ⑤核~桃黑赫□赫鹤阖

Ø ⑤额恶罪~扼轭鄂

iə

p ⑤别憋鳖

p‘ ⑤撇

m ⑤灭篾末老~

t ⑤跌叠碟蝶牒谍

t‘ ⑤铁帖贴

l ⑤聂镊蹑猎摄列烈裂劣捏□锅盖~子:锅盖

tɕ ⑤接捷劫杰揭节截结洁

tɕ‘ ⑤妾怯切

ɕ ⑤协瞎辖泄歇蝎屑不~一顾楔~撅子血

Ø ⑤业叶页孽

uə

m ⑤目穆牧末

f ⑤福幅蝠辐复腹覆服伏茯袱

t ⑤独读毒椟犊督笃掇铎踱夺

t‘ ⑤突秃脱托□烫:水~手

l ⑤录绿禄碌六陆鹿漉麓糯诺烙骆酪洛络乐欢~捋搦

tʂ ⑤足捉卒兵~烛竹筑逐轴祝粥妯属~连嘱瞩啄琢作拙桌卓凿昨柞着酌浊镯

tʂ‘ ⑤出黜畜~牲族诹缩往后~促触猝仓~怵矗戮戳剒细切：~菜绰焯煮：~菜撮一小~焌火~手了

ʂ ⑤俗术述秫熟塾肃赎续速宿~城缩~小叔淑束粟属说勺汤~芍索朔蜀踅

ʐ ⑤入辱褥诺若弱

k ⑤骨股谷聒角一~钱

k‘ ⑤哭括阔窟扩廓酷

x ⑤忽惚斛获活豁核桃~霍擢藿劐镬或惑

Ø ⑤屋沃杌物勿握

yə

l ⑤律略掠率出勤~

tɕ ⑤菊撅局锯橘倔~强掘绝脚镢决厥橛噘爵觉知~角嚼决剧~本

tɕʻ ⑤曲屈黢~黑焌火~手了蛐缺确雀鹊却劈

ɕ ⑤蓄畜~牧戌恤旭续薛屑机削雪血穴学宿噱□很:~绿

∅ ⑤育郁欲浴域狱哕悦月越曰粤约药钥岳乐音乐悦跃疟

iI

p ⑤笔滗逼碧壁璧辟毕必弼愎

pʻ ⑤匹辟僻劈癖霹

m ⑤密蜜觅

t ⑤敌滴嫡笛狄荻的目~迪涤

tʻ ⑤踢惕剔

I ⑤力历沥雳立粒笠栗慄溧匿溺~死逆

tɕ ⑤积集急及极级笈即唧鲫吉给供~疾迹戟脊鹡籍藉屐稷绩寂

tɕʻ ⑤七缉~鞋口辑编~膝戚泣嘁漆乞

ɕ ⑤席习袭吸息媳熄悉昔惜夕朝~锡析隙檄蟋膝

∅ ⑤一壹乙忆亿益溢逸冀亦泽易交~液腋掖弈驿役疫抑邑轶臆薏叶业页噎□渐渐变小、变薄

第四节 方言词汇

本节记录连云港市城区的方言词约1600条,和普通话相同的则不收。词条按韵、声、调的次序排列。首字相同的同义词排在一起,第一条顶格,其他各词缩一格排列。字的右上角加"=",表示用同音字代替。轻声音节不标调值。

ʅ

支 tʂʅ313 借故把碍事的人打发走:把他～一边去好讲话

支僵 tʂʅ313tɕiaŋ313 僵硬

嗞声 tʂʅ35ʂəŋ 出声、讲话:莫～,外边来人了

子舅: tʂʅ41tɕiəɯ55 子女的舅舅

仔细鬼 tʂʅ41ɕi55kuei41 ①吝啬的人 ②形容心细的人

志 tʂʅ55 ①量:用竹杆子～～河有多深 ②复秤:管～秤,少一钱罚一斤

志号 tʂʅ55xɔ55 记号:划道线留个～

恣 tʂʅ55 舒服:透～

呲 tʂʻʅ313 讽刺、挖苦:说话～人

迟 tʂʻʅ313 跑:上了路直~ | 吓~了

泚 tʂʻʅ313 喷射:路边水管破了,直～

痴痴霉霉 tʂʻʅ313tʂʻʅ313mei35mei35 呆头呆脑,发愣的样子

痴头寡脑 tʂʻʅ313təɯ313kuɑ41lɔ41

痴不愣嘲 tʂʻʅ313pə13ləŋ55tʂɔ35

痴不愣登 tʂʻʅ^{313}pə^{313}ləŋ^{55}təŋ^{313}

疵毛 tʂʻʅ^{313}mɔ^{35} 低劣、差：这东西～

□□ tʂʻʅ^{313}tʂʻʅ^{313} 形容快：小树～长大了

跐 tʂʻʅ^{41} 滑：路不好走，一下～倒了

翅拐子 tʂʻʅ^{55}kue^{41}tʂʅ 翅膀

□物 ʂʅ^{313}u 修理：～车子

时气 ʂʅ^{33}tɕʻi 运气：这月～不好，老是掉钱

死 ʂʅ^{41} ①非常：～沉的，抬不动 ｜ ～犟 ②在：你～哪块去了，找不到

死眼皮 ʂʅ^{41}i æ̃^{41}pʻi^{35} 不机灵，固执

死瘟贼 ʂ^{41}oŋ^{313}tʂei^{35} 沉默寡言的人

使 ʂʅ^{41} ①用：～啥写的②累：干活不多～要命

四季莓 ʂʅ^{55}tɕi^{55}mei^{35} 芸豆

四称 ʂʅ^{55}tʂʻəŋ^{55} 配合得当：这衣裳穿着～

试花 ʂʅ^{55}xuɑ^{313} 果树头一回开花

试脉 ʂʅ^{55}mə^{13} 切脉

是 ʂʅ^{55} 凡是：～亲三分向

i

鼻子 pi^{35}tʂʅ ①五官之一 ②鼻涕

鼻眼子 pi^{35}iæ̃^{41}tʂʅ 鼻孔

鼻眵 pi^{35}tʂʻʅ^{313} 鼻垢

避静 pi^{55}tɕiŋ 安静，没外来干扰：这段～

岥 pʻi^{313} 裂开:竹杆～了

皮 pʻi^{35} 调皮，乱玩一气

皮麻 pʻi^{35}mɑ^{35}

皮杈子 pʻi^{35}tʂʻɑ^{55}tʂʅ 下水摸鱼时穿的皮衣

皮挂挂 pʻi^{35}kuɑ^{313}kuɑ^{313} 因瘦皮肤松垂发绉的样子

皮子 pʻi^{35}tʂʅ 皮肤

擗 pʻi^{41} 折：～树枝 ｜ ～秸头

屁头子 pʻi^{55}tʻəɯ^{35}tʂʅ 腚

屁盘子 pʻi^{55}pʻõ^{35}tʂʅ

屁精子 pʻi^{55}təiŋ^{313}tʂʅ ①不正派的人 ②长得女人相的男人

眯 mi^{313} 略睡一会:躺在这里～一下

咪猫 mi^{35}mɔ^{35} 母猫

迷膛 mi^{313}tʻɑŋ 迷糊、神志不清：吓～了

迷迷瞪瞪 mi^{35}mi^{35}təŋ^{313}təŋ^{313} 没睡好，神志不清的神态

米面子 mi^{41}mi ẽ^{55}tʂʅ 大米粉

眯 mi^{55} 困乏、想睡觉：上~了

敌 ti^{313} ①缓慢地、用力一根根地拔：～蒜苔 ｜ ～头发 ②在众人中单独把一人喊出来：把他~出来谈谈，看怎想不通的

地瓜花 ti^{55}kuɑ^{313}xuɑ^{313} 大丽花

地蛋　ti^{55}t æ̃^{55}　土豆

剔　tʻi^{313}　特别：～直 ｜ ～溜圆

踢腾　tʻi^{313}tʻəŋ　败坏:把钢笔～坏了

提媒　tʻi^{35}mei^{35}　提亲

哩啷　li^{313}lɑŋ^{313}　边讲边骂,或发出别人听不清楚的埋怨的话

理乎　li^{44}xu　理睬

理菜　li^{44}tʂʻɛ^{55}　择菜

理手划风　li^{41}ʂəɯ^{41}xuɑ^{55}fəŋ^{313}　说话时乱做手势的样儿

里挤外拐　li^{41}tɕi^{41}uɛ^{55}kuɛ^{41}　不整齐：牙～

利当　li^{55}tɑŋ　利索

利亮　li^{55}tɑŋ　干净、清爽

叽哇　tɕi^{313}uɑ^{313}　争吵,令人心烦的吵嚷

叽吭　tɕi^{313}kɑŋ^{313}　顶嘴：鱼烂腥的提车上,问一声还～的

暩　tɕʻi^{313}渗湿：衣服叫汗~透了

暩索　tɕʻi^{313}ʂo^{41}　不干不湿的程度：路上～的

齐眉箍　tɕʻi^{35}mei^{35}ku^{313}　刘海

齐斩　tɕʻi^{35}tʂæ̃^{41}　整齐:把布剪~的

起　tɕʻi^{41}　生：～香 ｜ ～味

起骒　tɕʻi^{41}kʻo^{55}　马发情

起窝　tɕʻi^{41}o^{313}　猫、狗发情

起槽　tɕʻi^{41}tʂʻɔ^{35}　驴发情

起栏　tɕʻi^{41}l æ̃^{35}　牛羊发情

起圈　tɕʻi^{41}tɕyõ^{35}　猪发情

汽露水　tɕʻi^{41}lu^{55}ʂuei^{41}　蒸气冷凝而成的水滴

气　tɕʻi^{55}　表示指引语气：去吃～,锅里有

气嗓头　tɕʻi^{55}ʂɑŋ^{41}tʻəɯ^{35}　喉部

气门嘴子　tɕʻi^{55}məŋ^{35}tʂei^{41}tʂʅ　气门芯

稀　ɕi^{313}　很、非常,用在形容词之前：～累 ｜ ～酸 ｜ ～困 ｜ ～热 ｜ ～瘦 ｜ ～干｜ ～潮 ｜ ～湿 ｜ ～脏 ｜ ～软 ｜ ～松 ｜ ～溜薄

兮兮　ɕi^{313}ɕi^{313}　后缀,表示程度深:粘～ ｜ 脏～ ｜ 神经～

西瓜萝卜　ɕi^{313}kuɑ^{313}lo^{35}pə　甜而脆的红心萝卜

喜材　ɕi^{41}tʂʻɛ^{35}　老人在世时做好的棺材

细　ɕi^{55}　小气、吝啬

疑乎　i^{35}xu　①疑惑②犹豫

姨侄　i^{35}tʂə^{13}　妻子的姐妹生的儿女：～婿

u

潽　pʻ u^{313}　溢：饭～了

铺衬　pʻu^{313}tʂʻəŋ　碎布条

肤皮　fu^{313}pʻi　头皮屑

伏心天　fu^{35}ɕiŋ^{313}tʻiẽ^{313}　中伏,夏天最热时

副　fu^{55}　次、份:你们别挤,我得一～一～卖　|　卖了三～

□　tu^{313}　长时间煮:～鱼

吐　tu^{55}　①大人用嘴含着食物轻轻吐到婴儿口中②吐出:小孩～饭了

土狗子　t'u^{41}kəɯ^{41}tʂʅ　蝼蛄

兔虎　t'u^{55}xu^{41}　老鹰

芦秸　lu^{35}tɕiɛ^{313}　高粱秸

芦秫　lu^{35}ʂuə^{313}　高粱

醋登子　tʂu^{55}təŋ^{313}tʂʅ　盛醋的小碟子

酥瓜　ʂu^{313}kuɑ^{313}　青色、长形带长条花纹的菜瓜,比黄瓜味甜,一般是生吃

姑爹　ku^{313}ki^{313}　父亲的姑父

牯牛　ku^{41}liəɯ^{35}　未阉过的公牛

孤拐　ku^{41}kuɛ^{41}　踝骨

苦　k'u^{41}　①挣、赚:～钱②很:～咸|～辣

苦夏　k'u^{41}ɕiɑ^{55}　有些人在夏天食欲差、消瘦

苦淫淫　k'u^{41}iŋ^{35}iŋ^{35}　略有苦味:这药～的

□　xu^{41}　①泼:～水②撒:～化肥③花费:钱～出去了

护襟子　xu^{55}tɕiŋ^{313}tʂʅ　大围嘴儿

护力　xu^{55}liɪ^{13}　做事不肯出力

五二鬼　u^{41}ɛ^{55}kuei^{41}　不正经的人

五月端　u^{41}yə^{13}tõ^{313}　端午节

恶寒　xu^{55}x æ̃^{35}　生病怕冷:到下午就～

y

缕缕　ly^{41}ly^{41}　连续、成群地向前:蚂蚁～的|汗～的　|　～带趟的

趋　tɕ'y^{313}　脚不离地往前挪动

虚嚷　ɕy^{313}ʐɑŋ^{313}　表面上邀请一下:中午来吃饭,不～

纡　y^{313}　弯:～直了　|　～弯了

鱼鸦　y^{35}iɑ^{313}　鱼鹰

I

爹　tɪ^{313}　祖父:我～在家

□　tɪ^{313}用簸箕轻颠一下,把细小的筛出

蝭蟧　tɪ^{41}liəɯ　蝉

蝭蟧猴　tɪ^{41}　liəɯxəɯ^{35}　蝉蛹

敧　tɕ'ɪ^{313}　躺:～在地上

□怀　ɕɪ^{41}xuɛ^{35}　敞怀

□合　ɕɪ^{41}xə　敞着:怀～着

爷　ɪ^{35}叔:大～　|　二～　|　小～

夜猫子　ɪ^{55}mɔ^{313}tʂʅ　猫头鹰,也喻夜间精力旺盛的人

ɑ

巴察　pɑ^{313}tʂ'ɑ　暗暗地查看

钯　pɑ^{313}　①补、钉:～盒锔锅②钉子:洋盆底打了个～子

钯锅子　pɑ^{313}tɕyə^{13}tʂʅ　锅子
扒　pɑ^{313}　照着样子剪：～鞋样子
扒河　pɑ^{313}xo^{35}　挖河渠
把　pɑ^{41}　①给、送：把东西～给他了②把守、查路：路上有人～岗 ｜ 小鬼～门③次、回：再来一～（扑克）｜ 一～赢了十块
麻快　mɑ^{35}kuɛ^{35}　赶快，迅速
麻溜　mɑ^{35}liəɯ　快，顺当：做事～
麻筋　mɑ^{35}tɕiŋ^{313}　一碰即麻的穴位
麻木　mɑ^{35}mə^{13}　不知天高地厚、得意忘形的神态：～神 ｜ ～蛋子|穿件好衣裳~的
麻雀　mɑ^{35}tɕyə^{13}　小男孩外阴
马渣冻　mɑ^{41}tʂɑ^{313}toŋ^{55}　薄冰
马牙子　mɑ^{41}iɑ^{35}tʂʅ　婴儿长牙前，牙床上因炎症而起的疙瘩
马子　mɑ^{41}tʂʅ　马桶，一般指盛尿的小马子。
马菜　mɑ^{41}tʂʻɛ^{55}　马齿苋
奃奃　tɑ^{313}tɑ　父亲
打　tɑ^{41}　①一杆秤最多能称起的重量：这秤~五十斤　②筑：～墙 ｜ ～坝子
打呓怔　tɑ^{41}i^{55}tʂʅ　梦魇
打粗　tɑ^{41}tʂʻu^{313}　家畜耐粗食
打憷　tɑ^{41}tʂʻu^{55}　恐惧、胆怯
打雨　tɑ^{41}y^{41}　　潲雨
打头　tɑ^{41}tʻəɯ^{35}　摘除瓜果树木的顶头
打方子　tɑ^{41}fɑŋ^{313}tʂʅ　买中药
打汪　tɑ^{41}uɑŋ^{313}　水牛在泥水里泡着
打吞子　tɑŋ^{41}tʻəŋ^{55}tʂʅ　用咳嗽示意
打信　tɑ^{41}ɕiŋ^{55}　寄信
打春　tɑ^{41}tʂʻoŋ^{313}　立春:春打六九头
打从　tɑ^{41}tʂʻoŋ^{35}　自从：～上次起就卖三块
大妈　tɑ^{55}mɑ^{313}　大伯母。伯母称妈，婶子称娘：二妈 ｜ 三妈 ｜ 二娘 ｜ 小娘②对尊称亲长的妇女
大姑姐　tɑ^{55}ku tɕɪ^{41} 丈夫的姐姐
大臌腮　tɑ^{55}ku^{41} ʂɛ^{313}　腮腺炎
大爷　tɑ^{55}I　大伯。二伯叫二～，三伯叫三～，余类推
大爷　tɑ^{55}I^{35}　大叔。二叔叫二～，三叔叫三～，小叔叫小爷
大柴　tɑ^{55}tʂʻɛ^{35}　芦苇
大雷　tɑ^{55}lei^{35}　编连成串的大个鞭炮
大圈　tɑ^{55}tɕʻyõ^{313}　车轮上的钢圈
大糖　tɑ^{55}tʻɑŋ^{35}　手工做的饴糖
大伯头子　tɑ^{55}pə^{13}tʻəɯ^{35}tʂʅ　丈夫的哥哥
拉馋　lɑ^{313}tʂʻæ̃^{35}　解馋
拉弯子　lɑ^{313}uæ̃^{313}tʂʅ　说和一下，使受窘的当事人好下台

拉瓜　lɑ^{313}kuɑ^{313}　拔掉瓜秋时最后一次采摘的瓜
落　lɑ^{35}　①昆虫产卵：蛾子～子　②遗留：庄稼～了一地
拿　lɑ^{35}　①推拿：～膀子　②故意刁难：关键时～一把
拿别别撬　lɑ^{35}piə^{13}piə^{13}tɕ'iɔ^{55}　故意刁难
□　lɑ^{55}　两腿分开站立：莫腿～着站在路上
□巴　lɑ^{55}pɑ　腿向两边分开着走：小孩走路～～的
□当　lɑ^{55}tɑŋ
踷　tʂɑ^{313}　①踩：～了一脚泥　②到：他一直不敢～来 ｜ 长这么大没有～过上海
纟乍　tʂɑ^{55}　衣服缝接处的线断开：一蹬裤裆~开了
□子　tʂ'ɑ^{313}tʂʅ　玻璃及陶制器皿的碎片：瓦～ ｜ 缸～ ｜ 瓶～ ｜ 碗～
喳咕　tʂ'ɑ^{313}ku　商量
茶　tʂ'ɑ^{35}　白开水也叫茶
犭及　tʂ'ɑ^{41}　张开大嘴咬：～饭吃 ｜ 狗~人
差翎　tʂ'ɑ^{55}liŋ^{35}　禽鸟换毛：鸡～不下蛋了
差蛋　tʂ'ɑ^{55}t æ̃^{55}　家禽不按常规下蛋了：鸡吃雪会～
沙牛　ʂɑ^{313}liəɯ　母黄牛
讴　ʂɑ^{313}　①楔子：木～子　②动词；～起来
眚么　ʂɑ^{313}mə　暗暗地查看
撒花　ʂɑ^{313}xuɑ^{313}　在盐田里撒上种盐，促进结晶
□　kɑ^{35}划：～洋火
□气　kɑ^{35}tɕ'i^{55}　打嗝
□　k'ɑ^{313}　用力倒出：菜从筐里～出来洗洗
□　k'ɑ^{35}　翻扣：～碗 ｜ 怎端的，饭～到地上
哈哈　xɑ^{313}xɑ^{313}　持续，顺当:农民工盖楼，说干，～的，连收麦也没停|脚踏车骑～的
哈　xɑ^{35}　表示请求的语气:对我好点～
哈瑟　xɑ^{35}ʂə　①发抖:吓得直～　②乱用:钱~光了　③揭露，宣扬：把你的丑事～～
腌洒　ɑ^{313}ʂɑ　垃圾

iɑ

家鱼　tɕiɑ^{313}y^{35}　大头鲢鱼
家边　tɕiɑ^{313}piẽ^{313}　邻居：~的小孩
家天子　tɕiɑ^{313}t'iẽ^{313}tʂʅ　家院儿
假马　tɕiɑ^{41}mɑ^{41}　故意装假，不懂装懂
架势　tɕiɑ^{55}ʂʅ^{55}　捧场，帮忙
卡　tɕ'iɑ^{35}　①以势压人：～人 ｜ ～强　②抢夺：东西给他～去了
身叚　ɕiɑ^{313}　弯：~腰 ｜ 腰～下来
下市　ɕiɑ^{55}ʂʅ^{55}　集市散了
下地　ɕiɑ^{55}ti^{55}　下葬
下雾　ɕiɑ^{55}u^{55}　起雾
下窝狗　ɕiɑ^{55}o^{313}kəɯ^{41}　刚生过小狗的母狗
下料　ɕiɑ^{55}liɔ^{55}　下流，不长进

下三　ɕiɑ^{55}ʂ æ̃^{313}　下贱，无赖，没出息

下三烂子　ɕiɑ^{55}ʂ æ̃^{313}l æ̃^{55}tʂʅ　品行不端，不成材的人

下傍晚　ɕiɑ^{55}pɑŋ^{313}u æ̃^{41}　下午天近黄昏时

下骨颏子　ɕiɑ^{55}kuə^{13}kə^{13}tʂʅ　下巴

丫　iɑ^{313}　刀刃上的缺口

丫钢　iɑ^{313}kɑŋ^{313}　给刀刃加钢，使之耐磨锋利

牙猪　iɑ^{35}tʂu^{313}　小公猪

牙花子　iɑ^{35}xuɑ^{313}tʂʅ　牙龈

牙狗　iɑ^{35}kəɯ^{41}　小公狗

芽糖　iɑ^{35}t'ɑŋ^{35}　麦芽糖

掗卖　iɑ^{55}mɛ^{55}　硬把东西送给或卖给别人

uɑ

抓钩　tʂuɑ^{313}kəɯ^{313}　三齿刨土工具

□　tʂuɑ^{35}　轻轻地扫：～地

□　tʂ'uɑ^{313}　猛地一抓：～只蜻蜻

□　kuɑ^{313}　舀：从锅里~饭 ｜ 屋里进水了，快～

瓜扭子　kuɑ^{313}liəɯ^{41}tʂʅ　刚谢花的小瓜

瓜壳子　kuɑ^{313}k'ə^{13}tʂʅ　瓜皮帽

呱啯　kuɑ^{35}kuə^{13}　鹁鸪

挂　kuɑ^{35}　牵扯:衣服让树枝～破了

挂　kuɑ^{55}　辆:一～自行车 ｜ 一～汽车

侉子　k'uɑ^{41}tʂʅ　本地人称赣榆、山东一带口音的人为～：赣榆～

挎耳旁　k'uɑ^{55}ɛ^{41}p'ɑŋ^{35}　部首"阝"

花大姐　xuɑ^{313}tɑ^{55}tɕɪ^{41}　瓢虫

花花招招　xuɑ^{313}xuɑ^{313}tʂɔ^{313}tʂɔ^{313}　①看不清楚：人老了，看东西～②不均匀：布染～的

花油　xuɑ^{313}iəɯ^{35}　网状的猪油

口　xuɑ^{35}　①全、都:地上～是水　②只是：～吃肉，不吃菜

华家　xuɑ^{35}tɕiɑ^{313}　同姓：我们是～

哇呜叽糟　uɑ^{313}u^{313}tɕi^{313}tʂɔ^{313}　①很、后悔、无法挽救时的心情　②内部无主张、混乱

口　uɑ^{41}　舀取干的、稠的东西：～米 ｜ ～饭

口巴子　uɑ^{41}pɑ^{313}tʂʅ　小巴斗

　uɑ^{41}　用指甲抓：～脸

瓦不　uɑ^{41}pə　卷曲、弓起发皱的样子:纸壳子～了

洼塌　uɑ^{55}t'ɐ^{13}　凹下去的地面：～里有鱼

o

簸箕柳　po^{55}tɕi liəɯ^{41}　杞柳

抔　p'o^{35}　用手掌向一处集拢收取碎物：～了沙子 ｜ 把豆子～起来

破　p'o^{55}　①折散：绳子~开了　②整线换零钱：十块钱～成两个五块的

破财　p'o^{55}tʂ'ɛ^{35}　损失财物

么　mo^{35}　什么的合音：做～的

磨　mo^{55}　①把重物不离地面地移挪：把大石头～过去　②掉转：小巷太窄，～不开身子　③借：东借西～

磨脐　mo^{55}tɕʻi^{35}　固定在石磨下扇中心上的轴

磨眼　mo^{55}i æ̃^{41}　磨的上扇装粮食的圆口

多　to^{313}　很，表示程度大：～胖的　｜　～厚的

多货　to^{313}xo^{55}　加在量词之后，表示有零头：天～　｜　斤～　｜　尺～

躲灾　to^{41}tʂɛ^{313}　①偷懒，躲过该做的事　②躲避灾难

躲蹦蹦　to^{41}pəŋ^{55}pəŋ　捉迷藏

拖油瓶　tʻo^{313}iəɯ^{35}pʻiŋ^{35}　母亲改嫁带到男方的孩子

坨地　tʻo^{35}ti^{55}　盐场大量堆放海盐的平地

驼　tʻo^{35}　弯：屋梁～了

驼摞　tʻo^{35}lo^{55}　昆虫交配

□　tʻo^{35}　藤蔓生长：～秧

螺螺　lo^{35}lo　螺蛳

罗罗眼　lo^{35}lo^{35}i æ̃^{41}　角膜长云翳的眼睛

昨朝子　tʂo^{41}tʂɔ^{313}tʂʅ　昨天

捽　tʂo^{41} 抓：～住绳子，莫叫羊跑了

左不溜子　tʂo^{41}pə liəɯ^{313}tʂʅ　左撇子

坐小月子　tʂo^{55}ɕiɔ^{41}yə^{13}tʂʅ　因小产而休养的日子

坐家三品　tʂo^{55}tɕiɑ^{313}ʂ æ̃^{313}　pʻiŋ^{41}　在家乡以势欺侮外乡人

□　ʂo^{35}　围囤：用茓子～粮食

锅屋　ko^{313}u^{313}　厨房

过　ko^{313}　超过：走～了

□　ko^{35}　发～：发呆

□不愣子　ko^{35}pə ləŋ^{55}tʂʅ　呆头呆脑的人

过　ko^{55}　传染：这病不～人

过花　ko^{55} xuɑ^{313}　植物自然授粉

过火　ko^{55} xo^{41}　草木灰

过冬　ko^{55} toŋ^{313}　冬至

窠猪　kʻo^{313}tʂu^{313}　老母猪

可　kʻo^{41}　①好：干得好不好？～②很，用在动词、形容词前，表示程度深：～能干了　｜　～干净了③实在：～受不了啦，痛死啦

坷垃　kʻo^{41} lə　小土块

坷埌：　kʻo^{41}　lɑŋ^{313}　小洼坑：～里有几粒稻子

㰒　kʻo^{55}　①机器磨面、碾米：～稻子　｜　～面②机器破碎：～石子

河堆　xo^{35}tei^{313}　河堤

何犯于　xo^{35}fæ̃^{55} y^{35}　不必要，何必

火烧心　xo^{41} ʂɔ^{313}ɕiŋ^{313}　急躁的样儿

祸秧子　xo^{55} iɑŋ^{313} tʂʅ　流星

搙　o^{313}　弯曲、卷折：绳子～在手里

踒　o^{313}　手、脚筋骨受伤：打球～手指头了
倭瓜　o^{313}　kuɑ^{313}　南瓜
屙　o^{313}　～屎
莴苣苔子　o^{313}　tei t'ε^{35}　tʂʅ　莴苣
窝丝缠棉　o^{313}　ʂʅ^{313}　tʂ'æ̃^{35}　miẽ^{35}　不利索，不果断，纠缠不休的样子

ε

摆　pε^{41}:洗～菜　｜　～手　｜　～苹果
败乎　pε^{55}　xu　损坏：家产～光了
败相　pε^{55}　ɕiɑŋ　说别人不是，败坏别人声誉
拜路祭　pε^{55}　lu^{55}　tɕi^{55}　送葬路上的祭奠
　　p'ε^{313}　猛地坐下:一腚～在地上
□　p'ε^{313}　量词：一～牛屎
䠋　p'ε^{41}　踢：～一脚
派　p'ε^{55}　应该:他～来才是　｜　不~去
派秋风　p'ε^{55}　tɕ'iəɯ^{313}　fəŋ^{313}　卖东西的上门摊派
卖呆　mε^{55}　tε^{313}　呆看、发楞
□　tε^{41}　用小船渡人过河：～河
逮瞎子　tε^{41}　ɕiɑ^{313}　tʂʅ　丢手帕的游戏
逮惩　tε^{41}　tε'əŋ^{35}　批评、大声喝叱：～人
代　tε^{41}　替　给:凭啥～他家干的
带　tε^{55}　①看护：～小孩　②跟、和：不～你玩　③许可：光讲不～骂人的　④关：临走～上门　⑤家畜怀仔：～牛　｜　～羊　｜　～兔子
带肚子　tε^{55}　tu^{55}　tʂʅ　怀孕
带肚女人　tε^{55}　tu^{55}ly^{41}　zəŋ^{35}　孕妇
带女人　tε^{55}　ly^{41}　zəŋ^{35}　娶妻
带新娘子　tε^{55}　ɕiŋ^{313}　liɑŋ^{35}　tʂʅ
带媳子　tε^{55}　ɕiɪ^{13}　tʂʅ
带宝　tε^{55}　pɔ^{41}　赌博的一种方法
太爹　t'ε^{55}　tɪ^{313}　曾祖父
太奶　t'ε^{55}　lε^{41}　曾祖母
太阴　t'ε^{55}　iŋ^{313}　太阳
太阴地　t'ε^{55}　iŋ^{313}ti^{55}　阳光照到的地方
太阴白　t'ε^{55}　iŋ^{313}　pə^{13}　太阳穴
奶帮子　lε^{41}　pɑŋ^{313}　tʂʅ　乳房的外围
来　lε^{35}　①玩，～扑克　｜　～墙蹦②遗～尿
耐心烦　lε^{55}　ɕiŋ^{313}　fæ̃^{35}　耐心
癞葡萄　lε^{55}p'u^{35}t'ɔ^{35}　苦瓜
癞蛄子　lε^{55}　ku^{35}　tʂʅ　蛤蟆
癞蛄浆　lε^{55}　ku^{35}　tɕiɑŋ^{313}　蝌蚪
癞乌子　lε^{55}　u^{313}　tʂʅ

癞蛙子　lε^{55}　uε^{35}　tʂʅ　青蛙
癞雕子　lε^{55}　tiɔ^{313}　tʂʅ　老鹰
栽花　tʂε^{313}　xuɑ^{313}　种痘
□　tʂε^{55}　用清水冲洗一下：碗洗过了再～～
在以早　tʂε^{55}　i^{313}　tʂɔ^{41}　从前
在早　tʂε^{55}　tʂɔ^{41}
□　tʂ‘ε^{313}　①嫁接：~梨②杂交：～驴
才　tʂ‘ε^{35}　非常：这人～喜欢孩子啦
才刚　tʂ‘ε^{35}　tɕiɑŋ^{313}　刚才：～来　|　～还在这里
柴　tʂ‘ε^{35}　芦苇
柴　tʂ‘ε^{35}　干枯、硬:手很～
柴楞楞　tʂ‘ε^{35}　ləŋ^{55}　lɕŋ^{55}
踩　tʂ‘ε^{41}　象棋用语，吃子：马～炮
腮脑　ʂε^{313} lɔ^{41}　腮腺炎引起的脑膜炎
腮盘子　ʂε^{313}　p‘õ^{35}　tʂʅ　腮帮子
该派　kε^{313}　p‘ε^{55}　应该：～你来你不来
该败　kε^{313}　pε^{55}　妇女口头语，表示不满意
解怀　kε^{41}　xuε^{35}　妇女初次生孩子
改饶　kε^{41}　zɔ^{35}　讨饶并表示改正
开　k‘ε^{313}　批发：～苹果
开支　k‘ε^{313}　tʂʅ^{313}　发工资
开味　k‘ε^{313}　uei^{55}　开玩笑
揩　k‘ε^{313}　～桌子
揩屁纸　k‘ε^{313}　p‘i^{55}　tʂʅ　手纸
□奸　k‘ε^{313}　tɕi　æ̃^{313}　不合作、刁难人
□奸摸滑　k‘ε^{313}　tɕi æ̃^{313}　mə^{13}　xue^{13}　为人滑头
□　k‘ε^{55}　推诿:莫~，该干得干
□　逮手　xε^{313}　tε^{41}　ʂəɯ^{41}　手
海　xε^{41}　坏了、遭了:给弄～了
海台了　xε^{41}　t‘ε^{35}　lə
海得了　xε^{41}　tə　lə
海英菜　xε^{41}　iŋ^{35}　tʂε^{55}　盐地碱蓬，生长在沿海的荒野，可食
害伢子　xε^{55}　iɑ^{35}　tʂʅ　妊娠反应
害孩子　xε^{55}　xε^{55}　tʂʅ
害汗病　xε^{55}　x æ̃^{55}　piŋ^{55}　伤寒
挨号　ε^{313}　xɔ^{55}　排队
儿狗　ε^{35}　kəɯ^{41}　公狗
挨　ε^{35}　被：～他拿出去了
耳挖子　ε^{41}　uɑ^{313}　tʂʅ　掏耳垢的工具
耳哨子　ε^{41}　ʂɔ^{55}　tʂʅ　耳垢

耳眼子　ε^{41}　i æ̃^{41}　tʂʅ　耳孔
耳圈子　ε^{41}　tɕ'yõ^{313}　tʂʅ　耳环
耳性　ε^{41}　ɕiŋ^{55}　记性:人老了～不好
唉嗝　ε^{55}　kə　打隔
二尾子　ε^{55}　i^{41}　tʂʅ　阴阳人
二五抹塌　ε^{55}　u^{41}　mɐ^{13}　t'ɐ^{13}　做事马虎
二半溜子　ε^{55}　põ^{55}　liəɯ^{313}　tʂʅ　不大不小的
二半吊子　ε^{55}　põ^{55}　tiɔ^{55}　tʂʅ　手艺不精的人
二伏　ε^{55}　fu^{55}　中伏:头伏萝卜～菜
皆　tɕiε^{313}　大家～如此
街滑子　tɕiε^{313}　xuɐ^{13}　tʂʅ　城镇中游手好闲,经常在街市上鬼混的人
戒棒　tɕiε^{55}　paŋ^{55}　戒尺

uε

拽□　tʂuε^{313}　tu　态度生硬地拉扯摇晃:莫～孩子
踀　tʂuε^{41}　拐:～过来
搋　tʂ'uε^{313}　①揉:～面　②打:～他两下
揣奸摸滑　tʂ'uε^{313}　tɕiæ̃^{313}　pə^{13}　xuɐ^{13}想方设法偷懒
⿰臼最　tʂ'uε^{55}　粗舂:～碓
甩　ʂuε^{41}　无能、没本事:～子
□kuε^{313}　碰、打:瓶子～打了 ｜ 莫～他
拐磨花　kuε^{41}　mo^{55}　xuɑ^{313}　矮牵牛花
拐旮旯　kuε^{41}　kɑ^{313}　lɑ^{313}　拐弯处
拐角　kuε^{41}　kuə^{13}
⿺乚亘　kuε^{55}　挎:～着书包
块　kuε^{55}　地方:这～ ｜ 那～
块丁　k'uε^{55}　tiŋ^{313}
怀子　xuε^{35}　tʂʅ　怀孕
蛙子　uε^{35}　tʂʅ　青蛙
歪歪　uε^{313}　uε^{313}　河蚌
歪嘴料　uε^{313}　tʂei^{41}　liɔ^{55}　嘴巧而不正干的人
□　uε^{35}　坐在地上挪:～过来
⿰⻊歪　uε^{41}　扭伤脚
□　pei^{41}　拨:～面疙瘩 ｜ 莫把菜都～给我
赔似　pei^{35}　ʂʅ　赔嫁
媒八嘴　mei^{35}　pɐ^{13}　tʂei^{41}　媒婆
谜子　mei^{35}　tʂʅ　头脑不清醒的人
莓豆　mei^{35}　təɯ^{55}　芸豆
眉毛箍　mei^{35}　mɔ^{35}　ku^{313}　刘海儿
眉中　mei^{35}　tʂoŋ^{313}　人中
飞子　fei^{313}　tʂʅ　交钱后得到的作为购物凭证用的纸牌、木牌

肺头子　fei^{55}　t‘əɯ^{35}　tʂʅ　肺
□　tei^{41}　咳嗽
兑　tei^{55}　冲账
对把　tei^{55}　pɑ^{41}　手艺或势力相当
对虾驹子　tei^{55}　ɕiɑ^{313}　tɕy^{313}　tʂʅ　小对虾
对味　tei^{55}　uei^{55}　脾气相投
对眼　tei^{55}　i æ̃^{41}
推死　tei^{313}　ʂʅ^{41}　在有事时装病
推故　tei^{313}　ku^{55}　找借口有个小病～不上学
腿胫骨　tei^{41}　tɕiŋ^{55}　kuə^{13}　臁骨
嘴头子　tʂei^{41}　t‘əɯ^{35}　tʂʅ　①口才②嘴巴
醉酣子　tʂei^{55}　x æ̃^{313}　tʂʅ　酒喝醉了的人
扯布　tʂ‘ei^{41}　pu^{55}　买布
随　ʂei^{35}　相像：长得～他老子
繻　ʂei^{41}　布边散开
碎碎叨叨　ʂei^{55}　ʂei^{55}　tɔ^{313}　tɔ^{313}　碎嘴子
碎嘴碎舌　ʂei^{55}tʂei^{41}ʂei^{55}ʂə^{13}

uei

水　ʂuei^{41}　①虚假：他的话～太大　②哄骗、用好听的谎话使人上当入圈套：给他～住了
水臌病　ʂuei^{41}　ku^{41}　piŋ^{55}　肾炎
水焐子　ʂuei^{41}　u^{55}　tʂʅ　冬天装热水焐被窝的铜器，扁圆形
水眼　ʂuei^{41}　i æ̃^{41}　泉眼
归功　kuei^{313}　koŋ^{313}　行、合适：这样不～｜不打不～｜这事怎～
龟　kuei^{313}　驼背：～腰｜腰～了
龟腰子　kuei^{313}　iɔ^{313}　tʂʅ　驼背的人
龟腰虫　kuei^{313}　iɔ^{313}　tʂ‘oŋ^{35}　尺蠖
鬼打墙　kuei^{41}　tɑ^{41}　tɕ‘iɑŋ^{35}　夜里迷路
鬼风　kuei^{41}　fəŋ^{313}　旋风
灰条菜　xuei^{313}　t‘iɔ^{35}　tʂ‘ɛ^{55}　灰灰菜
毁了　xuei^{41}　lə糟了：～，做不成了
会谅　xuei^{55}　liɑŋ^{55}　醒悟
煨罐子　uei^{313}　kõ^{55}　tʂʅ　放在灶堂炖热水的陶罐
搣缝　uei^{313}　fəŋ^{55}　用水泥把砖、石墙的缝涂起来
圩沟　uei^{35}　kəɯ^{313}　田野的排水沟
圩堆　uei^{35}　tei^{313}　河、沟的堤坝
卫计　uei^{55}　tɕi　爱护、照顾
为　uei^{55}　因为：两人没～什么就吵起来了

ɔ

包菜　pɔ^{313}　tʂ‘ɛ^{55}　结球甘蓝
龅牙　pɔ^{55}　iɑ^{35}　过大的犬齿

刨子　pɔ^{55}　tʂʅ　礤床
刨屑子　pɔ^{55}　ɕyə^{13}　tʂʅ　刨花儿
抛散　p‘ɔ^{313}　ʂɑ　浪费，糟踏
刨　p‘ɔ^{35}　除：～去老本，净苦三千
峁　mɔ^{313}　与侉音相对的口音：淮阴～ ｜ 扬州～子 ｜ 南～北侉
□　mɔ^{313}①超过：走～了，快回头　②往：～高处打
毛　mɔ^{35}　①惊慌、发楞　②恼怒：别发～，消消气
毛窝子　mɔ^{35}　o^{313}　tʂʅ　用芦缨加稻草编结成的御寒草鞋
毛缨花子　mɔ^{35}　iŋ^{313}　xuɑ^{313}　tʂʅ　芦花
毛冬瓜　mɔ^{35}　toŋ^{313}　kuɑ^{313}　冬瓜
茅房　mɔ^{55}　fɑŋ^{35}　厕所
帽招子　mɔ^{55}　tʂɔ^{313}　tʂʅ　帽檐儿
鲷鱼　tɔ^{313}　y^{35}　鲫鱼
鲷壳子　tɔ^{313}　k‘ə^{13}　tʂʅ
刀客　tɔ^{313}　kə^{13}　常替别人写诉状的人
□　tɔ^{313}　用筷子夹：～菜 ｜ ～筷子
蚏螂　tɔ^{313}　lɑŋ　螳螂
捣拐　tɔ^{41}　kuɛ^{41}　斗鸡，两人比耐力的游戏
捣腿　tɔ^{41}　t‘ei^{41}　两人各睡一头、合盖一床被子
捣当　tɔ^{41}　tɑŋ　调换
倒头　tɔ^{41}　t‘əɯ^{35}　①人死了　②名词前缀，有讨厌的意思，相当于鬼：～人 ｜ ～事 ｜ ～鞋 ｜ ～饭
倒号　tɔ^{41} xɔ^{55}　店铺倒闭
倒头饭　tɔ^{41}　t‘əɯ^{35}　f æ̃^{55}　供祭死人头前的一碗米饭
倒头灯　tɔ^{41}　t‘əɯ^{35}　təŋ^{313}　为死者点的长明灯
到回　tɔ^{41} xuei^{35}　等一会儿：～再说
桃花癣　t‘ɔ^{35}　xuɑ^{313}　ɕyõ^{41}　春天起的癣
套　t‘ɔ　缝棉衣：～袄 ｜ ～被子
霠天　lɔ^{313}　t‘i æ̃^{313}　风雨天
牢壮　lɔ^{35}　tʂuɑŋ　牢固：家具不～
脑瓜子　lɔ^{41}　kuɑ^{313}　tʂʅ　头颅
脑瓜盖子　lɔ^{41}　kuɑ^{313}　kɛ^{55}　tʂʅ　头盖骨
脑头着子　lɔ^{41}　t‘əɯ^{35}　tʂuə^{13}　tʂʅ　打脑后
脑后窝　lɔ^{41}　xəɯ^{55}　o^{313}　后脑勺
脑咽后　lɔ^{41}　i æ̃^{55}　xəɯ^{55}
恼人　lɔ^{41}　ʐəŋ^{35}　得罪人
老□　lɔ^{41}　tɕi^{313}　鬼怪，吓唬小孩时说：莫哭，～来了
老□□　lɔ^{41}　k‘ɑ^{313}　k‘ɑ^{313}　衰老的样子：脸～的
老太爷　lɔ^{41}　t‘ɛ^{55}　I^{35}　曾祖父
老太太　lɔ^{41}　t‘ɛ^{35}　t‘ɛ　曾祖母
老爹　lɔ^{41}　tI^{313}　祖父

老拐子　lɔ41　kuɛ41　tʂʅ　人贩子
老海　lɔ41　xɛ41　①大海：东～②大烟：～鬼子
老干皮味　lɔ41　k æ̃313　p'i35　uei55　不知趣而自以为是
老嫚子　lɔ41　m æ̃41　tʂʅ　老婆（中、老年）、老太婆
老人了　lɔ41　ʐəŋ35　lə　死了老人了
老口子　lɔ41　kɐ13　tʂʅ　最小的孩子：小～
老实头　lɔ41　ʂə13　t'əɯ35　老实人
捞　lɔ55　①取高处、远处的物品：太高，手～不到②得：那东西你～到啦
捞不到　lɔ41　pə13　tɔ55　没时间：我～去
朝　tʂɔ313　天：十～半月
朝暮　tʂɔ313　mə　从前
朝暮子　tʂɔ313　mə　tʂʅ
朝天子　tʂɔ313　t'ie313　tʂʅ
朝今　tʂɔ313　tɕiŋ
朝日　tʂɔ313　ʐə
糟　tʂɔ　发面引子：～面饼
遭雨　tʂɔ313　y41　被雨淋了
早星　tʂɔ41　ɕiŋ313　早晨
□　tʂɔ41　山西口音：南蛮北侉山西～子
照蛋　tʂɔ55　t æ̃55　孵化过程中淘汰下来的禽蛋，有"头照子、二照子"之别
嘈　tʂ'ɔ313　喧哗:莫～，开会了
瘵人　tʂ'ɔ35　ʐəŋ35　胃里不舒服，有饥饿感:光吃萝卜～
瘵汪汪　tʂ'ɔ35　uaŋ313　uaŋ313
朝牌　tʂ'ɔ35　p'ɛ35　像朝笏样的发面烧饼，也叫烤牌
草焐子　tʂ'ɔ41　u55　tʂʅ　冬天能放入饭锅保温的草器
草驴　tʂ'ɔ41　ly35　母驴
草狗　tʂ'ɔ41　kəɯ41　母狗
糟坊　tʂ'ɔ41　faŋ313　榨油、酿酒的作坊
吵　tʂ'ɔ41　批评、训斥：挨老师～了
操　tʂ'ɔ55　①捣乱：胡～｜瞎～②詈语
□　tʂ'ɔ55　磨擦:铁锹锈了，在沙里～～
踔　tʂ'ɔ55　跨：～沟
烧　tʂɔ313　①被钱财弄昏头脑，不能自制②挥霍
捎瓜　ʂɔ313　夏季的长形黄皮菜瓜
臊荤烂臭　ʂɔ313 xoŋ313 l æ̃55 tʂ'əɯ55　臊臭味
臊荤烂腥　ʂɔ313 xoŋ313 l æ̃55 ɕiŋ313
扫盐　ʂɔ41　ie35　把盐田的盐堆积起来运走
扫尘　ʂɔ41　tʂ'əŋ35　大扫除
愺　ʂɔ55　快：欢～｜走路真～
愺当　ʂɔ55　taŋ　走～点

饶　ẓɔ^{35}　购物时另外多给的部分

高升　kɔ^{313}　ʂəŋ^{313}　二踢脚

高木屐子　kɔ^{313}　mə^{13}　tɕi^{313}　tʂʅ　①木底高跟鞋②比喻奉承话：给你个～穿

茭瓜　kɔ^{313}　kuɑ^{313}　茭白

摘嘴　kɔ^{41}　tʂei^{41}　吵架

告帮　kɔ^{55}　pɑŋ^{313}　求援、借债

告送　kɔ^{55}　ʂoŋ^{55}　告诉

□　k'ɔ^{313}　割：～凉粉|～块豆腐

考盖子　k'ɔ^{41}　'ɛ^{55}　tʂʅ　结痂

涍　k'ɔ^{55}　加热让水蒸发掉.：～油　|　锅～干了

靠　k'ɔ^{55}　①相持：看谁～过谁②等：不要死～　，他不来了

薅地　xɔ^{41}　ti^{55}　锄地

好意　xɔ^{55}　i　有意:谁～这样干呀

耗潮　xɔ^{35}　tʂ'ɔ^{35}　退潮

懊糟　ɔ^{35}tʂɔ^{313}　懊悔

拗　ɔ^{55}　相持、比赛耐力：～手劲　|　～膀子

iɔ

标　piɔ^{313}　目测、比划：～出一条直线

摽　piɔ^{55}　①把绳子、铁丝纹紧：～锯|两根铁丝～起来　②紧跟不舍，纠缠：我走到哪你～到哪，～到晚上也不给你买　③结合：两人～在一起干　④攀比：你能和他～，人家有钱　⑤攀牢：～在树上　|　～膀子

膘　piɔ^{55}　油发过的猪皮：吃～汤

瓢不　p'iɔ^{35}　pə　①薄板变形弓起:板受潮～了②说话不正常、胡说：喝几口酒嘴就～了

吊三秋　tiɔ^{55}　ʂæ̃^{313}　tɕ'iəɯ　过短的衣服

吊线　tiɔ^{55}　ɕiẽ^{55}　用眼睛或线标出直线

吊秧子　tiɔ^{55}　iɑŋ^{313}　tʂʅ　狗交配

吊搭眼　tiɔ^{55}　te^{13}　iæ̃^{41}　上眼皮松垂。也叫麻搭眼

掉大精子　tiɔ^{55}　tɑ^{55}　tɕiŋ̃^{313}　tʂʅ　因紧张焦虑而精神恍惚

掉蛋　tiɔ^{55}　tæ̃^{55}　调皮捣蛋

掉向　tiɔ^{55}　ɕiɑŋ^{55}　迷失了方向：一到新浦就～，解放路是向西南斜伸的

掉色　tiɔ^{55}　ʂə^{13}　颜色脱落，变淡。

笤把　t'iɔ^{35}　pɑ^{41}　笤帚

条道　t'iɔ^{35}　tɔ^{55}　做事有条理

挑　t'iɔ^{41}　挖：～荠菜

挑箩子　t'iɔ^{41}　lɑ^{35}　tʂʅ　把散在地上的草、庄稼用铁杈挑成一堆一堆的

挑河　t'iɔ^{41}　xo^{35}　开挖河渠

挑罾　t'iɔ^{41}　tʂəŋ^{313}　捞虾子的小网

撩骚　liɔ^{35}　ʂɔ^{313}　挑逗

燎泡　liɔ^{35}　p'ɔ^{55}　皮肤上烫起、磨起的水泡

了巴子　liɔ^{41}　pɑ^{313}　tʂʅ　最末的一个：小～

了了 liɔ^{41} liɔ^{41} 一点点：还有～的，不多了

了了 liɔ^{41} lə 完了：吃～～

撂 liɔ^{55} ①扔：～过来 ②遗失：钱～了

撂瓢嘴 liɔ^{55} p‘iɔ^{35} tʂei^{41} 大而斜的嘴巴

焦 tɕiɔ^{313} ①十分着急：心里发～②很：～干 ｜ ~粘 ｜ ～酸

焦干 tɕiɔ^{313} kæ̃^{313} ①干燥：嘴～ ②实在：～的话

交 tɕiɔ^{313} 入：～伏 ｜ ～九

交尾 tɕiɔ^{313} uei^{41} 昆虫交配

叫 tɕiɔ^{55} 被：～他拿去了

叫窝 tɕiɔ^{55} o^{313} 猫发情

叫□子 tɕiɔ^{55} kuɛ^{313} tʂʅ 蝈蝈

校秤 tɕiɔ^{55} tʂ‘əŋ^{55} 复秤

膏油 tɕiɔ^{55} iəɯ^{35} 给车轴注油

劁 tɕ‘iɔ^{313} 阉割母畜：～猪

□贬 tɕ‘iɔ^{313} piẽ 缺点、不足:你看这事还有什么～

翘 tɕ‘iɔ^{55} 平板形物体受潮后变形弓起：～巴 ｜ 板~了

俏紧 tɕ‘iɔ^{55} tɕiŋ^{313} 动作利索:走路～的

俏刮 tɕ‘iɔ^{55} kuɐ^{13} 打扮得合体、美丽

枵 ɕiɔ^{313} 薄纸溜～的

枵脸皮 ɕiɔ^{313} liẽ^{41} p‘i^{35} 爱面子、害羞

小蹄爪子 ɕiɔ^{41} t‘i^{35} tʂuɑ^{41} tʂʅ 猪蹄

小鸡 ɕiɔ^{4} tɕi^{313} 男孩生殖器，也叫小拐球、小雀子

小气八拉 ɕiɔ^{41} ɕi^{55} pɐ^{13} lɑ^{313} 胸襟不宽、吝啬

小布 ɕiɔ^{41} pu^{55} 土布

小姑子 ɕiɔ^{41} ku^{313} tʂʅ 丈夫的妹妹

小乌子 ɕiɔ^{41} u^{313} tʂʅ ①小乌贼②蝌蚪

小爷 ɕiɔ^{41} I^{35} 小叔叔

小马子 ɕiɔ^{41} mɑ^{41} tʂʅ 木质小马桶

小他 ɕiɔ^{41} t‘ɑ^{313} 人称泛指，不论男女，凡叫不出名字的人都可这样当面称呼

小瓦 ɕiɔ^{41} uɑ^{41} 筒瓦

小拇指头 ɕiɔ^{41} mo^{41} tʂʅ^{313} t‘əɯ 小手指

小开子 ɕiɔ^{41} k‘ɛ^{313} tʂʅ 硬币

小银开子 ɕiɔ^{41} iŋ^{35} k‘ɛ^{313} tʂʅ

小银角子 ɕiɔ^{41} iŋ^{35} kə^{13} tʂʅ

小嘴子 ɕiɔ^{41} tʂ‘ei^{41} tʂʅ 暗地传话的人

小舍子 ɕiɔ^{41} ʂei^{55} tʂʅ 田间简陋的草房

小鬼 ɕiɔ^{41} kuei^{41} 扑克牌中的皇后

小草驴子 ɕiɔ^{41} tʂ‘ɔ^{41} ly^{35} tʂʅ 蝈蝈

小壕子 ɕiɔ^{41} xɔ^{35} tʂʅ 瓦质小马桶

小揪 ɕiɔ^{41} tɕiəɯ^{313} 小孩

小年　ɕiɔ^{41}　liẽ^{313}　正月十五
小园田　ɕiɔ^{41}　yõ^{35}　t'iẽ　农民的自留地
小方子　ɕiɔ^{41}　faŋ^{313}　tʂʅ　中药方
小肠火　ɕiɔ^{41}　tʂ'aŋ^{35}　xo^{41}　尿道发炎、尿液发黄
小唱　ɕiɔ^{41}　tʂ'aŋ^{55}　民间小曲
小粉子　ɕiɔ^{41}　fəŋ^{41}　tʂʅ　做食品时用的淀粉
小生日　ɕiɔ^{41}　ʂəŋ^{313}　ʐə　下半年出生，算周岁时可以虚两岁
小饼子　ɕiɔ^{41}　piŋ^{41}　tʂʅ　膝盖骨
小停　ɕiɔ^{41}　t'iŋ^{35}　慢慢地、轻轻地：～干活
小小停停　ɕiɔ^{41}　ɕiɔ^{41}　t'iŋ^{35}　t'iŋ^{35}　不慌不忙
小性子　ɕiɔ^{41}　ɕiŋ^{55}　tʂʅ　脾气不好，常因小事发作
小兄　ɕiɔ^{41}　ɕioŋ^{313}　小弟弟
小叔子　ɕiɔ^{41}　ʂuə^{13}　tʂʅ　丈夫的弟弟
笑贬　ɕiɔ^{55}　piẽ^{41}　讽刺、羞辱：～人
酵头子　ɕiɔ^{55}　t'əɯ^{35}　tʂʅ　发面引子
吆　iɔ^{313}　用声音驱赶：～鸡
咬　iɔ^{41}　攀比：兵没当成，给人～下来了
咬子　iɔ^{41}　tʂʅ　鱼追逐、受精
咬吊子　iɔ^{41}　tiɔ^{55}　tʂʅ　门搭扣
要　iɔ^{55}　几根草顺方向放在一起挠几下，好捆物品：草～子

əɯ

兜子　təɯ^{313}　tʂʅ　兜肚
陡然　təɯ^{41}　ʐæ̃^{35}　忽然：～想起来了
陡陡　təɯ^{41}　təɯ^{41}　～来病了
斗蓬　təɯ^{41}　p'əŋ　斗笠
斗　təɯ^{55}　对接：两下～起来
□　təɯ^{55}　对、正确
逗巧　təɯ^{55}　tɕ'iɔ^{41}　碰巧
豆猴　təɯ^{55}　xəɯ^{35}　豆象
豆丹　təɯ^{55}　t æ̃^{313}　吃黄豆叶儿的大青虫子
偷嘴　t'əɯ^{313}　tʂei^{41}　形容不正当的性关系
偷人　t'əɯ^{313}　ʐəŋ^{55}　偷汉子
投口　t'əɯ^{35}　k'əɯ^{41}　合口味
𠜾　t'əɯ^{35}　用细棍通：～炉子
揄　t'əɯ^{35}　引：白虾子好～奶
头　t'əɯ^{35}　①动词后缀：没看～|有吃～②时间名词后缀，表示开始的部分：月～年～③用在数量词前面，表示达到或接近相关的数量：又赚到～二十块
头皮子　t'əɯ^{35}　p'i^{35}　tʂʅ　头皮屑
头茬子　t'əɯ^{35}　tʂa^{55}　tʂʅ　剃掉的短头发
头水　t'əɯ^{35}　ʂuei^{41}　头一次采摘的瓜果蔬菜：吃～　|　卖～

头年子　t'əɯ³⁵　liẽ³⁵　tʂʅ　去年
头年寒　t'əɯ³⁵　liẽ³⁵　x æ̃³⁵　去年冬天
头前　t'əɯ³⁵　tɕ'iẽ³⁵　①从前：这事在～了还能办②在前边：～带路
头生子　t'əɯ³⁵　ʂəŋ³¹³　tʂʅ　头胎生的孩子
头生月　t'əɯ³⁵　ʂəŋ³¹³　yə¹³　小孩满月
敨　t'əɯ⁴¹　散了：草个子～了
透　t'əɯ³⁵　很，用在表示积极意义的形容词前边：～鲜 ｜ ～肥 ｜ ～活
□　ləɯ³¹³　满：～～一缸水
露白　ləɯ⁵⁵　pə¹³　显露：有财莫～，～会招贼
周　tʂəɯ³¹³　周年：上～坟
周正　tʂəɯ³¹³　tʂəŋ　端正：长～
扭　tʂəɯ⁴¹　拧：～罗丝 ｜ 铁丝～断了
扭子　tʂəɯ⁴¹　tʂʅ　不合作、难相处的人
扭丝襻头　tʂəɯ⁴¹　ʂʅ　p'æ̃⁵⁵　t'əɯ³⁵　①木材纹理不顺②指人不讲道理、难缠
走尸鬼　tʂəɯ⁴¹　ʂʅ³¹³　kuei⁴¹　起来行走的尸体
走冻　tʂəɯ⁴¹　toŋ⁵⁵　滑冰。也叫滑冻
走色　tʂəɯ⁴¹　ʂə¹³　①褪色②因紧张而脸变色
奏　tʂəɯ⁵⁵　做：～活 ｜ ～饭 ｜ ～梦 ｜ 姑～婆
□　tʂ'əɯ³¹³　让风吹干：湿衣服挂出去～～
抽风　tʂ'əɯ³¹³　fəŋ³¹³　抽筋
瞅蛋　tʂ'əɯ⁴¹　t æ̃⁵⁵　鳖交配
臭蛋丸　tʂ'əɯ⁴¹　t æ̃⁵⁵　õ³⁵　樟脑丸
臭骨头　tʂ'əɯ⁵⁵　kuə¹³　t'ə　狐臭
手指盖子　ʂəɯ⁴¹　tʂʅ³¹³　kɛ⁵⁵　tʂʅ　指甲
手面子　ʂəɯ⁴¹　miẽ⁵⁵　tʂʅ　手背
手尖眼快　ʂəɯ⁴¹　tɕiẽ³¹³　iæ̃⁵⁵　k'uɛ⁵⁵　反应快、动作快
手方子　ʂəɯ⁴¹　fɑŋ³¹³　tʂʅ　手绢儿
手巾方子　ʂəɯ⁴¹　tɕiŋ³¹³　fɑŋ³¹³　tʂʅ
手巾框子　ʂəɯ⁴¹　tɕiŋ³¹³　kuɑŋ³¹³　tʂʅ
手脖子　ʂəɯ⁴¹　pə¹³　tʂʅ　手腕
守　ʂəɯ⁴¹　等：～人 ｜ ～车 ｜ ～着
守生婆　ʂəɯ⁴¹　ʂəŋ³¹³　p'o³⁵　接生婆
受　ʂəɯ⁵⁵　①耐：这人长不～看　②受苦：活～
瘦巴拉儿　ʂəɯ⁵⁵　pə　lɑ³¹³　tɕi　精瘦的样儿
瘦筋巴拉　ʂəɯ⁵⁵　tɕiŋ³¹³　pɑ³¹³　lɑ³¹³
瘦精精　ʂəɯ⁵⁵　tɕiŋ³¹³　tɕiŋ³¹³　人瘦却有精神
□　ʐəɯ³¹³　①扔：把这截绳子～过去②打：～头一棍　③理睬：不～你
肉刺　ʐəɯ⁵⁵　tʂ'ʅ⁵⁵　田间劳动时，指甲沟附近被磨得根根像刺一样的皮肤
肉踟踟　ʐəɯ⁵⁵　tʂuɛ⁴¹　tʂuɛ⁴¹　肌肉丰满、结实
肉头　ʐəɯ⁵⁵　t'əɯ³⁵　①富而吝啬的人　②壮丁

狗里肮脏　kəɯ^{41}　li^{41}　ɑŋ^{313}　tʂɑŋ^{313}　①脏、乱：地上弄～的　②令人不满：这事办～的

狗走槽子　kəɯ^{41}　tʂəɯ^{41}　tʂʻɔ^{35}　tʂʅ　狗交配

狗脸栽毛　kəɯ^{41}　liẽ^{41}　tʂɛ^{313}　mɔ^{35}　易动怒变脸

狗蝇　kəɯ^{41}　iŋ^{35}　狗虱子

够　kəɯ^{55}　拿高处、远处的物品：站在桌子上才能～着

够人　kəɯ^{55}　ʐəŋ^{35}　使人讨厌

抠　kʻəɯ^{313}　吝啬

□　kʻəɯ^{35}　脾气凶狠：～喳喳的

口面　kʻəɯ^{41}　miẽ^{55}　布匹的宽度

齁受　xəɯ^{313}　ʂəɯ^{55}　后悔、埋怨

齁咸　xəɯ^{313}　ɕiæ̃^{35}　味儿很咸

齁挬子　xəɯ^{313}　pə^{12}　tʂʅ　哮喘病人

猴　xəɯ^{35}　调皮：～蹦的　|　～出脑的

厚　xəɯ^{55}　稠：粥饭太～了

后襟头子　xəɯ^{55}　tɕiŋ^{313}　tʻəɯ^{35}　tʂʅ　后背

后婚头子　xəɯ^{55}　xoŋ^{313}　tʻəɯ^{35}　tʂʅ　再婚的人

沤酱　əɯ^{313}　tɕiaŋ^{55}　制酱

焐　əɯ^{41}　有烟无明火地烧：～狼烟

iəɯ

丢松　tiəɯ^{313}　ʂoŋ^{313}　放松:一～他就跑了

流球货　liəɯ^{35}　tɕʻiəɯ^{35}　xo^{55}　无懒

柳树绒子　liəɯ^{35}　ʂu^{55}　ʐoŋ^{35}　tʂʅ　柳絮

牛缯　liəɯ^{35}　tʂəŋ^{55}　牛缰绳

牛嗡子　liəɯ^{35}　oŋ^{41}　tʂʅ　水牛犊子

扭　liəɯ^{41}　刚谢花的小瓜：瓜～子|刚打～

纽　liəɯ^{41}动词：把扣子～起来

留门子　liəɯ^{55}　məŋ^{35}　tʂʅ　串门儿

馏列子　liəɯ^{55}　liə^{13}　tʂʅ　算列子

溜活　liəɯ^{55}　xuə^{13}　敏捷、勤快:腿～的

就　tɕiəɯ^{55}　①聚拢：两下～～，开会了　②乘便：～汤下面　③菜配合着酒、饭一起吃：鸭蛋～饭

就子　tɕiəɯ^{55}　tʂʅ　菜肴

就地　tɕiəɯ^{55}　ti^{55}　地上：在～上

就筋　tɕiəɯ^{55}　tɕiŋ^{313}　肌肉痉挛:腿肚子～了

舅爹　tɕiəɯ^{55}　tɪ^{313}　外祖父

舅老爷　tɕiəɯ^{55}　lɔ^{41}　ɪ^{313}　妻子的兄弟

舅奶奶　tɕiəɯ^{55}　lɛ^{41}　lɛ^{41}　外祖母

□　iəɯ^{213}　用力向远方甩

蚰子　iəɯ^{35}　tʂʅ　麦象　昆虫

油拉拉　iəɯ^{35}　lɑ^{313}　lɑ^{313}　油汪汪

油滑嘴　iəɯ^{35}　xuɐ^{13}　tʂei^{41}　说话油滑，善于狡辩
油果子　iəɯ^{35}　ko^{41}　tʂʅ　油条
油皮　iəɯ^{35}　pi^{35}　皮肤的表层
有　iəɯ^{41}　构成“有+动词+头”的格式：～干头　|　～吃头　|　～耍头　|　～狩头

æ̃

班辈　p æ̃^{313}　pei^{55}　行辈
板牙　p æ̃^{41}　iɑ^{35}　臼齿
板正　p æ̃^{41}　tʂəŋ　①端正、整齐②正派、严肃
番瓜　f æ̃^{313}　kuɑ^{313}　南瓜的一种，长弯形，前粗后细，成熟后表皮红色
翻　f æ̃^{313}　搜查：我没拿，不信就~
翻嘴吊舌　f æ̃^{313}　tʂei^{41}　tiɔ^{55}　ʂə^{13}　狡辩，指晚辈向长辈争辩
翻臊　f æ̃^{313}　ʂɔ^{313}　说脏话
翻头　f æ̃^{313}　t‘əɯ^{35}　不守规矩、乱出新点子
翻单被　f æ̃^{313}　tæ̃^{313}　pei^{55}　翻绳，游戏
翻眼王　f æ̃^{313}　iæ̃^{41}　uɑŋ^{35}　易变脸发怒的人
翻跟虫　f æ̃^{313}　kəŋ^{313}　tʂ‘oŋ^{35}　蚊子的幼虫
翻心　f æ̃^{313}　ɕiŋ^{313}　胃部难受，想吐
烦神　f æ̃^{35}　ʂəŋ^{35}　思虑、忧愁
犯犟　f æ̃^{55}　tɕiɑŋ^{55}　犟嘴
饭牙　f æ̃^{55}　iɑ^{35}　恒牙
饭帚　f æ̃^{55}　tʂəɯ　刷锅洗碗用具，一般用脱过粒儿的高梁穗子扎成
单　t æ̃^{313}　①偏要：不要我去，～去　②专门：～看是谁干得坏事
单怕　t æ̃^{313}　p‘ɑ^{55}　只怕:不怕一万，～万一
单溜　t æ̃^{313}　liəɯ^{313}　独自行动
单眼箍　t æ̃^{313}　iæ̃^{41}　ku^{313}　单眼皮
单饼　t æ̃^{313}　piŋ^{41}　薄面饼
单功　t æ̃^{313}　koŋ^{313}　特意:～为你做的
单么　t æ̃^{313} mə　可能:～是他干的
单不了　t æ̃^{313}　pə^{13}　lɔ^{41}
淡不拉叽　t æ̃^{55}　pə　lɑ^{313}　tɕi^{313}　味道淡
旦麦　t æ̃^{55}　mə^{13}　大麦
但番　t æ̃^{55}　fæ̃^{313}　只要:你～认真，也不至于考不上重点中学
蛋　t æ̃^{55}　睾丸
摊　t‘ æ̃　轮到：～你值班|～谁谁干
弹绒　t‘æ̃^{35}　ʐoŋ^{35}　禽鸟交配
叹性　t‘æ̃^{55}　ɕiŋ^{55}　失望：儿子一走不回，他也望～了
探网　t‘æ̃^{55}　uɑŋ^{41}　装上长竹杆的小鱼网
懒龙　l æ̃^{41}　loŋ^{35}　懒汉
难为　l æ̃^{35}　uei^{35}　愁:犯～
难缠头　l æ̃^{35}　tʂ‘æ̃^{35}　难相处的人

难不成　læ̃^{35}　pə　tʂ‘əŋ^{35}　难道……不成：～就这样子了

蓝水　læ̃^{35}　ʂuei^{41}　蓝墨水

烂　læ̃^{55}　很、非常：～酸|～腥

烂泥面子　læ̃^{55}　li^{35}　miẽ^{55}　tʂɿ　干土面儿

烂沫淤　læ̃^{55}　mə^{13}　y^{313}　淤泥

烂淤　læ̃^{55}　y^{313}

簪　tʂæ̃^{313}　投掷后插入：标枪～在地上了

崭脚　tʂæ̃^{41}　tɕyə^{13}　地面以下的石基础

偡　tʂæ̃^{41}　整齐：一～齐

站　tʂæ̃^{313}　停：车到锦屏也不～～

□　tʂ‘æ̃^{313}　啄：鸡～米

□　tʂ‘æ̃^{313}　钌：钉子把鞋跟～上

□　tʂ‘æ̃^{35}　봉：～磨

□　tʂ‘æ̃^{35}　①捣：～蒜②批评：你是大蒜剥皮找挨～

馋虫　tʂ‘æ̃^{35}　tʂ‘oŋ^{35}　好吃的人

穇子　tʂ‘æ̃^{41}　tʂɿ　也指稗草

棸　tʂ‘æ̃^{313}　插：把棍～在地上

三只手　ʂæ̃^{313}　tʂɿ^{313}　ʂəɯ^{41}　小偷

三花两绕　ʂæ̃^{313}　xuɑ^{313}　liɑŋ^{41}　zɔ^{55}　三两下，快速：～就干完了

三朝　ʂæ̃^{313}　tʂɔ^{313}　婴儿出生第三天

三脚毛　ʂæ̃^{313}　tɕyə^{13}　mɔ^{35}　对某项技术所知甚少不精通的人

山芋　ʂæ̃^{313}　y　甘薯

山马菜　ʂæ̃^{313}　mɑ^{41}　tʂ‘ɛ^{55}　山坡上的野菜，叶比马齿苋叶大，可食

山嘴子　ʂæ̃^{313}　tʂei^{41}　tʂɿ　山脚伸出的地方

山水牛牛　ʂæ̃^{313}　ʂuei^{41}　liəɯ^{35}　liəɯ　天牛

山头　ʂæ̃^{313}　t‘əɯ^{35}　山墙的外部

山干冲子　ʂæ̃^{313}　kæ̃^{313}　tʂoŋ^{313}　tʂɿ　山芋干酒

山尖子　ʂæ̃^{313}　tɕiẽ^{313}　tʂɿ　山墙的上部

散板　ʂæ̃^{41}　pæ̃^{41}　解体：木箱～了|苏联～了

散灯　ʂæ̃^{41}　təŋ^{313}　送葬路上点的灯火

干沰沰　kæ̃^{313}　tuə^{13}　tuə^{13}　稠：稀饭～的

敢　kæ̃^{41}　当然：让我去那～好

赶　kæ̃^{41}　①向：～他要，莫朝我要　②等到：这屋～明年再盖

赶旦　kæ̃^{41}　tæ̃^{55}　不该说、不该做的：老实人单做～事

堪堪　k‘æ̃^{313}　k‘æ̃^{313}　实在：～受不了

侃　k‘^{41}　说、谈：胡～

侃空　k‘æ̃^{41}　‘oŋ^{313}　说谎

砍仗　klæ̃^{41}　tʂɑŋ^{55}　①打架②牛羊用角相抵

憨皮厚脸　xæ̃^{313}　pli^{35}　xəɯ^{55}　liẽ^{55}　不知趣

憨脸塔痴　xæ̃^{313}　liẽ^{41}　tɐ^{13}　tʂ‘ɿ^{313}

憨不日痴　xæ̃^{313}　pə^{13}　ʐə^{13}　tʂ‘ʅ^{313}　又憨又懒

寒里　xæ̃^{35}　li^{41}　冬天：～天｜一～没上冻

寒潮　xæ̃^{35}　tʂ‘ɔ^{35}　冬天引入盐田卤水库中的海水

旱蜗螺螺　xæ̃^{55}　o^{313}　lo^{35}　lo　蜗牛

汗褟子　xæ̃^{35}　t‘e^{13}　tʂʅ　夏天穿的中式心褂

揞　æ̃^{41}　手抓食物往嘴里塞

俺们　æ̃^{41} mə　我，我们。在青少年中流行

iæ̃

艰难　tɕiæ̃^{313}　læ̃^{35}　物品很稀少：这东西～

艰涩　tɕiæ̃^{313}　ʂə^{13}　①少：钱～　②艰难：日子～

拣口　tɕiæ̃^{41}　k‘əɯ^{41}　妊娠反应时挑食

铅丝　tɕ‘iæ̃^{313}　ʂʅ^{313}　铁丝

铅条　tɕ‘iæ̃^{313}　t‘iɔ^{35}

铅角子　tɕ‘iæ̃^{313}　kɔ^{13}　tʂʅ　硬币

咸□□　ɕiæ̃^{35}　tʂɛ^{35}　tʂɛ^{35}　味道略咸

喊喝　ɕiæ̃^{41}　xə　大喊：你～什么，怕听不见

眼眵　iæ̃^{41}　tʂ‘ʅ^{313}　眼睛中的分泌物

眼屎　iæ̃^{41}　ʂʅ^{41}

眼子　iæ̃^{41}　tʂʅ　软弱可欺的人

眼下　iæ̃^{41}　ɕiɑ^{55}　目前，现在

眼眉　iæ̃^{41}　mei^{35}　眉毛

眼尿　iæ̃^{41}　ʂei^{313}　眼泪，贬义

眼蛋子　iæ̃^{41}　tæ̃^{55}　tʂʅ　眼球

uæ̃

□草　ʂuæ̃^{55}　tʂ‘ɔ^{41}　把横草理顺：～缮屋

关　kuæ̃^{313}　别：针～在帽子上

关照　kuæ̃^{313}　tʂɔ　①叮嘱：我～他好几回了也没见学会　②告诉：你顺便～他一下来开会　③照应：多照应

关针　kuæ̃^{313}　tʂəŋ^{313}　别针

掼　kuæ̃^{55}　摔：～碎了

掼炮　kuæ̃^{55}　p‘ɔ^{55}　形同鞭炮的摔雷

贯跤　kuæ̃^{55}　tɕiɔ^{313}　摔跤

玩把戏　uæ̃^{35}　pɑ^{41}　ɕi^{55}　演马戏

晚星　uæ̃^{41}　ɕiŋ^{313}　晚上

iẽ

褊窄　piẽ^{41}　tʂə^{13}　狭窄：屋子里～。也叫窄笈

辫　piẽ^{55}　～韭菜

骗　p‘iẽ^{55}　抬腿掠过：一～腿上了车子｜～人

绵　miẽ^{35}　①不脆：饼干搁～了　②性格软：这人～里～气的　③秤略低一点：三斤～～的

绵槐　miẽ^{35}　xuɛ^{35}　紫穗槐

靹　miẽ^{41}　折起来缝：裤子长了，～一下

靹鞋　miẽ^{41}　ɕiɛ^{35}　在鞋面上缝上白布以示带孝

面　miẽ^{55}　食物含纤维少：～山芋

面□　miẽ^{55}　ʂuæ̃^{55}　难为情的神态

面子事　mie^{55}　tʂʅ　ʂʅ^{55}　要脸面的事

趟　tiẽ^{313}　①跑:一路小～　②走.他早～得了

点　tiẽ^{41}　点种：～黄豆

垫饥　tiẽ^{55}　tɕi^{313}　饭前因太饿，先吃点食物

天傍亮　t'iẽ^{313}　paŋ^{41}　liaŋ^{55}　天要亮时

天晌　t'iẽ^{313}　ʂaŋ^{41}　中午

填坟　t'iẽ^{35}　fəŋ^{35}　为坟墓添土修饰

甜　t'iẽ　盐少味淡

甜麻子　t'iẽ^{35}　ma^{35}　tʂʅ　疤痕浅的麻子

甜不拉叽　t'iẽ^{35}　pə^{13}　la^{313}　tɕi^{313}　①甜味不正②盐少味淡:这烫～的

甜不唠唠　t'iẽ^{35}　pə^{13}　yə^{13}　yə^{13}

甜么哈哈　t'iẽ　mə^{13}　xa^{313}　xa^{313}　①甜味不正②恬不知耻的样子

甜么索索　t'iẽ　mə　ʂo^{313}　ʂo^{313}　添油　t'iẽ^{41}　iəɯ^{35}　献媚、讨好

舔腚鬼　t'iẽ^{41}　tiŋ^{55}　kuei^{41}　献媚的人

粘胶胶　liẽ^{35}　tɕi^{313}　tɕiɔ^{313}　粘：棒拐子煮熟了～的

粘□　liẽ^{35}　kuaŋ　粘在锅底较稠的粥

粘唧唧　liẽ^{35}　tɕiɪ^{13}　tɕiɪ^{13}　粘得使人不舒服：饼～的|烂泥～的

粘个答答　liẽ^{35}　kə　tɐ^{13}　tɐ^{13}

连　liẽ^{35}　用大针脚对缝起来

踺　liẽ^{41}　脚踩上去再转一下

捻　liẽ^{41}　把粗铁件锤细：～锔子

埝　liẽ^{41}　地方：～子|没～找

楝枣子　liẽ^{55}　tʂɔ^{41}　tʂʅ　楝树果儿

楝枣树　liẽ^{55}　tʂɔ^{41}　ʂu^{55}　楝树

刬　tɕie^{313}　轻剁：～肉

肩拐子　tɕiẽ^{313}　kuɛ^{41}　tʂʅ　肩

犍牛　tɕiẽ^{313}　liəɯ^{35}　阉过的公黄牛

尖闹　tɕiẽ^{33}　lɔ^{55}　个性强，不易相处

搌　tɕiẽ^{41}　擦：～脸|～澡|～桌布

溅火　tɕiẽ^{55}　xo^{41}　淬火

见　tɕ'iẽ^{55}　显得:这人～大|车子骑了一年还～新

歼　tɕ'iẽ^{313}　割下穗头：～芦秫|～禾参子

千脚土　tɕ'iẽ^{313}　tɕyə^{13}　t'u^{41}　门前土

仙爹爹　ɕiẽ^{313}　tɪ^{313}　tɪ^{313}　神汉

仙奶奶　ɕiẽ^{313}　lɛ^{41}　lɛ^{41}　巫婆

鲜甜　ɕiẽ^{213}　t'iẽ^{35}　甘甜：桃～的

鲜活灵　ɕiẽ　xuə^{13}　ləŋ^{35}　新鲜：菜～的
嫌好识歹　ɕiẽ^{35}　xɔ^{41}　ʂə^{13}　tɛ^{41}　过分挑剔
嫌饭　ɕiẽ^{35}　fæ^{55}　怀孕初期挑食
嫌废　ɕiẽ^{35}　fei^{55}　嫌弃:不～饭，孬好都行
现　ɕiẽ^{55}　现在：～去来不及了
蚬子　ɕiẽ^{55}　tʂʅ　一种水中软体动物，肉可食
蔫瘪　iẽ^{313}　pə　①植物蔫了②人没精神
蔫死带黄　iẽ^{313}　ʂʅ^{41}　tɛ^{55}　xuaŋ^{35}
檐口　iẽ^{35}　k'əɯ^{41}　屋檐
□　iẽ^{35}　挤着、夹着:手给车门～着了
盐坨　iẽ^{35}　t'o^{35}　大盐堆
盐硝　iẽ^{35}　ɕiɔ^{313}　盐碱：地里起～
盐□　iẽ^{35}　kaŋ^{41}
盐岭　iẽ^{35}　liŋ^{313}　大盐坨
盐蝙蝠　iẽ^{35}　piẽ^{313}　fu　蝙蝠
□鞋　iẽ^{41}　ɕiɛ^{35}　把布条缉在鞋帮口上

õ

㚘　põ^{55}　①比：哪能和你～②哪能与……比：～你啊，你家有钱
半拉拉　põ^{55}　la^{313}　la^{313}　一半：活干～走了
半边　põ^{55}　piẽ^{313}　旁边:滚～去
盘　p'õ^{35}　①盘算：这事你～怎办②纠缠：把他～累了
盘思　p'õ^{55}　ʂʅ　①打算：～去一次②考虑：正～这事怎做好
盘心　p'õ^{55}　ɕiŋ^{313}　焦虑
漫　mõ^{55}　越过：～墙撂过去
镘　mõ^{55}　种子撒播后用锄耪着盖土
簖子　tõ^{313}　tʂʅ　打酒，打油用的量具
断路　tõ^{41}　lu^{55}　拦路抢劫
断　tõ^{55}　追～他了
断马头　tõ^{55}　ma^{41}　t'əɯ^{35}短触须的章鱼
簖　tõ^{55}　插在水里捕鱼的栅栏
段　tõ^{55}　地方:这～|那～
段磨　tõ^{55}　mo^{55}　把磨齿凿得深一些
团　tõ^{35}　带、保育：～孙子
团子　tõ^{35}　tʂʅ　圆子：肉～
团圆饼　t'õ^{35}　yõ^{35}　piŋ^{41}　中秋节做的甜饼
团近　t'õ^{35}　tɕiŋ^{55}　附近
团媳子　t'õ^{35}　ɕi^{13}　tʂʅ　童养媳
乱岗子　lõ^{55}　kaŋ^{313}　tʂʅ　乱葬岗子
乱神　lõ^{55}　ʂəŋ^{35}　添乱的人
砖瘤子　tʂõ^{313}　liəɯ^{35}　tʂʅ　碎砖块

转筋　tʂõ55　tɕiŋ313　抽筋:腿肚～了
转向　tʂõ55　ɕiɑŋ55　迷失了方向
窜稀　tʂʻõ313　ɕi313　腹泻
窜星　tʂʻõ313　ɕiŋ313　流星
串花　tʂʻõ55　xuɑ313　不同品种的植物间自然授粉
串窝子　tʂʻõ55　o313　tʂʅ　不同品种的牲畜杂交而成的后代
酸不拉儿　ʂõ313　pə313　lɑ313　tɕi313　①酸味②懒洋洋的样子
软古冬　ʐõ41　ku41　toŋ313　软和得使人不舒服:踩着个癞姑了～地吓一跳
软不拉塌　ʐõ41　pɐ　lɑ313　tʻe13　①软:黄瓜晒～　②懒洋洋的:～的没个精神
软塌塌　ʐõ41　tʻe13　tʻɐ13　tʻɐ13　软弱无力的样子
管　kõ41　不论:～谁说他也不听
惯子　kõ55　tʂʅ　娇惯的孩子
宽绰　kʻõ313　tʂʻuə13　宽阔:屋大～
宽用　kʻõ313　ioŋ　富有
款款　kʻõ41　kʻõ41　慢慢的,心平气和:走路～的|等会对我们～的哈
欢悛　xõ　ʂɔ　快:走～
蜷黄蛋　tɕyõ35　xuɑŋ35　tæ̃55　不能孵化的蛋
全面奶奶　tɕʻyõ35　miẽ55　lɛ41　lɛ　帮助料理喜事的老妇人,要求夫妻、儿女齐全的
拳溜子　tɕʻyõ35　liəɯ313　tʂʅ　拳头
暄饼　ɕyõ313　piŋ41发面饼
旋顶　ɕuõ　tiŋ41　人头秃顶
圆坟　yõ35　fəŋ35清明扫墓时给坟墓添土
元宝　yõ35　pɔ41　①金锭、银锭②汤圆
元宝篮子　yõ35　pɔ41　læ̃55　tʂʅ　元宝形竹篮

ɑŋ

膀弯子　pɑŋ41　uæ̃313　tʂʅ　肘部
棒花子　pɑŋ55　xuɑ313　tʂʅ　爆玉米花
棒踖子　pɑŋ55　tʂʻɛ41　tʂʅ　玉米踖儿,可做干饭
棒头　pɑŋ55　tʻəɯ　玉米
棒拐子　pɑŋ55　kuɛ41　tʂʅ　玉米穗儿
棒面子　pɑŋ55　miẽ55　tʂʅ　细玉米面儿
棒糈子　pɑŋ55　ɕy313　tʂʅ　粗玉米粉
膀　pʻɑŋ313　涨:豆子泡～了|手泡～了
嗙　pʻɑŋ41　乱说:他说话～三～四的
胖　pʻɑŋ55　肥嫩:韭菜长得透～
方才　fɑŋ313　tʂʻɛ35　刚才
方塘　fɑŋ313　tɑʻŋ35　水塘
仿影　fɑŋ41　iŋ41　描红
当天子　tɑŋ313　tʻiẽ313　tʂʅ　家院子
当间　tɑŋ313　tɕiæ313　房内的明间

当门　taŋ^{313}　məŋ^{35}　房内的地面

宕　taŋ^{55}　轻轻地来回摩擦：刀在缸沿上～～就快了

盪　taŋ^{55}　用两只容器来回倒，使流体食物变凉：把水～～再喝

塘　t'ɑŋ^{55}　水沟

塘灰　t'ɑŋ^{55}　xuei^{313}　灰尘

烫头　t'ɑŋ^{55}　t'əɯ^{35}　烫发

齉　laŋ^{55}　鼻子往上耸，表示不满、讥讽：鼻子往上一～，碜得要命

张　tʂaŋ^{313}　①倒：～倒了|从墙上～下来②张望：谁从门口～一下③张开手接：我署你～着④张开网平捞：～虾皮

掌　tʂaŋ^{41}　①钉鞋底：～鞋②补：把墙上的豁～起来

涨　tʂaŋ^{41}　一种炒鸡蛋的方法，蛋打在油锅里略炒后加点水烧熟

长鱼　tʂ'ɑŋ^{35}y^{35}　黄鳝

长脸　tʂ'ɑŋ^{35}liẽ^{41}　失望的样子

藏猫猫　tʂ'ɑŋ^{35}　mɔ^{35}　mɔ^{35}　捉迷藏

藏蹦蹦　tʂ'ɑŋ^{35}　pəŋ^{55}　pəŋ

藏蒙蒙　tʂ'ɑŋ^{35}　məŋ^{35}　məŋ

磢　tʂ'ɑŋ^{55}　磨擦：～痒

伤饱　ʂaŋ^{313}　pɔ^{41}　消化不良

桑枣子　ʂaŋ^{313}　tʂɔ^{41}　tʂʅ　桑椹

晌头　ʂaŋ^{41}　t'əɯ^{35}　中午

晌便　ʂaŋ^{41}　piẽ^{55}

晌星　ʂaŋ^{41}　ɕiŋ^{313}

上眯　ʂaŋ^{55}　mi^{55}　困乏欲睡

上路　ʂaŋ^{55}　lu^{55}　合乎规距:做事不～

上材　ʂaŋ^{55}tʂ'ɛ^{35}　入殓

上年子　ʂaŋ^{55}　liẽ^{35}tʂʅ　去年

上紧　ʂaŋ^{55}　tɕiŋ^{41}　抓紧

上冻　ʂaŋ^{55}　toŋ^{55}　结冰

上色　ʂaŋ^{55}　ʂə^{13}　易染上颜色:白布～

□　ʐaŋ^{35}　累：腿发～

钢丝车　kaŋ^{313}　ʂʅ^{313}　tʂ'ei^{313}　自行车

钢条　kaŋ^{313}　t'iɔ^{35}　辐条

钢钢　kaŋ^{313}　kaŋ^{313}　行走有力：走路～的

钢角子　kaŋ^{313}　kə^{13}　tʂʅ　硬币

钢菊子　kaŋ^{313}　tɕyə^{13}　tʂʅ　蒺藜

钢橘子　kaŋ^{313}　tɕyə^{13}　tʂʅ　枳，枳的果实

□　kaŋ^{41}　很：这花～好看了

□　kaŋ^{41}　①钻：从洞里～过去②直冲:车子一上路直～

□　kaŋ^{55}　垫高夯实：～墙跟

钢　kaŋ^{55}　给刀刃加钢：～刀|～锹

杠　kɑŋ^{55}　①线条、细长的划痕：一道～②用线条删去:这几个字得～去
□　kɑŋ^{55}　呛：这烟太～
虹　kɑŋ^{55}　①彩虹：单～|双～②出现彩虹：天～起来了
康　k‘ɑŋ^{55}　空心:萝卜～了
炕　k‘ɑŋ^{55}　熥：～鱼|～饼
夯　xɑŋ^{313}　打：～你一顿
绗　xɑŋ^{35}　直行缝：～被子
巷口子　xɑŋ^{55}k‘əɯ^{41}　tʂʅ　胡同口
肮里巴脏　ɑŋ^{313}　li　pɑ^{313}　tʂɑŋ^{313}　脏
□　ɑŋ^{41}　焚烧:草垛～了
印们　ɑŋ^{41}　mə　我，我们。流行于青少年

iɑŋ

娘　liɑŋ^{35}　婶子:二～|小～
□□　liɑŋ^{35}　k‘ɑŋ^{35}　尖刻、厉害
浆网　tɕiɑŋ^{313}　uɑŋ^{41}　用猪血染鱼网
刚才刚　tɕiɑŋ^{313}　tʂ‘ɛ^{35}　tɕiɑŋ^{313}　刚才
讲古　tɕiɑŋ^{41}　ku^{41}　讲故事
讲古记　tɕiɑŋ^{41}　ku^{41}　tɕi^{55}
犟筋头　tɕiɑŋ^{55}　tɕiŋ^{313}　t‘əɯ^{35}　固执己见的人
戗　tɕ‘iɑŋ^{55}　扶：树倒了，两人～不起来
香大姐　ɕiɑŋ^{313}　tɑ^{55}　tɕɪ　臭虫
乡大头　ɕiɑŋ^{313}　tɑ^{55}　t‘əɯ^{35}　没见过世面的乡下人
阳口　iɑŋ^{35}　k‘əɯ^{41}　院墙下向外排水的通道
羊二疯　iɑɟ^{35}　ɛ^{55}　fəŋ^{313}　羊角疯
洋兴虫　iɑŋ^{35}　ɕiŋ^{55}　tʂ‘oŋ^{35}　①蛴螬②好奇、好赶热闹的人
养水滩　iɑŋ^{41}ʂuei^{41}　t‘æ^{313}　可引入盐田的海水池

uɑŋ

庄圩　tʂuɑŋ^{313}uei^{35}　护庄的沟、堤、围墙
奘　tʂuɑŋ^{41}　①粗大、齐整：这堆萝卜整～的②弄整齐：～筷子|～齐了③添光彩：～脸
疮黄　tʂ‘uɑŋ^{313}　xuɑŋ^{35}　病态的脸色
床面子　tʂ‘uɑŋ^{35}　miẽ^{55}　tʂʅ　床沿的外部
床栱　tʂ‘ʟɑŋ^{35}　kuɑŋ^{313}　没铺席褥的光床
噇　tʂ‘ɑŋ^{35}　吃，贬义
撞　tʂ‘uɑŋ^{55}　边抱着走边哄婴儿睡觉
双眼箍　ʂuɑŋ^{313}　iæ^{41}　kuə^{13}　双眼皮
滪　ʂuɑŋ^{41}　沥水：把菜～～
搡　ʂuɑŋ^{41}　用力过猛闪伤了身体：从墙上跳下来～腿了
扨　ʂuɑŋ^{41}　用力往下掼：口袋～～还能装点
光　kuɑŋ^{313}　总是：车后座的菜～掉
光鱼　kuɑŋ^{313}　y^{35}　又叫沙光鱼，海鱼的一种。形如淡水中的鲶鱼，头略小。易做鱼汤

光光　kuaŋ^{313}　kuaŋ^{313}　①灵活的人：～不吃眼前亏②一点不剩：吃个～
广广　kuaŋ^{41}kuaŋ^{41}　多，普遍：人家那儿的高楼都是～的
光脸　kuaŋ^{55}　liẽ^{41}　理发时修面
黄子　xuaŋ^{35}　tʂʅ　东西，也指人，贬义：谁要那～|那～不学好
黄鲇子　xuaŋ^{35}　ku^{313}　tʂʅ　小黄鱼
黄芽菜　xuaŋ^{35}ia^{35}　tʂʻɛ^{55}　长帮大白菜
黄老鼠　xuaŋ^{35}lɔ^{41}tʂʻu　黄鼠狼
黄狼子　xuaŋ^{35}　laŋ^{313}　tʂʅ
谎精　xuaŋ^{41}　tɕiŋ^{313}　爱撒谎的人
汪　uaŋ^{313}　煮：～豆腐
汪塘　uaŋ^{313}　tʻaŋ^{35}　水塘
往天　uaŋ^{41}　tʻiẽ^{313}　往日
网脚　uaŋ^{41}　tɕyə^{13}　拴在渔网底边的金属物
望笆　uaŋ^{55}　pa^{313}　摆放在桁条之上的芦苇笆
望呆　uaŋ^{55}tɛ^{313}　呆呆地看
望葵　uaŋ^{55}　kʻuei^{35}　向日葵
忘死　uaŋ^{55}　ʂʅ　忘记
旺梢子　uaŋ^{55}　ʂɔ^{313}　tʂʅ　触须长的章鱼

əŋ

□　pəŋ^{313}　溅：～了一身水
本历　pəŋ^{41}　li^{55}　阴历
笨癞蛙　pəŋ^{55}　lɛ^{55}　uɛ^{35}　蠢笨的样子
碰　pʻəŋ^{55}　正在：～吃饭|他～找你
闷　məŋ^{313}　少言寡语：～种
闷声拉气　məŋ^{313}　ʂəŋ^{313}　la^{313}　tɕʻi^{55}
闷吭吭　məŋ^{313}　kʻəŋ^{313}　kʻəŋ^{313}
□　məŋ^{313}　朽:棒泡久了，都～了
扪　məŋ^{35}　给植物摘心去头
门□后　məŋ^{35}　iẽ^{55}　xəɯ^{55}　门背后
门枕　məŋ^{35}　tʂəŋ^{41}　托住门轴的石墩
蹲　təŋ^{313}　在：我不欢～家里
噔噔　təŋ^{313}　təŋ^{313}　拟声，表示结实：缸～的
灯草席子　təŋ^{313}　tʂʻɔ^{41}　ɕi^{35}　tʂʅ　草席子
灯潮　təŋ^{313}　tʂʻɔ^{35}　正月、二月引入养水滩的海水
□牛　təŋ^{313}　liəɯ^{35}　阉过的公水牛
□　təŋ^{41}　①大口吃：几口就～了一个馒头②张大口用力咬：恨不得～你两口
□□　təŋ^{41}　təŋ^{41}　饭菜做得正好够吃
炖　təŋ^{55}　煮：水～开了|～饭
熥　tʻəŋ^{313}　一种热敷法
豚猪　tʻəŋ^{35}　tʂu^{313}　没阉过的小母猪

吞太阴　t'əŋ^{313}　t'ɛ^{55}　iŋ^{313}　日蚀

吞日　t'əŋ^{313}　ʐə^{13}

吞月　t'əŋ^{313}　yə^{13}　月蚀

踳　t'əŋ^{41}　在泥水里踏：～烂泥

吞子　t'əŋ^{55}　tʂʅ　嗓子

吞眼子　t'əŋ^{55}　iæ̃^{41}

吞嗓眼　t'əŋ^{55}　ʂɑŋ^{41}　iæ̃^{41}

锋快　təŋ^{313}　k'uɛ^{55}　锋利

□　fəŋ^{55}　虫子蛀了衣服、木器

能虫　ləŋ^{35}　tʂ'oŋ^{35}　手巧能干的人

冷子　ləŋ^{41}tʂʅ　冰雹

冷阵　ləŋ^{41}　tʂəŋ

冷铺　ləŋ^{41}　p'u^{55}　死人睡的地铺

愣愣　ləŋ^{55}　ləŋ^{55}　等一会儿：～再来

嫩绰　ləŋ^{55}　tʂ'ɔ^{35}　嫩:菜炒～的

争嘴堂　tʂəŋ^{313}　tʂei^{41}　t'ɑŋ^{35}　后脑勺的浅沟

整　tʂəŋ^{41}　①全部：几只鸡～拿去三块也不卖②抟塑：～泥蛋子

剸　tʂəŋ^{41}　缩小：裤腰肥了，往里～～

正朝　tʂəŋ^{55}　tʂɔ^{313}　结婚的当天

正日　tʂəŋ^{55}　ʐə^{13}

阵头　tʂəŋ^{55}　t'əɯ^{35}　①双虹②雷阵雨：来～了

趁手　tʂ'əŋ^{55}　ʂəɯ^{4}　合手：家什用起来～

生卤　ʂəŋ^{313}　lu^{41}　没熬过的卤块

生疼　ʂəŋ^{313}　t'əŋ^{35}　很疼

生性　ʂəŋ^{313}　ɕiŋ^{55}　性格、脾气

哂　ʂəŋ^{313}讥讽：说话～人

损种　ʂə^{41}tʂoŋ^{41}　坏种

人情□□　ʐəŋ^{313}　tɕ'iŋ^{35}　lɛ^{313}lɛ^{313}　人情很重，含不满情绪

任野　ʐəŋ^{55}　ɪ^{41}　肆无忌惮：～打

跟　kəŋ^{313}如，大青年不～个女的有劲

跟脚　kəŋ^{313}tɕyə^{13}　鞋的大小合脚，便于走路

□　k'əŋ^{313}　低:头～着

坑得了　k'əŋ^{41}　tə^{13}　lə　糟了，坏了：你不～吗，啥都做不好

揁　k'əŋ^{55}　紧紧抓住:这条大鱼～不住

埥　k'əŋ^{55}　垢:牙～|茶～|尿～

很　xəŋ^{41}　①厉害：你还～了有啥了不起的②严重:病～了③多：他家钱～了

□　əŋ^{55}　扔、撂：～远远的

iŋ

冰扎凉　piŋ^{313}　tʂ'ɐ^{13}　liɑŋ^{35}　冰冷刺骨

贫嘴寡舌　p'iŋ^{35}　tʂei^{41}　kuɑ^{41}ʂə^{13}　言语尖酸刻薄，絮叨

顶　tiŋ^{41}　到：～现在才来

定真　tiŋ^{55}　tʂəŋ̃^{313}　认真

腚盘子　tiŋ^{55}　pʻõ^{35}　tʂ　臀部

腚垂子　tiŋ^{55}　tʂuei^{35}　tʂʅ

听门子　tʻiŋ^{313}　məŋ^{35}　tʂʅ　在门窗外偷听室内人讲话

听说　tʻiŋ^{313}　ʂuə^{13}　听从别人的意见

停床　tʻiŋ^{35}　tsʻu^{13}ɑŋ　放尸体的门板

停停　tʻiŋ^{35}　tʻiŋ^{35}　完毕、做好：给弄～的，他才来

停停当当　tʻiŋ^{35}　tʻiŋ^{35}　tɑŋ^{55}　tɑŋ^{55}

莛杆　tʻiŋ^{35}kæ̃　高粱秆连接穗头的那一节

挺潮拉湿　tʻiŋ^{41}　tʂʻɔ^{35}　lɑ^{313}　ʂə^{13}　潮湿

挺　tiŋ^{55}　打：～一顿

□　liŋ^{55}　零落：～树叶子

另肩　liŋ^{55}　tɕiẽ^{313}　一肩高一肩低：长～了

筋　□□tɕiŋ^{313}tʂuɛ^{41}　tʂuɛ^{41}　结实、有韧性：咬在嘴里～的|胳膊长～的

经饿　tɕiŋ^{313}o^{55}　耐饿：吃饺子～

精　tɕiŋ^{313}　很，非常，表示程度小：～矮|～瘦|～松|～轻|～稀

精溜光　tɕiŋ^{313}liəɯ^{313}　kuɑŋ^{313}　裸体

精光溜神　tɕiŋ^{313}　kuɑŋ^{313}　liəɯ^{313}　ʂəŋ^{35}

紧赶紧　tɕiŋ^{41}　tæ̃^{41}　tɕiŋ^{41}　紧上加紧：　～才追上

尽　tɕiŋ^{55}　①只管:饭很多～吃②任凭：要是不听话得～我打

净光　tɕiŋ^{55}　kuɑŋ^{313}　光：吃个～|光～

青皮二混子　tɕʻiŋ^{313}　pʻi^{35}　ɛ^{55}　xoŋ^{55}　tʂʅ　地痞

青混子　tɕʻiŋ　xoŋ^{55}　tʂʅ　青鱼

亲亲　tɕʻiŋ^{313}　tɕʻiŋ　亲戚

□死　tɕʻiŋ^{35}　ʂʅ^{41}　自杀、自寻死路：～啊，往车上撞

勤利　tɕʻiŋ^{35}　li　勤快

兴　ɕiŋ^{313}　许可：不～这样干

星星　ɕiŋ^{313}　ɕiŋ^{313}　蜻蜓

心话　ɕiŋ^{313}　xuɑ^{55}　心里想、认为：你～是这样

心口窝　ɕiŋ^{313}　kʻəɯ^{41}　o^{313}　胸口

行　ɕiŋ^{35}　层：一～一～揭开

行行　ɕiŋ^{35}　ɕiŋ^{35}　①好好的：～的来打他一下干什么②动词后缀，表示正在进行着：二～|走～|吃～|用～|想～|睡～

行壮　ɕiŋ^{35}　tʂuɑŋ　老年人身体好。也叫硬壮

兴　ɕiŋ^{55}　兴灾乐祸：人家掼倒了，看你～的

信壳子　ɕiŋ^{55}kʻə^{13}tʂʅ　信封

信皮子　ɕiŋ^{55}　pʻi^{35}tʂʅ

阴　iŋ^{313}　①阴险有心计②说话时暗中讽刺别人③故意刁难不肯出力

阴缉　iŋ^{313}　ɕiɪ　故意刁难

阴拉拉　iŋ^{313}　lɑ^{313}　lɑ^{313}　阴天湿度大

因由　iŋ^{313}　iəɯ^{35}　①借口　:没～找事②消磨时光的依托:咬着奶嘴当～

饮汤　iŋ^{41}　t'ɑŋ^{313}　米汤:做干饭撇～

oŋ / ioŋ

懂　toŋ^{41}　知道:他走了你～不～

冻　toŋ^{55}　冰

冻溜溜　toŋ^{55}　liəɯ^{35}　liəɯ　檐下冰锥

冻叮当　toŋ^{55}　tiŋ^{313}　tɑŋ^{313}

通腿　t'oŋ^{313}　t'ei^{41}　两人各睡一头合盖一床被子

笼布　loŋ^{35}　ɔu^{55}　做豆腐、蒸馒头用的纱布

龙眼乌　loŋ^{35}　iæ̃^{41}　u^{313}　黎明或黄昏时

怎着　tʂoŋ^{41}tʂə　吓唬、治服:你能～谁

种　tʂoŋ^{41}　死灰复燃:～火做饭

猔猪　tʂoŋ^{55}　tʂu^{313}　没阉的小公猪

葱脆　tʂ'oŋ^{313}　tʂ'ei^{55}　脆:大饼～

冲　tʂ'oŋ^{313}　剪刀张开向前推进剪布:把布～开

充能　tʂ'oŋ^{313}　ləŋ^{35}　逞能

戆　tʂ'oŋ^{55}　说话顶撞人:说话一～一～的

铳　tʂ'oŋ^{55}　枪毙

冲　tʂ'oŋ^{55}　正对着:树正～着大门

送房　ʂoŋ^{55}　fɑŋ^{35}　新婚之夜,在闹房人离开前放鞭炮

麸麦　koŋ^{41}mə^{13}　元麦

窗　koŋ^{41}　钻:从洞里～过去

滚堂痧子　koŋ^{41}　t'ɑŋ^{35}　ʂɑ^{313}　tʂʅ　盲肠炎

滚　koŋ^{41}　很,热度大:～热|～烫|～水

□　xoŋ^{313}　熟透变软:～柿子|烤山芋透～

荤　xoŋ^{313}　低级下流:讲个～的

横冲子　xoŋ^{35}　tʂ'oŋ^{313}　tʂʅ　做事不加考虑的人

混子　xoŋ^{55}tʂʅ　草鱼

温　oŋ^{313}　很,程度深的:～臭|～臊

温淘　oŋ^{313}　tə　没烧开的:～水|～饭

问　oŋ^{55}　介词,朝:你～她叫大姐

瓮子　oŋ^{55}tʂʅ　脾气暴躁的人

兄媳妇　ɕioŋ^{313}　ɕiɪ^{13}　fu　弟弟的妻子

熊　ɕioŋ^{35}　①斥责:～他一顿　②无能:～包|～样子

搑　ioŋ^{313}　肩膀推、用手推:～门

ɐ

拔　pɐ^{13}　拿出:每人～十块钱

拔会　pɐ^{13}　xuei^{55}　凑份子钱

□　pɐ^{13}　放在冷水中浸泡:～西瓜

八带鱼　pɐ^{13}　tɛ^{55}　y^{35}　章鱼
跦　mɐ^{13}　越过:从门口～过去
发乌　fɐ^{13}　u^{313}　不鲜艳:颜色～
发水　fɐ^{13}　ʂuei^{41}　发洪水
发躁　fɐ^{13}　tʂɔ^{55}　着急
发热　fɐ^{13}　ʐə^{13}　儿童感冒发烧
搭溜子　tɐ^{13}liəɯ^{313}tʂʅ　褡裢
搭搭手　tɐ^{13}　tɐ^{13}　ʂəɯ^{41}　帮帮手：～抬
塌　t'ɐ^{13}　脱漏：～班|～了一班车
塌肩　t'ɐ^{13}　tɕiẽ^{313}　肩部前倾
溻　t'ɐ^{13}　汗水湿透衣服、被褥
溻夏褂子　t'ɐ^{13}　ɕiɑ^{55}　kuɑ^{55}　tʂʅ　夏天穿的褂子
溻尿　t'ɐ^{13}　ʂei^{313}　尿床
溻尿龙　t'ɐ^{13}　ʂei^{313}　loŋ^{35}　常尿床的人
鳎嘴　t'ɐ^{13}　tʂei^{41}　偷吃
鳎青　t'ɐ^{13}　tɕ'iŋ^{313}　牛羊偷吃禾苗
捺　lɐ^{13}　抑制：～～性子
辣萝卜　lɐ^{13}　lo^{35}pə　萝卜
邋杂　lɐ^{13}tʂɑ　不利落,脏
辙　tʂɐ^{13}　下陷:墙跟～了
扎　tʂɐ^{13}　①生长：～牙　②冰冷刺骨:凉水～牙
煠　tʂɐ^{13}　煮：～菜|老菜叶～～再炒吃
箈子　tʂɐ^{13}　tʂʅ　芦篾编成,围囤粮食用,约七寸宽、五六米长
杂七八拉　tʂɐ^{13}　tɕ'iɪ^{13}　pɐ^{13}　lɑ^{313}　乱而杂的样子
杂七五八　tʂɐ^{13}　tɕ'iɪ^{13}　u^{41}　pɐ^{13}
嚓呱　tʂ'ɐ^{13}　kuɑ^{41}　闲谈,交谈
插手子　tʂ'ɐ^{13}　ʂəɯ^{41}　tʂʅ　衣服上的口袋
刹　ʂɐ^{13}　勒紧、捆牢：～车（把车上货物捆牢）|麻袋～不死口
刹价　ʂɐ^{13}　tɕiɑ^{55}　讨价还价后价格降下来
刹潮　ʂɐ^{13}　tʂ'ɔ^{35}　使潮气散发
刹刮　ʂɐ^{13}　kuɐ^{13}　批评、训斥
褡　ʂɐ^{13}　缝合：～棉裤|～裆
轧乎　kɐ^{13}xu　易与人相处、善交际：～人
轧帮　kɐ^{13}　pɑŋ^{313}
轧伙　kɐ^{13}　xo^{41}　合伙
纥　kɐ^{13}　把几股细绳拧成一根绳：～皮绳
蛤蟉　kɐ　liəɯ^{13}　蚌

iɐ

夹锅头　tɕiɐ^{13}　ko^{313}　t'əɯ^{35}　贪吃不顾妻儿的男子
夹子　tɕiɐ^{13}　tʂʅ　贴在锅边烙熟的大饺子

夹搞　tɕiɐ^{13}　kɔ^{41}　与人相处时又小气又别扭
瞎巴　ɕiɐ^{13}　pə　坏：学～了
压　iɐ^{13}　止：药太苦，喝口糖水～～
压秤　iɐ^{13}　tʂ'əŋ^{55}　体积小分量重：黄豆～

uɐ

刮秋风　kuɐ^{13}　tɕ'iəɯ^{313}　fəŋ^{313}　公开索要钱物或高价派购廉价商品
刷锅把子　ʂuɐ^{13}　ko^{313}　pa^{41}　tʂʅ　炊帚
滑皮滚子　xuɐ^{13}　p'i^{35}　koŋ^{41}　tʂʅ　无沟齿的碌碡
滑光溜神　xuɐ^{13}　kuaŋ^{313}　liəɯ^{35}　ʂəŋ^{35}　裸体
袜桩子　uɐ^{13}　tʂuaŋ^{313}　tʂʅ　袜筒

ə

不好过　pə^{13}　xɔ^{41}　ko^{55}　生病了：我～
不好受　pə^{13}　xɔ^{41}　ʂəɯ^{55}
不犯于　pə^{13}　fæ̃^{55}　y^{35}　不值得：～和他生气
不断头　pə^{13}　tõ^{55}　t'əɯ^{35}　连续不断：夜里行人～
不管乎　pə^{13}　kõ^{41}　xu^{313}　不管用：人老眼～
不空房　pə^{13}　k'oŋ^{55}　faŋ^{35}　蜜月中不分居
不得命　pə^{13}　tə^{13}　miŋ^{55}　拼命：～地喘
不出血　pə^{13}tʂ'uə^{13}　ɕiə^{13}　吝啬
拨溜　pə^{13}liəɯ　①拨动：～算盘珠子②指派：～不动他，不听嚷嚷
白鲇子　pə^{13}　ku^{313}　tʂʅ　海鱼的一种，形如小黄鱼，但体表白色
白喳喳　pə^{13}　tʂa^{313}　tʂa^{313}　病态的面容
脖项梗　pə^{13}　ɕiaŋ^{55}　kəŋ^{41}　脖梗
麦口　mə^{13}　k'əɯ^{41}　收割小麦的时节
木怵　mə^{13}　tʂ'uə^{13}　愣住了：给说～了
木疙瘩　mə^{13}　kə^{13}tə　蚊虫叮咬而起的疙瘩
没魂　mə^{13}　xoŋ^{35}　精神恍惚的样儿
没得　mə^{13}　tə　没有：～了|～钱|～数|心里～底|～影子的事
得　tə^{13}　到：要～天黑才能到南京
得得　tə^{13}　tə^{13}　紧紧的：车上挤～的
得了　tə^{13}　lə　用在动词之后，表示动作完成：海～|吃～|没～|走～
特为　t'ə^{13}uei^{55}　有意的：谁～弄坏的
勒　lə^{13}　①握：手给他～痛了②捏、挤：～水
勒勒掯掯　lə^{13}　lə^{13}　k'əŋ^{55}　k'əŋ^{55}　让别人做事又不大放心的样儿
肋巴　lə^{13}　pa^{313}　肋骨
窄扁　tʂ'ə^{13}　piẽ　空间小：屋里～
窄巴　tʂə^{13}　pa
直轮　tʂə^{13}　ləŋ^{35}　笔直：小树长～的
值当　tʂə^{13}　taŋ^{55}　值的：不～干的
值不当的　tʂə^{13}　pə^{13}　taŋ^{55}　tə　不值的

吃　tʂʻə13　①接受：我不～你这一套②承受：穿少了～不住冻|一个月工资～不住花|撩蜂～蜇③拿工资：一个月～二百块钱

吃户　tʂʻə13　xu55　舍得吃的人家

吃酒　tʂʻə13　tɕiəɯ41　喝酒、喝喜酒

赤红□脸　tʂʻə13　xoŋ35　kɑŋ55　liẽ41　高烧时脸通红的样子

赤脚□头　tʂʻə13　tɕyə13　lɔ35　tʻəɯ35　光着脚，光着头

拾　ʂə13　生育：～了个儿子

拾当　ʂə13tɑŋ　①收拾：屋子里～一下②惩治：看我怎么～你

十月朝　ʂə13　yə13　tʂɔ313　①十月初一②婴儿出生十个月：过～

食刀　ʂə13　tɔ313　切菜刀

石砟子　ʂə13　tʂɑ41　tʂʅ　小石子

石妮子　ʂə13　li35　ʂʅ　石女

石瘤子　ʂə13　liəɯ35　tʂʅ　小石块

涩哕哕　ʂə13　yə13　yə13　味很涩

实诚　ʂə13　tʂʻəŋ35 真诚实在

实落　ʂə13luə13

实法　ʂə13　fɐ13　实在：～不愿意就算了

色　ʂə13　样子：死～|秽气～

色气　ʂə13　tɕʻi　脸色：～不好

日头　ʐə13tʻə　太阳

日弄人　ʐə13　ləŋ55　ʐəŋ55　捉弄人

□　kə13　硬的、尖锐的东西刺人：～脚

屹子　kə13　tʂʅ13　蛇蛋

隔古　kə13　ku41　过去、从前

隔占　kə13　tʂæ55　强占

格噔　kə13　təŋ313　吓得一楞：心里～一下

角按席　kə13　æ55　ɕi35　编织精细、有花边的芦席

合帐　kə13　tʂɑŋ55　合算

各样　kə13　iɑŋ55　与众不同，贬义：这人～

各种　kə13　tʂɑŋ41

趷　kʻə13　一只脚跳动：右脚破了，只好～着走

髁头子　kʻə13　tʻəɯ35　tʂʅ　膝盖

咳嗽痨　kʻə13　ʂə13　lɔ35　长久咳嗽的人

黑头呈子　xə13　tʻəɯ35　tʂʻəŋ35tʂʅ　匿名状子

黑窟　xə13kʻuə13　黑暗之处

恶　ə13 ①很：～俊|～苦②全：头上，脸～是灰③拼.：～吃|～打人

恶嘟嘟　ə13　tu313　tu313　特别：～来气|～臭

扼颈　ə13tɕiŋ55　打脑后

iə

别　piə13　①转动：把头～过去②转变：他就这个脾气，～不过他③绊：把他～倒了|　～着腿

了④抬杠：他给～住了，不吭声了

别别　piə^{13}　piə^{13}　千万：这事～～莫忘了

锹　p'iə^{13}　碗、盘等器皿口部不圆：～了碗

撇　p'iə^{13}　舀取液体的上层：～水|～汤|～油

撇光光　p'iə^{13}　kuaŋ^{313}　kuaŋ　打水飘儿

撇清　p'iə^{13}　tɕ'iŋ^{313}　夸耀自己的清白，无过。养汉老婆好～

铁杈　t'iə^{13}　tʂ'a^{313}　挖土工具

接嘴　tɕiə^{313}　tʂ'ei^{41}　乱插话

接骨草　tɕiə^{313}　kuə^{13}　tɕ'ɔ^{41}　木贼

结壮　tɕiə^{13}　tʂuaŋ　老人身体结实健壮

血　ɕiə^{13}　非常：～好|～调皮

血对头　ɕiə^{13}tei^{55}　t'əɯ　死对头

血鳝　ɕiə^{13}　ʂæ^{55}　鳝鱼

蝎虎子　ɕiə^{13}　xu^{41}　tʂʅ　壁虎

揳　ɕiə^{13}　①把楔子、钉子锤打到物体里边：～钉子②打：～你一顿

复三　fuə^{13}　ʂ'æ^{313}　出殡三天之日给坟填土

覆棚　fuə^{13}　p'əŋ　室内顶棚子

蹾　tuə^{13}　坐在地上用手撑着挪动

掇　tuə^{13}　投、摔：～泥块

掇垫　tuə^{13}　tiẽ^{55}　收拾、整理

沰　tuə^{13}　淋雨：衣服～湿了

笃定　tuə^{13}　tiŋ^{55}　一定：～去|这～是他干的

□　t'uə^{13}　烫：水～手|～鸡

秃膀子　t'uə^{13}　paŋ^{41}　tʂʅ　短袖褂子

托送　t'uə^{13}　ʂoŋ^{55}　投胎转世

络子　luə^{13}　tʂʅ　用柳条、竹篾编的盛食物的筛子

落　luə^{13}　处所、位置：各～看看

落头　luə^{13}　在哪～|车上没～站

落厅　luə^{13}　t'iŋ

落数　luə^{13}　tuə　老实，无能：这人真～

作　tʂuə^{13}　吵闹：一天～到晚|孩子～人

作死　tʂuə^{13}　ʂʅ^{41}　找死：你～啊，乱跑

作古正经　tʂuə^{13}　ku^{41}　tʂəŋ^{55}　tɕiŋ^{313}　一本正经的样儿

作害　tʂuə^{13}　xɛ^{55}　为害

作腾　tʂuə^{13}　t'əŋ　有意吵闹

作兴　tʂuə^{13}　ɕiŋ^{313}　①可能：～不来了②应该：不～这样|这事～你不～

□　tʂuə^{13}　用簸箕平筛着簸：把秕子～出来

着　tʂuə^{13}　①派：～人去请②受：先前不知～了谁的气

出花　tʂ'uə^{13}　xua^{313}　出水痘

出兽　tʂ'uə^{13}　ʂəɯ^{55}　偶然出错：～了，车子坏了

出饭　tʂʻuə^{13}　fæ^{55}　做出来的饭显得多：籼米～，糯米不～
出门子　tʂʻuə^{13}　məŋ^{35}　tʂʅ　出嫁
出室　tʂʻuə^{13}ʂə^{13}
出客　tʂʻuə^{13}　kʻə^{13}　外出做客
促寿痨　tʂʻuə^{13}　ʂəɯ^{55}　lɔ^{35}　爱说下流话的人
促刮　tʂʻuə^{13}　kuɐ^{13}　①捉弄：～人②奇怪
促怪　tʂʻuə^{13}　kuε^{55}
促狭　tʂʻuə^{13}　ɕiɐ^{13}
撮　tʂʻuə^{13}　扶住往上推：～我上树|～上墙
错开　tʂʻuə^{13}　kʻε^{313}　挪开一点，使两者不接触：用电紧张，各厂上班时间都～了
焌　tʂʻuə^{13}　烧：火～手了
焯　tʂʻuə^{13}　略煮一下：～菜
剒　tʂʻuə^{13}　细细地切割：～肉|～菜
诎　tʂʻuə^{13}　诡诈：这人很～
勺星　ʂuə^{13}　ɕiŋ^{313}　北斗星
熟卤　ʂuə^{13}　lu^{41}　熬化的卤水，点豆腐用
说事　ʂuə^{13}　ʂʅ　说合、劝架
入□　ʐuə^{13}　tʂəɯ^{55}　执拗：这人真～
入真　ʐuə^{13}tʂəŋ^{313}　认真
入心　ʐuə^{13}　ɕiŋ^{313}　专注、认真
谷莠子　kuə^{13}　iəɯ^{41}　tʂʅ　狗尾草
骨子　kuə^{13}　tʂʅ　裕褙
骨骨丁　kuə^{13}　kuə^{13}　tiŋ^{313}　蒲公英
枯月　kuə^{13}　yə^{13}　不吉利的月份
□拥　kuə^{13}　ioŋ　动弹，打针了，莫~
□敛　kuə^{13}　liẽ　猛然受惊，身体一抖：钉子攮脚，～一下子
活套　xuə^{13}　tʻɔ^{55}　灵活：为人～
活穇人　xuə^{13}　ʂəŋ^{55}ʐəŋ　使人讨厌、害怕：癞蛄子爬脚面了，不咬人～
活泛　xuə^{13}　fæ̃　随机应变：办事～
镬板　xuə^{13}　pæ̃^{313}　木锅盖
豁唇子　xuə^{13}tʂʻoŋtʂʅ　豁嘴
抈　xuə^{13}　掴：～你个嘴头子|～脸
擢溜　xuə^{13}　liəɯ　①搅动②挑拨

yə

嚼蛆　tɕyə^{13}tɕʻy^{313}　毫无根据地乱说
脚趾盖子　tɕyə^{13}　tʂʅ　kε^{55}　tʂʅ　脚趾甲
脚孤拐　tɕyə^{13}　kuə^{13}　kuε^{41}　脚踝骨
脚头　tɕyə^{13}　tʻəɯ^{35}　平躺后脚伸向的地方
脚赶脚　təyə^{13}k æ̃　tɕyə^{13}　一会儿：～到了
脚面子　tɕyə^{13}　miẽ^{55}　tʂʅ　脚背

脚脖子　tɕyə^{13}　pə^{13}　tʂʅ　脚腕儿

㔟　tɕʻyə^{13}　折：～断了|～树枝

雀目眼　tɕʻyə^{13}　mə^{13}　iæ̃　夜盲症

黢黑　tɕʻyə^{13}　xə^{13}　①漆黑：晚上～②形容人生地不熟的境况：刚到那块两眼～

雪　ɕyə^{13}　气味刺激人：这漆～眼

雪踖子　ɕyə^{13}　tʂʻɛ^{41}　tʂʅ　霰

宿　ɕyə^{13}　很：～绿|～蓝|～亮|～黑|　～紫|　～圆|～平|～甜

噱　ɕyə^{13}　调唆：～人两口子吵架

抈　yə^{13}　折：～树枝

约　yə^{13}　大体量一下、估量轻重：～～看有多长|～～看有多重

iɪ

滴溜打挂　tiɪ^{13}　liəɯ^{313}　tɑ^{41}　kuɑ^{55}　①挂满：～一树梨②褴褛：破衣烂衫～的

剔陡溜崖　tiɪ^{13}　təɯ^{41}　liəɯ^{313}　iɛ^{35}　陡峭：山坡～

踢腾　tiɪ^{13}　tʻəŋ　浪费：胡～，败家子

脊梁盖子　tiɪ^{13}　liɑŋ^{35}　kɛ^{55}　tʂʅ　脊梁

寂寂　tɕʻiɪ^{13}　tɕiɪ^{13}　悄悄地

急逗　tɕiɪ^{13}　təɯ^{55}　十分着急

急齁　tɕiɪ^{13}　xəɯ^{313}　发急的样儿

急眼　tɕiɪ^{13}　iæ̃^{41}

辑慨　tɕʻiɪ^{13}　kʻɛ^{55}　故意捉弄人、不肯帮忙

泣仗　tɕʻiɪ^{13}tʂɑŋ^{55}　哭丧棒

泣庆子　tɕiɪ^{13}　tɕʻiŋ^{55}　tʂʅ　蟋蟀

一时工　iɪ^{13}　ʂʅ^{35}　koŋ^{313}　一会儿

一麻黑　iɪ^{13}　mɑ^{35}　xə^{13}　一律黑色：小猪～

一块堆　iɪ^{13}　kʻuɛ^{55}　tei^{313}　一块儿：～去|放～

一展眼　iɪ^{13}　tʂæ̃^{41}　iæ̃^{41}　瞬间

一转脸　iɪ^{13}　tʂõ^{41}　liẽ^{41}

一捞□　iɪ^{13}　lɔ^{55}　tʂʻu^{41}　卖东西时不许挑拣，用秤盘从边上挨着铲起来称

一条腿　iɪ^{13}　tʻiɔ^{55}　tʻei^{41}　一派，贬义：两人～

一溜　iɪ^{13}　liəɯ^{55}

一漫高　iɪ^{13}　mə^{55}　kɔ^{313}　渐渐增高：山坡～

一当　iɪ^{13}　tɑŋ　稳当：你去办～

一上来　iɪ^{13}　ʂɑŋ^{55}　lɛ^{35}　一开头：～就发脾气

一成　iɪ^{13}　tʂʻəŋ　一定成功：这事他办～

一平　iɪ^{13}　pʻiŋ^{35}　平整

一发手　iɪ^{13}　fɐ^{13}　ʂəɯ^{41}　一次：～全给他了

一次头　iɪ^{13}　tʂʻʅ^{55}　tʻəɯ^{35}　～就用坏了

一伏时　iɪ^{13}　fuə^{13}　ʂʅ^{35}　一天一夜

一憋气　iɪ^{13}　fiə^{13}　tɕʻi^{55}　一口气：～跑了三里

胰子　iɪ^{13}tʂʅ　肥皂

第五节 语法特点

一、词法特点

词缀

前缀 新浦话的形容词有比较丰富的前缀，常用的有：透、怪、多、精、稀、宿、死、恶、瘟、烂、血、挺、焦、苦。这些形容词的前缀一般表示“很、非常”的意义，加深了形容词性质、状态的程度。例如：

透：～俊、～新、～熟、～肥

怪：～高、～好、～老实、～神气

缩：～绿、～蓝、～紫、～青、～尖

挺：～硬、～湿、～新、～快

焦：～干、～酸、～粘.

苦：～辣、～咸

多：～高、～厚、～重、～肥的

精：～枵、～细、～稀、～轻、～窄

稀：～累、～松、～碎、～薄、～贱

死：～热、～沉、～重、～笨、～慢

恶：～俊、～酸、～苦

瘟：～腥、～臊、～臭

烂：～酸、～腥

血：～好、～凋皮、～对头、～不讲理

后缀 新浦话的许多动词、名词、形容词都可以带后缀。新浦话的动词后缀主要有：巴、行行、头、查、悠、乎。他们具有使动词原义轻化、小化、动作随便、漫不经心的意思。例如：

巴：捏～、拉～、搓～、晃～、粘～

查：扒～、抠～

行行：干～、吃～、看～、睡～、玩～

乎：摆～、炸～、热～、软～

头：有干～、有吃～、没玩～、没看～

悠：转～、晃～

新浦话名词后缀“子”很有特点。除了与普通话共有的“子”缀词外，新浦话还有普通话没有的“子”缀词。例如：

手掌～、小腿～、牛犊～、鸡冠～、树枝～、蒜苗～、柿饼～、虾皮～、油果～、奶～、饭盒～、手套～、牙刷～、针鼻～、鸡屋～、拐角～、雨点～、香炉～、木鱼～、乌～、闺女～、侄女～、街滑～、土包～、斜眼～、豁嘴～、疯汉～、姑姑～、瘸腿～、媳～

新浦话形容词的后缀主要有：乎、淫、濠、兮兮、不拉几、的慌。例如：悬乎、熟乎、热乎、苦淫、酸淫、热濠、粘兮兮、脏兮兮、神经兮兮、甜不拉几、酸不拉几、热的慌、冷的慌、闷的慌、喜的慌。

中缀 新浦话常用的中缀有：溜、不、把、乎。例如：

溜：哆～嘴子、滴～打拦、稀～歪拽　　　　把：百～块、千～块、万～个

不：左～拉子、黑～拢通、憨～拉儿　　　　乎：血～流淋

形容词的生动形式

新浦话的形容词一般都有程度差别的细微变化，这种变化是通过形容词前边或后边加上词缀构成的。单音形容词加上词缀后，其含义和用法基本上没有变化，只是表示程度的不同，有的含义弱化了，有的含义强化了。把这种不同程度的变化叫做形容词的原级、弱化级、强化级、最高级。不是所有的形容词都可以构成完整的四级形式。形容词的弱化级、强化级、最高级不能再加上程度副词，如“苦”，可以构成“苦、苦淫的、恶苦、恶苦恶苦的”四级，但不能说“很苦淫的、非常恶苦、特别恶苦恶苦”。举例如下：

原级	弱化级	强化级	最高级	原级	弱化级	强化级	最高级
长	长栓的	多长	多长多长的	辣	辣喉的	苦辣	苦辣苦辣的
厚	厚实的	多厚	多厚多厚的	疼	疼淫的	生疼	生疼生疼的
窄	窄溜的	精窄	精窄精窄的	潮	潮乎的	挺潮	挺潮挺潮的
胖	胖壮的	透胖	透胖透胖的	亮	亮堂的	宿亮	宿亮宿亮的
脆	脆葱的	葱脆	葱脆葱脆的	慢	慢腾的		慢慢腾腾的
软	软乎的	溜软	溜软溜软的	红	红腾的	通红	通红通红的

形容词弱化级也可构成“ABB”式，如“长栓栓”“脆葱葱”“亮堂堂”“轻巧巧”“热乎乎”。

“很”的用法

普通话中“很+动/形”“形+得+很”的句式，在新浦话中也用。在新浦话中，“很”和语气词“了”构成“很了”，既可直接用在动词、形容词后边作补语，也可直接用在名词、代词后边作谓语。

1.动词后边加上“很了”表示动作次数多、程度高。如：①今天走很了，五十多里。②他给说很了，满脸通红。③想闺女想很了。④街上这几年变化很了。

在表现动作效果的句子中，“很”重读，句子的意义是否定的。如果动词前再加上语气副词“还”，否定语气更强烈。如：①你支持很了！②你干很了！③我没你这个儿子你还孝顺很了！④他腿受伤了，你还兴很了！

不是动词后边都可加“很了”，像下边的说法不存在：①开始（停止、结束、进行、继续）很了。②在（存在、没有）很了。③握手（闭眼、认为、主张）很了。

有些动词的前面不能加“很”，但后面能加：“很”。如：①很走/走很了。②很打/打很了。③很变/变很了。④很来/来很了。⑤很干/干很了。

2.“很了”直接作形容词的补语，不仅表示程度高，有“太、极、非常”的意思，还有“过头了、多余”的意思。如：①天黑很了。②他瘦很了。③慢很了，快点走！④这人坏很了。⑤绳子长很了。⑥褂子颜色红很了。

表示肯定，赞扬的形容词后边的“很”，如果重读，则整个句子的意思变为否定的。如果形容词前面再加上“还”，则否定语气更强烈。如：①你干净很了。②还美很了！

非谓形容词、偏正式形容词、带后缀的形容词，后边不能加“很了”。如：①大型（初级、天然）很了。②通红（雪白、笔直）很了。③新式（流行、水汪汪、灰不溜秋）很了。

3.“很了”直接加在名词后边作谓语，有“大、高、多、重、了不起”的意思。如：①这树很了。②这堆麦子很了。③卖肉的利钱很了。④大娘的病很了。⑤王家很了，三个大学生。

表示抽象事物的名词（“能力、才能、成就、手续”等除外）、集合事物的名词，其后不能加“很了”，如：①文化（思想、品德、风格、风俗）很了。②人类（书籍、纸张、马匹、车辆）很了。

4. “很了”加在人称代词后边作谓语，有“了不起”的意思。“很”如果重读，则句子的意思是否定的。如：①人家很了。②我很了，还是你很了。③他们还很了。“你还很头子了”这种句子中的“很”不必重读，整个句子也能表示强烈的否定语气。

几个特殊量词

1.新浦话量词“个”使用范围较广。普通话不用“个”，而新浦话用“个”作量词的列子。如：一个手、一个镜子、一个板凳、一个手表、一个褂子、一个羊、一个米粒子。

2.其他较特殊的常用量词有：

块：一块甘蔗
行：一行灰
充：一充扑克
合：一合门（两扇门）
盼子：干了一盼子、坐了一盼子、玩了一盼子
把（十个、十双）：一把子鸡蛋、两把子鸡蛋、一把子筷子
帮子：客人来了一帮子，又来了一帮子
生子（周岁）：这小孩两生子了

自感动词短语

新浦话的自感动词短语由两部分组成，前一部分是表示外界刺激人体某一位置而引起不舒服感觉的动词，这种感觉是受动者的自然感受，而不是施动者有意造成的；后一部分是名词“人”或身体的某一位置。例如：

冰人：睡在地上～
垫人：右鞋跟比左鞋跟高，～
闷人：一个人在家里，～
噎人：饼子太干，～
怕人：天乌黑的，好～
硌脚：鞋里有沙子，～

二、句法特点

宾语前置

在新浦话中，宾语可以直接出现在动词谓语前边。如：①他饭吃了，活还没干。②他钢笔买来了。除此之外，动词后缀“行行”有“正在进行”的意思，用在句子里可以使宾语前置于动词谓语前。如：①他饭吃行行的出去了。②电视看行行的停电了。

可能补语

普通话常用“得”连接补语的形式表示动作的可能，否定式用“不”，如：吃得了，吃不了。新浦话否定式与普通话相同，肯定式则有差异，可以省掉“得”。如①能说清。②能买起了彩电。③吃饱饱的。④雨下大了。

被动句

在新浦话中，被动句往往不用“被”，而用“叫、给”两个介词表示被动关系。如：①他叫老师吵了。②茶杯叫人打了。③我给他吓一跳。④苹果给儿子吃光了。

连云港市志

第四十二卷　区县概况

1984年，连云港市辖新海区、连云区、云台区及赣榆县、东海县、灌云县6个区县。1986年6月，新海区划分为新浦区、海州区。1996年8月，原属淮阴市的灌南县划归连云港市。2001年10月，云台区撤销。至2005年底，连云港市辖新浦区、海州区、连云区及赣榆县、东海县、灌云县、灌南县，共有31个乡、56个镇、14个街道。

1984～2005年，随着改革开放的不断深入，各区、县经济社会发展取得显著成绩，综合实力不断增强。

第一章　新浦区

新浦区位于北纬34°30′17.08″～34°40′28.03″，东经119°07′31.27″～119°24′39.28″，为连云港市中心城区，中共连云港市委和市政府所在地。新浦区东北、北部与连云区接壤，南、东南与灌云县交界，西部与东海县毗邻，西南与海州区相连。2005年，全区面积259.54平方千米，辖3乡1镇6街道，人口36.92万人。

第一节　建置区划

一、建置

新浦区原为古海州沿海地域，其西部的临洪滩为古海州城北的临洪口，成陆已千余年。金大定年间，即南宋绍兴三十一年至淳熙十六年（1161～1189年），临洪滩成为海州三大盐场之一的临洪场基地。元世祖至元三十年（1293年），临洪盐场使司设于此。明洪武元年（1368年），设临洪场盐课司。明隆庆六年（1572年）立临洪镇。清乾嘉年间（1736～1820年），新浦一带（现市区），临洪滩以东、孔望山以北逐渐成陆，为海州直隶州属地。清嘉庆三年（1798年），盐商捐资疏浚拓宽下河口至孔望山东北处新形成的小河道——新浦，并在其入海口立“新浦口”碑。新浦口不断向东北方扩展延伸，河名渐成地名新浦。

清光绪三十一年（1905年），已有新浦镇之名，为临洪镇治。清宣统二年（1910年），新浦地区隶属临洪市。民国元年（1912年），取消海州直隶州，设东海县，新浦属东海县临洪镇。次年，东海县将所辖39镇划为7市2乡，新浦属临洪市。民国16年北伐战争结束后，建新浦行政区，设新龙、新市、新民、三新、新化5个镇。区公所设于中山路中段的土地庙内。民国18年1月，东海县将7市2乡重新划为8个区，新浦5镇属第二区。民国19年，东海县将8个区合并为5个区，新浦属第一区。民国23年，新浦地区设新龙、新市、新民、三新、新化、浦西6个镇，仍属东海县第一

图42-1 2005年，新浦区辖3乡1镇6街道，为连云港市中心城区。图为新浦区街景。 任志 摄

区。民国28年3月，日伪政权在新浦设海州专员公署。民国31年，新浦地区设三新、新民、新市、新龙、新化5个镇和石东1个乡。民国37年11月，新浦地区并存新华、新龙、民主、通灌4个区，隶属新海市。民国38年3月，通灌区撤销，并入民主区。

1949年11月11日，鲁中南行政公署奉山东省政府令，将原新海连特区专员公署改为新海连市人民政府。同时撤销新海市。新龙区、新华区、民主区属新海连市。1950年5月，新海连市与东海县合并，建立新海县；当年12月，新海县撤销，恢复新海连市、东海县建置。1951年8月，新龙、新华、民主3个区撤销，新浦地区分东西两个区，均以河为名，东部称龙尾区，西部称盐河区。

1955年9月，龙尾区、盐河区合并，建立新浦区，隶属新海连市。11月，新浦区人民政府成立。1958年9月，新浦区的街道居委会和临洪乡组建成新浦人民公社。1959年6月，撤销新浦人民公社，恢复新浦区建置。1983年6月，新浦区、海州区合并成立新海区，隶属连云港市。1986年6月，撤销新海区，恢复新浦区、海州区建置。至2005年未变。

二、区划

1984年时为新海区，下辖新坝乡、锦屏乡、新浦农场、锦屏林场、园林园艺场、南门大队、洪门大队、车站大队、新建大队、临洪大队、沈圩大队和浦东街道、浦西街道、市东街道、路南街道、临洪街道、砚池街道、幸福路街道。是年5月，成立洪门乡、朐阳乡，砚池街道更名为海洲街道；7月，撤销锦屏乡，改设锦屏镇。

1986年6月，撤销新海区，恢复新浦区、海州区建置。新浦区辖浦西、浦东、路南、市东、临洪5个街道及临洪、沈圩2个村。1999年6月，新浦区辖新东、市东、浦东、路南、新南、浦西、临洪、新海8个街道及临洪、沈圩2个村。2001年11月，市政府调整行政区划，花果山乡、云台乡、南城镇、猴嘴街道划归新浦区。2002年8月，南云台林场划归新浦区；12月，浦东、市东合并为浦东街道，浦西、临洪合并为浦西街道。全区共辖花果山乡、云台乡、南城镇、南云台林场和猴嘴街道、浦东街道、浦西街道、新东街道、路南街道、新南街道、新海街道。

2005年4月，猴嘴街道划归连云区管理。6月，灌云县宁海乡划入新浦区。至年底，新浦区辖花果山乡、云台乡、宁海乡、南城镇和浦东街道、浦西街道、新东街道、路南街道、新南街道、新海街道。全区共有29个行政村、71个社区。有居民10.94万户36.92万人。

第二节　自然环境

一、地形地貌

新浦区地形总体北高南低，地貌多样，有高山、坡地、丘陵、平原、河湖，以平原为主，山地次之。境内南云台山为云台山系的重要组成部分。南云台山系的南云台山、鸡鸣山、凤凰山、茅山、蒲山、葫芦山、东陬山、鲤鱼山、大岛山、小岛山10座独立山体和94座大小山头分布在新浦区境内。其中，南云台山玉女峰海拔625.3米，为江苏省最高峰。古典名著《西游记》创作原型花果山和《镜花缘》创作原型东磊附近的渔湾，建成2个国家AAAA级风景旅游区。

二、土壤　河流

新浦区土壤主要有棕壤、潮土、砂礓黑土和盐土4大类。棕壤分布在云台山及其低山丘陵中上部；潮土中的黄黏土主要分布在云台山，灰底黄黏土主要分布在花果山乡和云台乡；盐土主要分布在云台农场和云台乡；砂礓黑土主要分布在花果山乡。

新浦区境内主要有蔷薇河、西盐河、东盐河、龙尾河、玉带河、云善河、妇联河、烧香河、大浦河、埃字河10条河流。蔷薇河是新浦区主要的供水水源。

三、自然资源

新浦区地处暖温带和北亚热带的过渡地带，气候温和，四季分明，夏无酷暑，冬无严寒，常年平均气温14.2℃，雨水、光照充足，年平均降水量908.6毫米，年平均日照时数2311.2小时，雨热同季，适宜各类生物生长繁衍。有种子植物、蕨类植物1274种，药用植物812种。有国家级、省级古树名木45株，占全市总量的73%。云台山东磊延福观内有一株玉兰花树，树高17.2米，树围3.64米，树龄800年，被誉为中国“玉兰花王”。山区、滩地栖息各类野生动物2200多种、鸟类20目58科302种，有8种国家一级保护鸟类和34种国家二级保护鸟类。境内土地资源丰富，有耕地7247公顷、林地6667公顷、水域667公顷。主要生产小麦、水稻、玉米、大豆等粮食作物，盛产板栗、白果、樱桃、云雾茶、葛藤粉、何首乌等山林特产。矿藏有蓝晶石、磷、土石料、矿泉水。

第三节　基础设施

1984年，新浦城区道路有海连路、解放路、民主路3条东西向道路，通灌路、海昌路、南极路3条南北向道路，构成“田”字型城区道路框架。1990年，新浦建成区面积扩大至20余平方千米。1991年后，老城区成片改造，新城区建设全面展开。进入21世纪后，河滨路、海宁路、建设路、朝阳东路、科苑路、学院路、郁洲南路、巨龙南路等主次干道相继建成通车。先后改建和新建解放桥、盐河桥、贾圩桥、沈圩桥、人民桥、朝阳桥、瀛洲桥、海宁大桥、玉带河桥等18座桥梁。建设解放东路、宋艞、丁字路、宁海立交桥4座，跨街高架桥1座。扩建幸福路广场，新建龙河广场、人民广场、凌州广场、新世纪广场4个大型广场和多个市民休闲活动广场。2005年，建成区面积58.43平方千米。市区形成由盐河路等14条纵向主次干道和海宁路等10余条横向主次干道交叉而成的城区交通框架，主次干道总长227.98千米。人均道路面积13.06平方米。城区绿化总面积606.11公顷，绿化覆盖率32.7%；公共绿地354.43公顷，人均绿地面积12.27平方米。

第四节　经济发展

1986年撤销新海区，恢复新浦区、海州区后，新浦区委、区政府实施“兴商、促工、开发”的经济发展战略，先后出台兴办第三产业优惠政策，允许和鼓励个体、私营商业发展，恢复集贸市场，引进外来投资，促进全区三次产业结构不断优化，外向型经济快速发展，工业经济实力不断增强，商贸物流中心地位进一步凸显。2005年，全区实现地区生产总值26.03亿元、财政收入2.13亿元，分别是1986年的101.66倍和13.7倍。

一、开放型经济

1986年9月，新浦区成立外引内联办公室。1987年，新浦区物资公司出口硅铁661.79吨，创收外汇52.94万美元。1993年，全区新批“三资”企业27家，合同利用外资及港澳台资911万美元，实际利用外资及港澳台资724万美元。2005年，全区新批“三资”企业20家，引进项目169个，合同利用外资及港澳台资5216.1万美元，实际利用外资及港澳台资1952.1万美元；外贸合同额649万美元，外贸营业额920万美元，实现外贸出口总额6557万美元；出口企业90家，中介企业57家，在外务工人员980人。

二、工业

改革开放后，新浦区委、区政府发挥区位优势，在加快发展街道工业、校办企业、村办企业同时，通过招商引资，大力发展私营工业企业。1986年全区实现工业产值3399万元。1991年，全区工业经济总量首次突破亿元大关。90年代，通过外引内联，引进资金、项目、技术，发展骨干企业，促进企业上规模，到2000年全区工业企业发展到600多家，完成工业产值12亿元、工业销售收入11.5亿元。进入21世纪后，着力优化工业经济结构，鼓励、扶持高科技企业，推动金属制造等传统产业改造升级，工业经济综合实力显著提升。至2005年底，全区工业企业885家，其中规模以上企业38家，实现工业总产值27.84亿元、利润0.73亿元、利税1.58亿元。

三、农业

中共十一届三中全会以后，农村实行经济体制改革，调动了农民的积极性，加之推广新品种、新技术，农业发展步伐大大加快。20世纪80年代初起，区委、区政府及时引导农民调整农业经济结构，大力发展社队工业、养殖业、建筑业、运输业，鼓励农民外出务工搞副业，从事服务业。到20世纪80年代末，农村经济总产值中种植业、工业、商贸服务业的比例，由70年代的62∶33.8∶4.2，转变为41.2∶47.2∶11.6。20世纪90年代末，农村经济结构调整转向以市场为导向，立足环境保护，科学利用资源，不断延长产业链，调优产品质量，提高经济效益。各级政府进一步组织新一代农民走出去，学技术，以优惠政策招商引资到乡村兴办合资企业，加强农业产业化、标准化建设。引导农民建立无公害果品、茶叶、中药材生产基地，大力发展各种专业户、经纪人、专业协会、专业合作社，培育贸工农一体化经济。至2005年底，全区农村有各类专业大户369个、专业合作社121个、农业特色村17个，形成特色产业9个。全区经济作物面积增加666.7公顷，建成通过省认证的无公害农产品生产基地15个，建成樱桃、大杏、茶叶等农产品基地6个及南城凌霄花标准化示范园区、南云台林场茶叶标准化示范园区。特色产业产值占农业产值的39%。

四、商贸服务业

新浦区是连云港市商贸中心和各大银行、保险公司分支机构驻地。改革开放后，区委、区政府顺应市场经济发展需要，发挥中心城区区位优势，实施"三产兴区"战略，对沿街经营效益差的工业企业实行"退二进三"（即停办第二产业，改营第三产业），发展商贸、餐饮服务业。注重结合旧城改造、新区开发，通过市场运作，加大招商引资力度，建设大商圈、大市场、大物流中心，发展现代商贸服务业，提高中心城区现代商贸业的凝聚力和辐射力。1984年，全区有商业网点1975个，从业人员4931人，社会商品零售额5484.38万元。至2005年底，建成中央百货、陇海商业步行街、美凯龙国际家居广场、国际服饰城、国美电器、五星电器、苏宁电器、时代超市、振大超市、农工商超市、文峰大世界、振兴特易购、新一佳超市等一批大型购物场所和火车站等新商圈，中心商圈购物功能和城区服务功能明显增强。配合市有关部门在老城区东部建成占地53万多平方米的连云港生产资料国际商城，在老城区东南部建成连云港农副产品批发市场。新浦作为全市乃至苏北鲁南地区商贸物流中心的地位更加凸显。2005年，全区有个体商户6298户，私营商户305户，个体、私营商户年营业额20多亿元；城乡商品贸易市场23处；新开业50余家超市和众多专卖店、连营店；全区社会商品零售额47.89亿元。

第五节　社会事业

一、科技

改革开放后，特别是邓小平提出"科学技术是第一生产力"之后，新浦区委、区政府更加重视发展科技事业，于1986年成立新浦区科学技术委员会（1996年更名为新浦区科技局）。1991年，区委、区政府提出实施"科技兴区"发展战略，制定科学技术发展计划，积极引进科技人才，开展知识产权保护、技术职称评定、科技成果奖励等工作。通过改善发展环境，大力扶持发展民办科技企业，工业科研、农业科研、教育科研、医药科研、青少年科研在境内相关行业蓬勃发展。2002年，新浦区被确定为2003年中国公众科学素养调查连云港市观测点。2005年，境内太阳雨公司生产的"太阳雨"太阳能热水器被评为中国名牌产品。全区有科技人员4805人，其中高级职称288人。

二、教育

1984年，全区有幼儿园13所、小学60所、中学11所。此后，区委、区政府不断加大教育改革和实施《中华人民共和国教育法》力度，在城乡全面普及九年制义务教育，切实改善中小学办学条件，不断提高教育质量。至2005年，新浦区有中学9所、小学26所、小学教学点11个、幼儿园58所。全区在校中小学生37585人，有教职工2282人。学龄前儿童入学率100%，初中升学率100%，高中升学率95%，职业高中毕业生就业率95%以上。

三、卫生

1984年，全区有医疗机构8所，其中医院4所、防疫站1所、保健站1所、卫生所2所。90年代后，各级政府深化卫生事业改革，加强区属医疗单位建设，鼓励和扶持民营医院发展，基本建成覆盖全区的市、区、乡（镇）、社区（村）四级医疗服务网络。2005年，有区属医院（站、所）乡（镇、场、街道）卫生院（所）17所，民营医院9所，个体诊所247家；拥有卫生技术人员582人，病床540张；全年完成门诊15.88万人次，急诊1.03万人次。全区有8190名城镇职工参加医疗保险，3.7万名农民参加新型农村合作医疗。

四、文化体育

中共十一届三中全会后，在“文化大革命”期间受到严重干扰的各种文化体育活动，如枯木逢春，呈现百花争艳的繁荣景象。花船、花挑、龙灯及各种民间小调、海州五大宫调等民间传统文化活动迅速恢复发展，各种文艺创作活动广泛展开，硕果累累。各类文物得到切实保护，新闻出版、图书档案、广播电视、电影戏曲蓬勃发展。竞技体育水平不断提高，全民健身运动遍及城乡。随着社会主义精神文明建设不断深入，先进文化进万家、文化下乡等活动的蓬勃开展，以及建设社会主义新农村工程的实施，农村文化体育事业得到空前发展。

五、社会保障

1984年起，全区加快建设区、街道（乡镇）、居（村）民委员会三级社区服务网络，实施就业、再就业和惠民工程，切实发展社会保障事业。1988年7月，区政府制定《新浦区企业职工退休养老费用统筹暂行办法》，正式启动养老保障改革。2000年6月，机关事业单位工作人员纳入养老保险体系。此后，生育、工伤、医疗保险制度改革相继展开。至2005年底，全区职工参加养老保险8252人，参加医疗保险8210人、失业保险10000人；企业离退休人员养老金社会化发放率100%，新型农村合作医疗覆盖率87.3%。全区建成社会服务中心7个，3次被评为江苏省社区服务示范区。1997年和2004年，分别启动城市居民和农村居民最低生活保障金制度。至2005年底，做到应保尽保。

第六节 人民生活

20世纪80年代，随着改革开放政策的实施，新浦区坚持以改革促开放，以开放促发展，全区城镇就业面不断扩大，职工收入增长较快。农村经济体制改革的深入调动了农民种粮积极性，粮食连年增产，农民家庭收入逐年上升。1984年，新海区职工年平均工资845元，农民年人均纯收入654元。90年代，经济体制改革不断深化，产业结构优化调整，第三产业蓬勃兴起，城镇居民收入门路拓宽，家庭收入增长速度加快。农村土地实行集约化经营，大量劳动力转向二、三产业，加之国家多次调整农产品收购价格，不断减轻农民负担，促进农民家庭收入的大幅增加。至2005年，全区职工年平均工资13101元，农民年人均纯收入4664元，分别是1984年的15.5倍和7.13倍。城镇居民人均住房面积31.89平方米，农民人均住房面积24.5平方米。城镇居民恩格尔系数（食品消费占生活总消费的比重）从1984年的56.83%降至2005年的

36.59%，居民生活由温饱型转向讲究营养和质量，食品由主食消费型转向副食多样型，粮食购买费用在整个生活费用中所占比例越来越小。城乡居民衣着更新频率加快，一人多衣、一季多衣已很平常。家庭装修趋于时尚、高档。

第七节　特色选介

一、特色乡镇——南城镇

南城镇位于新浦区东南部，东与国营云台农场接壤，南临烧香河，西与海州区锦屏镇相连，北与云台乡交界。2005年，南城镇辖凤凰、宁海、青春3个社区，面积4.7平方千米，人口1.1万人。

南城为南北朝时期南朝宋元徽年间（473～476年），青、冀二州刺史刘善明垒石筑成。因隔云台山与北城（今墟沟）相对，故名南城，曾名临海镇、东海州、凤凰城。南城古时被称为海上蓬莱，是东瀛胜地和海防重镇。城内保存一条明清古街——六朝一条街。街两旁的民居，墙体大部分为碎石叠成，青瓦屋面，斗拱出檐伸向街心；一般每宅都有两三道穿堂，三五进庭院；住房南北向，大都是“金”字木梁，砖椽，有的带抄手廊；屋内罗砖铺地，屏风隔断，保持了清代的建筑风格。历史上南城是苏北地区有名的佛教、道教圣地，城内有大小庙宇27座。南城文化底蕴深厚，有“徒然洞”抗日题刻等摩崖石刻群，有唐魏征于贞观十三年（639年）巡视南城时亲题“宁海门”等。城内有玉皇宫、碧霞宫、普照寺、城隍庙、石门、匡衡井、天池等名胜古迹。玉皇宫前山门立柱为隋代遗物。

图 42-2　南城镇历史文化底蕴深厚，古城遗迹保存完好。图为南城镇水井。
赵鸣　摄于2001年

二、特色产品

金镶玉竹　金镶玉竹是国内特有竹类，《云台山志》所记“金镶碧嵌竹”即此竹。20世纪80年代，云台山发现有几百株野生金镶玉竹，竹竿为金黄色，节间纵槽中为碧玉色条纹，具有较高的观赏价值，被植物学家认为是很有价值的发现。金镶玉竹主要分布在花果山和东磊一带，计26.67公顷。1993年7月，邮电部发行四枚一套的《竹子》特种邮票，其中第二枚即为金镶玉竹。该竹已被列为国家级保护植物。

图 42-3　金镶玉竹邮票碑
赵鸣　摄于2005年

白玉兰　白玉兰，俗称应春花、望春花。属木兰科，落叶乔木。每年3月，满树绽花，洁莹如玉，如云如雪，花香四溢，令人陶醉。连云港市最古老的白玉兰集中于云台山东磊延福观院内，共4株，最大的2株，树龄逾800年。一株树高15.4米，胸围3.64米；一株树高13.7米，胸围2.31米。另外一株树龄400多年，树高10多米。最小的一株树龄也有150多年。这4株白玉兰为全国最老的玉兰花群体，最大一株有中国“三兰花王”之誉。3株树龄在400年以上的白玉兰，已被列为国家级保护植物。2005年2月，白玉兰被确定为连云港市市花。

2005年新浦区国民经济发展情况统计表

表42-1

项　目	单　位	实　绩	项　目	单位	实　绩
人口	万人	36.92	粮食总产量	万吨	2.91
土地面积	平方千米	259.54	全社会固定资产投资总额	亿元	11.45
其中耕地面积	平方千米	72.47	外贸出口总额	万美元	6557.00
地区生产总值	亿元	26.03	实际利用外资及港澳台资	万美元	1952.10
第一产业增加值	亿元	1.58	地方财政收入	亿元	2.18
第二产业增加值	亿元	5.55	地方财政支出	亿元	2.30
第三产业增加值	亿元	18.90	在岗职工年平均工资	元	13101.00
人均地区生产总值	元	7050.00	农民年人均纯收入	元	4664.00

第二章　海州区

海州区位于北纬34°25′45″～34°35′13″，东经119°4′17″～119°13′10″，地处连云港市主城区西南部，南以泊阳河为界与灌云县接壤，北、东与新浦区相连，西以蔷薇河为界与东海县相望。区域东西平均宽10.5千米、南北长19.25千米，全区面积158.9平方千米。2005年，辖2镇4街道，人口13.39万人。

第一节　建置区划

一、建置

秦代，在今海州地区置朐县，海州地区开始有明确的行政建置。汉代，朐县属东海郡。北朝东魏武定七年（549年），始称海州，辖6郡19县。海州之称，缘于城市建在东、北紧临大海，南依朐山的一块山麓台地上。隋大业三年（607年），改海州为东海郡，下辖5县，治海州城。唐初改东海郡为海州，隶河南道。唐武德四年（621年），置海州总管府。唐天宝元年（742年），改海州为东海郡。唐乾元元年（758年），复称海州。五代时海州隶属多变，相继为吴、南唐、后周所属，辖区如唐未变。北宋时，海州属淮南东路。南宋时，为金所占，隶山东东路，辖5县。元至元十五年（1278年），升为海州路总管府，后改海宁府，随之又降为海宁州，属淮安路，辖3县，治海州城。明复称海州，属淮安府，领赣榆县。清雍正二年（1724年），升为直隶州，领赣榆县、沭阳县，治海州城。先后属淮徐道、江苏布政司、江宁布政司、淮扬道。

民国元年（1912年）1月，裁海州直隶州置东海县，治海州城。民国18年，海州划为东海县第一区，区公所设海州城内。民国22年12月，江苏省设9个行政督察区，东海县为第八区，行政督察专员公署驻海州城内，辖东海县、灌云县、赣榆县、沭阳县，境域大体相当于清海州直隶州。民国33年12月，汪伪政权析东海县置海州市，隶淮海省，治海州城。民国37年（1948年）11月7日，中国人民解放军进驻海州。是年11月28日，中国共产党新政权合海州、新浦及连云市成立新海连特区，隶山东鲁中南行政公署，下辖新海市、连云市和云台办事处。成立以海州域为中心的新海市锦屏区政府。

图42-4　海州地区历史悠久，自秦代起已有明确的行政建置。图为海州古城。　　赵鸣　摄于2005年

1949年11月25日，新海连特区改称新海连市。1952年7月，锦屏区更名为海州区。1953年1月，新海连市改属江苏省，隶徐州专区。1953年11月，海州区首届人民代表大会选举出海州区人民政府。1961年，新海连市改称连云港市。1983年6月，海州、新浦两区合并为新海区。1986年6月，海州、新浦两区分治，重新恢复海州区建制。至2005年底未有变化。

二、区划

1949年11月，新海连市锦屏区辖鼓楼镇、文庙镇、南中镇、砚池镇和城东乡、西门乡、丁庄（城北）乡、朐山乡、山南乡、河南乡、太平乡、富安乡。1952年7月，海州区辖鼓楼街、文化街、南中街、砚池街和西门乡、南门乡、车站乡、磷矿乡、棉场乡、富安乡、太平乡、河南乡。是年8月，东海县富安镇划归海州区。1953年6月，棉场乡划归云台区，太平乡、富安乡划归东海县。1954年7月，棉场乡复归海州区。是年10月，河南乡、富安镇复归东海县管辖。1956年10月，磷矿乡、棉场乡合并成立锦屏乡。1958年4月，成立海州区人民委员会街道办事处。是年9月，撤销锦屏乡，成立锦屏人民公社，1960年划属新海连市。1978年5月，海州区增设幸福路街道。1983年6月，海州区、新浦区合并，称新海区。原为市直辖的锦屏、新坝2个人民公社和新浦农场、锦屏林场及洪门果园、孔望山果园划属新海区。1984年5月，成立洪门乡、朐阳乡。7月，锦屏乡撤乡建镇。1986年6月，新海区复分为海州区、新浦区。海州区辖锦屏镇、新坝乡、朐阳乡、洪门乡、海州街道、幸福路街道和锦屏林场、洪门果园、孔望山果园。2005年底，海州区辖新坝镇、锦屏镇和海州街道、幸福路街道、朐阳街道、洪门街道。

第二节　自然环境

一、地形地貌

距今7500年前，今海州城区除鼓楼以东是高出海平面的台地，其他都处于海中，锦屏山为海岛、半岛状态。此后海岸线逐渐东移，海州地区成陆，并出现多条河流。至20世纪50年代，境内锦屏地区的小海逐渐淤塞成陆后，区境的地貌为南北平原中间山。北部城区和锦屏山以南的锦屏、新坝地区为平原，属洪积沉积地形。锦屏山以南的平原面积124.4平方千米，海拔3～4.5米；锦屏山以北的平原面积6平方千米，海拔4～5米。锦屏山四周山麓为岗地，属侵蚀堆积地形，面积13.58平方千米，海拔5～45米。锦屏山海拔10米以上地带为构造剥蚀地形，与周围海拔20～50米的侵蚀堆积地段犬牙交错。

二、山脉

锦屏山南距海州古城1.5千米，横亘于境内中部，总面积21.59平方千米。锦屏山山体由西山、中山、东山3条山脊组成，均为西北—东南走向，主峰海拔427.7米。锦屏山山体及周围坐落着刘志洲山、孔望山、石棚山、白虎山等9座独立山体，共36座山头。

三、河流　塘坝

境内盐河、蔷薇河东西并列纵贯，中间有玉带河、八一河、五道中沟、古泊河横贯沟通，形成“两纵、四横、西供、东泄”的水利体系。其中，蔷薇河过境8.55千米，为连云港市主要饮用水源。锦屏山北麓和东麓分布着1956年以后陆续修建的承接山洪、自流灌溉的6座小型水库和7座塘坝，蓄水总量218.6万立方米。

四、土壤

境内土壤分为4类。棕壤类：主要分布在锦屏山周围的山前洪积平原带，土层深厚，质地偏砂，pH酸碱度7.6左右，为蔬菜、水果和花卉生产基地。潮土类：分布在锦屏山南侧近山的黄泛海积平原和地势较高、排水良好的地区，土质黏重，通透性差，为农田土壤，土地等级3～2级。砂礓黑土类：分布在新坝、锦屏与东海县交界处，质地黏重，结构差，通透性不良，有机质和含氮量高，保肥性能好，为花生主产区，土地等级多属3级。盐土类：分布在锦屏、新坝交界和新坝东北部地区，质地黏重，通透性弱，适耕性差，保肥保水性较强，为稻麦轮作产区，土地等级3～2.4级。

五、自然资源

2005年，全区耕地77.96平方千米、果园603.03公顷、林地952.97公顷、其他农用地2169.13公顷、居民点及工矿用地2941.41公顷、交通运输用地（不含农村道路）259.47公顷、水利设施用地423.34公顷、未利用土地445.37公顷、其他土地390.43公顷。全区农用地11428.64公顷，占总面积的72%，耕地占全部农业用地的67%。锦屏山有铅、锌等金属矿点，经勘探得C1级储量，铅962.63吨、锌752.36吨，还有少量的金、铀、锰等有色金属矿藏。锦屏山周围有石英、水晶、蓝晶石、云母等非金属矿藏，但储量不多。域内以磷资源为最丰，锦屏磷矿为中国北方最大的磷矿产地。西山矿体是全区较大的矿体，保有总储量694.5万吨。锦屏山周围有多个建筑石料开采塘口，年开采量及加工石子60万吨以上。境内盛产稻、麦、豆类、玉米、山芋、花生、芝麻等粮食和油料作物，有大白菜、瓜类、菌类、莲藕等蔬菜品种50余个，梨、桃、葡萄等果品20余种，野生药用植物800余种，饲养鱼类近20个品种，饲养生猪、牛、羊、家禽等17个品种，野生鸟类和哺乳动物近40个品种。

第三节　基础设施

一、城乡建设

1984～1990年，海州城区建设将道路修建、有利出行作为重点，新修幸福南路，改建新建中路、新建西路和中大街，新建一批水冲厕所和环卫设施，改善城区环境。1991年8月，海州区委、区政府成立仿古改造指挥部，对老城区仿古改造统一规划、统一设计、统一施工、统一管理，至20世纪90年代末基本完成界定范围内中大街、幸福南路等9条街巷仿古建设任务。累计拆除旧房7.2万平方米，兴建明、清格调仿古建筑17万平方米；扩建、新建道路7条；新打通的幸福南路连接起新建和改建的秦东门城雕、古牌坊、钟鼓楼、百子庵、双龙井、朐阳门及广场等诸景观。2003年，规划在孔望山周围建设海州新城区。新城区北起玉带河，南至锦屏山麓，西起花园路，东至西盐河，规划总面积5.2平方千米，至2005年已开发建设海州区人民检察院办公综合楼6370平方米、经济适用房10万平方米、香江花园小区172451平方米。中心村镇建设已形成规模，新坝镇、锦屏镇镇区改造建设共完成3.4万平方米。

图42-5　2003年前后，市区新建东路、海宁西路等一批主干道相继竣工通行。图为新建东路跨盐河桥。侍志　摄

结合仿古改造改进城区绿化建设，居住小区、单位庭院绿化以及见缝插绿工程全面展开，建成蔷薇河、玉带河防护性绿地，形成以城市公园、街头游园、单位庭院、主次干道等为绿化重点的城市绿色空间。21世纪初，全区旅游业发展加快，城区绿化随之向近郊拓展，按照“沿路、滨水、绕山、环城”的架构，形成古城内外多层次、多类型的绿色旅游带。至2005年底，城区绿化面积达580公顷，绿化覆盖率37.4%。

二、交通设施

1984年，新海区政府对原有公路进行拓宽、改造、接通，新筑重点公路，增修乡村公路；裁弯取直并疏浚河道。2003年前后，区内新建东路、海宁西路、东风路等一批主干道相继竣工通行；实施村村通等级公路工程，城乡通行条件得到全面改善。2005年，境内有城区主干道12条，通车里程30.6千米；农村公路28条，通车里程141千米；内河航道47千米，公路桥梁26座。全区形成以高速公路、国道干线为骨架，区、镇、村道路纵横交错、四通八达的公路交通网。

三、水利设施

1984～1990年，新海区（海州区）完成引蔷入坝以及二涧、双龙等6座小（二）型水库的石护坡、挡浪墙和溢洪道扩大护砌工程。1992年始，先后完成新坝镇东线节水、盐河片农水综合治理、锦屏镇李圩中低产田改造、新海千亩农田水利治理等工程。至2005年底，全区水利工程建设累计完成土石方2800万立方米，新开挖和疏浚县乡河道161条，新建和改建电力排灌站156座、中沟级以上配套建筑物162座，建设防渗渠道58千米，发展节水灌溉面积2500公顷，治理中低产田3670公顷，建成旱涝保收农田6100公顷，整修加固6座小（二）型水库和8座塘坝，工程投入资金6789万元。

第四节 经济发展

1984～1990年，海州区经济实现恢复性增长，但经济结构仍以农村经济为主，工业和商贸服务业相对薄弱。1991～1995年，经济开始转型，商贸服务业达到经济总量的1/3。1996～2000年，工业经济迅速发展，旅游作为产业异军突起，全区经济呈现快速增长势头。2000～2005年，园区工业、物流业、特色农业、旅游业和城市基础设施建设成为经济快速发展的主导，经济结构渐趋合理，一、二、三产业之比达25.6∶33.6∶40.8。2005年地区生产总值11.98亿元，城乡人民生活水平有较大提高。

一、开放型经济

1988年，海州区与香港振云公司合资的第一家境外贸易企业成立，开放型经济开始起步。1991年后，海州区进一步强化对内经济协作和境外交流贸易。1992～2001年引进项目343个，客方到位资金3.49亿元。至2005年底，累计批准外商及港澳台商投资企业150家。2005年，全区合同利用外资及港澳台资1.8亿美元，实际利用外资及港澳台资9496万美元；全区对外贸易与国际经济技术合作日趋活跃，有出口实绩企业25家，是年完成外经营业额1145万美元，在外人数192人。

二、农业

1984年起，海州区农村通过完善家庭联产承包责任制、调整产业结构、发展乡镇工业、扩大经济作物比例、改革农产品流通体制、逐步取消统购派购制度、放开农产品价格、建立社会化服务体系、实施税费改革直至免征农业税等多项举措，减轻农民负担，使大量农村劳动力从土地上解放出来，农村经济实现稳定、持续发展。至1995年底，海州区农村工业总产值、多种经营产值、粮食亩产分别比1986年增长12倍、2.6倍和54.4%，形成农林牧副渔、工商运建服全面发展的格局。进入21世纪，建成洪门千亩优质蔬菜基地、朐山千亩无公害蔬菜基地、新坝玫瑰园鲜切花生产基地、网疃观赏鱼养殖基地等多个基地，农村经济实现以种植业为主向综合经营和区域化、产业化的转变，高效农业逐渐形成规模。2005年，全区农村经济总产值5.82亿元。

图42-6 进入21世纪，海州区高效农业逐渐形成规模。图为海州区沙杭花卉苗木示范区。 侍忘 摄

三、工业

1984年后，海州区优先发展工业，新建一批乡镇企业，同时对工业经营管理体制进行改革，推

广应用新工艺、新技术、新材料，提升工业经济的质量和效益。20世纪90年代，兴建海州经济技术开发区，面向经济发达国家和中国港、澳、台等地区招商，引进资金和先进技术，集中发展现代工业，一批规模企业陆续进驻。2002年以后，将发展高新技术产业作为实现经济增长方式根本转变的突破口，引进和打造一批科技含量高、附加值大的项目，在规模上主要引进投资500万元以上的企业。2005年，工业所有制结构实现集体工业向民营工业为主的转变，园区工业成为全区经济的支柱产业。全区实现工业总产值6.74亿元，基本形成高新技术企业、骨干企业和为大企业配套的乡镇企业等互为补充的较为完整的工业体系。

四、商贸服务业

1984年，海州地区社会商品零售额仅4500万元。此后蔬菜购销首先放开，接着生产资料、粮油购销等相继放开，开始以集市贸易为主。1992年建成海州白虎山批发市场。1996年成立农资连锁供应总站。1999年，区内开设多家零售药店。进入21世纪，商贸服务网络逐步升级，集购物、配送和售后服务于一体的多家商品流通集散中心建成开业。2005年，连云港市主城区最大的农副产品交易中心落户蔷薇河西侧的洪门村；以连锁经营、物流配送、电子商务等为代表的新型流通方式和超市、仓诸式商场、购物中心等新型业态快速发展，商贸服务业实现商品零散销售向商品集散中心发展的转变。全区实现社会消费品零售总额8.19亿元，是1984年的18.2倍。

第五节　社会事业

一、科技

1986年始，中共海州区委、海州区人民政府在实施全区经济和社会事业发展战略中，坚持科技兴区方针，制定科技发展规划和实施方案，通过科技进步推动全区经济和社会事业的发展。1990年起，广泛宣传、坚持和实践科技是第一生产力的指导思想。"三农"工作突出科技兴农，组织送科技下乡，开展百名教授科教兴百村活动，在农民中营造学科技、用科技、科学致富的氛围，科技致富成为提高农村经济质量、推动农村经济发展的重要手段。工业经济坚持科技为主导，打造一支年轻化、专业化、知识化的科技人才队伍，发展高科技产业，提高工业产品的科技含量，扩大高新科技产品市场销售的覆盖面。积极开展科技成果推广应用和知识产权保护工作，广泛与高校、科研院所进行科技交流，引进、研制一批高科技含量的项目和产品。大力开展科学普及工作。全区连续举办17届一年一个主题的"科普宣传周"活动，在城乡居民中深入进行科普宣传教育，开展"科普进万家"和"创科普文明社区"活动。中小学普遍开展青少年科普宣传教育活动，一批青少年科技成果在全国、全省青少年科技活动中获奖。至2005年，一批新品种及先进的育种、栽培和养殖方式等科研成果在全区推广使用，建成一批高新科技企业，认定一批高新科技产品，为全区经济发展提供了强有力的支撑。2005年，全区有科技人员1703人，实施工、农业科技项目226项，有40项获科技成果奖，其中国家级2项、省级7项；被认定的国家级高新技术企业1家、省级高新技术企业5家。

二、教育

重教兴学一直是古城海州的优良传统。1986年后，海州区着眼全区教育可持续发展，改造薄弱学校、调整学校布局、整合教育资源，为高等学校输送大批学子，为地方培育大批实用型人才。2005年，区内有国家级示范性、省四星级高中1所，国家课改示范校5所，省重点职业学校1所，省示范初中1所，省实验小学3所，省实验幼儿园2所，以及省市文明校、模范校、德育和体育先进校多所。全区学年三年幼儿入园率87%，小学入学率、巩固率、毕业率均达100%，高中阶段毛入学率88%。

三、卫生

20世纪80年代以后，海州区加快建设由区医院、乡镇卫生院和村（社区）卫生室组成的三级卫生医疗网络，全区医疗卫生条件有较大改善。1988～2005年，对全区公费医疗管理办法进行改革，推行医疗保险制度，方便病人就诊。全区乡村卫生室实行一体化管理，实施市区新型农村医疗保险，缓解农村居民看病难、看病贵的状况。积极开展疾病预防、职业病防治工作。广泛开展爱国卫生运动，加强全民卫生健康教育，提高民众保护环境、讲究卫生、预防疾病的意识。加强食品卫生和公共场所卫生的监督检查及行政执法。开展计划免疫，儿童计划免疫率100%。全区妇科病普查率达到95%，新生儿筛查率近80%。幼托儿童健康建档和卫生保健合格率都达到90%以上。2003年春，区委、区政府加强领导，积极应对“非典”疫情，全区未发生“非典”疫情。2005年，全区建成二级医院、乡镇卫生院和村、社区卫生室组成的医疗卫生网络以及区、镇、村卫生部门药物三级管理网络。全区具备社会办医资格的诊所17家，个体诊所37家，药店23家，极大地方便了人民群众就医和保健。

四、文化体育

海州区文化遗存深厚，历届区委、区政府一直注重保护工作。1986年始，逐年加大投入，加快文化基础设施建设，开展文化体制改革。1992年，建成文化馆（站）6个，图书馆（室）16家，影剧院和俱乐部11家及书店、歌舞厅、网吧、游戏室等娱乐场所多家；全区21个居委会和43个村全部建立街、村俱乐部、文化室。至2005年底，全区17家文艺团体，每年都围绕中心工作组织开展各类文化体育活动。以海州民俗文化为主要内容的街头演出和广场文化活动长盛不衰。每年一届的“连云港之春”，成为展示民俗及旅游文化的重要品牌；新建“海州五大宫调”展演基地；开辟以古城及众多古文化遗存为景点的文化旅游；开展诗歌和书画创作活动。在丰富居民文化生活、提高文化品位的同时，提升社会的文明程度。蔷薇中学两次被命名为省级体育传统项目校，中大街小学编排的《盛世欢歌》大型团体操获省第四届少儿艺术节金奖。

五、社会保障

1984～1992年，海州地区劳动就业制度及其配套的劳动计划管理体制逐渐由传统的计划就业向市场就业转变。1988年11月，海州区劳动保险处在区直属企业实行离退休费统筹。1992年，开始办理农村居民养老保险事宜。1993年1月始，区内全民、集体企业普遍实行社会养老保险制度改革。1995年，实行社会统筹与个人账户相结合的养老保险制度，促进养老保险机制的形成。1997年，基本养老保险扩大到城镇所有企业及职工。1998年，海州区所有用人单位先后参加基本医疗保险。至2005年底，全区机关、企事业单位和农村社会养老保险，城镇职工、下岗失业人员医疗保险和新型农村合作医疗保险，职工工伤、失业和生育保险，城乡低收入家庭最低生活保障金制度在全区日臻完善，基本实现老有所养、病有所医。

第六节　人民生活

1984年以后，海州区城乡居民收入增长，消费水平逐年提高，衣、食、住、用、行等物质条件都有较大改善。进入21世纪，海州区经济社会保持快速健康发展的良好势头，城乡居民得到了更多实惠。其间，市、区统计部门每年在城乡设点调查、统计，比较全面、客观地反映了海州区城乡居民生活的变化。城镇居民年人均收入1995年比1986年增长419%，年均增长46.5%；城镇居民年人均可支配收入2005年比2000年增长54.9%，年均增长11%；消费性支出占可支配收入的百分比由2000年的87%下降到2005年的70%，手中的余钱明显增多。农村年人均纯收入由1986年的530元，增加到2005年的4209元，年均增加193.63元。2005年，城乡居民人均住房面积分别为31.57平方米、24.5平方米，用于医疗保健、教育和娱乐的开支逐步增多，空调、移动电话等生活耐用品基本普及，生活质量明显提高。

第七节　特色选介

一、特色乡镇——锦屏镇

锦屏镇位于锦屏山南麓。1984年7月，撤锦屏乡成立锦屏镇。1987年，锦屏镇被江苏省政府批准为沿海对外开放重点工业卫星镇。1991年被评为江苏省百家名镇。锦屏镇经济开发较早，依托锦屏磷矿建成一批加工企业，20世纪80年代建成一批沟渠路配套的稻麦轮作高产农田，2003年建成1000公顷无公害优质稻基地和千亩无公害蔬菜基地。

锦屏镇历史悠久。锦屏山周围是中国东南沿海史前文化遗存的富集地区，也是海州悠久历史的缩影。境内有史前遗址多处，如反映史前海州地区先民们耕作、渔猎和祭祀等生活场景的将军崖岩画、二涧星象图岩画、桃花涧等旧石器时代晚期至新石器时代早期遗址。刘志洲山周围作为宋代的古海港，留有多处宋金水军交战的遗存。还有石刻文化园、深山古刹紫竹林、多处古代石刻等人文景观。每年春季，桃花涧景区均举办桃花节或承办全市农民体育运动会，吸引众多游客。

二、特色产品——古安梨

古安梨系海州特产，口感酥脆，汁多味甜，细嫩无渣，已有120多年的栽培历史。古安梨曾为朝廷贡品。1984年后，为挽救和保护该特色果品，海州区科技、农业等部门以古安梨保鲜及商品化基地建设为课题，开展攻关研究。2003年12月，该科技项目通过市级科技成果鉴定。2005年，该项目被评为连云港市科学技术进步奖三等奖。

2005年海州区国民经济发展情况统计表

表42-2

项　目	单　位	实绩	项　目	单　位	实绩
人　口	万人	13.39	外贸出口总额	万美元	1454.00

续表 42-2

项　目	单　位	实绩	项　目	单　位	实绩
土地面积	平方千米	158.90	实际利用外资及港澳台资	万美元	9496.00
其中耕地面积	平方千米	77.96	地方财政收入	亿元	1.72
地区生产总值	亿元	11.98	地方财政支出	亿元	1.18
第一产业增加值	亿元	3.07	社会消费品零售总额	亿元	8.19
第二产业增加值	亿元	4.03	职工年平均工资	元	13183.00
第三产业增加值	亿元	4.88	农民年人均纯收入	元	[illegible]209.00
粮食总产量	万吨	6.00	城乡居民储蓄存款余额	亿元	22.30
全社会固定资产投资总额	亿元	8.28			

第三章　连云区

连云区为连云港市东部城区，位于北纬34°12′33″～35°08′24″、东经119°10′33″～119°21′22″。地处中国沿海中部的黄海之滨，东、北为海州湾海域，西与新浦区、东海县、赣榆县接界，南与灌云县接壤。2005年，全区辖4镇4乡4街道，土地总面积479.42平方千米，养殖用海确权面积160平方千米，人口19.87万人。

第一节　建置区划

一、建置

秦时属薛郡，后属郯郡、朐县。汉属东海郡朐县。三国魏时属东海国朐县。晋属东海郡朐县。南北朝时属东海郡东海县和赣榆县。隋、唐、宋、金时属东海县。元时属朐山县。明、清属海州。

民国元年（1912年）4月，连云地区属灌云县。民国35年，成立连云市。民国37年11月9日连云地区解放后，设立连云市，隶属新海连特区。1949年11月，连云市撤销，改设连云港办事处，隶属新海连市。1952年7月，撤销连云港办事处，成立连云区政府。1958年3月，复称连云港办事处，属新海连市。1961年，新海连市改名为连云港市后仍称连云港办事处。1969年，复称连云区。至2005年未有变化。

二、区划

1984年，连云区辖墟沟镇、连云港镇、连岛乡、高公岛乡、云山乡、宿城乡、陶庵街道，计19个社区，24个村。1989年1月1日，设立前三岛街道。1992年12月21日，改设前三岛乡，辖平山岛、达山岛、车牛山岛3个村。1996年5月，连岛乡撤乡设镇。2000年7月，撤销墟沟镇，设立墟沟街道。2001年11月，原云台区所辖中云街道、朝阳镇、板桥镇、徐圩镇划归连云区，其中中云街道、朝阳镇属连云港经济技术开发区管理。2003年3月，撤销连云港镇，设立连云街道。2005年2月，陶庵街道与连云街道合并组建新的连云街道；是年4月，猴嘴街道从新浦区划归连云区，属连云港经济技术开发区管理。

至2005年底，连云区辖墟沟街道、连云街道、猴嘴街道、中云街道，连岛镇、板桥镇、徐圩镇、朝阳镇，云山乡、宿城乡、高公岛乡、前三岛乡。全区有37个社区、42个行政村。

第二节　自然环境

一、地质地貌

连云区境内全部为单斜地层，从而组成云台山单面山形态。境内地层主要由两大部分组成，即隆起于中心地区的古老的前震旦纪地层和分布于低洼盆地或谷地以及部分坡地上的第四系地层。连云区地貌形状呈马鞍形，中间是南云台山、中云台山、北云台山、北固山、连岛，以山地为主，东南侧与西、西南侧为淤泥质滨海平原。地形分为丘陵低山、山前倾斜平原、洪积或冲积平原、滨海平原和滩涂5种类型，滨海平原面积约250平方千米，山地面积100.79平方千米。

二、海洋岛屿

连云区海域面积辽阔，所辖生产养殖海域从临洪河口开始，经西墅、连岛、高公岛、大板桥至徐圩街道的东山闸，面积约160平方千米。海岸线总长118.41千米，其中大陆海岸线长91.11千米，岛屿海岸线长27.3千米；有基岩海岸、砂质海岸和粉砂淤泥海岸三类。连云区是江苏省岛屿最集中的一个区，有18个岛屿，总面积677.68公顷。

三、山体　溪涧　河流

境内山体主要是云台山系，从东北向西南依序分布鹰游山、北固山、北云台山、中云台山以及南云台山的一部分，共140座山头、52条涧沟。境内有2条区域性河流，分别是烧香河和排淡河。边界河是与灌云县接壤的东辛界河善后河。区内主要河道有运盐河、北排淡河、西墅河、院前排洪河、宿城南河、宿城北河、中心河和善后河等。

图42-7　连云区依山傍海，是江苏省岛屿最多的区。　　俞德春　摄于2005年

四、土壤　植被

连云区土壤类型分为棕壤土、砂礓土和盐土3大类、6个亚类、7个属、15种。连云区属暖温带植被生态系统，同时还具有亚热带特色，植物种类繁多。森林植被类型属暖温带落叶阔叶林，森林蓄积量99153立方米，森林覆被率15.6%，绿化覆盖率53%。森林植被中，草本植物占2/3。

五、自然资源

2005年，连云区土地总面积480.42平方千米，其中耕地998公顷，林业用地6534公顷，林地5607公顷，湿地2.29万公顷。连云区境内有维管束植物164科642属1277种，被子植物136科599属1214种。药用植物资源丰富。

连云区生物种类繁多，是江苏省海洋生物量最为密集的区域。海洋与淡水动物资源、鸟类资源、昆虫和其他节肢动物资源的种类最为丰富，各种鱼类资源达100种以上。森林野生动物包括昆虫类、鸟类、哺乳类、爬行类、两栖类。全区鸟类有19目50科，列入国家保护范围的珍稀鸟类31种。前三岛素有“鸟岛”之称，鸟类达130余种，有国家一、二级保护鸟类近20种。

连云区湿地包括海岸湿地和河流湿地两种类型，其中海岸湿地2.26万公顷，河流湿地318公顷。连云区淡水资源缺乏，全区水库、塘坝总蓄水能力500万立方米左右，满足不了生产、生活的需要，生产生活用水主要从区外调入。

第三节　基础设施

1984年，连云区交通用地450平方千米，下水道总长1.8万米，路灯线路总长1700米；公共建筑共计2000栋，建筑面积122.55万平方米。私人建筑0.9万户，建筑面积187.13万平方米。城市人均建筑面积7平方米，农村人均建筑面积15平方米。

1985年后，全区城市建设速度加快，城市框架迅速拉大。2005年，全区公用建筑面积313万平方米，私人建筑面积增加约130万平方米。城市人均居住面积达31.5平方米、农村人均居住面积达37.2平方米，分别是1984年的4.5倍和2.48倍。等级道路301.3千米，小街巷道路245.9千米，有灯路道总长约193千米。新建改建城区桥梁9座，广场10个，建成雕塑17处。城区绿化总面积264.9万平方米，城市人均绿地9平方米，城区绿化覆盖率40.3%。

第四节　经济发展

连云地区原为几个小村落，乡民以农耕、打渔为生，经济基础薄弱。改革开放后，随着以企业改革、农村经济体制改革、流通体制改革为主要内容的经济体制改革的深入，解放了生产力，连云区经济社会面貌发生巨大变化。1984年，连云区实现工农业总产值5060万元、财政收入979万元。1990年，连云区实现地区生产总值1.08亿元，工农业总产值1.53亿元、财政收入2897万元。2005年，连云区实现地区生产总值22.97亿元、工农业总产值42.52亿元、财政收入4.02亿元。1990～2005年，全区地区生产总值年均递增22.6%；财政总收入翻四番，年均递增19.2%；三次产业比重从1990年时的42.6：37.0：20.4调整为2005年的15.9：36.1：48.0，从农业为主发展到以第三产业为主。

一、开放型经济

1992年，连云港云城塑料制品有限公司成立，成为区内第一家与港商合资的企业。之后，全区招商引资工作进展迅速。“八五”计划期间，全区共批准“三资”企业92家，实际利用外资及港澳台资2953万美元；“九五”计划期间，全区共批准“三资”企业70家，实际利用外资及港澳台资4673万美元；“十五”计划期间，全区共批准“三资”企业124家，实际利用外资及港澳台资9929.05万美元。外商在连云区投资领域广泛。1992～2001年，合资嫁接型比重大，涉及海产品加工、轻工、服装、电子、机械、化工、建筑、食品、医药和公共服务等行业。合资是主要形式，占项目总数的52%。2002年以后，外商投资领域进一步拓宽，基础设施、基础产业、能源设施、高新技术、码头建设等项目明显增多。2005年，在连云区开办“三资”企业的国家和地区有14个。“三资”企业投产开业开工的有17家，内联投产开业开工的企业有252家。

连云区对外贸易从外贸供货型逐步向出口经营型转变。出口总额逐年递增。1990年，全区出口商品交货额400万美元。1995年，出口总额705.65万美元，比1990年增长76.41%。2000年，出口额1180万美元，比1990年增长1.95倍。2005年6006万美元，比1990年增长14倍。“三资”企业出口占全区外贸出口总值的比例逐年上升，从2001年的49%上升到2005年的62%。

1990～2005年，连云区的出国劳务输出，总体呈平稳、缓慢增长之势，并逐步形成以技术型和智能型劳务输出为重点的格局。2005年，连云区外派劳务人员300人，对外劳务合同金额280万美元。

二、海洋经济

连云区濒临黄海，大部分水域是理想的海水养殖场所，海洋与渔业资源丰富。前三岛一带海域盛产海参、鲍鱼、扇贝，是江苏省唯一的海珍品产地。连云区海洋渔业由弱到强，逐渐发展壮大，“九五”计划和“十五”计划期间，全区海洋经济年均增长10%以上。1990年，全区渔业年捕捞量1325万千克，水产养殖逐步兴起，渔业产值3000万元。1990年以后，渔业生产体制进行改革，渔民生产积极性不断高涨。由于渔业生产结构调整，海洋捕捞合理缩减，浅海、滩涂养殖迅速发展起来。养殖业带动育苗、加工业的发展。全区逐渐形成育苗、养殖、加工、销售一条龙的渔业生产格局。1996年，区委提出“海上连云”战略，到2000年全区海水育苗已形成大产业，海水、滩涂养殖达到2800公顷，除紫菜养殖外，

图42-8　连云区濒临黄海，海洋与渔业资源丰富。图为连云区海边风光。　吉志强　摄于2005年

对虾养殖、网箱养鱼、藻类养殖、贝类养殖均向多品种、高附加值的方向发展。全区渔业生产的科技含量不断提高，岛屿周围海域和滩涂得到进一步开发，区域内海洋综合管理得以加强，全区“海上连云”建设初具规模。2005年，全区渔业捕捞量3388万千克，水产养殖规模进一步扩大，水产品总量3387.9万千克，较1990年增长2.73倍，年均递增18.2%。实现渔业产值4.28亿元，较1990年增长13.27倍，年均递增88.76%。海洋渔业成为连云区农业支柱产业。

三、工业

1990年，连云区工业主管部门为区计划经济委员会。全区有工业企业104家，其中区属企业16家，乡镇工业企业88家。全区工业总产值6832万元，其中乡镇工业企业总产值5326万元，占全区工业总产值的77.96%。

1992年开始，全区逐步进行工业企业的体制改革，涉及全区97.6%的工业企业，区级工业管理部门的职能也发生根本性的转变，加之对工业企业的劳动、人事、工资三项制度改革，调动了企业和职工的生产积极性，许多企业焕发新的活力。1995年，全区有乡及以上工业企业127家，总产值3.72亿元，比1990年增长了4.44倍。其中，乡镇工业企业99家，总产值2.76亿元，比1990年增长4.18倍。2001年，全区规模以上工业企业43家，总产值19.79亿元，比1990年增长27.97倍。其中，乡镇工业企业30家，总产值15.61亿元，比1990年增长28.31倍。

2005年，全区工业生产发展速度进一步加快。全区工业总产值29.14亿元，比1990年增长41.65倍；乡镇工业企业实现年总产值22.98亿元，比1990年增长42.15倍。规模工业经济效益增势强劲，企业的盈利能力进一步增强。规模工业企业实现销售收入12.78亿元，利税总额9526万元，全区49家规模工业企业实现盈利。

2005年，连云区主要有非金属矿采选业、农副食品加工业、纺织业、家具制造业、橡胶制造业、塑料制品等19个工业门类。连云港港口集团、连云港碱厂、田湾核电公司等一批科技含量高、经济实力雄厚的国有大中型企业，成为连云区代表性企业。

四、农业

20世纪80年代初，连云区境内农村开始推行家庭联产承包责任制，对农产品购销制度进行改革。至2005年，全区农产品购销制度改革初步完成，并开始免征农业税。

2000年以后，全区加快农业结构调整步伐，发展高效农业。全区在基本稳定小麦、水稻等粮食作物种植面积，努力提高产量的同时，不断扩大无公害的冬枣、牛心柿、茶叶及其他经济作物的种植，2005年，全区高效农业面积达654.3公顷。畜牧业重点发展规模养殖大户。2005年，全区规模养殖的比重生猪饲养达49%，蛋鸡喂养达21%。全区共建设无公害农产品基地4个，面积达330公顷，创建无公害农产品品牌3个；无公害畜禽产地3个，无公害畜禽产品品牌2个。连云区政府重视农业资源的开发利用，充分发挥沿海滩涂的资源优势，初步形成以冬枣、棉花等经济作物为主的滩涂种植业，以紫菜、鱼虾蟹贝类为主的海水养殖育苗业，以北云台山为主题的海滨旅游业，以港口为主体的临港工业四大产业体系。农业社会服务体系逐步建立。

1990～2005年，全区农业保持较快的增长速度，农业总产值从1990年的8321万元（现行价），上升到2005年的7.8亿元，比1990年增长8.37倍。由于农业产业结构不断调整，农林牧副渔业得到综合发展。1990年，全区林牧副渔业总产值已超过种植业总产值，占农业总产值的94.70%。其中，种植业产值占农业总产值的5.30%；林业产值占农业总产值的1.69%；牧业产值占农业总产值的5.23%；渔业产值占农业总产值的87.78%。2005年，全区林牧副渔业总产值占农业总产值的90.68%。其中，种植业产值占农业总产值的9.32%，林业产值占农业总产值的2.10%，牧业产值占农业总产值的4.38%，渔业产值占农业总产值的84.0%，农林牧渔服务业占农业总产值的0.21%。与此同时，种植业内部结构也在不断调整。2005年，粮食种植面积730公顷，经济作物种植面积600公顷，粮食、经济作物种植面积比例为55∶45。

五、商贸服务业

1990年，全区有商业网点944个，从业人员3862人。境内商贸服务业已初步改变长期实行的单一公有制，形成了公有制商业、集体商业、私营商业、个体商业及非区管国营商业并存的多元化商业结构。直接为市场服务网点大量增加，市场活跃、繁荣，方便了城乡居民。是年，全区社会商品零售额2107.97万元，城乡集市贸易成交额1848.79万元。

1990年后，全区流通体制改革逐步展开。2000年后，全区国有、集体商业企业全面实施产权制度改革，股份制、私营个体商业迅速成为全区商业的主力军。2005年，全区有个体私营商业户4754户，从业人员6267人，社会消费品零售额14.39亿元，比1990年增长67.26倍。

1990～2005年，全区商业服务业中，住宿、餐饮业发展迅速，高、中、低各种档次并存，适应社会生活的不同需求。2005年，全区餐饮企业年营业额2272万元，旅馆业年营业额2528万元。随着居民生活水平的不断提高，中介、信息咨询、广告、计算机服务等服务行业兴起，标志着居民社会生活观念的变化和生活质量的进一步提高。

第五节　社会事业

一、科技

1984年9月，连云区科学技术委员会成立。1990年，全区有科技人员2284人，建立专业技术协会6个，驻区科研机构5家。各街、镇、乡均设科技助理或科技负责人。1991年，全区继续实施科技兴区战略，加大科技经费的投入。全区科技队伍中中高级人才不断增多，科技队伍不断壮大。1991～2005年，区实施承担的科技项目包括科技攻关、国际科技合作、星火计划、火炬计划等。全区先后开展一系列科技活动，包括实施一些科技项目、建立科技示范基地、开拓科技市场、进行科技服务及全区性的科普宣传周活动，送科技下乡、进社区，开展青少年科普教育，组织全区科普志愿者活动等。2005年，全区有科技人员1923人，专业技术学（协）会12个，省、市立项26项，区立项12项。“抗风浪沉浮式网箱养殖技术示范推广”等项目获省科技资金43万元。全区气象服务的范围、内容不断扩展，气象服务的方式、手段逐步科技化。

二、教育

1984年，连云区有幼儿园29所90个班，在园幼儿4500人；小学28所，在校学生9250人；初中（含小学附设初中班）4所，在校学生560人；完全中学3所，在校学生4500人。是年，全区教育继续实行“分级办学、分级管理”体制，集资办学，改造薄弱学校，改善办学条件。1992年，全区幼儿教育综合改革全面展开，幼儿教育形成公办、民营、公办民助、企业办学、股份制等多种办学形式。全区教育督导工作得到恢复并逐步开展。1994年，全区中小学实现“一无两有”（校校无危房；班班有教室，学生人人有课桌凳）。1995年3月，通过省“两基”（基本普及九年制义务教育，基本扫除青壮年文盲）验收。2005年，全区有幼儿园32所158个班级，入园幼儿4072人；小学20所，在校学生10725人；中学7所131个班级，在校学生6197人；职业中学1所，在校学生744人。全区共有教职工1430人。

三、卫生

1984年，连云区各乡镇均设有卫生院，驻连云区的较大医疗机构4家、卫生所医务室28家。1990年以后，全区医疗卫生工作改革逐步深入，实行农村合作医疗制度，建立以社区卫生服务中心为主题的城乡一体化社区卫生服务网络。区卫生防疫部门开展卫生状况监督检测，加强对传染病、地方病、职业病的监测和预防。区内天花病已绝迹，白喉、麻疹、流脑、霍乱等疾病得到有效控制。全区实行严格的计划免疫制度，加强食品卫生监督检测工作。区内建立接生站，普及新法接生，进行围产期保健，提倡住院分娩，对7岁以下儿童进行系统管理，普遍进行妇女病查治工作。全区医政管理进一步加强，严格乡镇医院药品进货渠道和药品质量管理，规范医疗废物管理，整顿医疗市场，为城乡居民创造良好的医疗卫生环境。2005年，全区有医疗机构110余家，其中区属医疗机构10家，医务工作者109人。乡医院设床位22张，全年门诊量15万人次。

四、文化体育

1984年，连云文化馆改称连云区文化馆，各乡镇均设文化站。1990年，全区设有文化馆、图书馆、影剧院、新华书店等文化事业基础设施，各乡镇均设有文化站、广播站。1990年后，全区文化工作逐步显示出连云区自身的特点。以区文化馆为龙头，对文化事业单位内部管理机制改革作了尝试，创办文化产业，取得一定的经验。全区文艺创作、群众文艺活动活跃，尤其是少儿艺术活动、学校青少年的艺术教育开展得轰轰烈烈，所涉及的艺术领域广，参与的人数众多，为社会培养了一大批少儿艺术人才。1994年，江苏省人民政府授予连云区“江苏省文化先进区”称号。

1990～2005年，全区文化市场繁荣，管理有序，在严厉打击违法经营的同时，注重引导，开展舞厅评级达标、聘请网吧义务监督员等活动，取得一定成效。书画、歌舞逐渐成为全区群众文化生活的新内容。广场文化活动、节庆演出、各类文化艺术大奖赛、企业文化活动等已成为连云区群众文化活动的重要组成部分。2005年6月，第九届“连云港之夏”开幕式在连岛海滨浴场举行，活动主题为“欢乐港城、浪漫海滨”，吸引8万余人现场观看。是年8月，在连岛大沙湾游乐园举行第二届“江苏渔民文化节”，彰显海文化的特色。2005年，全区有文化馆1家、公共图书馆1家、文化活动中心11家，有可供开展大型文化活动的广场15个。

连云区注重围绕山、海资源开展体育活动。游泳、海上垂钓、登山、渔民海边竞技等都是广大市民喜爱的运动项目，参与者众多。全区学校体育开展扎实有效，一些学校逐渐形成自身的传统体育项目。

五、社会保障

1988年10月，全区城镇企业养老保险工作开始实施。1992年开始实施农村社会养老保险制度。1993年，失业保险工作启动。1995年7月，将机关事业单位人员纳入养老保险范围。1997年，开始实施工伤及生育保险。2000年9月，开始实行医疗保险制度。至2005年，全区参加各项保险的人数达6.92万人次，各项保险资金累计结余4453.67万元。其中，养老保险1.16万人，城市、农村医疗保险4.09万人，工伤保险4211人，生育保险4366人，失业保险8012人。

第六节　人民生活

20世纪80年代，连云区婚姻登记率和合格率均在99.9%以上。20世纪90年代后期，离婚人数开始上升，而中老年丧偶或离异后的再婚者也明显增多。全区独生子女户增多，家庭小型化趋势明显。至2005年，全区晚婚率76.05%，比1990年的69.81%提高6.24个百分点。人口出生率6.81‰，全区居民家庭中独生子女户约占总户数的64.48%。

全区老龄人口呈逐渐增加趋势。1990年，全区老龄人口8421人，占总人口的8.34%。2005年，全区老龄人口21038人，占全区总人口的10.59%，老龄工作越来越引起全社会的关注。

1990～2005年，全区在岗职工平均工资年均增长16.08%，农民年人均纯收入增长13.35%。2005年，全区居民总户数达6.76万户；城镇居民人均可支配收入14403元，农民人均纯收入6540元，比1990年分别增长8.37倍、5.55倍；居民医疗保健、交通通信、文化教育、娱乐、服务等消费支出达31.36%。居民消费结构发生很大变化，居民生活的恩格尔系数由1990年的56%降至38.55%。

第七节　特色选介

一、特色街道——连云老街

连云老街是连云港市最东端的城区街道。1948～1985年，连云市、连云港办事处、连云区政府均驻于此。连云老街依山傍海，房屋多凭山势而建，路面由石板铺成，形成“家家开门迎海，户户推窗见山”的海滨山城特色，并保留有许多20世纪30年代的建筑，保存较好的有连云港火车站、上海大旅社、果城里等30余处。连云老街是连云港港的发源地，也是新亚欧大陆桥和310国道的东端起始点。

二、特色产品——紫菜

连云区紫菜生产历史悠久。早在宋代、明代有关志书中就有野生紫菜的记载。1964年，连云港海峰养殖场人工养殖紫菜试验成功，后在连岛、高公岛推广养殖。1989年，开始进口日本整套加工设备生产成品紫菜。1992年，连云区紫菜养殖面积247公顷，1994年增加至900公顷。1995年，年加工成品紫菜1.98亿张。2005年，全区紫菜养殖面积1713公顷，产量1928万千克；有紫菜一次加工机78台、二次加工机11台，年加工成品紫菜4.2亿张。紫菜加工品种有原味紫菜、烤紫菜、调味紫菜，包装形式有袋装、盒装、瓶装等多种形式，创建有“埒子口”“傲来国”“金派尔”“熊猫”等紫菜品牌，形成有地方特色的紫菜系列产品。

2005年连云区国民经济发展情况统计表

表42-3

项　目	单　位	实　绩	项　目	单　位	实　绩
人口	万人	19.87	全社会固定资产投资总额	亿元	15.76

续表 42-3

项 目	单 位	实 绩	项 目	单 位	实 绩
土地面积	平方千米	480.42	外贸出口总额	万美元	5006.00
地区生产总值	亿元	22.97	实际利用外资及港澳台资	万美元	3182.00
第一产业增加值	亿元	3.65	地方财政收入	亿元	4.02
第二产业增加值	亿元	8.30	地方财政支出	亿元	1.85
第三产业增加值	亿元	11.02	在岗职工年平均工资	元	14403.00
人均地区生产总值	元	11560	农民年人均纯收入	元	6540.00
粮食总产量	万吨	0.37			

第四章 赣榆县

赣榆县位于江苏省东北部,北纬34°40′39″~35°08′39″、东经118°45′39″~119°18′00″。东临黄海,西接沂蒙山南麓,西、北与山东省临沭县、莒南县、岚山区交界,南与连云港市新浦区和东海县相邻。海岸线长62.5千米,与日本、朝鲜、韩国隔海相望,是全国首批沿海开放县。境内有山、有海、有平原,“享山川之饶,受渔盐之利”。2005年,全县土地总面积1427.27平方千米,总人口107.69万人。

第一节 建置区划

一、建置

赣榆县历史悠久,虞夏时地属东夷;殷商时地属人(夷)方;西周时为莒国、祝其国境域;战国时期,先后归属齐国、越国、吴国、楚国等。秦时置赣榆县,隶属琅琊郡。西汉时,赣榆县境内形成赣榆、祝其、利城三县,分属琅琊郡、东海郡。汉平帝元始元年(公元元年),汉平帝刘衎封大司徒马宫为扶德侯,置国于赣榆,赣榆县移治郁洲(今连云港市北云台山)。东汉建安三年(198年),曹操废赣榆县,以地归利城郡。晋武帝太康元年(280年),复置赣榆县,移治艾不城,不久移治郁洲,仍隶于东海郡。南北朝时,赣榆兴废多变。南北朝梁中大通二年(530年),梁置怀仁县,隶南北二青州。梁太清三年(549年),东魏分置郡县,置义塘郡治义唐县,领义唐、归义、怀仁三县;置东海郡治赣榆(郁洲),后移治临海镇,领赣榆、安流、广饶、下密四县;置武陵郡治上鲜(今沙河镇城子村),领上鲜县、洛要县。隋废武陵、义塘二郡及上鲜、洛要、义塘、归义四县,以怀仁县隶于海州。赣榆在隋、唐、宋时均称怀仁县,隶于海州。金世宗大定七年(1167年),金改怀仁县为赣榆县,经元、明、清、中华民国,均称赣榆县。民国元年(1912年)废海州直隶州,赣榆县属江苏省。民国23年属东海专署。民国28年侵华日军置赣榆县伪政府,隶伪淮海特别区(后改为淮海省)。民国29年11月30日,赣榆县抗日民主政府成立,隶山东省滨海专署。次年1月,国民

图42-9　赣榆县历史悠久，是全国首批沿海开放县。图为2005年黄海路夜景。　侍志　摄

党赣榆县政府流亡外地，不久解体，民国33年12月在新浦重新成立。民国34年1月，中共滨海区党委、滨海专署决定划赣榆、莒南、日照3县边沿地区成立芦山县。是年8月，日本投降，伪县政府解体，赣榆县抗日民主政府进驻青口镇，自此作为县治，芦山县撤销，属区归还原建制。是年11月26日，赣榆县改名竹庭县。民国36年2月，国民党赣榆县政府移驻墩尚镇，次年6月14日流亡新浦，11月7日解体。1950年10月，竹庭县复名为赣榆县，隶于山东省临沂专署。1953年1月，赣榆县由山东省划归江苏省，隶于徐州专署。1983年3月，江苏省实行市管县体制，赣榆县划归连云港市。至2005年未有变化。

二、区划

1984年，赣榆县辖青口镇和海头、赣马等25个乡。1985年7月，赣马乡、海头乡、城头乡、沙河乡、欢墩乡撤乡建镇。1990年10月，墩尚乡、石桥乡、黑林乡撤乡建镇，金山乡改名为徐福镇。1995年12月，大岭乡、厉庄乡撤乡建镇。1998年10月，徐福镇更名为金山镇。1999年8月，柘汪乡撤乡建镇；是年12月，罗阳乡、宋庄乡撤乡建镇。2000～2001年，城东、官河、吴山、城南、大岭、殷庄、夹山、徐山、马站、九里、龙河11个乡镇被合并。2001年，班庄乡、土城乡、龙河乡、门河乡撤乡建镇，朱堵乡改设城西镇。至2005年底，赣榆县辖青口、柘汪、石桥、金山、黑林、厉庄、海头、塔山、赣马、班庄、城头、门河、城西、欢墩、宋庄、沙河、墩尚、罗阳18个镇，共33个居委会、424个村委会、2628个村民小组。县政府驻青口镇。

第二节　自然环境

赣榆县地处中国一级大地构造单元秦岭褶皱系武当—大别隆起的东延部分苏胶隆起带上。全县有山头37座、岭岗61座、河流18条。境内地形西、北部高，东南部低，由西向东依次为低山、丘陵、平原、滩涂。山区海拔高程平均在50米以上，以大吴山为最，海拔364.69米。丘陵区海拔高程在20～30米，平原地区海拔高程2.5～20米。境内有大小河流18条，其中跨境排洪河4条、运河1条、排涝河13条。河流多自西北向东南流入海州湾。海岸总走向北高南低，其地貌特征以兴庄河口为界，南为粉砂淤泥质海岸，北为砂质海岸，海岸线总长62.5千米，其中砂质海岸长30.7千米，为江苏省县域最长的砂质海岸。沿海滩涂面积1.53万公顷，浅海域7.2万公顷，近海渔场7000平方千米。近海有秦山岛，距县城直线距离15.3千米，高程57米，面积0.14平方千米。

赣榆县土壤有棕壤、砂礓黑土、潮土、盐土4个土类9个亚类，16个土属33个土种。植被属温带落叶阔叶林区南端，以人工植被为主，自然落叶阔叶林、常绿针叶林为辅，植物有169科657属1062种，动物有16纲，以水生动物与家畜禽为主。矿产以非金属矿产为主，花岗石、大理石、蛇纹石、黄砂、矿泉水、卤水储量丰富。境内优势非金属矿产主要有总储量达4.84亿立方米的大理石，总储量156.82亿立方米的花岗石，总储量23.25亿立方米的黄砂，总储量14.09亿吨的蛇纹石，总储量5.58亿吨的硅石，总储量达2.03亿吨的瓷石、陶土。

赣榆县属暖温带海洋性季风气候。境内全年多风，以偏东风为主。光照充足，年平均气温13.2℃，无霜期214天，全年平均日照2532.9小时，年均降雨量976.4毫米。冬季盛行来自高纬度大陆内部偏北风，气候寒冷干燥；夏季盛行来自低纬度太平洋的偏南风，气候炎热多雨，形成寒暑变化显著、四季分明的气候特征。

第三节　基础设施

一、城区建设

1984年，赣榆县城区主要干道为“三横三纵”，路面狭窄，以砂石土路为主；店铺、民居多为平房，水电设施不全，城区框架小。1985～1990年，重建青口漫水桥，修建河南转盘路、塔山水库至青口镇21千米输水管线和排水沟349千米，建成青口大桥复桥、环城西路大桥，并对城区一些道路进行拓宽改造和安装路灯。1991～1995年，兴建河滨广场，城南水厂建成投产，延伸5条供水专线。1996年，扩建改造道路2.73千米，修建排水沟3.65千米。1998年，拓宽改造2条路，新增绿化5.7万平方米，新增绿化达标单位18个，铺设路牙石1.3千米。1999年，新装路灯60盏、红绿灯4处，新增绿化面积5万平方米。2000年，改造道路2.25万平方米，铺装彩色人行道1.6万平方米，新铺供水管道15.5千米，建设河滨广场一期工程，绿化2.5万平方米，新装路灯623盏。2001～2003年，铺设沥青、混凝土路面达20千米；改制成立连云港市青源水务有限公司，铺设、改造供水管道75千米，铺设排水管道14.35千米；完工环城东路跨青口河大桥主体工程；改造广场5个，建大型喷泉雕塑2座、公厕2座。2004年，建设道路15.9千米，整治小街巷11条共4800米、2.3万平方米，铺设排水管道5.8千米、污水管道4.2千米，县城40多千米主干道和其他次干道及背街小巷全部安装新型路灯。2005年，投资4.5亿元的高速公路赣榆出入口处的景观大道、金三角迎宾大道、黄海路东西拓长等重点建设项目竣工；时代广场三期、深港步行街、维多利亚商业城工程竣工；污水处理厂建成投入运行，管道天然气开始供气；城区有公园广场2处，建成区绿地率7.5%、绿化覆盖率9.9%；完成区域供水主管道铺设，实施6个区域排水工程；城区各类路灯7300余盏，老城区主干道亮灯率保持在95%以上，节日期间亮灯率98%，路灯设施完好率保持在90%以上。

二、镇村建设

20世纪80年代，全县农村砖瓦结构房屋较少，草危房普遍。1995年，农村实施草危房改造工程，户均新建房屋面积1.24平方米，其中砖木结构房屋面积1.12平方米、钢筋混凝土结构房屋面积0.12平方米；户均住房面积71.78平方米，其中砖木结构房屋面积64.08平方米、钢筋混凝土结构房屋面积7.16平方米，草房基本被淘汰。1996年，全县农村建房实行统一规划，县政府出台《赣榆县乡镇规划建设管理规定》，批准成立青口等9个乡镇建设管理所，执行“一书两证”制度（发放城镇房屋所有权证、选址意见书和建设工程规划许可证）。1999年，小城镇建成区面积达32平方公里，村镇道路硬化率达90%，小城镇建自来水厂20座，全县村镇电话实现程控化，村镇居住条件普遍提高，楼房化率达10%。2000年指导农村开展创建"康居示范村""新型示范小城镇"活动，编制完成12个镇总体规划和141个村庄规划，完成镇区及52个行政村、82个自然村的村庄建设规划，建起镇区规划沙盘、各村现状图、规划图和规划说明书。至2005年，农民人均住房面积22.9平方米，其中楼房面积4.3平方米、砖瓦平房面积18.4平方米、其他类型面积0.2平方米。18个镇建成区总面积167.9平方千米，自来水普及率96.5%，有线电视入户率90%，固定电话入户率85%，燃气普及率80%，绿化覆盖率35%，生活垃圾处理率85.2%，公共厕所50座；镇驻地有文化站，内设图书馆、乒乓球室、象棋室等活动场馆，条件较好的还拥有影剧院。

三、交通

1984年，赣榆县境内公路仅24条，计380千米；公路桥梁124座，总长度5157米；沿海港口3个（三洋港、海头港、九里港），其中海头港年吞吐量35万吨、三洋港年吞吐量14万吨、九里港年吞吐量2万吨左右；客运每日始发班次65次，过路班次58次；完成客运量156万人，周转量 384.3万人千米。1991～1995年，全县共计完成投资2.82亿元，改建204、310、327国道，完成53.5千米县乡道路黑色化改造，新建、改建县乡村砂石道路600千米；投资15万元，完成朱北段330米的航道疏浚及桥闸改建工程；投资21万元，完成朱篷口、韩口、绣针河口3座示位标的改建；投资120万元，建成长58米、可停靠500吨级船舶、货场2500平方米的朱篷口码头，结束赣榆县没有海港码头的历史；投资100多万元，实施青口码头扩建和货场、吊机等设施配套工程。

1996～2000年，赣榆县投资5亿元，开工建设汾灌高速公路，提高204、310、327国道及220省道等一大批干线公路通行标准，同时进行县乡道路灰黑化和乡村道路砂石化建设，完成高速公路路基桥涵工程、50多千米网化改造工程、230千米县乡道路灰黑化、264千米乡村道路砂石化，实现县乡道路灰黑化、乡村道路砂石化目标；先后完成石羊河口、响石河口、三洋港3座航标改建，清障河床117.5千米，完成殷庄、柘汪码头建设和朱篷口码头疏浚工程。全县拥有公路里程1334.7千米，其中国道124.7千米、县乡道路387千米、乡村道路823千米；按照路面类型分类，水泥路面137.5千米、沥青路面161.8千米、砂石路面1035.4千米；公路密度为95.2千米/100平方千米。基本形成以汾灌高速公路和国道省道为主骨架，县乡村道路为补充，内河航道、海上通道互通衔接的现代化交通网。全县各类客货营运车辆达到3843辆，其中客车293辆、总座位4672座，货车1250辆、总吨位8750吨，农用货车2300辆。

2002年7月，海头港建设工程开工，工程计划投资1.02亿元，建成后可容纳2000艘船舶停靠，载重1500吨的船只可自由出入，为赣榆第一大港。"十五"期间交通建设完成投资超过前50年投资总和，新增水泥路及沥青路757千米，其中汾灌高速公路53.6千米，204、310、327国道及242省道129.5千米，县镇公路434.3千米；镇村公路1152千米。2005年，全县交通运输业完成增加值4.22亿元，公路通车里程1769千米，内河航道里程118千米；全县客运车辆278辆；完成全社会货运量773万吨，货运周转量8.46亿吨千米；客运量627万人次，客运周转量4.84亿人次千米。

四、电力

1984年，赣榆县全社会用电量为1.26亿千瓦时。20世纪90年代，赣榆县先后对10千伏两线一地式线路进行三线改造，投资建设220千伏申城变电所、金山镇110千伏变电所、35千伏吴山变电所、赣马镇官河35千伏变电所。进入21世纪，投资1026.54万元在城区北郊建设一座110千伏变电所，投资1.84亿元对全县的10千伏农网和城网进行改造；投资5000万元的220千伏申城输变电扩建工程投入运行，结束赣榆县电网单电源供电的历史。至2005年，赣榆县有220千伏变压器1座2台，110千伏变压器4座8台，35千伏变压器10座18台，35千伏变压器用户14户27台，10千伏变压器3404台；全县用电量5.48亿千瓦时，其中工业用电量3.27亿千瓦时，城镇居民生活用电2830万千瓦时，农村居民生活用电8814万千瓦时。

第四节　经济发展

1984年，赣榆县实现工农业总产值7.11亿元，其中工业总产值1.91亿元、农业总产值5.2亿元；财政总收入2891万元，固定资产投资总额1792万元。2005年，全年完成地区生产总值74.8亿元，其中第一产业增加值23.02亿元、第二产业增加值26.98亿元、第三产业增加值24.8亿元；三次产业结构调整为30.8：36.1：33.1；人均地区生产总值6946元，财政总收入4.88亿元，其中一般预算收入2.61亿元。

一、工业

1984年，赣榆县261家工业企业实现工业总产值2.8亿元。1990年，国有企业进入平稳发展阶段，全县完成工业总产值8.91亿元、利润979.8万元、税金959.5万元、销售收入2.14亿元。1992年，全县工业完成总产值12.28亿元，县、乡独立核算工业实现销售收入5.45亿元，实现利润1805万元，供电量2.45亿千瓦时。1993年，全县工业系统加快企业经营机制转换和结构调整步伐，全年完成工业增加值5.14亿元，工业总产值22.75亿元。

1994～1998年，由于宏观经济环境和市场需求发生变化，县属工业增本减利因素增多，部分企业由暗亏转为明亏。县委、县政府出台30个配套政策文件，对705家企业实行股份合作、拍卖、兼并、租赁等多种形式的改革，重点扶持东蓬、宝发集团和化肥厂、磷肥厂、酒厂、肉联厂、粮食加工厂等效益向好的企业，组建三兴建工等5家企业集团，优化生产要素。全县加快企业技术改造进度，县印刷厂新上四色胶印机，县磷肥厂的硫酸钾型高效复合肥、盐化厂酪氨酸、农机厂9FQ40－20系列粉碎机等产品被评为连云港市名牌产品。

1999～2000年，由于生产环节造假严重，市场经营打假不力，正宗产品、名牌产品受到很大冲击，赣榆县国有企业竞争力明显减弱，县矿产公司、瓷厂、矿业公司、植物油厂、新潮家具厂、轻工机械厂等长期资不抵债的企业依法破产。2001年后，赣榆县强力推进企业产权制度改革，加大资产重组力度，至2003年底，全县国有企业改制面达100%，44家县属工业企业中破产退出18家、破产重组15家、资产转让6家、股份制改造5家，置换职工身份1.4万人；36家乡镇工业企业全部实行民营化，资产负债率由改制前的263%下降到20%。国有企业通过公开拍卖、协议转让、退二进三、分流重组，实现骨干大企业由国有性质过渡为民营经济的历史性转变。

2005年，县委提出以“三百项目会战”（百亿企业、百亿产业、百亿园区）为主题的工业发展思路，协鑫热电、雷华材料、舜天工贸、易达酒业、东成酒业、中大海藻等一批重点重大项目相继建成投产。全县规模以上工业企业121家，工业总产值31.31亿元，工业增加值7.16亿元；规模以上工业企业实现产品销售收入30.25亿元，利税2.01亿元，工业产品销售率99.7%。全年纳税过百万元工业企业15家，纳税过千万元工业企业3家。创省级品牌4个、市级品牌16个。

二、农业

1984年，赣榆县粮食总产量56.45万吨、油料总产量5万吨、生猪饲养量78.5万多头。1985年，全县因地制宜调整种植业结构，大力发展蔬菜、芦笋、番茄、草莓、西瓜、花生、烟草、山楂、茶叶等作物；传统粮油作物基本实现规模化、规范化生产，推广水稻、花生、小麦免耕播种模式，套种麦花生6667公顷，实现水稻单产584千克。1986～1990年，建立良种繁育体系，改革种植方式，推广花生春改技术，扩大水稻种植面积，至1990年底，全县80%的乡镇主要农作物基本做到统一供种，3340公顷春花生冬闲田扩种小麦，全县播种小麦4.67万公顷。1995年，全县加大农产品结构调整，狠抓“菜篮子工程”，种植蔬菜0.8万公顷，总产量40吨，年产值1.5亿元。全县有塑料大棚2万个，日光温室2500栋，出口加工蔬菜面积0.2万公顷。

2000年，围绕“农业增效、农民增收、农村稳定”目标，进一步压缩粮食作物面积，扩大经济作物面积，全县夏粮面积3.43万公顷，花生面积1.72万公顷，蔬菜面积1.2万公顷，间套种植面积0.71万公顷。2003年突出产业带建设，建设1.33万公顷优质专用小麦生产基地和江苏2.4万公顷无公害水稻生产基地；生猪三元杂交率70%，生猪饲养量70万头；建设波尔山羊胚胎移植中心，建立波尔山羊生产示范基地；蓝狐、水貂等毛皮动物饲养量50万头；蛋用鹌鹑饲养量3500万羽；种植出口创汇蔬菜6667公顷。

2005年，全县粮食种植面积7.03万公顷，总产量35.82万吨，小麦、水稻良种覆盖率90%；油料作物种植面积1.4万公顷，总产量5.38万吨；蔬菜种植面积0.78万公顷，总产量22.72万吨；水果总产量3.3万吨。全县建设无公害农产品基地5.47万公顷，被评为全国无公害农产品出口示范基地县达标单位。厉庄谢湖有机茶果观光基地、门河药用植物观光园成为全国农业旅游示范点。

三、商贸服务业

1984年，赣榆县个体、私营商业发展迅速，初步形成多种经济成分、多条流通渠道、多样经营方式的开放型商业流通格局。全县全民所有制商业机构146家，集体所有制商业机构1102家，个体有证商业5188户。1986～1989年，赣榆县商业企业市场化进程逐渐加快，国有、集体商业优化组合，推行经营承包责任制，调整经营结构，拓宽经营范围，加快商贸服务业的发展。

1990年后，赣榆县国有商业推行国有民营改革，组建股份制经营体制，私营商业迅速崛起。赣榆县百货公司在全市率先实行所有权与经营权分离，创立国有民营改革创新模式。赣榆县这一商业改革举措被全省许多商业企业效仿。其后，赣榆县商业企业在不断巩固完善切块承包、分灶吃饭、“国有民营”改革形式的同时，进一步开展企业内部机制改革，推动商业经济发展。1990年，全县全民所有制商业企业289家，集体所有制商业企业1396家，合营商业企业2家，个体有证商业6707户。1995年，赣榆县商业市场建设取得新进展，流通规模继续扩大，消费品市场繁荣活跃、购销两旺。全年新建市场6个，创办水产品直销市场1个，城乡集市贸易成交额7.6亿元。全县社会消费品零售总额10.74亿元，其中贸易业零售额5.7亿元、餐饮业零售额0.98亿元、制造业零售额2.5亿元、其他零售额1.56亿元。1999年，全社会消费品零售总额14.81亿元，市场成交额26.2亿元，各类流通市场80个。地方自营出口创汇总额2000万美元，其中“三资”企业出口创汇1900万美元。

2000年后，赣榆县商业流通领域全面推行企业产权制度改革，实行资产重组，流通渠道进一步通畅，商品销售稳中趋活。青口建材装饰城、农贸批发市场、华联超市、苏果超市、上海农工商超市、时代广场、万隆步行街、亿家园家居超市、华中商贸城等一大批商贸市场、超市投入运营。

2001年，通过举办一系列促销活动、发展现代营销方式和新型流通业等措施，促进了消费市场稳步回升。全年实现社会消费品零售额16.96亿元，其中批发零售贸易业零售额12.4亿元、餐饮业2.09亿元、其他行业2.47亿元。全县商品交易市场成交额34.74亿元。个体工商户1.28万户，私营企业0.17万户，私营个体经济实现商品销售收入60.3亿元。全年地方自营出口总额943.4万美元，外经营业额1038万美元。2002年，全年实现社会消费品零售总额18.26亿元，其中批发零售贸易业零售额13.2亿元、餐饮业零售额2.47亿元、其他行业零售额2.59亿元。全县商品交易市场成交额36亿元。个体工商户9284户，私营企业919家。私营个体经济实现商品销售收入75.6亿元。全年进出口总额1000.34万美元，其中地方自营出口总额783万美元，实现进口总额的零突破。外经营业额达1227万美元。2005年，消费市场日趋兴旺，消费结构逐步升级。全县实现社会消费品零售总额34.88亿元，其中批发零售业零售额31.57亿元、餐饮业零售额3.19亿元；县城消费品零售额19.55亿元，农村消费品零售额15.33亿元。限额以上批发零售业实现商品零售额1.92亿元。全县共有商品交易市场67个，商品交易市场成交额51.62亿元，个体工商户达14486户，私营企业1935户。全年进出口总额2406万美元，其中出口总额2086万美元；外经营业额3329万美元。新批外资项目71个，协议注册外资及港澳台资1.6亿美元，实际到账3530万美元。

四、海洋经济

赣榆县有滩涂面积1.53万公顷、10米等深线以内浅海域面积7.2万公顷、近海渔场7000平方千米，海岸类型丰富，滩涂生物种类多，近海水域水质较好。1984年，实现渔业生产总值1800多万元，水产品总量达1.7万吨。1985年后，实行渔业许可证制度，控制近海捕捞强度，鼓励到外海和远洋捕捞。1989年，全县水产品产量3.34万吨，其中海洋捕捞产量占总产量的73%、海水养殖产量占27%，实现水产品总产值1.66亿元。全县海水养殖面积3272公顷，有海洋捕捞机动渔船2011艘，共5万马力，渔业冷库30座，冷藏能力4900吨，加工水产品1.36万吨，全县基本形成养殖、捕捞、加工、贸易配套成龙的海洋水产业生产体系，成为大农业中的一项支柱产业。这一时期，赣榆县海洋经济仍然以海洋渔业为主，特别是东方对虾养殖业的发展，带动了育苗、饵料生产、冷藏加工等相关产业链的同步发展，被评为全国养虾先进县。

1993年起，由于对虾病毒蔓延，对虾养殖业经济效益大幅下滑，全县对虾养殖产量由1990年的3149吨下降到1993年的250吨。此后，经对虾养殖户和科技人员合力攻坚，引进南美白对虾试养获得成功并在全县推广，对虾养殖业重新焕发生机。1996年，河蟹育苗产业发展迅速。1998年，紫菜养殖达2000多公顷，出口创汇近千万美元。2000年以后，按照江苏省建设“海上苏东”战略部署，全县海洋开发层次与力度不断升级。海洋捕捞业发展平稳，海洋机动渔船达到2400多艘，总吨位3.8万吨。海水养殖逐步向工厂化、集约化方向发展，虾、鱼、蟹、贝、藻混养和立体养殖广泛实施，海水养殖面积1.72万公顷，其中海珍品的工厂化养殖成为渔业生产的新亮点，大菱鲆、河豚、三文鱼等海珍品工厂化高效养殖面积达30万平方米，成为全省最大的工厂化养殖基地。

2003年，海洋工业兴起。全县规模以上海洋工业企业有9家，实现产值1.85亿元、销售收入1.78亿元。其中，中大海藻工业有限公司以海带为原料，加工生产海藻酸钠、甘露醇、精碘等产品，生产、销售能力跃居全国同行业前列。以海头镇为中心的绳网加工市场覆盖沿海5个省（市）。全县海水育苗场发展到200多家，育苗水体27.6万立方米，成为全国最主要的河蟹育苗产地之一。是年1月，经省政府批准的全省首家省级赣榆海洋经济开发区成立。

2004年，结合全省首个人工鱼礁设施建设，赣榆县大力发展以秦山岛为点、以人工鱼礁区为片、以沿海设施渔业和海州湾旅游度假区为线，集旅游、观光、度假和休闲垂钓为一体的综合性滨海旅游业，加快建设海州湾旅游度假区二期工程和秦山岛、罗阳休闲垂钓中心以及九里海堤达标纪念塔等沿海旅游景点，滨海旅游收入达到1.2亿元；新建成国家一级渔港——青口港以及海头朱蓬口、石桥韩口港等港口。2005年，全县实现海洋经济增加值17.77亿元，占连云港市海洋经济增加值的27%，位居全市各县之首，占全县地区生产总值的比重为23.76%。其中，海洋渔业增加值11.37亿元，占海洋经济增加值的63.98%，是全县农民增收、农业增效的主要产业。

第五节　社会事业

一、科技

1984年，赣榆县农业科学技术推广中心、赣榆县蚕果技术指导站、赣榆县畜禽改良站，各公社和塔山水库管理处等恢复设置科学技术协会，初步形成全县科学技术网络。1990年，全县有各类专业科技人员14536人。1995年，有3名专家享受国务院特殊津贴。共组织实施科技开发项目52项，完成技术开发、技术推广项目26项，有7项科技成果获省、市科技进步奖。2000年组织实施各类科技计划项目75项，其中新上星火计划项目国家级4项、省级3项。科技总投入1.07亿元，科技贷款3100万元，科技拨款67万元。2003年，全县共组织实施各级各类科技计划项目64项，新认定省级民营科技企业19家，组织申报专利27件，授权专利18件，获市科技进步奖3项；组织实施星火计划项目13项，获得省财政贷款贴息38万元。2004年，全县25家企业与中国海洋大学、中国科学院海洋研究所、上海水产大学、江苏省海洋研究所、江南大学、南京农业大学等20多所高校和科研院所建立长期科技合作关系，签订科技合作协议39项，引进新技术、新品种、新成果31项，全县共申报专利23项，获专利授权8项。2005年，全县共组织实施各级各类科技计划项目64项，其中新批市以上科技计划项目24项，科技总投入2.3亿元，争取无偿科技拨款1628.5万元；建立新的科技合作关系12家，引进新技术、新品种、新成果21项；认定省高新技术企业1家、市高新技术企业2家，实现赣榆县高新技术企业"零"的突破。

二、教育

1984年，赣榆县有小学606所、初中66所、高中10所。全县普及小学5年教育，初中和高中学制完成从2年到3年的过渡。1985～1989年，赣榆县实行分级办学、统一管理，建立县职业技术学校、赣榆县电视大学。全县各乡镇分期分批建立成人中心校，金山成人教育中心校受到农业部表彰，金山乡获国家教委"实施燎原计划示范乡"称号。20世纪90年代，实施初等义务教育普及工程，筹建赣榆县聋哑学校、赣榆县农业职业中学，创建省重点中学3所、市重点中学2所、省实验小学2所，赣榆县被确定为江苏省农村教育综合改革试验县，被评为全国特殊教育先进县、全国扫盲工作先进县、省幼儿教育先进县、省农村教育综合改革先进县、全国"两基"工作先进县、省学校卫生工作先进县、省校园经济达标工作先进县和省普及实验室先进县、省规范中小学收费达标县。2000年，赣榆县中学初中和高中部分离，成立赣榆县实验中学并创建为省现代化示范初中；成立江苏省赣榆高级中学并迁入新校区。2001年，赣榆县被评为省教育促小康工程先进县。2002年，全县第一所义务教育民办校赣榆县外国语学校挂牌，赣榆高级中学被批准为国家级示范高中，赣榆县在苏北率先开通教育城域网。2003年，全县所有中心中学、中心小学接入城域网，实现高速宽带"校校通"及优质教育资源共享。2004年，全县中小学"六有"工程和"校校通"工程通过省验收。

2005年，赣榆县有各类学校155所，其中全日制民办学校8所；在校学生21.25万人，其中高中生2.47万人、初中生7.67万人、职业中学生0.91万人、小学生10.2万人；教职工1.13万人，其中专职教师1.01万人。全县有8941人参加全国高考，录取率70.9%，本科上线数3446人，占录取总数的54.4%，连续7年蝉联全市第一，各项指标综合评估位居全省第二名，8名考生分别被清华大学和北京大学录取。

三、卫生

1984～2000年，赣榆县不断加大医疗卫生基础设施建设力度，不断完善县、乡、村三级医疗卫生服务体系。县卫生系统全面实行院长负责制，成立初级卫生保健协调委员会、赣榆县人民法院卫生防疫巡回法庭，在全省率先实行婚姻登记医学体检和妇幼保健、保偿等一条龙服务。实施以全程优质服务、全面质量管理、全员竞争上岗为主要内容的“三全”工程，建立起符合卫生工作特点的竞争上岗、双向选择、多劳多得、优劳优得和评聘分离的人事分配机制；初级卫生保健通过省级评审，被卫生部列为结核病控制项目县，通过卫生部“基本消灭麻风病县”验收，被省确定为苏北唯一一个慢性病防治试点县，县卫生防疫站被卫生部评为县级一等卫生防疫站。2000年后，在全县18家镇驻地卫生院进行合作经营制改革，在非镇驻地卫生院进行以国有资产退出为主要特征的产权制度改革；积极发展城区内民营医疗机构，通过招商引资建成3家民营医院，初步形成以政府主办为主、国有与民营共存、良性竞争共同发展的医疗卫生服务格局。

2005年，赣榆县将卫生监督职能延伸到乡镇，成立乡镇卫生监督队伍，实行县镇一体化管理。率先在国内建立妇幼卫生网络信息化管理系统，全县规范化妇产科和儿保门诊达90%以上。国家以及省市新型农村合作医疗经验交流会先后在赣榆县召开。全县有医疗卫生机构716家，其中县级6家、乡镇级26家、村级673家、其他11家；共有床位1100张，其中县级医院440张；共有卫生技术人员3390人，其中中级职称以上684人、乡村医生1702人。

四、文化体育

1984～2005年，赣榆县文化事业获得全面发展和进步，先后荣获江苏省群众文化先进县、全国万里边疆文化长廊建设先进县、江苏省群众文化先进县等多项殊荣。抗日山烈士陵园是全国唯一一座以“抗日”冠名的烈士陵园，成为全国重点烈士纪念建筑物保护单位、全国青少年教育基地、全国爱国主义教育示范基地。先后举办5届徐福文化节。2005年底，全县拥有歌舞娱乐场所13个，音像制品零售和出租点82个，电子游戏和游艺经营场所25个，网吧等互联网上网服务营业场所63个；县图书馆总藏量12.93万册，其中图书11.66万册，年均接待读者约5万人次。

1984～2005年，赣榆县通过经常举办全民运动大会、重点打造拔河运动品牌和实施“体育进社区”活动，全面发展体育事业。徐山乡、青口镇、欢墩镇、柘汪镇、赣马镇、龙河乡中心小学、厉庄中学、赣马中学等一批乡镇和中小学校分别被国家体委、省体委表彰和命名为体育先进乡镇、健身活动先进镇、群众体育先进单位。班庄镇被评为江苏省“八个一工程”①建设先进单位。县拔河队在全国大型赛事上多次获奖。

① “八个一工程”指以城市社区和农村乡镇为重点，建立一个健身组织网络，每年举办一次全民健身周活动，建设一个全民健身工程，建设一批晨（晚）练健身点，建设一支社会体育指导员队伍，建立一个国民体质测试站，每年举行一次系列科学健身讲座，形成一个特色体育项目。

第六节　人民生活

1984年，赣榆县农村居民人均纯收入404元，每百户计算农村耐用品平均拥有量：自行车90.67辆，缝纫机33.33架，收音机62.67台，钟表150.67只（其中手表98.67只），电视机1.33台，录音机1.33台，大型家具195件。1990年末，每百户消费品拥有量：自行车133辆，缝纫机59架，钟84只，手表157只（其中电子表3只），电风扇84台，洗衣机4台，大型家具331件，收音机38台，黑白电视机59台，彩色电视机4台，收录机15台。1995年末，每百户消费品拥有量为自行车182辆，缝纫机80架，钟94只，手表147只，电风扇155台，大型家具755件，收音机43台，黑白电视机81台，彩色电视机16台，收录机21台，电冰箱3台，摩托车2辆。

图 42-10　赣榆县宋口村农民新居　　侍志　摄于2005年

2005年，赣榆县农村居民人均纯收入4178元，22年间农村年人均收入增加3774元，增长9.3倍；职工平均工资由1984年的746元增加到2005年的11431元；发放失业保险金60万元、养老保险金5068万元，基本医疗保险费用支出2406万元；落实城乡最低生活保障线制度，全县有2.69万人纳入城乡低保。社会弱势群体得到关爱，全年发放救济救灾款物105万元；投入资金656万元，完成13个镇的敬老院建设；投入资金633万元，完成2436户的草危房改造；支持残疾人事业发展，捐助轮椅280辆，安置800名残疾人就业。每百户消费品拥有量：大型家具100件，洗衣机70台，电风扇175台，电冰箱29台，空调机11台，抽油烟机8台，吸尘器1台，微波炉6台，热水器17台，自行车196辆，电话机93部，移动电话71部，彩色电视机90台（其中接入有线电视网的46台），黑白电视机18台，录放像机5台，影碟机32台，组合音响18台，收录机23台，照相机10架，家用计算机6台（其中接入互联网的4台）。

第七节　特色选介

一、特色乡镇——金山镇

金山镇是东渡扶桑的秦方士徐福的故里。镇内有佃马场村北的古怀仁县遗址、徐福村的老徐福庙遗址、夏庄村北的汉画像石墓群（三姐妹坟）遗址、小河埃村的清代圣旨碑文化遗址。1987年5月1日，金山乡在徐福村重建徐福祠，全国政协副主席赵朴初题名“徐福村”并立碑。1990年，金山乡更名为徐福镇，12月5日举办首届徐福节后，该镇多次作为中国赣榆徐福海洋文化节活动的主选地。以徐福祠为代表的人文景观和龟山、怀仁山为代表的自然风光，吸引了国内外大批学

图 42-11　金山镇是徐福故里。图为全国人大常委会原副主任彭冲题写的“徐福故里”碑。
侍志　摄于2005年

者、客商、游客前来考察、奉祀、观光旅游。1998年，徐福镇更名为金山镇。2004年10月，在怀仁山水库建成金山世纪园。2005年规划建设徐福泊船山生态旅游示范园和徐福广场，徐福雕像从县城移迁圣立泊船山下。

金山镇地处丘陵和平原相交地带，北部是低山和丘陵，南部为平原。2005年，镇域面积58.76平方千米，辖21个行政村，162个村民小组，总人口4.64万人。金山镇被连云港市政府命名为“鹌鹑之乡”“果茶之乡”，是江苏省发展乡镇企业先进乡镇、江苏百家名镇。着重发展蚕桑、茶叶、鹌鹑、生猪四大产业，初步形成蔬果、茶叶、蚕桑等特色生产基地。全镇有优质茶园200公顷、花卉14公顷、蔬菜667公顷、桑树334公顷、果林1067公顷；建成畜禽养殖小区30个，畜禽规模养殖大户40余家，全年生猪出栏数3万头；鹌鹑孵化量8000万羽，饲养量4000万羽；蛋鸡存栏数35万羽，出售肉鸡重量1860吨。金山镇工业发展强劲，全镇有达柯立海藻工业（连云港）有限公司、连云港金江丝绸有限公司、福利泰玩具礼品有限公司、金中韩肥业有限公司等20余家外资或内联企业，其中“金五”“金韩”“徐福”牌系列产品享誉海内外。

二、特色产品——梭子蟹

赣榆梭子蟹为国家地理标志产品。梭子蟹属于杂食性海洋动物，喜欢生活在砂质或泥砂质的海底，喜食贝肉、鲜杂鱼、小杂虾、水生植物等，体大肉多，味鲜美，富含蛋白质、脂肪及多种矿物质。1995年，赣榆梭子蟹开始进行人工育苗。1998年，赣榆梭子蟹养殖进入快速发展期，养殖范围主要集中在海头镇、石桥镇、柘汪镇、宋庄镇、青口盐场海水池塘。2005年，赣榆梭子蟹养殖面积1500公顷，年创产值超亿元。“海头”牌、“海泉”牌等4个品牌的梭子蟹为无公害产品。

2005年赣榆县国民经济发展情况统计表

表42-4

项　目	单　位	实　绩	项　目	单　位	实　绩
人口	万人	107.69	全社会固定资产投资总额	亿元	50.13
土地面积	平方千米	1427.27	外贸出口总额	万美元	2086.00
其中耕地面积	平方千米	678.00	实际利用外资及港澳台资	万美元	3530.00
地区生产总值	亿元	74.80	地方财政收入	亿元	2.61
第一产业增加值	亿元	23.02	地方财政支出	亿元	6.31
第二产业增加值	亿元	26.98	在岗职工平均工资	元	11431.00
第三产业增加值	亿元	24.80	农民人均纯收入	元	4178.00
粮食总产量	万吨	35.82	城乡居民储蓄存款余额	亿元	38.24

第五章　东海县

东海县位于江苏省东北部，地处北纬34°18′31″～34°47′52″，东经118°24′3″～119°10′52″。东与连云港市区接壤，西与山东省郯城县毗连，南与灌云县、沭阳县为邻，北与山东临沭县交界，东北沿新沭河与赣榆县相望，西南与新沂市相连。东海县是新亚欧大陆桥东桥头堡西行第一县，是闻名中外的"水晶之都"。2005年，全县总面积2550.07平方千米，县辖14个镇、8个乡、2个国营农场，有366个行政村、15个社区。总人口115.26万人。

第一节　建置区划

一、建置

东海县，以其东临大海而得名。早在旧石器时代就有人类活动，境内大贤庄旧石器文化遗址即为人类早期活动遗存。夏、商时属徐州，西周时属青州，春秋时属郯国，战国时易为楚地。秦、汉时属东海郡。三国时代属魏。西晋时代，朐县仍属东海郡。南北朝时期，东海县一带历经宋、齐、梁、北魏、北齐、北周等政权。宋明帝泰始六年（470年），在青州北一里设置东海郡和东海县，这是历史上第一次建立东海县。唐武德元年（618年）改东海郡为海州。宋、金时期，东海隶属于海州。元至元二十年（1283年），东海县并入朐山县，隶属于淮安路海宁州。明洪武元年（1368年）改海宁州为海州，隶属于淮安府，今东海县一带为海州地域。清雍正二年（1724年）海州升为直隶州。民国元年（1912年）改海州为东海县，全县置50镇。民国37年11月，东海全境解放。1953年1月，东海县由山东省临沂地区划归江苏省徐州地区。1983年1月，江苏实行市管县行政体制，东海县隶属连云港市。至2005年未有变化。

二、区划

1983年9月，东海县的23个人民公社撤社建乡。1986年3月，桃林乡、温泉乡、白塔埠乡、青湖乡、房山乡撤乡建镇。1994年7月，浦南乡、黄川乡、石榴乡、石梁河乡撤乡建镇。1996年3月，平明乡撤乡建镇。1999年9月和11月，安峰乡、洪庄乡、双店乡先后撤乡建镇。2000年9月，桃林镇、石埠乡合并建立新的桃林镇。牛山乡与牛山镇合并组建新的牛山镇。2005年，东海县辖牛山、浦南、石榴、青湖、石梁河、黄川、白塔埠、平明、房山、安峰、洪庄、桃林、温泉、双店14个镇和驼峰、张湾、横沟、李埝、山左口、石湖、曲阳、南辰8个乡以及国营岗埠农场、种畜场。

第二节　自然环境

一、地质地貌

东海县境内基底为下元古界东海群变质岩系，构造复杂，以褶皱构造为主，断裂构造次之。东海地属黄淮海平原东南边缘的平原岗岭地，东西长、南北短，东西最大距离70千米、南北最大距离54千米；地势西高东低，中西部平原丘陵起伏连绵，东部地势平坦、湖荡连海。境内有山体10座，山头22个，大多分布在中西部地区。马陵山最长，在西部边界南北长达37.6千米。羽山海拔269.5米，为境内最高点。境内中西部地区剥蚀平原起伏连绵，古代残丘零星破落，岗岭交错，沟壑纵横；东部地区地势平坦，河网密布，一般海拔高程为2.3～5米，水源比较丰富，土地肥沃。西北多为低山丘陵岗地，约占全县总面积的57%，适宜发展林业生产。东南为平原，约占全县总面积的43%，适宜发展粮食生产。

二、气候

东海县属于暖温带湿润性季风气候，雨热同季，四季分明，光照充足。年平均气温14.3℃，最冷月年平均气温0.3℃，极端最低气温-12.5℃，出现在1月份；最热月平均气温26.7℃，极端最高气温38.9℃，出现在7月。全年平均日照2197.8小时，年平均日照百分率50%。降水量充沛，年平均降水日数为84天，年平均降水902.3毫米，但降水分布时空不均，主要集中在夏季。

三、河流　水库

东海县地处淮沭下游，境内河流均属沂、沭河下游水系，主要拥有新沭河、淮沭新河、蔷薇河、鲁兰河、石安河、龙梁河等16条干支河流。东海县有大、中、小型水库72座，总库容8.9亿立方米，其中石梁河水库为江苏省第一大人工水库，安峰山水库为江苏省第二大人工水库。

四、自然资源

东海县温泉地下热水属氯化硫酸钠钙型地下水，含有钠、镁、钾等多种元素，所含各种元素对

图42-12　东海县自然生态良好。图为东海县西双湖湿地。　　侍志　摄于2005年

人体均有益处，被国内旅游、康疗专家誉为“华东第一泉”。东海矿产资源丰富，现已发现矿种达37种，主要有水晶、脉石英、云母、蛭石、蛇纹石、榴辉岩、金红石、蓝晶石、石榴红宝石、大理岩和花岗岩石料等，其中水晶储量30万吨、石英储量3亿吨，储量和质量均居全国之首。

第三节　基础设施

1984～2005年，东海县紧抓历史发展机遇，在加快经济发展的同时，突出城乡道路、给排水管网、污水处理等基础设施建设，重视绿化、环境卫生设施建设，不断改善人居环境。2005年，城区人口达16万人，建成区面积23平方千米，城市化水平提高到36%。城北新区建设快速推进，西双湖开发全面启动。县城燃气以瓶装液化气为主，管道燃气为辅，燃气普及率90%以上。县城公交、出租车系统运营格局基本形成。

一、城乡道路

1984年，东海县城区主次干道呈网格状，有主干道7条，分别是牛山路、幸福路、和平路、钢铁路、徐海路、毛墩垤、蔡塘路，路面基本为沥青或砂石结构。至1990年，除钢铁路外，其余均改建为沥青路面，主次干道总长19.81千米，总面积62.54平方米。20世纪90年代起，县政府着力改善城市交通拥挤状况，加强城市主次干道的扩建、改建、延伸和新建，拓宽主次干道路幅，改建路基，铺设路面。改建海陵路，改造牛山路、平西路、和平东路、海陵东路（245省道至云海楼段）、和平路牛山路至幸福路段、牛山北路等，改建海陵西路幸福路至公园东门段。至2005年底，全县共有城市道路36条，总长89.65千米。

1984年，东海县镇村道路以砂石路面为主，少数铺设沥青路面。建制镇实有道路45千米，面积52.45万平方米；集镇实有道路61千米，面积72.06万平方米。1994～1999年，修铺镇、村道路180千米。2000～2001年，铺设水泥路面28.98万平方米、柏油路面21.28万平方米、砂石路面150.8万平方米。2002年，全县乡村新建道路44条119.38万平方米，其中铺设混凝土路面78.62万平方米、沥青路面24.42万平方米、砂石路面16.34万平方米。2004年，铺设混凝土路面97.8万平方米，完成道路土方29万立方米。2005年，全年交通基础建设总投资3.96亿元，对县内主干线和乡村道路进行修建改造，共修建、改建镇区道路12条，铺设混凝土路面90万平方米，完成道路土方28万立方米。

二、市政设施

1984年，东海县城排水设施不完善，雨污共用排水系统。自20世纪90年代开始加大排水设施建设，县城主次干道排水管道全部实施地埋。随着城市道路改造，配套修建窨井、沉井、雨水井、过路涵等排水设施，城市排水投入显著增加。1990～1994年，修建和平东路幼儿园门前排水管沟124米、牛山北路排水管沟516米、天桥路排水管沟570米，铺设钢铁路排水管道、茅墩东路排水管道3138米，改造牛山路排水设施。1995～2000年，修建和平东路、和平西路、和平路中段、幸福北路排水管沟2.06万米，桥涵70米，雨水检查井735座。2001～2005年，修建富华路、利民西路、利民路北侧、227省道西侧、245省道两侧等道路排水管沟8784米。至2005年，全县修建排水管道158.27千米，城市排水设施状况明显好转。

1984年，东海县城路灯杆为水泥灯杆，单臂灯架，路灯盏数少，仅为照明所用，路灯光源以白炽灯为主，县城主要交通路口均无交通信号灯。1991～1994年，改造安装牛山路、幸福路路灯102盏、交通信号灯3处12组。1995～1997年，安装西双湖开发区主干道路灯20盏、和平西路路灯中杆灯2组97盏，在和平路中段安装金属杆双臂仿美防弹250瓦钠灯26杆52盏，在幸福路广场安装可升降、飞碟式高杆灯1组，新建红绿灯交通岗亭2座，安装红绿灯8组。1998～2005年，县政府加大县城照明投入，同时对路灯进行更新改造，先后完成海陵路、幸福路、牛山路、和平路、水晶城美化亮化。至2005年底，县城路灯照明线路总长113.13千米，安装路灯1769组5422盏，亮灯率98%；13条巷道安装单臂灯91盏，线路长4.55千米。

三、园林绿化

1984年，东海县城区基本没有公园及休闲娱乐广场，绿化仅限于在城市主要道路两侧栽植普通树种，多以法桐为主。20世纪90年代起，城市绿化步伐加快，规模加大，公园、广场、小区绿化和道路绿化档次提升。1990～1997年，在县城东部入口（海陵东路与245省道交汇处）建奔牛广场（时称晶牛广场）和火车站广场、水晶城广场。至90年代末，滨玉带河绿化已形成景观，游园及街头随处见绿。占地面积18.85公顷的金牛公园于1997年开建，绿化面积达9.72万平方米，1998年10月1日建成开放。1998年，新建徐海广场，改建海陵广场、水晶城广场。1999年，完成徐海广场续建工程、火车站广场周边续建工程。2001年，建成人民广场。2003年，建设假日广场1.2万平方米。至2005年底，全县绿化树木、花卉品种由20世纪90年代初期的10多种增加到250多种，绿化覆盖面积437.6公顷，建成区绿地率30%，绿化覆盖率35%，人均公共绿地8.02平方米。有云海广场、幸福路广场、奔牛广场、火车站广场、水晶城广场等多个生态休闲广场。

第四节　经济发展

1984～2005年，东海县经济发展依托资源和区位优势，逐步确立以农业为基础、工业为龙头、第三产业为亮点的强县之路。1984年，全社会总产值8.74亿元。2005年，全县地区生产总值77.82亿元，其中第一产业增加值25.23亿元、第二产业27.67亿元、第三产业24.92亿元；三次产业就业结构调整为52.1：23.4：24.5。

一、农业

东海县是传统农业大县，是全国农业综合实力百强县之一。1984年，全县拥有耕地面积1293公顷，粮食总产80.08万吨，生产格局以稻麦为主，旱粮、花生为辅；实现农业总产值5.26亿元，其中种植业产值4.25亿元、林牧业产值0.93亿元、渔业产值0.08亿元。1984年后，全县大规模进行农田水利基本建设，逐步完善农田水利配套工程体系。1989年，开展黄淮海平原利用世界银行贷款加强灌溉农业项目的前期工作。该项目周期为5年，东海县是江苏省24个项目县之一。1991年，该项目开始实施，项目区位于西部缓坡丘陵农业区的温泉、桃林、山左口、双店、横沟、石榴、石湖、牛山、曲阳、洪庄10个乡镇，治理面积1.33万公顷。

1996年，全县开始实施丘陵山区农业综合开发项目，涉及李埝、双店、山左口、桃林、青湖、黄川、浦南、曲阳、牛山、驼峰、房山、平明、张湾、李埝林场14个乡、镇、场，治理面积1.34万公顷。

进入21世纪后，全县开始推进农业外向化、标准化、产业化。2004年，农业实际利用外资及港澳台资730万美元，内联客方到位资金1.97亿元。全县有规模以上农业龙头企业68家，龙头企业辐射农产品生产基地6.7万多公顷。

2005年，全县初步形成五大基地。以房山、安峰、青湖和横沟等乡镇为中心的淮沭新河灌区1.33万公顷优质稻米生产基地，实现稻米产业的增效增值，为做优做大全县优质稻米产业发挥示范带动作用；以黄川、石梁河等乡镇为中心的310国道沿线0.27万公顷优质绿色鲜果基地，有效带动当地农户发展高效农业；以石湖、石榴、双店和山左口等乡镇为中心，以湖西生态园为龙头的东郯路沿线667公顷花卉苗木和鲜切花栽培基地，为发展外向型农业作出示范；以石湖、山左口和石梁河为中心的333公顷无公害食用菌生产基地，拉动全县生态农业和循环农业发展；以李埝林场、西山林场生态观光为依托，建成生态农业观光园区。2005年，全县实现农业总产值47.84亿元，有耕地面积12.93万公顷，粮食总产量93.45万吨，油料总产量4.3万吨，蔬菜、瓜果类种植面积0.96万公顷，果品产量5.7万吨。

二、工业

1984年，全县实现工业总产值2.5亿元。1990年，全县工业企业发展到1953家，工业总产值7.54亿元。1995年10月，设立东海经济开发区，定位为东海外资集聚示范区、新型（高新）产业区、东海（生态）新城区。1996年，东海县硅产业被国家科学技术委员会批准为国家级星火区域性支柱产业。1997年起，东海县开展“工业结构调整促进年”活动，扩大开放，加大招商引资力度，一大批技术新、产品新、机制活、市场广、效益好的现代企业迅速发展。2002年，江苏省《苏北星火产业带建设“十五”规划纲要》提出，“硅资源深加工，以连云港市区、东海县为重点区域”。2003年，新增总投资500万元以上项目107个，客方到位资金6.27亿元，其中1000万元以上项目21个。2004年，东海县基本完成县属国有企业、集体企业改革。东海县被科技部认定为国家火炬计划硅材料产业基地。2005年是东海县“工业化元年”，全年开工重点项目256个，总投资103.45亿元，其中过亿元项目19个；完成规模以上工业总产值34.36亿元；实现产品销售收入34.17亿元，利税总额3.31亿元。全县初步建成以高纯石英原料、石英玻璃制品、硅微粉为主体，压电石英晶体、石英照明灯具为两翼，半导体及光伏行业配套支撑材料、太阳能级多晶硅及切片为导向的硅产业体系。

三、商贸服务业

1984年，东海县商业多分布于县城的牛山路、和平路、东海路。另外还有散见于车站、街道、居民区和路边巷口的少量个体店。牛山路与和平路为商业集中区，店铺林立，商贾云集。全县共有商业机构7317家，从业人员1.29万人，社会商品零售总额1.54亿元。1990年，全县有商业网点8450个，其中全民所有制235个、集体所有制1355个、合营1个、个体6859个，社会消费品零售总额3.28亿元。1992年后经营主体逐步多元化，商业网点重新整合，个体商户、私营（民企）商业快速崛起，成为商贸流通领域中的主力军。经过20年发展，逐步形成以水晶市场为龙头，以农机、粮食、农资、建材和农副产品批发市场为主体的“一大龙头、五大支柱”特色市场群，五星电器、苏宁电器、苏果超市、乐天玛特超市等大型商贸企业相继开业，中国水晶工艺礼品城发展成为世界性的水晶制品集散中心。2005年，全县实现社会消费品零售总额31.81亿元，是1984年的20.7倍；有集市60个，集市贸易成交额33.34亿元。

第五节　社会事业

一、科技

1981年，东海县科学技术委员会成立。1984年，东海县开始实施科技兴县战略，加强科技队伍建设，开展科技交流，推进科技创新，普及科技知识，保护知识产权。1990年，东海县被省科学技术委员会列为淮北农业技术综合试验示范基地。省科学技术委员会、省财政厅选择白塔埠镇、石湖乡、石榴乡作为东海县农业综合试验示范基地的基点乡镇。农业综合试验示范基地建设经过两个阶段（1990～1992年，1993～1995年）实施，累计改造低产田2666.67公顷，技术推广、示范辐射面积96534公顷，试验区增益6600万元。1997年，省科学技术委员会批准东海县为"九五"省级农业综合试验示范基地建设基点县之一。至1998年底，基地建设累计实施粮油作物新品种引进与示范推广、特色经济作物新品种引进示范与开发、新型栽培技术及农业高新技术、现代无公害可持续农业4大系列科研示范开发项目，推广农业新技术、新成果60项，取得显著的经济效益和社会效益。1999年，在全省农业综合试验基地和科技示范园区建设工作会议上，东海县农业综合试验示范基地被省科学技术委员会认定为首批10个省级基地和园区之一，并被列为全省重点建设的6个农业综合试验基地和科技示范园区之一。

1999年，根据省委关于苏北星火产业带开发建设的要求，东海县制定《东海县星火技术密集区"十五"建设规划》。2002年，东海县规划以县城为中心，在由曲阳乡、石榴镇、平明镇、浦南镇、驼峰镇、白塔埠镇共6个乡镇构成的"T"型区域范围内，建设国家火炬计划东海硅材料产业基地。成立东海县硅材料产业基地建设领导小组，印发《关于支持"国家火炬计划"东海硅材料产业基地建设的若干政策规定》。是年，东海县科学技术委员会更名为东海县科学技术局。2004年，科技部正式批准建立国家火炬计划东海硅材料产业基地，并认定东海县太平洋石英制品有限公司、连云港福东正佑照明电器有限公司、江苏中电华威电子股份有限公司、连云港东海硅微粉有限责任公司、东海县海王石英制品有限公司、东海县晶体材料厂6家企业为基地首批骨干企业。县政府制定印发《国家火炬计划东海硅材料产业基地发展规划（2004～2007年）》。2005年，制定《国家火炬计划东海硅材料产业基地"十一五"发展规划》。至2005年底，东海县有省级高新技术企业16家、市级高新技术企业25家；获批国家级重点新产品6个、省级高新技术产品58个、市级高新技术产品52个。全县各类专业技术人员中，有高级职称753人、中级职称6444人。

二、教育

幼儿教育　1984年，东海县政府出台《关于发展幼儿教育事业的意见》，要求各乡镇除办好中心幼儿园外，50%的村要办起一所含大、中、小班的幼儿园，其余各村必须办起一个6周岁儿童入学的学前班。是年农村4～6周岁儿童入园率22.65%，6周岁儿童入园率95%。1987年，颁布《办好中心幼儿园的暂行标准》和《中心幼儿园验收细则》。1989年底，全县幼儿园教育已无空白村。20世纪90年代，22个乡（镇）场中心幼儿园通过市、县合格园验收。全县所有行政村都有一所幼儿园，较大的自然村也办起了幼儿班，民办幼儿园兴起。至2005年，县幼儿园、县第二幼儿园、张湾中心园、青湖中心园、平明中心园等6所幼儿园成功创建"江苏省示范性幼儿园"，安峰中心园、牛山镇中心园、房山中心园、黄川中心园等7所幼儿园成功创建市一类园，全县其他乡（镇）中心园达市二类园标准，80%的村办园达市三类园标准。

小学教育　1984年，东海县儿童入学率96.37%，巩固率、毕业率、普及率均在97.8%以上，获得江苏省"普及初等教育合格证书"。1990年，全县基本实现小学五年义务教育。1992年，开始实行小学、初中"五·三"制的八年义务教育，至1995年，全县小学、初中实现八年义务教育，并经省人民政府验收达标。1998年9月开始实施九年制义务教育，小学修业年限由五年过渡至六年（小学执行"六年制"学制），入学年龄由7周岁提前至6周岁。2002年，改革小学管理体制，撤销中心校建制。至2005年，全县有小学校256所（含142个教学点）、班级2442个、在校学生10.15万人，初中升学率95.75%。

初中教育　1984年，全县共有初级中学63所686个班级，在校生30.1万人。20世纪90年代，开始调整学校布局，联中数量逐步减少。2001年，原东海县中学高中部与县第二中学合并成立东海高级中学，以原东海县中学初中部为基础创建东海县实验中学。2002～2003年，中小学布局调整，全县保留初级中学33所。至2005年，全县有初级中学31所，完全中学8所，班级1346个、在校生8.3万人。

高中教育　1984年，东海县有完全中学3所（高中部和初中部并存）605个班级，在校生3.33万人。1990年，全县共有完全中学11所，全县高中年级91个班，在校生5515人，高中专任教师337人。1997～2000年，东海县白塔中学、东海县第二中学、石榴中学、房山中学先后创建为省重点中学。2003年，东海县第二中学、白塔中学、石榴中学、房山中学一同转为江苏省三星级普通高中。2004年，东海县第二中学终止办学，由民间资本在其原址创办东海县潮源双语学校，东海高级中学被确定为江苏省四星级重点中学。至2005年，全县拥有高级中学1所，完全中学15所（包含公办民办），班级423个、在校生2.55万人。

其他教育　1984年，东海县有其他教育机构有学校191所，其中进修学校1所、电大1所、职工中等专业学校1所、成人中学21所、农业中学1所、成人小学165所、聋哑学校1所，共有班级223个、在校生6341人。自20世纪90年代开始，东海县教育、劳动、卫生、商业等行业纷纷创建职业教育培训机构，至1999年，全县有中等职业学校12所。从1999年开始，普通高校扩招，职业教育受到冲击，到2005年锐减到4所，在校生不足3000人。

三、卫生

1984年，全县有县级卫生机构6个、乡（镇）卫生院23所、村卫生室479个，共设有病床815张。1990年，新法接生1.73万人，新法接生率99.8%。20世纪90年代开始，东海县妇幼保健工作主要为孕产妇和婴幼儿保健。妇女保健主要有妇女病普查、孕产妇保健、婚前检查等，儿童保健内容主要有视力筛查、听力筛查、健康检查等，执行医疗机构为东海县妇幼保健所及各乡（镇）卫生院。20世纪90年代中期，在全县范围内开展"爱婴卫生院及爱婴县"创建活动，住院分娩率不断提高，婴儿和孕产妇死亡率大幅度下降。随着卫生体制改革的逐步推进，卫生基础设施建设投入逐年加大，全县所有乡镇卫生院均新建业务楼。1999年，投资2500万元的县人民医院病房楼正式投入使用。2003年，成立东海县新型农村合作医疗管理委员会办公室，在全县推行新型农村合作医疗，先在桃林镇进行试点。2004年，新型农村合作医疗全面启动，首年参合（参加合作医疗）率82.07%，高于省、市目标任务22个百分点；年内为参合群众报销各种医疗费用87万元。是年，投资1650万元的县疾病预防控制中心大楼在城北新区开工建设，并新建东海县卫生职工培训中心。2005年，各乡镇均成立乡镇新型农村合作医疗管理委员会办公室，配备工作人员3～5人；筹资标准从2004

年的30元/人提高到200元/人，乡镇300元以上住院报销比例提高到70%，县级300元以上住院报销提高到55%。是年参合率90.13%，为参合群众报销资金2224万元。至2005年底，全县共有各类医疗机构168个、病床1325张；设有人民医院、中医院、疾病预防控制中心、卫生监督所、妇幼保健所和21家乡（镇）卫生院（其中中心卫生院10家）共27家医疗卫生机构；还设有423个村级卫生室，其中村卫生室346个、个体诊所47个。

四、文化体育

1984年，东海县主城区建有文化馆、图书馆、博物馆、吕剧团、海陵影剧院、东海电影院、电影公司、新华书店、体育中心等，县内各乡镇均建有文化站、广播站。20世纪90年代初，按照政府主导、社会承办、群众参与的建设方式，组织开展创建江苏省群众文化先进县活动，先后有李埝乡、平明镇等16个乡镇被省文化厅评为群众文化先进乡镇。1992年，东海县被省政府命名为首批群众文化先进县。1993年被文化部授予“中国民间艺术之乡”称号。1995年，由杨再金、谈传山编创的六场大型现代吕剧《红丝带》，获江苏省“五个一工程奖”。1998年，东海县被文化部评为中国民间文化之乡。进入21世纪，进一步加大文化软硬件建设力度，新建青少年科技活动中心、少儿版画活动中心和晶都文化广场，打造全县文化产业新的聚集区。2002年6月，新图书馆综合大楼动工，建筑面积4000平方米，2003年竣工。2005年，东海县图书馆被文化部评为一级图书馆；开展送图书、送戏、送电影下乡“三送”活动，为乡镇文化站送图书1万元，确保乡镇每年不少于4场戏曲歌舞演出，行政村每村每月不少于一场电影放映。

少儿版画是东海“三件宝”之一。1985年6月，东海县成立儿童版画研究会，县文化馆建立儿童版画活动室，县城及部分乡镇的幼儿园和中小学建立课外版画创作小组；此时全县共有版画创作辅导教师30名，4～14岁版画小作者1000人，儿童版画作品《戏图猫》《夏夜看西瓜》《繁忙的码头》《寄给台湾小朋友的信》等参加全国第一届儿童版画展览获得优秀奖。1988年8月，版画《看电影》参加在日本町田市举办的中日儿童版画展，获江苏省少年儿童美术书法作品展览二等奖。1990年8月，在洛阳召开的第二届中日儿童版画教育研究会上，东海县10余件作品参加交流展出。1991年7月，县儿童版画展在江苏省美术馆开幕，展出作品250件。1995年6月，徐、淮、盐、连版画创作研讨会在东海召开。1997年3月，东海县50件少儿版画入展第二届中韩少儿美术、书法展。2005年6月，“中国民间艺术之乡——东海少儿版画作品展”在江苏省美术馆展出，展出东海少儿作品180件。

东海体育事业发展迅速。1984～1990年，县及各基层单位自办运动会和各种单项比赛484次，参加人数134710人次，其中球类、田径类项目成绩突出。1985年，东海县体育场建成，为苏北最大的县级体育场。至20世纪90年代初，全县拥有篮球场1059块、排球场807块、乒乓球室1058个、棋艺室648个、羽毛球场635块，有标准田径运动场3块、小型运动场65块，全县经常参加体育活动锻炼人口达到36.3万人。横沟乡、房山镇、白塔埠镇、青湖镇、黄川乡、牛山乡经省体育运动委员会检查验收，被命名为江苏省首批体育先进乡（镇），白塔埠镇获“江苏省第12届运动会群众体育工作先进集体”称号。1991年，东海县被命名为江苏省体育先进县。1992年，被命名为全国体育先进县。1996年，东海县体育总会成立，并先后成立农民体协、老年体协和门球、乒乓球、象棋、钓鱼信鸽、武术、篮球等单项体育协会和体育俱乐部。1997年，东海县通过全国体育先进县复查。2004～2005年，县体育总会被江苏省体育局评为江苏省第五次全国体育场地普查先进集体，并获江苏省全民健身暨第三个全民健身日活动优秀组织奖，平明镇、白塔埠镇、牛山镇、温泉镇被省体育局命名为“八个一工程”先进乡镇。

第六节　人民生活

1984年，东海县职工年平均工资804.6元，农民年人均纯收入470元，人均住房面积14平方米。1990年，农民年人均纯收入775元。进入21世纪，随着县域经济的平稳快速发展，社会保障和救助制度不断完善，城乡居民生活质量逐步提高；二、三产业的快速发展为农村劳动力带来更多就业机会，农村居民收入不断提高。2005年，在岗职工年平均工资11643元，农民年人均纯收入4015元，农民人均生活消费支出3046元；城镇居民人均住房建筑面积为21.3平方米，农村居民年人均住房面积32.69平方米；食品、衣着消费支出所占比重逐年下降，居住、医疗保健和其他消费明显上升，短期性消费比重下降，长期性消费比重上升，旅游、休闲、健康、教育、通信等消费需求旺盛，居民消费由温饱型向享受型转变。社会福利事业发展加快，全县有敬老院59个。年末参加社会养老保险职工4.41万人，参加农村养老保险农民18.8万人，参加医疗保险职工2.89万人。全年发放优抚费1150万元，社会福利救济费1292万元，自然灾害救济费390万元，接受救济人数9.28万人，帮扶贫困户1.65万户，脱贫6180户。

第七节　特色选介

一、特色乡镇——温泉镇

温泉镇位于东海县城西北17千米处，地处苏鲁界山羽山南麓，是曲阜、泰山、徐州两汉文化和连云港山海风光旅游的重要节点。1986年撤乡建镇。2001年，温泉镇和连云港市温泉旅游度假区管委会实行镇区合一。境内有羽山，山上有殛鲧泉、试剑石等自然景观，尹湾村有西汉（公元前15年）古墓群。2005年，辖6个行政村，人口1.57万人，面积35.82平方千米，规划核心区约3平方千米，建成区面积1.2平方千米。

温泉水是温泉镇独特的资源，具有五大特点：一是水温高，井口水温达82℃；二是水量大，日涌水量5000立方米，泉水常年自流；三是水质优，富含钠、镁、钾、氮、氡等多种对人体有益的矿物质和微量元素，既可浴疗又可饮疗；四是水色美，温泉水清澈透明，在游泳池里呈现天然淡蓝色；五是水层深，井深600余米，安全洁净，可直接饮用。温泉水对多种皮肤病有显著疗效，对防止动脉硬化、高血压、心脏病等心脑血管疾病亦有较好辅助疗效，具有扩张血管、促进血液循环、调节神经、解酒醒神、改善体质、加速关节机能恢复和创伤复原等功效，被国内旅游、康疗专家誉为“华东第一泉”。2005年，温泉旅游度假区有宾馆、洗浴休闲中心、商务会展中心近20家，其中三星级酒店1家、二星级酒店2家，全年接待游客74.8万人次。.

二、特色产品——水晶

东海县是闻名中外的中国水晶之都，水晶质量、储量、产量均居全国之首，蕴藏量约30万吨，占全国储量的70%，二氧化硅含量高达99.99%，以白色、无色为主，也有少见的烟色、茶色、黄色、粉红色和罕见的绿色、紫色，还有“发晶”等20余个品种。一代伟人毛泽东的水晶棺就是由东海

图 42-13　东海县是闻名中外的中国水晶之都，水晶质量、储量、产量均居全国之首。图为东海水晶城。

侍志　摄于2005年

水晶精制而成。存放在国家地质博物馆重达4.35吨的“水晶大王”亦出自东海。2001年在江苏南京举办的第六届世界华商大会和2002年第17届韩日世界杯足球赛的水晶工艺礼品均由东海承制。2003年，东海县申报的“东海水晶”获准注册国家著名商标。

东海水晶产品主要分为：水晶首饰类，有项链、手链、戒指、胸花、耳环、手镯、挂件等；水晶眼镜类，有水晶墨镜、平光镜、近视镜、老花镜、散光镜等；水晶工艺品类，有水晶雕刻件、水晶画、水晶屏风、招财树、水晶鼻烟壶、水晶编织工艺品等；水晶日用品类，有酒具、印章、水晶枕皮、垫、席、手表、水晶象棋、围棋、水晶编织包等；水晶观赏石类，有各种水晶景石、水晶球等；水晶法器类，有佛珠、佛像等；水晶原石类，有紫晶洞、晶簇、菊花石、石中石、水胆石等；水晶灯具类，有硅华灯、水晶灯饰等；工业原辅材料类，有石英拉管、硅微粉、玻璃石英原料、压电石英晶体及元器件等。

2005年东海县国民经济发展情况统计表

表42-5

项　目	单　位	实绩	项　目	单　位	实绩
人口	万人	115.26	全社会固定资产投资总额	亿元	43.46
土地面积	平方千米	2250.07	外贸出口总额	万美元	659[illegible].00
其中耕地面积	平方千米	1293.00	实际利用外资及港澳台资	万美元	8[illegible]4[illegible].00
地区生产总值	亿元	77.82	地方财政收入	亿元	2.69
第一产业增加值	亿元	25.23	地方财政支出	亿元	8.53
第二产业增加值	亿元	27.67	在岗职工年平均工资	元	11643.00
第三产业增加值	亿元	24.92	农民人均纯收入	元	4015.00
粮食总产量	万吨	93.45	城乡居民储蓄存款余额	亿元	40.30

第六章　灌云县

灌云县地处黄海之滨、江苏省东北部，位于北纬34°11′45″～34°38′50″，东经119°2′50″～119°52′9″。

东与韩国、日本隔海相望，县境东南隅的团港与盐城市的响水县接壤，南以新沂河中泓与灌南县为界，西与东海县、宿迁市沭阳县毗邻，北与连云港市区相连。县境东西最大直线距离73千米，南北最大直线距离44千米，海岸线长39千米。2005年，全县面积1897.69平方千米，人口105.05万人。

第一节　建置区划

一、建置

灌云县境，春秋时属鲁境，秦时属朐县，后又相继属薛郡、东海郡。北朝东魏武定七年（549年）首设海州，州治龙苴（今灌云县龙苴镇），灌云地区属朐山县。元时属海宁州，以后各朝基本上属海州。民国元年（1912年）1月，改海州为东海县，4月析东海县东南部11镇置灌云县，始有建置，县治板浦。灌云因南有大川灌河、北有名山云台而得名。灌云建县时区域较辽阔，北起老窑（今连云港口）、墟沟、临洪口、大浦，南至新安镇（今灌南县城）、响水口（今响水县城）、双港、海安集、小尖，西至白皂、朱埝、杨范庄，东至黄海。民国24年，因增设连云市，遂将后云台、新县、老窑、连岛4镇17乡划归连云市。民国37年11月，灌云县全境解放，县政府驻伊山镇。1958年，新沂河以南的曙红、圩楼、新安3个区8个乡镇划归新成立的灌南县，1959年1月，新海连市的灌西盐场、燕尾镇划归灌云县。1960年2月，新坝公社划归新海连市。1961年新海连市更名为连云港市。1983年1月，江苏实行市管县体制，灌云县由淮阴地区划归连云港市管辖。至2005年底未有变化。

二、区划

1984年，灌云县辖21乡4镇6个场圃和3个省属农、盐场，全县共有417个村、17个社区。1988年1月，龙苴乡、四队乡撤乡建镇。1990年12月，同兴乡撤乡建镇。1998年10月，燕尾镇更名为燕尾港镇。1999年9月，圩丰乡、东辛乡撤乡建镇，分别更名为圩丰镇、中正镇。2000年6月，伊山镇、伊山乡和向阳乡合并，成立新的伊山镇；板浦镇、中正镇合并，成立新的板浦镇；杨集镇、界圩乡合并，成立新的杨集镇。2005年6月，宁海乡划归新浦区管辖。至2005年底，全县共辖8镇、11乡和5个场（圃、园）、3个省属农、盐场，共有318个村、27个社区。

第二节　自然环境

一、地质地貌

灌云县境所处地层分区为华北地层区的南缘，属华北地层区鲁东地层分区连云港地层小区。县域内基岩出露较少，仅在大伊山、小伊山、伊芦山、罘山、张宝山、亚芦山、西陬山、开山岛及南岗、陡沟等地有零星出露，其余全为第四系所覆盖。

灌云县境内地势自西北向东南渐倾，地形以平原为主，西部有一条南北狭长的岗岭地带，中东部地区地势低洼。岗岭地区海拔高程5～25米，中部平原地带海拔高程2～4米，局部洼地海拔高程仅1.5～1.8米。山地与丘陵占土地总面积6.9%，平原占93.1%。

二、海域滩涂

灌云县濒临黄海，北起东陬山南侧的善后河闸，南至燕尾港镇团港村与响水县陈港交界，海岸线全长39千米。

开山岛位于距燕尾港9.5千米的近海海域内，岛屿海岸线周长626米。全岛由黑褐色岩石构成。山体怪石嶙峋，陡峭险峻。岛之南坡较缓，因海蚀作用强烈，岛周有较宽阔的腐蚀平台，岩石被断裂分割得非常破碎，全岛基岩裸露，无沉积物覆盖，只有零星草类生长。岛四周为海崖，有4座较大的礁石，分别为船山礁、砚台礁、大狮礁、小狮礁。开山岛四周为开山渔场。开山岛虽为弹丸之地，但因位于灌河入海口处，具有重要的战略位置，历来为兵家必争之地。20世纪80年代岛上驻军撤走，由燕尾港镇和县武装部管辖。

由于境域海岸线较长，因而在沿海形成大面积滩涂。灌河口至六圩港属侵蚀性滩涂，六圩港至善后河闸属淤积型滩涂，滩涂纵深0.5～2千米。浅海15米等深线以内水域面积约3万公顷，潮间带约0.17万公顷，潮上带约2.83万公顷。整个滩面呈西高东低，且比降较小。灌云县滩涂属滨海盐渍土。由于上游入海河流较多，浮游生物较丰富，给滩涂动物生长、繁育提供了良好的饵料，故滩涂动物资源较为丰富，在灌河口外形成开山渔场。

三、气候

灌云县属暖温带湿润性季风气候。四季分明，雨热同季。1984～2005年，年平均气温为14.1℃，年际最大差值为1.8℃。常年最冷月为1月，平均气温为0.5℃，极端最低气温为-13.2℃（1990年2月1日）；常年最热月为7月，平均气温26.6℃，极端最高气温为37.5℃（2002年7月15日）。境内日照充足，属高光照区，历年平均日照时数为2243.2小时，日照百分率为51%。有效生长期为260天，无霜期为203.7天。历年初霜日为10月20日前后，终霜日为4月3日前后。境内雨量充沛，平均雨雪天为90.3天，历年平均年降水量925.8毫米。季节间降水差异显著，夏季最多，占全年降水量的60%；冬季最少，占全年降水量的7.3%。极端降水最多的年份为2003年，达1549.7毫米；极端降水最少年份为1994年，为619.3毫米。

第三节　基础设施

一、县城建设

1984年，灌云县城伊山镇居民住宅多为平房。1985年以后，县城建设发展加快。至1990年，全镇建起楼房521幢、建筑面积41.68万平方米，其中住宅楼362幢，建筑面积27.15万平方米；两层影剧院3幢；厂房7幢；全城铺设地下管道31千米，铺设自来水主管道60.62千米，年供水量248万立方米，供水普及率60%；新建和拓宽街道4条，总长5660米。20世纪90年代以后，旧城改造、房地产开发建设全面拉开，城区建筑造型美观，道路呈方格网状向城外延伸，主要为混凝土路面或柏油路面；城区供水实现环状供水网，排水设施配套；商业步行街、超市、副食品批发市场、蔬菜杂品市场等大型商业网点主要沿伊山路、胜利路一带分布，以商住楼为主要形式的沿街店面遍布县城；人民广场、伊山公园、双桥小游园为人们提供休闲、健身的活动场所；县人民医院、中医院等医疗卫生机构规模继续扩大，城市功能日趋完善。2002年，县城建设总投入5.47亿元，完成新区建设类、旧城改造类、道桥广场类、公共事业类、园林绿化类、美化亮化类、旅游景点类7大类48项建设任务，完成以人民广场、新村南路、振兴中路为代表的一大批工程。2003年，城建总投入7.9亿元，完成锦绣中华商贸城、西苑南路、盐河风光带改造等一批工程。2004年，累计完成县城建设项目55项，完成投资总额7.55亿元。2005年，投入资金8.11亿元，新建改建人民西路、伊杨路、孙滕路等6条城区主次干道，建成324省道慢车道、石棺墓遗址公园路等5条便民道路，相继完善人民东路、胜利西路、山前路的配套工程，实施方徐大沟、自建巷等重点街巷综合整治惠民工程，整治下水道12千米，疏通下水道30余千米，修补伊山路、健康路、胜利路等城区主干道路面2.1万平方米，县城低洼地区雨季积水问题得到解决。

二、镇村建设

1984年，灌云县农村住宅多为草房。1985年以后，村镇房屋建筑开始由砖木向砖混结构过渡，由平房向两层、三层楼房发展。1994年，集镇统一规划建设，部分集镇新建一批商业、教学、门诊、邮电、金融、税务等办公设施，一般为2～3层，部分4～5层。2002年，全县小城镇建设总投入1.2亿元，新建房屋21.2万平方米，新铺道路26.1万平方米，绿化覆盖率12%，小城镇居民人均住房面积13.9平方米，自来水入户率60%，杨集镇、圩丰镇、龙苴镇被命名为市级新型小城镇，板浦镇、同兴镇被命名为省级新型小城镇。2003年，全县小集镇建设总投入3.2亿元，完成建筑112万平方米、道路铺装46万平方米，新建路灯1236盏，新修下水道62.4千米，绿化面积12.6万平方米，新建综合市场8个，每个乡镇至少有2个市场（小商品市场、农贸市场），全县的市场总量达到63个。2004年，县政府将小集镇建设列为年度重点工作，以重点镇建设带动一般镇发展，小集镇建设投入不断加大，以北部的省重点中心镇板浦镇和东部发展较快的圩丰镇为重点小集镇，推动全县的小集镇建设。2005年，灌云县集镇住宅建筑总面积394.05万平方米，公共建筑总面积195.71万平方米。

三、交通

1984年，灌云县有公路15条，总里程259.1千米，其中干线122.7千米、支线136.4千米；有干线航道52条，长572千米。1985年起对公路、航道进行升级改造。至1990年底先后改造砂石公路72千米，公路黑色化65千米，改造航道28千米。1991年起，灌云县加大县、乡公路改造力度，至2002年底，先后完成县、乡公路黑色化118千米，拓宽改造县、乡公路115千米，新建砂石公路700千米，改造航道56千米。2003年起，开展农村公路建设，实施县、乡、村道路通达工程，建设标准为水泥混凝土或者沥青混凝土路面，至2005年底，共建设农村公路970千米，新建公路桥梁45座。2005年，全县国、省、县、乡级公路总里程达1441千米，每百平方千米公路密度81.28千米，行政村农村公路通达率达100%；县内航道总里程556.15千米，跨河桥梁21座，通航船闸5座，每百平方千米有航道28.37千米。

第四节　经济发展

一、农业

灌云县是传统农业县，是全国粮棉生产基地县之一。1984年，全县粮食作物种植面积14.83万公顷，总产47.9万吨；实现农业总产值（含林、牧、副、渔业）3.3亿元。自1985年起，全县大力推广农业科技和优良品种，三麦、水稻和棉花的单产显著提高，小麦种植面积位于全县各农作物之首，单产连续多年位于全省前列。同时积极发展多种经营，掀起种菜、植树、养畜、养禽、养鱼等生产热潮，获得显著效果。2005年，全县粮食作物种植面积11.17万公顷，总产63.17万吨；棉花种植面积1.7万公顷，总产12116吨。农业总产值38.19亿元，是1984年的11.6倍。畜牧业产值11.35亿元，为1984年的28.2倍，占农业总产值的29.7%。全县农业从单纯粮食生产逐步转向农林牧副渔全面发展。

二、工业

1984年，灌云县共有工业企业328家，其中全民所有制企业57家、集体所有制企业102家、乡（镇）办企业169家，共有职工19826人，全县工业总产值1.22亿元。“七五”时期，工业经济克服1986年的工改、能源和原辅材料价格上涨因素的影响，逐步走出低谷，进入相对稳定发展阶段。1990年，全县实现工业总产值5.33亿元，是“六五”末年的3.12倍。1991年，在集体企业中率先推行股份制，组建大企业、大集团，建立现代企业制度，以骨干企业为龙头，整合县内16家机械企业，成立旋耕机集团。1994年，全县工业总产值首次突破10亿元，达10.73亿元。1995年工业经济总量扩大，县乡工业快速发展，扭亏增盈成效显著，工业经济效益明显转好，乡镇工业企业基本消灭亏损，利税过百万元的工业企业14家。2000年，全县实现工业总产值78.63亿元，有规模企业114家。2001年起，灌云县实施“工业兴县”战略，全县进行第一轮大招商。2002年，主攻招商引资，大力新上项目。2003～2004年，先后建设县经济开发区和临港产业区。至2005年底，全县有规模企业92家，当年实现工业总值41.73亿元。

三、商贸服务业

1984年，灌云县有商业网点2678个，资本在50万元～100万元的商业户百余户。1985年，国营商业推行经理负责制。1988年，全县国营商业中的首家股份制企业天池商场开业。1989年推行经营承包。1990年，全县有证经营的个体商业网点4958个，从业人员9951人；全县有国有性质的商业企业260家，基层批发和零售门市部109个，职工4196人，完成经营额6863万元，占商业经营总额的16%。1992年，商业经营、价格、分配、用工完全放开，全县一时形成百业经商局面。1995年，全社会消费品零售总额9.01亿元，从业人员达3.7万人。1996年，全县流通企业积极开拓市场，年成交额达19.5亿元。2000年，全县社会消费品零售总额12.41亿元。2005年，实现社会消费品零售总额25.7亿元，商贸业占全县生产总值的38.1%。

第五节　社会事业

一、科技

1984年，灌云县有各类专业技术人员3363人。1984～1988年，灌云县先后与省农业科学院和南京农业大学合作完成数十项科研成果，其中历时4年完成省科技攻关课题“新型耕作栽培技术研究与应用”，与南京农机研究所合作研制成功1GQN-180S新型系列旋耕机。1989年，全县实施科技兴县战略，研制成功2BGS-10型少耕条播机，完成“气垫温控存粮技术”等项目。1996年，在省政府提出苏北星火带建设意见后，灌云县迅速整合资源打造棉花产业，形成以兴云集团、金田集团为核心的"企业加基地加农户"发展棉花产业模式。1997年，灌云县实施国家级星火计划项目和国家级农业攻关项目各1项，省级星火计划等各类项目12项。2000年，全县农业科技进步率达46%，初步实现由高产向高效的转变。2001年后，灌云县提出"工业兴县、开放兴县、科技兴县"三大战略，强调科技是第一生产力，突出科技工作在经济发展中的战略地位，科技人才队伍不断扩大，科技成果逐年增多。至2005年，全县有学会（协会、研究会）18个，乡镇科协20个，社区科普协会5个，农村专业技术协会88个，有专业技术人员1.13万人。全年申报各类科技计划项目31个，其中省级15个、市级16个；实施各类技术项目38个，其中省级10个、市级28个；组织科技项目验收和科技成果鉴定6个，完成专利申报60个，组织送科技下乡30次，有5个科技项目被列入国家级星火计划。

二、教育

1984年，灌云县有小学434所、在校生11.05万人，普通中学52所、在校生3.27万人；中小学教职工6917人；幼儿园33所，入园幼儿1.62万人，教职工597人；技工学校10所，学生800多人，教职工89人；电大灌云分校1所，学员231人，教职工17人。1985年，实施"一无两有"工程，全县完成校舍修建14.476万平方米，购置双人课桌4.591万张、双人课凳9327条，新建围墙3052米、护校室646平方米，建农村初中实验中心3个。1986年起继续改善办学条件，到1992年末共投入义务教育经费5236万元，其中群众集资3659万元，共完成校舍修建面积20.96万平方米，添置2.65万套课桌凳和90多万册图书资料。1995年基本完成扫盲任务。1996年，"普九"（基本通过九年义务教育工作）通过省达标验收。1998年，灌云县创办第二实验小学，创办民办学校5所。1999年，灌云中学初中部、板浦中学初中部、杨集中学初中部进行办学体制改革，公办性质改为公办民助，并分别改名为灌云实验中学、振兴中学、三星中学。灌云实验小学改制为公办民助性质。是年，全县有中小学学生20.87万人，为历史最多。2000年，全县职工学校全部停办；对生源少、规模小、布局不合理的学校进行调整，先后撤并中小学330所，其中撤除小学65所、完小改教学点250个，撤并初中11所、完中4所。

2001年，灌云县开始有计划、有步骤、分阶段组织实施学校危房改造。至2002年9月，共投入9689万元，改扩建校舍22.2万平方米，改造危房10.2万平方米，彻底消除农村中小学危房。灌云实验中学等8所中小学改制为公有民办性质的学校。2003～2004年，全县"三新一亮"（新桌子、新凳子、新讲台，教室亮）工程投入资金630万元，维修出新课桌凳27831套、新添置53416套（省补25800套），维修出新讲台486张、新增3600张，有3492间教室按标准配齐日光灯。对相关的民办学校进行验收评估，批建幼儿园40所、小学24所、中学8所、非学历机构20所，使全县民办教育步入正轨。

2005年，灌云县有幼儿园295所，入园幼儿2.93万人，幼儿入园率95%；小学150所（其中民办5所），在校生10.2万人，小学入学率99.8%；中学45所，在校学生8.05万人，其中初中38所（含民办57所），6.37万人，普通高中7所（含民办1所），1.68万人；综合职业教育学校2所，在校学生6293人；聋哑学校1所，在校学生80人；连云港电视大学灌云分校1所，在校学员498人。全县学校有教职工9654人，其中小学4638人、初中4044人、普通高中727人、职业高中228人、电大17人。

三、文化

1984年，县内有文化馆、图书馆、博物馆、淮海剧团、影剧院、新华书店等文化单位，有电影放映单位45家，各乡镇均设有文化站、广播站。县城建有1座电视差转台，覆盖半径15千米。1988

年后，灌云县淮海剧团暂停演出，保留建制；县人民广播站增挂“灌云县广播电视局”牌子，实行局站合一，属正科级事业单位。1992年，灌云县淮海剧团恢复演出，从业余剧团中招聘演职人员，实行集体承包、一团两制。1993年，县淮海剧团创作演出的现代戏《霍秀英》，获市首届“五个一工程奖”。1994年，灌云图书馆被文化部授予“国家三级图书馆”称号。1995年，伊山三中学生合唱队在全国合唱比赛中获二等奖、江苏赛区第一名；大伊山元代梅花鹿岩画和伊芦山唐代六神台佛教造像被公布为省级重点文物保护单位。1996年，大伊山石棺墓遗址被国务院确定为国家级重点文物保护单位。2000年，由孙朝熹、高朝煜、邱洪彤采写的报告文学《一位烈士遗孤的期盼》在《扬子晚报》发表，在全国引起较大反响，《人民日报》等全国31家报纸转载。2003年，由褚元太创作的现代戏《向阳桥》获第三届中国戏剧文学奖铜奖，杨敏编排的群舞《小骑兵》获全国小童星艺术人才展评银奖和首届中国少儿艺术节集体铜奖。2005年，全县有文化单位30家，其中县级9家、乡镇21家，共有专业文化工作者90人；乡镇图书室19处。全县建成有线电视光缆251千米，光纤1264千米，有线电视用户3.7万户。

四、体育

1984年，灌云县有各种体育协会12个。1986年4月，灌云县被评为江苏省体育先进县。1987年，在江苏省举办的“丰收杯”农民篮球比赛中获亚军。1988年9月，获首批“全国体育先进县”称号。1992年，县成立农民体育协会。伊芦、鲁河、东辛3个乡被命名为江苏省体育先进乡，同兴镇受到中共江苏省委农村工作部和省农林厅、省体委联合表彰。1996年，宁海乡广泛开展农民健身活动，被评为全国先进单位。2004年，县太极拳协会成立，成功举办与英国皇家太极拳学院的交流活动。灌云县被省评为“体育三下乡”先进单位。2005年，灌云高级中学被评为全国群众体育健身活动站，伊山公园健身点被国家体育总局授予“先进群众健身点”称号。全县共获得市级以上各类体育项目奖牌207枚。

五、卫生

1984年，灌云县有医疗卫生机构420家，其中县级10家、乡镇级25家、村级385家。全县共有卫生技术人员2777人，其中县、乡级1560人，村级1217人，卫生技术人员中具有中级以上职称的34人，初级职称的905人；医院、卫生院共有床位1114张，千人占有床位数1.47张，千人占有卫技人员数3.344人；婴儿死亡率为15‰，孕产妇死亡率为80/10万，法定报告传染病发病率为343.04/10万。是年3月，全县基层卫生组织进行全面整顿，对村卫生室实行“村办乡管”。1985年11月，开展地方性氟中毒病普查和水氟调查，查明县内患病率超过30%的有12个乡镇、1057个自然村。是年12月，县中医院名老中医王概编写的《三省斋医案医话集》刊印成册。经灌云县中药资源普查鉴定，县内中药材有1701种。1986年3月，灌云县卫生局组织人员收集整理民间单验方289条，可治疗疾病97种，编写《灌云县中药名录》《单方验方选》。1988年10月，灌云县通过江苏省基本消灭丝虫病验收。是年12月，《灌云县中药资源普查与研究》获连云港市1987年度科技进步奖二等奖。1989年1月，县人民医院按企业核算方法分科室核算工资；3月，卫生部和世界卫生组织、联合国儿童基金会联合扩大免疫规划审评团对灌云县计划免疫工作进行审评，“四苗”覆盖率为97.62%。

1991年1月，县卫生局对全县1271名在岗在编乡村医生建立退休养老保险制度。是年4月20日，同兴镇团荡村在全县率先实行“福利风险型”集资医疗保健制度。1992年5月，县卫生局首次对乡村医生进行技术职称评定，共评出乡村主治医师10人、乡村医师351人、乡村医士592人、保健员327人。1996年，县医院引进价值331.5万元的德国西门子公司生产的CT机。1997

年3月，日本"利民工程"向沂北乡卫生院提供门诊楼、病房楼及医疗设备援助项目签字，提供援助资金95715美元。是年10月，灌云县通过卫生部基本消灭麻风病的评审验收。2000年6月，经省卫生厅验收，灌云县达到消灭丝虫病标准。2002年11月，通过卫生部消除碘缺乏病的验收。2003年10月，新型农村合作医疗在沂北乡试点，参合人口3.33万人，参合率80%。2004年3月，在白蚬、同兴等15个乡镇进行第一轮新型农村合作医疗推广，参合人口51.3万人，参合率60.35%。2005年2月，新型农村合作医疗在全县范围内实行。

2005年，全县拥有卫生机构463家，其中县级医院7家、中心卫生院9家、乡镇卫生院13家、行政村卫生室395个、个体诊所39家。全县有医院床位1327张，共有卫生工作人员2257人，其中卫生技术人员1256人，卫技人员中具有中级以上职称257人。婴儿死亡率为6.5‰，孕产妇死亡率23.49/10万。法定报告传染病发病率115.20/10万。

第六节　人民生活

1984年，灌云县农民人均纯收入329元，城镇职工年平均工资728元，城乡居民储蓄总额3999万元。1985年后，灌云县企业职工养老保险和失业保险起步，农村联产承包责任制的实行和城镇工业企业改革改制的推进使全县城乡经济得到快速发展。1990年，全县农民人均纯收入574元，城镇职工年平均工资1597元；城乡储蓄存款余额2.07亿元，其中城镇储蓄1.5亿元、农村储蓄5788万元；城镇居民每百户拥有自行车152辆、缝纫机66台、手表232块、电风扇190台、洗衣机84台、电冰箱18台、彩色电视机24台、黑白电视机78台；农村居民每百户拥有自行车140辆、缝纫机57台、手表188块、电风扇57台、黑白电视机37台。1992年，灌云县被民政部授予"全国社会养老保险先进县"称号。1996年，灌云县开始实施工伤保险和生育保险。1999年，职工医疗保险工作起步。

2000年以后，全县经济发展速度加快，城乡居民生活水平大幅度提高。2005年，农民年人均纯收入3582元，农村居民年末人均住房面积32.81平方米；城镇在岗职工年平均工资11491元，城镇居民年可支配收入5885元，人均住房面积24.83平方米；年末城乡居民储蓄存款余额达到28.31亿元；每百户农村居民拥有住宅电话78部、移动电话58部、电视机118台、洗衣机41台、冰箱7台、摩托车30辆；每百户城镇居民拥有住宅电话123部、彩色电视机129台、洗衣机104台、冰箱65台、摩托车23辆。

第七节　特色选介

一、特色乡镇——伊山镇

伊山镇是灌云县政府所在地和全县政治、经济、文化中心。区域面积76.75平方千米，其中城区面积18平方千米。下辖37个村（居）民委员会，人口14.3万人，是江苏省首批百家名镇之一。全镇拥有耕地4600公顷，盛产优质大米、小麦、蔬菜、棉花、玉米、林果等绿色无公害农副产品。先后建成山西大葱、新华秋梅豆、任庄蔬菜、王圩西瓜、彭洼蛋鸭等10个特色种养基地。2005年，完成工业产值11.97亿元，实现销售收入11.73亿元，规模以上工业利润875万元、税金587万元。

二、特色产品——旋耕机

20世纪80年代前，灌云县农业机械修理制造厂试制成功中间传动IGN系列旋耕机，后定型为IGN－175型，商标为“云山”牌；又研制出IGN-200型旋耕机，这两种机型获全国科学大会奖。“云山”牌旋耕机商标获得国家注册。

1985年，县农机厂生产旋耕机1606台，实现产值714.99万元。1987年，农机厂对旋耕机生产线进行技术改造，“云山”牌旋耕机获得部优称号，IGQN-180S型旋耕机获得江苏省优秀新产品开发“金牛奖”。1990年底，列入“七五”计划的旋耕机技术改造项目全面完成，县农机厂新增各类通用设备28台、专用设备18台，年生产能力超过1万台。

1991年3月，由连云港市旋耕机制造厂等16家企业组建成立连云港旋耕机集团公司。1991年，全县生产旋耕机超过1万台，实现利润172.2万元。1996年，国家农业政策调整，旋耕机成为紧俏货，旋耕机生产出现新高潮，是年连旋集团生产旋耕机1.71万台。1998年，连旋集团的旋耕机生产因市场需求不旺，产品质量下降，产量开始下滑。是年，灌云县开始出现私营、合作经营的旋耕机厂家转产旋耕机。

2002年9月，北京银华春翔农机有限公司出资购买连云港市旋耕机厂。2004年，企业更名为江苏银华春翔机械制造有限公司。2005年，除江苏银华春翔机械制造有限公司生产的“云山”牌旋耕机外，灌云境内还有连云港市大陆旋耕机厂生产的“大陆桥”牌旋耕机、连云港市威迪机械有限公司生产的“威迪”牌旋耕机、连云港市东堡旋耕机厂生产的“云灿”牌旋耕机等旋耕机品牌。旋耕机销售遍布全国各地产粮区，还销往澳大利亚、欧美等国家和地区，旋耕机销售量约占全国的40%。

2005年灌云县国民经济发展情况统计表

表42-6

项　目	单　位	实绩	项　目	单　位	实绩
人口	万人	105.05	全社会固定资产投资总额	亿元	41.88
土地面积	平方千米	1897.69	外贸出口总额	万美元	1602.00
其中耕地面积	平方千米	1054.00	实际利用外资及港澳台资	万美元	1054.00
地区生产总值	亿元	46.48	地方财政收入	亿元	1.54
第一产业增加值	亿元	16.94	地方财政支出	亿元	5.49
第二产业增加值	亿元	15.76	在岗职工年平均工资	元	11491.00
第三产业增加值	亿元	13.78	农民年人均纯收入	元	3582.00
粮食总产量	万吨	63.17	城乡居民储蓄存款余额	亿元	28.31

第七章　灌南县

灌南古称“海西”。因地处灌河流域、位于灌云之南而得名。灌南县位处江苏省东北部，濒临黄海，是连云港市的南大门，介于北纬33°59′～34°27′、东经119°07′～119°48′。西接沭阳，东、南分别与盐城市响水县、淮安市涟水县为邻，北隔新沂河与灌云县相望。县境最大直线距离东西71千米，南北30千米。土地总面积1027.02平方千米，其中耕地面积593.33平方千米、水域面积269.13平方千米。2005年，全县辖9镇5乡，总人口74.01万人。

第一节　建置区划

一、建置

早在新石器时代，灌南县境内就有人类活动。春秋战国时期，境域先后属鲁国和楚国。秦代，实行郡县制，境属朐县。西汉初，归属仍旧。汉武帝太初四年（前101年），封李广利为海西侯（治今新集镇塘河村），境域为其封地。汉武帝征和三年（前90年），李广利败降匈奴，遂废除海西侯，改置海西县，隶属东海郡。东汉，境属依旧。三国时期隶属魏，划归广陵郡。西晋因之。东晋始，废海西县，境属朐县。南北朝至元朝，境域归属多变，或属朐县或属朐山县。明清时，分属海州和安东县。民国时期，分属灌云县、沭阳县、涟水县。1950年，境内北部属灌云县，南部属涟水县。1957年11月，经国务院批准，析灌云县南部地区的9个乡、1个镇和涟水县北部地区的5个乡，共计15个乡镇设置灌南县（治所新安镇），隶属淮阴专区。1960年5月，经江苏省人民委员会批准，将滨海县的响水和周集2个人民公社划归灌南县。1965年10月，根据江苏省人民委员会指示，又将响水和周集划回滨海县。1983年，江苏省实行市管县体制，灌南县隶属淮阴市。1996年8月，灌南县由淮阴市划归连云港市管辖。

二、区划

1984年，灌南县辖有新安镇和堆沟、五队、田楼、长茂、三口、张湾、百禄、新集、花园、小窑、新安、硕湖、大圈、六塘、李集、孟兴庄、汤沟、白皂、张店、北陈集20个乡。1985年，堆沟乡更名九队乡。1987年，析九队乡的大嘴、十队、堆沟3个村设立堆沟港镇；长茂、百禄、汤沟、张店、北陈集5个乡撤乡建镇。2000年，硕湖乡并入新安镇，九队乡并入堆沟港镇。2002年，三口乡、张湾乡合并设立三口镇，孟兴庄乡、白皂乡合并设立孟兴庄镇。2005年，新安乡、大圈乡并入新安镇，小窑乡并入百禄镇，六塘乡并入李集乡。全县辖新安、堆沟港、长茂、三口、百禄、孟兴庄、汤沟、张店、北陈集9个镇，五队、田楼、新集、花园、李集5个乡，共有村（居）民委员会238个。

第二节　自然环境

一、地质地貌

灌南县境大地构造处于华北地台与扬子准地台的过渡地带，次一级构造为鲁苏断块和下扬子断块，与黄海构造盆地紧密相连。境域北部地区基底为前震旦代变质岩系的古老地层，岩性为细粒长石英岩，覆盖着由黏土、亚黏土、粉砂薄层等组成的沉积物，覆盖层厚度200米左右；南部地区基底为古生代地层，覆盖着红色、深灰色砂岩和绿色钙质细砂岩，覆盖物厚度430米左右。

图 42-14 灌南县是著名的“魔术之乡”，也是二郎神文化发源地。图为二郎神文化遗迹公园。 侍志 摄

全县属黄泛平原区。地势平坦，地面由西南向东北逐渐倾斜，最低处海拔高程1.6米，最高处海拔高程6.5米。全县坡降为一万五千分之一至二万分之一，属平原缓坡地带。因地处淮、沭、沂、泗诸水尾闾，境内河网稠密，有灌河、新沂河、盐河、南六塘河、北六塘河、柴米河、一帆河等主要干河10多条，河流总长4883千米，每平方千米河网密度为4.69千米。其中，灌河古称灌江，又名大潮河，境内长59.57千米，横贯东西，河宽水深，四季无冻，是苏北唯一在干流上没有建闸的天然入海潮汐河道，被誉为“苏北的黄浦江”。

二、土壤

灌南县土壤肥沃，古时黄水在境内漫流，因受地形及距泛滥河流远近的影响，沉积物发生变异，造成其分布广泛，厚度也不尽相同。土壤均属潮土类，分为三大类型：黄潮土，分布在境内北部和西北部地区，宜种旱谷、棉花及栽植桑树、泡桐等林木；盐碱性潮土，分布在境内东南部地区，宜种五谷、油菜、花生等农作物；潮盐土，分布在境内东北部地区，宜种稻、麦、棉花等农作物。

三、气候

灌南县属暖温带湿润性季风气候，四季分明，雨热同季。1984～2005年平均气温14.2℃，年际最大差值为1.6℃。常年最冷为1月，平均气温为0.7℃，极端最低气温为-13.2℃（1990年2月1日）；最热为7月，平均气温为26.8℃，极端最高气温为37.9℃（1988年7月9日）。境内日照充足，属高光照区。年平均日照时数为2262.3小时，年日照率为51%。有效生长期260天左右，平均无霜期205天。初霜日10月15日前后，终霜日4月4日前后。境内雨量充沛，年平均降水量923.5毫米，平均雨雪天95.5天。季节间降水差异显著，夏季降水最多，占全年降雨量的55%；冬季降水最少，占全年降水量的10%。极端降水量最高的年份为2003年1458.7毫米，极端降水量最低的年份为2004年561.1毫米。

第三节 基础设施

一、县城建设

1984年，灌南县城新安镇有主次街道6条，总长9240米，宽10～30米不等，其中混凝土路面1670米、沥青路面3810米、砂石路面3760米；有10千伏输电线6条38千米，10千伏变压器25

台；店铺门面房1000多间2万多平方米，且多为平房，破旧民居3000多间6万多平方米。1985年起，加大街道、桥梁、电力、供水、排水、建筑、林园绿化、环境卫生等方面改造力度，至2000年，累计新建、改建混凝土路面12万平方米；新建桥涵13座；新铺自来水主管道16.78千米、排水主管道25.43千米；新建商业街3条，临街商住楼100多幢10万多平方米，住宅楼300多幢100多万平方米；城市绿化10万平方米；新建公厕12座。2001年以后，城建力度进一步加大，县城面貌焕然一新。2005年，县城区共有主次干道28条，总长39.65千米，皆为水泥或沥青路面；商业街6条，店铺门面房3500多间40余万平方米；住宅小区8个200多万平方米；市民广场5个2.7万平方米；10千伏输电线路20条，长105千米，10千伏变压器76台；供水主管道长53千米，排水主管道长68千米；公厕31座；公共绿地44.1万平方千米，人均公共绿化面积7.6平方米，绿化覆盖率35.8%。

二、乡村建设

1984年，灌南县农村住宅多为土墙草房，乡镇所在地的小城镇亦很落后，仅有10千伏输电线33条454千米，10千伏配电变压器892台。1985年以后，随着农村经济的快速发展，乡村建设势头迅猛。至1988年，累计新建砖石结构瓦房10万多间200多万平方米，土墙草房在农村基本被淘汰。1989年，农村建房实施统一规划，合理布局，减少耕地占用面积。1990年，实施“两田制”（按人口分口粮田、按劳动力分责任田）改革，明确农村土地“三权”（即土地所有权、承包权、使用权），同时实施农村危旧房改造工程。至1995年，共改造危旧住房13万间200多万平方米，新建瓦房15万间300多万平方米。1996年，掀起小城镇建设热潮，本着“谁投资、谁建设、谁受益”的原则，当年建筑面积达50多万平方米。至1997年，全县所有自然村通电，所有农户用电照明。1998年，农村土地开展二轮承包，全县统一实行“一田制”，农户承包集体土地期为30年。2000年，开始新农村建设并建成新农村集中居住点12个，建两层楼房1000多幢20多万平方米。2005年，按照“七有”标准建立健全农村土地二轮承包档案，即有土地二轮承包底册、土地二轮承包合同书、土地经营权证发放签字簿、补（换）发土地经营权证申请书、土地经营权证补（换）签字簿、土地流转台账、土地流转合同书，全县共补发、换发土地经营权证书3.8万份，为10.5万户农户补充完善土地承包流转合同。农村居民住房面积总计达到1800多万平方米，人均27.1平方米。全县小城镇建筑面积累计185万平方米，新建公厕150座，铺设水泥街道路面100多万平方米，架设10千伏输电线路42条、全长1378千米，有10千伏变压器2705台，共铺设自来水总管道100多千米、排水主管道125千米，建成农田林网500平方千米，村庄林木和河沟渠堤绿化覆盖率分别为60%、93.6%。

图42-15　2005年，灌南县交通通畅，全县公路通车里程1089千米。　侍志　摄

第四节　经济发展

1984～2005年，灌南县因地制宜，加强农业基础建设和新技术、新品种推广，农业园区建设走在全省前列，形成工厂化食用菌、花卉苗木、生猪养殖三大产业。冶金特钢、船舶物流、医药化工、酿酒食品等支柱产业特色明显，促进二、三产业规模化、集约化发展。2005年，全县实现地区生产总值40.05亿元，其中第一产业增加值13.14亿元、第二产业增加值14.4亿元、第三产业增加值12.51亿元。

一、农业

灌南是传统农业县，是全国粮棉生产基地县之一。1984年，全县粮食作物播种面积7.07万公顷、总产28.87万吨。1984年，全县粮食总产29万吨，大豆棉花总产14.64万吨，实现农林牧副渔总产值1.92亿元，农民年人均纯收入252元。1988年以后，不断加大农业基础投资，大力发展农业机械和农田水利基本建设，加大农村帮扶力度，科学规划农业发展区域，大力推广农业科技和优良品种，加强农业商品粮基地和养殖业的开发，不断减轻农民负担，农业生产整体水平大大提高。1998年，县委、县政府出台《关于进一步稳定和完善农村土地承包关系的意见》，农村土地开展二轮承包，全县统一实行“一田制”，承包期为30年（1998～2028年）。土地二轮承包后，农民生产积极性提高，全县农业得到快速发展。1999年，全县粮食总产46.47万吨，大豆和棉花总产12.16万吨。进入21世纪以后，进一步推进农业产业结构调整、农业产业化经营、农业基础设施建设，促进农业和农村经济的持续快速发展。2005年，全县粮食总产45.01万吨，实现农林牧渔业总产值23.97亿元，农民年人均纯收入3415元，分别是1984年的12.5倍和13.6倍。菜菌、林果、畜牧、水产逐步成为农村经济的四大支柱产业。

图42-16　灌南县因地制宜，形成工厂化食用菌、花卉苗木、生猪养殖三大产业。图为菌菇加工车间。　　侍志　摄于2005年

二、工业

1984年，全县有酿酒、食品、机械、五金、化工、造纸、粮油饲料、纺织、服装、建筑等工业企业170家，其中全民所有制22家、集体所有制35家、乡（镇）办113家，职工11646人（全民4897人，集体2893人，乡办3856人）。全县实现工业总产值8233万元，其中全民企业5142万元、占62.46%，集体企业2678万元、占32.53%，乡（镇）办企业413万元、占5.01%。1985年，全民企业、县办集体企业、城镇集体企业和乡办集体企业工业总产值1.02亿元。1990年，工业总产值3.6亿元。1995年，工业总产值9.91亿元。2000年，工业总产值12.23亿元。2003～2005年，县委、

县政府在原有县经济技术开发区的基础上，重新组建灌南经济开发区，在堆沟港建立连云港市化工园区。2005年底，经济开发区内投产企业45家、在建企业40家，其中投资超亿元企业15家、5000万元以上企业27家、外资企业14家，职工8000余人，面积12平方千米。全年完成地区生产总值12亿元，企业总收入60亿元，财政收入3500万元；合同利用外资及港澳台资4125万美元、实际利用外资及港澳台资1903万美元、自营出口额840万美元。化工园区开发面积10平方千米，进区企业106家，投资总额54.6亿元，转移农村富余劳动力5000余人，投产企业完成产值14.6亿元，实现利税1.3亿元。2005年，工业总产值23.5亿元，是1984年的27.54倍，年均增长17%。全县初步形成化学工业、机械电子工业、纺织、服装、制鞋工业、木材加工业、造纸、印刷、纸制品工业、建材工业、食品饲料加工业、酿酒业、造船业等门类较为齐全的工业格局。

三、商贸服务业

1984年，全县有商业网点2553个，从业人员8826人。其中，国营网点154个，从业人员2386人；集体网点1012个，从业人员3852人；个体网点1387个，从业人员2588人。社会消费品零售总额8300万元。1985年起，商贸市场逐步放开，经营自主权不断扩大，个体商业网点猛增。1987年，全县个体商业网点发展到4106个，从业人员6080人，分别是1984年的4.1倍和2.3倍。1988年，国营和集体商贸经营体制和产权制度改革。大中型企业推行经营承包责任制，小型企业实行“改、转、租”。1992年，多种经济成分并存、多种经营方式并存、多种经营渠道并存的大流通经营格局初步形成。至1997年，全县个体私营商业网点发展到5101个，从业人员1.38万人；社会消费品零售额3.88亿元，占全县社会消费品零售总额的78%。2004年，全县除烟草、盐业外的国营和集体商业企业职工全部进行身份置换；国营和集体商业基本上从商贸市场上退出。2005年，全县共有商业网点22785个49169人，其中个体私营网点22583个48956人；全县社会消费品零售总额15.63亿元，是1984年的18.83倍。

第五节　社会事业

一、科技

1984年，灌南县有各类科技人员1758人，经市以上科技部门核定的科技成果28项，其中获奖6项。1986年加大科技推广力度，在酿酒食品、纺织服装、机械制造、木材加工等传统产业中组织实施国家级、省级星火计划项目和火炬计划项目。1987年，木材加工星火密集区有规模企业23家，实施星火项目8项。1988年，县委、县政府制定激励科技进步的政策措施，确立“科教兴县”发展战略。1991年，《灌南县星火技术密集县“八五”规划纲要实施方案》颁布。1996年，全县推广科技成果26项，实施科技攻关项目18项。1999年，大型压铸机项目列入省工业火炬计划，计算机辅助设计项目申报省微机开发项目。2001年组织实施科技项目40项，其中国家级3项、省级5项、市级16项、县级16项。2002年，县压铸机有限公司研制的直接增压式压铸机和县绝缘材料厂研制的真空压力玻璃粉云母片项目被列入国家级火炬计划项目。2005年，全县共有科技人员32497人，是1984年的18.49倍；推广应用科技成果28项，形成棉花增产增收、MIB计量泵、数控压铸机等一批科技成果。灌南县被国家科协、江苏省政府命名为全国科普示范县和江苏省科技工作先进单位。

二、教育

1984年，全县有幼儿园26所，入园幼儿园1.15万人；小学287所，在校学生7.5万人；中学61所，在校生2.12万人；职工学校6所，在校生330多人。1989年，全县中小学实现“一无两有”，即无危房，有教室、有课桌凳。1992年底，全面普及初等义务教育。1996年9月，顺利通过省普及九年义务教育合格验收；10月，经过省级验收成为基本扫除文盲县。1997年起，制定改造薄弱学校规划，并逐年实施。1998年，进行小学学制改革，农村小学由五年制改为六年制，到1999年，全县所有城乡小学全部实行六年制。2003年，贯彻实施国家《社会力量办学条例》和《中华人民共和国民办教育促进法》，全县呈现公办、私人办学和公有民办等多种办学模式并存格局。2005年，全县有幼儿园306所，入园幼儿1.34万人，入园率89%，幼儿教师282人；小学210所，在校生5.34万人，入学率100%，教职工2737人；中学39所，在校生5.25万人，教职工2699人。全县盲、聋、哑特殊儿童入学率达100%，非文盲率达99.9%。是年末，全县2.39万人参加高考，其中本科录取5240人、大专录取6993人；有1万余人参加高等教育自学考试，其中取得各类毕业证书1200余人。

三、卫生

1984年，全县医疗卫生机构有县级5家（县人民医院、县中医院、县第二人民医院、县卫生防疫站、县妇幼保健所），乡镇级21家，村级312家；有医疗技术人员1466人，其中县乡级708人、村级723人、厂（校）医务室23人、个体诊所12人；医院、卫生院有病床654张。1985年，全县乡镇卫生院进行“三配套”（人才、院舍、设备）建设。1986年，行政事业单位职工实施公费医疗经费门诊包干制度，工厂和企业单位职工实行医疗费定额包干、超支不补、节约归己制度，医疗费支出明显减少。1991年，灌南县顺利通过省基本消灭麻风病达标验收。1994年，全县有14家乡镇卫生院通过省市专家评估，达到“爱婴医院”标准。1995年，县第二人民医院改为仁慈医院。1996年，县中医院医生周达春研制的“五妙水仙膏”获加拿大世界博览会金奖。1998年，县政府出台《农村合作医疗保健制度实施方案》，对新型农村合作医疗的形式、资金筹集、报销比例作出具体规定，是年全县有8000多户2.1万人参加新型农村合作医疗。2000年，公费医疗一律改为医疗保险。2001年，乡镇卫生院实施产权制度改革，即经营权和所有权分离，将评估后的集体资产以合同形式租赁给经公开竞聘的院长自主经营、自负盈亏，改制后非营利性卫生事业单位性质不变。2003～2004年，县中医院、县人民医院实行改制。2005年，全县共有医疗卫生机构267家，其中县级6家（县人民医院、县中医院、县协和医院、县仁慈医院、县卫生防疫站、县妇幼保健所）、乡镇级18家、村级243家；有医疗技术人员2444人，其中县乡级1183人、村级1207人、厂（校）医务室25人、个体诊所29人，平均每千人拥有卫生人员3人。

四、文化体育

1984～2005年，全县建立县、乡、村三级文化网络和各类专业文化协会，文化事业发展迅速，文化阵地持续扩大，群众性业余表演团队总量、规模与水平稳步提升，涌现出在省市有一定知名度的文学艺术工作者和作品，并多次在国内外获奖。校园文化蓬勃发展，县城各校与乡、镇中小学普遍建立文艺团队，并参加县内外文艺汇演。2001年，灌南县被江苏省政府命名为省文化先进县。到2005年底，在各类文学艺术作品竞赛和参展评比中，全县获国际比赛参展奖2人次、全国比赛参展奖41人次、省比赛参展奖43人次、市比赛参展奖65人次。有12名文学工作者的作品公开出版发行。

1984～2005年，全县群众体育活动丰富多彩，全民健身活动逐步成为城乡居民的美好风尚。至2005年，全县5个乡（镇）被授予“省体育先进乡（镇）”称号，3人被评为省体育先进工作者、2人分别获“全国群众体育工作先进工作者”“国家级社会体育指导员”称号。灌南籍运动员在各类体育比赛中，屡屡获奖。全县培养国际运动健将2人，国家运动健将9人。向省市级体育部门输送优秀运动员68人。有专职体育教练员7人，其中一级教练员5人、二级教练员2人。

第六节　人民生活

一、城镇居民生活

1984年，灌南县城镇居民年人均可支配收入503元，年人均生活消费支出490元，人均住房面积10.5平方米；市话用户装机487部，拥有洗衣机、电冰箱、摩托车、电视机等日用消费品的家庭极少。1994年，居民年人均可支配收入1538元，年人均生活消费支出1116元，年人均住房面积16.8平方米。2000年，居民年人均可支配收入4735元，年人均生活消费支出4271元，年末存款余额6.9亿元。2001年，居民年人均可支配收入达5138元，年人均生活消费支出4467元，居民存款余额8亿元，市话用户装机1.44万余部，其中是年新装市话2000部。2005年，城镇居民年人均可支配收入6348元，年人均生活消费支出4620元，人均住房面积为23.2平方米，居民储蓄存款余额17.33亿元，市话装机2.9万部；每百户拥有成套家具92套、洗衣机102台、电风扇154台、冰箱90台、空调54台、淋浴热水器61台、自行车168辆、摩托车45辆、彩色电视机98台、影碟机46台、微波炉18台、饮水机65台，少数居民家中购置电脑、家用汽车等。

二、农村居民生活

1984年，灌南县农民年人均纯收入252元，年人均生活消费支出239元，人均住房面积10.23平方米；全县农话装机635部，每百户拥有自行车10辆、缝纫机3台。1994年，农民年人均纯收入超过1000元，达1163元；全县农村电话实现自动化，每百户有自行车165辆、缝纫机76台、手表120只、电风扇65台、黑白电视机50台、彩电5台。1997年，农民年人均纯收入2260元，年人均生活消费支出1503元、占年人均纯收入的66%。2003年，农民年人均纯收入2730元，年人均生活消费支出1508元。2005年，农民年人均纯收入3415元，年人均生活消费支出2492元、占年人均纯收入的73%，人均住房面积27.1平方米；全县农话装机12.8万余部，其中是年新装机农话单机2.9万部；每百户拥有热水器18台、摩托车30辆、彩色电视机75台、黑白电视机52台、固定电话91部、移动电话57部、洗衣机55台、空调12台。

第七节　特色选介

一、特色乡镇——新安镇

新安镇始建于明隆庆六年（1572年），是灌南县政治、经济、文化中心，县政府所在地。326省道穿境而过，东连204国道，西接宁连高速，交通便捷。南与淮安市涟水县灰墩镇接壤，北隔龙沟河与张店镇相望，东南与三口镇、新集镇毗邻，西临李集乡。2005年，镇域面积142.61平方千米，辖4个社区、29个行政村、334个村（居）民小组，人口15.87万人；实现地区生产总值7.49亿元，财政收入4600万元，农民年人均纯收入3596元。先后获"全国文明县城""全国新农村建设管理民主示范镇""国家级生态乡镇""江苏百家名镇"等称号。

二、特色产品——汤沟酒

汤沟酒是中国历史文化名酒，距今有近500年历史。1989年获国家技术监督总局认证并授予方圆质量标志。先后获得ISO 9001：2000国际质量保证体系认证证书和ISO 14001：2002国际环境管理体系认证证书。2004年9月，国营江苏汤沟酒厂进行改制，建立民营性质股份合作制企业，更名为江苏汤沟两相和酒业有限公司。2005年相继推出"两相和"及"香泉"牌两个品牌，其中"两相和"系列酒被中国酿酒协会和中国食品协会评为全国酒类产品质量安全诚信推荐品牌、中国白酒工业十大创新品牌、中国酒文化经典品牌、江苏省著名商标。汤沟酒已形成极品、珍品、精品、特曲、优质、优曲、普曲7大系列，汤沟、两相和、君子兰、至尊王、鳖大汪、龙酒等450多个品种规格，产品行销全国20多个省、自治区、直辖市。汤沟两相和酒业公司被商务部认定为"中华老字号"企业，汤沟酒酿造技艺被列为江苏省非物质文化遗产。

2005年灌南县国民经济发展情况统计表

表42-7

项　目	单　位	实　绩	项　目	单　位	实　绩
人口	万人	74.01	全社会固定资产投资总额	亿元	35.77
土地面积	平方千米	1027.02	外贸出口总额	万美元	1628.00
其中耕地面积	平方千米	593.33	实际利用外资及港澳台资	万美元	2462.00
地区生产总值	亿元	40.05	地方财政收入	亿元	1.73
第一产业增加值	亿元	13.14	地方财政支出	亿元	4.20
第二产业增加值	亿元	14.40	在岗职工年平均工资	元	11777.00
第三产业增加值	亿元	12.51	农民年人均纯收入	元	3415.00
粮食总产量	万吨	45.01	城乡居民储蓄存款余额	亿元	17.53

连云港市志

第四十三卷　人　物

连云港地杰人灵，人文荟萃。中华人民共和国成立后，特别是1984年连云港市被列为中国沿海首批开放城市后，连云港各行各业人才辈出，在各自的学科和工作领域建功立业，为地方经济建设和社会发展创造了重要业绩，作出了重要贡献。本卷设人物传略、人物简介、人物表录3章。人物传略收录1984～2005年去世的在全国、全省和全市影响较大的人物59人，收录范围以本籍为主（48人），兼顾对连云港社会发展作出贡献的客籍人物（11人）。传主中有革命英烈、全国劳动模范和先进工作者、中国科学院中国工程院院士、享有较高声誉的学术带头人和工商界实业家、正市级（军队正师职）以上领导干部、教育卫生体育文艺界知名人士以及部分前志应收录未收录的人物。按传主卒年先后为序，卒年相同者以姓氏笔画顺序排列。人物简介收录先进模范人物、正高级专业技术职务人员、在外乡贤、非物质文化遗产项目代表性传承人等199人，以在世人物为主，为保证资料完整，兼收部分去世人物。按人物生年先后为序，生年相同者按姓氏笔画顺序排列。人物表录收录受省级以上表彰的先进模范人物和享受国务院特殊津贴专家以及连云港籍在部队任职干部。

第一章　人物传略

王西善　吉兴林　谭保庆　刁一民　刘一麟　杨祖彤　时净支　贾景远　袁春奎　张明瑾
孙爱国　何仁华　杨佃池　张月超　苏　羽　徐传宝　惠浴宇　孙佳讯　孙笃生　朱万国
江希明　陈伟达　董力生　朱智贤　杜　李　郇华民　赵　虹　田　诚　孙长兴　武可久
唐凡田　徐　前　董志好　孙良浩　丁文斋　曹华棣　万　毅　杨　兵　陈学春　汪德昭
赵　林　杨天全　吕继英　刘　喜　祁德杰　汪德耀　唐贯淮　金　逊　夏　梨　丁照前
卜庆飞　王友芝　王玖兴　冯克玉　何正礼　周　惠　谢绍曾　李石青　芮杏文

王西善（1951—1984）　赣榆县人。1968年应征入伍，1969年9月加入中国共产党，1975年任连长，1978年任兰州军区某炮兵部队侦察股长。担任侦察股长期间，为改变战区原有测绘图坐标少、不适应实战要求的状况，带领战友涉沙越岭，重新测绘所在战区图，将自己多年搜集的20万字资料提供连队资料室，编写出7万多字的《侦察兵沙漠战术训练教材》。1983年任兰州军区某炮兵团营长。1984年10月3日，兰州军区某部营区381号弹药坑起火。当时坑道里存有2000多发炮弹，百米之内有师部大楼和5个连队。王西善等抢先赶至坑道，因坑道浓烟滚滚，严重缺氧，两次冲击未获成功。第三次终于冲进坑道中，找到火源，迅速用铁锹掘沙压火，扑灭了大火，王西善却因严重缺氧而牺牲。民政部批准他为革命烈士，兰州军区为他追记一等功。兰州军区政治部根据王西善的事迹摄制了电视报告文学片《啊！巴丹吉林》。

吉兴林（1957—1984）　灌云县人。1957年5月出生。1976年3月应征入伍，为南京军区警备司令部独立团战士，驻守在南京五台山体育馆。曾获“投弹能手”“优秀射击手”称号，1977底加入中国共产党。1979年2月，吉兴林参加对越自卫反击战，被编入主攻团，任轻机枪班班长。因英勇善战，被调至昆明军区35207部队118团任排长。1983年被提升为高射机枪连连长，年底再次赴前线作战。1984年4月28日凌晨，参加老山战斗，他所在的高机连承担为尖刀连运弹药、运伤员的任务。吉兴林带领全连战士冒着密集炮火前进，当冲到敌人炮火封锁线时，指挥全连疏散隐蔽，自己带着通信员、话务员扑向布雷区，为全连探路开道。在前进途中一发炮弹在他身边爆炸，吉兴林因伤势过重壮烈牺牲。师党委给他追记二等功。

谭保庆（1920—1984） 连云港市连云区人。1951年，市水产科在连岛乡组织渔民互助合作组，谭保庆第一个把自家网具献出，并动员其他渔民参加，成立连岛乡第一个渔业互助组，谭保庆任组长。当年秋季，渔业生产获得丰收，组员收入比同村单干户收入高一倍。在他的影响和带动下，全乡先后成立18个互助组。1954年8月1日，谭保庆第一互助组、第三互助组50户人家300口人、6只船78条渔网组成连岛乡第一个渔业生产合作社——连岛“八一”渔业生产合作社，谭保庆任社长。这是苏北地区最先成立的渔业生产合作社。白天，谭保庆坚持领船出海，工作在生产第一线；夜晚，他为组员筹钱筹粮。他还组织渔民开辟了开山渔场、新黄河渔场。1956年，谭保庆被评为全国劳动模范，受到国家、省、市、区四级嘉奖。1984年病逝。

刁一民（1907—1985） 山东省烟台市牟平区人。民国26年（1937年）参加革命 民国27年7月加入中国共产党。历任掖县、西海地区抗日救国会主任，渤海区第二地委副书记，周村市委书记等职。1950年5～12月任新海县委书记。1951年1月至1952年2月任中共新海连市委书记，并兼任第一至四届市各界人民代表会议常务（协商）委员会主席。此后，历任上海国棉十九厂、柴油机厂党委书记，华东军政委员会工业部秘书处主任，国务院“三办”综合组组长，国家经济委员会建材局局长等职。“文化大革命”初期遭到迫害。1971年恢复工作后，任枣庄矿务局党委副书记、书记，中共枣庄市委常委、市革委会副主任、市政协副主席等职。1985年病逝。

刘一麟（1908—1985） 字揆伯，东海县人。民国10年（1921年）考入海州第十一中学。民国13年考入上海同济大学医科。民国20年7月以第一名成绩毕业后，在上海宝隆医院担任内科、儿科医师。民国22年初考入德国汉堡医科大学攻读博士学位，获医学博士学位。后进修儿科。回国后，在新浦开办益龄医院。民国27年，日军进攻海州、新浦等地，益龄医院被迫转迁至灌云县杨集。民国29年底被日伪以“窝藏枪支，图谋不轨”罪名关进监狱。获释后去上海。民国32年12月在扬州行医时，收到日伪当局要他出任海州义德医院院长的电报，刘一麟断然拒绝。民国36年返回新浦复业，仍称益龄医院。中华人民共和国成立后，当选为新浦医学联合会主任、新海连市首届各界人民代表会议代表。1951年10月后任工人医院副院长、院长。1955年4月，在新海连市第一届人民代表大会第三次会议上当选为副市长兼市体委主任，后历任市第二、三、四、五届人民委员会副市长，江苏省政协常委，连云港市政协第五、六届副主席。1957年7月加入中国共产党。1972年任新浦人民医院革委会副主任，1978年任新浦人民医院院长。1979年研制成功新型血液淋巴细胞分离剂——细胞离净，优于国外通用制剂，获江苏省科技成果奖三等奖。1980年任连云港市政协副主席、连云港市人民医院院长。晚年致力于医学研究，以“景天三七”治疗过敏性紫癜，以国产驱虫净、红霉素治疗急性肾小球肾炎，以民间柿皂散治疗肾病综合症取得较好效果，受到全国儿科界重视。刘一麟一生从事医疗实践和医学研究，主要成果有《关于Feye氏综合病》《左旋咪唑》《皮肤黏膜淋巴结综合症》《抗a胰蛋白酶缺乏症》《Aop与血小板集聚》等百余篇论文。1985年逝世。

杨祖彤（1915—1985） 又名玖、李文瑾。女，回族。祖籍安徽寿县，生于扬州。民国27年

（1938年）11月任嘉定淞沪人民抗日自卫队政治指导员。次年加入中国共产党。历任江都市市长、邵伯市市长、溱潼县县长、扬州市市长等职。1953年2月至1955年4月任新海连市市长。其间，她认真贯彻党在过渡时期总路线，组织开展对农业、手工业、资本主义工商业和盐场的社会主义改造，促进了全市生产的发展。后调省里，先后任省物资局局长，省委妇委书记，省妇联主席，省水产厅、商业厅、卫生厅副厅长，省老干部局顾问等职。1985年在南京病逝。

时净支（1962—1985） 东海县人。1982年1月入伍，1985年3月加入中国共产党。中国人民解放军35293部队74分队司务长。1985年5月31日在对越自卫反击战中牺牲。

贾景远（1963—1985） 东海县人。1982年1月入伍，1985年2月加入中国共产党。陆军某师3团炮兵连战士。1985年10月26日在对越自卫反击战中牺牲。

袁春奎（1964—1986） 赣榆县人。1984年1月入伍。1985年7月参加对越自卫反击战。10月12日20时许，袁春奎在哨位发现前40多米处一群敌人向他靠近。他连续投去2枚手榴弹，当场毙敌1人，伤敌2人。就在此时，敌人投来一枚手榴弹，袁春奎壮烈牺牲。1986年5月，54832部队政治处追记袁春奎二等功。1986年6月，中国人民解放军总政治部、民政部批准他为革命烈士。

张明瑾（1966—1987） 赣榆县人。1985年9月入团，10月入伍，中国人民武装警察部队盐城市滨海县消防中队战士。1987年6月27日，在中队干部的带领下，张明瑾乘坐消防水罐车前往滨海县獐沟乡灭火救灾。途经苏北灌溉总渠通榆大桥时，因会车后主动避让行人，消防车坠入渠中，张明瑾不幸牺牲。1987年，民政部批准其为革命烈士。

孙爱国（1962—1988） 原名孙大利，灌云县人。1962年5月出生，1983年参加工作，1988年5月任灌云县穆圩供销合作商店经理。多次要求参军未能如愿，遂改名孙爱国。参加工作后，报名参加民兵，成为穆圩乡民兵快速反应中队战士。1988年10月下旬，哈尔滨特大持枪杀人犯宋长江、白醒洲逃窜至连云港市境内。穆圩乡政府立即组织民兵设卡、巡逻，擒拿凶犯。孙爱国带领民兵徐浩全等组成一个巡逻小组，站岗放哨，伏击逃犯。10月31日下午，当2名罪犯在穆圩出现后，他一面派人向民兵队部报告，一面和民兵徐浩全骑自行车向罪犯逃跑方向追击。在乡医院附近公路上截住2名罪犯，罪犯拔枪抵抗，孙爱国扔掉自行车与罪犯搏斗，被罪犯击中头部，英勇牺牲。江苏省政府追认他为革命烈士。

何仁华（1925—1988） 江苏省兴化市人。民国33年（1944年）入党，历任乡长、区长、县长、县委书记、扬州专署专员、淮阴地区专员。1983年2月至1986年5月任连云港市委副书记、市长。时值连云港市改革开放初期，何仁华带领政府一班人，采取积极而稳妥的措施，贯彻国民经济调整、改革、整顿、提高的方针，推进工作着重点转移，全市经济建设取得显著成绩。

杨佃池（1976—1988） 连云港市连云区人。生前为徐圩盐场辛高圩小学五（1）班学生。1988年6月4日下午放学途中，杨佃池看到同学刘涛落水，立即跳水营救，倾力将刘涛推到岸边得救，自己却因体力不支沉入水底，献出了生命。1988年7月2日，共青团连云港市委授予其“英雄少年”称号，把他生前的“五一”中队命名为“杨佃池中队”。1989年6月，全国少年工委、《中国少年报》授予其“中国好少年”光荣称号。9月，民政部追认他为革命烈士。

张月超（1911—1989） 原名张景璐，灌云县人。著名外国文学专家、翻译家，中国民主同盟成员，教授。民国18年（1929年）考入中央大学外文系。民国22年从中央大学毕业，由学校选派到南京国立编译馆任编译。是年出版第一本学术专著《歌德评传》，为中国第一部系统的歌德传记。民国29年被聘为湖南兰田国立师范学院英语系副教授。日军入侵湖南后，到重庆任资源委员会主任翁文灏和钱昌照的机要秘书，并兼任该委员会机要科长。翁文灏出任行政院长时，被任为院长办公室机要秘书，同时兼任资源委员会专门委员。民国38年4月担任国共和谈秘书，随张治中、邵力子等人赴北京参加谈判。和谈决裂后，他随代表团留驻北京，后赴香港担任《国际文摘》总编辑。1951年5月聘任武汉大学英文教授。1958年被错划为右派兼历史反革命。1961年8月解除劳教，返回武汉大学，在外文系做资料员。恢复教学工作之后，改教语言学。1966年，“文化大革命”开始后被取消教学权利。1973年7月恢复公职。1975年12月退休。1979年任南京大学外国文学教授，与比较文学专家赵瑞蕻共同创建南京大学世界文学硕士点。1987年离休。著有《西欧经典作家与作品》《欧洲文学论集》等专著，翻译作品《西方文艺批评简史》等。1989年4月病逝。

苏羽（1918—1989） 河南省沁阳县人。民国23年（1934年）4月加入中国共产党。民国23～26年在家乡从事党的地下工作，担任村支书、区委组织委员，参加过豫北暴动，组织游击队对敌斗争。抗日战争期间，历任沁阳独立游击大队大队长、山东抗大一分校保卫股长、山东滨海专区公安局副局长、行署公安局副局长。解放战争时期，苏羽历任海州市公安局局长、中共山东滨海地委社会部副部长、新海连特委社会部部长、新海连市委书记兼警备第三旅政委等职。民国38年3～10月任中共新海连特委书记，1949年10月至1950年5月任中共新海连市委书记。1950年7月任山东省法院党组书记兼副院长。1953年调东北参加国家重点工程建设。“文化大革命”中遭迫害。1972年恢复工作。历任辽宁省革委会工作组副组长，中共辽宁省委常委、省革委会副主任，辽宁省委副书记等职。1979年调任安徽省副书记兼副省长、两淮煤矿指挥部党委第一书记。1983年当选为省人大常委会副主任。1988年离休。1989年10月病逝于合肥。

徐传宝(1971—1989) 连云港市连云区人。1988年2月加入民兵组织，3月到台南盐场刘圩养殖场参加刘圩港民兵哨所工作，任哨员。1989年5月23日上午，7条机帆船开到刘圩港哨所东侧海岸处，盗窃护堤海沙。徐传宝上前制止，歹徒将其推入2米多深的海水中，徐传宝不幸牺牲。1991年8月6日，经江苏省政府批准，追认徐传宝为革命烈士。

惠浴宇（1909—1989） 原名惠美琬。灌南县人。民国17年（1928年）7月在灌云县（今灌南县）参加中国共产党。9月，与李超时、小叶等人建立中共海州党组织，任中共海属地区特别支部宣传委员。民国18年春发起驱逐东海中学校长谷延隽的学潮，发动大村农民暴动。同年秋到上海从事党的地下工作，并出席11月18～26日召开的江苏省第二次党代会。民国19年4月因参加第四次上海工人暴动的仁济堂活动被国民党当局逮捕入狱，辗转关押到南京国民党军人监狱。民国26年10月出狱后，奔赴延安，进入抗日军政大学学习。抗日战争期间，惠浴宇历任新四军江南挺进纵队大队指导员、挺进纵队二支队政治部主任、中共苏中工委书记、苏北临时特委书记、江都县抗日民主政府县长兼警卫团政委、新四军江苏指挥部3纵队7团政委、泰县县委书记兼江（都）高（邮）中心县委书记及行署主任、苏中一地委书记、军分区政委、苏中一分区专员、苏中二分区及四分区专员。曾随陈毅三进泰州城，对国民党地方实力派开展统战工作。解放战争期间，惠浴宇先后担任苏中军区政治部副主任、华中二地委书记兼分区政委、苏中区党委委员、华东野战军第11纵队政治部主任、三野10兵团29军政治部主任。民国35年，国民党军向姜堰一带进犯，惠浴宇作为首席代表与敌人“火线谈判”，迫使敌人在谈判桌上签字。解放军转入战略反攻后，惠浴宇参加淮海战役和渡江战役。中华人民共和国成立后，惠浴宇历任中共苏州市委书记、市长兼苏州市军管会主任、苏南区党委委员、苏北行政公署主任、区党委常委、江苏省委常委、南京市委书记、市长、中共江苏省委副书记、书记处书记、江苏省省长、中共华东局常委等职。“文化大革命”期间，惠浴宇遭到林彪、江青反革命集团迫害，在被关押期间，与林彪、江青反革命集团进行不屈不挠的斗争。1976年以后，惠浴宇恢复工作，担任江苏省政法小组组长、中共江苏省委常委、省革委会副主任、省政协主席、省委书记。1980年重新担任江苏省省长，还担任省委书记兼政法委员会书记。1983年退居二线，在中共十二大、十三大上当选为中央顾问委员会委员。著有《写心集》。1989年7月在南京病逝。

孙佳讯（1908—1990） 原名孙家训，灌云县人。先后在江苏第八师范学校、东海中学和上海中国公学大学部文史系读书。民国16年（1927年）与著名儿童文学作家赵景深、陈伯吹共同主编《小朋友童话》（上、中、下），由北新书局出版。民国17年，所著《〈镜花缘〉补考》刊于《秋野》2卷5期，后被《胡适文存》辑为附录，胡适在序文中叙其原委。民国18年，第一本著作《娃娃石》由开明书店出版，后收入北新书局版《民间故事丛书》。民国19年，其童话作品《小棉花》《银白的花》由北新书店出版，《神仙梨》由现代书局出版，《爱和平的国王》在《现代儿童》杂志上发表。民国21年继承父业教书。民国27年任灌云县政府青年抗日队教官。抗日战争胜利后，先后在灌云县中学、云台启新中学任教，并任启新中学教务主任。中华人民共和国成立后，改编的民间童话《戴了满头花》由江苏人民出版社出版，《后羿的传说》由中国少年儿童出版社出版。1951～1957年任苏北工农速成中学副教导主任。1959年帮助王少堂整理扬州评话《武十回》（即《武松》）。1959～1966年任《江苏教育》（中学版）编辑。1978年离休。1979年夏至1982年秋著成《镜花缘公案辨疑》，由齐鲁书社出版，对《镜花缘》著作权的"公案"提出充分论述。1990年在南京病逝。

孙笃生（1898—1990） 灌南县人。出身于中小地主家庭。幼年读过私塾，毕业于江苏省立第八师范学校。民国12年（1923年）加入国民党，并任灌云县农委主任。民国18年任灌云县第三区区长。因不满官场腐败，民国22年初辞去区长职务。同年夏，开办连云汽车公司，多聘用爱国青年和革命人士。民国28年3月，组织一支实际由共产党控制的抗日武装——灌云县第三区抗日基干队，任大队长。民国29年，八路军挺进苏北建立抗日民主政权，孙笃生任灌云县县长，并将家中百余亩地献给政府。民国33年底，调任淮海区副专员兼工商局长。民国34年3月，加入中国共产党。同年8月，被委任为连云市市长（未到任）。9月，任淮北盐务管理局局长。不久，两淮盐务总局成立，任副局长兼淮北盐务局局长。他在内战爆发前抢运原盐1000万担，支援解放战争。解放战争中，他和盐特委其他人员一直在盐场一带坚持斗争。民国38年4月，调扬州任两淮盐务总局第一副局长。中华人民共和国成立后，任华东盐务局副局长、轻工业部盐务总局产销处处长。1951年，调任全国盐业工会主席。1953年，受到错误处理，调任轻工业部驻天津办事处主任。1958年，调任江苏省政协委员、副秘书长。1969年5月离休。1981年5月9日，中华全国总工会机关委员会撤销了1953年对他的处分，恢复行政级别11级。1990年在南京逝世。

朱万国（1921—1990） 灌南县人。民国27年（1938年）12月参加革命。先后任苏鲁抗日救国团张店分团宣传委员、山东纵队陇海南进游击支队班长、文书、团政治处总务股股长。民国28年11月起任宿迁六分区、八分区区委书记等职。民国29年12月任沭河大队政治处副主任、潼阳县总队副总队长、东海总队副参谋长、宿北警卫团参谋长、政治部主任等职。民国35年3月起任东灌独立团独立营营长、副参谋长等。同年9～11月任淮海军分区新3支队副参谋长、参谋长。民国37年5月起任华东野战军第12纵队36旅107团参谋长、36旅107团副团长兼参谋长。民国38年2月起任第30军司令部侦察科科长、第20军59师炮团团长。1952年9月至1954年任中国人民志愿军某军69师副师长等，荣获朝鲜民主主义人民共和国三级国旗勋章。1955年9月被授予上校军衔。1958年8月至1970年6月任上海警备区守备11师副师长、师长、司令部副参谋长、副司令员，其间晋升大校军衔，荣获二级独立自由勋章、三级解放勋章。1971年至1982年8月任上海建工局党委书记、上海警备区副军职顾问。1982年8月离休。1988年7月被中央军委授予中国人民解放军独立功勋荣誉章。1990年在上海逝世。

江希明（1913—1990） 灌云县人。生于北京。民国14年（1925年）因其父江恒源任江苏省教育厅长，随父南迁，先在南京东南大学附中读书，后在上海光华大学附中读完中学，民国21年进入国立浙江大学生物系，4年后毕业。民国26年获德国汉堡奖学金，进入德国慕尼黑大学动物研究所研究学习，民国29年毕业，获理学博士学位。民国30年回国，应聘到西迁贵州的浙江大学生物系任教。中华人民共和国成立后，调到新建立的浙江师范学院任生物系主任。早年从事再生生物和水生生物学的研究工作，后进行鱼类生殖生理学研究，与浙江省有关水产部门共同研究出一套能使养殖的家鱼在内塘实现人工产卵孵化的技术措施方案，在生产上广泛应用。1956年任浙江师范学院副院长。1958年转入杭州大学任副校长兼生物系教授。1984年改任学校顾问。先后任浙江省政协副主席、浙江省科协副主席、中国动物学会副理事长等职。著有《肿瘤生物学》等。曾在国内外杂志发表科学论文200余篇。1990年逝世。

陈伟达（1916—1990） 灌云县人。原名王金纬，字维成。20世纪20年代初，陈伟达随父离开家乡。民国18年（1929年）考取板浦初级中学。同年，参加中国共产主义青年团。民国20年考取东海中学高中部。民国24年考取上海暨南大学物理系。在上海读书期间，他积极参加并领导学生运动和抗日救亡运动。民国26年春加入中国共产党，任上海学生界救亡协会党、团委员，并任《一般》杂志主编。民国27年8月，陈伟达受中共江苏省委派遣，到南通、如皋、海门、启东一带开展革命工作，担任中共江北特委委员，负责军事工作。民国29年6月，被任命为江都县抗日民主政府军事科科长。9月调任中共如西县工委书记。民国33年，任苏中四地委副书记，主持地委工作。民国34年初调任中共淞沪地委书记，兼淞沪支队政治委员。解放战争初期，陈伟达离开上海，随部队转战苏北，任新四军第1纵队1旅政治部主任。民国37年4月，调任解放军第6纵队第17师(后改71师)副政治委员、政治委员。他先后参加宿北、鲁南、莱芜、孟良崮、豫东、睢杞、济南、淮海、渡江等战役。民国38年5月，奉命随军往宁波地区开展工作，担任宁波军事管制委员会公安部长和党委委员。后任宁波地委副书记、书记，领导宁波地区的剿匪反霸、土地改革、恢复国民经济等工作。1953年，担任中共浙江省杭州市委书记，后历任浙江省委组织部长、副省长、省委书记处书记。“文化大革命”中遭到迫害。1972年恢复工作，先后担任浙江省委副书记、省革委会副主任、省委书记等职。1978年秋，调任天津市委书记，兼天津市人民政府市长和天津警备区第一政委。1984年调任中央政法委员会副书记。1990年3月在杭州病逝。

董力生（1923—1990） 女，赣榆县人。民国30年（1941年）参加革命。民国32年加入中国共产党。先后任村识字班班长、妇救会会长、农救会会长、民兵联防队长。民国36年春，为支援解放军粉碎国民党军队向鲁南发动的重点进攻，董力生在村里第一个报名参加支前担架队，是赣榆县担架团4000多名民工中唯一的女性。在孟良崮战役最紧张的时候，董力生连续奋战18个昼夜，胜利完成了支前任务，被中共华东局授予“担架英雄”称号，并荣立特等功。在淮海战役中，董力生推着独轮车，为部队送给养、运炮弹，奔波在战火纷飞的淮海战场上，被评为“支前模范”，其支前用的小车陈列在中国人民革命军事博物馆。1949年出席全国第一次妇女代表大会，受到国家主席毛泽东的接见。1950年出席全国工农兵劳动模范代表大会，被授予“全国农业劳动模范”称号。同年10月到山东广北农场学习拖拉机驾驶技术，成为中华人民共和国第一代也是华东地区第一名女拖拉机手。1953年参加第三届赴朝慰问团到朝鲜慰问。1960年，获全国三八红旗手称号。历任山东省历城县八一拖拉机站副站长、县妇联副主任、济南轻骑摩托车总厂工会副主席等职。1985年离休。1990年在济南逝世。

朱智贤（1908—1991） 字伯愚，赣榆县人。民国12年（1923年）考入江苏第八师范学校，民国17年毕业后留校任附小教师。民国19年考入中央大学教育系，毕业后任厦门集美师范学校研究部主任。民匡23年任山东民众教育馆编辑部主任。民国25年留学日本，在东京帝国大学文学部大学院教育学研究室作研究员。抗战爆发后回国，任教于重庆女子师范学校。民国27年到桂林任江苏教育学院教授，民国30年任四川教育学院教授，民国32年到广东任中山大学教授。民国36年5月，受中共地下党安排到香港达德学院任教务长兼中山学院院长。1949年应邀任华北人民政府教育部教科书编审委员会主任兼教育组长、人民教育出版社副总编辑。1951年调北京师范大学，历任教育系、心理学系教授、系副主任、儿童研究所所长、学术研究会副主任。1956年，参加中国12年科学远景规划拟定。1979年任中国教育学会副会长、中国社会科学院心理研究所学部委员，同年加入中国共产党，为国务院公布的首批博士研究生导师。一生致力于心理学、儿童心理学、儿童教育的研究，重要论文有《儿童教养之实际》《小学学生出席与缺席问题》《小学行政新论》等50多篇，出版著作有《民众教育实施法》《通告讲演实施法》《心理学常识漫话》等18部。《儿童心理学》于1987年获全国学校优秀教材奖，《思维发展心理学》于1990年获国家教育科学一等奖，《心理学大词典》获第四届全国优秀图书一等奖。1991年病逝。

杜李（1918—1991） 原名杜志良，河南省济源县人。民国22年（1933年）加入中国共产党，并参加革命工作。民国25年底赴延安，在红军第三方面军教导团工作。民国26年底调至豫东，任太康工委书记兼游击队大队长。民国28年冬，任新四军第五支队教导大队教导员兼总支书记。此后历任中共河南省委巡视组组长、扬州县县长兼县总队长、江浦县委书记兼县总队政委等职。民国35年底任中共两淮盐特委书记，率部攻克陈家港及附近敌人据点，保证解放区食盐供应。陈家港战斗后，报请中共华中工委批准，组建盐警团，并担任政委。成立武工队，保卫盐场，抢运原盐。创办淮北盐务干校，自任校长。创办《盐场大众》报。中华人民共和国成立后，任华东区盐务管理局副局长、局长，轻工业部供销总局副局长，食品工业部生产技术局局长，中共大连市委书记等职。1983年离休。1991年逝世。

郇华民（1906—1991） 原名立三，东海县人。民国17年（1928年）秋加入中国共产党，并任东海县牛山乡郇圩支部宣传委员，领导牛山等19个村庄的抗捐斗争。民国22年在郇圩小学组织青年读书会，组织青年抗日义勇团。此时与党组织失去联系。抗日战争时期，以郇圩小学为阵地，组织宣传队宣传抗日救亡，历任东海县青年救国团组织委员、云台大队参谋长、沭宿海文化服务社社长等职。民国29年任抗日民主政府创办的沭宿海中学、滨海中学等校副校长。民国31年重新入党。民国37年受命接管东海师范，任校长。郇华民在革命战争时期和中华人民共和国建设时期从事教育工作50余载，仅两次担任海州师范领导职务就有24年之久，为鲁南、苏北地区培养一大批高水平的人民教师。1979年任连云港市教育局顾问。1991年逝世。

赵虹（1977—1991） 灌云县人。生前为灌云伊山中学学生。1991年5月26日，赵虹和课外学习小组的同学上山开展课外学习活动，行至县林业站蓄水池，一名同学掉进3米深的池塘。赵虹听到呼救声，当即跳进池中，奋力将同学推到岸边得救，自己却献出生命。5月30日，灌云县委、县政府授予赵虹“赖宁式好少年”光荣称号。共青团连云港市委员会授予他“英雄少年”称号。1993年2月，江苏省人民政府追认赵虹为烈士。

田诚（1921—1992） 山东省临沂市人。民国27年（1938年）参加革命，同年加入中国共产党。抗日战争时期，先后任昆山特委会计、鲁南地委会计科长、鲁南行署审计主任、山东实验所及边区财经科长、鲁南区工商局干部科长、鲁南八分局干部科长、山东渤海区二分局副宣委、鲁中南工商局人事科长。民国37年起历任徐州市财委、供销合作总社主任，徐州市委工业部第一副部长兼工业局局长、党委书记，常州市委副书记，镇江地委副书记，江苏省委交通部副部长等职。

1960年12月至1967年1月任连云港市委书记、第一书记。1972年"文化大革命"中遭迫害。后任江苏省工交办副主任、省经委主任、党组书记兼国防工办主任等职。1981年离休。1992年在南京逝世。

孙长兴（1918—1993） 灌南县人。民国27年（1938年）5月参加灌云县抗日基干队和民族解放先锋队，次年4月加入中国共产党，并参加八路军山东纵队陇海南进游击队第3团。民国28年5月至民国30年4月，历任八路军陇海南进支队3团8连排长、八路军5纵3支队8团警卫连政治指导员等。后转任新四军4师9旅25团8连政治指导员、27团保卫股股长、营教导员等职。1948年1月至1950年12月，任中国人民解放军华东第2纵队保卫科长，21军63师政治部保卫科长、63师188团政治处主任。1951年1月至1964年 3月，任63师187、188团政委和63师政治部副主任、主任，63师副政委兼政治部主任。1964年晋升大校军衔。1964年4月至1968年4 月，任61师政委。1967年3月奉调入陕，任西安市革命委员会主任。1968年5月至1969年10月，任21军政治部主任。1969年11月至1979年1月，任21军副政委，1971年5月2日在中共西安市委第六次代表大会上当选为中共西安市委第一书记。1975年12月奉命离开西安回部队工作。1979～1985年，任兰州军区后勤部副政委、政委。1985年离休。1993年逝世。

武可久（1913—1993） 连云港市新浦区人。民国14年（1925年）考入省立第八师范学校。民国23年考入唐山交通大学。民国25年春参加中华民族解放先锋队组织。卢沟桥事变后，赴延安陕北公学学习，民国27年初毕业，被派往新四军四支队工作，负责对外联络。是年6月，加入中国共产党。9月到长沙八路军办事处，受徐特立指示回唐山交通大学继续读书，并秘密从事党的地下工作。民国29年，在陕甘宁边区建设厅、延安自然科学院工作，并兼任边区土木工程学会负责人。民国35年，参加国共和谈北平军事调处执行部中共代表团的工作，先后任山东省高密、香河、双城小组中共首席代表，北平执行部中共方交通处副处长、代处长等职。青岛执行小组成立时，被陈毅推荐为青岛小组组长。是年底到东北铁路总局工作，担任工电部长。民国37年，中国人民解放军第四野战军组成铁道纵队，对外称东北铁路工程局，他被任命为副司令员兼总工程师。民国38年5月，中国人民解放军铁道兵团成立时，任兵团工程部长兼总工程师(副军级)。1950年12月，调离铁道兵团，任工程总局副局长兼总工程师。为加速西北铁路干线建设，他主动要求到第一线工作，任西北铁路干线工程局副局长兼总工程师、第一铁路工程局副局长兼总工程师，后任唐山铁道学院副院长。1969年被下放到黄羊滩干校劳动，不久回北京。1973年5月到中国科学技术委员会工作。粉碎林彪、江青反革命集团后，他和技术人员、工人一起，成功完成安康汉江大跨度薄壁箱型斜腿钢构桥的科研、设计、施工任务，获国家工程质量金质奖、国家科技进步奖一等奖、国家自然科学奖一等奖。1980年离休。1993年在北京逝世。

唐凡田（1976—1993） 灌云县人。1992年10月应征入伍，在兰州军区空军雷达兵第35团当战士。1993年7月，在雷达训练大队受训期间，参加驻地岐山县落水遇难人员的营救，并救起一名5岁落水儿童，受到部队和当地政府的表彰和奖励。同年8月，受训结束后，他主动要求到最艰苦的边防雷达站工作，担任雷达操纵员。1993年10月18日凌晨3时30分左右，兰州军区空军雷达兵35团雷达10站驻地内，正在雷达站值班的唐凡田发现雷达控制屏幕不清，电压不稳，便打电话到油机房值班室查询，因无人接听，便到油机房查看，发现3名歹徒正在盗窃，当即上前制止。歹徒一齐上前围攻，唐凡田毫不畏惧，与歹徒展开搏斗，因力量悬殊，被一歹徒用8磅大锤击中头部，当场牺牲。兰州军区空军批准唐凡田为革命烈士，追记二等功。兰州军区团党委追认他为中共党员。

徐前（1921—1993） 灌云县人。曾用名徐兆徐。民国27年（1938年）10月参加革命工作，次年12月加入中国共产党。先后担任译电员、机要秘书、机要股股长、训练大队大队长、机要处机要科科长、副处长、处长、武汉军区司令部机要局副局长、局长。1964年晋升上校军衔。1979～1981年任河南省军区副司令员。参加过辽沈、平津、海南岛、抗美援朝、对越自卫还击战等战役。获三级独立自由勋章、三级解放勋章。1988年7月被授予中国人民解放军独立功勋荣誉章。1993年在北京逝世。

董志好（1970—1993） 灌云县人。生前为灌云汽车公司售票员。1991年，公司开通灌云县城至山东临沂的客货班车，董志好担任售票员。1993年11月22日，客车从临沂返回灌云，晚7时许到达赣榆欢墩镇朱范村东公路时，突然从路旁窜出4名歹徒，1人从客车尾部爬上行李架用匕首割断网绳，抢劫货物，其他3人在下面接应。驾驶员发现后，立即停车，坐在后座上的董志好等不及打开车门，翻身从车窗跳出，与歹徒搏斗。搏斗中董志好头部被严重刺伤，经抢救无效，英勇牺牲。董志好牺牲后，连云港汽车运输总公司为他追记特等功，省交通厅、共青团江苏省委、连云港市总工会授予他"勇斗歹徒模范职工""优秀共青团员"称号。江苏省政府追认他为革命烈士。

孙良浩（1914—1994） 灌南县人。民国27年（1938年）参加灌云县抗日基干队，次年2月加入中国共产党，4月参加八路军山东纵队陇海南进游击支队第3团。汤沟事变中，团长汤曙红被害，3团被迫西撤，时任排长的孙良浩奉命率领半个排武装在张店一带坚持地方抗日斗争。相继参与组织奇袭义泽河日军据点、火烧义泽桥等抗日斗争，"打鬼子要靠孙良浩"的歌谣广为流传。先后担任中共灌云县委委员、灌云县大队政委、新四军3师滨海大队副大队长、灌云县民兵总队总队长、新四军淮海分区独立3团团长等职。民国32年8月后，担任灌东工委书记兼灌东办事处主任、灌云警卫团团长、新四军独立旅2团、29团政委等职。民国37年6月21日，指挥华野35旅104团包围了驻龙苴的国民党灌云县保安大队，歼灭大队长周法乾及所部。抗美援朝期间，担任志愿军77师政治部主任、中朝联合游击支队政委等职。抗美援朝结束后，转业到上海华东建工部第五工程公司担任党委书记兼政治部主任，后担任上海市建筑工程局党委书记、上海市物资局党委书记、宝山钢铁建设指挥部副指挥长兼政治部主任等职。"文化大革命"中遭到迫害。林彪、江青反革命集团被粉碎后，孙良浩带领上海建工系统职工拨乱反正，恢复正常的生产和工作秩序，开展"学大庆、创全优工程"活动。1985年离休。1994年10月在上海逝世。

丁文斋（1922—1996） 原名丁五和，灌云县人。民国29年（1940年）参加地方抗日武装。同年冬加入中国共产党。不久，担任中共东海县委负责人宋云龙的警卫员。后在东海县大队警卫团当战士、班长、排长。民国29～30年，丁文斋所在的地方武装部队与新建立的淮海区联合抗日。民国31年11月，淮海、盐阜两个战略区合并为苏北战略区，成立苏北军区，由第3师兼苏北军区、第10旅兼淮海军分区。丁文斋跟随新四军3师参加淮海地区的抗日战争，直到抗战胜利。民国34年9月，丁文斋随部队开赴东北地区，11月底到达锦西西北的江家屯，丁文斋所在部队被编入东北人民自治军序列，称东北人民自治军第3师。民国35年，丁文斋所在的原新四军3师10旅与8旅组建为东北民主联军第二纵队。丁文斋先后任连长、营级干部。民国38年初，二纵队整编为第39军，丁文斋任第39军11师炮兵团团长。部队千里南进，丁文斋随部队转战中南大地，胜利解放桂林、南宁等大中城市。1950年11月，丁文斋随39军首批奉命赴朝作战，先后参加五次战役和阵地防御战，直到朝鲜停战前才撤回祖国。归国后，丁文斋调炮兵133师工作，历任师参谋长、师长，吉林省军区国防工办主任和党委书记，吉林省军区副司令员等职。1988年9月，授少将军衔。1996年因病在大连逝世。

曹华棣（1925—1996） 河南省开封市人。1950年毕业于河南大学医学院。1953年3月参加江苏省赴朝医疗队，荣立三等功。1958年6月，从苏州市第一人民医院调至连云港市工作。1985年9月加入中国共产党。1988年晋升主任医师。连云港市第一人民医院建院初期，外科只能进行脓包切开或割治鸡眼。曹华棣到院后，1958～1959年做了25例胃切除手术，无一例并发症或死亡，并相继开展胆囊切除、食道癌切除、脾脏切除、肾脏切除、脾肾静脉分流手术和广泛性子宫切除手术等。翻译出版《血栓形成与尿激酶》《神经定位诊断》等，撰写出版《小儿老人用药指南》。

万毅（1907—1997） 原名万允和，字顷波。辽宁省金县人。民国19年（1930年）毕业于东北陆军讲武堂。“九一八”事变后，他拥护中国共产党团结抗战的主张。中共地下工作者进入他担任团长的57军112师336旅627团，开展抗日救亡宣传活动。西安事变期间，万毅率部在渭南前线阻截国民党中央军，后被监禁。抗日战争全面爆发后被释放，任672团团长。民国26年底，改任667团团长。民国27年初，奉命进驻连云港。是年3月11日在新浦加入中国共产党，并确定为单线联系的特别党员。6月，日军侵犯连云港，万毅率团随112师守卫连云港，指挥了孙家山伏击战、西墅墟沟反击战、乱石头五条沟遭遇战、大桅尖争夺战，取得了连云港保卫战的胜利。民国31年8月，万毅率部队起义，任共产党领导的外围抗日部队东北军新111师副师长、师长。民国33年秋，任八路军滨海军区副司令员兼滨海支队队长。解放战争时期，任东北民主联军第一纵队司令员、政治委员、东北野战军第五纵队司令员、第42军军长、第四野战军特种兵司令员。中华人民共和国成立后，任中国人民解放军炮兵第一副司令员兼东北军区炮兵司令员、军委炮兵学校校长、第二机械工业部副部长、国防部第五部部长、国防科委副主任、中国科学技术协会副主席等职，负责领导特种部队的组建工作。1955年，被授予中将军衔。1959年的庐山会议上，因赞成彭德怀的意见被撤销党内外职务。“文化大革命”结束后，冤案平反，任解放军总后勤部顾问。著有《在庐山会议上》《万毅将军回忆录》。1997年在北京逝世。

杨兵（1976—1997） 灌云县人。1995年8月初中毕业后回家务农。1997年2月，应聘为新浦区公安分局市东派出所联防队员。工作8个多月，抓获9名犯罪分子，破获各类案件30多起。1997年10月20日凌晨1时30分，杨兵与3名队友在市区解放路巡逻时，遇到2名歹徒，便上前搜查，歹徒乘机逃跑。杨兵追上歹徒与其搏斗，心脏、肺部被歹徒刺伤，经抢救无效英勇牺牲。1998年，江苏省政府追认其为革命烈士。

陈学春（1942—1997） 灌云县人。1961年4月应征入伍，1964年10月加入中国共产党。先后任中国人民解放军济南军区坦克教导团学员、坦克第330团坦克营二连排长、陆军第200师坦克330团司令部参谋、坦克第8师司令部作训科参谋、31团3营营长、作训科科长、坦克第30团副团长、陆军第46军司令部装甲兵处处长、坦克第8师副师长、陆军第26集团军坦克旅旅长。1988年4月，调任坦克11师师长，同年9月被授予大校军衔。1993年2月，任陆军第20集团军副军长。陈学春在任副团长期间，带领团队参加军区装甲兵比武，获得建制团总分第一名。1994年7月，陈学春晋升为少将。1997年4月因病在济南逝世。

汪德昭（1905—1998） 灌云县人。著名物理学家、大气电学家、中国水声事业的奠基人、中国科学院资深院士。中国声学学会名誉理事长，全国仪器仪表学会理事长，联合国教科文组织知名科学家小组成员。民国12年（1923年），汪德昭考入北京师范大学物理系，民国17年毕业后留校担任助教。民国22年10月前往比利时布鲁塞尔大学深造。民国23年赴法国巴黎大学高等理化学院学习，在朗之万教授指导下，完成大气电学和超声方面一系列重要研究。他在困难的环境中，解决了在人工可控条件下测量悬浮质点的大小和数量以及大离子迁移率等问题。他所建立的大小离子平衡态理论，得到国际公认，被称为“朗之万—汪德昭—布里加理论”，对电波传播、气象形成和气象预报有重要价值。法国科学院授予他“虞格”奖金。民国29年获得博士学位。第二次世界大战中，他是法国国防部科研机构中唯一的外籍科学家。他曾协助朗之万教授解决声呐技术上一些难度较大的问题，研究成功石英和金属粘接的新工艺，获得专利。在与约里奥·居里夫妇一起工作期间，成功解决1微米直径的白金丝焊接工艺，并设计成功高灵敏度单弦静电计。1956年，汪德昭回国，历任中国科学院器材局局长、原子能研究所研究室主任、电子所副所长等职，为一级研究员，并一直担任中国科学院学部委员。1958年，开始中国国防水声科学研究工作。1964年担任声学研究所所长，组织领导了一系列研究工作，为中国海军声呐的现代化做出重要贡献，创建了中国第一支水声科技队伍，是中国国防水声科研的奠基人。1998年在北京病逝。

赵林（1964—1999） 灌云县人。中共党员。1984年7月，考入江苏警察学校连云港分校，1986年分配至市公安局治安队工作。1998年4月任新浦公安分局浦东派出所副所长。1997年8月被授予一级警司警衔，先后5次受到新浦公安分局嘉奖，2次受市公安局嘉奖。1999年1月31日，赵林与战友执行任务时，被犯罪分子手榴弹炸成重伤，2月1日去世。1999年5月，江苏省人民政府追认其为革命烈士。同年11月，被公安部追认为全国公安系统二级英雄模范。

杨天全（1913—2000） 原名杨汝豹，连云港市新浦区人。少年时因家境贫寒，小学毕业后便去当学徒。民国19年（1930年）考取灌云乡村师范学校。民国22年担任灌云县立第一小学教师。民国26年8月淞沪会战后，杨天全考取中央警官学校。后经批准到复旦大学会计专业学习。民国31年毕业后，被任命为国民政府主计处预算专员。民国34年9月经国民政府批准进入美国哈佛大学学习，两年后获得硕士学位。毕业后进入联合国财务局任会计专员。同时到纽约大学行政学院深造，获哲学博士学位。民国38年4月，杨天全转职到设在巴黎的联合国教育科学文化组织任预算专员，后历任预算处处长、副局长、局长、联合国教科文组织助理总干事，为促进中国与联合国教科文组织的合作做出了积极贡献。1971年联合国恢复中华人民共和国合法席位，他立即以中华人民共和国公民身份参加联合国工作。1985年退休后定居上海。1986年，全国政协六届四次会议增选杨天全为全国政协委员。第七、八届又连任两届全国政协委员。著有《通货膨胀下会计处理》、英文版《国际公务人员理论及实践》《联合国教科文组织预算特征》等著作。1996年，捐赠10万美元，在家乡南城镇设立“杨天全奖学金”。2000年6月在上海病逝。

吕继英（1911—2000） 女，江苏省沭阳县人。清宣统三年（1911年）2月出生。民国16年（1927年）到海州东海中学（江苏省海州高级中学前身）求学。次年5月加入中国共产党，主要从事妇女工作和政治交通工作，担当起在江苏省委和东海县委之间传递情报的重任，成为海属地区妇女解放运动的先驱者。民国18年夏，吕继英因参与反对校领导限制压迫学生的东海中学学潮，被校方开除并通缉。在组织安排下，化名张维霞，考入徐州女子中学高师部，并任党支部书记，继续组织学生运动。在身份暴露后，历经艰辛到达上海，进入江苏省委训练班，后被分配到上海沪西区委做妇女工作。民国19年，吕继英在参加党领导的沪西群众游行示威时遭巡捕逮捕。出狱后任红十四军联络员、上海沪东区区委委员。民国20年6月26日，吕继英再次被捕，民国25年出狱。抗日战争和解放战争期间，她曾任淮海区临时参议会驻会秘书、淮海区妇女抗日救国筹备委员会主任、妇联总会副主任、苏州专署干部科科长等职。中华人民共和国成立后，先后担任苏州民主妇联筹备会主任、妇委会副书记，常州地委城工组副组长，上海市营造工业第一工程公司经理，上海市普陀区教育局局长、顾问等职。2000年4月在上海病逝。

刘喜（1970—2000） 东海县人。1990年3月入伍，1992年11月加入中国共产党。曾任沈阳军区空军航空兵独立运输大队司令部战士。1990年6月入空军领航学院。1991年6月毕业于该院第90期学员班。后任空军第一飞行学院二团通信员、通信长，沈阳航空兵运输团通信员。

1999年6月被授予空军上尉军衔。2000年9月19日在辽宁锦州机场附近牺牲。

祁德杰（1930—2000） 连云港市新浦区人。民国37年（1948年）参加工作，先后在市面粉厂、东风钢铁厂、化肥厂等单位工作。祁德杰对工作认真负责，吃苦耐劳，从不计较时间和报酬，一心扑在工作上。在全市钢铁系统开展的“九比”竞赛运动中，他所在的东风钢铁厂2号炉3班经过观察和研究，将被热铁烘烤过的热料入炉，不仅减少了煤耗，还提高了产量和质量，为东风钢铁厂夺得全市钢铁系统“九比”优胜循环红旗立了头功。1959年，祁德杰出席全国工业、交通运输系统社会主义建设先进集体和先进生产者代表大会，被中共中央、国务院授予“全国先进生产者”称号。1982年离休。2000年去世。

汪德耀（1903—2000） 灌云县人。著名细胞生物学家、博士研究生导师。9岁时随家迁到北京。民国8年（1919年）“五四”运动爆发时，汪德耀担任北师大附中学生自治会副主席，与学生自治会主席赵世炎一起领导学生罢课，并作为全国两名中小学生代表之一，参加在北京大学红楼地下室与北洋政府当局的谈判。民国10年，考取公费赴法国里昂中法大学攻读生物学，民国14年获理学硕士学位，翌年转入巴黎大学，民国20年秋获得博士学位。“九一八”事变后回国，先后在国立北平大学、国立西北联大等校任教。民国29年，发表《动植物细胞的细胞质组成研究》一文，被学术界公认为中国最早研究细胞质两种主要细胞器的论文。民国30年，他应福建省政府邀请，创办福建省研究院，任院长。民国32年任厦门大学生物系教授、系主任、理工学院院长。民国33年，任厦门大学代理校长，次年任校长。1950年3月，被任命为厦门大学校务委员会主任委员(校长)，后改任生物系主任。1953年被选为福建省政协委员、常委，厦门市政协副主席。1963年受聘兼任中国科学院遗传研究所研究员。先后发表论文50多篇。20世纪80年代，当选全国细胞生物学会副理事长，先后两次应邀赴法国讲学，并被法国尼斯大学授予名誉博士学位。主要著作有《细胞生物学实验指导》《普通细胞生物学》《细胞超微结构图谱》。2000年逝世。

唐贯淮（1934—2000） 灌云县人。1954年11月加入中国共产党。1955年8月参加工作。苏北农学院附属中技学校农作物栽培专业毕业，高级农艺师。历任淮阴专员公署农业局技术员，淮阴地区种子站副站长，淮阴县小营公社社长、小营公社革委会主任，淮阴县良种场党总支书记，淮阴地区农业局副局长，农科所党支部书记、所长，淮阴地区行政公署科委副主任。1980年9月至1984年8月历任灌南县委副书记、县长，灌云县委副书记、县长。1984年7月至1986年5月任中共连云港市委副书记、市人民政府副市长。1986年5月至1988年1月任连云港市委副书记、市长。1988年1月至1991年12月任市委副书记，市人大常委会主任、党组书记。1991年12月至1998年1月任市人大常委会主任、党组书记。2000年因病去世。

金逊（1918—2001） 浙江省黄岩市人。西南联合大学肄业。民国28年（1939年）加入中国共产党。民国31年1月，调根据地工作，先后任南通县后方医院文化教员，苏中四分区粮赋干部训练班教务主任，苏中二、四分区财经处副处长，苏皖边区一、九分区货管局副局长、局长等职。在抗日根据地和解放区的建设中，金逊在税收粮赋、贸易流通等方面千方百计地开展工作，为确保前方供应、后方巩固作出了贡献。“文化大革命”期间，金逊遭受迫害。“文化大革命”后期和粉碎江青反革命集团后，金逊先后担任连云港口岸领导小组副组长、建港指挥部副指挥，连云港市委书记、革委会主任，省财办主任、省革委会副主任，省委常委、常务副省长、省政府党组副书记，省政府顾问、党组副书记，省顾问委员会常委。他在连云港工作期间，在工作条件十分困难的条件下，坚决贯彻邓小平关于整顿、巩固提高的方针，恢复和发展生产，尽力维持安定团结的局面。

夏梨（1921—2002） 原名冯敏，灌云县人。民国27年（1938年）4月入伍，同年5月加入中国共产党。先后担任随军记者、宣传队指导员、组织科副科长、宣传部部长、总政治部八一杂志社编辑部第一副主任、中国人民志愿军第9兵团政治部宣传部部长。1955年3月，任防空军政治部宣传部长（空军大校正师级）。1957年6月，任空军政治部宣传部长。1968年7月，任空军政治部副主任（少将正军级）。1978年10月，任空军政治学院训练部顾问。2002年3月因病去世。

丁照前（1977—2003） 东海县人。2003年11月26日早晨，丁照前在荒地里挖石英石，忽然看到一名妇女跟在两辆摩托车后面边追边喊："抓贼啊，把他们拦住！"丁照前毫不犹豫地跳上自己的摩托车和另一位村民薛金启一起追击。追了4000多米后将歹徒拦住。歹徒无处可逃，扑向丁照前和薛金启。丁照前、薛金启与歹徒展开搏斗。歹徒见无法脱身，掏出匕首，对着他们乱刺。丁照前心脏被刺穿，英勇牺牲。2005年11月10日，江苏省政府追认丁照前为烈士。

卜庆飞（1974—2003） 东海县人。1993年8月入伍，1999年10月加入中国共产党。三级飞行员，空军上尉军衔。2003年9月在广西南宁机场飞行训练中牺牲。2003年10月被批准为烈士。

王友芝（1919—2003） 连云港市海州区人。出身于布业世家。民国24年（1935年）到新浦布庄当学徒。民国27年后，做过布庄店员、布店副经理。后在其父开办的裕隆恒布店当会计。新浦解放时，他与新浦商界同仁一道到西巄外迎接中国人民解放军进城。中华人民共和国成立后，他与人合伙在新浦开设大振布店，并任副经理。1950年6月，大振布店倒闭，王友芝在烟酒代销店任负责人。不久与人合伙经营纶昌布庄并任经理。1952年春，担任市工商联筹委会代理主任。同年6月，在全市工商界第一届代表大会上当选市工商联主任委员。抗美援朝运动中，他与市领导到临沂专区开会，毅然接受专区分配给新海连市多捐一架飞机的任务。他与市工商联筹委会委员一道做好工商人士思想工作，并带头捐款，在全市工商界中掀起争捐献、争光荣热潮，提前完成多捐一架"新海连市工商号"战斗机的捐献任务。在1956年资本主义工商业的社会主义改造中，他与人合营的纶昌布号率先参加公私合营，带动全市工商业实现全行业公私合营。"文化大革命"中，他被下放到市酿化厂、百货二店劳动。1980年4月，市工商联组织恢复后，历任市工商联一至七届主任委员，市工商联第八、九届名誉会长，民主建国会连云港市委第一、二届副主任委员，市政协第三、四、五届副主席，市人大常委会第六、七届副主任，省人大常委会第六、七届常委，省工商联第二至第五届常委，全国工商联第五、六届执委。1998年4月30日，79岁高龄的王友芝加入中国共产党。2003年逝世。

王玖兴（1916—2003） 赣榆县人。早年就读于东海师范学校，民国25年（1936年）考入中央大学心理学系，民国26年转武汉大学哲学教育系，后又考入西南联大清华研究院，攻读硕士学位，毕业后留校任哲学系哲学史课教员。民国29年春赴瑞士夫赖堡大学留学，进修哲学和心理学。1955年夏，取得博士学位，留校任讲师，讲授中国哲学，1957年6月回国，先后任中国科学院哲学研究所副研究员、学部委员、研究室主任、哲学系副主任，上海复旦大学、中国人民大学哲学系教授兼博士研究生导师，从事西方哲学史特别是德国古典哲学研究。1976年任中国社会科学院哲学研究所研究员兼研究室副主任，翌年又兼任中国社会科学院研究生院哲学系副主任。先后出席在南斯拉夫、美国、德国召开的国际康德哲学协会国际大会和国际黑格尔联合会国际大会，当选为国际辩证哲学协会理事会理事，任第七届国际康德哲学大会名誉主席。先后担任《中国大百科全书》编委会西方哲学史副主编、《德国哲学》杂志编委、《黑格尔全集》副主编、《康德哲学》（六卷本）主编。著有《杜拉迈书目测验研究》（德文版），译著有黑格尔《精神现象学》（下卷）（与贺麟合译）、费希特《全部知识学基础》、卢卡奇《理性的毁灭》、雅斯贝斯《生存哲学》等10多本。2003年病逝。

冯克玉（1918—2003） 山东省曲阜市人。幼读曲师附小，后入明德中学就读，毕业后进入天津水产专科学校学习。抗日战争爆发后，他从天津水产专科学校回到曲阜，民国27年（1938

年）6月加入中国共产党并任中共曲城支部组织委员。同年10月被调至山东抗日军政分校学习。1940年10月至1941年7月任中共泗水县委委员、组织部部长。1941年7月至1942年10月任中共曲泗县委委员。1943年2月任中共曲泗邹城市工作委员会书记。1945年任鲁南军区铁路工委组织部部长。1946年9月任中共鲁南第二地委候补委员、组织部副部长。1955年11月任中共新海连市委书记兼市各界人民代表会议协商委员会主席。1959年调任徐州地委副书记。1985年离休。2003年逝世。

何正礼（1908—2003） 赣榆县人。民国23年（1934年）毕业于中央大学农学院畜牧兽医系，获学士学位。历任兽医防治所技术员、畜牧兽医助理，农业改进所技师、主任所长，农学院副教授等职。民国36～38年，赴美国加利福尼亚州立大学研究院学习，获硕士学位。回国后先后任华东农科所、中国农科院江苏分院研究员，江苏农科院畜牧兽医所副所长，中国农业科学院第一届学术委员会委员，中国畜牧兽医学会第三届理事，江苏省畜牧兽医学会副理事长、顾问，江苏省家畜传染病研究会名誉理事长，江苏省中西兽医结合研究会名誉理事长，江苏农科院学术委员会副主任。其研究成果曾获农业部爱国丰产奖和华东农业科技二等奖、农业部技术改进一等奖。主要论著有《猪瘟结晶紫疫苗研究》《多杀性巴氏变异和免疫研究》《猪传染性水疱病研究》等。2003年逝世。

周惠（1919—2004） 原名惠珏，灌南县人。民国26年参加革命，在南昌做青年组织工作。民国27年（1938年）赴延安中共中央党校学习，同年加入中国共产党。参加革命后，为了躲避国民党追捕，他改随母姓，取名周惠。民国29年，任中共中央青委延安县工作团团长。民国30年起，任中央北方局青委委员、群委秘书、偏城县工作团团长。民国33年，担任中共太岳区二地委委员兼士敏县（今沁县）县委书记。民国34年春，调任中共冀南二地委副书记兼军分区党委委员。民国36年，任中共夏津地委书记。民国38年，随解放大军南下入湘，任湖南省土地改革委员会委员兼中共益阳地委书记。1951年5月至1952年10月任中共湖南省委委员兼常德地委书记。1952年任中共湖南省委常委、书记处书记、省委代理第一书记等职。1959年7月在庐山会议上，参与研究如何纠正“大跃进”的错误，因支持彭德怀而被批判、降职。1960年任交通部工业局副局长、水运总局副局长。“文化大革命”中遭到迫害。1977年任交通部副部长、党组副书记。1978年10月调内蒙古工作，任自治区党委第二书记兼革委会副主任等职，后担任第一书记。1987年，在中共第十三次代表大会上，当选为中央顾问委员会委员。2004年11月在北京病逝。

谢绍曾（1914—2004） 东海县人。民国20年（1931年）毕业于东海中学初中部。民国30年作为筹办人之一，共同组织了“中国实验歌剧团”。民国31年、32年初两次在重庆演出了反映抗日战争时期日本人民反战的歌剧《秋子》。民国32年2月起先后任教于重庆国立音乐院分院、苏州国立社会教育学院、上海国立音乐专科学校。1949年担任国立音乐院上海分院（现上海音乐学院）校务委员会委员兼教务主任，并被聘为上海音乐学院第一批教授。谢绍曾治学严谨，培养的学生遍布海内外。主要论著有《中小学歌唱教学课挂图》《声乐》《声乐教学法》《歌唱与教学》等。1992年被国务院授予“有突出贡献的优秀专家”称号，享受政府特殊津贴。2001年获“萧友梅音乐教育建设奖”。2002年获中国音乐艺术最高荣誉奖“金钟奖”和“终身荣誉勋章”。

李石青（1915—2005） 原名李国权，灌云县人。民国23年（1934年）毕业于东海师范学校，先后担任南岗小学校长、陡沟小学教员。民国27年，与抗日先驱汤曙红一起组建东灌沭人民抗日自卫队，任指挥部秘书、大队长、连长。翌年春，任八路军南进支队第3团秘书、9旅25团直属队指导员、连指导员，同年加入中国共产党。民国30年（1941年）以后，历任淮海军分区滨海大队教导员、政治处主任，沭河大队教导员，潼阳总队长，马陵大队教导员，淮海军分区3支队9

团副政委，宿北总队副政委，宿北警卫团副政委，淮海2支队政治部主任、副政委、政委，第3野战军30军88师263团、262团政委。先后在淮海地区和皖东北坚持抗日斗争，参加过淮海战役、渡江战役和解放上海战役。1950年，调北京外交人员及武官班学习。不久，任军委情报部人事处副处长，军委联络部干部处副处长、处长。1955年始，任总参谋部干部局任免调配处副处长、处长，总参政治部干部处处长。1961年后，任解放军测绘学院副政委（正军级）、政委。1970年，任总参谋部政治部副主任。1982年离休。2005年病逝。

芮杏文（1927—2005） 原名芮戊生，灌南县人。民国33年（1944年）8月参加革命，任滨海县民运队队员。民国34年1月加入中国共产党。民国35年起，历任中共中央东北局组织部干事、吉林化工厂机械厂副主任、锦西炼油厂机电科科长、锦西化工总厂三分厂主任等职。1951年9月起，历任东北工业部干部学校组教科科长，重工业部大连工程公司第一副经理、党委常委和吉林第八机械安装公司经理，化工部吉林化工建设总公司副总经理、党委常委，化工部兰州化工厂副厂长，兰州化学工业公司副经理，开封化肥厂指挥部指挥长，兰州化学工业公司副经理、党委常委兼设计院院长、化工学院院长，化工部青海705工程指挥部副指挥兼第六化建公司革委会副主任，石化部北京石化总厂领导小组副组长、基建指挥部第一副指挥，北京市城市规划局领导小组副组长、党委常委，北京国防工业第一办公室副主任、党组成员等职。1978年4月任第七机械工业部副部长、党组成员。1982年4月任航天工业部副部长、党组成员。1983年12月任国家计划委员会副主任、党组成员。1984年1月任中央宣传思想工作领导小组副组长。1984年4月任城乡建设环境保护部部长、党组书记兼国家计划委员会副主任、党组成员。1985年6月任中共上海市委书记、上海警备区党委第一书记，同年9月被增选为十二届中央委员。1987年在中共第十三次代表大会上当选为中央委员，在十三届一中全会上当选为中央书记处书记。1991年5月任国家计划委员会副主任（正部长级）、党组成员。1993年3月当选为第八届全国政协常委。2004年3月离休。2005年在北京病逝。

第二章　人物简介

丁治磐	汪宝瑄	武海楼	邵诗谭	厉国桢	程石泉	方子丹	王兰洲	杨必立	汪德钟
钱　震	汪德熙	洪学智	董熙农	谷　牧	周思德	赵立人	徐鑫福	丁景和	李铁民
彦　涵	蔡健生	庄　重	许磊然	武祥鲸	惠　廉	许耀林	梁如仁	孙可宗	朱景云
朱德群	江　华	汤化达	李益三	祝　斌	卜星光	张国安	陈吉余	徐　智	曹石亭
程同谟	刘友法	朱士坦	朱月华	杜　庚	辛子方	陈砚田	耿杰民	蒋希文	樊仲德
叶志俊	刘凤锦	朱　琳	汤化宾	许曼音	李敬松	郝凤双	王　林	王　辉	余守宪
张义康	刘文龙	朱其铠	汤草元	罗栋生	吴品三	汪　愚	张逸生	王辅一	汪宁生
丁俊之	方禹之	刘国华	宋玉斋	祁德林	来俊华	金同珍	王裕晏	汪长智	胡为德
秦兆桢	秦咏诚	彭　云	李正基	江尧骝	王宏喜	张思俊	周维先	程君复	周达春
毕家宽	张良群	汪人达	陈凤桐	武心慈	黎正宇	宋纯清	金　鏐	顾良圭	魏奎超
高振江	韩永年	叶汝春	刘仁生	吴继科	宋开智	周承祖	杨谷昌	俞素娥	丁丽华

王稳卿	李洪甫	郁家树	高维敏	程巨悌	周大兵	季允石	刘再华	赵金香	任之通
惠鲁生	石兆前	许赞有	耿文灿	程津培	任桂芳	汪人元	陶惠启	潘朝曦	王立步
厉新光	刘长斌	钱云珠	顾金勇	陶士伟	程学礼	王绪芝	陈　健	邵中国	黄庆国
徐守盛	杨再金	杨廷柱	汪建新	邸安和	丁建思	孙汉洲	朱亚平	陈如根	武冬青
费爱国	徐子方	蔡名照	戴肃军	王国生	王宜林	化　敏	张国良	汪奇魔	段培君
刘永忠	朱雅丽	李永安	杨亦鸣	夏　耕	顾涧清	黄浩涛	黄震云	马秋华	孙飘扬
陈震宁	周　星	郑志春	肖　伟	胡可先	凌　娅	谢春光	刘士余	许　勤	吴　舟
穆家善	丁三青	陈永江	嵇道青	许坠成	张思山	张靖周	周达新	戴翔翎	汤井田
徐家跃	韩江龙	鲁西奇	侯　勇	乔光辉	王咏梅	陈玉凤	李梅芳	郜普庆	

丁治磐（1893—1988） 原名介石，字石安、似庵，东海县人。民国元年（1912年）年考入江苏陆军讲武堂步兵科一期，毕业后任陆军第16师排长。民国3年，任江苏省第四路要塞步兵第一旅上尉副官。民国14年升任宣抚军卫队旅司令部中校参谋。民国17年调任第九军参谋长兼第16路军总指挥部参谋长。民国20年在漯河加入中国国民党。抗日战争爆发后，任第41师师长，参加南京保卫战。民国27年7月参加长沙会战，率部击破日军一旅团，获陆海空军一等奖章，晋升为陆军中将。民国30年8月，参加第二次长沙会战。是年12月在第三次长沙会战中，率部激战日军第6师团，斩获甚众。民国31年初升任国民革命军第26军军长。民国34年8月，率领26军协助盟军截击向广西撤退的驻越南日军。解放战争期间，参与指挥对胶东解放区的“扫荡”，遭失败。民国37年9月，调任江苏省政府主席兼保安司令。中国人民解放军解放南京后，丁治磐率兵3万顽守舟山群岛的嵊泗县。1950年率残部撤往台湾，6月被聘为“总统府”国策顾问。1988年病逝于台北。

汪宝瑄（1900—1991） 字瑞庭，又字抱玄，号衡斋，连云港市连云区人。民国4年（1915年）就读江苏省第八师范学校，民国8年加入中国国民党。民国15年，奉国民党江苏省党部之命，以特派员身份在当时灌云县政府所在地板浦一带进行灌云县国民党的组建工作。民国17年，考入上海复旦大学，积极参加“五卅”反帝爱国运动。毕业后留学法国，在巴黎大学先后学习法律、市政。学成回国，受任国民党江苏省党部委员。先后为太仓县、无锡县县长。“七·七”事变后，为国民党陕西省党部特派员，后担任国民参政会参政员、第三战区党政分会中将委员。抗日战争胜利后，任国民党江苏省党部主任委员。民国36年当选制宪国民大会代表，后当选为国民党立法委员。1949年赴香港，创办1所中学，自任校长。不久弃教去台从政。20世纪60年代退休。1991年在台湾病逝。

武海楼（1901—1987） 原名武凤祥，连云港市新浦区南城镇（今海州区）人。幼年就读于家塾，熟读经史、诗词、歌赋。后考入江苏省立第十一中学。民国17年（1928年）毕业于东南大学数学系，获理学学士学位。次年，在江苏省立东海中学任秘书兼教数学，后几易学校。民国19年前后，到日本东京等处考察教育。回国后，到涟水县石湖镇创办江苏省立石湖乡村师范学校并出任校长，以“育人才、启民智、兴国家”为办学宗旨，突出爱国主义教育。抗日战争爆发后，乡村师范被迫解散，武海楼带领部分学生转移到四川重庆。在著名职业教育家黄炎培、江恒源的支持下，武海楼创办江苏省临时联合中学。抗日战争胜利后，他从重庆来到上海，任教于南通学院上海分部。1949年8月，他奉调到张家口军委工程学校（今西安科技大学）任教直至退休。著有《海楼词稿》。1987年逝世。据其遗言，以其终身积蓄设立“武海楼奖学金”。

邵诗谭（1903—　） 字玉堂，后改为雨堂。连云港市连云区人。民国13年（1924年）考入江苏省第八师范学校。民国18年被灌云县教育局聘请为灌云县立墟沟初级小学校长。民国20年任灌云县党部总干事。民国21年进入上海美专国画系学山水，师从国画大师黄宾虹先生。民国24～29年，任江苏省第三区行政督察专员兼保安司令王公玙的私人秘书、江苏省秘书处科员、省民政厅监印兼校对、省政务厅视察、省民政厅科长等职。民国37年赴台湾。著有《字通》《周易新解》《黄山写生画册》《枳园联话》《枳园呓语》《读史撮要》等。

厉国桢（1906—1995） 原名厉兴堂，灌云县人。民国14年（1925年）初中毕业后，在村小学从事教育工作。民国18年考入上海吴淞中国公学预备科，开始接受马列主义学说。民国19年，因经济困难返乡，从事小学教育工作，同年加入中国共产党。民国20年1月，因到伊山散发宣传品，被国民党东灌沭"剿匪"指挥部关押收捕。获释后，与党组织失去联系，遂到新安镇西的引羊寺小学教书，后又到沭阳新集小学任教。为寻找组织关系，于民国21年又去上海。不久，沪东区委党组织遭受破坏，他于民国22年底回到灌云。"西安事变"后，全国抗日民族统一战线基本形成，他和其他革命干部一起，成立海二区青年救国团，联络青年和各界人士召开政治研究会，组织教导队进行军训。不久，又与他人在陡沟三五村创办战时中学。民国28年3月，因日军侵入灌云，战时中学停办。当年夏，厉国桢参加海属地区抗日武装陇海南进支队第3团，并于4月重新加入中国共产党。民国29年组建海南大队，自任大队长。民国30年调泗阳县工作。民国34年7月回灌云，任东灌沭办事处主任，后为淮海专署民政处处长。1949年渡江战役后任苏州专署副专员、专员。1956年任中共江苏省委副秘书长兼省档案局局长。1969年，到盱眙县三河农场劳动。1974年从三河农场迁回南京，1980年担任中国第二历史档案馆顾问。1982年离休。1995年在南京病逝。

程石泉（1909—2005） 又名程启槃，灌云县人。当代著名学者、易学研究名家。清宣统元年（1909年）出生于板浦一个显赫的盐商家庭，自幼便受到良好的私塾教育。民国14年（1925年）考取江苏省立第八师范学校。民国18年考取南京第三中山大学（中央大学前身）数学系。受新儒学大师方东美先生影响，弃理从文，改习哲学。民国22年从中央大学毕业后，任职于考试院。程石泉此时开始对易学进行专门研究，一年后发表《雕菰楼易义》一文。后又结集成《易学讨论集》，为当时国内最早讨论易学的论文集。民国26年，程石泉留学英国，就读于牛津大学基督圣体学院，攻读古希腊哲学，后转读伦敦大学。民国28年，受二战爆发影响而中止学业。归国后，担任教育部部长陈立夫的英文秘书。民国30年弃政从学，先后任教于浙江大学、中央大学。抗战胜利后，任上海教育局社会教育处处长。1949年，举家移居台湾。1955年，程石泉携眷赴美，继续求学。1965年毕业于华盛顿大学，取得哲学博士学位。毕业后先后供职于美国匹兹堡大学、宾夕法尼亚州立大学。20世纪70年代，程石泉经常往返于台湾、美国之间作短期讲学，并受聘担任台湾大学客座教授、台湾师范大学客座教授及东海大学荣誉讲座教授。其代表作品有《孔子之前后》《哲学、文化与时代》《中西哲学比较论丛》《柏拉图三论》等。先后撰成《易学新论》《易辞新诠》《易学新探》，合称"程氏易学三书"。2005年6月在美国逝世。

方子丹（1910— ） 字旨聃，灌云县人。毕业于河北大学政经系。抗日战争期间任第5军编辑处编辑、国家总动员会议专门委员。抗日战争胜利后，任社会部秘书。1949年赴台湾，历任台湾东南军政长官公署秘书、台湾"行政院"简任参议。方子丹国学知识渊博，尤精于礼学和诗学。1973年退休后，被聘为台湾辅仁大学博士生指导教授、"中国文化院"教授、文化大学教授、"国史馆"特约纂修、旅台海州同乡会《海州文献》艺文联谊会会长。著有《中国历代诗学通论》《弃井庵诗集》《礼学价值新论》等。

王兰洲（1911—1986） 字仲畦，连云港市连云区人。少年从师读四书五经，练习书法。20

岁以后以教私塾为生。他博闻强记，善书画，尤善隶书。热心办学，深得乡里学生尊敬和爱戴。民国34年（1945年）秋，在墟沟开办一所初中补习班。民国35年夏，开办连云市墟沟私立蔚云初级中学，张石溪任校长，王兰洲任总务，聘请一些德高望重、治学严谨的老师任教。他将自家的蔚云书店献给学校，转为学校的小卖部，收入归学校。用家中木材打制课桌凳。学校西边王家的一亩多地，也献给学校做操场。由于蔚云中学系私立学校，没有正常的经济收入，学校经费严重不足。他为此四方求援，甚至以个人名义借高利贷充当学校经费，变卖家产投资办学。民国37年，王兰洲只身到上海募捐，所集甚微，后又到杭州募捐，遂留杭州工作。王兰洲舍家办学，被当地人誉为"墟沟的武训"。1953年，从杭州回到墟沟。1986年去世。

杨必立（1912—1993） 灌云县人。毕业于中央大学经济学系，后赴美国哈佛大学研习经济理论及租税，在斯坦福大学研习企业管理，获联合国及福特基金会奖学金。20世纪60年代初，杨必立应聘担任台湾"国立政治大学"企业管理所负责人。1975年，转任东吴大学经济研究所所长。之后他还担任台湾"财政部"专门委员、"行政院"参议等职。1978年任考试委员。主要著作有《行销学》《中国所有税研究》《台湾管理个案》《台湾财税改革论文集》。杨必立是中国工商管理硕士（MBA）教育、台湾管理学的开创人，最先在台湾引进现代管理知识，有"台湾行销学之父"之称。1993年3月在台湾去世。

汪德钟（1912—2004） 灌云县人。出身于世家望族。早年在上海从事银行业。20世纪30年代与吴印咸、郎静山、陈传霖等活跃在上海影业界。1949年移居香港后，被香港足球总会聘为摄影师。1957年，在香港首家商业电视台担任《丽的呼声》特约节目制作人。不久，被香港新闻处任命为特约片负责人，创办香港沙龙电影有限公司，成为海外电影公司在香港首家制作代理人，制作和协制的电影代表作有《苏丝黄的世界》《八十日环游世界》《华贵洋行》《李小龙传》等。他涉足于美国的世纪霍士公司、雅朗制作公司、环球、华纳兄弟、美高梅等蜚声国际的电影公司及CBS、ABC、VBC电视台，与欧洲、日本等国家和地区的影视机构有良好的合作制片关系，成为著名的华人制片商，被香港影艺界尊称为"汪伯"。汪德钟热衷于祖国的电影事业，1984年后到内地访问，捐赠了最新型、最先进的拍摄器材、拍摄镜头，不断把世界影视设备和信息介绍到内地。1990年7月，沙龙电影公司与北京电影制片厂合资成立北京技术服务公司。2004年在香港病逝。

钱震（1912— ） 字伯起，号起文，东海县人。早年先后毕业于台湾政治大学新闻系、美国密苏里大学新闻学院及国际研究院。民国28～30年（1939～1941年）任杭州《正报》总编辑、社长，曾主管金华县国民党党务。抗日战争期间，先后任浙江省缙云县、天台县、黄岩县县长。民国37～38年，任"中央日报"总编。1952年，创办台北市"大华晚报"，并任社长。1961～1971年，任台北市"中华日报"社社长。1978～1979年，任台北市报业公会理事长。1980年任"中华日报"社董事长。曾任教于台湾政治大学、台湾文化大学及世界新闻专科学校。著有《新闻论》《我看西方》《含英录》等。

汪德熙（1913— ） 灌云县人。高分子化学家、中国核化学化工事业主要奠基人之一、中国科学院院士。清华大学研究生毕业。民国28～30年（1939～1941年）在昆明西南联大任助教。民国30年作为留美公费生赴美国麻省理工学院攻读博士学位。民国36年回国，任天津南开大学教授，后兼任系主任。1952年调任天津大学化工系主任。试制成功了不饱和聚酯树脂，并领导聚酯树脂小组制成聚酯型玻璃钢小汽车。1960年，调任第二机械工业部原子能研究所副所长，参与核武器的引爆装置——点火中子原的研制，在中国第一座原子能反应堆后处理工艺上采用先进的萃取法，在爆炸当量的测定、燃耗、裂变产额的分析等方面做出贡献。1980年11月当选中国科学院学部委员。1983年任原子能科学院科学技术委员会主任和核工业部科学技术委员会常委。

1985年任核工业部研究生部主任。1990年，当选为中国核学会第三届理事长。1991年任核工业公司科学技术委员会高级顾问。1999年获何梁何利科学与进步奖。

洪学智（1913—　） 安徽省金寨县人。民国18年（1929年）3月参加革命，同年5月加入中国共产党。土地革命战争时期，任中国工农红军师、军政治部主任。抗日战争时期，任新四军第3师参谋长。民国34年3月7日，率领3师8旅24团、10旅28团、滨海独立团和灌东纵队经过3天激战，先后攻克日伪军设在三口、张湾、陈集、茶庵、小条河、五里庙等13个据点，打死打伤日伪军200多人、俘敌100多人，收复灌东失地，恢复区、乡抗日民主政权机构，为灌南地区抗日斗争的最后胜利作出重要贡献。中华人民共和国成立后，任中国人民解放军总后勤部部长，第七、第八届全国政协副主席等职。1955年9月、1988年9月先后两次被授予上将军衔。1998年离休。

董熙农（1913—　） 连云港市海州区人。海属地区20世纪中后期名中医。幼读私塾，年稍长，自学中医。后考入上海中医学院，民国26年（1937年）年毕业。次年，在海州挂牌行医，是当时海属地区唯一科班出身的中医师。日军侵占海州后，离家到上海开设中药店。民国29年回新浦开设中医诊所。民国36年出任东海县中医公会理事长。1952年加入新浦第三联合诊所，任中医师。1958年随联合诊所并入新浦卫生院任中医师。他用多年积累的中医疗病经验，结合西医疗法，为患者治病。20世纪80年代末退休后，仍悉心研究古代医学资料和现代医学理论，撰写10余篇论文。

谷牧（1914—） 原名刘家语，后改名刘曼生，山东省荣成市人。民国21年（1932年）加入中国共产党，并参加革命工作。抗日战争爆发后，他在东北军67军107师工作，民国27年3月被中共中央长江局派往东北军57军112师，在万毅任团长的667团工作，发展万毅加入中国共产党，后主持112师中共工作委员会工作，担任中共东北军第112师工委书记。民国29年撤出东北军，进入山东抗日民主根据地，先后任中共中央山东分局统战部部长、八路军第115师兼山东军区政治部统战部长、中共滨海区第二地委书记兼滨海军区第二军分区政治委员。民国37年新海连地区解放后，任新海连军事管制委员会主任。1948年12月至1949年3月任新海连特区委员会书记兼警备区政委，对领导接管新海连地区建立民主政权、恢复发展生产做了大量工作。1949年底调华东局工作。后调中央工作，历任国务委员、国务院副总理、第七届全国政协副主席等职。1973年4月至1988年11月，他三次视察连云港，指导连云港港口建设和发展工作，多次批示连云港港口建设的具体事项，为连云港港实现东方大港梦奠定了坚实基础。

周思德（1914—2000） 江苏省扬州市江都区人，民国29年（1940年）参加革命，民国31年（1942年）加入中国共产党。抗战时期，在中国共产党领导的抗日民主根据地和解放区，参与组建人民司法及审判机构，任江都县抗日自卫委员会调解委员会主任。解放战争时期，任苏皖第一行政区法院院长。新中国成立后，1950年6月任苏南行署人民法院副院长、代院长。1955年3月至1960年3月，任新海连市市长。1962年9月，任江苏省物价委员会（与江苏省计划委员会合署办公）副主任。1978年3月，任江苏省革命委员会物资局副局长；1979年7月，任江苏省物价委员会（与江苏省计划委员会合署办公）副主任。

赵立人（1914—1999） 灌云县人。民国20年（1931年）考入江苏省东海师范学校。民国24年后，先后在灌南李集乡、白皂乡任小学教员。民国28年，日本侵略者侵入县境，赵立人弃教从政，先后任东海县政府文书、四区区长、宿沭海办事处沙河区区长、宿北县沭海区区长、马陵区区长等职。民国33年进入苏北党校学习。学习结束后，历任宿北县沭西区委书记、东海县委组织部副部长、宣传部部长，东海县副县长。民国35年，带领东海县干部队北撤山东。民国36年2月，北撤山东的沭阳、灌云、东海（路南）、潼阳、宿迁等县的干部队在返回淮海区途经东海安峰山时，遭到国民党军队28师的合击。赵立人率领东海县干部队抢登安峰山山头，从敌人包围圈空隙中安全突围，无一伤亡，立大功。民国38年2月，华中六地委抽调东海县5个区级机关干部支援江南新区，时任副县长的赵立人带领干部奔赴江南，不久，调任睢宁县委宣传部部长。1950年，调任中央人事部二局科长。1959年，任民政部民政学校处长。1960年，任国家编制委员会地方组副组长，后任国家编制委员会办公室主任。1967年，被下放到宁夏平罗“五七”干校劳动。1972年5月，调国务院参事室、文史馆工作。1977年8月任国务院参事室、文史馆办公室副主任。1980年7月任国务院参事。1987年9月离休。1999年病逝。

徐鑫福（1915—　） 灌云县人。民国29年（1940年）自重庆中央大学航空工程系毕业后，先后在四川飞机制造厂、成都航空研究院工作。民国34年赴美国飞机制造厂实习。后进入英国飞机设计院深造。1949年回国后先后在华北军区航空处航空工程研究室、华北大学工学院、北京航空学院飞机系担任教授。1958年，设计成功适合国民经济发展需要的轻型多功能飞机“北京一号”。主编有《飞机飞行操纵系统》。1986年离休。享受国务院特殊津贴。

丁景和（1916—　） 灌云县人。民国15年（1926年）考入江苏省立扬州中学高中部学习。民国23年，考入国立清华大学生物系。“七·七”事变后，转入北京大学生物系。毕业后留校当助教，后在北京、唐山、上海等地任大中院校教师。民国35年回家乡任东海师范学校教务主任。次年任灌云县初中教导主任。中华人民共和国成立后，调任上海师范学院生物系讲师。1960年，支援江西，调任江西大学生物系副主任。1971年，转任江西中医学院药学系药用植物学教授兼药学系主任。其受卫生部委托主编的《药用植物学》，成为高等医药院校教科书。

李铁民（1916—2000） 连云港市人。民国20年（1931年）加入中国共产党。抗日战争时期，积极进行抗日救亡活动，历任中共东海县委委员、宿迁县委书记、东海县委书记等职。解放战争时期，任东海县委副书记、华中六地委民运部部长等职。中华人民共和国成立后，任淮阴地委副书记、吉林省邮电局副局长等职。

彦涵（1916—　） 原名刘宝森，东海县人。著名版画家、画家。民国27年（1938年）毕业于延安鲁迅艺术学院美术系，同年加入中国共产党。民国28年参加鲁艺木刻工作团赴太行敌后抗日根据地，从事木刻艺术创作。民国32～37年，先后任延安鲁迅艺术学院美术系、华北大学美术科教员。中华人民共和国成立后，历任中央美术学院华东分院（今中国美术学院）、中央美术学院、北京艺术学院教授。曾任天安门人民英雄纪念碑美术组副组长，创作《胜利渡长江》浮雕设计图画。1994年，彦涵美术馆在其家乡连云港市建立。2001年，彦涵被中国文联和中国美术家协会授予金彩奖。2003年，被文化部授予造型艺术成就奖。2004年，被文化部、中国文联授予造型表演艺术创作研究成就奖。曾在国内外举办个人国画、油画、版画展览20余次。出版有《彦涵版画集》《彦涵画辑》《彦涵插图木刻选集》《彦涵艺术随感手书集》等。

蔡健生（1916—　） 灌云县人。牙雕艺术家，中国工艺美术大师。曾任上海艺术雕刻厂技术顾问、高级工艺美术师。蔡健生13岁随上海牙雕前辈许秀生学艺，后逐渐形成自己的独特风格。他突破独支象牙造型的旧形式，创作《金山战鼓》《曹雪芹与石头记》等气势磅礴的作品。代表作有《林冲夜奔》《越鸟南归》《文姬归汉》《文成公主在西藏》《金山战鼓》《周恩来和董必武在梅园新村》《李时珍采药》《香妃狩猎》《红楼二尤》等。1986年被上海市命名为特级工艺美术大师。

庄重（1917—　） 原名庄开第，灌云县人。民国27年（1938年）10月加入中国共产党，并任第五战区信（阳）应（山）边区抗日游击队第4纵队第1大队政治指导员。后编入李先念领导的新四军鄂豫挺进纵队。民国29年4月，在彭雪枫、刘子久、曹荻秋等人领导下，创办《群众导报》，任副社长。次年,《群众导报》停办,改办淮北区党委机关报《人民报》,庄重任副社长。民国34年12月,庄重进入新华社,先后任新华社华中分社和华中总分社通讯部主任、《新华日报》华中版通讯部主任、新华社上海分社副社长、华东总分社第一副社长兼总编辑。“文化大革命”中遭批斗。1979年10月,庄重被任命为司法部宣传司司长。1980年8月任中国法制报社社长兼总编辑。

许磊然(1918—) 原名许怡曾,女,赣榆县人,生于上海。曾祖父为近代实业救国的“苏北三大名流”之一的许鼎霖。民国26年(1937年)毕业于上海中西女子中学,后入上海沪江大学读书。民国33年起在时代出版社任编审。1953年调任人民文学出版社外国文学编辑室任编审。1987年离休。系中国作家协会会员、中国翻译工作者协会理事、中国苏联文学研究会理事。翻译大量俄文文学作品,其中影响较大的有《真正的人》《日日夜夜》《教育诗》《毁灭》《上尉的女儿》等。1997年获中国作家协会“鲁迅文学奖”翻译奖。

武祥鲸(1918—1987) 连云港市新浦区南城镇(今海州区)人。幼时曾受家庭教师杨光銮(革命烈士)的启蒙教育。民国21年(1932年)考入省立东海师范初中部,三年后毕业。民国26年8月 在灌云县杨集小学教书,业余积极宣传抗日。不久,参加八路军。民国32年加入中国共产党。是年10月,回灌云地区,先后任灌东办事处主任、灌云县委秘书。解放战争时期,先后担任华中和华东六地委驻鲁办事处直属队长兼政治指导员。民国36年11月,调大连工作。中华人民共和国成立后,到北京航空学院学习。毕业后,历任第二、第三、第八机械工业部计划科科长、副处长、局长等职。“文化大革命”期间受迫害。中共十一届三中全会后平反。1981年离职休养。1987年病逝。

惠廉(1918—) 女,灌南县人。民国28年(1939年)5月参加新四军,次年2月加入中国共产党。抗日战争时期,历任新四军军需处会计、抗大九分校供给处处长、苏浙军区供给部会计科科长等职。民国36年10月起,先后担任苏中二地委干校副校长、苏中第九专员公署生产建设处处长。中华人民共和国成立初期,曾任苏州市财政局局长、苏州市委办公室主任、苏州市财委主任。1953年起,先后任苏州市副市长、代理市长、苏州市委书记。1965年起任中共江苏省委党校副校长。1973年以后,先后任江苏师范学院革委会副主任、省人民银行副行长。1979年起,任省外贸局局长、省政协常务委员等职。1984年2月离休。

许耀林(1919—) 山东省日照市人。民国27年(1938年)10月参加革命工作,民国28年10月加入中国共产党。民国29年后,在滨海、东海、连云港等地开展敌工工作,先后任敌工干事、政治指导员、大队政委、区委书记等职。民国34年9月,任中共新海工委委员、浦西区委书记。民国36年2月后,先后任中共海州市委组织部副部长、新海工委副书记、连云市委组织部部长。1950年12月至1951年1月任连云工委书记。1952年1月后,任新海连市委工业部部长、新海连市市长、新海连市委副书记、第一书记、连云港市委书记。1966年调任苏州市委副书记。“文化大革命”期间遭受迫害。1971年恢复工作。1982年离休。1995年1月,经中共江苏省委批准为正厅级干部。

梁如仁(1919—) 东海县人。民国27年(1938年)参加革命工作,次年加入中国共产党。抗日战争时期,历任分区委宣传委员、八路军东进支队14团3营教导员、海陵县农救会会长、东海县青救会会长、区委书记等职。解放战争时期,任东海县委组织部部长、新海工委书记、云台工委书记等职。中华人民共和国成立后,1949年任连云工委书记、新海连特区建国学校常务校长,后任市工会主席。1953年2月至1955年1月任中共新海连市委书记。1955年,调任徐州专署专员,后任地委副书记、徐州市委书记。1979年,任苏州地委常委、专署副专员。

孙可宗(1920—) 灌云县人。民国32年(1943年)毕业于西南联合大学,获机械工程学士学位后，赴印度参加中国远征军，配合英军抵御日本侵略军。在部队，孙可宗任英语译员、汽车技术员，亲历著名的仁安羌战役。远征结束后，孙可宗回国。历任北洋大学、北京大学工学院机械工程系讲师，北京农业大学、北京农业机械化学院(后与北京农业大学合并为中国农业大学)副教授、教授。出版的科技著作和译著有《工程热力学》《热力网》《机械原理课程设计》《机械原理》《机械运动学》等。

朱景云（1920—　） 山东省单县人。民国37年（1948年）参加工作，1950年加入中国共产党。20世纪50年代初期，在台北盐场大浦工区一组任组长，带领全组工人改革大耙推堆盐技术，改进抽水机结晶池，首创单元产盐量超千吨纪录，连续7年保持优质高产。1956年5月，出席全国第一次轻工业先进生产者代表会议，被授予全国劳动模范称号。是年9月底出席全国群英会，参加国庆招待会，受到毛泽东等党和国家领导人接见。后任新海连市盐务局制盐工业研究所工程师，1981年退休。

朱德群（1920—　） 安徽省萧县（时属江苏）人，法兰西学院第一位华裔院士，著名海外华人艺术家。就读于东海师范中学部。民国24年（1935年）进入国立杭州艺术专科学校学习西画，民国30年毕业。民国34年任教于南京中央大学建筑系。1949年任教于台北师范大学艺术系。1951～1955年任教于台湾师范学院。1954年在台北市中山堂首次举办个展。1955年定居巴黎，从事绘画创作。1980年入籍法国。1997年当选法兰西学院艺术院终身院士。

江华（1920—　） 灌南县人。民国29年（1940年）9月参加革命，次年7月加入中国共产党。历任苏北淮海区潮河大队大队长、阜宁县委敌工部部长、解放军第4军保卫部部长、华中五地委社会部政保处处长、江苏省公安厅政保处处长、上海市公安局政保三处处长、中共上海市委统战部联络处处长、市政协副秘书长、民主和法治委员会副主任（正厅级）、市政协常委等职。

汤化达（1920—　） 灌南县人。著名导演、演员。民国26年（1937年）参加自卫队，从事抗日救亡宣传活动。民国27年参加八路军，次年加入中国共产党。民国29年后，在部队宣传队从事编剧和演出工作。1951年8月，调入上海电影制片厂，先后任演员、剧团副团长、副导演、导演。先后出演影片《上饶集中营》《南征北战》《伟大的起点》等。1960年，与汤晓丹合作导演影片《红日》，同时参加大型纪录片《上海英雄交响曲》的导演工作。1972年导演影片《等到满山红叶时》《石榴花》。

李益三（1920—　） 灌云县人。民国27年（1938年）春参加孙海光等人举办的抗日学习班。民国29年10月加入中国共产党。民国29年2月起，先后担任苏北新四军9旅民运队队长、泗宿县马厂区委书记兼区长、县委常委、组织部副部长。民国34年11月，调任黑龙江省肇东县县长。次年任肇东县委书记。中华人民共和国成立后，历任东北人民政府财政部检查处处长、东北人民政府地方工业局副局长、中央地方工业局食品局局长、食品工业部油脂局局长、轻工业部食品局局长、轻工业部日用化工局局长。1973～1978年，先后任安徽省科技局副局长、局长、安徽省科委副主任兼安光所党委书记。1978年5月，调任国家科委四局局长。1982年3月起，任中国烟草总公司经理、国家烟草专卖局局长。其间，李益三全面整顿生产经营渠道，在全国关停计划外小烟厂300多家。1989年离休。

祝斌（1920—　） 江苏省阜宁县人。民国28年（1939年）参加新四军，同年加入中国共产党。抗战期间，任阜宁县地下交通站站长和区、县一级基层领导，始终在中共华中局、新四军军部机关和三师师部及盐阜区党委机关驻地周围执行警卫、剿匪战斗任务。在历次反“扫荡”、反“清乡”和反伪化战斗中，总是身先士卒，英勇善战。解放战争中，祝斌率领地方部队参加大小战斗数十次，曾带领阜宁县后勤总队奉命支前，参加了著名的涟水战役和淮海战役。1960年3月起任新海连市市长、连云港市市长、市委副书记。1969年9月至1975年1月任连云港市革委会副主任。后调盐城地委工作。1986年离休。

卜星光（1921— ） 原名卜延云，灌南县人。民国28年（1939年）参加革命，曾任八路军营政治指导员等职。民国36年调任《淮海画报》副主编。中华人民共和国成立后，历任苏北美协副主任，苏北美术工场场长，江苏省文化预备学校教务主任，中共灌南县委宣传部副部长、县科委主任等职，是中国美术家协会会员、中日美术交流协会会员、江苏省美术家协会会员、国家一级美术师。作品在海内外参展40多次。《飞鸟语花》被收入中日友好10周年纪念画集，著有《碧砚斋诗词集》《碧砚斋诗文集》等。

张国安（1921— ） 河北省宛平县人。民国27年（1938年）参加革命，民国28年6月加入中国共产党。曾任陆军第46军司令部副参谋长，南京军区守备3师师长，江苏省军区司令部副参谋长、顾问等职。获三级独立自由勋章、三级解放勋章、独立功勋荣誉章。1971年2～6月任中共连云港市革命委员会核心小组组长。1971年6月至1972年10月任中共连云港市委书记。

陈吉余（1921— ） 灌云县人。华东师范大学教授、河口海岸教育学家。民国36年（1947年）从国立浙江大学研究生毕业后留校任教。长期从事与水利交通等工程建设有关的地学研究工作，组建中国最早的河口海岸研究机构，是中国将河口海岸理论应用于工程实践的开拓者和代表人物。20世纪50年代提出江苏北部平原海岸的变迁是受到近代黄河下游河道在苏北夺淮入海强烈影响的科学诊断，成为连云港地区淤泥海岸形成发育、冲淤演变研究的理论基础。长期指导华东师大海岸研究所连云港课题组进行连云港港口回淤沙来源和回淤等课题的研究工作，为连云港港在淤泥海岸环境下进行大规模的扩建工程提供了科学依据。陈吉余在河口治理、海岸工程、围海工程、水利电力工程环境、都市给排水工程研究方面取得重要成果，获国家科技进步奖一等奖1项、省部级科技进步奖16项。1985年获全国五一劳动奖章。1996年当选国际欧亚科学院院士，1999年当选中国工程院院士。

徐智（1921— ） 浙江省杭州市人。民国28年（1939年）6月参加革命，同年加入中国共产党。民国29年到苏中四地委工作。中华人民共和国成立后，历任南通市委书记处书记，江苏省建委副主任，常州市委书记，南京市委第二书记、代市长、人大常委会主任等职。1977年6月至1978年12月任中共连云港市委书记、市革命委员会主任。

曹石亭（1921— ） 原名曹达，东海县人。抗日战争爆发后，参加灌云县二区在陡沟乡冯圩村举办的抗日教导队的学习，后转入战时中学，积极投入敌后抗日救亡工作。民国37年（1948年）6月，曹石亭任华东野战军苏北兵团35旅104团第2营营长，担任龙苴战役的前线指挥，一举歼灭盘踞在龙苴的国民党灌云县保安大队周法乾部。中华人民共和国成立后，任大连水面舰艇学院训练部党委书记。正军级离休。1955年获国家颁发的三级独立自由勋章及三级解放勋章。1988年被授予中国人民解放军独立功勋荣誉章。

程同谟（1921— ） 连云港市连云区人。民国27年（1938年）初参加革命工作，次年4月加入中国共产党，并任八路军山东纵队陇海南进游击支队第3团救亡室主任，7月参加灌云县五里槐戗斗，伏击日军船队，首战告捷。因作战勇敢，被提拔为连队指导员、团青年干事。20世纪40年代初，在邳县、睢宁、铜山地区参加抗日武装斗争。宿北战役后，随淮北挺进支队强渡运河，深入敌后，恢复与重建淮北解放区。解放战争结束后被评为“人民二等功臣”。中华人民共和国成立后，程同谟在部队机关负责组织工作、干部工作和主持党政工作。1982年11月，程同谟在副军职岗位离休。

刘友法（1922— ） 灌云县人。民国29年（1940年）9月参加新四军。民国30年加入中国共产党。民国31年9月起先后任新四军第3师10旅兼淮海军分区1支队2团2连副政治指导员、团部政治指导员、政治处组织干事、军分区政治部巡视员、团政治处副主任、军政治部组织科科长等职务。1950年后历任华东军区海军政治部组织部科长、要塞炮兵团政治委员、东海舰队干部部副部长、海军舟山基地政治部主任等职。1973～1977年，任中共中央统战部负责人。1978年起历任海军基地政治委员、基地党委第一书记，海军政治部主任，海军党委常委，海军纪委专职书记（副大军区职）。1988年7月被授予中国人民解放军独立功勋荣誉章。1988年9月被授予海军中将军衔。1990年离休。

朱士坦（1922— ） 灌云县人。民国27年（1938年），通过办《灌云日报》、印发抗日宣传品开展抗日救亡宣传活动。翌年，参加八路军陇海南进支队，并加入中国共产党。先后参加过小官庄、邵家湖、赣榆、莒县等战斗。民国32年，在滨海军区任谍报参谋，受命进入连云港地区进行战略侦察，先后把日本福昌公司200多箱炸药、数百盒雷管、2000余米导火线运往解放区。解放战争时期，参加淮海战役解放郯城的前沿战斗。之后，随滨海军区部队解放连云港地区。1950年，奉调空军第五航校工作。1952年，调中南军区空军工程部任修理处处长，后负责组建飞机修理厂并任厂长。曾任中国人民解放军空七军后勤部副部长等职。离休（正师职）后住广州。

朱月华（1922— ） 原名朱世恒，赣榆县人。民国29年（1940年）参加八路军，民国30年加入中国共产党。历任八路军第115师东进支队2大队战士、副班长、班长，新四军独立旅教导队排长，山东抗日军政大学第一分校学员、1大队2连区队长，东北民主联军第1纵队第2师4团参谋长，陆军第38军参谋长、军长，陆军第55军军长等职。先后参加抗日战争、解放战争、抗美援朝战争、对越自卫反击战。1980年任广州军区副司令员。1987年1月离休。先后被授予三级独立自由勋章、三级解放勋章、中国人民解放军独立功勋荣誉章和朝鲜民主主义共和国三级国旗勋章。

杜庚（1922— ） 山东沂南人。民国31年（1942年）8月参加革命，在沂水伪警察所从事地下工作。民国33年6月至民国34年2月在鲁中南区敌工科工作。此后先后在敌区高密、青州从事地下工作。抗战胜利后，先后在三军区俘虏管理局和军区战士报社、三地委群众报社工作。1949年5月到新浦新华书店工作。1950年6月加入中国共产党。1958年3月，任《新海连市报》（后改名《连云港报》）副总编。1961年4月至1966年10月，任市委宣传部副部长兼《连云港报》总编。1974年10月起任市五七中学、省外贸学校副校长、校长。1981年6月任市人大常委会副秘书长。杜庚长于书法、诗词，为中国书法家协会会员、江苏省书法家协会常务理事、江苏省诗词协会常务理事。历任连云港市书法家协会主席、连云港市诗词协会副会长。其书法作品多次参加国内外大型书展。

辛子方（1922— ） 灌南县人。自幼饱读诗书，早年离乡去台。曾20多次回乡探亲采风，参与家乡各种联谊及诗会活动。为加强台湾与连云港的文化交往，于20世纪70年代末在台湾创办介绍家乡历史文化、地方风貌的《海州文献》杂志，广泛收集、记录、整理海属地区历史遗迹、风土人情、乡土文化、建设成就，增进台湾人民对连云港的了解和认识。2003年发起成立海州乡土文化研究社，并创办《海州乡土文化》。编著有《说我故乡》《小我》《怀念》。

陈砚田（1922—2003） 灌南县人。初中文化，少将军衔。民国29年（1940年），任百禄区大南乡（今百禄镇）指导员。民国30年调任中共涟水县百禄区地方武装负责人。民国31年，任新四军第3师某连指导员。1955年后，历任中国人民志愿军第39军115师343团政治部主任、115师副师长，沈阳军区独立师师长。1969年3月率部参加珍宝岛自卫反击战。

耿杰民（1922— ） 山东省邹平县人。民国27年（1938年）参加革命，是年加入中国共产党。1977年起，任连云港建港指挥部指挥、市委副书记、市革委会副主任。1980年2月至1983年4月任连云港市市长。后调省老龄委工作。

蒋希文（1922—　） 赣榆县人。民国38年（1949年）考入燕京大学国文系，1951年毕业后分配到中国科学院语言研究所工作，参加文字改革的研究工作。1959年被派往贵州支援建设中国科学院贵州分院。1962年调贵州大学中文系任教，先后教授汉语史、汉语音韵学、现代汉语、古代汉语、中国古典文学等课程。1986年晋升教授。先后担任民进第九届中央委员、民进贵州省主委、省政协常委、第七届省政协副主席。1992年获国务院特殊津贴。著述有《赣榆方言》《贵州方言内部区分》《〈中原雅音〉记略》《徐邈反切声类》等。

樊仲德（1922—　） 曾用名樊道声，东海县人。民国30年（1941年）1月参加革命，民国32年12月加入中国共产党。抗日战争期间，樊仲德受进步思想影响，投笔从戎，参加了青口战役、赣榆战役、朱堵攻坚战、追歼赣榆城逃敌和泊里攻坚战等。解放战争期间历任山东滨海军区警备旅3团教育参谋、华东野战军第3纵队9师27团司令部作战参谋、中国人民解放军第3野战军第22军66师司令部作战科副科长等职。中华人民共和国成立后，历任解放军空军航空兵第12师司令部作战科科长、解放军南京军事学院和北京空军学院教员、解放军空军航空兵第33师副师长等职务。抗美援朝战争爆发后，樊仲德随歼击第12师奉命赴朝参战。1978年离休。曾获独立自由勋章、解放勋章和独立功勋荣誉章。

叶志俊（1923—　） 江苏省沭阳县人。民国28年（1939年）8月参加革命，民国29年2月加入中国共产党。先后在乡青年救国团团部、八路军苏皖纵队政治部锄奸科、新四军九旅27团工作。民国32年9月起任潼阳县时集区委宣传科科长，新河区委书记，东海县东北办事处工委书记、民运部部长，潼阳县委组织部部长，淮阴地委民运部科长，地区总工会主任，苏北总工会组织部部长等职。1952年12月任淮北盐特区党委书记、淮北盐务局党委书记。1959年初任中共新海连市委副书记。1960年3月任江苏省总工会副主任、党组副书记。1972年6月任淮北盐务局台南场副场长，盐务局党委副书记、书记。1977年2月任中共连云港市委副书记。1980年1月至1984年7月任中共连云港市委书记，兼连云港市第六、七届人大常委会主任。1988年7月至1992年11月任江苏省党史工作委员会主任。

刘凤锦（1923—　） 东海县人。民国27年（1938年）10月参加八路军，次年加入中国共产党。抗日战争时期，任八路军山东纵队陇海南进支队独立营1连指导员、八路军5纵3支队政治部奋斗剧团分队长、音乐组长。后任中国人民解放军华东野战军第2纵队政治部文工团副团长、第21军政治部文艺工作大队副队长、中国人民解放军第7兵团政治部文工团团长、济南军区政治部文工团团长、济南军区政治部文化部副部长等职。淮海战役中荣立集体二等功。荣获三级独立自由勋章、解放勋章、独立功勋荣誉章。“文化大革命”期间受到迫害。1974年4月，任济南军区政治部宣传部副部长。1979年，任济南军区政治部研究室研究员。1981年离休。先后创作《整训歌》《永远做毛主席的好战士》等60多首歌曲。

朱琳（1923—　） 女，灌云县人。又名朱云芳。自幼酷爱唱歌和表演。民国26年（1937年）抗战爆发，朱琳在淮阴加入由中共地下党领导和组建的长虹剧社，参加进步的抗战戏剧活动。民国27年8月，朱琳在武昌昙华林参加由周恩来、郭沫若、阳翰笙、田汉、洪深等领导成立的抗敌演剧队第二队。先后参演话剧《家破人亡》《木兰从军》《大雷雨》《钦差大臣》等。随后在田汉创作的《秋声赋》中担任女主角，参演《孔雀胆》《丽人行》。1950年，朱琳进入北京中国青年艺术剧院担任演员，参加演出《钢铁是怎样炼成的》《钦差大臣》等剧目。1952年9月调入北京人民艺术剧院。先后主演《雷雨》《带枪的人》《虎符》《蔡文姬》等中外名剧，被称为北京人艺的“第一青衣”“台词专家”。其中《蔡文姬》在全国巡演300多场，成为北京人艺话剧民族化的经典剧目，也成为朱琳舞台表演的代表作品。1961年，朱琳加入中国共产党。1985年离休。2004年初，朱琳龙艺（北京）文化艺术交流中心成立，朱琳任监事、艺术总监。

汤化宾（1923—　） 灌南县人。民国27年（1938年）9月入伍，次年11月加入中国共产党。抗日战争时期，弃学从武，历任东灌沭抗日联防指挥部宣传员、八路军陇海南进游击支队2团2连及8团宣传员、灌云县南岗区游击队政治指导员、苏北六分区2团3营政治教导员等职。解放战争时期，历任灌云总队副总队长、30军88师263团参谋长等职，参加过淮海、渡江、解放上海等战役。中华人民共和国成立后，历任华东海军学校5中队队长、遵义舰舰长兼政治委员、舟山基地兼第7舰队战舰大队大队长兼政委、军委作战部特种兵处参谋、总参装备部海军装备计划处副处长、七机部一院军管委委员、空军第六军副军长、北京军区空军司令部顾问等职。1976年，参与唐山大地震抗震救灾指挥工作。曾荣立三等功2次，荣获中国人民解放军三级独立勋章、三级解放勋章和独立功勋荣誉章。1981年10月离休。

许曼音（1923—　） 女，灌云县人。民国32年（1943年）7月考入上海震旦大学医学院，1950年毕业留校任震旦大学附属上海广慈医院临床医师。后历任上海广慈医院内科住院医师、住院总医师、主治医师、内科副主任等职。1980年任上海第二医学院副教授。1986年7月晋升为上海第二医科大学教授、主任医师。许曼音对内分泌专科的各种疑难杂症和普通内科领域的疑难杂症有独到见解和卓有成效的疗法，成功地诊治大批疑难病和危重病患者。她对于原发性醛固酮的临床研究与医疗水平，达到当时国际先进水平，受到全国同行的尊崇。1988年研究课题获国家科技进步奖三等奖、卫生部科技进步奖二等奖。主要学术成果有《临床内分泌学》《内科学》《老年学与老年病》等。

李敬松（1923—　） 江苏省涟水县人。民国32年（1943年）5月参加革命工作，是年7月加入中国共产党。先后担任涟水县教师、公安局副局长，淮海军分区、苏北军分区营党委书记，泰州市检察院检察长、泰州市委副书记，金湖县县长等职。1975年12月至1980年1月任连云港市委常委、革委会副主任。1981年4月至1984年7月任连云港市委副书记、副市长。1984年8月至1987年12月任第六届市政协主席、党组书记。1988年1月至1989年12月任连云港碱厂建设工程指挥部指挥。1989年12月离休。

郝凤双（1923—1993） 山西省沁源县人。民国26年（1937）7月参加八路军。民国30年10月，调任第115师教导第2旅工兵连战士。民国32年1月19日夜，八路军第115师教导第2旅发动郯城战役。郝凤双炸毁日伪军碉堡数处，滨海军区政治部授予郝凤双“爆破英雄”称号。11月19日，滨海军区发起赣榆战役，郝凤双表现优异，滨海军区授予其“战斗英雄”称号。民国34年8月17日，临沂战役打响，郝凤双时任工兵排副排长，承担炸城任务。他在城西北角选好突破口，利用茅屋做掩护，深挖坑道，最终一次爆破成功，炸倒城墙30余米，填平护城河。民国36年4月，郝凤双调至华东解放军特种纵队工兵团，参加朝阳集、孟良崮、潍县、南麻、兖州、开封、淮海、渡江等战役，立二、三等功数次。1950年冬赴朝参战，参与设计、指挥建成北汉江300米长水下暗桥，使敌机不易侦察、炸坏，确保志愿军运输线。1980年离休。1993年病逝。

王林（1924—　） 原名王占宏，灌云县人。民国30年（1941年）参加淮海区地方抗日武装部队，入医训队学习。民国31年9月被分到十旅卫生院当卫生员。民国34年加入中国共产党。民国36年3月，王林参加师教导队学习，先后担任连指导员、营副教导员等职。抗美援朝战争爆发后，王林参加中国人民志愿军赴朝作战，历任348团2营营长、团参谋长、团长等职，参加了攻打云山、高阳岱西山和110高地阻击战。部队回国后，王林先后担任中国人民解放军沈阳军区第39

军某师副师长、参谋长、师长；1973年任39军副军长。1979年，调新疆军区工作，先后任军区副参谋长、参谋长、副司令员等。1984年离休（正军级）。获三级独立自由勋章、三级解放勋章、独立功勋荣誉章、东北民主联军勇敢奖章、抗日战争胜利60周年纪念章，以及朝鲜二级独立自由勋章、三级国旗勋章和三等功奖章等。

王辉（1924—　） 曾用名王启德，赣榆县人。民国27年（1938年）8月加入中国共产党。民国34年后历任宿迁县顺河区区长、豫皖苏独立3团副团长兼参谋长、48师作战科长、第5兵团工程兵总队参谋长等职。1952年5月任中国人民志愿军机械工程兵第6团团长。1953～1958年留学于苏联古比雪夫，1959年回国后，任工程兵军训处处长、工程兵53师师长、二炮通化基地副司令员等职。1967年8月，任河南省军区副司令员。1968年7月任中共河南省委常委兼郑州市委第一书记、革委会主任。后历任中共河南省委书记、河南省革命委员会副主任、中央军委国防工业办公室副主任、副书记。1985年离休。

佘守宪（1924—　） 赣榆县人。毕业于西南联合大学。民国37年（1948年）赴美留学，1950年响应政府号召回国，从事物理教学与科学研究。担任北方交通大学物理系教授、物理系主任、校学术委员会委员、校务委员会委员等。享受国务院政府特殊津贴。编著《物理学》《真实气体与气液相变》等。翻译《理论力学》《马克思主义哲学与自然科学》《辩证唯物论与科学》等。曾在国际、国内重要期刊及学术会议发表论文50余篇，研究成果涉及多种平面介质波导与光纤以及非线性光波导等传播特性的分析，其中《阶跃型椭圆光纤的色散特性和几何双折射》被选入《中国“八五”科学技术成果选》。1987年获北京市五一劳动奖章。

张义康（1924—1994） 连云港市连云区人。民国28年（1939年）投身抗战。次年参加八路军。后在淮海军政干校学习后，回部队入党。由中共地下党组织安排，回到新浦，打入敌人内部，瓦解敌伪淮海七总队。后回朝阳张巷以开小店为掩护，发展中共地下组织，开展敌后工作。抗战胜利后，回到部队。中华人民共和国成立后，曾任昆明军区副司令员，后为云南省轻工厅厅长。

刘文龙（1925—　） 江苏省江都县人。民国29年（1940年）参加革命。1969年11月任济南军区守备1师师长。1972年2月至1974年2月任连云港市革委会主任、中共连云港市委书记、连云港建港指挥部指挥。

朱其铠（1925—　） 赣榆县人。1950年毕业于山东大学中文系。毕业后在山东潍坊一中任教，旋即调入山东师范大学中文系，长期从事高校中国古代文学的教学和研究工作。著有《中国古代小说分析》，主编《中国文学史二百四十题》，选注《聊斋志异选》，主编并校注《全本新注聊斋志异》，主持山东省哲学社会科学“七五”重点研究项目——“明代前后七子山东三作家研究”。所著《聊斋志异选》获山东省哲学社会科学优秀成果二等奖，主编的《全本新注聊斋志异》获山东省教委哲学社会科学1990年优秀著作一等奖、1992年全国首届古籍整理图书奖。

汤草元（1925—　） 曾用名汤朝元，灌南县人。民国27年（1938年）6月参加革命，民国32年3月加入中国共产党。历任中共灌云县委文工队队长、东海县委宣传科科长、淮海文工团副团长、第三野战军文工团队长等职。1949～1958年，先后任上海市黄浦区委宣传部部长、副书记、书记等职。1958～1985年，先后任中共戏剧家协会上海分会副秘书长、《上海戏剧》杂志编辑部主任、上海艺术研究所所长、党委书记。创作话剧《军纪的故事》，主编《辞海》戏剧学科部分和《中国戏曲曲艺词典》《中国京剧史（上卷）》《中国戏曲志（上海卷）》，主持《中国戏曲剧种大辞典》编辑工作。1985年12月离休。

罗栋生（1925—　） 江苏省南京市人。国内知名的区域经济理论研究专家。早年曾在金陵中央大学读书，后从事革命工作。改革开放以后，历任连云港市经委副主任、连云港市人民政府副秘书长等职。在学术界率先提出陆桥经济学与陆桥经济时代的概念，并作出系统的阐述。提出陆桥理论研究中“三个经济时代”（江河经济时代、海洋经济时代、陆桥经济时代）理论，奠定了中国陆桥理论研究的基础。还论述了连云港作为新亚欧大陆桥东桥头堡的重要地位，提出“三大”（大港、大市、大陆桥）理论。专著《第三个时代》成为中国陆桥理论研究的扛鼎之作。

吴品三（1926— ） 灌云县人。民国38年（1949年）自北京师范大学数学系毕业后，留校任助教，后任数学系讲师、副教授、教授。先后在《中国数学杂志》《数学通报》《北京大学数学报》《数学杂志》等刊物发表论文20多篇，对环论中的有限环、根论方面有专门研究。1960～1982年任数学系代数教研室主任。主要著作和研究成果有《反三角函数》《近世代数》《数学教学法》（译著）、《数与多项式》（译著）、《数学，它的内容、意义和方法——代数部分》（译著）等。曾参加《数学百科辞典》《中国大百科全书》的编写工作。1987年离休。

汪愚（1926— ） 灌云县人。民国26年（1937年）卢沟桥事变后，举家迁四川。后进入金陵大学经济系学习。1951年从金陵大学农经系研究生毕业，获硕士学位。上大学期间，因成绩优秀被推选为中国荣誉学会会员。1951～1952年任华东农林部科员。1953～1958年任林业部科员、工程师。1958～1977年在宁夏泾源县森林经营所、六盘山林业局、固原地区农建局、林业建设第三师等单位任技术员。1978年任固原地区林科所所长。1979～1988年任林业部三北防护林建设局工程师、高级工程师、处长、副总工程师、总工程师，林业部科技委委员。1988年起，任九三学社中央委员、九三学社宁夏回族自治区区委会副主任委员。1988～1992年，担任宁夏回族自治区第五届政协副主席。1993～1997年，任宁夏回族自治区第七届人大常委会副主任。曾兼任“三北”防护林建设局特邀顾问、中国林学会水保委员会常务理事等职，是第七届全国政协委员、第八届全国人大常委、第九届全国政协常委。

张逸生（1927— ） 又名松龄，辽宁省锦州市人。连云港化学矿山设计研究院教授级高级工程师、国家有突出贡献专家。1954年参加工作后一直从事采矿设计工作，曾参加10余项工程项目的设计，担任多项设计项目总负责人，其中金河磷矿设计项目受到化工部表彰。主持的王集磷矿缓倾斜在原矿体面采矿采用“同步形成矿柱的中深孔房柱采矿法”，获1985年国家科技进步奖二等奖；内蒙古炭窑口硫铁矿一期工程设计项目为国家“六五”重点建设工程，获1986年化工部优秀设计二等奖。1987年被化工部授予矿山设计研究标兵称号，1988年被全国总工会授予“优秀科技工作者”称号，并获全国五一劳动奖章。

王辅一（1929— ） 赣榆县人。民国30年（1941年）11月加入中国共产党。民国34年1月被选调任八路军山东滨海军区政治部缮写员，参加反“扫荡”和大反攻作战。解放战争时期，参加了宿北、鲁南、莱芜、孟良崮、洛阳、开封、淮海、渡江、上海等战役。中华人民共和国成立后，任南京军区政治部秘书、科长。1969年起任南京军区司令部办公室副主任、研究室主任。1981年任百科编审室主任，组织编撰和编审《中国大百科全书》军事卷条目。1988年被授予少将军衔，参与组织编纂《中国军事百科全书》。1990年6月离休。1992年6月被评为研究员。

汪宁生（1930— ） 灌云县人。民国38年（1949年）参加工作，同年考入苏南新闻专科学校，旋即被派往无锡农村参加土改工作。1952年任华东水利学院职员。1954年考入北京大学历史系学习考古学。1959年留校任著名考古学家苏秉琦“秦汉考古”课助教。后被分配到中央民族学院历史系工作。1960～1963年，参加由全国人大统一领导的云南民族调查组，到四川、黔西北、滇东北调查。1964年调入云南省历史研究所。1979年，调任云南民族学院历史系主任，并兼任云南省民族研究所研究员。汪宁生长期致力于西南少数民族地区考古和民族历史的研究工作，是云南沧源岩画的发现者。专著有《云南考古》《云南沧源岩画的发现和研究》，译著有《事物的先后》等。

丁俊之（1931— ） 原名丁一鹏，别名茗丁。灌云县人。1950年考入复旦大学农学院茶叶专业。1952～1975年，先后在武汉市中南区茶叶公司技术室、中国进出口专业公司香港代理处、中南茶叶研究所从事茶叶科研工作。1976年调入广州华南农业大学工作，历任茶叶加工贸易教研室主任、茶学硕士研究生导师、教授等。曾受聘为联合国开发署茶叶考察组组长。著有《茶叶制造》《英汉茶叶词汇》等专著。参编的《中国农业百科全书》获国家级优秀图书一等奖。

方禹之（1931— ） 灌云县人。1953年毕业于华东师范大学化学系，留校任助教。1978～1984年，任华东师范大学化学系副主任、副教授。1984年加入中国共产党。1984～1986年，任华东师范大学副教务长。1986～1994年，任华东师范大学教务长，教授。方禹之长期从事电分析化学、化学修饰电极、电子计算机在电分析化学中的应用，电化学与光学分析方法结合及环境监测分析方法和仪器的研究与研制，研究成果丰富，有14项成果获得国家和上海市有关部门的奖励。先后担任全国分析仪器学会常务理事、顾问理事、电分析仪器专业委员会主任委员。

刘国华（1931—2003） 灌云县人。民国38年（1949年）在燕尾港码头参加工作，其间从事新闻报道和业余创作。20世纪50年代发表一批反映码头工人、盐工、渔民生活的文艺作品。1960年调江苏省作家协会从事专业创作，创作小说《六封信》发表于《人民文学》，后被长春电影制片厂改编拍摄为《没有字的信》故事片上映。1970年调回连云港市工作。1980年当选市文学艺术界联合会副主席、中国作家协会会员。著有小说集《海边的故事》、散文集《海洋探奇》、曲艺集《跋涉》等。

宋玉斋（1931— ） 河南省镇平县人。1949年参加工作，1976年加入中国共产党。东海县人民医院眼科主任，眼病防治研究所所长，主任医师。中国白内障人工晶体学组委员。他研制成功的“前房型人工晶状体”为中国眼科医学填补空白；首创的“眼球内异物定位方法和手术”被学术界称为“宋氏定位法”。1982年、1985年获“江苏省劳动模范”称号，1986年获全国五一劳动奖章，1988年被江苏省政府授予“有突出贡献的中青年专家”称号，1989年被国务院授予“全国先进工作者”称号。

祁德林（1931— ） 赣榆县人。民国37年（1948年）入伍，1949年5月上海战役负伤致残后复员回地方。1979年，祁德林开始在海边养殖对虾，1981年成为苏北第一个养虾大户。1986年，他从自家养殖的对虾中挑选一吨特级品加工成罐头送往老山前线。1992年投资180万元成立优抚有限公司，先后扶持500多户贫困户脱贫。先后多次被评为全国拥军优属先进个人。1995年被国务院授予“全国劳动模范”称号。

来俊华（1932— ） 灌云县人，中国摄影家协会会员、市摄影协会主席。20世纪50年代开始从事摄影，先后任《淮北盐工报》《连云港日报》记者、编辑，连云港市群艺馆副馆长，市文化局副科长。擅长拍摄人物、风光、花卉和静物，创作上重视整体构思，讲究自然隽永，作品生活气息浓郁，存在诗的韵味，其作品多次入选全国影展，并发表于《中国摄影》《人民画报》《解放军画报》等报刊、杂志。1985年他的艺术简历入编《中国摄影家词典》。1992年退休。

金同珍（1932— ） 连云港市人。民国37年（1948年）11月参加革命工作，1950年4月加入中国共产党。先后任中共淮北盐特区委、两淮盐特区委宣传部干事、华东盐务管理局秘书、轻工业部医药工业管理局秘书、化工部医药局办公厅副处级秘书、北京市基本建设委员会办公室副主任等职。1978年8月至1982年10月，任国家医药管理局政策研究室主任。1982年11月至1993年6月，任国家医药管理局副局长、党组成员，兼国家禁毒委员会委员，中国医药科技出版社社长。

王裕晏（1933— ） 东海县人。民国37年（1948年）10月参加工作。1953~1961年，先后在山东省专卖公司、商业厅、计委、物价局、工委担任科员、秘书。1961~1968年，任山东省计委、经委副科长、科级干部。1968~1972年，下放沂源干校劳动。1972~1991年，先后任山东省计委副处长、处长、党组成员、副主任。1991~1993年，历任山东省省长助理、省政府党组成员，省计委主任、党组书记，省经贸委主任、党组书记，副省长、省政府党组成员等职。1993年任第七届山东省政协副主席。

汪长智（1933— ） 灌云县人。香港沙龙电影创始人汪德钟之子。早年从香港中文大学毕业后，在香港政府新闻处工作。后辞职接手沙龙电影公司工作，任香港沙龙电影有限公司前董事、总经理，与兄长汪长禹开创香港电影先河。其为电影作出的贡献使他先后获香港中文大学颁授的荣誉院士衔、美国南加州大学颁授的工商管理荣誉哲学博士学位，以及法国政府颁授的法国艺术及文学勋章等。

胡为德（1933—1999） 连云港市新浦区人。1951年2月参加工作。1956年3月加入中国共产党。1953~1958年，任新海连市地方工业局科长、副局长。1959年起，任市工业部秘书科科长、市体委副主任、市政府办公室副主任等职。1973年起，历任市建设指挥部部长、常委、市基本建设委员会主任，主持连云港港口建设工作。1981年任连云港市委常委、市建委主任。1983年任市委常委、副市长。1988年1月至1998年1月任第七届、第八届市政协主席、党组书记。

秦兆桢（1933— ） 上海市人。1954年6月加入中国共产党，1954年7月参加工作。北京农业大学农经专业毕业，教授、高级工程师。毕业后在黑龙江八一农垦大学任教。1971年4月调盐城地区工作。1983年3月任盐城市委副书记。1984年6月任盐城市市长。1989年9月至1993年2月任中共连云港市委书记。1993年2月调任南通市人大常委会主任。

秦咏诚（1933— ） 赣榆县人。民国37年（1948年）参加中共大连市党组织领导的关东社会教育工作团。1950年加入中国共产党。1956年毕业于东北音乐专科学校作曲系研究生班。历任辽宁歌剧院创作员，辽宁省乐团副团长，沈阳音乐学院副教授、院长，中国音协第三、四届理事和辽宁分会副主席。作品有管弦乐《欢乐的草原》，小提琴曲《海滨音诗》，歌曲《我为祖国献石油》《我和我的祖国》《毛主席走遍祖国大地》，电影音乐《创业》等。1981年声乐协奏曲《海燕》获第二届全国音乐作品（交响音乐）铖良奖。1993年离休。2005年出版《我和我的祖国——秦咏诚作品自选集》。

彭云（1933— ） 江苏省丰县人，出生于连云港。著名地方文史专家。1950年参加工作，任《盐场大众报》见习编辑、编辑。1958年被错划为右派。1978年平反后重返新闻战线，参与复刊《连云港报》工作。1984年任市文联副主席、《连云港文学》主编。出版《彭云文集》200余万字，内含《海州乡谭》《卧游集》《说项集》《杂俎集》4部。彭云潜心挖掘、整理、推介连云港的地方文化资源，提高、扩大连云港市的知名度和美誉度。他曾发起并组织《镜花缘》研究会，主编《镜花缘研究》，影印整理《海州文献丛书》，担任市历史文化研究会、旅游文化学会、《西游记》研究会、徐福研究会、诗词楹联学会等学会副会长及海宁书院院长职务，联名倡议市政府向2008年北京奥运会组委会推荐美猴王孙悟空为吉祥物，积极弘扬推进港城文化事业发展。他还撰著《陪你同上花果山》，为花果山玉女峰、九龙桥、钟鼓楼、大圣山庄、大圣禅寺世纪钟、云台山僧众亢日纪念碑等近10处景点撰文铭记，向游客和世人热情推介花果山。

李正基（1934— ） 连云港市人。自幼随父在云台山植树造林、绿化荒山。1958年，创建朝阳园艺场，数十年艰苦创业，绿化荒山500多公顷，营造果园200多公顷，兴建千吨冷库，兴办包装纸箱厂、罐头饮料厂等企业。李正基对园林技艺认真钻研，果树小枝多头高接试验、葡萄“四当年”试验取得成功，被破格晋升为农艺师。1980～1989年，两次获“江苏省劳动模范”称号。1989年被国务院授予“全国劳动模范”称号。

江尧骝（1935— ） 连云港市连云区人。幼年在新县小学学习。民国38年（1949年）考入新海连特区建国学校。同年被选派到投诚起义的黄安号军舰工作，为当时中国年龄最小的海军战士。1954年加入中国共产党。1955年参加解放一江山岛战斗，荣立战功。1956年考入大连第二海军学校。1960年毕业后留校工作，后到海军工程学院机电动力专业学习，致力于研究海军现代化管理及领导科学理论。1983年任海军工程学院训练部副部长。1985年8月至1992年10月任中国人民解放军海军广州舰艇学院训练部部长。1988年9月，被中央军委授予海军少将军衔。1995年离休。

王宏喜（1937— ） 字宋颜，灌云县人，擅长中国画。师承亚明、陈大羽。中国美术家协会会员，上海美术馆研究馆员。1964年毕业于南京艺术学院。1965年任上海人民美术出版社美术编辑、连环画创作室古装组组长。1972年任江苏省连云港市文教局美术创作员。1978年，其连环画《海燕》由江苏美术出版社出版。组画《海盐由来》获1979～1980年全国科普美术作品展览二等奖。1980年任市美术家协会主席。1982年在南京举办个人画展，《东坡听琴图》被南京博物院收藏。1992年到上海美术馆工作。1993年任美国休斯顿中国美术协会艺术顾问。2001年在新加坡中华总商会举办夫妇画展。出版连环画《春风杨柳万千条》等。

张思俊（1937— ） 灌云县人。1961年毕业于清华大学水电工程系，同年分配至华东水利学院任教，先后担任教授、硕士生导师、博士生导师、河海大学工程可靠性研究所所长。主要从事水工及水电站建筑物桥梁港口及水运工程结构、结构力学与动力学、结构及工程可靠性随机动力学有限元三维非线性分析等的教学与研究工作。先后在美国《科学》杂志、国内《力学学报》《工程力学》等刊物上发表论文36篇。编写出版专著《渠首工程》《水电工程结构可靠度分析》《取水工程》。担任国家“六五”“七五”“八五”“九五”科技攻关任务和国家863科研任务、多项国家自然科学基金项目，以及教育部、电力部、水利部科研基金任务。参与长江三峡大坝与电站、黄河小浪底水电站等国内20余座大型水电站的结构稳定与强度可靠性分析研究。被水利电力部评为国家级有突出贡献专家。

周维先（1937— ） 江苏省宜兴市人。1958年毕业于东北师范大学中文系。1973年加入中国共产党。国家一级编剧。曾任连云港市文联主席、党组书记，江苏电影文学学会副会长、江苏电视剧艺术家协会副主席，江苏戏剧家协会理事等职。作品有歌剧《月亮花》，话剧《胡同里的月光》，电影《夏之雨·冬之梦》《雪豹下落不明》《早春一吻》，电视剧《魂牵鹿特丹》《陈圆圆》《百年梦幻》《半个冒险家》等。3集电视剧《堂堂男子汉》获全国煤矿文学乌金奖。电影《早春一吻》获中宣部“五个一工程”提名奖、第14届中国电影金鸡奖特别奖，并在新加坡、美国举办的中国电影节展映。电视剧本《小萝卜头》获第17届中国电视金鹰奖、第19届全国电视剧飞天奖。

程君复（1937—2005） 灌云县人。易学研究名家程石泉之子。民国38年（1949年）随父移居台湾，后就读于台湾东吴大学法律系。1955年，程君复随家人移居美国。1957年，在蒙大拿大学就读本科，改学数学。1963年入读费城坦普尔大学，取得数学教育博士学位。从1975年起，执教于美国坦普尔大学数学系，后担任该校少数民族学院副院长，并兼任费城华人总商会董事长、费城世界文化交流学会董事、美国社会大学董事等职务。1980年到华访问时，提出中外华人合办黄河大学。他在美国先后成立20多个联络网，参加黄河大学筹委会者100多人，其中有华裔学者、实业界等各界人士。至1985年8月，应聘在黄河大学执教的教授、博士有120多人，其中来自国外的54人。1985年9月，黄河大学正式开学。程君复从坦普尔大学退休后，投身于中国的和平统一事业，于2000年在华盛顿成立“全球华人反独促统联盟”，并当选为会长。2003年在芝加哥当选为全美中国和平统一联合会会长。2005年9月在美国病逝。

周达春（1938— ） 灌南县人。历任灌南县中医院副院长、院长等职。副主任医师。是江苏省政协委员、淮阴市政协常委、灌南县政协副主席、第八届全国人大代表。1976年研制成功治疗皮肤病的“五妙水仙膏”，治愈患者数万人。曾上云南老山前线为官兵疗伤，为10余个国家近200名国际友人治好皮肤病。“五妙水仙膏”先后获第三届全国科技发明铜奖、国家科技进步奖、第37届尤里卡博览会金奖，1997年载入《中国药典》。周达春先后被授予“全国卫生系统先进工作者”“全国著名皮肤外科专家”“全国先进工作者”等称号。

毕家宽（1939— ） 连云港市连云区人。1958年8月参加工作，在云台区猴嘴镇邮政局任邮递员。工作30年中，共投递报刊636万份、函件80多万封、疑难函件861件，为老人代收包裹633个，代汇兑款1964张计人民币12万多元、电报2.3万多封，代寄函件10万多件，行程近27万千米，未出差错。1982年被评为“全国优秀邮递员”。1985年被评为“全国邮电系统劳动模范”。1986年获全国五一劳动奖章。

张良群（1939— ） 江苏省沛县人。中共党员，大专文化，副研究员。历任赣榆县文教局副局长、体委副主任、县政府办公室副主任、县委宣传部部长、连云港市委宣传部副部长兼市社科联主席、市广播电视局局长兼党组书记、政协连云港市文史资料委员会主任等职。长期从事徐福研究，先后出版《徐福故里揭谜》《徐福故里揭谜（续集）》《东渡徐福》等专著，并6次应邀赴日本参加徐福和孙中山学术考察交流活动。2002年被聘为日本电影《我们的徐福》学术指导。

汪人达（1939— ） 灌云县人。1959年7月毕业于中央戏剧学院导演系，先后任江苏省话剧团演员、安徽滁州文工团副团长兼导演、江苏省昆剧院导演、江苏省锡剧团副团长兼导演、江苏人民艺术剧院副院长、院长兼院党总支书记、江苏演艺集团、江苏艺术剧院艺术指导。导演剧目主要有《土裁缝与洋小姐》《何日再相会》《甲申纪事》等。多次获文华新剧目奖、中宣部“五个一工程奖”、江苏省政府颁发的文学艺术奖、第三届戏剧节优秀剧目奖、中国艺术节优秀剧目奖等。

陈凤桐（1939— ） 字文殊，别署石龙桥游子、竹兰轩主，江苏省铜山县人。大学文化，中共党员。曾任市书法协会秘书长、副主席、主席、市文联副主席兼秘书长。陈凤桐书法造诣较深，1984年6月，其书法作品参加在郑州举办的国际书法展览，并入刻黄河碑林。2004年获“皇威杯”中国书画名家终身艺术成就奖，同年获湖南博物馆“金猴之春”中国楹联书法大展赛金奖。曾主编《当代楹联墨迹选》《当代书法家座右铭墨迹选》《连云港市古今楹联选》等。

武心慈（1939— ） 女，连云港市新浦区南城镇（今海州区）人。1956年入选中国人民解放军八一女子篮球队，成为八一女篮主力。1962年获全国甲级联赛优秀投篮手称号。她在八一女篮和国家女篮担任主力队员18年，被誉为“中国第一锋（前锋）”。1975年，武心慈任八一女篮教练。在她的执教下，八一女篮多次获得全国比赛冠军。1989年，武心慈被授予“全国三八红旗手”称号。

黎正宇（1939— ） 上海市人。中共党员。高级农艺师。1956年毕业于南通农业学校植保专业，为支援苏北来到灌云县工作。任灌云县农业局副局长，一直从事植物保护和农业技术革新工作。1983年，他成功预警水稻粘虫灾害的大暴发，使全县1.7万公顷水稻免遭虫害。他用田间蛾虫枯叶查卵的测报方法进行技术创新，填补国内空白。1984～1988年，及时预报水稻、大豆螟和食心虫、小麦粘虫及棉铃虫等虫灾警报。先后完成农作物科研项目42项，其中34项获部、省、市奖励。1984年被评为“全国农村科普先进工作者”，1988年被评为“江苏省劳动模范”，1989年出席全国劳动模范先进工作者表彰大会，被授予“全国先进工作者”称号。

宋纯清（1940—　） 灌南县人。1964年毕业于南京药学院，曾任上海药物研究所副研究员。1993年获美国普度大学博士学位。1995年回国后任上海中医药大学教授、博士生导师、药物研究所研究员，负责和承担国家级、省部级研究课题9项，主要研究中药和中药复方药效物质基础、作用机理、质量标准。先后获得上海市重大科技进步奖、科技部科技进步二等奖。

金镠（1940—　） 江苏省苏州市人。1966年从华东水利学院研究生部毕业后，分配至南京水利科学研究所，从事长江河口演变及航道整理研究。1973年调至连云港参加港口建设。他和工程技术人员一道，用8年时间建立起完整的回淤等海岸演变理论及港口建设方案，为连云港港建设大型深水泊位确立了理论依据，2次获省科技进步奖二等奖。1984年起，担任建港指挥部副指挥、指挥和连云港港务局党委副书记，领导和组织有关专家、技术人员进行科技攻关，将爆破力学用于港口水下软地基处理，为中国淤泥质海岸海港工程建设作出重大贡献，获1990年度国家科技进步奖二等奖。参加和主持的国家重点建设项目有连云港港口三突堤工程、庙岭二期工程、墟沟港区工程等。

顾良圭（1940—　） 浙江省杭州市人。中国船舶重工集团公司第七一六研究所副所长、高级工程师，中共党员。研制成功具有国际先进水平的军用器件，打破了西方国家利用巴黎统筹委员会对中国禁运高科技军用器件技术的封锁。先后完成10多套高品质系统的研制，以及20多项关键设备的研制任务。1995年被授予“全国劳动模范”称号。

魏奎超（1940—　） 灌云县人。研究员。1959年考入浙江大学数学力学系。1964年毕业后任职于中国工程物理研究院，参加原子弹、氢弹的研制工作。1966年，魏奎超所在科研组承担设计、编程、计算氢弹中的某型号任务，获部委级科技进步二等奖。20世纪70年代，参与研制成功中国第一台银河向量巨型机——银河1号的系统软件、应用软件、编译系统、操作系统等的研制工作。后继续参与研制成功银河2号、3号，个人荣立三等功。调回中国工程物理研究院后，从事银河机计算核事业的研究，解决了银河机的误差等关键性难题，获国防科工委科技进步奖二等奖。

高振江（1941—　） 连云港市新浦区人。中式烹饪高级技师。1957年10月参加工作。先后任新浦饭店厨师长、“七二一”工人大学副校长、市饮食服务公司总经理助理等职。他刻苦钻研业务，把继承和创新作为自己的追求，博采众长，精益求精，对提高烹饪技艺、提高地方菜的制作质量和弘扬美食文化做出了积极贡献。其以海产品为原料创制的“熊猫劲竹”“琵琶大虾”“锅贴黄鱼”等菜品被市政府指定为接待外宾的首选地方特色菜，并于1988年由江苏电视台制成专题片对外播出。从业40余年来共为地方和军队培养烹饪专业人才6000余人，收徒近20人。2002年12月被中国商业联合会、中国烹饪协会授予“中国烹饪大师”称号。2003年获江苏省餐饮协会终身成就奖。

韩永年（1941—　） 连云港市连云区人。高级教练。1958年取得全国马拉松最好成绩，达到运动健将标准，同年入南京体育学院学习。1961～1966年共夺得13次全国冠军，多次破全国纪录，曾创男子800米、1500米亚洲最好成绩。1969年进入国家田径队，历任高级教练、主教练。1986年任全国田径协会教委会副主任、国家田径队代总教练、总教练，曾带队参加汉城亚运会和奥运会。培养的运动员有63人次打破全国纪录和亚洲纪录，97人次获全国冠军。

叶汝春（1942—　） 连云港市连云区人。徐圩盐场工人，1981年加入中国共产党。历任徐圩盐场方南工区六组组长、新滩工区工长。他团结带领职工进行盐滩技术改造，生产中探索出塘沟制卤法、雨后出卤法、多出快卤法，连续多年超额、优质完成全年任务，1986～1988年累计增产原盐7500吨，创产值70万元。1988年被授予“江苏省劳动模范”称号。1989年被授予“全国劳动模范”称号。

刘仁生（1942— ） 连云港市连云区人。国家级无线电专家，少将军衔。1968年毕业于上海交通大学无线电专业。1968～1977年，在中国太原卫星发射中心任技术员、中队长。1977年，参加中国航天远洋测量船基地组建工作，先后任远望号航测长、测量长、副船长。1986～1992年，任基地技术部副总工程师、副主任。1993年任基地参谋长。1994年，调太原卫星发射中心任参谋长。1997年，任该基地副司令员。1999年，任中国航天远洋测量基地副司令员兼总工程师。先后荣立二等功1次、三等功多次，1992年被评为全国有突出贡献中青年专家，享受国务院特殊津贴。2003年获中国航天基金奖。

吴继科(1942—) 连云港市连云区人。1961年7月入伍，1963年9月加入中国共产党。历任陆军第60军步兵第179师537团战士、班长、排长、司令部作训参谋。1966年7月调南京军区司令部工作，历任办公室副科长、军训部副部长、办公室主任等职。1990年9月至1996年2月，先后任陆军第1集团军步兵3师师长，陆军第12集团军参谋长、副军长。1996年3月任南京军区副参谋长，1997年3月至2002年10月，任南京军区联勤部部长、后勤部部长、党委书记、军区党委常委。1994年7月被授予少将军衔。

宋开智（1942— ） 山东省日照市人。1962年8月参加工作，1975年3月加入中国共产党。市委党校大专文化程度，副研究员。1962年8月起先后在连云港市猴嘴小学、解放路小学任教。1965年7月起先后任连云港市委宣传部干事、秘书组副组长。1979年3月起历任连云港市委办公室副科长、科长、副主任、市委秘书长。1987年2月任连云港市委常委、秘书长。1994年10月任连云港市委副书记。1998年1月至2005年12月任连云港市第十届人大常委会、第十一届人大常委会主任、党组书记。

周承祖（1942— ） 连云港市新浦区人。曾任连云港市黄海饭店、陇海饭店行政总厨和连云饭店、陇海饭店总经理。周承祖精通江苏菜系，尤擅海鲜大菜制作，他制作的大菜有“荷花铁雀”“原壳大海螺”“连云雪丽蟹”“将相和”等。在长期的从艺实践中，周承祖在继承发扬中国烹饪技术和保持江苏菜特点的同时，将粤、川、鲁菜特色和清真菜、宫廷菜融为一体，总结出富有特色的216个菜肴品种，编写成20余万字的《承祖菜谱》出版发行。1992年获特一级中式烹调师技术职称，1995年被劳动部评为中式烹调高级技师，被江苏省总工会授予“优秀技术能手”称号。2000年被中国商业联合会、中国烹饪协会授予“中国烹饪大师”称号。

杨谷昌（1943— ） 灌云县人。别名杨国昌。1964年考入中央工艺美术学院。1969年7月毕业后下放农村锻炼。1973年加入中国人民解放军，在中国人民革命军事博物馆任展览美工设计，后任设计处处长。1982年加入中国共产党。1987年任中国人民革命军事博物馆古代战争馆总体设计，并组织设计大型丙烯沥粉壁画《华夏戎诗》。1988年获高级美术师、副研究馆员职称，后晋升为研究馆员。1990年设计《中国现代科学家》（第二组）纪念邮票一套4枚。1992年设计的雕塑《军魂》获第六届全军文艺会演舞美设计一等奖。1995年设计中国第一枚义务兵专用邮票，是年担任平津战役纪念馆工艺总设计师。1997年，其作品《抗日战争和世界反法西斯战争胜利50周年》和《红军长征胜利60周年》获“1995～1996全国最佳集邮品评选”最佳首日封。

俞素娥（1943— ） 浙江省上虞县人。1965年8月参加工作，1973年6月加入中国共产党。浙江师范学院体育系毕业。历任淮北盐务局盐业学校教师、江苏省盐业学校政工科科长、江苏省盐业学校党支部副书记等职。1983年2月任连云港市委常委。1984年4月至1986年6月任市委常委、新海区委副书记、区长。1986年6月至1988年3月任市委常委、新浦区委书记。1988年3月至1992年9月任市委常委、市纪委书记。1992年9月至1994年10月任市委副书记、市纪委书记。1994年10月至1998年1月任市委副书记。1998年1月后任第九届、第十届市政协主席、党组书记。

丁丽华(1944—) 连云港市新浦区人。中共党员,高中文化,理发高级技师。15岁拜理发名师孟宪武、刘照明为师学艺,靠对理发事业的热爱,钻研理发技艺,为不同类型、不同年龄、不同职业设计了上百张素描草图,精益求精,逐渐形成了自己的风格。他带领的理发师资进修班每年接待顾客5000多人次,先后举办美发美容培训班18期,向社会输送了5000余名理发骨干。1987年,丁丽华获全国总工会、国内贸易部授予的"全国商业劳动模范"称号,1998年获江苏省政府颁发的理发特一级证书,1999年被劳动部授予"理发高级技师"称号。

王稳卿(1944—) 江苏省丰县人。大学学历。1965年加入中国共产党。1969年参加工作。先后任陆军34师独立通信营副排长、安徽省桐城县新安公社工作队队员、安徽省地震局干部、宿县地震台台长等职。1978年调东海县地震办公室,后任东海县科委副主任、县科协副主席。1984年1月任东海县委副书记、县长,1985年2月任东海县委书记。1986年5月任连云港市委副书记兼组织部部长,1988年1月至1992年12月任连云港市市长。后调任徐州市委书记、江苏省计划与经济委员会副主任。

李洪甫(1944—) 连云港市新浦区人。研究员,九三学社社员。1962年毕业于海州师范学校,从事教育工作,后调市博物馆从事考古工作。1979年结业于南京大学历史系考古专业进修教师班。先后任市博物馆考古队队长、市博物馆副馆长、馆长。1989～1994年在市地方志办公室工作,任《连云港市志》主编。有《连云港地方史稿》《李洪甫史志论集》《太平洋岩画》等多部专著问世。后致力于连云港地方文化和《西游记》研究,对《西游记》与连云港市花果山关系研究卓有成就。1990年被江苏省政府授予"有突出贡献中青年专家"称号,享受国务院特殊津贴。

郁家树(1944—) 江苏省江阴市人。1969年8月参加工作,1976年3月加入中国共产党。山东大学中文系毕业后,先后在安徽省军区64176部队军垦农场、安徽省当涂县革委会宣传组、江苏省无锡市南长区革委会宣传组、无锡市委办公室、无锡市政府任职。1989年6月任无锡县委书记。1992年12月至1993年2月任中共连云港市委副书记,1993年2月至2000年8月任中共连云港市委书记。2000年8月后任无锡市人大常委会党组书记、主任。

高维敏(1944—) 灌云县人。1961年8月入伍,1963年6月加入中国共产党。1969～1979年,在济南军区装甲兵政治部组织处和济南军区政治部干部处担任干事。1978～1979年,就读于中国人民解放军装甲兵学院。1980年起,先后任济南军区坦克2师机械化团政治处副主任、主任、团政委,坦克8师政治部主任,济南军区独立旅政委。1994年8月至1999年12月任山东省军区副政委。1997年,兼任烟(台)威(海卫)警备区政治委员。1997年7月晋升少将军衔。

程巨悌(1944—) 连云港市人。中共党员。连云区墟沟镇海棠企业总公司经理。1995年引进马来西亚实泰利制造公司,投资300万美元,第二年实现产值5000万元,安置待业青年400余人。1999年引进外资1200万美元生产雨具,是年实现产值1.02亿元。2000年获"全国劳动模范"称号。

周大兵(1945—) 东海县人。1968年7月毕业于华东水利学院,同年8月参加工作。1973年10月加入中国共产党。1975年4月起,先后任三三〇工程局党支部书记、党委副书记。1988年5月任葛洲坝工程局党委书记兼高级工程师、水电工程集团公司副董事长兼党委书记。1996年6月任中国水利水电工程总公司总经理、党组书记。1997年1月任武警水电指挥部副主任。1998年1月起任武警水电指挥部代主任，中国安能建设开发总公司总经理，武警水电指挥部党委副书记、代理书记。1998年7月晋升武警少将警衔。1999年7月任国家电力公司副总经理。2002年12月任中国国电集团公司党组书记、总经理。

季允石（1945— ） 江苏省海门市人。1969年9月参加工作，1975年8月加入中国共产党。山东大学物理系物理专业毕业。1984年7月至1989年9月任连云港市委书记。1989年6月至2002年12月历任江苏省副省长、常务副省长、省委副书记、省长。2002年12月后调任河北省委副书记、代省长、省长。

刘再华（1946— ） 东海县人。1963年2月入伍，历任班长、副排长、排长、副连长、作训参谋、团长等职。1984年1月铁道兵集体转业并入铁道部后，历任工程处长、教育处长、局长助理、副局长等职。1993年4月，参加京九铁路建设，任十六局工程指挥部指挥长，承建的京九线吉定段1998年获鲁班奖，1999年获首届詹天佑土木工程奖。1995年，刘再华获铁道部火车头奖章。

赵金香（1946— ） 灌云县人。中共党员。连云港市新浦区环卫处路南环卫所副所长1980年开始从事环卫工作。每天凌晨三四点钟上班，披星戴月下班，年年超额、优质完成任务。1982年代表全班出席江苏省劳模表彰大会。1985年，她被授予全国五一劳动奖章。1989年荣获“全国三八红旗手”“全国先进工作者”称号。

任之通（1947— ） 灌云县人。1968年2月入伍，同年加入中国共产党，历任排长、连指导员、师组织部干事、团政治处主任、团政治委员、师政治部主任、师政治委员、集团军政治部主任。1997年7月晋升少将军衔。1999年10月任某集团军政治委员、天津警备区政治委员。任之通是中国书法家协会会员、解放军国防大学硕士生导师。

惠鲁生（1947— ） 女，灌南县人。1969年参加工作。1982年8月考入北京大学国政系政治学专业。历任北京市东城区组织部副部长、部长、区委副书记；国家工商行政管理局个体私营经济监督管理司司长、办公室主任兼机关服务中心主任；国家工商行政管理局副局长、党组成员。2003年3月起任国家食品药品监督管理局副局长、党组成员。

石兆前（1948— ） 东海县人。1968年3月入伍，1970年2月加入中国共产党。1980年2月至1984年9月，任基建工程兵103团组织股干事、副股长、股长，政治处副主任、主任。1984年10月至1991年1月任武警交通第一支队政治处主任，第一总队政治部副主任、副政治委员兼政治部主任、政治委员。1996年9月，任武警交通指挥部参谋长。1999年7月任武警交通指挥部主任（正军职）。1998年7月被授予武警少将警衔。

许赞有（1948— ） 江苏省江都县人，回族。中国致公党党员，连云港海苑工艺品有限公司总经理、研究员级高级工艺美术师。13岁起从事柳编工作，1988年借款5万元租用荒地创建海艺公司。1990年该公司与香港翠苑贸易公司合资成立连云港海苑工艺品有限公司，先后研制开发6大类3500余种柳编工艺新产品投放国际市场。历时8年完成中国历史上第一部柳编工艺专著《中国柳编工艺》，被誉为“当代柳王”。1995年被国务院授予“全国劳动模范”称号。

耿文灿（1948—2003） 灌南县人。1968年参加工作，任长茂镇防保所医生。2003年4～5月，耿文灿一直和同事坚持在长茂镇抗击“非典”发热门诊和灌河大桥防疫检查站岗位上，每天工作都在10小时以上。5月13日下午7时左右，因劳累过度猝死在工作岗位上，因公殉职。2003年6月，江苏省总工会追授耿文灿省五一劳动奖章。7月，省委、省政府授予耿文灿“全省防治非典型肺炎先进个人”称号。

程津培（1948— ） 灌云县人。出生于天津。1972年8月考入天津师范大学化学系，1975年毕业后在天津塘沽师范学院任教。1978年9月考入南开大学攻读硕士，1981年毕业后在南开大学任教。1982年到美国西北大学攻读博士。1987年在美国杜克大学攻读博士后。1988年起在南开大学任教，历任教授、博士生导师、副校长。1989年5月加入致公党。1997～2000年任天津市政协副主席、致公党天津市委主委。2000年4月起任科技部副部长。2001年11月当选中国科学院院士。

任桂芳（1949—　） 赣榆县人。中共党员，教授级高级工程师。1971年5月参加工作，历任连云港市罐头厂幼儿教师，新浦区浦西办事处会计，连云港市玻璃钢厂副厂长，连云港市玻纤玻钢总厂厂长、书记，连众玻璃钢集团有限公司党委书记、董事长、副总经理，中国复合材料集团有限公司副总经理等职。1987年，任桂芳主持企业工作的第二年，即贷款1600万元引进具有国际先进水平的微机控制缠绕玻璃钢管道、储罐生产线，生产大型玻璃钢容器，填补国内空白。她推进风电叶片项目上马，填补国内兆瓦级叶片生产空白。公司从技术引进到消化吸收、集成创新到自主创新，成为亚洲一流、世界前三的风电装备制造企业。任桂芳也先后荣获“江苏省五一劳动奖章”“全国三八红旗手”“全国劳动模范”等称号。

汪人元（1949—　） 灌云县人。出生于上海。中共党员。1984年毕业于中国艺术研究院研究生部，获文学硕士学位。先后担任江苏省文化艺术研究所研究室主任、副研究员，省剧目工作室副主任、研究员、主任，江苏省文化厅艺术处处长、中国戏曲音乐学会副会长、江苏省文艺评论家协会副主席等职。1990年主持国家级重点项目《中国戏曲音乐集成·江苏卷》编纂工作。1998年被确定为江苏省“333工程”人才。2002年被省政府授予“江苏省有突出贡献的中青年专家”称号，为文化部文学艺术专家委员会委员。出版专著《戏曲音乐论探》《京剧“样板式”音乐论纲》等。

陶惠启（1949—　） 上海市人。江苏正大天晴药业股份有限公司总裁，中共党员，高级经济师。从1978年起，励精图治，将原东风制药厂（正大天晴的前身）发展成为净资产过亿元、年利润过亿元、上交税收过亿元的全国医药百强企业。公司先后承担30多项国家、省重大科研项目，先后被科技部等部委评定为国家火炬计划重点高新技术企业、国家重点高新技术企业、全国质量效益型企业。陶惠启先后被评为全国医药行业优秀企业家、全国中医药优秀企业家、江苏省优秀共产党员、江苏省优秀企业管理者、江苏省有突出贡献的中青年专家、江苏省高新技术先进工作者。2005年被授予“全国劳动模范”称号。

潘朝曦（1949—　） 灌南县人。出身于中医世家，毕业于南京中医药大学和上海中医药大学研究生院，师从中医泰斗张伯臾教授五年。历任上海中医药大学教授、研究生院导师、中医文化教研室主任。以擅治各种疑难重危病症疗效显著闻名。

王立步（1951—　） 灌南县人。1968年入伍，中共党员。1973年复员后在村主任与党支部书记岗位上工作10年，1989年起任灌南县司法局堆沟港司法所所长。王立步长期工作在基层一线，依法公正地处理案件、办理法律事务，多次被市委、市政府、市司法局评为先进工作者。2000年、2002年两次被省司法厅授予全省防止民间纠纷激化先进个人称号，2001年4月被司法部评为全国人民满意的司法助理员，2002年被省司法厅荣记一等功，2003年6月被省委、省政府评为全省人民满意政法干警，2005年9月被司法部表彰为全国模范司法所所长。

万新光（1951—　） 东海县人。1968年参军入伍至工程兵建筑某团。1976年任工程兵军政干校建筑教研室教员。1985年7月任工程兵指挥学院军事学术研究所所长。1999年6月任学院训练部部长。2004年4月任工程兵指挥学院院长。是年被中央军委授予少将军衔。

刘长斌（1951—　） 灌云县人。1969年2月入伍，历任排长、连政治指导员、军区空军政治部干事、干部部科长、副部长、秘书处长、训验训练基地政委、航空兵师政委、军政治部副主任。

2001年7月被授予少将军衔。2004年3月任甘肃省军区副政治委员。

钱云珠（1952—　） 上海市人。中共党员。历任连云港市殡仪馆馆长、市民政局副局长。她顶住社会压力，冲破世俗偏见，在殡葬岗位上一干就是14年。任馆长以后，她推行殡葬改革，将原来管理混乱、多年亏损的单位，改变成管理有序、年年盈利受表彰的先进单位。2000年被授予“全国先进工作者”称号。

顾金勇（1952—2013） 东海县人。东海县106客场运输队驾驶员，共产党员。他热爱本职工作，学习钻研驾驶技术。经过探索形成了独特的操作技巧，总结出科学的节油经验。1987～1994年节油5.36万升，创效益143万元，安全行车18年100万千米无事故。1995年获“全国劳动模范”称号。

陶士伟（1952—　） 东海县人。大学学历，教授级高级工程师。1980年2月到中国气象局国家气象中心工作，同年加入中国共产党。陶士伟主持的“数值预报谱模式和同化系统”项目、“有限区同化预报业务系统的研制和应用”“中国中期数值天气预报业务系统”项目先后获得国家气象局科技进步二等奖。2001年7月，“数值气象预报并行技术”项目获国家科技进步奖二等奖。

程学礼（1952—　） 连云港市人。连云港港务局煤炭装卸公司班长，中共党员。1986～1994年，他放弃390余个节假日，坚守工作岗位，连续14年获港务局“全勤、双无、高效”竞赛奖。1999年带领全班完成装卸任务545.2万吨，超年计划214万吨，提前142天完成全年任务。程学礼钻研新技术，使煤车停港时间减少0.17小时，机械完好率提高30%；他所在QC小组的革新成果3次获江苏省优秀成果奖、1次获国家优秀成果奖。1999年获全国五一劳动奖章。2000年被授予“全国劳动模范”称号。

王绪芝（1953—　）连云港市连云区人。中共党员。连云港港务局第一装卸公司4队35班班长。王绪芝带领班组工作在苦、脏、累的装卸一线，提出“别人不愿干的活，我们干”的口号，哪里有困难，他的班组就出现在哪里。1989年，成立了全局第一个装卸质量控制小组，攻克了减少能耗提高木材装卸率的难题，木材装卸率从61%提高到75%。1993年获全国五一劳动奖章。1995年“获全国劳动模范”称号。

陈健（1953—　） 连云港市人。1970年9月参加工作，12月入伍。1974年加入中国共产党。历任战士、坦克排排长、连长，师教导队教员、坦克团团长、师参谋长、旅长、师长、集团军副参谋长、副军长、北京军区某部副部长等职。其间代任过国防大学战役教研室副主任和济南军区空军副参谋长。2002年7月被授予少将军衔。

邵中国（1953—　） 灌南县人。1998年到杭州务工，2000年组建灌南李集乡流动党支部，与杭州下城区建立流动党组织“共建共管”新模式，2005年升格为灌南县驻杭流动党员党总支。邵中国默默奉献，带领一班人扎根他乡、回报家乡、服务老乡，走出一条“离乡不离党、流动不流失、长期受教育、两地显作用”的党建新路子。2003年获杭州市十大“平民英雄”称号。

茆庆国（1953—　） 灌云县人。徐州师范大学毕业后，历任江苏省盐业公司办公室秘书、副主任、主任，台南盐场场长，江苏省盐业公司经理助理、副经理、经理，总经理、董事长，江苏省盐务局党委副书记、局长。2001年12月，任中国盐业总公司副总经理、党委委员。2003年12月，任中国盐业总公司总经理、党委副书记、法定代表人。

徐守盛（1953—　） 江苏省如东县人。1973年4月参加工作，同年10月加入中国共产党，省委党校研究生学历，高级经济师。历任如东县委副书记、县长、县委书记等职。1991年12月至1992年12月任连云港市委副书记，1992年12月至1996年8月任连云港市委副书记、代市长、市长。1996年8月后历任宿迁市委书记、市人大常委会主任、江苏省委常委、江苏省委农村工作领导小组副组长、扶贫工作领导小组组长。2001年8月任甘肃省委常委、组织部部长。2003年1月任甘肃省委常委、组织部部长、省人民政府副省长。

杨再金（1954—　） 东海县人。毕业于江苏省戏剧学校戏剧文学专科。历任东海县剧目工作室副主任、东海县吕剧团副团长、东海县文化馆副馆长。从事戏剧创作38年，创作影视剧200余部，是连云港市专业技术拔尖人才。代表作戏剧《红丝带》获第二届江苏省精神文明建设“五个一工程奖”，《三更月牙》获全国第三届群星奖，《戳喜窗》《老侉子》获中国曹禺戏剧文学奖，《称爹》获第四届中国戏剧奖优秀剧目奖，《一抹残阳》获第五届江苏戏剧奖，《没掀开的红盖头》获第九届全国戏剧文化奖优秀剧目奖、编剧金奖，第九届江苏省精神文明建设“五个一工程奖”。创作的电视剧《春打六九头》由中央电视台拍摄，《五九看柳》获第十二届中国电视剧金鹰奖。

杨廷柱（1954—　） 灌云县人。大学文化，中共党员，高级工程师。杨廷柱于1975年3月开始太阳能研发工作。1987年5月，研发的PBGU·75-I太阳能热水器获全国青年科技成果一等奖。1987年8月任江苏省盐业公司太阳能研究室主任，1989年8月至1990年11月任连云港市太阳能研究所所长。1990年12月至2004年6月任江苏省太阳能研究所所长。1992年12月创研的MBB0.8-Ⅲ太阳能热水器获国家星火计划三等奖。1993年10月7日，创研的太阳能照明灯获国家专利。1996年11月，主持完成中国第一辆“中国一号太阳能电动轿车”获评省重大科技攻关项目。1999年编著的《能源工程导论》一书由中国科学技术大学出版社出版，并被中国科学技术大学选为工科专业本科教材。2000年3月，制造中国首辆太阳能电动自行车。

汪建新（1954—　） 灌南县人。中国人民解放军总医院呼吸内科专家、主任医师、教授、博士研究生导师。从事呼吸内科医疗、保健、科研和教学工作30余年，在呼吸系统危重病救治、疑难杂症的诊断和治疗方面有较高造诣。获军队科技进步和医疗成果奖二等奖2项、三等奖8项、北京市科技进步奖三等奖1项。

邸安和（1954—　） 灌云县人。1971年5月加入江苏省男子排球队，专司主力二传。1973年、1979年，他所在的江苏男排先后获得全国男排甲级联赛冠军、第四届全国运动会冠军。1980年获得第二届全国甲级联赛冠军。1980年调国家男子排球队。1982年返回江苏队。1984年出任省男排教练兼主力队员。1986年，被国家排联授予“A级教练员”称号。1993年赴巴基斯坦国家男排执教，指导巴基斯坦国家男排在“亚洲杯”大赛中获得第五名，获巴基斯坦总统亲自颁发的特殊奖。1996年秋，邸安和任中国国家男排教练员，与其他教练一起带领中国男排在1997年的亚洲锦标赛中夺得冠军，并于1998年获得男排世界杯第三名。

丁建思（1955—　） 灌南县人。特级飞行员。解放军空军导弹试验基地司令。1977年毕业于空军飞行学院。在完成飞行训练和试验任务中，4次荣立二等功，多次荣立三等功，是空军发射、试射国产新型导弹最多的飞行员。在执行试验任务中，多次遇险，都沉着应对，化险为夷。1997年晋升空军少将军衔。

孙汉洲（1955—　） 东海县人。先后任东海县中学、东海县高级中学校长、党委书记，南京二十九中教育集团（江苏教育学院附属高级中学）校长。江苏省首批教授级高级教师、江苏省中学语文特级教师、中国作家协会会员、硕士生导师。任校长多年，坚持为学生上课，钻研和改进教学方法。创新学校分部管理体制和班级组管理机制，打造优质师资队伍。先后被评为全国劳动模范、全国优秀语文教师、江苏省优秀教育工作者、江苏省“333工程”培养对象，荣获国家、省、市政府哲学社会科学成果奖、“五个一工程奖”、行知奖、江苏省中等学校首届“红杉树”园丁奖金奖。2000年获“全国先进工作者”称号。

朱亚平（1955—　） 灌南县人。1982年淮南矿业学院毕业后分配到徐州矿务局张小楼矿工作，先后担任副科长、科长、副总工程师、总工程师，徐州矿务局副总工程师、徐州矿务局夹河煤矿矿长等职务。2000年1月，开始担任徐州矿务集团有限公司副总经理、总工程师。任职期间先后被评为江苏省青年科技标兵、徐州市十大科技青年、江苏省首批“333工程”第三层次培养对象、江苏省1998年度有突出贡献的中青年专家。2004年享受国务院特殊津贴。

陈如根（1955—　） 灌南县人。灌南县压铸机有限公司车工、组长，中共党员。在车工岗位辛勤奉献，10年间完成总额7.11万小时正品工时，相当于29年的工作量。产品合格率100%，优质率99%。成功完成国家科研任务中大型数显控大精稀设备压铸机、低压压铸机、国际先进水平金属型铸造机械设备等关键部件的研制。1997年获全国五一劳动奖章。2000年被授予“全国劳动模范”称号。

武冬青（1955—　） 连云港市海州区人。1977年考取华东水利学院（今河海大学）港口及近海工程专业，攻读近海工程硕士。毕业后留校任教。后至新加坡南洋理工大学攻读博士学位。1994年博士毕业后，被新加坡知名上市公司聘为经理、高级技术经理，直至运营董事。发明无开裂路面专利技术，成为国际知名品牌凯密林克科技（Chemilink）创始人，任凯密林克科技公司总裁兼首席科学家。他的发明解决了几十年来在东南亚沼泽地区造路的技术难题，在新加坡被称为“新泥土博士”。

费爱国（1955—　） 江苏省涟水县人。毕业于灌南中学。1981年11月获北京邮电学院工学硕士学位。长期在一线从事指挥信息系统顶层设计、装备科研和工程建设，是中国空军网络化指挥信息系统建设主要开拓者之一。1989年1月，作为项目总体技术负责人，负责援建非洲某国国家级防空系统。先后担任多个国家和军队重大项目技术总师，主持设计中国首套出口型防空指挥信息系统和空军首套网络化区域指挥信息系统。先后获国家科技进步奖一等奖1项、二等奖2项和军队科技进步奖一等奖6项，荣立二等功2次、三等功4次，获中国科协求是杰出青年实用工程奖、军队杰出专业技术人才奖、何梁何利基金科学与技术进步奖。2004年6月获北京科技大学工学博士学位。

徐子方（1955—　） 灌云县人。1980～1991年先后就读于扬州师范学院、陕西师范大学，获文学博士学位。1993年至东南大学任教，先后被评为副教授、教授。2004年被评为艺术学博士生导师。先后主持并完成江苏省“九五”社科基金课题《明杂剧史》，出版专著《关汉卿研究》《元代文人心态史》《明杂剧研究》《中国悲怨文学的生命透视》《詹天佑传》等，发表论文百余篇。1997年和2001年先后两次获得江苏省哲学社会科学优秀成果三等奖。

蔡名照（1955—　） 连云港市海州区人。1970年应征入伍，1974年3月加入中国共产党。1976年初复员后到新海发电厂工作。1978年3月调新华社江苏分社任记者，从事科技报道，《象形工艺珍珠研究成功》一稿获首届全国好新闻奖。1985年4月起，任新华社江苏分社副社长、党组副书记。组织指挥了一系列重大突发事件的报道和重大战役性报道。多次到连云港采访报道新亚欧大陆桥东桥头堡建设情况，并组织记者沿新亚欧大陆桥国内段采访至新疆阿拉山口，向国内外广泛宣传新亚欧大陆桥建设成就。1987年，他带领记者深入到被严重污染的苏北灌溉总渠以北10个乡采访，写出4篇调查报告，时任国家主席李先念做了重要批示，对尽快解决污染区内人民群众的生活问题起到了重要作用。1992年5月任新华社山东分社社长、党组书记。1993年4月起，任新华社党组成员、秘书长。1998年4月任新华社副社长、党组成员、常务副总编辑。2001年4月起任中央对外宣传办公室副主任、国务院新闻办副主任、中国外文出版发行事业局局长。

戴肃军（1955— ）东海县人。1970年入伍。1976年7月加入中国共产党。历任江苏省军区独立二师六团九连排长、四连连长，武警江苏省总队常州市支队六中队中队长，武警江苏省总队司令部训练处参谋、处长，武警江苏省总队参谋长等职。2004年1月，任武警江苏省总队总队长（副军职）。2005年7月被授予武警少将警衔。

王国生（1956— ） 山东省东阿县人。1974年3月参加工作，1975年6月加入中国共产党，山东大学科社系政治学专业毕业，山东省委党校研究生学历 。历任山东聊城地委委员、组织部部长、高唐县委书记、聊城地委副书记、山东省劳动厅副厅长、山东省贸易厅厅长等职。2000年1月任江苏省委省直机关工委书记。2000年8月至2001年11月任连云港市委书记，2001年11月至2001年12月任江苏省委常委、连云港市委书记。2001年12月任江苏省委常委、宣传部部长。2004年6月任江苏省委常委、组织部部长。

王宜林（1956— ） 赣榆县人。1982年毕业于华东石油学院勘探系石油地质勘探专业，历任新疆石油管理局勘探开发研究院副院长、院长，新疆石油管理局副局长兼勘探总地质师、党委副书记，中国石油天然气集团公司新疆油田分公司总经理、党委书记，新疆石油管理局（克拉玛依市）党委书记兼市人大常委会主任、党组书记、军分区党委第一书记，中国石油天然气集团公司总经理助理等职。1994年被人事部授予“有突出贡献的中青年专家”称号。1995年晋升为教授级高级工程师。2003年12月任中国石油天然气集团公司副总经理、党组成员。

化敏（1956— ） 出生于连云港，1972年8月参加工作，1993年6月加入中国共产党。1996～1998年任连云港市话剧团副团长（主持工作），1998～2002年任市话剧团团长，2002～2005年任市文化馆馆长、市话剧团团长。国家一级演员，兼任中国话剧研究会理事、江苏省戏剧家协会理事，民进江苏省委委员，市政协常委，市妇联执委，市戏剧家协会主席。从艺以来先后主演过50余部大型话剧。1991年在《天下第一难》中饰秋玉英，获江苏省1989～1991新剧目观摩演出优秀表演奖。1991年获第二届中国话剧金狮奖（演员奖）。1997年在《生命的长堤》中饰老板娘，参加江苏省第二届戏剧节获优秀表演奖。1999年获江苏省文联首届“德艺双馨”会员称号。1999年《车站浪漫曲》中饰邹丽华，参加江苏省第三届戏剧节获优秀演员奖。1999年被江苏省人事厅、文化厅、省委宣传部、省文联授予“江苏省优秀中青年文艺工作者”称号。代表作有《雷雨》《不准出生的人》《于无声处》《救救她》《张灯结彩》《冰山情》等。

张国良（1956— ） 湖北省黄冈县人。教授级高级工程师，享受国务院特殊津贴专家。1982年毕业于武汉工学院机械系。1992年担任连云港纺织机械厂厂长。2001年任改制后的连云港鹰游纺机有限责任公司董事长兼总经理、党委书记。2005年底，开始致力于碳纤维的研究和工业化生产，围绕高质量原丝、高水平碳化、高性能复合材料、碳纤维产品链成套工艺技术，进行全套国产化装备的联合攻关，建成千吨级工业化生产线，主要技术指标达到国际上通用的T-300级产品标准。先后获得省级及省级以上科技奖项15项，获得国家专利44项。

汪奇魔（1956— ） 灌南县人。职业魔术师，中国魔术协会副会长，连云港杂技魔术团团长。20世纪80年代创建民营艺术团，表演内容涵盖魔术、杂技等多个艺术门类。其魔术节目《七仙女》《满堂红》获华东六省一市魔术大赛金奖。《火箭穿人》《马去羊来变飞机》分别于2000年、2002年获中国文联、中国杂技协会颁发的杂技“金菊奖”。2001年，中国杂技协会授予他“特别贡献奖”和“第二届德艺双馨会员”称号。

段培君（1956— ） 连云港市新浦区人。1982年本科毕业于东南大学哲学与科学系，获学士学位。1995年毕业于东南大学哲学与科学系，获硕士学位。1998年破格提升为教授。2000年毕业于北京大学科学与社会研究中心，获博士学位，并获“北京大学首届（博士）研究生学术十杰”称号。2000年在中央党校工作，任中央党校哲学学术委员会副主任、教授。2001年任中央党校战略学研究室副主任，中国软科学研究会理事；2003年任战略学研究室主任。2004年为国家软科学课题评审专家。

刘永忠（1957— ） 江苏省丹阳市人。1977年1月参加工作。1976年11月加入中国共产党。中央党校经济学专业毕业。历任共青团丹阳县委书记、丹阳县横塘乡党委书记，镇江市委研究室副主任，丹阳市委副书记，镇江市广播电视局局长、党组书记。1992年7月任镇江市委农工部部长、市农经委主任。1994年10月任镇江市委常委。1995年2月任镇江市委常委兼市计委主任。1995年8月至2001年12月任镇江市副市长。2000年12月任镇江市委副书记、常务副市长。2001年12月起任连云港市委副书记、代市长、市长。

朱雅丽（1957— ） 连云港市连云区人。中共党员，国家一级演员。1973年毕业于连云中学，是年，进入连云港市文工团工作。1978年，调江苏省歌舞团，同年又调入中国歌舞剧院工作。曾在中国音乐学院歌剧系等专业学习深造。先后主演过大型歌剧《小二黑结婚》《伤逝》《救救她》《白毛女》等。1985年，参加全国专业剧团会演，获青年演员二等奖。《中国妇女》杂志载文誉之为“中国第四代喜儿”“中国歌剧表演艺术家”。

李永安（1957— ） 江苏省泰州市人。高级工程师，中国医药包装协会材料专业委员会主任。1981年扬州工业专科学校机械制造专业毕业。先后在连云港医疗设备厂、连云港医药管理局、连云港制药厂工作。1990年9月，研发产品PTP铝箔获省计经委优秀新产品“金牛奖”。1996年任连云港中金医药包装有限公司董事长。2000年获中国医药包装协会授予的中国医药包装事业突出贡献奖。2004年10月获国务院特殊津贴。

杨亦鸣（1957— ） 连云港市人。中国神经语言学研究的主要开拓者。1982年毕业于徐州师范学院中文系，留校任教。1986年毕业于徐州师范学院汉语史专业，获文学硕士学位。1990年破格晋升为副教授。1994年破格晋升为教授。1996～2005年担任徐州师范大学副校长。作为项目负责人，主持国家社科基金重大、重点和一般项目及国家自然科学基金项目、973项目子课题等数十项国家及省部级课题。在《神经语言学杂志》（Journal of Neurolinguistics,SSCI）、《中国社会科学》《中国科学》《中国语文》《心理学报》《外语教学与研究》《中文信息学报》《计算机科学》等国内外刊物发表论文数百篇，出版著作10余部。作为第一完成人获得全国优秀图书奖、江苏省高等学校人文社会科学优秀成果一等奖、江苏省哲学社会科学优秀成果一等奖和二等奖等国家及省部级奖励。先后获“江苏省有突出贡献中青年专家”“江苏省优秀青年教师”“江苏省‘青蓝工程’跨世纪学术带头人”等荣誉称号，两次入选江苏省“333工程”第二层次培养人选。

夏耕（1957— ） 黑龙江省五常县人。1975年3月参加工作，1984年12月加入中国共产党。经济学博士。1995年至1996年9月历任江苏省计划经济委员会副主任，江苏省政府副秘书长。1996年9月至2000年2月任连云港市委副书记、代市长、市长，2000年2月后历任山东省日照市委副书记、市长，中共山东省日照市委书记，山东省青岛市委副书记、市长。

顾润清（1957— ） 连云港市人。1976年在江苏省连云港市墟沟林场任干事和机关团支书，1978年考入徐州师范学院政治专业，1984年任市委宣传部理论科科长，1991年调广州市社会科学院从事科研工作，1998年调中共广州市委宣传部任理论处处长，兼任广州市社会科学规划办公室主任。2003年任广州日报报业集团副总编辑、纪检组长，市社科联兼职副主席，《共鸣》杂志社社长、总编辑等。主持研究国家社会科学基金项目“中国报业集团化产业化研究”和广东省社会科学规划特别委托项目“广东海上丝绸之路研究”等多项课题。2000年获广州市委、市政府颁发的优秀中青年社会科学工作者称号。合作撰写《广州发展社会主义市场经济的实践与探索》

《可持续发展知多少》获第七届和第八届全国精神文明建设“五个一工程奖”；作为总策划和总撰稿之一的《“哥德堡号”：跨越四个世纪的广州之旅》获国家广播电影电视总局颁发的长纪录片一等奖；作为第一作者的广播节目《海鲜何以生猛》获得全国城市广播社教节目奖一等奖。同时还获得国家、省、市颁发的社会科学优秀成果奖多项。专著和合著的学术作品有《青舟集》(馆员文库)、《广府文化论》《沿海开放经济简论》《中国陆桥经济》等，主笔《思想解放的风帆》《珠三角经济风云》等。

黄浩涛(1957—　)　东海县人，毕业于南京大学哲学系。1975年9月参加工作。1985年2月入党。1982年2月至1991年7月，工作于中国社会科学院科研局，先后任副处级、正处级学术秘书。1991年7月至1996年12月任中国社会科学院科研局副局长。1996年12月至2000年6月任中国社会科学院科研局局长。1999年8月被评为研究员。2000年6月至2002年6月任中国社会科学院党组成员、科研局局长。2002年6月任中国社会科学院党组成员、副秘书长、科研局局长。

黄震云(1957—　)　灌南县人。1982年毕业于徐州师范学院中文系。1995年起，独立主持完成国家社科基金、教育部社科基金、全国高校基金以及省部级重点项目10多项，获得全国和省部级奖励一、二、三等奖10多次。后调任中国政法大学人文学院教授、硕士研究生导师。先后出版《楚辞通论》《辽代文史新探》《辽代文学史》《经学与诗学研究》等9部专著，在《文学评论》《民族研究》《文艺研究》《北京大学学报》《人民日报》《光明日报》等报刊发表论文200多篇。

马秋华(1958—　)　连云港市新浦区人。1982年毕业于南京艺术学院音乐系并留校任教。后任中国人民解放军艺术学院音乐系声乐教授，研究生导师。1986年成功举办两场个人独唱音乐会。多次在全国性声乐比赛中获奖，为多部电影、电视剧录制插曲。在美声、民族、通俗三种唱法的声乐教学与实践中，取得了丰硕成果，她的学生有近百人次在国际、国内声乐比赛中获奖。中央电视台、北京电视台、江苏电视台等录制过她的专题节目。中国教育电视台和北京电视台录制了她的个人专题节目《军中红烛》和《名师风采》。出版发行马秋华声乐教学系列。

孙飘扬(1958—　)　江苏省金湖县人。中共党员，高级工程师，享受国务院特殊津贴专家。1982年从中国药科大学化学制药专业毕业后任连云港制药厂技术员。1990年2月，任连云港制药厂厂长。2003年5月以后任江苏恒瑞医药股份有限公司董事长、党委书记。先后负责和参与环氧化酶抑制剂COX_{-2}、那格列奈原料药及制剂、抗炎药物艾瑞昔布临床研究、那格列奈研究4项国家“863”计划项目以及9项国家重大新药创制专项的研究，申请国家发明专利86项、世界专利35项。在其领导下，恒瑞医药逐渐发展成为国内最大的抗肿瘤药物和手术用药的生产基地、国家重点高新技术企业。孙飘扬先后获国家医药管理局科技进步奖二等奖、三等奖，国家经贸委科技进步奖二等奖，江苏创新创业人才奖，科技部“十一五”国家科技计划执行突出贡献奖和“江苏省劳动模范”称号。

陈震宁(1958—　)　江苏省阜宁县人。1977年1月加入中国共产党。1980年2月参加工作，大学文化，经济学硕士，经济师。历任江苏省阜宁县教师进修学校教师、阜宁县委宣传部干事、共青团阜宁县委书记、阜宁县吴滩乡党委书记、阜宁县副县长，阜宁县委常委、常务副县长，盐城市郊区区委副书记、区长，盐都县委副书记、县长。1998年1月任盐城市副市长。2000年8月至2001年12月任连云港市委副书记、代市长、市长。2001年12月至2002年1月任连云港市委书记、市长。2002年1月至2005年6月任连云港市委书记。2005年6月任江苏省劳动和社会保障厅厅长、党组书记。

周星(1958—　)　灌南县人。北京师范大学艺术与传媒学院教授、博士生导师、院长、艺术教育研究所所长。主要研究领域为影视史论、影视文化传播与艺术批评、艺术教育理论等。主持国家艺术科学“九五”规划项目、教育部“九五”项目各1项，作为第一参与者参与另3项国家、教育部和北京市科研项目，主持横向项目4项。先后在《中国社会科学》等刊物发表学术论文200余篇，出版著作主要有《从文学之隅到影视文化之路》《中国影视艺术理论研究》等。曾获北京市优秀教师奖、北京市教学优秀成果奖、北京电视春燕奖、金鹰电视论文奖，入选北京社科理论百人工程培养计划。

郑志春（1958— ） 灌云县人。灌云县同兴镇同兴社区居委会党支部书记。1999年利用临街闲置的废塘、荒地建起同兴商贸城，年上交国家税收80多万元。2001～2004年，先后引资6000万元兴办啤酒厂、鑫油脂剥绒厂、同乐米厂、宝泉酱油厂等，先后投入资金修复改造2个电灌站，建设4座桥闸涵洞，铺设3.5千米水泥路，建起1所初级小学。2005年被授予“全国劳动模范”称号。

肖伟（1959— ） 江苏省南京市人。高级工程师，国家药典委员会委员，全国中药标准化技术委员会委员，国家中药现代化专家组成员，享受国务院特殊津贴专家。1982年2月分配至连云港市医药采购供应站工作。1985年7月后任连云港市中药厂副厂长、厂长、党委书记。1996年3月任连云港市康缘制药有限责任公司总经理。2000年11月任江苏康缘药业股份有限公司党委书记、董事长。先后主持开发80余个新药，其中获新药证书48个；作为第一发明人，累计申请发明专利191件，获授权109件；主持“973”计划、国家科技支撑、国家国际科技合作、国家重大新药创制等国家重大科技项目15项；获省部级科技进步奖16项。

胡可先(1960—) 灌南县人。1982年毕业于徐州师范学院中文系，获学士学位；1999年毕业于浙江大学中文系，获文学博士学位。后任浙江大学中文系教授、博士生导师，先后出版《中唐政治与文学》《杜甫诗学引论》《政治兴变与唐诗演化》《杜牧诗选》《唐代重大历史事件与文学研究》等专著，并在《文学遗产》《文史》《文献》等刊物发表论文90余篇。《杜牧研究丛稿》1999年获江苏省高等学校人文社科成果一等奖；《中唐政治与文学》2001年获江苏省哲学社会科学优秀成果三等奖，2002年获安徽省优秀图书奖；《政治兴变与文学演化》2004年获浙江省高校优秀科研成果二等奖；《杜甫诗学引论》2004年获浙江省哲学社会科学优秀成果三等奖。

凌娅（1960— ） 女，江苏省镇江市人。江苏康缘药业股份有限公司研究所所长，中共党员，研究员级高级工程师，主任中药师。主持公司承担的国家“863”计划3项、国家计委高技术示范工程2项、国家经贸委重大专项2项。其中科技部重大项目桂枝茯苓胶囊的研制在美国进入Ⅱ期临床研究，成为中国首个以药品形式进入国际市场的中药。她潜心钻研中药高新技术的应用，完成中成药指纹图谱13个、中药材指纹图谱47个、中间体指纹图谱25个。先后获省科技进步奖三等奖、国家经贸委科技进步奖二等奖、全国五一巾帼奖、第二届新世纪巾帼发明家等荣誉和称号。2005年被授予“全国劳动模范”称号。

谢春光（1960— ） 东海县人。东海县黄川镇新沭村党支部书记。在连云港市率先进行草莓保护地栽植试验并获得成功。引进国内外草莓新品种10余个，带领全村700户村民栽培特色草莓致富。2004年，全村人均纯收入4300元，草莓收入占70%，700户村民通过草莓特色种植奔上小康路。带动全镇16个村种植草莓，年产值1.2亿元，黄川镇被农业部命名为“中国草莓第一镇”。2005年被授予“全国劳动模范”称号。

刘士余（1961— ） 灌云县人。1984年8月参加工作。清华大学经济管理学院管理工程专业硕士、技术经济学博士，研究员。1987～1996年先后任职于上海市经济体制改革办公室、国家经济体制改革委员会、中国建设银行。1996年起任职于中国人民银行，先后任银行司助理巡视员、副司长、银行监管二司副司长、司长、办公厅主任、党委办公室主任等职。2004年7月任中国人民银行党委委员、行长助理。

许勤(1961—) 连云港市新浦区人。1978年10月考入北京理工大学光电工程系。1982年1月加入中国共产党,1982年7月参加工作。香港理工大学工商管理专业在职研究生学历、博士、工程师。1987年研究生毕业后,在国家计委机关党委、工业二司、机电司电子处工作。1992年7月任国家计委机电司电子处副处长,1997年8月任处长。2001年2月任国家计委高技术产业发展司副司长,2005年7月任国家发改委高技术产业司司长。

吴舟(1961—) 连云港市新浦区人。原名吴洲俞,自号云台山人。中共党员。江苏省药学会中药与天然药物专业委员会委员、江苏省中医药学会中药资源与鉴定专业委员会委员。吴舟出生于五代相传的中药世家。1980年高中毕业后顶替父职从事药业。他悉心钻研药材学、本草学、中药资源学等知识,采集云台山区的中药材标本800多种2000余件,拍摄资料照片6000余幅,撰写《云台山中草药资源普查与研究》《云台山中草药简志》《连云港中药资源普查技术报告》《连云港药物资源名录》等调查报告资料200余万字。编写出版《云台百草》《百树治百病》《百饮治百病》《百鱼治百病》《荠菜及荠菜园艺》等著作。1993年被授予"江苏省振兴药业先进人物"称号,并载入《中药人才录》。

穆家善(1961—) 赣榆县人。海外著名中国画家、艺术教育家、国际艺术大展策展人。1983年考入南京艺术学院,1988年毕业。1986年在上海举办首次穆家善个人画展。1989年被任命为南京高校艺术教研室主任。1989年在中国美术馆举办穆家善中国画展。1995年被聘为南京书画院特聘研究员,应美国马里兰美术学院邀请赴美讲学举办个人画展。1998年创办美国亚太艺术研究院,担任首任院长。被美国政府三次授予联邦"教育家奖"、美国20世纪成就奖等。

丁三青(1962—) 灌云县人。1984年厦门大学本科毕业后,分配到中国矿业大学工作。2002年南京大学历史学博士毕业。任中国矿业大学教授,博士生导师兼中国矿业大学高等教育研究所所长,历任中国矿业大学社科系副主任、校党委宣传部副部长、部长。学术研究领域涉及历史学、教育学、政治学等,出版多部学术专著,发表学术论文140多篇。代表作有《中国青年启示录》《现代性与近代中国》等。

陈永江(1962—) 连云港市海州区人。中共党员,研究员级高级工程师。1985年南京大学化学系毕业,分配到连云港制药厂任技术员。1990年后任江苏恒瑞医药股份有限公司实验室主任、药物研究所副所长、副总工程师、总工程师。多年从事药物合成研究开发工作,参与或主持研发了足叶乙甙、异环磷酰胺、克拉霉素、长春瑞宾、加替沙星等60余种仿制新药产品以及艾瑞昔布、甲磺酸阿帕替尼等10余个自主创新医药产品。主持或参与完成国家重大科技专项"863"计划项目4项,申请国家发明专利或世界发明专利27项。1992年获连云港市首届科技重大贡献奖。1993年被评为全国优秀科技工作者,并获全国五一劳动奖章。2000年被评为全国劳动模范。

嵇道青(1963—) 灌南县人。一级编剧。1980年考入南京炮兵学院,毕业后分配到福建部队,历任团、师、军等部组织干事。1990年11月起调入南京军区政治部前线文工团任政治部干事,专门从事创作。历任编剧、制片主任、监制、策划、制片人、总制片人等。主要作品有《山那边有个海》《虎踞钟山》《DA师》《上将许世友》《霓虹灯下的哨兵》《井冈山》《卧薪尝胆》等电视连续剧,《龙腾沧海》《兵心依旧》等大型话剧以及多部广播剧、军旅贺岁片。先后获得飞天奖、金鹰奖、全国"五个一工程奖"、曹禺戏剧文学奖、全国文华剧作奖、全国戏剧文学金奖、全军优秀编剧奖、全军金星奖等。

许坠成(1964—) 连云港市人。中共党员。连云港港口集团东联港务公司调动班班长。

一年内曾连续七次打破生产纪录。在接卸铝粉轮作业中，工班灌包量达12.45万吨，单机效率1680吨，创氧化铝工班全国沿海港口灌包最高纪录。在"K赛图"轮纸浆作业中，一工班卸纸浆6146吨，创连云港港纸浆接卸新纪录。2005年获"全国劳动模范"称号。

张思山（1964— ） 赣榆县人。连云港市公安局交通巡逻警察支队六大队大队长，中共党员。工作20年中，率队查纠各类交通违法行为28.8万起，抓获各类违法犯罪嫌疑人322人，其中破获重大杀人、抢劫案件13起。全队先后荣获人民满意交巡警队、全省公安交巡警大练兵示范单位等23项荣誉称号，2次记集体三等功，其中2001年全队21名民警全部立功受奖。张思山先后荣获全国五一劳动奖章和"全国特级优秀人民警察"等称号，2005年被授予"全国先进工作者"称号。

张靖周（1964— ） 东海县人。1981年考入清华大学内燃机专业学习。1986年毕业后考入东南大学工程热物理专业攻读硕士学位。1989年毕业后考入南京航空航天大学航空发动机专业攻读博士学位。后留校任教，2000年晋升教授。研究课题《红外抑制器基础研究》获航空科学技术进步奖二等奖，《红外抑制器装机件设计与试验》获国防科学技术二等奖。

周达新（1964— ） 灌南县人。1993年毕业于上海医科大学，获心血管专业硕士学位。毕业后历任复旦大学附属中山医院、上海市心血管病研究所心内科主任医师。在国内率先开展先天性心脏病室间隔缺损介入治疗，在先天性心脏病房间隔缺损、动脉导管未闭、主动脉瓣周瘘，特别是大房缺的介入治疗方面处于领先地位。多次在国内外学术会议上进行先天性心脏病介入治疗手术的演示。主持一类新药OKE154的一期临床试验，是国家医疗科技"八五"攻关课题"抗快速心律失常药物的再评价"主要研究者之一。

戴翔翎（1964— ） 连云港市新浦区人。1987年从南京中医药大学毕业后分配到连云港中药厂（康缘公司前身）工作。历任康缘药业股份有限公司车间主任、生产技术科科长、技术厂长、副总工程师、副总经理。先后主持研发了桂枝茯苓胶囊、天舒胶囊、金振口服液等14个国家级新药。主持科技部中药国际化、现代化项目，在国内首次将指纹图谱技术引进中药典方品种的质量标准中，该技术的引用使中药质量控制标准达到国际先进水平。2003年获省有突出贡献的中青年专家称号。2005年被评为享受国务院特殊津贴专家。

汤井田（1965— ） 东海县人。1992年毕业于中南工业大学，获工学博士学位，并留校任教。1994年晋升教授，1998年被评为博士生导师，同年以高级访问学者身份留学美国劳仑兹（伯克利）国家实验室。主要从事电磁场理论和应用研究，公开发表学术论文160余篇。主持或参加国家自然科学基金项目、湖南省自然科学基金项目、国家"八五""九五""十五"科技攻关、海洋863等项目近20项。获国家科技进步奖三等奖，湖南省科技进步奖一等奖、二等奖。

徐家跃（1965— ） 灌云县人。中国科学院博士生导师，上海应用技术学院材料科学与工程学院院长，知名晶体材料专家。1983年考入吉林大学电子科学系半导体化学与材料专业，1988年毕业后考入中国科学院上海硅酸盐研究所，先后获得硕士、博士学位。1997年被聘为副研究员，并担任晶体研究室主任助理；2000年晋升研究员。长期从事氧化物晶体的坩埚下降法生长研究，负责过上海市青年科技启明星计划项目、中国科学院重大项目、国家自然科学基金项目等多项重要课题，在压电晶体LBO、新型弛豫铁电晶体PZNT、非线性光学晶体KLN等晶体生长方面取得重要研究成果，并发明了底部籽晶法（BSSG）等新生长技术。"新型压电晶体四硼酸锂及其新生长方法"于1993年获中科院科技进步奖一等奖，1995年获国家技术发明奖二等奖，1997年获国家专利局与世界知识产权组织联合颁发的"中国专利创造发明金奖"。

韩江龙（1965— ） 东海县人。教授、博士、研究员级高级工程师，享受国务院特殊津贴专家。1987年从江苏化工学院本科毕业后历任华威电子股份有限公司技术员、技术副科长、车间主任、副总经理、总经理、董事长。韩江龙在电子封装材料、环氧塑封料开发与性能研究方面取得多项突破性的成果。1993年研究开发的"KL-100F快速固化环氧模塑料"、2003年研发的"QFP系列封装用环氧模塑料"、2004年研发的"0.5—0.35μm集成电路封装用环氧模塑料"、2005年研发的"0.25—0.18μm集成电路用环氧模塑料"均获市科技进步奖一等奖。

鲁西奇(1965—) 东海县人。1982年考入武汉大学历史系,1995年获武汉大学历史系博士学位。主要从事区域历史地理、中国古代史与社会经济史研究,特别是汉水流域与南方历史地理、乡村社会史与社会经济史的综合研究。1996年晋升副教授,2001年任教授,2002年任博士生导师。出版《区域历史地理:对象与方法——汉水流域的个案考察》等著作,发表学术论文70余篇。主持国家社科基金项目2项、教育部人文社会科学规划项目1项、霍英东教育基金会高校优秀青年教师资助项目1项。2004年入选教育部新世纪优秀人才支持计划。

侯勇(1967—) 赣榆县人,国家一级演员、军人。1989年毕业于江苏省戏剧学校,后考入南京军区前线话剧团。1993年,首次出演根据刘勇长篇小说改编的电影《血岸情仇》。2002年因主演电影《冲出亚马逊》而成名,获得第八届中国电影华表奖优秀男演员奖、2003年第九届中国电影表演艺术学会金凤凰奖表演学会奖。因在电视剧《大染坊》中的精彩演出,获得2004年第22届中国电视金鹰奖最佳表演艺术奖男演员奖、最受观众喜爱的电视剧男演员奖,第24届中国电视剧飞天奖优秀男演员奖。

乔光辉(1968—) 江苏省建湖县人。高级工程师,享受国务院特殊津贴专家。1989年从南京大学高分子合成材料专业毕业后分配至连云港市玻纤玻钢总厂工作,历任科研所所长、副总工程师。长期从事复合材料设计、开发和改性研究,先后承担技术创新项目30多项,有10多项成果通过省级鉴定,12项成果获省部级以上奖励,45项成果获专利授权。承担国家火炬计划2项、国家科技支撑计划2项、国家"863"计划3项、科技部国际合作计划1项、省部级科技计划项目9项。其中,"风电机组叶片气动技术开发与产业化研究"项目作为国家科技支撑计划项目通过国家高技术研究中心验收。2004年2月,任连云港中复连众复合材料集团有限公司总经理。

王咏梅(1969—) 灌南县人。1990年毕业于南京艺术学院音乐系。一级作曲。1999年创作的歌曲《四季平安》在国庆50周年时被选为首都阅兵仪式珍送曲。2001年创作的歌曲《今宵共举杯》由中央电视台拍摄MTV,在春节期间播放。2002年创作的歌曲《你好,世界杯》被选定为世界杯中国球迷之歌。2004年歌曲《放飞青春》被选为中华人民共和国第七届全国大运会会歌,同年9月《让我们在一起》被选为首届威海国际人居节节歌。2005年创作的《让时代为我们喝彩》被选为中华人民共和国第十届运动会会歌,《和谐中国》则被指定为十运会火炬传递主题歌。

陈玉凤(1970—) 连云港市人,是中国女足"马元安时代"中期的骨干,是首位亮相女足国际大赛的连云港国脚。1995年代表国家队参加第二届国际足联女子世界杯比赛,获第四名。1996年代表国家队参加第26届奥运会,获亚军。1997年代表山东队参加第八届全国运动会,之后挂靴。

李梅芳(1978—) 灌南县人,自行车运动员。1994年进入南京体育学院从事自行车运动项目。第九届全国运动会自行车女子公路个人计时赛冠军。2001年秦皇岛世界B级自行车赛女子120公里比赛冠军。2002年入选国家队。2002年第14届亚洲运动会女子自行车24公里计时赛冠军;第22届亚洲自行车锦标赛暨第九届亚洲青年自行车锦标赛青年女子公路25公里个人计时赛冠军。2003年第23届亚洲自行车锦标赛女子公路20公里个人计时赛、女子场地3公里个人追逐赛、团体追逐赛三项冠军。2004年第24届亚洲自行车锦标赛女子20公里个人计时赛、场地

3公里个人追逐赛两项冠军。2004年世界锦标赛女子25公里公路记分赛第五名。

邰普庆（1981—） 江苏武进人，职业摔跤选手，隶属于连云港搏击俱乐部。1998年江苏省第14届运动会68公斤级自由式摔跤冠军、全国少年摔跤比赛63公斤级自由式摔跤冠军。2000年8月，进入江苏省散打队。2002年，全国武术散打锦标赛70公斤级冠军。2003年第七届世界武术锦标赛冠军。2004年第二届世界杯武术散打世界比赛70公斤级第一名。2005年第十届全国运动会武术散打男子67.5公斤级冠军。

第三章 人物表录

第一节 先进模范人物表

先进模范人物表收录1984～2005年连云港市境内全国劳动模范和先进工作者、全国五一劳动奖章获得者以及省级劳动模范、省五一劳动奖章获得者396人次，其中全国劳动模范和先进工作者24人、全国五一劳动奖章获得者52人、省级劳动模范233人、省五一劳动奖章获得者87人。

1984～2005年连云港市获全国劳动模范、先进工作者称号者一览表

表43-1

序号	姓名	性别	出生年份	工作单位	获奖年份
1	周达春	男	1938	灌南县中医院	1989
2	宋玉斋	男	1931	东海县人民医院	1989
3	赵金香	女	1946	新浦区环境卫生管理处	1989
4	黎正宇	男	1939	灌云县农业局	1989
5	叶汝春	男	1942	江苏省徐圩盐场	1989
6	李正基	男	1934	连云港经济技术开发区朝阳镇	1989
7	祁德林	男	1931	赣榆县青口镇下口村	1995
8	顾金勇	男	1952	东海县汽车运输公司	1995
9	王绪芝	男	1953	连云港港务局	1995
10	许赞有	男	1948	连云港海苑工艺品有限公司	1995
11	王兴亚	男	1964	连云港市委610办公室	1995
12	顾良圭	男	1940	第七一六研究所	1995
13	陈永江	男	1962	江苏恒瑞医药股份有限公司	2000
14	钱云珠	女	1952	连云港市民政局	2000

续表 43-1

序　号	姓　名	性　别	出生年份	工作单位	获奖年份
15	程巨悌	男	1944	连云区墟沟海棠企业总公司	2000
16	程学礼	男	1952	连云港港口股份有限公司卸车队	2000
17	陈如根	男	1955	灌南县压铸机有限公司	2000
18	孙汉洲	男	1955	东海县中学	2000
19	谢春光	男	1960	东海县黄川镇新沭村	2005
20	郑志春	男	1958	灌云县同兴镇同兴社区	2005
21	许坠成	男	1964	连云港港口股份有限公司东联分公司	2005
22	陶惠启	男	1949	江苏正大天晴药业股份有限公司	2005
23	凌　娅	女	1960	江苏康缘药业股份有限公司	2005
24	张思山	男	1964	连云港市公安局交巡警支队	2005

1984～2005年连云港市全国五一劳动奖章获得者一览表

表 43-2

序　号	姓　名	性　别	出生年份	工作单位	获奖年份
1	房　柱	男	1937	连云港市蜂疗医院	1985
2	曹双丁	男	1939	连云港市电讯器材厂	1985
3	赵金香	女	1946	连云港市新浦区环境卫生管理处	1985
4	宋玉斋	男	1931	东海县人民医院	1986
5	蒋祖安	男	1942	赣榆县工艺美术厂	1986
6	毕家宽	男	1939	连云港市邮电局猴嘴支局	1986
7	朱炳军	男	1944	连云港港务局船队	1987
8	夏伦田	男	1947	连云港市白集煤矿运输队	1987
9	吴子良	男	1935	江苏省新滩盐场	1987
10	陈家堂	男	1947	连云港市新浦磷矿	1988
11	张逸生	男	1921	化工部化工矿山设计研究院	1988
12	李庆鹏	男	1934	灌云县中学	1988
13	刘德芳	男	1939	连云港市第一建筑工程公司	1990
14	王贯春	男	1953	连云港市锦屏磷矿	1990
15	唐国玲	女	1957	连云港市毛巾厂	1990
16	尹秀珍	女	1943	连云港市物资回收公司	1991
17	李克俭	男	1941	连云港市卫生材料厂	1991
18	卢明礼	男	1949	连云港花果山风景区管理处	1991
19	秦方喜	男	1951	江苏省射阳盐场	1991
20	王　玲	女	1966	连云港市塑料厂	1992
21	杨师勇	男	1942	连云港市邮电局	1992
22	鲍建宾	男	1937	连云港市总工会	1992

续表 43-2

序　号	姓　名	性　别	出生年份	工作单位	获奖年份
23	邱长清	男	1945	江苏省盐业公司黄海化工厂	1992
24	陈永江	男	1962	连云港制药厂	1993
25	邵性兴	男	1945	赣榆县人民医院	1993
26	王绪芝	男	1953	连云港港务局东联公司	1993
27	孙广柱	男	1953	连云港市化肥厂	1996
28	许寿春	男	1938	江苏省新海发电厂	1996
29	钱云珠	女	1952	连云港市殡仪馆	1996
30	刘正好	男	1955	连云港市白集煤矿	1997
31	尹鸿庭	男	1937	连云港市交通局	1997
32	陈如根	男	1955	灌南县压铸机有限公司	1997
33	孙曰军	男	1948	赣榆县殡仪馆	1998
34	张思山	男	1964	连云港市公安局交巡警支队	1998
35	季汝卫	男	1954	连云港市市政总公司	1998
36	程学礼	男	1952	连云港港务局煤炭装卸公司	1999
37	华向东	男	1946	灌云县高级中学	1999
38	韦传嘉	男	1946	连云港市皮革机械厂	1999
39	李桂立	男	1946	连云区院前公司	2001
40	陈旭璞	男	1965	连云港市电信局	2001
41	许坠成	男	1964	连云港港口集团东联港务公司	2001
42	李政英	女	1955	江苏德邦化工集团	2001
43	杨祖祥	男	1964	江苏省台北盐场海滨工区	2002
44	蔺宁君	女	1971	连云港市交通局	2002
45	邵文桂	女	1951	连云港市总工会	2002
46	王延金	男	1958	连云港港口集团公司铁运公司	2003
47	陈双龙	男	1952	中船重工第七一六研究所	2003
48	邹文亮	男	1966	连云港市公安局交巡警八大队	2003
49	张民益	男	1967	民航连云港站航行科	2003
50	田恒余	男	1965	连云港碱厂	2004
51	吴玉霞	女	1964	江苏恒瑞医药股份有限公司	2004
52	李爱民	男	1965	连云港市第一人民医院	2004

1984～2005年连云港市获江苏省劳动模范称号者一览表

表 43-3

序　号	姓　名	性　别	出生年份	工作单位	获奖年份
1	孔宪东	男	1919	连云港市第一人民医院	1985
2	娄述万	男	1935	江苏省盐业公司	1985

续表43-3

序号	姓名	性别	出生年份	工作单位	获奖年份
3	刘连文	男	1956	连云港市电视台	1985
4	武心亮	男	1953	连云港市委610办公室	1985
5	王庆松	男	1948	连云港市旅游局	1985
6	于福才	男	1943	连云港市殡仪馆	1985
7	谭述守	男	1931	连云港港口集团卫生环保站	1985
8	高炘福	男	1944	连云港市鸿瑞水泥制品有限公司	1985
9	曹双丁	男	1939	连云港市电讯器材厂	1985
10	陶文新	男	1939	连云港市海滨工厂	1985
11	杨家骝	男	1945	连云港燃料集团	1985
12	尹秀珍	女	1943	连云港市金属回收公司南极路商店	1985
13	张德利	男	1947	赣榆县海头镇海前村	1985
14	蒋祖安	男	1942	赣榆县工艺美术厂	1985
15	柏继英	女	1948	赣榆县赣马镇柳湖村	1985
16	孙家泰	男	1928	赣榆县城头镇河东村	1985
17	王继曙	男	1933	赣榆县城头镇	1985
18	宋三斋	男	1931	东海县人民医院	1985
19	解永亮	男	1952	东海县安峰乡	1985
20	张兴亭	男	1936	东海县农业局	1985
21	瞿怀谷	男	1938	东海县教育局	1985
22	刘永相	男	1938	东海县浦南砖厂	1985
23	张林山	男	1937	东海县平明镇南场头村	1985
24	顾祝志	男	1959	灌云县四队镇农民	1985
25	朱长标	男	1950	灌云县陡沟乡董王村	1985
26	吴正年	男	1953	灌云县图河乡	1985
27	李富山	男	1938	灌云龙苴镇社区	1985
28	朱恒超	男	1955	灌云县东王集乡	1985
29	李庆鹏	男	1934	灌云县高级中学	1985
30	马同才	男	1920	灌南县百禄镇田莆粉厂	1985
31	王如山	男	1957	灌南县田楼乡徐兴村	1985
32	张立友	男	1939	新浦区教育局	1985
33	王永来	男	1951	海州区锦屏镇许庄村	1985
34	江丽君	女	1933	连云区墟沟小学	1985
35	王绪胜	男	1927	连云区徐圩镇	1985
36	王士杰	男	1935	连云区连岛水岛村	1988

续表43-3

序　号	姓　名	性　别	出生年份	工作单位	获奖年份
37	周维先	男	1937	连云港市文联	1988
38	吕理森	男	1945	连云港市水产局	1988
39	鲍家桢	男	1934	连云港市兽医站	1988
40	朱月萍	女	1942	连云港市新海中学	1988
41	陆传洋	男	1935	淮海工学院	1988
42	杨广泽	男	1955	连云港市疾病预防控制中心	1988
43	李玉明	男	1952	连云港市公安局交巡警支队	1988
44	刘德芳	男	1939	连云港市建筑总公司	1988
45	王名成	男	1949	连云港港口集团东联公司	1988
46	李传花	女	1957	连云港市纺织厂	1988
47	顾永华	男	1941	连云港晶宇电子有限公司	1988
48	王贯春	男	1953	锦屏磷矿西山采矿场	1988
49	鲍俊云	女	1941	连云港市硫酸厂	1988
50	徐茂林	男	1948	赣榆县城头中学	1988
51	徐允宪	男	1949	赣榆县水泥厂	1988
52	王胜德	男	1940	赣榆县政协	1988
53	仲兆香	女	1945	赣榆县赣马镇	1988
54	田世香	男	1949	赣榆县城东乡	1988
55	尚庆树	男	1949	赣榆县盐化厂	1988
56	朱守雨	男	1944	东海县曲阳乡曹庄村推广站	1988
57	季后甲	男	1943	东海县洪庄镇薛团村	1988
58	李兆霞	女	1954	东海县青湖镇计划生育办公室	1988
59	许维权	男	1949	东海县新生橡胶制品有限公司	1988
60	徐子龄	男	1941	东海县桃林镇海陵面粉厂	1988
61	许煌臣	男	1940	东海县委宣传部	1988
62	周华林	男	1949	灌云县新河中学	1988
63	汪　通	男	1944	灌云县农机修造厂	1988
64	齐华国	男	1945	灌云县板浦镇中心卫生院	1988
65	梅正友	男	1933	灌云县板浦电镀厂	1988
66	黎正宇	男	1939	灌云县农业局	1988
67	张俊平	男	1945	灌南县压铸机有限公司	1988
68	陶维新	男	1947	灌南县财政局	1988
69	徐云标	男	1935	灌南县中学	1988
70	李怀伟	男	1970	灌南县日杂公司	1988

续表 43-3

序　号	姓　名	性　别	出生年份	工作单位	获奖年份
71	蔡正仁	男	1948	灌南县五队乡四队村	1988
72	李鹤友	男	1952	灌南县三口镇综治办	1988
73	王　元	男	1944	新浦区教育督导室	1988
74	周桂珍	女	1948	新浦区烟酒公司	1988
75	赵绍州	男	1943	中国五金矿产进出口公司连云港支公司	1988
76	贾仁松	男	1946	灌云县宁海乡政府	1988
77	龚成屯	男	1944	新浦区云台乡凤凰村	1988
78	柴　俊	男	1941	海州区朐阳办事处	1988
79	刘春祥	男	1952	海州区环境卫生管理处	1988
80	武传华	男	1946	连云港经济技术开发区企业服务中心	1988
81	李克俭	男	1946	连云港市卫生材料厂	1988
82	钱光银	男	1955	连云港市建筑总公司	1991
83	刘丽华	女	1958	农业银行连云港支行	1991
84	李桂立	男	1946	连云区墟沟镇院前村	1991
85	唐国玲	女	1957	连云港市毛巾厂	1991
86	张金龙	男	1939	连云港市农业局作物栽培技术指导站	1991
87	王建华	男	1953	连云港出入境检验检疫局	1991
88	王　中	男	1941	连云港市云台宾馆	1991
89	王光衢	男	1934	连云港电视大学	1991
90	胡尊祥	男	1961	连云港市公安局海州分局	1991
91	王　珍	女	1952	连云港市水产供销总公司	1991
92	张逸生	男	1927	化工部化工矿山设计研究院	1991
93	付家旺	男	1952	连云港市元升公司	1991
94	孙宜来	男	1949	江苏省灌东盐场	1991
95	岳成明	男	1950	锦屏磷矿东山采矿场	1991
96	陈洪民	女	1955	江苏恒瑞医药股份有限公司	1991
97	王学清	男	1952	连云港碱厂	1991
98	徐桂珍	女	1942	连云港市饮食服务有限公司	1991
99	陈景运	男	1933	连云港燃料集团	1991
100	胡发荣	男	1942	连云港市粮油食品进出口公司仓库	1991
101	张明成	男	1953	赣榆县门河乡林业站	1991
102	高树连	男	1937	赣榆县化肥厂	1991
103	邵性兴	男	1944	赣榆县人民医院	1991
104	柳翠菊	女	1956	赣榆县金山镇	1991

续表43-3

序 号	姓 名	性 别	出生年份	工作单位	获奖年份
105	李祥春	男	1948	赣榆县朱堵乡	1991
106	刘希高	男	1961	赣榆县土城乡	1991
107	瞿世花	女	1957	赣榆县门河乡	1991
108	宋呈莲	女	1948	东海县海陵商场	1991
109	张洪泉	男	1953	东海县石湖乡石粉厂	1991
110	相庆楼	男	1945	东海县驼峰乡	1991
111	万邦栋	男	1936	东海县李埝小学	1991
112	周成法	男	1940	东海县公安局	1991
113	周万才	男	1953	灌云县国税局	1991
114	刘万春	男	1944	灌云县农机工程公司	1991
115	顾春仁	男	1947	灌云县下车中学	1991
116	葛秀英	女	1946	灌云县小伊乡祝庄村	1991
117	陈士鸿	男	1957	灌南县畜牧渔业局兽医站	1991
118	颜树森	男	1944	灌南县新集乡农科站	1991
119	张从标	男	1956	灌南县农业局	1991
120	胡保华	男	1947	灌南县教育中心	1991
121	王汉章	男	1941	灌南县政协	1991
122	王文信	男	1944	新浦区浦南镇经委	1991
123	曹开家	男	1942	连云港市欣宏工贸有限公司	1991
124	徐兴汉	男	1942	海州区孔望山风景区管理处	1991
125	梁和章	男	1947	海州区计划与经济局	1991
126	张玉兰	女	1943	连云区连云镇荷花街道	1991
127	刘茂好	男	1953	连云港经济技术开发区朝阳乡刘巷村	1991
128	杨庆聪	男	1952	连云港经济技术开发区党群工作部	1991
129	钱永英	女	1944	灌云县图河乡海宁村	1991
130	屠学掌	男	1949	连云港石油分公司	1996
131	掌传锦	男	1963	连云港市国家税务局稽查局	1996
132	相旭东	男	1965	连云港市法院刑事第一审判庭	1996
133	徐同道	男	1968	连云港市供销合作总社	1996
134	李怀志	男	1941	连云港职业大学	1996
135	刘洪实	男	1945	连云港市中医院	1996
136	吴洲洋	男	1965	连云港市邮电局	1996
137	季汝卫	男	1954	连云港市政陆桥公司	1996
138	张同均	男	1936	连云港市交通规划设计院	1996

续表43-3

序号	姓名	性别	出生年份	工作单位	获奖年份
139	黎 俊	男	1952	连云港奥维化纤有限责任公司	1996
140	刘元国	男	1951	江苏新滩盐场	1996
141	桑海婴	女	1960	连云港市制药厂	1996
142	徐礼华	男	1947	江苏德邦兴华化工有限公司	1996
143	许寿春	男	1938	江苏新海发电有限公司	1996
144	卓洪树	男	1965	连云港供电公司	1996
145	马卫星	男	1959	中交集团三航局江苏分公司	1996
146	任桂芳	女	1949	中复连众复合材料集团有限公司	1996
147	王景田	男	1946	连云港北方变速器责任公司	1996
148	陈华明	女	1950	江苏省东辛农场	1996
149	叶 光	男	1958	连云港市糖酒副食品有限公司	1996
150	刘正好	男	1957	连云港市煤炭工业公司	1996
151	李小丽	女	1973	赣榆县九里乡	1996
152	祁德柳	男	1950	连云港市海龙生物制品公司	1996
153	胡懿存	男	1951	赣榆县柘汪镇马站企管站	1996
154	朱崇俊	男	1971	赣榆县公安局	1996
155	丁肇基	男	1943	赣榆县东蓬集团有限公司	1996
156	孙曰军	男	1948	赣榆县殡仪馆	1996
157	汤凤英	女	1953	东海县水泥厂	1996
158	史继成	男	1951	东海县张湾乡瓦口村	1996
159	孙广达	男	1950	东海县青湖镇经委	1996
160	吴凇青	男	1957	灌云县兴云毛绒公司	1996
161	朱忒和	男	1949	灌云县东辛乡	1996
162	贺占军	男	1967	灌云县湖里煤矿	1996
163	孙道兵	男	1959	灌云县下车乡仲集村	1996
164	王余兵	男	1963	灌云县陡沟乡王范村	1996
165	王立旭	男	1937	灌云县多种经营管理局	1996
166	姚长生	男	1948	灌南县新安镇公兴村	1996
167	孙智露	男	1943	灌南县农业科学研究所	1996
168	张玉龙	男	1944	灌南县邮政局	1996
169	耿士标	男	1959	灌南县塑料造粒厂	1996
170	王恒如	男	1940	灌南县兴庄镇板沟村	1996
171	陈正坚	男	1943	东海县曲阳乡前张村	1996
172	傅名花	女	1950	连云港市海宁小学	1996

续表43-3

序　号	姓　名	性　别	出生年份	工作单位	获奖年份
173	孟庆林	男	1954	新浦区司法局	1996
174	尹宗光	男	1958	海州区洪门车站养殖场	1996
175	何乃东	男	1961	海州区粮食局	1996
176	武可春	男	1952	连云区连岛镇水岛村	1996
177	张敬文	男	1945	连云港经济技术开发区朝阳乡西庄村	1996
178	惠康新	男	1952	连云港经济技术开发区中云办事处东巷村委会	1996
179	潘良浩	男	1946	灌云县鲁河乡畜牧兽医站	2001
180	程思梅	女	1963	连云港市地方税务局	2001
181	张成云	男	1966	连云港市地方税务局灌云伊山分局	2001
182	徐大勇	男	1964	连云港市农林院	2001
183	张良河	男	1942	连云港市城市管理局	2001
184	姚福平	男	1962	连云港市广电局	2001
185	贺步强	男	1968	连云港海关	2001
186	范忠华	女	1954	民盟连云港市委员会	2001
187	苏延法	男	1963	连云港市地方税务局	2001
188	许效祥	男	1960	连云港新海实验中学	2001
189	丁亚梅	女	1955	连云港市第一人民医院	2001
190	邹文亮	男	1966	连云港市公安局交巡警支队	2001
191	韩建志	男	1963	连云港市公安局治安支队	2001
192	卢同元	男	1957	连云港市国元进出口有限公司	2001
193	颜振才	男	1940	连云港市东浦管桩有限公司	2001
194	王祖瑞	男	1943	中船重工第七一六研究所	2001
195	曹登华	男	1953	连云港市自来水公司工程处	2001
196	王延金	男	1958	连云港港口集团铁运公司	2001
197	陈启喜	男	1959	连云港田申热电有限公司	2001
198	张新芬	女	1955	连云港机床厂有限公司	2001
199	杨祖祥	男	1964	江苏省台北盐场	2001
200	王文宽	男	1948	锦屏磷矿东山采矿场	2001
201	施祥昌	男	1950	连云港新磷矿化有限责任公司	2001
202	王振中	男	1969	江苏康缘集团有限责任公司	2001
203	赵凤刚	男	1944	新海发电有限公司	2001
204	李桂生	男	1966	连云港供电局	2001
205	费盘生	男	1952	东海供电局	2001

续表 43-3

序　号	姓　名	性　别	出生年份	工作单位	获奖年份
206	章秀兰	女	1947	连云港市饮食服务有限公司	2001
207	张尧成	男	1961	连云港市物产控投集团	2001
208	赵铁柱	男	1945	赣榆县水产局	2001
209	李志珍	男	1965	赣榆县柘汪镇党委	2001
210	宋世敏	男	1955	赣榆县青口镇宋口村	2001
211	范圣斌	男	1945	赣榆县恒盛玛钢有限公司	2001
212	王永军	男	1950	赣榆县宏安集团唐庄矿	2001
213	杨昌贵	男	1952	东海县电信局	2001
214	张陆军	男	1956	东海县检察院	2001
215	王银霞	女	1973	东海县南辰乡	2001
216	单新亚	男	1963	东海县渔业局	2001
217	吉知和	男	1950	东海县化工建材厂	2001
218	李春梅	女	1954	灌云县人民法院	2001
219	祝景祥	男	1950	灌云县中学	2001
220	卢明干	男	1958	灌云县伊山镇河东村	2001
221	韩金鹏	男	1950	灌南县田楼乡天意消防器材厂	2001
222	孟祥国	男	1953	灌南县光阳刨花板厂	2001
223	黄志伍	男	1960	灌南县堆沟港镇	2001
224	颜　斌	女	1953	灌南县建筑公司	2001
225	黄开忠	男	1964	灌南县农业局	2001
226	李学梅	女	1959	新浦区环卫管理处	2001
227	陈跃章	男	1961	新浦区云台乡采石厂	2001
228	刘文霞	女	1963	海州区孔望山粮站	2001
229	吴同登	男	1943	连云港陶庵储运公司	2001
230	王保扣	男	1956	连云区墟沟经济发展公司	2001
231	刘尚喜	男	1963	朝阳建筑公司	2001
232	王国清	男	1959	正大饲料有限公司	2001
233	谅春光	男	1960	东海县黄川镇新沭村	2001

1984～2005年连云港市获江苏省五一劳动奖章称号者一览表

表 43-4

序　号	姓　名	性　别	出生年份	工作单位	获奖年份
1	朱立兰	女	1942	连云港市糖酒副食品有限公司	1987
2	段克聪	男	1926	连云港汽车修配厂	1987

续表43-4

序号	姓名	性别	出生年份	工作单位	获奖年份
3	徐茂君	男	1952	东海县公路管理站	1987
4	丁达丽	女	1968	连云港市麻纺厂	1988
5	郁正华	男	1935	省盐业公司台北盐场	1988
6	顾　荣	男	1933	东海县教研室	1988
7	黄运琴	女	1949	赣榆县黄海宾馆	1988
8	徐晔宇	男	1952	东海县总工会	1989
9	杨庆銮	男	1936	省盐业公司台南盐场	1989
10	王明高	男	1943	灌云县服装一厂	1989
11	程惠生	男	1939	连云港市红旗化工厂	1989
12	陈　静	女	1944	连云港市化工公司工会	1990
13	高丽芳	女	1937	连云港市东方大厦	1990
14	朱维忠	男	1945	连云港市振兴建安公司	1990
15	杨永勤	男	1953	连云港市连云区文化局	1990
16	程守霞	女	1958	连云港市百货大楼	1991
17	张永德	男	1944	新海电厂	1991
18	毕乃法	男	1941	连云港车辆厂	1991
19	沈明川	男	1942	连云港市雕塑工艺厂	1991
20	李显华	男	1934	赣榆县影剧院	1992
21	刘君明	男	1952	连云港市锦屏磷矿	1992
22	张元花	女	1943	连云港市锦屏化工厂	1992
23	李秀华	女	1957	连云港市毛巾厂	1992
24	朱炳元	男	1945	连云港市百货大楼	1992
25	滕祝祥	男	1945	连云港化工厂	1993
26	黄云发	男	1936	连云港市无线电元件厂	1993
27	杨根荣	男	1945	连云港市变压器厂	1993
28	曹恩熙	男	1940	连云港市糖业烟酒公司	1993
29	黄玉宁	女	1955	东海县经贸局	1993
30	张福堂	男	1954	连云港市建筑机械厂	1995
31	邢良云	女	1957	东海县一汽公司	1995
32	王德友	男	1955	东辛农场医院	1995
33	张建国	男	1953	连云港市第二农药厂	1995
34	王仲豪	男	1938	灌云县棉纺织厂	1995
35	潘庆祥	男	1957	赣榆七二化工厂	1995
36	刘文举	男	1950	东海县供电公司	1997

续表 43-4

序　号	姓　名	性　别	出生年份	工作单位	获奖年份
37	张金国	男	1963	连云港市达盛皮革机械有限公司	1997
38	许坠成	男	1964	港务局一公司一队七班	1997
39	王　莉	女	1954	三得利食品有限公司	1997
40	柳锦山	男	1944	灌云县总工会	1997
41	汪家友	男	1950	江苏省赣榆县经贸局	1997
42	陈光义	男	1955	连云港供电公司新海供电营业部	1998
43	宋方云	男	1962	连云港碱厂	1998
44	韩仲友	男	1969	连众玻璃钢集团	1998
45	封　平	女	1964	江苏汤沟酒厂	1998
46	李沐成	男	1958	三航五公司预制厂	1998
47	滕祝根	男	1946	万联能源集团有限公司	1998
48	张云春	男	1948	连云港供电公司	1999
49	孙学召	男	1954	新浦区市政养护管理处下水道班	1999
50	金同巧	女	1952	连云区振勤塑料包装厂	1999
51	王国清	男	1959	连云港正大饲料有限公司	1999
52	刘平昌	男	1954	连云港化工高等专科学校	1999
53	宁玉春	男	1963	市经济适用房发展中心	1999
54	吴贯林	男	1967	民航连云港站	1999
55	张德伟	男	1965	江苏中电华威电子股份有限公司	2000
56	胡继承	男	1972	连云港粮油进出口接运站	2000
57	施祥昌	男	1950	新浦磷矿	2000
58	贾新丽	女	1954	连云港市星火化工厂	2000
59	王寿举	男	1964	连云港星球塑料有限公司	2000
60	江玉英	女	1948	连云港市交通局	2000
61	徐进翠	男	1964	江苏宏安集团瓦庄煤矿	2002
62	蔡东海	男	1963	灌云县电信局	2002
63	侯俊祥	男	1974	中交第三航务工程局第五工程公司	2002
64	汪明港	男	1968	连云港连众玻璃钢集团	2002
65	张长景	男	1955	灌云县总工会	2002
66	谢杜雀	男	1947	中石化集团南化有限公司连云港碱厂	2003
67	王　伟	男	1970	三航五公司蛇口工程处	2003
68	庞士玫	女	1965	江苏汤沟两相和酒业有限公司	2003
69	杨善双	男	1965	连云港市供电公司新海工区	2003
70	韩向军	男	1970	电信公司	2003

续表 43-4

序　号	姓　名	性　别	出生年份	工作单位	获奖年份
71	张国良	男	1956	连云港鹰游纺织机械有限责任公司	2003
72	郭海连	女	1951	连云港市总工会	2003
73	马鞠成	男	1960	东海县供电局	2003
74	王永昌	男	1965	连云港中大工业有限公司	2004
75	张　斌	男	1955	灌云县恒通运输有限公司	2004
76	韩井军	男	1960	灌西盐场	2004
77	汪丽云	女	1957	灌南县人民医院	2004
78	凌　娅	女	1960	江苏康缘药业股份有限公司	2004
79	邱福祥	男	1955	东海县总工会	2004
80	陈　滨	男	1962	新海电厂	2004
81	王建团	男	1965	贵州连云矿业有限公司	2005
82	沈梦进	男	1960	灌南县总工会	2005
83	钟慧娟	女	1961	江苏豪森药业股份有限公司	2005
84	强　欣	男	1968	连云港三吉利化工有限公司	2005
85	唐　艳	女	1970	江苏连云港港口股份有限公司东联港务分公司	2005
86	何乃昌	男	1974	连云港市新海机械厂	2005
87	马冬梅	女	1969	连云港市高速公路指挥部	2005

第二节　专家人物表

专家人物表收录1984～2005年获批的享受国务院特殊津贴专家69人。

1984～2005年连云港市享受国务院特殊津贴专家一览表

表 43-5

序　号	姓　名	性　别	工作单位	技术职务	授予年份
1	金　鏐	男	连云港建港指挥部	高级工程师	1991
2	宋玉斋	男	东海县人民医院	主任医师	1991
3	孟庆广	男	连云港港务局	高级工程师	1991
4	周达春	男	灌南县中医院	副主任医师	1991
5	胡　淼	男	赣榆县农业技术推广中心	高级农艺师	1992
6	王沐清	男	赣榆县作物栽培站	高级农艺师	1992
7	陈　潭	男	连云港市第一人民医院	主任医师	1992
8	金灌培	男	连云港市第一人民医院	主任医师	1992

续表 43-5

序　号	姓　名	性　别	工作单位	技术职务	授予年份
9	刘九星	男	连云港市第三人民医院	主任医师	1992
10	房　柱	男	连云港市蜂疗医院	主任医师	1992
11	沈来龙	男	连云港市第一人民医院	主任医师	1992
12	李洪甫	男	连云港市地方志办公室	研究员	1992
13	曹蔚华	男	连云港港务局	高级工程师	1992
14	王隆香	男	连云港市第二人民医院	主任医师	1992
15	刘佳友	男	连云港港务局	高级工程师	1992
16	王振春	男	连云港市电讯器材厂	高级工程师	1992
17	郑治岳	男	新浦磷矿	高级工程师	1992
18	姜保章	男	东堡车辆集团	高级工程师	1992
19	李景祥	男	东海县人民医院	主任医师	1992
20	桑龙英	女	锦屏磷矿	高级工程师	1992
21	林则馨	男	连云港市人民医院	主任医师	1992
22	李德身	男	连云港师专	教授	1992
23	王汉章	男	灌南县政协	高级工程师	1992
24	程育诚	男	连云港市盐东水利管理处	高级工程师	1992
25	张礼吉	男	连云港市农机厂	高级工程师	1993
26	梅万春	男	连云港市建筑设计院	高级工程师	1993
27	丁文道	男	东海农业技术推广中心	高级农艺师	1993
28	张蕴生	男	连云港港务局	高级工程师	1993
29	黄云发	男	连云港市元件四厂	高级工程师	1993
30	边守正	男	连云港恒瑞医药有限公司	高级工程师	1993
31	乔富舜	男	连云港旋耕机集团公司	高级工程师	1993
32	刘冠忠	男	连云港市第三人民医院	主任医师	1993
33	龚国祥	男	赣榆县人民医院	主任医师	1993
34	蔡志孝	男	连云港市畜牧兽医站	高级畜牧师	1993
35	黄安保	男	连云港市林业技术站	高级农艺师	1993
36	李延龙	男	连云港市机械研究所	高级工程师	1993
37	段继承	男	连云港市人民医院	副主任医师	1993
38	李世滢	男	连云港市人民医院	副主任医师	1993
39	胡　瑛	女	连云港市人民医院	主任医师	1993
40	童　济	男	连云港市第二人民医院	副主任医师	1993
41	王开运	男	连云港港务局	高级工程师	1993
42	李维本	男	连云港市人民医院	主任医师	1993
43	耿士杰	男	连云港市农科所	副研究员	1993

续表43-5

序号	姓名	性别	工作单位	技术职务	授予年份
44	袁立峰	男	灌南县政协	高级经济师	1993
45	张俊平	男	灌南压铸机厂	高级工程师	1993
46	夏年珍	女	华威电子集团	高级工程师	1994
47	王永乐	男	灌云农业技术推广中心	高级农艺师	1994
48	金洪彬	男	连云港市人民医院	主任医师	1994
49	孙飘扬	男	连云港恒瑞医药有限公司	高级工程师	1995
50	刘瑞龙	男	连云港市农科所	副研究员	1995
51	张国良	男	鹰游纺机有限公司	高级工程师	1996
52	姚明善	男	连云港港务局	高级工程师	1996
53	赵文彬	男	连云港市卫生防疫站	副主检验师	1996
54	李一丁	男	华龙集团	高级工程师	1997
55	樊家志	男	赣榆县农机推广站	高级工程师	1997
56	沈倩文	男	连云港市职业技术教育中心	中学高级教师	1997
57	肖　伟	男	连云港康缘制药有限公司	高级工程师	1998
58	吴淑宝	男	灌云县农机推广中心	高级农艺师	1998
59	李　震	男	赣榆县中学	中学高级教师	1998
60	段祥茂	男	东海县作物栽培技术指导站	高级农艺师	1999
61	杨　斌	男	灌南县中学	中学高级教师	1999
62	陈永江	男	江苏恒瑞医药股份有限公司	高级工程师	2000
63	李本良	男	东海县农业技术推广中心	高级农艺师	2000
64	王　龙	男	连云港市农科所	副研究员	2001
65	李永安	男	中金药品包装公司	高级工程师	2002
66	戴翔翎	男	江苏康缘药业股份有限公司	高级工程师	2004
67	徐大勇	男	连云港市农科院	高级农艺师	2004
68	乔光辉	男	中复连众复合材料集团有限公司	高级工程师	2004
69	陶惠启	男	江苏正大天晴药业股份有限公司	高级经济师	2004

附　录

一、重要文献
二、统计调查资料
三、前志勘误

一、重要文献

国务院关于南通、连云港两市进一步对外开放方案的批复

〔1984〕国函字183号

江苏省人民政府，国务院各有关部门：

江苏省人民政府《请求批准南通、连云港市进一步对外开放方案的报告》收悉，现对几个问题批复如下：

一、当前和今后一个时期，两市必须把利用外资、引进先进技术，加快现有企业的技术改造，列为进一步对外开放工作的重点。

南通市应对纺织、轻工两个行业进行全行业的技术改造，相应加强机械、电子、医药、化工、建材、船舶等行业中骨干企业的改造，更新技术装备，提高技术水平，改进经营管理，生产更多的适销对路、有竞争力的“拳头”产品。争取在一九九〇年前，使全市骨干企业的产品和技术达到七十年代末、八十年代初的国际先进水平。

连云港市应立足于发挥本地区的资源优势，认真进行轻工、食品、纺织、机械、建材企业的改造和扩建，同时引进先进技术，开拓新的生产领域。

两市都要统筹安排，把国家为了支持进一步对外开放下拨的外汇额度（主要用于现有企业技术改造）切实用好。

二、要努力加快基础设施建设，不断改善投资环境。已经国家计划的港口、机场、铁路、公路、邮电、电力等方面的建设项目，要抓紧施工，争取提前投入使用。要采取多种渠道筹措资金，加强市政工程建设，改善市内外的交通状况，增建必要的宾馆和其他服务设施。

三、两市要进一步开发和利用好各自的旅游资源，发展旅游事业。要统一规划，国家、集体、个人一起上，高、中、低档并举，住宿、吃饭、游览、购物相配套，不断提高服务质量和经营管理水平。

四、两市在抓好现有企业技术改造的同时，可以有准备地逐步兴办经济技术开发区。

南通市经济技术开发区，位置定在老市区以东的富民港地区，东起富民港，西至营船港，南沿长江，北到天星横河，初步规划面积四点六二平方公里。

连云港市经济技术开发区的位置定在中云台地区，东起经四路，西至黄石公路，北起排淡河，南到中云公路，近期规划三平方公里。

两市开发区的建设，要做好进一步的论证，制定切实可行的分期开发具体规划，从小到大，逐步发展。

五、积极开展“内联”，搞好对内开放。两市要利用地理优势，分别发展与沿长江和沿陇海铁路各省的经济技术协作，增强自身利用外资、引进先进技术的能力，为腹地的经济发展服务。

南通和连云港市有着广阔的发展前景，江苏省人民政府和国务院各有关部门，要对两市的经济建设和各项工作给予积极支持，加强规划指导，切实帮助解决工作中存在的问题。两市要充分运用中央给予的政策，创造性地扎扎实实地做好工作，抓好经济体制改革，为把两市逐步建设成为华东地区新兴的工业、外贸港口城市而努力。

1984年12月19日

市政府关于批转市计划委员会关于计划体制改革的若干意见

连政发〔1985〕7号

为了认真贯彻执行《中共中央关于经济体制改革的决定》，建立起统一性和灵活性相结合的，能够自觉运用价值规律的计划体制，以适应对外开放、对内搞活经济的需要。现本着"大的方面管住管好、小的方面放开放活"和"简政放权"的精神，从我市的实际出发，对计划工作几个方面的改革提出如下意见。

一、生产计划

农业方面：对主要农产品的生产实行指导性计划，关系到国计民生的大宗农产品的收购和调拨按数量、品种、质量下达指令性指标，各项指令性计划指标，由商业部门通过购销合同落实到乡、村、队、两户和联合体。

指令性产品属统购品种的有：粮食（稻谷、小麦、玉米）、油料（花生、菜籽、棉籽）、棉花（等内棉、棉短绒）三种。属派购品种的有：生猪、黄红麻、蔬菜、烤烟、二类海水产品、二类中药材等。超过收购计划部分，全部放开。其他农产品，除国家和省、市另有规定者外，实行市场调节。

工业方面：对工业总产值实行指导性计划。国家统一分配调拨的煤炭、钢材、有色金属、木材、水泥、发电量、基本化工原料、化肥、重要机电设备、化纤等产品，实行指令性计划。市各局（公司）和县、区按照分级管理的原则，对本行业、本地区少数重要工业产品也可以下达指令性计划。对大企业的指令性计划，实行一本账，不得层层加码。指令性产品的价格，除国家另有规定外，一律执行国家统一定价。企业在确保国家计划和供货合同的前提下，可以组织超产。超产部分除国家有规定不准自销外，全部可以自销，或用作经济协作。但市内紧缺的钢材、煤炭、纯碱等，要首先供给市内。自销的工业生产资料，价格可以按国家规定的幅度浮动；生活资料、农业生产资料要执行国家规定价格（包括国家规定的浮动价格）。企业按指令性计划规定的数量、品种、规格和需方提出的货单接受订货。完不成指令性计划的，要将国家分配的原材料和能源的相应部分在下一年度计划指标中扣回。并要罚款，罚款由企业留成基金支付。对指导性计划的产品，企业可以按照国家计划指引的方向，自行安排生产和销售，努力完成计划；产品价格按国家有关规定分别执行统一定价或浮动价，或由供需双方协商定价。

运输、邮电方面：对港口吞吐量（包括地方港）、水运轮驳船货运量、公路汽车货运量、民航运输总周转量、邮电业务总量实行指导性计划。对重点物资的部直属水运货运量、连云港港口吞吐量，实行指令性计划。

工业产品的定点布局除国家已有规定者外，企业可根据市场信息，自行决定生产任何产品。但在能源、原材料等主要生产条件上需要主管部门或市、县区计划部门平衡的，则报负责平衡的部门批准。

二、基本建设计划

1.改进基建计划管理。在基本建设投资中，凡国家预算内的拨款改贷款的投资，纳入国家信贷计划的基建贷款，利用国际金融组织和外国政府的贷款，市地方财力等安排的基建项目，实行指令性计划。利用外资和国内联合的项目，实行指导性计划。

省对市下达的全民自筹基建规模控制指标，实行指令性计划，执行中按投资规模允许在百分之十的范围内浮动。集体所有制单位的基本建设项目，实行指导性计划。

2.扩大基建项目审批权。基本建设项目，凡投资规模在一百万元以下的，按隶属关系分别由主管部门和县、区审批；一百万元以上至五百万元以下的，由市计委审批；五百万元以上，由市计委转报市政府审批；其中生产性建设项目一千万元以上的由计委审查报省审批。

项目不论大小，都要服从城镇建设总体规划。

住宅及写字楼建设原则上改为商品房，由房屋开发公司统一建设，需用单位可直接向房屋开发公司购置。

三、利用外资使用外汇计划

利用外资、引进技术设备，除按规定上报省和国家审批的项目以外，市审批权限内的项目，经市计委、市经委、市经贸委联合审查纳入计划的项目，视同批准项目建议书，可以开展项目的前期工作和对外咨询技术交流，可行性研究报告报市计委、经委、经贸委联合审批。其中基本建设性的由市计委牵头，会同经委、经贸委审批；技术改造性的项目由市经委牵头，会同计委、经贸委审批。单机五万元以下的引进项目，由主管局（公司）、各县、区审核，报市计委、市经委集中研究下达计划，凡列入市计划的，市计委安排外汇，市经委办理免税证明，企业直接办理委托订货。

对地方各种留成外汇的使用，实行指导性计划，分市、县两级管理。县的留存外汇指标，分配给各县。市区的留成指标，本着优先照顾创汇单位的原则，由市统一平衡使用。

各县在规定的用汇指标内，凡进口原材料和限额以下的机电产品报市计委盖章后，直接办理订货；限额以上的国家限制进口商品以及需领取进口许可证的商品，由市计委转报省计经委或有关部门审批。

省拨专项外汇及国拨扩权外汇额度由市计委统一管理，按批准项目使用，指标不再分配。

四、商业、外贸计划

商业，逐步减少计划分配调拨的品种，扩大自由购销的品种，对全社会商品零售总额实行指导性计划。对人民生活必需的重要商品的收购和调拨，实行指令性计划。凡指令性计划的商品，商业部门必须保证按计划收购和供货。

外贸收购，对出口商品收购总额实行指导性计划，主要出口商品实行指令性计划。由工贸、农贸双方以合同形式进行生产和收购。外贸部门不经营、不收购的商品，允许企业自找口岸出口。

五、物资计划

1.物资分配。省分配的物资，主要用于各项指令性计划的生产和建设的需要及生产维修用材。市按省分配的年度计划，一次性全部切块到县。市区部分实行指标到局（公司）、区，实物到厂的办法。

省分配或戴帽下达给企业的生产、基建、技改的原材料，企业可以直接参加订货会议选择供货单位，有条件的可以直接与供货单位签订合同，实行直达供应，直接结算。

市区基本建设用的“三材”（钢材、木材、水泥），凡市下达指令性基建项目的“三材”，按项目按定额核定，切块给市物资局配套承包办公室，按实际需要，承包供应。市下达的指导性基建项目所需“三材”，由市物资局下达指导性“三材”供应计划给予补助，不足部分自行解决。

市区的技改项目，凡市确定的主要项目所需材料省供应不足的，由市给予补助。一般性项目仍实行省、市、主管部门和企业各分担三分之一的办法。由省、市供应的这部分材料，由物资部门直接分配供应到企业。企业自定的技改项目，材料自行解决。

市组织的资源，由市计委统一纳入市分配计划，主要用于市下达的指令性计划和补助指导性计划用料。物资局所属各公司及市协作办自己组织进的物资（不利用市协出资源），应按照为本市生产建设服务的原则，允许物资组织单位有充分的经营自主权。但为了引导物资的流向合理，市物资局应对各公司自行组织的物资下达年度指导性协进及分配计划，作为各公司组织及销售物资的参考。协作物资的定价以微利为原则，允许高进高出。

2.计划管理。市计委管理的物资品种有：钢材、生铁、有色金属、废金属、煤炭、木柴、水泥、基本化工原料、成品石油、汽车、主要机电产品、化肥等。

市计委主要负责中、长期物资计划编制。年度物资计划由市物资局编制，经市计委审定后下达。季度计划由各物资专业公司负责编制，经物资局审定下达，报市计委备案。

市计委、物资局今后一律不负责物资零星调度，物资供应中的零星问题，一律由物资专业公司在不影响指令性计划执行的情况下，给予调剂解决。

农业生产资料公司经营的地产化肥、磷肥由市供销社年初提出分配意见，经市计委平衡后下达。分配计划要分月均衡发货，月计划指标过期作废，由生产厂自行处理。

毛竹、桐油、稻麦草、苇柴的收购分配计划由市供销社下达。

大小汽车、载重汽车，均由市计委统一管理和审批。驻连的中央各部门、省直属单位计划分配或自行组织各种汽车，由中央各部门和省主管部门统一管理、审批。

六、文教事业计划

对全日制高等院校、中等专业学校、技工学校的招生和毕业生分配，实行指令性计划。各高校在完成指令性计划后，可接受委托培养或联合办学。

中等专业学校的开办、招生的审批，凡属不包分配，不转户口的走读中专，实行指导性计划。在保证质量前提下由市计委会同主管部门提出意见报市政府审批，报省备案，承认学历。对普通教育、职业教育等方面的招生录用，也实行指导性计划。

其他文化、卫生、出版、广播、电视、旅游、体育等事业实行指导性计划，由市计委平衡，报省主管部门备案。

七、劳动工资计划

对全社会的职工人数和工资总额，实行指导性计划。其中全民所有制单位的职工人数和工资总额，下达指令性指标，工资总额允许根据计划完成情况和经济效益好坏，按国家规定比例增加或减少。全市劳动工资计划由市劳动局编制，经市计委综合平衡后下达。

八、加强国民经济的综合平衡工作

下放计划管理权限后，市计委要着重抓好全社会的财力（包括财政和信贷）、物力、人力（特别是专门人才）和外汇的平衡，安排好经济发展速度、固定资产投资规模，保证重点建设和社会事业的发展。

九、加强各种经济杠杆的综合运用

有计划地及时地调整价格、税收、利率、工资、财政补贴等，为国民经济计划的重要组成部分，使其成为实现计划的有效手段。由市计委牵头，会同经委、财政局、税务局、劳动局、人行、物价局、海关等有关部门综合研究经济杠杆的运用并进行协调。

十、加强经济信息管理，搞好国民经济预测

今后计划工作的重点是搞好中、长期计划，搞好国民经济计划的预测工作越来越重要。市根据国家和省发布的生产建设、科学技术和市场变化等信息，及时研究和预测本市的经济工作。为此，需相应建立市级经济信息网络。各级计委应建立信息机构，配备信息研究人员。

1985年1月12日

关于鼓励外商投资的若干规定

连政发〔1987〕1号

第一条　为了改善投资环境，吸引更多的外商来连云港市投资兴办企业，引进先进技术，扩大出口创汇，加快连云港市的经济发展，连云港市除切实执行《国务院关于鼓励外商投资的规定》《江苏省人民政府关于鼓励外商投资的若干规定》外，特制定本规定。

第二条　产品出口企业，从获利的年度起，免缴地方所得税五年。从第六年起，年度出口实绩能实现企业外汇平衡有余的，可以免缴地方所得税。

先进技术企业，从获利的年度起，免缴地方所得税十年。

连云港经济技术开发区的产品出口企业和先进技术企业，免缴地方所得税。

第三条　在外商投资企业工作的外方人员，对其在中国境外取得的所得，不论是否汇来中国，均可免予申报缴纳个人所得税。

第四条　产品出口企业和先进技术企业的土地使用费，除市中心繁华地段和经济技术开发区外，按每年每平方米一至三元人民币计收。

第五条　外商投资企业的基本建设工程，作为市主要建设项目予以安排，其建筑施工和设备运输，按照本市企业统一收费标准计收。

第六条　外商投资企业建设和生产所需原辅材料，由连云港市外商投资企业物资服务处按本市国营企业同等价格优先安排供应或者协助采购。外商投资企业也可以自行组织物资进口。

第七条　外商投资企业生产经营所需的水、电，纳入计划，优先保证供应。

第八条　外商投资企业的外销产品，经由连云港口岸出口的，可以优先安排储、运。

第九条　在本市外商投资企业工作的外方人员，凭企业介绍信或本人在企业的工作证，在本市及省内，其食宿、市内交通和邮电等费用同国内工作人员同等价格收费，并可以支付人民币。

第十条　外商投资企业的主管部门，应当保障外商投资企业的用人自主权。董事会有权决定聘用或者辞退企业高级管理人员，但应向企业原审批机关备案；总经理根据董事会授权可以任免下属管理人员。

外商投资企业根据生产经营需要在本市范围内招聘和招收技术人员、管理人员和工人，被录用人员所在单位应当给予支持，允许流动。凡经市劳动人事部门同意流动而受阻的被录用人员，允许在原单位办理辞职手续，其工龄、生活待遇等不受影响。

第十一条　在经批准的合同、章程规定的范围内，董事会有权自行确定工资标准、工资形式、发放方法和奖励、津贴制度。

第十二条　连云港市人民政府建立联合办公会议制度，及时协调处理外商投资遇到的问题。凡属本市审批的项目，审批机关在收到规定的全部文件之日起，对项目建议书在三十天内批复，对可行性研究报告和合同、章程在二十天内决定批准或者不批准，营业执照在十天内颁发。

第十三条　香港、澳门、台湾的公司、企业和其他经济组织或者个人投资举办的企业，参照本规定执行。

第十四条　本规定自发布之日起施行。

1987年1月10日

关于深化农村改革的几点意见

连发〔1991〕37号

党的十一届三中全会以来，我市在农村改革中，把稳定和完善以家庭联产承包为主的责任制作为重要内容，建立了统分结合的双层经营体制；实践证明，统分结合的双层经营体制适应我市生产力发展水平，具有广泛的适应性和旺盛的生命力，应作为农村的一项基本制度长期稳定下来，并不断加以完善。今年及后几年我市农村改革工作的总方向和重点是：在稳定家庭联产承包责任制的基础上，完善双层经营体制，发展农业社会化服务，逐步壮大集体经济，切实控制和减轻农民负担，促进农村经济持续、稳定、协调发展。具体要抓好以下几个方面的工作：

一、稳定和完善统分结合的农村双层经营体制

完善家庭联产承包责任制、健全双层经营体制的核心是更加充分地发挥集体经济的优越性和农民家庭经营的积极性，做到"宜统则统，宜分则分，统分结合，双层经营"。

1.完善土地承包关系。前两年，我市大部分地区进行了以"两田制"为主体的土地调整与完善承包，收到了较为明显的成效。对于这类地区，要保持土地承包关系相对稳定，使农民具有稳定感，增加土地投入，提高土地产出。在多年尚未进行土地调整的少数乡村，可本着"大稳定，小调整"和农民自愿的原则，继续采取"两田制"或大多数农户能够接受的其他办法，进行适当调整，以解决土地过于零碎、不便耕作和服务以及因人口劳力变化而引起农户间承包地过于悬殊等矛盾。要积极探索和建立地力保证金制度，对于提高地力和土地生产率的承包户，在土地承包期满或转包时，集体或新的承包户应给予相应的补偿；弃耕荒芜的，要给予经济处罚并限期恢复，不听劝阻的，直至收回承包地。

2.认真实施《连云港市农村合作经济承包合同管理暂行办法》，加强承包合同的管理。我市有５０多万份农田承包合同，8万多份专业承包合同，加强农村承包合同管理意义重大。市政府颁发的《暂行办法》，对农村承包合同的订立与履行，变更和解除，违反责任以及管理等，作了明确规定，各地要认真加以贯彻。各级农村经营管理部门应承担好监督、管理职能，做好农村承包合同的鉴证、纠纷的调整和仲裁，规范合同管理制度等工作。今年要在全市范围内，广泛宣传贯彻和实施《暂行办法》。要健全农村承包合同管理机构，市、县农村经营管理部门要明确并充实农村承包合同管理人员，各乡镇经管站要加强合同管理。要搞好对乡镇合同管理人员的业务培训，以增强业务素质，提高管理水平。

3.搞好财务审计，强化财务管理。去年，农业部对农村合作经济审计工作提出了"要在近两年内普遍地开展起来"的要求，根据这一要求，我市确定这项工作要在今年内全面展开，健全农村内部审计组织，建立农村合作经济审计制度，逐步开展对农村合作经济组织的财务、合同、农民负担、干部离任、经济效益等进行审计，并按照审计工作的一般规划、程序要求，逐步做到经常化、制度化、规范化，以克服集体财务混乱，保护集体和农民的经济利益。农村合作经济的审计工作，要坚持为促进农村经济发展，为深化农村改革服务的方向，依靠党的领导，主动接受国家审计部门的指导，搞好与有关部门的配合。要充实人员，加强培训，努力造就一支政治素质、政策水平和业务能力过硬的农村合作经济审计队伍。与此同时，各地还应按照连委办发〔1990〕20号文件规定，从本地实际出发，进一步完善新的财务管理制度和行之有效的实施办法。

二、加强农村综合服务体系建设

建立健全农村综合服务体系，开展社会化服务，是当前深化农村改革的重要任务。1989年冬

季以来，我市乡村服务体系建设和农业综合服务，经过广大干部群众的共同努力，取得了良好的经济效益和社会效益。全市已有70%的乡镇、60%的村建立了农业综合服务组织，其中实行集体统一布局、灌溉服务的村占80%左右，统一种苗供应、耕耙、植保、脱粒服务的村均在70%左右，基本上形成了县为依托、乡为中心、村为主体、户为补充的农业综合服务网络，有力地促进了农业生产和农村经济的发展。当前，存在的主要问题是发展不平衡，有些乡村服务项目不够落实，不少村管理制度不健全，服务组织自我积累、自我武装、自我发展能力还比较差。

进一步搞好乡、村一级综合服务体系建设，开展社会化服务的具体要求是：

1.今明两年，全市要有80%以上的乡（镇）、村建立健全农业综合服务组织，重点在村一级。并采取有力措施，使其不断巩固发展。要有80%的村实行农业双向承包合同制，合同签订率要达到95%以上，农业综合服务好的一级乡（镇）、村要占30% ～50%，其余村的服务项目要因地制宜，逐年有所增加。

2.因地制宜，分类指导。要把为农户提供社会化服务作为发展集体经济的落脚点，在做法上，经济条件比较好、有一定服务基础的地方，逐步充实服务内容，提高服务质量，建立比较规范的管理制度，全面发展农业和多种经营产、供、加、销系列化服务。大部分地区，目前还不具备全面服务的条件，首先要搞好供种、机耕、排灌、植保、畜禽防疫和农技指导等基础服务。经济薄弱的地方，继续组织好协调服务、互助服务和发挥服务专业户的作用，逐步改善集体服务手段，解决群众迫切需要解决的问题。

3.积极开展农业综合服务达标升级活动，为了贯彻市委、市政府〔1990〕14号文件精神，市委农工部印发了《关于开展农业综合服务达标升级活动的意见》，各地要结合实际情况，研究具体办法，开展好这一活动。要加强领导，制定近期目标，明确方法步骤，落实考核和奖惩措施。今后，乡、村农业综合服务工作要纳入领导干部任期责任目标，并与政绩挂钩。农业综合服务达标升级活动考核和奖惩措施，要与整个目标考核统筹考虑，统一安排，把考核指标与确定干部报酬结合起来，把达标升级与干部奖惩结合起来，把服务好坏与评选先进单位结合起来。

4.立足服务办实体、办好实体促服务。继续鼓励乡村农业服务组织兴办实体，增强服务实力，改善服务手段。要尊重科技人员的劳动，采取有效手段，切实保证他们服务的合理收入。物资供应、金融等部门，在政策允许的情况下，应尽可能为他们提供搞好服务的便利条件，为科技兴农搭好戏台，使基层服务组织逐步走自我积累、自我武装、自我发展的路子。

三、逐步壮大农村集体经济实力

坚持以社会主义公有制为主体，发展多种经济成分和多种经营方式，是社会主义初级阶段的一个重要方针，是党和国家的一项基本经济政策，必须长期稳定。发展集体经济，要结合本地实际，循序渐进，分类指导，采取多种形式。经济基础较好的，以提高企业经济效益为中心，调整好产品结构，加强经营管理。在巩固提高的同时，注意发展一些骨干乡村集体企业。多数地方，应当从开发本地资源、兴办“绿色企业”和发展多种经营着手，逐步开拓集体统一经营的项目。同时，合理调节各种承包上交的利益分配关系，管好用好集体提留和承包金。有条件的地方，可以实行农业资源集体开发承包，从兴办资源工业起步，以多种方式增加集体经济的实力。沿海地区，要在提高完善已初步形成的以对虾养殖为龙头的系列化生产、经营、服务的基础上，加快开发利用潮间带和浅海水域，重点发展贝类、藻类及海珍品养殖和远洋外海捕捞。山区，重点搞好山石资源、果品、烟草、食草动物等综合开发利用和深度加工增值。平原地区，搞好畜禽养殖，蔬菜种植、蚕桑生产和农副产品加工等。要搞好集体资金积累。凡被单位或个人无偿占用的集体财产，应予收回、折价归还或赔偿，拖欠集体款项和“三支一宕”款，要继续清理回收，或实行以欠转贷；实行民主管理、群众监督，健全集体积累资金管理制度；开辟集体资金来源渠道，搞好内部融通和资金增值；积极探索建立农业合作发展基金制度。搞好农田基本建设劳动积累工的规划、使用和管理，改善农业生产条件。

个体和私营经济是社会主义经济必要的补充。要鼓励他们正当经营，按章纳税，按规定上交集体积累，保护其合法权益，加强监督管理，扶持健康发展。

四、积极改革农产品流通体制

经过十年改革，我市农村已经初步形成多成分、多层次、多渠道商品流通的格局，对于农村商品生产发展起着重要推动作用。现在主要的问题是农村商品流通体制还不完善，农产品产、供、销相脱节以及卖难、贮难、调难等矛盾仍然存在。各地要像重视农业生产那样重视农产品流通，有计划、有步骤地积极推进农村流通体制改革，疏通和拓宽农村商品流通渠道。

1.各行各业要确立“农业发展我发展、我与农业共兴衰”的思想，尽力做到把化肥、农药、农膜、机具等农用物资按质、按量、按品种、按时间供应给农民，把农民生产的粮食、生猪等农副产品及时地收购上来与农民建立风险共担、利益均沾的关系。要保证农副产品的收购资金。认真执行上级有关粮食、生猪等主要农产品指导价，做到不限收，不拒收，不压级压价，不打白条。

2.鼓励乡村集体商业组织和农民有组织地进入流通领域。对农民组织的各种服务于生产的合作性质的公司，要予以保护，促使他们健康发展。积极发展专业合作，并帮助和引导他们同国营企业、外贸、供销社、农产品加工厂等，实行跨地区联合，促进农产品的流通。要重视发挥乡村集体商业组织和个体运销专业户的作用，保护各种联合组织已形成的产供销关系。凡是放开、实行市场调节的产品，都要允许他们经营；特别是鼓励和支持他们从事鲜活商品和小宗农产品的经营。要增设市场网点和流通性摊位，改善市场服务环境，为农民直接进入流通提供较为稳定的阵地和条件。

3.积极培育农村市场。放开经营渠道，鼓励市场竞争，搞好宏观调控。发展供销社主渠道下的多渠道农副产品流通格局。加强现有农村各类市场的建设和管理，取消一切非法的罚款和不应有的收费，纠正各种地区封锁、分割市场的行为，并有计划地建设几个辐射面大、有影响的农副产品及其加工品的专业市场、批发市场，推动农村商品生产。

五、积极稳妥地搞好农村合作经济组织建设

从实践的效果来看，一些村由于加强了合作经济组织建设，使家庭联产承包制和集体经济得以巩固发展，促进了各项事业的建设，但从总体上讲，由于多方面原因，我市村合作经济组织建设还存在着机构不健全，组织无章程，管理缺制度，职能发挥不充分等问题。切实解决这些问题，要求积极而又稳妥地搞好村合作经济组织建设。

1.统一部署，健全组织机构。村合作经济组织建设，要纳入以村党支部建设为核心的村级组织建设中去。已经建立村合作经济组织的地方，要做好巩固、充实和提高工作；尚未建立的地方，本着需要和可能的原则，积极稳妥地做好建设工作，并逐步配套完善。新建的一般可称“村经济合作社”。合作社一般下设农业综合服务站和经营管理站。村合作社社长人选，可由党支部书记或村民委员会主任兼职，社员代表会议通过；也可按社章规定的办法民主确定。

2.主要职能与经营管理制度。合作经济组织应承担生产服务、协调管理、资产积累三大职能，建立健全一个“社章”，以及农副工承包经营、财务会计管理和干部岗位责任三个制度。

3.突出重点，精心组织。村合作经济组织建设，要因地制宜，精心组织，积极推进，讲求实效。各地要做好村级建社的舆论导向工作，明确建社的目的在于更好地完善农村双层经营体制。积极搞好试点，并根据“缺什么补什么，有条件达到什么程度，就搞到什么程度”的原则，逐步推开，不断完善。

六、切实控制和减轻农民负担

控制和减轻农民负担，这是当前密切党群关系、稳定农村的一项重大措施。各地要认真贯彻苏发〔1990〕19号文件和连发〔1991〕2号文件精神，切实有效地控制和减轻农民负担。

1.严格掌握农民负担的项目和使用范围。农民负担的项目（除按税法向国家缴纳税金外），只能是：向集体经济组织上交的“两金一费”（即公积金、公益金、管理费）；按规定承担的劳动积累工和义务工。

2.农民负担的总量和标准。农民上交的“两金一费”以乡为单位，人均提留控制在上年人均纯收入的5%以内。其中：公积金不低于40%，公益金不高于40%，管理费占20%。乡镇统筹费从公益金中切块划拨的部分，不超过公益金总量的60%，除此之外，不得再向农民收取统筹费。

3.强化农民负担的监督管理。农民负担问题涉及方方面面，各级党委、政府要摆上工作议事日程。农村经营管理以及有关部门应切实做好具体的监督和管理工作。同时，要建立健全农民负担的民主监督制度。各地农民负担清理整顿领导小组要落实好清理整顿措施和办法，务求抓出实效。

今年是“八五”计划第一年。“八五”期间，我市农业生产和农村经济要有新的突破，农村改革必须进一步深化。各地党委、政府要加强对农村工作的领导，落实农村改革的各项措施，农业及有关部门要加强相互间的协调与配合，搞好为农业的服务。要充分发挥农村基层党组织的战斗堡垒作用和共产党员的先锋模范作用，教育、发动、团结和组织群众，为振兴我市农村经济作贡献。

1991年2月10日

关于加快改革开放实现经济发展再上新台阶若干问题的决定

连发〔1992〕18号

各县区委、人民政府、市委各部委、市各委办局、市各直属单位，驻连省属单位：

根据邓小平同志重要谈话和中央政治局全体会议的精神，以及省委、省政府《关于加快改革开放和经济发展若干问题的决定》，从我市实际情况出发，市委、市政府就加快改革开放、实现经济发展再上新台阶的若干问题，作出如下决定。

1.认清形势、解放思想、抓住机遇、放胆实干。九十年代是改革开放和经济发展的关键时期，全市上下要有强烈的紧迫感和责任感，坚定不移地贯彻执行党的“一个中心、两个基本点”的基本路线，一切以是否有利于发展社会主义的生产力，是否有利于增强社会主义国家的综合国力，是否有利于提高人民的生活水平作为衡量是非功过的标准，解放思想，抓住机遇，坚持以市场调节为主、以外向型经济为主、以高新技术为主导，尽快把我市建设成华东地区新兴的工业、外贸、港口、旅游城市。

2.加快经济发展，九十年代实现再翻两番。九十年代全市国民生产总值和国民收入在1990年的基础上再翻两番，年递增15%以上，到2000年分别达到200亿元和175亿元。其中，赣榆县国民生产总值达到50亿元，东海县达到45亿元，灌云县达到40亿元。到2000年全市社会总产值达到565亿元，其中，农业总产值年递增10%，达到95亿元，工业总产值递增20%，达到320亿元，第三产业年递增20%以上。“八五”期间，年投入20亿元，“九五”期间年投入25亿元。农民人均纯收入年递增15%以上，到2000年达到3000元。各县区、市各经济主管部门要根据翻两番的要求，提前完成“八五”计划和十年规划，实现小康。

3.深化企业改革，转换经营机制。全面贯彻《企业法》，使企业面向市场。工业企业实行“五自主”，流通企业实行“四放开”，所有企业都要坚决破除“三铁”，逐步实行全员劳动合同制、干部聘任制、浮动工资制。企业多元化、跨行业经营，工商部门简化手续，依法登记。企业有权自主确定内部机构设置，任何部门不得干预；有权自主制定产品销售价格；有权自主在城镇户口的待业人员中和从农村有特殊专长的人员中招工；有权自主制定内部工资、奖金分配制度，提取的工资总额在增长幅度不超过利税增长幅度（一般控制在0.7∶1）的前提下，上不封顶下不保底；有权自主确定和实施1000万元以下的生产性基建和技改项目。近两年，全民所有制企业20%以上实行股份制，集体企业、乡镇企业推行股份制。企业在发行内部股票的同时，积极发行上市股票。提倡以资金、技术、专利、土地等多种生产要素入股，各种所有制形式的企业可以互相参股。对亏损企业要限期扭亏，对长期亏损、资不抵债的企业实行拍卖、兼并、租赁、破产。

4.加快流通体制改革，建立健全市场体系。进一步放开价格，除国家和省管理的重要商品价格以外，其余商品和劳务价格全部放开。除极少数关系国计民生及国家有关规定的专营专卖商品外，允许个体工商户和私营企业从事批发业务。鼓励、支持农民进入流通领域，经商办实业。加快建设一批具有一定规模和特色的商品交易市场。在市区和三县尽快建成粮食、农副产品、小商品、水产品、水晶、宝石等各具特色的小型批发市场，支持大型商场的改造和扩建。

5.金融改革要有新的突破。争取外资银行在我市设立办事机构。创造条件，积极争取试办财务公司。市国际信托投资公司和金融机构及有关部门的投资公司通过扩大资金筹措渠道，增加对建设项目的投入和参股。各专业银行适应经济建设和发展需要，每年对工业固定资产的信贷投入不得少于2亿元。支持银行兴办投资公司，鼓励地方和企业入股，把投资公司纳入预算外企业管理。鼓励和支持银行向国际信托投资公司参股。银行可以接受委托贷款的形式，支持企业发展新项目。扩大债券发行的规模和种类，市投资公司、开发区及其他大型企业可发行建设债券；建立和完善证券交易机构，大力发展各类证券交易业务，争取试办股票交易市场。改进银行信贷管理办法，用好用足用活新的信贷政策，扩大信贷规模。积极发展城乡信用社，办好农村合作基金会。开展国内外各种租赁业务，提供对外担保。进一步发展外汇调剂市场，允许企业和个人在银行设立外汇账户。加快建立社会行业保险、养老保险、农村人寿保险等各项保险制度，完善社会保障体系。

6.深化农村改革，调整产业结构。重点发展乡镇企业，促进农村经济全面发展。继续稳定以家庭联产承包为主的责任制，不断完善统分结合的双层经营体制。在完成国家定购任务，并有适当贮备的前提下，以出口为导向，推动农业综合开发，加快调整产业结构，走优质、高产、高效、创汇的路子。加快发展乡镇企业，各县区的乡镇企业要有突破性发展，产值年递增30%以上。新办乡镇企业，从盈利年度起，三年内免交所得税，减缴产品税、增值税，出口创汇和技术先进企业再延长三年。发展远洋捕捞、近海养殖，实现捕捞、养殖、储运、加工、出口一条龙。加快山区丘陵冈岭地带的开发，大力发展林果、石材、矿产品等深度加工。加强对农村资金的管理调度，集中有限资金用于发展生产。加速农村劳动力向非农产业的转移，尽快将资源优势转化为经济优势、商品优势、出口优势。

7.比照特区政策办好经济技术开发区。全面贯彻落实省政府关于办好开发区的12条政策措施。加紧规划、积极争取建立保税加工和转口贸易区，加快高科技工业园区的规划和建设。到1995年完成7平方公里的开发与建设，实现国民生产总值5亿元，到2000年扩大到30平方公里，实现国民生产总值10亿元。各县区可比照开发区政策兴办经济技术开发小区。在开发区设立的各专业银行可实行信贷计划单列，享受市行权力。市各部门、各行业、各单位要以实际行动支持开发区，利用开发区，为开发区的高速发展作出新贡献。

8.大胆利用外资，大力举办“三资”企业。今年兴办“三资”企业确保完成100项，合同利用外资金额1亿美元，今后每年递增30%以上。鼓励大中型企业与国外实力雄厚、技术先进的厂商合资合作。鼓励外商举办独资企业及房地产开发、金融、商业零售、服务行业等方面的合资合作。允许个体工商户和私营企业与外商合资合作。将新浦农场改建为企业性质的实业公司，吸引外商和内地军工搞成片开发或兴办合资合作企业、独资企业，享受市开发区政策。简化兴办“三资”企业的审批手续，实行会办制度，搞好“一条龙”服务。十五天内办结审批手续。凡500万美元以下的直接利用外资项目，由县区和市企业主管部门负责审批项目建议书、可行性研究报告、合同、章程，市职能部门帮助办理有关手续。

9.扩大出口创汇，大力发展境外企业，积极开拓国际市场。全市今年完成出口创汇1.2亿美元，其中，赣榆县2000万美元，东海县1500万美元，灌云县1000万美元；今后每年市县以30%以上速度递增。县区及行业主管部门以及企业，凡有条件的均可在市对外贸易公司和开发区进出口公司设立经营部，借权扩大出口。县区和有一定实力的大中型企业要创造条件争取进出口经营权。巩固发展现有境外企业，逐步扩大经营范围，开展加工、贸易、房地产等业务，积极参与境内外投资，兴办合资合作企业。开发区、外贸公司、中江公司、金融部门及县区和有条件的企业都要开展多种形式的劳务技术输出、对外工程承包，并创造条件在境外办实业。全市“八五”期间争取兴办20家境外企业，开发区争取办5家以上，各县都要有自己的境外企业。

10.继续实施优惠政策，积极扩大对内联合。内联企业在税收、土地开发使用费等方面比照“三资”企业享受优惠政策，并在户口迁入、子女入学等方面提供方便。吸引更多的部属公司、企业、科研单位、陇兰沿线军工企业，特别是有进出口经营权的企业来连设窗口、办企业、建基地，包括整建制迁入。将规划建设的宋跳内联工业区交由市经协委，大浦化工区交由市化工公司，实行统一规划管理，组织招商开发。

11.加快引进技术设备，提高工业企业素质。九十年代，完成工业固定资产投资100亿元以上。通过引进技术、利用外资等途径对现有发展潜力大的企业进行改造。鼓励企业以发展与大专院校、科研单位、大型企业的挂靠联合，及组建集团公司等多种途径，促进产品开发和市场开拓。工业企业按销售收入的1%～2%提取技术开发费，固定资产折旧加速30%。电子、医药、化工行业通过引进、消化、吸收发展高新技术产品，形成新的支柱产品；轻工、纺织、机械、建材等行业通过联合、改造、嫁接等途径，提高产品档次，形成规模效益。

12.大力发展第三产业。发动全社会的力量，放手让国营、集体、个人和私营企业一起上，积极利用内外资，加快第三产业发展速度。突出抓好房地产开发，以及商业、服务业的设施建设，切实做到开发与改造结合。各类房地产开发企业通过多渠道筹措资金，特别是利用外资，把基础设施、商品住宅、工商项目的开发紧密结合起来，提高企业的开发效益和社会效益。市房地产管理局管理的城区旧房，全部由市国有资产管理部门清产折价，出售给房地产开发企业或有关单位，统一规划，综合开发。沿街现有各种商业网点、门面用房，产权凡属市房地产管理局的，出售给现使用企业的主管部门，限期改造。适应对外开放需要，加快旅游资源开发。成立花果山旅游开发公司，及早作出总体规划，组织有关单位，加速开发。孔望山风景区交由海州区开发、建设、管理。进一步加强港口地区的规划管理。抓紧筹划连岛开发，按照建成国际性会议、贸易、金融、游乐中心的要求，通过招标，吸引国内外专家、企业来连参加规划设计和开发建设。鼓励市内外、境内外设计、施工单位进入我市建筑市场，参与投标竞争，可以实行建设项目总承包。

13.加快基础设施建设，进一步改善对外开放环境。年内完成机场扩建的前期工作，明年上半年完成扩建任务。支持铁路建设，加快实施东陇海铁路复线工程。争取尽早开通到北京和宝鸡以远的直达快车。加快宁连一级公路、连洛公路、通榆公路连云港段的建设。加快城乡公路建设，争取电厂的扩建，抓紧改造城乡供电线路。

改善供水网络，建设第三水厂，日供水能力再增加20万吨。邮电通信继续扩容，扩大城乡电话覆盖面，“九五”实现村村通电话。尽快开通连云港至南朝鲜海上客货航班，开辟新的航线航班和海上客货班轮。

14.坚持以港兴城、以城促港的方针，加快港城一体化。多方筹集资金加快港口建设，“八五”末设计吞吐能力达到2000万吨，2000年达到3000万吨。逐步把连云港港建设成为现代化的国际性枢纽港。深化港口内部改革，下放权力，各装卸公司作为二级法人享有直接对外经营权。加强口岸协调管理，路港贸紧密配合，确保9月1日从连云港开出第一列大陆桥过境列车，并转入正常运营。加快港城建设，将中山路以北、海棠路以东地方划归港务局开发建设，逐步形成现代化的新型港区。加快港城一体化进程。

15.尊重科学，重视人才，充分调动各级、各类人才的积极性和创造性。加快实施科技兴市战略，“八五”期末，工业技术进步对工业总产值的贡献份额力争达到40%，农业技术进步对农业总产值的贡献份额力争达到50%，从本行业、本单位实际出发，加强与大专院校联系，实施短期培训和有计划选送干部、职工、农村青年到大专院校代培、进修、支持鼓励出国进修学习。多渠道引进各方面急需人才。凡急需人才经组织、人事、劳动部门同意后可以公开招聘引进，进人单位可自行确定待遇。打破城市与农村、干部与工人、机关与企业、全民与集体的界限，不拘一格启用人才，允许各类人才在市内合理流动。破除论资排辈、求全责备等观念的影响，大胆启用优秀中青年干部。落实有关激励政策，对在经济发展中有突出贡献的科技人员、工人、经营管理人员等给予重奖。科技人员的技术开发成果，可按批量生产投入市场后一年期内新增利润的5%提取奖金。鼓励发展民办科研机构，参与科技市场竞争。

16.简政放权、转换职能、转变作风、狠抓落实。进一步简政放权，今年首先选择部分县、区、乡镇和市直机关进行机构改革试点，取得经验逐步推开。各部门对自身的管理权限进行一次检查，把该放和能放的权力坚决放下去。开发区享受市一级经济管理权限。简化出国审批手续，确因工作需要的涉外人员，可办理长期护照；确因工作需要和经济合理，经过核准，可以就近顺访其他国家和地区。政府部门实行首长负责制，全面推行目标管理。正职由上级党委提名确定，副职的配备要充分听取、尊重正职的意见；干部实行竞争上岗，中层干部实行聘任制。对行政机关根据现有编制核定工资总额，减人不减资。机关可以试办企业，鼓励机关干部承包企业或兴办经济实体。废止一切不适应当前改革开放和经济发展的阶段性政策。凡是上面没有规定的，要大胆探索，有规定的则要从本地实际出发，积极变通，创造性地开展工作，努力造成有利于改革开放和经济发展的宽松的社会环境。各级党政机关都要切实加强勤政、廉政建设，提倡务实、求实、落实的工作作风，努力开创各项工作的新局面。

各县区、各部门要按照本决定确定的原则和任务、要求，尽快研究具体的贯彻意见和实施细则，经市委办公室、市政府办公室审核后下发，坚持政令统一，防止政出多门。市委、市政府和各县区、各部门过去所发文件和作出的规定，凡与本决定有抵触的，以本决定为准。

1992年5月9日

关于进一步扩大对外开放的实施意见

连发〔1995〕16号

为深入贯彻党的十四届三中、四中全会和中央经济工作会议精神，紧紧围绕全党全国工作大局，全面落实市第八次党代会提出的奋斗目标和工作任务，积极推进改革开放，迅速扩大经济总量，根据省委、省政府《关于扩大对外开放的若干意见》的精神，从我市实际情况出发，特制定如下实施意见：

一、积极利用外资，加快基础设施建设，进一步改善投资环境

1. 积极扩大基础设施利用外资的范围。对公路、机场、航道、港口、站埠、管道、大桥、电力、通讯设施，供水、供气、城市道路、居民住宅、旧城改造、污水处理及其他环境保护设施，河道、水库治理、闸坝、泵站及其他重点水利工作，都要积极争取利用外资进行开发建设。

2. 多渠道、多形式利用外资。除国家另有规定外，允许外商独资、控股和合资合作经营；也可采取BOT（投资—经营—转让）等方式利用外资。积极利用外国政府贷款、国际金融组织贷款和国际商业贷款；鼓励港、澳、台胞和国际民间组织来我市投资，开发建设基础设施。

3. 拓宽融资渠道，筹集重大项目建设资金。重大基础设施项目可组建规范的股份有限公司或有限责任公司，广泛吸收国内外资金，并创造条件积极争取在境内外公开发行股票和上市交易。经市人民政府批准，按照国有资产管理的有关规定，可以出让一部分已建或在建的交通、能源和市政设施的所有权或一定期限经营权，以筹集资金用于新的基础设施建设。

4. 对利用外资的交通等基础设施项目，在服从统一规划的前提下，经市人民政府批准，允许外商在交通线沿途站口、港站及其他开发区域进行综合开发。鼓励引进外资建设市区主干道，其中对利用外资开发朝阳东路、南极北路、海昌北路、通灌北路、郁州路、连海路及环城路的，可以优先在道路两侧区域进行综合开发。

5. 对公路建设项目等实行统一规划，分层负责，条块结合，分段分项进行审批、建设和经营。按照“谁投资、谁经营、谁收益”的原则，经市人民政府同意报省人民政府批准，在合理的里程范围内允许收取过路费。在各县境内的支线公路收取的过路费中的价外加价资金，除按规定上缴省部分外，其余部分市与县按3∶7分成。

6. 凡外商在我市举办交通、能源、港口、码头等基础设施项目，经营期在15年以上的，经批准可以从获利年度起享受5年免征、5年减半征收所得税的优惠。或者通过财政返还的办法，给予同样的优惠。

7. 建立偿还外债的风险基金，增强利用外资的发展后劲。为积极扩大利用外资，建立偿还外债的风险基金。其资金来源：财政预算内资金按地方分成财力每年拿出0.5%，预算外资金收支相抵节余部分每年拿出1%，企业当年提取的设备折旧费每年拿出2%，土地出让金每年拿出5%，中外合作、合资企业利用外资（以财政作担保的）其中方税后分利部分每年拿出5%，作为偿还外债的风险基金。

二、进一步扩大利用外资领域，加快发展第三产业

8. 积极发展中外合资合作商业企业。在我市现有流通企业的基础上，选择一批条件比较好的大中型零售企业试办中外合资商业企业。鼓励市内大中型零售企业与中外合资企业进行合资合作经营。争取批准国际大中型商业零售企业来我市合资合作和举办连锁商店等新型商业经营管理模式。允许大型专业批发和物资供应企业试办中外合资企业。

9. 在服务领域进行引进外资试点。选择若干企业在长途汽运业、内河航运业、远洋海运业等领域与外商合资合作试点。允许举办一批与外商合资合作的专业技能培训及广告、信息咨询、律师、会计师事务所等服务机构。允许利用外资兴办医院。

10. 广泛利用外资开发房地产业，培育和完善房地产二级市场，对外资开发房地产实行公开竞价招标。进一步完善外商开发房地产措施，对外商成片开发改造旧城镇和开发建设经济商品住宅采取优惠政策。

11. 积极争取外资银行、财务公司等金融机构到我市设立分支机构或代表处。市级各金融机构要进一步拓宽国际融资业务，并积极争取在中外银行合作、联合贷款、开展共同业务等方面取得成果。扩大利用外国政府贷款和国际金融组织贷款。加强海外融资工作，提高外债使用效益。积极争取在境外发行债券和上市股票，鼓励外资企业向外资银行贷款，吸纳各种国际软贷款和境外基金来我市投资。

12. 对出口创汇产业和产品实行贷款倾斜政策。对基础设施、基础产业开发通过专项贷款、银团贷款等多种形式给予重点支持。对符合产业发展方向的关键性项目，中方企业要积极筹措股本资金，各金融机构要给予信贷优先。

13. 大力发展旅游业。积极组建大型旅游公司，发展连锁旅游企业，积极争取在境外设立旅游服务机构，与海外大酒店、旅行社、航空公司等建立稳定的业务联系。要充分利用我市旅游资源优势，采取中外合资、合作、出让股权等方式吸纳外资办旅游业、更新旅游设施、开发旅游产品。加快连岛旅游度假区、花果山风景区、海州古城观光区等资源开发。鼓励外商成片开发旅游区，允许合资、独资举办旅游车船公司，开发特色旅游业务。充分利用连云港机场现有条件，积极争取开通与周边国家和地区的包机航线。搞好旅游设施及配套建设，提高综合接待能力。

三、积极扩大对内开放，增强对外开放实力

14. 继续贯彻“内联打基础，外引上水平，引联结合，走向国际”的方针，把对外开放与对内开放有机结合起来，形成外引内联一体化。大力支持国内大城市、大企业、大专院校和军工单位、科研单位在我市开窗口办实体，利用国外资金、技术、人才，兴办中外合资合作企业和事业；鼓励现有内联企事业单位到国外招商引资，使企事业生产、经营、科研和管理水平再上新台阶，逐步与国际接轨。给予国内企事业单位在我市兴办的高新技术产业、产品70%以上出口和替代进口企事业单位，享受“三资”企业同等优惠待遇。对于三线军工企事业单位迁移我市建厂、设立分厂及其窗口，按国家有关政策规定和部省合作协议精神，给予大力支持和特殊优惠，力争使这些企事业实现“内转外”的目标。凡国内企事业单位在我市兴办的合资、合作、国际信贷和“三来一补”等形式的利用外资项目，均享受我市外商投资企业的同等优惠待遇。

四、拓展农业利用外资渠道，加快农业现代化进程

15. 实施“龙头”带动战略，大力发展创汇农业。实行龙头企业与创汇农业基地配套，加快优质粮油、优质棉、蔬菜、蚕桑、林果、肉禽蛋奶、水产品等商品基地的建设，着力提高产品档次，扩大出口规模，增加创汇效益，加速农业对外开放步伐。

16. 进一步加强农业对外技术交流与合作。加快农业综合试验示范区建设，积极引进、繁育、推广农业、畜牧、水产、林业、园艺等优良品种，加强农业先进适用技术的引进、推广工作，在疫病防治、保鲜贮藏、加工增值、良种繁育、适用农机具等科研攻关和技术推广方面进行重点突破。

17. 健全鼓励外商投资农业综合开发项目的优惠政策。对以合资、合作或独资方式进行国有或集体所有的荒山、荒地、荒水，特别是沿海滩涂资源的农业生产或成片开发，在土地出让、出租方面给予优惠。放宽农业出口型企业审批条件；对外商直接投资农业项目，企业实际提供出口农产品货源的产值（包括自营出口、外贸代理出口、外贸收购出口）超过当年总产值50%的，在报经省批准后可以享受国家出口型企业的税收优惠政策。

五、完善优惠政策，扶持外资、外贸企业扩大出口创汇

18.积极利用外资发展加工工业。贯彻大、中、小并举的方针，在国家产业政策的指导下，集中力量吸引一批国际跨国公司来我市投资办企业。各类企业特别是大中型企业，要积极利用外资进行嫁接改造。依靠科技进步，加强科贸、技贸结合，努力发展机电产品，力争在“九五”期间使机电产品成为我市出口创汇的拳头产品。大力发展以出口产品为龙头，组建技、工、贸一体化的企业集团。对技术密集的机电产品生产企业，连续两年年均出口供货额在一百万美元以上，一般机电产品生产企业，连续两年出口供货额在二百万美元以上；非机电产品生产企业，连续两年年均出口供货额在四百万美元以上，经批准可享有出口经营权。金融财税部门要给予信贷支持，并允许企业按每美元提留0.05元人民币作为奖励基金计入成本。

19.外商投资企业的外国投资者，从企业取得的利润直接再投资于该企业，增加注册资本，或者作为资本投资在我市开办其他外商投资企业，经营期不少于五年的，经投资者申请，税务机关批准，退还其再投资部分已缴纳所得税的40%税款。外商投资企业的外国投资者，将从企业取得的利润在我市再投资兴办、扩建产品出口创汇企业或者先进技术企业，可以全部退还其再投资部分已缴纳的企业所得税税款。

20.实施“以质取胜”和“市场多元化”战略。各级各类外贸企业要建立优质稳定的出口基地，通过资产联结和一体化经营等方式组建各种直属生产企业或中外合资合作企业，健全出口商品质量保证体系。发展精加工、深加工、高附加值的产品出口。在立足我市对虾、紫菜、蔬菜、造船、建筑、工艺等技术出口创汇的基础上，依托全国大市场，努力开拓多边贸易，探索技术出口带动设备、劳务、商品综合出口的新路子。

21.为全市外资企业创造较宽松的外部环境，以利于全市外资企业的发展。全市各部门要主动为外商投资企业提供服务，创造良好的投资软环境。要认真执行国家对外商投资企业出口产品实行的免税和退税政策，地方财政对外商独资企业收取的增值税，按地方财政留成部分的10%返还给外商独资企业。

22.选择有条件的公司和外贸企业报经贸部门批准赋予进出口经营权。对外贸易企业兴办实体，银行予以支持；为方便境外业务，允许外贸企业办理有限人员多次出入境手续；对规模大、效益好、有实力的大型外贸企业（集团），自营进出口生产企业（集团），经批准可以设立财务公司，拓宽融资业务，逐步向综合商社和国际集团方向发展。支持和鼓励生产企业、科研院所、大专院校和商业、物资、旅游企业积极创造条件申报进出口经营权。

23.设立对外经贸发展基金和出口风险基金。对外经贸发展基金主要用于建立国际经贸网络、发展实业、扩大招商、开发新品、调整出口商品结构和市场结构，扶持鼓励高新技术产品和成套机电设备出口。出口风险基金主要用于补贴政策性因素和人力不可抗拒因素而出现的亏损。（其资金来源和管理办法，待省实施意见出台后，再制定我市具体实施办法）。

六、积极开拓国际市场，加快建立国际经贸网络

24.进一步拓宽对外经济技术合作领域，加快建设世界经贸网络。充分发挥海外承包工程和在美国、阿联酋、韩国等海外企业的窗口和跳板作用，促进全市对外开放，为各个行业开拓国际市场搞好服务。充分利用连云港国际经济技术合作公司的对外签约权，发挥该公司对外承包劳务的龙头作用，形成多层次、多渠道对外经济技术合作格局。积极开拓国际市场，扎扎实实举办海外企业，开创我市外经工作新局面。按照组建国际经贸网络的原则和构想，以资产技术为纽带，建立海外企业总公司或企业集团，指导和协调海外公司的市场开拓及业务分工，增强经济实力，扩大经营规模。发挥海外企业的桥梁作用，扩大招商引资，逐步拓宽海外公司的业务范围。

25. 全市有条件的各类经贸企业、大中型生产企业、商业物资企业、非银行金融企业、科研院所可联合到海外设立生产加工企业，建立销售和服务网络。鼓励市开发区和特色小区在海外建立招商引资的窗口。凡在海外网点人员，经过批准，可办理长期护照，给予出入境方便。

七、完善配套政策，加快开发区建设

26. 积极利用外资，加快开发区建设步伐。按照“特事特办，一事一办”的原则，在服从开发区统一规划的前提下，允许外商在区内进行包片综合开发。争取国家尽快批准我市兴建保税区方案。在加快开发区建设的同时，按照精简、高效、统一、效能的原则，积极筹建连云港保税区。

27. 加快连岛、连台、海州特色小区，以及赣榆省级开发区、私营经济开发区及东海创汇农业综合试验示范区的规划、建设和管理。凡来特色小区开发用地的外商，可直接投入生产营运的项目经批准可先行开发建设，待项目建成有效益后再缴纳有关城市建设配套费用。为方便境外招商，经批准允许给特色小区申请办理有限人数的多次出入境签证。

28. 利用我市有利条件，大力发展台资企业和对台小额贸易。积极鼓励引进台商来我市投资办项目，凡来我市投资的台商，除享受国家、省、市已规定的优惠政策外，市县将确定若干台商投资开发功能小区。凡来这些功能小区开发、举办生产性和高新技术项目者，经批准均可先行开发，待企业生产出效益后再缴纳城市建设配套费。凡在这些功能小区的台胞投资者，以及境外聘请的技术和管理人员，可以申请办理多次出入境手续。

八、进一步拓宽渠道，扩大科技文化教育对外合作交流

29. 积极创造条件引进国外大公司、大财团来我市参与高新技术开发，投资建设科技工业园区，加快外向型高新技术企业群体、企业集团的形成和发展。鼓励境外科技人员以技术入股等形式，前来我市开发和生产高新技术产品。

30. 鼓励七一六研究所、淮工、职大、电大、教育学院、矿专和市农业、工业、水产、海水、蜂疗、应用技术等科研、设计、高校和境外相应的机构在我市合资合作兴办经济实体。积极开展工业产权与专有技术转让等业务；培育和发展技术进出口公司、经济技术咨询公司、信息与商情网络、专利律师与无形资产评估事务所等第三产业。市科委、教委要根据我市情况配合有关单位，利用多种渠道，引进国外知名学者、教授来我市任教讲学、合作研究；积极支持、欢迎海外团体、公司或个人来连与地方政府按有关规定合作办学；根据需要，有计划地选聘国外退休专家、实用技术人才来我市工作；鼓励海外留学人员来我市从事技术交流和商务活动。凡来我市讲学、技术交流、商务活动、投资开发的境外专家、学者、实用技术人员、海外留学人员（含离退休专家学者）均可享受国家、省、市规定的优惠政策，简化出入境手续，保证其来去自由。

31. 多层次、多渠道开展国际性的文化艺术交流活动。重点发展与日本、韩国以及新亚欧大陆桥沿线国家的文化艺术交流活动。实行文商并举，有选择地引进国外优秀的文化艺术，繁荣我市文化事业。

九、健全培训机制，为扩大对外开放造就一批专门人才

32. 利用现有科研院所、大专院校和各级各类党校、干校，有计划地培养一批适应改革开放需要的高层次专业人才。在有条件的院校增设国际金融、法律、财会、商贸、旅游、外语、计算机应用及房地产投资等方面的急需专业。积极创造条件，吸引外商来我市投资或捐资助学，支持鼓励我市大专院校到境外办学。

33. 市、县（区）要采取多种形式、多种渠道，对干部和涉外人员进行涉外业务培训，提高各级干部适应对外开放工作的能力。创造条件，尽快建立外经贸业务培训中心；根据“三外”工作的要求，有重点地选拔一批思想好、业务精、懂外语、善开拓的人才，进行专业培训；利用广播、电视举办讲座等形式，加强开放意识教育，学习对外开放的方针政策和“三外”知识，利用各种途径，普及外语和计算机知识，提高全市人民的整体素质；对县处级以上干部，根据工作需要，市委组织部和各主管部门要有计划、有选择地组织强化培训，提高其适应开放型经济的能力。

十、调动各方面积极性，促进全市开放型经济快速发展

34 建立招商引资奖励机制，实行全民招商。积极鼓励多类型、多层次、多项目的招商引资活动。凡引荐外资来我市投资办项目的，不论从事何种职业，何种身份，一律按外商当年度投资到位资金额，一次性按2‰的比例兑现奖金（补偿贸易，来样、来件、来料加工，按第一年工缴费或年补偿额的5‰奖励）。合资合作项目，奖金由合资合作的中方支出；独资项目的奖金，由当地从该项目所收取的费用中支出或由县区政府列项开支；土地开发项目奖金，从当地土地出让收入中列支。对介绍引荐科技开发型项目、资金、技术、劳务合作和其他项目的单位或个人，按市政府连政发〔1994〕51号《印发〈连云港市科技经济开发奖励规定〉的通知》的有关规定进行奖励。

35.完善服务体系，促进开放型经济健康发展。要高度重视对外开放的软环境建设，改善和完善服务体系。市、县（区）、公司要设立招商引资服务机构和咨询服务机构，办理外商投资所需的各项手续，做好咨询服务工作。逐步建立一批涉外的律师、会计师、审计师事务所等中介服务机构；市资产评估机构要为企业利用外资提供优质服务。凡有条件引进外资的企业，市各资产评估机构可先行对其进行资产预评估，待引进外资项目洽谈签约生效后，再缴办有关费用；市外商投资服务中心，对外资企业从项目立项、会审、审批，实行一个窗口对外，一次办结；“三资”企业都要成立劳资关系调解委员会；城建、规划、工商等部门要按照国际惯例，精简办事程序，提高工作效率；劳动部门要按照《劳动法》处理好“三资”企业的劳资关系；金融部门要积极创造条件，为企业提供各类国际通行的金融服务；新闻宣传部门要通过多种方式、多种渠道广泛宣传我市进一步扩大对外开放的政策措施，其他各部门各单位也都要从“大开放大开发，推动大发展”的角度做好本部门本单位的工作，力争在更大的范围、更广的领域和更高的层次上把我市对外开放和经济发展推向新的高度。

全方位扩大对外开放，加快发展开放型经济，是全市广大干部群众的共同任务，是振兴连云港市经济的重大举措，各级党委、政府都要根据市委、市政府的要求，结合本地实际，制定规划措施。动员和组织全市人民，进一步解放思想，振奋精神，真抓实干，开拓创新，努力开辟一条适合连云港市特点的高速度、高效益扩大对外开放和发展经济的新路子。市直各部门各主管局（公司）和企业要制定相应的规划和措施，加快本行业本部门的开放步伐，为推动全市社会经济的全面振兴作出更大贡献。

1995年4月14日

关于加快工业发展的实施意见

（连发〔1997〕54号）

为了全面贯彻落实党的十五大精神，抓住第三次经济发展机遇和加快徐连经济带发展机遇，加快实现两个转变，促进工业经济持续、快速、健康发展，确保“九五”计划的实现，把我市建设成为经济实力雄厚、产业结构优化、市场竞争力较强、与国际经济接轨的经济发达地区，特提出如下实施意见：

一、加快工业发展的指导思想和主要目标

“八五”计划实施以来，我市工业经济保持了较快的发展速度，工业经济实力不断壮大。但是，我市的三次产业中，工业经济仍是薄弱的一环，工业经济总量较小，工业对国内生产总值的贡献份额较低，工业经济结构不合理的矛盾仍然突出。

工业经济是城市经济的主体，加快工业发展是实现我市国民经济总量扩大、结构优化的关键。根据我市工业的现状，按照省委、省政府关于加快徐连经济带建设和市委八届九次全委会关于加快工业化进程的要求，下一步我市加快工业经济发展的指导思想是：

围绕迅速扩大经济总量，不断提高运行质量这条主线，重点抓好国有工业，大力发展乡镇工业，放手发展民营工业；调整和完善所有制结构，大力发展股份制和股份合作制经济；依托当地资源优势和现有工业基础，扩大总量与优化结构结合，存量调整与增量调整并举；加快结构调整步伐，积极发展规模经济；加快企业技术进步，切实提高技术进步的贡献度；加大外引内联力度，不断提高工业外向型经济的规模和层次。

到本世纪末主要目标：

发展速度。工业总产值年均递增28%。按可比价格计算，工业增加值年均递增22%，到“九五”末，占全市国内生产总值的比重达45%。其中乡镇工业产值年均递增35%。

支柱行业。确立化工、医药、纺织、建材、食品加工等5个支柱行业的主导地位。“九五”末，其工业增加值占全市乡及乡以上工业增加值的比重提高到65%以上。

技术进步。“九五”末，工业技术进步在经济增长中的贡献份额不低于40%，新产品产值率达到20%以上，省级以上名牌产品25个、产值率15%。“九五”期间，完成村及村以上技术改造投入120亿元，每年递增20%，确保每年有10个重点项目投产。

规模经济。“九五”末，力争形成年销售收入10亿元以上的重点企业集团10家，其中年销售收入过50亿元的1家。重点企业集团销售收入、利税总额占全市的比重达20%和35%。乡镇工业营业收入超10亿元的乡镇达30个，超亿元的村50个，销售收入超亿元的乡镇企业30个。

外向开拓。“九五”期间，工业企业实际利用外资5.2亿美元，年均增长26%，其中支柱行业实际利用外资占75%以上；“九五”末，工业产品出口供货值达到30亿元，年均增长16%；工业企业出口创汇达到3亿美元，年均增长20%，其中支柱行业产品出口占70%以上。

二、加快工业发展的主要思路

（一）以“三个有利于”为标准，加快所有制结构调整。

以调整和完善所有制结构为重点，全面推进国有、集体企业的产权制度改革，大胆推行多样化的公有制实现形式，大力发展股份制和股份合作制经济，进一步增强企业活力和市场竞争能力。

推进企业改制。对国有企业和城乡集体大中型企业，按照建立现代企业制度的目标，组建股份有限公司和有限责任公司。规模较大，在行业中具有一定地位和较强竞争力，评估后净资产达到规模要求的大中型骨干企业，可设立股份有限公司，具备条件的尽量争取成为上市公司，暂时不能上市的，要积极争取发行可转换债券或进入省产权交易中心上网交易，努力扩大募集资本范围。单个企业净资产规模较小，可通过强强联合的办法实施改制，也可改制为由集体、法人、外商、自然人和职工持股会相互参股、合资经营等多种形式，多元投资主体持股的有限责任公司。对面广量大的中小企业，根据企业的产品市场、负债和人员情况，通过先售后股、售股结合、售租股结合等灵活形式，组建股份合作制企业；也可采取改组、联合、拍卖、托管、出售、破产等多种形式，进一步放开搞活。到“九五”期末，国有股权从国有小型企业中基本退出；集体股权在城镇集

体小企业的比重降至30%以内。

培育资本经营主体。按照《公司法》，建立出资人制度，加强对国有资产的经营和有效管理，实行资产经营责任制，严格考核国有资产的保值、增值水平。在完成市医药系统资本运营试点以后，要积极稳妥地加快工业管理体制改革。

鼓励和发展非公有制经济。按照“放手发展，加快发展”的要求，进一步加快民营工业发展。积极引导个体私营企业抓住工业经济结构调整的机遇，大胆租赁、承包、购买、兼并、托管、入股国有企业和集体企业。鼓励个体和私营企业跨地区、跨行业、跨所有制组建企业集团和兴办股份制或股份合作制企业。鼓励私营企业引进智力和技术，开发含量高、附加值高的新产品，拓宽经营领域，扩大经济规模。

（二）以资产运营、资本经营为手段，提高工业结构调整水平。

1.培育支柱行业，加快产业结构调整。根据地方特色、规模效益、技术含量、带动能力以及目前的产业集中程度等条件，实施集中扶持战略，大力培育化工、医药、建材、食品加工、纺织等5个行业，努力提高行业集中度，强化带动作用。

（1）重点发展化学工业。充分发挥连云港碱厂、德邦公司的自身优势和带动能力，鼓励和支持其加大对市内外企业的经济联合，提高行业集中程度。重点发展海洋化工、纯碱、离子膜烧碱等基本化工原料和盐、磷、硅化工产品，积极开发精细化工产品，形成5万吨精细磷酸盐、2万吨氯化苄、5万吨硅化工产品的生产规模，形成有地方特色的化学工业体系。

（2）积极扶持医药工业。以恒瑞集团为龙头，加快资产膨胀和资本扩张，积极引进医药新产品和新技术，力争到“九五”末，形成国内生产麻醉药品、抗肿瘤药品和PTP铝箔、SP复合膜等包装材料生产基地。

（3）大力拓宽建材工业。加快东海圣戈班浮法玻璃有限公司的建设步伐，利用其技术优势和规模效应，加大系列产品开发和地区配套协作，尽快建成日产500吨浮法玻璃生产线，扩大玻璃深度加工和镀膜玻璃生产能力。提高建材化工、PVC板材生产水平。发展玻璃钢及水泥制品，形成170万平方米墙地砖和墙外砖生产能力。争取“九五”末，形成全省最大的玻璃、大理石、花岗石料生产集散基地。

（4）迅速扩大食品加工业。以如意公司、东海果汁厂、三得利公司、葡萄酒厂、汤沟酒厂等企业为依托，发展食品加工业，提高产品档次，开发系列产品，扩大国内外市场，形成具有特色和竞争力的食品加工体系。

（5）改造提高纺织业。按照“发展化纤，提高棉纺，搞活服装，带动针织”的方针，加快纺织工业的技术改造。氨纶公司三期改造工程要尽快达产达效，在充分论证的基础上，建设四期工程，扩大系列产品，形成年产3500吨氨纶丝和1500吨氨纶光纤纱生产能力，成为国内大型氨纶生产企业。开发涤纶差别化纤维和特种纤维，为发展仿毛、仿丝、抗静电、阻燃织物提供原料，涤纶生产能力达到3万吨。棉纺企业进行压锭改造，提高产品水平。

调整优化机械和电子行业。机械工业，发展以港口运输机械为主，为能源工业、资源加工工业、农业产业化经营服务的机械、电工、农机产品。积极支持集装箱项目建设。电子工业，大力发展信息技术产业及微电子、新型元器件、新材料技术产业，加快硅电子产品生产基地建设。

2.突出扶优扶强，加快产品结构调整。努力提高产品技术档次、市场占有率和盈利水平，逐步培育以化工、医药、纺织品、包装材料、饮料酒、食品加工、建筑装潢材料等为重点的优势产品。

大力实施名牌战略。要努力培育技术水平高、生产规模大、经济效益好的产品，采取多种形式迅速壮大名牌产品生产企业的经济实力，把实施名牌战略和企业改革、改组、改造、科技开发等各项工作紧密结合起来，促进名牌产品的形成和发展。到“九五”末，争取形成20个有技术、质量、规模优势的名牌产品。

扶持重点产品发展。“九五”期间，一是重点支持目前规模较大，市场占有率较高的产品开发和生产。对我市目前在国内市场占有率为全国和全省前三名的氨纶丝、PTP、王子啤酒、纯碱等40种产品，在生产要素、市场开拓、技术进步、资产经营等方面强化扶持。“九五”期间，40种产品年销售收入和利税占全市乡及乡以上独立核算工业的比重每年平均提高1个百分点。二是对发展潜力大、年新增销售收入1000万元以上的50种产品，积极扶持和培育，“九五”期间新增销售收入30亿元以上。三是引导和鼓励企业积极开发为核电站配套的各类产品，大力发展具有地方特色的旅游资源产品。

优化出口产品结构。针对我市实际情况，采取“巩固一批，扩大一批，开发引进一批”方式，调整优化出口产品结构。在继续提高轻纺等传统出口产品加工深度、技术含量和附加值，增加出口数量的同时，努力扩大支柱产业产品的出口，特别是名牌产品的出口。积极发展机电产品出口，扩大水表、机床、电子元器件、探矿机械等成型产品出口。加快实施一批符合产业方向，外销前景较好的技术改造项目，使其尽快形成规模，扩大出口创汇。

3.发展规模经济，加快组织结构调整。大力培育企业集团。通过多种改革形式，加速企业资产的合理流动，打破行业、地区和所有制界限，通过联合、兼并、收购、控股、委托经营等形式，使劣势企业的存量资产迅速向优势企业转移，实现优势企业低成本扩张。着力扶持目前已经拥有一定规模、产品市场好、技术含量高、发展潜力大、带动作用强的企业集团，争取“九五”末形成年销售收入10亿元以上企业集团10个，其中50亿元以上集团1个。企业集团要通过优化主导产品，提高资产扩张能力、技术开发能力和国际经营能力。

重点扶持发展7个企业集团。如意集团要充分利用上市公司的优势，通过配股等方式，积极开展资本经营，迅速扩大经济规模，进一步开拓国际国内两个市场，“九五”末集团的销售收入力争达50亿元，利税5亿元，成为全国大型蔬菜、食品加工综合企业。恒瑞集团要进一步加强资产经营力度，快速扩张资产规模，发挥优势产品规模效应，扩大药用包装材料、抗肿瘤系列药、麻醉镇痛系列药等名牌产品规模，加快实施冻干注射剂车间GMP改造、年产1000吨成型复合包装材料等6项技改项目，积极做好股票发行的争取工作，到“九五”末，销售收入力争达到20亿元，利税2亿元。德邦集团要通过资产动作，联合兼并相关企业，发展基本化工原料、农用化工、精细化工系列产品，到“九五”末，集团资产总额达到12亿元，销售收入15亿元，利税总额2亿元。同时加快华泰公司、汤沟酒厂、连云港碱厂、氨纶公司等企业组建集团的步伐。一是积极引导市华泰塑料有限公司通过多种改革形式，实现资产规模扩张，壮大经济实力，重点发展高档装潢材料，组建PVC板材集团，“九五”末，力争销售收入达到10亿元，利税1.5亿元，形成全国重要的板材生产基地。二是对汤沟酒厂进行公司制改造，吸收本地白酒生产和印刷、包装企业参加，组建汤沟酒业集团，通过集团内部生产要素重组，逐步形成规模生产与专业化配套有机结合的产业链，发挥名牌产品优势，扩大市场份额。三是鼓励和支持连云港碱厂通过资产扩张、联合兼并、招商引资、股份制改造等多种资产经营形式，发展盐化工、海洋化工、精细化工、石油化工产品，开展内外贸易、对外服务等多种经营，争取“九五”末实现销售收入30亿元，利税4亿元。四是创造条件，加快氨纶集团组建步伐。围绕氨纶丝产品竞争力强的优势，进一步开发氨纶系列产品，提高产品的技术含量和附加值，通过产品档次和规模的升级，逐步实现从产品经营向资本经营过渡，迅速扩大规模。此外，支持和鼓励企业大胆探索跨地区、跨行业的联合，加快挂靠和并入国内大集团步伐，实现更大范围内的资本重新配置。推进市东堡车辆集团与徐州工程机械集团的合作。

（三）以技术进步为手段，提高工业产品的竞争实力。

大力推进企业技术创新步伐。“九五”期间，全面实施技术创新工程，使企业成为技术开发的主体。通过企业研制开发或与高等院校、科研院所共同开发，每年形成10个以上具有企业自主知识产权的技术和产品。加大技术开发力度，加快建立健全企业技术开发中心，提高企业技术开发能力。“九五”期间建立10个市级技术开发中心，争创1～2个省级技术开发中心。全市开发新产品1100项，新产品投产鉴定500项，争取省级新产品180项、国家级60项。推进产学研联合工作向深度和广度发展。“九五”末，争取有10个企业与高等院校、科研院所建立紧密型的合作关系，5个企业进入省“产、学、研”联合试点企业。

加大技术改造力度。重点抓好列入国家“双加”二期导向性计划项目的氨纶厂差别化氨纶丝改造、化工厂的氯化苄生产改造等8个项目实施。抓好东圣公司浮法玻璃、乐金红旗化工有限公司的山梨醇、甲乙公司粘胶纤维等10项重大利用外资项目。抓好投入在1000万元以上，行业上有一定地位、关联度大且经济效益明显的华东铝塑公司引进高阻隔性基材等10项达产项目。抓好围绕调整产品结构，以设备配套、工艺改进、资产重组等通过盘活存量为主要手段的10个中小型项目。抓好以乡镇企业为主体，以产学研为主要形式的30个短平快项目，大部分要当年建成，当年达效。争取“九五”末，市重点骨干企业的主要装备达到国内先进水平，其中30%的企业达到国际先进水平。

积极发展高新技术产业。从我市的实际出发，重点发展电子信息技术中的微电子、新型元器件产业，生物技术中的生物制药、生物农药、新型酶制剂工程，新材料技术中的微电子材料、新型纺织差别化纤维等产业，集中抓好一批与产业升级密切相关、技术水平高、生产规模大、整体效益好、带动效应强的重点项目。到“九五”末，全市高新技术重点领域的研究开发取得实质性进展，高新技术产业的总体水平达到全省平均水平以上。

（四）以外引内联为重点，提高工业企业的整体素质。

1.积极帮助现有外商企业发展。切实做好以外引外工作。加快合资、独资等重点项目的建设，使项目尽快建成达产，形成规模。并以此为基础，吸引国外大公司的再投资。争取韩国LG公司在精细化工、甲乙公司在纺织原料及织物、美国PPG公司在硅化工项目、法国圣戈班公司在玻璃制品、以色列死海公司在溴系列产品方面进一步投资，鼓励这些公司以现有项目为依托，扩大在我市投资规模。

2.进一步扩大利用外资规模。把积极、合理、有效地利用外资与结构调整、优化资本结构结合起来，鼓励大企业、大集团通过资产重组、优化产品结构，提高企业对外资的吸引力，广泛开拓国际融资渠道。组织力量研究分析国际市场需求和发展方向，开发一批电子信息、生物工程等新产品和新项目，立足高起点，搞好项目储备，提高对外招商引资质量。加强对外商投资管理服务工作，多渠道吸收国际资本，引进国外先进技术和设备，扩大利用外资规模，壮大经济实力。

3.推进企业国际化经营。“九五”末争取自营进出口权企业达到50家。进一步扩大以速冻蔬菜为主的食品系列，以玻璃、特种耐火材料为主的建材产品系列，以氨纶、长毛绒、服装为主的纺织系列以及精细化工和医药产品的出口。力争到“九五”末，如意集团自营出口达到5000万美元以上，德邦、恒瑞、东圣公司年创汇额达到1000万美元。以自营进出口生产企业为主体形成一批出口导向型生产企业。通过工贸互相入股、联营，扩大进出口量，提高工业产品在全市进出口总额中的比重。积极推动企业集团、成熟技术和产品企业（如食品加工、轻工、塑料企业）向国外转移，进一步拓展国际市场。

4.积极扩大经济协作的区域和领域。充分利用我市独特的区位优势，积极与发达地区、中西部地区的开发开放衔接，实现优势互补，促进共同发展。重点是继续加强与三线军工企事业单位联合，全面扩大与沿桥地区的经济技术合作，全方位扩展与沿海发达地区、大中城市的联合和合作，积极推动南北产业转移，多渠道、多形式联合国内大企业、大集团，来我市建立以优势产品为龙头、骨干企业为核心、资产重组为纽带的经济联合体。"九五"期间，累计实现经济技术协作项目1000个，实际利用客方资金20亿元，建设南北产业转移标志工程项目30个，总投资超过3亿元。在赋予内联企业以优惠政策的同时，由我市经济主管部门和内联企业上级部门共同管理，积极帮助他们解决实际困难，促使在连企业发展壮大。

三、加快工业发展的有关政策

（一）给予重点集团特殊扶持。

对重点企业集团，实行市计划单列，由市经委直接考核、管理。其中对符合条件的企业集团，优先授予其国有资产经营权。将集团紧密层企业厂长、经理的任免（聘用）权交给核心层企业。赋予一定的投资决策权。凡符合国家产业政策和全市经济发展规划，利用自有资金建设的项目，总投资在3000万元以内的，市重点企业集团有权自主决策，报省、市有关部门备案。实行信贷扶持，各银行与重点企业集团结成包扶对子，建立主办银行关系。

（二）加大工业投入强度。

1. 提高工业投入占全市固定资产投资的比重。"九五"期间，要把工业特别是支柱行业和重点企业集团作为全市固定资产投入的重点。到"九五"末，工业投入占全社会固定资产投资比重争取达到50%，支柱行业投资占工业投资的比重达到55%以上；全市每年固定资产投入新增部分争取有50%用于工业。

2. 建立全市工业结构调整基金。市级集中一部分可调控的资金，专项用于工业结构调整。同时根据国家、省有关部门要求，建立乡镇企业发展基金。

3. 实施投资倾斜政策，提高工业投入集中度。市各项发展资金，包括预算内投资、企业债券、股票、技术改造贴息资金、科技三项费用及科技专项资金、各大银行筹集的重点集团扶持资金等，主要集中用于市支柱行业的重点企业和市重点企业集团。

4. 实行税收金融倾斜政策。对市支柱行业的重点企业和市重点企业集团符合产业政策，并被列为国家和省重点的项目，经有权地方税务部门审批可按零税率计征固定资产投资方向调节税，各金融机构优先接受并办理其票据贴现，优先接受并代理发行各种债券（含企业债券、可转换债券）等，优先受理市支柱行业的重点企业和市重点企业集团的股票、债券申请和报批事宜。

（三）加大企业技术进步力度。

1. 用足用好企业折旧资金。企业应按规定提足折旧资金，重点用于固定资产的更新改造。对符合国家产业政策的重点企业，可按国家规定的最低折旧年限提取折旧资金，符合有关条件的，经批准可加速折旧，增提部分全部用于企业的更新改造，并视同实现利润进行考核。企业用税后提取的盈余公积金再投资进行技术改造和技术开发，对符合规定的项目，经税务机关核定，其投资方向调节税可按零税率征收；根据实际投资额大小，适当返还再投资部分已征所得税。

2. 提高科技开发费比重。市重点企业集团和支柱行业重点企业技术开发费当年实际使用数不得低于企业销售收入的3%。鼓励企业加大科技开发投入，有承受能力的，可不受比例限制，按实列支。

3. 鼓励和支持科研院所、高等学校直接进入重点企业，成为企业的技术开发机构。鼓励科研院所和高校通过联营投资、参股、控股或者兼并等办法实现与企业的联合，对科研院所和高等院校服务于企业的技术成果转让、技术培训、技术咨询、技术服务、技术承包所取得的技术性服务收入暂免征所得税。

4.鼓励人才流动和引进国内外人才。引进的人才由企业自定，在晋升职务、评聘专业技术职称、确定工资标准时从优掌握。

（四）鼓励企业跨地区联合。

1.鼓励跨地区的企业联合。企业联合组成集团后，集团所属企业仍按统计法属地统计要求，归口所在地统计。同时，建立集团统计制度，加强对集团总体的考核，对集团核心企业、全资子公司、控股子公司（包括相对控股）按全口径进行统计，以反映集团的整体情况。

2.鼓励跨地区的企业兼并。被兼并企业的所得税以兼并上年缴纳的实绩为基数，增加部分三年内由地方同级财政返还地方留成部分。

3.鼓励境外办企业。对在境外举办合资、独资企业的工业企业，允许按境外投资额的一定比例提取损失准备金，并打入企业成本，作为风险补偿，专款专用。同时，境外项目投产后五年内，其国内应交所得税由地方同级财政返还地方留成部分。

（五）促进企业强强联合。

1.市重点工业企业集团的核心企业，所得税以上年实际缴纳数为基数，对新增部分，"九五"期间由地方同级财政部门返还地方留成部分。

2."九五"期间，除国务院、省政府规定外，市各部门对企业收费的各种规定，对市重点企业集团的核心企业和紧密层企业一律停止执行。

3.与市重点企业集团实行资产联合的大中型企业，可以参照享受省政府规定的省重点企业集团的有关优惠政策。

4.大中型企业以资产为纽带实行强强联合组建的新企业，以联合企业上年度实际上交所得税的合计为基数，新增部分，三年内由地方同级财政返还地方留成部分。

5.以资产为纽带实施强强联合的新企业，"九五"期间如其销售规模达到50亿元，享受省市重点企业集团的各项优惠政策。

（六）加快企业兼并破产步伐。

国有企业兼并亏损严重的困难企业，兼并方在承担被兼并方所欠银行的债务后，被兼并企业所欠银行的贷款利息，兼并企业偿还确有困难的，开户银行可采取计息缓收息的形式实行挂账处理，挂账期限原则上不超过一年，挂账期满后仍确有困难的，经批准，可展期一年。各银行要主动帮助有关实施兼并企业落实扶持政策。

被兼并企业的挂账亏损，自兼并年度起由兼并企业在五年内用税前利润弥补。被兼并企业原享受的优惠政策，兼并企业可在原定期限、原定范围内继续享受。对被兼并企业历年欠缴的税费，经相应的有权部门批准，可以缓缴。

国有企业间的兼并可实行资产无偿划转，土地使用权随之变更。兼并过程中的城建费、过户费等行政性收费可免缴，事业性劳务费减半收取。

盘活国有企业的土地资产。企业对其拥有的土地使用权、房产、建筑物依法进行置换、开发和经营，其收入可补充企业生产经营资金或用于企业搬迁；对兼并企业的土地使用权用于工业生产或改作内部职工自用住宅的，可直接到土地管理部门办理变更登记手续，免缴土地出让金、城建配套费等有关费用；支持兼并企业改变被兼并企业原有的土地使用性质，出让土地使用权或开发房地产。出让金和开发所得，用于工业生产经营的上缴政府10%，用于流通经营的上缴政府20%，如资金周转困难，可在一定期限内分期缴纳。其余部分留给企业，用于安置职工、偿还债务和补充国家资本金。对企业利用现有地段进行房地产开发经营和扩建工业生产项目，原拆迁面积冲减配套费，新增面积按50%征收城建配套费。

（七）逐步完善社会保障制度。

推进社会保障制度改革，建立健全社会保障体系，形成有利于企业优胜劣汰、有利于促进社会稳定的外部环境。继续深化和完善以职工养老、医疗、失业和工伤、生育保险为主的社会保障制度改革，加快实施“再就业工程”，为企业改制、减员增效创造条件。对被企业分流的富余人员可接受再就业服务，并在失业期间按规定享受失业救济。企业富余人员愿意自谋职业的，可以申请辞职，经企业批准，中止劳动合同，由企业给予一定的经济补偿。补偿标准为：工龄每满一年发给相当于本人半个月的标准工资，最多不超过六个月的标准工资；富余人员实际年龄距退休年龄不到五年的，可以实行离岗休养，离岗休养期间，企业应按不超过退休费的标准发放生活费。企业安置富余人员新办的集体企业视同劳服企业，经批准所得税可实行“三免两减半”。被兼并企业重组为独立核算企业，可视同安置富余人员新办的集体企业，经批准所得税实行“三免两减半”。

四、加快工业发展的主要工作措施

加速工业化进程是我市迅速扩大经济总量、全面实现“九五”发展目标的重要一环，任务十分艰巨。为了保证这项工作顺利进行，必须集中各方面力量，采取切实有效的工作措施，周密部署，精心组织，确保各项措施落到实处。

1.加强组织领导。加速工业化进程关键在于领导，各级领导班子和领导干部一定要把这项工作摆上重要议事日程，带头解放思想，开拓进取，率领群众在加速工业化进程的主战场上奋力拼搏，既要当好倡导者、组织者，更要当好实践者。各县区、各部门必须从全局利益出发，围绕省委、省政府提出的分两步走目标和市委、市政府提出的“加速推进工业化进程”要求，调整本地区、本部门的发展规划，重新理清发展思路，认真制订完善本地区、本部门“九五”期间加速工业化进程的实施方案。组织、人事、财政、税务、银行、科技、工商等部门要将加速推进工业化进程作为本部门的工作重点之一，按照省对口部门的配套工作意见，从全市工作大局出发，在资金、技术、人才等方面提供优质高效服务，齐心协力，确保全市推进工业化进程工作扎实有效和顺利实施。

2.提高企业经营者素质。企业领导班子特别是一把手，是企业的灵魂。帮助企业建立一个好班子，选配一个好厂长，是对企业的最大支持。各地区、各部门要进一步理顺企业领导干部管理体制，打破身份、资历、所有制界限，拓宽选拔企业领导干部的视野，只要政治素质好、懂经营、会管理、事业心强，有能力把企业搞好，就要大胆启用。对现有企业领导班子，要学习借鉴外地的经验，积极推行“一书三制”，即资产经营目标责任书、企业综合评价制、风险抵押制和经营者年薪制，把企业经营者的利益与其生产经营成果和国有资产保值增值情况紧密挂起钩来，充分调动企业领导班子搞好生产经营、加快企业发展的积极性。与此同时，要强化对企业经营者的监督约束和培训教育，提高他们的经营素质和驾驭市场经济的能力，帮助他们正确运用权力，做到廉洁自律。对以权谋私，贪污受贿者，要依法依纪追究责任。

3.加强市场开拓。要充分发挥市场营销协会的指导和服务职能，积极引导企业围绕“两个转变”的要求，主动适应和遵循价值规律、供求变化和竞争准则，进一步强化市场营销意识，全面提高企业对新形势下市场营销工作重要性的认识，帮助企业在更高的层次上、更广的领域里进行市场开拓。要继续大力实施营销市场化工程，重点抓好20家营销重点企业实施工作，及时总结好的经验和先进典型，以点带面，推动营销市场化工程向纵深方向发展。要以名优产品销售为重点，进一步加大工商联手开拓市场的力度。积极推行总代理、总经销、连锁经营、配售中心、分销中心等多种现代营销方式。要进一步完善营销激励政策，鼓励和支持企业建立以激励措施为主的营销经济责任制，鼓励和支持企业对在营销工作中做出突出贡献的有功人员实行重奖。

4.加强企业管理。要突出人本和成本“两本管理”，大力培养职工爱厂如家的主人翁责任感，全心全意依靠工人阶级办好企业。所有重点企业集团和重点企业要深入开展“学邯钢、春兰集团、小天鹅公司”活动，切实加强企业的各项基础管理工作，最大限度地挖掘管理潜力，苦练内功，从严治厂，建立健全企业各项规章制度。坚决按照邯钢“模拟市场核算，实行成本否决”的经营机制动作，在建立和完善三个体系上下功夫，即建立起完善的指标体系，把降成本、增效益的指标逐级分解，细化到每个职工；建立起明晰的责任体系，把降低各项成本费用的责任层层落实；建立起严格的考核体系，突出一个“严”字，敢于动真碰硬，严格考核奖惩。最终就是要把市场机制引入企业的内部管理，把市场对企业的压力通过管理转变为每个职工的动力，努力走出一条面向市场，眼睛向内，依靠职工，转机制、抓管理、挖潜增效的路子。

1997年12月30日

关于进一步加快国有企业改革和发展的意见

连发〔1999〕38号

近年来，全市上下认真贯彻落实党的十五大精神和省委、省政府关于加快国有企业改革和发展的一系列政策措施，以结构调整为主线，大力实施制度创新、技术创新、管理创新、营销市场化和再就业五大工程，国有经济竞争力逐步增强。为进一步加快国有企业改革和发展步伐，促进全市经济持续快速健康发展，特制定如下意见。

一、进一步明确国有企业改革和发展的总体要求和主要目标

当前及今后一个时期，全市国有企业改革和发展工作的总体要求是：全面贯彻党的十五届四中全会和江泽民同志关于国有企业改革和发展的重要讲话精神，按照中央提出的指导方针，按照“三个率先”的要求，推进国有经济的战略性调整和国有企业的战略性改组，建立有效的国有资产管理、监督和营运机制，继续实施制度创新、技术创新、管理创新、营销市场化和再就业五大工程，加大扭亏脱困力度，加强企业领导班子建设，为国有企业改革和发展创造良好的外部环境。

根据国家和省的要求，结合我市实际，确定国有企业改革和发展的主要目标是：第一步，1999年和2000年，国有大中型企业改制面分别达到60%和80%，大多数国有大中型骨干企业初步建立现代企业制度；国有小企业改制面分别达到65%和90%；列入省考核的国有亏损企业1999年三分之一脱困，2000年大多数脱困。第二步，到2005年，基本完成对国有经济的战略性调整和国有企业的战略性改组，形成比较合理的国有经济布局和结构，国有大中型企业基本建立现代企业制度，企业科研开发能力、市场竞争能力和抗御风险能力明显提高。第三步，到2010年形成更为合理的国有经济结构和比较完善的现代企业制度，国有经济的竞争力显著增强，主导作用得到更好的体现。

二、推进国有经济的战略性调整和国有企业的战略性改组，形成比较合理的布局和结构

1.调整国有经济布局。坚持有进有退，有所为有所不为，集中力量，加强重点。把国有资本集中到优势行业，主要是新材料、新能源、生物医药、电子信息、机电一体化等高新技术产业，支柱行业中的精细化工、高档化纤产业；支撑现代化所需的重大基础设施和基础产业；提供重要公共产品和服务的产业。在一般竞争性行业中，重点把行业和地区排头兵以及拥有省市名牌产品的企业搞大搞强，其他的要通过多种形式将国有资本分三年基本退出。大力发展混合所有制经济，通过多种形式吸引和调动更多的社会资本，提高国有经济的控制力、影响力和竞争力。

2.发展壮大企业集团。要真正以资本为纽带，突出主业，增强竞争优势，组建壮大企业集团。一是加快集团组建。推动企业间跨地区、跨行业、跨所有制的强强联合，促进优质资产向优势企业集中，以化工、医药、纺织、食品、建材等支柱行业中的骨干企业为核心，组建一批企业集团。二是抓好技术创新。所有企业集团都要建立技术中心。积极争创省级和国家级技术中心。切实增强企业自主创新能力，推进产学研向深度和广度发展，搞好技术引进和消化吸收，不断提高开发水平。三是规范内部体制。对现有集团的母公司进行规范的公司制改造，推进集团母公司投资主体多元化。加大企业集团内部资产整合的力度，加快集团内部成员的改制，理顺产权关系，建立规范的母子公司体制。四是加强资本经营。争取如意集团配股或增发新股，力争恒瑞集团新股上市，同时选择具备条件的集团，发起成立股份有限公司，做好上市准备。抓好资产优化重组，促进集团低成本扩张。

3.放开搞活小企业。继续采取一厂一策的办法，多种形式推动小企业改革，发展一批“专、精、特、新”型小企业。一是加快小企业出售。在不逃废银行债务，妥善安置职工，有利于企业发展的前提下，按照能快卖不慢卖，能全卖不部分卖的原则，加快出售国有小企业。选择一批小企业，将产权全部出售给非国有控股的企业法人、社会事业法人，改组为非国有法人企业；将小企业的产权全部出售给国内自然人，改制为私营企业；通过引进外资，嫁接改造成外商控股的中外合资企业或外商独资企业。二是规范小企业改制。将企业现有存量资产与吸收企业职工入股相结合，按照《公司法》改制为有限责任公司。通过先售后股、股售租结合、增量扩股等办法，组建多种形式的股份合作制企业。三是继续大力推进小企业的兼并联合、退二进三和破产重组，盘活资产存量。四是提高小企业整体素质。通过与科研机构和高等院校的合作，提高装备水平和产品更新能力。通过加强经营者培训，提高决策水平。通过参与大企业主导产品的专业化分工，搞好配套协作。五是加快小企业服务体系建设。建立企业信用担保基金，为小企业融资提供信用保证。建立技术开发、信息发布、市场预测、管理咨询等服务机构，健全小企业服务体系。

三、建立有效的国有资产管理、监督和营运机制，实现国有资产保值增值

1.建立国有资产管理营运体制。从实际出发，建立国有资产管理委员会、国有资产经营公司（控股公司）、国有和国有控股企业三个层次的国有资产管理营运体制。这项工作原则上与政府机构改革同步进行。

2.强化国有资产营运的监督。建立企业国有资本金效绩评价制度，完善生产经营指标、资产保值增值指标和资产经营效益指标等国有资产营运考核体系。强化董事会和监事会对企业经营活动的监督管理职能。

3.加强国有资产产权收益管理。探索建立国有资本金预算制度。改制企业中的国有股红利，由国有资产经营（控股）公司负责收取，在增资配股时用作国有股配股，或用于结构调整。国有企业改制转让股权和出售小企业所得资金，由各级国有资产经营（控股）公司集中管理，用于改制后的企业发展生产，或用于结构调整。

四、坚持现代企业制度的改革方向，加快制度创新步伐

1.抓好未改制国有大中型企业的规范改制。对生产经营状况正常、具备整体改制条件的企业，实施整体改制。对亏损严重、资产负债率过高，暂时不具备整体改制条件的企业，进行重组改制或分块改制。切实降低企业改制成本。国有企业改制为国有控股的公司制企业后，原企业享受的职工再就业、兼并破产、退休医疗、财税、劳动、信贷等方面的政策不变。对改制、改组、改造过程中的各种行政性收费和中介费用，按省有关规定执行。

2.抓好已改制国有大中型企业的“回头看”。一是完善企业法人治理结构。按照《公司法》，确立公司章程在企业中的权威，保证股东会、董事会、监事会和经理层各司其职，协调运转，形成有效制衡的机制。优化董事、监事的人员构成，外部董事、外部监事原则上要占一定比例，并可有一定数量的专家作为独立董事、监事。要妥善处理好新老“三会”的关系，可以采取双向进入的办法，党委负责人和职工代表可按照法定程序进入董事会、监事会；董事会、监事会、经理层及工会中的党员负责人，可依照党章和有关规定进入党委会；党委书记和董事长可由一人担任。董事长与总经理原则上分设，各负其责。充分发挥董事会对重大问题统一决策、监事会有效监督的作用。二是推进国有企业投资主体多元化。实行国有企业相互参股，鼓励更多的个人资本、法人资本和外商资本投向国有企业，支持国有、集体、个人多种经济成分相互参股。三是完善企业内部管理制度。在经营决策、市场营销、生产组织、机构设置、用工制度、分配制度、财务制度等方面，按照现代企业制度的要求进行改革，转换经营机制。

五、加速技术创新，推进产品和产业结构升级

1.强化科技开发。建立健全技术创新体系，在高新技术产业和支柱行业，优选一批重点项目，加大开发力度，形成一批高新技术企业和产品，每年开发市级以上新产品200项。一是加强企业技术中心建设。进一步改善软、硬件环境，抓好现有技术中心的运行。每年选择10家企业作为重点培育对象，建立技术中心。二是推进产学研联合。企业要积极与大专院校、科研院所建立长期、稳定的合作关系，市重点企业要有两个以上合作对象。鼓励和吸引科研院所以参股、转型、兼并等多种形式进入企业。三是加大技术开发投入。鼓励和推动企业提高技术开发投入比重，一般企业每年技术开发费应不低于当年销售收入的2%，高新技术企业不得低于5%。进一步加大政府的科技投入。四是加强技术创新队伍建设。大力培养和引进技术创新人才，加大对技术创新人才激励力度。探索技术要素参与收益分配的多种形式。企业可与科技人员签订技术承包协议，按协议支付报酬；可从技术开发、技术转让、技术咨询、技术服务的收入中，提取一定比例分配给科技人员；可从单位拥有的技术股份中提取一定比例划给有贡献的科技人员。

2.加大技术改造力度。按照增加品种、改进质量、提高效益和扩大出口的原则，围绕高新技术产业、支柱行业、重点企业和重点产品，加大技改投入。一是抓好重点技改项目。努力完成1999年重点技改项目。认真组织实施100项工业后三年（2000～2002年）技术改造滚动发展计划，该计划总投资26亿元。其中国有及国有控股企业项目60项，计划总投资15亿元。千方百计争取一批项目列入国家财政技改专项、国家“双高一优”专项和省500项后三年工业项目计划。二是多渠道增加技改投资。增强企业投资主体意识，提高经营效益，加大自有资金投入。继续发挥银行主渠道作用，提高企业资信度，引导银行贷款。加快投资主体多元化，吸引个人资本、社会资本、其他企业法人资本和外资参与国有企业改造。增量投入和存量利用相结合，盘活存量资产，提高投资效益。三是改进项目管理工作。以产业政策为导向，重视项目的技术经济分析，搞好项目的规划、实施和储备。实施全过程项目法人制。开展项目推介活动，积极向银行、投资公司和外商推介项目。选择部分重点项目公开招标，优选项目载体和投资方案。认真落实国家有关减税政策。发挥技改贴息的杠杆作用，努力争取国家和省财政贴息，适当增加市级技改贴息资金，建立县区配套贴息资金。

六、加强和改善企业管理，全面提高企业素质

1.加强企业发展战略研究。企业要深入分析国内外市场环境变化和国家产业政策的重点，根据自身的实际情况，制定切实可行的发展战略，包括技术创新战略和营销战略。

2.强化成本管理。继续加强以深入开展“三学”活动为重点的成本管理。突出抓好目标成本的倒推制度、细化分解和严格考核三个关键环节。强化产品设计、原料采购、产品制造、市场营销、企业财务、管理费支出等全过程、全方位的目标成本管理。认真贯彻《国有工业企业物资管理暂行规定》，实行公开采购、比价采购和招标采购。

3.严格质量管理。搞好全员全过程的质量管理。加强企业质量保证体系建设，积极推进科学的质量管理方法，大力贯彻GB/T1900—ISO 90000族标准。继续开展"提高工序一次合格率，降低不良品损失"活动，降损增效。加大打假力度，维护市场秩序。

4.加强资金管理。严格财务制度，及时编制资产负债表、损益表和现金流量表，真实反映企业经营情况。强化对企业财务状况的监督，逐步推行全面预算管理。大力压缩产成品和应收账款两项资金，降低两项资金占销售收入比重，提高资金使用效益。

5.积极采用现代化的管理技术、方法和手段。逐步建立和完善计算机管理网络系统，利用计算机辅助管理，控制市场预测、成本分析、产品设计、加工制造、产品销售和售后服务等生产经营环节。有条件的企业要积极采用资源计划管理、扁平化管理、哑铃型管理等现代化的管理方法和手段，优化企业生产经营管理系统。

七、加快营销市场化进程，拓展企业发展空间

1.完善营销组织体系。一是加强市场部建设。充分发挥市场部在收集市场信息、分析市场机会、制定市场战略、实施营销控制等方面的职能作用，准确把握市场走势。年销售收入3000万元以上的国有企业，1999年要有30%建立市场部，2000年达到60%。二是加强营销队伍建设。企业要有计划、有步骤地充实营销队伍人数，改善营销队伍素质，逐步提高营销队伍人数占企业职工总数的比例和营销队伍中大中专以上学历人员比例。加强对营销队伍的专业培训。三是加强营销网络建设。继续抓好营销办事处建设。积极采用代理制、连锁经营、电视直销、电子商务等现代营销方式，拓展营销网络。

2.提高市场营销动作水平。企业在制订年度或中长期发展计划时，必须首先按市场导向提出市场开发计划。加快实施名牌战略，树立良好的品牌形象。提高与大企业、大集团的配套程度，增强抗御风险的能力。以顾客满意为目标，改进产品质量和销售服务，提高非价格竞争能力。

3.完善营销分配机制。结合国有企业分配制度改革，将营销人员的业绩与收入更密切地结合起来，进一步提高营销骨干的待遇和收入水平。允许和鼓励营销骨干持大股。可将营销骨干的部分货币奖励转为企业股份奖励。

八、实施再就业工程，做好国有企业下岗职工基本生活保障工作

1.规范再就业服务中心运作。按照"量出为入，出大于进"的原则，严格报批、审查制度，严把入口关，实行下岗职工总量控制。对下岗职工实行"双证"管理，在发放"就业登记证"的同时，对自谋职业的下岗职工，发放"下岗职工自谋职业优惠证"，促进下岗职工隐性就业显性化。加强再就业服务中心管理，努力使再就业服务中心工作制度化、规范化。

2.拓宽下岗职工再就业渠道。规范单位用人行为，单位用人应优先并按一定比例招用下岗、失业职工。采取分块搞活、兼并托管、联合等措施，盘活企业闲置资产，启动、开足部分停产、半停产企业，吸收下岗职工重新走上工作岗位。大力发展社会服务，积极发展第三产业，通过兴办劳服企业、物业公司和个私经济等途径，开发就业岗位，促进下岗职工再就业。工商、税务、物价、城管等部门要认真落实再就业的各项优惠政策，引导下岗职工自谋职业、自我创业。

3.提高下岗职工再就业能力。坚持培训市场化，组织社会力量开展培训，对下岗职工至少提供一次免费培训。大力开展就业指导培训、职业资格培训、专业技能培训等各种有针对性的培训，增强下岗职工市场就业的竞争力。引导下岗职工转变就业观念，通过开办下岗职工招聘专场等免费职介服务，促使其进入市场自主择业。加快劳动力市场建设，完善市场就业机制。

4.落实下岗职工基本生活保障资金。按照企业、社会、财政各负担1/3的原则，筹集资金，确保按月足额发放，保障下岗职工基本生活。企业要按规定足额交纳失业保险费；劳动部门要做好失业保险费的征缴和按规定调剂失业保险基金工作；企业和社会筹资不足部分，财政要给予保证。健全失业保障机制，完善"三条保障线"制度。

九、加大扭亏脱困力度，提高经济运行的质量和效益

1.进一步落实脱困责任制和脱困方案。完善市、县或企业主管部门、亏损企业三级目标管理和责任考核制度。对全市列入省脱困目标考核的22户企业，要逐户分析亏损原因，按照1999年三分之一脱困、2000年大多数脱困的要求，落实脱困企业名单和脱困方案。对能够整体扭亏的企业，要积极通过封闭贷款、扭亏资金各种政策扶持，促进企业脱困。对整体难以扭亏但部分存量资产有利用价值的企业，采取租赁承包、嫁接改造等手段，分场搞活，盘活存量资产。对脱困无望的企业，要加快淘汰退出。

2.改善国有企业资产负债结构。把企业兼并破产工作和结构调整结合起来，选报一批项目，争取列入国家核销银行呆坏账准备金计划。抓住国家债转股的政策机遇，加大争取力度，解决一批企业的债务负担。通过股份制改造，扩大股权融资规模；积极支持符合条件的优势企业上市，引导上市公司开展资本经营。支持非上市企业经批准将部分划拨给企业的土地使用权有偿转让及企业资产变现，用于增资减债和结构调整。

十、加强企业领导班子建设，建立企业经营管理者激励和约束机制

1.改进国有企业领导班子管理办法。对企业和企业负责人不再确定行政级别。把企业领导干部与党政机关干部的管理区分开来，把组织考核推荐和引入市场机制，公开向社会招聘结合起来，体现党管干部同依法选择企业经营管理者相一致，管人管事管资产相统一和"管少、管好"、干部下管一级的原则。采取多种形式加强教育培训，全面提高经营管理者素质。

2.试行国有企业经营者年薪制。经营者的年薪由基本年薪、效益年薪和特别奖励三个部分构成，与企业经营业绩挂钩。年薪以现金和股份两种形式兑现。对完成经营目标的经营者，年薪不作硬性限制，由考核机构具体确定。国有资产经营公司经营者年薪由市国资委考核确定，国有及国有控股企业由资产经营公司（主管部门）或企业董事会考核确定。

3.试行经营者持股制。放开持股政策，允许经营者持大股，国有小企业可由经营者或职工控股。为奖励对企业发展作出突出贡献的经营者，选择一批发展较快、效益较好、近几年来净资产增值较大的企业试行经营者（经营层）持股、配股办法。

4.建立健全约束机制。市国资委对国有资产经营公司和国有独资企业派出监事会和稽查特派员，监事会、稽查特派员对派出机构负责。国有资产经营公司对其国有独资企业委派财务总监或财务主管。公司制企业由董事会委派财务总监或财务主管。严格执行企业经营者的年度、离任审计制度。全面推行风险抵押金制度，对完不成任务或未实现国有资产保值增值目标的经营者，要扣缴其风险抵押金。加强党组织监督和职工民主监督，保证党和国家的方针政策在企业得到贯彻落实。

十一、认真落实政策，为国有企业改革和发展创造良好的外部环境

1.落实企业改革的各项扶持政策。清理与十五届四次全会精神不符的政策规定。把苏发〔1999〕6号、苏发〔1999〕7号、苏政发〔1999〕69号、苏政办发〔1999〕98号等文件及市委、市政府关于深化国有企业改革的一系列政策不折不扣落实到位，增强企业改革的信心和积极性。

2.切实减轻企业负担。认真贯彻执行《中共中央、国务院关于治理向企业乱收费、乱罚款和各种摊派等问题的决定》和《省政府关于减轻国有企业负担的通知》，严格对企业的收费管理，做好清理和取消对企业的乱集资、乱收费、乱摊派等工作。采取切实措施，分离企业办社会职能。

3.加快社会保障体系建设。依法扩大养老、失业、医疗等社会保险的覆盖范围，城镇国有、集体、外商投资、私营等各类企业及其职工都要参加社会保险，缴纳社会保险费。强化社会保险费的征缴，提高收缴率，清理追缴企业拖欠的社会保险费，确保养老金的按时足额发放，确保下岗职工的基本生活。要开辟新的途径，包括变现部分国有资产划转一点，从行政事业性收费中提取一点，社会募集筹措一点，调整财政支出结构预算多安排一点，充实保障资金，提高支付能力。严格管理各项社会保障基金，加强监督，严禁挤占挪用，确保基金安全和增值。逐步推进社会保障的社会化管理，实行退休人员与原企业相分离，养老金由社会服务机构发放，人员由社区管理。认真落实企业离休干部的政治、生活待遇，做好管理和服务工作。

4.努力形成推进国有企业改革和发展的整体合力。国有企业改革和发展是一项艰巨复杂的社会系统工程，各地区、各部门、各方面要进一步解放思想，进一步增强围绕中心的意识、服务基层的意识、服从全局的意识，真正把加快国有企业改革和发展作为自己的重要职责，同心同德，密切配合，奋力拼搏，扎实工作，在全社会营造强烈氛围，努力开创我市国有企业改革和发展的新局面。

1999年12月23日

关于进一步加强投资发展软环境建设的意见

（连发〔2002〕26号）

近年来，全市各地围绕投资发展软环境建设开展了大量工作，取得了明显成效。特别是经过一段时间的集中整治，全市干部群众的思想观念发生了明显变化，办事效率有了明显提高，行政执法水平有了明显改善，机关作风有了明显转变，连云港的对外形象有了明显提升，有力地促进了我市经济和社会的发展。为了更好地落实投资发展软环境长效管理措施，进一步巩固扩大集中整治工作的成果，努力推动软环境建设向经常化、制度化、规范化方向发展，现就进一步加强投资发展软环境建设提出如下意见。

一、进一步转变思想观念

各部门、各单位和各级干部要按照市场经济的要求，与时俱进地把思想观念从传统的“重管理”转变到“重服务”上来，切实增强发展意识、机遇意识、创新意识、大局意识、责任意识，始终把发展作为第一要务，一门心思发展经济，一切为了富民强市，不争论，不清谈，不埋怨，不满足。说话办事都要以促进连云港加快发展为出发点，坚持有利于发展的话多说，不利于发展的话不说；有利于发展的事多做，不利于发展的事不做。对那些观念陈旧，抱残守缺，僵化教条，无所作为，甚至以权谋私，损害投资发展软环境的人，要采取批评教育、限期整改、停职待岗、职务调整、引咎辞职、责令辞职等多种措施予以严肃处理。此项工作由市纪律检查委员会（监察局）、组织部、宣传部、人事局共同负责。

二、不断提高工作效率

行政和执法部门对企业和投资者申办事项实行一个窗口受理、首问负责制、办事限时制、责任追究制等制度。坚持和完善各类社会服务承诺制，凡向社会公开承诺的事项都要一诺千金，责任落实，切实兑现。凡承诺限时办结的事项应按时办结，对一些重大项目要做到急事急办、特事特办，有条件的马上办。对于某些手续暂时不全但不涉及法律、法规、安全等重要专项审批程序的特急事项，可先行办理再补办有关手续。部门之间要加强协调和配合，改进对外商投资企业的服务，进一步提高办事效率。口岸单位要大力提高通关效率，不断提高现代物流速度。此项工作由投资发展环境建设办公室和行政审批服务中心共同督查落实。

三、切实简化办事程序

国家和省、市已经下放的管理职能或取消的审批事项，要坚决落实到位。对于不符合“三个有利于”标准、群众反映强烈的不合时宜的审批事项，要尽快清理和废除。任何部门、单位都不得擅自增设办事程序和审批事项。凡对外来投资者申办项目不予批准的，必须向投资发展环境建设办公室和招商局报告，说明否决理由，否决重大项目必须报市委、市政府。外商和私营个体业主独资或控股所办项目的建筑装潢工程，可以实行邀请招标。投资发展环境建设办公室和行政审批服务中心要对所有审批程序进行逐项过堂，严格按照上述要求简化办事程序。

四、坚决杜绝乱收费、乱罚款、乱摊派和乱检查现象

经常地、动态地审核和清理各类收费项目和收费标准，由物价、财政部门编制统一的收费目录，并向社会公布。各部门、各单位不得擅自设立收费项目、扩大收费范围、提高收费标准。符合规定的收费，收费标准应就低不就高。全面实行“两证一卡”收费制度，统一使用财政部门监制的收费票据，违反规定的，企业有权拒交。行政执法机关作出罚款处理必须严格按法规程序办事，特别是对企业和外来投资者的大额罚款，须经集体研究决定，杜绝罚款的随意性。收费和罚款要严格实行“收缴分离”“罚交分离”和“收支两条线”制度，严禁私设“小金库”。切实控制和规范针对企业的各类检查活动，各种检查都必须依法合规进行。各行政执法单位行政主要负责人对本单位采取的收费、罚款、检查行为的合法性、规范性负总责。市投资发展环境建设办公室牵头组织有关方面对上述各类行为进行跟踪监督，对违反规定、给企业造成损失和影响的，要依据有关规定追究责任。除党报党刊征订任务之外，各部门、各单位均不得向各类企业、私营个体业主及下级机关下达报刊、杂志、资料指令性征订任务。此项工作由市纪律检查委员会（监察局）、宣传部、行政审批服务中心、财政局、物价局负责。

五、进一步规范执法行为

明确执法主体，规范执法行为，全面落实行政执法责任制，加大行政执法监督力度，努力提高执法司法水平。依法调节经济关系，平等保护各类经济主体的合法权益。在执法检查过程中，对企业的一般违规行为，以教育、责令整改为主，不轻易传唤企业主要负责人和关键岗位负责人，不轻易采取冻结账户、查封、扣押财产等强制性措施。此项工作由政法委、法制办督促有关方面予以落实。

六、不断改善服务态度

在机关继续深入开展“三优三满意”创建文明机关、文明科室活动，做到热情接待，文明礼貌，“一张笑脸、一杯开水、一片诚心，接好每一个电话，办好每一件事情”，坚决纠正效率低下和“门难进、脸难看、话难听、事难办”的衙门作风。在基层、企业、群众向党政机关或部门请求解决问题或要求提供服务时，首次接谈的工作人员要热情接待，认真负责，自己能办的立即办理，自己不能办的要介绍办事的途径和办法，联系具体经办人。各职能部门要建立服务对象回访制度，准确及时地把握客商和基层的服务需求。此项工作由市级机关工作委员会、精神文明建设指导委员会办公室检查落实。

七、努力为客商创造良好的经营和生活环境

在扎实开展严打整治斗争的同时，实行群防群治，综合治理。继续推行警企挂钩制度，努力为外来投资企业提供安全周到的警务服务。加大对窗口地区、重点地区和重点企业周边地区的治安管理力度，继续开展安全文明小区和无刑事案件社区创建活动，加快构建社会治安防控体系。保持招商引资政策的稳定性、连续性，完善政策环境。标本兼治整顿规范市场经济秩序，打破地方保护和部门垄断，严肃查处假冒伪劣行为，维护投资者和消费者的合法权益。积极培育信用主体，加快建设地方信用体系，提高全社会的诚信程度，积极支持兴办为外商服务的国际学校、涉外医院和其他社会服务设施，在户口迁移、法律咨询、子女教育、医疗保健等方面为投资者提供便利。公安、工商、教育、卫生、司法等相关单位应按照上述要求出台相应的办事规章。

八、继续深化行政审批制度改革

切实加强市行政审批服务中心建设，认真执行重点项目“五条龙”联合审批制度，坚决落实“进一个门办好，交规定费办成，在承诺日办结”的要求。调整充实市行政审批服务中心窗口一线力量，凡有项目进审批中心的单位要选派素质高、业务精、服务优的干部到中心窗口工作。各单位要明确一名领导分管窗口工作，主要负责人要经常到行政审批中心现场督导，会办、解决具体问题。

九、经常开展明察暗访

定期或不定期组织市委委员、候补委员、市纪委委员、市人大常委、市政协常委和行风监督员随机组成明察暗访组，深入部门和基层了解投资发展软环境建设情况，并进行现场督查。明察暗访组有权对损害投资发展软环境的人和事提出处理建议。

十、多种形式开展群众评议活动

在总结经验、完善提高的基础上，继续组织群众公开评议机关活动，同时组织服务对象直接测评有关部门和岗位。各单位还要自行组织以中层机构和中层干部为测评对象的内部测评活动，及时了解本单位干部职工对各个科室、各个岗位的认同程度。上述民主评议结果均应作为工作考核奖惩、干部任用的重要依据。

十一、加大机关干部特别是热点岗位交流轮岗力度

按照《党政领导干部选拔任用工作条例》要求，有计划地推进党政机关干部交流或者轮岗。部门中层与投资发展软环境密切相关、权力比较集中的热点岗位也要实行定期轮岗，必要时可随时轮岗交流。市委组织部要会同有关部门研究制定干部交流轮岗的具体办法。

十二、广泛接受群众和客商投诉

市纪律检查委员会（监察局）和软环境建设投诉中心要切实履行职责，对群众和客商的投诉，要落实专人登记办理，严格实行“一次投诉查实待岗”制度，严肃处理损害软环境的重点人和事。市新闻媒体要继续办好“行风热线”和相关专题栏目，对损害软环境、阻碍发展的人和事，进行公开曝光，强化投资发展软环境建设过程中的舆论监督。

十三、实行严格的责任追究

严格执行连发〔2002〕9号《关于对损害投资发展软环境行为实行责任追究的暂行规定》，各部门、各单位要按照“谁主管谁负责”的原则，切实负起责任，对照文件所列30个具体条款，对不正确履行职能的工作人员严肃追究责任，及时得力地予以查处。

十四、围绕项目建立部门和干部功过评价制度

定期对促成重点项目的单位和个人予以表彰和奖励，对人为拖延、阻碍项目工作，最终导致项目失败的要严肃追究有关单位和人员的责任。此项工作由市招商局会同有关部门核查确认，并提出具体处理意见。

十五、进一步强化投资发展软环境建设职能机构

市软环境集中整治办公室更名为投资发展环境建设办公室。软环境建设投诉中心、重大项目和外资企业法制环境“110”、投资服务中心要继续加强，从有利于投资发展的实际需要出发，赋予其更大的职权和责任，并为其更好地履行职能提供必要条件，确保三个职能机构在投资发展软环境建设中发挥更大的作用。

2002年8月20日

关于加快发展民营经济推动全民创业的若干意见

连发〔2004〕2号

为深入贯彻落实党的十六届三中全会和市委九届三次全体（扩大）会议精神，加快发展民营经济，大力推动全民创业，特提出如下意见：

一、解放思想，充分放开搞活

1.发展民营经济是推动全民创业的有力举措，是进一步解放和发展生产力，实现“富民强市，快速崛起”的重要途径。民营经济，是指境内公民或公民团体自主经营自有资产或公有、混合所有制资产并自负盈亏的经济类型。主要包括个体工商户、私营企业、合作制或股份合作制企业、国家不控股的股份制企业及实行国有民营的企业（以下通称民营企业、个体工商户）。加快发展民营经济，对于进一步调整所有制结构，培育新的经济增长点，增强我市综合实力和发展后劲，繁荣市场，增加就业和维护社会稳定，加快融入“两个率先”，全面建设小康社会，具有重大而深远的意义。

2.充分搞活民营经济，全力打造投资成本最低地区。坚持全面放开、彻底放开、长期放开，鼓励全社会各类投资主体以多种形式和途径兴办民营企业、壮大民营经济。要按照“政治平等、政策公平、法律保障、放手发展、引导规范”的方针，进一步解放思想，打破常规，突破壁垒，消除一切妨碍民营经济发展的思想观念、体制弊端、政策规定和不合时宜的做法，畅通投资渠道，努力把我市建成省内政策最活、收费最低、服务最优、回报最大的投资兴业热土。

二、打破常规，畅通准入渠道

3.放宽从业条件。鼓励公民以自然人身份申办民营企业和作为出资人兴办中外合资、合作企业。鼓励党政机关、事业单位干部职工离岗创业和招商引资，直接从事经济活动，具体办法参照《关于鼓励市级机关干部离岗创业的暂行办法》《关于选派机关干部轮岗招商的暂行办法》执行。鼓励军转干部和城镇退五士兵从事民营经济实体经营，城镇退伍士兵两年内保留安置资格，需重新安置的，由有关部门按当年的安置政策予以安排工作，工龄连续计算。鼓励应届大中专毕业生从事民营经济实体经营，其档案分别由人事、劳动部门代理管理，工龄连续计算，3年内免收代理费用。从事民营经济实体经营的外来创业人员和招引的专业技术人员，享受本市市民待遇。鼓励事业单位、社会团体及其工作人员以资金、设备或专利、商标、非专利技术等，向民营企业投资、入股；在不涉及本单位商业秘密的前提下，事业单位的专业技术人员可到民营企业兼职或创办民营企业。鼓励发展市场经纪人，允许市场经纪人从事法律、法规明令禁止以外的一切商品、服务的中介代理活动。

4.简化民营企业注册和个体工商户登记手续。企业名称登记注册实行即时办理制度。申请人凭本人身份证明填写《名称预先核准申请书》，即予办理名称预先登记注册；民营企业中有限公司均可以直接冠“连云港”市名，积极帮助规模较大的企业冠“江苏省”名。下放个体工商户登记注册管辖权，简化登记注册手续。个体工商户可以到当地的工商所办理登记注册手续，登记注册只需提供申请人本人的身份证明和经营场所证明（有形市场内的个体工商户的经营场所以市场出具的证明为据）。

5. 全面实行告知承诺制。民营企业在申请设立、变更登记时，凡涉及前置审批的各类企业登记注册申请，由工商部门受理，申请人承诺并履行相关的手续后，在规定期限内由工商部门和审批机关分别颁发营业执照和许可证。

6. 放宽对经营范围的核定。对民营企业和个体工商户申请的经营范围，只要不是国家明令禁止的，放开让其经营。除涉及国家安全、人民身体健康、国家专营专控的商品、行业外，企业可自主选择经营范围的核定方式。根据企业的意愿，工商行政管理机关在核发《营业执照》时，可以表述具体经营项目，也可以不表述具体经营项目。

7. 注册资本（金）可分期缴付。对注册资本足额到位有困难的公司制企业，可在向工商行政管理机关提交注册资本分期缴付的承诺书后，按分期出资的原则申请设立：公司按《公司法》规定的注册资本最低限额设立的，首期出资额达到认缴额10%以上（但首期总的出资额最低不少于3万元），1年内实缴注册资本追加到50%以上，其余部分可在3年内全部到位。公司注册资本50万元以上的，首期出资额达到认缴额10%以上（但首期总的出资额最低不少于50万元），1年内实缴注册资本追加到50%以上，其余部分可在3年内全部到位。申请登记注册属于须审批项目的企业，注册时应缴清全部注册资本。

投资人以高新技术成果出资，应当出具经全体投资人确认的高新技术成果说明书。以高新技术成果作价出资占企业注册资本（金）的比例，可以由投资各方协商约定。

三、加大力度，实施政策扶持

8. 设立民营企业发展专项资金。市、县（区）财政2004年安排一定经费作为启动资金，以后市、县（区）每年将本级民营经济上年度新增财力的15%列入民营企业发展专项资金，主要用于引导扶持科技型、外向型、农副产品加工型、劳动密集型、商贸流通类民营企业发展和服务体系建设。

9. 推动民营企业科技创新。民营企业的新产品、新技术开发费用，以及科技成果引进、转化和生产过程中所形成的技术开发费用，按照实际发生额计入管理费用，不受比例限制。鼓励民营企业与高等院校、科研机构建立稳定的合作关系，自办或合办技术开发机构，进行产学研联合科技攻关，开发高新技术项目。对新认定为国家、省、市级的高新技术研究开发中心、工程技术研究中心、企业技术中心的民营企业，分别给予30万元、10万元和5万元的资助。以上资金由企业纳税所在市、县（区）财政承担。

10. 鼓励发展外向型民营经济。凡具备开展进出口业务条件的民营企业，有关部门要支持和帮助其取得进出口经营资格。改进服务与管理，为民营进出口企业提供便捷通关服务，对符合条件的民营企业出口产品给予免检等待遇，简化民营企业人员出国（境）手续。每年从市招商引资专项资金中安排50万元，资助民营企业参加各类国际展销会、展览会和境外招商引资活动。

11. 支持农副产品加工型民营企业发展。各级政府要对涉农扶持资金进行整合并集中使用，重点支持从事农副产品深加工、保鲜技术开发应用、设备更新改造、标准化建设、市场开拓和人员培训等。发放100个农产品运输绿色直通车证，扶持民营农产品加工和鲜活农产品运销企业发展。持绿色直通车证的车辆在本市境内可享受国务院规定的“绿色通道”证车辆同等的优惠。需要申领绿色直通车证的民营企业和个体工商户向市农业行政主管部门提出申请，由市农业和交通行政主管部门联合审批发放。

12. 扶持劳动密集型民营企业发展。对安置下岗失业人员就业的企业，以及下岗失业人员自办企业或从事个体经营，按照国家和省市有关规定给予税收和行政事业收费减免等优惠扶持。

13.加快商贸流通类民营企业发展。按照规划整合市场资源，划行归市、集聚发展的原则，鼓励扶持各类市场建设。引导商贸物流型重点民营企业进入物流园区，对物流业的重点项目按规定在用地等方面给予优惠。重点培育一批大型民营商业连锁企业、餐饮连锁企业、现代物流配送企业和各具特色的专业市场及区域性的批发市场。

14.引导民营企业实施名牌战略。对新获得国家驰名商标、省著名商标的企业，分别给予30万元、20万元的奖励；对新获得国家、省名牌产品称号的企业，分别给予30万元、10万元的奖励。以上奖励由企业纳税所在市、县（区）财政承担。

15.统筹安排民营经济用地。民营企业投资项目用地统一纳入各级年度建设用地计划，合理安排用地指标。对经营性项目按照公开、公平原则，通过招投标、拍卖、挂牌等方式提供土地使用权；各项规费的收取与其他各类投资主体一视同仁。鼓励和引导民间投资项目集约用地。

16.推行灵活征税方式。税务部门要运用核定征收等多种方式，扶持成长型的民营企业发展，重点扶持科技型、外向型、劳动密集型、农副产品加工型民营企业发展。

17.改进招标制度。民营企业招标活动由投资业主依法组织实施，任何单位和个人不得非法干涉，民营企业完全利用自有或自筹资金建设厂房和购买机器设备的，由投资业主依法选择发包方式。依法进行招标的，不得收取民营企业任何费用。

四、阳光收费，降低创业成本

18.完善收费公示制度。物价、财政部门要对涉及民营企业和个体工商户的收费项目和收费标准进行一次全面清理，并将涉及民营企业的收费项目和标准编印成册，免费发放给民营企业。收费单位应在收费场所的显著位置公布收费项目、收费标准和收费依据，接受社会监督。

19.实施扎口收费办法。设立民营企业收费中心，负责各种行政事业性收费的审核、收款、进账、划转等工作。此项工作由市财政局牵头，组织相关部门制定具体实施细则后施行。

20.严格规范收费行为。行政机关在实施行政许可和对行政许可事项进行监督检查时，除法律、行政法规另有规定的，不得收取任何费用（包括发放各类证照的工本费）。所需经费列入本行政机关的预算，由本级财政予以保障。取消各类无实质性服务内容的服务费；不得把属于政府部门职责范围内的工作转移给中介机构，实行中介垄断，强行收费；有关部门通过中介机构实行代理、咨询等收费的服务项目，企业有权自主选择是否需要该项服务；不得向企业指定中介组织，指定接受中介服务；不得随意要求企业对同一项目接受重复中介服务。

五、改进方法，规范执法行为

21.改革规范检查制度。清理各部门承担的年检事项，取消不合理的年检项目，简化年检程序，规范年检行为。对信誉良好、经营正常、管理规范、无违法记录的民营企业予以挂牌明示，免除综合检查和日常巡查，在进行专项检查时实行企业自查、整改备案制度。免检企业年检实行申报备案制度，免予提交审计报告，不对企业进行实质性审查和实地检查。成立市执法检查免检领导小组，办公室设在市法制办，办公室负责协调有关部门制定实施办法。

22.实施签字批准执法制度。执法部门对非免检民营企业进行执法检查，必须经过部门主要领导签字，持证依法检查，并将检查报告报民营企业投诉中心备案。除涉及生产安全等重大问题，同一部门对同一企业的检查，每年只能进行一次，严禁多头和重复检查。

23.改进执法方式。公、检、法等部门要严厉查处侵害民营经济主体合法权益的案件，维护市场秩序，提供公平竞争的环境。对涉及民营经济主体的案件要快立、快审、快结、快执，做到急事急办、特事特办，诉讼费用给予一定的减免；民营经济主体对已结案的胜诉案件提出申请执行的，应在3个月内执行完毕。在查处违法案件中，对民营经济主体轻微违法实行首次告诫并提出整改措施，二次从轻处罚的办法。执法人员在执法过程中，要严格执行持证上岗、亮证执法。

六、多策并举，改善融资环境

24.加大金融扶持力度。金融机构要改善对民营企业的金融服务，开发适合民营企业特点的融资服务项目。积极试行非全额担保和非完全抵押贷款，探索对民营企业的信用贷款。简化抵押、担保手续，降低评估费用，不断优化融资环境。建立激励金融机构支持民营经济发展的机制，组织协调金融部门开展对企业授信活动。人民银行和民营经济发展局要每年组织一次授信活动，对授信的企业，金融部门要保证资金供应。

25.完善银企联席会议制度。扩大现有的银企联席范围，由人民银行、民营经济发展局等部门牵头，进一步加大民营企业项目推荐和银行承诺力度，扩大民营企业在银企合作中的份额，市银企联席会议办公室应对民营企业贷款落实率进行单独考核。

26.扩大健全担保体系。积极引导和推进投资主体多元化、形式多样的中小企业信用担保体系建设。市级要继续对中小企业担保中心和格斯达担保公司进行增资扩股，市民营经济发展局负责服务、协调、推动工作，各县（区）要根据自身财力出资，多渠道筹集资金组建和发展担保机构，对现金注资有困难的，可以通过储备土地等不动产作为担保资本金。为加强对这项工作的引导，要将其纳入年度目标加以考核。对由政府出资设立的担保机构要打破现有归属界限，进行资源整合，更有效发挥担保资金的规模效应。鼓励具备条件的社会法人尤其是民营企业成立担保机构和开展担保业务。鼓励民营企业、个体工商户之间依法互相担保或联合担保。积极引进国内外有实力的担保机构为民营企业提供担保。推行民营业主和经营层以个人财产作为抵押物申请贷款。鼓励公务员与民营创业者挂钩帮扶，实施单户或多户连带担保。

27.广泛开展招商引资活动。鼓励有条件的民营企业积极有效地利用外来资本，相关部门要将民营企业招商工作列入招商引资专项工作计划，积极做好民营企业的项目储备、宣传和推介，组织和帮助民营企业出国招商、专题招商、配套招商。市委、市政府每年开展民企民资专题招商活动。

七、创新机制，健全服务体系

28.建立发展民营经济联席会议制度。市政府成立由市各相关职能部门和部分企业共同参加的发展民营经济联席会议，协调政府各职能部门之间的协作与配合，加强政府与民营企业之间的沟通，研究解决全市民营经济发展过程中遇到的有关问题。市发展民营经济联席会议制度下设“一办两中心”，即联席会议制度办公室、民营经济投资发展服务中心和民营企业投诉中心。联席会议制度办公室设在市民营经济发展局，民营经济投资发展服务中心设在连云港工商局，民营企业投诉中心设在市监察局（与市软环境整治建设投诉中心合署办公）。

29.推行行政审批“通行权下放，否决权上收”制度。“通行权下放”即实行“一审制”，对窗口人员高度授权，合并办事环节，实行一人受理、全程服务、终身负责、公众监督，并承担相应责任；“否决权上收”即当窗口人员认为企业申请有违相关规定不能核准时，受理人员不得直接驳回企业申请，必须报部门主要领导研究后方能作出驳回的决定。

30.完善学习培训机制。由民营经济发展局和工商联牵头定期对民营企业家开展多种形式的培训，提高企业家的管理水平和市场开拓能力，培育一批政治素质好、经营水平高的民营企业家。积极组织民营企业家外出参观学习，开阔眼界，解放思想，启发思路。由劳动和社会保障部门牵头，加强对城镇失业人员和农村富余人员的职业技能培训，促进其尽快就业。

31.健全社会化服务组织。放手发展各类市场中介组织，建设公共性服务平台，为民营企业提供社会化、专业化和规范化的创业辅导、人才引进和法律咨询等服务。农村中介组织由农办负责推动成立，城市中介组织由分管职能部门牵头推动成立。鼓励支持行业协会（商会）的改革与发展，广泛吸收民营业主入会，扩大行业协会（商会）的覆盖面和代表性。

32. 提高民营业主的政治社会地位。重视舆论导向作用，加强正面宣传，营造有利于民营经济发展的良好氛围。每年大张旗鼓地表彰奖励一批民营经济的纳税大户、就业大户、科技创新企业、获得名牌产品企业等。鼓励和支持民营业主参政议政，推选依法经营、照章纳税、具有一定参政议政能力的优秀分子担任各级人大代表和政协委员；把符合党员条件的优秀分子吸收到党内来，全面提高他们的社会、政治地位，鼓励他们放心放胆地发展民营经济。

33. 以前我市有关规定与本意见不一致的，一律以本意见为准执行。

2004 年 2 月 19 日

二、统计调查资料

构建和谐社会与连云港居民收入分配

连云港市统计局

一、构建“和谐社会”是历史与现实的必然选择

构建和谐社会是当代经济社会发展给我们提出的时代课题和战略目标，是落实科学发展观、促进经济社会可持续发展的重要举措。我们认为，和谐社会，是指在社会发展中，实现经济社会协调发展、人与自然协调共处、人与社会全面发展的大同社会。基础是经济社会协调发展、人与自然协调共处，目标是实现以人为本、可持续发展以及大多数人能够分享改革和发展成果的社会。在民主与法制的轨道上，社会各阶层和睦相处，社会成员各尽所能，人民的聪明才智全面发挥，人的基本权利和需求得到满足，最终实现经济、社会和人的全面发展。

在我国处于体制转轨和经济转型时期，我们需要有一个和平安宁的外部发展环境，更需要一个稳定和谐的内部发展空间，只有这样，才有利于改革的深入、社会的发展、国家的富强和人民富裕，才能尽快实现我国社会主义现代化建设的根本目标。因此，构建和谐稳定的社会符合国家和人民的根本利益，是历史与现实的必然选择。

二、居民收入水平的提高、生活质量的改善，为构建和谐社会创造了必要条件

构建和谐社会与加快社会经济发展是一种相互促进和相互依存的关系。我们需要以发展求和谐，以和谐促发展。归根结底，发展的目的，是要提高居民的收入水平，提升居民的生活品质和生活质量。改革开放以来，社会经济的迅速发展和居民收入水平的大幅提高，生活品质的明显改善和家庭财富积累的日渐增多为构建和谐社会创造了必要的条件。

1. 居民收入大幅增加，经济实力明显提高。居民收入水平是衡量其富裕程度的重要指标，收入增长意味着富裕程度的增加和经济实力的增强。

统计资料显示，2005 年连云港市城镇居民可支配收入达 10006 元，同比增长 12.8%，比 1984 年的人均可支配收入 604 元增长了 15.6 倍，即使与本世纪初比较，城镇居民可支配收入也以年均 9.2% 的速度高速增长。2005 年连云港市农民人均纯收入达到 3869 元，比上年增收 368 元，增长 10.5%，比 1984 年增长了 7.4 倍，平均增长速度达 10.6%，同样实现了快速增长。

2. 居民消费能力日益增强，生活品质显著改善。在收入增长的同时，居民消费能力不断增强，生活质量明显改善。最新统计结果表明，2005 年城镇居民人均消费性支出 7213 元，同比增长

16.0%。是1984年的14.4倍。代表居民生活改善程度的恩格尔系数从0.57下降到2005年的0.39，表明连云港城镇居民消费已摆脱贫困、跨越温饱而基本达到小康水平；2005年农民人均生活消费支出2568元，是1984年（409元）的6.3倍，恩格尔系数由0.57下降到0.46，表明连云港农村居民消费已走出贫困，解决了温饱，正向小康生活迈进。

3. 居民家庭资产增长迅猛，财富积累逐渐增多。资产是收入的剩余和积累，是财富的沉淀和显现，也最能体现居民的富有程度及未来持续发展的能力。资产的表现形式主要有实物资产和金融资产两种。统计资料显示，连云港城乡居民无论实物资产还是金融资产都有大幅度提高。从实物资产分析，2005年连云港城镇居民人均拥有住房建筑面积31.57平方米，人均拥有房屋总使用面积23.87平方米。调查发现，2005年连云港城镇居民家庭住房商品化率为78%，住房私有化率为93.5%，户均现有住房按市场价估计值为11.56万元，城镇居民储蓄存款余额达199.67亿元，比年初增长13.7%，户均储蓄存款余额达3.38万元；2005年连云港农村居民人均住房面积29.5平方米，农村居民储蓄存款余额达50.46亿元,比年初增长4.8%。表明城乡居民资产水平有大幅度的提高，实现了财富的快速增长，为构建和谐社会的奋斗目标打下了坚实的基础。

三、构建和谐社会需要解决居民收入分配中存在的一些问题

改革开放以来，我们取得的成绩有目共睹。但将连云港居民收入放到全国居民收入的大系统中考察，以及进行比较分析和结构分析，可以看出，存在的问题也比较多，突出表现在以下几个方面：

（一）从总体看，连云港居民收入增长偏低，与发达兄弟市差距越拉越大。

1.与全国的收入增长步伐越来越不同步。综观改革开放以来连云港城镇居民可支配收入的发展过程不难发现，连云港在全国城镇居民收入中的表现可分为三个阶段：初期同步、中期跟随和近期落后。

初期同步增长阶段。即1978～1990年，全国城镇居民人均可支配收入由343元增加到1990年的1510元，连云港城镇居民人均可支配收入由325元增加到1501元，12年时间，连云港与全国的差距水平由18元减少到9元，表明连云港城镇居民收入增长与全国比较协调和同步。

中期跟随增长阶段。1990～2000年，十年间，全国城镇居民人均可支配收入由1510元增加到6280元，增长了3.16倍，同期连云港城镇居民人均可支配收入由1501元增加到6457元，增长了3.30倍。连云港城镇居民人均收入的增长略高于全国,基本上呈现跟随的态势。

新世纪后的落后阶段。进入21世纪后，全国城镇居民可支配收入实现了高速增长，2000～2004年年均增长速度达10.7%，但连云港居民收入增长却未能实现与全国同步，同期年均增幅仅为8.2%，不仅与全国相差2.5个多百分点，而且低于同期连云港GDP的增幅。表明连云港城镇居民收入增长不仅与全市整个社会经济发展不太协调，而且与全国的差距呈不断扩大之势。

连云港城镇居民收入与全国的差距比较表

单位：元

	1978年	1990年	2000年	2004年	2000年比1990年增加	2004年比2000年增加
全国	343	1510	6280	9422	年均15.3%	年均10.7%
连云港	325	1501	6457	8872	年均15.7%	年均8.2%

2.与兄弟发达市相比差距拉大。据江苏省城调局2005年度最新统计资料显示：2005年全省城市居民人均可支配收入突破1.2万元，达到12319元，比2004年增长17.5%，我市城市居民人均可支配收入为10006元，位居全省十三个城市第十一位，其位次与上年保持一致，低于全省平

均水平2313元，低于最高的苏州市6270元，仅相当于苏州市的61.5%，比上年增长12.8%，低于全省平均增长速度4.7个百分点，低于增长速度最高的南京市7.1个百分点，与兄弟发达市相比差距拉大。

（二）从内部看，二元经济的发展格局导致城乡收入差异日益扩大，内部收入分配不公现象日趋突出。

改革开放后，伴随着城镇居民低收入、低工资为特征的短缺经济及农村居民以大锅饭和平均主义为特征的格局被打破，随着农村经济体制改革的成功和城市经济体制改革进程的加快，中国经济获得了高速增长。与这一改革进程相伴随的结果是，在城乡居民收入增长的同时，不仅城市居民收入开始拉开了差距，农村居民的收入差距也开始拉大，特别是随着城市化的发展，城乡之间收入差距更是越来越大。

1.城乡收入差距越来越大。从以下几方面，我们可以看到城乡居民收入差异呈现越来越大的特点：一是从收入水平的绝对差距看，1984年城乡居民收入仅相差142元，到2000年已扩大到3860元，2005年更扩大到6137元。二是从城乡收入比来观察，1984年，城乡居民收入为1.31∶1，2000年扩大到2.49∶1，2002年扩大到2.55∶1，2004年，国家一系列支农、扶农政策和措施的出台，加之农副产品价格上涨，农民增收亮点较多，差距略有回落，但也高达2.53∶1，2005年继续扩大到2.59∶1。三是从各自发展速度比较，1984年以来，城镇居民可支配收入增长了15.6倍，而同期农民人均纯收入只增长8.6倍，城乡居民收入差异呈日趋扩大之势。

连云港城乡居民收入及差距比较表

单位：元

	1984	2000	2002	2005	2005年与1984年比增加
农村居民	462	2597	2991	3869	年均11.4%
城镇居民	604	6457	7630	10006	年均14.3%
城镇(－)农村	142	3860	4639	6137	
城镇/农村	1.31	2.49	2.55	2.59	

2.在城乡收入差异扩大的同时，内部收入分配差异逐步扩大。从不同收入分组观察城镇居民，其内部收入分配差异呈扩大之势。相对农村居民而言，城镇居民收入分配差异更大，不公平程度更高。分组资料表明，城镇居民高收入组的收入增长显著快于低收入组，最富有的10%家庭与最贫穷的10%家庭人均可支配收入比较，1990年其差距仅有3.2倍，到2000年达到4.4倍，2005年已达到12倍，占总数60%的城镇居民人均可支配收入达不到平均水平。采用五分法分组的农村高低收入倍数2005年也高达4.1倍，同样表明了农村居民收入分配呈现较大差距。

连云港城镇居民高低收入户差距比较表

单位：元

	最高收入10%	最低收入10%	高低收入倍数
2000	13326	3048	4.4
2004	22747	2436	9.3
2005	31419	2614	12.0

四、采取切实措施大幅度提高居民收入水平，推进收入分配制度改革，努力促进和谐社会的建立

构建社会主义和谐社会，是一条社会多元化协调健康发展之路。关键在于加快经济社会发展，重点在于保持城乡居民收入的可持续增长。对于现阶段居民收入分配中存在的问题，我们既要有清醒的认识，同时也必须用发展的眼光正确看待，用发展的办法认真加以解决。成绩代表过去，展望未来，建设可持续发展为主要特征的和谐社会，提高居民收入，需要方方面面的共同努力。

1.坚持走可持续发展的道路，在促进经济增长的同时努力提高城乡居民收入水平。对比研究发现，由于连云港城镇职工工资收入在全省一直处于较低水平，基数低，增幅慢，占可支配收入的比例偏小等对连云港城镇居民可支配收入增长的影响极大。因此，提高城镇居民可支配收入，重在提高工薪收入水平及增速，可从以下几点着力解决。

一是从充分发挥连云港优势产业及城市中心区域的带头作用，大力发展连云港社会经济，通过经济实力的提升，企业的做大做强来提高社会就业率，提高企业经济效益和就业人员工资收入水平。

二是在财政收入稳定增长的前提下，对现有工资分配体制进行适度改革和调整，适当增加一些津补贴，逐步提高职工工资收入水平，提升连云港职工工资占可支配收入的比例。

三是强化教育体制改革，建立健全各级人才培养体系，全方位提高现有职工及待业人员的生产技能和生存技能，形成人才市场与经济发展的良性互动，通过新增企业、新增岗位及职级晋升等多渠道增加居民收入。

城乡居民收入的差距，主要是由计划经济体制形成的城乡二元经济结构及其相应的政策所致。因此，确保连云港农村居民收入的可持续高速增长，可从以下几方面着手：

一是认真解决好有关三农问题。农业是基础产业。中央非常重视三农问题，每年都有相关的政策措施出台，但给农民、给农业、给农村的优惠政策，往往又会随着农业生产资料及种子等生产成本的不断提高，很快就转移给工业部门，农民并没有得到多大实惠，实际负担还是在不断加重。多少年来，“三农”为城市经济和二、三产业的发展做了太多的奉献，现在应该是加大对“三农”政策反哺力度的时候了。

二是加强对农民生产行为的指导。对农民的指导关键包含两个方面，即技术指导和市场指导。前者可以帮助农民提高产能，提高效率。后者可以比较有效地避免农民因为市场信息渠道不畅、信息不灵而形成的农牧产品供需与市场脱节，避免伤农、损农事件的发生。

三是加快农民工劳务输出的步伐，多渠道增加农民就业机会。调查表明，连云港农民工资性收入越来越多，2004年已占经营性收入的51%。农民仅靠农业只能维持生存，要发展，就必须有效解决好剩余劳动力出路。解决农村剩余劳动力不外两条途径，内部消化加外部输出。内部消化重在通过资金、技术向农村倾斜，大力发展农村二、三产业来解决；外部输出主要靠相关机构有计划有组织向城镇或省外转移来解决。增加农民工的就业机会是增加农民纯收入非常有效而重要的途径。

2.推进收入分配制度改革，努力消除社会经济发展中存在的不平衡、不公平、不稳定因素。

首先是要加快城乡一体化建设，努力消除因体制原因造成的身份差异，创造和谐的客观生存环境。和谐经济要求社会各阶层之间、城乡之间、地区之间能够流动自由，目前我国存在严重的城乡二元化结构问题，严重阻碍经济、社会的公平和谐发展，也客观上形成了现在农民工与城市人身份不平等的不正常现象。只有加快城乡一体化的建设，加速推进城市化进程，革除体制形成

的居民身份差异，让更多的农村居民由农民变为有职业的城镇居民（而非城镇贫民），才能适应和谐社会发展的需要。

其次保持适度的差异化发展策略，努力创造公平合理的发展环境。历史经验告诉我们，吃大锅饭、平均主义不是我们追求的目标，但收入差异过大、分配不公不仅不利于推动社会的发展和进步，可能还会带来经济的震荡和影响社会的稳定。只有收入分配的适度差异，适当的收入差距拉大，才有利于调动各阶层的积极性，刺激经济的发展，提高社会生产力的发展，提高工作效率，也才符合和谐社会的基本要求。因此，对目前差异较大，分配不公的问题，是体制造就的，就对原有体制实施改革，是政策倾斜带来的就需要重新调整和制定政策。只有建立相对起点公平的制度和适度的财富分配政策才能适应和谐社会发展的需要。

第三完善财政税收政策。尤其是要逐步完善转移支付等积极的财政政策，充分利用财政、税收、利率等系列经济杠杆，解决区域之间发展不平衡、差异过大的问题，使收入差距过大回到正常的区位中来。同时，对不同群体之间形成的差异过大问题采取不同的政策取向区分对待，对于勤劳致富者多加鼓励，对于法律和规则允许者的高收入，采用不同利率的方式进行适度调节，对于法律和规则不允许的收入，要采取严厉措施或法律手段坚决予以制止。

总之，构建和谐社会是我们的目标，但构建和谐社会不可能一蹴而就，在前进的道路中，我们还面临很多的问题要解决，需要我们有正确的认识，认真负责的态度，需要各级政府和社会各阶层的共同努力奋斗，这样才能确保和谐社会的早日实现。

2005年连云港市全面建设小康社会进程监测报告

连云港市统计局

党的十六大提出要在本世纪前20年“全面建设惠及十几亿人口的更高水平的小康社会”。江苏要求率先全面建成小康社会、率先基本实现现代化。连云港市积极融入“两个率先”大局，全面建设小康进程加快，2005年实现程度达75.2%，比上年提高了3.3个百分点，各项指标值正朝着全面小康目标迈进。

一、全面建设小康进程

在全面建设小康社会25个指标中，2005 年连云港市有23个完成了2017年实现全面小康社会目标或当年序时进度。

1.已达到全面小康目标的指标。达到或超过小康目标的指标有9个：城镇登记失业率、城镇人均住房建筑面积、农村行政村通灰黑公路（或航道）比重、城镇人均拥有道路面积、新型农村合作医疗覆盖面、人民群众对社会治安的满意率、城镇社区居委会依法自治达标率、农村村委会依法自治达标率、环境质量综合指数。

2.完成序时进度的指标。按2017年目标完成当年序时进度的指标有14项：人均GDP、二三产增加值占GDP比重、城市化水平、城镇居民人均可支配收入、农村居民人均纯收入、农村人均钢筋砖木结构住房面积、百户家庭电话拥有量、百户家庭电脑拥有量、恩格尔系数、高中阶段毛入学率、卫生服务体系健全率、城镇劳动保障三大保险覆盖面、森林覆盖率和城市绿化覆盖率。

3.未完成序时进度的指标。未能完成序时进度的指标有2项：居民文教娱乐服务支出占家庭消费支出比重、R&D经费支出占GDP比重。

二、全面建设小康实绩

全面建设小康社会25个指标分布在4大类18项中。

（一）经济发展

1. 人均地区生产总值：目标值为大于等于24000元，序时进度年均应增加1188元。2005年实现值为10003元，比上年增加1452元，完成序时进度。

2. 二、三产增加值占GDP比重：目标值为大于等于92%，序时进度年均应增加1.1个百分点。2005年实现值为79.5%，比上年增加1.6个百分点，完成序时进度。

3. 城市化水平：目标值为大于55%，序时进度年均应增加1.4个百分点。2005年实现值为38.1%，比上年增加1.8个百分点，完成序时进度。

4. 城镇登记失业率：目标值为小于5%，2005年实现值为4.1%，达到全面小康目标。

（二）生活水平

5. 居民收入

（1）城镇居民人均可支配收入，目标值为大于等于16000元，序时进度年均应增加548元。2005年实现值为10006元，比上年增加1134元，完成序时进度。

（2）农村居民人均纯收入，目标值为大于等于8000元，序时进度年均应增加346元。2005年实现值为3869元，比上年增加368元，完成序时进度。

6. 居民住房

（1）城镇居民人均住房建筑面积，目标值为大于30平方米，2005年实现值为31.8平方米，达到全面小康目标。

（2）农村人均钢筋、砖木结构住房面积，目标值为大于40平方米，序时进度年均应增加1.3平方米。2005年实现值为24.5平方米，比上年增加1.6平方米，完成序时进度。

7. 居民出行：

（1）农村行政村通灰黑公路（或航道）比重，目标值为100%，2005年实现值为100%，达到全面小康目标。

（2）城镇人均拥有道路面积，目标值为大于12平方米，2005年实现值为13.7平方米，达到全面小康目标。

8. 居民信息化普及程度

（1）百户家庭电话拥有量，目标值为超过200部，序时进度年均应增加4.3部。2005年实现值为169.4部，比上年增加25.6部，完成序时进度。

（2）百户家庭电脑拥有量，目标值为超过40台，序时进度年均应增加2.4台。2005年实现值为14.6台，比上年增加6台，完成序时进度。

9. 居民文教娱乐服务支出占家庭消费支出比重：目标值为大于18%，序时进度年均应增加0.1个百分点。2005年实现值为14.5%，比上年下降1.7个百分点，未完成序时进度。

10. 恩格尔系数：目标值为小于40%，序时进度年均应下降0.4个百分点，2005年实现值为43.2%，比上年下降2.5个百分点，完成序时进度。

（三）社会发展

11. R&D经费支出占GDP比重：目标值为大于等于1.5%，序时进度年均应增加0.08个百分点。2005年实现值为0.55，比上年增加0.03个百分点，未完成序时进度。

12. 高中阶段教育毛入学率：目标值为大于等于90%，序时进度年均应上升4个百分点。2005年实现值为45.4%，比上年上升7.7个百分点，完成序时进度。

13.卫生服务体系健全率：目标值为大于等于90%，序时进度年均应上升1.1个百分点。2005年实现值为77.7%，比上年上升1.6个百分点，完成序时进度。

14.社会保障

(1)城镇劳动保障三大保险各自覆盖面，目标值为大于等于95%，序时进度年均应上升0.5个百分点。2005年实现值为91.8%，比上年上升3.3个百分点，完成序时进度。其中：基本养老保险、失业保险和基本医疗保险目标值均为大于等于95%，2005年实现值分别为98.1%、98.3%和79.2%。

(2)新型农村合作医疗覆盖面，目标值为大于等于85%，2005年实现值为91.3%，达到全面小康目标。

15.人民群众对社会治安的满意率：目标值为大于90%，2005年实现值为97.1%，达到全面小康目标。

16.城乡村(居)民依法自治：

(1)城镇社区居委会依法自治达标率，目标值为大于90%，2005年实现值为92.0%，达到全面小康目标。

(2)农村村委会依法自治达标率，目标值为大于95%，2005年实现值为95.0%，达到全面小康目标。

(四)生态环境

17.绿化水平

(1)城市绿化覆盖率，目标值为大于40%，序时进度年均应增加0.4个百分点。2005年实现值为37.1%，比上年上升2.7个百分点，完成序时进度。

(2)森林覆盖率，目标值为大于20%，序时进度年均应增加0.5个百分点。2005年实现值为14.7%，比上年上升1.2个百分点，完成序时进度。

18.环境质量综合指数：目标值为大于80分，2005年实现值为86.6分，达到全面小康目标。

三、全面小康建设评价

在全面小康的推进过程中，连云港市坚持将率先建设全面小康社会与率先贯彻科学发展观相结合，坚持将率先快速发展与全面协调发展相统一。

1.经济建设步伐加快

发展经济是全面建设小康社会的基础和首要任务。2005年，连云港市紧抓发展第一要务和经济建设这个中心，积极适应国家宏观调控，经济保持快速稳定增长，结构不断调整优化。“经济发展”大类的4项指标全部完成进度。

2.人民生活水平提高

连云港市把提高人民生活水平作为全面建设小康社会的出发点和落脚点，全市富民进程明显加快。居民收入快速增长，城乡交通状况进一步改观，人居条件不断改善，信息化建设加快推进。“生活水平”大类的10项指标有9项完成进度。

3.社会事业全面发展

连云港市重视发展各项社会事业，积极推进三大文明协调发展。大力实施科教兴市战略，努力构建功能齐全、结构合理的卫生服务体系，加强民主与法制建设，开展“平安连云港”创建活动、保持社会稳定，促进社会和谐。“社会发展”大类的8项指标有7项完成进度。

4.生态环境质量改善

连云港市把经济与人口、资源、环境协调发展作为全面小康目标的重要内涵和支撑条件，大力实施可持续发展战略，走新型工业化道路，加快推进生态市和“绿色连云港”建设，居民的生存条件得到改善。“生态环境”大类的3项指标全部完成进度。

四、全面建设小康难点

连云港市全面小康进程总体呈健康发展态势，但少数指标完成进度不够理想，难点仍较突出，需要引起高度重视。2005年除2个指标未达到时序进度外，还有3个指标实现程度不到目标值的一半。

1. 居民文教娱乐服务支出占家庭消费支出比重。连云港市居民文教娱乐服务支出占家庭消费支出比重较高，但是随着生活水平提高，居民家庭其他消费项目如住房、就医等支出会增多，加上教育乱收费现象减少，文教娱乐服务支出比重反而会下降。目前苏北这一比重普遍高于苏南，连云港农村也反超了城市，城市连续三年下降，说明这一比重并不一定随着生活水平而提高。

2. R&D经费支出占GDP比重。科学研究与试验发展（R&D）水平反映了自主创新能力，是衡量科技进步乃至社会发展的重要指标。R&D经费支出占GDP比重全面小康目标值为大于等于1.5%，2005年连云港市实现值为0.55%，仅是目标值的36.7%，且没有完成当年序时进度。

3. 人均地区生产总值。人均地区生产总值全面小康目标值为大于等于24000元，2005年连云港市按常住人口计算实现值为10006元，虽然完成了序时进度，但仅是目标值的41.7%，经济发展与发达地区相比差距仍较明显。

4. 农村居民人均纯收入。连云港市农村居民收入离全面小康还有一定距离，农村居民人均纯收入目标值为大于等于8000元，2005年连云港市实现值为3869元，虽然完成了序时进度，但仅是目标值的48.4%。

5. 百户家庭电脑拥有量。连云港市居民家庭电脑拥有量偏少，近年来虽然有所增加，但上升的幅度较小。2005年末，城市居民和农村居民百户家庭电脑拥有量分别仅为34台和2.8台，平均14.6台但仅是目标值40台的36.5%。

2006年是连云港市全面建设小康社会的关键之年，在加快经济发展的同时，应加大对社会事业的投入，高度重视实现全面建设小康社会的重难点问题，既要巩固已取得的成果防止反弹，更要解决好居民生活、社会保障和生态环境发展相对滞后的矛盾，确保全面小康各个指标协调均衡发展，力求将实现全面小康时间提前。

三、前志勘误

根据《连云港市志》（方志出版社2000年6月版）中已发现的差误，予以更正。

《连云港市志》（2000年6月版）勘误表

页数	行数	原文	更正
连云港市地图		塔山水库	小塔山水库
连云港市市区地图		网疃	网疃
照片	11	正大天晴	正大天晴
照片	25	海门禅寺	海宁禅寺

续表

页数	行数	原文	更正
5	倒 6	沈云霈	沈云沛
7	9	民逃亡而岁不减	民逃亡而捐不减
8	倒 3	学官	学宫
9	9	连海路	海连路
9	倒 5	钟离昧	钟离眛
11	倒 9	亟鲧于斯	殛鲧于斯
14	7	赣榆沼盐仓	赣榆治盐仓
14	17	钛左趾	釱左趾
16	倒 5	五洋湖	五羊湖
17	2	东海县令元暖	东海县令元暖
19	3	嘉佑	嘉祐
20	6	南宋淮西制使贾似道	南宋淮西制置使贾似道
22	7	总督糟运御史	总督漕运御史
22	14	海州同治	海州同知
23	5	黉官	黉宫
23	倒 3	改用砖地晒盐法	改用砖池晒盐法
24	倒 4	戊时	戌时
27	10	王德胜	王得胜
28	7	创办洪门泉糟坊	创办洪门甡泉糟坊
41	倒 7	11 月 28 日　新海连特区专员公署成立	原“11 月 7 日”条的内容移到此处
43	4	4 月 30 日	4 月 21 日
47	14、15	新海连市及东海县划入江苏省	新海连市及赣榆县、东海县划入江苏省
52	11	胡耀帮	胡耀邦
54	1	锦屏乡户	锦屏公社
54	倒 2	连云港市出现极端最高气温	新海连市出现极端最高气温
60	倒 6	机引撒把机	机引撒肥机
74	8	1.74 万元	1.74 亿元
78	倒 15	双店乡竹敦村	双店乡竹墩村
80	倒 9	赣榆县黑水山区	赣榆县黑林山区
85	18	刘宝升	刘宝森
89	18	黄海平原	黄淮海平原
90	4	白醒州	白醒洲
99	21	徐圹地区	徐塘地区
101	14	朱嵇河流域	朱稽河流域
105	5	沂河农场	五图河农场
105	10	过墩断裂带	竹墩断裂带
105	15	北崮山	北固山
106	倒 16	车福山	车辐山
109	倒 3	石窑寺	石窟寺

续表

页数	行数	原文	更正
110	倒 12	先匿壮卒海旁，伏兵	先匿壮卒海旁，合举火焚其舟，贼闻之皆无斗志，伺兵
113	2	许乔林编纂的《云台新志》	谢元淮编纂的《云台新志》
113	8	王规、王景祖孙	王规、王璟祖孙
120	12	泰山岛	秦山岛
122	21	《入唐求法退礼行记》	《入唐求法巡礼行记》
140	倒 15	青口	青口河
140	倒 6	沭河	新沭河
141	17	新涟河、盐河	善后河
159	倒 3	铬石	络石
167	倒 14	临洪河口、沂河河口	临洪河口、新沂河河口
175	15	黄圈乡	黄川乡
183	9	荷泽	菏泽
186	4	立石东海朐界中	立石东海上朐界中
188	24	陆家港	陈家港
193	表右倒 3、2	坛又据之、坛降	檀又据之、檀降
200	表左 2 栏倒 3	淮河乡	灌河乡
202	4	狄水口	获水口
229	18	八卦过渡	八卦滩过渡
244	6	38.90%	38.90‰
244	7	39.10%	39.1‰
273	8	陈港区	陈家港区
275	10	274 人	274 个
283	表左竖 1	赣榆县	灌云县
290	倒 15	津海港	津海巷
291	表左倒 18	通干路	通赣路
292	表左 3 栏 13	海育路	海青路
299	10	民国 32 年	民国 34 年
299	倒 14	后官路	后宫路
305	倒 3~2	1956 年前……1956 年，在蔷薇河入海口建成临洪潮挡闸	1959 年……1958 年 11 月，在蔷薇河入海口始建临洪挡潮闸，1959 年 12 月 22 日建成
306	17、18、22	华北交通公司	华北交通株式会社
308	倒 3	鲁南河	鲁兰河
322	倒 6	1935 年	1946 年
343	5	毂旦	毂旦
344	倒 5	沙旺河	沙汪河
356	倒 17	火烧蕊	火烧芯

续表

页数	行数	原文	更正
367	11	安峰水库	安峰山水库
375	4	海洲湾	海州湾
454	6	292万件	292件
455	1	油菜	油料
470	3、4	碧码	碧玛
483	倒11	烟灯山	烟墩山
484	5	沙河果园	沙河子果园
490	18	官山	官河
507	11	土壤比阴	土壤比阻
512	倒5	2.3万	7.98万
513	12	实施沂水东调	实施沂沭泗洪水东调
513	22	河道总督王新	河道总督王新命
516	表右下部	设计流量90米/秒　360米/秒　45米/秒	设计流量90立方米/秒　360立方米/秒　45立方米/秒
520	6	20万立方米	20立方米
522	8	1480立方米	1480万立方米
523	倒4	昌犁水库	昌梨水库
525	倒17	西吉荡	西棘荡
525	倒16	英团、郑庄、拓塘	英疃、郑庄、柘塘
527	下表左1栏倒8	刘三	刘山
537	表头右2栏3	平方米	平方千米
538	倒7	何廷漠	何廷谟
539	倒16	蓄北截水沟	蔷北截水沟
540	表内倒5	沐新渠	沭新渠
540	倒2	后镇河	厚镇河
545	倒7	民国初期	民国21年
551	表左1栏中部	灌西盐场	青口盐场
571	倒10	土塘	土壤
573	18	顺场通航闸	顺吴场通航闸
590	倒2	2500公里	2500米
591	10	7500公里	7500米
617	表左2栏倒4	缢蛏	蛤蛏
619	倒1	范象口	范家口
620	倒8	小付河北侧，与付河	小副河北侧，与副河
621	倒9	梁东河	梁东沙
634	9	2.49元	2.49万元
663	表右1栏倒2	立式辆流泵	立式轴流泵

续表

页数	行数	原文	更正
678	3	祖庸使	租庸使
682	倒7	卢州府	庐州府
683	22	司码秤	司马秤
687	19	至延二年	至延祐二年
689	1	50克	500克
713	8	1.8亿万	1.8亿
723	倒15	民国38年	民国28年
735	倒4	500件	5000件
739	倒14	匝井街	匡井街
744	10	360平方米	3600平方米
756	倒18	袁帮村	元邦村
757	3	（1尺相当于3米，下同）	（1米相当于3尺，下同）
775	14	ZZ11	Z211
848	倒6	0.15平方米	0.15万平方米
848	倒6	0.17平方米	0.17万平方米
849	4	70300	70~300
853	倒8	省内的山东、河南	省内和山东、河南
863	4、8	槽坊	糟坊
865	倒7	洞糖	酮糖
883	2	0.26平方米	0.26万平方米
886	14	老窑	老窖
894	7	灌南县高沟酒厂	灌南县汤沟酒厂
901	18	2万立方米	2立方米
901	21	6万立方米	6立方米
919	16	香需	香薷
927	18	呆导	果导
927	18	必嗽平	嗽必平
927	19	茶普生	萘普生
969	12	0.12吨	0.12万吨
977	5	2.53平方米	2.53万平方米
981	16	LGY	LYG
981	倒12	无锡化工学院	无锡轻工学院
990	15	0.67平方米	0.67万平方米
1032	20	80200毫米	80~200毫米
1074	13	罗河	罗阳
1088	12	赣榆县赣马村	赣榆县赣马镇柏南庄
1107	倒10	座日楼	望日楼

续表

页数	行数	原文	更正
1113	4	踏步搓	踏步茬
1134	倒6	市长	副市长
1145	14	5355千瓦时	5355万千瓦时
1153	5	0.58平方米	0.58万平方米
1194	14	3000平方米	3000立方米
1213	表右2栏倒3	业大	职大
1213	倒4	11万平方公里	11平方公里
1214	15	425吨	425号
1243	倒11	大有公司	大有晋公司
1243	倒2	250般	250艘
1267	18	泵油运输	石油运输
1276	表头右3栏2	（吨）	（万吨）
1325	下表右1栏倒1	门大类	门大线
1327	表右2栏倒3	石灰埠	石辉埠
1329	倒14	鹿车	辘车
1332	表左3栏倒1	姚笔颐	姚笑颐
1336	倒13	下庄	夏庄
1339	倒1	第六行政署	第六行署
1342	倒6	工程管理局	公路管理局
1345	14	人民政府	人民委员会
1346	倒2	卞家铺	卞家浦
1349	5	东斡河	东干河
1358	5	阮性和	阮惟和
1368	倒3	新沂	临沂
1398	4	户部中郎	户部主事、署郎中
1409	4	金钢	金刚
1417	1	夹谷山书院	夹谷书院
1425	5	维坊	潍坊
1447	倒9	前门	大前门
1490	13	东舟山	东陬山
1501	表左4栏倒15	省医保公司	省医药公司
1508	7	平方米	立方米
1514	倒15	路北	路南
1532	倒12	茂永	甡茂永
1532	倒10	兴建泉槽坊、泰油坊、茂永粮食商行	兴建甡泉糟坊、甡泰油坊、甡茂永粮食商行
1532	倒9	裕兴永	裕新永
1547	7	王宗沭	王宗沐
1562	倒13	5.7立方米	5.7万立方米
1564	8	翠丰	萃丰

续表

页数	行数	原文	更正
1564	8	永昌	永昌和
1578	16	吨	平方米
1585	18	进口粮	进口糖
1589	倒12	鲁中南分署	鲁中南公署
1613	倒1	两淮运司	两淮都转运盐使司
1631	11	折角	折色
1632	倒1	对则尽量征收	对敌占区则视情尽量征收
1640	15	山东战时行政委员会	山东省战时行动委员会
1651	15	南级路	南极路
1652	倒14	大浦铜币	大清铜币
1654	倒10	井岗山	井冈山
1655	3	国务院	政务院
1668	22	五圩	武圩
1682	倒3	26423元	264.23元
1711	倒8	邵布地	邵埠地
1725	倒3	三届	二届
1726	11	1953年	1963年
1727	5	秦兆祯	秦兆桢
1727	倒12	待启俊	侍启俊
1755	倒10	使用党知识分子	使用非党知识分子
1768	10	陆锈山	陆秀山
1768	倒10	宗沛然	宋沛然
1768	倒3	和兴庄等地	李集和兴庄等地
1772	18	史福五	史善五
1774	1	张树庆	张树庄
1774	18	特约	特级
1778	5	青、翼	青、冀
1780	倒11	连云市筹备处	连云市政筹备处
1781	15	欠牛	铁牛
1782	倒8	东海县西南部	东海县西北部
1783	5	涝技	涝枝
1783	倒14	苏皖辖区政府	苏皖边区政府
1783	倒5	(新海浦办事处)	(新浦办事处、新海办事处)
1786	4	10月	11月
1786	倒10	准北盐务管理局	淮北盐务管理局
1790	11	孙全芝	孙金芝
1802	17	路北东海	路北东海县
1804	倒7	新海连市委书记	新海市委书记
1805	15	道门会	会道门

续表

页数	行数	原文	更正
1808	倒 3	7 月	6 月
1810	1	1954 年	1959 年
1822	15	检察院院长	检察院检察长
1827	3	李孳安	李慈安
1844	6	杨书恒	杨书桓
1856	9	东巷区	东港区
1862	15	冯宗恋	冯宗林
1867	18	南北六塘	南北六塘河
1872	倒 17	董鼎	董鼐
1905	倒 14	主修门	玄修门
1905	倒 1	圣贤复辟案	圣贤道复辟案
1921	倒 14	卡氏	卞氏
1925	7	新海临时军事管制委员会	新海连临时军事管制委员会
1958	13	27 人	176 人
1971	倒 12	执行区	执行庭
1979	倒 7~6	关于取缔黑律师及其诉讼事件的通知	关于取缔黑律师及讼棍事件的通报
1990	倒 9	纪彰	纪鄣
1991	12	仆阳	濮阳
1992	8	戚君相	臧君相
1993	倒 1	莱塘	菜塘
1995	1	贯甲	胄甲
1995	19	红袄军忙儿	红袄军于忙儿
1996	8	刘志州	刘志洲
1996	倒 17	百总	把总
1996	倒 16	卡三元	卞三元
1996	倒 11	段上彩	段士彩
1997	12	顾德杨	顾德扬
1997	13	聂华杨	聂华扬
1998	倒 5	大沟	大沟南
1998	倒 12	大桅杆	大桅尖
2000	4	占领城西关	占领县城西关
2002	13	衮郓	兖郓
2003	9	龙门庙	龙王庙
2003	倒 11	通判永官	通判范永官
2003	倒 10	知州郑复享	郑复亨
2004	14	小盆土	小盆地
2004	20	穆而汉	穆而谟
2004	24	金祖	金祖瑞
2004	25	王藩详	王藩祥

续表

页数	行数	原文	更正
2005	倒 9	安御东海	守御东海
2005	倒 1	北沟山	北固山
2006	倒 8	常州	海州
2006	倒 6	梁寇英	梁冠英
2021	倒 5	51000 万方	51000 立方米
2029	9	17 日	7 日
2122	4	学向僧	学问僧
2122	9	阿尔卡里鸟	阿尔卡里乌
2144	倒 8	马贷峰	马岱峰
2170	倒 15	西菜村	西蔡村
2177	14	1966 年	1956 年
2178	1	赵迁松	赵廷松
2186	倒 10	嘉靖六年（1527 年）	隆庆六年（1572 年）
2186	倒 4	乾隆二十六年（1761 年）	道光二十七年（1847 年）
2186	倒 2	许思普	许恩普
2187	2	乾隆初年	乾隆十一年
2187	3	吴英启	吴启英
2187	4	光绪二十九年	光绪二十五年
2189	倒 4	张学翰	张学瀚
2218	表左倒 11	伊卢	伊芦
2246	倒 11	赣榆县	竹庭县
2271	表内左 10	灿型杂交水稻	籼型杂交水稻
2273	倒 18	《淮系年鉴》	《淮系年表》
2273	倒 15	新沭河	新沂河
2281	18	污工泵	圬工泵
2286	2	曹种苓	曹仲苓
2293	倒 18	1968 年	1668 年
2301	倒 16	杜一番	杜一播
2301	倒 14	《沦海吟余》	《沧海吟余》
2301	倒 8	张来	张耒
2301	倒 7	簿询	薄询
2301	倒 5	杨锡拨	杨锡绂
2301	倒 5	崔应珍	崔应阶
2301	倒 2	故人相对茗为颜	故人相对若为颜
2303	4	吴通徽	吴通微
2303	16	徐静谭	徐静潭
2305	7	田戈	田弋
2305	12	谭享	谭亨甫
2306	4	明代	清代

续表

页数	行数	原文	更正
2309	倒 2	夹山	夹谷山
2315	倒 9	“挎” 扬琴和 “茂” 扬琴	“侉” 扬琴和 “毣” 扬琴
2316	倒 12	张道凌	张道陵
2341	11	惠裕宇	惠浴宇
2358	2	青连岗	青莲岗
2362	倒 12	盐城村	盐仓城村
2362	倒 1	大莒城	土城
2363	19	候国	侯国
2371	12	投刺	投刺
2372	12、14	裴天祐	裴天佑
2372	13	代家岭	戴家岭
2374	15	7.82 级	8.5 级
2374	倒 15	僧正融	僧正融全
2379	倒 8	桥两侧	桥西侧
2381	倒 11	盐运公司	盐运分司
2382	11	朐北乡	朐山乡
2382	倒 13	上复	上覆
2385	10	《墁画集》	《画墁集》
2386	倒 4	琅琊北界	琅琊南界
2387	倒 12	曾子日唯	曾子曰唯
2388	19	兵马钤辖赵令	兵马钤辖赵令懋
2388	倒 17	鳌头山诗刻	鼇头山诗刻
2390	倒 11	鸟龙潭	乌龙潭
2390	倒 4	曾锡圭	曾锡珪
2391	7	李志新题字	李志亲题
2391	8	民国八年	民国廿七年
2395	倒 2	莱园村	菜园村
2397	16	铜南瓦（合体）	铜甗
2397	倒 5	厂旺村	丁旺村
2399	倒 4	沈忠怒	沈忠恕
2401	15	麋竺墓碑	麋竺墓碑
2403	倒 4	九月六日	九月初六日
2405	倒 6	载朴俑头	戴幞头俑
2418	表中栏倒 9	五十一军	五十七军
2428	表右 2 栏 7	攀峰毅	樊峰毅
2493	倒 7	海林县	海陵县
2502	倒 10	张风山	张凤山
2505	18	龙苴公司	龙苴公社
2506	5	双城大队	双堆村
2533	倒 5	连云港市	新海连市

续表

页数	行数	原文	更正
2533	倒4	体干班	体工班
2535	8	海州参府	海州知州
2541	倒7	光绪三十二年（1906年）	光绪三十四年（1908年）
2545	10	茸此斋堂	茸北斋堂
2547	6	徙堂弟	从堂弟
2547	倒10	吾道荣	由吾道荣
2548	3	天宫、地宫、水宫	天官、地官、水官
2550	14	梵蒂岗	梵蒂冈
2552	倒9、2	薛加禄	薛加禄
2556	倒8	慕庚杨	慕庚扬
2558	表中倒6	弗庄村	费庄村
2630	20	倪家村	倪家林村
2631	倒2	嘉庆五年（1800年）	嘉庆十二年（1807年）
2631	倒1	山东平阳	山东平阴
2632	12	嘉庆十七年	嘉庆十八年
2632	13	中丙丁科	中丙子科
2632	倒16	公枳	六枳
2632	倒12	千户年	千户所
2633	17	同治十年（1871年）	同治十二年（1873年）
2633	倒5	在徐州创办	在宿迁创办
2634	20	雨轩剩语	两轩剩语
2634	21	河南	河海
2634	倒8	《测绘海州港口导记》	《测绘海州港口乡导记》
2635	8	卞庚	卞赓
2635	9	光绪三十年（1904年）	光绪十八年（1892年）
2635	9	甲辰科	壬辰科
2639	倒17	樊瞳秀	樊钟秀
2647	3	货山乡柴庄村	岱山乡柴庄村
2653	倒11	登祜	敦祜
2662	14	1960年	1980年
2664	倒2	开元初年	开元七年
2665	13	陂地	陂池
2665	倒6~5	正德元年（1506年）	正德六年（1511年）
2666	17	在海州聚魁楼	在海州魁楼
2667	11	李晋元	李普元
2672	7	中央艺术学院	中央美术学院
2713	16	敦本	郭本

说明：1.本表所列差错，仅指涉及史实的错字、别字，一般性的错别字未列。
2.相同的错别字仅列举第一次出现的页数、行数。

连云港市志

索　引

说 明

一、本志索引分主题索引、表格索引和人名索引三类。

二、各类索引标引词按汉语拼音音序排列；第一字相同，按第二字排列，依此类推。标引词后的阿拉伯数字表示词内容所在页码；标引词后第二个页码起，表示该词参见内容所在位置。

三、标引词中市机构、单位名称前一般不加“连云港市”或“市”。表格索引未括注时间的，其时间范围均表示1984～2005年。人名索引涉及外国人的，用括号注明其国籍。

主题索引

C

D

E

F

H

L

M

N

R

S

T

W

Y

Z

表格索引

A

B

C

D

F

G

H

J

k

L

M

N

P

Q

R

S

Z

人名索引

F

G

H

J

K

L

M

N

P

Q

R

X

Y

Z

承编单位、撰稿人

卷名	章名	承编单位	撰稿人	初稿审稿人	分纂人员
总述		市地方志办	江　华	陆瑞萍	陆瑞萍
大事记		市地方志办	魏淑珍	姜龙才	陆瑞萍
第一卷 政区	第一章境域区位	市民政局	董自伦　李　剑　李应启 邢礼兵　李寒洁　吕从光	李锦华	戴义春 张文科
		市地方志办	孙大伟	姜龙才	
	第二章建置沿革	市民政局	董自伦　李　剑　李应启 邢礼兵　李寒洁　吕从光	李锦华	
		市地方志办	孙大伟	姜龙才	
	第三章行政区划	市地方志办	孙大伟	姜龙才	
第二卷 环境	第一章自然环境	市国土 资源局	徐增产　李海英　孔令泰 刘长林　刘玉娥	毛太銮	戴义春 张文科
		市海洋 渔业局	张效奎　王　峰　王　健 王成刚　王丽杰　王敏菁 陈金城　吴卫强　汪晓慧 杨　波　杨守刚　张传义 张君红　张宪明　唐兴本 路吉坤	郝新建	
		市气象局	杨洪青　班　欣　范从勇 张银意　王桂臣　刘　艳	陈　飞	
		市水利局	乔万金　冯　龙　张卫怀 席　志	孙宗凤	
		市农业局	孙乃立	王以标	
		市林业局	马文刚　舒　彤　张永忠 缪登斌　王永成　傅兴杰 王　军　张远凤　陈惠军 宋俊山	朱加刚	
		市地震局	吴　鑫	陈　鹏	
	第二章环境保护	市环保局	张　君　惠康旺　孙　峰	韩尚富	
第三卷 人口	第一章人口规模	市统计局	宋红玲　刘从鸿	刘　军	徐　敏 贾栋钰
	第二章人口分布与构成	市公安局	孙春友　孙　莉　张立国	蒋　林	
	第四章人口管理				
	第三章人口控制	市计生委	蔡廷银　王其军　王宏栋	仲建业	
第四卷 花果山	第一章景观名胜	市花果山风 景区管理处	张树庄	丁心昂 郭　云	陆瑞萍
	第二章《西游记》原型				
	第三章名人与花果山				
	第四章花果山旅游				

续表

卷名	章名	承编单位	撰稿人	初稿审稿人	分纂人员
第五卷 连云港港　口岸	第一章港口规划	市港口管理局	祁大庆　吴　庆　杜　磊 孔　果　顾　华　周建中 王志国	丁军华	徐　敏 贾栋钰
	第二章港口建设				
	第三章港口运输				
	第八章口岸服务				
	第九章港政管理				
	第四章海关通关管理	连云港海关	韩　笑	张军雄	
	第五章出入境检验检疫	连云港出入境检验检疫局	谢宪华	徐文久	
	第六章海事管理	连云港海事局	沈革新	陈桂平	
	第七章边防检查	连云港边防检查站	程　勇	傅　明	
第六卷 连云港与新亚欧大陆桥	第一章综述	市社科院	古龙高	姜龙才	陆瑞萍
	第二章新亚欧大陆桥运输				
	第三章陆桥经贸				
	第四章陆桥研究				
第七卷 城乡建设与管理	第一章城市规划	市规划局	赵朝庆　王振晔　王绪林 张　蕴　张淑仲	王学明	丁心昂 郭　云
	第二章市政建设	市城建局	伏彩勤　赵士彩　李　琳 苏怡林　杨　迅　徐云蕾	刘　成	
	第三章公用事业				
	第四章老城改造与新区开发				
	第五章园林绿化				
	第六章城市建设资金				
	第七章城市管理	市城管局	徐德济	程洪喜	
第八卷 交通	第一章公路	市交通局	张保东	仲伟涛	徐　敏 贾栋钰
	第二章水路				
	第三章铁路				
	第四章航空	市民航站	辛　斌	王　华	
	第五章交通行业管理	市交通局	张保东	仲伟涛	
第九卷 水利	第一章河道整治	市水利局	乔万金　冯　龙　张卫怀 席　志	孙宗凤	姜龙才 王佳生
	第二章水库除险加固				
	第三章灌区改造				
	第四章水利枢纽　海堤　闸站			孙宗凤	姜龙才 王佳生
	第五章农村水利建设				
	第六章水资源管理				
	第七章水行政执法				
	第八章防汛抗旱				

续表

卷名	章名	承编单位	撰稿人	初稿审稿人	分纂人员
第十卷 经济综情	第一章经济体制改革	市委农工办	李　桂	胡广林	陆瑞萍
		市经信委	孙　明	徐毓敏	
	第二章经济发展	市统计局	刘　军	孙　明	姜龙才 王佳生
	第三章经济结构				
第十一卷 开放型经济	第一章外贸体制改革	市商务局	陈福胤　董　峰　陈福高 穆东成　丁中兴　尹玉林 董玉福　贾逸萍　苗建林 李桐柏　高　岩　胡可艳 杨　艳	高美峰	姜龙才 王佳生
	第二章对外及对港澳台贸易				
	第四章对外及对港澳台经济技术合作				
	第五章国内经济技术协作				
	第六章开发园区				
	第三章招商引资				
		市督查办	汤　鹏	龚建华	
第十二卷 海洋经济	第一章海洋渔业	市海洋与渔业局	张效奎　王　峰　王　健 王成刚　王丽杰　王敏菁 陈金城　吴卫强　汪晓慧 杨　波　杨守刚　张传义 张君红　张宪明　唐兴本 路吉坤	郝新建	徐　敏 贾栋钰
	第二章海岛与滩涂开发				
	第五章海域管理与渔业执法				
	第三章海水制盐	市盐务局	曹洪全　吴映华	霍如立	
	第四章海水化工				
第十三卷 农业	第一章综述	市委农工办	李　桂　宋江龙 赵　伟　朱林海　李泽利 朱新山　张明才　王洪波	胡广林	徐　敏 贾栋钰
	第二章种植业	市农委	孙乃立	王以标	
	第四章畜牧业				
	第五章淡水渔业				
	第三章林业	市林业局	马文刚　舒　彤　张永忠 缪登斌　王永成　傅兴杰 王　军　张远凤　陈惠军 宋俊山	朱加刚	
	第六章农业综合开发	市农开局	刘季松	成云飞	
	第七章农业机械化	市农机局	杨　众	徐丙超	
	第八章农业科技	市农科院	蔡立志　赵统利	徐大勇	
	第九章农林场	市农垦办	徐国成	江祥继	

续表

<table>
<tr><th>卷名</th><th>章名</th><th>承编单位</th><th>撰稿人</th><th>初稿
审稿人</th><th>分纂
人员</th></tr>
<tr><td rowspan="11">第十四卷
工业</td><td>第一章工业综述</td><td rowspan="10">市经信委</td><td rowspan="10">孙　明　徐其林　徐维龙
方　璟　朱　镛　吴彬泉
杨碧秋　郭守华　黄　毅
夏安平　李宝龙</td><td rowspan="10">徐毓敏</td><td rowspan="11">姜龙才
王佳生</td></tr>
<tr><td>第二章医药工业</td></tr>
<tr><td>第三章化学工业</td></tr>
<tr><td>第四章纺织工业</td></tr>
<tr><td>第五章机械工业</td></tr>
<tr><td>第六章电子工业</td></tr>
<tr><td>第七章食品饲料加工业</td></tr>
<tr><td>第八章建材工业</td></tr>
<tr><td>第九章轻工业</td></tr>
<tr><td>第十章磷生产与磷制造</td></tr>
<tr><td>第十一章电力工业</td><td>市供电局
新海发电公司</td><td>崔建胜　杨　雷　胡明辉
李世旭　张　魁　王志强
姚　钢　章　松　赵　明
张秀敏　徐占忠　伏祥运
王　红　韩遇春　段　锋
何　亮　马志刚　孙仁国
李　慧　李承曦　孙　壮</td><td>陈　刚</td></tr>
<tr><td rowspan="3">第十五卷
建筑业　房地产业</td><td rowspan="2">第一章建筑业</td><td>市城建局</td><td>伏彩勤　赵士彩　李　琳
苏怡林　杨　迅　徐云蕾</td><td>刘　成</td><td rowspan="3">丁心昂
郭　云</td></tr>
<tr><td>中蓝连海设计研究院</td><td>李志强</td><td>张宝全</td></tr>
<tr><td>第二章房地产业</td><td>市住房局</td><td>张元伦　滕　玲　葛堂华
吴　琼　朱学平　庄福永
张雪梅　庄文斌　刘洁文
徐　翔</td><td>赵健康</td></tr>
<tr><td rowspan="8">第十六卷
商贸服务业</td><td>第一章批发零售商业</td><td>市经信委</td><td>孙　明　徐其林　徐维龙
方　璟　朱　镛　吴彬泉
杨碧秋　郭守华　黄　毅
夏安平　李宝龙</td><td>徐毓敏</td><td rowspan="8">姜龙才
王佳生</td></tr>
<tr><td>第二章供销合作商业</td><td>市供销社</td><td>李万廷　林小云　韩燕京
刘树东　陈长林　赵世武
杨　琴　祝永东</td><td>于京翠
陈　岩</td></tr>
<tr><td>第三章粮油购销</td><td>市粮食局</td><td>陈国恩　朱风树　唐庆生
刘永年　张廷洋　王延龄
杨毓华　谭学礼　周承彦
徐兴福　孟祥祝</td><td>车联义</td></tr>
<tr><td>第四章蔬菜和副食品供销</td><td rowspan="3">市经信委</td><td rowspan="3">孙　明　徐其林　徐维龙
方　璟　朱　镛　吴彬泉
杨碧秋　郭守华　黄　毅
夏安平　李宝龙</td><td rowspan="3">徐毓敏</td></tr>
<tr><td>第六章工业生产资料贸易</td></tr>
<tr><td>第九章生活服务业</td></tr>
<tr><td rowspan="2">第五章专项经营</td><td>市烟草局</td><td>解子利　李胜利　陆明生
杨　跃　张　曦</td><td>符晖明</td></tr>
<tr><td>市地方志办</td><td>姜龙才</td><td>郭　云</td></tr>
</table>

续表

卷名	章名	承编单位	撰稿人	初稿审稿人	分纂人员
第十六卷 商贸服务业	第七章水晶贸易	东海县志办	张守忠	徐　敏	姜龙才 王佳生
	第八章会展业　广告业	国展中心	吴　娆　徐卫红　张荣华	窦　颜	
		市工商局	李　军　秦　峰　尹宇密	张建华	
第十七卷 旅游业	第一章风景名胜区	市旅游局	晏　辉　蒋　楠	王　芬	戴义春 张文科
	第二章特色旅游				
	第三章旅游市场开发				
	第四章旅游经营管理				
第十八卷 信息化建设	第一章信息产业	市信息产业局	袁堂中	严道连	徐　敏 贾栋钰
	第二章邮政业	邮政公司	穆加军　张培军	陈力烈	
	第三章电信业	电信公司	尹宝华	刘祥光	
		移动公司	钱　蓉	张　斌	
		联通公司	王　红	刘建军	
	第四章无线电管理	市无管办	李　伟	崔长胜	
第十九卷 金融业	第一章金融机构	市人民银行	蒋东利　陈苏鸣　董振杰 吴志蓉　姚　欣　于祥彪 王　毓　王亚光　王　敏 陈　勇　周海红　孟昱函	刘　保	徐　敏 贾栋钰
	第二章金融体制改革				
	第三章人民银行业务				
	第四章政策性银行业务				
	第五章商业银行业务				
	第六章保险　证券	市保险协会	周易华	朱礼荣	
		市发改委	张国文　林　东　王成章 杨存良	陈佑龙	
	第七章金融业监督管理	市银监局	张如冰　范艳莉　张　靖 吴从容　华明昌　杨　志 韩树荣	丁文恪	
第二十卷 财政　税务	第一章财政	市财政局	袁春波　田政法	马　伟	姜龙才 王佳生
		市国资委	马春邦　张步明　李君儒 徐士旺	林富平	
	第二章税务	市国税局	韩同成　汪　涛	刘厚明	
		市地税局	万素林　徐光辉　金孝利	陈金池	
第二十一卷 经济综合管理 （上）	第一章发展计划管理	市发改委	张国文　林　东　王成章 杨存良	陈佑龙	丁心昂 郭　云
	第二章国有资产管理	市国资委	马春邦　张步明　李君儒 徐士旺	林富平	
	第三章工商行政管理	市工商局	李　军　秦　峰　尹宇密	张建华	
	第四章土地资源管理	市国土局	徐增产　李海英　孔令泰 刘长林　刘玉娥	毛太銮	

续表

卷名	章名	承编单位	撰稿人	初稿审稿人	分纂人员
第二十一卷 经济综合管理 （上）	第五章价格管理	市物价局	李传荣　史爱东　陶明建 吴士超　吴西涛　左晓扬 陈广莉　蓝天平　吴德岭 张金保　祁　艳　刘　义 孙景春　韦海林	赵建军	丁心昂 郭　云
第二十二卷 经济综合管理 （下）	第六章统计管理	市统计局	谢陈祥　张洪炜	刘　军	丁心昂 郭　云
	第七章审计管理	市审计局	杨　勇　李海涛　吕文雯 刘　明	杨成功	
	第八章安全生产监督管理	市安监局	张道杰　伏广成　于和义 郭绍进	彭寿保	
	第九章质量技术监督	市质监局	丁兆祥　李广利　魏淑珍	刘玉君	
	第十章食品药品监管	市药监局	王兴龙　房忠柱　王东明 何童礼	史勤勤	
第二十三卷 中国共产党连云港地方组织	第一章党员和代表大会	市委组织部	邵晓峰　臧永明　刘成新	刘利峰	姜龙才 王佳生
	第二章组织机构				
	第三章主要工作及重要决策	市委办	杨　莉　董自伦　张继春 陶　煦	邸占山	
	第四章纪检监察	市纪委	茅立君　吴其健　周　军	刘月科	
	第五章组织工作	市委组织部	邵晓峰　臧永明　刘成新	刘利峰	
	第六章宣传工作	市委宣传部	董自伦　俞文文　杨尧军 葛建文	任　瑜	
	第七章统战工作	市委统战部	李　铭　朱　坚	李广成	
	第八章涉台事务	市台办	刘　波　曹春峰　黄　炜 万　林　仲启才　宋广利	王志慧	
	第九章老干部工作	市委老干部局	方兆富　高　俊　金　耀 郑景昌　唐兴凯　惠　卉 肖长森　曹卫平　刘　成 张丹娜	陈　岩	
	第十章党史工作	市委党史工办	王　滨	姜龙才	
	第十一章党校工作	市委党校	朱清扬　胡　滨　张　莉 胡苏江　朱美英　欧帮翠 陈福洁　陈　超	徐浩佳	
第二十四卷 地方人民代表大会	第一章人民代表大会代表	市人大办	张新雨　姚素君　徐家平 孟庆标　韦余芹　封士丽 宋雅金	李玉章	戴文春 张文科
	第二章代表大会				
	第三章人民代表大会常委会				
第二十五卷 地方人民政府	第一章组织机构	市政府办	赵　杰	张国桥	徐　敏 贾标钰
	第二章政务运行				
	第三章施政纪略				
	第四章政府建设与管理				

续表

卷名	章名	承编单位	撰稿人	初稿审稿人	分纂人员
第二十五卷 地方人民政府	第五章信访	市信访局	邢于全　滕艳萍　孙　星 梁　亮	黄远征	徐　敏 贾栋钰
	第六章外事	市外事办	李　媛　张　帆　刘鹏达 倪　凯　茆德跃　王以军	李　亚	
	第七章侨务　港澳事务	市侨办	于广举　张开华　周中兴 单滨生	刘　娟	
第二十六卷 地方人民政协	第一章政协委员	市政协办	朱殿卿	张孝昌	戴义春 张文科
	第二章重要会议				
	第三章组织机构				
	第四章履行职能				
	第五章日常工作				
第二十七卷 民主党派　工商联	第一章中国国民党革命委员会连云港市委员会	市委统战部	赵又晴　孙传先　汪家明 冯怀金　张　荃　孟　伟 王海红　杨　楠　徐　葆 王庆生　徐灿校　徐习军 朱昇斌　顾廷文　周定平 王　兰　张继武　王　祥 黄丽娟　唐　明　李文伟 茆　晨　徐开展　杨电英 李　猛　朱昇斌　魏引成 臧玉涛	李广成	戴义春 张文科
	第二章中国民主同盟连云港市委员会				
	第三章中国民主建国会连云港市委员会				
	第四章中国民主促进会连云港市委员会				
	第五章中国农工民主党连云港市委员会				
	第六章中国致公党连云港市委员会				
	第七章九三学社连云港市委员会				
	第八章连云港市工商业联合会				
第二十八卷 群众团体	第一章连云港市总工会	市总工会	万刚绪　孙　俊　程克华 陈国兴　李　强　邓元伦	李国章	戴义春 张文科
	第二章共青团连云港市委员会	团市委	王宜鑫　孙　婧	张　妍	
	第三章连云港市妇女联合会	市妇联	张　莉　陈晶晶　刘伟伟	姜　健	
	第四章连云港市哲学社会科学联合会	市社科联	明　磊　周一云　尹　侠 王兰舟　刘怀君	张建民 杨东升	
	第五章连云港市文学艺术界联合会	市文联	周维先　张文宝　王志坚 陆美华　刘　明　陈　辰	杨　浩	
	第六章连云港市科学技术协会	市科协	胡　涛	程晓红	
	第七章连云港市归国华侨联合会	市侨联	徐宏明　姜婷婷	周　政	
	第八章连云港市红十字会	市红十字会	王　元	唐功友	

续表

卷名	章名	承编单位	撰稿人	初稿审稿人	分纂人员
第二十九卷 政法	第一章社会治安综合治理	市委政法委	孙强国　常　瑞	杭夫阳	姜龙才 王佳生
	第二章公安	市公安局	张立国　李春友　孙　莉	蒋　林	
	第三章检察	市检察院	王　平　王海燕　王　凡 徐正森　朱方庆	鲍永生	
	第四章法院	市中院	王秀叶　王绪凡　王道阳 王福强　刘　场　甲继霞 张秋平　张家林　李万成 闫学龙　肖　红　吴云安 吴　玲　杜东风　宋金林 杨　波　罗会宝　周庆忠 周　斌　崔风岭　商晓东 史　凡	薛剑祥	
	第五章司法行政	市司法局	周强生	吴中华	
	第六章仲裁	市仲裁委	张晓红	秦国臣	
第三十卷 军事	第一章军事组织	连云港警备区	王洪礼　李洪林　刘　玮 戴国涛　戴京定	周洪福	姜龙才 王佳生
		武警连云港市支队	靳章勇　王　勇　彭中强	陈　斌 马　俊	
		武警连云港市边防支队	丁　媛　王　停　王　芹 王长青　王　烨　王筱斌 乌　兰　公　瑞　兰思亮 朱定胜　刘　阳　李海峰 李　超　华海珍　苏　永 陈建峰　苗小亮　侍　周 娄　杨　郭　丹　谢　冰 韩小宝　缪东升　魏　兵	李培森 仲崇秋	
		武警连云港市消防支队	包龙庆　薛力铭	宋剑峰 王　军	
	第二章战备与训练	连云港警备区	田　丰　毕增亮　王洪礼 李洪林　刘　玮　戴国涛 戴京定	周洪福	
	第三章兵役				
	第四章国防后备力量建设				
	第五章国防动员				
	第七章拥政爱民				
	第六章人民防空	市民防局	顾　然	史道友	
第三十一卷 科学技术	第一章机构队伍	市科技局	王观甲　祁　峰　周梦玲 孟庆欢　王玉琴　赵永强 刘伯平　孟卫东　田华明 王友林　闻海博	陈佑龙 李　莉	戴义春 张文科
	第二章科技兴市				
	第三章科技交流与合作				
	第四章科技服务				
	第五章科技管理				
	第六章气象工作	市气象局	杨洪青　班　欣　范从勇 张银意　王桂臣　刘　艳	陈　飞	
	第七章地震预防与监测	市地震局	吴　鑫	陈　鹏	

续表

卷名	章名	承编单位	撰稿人	初稿审稿人	分纂人员
第三十二卷 教育	第一章教育改革	市教育局	臧　雷　孙朝仁　张廷亮　陈建先　盛玉平　许景明　刘道发	王家全	丁心昂　郭　云
	第二章基础教育				
	第三章中等职业技术教育和中等师范教育				
	第四章普通高等教育				
	第五章成人教育				
	第六章社会力量办学				
	第七章教师				
	第八章教育管理				
第三十三卷 文化	第一章文学	市文广新局	胡向鲁　朱秋华　姜成波　成　玲　孙　亮　张　霞　王源远　杨冬梅　马漫利　武依林　岳喜锋　杨　涛　高　慧　孙安中	田　明	陆瑞萍　孙大伟
	第二章美术　摄影				
	第三章音乐　舞蹈				
	第四章戏剧　曲艺				
	第五章群众文化				
	第六章文化市场管理				
	第九章艺文				
	第七章档案工作	市档案局	黄永艳　李　飞　丁　婷	卢伟军	
	第八章地方志工作	市地方志办	姜龙才　贾栋钰	陆瑞萍	
第三十四卷 新闻出版	第一章报纸　期刊	市文广新局	胡向鲁　朱秋华　姜成波　成　玲　孙　亮　张　霞　王源远　杨冬梅　马漫利　武依林　岳喜锋　杨　涛　高　慧　孙安中	田　明	陆瑞萍　孙大伟
		连云港日报社	张继春　黄　晖　王　云　盖　静　李　江	王修杰	
	第二章广播　电视	市电视台	王　平　沈　新　刘茂林　杨长中　孙　伟	杨增泰	
第三十五卷 文博	第一章遗址	市文广新局	孙　亮	田　明	陆瑞萍　孙大伟
	第二章墓葬				
	第三章石刻				
	第四章文物收藏				
	第五章文物保护与管理				
第三十六卷 卫生	第一章医疗卫生改革	市卫计委	仲建业　蔡廷银　王其军　王宏栋	侍启顺	徐　敏　贾栋钰
	第二章机构队伍				
	第三章医疗事业				
	第四章疾病预防控制				
	第五章妇幼保健				
	第六章爱国卫生运动				
	第七章公共卫生监督				
第三十七卷 体育	第一章体育设施	市体育局	夏东明　夏正跃　史庆磊　管恩战　刘彩云　黄耀辉　孟昭春　董作铭	张　斌	徐　敏　贾栋钰
	第二章社会体育				
	第三章竞技体育				
	第四章体育产业				

续表

卷名	章名	承编单位	撰稿人	初稿审稿人	分纂人员
第三十八卷 精神文明建设	第一章思想道德建设	市文明办	董自伦 王　飞 尹宇蜜 伏　雪 赵东霞	李　超	丁心昂 郭　云
	第二章文明创建				
	第三章树立文明新风				
第三十九卷 劳动人事	第一章劳动就业	市人社局	马士军 王新军 孙咸运 孙爱宝 孙　婷 许全桂 陈　岩 宋盛平 张长伍 张　瑞 范亚松 杨怀洁 盛　杰 戴继明	马炳军	丁心昂 郭　云
	第二章劳动管理				
	第三章人事及机构管理				
	第四章劳动工资				
第四十卷 民政	第一章基层自治组织建设	市民政局	董自伦 李　剑 李应启 邢礼兵 李寒洁 吕从光	李锦华	丁心昂 郭　云
	第二章拥军优属和优抚安置				
	第三章社会福利				
	第四章民间组织管理				
	第五章民政事务管理				
第四十一卷 社会生活	第一章人民生活	市统计局	陆瑞萍 谢陈祥	刘　军	
	第二章社会保障	市人社局	王　卫 王　军 王传中 尹小帆 卢　颖 李海东 伏彩连 刘道林 林剑锋 金培骏 张文科 张建慧 张　颖 夏兴国 韩　涛 蔡冰清	马炳军	丁心昂 郭　云
	第三章群体关爱工作	市关工委	卢江华	董汉清	
		市老龄委	齐玉君 程　琦	王　玲	
		市残联	徐毓兵	张　斌	
	第四章民族　宗教	市民宗局	韩玉彬 刘晓晋	范　江	
	第五章民俗	市地方志办	孙大伟 崔月明	陆瑞萍	
	第六章方言	市地方志办			
第四十二卷 区县概况	第一章新浦区	新浦区	李云高	于　卉	戴[illegible]春 张[illegible]科
	第二章海州区	海州区	孙大伟	李　飞	
	第三章连云区	连云区	张树庄	焦旺运	
	第四章赣榆县	赣榆县	徐学鸿	邵泽勇	
	第五章东海县	东海县	张守忠	朱崇慧	
	第六章灌云县	灌云县	江尧运	于洪雁	
	第七章灌南县	灌南县	韩翠林	伏开清	
第四十三卷 人物	第一章人物传略	市地方志办	郭　云	陆瑞萍	陆瑞萍 郭　云
	第二章人物简介				
	第三章人物表录				
附　录	重要文献	市地方志办	郭　云	姜龙才	陆瑞萍
	统计调查资料	市统计局		姜龙才	
	前志勘误	市地方志办	张卫怀	王佳生	

编后记

《连云港市志（1984～2005）》从2005年启动编纂到2017年出版发行，历经12个寒暑，终于成就了一个浩大的文化工程。

市志编纂工作历经组织发动、资料征编及初稿撰写、汇总编纂、终审验收付印四个阶段。

2005年4月至2006年2月，为组织发动阶段。2005年4月起，市地方志办公室根据江苏省二轮志书编纂总体部署，进行篇目准备、编纂组织安排等前期工作。10月11日，市政府召开第50次常务会议，研究二轮修志工作。10月28日和31日，市地方志办分两次召开《连云港市志》篇目研讨会，邀请10多名方志专家、地情学者对二轮市志篇目进行系统论证，并印发各单位广泛征求意见。11月15日，市政府办公室印发《关于做好新一轮地方志编纂工作的通知》。11月16日，市政府办公室印发《关于〈连云港市志（1984～2005）〉资料征集篇目的通知》，将修志任务分解到全市170个部门、单位和各县区。11月18日，市政府召开全市第三次地方志工作会议，全面启动《连云港市志（1984～2005）》编纂工作。

2006年3月至2014年5月，为资料征编及初稿撰写阶段。这一阶段，各参编单位根据《〈连云港市志（1984～2005）〉资料征集篇目》安排，广泛开展资料征集工作。2006年3月1～2日，市地方志办举办全市二轮修志培训班，近200人参加培训。此后，市地方志办先后印发《连云港市续修志行文规范》《修志编鉴手册》《地方志编写指南》等修志指导材料，供编修单位参考。2007年6月，市地方志办将126个牵头承编单位分为农业类、工商类、城建类、文化类、社会事业类等11个修志协作组，定期开展研讨活动，相互借鉴，协同推进。2011年11月22日，《连云港市志（1984～2005）》总纂篇目通过省地方志办组织的评审。在这期间，市政府召开市志编修推进会6次，开展市志编修进度督查2次；市人大开展二轮修志情况调研1次；市地方志办分片召开市志进度过堂会8次，组织召开部门志稿评审会98次。至2014年5月，全市建立修志机构的部门、单位152家，召开各类业务培训会、推进会102次；承编单位完成资料征集合计3.5亿字，其中市属部门（单位）2.1亿字、辖县（区）1.4亿字，完成资料长编合计5100万字，征集图照1150张，向市地方志办提交初稿710万字。

2014年6月至2016年9月，为汇总编纂阶段。此阶段分为分纂和总纂两步。2014年6月至2015年3月为分纂阶段。市地方志办制定分纂工作方案，在统筹调度市地方志办现有人员基础上，特邀海州区政协原副主席孙大伟、市卫生局志办主任张文科参与市志分纂。成立6个分纂小组，分工负责分纂任务。分纂小组合成、修改各卷内容，遇到问题集体讨论，确定修改意见，修改完善志稿。2015年3月，分纂稿完成，计43卷440万字。2015年4月至2016年9月为总纂阶段。市地方志办制定总纂工作方案，明确总纂指导思想、目标任务和职责要求，成立总纂工作班子，在分纂基础上特邀市地方志办原主任丁心昂、市政协文史工作委员会原主任江华参与总纂。总纂分成2个小组，由陆瑞萍、姜龙才牵头，分卷统稿。最后，陆瑞萍“一支笔”总纂定稿，徐勤飞、苏中保审定全书。按照中国地方志指导小组颁发《地方志书质量规定》逐篇、逐章、逐节过堂，校核资料，规范体例，精炼字句，统一文风。对不符合总纂要求的卷、章、节，进行修订或重新撰写；对交叉重复记述的内容，或集中一处记述，或区别有侧重处理，或使用“参见”；对资料不足、记述不清的志稿，理清主线，补差补缺。其间，召开总纂集体研讨会5次，专家审稿会9次；要求原承编单位补充资料、厘清史实2800余处。至2016年8月，总纂稿告竣，计43卷400万字。9月初，总纂稿分别印发126个牵头承编单位征求意见。9月底，连云港市地方志编纂委员会召开《连云港市志（1984～2005）》复审会。按照复审会提出的评审意见，市志总纂小组进一步优化篇目结构，加强对入志资料、数据等内容处理，统一规范体例，消除前后抵牾。经过精心打磨，2016年10月形成《连云港市志（1984～2005）》终审稿。终审稿由总述、大事记、分志、附录4个部分组成；分志设43卷，按自然、经济、政治、文化、社会顺序编排。

2016年11月至2017年12月，为终审、验收、付印阶段。2016年11月24～25日，江苏省地方志办公室在连云港市召开《连云港市志（1984～2005）》终审会。终审会对《连云港市志（1984～2005）》终审稿作出高度评价，一致认为《连云港市志》稿政治观点正确，结构合理，内容全面，资料丰富，时代特色和地方特色鲜明，是一部相对成熟的志稿。终审会后，市地方志办公室邀请全省方志专家黄静、陈其弟、杜仁彬、陈红、顾晓红参加审校。提出修改意见1000余条；邀请本办老领导、老专家以及市内知名文史专家把脉会诊，提出修改意见数百条。在此基础上，市地方志办组织人员对终审意见逐项梳理，逐条修改、补充、完善、核校，形成市志验收稿。按照“齐、清、定”要求，将验收稿报送省地方志办公室、连云港市人民政府验收。经省地方志办公室、连云港市人民政府批准，《连云港市志（1984～2005）》于2017年12月交由方志出版社出版。

二轮志书编纂，适逢改革开放的太平盛世。我们是这段历史的参与者、亲历者、见证者，又有幸成为这段历史的忠实记录者。当这一光荣而艰巨的历史使命降落在我们的肩上，我们深感荣幸，又责无旁贷。作为《连云港市志（1984～2005）》的编纂者，我们深深感受了“板凳要坐十年冷，文章不写一句空”的甘苦，也深刻体会了“衣带渐宽终不悔，为伊消得人憔悴”的艰辛和无悔。作为一项卷帙浩繁的文化系统工程，《连云港市志（1984～2005）》的成功出版，首先得益于市委、市政府的坚强领导和有力推进，市委、市政府在经费、人员、督查方面的强有力组织领导，是《连云港市志（1984～2005）》圆满完成的前提；其次，连云港市经济快速发展、社会和谐稳定，为二轮志书编修创造了良好的氛围；再次，各承编单位的高度重视和大力支持，以及社会各界的踊跃参与，是二轮志书成功编纂的关键；最后，市地方志办的有效组织和广大修志人员的锲而不舍、默默奉献，是二轮修志顺利完成的基础和保证。

值此《连云港市志（1984～2005）》出版之际，我们谨向为这部志书的资料征集、志稿编纂、图片提供、志稿评审、发行出版付出辛勤劳动的各界人士，致以衷心的感谢！

《连云港市志（1984～2005）》涵盖连云港自然、经济、政治、文化、社会等各行各业，因涉及领域和学科广泛，编纂者学识、能力和水平有限，志中难免疏漏、讹错之处，敬请读者批评指正。

编者

2017年12月30日

连云港市志

（中）

连云港市地方志编纂委员会 编

LIANYUNGANG

SHIZHI

1984~2005

方志出版社

图书在版编目（CIP）数据

连云港市志：1984~2005/连云港市地方志编纂委员会编.
-- 北京：方志出版社，2017.12
ISBN 978-7-5144-2319-8

Ⅰ.①连… Ⅱ.①连… Ⅲ.①连云港－地方志－
1984~2005 Ⅳ.①K295.33

中国版本图书馆CIP数据核字（2016）第320238号

连云港市志（1984~2005）

编　　者：连云港市地方志编纂委员会
责任编辑：陈　菁

出 版 人：冀祥德
出 版 者：方志出版社
　　　　地址　北京市朝阳区潘家园东里9号（国家方志馆4层）
　　　　邮编　100021
　　　　网址　http://www.fzph.org
发　　行：方志出版社发行中心
　　　　电话（010）67110500
经　　销：各地新华书店
印　　刷：南京凯德印刷有限公司

开　　本：889×1194　1/16
印　　张：146
字　　数：4102千字
版　　次：2017年12月第1版　2017年12月第1次印刷
印　　数：0001-5000册

ISBN 978-7-5144-2319-8　　定价：1300.00元

目　录

（中册）

第十四卷　工　业

第十五卷　建筑业　房地产业

第十六卷　商贸服务业

第十七卷　旅游业

第十八卷 信息化建设

第十九卷 金融业

第二十卷 财政 税务

第二十一卷 经济综合管理（上）

第二十二卷　经济综合管理（下）

第二十三卷 中国共产党连云港地方组织

第二十四卷 地方人民代表大会

第二十五卷　地方人民政府

第二十六卷 地方人民政协

第二十七卷 民主党派 工商联

第二十八卷　群众团体

第二十九卷 政 法

第十四卷　工　业

1984～2005年，连云港市将工业化作为振兴经济的主要目标，实施“以工兴市”发展战略，工业经济实力不断增强，工业化进程明显加快。通过结构调整，高新技术产业、低能耗产业、中间产品产业逐步取代资源依赖型的食品、轻纺等科技含量低的初级产品加工业，成为新的支柱产业。新医药、新材料、新能源产业优势明显。连云港新医药产业具备研究、开发和生产西药、中成药、医疗器械、医药包装材料等多种门类产品的能力，是全国最大的抗肿瘤药、抗肝炎药生产基地，形成中国证券市场上独具特色的连云港医药板块。积极发展新材料产业，成为亚洲最大的风电叶片生产基地及全国最大的硅产业基地。随着田湾核电站一、二期工程陆续投产，连云港的能源优势进一步显现，成为江苏乃至全国举足轻重的能源基地。全市工业总产值由1984年的18.52亿元增至2005年的342.87亿元，产品销售收入由12.34亿元增至327.16亿元，工业利税总额由2.24亿元增至34.26亿元，工业增加值由5.58亿元增至166.77亿元，工业增加值在地区生产总值中所占比重由23.62%升至33.65%，工业在经济中的主体地位逐步确立。

1984～2005年，全市工业经济结构发生深刻变化。所有制结构由国有、集体企业“一统天下”，发展为公有控股、外资企业、民营经济“三分天下”；产业结构由“小、散、低”（“小”即企业规模普遍较小，“散”即企业数量多且布局散乱不合理，“低”即企业的装备技术水平低）、轻质化，逐步发展为重化工业占主导，产业集聚达到较大规模；技术结构由以粗加工、低端配套类产品为主，逐步过渡到高新技术企业、高新技术产品不断涌现，更多整机、主机产品实现产业化、规模化，医药制造业成为全市高新技术产业龙头；规模结构由产值100万元企业为主体，逐步发展为产值10亿元以上企业为龙头、1亿元以上企业为骨干、500万元规模以上企业为主体的新型格局；区域结构由以市直工业为主要辐射带动力，逐步发展为以沿海和园区为先导、以县区工业为主要支撑的空间布局。

2005年，全市有规模以上工业企业677家，完成工业增加值166.77亿元，完成产品销售收入327.16亿元，实现利税34.26亿元。全市工业经济效益综合指数达165.1%，创历史最高水平。

第一章　综述

第一节　经济规模

1984年5月，连云港市被确定为全国沿海首批对外开放城市，工业经济开始加快发展。随后，兴建国家级连云港经济技术开发区、全国三大碱厂之一的连云港碱厂、江苏省最大的食品合资企业——中日合资三得利食品有限公司以及钟山氨纶、药用包装等项目。

20世纪80年代后期，随着对外开放的深入和市场的进一步开放，连云港市传统工业企业产品结构单一、技术含量低下、经营思想落后等问题开始凸显，在日益激烈的竞争中陷入困境，经济效益持续下降。1990年、1991年，全市全民独立核算工业企业实现国民生产总值连续两年停滞不前，实现利税分别下降26.98%和10.04%，为中华人民共和国成立后全市工业经济发展的低谷，连云港市工业与省内其他城市的发展差距进一步拉大。

1992年初，邓小平视察南方重要谈话发表后，连云港市工业经济加快向市场化转变。是年，全市实现工业总产值78.15亿元、工业增加值17.75亿元。全市工业加快体制改革和机制改革，至1997年底有1109家企业先后实施拍卖、先售后股、租赁等多种形式的改制，完成优势企业对劣势企业兼并27对，19家县属以上企业基本完成破产终结工作，269家乡镇企业改制为股份合作制企业，全市开始启动产权制度改革试点。1997年，全市乡及乡以上工业企业完成总产值223.63亿元、利税10.93亿元；全市有利税超过1000万元的企业12家，其中超过5000万元的6家。工业经济在改造传统行业的基础上初步形成医药、化工、纺织、食品加工及建材五大支柱行业，其总资产占全市工业资产的50.44%；五大支柱产业完成工业总产值、销售收入和利税分别占全市工业的52.63%、55.62%和59.54%。1999年，24家工业企业完成产品销售收入1亿余元，销售收入占全市工业企业销售收入的27.2%。

进入21世纪，全市工业企业大力实施结构调整，增强自主创新能力，实施品牌战略。2000年，全市工业增加值达到73.95亿元，占全市地区生产总值的29.7%，占比首次超过农业。2003年起，医药制造业开始成为全市高新技术产业的龙头，从业人员占全市高新技术企业人员的比重达到48.5%，工业总产值占69.1%，销售收入占70.3%，利税总额占87.8%。

2005年，连云港市进入工业化中期阶段。全市实现工业总产值342.87亿元、产品销售收入327.16亿元、利税总额34.26亿元，年产品销售收入500万元以上的规模工业企业达667家。

1984～2005年连云港市主要工业经济指标统计表

表14-1　　单位：亿元

年　份	工业总产值	工业增加值	产品销售收入	利税总额
1984	18.52	5.58	12.34	2.24
1985	25.49	6.97	16.12	2.05
1986	31.72	7.96	19.11	2.27
1987	41.54	9.24	24.19	2.94
1988	51.41	10.93	32.1	3.77
1989	52.71	11.74	36.18	3.41
1990	56.62	12.18	37.35	2.49
1991	60.75	13.07	40.81	2.24
1992	78.15	17.75	49.12	3.26
1993	115.21	24.38	66.22	4.4
1994	188.15	30.68	86.02	7.06
1995	254.19	35.67	123.06	7.86
1996	387.63	42.13	156.83	8.82
1997	443.94	50.21	182.74	10.92
1998	189.07	58.75	164.57	10.61

续表14-1

年　份	工业总产值	工业增加值	产品销售收入	利税总额
1999	211.58	63.49	187.21	11.28
2000	229.18	73.95	205.85	15.73
2001	246.43	78.23	221.80	18.41
2002	288.38	86.04	258.60	22.31
2003	207.12	96.55	193.83	21.56
2004	288.20	120.08	261.15	25.94
2005	342.87	166.77	327.16	34.26

说明：1997年及以前为全部工业总产值、产品销售收入、利税总额，1998年以后为规模以上工业总产值、产品销售收入、利税总额。

2005年连云港市工业总产值排名前50家企业一览表

表14-2　　单位：万元

序号	企业名称	工业总产值	序号	企业名称	工业总产值
1	益海（连云港）粮油有限公司	484342	23	东海县顺泰酒精厂有限公司	22260
2	江苏新海发电有限公司	137446	24	中国江苏三得利食品有限公司	21216
3	江苏恒瑞医药股份有限公司	136650	25	赣榆县金山化工有限公司	20351
4	中石化集团南化公司连云港碱厂	135639	26	江苏汤沟两相和酒业有限公司	18480
5	江苏康缘药业股份有限公司	115091	27	连云港中复连众复合材料集团有限公司	18275
6	江苏德邦化学工业集团有限公司	95298	28	江苏龙腾化工有限公司	16196
7	江苏豪森药业股份有限公司	72696	29	江苏太阳雨太阳能有限公司	15900
8	江苏正大天晴药业股份有限公司	68806	30	连云港雅玛珂紫菜有限公司	15637
9	江苏省福润肉类加工有限公司	62786	31	天田（连云港）机械有限公司	15491
10	升德升（连云港）电子有限公司	51575	32	益海（连云港）油化工业有限公司	15488
11	连云港鹰游纺机有限责任公司	45696	33	台玻东海玻璃有限公司	15457
12	东方国际集装箱（连云港）有限公司	43055	34	江苏金山肥业有限公司	15029
13	江苏省金桥盐业有限公司	31686	35	南京雨润食品有限公司东海分公司	14689
14	连云港杜钟氨纶有限公司	30123	36	灌南兴鑫建材有限公司	12312
15	江苏宏安集团有限公司	27097	37	江苏双菱化工集团有限公司	11999
16	甲乙（连云港）粘胶有限公司	26770	38	连云港宇研鞋业有限公司	11960
17	连云港立本农药化工有限公司	26051	39	东海县太平洋石英制品有限公司	11784
18	连云港正大饲料有限公司	25096	40	连云港东成酒业有限公司	11594
19	汉高华威电子有限公司	24197	41	连云港宏扬木业有限公司	11272
20	江苏新金花集团	23183	42	罗盖特连云港有限公司	11188
21	灌南鑫盛金属制品厂	22409	43	连云港泰乐化学工业有限公司	11128
22	江苏中金玛泰医药包装有限公司	22275	44	连云港市易达酒业有限公司	10891

续表 14-2

序号	企业名称	工业总产值	序号	企业名称	工业总产值
45	连云港市宝丰金属制品有限公司	10754	48	赣榆县文峰木业有限公司	10170
46	江苏兴云毛绒集团有限公司	10740	49	福泰克（连云港）电线有限公司	10054
47	韩友（连云港）饲料有限公司	10264	50	罗盖特（中国）精细化工有限公司	10050

2005年连云港市利税总额排名前50家工业企业一览表

表 14-3　　　　单位：万元

序号	企业名称	利税总额	序号	企业名称	利税总额
1	江苏恒瑞医药股份有限公司	41861	26	赣榆县金山化工有限公司	2039
2	江苏豪森药业股份有限公司	29091	27	连云港德达化工有限公司	1924
3	中石化集团南化公司连云港碱厂	24894	28	连云港泰乐化学工业有限公司	1889
4	江苏正大天晴药业股份有限公司	23545	29	连云港市三吉利化学工业有限公司	1799
5	江苏康缘药业股份有限公司	19188	30	灌南鑫盛金属制品厂	1777
6	江苏新海发电有限公司	18448	31	连云港宏扬木业有限公司	1724
7	江苏德邦化学工业集团有限公司	17139	32	江苏新金花集团	1720
8	升德升（连云港）电子有限公司	15606	33	连云港鹰游纺机有限责任公司	1650
9	甲乙（连云港）粘胶有限公司	7963	34	南京雨润食品有限公司东海分公司	1616
10	益海（连云港）粮油有限公司	5969	35	韩友（连云港）饲料有限公司	1439
11	江苏汤沟两相和酒业有限公司	5590	36	连云港新奥燃气有限公司	1235
12	东海县太平洋石英制品有限公司	5334	37	连云港东成酒业有限公司	1225
13	江苏省福润肉类加工有限公司	4999	38	连云港盛达电力器材有限公司	1218
14	中国江苏三得利食品有限公司	4413	39	连云港海水化工有限公司	1[illegible]18
15	江苏省金桥盐业有限公司	4124	40	连云港正大饲料有限公司	1103
16	江苏宏安集团有限公司	3913	41	连云港新电实业集团有限公司	1056
17	连云港中复连众复合材料集团有限公司	3684	42	江苏龙腾化工有限公司	1048
18	连云港死海溴化物有限公司	2921	43	连云港市研磨厂	1021
19	天田（连云港）机械有限公司	2904	44	江苏中金玛泰医药包装有限公司	936
20	台玻东海玻璃有限公司	2607	45	江苏太阳雨太阳能有限公司	858
21	汉高华威电子有限公司	2560	46	江苏金山肥业有限公司	798
22	连云港雅玛珂紫菜有限公司	2243	47	连云港机床厂有限公司	788
23	东海县顺泰酒精厂有限公司	2207	48	连云港连富环保产业有限公司	754
24	连云港市白集煤矿	2105	49	泛亚莫科工业设备（连云港）有限公司	750
25	连云港市天明机械有限公司	2099	50	连云港千樱医疗设备有限公司	733

2005年连云港市大中型工业企业科技基本情况统计表

表14-1

指标名称	企业数（家）	企业办科技机构数（个）	机构科技人员数（人）	博士（人）	硕士（人）	科技活动人数（人）	高中级职称人员（人）	R&D人员（人）	科技活动经费支出总额（万元）	科技项目数（个）	新产品项目（个）	R&D项目（个）	新产品产值（万元）	新产品销售收入（万元）
总计	50	40	2149	50	146	3996	1443	1631	58501	397	234	196	322218	298783
国有企业	1	1	219	0	12	219	56	50	5000	13	11	4	24500	21135
集体企业	3	1	32	0	1	89	54	61	1412	32	6	8	16992	15384
有限责任公司	6	3	93	0	0	136	56	98	3834	18	16	16	13785	10691
股份有限公司	1	1	37	0	0	49	3	33	42	1	1	1	3400	2910
私营企业	25	22	969	33	41	1697	632	817	29696	181	127	95	116666	114048
港、澳、台商投资企业	1	1	7	0	0	58	5	0	400	2	0	0	0	0
中外合资经营企业	7	4	134	0	1	321	109	194	1340	34	13	15	13275	13865
外资企业	6	7	658	17	91	1427	518	378	16778	116	60	57	133601	120751

第二节 工业结构

一、所有制结构

1984年，连云港市工业按所有制划分，由国有及市、县（区）属集体和乡（镇）办乡（镇）有、村办村有的乡镇集体企业及为数不多的个体私营企业组成。是年，连云港市引进第一家中外合资企业——江苏三得利食品有限公司。1985年，全市有工业企业2029家，其中国有企业317家、集体所有制企业1706家、其他类型企业6家，实现工业总产值25.49亿元。1990年，全市有乡及乡以上工业企业1909家，实现工业总产值56.62亿元。

1991～1995年，全市积极发展乡镇工业，大力兴办中外合资企业。一批城市国有、集体企业和乡镇企业陆续改制为股份有限公司、有限责任公司和股份合作制企业。1995年，全市有乡及乡以上工业企业2195家。其中，国有企业346家，实现产值77.07亿元；集体企业1679家，实现产值64.24亿元；外商及港澳台商投资企业146家，实现产值22.18亿元；股份制及联营企业24家，实现产值3.71亿元。

1996～2000年，全市全面推动乡镇及以上工业企业实施集体产权有偿转让式改制，积极探索城市国有企业国有产权转让。1998年，全市共有600家乡镇、村办工业企业通过拍卖、租赁、股份合作等形式登记为私营企业，有200家企业解除个体挂靠集体的形式。2000年，全市小企业改制面91.7%。是年，全市有规模以上工业企业784家。其中，国有企业222家，实现产值47.25亿元；集体企业308家，实现产值76.99亿元；外商及港澳台商投资企业118家，实现产值50.05亿元；股份制、联营及其他企业136家，实现产值54.89亿元。国有和集体企业产值占规模以上工业企业产值的54.2%，比“八五”计划期末下降30.3个百分点。

2001～2005年，全市国有企业实施新一轮产权制度改革，市直121家国有、集体企业改制为民营企业。市外民营资本大量涌入，“三资”企业增资扩股，民营企业及“三资”企业占全市工业经济比重大幅上升。2005年，全市有规模工业企业677家。其中，国有企业20家，实现产值20.58亿元；集体企业43家，实现产值11.15亿元；外商及港澳台商投资企业145家，实现产值153.37亿元；私营企业368家，实现产值81.42亿元；股份合作制企业、联营企业、有限责任公司、股份有限公司及其他企业101家，实现产值76.35亿元。国有和集体企业产值占规模以上工业总产值的9.25%，比“九五”计划期末下降44.95个百分点；“三资”企业和股份制、民营企业实现产值占规模以上工业总产值的90.75%，比“九五”计划期末上升43.52个百分点。

1998～2005年连云港市规模以上工业企业分所有制主要经济指标统计表

表14-5

年份	国有企业		集体企业		股份制、民营及其他企业		“三资”企业	
	企业数（家）	总产值（亿元）	企业数（家）	总产值（亿元）	企业数（家）	总产值（亿元）	企业数（家）	总产值（亿元）
1998	235	56.14	341	63.68	75	27.78	117	41.47
1999	238	49.83	329	69.92	94	41.05	119	48.84
2000	222	47.25	308	76.99	136	54.89	118	50.05
2001	174	42.51	236	69.44	203	77.84	114	54.69
2002	133	36.23	161	51.69	267	116.79	116	72.89
2003	64	25.05	59	10.81	261	105.48	102	70.11
2004	54	34.28	38	8.32	350	146.89	111	98.72
2005	20	20.58	43	11.15	469	157.77	145	153.37

二、行业结构

1984年，连云港市工业行业门类分散，企业规模小，产品档次低。主要生产行业有食品、电力、采盐、化工、电子、纺织、食品、机械、轻工等。20世纪80年代中后期，工业门类变化不大，工业产品中整机少，缺乏拳头产品，支柱产业不明显。1989年10月，中国三大碱厂之一的连云港碱厂投产，极大提升化工行业在全市工业中所占比重。1990年，全市工业形成食品、化工、纺织、建材、采盐、电力、机械、造纸、电子、医药等主要门类。是年，全市实现工业总产值56.62亿元，其中位于前五位的是食品、化工、纺织、建材、采盐行业。

1991～1995年，食品、化工、非金属矿采选及制品行业发展较快。1995年，全市乡及乡以上工业实现总产值254.19亿元。其中，食品行业实现产值32.66亿元，化工行业实现产值23.87亿元，非金属矿物制品行业实现产值17.66亿元，纺织行业实现产值15.05亿元，电力行业实现产值10.86亿元，非金属矿采选行业实现产值10.19亿元。

1996～2000年，全市大力发展高新技术产业，加快高新技术向传统产业的渗透，促进全市工业产业、产品和企业结构的优化升级。2000年，全市规模以上工业实现产值229.18亿元，高新技术产业实现产值85亿元。

2001～2005年，以恒瑞医药、康缘药业、豪森药业、正大天晴药业为代表的新医药板块，以太平洋石英为代表的新材料板块，以益海粮油、东方集装箱为代表的临海工业板块快速发展。2005年，全市规模以上工业实现总产值342.87亿元。食品、化工、医药、纺织、电力五大支柱行业实现工业增加值占全市规模以上工业增加值的80%。

1990～2005年部分年份连云港市主要工业产品产量统计表

表14-6

产品（指标）	单　位	1990年	1995年	2000年	2001年	2002年	2003年	2004年	2005年
原煤	万吨	51.91	74.83	100.64	79.12	79.81	82.81	95.25	108.05
原盐	万吨	151.64	187.69	99.26	91.05	97.76	73.12	86.25	76.49
纱	万吨	0.82	1.31	1.49	1.48	2.37	2.05	2.04	2.43
布	万米	3268.00	4433.00	921.00	629.00	795.00	434.00	520.00	482.00
机制纸及纸板	万吨	3.23	5.02	0.37	5.04	4.31	3.87	3.57	1.70
磷矿石（折30%）	万吨	30.11	12.88	14.03	16.69	16.62	17.55	9.50	10.15
硫酸	万吨	4.72	9.23	15.30	15.68	13.29	13.67	25.73	25.38
纯碱	万吨	12.15	48.04	98.29	101.45	108.41	121.37	127.82	137.65
农用化肥	万吨	14.65	14.60	24.18	16.34	15.00	20.26	21.58	18.82
水泥	万吨	34.37	75.82	48.69	64.95	71.88	79.86	46.76	89.08
变压器	万千伏安	56.00	87.00	150.00	136.00	123.00	129.00	157.00	79.86
水表	万只	54.60	55.76	138.70	143.60	166.50	191.00	208.00	242.00
啤酒	万吨	2.23	5.56	5.90	6.89	6.27	5.06	6.31	8.11
发电量	亿千瓦时	8.90	32.02	26.16	28.76	30.63	33.38	34.96	52.19

三、规模结构

1984年，全市有大中型企业23家，其中大型企业2家、中型企业21家，另有小型企业2006家。1990年，全市大中型企业发展到42家，其中大型企业2家、中型企业40家；大、中、小型企业分别实现工业产值1.88亿元、9.86亿元、44.88亿元。

1991～1995年，全市工业企业上规模、上水平步伐加快。1995年，全市工业企业中，大中型企业63家，其中大型企业6家、中型企业57家。大、中、小型企业分别实现产值17.17亿元、36.29亿元、200.73亿元。

1996～2000年，市委、市政府实施工业大项目战略，资金、人才、政策等资源向优势企业集聚，全市工业企业规模结构实现调整与优化。2000年，全部国有及限额以上非国有工业企业中，大中型企业有56家，其中大（一）型企业3家，产值11.15亿元；大（二）型企业10家，产值24.8亿元；中（一）型企业11家，产值12.69亿元；中（二）型企业32家，产值18.3亿元；另有小型企业728家，产值162.23亿元。

2001～2005年，全市加大招商引资力度，民营企业、外资与港澳台资工业企业快速发展。2005年，全市有规模以上工业企业677家。其中，大型企业1家，实现产值13.56亿元；中型企业49家，实现产值136.36亿元；小型企业627家，实现产值192.95亿元。

2005年连云港市大中型工业企业主要经济指标统计表

表14-7

序号	类型	企业名称	工业总产值（万元）	资产总计（万元）	产品销售收入（万元）	工业增加值（万元）	利税总额（万元）	年末职工人数（人）
1	大型企业	中石化集团南化公司连云港碱厂	135639	142368	132850	45861	24894	2547
2	中型企业	江苏正大天晴药业股份有限公司	68806	38504	58669	28237	23545	1253
3		连云港市白集煤矿	8461	7222	8213	5098	2105	1752
4		江苏新海发电有限公司	137446	329075	141004	48677	18448	1976
5		江苏太阳雨太阳能有限公司	15900	4601	15920	4172	868	784
6		连云港黄海机械厂	4427	9544	4569	942	-35	609
7		江苏康缘药业股份有限公司	115091	106711	76147	57319	19188	1150
8		连云港中复连众复合材料集团有限公司	18275	36048	20973	2824	3684	390
9		江苏中金玛泰医药包装有限公司	22275	34822	21069	2434	936	369
10		连云港新磷矿化有限责任公司	5991	5572	5006	2103	336	670
11		江苏双菱化工集团有限公司	11999	6720	12299	2614	431	414
12		江苏德邦化学工业集团有限公司	95298	99989	88732	31005	17139	1375
13		连云港鹰游纺机有限责任公司	45696	36657	48118	8379	1650	1570
14		连云港东圣变压器有限公司	4599	12388	4903	794	-274	431
15		连云港福东正佑照明电器有限公司	5608	4263	5343	1631	634	334
16		东海县太平洋石英制品有限公司	11784	12843	11297	6105	5334	530
17		东海县顺泰酒精厂有限公司	22260	10447	23954	6094	2207	312
18		江苏省福润肉类加工有限公司	62786	23611	62381	6157	4999	723
19		灌南压铸机有限公司	3521	4041	4040	1334	388	302
20		连云港杜钟氨纶有限公司	30123	58518	27084	-460	-2646	435

续表 14-7

序号	类型	企业名称	工业总产值（万元）	资产总计（万元）	产品销售收入（万元）	工业增加值（万元）	利税总额（万元）	年末职工人数（人）
21	中型企业	中国江苏三得利食品有限公司	21216	17839	20028	8680	4413	634
22		连云港宇研鞋业有限公司	11960	6730	11974	2990	693	800
23		福泰克（连云港）电线有限公司	10054	12824	10054	2212	18	640
24		江苏豪森药业股份有限公司	72696	66619	68384	34322	29091	1128
25		甲乙（连云港）粘胶有限公司	26770	18941	27189	6512	7963	300
26		连云港味之素如意食品有限公司	9676	9516	9492	2780	720	880
27		升德升（连云港）电子有限公司	51575	27008	54341	20429	15606	1209
28		江苏兴云毛绒集团有限公司	10740	7165	9951	1779	-37	800
29		连云港星球塑料有限公司	6798	7294	6446	1837	350	570
30		江苏宏安集团有限公司	27097	12449	26963	7540	3913	2505
31		江苏金山肥业有限公司	15029	7745	11596	3100	788	306
32		连云港市中正棉业有限公司	7200	4065	6089	2240	238	480
33		江苏省金桥盐业有限公司	31686	68255	21697	12681	4124	6341
34		连云港北方变速器有限公司	5987	21596	8481	1385	523	588
35		汉高华威电子有限公司	24197	29471	23914	9184	2560	596
36		南京雨润食品有限公司东海县分公司	14689	7248	13296	4593	1616	300
37		罗盖特（中国）精细化工有限公司	10050	118069	9560	2112	-8390	500
38		连云港水表有限公司	5786	4715	4980	2243	198	337
39		连云港立本农药化工有限公司	26051	16529	19722	5218	285	659
40		连云港杰瑞模具技术有限公司	3367	5602	3239	1046	711	331
41		连云港新港纸业有限公司	5566	5593	6995	1564	546	430
42		灌南兴鑫建材有限公司	12312	4014	12870	2548	157	309
43		台玻东海玻璃有限公司	15457	17496	15001	4846	2607	468
44		江苏汤沟两相和酒业有限公司	18480	32143	16949	7322	5590	1216
45		东方国际集装箱（连云港）有限公司	43055	69872	43055	10491	-714	965
46		连云港市自来水公司	6181	42521	5864	3231	172	483
47		江苏新金花集团	23183	14109	22768	5202	1720	1119
48		江苏恒瑞医药股份有限公司	136650	124386	115770	69036	41861	1770
49		江苏龙腾化工有限公司	16196	6783	16073	3404	1048	320
50		连云港艾业无纺布制品有限公司	3509	4558	3489	807	147	1073

第三节　上市企业

1994年6月28日，经江苏省体制改革委员会批准，连云港如意集团股份有限公司成立。1996年11月4日，中国证监会批准如意集团向社会公开发行人民币普通股（A股）股票1250万股，发行价每股3.88元。1996年11月28日，如意集团股票在深圳证券交易所上市交易，如意集团成为连云港市公开发行股票的第一家企业，也是全省农业概念股的第一支股票。

1997年，经省政府批准，连云港恒瑞医药有限公司整体改制为江苏恒瑞医药股份有限公司（简称恒瑞医药）。2000年9月7日，经中国证监会批准，恒瑞医药在上海证券交易所采用上网定价的方式，向社会公开发行人民币普通股（A股）股票4000万股，发行价每股11.98元，募集资金4.79亿元。这是全市公开发行上市的第一支工业制造企业股票。10月18日，恒瑞医药股票在上海证券交易所上市交易。

2000年12月，经省政府批准，国有控股的连云港康缘制药有限公司整体改制为江苏康缘药业股份有限公司（简称康缘药业）。2002年9月5日，经中国证监会核准，康缘药业在上海发行人民币普通股（A股）4000万股，募集资金2.8亿元，成为江苏中药行业上市第一支股票。9月18日，康缘药业股票在上海证券交易所上市交易。

2001年11月26日，中国信达资产管理公司与连云港港务局合作发起成立江苏连云港港口股份有限公司。

2002年4月26日，经省政府批准，江苏德邦化学工业集团有限公司联合其他法人和自然人发起成立江苏德邦兴华化工股份有限公司。是年6月28日，举行揭牌仪式暨上市辅导期协议签字仪式。8月28日，由香港曼斯韦克有限公司、连云港恒邦医药科技有限公司等5家企业发起成立的江苏豪森药业股份有限公司（简称豪森药业），举行揭牌和上市辅导期签字仪式。

2005年，全市有股份有限公司173家，先后有港口股份、德邦兴华股份、豪森药业、正大天晴等企业完成上市辅导并通过中国证监会江苏监管局验收，其中港口股份有限公司进入上市材料申报阶段。

第二章　医药工业

连云港市医药工业起步于20世纪70年代。1983年8月，连云港市医药管理局改制为医药工业公司，由管理部门变为经济实体。

1984年，连云港市医药工业确立制药工业以原料药和制剂为主，加快开发脑、心血管、抗感染、抗肿瘤药物；医疗器械工业重点发展医院先进常规设备、妇幼保健设备产品，开发医用电子仪器、医用光学仪器类等具有现代化水平的产品；积极采用国际标准或参照国际标准，提高产品质量，增加品种规格，形成系列化、规格化产品；发展中成药，积极引进项目、技术和科技人员的发展战略。1985年，全市医药工业实现总产值6290万元。

1992年，全市医药工业确立“五年计划，三年实现，‘八五’期间再翻两番，到‘八五’末形成3个销售过亿元、利税过千万元重点企业”的发展目标。是年，连云港东风制药厂实现产值过亿元，利税过1000万元；连云港药用包装材料厂实现利税1000万元以上。全市医药系统内无亏损企业，年产值均在千万元以上。1997年，市政府以市医药系统所属企业为主体，出资组建国有独资公司连云港恒瑞集团有限公司（简称恒瑞集团），是全市第一家由行政性工业公司改制成立的国有独资公司。是年，恒瑞集团的控股子公司江苏恒瑞医药股份有限公司经省政府批准成立。是年，全市医药工业实现产值3.51亿元。

图 14-1　康缘药业药品包装生产线

吉志强　摄于2000年

2000年9月，“恒瑞医药”股票上市，全市医药经济开始从产品经营向资本经营转型。2002年8月，豪森制药完成股份制改造，进入上市辅导期。是年9月，江苏康缘药业股份有限公司在上海证券交易所上市交易。

2004年，市政府提出政府引导、政策扶持、市场运作、资源共享、产业聚集的医药产业发展思路。全市医药工业以优化产业结构和培育特色优势产品为目标，加大具有自主知识产权的新产品和新技术开发力度，打造以企业为主体的创新平台，推动新医药基地实现优势产业集聚、科技资源优化配置、科技经济一体化发展。是年，康缘药业与韩国参天堂制药公司合资成立参天堂药业有限公司，这是全市第一家医药合资企业。由康缘药业承担的国家高技术产业化项目“年产12亿粒桂枝茯苓胶囊高技术产业化示范工程”通过验收，该项目的成功验收显示了传统中药高技术产业化水平走在国内前列。恒瑞医药研发的化学药艾瑞昔布片通过一期临床验证，是国内首个具有自主知识产权的抗关节炎西药，也是江苏省第一个自主知识产权西药，完成由仿制向创新的转变。

“十五”计划期间，恒瑞医药、康缘药业、正大天晴药业和豪森药业4家企业被授予“国家火炬计划重点高新技术企业”称号，并被人事部批准建设博士后科研工作站，进入全国医药行业100强行列。一批国家级技术中心落户连云港市。市重点制药企业与高校科研院所联合组建“产、学、研”共建实验室，增强了连云港市医药行业的创新研发实力。

2005年，全市有医药工业企业15家，实现产值41亿元、主营业务收入33.43亿元、利税11.37亿元、利润6.5亿元，分别占全市规模以上工业的12%、10.3%、30.2%和33.9%。医药工业从业人数6257人。

第一节　化学药制剂

一、生产

1984年，连云港制药厂被市政府列为全市首批实行厂长负责制改革试点单位之一。是年，完成产值1000万余元。1986年，产值达到2431.7万元，利润首次突破100万元，为建厂16年来最高水平。同期，该厂60万元购买北京制药工业研究所研制的足叶乙甙生产技术，并确立主攻抗癌药物的开发方向。

1987年，连云港制药厂被市政府确定为全市全民企业首家试行厂长任期承包单位。是年，完成产值3003.92万元、销售收入1842.7万元、利润131.3万元。1.5吨原料药炎痛喜康首次走出国门。是年，连云港东风制药厂推出甘草酸治疗肝炎的第二代产品强力宁。

1990年，连云港制药厂依靠科技进步，实现对足叶乙甙、异博定、人工合成罂粟碱等原料药和麦白霉素糖衣片的工艺改造，生产出软胶囊剂型，抢先于日本企业在中国注册公告期内获得国家批准生产证书。是年，连云港东风制药厂推出肝炎免疫调节治疗的药物猪苓多糖。

1992年，连云港制药厂抗高血压药盐酸维拉帕米缓释片（盖衡）获得国家级新药证书，是该厂获得的第一个新产品证书。

1993年，灌南县达春制药厂竣工投产，总投资200万元，主要产品为“五妙”牌水仙膏、土槿皮酊、抗痒搽剂、克霉唑药水等。

图14-2　1994年，江苏天晴药业集团成立。侍志　摄

图14-3　江苏豪森药业股份有限公司
吉志强　摄于2002年

1994年，连云港东风制药厂推出甘草酸治疗肝炎的第三代产品甘利欣。是年，东风制药厂更名为江苏天晴制药总厂，同时组建江苏天晴药业集团。连云港制药厂和上海医药工业研究院合作开发丙氧氨酚复方片（商品名“达宁”）上市。

1995年7月，连云港制药厂与香港曼斯韦克有限公司合资成立连云港豪森制药有限公司，主要生产阿莫西林。1997年，连云港制药厂建立研发中心，先后开发盐酸拓扑替康、奥沙利铂、去氧氟尿苷等9种抗癌药、4种心血管药、4种镇痛药和3种抗生素药。在省内率先实行科技人员年薪制，鼓励创新药物研制。是年，连云港豪森制药有限公司生产的头孢氨苄缓释片被国家经贸委认定为国家级新产品。江苏天晴制药总厂与正大制药集团合资，成立连云港正大天晴制药有限公司。

1999年4月，恒瑞医药被国家科委认定为国家级重点高新技术企业。是年，恒瑞医药投资3.2亿元在连云港经济技术开发区兴建占地7公顷的成药基地，相继建成粉针剂、水针、大容量注射剂、固体制剂、口服液、凝胶剂等12个现代化制剂车间，并引进德国博世、美国EDWARDS公司等最新设备，生产能力高速扩张。正大天晴药业获国家药品监督管理局检验合格并颁发药品生产质量管理规范（简称GMP）证书（片剂、胶囊），被省科学技术委员会认定为高新技术企业及技术密集、知识密集型企业，取得盐酸索他洛尔、盐酸索他洛尔注射液和甲硝膦酸二钠3个品种的生产批件。

2000年4月，恒瑞医药申请第一个新化合物专利，标志着该公司产品从仿制向创新的战略转变。9月，原料药异环磷酰胺、足叶乙甙、美司钠、噻替哌通过美国食品药品监督管理局（简称美国FDA）认证，固体制剂车间通过GMP认证。12月，水针、冻干粉针、无菌粉针通过GMP认证。小容量注射剂、粉针剂、冻干粉针（均为抗肿瘤药），抗肿瘤原料药足叶乙甙、异环磷酰胺和美司钠通过GMP认证。是年，共通过新药审批12个，其中奥沙利铂原料药及其制剂和亚叶酸钙注射液等品种成为主要增长点。

图 14-4　2005 年，恒瑞医药完成工业总产值 13.66 亿元。图为恒瑞医药生产基地。　赵鸣　摄

2001年，恒瑞医药共有8个新产品上市，其中，盐酸吡格列酮原料药及其制剂为国家一类新药，苯磺酸阿曲库铵原料药和制剂成为公司的主导品种。是年，恒瑞医药投资1.8亿元在上海闵行开发区成立上海恒瑞医药有限公司，从事生物医药研究。连云港正大天晴制药有限公司更名为江苏正大天晴药业股份有限公司。

2002年3月，恒瑞医药生产的粉针剂（头孢菌素类）、冻干粉针剂、大容量注射剂、小容量注射剂通过国家GMP认证，先后有13个新产品上市，其中多西他赛原料药及其制剂和注射用盐酸伊立替康成为公司新的增长点。是年，公司完成工业总产值6.98亿元，比2001年增长47.5%。抗癌新药——重酒石酸长春瑞滨原料药及注射液被科技部等五部委认定为国家重点新产品，在国内首仿生产的消化道用药枸橼酸莫沙必利片、抗生素类药头孢克洛分散片以及精神类用药酒石酸唑吡坦片通过省级鉴定，其中头孢克洛分散片被认定为省高新技术产品。

2003年，恒瑞医药共有16个新产品上市，其中加替沙星注射液和加替沙星氯化钠注射液为国家一类新药，克拉霉素缓释片成为公司缓释控释片剂的主打品种。是年，公司完成工业总产值9.4亿元，比2002年增长34.6%，实现第二次跨越式发展。同期，正大天晴药业推出治疗慢性肝炎的新药——天晴顺欣。拉克替醇原料车间及车间散剂和颗粒剂通过GMP认证。是年，豪森药业在国内首仿生产的雷贝拉唑钠肠溶片被科技部等五部委联合认定为国家重点新产品。是年，豪森药业在国内第一家研发成功的又一种抗肿瘤新药盐酸吉西他滨以及内分泌系统用药瑞格列奈原料及片剂、抗生素药左氧氟沙星注射液上市，3类产品均被认定为省高新技术产品。

2004年初，恒瑞医药38个原料药通过GMP认证。5月，恒瑞医药开发区二期片剂、口服液、软胶囊通过GMP认证。有10个新产品上市，其中加替沙星注射液（增加规格）为国家一类新药。全年完成工业总产值11.8亿元。是年，江苏德源药业有限公司成立，主要从事糖尿病、糖尿病并发症用药的研发、生产、销售和售后服务，拥有国家级一类和二类新药各1个，在研新药8个，申报发明专利1项。是年，连云港顺德生物工程有限公司成立，主要从事氨基酸研发、生产。是年，灌南县达春制药厂改制为民营企业，成立江苏福邦药业有限公司，主要产品有罗红霉素、阿奇霉素、左氧氟沙星、胃康宁、炎可宁等。

2005年，恒瑞医药共有11个新产品上市，其中奥沙利铂注射液（大输液）开创公司抗肿瘤药品剂型为大输液的新纪元。是年完成工业总产值13.66亿元。亚叶酸钙、奥沙利铂和多西他赛3个产品销售收入突破1亿元大关。恒瑞医药投资2000万美元在大浦化工区新建原料药生产工厂，其设计与建设参照美国FDA标准进行，生产设施通过美国FDA认证，产品出口欧美市场。是年，豪森药业生产的盐酸氨溴索氯化钠注射液和盐酸昂丹司琼氯化钠注射液入选省级“星火计划”项目，利塞膦酸钠原料及片剂入选省科技攻关计划项目。累计开发42个品种和规格，其中，国家一类、二类和四类新药20个品种、国家级新产品6个、省级高新技术产品16个。累计承担国家级火炬计划项目4项、中小企业创新基金项目2项、“星火计划”2项、重点新产品计划5项，省级科技攻关计划2项、“火炬计划”6项、“星火计划”4项。

二、重点产品

奥沙利铂 恒瑞医药研制的抗肿瘤新药，2000年5月获国家药品监督管理局颁发的新药证书和生产批件，属国家四类新药。产品主要出口欧洲、亚洲、南美等地区。

多西他赛 恒瑞医药1998年6月立项研制，2002年9月获国家药品监督管理局颁发的新药证书和生产批件，获江苏省高新技术产品称号，其产业化研究被列入国家火炬计划项目。

克拉霉素缓释片 恒瑞医药1997年研制成功克拉霉素及克拉霉素片，获国家新药证书及生产批件。2003年研制成功克拉霉素缓释片，获国家新药证书和药品注册批件，次年获“江苏省高新技术产品”称号。

亚叶酸钙片剂及注射液 恒瑞医药1998年开发的亚叶酸钙片剂及注射液，2000年6月、10月先后获国家级四类新药证书及生产批件，产品质量达到国际水平，被列入省高新技术产品、省星火计划项目。

盐酸氨溴索 替代进口药。由恒瑞医药与上海医药工业研究院联合研制开发，用于治疗急、慢性支气管炎等病症。1998年10月获国家药品监督管理局颁发的新药证书和生产批件。

盐酸伊立替康 恒瑞医药国内首创研发产品，1998年12月获国家药品监督管理局颁发的国家二类新药证书和生产批件，工艺技术达国际先进水平。产品主要出口美国、印度、南美、欧洲等国家和地区。

异环磷酰胺 恒瑞医药研制的抗肿瘤药。1995年获卫生部颁发的国家级新药证书，先后荣获江苏省优秀新产品金牛奖、“江苏省高新技术产品”称号、省科学技术进步奖等。该产品主要出口美国、韩国、印度、南美等国家和地区。

依托泊苷 1986年，恒瑞医药开发研制。主要用于治疗单核细胞白血病、小细胞肺癌、恶性淋巴瘤等。1994年通过美国FDA认证，同期获得国家新药证书及生产批件。该产品主要出口美国、印度、韩国、欧洲等国家和地区，并在印度注册。

异甘草酸镁（天晴甘美） 正大天晴药业推出的新四代甘草酸制剂，工艺居国际领先水平，获得国家发明专利。2005年产品上市，标志着中国在传统中药研究方面取得历史性突破，巩固了在世界甘草制剂治疗肝病药物研发上的领军地位。

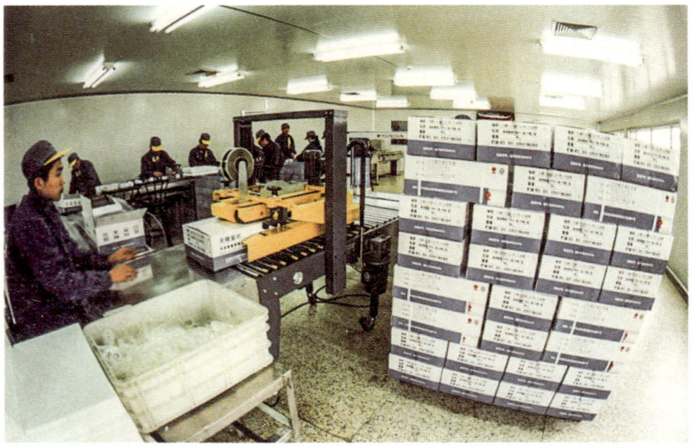

图14-5 正大天晴药业生产车间 赵鸣 摄于2001年

阿德福韦酯（名正） 正大天晴药业2003年12月进入临床研究，2005年7月获国家专利，是国内此类药品中唯一一个具有自主知识产权的产品。

酒石酸长春瑞滨注射液（盖诺） 2000年初江苏豪森药业公司在国内首先推出，临床主要用于治疗非小细胞肺癌、乳腺癌、恶性淋巴癌等疾病。上市后市场份额很快超过进口产品，连续五年成为国内长春瑞滨市场的领导者。

头孢氨苄缓释片(美丰) 头孢菌素类广谱抗生素药物。豪森药业公司1995年研制成功。

第二节 中药材和中成药

一、生产

1984年,连云港中药厂主要产品为复方黄连素片、三七片、复方丹参片、板蓝根干糖浆等。1990年,连云港中药厂主要产品生产能力为大山楂丸150吨、复方丹参片50吨、三七片50吨、复方黄连素片50吨、姜枣祛寒冲剂10吨、霍香正气丸100吨、蛇胆川贝液50吨。

1991年,连云港中药厂建立中药研究所,开始新品种研制和开发。1996年起,连云港中药厂每年投入销售收入10%左右的资金用于科研开发,建设占地2公顷、建筑面积1万平方米、实验设备价值5000万元的实验室,拥有11名博士、12名硕士、8名高级工程师在内的130多名本科以上科技人员组成的研发队伍。5月,经连云港市现代企业制度试点领导小组批准,由国有企业改制为国有控股的连云港康缘制药有限责任公司(简称康缘药业)。

2000年8月,康缘药业投资1.6亿元在连云港经济技术开发区进行综合制剂车间技改工程建设。工程占地8.5万平方米,总建筑面积5.8万平方米,由国家医药局重庆医药设计院按照GMP要求设计。其中综合制剂车间面积3万平方米,建有胶囊、口服液、中药注射液、片剂、冲剂、冻干粉针剂等13条先进的生产线及配套的备料中心、质量中心、动力中心、管理中心,生产能力和装备性能在国内中药行业处于领先水平。

2002年9月,经中国证监会核准,康缘药业股票在上海证券交易所上市交易,是江苏省中药行业上市第一股。12月,康缘药业整体通过国家GMP认证,具有年产硬胶囊12亿粒、口服液1亿支、软胶囊1.7亿粒、中药注射液3000万支、片剂15亿片、冲剂1000吨的生产能力。同期,按中药材生产质量管理规范要求,康缘药业在赣榆县投资2000余万元建设万亩中药材生产基地。以南京农业大学、中科院南京植物所等科研单位为技术依托,采取大型制药企业、基地、科研、农户的生产模式进行运营。生产的品种主要有白芍、桔梗、金银花、瓜蒌、牡丹皮、黄芩、板蓝根、丹参等。其中,白芍面积53公顷,每公顷单产9000多千克;桔梗面积33公顷,每公顷单产4500多千克;金银花面积20公顷,每公顷单产2250多千克。

2003年1月,康缘药业对前处理提取系统进行二期工程改造,建筑面积2.2万平方米,由华东中药集团四方设计院设计。工程采用国内外先进中药材提取和前处理工艺和手段,引进监控系统和在线清洗设施,实现中药提取管道化、智能化,可生产中药提取物或中药单方颗粒等。2004年6月竣工投产,具备年处理、提取中药材1万吨的生产能力,在国内同行业处于领先地位。

2005年,康缘药业完成工业总产值11.51亿元,利税1.92亿元,列全市工业产值和利税50强前5位。

图14-6 2005年,康缘药业完成工业总产值11.51亿元。图为康缘药业生产车间。 赵鸣 摄

二、重点产品

桂枝茯苓胶囊 康缘药业独家生产的国家级四类新药。主要用于治疗子宫肌瘤、慢性盆腔炎及其包块、子宫内膜异位症、子宫内膜不规则剥脱之出血、痛经及产后恶露不尽等妇科血瘀症疾病。

天舒胶囊 康缘药业独家生产的国家级三类新药。能有效改善脑部血液循环，调整脑部血管的收缩与舒张功能，具有降压、降血脂、改善血小板聚集等作用。

金振口服液 康缘药业独家生产的国家级三类新药。用于治疗小儿急性支气管炎符合痰热咳嗽者。

抗骨增生胶囊 康缘药业独家生产的国家级四类新药。能补肝肾、强筋骨、活血利气止痛、祛风湿。主治肾虚骨痹、骨萎。

腰痹通胶囊 康缘药业独家生产的国家级三类新药。用于治疗腰椎间盘突出症引起的腰腿痛、腰部活动不利、行走困难及下肢麻木、大小便功能障碍等症。

热毒宁注射液 康缘药业独家生产的国家级二类新药。用于治疗上呼吸道感染（外感风热症）所致的高热、畏恶风寒、头痛、咳嗽、痰黄等症。

痛安注射液 康缘药业独家生产的国家级二类新药。适用于放化疗或非放化疗的肺癌、肝癌、胃癌等肿瘤属血淤引发的癌性中度疼痛。

散结镇痛胶囊 康缘药业生产的国家中药六类新药（原中药三类）。用于治疗子宫内膜异位症（痰瘀互结兼气滞症）所致的继发性痛经、月经不调、盆腔包块、不孕等症。

大株红景天胶囊 康缘药业生产的国家中药三类新药。用于治疗心血瘀阻引起的冠心病、心绞痛，表现为胸痛、胸闷、心慌、气短等症。

金红片 康缘药业生产的国家中药六类新药。适用于治疗肝郁气滞、瘀血阻络所致之胃脘疼痛（慢性浅表性胃炎），表现为胃脘胀痛，攻窜两胁，或胃脘刺痛，痛处固定等症。

第三节 生物药物

一、生产

2000年，恒瑞医药开始研制生物药物，投资1.8亿元在上海闵行经济技术开发区建设创新药物研发中心。中心建有生物基因药物实验室，有博士后3人、博士12人、硕士168人，以及多名海外归国专家、学者。至2005年底，开发出培门冬酶、PEG干扰素、聚乙二醇胸腺素等多种生化药物。

二、重点产品

培门冬酶 是一种用新型技术生产的治疗白血病的生化药物。恒瑞医药为国内首家开发该产品的企业，项目技术达到国际领先水平。产品填补国内空白，可替代进口，实现中国在生物药物领域的技术突破。

PEG干扰素 是一种针对中国人特点开发的生物医药产品，用于治疗白血病、肝炎、肿瘤和免疫调节，获得国家发明专利。

聚乙二醇胸腺素　该药品由恒瑞医药在国内首家研发，获国家发明专利。产品具有增强细胞免疫功能和调节免疫平衡特点，用于治疗细胞免疫缺损性疾病和病毒性肝炎、恶性肿瘤及抗衰老。

第四节　医疗器械和药用包装材料

一、生产

1984年，连云港市医疗器械生产厂家主要有连云港市医疗器械厂，生产婴儿保育箱、消毒灭菌器等系列产品。药用包装材料行业处于空白状态。1985年12月，经国家医药管理局批准，中国医药工业公司和连云港制药厂共同投资2400万元兴建连云港药用包装材料厂（简称市药用包装材料厂），主要生产药用包装材料铝箔，设计能力为年产480吨PTP铝箔，全套引进日本设备和技术。1987年动工，1989年5月建成投产后成为国内规模最大、技术最先进的PTP铝箔生产工厂。

1988年6月，连云港医药采购供应站、江苏省医药公司、江苏省医疗器械工业公司合资建立连云港江苏医疗器材实业公司。

1989年，市药用包装材料厂生产的PTP药用包装铝箔获省优质产品证书、省第三届优秀新产品金牛奖。1990年，市药用包装材料厂生产的产品在PTP铝箔基础上，增加OP保护剂、VC粘合剂等配套产品。年底，该厂完成产值1287.4万元，实现利税91万元，产品主销国内300多家制药企业。

图 14-7　中国最大的药用包装材料生产厂——连云港中金医药包装有限公司自动化控制车间　赵鸣　摄于1996年

1993年，市药用包装材料厂更名为连云港中金医药包装有限公司（简称中金包装公司）。是年，PTP铝箔双套色技改项目完成，成为国内首家拥有PTP铝箔双套色技术的企业，销售额占国内市场一半以上。1994年，中金包装公司投资5000多万元，从国外引进具有国际先进水平的药品软包装材料生产线，是年建成投产，成为国内首家完全按GMP标准组织生产的药用包装企业，填补中国无专业厂家生产药用SP软包装膜的空白。

1995年，连云港医疗设备厂与日本樱花精机株式会社合资成立连云港千樱医疗设备有限公司（简称千樱公司），在国内注册“千樱”牌商标，商标权属中方所有，主要从事医用消毒灭菌设备的开发、设计和制造。

1996年，中金包装公司实现产值销售双双突破1亿元，被评为江苏省高新技术企业，药用SP易撕膜被评为国家级重点新产品。1998年，中金包装公司通过ISO 9001质量体系认证，成为国内药用包装材料生产行业第一家通过认证的企业。是年，所生产PTP彩箔被评为国家级重点新产品。

1999年，千樱公司被省科技厅认定为省高新技术企业。2000年，中金包装公司被科技部认定为国家级重点高新技术企业。

2001年，千樱公司投资2000余万元新建千樱科技园，成立医用消毒设备研究所，专业从事防

图 14-8 中日合资连云港千樱医疗设备有限公司
吉志强 摄于2000年

止医院交叉感染产品的研制工作。是年，连云港江苏医疗器材实业公司改制为民营企业，更名为江苏苏云医疗器材有限公司。是年，连云港市新浦光学仪器厂改制为民营企业，更名为连云港天诺光学仪器有限公司，主要生产验光镜片、试镜架、验光镜片箱等。

2002年，江苏省新型复合包装材料工程技术中心在中金包装公司挂牌，主要从事高档包装材料的开发与研制。是年，千樱公司生产的“千樱”牌消毒灭菌设备通过欧盟质量体系认证，并通过国际压力容器权威机构ASME（美国机械工程师学会）的评审，并取得压力容器制造规范授权认证书。4月，原连云港市医疗设备厂改制为民营企业，更名为连云港国鑫医药设备有限公司，开始研发食用菌工厂化生产成套设备。

2003年，严重急性呼吸综合征（传染性非典型肺炎）肆虐。千樱公司用3个月时间研制出适用于生物级实验室的FWM系列灭菌器，被复旦大学、武汉大学、福建省疾控中心等病毒研究机构广泛采用。并向北京小汤山医院、连云港市传染病医院等多家医疗机构捐赠折计80余万元的消毒灭菌设备。

2004年6月，连云港国鑫医药设备有限公司生产出适合中国食用菌产业发展所需的系列配套设备，在连云港开发区兴建食用菌工厂化种植专用设备的专业化工厂。同期，中金公司与日本玛泰株式会社合资，公司更名为江苏中金玛泰医药包装有限公司（简称中金玛泰公司）。

2005年，江苏苏云医疗器材有限公司开发的外周神经电刺激器获得初步成功。是年，中金玛泰公司完成工业总产值2.23亿元、主营业务收入2.11亿元。

二、重点产品

SCM和MG系列脉动真空蒸汽灭菌器 千樱公司生产。主要用于医疗单位、制药厂科研单位对耐高温高湿物品的灭菌干燥，是现代化供应室、手术室的首选产品。

台式灭菌器 千樱公司生产。主要适用于对手术器械、齿科器械、敷料、玻璃器皿、注射器具、药品等耐受高温高压的物品进行消毒或灭菌。

CQJ-500超声波清洗消毒机 千樱公司生产。独家采用PLC和MPT面板控制LCD带背光显示，参数设定、操作控制、状态监控方便灵活直观。通过超声清洗，被洗物品均匀彻底、无死角盲区。

JQC系列全自动超声波胶塞清洗机 千樱公司生产。主要应用于制药行业及胶塞生产厂家，对各种橡胶塞、塑胶塞、滴管塞、一次性针筒胶堵和铝盖等清洗、硅化、灭菌及干燥处理。自动控制技术达到国际先进水平。

药用复合成型材料 中金玛泰公司自行研制的新产品，填补国内空白，通过中国方圆标志产品认证，2001年入选国家级“火炬计划”项目。药用复合成型材料解决了药品避光与吸潮分解的难题，用于丸剂、片剂、粉剂、栓剂、胶囊及外敷等药品的包装，是现代新型高阻隔药用包装材料。

非PVC大输液袋用膜 中金玛泰公司生产。具有化学惰性好、无毒、可在121℃高温灭菌、水蒸气渗透率低、柔软坚韧、透明性好（高温灭菌无影响）、抗低温性能好、可热封的优点，符合环保要求。产品填补国内空白，可替代玻璃瓶、PVC软袋及PP瓶、PE瓶。

第五节 医药基地

2001年9月，经科技部批准，连云港经济技术开发区设立国家“火炬”计划连云港新医药产业基地，规划面积3平方千米。入驻基地的恒瑞医药、康缘药业、正大天晴药业、中金公司、豪森药业、千樱公司6家企业被科技部确认为国家“火炬计划”连云港新医药产业基地骨干企业。

2004年，市政府印发《国家“火炬计划”连云港新医药产业基地发展规划（2004～2007）》，确定6项发展目标、5项重点任务，以及2004年拟实施的18个重大项目和5个重大关键技术攻关项目。是年，基地内企业实现工业总产值33.1亿元，占全市规模以上工业产值的12%；实现利税8.92亿元，占34.4%。

2005年，江苏德源药业有限公司、江苏苏云医疗器材有限公司、连云港国鑫医药设备有限公司、连云港天诺光学仪器有限公司等企业入驻新医药产业基地，基地内企业达10家，其中规模以上医药企业8家。规模企业拥有资产总额22.3亿元，固定资产7.8亿元，从业人员5202人；具备研究、开发和生产化学原料药及制剂、中成药、医疗器械、医药包装材料等多种门类产品的能力。是年，8家企业实现销售收入37.53亿元、利税13.21亿元。

“十五”计划期间，基地企业共承担国家“863”计划9项、省级攻关计划10项、国家“火炬计划”等科技产业化计划120余项，经认定的国家重点新产品18个、高新技术产品80个，占全市总数的20%，获新药证书87个，其中，一类新药6个、二类新药23个。盐酸吡格列酮原料药及制剂（瑞彤）、抗病毒新型中药热毒宁注射液、异甘草酸镁原料及注射液等一大批重大科技成果成功实现产业化。

1984～2005年连云港市医药工业获国家级奖产品一览表

表14-8

名称	生产单位	获奖年份	获奖等级、名称	授奖机关
猪苓多糖注射液	连云港东风制药厂	1992	国家级新药产品	国家科委、中国工商银行、劳动部、国务院引进国外智力领导小组、国家技术监督局
萘磺酸右丙氧芬及丙氧氨酚复方片的研制	连云港制药厂	1995	国家科技进步奖二等奖	国务院
PPQ-1.2普通快速冷却灭菌器	连云港千樱医疗设备有限公司	1995	国家级新产品	国家科委
依托泊甙软胶囊（威克）	连云港制药厂	1996	国家级新产品	国家经贸委
药品包装用铝塑复合易撕膜袋	连云港中金医药包装有限公司	1996	国家级新产品	国家经贸委
SP复合包装材料及PTP铝箔	连云港中金医药包装有限公司	1996	“八五”包装成果金奖	中国包装协会

续表 14-8

名　称	生产单位	获奖年份	获奖等级、名称	授奖机关
PTP铝箔	连云港中金医药包装有限公司	1996	第一届中华包装精品	中国包装办会
异环磷酰胺、美司那及其制剂	连云港制药厂	1997	国家级新产品	国家经贸委
丙氧氨酚复方片	连云港制药厂	1997	国家级新产品	国家经贸委
药用包装用彩色铝箔	连云港中金医药包装有限公司	1997	国家级重点新产品	国家经贸委
克拉霉素原料药及其制剂（诺邦）	江苏恒瑞医药股份有限公司	1998	国家级新产品	国家经贸委
吡罗昔康凝胶剂（每支25克）含本品5%	江苏恒瑞医药股份有限公司	1998	国家级新产品	国家经贸委
盐酸噻氯匹定原料药及其制剂（齐洛）	江苏恒瑞医药股份有限公司	1998	国家级新产品	国家经贸委
阿曲库胺苯磺酸盐及其制剂	江苏恒瑞医药股份有限公司	1999	国家级新产品	国家经贸委
盐酸噻氯匹定原料药及其制剂（齐洛）	江苏恒瑞医药股份有限公司	1999	国家科技进步奖三等奖	国务院
阿曲库铵苯磺酸盐注射液	江苏恒瑞医药股份有限公司	2000	国家医药科技进步奖二等奖	国家经贸委
来曲唑原料及制剂	江苏恒瑞医药股份有限公司	2000	国家“火炬计划”项目产品	科技部
金振口服液	江苏康缘药业股份有限公司	2000	国家医药科技进步奖二等奖	国家经贸委
奥沙利铂原料药及制剂（艾恒）	江苏恒瑞医药股份有限公司	2001	国家级重点新产品	国家经贸委
盐酸氨溴索原料及制剂	江苏恒瑞医药股份有限公司	2001	国家级“火炬计划”项目产品	国家科委
罗红霉素分散片	江苏恒瑞医药股份有限公司	2001	国家级新产品	科技部
纸/铝/塑复合膜	连云港中金医药包装有限公司	2001	国家重点新产品	科技部
厄贝沙坦原料及制剂（吉加）开发	江苏恒瑞医药股份有限公司	2002	国家“星火计划”项目产品	科技部
盐酸拓扑替康原料药及其制剂	江苏恒瑞医药股份有限公司	2002	国家级重点新产品	国家经贸委
枸橼酸莫沙必利原料及其片剂	江苏豪森药业股份有限公司	2002	国家“星火计划”项目产品	科技部
重酒石酸长春瑞滨（盖诺）	江苏豪森药业股份有限公司	2002	国家级重点新产品	国家经贸委
来曲唑原料药及其制剂	江苏恒瑞医药股份有限公司	2003	国家“火炬计划”项目产品	科技部
吡格列酮原料药及其制剂	江苏恒瑞医药股份有限公司	2003	国家“火炬计划”项目产品	科技部

续表 14-8

名　称	生产单位	获奖年份	获奖等级、名称	授奖机关
盐酸氨溴索原料药及其制剂（贝莱）	江苏恒瑞医药股份有限公司	2003	国家“火炬计划”项目产品	科技部
盐酸拓扑替康及其制剂	江苏恒瑞医药股份有限公司	2003	国家重点新产品	科技部
专利证书（含有磺酰基二苯基吲哚化合物及其制剂法和药物用途	江苏恒瑞医药股份有限公司	2003	发明专利	国家知识产权局
金振口服液	江苏康缘药业股份有限公司	2003	国家优秀“火炬计划”项目	科技部
头孢克洛分散片	江苏豪森药业股份有限公司	2003	国家级“火炬”计划项目产品 江苏省高新技术产品	科技部、省科技厅
顺铂注射液	江苏豪森药业股份有限公司	2003～2004	国家、省级“星火计划”项目产品	科技部、省科技厅
雷贝拉唑钠肠溶片	江苏豪森药业股份有限公司	2003～2004	国家重点新产品	科技部
专利证书（含有磺酰基吡咯烷酮化合物及其制法和药物用途）	江苏恒瑞医药股份有限公司	2004	发明专利	国家知识产权局
盐酸伊立替康原料药及其制剂	江苏恒瑞医药股份有限公司	2004	国家重点新产品	科技部
加替沙星原料药及其制剂（乐派）	江苏恒瑞医药股份有限公司	2004	国家“星火计划”项目产品	科技部
多西他赛原料药及其制剂（艾素）	江苏恒瑞医药股份有限公司	2004	国家“火炬计划”项目产品	科技部
具有镇咳祛痰作用的伊贝总生物碱的制备工艺	江苏恒瑞医药股份有限公司	2004	发明专利	国家知识产权局
制备铂（Ⅱ）配合物的一种方法	江苏恒瑞医药股份有限公司	2004	发明专利	国家知识产权局
聚合物锂离子电池芯内包装成型材料	江苏中金玛泰医药包装有限公司	2004	国家重点新产品	科技部
加替沙星片	江苏豪森药业股份有限公司	2004	国家重点新产品	科技部
拉克替醇原料及散剂	江苏正大天晴药业股份有限公司	2004	国家重点新产品	科技部、商务部、国家质监总局、国家环保总局
盐酸二甲双胍缓释片	江苏正大天晴药业股份有限公司	2004	国家“火炬计划”项目产品	科技部
阿曲库铵苯磺酸盐及其制剂	江苏恒瑞医药股份有限公司	2005	国家“星火计划”项目产品	科技部
盐酸伊立替康原料药及其制剂	江苏恒瑞医药股份有限公司	2005	国家“火炬计划”项目产品	科技部
盐酸吡格列酮原料药及制剂	江苏恒瑞医药股份有限公司	2005	国家重点新产品	科技部
发明专利证书（黄连总生物碱的提取工艺及其新用途）	江苏恒瑞医药股份有限公司	2005	发明专利	国家知识产权局

续表 14-8

名　称	生产单位	获奖年份	获奖等级、名称	授奖机关
雷贝拉唑钠原料及其片剂	江苏豪森药业股份有限公司	2005	国家、省级“星火计划”项目产品	科技部、省科技厅
加替沙星片	江苏豪森药业股份有限公司	2005	国家、省级“星火计划”项目产品	科技部、省科技厅
甘草酸二铵	江苏正大天晴药业股份有限公司	2005	国家“火炬计划”项目产品	科技部

第三章　化学工业

1984年，连云港市有市、县属化工企业28家。其中，全民企业17家、集体企业11家，另有街道、乡村化工企业100多家。行业主管部门为市化学工业公司。市属18家化工企业共计从业人员9562人，固定资产净值4785.3万元，主要产品有7类96种。其中，磷化工产品的品种和规模处于江苏省领先地位，是全国磷化工五大基地之一。全市预算内化工企业完成工业总产值2.02亿元（1980年不变价）、销售收入1.54亿元，实现利税2057万元，名列全市工业系统之首。

1990年，市属化工企业完成工业总产值2.09亿元、销售收入3.56亿元，实现利税3147.8万元，再登全市工业系统榜首。锦屏化工厂、红旗化工厂成为全市明星企业。随着市场经济的发展，化工产品结构不合理、规模小、缺乏核心技术、经营观念和机制不能适应市场竞争等一系列问题日益突出，是年市属化工企业有7家陷入亏损。

1993年，全市化工系统亏损企业增至11家；1994年亏损企业增至14家，亏损面为74%。5家中型企业有4家亏损，亏损企业亏损额2113万元。

1995～2001年，法国罗盖特、比利时泰桑德乐、以色列死海溴及三吉利等国际知名化工企业相继落户连云港，改善和提升了化工产业结构和产品档次。

2001年7月，在市级机构改革中，市化学工业公司撤销，原行业行政管理职能移交市经贸委。是年10月，以江苏德邦化学工业集团有限公司（简称德邦集团）等5家企业为核心层组建连云港市化工集团有限公司。至此，原市属化工企业中有14家被兼并、破产或关闭退出市场，4家改制为国有独资、国有控股、国有参股的有限责任公司。

2005年10月，市化工集团有限公司撤销，整体并入市金海投资有限公司。是年，德邦集团、连云港碱厂进入全国十大碱厂行列，奠定了连云港市在中国东南部最大纯碱工业基地的地位。

2005年，全市有化学原料及化学制品制造企业90家，完成销售收入47.3亿元、利税5.9亿元，分别占全市规模以上工业销售收入和利税的14.5%、17.9%。化学工业形成以基础化学原料制造业、化肥、农药等农用化工为主体，海洋化工、精细化工为特色的发展格局。纯碱、山梨醇、氯化苄、辛硫磷、磷化铝、邻苯二酚、食品级磷酸盐、白炭黑等化工原料和精细化工产品在国际国内享有盛誉。民营和个体化工企业迅猛发展。灌南县堆沟港化学工业园、灌云县燕尾港盐化工工业园和赣榆县柘汪石化工业园初具规模，一大批项目开工建设。

第一节　化工原料

一、纯碱、烧碱

纯碱　1984年，连云港化肥厂纯碱年生产能力3万吨，实际生产23751吨。1986年9月26日，国家“七五”计划时期重点项目连云港碱厂60万吨纯碱生产线动工建设。1989年10月25日建成投产，生产装置具有20世纪80年代国际先进水平。是年，连云港化肥厂通过技改扩建，将纯碱生产能力扩大至3.5万吨。1990年11月，连云港碱厂与南京化学工业（集团）公司合并，更名为南京化学工业（集团）公司连云港碱厂。1996年4月，连云港化肥厂改制为江苏德邦化学工业集团有限公司。1997年4月，连云港碱厂年产1.5万吨小苏打、1.5万吨氯化钙工程竣工。1998年，连云港碱厂随东联集团公司整体并入中国石化集团公司，是年，完成纯碱80万吨生产线扩产改造。1998～1999年，连云港碱厂和德邦集团先后通过ISO 9002质量体系认证。2000年，全市纯碱产能95万吨，实际生产98.29万吨。主要产品有重质纯碱、轻质纯碱、食品碱、小苏打等，能满足市场不同客户的需要。

图14-9　2003年，连云港碱厂生产的“长江三角”牌纯碱获“中国名牌产品”称号。图为碱厂生产线。　赵鸣　摄

2001年12月，连云港碱厂获得江苏省出口商品一类企业证书，成为连云港市第一家获此类证书的企业。2002年4月26日，德邦集团以铵碱系统优质资产，联合其他法人、自然人发起设立江苏德邦兴华化工股份有限公司。是年9月，德邦兴华公司出资3400万元，成功收购重组安徽皖淮化工总厂铵碱系统有效资产，并开始技改扩建。2003年，连云港碱厂生产的“长江三角”牌纯碱在全市第一家获“中国名牌产品”称号。

2005年2月，连云港碱厂投资3亿元，建成全国最长的输卤工程，全长170千米。“长江三角”牌纯碱被评为中国化工十大最具国际竞争力品牌。是年，连云港碱厂纯碱产量达100万吨。同期，德邦兴华公司纯碱产能扩至20万吨。2005年，全市纯碱年生产能力145万吨，实际生产纯碱137.65万吨，约占全国的13%；年出口量约占全国的15%。

图14-10　连云港碱厂除硝装置　朱华南　摄于2004年

烧碱　1984年，连云港市化工厂和赣榆县盐化厂2家企业从事专业烧碱生产。年产能合计1.2万吨，实际生产9188吨。1988～1990年，市化工厂在原年产6000吨烧碱基础上，投资1408万元新建生产线，烧

碱规模扩至1万吨，工艺技术达80年代国内先进水平。1991年，赣榆县盐化厂投资1944万元，建成年产1万吨的烧碱生产线。结合“三废”治理，同时生产盐酸和液氯、漂白粉、漂液等产品。2003年，赣榆县盐化厂破产。是年9月，福建龙岩客商在收购原赣榆县盐化厂基础上，注册成立连云港福榆氯碱化工有限公司，总投资5000万元，将烧碱年产能扩大至2万吨，年创产值4000万元，利税300万元。2005年，全市烧碱产量7.63万吨。

二、无机酸

硫酸 1984年，全市硫酸生产能力为3.2万吨，主要生产厂家有市硫酸厂、灌云县磷肥厂、赣榆县磷肥厂。1987～1989年，市硫酸厂进行技术改造，产能扩大至1.8万吨，并增加电池硫酸、发烟硫酸、氨基磺酸等新产品。其间，新浦磷矿和锦屏磷矿先后建成1万吨硫酸生产设施。1990年，赣榆县磷肥厂建成年产4万吨硫酸装置。是年底，全市硫酸生产能力6.8万吨，实际生产3.48万吨。1995年，市硫酸厂建成年产4万吨硫酸生产装置。江苏东海蛇纹石矿投资3000万元建成年产10万吨硫酸生产线。1998年，新浦磷矿、锦屏磷矿先后建成年产4万吨硫酸生产线。2002年，山东金沂蒙集团并购赣榆县磷肥厂，组建江苏金山肥业有限公司，将硫酸年产能扩大至10万吨。2004年，江苏龙腾化工有限公司将硫酸年产能扩大至30万吨。2005年，市硫酸厂依法破产。是年，全市硫酸生产能力38万吨，实际生产25.38万吨。

盐酸 1984年，全市盐酸主要生产厂家有市化工厂、赣榆县盐化厂。设计年生产能力6000吨，实际产量仅1000多吨。1988～1990年，市化工厂、赣榆县盐化厂对盐酸生产装置进行技术改造，年产能增至1万吨。市电化厂、五七造纸厂在生产烧碱同时，分别建成盐酸生产装置。2000年，江苏东海蛇纹石矿建成年产6.5万吨工业盐酸生产装置。2002年，江苏金山肥业有限公司盐酸年产能为6万吨。2003年，连云港福榆氯碱化工有限公司盐酸年产能为1万吨。2005年，全市盐酸年产能为7.5万吨，实际生产8511吨。

第二节 农用化工

一、化肥

氮肥 1984年，连云港市有5家氮肥专业生产厂，合成氨年生产能力6.3万吨，实际生产6.73万吨。主要产品是农用氯化铵和碳酸氢铵，实际产量分别为2.08万吨、21.11万吨。1985～1989年，市化肥厂、赣榆县化肥厂、东海县化肥厂、灌云县化肥厂先后对合成氨系统进行改、扩建，生产能力分别达到2万吨、3万吨、2万吨、1.8万吨。1990年，全市实际生产合成氨6.98万吨、农用氯化铵3.09万吨、碳酸氢铵24.11万吨。1995年，全市实际生产化肥13.92万吨。

2000年，赣榆县、东海县、灌云县、灌南县化肥厂先后陷入停产、半停产状态，碳酸氢铵随着市场大幅萎缩逐步退出市场。全市实际生产化肥24.18万吨。2002年，灌云县化肥厂合成氨系统被民间资本收购重组为灌云县恒华化工有限公司，继续生产碳酸氢铵产品。2003年6月，赣榆县化肥厂破产后被山东金沂蒙集团整体购并，组建生产精细化工、生物化工产品的民营企业赣榆金山化工有限公司，拥有固定资产5000万元和年产5万吨酒精生产线。2005年，德邦集团合成氨生产能力为14万吨，农用氯化铵产量42.25万吨。“银球”牌农用氯化铵被评为国家免检产品。全市预算内氮肥生产企业实际产量12.45万吨。

磷肥　1984年，全市有磷肥专业生产厂5家，其中钙镁磷肥生产厂2家、普钙生产厂3家，总计生产能力18万吨，实际产量14.63万吨。1985年，市锦屏化工厂、市硫酸厂在全市第一批取得生产许可证。同期，市新浦磷矿依托自产磷矿资源，投资150万元，建成年产普钙2万吨生产装置。1987年，锦屏磷矿磷肥厂投资20多万元添置回转化成系统等设备设施，普钙生产能力增至2万吨。市锦屏化工厂对钙镁磷肥生产线进行改、扩建，产能增至6万吨。1991年，锦屏磷矿投资80多万元用于磷肥厂扩建，普钙生产能力达到5万吨。1995年，市硫酸厂普钙年生产能力扩大至5万吨。1998年2月，市锦屏化工厂钙镁磷肥车间分立为市恒丰磷肥厂。

2000年，市新浦磷矿经多次技术改造，磷肥年生产规模达到20万吨。江苏东海蛇纹石矿建成年产10万吨过磷酸钙生产装置。2003年，市恒丰磷肥厂有效资产被连云港太平洋化学肥料有限公司收购重组。2005年，市锦屏化工厂、市硫酸厂、灌云县磷肥厂先后破产退出市场。全市预算内磷肥生产企业实际产量63738吨。

钾肥　全市钾肥的主要生产厂家是以海盐苦卤为原料的市黄海化工厂和银海化工厂。1984年，全市氯化钾年生产能力为1500吨，1986年增至2000吨。1993年5月，由江苏省盐业公司灌东盐场化工厂陈兆明发明的析硫法氯化钾生产工艺工业化应用项目被国家科委批准列入1993年国家“星火计划”。2005年，全市氯化钾产能为1.2万吨。

复混肥　1984年，云台区台北综合厂开始生产氮磷钾三元素复混肥，是年产量5200吨。1985年，根据国家有关规定，连云港市对复混肥生产企业实行许可证制度。市化肥厂、市硫酸厂、锦屏磷矿、新浦磷矿等企业经检验合格取得生产许可证。1985～1988年，市化肥厂、市硫酸厂、锦屏磷矿、新浦磷矿发挥自身原料优势，先后建成年产8000吨、3000吨、5000吨、1万吨复混肥生产线。赣榆县磷肥厂将复混肥年生产能力扩大至8000吨，东海县磷肥厂、海州化工厂先后建成年产1万吨复混肥生产车间。由于复混肥生产工艺简单，一批乡镇、街道、个体户纷纷采用简陋设备生产复混肥，在利益驱动下，出现鱼龙混杂、无序竞争状态。1995年，全市开展查处无生产许可证生产销售化肥、农药专项行动，查封假冒伪劣化肥650吨、农药5.1吨。

2002年，连云港德邦复合肥有限公司建成年产5万吨复混肥生产装置。

2004年8月，根据全市小化肥专项整治工作领导小组部署，在全市进行小化肥专项整治行动，查封小化肥生产企业93家，吊销85家企业营业执照，核销6家企业小化肥经营项目，查封设备200台，销毁原辅材料、产成品13189吨，立案查处小化肥案件24起，先后抓捕涉案人员10人，有11名基层干部受到党纪、政纪处理，小化肥生产市场得到净化。是年9月12日，市政府与相关部门签订小化肥长效管理目标责任状。同期，赣榆县欧亚利肥业有限公司成立，主导产品“欧亚利”系列复混肥、散装掺混肥年生产能力达10万吨，并通过ISO 9001质量体系认证，企业和产品被评为江苏省重合同守信誉企业、消费者信得过产品。

2005年，中外合资江苏奥玛德肥业有限公司建成年产5万吨复混肥、散装掺混肥生产装置。全市有生产许可证的复混肥生产企业62家。

图14-11　连云港市化肥厂主要生产纯碱和复合化肥，1996年改制为江苏德邦化学工业集团有限公司。图为改制前的化肥厂。　赵鸣　摄

图14-12 德邦化工集团碳化塔 赵鸣 摄于2000年

复合肥 1984年，市海滨化工厂建成年产5000吨磷酸二氢钾生产装置，产量居全国同行业之首，“菱佳”牌磷酸二氢钾被评为江苏省优质产品。1989年，市海滨化工厂生产磷酸二氢钾3643吨，销量占全国九分之一。1990年4月4日，赣榆县化肥厂年产3万吨磷铵工程动工，项目是国家“七五”计划专项工程，基建投资2085万元。

2000年，赣榆县磷肥厂高效肥生产线被山东金沂蒙集团租赁经营。江苏东海蛇纹石矿投资3500万元建成年产20万吨硫基氮磷钾复合肥生产线和年产6万吨磷酸一铵生产线。2002年，江苏金山肥业有限公司成立，年产硫酸钾复合肥30万吨、有机无机复合肥5万吨，“夹谷山”“景山”牌硫酸钾复合肥被评为江苏省乡镇企业名牌产品和江苏农贸市场公认名牌。2002年，金沂蒙集团收购重组赣榆县化肥厂，完成年产2万吨硫酸钾、5万吨酒精扩建项目。

2004年，江苏龙腾化工有限公司通过ISO 9001和ISO 2000质量体系认证，建成年产30万吨硝硫基复合肥、20万吨磷酸一铵生产线，生产装置由计算机系统自动控制。其中硝硫基复合肥生产技术属自主研发，拥有知识产权，并填补国内空白。企业先后获“国家行业百强企业”“全国优秀农资企业”称号。

2005年，江苏龙腾化工有限公司“夹谷山”牌硫酸钾复合肥料被认定为江苏省著名商标和连云港市名牌产品。公司固定资产6.2亿元，年产值10亿元，实现利税1亿元。是年，中外合资江苏奥玛德肥业有限公司成立，年产高、中、低档复合肥15万吨，铵化造粒、喷浆造粒复合肥3万吨，有机生态肥2万吨。

二、农药

1984年，全市有农药生产企业3家，产品以杀虫剂为主。磷化铝、辛硫磷、溴甲烷、甲胺磷是主打产品。其中，杀虫脒、毒菌净、克菌壮等品种因产量小，于1990年停产。1990年后，农药市场竞争加剧，大多年份农药生产企业亏损经营。

2000年，全市生产农药3800吨。2004年，江苏龙腾生物药业有限公司、连云港立本农药化工有限公司进入全国农药原料制造企业综合效益百强行列。2005年12月，江苏双菱化工集团有限公司、连云港立本农药化工有限公司、连云港富春化工有限公司取得省安监局颁发的危险化学品生产企业安全生产许可证。是年，江苏双菱化工集团有限公司、连云港立本农药化工有限公司、江苏龙腾生物药业有限公司通过省第二批强制性清洁生产审核。全市生产农药5911吨。

磷化铝 1984年，市化工厂有磷化铝生产能力650吨，实际产量400吨，出口30吨。产量列全国第二名，出口欧美、东南亚等14个国家和地区。1986年，“双菱”牌磷化铝片剂先后获省、部优质产品称号。1989年5月，市化工厂磷化铝压片技术及关键设备输出巴基斯坦，与巴基斯坦农药有限公司签订合同，项目总金额14.5万美元。1990年，全市磷化铝粉剂、片剂的产能分别为650吨、600吨，实际总产量400吨。2005年，全市磷化铝生产能力1200吨，实际产量900吨。

辛硫磷 主要由市第二农药厂生产。1984年，生产能力4000吨，实际产量2907吨。

1985～1986年，由于受到进口农药冲击，产销量大幅减少。1986年生产201吨。1987～1990年，产销开始回升。1990年实际生产1549吨。1993～2000年，因市场疲软，辛硫磷年产量在1500吨上下波动。2002年2月，市第二农药厂整体改制为连云港立本农药化工有限公司。2002～2004年，立本农药化工有限公司进入连云港市利税50强企业行列。2005年，该公司辛硫磷生产能力6000吨，实际产量为1289吨。

图14-13　连云港市第二农药厂　　赵鸣　摄于1986年

甲胺磷　1984年，东海县农药厂购进外地甲胺磷原油，开始生产50%甲胺磷乳油。1985年，东海县农药厂更名为东海县化工厂。1990～2000年，东海县化工厂与10多家院校、科研单位建立产、学、研协作关系，开发生产农药、化工2大类4个系列近20个产品，年生产能力超过1万吨。95%甲基立枯磷原粉、50%甲基立枯磷可湿粉、20%甲基立枯磷乳油获1995年中国高新技术新产品博览会优秀奖。2005年后，甲胺磷原药、甲胺磷乳油被国家禁止生产。

第三节　精细化工

一、柠檬酸

1984年，连云港市有3家柠檬酸专业生产厂，年生产能力2000吨，产品主要用于出口。是年，市红旗化工厂实际生产柠檬酸1259吨。1985年1月，连云港市红旗工贸联营柠檬酸厂成立，年产能3000吨。1988年，市发酵厂与省外贸联营，成立工贸联营连云港市柠檬酸厂，生产能力为5000吨，生产的“扇”牌柠檬酸先后三次获“江苏省优质产品”称号，先后获首届中国食品博览会银奖、首届北京国际博览会银奖。1990年，全市柠檬酸生产能力1万吨，实际产量8321吨，其中出口6510吨，创汇720万美元。

1996年6月至1998年5月，红旗工贸联营柠檬酸厂处于停产状态。1998年4月，市经委批准市发酵厂南厂实施“退二进三”，改建为商业批发城。是年，市发酵厂被民营企业连云港诺贝生化科技有限公司收购重组，柠檬酸年生产能力1.5万吨，同时还生产柠檬酸盐系列产品。

2000年，德邦集团组建生物化学分公司吸纳红旗工贸联营柠檬酸厂300多名下岗职工，租赁经营柠檬酸厂柠檬酸生产装置，开展生产自救，同时进行技术改造，生产能力扩大至1.5万吨。

2005年4月，德邦集团生物化学分公司停止柠檬酸生产。8月，红旗工贸联营柠檬酸厂依法进入破产程序。是年，江苏山田生物化工有限公司成立，并成为连云港诺贝生化科技有限公司的控股公司，拥有独立的进出口经营权，是中国五矿商会柠檬酸分会会员单位。年销售柠檬酸及其盐类产品3万吨，对外提供硫酸及木薯等原料6万吨。2005年，全市柠檬酸生产能力3万吨。

二、山梨醇　淀粉

1996年，韩国LG化学公司与市红旗化工厂共同出资，在连云港经济技术开发区设立乐金红旗

图 14-14　2001 年，世界 500 强之一的法国罗盖特公司在连云港经济技术开发区投资建厂。图为公司厂房。　吉志强　摄

化工有限公司，投资 1510 万美元，于 1998 年建成年产 3 万吨山梨醇生产装置。

2001 年，法国罗盖特公司在连云港经济技术开发区独资设立罗盖特（连云港）有限公司。是年 5 月，罗盖特（连云港）有限公司收购乐金红旗化工有限公司山梨醇生产装置。2002 年，法国罗盖特公司投资 1.3 亿欧元设立罗盖特（中国）精细化工有限公司，年产 10 万吨山梨醇项目于 2004 年 10 月 19 日竣工投产。

2005 年 2 月，罗盖特（连云港）有限公司投资 1500 万欧元，建成年产 7 万吨造纸变性淀粉生产线，生产HI-CAT系列阳离子淀粉。至此，连云港成为罗盖特在亚洲最大的多元糖醇和淀粉生产基地。是年，罗盖特（中国）精细化工有限公司资产总额为 11.81 亿元，实现工业总产值 1.01 亿元、销售收入 9560 万元。

三、白炭黑

连吉化学工业有限公司是白炭黑专业生产企业，1994 年 1 月成立，是亚洲最大白炭黑专业供应商OSC（台湾）立安东化工股份有限公司、江苏德邦化学工业集团有限公司共同投资 470 万美元在连云港建立的合资公司，是世界第一个应用新型喷干造粒工艺生产白炭黑的工厂，年生产能力 1.5 万吨。1995 年 5 月，白炭黑生产线正式投产。2005 年，连吉化学工业有限公司生产白炭黑 1.2 万吨，实现利润 666 万元。

四、硅酸钠

硅酸钠俗称泡花碱。1984 年，境内有少量泡花碱生产。1990 年，全市生产泡花碱 3500 吨。1995 年，为与中外合资连吉化工有限公司白炭黑生产配套，德邦集团建成年产 1 万吨硅酸钠生产装置。2000 年，德邦集团硅酸钠年产量达到 11512 吨。2005 年，德邦集团新建一套自动化生产装置，年产能 3 万吨，产品质量和能源消耗及环境指标达到国际先进水平。是年，全市硅酸钠生产能力 4 万吨。

第四节　有机化工及中间体

一、胱氨酸　乳酸

1988 年，连云港市香料厂建成胱氨酸生产车间，是年生产胱氨酸 1.26 吨，全部出口日本。赣榆县乳酸厂建成年产 600 吨乳酸生产装置，全年生产乳酸 8 吨，产品达到国家试剂级标准，符合英国皇家药典标准（B/P80R版）。1990 年，“金九”牌胱氨酸获江苏省第二届新产品金牛奖，“龙河”牌乳酸成为青岛外贸免检产品。1992 年，市香料厂建成年产 60 吨胱氨酸生产线。1996 年，因市场变化、工艺设备落后，市香料厂、赣榆县乳酸厂停止生产。

二、氯化苄

1984年，市化工厂氯化苄年产能为2500吨，实际生产1706吨。“双菱”牌氯化苄被评为江苏省优质产品。1995年12月，江苏双菱化工集团有限公司与比利时泰桑德乐化学品公司合资注册成立连云港泰乐化学工业有限公司。1997年2月，泰乐化学工业公司引进世界一流的氯化苄生产工艺、技术和装备，建成年产1.2万吨高含量氯化苄、1000吨苯甲醛生产装置，生产规模居亚洲第一。是年生产氯化苄1万吨。1999年，产品被评为江苏省高新技术产品和国家重点新产品。2001年，连云港泰乐化学工业有限公司被认定为江苏省高新技术企业。2003年，江苏双菱化工集团有限公司将持有连云港泰乐公司的股权全部转让给比利时公司，连云港泰乐化学工业公司由此成为外商独资企业。是年，该公司生产氯化苄13176吨。2005年生产氯化苄1.4万吨。

三、苯甲醛　苯甲醇

1984年，连云港市化工厂苯甲醛年产能为200吨，实际生产123吨。1995年后，连云港泰乐化学工业公司也生产苯甲醛。1997年10月，全市苯甲醛年产能力扩至1000吨、2003年，江苏双菱化工集团建成生产能力500吨的苯甲醇生产装置。2005年，全市实际生产苯甲醛1000吨、苯甲醇500吨。

四、邻苯二酚

1995年8月9日，连云港三吉利化学工业有限公司在连云港经济技术开发区注册设立，注册资金7000万元。公司建成具有完全自主知识产权的邻苯二酚连续化生产线，填补国内空白。1999年，邻苯二酚正式投产，却遭遇欧盟同类产品倾销的冲击，公司亏损严重。2002年1月14日，连云港三吉利化学工业有限公司代表中国邻苯二酚产业向外经贸部正式提交对原产于欧盟的进口邻苯二酚进行反倾销调查的申请书，是中国加入世界贸易组织后的首例反倾销诉讼案。3月1日，外经贸部发布公告，决定对进口邻苯二酚进行反倾销调查。2003年8月27日，商务部终裁决定，原产于欧盟的进口邻苯二酚存在倾销，邻苯二酚产业反倾销诉求获得胜利。是年，连云港三吉利化学工业有限公司依托天津大学、清华大学等一批科研院所共建研发中心和装备先进的质检化验室，先后开发出对苯二酚、4-甲基邻苯二苯、愈创木酚、对羟基苯甲醚、呋喃酚、胡椒环、胡椒醛、黎芦醛、香兰素等系列产品。

2005年，连云港三吉利化学工业有限公司投资5亿元建成年产1万吨邻苯二酚项目、热电工程项目及相关配套项目，年产邻苯二酚1万吨。

第五节　其他化工

一、胶粘剂

EVA热熔胶　1984年4月，连云港有机化工厂建成年产300吨EVAL粉末生产装置。1987年，从日本引进EVA热熔胶生产装置建成投产，年生产能力为热熔胶1000吨、热熔胶带400吨。1988年1月，热熔胶车间从市有机化工厂划出，成立市热熔粘合剂厂。2001年，市热熔粘合剂厂改制为连云港热熔胶有限公司。2005年，公司因亏损严重宣告破产。

图 14-15　连云港市化工厂　　　赵鸣　摄于1988年

田菁胶　1984年，主要由灌云县化工厂、灌云县田菁胶厂、灌南县生物胶粉厂生产田菁胶粉，全市年产能2500吨。1991年，灌南县生物胶粉厂投资300万元新建植物蛋白胶生产线，同时更名为灌南县生物化工厂，因市场变化，未能正常生产，1996年破产。2000年，灌云县化工厂改制为连云港正源植物胶有限公司。

二、化冶制品

1984年，市光明碳素厂炭糊年生产能力为1万吨，实际生产碳素0.96万吨、碳砖322吨、电极61吨、捣料10吨。1990年，全市炭糊生产能力1.2万吨，实际生产碳素0.81万吨、碳砖1445吨、电极48吨。1993年开始，生产时开时停。1996年全面停产。2000年9月经市经委批准关闭。

三、单质与气体

气体　1984年，氧气和氮气主要由市化机厂和锦屏磷矿机械厂生产，氢气由市化二厂生产。1990年，全市氧气年产能力为250立方米。1998年，市锦屏磷矿氧气产能100万立方米，实际生产氧气974148立方米、氮气75750立方米，获省医药管理局颁发的药品生产合格证（医用氧）。2005年，市双菱化工集团有限公司氢气生产能力为80万立方米，实际生产80万立方米。

液氯　主要由市化工厂和赣榆县盐化厂生产。1984年，全市液氯产量为2551吨。2005年，全市液氯产量1万吨。

四、润滑油及石油制品

1986年11月，市化学工业公司与兰州炼油化工总厂共同投资350万元，在大浦化工区成立连云港市飞天特种润滑油调合厂。1988年6月，开始生产润滑油系列产品，年设计生产能力1万吨。主要品种有低增压柴油机油、汽油机油、压缩机油和柴油机油，使用兰州炼油化工总厂工艺技术和“飞天”牌商标。1996年，因联营到期停止生产。

2005年，赣榆柘汪临港产业区定位为石化基地，开始全面建设。与中石化合作建设30万吨级原油码头及30万吨油库项目。总投资90亿元的新海石化120万吨重油项目、江苏海洋石化有限公司年产100万吨延迟焦化装置项目开工建设。

第四章　纺织工业

1984年，连云港市纺织企业把引进先进技术设备、加快技术改造步伐作为重点，先后投资1.8

亿元，引进23项国外先进技术设备和75项国内技改配套工程，新建、扩建厂房14.5万平方米。同期，市纺织系统对企业领导体制、干部人事管理体制、分配体制等进行改革，推行多形式的经济责任制，企业逐渐由生产型向生产经营型转变。是年，全市纺织业有113家企业，其中纺织企业63家、服装鞋帽企业50家，完成工业总产值2.21亿元。是年，市纺织工业公司完成工业总产值1.58亿元。

1985年4月，市纺织品采购供应站由市商业局划归市纺织工业公司管理。1987年初，市轻工业公司所属的市服装鞋帽工业公司及5家服装鞋帽企业成建制划归市纺织工业公司。全市纺织鞋帽企业发展至139家。1988年，全市纺织工业经济快速发展，形成化学纤维、棉纺织印染、针织复制、毛、麻、丝、服装鞋帽、纺机制造等门类和纺、织、染、整、服装加工等初步配套的26类纺织产品生产体系，200多个产品外销40多个国家和地区。

1989年下半年，纺织业开始步入低谷，产品滞销积压，经济效益严重滑坡。全市纺织企业采取控制总量、限产压库等措施予以应对。1992年，在市属企业内部逐步建立起风险、激励、竞争机制，打破"铁饭碗"，亏损企业由14家减至11家，减亏873万元。

1997年起，国家对纺织业实施战略性调整。全市纺织工业按照"抓大放小"原则，推进产业结构和产权结构调整，鼓励兼并，规范破产，实施下岗分流、减员增效和职工再就业工程。

2000年11月8日，江苏奥神集团有限责任公司（简称奥神集团）经省政府批准成立，由连云港氨纶厂、连云港涤纶厂、连云港市纺织机械厂、连云港市纺织供销公司、连云港市振扬纸品有限责任公司5家企业的国有资产划转合并而成，拥有资产总额8.3亿元，注册资本2亿元。全市纺织工业经济开始保持平稳增长，效益明显好转。

2005年，全市有规模以上纺织工业企业59家，资产总额9.19亿元，完成工业总产值14.69亿元、销售收入14.56亿元、出口交货值3.83亿元、利税7944万元，从业人员1.49万人。是年，投资4500万美元、注册资金1500万美元、年产6000吨的氨纶六期重点工程，投资6000万元的市鹰游纺机有限公司高档面料生产线，新型纤维增强材料碳纤维等项目开始筹建。"奥神"牌氨纶丝获"中国名牌产品"称号，"鹰游"牌产品和"立成毛绒"分别被认定为江苏省名牌产品和连云港市知名商标。相继完成市色织一厂等破产企业职工安置和清偿工作，市属国有纺织企业改革改制工作基本完成。

第一节　化纤制造

一、生产

1984年，连云港涤纶厂晋升为国有大（二）型化纤生产企业。1988年11月，连云港钟山氨纶有限公司与日本东洋纺绩株式会社签订引进年产320吨氨纶抽丝高新技术项目。1989年，连云港涤纶厂跻身全国化纤企业50家税利大户行列。1990年12月，氨纶抽丝高新技术项目在连云港开发区开工建设，填补国内空白。

2002年8月，连云港华鸿化纤有限责任公司和连云港奥维化纤有限责任公司相继成立。2004年11月，由江苏奥神集团有限责任公司与台湾力龙国际股份公司合资兴建的连云港力龙纺机工程有限公司在海州开发区开工建设，注册资金4698万元，资产总额6478万元，厂区占地7.2公顷，厂房建筑面积7000平方米，主要原材料为聚丙烯，生产新型化学纤维——丙纶长丝，年生产能力

3000吨。2005年开始试生产。是年9月29日，被列为国家发展和改革委重点攻关项目和江苏省重大科技成果转化项目的碳纤维生产项目正式立项，连云港鹰游纺机有限公司与江苏奥神集团有限公司共同投资组建的连云港神鹰新材料有限责任公司成立，首期总投资3000万元，用于年产500吨碳纤维的生产和技术攻关。

2005年，全市有规模以上化纤制造生产企业7家，主要产品有氨纶纤维、锦纶纤维、丙纶纤维、腈纶纤维、维纶纤维等品种。全年生产合成纤维8299吨，其中氨纶丝6028吨、锦纶纤维2271吨；完成工业总产值6.98亿元。

二、重点产品

聚酯切片 1984年，连云港涤纶厂主要生产涤纶树脂切片，是江苏省最大的涤纶树脂切片生产厂，年生产能力4000吨。其中，涤纶树脂原液着色、咖啡色切片技术被省计划经济委员会、省科学技术委员会确定为1984年度工艺新产品，涤纶树脂获“江苏省优质产品”称号。1986年，因市场竞争激烈亏损而停产。

图 14-16 连云港涤纶厂生产车间 赵鸣 摄于1993年

涤纶纤维 1984年4月，连云港涤纶厂投资2279万元年产1000吨涤纶长丝生产线投入运行。是年完成工业总产值4545万元，生产涤纶长丝1254吨。1990年，市涤纶厂生产涤纶长丝6997吨，完成工业总产值1.5亿元，占全市纺织行业年总产值的30.4%。研制生产的45D低弹丝填补省内细旦低弹丝空白，获“纺织工业部优质产品”称号。20世纪90年代后期，受体制及化纤市场行情变化等因素影响，企业盈利水平下降，生产经营十分困难。2002年8月，连云港华鸿化纤有限责任公司成立，注册资金818万元，承包租赁连云港涤纶厂厂房、设备和公用工程，安置原企业职工400余人。同期，由江苏奥神集团有限责任公司、连云港华鸿化纤有限责任公司和个人股东三方合资的连云港奥维化纤有限责任公司成立，注册资金1911万元；租用市涤纶厂厂房和公用工程，主要生产海岛丝。是年11月，连云港涤纶厂停产关闭。2004年12月市涤沦厂依法破产后，连云港华鸿化纤有限责任公司和连云港奥维化纤有限责任公司也相继进入破产程序。

氨纶纤维 1987年，连云港市氨纶项目经纺织工业部批准立项。8月，连云港氨纶厂和香港钟山有限公司共同投资9085万元（其中外汇957万美元）合资兴建连云港钟山氨纶有限公司，投资比例分别为75%和25%。1988年11月，连云港钟山氨纶有限公司从日本引进年产320吨氨纶抽丝高新技术项目，1990年12月在连云港开发区开工建设，开辟全省化学纤维工业的新领域。1992年10月28日，连云港钟山氨纶有限公司投料试车一次成功。1999年，对引进的8个细旦纺丝位进行技术改造，全年纺丝326.81吨，产出水平达到设计能力的102%。是年实现利税3418万元，其中利润3048万元，人均创利13万元，名列全市工业企业之首。

1994年3月，该公司年产600吨氨纶二期工程开工，1995年8月投产，是年增加产量150吨。1997年，年产350吨差别化氨纶纤维三期工程建成。1998年，钟山氨纶有限公司完成工业总产值3.76亿元，实现利税7821万元。1999年底，氨纶四期工程投产，生产能力增至4000吨，成为国内最大的氨纶生产厂家。2000年，钟山氨纶有限公司完成工业总产值8.46亿元，实现利润9116万元，成为103家国家重点高新技术企业之一，并被国家经贸委列为520家重点企业之一。

图14-17　杜钟氨纶公司产品检验车间
赵鸣　摄于2003年

2001年3月27日，连云港钟山氨纶有限公司与美国杜邦公司合资成立连云港杜钟氨纶有限公司，双方各自拥有企业50%的股权。同期，投资3550万美元的氨纶三期工程开工，新建一套年产3500吨氨纶丝生产线，具有世界先进技术水平。2003年项目建成投产，产能扩大近1倍，是年生产氨纶丝6381吨。

2004年4月29日，BPL公司、CHLLC公司和连云港氨纶厂签订合作协议，在连云港经济技术开发区合资成立连云港杜钟新奥神氨纶有限公司，初期年生产能力为6000吨通用氨纶，经营期限不少于50年，投资总额2950万美元，注册资本1200万美元，三方出资比例为12.5%、50%、37.5%。

2005年，全市氨纶丝产量6028吨。

第二节　棉纺织

1984年，连云港市有棉纺织、印染企业21家，生产棉纱4602万吨、棉布2004.3万米。1990年，全市有棉纺织、印染企业22家，棉纺能力9360吨，拥有布机1556台，印染能力1428万米。2005年，全市规模以上棉纺织印染企业15家，完成工业产值6.09亿元。

图14-18　20世纪90年代的市纺织厂生产车间
赵鸣　摄

一、棉纺

1984年，市纺织厂开始企业内部改革，实行效益与责任制挂钩；采用新材料、新工艺、新技术对设备进行革新和改造。1988年，纱产量5235吨，实现利润328万元，创建厂以来最高水平。

1993年8月，市纺织厂实行分厂制，组建连润纺针化纤有限公司和振方鞋帽有限公司2家合资公司，主要生产作为高档玩具、床上用品等填充料的PP棉和工艺鞋帽。1998年，市纺织厂压缩0.5万枚棉纺锭产量，次年又压缩2.03万枚产量，并被列入

1999年全国第二批破产项目计划。市纺织厂到1999年9月10日破产基准日，累计未弥补亏损高达1.32亿元，资产负债率206%。

1999年，江苏新金花集团在灌南县成立。此后，陆续有连云港市中正棉业、灌云县泰达纺织、灌南县经纬纺织等企业组建。2005年，全市10家规模以上棉纺企业实现工业总产值6.46亿元，生产棉纱2.43万吨，从业人员3436人。

2005年连云港市规模以上棉纺工业企业主要经济指标统计表

表14-9　　单位：万元

序号	企业名称	企业性质	产品类别	固定资产原值	资产总额	工业总产值	利润
1	江苏新金花集团	私营	棉纱	5394	14109	23182	654
2	灌云县泰达纺织有限公司	私营独资	纯棉纱	2592	3270	8171	100
3	连云港市中正棉业有限公司	私营	棉纱	844	4065	7200	-12
4	灌云县润瑞实业有限公司	其他	棉纱	847	4560	2986	103
5	连云港双兴涂布有限公司	私营	纺织品加工	249	922	3327	303
6	连云港银丰纺织有限公司	其他	纺纱	2709	1819	7343	-275
7	连云港市永盛棉业有限公司	私营	纺纱	724	1016	1510	340
8	华丰纺织（连云港）有限公司	独资	棉纱	1771	2689	4201	116
9	灌南县经纬纺织有限公司	私营	棉纱	194	672	1640	18
10	灌云县金鑫纺织制衣有限公司	私营独资	棉纱	373	530	5028	3.5

二、棉织

1984年，市棉织厂更名为连云港市色织一厂，成为江苏省24家重点色织企业之一。同期，全市织布企业进行大规模技术改造，改建、扩建和引进先进技术设备，共增添阔幅织机184台，年产中、长双幅织物24万米。

1987～1989年，连云港市色织一厂先后两次引进意大利TP520、TP500型剑杆织机24台及香港产浆染联合机1台，年产综合能力为500万米，分别于1988年、1990年投产，形成年产1000万米色织中长染整线和年产500万米色织牛仔布生产线。90年代前中期，市色织一厂受市场、体制、技术、管理等诸多因素影响，引进设备一直未达到设计生产能力，生产经营每况愈下，1997年5月全面停产。2003年12月18日依法破产。

2005年，全市有规模以上棉织企业5家，生产棉布482万米，实现工业总产值7512万元。

2005年连云港市棉织工业企业主要经济指标统计表

表14-10　　单位：万元

序号	企业名称	企业性质	产品类别	固定资产原值	资产总额	工业总产值	利润
1	连云港艾业无纺布制品有限公司	外资企业	无纺布制造	1524	4558	3509	147
2	连云港市云海物资有限公司	私营	棉及化纤制品制造	508	1174	540	47

续表 14-10

序号	企业名称	企业性质	产品类别	固定资产原值	资产总额	工业总产值	利润
3	东海县太平化纤制造有限公司	私营	其他纺织制成品制造	81	1154	1072	-89
4	灌南县新兴篷布有限公司	私营	纺织带和帘子布制造	164	385	1531	15
5	连云港市佳利床用木棉制品有限公司	私营	棉及化纤制品制造	365	520	860	20

第三节　针织　复制

1984年，连云港市有针织复制企业19家，生产毛巾1263.2万条、床单33.9万条、针织内衣103.6万件、化纤袜184.1万双、腈纶围巾109.4万条、手帕79.7万条、棉毯31.8万条，完成工业产值2079万元。1990年，全市有针织复制企业17家，职工4100人，固定资产原值7890万元，创产值8487万元，占是年全市纺织业年总产值的17.2%；产品有毛巾、床单、针织内衣等12个大类，先后有79种产品获“纺织工业部优质产品”和“江苏省优质产品”称号。2005年，全市有规模以上针织复制企业6家，完成工业产值2.85亿元。

一、针织

1984年，市针织内衣生产线从市针织一厂分出，成立连云港市针织内衣厂，为市属全民所有制企业，增挂连云港市第二染整厂牌子。是年，全市针织衫生产能力200万件。

1990年，全市生产针织衫裤企业有市针织内衣厂、赣榆县针织内衣厂2家，固定资产原值1338万元，职工865人。主要设备有棉毛车43台、台车16台、高温和高压坯布染色机4台。年产能力195万件，实际生产17万件。完成工业产值753万元，亏损220万元。

1993年，市针织内衣厂与香港胜华实业有限公司投资357万元兴办胜港针织绒制品有限公司，主要生产针织长、短绒及其制品。1996年，市针织内衣厂兼并破产企业市针织一厂。次年，投资110万美元，从韩国进口针织短绒生产线，1998年投产，但未能达到预期目标。2003年7月，市针织内衣厂依法破产。

二、复制

巾被　1984年，市毛巾厂通过二期扩建工程，拥有206台织机、形成“高温高压煮纱平洗”一条龙生产线，棉纱煮炼、上浆、染色、络筒、整理、接轴、后整理等工序实现机械化，年产能力1300万条。

1987年7月，市毛巾厂投资468万元引进8台毛巾剑杆织机及分条整经机，企业年产能力达到1800万条。同期，企业获江苏省技术进步先进企业和全国环境优美工厂称号；割绒印花毛巾获纺织工业

图 14-19　连云港市毛巾厂整理车间　　赵鸣　摄于1989年

部优质产品称号。是年，灌云县玻璃纤维厂增添部分设备转产毛巾，年产能力150万条，次年更名为连云港市毛巾五厂。

20世纪80年代后期，市毛巾厂“环球”牌割绒印花浴巾等64个产品被评为国家银质奖和部、省优质产品，高档割绒印花浴巾、枕巾和面巾、服装面料等拳头产品80%远销美国等30多个国家和地区，内销市场遍及全国各省市。

90年代后期，由于市场竞争加剧，市内大部分纺织企业生产经营困难，面临资不抵债、停产的困境。2001年3月，市毛巾厂依法破产。2002年初，连云港鹰游纺机有限公司协议收购该厂破产资产。

床单 1984年，市床单厂拥有床单织机56台，年产能力40万条。1988年，市床单厂生产床单73万条，完成产值753万元，实现利税108万元，人均创利税1.8万元，居全省同行业之首。先后研制出织物丝光床单、彩条印花床单、香水床单和仿蜡染印花被罩等。其中，“芳芳”牌479竹梅小鸟6尺丝光床单被评为省优良产品，200厘米丝光床单获“纺织工业部优质产品”称号。1990年，因市场行情变化，市床单厂生产床单16万条，亏损190万元。1997年，市床单厂全面停产。2002年11月，市床单厂依法破产。

人造毛皮 1986年10月，灌云县人造毛皮厂在侍庄乡投产低、中档人造皮毛项目，填补境内人造皮毛生产空白，年产能力30万米。1992年，港商投资135万美元与灌云县人造毛皮厂合资兴办连云港兴云毛绒有限公司，年生产高档割绒毛绒产品100万米。1994年，连云港兴云毛绒有限公司发展成为拥有毛纺、毛绒、地毯、印染、玩具5个分厂的综合企业。2001年，连云港兴云毛绒有限公司创产值1.5亿元、利税1000万元、出口创汇800万美元。是年，企业更名为江苏兴云集团，被农业部评定为中型一类企业集团。2002年10月，连云港鹰游立成毛绒公司成立，是江苏省规模最大的长毛绒生产基地。2005年，江苏兴云集团拥有资产总额7165万元，职工800人，完成工业产值1.07亿元、销售收入9951万元。

2005年连云港市规模以上针织复制企业主要经济指标统计表

表14-11 单位：万元

序号	名称	企业性质	产品类别	固定资产原值	资产总额	工业总产值	利润
1	江苏兴云集团	合资	割圈绒	3662	7165	10740	−320
2	连云港东港针织有限公司	合资	针织品	776	3610	5594	136
3	连云港吉连织造有限公司	独资	针织手套生产	1826	2539	2843	154
4	连云港祥禾制衣有限公司	独资	针织衫	1386	1974	6890	216
5	连云港金丽奇纺织品有限公司	独资	针织品	540	619	1260	14
6	连云港恒通制衣有限公司	私营	毛衣	183	595	1203	46

第四节 麻纺 毛纺 丝织

1984年，连云港市拥有麻纺织企业1家、丝织企业3家，年生产能力共计麻袋920万条、麻布450万米、丝织品60万米。1990年，全市毛、麻、丝织企业发展到12家，职工5500人，固定资产原值5080万元，产品有10大类35个品种，年创工业总产值5420万元，占全市纺织行业总产值的11%。2005年，全市麻、毛、丝织企业生产毛毯272万条、针织绒4237吨、丝943吨。

图14-20　连云港市麻纺织厂整理车间
赵鸣　摄于1986年

一、麻纺织

1984年，市麻纺织厂新增年产300万米麻布的黄麻宽幅麻布织机24台，全年生产宽幅麻布119.94万米。1985年增加麻布织机12台。1986年，市麻纺织厂从意大利引进20世纪80年代先进设备氨纶包覆机6台，生产氨纶包缠纱系列产品。1987年，灌云县粮食局和连云港粮食进出口公司联合投资420万元成立灌云县麻纺织厂，全市年生产麻袋能力达到150万条。是年，市麻纺厂生产的麻袋、麻布与麻纱线分别获得部、省优质产品称号及新产品金牛奖。1992年2月15日，市麻纺厂与香港合成（中国）投资有限公司共同投资成立连成化纤有限公司，注册资金720万美元，主要生产销售各类化纤织物。1997年3月，市麻纺织厂全面停产，2000年5月依法破产。2002年12月，连成化纤有限公司累计亏损1.8亿元，宣告破产。

二、毛纺织

毛线　1984年，新疆伊犁哈萨克自治州与连云港市纺织工业公司签订成立联营伊连毛纺公司协议书，后联营工作中断。1985年，通过中国租赁有限公司对外签订引进和租赁德国INGSTATD公司1.6万枚精毛纺锭和1200吨毛条生产成套设备合同，总投资1591.19万元。年底，142台毛纺设备运抵连云港市，市纺织工业公司组织所属市纺织厂、毛毯厂、针织一厂、针织二厂等企业，利用闲置厂房、仓库，经中外技术人员安装、调试后投产，年生产能力2140吨。

图14-21　连云港市地毯厂工人在修剪产品
赵鸣　摄于1994年

1985年，连云港市针织二厂增挂连云港市第二毛纺织厂牌子，成为全市毛纺行业第一家具有纺、染、织配套生产能力的企业。1997年底，市第三毛纺织厂全面停产。2002年4月15日宣告破产。是年7月，连云港鹰游纺机有限责任公司原地重组市第三毛纺织厂资产，成立连云港迎雁毛纺织有限责任公司，后更名为连云港市迎雁新材料公司。2003年6月30日，市第二毛纺织厂宣告破产。是年底，江苏奥神集团有限责任公司协议收购该厂破产资产。

毛毯　20世纪80年代初，连云港市毛毯厂试产腈纶提花毛毯成功，成为全市第一家生产毛毯的厂家。1990年，全市毛毯生产企业有市毛毯厂、市毛纺织厂，年产能力13万条。是年生产“共圆”牌腈纶提花毛毯

8.19万条、“云山”牌全毛毛毯0.13万条。“共圆”牌6580毛毯获部、省优质产品称号。2002年初，连云港鹰游纺机有限公司协议收购连云港市毛巾厂破产资产。是年3月在原址成立连云港飞雁毛毯有限责任公司，主要生产经纬编单双层超柔毛毯、剪花地毯等系列产品。是年5月，飞雁毛毯有限责任公司投资2700万元、年产130万条毛毯生产线投产。2003年，完成工业产值1.32亿元、销售收入1.29亿元、利润170万元。2005年，连云港鹰游纺机有限公司完成产值4.57亿元、销售收入4.82亿元，实现利税1650万元。

三、丝织

1984年，全市丝织企业主要有市丝织厂、赣榆县丝织厂、东海县安峰丝织厂，拥有丝织机64台，年产丝织品34.7万米。是年，市丝织厂增加丝织机、浆丝机等配套设备53台。1990年，全市有丝织机140台，其中剑杆织机20台；年产能力260万米，是年产量103万米。1993年3月，市丝织厂兼并亏损的市经纬编一厂，成立连云港丝织总厂，成为国有中型一类企业。后因市场行情变化，销售逐年下降，亏损额逐年增加，1998年1月全面停产。2001年4月4日宣告破产。2005年，全市丝织企业生产丝943吨，实现工业产值8049.2万元。

第五节 服　装

20世纪80年代初，连云港市服装业投入1000万元进行基本建设和技术改造，购进大量国外裁剪、缝纫、整烫等先进设备。1985年，全市服装企业出口服装219万件。1988年，全市服装年产量567万件，先后开发出割绒毛巾沙滩服、水洗、绣花、石磨服装等产品，割绒毛巾、浴衣成为畅销美国市场的拳头产品，粘棉绣花提花割绒毛巾衣被评为纺织工业部优质产品。服装主要销往美国、苏联、日本、科威特等40多个国家和地区。

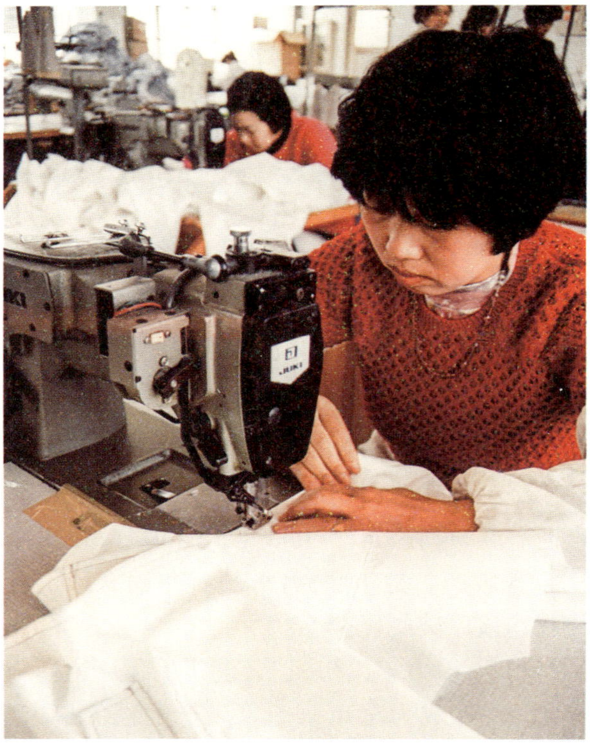

图14-22　连云港市服装厂工人生产场景
赵鸣　摄于1992年

1991年，市服装厂、市服装二厂分别实现利税177.6万元和56.8万元，市服装二厂被评为江苏省服装系统“十佳”企业。1994年，市服装厂兼并长期亏损的市友谊服装厂，成立连云港服装总厂。20世纪90年代中后期，由于市场变化，市属服装企业主要靠来料、来样加工，贴牌生产赚取微薄加工费。同期，全市乡镇、“三资”及个体私营服装企业发展较快。1998年4月，连云港宜尔杉制衣有限公司成立。2002年12月，连云港市服装总厂改制成立连云港市佳源制衣有限公司，2003年5月19日依法破产。2003年11月，市金典服饰公司成立。

2005年，全市有规模以上服装企业29家，全年生产服装1253万件，完成工业产值4.43亿元。

2005年连云港市规模以上服装工业企业主要经济指标统计表

表14-12 单位：万元

序号	企业名称	企业性质	产品类别	固定资产原值	资产总额	工业总产值	利润
1	连云港市宜尔杉制衣有限公司	私营	服装生产	458	3994	3599	25
2	连云港市圣君制衣有限公司	其他	服装加工	83	329	760	-2.8
3	江苏舜天国际集团赣榆服装厂	股份公司	服装制造	1237	1754	1198	-42
4	赣榆县凤城服装有限公司	私营	服装加工	118	276	1391	2
5	赣榆县合力服装有限公司	私营	服装加工	137	180	1298	32
6	灌云县恒富服装厂	私营独资	服装	866	766	1506	170
7	江苏省灌南县教育设备厂	集体	校服	116	549	2705	83
8	连云港乔博服装有限公司	私营独资	服装	599	783	834	28
9	连云港震云制衣有限公司	私营合伙	服装加工	480	410	2168	43
10	连云港周林制衣有限公司	私营	服装	705	1604	1073	-47
11	东海县永华服装有限公司	私营	服装	197	471	1248	33
12	连云港嘉玺服装有限公司	私营	服装制造	—	558	795	—
13	赣榆县天河服装厂	私营独资	服装	104	199	826	—
14	连云港市春成服装有限公司	私营	服装	53	618	756	3
15	连云港市佳源制衣有限公司	私营	服装制造	911	1214	1698	-15
16	赣榆县信达服装有限公司	私营	服装	291	705	1583	-6
17	连云港市红枫制衣有限责任公司	私营	服装	182	361	1180	-26
18	连云港开发区惠丰服装有限公司	私营	服装制造	167	623	2859	79
19	连云港市骁敏制衣有限公司	中外合资	服装	250	1017	829	207
20	连云港市瑞泰制衣有限公司	私营独资	服装制造	320	514	3069	112
21	舜天（赣榆）工贸有限公司	合资经营	服装制造	1496	3801	2767	-79
22	连云港市亚瑟斯制衣有限公司	私营	服装	20	312	972	-4
23	江苏惠丰服装有限公司	私营独资	服装	1272	1635	2290	30
24	连云港三友制衣有限公司	私营	服装	50	373	1442	3
25	赣榆县新格尔制衣有限公司	私营	服装制造	37	152	801	-2
26	连云港杰娅诗时装有限公司	中外合作	服装加工	591	1253	1260	56
27	连云港飞达服装有限公司	私营	服装	697	765	540	-21
28	连云港市泰宇服装有限公司	私营独资	服装	600	898	660	13
29	连云港市南极劳保用品有限公司	私营独资	一般防护服生产	572	728	2204	14

第五章　机械工业

1984年，连云港市机械工业的主要产品有农用机械、工业锅炉、光学仪器等。至90年代中期，研制开发流体装卸机等新产品并推向市场，变压器、水表、电线电缆、石英晶体器件、晶体二极管等老产品通过技术改造或中外合资合作提高技术档次和生产能力。20世纪90年代后期至2005年，工业锅炉等老产品由于市场或产品本身原因而逐步淘汰，纺织机械、旋耕机、压铸机等产品得到发展，金属集装箱、粉末冶金制品、工程钻机、塑料挤出模具等新产品不断涌现，为连云港市机械工业的发展增添新的活力。

2005年，全市机械行业拥有规模以上企业125家，实现销售收入42.6亿元，利税总额3.9亿元，分别占全市全部规模以上工业比重的18.5%、13%和11.9%。

第一节　农用机械

农用机械是连云港市机械制造工业的传统产品。1984年，境内农用机械有农田作业机械、排灌动力机械、作物收割机械和农副产品加工机械4大类，工业总产值占全市机电工业产值的16.29%。2005年，全市有规模以上农机工业企业9家，完成工业总产值1.41亿元，占全市机电工业总产值的2.53%。

一、旋耕机

1984年，灌云县农业机械修理制造厂生产“云山”牌旋耕机1349台，是全国最早研发生产中大马力旋耕机的骨干企业。1985年2月，该厂更名为连云港市旋耕机制造厂，1988年生产旋耕机2709台。1989年，连云港市通用机械厂自行研制生产耕幅75厘米的IGXLZ-75型旋耕机，用于江苏-120、泰山-12等小四轮拖拉机的配套。是年，市旋耕机制造厂等10个成员厂联合组建连云港市灌云云山旋耕机集团，1990年10月更名为连云港旋耕机集团。1991年，全市旋耕机年产量10101台，首次突破1万台。1995年，“云山”

图14-23　全国最早研发生产中大马力旋耕机骨干企业——连云港市旋耕机厂生产的“云山”牌旋耕机　　赵鸣　摄于2001年

牌旋耕机获中国旋耕机行业评比金牌奖。1996年，全市旋耕机产量达1.89万台。1998年后，因市场和产品质量因素，全市旋耕机产量下降。

2002年9月，北京首创集团整体收购连云港市旋耕机集团公司的旋耕机厂，组建有独立法人资格的江苏银华春翔机械制造有限公司。2003年3月该厂生产的旋耕机通过ISO 9001:2000质量管理体系认证。全市大中型旋耕机和复合作业农机的年生产能力达3万余台。2003年3月，连云港市大陆旋耕机厂成立，主要生产"大陆桥"牌系列旋耕机、系列双轴灭茬机，系列组合式旋耕多用机，产品通过ISO 9001:2000国际质量认证体系认证。

2005年，全市有限额以上旋耕机生产企业4家，完成工业总产值8504万元。

二、脱粒机

1984年，东海县农业机械修理制造厂、灌南县农业机械修配制造厂、灌云县农业机械修理制造厂等企业生产脱粒机4680台。1990年，赣榆县农业机械修理制造厂生产的5TS-50型脱粒机被列为江苏省重点推广的更新换代产品。是年全市生产脱粒机6292台，其中市区50台、东海县3052台、灌南县2100台、赣榆县900台、灌云县190台。

1995年，全市脱粒机产量为1.29万台。此后，随着传统农用机械改造升级，市场对脱粒机需求逐年减少，至2004年境内仅有灌云县农业机械配件厂生产脱粒机，是年产量3160台。2005年该厂实现工业总产值505万元。

三、粉碎机

1984年，连云港市饲料粉碎机年产量为5321台，主要由赣榆县农机修造厂生产。1990年，全市生产饲料粉碎机6030台，其中，赣榆县农机修造厂生产5812台，市区生产218台。1995年，全市生产饲料粉碎机1.16万台。2005年．全市生产碾压粉碎机695台。

四、粮食加工机械

1984年，东海县粮食机械厂是连云港市生产粮食加工机械的主要厂家，产品有斗式提升机、拉环式灌包机、螺旋输送机、胶带输送机等品种。

1988年，东海县粮食机械厂生产的DTC36-23斗式提升机获江苏省优质产品称号。是年研制成功埋刮板式输送机。至1990年，累计生产TCBL12.5拉环式灌包机263台、TLSS系列螺旋输送机119台、DSY系列胶带输送机878台、DTC系列斗式提升机195台、CSS系列埋刮板式输送机27台、闭口钢油桶5870个、钢板仓57个。产品销往山东、安徽、四川等省。

2003年，东海县粮食机械厂破产。是年，连云港远东粮食机械有限公司成立。主要产品与原东海粮食机械厂相同。2005年，连云港远东粮食机械有限公司完成工业总产值899万元。

五、紫菜加工机械

2004年5月，连云港富安紫菜机械有限公司成立，从事紫菜机械研发、制造，主要产品是FA8DR-8WL等型全自动一次紫菜加工机组。2005年1月，该公司通过国家ISO 9001质量管理体系认证。全年完成工业总产值2177万元。

六、农用柴油机

20世纪70年代，市区及灌云县、东海县有企业生产柴油机，但均因未形成生产能力而停产。

2005年，南通富贵柴油机有限公司灌云分公司成立，生产农用柴油机，是年完成工业总产值1273万元。

第二节 交通运输机械

1984年，连云港市交通运输产品主要有挂车、汽车手刹车总成及配件和铅酸蓄电池等，其中挂车以小型农用挂车为主。此后，挂车生产逐步向大型、重型和自卸挂车发展。20世纪90年代，市内生产汽车底盘、车轮、钢圈、变速器等产品，汽车配件产品实现升级换代。2005年，全市限额以上工业企业中，有挂车生产、船舶修造企业各1家，汽车配件企业10家。

一、挂车

1984年，灌云县金属配件厂等生产企业共生产农用挂车5510台。连云港车辆厂在生产农用挂车的同时，主要生产大型挂车，产品有3、4、5、7吨挂车以及7C-503型挂车、自卸挂车等品种。1995年，连云港车辆厂经营出现亏损。1996年更名为江苏东堡集团公司。

1997年，江苏东堡集团公司挂车、平板车的年产量明显下降。1998年后，虽产量有所回升，但亏损依然严重。2002年，江苏东堡集团公司分块改制，组建连云港东堡专用车有限公司，继续生产挂车、平板车。2005年，连云港东堡专用车有限公司完成工业总产值1471万元。

图 14-24 20世纪80年代，连云港市特种车辆厂开始生产具有救护车功能的轻型面包车。 王守良 摄

图 14-25 连云港市太阳能专家杨廷柱组织生产的中国第一辆太阳能汽车驶过长安街 赵鸣 摄

二、汽车

1984年，连云港市汽车运输公司大修厂生产JS661D长途客车4辆。1988年，赣榆县大岭乡与上海客车厂联营成立上海客车厂连云港分厂，开始生产“骏马”牌620型面包车。是年通过省级鉴定，至1990年共生产“骏马”牌620型面包车108辆。市医疗器械厂生产汽车517辆。1990年，全市生产汽车的企业有上海客车厂连云港分厂、连云港市医疗器械厂、江苏省汽车运输公司连云港分公司修理厂3家，产量148辆。

20世纪90年代，全市改装汽车的生产快速发展，1993年、1994年改装汽车的产量分别为1412辆和1050辆。1996年，全市改装汽车产量达2327辆。1997年后，产量逐渐减少。至2005年，全市改装汽车产量不足200台。

三、变速器

2000年7月，由中国兵器工业集团公司、河南江河工业有限公司、山西淮海机械有限公司和企业职工共同出资组建连云港北方变速器公司，注册资本7500万元。主要为山西淮海机械有限公司配套生产微车变速器产品。是年生产变速器1518台（套）。

2003年5月，连云港北方变速器公司与贵州黎阳机械厂进行资产重组，注册资本增加到1.35亿元，开始为东风汽车股份公司配套生产轻卡变速器产品。全年生产变速器总成2.82万台（套）。

2005年3月，连云港北方变速器公司投资3000余万元对微车变速器生产线和检测线进行改造，年产能力达到10万台。全年生产变速器2.85万台（套），实现产值5987万元。

四、船舶

1984年，连云港市船舶制造企业有连云港市航运公司船舶修造厂、连云港渔轮厂、灌云县造船厂、灌云县船舶修造厂等企业，主要生产钢质船、水泥船等船只。1990年，全市生产民用钢质船舶23艘、民用水泥船舶33艘。

1994年，灌云县船舶修造厂投资100万元，建成300吨钢驳船生产线，形成年生产30艘300吨钢驳船的生产能力。1995年，全市生产钢质船舶达到143艘。2003年，因长期亏损，灌云县船舶修造厂破产重组为私营企业。

图 14-26 灌云县渔船修造厂 赵鸣 摄于1998年

2005年，全市规模以上船舶修造企业仅灌云县船舶修造厂1家。是年完成工业总产值519万元。

第三节 工程建筑机械

1984年，连云港市有起重机、卸车机、沉桩机、外用扶墙升降机、建筑施工机具等产品。1987年沉桩机产品停产。20世纪90年代，建筑机械产品产量前高后低。2000年后，企业经过破产、改制等改革，产品产量逐步回升。2005年，全市有工程建筑机械规模以上企业4家，完成工业总产值9386万元。

一、起重机械

1985年，市建筑机械厂研制生产QT16吨米塔式起重机，起重力矩160千牛顿米，臂长25米，是年生产11台。1987年7月，通过省级技术鉴定并获江苏省优秀新产品金牛奖。是年获城乡建设环境保护部颁发的工业产品生产许可证，生产米塔式起重机23台。

1996年，全市起重机械产品产量急剧下降，市建筑机械厂出现亏损。2002年，市建筑机械厂改制为民营企业，更名为连云港云天机械有限公司，主要产品为塔式起重机、桅杆起重机等。

2005年，该公司起重机械产量1730吨，完成工业总产值2300万元。

二、升降机

1986年，连云港市建筑机械厂生产的SF-12外用扶墙升降机获城乡建设环境保护部科技进步三等奖，是年获“江苏省优质产品”称号。1990年4月，2台SF-12外用扶墙升降机销往澳门，创汇20万美元。2002年，市建筑机械厂改制后，升降机仍是连云港云天机械有限公司的主要产品之一。2005年，全市生产升降机23台。

三、卸车机

1984年，连云港市建筑机械厂卸车机产品有链斗卸车机、全封闭卸车机、封闭防尘卸车机等。1987年，全封闭卸车机、封闭防尘卸车机被国家机械工业委员会推荐为替代进口产品。1989年，该厂开发生产桥式螺旋卸车机，生产能力为每小时400～500吨。1990年，766系列门式链斗卸车机获江苏省优秀新产品金牛奖。2005年，连云港云天机械有限公司生产铁路敞车卸车机16台。

四、建筑施工机具

1985年11月，连云港市通用机械厂试制成功WG-1型万能钢筋加工机。1987年试制成功CQWY-32型钢筋切断弯曲机，1988年通过省级技术鉴定，1989年获江苏省优质产品称号。1989年，该厂研制生产CQ-32型单功能钢筋切断机100台。是年，连云港市机械化研究所设计试制成功WTQ-60型管材弯曲套丝机，属国内首创，获国家专利并获全国“星火”计划成果实用技术交易会金奖。1995年，连云港市通用机械厂实现工业总产值782万元，2000年实现销售收入749万元。2005年，连云港元弘金属树脂制造有限公司生产建筑安全用金属制品，实现产值1350万元；江苏金磨机械制造有限公司生产脚手架、钢模板、钢跳板及配件，完成产值1309万元。

图14-27　连云港黄海机械厂生产的非开挖导向钻机
侍志　摄于2005年

五、工程钻机

1991年7月2日，原西北探矿机械厂迁建至连云港市，后更名为连云港黄海机械厂。1995年11月，连云港黄海机械厂建成投产，主要产品为地质勘探钻机、工程施工钻机和非开挖导向钻进设备，是年生产地质钻塔20台、工程钻机54台，实现产值2300万元。2005年，黄海机械厂生产XY型钻机385台、地质钻塔65台、工程钻机13台，完成产值4427万元，销售收入4569万元。

第四节　机床工具

1984年，连云港市生产的机床工具主要有锯床、冲床、刨床、压铸机、工业泵、计量泵、减速机、砂轮等。1987年，新开发塑料挤出模具产品。1990年刨床产品停产。20世纪90年代后期，工业泵、减速机、砂轮等生产企业相继破产。2005年，连云港市有10家限额以上机床工具类产品生产企业，年产金属切削机床1832台（套）。

图14-28　连云港机床厂　　　　赵鸣　摄于1989年

一、锯床

1984年，连云港机床厂生产弓锯床563台。1987年，该厂GZ7125全自动弓锯床获江苏省优秀新产品金牛奖和江苏省科技进步四等奖。进入20世纪90年代后，弓锯床产量逐年增加，1993年产量1561台。1994年，连云港天田机械有限公司成立，生产带锯床。1998年，连云港机床厂改制为连云港机床厂有限公司。2002年，连云港机床厂有限公司名列中国机床工具行业企业效绩评比综合得分第一。

2005年，全市有连云港机床厂有限公司、天田连云港机械有限公司2家限额以上锯床生产企业，生产锯床1832台，分别完成工业总产值3850万元和1.55亿元。

二、压铸机

1984年，灌南县压铸机厂是境内唯一生产压铸机的企业，年生产压铸机73台。1985年，生产压铸机130台，J116B型压铸机达到20世纪80年代国际水平。1991年6月，灌南压铸机厂投资827万元进行技术改造，对原有厂区进行扩建，新增高精度大型设备16台套，1995年9月通过国家验收。1997年11月，灌南压铸机厂改为股份合作制企业，更名为灌南压铸机有限公司，1999年被认定为第一批市级高新技术企业。

2005年1月，公司改制为民营股份合作制企业。是年，完成产值3521万元、销售收入4040万元、利税388万元。全年生产压铸机146台（套），其中最大吨位压铸机2800吨。

图14-29　灌南压铸机有限公司　　　　侍志　摄于2005年

三、冲床

1984年，连云港无线电专用设备厂

生产16吨和6.3吨两种型号冲床94台。1992年，该厂与徐州锻压机床厂联合建设的连云港锻压机床制造公司在开发区成立并投产，是年冲床产量407台。

2000年，连云港锻压机床制造公司被作为国家军转民移交企业破产项目，重组为连云港环球锻压机械制造公司。2005年，连云港环球锻压机械制造公司完成工业总产值2006万元。

四、计量泵

1981年，灌南县六塘化工机械厂开始生产计量泵。1984年，该厂主要生产HJA系列和HJB系列计量泵，年生产规模为50台。1985年新建灌南县计量泵厂，生产“灌计”牌MJB计量泵17台。1986年，两厂共生产计量泵164台。1994年，灌南县西湖工业泵厂成立并开始生产计量泵。1997年灌南县六塘化工机械厂改制更名为连云港精达计量泵有限公司，主要生产“精达”牌计量泵。1998年4月，灌南县西湖工业泵厂改制为民营企业，生产“明远”牌计量泵，2002年通过ISO 9001：2000国际质量体系认证，2003年投资600万元在灌南经济开发区兴建2000平方米现代化厂房及辅助配套设施，形成年产计量泵1000台的生产能力。

2005年，全市有限额以上计量泵生产企业4家，产量1775台，完成工业总产值3313万元。

五、带锯条

1994年，连云港天田机械有限公司生产双金属带锯条，填补市内空白。2005年3月，由日本AMADA集团公司与连云港天田机械有限公司兴办的合资企业天田（连云港）机床工具有限公司一期工程竣工，生产双金属带锯条产品，是年完成工业总产值9353万元。

六、模具

1987年，连云港杰瑞模具技术有限公司开始研制生产塑料异型材挤出模具，年生产规模1000余套，成为国内综合实力最强的挤出模具专业制造厂商之一。1996年，公司通过ISO 9001质量体系认证，是国内塑料异型材挤出模具行业首家通过ISO 9001质量体系认证的厂家。2005年，公司生产塑料异型材挤出模具360套，完成工业总产值3367万元。

第五节　压力容器　金属箱柜　结构件

图14-30　2005年，连云港市生产金属集装箱124.53万立方米。　赵鸣　摄

1984年，连云港市生产的压力容器主要产品为工业锅炉。1986年后开始生产专用金属箱柜。2000年开始出现结构件生产企业。2005年，有2家企业生产集装箱产品。

一、金属集装箱

1993年10月，河南江河机械厂和美国昌盛贸易公司合资在连云港经济技术开发区开工建设集装箱项目。2000年，连云港亚洲集装箱公司成立，2001年该公司从国外引进1条集装箱生产线，2002年生产金属集装箱39.4万立方米，2003年产量增至114.4万立方米。

2005年，由中海集团属下的中海集团投资公司与英属维京岛东方国际集装箱公司共同投资的东方国际集装箱（连云港）有限公司成立，是年8月完成一期工程并投产。2005年，全市金属集装箱年产量124.53万立方米。

二、工业锅炉

1984年，连云港市锅炉厂参与设计的DZL1-7、DZL2-10单锅筒纵置式链条炉排快装锅炉通过省级鉴定，1985年投入批量生产。1990年后，市锅炉厂转产石油机械，并更名为连云港石油化工机械总厂，仍保持每年300蒸吨左右的工业锅炉生产量。1997年，工业锅炉年产量开始下降。1998～2002年期间，年产量仅为数十蒸吨。2002年，市锅炉厂依法宣告破产。

三、金属箱柜

1986年，连云港市港雁通信电器设备有限公司成立，主要生产电缆交接箱、电话分线箱、宽带网络箱、信报箱、电器箱柜、机柜、电视箱、机房桥架安装等交接箱产品，是江苏省电信邮政行业通信器材定点生产厂家。2005年，该公司完成产值2011万元。

四、钢结构件

2002年8月，连云涟市天祥金属构件厂成立，为江苏太阳雨太阳能有限公司提供配套金属结构件。2003年初，连云港星宝钢结构有限公司投产运行，是年10月取得国家钢结构二级资质。主要从事厂房、超市、娱乐中心、办公楼、体育馆等建筑的钢结构设计、生产、制造及安装。

2004年3月，法国独资企业——泛亚莫斯工业设备（连云港）有限公司成立，主要从事工业储罐、管道和钢结构的设计、制造和维护安装。2005年，公司完成产值5387万元。

2005年，连云港市通用机械厂、连云港市云方钢结构制造有限公司2家限额以上钢结构件生产企业分别完成工业总产值1202万元和631万元。

第六节 皮纺机械

1984年，连云港市有2家生产皮纺机戒的企业，规模不大，生产品种偏少。1990年后，在品种、规模等方面均有突破。2005年，全市限额以上纺织机械生产企业增至5家，皮革机械生产企业1家，共完成产值6.33亿元，占全部机电工业产值的11.38%。

图 14-31 鹰游纺机有限公司生产的纺织机械
赵鸣 摄于2004年

一、纺织机械

1984年，连云港纺织机械厂生产黄麻

图 14-32 江苏天明机械集团是专业从事纺织机械、地质装备、矿山装备和特种车辆等高端装备的研发、制造与销售的大型企业集团。图为江苏天明机械集团厂区。 俞德春 摄于 2005 年

络纬机、提花龙头等产品。1985 年起，陆续研制开发烫光机、烫剪联合机等系列化新产品。2001 年 3 月，该厂被科技部认定为国家“火炬”计划重点高新技术企业。2001 年 7 月，改制更名为连云港鹰游纺机有限责任公司。

2005 年，全市丝织机械生产企业有连云港鹰游纺机公司、连云港天明机械有限公司、连云港天明精工有限公司、连云港天明纺机有限公司 4 家，共完成工业总产值 6.1 亿元。

二、皮革机械

1984 年，连云港皮革机械厂研制的GJ4C1-60 皮革烘干机获江苏省科技成果四等奖。1990 年，该厂研制成功GJ4D1-180 型三辊滚印涂饰机，通过部级鉴定，填补国内皮革机械的空白。是年，该厂先后研制生产皮革机械 16 种、28 个规格型号，GJSC1-150 型通过式熨平压花机、GJ4B2-180 型光电喷涂干燥机获江苏省优秀新产品金牛奖。

1997 年，连云港皮革机械厂进入国家中型企业行列，后改制更名为连云港达盛皮革机械有限公司。2005 年，连云港达盛皮革机械有限公司完成工业产值 1943 万元。

第七节　石油化工机械

1984 年，连云港市生产的石油化工机械主要有离心机，以及化工企业大修时定做或自制的专用金属贮罐及管道产品。1990 年后，流体装卸臂项目投产，填补境内石油机械产品空白。2005 年，全市有 5 家石油机械生产企业，主要产品均为流体装卸臂及配件。

一、流体装卸臂系统

1993 年，连云港石油化工机械总厂（前身为连云港市锅炉厂）研制成功国家“八五”计划时期重点攻关项目——流体装卸臂系统，企业规模达到国家中型企业标准。

图 14-33 2005年，连云港振兴集团石化设备制造有限公司取得浮盘、鹤管生产认证证书。图为该公司厂房。 赵鸣 摄

1994年，连云港远洋流体装卸设备有限公司成立，主要生产码头用输油臂、汽车、火车鹤管、大鹤管、零泄漏导轨阀门等。1996年，连云港石油化工机械总厂完成产值4002万元、利润200万元，次年企业更名为江苏华龙石油化工机械集团有限公司（2002年破产）。1998年，连云港佳普石化机械有限公司成立，生产流体装卸臂（鹤管、输油臂）、钢架栈桥及折叠式活动梯、新式组装型浮盘、罐内浮动卸油臂及采样器等产品。

1999年，连云港市德威机械设备有限公司投产，主要生产陆用液体装卸臂、船用液体装卸臂、旋转接头组件、装卸操作平台、防滑活动梯等产品。

2001年12月，连云港振兴集团石化设备制造有限公司除生产储罐内浮顶、装卸鹤管、输油臂、活动梯等产品外，还经营储运自动化系统控制、智能监控系统设计安装。

2003年，连云港市德威机械设备有限公司通过ISO 9001质量体系认证。同期，连云港步升机械有限公司成立，主要产品为海、陆用流体装卸臂、活动梯、油库自动化、码头软管吊、脱缆钩、登船梯等。

2005年，连云港振兴集团石化设备制造有限公司取得浮盘、鹤管产品生产认证证书，取得中石油、中石化入网证。是年，全市有限额以上石油机械生产企业5家，完成产值1.47亿元。

二、离心机

1984年，连云港市化工机械厂生产离心机76台。同期试制的SXB-1200型半自动下部卸料离心机通过省级鉴定。1987年，获江苏省优秀新产品金牛奖。20世纪90年代后期，因生产经营困难，市化工机械厂被江苏德邦化学工业集团有限公司兼并。2005年离心机产品仍有少量生产。

第八节 其他机械制造业

一、太阳能热水器

1997年，江苏太阳雨太阳能有限公司成立。2000年后，该公司生产规模迅速提高，2000～2004年，公司太阳能热水器产量分别达2.6万台、5.5万台、11.8万台、16.6万台、23.2万台。2005年9月，日出东方太阳雨真空管式太阳能热水器被授予“中国名牌产品”称号。

2005年，境内有江苏太阳雨太阳能有限公司、连云港昊升太阳能热水器有限公司、连云港市三金水利机械有限公司、连云港市腾浪太阳能热水器有限公司4家规模以上太阳能热水器生产

图 14-34 2005 年，江苏太阳雨太阳能有限公司生产太阳能热水器 30.9 万台。图为生产车间。 侍志 摄

企业，共完成产值1.69亿元。其中，江苏太阳雨太阳能有限公司生产太阳能热水器30.9万台，完成产值1.59亿元。

二、灭火器

1986年，灌南县消防器材厂开始生产灌河牌MP6泡沫灭火器和MS7酸碱灭火器。1988～1998年扩建改造，先后开发手提式和推车式1211灭火器、ABC和BC干粉灭火器、泡沫灭火器及3WBS-10型和3WBT-10A型农用喷雾器。年生产能力由10万个提高到60万个。1998年，灌南县（田楼）消防器材厂改制为民营企业，更名为连云港天意消防器材有限公司。

2003年6月，天意消防器材有限公司迁址到灌南经济开发区，投资2000万元新建12000平方米标准厂房及辅助用房，2004年6月正式投入使用。2005年，连云港天意消防器材有限公司产品品种增加到4大系列25个型号，是年销售灭火器123万个，完成销售收入4685万元、产值6150.5万元。

三、汽轮机专用配件

1990年，连云港新海机械厂生产汽轮机专用配件除氧器16台和连排、定排、疏水扩容器16台。1998年，该厂自筹资金400万元进行除氧器生产技术改造，形成年产100台除氧器的生产能力。2000年和2003年，又自筹资金投资射水抽气器、粗细粉分离器项目，形成年产200台和100台的生产能力。2005年，该厂生产除氧器等配件1000台，完成产值2680万元。

第九节 基础零部件

1984年，连云港市生产的基础零部件主要产品有传统大宗产品标准紧固件和专铁件，以及为拖拉机配套的齿轮产品。20世纪90年代后增加粉末冶金制品等。2005年，全市有限额以上基础零部件生产企业22家，完成工业产值3.22亿元。

一、标准紧固件

1984年，连云港市标准件厂和赣榆县标准件厂生产紧固件3.17亿件。1990年，全市4家企业共生产标准紧固件6400吨。1996年后，受市场和企业资金紧张双重影响，标准紧固件产量下降。1999年，全市生产标准紧固件468吨。2000年和2001年恢复到6500吨以上。

2005年，全市限额以上标准件生产企业有连云港东南标准件有限公司、赣榆县新成标准件有限公司、连云港振荣紧固件有限公司、赣榆县金明标准件有限公司4家，完成工业产值6838万元。

二、粉末冶金制品

1994 年 2 月，连云港北方粉末冶金有限公司成立，1995 年底开始试生产粉末冶金制品。1997 年底通过竣工验收，年生产能力为 1000 吨。项目投产后长期处于亏损状态。2000 年 8 月至 2002 年 8 月，企业由重庆江洲粉末冶金科技有限公司租赁经营，年销售收入 1000 万元左右。2003 年，连云港北方粉末冶金有限公司与宁波东睦新材料股份有限公司合资重组，更名为连云港东睦江河粉末冶金有限公司，主要生产汽车、摩托车、家电、电动工具的高强度铁基粉末冶金结构件，是年生产 106[illegible] 吨，实现销售收入 1500 万元。

2004 年，连云港东睦江河粉末冶金有限公司投资 1500 万元建设一条国内最先进的生产线，形成 3500 吨高强度铁基粉末冶金结构件的年生产能力。是年生产 2152 吨，实现销售收入 2800 万元。2005 年，该公司生产铁基粉末冶金结构件 2782 吨，实现工业产值 4005 万元。

三、轴承及配件

1989 年，灌南县五金厂与清江轴承厂联营，加工生产外球面轴承内外圈粗品，年加工能力 100 万套。

1990 年，连云港海山轴承厂在连云港经济技术开发区成立，总投资 347 万元，是年生产轴承 32 万套。1991～1995 年，连云港海山轴承厂轴承年产量维持在 20 万套左右。1996 年，该厂轴承年产量达 1[illegible]3.88 万套，达到顶峰。此后产量逐年下降，90 年代后期因经营不善而停产。

1997 年，灌南县机电设备厂实施股份合作制改革，更名为灌南县天元机电设备有限公司。2005 年，该公司完成产值 723 万元。

四、齿轮

1984 年，东海八一齿轮厂主要生产东风-12 型手扶拖拉机和 295 柴油机齿轮，是江苏省八大专业齿轮生产企业之一。1989 年，该厂采用国际标准生产的东风-12 型手扶拖拉机齿轮获江苏省优质产品称号。1990 年，生产各种齿轮 32.2 万只。2005 年，连云港市兴农齿轮厂成立，是年完成工业产值 612 万元。

图 14-35 连云港江河工业集团汽车变速齿轮生产车间 赵鸣 摄于 1992 年

五、铸件

1984 年，全市共生产铸铁件 2656 吨。1990 年后，因机械工业的迅速发展，全市铸件产量增长较快，1993 年达到 1.91 万吨，1994 年为 3.87 万吨，1995 和 1996 年高达 10.25 万吨和 10.88 万吨。产品除传统铸铁件外，还生产铸钢件产品。同期，新增中外合资连云港合营铸件厂等企业。

1997 年后，随着机械工业回落，铸件产量下滑，1999 年产量仅为 6554 吨。连云港市铸造总厂、连云港合营铸件厂因长期亏损分别于 2000 年和 2002 年破产。

2005 年，全市有连云港市巨龙铸造有限公司、连云港东友铸造有限公司等 14 家限额以上专业铸造企业，完成工业产值 1.76 亿元。

第十节 仪器仪表

1984年，连云港市生产的仪器仪表主要产品有水表、平板仪等光学测绘仪器、轴承检查仪、表面粗糙度测量仪、手表等品种。90年代后期，手表、光学仪器、测绘仪器等产品相继停产。2005年，连云港市仪器仪表行业有2家水表生产企业，年产量是1984年的7倍左右。

一、水表

1984年，连云港市水表厂生产水表35万只。1987年9月12日，连云港市水表厂与意大利迈特伦纳公司合资成立连利水表有限公司，注册资本300万美元，双方投资比例为中方71.67%、外方28.33%。

图14-36 20世纪90年代，连云港市水表厂生产的"浪花"牌水表。 侍志 摄

1990年5月，连利水表有限公司产品质量达到ISO 4064标准和欧洲共同体EEC 7533标准。是年生产水表6万只，全部销往意大利。同期，连云港市水表厂投资480万元的技改项目竣工，新建3000平方米水表生产大楼，水表年生产能力达到80万只，实际生产48.6万只。1996年，全市水表产量首次突破100万只，达到108.57万只。

2001年，市水表厂改制更名为连云港水表有限公司。2003年，连利水表有限公司改制，国有股退出。2004年，全市水表产量达到208万只。2005年，连利水表有限公司和连云港水表有限公司分别完成工业总产值7119万元和5786万元，共生产水表242万只。

二、光学仪器

测绘仪器 1984年，连云港市光学仪器厂生产光学测绘仪器7453台。1986年，DP5-S型光学平板仪获江苏省科技成果四等奖，1987年获江苏省优秀新产品金牛奖。1990～1992年，市光学仪器厂生产光学测绘仪器1.56万台。1996年，市光学仪器厂破产。

电影器材 1984年，市光学仪器厂生产16毫米、35毫米电影机镜头和35毫米非球面冷膜反光镜。至1990年共生产电影机镜头2.45万只。1991和1992年，市光学仪器厂共生产电影机镜头1897只。1996年该厂破产。

三、检测仪器

轴承检查仪 1984年，连云港市轴承仪器厂生产5种型号的轴承检查仪，产量611台。1991年、1992年该企业分别生产轴承检查仪517台和637台。1996年后停产。

表面粗糙度测量仪 1988年，连云港市光学仪器厂开始生产由航空工业部北京304研究所设计的XCY-1型表面粗糙度测量仪，至1990年共生产55台。是年获江苏省优秀新产品金牛奖。1996年后停产。

第六章 电子工业

1984年，连云港市电子工业已形成整机、电子元器件、电子材料、专用设备等4大类30多个产品的生产格局。20世纪90年代后，大部分产品淘汰，新品开发较少。收录机、高低压电瓷产品因生产企业破产而停产。2005年，全市电子产品行业有限额以上工业企业8家，完成工业产值8.77亿元；电工电器行业有限额以上工业企业17家，完成工业产值5.65亿元。

第一节 电子产品

一、环氧模塑料

1984年，连云港电子器材厂生产GZ-641有机硅改性环氧模塑料6531千克。1985年2月产品通过省级生产定型鉴定，并完成年产30吨的建线和中试工作。1989年，连云港市电子器材厂研制成功LC-701环氧膜塑料，填补国内空白，被列入国家级重点新产品试产计划和省科学技术委员会“星火”计划项目。是年建成年产100吨的5微米环氧膜塑料中试生产线，12月通过省级生产定型鉴定。

1997年连云港电子器材厂改制更名为连云港华威集团，是年9月华威集团微电子材料技术中心被认定为首批市级企业技术中心。2001年，连云港华威集团吸收中电股份有限公司入股组建中电华威电子公司，被认定为国家高新技术企业，成为信息产业部定点生产集成电路封装用环氧模塑料的骨干企业、国家863计划成果产业化基地之一。是年12月，企业技术中心被认定为省级企业技术中心。

图14-37 连云港电子器材厂环氧模塑料生产线

侍志 摄于1995年

2005年4月，德国汉高集团与中电华威电子公司签订合作框架协议，收购包括国有股在内的中电华威电子公司70%股份，更名为连云港汉高华威电子有限公司。产品有6大系列80多个品种，年生产能力5000吨。是年完成工业产值2.42亿元、销售收入2.4亿元、利税596万元。

二、石英晶体器件

1984年，连云港无线电元件一厂（后更名连云港电讯器材厂）生产石英晶体谐振器11.3万只。1992年生产石英晶体器件501万只。1998年，连云港电讯器材厂改制为连云港市晶宇电子股份有限公司。是年，开发低功耗石英晶体元件、HC-49/U-S石英晶体元件、晶体滤波器等新品，石英晶体年生产能力达到4000万只。

2002年，连云港市晶宇电子股份有限公司国有股份退出，改制为民营企业，次年破产。同期，一批规模较小的民营石英晶体器件生产企业群开始崛起。2005年，因石英晶体器件生产企业个体规模较小，是年未列入统计范围，但全市石英晶体产量仍保持较高水平。

三、晶体管器件

1984年，连云港市晶体管厂生产整流二极管107万只、稳压二极管98.5万只。1987年12月，该厂引进美国4台硅整流二极管后道加工设备。1988年11月，由连云港市晶体管厂、香港捷成企业有限公司、堂福电子香港有限公司三方投资的连云港堂福电子有限公司成立。是年12月连云港市无线电元件七厂采用以镍代金新工艺，生产硅稳压二极管，取得机械电子工业部颁发的全国工业产品生产许可证。

1990年，连云港堂福电子有限公司再次投资126.5万元，用于增添设备，扩大产品产量，年产能力增加到2.3亿只硅整流二极管，是年生产硅整流二极管1.49亿只，创汇150.5万美元。是年，连云港市无线电元件七厂引进国外先进的焊接炉等设备，首次生产玻璃封装硅稳压二极管，是年生产硅稳压二极管81万只。1991年，全市生产硅整流二极管3.65亿只、硅稳压二极管70万只。1993年，连云港堂福电子有限公司出口硅整流二极管3.65亿只，创汇380万美元，居国内半导体行业前列。

2003年，连云港丰达电子有限公司成立，主要生产硅整流二极管。2004年，连云港堂福电子有限公司因亏损严重破产重组，更名为连云港金堂福半导体器件有限公司。是年全市生产硅二极管6.92亿只。2005年，连云港金堂福半导体器件有限公司和连云港丰达电子有限公司分别完成产值1118万元、2930万元。

图14-38　20世纪90年代连云港电讯器材厂生产车间　侍志　摄

四、传感器

1997年，外商独资企业丰德升（连云港）电子有限公司成立，生产轿车用ABS轮速传感器，产品主要外销北美、欧洲、日本等地。至2005年，传感器产销一直保持上升势头。2005年，丰德升电子有限公司完成产值5.16亿元、销售收入5.44亿元。

五、接插件

1984年，连云港市无线电元件四厂主要生产CSX2型小二型插口、CKX2型插座、CS2型插口等产品，其中CKX2-3.5型二芯插口在全国接插元件质量评比中获三等奖。是年，全市生产接插件689.3万件。1988年8月，市无线电元件四厂彩电连接器产品通过省级生产定型，形成1400万只的年生产能力。引进彩电连接器项目，为国产"松下""夏普"等彩电提供配套，市无线电元件四厂成为机电工业部优选定型的11个系列、125个规格产品的国内最齐全的制造厂家之一。

图 14-39　20世纪90年代市无线电元件四厂从国外引进的塑料挤塑设备　赵鸣　摄

1990年、1991年、1992年，市无线电元件四厂的接插件产品产量分别达到1774.47万件、2048万件和2426万件。1994年，市无线电元件四厂进入国家中型企业行列。1997年后，市无线电元件四厂效益开始下滑，2002年因连年亏损破产。

六、收录机

图 14-40　1989年连云港市生产的"熊猫"牌双卡收录机　开发区　供

1986～1987年，连云港市电子器材厂从深圳购进香港收录机组装件，组装生产800型收录机5350台、800-F型收录机9900台。1987年11月，由市电子器材厂与南京无线电厂合资兴办的连云港电子音响有限公司成立。1989年10月，与南京无线电厂共同研制开发的新产品"熊猫"2102袖珍型立体声放音机投入生产，是年生产2102型放音机1.19万台、SL861-1型双卡立体声收录机6.17万台。

1990年，连云港电子音响有限公司取得收录机生产许可证书，生产2101A型放音机、"熊猫"牌2204系列双卡立体声收录机、"熊猫"牌2200系列双卡立体声收录机等5个系列7个型号产品8.19万台。1992年，生产收录机突破10万台。1993年，生产近30个品种收录机5.74万台，其中70%为新品。

1994～1997年，收录机市场萎缩，产量急剧下降，企业严重亏损。1998年，连云港电子音响有限公司停产关闭。

七、晶体管稳压电源

1984年，连云港无线电厂生产电子整机产品618台。1987年该厂生产的30伏1安和30伏3安直流稳压电源获全国第二届直流稳压电源质量评比一等奖，江苏省优质产品和优秀新产品金牛奖。是年全市稳压电源年产量1200台。至1990年底，稳压电源产品共获省级以上优质产品称号7个，采用国际标准1个，开发新产品18个。1990～1992年产量分别为4227台、6385台和1.29万台。后因企业破产而停产。

第二节 电工电器

一、电力变压器

1984年，连云港变压器厂变压器生产能力为57.8万千伏安。1988年，连云港变压器厂生产的S7100/0.4-10低损耗节能变压器获江苏省优质产品称号。

1990年，连云港变压器厂变压器生产能力达150万千伏安。S730-500/1系列段电力变压器在全国变压器行业质量评比中获二等奖，110千伏电压等级无载调压系列被机械电子工业部授予“节能产品”称号。1991～1995年，连云港变压器厂产量逐年提高，其中1993年和1994年分别达到87万千伏安和109万千伏安。

1998年，受国家电网改造政策影响，电力变压器市场需求增加，连云港变压器厂产量再度上升。2000年，连云港变压器公司变压器年产量达历史最高的150万千伏安，并通过江苏省质量管理奖（先进）企业验收。2005年，连云港变压器公司生产变压器79.86万千伏安，完成工业总产值4599万元、销售收入4903万元。

二、交流电动机

1984年，连云港电机厂生产Y系列电动机8.96万千瓦。1992年，连云港电机厂电动机生产量首次突破10万千瓦，达10.3万千瓦，较1991年增长40%以上。1993年后，电动机年产量基本稳定在10万～14万千瓦之间。

图14-41 1985年连云港市电线厂生产车间
赵鸣 摄

2001年，连云港电机厂改制为民营企业。2003年，连云港电机厂公司研制的永磁电机通过市级鉴定，是年，“云电”牌电机获市名牌产品称号。

2005年，全市有连云港电机厂公司和连云港市中特电机厂两家交流电动机生产企业，生产电动机10.80万千瓦，完成工业产值3346万元。

三、电线电缆

1984年，连云港市电线厂生产电线、电缆的主要品种有胶质线、花线、铝绞线、钢芯铝绞线和通用橡套软电缆等，全年生产电线5.91万千米，钢芯铝绞线166.7吨。1985年，连云港市电线厂投资511万元，引进意大利漆包线生产线，在市开发区开办电磁线分厂。

1995年11月1日，福泰克（连云港）电线有限公司成立，并于1996年4月投产。主要产品为低压电线及其加工品，设计年生产能力为电线25

万千米、电线加工品300万根。

2000年起，福泰克（连云港）电线有限公司开始研发并生产无铅、无卤的环保型电线。是年6月，投资方追加投资100万美元，总投资额达到1390万美元；是年实现销售收入5116万元。2002年，连云港电线电缆总厂破产。

2005年7月，福泰克（连云港）电线有限公司扩大企业规模，注册资本增加到880万美元，总投资额增加到1950万美元，开发架桥电线、高频同轴电缆等产品。是年，完成工业总产值1.01亿元，实现销售收入9825万元。2005年，全市电线电缆限额以上企业共有5家，生产通信电缆2930千米、钢芯铝绞线652吨，合计完成工业总产值1.86亿元。

四、电控电配装置

1984年，电控电配主要产品有连云港市开关厂生产的HK2系列开启式负荷开关、连云港市电器厂生产的QJ3系列自耦减压启动器和XJOI系列自耦减压启动控制箱。1987年，连云港市电器厂试制成功新一代产品JJI系列自耦减压启动柜。

1992年9月23日，连云港供电局开关厂成立，主要产品有多种型号的高、低压电器以及组合箱式变电站、各种配电箱、照明箱、电表箱等。1998～2000年，研制成功XGN-10（Z）箱型固定式金属封闭开关设备、HXGN-10环网型固定式金属封闭开关设备、KYN-10（Z）户内交流金属铠装移开式开关设备、ZB-10组合式箱式变电站、HXGN-12（F）户内金属封闭箱式环网高压开关设备、KYN-12户内金属铠装移开式开关设备等产品，成为连云港市电控电配产品的龙头企业。

2000年1月31日，连云港供电局开关厂更名为连云港市港圣开关制造有限公司。2001年更名为连云港苏源港圣开关制造有限公司。经过两次改制，由原来的集体企业改制为有限责任公司。

2005年，全市生产的电控电配产品主要有高低压开关柜、桥架、箱式变电站、配电柜、线路器材、节能设备等品种。有电控电配产品限额以上生产企业9家，完成工业总产值2.97亿元，其中连云港市苏源港圣开关制造公司完成工业总产值7915万元。

2005年连云港市电控电配产品生产企业情况统计表

表14－3

企业名称	主要产品	产品销售收入（万元）	资产总额（万元）	职工人数（人）
连云港同合型钢制造有限公司责任公司	柜体	972	474	40
连云港市沈大金属型材厂	开关柜	2438	1164	60
连云港市新浦区电器开关厂	开关柜	4018	548	86
连云港苏源港圣开关制造公司	开关柜	6963	7382	150
连云港力源电气设备制造公司有限公司	箱变	1927	16144	65
连云港市海州立成节能设备公司	电力辅机	728	2017	90
连云港远平能源设备有限公司	油水分离器	427	298	39
连云港苏源电力器材有限公司	线路器材	5346	4307	56
连云港苏源铜铝业有限公司	铝杆	5700	1930	30

第七章　食品饲料加工业

1984年，连云港市有食品饲料加工企业239家，完成工业产值3.47亿元，占全市工业总产值的4.92%。其中全民所有制独立核算食品饲料加工企业41家，完成销售收入1.5亿元，实现利润1089万元，固定资产原值6114万元，共有职工2.74万人。

随着改革开放的深入，全市食品饲料加工业发展加快。1997年全市食品饲料加工企业加工大米比1987年增长2.12倍；生产混合饲料36.96万吨，增长2.95倍；生产食用植物油115678吨，增长4.1倍；生产饮用酒14.99万吨，增长3.83倍。2002年3月，益海（连云港）粮油有限公司一、二期大豆加工项目投产，当年投产当年收益，实现销售收入近8亿元、利润2000万元。

2005年，全市有规模以上农副产品加工企业98家、食品制造企业23家、饮料加工企业21家，完成工业增加值25.1亿元。全市食品饲料加工企业加工大米7.46万吨、小麦粉3.23万吨、食用植物油2378吨、混合饲料19.67万吨、糖果5116吨、糕点2708吨、饼干1186吨、乳制品1150吨、罐头1516吨、饮用酒10万吨、软饮料272吨。经过22年的发展，全市粮油加工业基本实现从传统作坊型向高效创汇型转变，禽肉蛋加工业从分散型向规模型转变。禽肉蛋产品除满足全市市场供应外，还远销国外市场，初步形成国营、集体、个体、“三资”企业相互补充、共同发展的局面。

第一节　粮油加工

一、面粉加工

1984年，连云港市有万吨级以上面粉加工厂5家。其中，市面粉厂面粉年产量3.9万吨，主要产品有特等粉、特副粉（七五粉）、标准粉3个品种；东海县、赣榆县、灌云县、灌南县面粉厂面粉年产量分别为3.37万吨、1.9万吨、2.05万吨和1.03万吨，产品均以标准粉、特副粉为主。

1987年，市面粉厂引进意大利果繁多公司价值265万美元、年产专用粉5.65万吨的全套工艺设备，加上车间（4279平方米）改造等配套建设费，总投资1573万元人民币。1988年底安装调试成功，是当时全国从意大利进口的4条先进专用粉生产线之一。是年，市面粉厂与香港远东发展有限公司合资经营，组建连云港远东面粉厂有限公司，总投资2440万元，港方占60%的股权，总经理由港方担任。1992年1月，在国家表彰的全国300强外资及港澳台资工业企业中，该公司列第287名。1993年8月，该公司重组为连云港正德面粉厂有限公司。1995年该公司获利410万元，上缴税金189万元，被评为全市投资、利税十强“三资”企业和工业综合经济效益20强企业。是年，该公司被确定为中型一档工业企业。1997～2000年连续4年出现巨额亏损，近千万元货款无法收回。2000年6月，该公司改由中方承包经营。

2000年后，市、县部分面粉生产厂家相继破产或停产。2002年9月，广东白燕粮油实业有限公司租赁连云港正德面粉厂有限公司，组建连云港白燕粮油有限公司。2003～2005年，白燕粮油有限公司共生产面粉6.66万吨，其中利用地产小麦加工面粉出口1.75万吨，创汇361万美元。2004年，连云港白燕粮油有限公司是江苏省农产品出口百强企业。

2005年，全市共生产面粉4.81万吨，其中专用粉1.53万吨（不含乡镇小面粉厂）。

二、碾米加工

1984年，连云港市碾米厂生产大米2.86万吨。是年，赣榆县米厂生产大米4.36万吨，其标一元米被评为农牧渔业部部优产品；东海县米厂生产大米6.34万吨，“羽山”牌和“海陵”牌标一粳米及“海陵”“东喜”“平珠”特二晚粳被评为部优产品；灌云县生产大米1.36万吨。

20世纪90年代初，市碾米厂购置两台F16双喷风碾米机，更换30-5A碾米机，并自制1台大米抛光机。主要产品为标一粳米、标二粳米、标一籼米。1993年后，国有碾米厂因人员多、成本高、缺乏流动资金，受到个体、民营小米厂冲击，市、县部分国营米厂相继停产或破产。1993年8月，市新海粮库日产50吨米车间建成投产。1995年，市碾米厂并入市新海粮食仓库。1998年11月，市新海粮库米车间组建为库属连云港市碾米厂。

2003年5月，粮库投资50万元，添置先进的进口大米色选机和抛光机，是年生产出口大米4800吨。2004年，连云港华泰米业有限公司生产的“菁华”牌特粳米，被中国粮食行业协会授予“全国放心米”称号。2005年，全市累计生产大米8.31万吨，其中特等米6.46万吨。

三、油料加工

连云港市及周边县历来盛产大豆、花生、芝麻等油料作物，油料资源丰富。油料加工从人力用木榨、铁榨打油，到使用机器榨油，20世纪80年代发展为浸出法制油。1984年，市新海植物油厂生产油脂1328吨。东海县、赣榆县、灌云县分别有200型榨油机5台、5台、6台，油脂产量分别为3478吨、2447吨、1560吨。

1986年，国家在灌南县植物油厂新建日处理油料50吨平转式油脂浸出车间，总投资128万元。1987年，市新海植物油厂新建日处理油料50吨平转式油脂浸出车间，至1988年形成年处理油料2万吨的生产能力。20世纪80年代末，国家加工任务减少，市新海植物油厂处于停产状态。1993年2月27日，市新海植物油厂整体转让给四川绵阳市三台县油脂公司。1994年4月，以东海县植物油厂为核心的江苏东海油脂食品集团公司成立，后更名为江苏银鸽油脂食品集团公司。1995年，以赣榆县植物油厂为核心的江苏宝发集团成立。1998年，银鸽牌二级花生油商标被省政府认定为1999～2000年江苏省著名商标。2000年后，江苏宝发集团、江苏银鸽集团先后破产。

图14-42 2005年，益海粮油名列中国食品工业综合实力（食用油行业）十强榜首。图为益海粮油扩建工程。 吉志强 摄

2000年8月，中外合资益海（连云港）粮油工业有限公司（简称益海粮油）成立，总投资9.9亿元，采用先进的美国皇冠公司设备和ADM公司

成熟的工艺技术，2002年建成投产。生产“口福”“满福”等系列食用油和“丰苑”牌饲用豆粕。二期工程完成后，形成日处理大豆6000吨、日加工毛油1200吨、日分提棕榈油1000吨、日精炼棕榈油600吨、日灌装小包装油350吨的生产加工能力。2004年1月，益海嘉里研发中心成立，总投资2000万元，建筑面积2800平方米，主要研究食品、食油及添加剂等。益海粮油自主研发的金龙鱼第二代调和油脂肪酸比例为0.27∶1∶1，有助于达到人体1∶1∶1科学脂肪酸比例，该产品获国家发明专利。是年，浙江省银河药业集团在东海县兴建连云港惠康油脂有限公司，项目总投资2069万元，建成年产毛糠油6750吨的生产线。

2005年，益海粮油生产的“口福”牌系列食用油评为中国名牌产品。企业被评为江苏省质量诚信企业，江苏省明星侨资企业。是年，益海粮油被国家统计局、中国食品工业协会评为中国食品工业综合实力（食用油行业）十强企业，且名列榜首，是江苏省进入全国进出口500强的唯一从事食品生产的外商投资企业。是年，益海粮油生产大豆油29.2万吨，产值48.43亿元，利税5968.62万元。

2005年，全市累计生产食用植物油29.22万吨，其中益海粮油生产大豆油29.19万吨。

四、粮油食品生产

1984年，市挂面厂生产挂面3695吨，主要生产主食挂面和鸡蛋、海藻等营养挂面及主食、花式面包等。灌云县、赣榆县、东海县分别生产挂面1908吨、620吨、3869吨。

1986年，市挂面厂更名为连云港市康乐粮油食品厂，投资88万元引进法国里纳克希兰贝拉公司面包生产全套设备，主产法式面包，年生产能力450吨。每逢节日还生产水磨年糕、大糕、各式月饼、花生糖、脆香酥等糕点。其生产的特副粉挂面获部优产品称号。1989年9月，东海县粮食局利用当地的资源优势，与韩国金五食品株式会社、制友商社合资，兴办连云港金五食品有限公司，是江苏省第一家中韩合资企业，注册资本250万美元，外方占66.7%。生产的“金五”即食面受到广大群众喜爱。后主要从事薯类产品的深加工，年生产“孙悟空”牌淀粉8000吨、粉丝500吨。

1990年，灌云县挂面年生产能力2万吨；东海县挂面年生产能力8500吨。1991年，连云港市康乐粮油食品厂投资20万元新上1条速冻水饺生产线，日产速冻水饺1500千克，是连云港市首家生产速冻水饺系列产品的企业。1993年5月，中韩合资连云港金五调味品有限公司开业，后更名为江苏丰林食品有限公司，主要生产调味品。是年9月，中韩合资连云港金五淀粉有限公司开业，主要生产山芋淀粉。1995年8月，中韩合资江苏越秀食品有限公司成立，注册资本233.55万美元，年生产冷冻草莓800吨、黄桃2000吨等。1999年，“孙悟空”牌粉丝获中国国际博览会名牌产品奖。

2000年，市粮食局拨专款80万元，由市新浦粮油总公司在临洪粮站兴建市民中心厨房。主要生产馒头、包子、米粥等大众化食品，供应市区居民。2001年5月，韩国三大食品集团之一的不倒翁集团，购买江苏丰林食品有限公司中方股权80万美元后，成立韩国独资企业江苏不倒翁食品有限公司，注册资本550万美元，年加工洋葱5000吨、新鲜蔬菜1万吨、调味品3000吨。2002年10月，市新浦粮油总公司与扬州客商合作，组建连云港齐春阁早餐工程有限公司。

2005年前后，赣榆县、东海县、灌云县部分挂面生产企业先后破产。至2005年，连云港齐春阁早餐工程有限公司陆续投资200万元，购置流动餐车和运输车辆，增加花式品种，销售网点由开始时50个增加到140个，花式品种从十几种增加到四十余种，为社会提供近400个再就业岗位。网点布局不仅从新浦区延伸到海州区、连云区，还发展到东海和赣榆县城。

2005年，全市累计生产粮油食品9.21万吨，其中东海县“三资”粮油食品企业生产的粮油食品7.97万吨。

1984～2005年连云港市粮油工业米、面、油产量统计表

表14-14 单位：吨

年份	全市			市区			东海县			赣榆县			灌云县			灌南县		
	米	面	油	米	面	油	米	面	油	米	面	油	米	面	油	米	面	油
1984	154928	123141	10799	28633	39541	1328	63408	33710	3478	43577	19041	2447	13642	20507	1560	5668	10342	1986
1985	176105	145298	12037	31635	45302	1550	79815	31187	4784	43160	24915	3019	14856	25841	1161	6639	18053	1523
1986	161055	168162	18645	26063	46324	2676	78643	51947	9050	34247	24501	4625	34810	29019	662	7292	16371	1632
1987	163055	182343	20974	29767	45910	2185	81923	56969	10736	34657	22670	4476	10300	33747	1756	6408	23047	1821
1988	157716	194314	19557	23719	39845	1647	84237	65767	10990	39207	27322	4406	5818	37351	1196	4735	24029	1318
1989	105968	143124	20433	12054	12137	621	55744	48545	11824	29408	33532	5181	3523	30895	1686	5239	18015	1121
1990	121991	161379	22801	16044	29563	2606	67873	50897	11250	25126	27763	5575	7124	40316	2153	5824	12840	1217
1991	132503	152991	20015	19389	23021	1443	60500	50750	8500	43441	22668	6636	5237	42185	2247	4936	14367	1189
1992	110981	148862	18515	12161	24115	276	65400	51242	9985	22058	25480	5750	6273	29757	1374	5089	18268	1130
1993	109426	112628	20137	9453	19377	705	60552	31642	9916	31212	14406	6807	3839	21627	1420	4870	25603	1289
1994	65760	116309	20722	11230	28303	—	28240	22827	6842	18879	15051	11239	2623	25238	1333	4788	24890	1308
1995	94360	135708	21529	1213	34754	—	70748	24009	7562	17371	20195	11700	1260	30970	969	3768	25780	1298
1996	63315	120199	12402	1319	33840	—	39616	24923	3121	19683	18663	6626	517	18397	1327	2180	24376	1328
1997	43126	100128	4254	3253	27815	—	16519	13729	1360	21996	17132	1552	824	20246	419	534	21206	923
1998	72405	78954	5634	4431	15881	—	44664	9574	1456	18416	13914	3177	4894	24928	798	—	14657	203
1999	153855	104346	11550	9946	11030	—	26368	10880	1177	115855	51714	8215	1686	20126	2158	—	10596	—
2000	138510	117301	3128	1094	9036	—	22634	7029	—	110779	56737	2475	4003	21829	653	—	22670	—
2001	126015	50350	4200	584	6381	—	20973	4469	—	94458	20400	—	5500	9000	4200	4500	10100	—
2002	146282	40732	4500	2716	3386	—	22310	3246	—	107040	11600	—	10000	8500	4500	4216	14000	—
2003	29388	62201	3000	6029	22781	—	3855	—	—	1504	—	—	18000	23000	3000	—	16420	—
2004	69010	63342	197844	2429	28242	197697	14582	—	—	32999	—	—	4000	14100	147	15000	21000	—
2005	83110	48088	292177	8652	15328	291947	46800	—	—	23166	—	—	—	32560	230	7492	200	—

说明：2004～2005年增加益海粮油产量。

1984～2005年连云港市粮油工业粮油食品产量统计表

表14-15　　单位：吨

年份	全市			市区			东海县			赣榆县			灌云县			灌南县		
	挂面	面包	其他	挂面	面包	其他	挂面	面包	其他	挂面	面包	其他	挂面	面包	其他	挂面	面包	其他
1984	10479	281	—	3695	224	—	3869	—	—	620	57	—	1908	—	—	387	—	—
1985	12803	118	—	3902	89	—	4179	—	—	871	29	—	3034	—	—	817	—	—
1986	12887	25	—	2898	25	—	4342	—	—	1018	—	—	3722	—	—	907	—	—
1987	14058	35	—	3112	35	—	4916	—	—	920	—	—	4138	—	—	972	—	—
1988	16842	55	—	2964	55	—	5815	—	—	1462	—	812	5609	—	—	362	—	—
1989	10173	—	2951	3000	—	117	2551	—	2227	899	—	607	3279	—	—	444	—	—
1990	12259	—	3192	2181	—	136	6414	—	2497	616	—	559	2477	—	—	571	—	—
1991	10383	—	3586	2078	—	102	4582	—	3000	574	—	484	2547	—	—	602	—	—
1992	8489	—	4277	1506	—	277	3307	—	4000	358	—	—	2734	—	—	584	—	—
1993	5643	—	—	69	—	—	3725	—	4700	—	—	—	1240	—	—	609	—	—
1994	4933	—	—	201	—	—	1475	—	10090	476	—	53	2453	—	—	328	—	—
1995	2579	—	16152	—	—	43	2359	—	12391	—	—	1737	31	—	1981	189	—	—
1996	2168	—	17654	—	—	—	1261	—	16244	432	—	1268	210	—	142	265	—	—
1997	1730	—	21039	—	—	137	363	—	20097	423	—	800	390	—	5	554	—	—
1998	1711	—	17955	—	—	129	159	—	17414	82	—	249	1052	—	163	418	—	—
1999	4005	—	22113	—	—	7561	300	—	12963	1804	—	989	1401	—	—	500	—	600
2000	3452	—	34344	—	—	17018	262	—	14225	—	—	2515	980	—	—	2210	—	586
2001	1022	—	64526	—	—	8	125	—	29552	—	—	—	420	—	6680	477	—	28286
2002	950	—	68425	—	—	950	—	—	31760	—	—	—	320	—	11980	630	—	23735
2003	920	—	41438	—	—	1540	—	—	39898	—	—	—	640	—	—	280	—	—
2004	318	—	69605	—	—	4162	—	—	65443	—	—	—	318	—	—	—	—	—
2005	292	—	82107	—	—	2448	—	—	79659	—	—	—	292	—	—	—	—	—

1984～2005年连云港市粮油工业产值利润统计表

表14-16　　单位：万元

年份	全市			市区			东海县			赣榆县			灌云县			灌南县		
	总产值	利润	税金	总产值	利润	税金	总产值	利润	税金	总产值	利润	税金	总产值	利润	税金	总产值	利润	税金
1984	13700	640	—	3155	197	—	4587	164	—	2973	87	—	1906	123	—	1079	69	—
1985	16696	816	—	3544	215	—	5979	311	—	3556	132	—	2196	82	—	1421	76	—
1986	20297	1099	—	3977	225	—	8420	512	—	3877	180	—	2488	95	—	1535	87	—
1987	21350	1569	—	4010	260	—	9210	766	—	3462	210	—	2767	202	—	1901	131	—
1988	22590	1592	86	3524	164	10	10532	908	51	3512	171	11	2840	189	14	2182	160	—
1989	30166	1761	79	3254	129	6	15203	967	47	6385	256	14	3421	297	12	1903	112	—
1990	39997	1767	150	6370	-94	150	21004	1180	—	8389	367	—	2510	227	—	1724	87	—
1991	40141	1397	161	5614	-149	161	19211	927	—	9338	360	—	3598	220	—	2380	39	—
1992	42250	1203	400	3682	57	125	19450	551	275	10100	340	—	3925	220	—	5093	35	—
1993	40894	-1147	292	2938	-45	120	18031	-1050	172	10985	89	—	3100	-184	—	5840	43	—
1994	65825	897	445	8050	368	135	28311	255	174	17874	88	97	5781	126	39	5809	60	—
1995	90958	585	707	9298	398	89	42105	-100	360	24643	93	155	8960	168	103	5952	26	—
1996	59919	-469	704	12197	-120	54	18066	-639	350	19076	200	258	5196	5 9	42	5384	31	—
1997	82646	-4214	715	14740	-767	117	15560	-2118	322	21028	-1299	135	11968	7	117	9675	-37	24
1998	81543	-1703	780	7249	-370	193	27620	-638	224	18599	-702	214	14441	36	140	6817	-29	9
1999	79309	-1172	609	6573	-493	103	27953	-389	342	15965	-295	73	14398	1	70	7210	4	21
2000	84774	-985	630	4583	-496	53	29771	-351	453	18025	-139	27	13735	-8	75	9150	9	22
2001	63555	-327	1039	4420	-186	89	31019	-229	845	9394	100	35	9578	-20	38	9144	8	32
2002	60228	-180	794	5270	-133	63	29650	-139	579	9210	102	52	6678	-30	40	9420	20	60
2003	50597	1494	912	7594	56	59	18597	1140	750	6978	280	—	5085	-10	31	12343	28	72
2004	454618	3667	1684	393383	1292	43	30297	1840	1543	5965	480	—	5973	27	34	19000	28	64
2005	583412	6953	1539	514623	5921	18	47635	757	1470	12044	60	17	7236	163	23	1874	52	11

第二节　酿　造

一、啤酒

1984年8月22日，中日合资中国江苏三得利食品有限公司（简称三得利公司）在连云港市成立，由日本三得利株式会社和中国国际信托投资公司、江苏省国际信托投资公司、连云港市轻工业公司共同投资3228万美元，是年11月1日投产，生产经营啤酒、麦芽、酒类、食品、饮料等。1985年，该公司生产啤酒1.42万吨，实现利润202万元。1993年8月，三得利公司生产的“新世纪”啤酒、“王子”啤酒在第32届世界酒类评选中获得金奖。1996年5月，三得利公司通过ISO 9002质量体系认证，成为江苏省啤酒行业、连云港市工业企业中第一家通过认证的企业。2001年6月，三得利公司成为江苏省第一家通过ISO 14001认证的食品企业，也是全市唯一拥有国际双证的企业。是年，三得利公司生产啤酒6.89万吨、麦芽2.14万吨，实现销售收入1.98亿元、利税3717万元；相继开发和研制6度超爽啤酒、10度精品王子啤酒、小麦啤酒、王子苦瓜等系列发泡啤酒共计10个品种、28种包装形式的新产品。

图 14-43　中国江苏三得利食品有限公司

侍志　摄于2005年

2005年，全市有规模以上啤酒生产企业2家，共生产啤酒8.11万吨。江苏三得利有限公司完成销售收入2.12亿元、利税1138万元；连云港市金润啤酒厂完成产值1058万元。

二、白酒

1984年，赣榆县酒厂、地方国营汤沟酒厂、东海县酒厂3家酒厂共生产白酒1.86万吨。1986年1月，地方国营汤沟酒厂更名为江苏汤沟酒厂，成为代表江苏白酒行业的“三沟一河”（江苏双沟酒厂、江苏汤沟酒厂、江苏高沟酒厂、江苏洋河酒厂）之一。1987年，江苏汤沟酒厂生产白酒1.1万吨，产品发展至4个系列30多个品种，畅销20多个省、市，有2种产品远销海外。

1990年，全市白酒酿造企业发展到46家，职工4792人，生产白酒4.93万吨。其中，全民企业8家，年生产能力4万吨。1993年，38°汤沟特液获得全国驰名白酒精品奖。1996年，“汤沟”蛇精液获得第34届布鲁塞尔国际博览会金奖。2000年，汤沟系列产品被列入江苏省工业产品重点保护名录，“汤沟”商标被评为江苏省著名商标。2001年6月，江苏汤沟酒厂改制为国家控股的江苏汤沟酒业有限公司，2004年9月国有资本退出，组建民营企业江苏汤沟两相和酒业有限公司，继承原企业所有产权和酿酒技术，拥有“汤沟”系列、“两相和”系列等10多个系列产品。

2005年，全市共有规模以上白酒生产企业5家，完成产值2.65亿元；酒精制造企业9家，完成产值7.9亿元。江苏汤沟两相和酒业有限公司完成销售收入1.69亿元、利税1246万元。

图 14-44　20 世纪 90 年代的江苏汤沟酒厂　侍志　摄

三、葡萄酒

1984 年 5 月，连云港市葡萄酒厂从美国引进具有国际先进水平的无菌过滤机，成功研制“味美思”葡萄酒和枸杞酒。是年，该厂生产的“花果山”牌白羽干葡萄酒和山楂酒在轻工业部举办的酒类质量大赛中分获金杯奖与银质奖。1988 年，市葡萄酒厂和香港宏基工程设备有限公司合资经营的连云港凯威葡萄酒有限公司成立，合资期限 15 年。1998 年 1 月 22 日，市葡萄酒厂被江苏天晴制药总厂兼并。2002 年，江苏苏红酒业有限公司成立，是中国太平洋建设集团辖下独立法人企业，主要生产江苏红、凯威系列葡萄酒和花果山系列山楂酒等 60 多个品种酒类。

四、调味品

1984 年，灌云县板浦酱醋厂投资 40 万元扩建地方传统名品汪恕有滴醋生产线，生产“汪”字牌滴醋，年生产能力 600 吨。1987 年，“汪”字牌滴醋被评为江苏省优质食品，1988 年获中国首届食品博览会银奖，1989 年获农业部优质产品奖。

1990 年，全市有调味品生产企业 13 家，年产能力 2.9 万吨，其中酱油年产能力 1.5 万吨，实际生产 1.62 万吨；食醋年产能力 1400 吨，实际生产 436 吨；腐乳年产能力 600 吨，实际生产 300 余吨。1992 年，在原灌云县板浦酱醋厂的基础上，组建成立连云港市板浦汪恕有滴醋厂，生产“汪恕有”牌滴醋。

1998 年，连云港极美生化食品总公司因经营困难依法破产。

2003 年，连云港市板浦汪恕有滴醋厂改制为民营企业。

2004 年 1 月 26 日，由原市极美生化食品总公司改制而成的民营股份制企业——江苏统万酿造有限公司成立，主要产品有酱油、食醋、料酒、味精、鸡精、淀粉、胡椒粉、复合调味料、酱等近 70 个品种，年生产酱油能力 2000 吨、食醋能力 500 吨。是年生产酱油、食醋分别达到 1800 吨和 210 吨，实现产值 747 万元、销售收入 480 万元，成为苏北、鲁南地区最大的调味品制造企业之一。是年，“汪恕有”滴醋注册商标被评为江苏省著名商标。

2005 年，江苏统万酿造有限公司迁入连云港经济技术开发区。公司占地 2 公顷，建筑面积 6800 平方米，拥有固定资产 1860 万元，是严格按照GMP标准要求建设的现代化调味品生产企业。酱油生产能力由 2000 吨扩大至 8000 吨、食醋由 500 吨扩大至 2000 吨，并新增料酒生产能力 500 吨，产品先后被中国食品协会和江苏省授予“国家质量达标食品”“江苏省知识产权重点保护产品”称号，并通过国家定量包装商品C标志认证。是年，公司实现产值 2225 万元、销售收入 660 万元。

2005年连云港市部分酒类生产企业主要经济指标统计表

表14-17　　　　单位：万元

序　号	企业名称	产品类别	主营业务收入	资产总额	利润总额	产　值
1	中国江苏三得利食品有限公司	啤酒制造	20028	17839	1138	21216
2	江苏汤沟两相和酒业有限公司	白酒制造	16949	32143	1246	18480
3	江苏省灌南县汤沟酿酒厂	白酒制造	4210	2310	100	4300
4	灌云县顺云酒业有限公司	白酒制造	2614	1131	-24	2656
5	江苏苏红酒业有限公司	葡萄酒制造	1731	5514	118	2404
6	连云港市红香溢酒业饮品有限公司	其他酒制造	1562	359	68	1960
7	连云港市金润啤酒厂	啤酒制造	1005	1976	93	1058

第三节　肉禽蛋加工

1984年，连云港市肉类总产量7.46万吨、禽蛋总产量2.29万吨。东辛冷冻加工厂建成一条班宰肉鸡能力3000只的机械化生产流水线。1985年，连云港市食品公司投资1505万元兴建机械化生猪屠宰加工基地以及与之配套的5000吨低温冷库。1986年，灌云县食品公司新建500吨低温汽库，同时成立灌云县肉联厂。

1988年，江苏省东辛农场拥有1.5万套祖代鸡的祖代鸡场、3万套父母代鸡的父母代鸡场，拥有日宰1万羽肉鸡、500头生猪流水线及配套600吨冷库的冷冻加工厂，形成畜禽产品生产加工“一条龙”。每年可提供父母代种鸡21万套、商品苗鸡300万羽，加工肉鸡1500吨、猪白条肉200吨，出口分割鸡1000吨。是年6月，由商业部和省商业厅共同投资1500万元的现代化生猪加工储存设施——连云港市肉联厂5000吨冷库及辅助设施，通过商业部、省建委等有关部门的验收并投产，全套生产流水线达到国内同行业先进水平。1989年底，市食品公司投资82万美元从西德、奥地利引进肉类灌肠生产线，1990年11月安装投产。是年生产灌肠60余吨。

1993年6月18日，连云港玉兔实业有限公司奠基。该公司是经经贸部批准的全国唯一有兔肉出口自营权的中外合资企业，是全国最大的兔肉及其副产品加工专业厂家。是年7月上旬，东辛农场冷冻加工厂被日本厚生省确定为对日出口冻鸡药物残留免检单位，成为江苏省唯一的出口冻鸡免检单位。

图14-45　连云港市肉联厂屠宰车间　赵鸣　摄于1986年

1997年，连云港雨润食品有限公司成立，雨润集团东海旺润分公司成为苏北鲁南地区最大的肉食品深加工基地。

2001年2月，连云港仁华工贸公司成立，是一家主营生猪加工的私营企业，年生产能力1500吨。是年，完成销售收入

480万元、利税56万元。是年7月18日，连云港市食品公司实施整体改制，国有资本全部退出，组建民营企业连云港市天缘食品有限公司，注册资本500万元，日屠宰加工能力1000头以上，年产肉制品1000余吨。

2002年，江苏福润肉类加工有限公司投产，主要经营畜禽屠宰、加工，肉制品、蛋制品、蔬菜、水产品加工、冷冻、销售等，注册资本1000万元。5月，连云港兴云鹅业有限公司成立，是国内鹅产业中唯一通过绿色食品认证的加工企业，具有年产240万羽风鹅的加工生产能力，名列中国农产品加工企业50强。是年，连云港永盛禽业有限公司建立境内第一条肉鸭屠宰加工生产线，2004年获绿色产品证书。

2004年8月，连云港福润食品有限公司开业，是一家集生猪养殖、屠宰、加工、冷藏、销售于一体的现代化大型屠宰加工企业，注册资本2950万美元，是年完成销售收入1.33亿元，实现利润717.1万元。

2005年1月，灌云县云岭肉联厂成立，年产能力2300吨，是年实际加工生猪1800吨，实现销售收入3890万元、利润460万元。至年底，全市有规模以上屠宰加工企业7家，年屠宰生猪140万头，完成产值9.02亿元。

2005年连云港市规模以上屠宰加工企业主要经济指标统计表

表14-18　　单位：万元

序　号	企业名称	产品类别	主营业务收入	资产总额	利润总额	产　值
1	连云港大发经贸公司	屠宰加工	4090	470	100	5300
2	赣榆县赣马镇肉类加工厂	生猪屠宰及加工	4556	561	120	4582
3	江苏福润肉类加工有限公司	屠宰	62381	23611	4999	62786
4	灌云县果品公司肉联厂	白条肉	514	283	12	506
5	灌云县食品公司肉联厂	白条肉	9654	1889	69	9783
6	江苏省东海县肉食品厂	白条肉	5773	328	4	5775
7	灌云县云岭肉联厂	生猪收购、加工、销售	1312	762	255	1418

第四节　饲　料

1986年8月，连云港市出口饲料加工厂建成开业，总投资693万元，加工能力20万吨。是年，全市饲料工业实现产值1230万元。80年代后期，市出口饲料加工厂、灌云县、赣榆县分别建成年产2万吨、3万吨和1.8万吨的配合饲料厂，开始使用电脑配料。至1990年底，全市共有各类饲料加工厂90家，年生产配合饲料20万吨。

1992年1月7日，连云港经济技术开发区工业公司和泰国正大集团合资兴办的连云港正大畜牧有限公司举行签字仪式，总投资1250万美元，注册资本540万美元，主要生产猪、鸡、鸭、牛、鱼、虾、蟹、贝类饲料8大系列100多个品种。是年全市生产饲料14.36万吨。

1997年1月，韩国韩友生物饲料有限公司在连云港投资设立的独资公司韩友（连云港）饲料有限公司投产，生产畜禽、水产饲料，年产能力18万吨，奶牛料每月出口5000吨。

图14-46　连云港正大饲料公司　　赵鸣　摄于1995年

2000年6月，中荷合资普乐维美（赣榆）饲料发展有限公司投产，主要生产预混合饲料、催长剂、特种饲料等，年生产能力1.1万吨。

2003年1月，连云港华云饲料有限公司投产，主要生产海淡水养殖使用的配合饲料，生产能力2万吨。是年，全市生产饲料14.97万吨。

2005年初，泰国正大集团在连云港正大公司投资兴建高标准特种水产饲料车间，建立海水生态育苗养殖基地。是年，全市有规模以上饲料加工企业9家，生产饲料19.67万吨。

2005年连云港市规模以上饲料加工企业主要经济指标统计表

表14-19　　单位：万元

序号	企业名称	产品类别	主营业务收入	资产总额	利润总额	产值
1	连云港市东大动物药业有限公司	饲料加工	2525	797	-31	3532
2	连云港正大饲料有限公司	混合饲料	26231	6504	1099	25096
3	普乐维美（赣榆）饲料发展有限公司	配合饲料	5921	4309	533	5869
4	连云港市金陵饲料有限公司	饲料加工	988	286	-7	983
5	连云港市上华饲料科技有限公司	饲料	1067	227	-9	1118
6	连云港天宇科技饲料有限公司	饲料	4553	263	21	1497
7	韩友（连云港）饲料有限公司	饲料生产	9569	2506	1439	10264
8	连云港苏迈克斯舜润饲料有限公司	酒精棉颗粒	4227	218	-41	4305
9	连云港东大普威饲料有限公司	配合饲料	1137	706	16	1162

第五节　紫菜加工

1989年，连云区、赣榆县海头镇沿海试养紫菜成功。连云区从世界银行贷款14.5万美元，购进日本紫菜加工成套设备1台，在墟沟成立紫菜加工厂。是年，生产紫菜干制品300万张，其中出口100万张，创汇4.5万美元。

1990年，连云区高公岛乡、宿城乡、西墅村及赣榆县海头镇、柘汪镇共养殖紫菜70公顷。是年，全市共加工生产紫菜干制品2000万张，全部出口，创汇75万美元。

1995年，全市共采收鲜紫菜1.85万吨，加工紫菜干品4.8亿张，创汇2000万美元。连云港市成为全国面积最大、加工能力最强的紫菜出口创汇基地。是年12月6日，世界最大紫菜烘干加工公司日本雅玛珂株式会社在连云港经济技术开发区独资成立连云港雅玛珂紫菜有限公司，总投资980万美元，注册资本500万美元，建有3条烤紫菜生产线、3条调味紫菜生产线，日加工紫菜95万张。

2001年6月，连云港金喜食品有限公司成立，总投资48万美元，主要从事紫菜系列食品的加工和销售。年加工能力8000余万张，产品95%以上外销。

2004年，全市紫菜加工企业销售紫菜1.2亿张，实现产值1.51亿元，出口量占加工量的80%以上。

2005年，全市有紫菜一、二次加工企业56家，其中规模以上企业23家。连云港雅玛珂紫菜有限公司完成产值1.56亿元，实现利润2234万元。

2005年连云港市规模以上紫菜加工企业主要经济指标统计表

表14-20　　单位：万元

序　号	企业名称	产品类别	主营业务收入	资产总计	利润总额	产　值
1	连云港雅玛珂紫菜有限公司	紫菜加工	15650	9965	2234	15637
2	连云港仙桥紫菜有限公司	干紫菜加工	4888	1588	191	5061
3	连云港神仙紫菜有限公司	干紫菜	4900	2450	416	4963
4	连云港市凯源水产食品有限公司	紫菜加工	3233	2434	166	3340
5	连云港金喜食品有限公司	调味紫菜加工	3224	1953	468	3306
6	连云港康康海苔食品有限公司	紫菜加工	2843	732	88	2900
7	连云港智远食品有限公司	干紫菜加工	2303	3049	3	2302
8	连云港博利达食品有限公司	紫菜加工	1945	762	85	2060
9	赣榆县富安紫菜有限公司	紫菜加工	1957	980	26	2007
10	连云港市高公岛银河实业公司	紫菜加工	1590	1786	229	1596
11	连云港白羽神仙海苔有限公司	紫菜加工	1456	825	107	1471
12	连云港雅玛嘉紫菜有限公司	紫菜加工	1909	1762	200	1347
13	连云港秦山岛紫菜有限公司	干紫菜	864	1919	56	1328
14	连云港市连云恒福紫菜加工公司	干紫菜加工	934	616	19	1244
15	连云港宏兴紫菜有限公司	紫菜加工	1176	1380	176	1185
16	连云港市恒富紫菜加工有限公司	紫菜加工	867	332	97	886
17	连云港云桥紫菜实业公司	干紫菜加工	761	482	-13	761
18	连云港西墅物产有限公司	干品紫菜加工	760	1335	44	760
19	连云港力生紫菜有限公司	紫菜加工	660	1316	3	742
20	连云港市神艳紫菜有限公司	水生植物干制品	598	629	24	605
21	连云港福鑫食品有限公司	紫菜食品加工	553	741	8	582
22	连云港力鑫紫菜有限公司	紫菜加工	638	573	9	557
23	连云港力发食品有限公司	紫菜二次加工	509	291	23	509

第六节　其他食品

一、速冻食品

1993年4月，韩国不倒翁株式会社在连云港设立独资企业江苏不倒翁食品有限公司，总投资700万美元，主要产品有脱水蔬菜、速冻蔬菜、混合蔬菜汁及浓缩液、炒蔬菜粉4大类30多种，产品全部外销。

1995年12月，中日合资连云港味之素如意食品有限公司成立，总投资550万美元，设计生产能力4000吨。1996年12月投产，产品全部销往日本。

1999年，连云港口福食品有限公司成立，主要经营牛蒡、洋葱、胡萝卜、大蒜、辣椒等蔬菜的种植、加工和出口业务，产品出口日本、韩国及东南亚等国家和地区。2004年，连云港口福食品有限公司出口蔬菜3万吨，创汇1000多万美元。

2005年，全市共有规模以上速冻食品加工企业3家。

二、糕点及烘焙食品

1984年，连云港市小上海糕点厂主要生产糕点、脆香酥食品和钙奶饼干等。同期，市糕点糖果厂、连云港食品总厂等企业相继添置日本产糕点生产线、国产饼干生产线、日本产糕点自动包馅设备及附属机械等，年产能力分别为日式糕点450吨、钙奶饼干3600吨、馅饼1620吨。其中，市糕点糖果厂生产的“猴王”牌优质白糖果和蜜三刀、连云港食品总厂生产的“猴王”牌葱油桃酥与“欢乐”牌苏打饼干，先后获“江苏省优质产品”称号。

图14-47　连云港罐头食品厂芦笋罐头加工线　赵鸣　摄于1998年

2005年，全市共有规模以上糕点食品加工企业7家，完成产值1.09亿元。

三、饮料　罐头

1984年，连云港市炼糖厂生产的原糖获“连云港市优质产品”称号。是年8月31日，在全国质量月授奖大会上，市食品罐头厂生产的“梅林”牌绿白头去皮芦笋罐头被授予国家优质产品银质奖牌。

2005年，连云港克立林实业有限公司生产的“克立林”牌纯净水获“国家免检产品”称号，被授予江苏省著名商标，是年完成销售收入1080万元、利润223万元。是年，全市共有规模以上罐头和饮料生产企业3家，完成产值3.54亿元。

四、乳制品加工

1986年，中国和澳大利亚技术合作项目——东辛奶牛公司建成投产。公司引进国外先进的激光平地仪、牧草切割机等牧草种植机械、鱼骨式挤奶机、法国的巴氏消毒机、瑞典的鲜奶包装机、澳大利亚的制冷设备，建有可供800头泌乳牛使用的饲养设备和日处理25吨鲜奶的乳制品加工厂，实现牧草种植、奶牛饲养、奶品加工一条龙、机械化自动化。年产“双宝”牌全脂速溶奶粉500吨、牛奶豆乳粉300吨、软包装巴氏消毒奶800吨。1987年，奶粉产品填补江苏省乳制品空白。21世纪初，巴氏消毒奶占连云港市鲜奶供应量的60%以上。

第八章　建材工业

1984年，连云港市有建材工业企业348家，完成工业总产值1.2亿元，占全市工业总产值的4.6%。主要产品有水泥、石灰、黏土砖、瓦、玻璃钢制品、保温材料、建筑石料、水泥制品、平板玻璃等。20世纪80年代后期，全市建材工业进入快速发展时期，一批老企业引进国内外先进的技术和设备，进行技术改造，开发一批新产品，企业规模扩大，产品产量、质量大幅度提高。20世纪90年代，连云港市建材工业处于相对平稳发展期，主要产品产量、质量逐年提高，企业效益增加。1998年全市有限额以上建材企业166家，实现产值26.98亿元，占全市限额以上工业企业总产值的16%。2005年，全市有规模以上建材工业企业104家，占全市规模以上企业数的15.4%；完成工业产值26.33亿元，占全市规模以上工业总产值的7.4%。

1984～2005年连云港市建材工业主要产品产量统计表

表14-21

年　份	水泥（万吨）	砖（万块）	平板玻璃（万重量箱）	玻璃钢制品（吨）
1984	20.5	102000	15.0	166
1985	24.5	117968	15.6	133
1986	29.5	173738	12.4	113
1987	32.5	204248	10.6	275
1988	37.4	176093	43.3	219
1989	33.3	162726	45.6	209
1990	34.4	150602	28.2	320
1991	39.9	152620	22.4	380
1992	47.3	153265	88.0	414
1993	64.2	181800	停产	350
1994	76.1	238000	66.6	715
1995	75.8	381700	102.2	1434

续表 14-21

年　份	水泥（万吨）	砖（万块）	平板玻璃（万重量箱）	玻璃钢制品（吨）
1996	84.9	418689	90.9	395
1997	74.8	416661	45.5	4905
1998	66.9	80504	82.8	5720
1999	72.6	60174	43.3	8543
2000	48.7	44407	27.7	15904
2001	64.9	25262	109.7	16243
2002	71.9	21034	45.4	17790
2003	79.9	4453	停产	16553
2004	46.8	21998	停产	14253
2005	89.1	965	—	10753

说明：因统计口径变化，2005年平板玻璃产量为124126吨。

第一节　水泥及水泥制品

一、水泥

1984年，连云港市有水泥生产企业8家，年产量20.5万吨，不能满足本地建设需求。1987年东海县水泥厂投资700多万元，新建1座塔式机械化立窑，水泥生产能力达到20万吨。是年，市水泥厂、东海县水泥厂、赣榆县班庄水泥厂获国家建材局批准，成为全市第一批获得水泥生产许可证的企业。

1988年，全市新增水泥生产能力20万吨，赣榆县班庄水泥厂生产能力达10万吨，赣榆县欢墩水泥厂、东海县白塔水泥厂、灌云县板浦水泥厂生产能力各达5万吨。

1990年，全市有水泥生产企业8家，职工3560人，年生产能力达60万吨，实际产量34.4万吨，其中425号普通硅酸盐水泥所占比重大幅增加，基本可满足本地建设需要。

20世纪90年代后期，国家、省、市主管部门相继出台一系列政策措施，对直径2.5米以下的小立窑、耗能高、产能低于10万吨的小水泥厂限期改建、关停；推广散装水泥，对小水泥生产企业销售袋装水泥征收散装水泥专项基金等，小水泥企业生产和经营开始面临困境。1999年10月，东海县水泥厂因亏损而停产。2000年5月，东海县白塔水泥厂停产。2001年，连云港市水泥厂因城区扩建而拆除。赣榆县班庄水泥厂、欢墩水泥厂、灌云县板浦水泥厂处于半开半停状态。是年全市水泥产量降至48.7万吨。

图 14-48　连云港市水泥厂　　赵鸣　摄于1990年

2002年，赣榆县班庄水泥有限公司由原乡办企业改制为民营企业，组建班庄水泥有限公司。是年，赣榆县欢墩水泥厂也改制为民营企业，组建繁富水泥有限公司。2家公司改制后，投入巨资对原有设备进行技术改造，产能大幅增加。

图 14-49　中联巨龙水泥（连云港）有限公司生产现场
俞德春　摄于2005年

2003年，赣榆县班庄水泥有限公司生产的2000吨水泥出口日本，成为全市第一家水泥出口企业。繁富水泥有限公司和灌云县板浦水泥厂经过改扩建，生产能力均达30万吨。在这期间，由于基本建设规模扩大，市场需求增加，原有水泥生产能力不能满足市场需要，一些外地水泥企业到连云港市投资建厂。2004年9月，由日本三菱综合材料株式会社和三菱商务株式会社共同投资550万美元，新建连云港三菱水泥有限公司。是年10月，中联巨龙水泥集团有限公司与中国建筑材料集团总公司合作，在东海县白塔埠镇建设中联巨龙水泥（连云港）有限公司，投入2.1亿元，新建2条100万吨、1条75万吨水泥粉磨生产线。

2005年7月，中联巨龙水泥（连云港）有限公司一期工程年产75万吨水泥项目建成投产。是年10月，连云港三菱水泥有限公司年产40万吨散装水泥项目竣工。是年，班庄水泥有限公司建设有机立窑2座，生产能力30万吨。

2005年，全市共有水泥生产企业6家，生产水泥89.08万吨。

二、水泥制品

水泥管　1987年5月，连云港市云燕水泥制品厂采用离心法、蒸汽养护等先进工艺，生产直径200～600毫米有筋混凝土排水管，是全市最早、唯一能生产大口径钢筋混凝土水泥管的厂家，年生产能力20万米。20世纪90年代末至2005年底，由于城市建设规模扩大，对水泥管的需求越来越大，市政公司等单位及一些个人先后投资新建一批水泥制管厂，基本上仍采用悬辊法等生产工艺，生产500～800毫米大口径钢筋混凝土水泥管。2005年，全市有水泥管生产企业4家，生产混凝土水泥管10万米。

水泥桩　1984年，云台区第二建筑安装工程公司构件厂生产混凝土预制桩，采用人工绑扎钢筋、振捣成型、自然养护的生产工艺，产品根据基础深度要求制作，产量很小。1986年，连云港市云燕水泥制品厂购置5吨36米跨度的龙门吊车、800公升搅拌机、2吨锅炉、200吨压力机等设备，采用机械化生产、蒸汽养护等先进工艺，生产大规格混凝土方桩，是年生产水泥桩1500立方米。2002年，东浦管桩有限公司投资1500万元进行技术改造，使管桩生产能力由年产30万米提高至年产160万米，能生产国内混凝土强度最高型号PHC-C80管桩。2003年，由个人投资的红旗建筑管桩有限公司成立，扩建后拥有管桩生产线4条，生产能力100万米。连云港市金柱桩基工程公司拥有4条管桩生产线，年产混凝土管桩能力达240万米。2004年，全市生产混凝土管桩31万米。

2005年，全市有混凝土管桩生产企业4家，生产能力1000余万米，实际生产混凝土管桩60多万米。除满足本地建设需求外，产品还销往山东等地。

水泥彩瓦 1998年3月，灌云县投资1380万元引进意大利沃泰克斯公司彩瓦生产技术设备，生产彩色混凝土屋面瓦和脊瓦，是境内建厂最早、规模最大的水泥彩瓦生产企业，年产彩瓦90万平方米。90年代末至2005年，彩瓦市场需求扩大，民间小彩瓦厂发展迅速。2005年，全市有水泥彩瓦生产企业16家，年生产能力600万片，实际年产量约300万片。

预拌混凝土 1992年，台湾客商投资260万美元在新浦区成立台连混凝土有限公司，是连云港市第一家生产预拌混凝土的企业，设计年生产能力10万立方米。1999年4月，连云港市政工程公司收购台连混凝土有限公司70%股份，更名为连云港市陆桥混凝土有限公司，并对原有生产设备进行改造，形成年产30万吨预拌混凝土生产能力。2003～2005年，全市利用社会资金1.2亿元，建成7家预拌混凝土生产企业，拥有混凝土生产线15条、散装水泥储罐60个、混凝土汽车输运泵15台、运输车100辆，年产能力180万立方米。

第二节 玻璃及玻璃钢制品

一、玻璃

1984年8月，东海玻璃厂与中国煤炭进出口总公司合资，将小平拉生产线改建为四机无槽垂直引上生产线，设计生产能力为年产80万重量箱平板玻璃。1988年1月建成投产，是年生产平板玻璃30.89万重量箱，1989年产量提高到45.6万重量箱。

1990年9月，国家建材工业局蚌埠玻璃工业设计研究院承包东海玻璃厂，对原生产设备进行技术改造，将四机无槽垂直引上生产线改建成六机无槽垂直引上生产线，年设计生产能力100万重量箱。1992年，该厂生产无色、茶色、宝石蓝等玻璃88万重量箱，开发出镀膜玻璃、家具玻璃、玻璃砖、幕墙玻璃等新产品。

1996年3月，东海玻璃厂与江苏国际信托投资公司、法国圣戈班玻璃公司、圣戈班（中国）投资公司、以色列联合发展有限公司达成协议，各方共同出资成立江苏东海圣戈班玻璃有限公司，新建大型浮法玻璃生产线。1998年外商撤资，企业恢复厂名“东海玻璃厂”。1999年5月，东海县太平洋石英制品有限公司成立，主要生产技术玻璃，年生产能力450吨，是年生产技术玻璃398吨，完成工业产值1000万元、销售收入918万元，被市科委认定为连云港市第一批高新技术企业。

图14-50 2005年，连云港市有规模以上技术玻璃生产企业4家。图为工人检查石英玻璃管质量。 赵鸣 摄

2000年10月，韩国正佑产业社投资兴建的连云港福东正佑照明电器有限公司（简称福东正佑公司），主要生产石英红日用玻璃。2001年5月，东海县华泰玻璃制品有限公司成立，主要生产格法平板玻璃，年生产能力500万平方米。2001年6月11日，福东正佑公司承担的省级“火炬”计划项目“低熔点UV石英玻璃”通过验收，2002年投入生产，是年生产杀菌日用玻璃40吨，完成产值1900万元、销售收

入1862万元。

2003年，连云港天元石英制品有限公司成立，开始生产航天玻璃石英棒，开创连云港市生产航天玻璃的先河。

2003年5月，灌南经济开发区引进苏州客商投资1600万元成立连云港鸿昌光学有限公司，主要生产光学玻璃及光学块料，用于光学仪器制造及眼镜片生产，年生产能力4000吨。是年12月，江苏东联光学有限公司成立，主要生产剔透光学玻璃块料，年生产能力4000吨。

2003年10月29日，经省科技厅批准，省石英材料工程技术研究中心在福东正佑公司挂牌。

2003年11月，台湾玻璃中国控股公司在东海县投资7000万美元，成立台玻东海玻璃有限公司。一期工程建成日熔350吨浮法玻璃生产线，并于2004年10月投产。

2005年，全市有台玻东海玻璃有限公司、东海县华泰玻璃制品有限公司等规模以上平板玻璃生产企业2家，从业人员555人，固定资产原值1.7亿元。全年完成工业产值2.27亿元、销售收入1.87亿元、利税3122万元、利润2252万元。全市规模以上日用玻璃生产企业有连云港福东正佑照明电器有限公司、东海县宏伟石英制品有限公司2家，完成产值4300万元、销售收入4002万元、利税559.3万元、利润324万元。

是年，全市有规模以上光学玻璃生产企业2家。东联光学有限公司生产光学玻璃5000吨，完成产值3200万元；鸿昌公司生产光学玻璃2000吨，完成产值528万元。全市有规模以上技术玻璃生产企业4家。其中，太平洋石英制品有限公司完成产值1.21亿元、利税4580万元，被市政府评为2004～2005年度实施名牌战略优秀民营企业。

二、玻璃钢制品

1984年，连云港市有5家玻璃钢生产企业，产品有玻纤纱、玻纤布、玻璃钢冷却塔、管道等。1988年5月，市玻璃钢厂与国家建材局哈尔滨玻璃钢研究所、化工部化工矿山设计研究院联合组建连云港玻纤玻钢总厂，引进意大利威德罗乐西娜公司微机缠绕玻璃钢管道、贮罐生产线，开发生产大口径玻璃钢管道和贮罐，1990年5月投入批量生产。产品广泛用于油田输油管道、核电站给排水等大型工程。

20世纪90年代，该厂开发玻璃钢耐腐蚀管道、夹砂管道、高压管道、玻璃钢烟气脱硫装置等新产品，自主研发适用国内生产的管道生产线近20条，形成年产2万吨管、罐的能力。1997年，该厂经省政府批准改制组建连云港连众玻璃钢集团有限公司。2003年7月，连云港连众玻璃钢有限公司在实行改制的同时与中国复合材料集团公司实行强强联合，成立中复连众复合材料集团有限公司。

2005年，中复连众集团玻璃钢制品实现销售收入2.1亿元、利税3000万元。是年开发风力发电机叶片项目。

第三节　墙体材料

一、黏土类墙体材料

黏土实心砖　1984年，连云港市黏土实心砖生产企业多、产量小。1986年，全市有砖瓦企业232家，以乡、镇、村办企业为主，黏土实心砖产量达20.4亿块。“九五”计划末期开始，全市先后有

40多家具备合法土源的砖厂进行“实改空”（黏土实心砖改为空心砖）技术改造，转产黏土空心砖。

1999年起，连云港市被列入国家160个限时“禁实”（禁止使用黏土实心砖）城市之一。次年全市建筑工程逐步禁用黏土实心砖，逐步关停拆除不具备生产条件的制砖厂。2003年起，市区内所有制砖厂不再生产黏土实心砖。至2005年底，全市关停黏土砖厂91家，轮窑数量由2000年的241座减至150座，黏土实心砖禁用范围也从市区延伸到乡镇，全市60%的乡镇实现“禁实”。

至2005年底，全市通过限产、禁用黏土实心砖节约能源6.5万吨标准煤，节约土地160公顷，利用工业废渣56万吨。

黏土空心砖 1988年，市制砖厂、云台区云门寺砖瓦厂、海州区洪门乡粉煤灰烧结砖厂等企业进行技术改造，开始生产黏土空心砖，各家产量均在500万块左右。1991～1997年是全市墙体材料由黏土实心砖为主向以黏土空心砖为主的新型墙材过渡阶段。1991年，全市共投入技改资金3000多万元，改造6条黏土砖生产线，建设空心砖生产线22条，关闭拆除毁田烧砖的小土窑100多座。1997年，全市有新型墙体材料生产企业33家，年生产3.5亿块标准砖，以黏土空心砖为主的新墙材产量占墙体材料总量的比重由1991年的0.28%上升到13%。

2005年，全市生产965万块标准砖，全部为黏土空心砖。

二、非黏土类墙体材料

混凝土空心砌块 1984年，连云港市混凝土空心砌块生产企业规模小、设备差，半机械半手工操作，产量低且质量不稳定。

20世纪90年代后期，随着新墙材推广力度加大，全市逐年上马一批有一定规模的砌块生产线，混凝土空心砌块成为新墙材的主打产品。1996年，灌云县龙苴镇建成一条黏土陶粒砌块生产线。1997年，新电罗莎建材有限公司引进意大利混凝土砌块成型设备，生产混凝土多排孔封底空心砌块，填补省内空白。2004年，全市新增混凝土空心砌块生产线6条。2005年投资3000多万元新增20余条生产线。同期，市科威建材有限公司投资1000多万元，建成一条规模较大、国内先进的承重混凝土多孔砖和小型混凝土空心砌块生产线，年生产能力30万立方米。2005年，全市有非黏土新墙体材料生产企业172家，生产非黏土新墙材7.24亿块（标准砖）。

彩钢复合板 1996年，连云港新星建材有限公司引进德国舒乐舍板生产线，1997年又引进韩国彩钢夹心板生产线，生产EPS泡沫塑料板、金属屋面聚苯乙烯夹心板、钢丝网架聚苯乙烯夹心板等产品（统称彩钢复合板），年生产能力30万平方米。1998年产量约2万平方米，1999年达10万平方米。2000～2005年，每年产量在5万平方米左右。

第四节 木材加工

1985年，连云港市兴起木材加工业。全市有木材加工企业14家，实现产值792万元。90年代中期，依托连云港市丰富的林木资源和秸秆资源，木材加工业快速发展。1996年，全市有乡及乡以上木材加工企业53家，实现产值2.26亿元。

2004年，全市有木材加工及木质家具制造企业203家，从业人员6709人，完成工业总产值8.6亿元，实现销售收入8.7亿元。其中，赣榆县有木材加工企业50家，实现销售收入1.4亿元；东海县有木材加工企业57家，实现销售收入2.3亿元；灌云县有木材加工企业33家，实现销售收入1.1

亿元；灌南县有34家，实现销售收入2.8亿元；市区有木材加工企业29家，实现销售收入1.1亿元。全市木材加工主要产品产量44.3万立方米，其中胶合板31.5万立方米、纤维板6万立方米、刨花板3.8万立方米、细木工板3万立方米，生产木质家具25.4万件。年销售收入在500万元以上的规模企业22家，木材加工能力33万立方米，实现销售收入5.2亿元。

2005年，全市有木材加工企业203家，其中规模以上木材加工企业22家，实现销售收入8.66亿元。全市有5家木材加工企业产品全部出口，有8家企业产品在国际、国内市场均有销售，2家企业销售收入突破1亿元。

2005年连云港市木材加工企业行业分布情况统计表

表14-22

行业分类	企业（家）	占全部比重（%）	销售收入（万元）	占全部比重（%）
全部行业	203	100.0	86565	100.0
锯材、木片加工	43	21.2	8242	9.5
人造板制造	67	33.0	55717	64.3
木制品制造	21	10.3	5362	6.2
竹、藤、棕、草制品	23	11.3	5847	6.8
木质家具制造	49	24.1	11397	13.2

2005年连云港市木材加工企业规模情况统计表

表14-23

年销售收入	企业（家）	占全部比重（%）	销售收入（万元）	占全部比重（%）
全市	203	100.0	86565	100.0
500万元以下	181	89.2	34498	39.9
500万—1000万	8	3.9	5117	5.9
1000万—5000万	13	6.4	37061	42.8
5000万—1亿元	1	0.5	9888	11.4

第五节　其他建筑材料

一、花岗石　大理石板材

1984年8月，连云港市建成第一家花岗石板材生产企业——赣榆县花岗石厂，年产花岗石板材3000平方米。

1985年，新浦区临洪办事处所属竹木器厂更名为连云港市大理石厂，转产人造大理石和天然大理石板材，年产大理石板材8000平方米。

1987年，赣榆县投资500万元在班庄乡建成大理石厂，年产大理石荒料5000立方米、大理石板材1万平方米。

2005年8月,希腊高迈船务集团投资3000万美元,在东海县浦南开发区成立奥林匹亚石材有限公司。该公司为中国石材行业单厂投资规模最大的加工企业,属维纳斯石材集团成员,从德国、意大利等国引进先进的大板、条板、薄板生产线及各种异形石材加工设备,花岗石和大理石板材年生产能力100万平方米。

二、塑料板材、型材、管件

1986年1月,连云港市塑料厂投资240万元,引进德国格洛斯·马菲公司KMD-60锥形螺杆挤压机生产线,生产PVC上水管,年生产能力1200吨。是年,自行研发无毒聚氯乙烯专用系列管件、饮用水管等新产品。

1988年,连云港市电化厂投资1000万元,引进奥地利PVC板材生产线,年生产能力2000吨。1989年成立聚氯乙烯塑料板材分厂,主要产品有PVC波纹板、低发泡板等装饰板材。

2005年,全市有塑料板材、型材、管件生产企业15家,生产塑料板材、型材1992吨,塑料管件产量1573吨。

三、建筑陶瓷

1993年6月,由中国兵器工业总公司投资兴建的连云港建筑陶瓷厂一期工程建成投产,总投资1000万元,引进意大利WEIKO公司瓷质墙地砖生产线和瓷质抛光砖生产线,生产瓷质墙地砖和抛光砖,年生产能力为墙地砖70万平方米、抛光砖14万平方米。是年生产墙地砖1.51万平方米。1996年实施二期工程,总投资3200万元,引进德国莱斯公司1500吨压力机2台和西班牙阿吉克公司宽断面辊道窑1座、三层干燥器1台、全功能放釉线1条,1998年8月竣工。1999年停产。

四、建筑门窗

1985年1月,连云港市连铝门窗厂建成投产,生产中、高档铝合金门窗。

1986年11月,东海八一齿轮厂与航天部三院一五九厂合资成立连云港市东航塑料门窗厂,引进奥地利阿克托公司塑料门窗生产设备和技术,年生产能力8万平方米,是年生产1.39万平方米,主要产品有平开窗、推拉窗、百叶窗、中悬窗及各式门等。1990年生产4.6万平方米。20世纪90年代后,企业处于半开半停产状态。2002年3月停产。

2005年,全市有门窗生产厂家55家(不含个体门市部),其中生产规模较大的有杰瑞工程塑料有限公司、星球塑料有限公司塑钢门窗厂、赣榆县塑钢门窗厂、新浦振龙塑钢门窗有限公司、东海县民政铝合金制品厂等20余家。

第九章 轻工业

1984年,连云港市区有轻工企业58家,从业人员1.58万人,完成工业产值1.94亿元,实现销售收入1.64亿元、利润777万元。

1987年，全市轻工业加大内联外引力度，有23家企业实行横向经济联合，21家企业引进日本、德国等国家和地区的先进设备46台，33家企业与外商合资。

1992年，全市轻工业系统加快产品结构调整，有32家企业投入1.05亿元，对492项产品进行技改。2002年，全市轻工业有36家企业实施破产，8家企业关闭歇业，通过破产重组，组建一批新企业。

2005年，全市轻工业系统有独立核算企业198家，其中全民39家、集体72家、民营56家、中外合资15家、外商独资16家。198家企业中，规模以上企业62家。产品涵盖15大门类139个品种近400个规格型号。是年，全市轻工企业完成工业产值17.66亿元，其中4家企业超过1亿元。实现销售收入16.23亿元、利税总额1.64亿元、利润1.1亿元。固定资产原值8.92亿元，设备6645台(套)，从业人员2.93万人。

第一节　造　纸

一、生活用纸

1984年9月，连云港造纸厂投资11.5万美元，从日本引进1.5万吨盒装面巾纸折叠机和275型餐巾纸折叠机。是年，该厂生产的餐巾纸在全国同类产品评比中获国家经委优质产品金龙奖，生活系列卫生纸获省轻工业厅名特优产品。

1986年11月，在原市造纸厂的基础上，成立连云港造纸总厂。1987年3月，造纸总厂生产的“熊猫”牌高级花色餐巾纸被确定为人民大会堂、国宾馆和国宴等场所生活专用纸。1988年2月，“熊猫”牌卫生纸获国家金质奖。

1988年8月，中国进出口商品基地建设总公司江苏分公司与江苏省轻工业进出口公司共同投资300万元，在市造纸总厂基础上成立工贸合营连云港造纸厂，购置1575型造纸机等设备，新增年产高档卫生纸1000吨生产能力。是年，生产“熊猫”牌卫生纸3300吨，外销3000吨，创汇330万美元，在全国同类产品中名列第一。

1992年9月20日，工贸合营连云港造纸厂、连云港市轻工业公司和中国银行江苏信托咨询公司连云港办事处、连云港市对外经济技术合作公司共同组建东方实业股份有限公司，在阿联酋办厂生产卫生纸，开创全市轻工业在境外办企业的先河。

1993年2月，工贸合营连云港造纸厂在珠海创办南屏日坤纸业公司。是年10月，工贸合营连云港造纸厂与英国毛地所国际有限公司在连云港合资经营连云港市华丽纸业有限公司，总投资215万美元。2002年8月30日，工贸合营连云港造纸厂因资不抵债破产。

图14-51　连云港造纸厂　　赵鸣　摄于1984年

二、文化用纸

1984年，连云港五七造纸厂试制成

图 14-52　连云港五七造纸厂生产车间　　侍志　摄

功“蔷薇”牌60克特号书写纸，年生产能力2000吨。

1987年2月，五七造纸厂更名为中国人民解放军九七三四工厂，3月被授予“全军先进企业”称号。是年，赣榆县第二造纸厂建设1条年产能力为2500吨的凸板纸生产线。

1999年，九七三四工厂移交连云港市，更名为江苏省连云港市金台造纸厂。

2002年，江苏新大纸业集团公司兼并金台造纸厂，成立连云港新港纸业有限公司，年造纸能力1.5万吨。2003年完成产值6560.9万元。

三、工业用纸

1986年9月，市造纸厂投资2955万元建设年产2万吨棉浆板项目。1990年，全市有工业用纸生产企业10家，职工1713人，固定资产原值6187万元，设备26台（套），年产能力4.25万吨，是年生产2.17万吨。产品内销江苏、山东、安徽等20多个省、市、自治区，外销印度尼西亚等国家。

1995年12月30日，韩国甲乙集团以1200万美元买下市纸浆厂及其前后土地60公顷。1998年5月26日，市纸浆厂资不抵债，依法破产。

第二节　印　刷

一、杂件印刷

1984年，连云港市有杂件印刷企业5家。1985年，新海印刷厂引进具有国际先进水平的德国海德堡胶印机和日本产樱井彩印机，年印杂件能力增加18万色令，是年实现产值225.6万元。

1993年，市陇东火柴厂成立连云港市信息记录纸厂，生产标准打印纸、无碳复写纸、自动记录纸、热敏感传真纸等电脑记录用纸。连云港市信息记录纸厂与日本新大阪技研有限会社合资成立连云港云阪信息记录纸有限公司，合营期限12年，年产信息记录纸5000吨。是年实现销售收入118万元。

1999年11月，连云港云阪信息记录纸有限公司更名为连云港同创电脑纸有限公司。2000年，开展全国税务检查证印刷业务，实现销售收入320万元。

2005年，全市有规模以上杂件印刷企业2家，从业人员120人，固定资产原值1950万元。实现工业产值2400万元、销售收入2358万元、利税549万元、利润191万元。

二、报纸书刊印刷

报纸印刷　1984年，连云港报社印刷厂除印刷《连云港报》外，还承印《连云港交通安全报》，期印量2.4万份；东海县工艺彩色印刷厂承印《东海农技报》半月刊，期印量3.2万份。

1990年，全市有12种报纸，期印量33万份。连云港报社印刷厂承印12万份，其设备有电脑排版机、胶印机等。

2005年，全市规模以上报纸印刷企业仅连云港日报社印刷厂1家。承印报纸3500吨，书刊1500吨。完成产值1555万元，实现销售收入1329万元、利税200万元。

刊物印刷　1984年，化工部化工矿山设计院印刷厂承印《化工矿山通信》。1988年，全市有10种月刊、双月刊、季刊、半年刊等，期印量7900册。

1990年8月11日，连云港海州师范学校印刷厂成立。是年底，市区有期刊印刷企业6家，承印14种期刊，年承印量22.6万册。

2005年9月，海州师范学校印刷厂改制为连云港海狮印刷厂。是年全市规模以上书籍、期刊印刷企业仅此1家。当年完成产值904万元，实现销售收入904万元、利税76万元、利润25.4万元。

三、商标印刷

1984年，全市经工商部门核准的商标印刷定点单位有新海印刷厂、赣榆县印刷厂、灌云县印刷厂、东海县印刷厂、灌南县印刷厂等5家。

1988年，连云港星月彩印有限公司成立，为私营企业，投资600万元。从业人员20人，建筑面积700平方米，有四色胶印机、复膜机、烫金机、模切机、褶页机、装订机、激光照排系统等设备20台（套），是当时全市印刷行业功能最全的现代化印刷企业。

1990年，全市商标印制业企业发展到199家。连云港报社印刷厂率先使用激光照排与胶印等先进技术承印商标。

1993年4月，新海印刷厂与美国利吉股份有限公司合资设立连云港海利浦彩色印刷有限公司，投资92万美元，注册资本65万美元，主要承接彩色印刷业务，年印刷40.5万色令。

2003年9月19日，新海印刷厂因资不抵债，依法破产。

2005年，全市有规模以上印刷企业5家，从业人员319人，完成产值4859万元、销售收入4591万元、利税825万元、利润416.4万元。

第三节　包　装

一、纸质包装与纸容器

纸质包装　1984年，连云港市生产纸质包装企业有连云港市包装一厂、连云港市包装二厂、海州纸箱厂、灌云县包装厂、南云台林场纸箱厂5家，年产纸箱308.3万个、纸桶0.05万个、纸盒126万个，产值1944万元。

1990年，全市有纸质包装品生产企业32家，固定资产原值6700万元。是年实现产值7479万元、利润204.5万元。1992年1月，市包装一厂与中国包装进出口公司连云港支公司联合成立工贸联营连云港市包装一厂，注册资本164.7万元。1995年，工贸联营连云港市包装一厂和香港企业合资成立连发包装工业有限公司，生产专用纸包装箱。是年实现销售收入1600万元、利税180万元、利润67万元。1998年3月，连云港经济技术开发区华美彩印包装有限公司成立，注册资本150万元，主要生产纸制品包装箱，年生产能力600万平方米，拥有进出口自主经营权。2000年5月，市包装一厂因资不抵债，依法破产。2002年1月，上海客商投资1500万元在东海县经济开发区兴建连云港申润包装材料有限公司，注册资本150万元，纸箱年生产能力1500万平方米。2003

年，连发包装工业公司由于产品结构老化，资不抵债，宣布破产。

2005年，全市有规模以上纸质包装品生产企业2家，从业人员113人。是年，完成产值1726万元、销售收入1616万元。

纸容器 1987年，市复合纸品厂年产纸盒200万只、纸杯1500万只，后因产品销售不畅而停产。

1999年11月，市开发区复合包装厂改制更名为连云港根深纸制品有限公司，主要产品有淋膜口杯纸、纸杯容器。

2002年2月，连云港市一品红纸制品厂成立，是年生产淋膜纸3332吨、纸杯容器1496万个、卫生纸112吨，完成产值2098万元、销售收入1965万元、利润80万元。是年，根深纸制品公司投资1180万元，从台湾购进瓦楞纸板生产线，至年底生产口杯纸4342吨、纸杯容器2016万个，完成产值4920万元、销售收入4872万元、利税104.5万元。2004年，根深纸制品公司通过ISO 9001质量管理认证和ISO 14001国际环境认证，其主产品新型环保纸杯容器解决了传统一次性纸杯的环境污染问题。

2005年，全市有规模以上纸容器生产企业2家，完成产值7879万元，实现销售收入7835万元，利税108.7万元。

二、金属包装

1984年，全市共生产大油桶0.68万个151吨、包装桶2.09万个77吨、印铁制罐568万个142吨、金属听（盒）119.9万个203吨，完成产值181万元。

1992年4月，市金属包装厂与中国进出口总公司江苏省连云港市支公司联营成立工贸联营连云港市金属包装厂。是年，市印铁制罐厂投资152万元新上年产2700万个旋开盖产品，投资170万元对食品罐头内壁涂料、马口铁分切、卷板、涂印技术进行技术改造。

1996年4月7日，市印铁制罐厂被市华东铝业公司兼并。

2005年，连云港万和印铁有限公司成立，主要产品用于包装铁桶、茶叶盒等。是年，全市规模以上金属包装企业仅此1家。是年完成产值553万元、销售收入553万元、利润23.6万元。

三、复合包装

纸品复合包装 1985年11月，市包装二厂与连云港经济技术开发区合资经营复合纸品生产，总投资650万元。1987年3月，复合纸品的生产设备和人员从市包装二厂内划出，成立市复合纸品厂，年产复合纸300万平方米、瓦楞纸100万令、纸盒200万个、纸杯1500万个。1989年投产复合纸、复塑纸、复塑编织袋等产品。

1992年4月，市包装二厂与市复合纸品厂合并，成立连云港经济技术开发区复合包装厂。1998年，该厂筹集资金40万元，启动已瘫痪多年的纸容器生产线，使其年生产能力由几百吨扩大到近千吨。并改造彩印生产线，纸容器产品增加到10大类近100个品种。2003年4月，该厂破产。

铝塑复合包装 1984年12月，市金线金箔厂与甘肃省陇西县西北铝加工厂合资成立连云港市华东铝塑制品工业公司（简称华铝公司），经营蒸煮袋。总投资667万元，合资期限10年。

1990年，华铝公司有印刷、复合、分切制袋3条生产线，生产2大类13个品种的产品。是年7月，市雕塑工艺厂兼并控股华铝公司，西北铝加工厂人员、资金撤回。是年11月，蒸煮袋获国际包装技术展览会、中国包装十年成果金奖。1995年，华铝公司完成现代企业制度试点，更名为连云港市华东铝塑制品有限公司(简称华铝有限公司)。1996年4月,兼并市印铁制罐厂、市羽毛工艺厂。

1997年,华铝有限公司投资3880万元,建设具有20世纪90年代先进水平的高阻隔性基材生产线。是年,蒸煮袋获省名牌产品称号。

1998年3月,华铝有限公司划归连云港恒瑞集团有限公司。2001年5月,华铝有限公司破产。

四、玻璃瓶和塑料瓶盖

玻璃瓶 1984年6月,市新海玻璃厂引进六组行列式制瓶机玻璃瓶生产实现机械化。2002年3该厂破产。

2005年,全市规模以上玻璃包装企业仅连云港市建达玻璃制品有限公司1家,主要生产玻璃酒瓶,年生产能力1700吨。是年,该厂生产玻璃酒瓶2000万只,完成产值680万元,实现销售收入680万元、利税283万元。

塑料瓶盖 2001年1月,赣榆县发达真空镀膜厂成立,主要产品塑料瓶盖,年生产能力1000万只。

2005年,全市规模以上塑料瓶盖生产企业仅赣榆县发达真空镀膜厂1家。是年生产塑料瓶盖1060万只,完成产值3725万元,实现销售收入2698万元、利税86.6万元。

五、塑料包装

塑料包装桶 1984年,全市生产塑料包装桶企业有市塑料制品二厂和新浦塑料建材厂。1989年,新浦塑料建材厂投产25千克包装桶与储粮桶,年产能力5万个。1990年,全市有塑料包装生产企业2家,主要产品有1～50升系列中空容器,灰色、白色扁桶和方桶、民用桶、大口桶、储粮桶、包装桶、磷酸桶等。1991年以后,由于生产该类产品的乡镇企业增多,市内企业转产。

塑料包装箱 1984年,市塑料制品二厂投入279万元购进国产KB-50中空成型吹塑机,以聚丙烯为原料,用挤吹成型法试制成功全塑手提箱,年生产能力20万只。1990年,全塑手提箱获国际包装技术展览会、中国包装十年成果银奖。2003年7月,市塑料二厂破产。

2005年1月,由浙江省平湖市新晨旅行用品有限公司与英属佛尔经汉泰国际技艺有限公司共同投资500万美元,在连云港成立江苏新秀箱包制品有限公司,注册资本500万美元,主要生产拉杆箱,年生产能力15万只。是年生产拉杆箱10万只,完成产值706万元。同年,连云港圣发包装实业公司成立,主要生产塑料包装箱,是年完成产值3536万元。2005年,全市有规模以上塑料包装箱生产企业2家,完成产值4242万元、销售收入4242万元、利税127.4万元。

塑料编织集装袋 1984年,市区有塑料编织集装袋生产企业4家,其中塑料五厂生产的低压聚氯乙烯薄膜包装袋获江苏省优良产品证书。20世纪80年代中期,市塑料四厂投资250万元购进拉丝机、新型圆织机、ST90-1500A涂复机等设备26台(套),年产塑料纺织袋1500万个。同期,市塑料包装制品厂从日本购进设备及检测仪器,研制生产交叉重包装编织袋新产品。

1990年,全市有塑料编织集装袋生产企业24家,除普通编织袋外,还有涂塑集装编织袋、交叉重包装编织袋以及聚乙烯薄膜包装袋、圆筒编织袋、吹塑薄膜包装袋等产品。年生产能力3570万个,是年生产1672万个。

1996年,市塑料五厂投资160万元,建设PP柔性集装袋二期工程,5月投产。1997年,PP柔性集装袋和塑料四厂生产的纸塑复合袋被评定为江苏省第一批新产品。

1998年6月,连云港市惠康塑料制品有限公司成立,注册资本181万元,主要生产塑料集装袋，年生产能力2500吨。

2005年，全市有规模以上塑料编织集装袋生产企业7家，完成产值1.85亿元、销售收入1.76亿元、利税993万元、利润74.4万元。

六、木制品包装

2002年11月，连云港美意包装制品厂与美国意森木业有限公司共同投资63万美元成立连云港意森工艺品有限公司，合资期限30年，主要生产木制品包装箱，年生产能力80万只，2004年投入运行。2005年，全市规模以上木制品生产企业仅此1家。是年生产木制包装箱110万只，完成产值1324万元、销售收入1324万元、利税87万元。

第四节　日用杂件

一、日用五金

制钉　1984年底，连云港市生产元钉408吨。市拔丝制钉厂被省轻工业厅确定为江苏省元钉生产定点厂。

1990年，全市有制钉企业3家，年产能力6600吨。是年生产2600吨，完成产值950万元、利税42万元。1994年，连云港市拔丝制钉厂与美国纽约中制工业公司合资成立连云港荣圭五金制品有限公司，生产经营元钉、卷钉等五金制品，年生产能力1300吨，合资期限10年。产品全部外销。1998年，市拔丝制钉厂破产。

制镜　1984年，全市年产民用镜14万面。市制镜厂生产贴边镜、荷花镜以及喷花、磨花、印花等式样的品种镜。礼品镜获省"四新"（新技术、新工艺、新材料、新设备）产品奖。1990年5月该厂停产。

1995年11月，赣榆县光明制镜厂成立，主要从事制镜及类似品加工、镀膜喷涂。年生产能力8500万只。

2005年5月10日，东海县石榴镇东方制镜厂、越南太平红山译务商务玻璃有限公司共同投资1400万元成立连云港嘉禾玻璃镜业有限公司，注册资本150万美元，主要生产用于矫正视力的学生用镜片，年生产能力300万平方米。是年生产玻璃镜片200万平方米，完成产值1701万元。同年，赣榆县光明制镜厂生产玻璃镜片7200万只，完成产值637万元。

2005年，全市有规模以上制镜企业2家，完成工业产值2347万元、销售收入2273万元、利税235.8万元、利润101万元。

二、日用工具

剪刀　1984年，全市生产剪刀的企业仅海州刀剪厂1家。1990年，该厂生产剪刀20万把，实现产值250万元、利税20万元。1992年7月，在海州刀剪厂基础上成立连云港市起重机械厂热处理厂。2002年6月，海州刀剪厂宣布破产。

衡器　1984年，新浦衡器修配厂年产杆秤5275台，完成产值11.1万元、销售收入16.2万元。1990年，该厂完成杆秤3162台，实现产值23万元。1994年10月，市轻工业发展总公司兼并该厂。1999年该厂关闭歇业。

三、炊事用具

制锅　1984年，市制锅厂成为江苏省铁锅定点生产厂家，生产铁锅品种20个。是年全市铁锅产量39.[illegible]万只。1990年，市制锅厂生产铁锅53.2万只，实现产值272.1万元、利税4.82万元，产品远销河南、山东等省。1992年7月，市日化厂与市制锅厂合并。1996年10月，市电化厂、市化工厂兼并市制锅厂，铁锅逐渐停产。

绞肉机　1984年，连云港市朝阳机械厂设计试制成功集绞肉、磨豆浆、压面条3种功能于一体的炊事三用具，属国内首创，被省轻工业厅确定为炊事机械专业厂。是年，“灯塔”牌JCW-46B型家用炊事多用机获“轻工业部优质产品”“江苏省优质产品”称号。

1990年4月，市朝阳机械厂增挂连云港市炊事机械厂厂牌。是年7月，市炊事机械厂研制的家用挤蒜器入选全国新产品展示信息发布会。是年生产多用绞肉机、家用压面机、家用挤蒜器15.24万台。

1991年，市炊事机械厂与外商合资建立连云港市朝阳五金制品有限公司，生产不锈钢餐具。1993年，以市炊事机械厂为主组建连云港市东方机械集团公司，专门从事机械生产。2002年，市炊事机械厂进行整体改制，转为民营，改产其他机械产品，炊事用具生产在市区消失。

四、渔用器材

网具　1994年6月，市轻工机械厂与新加坡兰特威特科艺有限公司合资经营连云港耐特网具有限公司，总投资20万美元，注册资本20万元，双方各占50%。年产网具能力120万只，合营期限12年。2005年，全市规模以上网具生产企业仅此1家，是年生产网具300万吨，完成产值2230万元、销售收入2007万元、利税335万元、利润114万元。

钓具　1997年6月，连云港家电总厂与新加坡兰特威特科艺有限公司共同出资成立连云港富司达钓具有限公司，总投资16万美元，甲乙双方各占50%。主要生产尼龙丝、手抛网。2003年，该公司增加钓鱼器材，年生产能力1300万只。2004年，新加坡兰特威特科艺有限公司对该公司实行独资经营。2005年，全市规模以上钓具生产企业仅此1家，是年生产钓具180万只，完成产值1500万元、销售收入1499万元、利税32万元。

第五节　日用化工

一、火柴

图14-53　连云港市陇东火柴厂 赵鸣　摄于1990年

1984年，连云港市生产火柴企业只有市陇东火柴厂1家，拥有固定资产原值290.2万元，是年生产火柴35.4万件，实现产值513.3万元、利润115.72万元。1990年生产火柴[illegible]2.04万件，实现产值464.58万元、利润118.81万元。1993年生产火柴26万件，开始出现亏损。1997年之后基本处于停产状态。2000年9月，该厂依法破产。

二、洗涤用品

肥皂 1984年，全市生产肥皂企业只有市日用化妆品厂（简称市日化厂）1家。1985年，该厂生产肥皂1049吨，实现产值129.4万元。1988年，该产品因销售不畅停产。

香皂 1984年，市日化厂与中国林业科学院化工研究所合作研制的“松针”牌香皂投产，产量46.79万块，年底获江苏省“四新”产品一等奖。1985年，市场行情发生变化，销售不畅，转为间断生产。1988年停产。

三、化妆用品

美容护肤类 1984年，市日化厂开发的“美玉”牌防晒霜与防晒奶液，分别获轻工业部新产品四等奖和省轻工业新产品二等奖。其后共自行研究开发20多个系列产品。1988年，因企业调整产品结构而停产。

美发护发类 1984年，市日化厂引进美发护发类产品生产技术，生产洗发精、护发素、发乳、发油、冷烫精等产品3880千克。1988年停产。

四、日用化工原料

抑菌洗涤剂 1985年春，市日化厂从北京引进日化研究所转让的BD抑菌洗涤剂技术，投资15万元，建成年产60吨洗涤剂生产线。1987年生产6.95吨；1990年生产60.62吨，实现产值33.7万元、销售收入59.9万元、利润11.2万元。后因该厂开发造纸助剂、消泡剂而停产。

咪唑啉两性表面活性剂 1985年，市日化厂从山西太原引进日用化工研究所咪唑啉两性表面活性剂生产技术，投资124万元，建成年产500吨的咪唑啉生产线。1987年试制成功。1988年4月通过省级鉴定后投产，成为国内首家工业化生产的替代国外进口产品，是年生产55吨，实现产值45万元。1990年生产228.5吨，实现产值194.2万元。该厂被省轻工业厅确定为日用化工原料生产基地。1997年，市日化厂开发出造纸助剂、消泡剂苯丙乳胶、塑料润滑剂等4个新产品，其中塑料润滑剂填补省内空白。2002年12月，市日化厂破产。

2005年，全市规模以上日用化工生产企业仅唯美（连云港）日用品制造有限公司1家。是年完成产值3216万元、销售收入3212万元、利税161万元。

第六节 家 具

一、木制家具

1984年10月，连云港市轻工业公司举办连云港市首届木制家具展览评比会，全市9个木器厂230件家具参展。1986年，全市有木制家具生产企业40余家，从业人员2000余人，年产木制家具15万件。

1992年，市家具二厂实行公有民营。1993年6月，市家具一厂因经营不善关闭，是年全市生产木制家具35.73万件。1997年5月，市工艺制品厂与香港振云有限公司共同投资74万美元兴建连云港振艺木制品有限公司，注册资本52万美元，合营期限12年，主要生产木制家具。是年，全市生产家具92.48万件。1998～2000年，境内家具市场逐渐被外地家具占领，家具企业大多停产或倒闭。2000年，全市家具生产降至1.57万件，仅在灌南县和赣榆县有少量生产。

2003年3月，连云港美步楼梯厂与美国双信投资有限公司共同投资99万美元成立连云港美高楼梯制造有限公司，注册资本70万美元，主要生产木制楼梯，年生产能力300架。2003年10月，连云港市三林家具有限公司成立，主要生产木制家具。

2005年12月，市家具一厂关闭歇业。是年全市生产家具3.6万件。

二、软体家具

沙发　1984年，市家具一厂、东海县家具厂等企业生产各类沙发2.6万件。

1990年，全市有沙发企业151家，从业人员1.34万人，生产沙发4.16万件，实现产值832万元。1992年后，沙发企业相继停产。2001年，连云港富娃床垫厂成立，生产"富娃"牌沙发、床垫、软床等。

席梦思床垫　1986年，市家具一厂投资32万美元，从瑞士引进席梦思床垫生产线，形成年产2万件产能。

1992年3月，市塑料四厂与上海市家具研究所联合成立连云港联营厂，合作生产床垫等软体家具。1993年4月，市塑料四厂与马来西亚钢山集团合资成立连云港市梦乡软体家具有限公司（简称市梦乡公司），总投资100万美元，注册资本70万美元，年产床垫2万条、泡沫200吨。

1997年，市梦乡公司开发的"金玫瑰"牌床垫全年销售1500条。2004年8月31日，市梦乡软体家具公司宣布破产。

三、柳木结合家具

1985年6月，市工艺制品厂从江都引进柳编工艺，研制成功柳木结合家具。是年被评为省轻工新产品设计奖，后因产品销售不畅而转产。

2005年，全市规模以上家具生产企业有连云港林丰家具公司和中外合资连云港美高楼梯制造有限公司2家，完成产值7096万元、利税244万元。

第七节　电光源

一、碘钨灯管、灯具

1984年以前，连云港市新海玻璃厂、东海县玻璃厂生产碘钨灯管。是年生产46.51万支，实现产值512.08万元。1990年，连云港连合兴灯饰有限公司生产的卤钨灯管问世。是年全市有碘钨灯管生产企业4家，年产98.23万支，其中出口11.7万支，创汇80.9万美元。市金属包装厂生产碘钨灯具10.62万套，实现产值74.98万元。

1991年后，碘钨灯管、灯具生产企业相继停产。

二、日光灯管、灯具

1984年，连云区黄海电器厂生产30瓦、40瓦等规格日光灯管，全年产量10万支。1988年9月，市玻璃二厂与上海沪光灯具厂联营，成立上海沪光灯具厂连云港分厂，总投资50万元，产品主要有4瓦、6瓦、8瓦日光灯管。1990年，全市灯管、灯具生产厂家有新浦白铁制品厂、黄海电器厂2

家，生产日光灯管48万只、灯具7.4万套。1991年后，日光灯管、灯具产品销售不畅，企业先后停产。

三、紫外线杀菌灯管

1987年9月，市新海玻璃厂研制成功紫外线杀菌灯管，产品商标为“东港”牌。是年底，获江苏省优秀新产品金牛奖。1990年停产。

四、卤素灯管

1984年5月，连云港市康达照明电器厂成立，主要生产卤素灯管。2001年底，该厂生产卤素灯管20万支，实现产值436万元。2005年，全市规模以上卤素灯管生产企业仅连云港康达照明电器厂1家，完成产值680万元，实现销售收入641万元。

五、卤钨灯泡

1984年，东海县玻璃制品厂试制卤钨灯泡，并形成批量生产。后该厂又研制成功新闻摄影灯泡、放映灯泡。

1989年11月18日，市特种灯泡厂与台湾合兴电器股份有限公司合资创办连云港连合兴灯饰有限公司，总投资48万美元，形成年产120万只卤钨灯泡的生产能力。

1995年5月，连云港鑫安石英制品有限公司成立，总投资150万元，注册资本8万美元，主要生产卤钨灯泡，年生产能力5000万只。

2005年，全市规模以上卤钨灯泡生产企业仅连云港鑫安石英制品有限公司1家。是年生产卤钨灯泡5000万只，完成产值1200万元，实现销售收入1100万元、利税100万元。

六、特种灯泡

1988年11月，上海沪光灯具厂连云港分厂与台湾佑毅实业有限公司合资成立连云港市连毅实业有限公司，总投资120万美元，购进台湾产双螺旋绕丝磨砂灯泡生产线，年生产能力500万只。

1993年，连毅实业公司投资30万元，生产国际市场紧俏的磨砂灯泡，产品出口美国、法国、泰国等国家。

1994年7月，市轻工实业公司与台湾优丰企业有限公司合资成立连云港优丰实业有限公司，总投资100万美元。年产C型灯泡400万只、G型灯泡200万只，产品全部外销。

2003年，市特种灯泡厂、连毅实业有限公司相继破产。

七、灯具器材

1993年，市玻璃厂斥资成立连云港市永丰灯具装潢公司，主营灯具制造、销售、装潢等。2002年7月，连云港盛昌照明电器有限公司成立，主要生产泡壳，年生产能力1500万只，是年完成工业产值550万元。

2005年，连云港华亚玻璃有限公司成立，主要生产灯具毛坯。是年，该公司生产灯具毛坯104万只，完成工业产值2650万元。东海县雅昌石光照明电器有限公司生产灯具528万只，完成产值4670万元。

2005年，全市有规模以上电光源生产企业5家，完成产值1.01亿元，实现销售收入8500万元、利税882万元。

第八节 家用电器

一、洗衣机

1984年初，连云港市家用电器总厂试制成功30千克容量工业用滚筒式洗衣机；该厂投资135万元进行技术改造，形成年产4万台家用滚筒式洗衣机生产能力，当年生产3350台。是年，该厂在国内首先试制出5千克容量的普通式洗衣机。1985年产量达7205台。1986年1月，连云港家用电器总厂与陕西省西安陕航局联营，成立连云港家电总厂。是年，生产7千克立式离心脱水机和5千克滚筒式双缸洗衣机1153台。1990年以后，生产逐年下降，企业亏损严重。1995年，家电总厂分成五块，各自独立运行，2000年2月，连云港家电总厂实行民营化改制。

二、触电保安器

1984年4月，连云港钟表维修厂研制出家用触电保安器，是年8月投入运营。1985年，该厂生产家用触电保安器5198台。1986年，市钟表维修厂更名为连云港精密仪器厂。1989年，家用触电保安器获“江苏省优质产品”称号。1990年，该厂生产触电保安器6.25万台。2002年8月，精密仪器厂因资不抵债破产。

第九节 鞋 帽

一、鞋

皮鞋 1984年，连云港市皮鞋厂完成工业产值320万元。1985年全市有皮鞋生产企业17家，生产皮鞋47.3万双。“金川”牌仿皮底胶粘女鞋获江苏省“四新”产品奖。1990年，全市有皮鞋生产企业9家，职工900人，主要设备有绷楦机、裁断枯机、砂毛机等，年产皮鞋20.37万双。

1991年，市皮鞋厂争取到韩国客商来料加工皮鞋10.4万双，完成外贸收购值260万元。1995年，全市皮鞋产量139.43万双。1996年2月，市皮鞋厂资不抵债破产。是年，全市皮鞋产量64.75万双，其中赣榆县生产59.77万双。

2002年1月，市皮鞋二厂破产。2002～2005年，境内皮鞋产量逐年下降。

图14-54 2005年，连云港宇研鞋业有限公司生产的赛车鞋销量占同类产品世界市场份额的40%。 吉志强 摄

运动鞋 1986年，市鞋帽厂生产的体操鞋出口比利时、美国等国家。1987年，获省优秀新产品金牛奖。后因经营管理不善，1989年6月被纺织厂兼并。20世纪80年代中后期，连云港市榆成鞋业公司等企业生产的滑雪鞋销往美国、埃及、意大利、韩国等国家。后因经营管理不善，市场销售不畅，先后

停业。

1992年12月，韩国宇研株式会社和日本岛野株式会社在连云港经济技术开发区共同投资1950万美元成立连云港宇研鞋业有限公司，主要产品有赛车鞋、滑雪板鞋，年生产能力150万双。

2005年，连云港新源鞋业公司成立，主要生产滑雪鞋帮，为宇研鞋业公司生产的滑雪板皮鞋配套。是年完成产值5165万元。是年，连云港宇研鞋业有限公司年产赛车鞋100万双，产品外销欧洲、美洲、日本等国家和地区，销量占同类产品世界市场份额的40%，成为全球最大的赛车鞋和滑雪板鞋生产基地。

拖鞋　20世纪80年代中期，市云联鞋厂等4家企业生产PU拖鞋，产品销往美国、意大利、韩国、法国、奥地利等国家。后因销售不畅先后停业。

2002年8月，连云港鑫玛鞋业有限公司成立，主要生产长毛绒拖鞋，年生产能力200万双。

2005年，全市规模以上拖鞋生产企业仅连云港鑫玛鞋业有限公司1家。是年生产长毛绒拖鞋480万双，完成产值4800万元、利税44.78万元。

旅游鞋　1992年7月，市皮鞋厂与香港昌盛公司合资成立连云港云昌制鞋有限公司，主要生产注塑旅游鞋。1996年2月，该公司破产。

2005年，全市有规模以上鞋业生产企业4家，完成产值2.26亿元、利税757.78万元。其中宇研鞋业有限公司完成产值1.21亿元、利税679万元。

二、帽

1984年，市鞋帽厂生产的帽类产品有解放帽、八角帽、六角帽、圆顶帽、大礼帽、小孩披风帽等，产量12万顶。1986年，市鞋帽厂帽子产量下滑至0.64万顶，被迫停产。

第十节　制革和皮件生产

一、制革

1984年，连云港市制革厂生产皮革14.7万张，实现产值847万元。20世纪80年代中期，市制革厂购进意大利制造的精密电子液压片皮机与重革打光机、简易片皮机及转鼓等配套设备26台，年产量29万张。1987年，市制革厂生产的猪修面革获省同行业评比第二名。

图14-55　连云港市制革厂从意大利引进的片皮机械
赵鸣　摄于1997年

1990年初，市制革厂生产的猪皮绒服装革获省先进适用科技成果新产品展览交易会银质奖。是年，全市有猪皮制革企业5家，生产猪皮制革40余万张。

1995年12月，市制革厂申请意大利政府贷款，引进制革设备技改项目，总投资2659万元。2002年7月，市制革厂亏损严重，依法破产。

2004年1月，灌南县东正皮业有限公司成立，主要从事牛皮革鞣制加工及羊皮加工。2005年6月，连云港金泉皮业有限公司成立。

2005年，全市规模以上牛皮革鞣制加工生产企业有灌南县东正皮业有限公司和连云港金泉皮业有限公司2家，完成产值1752万元。

二、皮件

1984年，市区从事皮件业的企业有市皮件一厂和市皮件二厂，利用工业缝纫机、模压机等设备，生产皮手套、工艺纸胎箱及航空旅行衣箱等产品。80年代后期，全市皮件业因原料来源有限、外贸出口不畅及市场竞争的压力，市皮件一厂停产。1997年3月，市皮件二厂关闭歇业。

2000年，市吉祥皮件厂从市制革厂“脱壳经营”后，采取租赁方式，盘活闲置厂房和设备，安排部分下岗工人再就业。2002年7月，市吉祥皮件厂破产。

第十一节　塑　料

一、日用塑料杂件

1984年，连云港市有塑料生产企业5家，主要生产打包带、捆扎绳、水瓶壳、洗衣盆、衣架等，是年生产塑料制品6083吨。1990年，全市有日用塑料杂件生产企业5家，产品远销山东、安徽等省。1991年后，乡镇塑料企业异军突起，市塑料厂、塑料二厂、塑料五厂先后转产。

至2005年，日用塑料杂件生产无明显变化。

二、塑料单丝

1984年以前，全市塑料单丝产品有聚氯乙烯单丝、聚乙烯单丝、聚丙烯单丝和无毒聚氯乙烯单丝及聚脂单丝等。20世纪80年代中期，市塑料厂购进拉丝机8台，年产聚乙烯单丝生产能力增至1950吨。同期，该厂与北京化工学院联合试制成功无毒聚氯乙烯单丝，产品出口巴基斯坦、日本等国，并获轻工业部行业产品质量评比第三名和省第五届轻工业优秀新产品奖。1998年，该厂改制更名为连云港市星球塑料有限公司，新建的单丝生产线投入运行。

2005年，全市规模以上塑料单丝生产企业仅连云港星球塑料有限公司。是年，该公司完成销售收入6446万元、利税350万元。

三、塑料薄膜

盐用、农用薄膜　1992年，市塑料厂投资180万元对PVC盐用薄膜生产线进行技术改造，是年降低废品损失费用53.2万元。1995年市塑料厂生产农用薄膜253.7吨，1997年农用薄膜停产。

2003年，星球塑料公司通过ISO 9001:2000质量管理体系认证，生产的盐用薄膜单丝获省名牌产品称号。2005年，全市规模以上盐用薄膜生产企业仅连云港星球塑料公司1家。

药用、食品包装薄膜　2003年3月，连云港东昌塑料有限公司成立，主要生产塑料包装薄膜，用于医药、食品包装及电子仪器仪表、日化产品包装。年生产能力1200吨。

2005年，全市规模以上药用、食品包装薄膜生产企业仅连云港东昌塑料公司1家，年产药用、食品包装薄膜1538吨，完成产值1043万元。

电工绝缘聚酯薄膜　2003年10月，江苏雷华材料有限公司成立，总投资7500万元，注册资本

图 14-56 连云港市塑料厂渔网丝生产线
赵鸣 摄于1988年

2500万元。主要生产双向拉伸聚酯薄膜，用于电工绝缘材料，年生产能力3000吨。

2005年，全市规模以上电工绝缘聚酯薄膜生产企业仅江苏雷华材料有限公司1家。是年生产双向拉伸聚酯薄膜3800吨，完成产值5280万元、销售收入3935万元。

四、塑料管材

1984年，市塑料厂与北京化工学院联合研制的无毒聚氯乙烯饮水管，各项性能指标均符合卫生部标准。通过市级鉴定后，江苏省计经委与省经贸厅联合批准投资240万元，从联邦德国购进具有20世纪80年代国际先进水平的KM066型塑料挤出机、FKM200型加热冷却混合器，KM-RR-3-150型牵引机和承插口成型机等全套生产线设备，采用ISO-161/1国际标准生产20~160毫米等12个规格品种，年生产能力1200吨。80年代后期，市塑料厂采用注塑工艺，相继开发生产专用管件产品49种，基本解决无毒聚氯乙烯管材与国产阀门、水表等器件的连接问题，扩大了产品在市场上的销售份额。

1993年，市塑料厂更名为连云港东方塑料集团公司，拥有7个分厂、4家公司，是年完成产值5040万元。1998年6月，东方塑料集团公司改制更名为连云港星球塑料有限公司。是年，该公司获国家中型一类企业称号。2001年12月，星球塑料公司进行整体改制，国有股退出，变为民营企业。2003年，该公司通过ISO 9001：2000质量管理体系认证，生产的PVC无毒管材、管件，盐膜、网线、单丝等获省名牌产品称号。

2005年，全市规模以上塑料管材（件）生产企业有连云港星球塑料有限公司和连云港克立林管业公司，完成产值1.1亿元、利税495万元。

五、聚氯乙烯树脂

1985年，市电化厂投资113万元购进聚氯乙烯转化器、不锈钢聚合釜，新上一套喷雾干燥系统等设备，并开发SG02-7型悬浮聚氯乙烯树脂和聚氯乙烯糊状树脂等新产品，年产能力增至2500吨。1986年，市电化厂成立聚氯乙烯塑料板材分厂。

1990年，全市生产聚氯乙烯树脂企业仅市电化厂1家，是年生产1756吨。1991年后，市电化厂调整产品结构，不再生产聚氯乙烯树脂。

至2005年，聚氯乙烯树脂生产无明显变化。

六、增塑填充材料

1984年，市电化厂增塑剂生产线投入运行，形成500吨生产能力，当年生产97.5吨，产品获省科技成果四等奖。是年，市塑料十二厂与金陵石化公司、南京塑料厂联营，三方出资209万元，开发出电缆料新产品，当年生产电缆料1000吨。市塑料四厂生产填充母料3469吨。1990年，全市有增塑填充材料生产企业30家，年产电缆线、填充母料、增塑剂等1681.5吨。1991年，市塑料厂、电化厂、塑料四厂等企业相继转产。至2005年，填塑填色材料无明显变化。

七、聚酯拉链

1985年底，连云港市东方拉链厂投资351万元，购进设备79台，选用聚酯切片为原料，生产码状、条状拉链产品。1986年，该厂生产的聚酯拉链获“江苏省第四届轻工优秀新产品”称号。1990年，该厂生产拉链218万米，产品60%内销国内箱包生产企业，40%外销意大利、西班牙及东亚等国家和地区。

2003年2月，东方拉链厂实行整体改制，关闭歇业。

八、塑料粒

2004年11月，日商独资冈部塑纸工业（连云港）有限公司在灌南经济技术开发区成立，主要生产塑料粒，用于塑料拉丝。

2005年，全市规模以上塑料粒生产企业仅冈部塑纸工业（连云港）有限公司1家，是年完成产值530万元、销售收入530万元。

第十二节　水晶加工

一、天然水晶加工

水晶工艺品　20世纪80年代初，东海县水晶加工业有了进一步的发展，以105矿、光学仪器厂为主，集体、个体加工企业为辅的水晶工业体系基本形成。产品主要有水晶眼镜、项链、手链、耳坠、戒指、胸饰及其他饰品。1984年，洪庄、平明、房山、驼峰、牛山、安峰、曲阳等乡镇相继成立水晶加工厂，主要生产水晶眼镜、项链等。1989年5月，安峰乡新建宝石加工厂，拥有108台（套）加工设备，生产的“海峰”牌水晶项链为1990年第十一届亚运会特供品，在江苏省地方工业产品展交会上荣获金奖。1990年，全县拥有水晶加工厂500余家，年产水晶眼镜8.73万副、水晶项链50万件。1992年，全县有水晶加工户2000户，2万多人从事水晶加工业，拥有研磨机1万台、其他设备3000台。1999年12月，东海水晶城商户投资500万元，引进香港产水晶加工设备80台，在牛山乡葛宅村开办东海县牛山通宝水晶制品厂。是年，全县水晶制品交易额达4.5亿元。2000年，一些加工企业从苏州、扬州以及福建、河南、北京等地聘请技术人员，引进产品定型机、圆球倒角机和激光内雕等技术。水晶产品品种也由1998年前的200多种增至上万个品种。2005年，全县已建成生产水晶石英制品的中小企业3000家。有10万人从事天然水晶及石英开采、加工和销售。全年加工天然水晶制品3000吨。

水晶雕刻品　东海水晶雕刻起步较晚。1992年，东海水晶市场出现了雕刻工艺品。至2005年，河南、福建、江苏扬州等地的雕刻技术人员陆续进入东海，促进东海水晶雕刻工艺品的快速发展。

水晶观赏石　水晶观赏石主要分为两种：一种是原生态的水晶单晶体、水晶簇、紫晶洞等。水晶簇东海出土很少，大多产于四川。紫晶洞主要产于巴西、乌拉圭。东海水晶城内销售的紫晶洞大多从巴西进口。2005年，东海县从巴西购进约150个集装箱水晶，重量4000吨，价值3亿余元。另一种是含有包裹体的水晶原石，水晶原石需通过人工加工才能显露出来。这类观赏石除东海自产外，大多从巴西、马达加斯加、巴基斯坦等国进口。

二、人造水晶加工

合成水晶 20世纪80年代初，东海县曲阳乡建成合成水晶厂。1990年，该厂生产合成水晶150吨。1995年以后，伴随电子工业、光学工业及珠宝首饰的强劲需求，曲阳乡有几家民营企业办起了晶体材料厂。其中天宇晶体材料有限公司、济源晶体元件有限公司分别获得国家、省重点科技企业称号。2005年，曲阳乡共有11家晶体材料厂，年产合成水晶1500吨，生产水晶切片30亿支，产值达5亿元。

光学水晶 1985年，东海县105矿、东海县玻璃制品厂生产光学水晶，加工玻璃管材。1992年，东海县太平洋石英制品有限公司利用水晶边角料及石英生产玻璃管材。利用光学水晶加工生产工艺品的早期企业有东海县晶帅水晶制品有限公司、东海县世纪星水晶制品厂等，主要生产奖杯、奖牌、龙柱等工艺品。2003年，由于国内外对光学水晶材料的强劲需求，东海县供销合作总社通过招商引资成立东联光学玻璃有限公司，生产光学水晶板材。2005年，建成15条生产线，年产光学水晶1万吨，年产值达1.5亿元。生产的板材主要销往浙江义乌、浦江，江苏宝应等地。

熔炼水晶 2000年前后，石埠乡、西双湖石粉厂、东海县玻璃制品厂先后兴建熔炼水晶厂，生产熔炼水晶。石埠乡桃盛熔融石英有限公司是当时国内最大的熔炼水晶厂，年产量8.6万吨。

第十三节　工艺美术品

一、雕塑

玉雕 1984年，连云港市雕塑业主要有玉雕、水晶雕、石雕等，生产企业有连云港雕塑工艺厂和赣榆县班庄石材工艺厂。连云港雕塑工艺厂设计制作的“红楼二尤”，在江苏省行业质量评比中获二等奖。1990年，市雕塑工艺厂生产玉雕工艺品共5大系列近百种型号。其中以神佛、仕女、花鸟、自然杂件居多，在全国同行中名列前茅，产品销往英、美、日等20多个国家和中国香港、中国澳门地区。

1992年，加拿大华人投资成立连云港加连工艺品有限公司，注册资本60万美元。主要产品有玉雕、水晶雕、镀银配件等，年生产能力20万件，是年生产玉雕工艺品1万件。1994年，连云港雕塑工艺厂关闭。

1995年，连云港加连工艺品有限公司生产玉雕工艺品1.73万件，完成产值420万元。

2005年，连云港加连工艺品有限公司完成产值660万元、利税50万元。

石雕 1984年，赣榆县班庄石材工艺厂成立。1990年生产石雕180件，产品有圆雕、浮雕、影雕、绒雕4大类，品种有人物、动物、用具等。2002年6月，该厂改制为民营企业，更名为连云港东方石业有限公司，年生产能力8000件。2005年，该公司生产石雕工艺品1.3万件，完成产值280万元、利税40万元。

水晶雕 1997年6月，东海县成立江苏东海华宇实业有限公司，总投资1100万元，主要生产水晶雕件及水晶首饰。是年完成产值520万元、利税88万元。

2005年，全市有水晶雕工艺品加工企业170多家、个体工商户2500多户，从业人员3万人以上。其中规模以上生产企业仅江苏省东海县华宇实业有限公司，完成产值2370万元、利税800万元，产品外销美国、加拿大、韩国等国家。

泥塑 1985年，灌云县工艺美术公司与无锡市惠山泥人厂联营，开发“西游记”“滴水观音”“童男童女”等泥塑作品20多种。后因产品销售不畅而停产。

2004年，连云港美林阁文化艺术中心成立，主要生产泥塑工艺品等。2005年，该中心完成工业产值520万元、利税56万元。

二、工艺画

1984年，连云港市生产的工艺画主要有贝雕画、羽毛画，生产企业主要有连云港贝雕总厂、赣榆县工艺美术厂等。1986年，连云港羽毛工艺厂生产山水、花鸟、动物工艺画3大系列30多个品种，是年研制成功羽毛和贝雕相结合的贝羽画，为全国首创。1990年，市羽毛工艺厂转产塑料包装制品，1996年4月被市华东铝塑制品工业公司兼并。1996年，赣榆县工艺美术公司生产的贝雕画全面停产。2003年3月，连云港贝雕总厂宣布破产。

图 14-57 20世纪80年代的连云港贝雕总厂生产车间 赵鸣 摄

三、首饰

1984年，全市首饰业有手工饰品和机制项链2大类，主要生产厂家为市雕塑工艺厂，其余为个体加工户。

1985年，市雕塑工艺厂获得金银饰品加工资质，是年生产机制马鞭项链383.6千克，完成产值1441.35万元。1986年，该厂被省外贸进出口公司确定为生产金属工艺品出口的定点单位。1990年8月，该厂生产的机制黄金水波项链在全省首饰行业评比中获优秀产品奖。1991年，该厂加工水波黄金项链和其他黄金首饰600千克、8万余件，完成工业产值6145万元。1993年完成工业产值1.8亿元、利税180万元。1999年，该厂从瑞士引进电镀金银工艺品生产线，是年完成工业产值6000万元、利税110万元。

图 14-58 1985年，市雕塑工艺厂引进意大利项链生产设备，是连云港市工艺美术行业第一个引资项目。 赵鸣 摄

2003年4月，连云港市雕塑工艺厂宣布破产。

四、竹、藤、草、柳编织

藤编织 1984年，市竹藤工艺厂生产的藤编织品有20多个品种。1990年，该厂的“寿星椅”“和平椅”均获“连云港市优质产品”称号。1991年以后因亏损而转产裸铜线，藤编工艺品生产在市区消失。

草编织 1984年，赣榆县工艺美术厂开始利用当地资源开发玉米皮坐垫，产品主要用于出

图14-59 海苑公司生产的柳编产品 赵鸣 摄于1992年

口。1992年后因市场饱和而停产。2000年，意大利客商在东海县投资110万美元成立连云港达利工艺品有限公司，主要生产草编织工艺品，年生产能力200万件。

2005年，全市规模以上草制品生产企业有连云港达利工艺品有限公司，是年完成产值680万元、利税35万元。

柳编织 1984年，全市有柳编工艺品生产企业4家，产品有10个系列、300多个品种、1000多个花色，主要外销美国、英国、法国等20多个国家和地区。

1990年9月，海州工艺品公司与香港翠苑贸易公司合资经营，成立连云港海苑工艺品有限公司，总投资31万美元，各占股份50%，年产柳制品100万件，拥有进出口自主经营权。1992年，该公司完成产值1030万元，创汇176万美元。1993年，生产柳编工艺品41万件，完成工业产值1965万元、利税120万元。2002年，连云港海苑工艺品公司因合资期限到期而解体。

2002年7月，连云港塔山草柳工艺品有限公司成立，主要生产柳制品，年生产能力200万件。2005年，该公司完成产值845万元、利税48万元。

五、地毯

连云港市地毯业分为手工羊毛地毯和竹、草、麻、纱地毯2大类。1984年，手工羊毛地毯生产企业只有连云港地毯厂。该厂设计的园林式地毯图案赴日本参展，并被选入《江苏省地毯图案集》。是年，"古典式"地毯图案获全国第九届地毯图案创新奖。1988年，连云港地毯厂生产的手工羊毛地毯获轻工业部优秀出口产品铜质奖。1991年，地毯厂与美国地平绒公司合资成立连云港地平绒有限公司，是年完成出口交货值678万元，产品出口美国、加拿大等国。1999年市地毯厂全面停产，2002年宣布破产。

2001年1月，连云港天明自然纤维编制品有限公司成立，该企业是江苏省第一家主营竹、草、柳为原料编织工艺品企业，也是全市第一家竹、草、麻、纸地毯生产企业。主要生产竹地毯、纸地毯、草地毯、麻地毯，年生产能力50万平方米，生产线3条。同期，连云港天明自然纤维制品有限公司兼并海州工艺品公司，并与荷兰自然纤维地毯厂合资成立连云港海达工艺品有限公司。是年，生产竹、草、麻、纸地毯27万平方米，完成产值1682万元、利润126万元。2005年，连云港海达工艺品有限公司生产竹、草、麻、纸地毯101万平方米，完成产值5240万元、利税485万元。

第十四节 玩具 童车

一、玩具

木制玩具 1984年，海州儿童玩具厂试制成功42型铁木惯性玩具，其中四人脚踏转椅获省轻工业厅、省工艺美术公司举办的儿童玩具展评会"四新"产品三等奖。因成本等因素影响，1991

年后木制玩具停产。

电子玩具　1984年，市玩具厂研制成功电动玩具。1985年，市玩具厂研制成功电子音乐激光枪等产品，后因成本太高而停产。

塑料玩具　1984年，灌云县工艺美术公司生产弹跳娃娃、小拖车、小狮狗等塑料桌面教学用具。1987年停业。

玻璃钢玩具　连云港市玩具厂于1989年研制成功玻璃玩具，产品有玻璃钢狮、虎等43种。1990年停产。

软体布绒玩具　1994年，连云港鹰游集团公司成立连云港立成毛绒公司，主要生产长毛绒玩具。

图14-60　灌云县工艺美术公司生产的塑料桌面教学玩具
俞德春　摄于1985年

2002年，上海高发工艺品有限公司投资560万元，在赣榆县金山镇成立赣榆县高发玩具厂，主要生产软体布绒玩具，是年生产20万打，完成产值3000万元、利税400万元。2004年，美国高发工艺品有限公司投资210万美元，成立连云港高发玩具礼品有限公司，主要生产布绒玩具，年生产能力30万打。

2004年10月，南京客商在灌南县成立连云港宝之贝工艺品有限公司，主要生产软体布绒玩具。

2005年，全市有规模以上软体布绒玩具生产企业3家，完成产值4085万元、利税187万元。

二、童车

1984年，全市生产童车的企业只有灌云县工艺美术公司玩具厂。1986年，该厂试制成功5AI型多功能折叠童车，1987年被评为江苏省第五届轻工业优秀新产品，获全国儿童用品展评会“金鹿”奖。1990年，获江苏省优秀新产品金牛奖，1990年，该厂更名为连云港童车厂，是年生产童车500辆。1991年后因原材料涨价等原因，企业关闭。

第十章　磷生产与磷制造

1984年，连云港市磷生产与制造业主要有锦屏磷矿和新浦磷矿。从业人员4959人，年采矿能力142万吨、选矿能力36万吨。是年，实产磷原矿石91.07万吨、磷精矿粉21.16万吨，完成产值1792万元。1985年，全市开采磷矿石8.12万吨，生产磷精矿粉25.17万吨。

“九五”计划期间，锦屏磷矿完成工业产值2.28亿元，增加固定资产投入6202万元。

2000年，新浦磷矿整体改制为由职工持股会控股、国家参股的股份制企业——新磷矿化有限责任公司。

2004年6月30日，锦屏磷矿破产。7月9日，原锦屏磷矿管理层和部分职工注册成立江苏明达磷化工有限公司。12月4日更名为江苏锦屏矿业有限公司,收购重组原锦屏磷矿破产资产,继续开采剩余矿体。主营业务仍为磷矿采选、井巷工程施工、化工生产及爆炸物品的生产销售等。

1984～2005年,全市累计采出磷原矿石803.2万吨,生产磷精矿粉198.38万吨。

第一节 磷矿石生产

一、勘探与设计

勘探 1984年,锦屏磷矿和江苏省化工地质队合编的《锦屏磷矿深部勘探地质报告》获江苏省开发苏北优秀科技项目一等奖和化学工业部找矿三等奖。锦屏磷矿地质测量科先后更名为设计科研科、勘察设计室。1991年11月,勘察设计室更名为锦屏磷矿勘察设计所,具有独立法人资质。1994年5月更名为连云港市第二勘察设计院,拥有工程勘察乙级证书、工程测绘乙级证书和工程设计丙级证书。

至2005年,对锦屏磷矿进行一些补充勘探之外,主要工作是面向社会、面向市场,承担国家重点工程项目的勘探和测量任务。

设计 1986年4月,国家计划委员会批准锦屏磷矿深部矿体开发建设工程设计任务书,同意开发-350米至-470米标高的深部矿体,建设规模为年采磷矿原矿85万吨、精矿粉23.84万吨,对西山矿区将军崖岩画下部矿体的开采作了限制开采的说明。

1984年锦屏磷矿深部勘探储量统计表

表14-24 单位:万吨

矿 区	储量	B级	C级	B+C级	D级	B+C+D级	表外D级
西 山	矿石量	170.50	533.98	706.48	295.08	1001.56	240.51
	标 矿	71.23	209.93	279.16	127.16	406.32	62.34
东 山	矿石量	126.78	476.53	603.31	648.00	1251.31	327.80
	标 矿	48.82	189.24	237.06	281.14	518.20	72.25
总 计	矿石量	297.28	1012.51	1309.79	943.08	2252.87	568.31
	标 矿	120.05	399.17	516.22	408.30	924.52	134.59

二、采选系统基本建设

1987年12月1日,锦屏磷矿四期基本建设工程正式开工,总投资1.87亿元。

1990～2000年,新浦磷矿进行二期和三期基本建设。2001年启动采矿四期工程,预算投资2000万元,采用盲竖井设计。工程完成后,井下采掘深度由-280米延伸至-400米。2003年,对选矿厂进行技术改造,精矿生产能力提高40%。完成井筒掘进、安装任务,进入平巷施工阶段。完成掘进工程量311米2660立方米、支护工程量243立方米。2005年,完成安全斜井、运输大巷及-320米、-360米探矿工作。累计完成工程量1.15万立方米。是年底,四期工程完成,井下采掘深度由-280米延伸至-400米。

三、采矿生产

1986年，锦屏磷矿三期工程投产，主要采矿场所转移到-290米至-350米中段。由于生产成本增高，每生产1吨精矿粉亏损16.16元，企业处于困境之中，年产原矿石50万～60万吨。1996～1997年，由于三、四期基建工程接替脱节，锦屏磷矿采选生产全面停产两年。1998年3月，锦屏磷矿采矿生产全面展开。1999年采矿41.43万吨，生产精矿粉10.48万吨。是年，新浦磷矿自筹资金150万元对原复合肥生产线进行技术改造，投资100万元新建高导电磁粉项目，是年完成工业产值4430万元、销售收入4547万元。2000年8月30日，因遭遇百年未遇特大洪水侵袭，锦屏磷矿矿井被淹，采选系统被迫停产3个月，是年实际开采原矿石29.2万吨，生产磷精矿粉7.03万吨。2005年，江苏锦屏矿业有限公司生产磷精矿粉0.88万吨、饲料级磷酸氢钙2.16万吨，实现销售收入6400万元；连云港新磷矿化有限公司生产磷矿石10.15万吨、精矿粉6.67万吨，实现销售收入5257万元。

图14-61　中国第一座大型磷矿——锦屏磷矿
赵鸣　摄于1987年

第二节　设备与技术改造

一、生产设备

1984年，锦屏磷矿拥有采矿、选矿、机械、电器等主要设备1000多台，新浦磷矿投资80万元添置选矿装置。

图14-62　锦屏磷矿选矿车间
赵鸣　摄于2002年

1985年，投资改造提矿绞车，东、西山副井提升将单层罐笼改为双层罐，配平衡锤提升，提升机更换为摩擦式多绳落地式提升机。压风机型原有b-300-2k-b-300-2k-40/8型、5l-40/8型、4l-20/8型，在四期工程中被淘汰，以5l-40/8型为主要空压机型取代。井下排水使用水泵的型号主要为150tsw-6型。通风井使用的通风机为2k60-4ANO18型流式通风机，局部通风采用JBT类型扇风机。

采掘搬运设备主要包括井巷施工的凿岩机、装岩机、装药器、混凝土喷射机、电耙、绞车、振动放矿机、架线式电机车、矿车、翻车机、地中衡等。主井提升系统为箕斗和罐笼提升，井筒内布置一对4米翻转式箕斗和2000×1180罐笼配平衡锤，箕斗用作升、降人员和粉矿回收。

1990年，新浦磷矿投资130万元新建综合厂，购置塑料编织袋、电器开关、皮鞋等生产设备。

2005年，江苏锦屏矿业有限公司主要生产设备增加到

1665台，新浦磷矿拥有采矿、选矿和硫酸、磷肥等主要生产设备200多台。

二、技术改造

1986年8月至1987年12月，锦屏磷矿与化工部矿山研究设计院联合实施国家科技攻关项目——L339用于锦屏磷矿选矿工业试验获得成功，磷精矿粉质量符合化工部颁发的酸法加工磷肥用磷矿二类品标准，使用L339浮选剂的回收率达80%。

80年代后期，锦屏磷矿采用吊罐法掘进倾斜天井，创全国纪录；实行软层崩落法回采作业机械化，改进深孔留矿底部结构，为全国矿山之首创；创造深孔留矿法、分层崩落采矿法。改进选矿药剂，用化皂代替大豆油脂酸，取消淀粉选矿，每年为国家节约粮食3000多吨。1990～1992年，完成新型捕收剂H917的研制和浮选试验，每吨原矿节省碱粉用量0.5千克、煤9千克。完成东、西山采矿场松软矿体采矿工艺改进，推广空压机无油润滑新技术；机械厂改进装置，实现制氧制氮一机双用。1998年，利用四期工程投资概算中剩余的3520万元，将原年产3.5万吨复混肥生产装置改造为年产5万吨规模。对1.5万吨磷酸装置进行改造扩建，使年产2万吨饲钙与年产4万吨硫磺制硫酸配套，形成硫酸、磷酸、饲钙、复混肥一条龙生产。

第十一章　电力工业

1984年，连云港市有500千瓦电厂（站）7座，发电设备总容量9.3万千瓦，发电6.17亿千瓦时，全市全社会用电总量7.6亿千瓦时。随着社会经济的发展，连云港电力供需矛盾逐年尖锐，地方政府以及一些企业陆续兴建公用电厂和企业自备电厂。1990年，全市电力（包括小火电、小水电、热电结合、柴油发电）总装机容量32.41万千瓦，全年发电量8.98亿千瓦时。至2005年底，连云港地区有核电站1座、500千瓦及以上发电厂（站）10座，发电设备总容量（不含核电站）120.92万千瓦，发电52.19亿千瓦时，全市全社会用电总量40.79亿千瓦时。

第一节　发　电

一、火力发电

江苏新海发电有限公司　1984年，新海发电厂发电设备容量为8.25万千瓦，发电量5.83亿千瓦时。是年8月，国家计划委员会批准新海发电厂扩建2台20万千瓦燃煤机组。工程自1987年3月正式施工，2台机组分别于1990年12月31日和1991年10月1日投产。1991年，该厂发电设备容量47.05万千瓦，发电量16.37亿千瓦时。1993年，该厂发电量29.44亿千瓦时，达到历史最高水平。1999年1月，新海发电厂改制更名为江苏新海发电有限公司。是年发电设备容量为45万千瓦，完成发电量21.76千瓦时。1998年10月、2000年9月，该公司投入资金1亿元，分别对2台20万千瓦机组实施技术改造。改造后，2台机组出力增容均达22万千瓦，至2000年底，装机容量达49万千瓦，发电量达22.13亿千瓦时。2003年1月，33万千瓦热电联产改造工程被国家经贸委列为第三批国家重大技术改造“双高一优”（即高新技术产业化、高新技术和先进适用技术改造传统产业，优化重点产品和技术结构）项目，是年9月举行奠基仪式。2005年8月，2台扩建机组投产。至2005年底，该公司发电设备容量达115万千瓦，发电量49.28亿千瓦时，供电煤耗每千瓦时365克，厂用电率6.9%，设备利用小时6386小时。

图14-63 江苏新海发电有限公司全景
侍志 摄于2005年

1984～2005年江苏新海发电有限公司主要经济技术指标统计表

表14-25

年份	总产值（万元）	发电量（万千瓦时）	供热量（吉焦）	供电标准煤耗率（克/千瓦时）	厂用电率（%）	原煤耗用量（吨）	设备利用（小时）	设备容量（万千瓦）
1984	3939.80	59254	461729	498	5.33	383055	7182	8.25
1985	4200.20	62599	531765	502	5.44	402988	7588	8.25
1986	2989.30	58951	553010	505	5.75	393834	7146	8.25
1987	2968.80	58247	563564	507	5.88	396287	7060	8.25
1988	2773.50	54102	630346	515	6.31	406780	6968	7.65
1989	2767.91	53905	517791	511	7.05	400894	7337	7.05
1990	5658.70	74261	563595	489	8.88	462629	5007	27.05
1991	12175.62	163726	522954	445	8.46	908085	4873	47.05
1992	18080.5	238744	512937	417	7.83	1239293	5167	46.20
1993	22758.61	294355	550170	397	7.52	1514829	6541	45.00
1994	21436.43	278129	584287	394	7.76	1390527	6181	45.00
1995	21149.99	290127	565455	388	7.72	1458294	6447	45.00
1996	19634.90	270173	394137	390	8.01	1362132	6003	45.00
1997	19590.03	268575	421204	390	7.76	1317953	5968	45.00
1998	15964.17	219468	183520	392	7.92	1062046	4877	45.00
1999	15744.36	217563	307414	387	7.59	974470	4837	45.00
2000	15964.47	221276	371795	384	7.54	953167	4706	47.00
2001	17627.00	242976	457059	373	7.06	1027267	4958	49.00
2002	58229.00	261811	565236	372	7.15	1145375	5344	49.00
2003	65554.00	292236	757717	373	7.06	1294036	5964	49.00
2004	74312.00	318729	858330	373	7.00	1553750	6505	49.00
2005	137446.00	492773	886422	365	6.90	2317192	6386	115.00

说明：以上数据为考核机组参数。

江苏鸿瑞热电有限公司 原名东山发电厂，位于连云区徐圩镇。1984年拥有1台6000千瓦发电1号机组，是年发电1848万千瓦时，主要向灌东、灌西、台南和徐圩四大盐场供电。1988年，增设1台6000千瓦发电2号机组，装机总容量扩大到1.2万千瓦，年发电能力8610万千瓦时，是年发电量5617万千瓦时。2000年3月和2001年9月，灌东盐场、台北盐场分别退出盐场自供电网，转由地方供电，东山电厂发电量大幅下降，2002年东山电厂发电4195万千瓦时。2004年东山电厂以零资产出让给江苏鸿瑞热电有限公司。2005年发电量4193万千瓦时。

连云港田申热电有限公司 由新浦造纸厂筹建，一期工程投入900多万元，安装35吨/时次高压锅炉和3000千瓦背压式汽轮发电机各1台。1987年7月建成投产并更名为新浦热电厂，是年发电量224万千瓦时。1990年发电量535.7万千瓦时。1993年实施二期技术改造工程。2002年6月，改制更名为连云港田申热电有限公司。2005年发电量6954万千瓦时。

连云港碱厂自备电厂 1986年6月兴建，为连云港碱厂配套工程。1号机组为6000千瓦背压式汽轮发电机，于1989年8月投产；2号机组为1.2万千瓦凝汽式汽轮发电机，发电机出线电压为6.3千伏。1990年发电量4465万千瓦时。2002年发电量1.5亿千瓦时，厂用电率4.34%，设备平均利用小时为8385小时。2005年发电量1.5亿千瓦时。

江苏德邦化学工业集团有限公司热电站 1990年1月，连云港市化肥厂热电站投入试生产，5月成功并网。该热电站拥有2台20吨/小时锅炉、1台1500千瓦背压式汽轮机、1台1500千瓦发电机，并网电压10千伏。该站设有SL-500/0.4型变压器1台，高压侧接发电机10千伏母线，低压侧设有1条与重碱变电所的联络线。1996年连云港市化肥厂改制更名为江苏德邦化学工业集团有限公司，热电站随之更名。2002年该公司热电站发电量722万千瓦时。2005年发电量725万千瓦时。

连云港海兴热电有限公司 成立于2001年3月，位于连云港经济技术开发区珠江路4号。由江苏新海发电有限公司、连云港市热电发展总公司、江苏电力工业服务有限公司、连云港苏源集团有限公司共同投资建设，主要经营热力、电力、冷能的生产和销售等。注册资本1500万元。2001年7月，热电联产一期主厂房工程正式开工兴建。一期工程总投资8660万元，占地4万平方米。2002年5月23日，机组正式投入商业运行，是年发电量2426万千瓦时，厂用电率14.69%，设备平均利用小时4043小时。2005年发电量2426万千瓦时。

图 14-64 连云港海兴热电有限公司
胡卫星 摄于2004年

二、水力发电

1984年，连云港市有100千瓦及以上水力发电站10座，总容量4826千瓦，分布在东海县、赣榆县。1991～2002年，水电站根据当地乡村的农副业生产和照明用电实际情况调峰发电。2005年，连云港市有水电站4座，发电设备总容量3116千瓦，发电量188万千瓦时。

石梁河水电站 1972年4月29日投产，位于石梁河水库东南侧，为连云港市最大的水电站。扬程6米左右，流量3～4立方米每秒，安装7台机组，单机容量160千瓦。1984年发电量为35.4万千瓦时。2000年拆除原发电机组，新建3台SF400-24/2150型发电机组，2001年3月投运。2005年发电量76万千瓦时。

肖岭水电站　位于赣榆县大岭乡肖岭村西北侧，为石梁河水库的二梯级电站。共装有6台机组，总容量1026千瓦。1984年发电量33.35万千瓦时。2005年发电量23万千瓦时。

青湖闸水电站　位于东海县青湖镇境内石安河畔，为石梁河水库的二梯级电站，总装机容量750千瓦。1984年发电量60万千瓦时。2005年发电量71万千瓦时。

范埠闸水电站　位于东海县石安河畔。该水电站有2台发电机组，容量分别为100千瓦、40千瓦。1984年发电量3万千瓦时，2005年发电量18万千瓦时。

三、核能发电

1997年3月5日，连云港核电站（即田湾核电站）初步可行性研究报告通过国家审查。田湾核电站位于连云港市连云区田湾，是中俄两国政府在核能领域的高科技合作项目，被列入国家“九五”计划重点工程之一，也是中国大陆第三座、江苏省第一座核电站。田湾核电站除满足地方和苏北地区需要外，其电力主要供应江苏省用电负荷中心苏南地区。1997年12月29日，中俄合作建设连云港核电站总合同签字仪式在人民大会堂举行，国务院总理李鹏、副总理李岚清出席签字仪式。1997年12月，江苏核电有限公司成立。

图 14-65　1999年田湾核电站一期工程开工仪式　赵鸣　摄

田湾核电站按照建设8台百万千瓦级压水堆核电机组规划。一期工程建设2台单机容量106万千瓦的俄罗斯AES-91型压水堆核电机组。机组设计寿命40年，年平均负荷因子不低于80%，年发电量140亿千瓦时。田湾核电站一期工程核岛和常规岛由俄罗斯设计，俄方提供主要设备，并对核电站技术负总责。江苏核电有限公司作为项目业主，负责田湾核电站建设管理和建成后的商业营运。

1998年4月，田湾核电站项目基建前期工程进入实施阶段。是年可行性研究报告经国家计委批复，总投资估算（建成价）32.04亿美元，中俄两国签署的总合同经两国政府批准生效执行。1999年10月20日，田湾核电站1号机组反应堆厂房浇灌第一罐混凝土，工程开工建设。国家主席江泽民和俄罗斯总统叶利钦互致贺函，国务院和俄罗斯总理普京发来贺信，国务院副总理吴邦

图 14-65　田湾核电站是中国大陆第三座、江苏省第一座核电站。图为田湾核电站全景。　吕钢维　摄于2001年

国出席开工仪式并按下第一罐混凝土浇注信号电钮。2000年9月20日，2号机组开工。

2005年7月25日，江苏核电有限公司与华东电网有限公司签署田湾核电站并网调度协议。10月18日，田湾核电站1号机组首次装料，数控装卸料机启动。12月19日，1号机组首次达临界操作。12月20日，1号机组在无外加中子源的设计工况下首次启动反应堆，核反应堆功率达到1.5×10-5NNOM额定功率并稳定，反应堆首次临界成功。12月30日，田湾核电站2号机组主回路冷态试验按计划完成，试验结果满足验收准则要求，转入第一次役前检查阶段。

第二节　供　电

一、电网建设

10千伏电网　1984年，10千伏配电变压器为油浸式变压器。是年，连云港地区开始淘汰木杆配电线路，使用水泥杆和小型铁塔，一般杆距50～70米，主干线路一般使用截面面积为90～150平方毫米的钢芯铝绞线，增大输电容量，延长送电距离。至1990年，全地区共有10千伏配电线路179条，总长4475.4千米；有0.4千伏低压配电线路7700.9千米。有10千伏配电变压器5753台，总容量71万千伏安。1994年，市区有10千伏线路602千米，有10千伏配电变压器1343台，配电变压器容量32.19万千伏安；全地区有10千伏配电线路246条，总长8356千米，有0.4千伏低压配电线路2.37万千米；有10千伏配电变压器6825台，配电变压器容量96.52万千伏安。2000～2002年，经过三年的城网改造，市区配网结构得到完善，新建和改造8座变电所，新增变电所的10千伏出线16条，10千伏线路分区域供电，供电半径控制在3千米以内，400伏线路分台片供电，供电半径控制在300米以内；有10千伏配电变压器11136台，总容量100.11万千伏安。至2005年底，全地区有10千伏线路6780.35千米、配电变压器4377台，总容量90.99万千伏安。

35千伏电网　1984年，连云港港务局平山变电所至连云的35千伏II回路进入港口变电所，港口变与孙家山变形成环网，使港口地区35千伏变电所有2条35千伏线路环网供电。是年，全市有35千伏变电所26座。1990年，全市有35千伏变电所29座，35千伏及以上变压器总容量92.01万千伏安。“九五”计划期间，全市相继建成16座35千伏变电所、28条35千伏线路。2002年底，全市供电有35千伏变电所53座，其中市区9座、东海县15座、赣榆县9座、灌云县9座、灌南县11座，总容量257.42万千伏安，35千伏线路1017.35千米。2005年底，全市有35千伏变电所55座，总容量648.85万千伏安；有35千伏线路110条，长1103.53千米。

2005年连云港市35千伏变电所统计表

表14-26

地　区	数量（座）	容量（万千伏安）	地　区	数量（座）	容量（万千伏安）
市　区	10	176.10	赣榆县	10	130.50
灌云县	9	119.85	东海县	15	101.15
灌南县	11	121.25	合　计	55	648.85

110千伏电网　1984年，全市有110千伏变电所5座，110千伏输电线路6条153.3千米。90年代，电网建设突飞猛进。1992～1993年，市区先后投入运行镇海、贾圩、华盖、南城等4座110

千伏变电所，使市区110千伏网形成环网供电。至1994年底，全市有110千伏变电所14座。1996年，首次在110千伏茅城线使用电缆。1996年5月31日投入运行的110千伏城北变电所采用GIS型全封闭设备，是连云港市第一座110千伏无人值班变电所。2000年，110千伏双房线投运，其90基杆塔全部采用无拉线直线杆塔。2001年，投运的110千伏茅平线全线首次采用单柱单回和单柱双回钢管塔。是年6月16日，110千伏海州变电所投运，这是全市第一座110千伏全户内变电所。2002年，按110千伏线路设计的35千伏台港线、台孙线在山区采用岩锚基础，其线路跨越后云台山4.5千米。至2005年底，全市有110千伏变电所23座，其中市区10座、东海县4座、赣榆县4座、灌云县3座、灌南县2座，总容量120.45万千伏安。有110千伏线路44条，长779.79千米。

图 14-67　连云港田湾核电站500千伏输电线路

侍志　摄于2005年

220千伏电网　1987年11月，全市第一座220千伏变电所茅口变电所投运，容量为120兆伏安，是连云港地区110千伏电网的中心电源点。是年，全市第一条220千伏线路平茅线投入运行。1994年，赣榆220千伏申城变电所投入运行。至1994年底，全市有220千伏变电所2座。2002年，全市220千伏变电所增加到5座，其中市区2座，东海县、赣榆县、灌云县各1座，总容量84万千伏安。有220千伏线路12条，长361千米。至2005年底，全市有220千伏变电所6座，全市配网结构进一步得到完善，线损降低，可靠性及电压合格率提高。有220千伏线路18条，长456.96千米。

500千伏电网　2003年10月25日至28日，500千伏田盐Ⅰ、Ⅱ回路输电线路投运。该线路是“核电南送”的主通道，也是连云港市第一条500千伏线路。采用单回架设，从田湾核电站出线至500千伏盐都变电所，Ⅰ回路名称为500千伏田盐线，Ⅱ回路名称为500千伏田都线。田盐线全长178.16千米，其中连云港市境内长59.52千米。田都线全长178.31千米，其中连云港市境内长59.61千米。

2004年2月，500千伏田上线竣工，是江苏田湾核电站500千伏送出工程的项目之一，是“核电南送”的主通道。500千伏田上线采用单回架设，从田湾核电站出线至淮安500千伏上河变电所，线路全长155.23千米，其中连云港段长82.62千米，架设铁塔195基。

2005年5月28日，500千伏伊芦变电所投入运行。该变电所位于灌云县伊芦乡兴高村，是连云港市首座500千伏变电所，是江苏省500千伏输变电续建项目、田湾核电站送出工程之一，同时为新海发电有限公司新建2台30万千瓦机组提供系统接入点。

至2005年底，连云港市共有500千伏线路4条，长201.79千米。有500千伏变电所1座。

二、供电经济技术指标

1984年，连云港地区电压质量较低，电压偏差较大，低电压问题较为普遍。1991年6月，连云港供电局制定《加强电压质量管理办法》。是年，新海供电所对电压监测点的C、D类用户装设9只YJK-2型电压监测仪。1993年，市供电局变电工区对镇海变电所电容器进行改造。1995年，连云港供电局综合电压合格率达到95.07%，超过华东电业管理局、省电力局创一流供电企业的标准。1996年，连云港供电局开展线损理论计算工作，通过与1992年线损理论计算结果对比的分析，

110千伏线损率由3.72%降至1.54%，降低2.18个百分点；35千伏网损率由2.11%降至1.95%，降低0.16个百分点，10千伏线损率由5.84%降至3.69%，降低2.15个百分点。2000年，连云港供电局制定《输变电设施可靠性管理考核办法》，明确计划停电审批工作流程。4县供电局均制定配电网停送电管理制度和考核办法。2002年，市区设电压监测点67个，其中，A类电压监测点18个、B类电压监测点8个、C类电压监测点15个、D类电压监测点26个。全年综合电压合格率99.34%，其中，城市变电所10千伏母线（A类）电压合格率99.29%，城市低压电网和居民端（D类）电压合格率99.47%，35千伏及以上专线供电用户（B类）电压合格率99.15%，35千伏非专线用户和10千伏用户（C类）电压合格率99.56%。2005年，市区配网合环结束，绝大部分市区联络线倒负荷采取合环倒电。全市综合电压合格率99.82%，比计划指标提高0.24个百分点。线损率9.39%，比计划指标降低0.21个百分点。

三、电力调度

调度机构 1984年，连云港供电局地区电力调度所（简称地调）业务领导赣榆、东海、灌云3县供电局电力调度所（简称县调）。1997年1月1日起，灌南县供电局调度业务改由连云港地调领导。2001～2002年，连云港供电局新海供电分局、连云供电分局和市郊分局成立配网调度中心（简称配调），地调将市区和郊区的10千伏线路分别交3个单位配调管理。2005年，连云港地调属于江苏省电网第二级调度机构，直接受江苏省供电局电力调度，承担全市电网的安全经济运行责任。下辖4县电力调度属江苏省电网第三级调度机构。

电网调度自动化 连云港供电局调度自动化工作自20世纪80年代初起步，在新海发电厂和新浦、大浦、刘顶变电所开始使用FS-20、FS-21遥测装置和JYD-2三遥（遥信、遥测、遥控）远动装置。1988年下半年，新配置ES-200辅机1套，实现双机热备用功能。1993年，连云港供电局推进电网调度自动化实用化达标工作。1995年8月5日，连云港供电公司iES300H型更新改造升级为iES450型调度自动化系统。2002年，地区电网调度EMS系统与省电网调度EMS系统的TASE.2型网络通信投入运行，实现地区电网调度EMS系统与省电网调度EMS系统数据共享。连云港供电公司对iES500EMS型调度自动化系统进行扩容，加装硬件防火墙。DF9100型配电自动化系统建成并投入运行，规模为1个主站2个子站4条10千伏线路。2005年，连云港四级调度数据网建成，实现220千伏及110千伏变电站到调度端电网实时数据的高速传输，加强对变电站远程调度监控。

第三节　用　电

一、用电水平

用电量 1984年起，连云港市开始组织煤加工电、油加工电，采取多用低谷电、增加自发电等措施来填补缺口，全年全社会用电量8.49亿千瓦时。1985年全社会用电量8.21亿千瓦时。1990年全社会用电量13.64亿千瓦时。“八五”计划期间，全市经济发展迅速，1995年全市人均用电量497.69千瓦时，比1990年末人均用电量401.13千瓦时增长24.07%。2000年，全市人均用电量达到531.16千瓦时，比1995年末增长6.73%。2002年，全市全社会用电量达到25.92亿千瓦时，比2001年增长10.16%，比1995年增长21.75%，比1990年增长90.03%，年平均增长率10.15%。2005年，全市总用电量40.79亿千瓦时。

表 14-27

1984～2005年连云港市用电量统计表

年 份	全市用电量（亿千瓦时）	人均年用电量（千瓦时）	年 份	全市用电量（亿千瓦时）	人均年用电量（千瓦时）
1984	8.49	292.50	1995	21.29	497.69
1985	8.21	273.02	1996	21.52	497.04
1986	10.39	317.10	1997	23.87	545.91
1987	11.33	356.66	1998	21.97	495.34
1988	12.56	395.30	1999	22.57	503.63
1989	12.98	399.34	2000	24.20	531.16
1990	13.64	401.13	2001	23.53	511.92
1991	13.91	404.40	2002	25.92	558.58
1992	17.04	489.70	2003	28.67	612.83
1993	18.34	521.10	2004	35.13	690.68
1994	19.80	556.18	2005	40.79	863.87

最高用电负荷 1984年，连云港地区电网日最高用电负荷13.5万千瓦。1985年，日最高用电负荷12.9万千瓦。1990年，全市日最高用电负荷19.4万千瓦。2002年，日最高用电负荷为46.71万千瓦，平均日最高负荷为32.67万千瓦，日最大峰谷差为20.95万千瓦，日均负荷率为74.65%。2005年，全市电网日最高用电负荷73.7万千瓦。

二、用电结构

生活用电 20世纪80年代，随着市政建设加快和人民生活水平提高，电风扇、电视机等家用电器的普及率越来越高，带动全市生活用电量增长。1987年，全市城乡居民生活用电量6881万千瓦时，城镇年人均生活用电量81.24千瓦时，分别是1984年的1.59倍和1.7倍。1990年，连云港市城乡居民生活用电量1.1亿千瓦时，占全社会用电量的8.1%。20世纪90年代，随着人民生活水平的改善和城镇化水平的提高，城乡居民生活用电量持续增加。1995年以后，连云港市进行大规模的户表改造、城乡电网改造和电费电价改革，城乡居民生活用电量占全社会用电的比重不断增加。“九五”计划期间，全市全社会用电量平均年增长8.4%，其中乡村用电量年平均增长10.75%、城市用电量平均年增长5.58%。1999年，全市生活用电量首次突破4亿千瓦时，达4.13亿千瓦时。2004年、2005年城乡居民生活用电量连续跨上两个亿千瓦时台阶，分别达到5.84亿千瓦时、6.84亿千瓦时。2005年，全市生活用电量占全社会用电量的16.78%，其中，农村居民生活用电量3.61亿千瓦时、城市居民生活用电量3.23亿千瓦时。

表 14-28

1984～2005年连云港市城乡居民生活用电量统计表

单位：万千瓦时

年 份	全 市			年 份	全 市		
	总 计	乡村	城市		总 计	乡村	城市
1984	4325	1369	2956	1987	6881	2983	3998
1985	5604	1554	4050	1988	8616	4290	4326
1986	6320	2485	3835	1989	10263	4946	5317

续表 14-28

年　份	全　市			年　份	全　市		
	总　计	乡村	城市		总　计	乡村	城市
1990	11040	5794	5246	1998	36523	21750	14773
1991	11369	5701	5668	1999	41284	25724	15560
1992	15762	6911	8852	2000	43726	25397	18329
1993	17680	9199	8481	2001	45926	26225	19701
1994	23981	11695	12286	2002	46131	25003	21128
1995	29214	15244	13970	2003	48432	26126	22306
1996	28990	18141	10849	2004	58368	32087	26281
1997	35994	21734	14260	2005	68400	36100	32300

工业用电　20世纪80年代，伴随全市工业结构调整和经济建设突飞猛进，全市工业用电量以年平均7.1%的递增率增长，但工业用电量增长速度低于工业产值增长速度。1985年，全市工业用电量5.6亿千瓦时，其中轻工业用电量1.77亿千瓦时、重工业用电量3.83亿千瓦时，轻重工业用电量之比为1:2.17。1987年，全市工业总产值为35.93亿元，较1986年增长24.7%；工业用电量8.51亿千瓦时，较1986年增长8.7%。1990年，全市工业用电量9.61亿千瓦时，其中轻工业用电量2.97亿千瓦时，重工业用电量6.64亿千瓦时，轻、重工业用电量比例为1:2.24。1995年，全市工业用电量14.09亿千瓦时，占全社会用电量的66.2%。2000年，全市工业用电15.2亿千瓦时，占全社会用电量的71.4%。工业用电量占全社会用电量的比例持续上升。2005年，工业用电量27.43亿千瓦时，占全社会用电量的67.25%。其中轻工业用电量5.95亿千瓦时，重工业用电量21.48亿千瓦时，轻、重工业用电量比例为1:3.6，重工业发展势头明显加快。

1984～2005年连云港市工业用电量统计表

表 14-29　　单位：万千瓦时

年　份	工业用电量	年　份	工业用电量	年　份	工业用电量
1984	53483	1992	118373	2000	152013
1985	56038	1993	128647	2001	146237
1986	78357	1994	135643	2002	167541
1987	85168	1995	140951	2003	193869
1988	91605	1996	130812	2004	243554
1989	91132	1997	149697	2005	274300
1990	96056	1998	133856		
1991	95139	1999	135065		

农业用电　1983年开始，农、林、牧、渔、水利业用电归为一大类，称农村用电，农村的工业用电划归工业用电统计。是年，连云港市农村用电量1.52亿千瓦时。1984年，全市农、林、牧、渔、水利业用电量2.19亿千瓦时，占全社会用电量的25.77%。1987年，全市乡通电率100%、村通电率96.6%。1991年，农业用电量2.35亿千瓦时，占是年全社会用电量的16.89%。1995年，全市农业用电量2.84亿千瓦时，占是年全社会用电量的13.34%。2000年，全市农业用电量2.70亿千瓦时，占是年全社会用电量的11.16%。“十五”计划的前两年，赣榆海产品工厂化养殖、东海肉类加

工、灌云棉花产业、灌南木材加工等特色经济发展势头较好。全市积极发展高效经济作物，农业生产呈稳定增长态势。农村用电统计口径发生变化，电量基数变小，其中农业排灌用电从2001年的1.61亿千瓦时下降至2002年的1.26亿千瓦时，下降21.78%。2002年，连云港市农业用电量1.81亿千瓦时，比1990年下降14.9%，占是年全社会用电量的6.95%。2005年农业用电量1.23亿千瓦时，占是年全社会用电量的3.01%。22年间，农业用电量在全社会用电量中所占比重持续下降。

1984～2005年连云港市农业用电量统计表

表14－30　　单位：万千瓦时

年　份	农业用电量	年　份	农业用电量	年　份	农业用电量
1984	21890	1992	26720	2000	26954
1985	19377	1993	26858	2001	21600
1986	15153	1994	26488	2002	18074
1987	15768	1995	28401	2003	14664
1988	19101	1996	38902	2004	14214
1989	21874	1997	35753	2005	12280
1990	21136	1998	32806		
1991	23499	1999	33310		

三、电力平衡

计划用电　1984年，市“三电”（计划用电、节约用电、安全用电）办公室根据省分配的负荷数，制定用电分配方案，采取统一安排轮休日、错开上班时间、高能耗产品避峰让电、农村线路轮流供电等项措施实行计划用电。1986年11月，连云港市“三电”办公室成立线路管理委员会，对新浦、海州、连云等地的10～35千伏工业配电线路用户实行负荷和电量的分配管理。因1999年7月15日全省实行统一销售电价，是年未下达统配用电计划和非统配集资电厂电力分配比例。1999年上半年的统配用电计划按1998年计划折半执行。1999年下半年至2002年底，全省实施统一分类销售电价，不同类别的电量统一测算，进入统一分类销售电价。2000年10月，撤销省电力局，电力行政管理职能调整，每月用电计划开始由省经贸委下达。2002年5月，连云港供电公司编制《2002年度连云港市迎峰度夏错峰管理的实施预案》，明确四县可用最大负荷，通过无线电负荷管理系统指导用户合理用电。2005年4月，连云港供电公司在市经信委主导下编制《2005年度连云港市电力供应应急预案》并报市政府批复，按照分区负责、分级管理的原则进行迎峰度夏（冬）错避峰用电管理。

节约用电　1982年，连云港市成立风机、水泵测试改造小组，并举办培训班，开展风机、水泵效率测试，对低效的风机、水泵进行改造。1986年，市经纬编厂、色织一厂的热定型机电加热改为油、煤加热，总投资60万元，年节约电量达750万千瓦时；麻纺厂、纺织厂4台50千瓦风机改造为可控硅串级调速。1987年，连云港市全社会节电4050万千瓦时，比1986年多节电35万千瓦时。1991年，市供电局加强产品单耗管理，对超单耗的企业进行分析，修订产品年耗定额，继续推广节电新技术。2003年，全市宣传使用节能型家电和合理使用空调。2004年，连云港供电局积极推广电动机节约用电，在市区和四县同步开展电能替代等推广工作。2005年，连云港供电局开展能源替代替力调查工作，对典型工程案例进行重点调查。利用预期利益激励消费者，多方拓展冰蓄冷、电锅炉的应用范围。全年共推广蓄热式电锅炉容量2302千瓦，开展9次能效电厂技术讲座，完成400户能效电厂调查表的培训工作。

四、农电建设

农电体制改革 1984年7月，连云港供电局设立农电管理科，负责赣榆县、东海县、灌云县和市郊农村电网安全供电和农村安全用电管理工作。1987年4月，用电站、农电站、供电站统一更改为电力管理站（简称电管站）。1988～1991年，赣榆县供电局、东海县供电局、灌云县供电局和连云港供电局先后成立农村电力管理总站。1994年1月始，全市乡镇均建立电管站，为乡镇一级管理组织。1999年12月，各级电力管理站撤销，分别成立农电管理所和乡（镇）供电所，其中乡（镇）供电所为连云港供电局以及四县供电局派出机构。撤站建所后，各县供电公司对农村供电所人、财、物实行统一管理。2002年，各县供电公司对农村供电所财务实行收支两条线管理，农村供电所收缴的电费和其他收入全额上缴县供电公司，其所需费用由县供电公司统一核拨，县供电公司对农村电网维护费实行统一核算，专款专用，理顺农电财务管理关系。2005年，全市农电实行专业化管理，115个农村供电所整合为77个，组建农电公司和农电服务公司，实行营配分开。

乡镇变电所 1980年起，连云港地区先后整改6座35千伏变电所，总容量2.22万千伏安，新建8座35千伏变电所，总容量3.12万千伏安，架设35千伏输电线路86千米。1990年，连云港地区农村共有35千伏线路615千米，35千伏变电所26座，容量12.67万千伏安；10千伏线路4314千米，配电变压器5096台，容量56.97万千伏安；低压线路1.37万千米。1998年11月至2002年底，全市完成2期农村电网建设与改造工程。农村村通电率100%，户通电率99.99%。至2002年底，连云港地区农村共有110千伏变电所13座，容量为60.38万千伏安；35千伏变电所49座，容量为44.17万千伏安；110千伏输电线路478千米，35千伏输电线路长为935千米，10千伏线路1.36万千米，低压线路6.05万千米；10千伏配电变压器1.57万台，容量141.8万千伏安。农村35千伏变电站无人值班比例78.57%，10千伏及以上断路器无油化率89.06%。2005年，全市农网低压线路长1.57万千米。

农村电网改造 1984年，连云港地区供电部门继续对农村输配电网络进行调整、改造。1999年，完成灌云县和赣榆县农村电网改造任务。2000年，市委、市政府将全市农网建设与改造工程列入当年十件实事，纳入政府目标考核。至2001年底，全市完成35千伏及以上单项工程31个，架设10千伏线路3664千米、低压线路1.35万千米，新安装配电变压器6380台，容量45.17万千伏安，改造2149个行政村、110个集镇的配电网络，安装一户一表84.2万户。2002年，全市新建、改造10千伏线路2461千米，400伏线路1304.1千米。新安装变压器2088台，容量16.7万千伏安。农村村通电率100%，户通电率100%。2005年，全市新建、改造农网低压线路1466.5千米。

农村电气化县建设 1992年起，连云港市开始农村电气化标准建设。每个县、乡（镇）、村按照国家及电力主管部门制定的技术方针和标准，坚持因地制宜、量力而行、实事求是的原则，开展农村电气化创建工作。赣榆县、东海县分别在1994年7月、1995年10月通过省电力工业局和连云港市政府组织的电气化县创建验收。1996年1月，灌云县通过电气化县验收，在全省13个贫困县中第一个成为电气化县。灌南县1996年划归连云港市，由于用电水平低于考核指标，没有建成农村电气化县。2005年，灌南县供电公司一流供电所创建工作通过省供电公司验收。至2005年底，全市共建成一流供电所16个，一流供电所比例达40%以上。

连云港市志

第十五卷　建筑业　房地产业

1984～2005年，连云港市的建筑业持续健康发展，房地产业经历从起步到快速发展的历程，双双成为全市国民经济的支柱性产业。

建筑业一直是连云港市的重要产业，在国民经济中占有重要位置。1984年，全市建筑业从业人员3万余人。其中，全民、集体企业从业人员约占三分之一，农民建筑队伍约占三分之二。至2005年底，全市建筑业从业人员发展至16.03万人，建筑市场遍及新疆、内蒙古、黑龙江、上海等10多个省、市、自治区和俄罗斯、阿联酋、肯尼亚等10余个国家；累计创国家优质工程、部优工程、省市优质工程1000余个，赣榆县被命名为江苏省“建筑之乡”。2005年，全市建筑业完成建筑安装总产值115.16亿元，实现增加值52.11亿元。勘察设计、项目招投标、工程造价管理、质量和安全监督、市场管理逐渐规范，水平不断提升。

房地产管理部门为适应房地产业发展的需要，不断进行改革和调整。1984年前，连云港市房地产公司承担房地产业行政管理的职能。1988年，连云港市住房制度改革领导小组成立。1996年，在市级机关机构改革中，组建成立连云港市房产管理局。2003年，连云港市经济适用房工作领导小组成立，负责经济适用房的建设和管理工作。为适应房地产业发展的需要，先后成立房地产交易所、产权监理处、房改基金管理中心、房地产市场管理处等单位，履行房地产市场管理和监督职能。市房产管理局下属机构按市场经济要求不断进行改革和改制。市房屋管理修缮公司、房屋建设开发公司、住宅建筑公司、建筑设计院等先后经历转换职能、事业改企业以及内部管理体制、分配制度、人事制度改革的过程。

1988年开始，全市住房制度改革逐步展开。先后实施提高房租、公房出售、住房分配货币化及住房公积金制度等改革。1995年起建设经济适用房，1999年起实施廉租房制度，逐步建立起以市场供应为主、以解决中低收入者住房困难为辅的住房供应体系。

全市房地产开发在开始阶段采取统建代办、拆迁还建、联合开发、独立开发等形式。1992年后，房地产开发加速，房地产开发企业迅速增多，开发地块从市区一类地区扩展到二、三类地区，一大批环境优美、管理有序的住宅小区相继建成投入使用，城市面貌大为改观。2005年，全市竣工住宅建筑面积112万平方米，是1984年的5倍。与房地产开发相配套的物业管理行业也有了较快的发展，涌现一大批省、市级物业管理优秀项目。

第一章 建筑业

1984～2005年是连云港市建筑业快速发展的时期。全市建筑业从业人员由1984年底的3万余人猛增至2005年底的16.03万人。2005年底，全市有建筑企业360家，其中一级企业6家、二级企业79家、三级企业239家、劳务分包企业36家，形成多种专业、多种承包方式的产业组织结构。建筑业产业结构进一步优化，专业覆盖范围扩大，行业总资产81.5亿元，机械设备净值12.6

亿元。是年，全行业完成建筑业安装产值115.16亿元、实现增加值52.11亿元，占第二产业生产总值的26%。赣榆县被命名为江苏省“建筑之乡”。

1984～2005年，全市勘察设计单位由事业改为企业，全面走向市场。2005年底，全市有工程勘察资质单位10家，其中甲级勘察单位3家、乙级勘察单位7家，注册岩土工程师18人。全市有工程设计单位36家，其中甲级资质7家、乙级资质22家、丙级资质7家，涉及建筑设计、市政公用、城市规划、冶金矿山工程等10余个行业和装饰、轻钢、智能化、环境工程4个专项；全行业有从业人员2214人。

第一节　勘察设计

一、工程勘察

技术装备　1984年，连云港市的勘察设计单位开始配备静力触探、动力触探、静荷载试验装备，初步由单一钻探手段转向多种勘察手段相结合。1989年5月后，逐步配齐原位测试技术装备、岩土工程检测技术装备及航测成图电磁波测距、全站型组合式半自动化电子测绘系统等。1992年，市各勘察单位对照建设部有关技术设备分级标准进行整改，各工程勘察单位筹措资金，购置设备。2005年底，市各勘察单位拥有工程钻机近百台、静力触探设备30台。中蓝连海设计研究院（原化学工业部化工矿山设计研究院，简称化工部矿山设计院）、江苏连云港地质工程勘察院、连云港市建筑设计院有限责任公司3家甲级企业配备了自动化控制图套的土工实验仪器、三联固结仪、二联高压固结仪、四联直剪仪、SL-1AG三轴剪力仪、岩石压力机、切片机等设备。

工程地质勘察　1984年，连云港市本土勘察单位能够承担较大工程的地基勘察。1986年3月，化工部矿山设计院完成连云港碱厂北固新村生活区地基勘察。由于地基土成因复杂，物理力学性质差异很大，技术人员将场地划分为6个工程地质重区，进行特征描述；根据地层的沉积类型时代、岩土的物理力学性质，将场区的松散土层划分为7个工程地质单元体，通过钻探、取样、单双桥静力触探、标准贯入试验、十字板剪切试验、静荷载试验等方式，解决地基土工程性质变化大的难题，满足了设计和施工要求，节省勘察工作量30%，被化工部评为优秀工程勘察奖二等奖。

图15-1　工程技术人员在安置小区建设工地进行地质勘察　吉志强　摄于2005年

1989年，市建筑设计院勘察队完成亚洲集装箱有限公司工程地基勘察。工程场地复杂，地下多基岩、淤泥，技术人员采用钻探和原位测试方式对地基土做波速试验，采用动测和静载试验的方法，对主厂房做了试桩分析，并提出合理化建议。地基勘察报告结论准确、数据可靠、建议合理，获1989年度市勘察优秀工程二等奖。

1990年，化工部矿山设计院完成的化工部连云港疗养院院部场址是工程地质条件复杂场地下的勘察工程。勘察技术人员对钻探、取样、室内试验、室外原位测试精细策划，报告建议的基础型式及基础持力层科学合理。该项工程1991年获化工部优秀工程勘察奖二等奖。

1991年后，随着连云港市城市建设步伐的加快，高层建筑、大型工程不断增多，大体量、大跨度、高标准的工程地质勘察要求高标准的勘察技术，加之连云港市地质含水、含沙、含淤的特殊构造，推动勘察技术有了较大提高。

1993年，化工部矿山设计院完成连云港正大饲料有限公司工程地质勘察。场地位于中云台山坡麓，地层水平向及垂向变化很大，勘察采用坑探、槽探、钻探，辅助以少量物探手段，科学准确地解决了工程地质问题。该项目1994年获化工部地质矿山系统工程勘察二等奖。

1994年，化工部矿山设计院完成连云港海关大楼工程地质勘察。这是连云港地区首次大规模采用人工挖孔桩基础。该项目位于断裂构造附近岩体，完整性差，钻探中做到了一柱一孔，成孔时技术人员对每个桩孔孔底进行验孔，并进行大范围的岩基载荷试验。该项目1999年获化工部优秀工程勘察奖二等奖。

1994年，化工部矿山设计院完成的连云港港务局棕榈油罐区工程勘察，是建设在块石抛填层上的大型油罐工程，对不均匀沉降的要求很高。勘察单位提出的地基处理方案在投资最优的基础上解决了大型油罐不均匀沉降问题。该项目1995年获化工部优秀工程勘察奖三等奖。

1995年，化工部矿山设计院完成的龙河邮电综合楼工程地质勘察，是连云港市区较早的高层建筑勘察工程。勘察中在采用常规勘察手段的基础上采用十字板剪切试验，并进行水泥土配合比试验。试验中采用固结快剪试验，尝试淤泥层的三轴试验，为连云港市区高层建筑的勘察积累了经验。该项目1997年获化工部优秀工程勘察奖三等奖。

1998年，市建筑设计院在连云港国际展览中心工程勘察过程中，根据地质的断裂和构造情况，对拟建区压扭性构造的稳定性作出评价，解决了大体积建设工程的地基基础勘察课题。是年，化工部矿山设计院完成的田湾核电站临建生活区岩土工程勘察，是采用核电相关规程、勘察手段齐全、施工难度很大的一个项目。该项目采用物探手段，探查了场地隐伏的地下障碍物和断层，进行了抽水试验、压水试验、注水试验，查明了场地水文地质条件。该项目2002年获江苏省城市系统优秀勘察设计工程勘察三等奖。

2000年，化工部矿山设计院完成江苏省海上运动训练基地岩土工程勘察，解决了厚度超过10米的深厚块石抛填层钻探工艺及近海勘探作业问题。该项目采用面波法探查抛填层与底部原状土层界面，绘制了主要地质界面等值线图，同时进行块石抛填层地基大板载荷试验及块石抛填场地沉降观测。该项目2005年获化工部优秀勘察设计二等奖。

2001年，化工部矿山设计院完成马涧通道1∶1000地形图测量和工程地质测绘及调查。马涧通道是连接连云港市区与南云台、徐圩及灌云的重要通道。该通道为岩质高边坡，勘察中除采用常规勘察外，还进行岩石抗压、抗拉、抗剪、抗剪断、岩石三轴试验等特殊试验。该项目2002年获省基础地理信息中心测绘工程三等奖。是年，市建筑设计院勘察公司完成连云港市110指挥中心地基勘察工程，解决了桩柱侧斜问题。在基础施工中，由于施工单位采用机械开挖一次到位，在基坑边上大量堆土，造成附加荷载增大，使整个土体向东滑移，出现大面积预应力高强度管桩侧斜现象。经专家论证，充分利用打入风化岩且无损管桩，由1层地下室改为2层地下室，再采用支护、止水措施，继续开挖至9米，解决管桩侧斜现象，保证了基础工程的正常施工。

2002年，化工部矿山设计院在连云港市行政中心大楼工程勘察中详细研究了赋存在海相淤泥层中的地下水水质状况及其对建筑材料的腐蚀性，对连云港地区部分地段地下水对混凝土具有的强腐蚀提出了桩型选择的合理化建议，对连云港地区规范地下水采样和地下水腐蚀性试验做了规范性工作。

通过多年对连云港地区软土地质的勘察，市勘察技术人员对连云港地质状况有了科学认知。连云港有大量的滨海相沉积的第四系全新统淤泥或淤泥质土，具有高食水、高塑性、高压缩性、高灵敏度、低强度特征，且存在一定的结构强度，沿深度方向有不断增长的趋势并具触变性、流变性和低透水性。

2005年，市建筑设计院牵头市内3家甲级勘察单位进行总结，对连云港市工程地质勘察提出指导意见：对软土的取样要采用薄壁取土器，现场宜进行十字板抗剪强度试验；试样的保管应防止土样失水，饱和黏性土应采用在土的有效自重压力下三轴试验确定抗剪强度指标；为使结果不至于过低，应采取在自重压力下进行固结后再进行不排水的做法。该项科研成果在连云港市工程勘察行业得到广泛推广。

二、建筑设计

住宅建筑设计　1984～1989年，连云港市住宅建筑设计以适用型为主，造价标准低，功能单一。1984年，市建筑设计院设计的住宅小区，位于新浦龙河广场北部，建筑面积4万多平方米。该工程主要利用拆除小铁路沿线狭长地带，布置17幢点式住宅。单体平面布局追求明厅、明厨、明厕，在20世纪80年代全市民用建筑设计中处于领先地位。一梯两户，楼梯开间2.4米，并且采用扩大平台的措施，使用方便。层高设计2.7米。水道设计采用地下水池加泵供水，确保正常使用。电器线路设计上，在各间均留有较多的电源插座，满足家用电器普及化的要求。1986年7月，化工部矿山设计研究院设计的连云港碱厂北固新村住宅区，建筑面积10万平方米，总投资9000万元。设计风格灵活多样，每幢楼有2～4个单元，建筑户型多为两室一厅，少数为三室一厅或一室一厅。布局上通盘规划，以绿化带为中心，将小区分成大片住宅组群。平面布局讲究在统一中有变化，商场、俱乐部、菜场、粮站、医院、学校、幼儿园、邮局、储蓄所等公共设施布置在小区入口处或干道附近，分隔形成4个街区，整个住宅区配套齐全，环境优美，居住方便。

90年代，连云港市住宅建筑开始从适用型向以人为本的舒适型过渡。1990年，市建筑设计院设计的市机关住宅楼为桩基础混合结构，建筑面积4597平方米。平面布局将厨房、卫生间放在北面，主卧室放在南面，适当增加客厅的建筑面积。同时，将客厅与南面卧室之间的墙改为玻璃隔断。隔断上部设常用的离盒，下部设计低柜，既美化了客厅，便于贮藏杂物，又增加了客厅的采光。楼梯设计成坡道，改善了住宅的使用功能。1994年，化工部矿山设计院设计的建港指挥部港外生活区，统一规划、统一设计，在住宅零星设计的年代独树一帜。户型以舒适型为主，户型标准较当时的常规设计有很大提高。1999年，市建筑设计院设计的苍梧小区，占地面积13.28万平方米，建筑面积20.96万平方米，居住人口约7000人。苍梧小区分两期建设，属于连云港市房地产发展初期第一个高档住宅小区，环境优美，人文气息浓郁，配套设施齐全，物业管理完善。

2002年，市建筑设计院设计的香溢世纪花城小区，占地面积17.54万平方米，建有47幢住宅楼，包括33幢多层住宅、4幢点式小高层住宅和10幢排屋。该建筑通过景观和环境的精心设计与布局，破除行列布局的呆板单调，创造出丰富而饶有趣味的空间变化，营造出高质量的人居环境。住宅布局以组团为单位，高层、多层、排屋分区布局，高低错落，疏密有致，结合架空层、水面、台地、绿化和一系列有序的景观语言，为小区提供丰富的生活场景。

2005年，市建筑设计院设计的久和国际新城一期项目占地面积53.33万平方米，设计建造26幢住宅楼，包括17幢多层住宅、9幢中高层住宅，建筑面积10.34万平方米。9幢中高层住宅为二类高层建筑，其余地上建筑为多层普通民用建筑，引入大量生态建筑的设计手法，空间及立面构成手法上采用较现代的欧陆风格。

图 15-2　东方国际集装箱公司厂房建设
吉志强　摄于2005年

工业建筑设计　1984年，连云港市工业建筑项目以单层工业厂房为主。1986年5月，连云港市建筑设计院设计的江苏三得利麦芽厂，建筑面积4518平方米。车间的麦芽箱为砖混结构，长90米，宽21米，室内跨度32米，5层框架结构，垂直度、平整度误差均不超过1厘米。1987年3月，江苏省电力设计院设计的江苏省新海发电厂第五期2台20万千瓦机组扩建工程，计有建筑物、构筑物134幢，建筑面积约8.25万平方米。1988年，化工部矿山设计研究院完成的6个项目获化工部优秀设计奖和科技进步奖，其中，广东云浮硫铁矿主体工程设计获优秀设计奖。

1989年，化工部矿山设计院作为主体设计院承担了贵州省瓮福磷矿250万吨/年矿肥结合工程设计（前期设计工作1983年启动）。该工程为国家"八五"计划期间重点建设工程，是化工部第三批利用世界银行贷款的项目。瓮福矿区面积58平方千米，工程技术复杂，场地分散，各工业场地既具有独立的功能，又必须在工艺流程和水、电、路及通信调度系统等方面形成有机整体。采选生产能力为年产原矿250万吨，年剥离废石量1250万吨，合计年矿岩总量为1500万吨。所采原矿石全部入选，选矿厂年产精矿量约190万吨，浓度55%～60%的矿浆经长44.4千米的管道输送到矿区磷肥加工厂，这是中国首次引进、建成的第一条具有世界先进水平的长距离精矿浆输送管道。工程于1990年11月正式开工，1999年全面建成投产。该工程具有技术装备水平大型化、现代化和自控程度高等特点，达到90年代末世界先进水平。其胶磷矿浮选新型捕收剂PA-13开发研究、贵州省瓮福磷矿年产190万吨精矿仓项目先后获化工部科技进步奖和优秀工程奖。该工程获2004年度国家优秀工程设计金奖。

1990年以后，外资企业、外地企业相继进入连云港市，工业建筑设计项目逐年增多。1995年由市建筑设计院设计的连云港药用包装材料厂、1998年设计的黄海机械厂总装车间、2001年设计的日本独资企业味之素食品加工厂、2002年设计的日资企业恩佳升电线电缆厂等工业建筑的主厂房跨度均超过40米，附跨达20余米，厂房由单层发展到多层，普遍采用钢结构，部分大型厂房长达200米，工业建筑步入大型现代化行列。

2005年，市建筑设计院设计的东方国际集装箱项目占地面积1.02公顷，建筑面积4.45万平方米。一期工程结合生产工艺要求，布置3幢主厂房、1幢木地板仓库以及配电房、辅料仓库、备料场、料库、食堂、浴室、污水处理站等单体附属用房。立面造型设计体现海滨建筑的特点，生产厂房建筑多以大跨度的钢结构为主，夹层的彩钢板外墙与玻璃交相呼应，不同于传统的工业厂房。

公共建筑设计　1984年，连云港市公共建筑项目较少，设计也较单调。1987年，市建筑设计院设计的东方影视中心，总建筑面积2万平方米。在总体设计上从各空间的使用功能出发，组合成虚实、高低、曲直对比强烈的几何体。在平面设计中，采用5米模数的基本轴线网络，同时旋转45度。空间组合以门厅、中庭为核心布置各使用空间。建筑造型突出连云港市的"海"之韵味与文化娱乐建筑的活泼、轻巧的特征。结构上采用钢筋混凝土桩基、框架结构。该项设计获文化部优秀设计工程二等奖。是年，市建筑设计院设计的连云港港务局招待所，建筑面积5866平方米，局部6层。采用院落式布局，通过3层小型中厅空间，使客房部分与公共建筑部分相分离，与城市道路之间以桥连接，通过半球形坡道通往地面停车场。该项设计获1991年度江苏省优秀建筑工程设计奖三等奖。化工部矿山设计院设计的连云港海关大楼建筑面积约2.2万平方米，建筑高度90米，钢筋混凝土框架结构，筏板基础。采用对称布局，雄伟庄严，成为连云港市区的标志性建筑。该项目1999年获化工行业优秀民用建筑设计三等奖。

1989年，市建筑设计院设计的市妇女儿童医院门诊楼建筑面积3200平方米，钢筋混凝土桩基，上部为砖混结构。整个建筑大量采用弧线、曲线、圆角，在建筑的主入口处用雨篷、花架、变形的柱子等构件组合，中部5层突出的形体与左右两边连续的4层构成桃形体。该项设计获1990年度连云港市优秀设计奖、1992年度江苏省优秀建筑工程设计奖三等奖。

1992年，化工部矿山设计院设计的市第一人民医院门诊楼建筑面积8750平方米，建筑高度37.3米，钢筋混凝土框架结构，桩基础。该项目设计巧妙地运用体块穿插解决复杂的功能流线，简洁规律的开窗秩序与几何形体相得益彰。1997年获化工部优秀工程设计奖三等奖。

1994年，化工部矿山设计院设计的连云港龙河电信大楼总建筑面积1.6万平方米，总高95米，为钢筋混凝土框架剪力墙结构，建筑造型简洁现代，是连云港市第一高楼、市区标志性建筑之一。

1998年，市建筑设计院设计的连云港国际展览中心总建筑面积2.9万平方米，占地面积6万平方米，总投资1.6亿元，拥有1500个国际标准展位，是连云港国际商务中心的重要组成部分。展览中心由3个展出面各为6200平方米相对独立的展馆组成，3个展馆可单独或同时使用，满足大、中、小型不同类型的展览需要。

2000年，化工部矿山设计院设计的新海高级中学行政综合楼建筑面积1.6万平方米，建筑高度24.55米，混凝土框架结构。建筑采用弧形平面对称布局，与校前广场形成环抱之势，红白相间的立面设计既活泼又不失庄严。该设计2004年获江苏省城乡建设系统优秀勘察设计建筑设计三等奖。

2001年，化工部矿山设计院设计的市供电局办公楼建筑面积9280平方米（地上7470平方米，地下1810平方米），建筑高度27.8米，钢筋混凝土框架结构。建筑平面布局灵活，充分适应场地，与主入口遥相呼应的同时在不规则场地中串联出主轴空间意向。该项设计2005年获化工行业优秀民用建筑设计二等奖。

2002年，市建筑设计院设计的市行政中心总建筑面积约5.6万平方米，其中地上约5.1万平方米、地下0.5万平方米。地上建筑21层，地下1层。“舟行海上，扬帆远航”是其设计主题思想。

2003年，市建筑设计院设计的市博物馆占地面积2万平方米，建筑面积1.33万平方米，其中地下1层、高4.2米，地上3层、每层高5.1米。结构形式采用全框架，内部功能由展览陈列、藏品库、行政办公等区域组成。展览陈列集中在东北侧和西南侧两个方形展厅内。南侧入口平台设置室外展场，形成室内展览与陈列空间的延伸。实行无障碍设计，西南角设置供残疾人使用的坡道，每层公厕设置残疾人使用的卫生洁具。

2004年，市建筑设计院设计的连云港市文化艺术中心，建筑面积3.16万平方米，其中地下1层、地上局部6层，总高度28米，结构形式为全框架及框架剪力墙。集剧场、音乐厅、小影视厅、文化馆及书画院等多功能为一体，基地为扇形，功能体块上分为南、北两块，东北角对应于东侧博物馆及下部广场空间，在竖向上进行流线区分，向西进入剧场，向南进入文化艺术展厅，在入口处设置大玻璃顶雨棚，形成一个大空间，便于人员集散。各层的功能区都有单独出入口，流线分开，互不干扰，方便管理。

2005年，全市公共建筑呈现多元化发展趋势，建筑数量、设计单位增多，设计理念更加开放、实用。

1984～2005年连云港市工程勘察工程设计获奖情况一览表

表15-1

奖　项	等次	项目名称	获奖年份
化工部优秀工程勘察奖	二等奖	连云港庙岭煤码头岸滩地段工程	1986
		连云港碱厂北固新村生活区工程	1990
		化工部连云港疗养院院部场址工程	1991
		连云港海关大楼地质勘察工程	1999
	三等奖	连云港港务局棕榈油罐区工程	1995
		连云港港务局地下隐蔽散装油库	1990
		连云港市龙河邮电综合楼工程	1997
化工部地质矿山系统优秀工程勘察奖	一等奖	连云港港务局棕榈油罐区工程	1994
	二等奖	连云港正大饲料有限公司工程	1994
化工部优秀工程设计奖	三等奖	连云港市玻璃厂玻璃钢管道及储罐生产线工程	1991
		连云港市电子器材厂环氧模塑料装置	1995
		连云港市第一人民医院门诊楼	1997
江苏省优秀建筑工程设计奖	优秀奖	连云港市云台宾馆	1984
		赣榆县政府招待所	1986
	二等奖	连云港市室内游泳池	1992
		东海县温泉度假村2号楼	1998
		赣榆县人民政府办公楼扩建工程	2000
		江苏省新海高级中学行政综合楼	2002
	三等奖	连云港民航候机楼	1991
		连云港民航候机航管楼	1991
		连云港港务局招待所	1991
		连云港市妇女儿童医院门诊楼	1992
		连云港振兴大厦	1993
		连云港百货大楼新楼	1993
		连云港市东方中学	1995
		连云港市群众艺术馆	1995
		连云港国际展览中心	2003
		苍梧小区人防工程项目	2004
		苍梧小区幼儿园项目	2004
江苏省优秀工程勘察奖	三等奖	连云港亚洲集装箱厂项目	1995
		黄海机械厂项目	1996
		连云港污水处理厂项目	2002
		连云港核电站生活区	2002
		连云港出口加工区厂房项目	2003

第二节　建筑企业与队伍

一、建筑企业

1985年初，连云港市建筑总公司成立。1987年10月，市建筑总公司与7个直属企业签订承包经营责任合同书，全面推行经理（厂长）承包责任制。

1989年9月，连云港市首家一级资质建筑企业——连云港市建筑工程公司成立，具有承揽大型、特大型工程的资质，并有海外承包工程签约权。至1990年底，全市有建筑类企、事业单位151家，全行业固定资产原值4.93亿元，其中固定装备原值2.65亿元，建立勘察、设计、土建施工、设备安装、构配件生产、材料供应等门类齐全、专业配套的行业体系。

“八五”至“九五”期间，在城市建设发展的浪潮中，全市建筑业有了长足发展，结构也发生较大变化。1991～1995年，国有建筑施工企业全面深化经理负责制。“九五”期间，建筑业行业规模逐步壮大，企业实力明显增强，整体效益不断提高。建筑市场不断扩大，承接工程涉及国内21个省、市、自治区与海外11个国家和地区，有北京、上海、大庆、西安、银川、宁夏等3000人以上施工队伍的建筑市场9个，累计完成建筑业总产值208.75亿元、建筑业增加值50.7亿元、劳务总收入34.7亿元，均比“八五”计划期间翻了一番。1999年2月，经省体制改革委员会批准，连云港市建筑企业第一家“航空母舰”式企业——江苏三兴建工集团在赣榆县挂牌。该集团由26家全资、控股、参股、协作企事业单位组成，集设计、桩基、土建、安装、装饰、市政、水建以及建材购销、机械制造、混凝土构件加工于一体，是全市建筑业首家省级企业集团。2000年11月29日，省政府在南京召开全省建筑业工作会议，赣榆县被命名为“建筑之乡”。是年，全市建筑施工面积780万平方米，竣工面积700万平方米，完成施工总产值60.15亿元，实现建筑业增加值26.7亿元，建筑工程优良品率43%，建筑业基本完成从优势产业向支柱产业的过渡。

2001～2005年，全市建筑业在纵向上拉长产业链，在横向上发展多元经济，积极提升企业级别，发展专业承包和劳务分包，初步形成以一级企业为龙头、二级企业为骨干、三级企业与劳务分包企业为补充的产业组织结构体系。2001年，市政府发布文件，启动以产权制度改革为核心的建筑业企业改制工作。是年，全市建筑业企业改制40家。2002年，全市建筑业进行经济结构调整，优化企业组合。一级施工企业由2家增加到4家，二级施工企业由27家增加到49家，专业总承包由6家增加到9家。行业总资产额达到42.2亿元，机械设备净值7.8亿元，建筑业实现总产值74亿元。2002年，全市建筑企业改制工作全面展开。东海县改制力度最大，有12家企业按照“国退民进”的原则，由个人出资全额买断企业资产。新浦区、海州区、连云区在原区属大集体企业改制重组的基础上，进行第二轮改制，形成了新的企业产权结构。江苏三兴建工集团彻底与建设行政主管部门脱钩。市属企业连云港市第一、第二、第三建筑公司，经过资产重组 改制为民营企业——地业、地亚、地山3家有限责任公司。全市建筑业改制企业和按公司制组建的企业达130家。改制企业中，国有、集体资产全部或大部退出，实行民营的企业25家。

至2005年底，全市有建筑企业360家，其中一级企业6家、二级企业79家、三级企业239家、劳务分包企业36家，形成多种专业、多种承包方式的产业组织结构。建筑业产业结构进一步优化，2005年总承包企业比重由2004年底的47.9%降至41%，专业承包企业比重由46%升至49.6%。专业覆盖范围扩大，其中装饰装修企业发展较快，达到84家。行业总资产额达81.5亿元，机械设备净值12.6亿元。全年完成建筑安装总产值115.16亿元，占全市第二产业生产总值的26%，实现增加值52.11亿元，利税6.35亿元，支柱产业地位逐渐巩固。赣榆县充分发挥“建筑之乡”和“三兴”品牌优势，奋力开拓外埠市场，巩固了肯尼亚、中东等传统劳务市场，开辟了蒙古、俄罗斯、缅甸等新兴市场。

二、建筑队伍

1984年，连云港市建筑业从业人员有3万余人，其中全民、集体建筑企业职工占三分之一，农村进城务工人员占三分之二，农民建筑队伍以东海县和赣榆县为主体。农村进城务工人员队伍中除了一部分在市区从事建筑外，大部分人员在黑龙江、吉林、新疆等地从事建筑施工。市、县政府分别在大夫、乌鲁木齐等城市设立施工办事处，具体处理建筑队伍的日常事务和与当地相关部门进行工作协调。

1985年10月，市建筑总公司所属10家企业单位面向社会招收工人，经市劳动局组织，社会上持有待业证的青年参加文化考试，按考试成绩，报考各招工单位。市建筑总公司所属企业共招收待业青年1500名。至1990年底，全市有建筑施工工人约10万人。

90年代，全市建筑行业坚持“立足本地，服务全国，跻身国际建筑市场”的行业发展战略，积极推进“借梯上楼、借船出海”的经营策略，行业发展进一步加快。1999年，全市建筑业从业人员11.96万人，其中成建制外派出省施工人员5.4万人次、出境施工人员3000人次。能独立承担高、大、难、新项目工程的项目经理队伍逐渐成熟，市建筑主管部门完成对全行业项目经理1458人的资格年检、认定工作，其中一级项目经理31人、二级项目经理229人、三级项目经理914人、四级项目经理284人。

2000年，全市直接从事建筑业的人数达12.01万人，占全市社会劳动者总数的9.2%；建筑业各类技术人员9700人，建筑业劳动生产率从1995年人均2.3万元提高到人均5.7万元。2001年，全市建筑业从业人员达15万人，其中出省施工人数超过12万人次，出境施工和劳务输出人员超过4000人次。

2005年，全市直接从事建筑业的人数达16.03万人，建筑企业项目经理2737人，建筑业全员劳动生产率10.1万元每人。

第三节　施工技艺

一、基础施工

1987年，连云港市第一建筑公司承建国家重点工程新海发电厂第五期扩建工程。其中2座大型冷却塔工程处于古河道河床上，周围堆集着1～3.5米厚度的淤泥。施工中，先挖除淤泥，再将砂子、石子下坑，分层铺设，用农用旋耕机翻拌，用压路机和平板振动夯压实，解决了大体积砂石垫层的施工难题，使地耐力达到了每平方米25吨以上，保证冷却塔主体质量。

1990年后，随着市区多层建筑物的增多，基础施工在原有的砂石垫层基础、杯形基础、带形基础、整板基础为主的情况下，逐渐发展为以桩基础为主。常用桩的类型有预制钢筋混凝土方桩、预制高强预应力管桩、灌注桩，有的工程采用人工挖孔桩、振中碎石桩。预制桩施工方法有锤击桩、静压桩。灌注桩施工方法有沉拔管灌注桩、机械挖泥浆护壁灌注桩。1991年，市第一建筑公司承建的市建设银行办公楼，基础开挖深度4.5米，采用钢筋混凝土沉井支护方法，保证了近旁铁路正常运行和民宅安全。市第一建筑公司承建的东方大厦二期工程地下室，采用预应力钢筋混凝土预制管桩，二道型钢水平内支撑护坡，开挖地下深度5.8米，未影响邻近的大厦一期工程，确保周围住宅、办公楼和市区道路的安全，解决了地下工程施工放坡支护问题。1994年，由市第二建筑公司承建的连云港商检局办公楼，楼高73.2米，21层，建筑面积13484平方米，为当时市区第一高层建筑。基础施工主楼为箱型基础，兼做地下室；地下层面积635平方米，底板厚0.7米，顶板厚0.3米；裙楼为独立桩基础，17根桩，直径分别为0.8米、1.3米。

2000年，市第三建筑公司承建的列奇达花园商住楼工程，主楼12层，裙楼4层，地下室1层，建筑面积1.8万平方米。采用预应力钢筋混凝土管桩，直径0.56米，有效桩长30米，共560根，地面下送桩6米。在施工中采用D63柴油打桩锤。因工程处于闹市区，为减少对周边居民房屋的影响，施工中开挖减震沟做应力释放孔。由于措施得当，离桩机只有6米远的居民房屋安然无损。

2002年，市第三建筑公司承建的连云港市120急救中心工程，主楼21层，裙楼4层，建筑面积3万余平方米。基础工程采用预应力管桩，直径0.5米，有效桩长27米，地面下送桩6.6米，设计中特别要求桩尖要进入基岩1.8米、桩不能上浮，否则将降低单桩承载力。施工中采用该公司发明的专利技术ZL-9246176.7的开口十字锥型桩靴，增加了桩的穿透能力，桩尖嵌入基岩达到设计要求。工程获得市“玉女峰杯”优质工程金奖。

2005年，市地亚建筑工程公司承建的中复连众复合材料集团2号叶片车间，工程规模2.27万平方米。基础土方施工中，采用人工与机械开挖相结合的方法，机械挖土至设计标高以上20厘米时，采用人工清底至设计标高。桩基工程施工采用预应力混凝土管桩，桩长19～20米，桩尖选用A型，预制管桩的混凝土采用抗硫水泥，混凝土中加钢筋阻锈剂，桩尖持力层为第5层含食浆砂黏土。打桩时，对不同规格的桩采用先大后小、先长后短的施工顺序，使土层挤压均匀，有效避免位移或偏离。

二、墙体施工

1984～1990年，连云港市兴建的成片住宅小区楼高多为4～7层，墙体为砖混结构。1991年以后，随着高层和大型建筑的兴起，墙体施工发展为以框架结构为主，砖墙多为填充墙，施工方法也有较大变化，控制竖向偏差的技术更加成熟。

1994年，由市第二建筑公司承建的连云港商检局办公楼主楼共20个结构层次，裙楼为3层，共有6个不同的结构标高，主楼为现浇框架剪力墙结构。施工中根据设计要求，主楼主体结构施工完成后再施工裙楼，而两楼是直接连接，无沉降缝和后浇带。因此，只有采取留施工缝的方法。轴线投测和紧向偏差控制根据现场情况，用经纬仪引柱投测法测设各层楼面，并控制竖向偏差。同时采用吊线坠法投测轴线加以比较和检校，保证质量要求。

1999年，市第三建筑公司承建的新浦龙河大厦楼高85.7米，23层，建筑面积1.6万平方米。1～4层为裙楼，主体为钢筋混凝土现浇框剪结构。砌体工程采用砌块及黏土砖来砌筑围护墙，墙厚24厘米、20厘米、10厘米、8厘米不等，在框架底部用标准砖斜砌、填实。

2005年，市地亚建筑工程公司承建的连云港中复连众复合材料集团2号叶片车间，单层排架结构建筑面积1.5万平方米，框架结构建筑面积0.77万平方米。主体OE-Oa轴为单层现浇混凝土排架柱，钢梁结构。屋面钢梁下弦标高9.7米。

三、屋面施工

1984~2005年，连云港市房屋建筑在形式上多采用平屋面和坡屋面，在施工中大量采用新技术，运用新材料。

1988年，市第一建筑公司承建新海发电厂扩建工程，主厂房屋面采用无规聚丙烯（APP）防水，单元控制室屋面采用聚氯乙烯PVC防水，部分工程采用603防水卷材。

1989年，市第三建筑公司承建的灌云县棉纺织厂纺纱车间，屋面基层用混凝土小圆孔板，坐落在预制锯形屋架上，板缝内预埋木砖，以备连接上部木基础，上铺8厘米厚岩棉被，再铺设普通黏土混凝土瓦。

1999年，市第三建筑公司承建龙河大厦工程，屋面施工中，待基层的聚氨酯底胶干燥后再铺设卷材，并在阴阳角、排水口、管子根部周围易发生渗漏的薄弱环节处，用底胶多涂刷一层作增强处理。

进入21世纪，屋面施工已大量采用新材料，工艺处理上注重防水层。2005年，市地亚建筑工程公司承建世纪花园住宅楼，屋面工程分为两类，坡屋面部分为挂英红彩瓦，1：3水泥砂浆找平层，热沥青二道隔气层，聚苯乙烯泡沫板粘贴，1：3水泥砂浆掺107胶。16号楼用镀锌钢丝网一层，轻质装饰瓦；平屋面部分为柔性防水屋面，1：6水泥焦渣找坡层2%坡度，最薄处3厘米，1：3水泥砂浆找平层，热沥青二度隔气层，RE-Ⅲ复合保温砂浆，1：3水泥砂浆保护层，柔性苯乙烯系热塑性弹性体（SBS）防水层。

四、装饰施工

1984年，市第一建筑公司承建的市工商银行营业楼，外墙为白色马赛克，室内支柱用大理石镶贴，墙裙为花岗岩，走廊为木墙裙，六楼轻钢龙骨吊顶和水泥压力板吊顶喷塑。

1990年，市第三建筑公司承建的市农副产品公司工程，楼房沿口全部采用玻璃瓦，外墙贴花岗岩。施工时先打底，再用环氧树脂胶泥将花岗岩块体贴在四角，中心有2个锚点固定，用胶粘在花岗岩的背后，然后灌入水泥浆。这一施工方法保证了花岗岩贴面质量坚固耐久，有效避免脱落。

1991年，市第三建筑公司承建的市交通银行营业办公楼，1～2层营业厅墙面地面、柱面全部为花岗岩贴面，其他各层面筒质砖贴面，内墙全部彩色喷涂。4楼地面为木地板，所有楼层走道均为彩色水磨石面层，楼梯采用陶质地面砖粘贴。外墙全部采用高级喷塑，顶棚为铝合金吊顶，JK板弹涂。正门厅处有2个不锈钢柱，高10米，直径0.8米，南立面采用玻璃幕墙，楼梯扶手用不锈钢材料，整体装饰典雅华丽。

1999年，市第三建筑公司承建的龙河大厦工程，装饰工程主要是内外墙装修。内墙抹灰时先将四角规方，横线找平，竖线吊直，弹出准线和踢脚板线。然后按图纸要求抹出墙面阳角护角线，混凝土基层先刷107胶水泥浆一道。水泥浆浆面层施工前在墙面上做灰饼和冲筋，表面压光。室内踢脚板比墙面抹灰凸出5厘米。轻钢龙骨吊顶，先测量放线定位，然后确定吊顶标高。在墙面和柱上，按吊顶高度用激光仪放出标高线，确保位置准确、吊件固定。

至2005年底，全市建筑装饰工程大量选用新材料，注重改进和提高施工工艺，室内装修时根据水平位置及垂直竖向标志挂线镶贴，擦缝平线用瓷砖胶勾缝，擦嵌密实。面砖镶贴前进行摆砖计算，避免出现非整砖。非整砖应用在阴角处不明显的部位，灯具、管线、卫生洁具的接头处用整砖套割，不用非整砖拉凑镶贴。这种施工方法既保证质量，又美观大方。

1984～2005年连云港市大型、高层建筑一览表

表15-2

序号	名称	层数	面积（平方米）	地址
1	甘肃省驻连办事处综合楼	18	—	连云区军工路
2	连云港市人事局培训中心楼	12	9317	新浦区朝阳东路
3	连云港市百货大楼	12	10148	新浦区解放中路
4	天然居宾馆	16	8506	新浦区海连路
5	中国人民银行连云港市分行营业办公楼	12	5473	新浦区解放中路
6	连云港市对外经贸委写字楼	19	27000	新浦区贾圩小区
7	连云港海关大楼	29	22000	连云区北城路
8	交通银行连云港分行营业办公楼	12	7129	新浦区海连路北侧
9	连云港远洋基地主楼	11	10110	连云区陶庵
10	连云港商检局办公楼	21	13484	连云区中山路
11	华联商厦主楼	15	14000	新浦区海连东路
12	连云港市广播电视中心大楼	17	9500	新浦区解放西路
13	南光大厦	11	7200	新浦区海连东路北
14	连云港市邮电局开发区电信楼	17	13339	连云港经济技术开发区
15	连云港市棉麻公司锦云大厦	12	923	新浦区海昌路
16	中国农业银行连云港市分行综合营业楼	19	14997	新浦区通灌中路西侧
17	连云港市城市信用社综合楼	14	11750	新浦区通灌路西
18	淮海工学院教学楼主楼	15	17878	新浦区苍梧路
19	连云港市国税局新浦分局办公楼	12	7781	新浦区朝阳路南
20	港利大厦	11	7820	新浦区海连路南
21	新华大厦1号楼	16	15000	连云区中华西路
22	连云港供电局电力综合楼	11	7625	海州区幸福路
23	连云港市第二人民医院门诊楼	11	13598	海州区幸福桥南首
24	连云港市公安局“110”指挥中心	17	17019	新浦区朝阳东路
25	连云港市房管局房地产交易大厦	13	14800	新浦区海昌路
26	连云港市嘉龙房地产公司综合楼	11	10300	连云区中山西路北侧
27	连云港市地税局海昌北路办公楼	16	14300	新浦区海昌北路东
28	弘瑞楼	11	9000	新浦区朝阳路
29	连云港市第一人民医院急救中心	21	31382	新浦区通灌北路
30	物产大厦	11	10000	连云港经济技术开发区
31	连云区农村信用社嘉龙科技楼	11	3993	连云区中山路北
32	连云港市电信局综合楼	21	17000	新浦区海连东路
33	澳连丽景广场	24	19300	连云区海棠路
34	祥源国际大厦	22	15500	新浦区朝阳路

续表 15-2

序　号	名　称	层　数	面积(平方米)	地　址
35	连云港电信分公司办公楼	14	2444	新浦区南极路
36	龙河大厦	23	15991	新浦区苍梧路
37	新银双厦	28	65000	新浦区苍梧路
38	海景大厦	16	16500	连云区中华路
39	连云港市东方医院门诊楼	14	19640	连云区中华路
40	淮海工学院通灌路校区教学实验楼	21	23591	新浦区通灌南路
41	连云港海上搜救中心综合楼	12	5040	连云区院前路
42	杰瑞大厦	14	9100	新浦区海连东路
43	云台宾馆	20	30410	新浦区苍梧路
44	连云港市中心大酒店	24	24235	新浦区解放中路
45	东盛大厦	27	29720	连云区海棠路
46	汇鸿置业公司精英国际大厦	21	23000	连云区中山西路
47	连云港帝豪实业公司阳光大厦1号楼	29	31200	连云区海滨大道西侧
48	连云港帝豪实业公司阳光大厦2号楼	31	33280	连云区海滨大道西侧
49	连云港帝豪实业公司阳光大厦3号楼	30	37280	连云区海滨大道西侧

第四节　建筑业管理

一、工程建设管理

招标投标管理　1984年，连云港市建筑行业试点实行招投标。1985年3月，市政府批准成立连云港市建筑工程招标投标办公室，行政关系隶属市建筑总公司，1987年改为隶属市城乡建设委员会，管理全市工程招标投标工作。各建设单位根据工程大小采用公开招标、邀请招标、协商议标三种形式，施工单位根据企业实力选择投标方向。1986年6月，市政府下发《连云港市建筑安装工程招标投标暂行办法》，推进全市建筑工程招标投标工作规范运行。1987年1月，市邮电局电信综合楼工程在全市公开招标，市第一建筑公司中标，工程结束比定额工期提前3个月交付验收使用，工程造价降低8%，质量达到全优工程。1988年1月，中国船舶工业总公司716研究所1.2万平方米科研大楼工程招标，由赣榆县第一建筑公司中标，工期快、质量优。

1990年12月，市城乡建设委员会印发《关于公布连云港市建设工程标底编制许可证资格单位的通知》，公布连云港市首批获准领取建设工程标底编制许可证的单位，其中一级编标单位3家、三级编标单位1家。明确规定各建设单位的建设工程招标，除经市城乡建设委员会特许外，均应向持建设工程标底编制许可证单位委托编制标底。

1994年9月，市城乡建设委员会、市监察局联合发布《关于加强工程承发包管理反对腐败和不正当竞争的通知》，要求实施工程建设项目报建制度，坚决推行施工招标投标管理。

1995年3月，市政府印发《关于加强工程建设招标投标管理的规定》，规定在连云港市行政区域内由政府或公有制企事业单位投资，面积在1000平方米以上的土建工程、20万元以上的独立安装工程、30万元以上的装饰装修工程及其他工程，均应实行招标投标。

1996年开始，江苏省开展工程建设领域反对腐败和反不正当竞争的专项治理工作。市规划建设委员会先后发布《关于连云港市建设工程施工议标管理实施细则》《连云港市建设工程非招标项目承发包管理办法》，深化工程建设专项治理工作，提高竞争性招标覆盖面。

1998年，连云港市建设工程交易中心成立，推行“一站式”管理和“一条龙”服务。2003年3月，经连云港市机构编制委员会批准，组建连云港市招标投标中心。

2004年7月，市建设局开始执行工程量清单计价办法，以新计价办法作为编制工程标底、工程投标、报价、企业内部核算、招标工程编制与审核工程预结算、建设行政主管部门调解工程造价纠纷、合理确定工程造价的依据。

2005年9月，市建设局印发《连云港市建设工程招标代理机构考核暂行办法》《连云港市房屋建筑和市政基础设施工程招投标评标专家考核暂行办法》，明确考核采用计分制，总分为120分，其中项目组考核分55分、不定期抽查和年终考核分65分。至2005年底，连云港市已逐步建立统一开放、公平竞争、健康有序的建筑招标投标市场，建设工程招标投标步入健康有序的轨道。

1999～2005年连云港市建设工程招标投标情况统计表

表15-3

年份	报建项目（个）	建筑面积（万平方米）	报建投资总额（亿元）	新开工工程（个）	中标价（亿元）	直接发包工程（个）	招标发包工程（个）	累计降低造价（亿元）	平均节约投资（%）	缩短工期（%）
1999	457	226.25	18.95	270	6.49	4	266	0.17	2.61	7.18
2000	1307	—	61.03	973	60.57	46	927	3.47	5.42	5.99
2001	344	253.46	36.55	402	—	83	319	—	—	—
2002	378	299.05	44.63	460	19.93	59	401	—	—	—
2003	330	279.67	36.58	397	20.33	38	359	1.83	8.51	3.19
2004	258	324.09	52.62	417	23.98	46	371	1.97	7.74	5.51
2005	284	422.50	74.48	400	23.11	73	327	2.43	9.75	6.02

工程造价管理　1984年7月，省建委颁发《江苏省概预算定额管理办法》，此定额包括省颁定额和取费标准、国颁通用设备安装工程预算定额和部颁专业专用、专业通用概预算定额及其相应的施工管理费标准。连云港市工程概算执行国家和部省有关规定，建设工程设计按初步设计、技术设计、施工图设计3个阶段进行，相应编制初步设计概算、技术设计修正概算、施工图设计概算。工程概算由设计单位负责编制，由总概算、综合概算、单位工程概算、其他工程费用概算4部分组成。概算随着经济社会的发展作相应的调整。

1985年2月，连云港市标准定额建筑工程预算审计站成立。1985～1987年，审核工程投资1.53亿元，核减1320万元，核减率8.63%。

1991年，市造价部门审核135项工程造价5002.4万元，受司法部门委托审核、处理工程造价纠纷8起，审核高压电缆工程后核减率达43.66%，为国家挽回了损失。1992年，连云港市按江苏省和建设部要求，及时调整材料预算价格，市建委组织编制了《连云港市建筑安装工程单位估价表》和《连云港市建筑安装材料预算价格》。1993年，连云港市标准定额建筑工程预算审计站更名为连云港市建设工程造价管理站，具体负责连云港市建筑工程定额的编制和审查工作。1998年10月，市建设工程标准定额预决算审计站、造价咨询事务所成立，市造价管理站不再保留原有的造价审计职能。

2000年，随着行业体制改革的深入，国家颁布《工程造价咨询单位管理办法》和《造价工程师注册管理办法》，全市统一开放的造价咨询市场开始形成，造价咨询事务所开始同政府职能部门脱钩并改制。

2005年实行清单投标、报价与结算，市造价部门、市招标办积极促进造价咨询及招标代理机构编制清单，施工企业实行清单投标报价，全市国有资产投资招标项目和非国有资产投资公开招标项目执行清单比例均为100%。至年底，全市有造价咨询企业19家，其中甲级资质1家、乙级资质18家，另有外地甲级资质驻连云港分支机构1家。全市有工程造价专业人员近1200人，其中造价员约900人、注册造价工程师300人。

工程质量与安全监督　1985年，连云港市建筑工程质量监督站成立（简称建筑工程质监站，1992年更名为连云港市建设工程质量监督站），负责全市建设工程质量监督。是年，按照建设部和国家标准局联合颁发的《建筑工程质量监督条例》，连云港市制定《连云港市建筑工程质量监督检查暂行办法》，规定建筑主管部门在质量监督方面的职责范围。8月，市建筑总公司组织全市工程质量大检查，共检查工程17个，建筑面积6.78万平方米，工程造价1705.5万元，发现和处理质量事故9起。

1986年，市建筑工程质监站监督工程33个，建筑面积25.4万平方米，处理各种质量事故50多起，召开2次质量会议，组织2次质量大检查，对335个单位工程进行质量检查。

1987年，市建筑工程质监站坚持预防为主的方针，严格审查施工图纸。监督在建工程199个，建筑面积48.2万平方米，处理重大质量事故4起，处理219个较严重质量问题。对不坚持标准、不按规定施工的单位，责令停工、返工52家，保证了工程质量。

1990年3月，市劳动局、市建筑总公司联合组织检查组，对全市建筑施工企业进行安全资格审查。通过检查，使建筑施工企业的安全管理由无章可循的松散局面逐步走向制度完善、责任落实、机构健全的规范化管理。全市130家建筑施工企业先后取得安全资格证书。1990年底，经市质检部门统计，从1984年以来的6年中，连云港市建筑工程质量优良率年平均达到60%。

1991年，全市建筑业系统根据省建委印发的《江苏省施工企业推行全面质量管理达标验收办法》，开展质量品种效益年活动，施工企业推行全面质量管理达标。1993年，针对全省建筑工地塔吊倒塌事故多发的情况，市建筑总公司对全市塔吊的安全可靠性进行摸底调查，下发禁止购置使用技术含量低、安全系数小的山东省文登16TM变截面式塔吊的通知。

1997年6月，市建工局发布《关于印发〈连云港市建设工程质量见证取样送检暂行规定〉的通知》，对建筑构件、混凝土制品的取样送检作出具体规定。

1998年5月，市建工局印发《连云港市建设工程质量检测密码管理暂行规定》，提高建设工程质量，保证建设工程检测工作的公正性、科学性和正确性，避免人为因素影响试验结果。

1999年，市建筑主管部门明令在全市建筑工地淘汰毛竹架，使用标准配电箱，并在全市开展创建文明工地活动，加强施工现场防护，规范脚手架和施工用电。

2004年，市建工局共监督工程316个，建筑面积232.9万平方米，工程造价16.24亿元。是年开展质量大检查3次，开展专项质量检查9次，共发现和处理质量隐患41个，发出局部停工通知书6份、整改通知单23份，通报批评5次，质量监督覆盖率达99%。

2005年1月1日起，全市新开工项目的建设工程质量的见证取样检测一律由建设单位直接委托工程质量检测机构进行。2005年4月，市建设局印发《关于建设工程风险抵押金制度的通知》，决定对建设工程收取安全生产风险抵押金，规定建筑施工企业要层层签订安全生产目标责任状，切实加强工程项目安全管理。

1984～2005年，市建设工程质量监督部门监督工程项目3710个，建筑面积2120万平方米。903项工程获市优质工程奖，96项工程获省"扬子杯"优质工程奖，3项工程获中国市政工程金杯奖。

工程建设监理　1988年，国家开始按国际惯例在工程建设中推行建设监理，监理公司为中介组织，建设单位委托监理单位代表业主对工程进行监督和管理。1990年初，省建委印发《江苏省建设监理实施细则》，对政府监理组织及职责和社会监理组织的建立作出明确具体的规定。连云港市于1991年开始试点，由市建设委员会工程管理处负责建设监理工作，着手组织成立监理单位。连云港市建筑工程监理试点的第一个工程是1991年建设的市第一人民医院门诊楼。在工程监理过程中，该项目监理部协助施工企业解决施工中存在的问题，节约投资104万元，缩短工期3个月，被评为市"双十佳"工程和省优工程。1993年2月，连云港市建设监理公司成立，为全市第一家监理单位，隶属于市建设委员会。

1996年，连云港市建设监理全面推开。市建设行政主管部门要求大中型工程项目，重要的市政、公用工程项目，政府投资和开发建设的办公楼、社会发展事业项目和住宅工程项目，外资、中外合资、国外贷款、赠款、捐款建设的项目，市政府目标管理工程项目，总投资2000万元以上的其他工业与民用建筑，40米以上的高层建筑，必须委托社会监理机构进行建设监理。1997年3月，市工程建设专项治理工作领导小组发文，要求凡国家规定应实行建设监理的项目，尤其是高层次、大跨度、结构复杂的工程项目都要实施监理，否则建设主管部门不予发给施工许可证。对擅自开工建设的，给予必要的行政和经济处罚。

2002年，连云港市监理协会成立，成员有10余家监理单位。至2005年底，全市监理公司发展到23家，其中甲级7家、乙级9家、丙级7家。经过改革，监理公司作为社会中介组织相继与行政机构脱钩，成为民营企业。建设监理成为工程建设的三元主体之一，监理的范围、类型进一步扩大。全市建设工程监理覆盖率达95%以上，建设监理工作受到社会各界的广泛重视。

图15-3　2005年，连云港市建设工程监理覆盖率达95%以上，有效保障房屋建设质量。　侍志　摄

新技术、新工艺、新材料、新设备推广应用　1984年以后，连云港市建筑工程新技术、新工艺、新材料、新设备（简称"四新"）的推广应用工作，由市建设委员会分管。1995年7月，市建设委员会发布《关于颁发"四新"产品推广应用许可证的通知》，明确从1995年开始，尽快将新的科技成果应用到建设工程中去。市建委对门窗（不含木门窗）、墙体材料、屋面防水材料、冷轧带肋钢筋、冷轧钢筋带筋空心板、预应力管柱实行推广应用许可证制度。

1998年2月，连云港市建设技术推广站成立，隶属于市规划建设委员会，负责全市新技术推广应用和淘汰产品禁用、限用的监督管理工作。11月，市建设技术推广站发布《关于加强门窗质量管理的通知》，要求加快门窗质量升级速度，改变连云港市建筑门窗抗风压、气密性、水密性3项物理性能指标低的局面。

2000年，市规划建设委员会印发《关于进一步加强施工现场黏土砖质量管理的通知》《关于在建设工程中推广新产品及淘汰、限制使用部分落后产品的通知》，要求对施工中使用的黏土砖加强质量管理。

2005年9月，市建设局印发《关于加强建筑节能工作的通知》，开始实施建筑节能工作。

散装水泥推广　1985年9月，市政府批准成立市散装水泥办公室，隶属市建筑材料工业公司。

20世纪90年代，随着经济建设的发展，连云港市散装水泥市场日趋活跃，城市预拌混凝土发展迅速。1992年，连云港市台连混凝土公司成立，是连云港市成立最早的一家预拌混凝土生产企业。1999年4月，连云港市市政工程公司收购该公司70%的股份，更名为连云港市陆桥混凝土有限公司，形成年产30万立方米生产能力。

2000年12月，市政府印发《连云港市发展散装水泥管理办法》，明确市、县散装水泥管理机构是辖区内发展散装水泥工作的行政管理部门，负责辖区散装水泥发展的行业管理。该办法规定，新建、扩建、改建的水泥生产企业，必须严格实行散装水泥设施"三同时"（同时设计、同时建设、同时投入使用）的原则。根据项目审批权限，同级散装水泥管理机构人员参加项目建议书或可行性研究报告的审查。市区必须使用散装水泥或者预拌混凝土，散装水泥使用率应当达到80%以上；各县城区、经济发达的建制镇的镇区散装水泥使用率应当达到70%以上。

2002年5月，市政府印发《连云港市预拌混凝土管理规定》，规定工程施工期间，不得在工程现场设置搅拌机自行搅拌混凝土。因道路狭窄，预拌混凝土运输车无法到达施工现场或用量小等确需在施工现场搅拌的，建设单位应当在招标前向市主管部门提出书面申请，经市主管部门批准后方可在施工现场搅拌混凝土。现场搅拌混凝土应符合有关环境保护和市容卫生规定。

2004年9月，市建设局印发《连云港市商品混凝土质量管理办法（暂行）》，明确生产商品混凝土应使用质量稳定的旋窑散装水泥，生产商品混凝土使用的砂应过筛，保证砂、石满足技术标准要求。是年，市散装水泥办公室加大对全市建筑施工工程督察、巡查力度，申请新浦区人民法院强制执行禁止某房地产开发公司擅自现场搅拌混凝土行为，并处以2万元罚款。2004～2005年，连云港市利用社会资金1.2亿元，先后建成7家预拌混凝土生产企业，拥有混凝土生产线15条、散装水泥储存罐60个、混凝土汽车输送泵15台、混凝土运输车100辆，从业人员678人，其中技术人员占14.8%。2005年，全市生产能力由20世纪80年代年产不足10万立方米，跃升至年产180万立方米，彻底改变预拌混凝土生产落后状况。

墙体材料改革与建筑节能　1989年，全市生产非黏土新墙材1000万块，新墙材应用比例1%。1995年12月，连云港市墙体材料改革办公室成立，后更名为连云港市墙体材料革新与建筑节能管理办公室。1998年4月，市政府印发《关于制止毁田烧砖严格限制黏土实心砖生产和使用的通知》，明确限制黏土实心砖的生产与使用，调整砖瓦窑业的产品结构，提高墙体材料产品质量和规格档次，综合利用工业废渣，促进新型墙体材料健康发展。至2000年底，全市有新型墙体材料企业100余家；黏土实心砖产量14.45亿块，比1995年的21亿块减少6.55亿块，年均下降6.2%。

2001～2005年，全市累计生产新墙材25.8亿块，新墙材建筑应用273.6万平方米。利用工业废渣208.53万吨，节约能源23.25万吨标准煤。2004年黏土实心砖产量降到8.09亿块，全年关停18门以下轮窑37座，毁田高耗能的实心砖城区已无生产。2005年，全市有新墙材企业241家，新墙材产量达10.11亿块，占墙材总量的26%，质量档次均有较大提高。新墙材建筑竣工面积166.42万平方米，占总建筑面积的95.8%；全市60%以上的乡镇禁止使用黏土实心砖，在农村使用混凝土砌块等新型墙材建房逐渐为广大农民接受。全年共建成节能建筑87.7万平方米，占新墙材建筑竣工面积的44.3%。开工建设32条新墙材生产线，全市新墙材整体档次有较大提升。通过限产禁用黏土砖，生产节能利废新墙材，节约生产能耗6.9万吨标煤，节约土地160公顷，利用工业废渣42万吨。

1989～2005年连云港市墙体材料改革情况统计表

表15-4

年份	黏土制品产量（亿块）		非黏土新墙材产量（亿块）	新墙材生产能力（亿块）		新墙材应用比例（%）	节约土地（亩）	综合利用固体废弃物（万吨）	节约能源（吨标煤）	窑业整治（座）		污染减排（吨）
	实心砖	空心砖		非黏土新墙材	黏土空心制品					砖瓦窑数	关停拆除	
1989	15.00	—	0.01	0.01	—	1.3	2	—	60	—	—	1
1990	15.06	—	0.02	0.03	—	2.2	3	—	120	776	—	3
1991	15.26	0.02	0.02	0.03	0.0	4.7	7	0.90	260	776	11	6
1992	15.33	0.08	0.05	0.06	0.1	9.2	20	2.00	800	765	15	17
1993	16.72	0.32	0.08	0.20	0.5	16.0	70	10.00	2500	750	20	57
1994	18.87	0.43	0.08	1.30	0.7	25.0	200	16.00	3000	730	22	69
1995	21.00	0.30	0.09	1.50	0.7	39.0	200	22.00	7400	708	23	200
1996	20.20	0.38	1.03	1.80	0.9	41.8	200	38.60	8700	685	38	200
1997	19.10	0.65	2.28	3.30	1.2	42.7	500	43.00	18100	647	40	400
1998	16.56	1.15	3.10	4.50	1.8	43.4	700	29.48	26300	607	59	600
1999	16.09	2.04	3.84	5.60	3.0	44.1	1000	32.60	36400	583	77	800
2000	14.45	2.51	4.45	6.40	3.7	51.1	1100	35.73	39400	461	35	900
2001	13.40	2.72	4.24	6.60	3.9	54.4	1200	30.65	32700	376	34	800
2002	11.30	3.36	4.56	6.90	5.1	71.0	1400	41.77	39200	292	59	900
2003	9.49	4.04	5.04	7.40	6.0	76.6	1500	44.71	42700	223	36	1000
2004	8.09	5.39	5.55	7.50	7.8	95.2	1700	49.40	48900	187	20	1500
2005	6.24	7.49	7.24	10.50	10.0	95.8	2400	42.00	69000	167	16	2000

二、行业管理

资质、施工许可证管理　1985年3月，连云港市成立企业资质审查领导小组和建筑企业资质审查办公室，对全市建筑施工企业进行资质审查，并对全市全民和集体建筑企业进行等级考核评定。

1988年3月，市城乡建设委员会和市建筑总公司联合组成工作组，对全市建筑企业进行检查，发现在市区120家施工企业中，有28家企业有营业执照而无资质证书。事后进行了通报处理并责令限期申报、核定，对没有资质等级的施工企业责令退出建筑市场。

1992年、1996年，连云港市城乡建设委员会和市建筑总公司按照建设部和省建委的要求，组成联合审查组，对全市建筑施工企业资质进行彻底复查，处理通报了不够企业资质或无资质承包工程的施工企业。1998年3月，连云港市建筑总公司发布《关于强化建设工程施工许可证制度的通知》，进一步推行施工许可证制度。1999年起，根据建设部和省建委、省建管局关于加强企业资质管理、做好企业资质评定工作的要求，市建工局、市建委联合组成企业资质年检办公室，对全市建筑施工企业资质进行审定。至年底完成199家施工企业资质年检工作，完成4家企业资质升级工作，注销5家企业。

2001年8月，根据建筑企业资质管理规定，全市建筑企业新资质就位工作全面展开。是年，2家企业获得建设部一级施工总承包资质。2004年，市建设管理部门做好施工图审查和施工许可证发放工作，全年审查建设工程358个，建筑面积202万平方米，发放施工许可证151本。

2005年，市建设局办理建筑施工许可证105本。全市有一级资质建筑企业6家、二级资质企业79家、三级资质企业239家、劳务分包企业36家。

市场管理　20世纪80年代中期，随着连云港市建筑业的发展，大批建筑队伍涌入市区，建筑市场管理一时难以跟上。1986年3月，连云港市成立建筑市场整顿领导小组，下设办公室，对全市建筑市场进行全面整顿，维护建筑市场正常秩序，打击经济领域犯罪活动。整顿的重点是无证设计、无证施工、越级承包、非法转包、出卖营业执照或企业资质证书、工程质量低劣、偷工减料、行贿受贿等违法行为。是年8月，通过市场整顿检查，共查出无证设计工程19个、转手倒包工程28个、无证施工10个、越级承包工程9个、停工工程11个，决定对朝阳镇马山建筑站吊销营业执照，同时制定票证管理、市场管理处罚办法等4项规章。

1992年以后，一批部属企业和外省建筑企业及农村建筑队伍相继涌入市区，形成队伍多工程少的局面，市场上出现垫资承包、压级压价、多层中介、假招标、行贿受贿等违章违法行为。全市建筑市场管理从制定规章入手，依法行政，强化监督，把施工的承发包管理和招标投标、工程监督、资质管理、合同管理等纳入法制管理轨道。逐步将建设单位推向市场，建立健全技术、劳务、资金、建材、机械租赁等生产要素的大建筑市场，完善市场机制，建立建筑市场新秩序。1996年4月，市城乡建设委员会下发《关于确保桩基工程顺利施工的通知》，对打桩施工作出具体规定，解决桩基施工期间噪声及振动对周围建筑物的安全和居民生活影响问题。

2002～2003年，全市进行多次建筑市场执法大检查，共检查工程项目600个。对检查发现的问题提出整改意见，对问题严重的110个工程签发整改通知单，责令停工整改。

2005年，市建设局印发《关于进一步规范建筑行业有关行为的通知》，在全市范围内逐步建立建设主体信用档案制度与网上公示系统。对全市建筑市场开展综合防治检查，重点检查各开发区的建设项目在贯彻国家法律、法规，履行基本建设程序、质量安全及合同履约等方面的情况，规范建筑市场秩序。

图15-4　1984～2005年，连云港市不断加强建筑业行业管理，保障建筑业健康有序发展。图为光明小区。

市建设局　供

第二章　房地产业

1984～2005年是连云港市房地产业从起步到快速发展的重要阶段。1988年3月，连云港市住房制度改革领导小组成立，启动城镇住房制度改革。1992年采取提高公房租金、实施住房公积金制度等形式，促进个人买房。1993年实施公房出售。1998年，全市停止住房实物分配，实行住房分配货币化，建立住房供应新体系。1999年，市政府出台《关于进一步深化城镇住房制度改革的实施方案》，加大经济适用住房和安居工程建设，住房保障进一步强化。至2005年底，全市累计出售公有住房632.93万平方米，回收售房资金10.42亿元；市区累计为1.84万人发放职工住房补贴3.32亿元，老职工和大部分新参加工作的职工住房补贴得到落实。

1984年，市区最早的居民住宅小区——新浦南小区、西小区建设初具规模。1990年后，连云港市房地产业得到长足发展，除了市内企业外，一批外省市建筑企业和个人纷纷到连云港投资开发。居民住宅从零散的数栋向成片规模型小区发展，居住从实用型向舒适型、现代化过渡，涌现出以核电专家村、苍梧小区、极美苑、兴业时代花园等为代表的一批环境优美、设施配套、物业管理完善的住宅小区。20世纪90年代后期特别是21世纪前五年，随着人们对改善型住房需求的不断增长，市区房地产交易特别是存量住房交易日趋活跃。房地产行业管理、房地产企业资质管理、房屋产权登记、房屋买卖中介和房地产物业管理等日渐规范。2001～2005年，市区房地产开发累计完成投资108.18亿元；商品房施工面积1282.97万平方米，竣工面积463.49万平方米。

第一节　城镇住房制度改革

1988年2月25日，国务院下发《关于印发〈关于在全国城镇分期分批推行住房制度改革实施方案〉的通知》。是年3月9日，连云港市成立住房制度改革领导小组，组织实施住房制度改革。改革的主要内容和方向是建立住房基金制度，提高公有住房租金标准，实施公有住房优惠出售，停止住房实物分配，逐步实行住房分配货币化，建立以中低收入家庭为保障对象的经济适用住房、安居工程等具有社会保障性质的住房供应体系。

一、公房租金调整

1984～1992年，市直管公房租赁金额较低，平均每平方米（使用面积，下同）每月租金0.12元。1992年7月，市政府启动公有住房租金改革，提高租金标准，结束了实行43年之久的低租金住房租赁制度。市区直管公房砖混结构一等甲级每平方米每月租金0.31元、一等乙级租金0.29元。此后，随着房改逐步深入，市区成套公房租赁交易量不断增长，租金不断上涨。1997年，市区公有住房租金每月每平方米标准为一等甲级1.2元、一等乙级1.1元。2000年，市区砖混公有住房每月每平方米租金上调20%，标准为一等甲级1.8元、一等乙级1.6元。2002年9月，市区公有住房租金再次调整，调整为砖混结构每月每平方米一等甲级2.1元、一等乙级1.85元、一等丙级1.75元，二等甲级1.6元、二等乙级1.4元，砖木结构一等2.1元、二等甲级1.7元、二等乙级1.4元，三等1.2元，简易结构0.8元。凡购买公有住房后继续租住其他公有住房的，两处住房合并计算租金标准，超标部分一律执行市场价租金。至2005年底，公有住房租金标准未变。

2000年连云港市直管非住宅成本租金标准统计表

表15-5　　单位：元/平方米·月

房屋用途	钢混结构	砖混结构		砖木结构			简易结构
		一	二	一	二	三	
商业用房	8.00	7.40	7.00	7.60	6.80	5.80	3.80
生产用房	5.20	4.80	4.55	4.90	4.40	3.75	2.45
办公用房	6.00	5.55	5.25	5.70	5.10	4.35	2.83

1992～2002年连云港市区公有住房租金统计表

表15-6　　单位：元/平方米

执行时间	砖混结构				砖木结构		简易结构
	砖混一乙	砖混一丙	砖混二甲	砖混二乙	砖木二乙	砖木三等	
1992.07以前	0.12	0.12	0.12	0.12	0.10	0.08	—
1992.07	0.29	0.29	0.26	0.23	0.26	0.22	0.16
1995.12	0.80	0.75	0.68	0.60	0.60	0.50	0.37
1997.10	1.10	1.05	0.95	0.85	0.85	0.70	0.50
1999.01	1.32	1.26	1.15	1.02	1.02	0.85	0.60
2000.08	1.60	1.50	1.40	1.20	1.20	1.10	0.70
2002.09	1.85	1.75	1.60	1.40	1.40	1.20	0.80

二、公房优惠出售

1988年3月，连云港市住房制度改革领导小组及其办公室成立，全市城镇住房制度改革正式启动。1993年8月1日，连云港市《市区优惠出售公有住房实施办法》实施，正式执行公有住房优惠出售政策，市房管部门直管和单位自管的新旧住房，均以优惠价向职工出售，符合条件的家庭每户限购1套。1993年，优惠出售公有住房的标准价平均每平方米建筑面积为300元，具体操作时根据住房结构、等级不同有所区别：砖混一等甲级住房每平方米320元、砖混一等乙级住房每平方米280元，旧住房年折旧率2%。1995年10月，市政府出台《连云港市市区深化住房制度改革实施方案》《连云港市市区出售公有住房实施细则》，规定1995年度向职工出售公有住房的成本价为砖混一等甲级每平方米616元，现住房折扣率为成本价基价的5%，以后每年减少1个百分点，2000年全部取消；工龄折扣每平方米3.7元，成新折扣每年2%，一次性付款折扣率为应付购房款的19%，分期付款的期限一般不超过10年，分期交付的部分要计收利息，单位不得贴息，利率按职工购建住房低息抵押贷款利率执行。1996年，出售公有住房的成本价调整为每平方米670元，现住房折扣率改为4%，一次性付款折扣率调整为14%。1997年，市区出售砖混一等甲级住房每平方米价格为710元，现住房折扣3%，成新折扣每年2%，工龄折扣额每平方米4.3元，一次性付款折扣14%。1998年，市区出售砖混一等甲级住房价格为每平方米730元，现住房折扣率为成本基价的2%，成新折扣为每年2%，工龄折扣额为每平方米4.4元，一次性付款折扣8%。至1998年底，市区出售公有住房5.4万余套、350万余平方米，回收售房资金7亿多元，公有住房出售率98%。

1999年3月，市政府出台《关于进一步深化城镇住房制度改革的实施方案》，加大出售公房力度。2000年，市区砖混结构一等甲级住房每平方米760元，工龄折扣额为每平方米4.6元。2003年10月，市房产管理局制定《关于连云港市市区出售公有住房补充意见》《关于调整2003年度连云港市市区公有住房出售价格的通知》，规定2003年度市区出售现住公有住房成本价上调4%左右。按此比例测算，市区砖混结构各等级住房成本价一等甲级每平方米850元、一等乙级每平方米768元，一等丙级设备设施不齐全的住房每平方米分别为748元、728元、708元、686元。职工个人年工龄折扣率为0.6%，每平方米每年工龄折扣额为5.1元。单位空置公有住房的出售，一律以市场价向本单位职工和社会出售或出租，报市房改办批准，房屋市场价格由有资质的评估机构评估，严格执行市政府规定的售房程序，坚持价格公开、公正、公平，严禁单位自行出售公有住房。至2005年底，全市累计出售公有住房632.93万平方米，回收售房资金10.42亿元。其中，市区累计出售公有住房459.54万平方米，回收售房资金 9.02亿元。

三、住房货币补贴

1998年7月，《国务院关于进一步深化城镇住房制度改革加快住房建设的通知》要求停止实物分配住房，单位新建住房一律实行只售不租，鼓励单位以货币补贴形式支持职工购房。12月1日，全市全面停止住房实物分配，逐步建立货币化住房分配机制，住房货币补贴政策起步运行，新的住房分配体制初步确立。1999年4月，市政府出台《连云港市市区职工住房补贴实施办法》，规定1998年11月30日以前参加工作未享受房改政策的无房职工或者已购住房面积未达标准的老职工，购建住房给予一次性住房补贴，每平方米补贴额为225元，每平方米年工龄补贴为5.7元。职工购房面积补贴标准为一般干部职工75平方米、科级干部90平方米、处级干部110平方米、厅局级干部135平方米。企事业单位初级、中级、副高级、高级职称的技术人员参照上述标准执行。1998年12月1日以后参加工作的新职工，住房补贴为该职工当月工资乘以补贴比例，实行逐月发放住房补贴，进入个人住房专项资金账户，按住房公积金管理原则进行管理，补贴年限25年。2000年8月，市政府办公室印发《关于调整房改有关政策的通知》《关于进一步深化企业住房制度改革意见》，规定市区住房补贴每平方米为225元，每平方米年工龄补贴额为5.1元，新职工的住房补贴比例为月工资的10%。是年，市区1800名老职工领取一次性住房补贴，补贴金额2700万元；1600名新职工按月领取住房补贴，月补贴额9.6万元。

2003年6月，市房产管理局、财政局、物价局、住房公积金管理中心联合下发《关于调整2003年度房改有关政策的意见》，职工住房补贴标准调整为每平方米300元，工龄补贴调整为每年每平方米6.3元，1998年12月1日以后参加工作的新职工，逐月发放的住房补贴比例仍为月工资收入的10%。至2005年底，市区累计为1.84万人发放职工住房补贴3.32亿元，老职工和大部分新参加工作的职工住房补贴得到落实。

四、住房保障

经济适用住房 1995年10月，市政府印发《连云港市市区深化住房制度改革实施方案》，提出建设经济适用住房。市区经济适用住房保障对象以中低收入人均居住面积6平方米及以下的住房困难户为主，贯彻“统一规划、合理布局、综合开发、配套建设”的方针，实行政府划拨土地，由政府委托有关建设部门统一开发建设。

1996年5月，市政府出台《连云港市安居工程实施意见》，启动安居工程建设，提出安居工程建设以解决中低收入无房户和住房困难户为重点，按建设成本价出售，目的是建立具有社会保障性质的住房体系。1998年1月9日，市政府在龙河小区举行首期安居工程入住仪式。是年，市政府印发《连云港市关于深化城镇住房制度改革加快住宅建设的若干意见》，提出加快经济适用住房建设，政府对经济适用住房建设给予政策扶持，推动了全市经济适用住房建设步伐，全年市区开工建设经济适用房、安居工程27.85万平方米，竣工14万平方米，投入使用1600套。至2001年底，市区竣工经济适用住房、安居工程面积累计175.43万平方米，建成海南、龙河、西园、海宁等有一定规模的小区。

2002年12月30日，市政府出台《关于加强连云港市经济适用住房建设和销售管理工作的意见》，严格控制经济适用住房的销售对象，规范购房者条件审核。全年经济适用房施工面积52万平方米、竣工面积38万平方米。

2004年4月，连云港市区首个政府集中投资建设的经济适用住房小区茗馨花园开工建设。项目位于海宁西路青年公园南侧、新孔南路西侧，总规划用地33.9万平方米，建筑面积42.95万平方米。是年10月，《连云港市市区经济适用住房管理暂行办法》出台，规定夫妇至少有一方具有市区城镇常住户口，并居住满3年以上；无房或家庭人均住房建筑面积低于2003年度市区人均住房建筑面积的50%；家庭年收入的6倍尚不能购买市区一套80平方米普通商品房的（按当年度房改政策确定的市场均价），才能申请购买经济适用房。市政建设项目的被拆迁人，4人以上（含4人）户，拆迁货币补偿费低于12万元且无他处住房的；4人以下户，拆迁货币补偿费低于10万元且无他处住房的；旧城改造项目的被拆迁人，4人以上户，拆迁货币补偿费低于10万元且无他处住房的；4人以下户，拆迁货币补偿费低于8万元，且未购置回迁房，无他处住房的，可以优先购买经济适用房。同等条件下，残疾人家庭、社会救济对象、特困低保家庭、特困职工家庭、市级以上劳动模范、见义勇为者凭相关有效证件可优先购买。是年，市区竣工经济适用房6.4万平方米，有4500户低收入家庭申请购买经济适用住房。

2005年4月，茗馨花园二期工程开工，建设28幢1264套经济适用房12万平方米。12月，在连云区云山乡李庄村规划建设茗怡花园经济适用房小区。是年，市区共竣工经济适用房15.7万平方米。茗馨花园一期1000套经济适用住房竣工并交付使用，销售均价每平方米1100元。

廉租住房　1999年4月，市政府出台《连云港市市区廉租住房建设租赁管理办法》，开始实施廉租房制度。《办法》明确廉租住房建设管理的原则是坚持在国家房改政策的指导下，由政府统一规划、集中调剂；坚持因地制宜、量力而行，稳步推进；坚持政府、单位和个人合理负担；坚持社会保障功能，及时调整居住对象。

图15-5　2005年4月，茗馨花园二期工程开工建设。
俞德春　摄

廉租住房从腾退的旧公有住房中调剂解决，或由市、区政府或单位建设经济适用住房时予以适量兴建。同时规定廉租住房保障人群和租金标准，市区城镇居民最低生活保障线以下的居民家庭方可租住廉租住房。是年筹措资金400万元，在市区玉带新村开工建设4000平方米63套首期廉租住房，于2002年5月底交付使用。廉租房租金每平方米（使用面积）为0.36元，租金实行专户管理，专项用于廉租住房维修。

2002年12月，市政府根据建设部《城镇廉租房管理办法》，出台《连云港市市区城镇廉租住房货币配租和公房租金减免实施办法》，规定具有市区常住城镇户口并满3年的，家庭人均收入低于所在区域城镇居民最低生活保障标准，并接受民政部门救济连续6个月以上的，无房或家庭人均住房使用面积低于8平方米的，可申请廉租房货币配租和公房租金减免。是年，市区投资2000多万元，为206户低收入居民提供廉租住房，对450户居民实行租金减免或货币配租，其中从腾退的旧有公房中以实物配租方式解决最低收入家庭住房困难6户，对租住直管公房的38户最低收入家庭减免租金。

2003年，市财政筹措450万元资金实施第二期廉租住房建设，4300平方米66套住房分别于2003年底和2004年初交付，市房产、民政、总工会等相关部门实施了市区廉租住房首期租赁补贴工作，2003年补贴64户7.5万元。2004年，连云港市出台《城镇最低收入家庭廉租住房管理办法》《关于切实落实城镇廉租住房资金的通知》等相关文件，为实施廉租住房保障制度提供了比较完备的政策依据。是年，廉租住房租金补贴资金增加到43万元，受益家庭184户。

2005年，市政府从住房公积金增值收益中筹措230万元廉租住房建设资金，安排在茗馨花园小区新建廉租住房50套，为2005年度市区302户低保户和特困住房困难家庭962人进行货币配租，发放补贴资金51.6万元；对51户租住公房的低收入家庭进行租金减免。至此，以廉租住房和经济适用住房为主体的住房保障体系在连云港市初步建立。

五、住房公积金

1992年2月，市政府出台《连云港市住房制度改革实施方案》，要求在房改起步阶段把建立住房公积金制度作为住房制度改革的一项主要内容。5月，市政府印发《连云港市住房公积金管理暂行办法》。7月起，全市机关事业单位、国有企业及部分省属单位开始缴交住房公积金。

1995年，市政府先后下发《连云港市市区住房公积金管理办法》《连云港市市区深化住房制度改革实施方案》，要求市区范围内所有行政事业单位及具有市区城镇常住户口的在岗职工，按照“个人存储、单位资助、统一管理、专项使用”的原则缴存住房公积金，单位和个人住房公积金的缴存比例分别为5%，缴存基数为职工本人上年度月平均工资。至1996年底，全市累计归集住房公积金9500万元，住房公积金制度初步建立。

1996～2001年，市住房基金管理中心对住房公积金实施专户管理，住房公积金管理日趋规范。其间，连云港市住房公积金归集、支取、住房贷款等业务全面开展，个人住房贷款业务开始办理，住房公积金覆盖面进一步扩大，职工住房公积金缴存额不断增加，成为积累购房资金的稳定来源。1996年9月，中国人民银行连云港分行、连云港市住房制度改革领导小组办公室印发《连云港市职工个人政策性住房抵押贷款管理办法》，对政策性住房抵押贷款的对象及条件、贷款程序及贷款偿还额度、期限、利率、抵押和担保、保险作出具体规定。1997年5月，连云港市住房制度改革领导小组出台《连云港市1997年度深化住房制度改革调整方案》，要求进一步建立和完善住房公积金制度，将1997年度的住房公积金缴存比例由5%提高到6%。1999年3月，市政府印发《关于进一步深化城镇住房制度改革的实施方案》，决定从1998年7月1日起调整全市职工公积金缴存基数和比例，单位由6%调整到7%，个人仍为6%。

2002年，市住房公积金管理委员会成立。2003年，根据国务院《关于进一步加强住房公积金管理的通知》精神，连云港市于4月成立住房公积金管理中心，按照管理委员会决策、管理中心运作、银行专户存储、财政监督的原则，加强住房公积金管理运作。全市有建设银行、工商银行、农业银行、中国银行、交通银行、市商业银行、东方农村合作银行、邮政储蓄银行8家公积金经办银行，29个银行服务网点。是年，市各级行政机关、事业单位住房公积金单位和个人的缴存比例分别调整为10%，企业调整为8%～12%，缴存基数上限为每月5000元。市住房公积金管理中心出台《连云港市职工提取住房公积金暂行办法》《连云港市市区个人政策性住房贷款操作规程》等与住房公积金管理相关的配套文件，全市住房公积金管理工作逐步走上正规化、制度化、科学化的轨道。

2004年，市住房公积金管理中心印发《关于开展住房公积金个人住房按揭贷款业务的通知》，结束了多年来连云港市公积金贷款只能采取现房抵押、不能办理期房贷款的历史，进一步促进了连云港市公积金贷款业务的拓展。2005年，出台《连云港市职工支取住房公积金偿还住房贷款操作规程》，开设支取公积金偿还贷款业务。

1992～2005年，全市累计归集住房公积金20.79亿元，职工提取后的缴存余额15.83亿元。共为1.02万名职工办理个人住房公积金贷款12.15亿元。2005年底，个人住房公积金贷款余额8.54亿元。

1992～2005年连云港市住房公积金业务开展情况统计表

表15-7

年　份	当年归集额（万元）	归集余额（万元）	支取额（万元）	当年贷款额（万元）	当年贷款户数（户）	贷款余额（万元）	逾期率（%）	增值收益（万元）
1992~1996	9500	8799	701	—	—	—	—	252
1997	6437	13677	1339	1862	—	—	—	526
1998	8588	19106	3159	4878	—	—	—	1111
1999	10334	25895	3545	3027	—	4821	—	548
2000	11540	33357	4078	2961	—	7137	—	201
2001	15325	43426	5256	3882	—	9421	—	339
2002	19196	56103	6519	3253	1289	7566	—	621
2003	28139	88903	9115	9283	1454	15602	0.06	389
2004	42450	120805	10548	27339	2670	35332	0.05	609
2005	56385	158308	18882	65008	4756	85351	0.10	1114

第二节　房地产开发

一、综合开发

20世纪80年代，随着经济体制改革的深入，连云港市住房分配逐步由福利型向市场型转变，房地产开发事业从无到有，逐渐壮大。1984～1998年，全市房地产开发采取统建代办、拆迁还建、联合开发、独立开发等开发建设形式。其中，统建代办主要是由开发企业替建设单位办理各种相关建房手续，负责房屋建设，建设后交付给投资单位；拆迁还建主要指旧城改造项目；联合开发

图15-6　20世纪80年代初建设的新浦南小区　赵鸣　摄

是指原有的土地使用单位出地，开发企业出资，双方联合建设房屋的形式，典型的有青岛花园、极美苑等。1992年春，邓小平视察南方重要谈话发表后，全市房地产建设呈活跃趋势，房地产开发公司不断涌现，从几家发展到几十家；开发的范围广，档次多样，房地产开发地块从市区一类地区扩展到二、三类地区。1993年，市政府成立综合开发办公室、房屋拆迁安置办公室和城区开发指挥部等机构，制定出台《连云港市房地产开发优惠办法》《连云港市房地产综合开发暂行办法》等，促进全市房地产业繁荣发展。1999年开始，随着国务院《城市房地产开发经营管理条例》的颁布执行，全市房地产开发开始走上规范化、规模化发展的轨道，房地产开发的形式转变为以开发企业独立开发为主。

2001年，连云港市房地产业抓住国家扩大内需和房地产开发用地市场化运作的有利时机，继续扩大投资，全市房地产施工面积150.07万平方米，竣工面积73.72万平方米。2003年，全市房地产投资规模进一步扩大，房地产投资占全社会固定资产投资的比例达9.3%，增幅高出全社会投资增幅7.3个百分点。2004年，房地产开发持续提速，全年房地产开发投资27.32亿元，其中住宅投资18.6亿元。2005年，全年房地产开发投资35.36亿元，比2004年增长29.43%，其中住宅投资22.09亿元，增长18.8%。

1996～2005年连云港市房地产开发情况统计表

表15-8

年　份	投资额（万元）	施工面积（平方米）	竣工面积（平方米）	销售面积（平方米）	空置面积（平方米）
1996	43544	781174	385831	201476	47732
1997	42307	647265	426547	326472	93763
1998	45400	830855	438194	365095	70892
1999	74907	1291390	825400	679193	141427
2000	65922	1067091	618544	461564	293971
2001	96586	1500746	737229	622204	153122
2002	160716	1902816	1057963	772899	161264
2003	197645	2355887	116208	1027561	113630
2004	273238	3061150	1464918	1267108	151965
2005	353644	4009108	1258545	1448624	69481

二、商品房开发

1984年6月，连云港市房屋建设开发公司（简称市建开公司）成立，与市房地产公司实行一套工作机构、两个机关名称。1985年，市建开公司在新浦站南路拆除的原运煤小铁道沿途，填平水沟，建起17幢新颖别致的点式住宅楼，开启连云港市商品房开发的先河。1985～1987年，连云港市区商品房施工面积28.7万平方米，开发建设南小区、东小区、西小区和北小区。1990年，市有关单位和县区建设开发公司相继成立，至1992年底先后开发建设海宁小区、沈圩小区、常乐新村等住宅小区，建成商品住宅21万平方米，实现销售额8529万元。1993～1997年，商品房开发量、销售量不断扩大，平均每年销售面积在15万平方米以上。所建商品房的基本特征是行列式规划、兵营式排列、火柴盒式建筑单体；不太注重环境，仅有简单的绿化，开发规模偏小，小区建筑面积多在1万～5万平方米，甚至一个项目只有一两栋房屋；户型设计单一，多以一室一厅、两室一厅、三室一厅为主，面积40～110平方米，客厅不大、多朝北，卫生间较小；注重朝向、采光、通风；以多层为主，高层较少；外墙多为水泥粉面，色彩单调；没有专业的物业管理。商品房消费群体主要是机关、企事业单位，个人购房比例较小。开发商以销定产，对广告宣传重视不够。

图15-7　2000年起，连云港市商品房开发逐渐形成产业化。图为全市首个中外合资房地产项目开工仪式。
赵鸣　摄

2000年后，连云港市商品房开发进入新的发展时期。这个时期商品住房的规划和建筑风格比前一个时期有明显的突破，表现在小区生活、娱乐、健身、休闲等配套设施比较齐全，注重环境景观设计，讲究建筑风格和外立面特色，出现欧陆风情、新古典主义等风格，如华阳丽都、苍梧小区。开发商具有一定的营销理念，项目从建设前期就导入营销策划，重视广告宣传，注重楼盘包装。消费群体以个人为主导，注重环境配套和物业管理。

2001年起，开发用地由协议出让转变为挂牌出让，引进更多的房地产开发单位公平竞争，形成大开发的态势，设计理念、建筑风格等进一步提升。

至2005年底，全市商品房开发逐渐形成产业化，并成为独立的重要的经济门类。已开发的成片住宅小区遍布市区，商品房开发从一般档次，扩展到多档次、高档次，出现花园别墅，风景区及度假场所也得到开发建设。2005年，全市商品房施工面积400.91万平方米，竣工面积125.85万平方米，销售面积144.86万平方米，商品房平均销售价格每平方米2309元，市区住宅均价每平方米2685元。

1990～2005年连云港市区商品房销售平均价格表

表15-9　　　　单位：元/平方米

年　份	价　格	年　份	价　格	年　份	价　格
1990	530	1996	1133	2001	1172
1991	658	1997	1165	2002	1264
1993	820	1998	1103	2003	1675
1994	1088	1999	1222	2004	2086
1995	1052	2000	1016	2005	2685

三、住宅小区

苍梧小区　位于新浦区郁洲南路58号。1998年11月30日开工建设，2000年6月建成使用，

图 15-8　占地13.28万平方米的苍梧小区
赵鸣　摄于2005年

由苍梧房地产开发有限公司开发建设。该小区占地13.28万平方米，建筑面积20.96万平方米，绿化率40.3%。小区共有条式楼30幢、点式楼11幢，有居民1296户。小区生活便利，环境优美，配套完善，功能齐全，文化氛围浓厚，先后被评为省、市级优秀示范小区和省青年文明社区、省园林式居住区、省信息化优秀示范小区及市城管创优示范小区、市平安创建优秀小区。

兴业时代花园　位于新浦区郁洲南路10号。2001年建成使用，由连云港兴业房地产公司开发建设。占地面积9.3万平方米，共计30幢住宅楼、1幢办公楼，1100余户，人口近4000人。区内配置5套智能化管理系统，设置高杆欧式道路灯、草坪灯280盏，立式草坪音响49个，绿化率达40%以上。先后评为省物业管理优秀住宅小区、省园林式居住区和市卫生文明小区、市安全住宅小区、市城管先进示范物管小区、市平安住宅小区、连云港市十佳文明和谐小区。

万润园小区　位于新浦区陇海路77号。2001年投资开发，2002年12月交付入住，由连云港万润房地产开发有限公司开发建设。小区占地面积9.3万平方米，总建筑面积10.9万平方米，21幢楼646户，绿化面积3.9万平方米，绿化率42%。万润园是集智能化、信息化、电气化、节能化于一体的小区，先后评为省园林式居住区、省城市物业管理优秀住宅小区、市示范物管小区、市卫生文明小区、市文明和谐小区。

核电专家村　位于连云区海棠北路30号。占地面积约12万平方米，建筑面积9万平方米。建有14幢住宅楼，其中小高层3幢、多层11幢，小区住户705户。小区整体设计科学合理，建筑风格别具一格，绿色植物品种多，绿化覆盖率达55.7%。公用配套设施齐全，建有红外对射、监控摄像探头、振动电缆安全防范系统、自备燃油锅炉供热系统。建有体育馆、游泳馆、网球场、足球场、医务室、超市、美容室、推拿足疗室、幼儿园、职工餐厅等生活娱乐设施，先后被评为市物业管理优秀住宅小区、省园林式居住区、全国物业管理示范住宅小区。

兴业小区　位于新浦区海昌南路319号。建于1999年。占地面积约14.7万平方米，建筑面积14万平方米。小区住宅由A组团、B组团、C组团和D组团构成，共计37幢住宅楼，入住居民1158户。小区内设有物业管理办公楼、保安值班室、中心花园、幼儿园、配电用房、休闲健身娱乐等设施，配套齐全。绿化覆盖率约43%。先后被评为市物业管理优秀住宅小区、市园林式居住区、省物业管理优秀住宅小区、省园林式居住区。

第三节　房地产市场

一、房地产交易

1984～1988年，连云港市尚未实行住房制度改革，处于福利分房阶段。1988年12月，连云港市房地产交易所成立至1992年，是连云港市房屋交易的起步阶段，该阶段的特点是交易量少，房屋租赁发展较慢，其间市区累计办理房地产交易1953户，成交额3267万元，上缴契税48.2万元；租赁监理3600户，面积21.4万平方米。1995年，全市房地产市场管理费收入140万元。完成交易面积18.7万平方米，其中商品房11万平方米、二手房7.7万平方米，租赁监理面积5.3万平方米，抵押监证7474万元，评估面积3.3万平方米。

图15-9　1993年，连云港市举办首届房地产展销会。　赵鸣　摄

1998年，受国家宏观经济政策和房改政策的影响，全市住宅消费市场交易十分活跃，全年商品房交易1368起19.8万平方米，金额1.04亿元。个人购房比例大幅增长，个人购房抵押贷款成为消费领域和金融领域热点。1999年，房地产交易市场举办连云港市房改房上市暨商品房展销会。2000年，市区房地产交易额2.28亿元，成交面积33.3万平方米。在市场交易中，以房改房为主力的二手房交易逐步升温，完成房改房交易1466套，成交面积14.9万平方米。市房地产交易所共完成评估项目444个，评估面积13.36万平方米，评估额1.09亿元。

2001年，市区房地产交易4304起57.57万平方米，交易金额5.3亿元，其中新建商品房交易1893起19.99万平方米，交易金额2.31亿元；房地产抵押1393起32.45万平方米，抵押额2.86亿元；房屋租赁1018起5.13万平方米，抵押额1362万元。二手房交易市场继续保持活跃，交易量由2000年的每天成交4套上升到每天交易6套。二手房消费信贷达到1340万元，带动二手房交易额新增3000多万元。房地产交易量上升促进了地方财税增长，全市房地产契税征收超过2000万元。2002年，连云港市房地产交易大厦建成启用。2003年，市政府出台《连云港市商品房预售管理办法》，举办连云港市秋季房产交易会。全年房地产市场完成交易1.39万起，交易面积162万平方米，成交额14亿元，其中商品房、二手房交易面积138万平方米，成交额13.6亿元。2004年，全市完成二手房交易4110户40.59万平方米，成交额3亿元；抵押7490户101.15万平方米，贷款额11.29亿元；房屋租赁登记备案901户22.44万平方米，租赁金额2088.6万元。

图15-10　2000年后，房地产开发公司普遍采取设立售楼处、房产新品发布会等形式推介新房，促进销售。　李家岭　摄

2005年，市房产管理局研制开发产权产籍管理软件系统，建立商品房网上销售备案登记制度、商品房预售许可证制度，建立房地产中介交易市场，办理二手房资金托管业务。举办2005年秋季房展会，预销商品房1000余套，成交金额3亿多元。全年二手房交易6236起76.74万平方米。市区商品住房平均价格由2003年的每平方米1675元上涨至2685元，上涨60.3%，年均涨幅37.5%，远远超出居民年均收入增长幅度，房地产市场系统性风险增大。市政府出台《关于切实稳定住房价格促进房地产业持续健康发展的意见》，稳定住房价格。

二、房屋租赁

1987年1月1日起，市政府对非住宅公房原则上按成本租金计租；对商业经营类的特殊用房，试行成本租金加土地综合开发费、利润、地质损伤度等因素的商品租金；对理发、浴室等微利服务行业租户暂不调整；对民政、福利、医疗等单位酌情减租；对行政和无经营收入的事业单位办公用房，按成本租金的50%计租。单位自管的出租房屋，参照同类公房标准计租。私房出租由房管、物价部门管理，租金一般不超过同类公房的1倍。对街道居民委员会用于生产经营的房屋按成本租金计租；用于办公、幼儿园的，按调整后新增租金的50%缴纳；用于非经营性文化娱乐活动的则全免新增租金。是年，市公安机关开始对私房出租发放许可证。

1990年，《连云港市房屋租赁管理暂行办法》施行，规定市县房产管理部门是房屋租赁管理的主管机关，同级工商、税务、公安等机关根据各自业务职责依法进行监督管理。

1995年1月1日，《中华人民共和国房地产管理法》开始实施。6月1日，建设部42号令《城市房屋租赁管理办法》施行，市、县区房产管理部门依法管理市、县区房屋租赁市场，并根据建设部42号令的要求，将房屋租赁许可证改为房屋租赁证。1996～1997年，通过规范房屋租赁证发放和建立租赁合同登记备案制度，市、县区房管所会同工商部门联合检查房屋租赁市场，重点对城乡接合部和外来人口房屋租赁进行集中整治。

1999年3月初，市房地产市场管理处、市工商管理局市场管理科联合成立房屋租赁市场管理办公室。2000年1月1日起，市区统一使用由市房管局印制、市工商局监制的《连云港市房屋租赁合同》文本，要求凡出租房屋的经营者，须到房管部门办理房屋租赁证，并签订《连云港市房屋租赁合同》。

2002年3月，市房管局结合市级房屋租赁市场部门联动、齐抓共管的经验，推动县、区房管部门与工商、税务、物价等部门建立协管机制。

2005年1月，市房屋租赁管理部门初步建立房屋租赁价格统计分析机制，主要以新浦地区的出租房作为调查对象，根据连云港市经济发展状况和市区房屋租赁市场特点，实行分类定价。全年完成房屋租赁备案面积54.79万平方米，金额4227.72万元。

三、房地产抵押

1994年，全市房地产抵押和评估业务启动。是年抵押监证263.65万元；评估123户、面积1.6万平方米，评估额784万元。1995年7月1日起，连云港市房地产市场管理处、产权监理处设立抵押部，对房屋抵押贷款进行监管。当事人提供抵押他项权申请书、房地产抵押合同、房屋所有权证、评估报告、借款合同、身份证明等资料，可以办理现房抵押短期贷款。截至1996年底，共办理公房抵押贷款52户，建筑面积4.98万平方米；私房抵押贷款83户，建筑面积7387平方米。1997年开始，除现房抵押外，还开展按揭贷款抵押，出现了中期贷款抵押，最长贷款期限为8年。1997～1998年，共办理公房抵押贷款327户，建筑面积58.86万平方米；私房抵押贷款895户，建筑面积8.59万平方米。

2002年5月，连云港市房地产市场管理处添置微机办理各项房产登记业务，抵押业务进入流水线作业。抵押类型有现房抵押、按揭贷款抵押、最高额抵押、在建工程抵押4种。按揭贷款年限最长为20年。至2005年底，购房者普遍采用按揭贷款的形式购买商品房和二手房。

四、房地产中介服务

20世纪90年代初，全市房地产中介管理由市房地产市场管理处负责。房地产中介市场刚刚起步，房地产中介机构到房地产主管部门进行备案的意识较差，从业人员素质参差不齐，管理比较松散。1994年1月，连云港市房地产中介管理部成立，隶属市房地产市场管理处，为股级全民事业单位，负责全市房产中介服务机构的资质备案，颁发相应资质证书，依法监督管理全市房产中介服务机构经营活动。

1998年12月，市房产管理局出台《连云港市城市房地产中介服务管理规定》。2000年5月，市房地产市场管理处成立虹达房地产信息中心，从事房地产市场中介服务。2002年10～11月，连云港市房产管理局先后2次对全市210多名商品房预销售人员进行上岗培训，并对考试合格人员颁发上岗证书和结业证书。

2005年，市房产管理局在房地产交易市场建立房地产中介交易的有形市场，30多家中介单位、房产公司、保险公司、金融机构、房产公证等企业和机构驻场办公，办理房屋买卖、租赁、典当、交换、置换、评估、不良资产盘活等业务，委托代办按揭、抵押贷款等业务。

五、市场监管

1984～1995年，全市房地产市场实行自我管理、自我约束。1996年2月，市政府根据《中华人民共和国城市房地产管理法》和建设部《城市商品房预售管理办法》，出台《连云港市商品房预售管理办法》，明确商品房预售许可的条件及程序，规定预售款的监管制度。1998年3月，市房产管理局出台《连云港市商品房面积测量管理办法》，进一步加强商品房预售管理。

2000年后，随着房地产市场交易的活跃，房地产市场出现一些不规范行为。2001年6月1日，建设部《商品房销售管理办法》实施，市房产管理局组织房地产开发企业、中介企业学习新办法和新商品房销售合同，加强对新建商品房的管理，查处非法流入市场的各类商品房。为保障购房居民的权益，市房管局、工商局、消费者协会联合在全市开展“放心房”承诺活动，组织10余家开发商，以自律和公开承诺形式，为广大居民提供“放心房”，解除购房居民的后顾之忧。

2004年9月30日，市房产管理局制定下发《连云港市商品房销售市场规范》，加大对商品房预售许可的管理力度。全年分两次对全市商品房销售、房地产中介市场进行集中检查，共查处、整改违规销售单位25家，调解居民与开发商销售纠纷108起，受理上访、投诉等500多人次。同时实行“一站式”服务，定期发布《房地产市场分析报告》，进一步完善房地产市场信息报告制度和市场预警体系，为开发企业和消费者提供房地产市场信息，促进住房市场健康、繁荣发展。全年新发放商品房预售许可证64本，准许预售面积101.7万平方米。

2005年，市房地产管理部门严格房地产开发企业和中介机构的市场准入，加大对房地产开发企业、中介机构内部认购、发放会员卡、“放号”炒作等违法违规行为的监管处置力度，严厉打击虚假广告误导消费者行为，对虚假交易合同、发布不实价格和销售进度信息、恶意哄抬房价以及不遵守项目管理守则、不履行开工和竣工时间、销售价格和套型面积控制性要求的行为，一律作为不良记录记入企业信用档案，公开曝光，并依法进行严肃处理。全年共查处违规销售单位25家，其中责令整改10家、处罚15家。市房管局建立商品房网上登记系统，全市45家房地产开发公司、30多家中介机构通过网络进行商品房登记备案和预销售。制定《连云港市商品房预（销）售合同网上登记备案管理办法（试行）》，严格实行购房实名制，预（销）售合同网上备案后，在购房人取得房屋产权前，购房人姓名不得变更。市房管局市场产权处开办免费办理二手房托管业务，保护交易双方的合法权益。

第四节　房政管理

一、房屋权属管理

1988年1月起，连云港市房产管理局开始办理市区城镇房屋产权转移手续。1989年6月，连云港市房屋所有权登记发证工作领导小组成立，下设办公室。1989年7月，连云港市产权监理处成立。1990年4月9日，全市在新浦区路南办事处的3个居民委员会进行房屋所有权证登记发放工作试点，7月底结束，完成公房、私房登记面积10万平方米，其中私房348户建筑面积2.26万平方米。8月1日，全市产权登记发证工作全面展开，到年底完成建筑面积3.64万平方米私房、建筑面积91.61万平方米公房的产权登记发证工作。

1992年5月，连云港市房地产市场管理处成立。1993年2月，市房地产市场管理处与产权监理处合署办公，实行一套工作机构、两个机关名称的体制。依据《城市私有房屋管理条例》《江苏省城镇房地产管理暂行办法》等规定，办理连云港市区公有、私有房屋交易及所有权登记发证，开展全国城镇房屋普查、全国城镇房屋总登记发证等工作。市房地产市场管理处设计创建连云港市产权产籍基础数据库，将产籍资料输入计算机，根据所有权人姓名、丘号等，查阅产权情况，作为基础数据运用于档案管理。1993年7月，建设部《关于加强房地产所有权证发放管理工作的通知》下发后，市房管局将会审、登记、发放房屋所有权证职能统一到市产权监理处。1994年，市产权监理处对4301间私房、45万平方米公房进行复审，对57.7万平方米公房、3687户私房核发产权证。1995年，产权发证46.8万平方米。1997年，全市房屋产权管理费收入360万元。

2000年2月，全市启动新房屋所有权证换验证工作，为4000户换、验证。2001年，按照新的产权产籍管理程序，市产权监理处为5008户私房、22万平方米公房进行复审并核发产权证。2002年，市产权监理处实行交易、租赁、抵押、产权登记发证、缴费等一条龙服务、一体化管理，并编制连云港市产权产籍信息管理系统，实现产权产籍各业务环节的流程控制。全年完成产权发证10421户，面积180万平方米；完成房屋租赁登记550户，面积2.8万平方米，租金额2000万元。

2005年，市产权监理处完成产权登记面积429.1万平方米，初始登记面积47.14万平方米，转移登记面积86.77万平方米，产权发证总面积271.3万平方米。

二、直管公房管理

连云港市直管公房主要来自于抗日战争胜利后和新中国成立初期没收的敌伪房产、1958年社会主义改造和“文化大革命”时期对城镇私人出租房屋改造的私人房产、国家委托代管房、国家投资兴建房。1984年，全市直管公房住户1万余户，建筑面积43万平方米。市房屋管理修缮公司负责直管公房管理修缮、收缴房租等。随着全市城市建设改造力度的加大和住房制度改革的不断深入，房屋情况较好的成套房屋大多按规定出售，至20世纪90年代末，市区直管公房面积19.1万平方米，其中住宅16.86平方米、非住宅2.24万平方米。

1992年，市政府出台《连云港市公有住房管理规定》，加强对直管公房的规范管理。

2003年8月，市政府出台《连云港市市区已售公有住房维修资金使用管理暂行办法》，规定公有住房出售后，售房单位应从售房款中提取10%作为共用部位、共用设施的维修费用。

2005年，市房屋管理修缮公司实施整体改制，国有资产全部退出，公房管理职能予以剥离。

市房产管理局成立连云港市直管公房管理处，承担全市公房的管理、维修和租金收缴任务。

三、白蚁防治

1994年，连云港市白蚁防治中心成立，为从事市区白蚁预防和灭治工作的专职机构。全体职工靠手动喷药机进行施工预防，全市完成白蚁防治施工面积15万平方米。1996年，完成白蚁防治施工面积16.8万平方米，新建房屋白蚁预防覆盖率提高到60%。此后，灌南县、灌云县、赣榆县、东海县也相继成立白蚁防治所。

1996年12月，市政府出台连云港市白蚁防治管理办法和实施细则，白蚁防治步入规范化发展阶段。至1999年底，连云港市白蚁防治中心先后制定完善《白蚁防治施工技术规范》《白蚁防治药物使用保管规定》《白蚁防治质量验收检验制度》，新建专用药库，购买电动施药器械和施工工程车，配备规范的施工用品。1997～1999年，市白蚁防治中心共完成白蚁防治施工面积近100万平方米，连续三年被江苏省白蚁防治协会评为省白蚁防治先进单位。

2000年，经省白蚁防治协会专家组评定，连云港市白蚁防治中心成为江苏省一级资质白蚁防治实施单位。是年7月，中心与田湾核电站签订田湾核电站白蚁防治工程合同，项目为当时国内最大的单项白蚁防治工程。市白蚁防治中心组织核电专业施工服务队伍，实施24小时零时差服务，加大重点部位药物配比，建立质量验收标准，加强科研开发，增加科技投入。2000～2005年，共完成核电一期白蚁防治工程219个子项施工任务，白蚁防治面积146.9万平方米。核电一期白蚁防治工程获江苏省重点白蚁防治工程优质奖。

2005年，全市白蚁防治总量由1994年的15万平方米增加到400万平方米，白蚁防治覆盖率从20%提升到98%，由单一的白蚁防治拓展到白蚁灭治与装饰装修预防全面结合阶段。

第五节　物业管理

1984～1993年，连云港市住宅小区采取原产权单位自建自管模式。1994年4月，市内首个物业管理企业——连云港建开物业管理公司成立，接管市区内较早建设的海南小区、市东小区、朝阳路组团内的房屋本体和公共设施设备维修养护、环境卫生、安全保卫、绿化养护、车辆人员出入秩序维护等，并实施专业管理，管理面积在10万平方米左右。1995年，碱厂职工生活区被评为江苏省优秀物业管理小区，成为全市首个优秀物业管理项目。1996年初，根据政府机构职能划分，连云港市房产管理局开始负责全市物业管理行业监管。10月，市房产管理局向建开物业管理公司颁发物业管理三级资质证书，建开物业管理公司成为全市首家取得物业管理资质的物业管理企业。此后，全市物业管理公司逐渐增多，接管物业的类型从住宅小区拓展到办公楼、商住楼，小区管理由"谁开发，谁管理"逐步过渡到专业化、全方位物业管理。

1997年3月，市政府出台《连云港市住宅小区物业管理办法》，成为全市物业管理第一个规范性文件。《办法》规定，在连云港市行政区域内新建的住宅小区必须实行物业管理，由物业管理企业实行专业化统一管理和综合服务。5月，市物价、房管部门出台《连云港市城市住宅小区物业管理收费暂行办法》，规定普通住宅小区物业管理公共性服务收费实行政府指导价；高标准住宅（公寓、别墅）小区物业管理公共性服务收费和为产权人、使用人提供的公众代办性服务收费（国家有规定标准除外）实行市场调节价；为物业产权人、使用人个别需求提供的特约服务，除物价部门规定有统一收费标准外，服务收费实行经营者定价。6月，市政府转发市房产管理局制定的《连云港市物业管理企业经营资质管理办法》，明确物业管理企业资质认定的条件和对应的等级标准，全市物业管理企业资质的审批和管理开始有章可循。

1999年，全市开展争创市级物业管理优秀住宅小区活动，玉带新村、博纳花园、东大新村、中华新村、供电局新孔路生活区、海南小区被评为市级物业管理优秀住宅小区。

2001年9月，市房产管理局设物业管理科，具体服务全市物业管理企业资质审批、业务培训，监督指导企业的经营、业主委员会的组建、专项维修资金的归集及管理，使全市物业管理工作步入健康发展的轨道。是年末，全市物业管理企业发展到35家，其中，二级资质7家、三级资质28家。阳光园、港利绿园、极美苑、康泰新村、兴业时代花园5个住宅小区被评为市级物业管理优秀住宅小区，苍梧小区、供电局电力综合楼被评为省级物业管理优秀项目。

2002年5月，市房产管理局先后印发《关于对全市物业维修基金实行专户管理的通知》《关于对全市物业管理工作进行集中整治的实施意见》《关于加快全市物业管理小区业主委员会组建工作的通知》《关于开展全市物业管理企业资质等级评定和年检工作的通知》等文件，加强对物业行业的规范化管理。全年归集维修基金260多万元，为住宅小区的长效管理提供保障。培育物业管理市场主体，33个小区组建业主委员会。阳光园、核电专家村被评为省物业管理优秀小区。东海县、赣榆县、灌云县、灌南县物业管理工作启动，注册物业管理企业4家，物业管理面积18万平方米。

2003年，全市有41家企业取得物业管理资质，其中二级资质3家、三级资质30家、临时资质8家。是年9月，市房产管理局出台《关于前期物业管理招投标有关程序规定（试行）的通知》，对前期物业管理招投标程序进行了规范。新电光明小区、万山城市花园、市花卉交易中心、连云港供电公司茅口变电所、六号街区、万润园、灌云县供电局办公楼7个项目被评为2003年度市级优秀物业管理项目，极美苑、兴业时代花园被评为江苏省城市物业管理优秀住宅小区。连云港市金辰实业公司管理的江苏核电专家村被评定为2003年度全国物业管理示范住宅小区。2004年7月，市房产管理局印发《关于贯彻执行建设部物业管理企业资质管理办法》，加强对物业企业资质的监督管理。连岛金海岸山顶假日中心、华阳丽都佳园、连云港500千伏伊芦变电所、东海步行街晶都广场4个项目获市级物业管理优秀项目称号。

2005年，针对开始出现的物业管理企业退出在管项目情况，市房产管理局出台《连云港市物业管理企业退出物业项目管理指导意见》，规范退出程序，明确监管责任。至2005年底，全市有物业管理企业106家，其中二级资质4家、三级资质65家、暂定三级37家。物业管理项目达179个，管理面积738万平方米。全市自1996年至2005年期间共创建市级物业管理优秀项目56个、省级物业管理优秀项目17个、国家级示范小区1个。

连云港市志

第十六卷　商贸服务业

1984～2005年是连云港市商贸服务业由计划经济体制向社会主义市场经济体制过渡的时期。1984年6月，市政府确立“简政放权、搞活企业、搞活流通”的改革目标，作为城市经济体制改革的突破口，商贸流通领域的体制改革渐次展开。计划经济时期形成的商业、粮食、物资、供销社四大国营体系，到20世纪90年代中后期逐渐失去市场主导地位，个体、私营、外资等所有制形式的商贸服务企业迅速兴起，经营范围不断拓展。至21世纪初，商贸服务业逐渐形成多种经济成分并存的市场格局，呈现物资丰富、流通便捷、购销两旺的繁荣局面。

在稳步推进商贸企业管理体制改革的同时，对各类购销市场的管理也相继放开。1984年，将生活资料管理由指令性计划改为指导性计划，鼓励和支持个体私营商户从事生活资料经营，允许农民进城直接销售农副产品，恢复城乡农贸市场。1985年，取消蔬菜统购包销，城镇居民的食用蔬菜由菜农直接进入集市销售。1993年后，粮、油、棉等生活资料和农药、化肥等农业生产资料相继取消指导性计划，放开购销市场、价格管理和营销渠道。1994年，工业生产资料相继取消计划管理，实行市场化经营；由国家实行指导性计划管理的日用工业品市场全部放开。1995年后，城乡分工、条块分割的商贸计划性管理体系彻底解体，跨行业、跨地区、跨所有制的市场化管理体制逐渐形成，多种形式的横向经济联合体纷纷建立。国内贸易市场准入条件进一步放宽，开始允许外资企业进入零售市场，市内的个体、私营等民营企业所占市场份额大幅增长。1997年起，大型零售商业企业陆续落户连云港，新型流通业态快速发展，批零一体化的日用工业品市场、工农业生产资料市场、生产要素市场等专业性、综合性市场不断发展壮大，逐渐兴旺。

2005年，全市完成社会消费品零售总额182.08亿元，是1984年的20.83倍；年成交额达1亿元的市场有33个，其中达20亿元的市场1个、达10亿元的市场4个；市区形成解放中路、通灌北路、陇海步行街、龙河广场、海州古城、连云区海滨六大商业街区和商业中心。

第一章　批发零售商业

1984年后，连云港市批发零售商业率先突破商品分工、城乡分管的限制，加强多种形式的经济协作，各行业分工界限逐渐淡化，经营范围相互渗透，形成购销渠道多元化、经营业态多样化、多种经济成分并存的商业格局。国营商业的市场占有率逐渐下降，至1999年底基本退出。个体、私营和外资商业快速发展，产销一体化、批零一体化企业不断涌现。至2005年底，专卖、超市、连锁等新型业态成为商贸市场主体，批发零售商业特别是零售商业逐步呈现竞争有序、购销两旺的繁荣局面。

1991～2005年连云港市社会消费品零售总额分地区统计表

表16-1　　单位：万元

年　份	全市	市区	赣榆县	东海县	灌云县	灌南县
1991	236932	112371	39433	30135	36197	18796
1992	266492	127067	44789	34612	39069	20955
1993	386841	131669	86626	67363	64898	36285
1994	545278	173794	119604	100777	105478	45625
1995	697327	228131	152031	136092	125569	55504
1996	829642	299893	172747	152373	143182	6[illegible]447
1997	891542	308030	186210	168113	155941	75248
1998	941915	315061	197268	184712	164115	80759
1999	993713	331984	209316	192547	172608	87258
2000	1065701	363433	225034	207739	172900	96595
2001	1147574	396800	239748	223653	182423	104950
2002	1260330	459876	258194	237799	190470	113991
2003	1378617	533488	272735	248428	202142	121824
2004	1574788	630023	304645	277872	225870	136378
2005	1820800	740489	348819	318163	257040	156289

说明：根据国家统计局要求，社会消费品零售总额以2004年经济普查数据为基准，向前对1993年后的数据进行调整。此表1993年后数据为调整后数据。

第一节　零售商业

一、发展概况

1984年，连云港市区原由国营商业归口管理的集体所有制商业企业下放给各区政府管理，按自我管理、自主经营、自负盈亏的原则，实行利奖挂钩、承包租赁等经济责任制。是年5月，15家独立核算集体企业的109个网点、976名员工、175.15万元经营资金完成移交。1984年，全市完成社会消费品零售总额8.74亿元，有零售商业网点2617个、从业人员9981人，其中市区网点678个、从业人员3638人。

1990年后，市内零售商业发展加快。是年底，全市有专业和综合零售商店2.58万个，行业从业人员增至6.6万人，其中市区商业网点增至4260个，从业人员增至1.92万人。1992年，全市有零售商业网点2.61万个，从业人员7.44万人。其中，百货商店572个、从业人员6465人，纺织品商店116个、从业人员649人，五交化商店340个、从业人员2726人。1994年，全市零售商业网点增至5.81万个，从业人员增至11.55万人。其中，日用品百货商店9706个、从业人员2.59万人，五交化零售网点461个、从业人员1918人，纺织服装鞋帽零售网点197个、从业人员761人；全市商品零售额达15.88亿元。1996年，全市零售贸易网点发展到6.55万个、从业人员增至14.08万人，其中市区零售网点1.17万个、从业人员3.38万人。

图16—1　20世纪80年代末的市百货公司生活用品柜台　赵鸣　摄

1997年，全市零售商业多元化格局基本形成，共有零售网点6.66万个，从业人员13.61万人。其中，国营网点827个、从业人员1.45万人，集体所有制网点2621个、从业人员1.92万人，私营经济网点198个、从业人员1680人，个体经济网点6.29万个、从业人员9.92万人，联营经济网点3个、从业人员286人，股份制经济网点1个、从业人员1128人。到1999年，国有零售商业企业基本退出经营市场，转为资产经营。集体、个体和私营经济的零售业成为市场主体。年底，全市限额以上零售商业有法人单位21家、经营网点96个、从业人员6291人、营业面积14.76万平方米。

2001年，全市限额以上零售业法人单位发展至30家，经营网点163个，从业人员5612人，营业面积15.94万平方米。2003年，国有商贸企业整体改制结束，国有零售业已无市场销售份额。

2005年，全市零售业完成社会消费品零售总额182.08亿元。

二、零售企业选介

连云港市百货总公司　位于新浦解放东路32号。原名连云港市百货公司，1993年7月更名为连云港市百货总公司。1998年9月26日，投资2800万元兴建的万家乐购物中心开业。2000年9月，市百货总公司从万家乐购物中心撤出股份，产权移交给市国有资产经营公司管理。2005年，连云港市百货总公司拥有固定资产476.75万元，已无零售商品经营。

连云港中央百货有限责任公司　位于新浦解放中路56号。主要经营日用百货零售。原为市百货公司所属百货一店，营业用房为平房。1985年建成地上4层、地下1层营业大楼，建筑面积3.6万平方米，更名为连云港市百货大楼，升级为市商业局直属公司级企业，是当时连云港市最大的商业零售企业。1997年，作为全市首批试点改制为国有资产控股的有限公司。2002年经第二次改制成为民营企业，国有资本全部退出。2003年，南京中央百货连锁有限公司出资收购80.2%的股权后，变更为连云港中央百货有限责任公司。2005年，完成零售额4444万元。

连云港华联商厦有限责任公司　位于新浦海连东路1号。为国内首批14个沿海开放城市同期建设的15座华联商厦之一，由商业部统一命名、统一资助。1987年5月开工建设，1989年1月建成开业。连云港华联商厦共15层，总建筑面积1.4万平方米，总投资1600万元。2002年9月28日整体改制为民营企业连云港华联商厦有限责任公司，国有资本退出。2005年拥有固定资产6000万元，完成商品零售额1.6亿元。

图16-2　1989年1月，华联商厦建成开业。　赵鸣　摄

连云港外轮供应有限责任公司　位于

连云区中山中路陶庵。原名连云港外轮供应公司，主要供应外轮海员生活用品、免税商品和船用物料。1984年6月更名为连云港对外供应公司，同年经中国海关总署批准建立免税商品仓库。2003年3月改制为民营企业连云港外轮供应有限责任公司，国有资本退出。2005年完成商品零售额1590万元。

连云港雅发实业有限公司　位于连云区中山路75号。1992年5月，连云饭店、连云港百货商店、荷花百货商店、新港饭店、海滨商场合并为连云港市商业发展公司。是年7月，开工建设亚欧商城。1993年5月1日建成开业，建筑面积4700平方米。2000年二期扩建工程栖霞商城建成开业，建筑面积3600平方米。2003年3月，连云港市商业发展公司与香港雅禾集团合资组建连云港雅发实业有限公司。2005年1月整体改制，国有资本全部退出，改由香港雅禾集团独资经营。是年完成商品零售额1.1亿元。

第二节　批发商业

一、发展概况

1984年起，连云港市各国营批发企业的经营功能逐渐弱化，计划分配的商品逐年减少。是年，市五交化公司调进的计划分配商品只占全年进货总量的21%。各国营批发企业在保证完成计划商品购进的同时，积极寻找货源，扩大计划外商品采购。连云港百货站计划外商品采购量占全年进货总量的55%。

1986年后，全市社会批发业发展迅速，城乡分工、条块分割的商品批发格局被打破。连云港百货站和赣榆、东海、灌云县百货公司等国营批发企业转变经营策略，先后与国内20多个省、市的2100多家日用工业品生产厂家建立直接供货关系。全市直接从工厂进货量占全年商品购进总额的40%。

1990年，计划分配商品取消，统购包销体制解体，日用工业品全部改由生产厂家自销。市内各国营批发企业开始实行工商、农商、军商、商商之间的横向联合，重新建立购销渠道。连云港百货站、连云港纺织品总公司和市五交化公司开始以批发为主、兼营零售，同时开展异地进货、异地销售业务。是年，市、县两级五交化公司开展异地进货、就地销售和代销商品的比重占全年营业量的60%以上。

图16-3　连云港市贸易中心批销中心　　赵鸣　摄于1990年

1994年，市内日用工业品市场从卖方转向买方。各国营批发企业及时实施“抓大放小”营销策略，发挥信息灵敏优势，勤进快销，减少环节，加速资金周转，提高资金效益。

1996年，全市日用百货批发网点发展到683个，从业人员5197人。其中，五交化批发网点78个、从业人员1430人；纺织、服装和鞋帽批发网点44个、从业人员726人。市内国营批发企业又一次转变经营策略，强化商品品牌经营，对国内外知名品牌商品率先实行区域代理和总经销。连云港百货站先后加盟广东“宝洁”和上海“利华”洗涤化妆品集团，成为苏北、鲁南地区总经销商，其日化类商品当年批发销售额8200万元。2000年，随着超市和各专业批发市场的兴起，国有企业批发量大幅下滑。是年，全市国有企业日用百货批发额降至1.3亿元。

2002年，全市限额以上批发贸易企业的商品批发销售总额55.92亿元，限额以下批发零售贸易企业的商品批发销售总额77.53亿元。

2005年，全市日用工业品批发销售总额20.11亿元，其中市区7.92亿元、赣榆县6.65亿元、东海县1.11亿元、灌云县1.71亿元、灌南县2.72亿元。全市限额以上批发业法人单位44家，经营网点154个，从业人员4408人，营业面积4.09万平方米，全年批发销售总额9.2亿元；全市限额以下批发企业批发销售总额7.35亿元；个体企业批发销售总额2.97亿元。

二、批发企业选介

连云港百货站有限公司　位于新浦解放东路132号。原名连云港百货采购供应站，1973年建立，为国营二级批发企业。2002年12月整体改制为民营企业，称连云港百货站有限公司，国有资本全部退出，放弃商品经营，改为资产经营。2005年有固定资产620万元、职工127人，无商品批发。

连云港市五交化公司　位于新浦解放中路113号。国营二级批发企业。1983年增挂江苏省五交化公司连云港分公司牌子。1992年，其所属解放路五交化商场划出另成立连云港市交电总公司，2001年并入市五交化公司。2002年12月整体改制为民营企业连云港市天晟五交化公司，国有资本退出。2005年拥有固定资产4800万元、职工240人，无商品经销。

连云港纺织品总公司　位于新浦解放东路59号。国营二级批发企业。1982年从江苏省连云港百货纺织品采购供应站分出独立。1985年由市商业局管辖改归连云港市纺织工业公司管辖。1994年4月更名为连云港纺织品总公司。2005年拥有固定资产2190万元、职工108人，无商品销售。

赣榆县百货公司　位于赣榆县青口镇。国营三级批发企业。1987年3月，投资250万元兴建赣榆百货商场大楼，建筑面积1751平方米。2002年12月依法破产。

赣榆县五金交电化工公司　位于赣榆县青口镇。1956年建立，国营三级批发企业。1983年分设为批发、零售2家公司，1988年6月合并，仍称原名。2002年12月依法破产。

东海县百货公司　位于东海县牛山镇。国营三级批发企业，主营针织品、纺织品、文化用品及鞋帽和各类小商品的批发销售。2005年拥有固定资产1100万元，有职工25人，完成商品销售额4000万元。

图16-4　20世纪80年代后期的赣榆县百货商场
赵鸣　摄

东海县五交化有限公司　位于东海县牛山镇。国营三级批发企业。1971年并入东海县百货公司，1973年分出独立。1999年整体改制为民营企业东海县五交化有限公司。2005年拥有固定资产600万元、职工77人，全年商品销售额3700

万元。

灌云县百货公司 位于灌云县伊山镇。国营三级批发企业。1955年由国营大伊山百货商店改建而成。1986年，由职工集资60万元兴建县城天池商场。2005年仍有商品批发销售。

灌云县五交化公司 位于灌云县伊山镇。1963年11月建立，国营三级批发企业，批零兼营。2005年仍经营批发零售业务。

第三节 商业网点

一、大中型商场

1984年，连云港市建筑面积超过700平方米的大中型商场（店）有10家。市区有百货大楼（建筑面积3.6万平方米）、友谊商店（4600平方米）、荷花百货商店（1200平方米）、二家兵百货商店（950平方米）、迎春商场（700平方米）、红光五交化商场（700平方米）；东海县有海陵商场（2600平方米）；赣榆县有百货大楼（1500平方米）。

图16-5 振兴大厦购物有奖销售公开摇奖现场
赵鸣 摄于1989年

图16-6 20世纪80～90年代，连云港市百货大楼曾是连云港市最大的服装、家电销售网点。 赵鸣 摄

1986～1990年，随着连云港对外开放步伐加快，大中型商场建设进入快速发展时期。1986年1月，市供销社投资建成集体性质的东方贸易大厦，营业面积6600平方米。1988年1月，市五交化公司投资建成通灌路五交化商场，营业面积5000平方米。1988年12月，市供销社投资建成供销大厦，营业面积3000平方米；新浦农场投资建成振兴大厦，营业面积4800平方米。1989年建成500平方米以上的商场5家，其中华联商厦营业面积1.4万平方米。1990年，全市有2000平方米以上的大型商场11家。其中，营业面积超过1万平方米的商场2家，营业面积3.4万平方米。

1991年以后，全市商场建设速度趋缓，但体量增大。1994年，连云购物中心建成，营业面积1万平方米。1998年9月万家乐购物中心建成，营业面积3.06万平方米。2004年文峰大世界建成，营业面积3万平方米。

2005年底，全市有大中型商场（店）23家，总营业面积17.26万平方米。其中，营业面积达3万平方米的商场3家，总营业面积9.66万平方米。

2005年连云港市主要大中型商场一览表

表16-2

名　称	企业性质	开办年份	营业面积(平方米)	地　址
连云港市中央百货大楼	民营	1952	36000	新浦区解放中路
赣榆县百货大楼	民营	1975	1500	赣榆县青口镇
连云港友谊商店	民营	1978	4600	连云区中山路
迎春商场	民营	1981	700	新浦区解放中路
红光五交化商场	民营	1981	700	新浦区解放中路
海陵商场	国营	1983	2600	东海县牛山镇
东方贸易大厦	国营	1986	6600	新浦区解放中路
赣榆商场	民营	1987	751	赣榆县青口镇
物华商场	民营	1987	2000	新浦区通灌路
通灌路五交化商场(五星电器)	外资	1988	5000	新浦区通灌北路
供销大厦	民营	1988	3000	新浦区解放路
振兴大厦	民营	1988	4800	新浦区海连东路
工艺美术商场	民营	1988	957	新浦区通灌路
华联商厦	民营	1989	14000	新浦区海连东路
轻工商场	民营	1989	2000	新浦区解放中路
国际双厦	民营	1989	1600	新浦区通灌路
龙华商场	民营	1989	3080	东海县牛山镇
连云购物中心	民营	1994	10000	连云区海棠路
大云商场	国营	1994	1830	海州区中大街
连云港百货商厦	国营	1997	6300	海州区幸福路
万家乐购物中心	国营	1998	30600	新浦区通灌北路
文峰大世界	民营	2004	30000	新浦区通灌北路
苏宁电器	民营	2004	4000	新浦区通灌北路

二、大型超市

1995年6月,连云港市贸易中心(连云港百货站)开办的日用工业品大卖场建成开业,营业面积约6000平方米,成为苏北首家大卖场。1997年底,北京新国道连云港超市在新浦海连东路开业,为全市首家国内连锁货仓式超市,由北京新国道食品工业市场发展有限公司和中国物资储运公司南京分公司连云港仓库联合开办,营业面积3600平方米。1998年底停业。

1998年9月,市内首家日用工业品超市好连多超市开业,由市贸易中心(连云港百货站)开办,位于新浦解放东路,营业面积2000余平方米。是年12月28日,苏果连云港超市在新浦南极北路供销大厦内开业,为全省供销社系统首家,由市供销合作总社引进,营业面积约800平方米,年营业额约1800万元。

1999年7月,全市首家港资超市——香港肇丰集团国内连锁连云港时代超市开业,位于新浦

图16-7 2000年12月30日，时代超市扩建工程完工。图为开业文艺演出现场。 俞德春 摄

通灌北路的万家乐购物中心内，营业面积2万余平方米，主营日用工业品、生鲜副食品和熟制食品。2005年，完成营业额2.2亿多元。

2004年9月25日，由上海农工商超市（集团）有限公司投资兴建的农工商超市连云港大卖场开业。位于新浦盐河北路，营业面积2.3万平方米。2005年，完成销售额2982万元。

2005年6月，徐州新一佳超市连云港分公司在新浦解放中路的中德商业广场开业，营业面积1.13万平方米，是年完成商品销售额4100万元；苏果连云港超市在市区发展连锁店16家，总营业面积达3000平方米，年销售额1200余万元；家得福超市发展连锁店8家，分布在新浦、海州和连云3个城区，总营业面积12230平方米。2005年营业额1.65亿元。

2005年底，全市有大型超市8家，均为食品类和非食品类商品组合经营。其中，市区5家，总营业面积7.04万平方米。是年完成销售总额4.15亿元，超市成为市内零售市场的主要业态。

三、小型商业网点

1984年前，全市商业网点的分布和发展实行“三定”政策，即根据居民分布情况和居住区的人口密度确定网点、规模、经营范围。1984年后，逐步放宽行业准入条件和经营范围，实行自由发展、自主经营、自我调整，商业网点进入快速发展阶段，经工商行政管理机关登记注册的商业网点逐年增加。至1997年最多时全市有6.66万家，覆盖城区的每个居民点和农村的每个自然村。1998年后，商业网点布局进入自我调整时期，个体和私营中小商业企业或退出经营，或互相联合实行连锁经营，商业网点个数逐年减少、规模逐渐增大。2005年，全市有工商行政机关登记注册商业企业1899家，其中限额以上批零法人单位98个、经营网点324个。

图16-8 乡镇集市 赵鸣 摄于1993年

第四节 商业街区

改革开放后，连云港市东方大厦、迎春商场、红光五交化商场、轻工商场等规模较大的商场先后在解放路开业。1985年，连云港市第一百货商店率先将原平房营业房改造重建为楼房，改称连云港市百货大楼，带动整个解放路商业街的发展，逐步形成全市商贸中心。20世纪90年代中期，

新浦地区的开发建设步伐加快，出现通灌北路、海昌北路、解放东路、龙河广场等新的商贸街区。2005年底，新浦区、海州区、连云区已形成6个商业中心和街区。

一、新浦解放中路商业中心

西起解放桥，东至和平桥，包括连云港中央百货大楼、东方贸易大厦、明珠鞋城、汇金广场、中德商业广场等骨干商贸企业。

二、新浦陇海步行街

西起盐河，东至通灌路，全长1170米，由原陇海铁路路基改建而成。主要经营商品有服装、鞋帽、儿童玩具、金银首饰等。名特优品牌专卖店较多。

图16-9　2001年，在陇海铁路新浦站原址上，投资4.5亿元建成的陇海步行街。　赵鸣　摄

三、新浦通灌北路商业中心

北起民主路口，南至海连路口，主要商家有万家乐购物中心（连云港时代超市）、通灌路五交化商场（五星电器）、文峰大世界、苏宁电器等。

四、新浦龙河广场商业中心

包括新浦龙河广场及周边地区，主要商家有华联商厦、振兴大厦、龙河商城等。

五、海州古城商业中心

以白虎山小商品批发市场为中心，包括百货商厦、大云商场等骨干商家和众多商业网点。

六、墟沟海滨商业中心

包括连云区墟沟海棠路及周边地区，主要有连云购物中心、友谊商厦、亚欧商城、海棠路市场等。

第五节　商品交易市场

一、专业批发市场

1984年，连云港市建有各类专业批发市场36个，其中赣榆县4个海产品批发市场为是年新建。1987年，连云港市钢材市场在新浦解放东路50号开业，是全市第一个生产资料批发市场。1988年，建成新浦区市化路小商品市场、赣榆县沙河市场、海州区幸福路蔬菜批发市场，扩建东海县牛山农副产品批发市场。

1991年，市工商局按照因地制宜、合理布局、统筹规划、分段实施原则，编制全市"八五"期间市场建设规划，专业市场建设为其重要内容。是年，海州工业小商品批发市场（白虎山小商品

图16-10　20世纪90年代初，全市专业批发市场发展迅速。　赵鸣　摄

市场）、新浦西苑市场、青园小商品市场、家具市场和赣榆县墩尚市场相继建成开业。翌年，全市新建建材、房地产、汽车、木材和农副产品批发市场14个。1993年8月26日，江苏省体制改革委员会批准东海县水晶市场为省级市场，定名为江苏东海水晶市场。9月，由该市场扩建而成的东海水晶商贸城开业。

1994年，全市新建专业批发市场20个，其中生产要素市场3个、生产资料市场11个、工业品市场5个、农副产品市场1个。海州白虎山小商品市场完成三期扩建工程，增加营业用房40余间、经营摊位400个。连云港生产资料国际商城开业半年即完成成交额5.3亿元。1996年10月，连云港水产品交易中心建成开业。是年，海州白虎山小商品市场引进市、区、乡镇属加工企业51家和个体加工企业87家，年内实现交易额6.2亿元；市农副产品批发市场年成交额4亿元。是年，全市有年成交额达1亿元的大中型市场15个。

1997年，市委、市政府召开全市大型专业批发市场建设工作座谈会，确定连云港生产资料国际商城南北批发中心、海州白虎山小商品批发市场、东海水晶商贸城、连云港水产品交易中心和市农副产品批发市场（简称五大市场）建设总体方案。是年，海州白虎山小商品批发市场吸引投资2000余万元，对市场进行升级改造，新增营业面积3.5万平方米，新设市内20余家国营大中型重点企业、市外50余家名优产品厂家代理经销点，全年成交额13亿元，成为市内首个年成交额达10亿元市场，食品经营规模超过山东临沂批发市场。1998年，五大市场投入改建、扩建资金6700万元。是年生产资料国际商城和海州白虎山小商品批发市场的成交额均突破20亿元，其中生产资料国际商城木材批发市场成交额7亿元。

1999年，市区新建海州花卉市场、汽车配件市场、砂石市场、旧货市场等10个专业市场。是年，生产资料国际商城对内设的四方钢材城和石材市场、煤炭市场进行扩建，新建温州装饰城、汽车配件修理城等。2002～2003年，连云港兴隆装饰城共完成3期工程建设，投入运营。

2005年，全市新建农副产品专业市场12个、工业消费品专业市场8个、工业生产资料市场7个、农业生产资料市场2个。至年底，全市拥有专业市场264个，其中消费品市场244个、生产资料市场20个；年成交额223.38亿元。

2005年连云港市年成交额过亿元专业批发市场一览表

表16-3

市场名称	地　址	年成交额（亿元）	经营面积（平方米）	市场类别
连云港市农副产品批发市场	新浦区瀛洲路	26.0	30682	农副产品
江苏东海水晶市场	东海县钢铁东路	15.0	25000	工业品
海州白虎山小商品批发市场	海州区幸福路	14.0	40000	日用工业品
连云港市振兴农副产品交易市场	新浦区瀛洲路南首	13.0	105386	农副产品

续表16-3

市场名称	地　址	年成交额（亿元）	经营面积（平方米）	市场类别
连云港市连云区海棠路市场	连云区墟沟海棠中路	12.0	33000	农副产品
赣榆县新东方市场	赣榆县青口镇东关路	4.5	4250	农副产品
连云港市蔬菜活禽直销市场	新浦区海昌南路	4.0	6704	农副产品
赣榆县环城水果批发市场	赣榆县青口镇河南路	3.8	29528	农副产品
东海县东蔡建材市场	东海县和平西路	3.3	46200	生产资料
赣榆县振兴中心副食品批发市场	赣榆县青口环城北路	2.9	14860	农副产品
连云港市国际商城振兴装饰城	新浦区解放东路	2.8	37355	生产资料
连云港市龙河商城	新浦区海连东路	1.8	9000	日用工业品
连云港八一市场	连云区墟沟南营房	1.9	13200	农副产品
连云港市院前农贸市场	连云区墟沟西苑路	1.8	11000	农副产品
连云港市陇海商城	新浦区通灌路	1.1	8400	日用工业品
连云港市红星美凯龙国际家居广场	新浦区人民路	1.5	39000	日用工业品
连云港市化肥市场	新浦区海连东路	1.5	54200	生产资料
连云港市四方钢材有限公司	新浦区解放东路	1.5	12900	生产资料
连云港市煤炭市场	新浦区凌州路	1.5	125715	生产资料
连云港市木材批发交易市场	新浦区凌州路	1.5	66600	生产资料
连云港市远大水产品交易市场	连云区港口路	1.5	10500	农副产品
连云港市苏鲁农化种子市场	灌云县东王集乡元邦村	1.5	6830	生产资料
连云港市金叶家具城	新浦区海连中路	1.3	2300	日用工业品
连云港市旧机动车交易市场	新浦区海宁中路	1.3	26000	生产资料
灌云县向阳路农贸市场	灌云县向阳路	1.3	13360	农副产品
连云港市亚欧商城	连云区墟沟海棠路	1.2	12000	日用工业品
灌云县板浦商贸中心	灌云县板浦镇	1.2	45000	日用工业品
灌云县龙桥商业城	灌云县伊山镇	1.2	4500	日用工业品
灌南县聚龙商贸城	灌南县新安镇回龙中路	1.2	3000	农副产品
国库现货交易市场	新浦区海连东路	1.1	32755	生产资料
灌云县四队商业城	灌云县四队镇	1.1	20500	日用工业品
东海县海陵农贸市场	东海县海陵东路	1.1	23100	农副产品
连云港市大豆批发交易市场	新浦区凌州路	1.0	9100	生产资料

二、集贸市场

1984年，赣榆县率先在响石、东林子、韩口等地建设海产品集贸市场。是年，市工商局集资45万元在新浦盐河路兴建有400多个摊位和相关配套服务设施的农民进城经贸一条街。全市市场建设投资103万元，新建玻璃钢结构棚顶市场5个、室内市场1个、露天市场34个。是年全市农村集市贸易完成成交额1.19亿元。1990年开展文明集贸市场评比活动，至1996年先后评出赣榆县厉庄农贸市场等省级和市级文明市场。2004年后，农村集贸市场中的百货、服装、日杂等逐渐转入乡（镇）政府驻地及其附近的固定门面房经营。2005年底，全市有农村集贸市场176个，其中消费品综合市场54个、农副产品综合市场80个、农副产品专业市场9个、工业消费品综合市场2个、工业消费品专业市场3个、其他市场28个；完成成交额101亿元。

三、专业贸易市场选介

图16-11　1994年5月建成的连云港生产资料国际商城　侍志　摄

江苏省连云港生产资料国际商城　位于新浦区解放东路与海连东路交界处。1994年5月18日建成开业。后经数度扩建，形成市场群。1997年，该商城被市政府列为全市重点培育的五大龙头骨干市场之一，是年其内设的木材批发市场运进木材5000多个车皮，成为满洲里口岸70%进口木材的销售基地，居苏北、鲁南地区首位。1998年，该商城成交额20.5亿元。2005年底，市场总占地面积53.5万平方米，分为南北2个批发交易区。南区包括沿新浦海连东路分布的中国轻工集团连云港公司的木材批发交易市场、中储连云港公司的国库木材批发市场、中储物流配载市场和化肥市场、连云港燃料市场、大豆市场、板材市场，内有8条铁路专运线。北区包括沿新浦解放东路分布的温州装饰城、木制品市场、陶瓷市场、洁具市场、铝型材市场、石材市场、钢材市场、五交化市场、农资市场、旧货市场，铁路货运东站设于其间。是年，接纳进场企业和商户1000余家，安置就业3309人，成交额22亿元。自开业至2005年，累计实现利税1亿元。

海州白虎山小商品批发市场　1990年初，海州区政府决定在海州幸福桥下、市发酵厂南侧、护城河故道废地上新建海州小商品批发市场，后改称白虎山小商品批发市场。市场规划面积10万平方米，其中一期工程于11月开工，次年4月竣工，建成摊位1.32万平方米、门面房331间、玻璃钢大棚5100平方米。1991年9月8日正式营业。经营的商品主要有服装、鞋帽、布匹等。1992年，市场开通到温州、义乌、临沂等客运线路，在市场内兴建汽车站，日发车30多个班次。1993年，市场日均客流量近1万人次，日成交额30余万元。此后又相继实施二、三、四期扩建工程。1994年，市场成交额突破1亿元。1997年，白虎山市场被列入全市五大重点培育市场，市糖烟酒公司、百货总公司、东方大厦、锦云大厦等一批实力较强的商家到市场设立批发分部，50多家知名厂家通过总代理、总经销方式进入市场。是年，白虎山市场成为市内首个成交额突破10亿元的市场。2000年，白虎山市场走上“品牌强市、规模发展”之路，在场内设立总经销、总代理的知名企业达150家、300余个品牌，商品辐射周边县区，市场发展达到鼎盛。是年，市场成交额22.65亿元。此后，受硬件设施制约等因素影响，市场发展

图16-12　1997年，海州白虎山小商品批发市场成交额突破10亿元。　赵鸣　摄

呈现下滑趋势。2005年底，该市场有营业单位2400余家、商户1206户、有限公司40家，成交额约14亿元。

陇海商城　20世纪90年代初，市区出现社会资本兴办专业贸易市场热潮。1994年1月，市属国有商业企业利用闲置场地在通灌北路1号建设的陇海商城一期工程竣工并开业，摊位全部出租给个体商户经营各类小商品，主要经营日杂百货。2005年底，陇海商城有摊位110个，成交额1.1亿元。

龙河商城　位于新浦区海连东路6号，由振兴实业集团有限公司投资兴建。一、二期工程总面积1.5万平方米，1997年9月投入运营，为300余名下岗职工提供工作岗位。1998年建成三期工程，商城总面积增加到2.5万平方米，有营业用房360余间。经营项目有通信器材、烟酒副食品、服装百货、五金交电、家用电器等。2005年成交额1.8亿元。

连云港市旧机动车交易市场　位于新浦区海宁中路18号。1994年5月开业，市物资再生利用拆船总公司主办，营业面积2.6万平方米。主要经营旧车过户、旧车展销、旧车交易、新车展销、以旧换新、报废回收等业务。2005年成交额1.3亿元。

连云港市旧货综合市场　1997年秋，连云港市大陆桥旧货交易市场在市百货大楼西侧海丰巷路西开业，主要经营古玩、旧电器、旧家具和其他旧货。1999年1月，市旧货交易市场在新浦区解放东路248号开业，市场占地2万平方米，营业门点200间，标准库房2000平方米，主营生产资料、生活资料的抵押拍卖和闲置资产的处理等。2001年1月，大陆桥旧货交易市场迁至华联商厦后，经营场地扩大到3000平方米、150间门面房。2005年成交额8000万元。

第二章　供销合作商业

1984年，连云港市供销合作联社成立。1984～1988年，全市供销系统的管理和经营体制逐步由计划经济转向市场经济，由全民改为集体。1989～1994年，连云港市在供销系统推行破“三铁”（铁工资、铁饭碗、铁交椅）、工效挂钩、承包经营，企业经营自主权逐步扩大，国家、集体和个人利益关系逐渐理顺。1995～1999年开展企业产权制度改革，市场建设取得突破，连锁、配送等新的经营业态出现，商品生产基地初步形成。2000年后，实行社企分开，建立现代企业制度，开展招商引资，发展为农服务，构建连锁经营网络。2005年，全市供销系统拥有固定资产总额4.8亿元，完成销售总额58亿元，辖有县区供销社7个、直属企业16家、基层供销社（乡镇供销社）98个，建立连锁经营服务点2116处。

第一节　为农服务平台

一、为农服务社

为农服务社是供销合作社在农村设立的为农服务基层组织，服务内容涉及信息、生产、加工、储存、流通等若干方面。1990年，赣榆县供销合作社在赣马镇建立25个村级综合服务站，将原“双代店”的“双代”（代购农副产品、代销日用品）功能扩展为代购农副产品、废旧物资，代销日用品、农业生产资料，统一管理和调度大中型农具，受到农民欢迎。

1991年初，连云港市供销合作总社在赣榆县召开现场会，推广该县在全省供销社系统率先建立村级综合服务站的经验。各县区供销社推广赣榆经验，短期内形成以村为基础，以基层供销社为依托，实行农资经营和农技植保相结合的为农服务新格局。各村级综合服务站除经营原有业务外，还开展测土施肥、病虫害防治和技术咨询服务，引导和帮助农民科学种田。

2002年，全市村级综合服务站实施连锁化改造，统一建立乡村为农综合服务站，在生产资料和生活资料经营中引入现代经营理念。2003年，按全省统一部署，全市乡村为农综合服务站统一更名为乡村为农综合服务社，按其服务功能定位实施星级管理，一星级、二星级、三星级分别由县级、市级、省级供销社组织验收命名，命名有效期两年。是年，全市开展乡村为农综合服务社建办年活动，强化生产、生活资料连锁配送，增加文化、卫生、娱乐及中介服务。11月20日，市政府在赣榆县召开全市供销社为农服务工作现场会。各基层供销社对乡村为农综合服务社采取由内部职工承办、与地方政府联办等多种办法，吸纳人才和资金，将其建成为供销社新的经济增长点。

2005年，全市有乡村为农综合服务社439家，其中当年新建126家。被省供销总社命名为三星级为农服务社的有10家。规模较大、经营较有特色的有赣榆县汪子头为农服务社、连云区高公岛为渔服务社、灌云县南岗为农服务社等。是年底，全市乡村为农综合服务社按省统一要求改称为农服务社。

二、专业合作社

1987年初，为适应农村商品生产发展的需要，市供销社组织灌云县四队乡二队村农民成立养羊专业合作社，由市供销社为专业合作社在资金、物资、技术、信息等方面给予扶持和服务，负责产品销售，双方签订产品购销合同，由专业合作社将合同分解到户并组织专业生产。是年下半年，在养羊合作社试点成功的基础上，市供销社在全市各地组建养兔、养鹅、养鱼和运输、采石、生产沙发及种植芦笋、板栗等专业合作社，全市入社社员2842户。全市供销社系统为专业合作社供应化肥、柴油、农药等14万千克，投入扶持生产资金39万多元，进行技术培训1.3万人次。

1988年，连云港市芦笋生产协会在赣榆县成立。该会以赣榆县供销社为依托，由科研人员、芦笋生产者和供销加工单位联合组成。1989年，灌云县供销社抽调148人进驻全县26个乡镇、106个村，帮助发展棉花生产，组建和巩固专业合作社。是年发展养鹅专业村46个，扶持527户贫困户脱贫。1990年，全市建立农民专业合作社和专业协会148个。

1998年，全市供销社系统为农民提供优良种子103吨、良种种苗1700万株，新建专业合作社、专业协会31个，培训技术人员3173人次。

2000年起，连云港市加强专业合作社规范管理，推进农业规模化经营，落实中华全国供销合作总社“农业标准化示范基地任务书”制定的各项制度。2003年7月，灌云县宁海供销社组建绿灌禽业合作社，帮助养殖户解决种苗、防疫、技术、销售和资金五大难题，带动当地和周边13个乡镇近万户农民从事家禽养殖，其生产的绿壳红心鸡蛋远销上海、南京和苏州等地，并进入法国家乐福国际连锁超市和美国沃尔玛超市。是年，全市供销社兴办专业合作社10家。2004年，灌云县绿灌禽业合作社和赣榆县官河柳编合作社被全国供销总社认定为示范专业合作社。赣榆县官河柳编合作社入社农民620余户，与日本、西班牙等10余个国家建立出口供应关系。

2005年，新浦区供销社针对农民种植凌霄花缺乏技术和销售难问题，适时利用南城供销社的房屋建立凌霄花专业合作社，吸收社员70户，提供凌霄花种植的产前、产中技术服务和产后销售服务。是年产品价格虽然下降，仍增收生花1万余千克，种植户增收100万元。

三、商品生产基地

20世纪80年代中期，连云港市开始建设农业商品生产基地。1989年，赣榆县供销社建立为农村商品生产基地全程服务体系，从信息、种苗、物资、资金到生产技术、产品收购加工等环节，帮助农民建立芦笋、蘑菇、黄烟等出口和内销商品生产基地，制定最低收购保护价。是年，该县蔬菜速冻厂出口日本、韩国草莓12万千克，居全国县级加工单位首位。

1990年，全市供销系统扶持建立种植和养殖商品生产基地1.94万公顷。1991年，国内和国际市场对农副产品需求增加，农村商品生产基地发展加快，全市生产基地达2.77万公顷，种植草莓、芦笋、板栗、蔬菜、花生、棉花等20余个品种。灌云县被评为优质棉生产基地县。赣榆县草莓生产基地发展到260余公顷，占全省种植面积的三分之一。

1992年，各县区供销社组织实施一批科技兴农重点项目，其中赣榆县供销社的出口蔬菜引进及基地开发项目被列入国家“星火计划”。是年，全市收购各基地生产的农副产品总价值4.2亿元。1998年，全市完成农副产品加工产值4.7亿元、销售收入5.9亿元。市供销系统在全市选择一批规模较大、起点较高、产品较新的龙头加工企业进行重点扶持培育，培植轧花、蔬菜、蚕茧、柳编4个“一条龙”经营组织，扶持发展商品生产基地32个，面积4.1万公顷。

2000年，全市供销社系统开始采用“公司+农户”形式，组织和扶持农村商品生产。东海县李埝乡蔬菜生产基地面积由200公顷增加到400公顷；安峰乡的蚕茧生产基地由130公顷增加到230公顷。是年收购蚕茧2.5万千克，创收近10万元。

2002年，全市供销社系统兴办农副产品加工龙头企业8家。2003年通过改制、改组或破产重组等形式组建一批出口创汇型加工企业。灌云县白蚬供销社与四川一家食品公司合作投资1510万元建立连云港祥华肉食品公司，有1条生猪宰杀线和1座60万千克冷藏库。该企业建成后带动白蚬乡成为全市生猪养殖基地。2004年3月，新苏豫公司的棉花保税库获批成立，成为国内第一家专业棉花保税库。

2005年，灌南县供销社以长茂轧花厂为基础成立新金花有限公司，带动周边地区的棉花种植。

第二节　连锁经营

一、工业品连锁经营

日用工业品经营特别是农村市场的日用工业品经营是供销系统的主营业务。1996年，连云港市供销系统的工业品连锁经营起步，东方大厦在新浦西小区、南小区各设1家连锁店。

1997年，市供销社系统的大、中型商场在市区设立连锁店10家，开始在乡镇设工业品连锁店。东方大厦除在市区设立3家连锁店和2个批发部外，在赣榆县设立1家连锁店。1998年，各县区以大中型商场为龙头的工业品连锁店有23家。是年12月28日，市南极商厦加盟省供销社兴办的苏果超市开业。1999年起供销系统连锁经营步伐加快。至2002年底，连云港苏果副食品超市有限公司发展连锁店11家，全市供销社系统兴办生活资料连锁店20家。

2003年，市、县（区）两级供销社联合统筹规划，开展农业生产资料和日用品经营网络的改造整合，在城区和乡镇广泛设立连锁店、便利店，扩大服务范围，壮大连锁规模。苏果超市连锁店发展到15家。2004年，全市供销社系统已建日用百货连锁店63家。

2005年，全市供销社系统工业品连锁店（含日用百货连锁）发展到109家，其中当年新建生活资料连锁店26家。

二、农资连锁经营

1997年，连云港市开始以市、县农业生产资料公司为龙头，以基层供销社和村级为农综合服务站为网络，实行农业生产资料连锁经营，全市设立村级供应点645个、基层连锁供应站46个。赣榆、东海等县供销社实行统一进货、统一定价、统一管理制度和服务规范，减少周转环节，减轻农民生产成本负担，所销化肥价格比周边地区低15%。

图16-13　1997年，连云港市开始实行农资连锁经营。图为乡村销售点。　　侍志　摄

2002年，全市供销系统拥有农资连锁店15家。2003年，农资经营实现全市连锁。市农业生产资料总公司在各县区建立分公司27家。

2004年5月，赣榆县供销社建立润民农资连锁有限公司，该公司在全县设立农资连锁配送中心16家、村级加盟店30家，形成县、乡、村三级销售服务网络。

2005年，全市大力构建以连锁经营为重点的新型经营业态，新设立农资连锁店33家。

第三节　农副产品购销

一、棉花购销

1984年前，棉花被列入一类农副产品，由国家统购统销，基层供销合作社代购。1984年，等外棉放开经营，允许上市买卖；絮棉结束凭票供应。1985年，棉花由国家统购改为合同定购，由连云港市供销合作社按国家定购任务与棉农签订定购合同，棉农完成任务后的余棉可以自销。是年，连云港市收购棉花1550万千克。1987年，国家为促进棉花生产，提高棉花收购价格，奖售化肥、柴油，发放临时扶持费。1988年，全市采取减粮扩棉措施，若完不成扩棉任务，每少交50千克皮棉，增加粮食定购任务250千克。是年，全市收购棉花2130万千克。是年12月，连云港棉花中转储备库建成，为陇海铁路沿线棉花和农副产品出口提供储运服务。1990年9月，市棉麻公司改由江苏省棉麻公司直接管理，改称江苏省棉麻公司连云港分公司。

1999年起，连云港市鼓励产棉区以供销合作社为依托，发展棉花合作组织，允许棉花合作组织直接与大型纺织企业建立产销关系。是年9月1日起，棉花收购和销售价格实行市场调节，国家不再作统一规定。棉花经营放开后，产棉区的供销社很快组建棉麻集团，以棉花经营为中心，外联市场，内联农户，实行产供销、贸工农一体化运行。是年全市收购棉花5350万千克。

2000年，连云港市因受到特大洪涝灾害影响，棉花严重减产，全市收购棉花仅800万千克。各级棉麻公司到新疆等地拓展棉花购销业务。全市供销系统收购棉花3500万千克。翌年，全市推进棉花流通体制改革，供销系统棉花购销职能减弱、经营萎缩，棉花购销实行多渠道经营和有序竞争，棉花购销企业开始确立“一业为主、多种经营”的发展思路。2002年，全市供销系统收购棉花2450万千克。市棉麻总公司加工皮棉127.5万千克，调销新疆棉794万千克。

2003年，市供销总社与新疆农垦进出口股份公司合作建立新苏豫棉花储运公司。是年，全市供销合作社系统收购棉花2400万千克。2005年，全市供销系统收购棉花2500万千克。

1984～2005年连云港市供销系统棉花收购情况统计表

表16-4　　单位：万千克

年份	收购量	年份	收购量	年份	收购量	年份	收购量	年份	收购量	年份	收购量
1984	1540	1988	2130	1992	2100	1996	3250	2000	3500	2004	3000
1985	1550	1989	1600	1993	1850	1997	3300	2001	3250	2005	2500
1986	1430	1990	1700	1994	3050	1998	2650	2002	2450		
1987	1520	1991	2800	1995	3500	1999	5350	2003	2400		

二、干鲜果品及干菜购销

1984～2005年，市供销合作社经营的鲜果类主要有苹果、梨子、山楂、西瓜等，进货渠道分为市内和市外，多数品种需从市外调入。干果类主要有大枣、蜜枣、板栗、桂圆、白果等，除板栗主要为地产外，货源主要来自河南、河北、山东、福建等省。干菜类包括淡、咸干菜，腌酱菜，黄花菜等，主要由市外调入。

20世纪80年代初期，市内干鲜果品市场逐步放开，农村生产的干鲜果品可直接销售到加工厂或到集市销售。1984～1986年，全市供销系统年均收购干鲜果品（西瓜除外）约200万千克左右，供应销售西瓜约3000万千克左右，销售干菜60万～70万千克。1987年后购销量逐年增长，1990年全市供销社销售鲜果1200万千克、干果315万千克、干菜100万千克。

20世纪90年代中期，随着个体私营经济快速发展，市场竞争日益激烈，集体企业经营机制僵化、成本虚高等弊端越发显现。1995年后，市农副产品总公司因经营不善严重亏损，干鲜果品停止经营。2005年，市农副产品总公司破产，供销社企业不再经营干鲜果品购销。

三、芦笋与草莓购销

芦笋　种植地区主要分布在东海县、赣榆县。1984年以前，东海县栽培芦笋。1985年，全市栽植芦笋600余公顷。各级供销社为鼓励农民栽植芦笋，在技术、资金等方面给予支持，优先供应化肥、农药，按交售量对农民予以奖励。1986年，东海县芦笋生产基地初具规模。是年，全市供销系统收购芦笋74万千克，除自行加工和销售20余万千克外，供应连云港市罐头食品厂50万千克。

1987年，芦笋高产栽培系列产品被国家列为“星火计划”科研项目。市内企业加工的保鲜芦笋、速冻绿芦笋、速冻白芦笋等新产品开始销往日本和北美、西欧。1988年，全市芦笋生产基地1400公顷，是年收购1600万千克。1990年，市内生产的酸甜芦笋罐头被商业部授予“优质产品”称号。是年，全市收购芦笋1700万千克，出口芦笋罐头700万千克、菜芦笋10万千克。

2005年，芦笋的生产和销售均由各地专业合作社组织，供销社主要在技术、信息及销售等方面提供服务。全市年购销量800万千克。

草莓　市内人工种植草莓开始于20世纪80年代初。1984年种植面积扩大，市供销系统收购草莓20万千克，占全市草莓总产量的63%。1988年起，各级供销社开始从种苗、技术、资金、物资、收购等各个环节，为草莓种植提供全程服务，与种植户签订购销合同，实行最低保护价。1989年，全市种植草莓300余公顷，其中赣榆县墩尚镇种植160公顷，占全镇耕地面积的11%。

供销系统各企业将收购的草莓加工成草莓酒、草莓酱、草莓汁、草莓粉、草莓罐头出口到日本、韩国等国家，被外商称为“质量信得过食品”。1988～1989年，全市出口草莓产品65万千克，其中赣榆县供销社草莓出口量连续两年居全国县级首位。20世纪90年代后期，随着经济发展，人民生活水平提高，草莓由外销为主逐步转为内销为主。

2005年，东海县黄川镇、赣榆县墩尚镇被确定为全市草莓种植基地。全市年购销量120万千克。

四、土特产品购销

全市供销系统经营的土特产品主要为当地出产的芦苇、芦席、蜂蜜、葛粉等。1984年以后，除蜂蜜、茶叶正常经营外，芦苇、葛粉经营量逐年减少，麻类产品则逐渐被塑料、尼龙制品取代。1984～1986年，全市收购芦苇394万千克。1987年，全市仅有小部分基层供销社收购芦苇，全年全市仅收购20万千克。1990年后基层供销社不再收购芦苇。

芦席的经营与芦苇相似。1984年，全市收购芦席30.2万张，其中市内销售24.6万张、调拨市外5.6万张。1985年收购27.5万张。1986年收购24.2万张。1987年收购16.3万张。1990年收购量不到5万张。此后仅有零星收购。至2005年，全市供销系统不再收购芦席。

第四节　农业生产资料经营

一、化肥

1984年前，连云港市化肥实行计划供应，供应量按农田面积计算。1985年起，一度放开经营市场，由于货源紧缺且多方经营，市场秩序较为混乱。

1989年2月，市政府按国务院的规定，确定由各级供销社的农业生产资料公司和基层供销社承担化肥专营，禁止其他任何部门、单位和个人经营；对化肥生产企业实行生产许可证制度，规定市、县化肥厂生产的氯化铵、碳酸氢铵等由同级农业生产资料公司收购，地产磷肥、混合肥实行合同订购；对国家分配的“三挂钩”（粮食合同定购与供应平价化肥、柴油和预发预购定金挂钩）化肥，由各级供销社按标准张榜公布、凭票供应；对计划外供应的化肥严格按物价部门的作价原则定价，杜绝乱涨价，化肥市场混乱现象从此得到控制。是年，全市供应各种氮肥3亿千克、磷肥0.57亿千克。1990年，全市供应各种化肥4.1亿千克。

1991年初，由于受海湾战争影响，国内优质化肥货紧价高。全市各级供销社和农资公司派出由500余人组成的采购队伍，积极组织计划外货源。全年采购计划外化肥1亿千克、农药100万千克。在市内增设供销网点，采取送肥下乡、以肥代金、以粮换肥、延期付款、拆零供应等方式，及时解决农民困难，仅赊销给农民的化肥即达100万千克。

1992～1998年，化肥、农药等主要农资商品的货源时紧时松，价格时常波动。各农资公司改进服务方式，提前分析农资市场行情和农户实际需求，开拓购销渠道，基本满足全市农业生产需求。

1998年11月，国家取消国产化肥指令性生产计划、统配收购计划，由化肥生产和经营企业自主购销，化肥市场形成多渠道并存、平等竞争局面。市农资总公司发挥供销主渠道作用，利用连云港港口优势，拓展化肥进口规模，与新疆、河南等地生产企业建立稳固的供销关系。市和县（区）两级供销社联手合作，建立农资连锁经营及配送模式，统一进货，统一价格，统一配送，统一管理。是年，全市销售化肥8.1亿千克。

2005年，全市销售化肥6.2亿千克。化肥供销基本实现全市连锁经营。

二、农药

1984年，全市供应专业户农药180万千克。此后，农药用量不断增大。市内各农资公司开始改变原供销形式，采用供应物资与出售商品挂钩的办法，与各农业生产专业户签订购销合同，规定由农资公司按专业户需要直接供应农药，在数量上满足，在品种上优先。专业户按合同组织生产，保质保量向国家出售商品粮、棉和多种经营产品。

1985年以后农资市场放开，一度出现严重的倒买倒卖现象，不少假冒伪劣农药混杂其中，导致供需矛盾扩大。是年，全市农药供应缺口200万千克。

从1989年1月开始，全市各级供销社的农业生产资料公司和基层供销社承担农药专营。1990年市内各供销社开始建立农药监测站。1999年开始实行农药连锁经营，当年全市供应农药559万千克。2005年，全市供应农药255万千克。

三、农膜

1980年后，连云港的农民开始购用农膜，1984年全市农膜供应量115万千克。1985～1987年，农膜经营市场放开，秩序混乱、价格失控，曾一度涨到每吨1万余元，比国家核定价高6000元。1989年实行专营后，农膜市场逐步稳定。但由于农民多有自备，是年全市销售量仅有65万千克。1990年再降至57万千克。

1991年起，市内农膜销售量逐渐回升。是年全市销售量80万千克。到1999年升至392万千克。此后销售量保持总体平稳。2000～2005年，全市农膜使用量趋于稳定，每年销售量约180万千克。2005年，全市销售农膜186万千克。

1984～2005年连云港市供销系统主要农资商品销售量统计表

表16-5

年份	化肥（亿千克）	农药（万千克）	农膜（万千克）	年份	化肥（亿千克）	农药（万千克）	农膜（万千克）
1984	2.8	832.0	115.0	1986	2.9	356.0	54.0
1985	2.2	115.0	78.0	1987	3.4	675.0	74.0

续表 16-5

年　份	化肥（亿千克）	农药（万千克）	农膜（万千克）	年　份	化肥（亿千克）	农药（万千克）	农膜（万千克）
1988	3.9	471.0	88.0	1997	5.1	411.0	186.0
1989	3.6	365.0	65.0	1998	8.1	345.0	112.0
1990	4.1	269.0	57.0	1999	11.9	559.0	392.0
1991	4.1	219.0	80.0	2000	9.9	398.0	186.0
1992	4.0	204.0	102.0	2001	9.2	350.0	180.0
1993	3.4	153.0	47.0	2002	9.5	350.0	181.0
1994	3.6	215.0	76.0	2003	8.4	257.0	165.0
1995	6.5	524.0	216.0	2004	10.6	321.0	206.0
1996	6.6	310.0	195.0	2005	6.2	255.0	186.0

第五节　废旧物资购销

1984年，连云港市废旧物资回收公司、连云港市废旧金属回收公司为两块牌子、一套机构，负责全市废旧物资和废旧金属回收。市供销合作社调整废旧物资回收公司的经营网点，在市区不同地段增设网点。是年东海县废旧物资回收公司成立。1985年，除金属器皿和废钢铁外，其他废旧物资经营放开。市供销合作社开始在各乡（镇）政府所在地设立废旧物资收购站，在各村设立收购点。1986年，全市设立收购站134个、收购点450余个。1987年，灌云县向阳供销社组织当地26户贫困农户成立废旧物资回收专业合作社，每户月均收入约150元，在全省供销系统废旧物资行业会议上受到表彰。1990年，全市供销社系统设有废旧物资回收公司7家、废旧物资收购站172个、废旧物资综合收购点640个、城乡专业回收户300余户。

2004年，市废旧物资回收公司实施改革，改建为由经营层控股、部分职工参股的有限责任公司。2005年，全市供销社系统废旧物资回收企业全部完成改制，城乡专业回收户发展到1600余户。

第三章　粮油购销

中共十一届三中全会后，连云港市农村实行联产承包责任制，粮食和油料生产连年丰收。1984年，全市收购粮食61.59万吨，油脂1.6万吨。1985年，国家取消粮食统购政策，粮食购销转向以合同定购与市场收购、计划供应与市场调节并存的“双轨制”模式。1990年又改为国家定购。1993年4月1日起，粮油购销进入市场化时期。2001年秋粮收购起，全市取消粮食定购任务，粮食市场全面放开。粮食购销价格实现由国家定价到市场定价转变，国家提供财政补贴。全市相继采取多项改革配套措施，建立健全粮食储备体系，建立粮食收购保护价格制度，建立粮食风险基金，确保粮食安全和人民生活的稳定。2005年，全市收购粮食68.49万吨。

第一节　粮油收购

一、计划收购

1984年是国家自1953年实行的粮食统购、江苏省自1981年试行的粮食产购销差额包干的最后一年。1982～1984年的3年财务包干中，连云港市超额收购粮食128.42吨，按每吨加价136.6元计算，共结算粮食加价款1.75万元。1981～1984年，全市收购油脂33470吨，其中超额收购22410吨，按超购每吨加价1281.2元计算，结算加价款2871.17万元。

二、合同定购

自1985年4月1日起，国家将粮食统购改为合同定购，定购品种为小麦、稻谷、玉米。江苏省另将大豆列为地方定购品种。国家规定，定购的粮食按"倒三七"比例计价（即30%按统购价计价、70%按超购价计价），如市场粮价低于原统购价则仍按原统购价敞开收购。省政府规定，粳稻按"倒二八"、红小麦按"倒四六"计价，其他品种按"倒三七"计价。1986年，江苏省确定连云港市粮食收购任务为45万吨，其中合同定购34万吨、国家委托代购11万吨，合同定购花生果4.2万吨。

1987年，连云港市粮油收购开始实行"三挂钩"政策，即粮食合同定购量与平价化肥供应量、柴油供应量和预购定金发放量挂钩。市政府规定，自当年度起农民每售100千克合同定购原粮，供销和石油部门供应5千克综合价优质标准化肥、2千克平价柴油；挂钩化肥在8月30日前向农民预付70%，其余30%在秋粮收购时按完成定购合同数结算兑现。是年，全市落实挂钩化肥1.55万吨、柴油0.33万吨，预付定购金2000万元。省拨付1000吨综合价优质化肥给连云港市专项用于粳糯稻收购。

1988年，省政府要求实行购、销、调粮钱挂钩，三年为期，一年一结、三年统算。东海县平明乡瓦口村农民何学山自1983年起6年中向国家交售平价粮750吨，被评为1988年度全国售粮模范。

1989年，市内夏粮遭受严重涝灾，小麦霉变发芽。经江苏省粮食局同意，放宽收购标准。是年，全市收购粮食29.3万吨，占全年定购任务的97.2%；收购花生果3.14万吨，占全年定购任务的90.5%。

三、国家定购

1990年9月，国家决定从是年秋粮收购起改合同定购为国家定购。是年，连云港市在全省率先完成全年粮食定购任务，且率先完成三年国家收购包干任务。

1992年4月1日起，国家再次提高小麦、稻谷、玉米定购价格。全市秋粮受灾减产，未完成国家粮油定购任务。

1993年2月，按国务院通知，将与粮食定购挂钩的化肥、柴油供应，由按平价实物供应方式改为货币方式，以收购价格以外加价的形式兑现给农民。按省政府3月5日决定，自是年4月1日起，全省取消粮食、油料定购任务，收购价格放开。

1994年，按国家经济宏观调控要求，对粮食油料仍实行定购政策。全市收购粮食28万吨、花生果1万吨，完成定购任务。赣榆县在全省率先完成粮油定购任务。

1995年开始，实行“米袋子”省长负责制。1998年，国务院将粮食责权划分为中央和地方两块，要求全面落实省长负责制、继续实行粮食定购制度、继续按保护价收购农民余粮，以掌握足够的商品粮源，稳定市场粮价。是年6月6日、8月5日，国务院相继颁布《粮食收购条例》和《粮食购销违法行为处罚办法》，维护粮食市场稳定。

从2001年秋粮收购起，全市取消粮食定购任务，粮食市场全面放开。2004年5月开始，执行国务院《粮食流通管理条例》，原《粮食收购条例》废止。

四、议价收购

在农民完成国家征购或合同定购任务后收购的粮食称议购粮。1984年，全市议购粮食9245吨。1985年以后，市内议购粮逐渐增多。1986年，全市上交国家委托代购粮（即议购粮）14万吨，占全年代购任务的127.27%。

图16－14　1990年，全市收购入库粮食47.39万吨。
粮食局　供

1987年改委托代购为“议转平”（议购粮转为合同定购粮）。江苏省下达连云港市“议转平”任务11万吨，每千克由中央补给平议差价款0.13元。是年全市粮源偏紧，粮价上涨迅猛，为此于2月13日成立由市物价局牵头、工商和粮食部门参加的粮食价格协调小组，确定议购粮油最高限价，发文要求各地严格执行。1989年，按省粮食局、物价局秋季粮油议购指导价格的通知，在省定价格上下不超过5%范围内确定市内议购粮价。

1994年，全市议购粮油计划为5万吨。1998年秋后，执行国务院于6月6日颁布的《粮食收购条例》，对农民在完成国家定购任务并留足自用和自储粮食后出售的余粮，按保护价敞开收购。

2001年粮食市场全面放开，定购和议购粮食任务取消。

五、放开收购

2001年10月起，按省政府决定，全市粮食市场和购销价格全部放开，粮食收购同时放开。是年，全市收购粮食26.61万吨。2003年，市内粮食因灾减产，粮源紧张。全市粮食部门组织购粮队伍外出采购粮食2.5万吨，其中赣榆县外出采购的粮食占全县购粮总量的56.7%。

2004年起，加快粮食流通管理法制化建设，市粮食局对全市首批470户粮食收购经营者发放收购合格证书。是年，全市国有粮食购销企业收购农民余粮48.82万吨；完成市级储备粮3万吨、省级储备粮6万吨、国家储备粮17万吨。

2005年，全市仍实行粮食放开收购，收购粮食68.49万吨，其中小麦43万吨、稻谷25.49万吨，小麦收购量创历年最高。灌南县百禄国家粮食储备库、东海县房山粮管所、东海县平明镇丰谷粮食经营部、灌云县国家粮食储备库、灌云县北郊国家粮食储备库、赣榆县门河粮管所、赣榆县墩尚粮管所跻身2004年度江苏省百家农民满意粮食收购企业行列。

1984～2005年连云港市粮油收购入库统计表

表16-6　　　　　　　　　　　　　　　　　　　　　　　　　　　　单位：吨

年份	合计		市区		赣榆县		东海县		灌云县		灌南县	
	粮食	油脂	粮食	油脂	粮食	油脂	粮食	油脂	粮食	油脂	粮食	油脂
1984	615902	15952	34258	340	152410	4935	260625	8545	99295	415	69314	1717
1985	551750	22376	40005	1495	105998	6190	227530	12495	98591	240	79626	1956
1986	555644	23550	50943	2095	102746	5410	231465	13165	86854	140	83636	2740
1987	596422	19990	63604	4665	109723	4840	239657	10015	94215	180	89223	290
1988	350819	10431	13406	—	68268	4204	169723	5823	35992	—	63430	404
1989	330619	10337	14235	—	68117	3076	167186	4789	37519	—	43562	2472
1990	473880	10226	37808	—	85304	3586	219308	5622	75546	—	55914	1018
1991	342815	11082	13178	—	68480	3429	169029	5425	36895	—	55233	2228
1992	305591	3225	13334	—	62750	1563	130687	1444	37786	—	61034	218
1993	378839	4171	22356	149	100510	1222	137615	386	48549	175	69809	2239
1994	379659	8026	15046	170	93846	2026	177526	4297	42276	54	50965	1479
1995	392788	9142	14185	—	92515	1874	183260	4055	49596	17	53232	3196
1996	440160	5546	11864	—	100245	1857	186910	3071	76300	136	64841	482
1997	432081	4990	16881	21	94576	1698	190219	3102	84443	163	45962	6
1998	346639	5201	12091	4	65893	1722	177566	3471	46762	—	44327	4
1999	476621	3828	22213	—	74571	1378	149302	2448	88555	—	141980	2
2000	434062	3063	31859	—	53618	1161	96811	1902	92139	—	159635	—
2001	266096	1751	17744	—	34782	578	95190	1173	34430	—	83950	—
2002	304780	492	44495	—	74330	492	80948	—	52698	—	52309	—
2003	421704	413	76104	—	96989	313	117886	100	75200	—	55525	—
2004	488188	341	74642	—	117946	341	132321	—	102594	—	60685	—
2005	684929	—	112958	—	141575	—	215144	—	114397	—	100855	—

说明：统计数为粮食年度数，含政策性收购和市场议购。

第二节　粮油销售

一、城镇居民粮油供应

居民定量供应　1984年，连云港市区经调整后的市镇居民粮油月供应标准为：特重体力劳动者25～27.5千克，重体力劳动者20.5～24.5千克，轻体力劳动者15.5～20千克，脑力劳动者15～15.5千克，大学生及中学生17千克；一般居民市区为13.5千克、县城集镇为13千克；6岁以上不满10周岁儿童，市区为8.5千克，县城集镇为7千克；不满3岁儿童，市区为5.5千克，县城集镇为4千克。市镇定量供应人口每人每月按计划供应食油0.25千克。上述供应标准持续至1993年3月31日。其间，市镇居民粮油供应均由国有粮店凭证、凭票、定点销售。

1991年4月下旬，市内各粮店出现抢购潮，仅4月23日一天，新浦粮油供应公司销售平价粮50余万千克、平价油2.3万千克，分别占全月销售量的四分之一、二分之一。

1993年4月1日，全省定量、定销供应的粮油价格放开，粮票、油票不再使用（军用粮油票除外）。1994年8月，鉴于粮价放开后一度暴涨，市政府决定市区粮店大米销售采取凭证、定点、限量、记录供应措施，居民每人每月限购7.5千克；12月中旬始，凭证供应小包装新粳米，价格为2.6元/千克。1995年8月1日起，对市区城镇原定量人口发放新的粮油供应证，实行凭证、限量、不定点供应办法。

2001年以后，城镇居民口粮定量供应彻底取消，国有粮店定量供应职能消失。各超市、个体粮店逐渐成为城镇居民粮油供应主体。

1984～1992年连云港市居民定量供应粮食统计表

表16-7　　单位：吨

年　份	全　市	市　区	赣榆县	东海县	灌云县	灌南县
1984	113494	71470	14290	12280	18030	424
1985	98154	65770	8532	7037	16325	490
1986	101868	65733	9350	8114	18178	493
1987	101522	67670	8941	7884	16529	498
1988	133789	87441	13906	13173	18736	533
1989	138011	88444	15232	14599	18988	748
1990	149070	92600	15522	18732	21365	851
1991	174091	104702	20218	17747	30557	867
1992	148802	69926	28227	34867	14903	879

1984～1992年连云港市居民定量供应食油统计表

表16-8　　单位：吨

年　份	全　市	市　区	赣榆县	东海县	灌云县	灌南县
1984	1825	1242	163	123	227	70
1985	1862	1296	145	112	237	72
1986	1588	977	144	119	274	74
1987	1809	1159	166	131	274	79
1988	1858	1207	161	138	273	79
1989	1876	1147	179	165	275	110
1990	2481	1515	235	237	368	126
1991	2154	1355	196	144	336	123
1992	14665	3462	3133	7605	334	131

补助供应 市区粮油补助供应包括夜餐补助、旺产补助、会议补助、出差补助、劳动补助、军训补助、病员补助、节日补助、回民补助等。

1985年8月1日起取消各项补助粮油，但保留市县级及其以上中共党代会、人代会、政协会议和先进代表会原规定标准补助粮油，保留招待所、医院病员就餐补助粮油，保留回族等10个少数民族开斋节每人250克面粉、50克食油的补助供应，保留高等学校学生军训补助粮油。1993年4月1日起，所有补助粮油全部取消。

二、行业用粮供应

工业用粮 包括酿酒、酒精、医药、纺织、溶剂、味精、葡萄糖等工业生产用粮。1984年7月1日起，不再统销酿酒用粮。1985年4月1日起，工业用粮一律改为议价供应。

商业用粮 主要为食品、副食品、酿造行业用粮。1984年4月，市粮食局将市区糕点、饮食行业原包干用油供应改为以粮代油供应，糕点行业凭粮票每购50千克粮食供应食油8千克，饮食行业每购50千克粮食供应食油3千克。1986年4月1日起，火车、轮船、旅游餐厅等单位用粮及高级糕点和名特食品用粮改为议价供应。1988年4月1日起，平价豆制品、粉丝生产用粮改为议价供应；各行业用油在1986年供应实数的基础上压缩30%，市区糕点业每购50千克粮食供应平价食油5.6千克，饮食业每购50千克粮食供应食油2.1千克。1991年1月1日起，酱油、食醋生产改供议价粮。1993年4月1日起取消所有工商业用粮平价供应。

外轮供应 对进入连云港港口的外轮人员粮油供应始于1964年。1986年4月1日起，对外轮供应的粮油改为议价。

三、军粮供应

军粮供应包括中国人民解放军和武警部队军官、士兵、文职人员及在编职工的粮食、食用油和军马、警犬、信鸽等饲料的供应。1984年2月，新浦、海州地区军粮供应改由新海区粮食局办理，连云地区由连云区粮食局办理。1985年后，全市军粮供应又改由市、区粮油供应公司办理。1987年6月，军用粮票分为价购粮票（无价证券）和供给粮票（有价证券）两种，由商业部印发；部队粮油凭军用粮油豆供应证定点供应；部队领购粮油时，距驻地单程15千米内的，由部队自运，超过15千米则由粮食部门负责运送。1989年4月，全市军用粮油一律按当地统销价供应。是年7月，连云区粮食局成立军用粮油供应站。1993年3月，军粮供应由市粮油供应公司划归市粮食局综合部负责。7月，东海县、赣榆县军粮供应站成立。1994年4月1日起，全市军粮由地方粮食部门负责筹措议价粮货源，按统销价供应部队，其“议转平”差价款补贴由中央和省级财政共同负担，启用新的军用粮（料）票，原军用价购粮票和供给粮票停止使用。

1996年12月，按国务院、中央军委《关于深化军粮供应体制改革的通知》，国有粮食企业仍为军粮供应主渠道，粮食部门为同级人民政府主管军粮供应的职能部门；军供大米、小麦粉由省级人民政府负责安排，在国家定购粮中统筹解决；军用食油、大豆、马料及警犬、信鸽等所需饲料由部队按随行就市原则到地方粮食部门采购；军粮均按全国统一的军粮供应价供应，军粮销售网点不得实行承包或租赁经营。

1997年1月1日起，执行由中国人民解放军总后勤部和财政部、国内贸易部、国家粮食储备局联合制定的《军粮供应管理暂行办法》，此前下发的同类文件废止。1999年12月，市粮食局计划购销科增挂连云港市军粮供应服务中心牌子。2001年12月，连云港市军粮供应管理站成立，负责全市军粮供应管理和新浦、海州地区驻军的军粮供应。

2002年10月，《江苏省军粮供应管理暂行办法》颁布实施。其中规定：军粮供应等级为特等大米、特制一等小麦粉、一级食油、二等以上黄豆；大米和小麦粉必须用当年产稻谷和1～2年内的小麦加工而成；军用粮票系无价证券，不准在社会上流通。

2005年，市军粮供应管理站对全市军供粮油实行统一采购、统一加工、统一包装、统一配送、统一结算。

四、农村粮油销售

常年定销 1985年7月1日起，连云港市对农村缺粮定销人口实行购销同价供应，亦称比例价供应，即30%按统购价、70%按超购价供应；供应农村的补助粮、种子粮、饲料粮、救灾粮同时实行比例价供应，但市区菜农仍按统销价供应。是年，全市有农村缺粮定销供应人口14.64万人，年供应粮食3万吨。1986年1月1日以后，市区实行购粮券供应，菜农每人每月供应15千克成品粮。1993年4月1日起取消农村粮油定销。

奖售粮 国家收购农副土特产品而奖售的粮食称奖售粮。1985年4月1日起，连云港市按江苏省粮食局规定，取消各类奖售粮。1986年实行生猪换粮政策。由省安排调出的生猪，每头奖售饲料粮35千克；生猪由当地购销的，每头奖售15千克。1988年4月1日此政策废止。

农村进城务工人员补助 国家对参加兴修水利、道路和其他基本建设的农业人口实行补助月粮。1984年全市供应农村进城务工人员补助粮3.51万吨，1985年供应11.02万吨。1985年7月1日起，该项用粮改为比例价供应。

五、户粮票证管理

户粮管理 1984年4月，连云港市对回国华侨及回原籍定居的港澳台同胞，开始凭相关证明办理粮油入户供应手续。6月，市粮食局对当年“农转非”人口（农业人口转定量人口）粮油供应划期作出规定：凡上半年1～6月办理“农转非”手续的从当年11月1日起供应，凡7～12月办理手续的从次年7月1日开始供应。10月，按国务院规定对进城务工经商的农民开始办理自理口粮户口簿，发给加价粮油供应证。

1987年8月，市粮食局对粮食统销工作开展整顿。是年，全市核实定量供应户14.01万户，占总户数的91.5%；核实工商行业用粮户259户，占总数的48.6%。至1989年底，通过统销整顿，全市压缩不合理粮油供应39万千克。

1993年4月1日粮油市场放开后，仍保留原定量人口的粮油供应关系。6月1日起，按市粮食局规定，基层粮店不再办理入粮手续，改由各区粮食局（公司）统一办理，“农转非”人口手续则由市粮食局统一办理。

1999年，根据江苏省公安厅、省粮食局通知，对在小城镇户籍制度改革中经公安机关审批批量办理落户的，由粮食部门统一办理粮油关系；对零星办理小城镇落户的，则凭户口登记机关出具的落户证明到粮食部门办理粮油关系。2001年5月1日起，取消城镇居民粮食供应转移证明，不再办理粮油供应手续。

票证管理 1984～2005年，市境内流通的粮票有7种。对各种粮油票证，市粮食部门均配备专兼职人员严格管理，控制发放，及时回收，禁止私自兑换、买卖。

全国通用粮票，由粮食部发行，发行年份为1965年、1966年，面额有壹市斤、叁市斤、伍市斤，1993年停止使用。

江苏省地方粮票，由江苏省粮食局发行，发行年份为1969年、1972年、1978年，面额有壹市两、贰市两、半市斤、壹市斤、贰市斤、伍市斤；1988年发行面额有50克、250克、500克3种。均于1993年停止使用。

军用价购粮票，由粮食部发行，发行年份为1967年、1981年，面额有伍拾市斤、壹佰市斤、伍佰市斤、壹仟市斤4种。

军用供给粮票，由粮食部发行，发行年份为1967年、1981年，面额同军用价购粮票。

连云港市购粮券，1986年1月1日起使用，面额有5千克、10千克、25千克3种，1993年停用。

连云港市购油券，1986年1月1日起使用，面额为0.25千克；1988年又发行流通1千克面额购油券。均于1993年停用。

粮证管理　1984年以后，市内使用的粮证有：市镇居民粮油供应证，2001年5月1日起作废；工商行业用粮油供应证，1993年4月1日起废止；市镇居民粮食供应转移证，2001年5月1日起废止；定销人口粮油供应证，1985年后改为统销价和比例价两种供应证，均于1993年4月1日起废止；食油临时转移证，1986年1月1日起停用；军用粮油豆供应证，1970年9月启用，2005年仍在使用。

第三节　粮油储备

一、储量和品种

中央储备粮　1984～1990年，连云港境内的中央储备粮主要是“506”战备粮油和“甲字”粮油储备，全市设储粮点12个，储存品种为大米、小麦、面粉、稻谷、大豆、食用油。

1990年，市粮食局按规定对国家储备粮的储存地点、储存品种和储存数量进行调整。1993年1月，市新海粮库被批准为国家粮食储备库，并更名为江苏连云港新海国家粮食储备库。2002年9月，连云港市浦东国家粮食储备库、东海牛山国家粮食储备库、灌云北郊国家粮食储备库、灌南百禄国家粮食储备库相继获中央储备粮承储资格证书，被确定为中央储备粮代储企业。2004年12月，中央储备粮江苏分公司与连云港市政府签订协议，将连云港港口国家粮食储备库划转为中央储备粮江苏分公司直属库。

2005年底，全市储存中央储备粮品种为小麦、稻谷。

省级储备粮　1987年，省级储备粮主要品种为小麦、大米、大豆、玉米、食油，储存点一般设在省粮食局直属库，没有直属库的地区则由各地国家粮食储备库代存。

2003年12月，省粮食局批准新海国家粮食储备库增设为江苏省新海粮食储备直属库，同时增设东海国家粮食储备库为江苏省东海粮食储备直属库。2004年11月，浦东国家粮食储备库增设为江苏省连云港浦东粮食储备直属库。2005年，东海县粮食购销公司浦南粮油管理所、东海县粮食购销公司平明粮油管理所、东海县粮食购销公司房山粮油管理所、灌南百禄国家粮食储备库、灌云县北郊国家粮食储备库、江苏灌云国家粮食储备库、江苏赣榆国家粮食储备库、赣榆县沙河粮油管理所、赣榆县城头粮油管理所取得省级储备粮存储资格。

2005年，全市存储省级储备粮品种为小麦、稻谷。

市级储备粮　2003年建立市级储备粮。2005年存储品种为小麦、稻谷，分别储存在新海国家粮食储备库和浦东国家粮食储备库、东海粮食周转库和赣榆粮食周转库。

周转粮油库存　1984～1990年，全市用于商品周转的食油库存每年保持在1.17万吨左右。此后逐年下降，2001年全市周转库存食油4500吨。2005年，全市周转粮油库存31.18万吨。

二、粮仓建设

市区粮仓建设　1984～2005年，国家在连云港市区投入建仓资金5422.5万元，建成粮仓3.88万平方米，总仓容12.06万吨。仓储企业自筹资金3175万元，建成粮仓2.38万平方米，总仓容6.94万吨。

连云港港口国家粮食储备库　1987年自筹资金370万元，建房式仓2幢、铁路专用线1条。1998年9月，国家投资4002万元，该库自筹资金1500万元，建成粮食仓库2.04万平方米。2005年，国家投资118万元建成日烘干200吨烘干房1幢，投资98万元新建785平方米的检验楼。该库占地面积12.5公顷，仓容量9.75万吨，年均储备粮油10万吨，年经营粮油20万吨。

浦东国家粮食储备库　1988年底占地5.32公顷，建有房式仓8幢，库容2万吨。2005年国家投资825万元，扩建仓容1.72万吨。2005年底，该库占地8公顷，建有仓房21幢，总建筑面积2万平方米，仓容量6.69万吨。

新海国家粮食储备库　1988年底占地9公顷，建有仓房38幢，仓容面积3.12万平方米，仓容量6.84万吨。1984～1991年间自筹资金259万元，新建仓房15幢，建筑面积1.06万平方米。2005年底，该库仓容量8.11万吨，年均储量6万吨。

图16-15　2005年扩建后的新海国家粮食储备库　　侍志　振

1984～2005年，国家在市区各乡镇粮管所投资366.3万元，新建仓房1.3万平方米，扩大仓容2.84万吨。其中，新坝粮管所（包括普安粮库）投资170.05万元，新建仓房6980平方米，仓容1.55万吨；锦屏粮管所（包括西山粮库）投资67.35万元，新建仓房2618平方米，仓容0.58万吨。

四县粮仓建设　1984～2005年，国家在赣榆县共投入建仓资金759万元，扩建仓容4.4万吨，建设储油罐65个、储油量7395吨。其中，1984～1992年在赣榆国家粮食储备库投资349万元，新建房式仓7幢，建筑面积7725平方米，仓容1.93万吨。2005年底，该库建有仓房12幢，仓容3.5万吨，年平均储量3.3万吨。

1984～2005年，国家在东海县投入建仓资金2755.4万元，扩建仓房3.37万平方米、仓容10.4万吨。其中，1984～2002年，在牛山国家粮食储备库投资2185万元，分3期建成各类仓房24幢、2.42万平方米，2005年该仓仓容8万吨，年平均储量6.3万吨。1990年投资390.4万元，在平明、张湾、安峰、石榴、房山、驼峰等乡镇粮食管理所兴建防震房式粮仓5417平方米，总库容1.4万吨。1996年投资180万元，在牛山、横沟、黄川、浦南、平明等乡镇粮管所兴建基建房式粮仓4083平方米，总库容1万吨。

1984～2005年，国家在灌云县投入建仓资金3025.5万元，新建仓房总面积3.3万平方米，仓容9.85万吨。其中，2001年投资1787.5万元，在北郊国家粮食储备库建平房仓5幢，建筑面积1.2万平方米，2005年底仓容5万吨，保管量4.85万吨，建有年吞吐能力3.6万吨的河运码头1座。

1984～2005年，国家在灌南县投入2604万元，兴建各类仓房4.78万平方米，仓容11.7万吨。其中，2002年投资1362万元，在百禄国家粮食储备库建平房仓5幢、6710平方米，仓容量2.5万吨，年经营量达3.5万吨。1990～2001年投资1242万元，在李集、新安等10个乡镇粮管所兴建粮仓4.1万平方米，增加仓容9.2万吨。

三、储备粮管理

虫鼠害防治　市内粮仓鼠类主要为家鼠和沟鼠，害虫类常见有脊胸露尾甲、书虱、米虱、麦蛾、粉斑螟蛾、印度谷蛾、玉米象、长角谷盗、锯谷盗、大谷盗、谷蠹等。

虫害防治方法有：清洁卫生法，即做好库内外清洁、消毒和隔离工作；物理机械法，包括日晒（夏季高温时将虫粮放在水泥场地暴晒）、冷冻（冬季气温降至零下5℃时将虫粮放在仓外冷冻数日）等；习性防治法，即利用害虫的习性加以诱杀；化学药物防治法，包括磷化铝与二氧化碳混合熏蒸、磷化氢环流熏蒸等。

鼠害防治主要采取“以防为主、防捕结合”方针，在仓门设防鼠板，在下水道设防鼠网及毒饵诱杀、面糊粘足诱杀等。

霉热防治　1984年，一般采用自然通风、机械通风等方法。1985年，市直属粮库开始采用“三低”综合储粮技术，即低温（使粮食温度常年保持在17℃以下）、低氧（使粮堆内氧浓度维持在4%～12%）、低磷化铝剂量（每吨粮食用1～2克磷化铝熏蒸）。1988年，连云港市粮油采储供应公司与灌云县东王集粮食管理所联合开展的气垫控温储粮技术研究项目，1989年被省粮食局和连云港市科学技术委员会分别评为科技进步二、三等奖。1995年后，市内各大中型粮库均配备环流风机，通风效果显著提高。2000～2005年，港口国家粮食储备库、浦东国家粮食储备库、东海国家粮食储备库相继配置粮情监控系统，开始应用微机测控储粮温湿度。

“四无粮仓”创建　1984年以前，全市开展“四无粮仓”（无虫害、无霉变、无鼠雀、无事故粮仓）创建活动。1985年5月，全市开展“四无粮仓”免检活动。1987年，全市有3家粮库被评为省级“四无粮仓”免检企业，13家粮库被评为市级“四无粮仓”免检企业。

1991年9月起，连云港市按商业部制定的“四无粮仓”和“四无油罐”（无变质、无混杂、无渗漏、无事故油罐）评定标准开展创建活动。1995年11月，赣榆县粮食局被评为全国粮食系统“一符四无”（“一符”指“账实相符”；“四无”指“四无粮仓”和“四无油罐”）先进单位。

1996年以后，全市储备粮管理按《江苏省粮食系统“一符四无”先进单位条件和评定办法（试行）》执行。至2005年，全市粮食系统持续开展“一符四无”评选活动。

第四节　粮油质量管理

一、粮油质量检验

1984年，连云港市粮油中心化验室承担粮油质量检测、监督和仲裁职能。配备电烘箱、高温电炉、天平及快速水分测定器、油蒸式水分测定器等设备，使用物理方法检测粮油质量。1986年后，检验设备和检测项目逐年增多，国家规定的必检项目如原粮、成品粮、油料、油脂、薯类及粮油制品等检验项目相继开展。1990年添置分光光度计、分析天平、蛋白质测定器等电子检验仪器，开展粮油品质检验。1992年2月，市粮油中心化验室被连云港市标准计量局确认为全市唯一粮油产品质量监测法定机构，更名为连云港市粮油质量监测所。是年底，各县相继建立粮油质量中心化验室，市、县、基层粮食企业三级质量检测网络基本形成。1997～2005年，市粮油质量监测所陆续配备气相色谱仪、原子吸收分光光度计等精密仪器，基本满足全市各类粮油质量检验的需要。

二、粮油质量监督

粮油收购质量监督　1984年，市粮食局对当年收购入库的小麦、稻谷和玉米进行“六六六”“滴滴涕”残留量检测，共检测粮食5.15万吨，平均残留量每千克0.15毫克。1988年，市粮食局组织粮油检验和物价监督人员进行粮油质量和收购价格检查，检查粮食收购站和乡镇粮管所64个，抽取小麦和稻谷样品124份，经检查质价准确率分别达到99.53%和99.26%。1989年7月，全市长期阴雨造成小麦烂场，经省政府同意放宽小麦收购标准，将入库小麦“不完善粒”指标放宽到60%。2002年8月，市粮油质量检测所对市内种植小麦主品种“陕农229”品质严重退化进行专题通报。2004年，市粮油质量检测所连续举办3期粮油质量检验培训班，培训收购准入检验员164人。2005年，市、县粮油质量检测机构定期开展粮油质量检测工作。

粮油销售质量监督　1985年4月，市粮食部门组织对新浦区、云台区7个粮站销售的食用植物油进行质量抽查，抽取样品13份，经检测无一份样品全项目指标合格，市粮食部门对7个粮站提出改进要求。1987年7月，对市内粮站销售的食用植物油进行质量抽查，在11个粮站抽取样品11份，经检测全项目指标合格的4份，合格率36.4%。2001年10月，市粮食局查处连云区墟沟海棠市场售油店用低价油掺兑高价油、以高价油价格销售问题。2002年10月，对全市粮油市场销售的大米、小麦粉和食用植物油进行质量检查，抽取样品46份，经检测大米合格率31.6%、小麦粉合格率27%、食用油合格率35%。2004年9月，全市开展“放心粮店”创建活动，有48家粮店被授予“放心粮店”称号。2005年，全市加强军粮供应质量管理，抽取军粮样品38份，代表数量155吨，经检测合格率100%。

粮油储存质量监督　1984年后，市粮食部门每年组织人员对中央储备粮和地方储备粮进行品质检测。1985年按商业部制定的《粮油质量管理试行办法》开展储粮质量监督。1987年5月开始按商业部和省粮食局规定的粮油质量检测标准和储藏技术规范进行监督。2001年6月，经江苏省技术监督局授权，连云港市粮油质量监测所对上海市储粮进行陈化粮鉴定，共抽取样品425份，代表数量6万吨，经检测陈化率86%。2002年，市粮油质量监测所接受中储粮总公司江苏联络处委托，对连云港、徐州等地的10个国家储备粮库中的中央储备粮进行品质鉴定。2005年，市粮食局组织对市内种植的小麦、稻谷进行品质调查。经鉴定，“烟农19号”小麦符合优质小麦质量指标，“连粳3号”稻谷符合优质稻谷质量指标。

粮油加工质量监督　1984年后，市粮食部门每年为粮油加工企业订制成品粮油加工标样，市、县质量监督部门按标样对加工粮油产品进行检验监督，定期抽查。1988年9月，抽查全市粮油工业产品，取样52份，经检验全项目合格44份，合格率84.6%。市粮油加工企业开展“争先创优”活动，提高粮油加工质量，17个主要产品中有4个获省、部优质产品称号。1989年11月，东海县平明米厂和双店油米厂生产的特等晚粳米、白塔面粉厂生产的特等粳元米被评为商业部优质产品。2003年2月，市粮油质量监测所受新浦工商分局委托，对连云港辰源油脂化工厂生产的精炼棉清油中溶剂残留量进行检测，测定其残留量达494毫克每千克，超过规定标准。2005年，对市区及东海、赣榆各面粉加工厂生产的小麦粉进行过氧化苯甲酰（面粉增白剂）含量检测，共抽取样品96份，代表数量100吨，检测出灌云县宏达精米厂生产的小麦粉中过氧化苯甲酰含量达0.2克每千克、超过0.14克每千克的国家标准。

粮油进出口质量监督　1986年，东海县和赣榆县粮食加工厂加工出口大米1万吨，经连云港商检局检测，该批大米质量指标全部达到出口标准。按省粮食局、商品检验局联合规定，1987年4月至2005年，凡省内加工出口大米均由商品检验机构执行产地检验，口岸商检局凭省商检局合格检验单，接收口岸报验出证放行。

第四章　蔬菜和副食品供销

1984年以前，连云港市城市居民的蔬菜供应由国营蔬菜公司及其下属网点承担。从1984年开始，逐步放开蔬菜、副食品供应市场。1988年开始建设"菜篮子"工程。2000年，市内农副产品市场体系初步建成，原国营供应主渠道被不同层次的专业市场和农贸市场取代，蔬菜运销户和经纪人成为蔬菜供应的主力军，直销、直供、配送、连锁经营成为蔬菜和副食品营销的主要方式，各大、中型超市成为蔬菜销售的重要场所。2003～2005年，全市蔬菜副食品供应从长期短缺转变为供需平衡、丰年有余。

第一节　蔬菜供应

1984年起，连云港市蔬菜供应价格实行"大管小活"，即对大众蔬菜仍实行计划价格、小品种蔬菜允许随行就市，市区各菜场可在市蔬菜公司规定的最高价格下实行分等论价和早晚不同价。1985年1月，全市蔬菜供应改统购包销为自产自销，菜农可自由选择售菜方式和上市时间；改指令性计划为指导性计划，菜农可根据市场需求自行安排蔬菜种植品种和面积；改独家经营为多渠道经营，国营、集体和个人或联合体均可参与蔬菜经营和市场竞争；改统价、限价为随行就市，购销价格由生产者和经营者自定。改革后，市蔬菜公司当年经营量大幅下降，全年销售蔬菜3069万千克，约占社会需求量的三分之一。

1987年，市政府将蔬菜供销方针确定为管淡放旺，管大放小，保证春缺、伏缺和元旦、春节、中秋、国庆供应，搞好冬储大白菜供应。在蔬菜合同订购中开始实行"三挂钩"政策，即粮菜挂钩、菜肥挂钩、蔬菜经营量与菜户补贴挂钩。是年起，从外地大批量调进蔬菜。1987～1988年从广东调进青椒近30万千克，从山东寿光调进韭青10万千克，弥补市内蔬菜供应不足。

1988年，全市开始实施"菜篮子工程"。到1989年底，全市菜田总面积735.8公顷，城区人均菜日面积由二厘三提高到三厘六，超过省政府规定的人均三厘地的标准。1989年，市区销售蔬菜总量8823万千克，上市品种63个，混合平均价每千克0.16元，市民人均每天食用蔬菜400克。

1991年，蔬菜政策性亏损补贴取消，此后市蔬菜公司经营量迅速减少。1992年起，全市各蔬菜种植单位和菜农开始采用日光温室、遮阳网等新技术，不仅解决反季节蔬菜供应和春缺、伏缺问题，还显著增加蔬菜早、细、嫩品种的上市量。是年，市工商行政管理局投资兴办的市农副产品批发市场建成开业。该市场占地4万余平方米，日均上市蔬菜瓜果近50万千克。

20世纪90年代末，全市种植蔬菜10万公顷，形成赣榆、东海以出口蔬菜为主，灌云、灌南以传统蔬菜为主，市区以叶菜为主的蔬菜生产格局。市区人均日消费蔬菜600克左右。

2005年，连云港市因严重自然灾害，蔬菜产量下降，价格上涨，蔬菜零售综合平均价格每

图16-16　菜市场是蔬菜销售的主阵地。图为建于2005年的解放东路菜市场。　侍志　摄

千克2.14元，比2004年上涨28.5%，为历年最高。其中，春季菜价上涨幅度超过100%，夏季菜价涨幅100%～200%，秋季菜中的韭菜和菠菜价格最高涨幅超过300%。至年底，全市通过省认证、认定的无公害蔬菜品种5个，种植面积4466公顷；通过市认定的无公害蔬菜种植面积3.11万公顷，通过无公害生产技术规程地方标准认定的蔬菜生产加工企业8家。

第二节　副食品供应

一、肉禽蛋供应

1984年，连云港市肉品消费以猪肉为主，牛、羊肉主要为季节性消费。全年市区销售肉猪11.44万头、肉牛4900头。1987年，全市生猪圈存量下降、肉品经营竞争激烈。市食品经营部门及时加大生猪跨区收购力度，购进生猪70.6万头、销售78万头，其中市区销售14.62万头。从当年10月起，市内猪肉、鸡蛋再次实行凭票供应。1988年，市政府投入副食品基金1000余万元，由市粮食部门在海州区锦屏镇南原民航机场旧地建设饲养规模10万羽的机械化蛋鸡养鸡场。

1990年，市食品公司向市场投放禽蛋29万千克。全市猪肉销售困难，胀库严重。市食品部门两次降价，平均降价幅度11.4%。全年地销猪肉6250吨，比1989年增长20.77%。1992年，市食品公司加快新产品开发，开始供应小包装肉制品。是年市蛋鸡养殖场为市场提供鲜鸡蛋110万千克、鸭蛋20万千克。1996年4月，针对市场出现销售病死猪肉、注水猪肉等不良现象，市政府制定颁布《连云港市生猪定点屠宰办法》，全市开始实行生猪定点屠宰。

2002年，市区有放心肉（即定点屠宰肉）直销点和专卖店150多家，开展对大中型超市配送业务，其市场占有率达40%左右。

2005年，全市定点屠宰场每天宰杀生猪3000多头，市内107个农贸市场每天供应猪肉18万千克，基本满足市民需求。全市生猪定点屠宰场与农贸市场实行“厂场挂钩”。东辛农场云米食品有限公司肉鸡年饲养量500万羽，日均屠宰5万羽，成为市区禽肉供应主要来源。市区苏果超市、时代超市成为肉禽蛋供应的重要市场。

二、水产品供应

1984年，市区水产品均由市水产公司统一分配货源，执行计划价格。市区水产品零售量为14776吨。1985年3月，国家开始调整水产品购销政策，价格实行市场调节，国营水产企业改为独立经营、自负盈亏的经济实体。

1990年，市区水产品销售量增至1.72万吨。水产品供应主要依靠农贸市场，国营和集体水产商店基本退出经营。1995年，国家对海洋实行季节性休渔、禁渔后，市内水产品供应以淡水鱼和冷冻鱼为主，贝类销售趋旺。1996年10月，连云港水产品交易中心建成开业，进港交易的渔船每天达数百艘，日均成交额近20万元。次年，连云港市鑫鑫水产品交易市场建成开业。

2000年，市政府提出建设“海上连云港”目标，开始调整渔业产业结构，发展高效渔业。是年全市水产品生产总量34.08万吨，比1995年增长1.67倍；水产行业完成总产值43.54亿元，比1995年增长97%；全市海水养殖面积2.87万公顷，淡水养殖面积2.98万公顷。2002年，全市水产品总量38.5万吨，其中海水产品26.5万吨、淡水产品12万吨。

2005年，全市海水、淡水养殖面积6.87万公顷。渔业产业结构进一步优化，捕养比例达1：1.47。水产品总产量49.03万吨，其中海水产品产量32.11万吨。水产养殖业中的海水育苗、海珍品养殖成为地方特色产业，梭子蟹、半滑舌鳎、南美对虾等海产品种的养殖均形成规模。

三、糖、酒供应

食糖供应 1984年，全市食糖供应开始实行计划内和计划外并行的购销双轨制，销售食糖1.26万吨。1987年，市内食糖市场由于多头批发、多渠道经营、糖源紧张等因素，一度失控，市区食糖由敞开供应改为凭票供应。是年，市糖烟酒公司购进食糖1.63万吨，销售1.57万吨。1988年和1989年，市糖烟酒公司的食糖年购销量均在1万吨以下。1992年，取消食糖定量供应，食糖产销开始实行国家指导下市场调节方针，食糖在全国范围内自由流通。按国家规定，市场食糖供应优先保障国产糖销售，供应不足时以国家和地方储备糖补缺，再不足时以进口糖补缺。是年纳入统计的全市食糖销售1.06万吨。1996年，全市销售食糖1.87万吨。2000年，政府取消食糖指导价，食糖产销价格由市场供需关系确定。2002年，国有食糖供应企业改制，个体、私营和外资企业的经营份额迅速上升，市场食糖货源充足，价格稳定，全市销售食糖2.62万吨。2005年，全市食糖购销由个体、私营和外资企业的经营份额占主体地位，全市食糖销售总量近3万吨，其中市糖烟酒公司全年仅销售食糖1802吨。

酒类供应 1984年，市糖烟酒公司销售各类酒2575吨。1985年后，酒类市场全部放开，多渠道经营。20世纪90年代初，全市酒类销售量大幅增长。市糖烟酒公司与国内400余家酒厂建立直接购销关系，与17家名酒生产企业建立特约经销关系。1992年，全市销售各类酒3.65万吨。1994年后酒类经销呈现多元化趋势，各类经济组织和个人纷纷进入酒类经营市场，品牌专卖店和酒厂直销店开始出现，国内稍有知名度的白酒市内均有销售。地产“王子”系列啤酒开始供应市场，红酒销售量逐年增长。1996年，灌南县划归连云港市后，灌南生产的“汤沟”系列酒市场占有率迅速提高。是年全市销售各类酒2.78万吨。

2004年，改制后的市糖烟酒公司酒类年批发零售额8998.65万元。是年，针对酒类市场日趋严重的假冒伪劣现象，市经济贸易委员会、工商局、质监局联合下发《关于开展酒类市场专项整治活动的通知》，组织人力对酒类产销的重点地区、重点市场和重点企业进行清理整顿，净化市场环境。

2005年，全市各类酒销售4.6万吨。市糖烟酒公司销售额达1亿元，为市内酒类供应的最大企业。市内最大啤酒生产企业——中国江苏三得利食品有限公司完成销售收入2.12亿元，最大白酒生产企业——江苏汤沟两相和酒业有限公司完成销售收入1.69亿元。

第三节 “菜篮子”工程和肉菜粮放心工程

一、“菜篮子”工程

1988年11月，连云港市政府制定颁布“菜篮子”工程实施规划，提出城市人口主要副食品年

图 16-17 1995 年，市蔬菜活禽直销市场建成开业。
赵鸣 摄

供应量为：蔬菜 216 千克（日均每人 0.6 千克）、猪肉 15 千克、禽肉 3.5 千克、蛋类 10 千克、水产品 9.5 千克、豆制品 14 千克、牛奶 12 千克。

1989 年，市政府建立副食品发展基金和稳价基金（简称“两项基金”）。市区筹集“两项基金”420 余万元，用于猪、菜、禽、鱼生产基地建设。全市饲养生猪 180.34 万头，当年出栏 89.95 万头，其中供应本地市场 12 万头；全市饲养奶牛 1500 头，年产鲜奶 300 万千克，全市人均 0.93 千克；饲养“三禽”（鸡、鸭、鹅）1510 万羽，年产蛋 3800 万千克，全市人均 12.4 千克。

1994 年，“菜篮子”工程从以生产基地建设为主转向生产基地建设和市场体系建设并举。1995 年，市蔬菜活禽直销市场建成开业。1996 年，连云港远大水产品交易中心开张。1998 年，墟沟海棠路市场完成扩建。1999 年，市食品公司投入 200 万元改造生猪定点屠宰生产线配套设施，日屠宰加工能力 1000 余头。灌云县生猪发展集团争取国家和省投资 310 余万元，建成省级 1.5 万头活体储备肉猪基地和万头良种苗猪繁育基地。东海县福润肉类加工厂建成年饲养繁育 10 万头生猪基地。

2001 年初，由东辛农场奶牛场改制的双宝乳业有限公司投资 1200 余万元扩建的鲜奶处理项目竣工投产，日处理鲜奶 60 余吨，日销售量达 14 吨。2003 年，市区有上规模的农贸市场 30 多家，基本形成以中心批发市场为核心、连接生产基地和零售市场的“菜篮子”市场体系。

2005 年，全市生产猪肉 13.4 万吨、牛肉 1.8 万吨、羊肉 0.7 万吨、禽肉 2.6 万吨、水产品（包括海水和淡水）49.03 万吨。

二、肉菜粮放心工程

1997 年，海州郊区的沙杭村和朐山村建成无公害蔬菜生产基地 70 公顷，市政府蔬菜办公室组织专业人员进行技术指导，监督蔬菜采收和上市。1998 年 6 月，推广用防虫网覆盖叶菜。是年全市有无公害菜田 140 公顷。1999 年，市食品公司在市区各农贸市场首批设立 50 个“放心肉”直销点，所销猪肉及各种副产品均为定点屠宰场生产并经严格检验。

2000 年初，市食品公司、市肉联厂在市区 17 个农贸市场中设立放心肉直销点 110 个，登报向社会作出销售质量承诺。是年，各食品企业开始创建“放心肉”品牌，市食品公司“天缘”牌和市肉联厂“苏海”牌获准注册。全市实施“放心豆腐工程”，市相关部门制定颁发豆制品生产经营管理办法，市豆制品厂在市区主要农贸市场和超市设立放心豆腐经销点，实行亮证挂牌经营。

2002 年，全市实施“放心早餐工程”，市粮食部门在市区设立销售网点 60 余个，推出早餐、晚餐品种 40 余个。2003 年 3 月，全市实行“肉菜粮放心工程”生产领域的标准化管理，逐步建立市场准入机制。在市区各大型农贸市场内设立检测中心，配备快速检测仪器和技术人员，对各类肉、菜、粮品种进行抽检。是年，“天缘”牌肉类产品被评为江苏省消费者协会放心食品和推荐产品；市区放心豆制品市场占有率达 20%。

2004 年，市质监部门实行食品加工质量安全准入制度，对全市 162 家食品生产企业的 5 类食品（米、面、油、酱油、醋）实行市场准入，对肉制品、乳制品、饮料、调味品、方便面、饼干、罐头、冷冻饮品、冷冻米面食品及膨化食品实行质量安全准入。开展生猪屠宰专项整治活动，责令停产、整改和取缔生猪屠宰点39个，保留定点屠宰点70个。是年，市粮食局、工商局联合开展"放心粮店"创建活动，评定"放心粮店"48家。

2005年，全市新建无公害农产品基地30个、无公害水产品养殖基地33个，全市无公害农畜产品生产基地总数达到300个，其中农产品生产基地190个、畜产品生产基地110个。是年全市获得QS市场准入资格的粮食加工企业163家，评选出放心粮油店48家、放心早餐网点140个。查处涉及食品案件367起，其中查处不合格粮油案件32起，查获注水和病死猪肉6.5万千克，取缔私屠乱宰窝点116个，销毁不合格蔬菜1500余千克。

图16-18　1986年建成的东方大厦商场　　赵鸣　摄

第五章　专项经营

1984年，连云港市被江苏省烟草公司确定为地产烟主销区，按照国家规定实施烟草专卖零售许可证制度。全市烟草销售明码标价、亮证经营，严厉查处违法违章经营和走私卷烟案件，净化卷烟市场环境。2001年，市烟草分公司经营税利突破1亿元。

1984年，国家实行盐业资源国有化，盐业产供销实行计划管理和专卖制度。1987年1月1日起，国家对食盐的产销实行指令性计划，工、农、渔、牧等行业用盐实行指导性计划，由省、市、县各级盐业公司组织实施。

1984～2005年，连云港市成品油市场供应经历以计划供应为主、市场调节为辅，到市场调节为主、计划供应为辅，再到成品零售、批发市场供应放开的过程。其中，1984～1994年，石油商业处于国家对成品油实行指令性计划和市场调节相结合的"双轨制"时期，逐步减少指令性计划和比重，增加市场调节分量，国有石油公司成为市场营销的主渠道。1994～2005年，平价油取消，石油商业全面走向市场。

第一节　烟草专卖

一、卷烟经营

1984年，连云港市被江苏省烟草公司划定为地产烟（即江苏省内生产的卷烟）主销区，每年省下达的地产烟调入量均占总调入计划的90%以上。市内销售的卷烟品牌主要有徐州卷烟厂生产的云龙、红旗、宝石、丽华等，淮阴卷烟厂生产的大运河、华新、玫瑰、丰收等；省外品牌主要有上海卷烟厂生产的中华、凤凰、红双喜、牡丹、上海、群英、大前门、海鸥、飞马等，青岛卷烟厂生产的宏图、兰金鹿、双马等。较受市内消费者欢迎的低档烟品牌有鹿牌、三环等，高档烟品牌有大光、双头凤等听装烟。市内有卷烟零售个体商户1.4万多户。1985年，全市销售卷烟6.79万箱。1986年后，省烟草公司逐步增加省外烟调入指标。由于地产烟销售受到影响，1989年后又严格控制外省烟调进。1993年，市内销售的省外烟品牌由原来近百个减至30余个，其中较受消费者欢迎的品牌有红塔山、茶花、红梅等。

1994年起，推进全市卷烟销售网络建设，设立专卖和营销下伸管销点42个、直供店1590个，发展代理商58个。1995年，市烟草公司推出联产联销卷烟“三得利”“普连云”“连云”等，全年销售“连云”系列品牌0.38万箱、“三得利”品牌0.23万箱。1996年，开发出翻盖“淮海”“博爱”“佳品连云”等本地卷烟新品牌，东海县烟草公司与南京卷烟厂合作开发出软包装“金陵”牌卷烟并总经销，灌云县烟草公司与淮阴卷烟厂合作重新推出“桥头堡”牌卷烟。全市销售卷烟12.51万箱。1999年，连云港烟草分公司推行全员专卖管理，加强市场控制，规范卷烟经营。按中国烟草总公司对联产联销烟进行清理的规定，连云港地产品牌卷烟退出市场。

2001年，全市有卷烟零售户2.78万户，连云港烟草分公司经营税利首次突破1亿元。2002年开始推行全面访销、全面配送、送访分离、专销结合经营新模式，由城市到乡镇逐步撤销批发部。市区原有的6个批发部撤销，改建为1个市区访销配送中心；4家县公司相继建立以县城为中心、辐射周边乡镇的访销配送中心；全市农村批发网店由年初的52个整合为27个，网点工作人员由532人减至445人。是年，全市销售卷烟11.78万箱，批发均价每条24.13元。畅销的卷烟品牌有南京、一品梅、红杉树、东渡、中华、玉溪等。

2004年，按照“四减一升”（即减少零售商户、减少卷烟品牌、减少人员、减少费用，提升网络运行质量和效率）和“扁平化管理”要求，市烟草公司开始整合网络资源，优化访销配送线路，使网络运营成本进一步降低。全市访送线路整合为59条，在65个乡镇开通邮储代理业务，全市电话订货率、电子结算率分别达到100%和70.2%。

2005年，卷烟经营实现全市集中电话订货，电话订货、电子结算率分别达100%和84%。全市购进的卷烟全部集中到市区扫码，实行库存商品统一管理和集中控制。全市销售卷烟11.87万箱，每条均价32.86元，销售额1.95亿元。

二、专卖管理

1984年，全市开始实施烟草专卖零售许可证制度。是年，市区发放许可证1927个，其中国营零售单位126个、集体单位538个、市供销合作社系统138个、个体经营户1125个。1986年，全市累计发放专卖许可证近万个，覆盖市内各乡镇。当年全市查处违法违章案件63起，收缴罚没款3900元。1988年，在卷烟经营户中开展明码标价、亮证经营活动。赣榆县、东海县、灌云县首次向30个乡镇发放烟叶收购许可证。1989年，市烟草专卖局在全市建立8个卷烟检查站，查处黑市批发和倒卖卷烟案件27起。1990年建立烟草运输检查站14个，全年查处取缔黑市场5处、黑批发户31户。

1991年，全市查处139起香烟走私案件，其中较大的有2起：6月3日，武警连云港边防支队会同连云港渔政管理处，查获走私香烟1船共6万条，价值176万余元；12月25日，板桥边防派出所查获走私船1条，内有“红双喜”牌和“万利”牌香烟2.39万条，价值60余万元。1994年，市烟草专卖局加大对假烟的查处打击力度，全年组织7次公开销毁假烟活动。1997年，为保护名牌卷烟产品，市烟草专卖局采取在每包高档烟上贴上防伪标识的措施，得到国家烟草专卖局肯定，在全国推广。1998年12月2日，查处并关闭白虎山小商品批发市场非法卷烟经营摊区。

2001年，《连云港市烟草制品零售点布局管理规定》颁布，此为全国第一份关于烟草制品零售点布局的规范性文件。3月20日，市烟草专卖局在灌南县查获违法运输的555牌、希尔顿牌卷烟1642件，案值600余万元。2003年，市政府印发《连云港市烟草专卖零售许可证管理办法》。2005年，市烟草专卖局出台《卷烟零售点布局管理补充规定》，完善许可证的申报、受理、勘察、审批的工作流程和操作规范。实行烟草专卖行政执法回访办法，对新办证零售户上门回访。

第二节 食盐供销

一、食盐专营

专营机制 1984年，连云港市食盐批发业务由商业部门兼营改为盐业部门专营。全市食盐批发业务由省盐业公司直属的云台运销公司兼管，下设东海批发部、新浦批发门市部；赣榆县、灌云县由其境内的盐场直接放销。1988年10月，江苏省盐业公司连云港分公司成立，下辖新浦批发部和东海支公司，分别负责市区、东海县的食盐批发。赣榆县、灌云县食盐批发由县盐业公司承担。城乡居民所用食盐和各行业用盐均由各批发部和支公司按分配价从产区盐场购进，再以批发价供给零售商和行业用盐单位。鉴于食盐专营批发网点较少，仍借助市区的糖烟酒公司和农村的基层供销社作为中间商，委托其转批至各零售点销售。

1990年，开始在市区将食盐直接批发给各商店零售，在农村直接批发给个体和私营商户零售。1994年2月，国务院作出《关于进一步依法加强盐业管理问题的批复》后，食盐开始以法定形式实行专营。1995年8月起全民供应碘盐。1996年5月，连云港市按国务院颁布的《食盐专营办法》要求，实行食盐定点生产制度、批发许可证制度和准运证制度。是年8月，灌南支公司由淮阴分公司划归连云港分公司。

2004年，实行食盐特许经销制度，按照布局合理、范围适当、规模适中、有利统一配送和方便管理的原则，经招标选择特约经销商，签订特许经销协议后由其独家经营。2005年1月1日起，食盐专营实行"五统一"管理，即统一采购、统一配送、统一结算、统一价格、统一营销。

定点生产 1996年5月，国家实行食盐定点生产制度。1997年，云台粉精盐厂被确定为国家定点食盐生产企业，台南盐场粉精盐厂、徐圩盐场粉精盐厂被确定为国家定点食盐生产挂靠企业。是年，江苏省盐务局确定赣榆县、灌云县两家粉洗盐厂为省内定点食盐生产挂靠企业。2000年，国家对食盐定点生产企业的数量和产能进行压缩调整，江苏省内食盐定点生产企业只保留江苏省金桥盐业有限公司海精盐厂。至2005年未有变化。

批发许可 1996年，国家实行食盐批发许可证制度，规定未领取食盐批发许可证者不得经营食盐批发业务；食盐批发企业分层次划分经营区域，同一区域不能重复核发批发许可证。是年9月，连云港盐业分公司和四县盐业支公司领取食盐批发许可证。至2005年未有变化。

食盐准运 1996年开始实行食盐准运制度。由省盐务管理局设在盐产区的运销办事处和公收管理站负责食盐准运证的领用、签发和管理。市内食盐铁路发运站点为盐坨站和连云港西站，水路起运点为燕尾港、连云港港，非食盐运输港站不得发运食盐；对无证运输的食盐，沿途盐政部门可作为私盐查处。实行食盐专营后，市内先后在连云港运销办事处、赣榆公收站、灌云公收站配备准运证管理人员。至2005年未有变化。

二、盐政管理

管理体制 1984年，设立在新浦的江苏省淮北盐务管理局为全省盐政归口管理机构。是年7月，赣榆县、灌云县、灌南县和云台运销公司分别设立盐产品公收站，分别负责收购各县、乡和部队盐场生产的原盐。10月，经省公安厅批准，省盐业公司保卫处改建为连云港市公安局盐场分局，下设9个派出所，主要负责维护盐场社会治安和盐政管理。1985年12月，江苏省淮北盐务管理局改称江苏省盐务管理局，办公地址仍设在新浦。1987年10月，省政府发布《江苏省盐政管理办法》，省盐务管理局在机关内设盐政管理处；此时市内各盐场内部缉私职能由其业务部门承担，盐场外部缉私由当地税务部门承担，各县、乡盐场的盐政管理和缉私护税由所在地公安、工商行政和税务部门共同负责。

1992年5月，省盐务管理局连云港分局成立，与省盐业公司连云港分公司实行两块牌子、一套机构；8月起试行盐政管理协查员体制，从相关单位聘请合适人员协助开展市场检查等工作。1993年，各县盐业支公司相继增挂盐务管理局牌子，列入当地政府序列，行使盐政管理职能。1995年9月，省盐务管理局连云港分局更名为连云港市盐务管理局，市政府指定其为政府实施盐政管理的执法机构。至2005年底未有变化。

生产管理 1984年，江苏省淮北盐务管理局按省政府规定，对地方盐场（包括部队和农垦等各系统开办的盐场）、加工盐生产厂的生产和产品分配、调运、储存、批发、销售等实行统一管理。1991年10月《江苏省〈盐业管理条例〉实施办法》颁布后，实行盐业生产许可证制度，要求制盐企业必须向省级盐业主管部门申领制盐许可证，未取得许可证的企业不得从事盐业生产；禁止采用平锅熬制、矿卤就地摊晒、刨泥淋卤和烧灰板晒等方法制盐。1996年3月，执行《江苏省食盐加碘消除碘缺乏病危害实施办法》，规定从事碘盐加工的企业必须由省盐业主管部门指定，必须取得省卫生行政部门发给的卫生许可证并报国务院盐业主管部门批准，否则不得从事碘盐加工。1996年5月，按国家《食盐专营办法》对食盐生产实行指令性计划管理。至2005年底未有变化。

运销管理 1984年，食盐运销由淮北盐务管理局负责安排和管理。1996年10月，实行准运证制度，采用统一专用发票，规定在途运输期间必须货、票、证同行；无票无证的，运输部门不得承运、购盐单位不得入库；规定凡未取得制盐许可证而擅自生产的原盐、加工盐、液体盐和以氯化钠为主要成分的各类盐产品，未经省盐业公司调拨或盐业行政主管部门批准而擅自运输、销售、购买的盐产品，违背盐业管理法规、用以串换物资的盐产品等均为私盐。1996年3月，碘盐批发纳入盐政管理范围，明确规定碘盐运销由省盐业公司所属的分支盐业公司实施，其他任何单位或个人不得参与；受委托从事碘盐批转业务的单位，必须从当地盐业公司购进碘盐并按划定区域销售；从事碘盐零售和送销的单位和个人，必须向当地盐政部门申领碘盐零售许可证，在其经营场所显著位置悬挂。至2005年底未有变化。

惩治违法行为 1984～1991年，全市查处盐业违法案件极少。1992～2005年，全市累计查处盐业违法案件2.23万起，查获盐产品10.07万吨。

1992～2005年连云港市查处盐业违法案件情况统计表

表16-9

年　份	查处案件（起）	查获盐产品（吨）	罚没款（万元）	刑事处罚（人）
1992	10	355	54.00	—

续表 16-9

年　份	查处案件(起)	查获盐产品(吨)	罚没款(万元)	刑事处罚(人)
1993	300	5000	—	—
1994	2100	7718	174.80	—
1995	5101	13799	3.50	—
1996	2700	35000	656.28	—
1997	4800	9000	—	—
1998	662	2789	26.00	—
1999	443	11210	516.01	—
2000	623	12791	19.10	—
2001	1333	1417	24.88	—
2002	1368	708	26.52	13
2003	1011	348	14.33	2
2004	1020	365	24.41	2
2005	796	187	19.76	2

第三节　成品油购销

一、销售体制

1983年以后，国家对成品油实行指令性计划与市场调节相结合的双轨制。此后，随着市场调节比重加大，连云港市场上出现石油资源分散、经营主体众多、油品价格和市场管理失控等情况。1994年4月，国务院批转国家计委、国家经贸委《关于改革原油、成品油流通体制的意见》，要求加强对原油、成品油生产、流通的宏观管理，理顺油品价格，整顿流通秩序，减少流通环节。11月，省政府批转省石油市场整顿监督领导小组制定的《江苏省贯彻成品油流通体制改革实施办法》。至2005年底，连云港市对原油、成品油流通体制进行改革，取消平价油，实行价格并轨，政府对石油经营企业逐步取消政策性保护措施，石油经营企业全面走向市场。

二、油品销售

1984年，连云港市的成品油主要由江苏省石油公司连云港市分公司（简称连云港石油分公司）及其下辖的县级支公司供销。连云港石油分公司主要负责连云港市区生产、生活用成品油的供应工作，所辖县级支公司主要负责对基层供销社、农机站的油品供应，油品购销主要执行国家指令性计划。80年代后期，逐步加大市场采购量。1984～1990年，连云港石油分公司从市场购进成品油31万吨，占同期进货总量的34%。1989年底，全市建有加油站18座，其中市区5座、赣榆县4座、东海县4座、灌云县3座、灌南县2座。

1990年，全市销售汽油、柴油5.78万吨。是年连云港市燃料公司开展油品经营。翌年，经市计委批准，连云港市燃料公司增挂连云港市煤炭石油公司牌子。1992年，更名为连云港市石油公司（简称市石油公司）。1994～1997年，市石油公司的年销售量维持在2万～3万吨的水平，主要在市区经营成品油销售。1998年，连云港石油分公司销售石油21万吨；市石油公司与中国石油天然气集团公司签订联营代销协议，全年销售油品5.4万吨。是年8月，临洪油库铁路专用线开通。

2000年8月20日，江苏省石油公司连云港市分公司更名为中国石油化工股份有限公司江苏连云港石油分公司（简称连云港石油分公司）。是年销售成品油22万吨，拥有加油站79座，其中当年收购、租赁、联营47座。是年，市石油公司销售成品油11万吨。

2001年，连云港石油分公司有临洪油库、联顺油库、锦屏油库、东海牛山油库、灌云东方红油库、灌南新安油库共6座营业油库，加油站100座，销售成品油24万吨。连云港石油分公司销售油品10.58万吨，有加油站26座。2003年，全市销售汽油和柴油41.03万吨。2004年，连云港石油分公司IC卡市内联网成功。

2005年，全市销售汽油和柴油56.87万吨，其中连云港石油分公司销售13万吨；全市有年审合格的加油站174座、加油点176个。12月10日，连云港石油分公司建成全市第一座乙醇汽油调配中心——临洪油库调配中心，开始对外销售乙醇汽油。

1998～2005年连云港市汽油、柴油销售情况统计表

表16-10　　单位：万吨

年份	汽油	柴油	合计	年份	汽油	柴油	合计
1998	7.35	15.43	22.78	2002	9.57	32.76	42.33
1999	7.48	23.01	30.49	2003	9.98	31.05	41.03
2000	7.18	24.87	32.05	2004	11.03	37.19	48.22
2001	7.39	25.14	32.53	2005	12.79	44.08	56.87

第六章　工业生产资料贸易

1984年以后，连云港市工业生产资料贸易逐步由计划管理过渡到市场化运营，国家指令性计划分配供应的物资数量和品种逐年减少，到1993年底全部取消。个体和私营企业逐步进入生产资料供应渠道。2002年，国有生产资料经营企业开始整体改制，国有资本逐步退出。钢材、木材、水泥等主要建筑材料大部分由用户自行采购，或由私营物资贸易企业供给。2005年，全市生产资料贸易的大流通、大市场格局基本形成。

第一节　金属材料贸易

1984年，连云港市物资系统购进钢材3.49万吨，销售钢材3.51万吨，其中计划内钢材到货1.14万吨。全市消费钢材7.68万吨，其中中央和省直属企业直供钢材2.21万吨。1987年，市金属材料公司成立市场业务科和进口业务科，在河北省邯郸市设立办事处，加大计划外钢材购销力度。是年调入计划外钢材6.49万吨，占年销售量的77%。该公司通过江苏省金属公司争取到货源，供应连云港碱厂建设所需的各种规格钢材1.42万吨、无缝钢管630吨。

1990年，市金属材料公司为首都钢铁厂、邯郸钢铁厂、唐山钢铁厂提供集资款687万元，以集资补偿形式购进钢材4900吨。1992年，全市物资系统销售钢材17万吨，其中销往省、市外6.3万吨。市内各类基本建设用钢材1.75万吨，轻工企业用钢材2.57万吨，供应农业和农业机械用钢材7620吨，机械制造业用钢材4233吨。

1994年，市金属材料公司投资兴办连云港市钢材交易市场，吸引国内20余家大中型钢厂和经销单位进驻，是年成交钢材3.65万吨，成交额1.3亿元。1996年，市金属材料公司调整经营机构，分设8个销售分公司、3个驻外经营部，调整经营策略，实行统进分销，降低经营成本。是年销售钢材6.2万吨，其中市区销售3.3万吨。1997年，市区销售钢材3.63万吨，其中市金属材料总公司销售3.14万吨。

2000年，市金属材料总公司从首都钢铁厂购进钢材2.71万吨，供应连云港田湾核电站；为连云港市交通物资公司代储代发筑路钢材2万吨。2001年，市金属材料总公司与国内30多家大型钢铁生产企业确立总代理经销关系，是年销售钢材2.34万吨。2003年，市金属材料总公司停止营业。2004年和2005年，市区销售钢材分别为8.22万吨、13万吨，主要为个体民营和钢厂设点销售。

第二节　木材和建材贸易

一、木材贸易

1984年，连云港市木材公司购进各类木材7.79万立方米，其中计划内分配3.86万立方米；销售木材8.45万立方米，市场占有率91%。此后，计划内分配木材逐年减少，木材市场逐渐形成多渠道、多层次、少环节、开放式的木材流通格局。1985年，市木材公司用外汇进口美国花旗松2.5万立方米，优先供应重点工程连云港港口建设5867立方米。

1990年，全市列入统计的原木消费4.23万立方米，其中计划内分配木材3139立方米，市内木材市场全面放开。1993年，市木材公司争取到国家进口配额，进口新西兰、俄罗斯和印度尼西亚木材3.51万立方米；全年销售木材9.05万立方米，其中供给农业用8483立方米、市内基本建设用5317立方米、市场销售5.47万立方米。1995年，市木材公司销售木材2.78万立方米，其中市区销售9301立方米。

2001年，市木材公司进口俄罗斯松木1.65万立方米，销售木材1.8万立方米。2002年，市木材公司关闭。2005年，市内木材购销主体主要以个体、私营为主，国有企业全部退出。

图16-19　1995年，全市木材市场销售木材2.78万立方米。　赵鸣　摄

二、建材贸易

1984年，连云港市建筑材料公司购进水泥4.66万吨，其中省计划内分配2.53万吨；销售水泥21.85万

吨，其中地产水泥20.4万吨（多为325号以下低标号水泥）。1988年，全市销售水泥26.47万吨。

1991年起，市内水泥市场全面放开，由市建筑材料公司独家经营变为多家经营。1993年，市内经营建材单位增至150余家，市建筑材料公司销售水泥11.58万吨，其中通过船运销往海南2.63万吨，实现销售收入5397万元。

1995年，建材市场持续疲软，库存增加，价格倒挂。市建筑材料公司购进水泥4.59万吨，销售4.39万吨。1999年，全市限额以上批发零售企业销售水泥12万吨。

2002年8月，市建筑材料公司停业，市燃料集团公司供应田湾核电站等重点工程水泥12.2万吨。2003年，全市限额以上批发零售企业销售水泥6815吨。2005年，全市水泥经营主要以个体、私营为主体，国有企业退出水泥经营领域。

第三节　机电和化工轻工产品贸易

一、机电产品贸易

1984～1985年，连云港市机电设备公司从市电机厂、铸造厂、标准件厂、水泵厂等单位收购地产电机1800台、减压器35台、水泵250台、振动器100台、电线1520千克，从港口接运进口汽车7607辆。

1988年，市机电设备公司与泰州电机厂、长春第一汽车制造厂、柳州汽车制造厂、南京汽车制造厂达成联销协议，与华东汽车销售中心、中南汽车贸易中心、江苏省机电设备公司及30多家市级机电公司开展对口联合，与市内赣榆县、东海县、灌云县机电设备公司组建联合体，开展联销业务。是年实现机电产品销售收入5791万元、利润169万元，代理进口汽车1533辆，实现利润167万元。

1991年，市机电设备公司购进机电产品总值6110万元，实现销售收入6964万元、利润125.2万元。全市物资系统销售汽车2341辆，其中载重汽车1858辆。1993年，市机电设备公司在黑龙江设立办事处开展边境贸易，销往俄罗斯机电产品总值610万元；全年购进机电产品总额1.22亿元，销售总额1.1亿元，实现利润299万元。全市物资系统销售汽车3628辆，其中载重汽车1774辆。

1995年，全市物资系统销售汽车5165辆。市机电设备总公司成为上海桑塔纳轿车一级代理、中国机电设备总公司农业机械二级代理、第一汽车制造厂江苏联营公司连云港汽车展场。1998年，市物资局将汽车销售分公司和进口汽车配件分公司从市机电设备总公司划出，组建连云港市汽车销售公司，为市物资局直属企业。全市销售汽车2090辆，其中市区销售1418辆；旧机动车交易市场成交1100辆，成交额2.4亿元。翌年，市机电设备总公司和市汽车销售公司联合推出按揭贷款、分期付款等汽车销售新举措，销售汽车409辆。2001年，市内机电设备公司均在改制后停业。

2002年，全市完成汽车销售额1.4亿元，汽车配件、汽车维修等行业发展趋旺。翌年市汽车销售公司被市燃料集团并购。2003年、2004年、2005年，全市汽车销售量分别为1036辆、1075辆、9063辆。

二、化工轻工产品贸易

1984年，连云港市化工轻工公司在广西、海南等地建立橡胶资源基地，与扬子石油化工公司、齐鲁石油化工公司、青岛碱厂等化工企业建立协作关系。

1991年，全市销售纯碱4744吨（其中计划内2280吨）、三烯3569吨、橡胶1302吨（其中计划内100吨）、轮胎3.41万套（其中计划内2341套）。全市化工轻工产品销售总额7880万元，其中市化工轻工公司实现销售额5527万元、利润41.9万元。

1993年，化工轻工原料市场放开。市化工轻工公司全年销售纯碱1.06万吨、橡胶720吨、轮胎3.[illegible]5万套。1996年，市内化工轻工生产企业开工不足，化轻原材料需求下降，但塑料制品原材料旺销。市化工轻工公司抓住机遇开展外购外销业务，进入苏南等地和山东、河南、安徽等省市场，销售各类化工产品9830吨。1998年，化工轻工产品销售不畅。市化工轻工公司年销售额降至3763万元，2002年该公司停业。

第四节　煤炭购销

1984～2005年，连云港市煤炭供应品种有烟煤、无烟煤、焦炭和型煤，货源地主要有山西省晋城、阳泉、大同，河南省焦作，山东省兖州，江苏省徐州及陕西、内蒙古等省区。

1984年，全市燃料行业购进煤炭108.72万吨，其中省计划内分配30.7万吨、调进地方办小煤矿煤38万吨；销售煤炭105.04万吨。全市消费煤炭140.7万吨，燃料行业煤炭市场占有率为98.4%。1988年，市内煤炭需求旺盛，市燃料行业全年购进煤炭161.6万吨，销售168.72万吨，比1984年分别增长48.6%和60%。

1992年6月，省分配的计划内煤炭停止发货，煤炭市场放开，煤炭生产企业的自销量扩大。煤炭价格上调，民用蜂窝煤球由原每吨86元上调至152元；凭票供应的无烟煤由每50千克3.6元上调至7元；计划内工业用煤（阳泉煤）市区每吨由100.5元上调至133.6元。1994年，市燃料集团调进发电用煤21万吨，保证新海发电厂正常运行。是年为上海宝山钢铁公司调运优质晋煤12万吨。1996年，全市煤炭经营企业有700余家，销售煤炭307.7万吨。全市燃料行业购进煤炭108万吨。

1997年，全市开始整顿煤炭市场秩序，市政府设立连云港市煤炭管理办公室，对全市煤炭经营企业进行资格审核。是年，市物资局牵头成立连云港市煤炭流通协会。1999年，市煤炭管理办公室依法发放煤炭经营许可证179份，查处违法经营企业500余家。全市销售煤炭282.44万吨。

2004年，因受连云港碱厂等大型企业需求拉动，市内烟煤销售量上升，市燃料行业煤炭销售仍低迷，仅销售41.02万吨。2005年，市内燃料行业烟煤销售降至5万吨。

第五节　废旧金属经营

1984～1985年，连云港市金属材料供应实行“管供、管用、管回收”的方针，对生产行业使用金属材料后剩下的边角废料和铁屑等实施定额回收，回收上交的废料数量与下年度钢材和生铁供应计划挂钩，未完成上交计划的扣减下年度钢材供应计划，回收上交的废钢和铁屑重新熔炼成钢材，纳入供应计划。全市废旧钢材主要由供销合作社系统的市废旧金属回收公司经营。1985年，连云港市拆船公司从日本进口废船3条，拆解废钢1.15万吨，弥补市内钢材供应缺口。

1986年，废钢铁上交计划取消，废钢铁回收市场放开，废钢铁经营户迅速增多，市场竞争加剧。是年，市政府下发《关于加强废钢铁收购市场管理的通知》，禁止废旧有色、黑色金属流向外市，取缔无证商贩，打击倒卖废旧金属行为。1987年，市供销社、公安局成立废旧金属联合管理办公室，管理和规范废旧金属市场，废品回收市场趋于正常。3月，位于新浦解放东路的市内首家废旧金属交易市场建成开业，1988年收购废旧金属材料货值812万元。

1991年8月，市物资再生利用公司启动废旧金属和报废汽车回收业务，设收购网点2个。1992年，该公司回收废钢铁500吨、报废汽车120辆。1995～1997年，全市回收废钢材7962吨，其中2000吨为从日本进口的废钢；回收报废汽车450辆。回收的废钢经分类整理后，供应市内各乡镇企业和周边地区再利用。1999年，进口废船1条，拆解废钢1.04万吨、有色金属224吨，全部在市内销售。

2000年，全市回收报废汽车476辆。2002年，国家废除生产性废旧金属收购企业特种行业许可证行政审批制度，废旧钢铁回收实行市场化经营。2003年，全市回收废钢1.01万吨，其中进口废钢6101吨，回收报废汽车608辆。2004～2005年，全市回收废钢1.87万吨、报废汽车990辆。

第六节　民用爆破器材经销

1984年，连云港市民用爆破器材经销供应主要品种有工业炸药、工业雷管、工业导火索、硝酸铵等。爆破器材经销单位须经公安机关批准并取得爆破物品销售许可证，由工商行政管理部门登记注册；爆破器材购买使用单位须持有公安机关签发的爆破物品购买证和爆破物品运输证。爆破器材购销实行全省统一计划、统一申报、统一分配、统一订货，按流向和就近供应原则签订供销合同。市内销售的爆破器材主要由徐州矿务局化工厂、徐州天明化工厂和连云港市连海明达化工有限公司生产，主要销往市区和灌云县，用于开山采石、港口清淤。

1996年，连云港市民用爆破器材专供站销售炸药500吨。1998年，该站供应连云港核电站工程用炸药1680吨、雷管75万发、导火索97万米，完成销售收入658万元。

2001年，市民用爆破器材专供站销售炸药2805吨、雷管285万发、导火索270万米，完成销售收入876万元。2005年，该站销售炸药1793吨、雷管117万发、导火索184万米，完成销售收入1552万元。

第七章　水晶贸易

连云港市东海县是国内外水晶及其制品的集散中心，水晶产业特色鲜明，发展活力强劲。20世纪90年代初期，东海水晶开展集市贸易。1992～2005年，东海县供销合作社牵头，逐步建设东海水晶市场、东海水晶城，开展原石、产品进出口贸易，提升水晶生产、加工企业及商户经营环境档次，增强水晶贸易活力。东海县水晶市场先后获“全国文明市场”“全国供销企业百强企业”等称号。2001年，东海县被农业部授予“水晶之乡”称号，2003年被中国工艺美术协会授予“中国水晶之都”称号。2005年，东海水晶产品品种达上万个。

第一节　贸易渠道

一、进出口贸易

原石进口　1996年后，东海县水晶加工业发展迅速，仅靠东海资源远远不能满足市场需求。2000年，商户先后到越南、马达加斯加、巴西等地采购水晶原石，由于销售行情好，到国外采购的人员越来越多。2004年有900多人到国外采购水晶原石，全县年采购水晶原石150个标准箱，重3500吨，总价值5亿元。2005年，东海水晶市场有商户向广州台商购买紫晶洞、玛瑙洞，在水晶市场上销售。全县每年从巴西进口紫晶洞、玛瑙洞约占巴西年出口总量的60%。

产品出口　东海县水晶产品出口起源于20世纪90年代初。1990年后，东海水晶市场商户利用“广交会”等平台，将东海水晶制品打入国际市场，产品主要出口东南亚、日本等国家和地区及中国香港、台湾地区。组织产品赴新加坡、日本等国家从事展览、展销，扩大东海水晶制品在国际市场上的影响。2000年起，东海县晶华水晶制品有限公司、东海县牛山通宝水晶制品厂等企业产品主要以出口贸易为主。晶华水晶制品有限公司先后在印度尼西亚、新加坡等国家设立分厂，从事水晶制品加工贸易。东海县牛山通宝水晶制品厂年销往香港水晶项链达80万条，价值7000万元。晶帅水晶制品有限公司3000件光学水晶工艺品出口澳大利亚。2002年，东海县华宇公司为第十七届世界杯足球赛制作50万件光学水晶纪念品出口韩国。2005年，随着东海水晶知名度的提升，东海水晶产品越来越受到国外客商的青睐。部分企业瞄准国际市场，加工生产国外订单。曲阳乡200多家加工厂年产水晶球、水晶珠5000吨，60%销往日本、韩国、新加坡等国及中国台湾、香港地区，贸易额5亿元。

二、国内市场拓展

1995年，东海水晶加工业发展较快，但产品较为单一，主要是项链、手链、眼镜及小饰品。有个别不法加工户用玻璃制作项链，以假充真，使东海天然水晶产品销售不同程度受到影响，产品价格一度走低。县政府加大整顿市场秩序，打击假冒伪劣产品，维护市场正常经营秩序。支持和鼓励企业和商户到全国各大中城市设立销售门店，拓展外部销售空间；同时引进技术、人才及先进设备，加大新品种新产品的研发力度，提高水晶产品的档次，增强市场竞争力。1996年，广州荔湾广场筹建当时国内最大的珠宝首饰市场，1997年开始招商，东海县部分有实力的商家和加工企业先后到广州购买门店，开设水晶批发部。至1998年，东海县在广州、深圳开店从事水晶批发业务的企业和商户达100多家。由于国内一线城市辐射面广、人流量大，效益较好，到国内各大城市开店的人越来越多。2005年，全县在外地开店的企业及商户达500家，其中北京150家、广州100家、上海80家。同时，到外地开办连锁分店的企业及商户达100多家。

三、会展销售

组织参展　1988年前，主要以政府牵头，组织乡镇集体企业参加各种展销会、博览会，个体、民营企业参与较少。1990年后，组织形式多样化，有政府组织的，也有相关职能部门或企业组织的，次数越来越多，规模越来越大。1992年，县政府组织县属11家企业和21个乡镇企业18类上千件产品参加首届中国水晶博览会。1999年，昆明世界园艺博览会上，由政府职能部门组织参加的企业多达50家，展销会期间销售额突破200万元。2000年后每年由政府和职能部门组织企业或商户参展10余次。

企业或个人自发参展 企业或个人自发参展，形式多样，机动灵活，东海县自发参展的企业很多，其中东海县海龙水晶工艺品有限公司、东海华宇实业有限公司等单位参展次数多，影响较大。1995年，北京举行第四次世界妇女代表大会期间，东海县海龙水晶工艺品有限公司推出的水晶系列产品受到各国妇女代表的喜爱。2000年5月，东海县华宇实业有限公司组织产品赴澳大利亚悉尼参加国际礼品展。是年11月，在北京召开的联合国第十二届国际科学与和平周大会上，该公司设计制作的世纪龙柱被中国组委会定为会议礼品。

专业会展销售队伍 1990年起，东海出现专业从事会展销售队伍，部分会展销售人员因在东海县没有生产加工厂，在水晶市场没有门店，到加工生产厂家或市场购买、赊销水晶制品到全国各大中城市参加展销会、珠宝交易会。还有的城市利用星期天在商业区或景点设立临时展位供各地商户参展。从2001年开始，东海县房山镇、曲阳乡有50多户人家长期在北京潘家园、石佛寺参展。2005年，东海县长期专门从事会展销售人员有500多人。

水晶电子商务 1998年9月，东海水晶城网站正式建成，标志着东海县水晶电子商务的启动。2000年，水晶城出现连云港市石来运好水晶工艺品有限公司建的石来运好网、东海县老龙头水晶苑建的老龙头水晶批发网、东海县天爱水晶商行建的天爱水晶网等多家网站。至2002年，东海县建成水晶网站300多家，有500多人在淘宝网上销售，实现交易额5000万元。2005年，网上交易呈快速发展态势，全县在淘宝网上销售水晶制品的达2000多家。

第二节　水晶市场

一、集市贸易

1989年，东海县水晶加工业发展加快，在东海南路与钢铁东路交汇处形成松散型马路市场水晶一条街。每逢农历四、九大集，很多水晶加工户提着加工的产品到集市上摆摊销售。1992年东海水晶市场建成后，东海县工商局、东海县供销合作总社联合取缔平时的水晶马路市场，仍保留农历四、九大集。1998年，东海水晶市场三期工程建成后，为方便市场内商户补充货源，在水晶城东门外开辟一块地方，仍在农历四、九大集允许加工户摆地摊销售。起初设定地摊800多个，两年后发展到2000多个。后来，由于东海水晶城扩建，将地摊改设在水晶城西东海南路两侧的狭小地段。至

图16-20　东海水晶交易现场　　俞德春　摄于2003年

2005年底，地摊发展至数千个，集市贸易初具规模。

二、东海水晶城

东海县水晶市场的建立与发展经历了由马路市场形成的松散型水晶街，到乡镇集市，再到政府主导建设大规模水晶市场几个阶段。

1989年，东海县供销社在钢铁东路北土产棉麻公司院内，改造仓库65间，建起水晶临时市场，共有摊位1200个。

1992年，经县计经委批准，东海县供销社组织实施水晶市场一期工程；拆除土产、果品、杂品、废旧、工业品、龙华及牛山供销社等单位的职工宿舍及仓库，共计2180平方米。一期工程总投资150万元，占地面积7000平方米，建有上下两层丁字楼68间店铺，配有1500平方米大棚交易市场，内设摊位800个，工程自1992年7月开工建设至9月30日竣工。

1993年初春，由于水晶市场建设规模较小，许多水晶加工户很难租到房子经营，便在露天水泥台上交易水晶制品，每逢水晶大集，市场内外人满为患。1994年5月，县供销总社决定扩建水晶市场，实施二期工程，总投资400万元，建筑面积4000平方米，建成局部4层营业楼，一楼建门面房44间，二、三楼设柜台350节，四楼为办公室。工程共拆除原工业品公司及牛山供销社宿舍32间，于1995年5月建成并投入使用。

1995年，江苏省东海水晶市场获“全国文明市场”称号。市场经营户1000多户，年交易额突破3亿元，年接待国内外游客10万人次以上，全县从事水晶开采、加工、贸易人员超过10万人，以水晶市场为龙头、以家庭水晶加工为基础的水晶产业初具规模。

1996年，水晶加工业快速发展，亟待建设大市场。县供销总社筹集资金，三期扩建工程在1998年的第五届水晶节前完成。水晶市场三期工程总造价4000万元，占地面积18000平方米，建筑面积2.88万平方米。1997年12月28日动工兴建，1998年9月26日竣工，是年9月28日正式营业。

2002年，东海水晶城成立市场管委会。工商、公安、国税、地税、质检等单位在水晶城设立办事机构，分别负责水晶城工商管理、治安管理、商品质量管理及税费收缴工作。年末，水晶城被省工商局评为江苏省文明市场、江苏省样板市场，被人事部和中华全国供销总社评为全国供销系统先进集体。

2003年，东海水晶城年交易额突破6亿元，东海县被中国工艺美术协会授予“中国水晶之都”称号，水晶城被授予“中国工艺礼品城”称号。是年10月28日第七届水晶节开幕，“中国水晶之都”和“中国水晶工艺礼品城”揭牌仪式在水晶城北门广场举行。

图16-21　2003年10月28日，中国水晶之都暨中国水晶工艺礼品城揭牌。　侍志　摄

2004年，水晶城组织加工企业从苏州、扬州以及福建、河南、北京等地聘请技术人员，引进产品定型机、圆球倒角机、激光内雕等设备及技术。水晶品种由1998年前的200多种增至上万个品种。2005年，东海水晶城接待客商30万人次，实现交易额15亿元。

第八章　会展业　广告业

2001年9月，连云港国际展览中心（简称国展中心）建成，占地面积5.6万平方米，建筑面积2.8万平方米，总投资1.7亿元。中心位于连云港海滨，依山傍海，是连云港市标志性建筑之一，也是江苏三大展览中心之一。2002～2005年，国展中心共举办各类展览活动98场次。

1985年，连云港市广告公司成立，成为全市第一家广告公司。至2005年，全市广告公司发展到398家，从业人员2002人，实现营业额1.37亿元。21年间，广告业从无到有，不断发展壮大。报纸广告、电视广告、户外广告、平面广告、立体广告形式日趋多样，多媒体、电脑喷画、三维电视等制作手段的运用推动广告质量的提升。

第一节　会展业

一、场馆建设

连云港市国展中心位于连云区墟沟海棠北路178号，由江苏省对外经济贸易厅和连云港市政府共同投资兴建。1998年5月25日开工建设，2001年9月下旬竣工，9月30日举办首届地方名特优产品展览。2002年4月在连云港经济技术开发区注册并正式运营。

国展中心依山而建，两面临海，外观造型为海浪式，主体结构为大跨度空间钢管桁架加拉索结构。占地5.6万平方米，建筑面积2.8万平方米，总投资1.7亿元。设850个国际标准展位，另设小型会议室和办公、接待洽谈用房30余间；设自动扶梯10部、垂直货梯2部，空调、消防、监控、照明、音响系统均为自动化，配有无线网络系统，部分展位设有压缩空气和上下水终端，能满足多种类型展会需要。室外广场约2万平方米，由中心广场、室外展场、停车场组成。

图16-22　2002年投入运营的连云港国展中心　　赵鸣　摄

2005年11月，市政府决定，国展中心划归江苏金海集团管理，由事业单位改制为企业，注册资金1000万元。

二、展览活动

2002～2005年，国展中心累计举办展览活动98场次。

"光彩事业"苏北行项目洽谈会　2002年4月20～21日，中共江苏省委统战部、江苏省工商业联合会主办，江苏光彩事业促进会承办，展览面积3500平方米，展位100个，参观人数约3万人。

2002连云港之夏经贸恳谈会　2002年6月21～27日，连云港市政府主办，连云港市经济贸易委员会承办，展览面积5000平方米，展位200个，参观人数6万人。

2002中国（连云港）第二届新亚欧大陆桥经贸恳谈会　2002年10月2～23日，经贸部、铁道部主办，连云港市政府承办。

2003江苏农业国际洽谈会　2003年10月22～24日，江苏省政府主办，江苏省农林厅、对外贸易经济合作厅和连云港市政府共同承办。展览面积1.2万平方米，展位500个，参观人数12万人。

2004衡器工业展　2004年6月11～13日，中国衡器工业协会主办，展览面积6000平方米，展位300个，参观人数4.2万人。

2004医疗器械技术设备展览会、2004中国江苏国际医药保健产业博览会　2004年8月14～16日同时举办，中国医药信息学会主办，杭州名佳汇展览公司承办，展览面积5000平方米，展位200个，参观人数4.6万人。

2005江苏苏北经贸洽谈会　2005年11月8～9日，江苏省政府主办，江苏省苏北发展办公室和连云港市政府承办，展览面积1万平方米，展位200个，参观人数3万人。

第二节　广告业

一、发展概况

1985年，连云港市广告公司成立，为全市首家广告公司。1986年，全市发布广告6860条，经营广告营业额近100万元。1987年底，全市有广告经（兼）营单位17家，发布各类广告2728条，广告营业额129万元，利润67万元，纳税总额3.95万元。《连云港日报》开辟省（部）优、国优产品宣传专栏，市电台举办名特优产品展播，市广告装潢公司对获奖产品进行路牌广告宣传。1988年起，市工商局对广告经营单位实行年检登记制度，全市有广告经营单位20家。新建社会广告栏76块，社会广告栏总数169块，广告营业额160万元。1989年10月，连云港市广告协会成立，首批会员单位40家。

图16－23　20世纪80年代末，商家经常采用街头流动广告形式宣传商品。图为美尔姿羽绒服的街头广告。　赵鸣　摄

1990年，市工商局组织全市首届名优产品广告设计大奖赛，组织企业开展为期1个月的广告集中宣传活动。全年核发广告经营许可证23个，全市完成广告经营额271万元。1993年，国家工商总局颁布广告经营单位资质标准及广告经营范围核定用语规范，全市工商部门依据此规范对广告经营单位的经营资质、经营范围重新进行审查。要求不符合资质标准的在1年内完善经营条件；1

年后仍达不到条件的取消其广告经营资格。1995年，全市有广告经营单位95家，从业人员802人，其中专业技术人员190人。部分广告经营单位引进彩色灯箱片冲印机、电脑刻字机、三维动画、电脑设计、电脑喷绘机等新技术、新材料。报纸、电视、广播的广告营业额占全市总广告营业额的75%。广告公司开始向代理制过渡，对广告主的广告宣传注重整体策划，广告效果显著提高。全市个体私营广告企业达15家，完成经营额143万元。

1996年底，全市有广告经营单位96家，从业人员810人，其中大专以上460人，各类专业技术人员640人。按广告门类分有专业广告公司47家、电视台5家、电台1家、报社5家、有线广播4家、杂志社3家、兼营广告的单位31家。全年完成广告经营额3200万元。全市广告业普遍采用多媒体电脑、电脑喷画机、刻字机、三维电视动画制作系统、电脑平面设计系统等一批高新设备和新材料，广告设计、制作质量普遍得到提升。1997年底，全市有广告经营企业113家，全年实现广告经营额4000多万元。1998年，新发展广告企业52家，广告经营额5000万元。

2001年底，全市有广告经营单位123家，其中个体私营企业60家、外商投资企业1家。有广告从业人员1001人，全年完成广告经营额6197万元，实现利润868万元、税收371万元。其中，87家专业广告公司实现广告经营额2770万元。户外媒体数6762个，其中霓虹灯76个、路牌430个、电子显示屏22个、公交载体1350个、灯箱1594个、其他3290个。

2003年，广告经营单位参与淮海经济区广告节、第十届中国广告节和扬州首届“烟花三月”广告节参赛作品的创作，全市有20余个作品参赛。2003年底，全市有广告经营单位266家，广告从业人员1716人，户外广告媒体数9453个，全年完成广告经营额1.01亿元。

2004年，连云港电视台的“中国连云港”、钱氏艺术中心的“一触即发”作品参加江苏省第十届优秀广告评选获优秀作品奖。至年底，全市广告经营单位发展到392家，广告从业人员1999人，全年完成广告经营额1.28亿元。个体私营广告企业完成广告经营额3816万元。户外广告媒体数1.14万个，其中霓虹灯14个、路牌36个、公交载体524个、立体模型20个、灯箱559个、其他1.02万个，户外广告发布方式日趋多样化，科技含量明显提高。

2005年，齐天广告公司被中国广告协会认定为中国广告业三级资质单位。三禾广告公司的“关心孩子课堂以外的生活”平面公益广告在省第十一届广告优秀作品评选中获二等奖，为全市广告作品在该项赛事中第一个等级奖项。全市从事广告经营单位398家，广告从业人员2002人，全年完成广告经营额1.37亿元。

二、广告业管理

1985年，市工商局、规划局、公安局对统一规划和管理户外广告阵地作出规定，规定补习学校、辅导班以及私人办学招生广告、展销广告、订货会广告、商业开业启事、赞助等广告，均须报经市工商局审查，经核准后方可发布。在新浦地区修葺和新建广告张贴栏，建立广告管理机构。1986年，市工商局汇编制定《广告审查验证的若干规定》，供广告经营单位执行。对全市经工商部门批准的16家广告经营单位进行整顿，审查社会广告7000余张，清理广告3352条，处理20起广告违章违法案件。1987年，市工商局要求自行发布商品广告的企业必须标明商品销售价格。是年审查广告1028条。

1988年起，市工商局每年检查一次《广告管理暂行条例》执行情况，组织开展全市首次广告经营单位年检。全年审查广告5696条，查处虚假广告案2起，审查张贴广告6682张，清理违章广告2026张。1989年，对广告经营单位和驻连新闻单位广告经营情况进行清理整顿，取缔不符合条件广告经营单位2家，查处广告违法案件101起，清理虚假广告1.3万余张。

1991年，全市实行广告业务员证制度。5月1日起，全市广告经营单位和个体户统一使用广告业专用发票，24家广告企业持证经营广告业务，统一使用广告业专用发票。1992年，全市新建农村广告墙8609平方米。1993年8月，市政府颁布《连云港市户外广告管理办法》，规定户外广告管理机关是工商部门。市工商局、市教育委员会公布施行《连云港市社会办学招生广告管理规定》，明确社会办学招生广告的管理机关是市、县（区）工商局，社会办学招生广告的审批部门是市、县（区）教育行政部门。

1995年，全市开展广告管理法规宣传66场次，受教育4.86万人次。市工商部门对全市107家广告经营单位进行全面检查，经年检审核取消7家不具备广告经营资质条件单位的经营权。全年检查广告3523条，查出违法违章广告72条，查处广告违章违法行为87起，收缴违章违法印刷品广告23种5.26万张。

1996年，市工商部门对全市88家广告经营单位进行年检，4家广告经营单位因不具备广告经营资质标准被定为不合格单位。全市开展以“中华好风尚”为主题的公益广告月活动，发布公益广告649条次。10月1日起，实行户外广告登记证制度，广告发布时必须加注户外广告登记证号。明确广告监测分工，市工商局负责监测市属报纸、期刊、各县的县委机关报和市属电视台、广播电台发布的广告，县工商局负责监测县属报纸、期刊及当地的电视、广播广告。1998年，市工商部门开展广告经营资格检查，经检查合格的广告经营单位换发新版广告经营许可证。1999年，市工商部门对在全市各广告媒体上发布的医疗广告实行发布内容格式化管理，全年审查药品广告95条。市工商局在新闻媒体上公布20家无证擅自发布户外广告的经营者名单。全市开展印刷品、医疗、户外广告专项治理整顿，查处广告违法违章案件166起，收缴非法印刷品广告8万多张，清除户外违法广告1400多处，有38家广告经营单位受到处罚。

2000年，市工商部门对市区户外广告进行检查，检查1600多家商店、商场，口头通知整改800多家，下发整改通知书93份，清除乱贴乱画小广告1600多处，责令拆除广告牌8块。2002年，开展反对虚假宣传、规范广告经营行为专项整治，重点打击虚假医疗、药品、保健食品、房地产广告。全市监测电视广告1095条、广播广告700条、报纸广告2090条，收缴违法印刷品广告17.2万张，清理拆除违法违章户外广告1200多处。2003年1月起，实行发布医疗广告保证金制度。对不按要求参加年检的46家广告公司注销广告经营许可证。全市开展医疗广告集中整治行动，查出涉嫌发布违法医药广告32家，立案查处22起。

2005年，市工商局围绕创建省级文明城市目标任务，清查户外广告6991块，责令整改破损、掉字、不规范广告（门牌）450余处，清除广告栏28处，清除乱贴乱画广告80余处。集中整治在大街小巷散发违法药品、性保健品等印刷品广告的行为。全市监测广告1.48万条次，收缴违法印刷品广告5000余份。

2000～2005年连云港市查处违法广告情况统计表

表16-11

年　份	查处案件总数（起）	其　中		罚没款（万元）
		虚假广告（起）	其他（起）	
2000	243	13	230	37
2001	345	31	314	138
2002	149	21	128	97
2003	88	27	61	78

续表 16-11

年 份	查处案件总数(起)	其 中		罚没款(万元)
		虚假广告(起)	其他(起)	
2004	106	1	105	96
2005	90	32	58	24

第九章 生活服务业

1984～2005年，连云港市以餐饮、住宿业为重点的生活服务行业快速发展，服务规格档次不断提升，服务行业门类渐趋齐全。正餐服务由以淮扬菜系为主，逐渐发展到川、粤、鲁等主要菜系并举，经不断发掘和创新，初步形成独具特色的朐海菜系。快餐服务开始遍布城乡大街小巷。住宿业由原国有、集体经营占主导地位，迅速形成个体、私营、外资经营等多种所有制并存、协调发展格局。2005年，全市有星级宾馆60家，总接待床位10163张。典当、租赁、中介（经纪人）等中断几十年的传统服务行业得到恢复和发展。全市生活服务业形成经营主体多元化、消费主体大众化、经营业态多样化的格局，民营服务业占据市场主导地位，经营网点和从业人员数量均占整个行业的95%以上。

第一节 餐饮业

一、正餐服务

1984年，连云港市区有餐饮网点702家，从业人员（不含临时工）3854人；供应的正餐菜品以淮扬菜系和地方海鲜特色菜为主。全市全年餐饮营业额2600万元。是年4月，新浦海昌路风味小吃群开业，有7个门店，包括金银居锅贴店、烤三件烧饼店、双园煊饼店、新城甜食店等。

1987年起，市内正餐服务业发展加快，北京饭庄、神州宾馆、天然居宾馆、上海饭店、远洋宾馆、物华饭店等中高档宾馆饭店相继开业。中心城区新浦地区菜馆发展到266家。1988年7月省政府办公厅、省外事办公室、省旅游局批准神州宾馆、云华宾馆为国际旅游饭店，远洋宾馆、市科技活动中心为涉外饭店。年内，喜来登酒店、海州湾宾馆、西苑饭店、江海宾馆、振兴大厦酒店、市教师培训中心酒店相继开业。

1990年，全市餐饮网点3593家，从业人员增至1.22万人，其中市区1489家5555人；完成饮食营业额8698万元，其中市区3761万元。1994年，全市饮食业零售额提高到2.7亿元，其中市区1.21亿元。1996年，粤菜、川菜酒店和火锅店开始进入市内。全市饮食业年零售额增至5.47亿元，营业网点增至1.2万个，从业人员增至3万人。

2002年起，全市餐饮业逐步形成投资主体多元化、消费主题大众化、经营业态多样化的格局。全市700余家饭店、酒店、酒家中，个体私营企业约占95%。全市餐饮业零售额11.96亿元。2004年3月20日，神州宾馆成为世界金钥匙酒店联盟正式成员。7月2日，市内首家民营酒店明珠香榭尔国际大酒店获得金钥匙酒店联盟标志。

2005年，跨地区发展的连锁企业集团逐渐占据市内餐饮业主导地位。全市年末有餐饮企业750余家，其中年收入500万元的25家，包括港澳城大酒店（年营业额2000万元）、神州宾馆（年营业额1000万元）、墟沟云林海鲜中心（年营业额1100万元）等。全市完成餐饮业零售总额16.07亿元，占全市社会消费品零售额的8.8%。

二、快餐服务

20世纪80年代，连云港境内没有快餐服务。90年代初，随着改革开放进程加快，市区逐渐出现快餐服务。1995年，全市注册登记快餐网点16个，从业人员41人，主要集中在新浦地区。1996年起，新浦地区的五一、豪客来、玉米人、永和豆浆等快餐店相继开展电话送餐服务。是年底，全市快餐业网点26个，从业人员174人。

2000年，原属市饮食服务公司的通云旅社成立通云快餐部，推出“大嫂水饺”中式快餐品牌。2002年4月，中式快餐大娘水饺连云港连锁店在新浦万家乐购物中心开业。6月，市内首家洋快餐麦当劳连云港店落户万家乐购物中心。7月，肯德基连云港店在新浦东方大厦开业。12月，德克士连云港店在新浦陇海步行街开业。2003年，通云快餐部成立味美配送中心，新增4家连锁店，建立冷链化生产销售系统，其经营的大嫂水饺快餐形成统一配方投料、统一质量标准、统一口味风格的产品特色。以馄饨、包子为主要品种的美味斋、小武凉皮等地方传统快餐的连锁经营年内也有较快发展。

2005年，全市有放心早餐供应网点140个，年销售额达1000万元。年销售额达500万元的快餐经营企业1家，有从业人员75人，营业面积252平方米，年营业额782万元。

三、名菜名点和传统小吃

名菜名点　连云港市地方传统菜品中，冷菜有海蜇、花生米、香肠等品种50多个，热炒有爆乌花、炒虾仁等品种近80个，汤类有三鲜汤、榨菜肉丝汤等品种20多个品种，甜菜肴有八宝饭、拔丝山药等品种10余个，包馅类有鸡汁小馄饨、菜肉馅水饺等30余种，主食类有各类酥点、糕点、面条米饭等80多种。

1999年，连云港市选送的菊花鲈鱼、玉莲蟹黄墨鱼球、莲花海参等22道菜肴在首届江苏名菜、名点、名小吃评定会上被评定为江苏省名菜，海英菜擦酥饼、海鲜千层饼被评为江苏名点。

图16-24　外商品尝连云港特色小吃

杨通瑜　摄于2005年

由连云港市烹饪协会整理推荐，经江苏省“名菜大全”专家委员会认定，全市2套宴席31道热菜、6道面点入编《中国名菜大全·连云港篇》。2套宴席是徐福海鲜宴、《西游记》宴；31道热菜是爆西施贝（翡翠西施舌）、荷花铁雀、炒铁雀头脯、锅塌鲈鱼、黄芽菜鲳、凤尾虾（凤尾对虾）、奶油鱼片、爆乌花、红烧沙光鱼、莲花海参、蟹粉鱼翅（蟹黄鱼翅）、琵琶大虾、玉莲蟹黄墨鱼球、兰花虾鲍、百花鱼肚、猴王庆丰收、红油灌云豆丹、清鲜虾翅包、一品香干、芙蓉鱼翅、红衣虾方、炝八带鱼、鲍汁凤鱼翅、花果黄鱼、兰花籽乌、海鲜狮子头、渔乡情思、花果山风挖、油爆海螺片、海蛏捞饭、海蛎豆腐；6个名点是萝卜丝饼、海英菜擦酥饼、板浦小脆饼、煎饼烙、香煎豆腐卷、海鲜千层饼。

传统小吃 连云港的传统小吃主要有顺成水饺、董大头馄饨、板浦绿豆凉粉、下三狗肉、小武凉皮、娃娃鱼（凉粉）等。

第二节 住宿业

一、发展概况

1984年，连云港市有住宿服务网点（包括大型宾馆、小型旅馆和家庭旅馆）2976个，从业人员4331人。1990年，住宿服务网点发展到5398个，从业人员增至7570人，其中市区1473个、从业人员2001人。

2005年，全市住宿业完成营业收入3.74亿元，其中市区2.7亿元、赣榆县0.21亿元、东海县0.56亿元、灌云县0.13亿元、灌南县0.14亿元；住宿业社会消费品零售总额1.31亿元，其中市区0.84亿元、赣榆县0.13亿元、东海县0.2亿元、灌云县0.06亿元、灌南县0.08亿元。全市有限额以上住宿业法人单位43个，经营46个网点，营业面积4.16万平方米，年营业额2.45亿元。

二、星级宾馆

1984年，连云港市区有云台宾馆、陇海饭店、连云饭店、连云港远洋宾馆、市政府第一招待所等宾馆饭店（招待所），其中连云饭店是全市唯一的涉外饭店。1985年5月，以接待国内外科技界人士度假旅游和举办科技学术会议为主的涉外宾馆——连云港科技活动中心建成。1986年11月，连云港市第一家中外合资饭店——云华宾馆建成并营业。1990年，神州宾馆被国家旅游局批准为国际三星级宾馆，也是连云港市第一家星级宾馆。1998年，全市有22家旅游涉外宾馆，其中三星级3家、二星级7家。

图16-25 全市首家四星级宾馆——神州宾馆
赵鸣 摄于2002年

2002年，全市有旅游宾馆、饭店近400家，其中星级宾馆近20家。2003年，省旅游局将三星级宾馆评审权下放给地级市旅游局，市旅游局将一星级、二星级饭店的审批权下放给县、区

旅游月。是年，神州宾馆被评定为全市第一家四星级旅游饭店。至年底，全市星级饭店49家。

2005年，连云港市在全省率先提出开展创建家庭星级旅馆活动，制定发布《连云港市家庭星级旅馆评定标准及管理办法（试行）》。至年底，全市有宾馆饭店、旅店旅社2000多家，星级宾馆60家，其中四星级宾馆1家、三星级宾馆14家、二星级宾馆45家；有家庭星级旅馆44家，其中三星级20家、二星级24家。

2005年连云港市三星级以上宾馆一览表

表16-12

名　称	星　级	地　址	评定时间	客房数（间）	床位数（张）	餐厅数（间）	餐位数（个）	员工数（人）
神州宾馆	四星级	连云区墟沟海棠北路215号	2003.07	272	464	19	1000	206
天然居宾馆	三星级	新浦区海昌南路293号	1991.04	75	146	9	800	110
天成大酒店	三星级	东海县牛山北路65号	1996.01	68	111	16	—	127
登泰大酒店	三星级	新浦区通灌南路98号	2000.11	95	174	15	680	80
明珠大酒店	三星级	新浦区海连中路122号	2000.11	130	200	23	—	199
新世纪大酒店	三星级	赣榆县黄海东路199号	2001.12	120	190	15	—	130
赣榆宾馆	三星级	赣榆县黄海路12号	2003.10	71	120	16	500	160
苏源大酒店	三星级	新浦区幸福路13号	2004.01	60	153	10	—	89
东方大酒店	三星级	新浦区海昌北路146号	2004.04	69	140	21	350	140
杰瑞大厦	三星级	新浦区海连东路18号	2004.05	95	164	5	600	160
凯悦大酒店	三星级	新浦区海连东路1号	2004.07	121	180	—	180	108
温泉太平洋宾馆	三星级	东海县温泉镇汤姑西路9号	2004.12	36	70	10	50	50
天晴大酒店	三星级	新浦区巨龙北路6号	2005.07	89	200	—	260	71
千府大酒店	三星级	新浦区南极北路28号	2005.07	69	129	—	500	153
清和园宾馆	三星级	灌云县向阳路25号	2005.12	48	88	—	500	178

第三节　典当业

20世纪80年代，连云港市出现拍卖行。1993年，中国工商银行连云港营业部在新浦南极路设立营达典当行。典当行初期以发放小额贷款为主，未开展典当业务。1996年，中国人民银行连云港分行根据中国人民银行当年发布的《典当行管理暂行办法》，对营达典当行进行清理整顿。

1997年7月，连云港市万盛典当有限公司成立。该公司以营达典当行为基础，吸收金桥公司等多家股份，注册资本500万元。

2000年初，国家调整典当行管理政策，取消典当行的非银行金融机构资格，将其作为特殊工

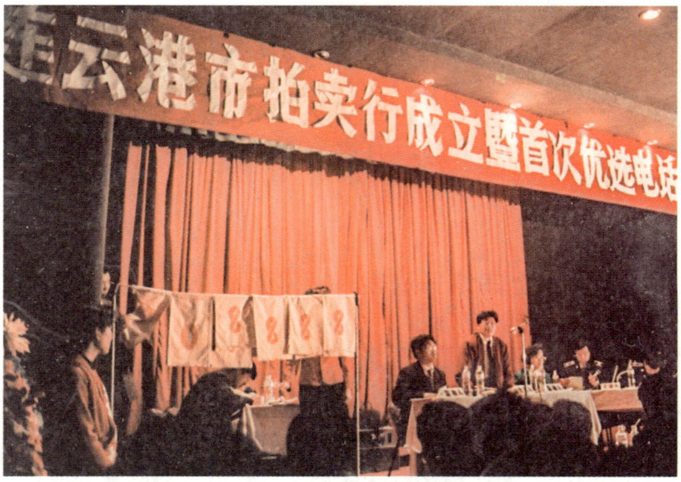

图16-26　20世纪80年代起，拍卖行在连云港市出现。图为市拍卖行成立，并首次拍卖优选电话号码。　　赵鸣　摄

商企业划归各级政府的经济贸易委员会（简称经贸委）管理；规定设立典当行除须由经贸委批准外，还须经省级公安机关批准，由当地公安局核发特种行业许可证。是年4月，连云港市安德典当有限责任公司经江苏省经贸委批准成立，注册资本500万元，典当品主要为生产和生活资料，包括黄金饰品、通信工具、家用电器、机器设备、有价证券、房地产等。服务对象主要是城乡居民、个体商户和中小企业。一些急需资金的中小企业成为典当行的主要客户。

2005年，连云港市银通典当行开业。年底，全市有典当行3家，全年完成典当营业收入182.9万元。

第四节　其他服务业

一、美容美发

20世纪80年代起，连云港市私营个体经营的理发店兴起。1988年，新浦区出现首家专业美容院艾蒙德美容院。1989年，海州区理发业经改制后全部为私人经营。1990年，连云区有理发门店74家，其中47家为个体经营。1991年7月，新浦地区有个体发廊105家。20世纪90年代，染发、焗油、面膜等新的美容服务项目不断出现，爆炸式、奔头、螺丝烫等新式发型逐渐流行。2005年底，市区有美容美发门店639家，其中新浦区298家、连云区263家、海州区78家。

二、沐浴

20世纪80年代中期至90年代初，国有、集体浴池开展体制改革，私营个体经营的洗浴业日渐增多。1988年，新浦地区“第一池”在全市首家引进桑拿浴。2000年前后，随着新式住宅、宾馆等洗浴设施条件的改善，部分小浴池因客源不足陆续停业。洗浴业由单一的洗浴功能向汗蒸、理疗、桑拿等休闲保健服务方向发展。至2005年底，市区有洗浴业机构100余家。

三、摄影

20世纪80年代，摄影业重新兴旺。1984年，云侨照相馆在新浦地区率先开展彩色照片扩印业务，营业一年多后停业。1986年，海州地区有国营照相馆、锦屏照相服务部等经营摄影业务的机构。20世纪80年代末至90年代中期，国有、集体照相馆改制后逐步转为个体、私营照相馆。随着照相机在大众中的逐渐普及，传统照相业务受到较大影响。部分经营摄影业务的机构及时升级照相器材设备，逐渐开展专业摄像、摄影写真、光碟制作等新的业务项目。2005年底，市区有照相馆126家，其中新浦区85家、海州区19家、连云区22家。

连云港市志

第十七卷　旅游业

连云港市地处海州湾畔、云台山下，蕴含山岳大海之秀，兼具沿海内陆之长，历史文化底蕴深厚，素有“东海第一胜境”美誉。旅游资源丰富，拥有“东方天书”——将军崖岩画、“神州第一堤”——拦海大堤、中国十大海港——连云港港、江苏最高峰——花果山玉女峰、江苏面积最大基岩海岛——东西连岛，是全国49个重点旅游城市和江苏省三大旅游资源富集区之一。横亘绵延近200平方千米的国家级云台山风景名胜区横贯市区，形成自然人文相得益彰、山清水秀浑然一体的宜人风光。吴承恩以云台山为背景创作长篇神话小说《西游记》，李汝珍以东磊、渔湾为背景创作了《镜花缘》。随着20世纪80年代后《西游记》《镜花缘》研究的深入，花果山在国内外声名鹊起，成为著名的国家级旅游风景区。

1988年，云台山被国务院公布为国家重点风景名胜区。1993年，北云台山被批准为国家森林公园。2002年，连岛、花果山获评国家AAAA级旅游区。2003年，连云港市被国家旅游局评为中国优秀旅游城市，东海县获“中国水晶之都”称号。2005年底，全市有风景旅游区20个，景点116个，其中国家AAAA级旅游区4个、国家级森林公园1处、国家级自然保护区1处、全国工农业旅游示范点6个。

1997年，市委、市政府下发《关于加快发展旅游业的意见》，提出重点发展国内旅游，拓展国际旅游，以市场为导向，加快具有地方特色旅游资源的综合开发，改善旅游环境。是年起，连云港市开始举办“连云港之夏”旅游节，提升和拓展花果山金秋登山节、《西游记》文化节、东海水晶节、赣榆徐福节等节庆活动内涵，形成春赏花、夏游海、秋登山、冬沐泉的四季旅游特色。通过旅游搭台、文化办节、经贸唱戏，旅游产业支柱地位日益显现，旅游总收入持续稳定增长。2005年，全市接待海内外游客705.66万人次，实现旅游总收入64.74亿元，旅游业成为全市国民经济的重要产业和重要增长点。

第一章　风景名胜区

连云港依山傍海，旅游资源丰富，是全国49个重点旅游城市和江苏省三大旅游资源富集区之一。景区景点主要分布于云台山周围和距大陆6.7千米的连岛。2005年底，全市拥有风景旅游区20个、景点116个，其中花果山、连岛、孔望山、渔湾是国家AAAA级旅游风景区，石棚山、桃花涧、大伊山、抗日山等为AAA级风景区。连云港集名山（花果山）、名水（海滨浴场）、名泉（东海温泉）、名石（东海水晶）、名著（《西游记》《镜花缘》）、名人（吴承恩、李汝珍等）于一市，良好的自然环境为连云港市发展旅游业创造了条件。

第一节　花果山风景区

花果山位于南云台山中部，是云台山风景名胜区最具特色的景区，因《西游记》而闻名遐迩。花果山风景区包括玉女峰游览区、阿育王塔游览区、东磊游览区、朝阳游览区、云龙涧游览区，面积84.3平方千米。主峰玉女峰海拔625.3米，是江苏最高峰。花果山植被丰富，自然风光旖旎，蕴藏着丰富的人文景观，2002年3月获评国家AAAA级旅游景区。（参见第四卷《花果山》）

第二节　连岛海滨旅游度假区

连岛古称鹰游山，又称东西连岛，是江苏省第一大基岩海岛。海岸线长1.75千米，面积6.07平方千米。连岛是海中山，1993年12月，6.7千米长的拦海大堤建成后始与陆地相连。1994年3月开始进行旅游开发。是年8月海滨浴场试开业；9月，旅游客轮下水营运。1995年，建成拦海大堤到浴场的道路和浴场休闲中心、淋浴中心。1997年，连岛开始建设苏马湾生态园旅游景区，重点是环境整治和基础设施，修建景区大门、售票大厅、停车场、淋浴室、六角亭及部分山林小品，改造了原部队营房和餐厅。2001年，浴场面积扩大近三分之一，新建游客中心，建成淋浴间和旅游厕所5座，生态停车场扩大到1.2万平方米。苏马湾生态园新开发景点10余处。是年11月，环岛路动工建设。2002年，连岛被评为国家AAAA级旅游区，通过ISO 14000国际环境质量体系认证。2003年，苏马湾景区投资720余万元实施游轮改造、栈桥码头改造、西大门改建。是年，连岛景区开工建设海韵广场、21世纪山顶假日中心、海上训练基地和环岛路；21世纪金海岸山顶假日中心竣工营业，7月初成功接待全国帆船锦标赛参赛人员。2005年，连岛度假区新建西连岛渔巷路，打通西连岛旅游路线，在海韵广场新建游轮码头和相关配套设施，新购置15辆海岛观光巴士，新建浴场至苏马湾2000米海滨栈道。夏季高峰时月接待游客超过2万人。

2005年，连岛度假区森林风光区建成游步道、龙凤亭、龙凤阁等20多处景观。海滨景区建成观演休闲区、沙滩活动区等功能区；推出海滨漫步、快艇游览、热气球观赏、海水浴、赶海、海钓、烧烤、海洋生物观赏等休闲娱乐项目。是年，连岛接待游客138万人，门票收入2100万元。

图17-1　连岛大沙湾海滨浴场　　吉志强　摄于2003年

一、大沙湾浴场

位于东西连岛两山之间的凹处。沙滩长1800米，平均宽约150米，是江苏最大的海滨浴场。浴场海水洁净，水温适中，沙质细腻，冬无严寒，夏无酷暑，每年适宜游泳的时间长达90天，是华东地区屈指可数的健康型海水浴场之一。

二、苏马湾浴场

图 17-2　苏马湾海滨浴场　　　　侍志　摄于 2002 年

位于东西连岛向阳处，东西长 800 米，山势陡峭，惊涛拍岸，由于海蚀作用，各种形状的怪石令人目不暇接。"苏马湾"因明末将军苏子恒牧马鹰游山而得名，荟萃青山、碧海、金滩等海滨自然景观和海港、三堤、渔村、古石刻等人文景观于一体，具有山海相依、滩缓沙细、涧深林幽、四季常青的自然景观特色。在中国环境监测总站发布的沿海浴场环境监测中，苏马湾名列水质最优、最适宜游泳的 15 个浴场之一。

三、拦海大堤

西起墟沟黄鹰嘴，东至西连岛，1986 年 9 月 10 日动工兴建，1993 年 12 月 8 日合龙。全长 6.7 千米，是当时国内最长的拦海大堤，被誉为"神州第一堤""海上长城"。大堤顶宽 12 米，路面净宽 10 米，堤顶标高+9 米，筑有 2.8 米高的弧形挡浪墙。

四、东连岛东海琅琊郡界域刻石

位于连岛镇东连岛村灯塔山羊窝头北坡海岸、苏马湾海边沙滩东南缘。内容涉及新莽时期东海郡朐县和琅琊郡柜县划界事，是中国发现最完整、内容明确、有确切纪年的唯一一块西汉晚期界域刻石。（参见第三十五卷第三章第三节《摩崖石刻》）

五、海滨栈道

西起大沙湾，东到苏马湾，全长约 2000 米，沿线有森林乐园、孔雀园、钓鱼台等景点。沿线海蚀石千姿百态，有群龟探海、大象吸水、雄狮望海等奇崖怪石。

六、金圣禅寺

位于苏马湾南侧山坡上，2004 年 4 月 4 日建成。中间主建筑系双层仿古建筑，寺内供奉一尊玉质地藏王菩萨。相传地藏王菩萨化身金乔觉从新罗国（今韩国）乘一叶扁舟渡海来到中国，途经连岛。金乔觉上岛后，曾在此山游览，并在此修建寺庙。

七、饮马井

位于苏马湾停车场附近。井内有一泉眼，相传为明末将军苏子恒为方便附近村民饮用井水而命部队开凿的。泉水清澈甘甜。为纪念苏子恒，渔民们将此泉取名"饮马泉"，井为"饮马井"。

八、"海天一色"刻石

位于苏马湾北部海边悬崖顶的立石上，旁有观海亭。此处浮云跌宕，惊涛拍岸，海天交融，一片深邃蔚蓝，故名"海天一色"。

第三节 孔望山风景区

孔望山东依盐河，北临玉带河，西距海州古城3千米，东西长800米，南北宽300米，面积73公顷，最高处海拔123米。相传孔子问官于郯子，曾登此山以望东海，故名孔望山。《嘉庆海州直隶州志》载，孔望山“有龙洞，唐宋时为龙兴山”。宋金交战之际，义军首领魏胜在此山驻兵巡望，又名巡望山。因山畔有古城基址，又名古城山。孔望山景区植被茂密，文化遗迹荟萃。2004年，被国家旅游局评定为国家AAAA级旅游景区。随着城市化进程加快，孔望山周围建设了众多的居民区、办公区，形成山在城中的独特景观，孔望山也成为市民健身休闲的去处。

图17-3 孔望山摩崖造像
赵鸣 摄于2003年

一、孔望山摩崖造像

位于孔望山南麓西端，刻面东西长17米，高8米。刻有105尊造像。造像内容为道教、佛传故事、佛本生故事及世俗生活故事等。据考证，此摩崖造像雕凿于东汉桓帝、灵帝时期，是国内最早的佛教摩崖造像，比敦煌莫高窟早300年，被誉为“九州崖佛第一尊”。1988年被公布为第三批全国重点文物保护单位。（参见第三十五卷第三章第二节《造像 石雕》）

二、龙洞庵

位于孔望山景区东大门西侧400米，始建于北齐武平二年（571年），为连云港市现存最古老的名刹之一。唐时称龙兴寺，明隆庆年间于旧址重修后，更名为龙洞庵。庵院坐落在孔望山南坡，从正门拾级而上，穿过圆洞式山门进入院中。前山门中神座上，前有弥勒佛，后有韦陀塑像，两侧是四大天王。正殿为单檐硬山顶大雄宝殿；正中供奉着释迦牟尼佛像，两侧为迦叶、阿难塑像，周围是十八罗汉彩绘塑像。大殿西侧有株千年古柏，苍翠欲滴；院内另有一株植于南宋时期的流苏树，树龄800多年，树干底围2.35米，树高10.05米，冠幅130平方米，属国家级保护树木。

图17-4 孔望山龙洞庵糯米茶树
赵鸣 摄于2002年

三、龙洞摩崖石刻群

位于孔望山龙洞庵西侧龙洞内外石壁上。有宋、金、元、明、清、民国年间的名人题刻25处，书体正、草、隶、篆皆有，大字数尺，小字寸余。内容涉及古海州地区水文、地理、人文、民俗等。2002年被公布为江苏省第五批文物保护单位。（参见第三十五卷第三章第三节《摩崖石刻》）

四、杯盘刻石

位于孔望山之巅，由一块天然大石凿成，因大石之形如砚，俗称“砚石”。东西长320厘米，南北宽200厘米，厚70～100厘米，底部有3块小石支撑。大石正中凹刻一盘，直径40厘米，绕盘又有8个杯形凹刻，杯盘西30厘米处有2个碑槽，大石东北端厚壁上刻有隶书“砚石”两字。据考证，杯盘刻石为东汉晚期先民们祭祀东海君之物，是早期道教活动遗迹，对研究中国道教起源和早期道教活动有重要意义。1982年被公布为连云港市第一批文物保护单位。

五、孔子望海像

位于孔望山顶偏北、飘然亭之东。1994年10月，为纪念孔子登临望海而立，雕像中间是孔子，两侧是他的弟子子路、颜回。雕像下立一尊香炉，上刻“道冠古今”4个大字。

图17-5　孔子望海像
俞德春　摄于2003年

第四节　渔湾风景区

渔湾风景区位于云台山南麓的云台乡境内。300多年前，云台山尚位于海中，此处是停泊渔船的天然港湾。渔湾背山向阳，环境清幽秀丽。一条5000余米长的龙潭涧从山顶逶迤而下。涧旁，山势峻峭，古树成荫，峡谷深邃，林木蔽日。1992年，渔湾村村民自己动手开发渔湾景区，发展旅游业，得到区、乡政府和市园林部门的大力支持，景区设施逐年完善。1995年，渔湾村完成景区内13个主要景点开发建设，包括窑塘拦水坝、九孔桥、观瀑亭、闻瀑亭、绿水汪水坝等，建设步游道1540米、车辆进出道路420米、停车场4700平方米。至1998年6月，完成绿水汪二期扩建工程，建成后坝高16.4米，坝长73.4米，蓄水量达3万立方米。1997年，建成旅游服务中心，建筑面积1060平方米；投资1000万元绿化8.5公顷。2000年，建成商业一条街至旅游服务中心道旁绿化，搬迁渔湾村小学，扩建停车场5000平方米。2001年，投资140万元建设基础设施，九孔桥桥面龙头恢复喷水，门面房及游泳池更衣室投入使用。2002年，建成演艺广场5000平方米、旅游服务中心前广场1100平方米。2003年，开发神仙崖景点，新建步游道780米。

图17-6　渔湾景区　　吉志强　摄于2005年

2004年，建成龙腾海啸广场1.2万平方米、水上乐园9980平方米、水上仿古长廊170米、莲花池1400平方米。拓宽改造28千米渔湾对外交通道路，在龙井附近金龟出洞下方岩石两侧修建吊桥，以连接山洞之间的道路。

2005年，景区投资1050万元完善广场地面景观雕塑工程，在停车场新建高标准星级公厕，渔湾风景区被国家旅游局评定为AAAA级旅游景区。

第五节　石棚山风景区

石棚山位于海州古城东南1千米、锦屏山北麓东部，为一座独立小山包，最高处海拔71.2米，因"有巨石覆压岩上如棚"而得名，为宋代文学家石曼卿、苏东坡的宦游之地，自古闻名。山上怪石嶙峋，形态奇特，有佛手岩、试剑石、天蟾独跃、犀牛斗象等，形态逼真。有石棚、摩崖石刻、石曼卿读书处、糜竺墓等景点。1984年后陆续开发整理出杜鹃园、花径、水榭、桂园、梅岭、山海经石刻园等20余个景点。2005年被公布为国家AAA级景区。

一、石棚

位于石棚山东北角，有一石如天然巨棚。石棚门楣上刻有"高行清风"4个大字，楷体 字径1米，落款为"中泉王同为石公曼卿书"。棚内可站立数十人。

二、试剑石

位于山南上山小路边，一块巨石如同被剑劈开，剑痕清晰。传说刘备兵败彭城后流落海州，得到巨富糜竺倾囊相助。刘备与糜竺来到石棚山，刘备称如能东山再起，定能劈开此石。言毕挥剑劈石，剑落石开。故此石被传为刘备试剑石。

三、山海经石刻园

位于试剑石南约60米，占地3万平方米，2001年9月启动建设。根据《山海经》神话传说故事塑造，有石刻盘古创造世界、盘古开天辟地、女娲补天及《山海经》记载的怪兽雕像百余尊。

四、天蟾独跃

位于试剑石东侧，一块巨石状如蟾蜍坐地，昂首朝天，欲向天空腾跃，古人题刻有"天蟾独跃"4个大字。

五、犀牛斗象

位于天蟾独跃东约20米处，此石为山中最大的一块象形石，似一只大象从山上奔突而下，恰与上行笨拙的犀牛相遇争斗，形象逼真。

六、石曼卿读书处

位于犀牛斗象处以东，为北宋著名文学家石曼卿读书之处。此处石壁斜出，形成一个能避风雨、遮骄阳的天然石棚，题有"石曼卿读书处"6个隶书大字。石曼卿（994—1041），名延年，字曼卿，宋代宋城（今河南商丘）人，宋代著名诗人、书法家。宋仁宗明道二年（1033年），降职到海州任通判。传说他常在此处阅卷抚琴，饮酒抒怀。

七、麋竺墓

位于石曼卿读书处东约100米处。麋竺，字子仲，海州人，富甲一方。麋竺兄弟曾资助刘备“奴客三千”以补充兵源，支持其金银货币以作军饷，帮助刘备东山再起。刘备称帝后，拜麋竺为安汉将军。麋竺去世后葬于海州石棚山下。此墓为2001年仿照汉墓形制重建。

八、夫容洞

夫容即芙蓉。夫容洞位于石棚山北侧，洞上方镌刻“夫容洞”3个隶体字。宋代石曼卿又称芙蓉仙人，常游此洞，故名夫容洞。北宋熙宁七年（1074年）八月，苏东坡赴任密州途中，路经海州，与好友蔡景繁同游海州石棚山，凭吊北宋海州通判、文学家石曼卿，作《和蔡景繁海州石室》诗：“芙蓉仙人旧游处，苍藤翠壁初无路。戏将桃核裹黄泥，石间散掷如风雨。坐令空山出锦绣，倚天照海花无数。”北宋元丰七年（1084年），苏轼调任汝州，途中得以与海州“重聚”。苏轼再次登上石棚山，抚今悲昔，感慨万千。写下一首《减字木兰花》怀念石曼卿：“空床响琢，花上春禽冰上雹。醉梦尊前，惊起湖风入坐寒。转关镬索，春水流弦霜入拨。月堕更阑，更请宫高奏独弹。”

第六节　桃花涧风景区

桃花涧风景区位于海州区锦屏镇锦屏山南麓，自然风光优美。桃花涧发源于马耳峰，流经龙兰顶西坡与万丈崖东侧，穿过桃花村，排入八一河，全长4.4千米。这里是史前文化遗址将军崖岩画所在地，新石器时代就有先民在此繁衍生息。桃花涧两侧有众多象形石，形态各异，造型逼真。桃花涧东北侧有紫竹庵、彩云观遗址等，有古人的石刻铭文多处。2003年被国家旅游局评定为AAA级风景区。

一、西山门广场

2003年4月建成。占地面积2万平方米。由主体建筑、将军柱、日晷、景观墙、游客服务中心组成。主体建筑长31.5米，宽6～8米不等，高13.8米，外形酷似海中礁石。将军柱位于广场两侧，8根，为红色火山岩雕成，柱高4.68米，由高0.6米、长宽各1.3米的6块方石与直径1.1米、高0.16米的6块圆柱体石块砌成。日晷，白色，位于广场正中，由26块料石组成，直径6米，上刻二十四节气名称。

图17-7　桃花涧风景区　　俞德春　摄于2000年

二、将军崖岩画

位于锦屏山南麓后小山西端。此山北端陡崖刻有汉画像石风格的将军出行图，故名将军崖岩画。岩画刻在南北长

22.1米、东西宽15米的混合花岗岩构成的覆钵状山坡上，分为5组，主要内容有人面、农作物、鸟兽、星云等图案及其他符号。据考证，岩画内容反映农业部落的原始崇拜，形成时间距今约8000～10000年。岩画对历史学、考古学、民俗学和艺术史研究均有重要价值，被专家称为“东方天书”。（参见第三十五卷第三章第一节《岩画》）

三、石刻文化艺术园

位于将军崖岩画以北约100米处。石刻园以自然地形为基础，利用千条涧两侧山坡，安放观音圆雕造像72尊、板块式深浮雕观音造像30尊、彩色和黑白影雕观音造像55尊。另建有5层石塔，高16.6米；十二生肖圆雕1套，安放于观音像前。

四、桃花涧遗址

位于锦屏山南麓桃花涧西侧。遗址坡积物厚约2米，面积约5000平方米，曾出土古人类使用的打磨石器，为旧石器时代晚期文化遗存，是迄今发现中国东部沿海地区唯一含有小石叶工业的遗址。1982年公布为连云港市第一批文物保护单位。（参见第三十五卷第一章第一节《史前遗址》）

五、曲涧桃花

景区沿涧种植万株桃树。每到春季，桃花满山遍野，如霞似火，甚是壮观，故名曲涧桃花。

六、紫竹林

位于锦屏山西南侧半山腰山道旁，原名紫竹庵，建于南唐。20世纪20年代，在原址上建成沈家祠堂，不久即废。2000年8月，恢复紫竹庵为佛教活动场所，更名为紫竹林。

第七节　大伊山风景区

大伊山风景区位于灌云县城北部，山体面积5平方千米，有12座山峰，最高峰海拔226.7米。大伊山山林俊秀、涧深谷幽、景色优美，史称“淮北平川第一神山”。又因大伊山与县城相依，故有“十里青山半入城”之美誉。1998年10月1日，伊山公园开园。2004年，大伊山风景区被国家旅游局评定为AAA级旅游景区。

一、白云洞

位于大伊山南峰。每逢晨曦初露或夕阳西下，烟岚出洞，丝丝缕缕，连绵不绝。当地有“出云雨，收云晴”“出云成线，收云成片”“早上浮云走，中午晒死狗”“春云雨、夏云热，秋云风，冬云雪”之说。

二、星相石

在10平方米的石板上钻凿有2个大圆窝，直径22厘米，深10厘米，间距275厘米，呈南北方向。两个大圆窝旁又凿有一较大圆窝，周围有6～7个小圆窝相围绕，大若拳头，小若鸡卵，其中有的排成梅花状。据考证，此石为社神石，大伊山先民用于地母崇祀。

三、石佛寺

位于大伊山东山腰间，三面环山，一面朝阳，北靠观日峰，下瞰龙潭。最初建成于元皇庆二年（1313年），后毁于张士诚兵火。明洪武十年（1377年）重修。数度兴废，2002年复建。石佛寺占地5.3公顷，由伊山大佛、寺庙殿堂和广场三部分组成，建筑采用覆钟格局。伊山大佛为释迦牟尼佛祖说法坐像，锻铜质，整个佛像用铜70多吨；佛像净高33米，寓意三十三重天；大佛海拔高66米，与佛教的"六度六和"相吻合。

四、石棺墓

大伊山石棺墓时代属青莲岗文化系统，距今6000余年。1985～1986年，南京博物院、连云港市博物馆和灌云县博物馆先后对大伊山遗址进行两次挖掘，清理新石器时代墓葬66座，其中石棺墓64座，这是国内迄今发现最早的石棺墓。（参见第三十五卷第二章第一节《史前及商周墓》）

五、海船石岩画

位于大伊山主峰大山圩与次主峰大龟腰山接合部的山脊上。在山脊一块竖石面上，镌刻着大小两只船，船上的桅杆桨舵、篷等依稀可见。船若飘摇，似动未动，大有乘风破浪直上云霄之势，是大伊山岩画中具有代表性的石刻文化。

第八节　抗日山风景区

抗日山风景区位于赣榆县，原名马鞍山，主峰海拔173米。景区有烈士陵园、碑廊、烈士纪念馆和国防园等景点20余处，是全国唯一在抗日战争期间建设并以"抗日"命名的风景区。陵园内安葬有800余名烈士的遗骨，其中包括中共山东省滨海区党委书记兼八路军滨海军区政委符竹庭、新四军三师参谋长彭雄和八旅旅长田守尧等。陵园内的墓碑上镌刻着3576名烈士的英名，其中县（团）级以上干部20人。抗日战争期间，中共领导的八路军115师教导2旅和山东滨海区的广大军民，曾先后四次为抗日烈士树碑建塔。中华人民共和国成立后，中共赣榆县委、赣榆县政府多次整修扩建。1982年3月，江苏省政府批准抗日山烈士陵园为省级重点文物保护单位。1989年8月，国务院批准其为全国重点烈士纪念建筑物保护单位。陵园先后被评为全国爱国主义教育基地、江苏省爱国主义教育基地。1992年，民政部拨款20万元，对抗日山烈士陵园进行整修。2001～2002年，赣榆县捐资2000万元对烈士陵园进行扩建和改造，新建景区大门、水上乐园、烈士纪念馆、纪念堂。按照国家AAAA级标准完善景区功能配套，在烈士纪念馆充实滨海区的历史资料和图片，配备多媒体放映厅，设置景区导游图、景点指向板。

图17-8　抗日山烈士陵园　　赵鸣　摄于2003年

抗日山烈士陵园占地23.73公顷，依山而建，分为8个坡段。第一坡段上建有拱形大门，门楣上横书“抗日山烈士陵园”。穿过第二坡段，踏入陵园。第三坡段上建有一座烈士公墓，安葬小沙东海战中殉难的16名烈士的遗体；墓前树立一长碑，正面居中纵题“小沙东海战烈士冢”，两边分别是陈毅的题词“浩气长存”、陈士榘的题词“英灵千秋”，背面镌刻着滨海军区政治部撰写的《纪念小沙东海战烈士文》。第四坡段的广场东侧耸立着一尊纪念国际友人汉斯·希伯的锥形石塔，正面纵书“希伯英灵永垂不朽”，背面是罗荣桓、黎玉、肖华的题词“为国际主义奔走欧亚为抗击日寇血染沂蒙”，左边另树一碑镌刻希伯生平。第五坡段建有符竹庭烈士陵墓，六角亭式的石墓正面镶有符竹庭铜像，陵墓周围石壁上镌刻着悼念符竹庭的碑文。第六坡段，圆柱形的滨海军区抗日烈士纪念塔巍然屹立，塔的底层刻有山东省临时参议会的祭文和参议长杨希文的悼词，以及民国31～32年（1942～1943年）的战绩和烈士英名。第七坡段是抗日烈士纪念堂，纪念堂走廊两端各有一长碑，皆为烈士名录；纪念堂的庭院正中有一个方锥形的烈士纪念塔，南面书写“烈士英名垂千古”，东面是抗日烈士纪念塔续序，西面是烈士英名录，北面镌刻着八路军总司令朱德撰写的《抗日五周年挽八路军阵亡将士》的长诗。陵园第八坡段是抗日山顶峰，高达14米的抗日烈士纪念塔矗立在天然基石之上，“抗日烈士纪念塔”由书法家武中奇手书；纪念塔是陵园最早的建筑，民国31年（1942年）7月落成，八路军115师领导人罗荣桓、陈光、肖华和陈士榘等出席纪念塔落成仪式；纪念塔的塔顶是一尊铁铸的八路军战士戎装塑像，手握钢枪，遥对海疆。

每年清明节期间，苏北、鲁南等地各界人士纷纷前往抗日山为烈士祭扫，青年学生成群结队到陵园植树栽花，缅怀先烈，凭吊忠魂。

第九节　温泉旅游度假区

温泉旅游度假区位于东海县温泉镇境内。东海温泉发现于唐代，明《隆庆海州志》载：“博望镇北五里，冬夏如汤”。清《嘉庆海州直隶州志》载：“此泉有二池，冬尤温，上有泉神柯，右潭井泉”。清海州学者许桂林作《温泉铭》并序，赞颂温泉为州之“名区胜境”。

东海温泉地热面积2.4平方千米。泉水常年自流，进口水温74℃，日涌水量5000立方米，富含30多种对人体有益的矿物质和微量元素，属复合型医疗热矿水，对康体健身、预防疾病、润肤美容有较好的效果，有“华东第一温泉”之誉。

图17-9　东海温泉旅游度假区的福如东海温泉大酒店
赵鸣　摄于2005年

1973年，江苏省地质水文队对温泉进行勘察，钻了一眼深达548.7米的长年自流井，开始对温泉水进行开发利用。至1990年底，温泉镇利用温泉地热水建成疗养院、宾馆10家，内设浴池40个、床位650张。

2001年，连云港市温泉旅游度假区管委会成立，实行镇区合一的运行体制。区内设行政村6个，面积35平方千米。2005年，度假区内道路交通成网，绿化、美化、亮化形成特色，建成较上档次的酒店和休闲中心15家，年接待游客达70余万人次。福如东海温泉大酒店、太平洋宾馆、天泉宾馆、小松源东海温泉饭店等集洗浴、餐饮、住宿、会务于一体，成为综合性服务场所。

第二章　特色旅游

连云港是山海相依的海港城市。到连云港旅游，既可以游连岛、吃海鲜，又可以到连云港港区、前三岛、田湾核电站和秦山岛，观赏中国十大海港之一的连云港港堆场上鳞次栉比的集装箱和高耸林立的龙门吊、中俄最大的核电合作项目——田湾核电站的风姿及前三岛、秦山岛上"沧海浮弥，茫无涯际"①的海上风光。

在漫长的历史变迁过程中，连云港市形成了海州古城、南城六朝一条街、民主路老街、连云港老街4个老街区，它们或历史悠久，或中西合璧，或人文厚重，或商号云集，承载了古海州人的乡思乡愁，更成为今天连云港人休闲娱乐、踏春访古的好去处。

20世纪90年代，旅游发展成为一项新兴产业。进入21世纪，随着人们对生活质量的追求，休闲农业、观光农业应运而生。深度开发工业资源潜力，调整工业结构，改善工业生产环境，发展工业旅游，成为增加工业收入的新途径。2005年，全市有连云港港区、赣榆县宋口村、连云港现代农业示范园、板浦汪恕有滴醋厂、赣榆谢湖有机茶果观光基地、赣榆门河药用植物园6个全国工农业旅游示范点。

第一节　海滨特色旅游

一、连云港港区

连云港港开港于民国22年（1933年），经过70余年发展，跻身全国十大港口行列。在蜿蜒8.44千米的海岸线上，建有泊位32个，其中万吨级泊位27个。连云港港是陇海兰新铁路的东端起点，是横贯中国东西的连（连云港）霍（霍尔果斯）高速公路东端起点，是新亚欧大陆桥东桥头堡。2004年4月，经国家旅游局检查验收，连云港港区成为中国首批对游客开放的全国工业旅游示范点。游客可以顺着旅游车辆专用通道，浏览各式各样的集装箱、装卸船舶的桥式起重机和龙门吊及新亚欧大陆桥东端起点标志。

二、前三岛

前三岛地处海州湾，位于连云港港东北方，距港口64千米，由车牛山岛、平山岛、达念山岛组成，总面积0.36平方千米。岛上海洋性气候特征明显，常绿藤本植物繁茂，绿草如茵，有大叶胡君子、滨海前胡等珍稀植物品种。前三岛是候鸟南北迁徙途中的停留场所，有鸟类130余种，

① 参见《康熙海州志》卷一·舆图

图 17-10 前三岛海钓 吉志强 摄于2003年

是江苏省鸟类保护区。前三岛还是江苏省唯一的海珍品基地。1990年后，前三岛成为海上探险旅游的目的地，能尽览海天一色，体验颠簸于浪涛险谷之间的惊险；可以踏游海岛，观赏山上的奇岩怪石；可以坐船海钓，在海礁之间采海参、敲海蛎，享受回归自然、拥抱大海的自然之旅。

三、田湾核电站

田湾核电站位于连云区高公岛乡与宿城乡交界处，是国家“九五”计划期间在沿海地区建设的4个核电项目之一。规划容量4台100万千瓦级核电机组，并留有再建2台核电机组的余地。一期工程2台压水堆机组分别于2004年、2005年投入运行，年发电量约139亿千瓦时。2004年起，核电游成为外地游客和本地市民旅游的新项目。参观核电科技馆，通过核电站模型、工艺流程示意图了解核能发电的原理，通过图片、声光电演示获得与核电技术相关的知识。

四、秦山岛

秦山岛，俗名奶奶山。传说秦始皇曾登临此岛，故名秦山。因山形如琴又名琴山，又因神话故事传说较多又名神山。位于赣榆县青口镇东7.89千米的海中，面积0.14平方千米，有东、中、西三峰，东峰为主峰，海拔57米。周围海蚀岩高20～50米，岩滩宽150～200米。东部滩上有两块石笋似人形，高15米，渔民呼为“将军”。山前棋子湾，有海积石坝防浪，为天然港池。附近海域常现海市蜃楼胜景，奇丽壮观。西端有海积石英卵石铺成的神路，呈“S”形蜿蜒向大陆延伸，长8.8千米。海潮时神路两边海浪翻滚，犹如游龙戏水；落潮时神路露出，碧波中红白分明，蔚为壮观。

第二节 老街巷

一、海州古城

海州古城始建于南朝梁天监十一年（512年），已有近1500年的历史。海州自秦汉以降，一直是海、赣、沭、灌地区的政治、经济、文化中心，素有“淮口巨镇”“东海名郡”“淮海东来第一城”的美誉。近代以来，海州古城历经清康熙七年（1668年）郯城地震、民国28年（1939年）日军轰炸，1956年拆除城墙，最终于“文化大革命”破“四旧”中消失殆尽。1991年，海州区对方圆2平方千米的海州古城实施改造，建成、恢复古街巷8条，恢复朐阳门，修复钟鼓楼，竣工仿古建筑15万平方米，古城风貌基本恢复。沿街楼台错落，雕梁画栋，色彩纷呈，被游人誉为“苏北的夫子庙”。

二、南城六朝一条街

南城六朝一条街位于新浦区南城街道、云台山西南隅，因位于凤凰山与凤凰东山之间，故又名"凤凰城"，据文字记载有1600年的历史。千年古镇留下众多历史古迹，包括古城门、匡衡井、六朝一条街、普照寺、玉皇宫、城隍庙、侯府等，其中唯一原样保存的南城东大街长约1.5千米，俗有"南头到北头，三里出点头"之说，街面宽九尺九寸（约330厘米），用1399块龙骨石板铺砌而成。沿街居家多为小瓦碎石墙，小瓦为弓形瓦，碎石墙用小碎石片砌成，每间房要用几万甚至几十万块碎石，这种碎石墙千百年不歪不倒，挡风不透雨，不渗水，冬暖夏凉。凤凰城内井多，几乎每家都有，城外还有大型的官井，城内有公共用井，全城有古井1000余眼，其中最有名的是城门西南角的匡衡井。

图17-11　南城遗址

吉志强　摄于2005年

三、民主路老街

民主路老街早年通称"新浦大街"或"老大街"，民国初定名中山路，新中国成立后改称民主路。路东头有东巃，西头有西巃。清光绪二十八年（1902年）大街东端天后宫建成后，老大街乃至整个新浦逐步繁荣。至民国14年（1925年）7月徐州至新浦铁路建成通车时，山东、河北、安徽、山西、清江等各路商贾纷至沓来，生庆公茶庄、三和兴药店、公大商行、义信百货店、德厚成百货店、华中裕商店、谦祥泰布庄、萃丰五金行及10多家饭庄相继建成。至20世纪30年代中后期，新浦大街两旁已有店面上百家，其中布店50多家；大街由原来的0.5千米长向东西延长到1.5千米，铺成砂石路面，两侧多为兼容中西风格又各具特色的两层商用建筑。2005年存新浦银行大楼、三和兴药店、生庆公茶庄等13处老建筑。

民主路老街由东往西依次可见石坡顶、罗马柱结合的添福食品店，当年远近闻名的和平照相馆；亚欧仪器公司，曾经是民国时期的邮政局；已有80多年历史的馨祥酱园，店内布局仍为老店样式；大华商店门面屋檐上雕刻着花卉图案，门窗为拱形，原为义信、德厚成百货商店；三和兴药店，仍挂旧时"三和兴药店"招牌；百年老店生庆公茶庄，仍保持原有经营格局。

图17-12　连云港老街　　王继澍　摄

四、连云港老街

连云港老街原名老窑，又称"连云老街""连云古镇"。原是黄海岸边、云台山脚下的一个小渔村，1000多年前就有人定居。古代，这里曾是犯人流放烧窑之地，故称"老窑"。20世纪30年代，随着连云港海岸线东移，原大浦港船只经常搁浅，港口遂于民国22年（1933年）迁至老窑，更名为"连云港"。开始建港后，小渔村逐渐热闹起来，逐步形成连云老街。老街面积仅37万平方米，却历经荷兰建港、民国建市、日军占领和解放战争几个历史时期的风雨沧桑，留下果城里建筑群、上海大旅社、海峡巷朱氏民居、连云港人民影剧院和连云港火车站旧址等兼具中西方建筑特色的民国建筑。

第三节　工农业旅游示范点

一、连云港港区

连云港是陇海兰新铁路东端起点，是新亚欧大陆桥东桥头堡。2004年4月，连云港港区被批准为全国工业旅游示范点。（参见第十七卷第二章第一节《海滨特色旅游》）

二、赣榆县宋口村

位于赣榆县青口镇，西依204国道，东临海州湾渔场，是沿海水产育苗、养殖专业村和赣榆海洋经济开发区的中心村。有海水、淡水养殖面积300多公顷，村民主要从事养殖业、水产育苗业及相关产业。该村的榆城集团是江苏省最大的私营育苗企业，拥有固定资产4.5亿元，年综合销售收入达9亿元。1998年，宋口村被国务院农村政策研究中心誉为“苏北第一村”，1999年被表彰为全国文明村。宋口村按照“经济发展多元化、项目建设景观化”的发展思路，加大旅游开发投入，培育旅游景点，强化旅游设施建设。游客可以在此欣赏新农村风貌，品味新农家生活，观赏现代化海淡水养殖区，领略大海风光。2004年4月，宋口村被批准为全国农业旅游示范点。

三、连云港现代农业示范园

位于新浦区南郊玉带河畔。创建于2000年2月，由南京农业大学规划设计、连云港振兴实业集团有限公司投资兴建。园区规划面积200公顷，分蝴蝶兰育苗中心、绿化苗木基地、交易展示中心、花卉市场、酒店、高尔夫训练场、观光采摘园等区域，是江苏省首批大型综合性农业科技示范园区，也是国内成立较早的以花卉为特色的国家级农业科技示范园区。2004年4月被批准为全国农业旅游示范点。

四、板浦汪恕有滴醋厂

位于灌云县板浦镇。清康熙十四年（1675年），在板浦盐场课司大使田种玉的支持下，汪一愉在自家作坊门前悬挂出“汪恕有醋坊”招牌，两旁书有苏东坡为汪氏宗谱所题对联“恕心能及物，有道自生财”，“恕有”两字即取自该联。汪氏做的醋酸度浓醇、口感纯正、味美津香，每次食用只需几滴则醇香弥足，故名“滴醋”。清光绪十八年（1892年），曾任海州沭阳县令的清代学者袁枚在其所著《随园食单》中称“板浦醋为第一”。此后，汪恕有滴醋名扬全国，汪氏居住地被称为“汪醋巷”，沿用至今。

汪恕有滴醋以红高粱为主原料，色泽鲜明，香味浓醇，风味独特，含有多种有机酸和高级醇，300多年来盛誉不衰。2005年10月，汪恕有滴醋厂被批准为全国工业旅游示范点。

五、谢湖有机茶果观光基地

位于赣榆县厉庄镇谢湖村。占地1000公顷，其中有机茶果186公顷。基地内主要有茶叶、大樱桃、红雪枣、中华寿桃、日本脆柿等13大类40多个生产品种。2002年8月，经国家环保局认证，谢湖村53公顷茶园、133公顷西洋大樱桃园为有机食品生产基地。该基地生产的有机“凯碧”茶多次在省、市评比获奖。谢湖大樱桃以其个大、味甜、色艳著称，属国内最优质的大樱桃品种之一。1998年，“谢湖”牌大樱桃获省优质水果金杯奖。2005年10月，该基地通过国家旅游局验收，成为全国农业旅游示范点。

六、门河万亩药用植物园

位于赣榆县门河镇。是以2200年前东渡日本的方士徐福种药文化为背景，以挖掘历史、优化环境为基础，以为游客提供休闲娱乐、购物旅游、度假服务为目标，集科技、保健、教育、旅游、观光、娱乐于一体的特色园区。园区包括银杏翠竹风情园和药用植物观光园两部分。银杏翠竹风情园有各类名竹40余种，并建有荷花池、九曲桥、吊桥、拱桥、银杏长廊等游览设施，旅游项目以农家乐为主题，主要有赏竹、品茶、茶艺表演、竹排游园等。药用植物观光园包括科技产业区、科普教育区、中医药医疗保健区及旅游配套功能区，园内种植的药材有芍药、白术、牡丹、桔梗、丹参、金银花、板蓝根等20多个品种。2005年10月通过国家旅游局验收，成为全国农业旅游示范点。

第三章　旅游市场开发

连云港旅游节庆活动等市场开发行为可追溯到300余年前的海州白虎山庙会。20世纪90年代，连云港市开始大力发展旅游业，以“神奇浪漫之都”作为城市形象定位，开发旅游资源，扩大旅游宣传，举办了一系列大型旅游节庆活动，推介连云港优越的区位优势、丰富的旅游资源和众多景区景点，提高连云港市在国内外旅游市场的知名度。

第一节　旅游推介

1984年，随着改革开放步伐的加快，连云港市旅游推介活动主要以到连云港商务考察的境外游客为重点，针对国内、国际两个市场开展旅游促销活动。20世纪90年代，市旅游主管部门邀请中央电视台、上海东方电视台、香港无线电视台到连云港拍摄旅游专题片，制作旅游VCD光盘和录像带，编印统一的导游词，包装一批特色旅游线路和项目，提升连云港的旅游知名度。1998年4月，郑州至连云港假日旅游列车开通。是年，全市各旅游景区接待来自郑州、洛阳、武汉的旅游列车29个班次。市旅游部门利用徐福在日本、花果山在东南亚的影响，以及与日本、韩国交往密切的有利条件，开发徐福故里游、花果山佛教游等旅游项目，全年接待境外游客1.3万人次。加大对新亚欧大陆桥沿线城市和“长三角”“珠三角”、环渤海等地区城市的旅游推广力度，在多个城市举办旅游推介展示会。“游大海，尝海鲜，登花果山”成为连云港旅游推介的经典用语。在省内深化与江苏沿海旅游苏北区域合作，实施联合营销，开辟连云港、徐州、淮安、盐城等苏北旅游线。全市各大旅行社、宾馆饭店与全国近400家旅行社、饭店达成组团意向。

图 17-13　20 世纪 90 年代，连云港市在多个城市举办旅游推介展示活动。　赵鸣　摄

1999 年，借助首个国庆黄金周契机，连云港市举办 8 大项 120 多场次旅游推介活动，全年接待国内游客 281.71 万人次、境外游客 1.41 万人次。2002 年，市旅游局积极组织景区、旅行社到上海、北京、兰州、西安等地进行宣传推介，连云港的国内旅游市场由周边地区扩展到半径 400 千米左右的地区，远达陕西、湖北、浙江等地。2003 年，中央电视台到连云港拍摄《海州旅游》专题片。市旅游主管部门按照“主攻苏锡常、兼顾宁镇扬、抢占大上海、辐射苏浙沪”和“依托港澳台、主攻日韩俄、辐射东南亚、打通大陆桥、走向全世界”的国内外市场开发思路，与国内 60 多家旅行社签订游览协议。

2004 年，中国新亚欧大陆桥国际旅游用品博览会在连云港国际展览中心举行。是年 10 月，市内各景区分别与 70 多家旅行社建立长期合作关系。旅游部门组织旅游促销团，参加杭州全国旅游交易会、连云港（上海）旅游推介会。

2005 年，连云港市组团到韩国仁川和首尔举办旅游推介会，介绍连云港的山水和人文资源，展示港城山海风光的魅力。3 月 3 日，在首尔举办连云港（韩国）旅游推介会，韩国 30 多家旅行社负责人和 10 余家新闻媒体的记者参加。到北京、上海、云南和省内南京等地举办旅游资源合作与推介会，与全国近百家旅行社建立长期合作关系。是年，全市接待境内外游客 705.66 万人次，完成旅游收入 64.74 亿元。

第二节　节庆活动

一、白虎山庙会

起源于清初碧霞宫内的祭祀活动。碧霞宫为道观僧住，僧人于每年农历四月初八释迦牟尼生日举办浴佛法会，渐渐形成每年一度规模宏大的庙会。会期一般 3 天，四月初七为头会，初八为正会，初九为末会。每年农历四月初，远近商家占领沿街有利位置，摆摊设点，开张营业。中华人民共和国成立后，白虎山庙会改为物资交流大会，流行什么卖什么，吸引市民和外地游客光顾。进入 21 世纪，海州白虎山庙会逐渐演变为以购物为主题的旅游节庆盛会。2005 年，海州白虎山庙会客流量近 30 万人次。

图 17-14　2005 年，海州白虎山庙会吸引市民 30 万人次。　赵鸣　摄

二、连云港之夏

连云港的夏季旅游以登海岛、游海泳、

吃海鲜为特色。1997年7月25日，江苏省旅游局与连云港市政府联合主办首届“连云港之夏”旅游主题活动，3万多名嘉宾、游客云集连岛海滨浴场，共同见证这一旅游盛会。此后每年的7、8月份，连云港市都要举办“连云港之夏”，至2005年累计举办9届，参与人数从第一届时的3万余人增加到2005年第九届时的8万余人。“连云港之夏”以夏季海滨旅游为特色，成为展示连云港新风貌的城市名片和连云港加强与世界各地经贸往来的纽带。

1997～2005年“连云港之夏”活动一览表

表17-1 单位：万人次

年份	届次	主办单位	承办单位	开幕式参与人数	主题内容
1997	一	江苏省旅游局 连云港市人民政府	连云港市旅游领导小组 连云区人民政府	3	开幕式文体表演
1998	二	江苏省旅游局 连云港市人民政府	连云港市旅游领导小组 连云区人民政府 连岛海滨旅游度假区筹委会	3	以“开放、友谊、欢乐、繁荣”为主题的大型文体演出
1999	三	江苏省旅游局 连云港市人民政府	连云港市旅游领导小组 连云区人民政府 连岛海滨旅游度假区管委会	4	开幕式文体表演、海上大型焰火表演等活动
2000	四	江苏省旅游局 连云港市人民政府	连云港市旅游领导小组 连云区人民政府 连岛海滨旅游度假区管委会	4	开幕式文艺表演、俄罗斯哈巴罗夫斯克歌舞团表演、“海港之夜”游海活动、前三岛观鸟等活动
2001	五	连云港市人民政府 江苏省旅游局	连云区人民政府 连岛海滨旅游度假区管委会	5	开幕式、歌舞晚会、港城夜游、花车巡游、海鲜美食节等活动
2002	六	连云港市人民政府、江苏省旅游局、省文化局、新华报业集团、江苏广电总台、省文联、省体育局、扬子晚报社	连云区人民政府 连岛海滨旅游度假区管委会	5	以“绿色、浪漫、友谊”为主题，组织开幕式大型文艺演出、首届渔民文化节、著名作家到连采风及经贸洽谈会等活动
2003	七	连云港市人民政府 江苏省旅游局	连云区人民政府 连岛海滨旅游度假区管委会	6	以“浪漫连岛、迷人之夜”为主题的开幕式文艺演出，连云区第二届渔民文化节、全省青少年帆船OP级比赛、招商洽谈会等活动
2004	八	连云港市人民政府 江苏省旅游局	连云区人民政府 连岛海滨旅游度假区管委会	7	以“相约浪漫海滨、聚会开放港城”为主题的开幕式大型文艺演出，省首届渔民文化节、江苏连岛沙雕节、海鲜美食节、帆板竞技等旅游活动
2005	九	连云港市人民政府 江苏省旅游局	连云港经济技术开发区管委会 连云区人民政府 连岛海滨旅游度假区管委会	8	以“欢乐港城、浪漫海滨”为主题，组织大型花车巡游，大型艺术焰火晚会，喝啤酒大赛、江苏沙雕节、帆板帆船比赛等活动

三、《西游记》文化节

2001年9月30日，江苏省建设厅、连云港市政府、新华日报社、扬子晚报社联合主办首届中国《西游记》文化节。开幕式在花果山山门广场举行。文化节以“探望猴王故里”为主题，10月10日落下帷幕，接待游客12万人次。此后，《西游记》文化节每年举办一届，至2005年连续举办5届。（参见第四卷第四章第三节《旅游推介》）

图17-15　2001年9月30日，中国首届《西游记》文化节在花果山开幕。　赵鸣　摄

2001～2005年《西游记》文化节情况一览表

表17-2　单位：万人次

年　份	届次	主办单位	参与人数	主题内容
2001	一	江苏省建设厅 连云港市人民政府 新华日报社 扬子晚报社	12	开幕式文体表演，第六届全国《西游记》学术研讨会，连云港市第五届金秋登山节，《西游记》灯展及书画笔会等活动
2002	二	中央电视台 连云港市人民政府	15	开幕式文体表演，大型魔术专场演出，国内猴画精品和猴文化艺术品展，玄奘法师纪念堂奠基仪式暨观世音菩萨佛像开光庆典法会，连云港市首届器乐演奏大奖赛等
2003	三	中央电视台 江苏省建设厅 连云港市人民政府	22	开幕式文艺演出，同步录播《同一首歌》
2004	四	连云港市人民政府 中国人口文化促进会	16	开辟山上联欢演出园区、儿童乐园园区、蟠桃联欢晚会园区和儿童健康教育园区。举办少年儿童道德教育与心理健康研讨会
2005	五	国家旅游局 江苏省人民政府	16	与“9·27”世界旅游日和首届新亚欧大陆桥国际旅游文化节活动同时举办，组织大型开幕式文艺演出等

图17-16　1991年10月1日，首届中国东海水晶节开幕。　赵鸣　摄

四、东海水晶节

1991年10月1～3日，东海县举办首届中国东海水晶节，宗旨是“以水晶为媒介，让世界了解东海；以水晶为桥梁，让世界了解东海”。水晶节吸引中外来宾2万余人，水晶节期间举办经贸洽谈活动。此后每两年的9、10月（第三、四届为5月）举办。至2005年底，东海县累计举办8届水晶节。借助“水晶之乡”“中国水晶之都”的特色名片和水晶盛会的特色舞台，东海县逐步发展成为中国最大的水晶市场和世界水晶制品的集散地。

1991～2005年东海水晶节情况一览表

表17-3　　　　单位：万人次

年　份	届次	主办单位	参与人数	主题内容
1991.10	一	东海县人民政府	2	开幕式文体表演，签订合作协议书
1992.10	二	东海县人民政府	2	开幕式文体表演，签订合作协议书
1994.5	三	东海县人民政府	3	组织开幕仪式、大型团体操表演《东海潮》等活动，全国首次水晶精品大拍卖，签订合作协议书
1996.5	四	东海县人民政府	3	组织开幕式文体表演，签订合作协议书
1998.9	五	东海县人民政府	3	中国铁路文工团、杂技新星等演出，举办东海县文化成果展和东海文物展，签订合作协议书
2000.9	六	东海县人民政府	3	开幕式文体表演，签订合作协议书
2003.10	七	东海县人民政府	4	举办开幕式暨“水晶之恋”大型歌舞焰火晚会，“中国水晶之都”暨“中国工艺礼品城”揭牌仪式，“水晶科技研讨会”等系列活动，签订合作协议书
2005.9	八	东海县人民政府	4	推出首届水晶雕刻大奖赛、东海少儿版画展、沿东陇海线产业带发展战略和硅产业发展专题研讨会，举办水晶工艺品、硅工业产品展览、水晶节开幕式暨“水晶之恋”大型歌舞焰火晚会及中外客商恳谈会等

五、赣榆徐福节

1990年12月5～7日，赣榆县举行首届中国赣榆徐福节，召开纪念徐福东渡2200周年学术研讨会，举行徐福家祭、客祭和徐福立像揭幕仪式。其间举办经贸洽谈会。1991年、1992年、2004年、2005年，先后举办4届赣榆徐福节。徐福文化成为赣榆县乃至连云港市对外交流的一张名片。日本前首相羽田孜等国际友人纷至沓来，徐福学术研究、祭祀等系列文化活动持续开展。徐福故里金山镇兴建建筑面积4000平方米的徐福庙，每年吸引数万名中、日、韩游客慕名而来，形成徐福茶、徐福酒等以“徐福”命名的特色产业产品。赣榆县积极开展经贸活动，吸引众多日、韩客商及国内客商投资兴业。

1990～2005年赣榆徐福节情况一览表

表17-4　　　　单位：万人次

年份	届次	主办单位	参与人数	主题内容
1990	一	赣榆县人民政府	2	举行徐福家祭、客祭和徐福立像揭幕仪式，参观书画、盆景艺术展览，观看南京歌舞团和县京剧团文艺演出，举办经贸洽谈会、环城文艺表演，纪念徐福东渡2200周年学术讨论会
1991	二	赣榆县人民政府	2	组织环城文艺表演、徐福国际学术讨论会、举办徐福祭仪，演出仿古乐舞
1992	三	赣榆县人民政府	2	邀请中国歌剧舞剧院演出大型舞剧《徐福》，并举行了徐福祭和仿古乐舞表演、徐福研究学术交流会
2004	四	赣榆县人民政府	3	组织开幕式文艺晚会，举办徐福与海洋文化学术研讨会、徐福东渡仿古乐舞和徐福祭仪
2005	五	赣榆县人民政府	4	组织开幕式文艺晚会，举办徐福国际学术研讨会、徐福遗迹摄影展和徐福祭仪活动

六、连云港之春

图17-17　2003年3月，第三届中国“连云港之春”桃花节开幕式在海州桃花涧景区举办。　赵鸣　摄

2001年3月，海州区取“石室春风”之意，举办首届“连云港之春”旅游节庆活动，有2万多人参加。之后固定于每年3～4月举办，至2005年底，连续举办5届。从第五届开始，举办方式由政府运作转为市场运作，由原来扩大宣传效应转化为扩大宣传与经济效益并重。“连云港之春”以丰富多彩的文体形式赞美海州，传承民间艺术，丰富市民的文化生活，提升海州区的旅游知名度。

表17-5　　2001～2005年“连云港之春”活动情况一览表　　单位：万人次

年份	届次	主办单位	参与人数	主题内容
2001	一	连云港市旅游局　海州区人民政府	2	开幕式文体表演
2002	二	连云港市旅游局　海州区人民政府	3	开幕式文体表演
2003	三	连云港市旅游局　连云港市广播电视局　海州区人民政府	3	开幕式文艺演出，举办赏花名品展、专题音乐会、摄影大赛、风筝展、武术节等10余项旅游活动
2004	四	文化部牵头　连云港市人民政府　市委宣传部　海州区人民政府	3	中国民族鼓乐精英赛、白虎山庙会、“春天送你一首诗”大型诗咏会、市第一届农民体育节
2005	五	孔望山景区	4	“相约海州拥抱春天”大型文艺演出、市第二届农民体育节、摩托车越野赛、喊山比赛、吴桥杂技表演等

七、江苏渔民文化节

2004年7月13日，由江苏省海洋与渔业局、连云港市人民政府主办的江苏首届渔民文化节在连岛海滨浴场举行。南通市、盐城市、连云港市及省海洋与渔业局直属单位的25支代表队近500名选手参加渔家姑娘织渔网、弄船赶海、撒渔网等7项渔家乐竞技比赛。

图17-18　2004年7月13日，江苏首届渔民文化节在连岛举办。　赵鸣　摄

2005年8月3日，第二届江苏渔民文化节在连岛大沙湾游乐园举行。连云港、南通、盐城等省内沿海城市和太湖渔业管委会、省旅游局直属单位的22支代表队共400余名选手参加渔老大“铁人四项”、渔家丰收乐等8项竞赛活动。

八、大陆桥旅游文化节与世界旅游日中国主会场庆祝活动

2005年9月27日，首届新亚欧大陆桥国际旅游文化节、世界旅游日中国主会场庆祝活动及第八届中国《西游记》文化节同时举办。这是1983年中国正式成为世界旅游组织成员后，连云港市首次成为“世界旅游日”庆祝活动的中国主会场。开幕式在国家AAAA级景区花果山五圣广场举

行。连云港市临时开辟8条旅游疏运线路，调集100辆客车投入游客运输。陇海兰新铁路沿线城市、周边和友好城市的代表，驻华使馆及韩国旅客等3万余人参加庆祝活动。同日，新亚欧大陆桥国际旅游暨中韩（连云港）旅游合作论坛在连云港市云台宾馆举行。新亚欧大陆桥沿线城市代表讨论并原则通过《创建新亚欧大陆桥国际旅游带（连云港）宣言》，提出推进新亚欧大陆桥（中国段）国际旅游带建设、加速发展沿桥国际旅游业的8条行动纲领，提出到2010年底初步完成旅游合作带经营体系建设的目标，使旅游业成为沿桥城市的支柱产业。

九、宿城枫树节

宿城的枫香树分布较多，尤其是后沟一带枫香树分布密集，绵亘三四千米，成为连云港市最大的枫香树林，被称作枫树湾。每年11月10日前后，是枫香树叶最红时。1988年11月10日，连云区宿城乡举办首届枫树湾联欢会，举行了诵诗、书画、歌舞等活动。此后确定每年11月10日为宿城枫树节。

十、美猴王“申吉”

2001年11月8日，连云港市作家彭云写下《把美猴王推荐给奥运会》一文，后刊登在《连云港日报》周末版。2002年9月，彭云等人再次提出将美猴王孙悟空推荐给2008年奥运会组委会。

2002年11月，连云港市以市政府名义向北京奥运会组委会推荐孙悟空为2008年奥运会吉祥物（简称“申吉”），并成立“申吉”组委会，负责全市“申吉”活动的策划、组织和实施。2003年3月，“申吉”组委会、市电信局联合组建“美猴王2008”网站，开设孙悟空与吉祥物、《西游记》与花果山、话说奥运、“申吉”动态等10余个栏目，并与搜狐、江苏音符、金陵热线等网站联接，广泛宣传孙悟空作为奥运吉祥物的意义。7月，淮海工学院在全市大中院校中率先组建了一支由12名青年学生组成的“申吉”志愿者服务队，在市区及所辖四县开展为期6天的暑期社会实践活动。8月，市邮政局发行250万枚孙悟空专用邮资封，广大市民踊跃认购。9月，师专一附小学生开展“百米长卷为申吉、千名学子盼奥运”娃娃签名活动；连云港职业技术学院组织社会科学系300名学生开展“骑车绕港城、全力助申吉”活动。10月，澳大利亚籍老师安娜、连云港籍青年王新堡分别开展千里骑行，支持美猴王“申吉”。市书法家协会副会长张耀山闭门杜客320天，完成手书《西游记》。11月，花果山中学的全体学生致信国际奥委会主席罗格和前任主席萨马兰奇，表达连云港市中小学生对美猴王“申吉”的渴望。12月，连云港港口集团职工任汉诗创作“猴年喜见美猴王，事事吉祥”明信片，由市邮政局发行。

第三节　旅游线路

一、一日游线路

海滨风光与花果山一日游　上午游览海滨风光带（海滨大道、在海一方海滨公园、神州第一坝），乘车飞跃海上长城（神州第一坝）；游览连岛海滨旅游度假区海滨浴场：踏浪、游泳、沙滩嬉戏、观海蚀岩风光、走海边栈道等；乘船海上观光。下午游览孙悟空的老家——花果山风景区：山门、三元宫、义僧亭、水帘洞、大圣佛、娲遗石、毛公碑、七十二洞、怪石园等。

海州两山一涧一日游 上午游览石棚山景区：石棚、试剑石、天蟾独跃、犀牛斗象、石曼卿读书处、麋竺墓、夫容洞；孔望山：龙洞庵、龙洞摩崖石刻群、石象、孔望山摩崖造像、孔子望海像。下午游览桃花涧景区：桃花涧遗址、将军崖岩画、曲涧桃花、石刻文化艺术园。

东磊、渔湾一日游 上午游览东磊景区：延福观、玉兰山房、玉兰花王、石门、石海、磊石、龙池涧。下午游览渔湾景区：神鱼化龙雕塑、珍珠瀑、九孔桥、三龙潭、二龙潭、老龙潭、上天梯、藏龙洞、凤凰涧。

宿城、高公岛一日游 上午游览宿城景区：虎口岭、唐王湖、仙人屋、保驾山、枫树湾、船山飞瀑、二桅尖。下午游览高公岛黄窝风景区：山门、龙凤呈祥、龙潭飞瀑、皇古洞、雪道寺、天池、好汉坡。

太白涧、云龙涧一日游 上午游览朝阳景区：娘娘庙、太白涧、乌龙潭、小乌龙潭。下午游览云龙涧：崇善寺、云龙涧、田横岗。

连岛海滨一日游 上午游览大沙湾海滨浴场，下午游览苏马湾。

二、两日游线路

花果山、连岛两日游 第一天赴海边，沿途观看花果山看门猴、孝妇祠、连云港经济技术开发区、拦海大堤、国展中心、在海一方、连云港港口风貌、连岛大沙湾沙滩游乐园、乘船游大海、海底世界。第二天：游览花果山风景区：三元宫、义僧亭、水帘洞、大圣佛、娲遗石、毛公碑、七十二洞、怪石园。

渔湾、连岛、花果山两日游 第一天游览渔湾景区：老龙潭、曲水银波、龙床、珍珠瀑、神仙崖、九孔桥；连岛：大沙湾、苏马湾海滨浴场。第二天游览花果山风景区：山门、三元宫、义僧亭、水帘洞、大圣佛、娲遗石、毛公碑、七十二洞、怪石园。

其他两日游线路 连岛浴场、游船、渔湾两日游；花果山、渔湾两日游；东磊、连岛两日游；东海水晶城温泉两日游；花果山、东海温泉两日游；苏马湾、云龙涧两日游；云龙涧、东海水晶城、温泉两日游。

第四章 旅游经营管理

1984年8月，连云港市政府成立市旅游服务公司，加强旅游规划和开发建设。1985年2月，市政府成立市旅游事业管理局，负责全市旅游事业的开发规划和行业管理。1997年，市政府出台《关于加快发展旅游业的意见》，全市旅游业进入快速发展轨道。市、县、区都制定或完善旅游发展总体规划，各景区制定分区规划，把旅游业作为全市经济发展的支柱产业进行培育和扶持。市旅游主管部门一手抓发展，一手抓规范，持续加强服务质量、安全生产、旅游企业和旅游从业人员特别是导游员的管理，在全市开展争创文明风景区、诚信旅行社、优秀导游员等活动，花果山风景区跻身全国文明风景区示范点行列。2003年12月，连云港市获得国家旅游局授予的“中国优秀旅游城市”称号。2005年底，全市旅行社发展到76家，涉外旅游星级宾馆60家。

第一节 旅游规划

一、市、县（区）旅游总体规划

20世纪80年代，连云港市、县、区旅游部门主要对单个景区作出规划，总体规划较为松散。1997年，《连云港市旅游总体规划》出台。2003年，《海州区旅游业发展总体规划》通过专家论证，为全市首个县区级旅游业发展总体规划。是年，由华东师范大学编制的《东海县旅游业发展总体规划》通过评审，规划以中心城市、温泉、亚洲第一井、西双湖、李埝林场、房山、安峰山等为重要的旅游点串联旅游线路，巩固水晶购物游，提升温泉度假游，发展绿色生态游，开发科普地学游。2004年，南京师范大学专家对《连云港市旅游总体规划》进行论证和修订。

2005年5月，由南京智博旅游设计公司和南京师范大学城市与区域经济研究中心编制的《连云港市旅游发展总体规划（2005～2020）》通过评审。规划为连云港市提出至2020年"建设中外知名旅游城市"的目标。是年，《灌云县旅游发展总体规划（2005～2020）》《灌南县灌河口旅游发展规划》编制完成。9月，赣榆县政府在《中国旅游报》和中国旅游网等媒体公开招标编制《赣榆县旅游发展总体规划（2007～2020）》，香港、广州、北京等地23家旅游规划单位参与竞标。

二、景区规划

1993年10月，连云港市委、市政府委托中国城市规划设计研究院风景园林所编制《云台山风景名胜区总体规划》。根据规划，花果山景区的面积由原12.8平方千米扩展为84.3平方千米，范围为云台山系中的南云台山体和鸡鸣山独立山体。规划确定建设94个主要景点，其中自然景源67个、人文景源27个。1995年，建设部批准《云台山风景名胜区总体规划》，将规划面积扩大至201平方千米，分为锦屏山、花果山、海滨、前三岛4大景区20个游览区。

1996年，南京大学城市规划设计研究院负责编制的《赣榆海滨旅游度假区规划（1996～2015）》定稿。1997年，由东南大学城市规划设计研究院负责的《江苏连云港连岛度假区总体规划》编制完成，规划采用保护与可持续发展模式，突出地方环境资源特色，根据各地块环境及重要性的不同，设置相适应的项目，以达到保护与发展相协调。1999年，同济大学风景科学研究所负责的《黄窝风景游览区控制性、修建性详细规划说明》编制完成。是年，由东南大学城市规划设计研究院负责编制的《东海县温泉旅游度假区详细规划》定稿。

2000年，南京林业大学、市园林设计研究所编制的桃花涧、石棚山、孔望山景区旅游区规划开始实施。2003年，海州区委托南京大学启动海州古城概念性规划的编制，深层次挖掘海州古文化内涵，对各景区景点的开发建设作出明确发展定位。

2004年，灌南县委托四川省旅游规划设计院编制《五龙口（武障河）生态湿地公园规划》。是年，灌云县邀请南京师范大学专家对大伊山风景区建设规划进行调整。东南大学建筑系对抗日山烈士陵园重新规划设计，对烈士陵园进行整治和扩建，新建国防园和游乐休闲区，使其建成集爱国主义教育、革命传统教育、国防教育和游乐休闲等多功能的大型综合性风景区，远期发展成为在苏北地区乃至在全国有较高知名度的以"抗日"为主题的风景区。2004年12月，由南京必得旅游策划设计公司负责设计的《宿城风景旅游区总体发展规划（2004～2020）》编制完成，规划核心范围为云台山风景名胜区宿城区域，规划面积约20平方千米。

2005年，《孔望山景区修建性详规》和《石棚山景区修建性详规》经专家论证后定稿。是年，桃花涧景区规划修编工作展开，连岛度假区管委会聘请上海市规划设计院编制完成《连岛旅游度假区总体规划》，该规划总体定位是将连岛建成高端旅游度假区，打造成“东方风情休闲第一岛”和以休闲、文化、健康为主题的国际化滨海休闲旅游区。南京师范大学城市与区域经济研究中心承担的《灌云县潮河湾休闲度假区控制性详细规划》编制完成。

第二节　旅游行业管理

一、服务质量管理

1984年8月，连云港市旅游服务公司成立，负责全市旅游规划、旅游接待、外联宣传和建设开发。1985年2月，成立连云港市旅游事业管理局（简称市旅游局），原市旅游服务公司更名为市旅游公司，与市旅游局合署办公，负责全市旅游业的规划建设和行业管理。1987年7月，市政府出台《云台山风景名胜区保护管理条例》，规定任何单位和个人不得占用景区风景点，不准在景点范围内建造有碍观瞻的建筑，景区景点公路两侧严禁采石，历史文物由文化部门建档、建碑，不得任意破坏。1997年，市委、市政府为加快建立与社会主义市场经济体制相适应的旅游管理体制，出台《关于加快发展旅游业的意见》，鼓励、动员各界人士兴办旅游业；将1997年定为“旅游年”，明确将旅游业作为全市经济新的增长点，各级政府实施“政府搭台、经济唱戏”的旅游发展新模式。首届“连云港之夏”、花果山登山节、东磊玉兰花会等节庆活动应运而生。市旅游公司撤销。市委、市政府成立市加快旅游业发展领导小组，办公室设在市旅游局。1998年12月，市政府出台《连云港市旅游行业管理办法》，分别就市、县旅游局职能，旅游涉外饭店、旅行社、定点单位的审批等作出规定。2000年，全市推行兼职导游社会化管理，建立社会导游人员注册管理机构，加强兼职导游人员的培训、教育和日常管理，规定旅行社与导游所签订的合同要报旅游行业管理部门备案，在旅行社与导游之间建立佣金管理体系，杜绝回扣；整顿“黑车”、“黑导”、非正规景点及购物摊点和餐馆私拉游客、低价招徕上车加价、强迫就餐购物、变更行程、中途甩客扣人等非法经营行为。2001年，全市旅游管理部门开展创文明景区、青年文明号、诚信旅行社和“树文明形象、展行业风采”优质服务百日竞赛活动，连岛大沙湾浴场被团中央和国家旅游局授予全国“青年文明号”称号。是年12月，市旅游质量监督所（市旅游执法大队）成立。2002年，市旅游局设立旅游投诉电话。2003年，市旅游事业管理局更名为市旅游局。是年，连云港市旅游协会成立。开展旅游安全生产大检查和人员密集场所专项治理工作，加强安全督查。

图17-19　墟沟海鲜一条街　　　赵鸣　摄于2003年

2004年，市旅游局开展改善旅游软环境、净化旅游市场、打击宰客违法行为专项活动。旅游协会为新浦陇海步行街的现代眼业商店、李宁体育用品商店、通灵翠钻连云港店等10

家商店颁发“连云港市特别推荐旅游购物商店”标牌。

2005年，市委、市政府决定市旅游局与云台山风景名胜区管理委员会合署办公。连云港市旅游协会命名无锡鸡粥店、爱家楼大酒店、三峡饭庄、老正川总店等为连云港市特别推荐旅游餐饮场所，命名通灌路为特别推荐餐饮一条街。是年，市旅游局召开旅游企业安全生产培训会议，对旅游企业安保人员进行安全生产知识培训，要求各旅游企业全员做到“三懂”（懂火灾危险性、懂预防措施、懂扑救方法）、“三会”（会报警、会使用灭火器材、会扑救初期火灾）。新浦区旅游局开展安全生产督查专项活动，对重点路段的近10家星级宾馆进行安全生产抽查，对个别酒店消防通道标识数量偏少等问题及时提出整改意见。编制下发《连云港市旅游优质服务基本规范》，召开全市旅游行业优质服务年大会，全市旅游行业开展优质服务竞赛活动；推荐一批旅游餐饮、旅游购物场所；将旅行社当年11月至次年4月的业绩作为评优、奖励的重要指标，促进冬季旅游发展。全市旅游市场秩序明显好转，“十一”黄金周期间实现“零”投诉。

图17-20　连岛渔家宾馆
赵鸣　摄于2002年

二、旅行社

1984年，连云港市有4家旅行社，其中从事国际旅游的旅行社1家。1990年，全市国内旅行社9家，有导游40人（含兼职）。1996年，全市有持证导游员12人。

20世纪90年代末，根据国家《旅行社管理条例》，原有的一、二、三类旅行社调整为国际旅行社、国内旅行社两类。1998年，全市旅行社发展到24家，其中国际旅行社1家、国内旅行社23家。2000年，全市强化旅行社管理人员和导游员培训，推进旅行社连锁经营，扶持和培育一批龙头旅行社，提高旅行社运行质量。2003年，全市新批8家旅行社，吊销1家旅行社的旅行业务经营许可证。2005年，全市有旅行社76家，其中国内旅行社74家、国际旅行社1家、具有出国旅游组团资格的旅行社1家。旅行社总资产3577.49万元，负债总额1312.8万元。全市旅行社营业总收入6563.92万元；从业人员580人，其中导游184人。

连云港中国国际旅行社有限公司　成立于1979年，前身为中国国际旅行社连云港分社，是中国国旅集团的成员单位，隶属于连云港市旅游局。1998年推出“到孙猴子的老家去看海”地接旅游线路，主推连云港地区一日游、两日游旅游线路，景点上选择花果山、东西连岛、渔湾三大景点，陆续推出连云港周边旅游线路，如南京两日游、苏州两日游、上海三日游、黄山三日游、泰山两日游等等。2001年被江苏省旅游局、消费者协会评为“诚信旅行社”。2000～2004年，公司利用连云港火车的始发优势，推出适合连云港市民的国内火车旅游线路，积极参与国内包机旅游，推出广深珠双飞六日游、海南双飞六日游、桂林双飞五日游等热门线路。2005年2月，连云港中国国际旅行社有限公司获得国家旅游局批准，成为连云港地区唯一拥有出境资格的国际旅行社，是当时全市唯一办理出国旅游业务、接待入境旅游业务的旅行社。其后主推“紫玉兰”号韩国出境旅游和入境接待旅游，推出“紫玉兰韩国仁川、首尔7日游”“紫玉兰韩国仁川、首尔、济州七日游”等游轮旅游线路和韩国赴连云港的周边入境旅游接待等项目。2005年底，公司拥有英、日、俄、韩、汉等语种的专业导游队伍40余人，管理人员20人。2005年外联接待到连云港旅游者3.6万人次，组织国内旅游2.4万人次，组织出境游1.1万人次，入境旅游接待0.8万人次，完成营业收入6000万元。

连云港市中旅旅行社有限公司 成立于1972年，前身为中国旅行社连云港支社，是连云港市第一家旅行社，2002年改制为连云港市中旅旅行社有限公司，5次被评为江苏省诚信旅行社。至2005年底，共接待、组织海内外游客30多万人次。2005年底，公司有汉、英等语种专业导游13人，其中中级导游2人。

连云港青年国际旅行社有限公司 成立于1985年，隶属于共青团连云港市委，是中国青旅集团成员单位、全市首批诚信旅行社、重合同守信用旅行社、消费者信得过旅行社。1995年推出全市中小学生夏令营活动，针对学生这一特殊群体设计专门线路，每年组织中小学生5000余人出游学习。2005年获得江苏省旅游局授予的“江苏省十佳旅行社”称号。2001～2005年接待海内外游客近50万余人次，组织出境游20万余人次，国内游客近30万人次，营业收入1亿元。

连云港康辉旅行社有限公司 成立于2001年1月，为中国康辉旅游集团分支机构。主营入境旅游、国内旅游。2002年，针对东南亚华人及台湾地区的游客，推出“大圣故里朝圣游”。2005年，接待游客6824人次，完成营业收入289.23万元。

第三节 中国优秀旅游城市创建

20世纪90年代中期，随着国民经济持续快速健康发展，人民群众的旅游需求不断增长。1997年，连云港市委、市政府出台《关于进一步加快发展旅游业的实施意见》，做出“把旅游业培育成为新兴支柱产业”的决策，提出“创建中国优秀旅游城市，建设旅游强市”的发展目标。是年，《连云港市旅游总体规划》出台；7月，江苏省旅游局、连云港市政府联合主办首届“连云港之夏”活动。是年开通郑州—连云港、武汉—连云港等假日旅游专列。此后，各县区相继成立旅游局。

1999年，连云港市启动中国优秀旅游城市创建工作，全市各级完善旅游基础配套设施，提高从业人员服务水平，优化旅游氛围，实现“优美环境、优良秩序、优质服务、游客满意”的旅游业发展目标。5月，市旅游、公安、工商等部门启动旅游市场联合执法检查。此后，旅游行业每年都开展服务技能大赛和名菜名点评选活动，全市各景区积极争创文明景区。2000年连岛景区服务岗获评全国青年文明号。

图17-21 改革开放后，连云港市秀丽的山海风光吸引大批国外游客到连云港观光。
俞德春 摄于2005年

2001年，市政府制定《连云港市“一日游”管理办法》等规范性文件。2002年底，市委、市政府成立由主要领导任组长的创建中国优秀旅游城市活动领导小组，成员由市各有关行业主管部门及县区主要领导组成。是年，连云港市在全国首次以市政府名义，推荐孙悟空作为2008年北京奥运会的吉祥物。花果山风景区、连岛景区获评国家AAAA级旅游景区；花果山风景区被评为全国文明风景旅游区示范点。

2003年3月，连云港市通过省旅游局组织的初检。12月10日，国家旅游局命名连云港市为中国优秀旅游城市。

连云港市志

第十八卷　信息化建设

1986年，连云港市成立信息管理机构市经济委员会信息中心，开始建设全市经济管理信息系统，组织信息网络，开发信息产品。20世纪90年代中后期，随着计算机的逐步普及，税务、金融等重要经济部门和大中型骨干企业开始应用计算机技术开发利用信息资源，开展业务管理。1999年，“中国连云港”政府门户网站开通。2000年全面启动政府上网和企业上网工程。2001年起相继实施学校上网和家庭上网工程，组建全市电子政务网、国防信息网、公安四级通信网、教育城域网、银行金融数据网。2001年，连云港市信息产业局成立。2005年底，全市国民经济和社会事业各领域信息化应用得到全面普及。

通信网络技术迅猛发展。20世纪80年代中后期，伴随着通信、网络与计算机等现代高新信息技术的不断发展，全市通信事业快速发展。1991年12月，连云港信息管理系统加入江苏省分组交换公用数据网（JSPAC）。是月，工商银行连云港分行加入江苏省分组交换网，成为全市首家开通2400异步专线的用户。1992年12月，移动通信正式开通。1993年末，市电信网加入江苏省数字数据网，开始提供高速率全透明传输通道。1994年6月26日，连云港市建成省内第一个完全的通信本地网，东海县、赣榆县、灌云县电话号码升至7位；8月28日市区电话号码升至7位。2003年推出互联网业务，用户可通过固定电话拨打并连接互联网，是年建成市区无线市话网络，至此全市信息化网络基本成型。2005年，全市有宽带网用户7.5万户，建成信息化小区30个。

邮电管理体制改革稳步推进。1984～1998年，邮政和电信合并运营。20世纪90年代中后期，因国家政策调整及适应国内外市场变化等因素，邮电管理体制先后历经联通成立、移动剥离、邮电分营、电信重组等重大变革。

无线电事业健康发展。1984年，全市设置无线电台181部。1985年，连云港市无线电管理委员会办公室、连云港市无线电管理监测计算站成立。20世纪90年代，无线电通信广泛应用于部门和社会生活领域。至2005年底，全市设置各类无线电发射设备97.7万部。

1984～2005年连云港市邮电通信主要指标统计表

表18-1

年　份	邮电通信业务收入（万元）		固定电话用户数（户）		移动电话用户数（万户）
	总　计	邮政速递业务收入	总　计	城市电话	
1984	630	—	12588	9052	—
1985	741	—	14427	10614	—
1986	806	—	16385	12078	—
1987	987	301	18666	14109	—
1988	1130	353	21606	16768	—
1989	1285	451	25323	19996	—
1990	1573	543	29360	23730	—
1991	4125	791	37360	31332	—
1992	6354	1048	52779	46084	—

续表 18-1

年份	邮电通信业务收入（万元）		固定电话用户数（户）		移动电话用户数（万户）
	总计	邮政速递业务收入	总计	城市电话	
1993	9770	1340	74267	65937	—
1994	13959	2066	116521	97521	—
1995	19645	2605	162598	123183	—
1996	28824	3403	216139	144143	1.18
1997	36985	5121	253615	154443	2.33
1998	50769	5291	334059	184257	3.84
1999	67126	6680	477183	272903	8.64
2000	95711	8639	605975	321000	20.24
2001	119544	9534	732662	364362	32.88
2002	105486	10869	696907	341519	48.76
2003	124113	11026	892000	441843	54.06
2004	126500	11563	1222345	645628	62.43
2005	159343	12219	1400700	785300	74.67

第一章　信息产业

1986年，连云港市经济委员会信息中心成立，1989年更名为连云港市计划委员会信息中心。1995年，市计划委员会信息中心购置长城计算机45台、打印机35台，装备市各行政部门信息系统。1996年在市计划委员会信息中心内设立新亚欧大陆桥国际信息中心。1998年，新亚欧大陆桥国际信息网站中文版开通。翌年，“中国连云港”政府门户网站开通。2000年开始推进政府上网工程，2001年底所有市级政府部门和县区级政府网站开通，至2003年底，市委、市政府与各县区和30个市级行政部门实现联网。

第一节　信息基础设施建设

1984年，化工部矿山设计研究院、连云港港务局分别组建电算室，安装的计算机主要用于课题计算和货物吞吐量统计。1986年，市经济委员会信息中心成立，江苏省科学技术委员会拨款10万元为其购置4台台式计算机，建立全市经济管理信息系统。1989年，市经济委员会信息中心更名为市计划委员会信息中心，投资56万元购置1台小型机（VAX2）。1995年，该中心利用日元贷款（约折合17.93万美元）购置长城586计算机25台、486计算机20台、打印机35台及服务器等，装备全市各部门信息系统。

1996年12月11日，经外经贸部、科技部和国家计委联合批复，新亚欧大陆桥国际信息中心成立，挂靠在市计划委员会信息中心，设有演示厅、培训基地、采编中心、主机房等。1997年5月，新亚欧大陆桥国际信息中心组织实施的信息技术在新亚欧大陆桥（中国段）过境运输中运用课题研究成果，在日内瓦召开的联合国贸发会议（UNCTAD）上作交流。1998年4月，新亚欧大陆桥国际信息网（www.silkroad.org.cn）站点中文版开通，与比利时、荷兰、法国、土耳其及日本等国家和地区有关机构开展信息技术交流与合作，与国内30多个沿桥城市信息中心建立工作联系，被联合国开发计划署列入1999年2月至2001年10月新亚欧大陆桥开发能力建设项目援助单位，被江苏省政府徐连经济带建设领导小组列为1999年重点建设项目。是年10月，该网站开通英文版。

1998年6月，国家计委、国家经贸委、科技部、外经贸部联合在连云港市召开新亚欧大陆桥发展战略与信息网络建设座谈会，联合国开发计划署驻华副代表以及国内沿桥10省区19个城市的154人与会。会议通过《新亚欧大陆桥国际信息网理事会章程》，选举乌鲁木齐、兰州、西安、郑州、连云港等12个沿桥城市信息中心为副理事长单位，理事会秘书处设在新亚欧大陆桥国际信息中心。

1999年，"中国连云港"政府门户网站正式开通。2000年开始推进政府上网工程。2001年，市政府门户网站建立23个重点数据库，网上主要栏目实现数据库管理，年增加内容120万字以上；是年底实现所有市级政府工作部门和县区政府上网。2002年，市计划委员会信息中心加强政府上网工程维护管理和制度建设。2003年，加强政府内部办公网建设，实现市委、市政府与四县三区及30个市级部门的联网，同时启用公务员专用邮件系统，发放邮箱3000多个。是年，市政府门户网站在国家有关部门和机构的综合排序中，位列全国257个地级城市网站第9名。

2004年，在市行政中心8楼同步规划建设信息网络系统，建设面积110平方米的标准机房，配备服务器18台、小型机2台、磁盘阵列2套、外网接入交换机32台以及内网核心交换机2台、汇聚交换机3台、接入交换机27台，总投资1000多万元。是年8月，市财税库银联网项目通过验收并正式上线运行。2005年2月，市政府迁入新行政中心办公，上述网络系统同步投入运行，入驻单位实现统一网络管理，行政中心工作人员门禁卡、工作证、消费卡等实现"一卡通"。

第二节　软件产业

1999年12月，连云港杰瑞网络有限公司成立，主要从事系统集成、计算机网络、安防监控、自动控制等领域的研究、开发及工程实施。2001年起始，七一六研究所、淮海工学院等具有软件开发和应用能力的科研院所、高校，围绕办公自动化、信息管理、工程控制以及信息库建设等开发出一批软件产品；是年，七一六研究所自主研制开发的智能交通管理系统、办公自动化、企业资源计划系统等软件产品推向市场。2003年8月，江苏正融科技有限公司成立，主要从事医疗卫生、金融、税务等行业软件的研发、生产、销售和服务。是年，全市软件行业完成销售收入3000万元。2004年3月，连云港杰瑞深软科技有限公司成立，主要从事具有自主知识产权的嵌入式系统软件、嵌入式产品研发，省经济贸易委员会授予该公司江苏省嵌入式软件工程技术中心连云港分中心名称。2004年，全市软件产业完成销售收入近5000万元。2005年10月，连云港维思信息工程有限公司成立，主要从事财务、金融类管理软件开发。至年底，全市有5家企业通过国家软件企业认定，分别是江苏正融科技有限公司、连云港杰瑞深软科技有限公司、连云港杰瑞网络有限公司、连云港维思信息工程有限公司和连云港正融科技发展有限公司；市内另有从事软件开发服务但没有申请认定独立经营软件企业100余家。2005年，全市软件产业完成销售收入6500万元。

2001～2005年，连云港市8个软件项目获得省软件和集成电路专项资金支持，分别是连云港中电华威电子有限公司的企业信息化工程项目（2001年）、连云港杜钟氨纶有限公司的企业信息化管理系统项目（2001年）、江苏恒瑞医药股份有限公司的企业管理信息化建设项目（2002年）、江苏正融科技有限公司的正融医药信息管理系统项目（2003年）、江苏正大天晴药业股份有限公司的集团化信息管理服务平台项目（2003年）、连云港中金医药包装有限公司的中金ERP系统项目（2003年）、江苏正融科技有限公司的基于J2EE的正融银行集中采购系统项目（2005年）和连云港杰瑞深软科技有限公司的嵌入式软件集成开发平台项目（2005年），获得支持资金总额390万元。至2005年底，全市有15个软件产品通过软件产品登记。

2005年连云港市登记的软件产品一览表

表18-2

序号	登记号	软件名称	版本号	申报企业
1	苏DGY-2001-9001	杰瑞企业ERP管理系统软件	V2.0	连云港杰瑞网络有限公司
2	苏DGY-2001-9002	杰瑞办公自动化系统软件	V5.0	连云港杰瑞网络有限公司
3	苏DGY-2001-9003	杰瑞建筑工程招投标管理信息系统软件	V3.0	连云港杰瑞网络有限公司
4	苏DGY-2001-9004	杰瑞市政行政审批中心管理信息系统软件	V1.0	连云港杰瑞网络有限公司
5	苏DGY-2003-0026	正融药品招标管理系统软件	V1.0	江苏正融科技有限公司
6	苏DGY-2003-0027	正融医院信息管理系统软件	V1.0	江苏正融科技有限公司
7	苏DGY-2003-9001	艾尔帕兰应用服务器软件	V1.0	连云港艾尔帕兰软件有限公司
8	苏DGX-2004-9001	杰瑞-LINUX嵌入式操作系统	V1.0	连云港杰瑞深软科技有限公司
9	苏DGZ-2004-9002	杰瑞-IDE集成开发环境软件	V1.0	连云港杰瑞深软科技有限公司
10	苏DGY-2004-0008	正融学校收费管理系统软件	V1.0	江苏正融科技有限公司
11	苏DGY-2004-0009	正融药品销售管理系统软件	V1.0	江苏正融科技有限公司
12	苏DGY-2005-9001	正融计算机软件考试管理系统软件	V1.0	连云港正融科技发展有限公司
13	苏DGY-2005-9002	维思网上比质比价软件	V2.0	连云港维思信息工程有限公司
14	苏DGY-2005-9003	正融综合业务管理系统软件	V1.0	连云港正融科技发展有限公司
15	苏DGY-2005-9004	正融电视台磁带管理系统软件	V1.0	连云港正融科技发展有限公司

第三节　信息产品制造业

1985年，连云港市从事石英晶体、彩电连接器、磁带计数器、共用电视天线系统、二极管、收录机、人造水晶、环氧模塑料等主导产品生产企业进行技术改造和技术开发等工作。至1990年底，先后有7家企业引进国内外先进技术及设备，完成技改项目10个，总投资2434.3万元，石英晶体、彩电连接器、磁带计数器、硅微粉、塑料封接机等产品打入国际市场。1990年底，全市有电子产品生产企业24家，职工4281人，其中专业技术人员725人；是年完成工业总产值1.49亿元、利税 1141万元、销售收入8292万元（其中出口产品占25%，创汇200万美元）；产品有电子整机、电子元器件、电子材料、电子专用设备4大类31个。

1991～1995年，全市电子工业骨干企业的重点产品逐渐由国内市场主导型转向国际国内两个市场兼容型，发展模式逐渐由分散型转向关联型。5年间，全市电子工业系统完成技改项目20个；完成新产品鉴定项目71个，其中省级以上55个，填补国内空白或达到领先水平34个，获省科技成果三等奖1个、四等奖2个，市科技成果一等奖1个、二等奖3个、三等奖12个，获省优秀新产品“金牛奖”7个，省电子工业科技成果二等奖2个、三等奖11个。1993年，市电子器材厂引进的集成电路塑封料生产技术通过部级竣工验收，产品质量达到日、美同类产品水平。“八五”计划期末，全市电子工业总产值、销售收入、实现利税、出口创汇等主要经济指标分别是“七五”计划期末的2.5倍、3.4倍、4.1倍和5.6倍，全市电子行业所属企事业单位增加到50多家。1995年，市电子器材厂改制组建连云港华威电子集团公司，主攻集成电路塑封料产业化。

1996～2000年，全市电子工业企业先后改制。市电讯器材厂改组为晶宇电子公司。2000年，中电集团参股华威集团，成立中电华威电子股份有限公司；晶宇电子公司、无线电元件四厂改制，无线电专用设备厂被徐州机器制造厂兼并。市电子工业公司制定《连云港市电子工业（信息设备制造业）2001～2005年发展规划》。

2001～2005年，全市信息产品制造业逐步发展形成以电子元器件、集成电路原材料、网络连接设备制造为主，兼有芯片、特殊用途计算机设备和部分军品研发制造、拥有多个有突出区域特色龙头产品的产业体系，以大规模集成电路封装用环氧模塑料、高纯超细硅微粉、大直径石英玻璃管、高品质石英晶体元器件等产品为主的硅产品引起国内外高度关注，其中环氧模塑料系列产品国内市场占有率达50%以上。连云港市被省信息产业厅列为江苏省两个特色信息产品制造业基地之一。5年间，全市信息产品制造业产值年均增幅保持在近30%。2004年12月，省信息产业厅在连云港市举办江苏信息产业南北对接交流大会，省内300多家重点信息产业企业参会。2005年，全市信息产业完成工业总产值16.1亿元，占全市工业总产值的4.7%；完成出口交货值10亿元，是2001年的2.7倍。

第四节　信息技术服务业

20世纪90年代中期，连云港市陆续出现面向社会大众的信息咨询、中介服务。2000年，以信息咨询、信息中介、电子信息技术和培训为主的信息技术服务开始加快发展。2001年以后，全市初步形成一支从事信息采集、加工、发布、数据处理、分析预测工作的基本队伍；各类通信业务增值服务、多功能视频点播服务等成为新的经济增长点，面向政府和公众的公益型数据库体系和面向微观经济活动的商用型数据库体系逐渐成形；万润数码港开业，宏图三胞公司进驻连云港市，形成万润数码港、龙河电脑城、国安电脑城、宏图三胞4家相对集中、较具规模的信息技术服务市场；以新浪连云港、连云港新闻网为代表的一批有重要影响的网站相继开通。2005年，全市有信息技术服务、信息咨询、信息中介、信息知识培训等服务企业567家，从业人员3.5万人；连云港市与新浪网合作推介“2005连云港之夏”“9·27世界旅游日中国主会场”活动，新浪网首页、新浪网香港首页、新浪网城市联盟首页等29个地方网站对两项重大活动的专题网站进行链接，成为信息技术服务的成功案例。

第二章　邮政业

1984年，连云港市有邮政局（所）111个，干线邮路总长391千米，函件量420.76万件。1998年10月，邮政与电信分营。2005年，全市邮政从业人员1664人，以火车和汽车为主、自办与委办相结合的初具现代化水平的邮政运输投递网基本形成，计算机在生产、管理等各部门得到广泛应用，邮政服务能力显著提升。

第一节　邮政网路

一、邮政局（所）

1984年，南城邮电支局、云台农场和云台邮电代办所由灌云县邮电局划归市邮电局。全市有邮政局（所）111个。1985～1995年增设通灌路邮电支局、南小区邮电支局、开发区邮电所、连岛邮电代办所、北固山邮电代办所和大庆路私人邮电代办所等局所。1998年10月邮电分营后，邮政、电信对局所产权进行划分，双方可以免费使用对方的房屋。1999年撤销荷花街邮电所，成立朝阳路中心邮电支局，将海连路邮电支局、南小区邮电支局划归其管理。2001年新建海连路邮政综合楼，主体5层，建筑面积4300平方米。2005年增设墟沟西小区、市行政中心等营业网点。是年，全市设有邮政局（所）148个，其中农村邮政局（所）103个、提供全功能服务的邮政局（所）127个。

图18-1　连云港市邮电局办公楼
赵鸣　摄于2005年

二、干线邮路

1984年，全市干线邮路总长391千米。1990年5月15日调整新浦至赣榆省内二级干线邮路，并延伸至赣榆部分支局、所，邮路长180千米，邮车每天往返1班，赣榆县出口邮件均提前1天到达市邮电局。是年12月10日调整市区至灌云部分邮路，将灌云县邮件交换点与市区东、西2条农村邮路结合，开设省内二级干线邮路2条；灌云县邮件交换增加1个频次，出口邮件时限缩短1天，全县取消委办邮路；连云港全区邮路全部实现自办。1991年5月25日增开赣榆北线省内二级干线汽车邮路，邮路

图 18-2 2005年，连云港邮政开通一级干线汽车邮路2条，省内二级干线4条，区内支线邮路9条。图为连云港邮政局车站物流中心。 赵鸣 摄

总长210千米，赣榆境内的出口邮件时限比原来缩短1天。1993年3月1日增开新浦至灌云邮路1条，邮路长84千米。是年11月25日开通新浦至东海东线省内二级干线汽车邮路1条，邮路长193千米，使东海出口邮件的时限缩短1天。

1994年7月11日利用南方航空公司连云港至广州航线，开通连云港—广州委办航空邮路，单程长1520千米，每周一、三、五往返，连云港至广州的出口邮件运递时限缩短1天，连云港邮电局成为继南京邮政局之后江苏省第二个具备航空运输能力的邮电局。1995年2月28日开通由连云港邮电局组开的新浦至盐城及南京电信局组开的南京至新浦省内二级干线汽车邮路，加快连云港至南京、淮阴、盐城、南通地区邮件的传递速度。

1996年11月6日开通市区至东海县西线邮路1条，邮路全程213千米。1997年3月18日开通市区至灌南县邮路1条，邮路全程183千米；同时将市邮政局开往灌云县邮政局的快递邮路延伸到灌南县邮政局，邮路全程159千米。

2004年10月，市邮政局投入车辆开通连云港至山东潍坊全夜航特快邮路。连云港市至全国50个城市的特快邮件实现当日收寄次日投递，至山东省的特快邮件提前0.5～1天。

2005年增开连云港至淮安二级干线邮路1条。开通连云港至山东潍坊物流专线，连云港至山东11个东部地区物流邮件提速2～3天，山东11个东部地区至江苏全境内物流邮件提速1～2天。市邮政局将四县邮政局环形邮路调整为直线辐射型邮路。2005年底，连云港邮政开通汽车邮路15条。其中，一级干线汽车邮路2条，日行程680千米；省内二级干线4条，日行程1262千米；区内支线邮路9条，日行程893千米。

三、市内邮路

1984年以前，全市邮路以自行车、摩托三轮车邮路为主。1985年起，汽车邮路逐年增加。1990年5月11日增加新浦地区市内邮路频次，分为每日8时与14时两个频次。是年12月1日，为使连云港港、墟沟出口邮件每天达2个频次，增开连云地区及连云地区至新浦的市内邮路3条。1991年开通市内邮路3条，市内转趟邮路2条，使市内互寄快件上午收寄下午投递，下午收寄次日上午投递。1992年增开新浦至海州市内趟车1班，新浦至淮海工学院趟车2班，墟沟至新浦转趟邮路2条，新浦至新坝、云台和新浦至新县、板桥、高公岛等农村邮政支局（所）的邮路2条。1994年7月11日增设新浦至白塔埠机场接发飞机邮件邮路。2005年末，全市有县内接力邮路8条，日行程1025千米；市内转趟及市内专线邮路16条，日行程785千米。

四、邮件投递

1984年，全市邮政投递路线总长996千米，投递段道73个，年投递业务量3294.07万件。1986年，市邮政局免费为高层住宅安装信报箱，解决高层楼房投递难题。1995年，投递业务量4283.75万件，投递段78个，单程长1691.15千米。1998年，全市安装立式信报箱1732个，计

20784户，解决2269幢住宅楼通邮问题。2005年底，城市投递段道85条，长2685千米；农村投递路线216条，总长10868千米。

第二节　邮政设备

一、运输设备

1984年，连云港市邮政系统有运输汽车10辆。此后随着邮件运输量增多，运输车辆逐年增加。1994年7月11日，借助南方航空公司B737-3529/30民航客机运送连云港至广东省快件邮件。翌年底，全市运邮汽车达44辆，邮件传递速度明显加快。2005年底，全市邮政有运邮汽车27辆、邮政储蓄专用汽车16辆、邮政速递专用汽车28辆、投递用车7辆、物流专用汽车13辆、其他生产用车9辆。

图18-3　2005年底，全市有邮政运邮汽车等运输设备100辆。图为邮政运输车队。　赵鸣　摄

二、邮件处理设备

1987年，市邮电局购入浙江科研所生产的YBSW-10型智能包裹收寄机1台、南京邮政局生产的YBSM48-01包裹收寄机1台、上海邮政机械厂生产的YD2-4型信函过戳机1台。1994年7月30日引进日本电气株式会社（NEC公司）的计算机网络设备，在海昌路邮电支局建成第一个电子化支局，结束邮政营业长期依靠手工操作的历史。此后计算机应用逐渐增多，邮政自动化水平不断提升。

1995年1月，市邮电局设置邮政设备科，相继购入贵阳邮电通信机械厂推式悬挂输送机3台和LB65链板机、CFZ-I型包裹初分机、YFS01包裹细分机各1台及江苏安保技术工程公司的电视监控系统1套。是年11月16日，集邮业务微机管理系统投入使用，邮票品的入库、销售全过程实现无纸化；12月30日，市邮电局邮政枢纽楼的转运推挂系统、包裹推挂系统、包裹分拣系统及电视监控系统投入运行。

2002年，市邮政局启动商函名址库系统建设，2004年实现设备微机化管理，建设综合网邮区中心局生产作业管理系统。2005年启用邮政综合业务平台、量收系统、速递大客户揽收系统，开发首个省级科技项目邮资机稽核及管理系统。

第三节　邮政业务

一、函件业务

1984年，连云港市函件量420.76万件。1984～1997年，函件主要业务包括义务兵免费信件，国际、国内特快专递等传统业务。1998年以后，函件大宗业务逐渐从传统函件向邮送广告、商业信函、明信片、账单等转变。1999年，函件大宗业务以邮送广告和企业明信片为重点，出版邮送广告12期120万份，实现全市邮政邮送广告联网运行。2003年，商函广告业务取得较快发展，"孙悟空'专用邮资封突破250万枚，企业拜年卡100万枚。2004年，函件专业邮送广告基本涵盖市内所有名牌大卖场和大型超市；当年全市开展申办2008年奥运会吉祥物活动，制作"美猴王"邮资图片资封。2005年，全市函件量1969.58万件，其中普通私人函件量657万件、邮送广告类函件1312.58万件。

1984～2005年连云港市邮政系统函件业务量统计表

表18-3　单位：万件

年　份	函件业务量	年　份	函件业务量	年　份	函件业务量	年　份	函件业务量
1984	420.76	1990	785.69	1996	1302.62	2002	2048.25
1985	413.81	1991	812.30	1997	1085.77	2003	2240.17
1986	440.69	1992	888.44	1998	962.00	2004	2178.56
1987	548.19	1993	1010.36	1999	1660.33	2005	1969.58
1988	615.12	1994	1123.38	2000	1632.58		
1989	997.55	1995	1204.38	2001	1598.40		

二、包裹业务

1984年，连云港市包裹业务量6.42万件。1985年，市邮电局允许用户使用用户专用袋交寄包裹，1991年该项业务停止。1993年5月1日开办出口国际特快专递邮件（信函除外）、台湾快递包裹（含文件资料类）收寄代客报关业务，并收取每件代客报关服务费4元。1995年3月1日收取国际特快邮件（信函除外）、国际包裹、小包每件代客报关服务费4元。是年7月1日，邮政礼仪专递业务实现全国联网。1996年，全市包裹业务量19.74万件，其中国内包裹19.69万件。1996～2001年，全市包裹业务量每年保持在20万件左右。2005年包裹业务量25.04万件，其中国际包裹业务增长量较大，当年国际包裹实现收入103万元。

1984～2005年连云港市邮政系统包裹业务量统计表

表18-4　单位：万件

年　份	包裹业务量	年　份	包裹业务量	年　份	包裹业务量	年　份	包裹业务量
1984	6.42	1990	12.80	1996	19.74	2002	23.72
1985	7.01	1991	13.33	1997	19.26	2003	26.82
1986	7.64	1992	15.48	1998	19.48	2004	24.82
1987	10.95	1993	16.51	1999	20.40	2005	25.04
1988	12.32	1994	18.56	2000	20.32		
1989	13.87	1995	19.83	2001	19.57		

三、汇兑业务

1984年，连云港市开发汇票业务14.99万张。1985年，全市开发计费汇票17.84万张，汇兑收入11.12万元。1988年5月1日开办快件汇款业务。是年9月1日，海昌路邮电支局开办汇兑款转储蓄业务。1990年3月，解放路邮电支局开办电报汇款业务。是年7月31日执行国内邮政汇兑资费表，同时停办汇款回执业务。1992年7月1日，海昌路邮电支局开办中日、中美国际邮政汇兑业务。1995年，全市开发计费汇票33.03万张，汇兑收入74.73万元。1996年，汇票量显著增加，全年开发汇票36.53万张。1999年汇票开发量38.61万张。2000～2005年，汇票量逐年下降，2005年开发计费汇票19.6万张，比2000年减少16.94万张，下降46.36%。

1984～2005年连云港市邮政系统汇兑业务量统计表

表18-5　　　　单位：万张

年　份	汇票业务量	年　份	汇票业务量	年　份	汇票业务量	年　份	汇票业务量
1984	14.99	1990	28.94	1996	36.53	2002	28.57
1985	17.84	1991	28.81	1997	36.41	2003	29.15
1986	19.08	1992	30.19	1998	37.49	2004	23.56
1987	18.99	1993	30.52	1999	38.61	2005	19.60
1988	18.77	1994	31.25	2000	36.54		
1989	30.62	1995	33.03	2001	31.68		

四、报刊发行业务

1984年，连云港市订销报纸1996.68万份、杂志239.23万份。1985年4月，市邮电局报刊零售公司成立，零售业务规模扩大。1987年4月，国家调整邮电部门的报刊发行费率，将报刊分为3类，省、市、自治区及其以上的党报党刊仍执行25%的费率，中央级的工、青、妇、少年科技、法制报刊提高到27%～28%，其他报刊提高到30%～40%。是年，外埠报刊发行量持续增长，《连云港报》《淮北盐工报》《连云港科技报》《化工矿山技术》《连云港文学》等报刊相继扩大发行范围，全年全市订销报刊4571.74万份。2001年，全市报纸订销量4798.02万份，为历年最高。

图18-4　1985年，市邮政局成立报刊零售公司，扩大零售业务规模。图为20世纪80年代的邮政报刊专营柜台。

赵鸣　摄

2005年，全市邮政系统发行报纸3618.97万份、杂志175.55万份。

1984～2005年连云港市邮政系统报刊订销情况统计表

表18-6　　　　单位：万份

年　份	报刊数		年　份	报刊数	
	报　纸	杂　志		报　纸	杂　志
1984	1996.68	239.23	1995	3543.84	270.26
1985	3027.05	301.86	1996	4070.25	259.47

续表 18-6

年　份	报刊数		年　份	报刊数	
	报　纸	杂　志		报　纸	杂　志
1986	3646.90	252.24	1997	4084.39	261.13
1987	4271.47	300.27	1998	4506.00	246.00
1988	2234.61	252.74	1999	4591.75	251.80
1989	1598.81	163.67	2000	4682.23	218.56
1990	3805.70	155.38	2001	4798.02	146.03
1991	4285.67	167.64	2002	4539.68	211.98
1992	4007.82	330.66	2003	4030.93	182.44
1993	3943.14	299.16	2004	3988.68	180.58
1994	3687.25	281.26	2005	3618.97	175.55

五、邮票与集邮业务

1984年3月10日，连云港市集邮协会成立，发行纪念张1枚和《连云港风光》明信片1套10枚；10月，市邮电局成立邮票公司，是年，集邮业务收入9.87万元。1985年3月，发行连云港—上海、连云港—北京首航（航空）纪念封各1枚。是年底，全市有10余个集邮分会，集邮人数4200人，集邮热在市内兴起。1986年，全国帆板锦标赛暨中日帆板友谊赛在连云港举行，发行纪念封1枚。由于邮票发行量过大，影响了部分集邮爱好者的积极性，集邮热有所降温。1988年10月1日，市集邮协会与市邮电局邮票公司举办全市首届邮票品拍卖大会，成交率达79%，成交额1300余元；11月7日，发行“连云港市解放40周年”纪念封1枚；11月20日，连云区集邮协会与连云港邮电支局举办连云区邮品拍卖大会，拍卖邮品106宗，成交额4100元。

1989年4月，连云港市曹定远的《体育运动》和王洵士的《人类征服宇宙》参加江苏省邮集展览，王洵士《体育之窗》邮集获得江苏省首届体育集邮展览优秀奖；5月，市邮电局发行全国青年微机使用大赛纪念封1枚；9月30日～10月4日，市集邮协会在市文化宫举办国庆专题邮展，发行《庆祝中华人民共和国成立40周年》纪念封1枚；市集邮协会与淮阴市集邮协会联合发行蛇年纪念封1枚、龙年蛇年交替封1枚。是年，市集邮协会发展矿山设计院、供电局、港务局、财经学校、新浦农场、纺织厂、涤纶厂7个基层协会组织，至年底，市集邮协会有基层协会27个、会员1254人。王洵士《体育之窗》邮集入选1990年全国集邮协会第三届体育集邮展览。

1991年10月9日，为纪念第22届世界邮政日，市邮电局发行《邮政日》纪念封1枚赠送集邮爱好者。1993年6月15日，邮电部发行《竹子》邮票1套4枚，小型张1枚，其中第二枚“金镶玉竹”为连云港市花果山特有种类。1994年3月10日举办纪念市集邮协会成立10周年邮展，出版《连云港市青少年集邮文选》。是年，市集邮协会有团体会员组织153个、会员6536人，全市集邮爱好者发展至3万多人。10月27日，连云港市邮票公司更名为连云港市集邮公司。是年，全市出售邮票458.5万枚，集邮业务收入248.18万元。

1996年9月2日，邮电部发行《中国古代档案珍藏》邮票1套4枚，其中第二枚“简牍档案·汉代木牍”出土自东海县尹湾汉墓。1998年起，集邮市场需求不旺，开始突出集邮市场开发。1999年集邮业务实行储蓄与集邮业务联动发展，赣榆县邮政局推行集邮承包经营，东海县邮政局开展集邮营销宣传月活动。

2002年围绕世界杯足球赛开展系列活动，开发一批球迷集邮品、纪念品，全年销售世界杯系列邮品价值30余万元。2004年，集邮业务以个性化邮票和企业年册为突破口，全年销售个性化邮票1.5万版，企业年册突破3000册。2005年，全市邮政系统出售邮票159.92万枚，实现营业收入272.2万元；举办《玉兰花》特种邮票首发式，销售1000册市树市花卡书和8000张极限明信片。

第三章 电信业

1984～1998年，连云港市邮政电信合一运营。1998年后，邮政、电信分营，电信事业进入大发展时期。电信业务由新式业务替代传统业务的步伐不断加快，移动电话替代固定电话、IP电话业务替代长途电话业务、多功能业务替代单一业务（如无线寻呼）成为发展主要趋势。

第一节 机 构

图18-5 中国电信股份有限公司连云港分公司办公楼 俞德春 摄于2003年

一、中国电信股份有限公司连云港分公司

前身为连云港市邮电局。1998年10月，邮政、电信分开运营，连云港市电信局成立。1999年，寻呼、卫星和移动业务从连云港市电信局剥离。原中国电信拆分成中国电信、中国移动和中国卫星通信公司3个分公司，寻呼业务并入联通公司。2002年成立连云港电信分公司。2003年1月更名为江苏省电信有限公司连云港分公司（简称连云港电信分公司）。2005年，连云港电信分公司下辖赣榆县、东海县、灌云县、灌南县电信分公司，正式员工1200人、劳务工800人，固定资产30多亿元，主要提供固定电信网络与设施，以及基于固定电信网络的话音、数据、图像、多媒体通信与信息、无线市话等综合信息服务，并承担党、政、军专用通信和应急通信等任务。

二、中国移动通信集团江苏有限公司连云港分公司

1992年12月，连云港移动通信开通，由市邮电局移动通信科（公司）负责经营管理，隶属连云港市邮电局领导，经营、财务、业务技术管理受江苏省移动公司领导，为省属全民所有制企业。1998年8月，连云港移动通信从连云港市

邮电局剥离，成为境外上市公司中国移动（香港）公司的全资子公司江苏移动通信有限责任公司连云港分公司，下辖赣榆县、东海县、灌云县、灌南县分公司。1999年3月19日，公司在连云港开发区完成工商登记注册，办公、营业场所租赁原连云港市邮电局龙河大厦办公用房，2002年11月迁入连云港市新浦区海连中路139号公司自建的海连路综合楼。2005年，公司完成传输本地骨干网AB平面接入网工程、GSM网第8期扩容工程，获得"全国用户满意服务单位"称号。

三、中国联合通信有限公司连云港分公司

1997年5月4日，中国联合通信有限公司连云港分公司（筹）成立，是江苏分公司下辖的地市级分公司，承担中国联通在连云港地区的电信建设和业务发展工作。1998年6月，中国联合通信有限公司连云港分公司（简称中国联通连云港分公司）成立，办公地址位于新浦区海昌南路47号。1999年4月正式放号运营。2000年9月，连云港国信寻呼公司并入中国联合通信有限公司连云港分公司。2002年7月，中国联通连云港分公司成立大客户中心，启动社会直销工作。2003年5月1日，在连云区成立经营部。2004年，新浦、连云和市属四县先后成立联合通信分公司。至2005年底，中国联通连云港分公司建成9个自建营业厅、90多个合作营业厅及56个特约代理点，实现对全市95%以上县区、乡镇的销售覆盖。

第二节　固定电话

1984年，连云港电信已开通纵横制交换机，实现新浦区、海州区市话自动拨号。拥有AXE-10、S1240、F150等局用交换机、模块局和接入网点500个，以及富士通、华为、中兴、爱立信、诺基亚和朗讯ATT等传输设备。1985年11月26日，墟沟市话用户接入连云港市话自动网，连云地区市话用户实现自动拨号。至年底，全市市话计费用户2733户，电话普及率1.7部/百人；用户交换机容量8940门，接入用户交换机话机5158部；公用电话27部，其中自办20部、委办7部。

1987年12月12日，市邮电局开通比利时S-1240程控电话交换机，新浦、海州地区用户装电话难状况得到缓解，新浦、海州与连云地区市话实现直拨。1988年4月，新浦、海州地区市话开始按复式计次标准收费，结束包月收费标准。1991年4月21日引进的瑞典爱立信AXE-10市话1.6

图18-6　1984年，连云港电信开通纵横制交换机。图为4000门程控电话交换机房。　赵鸣　摄

图18-7　20世纪90年代市电信控制中心　赵鸣　摄

万门程控交换机开通，连云港市电话号码由5位数升为6位数；8月10日在市政府和百货大楼附近安装投币式电话亭2座，结束连云港市无公用电话亭的历史。1992年开通“120”急救电话；是年7月1日，免费开放“122”交通事故报警台。1994年1月18日开办“168”声讯业务，向社会提供延伸服务。6月26日建成省内第一个完全的本地网，东海县、赣榆县、灌云县号码升至7位。8月28日，市区电话号码升至7位。1998年扩容市话3.1万门、农话3万门，全市电话局用交换机总容量达到52.2万门。2004年3月，连云港电信电话用户总数突破100万户，2005年达140多万户。

第三节　移动电话

一、网络建设

A、B网建设　1992年，连云港市邮电局引进美国摩托罗拉公司900兆赫蜂窝式移动电话系统，在新浦、墟沟、开发区、旗台、青口、牛山、伊山设立7个基站；12月25日开通7500门EMX-250移动电话交换机，设66个信道。1993年1月和8月，连云港移动通信A网、B网相继开通。1995年1月，连云港模拟网实现全国自动漫游。至1995年底，市邮电局开通移动电话A网、B网用户3837户，其中A网3651户、B网186户。2000年5月，连云港移动电话模拟网（B网）关闭。2001年12月31日，连云港移动电话模拟网（A网）关闭，第一代模拟电话退出历史舞台。

G网建设　1995年12月，连云港“全球通”数字移动电话网开通，实现与15个省、直辖市自动漫游功能。1998年，连云港移动通信进行G网扩容；11月1日割接开通，市内全球通基站达135个，拥有无线信道3078个，网络容量6万户。1999年1月12日，连云港市建成开通全省第一个GSM900/1800兆双频数字移动电话网络，数字移动电话可在900兆与1800兆之间自由切换。2002年5月17日，中国移动通信GPRS在市区开通，连云港移动网络实现从第2代向2.5代的过渡。

全球移动通信系统网络建设　1997年5月，中国联合通信连云港分公司（筹）开始建设移动通信网。6月，全球移动通信系统网一期工程开工，建设基站1个。1998年一期工程峻工，二期工程开始建设；11月27日二期工程竣工，全球移动通信系统网投入使用。二期工程完成投资1.2亿元，新建移动交换机（MSC）1台、容量1.5万户，新建基站19个、光缆线路450千米，与全国28个城市、130个数字移动网联网，完成市区和县城及主要道路的无线网络覆盖。1999年6月，全球移动通信系统网三期工程建成，交换容量1.5万户，新增移动基站6个，新建光缆线路28千米。2000年10月，中国联合通信连云港分公司完成全球移动通信系统网四期工程建设，总投资3155万元，新增交换容量2万户，新建基站53个、光缆线路140千米，完成主要乡镇和道路的无线信号覆盖，保证全市80%以上的地区能够实现良好移动通信。2000年起，全球移动通信系统网络开始加强旅游景区和重点交通干线的覆盖，中

图18-8　2005年，连云港移动公司有营销网点143个，移动用户55.6万户。图为该公司营业厅。　赵鸣　摄

国联通连云港分公司先后在连岛大沙湾浴场、苏马湾、花果山等景区及其附近建设11个基站或直放站。2001年6月，苏马湾景区移动电话畅通，花果山等景区改善移动通话网络。2005年12月，中国联通连云港分公司建成全球移动通信系统第10期工程，割接并网运行，全市全球移动通信系统网络容量达19.9万户，建成通信基站238个，网络覆盖各县区、乡镇，主要交通干线实现连续覆盖，市区重点地区基本实现室内覆盖。

码分多址无线通信网络建设　2001年5月，中国联通江苏数字移动电话码分多址无线通信网一期工程连云港交换区工程开工，12月基本建成，新建无线基站87个、直放站17个。2002年初启动连云港码分多址无线通信网络二期工程建设，新建基站69个，4月8日开始对外放号，正式投入运行。2003年5月开始码分多址无线通信网3.1期工程建设，新建基站31个，无线容量22.4万户，可处理移动分组数据用户3.49万户。2004年6月26日，总投资1.1亿元的连云港业务区CDMA 3.2期二阶段基站割接入网试运行，至此连云港CDMA网基站总数200个，码分多址无线通信网覆盖首次与全球移动通信系统覆盖水平相当，实现全市98%以上地区信号良好覆盖。10月，全网投入试运行。2005年，码分多址无线通信网络进入优化调整阶段，完善覆盖区域和范围，完成淮海工学院的校园基站建设及农村地区基站机顶改造工作，全市基站总数增至213个。

1997～2005年中国联通连云港分公司网络建设情况统计表

表18-7

年　份	网络类型	HLR容量（万户）	VLR容量（万户）	交换系统接通率（%）	基站数（个）	载频数（个）	无线容量（万户）	网络覆盖率（%）	掉话率（%）
1997	GSM	10	10	90.0	1	3	—	2	—
1998	GSM	10	10	90.6	20	121	2.4	30	3.5
1999	GSM	15	12	91.0	53	139	3.5	80	1.5
2000	GSM	20	16	93.0	79	420	8.2	85	1.3
2001	GSM	30	18	95.0	168	845	16.6	90	1.2
	CDMA	10	10	96.0	87	261	10.4	75	2.5
2002	GSM	40	24	97.0	175	868	17.2	92	1.2
	CDMA	10	10	97.0	156	468	18.7	80	2.1
2003	GSM	50	26	98.7	215	932	18.2	94	1.1
	CDMA	10	10	97.8	187	561	22.4	90	1.6
2004	GSM	60	28	99.3	217	932	18.2	95	0.8
	CDMA	10	10	98.9	200	600	24	93	1.2
2005	GSM	70	43	99.8	238	1019	19.9	95	0.8
	CDMA	10	10	99.3	213	639	25.6	95	0.9

二、业务经营

中国移动通信集团江苏有限公司连云港分公司　1998～2005年，中国移动江苏公司连云港分公司移动新业务ARPU（每个用户平均收入）值呈快速增长趋势，移动新业务市场规模扩大，多元化经营格局逐步形成；陆续向社会推出短信息、“1258”移动秘书服务台、信息点播、IP电话、GPRS、WAP、彩信、彩铃、短信呼、易查询、随E行、移动QQ以及数据传真等移动新业务。在此期间，连云港移动根据不同目标人群需求，先后推出“全球通”“神州行”“动感地带”三大品牌。2005年，三大品牌客户分别达3.9万、6.1万、45.6万户。2005年底，中国移动江苏公司连云港分公司有营销网点143个。8年间，连云港移动用户快速增长，从1998年的2.4万户发展到2005年的55.6万户，市场占有率55%，企业纳税额从1998年的450万元增长到2005年的1069万元。

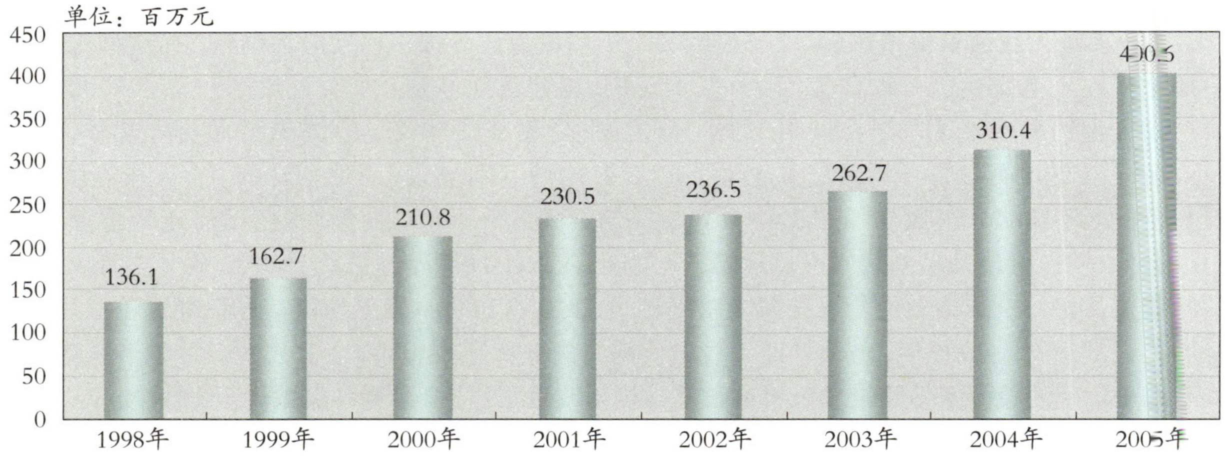

图18-9　1998～2005年中国移动江苏公司连云港分公司运营收入增长图

中国联合通信有限公司连云港分公司　1998年6月，中国联合通信连云港分公司成立。1999年4月对外放号运营，建成自有营业厅1个、代办营业厅3个。2000年8月，委托中行、交行、建行、农行、工行五大国有商业银行代收费。2002年10月，连云港联通分公司在市属四县分别新建自有营业厅；全市新增40个合作营业厅、15个营业点。2003年3月，中国联通连云港分公司陆续推出联通新时空CDMA无线数据业务，是年发展用户5万户，实现业务收入202万元；9月，成立连云港联通分公司客户俱乐部。2004年，网上用户增至7万户，实现业务收入271万元。至2005年底，连云港联通分公司有9个自建营业厅、90个合作营业厅、56个代办点，形成市区、县城、乡镇三级服务体系；“联通无限”业务网上用户10万户，实现收入316.84万元；俱乐部签约会员单位70多家，涉及娱乐、餐馆、保险、保健、旅游、汽车等行业；钻石卡用户158户，翡翠卡用户1014户，蓝宝石卡用户1.96万户。

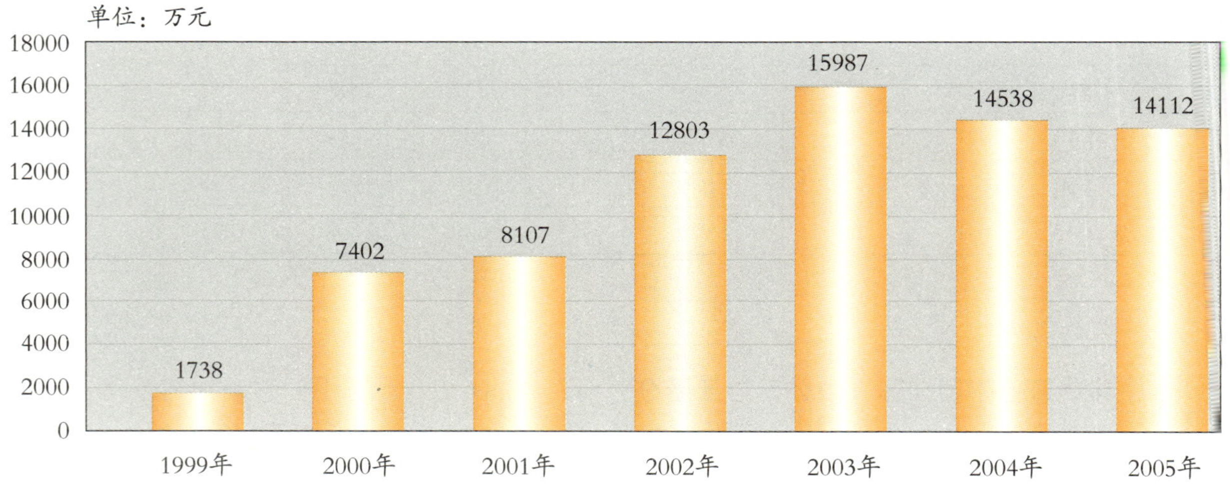

图18-10　1999～2005年中国联合通信连云港分公司运营收入增长图

中国电信股份有限公司连云港分公司 1998年后，连云港电信相继开放固网智能化、宽带及宽带应用、ICT信息通信技术等业务，开通为企业提供综合信息解决方案的商务领航业务，提供语音广告、行业首查、个人商旅等服务的号码百事通业务，以及“新视通”电视电话会议、“全球眼”“七彩铃音”等电信新业务。2003～2005年，中国电信连云港分公司针对不同客户群建立营销渠道服务体系，分别成立大客户、商业客户、公众客户部门，建立大客户经理制、社区经理制、农村统包责任制和10000号客户服务中心制四大营销服务渠道及快速高效的支撑体系，成立由多专业技术人员组成的VIP保障中心。

第四节 无线寻呼

1989年8月，连云港市电信局商用寻呼台开通，正式开办无线寻呼业务，寻呼网络拥有多个全国统一接入号码，其中126/127为本地网，128/129为省网，191/192和198/199为全国网。是年在全市发展BP机用户32户，实现业务收入5.52万元。8月1日，连云港市邮电局设“126”人工寻呼台，开办公众无线寻呼业务；仅在新浦设立1个寻呼基站，使用上海邮电一所生产的YCF发信机2台，容量1万门，寻呼范围东至墟沟，西达东海温泉，南至灌云伊山，北达赣榆青口。

1993年3月28日，连云港市龙飞电讯有限公司无线寻呼台开业。至年底，全市建有4个地方无线寻呼台。1995年9月18日引进美国摩托罗拉5万户寻呼系统，开通本地网寻呼系统第二频点“998”人工寻呼台和“999”自动寻呼台；12月8日开通10万户寻呼系统，通过X25分组交换与省内11个地级市联网，开办全省联网“128”人工寻呼和“129”自动寻呼业务。至年底，全市寻呼用户达2.84万户。

1998年7月，寻呼业务从连云港市电信局剥离，成立连云港国信寻呼公司。2000年，连云港国信寻呼网上用户30万户，是年完成寻呼业务收入1450.13万元；9月8日，连云港国信寻呼公司成建制划入中国联通连云港分公司，融合时全市寻呼资产2337万元。融合后，中国联通连云港分公司主要经营传统寻呼业务、增值业务、无线信息业务和呼叫中心业务，其中无线信息和呼叫中心业务成为融合后中国联通连云港分公司寻呼发展重点。此后，随着移动电话逐渐普及，寻呼市场日渐萎缩直至退出市场，业务收入逐年下滑。2004年，中国联通连云港分公司陆续关闭126/127、191/192寻呼网络。2005年7月，在网用户数仅500户，中国联通连云港分公司关闭寻呼业务，停止128/129寻呼网对外服务。

第五节 互联网业务

1991年12月，连云港市邮电局开通从美国SPRINT公司引进的TP3325E网络集中器1套，与省内10个地级市邮电局集中器连接，组成江苏省分组交换公用数据网（JSPAC），开办X25同步专线、异步专线与异步拨号业务。是月，工行连云港分行接入江苏分组交换网，成为连云港市首家开通2400异步专线用户。

1992年8月，市电信局开办电子信箱业务。1993年10月开办电子数据交换、传真存储转发与江苏省电子信箱业务。年底，市电信网加入江苏省数字数据网，开始提供高速率全透明传输通道。1994年12月建成市分组交换公用数据网。1995年1月建成连云港市数字数据通信网。是年7月6日，工行连云港分行通过上海端口加入国际互联网，成为连云港市首家使用互联网用户。1998年，新增本地DDN网端口448个，建成ATM工程和互联网。1999年建成信息港湾到县工程；首次实现市政府网与部门网市气象信息网联网。1999年10月10日，连云港市政府网站开通运行。

2000年，连云港市全面启动政府上网和企业上网工程，当年上网企业7122家；建成江苏省公务邮件系统连云港节点。2001年建成并开通ADSL业务，满足用户宽带上网需求；实施学校上网和家庭上网工程；组建服务于全市的电子政务网、部队国防信息网、公安四级通信网、教育城域网、银行金融数据网和市政府新区通信网等影响全市信息化发展的重大工程项目。2003年，中国联通连云港分公司推出互联网业务，用户通过固定电话拨打“16500”接入联通互联网络中国联通GPRS网络接入点，实现与互联网连接；互联网与电子商务业务收入182.46万元，网上用户1万户。

2005年，中国联通连云港分公司推广无线上网卡，完成互联网业务收入317万元。全市宽带上网用户7.5万户，建成信息化小区30个；骨干网络架构完善，数据通信网有DDN、ATM网络、IP城域网和宽带接入网，承载沈大沪、北沿海、徐连等传输一级干线和苏北环、淮连、互联网系统等传输二级干线。

第四章　无线电管理

1984年，连云港市设置无线电台181部。此后随着国民经济持续快速发展，无线电通信技术得到广泛应用。20世纪90年代，伴随着城市化和信息化的加速推进，无线电通信广泛应用于公众移动、广播电视、交通运输、电力调度、气象报警、抢险救灾、工程建筑、金融证券、公安消防、文教卫生、城市管理、供水供气、安全保卫、生产调度、行政执法等部门（行业）及社会生活的主要方面。至2005年底，全市设置各类无线电发射设备97.7万部。

1985年，连云港市无线电管理委员会办公室（简称市无委办）和连云港市无线电管理监测计算站成立。1997年，连云港市无线电管理委员会撤销，原市无线电管理委员会办公室改称市无线电管理办公室，增挂江苏省无线电管理委员会办公室连云港市管理处牌子，行政级别为副处。2001年，连云港市无线电管理办公室并入连云港市信息产业局，保留原名称，为市发展计划委员会内设的副处级机构，受市发展计划委员会、省无线电管理委员会办公室双重领导，为省无线电管理办公室的派出机构。2002年，江苏省无线电管理委员会办公室连云港市管理处更名为江苏省无线电管理局连云港市管理处。至2005年底未有变化。

第一节　频率台站管理

一、频率规划和审批

1984年以前，无线电管理由军队通信保密部门负责。1984年，连云港市设置无线电台181

部。1985年，地方无线电管理业务从军队移交给政府，市政府开始制定无线电管理具体实施办法。1988年，全市设置无线电台首次超过2000部，达2131部，全部为专业电台。随着经济加快发展，社会对无线电需求越来越大。至1994年，全市设置各类无线电台首次超过1万部，达13112部，其中专业电台8878部。2000年达37.3万部。2001年，连云港市根据《中华人民共和国无线电频率划分规定》频率指配权限，制定连云港市150兆赫、230兆赫、400兆赫频率指配表和频率分配方案，明确指配原则，修订频率指配流程，供不同业务不同部门指配使用。2002年10月按信息产业部《关于加强450～470兆赫频段管理的通知》要求，暂停指配450～470兆赫频段的频率，暂停审批新设台站，引导无线电用户向150兆赫、420兆赫频率方向发展。2004年完成对150兆赫和420兆赫频率使用情况调查、无线寻呼频率、450～470兆赫频段频率清理等任务。2005年完成寻呼频率和450～470兆赫频段清理，清理寻呼频率13个、450～470兆赫频率48组，其中收回频率5组、通知不再增加设备频率8组，涉及设备920部。是年，全市设置各类无线电发射设备97.7万部。

二、频率协调和重点频率保障

1987年，市无委办制定连云港频率协调和重点频率保护等无线电管理制度。1995年，市无委办与日照市无线电管理机构协调解决连云港港务局煤炭公司无线话机受日照港干扰的问题。1996年起加强与相邻市无线电管理机构协调沟通，达成频率预指配协议，在遇到同频干扰时，按"带外让带内，次要业务让主要业务，后用让先用，无规划让有规划"原则进行频率协调。

2004年，在核批江苏核电公司田湾核电站800兆赫数字集群、150应急寻呼频率时，市无委办与日照、临沂、徐州、淮安、盐城等市召开协调座谈会，协调专网频率，上报省无线电管理局和国家无线电办公室审批。市无委办加强对民航机场、水运、铁路、交通、森林防火、防洪防汛、广播电视等9个系统、16家重要单位使用频率保障，对容易产生干扰民航通信的29个寻呼基站和22部调频电台进行普查、测试及核对。5月，市无线电管理办公室对民航白塔埠机场及连云港导航站附近区域进行实地电磁环境测试，未发现干扰；8月在民航机场召开保护航空专用频率协调会，建立民航频率专项管理长效机制。

2005年，全市开展频率清理工作，收回长期占而不用的频率资源。

三、无线电台站管理

无线电台站审批　1985年，市政府办公室印发简化设置使用无线电设备报批手续的通知，规定凡设置使用功率15瓦以下的无线电设备均由市无线电管理委员会办理。1987～1993年执行《江苏省无线电管理规定》，设置功率50瓦（含）以下广播电台、电视台、25瓦以下无线电台及市以下建设的微波电路，均由市无线电管理委员会审批，报省无线电管理委员会办公室备案；电台执照（使用证）由市无委办核发；使用无线话筒的单位和个人，向县以上无线电管理部门申请登记，领取使用证。1995年，市无委办与市邮电局协调，由邮电部门代发执照，提供电台（手机）用户资料。翌年，完成移动通信发射基站和手机的注册登记发照任务，发照率96%。

1999年执行信息产业部无线电管理局发布的《无线电台执照管理办法》，明确无线电台执照是合法设置和使用无线电台（站）的法定凭证，无线电台（站）必须持有电台执照方可投入使用。5月，市无委办与市广播电视局、气象局、灌云县广播电视局签订《关于在高山、高塔、大桅尖、北固山、伊山上设置使用无线电台责任书》。2001年取消无线电发射设备准购制度和购买定点要求，规定不再收取除国家规费以外的其他服务费。2003年，市无委办出台《设置、报废、停用、注销无线电台站管理规定》。2005年，市无委办编发《无线电管理服务指南》和《用户须知》。

无线电台站核查 1986年7月，市无委办进行频率、台站和设备的重新核查登记，对主要台站各项数据进行测定、核查，健全了全市无线电管理技术资料。1988年，市无委办开展对流动无线电台检查活动，查处20瓦高频话机2部、25瓦高频话机4部。1992年在全市开展整顿短波无线电通信秩序工作，全市共有短波通信设备139部，涉及水产、交通、邮电、地震、民航等行业。1993年对无线电台站进行普查登记，在全市5439部无线电发射设备中，发现未经批准、擅自使用的无线电发射设备912部，全部补办核发电台执照。1996年灌南县划入连云港市后，对灌南县开展无线电设备普查登记，补办设台手续83份。

1999年开展无线电台站专项核查，全市共有固定电台785部，分布在全市86个乡镇；核查731部、抽查699部、检测506部，核查1015个点，查出违章电台14部。是年10月，对航空导航固定台、微波和扩频台站、海上通信岸台、广播电视发射台4类台站进行核查，全市共有民用航空导航固定台站16部、微波和扩频通信167部、广播电视84部、海上通信岸台30部。

2002年10月组织清理整顿卫星地球站，全市具有上行功能卫星地球站19个。2003年9～12月对全市7272个电台执照进行年检。2004年4～10月，市无委办对529部超短波固定电台，电信、移动、广电、海事设置的69部微波台，气象、盐业、民航、海事设置的5部雷达及联通、电信、铁通设置的29个寻呼基站进行核查，查出8个台站违反核定项目、6个台站电台执照过期、12部电台长期不用。2005年对移动、联通频率台站进行清理核查，对大型固定台站进行动态管理。

1984～2005年连云港市无线电设备统计表

表18-8 单位：部

年份	无线电发射设备总数	公众网发射设备	专业电台	年份	无线电发射设备总数	公众网发射设备	专业电台
1984	181	—	181	1995	15686	6414	9272
1985	958	—	958	1996	16862	7812	9050
1986	1925	—	1925	1997	30157	25334	4823
1987	1638	—	1638	1998	86924	80000	6924
1988	2131	—	2131	1999	86558	80000	6245
1989	2230	—	2230	2000	373000	300000	6024
1990	3403	—	3403	2001	384000	380000	5044
1991	4195	—	4195	2002	455000	422000	4430
1992	6110	—	6110	2003	610000	600000	7272
1993	7113	—	7113	2004	740000	730000	7974
1994	13112	4234	8878	2005	977000	969000	8827

四、无线电行政执法

1985年，市无委办加强对拆船部门进口船舶无线电设备管理，封存无线电话机2部，没收无线话筒15个。1988年对赣榆县化肥厂将1部短波电台私卖给柘汪邮电支局职工的行为予以严肃处理，没收电台。1989年，市无委会下发《关于严格控制市场销售无线电发射设备的通知》，对连云港市医疗器械设备厂崛新商店违章销售无线电话机、连云港市建筑材料供销公司私设无线电话机行为在全市通报。

1990年10～11月对全市生产、销售厂商进行清查登记，查出个别厂商未取得无线电管理部门颁发的无线电通信设备准购证就擅自销售。1992年4～7月组织全市139部短波电台进行自查、核查，对短波电台工作人员开展教育并进行政审，逐一复查验收。1995年，市无委办在全市查处私设电台，没收非标准大功率无绳电话机27部、天线23副和短波单边带电台、寻呼发射机各1部、渔业话机2部，查扣车载电台9部、非法销售的无绳话机33部；为"大哥大"手机补办手续，颁发无线电台执照。

1996年3～7月在全省无线电管理执法守法大检查活动中查处违规使用无线电设备137部，其中无线电话机94部、调频电台1部、渔业话机33部、渔业短波制式电台9部。1997年，查出44部私设台，其中无线对讲机36部、短波电台4部和数据传输机、无绳电话机各2部。1998年，市无委办对违章寻呼台和指标不合格的调频台进行复查，对灌南县花园乡、山口乡、长茂镇未经批准设置使用小调频台进行查处和整顿；在花果山、锦屏山、北固山等处查处未经无线电管理部门批准而私自架设发射台3部。1999年8月在市区和四县开展执法检查，拆除大功率无绳电话天线54副、没收设备5部。

2000年，连云港港口水上通信频率受到花果山高山寻呼、万立通寻呼台干扰，依法予以查处。2001年，全市出动执法人员71人次，检查销售维修场所111个；查获假冒伪劣产品469部，其中手机57部、手机电池176块、其他通信产品236部，假冒伪劣产品标值17.3万元。2003年，市无委办对商贸市场、娱乐、酒店、宾馆、建筑工地及相关企业进行检查，查获擅自设置使用无线电话机34部，查获某大型施工工地对讲机100余部；通过固定和移动监测，查获"三无"（无生产厂家、无生产日期、无质量合格证）无绳话机29部。2004年，市无委办对全市主要大型超市、建筑工地、娱乐场所进行执法检查，查获违规使用无线对讲机137部。

2005年，市无委办组织执法人员100多人次，处罚违规单位6家、设备58部。

五、无线电经济管理

收费　连云港市无线电经济管理始于1986年。1992年，江苏省规定手机频率占用费为每部每年90元。根据国家计委、财政部《关于调整无线电台注册登记费和频率占用费标准及有关问题的通知》，从1998年1月1日起，手机频率占用费降低至每部每年50元。根据国家发展计划委员会、财政部、信息产业部《关于调整蜂窝公众通信网络频率占用费收费办法和标准的通知》，2002年7月起停止收取手机频率占用费。

处罚　1986年1月起对各种违章行为按每部、项、月、次计算罚款，金额最低50元，最高3000元。此后，对各种违章行为除进行教育批评外，酌情实施经济处罚。1994年对赣榆县郭某某擅自购销无线电对讲机进行处理，罚款2000元。2005年，对连云港港口中海货运公司暂扣2部终端设备，依法处以1500元罚款。

第二节　无线电监测

一、监测设施

1984年以前，连云港市使用无线电发射设备数量较少，也少有干扰，电波秩序良好，无从事无线电监测检测工作的专业部门和人员。1985年，市政府批准成立连云港市无线电管理监测计算站，专门从事无线电监测、检测工作。1986～1988年购置超短波接收机、频率计和无线电监测车辆，在新浦区设固定监听台1部，主要监听新浦地区无线电通讯情况；设车载流动监听台1部，主要监听市属三县。1990年在新浦海昌南路13号建成办公技术服务用房545平方米，添置1台计算机、1部频率分析仪、1个半圆锥全向天线，建成屏蔽测试室，初步建成监测系统。1991年，市无委办购置综合测试仪、功率计、频率计等设备，架设天线铁塔1座。1994年更新计算机及无线电监测车辆。翌年，无线电管理系统台站资料数据库建成。1996年建立无线电管理计算机局域网。1998～2000年在新浦海昌北路88号2楼重新建成监测机房、检测机房、钢板屏蔽室，在6楼楼顶建成25米的监测铁塔，海拔高度80米。2002年，省无管局下拨衰减器、射频转换器、负载等监测设备。2003年在市交通银行楼顶建立1个固定监测测向站，安装天线塔，高度近100米；省无管局下拨1个移动监测测向站（车），建成基本覆盖连云港主城区的智能化无线电监测系统，可以对20兆赫～3吉赫频段空中电波信号进行监测、监听和测向分析，通过帧中继电路和江苏省无线电管理局监测系统联网。

2005年8月，北固山无线电监测分站建成并投入运行，与第一期固定站互联互通。是年，省无管局拨给无线干扰机3台、笔记本电脑1台、手持式频率计、射频转换器、可调带阻滤波器、便携式接收机等监测设备；市无委办按照B级标准选择市房地产交易中心12楼作为B级监测中心站工作用房，建筑面积1000平方米。至2005年底初步建成以2个固定监测站和1个车载移动监测站为主、若干便携监测设备为辅的无线电信号自动监测系统、测向定位系统、设备检测系统和频谱管理系统、计算机网络系统。

二、监测业务

常规监测 1988年，市无委办按照边建设边工作方针，开展监测活动和监听工作。1995年加强150兆赫、450兆赫监测监听，全年监测514小时，受理干扰申诉4起，查处结案4起。1997年监测540小时，其中受理并排除干扰5起。1999年监听596小时，受理干扰申诉4起。2003年外出监测96小时，电磁环境测试8次，查处干扰6起。2004年，市无线电管理监测站分别对30～1000兆赫频段进行日常监测，查找不明电台，参照频率划分表对此频段进行分段监测，发现不明信号69个，有效查处43个，受理并排除干扰4起，初步掌握市区的电磁环境状况；同时开展多项专用频率保护监测工作，重点对航空导航频率进行监测。2005年完成对150兆赫、280兆赫寻呼频段，450～470兆赫频段，农村无线接入系统及3G频段的监测清理上报等工作，全年发现不明信号42个，查处各类干扰5起，累计监测1892小时。

特殊监测 1997年，市无委办查处连云港2806（空中沙龙代号）参与非法活动的30.225兆赫、30.275兆赫、8.92兆赫非法频率。2001年11月，市无委办参加全省首届无线电管理监测测向练兵竞赛，获野外测向抓台三等奖。2003年加强“两会”、中共十六届三中全会等重要时期和连云港之夏、《西游记》文化节、连云港国际农业洽谈合作会等重要活动的监测、监听工作，保障通信安全畅通。2005年重点加强对广播电视、交通运输、水上通信、防汛指挥、航空导航等无线电通信网的监测、监听工作，保障“两会”、高考和防汛期间的通信畅通。

连云港市志

第十九卷　金融业

1984～2005年，随着金融体制改革不断深化，连云港市金融业得到长足发展，逐步形成以银行业为主体、多种金融机构并存的金融体系，呈现金融业务不断创新拓展的发展态势，信贷业务、保险业务、证券交易全面发展，金融业发展壮大促进了地方经济社会的快速稳健发展。

1984年，连云港市有中国人民银行连云港分行和工商银行、农业银行、建设银行、中国银行4家专业银行机构；有中国人民保险公司连云港分公司1家保险公司。1987年，连云港市首家城市信用合作社解放中路城市信用合作社建立。1989年，交通银行连云港支行重新组建，正式营业。1993年，全市第一家证券交易机构南京证券公司连云港营业部开立。1996年，国家政策性银行中国农业发展银行连云港市分行成立；是年底，连云港市城市信用合作社联合社成立。2000年，辖区内126家农村信用合作机构以县区为单位整合为7家地方法人金融机构。2001年在连云港市城市信用合作社联合社基础上，组建地方独立法人股份制商业银行连云港市商业银行。2003年，中国银行业监督管理委员会连云港监管分局成立，履行对辖区内银行业金融机构的监督管理职能。

2005年，全市有8家银行业金融机构，年末人民币存款、贷款余额分别为426.83亿元、263.31亿元；有保险公司11家，是年完成保费收入11.76亿元；有3家证券公司在连云港设立营业部，证券业务交易额55.96亿元。至2005年底，全市建成银行监管业、银行业、保险业及证券业四大金融机构体系，形成货币市场、资本市场、外汇市场相辅相成、具有一定辐射能力的区域金融市场体系，与全国主要大中城市、省内各地市建立起纵横交错、信息畅通的金融市场网络。

第一章　金融机构

1984～2005年，中国人民银行连云港市中心支行转换职能，专门行使中央银行职能，先后成立国家外汇管理局连云港分局、中国银行业监督管理委员会连云港监管分局，强化外汇管理和银行业监管；全市形成由4家国有银行发展为政策性银行、国有商业银行、股份制商业银行、地方城市商业银行、农村信用社等多家机构组成的银行业金融机构体系。保险业机构由独家经营发展到11家财产、人寿保险分营的股份制保险业机构。先后成立3家证券业机构，证券交易进入寻常百姓生活。

第一节　中国人民银行连云港市中心支行

1949年11月，北海银行新海连支行改称中国人民银行新海连支行。1962年10月，改称中国人民银行连云港市支行。1983年3月，实行市管县体制，中国人民银行连云港市支行增辖赣榆县、东海县、灌云县支行。1984年，中国人民银行连云港市支行加挂“中国工商银行连云港分行”牌子，实行一套班子、两套账务。12月1日，中国人民银行连云港市支行更名为中国人民银行连云港分行（简称人行连云港分行）。1984年12月31日，人行连云港分行与工商银行分设，人行连云港分行专门行使中央银行派出机构职能，履行执行货币政策、实施金融监管和提供金融服务的职能。1985年3月5日，国家外汇管理局连云港分局成立（简称连云港外管局），与市人行一套工作机构、两个机关名称，合署办公，对内为市人行外汇管理科。1987年9月26日，人行连云港经济技术开发区支行成立（1998年9月撤销）。1992年7月，国家外汇管理局赣榆支局成立。

2003年12月，人行连云港分行金融监管职能移交中国银行业监督管理委员会连云港监管分局（简称连云港银监分局）。

2005年底，人行连云港分行下辖赣榆县、东海县、灌云县、灌南县支行，在编职工272人，其中市区152人。

第二节　中国银行业监督管理委员会连云港监管分局

2003年12月16日，中国银行业监督管理委员会连云港监管分局成立，履行中国银监会派出机构职能，统一监督管理辖区内所有银行、农村信用社及其他存款类金融机构。

2004年5月11日，连云港银监分局在赣榆县、东海县、灌南县、灌云县设立监管办事处。监管办事处根据连云港银监分局的授权负责辖区内有关银行业金融机构的监管，重点是对农村信用合作社、县区信用合作联社加强监管。

2005年底，连云港银监分局下辖赣榆县、东海县、灌南县、灌云县监管办事处，有职工50人，其中市区34人。

第三节　银行业机构

1984年，连云港市银行业机构仅有中国工商银行连云港分行、中国农业银行连云港分行、中国银行连云港分行、中国人民建设银行连云港市中心支行4家国有专业银行。随着改革开放和经济发展，至2005年底，全市相继设立政策性银行、股份制商业银行、地方城市商业银行、市区农村信用合作社联合社，国有银行向国有商业银行进而向股份制商业银行转变。2005年底，全市有8家银行业金融机构。

一、中国农业发展银行连云港市分行

位于新浦区朝阳东路26号。1996年10月，中国农业发展银行连云港市分行（简称市农发行）成立，从当地农业银行调入工作人员97人。市农发行是全市唯一的农业政策性银行，全面接收由农业银行代理的农业金融业务。2005年底，市农发行下辖赣榆县、东海县、灌云县、灌南县支行，有职工118人。

二、中国工商银行股份有限公司连云港分行

位于新浦区海连中路118号。1984年1月，市人行加挂中国工商银行连云港市支行（简称市工行）牌子。12月，市工行与市人行分设，改称中国工商银行连云港分行。工商银行赣榆县、东海县、灌云县支行相继成立，承办人民银行县支行原办理的各项工商信贷业务。1984年底，市工行内设机构11个，下辖赣榆县、东海县、灌云县支行，海州区、连云区、云台区3个城区办事处及营业部，共7个直属经营机构，有在职员工710人。2005年10月，中国工商银行改制更名为中国工商银行股份有限公司。年底，市工行下辖赣榆县、东海县、灌云县、灌南县支行以及城区新浦、龙河、朝阳路、海州、连云、开发区6家支行11个直属经营机构，拥有营业网点39个，有职工723人，其中市区519人。

1984～2005年中国工商银行股份有限公司连云港分行存贷款统计表

表19-1　　单位：万元

年　份	存款余额	贷款余额	年　份	存款余额	贷款余额
1984	30464	61924	1995	265531	298030
1985	37881	70946	1996	314418	316431
1986	52596	93859	1997	342941	329905
1987	65808	106727	1998	374264	354057
1988	69934	118346	1999	387897	374012
1989	74889	134565	2000	392857	360992
1990	94320	156965	2001	415847	393010
1991	111780	184828	2002	456912	415356
1992	126391	202388	2003	537235	436154
1993	139983	219222	2004	611524	411368
1994	194689	227391	2005	684978	312580

三、中国农业银行连云港分行

位于新浦区通灌北路43号。1984年，中国农业银行连云港分行（简称市农行）在市郊设立3个区支行，增设8个营业所、1个信用社。市农行本级和下辖的赣榆县、东海县、灌云县支行成立信托部，开办信托存放款和租赁及各种代理、代办业务。1996年9月，农业银行剥离政策性金融业务和托管农村信用社职能，农业银行行使商业银行职能。2005年，市农行下辖赣榆县、东海县、灌云县、灌南县支行及连云、苍梧、新浦3个城区支行8个直属经营机构，拥有营业网点57个，有职工975人，其中市区529人。

1984～2005年中国农业银行连云港分行存贷款统计表

表19-2　　单位：万元

年　份	存款余额	贷款余额	年　份	存款余额	贷款余额
1984	35689	29189	1986	46021	60355
1985	27474	49066	1987	52781	73062

续表19-2

年　份	存款余额	贷款余额	年　份	存款余额	贷款余额
1988	59901	80655	1997	560022	227101
1989	65837	92898	1998	306192	254393
1990	76981	112012	1999	335325	275168
1991	86801	139215	2000	372183	273037
1992	97880	169029	2001	411990	277108
1993	124124	184873	2002	456436	278881
1994	163999	139365	2003	498253	303640
1995	200345	158239	2004	599059	370923
1996	198977	172597	2005	706405	438129

四、中国银行股份有限公司连云港分行

位于新浦区海连中路1号。1985年，中国银行连云港分行（简称市中行）与国家外汇管理局连云港分局分设，中国银行成为外汇外贸专业银行，由国家外汇管理机关转变为以盈利为目标的金融企业。2005年8月改制更名为中国银行股份有限公司连云港分行。2005年底，市中行辖8个综合性支行，拥有营业网点36个，有职工719人，其中市区505人。

1984～2005年中国银行股份有限公司连云港分行存贷款统计表

表19-3　　单位：万元

年　份	存款余额	贷款余额	年　份	存款余额	贷款余额
1984	6810	9217	1995	130188	164141
1985	5439	14074	1996	175897	207500
1986	7927	29446	1997	163148	217662
1987	9439	32909	1998	185419	215409
1988	12159	37664	1999	206464	361930
1989	20975	45023	2000	240766	178136
1990	32186	50725	2001	273543	185592
1991	24269	45533	2002	308006	301460
1992	45431	73077	2003	386506	578894
1993	72680	98269	2004	456175	704876
1994	108006	141157	2005	548671	734272

五、中国建设银行股份有限公司连云港分行

位于新浦区海昌北路49号。1984年，中国人民建设银行连云港市中心支行内设机构7个，在岗员工67名。1984年先后成立灌云县、东海县、赣榆县支行。自1987年9月起，陆续成立连云港经济技术开发区支行、港口支行、海州支行、城中支行、城南支行、新浦支行。1988年1月15日更名为中国人民建设银行连云港分行。1996年3月26日更名为中国建设银行连云港分行，所属各

机构同时更名。2004年9月改制更名为中国建设银行股份有限公司连云港分行(简称市建行)。2005年,市建行下辖赣榆县、东海县、灌云县、灌南4个县支行和港口、开发区、海州、新浦、城中、城南支行11个直属经营机构,有营业网点30个,有职工795人,其中市区481人。

1984～2005年中国建设银行股份有限公司连云港分行存贷款统计表

表19-4 单位:万元

年　份	存款余额	贷款余额	年　份	存款余额	贷款余额
1984	6481	32216	1995	150866	134292
1985	7853	38587	1996	225245	179196
1986	8875	41007	1997	263878	188154
1987	10213	38052	1998	274676	172902
1988	19593	30458	1999	283429	155969
1989	22801	31793	2000	332112	145332
1990	25790	40944	2001	353149	152771
1991	37293	55512	2002	398062	179570
1992	54125	63662	2003	441232	196889
1993	72467	83888	2004	474363	257881
1994	105119	87246	2005	493883	307510

六、交通银行股份有限公司连云港分行

位于新浦区海连中路141号。1988年4月28日,交通银行连云港支行(简称市交行)试营业,是以公有制为主体的股份制金融企业,隶属交通银行南京分行。1989年12月15日,交通银行连云港支行正式营业。1992年11月更名为交通银行连云港分行。2005年9月改制更名为交通银行股份有限公司连云港分行。2005年底,全行拥有营业网点24个,有职工350人。

1988年～2005年交通银行股份有限公司连云港分行存贷款统计表

表19-5 单位:万元

年　份	存款余额	贷款余额	年　份	存款余额	贷款余额
1988	9591	10998	1997	111527	73183
1989	17070	17281	1998	121307	84747
1990	25313	24431	1999	144939	94636
1991	35315	31676	2000	164708	104618
1992	44646	38276	2001	187740	120557
1993	55587	48150	2002	215184	136849
1994	67249	54750	2003	253157	150724
1995	78443	60797	2004	305230	184416
1996	94865	65361	2005	394258	224489

七、连云港市商业银行

位于新浦区海连中路56号。1997年以连云港市城市信用合作社联合社和城市信用合作社中心社、海州城市信用合作社、南极城市信用合作社、浦中城市信用合作社、连云港市解放中路城市信用合作社、连云港开发区城市信用合作社、连云港市连云城市信用合作社7家城市信用社为基础组建成立连云港市商业银行，为市内首家由地方财政、企业和个人投资入股组建的地方性股份制商业银行。2001年11月26日，经中国人民银行南京分行批准，连云港市商业银行正式开业，主要从事经人民银行批准的各项业务。2005年底，市商业银行下辖25家支行，有职工569人。

2001～2005年连云港市商业银行存贷款统计表

表19-6　　单位：万元

年　份	存款余额	贷款余额	年　份	存款余额	贷款余额
2001	80293	54302	2004	371168	219762
2002	137363	96724	2005	445849	308710
2003	230420	168707			

八、连云港市区农村信用合作社联合社

位于新浦区南极南路10号。2004年3月，海州区、新浦区、连云区3家农村信用合作社联合社组建成为连云港市区农村信用合作社联合社（简称市区农联社），挂牌开业。2005年2月22日，市区农联社成立连云港市农村合作银行筹建领导小组，开始向地方商业银行过渡。至2005年底，市区农联社下辖信用合作社38家，职工407人。

2004～2005年连云港市区农村信用合作社联合社存贷款统计表

表19-7　　单位：万元

年　份	存款余额	贷款余额
2004	142636	136604
2005	202143	160532

第四节　保险业机构

1984年，连云港市保险业金融机构有中国人民保险公司连云港分公司独家经营保险业务。1991年12月，连云港交通银行保险部成立，是连云港市恢复保险业务后的第2家保险机构。1993年10月，中国平安财产保险在连云港开办业务。1995年11月，保险业开始进行财、寿险分业经营体制改革。2004年，全市有9家保险公司，其中财产险5家、寿险4家。2005年底，全市有保险公司11家，其中经营财产险公司6家、人身险公司5家，下设保险网点机构220个，另有保险行业协会、保险学会各1家。保险从业人员6000余人。

一、中国人民保险公司连云港分公司

1984年，连云港市保险业金融机构仅有中国人民保险公司连云港分公司独家经营保险业务。1995年1月，中国人民保险公司连云港分公司分设南京人寿保险股份有限公司连云港市市县代理处，这是中华人民共和国成立后连云港最早的独立寿险机构。1996年5月1日，中国人民保险公司连云港分公司分设中保财产保险有限公司连云港分公司、中保人寿保险有限公司连云港分公司，原中国人民保险公司连云港分公司撤销。在分设过程中，将1995年1月成立的南京人寿保险股份有限公司连云港市市县代理处撤销，人员、财产进行归编。

二、中国人民财产保险股份有限公司连云港市分公司

1999年5月，中保财产保险有限公司连云港分公司更名为中国人民保险公司连云港分公司。2003年6月，中国人民保险公司连云港分公司重组改制为中国人民财产保险股份有限公司连云港市分公司。2005年底，设有支公司7家、直属营业部5个、营销服务部1个，在册职工158人，保险营销员245人。

三、中国人寿保险股份有限公司连云港市分公司

1999年5月，中保人寿保险有限公司连云港分公司更名为中国人寿保险公司连云港分公司。2003年9月，中国人寿保险公司连云港分公司重组改制为中国人寿保险股份有限公司连云港市分公司。2005年底，设有支公司5家、直属营业部3个、营销服务部66个，在册员工379人。

四、中国太平洋保险公司连云港中心支公司

1991年12月12日，连云港交通银行保险部成立，这是连云港市恢复保险后的第二家保险机构。1994年12月，交行保险部与银行脱离，实行分业经营，成立太平洋保险公司连云港办事处，后改称中国太平洋保险公司连云港支公司。1999年12月更名为中国太平洋保险公司连云港中心支公司，同时进行机构改革，财产、寿险业务分设为相对独立的经营机构。

五、中国太平洋财产保险股份有限公司连云港中心支公司

1999年12月由中国太平洋保险公司连云港中心支公司财产险业务分设而来。2005年底设有支公司5家、营销服务部9个，在册员工120人，保险营销员30人。

六、中国太平洋人寿保险股份有限公司连云港中心支公司

1999年12月由中国太平洋保险公司连云港中心支公司人寿险业务分设而来。2005年底设有支公司5家、营销服务部46个，在册员工178人，保险营销员3427人。

七、中国平安保险股份有限公司连云港支公司

1993年10月，中国平安保险公司在连云港开办业务。1998年2月正式成立中国平安保险股份有限公司连云港支公司。2003年2月实行机构改革，财产、寿险业务分设为独立的经营机构。

八、中国平安财产保险股份有限公司连云港中心支公司

2003年2月由中国平安保险股份有限公司连云港支公司财产险业务分设而来。2005年底，

设有营销服务部5个，在册职工30人。

九、中国平安人寿保险股份有限公司连云港中心支公司

2003年2月由中国平安保险股份有限公司连云港支公司人寿险业务分设而来。2005年底设有营销服务部5个，在册员工44人，保险营销员298人。

十、天安保险股份有限公司连云港中心支公司

2002年7月，天安保险股份有限公司连云港中心支公司成立。2005年底设有营销服务部5个，在册员工42人，保险营销员30人。

十一、泰康人寿保险股份有限公司连云港中心支公司

2003年4月，泰康人寿保险股份有限公司连云港中心支公司成立。2005年底设有营销服务部7个，在册员工43人，保险营销员817人。

十二、中华联合财产保险公司连云港中心支公司

2004年1月，中华联合财产保险公司连云港中心支公司成立。2005年底设有营销服务部2个，在册员工45人，保险营销员28人。

十三、华安财产保险股份有限公司连云港中心支公司

2005年9月，华安财产保险股份有限公司连云港中心支公司成立。2005年底有在册员工7人，保险营销员10人。

十四、民生人寿保险股份有限公司南京分公司连云港营销服务部

2005年11月，民生人寿保险股份有限公司南京分公司连云港营销服务部成立，设有市区营销服务部、东海营销服务部和赣榆营销服务部。

第五节 证券业机构

一、南京证券有限责任公司连云港营业部

位于新浦区通灌南路1号。1993年5月，南京证券有限责任公司连云港营业部成立，是连云港市首家证券经营机构。营业面积3000平方米，从业人员20人。下辖墟沟、赣榆2个证券服务部。2005年完成证券交易额31亿元，实现利润505万元。

二、中信建投证券有限责任公司连云港营业部

位于新浦区通灌南路76号。1996年12月，华夏证券有限公司收购中国工商银行连云港信托投资公司连云港办事处，成立华夏证券有限公司连云港证券营业部。2005年11月更名为中信建投证券有限责任公司连云港营业部，营业面积1794平方米，下辖东海证券服务部。2005年完成

股票基金交易额14亿元、国债回购交易额800万元、开放式基金销售650万元。

三、江苏信泰证券有限责任公司连云港营业部

位于新浦区通灌南路69号。2002年8月，在江苏国际信托投资公司连云港证券营业部基础上成立江苏信泰证券有限责任公司连云港营业部，营业面积3000余平方米。2005年，完成交易额10.96亿元，总开户数13147户，实现营业收入336.73万元。

第二章　金融体制改革

改革开放后，伴随着全国金融体制改革逐步深入，连云港市金融体制改革大体经历4个阶段。1984～1993年实现金融机构多样化，市人行实现中央银行业务与经营性银行业务的分离，确立以市工、农、中、建四大国有专业银行为主体的银行体系；中国人民保险公司连云港分公司复业，信托、证券业务开始起步。1993～1997年，市四大国有专业银行实现政策性业务与商业性业务分离，开始向商业银行过渡，成立政策性银行；农村信用社与市农行脱离行政隶属关系，汇率并轨，多家保险公司进入连云港保险市场，完成财产险与人寿险分设。1997～2002年化解辖区内农村基金会，农村、城市信用社，信托投资机构等地方性金融机构因历史原因形成的支付风险，组建城市商业银行；农村信用社按县、区合并为一个法人；取消对商业银行贷款实行规模管理的调控方式。2002～2005年，国有商业银行开始进行股份制改造，2家国有保险公司改制为商业性保险机构，改革人民币汇率形成机制，改革和发展资本市场，成立连云港银监局，专司辖区内银行业金融机构监管职能。

第一节　银行业体制改革

一、商业银行改革

改革开放后，连云港市先后恢复和设立建行、中行、农行、工行4家专业银行，打破辖区内单一的银行体系。专业银行开始实行全额利润留存制度，逐步向综合化经营方向发展，专业银行业务开始出现交叉。1988年，股份制商业银行——交通银行连云港市支行试营业。1993年12月，国务院下发《关于金融体制改革的决定》，提出要把专业银行办成自主经营、自担风险、自负盈亏、自我约束的真正的商业银行，市工行、农行、中行、建行4家专业银行开始向国有商业银行转变。1996年，实行法人授权制度，以各国有商业银行总行为统一法人，以城市银行为基本核算单位，向三级经营管理体制过渡。2001年，地方法人金融机构——连云港市商业银行正式组建成立对外营业。

二、政策性银行组建

1996年10月，中国农业发展银行连云港市分行（简称市农发行）挂牌营业，专司全市农业政

策性存贷款业务，在保护和稳定粮棉油市场等方面发挥重要作用，为促进国有专业银行向现代商业银行转变创造有利条件。

三、农村信用合作社体制改革

农村信用合作社原隶属于农业银行。1984年实行辖区内农业银行营业所与农村信用合作社资金、计划、业务三分开，但仍保持所、社松散联营、利润分成。所、社联营改为各自经营。经市农行审批，1985年相继组建东海县、赣榆县、灌云县农村信用合作联社。1987年12月组建郊区农村信用合作联社。1990年5月，郊区农村信用合作联社按行政区划设置，拆分成立海州区、云台区、连云区3家农村信用合作联社。1996年1月，全市6家农村信用合作联社与市农行系统脱离行政隶属关系，人、财、物进行划分，相继成立连云区、海州区、云台区、东海县、赣榆县、灌云县6家法人农村信用合作社联合社（简称农联社），市人行负责辖区内农联社的金融监管，各县（区）农联社负责辖区内农村信用社业务管理。是年9月，灌南县农村信用合作社联合社划归连云港市，全市7家农联社按照合作制原则对农村信用社进行规范。2000年，7家县、区农联社和所属辖区内128家农村信用合作社整合为7个法人机构。2002年，云台区区划调整，云台区农村信用合作联社并入新浦区农村信用合作联社。2004年3月，海州区、新浦区、连云区3家农联社合并成立市区农村信用合作社联合社。2005年，市区农联社成立连云港市农村合作银行筹建领导小组，探索筹建农村合作银行。

第二节　外汇管理体制改革

1985年3月5日，国家外汇管理局连云港分局成立，统一管理辖区内外汇工作。中国外汇管理体制改革与外贸管理体制改革、国家利用外资政策完善同步推进，连云港市作为全国首批沿海开放城市，逐步摒弃高度集中、统收统支的外汇管理体制，实行外汇留成与上缴制度，在此基础上培育和发展外汇调剂市场，形成并完善官方汇率与市场汇率并存的双重汇率制度。在外汇分配领域引入市场机制，逐步建立健全计划管理与市场调节相结合的外汇管理模式。1988年5月，市外管局成立外汇调剂中心，汇率由买卖双方根据外汇供求状况议定，中国人民银行适度进行市场干预。外汇业务由市中行独家经营。1991年起相继批准市工行、农行、建行、交行开办外汇业务。

1993年底以前，连云港市实行外汇留成制度。1994年1月1日，国家对外汇管理体制进行重大改革，连云港市开始实行银行结售汇制度，取消外汇上缴和留成，取消用汇制定性计划和审批，对境内机构经常项目下的外汇收支实行银行结汇和售汇制度，实行以市场供求为基础，单一、有管理的浮动汇率，建立统一、规范的银行间外汇交易市场。1996年下半年将外商投资企业外汇买卖纳入银行结售汇体系，提高个人因私用汇供汇标准，取消非贸易非经营汇兑限制。

2005年，市中行、工行、农行、建行、交行5家商业银行开办外汇业务。

第三节　货币市场建设

1984～1988年，连云港市没有建立短期资金市场。1988年5月，连云港融资中心成立并能全面开展业务，至1990年底，融资总额仅1.1亿元。连云港市短期资金市场对当地金融机构来说，多指同业拆借和同业存款市场。1998年以前，同业拆借市场出现多次市场混乱和失控现象。1998年以后，同业拆借市场逐步走入正轨，但全市金融机构受资金规模小、同业拆借市场局限性多、非法人金融机构权限低等因素影响，全市同业拆借交易量很小。

2004年以前，同业存款市场由于存款利率没有放开，发展十分缓慢。2004年后，同业存款市场存款利率完全放开，市场迅速发展。2004年，全市同业存款余额1.3亿元。2005年，全市同业存款余额1.2亿元。

第四节　保险业体制改革

1980年，中国人民保险公司连云港分公司恢复办理国内保险业务。1996年，人保公司产、寿险分设，成立中保财险连云港分公司和中保寿险连云港分公司。1999年、2003年，太平洋保险、平安保险2家机构也分别对财产险与人寿险的经营管理体制进行改革，理顺内部经营机制。2005年，全市设有11家保险业机构。各保险公司除保留机动车辆、企业财产、货物运输、家庭财产等保险种类外，还拓展工程险、责任险、保证险、伤害险、健康险及丰富多样的人寿险品种。

第三章　人民银行业务

1984年起，连云港市人行独立履行央行货币政策、金融监管、金融服务三大职能。2003年，市人行将辖区内银行业金融机构监督管理职能移交新成立的连云港银监分局，新增金融稳定、反洗钱和征信业务管理职责。

第一节　执行货币信贷政策

1984年底，连云港市金融机构各项贷款余额12.5亿元。1985年起实行实贷实存的信贷资金管理办法。1986年，市人行采取“稳中求松”的方针，力争做到既支持发展速度，又使信贷基本平衡。1987年采取“紧中有活”货币信贷政策，年底各项贷款余额27.72亿元。1989年是全国治理整顿的第一年，全市金融系统贯彻“紧缩银根、稳定金融”方针，筹集资金、调整贷款结构，加速资金周转，提高资金使用效益，支持全市经济稳定发展，年底各项贷款余额38.67亿元。

1990年，全市金融机构继续贯彻“从严控制、适当调整”金融工作方针，年末各项贷款余额46.37亿元。1991～1993年，市人行继续贯彻治理整顿和深化改革方针，执行“控制总量、调整结构、强化管理、适时调节、提高效益”的货币信贷方针，促进经济持续、稳定、协调发展。1992年邓小平视察南方重要讲话发表后，全国经济加速发展，当年下半年执行紧缩政策，年末全市银行贷款余额64.97亿元。1993年，经济出现过热、通胀现象，国家开始宏观调控，金融领域进行整治，年末各项贷款余额73.23亿元。1995年底，全市各项贷款余额108.57亿元，首次超过100亿元。1997年，国家出台扩大贷款计划等货币信贷政策，年末全市各项贷款余额149.18亿元。

从2000年开始，经济紧缩逐步缓解，开始执行稳健货币政策，全市年末贷款余额151.7亿元。2003年，经济再次出现过热现象，宏观调控采取“有保有压，区别对待”政策，更多使用经济手段，注重结构调整，避免“一刀切”，是年底，全市各项贷款余额210.72亿元，突破200亿元大关。

2005年，经济过热现象得到缓解，但信贷调控政策依然保持，年底，全市各项贷款余额263.31亿元，是1984年的21.06倍。

1984～2005年连云港市金融机构人民币存贷款余额统计表

表19-8　　　　单位：万元

年　份	存款余额	贷款余额	年　份	存款余额	贷款余额
1984	78179	125008	1995	1018028	1085732
1985	95187	173262	1996	1280764	1270659
1986	134855	227205	1997	1411761	1491812
1987	165429	277205	1998	1610654	1649442
1988	195941	336579	1999	1756503	1633910
1989	225961	386703	2000	1928933	1517021
1990	289432	463730	2001	2145938	1638563
1991	362994	559578	2002	2495107	1793623
1992	444244	649705	2003	2935544	2107180
1993	547007	732336	2004	3579196	2356252
1994	780589	898847	2005	4268280	263312[illegible]

第二节　维护金融稳定

2003年12月，连云港银监分局从市人行分设后，人民银行的金融监管职能转变为维护金融稳定职能，做好金融风险监测、分析、评估、预警、处置及推动金融改革等工作。

2004年3月，连云港市在全省地级市中率先构建金融稳定工作协调机制。市政府成立由常务副市长任组长的金融稳定工作协调小组，办公室设在市人行。8月，市金融稳定工作协调小组印发《连云港市金融稳定工作实施意见》，明确全市金融稳定工作目标与措施；9月，印发《连云港市金融稳定工作职责分工与工作制度》，加强各部门分工协作，促进工作有效开展。2005年，市人行进一步拓展金融稳定工作内涵，积极推进全市金融生态环境建设。市人行、银监分局联合出台《连云港市银行业监管信息共享办法》，确定双方定期交换银行业金融统计、金融监管信息，强化市级金融稳定工作协调小组成员单位信息沟通。市政府印发《关于加强全市金融生态环境建设促进经济金融协调发展的意见》，形成全市推进金融生态环境建设总体思路和措施，印发《人民银行连云港市中心支行突发金融风险事件处置操作办法》。市金融稳定工作协调小组印发《连云港市突发金融风险事件应急处置预案》，明确职责分工，妥善处置突发金融风险事件。9月，市人行印发《金融稳定再贷款操作暂行办法》，妥善处置突发风险事件，履行好最后贷款人职责。

第三节　征信管理

1990年起，连云港市银行信贷业务打破按行业、地域分工格局，交叉开展业务。但由于银行间难以沟通各自客户信息，部分企业多头开户贷款，甚至骗贷、赖账，给贷款银行掌握企业全面信用信息带来困难。1996年初，中国人民银行（简称央行）制定下发《贷款证管理办法》。1996年5月，市人行成立连云港市贷款证制度实施工作领导小组，下设贷款证管理办公室，要求从是年10月1日开始正式实施贷款证制度，各金融机构一律凭贷款证办理信贷业务。

1997年起，央行组织商业银行建立银行信贷登记咨询系统。1999年，市人行实施贷款证集中年审、及时配发贷款卡号、组织金融机构数据上报等措施，加快银行信贷登记咨询系统建设。2000年9月，银行信贷登记咨询系统进入全国联网准备阶段，市人行组织清查辖区内贷款户，完成3230户信贷登录不全企业信息补录工作。2003年，市人行下发《关于进一步改进银行信贷登记咨询系统建设的通知》。2004～2005年，市人行采取多种措施，强化银行信贷咨询系统建设和管理，在全市构建守信收益、失信惩戒的良好环境。

第四节　经理国库

一、国库经理体制

1985年7月，国务院颁布《中华人民共和国国家金库条例》，新的国家金库制度规定中国人民银行具体经理国库，从代理改为经理。1986年，连云港市人行设立国库中心支库。1989年12月，市人行开发国库会计业务处理程序，对预算收入收纳由原规定的基层单位就地缴纳、主管部门集中缴纳两种方式，改为就地缴库、集中缴库和税收机关、海关自收汇缴3种方式。

1990年5月，县支库收纳应上解国家预算收入由直接上划省分库改为先上划市中心支库汇总，再统一上划省分库。1994年1月1日起实行新的分税制财政体制，由原地方财政包干制改为分税制。1998年启用中国人民银行南京分行开发的国库业务综合处理系统。

2001年启用国家金库会计核算系统。2003年1月1日起实行对国库存款计付利息。2004年7月1日，连云港市财税库行横向联网系统正式运行。2005年7月1日起进行横向联网多场清算改造，实现财政资金实时入库清算，增强财政部门库款调度运用能力和库款生息能力。2004～2005年，财税库行横向联网系统处理市区国库收、支、退业务74万笔，清算资金69.2亿元。2005年7月，大额支付系统正式运行，国库资金汇划实行滚动报解模式，每日税款报解次数由1次增加为2～3次，加快税款入库速度。

二、国库机构设置

国库机构原则上一级财政设立一级国库。1986年，市人行成立国库科，设立连云港市中心支库。1987年，市人行设立开发区支库；县支行成立国库股，设立县支库。1991年起，连云港开发区支库由人民银行连云港开发区支行经理。翌年设立连云区支库。1995年，市人行设立新浦区支库、海州区支库和云台区支库。1998年，市人行委托连云港开发区城市信用合作社、连云港市连云城市信用合作社分别代理开发区支库、连云区支库。2001年连云港市商业银行成立后，开发区支库、连云区支库分别由连云港市商业银行开发区支行、连云港市商业银行连云区支行代理。

1991年起，连云港市县财政、税务、人行部门开展乡镇国库创建工作。至1998年，赣榆县、东海县、灌云县、灌南县共建立乡镇国库100个。随着金融体制改革和税收征管体制改革逐步推进，撤并农行营业所，设置税务分局，实行乡财县管，乡镇国库作用受到削弱。至2005年底，代理乡镇国库全部撤销。

三、国库集中支付

国库库款由财政部门负责支配，国库有权监督审查。1984年，市、县国库库款凭财政部门签发的银行结算凭证办理拨款手续。1990年起改为根据财政部门预算拨款凭证办理拨款手续。2004年，连云港市积极推进财政国库管理制度改革。是年10月，财政国库集中支付试点运行，由市商业银行代理，日终国库根据商业银行开出的财政集中支付清算凭证和财政部门发送的财政直接支付汇总清算资金额度通知单和财政授权支付资金额度通知单，向代理行办理清算。至2005年底，93个部门、318家市级基层预算单位全部纳入财政国库集中支付范围，办理直接支付6307笔、金额4.13亿元，授权支付1.2万笔、金额2.37亿元。

1985～2005年连云港市国家预算收支情况统计表

表19-9　　单位：万元

年　份	办理各级预算收入	办理地方财政支出	年　份	办理各级预算收入	办理地方财政支出
1985	20000	2000	1996	168300	92200
1986	29900	10000	1997	208000	111300
1987	27400	3300	1998	217800	116700
1988	23800	23800	1999	278300	125900
1989	34000	34000	2000	326400	147400
1990	47300	40000	2001	399900	186400
1991	36200	35000	2002	415500	229600
1992	49000	32000	2003	592200	265600
1993	10600	75000	2004	818500	324200
1994	123100	88000	2005	1070000	495800
1995	129300	151100			

四、国债发行和兑付

代理发行国库券　1984年以前，市人行已开始代理发行国库券，对个人、单位同时发行。1985年发行的国库券期限5年，第6年全部一次还清本息，利率对单位年息5%，对个人9%。1986～1987年发行国库券期限仍为5年，第6年一次还清本息，利率对单位年息6%，对个人

10%。1988年，国库券期限改为3年，第4年一次还清本息，利率同上年。1989～1990年国库券期限仍为3年，第4年一次偿还本息，利率调至年息14%。1991年国库券期限为3年，利率10%，从1994年7月1日起一次偿还本息。1992年，第一期国库券期限5年，利率10.5%，从1997年4月1日起一次偿还本息。1992年第二期国库券期限3年，利率9.5%，从1995年7月1日起一次偿还本息。1993年，国库券分为5年期和3年期两种，5年期利率为11%，从1998年3月1日起一次偿还本息；3年期利率为10%，从1996年3月1日起一次偿还本息。

1994～1997年发行的国库券分为凭证式国债和无记名国债。1998～2005年发行凭证式国债，取消无记名国债。连云港市1984～2005年共发行国债19.51亿元，兑付历年国库券2.85亿元。

1984～1993年连云港市国库券发行统计表

表19-10　　单位：万元

年　份	计划数	实际发行数		
		单位购买	个人购买	合　计
1984	584	229.2	594.1	823.3
1985	1040	214.7	837.2	1051.9
1986	1070	210.7	858.8	1069.5
1987	1049	206.7	870.4	1077.1
1988	1706	466.7	1257.7	1724.4
1989	1706	698.4	1268.9	1967.3
1990	1706	664.0	2100.0	2764.0
1991	3950	0.0	3959.0	3950.0
1992	6000	0.0	6000.0	6000.0
1993	7400	0.0	7400.0	7400.0

1994～2005年连云港市凭证式国债发行统计表

表19-11　　单位：万元

年　份	发行任务数	实际发行数	年　份	发行任务数	实际发行数
1994	14149	14149	2000	6300	6167
1995	23400	8669	2001	23640	23640
1996	3950	1113	2002	2000	1757
1997	32248	32248	2003	5988	5744
1998	23100	23100	2004	20571	18722
1999	16700	16265	2005	16000	15665

1999年底，全市国有商业银行对持有的1982～1988年以收款单形式发行的国库券、1987年国家重点建设债券进行全面清理后，移交人民银行国库，移交国债收款单和国家重点建设债券1411张，金额88.95万元。2000～2005年，以上国债收款和国家重点建设债券由人民银行国库办理兑付。

国家重点建设债券 1987年由银行代表国家财政发行，期限3年。单位购买时发给国家重点建设债券收据，可以记名挂失；个人购买时发给国家重点建设债券，可以转让、继承。利率对单位发行为6%，对个人发行为10.5%。省财政厅分配连云港市任务为764万元，是年10月按任务数发行完毕。

财政债券 1988年、1990年、1991年和1993年发行，发行对象为金融机构。1988年发行期限分为2年和5年两种，2年期债券年息7.5%，5年期债券年息8%；连云港市1988年债券任务数为16750万元，其中2年期发行14360万元、5年期发行2390万元，当年按任务数完成。1990年、1991年、1993年发行期限均为5年，年利率分别为10%、9%、14%，任务数分别为112万元、110万元、110万元，实际分别发行112万元、110万元、146万元。

国家建设债券 1988年发行，发行对象为城乡居民、基金会组织和金融机构，期限2年，年息9.5%，市人民银行代理发行589万元。1990年开始兑付，是年兑付本息261万元。

保值公债 1989年发行，发行对象为城乡职工、居民、个体工商户、各种基金会、保险公司及有条件的企业。期限3年，利率按3年定期储蓄利率浮动加保值贴补率，外加1个百分点。省分配连云港市保值公债任务为3000万元，由市各银行、财政和邮政部门组织发行，全市银行组织发行3017万元。

第五节 支付结算管理

一、结算方式

1984年3月，全国开办票汇结算。1986年9月，连云港市人行开办商业汇票承兑贴现及银行汇票承兑贴现业务。为适应江苏、浙江、安徽、上海地区之间经济发展需要，1987年9月1日在三省一市间实行汇票结算办法。1988年6月，市中行开始受理人民币长城信用卡业务，是年发展特约单位5个。1989年起，银行执行新《银行结算办法》，推行银行汇票、商业汇票、银行本票、支票及定额支票、汇兑（电、信汇）、委托收款及信用卡7种结算方式，国内信用卡、付款委托书、托收无承付、保付支票和省内限额结算方式同时废止。1989年8月1日托收承付结算方式废止，但由于大型企业仍有需要，央行经修订后于1990年4月恢复使用。1989年5月，市中行发行人民币长城信用卡，分公司卡和个人卡两种。至1990年底发卡133张，存款余额35.45万元，特约单位23家。1993年1月1日，央行记账方法由收付记账法改为借贷记账法。

2001年9月1日，连云港市取消工商银行、农业银行、中国银行大额汇划款项必须通过人民银行转汇的规定，汇划业务通过各行电子汇兑系统办理。2002年10月，人民银行系统停止签发银行汇票。2003年3月，连云港市商业银行、海州区农村信用合作社联社和赣榆县农村信用合作社联社获准开办银行承兑汇票业务，全市开办银行承兑汇票的8家银行机构签订银行承兑汇票委托查询协议书，防范资金风险，提高支付结算工作质量。2004年7月，新浦区、连云区、灌南县、东海县、灌云县5家农村信用合作社联社获准开办银行承兑汇票业务。2005年，全市127家银行业机构（网点）、7家农村信用合作社联社均开办银行并总汇票业务。

二、结算管理

1986年，市工行推出商业承兑汇票贴现业务和银行承兑汇票贴现业务。1988年至1989年3

月，商业汇票业务曾一度停办。1989年4月1日，全国推行银行汇票、商业汇票，保留信汇、电汇，取消信汇自带。

1991年，市人行组织全市专业银行和交通银行进行结算现状调查与结算检查，对专业银行和企事业单位结算举报进行调查核实和协调处理，全年处理结算举报20余起。5月1日起为加强银行结算账户管理，对企事业单位新开银行结算账户实行签发开户许可证制度，至1991年底签发开户许可证294户。1994年10月起，市人行推行“三个不准”和“三公开一监督制度”。“三个不准”即不准以任何理由压票、任意退票和无理拒付；不准在结算制度规定之外附加条件，影响汇路畅通；不准违反规定开立账户。“三公开一监督制度”即各银行要向客户公开结算方式、公开银行结算业务处理时间和到账参考时间、公开企业办理结算注意事项、实行客户公开监督。

1995年，市人行组织实施市区银行结算账户清理，完成市区48家大中型企业基本账户裁定和市区35405户结算账户建库，清理多头账户、睡眠账户。1996年1月1日，《中华人民共和国票据法》正式施行。11月，中央银行会计核算系统正式运行，会计核算更快捷高效安全。1997年10月1日，《票据管理实施办法》施行，12月1日，《支付结算办法》施行。1998年11月，连云港市开展同城特约委托收款业务清理整治，公用事业费用可用同城特约委托方式收款，其他费用需采用同城特约委托方式上报中国人民银行南京分行审批。

2003年9月1日，《人民币银行结算账户管理办法》在连云港市施行。全市各银行业金融机构建立完整的企事业单位基本账户数据库，完成市属200多家单位预算外资金银行账户清理，保证政府资金统一管理，对市区所有企事业单位开展基本账户年检，全面清理不合格基本账户。2004年，人民币基本账户管理建立与市技术监督局、工商管理局信息资源共享体系，防范和堵截逃废债务、洗钱等违法犯罪行为。

2005年1月31日，全市全面启用人民币银行账户管理系统。2月16日，全市开展账户检查。3月14日，录入合规基本账户12374户数据，占基本账户总数72%；其中市区原有基本账户8979户，核查合格基本账户8164户，合格率90.92%。

三、联行清算

1984年7月1日江苏省农业银行自办省辖联行后，市农行实现系统内直接通汇，系统外按不同情况采取转（划）方式办理。1985年4月1日起，实行央行制定的《关于改革全国联行往来制度的实施办法》，人民银行、工商银行、农业银行、中国银行均自成联行系统，跨系统直接通汇，相互交报移卡，及时清算资金。到1987年4月停止跨系统直接通汇办法，改为跨系统汇划款项一律交有关行转汇。1985年，建设银行自办联行业务，未参加人民银行总行核算系统核算，采取不定期核对和定期核对两种方式进行对账。

1990年10月1日起，工商银行总行建立本系统电子中心，改革全国联行往来对账办法，采取经办行往来报告、管辖分行录磁传输、总行集中对账、往来双向监管。交通银行的联行业务自成体系，分为联行往来和辖内往来，采取相互开户计息。中国银行与联行发生的外汇业务，根据不同情况采用3种办法办理。港澳及国外联行业务采取两个关系行直接开户往来，外币以国外联行所在地货币开户，以国外联行为接受开户行，市中行为申请开户行，由国外联行定期寄送对账单，由市中行核对销账。国内外汇联行业务分为全国外汇大联行、省辖外汇联行、市辖外汇联行，市中行尚未办理省辖和市辖外汇联行，所有外汇联行业务均通过全国大联行办理。市中行与国外代理行外汇收付往来由总行对外集中开户，市中行与国外代理行发生业务时可使用总行账户，由总行对外集中记账。

1992年，连云港市作为全国第4批电子联行试运行和专业银行系统内大额汇款通过人民银行电子联行转汇试点城市，10月20日～12月19日进行3期模拟试验。1993年1月3日，连云港市正式处理以卫星为通信手段的电子联行业务。2月1日，连云港市专业银行系统内10万元（含）以上大额往来账务贷记业务，通过人民银行办理电子联行转汇，全年处理电子联行往来账务16.59亿元，电子联行来账22.53亿元，电子联行清算资金往来5.9亿元，运行效果达到“快、准、平、清、安全”总体要求。1997年6月，连云港市开通区域联行，解决全市农村信用社资金汇划困难。

2002年1月1日起，连云港市停止办理区域联行电汇业务，农村信用联社发生的省内异地资金汇划通过人民银行电子联行转汇或采用区域联行信汇业务办理。5月1日，《中国人民银行电子联行运行管理办法》施行。7月1日，连云港市撤销区域联行业务。9月1日，连云港市作为试点城市，正式运行央行会计核算“四集中”系统，简化业务操作流程，提高央行会计核算效率，会计信息资料反映更加快捷、全面。2004年4月，连云港市完成全市银行业金融机构电子联行行名行号和银行机构代码认定、编制和上报。

2005年6月27日，大额支付系统在连云港市正式运行，连云港市商业银行以直联方式接入大额支付系统，其他银行业金融机构以间联方式接入系统，同时取消电子联行业务。全市银行业金融机构间签订《连云港市同业资金拆借公约》，市人行与市商业银行签订《人民银行高额罚息贷款协议书》，从资金上保证大额支付系统稳定运行和全市同城票据正常清算，为全市提供良好的支付结算环境。

四、同城票据交换

1986年8月，市人行成立票据交换所，地点设在市人行，管理同城票据交换工作。规定同城票据交换采取“直接交换、收付轧差、辖内汇总、差额清算”，每日上、下午各交换1次。各交换行不分系统直接上场进行交换，每天根据提出提入的交换差额向其管辖行在央行存款账户办理资金清算。1986年8～12月提出票据9.38万张，金额6.4亿元，平均票据抵用率28%，比实施前提高约15个百分点。

1987年6月，市人行重新制定“以车代邮”办法，市人行缩短同城结算在途时间2～3天，解决连云区各金融机构票据交换问题。东海县人行、赣榆县人行于1987年6月，灌云县人行于1989年4月分别组建票据交换所。1990年，全市各票据交换所共提出票据70.59万张，金额69.2亿元。平均票据抵用率30%，比实施前提高约17个百分点。

1991年，连云港市同城票据交换单位增加3家，提出票据72.08万张，金额80.8亿元，票据抵用率年末达33.7%。1998年4月，同城票据交换系统由磁介质手工交换改为电子化网络交换。

2000年11月，同城票据交换业务市、县并网运行成功，实现市、县大同城，缩短市与县、县与县金融机构间票据结算时间，社会资金实际使用效率极大提高。2003年11月1日，票据交换打破传统的票据交换清分和传递模式，改由邮政公司统一清分、揽取和送递，取得良好的经济效益和社会效益。

2004年2月28日起对四县每天增加1场票据交换，县级银行机构同城票据交换与市区完全同步，基本实现当天提出资金当天使用，异地资金到账时间从原来的3～4天缩短为1～2天，同城资金抵用率从70%提高到85%。2005年，全市同城票据交换57万笔，金额340亿元，票据抵用率78%。

第六节　货币与金银管理

一、货币流通

1984年，由于全国信贷失控，连云港市现金投放大量增加，到年底投放现金9523万元，市场现金流通量达2.33亿元。1985年，贯彻中央关于严格控制信贷规模和货币发行的一系列方针，全市现金投放额比1984年减少7.14%。

从1986年开始，特别是1988年，由于经济发展过热，基本建设和消费基金膨胀，物价大幅上涨，出现明显的通货膨胀。1988年，全市净投放现金2.41亿元，市场现金流通量达6.81亿元，比1985年底增长151.34%。

1989年，经济过热势头开始减弱，现金投放增幅下降，现金流通量平稳增长。1990年底，全市城乡居民持币量7.21亿元。

1991～1995年，全市现金投放11.96亿元。由于经济增长较快，投资增长迅速，投资大量增加导致现金投放较多。

1996年起，全市加强现金管理，控制现金投放，不合理现金投放得到抑制。至2000年底，全市现金净投放2.94亿元。2000年，现金收入全年累计614.43亿元，比1996年增长99%；现金支出全年累计617.59亿元，比1996年增长106%。

2001～2005年，全市经济呈现增长快、效益好、活力强的良好态势，经济综合实力进一步增强，现金收支增长幅度明显。2005年，现金收入全年累计1587.66亿元，比2001年增长143%；现金支出全年累计1588.33亿元，比2001年增长141%。2001～2005年净投放现金4.11亿元，现金流通正常。现金投放向地方性金融机构集中，向季节、节日集中，向渠道集中，主要集中在工资性支出、农副产品采购支出、储蓄存款支出、工矿及其他产品采购支出方面。

二、金银管理

1984～2001年，市人行对全市金银收购、配售实施直接管理。收购价格、调价执行时间均按上级行通知执行。金银配售实行计划控制办法，企业、科研等单位生产需用金银，须事先向市人行报送计划，经批准后按核定项目，根据实际需要分批供应，跨年作废。

从2002年起，国家对黄金市场逐步放开，市人行实现由过去对黄金收购、配售、市场直接管理向对市场监管、调控、服务职能的宏观管理转变。2005年，人民银行各分支机构退出金银微观管理。

三、反假人民币

1984～1990年，域内假人民币出现较少。1994年6月起，全市开展反假人民币、爱护人民币的宣传活动，在金融机构各网点、邮电局、车站等公共场所张贴宣传画，向群众进行反假人民币知识宣传。1998年，市政府制定由市人行、金融机构、公安局、工商局、海关等部门负责人组成的反假货币工作联席会议制度，建立起在市政府领导下，以市人行为主导，金融机构为主体，社会公众为基础，公安、海关、工商等部门联合查控的反假货币体系。

2003～2005年，全市开展反假货币培训、辅导99场次，人民银行对金融机构2450余名工作人员进行培训，颁发反假货币上岗资格证书，全市共收缴假人民币42213张、金额248万余元。

第七节　反洗钱

2003年1月3日，中国人民银行《金融机构反洗钱规定》《人民币大额和可疑支付交易报告管理办法》《金融机构大额和可疑外汇资金交易管理办法》颁布实施，市人行、外管局分别开始负责实施对全市银行业本币、外币反洗钱监管。2005年4月，市人行建立反洗钱举报中心。7月，市人行、外管局、银监局建立金融业反洗钱工作协调机制，形成反洗钱监管合力。市人行、外管局、公安局建立反洗钱协查合作机制，吸收金融机构为成员单位，形成金融、公安联合反洗钱的互动工作局面。

第八节　外汇管理

一、贸易外汇管理

1984～1990年，连云港市有5家地方性外贸公司和多家“三资”企业拥有进出口经营权，共出口收汇2717.98万美元。出口收汇必须结汇，由市外管局按规定留成比例核拨留成外汇额度。企业进口用汇须申请，由市计经委编制计划，按计划使用。市外管局负责审查外汇来源、外汇投向和用汇手续。1988～1990年累计进口用汇7082.48万美元。进口用汇来源主要是国家下达14个沿海开放城市的扩权外汇、出口创汇留成外汇、调剂外汇和“三资”企业自有外汇，主要用于引进先进技术和机器设备、进口工农业生产需用的原辅材料等。1991～2005年，外贸企业由当初1家国有外贸公司、20家外商投资企业经营进出口业务，发展到国有、民营、个体和外商投资企业在内900多家涉外经营主体。市外管局依据外汇管理法规、政策，对进出口企业收汇、付汇和银行结售汇等外汇业务进行监管。

1998～2005年连云港市进出口收付汇指标统计表

表19-12　　单位：万美元

年　份	出口收汇	进口付汇	总　量	差　额
1998	32961	7188	40149	25773
1999	33559	8961	42520	24598
2000	39758	8314	48072	31444
2001	54363	15691	70054	38672
2002	50440	25186	75626	25254
2003	56509	32857	89366	23652
2004	72228	56910	129138	15318
2005	95186	70055	165241	25131

二、非贸易外汇管理

连云港市非贸易外汇收入主要来自港口劳务收入、国际海运收入及涉外宾馆、商店旅游外汇收入。有非贸易外汇收入单位一般都要开立营运性质的现汇账户。经市外管局批准开立外币账户的有连云港外轮代理公司等14家单位，开立外汇兑换券账户的有连云港外轮供应公司等19家单位。1988～1990年，非贸易外汇收入5388.78万美元。

因公出国（境）团组用汇由团组在出国出境前15天，持政府出国出境任务批件、政审批件和护照到市外管局办理批汇手续，回国回境后15天内凭国外实际开支单据、报关单及出国出境学习、考察报告等到市外管局核销。批汇时收取每个出国出境人员少量押金，核销后押金全部退还。1985～1990年核销出国出境团组217个，出国（境）人员839人，核销金额7289.63万美元。

居民因私出国出境批汇由外汇管理部门按规定批给外汇。1989～1990年，市外管局核批因私出国（境）43人，批汇金额1.72万美元。

1990年后，随着外汇管理体制改革不断深化，上述业务逐步由外汇指定银行直接办理，不再需要市外管局审批。至2005年未有变化。

三、外资管理

市外管局根据国家外汇管理局资本项目外汇管理规定，对外商投资企业外汇登记，外汇资本金账户、验资、结汇，外商投资企业利润再投资，外商投资企业股权并购、转让，外商投资企业年检进行管理。

1984～1990年，全市“三资”企业出口收汇1879.98万美元，调出外汇1638.76万美元，外方汇出利润5000美元。至2005年底，全市成立“三资”企业210家，投资总额13.76亿美元，注册资本8.26亿美元，其中外方到位资金2.98亿美元，占注册资本的36.08%。

四、外债管理

1984～1990年，连云港市有权对外借款单位只有“三资”企业和连云港市国际信托投资公司。至1990年底，有1家“三资”企业借用外债余额为18.44亿日元，折合1475万美元。“七五”计划期间，国家外汇管理局分别批给连云港市国际信托投资公司对外短期借款额度600万美元，可以周转使用，中长期借款额度500万美元。世界银行贷款由省政府向世界银行借入，转贷给市政府，用于滩涂开发和果林加工。至1995年底，连云港市沿海滩涂开发利用世行贷款5993.81万元。

随着连云港市对外开放步伐加快和国家重点工程入驻，全市企业外债规模不断扩大。法国独资企业罗盖特化工公司、中日合资企业三得利食品有限公司等外商投资企业，以及江苏核电公司、连云港港口集团等部分内资企业都借用大量的国际商业贷款。至2005年底，全市共有40家企业持有外债，外债余额6.93亿美元。

2001～2005年连云港市外债情况统计表

表19-13　　单位：万美元

外债项目	2001年	2002年	2003年	2004年	2005年
直接外债	2241	2217	5508	19743	19956
外债转贷款	7489	18059	28965	50935	49304
合计	9730	20276	34473	70678	69260

五、外汇账户管理

1997年10月7日，中国人民银行发布《境内外汇账户管理规定》，规定外汇管理局及其分支机构是国家外汇账户管理机关。企业开立外汇账户必须凭外管局外汇账户核准文件，到外汇指定银行办理，原则上1家企业只能开立1个外汇账户。市外管局对外汇账户实施年检制度。至2000年，连云港市内资企业开设2类外汇账户，一类是外贸进出口企业的外汇结算账户，如市外贸公司、中煤连云港公司；另一类是港口运输、港口服务和出国人员服务企业的专用外汇账户，如连云港外轮代理公司、连云港外运公司、连云港远洋公司等。至2005年底，全市开立外汇结算账户（含外汇专用账户）的企业1011家。

六、外汇额度管理

1984～1993年，国家实行外汇额度留成制度，贸易留成外汇额度计留和核拨集中在省外管局，由其按季按户核拨到市外管局，凭其登入有关企业账户；非贸易留成外汇额度计留核拨由市外管局直接办理。1985年以前，全市外汇额度账户由市中行管理，1985年由市外管局接管。1984～1988年，中央无偿拨给连云港市7800万美元。1987～1990年，连云港市留成外汇收入4620万美元，使用4592万美元，调剂3568万美元。1988年，国务院决定冻结部分外汇额度时，全市被冻结1340万美元。1989～1990年，市计委按每一美元额度以人民币0.4元向国家计委买入1200万美元。

1994年外汇体制改革后，国家实行结售汇制度，企业收入的外汇结汇给银行，企业的正常用汇由银行售汇解决，外汇额度留成制度取消。

七、外汇调剂市场管理

1986年，经国务院批准，企业留成外汇可以相互调剂余缺，每一美元外汇额度价格为1元人民币。现汇按国家外汇牌价加1元人民币结算。外汇额度调剂由外管部门办理，现汇调剂由外管部门审查批准，签发外汇成交通知书，由市中行办理外汇交割。1988年1月，外汇额度价格由1元增至2元。3月，外汇调剂价格全部放开，根据市场供求关系由买卖双方决定，必要时由外管部门制定指导性价格。7月15日，连云港市外汇调剂中心成立，由于连云港市出口商品以农副土特产品为主，创汇企业用汇少，大部分申请调出；调入外汇单位以纺织、轻工、皮塑企业居多，主要用于进口羊毛、聚丙乙烯、胶合板、石油等。个人外汇允许按市场价格卖给外汇调剂中心，个人使用外汇只限于托福考试报名费。1988年起由于进口需求旺盛，外汇供不应求，外汇调剂价格逐步攀升。1988～1989年，市外管局分别从北京、南京调入外汇231万美元，以满足用汇单位进口需求。至1990年底共成交4506.5万美元。

1994年外汇体制改革后，国家实行结售汇制度，外汇调剂市场自行消亡。

第四章　政策性银行业务

1994年，国务院相继组建国家开发银行、中国农业发展银行和国家进出口银行3家政策性银行，主要从事支持国家基础设施、基础产业和支柱产业建设、促进机电产品出口、解决农副产品收购和稳定粮棉油市场等政策性金融业务。在连云港市业务主要由辖区内商业银行代理。1996年10月，市农发行成立，专司辖区内农业政策性金融业务。2005年底，市农发行存款余额1.82亿元，贷款余额27.21亿元。

第一节　人民币存款

农发行是国家唯一农业政策性银行，资金来源主要为财政专项存款和业务范围内企事业单位存款，企事业单位存款以贷款企业派生存款为主。

财政专项存款是财政部门通过农发行代理拨付各项补贴资金而形成的存款，具有一定的稳定性和时效性。企事业单位存款主要是在农发行开户的粮棉购销企业及其主管部门在农发行的存款。1996年底，市农发行企事业单位存款余额1754万元，绝大部分由农发行贷款派生，企事业单位自有资金少。农发行严格按收购资金封闭运行管理要求对企事业单位存款进行管理，企业存款一般只保留数日收购用款和必要财务支出备付。

随着业务发展，市农发行存款总量不断增加。2005年，市农发行建立新的绩效考核体系，将组织存款纳入考核范围，年末存款余额1.82亿元。

1996～2005年中国农业发展银行连云港市分行存款情况统计表

表19-14　　单位：万元

年　份	存款余额	年　份	存款余额	年　份	存款余额	年　份	存款余额	年　份	存款余额
1996	1754	1998	7852	2000	2850	2002	6186	2004	11440
1997	2175	1999	2777	2001	3078	2003	9348	2005	18220

第二节　人民币贷款

1996年10月连云港市农发行成立后，全力支持全市粮棉油购销储、农业综合开发、中低产田改造、扶贫、治沙和粮棉油加工等业务。1997年接收市人民银行划转的专项贷款。

1998年，市农发行将承办的农村扶贫、农业综合开发、粮棉企业附营业务等项贷款业务划转到有关国有商业银行，专司粮棉油收购资金封闭运行管理，支持粮棉油收储企业开展粮棉油收购、调销、储备等业务。1998～2001年，累计发放保护价粮棉油收购贷款27.79亿元，支持企业收购粮食120万吨、棉花8万吨，杜绝粮棉油收购向农民“打白条”现象，保证国家及省、市三级储备粮油所需资金及时供应，促进粮食安全体系建设。

2001年7月起，随着粮食流通体制改革的深化，市农发行建立健全以风险防控为核心的信贷管理体系，对粮食流转贷款和粮食加工贷款坚持“以销定贷、以效定贷”原则，按照风险管理要求发放贷款。至2005年底的4年间，支持改制后企业开展粮棉购销业务，累计投放非保护价收购贷款9.2亿元，支持企业收购粮食35万吨、棉花3.5万吨。

2004年，市农发行实现信贷支持范围以传统购销储业务为主体，逐步向生产和加工两翼的延伸。在有效防范信贷风险前提下，按政策延伸对粮棉产业链条的信贷支持，积极支持粮棉油生产、收购、加工、销售一条龙的产业化经营。至2005年底，全行共计调查营销农业产业化龙头企业及加工企业贷款项目近40个，经省农发行批准获得贷款资格15家，核批贷款额度1.85亿元，累计发放新业务贷款1.5亿元，期末新业务贷款余额1.2亿元。

2005年底，市农发行贷款余额27.21亿元，比1996年增加2.72亿元。不良贷款由1996年末的9.98亿元下降到2005年的3.71亿元，不良贷款率由40.8%下降到13.6%。

1996～2005年中国农业发展银行连云港市分行贷款情况统计表

表19-15　单位：万元

年　份	贷款余额	年　份	贷款余额	年　份	贷款余额	年　份	贷款余额	年　份	贷款余额
1996	244910	1998	328185	2000	266853	2002	258871	2004	241759
1997	318259	1999	274132	2001	271881	2003	250006	2005	272099

第五章　商业银行业务

连云港市银行业金融机构主要开办储蓄存款、企业及其他存款两大类人民币存款业务。1984年底，全市银行存款余额7.82亿元。2005年底，全市银行存款余额提高到426.83亿元。

1984年底，全市金融机构贷款余额12.5亿元。市工行、农行、中行、建行按专业银行分工，分别办理工业、商业、农业、进出口、基本建设等人民币贷款。随着城市信用社、交通银行等金融机构设立，逐步增办乡镇企业、个体和私营工商业等贷款。20世纪90年代中期，各专业银行向商业银行转变，贷款业务交叉。国家加强宏观调控，实行适度从紧货币政策，严格控制贷款规模。1998～2003年，金融机构贯彻执行稳健货币政策，支持地方经济发展合理资金需求，信贷投放增加较快。2004年，国有独资商业银行相继实行股份制改造，国家继续实施稳健货币政策，实行有保有压信贷政策。2005年末，全市贷款余额263.31亿元。

第一节　人民币存款

一、储蓄存款

1984年，连云港市金融机构储蓄存款余额2.64亿元。1984年12月，市工行率先在市区南极路、解放路2个业务量大的储蓄所推行储蓄个人负责制改革，在业务高峰期设立快收柜。1985年底，市工行储蓄存款余额1.5亿元。此后，市工行加大网点优化、科技投入、劳动组合调整和改革创新力度，先后推出集零储蓄、定期实物有奖储蓄、大额可转让定期存单等业务。1986年4月底，市中行开办人民币储蓄存款业务，推出实物有奖储蓄、保值储蓄、大额可转让定期储蓄、贴花有奖储蓄等。11月18日，港口、墟沟邮电支局开办邮政储蓄业务。1988年8月，市工行33个储蓄所全部实行储蓄承包。

图19-1　1995年，建设银行连云港分行举办定期储蓄咨询活动。　赵鸣　摄

1990年1月1日，邮政储蓄由代办改为自办，业务收入由手续费改为利差，邮政储蓄进入金融竞争市场。1991年下半年开始，市工行在所辖各基层网点推广储蓄业务处理微机化。1993年，市交行推出单位通知存款等储蓄新品种。1995～1996年，市交行推出太平洋多功能收费卡，代收煤气费、有线电视收视费等，网点全部实现电脑操作，在营业部储蓄专柜实行柜员制，推出延时服务、上门服务等便民措施；至1996年底储蓄余额突破1亿元。1997年4月，市工行所辖县区微机储蓄网点全部开通通存通兑业务。1999年，市中行实现全市通存通兑。2000年，实现ES/9000零售系统大集中，对私存款在省辖实现通存通兑。2001年11月9日，市工行在全辖推广柜面劳动组织改革，提高柜面业务处理效率，缩短客户业务办理等待时间。2002年，市中行实行储蓄柜员制。市交行率先在全市推出活期储蓄取款免填单服务和太平洋卡写磁业务，储蓄存款余额11.21亿元。2004年2月29日，市工行在新浦区、海州区、连云区开展网点扁平化管理改革，重点提升储蓄业务服务水平。2005年，市农行重点营销教育储蓄、银行卡、网上银行等重点产品。是年，邮储业务成为全市邮政第一支柱业务。2005年底，全市金融机构储蓄存款余额245.77亿元，是1984年的93倍。

二、企业及其他类存款

企业及其他类存款主要包括居民储蓄存款以外的企业存款、财政性存款（含机关团体）、农业存款、信托类（含委托）存款及其他存款。

1984年底，全市企业及其他类存款余额5.18亿元。国有专业银行业务分工明确，市工行企业存款占全市银行业金融机构企业存款总量比例较大。1985年底，市工行企业存款余额2.29亿元。1990年7月10日，市工行成立全市首家厂设银行机构——中国工商银行碱厂分理处。市交行成立吸存小分队，至1993年底共引进外地存款6115万元。1996年底，市交行企业存款余额5.64亿元。1997～1998年，全市停产、半停产企业增加，亏损企业居高不下，资金回笼减慢，企业存款下滑严重，市交行在经济结构调整中寻找新的业务增长点，吸收机关事业单位存款，1998年底存款余额为6.94亿元。2001年8月，市工行开通综合业务系统。2003年11月，市工行开通NOVA全能银行系统。2005年底，全市企业及其他类存款余额181.06亿元。

第二节　人民币贷款

一、贷款业务

1984年底，连云港市金融机构人民币贷款余额12.5亿元。市农行由过去支持农林牧副渔，扩

图 19-2　2003 年，连云港市召开东部城区银企合作会议。
赵鸣　摄

大到支持“工商运建服”[①]综合经营，适当放宽信贷权限。根据生产情况和经济形势适时将“两户一体”[②]计划放款作了调整，全年 0.81 亿元累放计划上升到年末的 1.47 亿元。1985 年 1 月 1 日起，市建行承办的基建投资全部由预算拨款改为银行贷款，基建贷款项目的年度用款实行指标管理，停建、缓建项目维护费由预算拨款改为建设银行贷款。11 月 21 日，建行信贷计划正式纳入市人民银行综合信贷计划。是年，市工行优先安排 30 多种名优产品和 20 多种外贸出口产品以及轻工、纺工行业适销对路商品生产收购的资金需要，发放轻工、纺织工业贷款 1.36 亿元；对 129 个项目发放技术改造贷款 0.37 亿元。1988 年，市交行贯彻‘以贷揽存、以贷吸存”方针，支持地方企业、国家重点项目和地方急需项目，支持外向型经济，全市发放贷款 1.1 亿元。是年底，全市银行贷款余额 33.66 亿元。

1992 年 7 月 21 日，市建行发放全市首笔个人建房专项贷款。7 月 23 日，市工行牵头成立亚欧大陆桥经济带工商银行融资协作网，陇海—兰新沿线 8 个省区的 25 家金融单位加入协作网，入网基金 5600 万元。1993 年 5 月 8 日，市工行营业部与市保险公司联合试办企业信用贷款保险业务，成为苏北第一家开办此项业务单位。是年底，全市人民币贷款余额 73.23 亿元。

1994 年前，市中行发放外贸外事企业贷款主要包括进出口企业人民币流动资金贷款、外商投资企业贷款、外事企业贷款以及外汇贷款。1994 年起，市中行不再局限于外贸外事企业贷款，开始发放人民币流动资金贷款、固定资产贷款、外汇贷款。1994 年，市交行首次承担国家专项技改项目贷款，为市电讯器材厂发放 1230 万元贷款。1995 年，市交行加大对外贸、“三资”企业支持力度，全年对“三资”企业新投入贷款 2649 万元，占全年新增贷款规模 43.8%。1997 年 10 月起，市中行办理住房贷款。是年底，全市银行贷款余额 149.18 亿元。

2000 年，受宏观调控影响，全市银行年末贷款余额降至 151.7 亿元。市交行推出住房、助学、耐用消费品、旅游 4 个消费信贷品种，累计发放私营和个人消费信贷 1302 万元。是年 10 月 26 日，市工行与淮海工学院签署国家助学贷款协议，对贫困大学生提供贷款，支持其完成学业。此后推出个人消费贷款、个人经营贷款、个人信用贷款、小微企业贷款等新产品。2002 年，市交行加大对支柱产业信贷投入，发放贷款 3 亿多元，重点支持恒瑞、德邦等化工、医药行业，发放农产品收购贷款 1.15 亿元。2005 年，全市银行年末贷款余额 263.31 亿元。

二、不良信贷资产处置

1984～1994 年，银行信贷资产粗放式经营，贷款承受主体经营效益总体较差，造成不良信贷资产逐年积累。1995 年，国家颁布《中华人民共和国商业银行法》，规定银行业金融机构以效益性、安全性、流动性为经营原则，实行自主经营、自担风险、自负盈亏、自我约束，各行加强信贷资产风险

---

① “工商运建服”指工业、商业、运输业、建筑业、服务业

② “两户一体”指农村承包户或自营专业户、重点户及农户自愿互利组成的经济联合体

管理。1995年，市交行对所有贷款户进行评级，对不良资产重新评定，组织力量清收有问题贷款，全市共清收回“两呆”（呆滞、呆账）贷款498.9万元。1997年运用国家政策核销有问题贷款，核销本金及欠息人民币583万元、美元29万元。2000年，市交行法律诉讼、执行14件，标的金额3235万元，结案率80%。全市核销有问题贷款本息约2099万元。2002年4月，市商业银行在省内创新组建资产盘活中心，把各支行不良贷款划入盘活中心；是年底，不良贷款余额1.37亿元，不良贷款占比14.18%，较年初下降0.79亿元。2005年底，市交行通过诉讼执行收回海兴热电2428万元逾期贷款。是年底，中行贷款余额折合人民币72.82亿元，比年初增加2.33亿元。不良贷款月末1.20亿元，占贷款总额的1.65%（其中，次级类贷款1.14亿元，占1.57%；可疑类贷款569万元，占0.08%；损失类贷款13万元）。2005年，市农行对100万元以上欠贷客户进行梳理，并对47家重点大户共计1.05亿元贷款建立重点客户档案资料库。至年底，全行清收大户贷款占清收总额的60%，清退潜在风险客户贷款1.37亿元。

第三节 人民币中间业务

一、支付结算

1995年5月，连云港市工行电子计算机网络系统开通，实现全行市、县储蓄业务通存通兑。10月，市农行开办全国电子汇兑业务，全国资金汇划24小时到账。1997年9月，市交行全行28个网点全储种、数据集中式储蓄通存通兑系统开通。2002年4月，市农行省辖数据集中，省内资金汇划实时到账。10月，市交行综合业务系统上线，在实行汇兑系统与综合业务处理系统相连的分行，跨地区客户加急资金划汇均能实现2小时之内到账，2004年完成实时汇兑系统改造，按“分行－支行”模式完成直属网点综合系统升级工作。2005年，市交行数据大集中一期工程（即核心账务系统对公业务处理系统）和数据大集中二期工程（即核心账务系统对私业务处理系统）上线。8月，市农行全国数据集中，全国资金汇划实时到账。

二、银行卡业务

1989年初，市中行发行全市第一张信用卡长城人民币信用卡。1989年，市中行为签约商户提供电子交易受理终端。1991年，市工行成立牡丹卡信用卡部。1993年2月，市建行开办信用卡业务。是年6月18日，开办上海证交所股票在连云港市委托买卖业务。1994年9月，市交行开办人民币信用卡业务，至1995年底发卡量1238张，信用卡存款余额75万元，特约商户发展到78家，交易额2578万元。1997年，市交行陆续向社会发行太平洋多功能卡、太平洋借记卡、太平洋银通卡，并对所有营业网点安装了POS系统，发展特约商户96家，发卡量2.38万张。1997年，市中行发行长城电子借记卡。1998年，市交行推广借记卡业务，发卡量比1997年净增3639张。中国银行银行卡应用网络NIC-NAP在连云港地区正式投入运营，此网络同时支持长城电子借记卡和外卡收单业务。2000年，市交行发行太平洋卡，至2001年底发卡量9.11万张。2002年，市交行太平洋卡加入省银联卡中心，推出太平洋卡写磁业务。是年，市中行信用卡系统实现大集中和联网通用要求。2004年7月，市商业银行正式发行具有港城地方特色在全国通行的金猴神通卡，全年发卡5万多张。2005年，市交行开通太平洋卡环球通、银信通、双利理财业务。

三、其他中间业务

1994年5月，市工行成立市会计师事务所工商银行分部，主办全市工商企业的有关技改贷款、审计承接企业资产评估、查账验证及验资等业务。1999年，市交行开发成功煤气卡、邮电卡，代收煤气费和电话费。2000年，市交行开拓银证业务，代收移动话费、电费，全年代理金额2.67亿元。2001年，市交行开通吉通太平洋卡IP电话业务，各项中间业务代理金3.88亿元。2002年，市商业银行积极开办中间代理业务，实行信贷综合授信，开发整贷零还、育才助学贷款、仓单质押贷款、创业贷款等新业务，在全市金融机构中首创信贷超市，计算机系统实现升级换代，开通通存通兑业务。是年6月，市商业银行加入人民银行电子联行"天地对接"系统；10月加入全国城市商业银行清算中心。2003年，市交行实现各类中间业务手续费收入约140万元。市商业银行创新金融产品，推出喜洋洋存单、银保储蓄、育才助学存贷双优业务等10个新产品，逐步开办代收水费、手机话费，代发工资，代理保管箱等代理项目。2004年，市交行实现中间业务收入655万元。2005年，市交行重新开办代理保险业务，推出基金代销、水费代收业务，全年完成中间业务收入858万元，其中国际业务中间业务收入比例达60%。

第四节　外　汇

1984～1990年，连云港市外汇业务由国家外汇经营专业银行——市中行独家经营。随着专业银行向商业银行转换，业务开始交叉，市工行、交行、建行、农行分别于1990年7月、1991年4月、1992年5月、1992年7月开办外汇业务。

1984年2月，市中行向灌云县燕尾镇对虾养殖场发放特种外汇贷款甲类贷款3年期25万美元，用于养殖场扩建改造及配套冷库建设。7月，市中行贸易科更名为国际贸易结算科。11月，市中行成立信托咨询公司。1986年，市中行贸易收汇突破1.3亿美元，达历年最高纪录。1991年4月23日，市交行外汇业务开业，至年末外汇存款余额150.3万美元，外汇贷款余额71万美元，贸易结算额65万美元，涉及美元、日元、英镑、德国马克等7个币种。1994年，市交行新增国外代理行11家，墟沟分理处外汇储蓄代办点开业，开发区办事处和解放路储蓄所外汇储蓄网点获准设立。1996年7月，市交行成功堵截一笔700万美元汇票诈骗案。1998年，由于东南亚金融危机影响，日韩经济滑坡，连云港市各进出口企业的业务量大为减少，市交行在处理国外业务时把防范风险放在首位，严格加强信用证管理，累计发放外汇贷款801万美元，开拓开发区宇研鞋业公司、钟山氨纶公司等客户。1999年，市交行外汇业务的开展主要集中在贸易结算和出口押汇两个方面，年末外汇存款余额358万美元，各项外汇贷款余额280万美元，全年累计贸易结算4530万美元。2001年12月末，市交行国际结算量首次突破1亿美元，余额达1.46亿美元。2003年，市交行在连云地区增设国际业务结算机构。2004年，市交行全行24个网点全部开办外币业务，增加外币对公、对私理财业务品种，新开办远期结售汇、结构性存款、个人外汇买卖、出口加工区外汇业务。2005年，全市银行业金融机构结售汇7.34亿美元，其中结汇5.13亿美元。

2000～2005年连云港市银行业金融机构结售汇统计表

表19-16　单位：万美元

年份	即期结汇				即期售汇				远期结汇	远期售汇
	结汇小计	贸易项下	服务项下	资本项下	售汇小计	贸易项下	服务项下	资本项下	结汇	售汇
2000	27309	26262	696	351	3488	1486	676	1326	12	2368
2001	33031	30430	1717	884	3380	1584	879	917	0	1182
2002	31912	28754	2381	777	4433	2697	503	1233	4	0
2003	32033	28409	2118	1506	9131	5986	595	2550	12540	0
2004	49671	33078	4161	12432	21010	17503	798	2709	0	0
2005	51298	35342	6975	8981	22133	15148	690	6295	0	0

第六章　保险　证券

1984～1990年，连云港市保险业务由中国人民保险公司连云港分公司独家承担。1991年12月12日，连云港交通银行保险部成立。1993年10月，中国平安保险公司在连云港开办保险业务。自此，连云港保险市场开始进入多家经营、有序竞争阶段。1996～2003年，各保险公司实施经营机制改革，按照“分业经营、统一管理”要求，人保、太保、平保等保险公司相继完成财产险、寿险的分业经营。2003年6月，中国人保进行股份制改革，连云港分公司成为股份制公司。2005年底，连云港市有保险公司11家，其中财产险公司6家、人身险公司5家，下辖保险网点机构220个。保险从业人员6000余人。多种所有制、多元化的保险机构开拓新的保险业务，适应了连云港市社会各阶层对保险业的需求。

20世纪90年代初，证券业务开始在连云港市起步。至2005年底，全市有南京证券、中信建投证券、信泰证券3家证券经营机构。是年实现证券交易额55.96亿元。

第一节　保险业务

1984～1991年，连云港市保险业务由中国人民保险公司连云港分公司独家经营。1991年底，太平洋保险、平安保险进入连云港。此3家保险公司均为财产、寿险混合经营公司。1996年后财产与人身保险分业经营，从上述3家公司先后分立出6家财产、人寿保险公司。2002年开始，天安、泰康、中华联合、华安、民生等保险公司先后进入连云港保险市场开拓业务，险种也向多样化发展。各保险公司除保留企业财产、机动车辆、货物运输、家庭财产等保险种类外，还拓展工程险、责任险、保证险、伤害险、健康险以及丰富多样的人寿险品种，适应连云港市社会各阶层对保险业的需求。

1984年，全市国内保险完成保费收入0.04亿元。1986年，全市开设险种29个。1990年，全市国内保险完成保费收入0.35亿元。1996年，全市国内保险保费收入1.96亿元。2000年，保险费收入4.3亿元，承保金额387.99亿元。2001年，保费收入突破5亿元，达5.14亿元。2003年，保费收入突破10亿元。2005年，全市承保金额1986.21亿元，保费收入11.76亿元。保险深度2.7%，高于全省保险深度平均数（2.4%）0.3个百分点；保险密度260.49元每人，不及全省保险密度平均数（588元每人）的二分之一。

1985～2005年主要年份连云港市国内保险业务统计表

表19-17　　　　单位：亿元

年　份	承保金额			保费收入			赔款支出		
	总　计	人身保险	财产保险	总计	人身保险	财产保险	总计	人身保险	财产保险
1985	25.54	0.73	24.81	0.07	0.01	0.06	—	—	—
1986	50.65	5.94	44.71	0.15	0.30	0.10	—	—	—
1989	76.45	7.29	69.16	0.30	0.11	0.19	—	—	—
1990	82.30	8.60	73.70	0.35	0.12	0.23	—	—	—
1996	354.29	68.79	285.50	1.96	0.99	0.97	0.58	0.06	0.52
1999	520.36	297.40	222.96	3.87	2.66	1.21	0.88	0.15	0.73
2000	387.99	150.93	237.06	4.30	2.93	1.37	1.12	0.13	0.99
2001	547.57	249.50	298.07	5.14	3.51	1.63	0.95	0.16	0.79
2002	873.05	512.86	360.19	7.29	5.44	1.85	1.11	0.20	0.91
2003	1210.73	779.79	430.94	10.63	8.74	1.89	1.46	0.28	1.18
2004	1619.33	894.22	725.11	11.52	8.86	2.66	1.55	0.28	1.27
2005	1986.21	1043.23	942.98	11.76	8.86	2.90	2.08	0.36	1.72

说明：表中1999年前数据为国内保险数据，不含国外保险数据。

一、人身保险

20世纪80年代初，连云港市恢复办理人身保险业务。1984年，职工养老金、医疗保险开始在城镇集体经济组织中试行。1985～1986年，人身险业务增长迅速。1985年，全市国内业务人身险承保金额0.73亿元，保费收入74.2万元。1986年，全市国内业务人身险承保金额5.94亿元，保费收入539.4万元。1990年，全市国内业务人身险承保金额8.6亿元，保费收入1211.5万元。至1990年底，国内业务已开办团体人身保险、简易人身保险、个人养老金保险、养老金及医疗保险、学生平安保险、子女婚嫁金保险、义务兵养老保险等25个险种。

1995年1月，中国人民保险公司连云港分公司分设南京人寿保险股份有限公司连云港市市、县代理处，是新中国成立后连云港最早的独立寿险公司机构。1996年，全市国内业务人身险承保金额68.79亿元，保费收入0.99亿元。至1998年底，中保人寿保险公司连云港分公司有保户221.9万人次，提供人身风险保障200亿元，被保险人人均保额1.02万元。

2000年，全市人身险承保金额150.93亿元，完成保费收入2.93亿元。2002年，中国平安人寿保险股份有限公司连云港中心支公司推出分红型重大疾病保险平安常青树终身男性重大疾病保险、平安康乃馨终身女性重大疾病保险。

2003年，全市人身险承保金额779.79亿元，保费收入8.74亿元。中国太平洋人寿保险股份有限公司连云港中心支公司开办险种100多个，覆盖人寿保险、年金保险、健康保险、意外伤害保险等多个领域，形成“太平盛世”“红利来”等产品系列。2004年6月，中国平安人寿保险股份有限公司连云港中心支公司成立江苏省内寿险业首家VIP客户俱乐部，推出“万能寿险”新产品。

2005年11月，民生人寿保险股份有限公司南京分公司连云港营销服务部成立。至2005年底，全市有中国人寿保险股份有限公司连云港市分公司、中国太平洋人寿保险股份有限公司连云港中心支公司、中国平安人寿保险股份有限公司连云港中心支公司、泰康人寿保险股份有限公司连云港中心支公司、民生人寿保险股份有限公司南京分公司连云港营销服务部5家人身保险公司，完成人身险业务保费收入8.86亿元。

二、财产保险

1984年，全市完成财产险保费收入0.04亿元。到1990年底，中国人民保险公司连云港分公司国内业务已开办企业财产保险、机动车辆保险、货物运输保险、家庭财产保险、船舶保险、产品责任保险等险种33个。1991～1996年，连云港地区财产险业务由中国人民保险公司、太平洋保险以及平安保险3家公司经营。1996年起，财产保险和人身保险逐步分业经营。2000年，全市财产险保费收入1.37亿元。2004年，中华联合财产保险股份有限公司连云港中心支公司成立。

2005年，全市财产险保费收入2.9亿元，占全部保费收入的24.66%；赔款支出1.72亿元，占全部赔款支出82.69%。中国人民财产保险股份有限公司连云港市分公司占连云港财产险市场份额56.3%。

机动车辆保险　1984年4月，汽车及第三者责任保险改称机动车辆保险。1984年，全市承保汽车6301辆，承担风险金额10487.3万元，保费收入119.4万元。1990年承保1.54万辆，承担风险金额8.03亿元，保费收入1006.3万元。2005年承保14.74万辆，承担风险金额166.73亿元，保费收入19682.82万元。

企业财产保险　是恢复国内保险业务后开办的第一个险种。1984年，全市有1210家企业参加企业财产保险，保费收入236.9万元；1990年有1090家企业参保，保费收入573.3万元；2005年有2578家企业参保，保费收入2864万元。

货物运输保险　1984年，全市承保货物运输保险7293笔，承担风险1.28亿元，保费收入4.6万元。1985年6月24日，中国人民保险公司连云港分公司与民航新浦办事处签订代理航空货物运输保险协议书，委托民航连云港站代理航空货物运输保险业务。1990年，全市承保货物运输保险38623笔，承担风险13.43亿元，保费收入286.4万元。2005年，承保5327笔，承担风险140.84亿元，保费收入1352.98万元。

家庭财产保险　1984年，全市有6.4万户家庭投保财产保险，保险金额7049万元，保费收入19万元。1990年承保54.59万户，保险金额17.48亿元，保费收入227.5万元。2005年承保70321户，保险金额56.31亿元，保费收入449.96万元。

农业险　农业保险有养殖业保险和种植业保险等。种植业保险方面，自1984年开办麦场火灾、棉田雹灾保险业务后，又陆续增加“三麦”冰雹、黄烟种植、水稻种植、“三麦”综合保险等多种种植业险种。1985年后陆续开办海带养殖成本保险、水貂养殖保险、对虾养殖保险、养鱼保险、养鸡保险、奶牛保险等多个养殖业险种。1985年，全市农业险保费收入7.5万元。1996年，农业险保费收入118万元。2000年，全市农业险保费收入348万元。2005年，全市农业险保费收入104万元。

三、防灾理赔

1984年，全市国内业务理赔案件数1788起，支付赔款106.1万元。1985年6月，中国人民保险公司连云港分公司在《连云港报》开辟《保险服务台》专栏，定期系统宣传保险与防灾知识。是年，市保险公司拨款9.6万元购买1辆“黄河”牌消防车赠市消防队。1986年6月，市保险公司增设防灾理赔科，专人负责防灾工作。1987年对21个系统72家企业进行防灾检查，下发事故隐患整改通知书32份。1988年6月，市保险公司、新浦区政府联合在解放中路开展“保险防灾一条街”活动，对沿街104家单位的电器线路及火灾隐患进行检查，对其中15家单位危险线路免费更换。

图19–3　2000年8月30日，保险公司工作人员到受灾现场察看灾情，准备理赔。　　赵鸣　摄

1998年，中保财产保险有限公司连云港分公司处理赔案1.88万起，赔付金额4976.5万元。2000年8月30日，连云港市发生百年一遇特大洪涝灾害，中国人民保险公司连云港分公司在“8·30”水灾中处理赔案1.81万起，支付赔款3100余万元。2001年，中国人寿保险公司连云港分公司在辖区各单位成立客户服务部，开通“95519”客户服务专线电话，成立“95519”客户服务专线疑难问题协调委员会，处理投诉及疑难问题。

2002年，全市赔款支出1.11亿元，其中财产险赔款支出0.91亿元，人身险赔款支出0.20亿元。中国人民保险公司连云港分公司处理各类赔案14100件，支付赔款6750万元。2003年，全市赔款支出1.46亿元，其中财产险赔款支出1.18亿元，人身险赔款支出0.28亿元。

2005年，全市赔款支出2.08亿元，其中财产险赔款支出1.72亿元、人身险赔款支出0.36亿元。中国人民财产保险股份有限公司连云港市分公司处理各类赔案12315起，累计赔付9514.9万元，对全市往年发生过水灾赔款的105家企业进行防汛检查，向43家企业提出整改建议。中国太平洋财产保险公司连云港中心支公司赔款支出2519.17万元。

第二节　证券业务

1993年5月，连云港市第一家证券交易机构南京证券连云港营业部成立，是全市首家从事证券经营业务的专门机构。1996年11月28日，连云港如意集团股份有限公司（简称如意集团）在深圳证券交易所上市，成为连云港市首家上市企业，也是江苏省第一家上市的农业产业化龙头企业。1996年年底，华夏证券公司连云港证券交易营业部成立。

1997年，市政府成立证券期货监督管理办公室（简称市证管办），对全市证券期货业实施监督管理。是年，江苏国际信托投资公司连云港证券营业部转属信泰证券有限公司，更名为信泰证券连云港营业部。至此，连云港市拥有南京证券、华夏证券、信泰证券3家证券经营机构。

1999年7月1日，国家开始实施《中华人民共和国证券法》，连云港市证券市场监管工作走上规范化、法制化轨道。是年，全市3家证券营业部共完成股票交易额38.9亿元，投资者开户数2万余户。

图19-4　江苏省国际信托投资公司连云港证券营业部
赵鸣　摄于1998年

2000年10月18日，江苏恒瑞股份有限公司在上海证券交易所上市，是全市首家工业制造类上市企业。各证券营业部对其所设立网点按有关规定进行规范，有3个网点经中国证监会核准为证券服务部。是年，全市证券交易额71.21亿元，投资者累计开户数3.65万户。

2001年，全市3家证券营业部均开通B股交易业务。是年，全市证券交易量55亿元，投资者累计开户数4.43万户，比2000年净增7868户。2002年9月，康缘药业股份有限公司在上海证券交易所上市。至此，全市上市公司达3家，在苏北地区位居前列，连云港药业板块初具雏形。是年12月12日，文峰期货连云港营业部正式挂牌营业。证券二级市场因股市行情持续低迷，交易偏冷，全市3家证券经营机构全年证券交易额仅45亿元，投资者累计开户数4.6万户。

2003年，连云港市完成恒瑞股份国有股减持，获得转让收益4.5亿元；康缘药业27.65%国有法人股实施退出转让。两家公司国有股转让收益近7亿元，筹措全市企业改革资金。港口股份完成股票发行材料申报并通过证监会预审；正大天晴、德邦兴华、豪森药业3家公司通过中国证监会南京特派办验收。2003年成为连云港市拟上市企业通过辅导验收最多的一年。是年，证券二级市场行情持续低迷，全市证券交易总额45亿元。

2005年，全市有南京证券、中信建投证券、信泰证券3个营业部，下设墟沟、赣榆、东海等6个证券服务网点，完成证券交易总额55.96亿元。

第七章　金融业监督管理

1984年至2003年12月15日，连云港市人行履行对银行业、证券业、保险业的综合监管。2003年12月16日，中国银行业监督管理委员会连云港监管分局（简称连云港银监分局）成立，履行对全市银行业金融机构监督管理职能。至2005年底，中国银监会连云港监管分局、市人行以防范和化解金融风险、促进金融稳健运行为中心，加大对辖内银行业金融机构监管力度，维护了辖区金融秩序和社会稳定。

第一节　市场准入与退出

1985年起，辖区内金融机构设置须向连云港市人行登记。全市270个专业银行、保险公司、信用社进行了登记，经市人行审查并报省分行批准，发给经营金融业务许可证253个，其余缓发、不发或予以撤销。

1986年，市人行先后批准增设储蓄所11个、营业所4个、信托投资公司2家、邮政储蓄所6个。1988年，市人行对309个金融机构进行全面清理和核实登记，撤销1个不合格机构，对合格机构重新核发许可证。通过制定规划、合理布局，批准设立54个金融机构和3个城市信用社。1989年，市人行成立清理整顿金融性公司领导小组，对各行信托投资公司存贷款或投资进行逐笔落实，摸清家底，着手进行清理工作。对连云港市银行业网点机构及其经营状况进行检查清理，批准设立25个金融网点，撤并2个不合格机构。

1991年，市人行对全市404个发证和773个不发证金融机构进行审查与登记，撤销2个擅自设立的保险代办所、2个不符合经营条件的储蓄所、信用社，迁移4个重叠设置的储蓄所，对其他问题进行纠正和补办手续，绘制全市金融机构网点分布图。市人行对储蓄机构经营活动进行抽查，搬迁8个机构，合并3个机构，撤销代办点5个，撤销擅自设立的机构1个。1994年，市人行批设61个金融机构，其中储蓄所20个、代办所2个，邮政储蓄所2个、分理处34个、农村信用分社2个、办事处1个。

1995年，市人行对年检合格的476个银行业机构换发许可证，按适度发展、优化配置、效益第一的原则，撤并6个机构，升格11个机构，降格1个机构，搬迁20个机构，批设17个机构。

1996年，市人行制定金融大监管方案，建立金融监管责任制，从金融机构市场准入、业务管理、风险管理到市场退出，建立126项规范考核指标。按优胜劣汰、适度发展原则，批设机构17个，搬迁机构15个，升格机构7个，降格机构1个，撤销机构49个。

2000年，市人行推进金融安全区建设，制定并实施创建金融安全区总体规划、金融机构实现金融安全目标分步规划及一系列规范操作规章制度。

2001年，市人行制定《中小法人金融机构监管指导意见》，对市商业银行、农联社分别派驻监管组，实施“零距离”系统性监管，重点督促提高市商业银行法人治理能力，开展赣榆县农联社完善法人治理结构试点，加大对资不抵债农村信用社综合治理力度，做好浦东城市信用社停业整顿工作。市商业银行、全市农村信用社经营规模和效益创历年最好水平。是年12月末，市商业银行不良贷款净减少7900万元，不良贷款占比下降25.68个百分点。2003年，市人行完成浦东城市信用社撤销工作。

2004年，连云港银监分局强化对高管人员准入、期间和离任三关的监管，审核39名高管人员任职资格，组织银行机构271名在职高管人员进行金融法规知识考试。

2005年，连云港银监分局深化农村信用社改革，指导市区联社继续做好深化改革试点工作，全市各联社都成立审计委员会和风险控制委员会。市区、灌云、赣榆联社筹备组建农村合作银行。连云港银监分局换发金融许可证80个。

第二节　合规性与风险性监管

1985年，连云港市人行通过信贷检查、稽核等方式，重点对金融机构执行利率政策、业务合法合规性进行监管。1987年，市人行制定《连云港市金融管理若干具体问题和规定》，对建行港口支行等违反"暂行条例"违背利率政策、结算制度给予严肃处理，对信托投资公司进行检查、稽核。1989年，市人行配合省人行对东海县工行进行现场全面稽核，开展试评级工作。市人行制定的试评级办法成为央行编制对工商银行稽核规程的重要参照。

1990年，市人行对金融机构间不合理业务交叉和企业多头开户进行清理整顿。1991年，市人行对县级以上20个金融机构、1个信用社进行检查，查出违规贷款3824万元、转移财政性存款7873万元、漏交缴存积数21336万元、公款私存394万元。1992年，市人行首次开展保险理赔业务稽核。1993年，市人行对工行、建行开展超规模放款、违章拆借和利用信贷资金炒房的风险稽核，组织对专业银行信贷资金不合理占用情况进行检查，查出占用国债0.63亿元、违章拆借资金1.8亿元等违规问题，分别予以经济处罚。1994年，市人行加强对金融机构监管，全年共查处变相提高利率、少付储户利息事件15起。对山东个别金融机构在东海县、赣榆县边界区内非法设立的储蓄代办点进行取缔。1995年，市人行加强金融监管执法力度，严肃查处乱拆借、乱集资、乱抬利率和违反金融政策法规的行为，全年依法查处和纠正各种违规问题15起，清理违规拆借资金1200多万元；取缔山东临沭县部分机构在东海县、赣榆县境内非法设立的9个储蓄代办机构，通报2个证券机构违规办理业务的行为，制止山东日照市某基金会在连云港市赣榆县境内非法办理融资业务的行为。

2000年，市人行对城市信用社进行全面清查，控制信贷风险，处罚造成资产损失的责任人；完善法人治理机构，灌南、灌云联社率先在全省实行理事长、主任分设制；开展真实性检查，基本摸清各金融机构1999年末贷款质量真实性、盈亏真实性、内控制度建设、高级管理人员任职资格等情况；完成农业发展银行全面稽核、国有商业银行"存款实名制"贯彻落实情况等现场检查，规范商业银行经营行为。2001年，市人行制定《金融机构高级管理人员任职资格审查公示制度》，制定下发《连云港市不良贷款情况监测办法》。至12月底，全市5家商业银行（不含市商业银行）不良贷款比年初下降5.23个百分点。2004年，连云港银监分局以化解银行业风险为目标，组织8个检查组，对市中行2004年信贷财务管理情况、市工行2004年不良贷款上升原因及贷款五级分类真实性、市农发行信贷管理及风险状况、市商业银行2000年以后的非信贷资产管理情况进行全面检查，下发稽核意见书8份，提出整改意见73条，处理违规人员35人。

2005年，连云港银监分局督促全市银行业金融机构建立健全风险监管的长效机制。建立城市商业银行以资本管理为核心的风险管理长效机制，引进RAPM（风险调整后绩效测量）技术，建立以资本约束为基础的资源配置体制。开展银行业金融机构风险评级和内控评价，做好贷款五级分类工作。全年组成29个检查组，对全市银行业金融机构开展9大项26小项现场检查，检查金额136.37亿元，发现问题339个，下发稽核检查意见书27份，提出整改意见207条，责成处理金融从业人员156人，移交司法机关4人。

第三节　社会金融秩序监管

一、金融市场秩序管理

1991年，连云港市人行突出票据交换监管，恢复奖惩制度和通报制度，深入检查同城票据提收提付情况，票据抵用率逐步提高，全年全市票据交换量80.8亿元。1992年抓好发行、转让两个环节，培育发展证券市场，推动企业走向市场直接融资，全市批准58家企业发行债券1.24亿元。

1993年，部分银行在筹集存款竞争中出现违规行为，形成储蓄大战、利率大战的趋势，严重扰乱金融秩序。市人行决定连云港市停办大额特种储蓄存单业务，制定吸储公约作为储蓄竞争规范。1995年，市人行加强金融监管执法力度，严肃查处乱拆借、乱集资、乱抬利率、乱设金融机构和其他违反金融法规政策的行为。全市依法查处和纠正违规问题15起，解决利率纠纷10余起，查处利率违规4起，清理违规利率拆借资金1200多万元。

1997年，市人行查处证券不规范经营行为，严禁证券交易营业部开展证券自营、拆借资金及对客户投资等违规行为，对违规经营证券机构进行整改。1998年，市人行加强利率管理，先后开展3次较大规模的利率检查，严肃查处利率违规行为，规范金融市场行为。

2001年，市人行协调有关部门开展创建金融安全区系列活动，努力治理社会信用秩序。市人行、市公安局联合开展打击银行卡恶意透支和利用金融票证诈骗专项治理活动。2004～2005年，连云港银监分局加强对市银行同业公会工作的指导，建立失信“黑名单”通报制度，制定《连云港市银行业自律管理保障公约》等行业自律制度。

二、案件专项治理

2005年，连云港银监分局指导督促辖内各银行业金融机构成立主要负责人任组长的案件专项治理工作领导小组。召开案件专项治理会议，部署案件专项治理工作。在全辖范围内开展“查漏清险”行动，从内控制度、业务流程、管理环节等方面，展开“拉网式”检查。全市农村信用社通过全面排查，发现问题200余个，连云港银监分局提出整改建议50余条，对50余名违规责任人进行处理。通过案防排查，及时发现和成功堵截多起案件，避免经济损失。市建行成功堵截2起资金诈骗案。市中行联合公安机关在最短时间内破获资金盗取案件，追回全部款项。市工行破获1起利用职务之便挪用客户资金案件，追回全部涉案资金。

连云港市志

第二十卷　财政　税务

1984～2005年,连云港市在经济快速发展过程中,稳步推进财税体制改革,加强财税管理,培植新兴税源,使税收成为财政收入的主要来源,财政收入快速增长,支出规模不断扩大。全市财政部门紧紧抓住收、支、管3个环节,优化财政政策,规范财政管理,努力构建公共财政框架,支持地方经济发展。抓好财政收支预算管理,抓好预算外资金管理、企业财务管理、控制社会集团购买力管理,推行政府采购制度,保证财政资金入库,管好政府财政资金的使用。全市财政收入由1984年的2.11亿元,增至2005年的56.28亿元;预算外资金收入由1984年的1.38亿元,增加到2005年的14.94亿元。至2005年,连云港市初步建立与市场经济相适应、符合连云港市实际情况的收入分配机制和公共财政基本框架。20世纪80年代,连云港市实行包干财政体制,推进工商税制改革。1994年按照中央统一部署,实行分税制财税体制改革,连云港国税和地税机构分设。2001年按照省政府"旨在减负、重在兼顾、成在配套"的改革思路,连云港市开始实施农村税费改革。2002年1月1日起实行所得税收入分享改革。

1984～2005年,全市税务部门依法开展税收征管工作,抓好增值税、营业税、企业所得税等重点税种、重点行业和重点税源大户的征收管理,加强零散小税和一次性税种征管,以及各种非税收入和组织工作,税收收入由1984年的2.5亿元,增至2005年的38.94亿元。2005年,按照中央要求,全市取消农业税,终结农民种地交纳赋税的历史。

第一章 财 政

1984～1987年,连云港市实行全额比例包干财政体制,全市各级财政基本做到收支平衡、略有节余。1988年起实行收入递增包干财政体制,全市财政开始出现赤字。至1994年底,全市财政赤字累计10825万元。1994年开始实行分税制管理体制。1995年实施《中华人民共和国预算法》后,全市各级政府开始努力消化财政赤字,至1997年底全市财政赤字全部被消化。至2005年,全市连续11年实现当年财政收支平衡。

第一节 财政体制

一、全额比例包干

1983年,江苏省实行市管县体制,省财政对市(含县)财政按统一结算处理,即省同市结算,市再同县结算。全市(含县)财政收入留成比例调整为67.27%,其中市本级收入留成比例调整为38.76%,市属三县收入留成比例分别调整为:赣榆县95.4%,东海县100%(另每年定补56万元),

图 20-1　市财政局办公楼　　　赵鸣　摄于2005年

灌云县100%（另每年定补477万元）。是年，地方国营工交企业、商业企业及县以上供销社和文教企业实行第一步利改税。

1985年，在中央对省财政收支包干范围作较大调整后，省对连云港市的财政收支包干范围作了相应变动：财政收入基数以1983年财政收入决算为基础，支出按1983年财政收入包干范围内计算的分成财力为基数，然后调整收支上下划的变动因素，以此确定财政收入包干基数，换算成新的留成比例。调整后，省对连云港市核定的总额分成比例为45.51%，市本级及各县的留成比例分别为市本级38.76%、赣榆县57%、东海县95.5%、灌云县59.5%。是年根据省规定，对凡不缴纳能源交通重点建设基金的乡镇企业和城镇街道企业，按其税后利润征收5%的地方建设基金，其中上交省40%、市县留用60%。

1987年，省对市在收入上实行增收分成，规定当年参加比例分成收入数比上年增加比例分成收入数增长7%以内的，不计算增收分成；增长7.01%至10%的按增收额5%计算增收分成；增长10.01%至13%的按10%计算增收分成；增长13%以上的按15%计算增收分成。当年对国营工交商业企业收入和集体企业所得税实行包干，收入超过包干数的全部留归市、县。是年，中央为解决财政困难决定向地方借款，借款额按照1986年12月份财政支出快报（月报）数，剔除抚恤和社会救济福利事业费、各项价差补贴支出、民兵事业费（省级）、支援经济不发达地区资金、环境保护补助资金、城市水资源建设资金及省财政对地方追加的支出指标等以后余额的10%计算，计算结果，中央借款1130万元。省财政为照顾连云港市财政困难，确定每年定额补助565万元。

二、收入递增包干

1988年开始，省对连云港市实行“收入递增包干”财政体制，即以1987年财政决算收入为基数，参照近几年收入增长情况，确定收入递增率。在递增率以内的收入，按原定总额分成比例分成；超过递增率的收入，全部由市留用；收入达不到递增率，影响上解部分，由市用自有财力补足。根据上述规定计算，连云港市收入递增率为5.5%（递增率为基数环比），全市收入包干基数为19506万元；在收入包干总基数中，市本级12007万元、赣榆县2921万元、东海县2531万元、灌云县2047万元，收入递增率均为5.5%。对财政补贴县和收入留成比例高的县，其收入比上年增长部分（按环比计算），由省按下列比例另行给予奖励：财政补贴县为20%；总额分成比例在90%～100%之间的县为15%；总额分成比例在80%～89.99%之间的县为10%。对中央借款，继续按原规定实行定额上交。

实行收入递增包干财政体制后，对几年来企业收入上下划应进入收入基数部分、省分配的支出指标属于应进入支出基数部分（如军队转业干部经费、优抚救济费补助标准提高增加的经费等），仍按单独结算办法处理。

三、分税制

1994年1月1日起，国务院决定实行分税制财政管理体制，即按1993年财政收入和新的财税体制分别确定上划中央收入、省市县（区）共享收入和固定收入，消费税全额和增值税75%的部分上划中央，增值税地方分成25%的部分为省、市和县（区）共享收入，其中1993年增值税地方分成基数部分留市，在基数之上增长部分由省与市对半分成；市对县区增值税增量地方分成12.5%的部分暂不集中，比照省对市办法执行。灌云县由于1993年行政事业人员人均体制内分成财力在4000元以下，其增值税地方分成25%的部分由省财政在5年内全部返还。省核定连云港市1993年上划中央消费税和增值税（75%部分）收入考核基数为27293万元，基数部分全额返还。1994年起，税收返还额在1993年基数上逐年递增，递增率按1：0.25系数确定，即上划中央收入平均每增长1%、省财政对地方的税收返还增长0.25%，市对各县（区）比照省办法执行。

实行分税制后，市内原财政包干体制分配格局未变，各县收入递增包干上交基数、递增率仍按原体制办法执行；各区超包收入部分以1993年超包收入上解市数为基数，每年递增5.5%；各区营业税以1993年为基期年分别核定基数，比基数增长部分，市与区对半分成。从1995年起，各县原体制递增包干上缴和各区超包收入递增上解调整为以1994年上缴数为基数，定额上缴。

1996年灌南县划入连云港市后，省对其增值税分成12.5%的部分，以其1995年省分成数37万元为基数，从1996年起每年定额上解省，新增部分五年内全部留用。连云港经济技术开发区按国家和省确定的新增加财政收入留用优惠政策执行至1998年，1999年起按省重新调整的体制执行，市未参与分成。从2000年开始，市对连云港经济技术开发区核定1200万元的上解基数，与其收入增幅挂钩，每年同步专项上解。

2001年根据省对市分税制财政管理调整办法，市相应调整对县（区）的财政管理措施，即以2000年为基期年，原体制上缴部分实行定额上缴；核定县（区）2000年地方财政收入基数和税收返还基数，此后每年比基数增长部分，上缴省20%；建立财政转移支付制度，每年给予各区发展资金补助和各转移支付县过渡期转移支付补助。此项调整从2001年开始执行，一定五年。2002年1月1日起实行所得税（包括企业所得税和个人所得税）收入分享改革，确定分享比例为：中央50%，省（包括市、区县、乡）50%。2003年后分享比例为中央60%，省（包括市、区县、乡）40%；补助县（区）所得税收入返还基数，以2001年为基期计算，根据所得税收入分享范围及分享比例情况相应调整。

2005年为加快苏北经济发展，省财政开始以2004年为基期年，对各县新增地方财政收入省集中部分予以全额返还。

第二节　财政收入

1984～1994年，连云港市财政收入主要为农业税收、工商税收、盐业税收、企业收入及排污费、教育费附加等专项收入。1994年实行分税制后，财政收入分为中央固定收入、中央和地方共享收入、地方固定收入3个部分，增值税、营业税成为全市财政收入主要部分。

一、预算内收入

1984年，全市完成预算内收入2.11亿元。1993年完成预算内收入6.44亿元。1984～1993年，全市累计完成预算内收入36.95亿元，主要来源于企业收入、工商税收、盐税、农业“四税”（农业税、农林特产税、耕地占用税、契税）和国家预算调节基金。其中，工商税收26.39亿元，占预算内收入71.42%；盐税5.17亿元，占13.99%；农业“四税”1.67亿元，占4.52%。

1984～1993年连云港市财政预算内收入统计表

表20-1 单位：万元

年份	总收入	其中				
		企业收入	工商税收	盐税	农业“四税”	国家预算调节基金
1984	21134	794	12019	7112	687	—
1985	24889	1059	14487	7889	922	—
1986	27081	1563	16691	7234	995	—
1987	29667	1538	19606	6546	1195	—
1988	33552	1363	23168	4267	1580	—
1989	39849	-1579	26839	5558	1983	588
1990	42595	-1818	29831	5115	1848	809
1991	41253	-1798	31090	2273	2271	805
1992	45031	-2014	34882	3005	2589	592
1993	64463	-1940	55305	2654	2614	321
合计	369514	-2832	263918	51653	16684	3115

实行分税制财政体制后，全市预算内收入逐年增长。1995年贯彻《中华人民共和国预算法》，消化老赤字，确保财政收支平衡；设立区级金库，乡镇金库建设全面展开。是年，全市预算内收入首次突破10亿元，达到10.55亿元。2000年，全市遭受特大洪涝灾害影响，预算内收入17.22亿元，增幅有所回落。此后全市预算内收入增长幅度逐年加大。2005年，全市预算内收入56.28亿元，比2004年增长40.8%。1994～2005年，全市累计完成预算内收入273.17亿元，主要来源于增值税、营业税、企业所得税、个人所得税、房产税、城市维护建设税、农业“四税”、罚没收入和中央级财政收入。其中，中央级财政收入91.47亿元，占预算内总收入的33.48%；营业税34.97亿元，占12.8%；增值税24.7亿元，占9.04%；农业“四税”18.79亿元，占6.88%；企业所得税16.26亿元，占5.95%；个人所得税7.93亿元,占2.9%；罚没8.07亿元，占2.95%；城市维护建设税6.8亿元，占2.49%。

1984～2005年，全市累计完成预算内收入310.12亿元，年均增长16.91%。其中，工商税收222.73亿元，占预算内收入总数的71.82%。

1994～2005年连云港市财政预算内收入统计表

表20-2 单位：万元

年份	总收入	一般预算收入	一般预算收入中					
			增值税	营业税	企业所得税	农业“四税”	城市维护建设税	罚没收入及行政性收费
1994	74826	41034	10084	9206	3505	5350	2962	123
1995	105512	66494	11754	12446	7668	5712	3479	6158

续表 20-2

年　份	总收入	一般预算收入	一般预算收入中						
			增值税	营业税	企业所得税	农业“四税”	城市维护建设税	罚没收入及行政性收费
1996	129515	84556	13792	17708	10037	8081	4023	7216
1997	150029	92877	15944	17945	13006	8302	3854	7617
1998	164713	107785	16354	22472	13765	11804	4291	8747
1999	171151	111279	15538	24604	14231	9848	4257	9138
2000	172188	94767	18456	22499	12736	8848	5088	7850
2001	198350	124680	21762	24459	24051	23278	5414	7564
2002	269860	136481	24891	31123	14264	27828	5865	16198
2003	341292	156691	29243	40013	11691	32401	7321	20015
2004	399719	185762	26634	54801	15105	26731	9105	29703
2005	562810	245920	42572	72461	22546	19717	12329	42473
合　计	2731706	1448326	247024	349737	162605	187900	67988	162802

说明：一般预算收入包括各项工商收入、税收、国有资产经营收益、纳入预算的行政性收费、罚没收入、其他收入等，不含基金收入和上划中央收入。

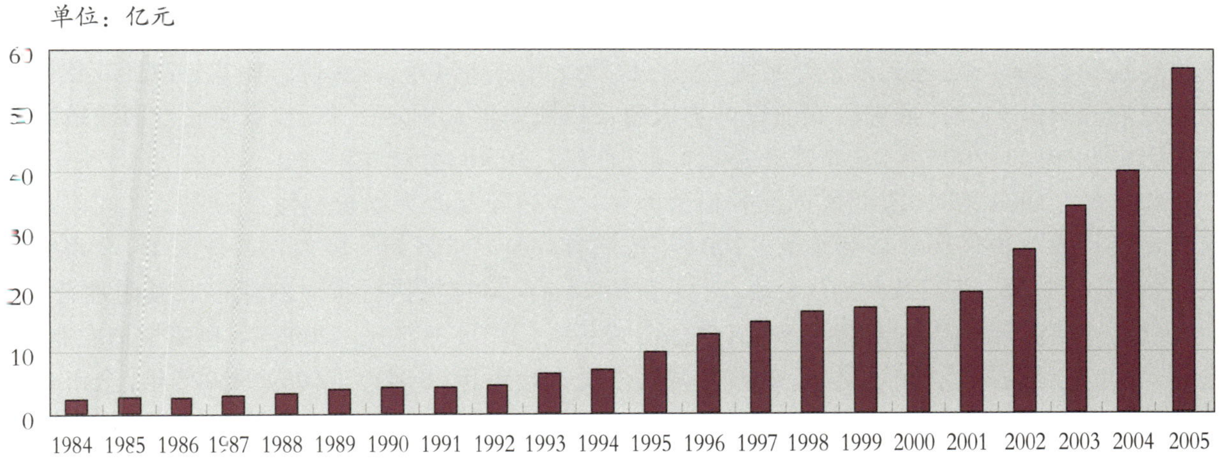

图 20-2　1984～2005 年连云港市财政收入增长图

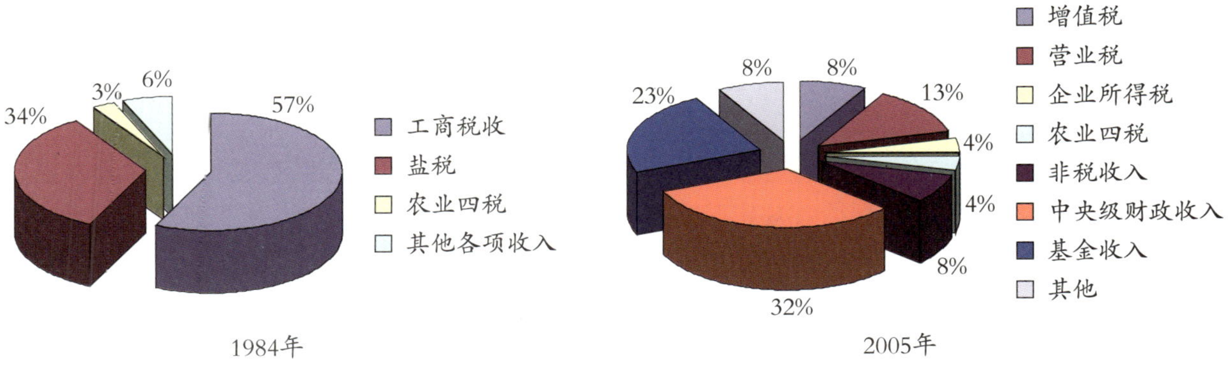

图 20-3　1984 年、2005 年连云港市财政收入结构变化对比图

工商税收 1984年，全市工商税收1.2亿元。10月1日起试行第二步利改税，将工商税按照纳税对象划分为产品税、增值税、盐税和营业税等税种。是年，国营企业所得税试行。1984～1993年，全市工商税收收入累计26.39亿元，其中1993年收入5.53亿元。1994年1月1日，分税制财政管理体制改革以及与其配套的税制改革、国有企业利润分配制度改革在全市推开。是年全市地方财政工商类税收收入3.2亿元。增值税收、营业税收、企业所得税、城市维护建设税4项收入合计2.58亿元，占全部地方财政工商类税收收入的80.63%。1998年，全市开展清缴欠税，全年完成地方财政工商类税收收入7.68亿元，是1994～2000年间收入最多的年份。2000年，受特大洪涝灾害影响，地方财政工商类税收收入略有下降，全年收入总额7.18亿元。2005年，全市地方财政工商类税收收入16.46亿元。增值税（地方分成部分）、营业税、企业所得税、城市维护建设税4项收入累计14.99亿元，占全部地方财政工商类税收收入的91.07%。1994～2005年，全市地方财政工商类税收收入合计97.06亿元。

企业收入 1983年“利改税”政策实施后，国营企业上缴利润收入调整为国营企业所得税、国营企业调节税、企业上缴利润收入和企业亏损及价格补贴4个部分。1984年开始实施第二步“利改税”，全市实现企业收入794万元。1986年，全市企业收入1563万元。1989年，受粮食商业财务下放地方管理、增加亏损退库指标3124万元及给予锦屏磷矿600万元政策性亏损补贴等因素影响，全年企业收入亏损1579万元。1990～1993年，全市连续4年企业效益大幅亏损。1984～1993年，全市累计实现企业收入亏损2832万元。1994年“分税制”实施后，企业不再向财政上缴利润收入。

农业“四税” 1983年实行市管县体制后，农业税收增幅明显，但在同期预算内收入中所占比例仍然较少。2001年，连云港市开始实施农村税费改革。2004年，国务院开始实行减征或免征农业税惠农政策。2005年底免除农业税的惠农政策以法律形式固定下来，农民彻底告别缴纳农业税的历史。1984～2005年，全市累计完成农业“四税”20.46亿元。

农业税 1984年时，农业税以征收粮食为主。1985年起改为以折金代征为主。其间曾按国家规定实行农业税优待和减免政策。2001年按照省政府要求开始实施农村税费改革，全市减轻农民负担3.3亿元，人均减负101.8元，减负率50.74%。2004年执行省对农业税及其附加普降3个百分点的规定，是年应征税额减少1.16亿元，农民人均减负31.5元。2005年，国家取消农业税，是年，全市应征税额减少1.5亿元，政策性减轻农民人均负担40多元。1984～2005年，全市农业税累计入库10.3亿元。

农林特产税 1983年11月按国务院《关于对农林特产收入征收农业税的若干规定》，开始单独对农林特产收入征收农业税；税额按产品比例税率计算，一般定为5%～10%。自1994年开始，市税务部门相继对烟叶、园艺、水产、林木、牲畜、食用菌、贵重食品（包括海参、鲍鱼、燕窝、鱼唇、鱼翅、干贝）等产品收入开征农林特产税。1994年将部分应税农产品征收产品税和农林特产税统一并入农林特产税。2003年后，农林特产税改为农业税。1984～2002年，全市累计征收农林特产税2.51亿元。

耕地占用税 1987年4月1日开征；9月12日，市政府下发《关于贯彻〈江苏省耕地占用税暂行条例〉实施办法的几点意见》，规定凡占用国家和集体所有的农耕土地，用于建房或从事其他非农业建设的，均应缴纳耕地占用税。1999年10月1日起实行耕地占用税及围垦造地专项资金预收保证金制度。2004年，耕地占用税和契税减免税核准权限下放至县（区）。1987～2005年，全市实征耕地占用税0.17亿元。

契税 1984～2005年，全市累计征收契税5.56亿元。其中，1986～1990年征收21.68万元，

1991～1995年征收488万元。1994年12月23日，市政府颁布《连云港市契税征收管理规定》，对以前年度的契税进行清理征收。1996年起，契税征管工作渐趋规范。2001～2005年，市财政局根据全市房地产开发和小城镇建设规模加大情况，成立市契税征收管理所，负责市级契税征收，把住税收源头，加大征收力度；全市完成契税收入4.81亿元，契税收入成为地方财政收入的主要来源之一。

盐税　1984年，全市完成盐税收入7112万元。1985年，盐税计入包干基数，全市完成收入7889万元。1988年，盐税从包干基数中退出，由省确定收入基数，实行单项承包，是年完成收入4267万元。1991年春季后，市境连降暴雨，原盐产量大幅下降，全市盐税收入2273万元，比1990年减少2842万元。1994年1月1日起实施《中华人民共和国资源税暂行条例》，原盐税改为盐资源税和增值税，盐资源税按每吨20元计征。盐业税收体制改革后，盐资源税税率较调整前降低，占全市财政收入的比重逐年降低。2005年，全市盐资源税收入从2000年的401万元增加到551万元。

二、预算外收入

1984年，连云港市完成预算外收入1.38亿元。此后全市预算外收入逐年增加。1984～1995年，全市累计完成预算外收入27.59亿元，其中行政事业单位收入附加、国有企业及其主管部门收入分别为10.29亿元、15.19亿元，占该时期预算外收入的37.3%和55.06%。1996～2005年，全市预算外收入累计116.21亿元。主要来源于行政事业性收费和政府性基金，其中行政事业性收费收入累计70.15亿元，占同期预算外收入的60.36%；政府性基金累计9.8亿元，占8.43%。1997年6月，市政府颁发《连云港市预算外资金管理办法》，加强预算外资金管理。2005年，全市完成预算外收入14.94亿元。1984～2005年，全市累计完成预算外收入143.8亿元。

1984～1995年连云港市预算外收入统计表

表20-3　单位：万元

年　份	总收入	其　中						
		工商税附加	公用事业附加	农业税附加	盐税提成	统管事业收入	行政事业单位收入附加	国有企业及其主管部门收入
1984	13803	153	447	79	72	55	1871	10888
1985	17532	49	521	102	79	56	2780	13868
1986	19636	57	320	103	73	56	4789	14172
1987	23250	68	483	132	65	134	5006	17293
1988	25742	49	629	111	52	115	5470	19152
1989	28105	59	574	130	60	118	6984	20148
1990	27523	70	593	129	54	115	7990	18290
1991	28177	57	606	152	42	117	8440	18412
1992	30576	59	593	177	31	741	9164	19450
1993	12446	37	1151	184	30	—	10514	—
1994	20893	77	969	307	—	310	17469	—
1995	28240	130	1830	231	—	3245	22386	225
合　计	275923	865	8716	1837	558	5062	102863	151898

1996～2005年连云港市预算外收入统计表

表20-4 单位：万元

年份	总收入	其中				
		行政事业性收费	政府性基金	主管部门集中收入	乡镇自筹统筹资金	其他收入
1996	78269	18738	17325	1084	7113	33604
1997	101745	35150	16281	2410	5649	39388
1998	122325	73164	20340	2484	9207	12129
1999	121977	72230	11032	3456	16110	14414
2000	139025	88506	11053	3939	9700	17507
2001	127740	90665	10772	4802	7741	13760
2002	106770	80891	3974	2349	6064	13492
2003	107539	70389	1830	1003	11759	22558
2004	107242	69111	—	2857	—	35274
2005	149426	102656	5358	1237	12897	27278
合计	1162058	701500	97965	25621	86240	229504

三、基金和专项收入

国家预算调节基金 根据国务院1989年2月发布的《国家预算调节基金征集办法》，自1989年1月1日起，连云港市征集国家预算调节基金。征集范围包括地方财政预算外资金、行政事业单位预算外资金、国营企业及其主管部门提取的各项专用基金、其他没有纳入预算管理的资金、集体企业和私营企业及个体工商户缴纳所得税后的利润等；征集项目与能源交通基金基本相同，按照各项目同年收入的10%计征。至1995年底，连云港市累计征集3600万元。1996年起，按国务院决定停止征收该项基金。

文化事业建设费 1997年1月1日起，连云港市征收文化事业建设费。征收对象为缴纳娱乐税、广告营业税的单位和个人，按营业额的3%计征。1997～2005年，全市累计征收859万元，其中2005年征收242万元。

农村教育事业费附加 根据国务院和省政府关于征收农村教育事业费附加的规定，连云港市自1985年1月1日起征收农村教育事业费附加，征收对象为农民、乡（镇）村企业。按本地农民上年人均纯收入的1%～1.5%、乡（镇）村企业按销售经营收入的1‰计征。1995年调整征收率，农民按上年人均纯收入的1.5%～2%、乡（镇）村企业按销售经营收入的4‰计征。1985～2000年，全市累计征收农村教育事业费附加7.29亿元。自2001年起根据省政府决定停征农村教育事业费附加。

水利建设基金 根据国务院《关于印发〈水利建设基金筹集和使用管理暂行办法〉的通知》和省政府《关于建立水利建设基金有关问题的通知》，连云港市从1997年起设立水利建设基金，在市、县收取和分成的市政设施配套费、驾驶员培训费、市场管理费、个体工商管理费、征地管理费的总额中提取3‰；在市、县城市建设维护税中各划出10%专用于城市防洪建设。1997～2005年，全市累计征集水利建设基金804万元。

地方教育附加和地方教育基金 根据中共江苏省委、江苏省政府《关于〈中国教育改革和发展纲要〉的实施意见》，连云港市自1994年下半年起开征教育地方附加费，征收比例为增值税、营业税、消费税“三税”的1%。1995年开征人民教育基金，标准为有工资性收入的在职职工及个体工商业者等月均收入300～499元的每人每年20元，月收入500元的每人每年40元。2004年，教育地方附加费更名为地方教育附加，按“三税”税额的3%征收；人民教育基金更名为地方教育基金，征收标准不变。1995～2005年，全市累计征收地方教育附加和地方教育基金1.38亿元。

第三节　财政支出

1984年，连云港市完成财政支出1.79亿元。其中基本建设支出、企业挖潜改造、农业投入、科教文卫支出、城市维护、社会保障6大类支出，分别占当年财政支出的7.4%、4.78%、16.48%、35.89%、5.72%、5.12%。1985年后增加专项支出和价格补贴支出。此后，随着经济社会发展和人民物质文化生活需求逐步增强，全市财政支出不断增长。1992年起，改革预算分配办法，实行“零基预算法”；坚持适度从紧的财政政策，着力压缩非生产性开支。是年，全市完成财政支出4.86亿元。1997年起增加基金支出和社会保障补助支出。2002年按照公共财政和依法理财要求，连云港市组建市级国库支付中心。2003年，市级行政部门全部实行部门预算，实行集中支付试点，市级162家机关事业单位10062名职工工资实行财政统一发放。2005年，全市完成财政支出59亿元，其中基本建设支出3.35亿元、农业投入3.43亿元、科教文卫支出11.8亿元、行政管理支出5.58亿元，分别占当年财政支出的5.68%、5.81%、20%、9.46%。

一、预算内支出

基本建设经费支出　包括农林水、交通、通信、电力、市政建设投资支出，科教文卫、政法等社会公益设施建设投资支出及经法定程序确定的其他建设投资支出。1984年，全市基本建设支出1327万元，集中用于科教文卫部门。1991～1995年，全市基本建设支出1.38亿元；1996～2000年，基本建设资金主要投向地方基础设施建设。2005年，全市支出3.35亿元，是该项目设置后支出额最多年份。1984～2005年，全市基本建设支出累计13.25亿元。

企业挖潜改造经费支出　1984～1992年，连云港市企业挖潜改造经费支出每年185万～857万元。其中，最多的1984年支出857万元，最少的1986年支出185万元。1993年开始加大支持企业发展力度，是年全市支出8484万元，比1984年增加7627万元。“九五”计划时期，全市累计支出3.07亿元，比“八五”计划时期增长1.68倍。2004年支出突破1亿元。2005年支出1.72亿元。1984～2005年，全市挖潜改造累计支出10.54亿元，年均支出4791万元。

农林水经费支出　1984～1996年支援农村生产合作组织、植保、造林、畜禽保护、水产、粮食生产专项资金、水利、气象等累计支出6.41亿元，年均支出4934万元。1997年，市境遭11号台风侵袭。是年用于农业支出3975万元、农业综合开发支出3503万元、农林水支出4648万元，全年支出1.21亿元。1997～2005年累计支出16.01亿元，年均支出1.78亿元。其中，农业支出11.12亿元、农业综合开发支出1.44亿元。1984～2005年，全市农林水经费累计支出22.43亿元，占财政总支出的7.12%，年均支出1.02亿元。

抚恤和社会福利费支出　此类支出主要用于社会救济、赈灾、烈军属和革命残废军人生活补助、复员退伍军人生活补助和安置等。1984年，全市抚恤和社会福利费支出917万元。此后逐年增加。1986～1990年累计支出7129万元，年均1425.8万元。1991～1995年，累计支出1.38亿元，年均2750.6万元。1996～2000年累计支出2.81亿元，年均5623.2万元。2001～2005年，累计支出6.43亿元，年均1.29亿元。1984～2005年，全市抚恤和社会福利费累计支出11.5亿元，占全市财政总支出的3.66%。

行政、公检法经费支出 1984年，全市行政经费支出2153万元，公检法经费支出603万元。1984～2005年，全市两项经费合计支出54.31亿元，占全市财政总支出的17.27%。2005年，全市行政经费支出5.58亿元，公检法经费支出3.93亿元。

城市维护费支出 1984～2005年，全市城市维护费累计支出10.02亿元，年均支出4555万元。1984～1990年，全市支出城市维护及建设资金9743万元，年均支出1391.86元，此后该项支出明显增加。1993年该项支出增加到3603万元。1997年，全市城市维护费支出5110万元。2001年，全市城市维护费支出8212万元。2005年，全市城市维护费支出1.65亿元。

科教文卫经费支出 1984年，全市科教文卫支出6429万元，其中文化事业支出720万元、教育支出4319万元、卫生支出1354万元、科学支出36万元。2003年增加防治非典型性肺炎财政支出1570万元，全市未发生1例“非典”病例。2005年，全市科教文卫支出11.8亿元，其中文化事业支出1.52亿元、教育支出7.86亿元、卫生支出2.26亿元、科学支出1654万元。1984～2005年，全市科教文卫支出85.4亿元，占全市财政总支出27.15%。

1984～2005年连云港市预算内支出统计表

表20-5 单位：万元

年份	总支出	其中									
		基本建设支出	农林水费等支出	企业挖潜改造支出	科技三项费用支出	城市维护费支出	科教文卫支出	抚恤和社会福利费支出	社会保障补助支出	行政管理支出	公检法司支出
1984	17914	1327	2952	857	274	1025	6429	917	—	2153	603
1985	18240	1623	2137	402	235	845	7262	847	—	2033	560
1986	22768	1126	2627	185	265	858	8209	1112	—	2397	626
1987	25500	1189	2721	262	223	1354	8961	1186	—	2569	646
1988	33255	722	2943	525	222	1837	10918	1334	—	3086	1542
1989	39206	613	3294	742	142	2119	12429	1573	—	3777	1777
1990	43726	797	4149	1038	207	1705	14133	1924	—	4189	1993
1991	48151	724	5967	859	335	2065	15340	2136	—	4704	2107
1992	48631	1026	5439	998	310	2657	17388	2199	—	5904	2234
1993	64926	1979	6533	8484	317	3603	19877	2645	—	7173	2782
1994	74559	3714	7547	3096	289	2740	29729	2994	—	10626	4192
1995	103591	6331	8524	4811	475	4081	33372	3779	—	12236	5359
1996	120244	7835	9305	2683	708	4073	42744	4016	—	15363	8794
1997	143882	7310	12126	8412	1116	5110	43450	5335	—	15430	9315
1998	155341	6119	12924	6876	1219	4327	48835	5442	1628	17078	10460

续表20-5

年份	总支出	其中									
		基本建设支出	农林水费等支出	企业挖潜改造支出	科技三项费用支出	城市维护费支出	科教文卫支出	抚恤和社会福利费支出	社会保障补助支出	行政管理支出	公检法司支出
1999	168744	7369	13801	7070	1660	4641	49902	5166	2065	18875	12669
2000	184271	5179	13638	5652	1603	4728	51292	8157	2512	19882	14158
2001	206829	13043	13006	8947	1888	8212	64392	7340	3251	24751	15831
2002	261481	8353	14680	7812	1878	7421	76128	8400	4494	28060	21947
2003	350763	10208	22306	8056	3317	9924	79706	12030	8613	31746	25642
2004	423762	12451	23354	10472	3528	10333	95507	12064	9364	39444	33283
2005	590029	33451	34286	17174	4749	16548	118033	24439	13553	55824	39320
合计	3145813	132489	224259	105413	24960	100206	854036	115035	45480	327300	215840

二、预算外支出

1984～2005年，全市预算外累计支出124.75亿元。其中，1984～1995年，全市累计预算外支出27.17亿元。1984年，全市预算外支出1.18亿元。1985年支出1.68亿元，相当于同期预算内支出总额的92.37%。1993年调整预算外支出口径，国有企业及其主管部门管理的预算外资金不再作为预算外资金管理。1996～2005年，全市累计预算外支出97.58亿元。2005年，全市预算外支出15.04亿元，其中行政事业费支出11.57亿元，占支出总额的76.93%；基本建设和维护支出费4224万元，占支出总额的2.81%。

1984～1995年连云港市预算外支出统计表

表20-6 单位：万元

年份	支出	其中					
		经济建设支出	科教文卫支出	行政支出	城市维护支出	行政事业单位支出	国有企业及其主管部门支出
1984	11816	114	64	24	630	1774	8966
1985	16848	73	91	18	649	2964	12961
1986	18904	136	129	23	414	4016	14123
1987	21078	270	119	34	396	4643	15538
1988	22697	10	94	47	700	5221	16377
1989	28871	66	256	85	508	6551	21283
1990	30135	35	202	48	570	7829	21084
1991	29620	18	313	155	365	8343	19988
1992	33042	150	201	132	601	9764	21402
1993	12865	—	309	26	903	11294	—

续表 20-6

年　份	支　出	其　中					
		经济建设支出	科教文卫支出	行政支出	城市维护支出	行政事业单位支出	国有企业及其主管部门支出
1994	19310	1061	797	33	692	16353	—
1995	26533	1955	615	56	1401	21334	—
合　计	271719	3888	3190	682	7829	100086	151722

1996～2005 年连云港市预算外支出统计表

表 20-7　　单位：万元

年　份	支　出	其　中					
		行政事业费支出	基本建设支出	城市维护支出	乡镇统筹自筹支出	专项支出	其他支出
1996	40845	21793	7728	7222	63	1154	2885
1997	59019	34394	8976	2901	5714	365	6669
1998	99129	57570	14336	—	10428	3057	13733
1999	103635	63960	15573	2548	15508	—	6046
2000	117552	79123	14669	5905	8373	—	9482
2001	116121	81444	9984	1691	8764	—	14238
2002	103672	80759	90	841	6253	—	15729
2003	100090	70840	870	1980	11528	—	14872
2004	85349	63595	2736	2370	8486	—	8152
2005	150388	115739	4224	—	12604	—	17821
合　计	975800	669217	79186	25458	87721	4576	109642

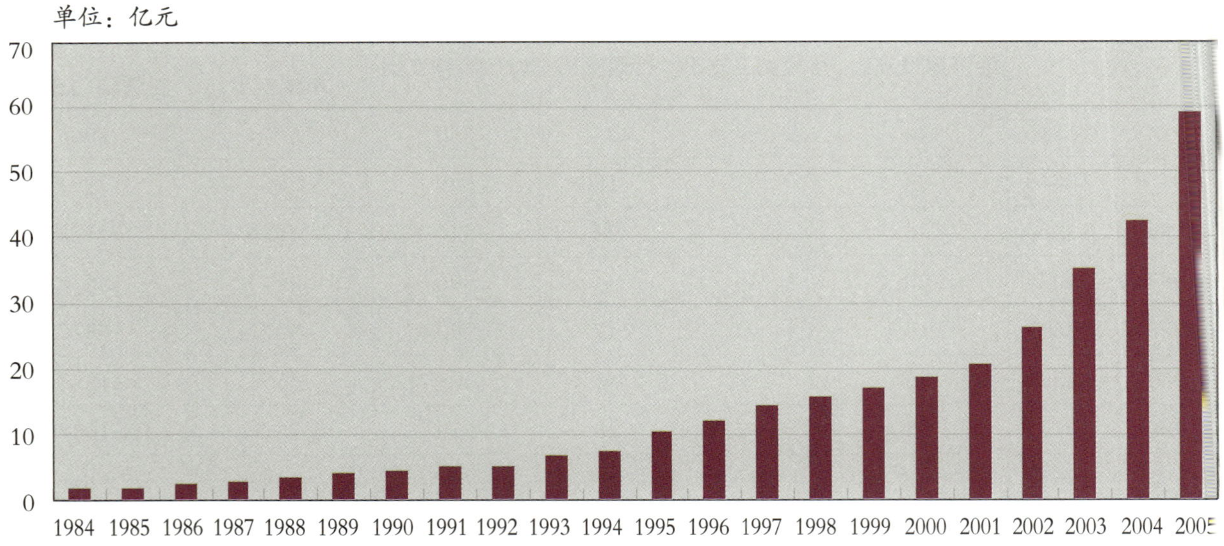

图 20-4　1984～2005 年连云港市财政支出增长图

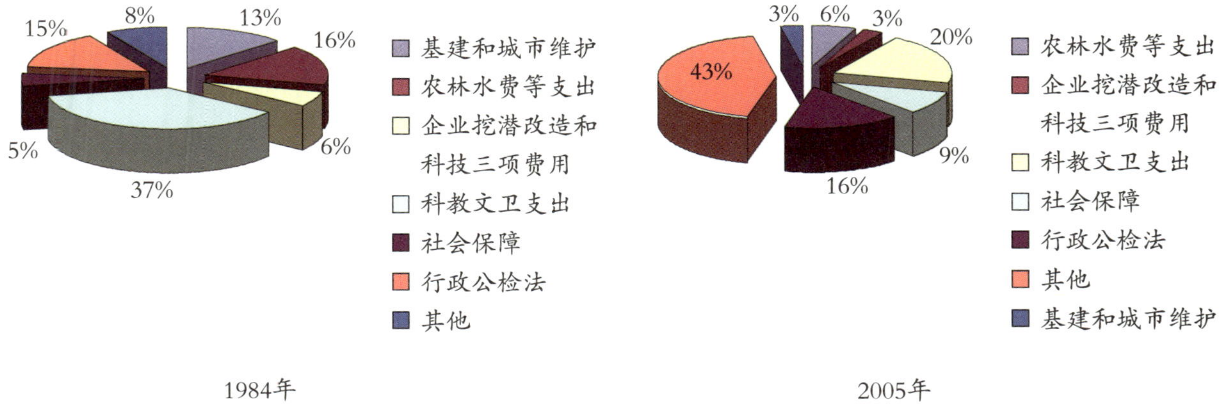

图 20-5　1984 年、2005 年连云港市财政支出结构对比图

第四节　财务管理

一、企业财务管理

企业利润管理　1983 年实行利改税后，企业上缴利润改为缴纳所得税。1984 年 10 月实施第二步利改税，连云港市参与第二步利改税的国营企业有 102 家，其中核定盈利企业 82 家、亏损企业 20 家。上述企业 1983 年实现利润 2870.2 万元，按规定调减利润 287.8 万元，再减去增加的销售税金 301.5 万元，调整后利润总额 2280.9 万元，企业留利 1399.3 万元。1987 年在地方国营工业、交通、建工、物资、城市公用、工业供销等企业中推行首轮承包经营责任制。第一轮承包时间为 4 年。至 1989 年，首轮承包经营的企业 3 年中实现利润分别为 3968.34 万元、5061.37 万元、6528.53 万元，上缴收入分别为 1037.25 万元、1153.98 万元、1278.82 万元，上缴率分别为 38.26%、43.86%、51.05%。

1992 年对部分企业实行上缴税利统算的第二轮承包试点，承包期 3 年。1994 年起，经市批准实行投入产出总承包的连云港市电子器材厂、连云港市车辆厂、华东铝塑公司及实行利税统算的连云港市葡萄酒厂、连云港市酿酒厂等企业不再实行总承包；经省批准实行投入产出总承包的连云港市化肥厂、连云港市玻纤玻钢总厂、连云港市塑料一厂继续执行总承包政策至 1995 年末。1994 年 1 月 1 日起实行企业所得税制。1999 年后，全市企业统一执行缴纳所得税制。

企业固定资产管理　1984 年，企业固定资产折旧按财政部《关于国营企业固定资产分类折旧年限表（草案）》规定执行。1985 年，折旧基金留用比例调整为企业留用 70%，其余 30%交市集中使用。1986 年 1 月 1 日起，市属国营工业企业按《国营企业固定资产折旧试行条例》再次调整折旧率。1987 年 7 月 1 日起，国营商业企业固定资产综合折旧率由原来的 5.5%提高到 6%。市内工交企业开始全面推行分类折旧。1989 年 1 月 1 日起，国营商贸、金融、粮食企业均开始实行固定资产分类折旧办法。

1992 年提高国营企业固定资产单位价值标准。7 月 1 日起，国营企业（不包括商贸企业）固定资产单位价值标准原定为 200 元、500 元、800 元的，分别提高到 1000 元、1500 元和 2000 元；文教企业固定资产单位价值标准分别提高到 600 元、1000 元和 1500 元。

1995 年，市政府下发《关于认真落实推进企业技术进步有关政策措施的通知》，规定符合国家产业政策的重点企业，可按国家规定最低折旧年限提取折旧基金；符合有关条件的经批准可加速折旧，增提折旧部分可全部用于企业的更新改造。1996年，参照国家相关规定采用快速折旧法，连云港纺织机械厂从1996年1月1日起对机器设备采用双倍余额递减法计提折旧，企业每年折旧加速额13万元，加速率31.43%。

2001年批准对连云港中电华威电子有限公司设备采用双倍余额递减法计提折旧。2002年后，企业实行改制，固定资产由企业自主管理。

流动资金管理 1983年起，国营企业流动资金全部改由人民银行信贷资金解决，财政部门不再拨付。1989年，市属企业建立补充自有流动资金制度，补充比例具体为：国营生产施工企业为税后留利中企业生产发展基金的20%～30%，国营商业、粮食、物资等流通企业为税后留利的15%～20%，城镇集体企业不得低于企业公积金的50%。

1991年对部分国营大中型工交企业实行增补流动资金政策，允许其从是年7月1日至1996年6月30日期间按销售收入的1%提取补充流动资金，但企业自有流动资金占定额流动资金的比重不得超过45%。1992年开展企业库存产成品全面清查活动，全市预算内国营工业企业清理出库存产成品损失金额1.6亿元，其中属于1991年底以前的损失1.47亿元。1985～1992年，全市国营工业企业流动资金年平均余额6.06亿元。1993年7月1日起，停征国家流动资金占用费。

企业成本管理 1984年贯彻国务院《国营企业成本管理条例》，市财政部门重新划定列入成本开支范围的10项内容和不得列入生产、销售成本的6项内容，重新划定企业成本开支范围。连云港市变压器厂、连云港市陇东火柴厂、连云港市绝缘材料厂和连云港市制碘厂开展工资总额与经济效益挂钩政策试点。1988年6月开始在预算内国营工业企业中推行“厂内银行”制度。

1991年，改进“工效挂钩”办法。1992年8月，市财政局、市经济委员会联合发布《关于企业主管部门人员经费自收自支办法的规定》，确定自是年10月1日起取消企业主管部门向所属全民企业按税后留利的一定比例收取管理费的规定，改为执行企业主管部门人员经费自收自支。实行自收自支办法后，工业主管部门按市属全民所有制工业企业年销售额的3‰～5‰，非工业主管部门按年销售额的1‰～2‰收取管理费。

1997年7月实行“工效挂钩”的企业范围扩大，国有企业、国有独资有限责任公司、国有控股企业及县区级及其以上城镇集体企业，全部实行工资总额与经济效益挂钩，暂不具备条件的实行工资计划控制办法。1999年建立总机构管理费税前扣除审批制度，明确凡具备条件的企业主管部门、企业集团（控股）公司经营管理与控制中心等总机构，可以向下属单位提取或分摊管理费；管理费按销售收入一定比例提取。

2003年10月17日执行财政部印发的《关于印发企业资产损失财务处理暂行办法》，对企业实际发生的资产损失，包括坏账损失、存货损失及固定资产和在建工程损失处理做出明确规定。至2005年未有变化。

二、基本建设财务管理

1989年起，市财政局委托建设银行连云港分行代行基本建设项目及支出财务管理职能。1995年12月1日起收回。

基本建设、城市维护建设资金和项目管理 1984～1995年，全市基本建设规模较小。此后随着基本建设规模扩大，市财政部门相应加强基本建设资金管理，从工程立项、招投标、竣工验收到工程决算的审计等环节参与管理。1996年，连云港碱厂、连云港市造纸厂的省级“拨改贷”资金本息余额9296万元、273万元均转为国家资本金。1997年7月实行市级基本建设财政拨款申请制度。

1998年1月1日起，全市自筹基本建设项目实行资本金管理制度，将自筹基建资金纳入财政专户管理。基本建设项目的资本金占总投资比例按国家规定区分项目类型分别为20%、25%、30%及以上。至2004年底，全市进入财政专户管理的自筹基建资金1.69亿元，各级财政部门根据工程项目进度实际拨付项目建设资金1.65亿元。自是年第二季度起，全市试行基本建设项目财务季报制度，规定凡纳入基本建设规模的建设项目，都要报送基本建设资金财务季报。7月，城市维护建设资金纳入财政专户管理。翌年5月，颁布委托社会中介机构审查工程概预（结）算、竣工决算管理办法，规定凡有财政性资金安排的建设项目均须由财政部门委托审价机构对工程概算、预（结）算、竣工决算进行审查。

2002年，连云港市财政评审中心成立，对市政府搬迁过程中各过渡办公点改造、钓鱼山垃圾处理场道路续建、墟沟龙门路扩建改造等7个项目工程决算进行审计，审计金额4176万元，核定金额3410.05万元。2003年颁布《城市维护建设资金管理办法》，对市民航办、广播局、劳动局和博物馆4家单位的基建重点项目实行试点。2004年对水费、污水处理费等实行同步征收，分别入账。对行政事业单位继续实行"零基预算"。

2005年继续对各区城建经费和市政养护费实行经费包干，下达新浦、海州、连云区城市维护费767.5万元，市政养护费536万元。全市财政部门对26个工程的概、预、决算实施委托审计，其中审计基本建设项目14个、城市建设项目12个，送审工程造价累计为1.66亿元，审计后工程预决算造价总计1.38亿元，累计审减额1796万元，审减率16.84%。

至2005年底，全市财政部门累计对市内393个工程概、预、决算实施委托审计，其中审计基本建设项目288个、城市建设项目105个，送审工程造价累计13.69亿元，审计后工程预决算造价累计11.69亿元，累计审减额2亿元，审减率14.64%。

国债转贷资金财务管理　1998年开始利用国债转贷资金进行地方经济和社会发展建设项目。是年，连云港市该类建设项目共有4个，分别是新浦地区路网改造项目、城市干道改造工程、"三河三湖"（淮河、海河、辽河和太湖、巢湖、滇池）水污染防治和大浦污水厂处理工程。9月，实施《江苏省国债转贷资金管理办法》，市、县政府对国债转贷资金实行统借统还。1999年2月，市政府办公室下发《关于建立财政预算内专项资金项目工程质量管理责任制度的通知》，提出对全市财政预算内专项资金建设项目（包括国债转贷资金建设项目）实行行业主管部门、县区政府工程质量总负责制度，其中市财政局职责是负责财政债券资金的下拨和资金使用情况监督等。

2002年，对1998年后全市总投资额11亿元的8个国债资金基建项目进行检查，其中中央债券5250万元、地方债券2.06亿元。2003年开展国债转贷项目可行性审查。新浦地区路网改造、城市干道改造工程、大浦污水处理工程等城市基础设施项目使用国债资金2.76亿元。2004年对市区大浦污水处理厂一期工程组织决算审查，委托审计并批复新浦朝阳路、海宁中路、苍梧绿园、大港路、苍梧东路等工程项目。截至2005年底，全市获得国债转贷资金3.88亿元。

三、农业财务管理

农林水气象等部门事业费管理　1984年，连云港市执行省财政厅制定的《农业事业单位预算包干试行办法》，对市、县农业主管部门所属农业事业单位实行经费包干，包干范围包括人员经费、公用经费和事业收入经费；对基本没有收入、实行全额预算管理单位，其经费由年初核定预算、年终结余交回财政，改为经费包干、超支不补、结余留用；对差额预算管理单位实行定收定支、差额补助、超收节支留用、短收超支不补；对盈余较多的生产性事业单位实行定额上缴或比例上缴。农业主管部门直接使用的农业事业单位经费，则按照行政经费包干办法进行包干。

1991～2000年，市财政投资3.94亿元，支持石梁河水库、新沭河、大浦污水处理厂等省市重点水利工程建设，完成土石方1740万立方米，增加灌溉面积8000公顷，改造排水面积23333公顷。1997年1月1日，按财政部颁发的《农业事业财务制度》规定，连云港市对农业事业单位实行“核定收支、定额或者定项补助、超支不补、结余留用”的预算管理办法；原实行的全额、差额、自收自支3种预算管理方式废止；将农业事业单位在财政拨款以外获得的收入，全部纳入单位预算，统一核算、统一管理；按照资金使用性质将农业事业单位支出划分为事业支出、经营支出、对附属单位补助支出和上缴上级支出。

2002年实施《连云港市财政农业专项资金报账制管理实施办法》，规定市级对财政补助金额达20万元的项目、县级对财政补助金额达10万元的项目必须实行财政报账制。2004年，全市共疏浚县乡级河道176条，总土方1447万立方米；累计投入工程建设资金5732万元，其中省级补助952万元，市级补助107.5万元，县乡镇财政、乡村自筹及其他4672.5万元。

至2005年，全市累计完成水利总投资2.39亿元，完成土方9800万立方米；市级落实水利工程建设项目总投资2100万元，重点保证石梁河水库除险加固、烧香河北闸拆建、太平庄闸应急加固、城市防洪及河道疏浚等工程项目建设，改善农业生产基础条件，提高农业防汛抗灾和抵御自然灾害的能力。

农业综合开发资金管理 1988～1999年实施4期农业综合开发，每3年1期。1995年12月开始，各乡镇财政所建立专账，对开发资金实行专项核算。1997年8月，市财政局制定下发《市级农发有偿资金回收奖励办法》。1999年起全面推行县级财政报账制。

2002年，市财政局规定由县级财政部门负责报账资金的日常核算和管理。2003年，连云港市世界银行二期项目和农业综合开发五期项目通过省及国家验收。

2005年，灌南县部分财政支农专项资金实行优化整合试点。全市安排财政农业专项投资8378.1万元，其中省财政补助3064万元、市财政配套100万元、县财政配套336.1万元、单位自筹4878万元；批复实施项目21个。

农业发展基金管理 该项基金主要用于中低产田改造、丘陵山区小流域治理、水利工程建设配套等。1989年，连云港市开始设立农业发展基金（简称农发基金）。1990年1月，市政府出台《连云港市农业发展基金管理暂行办法》，对该项基金的筹集、使用和管理做出规范。1989～1990年，全市筹集农发基金4673万元，其中预算内1826万元、预算外2847万元。1991～2000年，全市累计筹集农发基金2.05亿元、支出1.87亿元。2001～2005年，全市累计筹集农发基金9957万元支出8878万元。

防洪保安资金管理 1991年12月，省政府下发《关于筹集防洪保安资金和农业重点开发建设资金暂行规定的通知》，全省开征防洪保安资金。1992年3月28日，市政府印发《连云港市筹集防洪保安资金暂行规定的通知》，确定1992年1月1日起开征防洪保安资金；征收范围和对象为：有销售收入或营业收入的全民、集体和私营企业，个体工商户，银行、保险和各类信托投资公司，城镇户口中有固定收入的在职职工。是年，全市征收防洪保安资金817.4万元。

1995年3月20日对中外合资、中外合作或股份制的生产、流通、服务企业中的中方资产部分和中方员工开征防洪保安资金。8月28日对中外合资、合作企业防洪保安资金征收标准作出规定。1996年3月以后，市区企业和个体工商户由国税部门征收。1997年起在市交通运输管理部门登记年审的出租车等营运车辆纳入防洪保安资金缴纳范围，征收标准为每车每年40～60元不等。1999年5月17日，市政府印发《连云港市防洪保安资金征收和使用管理规定》，明确该项资金的征收对象、标准和免征范围，并对征收办法、使用和管理及奖励与处罚做出具体规定。

2004年，市区防洪保安资金改由市地税局征收。至2005年底，全市征收防洪保安资金20842万元，支出18773万元。支出主要用于区域性、流域性水利项目和城市防洪工程，其中用于水利工程982.32万元，包括蔷薇河、大浦闸、临洪闸、临洪东站、临洪西站、新沭河、石梁河水库等。

重点水利工程建设资金管理　1999年开始在市区筹集重点水利工程建设资金，筹集对象为市区在职职工和个体工商户，筹集标准为每人每年厅级干部300元、处级干部200元、科级干部150元、一般工作人员100元，国营、集体、私营企业和个体工商户每人每年80元。

2002年，筹集标准提高为科级以下在职职工每人每年200元、科级干部每人每年300元、处级干部每人每年400元、厅级干部每人每年600元，国有、集体、股份制、股份合作制、联营、合作、乡镇、“三资”、私营企业从业人员和个体工商户仍为每人每年80元。筹资时间为2002～2006年。

1999～2005年，全市累计筹集重点水利工程建设资金5590万元，支出5310万元。

四、文教行政财务管理

1985年，事业单位按财政部规定实行全额、差额、企业化管理3种预算管理方式。1989年，企业化管理改为自收自支管理，同时实施全额预算管理向差额预算管理过渡、差额预算管理向自收自支管理过渡。1992年开始对行政事业单位实行预算分类管理。1998年废止全额、差额和自收自支3种预算管理方式。

公用经费管理　1984年实行一年一定的包干办法。1987年试行机关编制包干制度，是年，行政费公用部分比1986年减少6.4%。1988年全面推行市级机关编制包干。1990年开始在市级行政事业单位试行汽车燃修费定额包干，确定每辆车年包干定额为8000元。1992年试行“零基预算法”。1993年6月1日开始实行编制内工资总额包干办法，首批20家单位与市编制委员会和财政局签订编制包干协议。1995年继续完善和推行“零基预算”。1997年明确规定节约1个编制奖励5000元。1999年调整确定会议费综合定额标准：一类会议每人每天240元、二类会议每人每天200元、三类会议每人每天150元。2002年进行部门预算改革试点，对市级部门预算单位公用经费定额实行二类五档管理；改革后的人均公用支出定额，行政单位分别按行政一档3700元、二档3500元、三档3300元执行，事业单位分别按事业一档2300元、二档2000元执行。2005年，根据2000～2004年人均公用经费实际支出和年均递增情况，参考同年物价、周边地区公用经费定额水平和全市财力实际状况等因素，对办公费、一般材料购置费、水电费、交通费等部分公用经费支出项目进行适当调增，由预算内、外资金统筹安排解决增支部分；调整后的人均公用支出定额，行政单位按行政一档、二档、三档分别增至6000元、5700元、5400元，事业单位按事业一档、二档分别增至3800元、3500元。

教育事业财务管理　1984年后，市财政在预算安排上不断调整支出比例，逐步增加对教育事业的投入。1987年，市内中小学生均经费分别为110元和57元，基本实现“一无两有”（校校无危房，班班有教室，人人有课桌凳）。1988年起，每年均安排10万元专款用于表彰校舍管理和改善办学条件的先进单位和个人。1994年将教育收费纳入单位预算统一管理。1995年1月确立财政教育拨款、农村教育事业费附加、城市教育费附加、教育地方附加费和人民教育基金、教育预算外资金收入等教育经费筹措机制。2004年对特殊教育学校（盲校、聋校和培智学校等）和普通中小学附设的特教班义务教育阶段在校学生实行免除学生杂费及教学大纲规定的课本费和必需的簿本费。2005年，农村中小学预算内公用经费调整为小学每年每生30元、初中每年每生50元。

科学事业财务管理 1984年实行单位预算包干、结余留用办法。1985年起，市、县财政部门对科学事业费投入逐年增长。1986年11月完成科研事业费划转工作。1987年起将财政拨款的科研事业费一律划归市、县科学技术委员会统一管理。1985～1990年，全市科学事业费累计支出854万元。1991年后贯彻“科教兴市”战略，市县财政进一步加大科技投入力度。1996年在连云港市科学技术委员会设立连云港市科技进步基金管理办公室。2005年12月1日起，对科技成果转化专项资金进行专项会计核算。

职业技术教育统筹经费管理 1991年1月1日起，市区全民和集体企业（含部、省及外地驻连企业），实行职业技术教育经费统筹管理，统筹额度为企业年工资总额0.5%，1993年6月1日起调整为1%。职业技术教育统筹经费由市税务局代收，实行财政专户存储管理。1995年，改由市地方税务局征收。1995～1999年，市级征收职业技术教育统筹经费291万元。2000年停征。

五、社会保障财务管理

1986年、1994年、1996年，连云港市先后开始实施企业养老保险和工伤保险、机关事业单位养老保险、企业职工工伤和生育保险。2000年开始实施医疗保险。企业职工养老保险、失业保险和职工工伤、生育保险费均由劳动部门负责征缴和管理，机关事业单位养老保险由人事部门征缴和管理。2000年7月，各级社会保险经办机构的基金收入户全部撤销，保险基金改由地税部门代征，实行“税务征收，财政管理，劳动发放”管理体制。8月1日实施城镇职工医疗保险制度改革。

2001年底建立城市居民最低生活保障制度。2003年，赣榆县进行新型农村合作医疗试点。2005年，全市新型农村合作医疗参合率91.31%，在全省领先。

2005年，全市完成基本养老保险基金征缴收入6.28亿元、城镇职工基本医疗保险基金收入3.29亿元、失业保险基金收入7133.5万元、工伤和生育保险基金收入2168万元；全市发放城镇居民最低生活保障金1307万元，保障对象8315户2.09万人；发放农村居民最低生活保障金3280万元，保障对象4.42万户9.23万人。至2005年底，市内社会保障项目有基本养老保险、城镇职工基本医疗保险、失业保险、工伤保险、生育保险、新型农村合作医疗、救灾救济、最低生活保障、“五保”供养、医疗救助；城乡公共卫生服务、优抚对象抚恤、军队移交地方离退休人员安置、义务兵安置等。社保资金的筹集安排及财务管理均由财政部门负责。

六、会计事务管理

实施会计制度 1984年贯彻实施《中华人民共和国会计法》。至1991年，市财政局制定下发《加强国营企业财务管理工作意见》《会计基础工作达标升级试行办法》等文件，在全市范围内开展会计工作执法检查、依法处理打击报复会计人员事件、支持会计人员依法行使职权和保障会计人员的合法权益等活动。

1993年7月1日，连云港市开始实施《企业财务通则》《企业会计准则》和《企业财务制度》《企业会计制度》（简称“两则、两制”）。1996年10月根据国务院和江苏省人民政府指示，开展会计工作秩序整顿。全市有4452家单位参与，其中国有企业258家、集体企业142家、行政事业单位79家、其他单位21家。整顿中对427家工作不力单位做出限期整改处理。1998年在全省率先出台《连云港市会计人员奖惩暂行办法》和《会计管理工作目标考核办法》，开通“连云港会计之家”网站。全市培训会计人员1.2万人次。

2000年组织实施会计委派制工作试点。2002年，全市274家股份有限公司和外商投资企业中执行《企业会计制度》及相关会计准则的比例超过90%。2005年，市财政局对全市67家单位的会计信息质量进行检查。查出违规违纪金额1646.38万元，其中未按规定纳入专户管理预算外资金286万元、罚款12.2万元。

会计证管理　1991年，省财政厅印发《江苏省会计证管理实施办法细则》，明确规定颁证范围和条件等。1996年，市财政局印发《关于办理会计上岗证书有关问题的通知》，对颁证条件做出进一步规定：取得会计员以上专业技术资格或已具备财经中专及其以上学历人员需参加省财政厅统一组织的会计电算化考试，未取得以上资历人员需参加会计上岗前专业知识考试。

2001年，市本级会计从业资格证书、财务软件经销许可证、会计账证经销许可证、代理记账许可证书等统一交市行政审批服务中心办理。2003年，全市核发会计从业资格证书19050个。2004年开展会计人员信息登记，将符合登记条件的会计从业人员录入全省会计管理信息系统。是年查处市内首例用假学历骗取会计从业资格证书事件。

2005年3月1日起，根据财政部新的《会计从业资格管理办法》规定，全市实行会计从业资格证书申领"凡进必考"制度。是年，全市共有2453人报考。至年底，全市2495人取得中级会计资格证书，6062人取得初级会计资格证书。全市会计从业人员21712人，具有中专以上学历总人数10797人，其中大专7138人、本科以上3659人。

职称评聘与考试　1984～1992年3月,会计人员技术职称由评审确定。1992年3月，财政部和人事部颁发《会计专业技术资格考试暂行规定》，规定会计员、助理会计师、会计师职称改为经全国统考确定。1999年起，会计员考试和助理会计师考试合并为初级职称考试，中级资格(会计师)考试不变。2001年，考试科目调整，其中初级资格考2门课，一次性通过；中级资格考4门，实行2年内成绩滚动有效。2004年开展高级会计师考评结合试点，全市有175名会计人员报名参考，其中92人通过省控线、75人通过全国线。至2005年底，全市有125人获得高级会计职称，2495人、6062人分别获得中级、初级会计职称。

第五节　财政监督管理

一、预算外资金管理

1984～1995年，连云港市预算外资金逐步纳入财政专户管理轨道。1996～2005年执行国务院《关于加强预算外资金管理的决定》，预算外资金管理开始步入法制化、制度化、规范化轨道。

1987年，市政府颁发《连云港市预算外资金管理办法（试行）》，对预算外资金开展清理整顿，对用预算外资金搞基本建设、购买专控商品和发放奖金实物等行为实行重点控制，禁止将预算内资金转作预算外资金或设置"小金库"；实行财政专户储存办法，保证预算外资金用于事业发展和生产经营。至1990年底，市本级纳入财政专户储存的75家，全市存入预算外资金4550万元，财政专户余额1372万元。

1991年，《连云港市乡镇预算外资金管理办法》颁布实施，乡镇预算外资金管理开始纳入规范化轨道。1993年7月开展预算外资金清理，全市清理账户960个，撤销多头账户460个，撤销不合理收费项目74个。至年底纳入市级财政专户储存资金6090万元，比1992年增加45%；专户储存单位390家，比1992年增加228家。

1997年6月23日，市政府依据国务院《关于加强预算外资金管理的决定》，制定颁布《连云港市预算外资金管理办法》，确定全市规范预算外资金管理框架。是年纳入财政专户管理的预算外资金7.47亿元，撤销多头开设的预算外资金账户1821个。1998年取消部门、单位的预算外资金收入过渡户，规定单位预算内外只保留1个支出基本户，收入全部进入财政专户。全市共撤销收入过渡户365个，批准开设支出户（预算内外共用，含基建户）1062个。

2000年，全市乡镇所有预算外资金全部纳入乡镇财政专户，不入县财政专户。是年底，全市110个乡镇实行"收支两条线"管理。2003年对近100家行政事业单位预算外资金收支两条线管理情况进行专项检查，没收违纪金额87.89万元。

2005年，全市实现预算外资金收入14.94亿元，预算外资金专户入户率、缴存率均保持100%。灌南县、东海县开展非税收入收缴管理制度改革试点。

二、国库集中支付

2002年12月，连云港市建立财政国库支付执行机构，建立国库单一账户体系，规范收入收缴程序，规范财政支出支付程序。2003年5月，市级机关事业单位工资统发全面运行。是年底，市级162家机关事业单位10062名在职和离退休人员工资全部实行财政统一发放。

2004年4月1日，连云港市国库集中支付中心经市政府批准成立，为副处级全额拨款事业单位。9月，市财政局颁发《连云港市市级财政国库管理制度改革资金支付管理试行办法》《连云港市市级财政国库管理制度改革试点会计核算暂行办法》等文件，规定实行财政工资统发及其中工会费支出、列入政府采购范围的公用支出和暂未实行政府采购的专项支出中支付对象明确可以直接支付的，实行财政集中支付；尚未实行财政统发工资及其中工会费支出、对个人和家庭的其他补助支出、暂未实行政府采购的专项支出中暂不能直接支付的和其他公用支出，实行财政授权支付。10月，经市政府批准，市中级人民法院、市劳动局等10个部门（共51家预算单位，其中独立核算单位45家）为首批试点单位。是年，改革试点单位财政性资金直接支付比例62%。

2005年，市级93个部门318个单位全部纳入国库集中支付范围，初步形成以国库单一账户体系为基础、资金缴拨以国库集中收付为主要形式的现代财政国库管理制度体系。全市集中支付资金5.91亿元，授权支付3.88亿元，资金拨付率98%。

三、控制社会集团购买力

1984年，财政部门取消社会集团购买力指标，对各单位不再实行限额控制；缩小专项商品范围；下放审批权限，简化审批手续。是年，全市社会集团购买力实绩为1881万元。1985年2月财政部门恢复社会集团购买力指标管理，重新确定专控商品范围，收回部分审批权限；明确规定各单位社会购买力的金额要比1984年减少20%。是年，全市社会集团购买力指标执行数5833万元，其中专控商品指标执行数3069万元，购买小汽车237辆计2922万元。

1988年，财政部门对社会集团购买力实行直接控制和间接控制两种管理办法。7月，市政府组织各级贯彻国务院《关于严格控制社会集团购买力压缩开支的紧急通知》，规定所有单位1988年社会集团购买力一律在1987年实际支出基础上压缩20%，年内停止购买19种专控产品，对专控商品实行定点供应。11月，市政府成立控制社会集团购买力办公室（简称市集控办），随后各县区均配备专职或兼职控购管理人员。1989年起，全市县以上单位全面实行控制指标管理。

1992年，连云港市控购指标分为指令性和指导性两类，专控商品由1991年的32种调整为29种。1994年，为控制消费基金增长过快和加强社控商品管理，市集控办出台6条管理措施：在集团消费方面，严禁以各种名义发放实物或代币券；对党政机关和行政事业单位，原则上不再批购小汽车等高档消费品；对靠银行贷款维持运转的亏损企业不再批购小汽车等高档消费品。1995

年，市集控办规定，一切社会集团购置小汽车，不论是新增、更新，还是从外省、市过户到连云港市及连云港市范围内过户，经省、市集控办审核同意后方可购车。1997年，根据省下达的专控商品指标，市集控办对小汽车指标采取数量与金额双重控制办法。

2000年，市控办停止收取专控商品消费附加费，加强对单位购置小汽车资金审核，对行政、事业单位车辆实行报废一辆抵增一辆，不再批准新增车辆。2004年7月1日起取消购买小汽车控购审批规定，控制社会集团购买力职能废止。

四、政府采购

1998年下半年开展现代办公设备和公务用车集中保险政府采购试点，市级行政事业单位集中投保车辆274辆，车均保险费降到3000元左右。1999年3月，连云港市政府采购中心成立。6月成立连云港市政府采购工作领导小组，下设监督委员会和政府采购管理办公室。1999～2000年对办公设备、交通工具、软件、专用设备、通用机电、基建工程和公共服务7大类28个项目实施政府集中采购，全市完成采购预算8416万元，实际采购支出7512万元，比市场价节约2089万元，节约率21.8%。

2001年，药品采购开始纳入集中招标采购范围。完成144种168个规格、计1300万元的药品采购，比市场价节约360万元。2002年实施《市级政府采购供应商管理办法》《市级政府采购咨询专家管理办法》，开展政府采购预算编制试点。2004年，市级机关单位政府采购预算全部纳入部门预算管理范围，其中10家单位被列入国库集中支付制度改革试点范围。首次组织对市、县采购中心的考核测评。2005年完成市级政府采购管理机构与执行机构分离，开始推行协议供货。在计算机领域签订戴尔、联想和IBM3个品牌定点采购协议，车辆采购纳入全省协议供货联动机制。

1998～2005年，全市累计完成政府采购总额16.71亿元，节约财政性资金2.86亿元，节约率17.11%。

五、基层财政管理

1984年，连云港市开展乡镇财政管理试点。至1985年7月，全市96个乡镇建立乡一级财政，其中78个乡镇实行“收支挂钩”管理体制，18个乡镇实行“收支两条线”体制。

1990年，乡镇财政体制开始向“收支包干”过渡。1994年起，各乡镇全面推行分税制财政管理体制，除市区外，赣榆县、东海县、灌云县的78个乡镇均建立乡镇国库。1998年10月调整乡镇分税制财政管理体制，乡镇财政经常性支出全部纳入乡镇支出，乡镇所属的营业税、农业税收和其他地方工商税及其他收入等作为乡镇固定收入；乡镇所属企业所得税和增值税分成部分为乡镇固定收入；市对县的税收返还1：0.25增长部分，县给予乡镇一定返还。

2002年对全市2001年度财政收入达1000万元的乡镇，从财政预算执行、国标工资发放、农业税征管、乡村债务等方面进行考核。市财政局制定下发《关于加强乡镇财政管理工作的指导意见》和《全市乡镇财政收入上台阶考评奖励办法》，全市有三分之一以上乡镇建成并启用纳税大厅。

2003年1月1日起根据国务院和江苏省政府完善农村义务教育管理体制要求，全市乡镇财政管理体制再次调整，其中灌南县实行“核定收支，上划基数，增长分成，分类奖惩，自求平衡”体制；灌云县、赣榆县将原属乡镇支出范围的乡镇中小学教职工、民办教师及离退休人员国标工资支出上划为县级支出；东海县实行“核定收支、分类分档、定额上缴、增量分成、一定三年”体制。2003年抽查30家乡镇财政所内部管理控制制度执行情况及农业税收会计核算、票证管理情况，抽查面达30%。是年实行村级三项资金专户管理。2004年，开展乡镇债权债务统计工作。

2005年，全市95个乡镇（办事处）建成农业税征收服务大厅，部分乡镇纳税大厅和定时定点征收的比例达90%。以“县乡利益分配关系、预算管理权、资金的所有权和使用权、财务审批权”等四个不变和有利于提高效率为基本原则，在灌南县开展“乡财县管乡用”改革试点，试行“预算共编，账户统设，收入上划，资金统拨，支出控制，票据统管，债务审批”的乡镇财政管理模式。

六、财政监督

1987年，市财政局恢复财政监察科。1989年开展清理“小金库”专项检查，全市清理“小金库”163个。

1991～1999年，全市对行政事业单位私设小金库、罚没款物收缴情况和税收财务物价执行情况开展重点检查。1999年5月查明市机关工会某负责人利用非法收据，采用大头小尾开票手段贪污巨额公款的事实，将其移交纪检监察机关处理。

2003年，财政部门对全市913家单位的25个项目依法开展监督检查，查出违规违纪金额1.38亿元（其中追缴税、费、基金1618.01万元），收缴财政资金90.37万元。2004年4月开始在全市开展党政机关用公款为干部职工购买商业保险和党政机关干部职工拖欠公款清理。全市查出借用、拖欠公款借款人数4051人，借用、拖欠公款合计3593.91万元，归还资金近1500万元；全市被保险1.94万人次，应清退资金662.13万元，实际清退资金525.48万元。

2005年，市财政局对机关事业单位“吃空饷”行为进行集中整治。清理“吃空饷”人员近百人，清理违规领取工资50万元，全额上缴财政专户。9月开始在全市进行清理“小金库”专项检查，查出违规违纪金额61.65万元。完成清理党政机关及事业单位用公款为个人购买商业保险和清理党政机关工作人员拖欠公款的扫尾工作，全市共清退拖欠公款2184.32万元，清退违规保费646.72万元。全市受理人民来信20封，查处违规资金118.83万元，收缴财政13.78万元，罚款2.69万元，移交市纪检监察机关1户。

第二章 税 务

1984年起，连云港市依据国务院改革工商税制的有关规定，施行工商税制改革，将原来适应高度集中的计划经济税收体制，逐步向适合经济体制改革发展方向转化，以流转税为主体，多税种、多层次、多环节课征的复合税制体系逐步建立，税收征收管理法律、法规、制度逐步健全，基层税务干部力量不断充实，税收宣传、税收征管工作全面加强。

1994年，国家对税务机构进行改革。9月，连云港市税务局分设为连云港市国家税务局（简称市国税局）、连云港市地方税务局（简称市地税局）。全面改革流转税制，实行以增值税为主体，消费税和营业税并行，内外统一的流转税制，过去对国营企业、集体企业和私营企业分别征收的多种所得税合并为统一的企业所得税，过去对外国人征收的个人所得税、对中国人征收的个人收入调节税和个体工商业户所得税合并为统一的个人所得税；大幅度调整资源税、特别目的税、财产税、行为税，扩大征收范围，开征土地增值税，取消盐税、奖金税、集市交易税。1984～1993年，全市税收总收入32.69亿元。1994～2005年，全市国税总收入132.35亿元、地税总收入121.23亿元，保障了全市经济社会快速、持续、健康、协调发展。

第一节　税收体制改革

一、分税制前税制改革

1984年，连云港市开始实施《中华人民共和国产品税条例（草案）》《中华人民共和国增值税条例（草案）》《中华人民共和国营业税条例（草案）》《中华人民共和国盐税条例（草案）》《中华人民共和国国营企业所得税条例（草案）》和《国营企业调节税征收办法》，将1973年简化合并后的工商税，按照征税对象划分为产品税、增值税、营业税和盐税；把原工商税按行业设置税目改为按产品设置税目，按产品销售收入分别规定不同税率征税；将工业企业协作生产的产品由按加工后的全值征税改为按增值额征税，税率按各行业原税负和增值额加以换算，分别确定，以解决重复征税和税负不平衡的矛盾；把原工商税中对商业、交通运输及各种服务性行业征收的部分划出改为营业税，税率根据营业收入额和不同行业分别确定；对商业批发，按照商品进销差额和适用税率计算，恢复征税；盐税专立税种征收，为适应价格变化调整盐税税额，缩小工业用盐负税范围；增加资源税、城市维护建设税、房产税、土地使用税和车船使用税。对在第一步利改税中设置的国营企业所得税和调节税加以改进，国有大中型企业所得税统一执行55%的比例税率；国有小型企业统一执行新制定的八级超额累进税率，超额累进税率各级距之间的差距适当拉开，每个级距之间的负担率都有所降低，降低最多的9.5%，最少的3.1%；对国有大中型企业缴纳所得税后的一部分利润征收调节税，税率按企业的情况分别核定，以换算后的1983年利润为基数，对基数部分按核定税率征收，超过基数部分仍实行减征，减征幅度由60%调高到70%，计算方法由环比改为定比。

1990～1993年，全市开征的工商税收有适用于外商投资企业和外国企业及外籍人员的工商统一税、中外合资经营企业所得税、外国企业所得税、城市房地产税、车船使用牌照税、个人所得税；适用于内资企业、单位和个体工商业户及个人的产品税、增值税、营业税；属所得税类的有国营企业所得税、国营企业调节税、集体企业所得税、私营企业所得税、城乡个体工商业户所得税、个人收入调节税；属行为和特定目的的税类的有印花税、城市维护建设税、屠宰税、车船使用税、牲畜交易税、建筑税、国营企业奖金税、集体企业奖金税、事业单位奖金税、国营企业工资调节税；属资源税类的有盐税、城镇土地使用税；属财产税类的有房产税。

二、分税制后税制改革

1994年，连云港市开始新一轮税制改革。增值税扩大征收范围，由原来只对部分工业产品征收增值税，扩大到对整个工业生产、商业批发、零售、进出口商品及加工、修理修配行业全部征收增值税；采取17%基本税率，再加一档13%的低税率和零税率的税率模式。实行价外计征，按不包含增值税税金的商品价格，依规定税率计算征收。实行根据发票注明税金进行税款抵扣制度。对年销售额较少、会计核算不健全的小型纳税人，按销售收入金额及规定的征收率6%计征增值税。改革增值税纳税制度，对增值税的纳税人进行专门的税务登记，使用增值税专用发票，建立对纳税人购销双方交叉审计稽查体系。除税法规定统一减免税的项目外一律不予减税免税。原来征收产品税的产品全部改为增值税后，对少数需要进行特殊调节的产品和改革后税负降低较多的产品，在征收增值税的基础上再征收一次消费税；消费税设有烟、酒、化妆品、贵重首饰、摩托车、小汽车、汽油和柴油等11个税目，采用从量定额和从价定率两种征收办法。

营业税征税范围包括提供劳务、转让无形资产和销售不动产等，设19个税目，税率最低定为3%；娱乐业税率最高，由当地税务机关在5%～20%的幅度税率内确定；其他为5%。对外资企业取消工商统一税，改征增值税、消费税、营业税。统一内资企业所得税，取消按国营、集体、私营等经济性质分立税种的制度，实行33%的比例税率，对部分盈利水平低的企业另设27%和18%两档过渡性照顾税率。

规范企业所得税税前列支项目和标准，取消国营企业调节税及国有企业上缴的能源交通重点建设基金、预算调节基金，取消国有企业在所得税前归还投资性贷款的优惠政策，建立新的规范化企业还贷制度。实行统一的内资企业所得税后，对国有企业不再执行企业承包上缴所得税的规定。

原来征收的个人所得税、个人收入调节税和城乡个体工商业户所得税合并为个人所得税，调整个人所得税费用扣除标准，工薪所得的月扣除额定为800元。调整应税项目，增加个体工商业户的生产经营所得、财产转让所得和偶然所得等项目。个人所得税实行分项扣除、分项定率、分项征收的办法。

改革土地增值税，对房地产交易中的过高利润进行适当调节，土地增值税在房地产交易环节对交易收入的增值部分征收，房地产增值额为纳税人转让房地产所取得的收入减去应扣除项目金额后的余额。土地增值税实行从30%～60%共4档累进税率。取消集市交易税、牲畜交易税、燃油特别税、奖金税和工资调节税。取消对外资企业、外籍人员征收的城市房地产税和车船使用牌照税，统一实行房产税和车船使用税，并适当调高税率和税额。此次改革初步建立起新型工商税制，分税制财政体制开始运行，相应将市税务局分设为市国家税务局、市地方税务局。

市国税局负责征收的税种有增值税，消费税，进口产品消费税和增值税，直接对台贸易调节税（委托海关代征），中央企业所得税，地方和外资银行及非银行金融企业所得税，境内外商投资企业和外国企业的税收及外籍人员、华侨及港澳台同胞缴纳的个人所得税，集贸市场和个体户的各项税收等，以及由国家税务局征收的各项税收的滞补罚收入、按中央税和共享税附征的教育费附加、国家能源交通重点建设基金、国家预算调节基金、政府委托代收的其他基金和规费等。出口产品退税的管理也由该局负责。

市地税局负责征收的税种和管理的规费有营业税、个人所得税、土地增值税、城市维护建设税、车船使用税、房产税、屠宰税、资源税、城镇土地使用税、固定资产投资方向调节税、地方企业所得税（包括地方国有、集体、私营企业）、印花税、筵席税、地方税的滞补罚收入、按地方营业税附征的教育费附加、政府委托征收的其他基金和规费。

1997年7月起，市国税局开始征收管理储蓄存款利息收入的个人所得税。2000年7月起，市地税局开始征收管理全市基本养老保险、失业保险、医疗保险、生育保险、工伤保险等社会保险费和基金，将具有社会中介服务性质的工作职能划归依法认定的社会中介机构。市国税局自2001年1月起征收管理车辆购置税（委托交通部门代征），2002年1月起征收管理所有新办内资企业所得税，2005年1月起直接征收管理车辆购置税。

第二节　税收收入

一、分税制前税收收入

1984～1993年，连云港市税收收入总体呈上升趋势。1984年，全市税收收入2.5亿元。1993

年提高到5.25亿元。随着工商税制改革不断深化，税收收入结构发生较大变化。其中流转税（产品税、增值税、营业税等）收入所占份额大幅增加，成为主体税种。1984年，全市完成流转税收入2757万元，占全年税收收入的11.03%；1993年增至4.21亿元，占全年税收收入的80.3%。

1984～1993年连云港市税收收入统计表

表20-8　单位：万元

项目	1984年	1985年	1986年	1987年	1988年	1989年	1990年	1991年	1992年	1993年
合计	24986	28935	29467	28309	29164	33326	35176	30513	34536	52479
产品税、增值税	2139	7343	7299	8016	8983	10077	11233	11788	13161	26786
营业税	618	4241	5780	6520	8119	9353	9709	10563	11999	15356
工商统一税	7333	32	90	67	158	324	422	477	744	2438
工商所得税	1182	1019	—	—	—	—	—	—	—	—
国营企业所得税	6367	7419	6625	3555	3710	3050	3092	—	—	—
集体企业所得税	—	—	1124	1478	1723	1481	1827	1502	1329	1277
私营企业所得税	—	—	—	—	—	—	9	—	—	—
城乡个体工商业户所得税	—	—	5	2	-12	34	42	131	61	24
个人收入调节税	—	—	—	5	3	145	46	31	49	97
涉外所得税	1	3	35	51	40	352	74	55	129	—
城市维护建设税	—	568	732	833	913	1081	1173	1258	1688	1742
其他地方税	36	36	94	593	720	812	972	1122	1171	1313
印花税	—	—	—	—	30	192	279	115	151	—
土地使用税	—	—	—	—	—	249	426	371	332	276
奖金税	—	87	104	89	51	87	118	249	156	17
建筑税、投资方向调节税	196	292	339	547	435	489	614	550	562	499
盐税	7110	7889	7233	6546	4267	5558	5115	2273	3005	2654
滞纳金罚款	4	6	7	7	24	42	25	27	—	—

二、国税收入

1994年9月市国税局成立后，努力发挥税收政策调节和导向作用，积极培植税源，坚持年初有税源普查，年中有重点税源调查，年终有税源管理工作分析，全市国税收入由低而不稳逐渐转向快速增长。1994年，全市国税总收入增长到7.2亿元，其中增值税4.05亿元、营业税1.3亿元。到2001年突破10亿元大关，实现国税总收入11.81亿元，其中增值税8.77亿元、企业所得税1.58亿元。2005年，全市突破20亿元大关，实现国税收入23.26亿元，其中增值税17.09亿元、企业所得税2.66亿元。

1994～2005年连云港市国税总收入统计表

表20-9　　单位：万元

项目	1994年	1995年	1996年	1997年	1998年	1999年	2000年	2001年	2002年	2003年	2004年	2005年
总计	71963	59937	67179	75341	79963	76566	91539	118098	129499	146230	174581	232554
一、税收合计	70285	59209	66964	75151	79805	76410	91421	117917	129078	145867	174394	232339
增值税	40472	48899	56339	64950	68557	65209	76773	87697	100608	118190	139372	170947
消费税	3544	3759	3583	3558	4593	4851	3685	4998	3916	4990	5401	8756
营业税	13040	2322	1894	2356	2752	2791	2890	1682	836	132	-20	
企业所得税	3996	2017	2331	2646	2353	2536	3738	15783	16084	14667	17746	26555
外商投资企业和外国企业所得税	171	1096	1038	1229	1280	1006	1751	3102	2811	3237	6663	10577
个人所得税	567	713	1450	317	258	17	2584	4655	4823	4651	5232	5943
资源税	831	—	—	—	—	—	—	—	—	—	—	—
固定资产投资方向调节税	706	14	31	—	—	—	—	—	—	—	—	—
城市维护建设税	2962	140	16	14	12	—	—	—	—	—	—	—
房产税	1340	103	113	—	—	—	—	—	—	—	—	—
印花税	194	22	10	—	—	—	—	—	—	—	—	—
城镇土地使用税	763	—	1	—	—	—	—	—	—	—	—	—
车船使用税	647	17	10	—	—	—	—	—	—	—	—	—
屠宰税	1042	71	80	—	—	—	—	—	—	—	—	—
滞纳金、罚款收入	10	36	68	81	—	—	—	—	—	—	—	—
车辆购置税	—	—	—	—	—	—	—	—	—	—	—	9556
二、其他收入	1678	728	215	190	158	156	118	181	421	363	187	215
教育费附加收入	985	291	206	190	158	156	118	29	122	176	3	—
国家能源交通重点建设基金	349	156	9	—	—	—	—	—	—	—	—	—
国家预算调节基金	344	281	—	—	—	—	—	—	—	—	—	—
税务部门其他罚没收入	—	—	—	—	—	—	—	26	175	51	47	45
税务行政性收费收入	—	—	—	—	—	—	—	126	124	136	137	170

分地区收入　1994～2005年，连云港市、县两级国税收入普遍呈增长趋势，但城乡之间、地区之间收入不平衡，市级收入增幅高于县级收入。1994年，市区完成国税收入4.36亿元，占全市国税收入62.03%；下辖四县完成国税收入2.67亿元，占全市国税收入37.97%。2000年以前，市区国税与县乡国税收入比基本保持在3∶1左右。2001年以后，市区国税与县乡国税收入比则拉大

到接近4：1。在县级国税收入中，2003年东海县突破1亿元，2004年赣榆县、灌南县相继突破1亿元。2005年，市区国税收入17.46亿元，占全市国税收入75.14%；下辖四县国税收入5.77亿元，占全市国税收入的24.86%。

1994～2005年连云港市国税收入分地区统计表

表20-10　　单位：万元

年份	国税收入	分地区构成									
		市区	比重（%）	赣榆县	比重（%）	东海县	比重（%）	灌云县	比重（%）	灌南县	比重（%）
1994	70285	43595	62.03	8013	11.39	7370	10.49	5263	7.49	6044	8.60
1995	59209	37125	62.70	6420	10.84	5522	9.33	5325	8.99	4817	8.14
1996	66964	41140	61.44	7347	10.97	6488	9.69	6534	9.76	5455	8.15
1997	75151	47680	63.45	7467	9.94	7423	9.88	6432	8.56	6149	8.18
1998	79805	50306	63.04	7886	9.88	7807	9.78	7120	8.92	6686	8.38
1999	76410	52507	68.72	5368	7.03	5605	7.34	6145	8.04	6785	8.88
2000	91421	66137	72.34	7382	8.07	6493	7.10	5668	6.20	5741	6.28
2001	117917	90722	76.94	7689	6.52	7680	6.51	5593	4.74	6233	5.29
2002	129078	100182	77.61	8520	6.60	8273	6.41	5665	4.39	6438	4.99
2003	145867	110647	75.85	9510	6.52	10403	7.13	6611	4.53	8696	5.96
2004	174394	129803	74.43	10798	6.19	15392	8.83	7671	4.40	10730	6.15
2005	232339	174590	75.14	15988	6.88	19749	8.50	8182	3.52	13830	5.96

分税种收入　1994年后，增值税收入大幅增加，企业所得税（包括内外资企业所得税）收入快速上升，成为发展潜力最大的税种。增值税收入由1994年的4.04亿元增至2005年的17.09亿元，增长3.23倍，增值税收入占国税收入的比重由1994年的57.58%提高到2005年的73.58%；各类所得税收入由1994年的4704万元增至2005年的4.3亿元，增长8.16倍。1994年，国有经济税收132万元，约占国税收入0.2%；私营经济税收67万元，占比不足0.1%；个体经济税收1.2亿元，占17.1%；港澳台经济税收320万元，占0.5%；外商投资经济税收3651万元，占5.2%。1996年后，随着企业改制和招商引资力度加大，外资、民营资本大量涌入各产业，基于所有制性质划分的税收构成发生较大变化。2005年，全市国税收入中国有经济税收33565万元，占14.45%；集体经济税收3686万元，占1.59%；股份制经济税收8.75亿元，占37.67%；私营经济税收2.36亿元，占10.16%；个体经济税收1.18亿元，占5.1%；港澳台经济税收1.87亿元，占8.06%；外商投资经济税收4.38亿元，占18.85%。

特色税源

盐业税收　连云港历来盛产海盐，盐业是连云港市重要税源之一。1994年，全市盐增值税收入2.21亿元，占全市国税收入的31.44%。1995年后，盐业产销市场竞争加剧，低成本的山东地下卤水制盐和淮阴矿盐大量涌入市场。市内盐业产销锐减，全市淮盐主产地国税收入逐年减少。1995年，全市盐业入库税款3699万元，占国税总收入的6.25%。2005年，全市盐业税收入库税款2086万元，仅占全市国税收入的0.9%。

制碱业税收　1999年，全市制碱业税收入库4002万元，占全市国税收入的5.24%。2005年，全市制碱业税收入库9356万元，占全市国税收入的4.03%。

制药业税收　国税机构设立后，市内制药行业税收由小到大、增势强劲，在增值税和所得税收入排名中逐渐占据全市前列。其中，1999年制药业税收入库税款7041万元，占全市国税收入的9.21%。2005年，全市入库税款5.14亿元，占全市国税收入的22.11%。

电力税收　电力行业税收是全市国税收入持续、稳定的支柱性税源之一。1994年，全市电力行业税收入库6960万元，占全市国税收入的9.9%。2005年，全市电力行业税收入库21651万元，占全市国税收入的9.3%。

烟草批发行业税收　烟草批发行业税收以增值税、所得税为主要收入来源。2000年，全市烟草批发行业税收入库1578万元，占全市国税收入的1.73%，其中所得税收入180.03万元，占全市所得税收入的4.82%。2005年全市烟草批发行业税收入库8880万元，占全市国税收入的3.82%，其中所得税收入5324万元，占全市所得税收入的20.05%。

酒类税收　为市内消费税收入主体。1994年以后，酒类税收在市、县国税收入中的地位不断提升。1994年，全市酿酒行业税收入库5476万元，占全市国税收入的7.41%。其中，消费税收入3478万元，占酒类税收的63.51%。2005年，全市酿酒行业税收入库13941万元，占全市国税收入的6.0%，其中消费税收入8530万元，占酒类税收的61.19%。

三、地税收入

1994年，全市地税部门全部收入2.28亿元。其中，税收收入2.2亿元（省级收入0.39亿元、市县级收入1.81亿元），代征基金、费收入825万元。

1995年，全市地税部门全部收入3.71亿元。其中，税收收入3.56亿元（省级收入0.47亿元市县级收入3.09亿元），代征各项基金、费1406万元。市县级税收增幅70.69%。

1996年，全市地税部门全部收入5.09亿元，其中税收收入4.93亿元（省级收入0.69亿元，市县级收入4.24亿元）。是年，全市个人所得税首破4000万元，入库4078万元，成为继营业税、企业所得税之后的市内第三大税种。全年代征各项基金、费1605万元。

1998年，全市地税部门全部收入6.8亿元，其中税收收入6.54亿元（省级收入0.47亿元，市县级收入6.07亿元）；个体私营税收入库7056万元。代征基金、费2609万元。是年，市县级收入首破6亿元，个体私营税收成为新的税源增长点，占全市地税收入的11.53%。

2000年，全市地税部门全部收入7.44亿元，其中税收收入5.88亿元。全市代征基金、费1.76亿元。列入地税重点税源管理的45户重点企业全年入库地方各税16486万元，入库地方税收占整个市县级地方税收的3成以上。

2002年，特大型企业连云港港务局入库地方税收5067万元，高速公路工程入库税款2906万元，连云港核电站工程入库税款2696万元，德邦化学集团、连云港碱厂、恒瑞医药、康缘药业、连云港电信局5家企业全年实现地税收入4455万元。上述重点企业和重点工程入库税收1.51亿元，占整个地税总量的25%，比2001年提高7个百分点。

2004年，全市地税部门全部收入20.25亿元，首次超过20亿元，实现历史性突破。

2005年，全市地税部门全部收入26.8亿元，其中省级收入0.69亿元、市县级地税收入15.01亿元；征收社会保险费9.72亿元，代征其他基金、费收入1.38亿元。地税总收入和市县级地税收入的增幅分别比全省平均增幅高出8个和13个百分点，2项指标增幅均位居全省各省辖市首位。

1994～2005年，连云港市地税部门征收收入总量由2.28亿元上升到26.8亿元，增长10.75倍，年均增幅26%。

1994～2005年连云港市地方税收分地区入库额统计表

表20-11　　　　　　　　　　　　　　　　　　　　　　　　单位：万元

地　区	1994年	1995年	1996年	1997年	1998年	1999年	2000年	2001年	2002年	2003年	2004年	2005年
全市合计	21976	35656	49301	58341	65434	66860	58768	65583	72284	86126	114796	157076
一、四县	7395	15427	23110	28424	34312	32442	20748	19372	21965	24105	31786	44946
赣榆县	2331	5568	8528	10795	13153	11968	7088	6364	7722	7934	10466	14854
东海县	2420	5535	8118	9363	11259	10338	6494	6433	6816	7086	8842	12976
灌云县	1454	3033	4613	5688	6923	6902	4099	3360	3930	4952	6681	9310
灌南县	1190	1291	1851	2578	2977	3234	3067	3215	3497	4133	5797	7806
二、市区	14581	20229	26191	29917	31122	34418	38020	46211	50319	62021	83010	112130
市本级	6282	7808	10910	11198	12544	15234	17786	21361	20969	24717	29919	36153
开发区	2353	4126	5102	5885	5883	6541	6449	8665	11240	12409	18761	28482
新浦区	1423	1822	2574	2976	3387	2978	3248	4023	5719	8072	13498	18840
海州区	561	860	1482	1651	1830	2131	2352	2820	3147	5440	6275	7255
连云区	3405	4662	4858	5466	6110	6076	6632	7636	8995	11082	14557	21400
云台区	557	951	1265	2741	1368	1458	1553	1706	249	301	—	—

说明：2004年起云台区税务部门撤销，税收停征。

1994～2005年连云港市地方税收分税种入库额统计表

表20-12　　　　　　　　　　　　　　　　　　　　　　　　单位：万元

税　种	1994年	1995年	1996年	1997年	1998年	1999年	2000年	2001年	2002年	2003年	2004年	2005年
税收合计	21976	35656	49301	58341	65434	66860	58768	65583	72284	86126	114796	157076
一、省级合计	3864	4741	6893	5478	4749	5900	6903	5186	4489	4526	5661	6989
1.省级营业税	3833	4670	6739	3952	4483	4256	4876	4424	4244	4372	5461	6781
2.省级所得税	31	71	154	1526	266	1644	2027	762	245	154	200	208
二、市县级合计	18112	30915	42408	52863	60685	60960	51865	60397	67795	81600	109135	150087
1.营业税	6354	10123	15814	17521	22455	24604	22500	24459	31123	40013	54802	72461
2.个人所得税	393	1485	4078	8257	9716	9758	6865	8687	10896	12713	17362	24155
3.企业所得税	3505	7535	9893	12913	13646	12658	10342	16671	13919	15645	19112	25779
4.城建税	2648	3339	4006	3840	4279	4257	5089	5414	5865	7321	9105	12329
5.车船税	592	947	1076	1319	1853	1413	815	972	865	429	497	546
6.房产税	1277	1424	1546	2110	2044	2273	2244	2160	2633	2864	3461	4991
7.土地税	754	827	759	657	598	608	500	865	823	805	1059	1591
8.屠宰税	872	2371	2546	2368	2598	1757	1898	34	—	—	—	—
9.印花税	182	243	374	394	378	399	433	464	731	897	1370	2507

续表20-12

税 种	1994年	1995年	1996年	1997年	1998年	1999年	2000年	2001年	2002年	2003年	2004年	2005年
10.投资方向税	695	1549	1530	2376	1783	1958	596	184	—	—	—	—
11.土地增值税	—	1	5	11	72	29	9	-3	22	118	1305	3899
12.滞纳金	9	12	14	28	0	0	0	0	0	0	0	0
13.资源税	831	1059	767	1069	1263	1246	574	490	918	795	1062	1329
其中：盐资源税	824	1057	763	835	994	915	401	283	596	505	464	551

说明：2002年起屠宰税和投资方向调节税停征。

第三节 税收征管

一、分税制前税收征管

1983年，连云港市税务局恢复设立后，开展税收征管基础建设，逐步恢复征收制度和管理措施，规范征收程序，改善管理手段，创新管理模式，提高征管质量。1986年起，贯彻执行《中华人民共和国税收征管暂行条例》，税收征管开始实现系统化、规范化、法律化。市税务局直属分局和新浦、海州、连云、云台分局先后试行“征、管、查”三分离制度，市内规模较大的税务所均试行征管、检查分离制度。加强对重点税源的征管，市税务局对市区年纳税达100万元的税源大户、县税务局对年纳税达30万元的税源大户进行重点管理，坚持定期分析增减因素，在政策上给予倾斜资金上给予扶持，有效制止重点税源下滑。将占市、县级收入约1/6的盐税列为工作重点。加强对零散税源和集贸市场征管，对市场专管员实行“定岗、定人、定任务”制度，力堵跑冒滴漏，清理压缩欠税，采取“定人、定时、定指标”的方法，加强欠税清理。

1993年起贯彻《中华人民共和国税收征收管理法》，加强税收宣传，开展税制改革试点，分期分批对全市1000余名税务干部和700余名企业办税人员进行业务培训。严格执行“临时性、困难性减免税一律不得审批”规定，开展日常税收检查，遏制偷抗税行为。

二、国税征管

征管改革 1994年取消个别减免税，废除临时性减免与扶持性减免，修订税收征管岗位目标管理责任考核办法，推行纳税人主动上门申报制度和税务代理制度。

1996年，市国税局制定下发《连云港市国家税务局税收征管改革实施方案》，确定取消原有的税收征管模式，用4～5年时间建立以纳税申报和优化服务为基础、以计算机网络为依托、集中征收、重点稽查的新的征管模式。征管改革即由点到面铺开，集中征收、上门缴税全面实行，企业主动上门申报率90%，个体工商户上门申报率80%左右；全市建成征收服务厅25个，组建城区征管分局15个、农村征管分局19个。

1997年，全市国税系统完成征收机构重组。各县国税局直属分局和城镇税务所合并成立城区分局。撤销农村税务所，组建农村征收分局。全市组建城区征收分局14个、农村征收分局32个。市区各分局按照管理服务、征收数控、税务稽查、政策法规4个系列的要求设置会计员、征收员、管理员、稽核员等岗位，由“管户制”向“管事制”转变；规范38个征收服务厅的办税程序，增设服务窗口，拓展服务内容，从组织收入、执行政策、征管工作等6个方面量化、细化考核指标。

1998年，市国税局通过省国税局征管改革考核验收。1999年试行税收收入计划与征管质量“双轨制”考核办法，既考核各单位税收收入计划指标完成情况，又考核登记率、申报率、入库率、滞纳金加收率、欠税增减率、处罚率等征管质量指标。

2000年起实行税务管理责任制度，划分责任区，配备管理员，制定工作职责和考核办法。2001年，市国税局撤销征管分局内设的二级稽查机构，重新组建市、县国税局稽查局；各管理分局成立评税机构，组建评税专业队伍，全系统征管机构由改革前的51个压缩到39个。市区各分局与中国银行连云港分行、城市信用社签订电子申报和代扣委托书，与12个街道办事处签订集贸市场委托代征协议书。各县国税局与98个邮政储蓄所、76个农村信用社签订预储税款和电子申报委托书，与52个乡镇政府签订集贸市场委托代征委托书。全市有320户纳税人使用统一的申报软件，实现自行电子申报，2977户纳税人委托税务师事务所代理电子申报，90%以上的市区纳税人、70%以上的各县纳税人在指定金融机构开设税款预储账户。市区实行通过银行自动划缴税款并开具税票，以商贸企业为主要目标的稽核评税工作在全市展开。

2002年，全市启用增值税纳税评估应用软件，将2305户一般纳税人近90万条数据录入评估软件。评估一般纳税人1437户次，纳税人自查补报税款、滞纳金908万元。

2003年，市国税局成立数据处理中心，集中核算征收结果，加工处理征管信息，归集利用各类数据资源，对征管活动进行实时、远程、全面监控。实行“受理核批”业务集中制，设立第一税务分局，负责受理并办结市区纳税人所有涉税业务；市区办税服务厅撤并为市区国税服务厅、港区国税服务厅和经济技术开发区国税服务厅；实行稽查业务外分离，市国税局成立税务稽查选案委员会，根据纳税评估机构和税收违法案件举报中心提供案源，统一确定检查对象，由市国税稽查局对选案委员会确定的检查对象进行检查；市国税局成立税务案件审理委员会，负责审理大案、要案。明确税务登记、认定管理、发票管理、纳税申报4大类39个项目的基本业务流程，理顺业务衔接和部门职责，建立征管质量考核工作责任制。全市进行增值税纳税评估1800余户次，通过评估使纳税人自查补缴税款、滞纳金1100余万元。综合考核成绩上升到全省第二位。

2004年，全市按地区或行业标准细分为170个责任区，细化责任人10项定性工作职责和22项定量考核指标，对纳税人进行分户记录和分类管理，坚持按季召开征管质量分析会制度。全市国税部门开展企业所得税纳税评估1592户次，纳税人补报税款、滞纳金633.9万元。市国税局、地税局建立联席会议制度。

2005年，全市评估增值税纳税人2690户次，发现有问题的469户次，451户通过自查后补缴增值税522.14万元，调减留抵542.93万元；移送稽查部门检查18户。企业所得税纳税评估149家，其中有问题的62家，补税105万元，条件亏损额553万元；网上申报户面、个体定额户委托金融机构划解税款面和集贸市场委托代征面均保持在99%以上。

税源户管理 1994年全市开展税务登记清查换证工作，市区核发税务登记证1.56万户。1995年，市国税局将年度实现国内“两税”（增值税和消费税）市区达100万元、各县达50万元的企业确定为重点税源户，全市共确定39家，其中市区27家、三县12家。

1996年，国税部门对纳税户进行全面普查和登记，全市统一换发税务登记证2.7万户。是年按地区、行业、规模确定2.6万余户个体业户的纳税定额。1997年起，市国税局与市地税局、市工商局开始对外商投资企业税务登记和工商登记实行联合年检；是年，全市有2.72万户各类纳税人办理税务登记年检手续。

1998年，全市开展清理漏征漏管户工作，查出漏征漏管户3069户、补办税务登记证2582户、查补税款及罚款326万元。是年底，全市税务登记3.17万户，其中企业0.85万家、个体工商户

2.32万户；个体纳税户数2.28万户，其中查账征收户0.15万户、定期定额户2.13万户；企业纳税人中内资企业7905家、外资企业576家；增值税一般纳税人3011户。

2000年，通过核对、巡查和年检，全市共清理漏征漏管户217户、清理逾期未办理税务登记户170户、公告失踪户701户。2001年初，全市开展税源调查。对纳入全国税收调查的455户一般纳税人作为重点税源户走访，对占全市“两税”（增值税、消费税）收入总额达60%的82户重点税源企业实行专人管理。国税部门修订《税务登记管理制度》和《户籍管理责任区制度》，印发《税务登记工作规程》，相关部门联合制定《国税、地税、工商、技监联席办证制度》，落实户籍巡查制度和与工商部门定期核对制度。

2003年，全年免收2000多名下岗职工税务登记工本费5万多元，清理漏征漏管户783户，查补税款26.89万元；调整定额3667户，年增税额238.32万元；新增建账户562户，增加税款3.5万元。是年底，全市税务登记3.56万户，其中企业0.79万户、个体工商户2.77万户；增值税一般纳税人2879户。全市有集贸市场232个。

2004年，市国税局、地税局、工商行政管理局联合组建连云港市工商登记信息和税务登记信息交换工作协调小组。是年底，全市税务登记增至4.1万家，其中企业0.96万家、个体工商户3.14万户；企业中私营企业4769家、有限责任公司1521家、国有企业和集体企业共2009家、港澳台商投资企业278家、外商投资企业494家、外国企业12家。全市增值税一般纳税人3505户。个体工商户中定期定额户1.51万户、查账征收户161户。

2005年底，全市国税系统税务登记4.64万家，其中国有企业786家、集体企业1053家、股份合作和联营企业33家、有限责任公司1636家（国有独资公司18家、其他有限责任公司1618家）、股份有限公司206家、私营企业6909家（其中私营独资1417家、私营合伙57家、私营有限责任公司5388家、私营股份有限公司47家）、其他企业215家、港澳台商投资企业334家、外商投资企业626家、外国企业13家、个体工商户34586户、其他部门21户。

个体税收管理 1994年，确定增值税起征点为：销售货物为月销售额600元，销售应税劳务为月销售额300元，按次纳税的为每次（日）销售额50元。全市个体工商业税收入库8600万元。

1995年开展个体税收专项检查。全市入库个体经济税收1.08亿元。是年底，全市共有个体工商户2.34万户，集贸市场66个；个体纳税户数2.29万户，其中定期定额户1.97万户、查账及其他征收方式0.32万户。

图20-6 2005年，连云港市国税系统税务登记4.64万户。图为流动办税服务车。 李家岭 摄

1997年，市区试行起点定额管理办法，根据个体固定业户实际情况，以商业区域、主要街道、主要交易场所，按地区及地段统分为3类，各类地区再根据工商业户经营地段和经营规模等因素划分为4个级次，确定最低起点定额。是年，全市推行个体工商户建账建制。海州国税分局试行个体户储蓄纳税办法，月储蓄纳税额3.5万元，全市征收个体私营经济税收9100万元。

1998年，全市实行起点定额管理，调整2.07万户个体工商户税收定额。新浦地区试行个体定期定额户预储税款划卡缴税办法，全市征收个体税收9761万元。

1999年，市国税局重新核定和调整定期定额纳税个体工商户纳税定额，定额调整面达85%，调高幅度约28%，调整后月增税收收入140余万元。是年入库个体私营税收1.1亿元。

2001年，市区各国税分局与12个街道办事处签订集贸市场委托代征协议书，各县国税局与52个乡镇政府签订集贸市场委托代征协议书，全市238个集贸市场的税收全部按委托代征方式组织征收；与中国银行、农村信用社、邮政储蓄等金融机构签订委托代扣税款协议书，2.1万户个体工商户实现划卡缴税。是年6月1日起，销售货物的起征点调整为市区月销售额1000元，各县800元；销售应税劳务的起征点为月销售额300元，按次纳税的起征点为每次（日）销售额80元。结合全市增值税起征点调整，对全市2万余户个体工商户的纳税定额进行调整。全市入库个体私营税收1.59亿元。2002年，全市8870户符合条件的个体工商户全部实行定额与发票额相分离的管理方式。

2003年初增值税起征点再次调整，销售货物的起征点为月销售额2000元，销售应税劳务的起征点为月销售额1500元，按次纳税的起征点为每次（日）销售额150元。10月1日起，全面提高增值税起征点，销售货物的起征点为月销售额5000元，销售应税劳务的起征点为月销售额3000元，按次纳税的起征点为每次（日）200元。经两次调整增值税起征点，对近2万户未达起征点的个体工商户予以免征，年优惠税收近2000万元。国税机关加强起征点提高后的个体税收后续管理，对全市达起征点的4395户纳税人，公正、公平、公开地搞好定额管理；对全市未达起征点的2万户纳税人实行简易申报、简并征期，加强监控。是年加大对集贸市场税收秩序整治力度，全市清理漏征漏管户783户，查补税款26.89万元；调整定额3667户，月增税额19.86万元；新增建账户562户，新增建账户增加税款8.5万元。

2005年，规范个体税收征管工作，市国税局、市地税局联合开展全市集贸市场税收情况调研。推广应用个体定额核定管理系统。是年，全市个体私营经济实体缴纳税款2.93亿元，其中私营经济缴纳2.34亿元、个体经济缴纳0.59亿元。

发票管理　1994年，市国税局成立打击代开、虚开专用发票违法犯罪活动领导小组，开始加强增值税专用发票管理。全年共查处专用发票违法案件6起，虚开、代开发票金额8000万元，追回偷、骗税款32万元。是年制定《普通发票定点印刷厂管理制度》，对旧版普通发票进行清理、登记造册、集中销毁，全市共销毁20872本旧版普通发票。

1995年，市国税局开展发票购用证清理换证工作，全市换发增值税专用发票购用证4600户、普通发票购用证8200户、个体工商户发票购用证8000户。通过检查发现发票违章行为14起。市国税局稽查分局查处10起虚开、代开专用发票案件，查补税款30万元，追回不应抵扣税款185万元。1996年，市国税局统一设计印制外商投资企业和外国企业直接向境外出口商品使用的发票。1997年启用具有统一防伪措施普通发票。1999年推行专用发票计算机稽核。

2001年，全市启用金税协查系统，全年发票协查542户次。在35家大中型商业企业推行普通发票逐笔开票制度，规范全市1161家商业企业一般纳税人和1.35万户个体工商户用票行为。

2002年，市国税局对核电供应商发票联与存根联是否相符及其他违章情况进行专项检查，检查核电供应商90户，其中发票使用正常的41户，发票使用中存在违章现象36户，属注销户、非正常户等原因无法查找13户，查补税款109.72万元。

2003年7月1日起，全市增值税一般纳税人全部通过增值税防伪税控系统开具专用发票，停止开具手写版专用发票。

2005年完成全市国税机关为小规模纳税人代开增值税专用发票的防伪税控待开发票系统的

推行和计算机代开普通发票的试点。

欠税管理 1994年始，市国税局清理欠税4000余万元。1995年清理欠税4000余万元。1997年，市国税局为60家亏损企业办理税收缓缴800万元，全年清理欠税4000余万元。

1998年市国税局清理欠税力度加大，与欠税企业逐户签订还欠计划，对久拖不缴的欠税企业采取严厉处罚措施，曝光欠税企业60家，查封欠税企业账户37家，扣押欠税企业非生产用车20辆，拍卖欠税企业财物3次，抵缴税款入库120万元。全市清理欠税7980余万元。1999年通过控制新欠、压缩陈欠，清理欠税3000万元。

2001年，市国税局对全市476家企业在2000年底前发生的3.02亿元的欠缴税金进行分类确认，建立欠税核算账簿；对久拖不缴的企业采取控票、曝光、冻结账户、查封、扣押物资、拍卖抵税等措施，向欠税企业逐户发出清缴欠税通知书，对市区欠税达50万元的企业实行清欠序时进度跟踪管理，全年清理欠税1.03亿元。

2002年规范欠税分类管理，严格清欠责任考核，落实以票控税、扣押物资、曝光违法案件等清欠措施，清理欠税6000万元，其中清理新欠2000万元、陈欠4000万元。2003年通过分解欠税计划、签订还欠责任书、以票控税等多项措施，清理欠税4257万元，其中陈欠、呆账税金1449万元。2004年建立欠税公告制度。累计清理欠税926万元。

2005年，按照欠税公告的范围、数额、级次和期限，公告67家次欠税企业。将34家次走逃、失踪纳税户及其他查无下落的非正常户上报省国税局，在全省进行比对排查。

三、地税征管

征管改革 1995年，市地税局制定征管改革试点实施方案，开始建立有现代化技术支持，相互协调制约的申报、代理、稽查相结合的税收征管格局；推行纳税人自核自缴的纳税申报制度，推行税务代理，由税务代理人受纳税人、扣缴义务人委托，代为办理税务事宜。随着纳税人自核自缴制度的建立和税务代理的推行，税务机关开始由事前监督为主转向事后监督为主，主要工作转向税务检查。在税务系统内部实行网络化管理，逐步与银行、工商等部门联网。连云地税分局进行地税征管改革试点，取消专管员，变"管户"为"管事"，将35%的人员充实到稽查和咨询服务，形成征收、代理和稽查三位一体格局。全市地税征收普遍实行税务代理，市和各县区陆续成立税务事务所。税务事务所为纳税户筹划税收，代办税务事宜，辅导建账建制，开展财税咨询，培训财税人员。

1996年，市地税局按照国家税务总局《关于深化税收征管改革的方案》，开始建立纳税人自觉申报纳税的制度体系、税务机关和社会中介组织相结合的服务体系、以计算机为依托的税收征收监控体系、人机结合的税务稽查体系、按征管功能设置机构和划分职责的税收组织体系。制定完善《征收管理规程》，按职能设置税务机构模式，实行纳税人自觉上门申报纳税制度，地税部门跟踪管理。

1997年，市地税局加快推进征管基础建设，建成办税服务厅（室）30个，开展征管业务培训和征管软件开发研制。1998年，办税服务厅增加到46个，初步形成以计算机网络为依托的集中征收体系。

2000年7月，社会保险费开始由各级地方税务机关征收。地税部门为地方政府代收教育费附加、地方教育费附加、地方教育基金、市场物价调节基金、粮食风险基金、防洪保安资金、文化事业建设费、旅游事业发展费、工会经费、绿化费、义务植树统筹费、城镇垃圾处理费、残疾人就业保障金13种政府性基金、费。

2001年5月1日，全市实施新的《中华人民共和国税收征收管理法》。地税部门按照“分步推进、扩大试点、突出城区、兼顾农村”的思路，在市区改善办税服务厅的软硬件设施，开展办税服务厅规范化建设达标活动，实行以职定岗、以岗定责，完善各环节的岗位责任制；在农村，按照经济区划每3～5个乡镇设立征管分局，征管分局驻地以外的乡镇设立征收点，分片设立税务检查分局，实现征管和稽查的两条线运行。市地税局在连云港市行政审批服务中心设立地税窗口。

2003年，全市地税系统取消全职能税务分局，成立专业稽查机构，实行征、管、查“两分离”或“三分离”，推进税收专业化管理。2004年8月1日，市地税局上线运行ISO 9000质量管理体系，通过中国质量认证中心江苏评审中心的验证性审核。

2005年，连云港市全面推行税收执法责任制，市地税局层层签订税收执法责任书，实现制度、机构、岗位、人员、责任有机结合，初步建立起“齿轮传动式”工作机制。

依法治税　1994年9月，国、地税两套税务机构分设后，省地方税务局和市政府重新调整市地方税收年度计划，组织收入落后序时进度5个百分点。1995年，市地税局对市内108户重点企业实行单个管理，入库税款9000万元，占地税总收入近3成。组织营业税、资源税以外的地方小税1.72亿元，占地税总收入63.46%，清理往年欠税逾2000万元。1996年在市内各行业尤其是高薪行业普遍建立代扣代缴制度，适时开展专项检查，是年底全市个人所得税首破4000万元。

1997年将重点税源户企业涉税资料录入微机，定期分析税收变化趋势，调查了解其生产经营状况，实现重点税源户入库税收占全市地税总收入达50%。发挥小税种“以小补大”作用，全市入库房产税、车船税、屠宰税等小税种近7000万元，占地税总收入的15%以上。推行个人收入双向申报制度和法人收入支付明细表制度，加强对“三资”企业中外籍人士个税征管，全年个税收入入库7600余万元，比1996年增长86.37%。

1999年，地税部门对纳税额达50万元的90家企业实行跟踪管理，对个体私营税收以及涉外税收等新兴税源实行强化管理，两项税收分别入库8060万元、2000万元，全市企业准期申报入库率达98%，个体户准期申报入库率达95%。

2001年，市地税部门开展税务登记验证清查工作，验证企业33316家，其中国有企业1555家、集体企业2102家、私营企业538家、个体工商户2.8万户。5月起，全市统一使用电脑版建筑安装发票。2004年，地税部门对纳税人基础资料实行一户一档管理，推行“片管员”制度。全年对1992户纳税户进行纳税评估，通过评估增收税款952万元。4月1日起在餐饮、服务等行业推行使用刮奖发票，提高消费者主动索取发票积极性；建立国税、地税协作联席会议制度，定期互传税收信息，在全市联合开展纳税信用等级评定。全年查补税款3475万元。

2005年，全市推行税收执法责任制，市地税局开展税收“标杆管理区”创建，实行个人所得税全员全额管理。市地税局下发《连云港市地税局代征基金、费征管考核办法》，对省地方税务局统一接受的代征基金、费实行税费统管、税费统查。深化提高纳税评估，全市共对1796户纳税户进行了评估，评估税款2100余万元。从4月1日起启用新版普通发票，开展纳税信用等级评定，地税和国税部门联合表彰全市105户A级纳税信用等级企业。

税收信息化建设　1995年，地税税收征管由手工开票陆续转向计算机开票。1997年，市地税局投入40万元，改建和扩建市区办税厅（室），购置10台“586”计算机。至1998年底累计投入征管改革资金230多万元，办税服务厅规范化建设达标率70%。

2000年底，全市地税系统建成征收服务厅40多个，实现由上门收税向申报缴税、管户制向

图 20-7　市地税局办公楼　赵鸣　摄于1996年

管事制的转变，初步建成1个广域网、1条专线、100多台计算机相配套的信息化网络；兴设FTP数据传输系统，提高县地税局与市地税局之间、市地税局与省地方税务局之间的数据传输效率。2002年，全市地税系统实现征管网络化运行。是年底，全市地税部门配备计算机360台、服务器25台、局域网13个，建成连接省、市、县、分局（所）的城域网和广域网。全市地税系统信息高速公路基本建成，成功开发乡镇、股（所）查询功能的外挂模块。2003年，市地税局发布《2003～2006年连云港市地税信息化建设实施纲要》；在符合条件的纳税户中实行电子申报，在全市全面推行税银一体化，加快与财政、国库、国税以及银行的财税银库电子交换平台建设。2004年对各单位征管信息系统中的信息质量按月进行考核通报；开发应用企业版个人所得税代扣代缴软件，财税库行联网从9月1日起在市区全面上线。

2005年，市地税局投资近1000万元购置小型机和网络设备，对征管信息系统进行全面审核清理；征管信息系统在全省地税局中较早实现市级应用集中，数据大集中于是年8月正式上线运行。至是年底，地税系统拥有小型机2台、PC服务器51台，投入运行局域网35个，上网运行工作站1090个，基本实现办公自动化、税收征管信息化和纳税申报网络化。

第四节　税务稽查

一、分税制前税务稽查

1984年，连云港市税务部门动员纳税单位和个人自查补税，抽查43.4%的企业和27.4%的个体工商户，查出偷漏税款439.78万元，补征入库360.62万元。查处私销60.8吨盐案1起，没收全部价款；查处套购原盐案1起，没收全部价款，涉案4人中构成犯罪1人，被判有期徒刑3年；查处偷窃原盐案1起，涉案3人，没收原盐462.5千克和作案工具自行车3辆。

1985年10月，全市税收大检查与财务、物价检查一并进行，设立常年办事机构。此后，税收、财务、物价联合大检查（简称“三项大检查”）每年进行1次。1986年，市、县税务局分别建立税务稽查队，市区各分局除开发区分局外均设立稽查股。是年第四季度，全市开展“三项大检查”，查出应补税款144.7万元，入库136.5万元。

1987年，全市税务机关抽调214名干部投入“三项大检查”，重点抽查企业2080家、个体工商业7735家。共查出应补税款357.5万元，入库261.7万元。市税务局和赣榆、灌云县税务局联合开展私盐查缉工作，查获私盐121.91吨。

1989年6～10月，市税务局在全市组织开展个体税收专项检查，抽查个体工商业7622家，查出假全民、假集体、假民政福利、假校办企业819家，查获批发代扣税企业491家、应缴纳个人收入调节税者410人，查补税款和罚款1021.1万元；有21名个体工商业者因偷抗税情节严重被移送司法机关处理，其中逮捕8人，判刑2人。9～12月开展全市“三项大检查”，重点检查企业1349家，查出应补税款759.2万元，是年入库625.5万元。

1991年，全市税务部门开展个体税收、奖金税、工资调节税等专项检查。在“三项大检查”中查补税款920余万元。1992年开展个体税收专项检查，历时4个月，查补税款158万元。全市500余名税务干部参加“三项大检查”，重点检查1039家企业和4360家个体户，查补工商各税370余万元。

二、国税稽查

1994年，全市国税税务稽查主要任务是对举报案件和大案要案进行重点查处。全市检查纳税户3329户，其中企业1314家、个体户2015户，查补总额642万元。市国税局查处全省首例虚开增值税专用发票偷税案。1995年，全市共检查纳税户666户，查补总额1675万元；其中涉案金额达10万元大要案29起，查补总额1015万元，移送司法机关处理11人；接受人民来信来访89件，查补税款200万元。

1997年起，全市国税部门不再进行“三项大检查”，税收检查纳入国税机关日常稽查工作范围，稽查工作重点转为对税收工作中发现的倾向性问题开展专项检查和集中治理。是年重点对增值税、消费税重点行业、重点大户和零申报、负申报户进行检查。全市共检查纳税户1533户，查补总额3727万元，其中涉案金额达10万元以上大要案50起、移送司法机关处理案件5起。

1999年，全市检查纳税户2764户，查补总额2888万元（税款2301万元、罚款550万元、滞纳金37万元），入库2729万元。其中，涉案金额达10万元以上大要案38起，查补总额542万元，移送司法机关处理案件6起，处理7人。

2001年，全市国税部门重点开展对金融和铁路系统所得税、加工贸易出口企业税收专项检查，以及虚开、伪造和骗购增值税专用发票专项整治。金融、铁路等行业所得税专项检查19家，查补税款237万元；加工贸易出口企业税收专项检查46家，查补税款220万元；新办商贸企业专项检查151家，查补税款、罚款、滞纳金503万元。是年，全市国税部门检查纳税人754家，查补总额2933万元（税款1763万元、罚款504万元、加收滞纳金666万元），其中全市税务违法案件举报中心受理举报案件197起、查处136起，查补税款、罚款、滞纳金814万元。全年查处涉案金额达10万元大要案26起，移送司法机关处理52起，批捕和拘留涉税违法犯罪4人；在新闻媒体曝光79起。

2003年，全市国税部门打击制售和购买假发票违法行为，对车站、码头和旅馆进行明察暗访和突击检查。开展对建材企业、商贸企业增值税和分支机构所得税等税收专项检查，查补税款603多万元。全年检查纳税人420户，查补总额2629万元，入库总额2524万元。其中，查补涉案金额达10万元案件17起，50万元以上案件6起，100万元以上案件1起；移送司法机关处理案件34起，逮捕拘留3人；在新闻媒体曝光偷税案51起。

2005年，全市国税稽查系统检查各类纳税人283户，查补税款1367万元，罚款548万元，滞纳金109万元，调减亏损金额2635.3万元；移送司法机关处理案件12件，逮捕拘留9人；在各类新闻媒体公开曝光偷税案45件。

三、地税稽查

1994年，全市地税系统查补税款500余万元。1995年，地税部门开展地方各税的普查、个人所得税、固定资产投资方向调节税专项检查及企业所得税汇算清缴检查，查补税款2012万元。

1996年，全市地税系统重点开展企业所得税汇算清缴检查和个人所得税、行政事业单位营业税检查，按省地税局统一部署对金融、出版行业税收情况开展专项检查。查补税款2000余万元，接办人民来信30余件，查补地方各税500万元。

1998年，全市地税系统开展企业所得税征缴检查、金融保险业专项检查、个人所得税专项检查和民政福利企业、校办企业、房屋租赁等行业税收专项检查。检查纳税户8803户，查补税款、滞纳金、罚款3066万元，入库2985万元，入库率97%，定案准确率100%。全市地税系统开展税收执法大检查，纠正执行税收政策尤其是涉农税收中出现的问题和偏差，纠正“以补代罚、以罚代刑、以罚代法”等错误做法。是年，全市地税部门通知银行扣款纳税869万元、扣押查封企业财务资金110万元。

2001年，市地税局贯彻《国务院关于整顿和规范市场经济秩序的决定》，成立全市整顿和规范地方税收秩序工作领导小组，整顿税收执法队伍，规范税收执法行为，推进依法治税，地方税收秩序明显好转。对社会影响较大、群众反映强烈的饮食业假发票、伪造门票等重大案件从重从快查处。强化个人所得税征管，加大对高收入者的稽查力度，先后对电力、烟草、房地产、律师事务所及中介机构等高收入行业和高收入者开展重点检查，全年查补个人所得税557万元，罚款62万元。市地税局成立案件审理委员会，明确重大税务案件审理标准，全年审理重大税务案件30起。从是年10月份起对各级稽查部门的稽查案件进行复查，对越权减免税规定进行全面清理；围绕税款入库、减免税申请审批、发票管理使用、稽查处罚等方面进行重点检查，规范基层税务干部的执法行为。

2002年下半年，全市地税系统对协税员队伍进行清理整顿，对2001年度全市地税稽查案件进行复查。开展集贸市场税收专项整治，对78个专业市场进行突击整治，累计补办税务登记证3108户，清理漏征漏管户2309户，查补入库税款30.96万元。全市各级地税部门查补地方各税2000余万元。

2004年，市地税局开展《中华人民共和国行政许可法》及税收相关法律法规全员培训，清理规范36个涉税行政审批事项，取消和下放19项税收审批权限。11月中旬在全系统开展基础工作集中整治活动。根据省局统一部署，先后开展对娱乐服务业、汽车市场、房地产业、医药生产及购销企业、货物运输业的税收专项检查，对金融、保险等行业进行延伸检查，查补税款3475万元。

2005年，全市各级地税稽查部门查补税款3549万元，稽查案件查实率78%，入库率100%；案例分析被评为全省第一名。全年审理重大税务案件45起。公安部门破获一批制售假发票案件，抓获制售假发票犯罪嫌疑人26名，捣毁制售假发票窝点5个。

图20-8　2005年，连云港市地税稽查部门查补税款3549万元。图为地税办税大厅。　李家岭　摄

第五节　税收服务

一、分税制前税收服务

促产增收　1984～1993年，连云港市税务系统开展促产增收活动，各级税务机关和征收管理人员均有促产工作目标、任务和联系点，逐步探索形成“政策上促、资金上扶、工作上帮”的促产增收路子。1986年，市区完成税务促产项目136个，增创产值262万元、利润50万元、税收26万元。1987年，全市完成税务促产项目267个，增创产值2035万元、利润461万元、税收245万元。1990年完成促产项目384个，增加产值10422万元，增加销售9404万元，增加税利1367万元。1991年，全市完成促产项目469个，增加产值1.08亿元，增创税利约1450万元。1993年，全市税务部门完成促产项目100个，增加产值9000万元，增加税利约800余万元。

落实税收优惠政策　1984年，全市减免780户工商企业税金1714万元，批准30户工商企业以税还贷1272万元，45户集体企业税前还贷420万元。准予新成立的连云港市经济联合开发公司免征营业税1年、所得税2年。1985年按《中外合资经营企业所得税法》及国务院有关法规，市税务局批准江苏三得利食品有限公司等中外合资企业享受定期减免企业所得税的优惠政策。乡镇企业的第三产业免税152万元，是年从事技术改造的企业免税450万元，28家企业的40个新产品免税380万元，11家农用化肥生产企业和5家交通运输业企业免税280万元。

1986年，全市税务部门对民政福利企业、校办企业、乡镇企业和技改企业等1079户企业予以政策性和困难性免税4000多万元、以税还贷400多万元、税前还贷600多万元；市税务局就支持、鼓励企业发展横向经济联合做出若干优惠政策。1987年对1436家企业减免税款4720万元，批准50多家企业税前还贷509万元；鼓励出口创汇，为外贸企业办理出口产品退税670.5万元。1988年，市税务局实行减免税管理的程序化、科学化。在市区试行减免税与企业技改、产量、销售、物耗、盈亏、创汇等经济指标挂钩考核办法，变减免税输血功能为造血功能，于次年起在全市推广。1988年和1989年分别对1229家和1394家企业予以减税或免税，减免总额分别为4992.3万元和6391万元；批准300多家企业税前还贷，还贷总额1683万元；为外贸企业办理出口退税3163万元。1990年，全市税务部门为1319家企业办理减免工商税6256万元，办理外贸企业出口退税1803.52万元。1991年为1218家企业办理减免工商税5700万元。1992年为266家企业办理减免工商税6133万元，为14家企业办理出口退税1100万元。

二、国税税收服务

税收服务体系　1995年，全市国税系统开展税法咨询服务活动120余次，发放宣传材料1.8万份；举办新税制政策业务培训班70多期，有6000多名企业负责人、财务和供销人员参加学习。

1996年，全市国税系统开展“文明办税，优质服务”活动，全市建成征收服务厅25个。1997年规范38个征收服务厅的办税程序，增设服务窗口，拓展服务内容。树立10个市级、2个省级文明示范窗口，落实承诺制服务内容，对各岗位办税时限、流转程序作出规定。1998年，全市国税系统开展“到纳税人中送政策”活动，举办培训班30余期，培训企业财务人员以及重点个体工商户1000余人。

2000年，全市国税系统开展“寻呼与税收”活动，通过寻呼台对全市近4万名寻呼机用户进行税收法制教育。2002年，全市国税系统实行首问责任制和限时服务制。在专业市场和人流集中处设置税法公告栏，在市区办税服务厅和4个县局城区办税服务厅安装电子触摸屏。在每季度末月的15日，市、县国税局各召开一次税收政策发布会。

2003年，全市国税系统开展经济税收调研和优惠政策落实情况调研活动，走访企业368家次，发放调查问卷2251份，完成涉及进出口退税、苏鲁两地税收政策落实情况等6篇调研报告，分类编印办税指南等宣传资料，指导纳税人办税。实行办税“五公开”制度，即公开税收政策法规、办税人员岗位职责、办税程序、服务标准、违章处罚依据和结果。协办国税行风热线栏目12期。

2004年，全市国税系统统一办税服务厅文明办税标识，推行诚信服务，严格实行首问责任制和限时服务制。

2005年，全市国税系统建立健全纳税服务制度，规范办税服务内容、操作程序和标准。加强办税服务厅建设，对办税服务厅名称、窗口设置、办税环境、人员着装和文明服务用语等做出规范。根据实际需要对市局办税服务厅业务进行整合，在各办税服务厅放置1～2台计算机，为暂不具备自行网上申报或未实行代理电子申报的纳税企业提供电子申报自助服务。

落实税收优惠政策 1994年新税制实行后，市国税局落实出口退税及“免抵退”税政策、外商投资企业优惠政策、高新技术和劳动双密集型企业税收优惠政策、民政福利企业先征后返税收优惠政策、下岗职工再就业各项税收优惠政策。

1995年，全市国税系统为全市1948户增值税一般纳税人办理3.16亿元期初存货已征税款的审核认定，自1995年起5年内分期抵扣销项税额。是年起对1993年底前在市内设立的外商投资企业实行超税负返还的政策，自1994年起的5年内返还增加部分税款。

1996年，全市国税系统核减、注销期初存货已征税款1299万元，上报审批抵扣期初存货已征税款1640万元。对全市280家民政福利企业验证和168家校办企业认定发证，为110家民政和校办企业审批应返还已征税款400万元。为34家“三资”企业办理超税负返还770万元。对16家已到获利年度的“三资”企业办理“两免三减半”[1]优惠手续。

图20-9 2005年4月，市国税部门开展税收宣传月活动。侍志 摄

1997年，全市国税系统为28家“三资”企业办理超税负返还859万元，为125家民政、校办企业办理已征税款返还1200万元，为11家涉外企业办理所得税“两免三减半”手续，为企业审批抵扣动用期初存货已征税款1500万元。为60家亏损企业办理税收缓缴800万元。针对淀粉出口退税率较低的实际，写出调查报告报请上级将淀粉出口退税率由3%升至6%，为企业年增退税45万元。

1998年，全市国税系统为31家“三资”企业办理出口产品免税2450万元，为131家民政福利企业、校办企业办理已征税款返还970万元。

① “两免三减半”政策指外商投资企业可享受自取得第一笔生产经营收入所属纳税年度起2年免征、3年减半征收企业所得税的待遇。

2001年，全市国税系统为150家产品出口企业免抵总额3200万元，为69家中央企业和地方金融企业审批所得税税前扣除项目8100万元；对全市银行2000年底前已纳营业税的应收未收利息4.16亿元上报省国税局审批，允许其在5年内抵扣。市国税局对紫菜出口情况调研后，请示省国税局并报国家税务总局批准，使紫菜出口退税率由5%提高到13%，市内紫菜出口企业是年增加退税700万元。

2002年，全市国税系统为75家产品出口企业、13家资源综合利用企业审批先征后返、超缴税款及减免退税3051.6万元，为35家企业审批税前列支8107万元。为企业审批抵扣动用期初存货已征税款1500万元，为60家亏损企业办理税收缓缴800万元。

2003年，全市国税系统落实下岗失业人员再就业税收优惠政策和增值税起征点调整，调高个体税收定额起征点，近1万户个体工商户直接受益，减免税收近1000万元；办理民政福利企业增值税先征后返、资源综合利用企业即征即退、出口供货企业超税负返还2757万元；为18家新办企业办理减免所得税150万元。

2005年，全市办理福利企业增值税返还2875万元，资源综合利用即征即退521万元，受理申报免税销售额46.37亿元。

出口货物退税　1994年，市国税局设立进出口税收管理机构，专事进出口税收管理。1995年初，出口退税试行计算机管理。7月1日起开始使用计算机对出口企业在1994年1月至1995年7月办理的退税凭证进行申报和审核，对办理出口退税出口企业和销售出口货物的生产、流通企业进行检查。

图20-10　2005年，连云港市办理出口退税5.69亿元。图为涉外税务管理部门工作人员上门向外方企业代表宣传税收政策。　侍志　摄

1997年起规范出口货物退（免）税登记、申报、稽核、审核、审批、退库、单证证明管理，出口退税计划会计和统计管理，出口退税检查、审理、违章处理等工作程序。1999年对全市112家出口企业中的54家进行出口货物退（免）税重点检查，查出有问题企业12家，查补税款68.7万元。

2001年，全市有出口退税企业164家，其中外商投资企业106家、外贸（工贸）企业14家、内资生产企业39家、其他企业5家。是年退税额1.68亿元。2004年，建立出口退税新机制，制定出口退税分类管理、信息反馈、简化申报方式等9项规定和工作措施。

2005年，全市办理出口退税（含免抵调库）5.69亿元，其中退税4.09亿元、生产企业出口货物免抵调库1.6亿元。

1994～2005年连云港市出口货物退税统计表

表20-13　单位：亿元

年　份	退税额	年　份	退税额	年　份	退税额	年　份	退税额
1994	1.09	1997	1.43	2000	1.5	2003	3.11
1995	1.06	1998	1.11	2001	1.68	2004	3.90
1996	2.11	1999	1.19	2002	2.15	2005	4.09

三、地税税收服务

1994年市地税局成立后，税收开始逐步实行财、税、库、行联网，建成信息资源共享的一体化电子办税系统，推行纳税人自行电子申报、邮寄申报、银行扣缴等多元化申报方式。全市地税部门开展“满意在地税”、最佳办税服务厅、人民满意公务员等争先创优活动。1995年，全市地税系统选定50个重点促产项目，采取“定项目、定人员、定时间、定措施、定效益”方法，增加地方税款1000余万元。开展地方税收宣传月活动，重点对个人所得税、土地增值税、营业税、固定资产投资方向调节税等税种进行宣传。

1998年，市地税局为神州宾馆等24家外资企业办理超税负返还187万元，为43家企业减免企业所得税879万元。市地税局印发《关于企业改制中若干税收问题的处理意见》，出台企业安排失业和下岗人员再就业的税收优惠政策。

1999年，市地税局为劳动服务企业减免企业所得税和营业税200余万元，减征固定资产投资方向调节税500余万元，为外资企业办理超税负返还100余万元，对新办第三产业的各类企业减免地方各税200余万元。

2000年，全市地税部门为企业减免地方各税6124万元，减免房产税和土地使用税200万元，为下岗再就业减免企业所得税243万元，为47家企业办理税前弥补亏损1836万元，为64家企业核批处理财产损失3217万元，为3家企业办理技术开发费抵扣应纳税所得额868万元。云台地税分局被评为全国税务系统先进集体。

2001年1月1日起停征农村屠宰税。通过落实税收政策，244家企业受益，其中为67家企业办理弥补亏损2283万元，为103家企业处理财产损失3885万元，为57家企业办理政策性减免税1269万元，为14家企业安置下岗职工再就业减免企业所得税1939万元，为3家企业办理技术开发费50%抵扣应纳税所得额505万元。7月1日起，调整按期缴纳营业税个人的营业税起征点，市区月营业额600元，赣榆县、东海县、灌云县、灌南县月营业额400元。

2002年，全市地税部门为企业办理技术开发费抵免应纳税所得折合税额1600万元，为85家企业减免和抵免企业所得税2496万元，为一年期以上返还性人身保险办理营业税减免4500余万元，为经济适用住房办理营业税减免2500多万元，为盐业企业办理资源税减免5000万元，为企业办理房产税、土地使用税减免1200万元。

2004年，全市地税部门为38家企业办理所得税政策性减免1793万元，为2202家纳税人办理营业税减免9631万元，为21家因灾受损盐业企业办理资源税减免1034万元，下岗再就业减免地方税收1193万元。

2005年，全市地税部门办理各项地方税收减免1.44亿元，“12366”纳税服务系统为纳税人提供咨询服务1.6万人次。

连云港市志

第二十一卷　经济综合管理（上）

20世纪80年代开始，连云港市经济综合管理部门适应体制改革和对外开放的需要，及时调整和转换职能，减少和弱化对企业、对经济的直接管理与干预，加强宏观调控和指导，运用法律、经济手段监控市场，保障国民经济的健康运行。

1988年后，全市进行3次计划管理体制改革，市发展计划委员会（后改为市发展和改革委员会）从下达指令性计划，转变为突出计划管理的宏观性、战略性和政策性，先后5次编制国民经济中长期发展规划，强化对全市经济和社会发展的总体指导和综合协调，减少行政审批和对经济活动的直接行政干预。国土管理部门编制有关土地利用的多项规划，使土地资源的利用与保护在合理的规划下得到统一管理。改革土地使用制度，由行政无偿划拨改为有偿出让、转让、出租、抵押。工商行政管理部门推进职能转变，强化监督管理，大力培育市场体系，维护经济秩序，推动个体私营经济发展，促进国有企业搞活经营。物价部门积极推进价格改革，除少数垄断性、关系国计民生的重要商品和服务价格由政府定价外，其他绝大多数商品和服务价格由市场调节，加强价格法制建设，规范市场价格行为和政府定价行为，市场经济条件下的价格管理体制框架基本确立。统计部门强化统计调查，开展多种专项统计调查和国情国力普查，整理编印大量统计资料，进行统计分析和预测，为各级党政领导部门制定政策、检查国民经济计划执行情况、加强宏观经济管理提供重要依据。审计部门依法开展审计，扩大审计范围，从对财政决算和预算执行情况进行审计逐步扩大到对行政事业单位、专项资金（基金）、基本建设项目、领导干部经济责任审计。

随着改革开放的不断深化，市政府不断健全和完善宏观调控职能，组建或充实一批新的经济综合管理部门。1990年成立连云港市国有资产管理办公室，1995年更名为连云港市国有资产管理局，探索对全市国有资产实施授权经营、股份制试点、建立现代企业制度等国有资产经营方式。1996年组建市技术监督局，1999年更名为市质量技术监督局，对多个部门分头管理的标准、计量、质量和特种设备的安全监察实施集中统一管理。2001年成立市安全生产监督管理局（简称市安监局），将分散在多个部门的安全监管职能集中统一起来。成立江苏省连云港药品监督管理局，对全市药品安全实行统一监督管理，2005年更名为连云港市食品药品监督管理局，增加食品综合监督、组织协调和依法组织开展对重大事故查处的职责。

第一章　发展计划管理

1984年，连云港市国民经济和社会发展计划管理工作由市计划委员会（简称市计委）负责。1985年2月26日，市委、市政府决定撤销市计委、市经委，成立市计划经济委员会（简称市计经委），统一管理全市的计划编制与执行工作。计划编制采用“上下结合，条块结合”原则，由各县、区和市各职能部门编报年度计划安排意见，经市计经委统一平衡后，编制和下达国民经济和社会事业发展计划。计划编制也以年度计划为主转到中、长、短期计划并重。1988年后，随着计划管理体制改革的深入和社会主义市场经济体制的逐步建立，全市计划管理机构经过3次改革调整，其任务和职能发生变化。1991年6月18日，市政府决定市计经委分设为市计委、市经济委员会（简称市经委）。1996年，全市计划管理部门从机构设置到职能任务都发生根本转变，主要职能是按照发展社会主义市场经济的要求，强化宏观调控和综合协调职能，突出计划管理的宏观性、战略性和政策性，弱化应由市场调节和地方、部门、企事业单位自行管理的职能。2001年7月，市计划委员会更名为市发展计划委员会。2005年5月，市发展计划委员会改组为市发展和改革委员会（简称市发改委），挂市经济协作办公室牌子，为市政府研究制定经济和社会发展政策、规划地区产业布局、指导经济体制改革的综合经济调节部门。

第一节　计划管理体制改革

1985年，连云港市政府转发市计经委《关于计划体制改革的若干意见》，对计划管理体制改革的相关政策作出规定。农业方面，对农业生产只下达指导性计划，对粮食、棉花、油料、生猪、蚕茧、水产品等关系国计民生的大宗农副产品的收购和调拨下达指令性计划；对工业总产值实行指令性计划，对由国家、省分配调拨的煤炭、水泥、发电量、基本化工原料、钢材、有色金属、化肥、农药、机电设备、化纤、机制纸等主要原材料和支农工业产品实行指令性计划；对连云港港口吞吐量、公路汽车货运量、民航运输周转量、重点物资的部直属水运货运量实行指令性计划，对邮电业务总量实行指导性计划；对国家和省直接安排的预算内投资项目，纳入国家信贷计划的项目，国家和省统借统还的外资项目等实行指令性计划，对县、区和市各主管局、公司的全民所有制企业投资项目，在省下达的控制规模内安排实行指导性计划；对全社会的职工人数和工资总额实行指导性计划，对全民单位的职工人数和工资总额下达指令性计划。

随着计划管理体制改革的深入，指令性计划的范围逐渐缩小。至1990年底，计划管理产品的产值比重只占8%～10%。农业只对粮、油、棉等统购统销产品的调拨流转下达指令性计划，对国家和省分配的物资下达指令性计划。计划管理的职能适应社会主义商品经济要求有了重大转变，从侧重于分配钱、物转为以主要力量编制中、长期计划和制定全市经济与社会发展战略目标，综合应用多种经济杠杆，搞好国民经济的综合平衡，确保国民经济和社会发展计划的顺利完成。

1992年初，邓小平视察南方重要讲话发表后，连云港市加快计划体制改革，坚持以创新统揽全局，重点推进以市场经济机制替代指令性计划管理，探索投融资体制、行政审批和价格等方面的改革。

1994年起，连云港市进一步减少指令性计划指标，将农业、工业交通、国内贸易、外经外贸、价格、社会发展等方面大量的计划指标改造为力争以科学预测为基础、客观反映经济社会发展和市场运行情况，充分考虑政府宏观政策效应，提供信息导向的预期指标体系。至1995年底，市计委管理的工业指令性计划产品减少到9种，由市计委直接分配和平衡的物资仅保留成品油等少数物资，计划直接安排的投资只占全社会固定资产的15%左右，95%以上的消费品价格和90%以上的投资品价格改为市场调节。

1997年，全市计划管理主要是从战略上调整国民经济布局，加快国民经济市场化进程，发挥市场对资源配置的基础性作用。简化生产、建设、流通、分配等领域的计划指标，逐步放开农业、工业等产品的计划控制；加强综合协调，搞好财政、信贷、重点建设资金和重要物质的协调平衡，指导市场的培育、建设和发展。2001年，全市计划工作以市场为基础，总体上实行指导性计划，将大量的工业、运输生产指标改为预测性指标，将安排商业银行用于固定资产投资的贷款指标改为总量控制，不再确定具体项目的政策性贷款额度和年度贷款计划。

2005年，市发展计划委员会改组为市发展和改革委员会（简称市发展和改革委），主要职能也转变为强化对全市经济和社会发展的总体指导与综合协调，减少微观管理事务、行政审批和对经济活动的直接行政干预。除极少数指标（如土地利用、政府投资）还保留指令性外，其余全部以市场经济机制取代。市发改委负责编制的指标均改为预测性的宏观目标。

第二节　中长期计划编制与执行

一、“六五”计划

计划编制　《连云港市国民经济和社会发展第六个五年计划（1981～1985年）》（简称“六五”计划）自1981年开始编制，后经过多次修改。1983年1月，连云港市实行市管县体制后，市计委对“六五”计划作进一步修改，1984年印发各县、区贯彻执行。

“六五”计划确定的主要指标有：1985年工农业总产值30亿元，比1980年增长69.49%，年均递增11.13%。其中，工业总产值16亿元，比1980年增长63.43%，年均递增10.3%；农业总产值14亿元，比1980年增长77.21%，年均递增12.1%。1985年财政收入2亿元，比1980年增长18.3%，年均递增3.4%。每万元工业总产值消耗的能源（折合标准煤）由1982年的5.6吨下降到1985年的5吨，每年节能率3.8%。全民工业企业全员劳动生产率由1981年的8855元增至1985年的1.05万元，年均增长4.35%。1985年外贸商品收购额1亿元，比1980年增长56.25%，年均增长9.3%；社会商品零售额11亿元，比1980年增长92.98%，年均增长14.05%。“六五”期间，固定资产投资合计完成12.84亿元，年均增长68.96%，其中基本建设投资8.57亿元，更新改造投资4.27亿元。1985年，粮食播种面积稳定在34万公顷左右，总产量177.5万吨，比1980年增长46.1%，年均增长7.9%。

执行情况　“六五”计划期间，连云港市坚持以经济建设为中心，实行对内搞活、对外开放，经济体制改革逐步展开，农村经济开始进入商品经济大发展、产业结构大变革的新时期。工业生产在不断提高经济效益的前提下稳定、持续发展，产品质量逐年提高，技术改造速度加快。城乡市场繁荣兴旺，内外贸易发展较快，对外开放初见成效，利用外资额大幅增长。1984年4月6日，中共中央召开沿海部分城市座谈会，建议进一步开放包括连云港市在内的14个沿海港口城市。1985年9月，连云港经济技术开发区动工兴建。全市固定资产投资增加，重点建设得到加强，新建和扩建一批重点项目，蛇纹石矿、东陇海铁路改造以及60万吨碱厂等项目加快推进。全市科技、教育、文化、卫生、环境保护和城市建设都有较快发展，人民生活水平持续提高，国民经济走上持续、稳定、协调发展的健康轨道，较好地完成“六五”计划的主要任务。但在经济发展中也出现供求矛盾尖锐、第三产业落后、人才缺乏、工业技术装备和经营管理水平比较落后等问题和困难。

1985年，全市完成工农业总产值39.21亿元，“六五”计划期间年均增长16.7%，提前实现翻一番。其中，农业总产值（含村办工业）20.59亿元，比1980年增长1.4倍，超过计划的47.07%；工业总产值（不含村办工业）完成18.62亿元，超过计划的16.38%。全市实现国民收入26.4亿元，国民生产总值29.64亿元，三次产业结构调整为46.5：29.5：24，完成财政收入2.49亿元。社会商品零售总额11.23亿元。外贸商品收购总额1.41亿元，超过计划的41%。粮食总产量195.2万吨，超过计划的9.97%。城镇职工年平均工资961元，年均增长9.7%；农民人均纯收入495元，年均增长21.9%。"六五"计划期间，全市累计完成全社会固定资产投资14.09亿元，年均增长32.2%，超过计划的9.74%。

二、"七五"计划

计划编制　《连云港市国民经济和社会发展第七个五年计划（1986～1990年）》（简称"七五"计划）经连云港市第七届人民代表大会第四次会议审议通过，于1986年5月印发执行。"七五"计划期间，连云港市经济和社会发展的主要奋斗目标是：1990年，工农业总产值65亿元，年均增长10.7%。其中，农业总产值27亿元（含村办工业），年均增长6.6%；工业总产值38亿元，年均增长14.2%。全市实现国民生产总值45亿元，年均增长14.2%。国民收入39亿元，年均增长9.3%，人均国民收入1220元。五年内引进外资及港澳台资2亿美元；完成外贸收购总额3亿元，年均增长16.3%；基本建成1.3平方千米的经济技术开发区。实现第三产业产值12.5亿元，占国民生产总值的27.78%。1990年，完成多数行业和重点企业的技术改造任务。财政收入完成3.1亿元，年均增长5.8%，五年累计收入13.8亿元。固定资产投资五年累计完成35亿元，比"六五"计划期间增长1.5倍，其中全民所有制企业基本建设投资18.5亿元，技术改造投资11.4亿元。五年累计引进培养大中专毕业生2.09万人。1990年，职工平均工资收入1250元，农民人均纯收入年均增长8%。全市人口控制在318万人以内，自然增长率控制在9‰以下。

执行情况　"七五"计划期间，全市紧紧围绕把连云港市建设成为新兴的工业、外贸、港口城市的总目标，经济社会发生了深刻变化，提前实现第一步战略目标。农村经济稳步发展，全市农村经济结构有了较大改善，农业基础设施建设得到恢复和发展，商品生产基地建设初具规模。1990年，全市粮食产量233.38万吨，棉花产量2.28万吨，油料产量12.73万吨，水产品总产10.01万吨。工业生产规模不断扩大，新海发电厂、连云港碱厂、东海玻璃厂等一批能源、基础原材料工业项目建成投产，增强了全市工业实力。改革开放取得显著成效，通过认真贯彻落实中央有关改革的方针政策，打破了传统的计划经济体制，有计划商品经济新体制正在形成，农村以家庭联产承包责任制为主的经营体制进一步完善。投资环境明显改善，完成连云港港建设10万吨级以上码头的预可行性研究论证，民航机场一期扩建工程竣工，东陇海铁路改造工程全面展开。科技、教育事业发展迅速，城乡人民生活水平稳步提高。

1990年，全市主要综合性指标与1985年相比，社会总产值由56.9亿元增加到110.3亿元，国民生产总值由29.64亿元增加到55.19亿元，三次产业结构调整为46.1：26.6：27.3；工农业总产值由39.21亿元增加到55.98亿元，其中农业总产值由20.59亿元增加到40.25亿元，工业总产值由19.95亿元增加到38.9亿元，国民收入由26.4亿元增加到43亿元，财政收入由2.38亿元增加到4.26亿元，社会商品零售总额由11.23亿元增加到24.3亿元。全市累计完成全社会固定资产投资58.67亿元，为"六五"计划期间的4.16倍。

三、"八五"计划

计划编制　"七五"计划中期，市计委着手研究编制《连云港市国民经济和社会发展第八个五年计划（1991～1995年）》（简称"八五"计划）。

"八五"计划确定的综合经济指标是：社会总产值年均递增10.3%，1995年达180亿元；国民生产总值年均递增10%，1995年达80亿元；国民收入年均递增9%，1995年达66亿元；按1990年不变价计算，工农业总产值年递增7.6%，1995年达131亿元。其中，工业总产值年均增长10%，1995年达90亿元；农业总产值年均增长3%，1995年达41亿元。能源、原材料消耗显著降低，综合经济效益继续提高，全社会劳动生产率年均递增5%；财政收入年均递增5%，1995年达5亿元；社会商品零售总额年均递增13.6%，1995年达46亿元；全社会外贸出口商品供货总值年递增15%～20%，1995年达15亿～20亿元；五年全社会利用外资及港澳台资3.5亿美元；人口自然增长率控制在12‰以内，城镇待业率控制在3%以内；固定资产投资规模五年累计45亿元，建成重点工业项目10个，实施十大基础设施工程，兴建一批与人民群众生活密切相关的城市设施。

执行情况　“八五”计划期间，连云港市干部群众进一步解放思想，各项改革不断深化，全市经济和社会持续、快速、健康发展。1990～1995年，全市国民生产总值由55.19亿元增加到139.29亿元，年均增长21.2%，人均地区生产总值由1391元提高到3240元。地区生产总值中三次产业比重由46.1∶26.6∶27.3调整为38.9∶30.9∶30.2，第一产业增加值占地区生产总值比重下降到40%以下。第三产业增加值由1990年的15.03亿元增加到1995年的42.06亿元，年均增长23.4%。财政总收入由1990年的3.98亿元增加到1995年的10.55亿元，年均增长19.9%。至1995年底，全市共有“三资”企业1089家，“八五”计划期间累计实际利用外资及港澳台资3.02亿美元。全市累计完成全社会固定资产投资（城镇集体以上）100亿元，连云港拦海大堤、庙岭二期工程、宁连公路连云港段等重点基础设施项目建成使用。旧城改造、新区开发、道路绿化等城市建设步伐加快，1992年，连云港市被国家列入中国首批投资硬环境40优城市。全市人口自然增长率由1990年的16.5‰降到8.49‰，全市教育、科技、文化、卫生、体育、广播电视发展迅速，至1995年底，全市学龄儿童入学率达99.9%。人民生活不断改善，1990～1995年，全市城镇居民年人均可支配收入由1501元提高到4504元，农民人均纯收入由696元增加到2011元，按可比价格计算，年均增长8.3%和5.9%。

四、“九五”计划和2010年远景目标纲要

计划编制　《连云港市国民经济和社会发展第九个五年计划和2010年远景目标纲要》（简称“九五”计划）编制工作开始于1994年。1996年2月12日，连云港市第九届人民代表大会第四次会议通过。“九五”计划（1996～2000年）确定了经济发展目标、社会发展目标、人民生活目标及经济体制改革目标四大类发展目标。

经济发展目标：到2000年地区生产总值达到205亿元，年均增长16%；人均地区生产总值达5400元，年均增长15%，比“八五”计划期末翻一番。加快产业结构调整和优化，提高经济效益，初步形成第三产业的六大体系，三次产业结构2000年调整为21∶51∶28。城镇集体以上固定资产投资五年累计完成310亿元，为“八五”计划期间投资的3倍以上。2000年，财政总收入达20亿元，年均递增15.2%。自营出口总额达6.5亿美元，年均递增26.2%，“九五”计划期间累计实际利用外资及港澳台资8亿美元。

社会发展目标：“九五”计划期间，人口自然增长率控制在8‰以内，至2000年底全市人口控制在381万人左右。至2000年，工业和农业新增产值中科技贡献份额分别达到35%和45%。生态环境明显改善，至2000年，市区绿化覆盖率达到35%。城市化水平进一步提高，至2000年达40%。建立起健全的社会保障体系，参加农村养老保险的农民和企业养老、医疗、失业保险的职工达80%。城镇失业率控制在4%以内。

人民生活目标：至2000年，城镇居民人均生活费收入达1万元，年均递增19.6%；农民人均纯收入达5000元，年均递增18.1%。

经济体制改革目标：基本形成社会主义市场经济体制。加快现代企业制度改革，按照建立产权清晰、责任明确、政企分开、管理科学的现代企业制度要求，对企业进行全面改制。“九五”计划末，全市工业企业的改制面达50%左右。加强市场体系建设，使连云港市成为人流、物流、资金流和信息流的交汇点。强化政府宏观调控能力，提高管理效率，形成以间接调控为主的地方政府管理体系。

执行情况 “九五”计划期间，全市各级面对亚洲金融危机和国内通货紧缩等错综复杂的国际、国内环境，坚持加快发展不动摇，开拓进取，国民经济和各项社会事业取得显著成绩，人民生活总体上达到小康水平。2000年，全市完成地区生产总值249.07亿元，年均增长11.9%；人均地区生产总值5512元，年均增长10.5%；完成财政总收入17.21亿元，年均增长10.3%。“九五”计划期间，经济结构不断优化，经济发展实现以传统农业为主向工业化初期的转变，产业结构由“一、二、三”调整为“二、三、一”格局，三次产业比例为28∶37.9∶34.1。开放型经济取得进展，“九五”计划期间，累计实际利用外资及港澳台资8.13亿美元，是“八五”计划时期的2.69倍，地方自营出口年均增长16.29%。基础设施建设成效显著，连徐、汾灌高速公路全面开工，港口吞吐量达2708万吨，田湾核电站开工建设。全市累计完成全社会固定资产投资446亿元，为“八五”计划时期的4.46倍。经济体制改革逐步深化，国有经济实施战略性调整，初步形成医药、化工等五大支柱行业，组建了恒瑞、奥神企业集团。2000年，全市国有大中型企业改制面超过80%，国有小企业改制面超过90%。社会事业得到较大发展，科技进步贡献率不断提高，科技进步对农业、工业贡献率分别为41.3%和34.7%。人民生活实现低水平的小康，2000年，城镇居民人均可支配收入和农民人均纯收入分别达6457元、2597元，“九五”计划期间分别年均增长7.3%、5.3%。可持续发展能力得到提高，1999年，在全国46个重点城市环境综合整治定量考核中，连云港市总分居全国第24位，其中环境质量居第一位。

五、“十五”计划

计划编制 1999年，连云港市开始着手编制《连云港市国民经济和社会发展第十个五年计划纲要》（简称“十五”计划）。2001年3月1日，《连云港市国民经济和社会发展第十个五年计划纲要》经连云港市第十届人民代表大会第四次会议审议通过。“十五”计划（2001～2005年）确定七大类主要预期目标。

经济发展目标：2005年，地区生产总值500亿元左右（2000年不变价），年均增长10%～11%，人均地区生产总值超过1万元。财政收入年均增长10%以上。全社会固定资产投资累计完成950亿元，比“九五”计划期间翻一番。三次产业结构调整为20∶47∶33，其中工业增加值占地区生产总值的比重达40%。

外向型经济目标：五年累计实际利用外资和港澳台资21亿美元，年均增长20%。2005年，自营出口总额7.8亿美元，年均增长15%。五年累计引进内联资金35亿元。

社会发展目标：2005年底，全市总人口478万人，城市化水平36%左右。城镇登记失业率3.5%以下。基本建立比较完善的社会保障体系。初中毕业生升学率75%，高等教育毛入学率20%左右。每万人拥有医生15人。

人民生活目标：2005年，城镇居民人均可支配收入9000元，年均增长7%；农村居民人均纯收入4000元，年均增长9%。

科技创新目标：科研开发经费占地区生产总值的比重达1%。2005年，科技进步对农业和工业的贡献率分别达58%和45%，高新技术产业增加值占工业增加值的比重达25%左右。

环境保护目标：空气环境质量总体达到二级标准，局部达到一级标准。城区和各县城建成区声环境质量达到相应功能区标准，区域环境噪声平均值低于55分贝，市区污水处理率70%。

市区发展目标：2005年，人口达73万人，建成区面积75平方千米，绿化覆盖率35%，人均公共绿地8.5平方米，初步形成大城市的基本框架。

执行情况　“十五”计划期间，连云港市紧紧围绕“富民强市、快速崛起，全面建设小康社会”的奋斗目标，坚持“以工兴港、以港兴市、以市带农”的发展方针，全市综合实力和人民生活迈上新的台阶。2005年，全市地区生产总值达到495.64亿元，“十五”计划期间年均递增11.9%，人均地区生产总值达10873元。财政总收入56.28亿元，地方一般预算收入达24.59亿元。三次产业结构调整为20.5：42.3：37.2，城市化水平达38.1%，高新技术产业产值占规模以上工业总产值的比重达到18.1%。五年累计完成全社会固定资产投资1115亿元，外商和港澳台商直接投资达8.93亿美元。港口货物吞吐量五年跨越4个千万吨级台阶，2005年吞吐量突破6000万吨，集装箱运量突破100万标准箱。各项改革有序推进，国有企业改革、投资体制改革、农村税费改革、政府职能转变和民营经济发展等取得明显成效，体制机制活力得到释放。2005年，全市完成进出口总额20.39亿美元，其中出口总额9.32亿美元。基础设施日趋完善，实施水利、交通、电力、通信等领域的重点基础设施项目，基础设施投资五年累计完成450亿元。石梁河水库除险加固全面完成，小塔山水库枢纽、大浦抽水站投入使用。完成港口固定资产投资35亿元，连徐、汾灌高速公路全线通车。社会事业日益进步，人民生活明显改善。全社会研发经费支出占地区生产总值的比重提高到0.7%左右；义务教育更加巩固，高中阶段教育毛入学率达45.4%，高等教育毛入学率达到22%。2005年，城镇居民人均可支配收入和农民人均纯收入分别达10006元、3869元；城镇职工基本养老、基本医疗和失业保险覆盖面分别达98.1%、90%、98.3%，农村新型合作医疗覆盖面达91.31%；资源节约和环境保护意识增强，环境质量继续保持较好水平，成功创建中国优秀旅游城市。

第三节　计划管理

一、工业计划管理

1984年，连云港市对工业总产值和主要产品生产实行指令性计划，下达工业总产值目标14.65亿元，工业主要产品计划安排319种，增加轻纺工业产品、水泥、砖瓦等建筑材料及酸、碱等化工原料的计划产量。1985年对工业总产值实行指令性计划，对由国家、省分配调拨的煤炭、水泥、发电量、基本化工原料、钢材、有色金属、化肥、农药、机电设备、化纤、机制纸等主要原材料和支农工业产品实行指令性计划，其他部分改为指导性计划。1986年，连云港市加大卫生纸、白板纸、果酒、变压器、高层建筑机械出口铸件、电线、毛巾、涤纶长丝等名优产品的产量，主要产品产量安排部省管产品210种，较1985年增加28种；其中指令性计划产品31种，比1985年增加9种，原煤、水泥、轧钢、发电量作为市指令性计划。

1987～1989年，全市工业经济以搞活企业为重点，以提高经济效益为中心，工业总产值仍作为指令性计划下达给各县区、市属公司及厂矿企业，各企业根据市场需求狠抓产品结构调整。1989年，列入部、省指令性计划的产品26种，全市确定的重点产品40种，主要为纯碱、黄磷、化学纤维、化学农药等工业原料。

1991年，连云港市工业生产出现边生产、边积压的状况，当年着重把提高经济效益放在首位，调整结构、减少库存，实现产值、效益同步增长。根据国家产业政策和市场变化，制定《连云港市1991年产品结构调整意见》，把列入计划管理的42种商品的生产、销售指标作为指令性计划下达。

1992～1993年，连云港市继续坚持调整工业结构，提高产品质量，降低能源消耗，克服片面追求产值、盲目攀比速度的倾向，计划安排上重点抓好30种主要工业品生产，主要支持高效益、高附加值、高技术含量、高创汇、高质量、低能耗、低物耗产品生产。

1994年，连云港市突出结构调整重点，集中力量扶持发展一批高技术含量、高附加值、高创汇、高市场占有率、高关联度的大类产品，主要包括专用挂车、特种电机等。工业生产着重考核增长幅度、结构调整和效益指标，新增发展个体工商户、私营企业的发展指标。

1995年起，全市工业生产重点转移到深化改革、扩大总量、搞活经营和提高效益、开发适销对路的产品，结合国家和省培植新经济增长点的产业导向，培育具有本地特色的经济增长点。到1997年，化工、医药、建材、食品加工、纺织逐渐成为连云港市支柱产业。

从1998年开始，连云港市工业经济发展更加注重壮大支柱行业，扩张骨干企业，培育名牌产品，放开搞活中小企业。计划安排更注重经济效益的增长，对工业产品的产量计划范围逐步缩小。1998年全市共下达7种产品的产量计划，1999年下达4种产品的产量计划，主要为基础能源工业产品和支农工业产品。到2000年，在编制工业计划时，不再下达主要工业产品产量计划，产品生产全部交由市场调控。

2001年开始，连云港市工业计划管理有了较大调整，逐步由下达计划改为编制预期目标，除对各县区进行计划分解外，对厂矿企业不再下达具体计划，计划指标设计也逐步简化，更切合经济的发展情况。工业计划指标主要有工业增加值增幅、工业总产值、销售收入、利税及产销率。2005年，计划主要预期目标改为规模以上企业工业增加值增幅、规模以上工业总产值、规模以上销售收入、利税及产销率。

二、交通运输邮电计划管理

1984年，连云港市对连云港港吞吐量、公路汽车货运量、民航运输周转量、重点物资部直属水运货运量实行指令性计划，对邮电业务总量实行指导性计划。当年计划连云港港口吞吐量790万～880万吨，其中地方港口吞吐量96万吨；货运量316万吨，比1983年增长15.4%；客运量1667万人次，比1983年增长15.4%。

1985～1987年，交通运输着重提高综合运输能力，抓好港站运输枢纽的联运衔接，保证客货运输和港站畅通等方面下达计划，主要指标有全社会货物运输量、全社会货物周转量、连云港港口吞吐量及客运量等。邮电通信的指导性计划主要涉及业务总收入和业务总量。

进入90年代，邮电通信基础设施建设速度明显加快，业务收入和业务总量快速增长。从1990年开始，邮电计划指标增加通信总量一项；1992年新增收支差额和市话放装两项指标。1992年，社会运输企业及个体完成情况作为指导性指标下达。是年交通运输计划指标新增加集装箱运输量。

1998年，全市下达交通运输、邮电计划13项，其中地方交通计划指标6项、连云港港计划指标2项、民用航空计划指标3项、邮电通信计划指标2项。地方交通计划由市交通局根据具体情况分别下达到所属企业。翌年，全市下达交通、邮电计划指标11项，比1998年减少2项，减少的2项为地方交通计划指标；邮电通信计划指标分别下达给邮政局、电信局、移动公司、寻呼公司和联通公司。

进入21世纪，全市交通运输和邮电通信的计划管理发生较大改变，交通运输发展计划只保留港口吞吐量和集装箱吞吐量2个预期目标。邮电通信计划从2000年起不再作为国民经济和社会发展计划下达。2001年，交通运输发展计划不再作为单独计划下达，但港口吞吐量和集装箱吞吐量被作为衡量港口经济发展水平的重要指标保留下来，直到2005年未有变化。

三、科学社会事业计划管理

20世纪80年代，连云港市国民经济和社会发展强调以经济建设为中心，科学社会事业发展缓慢，政府对文化、卫生、体育、广播、电视等方面投资较少。计划管理工作主要侧重于对技术开发、重大技术难题攻关及开发新产品数量上。1984～1990年，每年的科学计划都安排有开发新产品的数量、扶持重点新产品数量等指标，在政策资金上给予扶持；社会事业方面主要以指令性计划下达各类学校招生人数、医院病床总数、人口数量、劳动工资及人口自然增长率等与人民生活密切相关的指标。

1991年，全市计划开发新产品100项，是年鉴定投产40项，推广应用新技术30项；社会事业发展计划由人口计划、劳动工资计划和教育计划3大类指令性计划构成，人口计划着重控制城镇人口机械增长，首次将“农转非”人口计划单独下达，全市是年控制计划数为4000人。从1992年开始，科学计划内容以开发新产品为主转向实施科技项目，是年实施技术开发项目187个。1994年实施科技发展项目210项，环境保护计划作为指导性计划进行下达。1996年，随着国有企业改革推进，下岗失业人员增多，社会事业计划将城镇失业率纳入到控制性计划进行管理，是年计划城镇失业率控制在3.5%以内。1997年，市政府出台《连云港市高新技术产业“百亿工程”实施方案》，安排科技发展计划350项，社会事业计划更加注重提高人民生活质量，城镇职工养老保险、待业保险、农村社会养老保险等社会保障内容纳入计划。1999年，农村饮用自来水人口比重、农村合作医疗覆盖率纳入卫生计划管理，招生人数被入学率指标取代，对大中专院校不再下达招生计划。

2000年开始，科学发展计划的导向性更加明确，主要以实施“火炬计划”和“星火计划”项目为重点，加快组建国家、省企业技术中心，将专利申请量和授权量作为科技发展水平的重要指标。2003年，城镇新增就业人数、再就业人数、新型农村合作医疗覆盖率被纳入社会事业计划管理。从2004年开始，科学发展计划不再列入国民经济和社会发展计划，社会事业部分以人口计划、劳动和社会保障计划、教育卫生文化旅游广电计划为主体，将人口出生率、自然增长率、计划生育率、城镇登记失业率、各保险险种的参加人数及覆盖面、高中阶段毛入学率等重要指标纳入预期调控目标。直到2005年，社会事业继续采用此种指标管理体系。

四、农村经济计划管理

20世纪80年代，连云港市农村经济计划主要实行国家计划指导下的市场调节，包括农业生产计划、国家调拨农用物资分配计划。1984年主要下达的农业生产计划指标有农业总产值12.2亿元、粮食总产量171.75万吨、水产品总产量6万吨；棉花、油料、生猪年末圈养量、猪牛羊肉总产量也下达相应计划。1985年在稳定粮食播种面积的同时，提高产品质量，发展新品种，扩大油料等经济作物的播种面积，缩短畜禽饲养周期，提高出栏率和畜产品产量。全市主要农产品计划安排为粮食180万吨、油料12.5万吨、猪牛羊肉总产量6.5万吨。

1986～1989年，连云港市农村经济计划坚持“决不放松粮食生产，积极发展多种经营”的方针，促进林、牧、副、渔的全面增长，推进农村产业结构向贸工农一体化发展，提出在确保人均600千克粮食基础上，提高农副产品加工深度，促进农村经济逐步实现专业化、商品化、现代化。

1990年，连云港市农业计划以增粮增棉增油为主要目标，牢固确立农业在国民经济发展中的基础地位，坚持计划种植，狠抓多种经营，推广先进适用的农业科技成果。是年计划安排粮食播种面积37.33万公顷、产量195万吨，棉花种植面积1.87万公顷、产量1.8万吨，油料种植面积3.93万公顷、产量15万吨，水产品产量7.8万吨。

1991年，全市农村经济计划以增加有效供给、增加农民收入为目标，内容更加详细全面，主要包括农业生产计划、国拨农用物资分配计划、农业科技攻关试验推广项目计划，新增加造林面积、沼气池数量2个指标。

1992年，全市农业计划安排全面贯彻《中共中央关于进一步加强农业和农村工作的决定》精神，注重在稳定发展粮棉油的基础上调整结构，提高农业综合生产能力。农业计划由农业生产计划、农业科技计划及国拨农用物资分配计划组成，首次提出科技兴农、积极发展创汇农业，在指标安排方面，增加农村社会总产值、乡镇工业总产值以及农民人均纯收入等3个新指标。

1994～1997年在编制农村经济发展计划时，更加重视农业和农村工作，坚持大力发展优质、高产、高效、创汇农业，加快发展乡村工业和农村第三产业，提高农村经济整体素质和农民收入。农业在国民生产总值中的比重由1994年的38.2%下降到1997年的34.9%。

1998～2000年，经济和社会发展目标逐步过渡为预期调控目标，农村经济发展计划指标有明显变化，除了原有的主要农产品产量计划外，还以农业总产值和农业增加值作为衡量农业发展水平的重要指标，稳定粮食生产，调整种植结构，提高多种经营比重，优化品种结构，扩大名特优产品生产。2000年，农村经济发展计划首次提出大力发展高效农业。

2001年，连云港市经济和社会发展计划编制体现加快发展和结构调整的需要。农村经济发展更注重多种经营和乡镇工业，将海洋产业总产值、重点水利工程投资及改造中低产田作为提升农村经济发展层次和保障农业生产的主要调控目标，引导农村经济提质扩量。翌年，连云港市抓住农村税费改革的有利时机，推进农业结构调整，培植农业龙头企业，推进农业产业化，加快培育名牌产品和区域支柱产业，提高农民进入市场的组织化程度，将建设无公害农产品基地作为促进农村经济加快发展的调控目标。

2003～2004年，连云港市通过建设特色农业基地和科技示范园、狠抓畜禽品种改良、扩大浅海和滩涂开发规模、实施龙头带动战略等措施，加快农业结构调整。

2005年，国家和省继续在农业税收减免、对种粮农民的直补、支持农业基础设施和科技进步及对产粮大县实行财政支持等方面加大力度。连云港市在安排农村经济发展调控目标时坚持调优农业结构，突出科学发展，安排第一产业比2004年增长4%，农民人均纯收入增长10%。

第四节　项目投资管理

一、投融资体制改革

1984年起，连云港市基本建设资金由财政预算内拨款拓展为银行贷款；企业改革开始推进，企业折旧资金70%留用。市政府制定《改进地方外汇管理和审批意见》，成立外汇调剂中心，明确计划管理、分级审批的原则，在物资计划上向开发区基础建设方面倾斜。基本建设项目积极推进项目可行性研究、建设设施市场化和建设项目投资包干责任制，改革单纯利用行政手段分配施工任务的办法，试行建筑安装工程招标投标和工程承包制，在建设施工领域引入市场竞争机制，建设单位可以择优选用施工企业。设备供应由成套部门按项目包干，城市建设、重大项目征地费用由地方政府包干，保证重点工程顺利实施。1985年，按“谁投资、谁管理、谁受益”原则，发挥地方各级政府修建能源、交通、水利等基础设施的积极性，采取提高电力附加、养路费等措施，落实地方资金。其间，乡镇企业、民营企业、外资项目开始起步，建设资金来源多种渠道逐步形成。

1986年正式编制全社会固定资产投资计划，缩小指令性计划范围，扩大指导性和市场调节的范围，对全社会固定资产投资活动进行分类计划和指导。在是年投资计划安排中贯彻保重点、保续转、压缩非生产性建设原则，控制全市固定资产投资规模。1988年，市委、市政府清理固定资产投资在建项目，压缩投资规模，保证民航站、碱厂、新海电厂、新墟公路等重点工程，将全市投资规模控制在省下达计划内，严格控制新开工项目。1988年开始编制城镇集体单位投资计划。1989年开始编制全社会固定资产投资计划，对全社会固定资产投资活动进行分类计划和指导，对技术改造投资项目实行以“包推行、包效益、包技术进步”为主的承包制。

1991年6月，市委、市政府下发《关于进一步深化改革增强大中型企业活力的若干意见（试行）》，对大中型企业简化项目审批手续，市级权限内审批基建、技改项目及利用外资项目，分别由市计委、经委和外经委负责组织一次性论证、会审，在1个月内办妥所有审批手续。1992年，连云港市推行项目法人责任制，试行投资项目资本金制度，全面实行招标投标制和工程监理制，建立投资主体风险约束机制，加强对投资项目评估和约束工作。扩大市、县投资审批权限，改进计划管理方式，实行责任管理，分级调度。省政府将3000万美元以下的生产型外向企业项目审批权限下放省辖市。

1992年起对工程建设项目推进运行体制和管理体制改革，重点实施以“一简化五放开”①为核心的改革措施，促进城市建设、工程建设、房地产业健康发展。1999年，市经济体制改革委员会为连徐高速、同三高速、盐河西路改造等项目争取国债2.81亿元。2000年为大浦污水处理厂、海堤达标、农村电网等项目争取国债9.3亿元。此后每年均争取各类项目落实国债资金达1亿元。积极推进行政审批制度改革，削减行政审批事项，建立一个窗口对外、一个头收费、一站式服务的服务体系，改善投资环境，加大外引内联力度，提高项目服务质量。

2004年底，市经济体制改革委员会制定关于企业投资项目核准、备案的具体实施办法。2004～2005年，天然气、公共交通等基础设施项目深化实施特许经营制度，污水处理设施试行BOT②建设模式的尝试，拓宽市政公用事业领域建设资金来源渠道。

二、重点项目投资计划管理

1984～1985年，在计划经济体制下，连云港市主要是执行国家下达的重点项目投资计划，加强对物资计划调度和协调管理，保证新海电厂、锦屏磷矿等国家和省重点项目建设。1986年开始，连云港市执行国务院对固定资产投资实行的“三保、三压”③方针，保证开发区基础设施和区内11个工业项目及新海电厂、庙岭港区煤码头、庙岭二期等重点项目建设，压缩楼堂馆所建设。1987年建立投资基金，组建市投资公司，严格控制计划外项目。新海电厂扩建、碱厂建设、港口建设、

① “一简化五放开”指简化办事手续、放开设计市场、放开建筑市场、放开房地产市场、放开工期提前奖、放开工程项目自由报价范围。

② “BOT”指建设、经营、转让，由政府向私营企业颁布特许，允许其在一定时间内筹集资金、参与基础设施建设，向社会提供公共服务的一种方式。

③ “三保、三压”指保计划内建设，压计划外建设；保生产性建设，压非生产性建设；保重点建设，压非重点建设。

东陇海铁路改造、开发区基础设施等重点项目安排投资3.7亿元，占全市基本建设投资的51%。1988年，市政府成立重大项目管理和推进办公室，着力发展各类基础产业和项目，开始重大项目的开发、储备和推进工作。是年确定30万吨氨纶丝、碱厂、民航等全市13个重点工程。1989年，全市确定重点项目12个，完成民航一期、碱厂一期、新海电厂第一台20万千瓦机组、新墟公路、港口木材码头等项目建设。

20世纪90年代，全市以搞好大中型企业结构优化调整为主，加大对农业、城市基础设施、能源、基础原材料工业等薄弱部门投资。1991～1993年，全市主要实施港口庙岭二期、墟沟港区、4D级机场及盲降系统、碱厂、锦屏磷矿四期、东陇海线改造等重点工程建设。1995年，全市安排竣工投产项目10个，计划总投资2.06亿元；重点调度管理项目22个，计划总投资5.42亿元；安排"短平快"项目45个，计划总投资5769万元。新海电厂六期列入省"九五"计划，开展核电、500万吨炼油和沿海铁路论证工作。1996年，固定资产投资项目开始细化管理，注重引导投资投向，注重社会事业全面发展。是年确定农业项目13个，计划投资1.1亿元；交通项目23个，计划投资5.82亿元；邮电项目6个，计划投资1.71亿元；供电项目9个，计划投资7450万元；工业项目23个，计划投资2.12亿元；城市基础设施项目9个，计划投资1750万元。1998年后，突出重大项目挖掘、培育、建设，着力增强全市经济发展后劲。

2000年，全市确定30个重点工程，计划投资46亿元，蔷薇河送清水二期、盐河路改造、宁连公路高速改造等9个项目竣工，连徐高速公路、汾灌高速公路、大浦污水处理厂等20个项目在建。是年，推出重点招商项目88个，全市重点项目库入库项目210个。2001年，全市列入重大项目管理考核的项目35个，年度计划投资150亿元。2002年，安排重点投资项目41个，计划总投资97亿元；继续加大国债资金的争取工作，确定争取项目11个，项目总投资9.5亿元。市政府出台《关于加强项目储备和前期工作的意见》，西气东输、连盐高速等重大项目得到省批准，抽水蓄能、1200万吨炼油厂开始进行预可研研究。

2004～2005年，市计划管理部门重点抓好在建项目跟踪管理、重点项目现场稽查、困难项目专题服务等工作。全市重点项目投资打破所有制和行政隶属关系界限，多种投资主体进入重点项目建设领域，投资市场化格局基本形成。

第二章　国有资产管理

改革开放初期，连云港市对国有资产实行高度集中的计划管理。20世纪80年代末起，逐步推动国有企业改革改制、转换企业经营方式、优化国有资产结构、做强做大国有企业。1990年，连云港市国有资产管理办公室（简称市国资办）成立，作为连云港市财政局内设机构，负责组织开展全市范围国有资产清产核资、产权界定与登记、资产评估与统计工作。1995年，市政府撤销市国有资产管理办公室，成立连云港市国有资产管理局（简称市国资局），探索对全市国有资产实施授权经营、股份制试点、建立现代企业制度等国有资产经营方式。2001年7月撤销市国有资产管理局，成立连云港市国有资产管理办公室，与连云港市财政局合署办公。2005年8月在原市国有资产管理办公室的基础上，成立市政府国有资产监督管理委员会（简称市国资委），为市政府特设机构，受市政府委托行使国有资产出资人职能。市国资委依据《中华人民共和国公司法》和《企业国有资产监督管理暂行条例》规定，建立和完善国有资产监管体制框架，落实保值增值责任，促进全市国有企业改革发展，全市国有经济控制力和影响力逐步增强。

第一节　国有产权管理

改革开放初期，连云港市财政局负责全市国有企业财务管理工作，国有资产管理主要体现为对国有企业的财务管理。

1990年，连云港市国资办成立，办理市属国有企业产权登记手续，负责国有产权界定，办理国有资产无偿划转手续等。组织对全市建筑施工企业国有资产进行摸底，是年总量2755万元；对新浦农场向家庭农场转让国有资产情况进行调查，共转让国有资产35.6万元，转让收入37.7万元。至1990年底，全市国有资产总量27.6亿元，其中国营预算内企业14.5亿元、预算内行政事业单位6.2亿元、建设单位6.9亿元。

1992～1993年，市国资办实施企业产权登记年检和行政事业单位财产清查登记工作。1992年对全市620家企业、行政事业单位进行产权年检，国有资产总额21.1亿元；1993年，参检企业2316家，资产总额107.4亿元。1995年，市政府撤销市国资办，成立市国有资产管理局（简称市国资局）。

1995年后，市国资局参与市属国有企业改革，审批企业改制、兼并、合并、分立、出售、破产等重大产权变动事项；审查批准股份制企业股权设置方案、市属国有企业增（减）资、国有股权转让；负责国有资本金收益管理，负责国有资产保值增值指标下达和考核工作。市国资局首次向市政府提交《国有资产统计分析报告》《产权登记及变动报告》《国有资产经营效益报告》。

1998年，全市开展1997年度产权登记年检工作，参检企业955家、行政事业单位1504家。市国资局推行注册资本是否到位回查制度，对空壳借贷、抽逃资本金行为，责成有关投资单位及时补足资金。完成9755套、76万平方米公有住房产权划拨工作。

1999年，全市参加产权登记年检企业908家、行政事业单位1501家。市国资局为15家企业办理变更手续，变更登记总额2219万元。对926套5.5万平方米公有住房，进行产权审核划拨，实际出售总价1738.7万元。对部队、武警和政法机关移交地方的50家企业进行资产评估，办理划转手续和产权登记。是年，全市共有非金融企业类汇编户数486户、行政事业单位类1547家、城镇集体企业类468家，资产总额83.2亿元；国有非金融企业和行政事业单位国有资产总额79.2亿元，其中企业类国有资产总额36亿元。对1237套8.6万平方米公有住房办理产权划拨手续。2001年7月，市国资局撤销，成立连云港市国有资产管理办公室（简称市国资办）。

2001～2003年，市国资办在全市开展企业重新占有产权登记、换发新的表证工作，对96家国有企业进行新设、变动、注销产权登记。交通部连云港外轮理货公司的股权以及省交通厅公路、航道机构及所属企业的资产划转到地方。驻连云港军队、武警部队移交企业借款本息转增国家资本金，移交地方的3家企业所欠本息1194.26万元转作国家对其投资。完成恒瑞集团公司所持有的恒瑞股份公司56.15%国家股转让，为市属国有企业改革筹集资金4.6亿元用于企业改制；参与燃气公司70%国有股权公开招标转让，为市政建设筹措资金5000万元。

2004年，市国资办下发《连云港市市属国有产权交易规程》，规定由连云港市产权交易所作为全市范围内企业国有产权转让交易机构。完成15家国有企业产权转让及产权划转审批手续。

2005年8月在原市国资办基础上，成立市政府国有资产监督管理委员会（简称市国资委）。

2005年，市国资委以授权投资主体为单位，在全市范围内开展企业国有产权登记表、证换发工作，全年完成119家企业换发产权登记表、证工作。

第二节 国有企业经营业绩考核

1995年，连云港市国资局制定《连云港市国有企业厂长（经理）奖惩办法》，对34家市属国有企业下达国有资产保值增值考核指标，年初34家企业拥有所有者权益1.7亿元，年末所有者权益为1.8亿元，保值增值率为105.88%。

1997年，市国资局与87家国有企业签订国有资产保值增值责任书，将企业工资总额与经济效益挂钩，将国有资产保值增值指标作为计提新增效益工资指标之一。

1999年，市国资局对1998年度市属342家国有企业保值增值情况进行考核，考核企业总资产148.17亿元、总负债113.53亿元、所有者权益34.64亿元。至年底，全市国有企业拥有国家资本金及其权益32.23亿元，国家资本金保值增值率104.5%，比年初核定的94.23%高10.27个百分点，扣除客观因素，国有资产保值率86.52%，比年初核定数低7.71个百分点。

2001年，市国资办对2000年度全市企业国有资产保值增值情况进行考核，参加考核的404家企业2000年初国家所有者权益31.98亿元，年末国家所有者权益35.33亿元，国有资产增值3.35亿元，国有资产保值增值率为110.46%，比2000年提高15个百分点，其中167家企业实现增值。考核结果与财政部颁布的行业标准值进行比较，42家企业达到优良水平。对恒瑞集团公司、德邦公司等经济效益较好的企业1998～2000年国有资产增值额进行确认，计提奖励资金1551.58万元，奖励企业经营者和业务技术骨干购买企业股权，其中奖励经营者715.49万元。

2002年，市国资办出台《连云港市国有资产保值增值考核办法》《关于对市政府授权经营的市级国有资产经营公司委派财务总监的意见》，对华威集团公司等经济效益较好的企业进行1999～2001年国有资产增值额核实确认，计提奖励资金142.59万元，奖励企业经营层及业务骨干。2003年，市国资办对连众集团公司1999～2001年国有资产增值额、恒瑞集团公司2001～2002年国有资产增值额进行核实确认，计提奖励资金939.42万元。

2005年，市国资委进一步建立健全监管企业领导人员激励约束机制，维护国有资产出资人权益。制定《连云港市市属监管企业主要负责人经营业绩考核与薪酬管理办法》，规范国有企业领导人员经营业绩考核薪酬发放。

第三节 清产核资管理

一、国有资产清产核资

1992年9月5日，连云港市政府成立清产核资领导小组，办公室设在市财政局。1992年10月至1993年3月，市清产核资领导小组对市罐头厂、变压器厂、化工厂、造纸厂、百货大楼5家市属国有企业进行企业清产核资试点工作，5家企业实有资产总额3.66亿元。

1994年，清产核资试点扩大到110家企业。是年底清查核实110家企业资产总额为98.4亿元，所有者权益16.3亿元，其中国家资本16.3亿元，全部资产损失总额7.8亿元。1995年，全市有619家国有企业通过资产清查、产权界定、价值重估和土地估价等项工作，初步摸清全市国有资产家底，查清国有资产总额55.4亿元、所有者权益15.7亿元、企业资产负债率71.6%；619家国有企业全部资产损失与奖金挂账总额9.4亿元，核定损失2亿元，尚不能处理需核转经营亏损或以后年度消化数7.4亿元；土地估价入账8.1亿元；固定资产重估增值3.1亿元。1997年，全市开展城镇集体企业清产核资工作，有897家城镇集体企业参与清产核资，资产总额100.5亿元，负债总额95.6亿元，所有者权益4.9亿元，资产负债率95.1%。

1999年以后，根据财政部、国务院国资委关于国有企业清产核资管理办法的要求，在国有企业资产（产权）发生重大变化、会计政策重大调整时，必须进行以财务清查、资产清理、价格重估、损溢认定、资金核实和完善制度等为主要内容的清产核资，清产核资工作进入常态管理。2005年，市国资委制定《连云港市属监管企业不良资产核销及处置暂行意见》，规范企业清产核资、不良资产核销等工作。

二、国有资产评估管理

1992年，市会计师事务所、审计师事务所成为经省国有资产管理局确认的资产评估机构。2月，连云港市国有资产评估中心成立。12月，连云港市会计师事务所取得经国家国有资产管理局核发的资产评估资格证书。市国资办在企业二轮承包工作中，对39家企业进行全面评估，评估资产总额2.5亿元，增值率125.5%。1993年5月，连云港市国有资产评估中心更名为连云港市资产评估中心。全市国有资产评估项目立项127项，评估值10.2亿元，资产增值率261.5%。1995年9月，连云港市资产评估事务所成立，隶属市国有资产管理局领导。

1996年，全市组织第一次注册评估师考试，63人报名，23人通过考试。市资产评估事务所经省国有资产管理局批准具备资产评估（临时）资格。全年评估立项57项，确认55项，评估资产账面值9亿元，账面净值7.6亿元，评估确认值9.7亿元，增值率27.63%。1997年，连云港市将出售公有住房统一纳入规范的评估程序，全市评估公有住房2012套，建筑面积14.8万平方米，售房价值4901.2万元。

2002年，财政部取消资产评估项目立项及确认工作，将资产评估项目确认审批工作改为核准和备案制。全市资产评估项目备案65个、核准6个，涉及项目资产金额6.5亿元，评估值5亿元。2005年，全市完成国有资产评估备案项目64个、核准项目25个。

第三章 工商行政管理

1984年，连云港市工商行政管理机构为1个市级局、3个县级局、4个区级分局。20世纪90年代，全市工商系统重点支持国营大中型和重点企业发展，加快市场建设和市场体系培育，发展个体私营经济，加大监督管理和行政执法力度，规范市场交易秩序。

1996年3月，市工商行政管理局（简称市工商局）实行职能转变，将审批设立制度逐步过渡为工商行政管理机关依法核准登记注册制度；从侧重监督管理集贸市场和工业品市场，转变为监督管理各类市场；从重点查处投机倒把活动转变为依法规范市场行为，保护公平竞争；从侧重具体业务管理转变为运用法律和行政手段进行宏观监督管理。

1998年，按照国务院要求，省以下工商行政管理机关实行垂直管理。管理体制上连云港市工商局为省工商局的直属机构，东海县、赣榆县、灌云县、灌南县工商局为市工商局的直属机构，工商所为县区工商局（分局）派出机构。1999年4月，连云港市工商行政管理局更名为江苏省连云港工商行政管理局。

2000年以后，全市工商系统以整顿和规范市场经济秩序为主线，支持和服务地方经济社会发展。2002年8月，连云港质量技术监督局承担的流通领域商品质量监督管理职能划归连云港工商局，指导广告业发展职能划归连云港市经济贸易委员会。至2005年底，全市工商行政管理机构为1个市局、4个县局、5个区级分局，全市设工商所41个。

第一节　企业注册登记

一、国有集体企业注册登记

中共十一届三中全会召开后，连云港市企业注册登记管理工作全面恢复和加强。随着改革开放的深入发展，企业名称、登记对象、经营范围和经营方式逐步放宽，各行各业纷纷经商办企业，多种所有制、多种形式的企业全面发展。

1984年，企业在国家政策允许范围内，可以一业为主、兼营他业，不受行业分工和行业划分的限制。允许小厂挂大牌，允许一家企业同时使用两个以上名称。6月，全市工商企业换发全国统一营业执照。1986年，市工商部门对紧密型、半紧密型经济联合组织办理登记手续，是年核准登记联营企业37家。按照国务院《保险企业管理条例》《中华人民共和国银行暂行条例》，开始对金融、保险企业办理登记发证手续。是年底，全市企业登记管理6个门类、13个部门行业，市属1746家企业完成建档。1988年7月起，全市按照《中华人民共和国企业法人登记管理条例》办理企业登记注册手续，企业登记由经营登记转为企业法人登记。1989年10月开始，全市开展企业重新登记注册和换发营业执照工作，逐一确认企业法人资格。全市原有企业15631家，经重新登记核发企业法人营业执照4834家、核发营业执照5833家、注销4437家，975家企业名称进行调整，6038家企业变更生产经营范围，1112家名为集体、实为个体的企业办理注销手续。

1990年，全市变更企业名称2361家，调整经营方式2256家，调整经营范围4467家，取消1046家企业的商品批发权；对不具备条件或无经营能力的3388家企业办理注销登记手续，清理整顿公司885家。全市集团、法人公司991家，从业人员11.08万人，注册资金97905万元。1992年，市工商局出台《关于促进改革开放加快经济发展的措施》，明确凡是国家法律法规没有明令禁止的一律放开。全市核准新开业企业3596家，其中集团公司15家，股份制试点企业9家。1993年，市工商局简化企业注册审批程序，全市新开办的4070家企业中，第三产业3048家，占新开办企业的74.89%。1994年，市工商局支持外地企业在连云港开办公司、设立“窗口”。是年底，全国有28个省、直辖市、自治区的46个市（地区）在连云港市开办企业1275家，其中公司398家。1998年底，全市注册登记法人企业10422家，营业登记企业9861家。

2000年，连云港工商局放开企业登记注册条件，除国家法律法规明确要求的前置审批外，其他一律取消。办理企业开业登记1490家，注（吊）销登记2495家。2001年，该局继续推进行政审批制度改革，完善企业登记注册互联审批制度，登记注册实现工商统一受理，抄告相关部门，联合并联审批，限时办结反馈。

2005年，连云港工商局深化注册员制度，出台“窗口”顺序受理人制度，明确“窗口”业务人员都是受理人，每个受理人都有责任和权限受理登记“窗口”的所有业务。全年“窗口”为263家企业开出联办审批单，涉及前置审批项目473个，有8个重大项目在注册处协调下实现登记注册。全年初审上报冠省名企业58家，远程核准名称8700多个。全市工商机关办理企业开业、变更、注销登记13386家，其中企业改制69家、事业单位改制39家，办理企业名称预先登记8720家、电子口岸上网审核159家。

二、外商及港澳台商投资企业注册登记

1984年2月，市工商局设立外资企业登记管理科，经国家工商局授权开展对外资企业及常驻机构核准登记注册和日常监督管理。10月30日，连云港市首家中外合资企业——中国江苏三得利食品有限公司经对外经济贸易部批准、国家工商局登记注册成立。是年，全市核准登记外商及港澳台商投资企业4家。1986年起对外商及港澳台商投资企业实行年度检验制度，是年办理7家外资企业年检验证。1987年，中国外派机构回国开办的企业作为外商及港澳台商投资企业登记注册，先后有3家企业依据此规定进行登记注册。

1990年，连云港市第一家外商独资企业——连云港丰盈木业有限公司成立。是年新核准登记外商及港澳台商投资企业4家。至年底，全市核准登记的外商和港澳台商投资企业投资总额9125万美元，注册资本5800万美元。在连云港投资的外商和港澳台商来自8个国家和地区，其中中国香港占总数的54.4%；主要分布在工业、海水养殖、居民服务、建筑四大行业。全市有27家外商及港澳台商投资企业开业，占注册登记数的81.81%，盈利企业5家。

1991年，全市登记外资及港澳台资企业23家，外商独资企业投资额大，项目进展速度快，基本上实现当年投资当年投产。全年登记贸易联络型常驻机构2家。1992年，市工商局加强对县、区工商局外资及港澳台资管理人员培训，赣榆县、灌云县、东海县工商局基本适应“三资”企业初审工作，全年新登记“三资”企业236家。

1993年，市政府下放外资及港澳台资项目审批和管理权限，明确县政府可审批3000万美元以下的项目，区政府可审批1500万美元以下的项目；年销售额达1亿元人民币的工业公司、局可审批1500万美元以下的项目，年销售额在1亿元人民币以下的可审批1000万美元以下的项目。市工商局建立外资企业基本数据月报制度。全市登记外商及港澳台商投资企业370家，分布在国民经济10大门类、46个行业中，有27个国家和地区的外商及港澳台商到连云港投资。全市外商及港澳台商投资企业的产业分布趋于合理，一、二、三产业的比例为1∶7∶2。1994年4月，市政府制定《关于外国、港澳企业常驻代表机构管理暂行办法》，明确市工商局为外国、港澳企业设立常驻代表机构的注册部门。1995年，市工商局等6部门要求，凡正式开业投产有职工25人以上的外商投资企业，应在年底前依法组建工会。是年，市工商局建立外商及港澳台商投资企业出资、开业投产情况申报制度。

1996年，随着全市招商引资工作的深入开展，一些大财团、跨国公司纷纷到连云港投资。年内全市投资超1000万美元的大中型项目29个，其中超3000万美元项目1个。外商及港澳台商投资项目以工业项目为主，基础设施建设投资有所增加。到连云港投资的外商及港澳台商来自32个国家和地区，中国香港仍然是第一大境外资金来源地，占全市利用外资及港澳台资总额的

41.82%。是年，市工商局重点加强对外资及港澳台资企业的出资管理，对于新登记的外资及港澳台资企业，一律发给与合同约定出资期限一致的营业执照副本，提醒、敦促投资各方按期、足额出资，全市“三资”企业出资率达60.2%。对“三资”企业中违章违法行为严重的108家企业作注销、吊销营业执照处理。全年查处外资及港澳台资企业违章违法案件19起，清理“三无”外资企业169家。1997年，由市工商局牵头，市外经贸局、海关、税务局等6部门参加，对外资及港澳台资企业实行集中办公、联合年检，全市有261家外资及港澳台资企业被吊销营业执照。因受亚洲金融危机影响，外商及港澳台商到连云港投资的企业规模偏小，投资总额大于500万美元的企业仅4家，超1000万美元的仅2家。1999年，登记企业以小型项目为主，缺少大中型项目，投资总额大于1000万美元的企业仅1家。投资行业仍以第二产业为主，逐步拓宽到一、三产业，投资结构逐步优化。全年查处外商及港澳台商投资企业违法违规案件28起，吊销营业执照企业306家。

2000年，连云港工商局确定15家外商及港澳台商投资企业为工作联系点，对不同企业采取不同服务措施，帮助困难企业走出低谷，规定未经连云港工商局书面授权或同意，各县、区工商局不得对辖区内外商及港澳台商投资企业采取行政措施和处罚。全年查处外商及港澳台商投资企业违章违法案件16起。是年，外资及港澳台资企业年检率52.67%。2001年对外商及港澳台商投资企业资金到位情况进行重点检查，对外商及港澳台商独资企业未按规定缴清出资的，督促企业依法办理延期出资手续，待取得批文后方予办理年检；对中方股东以土地使用权、厂房设备等出资但未办理产权转移手续的企业，督促其办理产权转移手续并验资后再办理年检；对外方及港澳台方股东以人民币出资未取得合法来源证明等其他形式的不规范出资，督促企业办理合法验资手续。

2003年，益海（连云港）粮油工业有限公司、连云港正大饲料有限公司被省工商局等部门评为2000～2002年度江苏省明星侨资企业。2004年，连云港工商局对外商及港澳台商投资企业实行属地管理，由登记机关负责建立经济户口，基层工商所（分局）负责对企业按经济户口实施监督管理。

2005年，全市有外商及港澳台商投资企业993家，注册资金32.17亿美元，其中外商及港澳台商注册资本18.59亿美元。市、县工商局和基层工商所（分局）建立三级联动督查机制，制作外商投资企业限期出资（注销）通知书和外商投资企业经济户口清理记录，由工商所（分局）对外商投资企业进行核实。年内查处无下落企业126家，外商及港澳台商投资企业联合年检进入市行政审批服务中心办理，开创全省外商及港澳台商投资企业联合年检进驻审批中心的先河。

三、个体私营企业注册登记

1984年，连云港市区个体工商业户的办照审批权划归工商所，凭街道、村委会证明于7天内审核发照。个体工商业登记条件进一步放宽，经营行业、范围、区域、方式及从业人员的数量、户口性质不限。全市换发全国统一的个体工商户营业执照，实行每年一次验证贴花制度。1985年要求业户规范经营范围，兼营行业必须与主营相近；有条件的可核准经销部分耐用消费品，但不能开展批发业务；申请登记内容必须与实际相符。营业执照不得转借、出租、出卖、涂改、伪造。1987年，市工商局印发《关于大力发展个体工商业和积极扶持发展家庭工业的意见》，提出促进个体工商业户和家庭工业发展的具体措施，对申请领取营业执照者只要具备经营条件，凭户口簿或居民身份证即可核准登记发照。1988年，市工商局出台《关于支持农村经济发展的意见》，支持农民发展商品生产，以工补农、以副补农，放手让农民从事个体工商业、家庭工副业，举办乡镇企业。全市有塑料、绳网、石料、柳编、竹编、草编、沙发、针织等加工专业片37个，家庭工业户2975户，从业人员8389人。赣榆县平均每片家庭实现工业产值145万元。6月，全市开始受理私营企业登记；9月，全市统一换发个体工商户营业执照，将私营企业从个体工商户中独立出来。是年底，有60%的个体户换发新照。

1991年，全市发展出口创汇私营企业3家，出口创汇折合人民币1314万元。全市通过发展个体、私营经济，安置城乡待业人员、剩余劳动力57241人，个体、私营业主年人均纯收入2000余元，高出全市城乡人均收入400余元。全市个体、私营从业人员占全市总人口的1.65%，低于全省平均0.31个百分点，比苏锡常地区低0.6～0.8个百分点。1992年，3家私营企业主与外商联营举办中外合资企业，实现全市私营经济无中外合资经营企业"零"的突破。

1993年4月7日，市委、市政府下发《关于加快发展个体私营经济的决定》。是年全市净增个体工商户7万余家、私营企业400余家、私营企业与外商合资合作办企业22家。1994年，市工商局采取授权基层工商所上门登记发照的办法，实行现场填表、审查、发照一条龙服务，使农民足不出户即可领到营业执照。1995年，全市建立个体工商户和私营企业付费登记制度，核发印有个体工商户和私营企业现行主要缴费项目及标准的付费手册。全市工商部门对1.39万户长期歇业未办理注销手续和领照后不经营的"空头照"进行清理、注销，全市个体工商户开业率78%。1996年，全市有产销额达100万元的个体私营大户502家，个体私营经济完成总产值31亿元。12月，全市工商系统停止收取私营企业管理费。

1998年，全市新增注册资本过100万元的私营企业78家，年末累计185家。其中，外向型私营企业20家，总户数85家。以专业村、专业乡镇、个体私营经济园区为载体的块状经济迅速扩大，赣榆县城东镇水产小区育苗厂发展到58家，年总产值1.8亿元，成为全国重要的水产育苗基地。年内举办2次个体私营企业招收下岗职工的洽谈活动，7000多名下岗职工重新获得就业岗位。1998年在城区推行收管分离、划片管理、市场巡查制度。工商管理人员不再直接收费，由个体工商户持卡就近到银行网点缴存。

1999年，全市有20多个个体私营经济小区初具规模，配套设施和管理服务比较完善，吸引大量客商前来从事连片开发。灌云县建设个体私营小区，加快全县的工业化和城市化。全市新登记注册资本过100万元的私营企业46家，组建全省首家水产行业私营企业集团，有42家私营企业完成年产值或销售额过1000万元。全市从事种、养、加、销的专业村150多个，农户近万人。是年，原个体工商户和个人合伙使用的营业执照统一换发为个体工商户营业执照。2000年，全市有10家公有制企业改制登记为私营企业，其中国有企业4家、集体企业6家。2001年，全市私营工业企业3814家，占私营企业总量的50.79%。全市私营个体经济上缴税收2.5亿元，占全市财政收入的12.6%。市工商局建立私营企业联系点制度。

2002年，全市有10多亿元民间资本进入私营个体经济领域，其中外来民间资本近3亿元，私营企业户均注册资本52.8万元。私营个体经济发展为城镇2万名下岗职工、失业和无业人员创造就业和再就业岗位，为6万多名农村剩余劳动力就地或异地转移提供出路。全市外向型私营企业发展到89家，拥有外贸自营进出口权的私营企业发展到18家，私营个体经济实现出口创汇额6000万美元。全市新增私营个体企业注册商标78件，总数达479件。

2003年，市政府出台《关于加快发展私营个体经济的意见》，制定加快发展私营个体经济工作的十大举措。5月，全市有23名私营个体经营者被授予市级劳动模范称号。市工商局建立私营个体经济重点联系与重点企业保护制度，促成71个私企项目成功申贷，申贷资金2亿元。是年，全市新增私营企业集团1家；私营企业新增省著名商标2个，累计3个；全市个私企业拥有注册商标数823件；新增拥有自营进出口权私营企业26家。国务院有关部委联合调查组对连云港市小化肥造假、坑农等问题展开联合调查，全市工商系统对个私经济中小化肥企业的登记准入、包装印制、无照经营等情况进行拉网式清查，吊销28家企业营业执照，注销企业6家，核销相关经营范围23家，立案查处11家，移交司法机关追究刑事责任5家。2004年，连云港工商局在市行政审批服务中心建立民营企业“快车道”，凡民营企业设立、变更等事项均纳入“快车道”办理，如有需要实施特事特办，当场办结。年内登记注册市属民营企业680家，当场办结率86%，登记注册民营企业集团5家。私营企业户数首次在总量上超过国有集体企业，私营个体经济涉足投融资担保、教育、文化、医药、燃气、热电等行业，在交通运输、配载、中介代理、经纪、旅游、文化体育、家政服务等新兴“三产”和农村种植、养殖、加工等行业有长足发展。全市有民营科技企业86家、外向型私营企业128家。

2005年，连云港工商局出台《关于创新市场准入创优工作机制支持全民创业的实施意见》，对群众投资创业常见的小餐饮、小浴室、小旅馆、小音像书刊租售等行业实行告知承诺制，由申请人作出书面承诺后，登记部门优先予以登记。加强特殊类型个体户的登记管理，对租赁柜台户实行以查促管方法，规范出租和承租双方的经营行为；对待拆迁户核发有效期不超过1年的临时营业执照，实行分类年检验照。全市有个体工商户7.32万家、私营企业1.19万家。

1984～2005年连云港市个体工商户发展情况统计表

表21-1

年　份	数量（家）	从业人员（人）	资金数额（万元）	总产值（万元）	销售总额或营业收入（万元）	社会消费品零售额（万元）
1984	33167	40033	4375.0	—	12985.0	—
1985	36138	48197	4689.0	—	18551.0	—
1986	33412	44624	3843.0	—	18981.0	—
1987	39190	53852	7253.0	—	28228.0	—
1988	45256	68115	7208.5	10018.2	35893.1	22888.2
1989	39477	62897	7057.5	18473.2	26959.5	22557.6
1990	39609	63243	6999.0	25820.1	43887.3	37359.9
1991	35071	55660	6338.7	22834.7	47894.6	39446.8
1992	31003	47087	5119.0	16222.4	34992.9	30573.5
1993	105700	158785	25069.2	75897.5	124895.7	90384.2
1994	132231	197876	33892.0	44128.0	267118.0	149292.0
1995	141200	211392	13742.0	93582.0	269475.0	223130.0
1996	126927	216412	44235.0	163723.0	310917.0	154274.0
1997	133607	220761	49408.0	266342.0	593460.0	313730.0
1998	146032	238318	63072.0	283287.0	847853.0	441508.0
1999	145238	252680	136702.0	424997.0	1204652.0	723580.0
2000	60127	75290	83803.0	375814.0	1066577.0	718121.0
2001	69400	85749	153953.6	368122.0	1200696.0	630697.6
2002	58747	66434	134251.8	351444.4	1063139.4	541231.0
2003	50362	66778	99053.0	308698.1	1070654.8	783294.1
2004	61915	80635	127731.0	207962.1	965321.9	791085.6
2005	73205	90996	149594.0	264969.8	1193708.7	1080709.0

说明：1984～1987年总产值、社会消费品零售额项无资料。

1988～2005年连云港市私营企业发展情况统计表

表21-2

年份	企业数				投资者数（人）	雇工人数（人）	注册资本（万元）	总产值（万元）	销售总额或营业收入（万元）	社会消费品零售额（万元）
	合计（家）	独资企业（家）	合伙企业（家）	有限公司（家）						
1988	14	—	—	—	32	157	73.5	—	—	—
1989	82	69	10	3	112	1161	863.3	871.8	449.8	187.6
1990	83	72	9	2	114	1349	802.3	1736.7	407.7	137.9
1991	90	79	9	2	117	1464	726.0	2667.0	309.0	286.0
1992	137	85	22	30	318	1843	2379.0	2547.0	810.0	534.0
1993	572	266	62	244	1184	6937	14184.0	—	—	—
1994	1187	—	—	—	—	—	24305.0	21544.0	26747.0	12617.0
1995	2018	—	—	—	3335	19207	52279.0	—	—	—
1996	2902	—	—	—	4659	26005	72015.0	148896.0	118893.0	66662.0
1997	3108	—	—	—	5129	33653	84647.0	219237.0	170168.0	102843.0
1998	5282	—	—	—	8143	53485	129660.0	390522.0	356869.0	718500.0
1999	6005	4378	319	1308	9237	57539	171675.0	459401.0	570177.0	332420.0
2000	6702	4151	149	1970	10085	54376	222391.0	567401.0	724028.0	447390.0
2001	7510	4931	95	2484	11879	64631	321529.0	936890.0	1201340.0	397555.0
2002	6762	3555	110	3097	14309	50074	356862.0	782682.0	1194733.0	438683.0
2003	8288	3788	132	4368	19014	71075	619614.0	910691.6	813358.9	733574.4
2004	10129	4231	126	5772	23078	90998	955490.0	279382.0	455751.0	356092.0
2005	11884	4866	128	6890	25568	147336	1380354.0	486316.2	563686.5	739889.9

说明：1988年、1994年、1995年、1996年、1997年、1998年独资企业、合伙企业、有限公司；1994年投资者数、雇工人数；1988年、1993年、1995年总产值、销售总额或营业收入、社会消费品零售额项均无资料。

第二节　经济合同管理

1984年，连云港市设立仲裁委员会7个，受理案件119件，总标的额135.53万元；确认无效合同8份，金额52.9万元；查处合同违法案件1起，金额106万元；鉴证合同1860份，其中工商合同223份、农商合同170份、加工承揽合同422份。1985年7月1日起，全市实行凭“法人委托书”签订经济合同的制度。市政府印发《连云港市经济合同管理实施细则》。全市鉴证经济合同3633份，确认无效、违法合同17份。

1986年，连云港市重合同守信用企业评定领导小组成立，重合同守信用活动在全市展开。全市各业务主管部门建立合同管理机构159个，企业建立合同管理机构3569个，配备专兼职合同管理人员4334人。全市鉴证经济合同13.25万份，鉴证合同总金额1.27亿元；确认无效经济合同19份，企业避免损失近百万元。1988年，全市举办经济合同管理知识培训班169期，发放各种宣传材料2万余册，8579名厂长、经理和供销采购合同管理人员接受培训。全市工商部门为3797人次提供咨询服务，为79家企业提供资信服务，避免经济损失620万元。市工商局印发《企业经济合同管理制度》，制定合同专（兼）职人员责任制，全市2659家企业实现合同管理机构、制度、人员“三落实”。

1990年10月1日起，全市推行经济合同示范文本制度，购销、建设工程承包、加工承揽、财产租赁等合同的示范文本统一由工商部门印刷发放。借款合同、财产保险合同、货物运输合同和供用电、水、热、气等合同的示范文本由业务主管部门负责印刷管理。全市工商部门检查2099家企业经济合同履行情况，监督经济合同当事人履行合同7933份，金额26775万元，帮助经济合同当事人挽回或避免损失93件，金额2590万元。受理经济合同纠纷38起，处理解决26起，撤销26家企业“重合同、守信用”称号。1991年设立城区建筑市场合同仲裁庭，鉴证建设承包合同52份。在1333家法人企业推行示范文本制度，对1986年以来被评定为“重合同、守信用”企业进行重新认定。

1992年，全市工商部门鉴证经济合同2.11万份，总金额5.05亿元；检查合同1.71万份，总金额5亿元；为企业提供咨询570次，避免经济损失6682万元。全市有2180家企业达到合同管理“三落实”要求，有2937家企业使用合同示范文本，受理合同纠纷4971起，总金额941万元。1994年将“重合同、守信用”评比活动向私营企业扩展。推行法人授权委托制度，办理法人委托2219份，全市实行法人委托的企业达4660家。1995年，全市工商部门为企业提供合同咨询、资信服务286次，避免经济损失1980万元。全市使用示范文本的企业9014家。

1996年，全市开展专项执法行动，检查3025家企业的经济合同2.09万份。全面开展企业动产抵押物登记。完成工商部门经济合同仲裁职能移交。1997年，5家企业被省政府命名为“重合同、守信用”企业。1999年6月1日，市工商局成立合同争议行政调解委员会。

2000年，在全市国有大中型企业全面实施“合同解忧工程”。6月1日起，全市建设工程强制使用修订后的建设工程委托监理合同（示范文本）。市工商局制定出台《合同鉴证操作规范暂行规定》，明确合同鉴证原则上由市、县工商局和区工商分局办理。2001年，全面开展建筑市场信用秩序整顿，帮助建筑企业清理拖欠工程款，全市受理申请清欠款案件15起，涉及金额1651万元。对重点从事商品、劳务、房地产、广告、科技、信息等中介服务的专、兼营企业开展专项治理，检查中介机构117个，检查中介合同、信息1096份。连云港工商局制定《关于逐步建立企业信用制度的实施意见》，收集4430家企业信用资料。2家企业被撤销省“重合同、守信用”企业称号，193家经年检被撤销市、县级“重合同、守信用”企业称号。12月20日，连云港市信用协会成立。2002年，连云港工商局与市国税局、市地税局建立企业信息共享、交流协作制度。全市初始化录入各类合同鉴证信息1938条、企业动产抵押物登记信息868条、合同争议调解信息45条、查处案件信息302条、“重合同、守信用”企业信息384条。2004年，全市工商部门指导签订农业订单合同1.3万份，合同金额3.2亿元，调解21起合同纠纷，为企业、农户避免或挽回损失300万元，试点推行种子合同示范文本。组织动员全市18家企业申报国家级“重合同、守信用”企业。

2005年，连云港工商局在农资市场监管上在全国率先使用合同文本及种子备案制度，省工商局在连云港召开全省农资合同文本推广使用现场会，在全省推广连云港市做法。全市查处合同违法案件29起，避免1起利用假发票骗取抵押登记行为。审查保险、供水、轿车经营行业51份格式条款合同。撤销27家企业市级“重合同、守信用”企业称号。至年底，全市各级“重合同、守信用”企业616家，其中省级31家、市级339家、县级246家。

2000～2005年连云港市查处违法合同与调解合同争议情况统计表

表21-3

年　份	查处利用合同进行的违法行为		调解合同争议			
	数量（起）	违法金额（万元）	受理争议数量（起）	受理争议金额（万元）	解决争议数量（起）	解决争议金额（万元）
2000	159	2542	79	692	74	638
2001	265	9324	78	1946	77	583
2002	107	902	28	34	28	34
2003	4	—	47	1	43	—
2004	80	148.39	3	5001.7	3	1001.7
2005	31	53.67	—	—	—	—

1986～2005年连云港市市级“重合同、守信用”企业情况统计表

表21-4　　单位：家

年　份	企业数	年　份	企业数	年　份	企业数
1986	27	1991	134	2001	323
1987	35	1992	128	2002	290
1988	71	1993	160	2003	276
1989	89	1994	168	2004	231
1990	122	1995	158	2005	339

说明：1996～2000年数据资料缺失。

1986～2005年连云港市经济合同鉴证、监督检查情况统计表

表21-5

年　份	鉴　证　合　同		检　查　合　同	
	数量（份）	金额（万元）	数量（份）	金额（万元）
1986	132539	12705	—	—
1987	2840	20199	—	—
1988	3807	24581	15510	54124
1989	8466	—	25847	—
1990	12371	27635	17569	69238
1991	14432	35647	20495	87662
1992	21125	50484	17103	51038
1993	6209	45993	16735	61995
1994	5404	—	—	—
1995	8890	50381	12202	56962
1996	9873	87921	20868	—
1997	10102	72126	15934	200313
1998	8291	125924	14580	258046
2000	2491	156337	7090	146825

续表21-5

年 份	鉴 证 合 同		检 查 合 同	
	数量（份）	金额（万元）	数量（份）	金额（万元）
2001	2081	172251	7939	140451
2002	729	113433	4189	164211
2003	312	93478	5142	148802
2004	—	—	1851	12862
2005	—	—	1572	9359

2000～2005年连云港市动产抵押情况统计表

表21-6

年 份	抵押合同数量（份）	抵押物价值（万元）	年 份	抵押合同数量（份）	抵押物价值（万元）
2000	240	97154	2003	164	78245
2001	202	56508	2004	151	79761
2002	165	54939	2005	143	97498

第三节 商标管理

1984年，连云港市开展注册商标验证工作，注册商标364个，核定使用产品和品种1682个。1985年，市工商局开展商标印制单位专项检查，查处商标侵权案29起。1986年7月1日起全面实行商标二级核转制度，是年核转商标注册申请117个，核准注册126个。市工商局明确27家企业为市商标印制定点单位。1987年，县、区工商局可直接向商标印制单位出具商标印制证明，发给商标印制许可证。1988年，市工商局查处某商店将1.77万瓶“苏煌”白酒换上洋河酒厂商标对外销售案件，作案人被移送司法机关处理。

1991年，连云港振海鞋业有限公司“登金路”牌商标作为全省唯一的鞋类商标参加中国首届驰名商标评选活动。市工商局查处冒牌酒1.04万瓶，收缴假冒侵权酒标12.76万套，其中假冒“洋河特酿”标识12.69万套。1992年3月，市工商局制定《商标印制审查规范》。13家企业参加江苏省著名商标评比，连云港葡萄酒厂的“花果山”、江苏三得利食品有限公司的“王子”、连云港水表厂的“浪花”被评为江苏省著名商标，“王子”“浪花”商标参加中国驰名商标评选。1993年1月，连云港市商标事务所成立。1994年推行商标代理制度。1996年，全市实施名牌工程，选定55家企业为“名牌工程”重点培育对象。新发展商标定点印制企业19家。1997年，连云港康缘制药有限责任公司打赢浙江天目山药业公司状告其“妇乐”冲剂商标侵权案。1998年，全市有8个商标被认定为省著名商标。个体私营企业的商标意识增强，全市拥有注册商标的个体私营企业128家，占拥有注册商标企业总数的8.8%。1999年，连云港市加入淮海经济区商标保护协作网，连云港工商局部署落实《淮海经济区商标保护网络协作办法》，查处商标违法案件44起，为企业挽回经济损失300余万元。

2001年，连云港工商局首次认定69个商标为连云港市知名商标。全市新增61家个体、私营企业拥有注册商标。连云港工商局与江苏三得利食品有限公司联合组织人员到安徽滁州，山东青岛、兖州，河南商丘等地，调查处理“王子”“新世纪”商标被侵权案件，查封侵权啤酒30余万瓶、侵权标识14万套。2002年8月，“天晴”“淮”等商标被评为江苏省著名商标。是年12月，连云港市商标协会成立。2003年，连云港工商局建立市名优产品企业打假维权协作网，与81家市知名品牌企业签订联手打假协议，并将其纳入华东地区打假协作网。协助企业打假68次，为企业挽回损失5000余万元。

2004年2月，市政府下发《关于加快实施商标战略促进全市名牌商标发展的意见》，从2004年开始，对新获准注册为证明商标和集体商标的每件奖励5000元；对被新认定为市知名商标、省著名商标、国家驰名商标的，分别按每件0.5万元、20万元、30万元标准实施奖励。是年7月，成功抢注“神奇浪漫之都”商标。至此，全市成功抢注“东方天书”“中国猴都”“中国猴乡”等具有连云港历史文化特色商标30个。印发《连云港市知名商标认定和保护方案》，明确市知名商标申报条件。开展查处侵犯驰（著）名商标和证明商标、集体商标专用权案件集中行动，所查处的侵权省著名商标“小天鹅”案件被国家工商局列为全国20起典型案件之一。

2005年，全市实有注册商标4300个。陇海步行街开展创建品牌经营示范店活动。灌南县、东海县向首次获得市知名商标的9家企业兑现奖金。

1984～2005年连云港市商标注册统计表

表21-7　单位：个

年　份	实有商标注册	年　份	实有商标注册	年　份	实有商标注册
1984	364	1992	1164	2000	2405
1985	406	1993	1273	2001	2562
1986	532	1994	1371	2002	2760
1987	650	1995	1394	2003	2970
1988	694	1996	1642	2004	3600
1989	805	1997	1794	2005	4300
1990	871	1998	2152		
1991	993	1999	2288		

2005年连云港市被认定为省著名商标一览表

表21-8

商标名称	商 标 注 册 人	核定使用的商品或服务
高晶	连云港市东海高科硅微粉有限公司	硅微粉
云	连云港市华云机械制造有限公司	旋耕机犁刀
日出东方太阳雨	江苏太阳雨太阳能有限公司	太阳能集热器等
东耘	连云港中纺东耘棉花有限公司	未加工棉花、棉籽绒
神仙	连云港神仙紫菜有限公司	紫菜
孙悟空	连云港金五食品有限公司	食用淀粉、粉条、粉丝等
图形	江苏双宝乳业有限公司	牛奶饮料、牛奶制品
连利	连云港连利水表有限公司	水表
灌压	灌南压铸机有限公司	压铸机
大姐吴兆娥	东海县海龙水晶工艺品有限公司	水晶（玻璃制品）等

续表21-8

商标名称	商 标 注 册 人	核定使用的商品或服务
花果山	连云港兴云鹅业有限公司	鹅（非活制品）等
苏棉	江苏金田集团有限公司	未加工棉花等
万花山	连云港市东海县康达照明电器厂	照明灯（发光管）等
榆城	江苏榆城集团有限公司	甲壳动物等
连中	江苏康缘药业股份有限公司	中成药
甘利欣	江苏正大天晴药业股份有限公司	人用药
恒瑞	江苏恒瑞医药股份有限公司	人用药
图形	江苏豪森药业股份有限公司	人用药
立本	连云港立本农药化工有限公司	农药
云山	北京银华春翔农机连云港旋耕机厂	旋转耕作机
中金	连云港中金医药包装有限公司	药品泡罩包装用铝箔等
汪	连云港市板浦汪恕有滴醋厂	醋
王子	中国江苏三得利食品有限公司	啤酒等
汤沟	江苏省汤沟两相和酒业有限公司	酒
浪花	连云港水表有限公司	水表等
银球	江苏德邦兴华化工股份有限公司	纯碱、化肥
夹谷山	江苏金山肥业有限公司	混合肥料等
乐哈哈	江苏龙腾化工有限公司	氮肥、农业肥料等
花果山	连云港市研磨厂	金刚砂等
天晴	江苏正大天晴药业股份有限公司	人用药品
康缘	江苏康缘药业股份有限公司	合剂、桂枝茯苓胶囊等
鹰游	连云港鹰游纺机有限公司	起绒毛机等
善源	江苏东海县华宇实业有限公司	装饰品（珠宝）等
连众	连云港中复连众复合材料集团有限公司	玻璃钢管道等
图形（熊猫）	连云港恒福食品有限公司	海米、海蜇皮、紫菜等
绿灌	连云港市绿灌禽业养殖场	蛋等
克立林	连云港克立林实业有限公司	矿泉水（饮料）等

2000～2005年连云港市查处商标案件统计表

表21-9

年 份	商标侵权假冒案件			商标一般违法案件		
	总数（起）	收缴和消除商标标识（个）	罚款金额（万元）	总数（起）	收缴和消除商标标识（个）	罚款金额（万元）
2000	19	120576	24.18	18	25500	46.55
2001	43	21028	26.30	27	21440	27.51
2002	20	34149	15.05	19	18500	20.04

续表 21-9

年　份	商标侵权假冒案件			商标一般违法案件		
	总数（起）	收缴和消除商标标识（个）	罚款金额（万元）	总数（起）	收缴和消除商标标识（个）	罚款金额（万元）
2003	141	34861	133.5	22	1000	16.68
2004	125	39981	39.47	7	—	2.22
2005	62	—	26.98	2	—	0.70

第四节　市场监督管理

1984年，连云港市工商部门多次组织市场大检查，重点打击严重投机违法活动。中秋、国庆期间，全市对2893个商业点进行大检查，检查衡器4071件，查处不合格衡器1372件。1986年重点查处倒卖主要生产资料、走私贩运进口货和制售假冒伪劣商品方面的案件。查处非法牟利1000元以上的案件54起、坐地倒卖欺行霸市案件520起；查获假冒伪劣商品100余种，价值近100万元。1988年重点打击垄断性行业的投机倒把、制造销售假冒伪劣商品、倒买倒卖国家禁止或限制自由买卖物资的违法行为。全市检查化肥、农药生产、经销企业和个体户1022户，查扣假冒伪劣化肥1164吨、农药68.2吨，立案40起，为消费者挽回损失13.11万元。

1989年，市、县、区工商局都建立起经济检查机构，实行办案、审案两条线。全市建立举报中心（站）11个，收到群众举报389件，立案176件，查结1000元以上投机违章违法案件140起、1万元以上案件37起。对农膜、钢材、彩色电视机实行专营管理，市工商局对520家彩电、320家钢材、216家农膜经销单位逐个变更登记，取消其经营权。全市普遍实行化肥、农药、彩电、冰箱、名酒等售前报验制度，查出假劣化肥1017吨、假农药31.2吨、劣质农膜17吨、假种子29.44吨。

1991年，全市经济监督重点打击制售假冒伪劣商品、走私贩私，净化社会经济秩序，为大中型企业发展提供良好外部环境。全市查处1万元以上案件21起，10万元以上案件1起，制售假冒伪劣商品案件42起；查获走私汽车7辆、旧服装844件、手表120只、黄金141克、香烟51条、录像机59台。1992年围绕打击制售假冒伪劣商品、走私贩私和制售非法出版物等违法活动开展专项斗争，全市摧毁制假窝点82处，有27名不法分子被司法机关立案、收审。10月在赣榆县、灌云县、新浦区等7个点统一举行假冒伪劣商品销毁活动，销毁30多种价值170多万元的伪劣商品。1993年，省工商局在连云港市召开现场会，推广连云港市打击制售假冒伪劣农用生产资料典型经验。

1995年3月，市工商局查处市某肥料有限公司制售冒牌进口化肥案，查获假冒进口尿素896.6吨。全年查处走私贩私、违反进口商品管理规定案件19起，查获汽车14辆、香烟5600条，罚没入库金额139万元。1996年检查全市药品生产经销企业和医疗机构84家，查出药品回扣额63万元。全年查处涉及虚假宣传、公用企业限制竞争、违法或欺骗性有奖销售、擅自使用知名商标特有名称、包装装潢等不正当竞争案件40起，查获走私汽车14辆，移交处理国家保护动物案件1起，查缴走私香烟85箱，移交司法机关处理4人。

1997年，非法多层次传销活动在全市蔓延，传销商品发展到10多个品种，参加传销人员有数万人，近1亿元民间资金流失在外。市政府在全市部署开展打击传销行动，全市立案查处传销案件36起。其中，打击总裁级传销商22人，取缔传销集会57起，查扣传销活动资金77万元，罚没款100多万元。

1998年，各级工商部门对全市72家邮政、电信、保险、供水、供电、汽车等公用企业限制竞争行为开展专项检查，查处限制竞争行为11起，案值30余万元，立案3起，及时制止5起。对全市135家酒厂、254个白酒批发点、1480余家经销点的129个品种的白酒及所有生产、使用甲醇企业进行清理，查获假酒1.6万余瓶，捣毁造假窝点13处。开展“打假保春耕”“打假保四夏”“打假保秋播”等行动，为农民挽回经济损失130余万元，查处假冒农资案件465起，捣毁制售假劣农资窝点231处。查处非法收购倒卖粮食案件67起，查获粮食840吨。取缔非法传销集会2处。

1999年，中央电视台对连云港市制售假劣化肥问题曝光后，市工商局在全市组织开展打击制售假劣化肥专项治理行动。各级工商部门对254家化肥生产企业进行检查，查处假劣农资案件546起，捣毁造假窝点321处，查获假劣硫酸钾2286吨、假劣磷酸锌213吨、假劣复合肥336吨、假冒进口美国二铵432吨、假冒进口俄罗斯尿素219吨、假冒进口沙特尿素48吨，造假原料1412吨，假冒化肥包装袋21万条，假冒化肥包装袋印版164块，印刷机3台，生产工具49台，案值近1600万元。取缔无照经营化肥生产点364处，责令96家化肥生产企业进行整改。

2000年开展以查缴邪教类出版物、宣扬封建迷信与伪科学的气功类出版物、政治性非法出版物、淫秽色情出版物为中心的“扫黄打非”专项行动，没收非法出版物6581册（盘），取缔无照经营92家，取缔非法音像放映点1家。

2002年，连云港工商局为营造全民创业和经济发展良好环境，在行政执法中对5种社会危害大的严重扰乱市场经济秩序案件从重从快查处，对10种轻微违法行为从轻、减轻或免予行政处罚。组织开展以“打假保安全”为主题的装饰材料市场打假，查处以次充好、以假充真案件63起，查获不合格装饰装修材料案值321万元。取缔“黑网吧”101个，查处超范围提供互联网上网服务营业场所、违法转让转租经营场所81处，立案查处案件14起，暂扣电脑主机317台。检查全市登记注册的208家房地产企业，查处房地产违法违章案件96起。现场抽查珠宝40批次，查处以假充真、以次充好珠宝首饰332件，货值12.89万元。查处旅游市场无照经营、超范围经营案件11起。

2003年针对赣榆县河蟹育苗市场滋生蔓延的以外地苗冒充本地苗等违法经营现象开展专项整治，查获“辽苗”等外地苗冒充本地长江系河蟹苗违法经营案件24起，查获辽河系扣蟹4265千克、豆蟹750千克、大眼幼体316千克、种蟹2000只，价值102.8万元，为200多家育苗企业减少经济损失约2000万元。9月，市政府成立市打击传销领导小组，印发《关于禁止传销非法经营活动的公告》3000余份，组织开展为期1个月的拉网行动，清理传销活动232起，驱散传销人员3800余人，解救被困人员13人。

2005年，周边地区向连云港市流入大批传销人员，传销组织、传销分子从非法经营行为衍变为诈骗、绑架勒索、非法拘禁等犯罪团伙。连云港工商局与公安部门联手组织开展打击传销活动，清查、捣毁传销窝点100余处，摧毁300人以上大型传销网络3个，驱散遣送传销人员2176人，解救传销被控人员67人，救助返乡41人，抓捕传销头目及骨干分子25人，其中批捕2人、行政拘留23人。赣榆县、东海县与连云区、海州区的传销猖獗之势得到有效控制。

2000～2005年连云港市查处市场违法违章情况统计表

表21-10　　单位：起

项　目	2000年	2001年	2002年	2003年	2004年	2005年
总计	3664	5054	2723	62	6	154
超范围经营	312	288	69	—	—	—

续表 21-10

项　目	2000 年	2001 年	2002 年	2003 年	2004 年	2005 年
无照经营	1022	1073	1080	—	—	—
乱设摊点	557	1059	659	—	—	86
不按规定明码标价	8	171	—	—	—	—
短尺少秤	591	603	197	—	—	12
强买强卖	103	87	22	—	—	—
骗买骗卖	3	123	3	—	—	—
掺杂使假	139	286	113	—	—	3
假冒伪劣	252	422	112	—	—	—
出售违禁商品	15	103	31	—	—	—
其他	662	839	437	62	6	53

说明：2003 年后统计口径发生变化。

2000～2005 年连云港市查处经济违法违章案件统计表

表 21-11　　单位：起

项　目		2000 年	2001 年	2002 年	2003 年	2004 年	2005 年
违反法规类型	违反反不正当竞争法规	51	68	140	254	145	117
	违反消费者权益保护法规	17	26	46	18	47	9
	违反商标法规	39	59	33	109	154	63
	违反产品质量法规	40	190	279	461	646	332
	违反投机倒把行政处罚法规	612	349	283	418	167	38
	违反广告法规	111	235	116	105	79	75
	违反合同法规	—	—	—	—	75	23
	违反企业登记管理法规	399	299	444	2528	2904	1029
	违反其他法规	5572	6757	4235	4237	2631	6983
违法行为类型	制售假冒伪劣商品	283	315	471	85	63	23
	走私贩私	—	2	6	—	5	2
	利用合同骗买骗卖	2	2	—	—	—	—
	倒买倒卖	263	87	64	309	—	—
	侵犯知识产权	7	17	6	5	—	—
	制售、传播非法出版物行为	—	—	—	—	42	—
	制黄贩黄	—	—	—	37	—	—
违法行为类型	非法传销	4	—	—	9	—	—
	虚假宣传	22	10	53	26	69	77
	虚报注册资本、虚假出资及抽逃资金	—	—	—	—	19	14
	其他	6260	7550	4976	7659	6650	8553

第五节　消费者权益保护

1986年4月，连云港市消费者协会（简称市消协）成立。1987～1989年，全市受理消费者投诉2168件，其中质量问题1294件、虚假问题378件、价格问题167件、计量问题97件。20世纪80年代末，全市所有县、区全部成立消费者协会，以工商所为依托在各乡镇成立分会、投诉处理站93个，街道设立联络站51个，工商企业设立的维护消费者权益监督站471个。

1990年，全市受理消费者投诉2720件，结案率96.2%，为消费者挽回经济损失28万余元。1991年1月，云台区徐圩镇发生劣质电视机爆炸事件，造成1人死亡、1人重伤，该事件被《中国消费者报》头版头条刊出和《上帝之剑》电视片收录。经市消协协调，事件得到妥善处理。1992年，全市纪念“3·15”国际消费者权益日，有908家单位参加活动，义务服务单位408家2602人，接受现场投诉295件，现场咨询1.76万人次。举办专题假冒伪劣商品展览，48家单位曝光伪劣商品178种，有关部门人员现场讲解名烟、名酒、食品、化肥、农药等商品的识别方法。是年，连云港市消费纠纷仲裁委员会成立。市消协在商业企业中新建维护消费者权益监督站7个。1993年，全市评出24家商业企业为消费者信得过商业企业，取消3家“消费者信得过商业企业”称号。东海县消费者协会被授予“全国保护消费者权益先进集体”称号。

1998年，全市新建农村消费者监督站（投诉站）20个、联络站85个，设乡镇消协分会39个、街道分会3个。各级消协接待来访和接受咨询1.39万人次，支持消费者向法院起诉25件。1999年，全市评出10起严重侵害消费者安全健康权益的典型案例，于“3·15”期间向社会公布。组织百家商业服务企业开展提供商品和服务确保消费者安全健康权益的社会承诺活动。“3·15”期间，销毁价值260余万元的假冒伪劣烟酒、食品、化肥、农药等商品及一批假冒商标标识。是年处理涉及消费重大人身伤害案10起，其中致伤6起、致残3起、致死1起，全部结案，为消费者挽回经济损失11万元。

2000年举办以“明明白白消费”为主题的“纪念‘3·15’国际消费者权益日”大型现场咨询服务活动，接受现场咨询2.11万人次，受理投诉案件151起，现场解决145起。组织200余家商业服务企业开展千禧之年百家企业倡议明码标价、明明白白消费活动。全市消协组织、维权监督站接待来访、接受咨询2.22万人次，受理涉及金融违规操作、医疗事故、房地产纠纷、啤酒爆炸伤人、假种子坑农等投诉案件2300起，其中万元以上大额投诉案59起，赔偿金额180万元。

2002年，连云港工商局成立“12315”消费者申诉举报指挥中心，各县、区工商局（分局）成立分中心，基层工商所设立处理站，全市初步建成“12315”投诉举报网络。年内“12315”申诉举报中心受理投诉2467起。全市工商部门组织2次流通领域商品质量抽查，暂扣涉嫌违法物品332件、货值12.82万元。

2003年1月1日，连云港市“3·15”消费指南网开通运行。年内“12315”申诉举报中心受理消费者申诉举报5312起。在“3·15”纪念活动中，集中销毁标值200余万元的假冒伪劣商品，公开曝光一批严重侵害消费者合法权益的制假售假案件。

2004年，全市大中型商场、超市参照连云港工商局推出的《商品进货检查验收制度》，制定进货检查验收制度。在“阜阳奶粉”事件引发的奶粉市场整治、二季度商品质量抽查、三季度商品质量抽查中，集中组织3次不合格商品下架。年内“12315”申诉举报中心受理消费者申诉举报和咨询2336件。组织120多家市名优企业、省推荐商品、放心食品企业、省服务满意单位等开展诚信承诺活动。对市场内经销的食品进行2次集中检查，集中销毁价值74万元的假冒伪劣商品。企业监督站自行调解投诉案件2700多起。连云区针对田湾核电站外国专家消费者群体成立涉外维权服务中心，成功调解核电专家购买电脑硬盘、音响质量问题纠纷等。市消协重点投诉案件月披露制度得到中消协肯定，并向全国推广经验。

2005年，连云港工商局通过在全市40家大中型商场、超市开展流通领域商品质量管理共建共创活动，进行食品管理试点，探索长效监管机制。开展流通领域商品质量检测432批次，不合格商品237个批次。在40家大型商场、超市等消费密集场所及11个重点市场建立“12315”申诉举报联络站（点），企业商品质量管理和售后服务部门纳入“12315”调处机制。市、县、区消协全部成立人民调解委员会，用人民调解方式解决消费纠纷60起。市、县、区消协建立突发性重大消费投诉处理应急预案机制。在全省率先成立连云港汽车消费投诉中心，在7家较大的汽车销售单位设立投诉联络站。海州白虎山批发市场成立全市首家消费者维权学校。市消协支持消费者严某诉讼‘一房二嫁”案件公开审理，江苏电视台、连云港市主要媒体全程追踪，最终消费者胜诉。

1987～2005年连云港市受理消费者投诉情况统计表

表21-12　　单位：起

年份	总计	质量	价格	虚假	假冒	计量	欺诈	其他
1987	469	155	42	171	18	32	—	51
1988	805	390	79	201	30	35	—	70
1989	894	749	46	6	28	30	—	35
1990	2720	1873	143	5	19	80	—	600
1991	2009	1267	82	7	73	24	—	556
1992	2296	1507	122	9	312	314	—	32
1993	2702	2265	81	9	171	58	—	118
1994	2198	1693	87	16	207	87	—	108
1995	2452	1668	230	15	366	96	23	54
1996	3229	2466	239	22	291	106	22	83
1997	3642	2706	264	66	262	115	35	194
1998	4179	3133	302	28	353	122	16	225
1999	3075	2356	220	18	251	86	20	124
2000	3450	2856	151	22	73	136	30	182
2001	4153	3266	225	83	113	206	43	217
2002	5213	3599	482	68	108	190	148	618
2003	5312	3747	307	117	198	253	53	637
2004	5446	3556	500	76	292	244	80	698
2005	5827	4295	531	87	156	95	54	609
合计	60071	43547	4133	1026	3321	2309	524	5211

2005年连云港市查处侵害消费者权益案件情况统计表

表21－13

项　目		案件数（起）	案件总值（万元）	没收金额（万元）	罚款金额（万元）
合计		641	657.30	57.08	490.00
消费类型	商品消费	600	620.10	57.08	475.20
	服务消费	41	37.20		15.50
侵权行为类型	生产、销售的商品不符合保障人身、财产安全要求	44	31.28	2.52	19.78
	在商品中掺杂使假、以假充真、以次充好或以不合格商品冒充合格商品	183	290.01	43.52	199.93
	生产国家明令淘汰商品或消费失效、变质商品	32	10.25	—	2.47
	伪造商品产地，伪造或冒用他人厂名、厂址，伪造或冒用认证标志、名优标志等质量标志	38	56.35	2.50	34.46
	对商品或服务做引人误解的虚假宣传	88	44.28	2.39	58.03
	其他	256	225.13	6.15	176.03

第四章　土地资源管理

1985年5月12日，连云港市政府决定在市农业局内设立农村土地管理办公室，机构规格为正科级，主管全市农村土地。1987年10月6日，市政府批准成立市土地管理局，为市政府直属副处级机构，负责全市土地、城乡地政的管理工作。原市规划局、市征地拆迁办公室、市农村土地管理办公室、市房地产公司等部门有关土地管理的职能划归市土地管理局。

1993年12月13日，市政府决定成立连云港市土地定级估价委员会，办公地点设在市土地管理局。1994年11月18日，连云港市土地开发利用事务所挂牌成立。1995年8月8日，连云港市地产交易中心开业。1996年7月，连云港市实施党政机构改革，市土地管理局改设为市国土管理局，为市政府直属正处级机构。2001年7月，市委、市政府组建连云港市国土资源局，不再保留市国土管理局、市地质矿产局，各区局改为市国土资源局分局。

1985～2005年，连云港市先后进行3次土地利用总体规划编制，以保护耕地为重点，统筹安排各业用地。实施占用耕地与土地复垦整理挂钩，保证耕地动态平衡。审批建设项目用地和土地供应坚持“保重点、控一般”原则，重点向开发区、重大基础设施项目倾斜。各级政府对国家建设征用集体土地的，合理调整和确定征地补偿安置办法，明确补偿标准，多渠道对被征地农民进行安置。1991年起，连云港市开始积极稳妥地推进土地使用制度改革，实行有偿土地供应方式。

第一节　土地利用规划

1983年连云港市实行市管县体制后，开始编制有关土地利用的多项规划。1985年，连云港经济技术开发区建设、连云港港扩建过程中，均制定相应土地利用规划。1985～1987年编撰《连云港市农业资源与区划》，将境内土地分为4个土地利用区，根据市、县农业区划，对全市农业自然资源现状的初步评述，按地域分异规律划分为省二级（即市级）农业区、省三级（即县级）农业区，为连云港市以土地为核心的农业资源开发利用提供科学依据。

20世纪90年代后，连云港市先后开展3次土地利用总体规划编制工作。1991～1993年开展《连云港市土地利用总体规划（1991～2000年）》编制工作。在规划编制过程中，将市、县、乡镇规划相结合，总体规划与专项规划结合，用地规划定位与定点结合，全市土地利用逐步实现由无序、粗放至有序、合理的转变。市政府制定《连云港市土地利用总体规划实施办法》，经省政府批准后，纳入地方国民经济和社会发展计划。其后，各县制定县级土地利用总体规划、乡镇土地利用规划，其间还编制《连云港市城镇体系用地规划》。

1997～1998年开展《连云港市土地利用总体规划（1997～2010年）》编制工作。此次土地利用总体规划以1996年10月31日的土地利用现状结构为调整基点。

2005年底，市国土资源局启动《连云港市土地利用总体规划（2005～2020年）》修编工作。修编采取市、县（区）、乡镇三级土地利用总体规划同时启动、分别完成的方式进行，涉及全市7499.9平方千米土地，做到既保证重点工程建设用地，又保证耕地面积实现动态平衡并有所增加。

第二节　土地使用制度改革

一、农村集体土地有偿使用

土地承包经营　1983年，连云港市经过此前3年的试点、推广，在农村全面推行耕地家庭联产承包责任制（俗称“大包干”），即土地所有权归集体，耕地使用权归农户家庭，收获作物除上交“三粮五钱”外，全部归家庭所有。土地承包期15年不变，可以在农户之间转包，境内出现专业承包、联产到组，分段包工、定额计酬，包产到组、联产计酬等多种土地承包经营形式。

20世纪80年代后期，全市农业生产迅速发展，涌现出许多种植大户、养殖大户、私营企业家及弃农经商、外出打工的农民，致使有的农户土地不够种，有的农户耕地抛荒。1989年，全市农村实行农田承包口粮田和责任田（简称两田制），少数地方对耕地实行适度规模经营，确定土地承包期30年不变。至2005年底，全市有89.38万农户参加不同土地类型的经营承包，签订包括耕地、林地、园地、水产养殖水面等类型土地承包合同94.9万份，承包经营土地面积26.69万公顷，其中实行“两田制”土地9.97万公顷，土地招标承包1368公顷，土地转包413.9公顷，拍卖荒地资源使用权面积52.2公顷。

农村宅基地有偿使用　1990年，连云港市贯彻国务院批转国家土地管理局《关于加强农村宅基地管理工作请示的通知》精神，逐步改革农村宅基地使用制度，分别在赣榆县赣马镇、灌云县穆圩乡、东海县石梁河乡进行试点，制定出台相应的收费标准和有关规定。1991年，农村宅基地有偿使用在全市56个乡镇、600多个村先行实施，1992年在全市推广实施。农民群众普遍增强土地公有制观念和土地法制观念，改变占地越大越好的观念。市、县（区）、乡镇土地管理部门负责收取农村宅基地使用费和超占费。用地单位和个人于每年底向土地管理部门交清当年费用，不足半年的以半年计收，超过半年的按一年计收。1993年，国务院下达关于减轻农民负担的指示，全市于1995年停止施行这一制度。

二、国有土地有偿使用

20世纪80年代中期之前，连云港市国有土地使用一直是无偿、无期限、无流动的行政划拨。80年代中后期开始实行有偿划拨。1991年，连云港市开始执行国务院改革城镇国有土地使用制度精神，建立国有土地有偿使用制度，国家对集体土地有计划调节权、控制权、优先征购权和最终处置权。

1991年12月2日，赣榆县土地管理局征用城南乡一沟村20公顷土地为国有土地，通过协议向连云港市溢盛有限公司出让，作为其工厂用地，出让金额220万元。这是全市首块使用权出让的土地。

1992年，连云港市土地管理局制定《连云港市国有土地使用权有偿出让和转让办法》。赣榆县城东乡狮子口村出让建筑商品房用地1公顷，出让期限70年，土地出让金62.3万元。至1994年底，赣榆县出让土地9幅，面积22.5公顷，出让金427.3万元。此后，市土地管理局先后代表本级政府出让土地53幅11.7公顷。工矿企业用地及机关事业单位等非经营单位用地，实行有偿划拨。实行有偿划拨供地时，按省政府规定收取每平方米30元的土地使用费，对困难企业减半收取。

至1996年底，全市出让国有土地使用权353幅，总面积57.1公顷，出让金额2.34亿元，出让重心向城区和连云港经济技术开发区集中，并逐步将金融、娱乐、旅游等商业用地纳入有偿出让供地范围。2002年，全市国有土地有偿使用制度进入正常运行状态。至2005年底，全市累计出让土地面积1032.71公顷，出让金30.5亿元。其中，通过招标、拍卖或挂牌等方式出让土地339.45公顷，出让金20.04亿元。

三、农村土地出租

集体土地出租 连云港市集体土地出租出现于1983年实行家庭联产承包责任制后。少数外出打工的农民将承包耕地转包给在家务农的农户，地租以转包金体现。原承包户将所承包的土地转包给其他农户，转包户除承担承包户的相关税费外，还要承担原承包户的口粮，也有不承担原承包户口粮的。在转包户承担转包条件的前提下，直接耕种原承包户承包的土地。

1989年底，全市大规模推行两田制后，拥有土地所有权的村委会将全村耕地分为两部分：一部分按当地3年平均产量确定农户每口人的口粮田面积，落实口粮田耕种地块；剩余部分土地依据肥沃度、常年产量、征购任务，按田块评类定级作为承包田，按确定的水田、旱田类型和不同等级确定承包金，优先承包给本村农户，如有剩余再承包给外来承包户。承包田大体分为水田、旱田两类。其中水田定为4级，旱田定为5级。起初承包田承包金以实物上缴，上缴粮食为每公顷750～3750千克，其后粮价下跌，改为现金缴纳，承包金幅度在每公顷1500～7500元。随着农田收益的下降，承包金至20世纪末略有降低，降为每公顷1500～6000元。2005年后，承包金增加到每公顷3000～9000元。外出打工的农户亦参照这一标准，将自己的承包田转包，包不出去的小块土地形成撂荒。

国有土地出租　农村实行家庭联产承包责任制生产管理体制后，连云港市境内的东辛、云台、岗埠及东海农场先后实行土地承包出租制，各农场先将土地承包到分场，分场将土地承包到作业区，作业区再将土地承包到农户，层层签订承包合同。承包时间按季发包，即按小麦、水稻、花生、棉花的生长期发包。承包金按每公顷上交小麦1350千克（折约2100元）、水稻1350千克（折2250～2700元）、花生1125千克（折3000～3750元）、棉花900千克（折4800元）。如按年发包，承包金为每公顷3000～4800元。如若外来农户承包，承包金比照农场内部职工承包金高10%～20%。

同时期，丘陵岗地林场由于人少地多，周围村民纷纷到林场耕种出租土地。因林场土地立地条件差、产量低，地租相对较低。1990年，林场一年生林地林粮间作土地承包金为每年每公顷600元，二年生林地每公顷450元，三年生林地每公顷375元。分场再出租给农户，农户要先交租金再种地，租金高于林场发包给分场租金的10%～20%。至2005年，租金比1990年上涨约50%。

1985年，国营果园开始实行承包制，按果树的品种、树龄、土质等差异，确定承包基数。承包者均为本场圃职工，其工资、农药、化肥等费用全部由承包人自理，所产果品归承包人。果园内少量耕地的承包费与周围农村耕地承包费大致相当，每年每公顷3000～4500元。2005年，租金比1990年上涨约50%。

第三节　土地利用管理

一、用地计划管理

1985年，连云港市成立农村土地管理办公室，加强建设用地管理。1988年后，国家对建设用地、城镇建设用地、农民建房用地，实行由土地部门统一的计划管理。1991年后，建设用地管理纳入政府计划管理部门、土地管理部门共同管理。根据省下达的计划指标，市土地管理局、市计划委员会（市发改委）分解到县和区；各区用地由市土地管理局统一控制，县土地管理部门会同县计划部门分解到各乡镇。从宏观上控制用地供给量，在微观上加强建设用地管理，在计划年度内分段组织市、县、区土地管理部门开展计划执行情况检查，发现计划不足，即在总控制量内做适当调整。

1988～2005年，江苏省下达给连云港市非农业建设用地计划8533.33公顷，其中耕地占计划面积60%。年均下达用地计划面积474.07公顷。在执行计划用地过程中，2000年之前每年实际用地仅占计划用地面积的60.22%。2001年后，用地计划逐步紧张，至2005年用地计划有所突破。

二、项目用地管理

市区建设用地　1984年，市区建设用地25.4平方千米，其中新海区建设用地18.1平方千米。1990年，市区建成区面积扩大到40.8平方千米。2005年，市区建设用地78平方千米，其中居住用地26.62平方千米。

开发区建设用地　1984年12月19日，国务院批准设立国家级连云港经济技术开发区，批准在中云台地区规划面积3平方千米开发用地。1993年12月，省政府批准设立省级赣榆经济开发区。1996年底，连云港经济技术开发区建成区面积5.4平方千米。至2005年底，连云港市陆续兴办各类开发区12家，建设用地83.4平方千米。

大企业用地 连云港市工业起步较晚。1984年后，东海蛇纹石矿一、二期工程相继建成，新海发电厂扩建，1986年连云港碱厂兴建，以及1998年田湾核电站开工等，使连云港市企业用地不断扩大。加之历史悠久的盐场企业用地和20世纪80年代砖瓦厂、采石场的大量兴起，连云港市企业用地迅速增长。1991年，全市有工业企业2.44万家，独立工矿企业用地6800公顷。2005年，全市工业用地6.54万公顷，占全市土地总面积的7.96%。

盐业用地 连云港市盐业生产发展较早。1992年，全市盐场总面积7.23万公顷。随着城市化进程加快，盐场土地被城市建设和其他工业用地占用，面积不断减少。至2005年底，全市有青口、台北、台南、徐圩、灌西五大省属国营盐场和赣榆、灌云等县乡镇盐场及部队盐场，盐业用地总面积5.53万公顷。

港口用地 连云港市海港用地包括连云港港区、灌河港区、赣榆港区。2005年，全市海港陆域用地面积526.09公顷。

道路及机场用地 包括铁路用地、公路用地、机场用地等。1985年3月26日，经国务院、中央军委批准征地7.37公顷，在白塔埠机场的基础上建设民航连云港机场。2005年，全市铁路用地751.66公顷，公路用地4864.97公顷，连云港机场用地347.95公顷。

矿山用地 连云港市矿产资源以非金属矿为主，主要分布在云台山和市境西部山区。20世纪80年代，连云港市经济建设发展加速，建材采石业除开采历史悠久的东海县房山采石场、灌云县小伊采石场、市区刘顶采石场、连云采石场外，新的采石场不断增加。20世纪90年代初，全市有采矿企业312家，年采矿石1200多万吨。90年代后期，连云港市从严控制矿山开采，整顿采矿企业。至2000年，全市矿山采矿（石）企业120家，矿山用地面积1227.41公顷。2005年，矿山用地基本维持这一水平。

园林用地 1986年，赣榆县城头镇建成占地2.6公顷的鸡宝山公园。1987年3月，市区建成占地0.7公顷的海宁公园。20世纪80～90年代，全市范围内以不同出资形式建设一批园林，市区建有连岛旅游度假区、苏马湾生态园、高公岛游览区、船山风景区、枫树湾风景区、渔湾风景区、田横岗风景区、东磊风景区、石棚山风景区等。市区有城市公园7个，即苍梧绿园、海滨公园、人民公园、朐园、海宁公园、猴嘴公园及新浦公园，占地113公顷；有连岛、苏马湾、西墅、凰窝、赣榆海州湾浴场等6个，占地216.4公顷；有花果山、渔湾、东磊、田横岗、桃花涧、石棚山、孔望山、船山、宝山、枫树湾、高公岛、大伊山、西双湖等风景名胜区13处面积3333公顷；省级云台山自然生态保护区166平方千米，其中核心保护区3处，分布在花果山、悟道庵及柳河乡境内，占地66.7公顷；占地2650公顷的墟沟林场为国家级森林公园，锦屏山、云台山及其他林场为省级森林公园。2005年，全市建成区园林绿地面积2526公顷，建成区绿化覆盖率37.1%。

三、征地补偿

国家、集体建设用地的补偿标准，市政府多次发布文件进行规定。专项用地的补偿标准有专项文件规定。

1984年11月8日，市政府发布《连云港市国家建设征用土地补偿安置实施细则》，按照耕地、菜田、山林地柴山、苇塘地4个类别7个等级规定相应的赔偿费标准。征地青苗补偿标准：粮食作物每公顷补偿1800元，蔬菜每公顷补偿2250元，经济作物包括油料、棉麻、药材、藕等每公顷补偿1950元，其他作物每公顷补偿1200元。

1984年连云港市国家建设征用土地补偿标准一览表

表21－14　　　　　　　　　　　　　　　　　　　　　　　　单位：元/公顷

土地类别		用地等级标准	年均产值	金额
耕地	水田	—	4200	21000
	旱田	—	3900	19500
菜田	老菜田	3年以上的计划内的	9000	45000
	新菜田	3年以下的计划内的	6000	30000
山林地柴山	每亩200棵以上	树木归种植者所有，砍伐费要另计，有收益的柴山（一次性补偿）	1500	3000 4500
苇塘地	良好	长势良好，大面积高产，面积大于0.33公顷以上	2700	8100
	一般	一般零星苇塘地	2250	6750

1986年7月11日，市政府发布《连云港市国家建设征用土地补偿安置实施细则补充规定》，提高各类征用土地补偿费标准。征地青苗补偿标准：粮食作物包括稻、麦、玉米等，每公顷补偿2400～2550元；蔬菜每公顷补偿2700～3000元；经济作物包括油料、棉、麻、药材、藕等，每公顷补偿2250～3000元；其他作物包括芦苇、蒲草等，每公顷补偿1200元。

1986年连云港市国家建设征用土地补偿标准一览表

表21－15

土地类别		年均产值（元/公顷）	补偿标准（倍）	金额（元/公顷）
耕地	水田	5100	5	25500
	旱地	4800	5	24000
菜地	3年以上	12000	5	60000
	3年以下	9000	5	45000
山林地	直径5厘米覆盖50%以上	4500	3	13500
	幼林地	3000	3	9000
苇塘	良好	3600	3	10800
	一般	3000	3	9000

1991年12月24日，市政府发布《连云港市关于〈江苏省土地管理实施办法〉的补充规定》，按年产值6倍、5倍、3倍的标准确定补偿费标准。乡镇、村企业和公益事业建设用地，使用村（组）农民集体所有土地，土地补偿费按国家建设用地补偿标准减半执行。征地青苗补偿费：粮食作物包括水稻、麦、玉米等，每公顷补偿3750元；蔬菜每公顷补偿7500元；经济作物包括油料、棉、药材、藕等，每公顷补偿7500元；其他作物包括芦苇、蒲草等，每公顷补偿2250元。

1991年连云港市国家建设征用土地补偿标准一览表

表21-16

土 地 类 别		年均产值（元/公顷）	补偿标准（倍）	金额（元/公顷）	说 明
耕地	水田	9000	6	54000	一、林木苗圃地参照临近耕地标准执行。 二、鱼塘、虾塘、藕塘
	旱地	8250	6	49500	
菜地	3年以上	15000	6	90000	
	3年以下	10500	6	63000	
鱼虾塘、藕田		12000	5	60000	
果园、藕塘		7500	5	37500	
林地	直径5厘米覆盖率50%以上	4500	5	22500	
	幼林	3000	5	15000	
苇塘（蒲塘减半）	良好	4500	5	13500	
	一般	3000	3	9000	
牧地	高产	3750	3	11250	
	一般	3000	3	9000	
盐池	高产	6000	6	36000	
	一般	4500	6	27000	
一般土地	参照邻近耕地减半执行				

1997年，市政府批转市国土局、物价局《关于调整征用土地补偿标准的意见》，对土地补偿标准进行调整。

1997年连云港市国家建设征用土地补偿标准一览表

表21-17

土地类别		年均产值（元/公顷）	补偿标准（倍）	金额（元/公顷）	说 明
耕 地	水田	21000	6	126000	一、果、林木苗圃地参照邻近耕地标准执行 二、鱼塘、藕田、盐池支付土地补偿费外，另加开挖投入费用 三、海带、紫菜养殖场每公顷按3万～6万元计补 四、未开发的滩涂参照邻近耕地减半执行
	旱地	16500	6	99000	
	菜地	33750	6	202500	
	棉花地	22500	6	135000	
鱼 塘	精养鱼塘	30000	5	150000	
	一般鱼塘	22500	5	112500	
藕 田		15000	5	75000	
果 园	苹果、梨、桃	15000	5	75000	
林 地		3000～10500	5	15000～52500	
苇 塘	良好	6750	3	20250	
	一般	5250	3	15750	
盐田（含）结晶池	高产	21000	6	126000	
	一般	15000	6	90000	
其他经济作物用地		12000～21000	6	72000～156000	
一般土地					

1997年连云港市国家建设征用土地青苗和林木补偿标准一览表

表21-18

类　别	品种规格	补偿标准	说　明
粮　食	水稻	10500元/公顷	一、圃地：2年以下，每公顷按7500～15000元计补；2年以上，每亩按1.2万～2.4万元计补 二、零星林木栏中补偿数额指砍伐费、单株不再补偿损失费
	麦、玉米等	6000元/公顷	
蔬　菜		12000元/公顷	
棉　花		9000元/公顷	
其他经济作物	油料、药材、藕等	3000元/公顷	
其它作物	芦苇、蒲草	12000元/公顷	
鱼　虾	精养	7500元/公顷	
	普通	390元/公顷	
葡　萄	6年以上	18元/株	
	2～6年	5元/株	
	1年苗	—	
苹果、梨	10年以上	100元/株	
	5～10年	60元/株	
	新植（1～5年）	15元/株	
桃、杏	10年以上	60元/株	
	3～10年	30元/株	
	新植（1～3年）	10元/株	
枣、栗、樱桃、柿、山楂、石榴等其他果树	10年以上	70元/株	
	5～10年	40元/株	
	新植（1～5年）	12元/株	
零星林木	胸径30厘米以上	60元/株	
	胸径20厘米～30厘米	40元/株	
	胸径10厘米～20厘米	25元/株	
	胸径5厘米～10厘米	15元/株	
	胸径5厘米以下	5元/株	
针叶成片用材林	幼龄林（5年以下）	21600元/公顷	
	中龄林以上（5年以上）	14400元/公顷	
杂阔成片用材林	幼龄林（5年以下）	36000元/公顷	
	中龄林以上（5～10年）	24000元/公顷	
	近熟林（10年以上）	12000元/公顷	

2003年5月30日，市政府印发《连云港市征用土地补偿安置暂行办法》。至2005年仍执行其规定的补偿标准。

土地补偿费按以下标准计算：征用耕地的，按该耕地（灌溉水田或旱田）前3年年均产值（灌溉水田2.25万元每公顷，旱田1.8万元每公顷，下同）8～10倍计算。其中，建成区内按10倍计算，四县城镇规划建成区按9倍计算，其他按8倍计算。征用精养鱼池（鱼塘）的，按灌溉水田前3年平均年产值10倍计算；征用其他养鱼水面的，按灌溉水田前3年平均年产值8倍计算。征用鱼池（鱼塘）的实际挖方另付开挖费（开挖费每立方米4.5元，下同）。征用菜地的，按灌溉水田前3年平均年产值的12倍计算。征用盐田的，按灌溉水田前3年平均年产值的8倍计算，其中征用盐田结晶池的按10倍计算。征用盐田的按该盐田（池）实际挖方另付开挖费。征用果园的，按旱地前3年平均年产值的8倍计算。征用林地的，按旱地前3年平均年产值的6倍计算；其中征用经济林地的，按旱地前3年平均年产值的8倍计算。征用其他农用地的，按旱地前3年平均年产值的6倍计算。征用未利用地的，按旱地前3年平均年产值的4倍计算。征用农民集体所有的非农业建设用地的，按旱地前3年平均年产值的8倍计算，但安置用地由用地单位负责的不再支付土地补偿费。因征用土地需拆迁经依法登记或依法批准使用土地上的村民住宅，其安置用地由被征地单位负责，所需费用从被征用土地的土地补偿费中支付；被拆迁的村民自己负责安置用地的，被征地单位按现行宅基地标准面积（平方米）×16.8元的标准向村民支付安置用地费用，所需费用从土地补偿费中支付。未依法登记或未经依法批准的建设用地，不予安置。占用基本农田的按灌溉水田前3年平均年产值的15倍给予补偿，按征用耕地应缴耕地开垦费的1.5倍缴纳耕地开垦费。

青苗及地上附着物按以下标准计算：青苗补偿费，按一季农作物的产值计算，能如期收获的不予补偿。可以移植的苗木、花草及多年生经济林木等，按每株10～20元标准支付移植费；不能移植的给予合理补偿或作价收购。农田水利工程设施补偿费每公顷按6000元给予补偿，地下设施及沟槽等，每立方米砌体按120～150元给予补偿；人工养殖场、蔬菜大棚设施和电力、广播、通信设施等附着物，按等效代替的原则付给迁移费或补偿费；征用市、县、区城镇规划建成区范围内的集体土地上的房屋等建筑物、构筑物的拆迁补偿参照城市房屋拆迁补偿的有关规定和标准执行。征用其他范围的集体土地上的房屋等建筑物、构筑物的拆迁补偿安置价格结合成新确定。

对征地范围已确定，征地调查登记开始后抢种、抢栽的青苗和其他地上附着物、抢建的房屋等一律不予补偿，由所有权人自行清除。土地补偿费支付给该土地所有权的农村集体经济组，应当将土地补偿费的70%支付给被征地农民。

四、土地规费征收

1984年3月8日，市政府制定《关于贯彻执行〈江苏省村镇建设用地管理实施办法〉的实施意见》，规定国家建设征用土地按征收地费（包括土地补偿费、安置补助费）5%收取土地管理费；国有土地和乡镇企业建设用地划拨，每亩收取土地管理费50元；农民建房用地，每平方米收管理费0.1元，使用旧宅基地建房每户收3元。1985年1月1日起对非农业建设用地收取土地管理费。1987年，连云港市土地管理局成立，土地使用费由市土地管理局征收。1988年11月1日开始执行《中华人民共和国城镇土地使用税暂行条例》，市政府规定凡缴纳土地使用税的单位和个人，不再缴纳土地使用费。1990年，国家土地管理局发布《土地行政事业性收费项目标准》，连同省、市出台项目，加上土地管理事业性收费在内，总计20多项，分为土地使用费和土地管理费2大类。土地使用费包括国有土地使用权出让金、国有土地使用权转让金、“三资”企业土地开发费和使用费、农业重点发展基金、土地年租金、非农用土地有偿使用费、宅基地面积超标费、外商投资企业场地使用费、新蔬菜基地开发基金、围垦造地专项基金、造地补偿费等；土地管理费包括征（拨、使）用土地管理费、城乡居民建房用地管理费、临时用地管理费、土地登记费、土地权属用途变更费、土地荒芜费、土地复垦费、土地闲置费、土地测绘费、土地价格评估费、建设用地批准书工本费等。1993年9月取消农村宅基地有偿使用和农村宅基地超占费，违法占地的按有关法律法规处理。至2005年，土地规费收取项目和标准均有所调整。

第四节　地籍管理

一、土地利用现状调查

从1985年6月起，连云港市各县区先后开展土地利用现状调查（简称土地详查）。各县区由县区政府统一领导，县区农业区划委员会牵头，县区农业区划委员会办公室具体负责。至1992年1月，全市土地详查工作全部结束，取得土地面积、分布与利用现状的数据、图件和文字资料。1992年4月至1993年底，全市完成土地详查补充调查。至1994年3月，全市（含灌南县）土地详查和土地补充调查工作通过省级验收。

1994年初，连云港市在县区土地详查及补充调查全面完成的基础上进行土地详查市级汇总，至1995年3月全部完成。在土地详查和补充调查中，利用航片或影像平面图进行土地利用现状调查。汇总后，全市陆域面积7443.28平方千米（含灌南县1026.14平方千米、市境外飞入土地0.13平方千米），其中一级分类为耕地3846.46平方千米、园地133.59平方千米、林地227.87平方千米、牧草地0.58公顷、居民点及工矿用地1144.39平方千米、交通用地225.94平方千米、水域面积1708.29平方千米、未利用土地156.16平方千米。全市绘制1：250000市级标准分幅土地利用现状图1幅，1：50000赣榆县、东海县、灌云县、灌南县及云台区县级标准分幅土地利用现状图5幅，新浦区、海州区1：25000和连云区1：10000标准分幅土地利用现状图3幅，1：10000乡（镇）标准分幅土地利用现状图118幅，农、林、牧、场、圃分幅土地利用现状图32幅，村级分幅土地利用现状图2117幅。以土地利用类型、分布、利用现状及其他有关的自然地理条件和社会经济状况，编写《连云港市土地利用现状调查报告》等成果资料。

二、地籍调查

城镇国有土地地籍调查　1990年，全市土地管理部门根据国家土地局《城镇村庄地籍调查规程（试行）》《关于确定土地权属问题的若干意见》及省政府有关要求，市区及各县陆续开展国有土地地籍调查试点。调查工作按照土地权使用申报、权属调查、地籍测量3个阶段进行。东海县牛山镇在全市最早开展地籍调查试点，从1991年8月开始，至1992年7月结束。共调查15个街道、35个街坊，测出1：1000地籍图，覆盖面积10.2平方千米。调查建筑用地2709宗，面积552.7万平方米，其中商业金融用地90.1万平方米、工业仓储用地136万平方米、市政用地31万平方米、公共建筑用地97.4万平方米、住宅用地182.6万平方米、水域11.1万平方米、农用地4.5万平方米。1992年10月20日，东海县牛山镇地籍调查通过省级验收，成果被国家土地管理局评为优秀成果一等奖，为全国县级第一家。

1992年2月至1993年底，赣榆县在青口镇完成地籍调查试点工作，测量控制网覆盖面积6.4平方千米，完成权属调查宗地7821宗，全测区划分60个街坊。1992年底至1993年底，灌云县在杨集镇桥东居委会完成地籍调查试点，涉及面积5万平方米、1个自然街坊、128宗地。1993年7月至1994年底，市区在海州区完成地籍调查试点，测量覆盖面积6.08平方千米。1995年3月至

图21-1 连云港市区12宗国有土地使用权出让暨住宅小区开发招标说明会 赵鸣 摄于2000年

1996年11月，灌南县在新安镇完成地籍调查试点，测量控制面积12平方千米，地籍测量面积3.06平方千米，调查2369宗地。此后，各县区相继开展地籍调查。2005年，全市城镇地籍调查工作进入验收扫尾，单位、居民用地权属合法、界址清楚、面积准确的，由县级以上政府颁发土地证。

农村集体土地地籍调查 1990年，连云港市对农村集体进行地籍调查。境内农村村庄差异较大。赣榆县、东海县原属徐州地区管辖，经过两轮村庄规划调整，大部分以行政村为单元实现排房化，少部分为自然村；灌云、灌南两县原属淮阴地区管辖，未经村庄规划调整，大多为自然村，比较分散。1990年，东海县开展农村地籍调查，1992年11月通过验收，完成土地权属调查22.3万宗，绘制地图1632份。灌云县于1990～1996年开展调查，完成土地权属调查12.85万宗，调查面积256.1平方千米。赣榆县于1994～1996年开展调查，完成土地权属调查15万宗，调查面积456平方千米。灌南县于1995年3月至1996年11月开展调查，完成土地权属调查2.3万宗，调查面积295.07平方千米。

土地利用更新调查 2002年6月，全市开展土地利用更新调查，也称城乡一体化现代地籍建设工程，覆盖面积7499.9平方千米。至2005年底完成市区建成区44.6平方千米测区范围内的地籍调查及1：500比例尺地籍测绘工程、市郊835.05平方千米1：2000土地利用更新调查、市辖四县城镇1：2000土地利用更新调查、下辖四县农村1：10000土地利用更新调查。全市建立起城乡一体化的土地管理体系，按统一的图形数据标准建立城乡地籍信息库。

三、土地登记发证

初始土地登记 1987年7月开始，连云港市进行非农业建设用地清查、处理和登记工作。登记发证主要对象是全民、大集体企业单位、砖瓦厂、个体户、联合体及农村居民住宅的非农业用地。1989年6月申报登记基本结束，企业单位用地申报率96.7%，居民用地申报率98.9%。1990年，全市普遍开展宅基地清理发证工作，发放宅基地使用证84.3万本，其中市郊区5万本、赣榆县23.5万本、东海县24.1万本、灌云县22.5万本、灌南县9.2万本。1991年通过清查并办理登记的全民、大集体单位用地2436宗，面积3025.3公顷；砖瓦窑用地428宗，占地1629.1公顷；专业户、联合体建设用地360宗，占地22.7公顷；农民宅基地90.9万宗，用地20993公顷。全市非农业建设用地2.57万公顷，发放土地权属登记证明书89.4万份。

土地契约、证书 1987年，非农业建设用地清理时，各县区政府颁发非农业用地使用证、临时用地使用证和村镇宅基地使用证，作为这一时期的土地权属使用证件。1995年，市政府发布通告，决定在全市开展城镇土地地籍调查、登记发证工作。市、县、区土地管理部门开始向城镇居民发放国有土地使用证。2003年，全市加强国有老企业和开发区新建企业等大中型企业的土地登记，在居民住房登记工作中推广“分割许可证”制度。2005年，全市发放土地证书16811本，其中国有土地使用证8256本、集体土地使用证8243本、其他项权利证书312本。市区发放国有土地使用证4995本，其中为单位法人发放土地使用证538本、为个人发放土地使用证4457本。

四、土地统计

新中国成立后，连云港市土地统计由统计部门负责。1987年后，市、县（区）土地管理局相继成立，各级土地管理部门逐年、系统填报土地利用现状分类面积、耕地面积变化情况、建设用地当年增加面积、城乡建设用地当年增加面积等。1996年，连云港市执行国家土地管理局综合统计报表新制度，按国家土地管理局统一设计的统计上报表式及其上报文件，实行新的统计制度，分为年度统计、季度统计两种形式。市、县、区各级政府对土地统计数据均采用土地管理部门统计数据。年度统计内容有9个方面：土地资源利用变化情况，城市（镇）建成区土地利用结构变化情况，建设用地情况，土地开发情况，城镇国有土地出让地价情况，国有土地使用权转让、出租、抵押情况、房地产及农业、旅游等项目开发情况，土地案件查处情况，土地管理机构及人员情况。至2005年底未有变化。

五、地籍信息系统建设

1994年6月，东海县作为全省和全市建立地籍管理信息系统的试点县，与南京师范大学协作，建立城乡地籍管理信息系统。1995年10月建成牛山镇35个街坊3810宗地的地籍管理信息系统，通过江苏省土地管理局验收。对桃林、石梁河、青湖、黄川、白塔埠、温泉6个建制镇驻地的8个街坊、9平方千米、3220宗地进行地籍调查，采用全解析法进行地籍勘丈。此后在全市各县区推广应用。1999～2005年，全市地籍成果资料全部采用微机自动化管理。

六、土地权属纠纷调处

1987年市土地管理局成立后，土地纠纷均由市、县（区）、乡镇、村级土地管理系统处理。在土地所有权和使用权上发生争议，由双方当事人协商解决；协商不成，由人民政府处理，主要方法是调解；调解不成，由司法部门处理。1991年，市、县（区）土地管理局设立土地信访办公室，负责接待和调处。1991～2005年，全市接待土地纠纷信访、来访分别为3790起和5289起，其中调处1747起、经法院判处154起。

第五节　土地开发与保护

一、土地资源开发

农业用地开发　1984年，连云港市耕地面积31.91万公顷。由于生产建设需要，耕地不断被占用。1994年，全市耕地面积降至31.64万公顷。此后，市、县土地管理部门加大投入，积极鼓励土地复垦、开发与整理工作，增加农用土地，确保占补平衡。

1993～2005年，全市确定土地开发项目306个，开发耕地7119公顷，总投资6.05亿元。其中省级项目53个，开发耕地5520公顷，投资36497万元；市、县级项目253个，开发耕地1599公顷。主要有滩涂开发、芦苇地开发、废滩地开发等。2005年底，全市耕地面积38.35万公顷。

盐业用地开发　1984年，全市盐田面积2.45万公顷。2005年底，全市盐业开发用地面积3.84万公顷，其中连云区2.01万公顷、赣榆县0.65万公顷、灌云县1.17万公顷、灌南县0.01万公顷。

林业用地开发　1984年，全市有林地、果园、茶园面积3.99万公顷。1985年起，种植业开展

图21-2　2003年，江苏省土地开发整理产业化座谈会在连云港市召开。　　侍志　摄

多种经营，通过土地复垦，扩大果园、茶园种植面积，通过人工造林扩大林地面积。2005年底，全市林业、果园、茶园生产面积达12.09万公顷。

渔业用地开发　1984年，全市有渔业养殖面积2.14万公顷，其中淡水养殖面积1.69万公顷、海水养殖面积0.45万公顷。是年，全市对虾养殖产量首次超过捕捞产量，此后全市大力发展渔业养殖，特别是海水养殖。2002年，全市渔业养殖面积6.58万公顷，其中海水养殖面积首次超过淡水养殖面积，达3.58万公顷。2005年底，全市拥有渔业养殖面积6.82万公顷，其中海水养殖面积3.76万公顷。

二、土地复垦

1989年6月，全市开始有组织地进行土地复垦，坚持“谁破坏、谁复垦，谁复垦、谁受益”的原则，从农业发展基金中每年拨出一定金额由土地管理部门按复垦项目定向投放。复垦重点主要是河流的滩地、水库的滩地、公路沿线的废弃地、历史形成的坟茔地、老村庄拆迁地、砖瓦厂取土及工矿废弃地、废盐田等。各县区均制定土地复垦十年规划，普遍开展“十亩村、百亩乡、千亩县”的土地复垦活动。1990～2000年，全市每年增加耕地300～500公顷。1989年始，根据国务院《土地复垦规定》，在土地管理部门下达的计划任务指导下，对土地开发、复垦及整治的项目，由省、市、县（区）土地管理部门立项，统筹下拨补助经费，以促进土地资源开发利用。1991～1995年，赣榆县土地复垦开发面积与质量居全市之首，被国家土地管理局评为全国复垦开发先进县。2000年，全市有农业后备土地资源27.4万公顷，其中中低产田16.25万公顷、低产园0.83万公顷、低产林3.05万公顷、低产水面2.77万公顷、荒山0.25万公顷、荒地0.45万公顷、荒滩3.17万公顷、荒水0.63万公顷。可复垦的土地后备资源2.55万公顷，需要整治的“四低”农业土地22.9万公顷。2001～2005年，市政府每年向县、区政府下达土地复垦指令性计划。各级政府将土地复垦任务列入目标管理，全市每年复垦耕地500～1000公顷。至2005年底，全市累计复垦开发土地1.67万公顷，其中建成耕地1.21万公顷、养殖水面0.15万公顷、林果茶用地0.31万公顷。

图21-3　2005年，市国土资源局依法拆除占用耕地建的围墙。　　侍志　摄

三、土地整治

农田整理　1984年，连云港市贯彻落实省农田基本建设八条标准，推行分级负担和劳动积累制度，在平原洼地疏浚河沟，复修渠道，改造老灌区。20世纪90年代，各县全部成为全国粮食生产基地县，赣榆县、东海县成为全国花生油料生产基

地县。2002年，东海县西连湾片土地整理被省国土资源厅列为省投资补助项目，整理面积180公顷，投入补助款55万元，新增耕地面积102公顷。2004年，赣榆县东陡岭村、灌云县下车乡和鲁河乡、灌南县陈庄村共2500公顷土地整理列为省重点投资项目，投资4785万元，新增耕地196公顷。2005年，赣榆县金山镇、东海县山左口乡、灌云县东王集乡共2139公顷土地整理项目被列为省重点投资项目，投资3600万元，新增耕地202公顷。全市农田有效灌溉面积29.5万公顷，旱涝保收高产稳产田16.92万公顷。

图21－4　江苏省投资东陡岭片土地整理项目厉庄镇项目区　赵鸣　摄于2005年

丘陵山区水土保持　1984～1987年，连云港市分别在东海县李埝乡高山河小流域20.5平方千米、温泉镇朱沟小流域11平方千米和赣榆县怀仁山小流域10.3平方千米区域内进行丘陵山区水土保持试点。东海县高山河试点区以治理水土流失和干旱缺水为方向，采取修建库塘蓄水、环岭开沟截洪、河底筑坝截潜流、造林种草改善植被、兴建水平梯田改造坡耕地，实行分类承包责任制等治理措施，4年累计整修水平梯田500公顷、开挖环岭截洪沟3条27.5千米、造营水土保持林和经济林109.26公顷。赣榆县怀仁山试点区以开发经济林为龙头实行综合治理，4年累计深翻平整梯田485.33公顷，植树造林275.33公顷，建成小水库2座、塘坝和谷坊14座、电灌站6座、涵闸等配套建筑物673座，开挖环山截洪沟2条3200米；渠道、路边坝顶、田埂、滩地全部植树插条，全流域形成山上林、山腰果、山下梯田化、荒滩植干果的土地开发景观。

至2005年底，全市山丘区累计治理小流域13个，完成7个，遏制水土流失面积126平方千米，治理率90%以上，水土流失强度由3～4级降至2级，年土壤侵蚀模数由每平方千米4353吨减少到1238吨；植被覆盖率由11%上升到36%，粮食年产量由1990年的每公顷4260千克提高到8160千克，年人均纯收入从268元提高到2578元。

农业综合整治　20世纪80年代初期，连云港市针对盐碱、贫瘠、干旱缺水、夹心障碍层等不同类型的低产土地，采取以水洗碱、旱田改水田、推广水稻种植、种植先锋植物、种植绿肥、栽植防风林带等农业工程措施，对低产土壤进行改造整治。80年代起，绿肥种植面积减少，秸秆还田面积迅速增加，化肥使用量迅速提高，农作物单产直线上升。对盐碱地加强改良整治，在盐碱地上种植芦苇、栽种水稻或棉花等，此后逐步将芦苇改为种植棉花或水稻。海州区许庄村小海一带的千亩芦苇1997年改为水稻田，云台区徐圩镇后五圩村670公顷芦苇滩1998年改为农田。2005年底，全市农作物播种面积54.79万公顷，建成农田林网14.3万公顷。

四、基本农田保护区划定与管理

基本农田保护区划定　1996年6月20日，全市基本农田保护区划定工作全部完成，通过乡镇人大、县人大常委会审议和县、市两级政府初步验收。全市基本农田保护率96.2%，划定一级基本农田保护区1.1万块、总面积35.69万公顷，其中耕地34.99万公顷。按县区划分，市郊区农田保护区面积1.12万公顷，其中耕地1.12万公顷；赣榆县农田保护区6.83万公顷，其中耕地6.28万公顷；东海县农田保护区12.44万公顷，其中耕地12.44万公顷；灌云县农田保护区9.75万公顷，其中耕地9.6万公顷；灌南县农田保护区5.55万公顷，其中耕地5.55万公顷。全市划定二级基本农田保护区1.8万块、总面积6.32万公顷。其中，市郊区二级农田保护区面积0.56万公顷，赣榆县1.57万公顷，东海县1.75万公顷，灌云县1.31万公顷，灌南县1.13万公顷。二级基本农田保护区土地既可作为2000年后一级基本农田“占一补一”①的补充，又可作为经济发展建设的后备地。

基本农田保护区管理 1995年初，市政府成立基本农田保护领导小组，设立专门办公室，负责基本农田划定、建设、保护和管理工作，县区、乡镇也都成立相应组织机构。市政府制定《连云港市土地利用总体规划实施办法》和《连云港市基本农田保护管理办法》，落实基本农田保护责任人。各村委会向承包农田的农户发放基本农田保护通知书。基本农田保护区、保护田块分别设置标志牌和标志点。1996年6月，全市基本农田保护区划定工作完成，绘制基本农田保护区规划图4542幅，土地利用现状图4542幅、建立基本农田保护区档案2282卷，所有基本农田保护区的面积、地块、承包户等资料有案可查。赣榆县基本农田保护区划定成果获国家土地利用优秀成果二等奖。2002年，严格实行土地用途管制，加强基本农田保护。2005年，全市开展基本农田保护争先达标活动，调整完善基本农田保护台账、图件及标志，调整补划基本农田保护面积，各县区均落实基本农田保护责任制，建立基本农田巡回检查制度。

第六节　测　绘

1984～1996年，连云港市测绘管理工作由江苏省测绘局管理，包括测量标志设立与保护、测绘资质审定、测绘任务及成果登记汇交、地图编制出版管理、测绘市场监管等工作。1992年，市内取得测绘资质的单位有化工部连云港矿山设计研究院、连云港市勘察设计院、连云港市锦屏勘察设计院、江苏连云港地质工程勘察院。1996年7月后，市规划建设委员会测绘管理科开始行使测绘管理职能，但工作内容仅限于对境内测量标志的普查，对部分测量标志进行维修，编制市政区图及交通旅游图，为城市规划、交通、供水、邮电通信工程建设等方面测绘工作提供服务。2001年7月，测绘管理职能划归市国土资源局后，随着市、县测绘管理体制的建立健全，强化基础测绘管理和测绘市场准入管理等制度，行使测量标志保护、测绘资质年审、测绘任务登记、测绘成果汇交、地图编制出版管理、测绘市场统一监管在内的管理职能，测绘管理工作逐步法制化、制度化、规范化。2005年，全市有测绘资质单位29家，其中甲级资质单位1家、乙级资质单位5家、丙级资质单位15家、丁级资质单位8家。

第五章　价格管理

1984年，连云港市开始实施价格管理体制改革，引入市场定价机制。6月，连云港市物价检查

① “占一补一”指非农业建设经过批准占用耕地的，按照“占多少，垦多少”的原则，补充与所占耕地数量和质量相当的耕地。

所和连云港市农产品成本调查队成立，各县及新海区、云台区、连云区成立物价检查所。1984年10月至1988年9月，价格体制改革重心逐步向转换价格形成机制转变，由市场决定价格的范围进一步扩大。1988年10月至1992年2月，全市落实中央关于治理整顿的方针，抑制通货膨胀，严格控制价格总水平过快上涨，控中求改，择机调放。1992年2月至1999年底，全市物价部门以邓小平视察南方重要讲话为指导，加快价格改革步伐，除少数垄断性、关系国计民生的重要商品和服务价格由政府定价，其他绝大多数商品和服务价格由市场调节，市场经济条件下的价格管理体制框架基本确立。

1984～2005年，连云港市居民消费价格（1994年前为职工生活费用）累计上升466.9%、年均上升7.61%，零售价格累计上升350.2%、年均上升6.15%。1984～1990年和1991～1997年，全市价格总水平经历两次周期性波动，其间出现过两次严重通货膨胀。1998～2003年，价格总水平由升转降，持续在低位运行；2004～2005年呈现新一轮上涨趋势。随着新的价格形成机制的建立，政府调控市场价格的方式逐步转变，以经济手段为主、行政手段为辅的价格调控体系基本形成。

第一节　价格管理体制改革

1984年，连云港市价格管理体制改革开始由调放结合、以调为主向放调结合、以放为主转变，市物价局等部门印发《改革物价管理放宽物价政策的意见》，缩小指令性价格范围，下放定价权限，将110种工业品价格、60种农副产品收购价格和53种农副产品销售价格下放给县区管理，放开714种3类小商品价格、家禽购销价格；对乡镇工业产品价格允许高来高去、低来低去，或在一定范围内浮动。从1985年1月起，粮食、油料、棉花由统购改为合同定购，定购内的粮油棉实行比例价，定购外的粮食实行议购议销，对返销农村的粮油实行购销同价。是年放开工业生产资料超产自销产品价格，工业生产资料价格“双轨制”开始形成，市场调节在价格体系中逐渐占据重要地位。农副产品价格改革步子加大。4月，放开生猪收购价格，实行有指导的议购议销价格；7月，放开猪肉销售价格，实行毛白差率（毛猪收购价格与白条猪肉零售价格之间的差率）控制，城镇人口猪肉定量供应取消，对城镇定量人口实行肉食品补贴，价格补贴开始由暗补改为明补。工业消费品价格放开范围扩大到重要的日用工业品。1985年、1986年分两批放开黑白电视机、收录机、洗衣机、电冰箱、电风扇、收音机、自行车、缝纫机、手表、80支以上棉纱及其织品、中长纤维等11种工业消费品的价格。1988年，提高粮食、油料收购价格和肉、蛋、糖、茶4类副食品价格，放开13种名烟和13种名酒价格。

1989～1991年，围绕国民经济治理整顿，着力控制价格总水平过快上涨，控中求改，择机调放。1989年，提高粮、棉、油收购价格和铁路、水运客运票价。1990年，提高铁路、水运和公路货物运价，对近40年未动的邮政资费作了调整。1991年，为理顺粮食购销价格，减轻粮食购销倒挂和财政补贴，大幅提高20多年未动的城镇居民粮油统销价格，全面放开卷烟零售价格，放开粮食白酒、豆制品等30多种商品价格。

1992年是新旧价格形成机制的转换年份。8月，市物价局先后下发《关于进一步放开商品零售价格的通知》《关于深化价格改革放活放好商品价格的意见》，进一步扩大市场调节价比重，地方农副产品和地产日用工业消费品，除少数品种外，价格全部放开；全市商业经营单位商品零售价格全面放开；理发、洗澡、照相、舞厅、修理服务等经营性收费放开。是年，全市放开市管品种102种，放开价格的商品在社会商品零售额中的比重升至87%。为体现政府放权、企业管严的精神，对企业实行定价资格认可证制度。1993年1月，放开钢铁产品价格，除国家专项用材外，其他钢铁产品由企业根据市场供求自主定价；4月，放开粮食、油料购销价格，取消粮食定购和对居民的定量供应，不再使用粮票；6月，放开水泥出厂价格，钢材、水泥等生产资料价格与市场调节价并轨。是年上半年，放开薄荷油、山羊板皮、对虾等价格，对宾馆、招待所客房价格由国家定价改为指导价，小旅馆和低等级旅馆床位价格放开。至此，全市放开价格商品比重达95%，由市场形成价格的机制初步形成。

1994年，连云港市出台《连云港市明码标价实施办法》《连云港市商品房价格管理实施办法》《连云港市制止价格欺诈和牟取暴利的暂行规定》，价格改革进入以建立新规则、新秩序为主要内容的时期。1996年，市物价局制定《制止虚假标价暂行办法》《集贸市场价格管理办法》，以及化肥、饲料、家电维修、公厕收费、自行车存放、黑白照相等价格管理办法。1997年，制定餐饮业、旅馆业、物业管理、农村自来水等价格管理办法。7月，市物价局下达《关于公布衣着类商品市场一般差价率的通知》，从生产企业进货并直接零售的服装的加价率为30%；从流通环节购进并直接零售的服装，其加价率为25%。12月，市物价局公布服装市场平均加价率及衡量暴利幅度，平均进销加价率不分进货渠道一律为30%，允许经营者在此基础上再上浮60%，超过的属于暴利行为。1997年，放开化工产品价格，纯碱、烧碱计划内外价格并轨。1998年，棉花供应价放开，次年棉花购销价格全面放开。1998年5月1日，《中华人民共和国价格法》开始实施，全市价格部门职能向定规则、当“裁判”、搞服务转变。

2001年，在行政审批制度改革中，市物价局取消全市价格行政审批事项15项、差率管理和备案管理4项，下放7项。出台《连云港市价格决策听证实施细则（试行）》，完善政府定价机制，规范政府定价行为。2002年，再次下放价格行政审批事项7项，取消差率管理和备案管理4项。市及辖县公布价格管理权限，市、县管理的品种减少到20个，其中市管理的2个、市县共管的18个。2005年，进一步简政放权，把39个审批项目合并精减为12个，取消广告和旅行社收费备案等审批事项，将14项审批管理权限下放到县级管理。

第二节　价格调控监管

一、价格总水平调控

1984年，连云港市价格改革进入放调结合，以放为主阶段，价格总水平涨势明显。1985年，全市商品零售价格涨幅达9.6%。1986年，全市首次实施价格总水平调控目标责任制，围绕零售物价涨幅不超过7%、力争6%的目标，将控制目标分解到各县、区和相关部门，作为考核经济工作的重要内容（这项制度一直实行到1997年）。1987年对议价粮油、豆制品、大宗酱菜、水果、紧俏日用工业品、计划外主要农业生产资料共50种商品建立提价申报制度。

1988年，全市零售价格涨幅23.7%，出现第一次严重通货膨胀。市政府决定政府定价的提价项目一律禁止出台，继续执行部分商品提价申报制度，对部分农副产品实行最高限价。

1989年，针对连云港市工业基础薄弱、易地商品涨价对物价指数上升影响较大的情况，全市各级物价部门从严控制进销差率、批零差率。3月，市政府印发《连云港市副食品生产发展和稳价基金筹集管理办法》，凡经营批发业务的按批发额的1‰，应纳产品税、增值税的按应纳税额的2%，应纳营业税的（批发环节营业税除外）按应纳税额的5%缴纳副食品基金；建立重要生产资料价格监测网。市场物价开始回落，全年商品零售价格涨幅降至17%。

1990年5月，市政府对1989年稳价基金管理办法做出补充规定，中央、省属企业（含有收入的事业单位）和银行、保险部门的副食品生产发展基金征收标准按职工总数（含离退休人员）每人每年30元，随同6月份税金一次性缴纳。副食品稳价基金按省政府规定标准征收，即凡有销售收入或营业收入的企事业单位、个体工商户，均按销售额或营业额的1‰，其中从事调拨批发业务的按进销差价的3‰，银行、保险部门按营业税的2‰征收，按月缴纳。副食品基金实行专款专用，其中60%用于副食品生产发展，40%用于平抑副食品价格，以无偿补贴为主。是年，商品零售价格上涨2.7%，物价上涨过猛局面得到控制。市物价局出台《关于运用价格杠杆扶持生产搞活流通的几点意见》，实施扶持生产、搞活流通的10条具体政策，部分商品退出提价申报和调价备案范围。为稳定禽蛋价格，保障市区正常供应，市政府批准建立国营禽蛋公司，年生产鸡蛋1250吨。11月动用稳价基金30万元，保证居民廉价储存大白菜。

1992年受经济发展过热和价格改革步子过大的双重影响，价格总水平再次大幅上扬。1993年，商品零售价格涨幅达15.4 %，市政府决定对少数放开的重要商品实行企业提价事先备案，包括食品、日用工业品等24个品种，对电冰箱、自行车、彩电、家电空调器价格实行差率管理。市物价局制定《连云港市价格监测制度》，确定首批监测网点单位32家，对工业消费品、食品、工业生产资料、农业生产资料、农产品收购5大类157个品种实行价格监测；建立粮食风险调节基金，将原征收的粮食补贴基金（年人均36元）改为粮食风险调节基金；建立农业生产资料价格风险基金，专项用于稳定农业生产资料价格。

1994年，全市居民消费价格指数125.9，出现又一轮通货膨胀。市政府决定对粮食销售实行挂牌限价，恢复粮食合同定购和对城镇居民凭证定量供应大米。6月起，市物价局、统计局、财办、计委等部门每月召开价格形势分析例会，研究物价调控措施（例会制度延续至2005年）。1995年，市政府动用稳价基金210万元，补贴“菜篮子”工程建设和发展副食品生产供应；提供220万元贷款，扶持生猪、家禽养殖等副食品生产基地发展，向市场投放300吨储备肉，平抑猪肉价格。制定价格监审办法，公布一批重点监审单位名单。商品零售价格涨幅开始回落，全年商品零售价格涨幅降为13.2%。

1996年第一季度，市政府针对持续干旱，蔬菜上市量减少的状况，决定给菜农每公顷小青菜补贴450元，按种植面积低价供应化肥，扩种小青菜近千亩，稳定蔬菜价格。7月，市物价局、工商局建立集贸市场价格管理网络，市物价局确定当天最高零售价格，发送给农贸市场各摊位商户执行。开辟绿色通道，在市区部分集贸市场辟出三分之一的摊位，供农民进城直销农副产品，农民凭直销证免缴市场管理费、按50%缴纳摊位费，运送蔬菜车辆免缴过路、过桥费。至年底，商品零售价格涨幅持续回落，全年商品零售价格涨幅降为7.5%。

1997年，商品零售价格涨幅跌至-0.8%，通货膨胀得到有效控制，买方市场开始形成，宏观调控的任务由抑制通货膨胀转变为防止通货紧缩，价格调控的目标转为促使价格总水平适度回升，运用价格杠杆培育消费热点和新的经济增长点。市物价局出台《关于利用价格杠杆促进地方经济发展的意见》，提出可操作的9条措施，服务经济结构调整。清理行政事业性收费，在全市建立工商企业付费登记制度和重点企业付费监控网络。清理整顿电价，缩小电建资金征收范围，所辖四县所有乡镇都实行农村分类综合电价。1998年，市政府清理整顿涉及非公经济收费，出台支持下岗职工再就业有关收费政策。

1999年9月，市政府批转市物价局《关于运用价格杠杆扩大内需促进经济发展的意见》，实施从促进农民增收、支持基础产业和重要行业发展、促进企业增效减负、整顿价格秩序、提高价格服务水平等6个方面21条措施；规范涉房收费，将经济适用房、普通标准商品住房的利润率分别控制在3%、8%以内。2000年全面推广涉农收费公示制度，完善价格监测，价格监测品种由180个增加到210个，形成覆盖全市的主副食品价格、服务价格、生产资料价格监控监测网。

2001年1月开始，市物价局编制以2000年平均价格为基期的居民消费价格指数，指数监测品种由325种增加到约550种。3月，市政府批转市物价局《关于运用价格杠杆促进工业经济加快发展的意见》，实施完善以企业自主定价为主体的价格形成机制、鼓励企业以科技进步为动力加快结构调整、减轻企业负担、降低企业改制成本等9个方面意见。

2003年，市物价局出台《关于商品（收费）定调价前实行成本监审的意见》，对申报定调价的商品、收费项目进行成本监审，监审目录涉及20类33个品种。4～5月在防治“非典”期间，每天对70余种商品和人民生活必需品价格实行重点监测，保持市场价格基本稳定。4月23日，对政干价格的防治“非典”药品和相关商品实行临时价格干预措施，通过采取实行差率管理、核定最高零售价格、规范收费行为等措施，遏制与“非典”相关的商品价格盲目上涨态势。10月起，市场粮价明显上涨，带动副食品等居民消费价格上涨。是年，全市使用价格调节基金160万元，用于公交价格补贴、春节猪肉供应、无公害蔬菜基地建设、放心粮油质量检测等补贴。

2004年，全市居民消费价格上涨接近3%，通货膨胀压力加大。市、县物价部门认真执行国家规定的“两条控制线”①政策。控制时限期满后，及时出台自来水价格调整第二步方案。加强价格监测预警，在全省率先实行价格监测目标责任制，对监测工作实行目标考核。市物价局放宽民营经济价格政策，制定支持全民创业的10项措施。针对商品房价格较大幅度上涨的情况，修订商品房价格管理办法，实行商品房销售价格“一价清”制度，全面推行物业管理收费公示。是年，全市使用价格调节基金585万元，用于民用供热蒸汽、公交、春节猪肉供应补贴及农药储备贴息等。

2005年，市物价局制定服务业水、电、气价格与工业水、电、气价格并轨等政策措施，支持全市服务业发展，出台《连云港市旅游参观景点门票价格管理实施办法》《连云港市商品房价格行为规则》，控制商品房价格过快上涨。对供热企业因政策规定不能调价的实际困难，市政府动用价格调节基金325万元给予补贴。

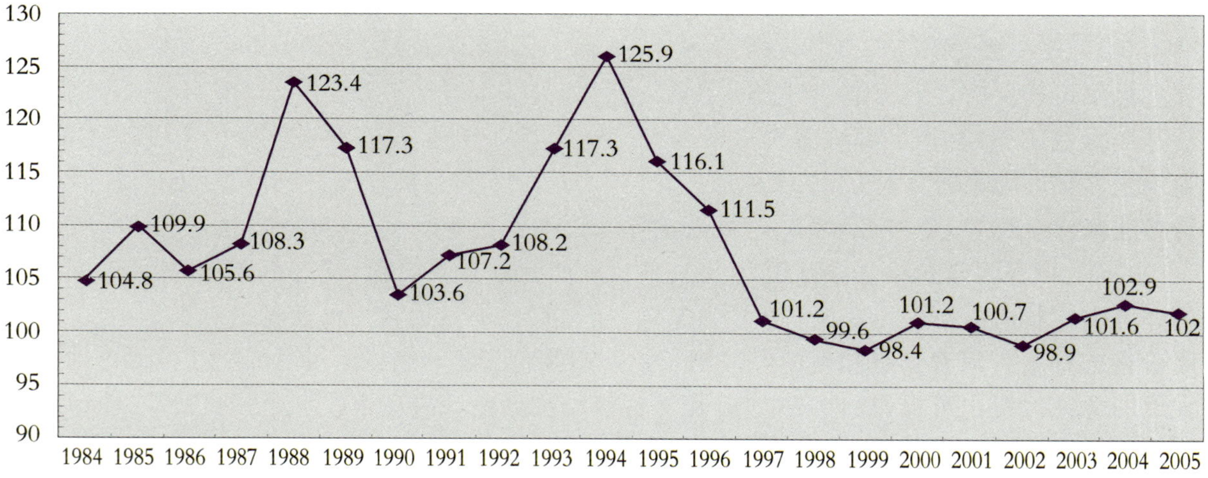

图21-5　1984～2005年连云港市居民消费价格指数曲线图

① “两条控制线”指当居民消费价格涨幅月环比超过或达到1%，同比累计连续3个月超过或达到4%，暂停出台政府提价项目3个月。

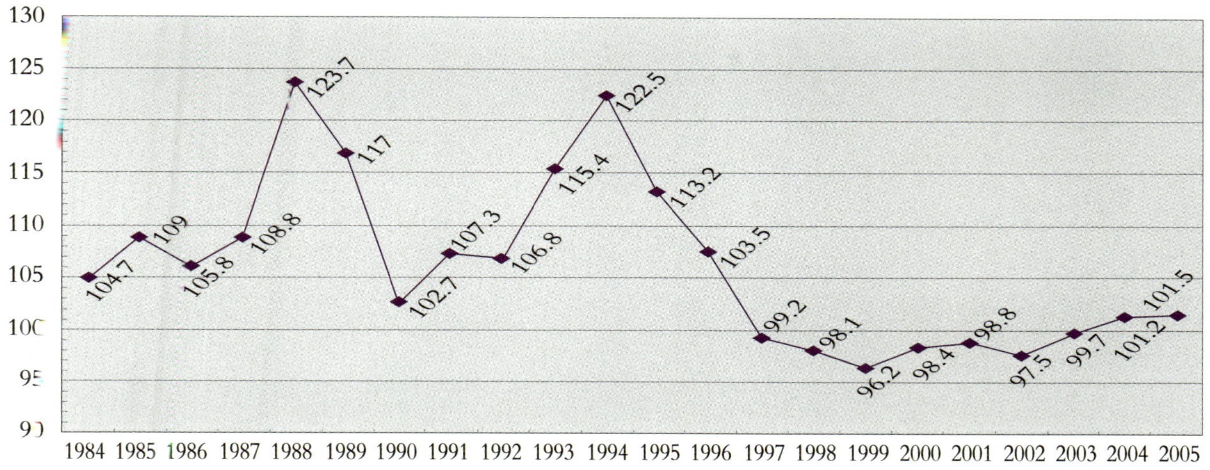

图 21-6　1984～2005 年连云港市零售价格指数曲线图

1984～1992 年连云港市零售物价分类指数统计表

表 21-19

类　别	1984 年	1985 年	1986 年	1987 年	1988 年	1989 年	1990 年	1991 年	1992 年
生活费用价格指数	104.8	109.9	105.6	108.3	123.4	117.3	103.6	107.2	108.2
零售物价指数	104.7	109.0	105.8	108.8	123.7	117.0	102.7	107.3	106.8
一、消费品价格指数	104.7	109.0	105.8	108.8	123.7	117.0	102.7	107.3	106.8
1. 食品类	108.2	114.5	108.1	113.8	127.8	109.2	102.3	109.3	109.4
（1）粮食类	105.1	99.7	101.2	101.4	101.7	104.7	95.9	149.4	151.3
①细粮	105.1	99.5	100.3	100.8	100.3	103.9	96.0	152.3	152.8
②粗粮	97.8	119.1	131.2	119.5	143.3	120.3	94.2	96.2	113.5
（2）副食品	112.8	122.1	110.7	119.4	131.8	108.1	104.2	104.4	105.3
①食用植物油	99.9	110.4	125.4	108.5	117.1	125.4	82.8	140.7	112.6
②鲜菜	110.2	109.7	122.0	118.4	146.9	92.3	113.2	94.5	105.5
③干菜	101.0	111.5	128.6	113.5	114.4	124.5	102.0	100.0	113.3
④肉禽蛋	112.2	117.6	104.2	120.5	131.8	111.8	100.9	102.8	103.9
⑤水产品	130.7	164.4	107.3	126.1	131.5	105.5	109.0	105.0	104.4
⑥调味品	100.4	100.0	103.4	111.2	106.3	110.5	120.1	115.8	103.3
⑦食糖	100.0	100.0	100.0	100.0	127.4	118.3	108.1	113.9	98.5
（3）烟酒类	99.7	100.7	100.8	104.2	126.4	112.8	99.5	101.1	104.8
①烟	100.0	100.0	100.0	100.0	133.4	111.7	98.1	102.0	104.2
②酒	99.8	102.1	102.1	109.8	117.6	112.3	100.5	98.7	105.5
③茶	92.3	100.0	100.0	100.0	111.9	134.3	113.2	108.9	107.6
（4）其他食品	100.5	116.5	110.2	109.1	128.1	114.4	100.1	111.1	99.7
①鲜果	100.5	139.6	115.9	116.3	139.2	112.2	96.4	112.0	92.7
②干果	105.1	120.4	121.9	110.0	112.4	129.4	93.9	102.0	105.2

续表 21-19

类　别	1984年	1985年	1986年	1987年	1988年	1989年	1990年	1991年	1992年
③糖果	100.0	100.0	100.0	100.0	114.9	118.1	103.8	113.8	101.9
④糕点	100.0	103.2	103.4	101.0	123.6	120.4	106.7	116.1	105.9
⑤奶及奶制品	100.0	104.2	105.8	104.8	127.7	103.6	106.6	119.9	106.7
⑥罐头	100.0	104.3	102.0	102.8	118.4	104.6	99.1	99.0	102.5
⑦饮料类	—	—	—	—	—	112.8	105.5	101.7	101.7
2.衣着类	98.2	100.1	100.5	100.0	115.3	133.3	109.0	108.3	104.3
①棉布	100.8	100.0	100.0	100.0	139.8	128.9	124.1	109.1	102.5
②棉花化纤混纺布	97.5	100.0	100.0	100.0	100.0	169.3	116.9	106.3	100.0
③化纤布	99.4	100.0	100.0	100.0	103.0	149.1	106.0	100.4	104.7
④呢绒	100.0	100.0	100.0	112.7	120.0	130.4	108.9	105.4	104.0
⑤绸缎	100.0	100.0	105.5	107.5	113.1	141.6	112.8	100.5	106.1
⑥针纺织品	98.6	100.0	100.0	104.7	130.9	126.8	106.3	109.0	102.5
⑦服装	93.3	100.0	100.0	106.6	127.8	137.7	109.1	111.0	106.2
⑧鞋	100.0	100.0	100.0	102.4	114.6	115.2	112.2	113.6	105.5
⑨其他衣着	104.4	101.0	104.2	105.7	125.8	133.5	106.8	104.4	99.[illegible]
3.日用品类	97.5	100.7	102.7	104.6	112.6	118.3	101.5	103.2	101.5
①一般日用品	100.3	102.1	100.4	105.3	128.2	125.2	110.4	105.5	103.6
②日用机电消费品	95.0	100.0	104.3	104.7	100.0	118.8	94.8	101.5	100.1
③家具	100.0	100.0	100.0	116.0	112.3	111.3	107.3	103.3	100.9
④日用杂品	100.0	100.0	100.0	100.4	131.9	132.8	123.8	104.9	102.6
4.文化娱乐用品类	100.0	101.1	100.1	100.4	120.4	123.8	92.6	91.9	96.0
①纸张文具	100.0	100.0	100.5	103.4	122.1	132.9	106.5	105.4	104.6
②文娱用机电消费品	100.0	101.2	100.0	100.1	123.2	124.0	91.1	88.2	93.8
③其他文娱用品	100.0	101.0	100.5	101.3	111.3	119.4	104.9	106.1	103.5
5.书报杂志类	100.0	119.8	138.5	105.2	138.0	155.6	108.4	104.2	106.4
6.药及医疗用品类	100.8	101.3	101.4	105.2	123.0	127.5	101.4	104.5	109.8
①中药	100.2	102.7	101.2	100.6	141.4	126.5	93.7	108.3	120.9
②西药及医疗用品	101.1	100.4	101.5	107.1	116.6	128.0	107.9	101.3	100.3
7.建筑装潢材料类	—	—	—	—	119.2	131.3	105.1	102.7	105.0
8.燃料类	100.0	100.0	100.0	100.0	122.1	114.5	126.9	131.3	123.6
二、服务项目价格指数	105.8	103.4	102.8	102.1	119.2	121.9	115.0	105.7	123.8
1.房租	100.0	100.0	100.0	100.0	100.0	100.0	100.6	100.0	189.1
2.水电费	100.0	100.0	100.0	100.0	100.0	100.0	102.2	101.4	112.6
3.交通费	100.0	100.0	100.0	100.0	122.4	114.0	133.5	109.0	110.4
4.邮电费	126.0	100.0	100.0	100.0	104.9	109.9	139.7	135.9	101.6
5.医疗保健费	100.0	100.0	100.0	100.0	126.6	114.3	176.9	100.0	103.1

续表 21-19

类　别	1984 年	1985 年	1986 年	1987 年	1988 年	1989 年	1990 年	1991 年	1992 年
6.学杂保育费	131.2	100.0	100.0	100.0	103.7	177.5	109.3	109.6	138.4
7.文娱费	100.0	121.2	111.3	104.3	160.9	120.7	106.2	110.9	153.1
8.修理及其他服务费	100.0	107.4	108.1	104.9	134.3	119.7	117.0	105.8	107.2

说明：以上年价格为 100

1993～1998 年连云港市居民消费价格分类指数统计表

表 21-20

指　标	1993 年	1994 年	1995 年	1996 年	1997 年	1998 年
居民消费价格总指数	117.3	125.9	116.1	111.5	101.2	99.6
1 食品	116.2	134.5	122.0	110.8	98.7	97.1
粮食	140.2	162.6	145.6	99.3	77.2	101.9
肉禽及其制品	110.8	138.6	124.1	102.2	113.2	88.0
蛋类	—	109.6	115.8	117.0	75.9	103.2
水产品	127.2	125.5	124.9	108.8	102.0	91.1
鲜菜	113.0	147.4	115.7	139.1	87.3	103.6
2.衣着类	116.4	124.9	120.3	115.6	100.6	105.0
服装	121.3	125.7	123.3	120.6	99.8	108.1
衣着材料	106.8	115.3	113.6	107.9	102.1	99.3
棉布	104.0	143.8	156.5	104.7	101.8	100.3
化纤布	105.7	105.1	117.7	114.8	104.8	100.0
呢绒	110.8	116.8	112.8	102.6	98.4	98.4
3.家庭设备及用品	108.8	116.2	105.6	100.5	99.4	98.4
4.医疗保健	109.0	101.0	105.4	118.3	107.8	106.0
5.交通和通信工具	—	108.9	97.9	92.6	94.8	93.1
6.娱乐教育文化用品	100.5	113.3	104.3	112.4	98.5	95.4
7.居住	—	114.1	109.6	128.1	106.5	100.2
8.服务项目	134.1	118.8	116.3	121.2	116.8	111.5
学杂保育费	143.5	111.1	119.3	121.0	131.7	109.6
医疗保健费	143.7	119.9	122.4	110.0	100.1	146.0
修理及其他服务费	122.1	111.6	116.4	128.0	105.1	100.0

说明：以上年价格为 100

1999～2005 年连云港市居民消费价格分类指数统计表

表 21-21

指　标	1999 年	2000 年	2001 年	2002 年	2003 年	2004 年	2005 年
居民消费价格总指数	98.4	101.2	100.7	98.9	101.6	102.9	102.0
服务项目价格指数	121.9	121.7	107.1	104.6	103.2	102.8	101.6

续表 21-21

指　标	1999年	2000年	2001年	2002年	2003年	2004年	2005年
一、食品	93.4	96.6	100.4	100.1	104.6	109.4	105.4
粮食	93.5	83.5	97.2	95.0	103.7	123.8	102.0
油脂	84.5	93.5	94.7	99.3	114.9	112.2	92.3
肉禽及其制品	89.2	98.4	102.8	96.3	106.5	117.4	107.1
蛋	90.5	81.2	108.5	105.6	99.2	121.1	104.2
水产品	90.5	97.8	100.7	99.8	104.2	115.7	107.7
鲜菜	91.9	109.5	96.0	110.5	124.2	81.5	124.9
奶及奶制品	98.4	100.0	99.8	97.7	100.1	97.5	99.4
干鲜瓜果	100.0	95.5	101.3	104.8	95.2	97.6	97.3
二、烟酒及用品	97.5	96.7	99.3	97.5	98.0	102.4	99.5
三、衣着	97.4	94.7	99.4	98.3	97.5	97.4	98.0
服装	96.9	93.7	99.5	99.5	97.7	96.4	99.3
衣着材料	97.3	97.1	98.1	100.1	102.4	98.0	101.8
四、家庭设备用品及维修服务	98.9	97.9	98.6	95.5	95.5	97.3	98.6
耐用消费品	99.3	96.9	99.7	93.7	94.1	95.1	97.3
五、医疗保健和个人用品	100.3	98.3	97.7	95.2	99.4	96.8	99.3
六、交通和通信	106.7	98.9	99.5	96.6	97.9	96.4	97.1
七、娱乐教育文化用品及服务	98.5	97.2	106.8	103.0	103.9	102.8	100.7
学杂托幼费	152.0	158.8	120.5	114.2	109.5	104.2	101.8
八、居住	103.4	109.4	100.9	99.1	103.0	102.7	105.6

说明：以上年价格为100

二、价格监督检查

专项价格检查　1984年，市物价部门对商业、粮食、供销、水产、物资、建材、交通等行业组织物价检查。此后，每年针对重要商品价格，连续开展专项价格检查，规范行业价格行为。1985年，生猪、猪肉价格及粮食购销价格改革步子加大，全市首次组织价格改革的跟踪检查。是年四季度，全市首次组织物价大检查。至1998年底累计组织全市性的物价大检查14次。

1986～1996年，专项检查主要围绕控制通货膨胀、抑制物价上涨、全面深化价格改革进行。1986年组织7项工业品价格放开后的专项检查、4项收费行业检查；1988年首次组织农业生产资料等涉农价格专项检查（至2005年连续18年组织农资价格和涉农收费检查）；1992年开展铁路、电信、教育收费专项检查；1994年组织电力价格、金融保险收费、教育收费、农产品价格专项检查；1996年开展医药价格、电力价格、高校和中小学收费专项检查。

1997～2005年，全市专项价格检查主要围绕促进经济结构调整和培育新的经济增长点，以垄断行业和群众反映强烈的价格问题为重点展开。其中，1997年开展成品油价格、液化气价格、铁路运价及延伸服务收费、建设系统收费、中介服务收费等专项检查；2000年开展电信资费、电力价格、药品和医疗收费、旅游价格、公安系统收费等专项检查；2003年开展机动车和路桥收费、电力价格、成品油价格、教育收费专项检查；2005年重点开展质量监督检验检疫收费、土地系统收费、教育收费、电力价格专项检查。

市场价格检查　1984年后，市场价格检查以“米袋子”“菜篮子”等主副食品价格为重点，查处乱涨价、乱收费、哄抬物价、缺斤少两等价格违法行为。每年元旦、春节、中秋、国庆期间，开展节日市场价格检查。1985年，市政府批转市物价局起草的《连云港市实行明码标价和统一商品标价签暂行规定》，要求全市所有经营单位统一使用红、蓝、绿三色标价签，分别为政府定价商品、指导价商品和市场调节价商品，明码标价从此成为规范市场价格行为的基础性工作、每年市场价格检查的重要内容。全市物价部门采取划片包干、责任到人等方法，对重点地段和行业实行重点整治，使商品明码标价的普及率不断提高。

1987～1989年，围绕治理通货膨胀、抑制价格总水平过快上涨，物价部门重点对粮油、肉类、蔬菜等主副食品及实行最高限价、提价申报和备案等控价措施的商品，开展价格检查，以稳定人民生活必需品价格，保证调控措施落实。1990～1991年，市物价部门针对市管商品地区差率、城乡差率和商品经营管理费率的调整，粮油、猪肉价格改革措施的出台，进行市场跟踪检查。1993年，在市区选择36家重点经营单位，选聘一批价格监督员。

随着大部分商品和服务价格放开，一些经营者利用不正当价格行为牟取利益，扰乱市场秩序，反不正当价格行为成为市场价格检查的又一项重要内容。1994年，市政府发布《连云港市制止价格欺诈和牟取暴利的暂行规定》，市物价局制定《关于查处经营娱乐业、衣着类商品价格欺诈和牟取暴利行为的实施细则》，并公布衣着类商品市场一般差价率以及经营娱乐商品和服务一般市场价格水平，首先在娱乐业和服装市场开展反暴利价格检查。1996年，价格检查重点放在与人民生活关系密切的商品和服务价格上，全市组织较大规模市场检查20次，累计参加1265人次，对2.1万多户中的4000余户违纪户作了经济处罚。1997年，全市物价部门对农贸市场开展价格巡查，保障猪肉、蔬菜等副食品价格差率管理制度的落实。1999年开展粮食收购价格与保护价格并轨后的粮食市场检查。

2001年，全市物价部门实施明码标价“五个一”工程，即一条示范街、一个示范医院、一个示范市场、一个示范旅游景点、一个示范电信部门。

2004年，市物价局针对化肥等农资价格过快上涨的情况，制定对化肥等农资价格实行监管的8条措施。全市物价部门组成19个检查组，对农资生产企业、批发市场、乡镇农资销售点进行检查，查处违反规定差价率和最高限价的行为，抑制农资价格过快上涨势头。

2005年，全市开展旅游市场价格检查，重点检查旅游景点门票价格，中心城区商场、超市及景区周边商业和服务网点价格，旅馆业、餐饮业价格，公交车、出租车、旅游车等客运价格，旅行社、导游服务价格等。

价格社会监督　1984年，市、县价格部门建立价格举报制度，公布举报电话，加强价格社会监督。1985年10月，全市建立职工物价监督组织，设立连云港市职工物价监督检查委员会，首批在新海区划片建立6个职工物价监督检查站，选聘物价监督检查员312人。1986年2月在连云区、云台区设立职工物价监督检查站5个，选聘物价监督检查员112人。东海县、赣榆县、灌云县相继成立职工物价监督检查站，设立18个站，选聘物价监督检查员80人。

至1990年底，市区职工物价监督站累计出动4.6万人次，检查经营户7万多户，处理违规行为近3万起，上缴罚没款21.24万元，为消费者挽回直接损失2.53万元。1992年后，职工物价监督有所削弱。1997年，市物价局、总工会重新调整职工物价监督组织，明确职工物价监督的工作制度、处罚权限。1998～1999年，全市建立农村物价监督管理网络，各乡镇成立价格监督管理领导小组，乡镇、自然村设立物价员、监督员、信息员。

2000年，市物价检查所增挂市价格举报中心牌子，开通网上投诉、声讯投诉和录音电话投诉，制定《价格举报中心职责》《价格举报案件受理规程》等制度，价格举报工作进一步规范化。2001年11月，全市物价部门安装国家统一的价格举报电话12358，24小时接受群众价格投诉。2002～2005年，全市开展价格服务进社区活动，建立城镇社区价格监督网络，在社区设立价格监督站，公示涉及城镇居民主要价格和收费。

2000～2005年连云港市价格举报中心接受处理举报案件统计表

表21-22

年　份	举报数（起）	办结案（起）	回复数（起）	罚款（万元）	没收款（万元）	退款（万元）	制裁款（万元）
2000	252	226	226	2.28	35.12	64.86	102.26
2001	495	485	460	7.70	1.20	76.59	85.49
2002	146	143	143	0.15	9.07	14.12	23.34
2003	311	301	301	21.95	1.50	80.66	104.11
2004	213	163	163	3.26	10.96	39.53	53.75
2005	223	184	166	0.90	2.91	52.32	56.13
合计	1640	1502	1459	36.24	60.76	328.08	425.08

企业内部监督　1985年12月，全市商业流通企业开展物价计量信得过（简称“双信”）竞赛，由企业申请，主管部门推荐，经“双信”评委会批准，产生物价计量信得过单位、物价计量先进单位、物价计量合格单位称号。1986年6月，市政府授予市百货大楼等15家企业为连云港市首届物价计量信得过单位称号。1989年5月，市政府授予迎春商场等17家企业为连云港市第二届物价计量信得过单位。1990年11月，市政府授予市东方大厦等30家单位为“连云港市第三届物价计量信得过单位”称号。1991年，省“双信”评委会授予市百货大楼、东方大厦省“双信”单位称号。1997年5月，市东方大厦在省第三届物价计量信得过表彰大会上，获执行物价、计量政策法规最佳单位称号。

2002年12月，市物价局针对部分经营者诚信缺失、价格欺诈等不正当价格行为时有发生的新情况，组织开展价格诚信活动。2004年4月，价格诚信评议活动在全市全面展开，经过宣传发动、企业申报、检查考评、社会评议、审议确认，连云港市中央百货有限责任公司等12家企业获得“AA级价格诚信单位”称号，华联商厦等9家企业获得“A级价格诚信单位”称号，连云港市轻工商场等13家企业获得“明码标价先进单位”称号。2005年，中央百货有限责任公司等7家企业获省物价局授予的“江苏省AAA级价格诚信先进单位”称号。

第三节　农产品价格管理

一、粮油价格管理

统购价　1984年，连云港市粮油统购价格（按每50千克计算，下同）为小麦16.7元、杂交籼稻11.9元、晚粳稻13.5元、玉米11.7元、大豆34.5元、花生仁48元、油菜籽36元。自11月起，荞麦、赤豆、绿豆、芝麻、芝麻油等退出统购统销，其价格随行就市。

1987年，主要粮油统购价格调整为小麦17元、杂交籼稻13.11元、晚粳稻14.82元、大豆40元、花生仁55.38元、玉米和油菜籽仍为11.7元和36元。此后至1989年国家连续3年对粮油统购价格进行调整。1990年主要粮油价格为小麦19.48元、杂交籼稻17.04元、晚粳稻19.85元、玉米13.55元、大豆45元、花生仁74.23元、油菜籽54.15元。

合同（国家）定购价 1984年，连云港市主要粮油合同（国家）定购价为花小麦16.7元、杂交稻11.9元、晚粳稻13.5元、玉米11.7元、大豆34.5元、花生果45元、花生仁62.4元、油菜籽46元。

1990年，连云港市提高油脂油料合同定购价格，其中花生油提高25.61%、菜籽油提高30.93%、花生仁提高25.65%、油菜籽提高30.84%。1992年4月1日起执行国务院决定，提高小麦、稻谷、玉米定购价格，每50千克中等质量标准提价额为小麦6元、早籼稻2.3元、杂交稻3元、早粳稻5元、粳糯稻5元、籼糯稻3元，综合提高幅度20%。

1993年2月20日，国务院发出《关于建立粮食收购保护价格制度的通知》，确定收购保护价实施范围限于原国家定购和专项储备粮。6月18日，市粮食局发布夏粮收购指导价，其中市区每50千克中等质量标准白麦收购保护价为32.8元，赣榆县、东海县、灌云县按略高于最低保护价的原则，确定为32.6～32.8元。自10月1日起，大豆中等质量标准保护价由每50千克45元提高到55元，豆油由215元提高到265元。

1994年，国家两次大幅度提高粮食定购价格，每50千克花小麦定购价格52元、白小麦54元、杂交稻65元、晚粳稻70元、玉米53元、花生果120元、花生仁180元、油菜籽120元。1996年5月，连云港市执行省物价局、粮食局确定的定购价格为红小麦72元、花麦74元、白麦76元、杂交稻73元、晚粳稻83元、玉米68元、花生果115元、花生仁175元。1997年继续按1996年规定价格执行，在定购任务完成后，按保护价每50千克白麦76元、花麦74元敞开收购。

1998年，全省粮食库存量大大增加。按省政府规定，连云港市夏粮收购价向下微调，每50千克白麦64元、花麦62元；秋粮定购价格调整为每50千克晚粳稻76元、杂交稻70元、玉米68元，保护价调整为每50千克晚粳稻67元、杂交稻62元、玉米58元。1999年5月，按省物价局规定，连云港市将夏粮白麦、花麦定购价调整到上年保护价水平。11月，连云港市降低秋粮收购价格，定购价每50千克杂交稻54元、晚粳稻59元、花生果100元、玉米45元。

2001～2005年，粮食购销价格放开。各级政府为保护农民利益，在市场粮价过低时，实行保护性收购增加储备，防止粮价过度下跌。在市场粮食售价过高时，政府适时抛售储备粮平抑粮价，保护消费者利益。

1984～2001年连云港市主要粮油合同（国家）定购价格统计表

表21-23 单位：元/50千克

年 份	花 麦	白 麦	杂交稻	晚粳稻	玉 米	大 豆	花生果	花生仁	油菜籽
1984	16.70	—	11.90	13.50	11.70	34.50	45.00	62.40	46.00
1985	22.40	23.00	16.10	19.00	15.80	40.00	45.00	62.40	46.00
1986	22.40	23.00	17.70	19.00	17.60	40.00	45.00	62.40	46.00
1987	22.40	23.00	17.70	20.75	17.60	40.00	51.90	72.00	46.00
1988	24.10	24.70	23.00	20.75	18.30	40.00	51.90	72.00	50.40
1989	25.60	26.30	23.00	26.80	18.30	40.00	55.40	76.80	53.80
1990	25.60	26.30	23.00	26.80	18.30	40.00	55.40	76.80	53.80
1991	25.60	26.30	23.00	26.80	18.30	45.00	69.60	96.50	70.40

续表21-23

年　份	花　麦	白　麦	杂交稻	晚粳稻	玉　米	大　豆	花生果	花生仁	油菜籽
1992	31.60	32.30	26.00	31.80	21.30	45.00	69.60	96.50	70.40
1993	31.60	32.80	26.00	31.80	21.30	55.00	—	—	—
1994	52.00	54.00	65.00	70.00	53.00	—	120.00	180.00	120.00
1995	64.00	66.00	65.00	70.00	53.00	—	115.00	175.00	—
1996	74.00	76.00	73.00	83.00	68.00	—	115.00	175.00	—
1997	74.00	76.00	73.00	81.00	68.00	—	120.00	180.00	—
1998	62.00	64.00	70.00	76.00	68.00	—	—	—	—
1999	62.00	64.00	54.00	59.00	45.00	—	100.00	—	—
2000	55.00	57.00	54.00	59.00	47.00	—	98.00	—	—
2001	55.00	57.00	—	—	—	—	—	—	—

议购价　1986年9月，全市按规定的综合差率（10%），由企业自行确定议购议销粮油价格，即议销价=（购进价+运杂费）×（1+10%）。1988年11月，市物价局、粮食局通知调整当年秋粮议购指导价，规定每50千克最高限价为晚粳稻37.8元、杂交稻34.7元、玉米28.4元。是年，由于市场粮油价格超过规定指导价，连云港市未完成上交中央协调议价大米任务。

1989年5月，市物价局规定，地购地销粮油零售价格按议购价加购零差率12%确定。是年市内粮油价格大幅上涨，大米购销价格分别上涨66%和65%，小麦购销价格分别上涨39%和46%，油脂购销价格分别上涨41%和35.4%。

1990年6月，市物价局、粮食局确定，每50千克当年新小麦议购价格为：花麦39元，白麦40元。11月，根据省政府规定，连云港市确定是年秋粮每50千克中等质量标准议购指导价格为晚粳稻39元、粳糯稻39元、籼糯稻36元、玉米26元、花生果72元。是年全国粮食增产，市内粮油价格大幅回落，大米购销价格比上年分别下跌24.1%和27%，小麦购销价格分别下跌19%和13.2%，花生果购销价格分别下跌22%和30%。1991年，全市白麦议购保底价格为每50千克36元，每50千克中等质量标准杂交稻指导价格为不低于30元、晚粳稻不低于35元。

1993年以后，连云港市对议购粮油实行保护价收购。1997年，市内每50千克中等质量标准粳稻保护价为70元、杂交稻保护价为65元。1998年连云港市每50千克中等质量标准的保护价为花麦62元、白麦64元、杂交稻62元、晚粳稻67元、玉米68元。

1999年，连云港市秋粮保护价与定购价相同，每50千克杂交稻54元、晚粳稻59元、花生果100元、玉米45元。2000年，议购保护价总体稳定在上年水平。2001年，粮食市场放开，议购价取消。

二、经济作物价格管理

棉花价格　1984年，棉花超购加价由基数法改为比例价法，淮北棉区按“倒二八”（80%加价、20%牌价）比例价收购，每50千克标准级皮棉收购牌价145.8元。1985年取消棉花统购，改为合同定购，淮北棉区按“倒三七”（30%按统购价、70%按加价）计价，全市每50千克标准级皮棉收购价176.42元。1987年，江苏省在国家收购牌价外给棉农发放生产扶持费每50千克皮棉5.6元；1988年调整为20.6元。

1989～1995年先后5次调整棉花收购、供应价格。每50千克标准级皮棉收购价格1989年提高到211.42元，1990年提高到300元（另加生产扶持费每50千克30元），1993年提高到330元（省定生产扶持费取消)，1994年提高到544元(其中价外奖励44元)，1995年提高到700元。产地县棉麻公司每50千克标准级皮棉供应价格1989年提高到255元，1990年提高到329元，1993年提高到375.4元，1994年提高到607.76元(含增值税)，1995年提高到855元。

从1996年起，全国出现棉花供大于求的局面。国家为保护棉农利益，规定棉花收购价格不变，供应价格由国家定价改为国家指导价，以上年供应价为中准价，允许上下浮动4%，取消棉花指令性计划调拨，实行棉花交易会制度衔接供需。1997年，棉花供应价浮动幅度调为6%。由于纺织行业不景气，加上化纤使用比例上升，棉花售价持续下降，实际成交价格逐步跌破规定浮动幅度。

1998年，纺织品受东南亚金融危机影响，出口受阻，库存积压更为突出。国家推进棉花价格体制改革，棉花销售价格放开，收购价格由政府定价改为政府指导价。连云港市每50千克标准级皮棉收购中准价650元，上下浮动5%。1999年2月，省政府决定放开棉花收购价格，按市场形成价格原则由购销双方协商定价。棉花收购、销售价格放开，至2005年底，政府主要通过储备调节、进出口调节等经济手段调控棉花市场和价格，防止棉花价格大起大落。

1984～1998年部分年份连云港市棉花收购价格统计表

表21-24　　单位：元/50千克

年　份	收购价	年　份	收购价	年　份	收购价
1984	145.80	1989	211.42	1996	700.00
1985	176.42	1990	300.00	1997	700.00
1986	180.79	1993	330.00	1998	650.00
1987	176.72	1995	700.00		

桑蚕茧价格　1984年，连云港市桑蚕茧收购价格每50千克138元。1985年由供销社代收代烘改为干茧进仓验收作价，基层供销社门市收购仍执行鲜茧评级标准。1987年，省丝绸总公司对收购蚕茧发放生产扶持费，每50千克春茧40元、夏茧和早秋茧10元、晚秋茧30元。1989年，全市蚕茧出现抬价抢购，茧质下降，市物价局对蚕茧收购实行临时最高限价，每50千克不得超过480元，同时扩大质量差价。这项价格政策执行到1992年。1993年，省政府对茧丝流通体制进行改革，蚕茧收购和经营权下放到县，以县为单位根据市场供求状况自主经营，体制改革后鲜茧收购价格执行全省统一定价，开始征收蚕茧价格风险资金，每50千克鲜蚕20元或每吨干茧1500元。1994年决定征收蚕桑事业改进费，每收购50千克鲜茧提取20元，每吨干茧提取1000元，计入干茧成本(至2003年取消)。5月从新茧上市时起调整鲜茧收购价格，调整后的价格中含8%的农林特产税。1995年，国家将蚕茧收购价、干茧供应价由中央政府定价改为中央指导下的省级政府定价，将厂丝出厂价列为政府指导价管理。1997年提高鲜茧收购价格，同时调整鲜茧等级差价。

1994～1998年以县为单元的利益主体导致多头经营局面，引发蚕茧收购周期性“大战”，实际执行价格与省规定价格差距较大。收购价格高时达每50千克1300多元，低时只有150元，严重偏离国家规定的价格政策。1999～2001年，国家根据茧丝市场变化，逐年调整鲜茧收购价格水平，全面推广仪器检验作价，杜绝手估目评，实行按质论价。2002～2005年规定收购价格可上下浮动。2005年规定收购价格为每50千克730元。

三、副食品和蔬菜价格管理

肉禽蛋价格　1984年以前，国家对生猪、禽蛋等重要副食品以派购形式实行统一收购、统一调拨，按计划销售政策。1984年，省政府改革生猪派购体制，生猪派购任务由食品部门归口经营，派购以外的生猪可以自宰自销。放开家禽和鲜蛋经营，家禽实行市场调节，鲜蛋实行指导下的议购议销。市政府指定市食品公司在旺季收购储存，淡季、节日投放，对居民实行凭票（证）限量供应，按低于集市零售价格15%左右制定供应价，购销倒挂部分在肉价补贴中解决。1985年4月取消生猪派购，生猪收购由国家定价改为有指导的议购价格，全市生猪收购均价每50千克由63元调为76.75元。7月1日，猪肉销价放开，实行毛白差率控制，市区猪肉每500克零售价由1.04元上升至1.2元，升幅15.38%，同时取消城镇人口定量供应，向其发放价格补贴，市区每人每月2.5元、县城每人每月2元。1986年，瘦肉型生猪每50千克加价3元。1987年，全市生猪生产滑坡，供需矛盾突出。市政府决定对每头母猪补贴8元和优惠价饲料粮150千克，按照猪粮比价。1988年3月，市区猪肉零售价（平价）每500克由1.45元调为2.1元，同时给城镇职工增发每人每月10元价格补贴。1989年调整猪肉毛白差率，城市放宽到70%，县及县以下不超过62%。

1990年，全市生猪生产出现产大于销，为缓解“卖猪难”和冻肉胀库的矛盾，市、县多次调低猪肉销价，实行免票敞开，平、议一价供应。1993年开始，生猪购销价格由直接指导改为间接指导收购，不再直接下达具体收购指导价格，由经营者根据市场情况自行确定，政府价格主管部门在市场价格异动时适当干预。1994年采取公布批发价、明确批零差等办法，强化管理监督，猪肉批发环节毛白差率60%以内，批零差率12%以内。1995年1月继续对猪肉实行差率管理，批零差率统货肉和肋条肉12%、腿肉30%、精瘦肉60%。9月将年初储备的300吨猪肉在中秋、国庆期间投放市场，每吨白条肉批发价格（一、二级）9600元，每500克统货白条肉零售价格5.4元、肋条肉5.4元、去骨腿肉6.25元，精瘦肉7.7元。1997～2005年，猪肉价格退出政府干预。

水产品价格　1984年，市政府安排供应全市城镇居民海鱼1000吨，年人均计划供应6千克经济鱼，物价部门对6种经济鱼实行最高浮动价，每50千克马鲛鱼批发价101元、零售价115元，每50千克鲳鱼批发价114元、零售价130元。

1985年进一步改革水产品价格管理，市渔业公司海产品除调拨上交省、市计划部分执行规定牌价外，其余实行议购议销，淡水鱼、海带、紫菜购销价格全部放开。1986年，市物价局对海产品流通环节差率进行指导价管理，地产地销的购销差率鲜品20%、干货15%，外地调进批发环节综合差率鲜品17%、干货12%；零售环节批零差率从连云进货14%，新浦进货12%。实行季节差价，夏季销价下浮5%～10%，重大节日向下浮动23%。

1987年，海鱼价格全面放开。对海捕对虾实行最高限价，16～20只/磅的无头对虾每吨收购价格从1985年的4.85万元调整为5.5万元，1990年6.1万元，1991年7万元。1992年，对虾退出国家指导价范围，至此水产品价格全部实行市场调节。

蔬菜价格　1984年前，全市蔬菜实行统购包销。1984年，市区蔬菜管理试行“大管小活”，即管住大路菜品种价格，精细品种收购实行浮动价格，零售环节执行统一的批零差率，市物价局管理20个品种的计划购销价格。1985年改统购包销为放开经营，允许菜农直接上市交易，国营菜场只负责冬季大白菜的收购、储存及平时小品种菜的调剂。1986年推行蔬菜购销合同定购，实行“管淡放旺”（即淡季购销和价格由政府调控，旺季全部放开）。1987年对“两缺”（春缺、伏缺）、四大节日（中秋、国庆、元旦、春节）和冬储大白菜实行计划购销管理，物价部门分期分品种制定计划购销指导价格，冬储大白菜对菜农给予补贴，重大节日单独核定计划菜价。

1989年允许国营菜场经营外调小品种菜实行议购议销、分开经营，议销价格低于集市价格，市物价局下达蔬菜购销指导价格，控制价格水平。1990年适度增加合同定购价外补贴，合同定购与销售价格倒挂部分分别由菜价补贴、稳价基金和购入单位合理承担，年补贴金额200万元。

1991年取消蔬菜政策性亏损补贴，蔬菜价格基本放开。1995年为抑制主副食品价格过快上涨，对当令蔬菜中的蒜苗、芹菜、小青菜、青椒等品种实行差率管理，以前一天批发成交价加批零差率制定最高限价，批零差率规定为叶菜类50%、茎菜类40%、茄果类40%。1996年，差率管理品种调整为青（汤）菜、辣椒、土豆、冬瓜、茄子、西红柿、青椒、长豆角、大豆、黄瓜，批零差率调整为中等质量叶菜类50%、根茎果实类30%，优等质量叶菜类40%、根茎果实类25%。1997年，蔬菜价格退出行政干预。

四、农产品成本调查

1984年，连云港市物价局农产品成本调查队成立，全市设立农产品成本调查点30个，调查品种为粮食、油料、经济作物、干鲜果品、蔬菜、养殖、水产品、中药材8类18个品种。1986年采用全国统一的劳动日工价计算依据，进行成本收益调查。1987年起采用加权平均法每年确定1次用工作价。1992年对农产品成本调查资料采用计算机汇总。1993年对劳动日工价的计算改用农民家庭人均生活消费支出计算。1995年按每周5天半工作日，将全年劳动日天数改为280天，增加农户存粮情况调查项目。1996年开始进行农业生产资料价格和农民购买农资情况调查。1998年，种植业和饲养业调查品种减少到10个。1999年，全市农产品成本调查增加到20个调查点、46个调查户。

2000年根据国家和省调整后的成本调查目录，调查品种减少至4类8种。2001年按“一品三点九户”调整调查网络布局。2004年实施新的农产品成本调查户核算指标体系，将土地机会成本纳入成本核算范围，启用与新核算体系相配套的农产品成本数据库管理系统软件，农产品成本数据实现农户级汇总。2005年，全市物价部门开展农产品成本调查样本核查，核查各调查点的基础数据、调查户样本设置、数据代表性等。

1984～2005年部分年份连云港市粮油作物生产成本统计表

表21-25　　单位：元/亩

年　份	小　麦	粳　稻	籼　稻	玉　米	大　豆	花生果	油菜籽	山　芋
1984	60.36	115.06	143.48	59.26	39.20	111.52	—	82.16
1985	71.37	129.62	160.63	60.24	30.33	134.07	—	87.83
1986	65.96	137.62	—	58.56	29.41	124.89	—	88.06
1987	97.23	197.24	—	85.66	43.48	162.01	—	117.30
1988	112.60	224.51	—	104.44	50.09	190.06	—	136.87
1989	138.86	280.68	—	129.75	73.49	237.16	—	191.03
1990	159.21	246.02	—	128.25	80.89	229.57	—	186.94
1999	324.10	529.82	537.96	213.00	146.00	504.28	231.80	—
2000	275.74	472.60	526.29	191.00	144.00	411.15	219.51	—
2001	274.74	478.35	584.53	238.20	173.80	358.02	315.01	—
2002	264.10	459.83	—	240.00	188.50	346.49	241.60	—
2003	242.84	444.43	—	177.80	144.80	297.99	203.10	—
2004	263.89	453.85	—	214.20	209.40	422.02	456.00	—
2005	385.95	639.13	—	266.90	235.70	613.57	—	—

第四节 工业品价格管理

一、轻工业品价格管理

盐产品价格 连云港市是淮盐的主要产地。1984年5月调整盐税税额和盐的出场（厂）价，国营盐场食盐税一律减税5元，出厂价增加5元，淮北盐出场价由每吨32元（含省平衡差价1元）调为37元。1985年1月调整工业用原盐分配价，酸碱、制革工业用原盐分配价每吨由54.3元调为53.7元，肥皂、饲料工业用原盐分配价每吨由118.3元调为115.3元。1988年为缓解边远乡村农民买盐难问题，调整食盐地区差价、包装差价。1989年为缓解盐价长期偏低、生产经营困难，从11月25日起提高盐价。国营和集体盐场原盐出场价分别由57.1元、65.1元统一调整到87元，粉碎洗涤盐（简称粉洗盐）出场（厂）价由77.1元调整到136元，粉洗（日晒）精盐出场（厂）价统一由100.1元调到186元，以海盐为原料加工的真空精盐由130.1元调整到230元。

1994年，工业用盐价格管理体制首次进行重大改革，由政府定价改为政府指导价，出场价按规定幅度浮动，批发价随出场价相应浮动，供需双方在浮动范围内协商定价。是年调整食盐零售价格，连云港市区统一执行省定一价区价格，原盐每500克零售价格由0.22元调整为0.37元，粉洗盐每500克调整为0.42元，粉洗精盐、日晒精盐每500克调整为0.45元。食盐批发价格统一由以零售价倒扣16%扩大为倒扣18%，小包装食盐与散盐执行同一倒扣率和作价办法。

1996年再次对工业用盐价格管理形式和购销体制进行改革，实行国家总量指导下的合同订货，盐、碱生产企业通过订货会直接见面，签订合同，直接结算，对大制盐企业进行订货数量和价格保护，“两碱”（烧碱、纯碱）企业每年至少要向大制盐企业订购工业用盐1000万吨，国家对这1000万吨工业盐制定保护价，1000万吨以外“两碱”工业用盐可向小盐场直接订货，由省物价局公布协调价。江苏省规定省内享受定点供应的“两碱”企业每年必须从省盐业公司订足国家规定的保护价工业盐量的三分之二。

1996年3月，市物价局核定市区食盐批发、零售价格。2000年8月，市物价局调整转批优待扣率，由7%的固定比率调整为5%～7%的幅度比率。2002年4月核定“淮”牌精制海盐、“淮”牌精制盐销售价格。2005年12月核定“淮”牌腌制盐销售价格。

医药产品价格 1984年放开50个品类医药小品种价格，药品价格由全部为省以上管理转变为统一领导，中央、省、市和企业分级管理。1989年，药品新产品试销价格管理权限下放，由企业按规定成本利润率（原料药25%、个别品种不超过30%，制剂药品不超过15%）自行制定。1992年起，药品生产和流通环节大部分药品价格放开，医院药品零售采用市场价格加规定差率的浮动价格管理模式。1993年，市物价局调整市管药品批零差率,由15%（中成药品16%）调为18%。全市制药企业快速发展，市医疗机构收益好转，医疗条件改善，但患者医疗药品费用也大幅增长。

1996年,国家着手整顿药品价格秩序，药品实行目录分级管理，国家计委重新公布中央级管理药品目录，将临床用量大的治疗性药品纳入国家管理。1997年，省物价局公布省管目录，市物价局制定医疗单位自制药物计价办法，将国家、省管以外公费医疗报销的300多个品种确定为市定平衡价药品，一律按进价加15%批零差率核定医疗单位最终零售价格。1999年，市物价局对达到GMP（药品生产质量管理规范）标准并取得中国药品认证委员会认证的药品，放宽销售利润率，可高于规定标准3个百分点，新药保护期结束后5年内仍可执行原利润率规定。

2000年，全市4次降低200多个品种规格药品价格，其中地产品14种。2001年推行医疗单位药品招标集中采购，中标药品临时最高价格由市物价局制定。2002年，市物价局2次对医院药品集中招标采购的中标药品价格核定最高零售价格，降价幅度20%～22%。5月1日，省物价局再次公布药品定价目录，列入《江苏省基本医疗保险药品目录》的药品价格由国家、省价格部门管理，医院制剂和中药饮片由省物价局制定价格管理办法，授权省辖市物价局制定最高零售价格。2003年4月，市物价局对防治“非典”药品和相关商品采取临时干预措施，黄芩、板蓝根等16种中药的差价率批发企业不得突破20%，零售药店、医疗单位从批发企业进货的不得突破15%。6月10日，临时干预措施解除。2004年3月对在江苏生产销售属于市场调节价药品，停止价格备案。2005年，省物价局将招标作价由倒扣法改为顺加法，以中标价为基础顺加规定的差价率确定中标药品零售价。

纺织品价格　1983年1月，国家大幅度降低化纤织品价格，提高纯棉及其制品价格，实行浮动作价、优质加价，加价幅度金奖产品不超过15%、银奖产品不超过10%、优质产品不超过5%。1986年放开80支以上纯棉纱及其织物和中长纤维布价格，对坯布和部分棉纱出厂价格适当浮动。1988年对精纺纯毛、混纺华达呢等5种适销呢绒产品价格扩大浮动幅度。1989年2月整顿纺织品价格，以1983年1月20日全国统一定价为基础，棉纱上浮不超过32%、坯布不超过34%、印染布不超过36%、市销白布不超过40%、色织布和针棉织品不超过45%。是年12月对棉纺织品生产企业实行定调价审批制度，棉布按11%、针棉织品按12%的进销差率制定批发价，棉纺织品（包括针棉织品）批零差率统一为14%。

1990年2月，市物价局、纺织工业公司转发省物价局等部门关于纯棉、涤棉混纺纱（线）经营作价规定，通过商业部门供应的社会用线的产地批发价，按国家规定的出厂价加6%的销进差率制定，销地批发价按产地批发价加地区差率制定，地区差率按省规定棉纺织品地区差率掌握，批零差率按10%计算。1991年6月，省物价局等部门扩大纺织品价格的浮动幅度，棉纺织品中的漂、色布、色织布、床单、棉平绒、花色内衣为15%，棉纺织品中的花布为20%，精粗纺呢为20%，毛线为10%，毛毯、丝绸类为15%。1992年，纺织丝绸产品退出政府定价范围，实行市场调节。

1984～1992年连云港市地产主要纺织品价格统计表

表21-26

品名规格	1984年	1985年	1986年	1987年	1988年	1989年	1990年	1991年	1992年
白布21×21（元/尺）	0.34	0.39	0.42	0.51	0.56	0.59	0.65	0.73	0.88
漂白蚊帐布32.5（元/尺）	0.20	0.23	0.30	0.34	0.41	0.46	0.55	0.59	0.64
被单格21×218（元/尺）	0.83	0.90	0.96	0.99	1.04	1.13	1.19	1.28	1.39
5544原色帆布（元/尺）	0.54	0.59	0.68	0.76	0.89	0.93	0.99	1.07	1.13
夹金银丝女格呢（元/尺）	0.74	0.79	0.83	0.88	0.92	0.99	1.08	1.17	1.26
中长花呢8180（元/尺）	1.49	1.55	1.64	1.69	1.77	1.88	1.98	2.20	2.29
全色拔染印花毛巾（元/条）	1.04	1.14	1.23	1.30	1.33	1.49	1.57	1.83	1.99

二、重工业品价格管理

煤炭价格　连云港市煤炭资源缺乏，生产生活用煤主要从山西、河南及省内徐州等地购进，地方所属煤矿只有位于徐州的白集煤矿。1984年对计划外协作调进煤炭按保本微利原则作价，管理费用不得超过3%。1985年，国家调整各种煤之间的比价关系。1986年，原煤实际销价每吨24.73元，比1985年提高3.92元；精煤每吨销价6.23元，比1985年提高11.42元。1987年，市物价局调整地方煤炭出矿价格，白集煤矿计划内出矿煤炭由每吨39.2元调整为45元，计划外超产煤出矿价格调整为64元。1988年，白集煤矿计划内煤炭出矿价由原每吨45元调整为49.7元，计划内地方煤炭供应价（市直接分配）每吨由 76元调整为80元，计划内外综合供应价由每吨82元调整为84元。1989年3月，计划内白集煤销售价调整为每吨81元。

1993年起逐步放开煤炭市场价格，对电力行业计划内用煤实行政府指导价，计划外电煤及其他行业用煤实行市场调节价。1993年6月，市物价局调整市区城镇居民生活用燃料价格，民用煤球实行厂零一价，分成两个价区，一价区每吨190元、二价区每吨200元，脱硫煤球销价每吨196元。1995年起，煤炭销价由经营企业自定。2002年，国家取消电煤指导价。2004～2005年建立煤电价格联动机制，电煤价格不分重点、合同、内外，均由供需双方协商确定。

化工产品价格 1984年，化工产品价格由国家统一定价。1986年4月，省化工厅核定重质纯碱出厂价格，一级品碱含量≥98.5%的每吨630元（麻袋包装），二级品碱含量≥98%的每吨为610元（麻袋包装）。5月，省物价局调整烧碱、电石出厂价格，30%液体烧碱每吨由170元调整为185元，42%液体烧碱每吨由248元调整为271元，一级品电石每吨由550元调整为700元。6月，省轻工厅核定氯化钾、溴素临时出厂价格，氯化钾优级每吨590元、一级每吨550元，溴素优级每吨6400元、一级每吨6000元。溴甲烷出厂价格每吨由7000元调整为1.1万元。9月，工业用纯碱的出厂价一级品每吨由505元调整为570元，二级品每吨由495元调整为560元，三级品每吨由475元调整为540元。农用氯化铵（含量≥25.3%）销售价格在原出厂价每吨155元的基础上，分别视市场情况在20%之内浮动。

1988年1月，市物价局调整地产焦磷酸钠出厂价，“多菱”牌工业级无水焦磷酸钠、有水焦磷酸钠（均含量≥95%）每吨出厂价（含包装）分别由3000元、2600元调整为3400元、3000元。6月，市物价局调整磷酸氢钙、焦磷酸钠出厂价格，磷酸氢钙每吨4900元、焦磷酸钠每吨5000元。7月，省物价局调整连云港市硫酸出厂价格，浓硫酸一级品每吨255元、发烟硫酸一级品每吨295元、稀硫酸每吨190元，允许企业在规定价格的基础上浮动15%以内。

1991年，省物价局提高氯化钾、溴素出厂价，由国家定价改为国家指导价。氯化钾出厂价优级品每吨850元，一级品每吨800元；溴素出厂价格优级品每吨8000元、一级品每吨7600元，生产企业以规定的中准价为基础，在上下10%的幅度内浮动。1992年，纯碱、烧碱计划内外出厂价格并轨，实行国家指导价。中准价为食品用纯碱（含量≥99%）每吨930元，工业用纯碱（含量≥99%）每吨900元，烧碱（含量≥99.5%）每吨2100元，液体（含量≥45%）每吨700元。生产企业可依据市场供求情况，在上下10%的幅度内浮动定价。1997年，国家放开化工产品价格，从此全部实行市场调节。

电力价格 1984年，国家对电力价格严格管理，电价构成单一，电价基本不动。1985年，国家实行集资办电政策，下放部分电价管理权限，集资电厂实行还本付息确定电价办法，电价水平高于统配电价。1986年起由于超产煤加价和铁路煤运加价，电价也实行相应加价，加价标准每年核定一次。

1993年改革电价加价办法，将燃运加价计入目录电价。1994年，国家为提高电力企业还贷能力，提高目录电价，每千瓦时提高0.06元，平均每千瓦时0.26元。1997年5月，再次提高目录电价水平，每千瓦时提高0.03元，平均每千瓦时为0.33元。集资办电促进了电力工业发展，也滋生了通过电费渠道立项加价行为，电价种类繁多，电价水平不一，农村电价居高不下。1997年，江苏省开始对电价进行清理整顿，取消随电费征收的非电力建设资金。连云港市对农村电价进行清理整顿，四县所有乡镇实行农村分类综合电价，农村生活用电价格由平均每千瓦时0.8～0.9元，降到每千瓦时0.6～0.675元。1998年11月取消省、市、县三级电力加价。1999年，全省实行统一销售分类电价，取消燃运加价和地方综合差价；机械、冶金、化工、医疗、建材、纺织六大行业受电容量在315千伏安及其以上工业用户及电热锅炉（含蓄冰制冷）用电的电度电价实行峰谷电价，峰谷比价为3∶1。

2000年，全市规范农村电网改造收费，农网改造中农户电能表以上的费用由供电部门负担，农户只负担电能表以下的入户线费用，使用电子表的每户最高不超过180元，机械表不超过155元。2001年8月，农村与城镇居民生活用电价格实行同价，统一按每千瓦时0.52元执行。2002年8月，城乡非居民照明用电价格实行同价。2003年2月，城乡用电价格全部实行同网同价，农村综合变以下的农业生产用电、贫困县农业排灌用电及非、普工业用电的电价水平降到城市同类电价水平。6月，农林场圃生活照明用电同网同价；12月，农林场圃其他类别用电同网同价。8月，企业峰谷分时电价比扩大到5∶1；对居民用电试行峰谷分时电价，每日8时～21时为峰段，每千瓦时0.55元，21时～次日8时为谷段，每千瓦时0.3元。

2004年，企业峰谷分时电价扩大到100千伏安以上的所有大工业和普通工业企业用户，对电解铝、铁合金、电石、烧碱、水泥、钢铁6个高耗能行业实行差别电价。2005年建立煤电价格联动机制，除居民用电、化肥用电、商业照明用电、农业生产用电、贫困县排灌用电价格不作调整外，其他用户销售电价每千瓦时提高0.037元。

1990～2005年新海发电厂上网电价统计表

表21-27　　　　单位：元/千瓦时

时　间	上网价格	时　间	上网价格
1990年1月至1992年上半年	0.175	1997年5月至1999年7月14日	0.316
1992年下半年	0.179	1999年7月15日至2004年5月	0.306
1993年1月至1993年12月	0.200	2004年6月15日	0.310
1994年1月至4月价税分离后	0.170	2005年1月至6月14日	0.337
1994年5月至1995年5月含税价	0.265	2005年6月15日至12月30日	0.366
1995年6月至1997年4月	0.297		

1988～2005年连云港市目录电价变化情况统计表

表21-28　　　　单位：元/千瓦时

执行日期	居民生活	非居民照明	非普工业	大工业	农业生产
1988年1月1日	0.190	0.190	0.085	0.055	0.060
1993年7月1日	0.260	0.379	0.302	0.213	0.250
1996年2月1日	0.310	0.414	0.341	0.246	0.285
1997年5月1日	0.360	0.456	0.374	0.273	0.315
1999年7月15日	0.520	0.791	0.664	0.473	0.421
2004年1月20日	0.520	0.799	0.672	0.481	0.421
2005年5月1日	0.520	0.862	0.735	0.544	0.421

说明：居民生活、非居民照明、非普工业，农业生产为不满1千伏，大工业为1～10千伏（另需缴纳基本电价）。

成品油价格 1985年9月，国家改变成品油价格实行计划内平价和计划内高价的双轨制政策，允许炼油企业可以自销少量高价成品油，即计划外高价，连云港市计划外高价市场批发价按进价加实际费用，再加1%手续费制定。1986年7月对计划外高价油实行最高限价，每吨出厂限价66号汽油为1030元、0号柴油为859元，计划内成品油价格基本未动。1990年，连云港市区计划内成品油每升零售价格为90号汽油0.77元、0号柴油0.48元。1994年5月，炼油生产企业自销权收回，成品油价格实行计划内外并轨，实行国家定价，连云港市标准油品每升零售价为90号汽油2.23元、0号柴油2.07元。1996年10月、12月，0号柴油每吨分别提价90元、220元。

1998年6月，国家为与国际油价变化相适应，对成品油价格形成机制进行重大改革，汽油、柴油出厂价格和批发价格由企业自主制定，零售价格由政府定价改为政府指导价，按进口到岸完税成本为基础加国内合理流通费用制定各地零售中准价，中石油、中石化两大石油集团公司在上下5%的幅度内确定具体零售价格。2000年6月，国内成品油价格形成机制进一步改革，直接与国际成品油市场挂钩联动，国内成品油价格参考新加坡市场价格变化相应调整。2001年，成品油价格11次调价。11月，国内成品油价格由单纯依照新加坡市场油价，改为参照新加坡、鹿特丹、纽约三地市场价格进行调整，浮动幅度由5%改为8%。根据国际市场油价变动，2002年成品油价格调整4次，2003～2004年调整5次，2005年调整5次。

1990～2005年连云港市成品油零售价格变化情况统计表

表21-29　　单位：元/升

开始执行日期	70号汽油	90号汽油	0号柴油	备　注
1990年11月15日	—	0.77	0.48	
1994年5月1日	2.12	2.23	2.07	
1996年12月25日	—	2.34	2.34	
1998年6月5日	1.85	1.95	2.00	中准价±5%
1998年11月10日	1.95	2.05	—	
1999年11月5日	2.01	2.16	2.11	
2000年2月20日	—	2.20	2.22	
2000年5月5日	—	2.38	2.40	
2000年6月5日	—	2.60	2.49	
2000年7月14日	—	2.75	2.64	
2000年8月18日	—	2.95	2.78	
2000年9月20日	—	3.08	3.03	
2000年10月20日	—	2.95	3.34	汽油5%,柴油1%
2000年11月17日	—	2.76	3.23	±5%
2000年12月20日	—	2.75	2.98	
2001年1月13日	—	2.65	2.69	
2001年2月5日	—	2.53	2.53	
2001年3月7日	—	2.69	2.49	
2001年4月8日	—	2.60	2.42	
2001年5月14日	—	2.68	2.60	

续表21-29

开始执行日期	70号汽油	90号汽油	0号柴油	备　注
2001年6月6日	—	2.82	2.71	
2001年7月4日	—	2.49	2.66	+3% -5%
2001年8月12日	—	2.28	2.61	±5%
2001年9月10日	—	—	2.53	
2001年10月17日	—	2.46	2.55	
2001年11月25日	—	2.20	2.24	±8%
2002年1月1日	—	2.03	2.06	
2002年3月5日	—	2.12	2.17	
2002年4月4日	—	2.32	2.38	
2002年5月4日	—	2.49	2.58	
2003年2月1日	—	2.78	2.89	
2003年5月10日	—	2.57	2.66	
2003年12月6日	—	2.78	2.82	
2004年3月31日	—	3.00	—	
2004年8月25日	—	3.18	3.26	
2005年3月23日	—	3.40	—	
2005年5月10日	—	—	3.39	
2005年5月23日	—	3.29	—	
2005年6月25日	—	3.44	3.52	
2005年7月23日	—	3.66	3.73	

钢材价格　1985年2月，国家放开钢铁超产、自销产品价格，取消原定的不超过国家定价20%的规定。1986年允许部分企业产品在国家定价基础上，优质加价10%～15%，地方临时加价20%。1988年针对工业生产资料供求矛盾突出、价格既高又乱的状况，国家对计划外生产资料实行全国统一最高限价。市物价局、物资局要求经营单位严格执行全国统一最高限价，市最高销售限价执行国家统一出厂价格加最高销售限价加价额加计划内金属材料进货运杂费定额。

1993年，国家放开专用钢材以外的统配钢材价格。6月5日，市物价局转发省物价局、冶金工业厅《关于省统配钢材执行价格问题的通知》，规定指令性计划钢材实行指导性价格，生产企业以开标供货前一日本单位的实际出厂价格为标准，每吨下浮500元作价供应；指导性计划钢材实行保量不保价，即由生产企业根据市场供求情况，自行确定价格。1994年，国家对螺纹钢、圆钢、线材等10种钢材实行国家指导价。1996年，国家针对流通领域层层加价、转手倒卖等现象，整顿钢材价格，市物价局转发《国家计委关于有升有降调整钢材指导价格整顿钢材市场价格秩序的通知》，适当降低螺纹钢、线材、热轧圆钢、热轧中厚板材产品指导价的中准价格水平，平均每吨降低150元左右；镀锌板、镀锡板的中准价每吨均提高1400元；中准价格调整后，镀锌板、镀锡板、冷轧薄板上下浮动10%，其他产品上下浮动5%。

1998年，钢铁产品市场发生重大变化，由供求基本平衡到严重供过于求，生产企业纷纷降价竞销。国家计委、国家冶金工业局制定《关于制止低价倾销钢材的不正当竞争行为的暂行规定》，取消螺纹钢等10种主要钢材品种的国家指导价格。至此，对钢材价格的行政干预取消，由企业根据市场供求状况自行制定。

水泥价格 1984年允许超产、自销水泥在上下20%的幅度内由企业自定价格，1985年取消不高于20%的规定，自销、超产部分实行市场调节。1986年由于原材料、燃料提价及运杂费用等增加，水泥成本上升，市物价局调整厂销价格，每吨出厂价90元，零售价118元，用纸袋包装每吨加收10元，用塑料编织袋包装每吨最高加收17元。

1988年对水泥实行按计划程度不同分层次定价，计划调拨部分仍执行1986年价格。连云港市安排指导性计划部分的出厂价格，允许企业在20%的幅度内上下浮动；超计划部分允许企业自主定价销售，塑料编织袋包装费每吨由17元调为19元，散装矿渣水泥销售价格每吨140元（允许企业淡季下浮）；425号散装水泥销售价格在325号水泥价格基础上每吨加价8元，每吨水泥纸袋包装另加15元，编织袋包装另加20元。1989年对地产水泥实行浮动价格，325号普通硅酸盐水泥（含包装）每吨中准出厂价190元，散装水泥每吨中准出厂价为170元，425号水泥比325号水泥每吨高10元，允许生产企业上下浮动不超过10%，同时实行浮动价格备案制度。

1983～1989年部分年份连云港市地产325号水泥厂销价格统计表

表21-30 单位：元/吨

年份	出厂价	批发价	零售价	年份	出厂价	批发价	零售价
1983	70.00	82.40	92.00	1988	140.00	—	—
1985	80.00	92.70	107.00	1989	170.00	—	—
1986	90.00	—	118.00				

1991年4月，国家取消水泥企业生产的水泥价格双轨制，实行计划内外统一出厂价格。10月，市物价局和建材工业公司整顿、调整地产水泥价格，矿渣散装水泥中准价格为325号每吨165元、425号每吨185元、525号每吨205元。普通硅酸盐水泥实行品种差价，即以矿渣水泥同牌号为基价，每吨差价加5元，允许企业在10%幅度内浮动。水泥包装费用为每吨20元。1993年1月，市物价局发文，扩大地产水泥价格浮动幅度，由原上下浮动10%扩大为25%。

1993年4月，市物价局调整地产水泥价格，矿渣散装水泥的出厂中准价，325号每吨由165元调整为200元，425号每吨由185元调整为220元。对市政府重点工程供应浮动幅度为15%，其余浮动幅度不超过25%。6月，省调水泥出厂价格及包装费标准放开后，经营单位的供应、零售价同时放开，市水泥厂及东海水泥厂水泥出厂价、销售价和包装费标准同时放开，由企业自主定价。

三、公用事业价格管理

城市供水价格 1984～1989年，连云港市区居民生活用水价格每吨0.15元，工商生产、营业用水每吨0.24元。1990年，民用水价格每吨调至0.18元，工商生产、营业用水0.3元（均含城市附加费10%）。从1990年9月起，自来水价格由各地管理改为由省平衡管理，即各市制定的自来水价格需报省统一平衡后公布执行。1991年对城市工商生产、营业用水每吨加收水厂建设费0.1元，作为市区第三水厂部分建设资金。

1992～2001年，市区7次调整自来水价格。其间，1994年对城市自来水用户重新分类，由居民生活用水、工商生产营业用水2类，改为居民生活用水、工业用水、商业服务业用水3类。至2001年，市区自来水到户价格民用水每吨1.4元、工业用水每吨1.81元、商业服务业用水每吨2.16元。

2002年加大城市供水价格改革力度，制定“十五”计划期间城市供水价格调整规划，分3步调整到位。2003年8月实施第一步调整方案，自来水用户分类调整为居民生活用水、工业用水、商业服务用水、非经营服务用水、特种用水5类；自来水到户价构成为含税基本水价、污水处理费、城市公用事业附加、水资源费、省水处理专项费用5部分。对最低生活保障居民和特困职工，新增水费全部免收。2005年1月实施第二步调价方案，市自来水公司加快对城区居民小区二次（供水）加压设施和户表出户改造进度，确保3年内完成改造，为居民生活用水实行阶梯式水价创造条件。2005年10月实施第三步调价方案。至此，居民生活用水到户价格每吨2.5元，其中污水处理费1元；工业用水到户价格每吨为2.94元，其中污水处理费0.97元；商业服务业用水到户价每吨为3.32元，其中污水处理费1.07元；非经营服务用水到户价格每吨为1.42元。

管道燃气价格　连云港市区居民使用管道煤气始于1991年，民用煤气每立方米销售价格为0.25元，工业及营业用气每立方米销售价格为0.3元。1995年1月，民用煤气销售价格每立方米调整为0.42元，1997年4月调整为0.6元。1997年8月，管道煤气置换为管道液化气，试销价每立方米为8.5元，1999年6月核定正式销售价每立方米8.5元。2000年8月，管道液化气置换为液化气混空气，民用每立方米5元，事业、企业、饮食服务等行业每立方米6元。2005年，管道石油液化气混空气置换为天然气，居民生活用气价格为每立方米2.5元；工业、商业等非居民用气价格在居民用气价基础上上浮10%，具体价格由供需双方协商确定，下浮不限。

供热蒸汽价格　连云港市区供热蒸汽始于1987年，初期由新浦热电厂、新海发电厂供应蒸汽。1991年成立市节能技术服务中心，开始集中供热，此后又成立海兴、田申、新城等热电公司。由于企业供热成本不一，市物价部门采取对各企业单独定价、大体平衡的办法制定供热蒸汽价格。1991年3月，市节能技术服务中心供热蒸汽价格每吨暂定为60元。9月，新海发电厂供热销售价格每百万大卡临时调整为20.8元。1994年2月，市新浦热电厂蒸汽价格每吨由57元提高到65元。1995年2月，市热电发展总公司供热蒸汽价格由每吨76元调到82元，对财政拨款的行政事业性单位用汽每吨由70元提高到76元。3月，新浦热电厂工业用汽价由每吨65元提高到70元，其他用汽价每吨调整到76元。

1996年1月，新浦热电厂工业用汽价格每吨提高到80元，其他用汽价格每吨调整到86元；市热电发展总公司供热蒸汽价格由每吨82元提高到92元，对财政拨款的行政事业单位用汽价格由每吨76元提高到86元；新电实业总公司供热蒸汽价格每吨由49元提高到59元。1997年11月，市热电发展总公司供热蒸汽价格每吨调为98元，对财政拨款的行政事业单位每吨调为92元。1998年12月，新浦热电厂工业用汽价格每吨调整到86元，其他用汽价格每吨提高到92元。1999年12月，市热电发展总公司蒸汽2种价格统一合并为1种价格，调整为每吨99元。

2001年12月，市物价局核定连云港海兴热电有限公司供热蒸汽试行价格为工业连续用汽每吨90元，间断用汽、生活采暖用汽每吨99元。2002年11月取消供热增容费。2004年12月，煤炭价格继续上涨，连云港市区供热蒸汽销售价格调整为：市热电发展总公司为每吨134元；连云港新电实业集团有限公司工业连续用汽为每吨107元，间断用汽为每吨116元；田申热电有限公司工业连续用汽每吨121元，间断用汽每吨127元；新城热电有限公司供热蒸汽（间断用汽）销售价格为每吨134元，居民用汽价格为每吨99元。居民用汽暂不调整，亏损部分由政府给予适当补贴。

四、农业生产资料价格管理

化肥价格　1984年，地产钙镁磷肥、磷矿粉实行浮动价格，生产企业分别在基准价格5%、

20%的幅度内上下浮动。1985年起，江苏省为鼓励农民交售国家定购的粮食、棉花，实行计划尿素与交售定购粮、棉挂钩，规定每交售百斤粮食或棉花奖售计划尿素的标准，农民凭票购买。1991年3月，对地产碳酸氢铵实行季节性差价。1993年7月，市物价局规定外采化肥作价办法，其批发价格以进货价加实际运杂费再顺加8%综合差率制定，零售企业从市批发单位进货的以批发价加实际运杂费，再顺加8%批零差率制定零售价，零售企业直接从外地采购的以进价加运杂费再顺加10%进零差率制定零售价格。1994年5月，计划外尿素无论调拨、外采或进口，对基层供销社等经营部门供应价最高不得超过每吨1300元，市农资公司直接零售的尿素销售价每吨不得超过1335元。

1998年由于化肥市场变化，计划外化肥价格大幅下跌，计划内尿素失去价格优势，省政府同意取消粮棉挂钩肥政策。1999年8月，化肥出厂价格由政府定价改为政府指导价，地产化肥出厂中准价和浮动幅度由市、县物价局按价格管理权限分别制定，每年制定一次中准出厂价并确定浮动幅度。放开化肥零售价，正常情况下化肥零售价主要通过市场竞争形成，实行市场调节。进口化肥调拨销售价由同级物价部门管理，根据实际进口成本加合理经营费用，按保本微利的原则核定。

2000年1月，省物价局规范化肥价格管理，化肥出厂价、零售价每次调价幅度应控制在3%以内，在化肥价格显著上涨时，县物价部门对当地用量大的尿素、碳酸氢铵等主要化肥品种要制定最高零售限价。2004年4月，化肥市场价格大幅上涨。市物价局下发加大对化肥等农资价格监管力度的紧急通知，对化肥出厂价格实行上限控制，对化肥批发、零售环节实行差率控制。企业经营化肥从出厂到零售的综合经营差率最高不得超过7%。2005年7月，省物价局规范生产、经营企业的价格行为，向重点化肥生产经营企业派驻价格联络员，及时了解生产经营企业价格变动情况，提醒并纠正企业的价格违法行为。

1985～1997年连云港市计划内尿素销售价格统计表

表21-31　　单位：元/吨

年份	1985	1986	1987	1988	1989	1990	1991	1992	1993	1994	1995	1996	1997
价格	500	530	540	650	830	1050	1190	1280	1430	1510	1600	1600	1630
备注	在上述中准价基础上可上下浮动10%												

1984～2005年连云港市地产化肥出厂价格统计表

表21-32　　单位：元/吨

年份	价格	年份	价格	年份	价格	年份	价格
1984	146	1990	380	1996	585	2003	564
1985	169	1991	387	1997	515	2004	508
1986	184	1992	495	1998	419	2005	702
1987	275	1993	420	1999	493		
1988	345	1994	450	2001	460		
1989	405	1995	629	2002	389		
备注	在上述中准价基础上可上下浮动10%						

农药价格　农药价格实行统一领导、分级管理。1984～1991年，价格管理权限比较集中，大

部分品种价格由省物价局管理。1992年，省物价局调整农药价格管理目录，省管品种减至8种，即甲胺磷、敌敌畏、敌百虫、乐果、氧化乐果、久效磷、乙基1605、多菌灵，其余产品由产地市、县价格部门管理，少数次要品种由企业自行定价。1995年1月，省物价局决定对省管农药实行指导价格，以原定价格为中准价，企业在规定幅度内上下浮动，规定农药经营差率为14%，其中省级5%，县、乡两级9%，连云港市确定县、乡各为4.5%。是月，市物价局对连云港市地产农药实行指导价格。

1997年4月，省物价局出台《江苏省农药价格管理暂行规定》，省管理品种缩减为甲铵磷、敌敌畏、敌百虫、氧化乐果4种，其余由市、县物价局管理。6月，省物价局确定连云港市管农药价格目录为甲基1605、乙基1605等10个品种。2002～2005年，农药产品市场竞争格局逐步形成，对农药产品价格的管理过渡到由省定管理办法，授权市、县政府分级定价。主要是管理部分基本农药的出厂基准价及浮动幅度，市场销售价放开。

农膜价格　1984～1987年，农膜由省统一计划、统一调拨、统一价格。1988年起取消统一出厂价，由生产企业按规定作价办法自行定价，调拨价、零售价由省物价局统一制定，实行综合价。是年，主要品种每吨零售价格普膜6900元、地膜7400元。1993年调为普膜7400元、地膜7900元。1994年调为普膜8550元、地膜9125元。

1997年改变农膜由省农资公司统购统配的做法，由生产厂家直接面向市、县农资公司及基层供销社，省定农膜综合价自行终止。1998年4月1日，省物价局调整农膜加工费标准，规定企业根据市场行情在20%的幅度内下浮。2003年，农膜等农资价格大幅度上涨，农膜市场零售价每吨比上年上涨300多元。2004年4月，市物价局加大监测监管力度，查处乱涨价行为，稳定农膜市场价格。2005年农膜市场价格回归正常。

种子价格　1984年后，种子价格实行政府指导价管理。1991年8月，省物价局印发《农作物种子价格管理暂行规定》，种子价格管理贯彻统一领导，分级管理原则，杂交水稻和杂交玉米种子由省种子站统一规定收购指导价格，常规水稻、小麦、棉花、油料种子由市种子站制定收购指导价，其他种子收购价格由县种子公司研究确定。2001～2004年，省物价局于每年9月、10月下达该年度杂交种子收购指导价，上下浮动10%，实际收购价由种子经营者与制种者在浮动幅度内商定。2005年7～9月，市物价局核定市属种子生产企业经营2005年度的水稻、小麦种子销售指导价格，上下浮动5%，良种、原种价格最高上浮10%，新品种最高上浮20%。

2001～2005年连云港市杂交水稻、小麦种子价格统计表

表21-33　　单位：元/50千克

年　份	汕优、协优系列国标一级	汕优、协优系列国标二级	Ⅱ优、特优系列国标一级	Ⅱ优、特优系列国标二级	特优系列杂交组合国标一级	特优系列杂交组合国标二级	粤优系列杂交组合国标一级	粤优系列杂交组合国标二级	两优培九国标一级	两优培九国标二级	小麦基准价
2001	320	300	240	220	—	—	—	—	—	—	83
2002	320	290	240	210	310	280	—	—	—	—	85
2003	330	310	250	230	330	310	—	—	—	—	86
2004	420	400	340	320	320	300	400	380	—	—	102
2005	460	440	355	335	390	370	335	315	450	430	121

说明：水稻、小麦种子的价格分别在上述价格基础上浮动10%、15%。

第五节　服务价格管理

一、交通运输价格管理

港口收费　1984年，连云港市执行1983年11月交通部颁发的《港口收费规则》，将原按重量计费改为按体积、重量择大计费，适当提高费率，装卸费平均提高42.1%。1985年12月，为筹集港口建设资金，国务院发布《港口建设费征收办法》，批准从1986年1月1日起，对进出连云港港等26个港口的货物征收港口建设费。1987年起，连云港港实行交通部和连云港市双重领导、以地方为主的管理体制，港口收费仍执行部颁标准。1992年10月，连云港港执行交通部《港口收费规则（内贸部分）》收费标准，港口货物港务费每吨由0.15元提高到0.3元；其他港口杂费同幅度提高64.5%。

2001年后，连云港港大部分货物装卸费实行浮动费率，将多项装卸作业费目合并为装卸包干费，以《港口收费规则（内贸部分）》的规定费率为基础，参照周边港口价格水平，核定包干费的费率水平。2002年1月起，连云港港执行调整后的收费标准，码头、浮筒的生产性停泊费、集装箱装卸包干比原定标准提高15%，拖轮费比原定标准提高5%。2005年8月1日起，连云港港对货物港务费、船舶使用费（包括引航费、拖轮费、停泊费等）仍实行政府定价，放开港口装卸作业费（即包干费）和堆存保管费，收费标准由港口经营者自行确定，实行市场调节。

公路汽车运价　1985年，江苏省制定《汽车客运运价实施细则》，客运票价实行政府定价管理。市物价局、交通局核定连云—墟沟、连云—新浦普通货物运价每吨分别为4.06元、8.86元，市区内短途货物运价在原计程费率基础上加成35%收费。1990年调整汽车客运价格，包括普通、中级、高级客车，农村公共汽车等，普通客车每人千米单价由0.023元调整为0.038元。1992年调整货物运价，基本运价每吨千米由0.17元调整为0.26元。因燃料油供应平价转议价，燃油价格上涨，从1992年8月起对公路运输实行燃油差价补贴政策，在各车型运价率基础上，客运加收0.004元、货运加收0.03元。

1997年5月改革汽车客运票价构成，将油差补贴并入车型运价，费率水平平均上调42%，其中大客34%（普通大客车每人千米由3.8分提高到6.2分）、中型客车51%、小客车42%。客运运价管理，由政府定价改为政府指导价，调整后的运价为基准价，允许浮动20%。2002～2005年连云港市执行《江苏省汽车运价行为规则》，客运运价标准为：大型车每人千米，高三级每人千米0.28元、高二级0.24元、高一级0.2元、中级0.12元、普通级0.08～0.085元；中型车每人千米，高二级0.2元、高一级0.18元、中级0.12元、普通级0.1元；小型车每人千米，高二级0.18元、高一级0.16元、中级0.14元、普通级0.12元；小轿车0.55～0.6元。至2005年底仍执行这一标准。

市区公共汽车票价　1984～1987年，连云港市区公交票价仍执行1958年标准，30年未变动。1988年5月，市物价局、财政局、交通局对公交票价进行调整，每人每千米费率由0.02元提高到0.028元，票价实行0.1元起售。1990年9月至2005年底，市区公共汽车票价经多次调整，由起售0.1元、0.05元进级，逐步调整到起售1元、2元进级；月票价格由14元逐次调整到40元。

出租汽车收费　1987年2月，《连云港市出租、旅游汽车统一收费标准》出台，结束全市出租汽车收费混乱局面。1991年9月，市物价局、交通局调整市区出租汽车出租价格，小轿车起租里程为5千米以内，起租价标准型为11元，普通型为9元，微型（菲亚特126P）为7元；超过5千米

（不含5千米）部分按实际行驶千米收费，每车千米加收标准型1.4元、普通型1.2元、微型（菲亚特126P）1元。1995年，市政府颁布《连云港市出租汽车客运管理办法》，市区部分汽车出租企业开始接纳个体出租汽车挂靠经营，市物价局核定挂靠管理费为每月180元。5月，市物价局、交通局将小轿车起租里程由5千米降为3千米，起租价相应调整为标准型7元、普通型6元、微型5元，每车千米租价仍执行原标准。

1998年2月，市物价局、交通局再次降低出租轿车租价，3千米以内起租价，标准型、普通型均调整为5元；车千米租价标准型调整为1.2元，普通型调整为1元。2001年，市物价局、交通局核定出租汽车企业向出租车驾驶员收取企业管理费，新车每月不超过320元，旧车每月不超过250元。至2005年底，市区出租车价格一直未变。

二、房地产价格管理

商品房、经济适用房价格　1989年始，全市商品房价格纳入政府管理。1992年，市物价局、建委等五部门规定，普通住宅商品房价格实行国家定价，高标准住宅（指豪华、别墅式）商品房、非住宅商品房实行市场调节价。普通住宅商品房预售价、正式销售价须报物价、建设部门和建设银行审查认可，由物价部门批准。1997年2月，江苏省规定经济适用住房实行政府定价、分级管理，其销售价由住房成本、税费组成，按照保本原则确定。1998年10月明确普通住宅商品房实行国家指导价，平均利润率不得超过8%，房地产开发经营单位在规定基准价格及浮动幅度内确定具体价格。

2003年1月，全省经济适用房实行政府指导价，以保本微利为原则，基准价格由开发成本、税金和利润构成，上浮幅度为3%，下浮幅度不限。2005年，全市实行商品房成本认证制度，不纳入公摊的公共、公用设施不进建筑安装成本，土地闲置费不进开发成本；实行商品房销售价格“一价清”制度，按明码标价要求标明商品房到户结算价格，此外不得收取任何费用；实行商品房销售价格公告制度、商品房实际成交价格备案制度，抑制住房价格过快上涨，规范房地产市场价格秩序。

房改房售价　1996年开始，市区全面实施公有住房优惠出售政策，具体售房价格由物价部门与房改等部门逐年测定，报省批准后公布。实际售价严格按文件规定公式计算。2003年11月开始取消一类地区5%增减率。

土地价格　20世纪90年代初，城镇国有土地使用权逐步实行有偿、有期出让、转让制度。1993年，省物价局、国土局确定全省城镇国有土地使用权出让保护价格，报省政府公布执行。土地保护价包含土地征用费、土地开发费用及银行利息、国家适量地租。1997年12月，市国土局、物价局公布江苏省1997年城镇基准地价标准，明确基准地价属政府定价，对普通商品住宅房用地暂按公布的（住宅）基准地价的40%～50%执行，基准地价由土地使用权的国家收益、长期对土地开发的投资、地面建筑和基础设施的拆迁安置补偿费用构成，其中第二、三项为开发成本，由出让方代收代付。

1999年10月，市物价局决定加强住宅用地转让价格管理，凡以出让方式取得居民住宅建设土地使用权经开发后符合转让条件的，需报市物价局核定转让价格。2002年3月，省国土厅、物价局公布全省协议出让国有土地使用权最低价，明确最低价是土地出让中必须掌握的最低标准，不是土地出让的实际价格，商业、旅游、娱乐和房地产开发等经营性项目用地须以招标、拍卖或挂牌方式供地。2004年，市物价局、国土局公布连云港市区基准地价。2005年，全市出让土地1032.71公顷，出让金总额30.5亿元。

2004年连云港市新浦、海州地区基准地价统计表

表21-34　　　　单位：元/平方米

土地级别	一　级	二　级	三　级	四　级	五　级	六　级
基准地价（商业）	4150	2900	1800	1100	750	500
变动幅度	2950～5350	2050～3750	1300～2300	800～1400	550～950	380～620
容积率	1.5	1.3	1.1	1.0	0.8	0.7
基准地价（住宅）	1400	1050	720	500	420	290
变动幅度	1000～1800	750～1350	520～920	350～650	300～540	210～370
容积率	1.6	1.4	1.2	1.0	0.9	0.8
基准地价（工业）	480	440	390	330	270	220
变动幅度	360～600	340～540	310～470	260～400	210～330	170～270

2004年连云港市连云地区基准地价统计表

表21-35　　　　单位：元/平方米

土地级别	一　级	二　级	三　级	四　级	五　级
基准地价（商业）	3600	2350	1400	850	550
变动幅度	2600～4600	1650～3050	1000～1800	600～1100	420～680
容积率	1.2	1.0	0.9	0.8	0.6
基准地价（住宅）	1250	900	600	440	340
变动幅度	900～1600	650～1150	440～760	320～560	240～440
容积率	1.3	1.1	1.0	0.8	0.7
基准地价（工业）	470	430	360	300	240
变动幅度	350～590	330～530	280～440	230～370	180～300

公房租金　1987年1月，连云港市制定城镇非住宅公房租金，每平方米月租金钢混结构1.5元，砖混结构一等1.42元、二等1.38元，砖木结构一等1.44元、二等1.24元、三等1.14元，简易结构0.87元。1990年7月，新浦地区部分繁华地段房屋租金基价平均上调20%～50%，其他地段价按原规定执行。1995年，市住房制改革领导小组制定市区公有住房统一计租标准和实施细则，每年对市区公有住房租金标准进行一次小幅上调。2000年12月，直管非住宅公房租金实行市场调节，由租赁双方根据房源区位、环境和市场供求因素商定。但对1992年底前承租的直管非住宅公房租金采取先调整、后放开的办法。2002年6月1日起放开，实行租赁双方协商确定。

物业管理收费　住房制度改革前，由产权单位或公房管理部门负责住宅房管理。1995年以后，随着住宅商品房开发和住房制度改革，物业管理渐兴。1995年，市物价局出台物业管理服务价格申报审批制度，规定物业管理收费须报市物价局批准后执行，物业管理服务内容和收费标准应向业主公布，接受业主监督。

1997年3月，市政府印发《连云港市住宅小区物业管理办法》，规定住宅小区公共性服务收费实行政府定价，代办性服务收费实行政府指导价。5月，市物价局、房产管理局对住宅小区物业管理收费作出具体规定，普通住宅小区物业管理公共性服务收费标准由物价部门审批；获得国家、

省、市级优秀住宅小区物业管理公共性服务收费标准可分别上浮15%、10%、5%；高标准住宅小区物业管理公共性服务收费、公共代办性服务收费标准，由物价部门审批中准价及浮动幅度，物业管理单位在规定幅度内确定具体标准；实行经营者定价的物业管理服务性收费标准由物业管理单位与业主委员会或户权人代表协商议定。

1999年10月，市物价局发布物业管理特约服务有关项目收费标准，2000年1月，市物价局规范物业管理服务收费，要求物业管理收费实行明码标价，采用市物价局统一监制的标价表，在小区醒目处公示，不明码标价的不得收费。2000年2月，市物价局、房管局印发《连云港市城市普通住宅区物业管理公共服务等级收费实施细则》，对公共性物业管理服务收费实行分等级管理，普通住宅区物业管理公共性服务费分为1～5级，收费标准按建筑面积计算，1～5级每月每平方米分别为0.15元、0.2元、0.25元、0.35元、0.45元，有电梯的加收0.5元。

2005年1月，市物价局制定《连云港市物业服务收费管理实施办法》，普通住宅公共服务收费改为实行政府指导价，允许物业管理企业按各等级中准收费标准，在15%的幅度内浮动，中准收费标准1～4级保持2000年标准不变，5级下调为每平方米0.4元；非普通住宅及经营性用房公共服务费、特约服务和代办服务收费，实行市场调节价。

三、旅游景点、旅游服务行业价格管理

1984年，连云港市旅游景点门票价格实行政府定价,由市物价局制定价格。市内公园除新浦公园、海滨公园使用门票外，其他公园均免费向市民开放。2004年7月，全市爱国主义教育基地对中小学生集体参观实行免票，个人参观半价。

花果山景区　从1984年4月1日起出售门票，标准为每人次0.10元，至2005年，花果山景区门票价格调整11次。其间，1997年对内外宾两种门票价格实行并轨，2000年实行淡旺季价格。2005年，花果山景区旺季（3月1日至11月30日）门票价格为每人次100元，淡季（12月1日至翌年2月28日）门票价格为每人次50元；对连云港市居民实行游览年卡办法，每卡售价20元，当年有效，不限次数；军烈属、伤残人员、在校学生凭有效证件购票，实行半价；对现役军人、部队离退休人员及70岁以上老人凭有效证件实行免票。

连岛景区　1996年，连岛海滨浴场门票价格为每人次2元。1998年实行淡旺季价格，每人次旺季20元、淡季5元。2005年，苏马湾生态园和连岛大沙湾浴场合并成连岛景区，门票旺季（5月1日至10月31日）调整为每人次50元，淡季（11月1日至翌年4月30日）调整为每人次30元。居民游览年卡红卡每张50元，在6～8月双休日限用3次；蓝卡每张30元，在6～8月双休日限用1次。其他时间不限，全年有效。

孔望山景区　1991年，门票价格为每人次0.5元，外宾每人次1.00元。1996年，门票价格不分内外宾，票价为每人次3元。2004年对孔望山风景区实行联票，价格为每人次30元（含进山门票、龙洞庵、摩崖石刻等景点门票价格）。

渔湾景区　1995年，门票价格为每人次5元。1996年调整为每人次7元。1998年调整为每人次10元。2003年调整为每人次20元。2005年调整为每人次30元。

旅馆业价格　1984年11月，市物价局、商业局下发《连云港市旅馆业价格管理办法（试行）》，旅馆业价格按照统一领导、分级管理的原则，实行政府定价。1986年9月，市物价局明确旅馆业价格管理权限，以接待外宾为主的涉外饭店、宾馆的客房价格由市物价局、旅游局共同管理，市区机关招待所、大型饭店和旅馆的客房价格由市物价局管理，商业系统所属旅馆由市饮食服务公司负责管理。

1991年5月对旅游涉外饭店客房价格实行季节差价，旺季上浮外宾不超过30%，内宾不超过10%，淡季下浮外宾不超过50%，内宾不超过30%。1993年6月对旅游涉外饭店以外的宾馆（饭店）客房价格实行季节差价，以市物价局核定标准为基准价，旺季可上浮30%，淡季下浮不限，实行指导价管理。市区30张床位以下的或每天每床位10元以下的经营性旅馆的客房价格由企业自行定价。

1997年5月，市物价局印发《连云港市旅馆业管理办法》，对宾馆、饭店客房价格实行分等定价，优质优价。2001年8月，市物价局印发《连云港市规范旅馆业价格行为规定》，旅馆业价格由经营者根据正常生产经营成本、结合行业平均成本和市场供求状况自主定价。2004年10月，市物价局制定《连云港市旅馆业价格行为规则》，明确旅馆经营者明码标示的价格或实际结算价格超过同等条件下市场平均价格30%的为暴利，旅馆业各等级的市场平均价格由市、县价格主管部门测定，每年按淡旺季分2次公布。11月，市物价局公布市区旅馆业标准间客房市场平均价格水平为淡季（2004年11月至2005年4月）四星级宾馆280元、三星级宾馆220元、二星级宾馆180元、星级以下100元；旺季（2005年5月至2005年10月）四星级宾馆320元、三星级宾馆280元、二星级宾馆220元、星级以下140元。

餐饮业价格 1984年11月，市物价局、商业局制定《关于改进饮食服务价格管理办法》，市物价局管理以平价为原料的20个品种，市商业局管理7个品种，部分定价权限下放市区饮食主管部门，规定饮食业综合毛利率（倒扣率）为28%～35%。1985～1990年5次调整大众早点等粮食复制品价格。1990年5月，每500克油条、馓子、麻团、糖糕、葱油饼价格分别为1.2元、1.3元、1.4元、1.3元、1元。1993年4月，粮食副产品、复制品价格与粮油价格同步放开。

1997年5月，市物价局、贸易局印发《连云港市餐饮业价格管理办法》，对餐饮业价格实行等级管理，根据营业用房的结构、餐位数量、设备设施、技术力量、服务质量、管理水平和清洁卫生条件，分为特级、一级、二级、三级4个等级，餐饮店自制食品综合毛利率分别为特级店50%、一级店45%、二级店40%、三级店35%，等级以外餐饮店综合毛利率不得超过30%。1997年11月至2000年12月，市物价局、贸易局分8批公布市区餐饮店等级名单。

2001年8月，市物价局制定《连云港市规范餐饮行业价格行为规定》，明确餐饮价格由各餐饮经营者自主定价，取消综合毛利率，对餐饮店经营的烟、酒、饮料实行反暴利管理，餐饮经营者明码标示同一品种的烟、酒、饮料价格或实际销售价格超过同等条件下市场平均差价率50%的为暴利，餐饮业的烟、酒、饮料市场平均差价率由市、县价格主管部门测定，按期公布。2004年10月，市物价局制定《连云港市餐饮业价格行为规则》，明确餐饮业实行市场调节价，餐饮经营者必须实行明码标价。至2005年，政府未有新的餐饮业价格规定出台。

四、电信资费

1984～1991年，电话作为高档消费尚未普及。1991年后，电信行业发展迅速，寻呼机、移动电话先后普及。物价部门为通信基础设施的资金筹集和电信资费出台一系列政策。1994年固定电话甲种用户初装费每户3500元。1998年，寻呼机、声讯信息台服务、电信增值业务等收费相继放开。1998年12月1日起取消月租费上加收的城市公用事业附加、通信建设费。2001年2月21日起停止征收国内长途电话通信建设费和电信扶贫发展费、移动通信建设费及漫游通信建设费，放开寻呼机服务费；7月1日起取消市话初装费、移动电话入网费等用于邮电通信事业建设的政府性基金。2004年8月，全市建立电信资费执行事前告知制度及备案制度，完善电信资费公示制度。至2005年，政府未有新的电信资费规定出台。

第六节　行政事业性收费管理

一、收费管理制度

20世纪80年代前，行政机关和事业单位收费项目很少。80年代中期，随着财政体制变革，出现收费管理权限分散、项目越来越多、收费急剧膨胀等问题。1988年，连云港市在全省率先实行收费许可证制度，市物价局将收费单位的收费项目、标准、文件依据在收费许可证上列明，收费单位和收费员必须亮证收费。是年，全市核发收费许可证236个，收费员证800个。1992年，市物价局、财政局开始实行收费年审制度，以后每年均对收费单位上年度行政事业性收费组织年度审验。1997年，市物价局、经委建立工商企业付费登记制度，向企业发放付费登记手册5000多册，收费单位向企业收费必须在付费登记手册上如实登记。选择50个重点企业实施企业负担重点监控，建立15个农民负担监测点、20家个体私营企业付费监测点、20个中小学生付费监测点。1998年，付费登记制度推广到全市个体工商户和私营企业。1999年11月，市物价局、市委农工部、市监察局在灌南县三口乡进行涉农收费公示试点。2000年4月12日，全市全面推行涉农收费公示制度。

2002年，市政府在全市行政机关及事业单位全面推行行政事业性收费公示制度，要求所有行政事业性收费单位必须对收费项目、标准、文件依据在机关醒目位置或收费窗口予以公示，接受群众监督，为全省第一个由市政府印发的此类文件。2004年，市物价局实行涉农价格和收费公示、行政事业性收费公示两项制度实施办法。2005年完善企业付费登记制度，企业付费登记卡改由经贸主管部门免费向企业发放，价格主管部门负责查验，监察部门监督实施。

二、治理乱收费

1988年，连云港市首次全面清理行政事业性收费，清理228家单位收费项目377个，保留334个，取消不合理收费43个。1990年，针对一些地区和部门存在的乱收费、乱罚款和乱摊派（简称“三乱”）的情况，连云港市对全市行政事业性收费开展全面复查、验证、建档工作，对352家收费单位的收费许可证、1037本收费员证进行逐个验收，对2486个收费项目逐个进行复查，认可收费项目2364个、缓办108个、停办14个，全面建立收费档案。1992年，物价部门对照省公布的首批9个系统、第二批11个系统共422项收费，进行重新核定，明确全市保留收费项目202个、降低标准项目16个、取消项目30个。

1993年10月，市财政、物价、纪委等部门联合组成清理乱收费办公室，对行政事业性收费进行排查清理。至1994年10月，全市58个系统有行政事业性收费466项，全年行政事业性收费总额2.39亿元；清理出自立项目收费和提高收费标准收费123项，报请省要求保留5项，责令纠正提高标准8项，公布取消110项，其中市政府3次发文公布取消43项、县政府公布取消67项，落实国家和省明令取消的收费74项。对涉及个体工商户的收费进行专项清理，将原35个收费项目减少到19个，使个体私营户由年均交费近800元减少到400元。1996年，市物价、纪检、监察等部门突出抓好治理公路、河道“三乱”工作，取消一批擅自设立的站卡，全市设在公路、河道上的63个收费点、24座闸坝收费情况基本达到中央和省规定的治理目标。开展治理乱收费、减轻企业负担工作，公布取消行政事业性收费项目31个。1998年，专项清理开展向个体私营企业和外商投资企业乱收费、乱罚款、乱摊派，清查历年制发的收费文件560多份，取消涉及个体私营企业的收费项目11个，降低标准5个；取消涉及外商投资企业的收费项目17个，整理出涉及个体私营企业的经常性收费项目82个。1999年整顿规范涉房收费，合并5个专项收费，降低收费标准6个，取消收费项目8个。

2002年3月起，全市56个部门（系统）的476项收费项目进行全面清理和收费年审，是年降低收费标准、取消收费项目24个，为企业减轻负担1.1亿元。取消、减免、降低30多项涉农收费，取消、减免农民进城务工的8项收费。2004年取消48个行政许可收费项目。2005年，市物价部门对全市72个系统403家收费单位458项收费进行审验，停止执行收费项目94项。

三、收费优惠政策

1998年，连云港市行政事业性收费开始实行优惠政策。7月，市物价局、财政局等4部门发出《关于下岗职工再就业和保障特困职工基本生活减免有关收费的通知》，城镇失业人员和下岗职工从事个体经营、家庭手工业或开办私营企业、开展生产自救和兴办劳动就业服务组织，1～3年内可免收工商管理费等13项行政性收费，对失业人员一次性免收培训费，下岗特困职工就医、子女入学享受费用减免。8月，连云港市降低国家机关的登记、诉讼费及实行政府定价或政府指导价的资产评估等中介机构对企业的收费标准，供水、供电单位和邮电部门为企业办理水、电、通信等过户手续，免收过户手续费、开户费。1999年4月，市物价局、财政局制定对新办外商投资企业的收费优惠政策，对新办外商投资企业除注册费、登记费、工本费、资源性收费和环保收费等41个费种外，其他费用自企业开办起，4年内一律免收。

2003年5月，市政府下发《关于防治非典型肺炎期间对部分行业实行税费减免等优惠政策的意见》，决定自5月1日至9月30日对全市受“非典”疫情影响较大的旅游、餐饮、旅店、娱乐、民航、公路客运、出租汽车行业实行部分税费免缴政策。2005年10月，市物价局、财政局公布社会困难群体收费优惠项目，要求县区对有关收费及优惠政策文件进行全面清理，将清理结果向社会公布，对有关单位收费优惠政策落实情况进行检查。

四、中小学教育收费

1984年，省教育厅、物价局统一调整全省中小学校学杂费收费标准。1985年，国家实施教育体制改革，全省开始实行九年制义务教育。1989年，省教委、财政厅、物价局联合整顿中小学收费，首次提出小学、初中收取杂费，高中收取学费，对义务教育阶段和非义务教育阶段高中收费实行差别政策，省重点高中因需要教育投资较多，可在20%的幅度内上浮。

20世纪90年代后，教育事业迅猛发展，经费缺口较大，经省政府同意，从1992年起每两年对中小学学杂费进行一次适当调整。1994年规定按是年高中新生入学总数的20%招收自费生。自费生收费标准为一般中学每生每学期500元，全市5所省重点中学高中每生每学期650元。1996年秋季起试办公办民助学校；市教委、物价局核定最高收费标准为依托省、市实验小学试办的学校每生每学期400元，依托市重点中学试办的学校初中每生每学期800元、高中每生每学期1000元，依托省重点中学试办的学校初中每生每学期1000元、高中每生每学期1250元。

1998年对高中不再确定自费生比例，改按确定每班公费生人数，其余为自费生。1998年每班统招公费生22人。从2000年秋季起，普通高中招生收费并轨，此后不再分公费生、自费生、借读生。2001年7月，新海实验中学与师专一附小联办小学、初中九年一贯制试验班，每生每学期小学段1000元、初中段2000元。新海实验中学、市外国语学校初中部每生每学期2000元。

2003年对公办高中招收择校生实行限分数、限人数、限钱数政策，公办高中招收择校生的比例最高不超过高中实际招生总人数（以学校为计算单位）的20%，择校生收费标准国家级示范高中每生不超过2.5万元，省级重点高中每生不超过1.8万元，市重点高中每生不超过1万元，一般高中每生不超过0.5万元。2004年，市教育局、物价局等7部门出台《关于做好2004年治理教育乱收费工作的意见》，明确依托公办学校开办的公办民助学校必须符合独立法人、有独立校园校舍、独立核算、独立办学的条件。中小学生购置的校服、订阅报刊、购买教辅用书、饮用奶坚持自愿原则。学校不统一为学生代办保险，严禁通过学校搭车收费。从2005年春季起，公办义务教育阶段学校实行“一费制”收费，包含杂费、课本费、作业本费、信息技术教育费。

1984～2005年部分年份连云港市中小学杂费统计表

表21-36　　单位：元/每生·每学期

项目		1984年	1987年	1989年	1992年	1994年	1996年	1998年	2000年	2005年
小学	1～2年级	2～2.5	—	4～5	8～10	20～25	30～35	40～45	50～60	68～78
	3～4年级	3～3.5	—	6～7	10～12	20～25	30～35	40～45	50～60	68～78
	5～6年级	4～4.5	—	8～9	12～14	20～25	30～35	40～45	50～60	68～78
初中	—	6～7	—	12～13	20～22	40～45	55～60	65～70	90	106～116
高中	—	7～8	7～10	15～16	28～30	—	—	—	—	—

1989～2000年部分年份连云港市高中段教育收费统计表

表21-37　　单位：元/每生·每学期

项目		1989年	1992年	1994年	1996年	1998年	2000年
一般中学		15～20	38～40	80～90	130～140	150～160	800
省重点中学		—	—	200	260	300	600
自费生	一般	—	—	500	650	650	450
	重点	—	—	650	900	900	420

五、医疗服务收费

1985年3月，江苏省调整医疗机构住院费、手术费等6类约168项收费标准，公费、劳保医疗除挂号费、住院费、手术费仍执行原对公收费标准外，其他项目与自费病人执行统一标准，缩小公费与自费之间的差距。1986年4月始，市以下医疗机构的收费标准由地级市在省定标准范围内制定，乡级医疗机构由县制定，新增医疗收费标准暂由市制定，报省备案。1989～1990年，连云港市整顿医疗收费秩序，取消23个乱收费项目，调高门诊挂号、检查治疗、化验类收费标准140项，采取加收125%的材料费办法，提高手术费标准，降低X线计算机体层（CT）、碎石机2项收费标准。

1993年，提高部分基本医疗收费标准，调高挂号费、床位费、化验费，收费项目由400多个调整合并为129个，手术费分5类15档并适当提高标准，降低核磁共振等大型仪器设备检查治疗费，公费医疗、劳保医疗与自费医疗收费执行同一标准。1998年对部分医疗服务收费标准作出调整，增设体现医务人员技术劳务价值的门诊、住院诊疗费、护理费，提高部分治疗费、检查费、手术费等收费标准，降低核磁共振、CT等大型仪器的检查治疗费收费标准，与1986年省定79项标准相比（手术费除外），调高标准的占17%，调高幅度平均为3.17倍，1259项手术费标准平均提高1倍。

2000年11月，全省改革医疗服务价格管理办法，非营利性医疗机构提供的医疗服务实行政府指导价，营利性医疗机构提供的医疗服务实行市场调节价。12月，全市新增168项医疗服务收费。2005年，省物价局提高体现医护人员技术劳务价值的手术、麻醉类、护理类和反映医疗技术进步的经血管介入诊疗类价格标准；降低过高的核磁共振扫描、CT扫描、彩色多普勒超声特殊检查等大型设备检查项目标准，放开部分带有医学美容性质的特需医疗服务价格。全市各级医疗单位从9月20日起执行新的医疗服务项目价格。

第七节　价格事务与价格认证

1991年4月，连云港市物价局成立连云港市价格事务信息服务中心，业务范围包括担任企事业单位的价格顾问、编印发行价格信息、提供价格法规政策与价格事务咨询、培训企业价格管理人员、核发企业定价资格认可证等。1992年起，价格事务机构承担盗窃案中的赃物评估。1993年8月，“四物”（赃物、罚没物、过期无主物、纠纷财物）的估价鉴定作为价格事务机构法定职能得以确定。1994年，国家规定价格事务的估价范围由刑事、行政案件开始向民商事案件延伸，市价格事务信息服务中心开始承接各级法院经济、刑事案件委托，估价内容涵盖生产、生活资料，有形、无形资产，包括房地产、土地使用权等。

1997年，连云港市价格事务所单设。根据《江苏省道路交通事故车损评估办法》，市价格事务所成立车损价格评估科，对市内高速公路、市区道路交通事故车损、物损进行价格评估，为公安交通管理部门、司法部门处理交通事故提供价格依据，为当事人保险理赔提供参考依据。2000年，市价格事务所更名为连云港市价格认证中心，成为专业从事涉案价格鉴证、认证的事业单位。2004年，市物价局开始探索推行商品（收费）定、调价前实行成本认证，市价格认证中心成立成本认证科，以注册价格鉴证师为主，外聘注册会计师、注册工程造价师，开展定调价前成本认证，承办市区商品房、景区门票、自来水、供热等定调价成本认证，核减不合理成本，为政府价格主管部门科学合理定价提供成本依据。2005年，市价格认证中心获省物价局授权，开始行使价格评估机构资质审核上报、价格评估人员执业资格认定审核上报和价格鉴证师注册预受理三项行政许可职能。是年，市价格事务所完成鉴定项目1245个，标的总额5256万元。

1997～2005年连云港市价格鉴定、认证、评估业务情况统计表

表21-38

年　份	项目数（个）	标的额（万元）	年　份	项目数（个）	标的额（万元）
1997	400	4000	2002	1170	7999
1998	803	3684	2003	1228	9824
1999	879	5720	2004	1258	4969
2000	1300	8000	2005	1245	5256
2001	1319	8263			

连云港市志

第二十二卷　经济综合管理（下）

第一章　统计管理

1984～2005年，连云港市统计部门按照国家、省统计局统一部署，先后开展国民经济核算统计、农村经济统计、工业统计、劳动工资统计、城市基本情况统计、交通运输及邮电统计等多种类型统计，开展多种专项统计调查和人口普查等国情国力普查，整理编印大量统计资料，根据统计资料进行统计分析和预测，反映国民经济发展速度、比例关系、经济效益及社会发展等方面的变化，为各级党政领导部门制定政策、检查国民经济计划执行情况、加强宏观经济管理提供重要依据和决策参考。

第一节　统计报表制度

一、国民经济核算统计

1984年，国民经济核算执行以国民收入为核心指标的物质产品平衡表体系（MPS）。1985年，国务院批准建立国内生产总值和第三产业统计制度，开始在国民收入基础上计算国内生产总值。1985～1992年，国民经济核算物质产品平衡表体系（MPS）与国民账户体系（SNA）并存，此时报表制度包括MPS的国民收入、SNA的国民生产总值统计和社会经济效益统计。1993年起进入全面实施新国民经济核算体系（SNA）时期，停止国民收入计算，只执行一套国民生产总值统计报表制度，从分配法、生产法和支出法3方面开展国民生产总值核算，取消社会经济效益统计。省统计局建立国内生产总值数据质量评估制度，连云港市国内生产总值数据须经省统计局评估认定。连云港市统计局建立国内生产总值数据质量评估制度，对县、区国内生产总值数据实行下管一级，按季开展国内生产总值数据评估工作。2003～2005年，国民经济核算体系再次由混合体系（MPS与SNA相混合）向SNA转变。

二、农林牧渔业统计

1983年以后，国家统计局逐步改革国民经济和社会统计指标体系，将农业统计改为农村统计，主要增加价值和社会经济效益方面指标体系，严格管理发往农村基层的统计报表。农村统计实行一套表制度，包括村组填报的报表、乡镇报表、乡镇主要经济考核指标月报和经济社会计划执行情况公报。20世纪90年代，全市统计部门执行新的国民经济核算体系，农村统计报表又有新变化。1992～2005年，统计部门新增加的农村统计综合年报有现价农村社会总产值、农业总产值和农业商品产值、农业增加值、农业净产值、农村经济收入分配和效益、农村固定资产结构等指标和县（市）农村经济卡片、沿海开放县和农副产品口生产基地农村社会经济卡片等。

三、工业统计

1984年，工业全面报表填制以企业为起报单位，由统计部门负责汇总，逐级上报。1987年，市统计局负责全市各县、区和市直综合单位工业全面报表的汇总上报。统计主要内容包括生产、销售、库存和成本、费用、价格、盈利等情况，资产负债情况及其构成等。1998～2005年，根据省统计局规定，全部国有及年销售收入500万元及以上的非国有工业企业实行全面调查，年销售收入500万元以下的非国有工业企业实行抽样调查，规模以上工业统计的内容主要包括工业总产值、工业增加值、销售收入、利税总额、利润总额等指标。

四、建筑业统计

1984年，全市建筑业统计年报有建筑业净产值、净产值计算表、建筑安装企业主要财务成本指标、主要建筑材料和能源节约情况、施工任务完成情况及计划进度表5种。1985年，增加建筑安装企业、自营施工单位生产情况，建筑业劳动生产率，工程质量，主要施工设备实有、完好情况，技术装备，财务成本，工程成本明细表，承包责任制推行情况，本年投标承包工程一览表9张报表。从1990年起，连云港市建筑业统计实行电子计算机汇总。1996年，连云港市建筑业统计报表合并为建筑企业生产情况表。2000年增加建筑企业财务状况表。2001年，增加建筑业企业建筑材料消耗情况。2003年增加劳务分包建筑业企业生产经营情况、建筑产品产量完成情况。2005年增加建筑业企业出省生产情况。

五、服务业统计

1994年起，全市统计部门按照统计制度规定，对卫生、体育、社会保障、教育、文化、广电、科研、国家机关、政党机关、社会团体等社会服务业开展专门的统计调查，对象为全额、差额事业单位和服务业企业及实行企业化管理的事业单位。调查内容为单位财务状况情况，反映单位的年度经费收入、业务收入，工资和福利费用发放，设备购置，公务费和业务费的支出及单位预算外支出和专项专用资金支出，年末固定资产等情况。社会服务业统计调查一直持续到1997年。1999年，全市开始开展旅馆业抽样调查，对星级以外住宿业进行抽样调查，主要内容为单位财务状况及营业状况，主要有营业收入、营业支出，利润、固定资产等财务指标及客房数、床位数、年入住旅客人数和床位周转率等营业状况指标。此项调查一直持续到2003年。

随着服务业快速发展，2004年4月，市编委批复市统计局设立服务业统计处，负责全市服务业统计调查的组织管理工作，开展全市服务业统计调查制度的创新研究和建设。是年底，按照政府统计为核心，以部门、行业统计为基础，统一制度，部门实施，以条为主，条块结合的服务业统计思路，全市第一个服务业综合统计调查制度《2005年连云港市服务业统计制度（试行）》出台。2005年起，全面开展服务业统计。

六、批发和零售业、住宿和餐饮业统计

1984年，社会商业随着经济体制改革不断深入，从单纯的对国营和供销合作社商业的统计逐步扩大到集体、个体、工业部门直接销售，集市贸易及其他行业直接经营。1993年为反映企业规模经营情况，增加大中型批发零售贸易业企业报表，由同级统计部门直接布置、收集和汇总。1998年取消大中型批发零售贸易业企业报表，增加限额以上批发零售贸易和餐饮业企业报表，由同级统计部门直接布置、收集和汇总。2000年对个体批发零售业、餐饮业进行抽样调查，调查以

县、区为总体，以从事批发和零售贸易业、餐饮业个体户为基本抽样单元。调查频率为每年2月、5月、8月和11月各1次。对每个样本经营单位调查时间为连续1个月。调查由工商部门负责抽样框资料的提供和样本资料的收集、审核、报送，统计部门负责样本的抽选、抽样误差的测算、数据的处理和总体资料的推算。

2002年，对限额以下（含个体）批发零售贸易业、餐饮业进行抽样调查，调查分别以县、市为总体，以从事批发和零售贸易业、餐饮业的限额以下企业（活动单位）或个体户为基本抽样单元。调查频率为每年5月、11月各1次。对每个样本经营单位调查时间为连续1个月。由统计部门直接负责样本抽选，样本资料收集、审核、处理和总体资料的推算。2005年增加星级住宿业企业报表，由同级统计部门直接布置、收集和汇总。

七、对外经济和旅游统计

1984年，连云港市对外经济贸易委员会成立，负责全市对外经济贸易统计上报。1985年起，连云港市开始执行对外经济综合统计制度。1993年实施新的对外经济统计制度，包括外国和中国港澳台地区直接投资情况，"三资"企业机构、人员和生产经营状况，接待过夜旅游人数、旅游外汇收入、旅游企业经营情况等调查内容。1994～1995年，对外经济统计制度作出部分调整。2002年反映外商投资企业发展状况的报表有外国、中国港澳台地区投资企业生产经营情况年报表和外国、港澳台地区在华直接投资重点企业主要经济指标月报表；旅游业统计除反映接待国内外过夜旅游人数的4张月报表外，设置反映住宿设施接待能力、景区接待能力的2张半年报表。2005年，对外经济统计主要有全市利用外资情况、外国和中国港澳台直接投资情况、进出口主要指标等；国际旅游主要是统计接待国际旅游者情况。

八、固定资产投资统计

1984年，固定资产投资统计范围为全社会各个经济领域。全民所有制更新改造措施投资统计年报基层表将固定资产投资指标体系集中反映到1张表内，专供计算机汇总使用。1985年，固定资产投资统计年报分为全民所有制基本建设统计、全民所有制更新改造措施统计、全民所有制其他固定资产投资统计、集体所有制固定资产投资统计、私人固定资产投资统计5部分。从1987年起，全民所有制固定资产投资统计报表增加固定资产投资财务拨款统计报表。1989年按国家统计局规定，将基本建设本月新开工100万元以上项目一览表填报范围扩大到全部基本建设和更新改造项目。

20世纪90年代，固定资产投资统计报表制度更加完善，形成一套以投资效果为中心、反映投资过程和结果的指标体系，包括固定资产建设项目、固定资产投资价值量、新增生产能力（或效益）、房屋建筑面积、投资效果等方面。各级综合统计部门将基层单位上报数据全部输入电子计算机储存，运用计算机超级汇总，取代综合统计表式报表。1992年，固定资产投资统计基层表标准表式，增加实际需要的总投资、本年各项应付投资款（其中工程款、设备器材款）等指标，资金来源按计划资金管理部门分列。1993年，固定资产投资统计基层表标准表式，增加商品房屋销售额、商品房屋销售建筑面积、商品房屋配套设施完成投资、本年交付使用财产等指标。1994年6月开展固定资产投资项目快速调查。1996年单设房地产开发统计基层标准表，分为投资额和新增固定资产、土地开发、资金来源、施工竣工房屋面积及竣工价值、商品房屋销售与出租情况、开发经营情况、利用外资情况等报表。

2003年，固定资产投资统计的报表制度规定的基层表有固定资产投资完成情况表、房地产开发投资完成情况表、房地产开发经营情况表，综合表有基本建设投资完成情况表、更新改造投资完成情况表、其他固定资产投资完成情况表、房地产开发投资完成情况表、城镇和工矿区私人建房情况表。基本建设投资、更新改造投资统计范围为计划总投资（或实际需要总投资）50万元及其以上的单位（或项目）。2004年取消全社会表，分城镇和农村两块，城镇投资统计50万元及其以上项目，农村投资统计500万元及其以上项目。2005年，城镇投资、农村投资的统计口径调整为50万元。

九、劳动工资统计

1985年，劳动工资统计定期报表有全民所有制单位职工人数和工资月报、季报、半年报，各种合营、华侨或港澳工商业者经营和外资经营单位全部职工人数和工资月报、季报，城镇集体所有制单位全部职工人数和工资及个体劳动者月报、季报，重点市全民所有制单位全部职工工资总额构成情况季报。20世纪80年代后期，随着电子计算机应用于劳动工资统计，增加职工人数和工资多层次分组指标、企事业和机关职工变动统计及专业技术人员情况统计。1986年起，中央、省属单位职工人数与工资一览表和劳保福利费用综合统计年报表由统计部门移交劳动主管部门编报。1987年增加租赁企业职工工人数与工资综合统计年报，1988年停止执行。1988年，增加各类专业技术人员情况综合统计年报表。1989年增加离休、退休、退职人员、其他所有制工业建筑业全部职工人数综合统计年报表。

1990年，国家统计局经国务院批准，颁发《关于工资总额组成的规定》，作为以后工资总额统计范围的主要依据。省统计局、计委、编委和劳动局对全省全部独立核算企业、事业、机关的性质，按照统一规定的标准重新核定，改变过去以行业定性的做法。到1992年，劳动工资综合统计年报有12种。2005年，统计范围从原有的城镇集体以上单位扩展到私营企业中的规模以上工业、限额以上住宿、贸易和餐饮业，资质以上建筑业、房地产业单位，主要实行年报和季报制度。

十、人口统计

1984～2005年，连云港市人口统计每年开展一次，其基础资料来源是公安部门的户籍年报。人口统计报表内容有户籍人口、性别、出生、死亡、出生率、死亡率、自然增长率等人口变动指标，统计范围是各县、区的所有乡、镇、街道及场矿、企业、农场等政企合一单位；统计口径是公安部门户籍资料的户籍人口。市统计局每年编制人口年鉴资料向社会提供人口资料数据。

第二节　专项统计调查

一、农村调查

农产品产量调查　1984年，连云港市农村抽样调查队（简称农调队）成立。根据国家统一网点抽选方案，抽选新的农产品产量抽样调查县，上报江苏省农调队审批后于1985年正式启用。主要调查农作物播种面积（包括上年秋冬播和春播面积及全年播种面积），夏收粮食预计产量，夏收粮食（小麦）实测产量，夏收实测产量核实检查。在夏粮产区每个调查县抽选3个调查村，核实检查秋收粮食预计产量（包括所有的秋收粮食作物），秋收粮食实测产量（实测作物包括水稻、玉米、薯类），秋收实测产量核实检查（范围是所有的调查村）和全年粮食预计产量。1988年起，国家统计局规定省及其以上粮食数字以抽样调查数字为准。1991年是样本轮换后启用新的调查点的第一年，连云港市建立粮食数据评估制度，以保证农产量抽样调查质量，评估内容包括抽样方法、抽样误差、代表性检查、抽样技术操作规程以及基层工作质量等，通过对影响粮食产量各种因素进行分析，以验证抽样数据可靠性。从1995年夏粮开始，连云港市及下辖各县粮食产量以抽样调查数字定案。1999年，省农调队制定下发《1999年江苏省农村抽样调查县以下样本轮换实施细则》，样本点开始实行5年轮换1次的制度。2004年，连云港市抽选新一轮产量样本点，新样本点于2005年开始正式使用。

农村住户抽样调查　1984年，连云港市农村抽样调查队以农户家庭为调查对象，以其家庭的生产、收入、消费、积累为主要内容开展农村住户抽样调查。1990年、1995年、1999年、2004年，连云港市农村抽样调查网点进行4次样本轮换。至2005年底，连云港市累计抽选430户农户开展农村住户调查。

二、城市住户调查

1984年，连云港市成立城市抽样调查队，1989年改为城市社会经济调查队（简称城调队），专门负责城市住户调查、物价统计等项工作。1984～1988年，全市调查主要对象是城市职工家庭，称为职工家庭生活调查。从1989年开始，全市开始将调查对象扩大到城市全社会非农业居民家庭，抽选调查户包括职工家庭和离退休人员、个体户、纯居民户等非职工家庭，并改名为住户调查。城市居民生活调查为各级党委和政府评价或制定社会经济政策提供可靠依据，满足各级政府制定政策计划和进行宏观管理的需要。城市住户调查样本每3年轮换一次。2005年，市区有调查户200户。

三、物价统计调查

1985年起，连云港市开始编制职工生活费用价格指数和零售物价指数月报表、集市贸易价格指数月报表。1986年根据国家统计局布置，重点加强农副产品收购价格统计，市城调队调查搜集整理农副产品收购价格和金额原始数据，编制指数表后报送省城调队。1992年逐步把专业统计执行的物价统计报表编制工作集中到各级城调队统一管理，全市开始收集工业产品出厂价格和主要原材料、燃料、动力购进价格、固定资产投资价格资料，上报省城调队。1995年，职工生活费用价格指数和零售物价指数分别改为居民消费价格指数、商品零售物价指数。2005年，物价统计仍沿用编制居民消费价格指数和商品零售物价指数。

四、规模以下工业抽样调查

1999年起，连云港市企业调查队开展规模以下工业抽样调查，为国民经济核算提供基础数据，调查范围是年产品销售收入500万元以下的工业企业和个体经营工业单位，调查内容包括500万元以下的工业企业基本情况，个体经营工业单位基本情况。根据调查总体的分布状况、抽样框现状以及行政管理体制特点，将调查总体分解为两个子总体：全部年销售收入500万元以下工业企业采用一阶段目录抽样法，即根据辖区内企业名录直接抽取样本企业；个体工业单位采用一阶段整群抽样法，即在辖区范围内直接抽取样本村（居委会）。全市调查总体抽样框2004年前采用第一次基本单位普查名录库，2005年使用第一次经济普查基本情况库进行抽样，企业抽取样本134家、个体抽取行政村93个。

五、企业调查

企业集团和重点企业建立现代企业制度跟踪监测调查 2000年，连云港市企业调查队开始开展企业集团调查、重点企业调查。企业集团调查问卷内容分为企业集团和母公司情况的基本属性，企业集团财务状况、劳动工资、特定企业生产经营活动业务、成员企业（单位）基本情况、改革和发展情况与问题共6类指标。重点企业调查问卷内容分为企业概况、基本属性、财务状况、劳动工资、生产经营活动、改革和建立现代企业制度有关情况与问题6类指标。2005年，全市调查的样本量为18家各种经济类型企业，分布在第二、三产业的有关行业。

企业景气调查 1999年，连云港市企业调查队开展企业景气调查，利用企业家对所在行业运行状况和企业生产经营状况判断和预期编制景气指数。调查范围包括工业、建筑业、交通运输和邮政业、批发和零售业、房地产业、社会服务业、信息传输和计算机服务业、住宿和餐饮业。调查对象是各法人企业及其负责人及依照法人单位进行统计的产业活动单位及其负责人。调查内容为企业基本情况和企业家对本行业景气状况判断、对企业生产经营状况的判断、对企业生产经营问题的判断和建议等。2005年，全市样本量为86家。

六、人口抽样调查和劳动力调查

1982年起，连云港市每5年进行1次1%人口抽样调查，每年进行1次1‰人口变动情况抽样调查。1987年、1995年、2005年进行1%人口抽样调查。市政府成立人口抽样调查领导小组，下设办公室。被抽中的县（区）均成立人口抽样调查领导小组及其办公室。1%人口抽样调查采取分层、三阶段、随机等距、概率比例和整群的抽样方法。调查登记时间分别为1987年7月1日零时、1995年10月1日零时、2005年11月1日零时。

1984～2005年，1‰人口变动情况调查于每年11月份进行。调查主要内容为人口变动情况，劳动力调查表设立本户常住人口情况和本户户籍外出人口情况，设立死亡人口调查表。1984～2005年，每年5月开展劳动力专项调查，对抽中小区内的全部16岁及16岁以上人口的就业状况进行调查，2005年首次结合人口抽样调查进行。调查内容包括年龄、性别、居住地、婚姻状况、受教育程度、就业状况、所从事行业和职业、工作时间、失业原因、失业时间、收入以及参加社会保障情况等。

七、群众安全感调查

2001～2005年，全市每年进行一次群众安全感调查，调查对象为年满16周岁及其以上的中国公民，调查标准时间为11月1日。调查内容包含群众的安全感受、影响安全感的主要因素、群众对当前社会治安状况的心理感受、群众对政法工作和队伍建设的满意程度等18项内容。

八、投入产出调查

1986年7月，市统计局开展投入产出调查，编制1985年投入产出表。至1987年9月完成投入产出模型的编制工作。该项调查是江苏省第一个通过省级鉴定的软科学技术项目。1988年2月，连云港市采取全面调查、重点调查、抽样调查3种形式，对全市工业、农业、建筑业、运输邮电业、商业、文教卫生、金融保险、科研行政等行业的企事业单位和城乡居民700多个调查点进行调查。调查显示，全市1987年总投入88.82亿元，实现地区生产总值39.52亿元，其中第一产业18.54亿元、第二产业11.78亿元、第三产业9.2亿元；全市生产82.43亿元社会总产品，需要投入45.72亿元的物质消耗，支付劳动报酬20.66亿元，从中获得社会收入16.05亿元；消费基金与积累基金之比为54：46。1992年、1997年、2002年，全国组织开展3次投入产出专项调查。

第三节　国情国力普查

一、人口普查

第四次人口普查　1989年，连云港市按照国务院《关于进行第四次人口普查的通知》，开展第四次人口普查。普查标准时间为1990年7月1日零时，普查对象为全市具有中华人民共和国国籍的人，进行逐户逐项逐人登记。根据《连云港市第四次人口普查资料》，全市（含灌南）总户数101.75万户，总人口408.15万人，家庭户平均每户3.96人。

第五次人口普查　1999年，连云港市按照国务院《关于进行第五次人口普查的通知》，开展第五次人口普查。2001年3月，《连云港市第五次人口普查资料》发布，全市总户数121.05万户，总人口457万人，其中男性人口237.2万人、女性人口219.8万人；性别比107.92；家庭户平均每户3.71人。

二、基本单位普查

连云港市根据国家统一部署，于1996年、2001年开展第一次、第二次全国基本单位普查。第一次基本单位普查结果显示，1996年底全市有法人单位1.31万家，产业活动单位1.58万家。第二次基本单位普查结果显示，2001年底全市有法人单位1.41万家、产业活动单位1.72万家、个体工商户7.29万户。

三、农业普查

全国农业普查每10年进行一次。1996年底进行第一次农业普查，普查对象是各类的农业生产经营单位、农村住户、乡镇企业、行政村和乡镇。普查结果显示，1996年底，连云港市有从事生产经营活动的农村住户81.78万户、农村从业人员208.6万人。

四、工业普查

1985年，国务院组织开展第二次全国工业普查，普查内容主要是工业经济情况，包括产、供、销、人、财、物，以工业装备的技术状况、经济效益、工业内部结构和职工状况为重点。普查对象是全部工业企业，以与国计民生关系较大的工业企业为重点。普查结果显示，1985年全市（不含灌南县）完成工业总产值17.78亿元，产品销售收入14.71亿元，实现利润总额1.09亿元，拥有固定资产原值11.07亿元，年末职工总人数17.73万人。

1995年，国务院组织开展第三次全国工业普查。普查内容主要是工业生产经营基本情况（包括生产、销售、库存和成本、费用、价格、盈利等情况）、资产负债情况及其构成、生产能力利用及技术装备状况等。普查对象是全部工业企业，重点是国有企业、乡镇企业和外商投资企业。普查结果显示，1995年底全市有工业企业和生产单位3.26万家，从业人员45.32万人，实现工业增加值57.24亿元，产品销售收入226.72亿元。

五、第三产业普查

1993年，连云港市按照国务院《关于开展全国第三产业普查工作的通知》，开展第三产业普查。普查范围包括全市第三产业企业、事业、行政单位和社会团体，普查年度为1991年和1992年，普查内容包括第三产业发展规模、经营活动成果、实物资产情况等。普查结果显示，1992年底，全市（不含灌南县）有第三产业单位1.32万家、年末从业人员23.59万人；个体户数3.56万户，个体从业人员5.22万人；实现第三产业增加值17.91亿元。

六、经济普查

2004年，开展第一次全国经济普查。经济普查集工业、建筑业、第三产业和基本单位普查于一体，普查对象涉及从事第二、第三产业活动的全部法人单位、产业活动单位和个体经营户。经济普查对法人单位、产业活动单位采用全面调查的方法，对个体经营户采用全面调查、抽样调查等方法。标准时点是2004年12月31日，时期资料为2004年度。普查表填报内容包括单位基本属性、从业人员、财务状况、生产经营情况、生产能力、原材料和能源消耗、科技活动情况等。普查数据显示，2004年底全市有从事第二、第三产业的法人单位1.33万家、产业活动单位1.63万家，有第二产业法人单位从业人员26.72万人、第三产业法人单位从业人员21.53万人，全市有个体经营户9.86万户、从业人员23万人。

图22-1　2004年全市经济普查　　　　统计局　供

第四节　统计服务

一、统计资料整理和编印

月（季）度统计资料　1984～2005年，连云港市统计局每月印发月度统计资料，向市四套班子领导、市委各部委、市政府各组成部门的主要负责同志发送。内容包括地区生产总值、工业、农业、供电、投资、消费、财政金融、外向型经济、物价、人民生活、民营经济等，每期印刷350本。

年度统计资料　1984年起，市统计局开始编印《连云港市国民经济统计资料》。1986年改名《连云港统计年鉴》，内容作了调整充实。2006版《连云港统计年鉴》内容包括：2005年连云港市国民经济和社会发展统计公报，2005年连云港市全面建设小康社会进程监测报告，2005年统计资料的综合、人口与劳动、农业、工业、交通运输、邮电、固定资产投资和建筑业、国内商业、对外经济和旅游、财政、金融和保险、人民生活与物价、科技、教育、文化，卫生、体育、城市建设与环境保护、民政、司法、江苏省及其区域资料、全国及其区域资料。1985～2005年，市统计局在每年3月底前编辑印刷《连云港统计手册》，收录全市及各县、区、全省及各市年度经济、社会和科技各方面的统计数据。

历史统计资料　1989年8月，市统计局整理编印《连云港四十年》，全书61万字，全面系统地反映新中国成立40年全市经济和社会发展取得的成就。1999年6月，市统计局整理编印《辉煌二十年》，反映改革开放20年全市经济社会发展成果，分为文字综述组成的综合篇和统计图、统计表组成的资料篇。1999年9月，市统计局整理编印《连云港五十年》，由综合篇和资料篇组成，综合篇主要由反映全市及赣榆县、东海县、灌云县、灌南县50年发展变化的文字综述组成，资料篇由反映全市国民经济主要指标发展变化的统计图和统计表组成。

专题性统计资料　1984～2005年，市统计局根据各项普查结果，整理编印专题资料汇编近10种。包括1984年整理编印的《连云港市第三次人口普查资料》、1991年整理编印的《连云港市第四次人口普查资料》、1994年整理编印的《连云港市第一次第三产业普查资料》、1997年整理编印的《连云港市第三次工业普查资料》、1997年整理编印的《连云港市第一次农业普查资料》、2001年整理编印的《连云港市第五次人口普查资料》、2002年整理编印的《连云港市第二次基本单位普查资料》等。

二、统计资料发布

发表统计公报　1984年起，市统计局每年发布上年度《连云港市国民经济和社会发展统计公报》，公布农业、工业、交通和邮电业、固定资产投资和建筑业、财政金融、国内贸易、外经旅游、科学技术、教育、文化、卫生、体育、环境保护、人口与人民生活等方面发展情况和指标。至2005年底，市统计局累计发布《连云港市国民经济和社会发展统计公报》22期。

公布普查数据　1984～2005年，连云港市累计进行人口普查、工业普查、基本单位普查各2次，第三产业普查、农业普查和经济普查各1次。每次普查结束后，连云港市均公布普查主要数据。

统计分析和统计信息　市统计局每年围绕市委、市政府中心工作，撰写大量统计分析、统计信息，通过广播、电视、报纸、网络等形式向外发布，保证群众的知情权。1984年创办印发《统计分析报告》，1987年开始编印《统计信息》，1988年开始编印《港城人民生活》。2005年，市统计局编发统计分析160期，编发统计信息360条。

第二章　审计管理

1983年10月，连云港市审计局成立；12月，云台区、赣榆县审计局成立。1984年3月，东海县审计局、灌云县审计局相继成立。1989年3月和9月，海州区、新浦区、连云区审计局相继成立。1996年7月，灌南县审计局随区划调整归口连云港市审计局领导。2001年，云台区撤销，云台区审计局随之撤销。2001年，市经济责任审计局成立，为市审计局下辖副处级参照公务员管理事业单位。1984～1987年，全市审计机关审计覆盖面比较小。1988年起，全市加强审计工作。至2005年底，全市审计机关累计完成审计和调查等项目4813个，查出违规金额24.7亿元，上缴财政1.5亿元，审计工作保障和促进了全市经济健康发展。

第一节　财政审计

一、财政决算审计

1985年，连云港市审计机关开展财政审计，主要是对部分县区财政收支进行审计。市审计局对赣榆县1984年度财政决算进行审计。审计发现该县财政局将预算内支出转预算外55.8万元，结转空头指标69万元，财政净结余原报6.7万元，实际结余132万元。赣榆县教育局虚列支出转移财政拨款29万元。至1990年底，市审计局对东海县、赣榆县、灌云县和新浦区、海州区、连云区、云台区财政均进行2次以上的审计，乡镇财政决算审计覆盖面33%。1994年，市审计局对东海县、赣榆县、灌云县、新浦区和云台区1993年度财政决算进行审计。1995年，全市审计机关对3个县、区和19个乡镇的财政决算进行了审计。1999年，市审计局对东海县和开发区1998年度财政决算进行审计。

2000年，市审计局对赣榆县、连云区财政决算情况进行审计，将部分乡镇、行政村纳入审计范围，审计揭露了部分乡镇空转税收、借税、包税、垫税等违法违纪问题，查出违纪违规资金7430万元。2002年，市审计局对东海县、赣榆县、灌南县1998年至2001年6月的财政收支情况进行审计。2003年，市审计机关对锦屏、新坝、海州等7个乡镇（街道）进行审计和审计调查，审计资金总额8500万元，查出违纪违规资金848万元，审计处理774万元，对预算外资金未纳入财政专户管理等情况进行了处理，提出加强预算外资金管理和财务管理等审计建议。2004年，市审计局对连云港经济技术开发区和云台山风景区2003年度财政决算进行审计。2005年，市审计局对赣榆县、连云区2004年度财政决算情况进行审计，查出违规资金2659万元、管理不规范资金1589万元。

二、财政预算执行情况审计

1995年，连云港市审计局首次开展本级财政预算执行情况审计。在对东海县实施财政决算审计时，市、县两级审计机关联合审计，同时进点、同时审结、资料共享、分别报告，实现财政“同级审”和“上审下”的有机结合。从此，市财政审计的工作重点转移到审计财政预算执行情况和其他财政收支方面。1996年，市政府印发《连云港市地方预算执行情况审计监督试行办法》《连云港市乡镇审计暂行规定》等文件，规定审计机关在每年4月底前对上一年本级预算执行情况和其他财政收支进行审计，受政府委托，向人大常委会提出对上一年度本级财政预算执行和其他财政收支的审计工作报告。此后，本级预算执行审计成为财政审计的主要内容逐年开展。

1997年，市审计机关对市、县（区）本级预算执行情况进行全面同步审计，采取账户入手，下审一级的方法，对48家预算执行单位、50多家二级预算单位和160个银行账户进行延伸审计，查出违纪金额2789万元。1998年，全市审计机关对市财政局和42家预算执行单位实施审计监督，查出违规资金3737万元，其中应缴未缴预算收入684万元、隐瞒转移预算收入126万元、违纪办理财政结算229万元，通过审计增加财政结余514万元。对1个县和17个乡镇进行财政决算审计，查出违规金额942万元，其中隐瞒财政收入53万元、虚列财政支出403万元、挪用财政专项资金15万元、混淆入库级次72万元。

2000年，市审计局对本级财政预算执行情况、税收征管情况和地方国库办理预算资金收纳拨付情况进行审计，延伸审计有关专项资金和预算执行单位，涉及单位73家，审计资金总额21亿余元。审计反映存在预算收入入库不及时、财政周转金贷款逾期较多等9方面问题，涉及资金2亿余元。2003年，市审计局对市本级财政2002年度预算执行等情况、市地税局税收计划完成情况和税收政策执行情况及地方国库预算资金收纳拨付情况进行审计，对政府采购运行情况进行审计和审计调查，查出违纪资金4231万元，上缴财政1935万元。

2004年，市审计局对2003年度市本级预算执行和其他财政财务收支情况进行审计。4月6日，市第十一届政府召开第20次常务会议，专题听取市审计局关于2003年度市本级预算执行和其他财政财务收支情况审计工作汇报。会后，市财政、审计部门牵头，成立30个检查组，对84家市级机关及直属事业单位2003年度财务收支及财经纪律执行情况进行检查。市政府根据检查成果，制定出台《关于进一步加强市级机关财务管理的意见》。

2005年，市审计机关依法实施财政预算执行审计，审计单位、部门21家，查出违规金额2401万元，管理不规范金额2.5亿元，上缴财政35万元。

第二节　行政事业单位审计

1986年，连云港市审计局开始对部分行政机关进行定期审计，称为月审、季审。1987年，针对一些行政机关滥发奖金、补贴、实物及私设“小金库”等问题，市审计局开始在市、县预算内一级行政事业单位中全面推行定期审计。接受定期审计的预算执行单位由1986年的22家扩大到50家，占全市一级预算执行单位数的31.6%。审计方式以月审、季审为主，行政事业单位定期审计逐渐走向制度化、经常化、规范化。1988年调整为年审、半年审，对占财政支出比重较大的教育、卫生、民政、农业、水利等经费实行一条线定审。1986～1989年，审计单位、部门265家，市一级预算单位审计全覆盖面100%，各县覆盖率91%。定期审计成为配合治理整顿、促进党政机关廉政建设重要措施，行政事业单位违纪现象减少，一级预算单位违纪金额显著下降。

1990年，市审计局查处卫生防疫部门擅自提高狂犬疫苗售价获非法收入11万元，在1988年、1989年两年财务收支审计中，发现滥发奖金、实物17万元，人均约3000元，漏缴国家财政收入17万元等问题。1992年，市审计局对市环保局、土地管理局、标准计量局等单位1991年度财务收支情况进行审计，且延伸审计其下属单位，查处个别行政事业单位会计核算不规范及漏缴税金等问题。1995年，市审计局对市交通局、医药管理局1994年度财务收支情况进行审计。

1998年，市审计局对市水利局、民政局、卫生局、农业局、计划生育委员会等单位的财政收支情况进行审计，并审计市政府驻北京、南京、上海、广州、无锡五市的联络处和办事处。市审计局开始对工商局1997年度财政财务收支及行政性收费、罚没收入收缴管理情况进行审计。1999年，连云港市在全省率先实行政府部门定期审计制度，每3年为一个周期，对市政府49个组成部门和办事机构进行定期审计。市审计局审计教委、科委等15个部门和33家下属单位，发现市房屋管理局一下属单位欠缴城市住房基金1366万元和部分单位利用科协账户转移收入1341万元，违规支出1226万元的问题。审计部门对市房管局欠缴的基金予以收缴，有关领导干部受到党纪和政纪处分。年内，市县审计机关对全市142个乡镇、街道1995～1998年计划外生育行政性罚没收入进行审计，查出使用非法票据收取费用1046万元、挤占挪用资金1.7亿元等问题。

2000年，市审计局对20个政府部门实施定期审计，查出各类违纪违规资金1600万元，对发现的案件线索进行移交处理。2001年，市审计局对市计委、外经贸委、体委、国防科工办、公安局等

9个部门及其11个下属单位进行定期审计，发现有5个部门漏缴房屋出租收入税金97万元。市计委、体委、公安局等单位固定资产长期挂账，名实不符，审计机关依法作出审计处理，漏缴的税金全部收缴入库。市审计局对市国土系统2000年度12项资金进行专项审计清理，查出应征未征土地出让金、隐瞒收入、违规代收有关土地规费、违规收取土地登记费等违纪违规金额1765万元。

2003年，市审计机关对全市221个项目进行审计，查出违规资金1800万元。2004年行政事业审计加强对重点领域、重点部门、重点资金、重点项目的审计监督，对审计中发现的违规购置固定资产、隐瞒预算收入、挪用专项资金、专项资金转存定期存款、设置账外账、超标准收费和票据管理使用不规范等问题进行处理处罚。全市审计部门共审计112个行政事业单位，审计查出违规资金2086万元，督促上缴财政262万元。

2005年，市审计局组织四县审计机关自7月7日至8月8日，对市本级和东海县、赣榆县、灌云县、灌南县食品药品监督管理部门及其下属药品检验所2002～2004年度财政财务收支进行审计，查出预算执行不严格、收入不规范、支出不当、无依据违规购置固定资产、罚没收入收缴不到位等问题。截至2004年底，市、县药监部门有基建欠款1415.2万元，其中银行借款200万元、借省药品监督管理局270万元、其他借款945.2万元。根据审计情况，审计部门提出规范管理、严格执法的建议，同时建议地方财政酌情加大对药监部门的经费投入。

第三节　专项资金、基金审计

一、专项资金审计

1985～2005年，连云港市审计部门先后对农业专项资金（包括农业综合开发、草（危）房改造、小型农业水利建设、农村公路建设、农村税费改革转移支付、四级联动帮扶到户、农村改水等专项资金）、教育科研体育专项资金、救灾资金和捐款捐物、城市维护和建设资金（包括环保排污费）进行审计。

2002～2005年，市审计机关在全市草危房改造过程中，抽查乡镇88个，走访草危房改造户8200余户，审计核准草危房改造完工率、资金到位率、兑付率均为100%。查明全市改造草危房户4.06万户，补助资金总额1.04亿元。审计查出违规问题近百例，提出审计建议80余条。2005年在全省审计项目评比中，连云港市2004年度草危房改造专项资金审计获第一名。

2003～2004年，市审计机关对市四级联动帮扶到户专项资金连续两年进行审计调查。2004年，市、乡、镇、村四级帮扶农户5.39万户，落实帮扶资金8005.2万元，户均帮扶资金1485元。其中，市级结对帮扶2073户，落实帮扶资金416.2万元；县区、乡镇级结对帮扶5.18万户，落实帮扶资金7589万元，被帮扶农户年人均增收500元以上。2005年，全市落实增收项目5.72万个，养殖类占大多数，被帮扶农户年增收平均超过10%。

2004～2005年，审计赣榆县、东海县、灌云县、灌南县及市直属单位农业综合开发项目资金2.39亿元。

二、专项基金审计

1988年起，市审计机关开始对保障人民群众基本需要，对社会稳定影响较大，而又由政府有关部门直接掌握的专项基金进行审计，包括养老保险、失业保险、住房基金、医疗保险、新型农村合作医疗专项基金。

1997～2005年，市审计局连续9年对市住房公积金管理和使用情况进行审计。2005年，住房基金归集率由35%升至90%；住房基金总量由1997年的1.26亿元升至7.26亿元。审计机关纠正违规违纪资金3亿多元。

2002年，市审计机关在对市和县、区社会劳动保险管理机构2001年度企业职工基本养老保险基金收支情况进行审计时，发现全市有505.3万元基本养老金被挤占挪用，查出违纪资金1360.22万元。全市养老保险基金收支赤字扩大，养老基金备付能力下降至7个月，灌云县、灌南县备付能力不足1个月。审计机关向市、县政府部门和被审计单位提出意见建议，并督促整改。

2004年，市审计机关在对全市2003年度失业保险基金收支、管理情况进行审计时，发现挤占挪用、违规支付失业保险金及税务部门、社保经办机构未按规定撤销基金收入过渡户、未对基金实行专户管理等问题；查处违纪违规金额1413万元，其中挤占挪用192万元，7月追回152万元。是年，市审计机关对市本级2003年度医疗保险基金的征缴、管理、使用和财务收支情况进行审计。审计结果表明，市基本医疗保险基金财务收支核算比较规范，基金划转和支付程序、手续完备，基本医疗保险基金收缴率98.5%。

2005年，市审计机关对全市四县2004年度新型农村合作医疗基金的使用、管理情况进行审计。审计未发现贪污、挪用问题，但基金的管理、使用中还存在财务管理不规范，账面反映收支不实，乡镇医院、村卫生室资金周转困难，农民报销医疗费不及时，基金收入上缴财政专户不及时等问题。审计发现各县基金沉淀较多。各县审计机关向相关部门提出调整实施方案及报销比例、简化报销程序的建议。审计机关根据全市狂犬病高发的态势，建议将狂犬疫苗接种纳入补偿范围，降低发病率。2005年，各县将母婴保健、新生儿疾病筛查、计划外有价疫苗接种纳入补偿范围。

第四节　基本建设审计

1985年起，连云港市审计机关开展基本建设审计，从对建筑施工企业财务收支审计开始，陆续开展停缓建项目跟踪审计、中央和省合资建设重点粮库的审计等。1990年，全市审计机关对全市停缓建项目及其他项目的工程决算、财务收支等进行审计，在全省率先实施新开工项目审计，累计审计项目126个，压缩基建规模1200万元，节约基建资金187万元。此后，全市开展以市政重点建设项目为龙头的固定资产投资在建项目审计和工程建设的预算和决算审计。市审计机关围绕房屋开发、商品房价格热点问题及群众关心问题开展审计和审计调查，审计范围、内容由单纯监督财务收支是否合规合法，发展到对基本建设项目的资金、设计、施工、项目管理及促进项目投资效益、项目投资环境评估等全方位的审计调查；由对建设资金的审计逐步发展到对建设项目投资活动事前、事中、事后全过程的审计监督。

2001～2004年，市审计局对市政府行政中心、海滨大道、平山立交桥、核辐射监测站等总投资12.15亿元的33个市重大工程项目实施跟踪审计，总计审减工程造价8186万元。2004年，市审计机关对花果山乡8个行政村土地补偿费进行审计。

2005年，市审计局对市行政中心大楼、市人民检察院综合楼、海滨大道续建工程以及淮海工学院建设项目的竣工决算进行审计，对市人防核应急指挥中心、市公安局交巡警指挥中心实施全程跟踪审计。全年全市审计机关完成固定资产投资审计项目44个，检查投资总额15.76亿元。根据省审计厅授权，市审计局对淮海工学院通灌校区教学试验综合楼和3栋宿舍楼竣工决算项目进行审计，审计发现财务管理不规范、超计划投资、决算编报不及时、票据不合规等问题。审计部门根据审计情况，对该学院2004年底建筑规模及负债状况进行审计调查，发现该学院在招生人数变化不大的情况下基建规模逐年扩大，负债逐年增多，导致负债经营。

第五节　企业审计

一、财务收支审计

1984年，连云港市审计局开始对国有企业开展以维护财经法纪为主要内容的财务收支审计。是年，市审计局对市纺织厂、制革厂等6家企业进行审计，重点检查企业财务收支真实性和损失浪费等问题。

1985年1月，灌云县审计局在对该县棉麻公司1984年财务收支审计过程中，发现该公司1984年隐瞒利润147万元，漏缴所得税款91万元。审计决定全部上缴，有关责任人受到政纪处分。是年，全市审计系统开展亏损大户审计，市政府下发《关于限期整改、扭亏为盈的通知》，要求这些单位切实改善经营状况。

1989年，市审计局查处市轻工业供销公司等单位1988年转手加价倒卖计划内木浆问题。5月，市审计局组织部署市、县审计机关分别对市、县物资公司、供销公司、造纸厂等进行审计。9月，市审计局对市造纸厂科协财务收支情况进行审计，发现该厂科协利用工作时间和厂里技术图纸资料，超范围开展经营活动，收入未纳入企业统一核算，1年多时间漏缴各项税、费、基金9.24万元，4个主要负责人擅自分配金额6.12万元，漏缴个人收入调节税，转移资金5.02万元。厂科协副秘书长兼会计非法侵吞公款3105元，挪用公款7144.62元。1990年7月，市审计局、检察院、财政局、税务局、工商局作出《关于对造纸厂原科协财务收支审计的结论和处理决定》。市造纸厂科协崔某等4人不服审计处理，向江苏省审计局提出复审。10月，江苏省审计局函复4人“未发现审计结论和处理决定有不妥之处”。崔某等4人于是年11月向新浦区法院提起诉讼，法院立案受理，并追加市科技咨询服务中心和市科技汇报社为第三人，于12月20日公开审理。这是全国因不服从审计决定而引起行政诉讼的第一案。法院审理认为，市审计局作出的审计结论和处理决定，事实清楚，理由充分，应用法规正确。1991年3月，造纸厂科协原告4人向法院表示将履行审计决定，申请撤诉，据此法院于3月9日下达裁决书同意原告在此前提下撤诉，并承担诉讼费用。法院裁决书下达后，市审计局对造纸厂科协及崔某等4人下达执行审计处理的决定。

1995年，市审计局对连云港正大饲料有限公司、豪丽纺织有限公司、堂福电子有限公司、云腾油脂有限公司以及大富豪夜总会1994年度财务收支情况进行审计。1996年，海州区审计局对锦屏林场财务收支情况进行审计，发现林场公墓管理处1992～1995年漏缴营业税费11万元，林场工副业账漏缴所得税3万元，审计部门要求林场在规定时间内到税务部门补缴税费。

1997～2005年，企业审计以国有企业资产负债和损益审计为主。

二、承包经营审计

1988年2月起，市审计局根据市属企业实行承包经营情况，对全市40多家承包经营企业进行承包前资产评估和承包期中审计。1989年上半年，市审计机关对全市92家承包经营企业进行承包经营经济责任审计。1990年，市审计局对34家市属大中型国营工商企业1989年度承包经营情况进行审计，发现有18家企业存在违纪问题，违纪金额997万元。1991年，市审计局审计承包经营企业89家，发现有63家未完成承包经营合同，15家企业虚盈770万元，9家企业虚亏74万元。根据审计情况，市审计局报经市政府批准，制定出台《连云港市审计机关关于进一步搞活大中型企业若干措施意见》。

1990～2005年，市审计局未再安排承包经营审计。

三、资产负债和损益审计

1992年，市审计局对市属8家国营大中型企业和重点工业企业开展搞活企业政策措施到位情况的审计，反映全市搞活企业政策措施到位情况差，企业普遍存在利润减少、亏损增多、资金占用增多等问题。是年，市审计局对市外贸系统8家公司1991年底资产情况进行审计调查。

1993年起，全市审计工作重点逐渐转移到对国有资产保值增值实施审计监督方面，开展以资产、负债、损益为主要内容的审计。全市审计企业136家，查出违纪资金1600万元，为企业挽回损失234万元。

1993年4月，市审计局接受经济联合开发公司（简称经联公司）董事会申请，对经联公司及其22家下属公司实施审计。经审计，截至1994年1月，经联公司、国投公司、振云公司及其下属公司合计亏损1.18亿元（其中经联公司亏损6546.8万元）；国内外债务合计10.9亿元；同期资产10.6亿元，其中应收债权9.5亿元。该公司由于高额高利率负债，每年需支付利息近亿元。1984～1994年，经联公司投放在连云港市的资金合计8863万元，占其融资、投资、借贷的份额甚微，这些企业不仅没有促进地方的经济发展，反而破坏正常的经济秩序，使连云港市背上沉重的债务负担。对经联公司的审计结果引起省委领导的高度重视，省委将经联公司案件作为反腐败工作重点列作全省大案要案，组成省、市联合工作组开展工作。1996年12月底，经联公司案件查处工作结束。审计组先后审计和调查境内外企业81家，审计资金总额45.92亿元，揭露贪污、挪用、走私、受贿等多起违法违纪问题，27人受到法律制裁，为国家挽回经济损失4亿余元；追缴面值1050万美元的虚假存单，为企业减少高额利差支出2287万元。

1999年，市审计局对白集煤矿和市糖业烟酒公司审计，反映两企业存在潜在亏损345万元；对10家企业1998年度税费基金缴纳情况进行专项审计，反映企业拖欠、偷漏税费基金153万元。

2000年，市审计机关审计企业72家，查出违规资金1.61亿元，提出整改意见113条；对10家企业的税费缴纳情况进行专项审计调查，10家企业欠缴税费基金合计663万元，挪用职工住房公积金120万元，截留退休职工养老金14万元。对阳光、百达等5个国有控股房地产开发企业的经营情况进行专项审计调查，发现存在资本金到位率低、开发规模小以及经营成果不佳等问题。

2001年，市审计局对10家企业税费基金缴纳情况进行专项审计调查，有9家企业偷欠税费基金1146万元。对人保连云港分公司全系统1999～2000年度资产负债损益审计，查出公司随意调整费率、费用支出不合规等违纪违规资金1.43亿元，审计处理处罚32.78万元；对烟草公司进行审计，查出企业漏缴国家税收96万元。是年，市审计局按照市政府要求对16家撤并单位的资产进行全面核实、清查和调整，核查出681万元问题资产，审计确认的数据作为单位移交的依据，保障机构改革的顺利进行。

2002年，市审计机关对市、县农业发展银行资产负债进行审计，反映出有问题资金18.69亿元、潜亏1.7亿元。2003年2月，市审计局派出审计组对连云港国际经济技术合作公司1998～2002年资产负债和损益情况进行就地审计，延伸审计其子公司连云港国际合作贸易公司。

发现公司注册资金4200万元，截至2002年12月31日，账面实收资本2万元，注册资金严重不到位；该公司于1993年成立子公司连云港国际合作贸易公司，注册资金300万元，但该公司仅拨付给1台价值4800元的打印机，欠拨投资款299.52万元；连云港国际经济技术合作公司亏损或潜在亏损合计1659万元。

2004年，市审计局对市商业银行浦中支行、奥神集团、连云港经济联合开发公司、连云港市城市建设投资有限责任公司、华威电子、外贸包装集团公司等单位2003年度资产负债损益情况进行审计和审计调查，查出违规资金7760万元，上缴财政80万元。

2005年，市审计局对人寿保险公司进行审计，发现协议承保等问题。

第六节　行业审计及专项审计

一、粮食行业审计

1984年5月，连云港市审计局对东海县粮食行业进行试审计，审计具体内容为该县粮食局及其下属粮管所、粮库、加工厂等单位1982年、1983年的财政、财务收支情况。1989年，江苏省粮食企业管理体制下放。1990年为保证粮食管理体制改革顺利进行，市审计机关对全市粮食行业1989年度粮食购销经营和财务收支情况进行审计，审计内容以检查粮油平价、议价业务为主，重点查处钻价格空子骗取财政补贴、牟取非法收入及倒买倒卖粮票问题。市审计机关对市粮食局与赣榆县、灌云县和海州区、连云区粮食局等6个部门进行审计，重点抽查市直粮食商业及粮管所等17家单位，查出违纪金额312万元。

1997年6月，海州区审计局根据区政府要求，对区粮食局进行为时2个月的审计，延伸审计所属63家企业。发现63家企业中有20多家单位未建账，给审计工作带来很大难度。审计查清该局局长利用职务之便，挪用农贷资金5000万元，其中3700万元难以收回，已构成渎职罪，此案移交司法机关处理。

1999～2005年，市审计局未再安排粮食审计。

二、金融行业和银行信贷计划执行情况审计

1986～1989年，市审计机关对市工行、农行、建行、中行进行信贷业务审计，发现资金缺口较大、供求矛盾突出、逾期贷款增加较多、银行对专项贷款管理不严等问题。

1992～1994年，市审计机关对银行等金融机构进行审计。1995年，市、县审计机关分别对市中行、建行进行审计，查出违纪金额544万元、损益不实资金1088万元，防止国有资产流失2827万元。

1998年，市审计机关配合城市商业银行组建，对市区8家城市信用社1997年度资产负债和损益情况进行审计。审计资金总额9.71亿元，发现信用社资本金严重不足、逾期贷款3.47亿元、潜在亏损3380万元及个别城市信用社存在支付压力的问题。据此提出多渠道增资扩股、化解不良资产、加强信贷管理等审计建议。1999年，市审计局对市建行、工行的信贷政策和资产、负债、损益情况进行审计，查出收支不实资金1651万元、超规定列支费用176万元以及漏缴税费、信贷资产效益差等问题。

2005年，市审计局对农业发展银行进行审计。

三、清理整顿专项审计

1990年，全市审计机关按照市委、市政府和省审计局安排，开展清理整顿公司专项审计。1991年起，随着国家经济工作重点的转移，对公司的清理整顿专项审计逐步转向正常的财务收支审计。2002年，市审计局组织市、县审计机关对全市供销社实施专项清理审计，清理市供销合作社及其28家一级核算单位、60家二级核算单位的1992～2001年度有关资金收支情况，发现会计信息失真、潜亏1.04亿元和偷漏税费412万元等问题，提出了审计报告和审计建议。

四、经济效益专项审计

1987年4月，市审计局对市涤纶厂进行经济效益专项审计，帮助该厂找出1986年13项经济指标明显下降的原因，提出确保年产值、利润达标等8项建议和措施。该厂采纳审计建议，强化管理、积极整改，是年涤纶厂完成产值8157万元，实现利润726.56万元，分别为1986年的1.99倍和5.74倍。2004年，市审计局对新海地区污水处理一期工程的效益情况进行审计，项目完成总投资1.58亿元。

五、利用外债情况调查

1986～1989年，市审计局根据江苏省审计局授权，对东辛农场利用世界银行贷款开发的种子项目及某研究院利用世行贷款开发的化肥项目进行为期4年的连续审计。1989年，江苏省审计局授权市审计局对全市利用世界银行贷款开发滩涂项目进行审计，发现外资引进工作存在部分专项资金被挪作他用、引进部分物资不合格不配套形成积压、专用物资设备被调为他用、开发滩涂项目配套资金严重不足、缺乏还款能力等问题。

1990年9～10月，市审计局对全市1985～1989年间利用外债情况进行审计调查，紧扣外债的借、用、还三个重点环节，抽查外债份额占全市60%以上的18家单位。审计发现，截至1989年底，全市有使用外债单位42家、项目37个，其中主要用于轻纺、采掘机械化工业的技术改造和农牧渔业的基础设施建设，分别占外债使用数的36%、27%和19%。通过利用外债引进项目，为发展地方外向型经济，扩大对外开放，促进经济发展起到积极作用，但也存在一些困难和矛盾，主要是资金紧缺状况未明显改变，成为制约企业生产发展的主要因素；产品结构不尽合理，经济效益下降；市场继续疲软，销售矛盾较为突出；由于时间跨度长，项目立项时行情看好，但等引进上马后，市场发生变化，未发挥应有的效能。部分单位在引进项目过程中，存在可行性研究不够、引进项目达不到要求等问题。

2002年，市、县、区审计机关对各级政府、财政部门和使用外债的行业主管部门，对截至2001年底总额为2.43亿美元的12个外债项目进行审计调查。2001年底，全市尚有债务余额1.92亿美元，市、县、乡镇三级财政因灌溉农业项目和滩涂开发项目累计已为拖欠单位垫付本息1640.45万美元；港口建设项目由于港务局隶属关系的下放，其巨额债务1.33亿美元也将由地方政府承担等问题。

第七节　经济责任审计

一、国有企业法定代表人经济责任审计

1986年，连云港市审计机关开始推行国有企业厂长、经理离任经济责任审计。承包经营责任

和厂长离任审计是国有企业法定代表人经济责任审计的雏形。是年，审计市属企业厂长调离现职者3人。1987年起，全市普遍开展企业厂长、经理的经济责任审计，主要内容包括财务会计责任履行情况、经营管理情况、经济法律责任履行情况、社会经济责任履行情况等。1988年，市、县两级审计机关制定经济责任审计相关制度，对全市17家重点企业厂长进行离任经济责任审计，通过审计查出6人存在个人经济问题。随着经济体制改革进一步深化和企业经营方式的转变，承包经营责任审计从1992年起逐步停止。

1997年11月至1998年6月，市审计局按照市政府要求对市港务局局长进行任期经济责任审计。审计建议港务局扩大港口吞吐量，提高效益，以期逐步消化亏损和潜在亏损因素。根据审计结果，市审计局将原法人代表参与下属第三产业公司投资入股，并获取不当收入的问题移交司法、纪检机关处理。

1999年，审计机关对市建设开发公司、国防科工办和中江公司3家单位法人实施经济责任审计，揭露企业隐瞒亏损2929万元、账外资产1348万元、欠缴税费2349万元等问题。2000年8月，海州区审计局开展对海光化工厂厂长在任期间经济效益审计，发现该厂财务管理混乱，非法票据较多、集体财产损失较大。

2001～2005年，全市经济责任审计进入新阶段，企业法人审计纳入党政机关、国有企业领导干部经济责任审计总体计划。

二、党政领导干部经济责任审计

1998年，连云港市审计局对市交通局原局长实施离任经济责任审计，查处违纪违规资金8403万元，确定原法人代表负直接责任2756万元、负主管责任5647万元，向市纪委移交违法违纪线索36条。审计决定，对市交通局私设的3个总额为1120万元“小金库”依法收缴。这是全市首次对行政机关党政领导干部实施经济责任审计。

2001年，市审计局、纪委、监察局和市委组织部、市人事局建立经济责任联席会议制度，确立联席会议的成员单位、主要职责、工作程序和部门分工。市委组织部和市审计局联合发文，对各区区长、区委书记、县（区）法院院长、检察长、审计局长等党政领导干部审计管理问题作出规定。是年，对2名县长和10名市直领导干部进行任期经济责任审计。2002年，全市审计机关完成市政府及组织部门交办、委托的党政部门经济责任审计项目113个。市审计局在对赣榆县、灌云县实施财政决算审计的同时，对两县政府县长1998年3月至2001年7月任职期间经济责任履行情况进行审计。

2003年初，市审计局牵头召开第四次经济责任联席会议，决定开始实行经济责任审计公示制度，此举在全省属首例。3月，市委、市政府下发《连云港市党政领导干部任期经济责任审计暂行规定》和《连云港市国有企业法定代表人任期经济责任审计暂行规定》。是年，市审计局对市总工会、口岸委、体育局等12个部门（单位）离任的12名领导进行任期经济责任审计，发现挪用专项资金、设置账外账、隐瞒预算外收入、违规处置国有土地使用权等问题，及时向市委、市政府作专题汇报，向市纪检监察部门移交案件线索及疑点10余条，提出加大领导干部任期经济责任审计力度、坚持“先审计后离任”和届中定期审计制度等建议。

2004年，市审计机关完成经济责任审计项目66个，审计查出违规资金3063万元、管理不规范资金12015万元、损失浪费946万元，发现挪用专项资金、设置账外账、隐瞒预算外收入等问题。向市纪检监察部门移交案件线索及疑点10余条，移送市纪检监察机关处理1人。市纪检、监察、组织等部门利用审计结果，根据审计部门提供的审计情况，把审计决定（意见）纳入廉政建设责任制档案，作为廉政建设情况考核的依据。组织部门与审计部门建立联络制度，将审计结果纳入干部考察报告，建立干部监督跟踪档案。

2005年，全市审计机关完成对包括地厅级党政领导干部、国有控股企业领导人的经济责任审计119人，查出违规金额3946万元。

第八节　内部审计及社会审计

一、内部审计

1984年7月，连云港港务局成立审计室。8月，江苏省盐业公司成立审计处。1986年，市政府批转市审计局《关于建立内部审计监督制度的报告》，要求工交、基建、物资、财贸系统、各局（公司、社）和教育、卫生部门以及市直属厂矿企业设立内审机构。各单位相继成立内审机构。1989年5月，市农行审计科对全市粮食、食品贷款使用情况进行专项审计，表明全市各乡镇在农行开户的粮管所85个、食品收购站85个。至1989年3月底，粮食、食品贷款余额1.97亿元，不合理占用0.53亿元，补收和罚收其利息139.6万元。是年，市工商银行内审机构在辖区内开展审计活动782人次，查处业务差错3433笔，挽回损失和增加收入2.4万元；提出建议120条，被采纳92条。1989年底，省盐业公司审计处审计下属台南盐场的管道维修土建工程，发现施工单位在无工程施工图和有关说明的情况下，直接编制工程决算造价9075.64元。经审计，核减为4783.44元，节支4292.2元，占原造价的47.29%。

截至1990年底，全市有31家部门和单位组建内部审计机构。1990年，市轻工公司审计室对公司系统所属31家企业实行承包经营责任审计，审出损失浪费金额407万元，提高经济效益55.7万元，移送贪污贿赂案5起，移送司法机关处理6人。1991年，全市各单位建立内审机构68个，配备内审人员375人，其中专职人员158人。审计633个单位、项目，纠正违纪金额680万元，促进增收节支263万元，移送贪污贿赂案10起，移送司法机关处理10人。1992年，全市内审机构增加到132个，内审员374人，完成审计项目539个，纠正违纪金额285万元。

2003年5月，连云港市内部审计协会成立，在各县、区设有办事处，分别负责各县、区内部审计及内审人员培训。是年，组织21家内审机构进行内部审计互查。

2005年，全市建立专兼职内审机构303个，配备内审人员812人，审计人员初步实现职业化。市内部审计机构共审计单位4213家，纠正违规金额4567万元，被采纳审计建议1857条。

二、社会审计

1988年8月，市审计师事务所成立。年底，赣榆县、东海县、灌云县相继成立审计师事务所。1992年，国家将审计咨询业列为重点发展的第三产业，全市社会审计随之由事业型向经营型转变，全市审计组织由接受审计机关的委托审计逐步发展到办理工商企业注册资金的审计验证和年检。全市审计师事务所审计单位1201家，其中基建预决算验证36项、承包离任审计206项、接受审计机关委托36项，查处违纪金额178万元。社会审计逐步开展基建审计、咨询服务、资产评估和股份制企业审计等业务，实行企业分配制度，实行企业化管理。

1993年，市审计局成立港城基建审计师事务所，赣榆县、灌云县分别成立工程造价审计咨询中心，全市社会审计机构发展到8个。1995年，各区成立审计师事务所，属集体事业单位，自收自支。1997年,市审计系统组织审计师事务所、会计师事务所等社会审计机构,集中人员498人,组成150个审计小组,对全市278个竣工项目和174个新开工项目实施专项审计,审计资金7.8亿元,审减资金4729万元,查处超规模、超标准投资9108万元,偷漏税金290万元;审计核减财政拨款461万元,上交基建专户308万元。1999年,各区审计事务所改为独立的社会中介服务机构,与区审计局完全脱钩。

2003～2005年,连云港市内审协会对公信达、永安、正信3家会计师事务所的审计质量进行检查,规范社会审计组织的执业行为。

第三章 安全生产监督管理

1984年,连云港市安全生产监管职能主要由市劳动局承担,具体由下设的劳动矿山安全科、锅炉压力容器监察科和事业锅炉压力容器检验所负责。1985年,市安全生产委员会(简称市安委会)成立,办公室设在市计划经济委员会。1986年,矿山安全管理推行锦屏磷矿公司的井下湿式打眼和喷雾洒水作业。1987年,市劳动局开始聘请安全监察员进行经常性安全生产检查。

1990年,市安委会办公室调整至市劳动局。1994年起确定每年5月为安全生产活动月。2001年7月,连云港市安全生产监管职能从市劳动局调整到市经贸委,连云港市安全生产监督管理局(简称市安监局)挂牌成立,为市经贸委内设局,副处级建制,市安委会办公室调整到市安监局。2002年3月,市政府印发《连云港市人民政府安全生产职责规定》,实行安全目标管理,层层落实安全生产责任制,坚持对安全生产进行重点检查、重点抽查,尤其重视对乡镇矿山的安全监察;在交通、消防、矿山、煤矿等重点行业开展安全生产专项整治,建立14个安全生产专项治理工作网络。2004年,全市矿山企业全面实施安全生产许可证制度,203家非煤矿山企业和4家煤矿全部核发安全生产许可证。2004年,市政府建立安全生产控制指标体系,实行风险抵押金制度和安全生产工作履职报告制度。

2005年,市安监局调整为市政府工作部门,正处级建制,增挂市煤矿安全监察局牌子。

第一节 制度建设

1984年,连云港市建立劳动、公安、工会、检察等单位联合调查事故制度,市劳动、工会、卫生等部门联合实施建设项目安全生产设施和主体工程"三同时"(同时设计、同时施工、同时投入使用)审查制度,和卫生部门联合落实作业场所危害因素(粉尘、噪声、放射性元素、有毒有害物质)年度检测、报告制度与职业健康体检、职业病统计制度;对劳动安全设施建设项目实施跟踪督查制度;劳动保护用品发放、使用审批制度;劳动保护用品生产、销售资格审查及定点审批制度;落实各种形式的安全检查制度和安全例会制度、事故通报制度等。

1986年,市劳动局配备矿山安全监察员,开展安全教育、技术培训和安全监督检查活动。制定《连云港市矿山安全条例实施规划》，对矿山企业工程设计、竣工进行审查与验收。1987年，市劳动局聘请安全监察员，建立安全管理网络。市劳动局和市有关部门抓好经常性安全大检查和节假日前后突击性安全大检查，组织实施全市“三同时”审查验收，全市70%特种作业人员持证上岗。

1987年，连云港市贯彻国务院《化学危险物品安全管理条例》，确定新建、扩建、改建生产化学危险物品的企业，必须经市政府审查同意，按国家有关规定履行审批手续，国家对化学危险物品实行经营许可证制度，禁止无证经营化学危险物品。

1990年，市劳动局加强对矿山的安全监察，把原与劳动保护监察科合署办公的矿山安全监察科单列，配备人员和车辆。1992年，省劳动局出台《江苏省集体矿山和个体采矿企业安全生产条件许可管理办法》，连云港市推行集体矿山、个体采矿企业安全生产条件许可制度。后因全市矿山企业普遍效益低、业主安全意识薄弱、认识不到位等因素，试行两年后中断。1994年，市劳动局对全市乡镇矿山187名矿长进行安全资格审查，办理安全生产生产条件许可74个，乡镇矿山矿长持证者187人，约占全市乡镇矿山矿长总数的60%。

1999年，市总工会、经委、劳动局在双菱化工集团、机床厂等企业进行事故隐患和职业危害监控法试点。

2000年，市安委会下发《关于建立2000年全市安全生产专项治理工作网络的通知》，建立14个安全生产专项治理工作网络。2002年，连云港市对重大建设工程项目等7类项目实施劳动安全卫生预评价和“三同时”工作。2004年，国务院《安全生产许可证条例》、国家安全生产监督管理局《非煤矿矿山企业安全生产许可证实施办法》颁布后，全市矿山企业全面实施安全生产许可证制度，全市203家非煤矿山企业（含砖瓦行业）和4个煤矿全部通过审查，报省安全生产监督管理局核发安全生产许可证。市政府在安全生产管理体系中建立控制指标体系，实行风险抵押金制度、安全生产工作履职报告制度。2004年9月28日，市安监系统加入“110”社会联动系统。

2005年，全市实行安全生产全员责任制，层层签订年度安全生产目标责任书，建立目标控制体系，实行安全生产风险抵押金、行政正职安全生产季度履职报告制度，对安全生产目标实行全过程管理。是年，全市查出安全隐患4870个，90%以上整改到位；落实68个市级较大以上隐患整改责任，48个事故隐患完成整改目标。

第二节　专项整治

1984年，白集煤矿是连云港市安全生产事故较多的重点单位，市劳动局派出调查组到驻徐州的白集煤矿、湖里煤矿、唐庄煤矿调查了解，帮助解决问题。1986年，市劳动局先后4次组织人员对矿山、采石场、易燃易爆物品及市区企业重要岗位组织安全大检查，共查出较大事故隐患125个、重大事故隐患12个，向33家企业下达整改通知书。1987年，全市开展安全生产大检查3次、矿山安全检查2次、各种专业性安全检查5次、事故整顿检查8次、突击性安全检查2次、发现重大事故隐患18个，责令企业限期改正。市劳动局组织人员参与全市粉尘危害、接触铅作业企业情况调查，帮助企业研究治理方案。

1990年9月，市劳动局、计经委、总工会、公安局组织对19家易燃易爆单位开展安全大检查，查出隐患35个，当场提出限期整改意见。1992年1月，市劳动局、消防支队、供销总社等单位对全市烟花爆竹生产、销售单位进行检查，检查批发点11个、生产单位2家和销售点7个，查封1个生产厂家和2个储存点，取缔批发点7个。是年，灌云县政府对灌云县奶奶山采石场多层立体交叉作业、开采秩序混乱问题进行整顿，全面停止奶奶山地区的开山采石活动。1996年，市劳动局组织开展春节、安全生产月、夏季、国庆、冬季等常规大检查，对建筑、矿山、乡镇小化工及城市燃气、易燃易爆场所等安全生产薄弱环节进行了专项大检查。

2000年，市安委会着手建立全市安全生产专项治理工作网络，建立14项安全生产专项治理网络，全市排查出12个重大隐患报省备案。2001年，市消防部门印制《市政府关于对烟花爆竹生产经营企业实施停业整顿和坚决取缔烟花爆竹非法生产经营的通告》2万份，取缔私产户794户、非法经营点126个，查封销毁生产原料23.32吨、小鞭封口剂110吨。市交通港监部门撤销严重不符合安全要求的渡口15道，投入79.2万元更新渡船49条。

2002年，全市开展道路交通、水上交通、公众聚集场所、煤矿、非煤矿山、危险化学品等专项治理，对7000多名驾驶员进行行车安全、交通法规教育培训，查纠交通违章107万起，暂扣机动车8450辆；检查涉爆单位297家、烟花爆竹销售网点857个，依法打击处理涉爆违法犯罪嫌疑人48人。关闭不具备安全生产条件的化工、非煤矿山企业68家，对206家化工、非煤矿山企业核发安全生产许可证。开展建筑、燃气专项治理，检测检验塔机615台，塔机检测率95%；检查在建工程642个、燃气经营单位16家，责令停工整改工程51个、限期整改工程122个。农机专项治理，查处违章驾驶人员7766人，检查联合收割机3695台，年检率97%；年检拖拉机5.57万台，检查率90%以上；取缔私自拼装的变形运输机2000多台。开展土锅炉和气瓶治理，对全市1934台锅炉、3415台压力容器、1762台其他特种设备实行微机化管理。

2004年，全市开展危险化学品、矿山、建筑等专项整治。先后停产整顿危险化学品生产企业58家、关闭10家；停产整顿非煤矿山企业270家、关闭138家。组织开展6次以消防、道路交通、旅游、建筑、非煤矿山、危险化学品、高温作业、黄金周安全为重点的全市安全大检查。

2005年，全市开展道路交通安全、消防安全、危险化学品安全、烟花爆竹安全、煤矿安全、森林防火安全等方面专项整治。全市唯一的省级重大火灾事故隐患单位——东海水晶城完成隐患整改。全市完成23个新建项目的“三同时”审查、验收工作，对未在规定时限提出申请的墟沟化工公司等3家生产企业予以关闭，68家危险化学品生产企业全部取得安全生产许可证，持证率100%。全市建立专业（半专业）森林防火队伍7支219人。

第三节　劳动安全卫生管理

1984年，连云港市制定综合治理尘毒危害“五个结合”办法，即治理尘毒与工业调整相结合，调整工业布局，对经济效益低、尘毒危害严重、近期又无力改造的企业实行关、停、并、转；治理尘毒与工艺改造结合，以湿式代替干式，以低毒代替高毒，以无毒代替有毒；治理尘毒与技术改造结合，以机械代替手工，以连续代替间歇，以密封代替敞开；治理尘毒危害与企业整顿结合；重点治理与一般治理结合。

1985年，连云港市2个磷矿、4个煤矿湿式作业率达75.5%；第一农药厂改粉剂磷化铝为片剂，使粉尘浓度由原来的每立方米117毫克降至2.79毫克。市化工、轻工、建材等14家企业共确定重点劳动安全卫生项目22个，投资153.9万元。1986年，省劳动局拨款5万元、企业自筹5万元，锦屏磷矿实现井下湿式打眼和喷雾洒水作业。市卫生防疫部门对全市接触尘毒的4000多名职工进行体检。1988年，市卫生局等部门制定《连云港市劳动卫生监测暂行规定》《连云港市从事有害作业职工健康检查暂行办法》。1989年，市劳动局、总工会、妇联、卫生局研究决定，女职工流产假按20天执行。

1991年，连云港市有国有矿山尘肺病患者297人，矿山采石场作业面粉尘最高浓度达每立方米501.2毫克，掘进工作面粉尘最高浓度达每立方米88.5毫克，高于国家标准7.85倍。1994年，市劳动局、卫生局、总工会、妇联联合对全市751家外资企业开展女职工劳动保护状况调查工作。1997年，市卫生局、经委、劳动局、总工会开展对大中型企业劳动卫生监督检查，加强劳动卫生监督管理。

2000年，市经委、劳动局、总工会、卫生局进一步加强职业病防治监督管理，对职业病防治提出5点要求：加强职业病监督管理，实行分工负责制；有害作业建设项目必须实行“三同时”审查制度；建立健全企业职业卫生监护档案；职业健康检查和职业病复查；开展有害作业场所监督监测；实行机械中毒事故处理与报告制度。

2005年1月，连云港市将职业卫生监督管理职能进行分工，将原来由卫生部门负责的对作业场所职业卫生监督检查及处罚权划转给安全生产监督部门，卫生部门负责监督检查用人单位职业健康监护情况，对建设项目进行职业病危害预评价审核等。

第四节　安全生产事故

1984～2005年，连云港市安全生产形势总体平稳，工矿、商贸企业发生的事故造成死亡人数均在省下达的年度控制指标内。1984～2000年，事故统计由市劳动部门负责，17年间累计因安全生产原因死亡299人。2001年市安监局成立后，由市安监局履行统计职责。

1984～2000年连云港市安全生产事故统计表

表22-1　　单位：人

年　份	统计范围	死　亡	重　伤	备　注
1984	全民、集体所有制企业	14	46	—
1985	全民、集体所有制企业	20	58	—
1986	全民、集体所有制企业	14	36	—
1987	全民、县以上集体所有制企业	15	27	—
1988	全民、县以上集体所有制企业	11	26	—
1989	全民、县以上集体所有制企业	12	19	—
1990	全民、县以上集体所有制企业	13	17	—
1991	全民、县以上集体所有制企业	16	15	—
1992	全民、县以上集体所有制企业	15	16	—
1993	全民、县以上集体所有制企业	18	24	事故34起

续表22-1

年　份	统计范围	死　亡	重　伤	备　注
1994	全市各类企业	31	11	事故38起
1995	全市各类企业	26	—	事故39起
1996	全市各类企业	26	14	事故35起
1997	全市各类企业	18	28	事故45起
1998	全市各类企业	14	26	事故33起
1999	全市各类企业	21	15	事故26起
2000	全市各类企业	15	11	事故23起

2001年，全市发生安全生产事故2435起，死亡347人。其中，企业因工伤亡事故19起，死亡18人，伤7人；道路交通事故2060起，死亡318人，伤1934人，车物损失748.3万元；火灾事故353起，死亡7人，伤15人，直接经济损失126.1万元。

2002年，全市发生安全生产事故2267起，死亡346人，伤1768人，直接经济损失689.36万元。其中，道路交通事故1732起，死亡323人，伤1752人，直接经济损失586.06万元；火灾事故515起，死亡3人，伤6人，直接经济损失103.3万元；企业伤亡事故17起，死亡14人，伤10人；海上事故3起，死亡6人。

2003年，全市发生安全生产事故1512起、死亡356人。其中，道路交通事故1106起，死亡313人；火灾事故369起，死亡3人；水上交通事故2起，死亡2人；海上渔业事故4起，死亡2人，失踪3人；非煤企业事故23起、死亡23人；煤炭企业事故1起，死亡2人。

2004年，全市发生安全生产事故1364起，死亡324人。其中，道路交通事故841起，死亡294人；火灾492起，死亡3人；建筑（含拆迁）事故14起，死亡17人；工矿事故17起，死亡10人。

2005年，全市发生安全生产事故1319起、死亡359人。其中，道路交通事故741起、死亡338人；建筑（含拆迁）事故10起、死亡8人；工矿事故15起，死亡11人；火灾553起，死亡2人。

第四章　质量技术监督

1983年10月，连云港市标准局、计量局合并成立连云港市标准计量局。1984年起，质量技术监督管理体制不断改革，质量技术监督管理部门从偏重于规范企业技术监督基础工作向规范市场技术行为转变，从偏重于行政手段监督向依法监督转变。全市产品、商品质量和计量的监督管理及行政执法工作，把采用国际标准和国外先进标准、打击查处生产和流通领域假冒伪劣产品、商品工作作为重点，促进质量技术监督工作纳入法制化管理轨道。1996年7月4日，市标准计量局撤销，组建市技术监督局，负责全市标准、计量和质量监督管理工作。1999年11月12日，连云港市技术监督局更名为江苏省连云港质量技术监督局（简称连云港质监局）。原分别隶属市计经委的质量管理和生产许可证管理机构，市劳动部门的锅炉、压力容器、电梯、防爆电器、起重机、场内机动车辆、架空索道、大型游艺机等特种设备安全监察监督管理机构、检测机构划归连云港质监局。

第一节 质量管理

一、质量检查

1978年起，每年9月为全年质量月。1986年，连云港市计经委发布《连云港市产品质量分析会制度》，规定每季度质量分析会由市政府主持召开，每月度质量分析会由市标准计量局主持召开。市标准计量局根据分析会制度精神，对生产不合格产品企业的厂长进行质量管理知识培训及考试。

1993年9月1日，《中华人民共和国产品质量法》（简称《产品质量法》）颁布实施。市标准计量局、市委宣传部等6个单位联合下发《关于学习宣传〈产品质量法〉的安排意见》。全市举办厂长、经理、法人代表等各类培训班120多期，培训骨干7000余人。将20多家生产销售伪劣商品的企业向社会曝光，定期向社会公布产（商）品检查结果。1994年9月在华联商厦广场设立质量投诉台、法律咨询服务台和伪劣商品曝光台，接待投诉、法律咨询服务。1996年9月在华联商厦和百货大楼门前广场进行法律咨询活动，曝光伪劣产品，免费开展黄金珠宝首饰检测，接受咨询2000多人次，接待处理质量投诉60多起。2000年质量月期间，开展名品进名店活动。2001年9月，市政府召开2001年质量月暨质量兴市活动动员大会，1个月内打掉3个假酒生产窝点。2003年9月9日，连云港质监局在陇海步行街广场举办质量月大型现场宣传服务活动暨连云港市名优产品展示活动。2004年开展农资、食品、建材、学生床上用品的专项检查。2005年推进实施名牌战略，开展光明工程进院校、食品安全咨询进社区活动，开展食品、农资建材专项打假行动。

二、生产许可

工业产品生产许可证 1999年11月前，全市质量管理和生产许可证管理由计划经济委员会负责。1999年11月12日连云港质监局成立后，该职能划归质监局。是年，连云港质监局对全市境内电器、白酒、复混肥等31家生产企业开展换（发）证、申证受理初审、许可证转换和审查工作。2000年，连云港质监局制定连云港市《工业产品生产许可证获证企业管理监督办法》，建立全国工业产品生产许可证连云港市获证企业登记表档案。2005年，连云港质监局制定《关于建设优质化肥生产基地实施意见》，提出发展目标、工作要求和措施，复混肥料、磷肥生产企业生产经营行为得到规范，全市许可证化肥生产企业产品质量监督抽查合格率93%以上。至2005年底，全市有219家企业299个产品单元获取工业产品生产许可证。

食品质量安全市场准入制度 2002年7月，全市首批实施食品质量安全市场准入制度的5类食品为大米、小麦粉、食用植物油、酱油、食醋。2004年4月1日起，所有生产与销售上述5类食品均须加（贴）印蓝色QS标志及生产许可证编号，违者查处。至2004年底，全市有205家企业222个单元产品获得食品生产许可证。连云港市板浦汪恕有滴醋厂生产的“汪恕有”滴醋是全市首家获得食品生产许可证的单元产品。2004年，新10类食品市场准入工作全面启动，第二批实施食品质量安全市场准入制度的10类食品包括方便面、饼干、罐头、冷冻饮品、乳制品、肉制品、速冻米面食品、膨化食品、饮料、调味品（糖、味精）。是年，有7家企业7个单元产品获得食品生产许可证。第三批实施食品质量安全准入制度的13类食品包括水产加工品、酱腌菜、炒货制品、蛋制

图22-2 质量技术监督人员检查港口机械 质监局 供

品、茶叶、糖果制品、蜜饯、焙炒咖啡、葡萄酒及果酒、啤酒、黄酒、可可制品、淀粉及淀粉制品。2005年1月起，上述食品实施食品质量安全市场准入制度，连云港质监局帮扶食品生产企业取得61个单元生产许可证，获证企业食品抽样合格率92.2%。至2005年底，全市有286家企业303个单元的食品获证生产。

三、质量管理体系认证

1997年起，连云港市技术监督局每年确定50家工业企业，帮助强化标准化体系工作，提出每年完成10家企业的ISO 9000系列认证工作目标。至2000年底，全市51家企业通过ISO 9000认证。

2001～2002年，连云港质监局组织开展工业企业质量普查建档，建立563家企业质量档案。2003～2004年，全市完成ISO 9000系列标准贯标企业189家，38家企业通过ISO 9000质量体系认证，举办内审员培训班5期，培训160人次；外审员培训班1期，培训人员60人；举办检验机构评审准则培训班，培训人员60人；全市有37家企业47个产品通过强制性产品认证。

2005年，连云港质监局举办质量管理体系内审员培训班8期，培训内审员193人；举办有55人参加的获证企业提高管理体系有效性研讨班。完成ISO 9000系列标准贯标企业54家，4家企业编制《质量手册》，13家企业进行体系运行，30家单位新通过ISO 9000质量管理体系认证，17家企业获得强制性产品认证证书。

四、“十百千万”工程

2004年，全省质监系统实施“十百千万”工程，即扶持10家民营企业争创中国名牌，扶持100家民营企业采用国际标准和国外先进标准组织生产，争创江苏名牌产品，帮助1000家民营企业建立健全标准、计量检测、质量管理三大技术体系；为万家民营企业厂长（经理）和管理人员提供质监法律和业务知识的免费培训，帮助企业提高管理水平。7月11日至11月19日，连云港质监局举办民营企业厂长、经理、管理人员质监业务知识免费培训班7期，有846家企业1054人参加学习。连云港质监局编印《全民创业服务指南》，赠给有关单位和企业，指导创业者投资创业。

五、名牌产品认定

1996年7月，市政府发布《连云港市名牌产品认定实施细则》。1997年3月，市政府成立连云港市名牌产品认定委员会。10月，市政府发布《连云港市名牌产品管理办法》。2003年10月，市政府发布新的《连云港市名牌产品管理办法》。是年，连云港碱厂生产的“长江三角”牌工业碳酸钠获得连云港市第一个中国名牌产品称号。2005年9月，市政府转发连云港质监局等单位《关于贯彻实施江苏省名牌战略实施纲要的意见》，全市开始大力实施质量兴市战略和名牌战略。至年底，全市创成中国名牌产品3个。

2003～2005年连云港市获得中国名牌产品一览表

表22-2

产品名称	企业名称	获奖年份
“长江三角”牌工业碳酸钠	中国石化集团南化公司连云港碱厂	2003
“奥神”牌氨纶丝	连云港杜钟氨纶有限公司	2005
“太阳雨”牌真空管式太阳能热水器	连云港市太阳雨热水器制造有限公司	2005

第二节　质量监督

一、产（商）品质量监督检验

1984年4月始，连云港市标准计量局每月发布受检产品质量月报。11月，连云港市产品质量监督检验所对全市省优质以上产品和市重点考核产品进行质量检测，检测企业48家、产品60个，其中省优质以上产品13个，全部合格。全市监督检验产品277批次，合格222批次，合格率80.14%。1985年，全市检测样品292批次，产品抽查合格率81.51%。1989年，全市共检测样品520批次，检验合格249批次，样品检测合格率47.88%。11月，质量监督工作中心转移到监督管理市场商品上。

1991年，全市检测产品642批次，产品抽查合格率68.54%，其中县属以上企业产品合格率80.24%，县属以下企业产品抽查合格率53.51%。1993年9月至1994年9月，市、县技术监督部门对1429家企业2084批次产（商）品进行监督抽查检验，合格率62.4%。其中，县属以上企业220家256批次产（商）品检验合格率78.75%，县属以下乡镇企业1209家1828批次产品抽查合格率60%。1993年，全市棉花质量加工抽查合格率61.2%。1994年，市纤维检验所抽检棉花154批，其中籽棉收购相符率65%，居全省棉花收购前列。1995年，连云港市变压器厂、化肥厂、锦屏化工厂、市电化厂、连云港碱厂被评为全国产品质量优秀企业。连云港市化工厂、市农业机械厂、市麻纺织厂、赣榆县农机修造厂、灌云机械厂、东海石英制品总厂、连云港778分厂、市第二农药厂8家企业12个产品在国家产品质量监督抽查中抽查合格。1997年，全市完成产（商）品检验1077批次。市纤维检验所对全市13所大专院校统购棉被胎质量进行检查，合格率29%。后作出严肃处理，给学生退补差价1.49万床、销毁1620床，对不合格生产单位在电视上曝光。1999年，市纤维检验所监督检验棉花103批次，疵点分析24批。经检验，品级合格55个，批次合格率60.4%。全年共检验121批6000多吨国家储备棉花。

2000年，连云港质监局组织全市13个检验机构对708批次产（商）品进行监督检查。市、县质监局对全市配镜企业抽样检验眼镜片、装成眼镜、眼镜架共316批次，合格228批次，平均合格率72.15%。2001年，对54家产品质量监督检查合格企业发放产品质量监督检查合格证，实施“光明工程”，在眼镜行业大检查中，光学指标合格率从原来的33.4%提高到76%，计量器合格率和配备率均达94%。2002年，全市国家级产品质量监督抽查合格率88.9%；省级产品质量监督抽查合格率87.3%；市级产（商）品监督抽查2336批次，总体合格率79.54%。2003年，全市监督检查1255个批次产（商）品，其中产品检验合格率77.69%。2004年，市黄金珠宝产品质量检验站（简称市金检站）完成检测122批次，承接商家委托检验6558件，制作宝石鉴定证书3867份。2005年，全市共检验产品1033批次，合格911批次。市金检站与2家大型水晶制品经销企业签订协议，全市中高档天然水晶制品逐步开始配备宝石鉴定证书。

1984～2005年连云港市产品质量监督检查情况统计表

表22-3

年　份	抽检（批次）	合格（批次）	合格率（%）	年　份	抽检（批次）	合格（批次）	合格率（%）
1984	277	222	80.14	1995	440	324	73.64
1985	292	238	81.51	1996	489	270	55.21
1986	354	262	74.01	1997	1077	841	78.09
1987	410	292	71.22	1998	1024	746	72.85
1988	472	333	70.55	1999	1418	1142	80.54
1989	520	249	47.88	2000	708	505	71.33
1990	596	427	71.64	2001	1930	1586	82.18
1991	642	440	68.54	2002	1490	1251	83.96
1992	837	575	68.70	2003	1255	975	77.69
1993	631	423	67.04	2004	1066	927	86.96
1994	619	362	58.48	2005	1033	911	88.19

二、放心购物和“百城万店无假货”活动

1997年12月，连云港市打假办公室组织申报创建购物放心、服务满意一条街和“百城万店无假货”活动。1998年11月，市技术监督局制定购物放心、服务满意一条街活动实施方案。1999年，市质量技术监督局、市委宣传部等6部门联合发布深入开展百城万店无假货活动实施意见。2000年5月，市“一条街”创建办公室决定在市区解放中路中段创建购物放心、服务满意一条街。8月，连云港质监局制定创建购物放心、服务满意一条街服务规范。11月，省质量技术监督局授予连云港市新浦区解放中路为“江苏省购物放心、服务满意一条街”称号（全省共10个）。2001年9月，连云港市红星家具城被省质监局命名为江苏省购物放心专业市场。2002年9月，市委宣传部、连云港质监局等11家单位联合开展全市“百城万店无假货”活动，连云港市百货大楼有限公司、锦云商场有限公司、轻工商场有限公司等30家商店被命名为市级示范店。2003年11月，省委宣传部、省质监局等10家单位共同命名全省8街、10店为省级示范街（店），连云港市陇海步行街榜上有名。2005年，江苏汤沟两相和酒业有限公司等10家企业及10个产品分获江苏省信用企业、信得过产品称号。

2003～2005年连云港市获江苏省质量信用产品和质量诚信企业一览表

表22-4

荣誉类别	年　份	企业名称	产品名称
购物放心专业市场	2003	连云港市海棠路市场	
百城万店无假货示范街	2003	陇海步行街	
诚信企业	2003	连云港市锦云商贸有限公司	
信得过产品	2003	连云港德邦复合肥有限公司	复合肥料
信得过产品	2003	连云港正大饲料有限公司	饲料

续表22-4

荣誉类别	年　份	企业名称	产品名称
信得过产品	2003	江苏维维双宝乳业有限公司	天山雪牛奶
信得过产品	2004	益海（连云港）粮油工业有限公司	大豆油
信得过产品	2004	连云港市板浦汪恕有滴醋厂	“汪恕有”滴醋
信得过产品	2004	中国江苏三得利食品有限公司	“王子”啤酒
信得过产品	2004	连云港市东浦管桩有限公司	先张法预应力混凝土管桩
信得过产品	2004	连云港克立林实业有限公司	饮用纯净水
信用企业	2004	益海（连云港）粮油工业有限公司	大豆油
信用企业	2004	连云港市板浦汪恕有滴醋厂	“汪恕有”滴醋
信用企业	2004	中国江苏三得利食品有限公司	“王子”啤酒
信得过产品	2005	南京雨润食品有限公司东海分公司	火腿肠
信得过产品	2005	江苏汤沟两相和酒业有限公司	白酒
信用企业	2005	连云港市太阳雨热水器制造有限公司	“太阳雨”牌真空管式太阳能热水器
信用企业	2005	连云港正大饲料有限公司	饲料
信用企业	2005	益海（连云港）粮油工业有限公司	大豆油
信用企业	2005	连云港德邦复合肥有限公司	复合肥料
信用企业	2005	连云港克立林实业有限公司	饮用纯净水

第三节　标准化管理

一、工业标准化

消灭无标准生产　1984年底，连云港市标准计量局对992个产品进行标准普查，其中执行国家标准215个、部标准294个、执行省市企业标准380个、无标准产品（简称无标）103个。1986年，市标准计量局对年产值10万元以上的787家企业1424个产品进行产品标准普查，其中执行国家标准228个、部标准358个、省市企业标准557个、无标产品221个，标准覆盖率84.5%。1986～1991年，市标准计量局连续6年在全市举办6期标准化技术学习班，1500人次参加标准化函授学习。1987年1月1日起，凡无标准或有标准但未按工艺技术操作规程组织生产的产品一律停止生产。1990年开展全市企业标准普查，市企业标准覆盖率98%，东海县企业标准覆盖率73.5%，赣榆县企业标准覆盖率72%，灌云县企业标准覆盖率97%，新浦区企业标准覆盖率80%，海州区企业标准覆盖率82%。1992年，连云港市全面推行企业执行产品标准证书制度。凡生产企业必须将执行产品标准在证书上登记，实行消灭无标准生产动态管理。1997年12月，市技术监督局与各县区签订消灭无标生产目标责任状，全市开展各类标准化培训3500人次。是年，灌南县、东海县通过消灭无标生产省级验收。

1998年1月，市政府成立连云港市消灭无标生产工作领导小组。9月，市质监局对全市消灭无标生产进行验收检查，全市实现消灭无标生产目标。1999年，连云港质监局实施消灭无标生产长效动态管理，多次进行监督检查。2003年对《商业服务经营场所传染性疾病预防措施》等国家标准进行集中和上门宣传。2005年，连云港市开展企业标准化良好行为创建活动，11家企业报省试点，康缘药业有限公司被确定为国家级试点。

企业产品标准制定 1983年6月，市标准计量局审核企业标准制定程序和标准编号，审批发布市企业标准。市企业标准编号为苏Q/L□-□-□。至1986年底，市标准计量局审批市企业标准525个。1987年，省标准局规定市企业标准改为市地方标准，编号为DB/3207□□-□。1989年4月1日起，《中华人民共和国标准化法》开始实施，规定企业生产的产品无国家标准和行业标准的，应当制定企业标准，作为组织生产的依据。根据江苏省标准局《企业标准化管理办法》，企业标准的编号改为Q/□□□-□。原市企业标准、市地方标准作废，企业按新规定对原市企业标准、市地方标准进行转化。1987～1989年，全市共审批地方标准224个。1989～2005年，连云港市区制（修）订、备案企业产品标准3173个。

采用国际标准和国外先进标准 1985年，连云港市在企业中开展采用国际标准（简称采标）试点。赣榆县标准件厂生产的M3～M10六角光螺母于12月通过省级采标验收。1985～1986年，市标准计量局举办2期采用国际标准培训班，参加人数90余人。1988年3月，市计划经济委员会、财政局、税务局、物价局、标准计量局联合制定《连云港市贯彻江苏采用国际标准和国外先进标准优惠政策暂行规定的实施办法》，规定经省级及其以上采标验收合格的产品不宜加价的如企业按规定纳税确有困难，可向当地税务部门申请减免税；因采标购置的检测设备（仪器）单台价值在5万元以内的费用可划入生产成本。凡经采标验收合格的产品，企业可对产品生产工人、主管该产品的技术人员和管理人员发给一定奖励。至1990年底，全市有42家企业69个产品通过省级采标验收。1991年，市政府将采标工作列入年度工作目标管理。至1997年底，全市共有156家企业225个产品通过省级采标验收。1994年始，全市推行使用采标标志制度，至1997年底，全市有23个产品荣获采标标志证书。连云港市化工厂的工业氯化苄、市皮革机械厂的150型通过式熨皮机、七一六自动化研究所的10种模数转换模块通过采用国际标准，获国家级新产品称号。2000年，连云港质监局举办标准认证知识培训班、国际标准高层研讨班，110家企业、294人次参训。2004年1月，市政府办公室转发连云港质监局的《连云港市2004～2005年采标工作实施意见》。

至2005年底，全市有356个产品通过省级采标合格验收，有66个产品实施采标备案登记。

二、农业标准化

1994年，连云港市组织制定第一个省级地方农业标准《稻麦吨粮栽培技术标准》（DB32/T81-1994）。1997年，全市第一个省级农业标准化示范区东海县优质稻米加工标准化示范区建立。1999年4月，省技术监督局公布全省首批58个标准化农产品使用江苏省农业标准化产品指定标志，连云港有东海平明米厂的"平珠"牌系列大米、东海花生食品厂的花生酱、连云港金五食品有限公司的金五粉丝、灌南大西粉丝厂的龙须粉丝、省农垦江苏东辛集团轧花厂的"东耘"牌皮棉、省农垦连云港东米食品有限公司的"东升"牌冻肉用鸡等6个产品入选。2000年，东海县《水稻单产9～10吨/平方千米栽培技术规程》作为江苏省农业地方标准通过审定并颁布实施，优质稻米生产加工标准化示范区通过省级验收，相继建立一大批农业标准化无公害示范基地。

2001年10月，市政府建立连云港市农业标准化工作联席会议制度，规定定期召开全市农业标准化联席会议，研究农业标准化问题。赣榆对虾、梭子蟹混养，灌云高品质棉农业标准化示范区经省质监局批准实施。2003年，市政府转发连云港质监局等部门制定的《关于加强农业标准化示范区建设和管理的意见》。东海县平明镇组织召开国家级农业标准化示范区建设现场会，对示范区实施情况现场检查。2004年，赣榆对虾、梭子蟹混养、灌云高品质棉农业标准化示范区通过省专家组验收。2005年，连云港市农副产品批发市场入选省级实行标准化管理农产品批发市场，建立10余项管理和工作标准。

2000～2005年，连云港质监局制（修）定农业标准49个。全市有国家级农业标准化示范区3个、省级农业标准化示范区8个、市级农业标准化示范区11个。

2005年连云港市国家级和省、市级农业标准化示范区一览表

表22-5

级　别	项目名称	立项年份	批　次	实施单位
国家级	优质中粳元公害化生产示范区	2002	第三批	市种子站
	灌南县无公害粳米标准化示范区	2003	第四批	灌南质监局、灌南县农业局
	对虾、蛤蜓混养标准化示范区	2005	第五批	赣榆质监局、赣榆县海洋与渔业局
省级	东海县优质稻米生产加工标准化示范区	1997	第一批	东海质监局、东海县农业局
	赣榆县对虾、梭子蟹混养标准化示范区	—	第二批	赣榆质监局、赣榆县海洋与渔业局
	灌云县高品质棉标准化示范区	—	第二批	灌云质监局、灌云县农业局
	东海县水库网箱无公害养殖	2003	第四批	东海质监局、东海县海洋与渔业局
	灌云县无公害甘薯标准化示范区	2004	第五批	灌云质监局、灌云县农业局
	连云区徐圩冬枣标准化示范区	2005	第六批	连云港质监局城区分局、连云区农水局
	东海县出口创汇蔬菜标准化示范区	2005	第六批	东海质监局、东海县农业局
	灌南县绿色食品淮山药标准化示范区	2005	第六批	灌南质监局、灌南县农业局
市级	赣榆县无公害芦笋、草莓、洋葱标准化示范区	2000	第一批	市土肥站
	赣榆县无公害优质特种粮标准化示范区	2000	第一批	赣榆县作栽站
	东海县平明镇优质中粳米无公害水稻标准化示范区	2000	第一批	市种子站
市级	赣榆县创汇园艺产品标准化示范区	2002	第二批	赣榆县农业局
	赣榆县特种养殖标准化示范区	2002	第二批	赣榆县畜禽站
	东海县福润安全猪标准化示范区	2002	第二批	连云港市农业局
	东海县草莓标准化示范区	2002	第二批	东海县农业局
	灌云县牧草养鹅标准化示范区	2002	第二批	江苏兴云集团
	灌云县食用菌标准化示范区	2002	第二批	长盛农业开发有限公司
	灌南县苏太猪标准化示范区	2002	第二批	灌南县畜禽良种站
	灌南县浅水藕标准化示范区	2002	第二批	灌南县农业局

第四节　特种设备安全监察

一、执法检查

2000年，连云港质监局按照新的管理体制，对锅炉压力容器和特种设备拥有安全监察职能。查出锅炉、压力容器、特种设备非法制作、安装和液化石油气非法充装单位72家，处罚9家。在对“土锅炉”和液化石油气充装专项检查中，全市共查出“土锅炉”177台，报废46台，改作常压使用84台，责令停运报废47台。对全市53家液化石油气充装站检查，查出未经连云港质监局安装注册审查的15家充装站责令其停业整顿或限期整改；对未经市建委批准建站的13家充装站责令其停业。2001年，全市质监部门加强锅炉、压力容器、压力管道、特种设备（简称锅容管特）的安全监察，对查出的194台“土锅炉”予以整治，消除重大安全隐患；8次对客运索道、游乐设施进行检查；验收新装电梯、起重机70台，验收率100%。

2002年，连云港市开展气瓶专项治理，严格执行《气瓶安全监察规程》，落实气瓶专项治理目标的重点、范围。“五一”节和安全生产月期间，全市分别组织锅容管特安全大检查。元旦、春节和“五一”节前对游乐设施使用相对集中的市新浦公园进行重点检查，花果山、孔望山客运索道通过国家复检换证审查。2003年，连云港质监局先后制定、实施《连云港市瓶装气体安全监察管理办法》《连云港市大型游乐设施专项治理方案》《连云港市特种设备重特大事故紧急处理预案》等，对气瓶充装、检验单位进行100多次检查，对执法检查中发现的违规现象依法进行处理。第四季度，连云港质监局对全市小型锅炉进行集中整治，检查120多家小浴室、豆腐坊、饭店使用的小锅炉，发现不安全隐患100多处，下发特种设备安全监察意见通知书86份，提出具体整改要求和整改方法，强行拆除3台违规使用的锅炉。

2004年，连云港质监、安监部门开展小型锅炉检查和整治工作。检查市区小型锅炉48台，发现隐患28处，下发特种设备安全监察意见通知书12份。“五一”“十一”黄金周等特殊时期，连云港质监局对新浦公园等游艺游乐设施集中场所及花果山等风景区索滑道进行全面检查。对7家电梯安装、维保单位质量体系运转情况进行检查。

2005年，全市特种设备安全监察部门开展执法检查1284次，出动检查执法人员2319人次，检查特种设备生产使用检验单位423家，特种设备1547台（不含气瓶），下达特种设备安全监察指令书618份，责令整改设备包括锅炉348台、压力容器51台、气瓶804只、电梯23台、起重机械11台、场内机动车辆4辆、客运索道2部、大型游乐设施28部；责令停止运行设备包括锅炉26台（销毁土锅炉3台）、压力容器9台（销毁土制压力容器2台），没收销毁超期液化石油气瓶116只、电梯3台、起重机械5台、场内机动车辆4辆，给予经济处罚26.5万元。取缔无资质液化石油气充装站1家，责令4家液化石油气充装站停业整改，责令1家氢气充装单位整改，责令2家气瓶检验单位停业整改。没收超期未复审特种设备作业人员证127本，责令243位无证特种设备作业人员参加培训考核。

二、行政许可

1982年，连云港市锅炉厂获得国家D2级锅炉制造许可证，为全国首批定点生产厂家、全市唯一生产锅炉的厂家。1985年起，市劳动局锅炉压力容器检验所实行常年驻厂检验，实施对锅炉、压力容器产品监督检验，确保锅炉、压力容器产品质量。1986年10月和1987年4月，市化工机械厂、医疗机械设备厂分别领取生产压力容器国家制造许可证。

1995年10月23日，省劳动局同意对连云氧气厂钢瓶检测站（无缝气瓶）、锦屏磷矿无缝气瓶检验站（无缝气瓶）、市电化厂（无缝气瓶）、市海水化工厂（无缝气瓶）、市化工机械厂钢瓶检测站（焊接气瓶）、市乙炔厂（溶解乙炔气瓶）颁发在用气瓶检验许可证。

2000年，连云港质监局对市锅炉压力容器检验所、市劳动安全卫生检测站进行资格复查初审、资格认证初审。连云港质监局、市机械公司受省质监局委托，对市石化机总厂的压力容器制造资格进行审查，报省质监局发证。连云港质监局对全市20家气瓶充装注册登记单位、气瓶检验单位进行换（取）证审查，开展全市锅炉使用证、司炉工操作证换（发）证工作。全市发放更换电梯安全准用标志牌258块。2001年，连云港质监局对6家钢瓶检验站和6家锅炉安装单位进行换证和取证审查，对灌南县、东海县液化石油气钢瓶检验站和3家锅炉安装修理改造单位进行取证审查。对53家新增、大修锅炉进行开工审批和竣工验收，对3家液化石油气充装站进行竣工验收，为59个电梯、起重机械安装修理项目进行开工审批。

2005年，连云港质监局对1家钢瓶检验站进行换证审查，对2家液化石油气充装站进行竣工验收，对8家新增锅炉房进行审批、定点和验收，为38个电梯、起重机械安装修理项目进行开工审批。

三、检测检验

1985～1988年，市锅炉压力容器检验所添置21台检测设备，编制《检验工作管理手册》，建立锅炉档案692份、锅炉产品监检档案27卷，形成较为完备的质量保证体系。1990年10月，市锅炉压力容器检验所通过江苏省劳动局检验资格认可审查。1985～1990年，全市累计检验锅炉2992台、压力容器4834台，累计检验率92.2%。

1991年，全市监督检验锅炉511台，监检率100%；定期检验锅炉480台、压力容器641台。全市25辆液化气槽车通过年度和全面安全性能检验，校验安全阀200只。1992年，全市定期检验锅炉580台，检验在用压力容器620台、检验汽车槽车16辆，对市锅炉厂、化机厂、医疗设备厂的X射线底片进行复审，评片8298张。1993年，全市监督检验锅炉产品94台、分汽缸72台、容器335台、锅炉安装监督检验2台，定期检验在用锅炉463台、分汽缸65台，检验在用压力容器600台、在用液化石油气槽车25台、在用氨槽车5台。1994年，定期检验在用锅炉468台，在用压力容器定期检验595台，液化气体与气罐检验28台，锅炉产品监督检验102台，压力容器产品监督检验258台，容积大于50立方米的球罐3台。

2000～2005年，全市完成水质化验3605份。

第五节　行政执法与打假

一、行政执法

1986～1988年，连云港市标准计量部门处理质量案件65起，货值352.39万元。1989年，全市出动2000余人次，对150家企事业单位和农贸市场8000余台计量器具进行检查，查出不合格计量器具1500台，没收违法计量器具500余台。

1989～1990年，全市组织市场商品质量大检查7次，组织检查组98个，参加861人次，检查

3640家企业，发现992家企业存在产品质量问题，占被查企业总数的27.25%；检查商品总值3.87亿元，被封存、没收、变价处理的商品总值3264万元；立案查处817起，其中大案要案34起，涉及商品金额1152万元，占查处总值的35.29%，全部结案，罚没款15.78万元。1992年，全市查处300多家经销企业800多种商品。1994年，全市组织市场检查116次，检查1513家企业，检查商品9532个，检查商品货值3.8亿元。立案查处116起，结案107起，涉及金额3000多万元。1995年，全市组织市场检查125次，检查企业1734家，检查商品5万个，商品货值4.6亿元。依法办案140起。

1997年，全市行政执法106起，查获伪劣产品标值350万元。1998年，全市组织市场检查54次，检查企业1800家、商品1万余个，依法办案126起，其中涉案金额达万元大案15起，结案率达95%。1999年，全市组织检查58次，查处案件388起，立案查处376起。

2000年，全市出动执法人员4537人次，检查场所1870家。2003～2004年共查处违法案件9252起。

2005年“质量月”期间，连云港质监局调查食品生产企业426家，立案查处食品案件44起、农资案件4起、建材案件15起，货值140万元。全年出动执法人员1.67万余人次，检查生产销售单位5100余家，查办案件1026起。全市办理货值15万元以上案件15起；从违法性质来看，无证认证案件最多，达62起。

二、打假治劣

1985年，连云港市场上查出冒牌“洋河”酒6批777箱，货值3.6万元。1989年11月，市政府成立市打击制售假冒伪劣商品领导小组，批转市标准计量局、工商局《关于立即开展严厉打击在商品中掺杂使假和严厉惩处经销伪劣商品责任者的实施意见》。全市检查3379家单位，发现有问题单位823家，检查商品总值达3.75亿元。

1990年4月，全市进行清剿伪劣低压电器大检查，出动384人次，对261家企业的1193种商品进行现场检查和抽样检验，合格484种，合格率40.6%。10月，市政府颁发《关于严禁制造销售伪劣商品通告》。是年，全市打假治劣罚没收入15.78万元。1996年，全市检查销售单位350家，检查商品标值9300万元，查处假冒伪劣商品标值250万元。1997年，全市组织6次专项打假，先后没收假酱油4000余瓶、假醋2000余瓶、假“汤沟”酒200箱。1998年，全市检查130家企业，抽取汽油、柴油检验样品150份，计量检测加油机526台。

2000年，全市取缔制假窝点84个，查获假冒伪劣产品标值917万元，没收制假生产工具117台。2001年，全市质量技术监督系统出动执法人员1.3万余人次，检查各类场所1.2万余家，捣毁制假窝点80个，查获假冒伪劣产品标值680万元。2002年对全市范围内小钢铁厂、钢材集贸市场和钢材销售商店、建筑工地进行全面检查，查处生产地条钢产品企业12家，封存地条钢及其加工产品435吨，捣毁地条钢主要生产设备中频电炉28台。全市出动打假执法人员2万余人次，检查各类生产、销售场所2400家，查获假冒伪劣商品货值2000余万元，取缔制假售假窝点80个，挽回经济损失1000余万元。市纤维检验所被评为全国纤维质量监督执法打假先进集体。2004年，全市集中开展农资、建材、食品、药品等9大类专项打假行动，取缔非法生产企业及窝点729个。

2005年，全市查获假冒伪劣农资337吨，查获“黑心棉”被褥650多套。接受群众举报投诉604起，处理率98%。

三、化肥整治

1994～1999年，市技术监督局出动执法人员3000人次，查处违法案件百余起，没收假冒劣质化肥2400余吨。1999年5～6月，《中国质量报》和中央电视台《焦点访谈》栏目分别报道连云港市海州区一些小化肥生产企业采取不正当竞争手段，掺杂使假、以假充真、以次充好，以不合格产品冒充合格产品，从中牟取暴利的严重坑农害农事件。市委、市政府部署开展全市打击制售假冒伪劣化肥集中整治工作。市质监局检查化肥生产企业34家，责令停产20家，其中立案查处16家，现场查封有质量问题的化肥2000余吨。

图22-3　1999年，市内发生小化肥生产企业坑农害农事件，市委、市政府开展打击假冒伪劣化肥集中整治工作。图为媒体在现场采访。　李家岭　摄

2000年4月20日至5月20日，市政府组织开展小化肥行业全面整顿，突击检查小化肥企业58家，抽样21批次，合格率42.86%。查处无证生产企业17家，作出关停并转处理。6家企业补办手续。下辖四县检查销售点678个，封存河南化肥60吨，没收假冒伪劣化肥429吨。连云港质监局立案造假案件30起，移送公安机关1起。11月，市政府制定《海州地区小化肥产品质量整治方案》，注销374家小化肥企业，关停并转16家，停产整顿23家，核销39家企业化肥生产经营项目，保留31家规模较大，质量有保障的化肥生产企业。2001年2月，东海县质监局在双店西池查获无生产证、无营业执照个体户生产过磷酸钙50吨。

2004年4月，市政府成立市小化肥专项整治工作领导小组，由市质监、工商、公安等部门联合组成“4·20”化肥案件专案组，对参与造假的绿宝、康乐2家涉案企业进行立案查处。5月，全市出动检查人员1万余人次，查封小化肥生产企业192家。6月，市政府通过《小化肥长效管理意见》和《小化肥企业生产管理办法》。2004年在小化肥专项整治中，全市铲除小化肥生产企业、窝点202个，吊销营业执照159个，销毁小化肥原料9683吨、成品9451.9吨、设备413台，立案查处86起小化肥案件，罚款686万元，抓捕犯罪嫌疑人35人。通过整治，全市尤其是海州地区公开、大规模造假势头被有效遏制，以氯化钾为原料生产假冒劣质硫酸钾问题得到有效控制。《中国质量报》以《假化肥败走连云港》为题进行整版报道。11月，全国落实整治化肥区域性质量问题责任制现场会在连云港召开，连云港市政府在会上作交流发言。国家质监总局发文表彰全国区域整治效果显著的14家单位，连云港质监局名列其中。连云港质监局受质监总局委托起草《落实整治区域性化肥质量问题责任制试行办法》，2005年1月1日起在全国施行。2005年，连云港质监局加强对化肥企业监督管理，定期、不定期对化肥生产企业实施巡查，严防化肥制假行为发生。

2001～2004年连云港市化肥整治立案案件统计表

表22-6

年　份	案件数（起）	货值（万元）	处罚金额（万元）	年　份	案件数（起）	货值（万元）	处罚金额（万元）
2001	28	42.05	27.77	2004	66	111.73	90.04
2002	43	137.20	99.19	合计	172	502.59	285.98
2003	35	211.61	65.98				

2004年连云港市整治小化肥情况统计表

表22-7

地　区	生产场所数量（个）	查封情况		处置情况		未处置情况	
		成品（吨）	原料（吨）	成品（吨）	原料（吨）	成品（吨）	原料（吨）
新浦区	28	3422	680	3422	680	0	0
海州区	92	3060	5703	1870	5083	1190	60
连云区	2	330	0	330	0	0	0
开发区	7	315	52	315	52	0	0
赣榆县	63	1137	1392	1137	472	0	920
东海县	2	188	0	188	0	0	0
灌云县	0	0	0	0	0	0	0
灌南县	0	0	0	0	0	0	0
合　计	194	8452	7827	7262	6287	1190	980

第六节　组织机构代码与商品条形码管理

1993年7月始，连云港市开展申领组织机构代码证书工作。至年底，市区申领代码证书2753个，其中企业法人1765个、企业非法人589个、事业法人187个、事业非法人32个、社团法人52个、社团非法人46个、“三资”企业87个。

1994年12月1日起，全市实行账户管理查验代码证书制度，金融、税务、统计、公安等部门强制应用统一代码标识后，企事业单位和社会团体到有关部门联系业务，就需要出示代码证书，经查验登记后才能办理各项业务手续。1995年，在税务部门计算机管理中，用统一代码作为登记号。年内商业条码共发展9家用户单位。1996年底，新发证企业4686家。1997年，全年代码申领2039个、办理开户许可证1945户、办理条码用户14家、条码复检10家。1998年底，发证单位超过1万家，申领率达90%以上。

2000年，连云港市账户信息管理系统开发完成，实现代码信息发布与代码证书同步。全年新发展商品条码用户37家，条码系统有成员130家；有4497个组织机构申领代码证书，累计达1.66万家；全年发行代码IC卡3753张。2001年，代码换证率98%；IC卡发放2873家，新发展条码用户15家，条码用户达63家，条码复审率达100%。2002年发放IC卡2783张，新发展条码用户31家。2003年，全市代码证书发证6233套，代码IC卡发放4176张。市情报所成立防伪中心，12家名优企业和代理商采用市情报所的防伪标志。

2004年5月，中国物品编码中心江苏分中心连云港工作站成立。是年，工作站办理代码证书7329家，办理代码IC卡4305家，发展商业条码用户70家。

2005年，全市新办代码证书2883家，办理代码IC卡3228张。全市发展商业条码用户66家，印发数码防伪标识215万枚。

第五章　食品药品监管

1984年至2001年5月，连云港市药品安全监督管理工作主要由市卫生局药政处、市药检所以及市医药管理局负责。2001年6月，在市医药管理局、市卫生局药政处的基础上，成立江苏省连云港药品监督管理局（简称市药监局），药品监管体系开始形成全市统一归口管理模式。2005年6月，在江苏省连云港药品监督管理局的基础上，成立江苏省连云港食品药品监督管理局（简称市食药监局），同时增挂市食品安全委员会办公室牌子，将原由商业局、粮食局等部门负责的食品安全工作职能和由市卫生局负责的食品卫生监督管理职能归并到市食品安全委员会办公室，初步建立覆盖全市各个环节的食品安全监督网络。

市食药监局成立后，重点推进药品企业质量管理规范认证工作，监督规范药品企业生产、经营行为，打击药品违法违规行为，规范整顿全市药品市场秩序。市食药监局成立后，开展辖区内食品、化妆品、保健品的综合监督工作，境内食品药品市场规范有序。

第一节　药品监督管理

一、药品生产经营管理

药品生产许可　1984年9月，《中华人民共和国药品管理法》（简称《药品管理法》）颁布，对药品生产经营实行准入和监督管理。江苏省卫生药政部门对符合条件的药品生产企业发放药品生产许可证，省、市卫生药政部门进行监督检查，连云港市医药管理局对医药经营企业发放药品经营合格证，推行GMP（药品生产质量管理规范）和GSP（药品经营质量管理规范），促进企业提高管理水平。

1985年，市卫生局向10家药厂、45家药品销售单位及12个医院制剂室核发许可证。市卫生局药政处联合市药检所为各制药厂相关人员举办2期《药品管理法》培训班。是年10月组织药政、药检专业人员对制药企业基本情况、生产条件、技术力量、管理制度进行全面调查，随后按《药品管理法》要求进行整顿。全市10家药品生产企业先后通过市、省药政部门检验，获得药政部门颁发的药品生产企业许可证。1986年，市卫生局开展全市中药饮片质量检查评比活动，对18家单位进行检查评比，评选出市中医院、市第一人民医院、东海县医药公司、灌云县医药公司为质量优良单位；举办市区乡级药政检查人员学习班，确定由乡镇防保人员兼管药品质量。1989年10月，市卫生局、医药管理局对10家药品生产企业进行回访整顿；举办2期药品生产质量管理学习班，全市12家企业60余人参加培训。1990年，2家企业通过省、市检查获得药品生产企业许可证。1996年，1家企业获得药品生产企业许可证。2001年，市药监局成立后，对15家生产企业换发新证。2002年、2005年各有1家企业获得药品生产企业许可证。

至2005年底，全市有17家企业获得药品生产企业许可证。

图22-4 2005年6月8日,江苏省连云港食品药品监督管理局挂牌成立。 食药监局 供

药品生产GMP认证 从1985年起,市医药管理局督促企业按照GMP要求加强硬件建设,针对不同剂型车间有计划地进行改造,新建针剂、片剂车间;对原料药精、烘、包工序进行改造;建立药品管理档案,完善质量保证体系,对药品生产全过程及售后实行质量跟踪。1988年3月,卫生部颁布《药品生产质量管理规范》。1989年,市卫生局举办2期GMP培训班,对12家药品生产企业的厂长和质检科长、生技科长、车间主任、仓库主任及药品监督员60余人进行培训,要求生产企业制定实施规划,分期达到GMP要求。连云港中药厂投资改造了浓缩车间、前处理车间,并新购紫外分光度计。东风制药厂投资50余万元改造小针、输液、水处理车间。全市各药品生产企业产品从1985～1990年,在省级以上药品监督抽查中合格率达100%,省级优质产品产值率达40%,有13个产品获省级及其以上优质产品奖。

1998年后,连云港市药品生产企业进一步加大GMP认证实施力度,江苏正大天晴药业股份有限公司1999年11月获得GMP证书,成为全省首家通过GMP认证(98版)的企业。2001年,国家药品监督管理局下发通知强制实施GMP,要求2004年6月30日以前全国所有药品制剂和原料药的生产必须符合GMP要求,取得药品GMP证书。2002年,连云港药品监督管理局为连云港德邦精细化工有限公司员工约50人进行GMP知识培训,3次邀请省药品监督管理局质量协会专家为江苏康缘药业股份有限公司提供现场咨询。至2005年底,全市有10家企业68个剂型70个品种通过GMP认证。

药品经营GSP认证 20世纪80年代中期,连云港市开始在药品经营企业中部署实施GSP,对医药经营企业发放药品经营合格证,稳步推进该项工作。至1990年底共发放25家企业药品批发经营合格证、88家零售药店经营合格证,取缔了35家个体、集体药品零售商店。1999年对全市120家零售企业进行审验,责令限期整改6家、吊销1家。2001年,市药监局成立后,对10家法人药品批发企业、26家非法人药品批发企业、152家零售药店换发新证。2002年,市药监局成立实施GSP工作领导小组,推进GSP实施工作。2003年2月,市药监局制定零售药店GSP认证工作实施意见。全市举办GSP培训班16期近2000人次,康济连锁公司和5家药品批发企业通过首批认证,零售药店认证工作启动,当年新批零售药店120家,发展零售连锁1家。2004年,全市9家药品批发企业、1家药品零售连锁企业通过认证,县以上申请认证的152家零售药店中有148家通过GSP认证,占97.37%。2005年根据国家药品监督管理局、省药品监督管理局关于开展县以下零售药店GSP认证工作的要求,市药监局制定相应实施意见。至2005年底,全市14家批发企业、4家连锁企业和650家零售药店通过GSP认证。

中药材GAP认证 2003年9月,连云港天源中药材种植发展有限公司成立。该公司中药材种植基地在赣榆县门河镇,主要种植桔梗、芍药等中药材。2004年,该公司组织实施GAP(中药材种植质量管理规范)认证。

二、药品包装材料管理

1987年，连云港中金医药包装有限公司成立，是当时全市唯一的药品包装材料企业，是国家医药管理局确定的“七五”计划期间定点建设的骨干企业，自建立之日起接受市医药管理局管理并对生产过程、产品质量进行监督。2001年，连云港中金医药包装有限公司取得药品包装用材料和容器注册证。至2005年底，公司占地面积9万平方米，固定资产4亿元，建有4个符合GMP规范要求的生产工厂，1个建筑面积为3000平方米的药用复合包装材料研究工程中心，年产药品包装材料10大系列30多个品种。多层共挤输液用膜（PP/PP/PP）等13个产品获得国家药品监督管理局药用包装材料注册证。

三、药品不良反应监测

2002年6月，连云港市药物不良反应监测管理领导小组成立，负责全市药物不良反应监测管理。是年确定3家企业和10家重点医院为首批药品不良反应监测点，上报药品不良反应报告23份。2003年，全年上报不良反应报告87份。2004年加快建立健全药品不良反应监测网络建设。12月4日，连云港药品不良反应监测中心挂牌。是年上报药品不良反应报告397份。2005年，全市上报不良反应报告810份。

四、特殊药品监管

根据2001年新修订的《中华人民共和国药品管理法》，全市药监部门加强特殊药品（主要为麻醉药品、精神类药品）管理。2001年，市药监局制定麻醉药品经营体制改革方案，确定连云港医药采购供应站、灌云县医药公司为麻醉药品经营企业。2002年4～5月，市、县药监局开展特殊药品专项检查，重点是麻醉、精神药品生产企业，共检查83家单位。对存在问题较多的单位，责令其限期整改，进行跟踪督查。市药监局、市公安局禁毒支队联合开办特殊药品管理法规培训班，受训42人。实行经营企业二类精神药品批发（零售）经营范围准入，全年批准批发企业13家、零售企业20家。2003年完成麻醉药品经营体制改革，换发麻醉药品、一类精神药品购用印鉴卡134份，并结合换卡开展特药专项检查，监督销毁无效期和过期失效的特殊药品注射剂6620支、片剂2.04万片。2004年开展医疗机构换发放射性药品使用许可证工作和医疗用毒性药材、罂粟壳经营资格认证，全市杜冷丁使用量下降83.7%。2005年制定《连云港市药品分类管理实施办法》加大特殊药品和医疗机构制剂监管力度，市药监局与恒瑞医药集团联合开发特药生产监控系统软件。

五、农村药品“两网”建设

2002年开始，连云港市按照国家和江苏省药品监管局部署，启动农村药品“两网”（农村药品监督网络和药品供应网络）建设，为农村地区群众用药安全、方便购药提供保障。全市农村药品监督网络和药品供应网络建设工作在赣榆开始试点，市药监局和赣榆县药监局选定拓汪、石桥等7个镇首先建起药品监督网，探索县、乡、村三级网络建设。灌云县药监局聘请乡镇卫生院、药品经营单位负责人及相关人员为药品监督协管员、信息员。

2003年，市药监局出台《连云港市乡镇村医疗机构药品、医疗器械管理办法（试行）》，加强乡镇卫生院、村卫生室药品管理及代购药品的管理，乡镇零售药品覆盖率达100%。至年底，全市聘请药品协管员、信息员500余人。赣榆县药监局成立县药品监督管理协会，东海县药监局选聘27

名乡镇计生助理担任药品监督信息员，灌云县药监局成立23个乡镇级药品质量管理机构，灌南县药监局在县、乡、村医疗机构设立质量监管员26人。

2004年，市药监局制定加强农村药品供应和市场监管工作规划。全市登记在册药品监督员62人、协管员164人、信息员358人。全市发展零售药店590家，乡镇覆盖面达100%，其中新设村级药店36家。全市乡镇卫生院、村卫生室投入200万元，改善药品储存条件，保证农村供应主渠道药品质量，农村“两网”基本建成。

2005年，市药监局召开四县药品“两网”建设现场观摩会，相互交流学习。每个县投入100余万元资金，推进乡镇卫生院、村卫生室药房整改达标工作和规范药房创建活动，完善农村药品供应网。全市670家零售药店中有400余家分布在农村，有效保证农民安全用药，方便群众购买。全市聘任县级药品监督员62人、乡镇级药品协管员299人、村级药品信息员1329人。

第二节　医疗器械管理

20世纪80年代，连云港市医药管理局下属仅有1家医疗器械生产企业。国务院《医疗器械管理条例》颁布后，市药监局对辖区11家医疗器械生产企业、99家医疗器械经营企业开展质量监管，组织开展医疗器械广告及一次性使用输液器、注射器专项检查。

2002年，全市药品监督部门受理医疗器械经营企业开办申请35家，取证35家；生产企业4家，取证4家。审定一类注册产品标准6个、注册6个，初审二类注册产品标准10个。完成一次性使用无菌医疗器械生产，经营企业的换证检查及生产、经营企业年审检查。加强日常监管，重点监控企业每月现场检查1次，重点市辖企业每季度现场检查1次。2002年底，全市共有医疗器械生产企业13家、经营企业134家。

2003年，市、县两级药监部门建立医疗器械生产企业档案系统及医疗器械经营企业档案系统，按照一企一档对企业从行政许可、产品注册、日常监管等方面实行分类管理，开展隐形眼镜市场专项整治。至年底，全市共有医疗器械生产企业18家、批发企业148家、零售企业266家。江苏苏云医疗器材有限公司、连云港千樱医疗设备有限公司分列全省2003年江苏省医疗器械生产企业产值前50名企业名录榜的第10名和第14名。

2004年，市药监局出台医疗器械生产经营企业日常监管工作实施意见，明确重点监控的企业与产品，检查的范围、频次与方法、检查内容及不良行为处理办法。是年，苏云医疗器材公司收购宿迁众康医疗器械公司，成立江苏苏云众康医疗器材有限公司。至年底，全市有医疗器械生产企业25家、医疗器械经营企业463家。医疗器械经营企业中有批发企业61家、零售企业402家。

2005年，随着监管体系的不断完善，医疗器械企业监管形成分级分类管理、严格检查程序、优化检查结果的一套监管程序，建立健全医疗器械生产经营企业文字信用信息档案和电子档案，加强企业诚信建设。市卫生系统首次将医疗器械纳入公开招标范围。市药监局负责对24家经营公司参加卫生系统医疗器械招标1000多个品种进行资质审定。是年，全市新批医疗器械生产企业5家、经营企业28家，变更16家，撤销3家。至年底，全市有医疗器械生产企业30家。其中，一类14家、二类15家、三类1家；颁发医疗器械产品注册证63个，其中一类24个、二类29个、三类10个；全市医疗器械经营企业达487家。

第三节　注册执业药师管理

1994年3月，人事部、国家医药管理局联合颁发《执业药师资格制度暂行规定》，开始实施执业药师制度。连云港市人事局负责落实执业药师制度，市医药管理局配合。全市通过国家首批考试合格认定的执业药师（批准日期1995年7月1日）仅1人。至1997年，全市取得执业药师资格证书12人。1994～1999年，由于执业药师参加考试人数少，全市考前培训和继续教育工作未正常开展，参考人员考前培训大多通过参加省药监局集中组织的培训途径解决。2001年6月后，市药监局受省药品监督管理局委托，负责执业药师注册、培训等工作，会同市人事局共同负责执业药师考试报名、资格审查等有关考试工作，参加全国统考。市药监局积极推进执业药师资格制度实施，严把执业药师报考、注册审核关，承办执业药师继续教育培训，强化日常监管。至2005年底，全市经过考试取得执业药师资格607人，其中注册登记执业药师104人。注册药师中分布在药品、医疗器械经营企业82人，医疗机构9人；执业药师中具有大专以上学历432人。

2003年11月，市执业药师继续教育培训点设立。随着参加考试人数增加，连云港在当地组织考前培训。2003～2005年，全市执业药师考前培训工作处于全省前列，参加培训率保持在95%左右。

2001～2005年连云港市执业药师考试合格及注册人数统计表

表22-8　　单位：人

年　份	考试合格人数	其中注册药师数	年　份	考试合格人数	其中注册药师数
2001	192	2	2004	78	39
2002	93	8	2005	131	30
2003	91	25			

第四节　药品抽验和稽查打假

一、药品抽验

1985年，按江苏省卫生厅关于加强重点药品抽验考核的要求，连云港市药检所承担6个品种质量考核任务，全年共考核检验60个批次，连云港制药厂生产的5批丙戊酸钠不溶物不符合规定，其中2批pH值不符合规定。对连云港碘厂生产的碘、甘露醇，连云港中药厂生产的减脂茶等创国家、省、市优产品进行抽验考核，抽验24个批次。

1986年，市药品检验所对盐场医院、东海人民医院等7家医院制剂质量进行重点抽验，抽检65个品种，合格56个，合格率86.15%；对市第一人民医院、港务局职工医院等9家医院79种中药进行抽检，合格63个，合格率79.75%。

1991～2000年，全市药品检验抽验6395批次，其中不合格450批次，合格率92.96%。不合格批次率较高的年份是1993年和1994年，分别为9.96%、9.47%。

2001年起，市、县两级药检部门加大对药品质量的抽检力度和对不合格药品的核查力度。2001年，完成检品1787个，不合格率15.11%。其中，抽验1343个，不合格率18.62%；送验444个，不合格率4.28%。

2002年完成检品1454批，其中省药品监督局指令性抽验1440批，检出不合格药品217批，不合格率15.07%。其中，抽检生产企业药品132批，全部合格；抽检医疗单位自制制剂91批，不合格4批，不合格率4.4%；抽检经营企业药品376批，不合格32批，不合格率8.51%；抽检医疗卫生单位药品855批，不合格181批，不合格率21.17%。

2003年，面对突如其来的“非典”疫情，全市各级药检所合理安排药品抽检，对可疑、质量不稳定、投诉较多以及急救药和常用药加大抽验力度。全市完成检品1910次，不合格115批，不合格率6.02%。

2005年完成药品抽验1699批次，检出不合格药品128批次，不合格率7.53%。

1985～2005年连云港市药品抽检情况统计表

表22-9

年　份	检品总数（批）	检验结果		年　份	检品总数（批）	检验结果	
		合格（批）	合格率（%）			合格（批）	合格率（%）
1985	579	484	83.59	1996	504	469	93.06
1986	619	505	81.58	1997	494	481	97.37
1987	1001	900	89.91	1998	762	706	92.65
1988	944	841	89.09	1999	785	734	93.50
1989	1073	937	87.33	2000	702	662	94.30
1990	453	385	84.99	2001	1787	1517	84.89
1991	443	423	95.49	2002	1454	1237	85.08
1992	577	538	93.24	2003	1910	1795	93.98
1993	1054	949	90.04	2004	2150	2000	93.02
1994	507	459	90.53	2005	1699	1571	92.47
1995	567	524	92.42				

二、稽查打假

20世纪80年代中期至90年代中期，每年3～6月，市卫生局连续在全市开展基层药品质量大检查。

1985年7月1日，全市卫生系统监督销毁伪劣药品632种，价值19.9万元。1986年按照面向农村、面向基层的要求，市卫生部门对市区基层厂矿医疗保健站、村医疗站近300家单位的药品质量管理进行检查，查出一批无批准文号、过期失效药品和中药材；对县区133家单位17种中药材进行检查，查出假劣药材7种261千克。1987年，市卫生部门对全市药品生产、供应、使用环节进行以清查假劣药品为重点的药品质量大检查，检查2303家单位，检查覆盖面96.93%，查出假劣药品1237种次，价值8885.63元。1989年检查2276家单位，占应查总数的96.12%，查获假劣药品1003种次。是年对乡镇卫生院药房进行检查整顿。

1991年，全市卫生部门在基层药品质量大检查中，检查2314家单位，覆盖率97.32%，查获假劣药品1513种次，查处不法游散药贩案件41起。1992年8～9月在全市开展以药品经营企业、基层医疗单位为重点，以与外省市、县毗邻地区和管理薄弱地区为重点，以假药、一次性使用输液器为重点的打假突击检查。1993年在全市基层药品质量大检查中，查获假劣药品1010种次，查处不法游散药贩案件25起；对全市93家乡镇卫生院药房进行整顿，对厂矿企业卫生所开展药房初步整顿工作，坚持乡镇卫生院为村卫生室代购药品制度。1998年，全市卫生系统组织675名专业人员，抽查基层1840家单位，占应查单位的69.41%。查出假劣药品1496种次，价值4万余元。开展为期3个月的医药市场专项治理，重点查处无证营销、变相销售药品和集资市场游医药贩，立案139起，没收假劣药品价值22.4万元，罚没款22.9万元。1999年，全市立案34起，结案30起，没收违法所得18.8万元，组织清查过期失效药品，没收过期失效、老产品及假劣药品1006种次，价值28.6万元。

2002年，全市出动执法人员7880人次，检查3388家单位，查处各类案件1024起，没收伪劣药品、医疗器械3880种次，取缔无证经营210家，罚没款308.43万元。全市开展以历时7个月的“正源行动”为主的4次专项集中整治活动。全年查处案件1024起，其中制售假劣药品案件436起、无证经营案件210起。赣榆县药监局查处的性病诊所制售假药案、东海县药监局查处的2起非法输液案、灌南县药监局查处的消旋山莨菪碱片假药案件影响较大。

2004年，市药监局制定加强稽查工作意见，在全市先后开展“正源行动保健康”、人用狂犬疫苗、医疗器械和医用诊断试剂等专项检查。全年出动执法人员1.57万人次，检查涉药单位6332家；立案1209起，罚没款460万元；取缔无证经营145个，捣毁制假窝点7个。

2005年，全市开展基层药品质量大检查和邮售假药、生物制品、专科门诊、违法广告药品等10项检查，没收假劣药械533种次，罚没款701.99万元，取缔无证经营点116个，移送司法机关追究刑事责任3起。

第五节 食品监督管理

一、食品卫生监管

1984年，连云港市卫生部门对2400多家食品生产经营单位、个体商贩进行检查整顿，举办业务学习班110多期，参加人员7000多人，在验收合格基础上对全市2400多家经营实体发放卫生许可证。1985年，全市饮食行业2.2万余名从业人员进行体检，食品卫生抽检合格率77%。

1991年，全市卫生监督2.38万户次，没收和销毁变质食品176吨，对2339家单位实施行政处罚和限改措施。1992年举办全市食品卫生知识大赛，发放竞赛试题13万份，组织42支行业代表队参加决赛。是年首次在媒体上公布4000家餐饮单位的餐具消毒检测结果，评选出98家食品卫生先进单位。1996年对群众投诉较多、经检测确认的伪劣散装“青岛”啤酒和“崂福”等7个品牌的矿泉水发布禁止销售通告。20世纪90年代末，针对滥用碘制品问题，市卫生局强化食品卫生监督监测，各卫生防疫部门及时对商场经销的加碘食品、保健品进行检查，重点加强食物中毒和食源性疾病防治。1999年，全市查处食品卫生行政处罚案件1094起，其中警告641起、责令整改314起、罚款190起。

2000年，灌南县查出毒大米（使用非食油抛光）12吨，全部查封曝光。是年，连云港卫生网站开通，随时发布食品卫生监督情况和相关食品卫生知识。2003年开展全市学校卫生安全专项整治活动5次、餐饮卫生大检查9次，查封不合格食品1867千克，处罚不合格经营户59家，累计罚款17万元。2004年通过新闻媒体先后就霉变甘蔗、油扁豆、织纹螺、亚硝酸盐等有毒食品向公众发布预警6次。2005年取缔无卫生许可和营业许可证生产企业186家、经营企业463家、餐饮店（馆）365家，开展苏丹红色素事件专项检查。

二、食物中毒事件

20世纪90年代，连云港地区发生数起重大食品食物中毒事件，影响较大。1991年7月，赣榆县马站乡小王方村居民胡某一家6口食用海边捕捞的荔枝螺（当地俗称腊乌螺）中毒，户主之母，户主小女儿中毒死亡，其余4人经抢救脱险。90年代中期，神州宾馆连续发生4起食物中毒事件，全国性和省级会议4批298名代表就餐后有123人出现腹痛、腹泻、呕吐中毒症状，几次事故中均确认为副溶血性弧菌性食物中毒。1997年7月6日晚，46名高考考生、5名老师和部分家长就宿金元大酒店，晚餐后，30名考生、4名家长和2名老师先后出现腹痛、呕吐和腹泻，经市卫生防疫站化验，鉴定为沙门氏菌和嗜盐菌污染食物而引起的食物中毒。

三、食品准入管理

2002年，连云港实施食品质量安全市场准入制度，首批五类食品为大米、小麦粉、食用植物油、酱油、食醋。2004年，新10类食品[①]市场准入工作全面启动，是年有7家企业7个单元产品获得食品生产许可证。至12月底，205家企业222个单元产品获得食品生产许可证。2005年，第三批实施准入制度的13类食品为水产加工品、酱腌菜、炒货制品、蛋制品、茶叶、糖果制品、蜜饯、焙炒咖啡、葡萄酒及果酒，啤酒、黄酒、可可制品、淀粉及淀粉制品。至2005年底，全市有286家企业303个单元的食品获得市场准入证。

四、食品安全综合监督

2001年，市政府实施机构改革，食品安全由地方政府负总责、各职能部门各负其责的体制开始形成。2003年，市政府印发《连云港市食品药品放心工程实施方案》，全面开展食品药品市场整顿规范工作。11月，市政府召开市食品药品放心工程第一次联席会议，研究全市食品药品安全监管工作。2004年7月，市政府办公室转发市药监局《连云港市食品安全专项整治工作方案》，部署食品安全专项整治工作。2005年1月，市政府召开全市食品安全工作会议，把食品安全工作列入政府年度工作考核目标，对发生重特大食品安全事故实行一票否决。2005年3月出台《2005年连云港市食品安全专项整治工作要点》。是年4月，市政府成立由19个部门组成的市食品安全委员会。6月，连云港食品药品监督管理局和连云港市食品安全委员会办公室同时挂牌，正式履行食品安全的综合监督、组织协调和依法组织对重大事故查处的职能。市食药监局牵头制定《连云港市重大食品安全事故应急预案》《连云港市食品安全委员会工作规则》《连云港市食品安全委员会成员单位工作职责》《食品安全举报投诉处理办法》《连云港市重大食品安全事故行政责任追究暂行办法》等规范性文件。2005年，市食药监局组织开展奶粉市场、生猪定点屠宰、海产品市场等专项整治30余次，检查食品生产、加工经营企业2.2万家，查处食品违法行为2019起，立案查处1380起。

① 新10类食品指方便面、饼干、罐头、冷冻饮品、乳制品、肉制品、速冻米面食品、膨化食品、饮料、调味品（糖、味精）。

连云港市志

第二十三卷　中国共产党连云港地方组织

第一章　党员和代表大会

第一节　党　员

第二节　代表大会

第二章　组织机构

第一节　市委领导人员

第二节　机构设置

第三章　主要工作及重要决策

第一节　全面推进各项改革

第二节　实施“三大战略”

第三节　发展民营经济

第四节　规划建设国际性海滨城市

第五节　加强党的建设

第六节　加强社会主义民主法治建设

第四章　纪检监察

第一节　党风廉政建设

第二节　案件查处

第三节　执法监察

第五章　组织工作

第一节　党员管理

第二节　干部管理

第三节　知识分子（人才）队伍建设

第六章　宣传工作

第一节　理论武装

第二节　舆论宣传

第三节　文化建设

第七章　统战工作

第一节　多党合作与政治协商

第二节　联谊与服务

第三节　非公经济代表人士工作

第四节　非中共党员干部和知识分子工作

第八章　涉台事务

第一节　对台经济工作

第二节　对台交流交往

第九章　老干部工作

第一节　落实老干部政治和生活待遇

第二节　老干部活动

第十章　党史工作

第一节　党史资料征编

第二节　党史宣传和研究

第十一章　党校工作

第一节　干部培训

第二节　学历教育

第三节　科　研

1984～2005年，中共连云港市委（简称市委）认真贯彻落实中共中央和中共江苏省委（简称省委）各项战略部署，将国家大政方针、外部环境变化和连云港市实际相结合，坚持以经济建设为中心，以改革开放为动力，正确处理改革、发展、稳定的关系，推进思想解放，完善发展战略，引领创新驱动，初步将连云港市建设成为经济繁荣、社会和谐的现代化海港城市。

1984～2005年，市委坚持以发展为主题，以改革开放和科技进步为动力，以提高人民生活水平为根本出发点，加快工业化、信息化、市场化、城市化、经济国际化和农业产业化步伐，推动全市经济跨越式发展。大力实施科教兴市、开放兴市、以港兴市战略，深入推进农村综合改革，积极开展城市经济体制改革，连云港市在1998年实现由农业市向工业市的历史性跨越，人民生活和城乡面貌发生翻天覆地的变化。提出"内联打基础，外引上水平"的招商引资战略，顺应新亚欧大陆桥开通的新形势，吸引陆桥沿线省市到连云港投资、贸易，掀起融入中西部、在服务中西部中发展壮大自身的新一轮发展高潮。在加快开放的同时，市委突出民生工作，出台解决困难企业职工生活困难、城市居民最低生活保障等一系列政策措施，在更广阔的领域引领连云港走向科学发展、共同富裕之路。

1984～2005年，市委认真贯彻"党要管党"和"从严治党"方针，围绕各个时期战略任务的需要，加强思想、作风、制度和廉政建设，充分发挥党组织的领导核心和战斗堡垒作用。出台在各级党委中建立抓党风责任制等一系列规定，推动全市各级党组织切实改进工作作风，帮助基层解决实际问题。开展端正党风、民主评议党员、"双思四新"、保持共产党员先进性教育等活动，进一步提高广大党员的思想觉悟。整顿后进村和经济薄弱村党支部，加强农村党员干部培训和党员发展管理工作，使农村各级党组织的战斗力得到进一步增强。2005年，全市有基层党组织9516个，党员21.74万人。

第一章　党员和代表大会

1984～2005年，中共连云港市委贯彻"坚持标准、保证质量、改善结构、慎重发展"方针，积极、慎重地发展党员，壮大队伍，全市党员总数从1984年的12.31万人增加到21.74万人。

1984～2005年，市委召开第六次、第七次、第八次、第九次中共连云港市代表大会。会议一般议程为听取并审议市委书记代表上一届市委所作的报告和市纪委书记所作的纪律检查工作报告，选举产生新的中共连云港市委员会、市纪律检查委员会、省党代会代表。每届市委均召开多次全委（扩大）会，选举新的市委常委，市委书记、副书记，研究制定全市发展的指导思想、总体方针等，制定与全市经济社会建设相关的重大决策。

第一节 党 员

1984年，连云港市发展党员2075人。是年底，全市有中共党员12.31万人，其中女党员1.65万人、少数民族党员129人。1988年贯彻“坚持标准、保证质量、改善结构、慎重发展”方针，开始从严掌握发展党员标准，全市发展党员2155人。其中，先进模范人物628人，占29.14%；35岁以下1273人，占59.07%；高中以上文化程度1276人，占59.21%。1988～1994年，全市发展党员19632人，其中各类专业技术人员占22.42%、35岁以下的占58.19%、妇女占15.86%。

1994年，按照中共中央和中共江苏省委关于“重视培养和吸收青年中的优秀分子入党”的精神，连云港市加强在青年中发展党员工作，全市共发展党员3648人。至1995年底，全市党员总数达到16.08万人。其中，35岁以下3.12万人，占19.4%；高中以上文化程度5.47万人，占34.02%；妇女2.23万人，占13.87%。1996年，市委组织部、市妇女联合会联合下发《关于开展妇联组织向党组织推荐优秀妇女作为党的发展对象工作的意见》，开始加强在妇女中发展党员工作。是年全市共发展党员5804人。其中妇女1201人，占20.69%；35岁以下4016人，占69.19%。1997年后，党员发展重点向优化结构、提高质量转变。是年，全市发展党员5317人。1998年，建立发展党员年度计划报审制和半年分析制，全市共发展党员5245人，其中35岁以下占72.12%、妇女占25.21%、高中以上文化程度占77.61%、生产工作一线占61.92%。

2000年，全市实行发展党员公示制。是年底，全市党员总数20.71万人。其中35岁以下3.85万人，占18.59%；高中以上文化程度8.93万人，占43.12%；妇女3.07万人，占14.82%。

2001年实行发展党员“双票”票决制（在党内和党外群众中分别投票确定发展对象）和谁介绍、谁考察、谁审批、谁负责的工作责任追究制，提高群众参与度，明确责任，确保发展党员质量。是年全市发展党员4777人。2003年重点在“抗非”（抗击非典型肺炎）斗争一线发展党员，全市发展党员4600人，其中妇女占27.21%、35岁以下占75.34%、高中以上文化程度占85.13%。2004年加大党员发展的宏观调控力度，注意向生产工作一线、高知群体、各类专业人才和青年倾斜，改善党员队伍整体结构。是年，全市发展党员5256人。

2005年，全市坚持执行党员发展五项制度（即计划报审制、半年分析制、公示制、“双票”票决制和责任追究制），党员发展工作基本实现规范化和制度化。是年底，全市党员总数21.74万人。其中，35岁以下4.14万人，占19.04%；高中以上文化程度10.98万人，占50.51%；妇女3.55万人，占16.33%。

1984～1997年连云港市中共党员统计表

表23-1　　　　单位：人

项目			1984	1985	1986	1987	1988	1989	1990	1991	1992	1993	1994	1995	1996	1997
党员总数	合计		123130	128409	133063	139129	141360	143132	144271	146834	149350	152883	156231	160831	190802	195580
	其中	妇女	16455	17412	17723	18833	19185	19387	19509	19910	20472	20849	21489	22351	26490	27696
		少数民族	129	141	170	182	195	202	200	206	226	236	242	261	276	287
发展新党员			2075	4321	3990	4703	2155	1995	2209	2814	3072	3739	3648	4658	5804	5317

续表 23-1

项目		1984	1985	1986	1987	1988	1989	1990	1991	1992	1993	1994	1995	1996	1997
年龄	25岁以下	3415	4797	5923	6893	5362	4536	3870	3678	3652	3801	3994	4675	6088	6641
	26～35岁	32423	32432	31640	32202	30722	28711	27995	27192	26676	25647	25689	26554	31982	33983
	36～45岁	37193	38735	39427	41668	42986	44478	44177	44775	45254	45630	46102	45619	52911	52926
	46～55岁	28593	30598	31393	32363	33811	33494	34498	35481	36486	38027	38917	40872	48830	49533
	56～60岁	10775	10803	11763	12147	12841	14644	14997	15366	15694	16541	16632	16779	19698	19877
	61岁以上	10731	11044	12917	13856	15638	17269	18734	20342	21588	23237	24897	26332	31293	32620
文化程度	大专以上	3622	5214	6439	7497	8445	9301	9994	11023	11726	13244	14663	16362	20451	23126
	高中、中专	14836	17607	20314	23593	25133	26344	27420	29253	31479	33850	35780	38385	48630	51203
	初中	34059	36806	38615	41247	41874	42506	43055	44040	44784	45896	46724	48379	57861	59413
	小学及以下	70613	68782	67695	66792	65908	64972	63802	62518	61415	59893	59064	57705	63860	61838
分布情况	机关	10298	10990	11980	13300	14142	14793	15404	16223	17318	17914	18680	19306	23792	24722
	工业企业	17557	19947	20790	23501	23777	23111	22487	23097	23012	24354	24625	25732	28662	28236
	交通邮电	3711	4306	4799	5349	5524	5560	5761	5932	6325	6311	6412	6692	8556	7419
	基本建设	1792	2173	2489	2420	2437	2451	2397	2499	2607	2712	2760	2813	3055	3029
	农林水气	72780	72545	72939	72559	72284	72551	72728	72558	73317	73013	73490	74701	89240	90936
	财贸金融	7462	7635	8007	8883	9563	10131	10573	10899	11141	11961	12618	13068	14671	16680
	文体	7293	8521	9657	9960	10181	10588	10695	11198	11378	12184	12802	13410	16562	18185
	科研	436	519	558	956	1054	1080	1162	1115	1118	1226	1300	1290	1693	1433
	公用事业	332	280	295	467	524	470	472	687	710	793	918	1074	1802	1947
	其他	1469	1493	1549	1734	1874	2397	2592	2626	2428	2415	2626	2745	2769	2993

1998～2001年连云港市中共党员统计表

表 23-2　　　　单位：人

项目			1998年	1999年	2000年	2001年
党员总数	合计		198228	202371	207123	204024
	其中	妇女	28402	29540	30724	30762
		少数民族	289	316	326	356
发展新党员			5245	4886	4995	4777
年龄	25岁以下		6932	6960	7749	7222
	26～35岁		33452	30183	30789	30515
	36～45岁		50924	48155	48350	45235
	46～55岁		50322	54191	54415	50102
	56～60岁		20597	21210	22431	24559
	61岁以上		36001	41672	43389	46391

续表 23-2

项　目		1998 年	1999 年	2000 年	2001 年
文化程度	研究生	348	243	591	300
	大学本、专科	25106	29757	32268	35385
	高中、中专	52952	53772	56463	55644
	初中	60219	59394	60056	58507
	小学及以下	59603	59185	57745	5418[illegible]
分布情况	机关	26529	26590	27595	34726
	农林牧渔业	91176	92494	93817	91167
	采掘、制造业	20996	25474	26428	17775
	交通邮电	9907	9892	10037	9246
	基本建设	4572	4995	5285	5209
	电水气生产供应业	2313	2258	2208	2520
	财贸金融	12092	12233	12325	11742
	文体卫	18300	19158	19828	20047
	科研	2010	1460	1508	1465
	房地产及社会服务业	20855	2247	2659	2883
	其他	7778	5570	5433	7244

2002～2005 连云港市中共党员统计表

表 23-3　　单位：人

项　目			2002 年	2003 年	2004 年	2005 年
党员总数	合计		207561	209721	214378	217394
	其中	妇女	31915	32890	34323	35494
		少数民族	350	348	364	358
发展新党员			4682	4600	5256	5338
年龄	35 岁及以下		38149	39207	40893	41361
	36～45 岁		44818	43628	45119	46300
	46～54 岁		50018	49315	49070	47524
	55～59 岁		25229	25411	25814	26433
	60 岁以上		49347	52166	53482	55776
文化程度	研究生		335	444	561	575
	大学本科		11931	13076	14799	16952
	大学专科		26426	27850	29399	31988
	高中、中专		57103	58074	60042	60306
	初中及以下		111766	110277	109577	107573

续表 23-3

项　目		2002年	2003年	2004年	2005年
分布情况	农牧渔	84871	87811	87283	93581
	公有制经济单位	79983	80156	79004	73919
	非公有制经济单位	4441	4175	5633	6838
	军人、武警	0	0	3	5
	学生	489	753	939	1086
	离退休（退职）人员	25212	26022	27672	31908
	其他	12565	10804	13844	10057

第二节　代表大会

一、中共连云港市第六次代表大会

1984年10月5～9日，中共连云港市第六次代表大会在新浦召开。大会代表378人，因病因事请假22人，实到代表356人。大会听取并审议市委书记季允石代表中共连云港市第五届委员会所作的《锐意改革加速开放振兴连云港》的工作报告和朱秀岳代表中共连云港市纪律检查委员会所作的题为《开创纪检工作的新局面，为实现党风的根本好转而奋斗》的工作报告。大会提出要抓好经济体制改革，加速开放，从实际出发，扬长避短，发挥优势，走有连云港市特点的发展经济的路子；努力搞好新形势下社会主义精神文明建设，继续健全社会主义民主与法制，振兴连云港。大会提出在不断提高经济效益的前提下，力争使全市工农业总产值到1987年翻一番、1995年翻两番，即由1980年的18亿元分别增长到36亿元和72亿元。大会通过《中国共产党连云港市第六次代表大会关于第五届委员会工作报告的决议》《关于市纪律检查委员会工作报告的决议》。

大会以无记名投票方式选举产生中共连云港市第六届委员会。六届委员会有委员32人：马元文、王庆云、王世凯、王稳卿、朱兆远、朱林森、吴学志、吕衍平、仲维修、刘殿斌、何仁华、李彬、李登先、李贵清、苏波、张洪儒、季允石、郑申雄、胡为德、俞素娥、徐沙、高有为、顾鸣超、唐贯淮、晏福荣、黄小林、龚来宝、阎继尧、鲁少时、董玉珍、鲍建宾、潘印玺。候补委员5人：孙召云、王向明、史爱荣、金明、卢彩繁。同时选举产生市纪律检查委员会委员21人、出席省第七次党代会的代表38人。

第六届委员会共召开9次全委（扩大）会议。

第六届第一次全委（扩大）会议　1984年10月9日，中共连云港市第六届委员会召开第一次全委（扩大）会议，选举季允石、何仁华、李登先、郑申雄、唐贯淮、胡为德、徐沙、鲁少时、龚来宝、俞素娥、张洪儒11人为市委常委，季允石为书记，何仁华、李登先、郑申雄、唐贯淮为副书记。

第六届第二次全委（扩大）会议　1985年5月25～27日，市委召开第六届第二次全委（扩大）会议。会议分两阶段进行，第一阶段由市委常委作集体对照检查，第二阶段研究全市经济工作。市委书记季允石、副书记何仁华在会上讲话。会议传达全国省长会议和省六届人大三次会议精神。会议确立连云港市开放的指导思想是立足连云港市，面向全国，打入国际，努力为连云港港、为苏北、为陇海沿线省区加快开放服务。

第六届第三次全委（扩大）会议 1985年12月3～7日，市委召开第六届第三次全委（扩大）会议。市委书记季允石、副书记何仁华在会上讲话。市委副书记李登先就整党和社会主义精神文明建设作讲话。会议讨论通过中共连云港市委《关于经济和社会发展第七个五年计划的建议》和《1986年工作要点》，形成《中共连云港市第六届委员会第三次全体会议决议》。会议明确1986年主要工作任务是以提高经济效益为中心，抓紧抓好经济建设；加强思想政治工作，推进社会主义精神文明建设；总结经验，落实措施，坚定稳妥地把改革推向深入；搞好基层单位整党，切实端正党风；进一步加强干部队伍建设。

第六届第四次全委（扩大）会议 1986年12月9～12日，市委召开第六届第四次全委（扩大）会议，学习《中共中央关于社会主义精神文明建设指导方针的决议》，总结交流1986年工作情况，研究部署1987年工作任务。市委书记季允石在会上作题为《抓住有利时机，发展大好形势，扎扎实实地把我市各项工作推向前进》的讲话。会议提出1987年的工作重点是继续把经济工作抓紧抓好；努力加快改革开放的步伐；认真贯彻学习决议，搞好精神文明建设；善始善终地搞好整党，端正党风；进一步加强领导和转变作风。

第六届第五次全委（扩大）会议 1987年3月25日，市委召开第六届第五次全委（扩大）会议，讨论确定连云港市出席中国共产党第十三次代表大会代表候选人初步人选（共3人）：季允石、吕衍平、滕雨成；同时通过出席省党代会代表人选（共14人）。

第六届第六次全委（扩大）会议 1987年12月10～13日，市委召开第六届第六次全委（扩大）会议。会议传达学习中共江苏省委七届六次全委（扩大）会议和江苏省委工作会议精神。市委书记季允石作题为《认真贯彻十三大精神，把建设和改革不断推向前进》的报告，会议明确1988年全市经济工作的指导思想。

第六届第七次全委（扩大）会议 1988年11月16～18日，市委召开第六届第七次全委（扩大）会议。市委书记季允石向大会作报告，总结1988年工作，明确1989年全市国民经济主要指标。

第六届第八次全委会议 1989年9月9日，市委召开第六届第八次全委会议。全会通过《关于召开市第七次党代会的决议》，决定中共连云港市第七次代表大会于1989年10月29日在新浦召开。

第六届第九次全委会议 1989年10月25日，市委召开第六届第九次全委会议。大会通过《关于召开市第七次党代表大会的决议》，确定市第七次党代表大会的主要议程，讨论并原则同意市委工作报告和市纪委工作报告。

二、中共连云港市第七次代表大会

1989年10月29日至11月1日，中共连云港市第七次代表大会在新浦召开。会议代表397人，因病因事请假10人，实到代表387人。大会听取并审议市委书记秦兆桢代表中共连云港市第六届委员会所作的题为《坚持四项基本原则坚持改革开放，为建设新兴的现代化港口城市而奋斗》的报告，俞素娥代表市纪律检查委员会所作的《加强党的纪律，坚决惩治腐败，保证党的基本路线在我市的贯彻执行》的报告。大会提出，坚持以经济建设为中心，保证国民经济持续稳定协调发展；继续深化改革，进一步扩大开放；加强社会主义精神文明建设；努力建设社会主义民主与法制；调整经济结构，强化基础产业；发挥港口优势，扩大内联外引；推进科技进步，提高管理水平；注重经济效益，稳定协调发展。初步设想，工业总产值每年以8%～10%的速度增长，农业总产值每年以3%～4%的速度增长，提前实现翻两番的目标。此后五年总的要求是：坚定不移地贯彻党的基本路线，坚持以经济建设为中心，坚持四项基本原则，坚持改革开放，充分发挥党的政治核心作用，动员和带领全市人民艰苦创业，富民兴连，夺取社会主义物质文明和精神文明建设的更大胜利。大会通过《中国共产党连云港市第七次代表大会关于第六届委员会工作报告的决议》和《关于市纪律检查委员会工作报告的决议》。

大会以无记名投票方式选举产生中共连云港市第七届委员会委员。七届委员会有委员26人：马全珍、王向明、王庆云、王稳卿、刘步生、刘殿斌、孙存珀、李训章、吴加庆、吴炳裔、宋开智、张连云、张学贤、周克成、周国林、周保法、相恒伯、俞素娥、秦兆桢、徐洪松、高有为、唐贯淮、龚来宝、程智培、鲍建宾、戴镇基。候补委员4人：朱锡林、杨丽、王廷柱、李建平。大会同时选举产生市纪律检查委员会委员19人。选举出席省第八次党代会的代表37人。

第七届委员会共召开15次全委（扩大）会议。

第七届第一次全委会议　1989年11月1日，市委召开第七届第一次全委会议，选举秦兆桢、唐贯淮、王稳卿、龚来宝、戴镇基、吴炳裔、俞素娥、宋开智、马全珍9人为市委常委。秦兆桢当选市委书记，唐贯淮、王稳卿、龚来宝、戴镇基当选市委副书记。

第七届第二次全委会议　1990年1月11～13日，市委召开第七届第二次全委会议，传达省第八次党代会精神，讨论并原则同意《市委、市政府贯彻〈中共中央关于进一步治理整顿和深化改革的决定〉的意见》《市委1990年工作要点》《连云港市1990年经济建设和社会事业发展的意见》，讨论通过《中共连云港市七届二次全委会决定》。

第七届第三次全委（扩大）会议　1990年8月2～4日，市委召开第七届第三次全委（扩大）会议，回顾上半年工作，研究部署下半年任务。会议听取市委书记秦兆桢所作的工作报告，讨论并通过《中共连云港市委关于加强县处级领导班子的意见》《中国共产党连云港市第七届委员会第三次全体会议决议》。中国共产党中央顾问委员会委员江渭清到会作重要讲话。

第七届第四次全委（扩大）会议　1991年1月7～9日，市委召开第七届第四次全委（扩大）会议，学习中共十三届七中全会文件，总结全市1990年工作，研究部署今后任务，讨论并通过《中共连云港市委1991年工作要点》。秦兆桢代表市委作题为《振奋精神，团结拼搏，为加快富民兴连步伐而努力奋斗》的工作报告。

第七届第五次全委（扩大）会议　1991年8月13～15日，市委召开第七届第五次全委（扩大）会议，传达学习江泽民在江苏省察看灾情时的谈话要点和李鹏在三省一市负责同志会议上的讲话；听取秦兆桢代表市委所作的工作报告，回顾总结上半年的工作，研究部署下半年的任务；听取讨论并原则通过王稳卿关于《连云港市国民经济和社会发展十年规划和“八五”计划纲要》的说明。

第七届第六次全委（扩大）会议　1992年1月14～15日，市委召开第七届第六次全委（扩大）会议，贯彻落实中共十三届八中全会和省委八届四次全委（扩大）会议精神，总结全市1991年工作，研究部署1992年任务。市委书记秦兆桢作报告。会议提出“团结、稳定、改革、发展”的总要求和“解放思想、加速开放、求实创新、以港兴城”的发展战略方针。

第七届第七次全委（扩大）会议　1992年2月21～22日，市委召开第七届第七次全委（扩大）会议，号召全市党员干部抓住机遇，解放思想，加快步伐，集中精力把经济搞上去。

第七届第八次全委（扩大）会议　1992年4月25～27日，市委召开第七届第八次全委（扩大）会议，传达省委工作会议精神，研究贯彻落实意见；讨论通过《关于加快改革开放，实现经济发展再上新台阶若干问题的决定》并形成决议；选举产生出席省党代会的代表。

第七届第九次全委（扩大）会议　1992年8月4～5日，市委召开第七届第九次全委（扩大）

会议，深入贯彻邓小平视察南方重要谈话和中央四号文件精神，总结上半年工作，研究部署下半年任务。市委书记秦兆桢作工作报告。

第七届第十次全委（扩大）会议 1992年12月29～30日，市委召开第七届第十次全委（扩大）会议。市委书记秦兆桢作工作报告。会议的主要内容是总结全年工作，研究部署1993年工作任务。

第七届第十一次全委（扩大）会议 1993年6月28～29日，市委召开第七届第十一次全委（扩大）会议。会议的主题是领会邓小平视察南方重要谈话和中共十四大精神，学习江泽民在华东六省一市经济工作座谈会上的讲话，贯彻落实党中央、国务院关于搞好经济工作的各项政策措施。会议分析当前形势，研究部署下半年工作任务。市委书记郁家树作工作报告。

第七届第十二次全委（扩大）会议 1993年12月14～16日，市委召开第七届第十二次全委（扩大）会议，学习贯彻中共十四届三中全会精神，回顾总结全年工作，研究部署1994年工作任务。市委书记郁家树在会上作工作报告。

第七届第十三次全委会议 1994年1月12日，市委召开第七届第十三次全委会议。会议决定于1994年10月召开中共连云港市第八次代表大会。

第七届第十四次全委（扩大）会议 1994年7月20日，市委召开第七届第十四次全委（扩大）会议。会议主题是学习贯彻国务院总理李鹏到连云港市视察时的讲话精神，回顾总结1994年上半年工作，研究部署下半年任务。市委书记郁家树在会上作报告。

第七届第十五次全委会议 1994年10月20日，市委召开第七届第十五次全委会议，讨论通过市第八次党代会工作报告（讨论稿），听取关于第八次党代会代表选举情况报告和“两委”候选人预备名单产生过程说明，审议通过大会有关建议名单，讨论大会选举办法（草案）等。

三、中共连云港市第八次代表大会

1994年10月25～28日，中共连云港市第八次代表大会在新浦举行。会议代表400人，因病因事请假6人，实到代表394人。大会听取和审议市委书记郁家树代表中共连云港市第七届委员会所作的题为《全面推进改革开放，迅速扩大经济总量，为加快连云港市现代化进程而奋斗》的报告和朱鲜龙代表市纪律检查委员会所作的题为《全面履行纪委职能，促进我市改革开放和经济发展》的工作报告。大会提出，全面推进改革开放，迅速扩大经济总量，坚持以港兴市，以大开放大开发推动大发展，加快建立社会主义市场经济体制的基本框架。到1999年，全市国内生产总值达245亿元，年均递增20%；工农业总产值达到520亿元，年递增23%；固定资产累计投资250亿元，比前五年增长1倍以上。全市三次产业的比例调整到20：48：32。各项社会事业有新的发展。科技教育事业逐步适应经济社会发展要求，工业、农业的科技进步率分别提高到30%和55%以上；在普及九年制义务教育的基础上，各级各类教育较快发展；文化事业繁荣，城乡环境优美，达到省级卫生城市标准；人口自然增长率控制在8.06‰以内，人口素质明显提高。城乡人民生活基本达到小康。城镇居民人均可支配收入达到8000元，农村居民人均纯收入达到2800元；城镇人口比重由18%提高到30%左右；城乡居民衣、食、住、用、行的水平有较大提高。大会通过《中国共产党连云港市第八次代表大会关于第七届委员会工作报告的决议》《关于市纪律检查委员会工作报告的决议》。

会议以无记名投票方式选举产生中共连云港市第八届委员会委员31人：马全珍、王向明、王庆云、朱鲜龙、刘殿斌、李训章、肖爱国、吴加庆、余炳才、汪建中、宋开智、张名丽、张连云、张学仁、陈东美、陈先浩、邵桂芳、郁家树、周游、周同余、周保法、郑顺成、相桓伯、俞素娥、徐守盏、徐昆荣、高有为、鹿崇友、程智培、谢兆玉、雷成堂。候补委员6人：南清云、周克成、董春科、朱振发、孙海连、赵玉琴。大会同时选举产生市纪律检查委员会委员21人。选举出席省第九次党代会代表39人。

第八届委员会共召开18次全委（扩大）会议。

第八届第一次全委会议　1994年10月28日，市委召开第八届第一次全委会议，选举郁家树、徐守盛、俞素娥、郑顺成、宋开智、马全珍、李训章、高有为、吴加庆、朱鲜龙、王向明11人为市委常委。郁家树当选市委书记，徐守盛、俞素娥、郑顺成、宋开智当选市委副书记。会议作出《中国共产党连云港市第八届委员会关于加强自身建设的决定》。

第八届第二次全委（扩大）会议　1994年12月15～16日，市委召开市第八届第二次全委（扩大）会议，学习贯彻中共十四届三中、四中全会和中央经济工作会议精神，回顾总结全年工作，研究部署1995年工作任务。会议提出1995年全市经济发展的主要目标为：地区生产总值比1994年增长24%；工农业总产值增长24%，其中工业增长28%；实际利用外资与港澳台资增长66%；财政收入增长10%。做好扩大对外开放、繁荣和发展农村经济、深化国有企业改革、促进第三产业发展、加快基础设施和城市建设、推进精神文明和民主法制建设、提高党建工作水平等方面工作。

第八届第三次全委会议　1995年8月1日，市委举行第八届第三次全委会议，学习贯彻省委九届二次全会精神，回顾总结上半年工作，研究部署下半年任务。

第八届第四次全委（扩大）会议　1996年1月8～10日，市委召开第八届第四次全委（扩大）会议。会议主题是学习中共十四届五中全会和省委九届三次全委扩大会议精神，研究确定一段时期内全市经济发展的奋斗目标、战略布局和主要措施；传达贯彻中央和省委经济工作会议精神，讨论市委关于制定国民经济和社会发展“九五”计划和2010年远景目标建议的说明，确定全市“九五”计划期间国民经济和社会发展的主要奋斗目标；通过《中国共产党连云港市第八届委员会第四次全体会议决议（草案）》。

第八届第五次全委（扩大）会议　1996年7月18日，市委召开第八届第五次全委（扩大）会议，总结1996年上半年工作，研究下半年工作安排。

第八届第六次全委（扩大）会议　1996年11月5日，市委召开第八届第六次全会（扩大）会议，学习贯彻中共十四届六中全会和省委九届五次全委（扩大）会议精神，总结部署全市精神文明建设工作。市委书记郁家树代表市委常委会作题为《认真学习贯彻十四届六中全会精神，努力开创我市精神文明建设新局面》的报告。

第八届第七次全委（扩大）会议　1997年1月10日，市委召开第八届第七次全委（扩大）会议，贯彻落实中共十四届五中、六中全会精神和中央、省委经济工作会议精神，结合连云港市实际，回顾总结1996年工作，研究部署1997年任务。

第八届第八次全委会议　1997年5月28日，市委召开第八届第八次全委会议，传达省委九届六次全会精神，汇报连云港市酝酿推荐出席中共十五大代表候选人初步人选的情况，推荐连云港市出席省党代会代表。

第八届第九次全委（扩大）会议　1997年8月22～23日，市委召开第八届第九次全委（扩大）会议，传达贯彻省委省政府召开的徐连经济带建设工作会议和全省农业产业化经营工作会议精神，动员全市干部群众解放思想，抢抓机遇，加快发展，大力推进全市现代化建设进程。市委书记郁家树在会上作题为《解放思想　抓住机遇　加快发展　大力推进东桥头堡现代化建设进程》的讲话。

第八届第十次全委（扩大）会议 1997年10月23～25日，市委召开第八届第十次全委（扩大）会议。会议的主要内容是学习中共十五大文件，研究确定贯彻落实中共十五大精神的具体措施，明确全市一段时期内的基本任务和工作思路。10月25日，市委书记郁家树在会上作题为《抓住机遇，开拓进取，努力开创改革开放和现代化建设新局面》的报告。会议形成并通过《中国共产党连云港市第八届委员会第十次全体会议决议》。

第八届第十一次全委（扩大）会议 1998年1月11日，市委召开第八届第十一次全委（扩大）会议，学习贯彻中共十五大精神和中央、省经济工作会议精神，回顾总结1997年工作，研究部署1998年任务。会议提出1998年全市经济发展的主要目标为国内生产总值增长15%；财政收入增长13%；工农业总产值增长18%，其中工业产值增长20%；城镇以上固定资产投资增长20%；实际利用外资和港澳台资增长30%；城镇居民人均可支配收入和农民人均纯收入增加300元以上。

第八届第十二次全委（扩大）会议 1998年7月31日，市委召开第八届第十二次全委（扩大）会议，传达贯彻省委九届八次全委（扩大）会议精神；安排1998年下半年经济工作。

第八届第十三次全委（扩大）会议 1998年11月11日，市委召开第八届第十三次全委（扩大）会议，传达学习中共十五届三中全会精神，对加强农业和农村工作作出部署。市委书记郁家树在会上作题为《认真贯彻落实十五届三中全会精神，努力开创我市农业和农村工作新局面》的报告。

第八届第十四次全委（扩大）会议 1999年1月11～12日，市委召开第八届第十四次全委（扩大）会议，对1999年工作提出总体要求和具体安排。

第八届第十五次全委（扩大）会议 1999年7月29日，市委召开第八届第十五次全委（扩大）会议，传达贯彻中共中央关于经济工作的部署和省委九届十次全委（扩大）会议精神，总结1999年上半年工作，部署下半年任务，重点部署经济工作。市委书记郁家树代表市委作报告。

第八届第十六次全体（扩大）会议 1999年10月26日，市委召开第八届第十六次全体（扩大）会议，传达学习中共十五届四中全会精神和江泽民总书记重要讲话，对全市国有企业改革和发展作出具体部署。

第八届第十七次全体（扩大）会议 2000年12月7日，市委召开第八届第十七次全体（扩大）会议。市委书记王国生作题为《面向新世纪，谋求新发展，努力开创各项工作的新局面》的讲话。会议贯彻落实中共十五届五中全会和省委扩大会议精神，研究制定“十五”计划时期发展计划。提出实施开放兴市、科教兴市、以港兴市三大主战略，要求大力推进市场化、工业化、信息化、城市化、经济国际化和农业产业化进程。

第八届第十八次全体会议 2001年6月23日，市委召开第八届第十八次全体会议，审议并通过《中国共产党连云港市第八届委员会第十八次全体会议关于召开中国共产党连云港市第九次代表大会的决议》和《关于中国共产党连云港市第九届委员会、纪律检查委员会组成原则》。

四、中共连云港市第九次代表大会

2001年8月27～30日，中共连云港市第九次代表大会在新浦召开。会议应到代表449人，实到代表449人。会议听取并审议市委书记王国生代表中共连云港市第八届委员会所作的题为《努力实践“三个代表”，抢抓机遇，奋力赶超，为实现连云港的快速崛起而奋斗》的报告和朱鲜龙代表市纪律检查委员会所作的题为《努力实践“三个代表”，全面推进反腐倡廉，以党风廉政建设的实际成果取信于民》的工作报告。大会提出，以富民强市、全面建设小康社会并向初步现代化迈进为目标，以加快发展为主题，以结构调整为主线，以体制和技术创新为主要推动力，以提高人民生活水平为根本出发点和归宿，全面实施开放兴市、科教兴市、以港兴市三大主战略，大力推进市场化、工业化、信息化、城市化、经济国际化和农业产业化进程，培育优势产业，扩大经济总量，壮大综合实力，加强党的建设、精神文明建设和民主法制建设，推动经济、社会、生态环境协调发展。确定未来五年的主要目标是：国内生产总值年均增长10%～11%，人均国内生产总值突破1万元；财政收入年均增长10%以上；全社会固定资产投资累计完成950亿元；三次产业结构调整为20∶47∶33；实际利用外资与港澳台资累计21亿美元，外贸自营出口年均增长15%；高新技术产业增加值占工业增加值的比重达到25%左右；城镇居民人均可支配收入年均增长7%，农民人均纯收入年均增长9%；社会主义市场经济体制初步建立，经济发展的体制条件有新的变化；城市功能显著增强，生态环境和生活环境不断优化；人和社会全面发展，精神文明和民主法制建设明显加强。

会议以无记名投票方式选举产生中共连云港市第九届委员会委员35人：马建国、王国生、朱浩、朱鲜龙、孙荣章、杨莉、杨少华、杨善德、严明、吴加庆、余炳才、汪建中、陈震宁、邵桂芳、周同余、周保法、仲琨、刘健、汤建鸣、孙立家、李广成、李开华、李国章、李建平、张文武、张同生、张年庚、张连云、郑顺成、秦凯华、黄国富、常二茂、董汉清、董恕娟、程志有。候补委员6人：张树扬、阮冰、金建猛、曹佳鸣、孙飘扬、邹允祥。同时选举产生市纪律检查委员会委员23人。选举产生出席中共江苏省第十次代表大会的代表40人。

至2005年12月，第九届委员会共召开7次全体委员会议。

第九届第一次全体会议　2001年8月30日，中共连云港市第九届委员会第一次全体会议召开，选举王国生、陈震宁、郑顺成、朱鲜龙、仲琨、吴加庆、常二茂、周保法、董恕娟、张同生10人为市委常委。王国生当选市委书记，陈震宁、郑顺成、朱鲜龙、仲琨当选市委副书记。

第九届第二次全体（扩大）会议　2003年1月2日，市委召开第九届第二次全体（扩大）会议，学习贯彻中共十六大、省委十届三次全体会议和中央、省经济工作会议精神，研究确定贯彻落实的具体意见，明确新世纪新阶段的奋斗目标和主要任务。

第九届第三次全体（扩大）会议　2003年12月22日，市委召开第九届第三次全体（扩大）会议，贯彻中共十六届三中全会、中央经济工作会议和省委十届六次全会精神，回顾总结全市2003年工作，研究部署2004年任务。市委书记陈震宁作题为《推进改革创新，谋求超常发展，努力开创连云港崛起振兴的崭新局面》的报告。

第九届第四次全体（扩大）会议　2004年7月15日，市委召开第九届第四次全体（扩大）会议，学习贯彻胡锦涛总书记视察江苏时的重要讲话和省委十届七次全会精神，动员全市干部群众深入贯彻“三个代表”重要思想，自觉树立和落实科学发展观，围绕“实现快速崛起、融入两个率先”的奋斗目标，统一思想，振奋精神，加快建设以人为本、全面协调可持续发展的新港城。

第九届第五次全体（扩大）会议　2004年12月26日，市委召开第九届第五次全体（扩大）会议，贯彻中共十六届四中全会、中央经济工作会议和省有关会议精神，总结2004年工作，部署2005年任务，对一系列事关全局和长远发展的事项做出安排。市委书记陈震宁作题为《坚持执政为民宗旨，实干兴市，沿着科学发展轨道提速赶超》的报告。会议审议通过《中共连云港市委贯彻〈中共中央关于加强党的执政能力建设的决定〉的意见》。

第九届第六次全体（扩大）会议　2005年12月2日，市委召开第九届第六次全体（扩大）会议，学习贯彻中共十六届五中全会和省委十届九次全会精神，研究“十一五”计划时期连云港市国民经济和社会发展规划。市委主要领导作题为《立足新的起点，矢志跨越发展，奋力开启连云

图23-1　2005年12月25日，市委第九届第七次全体会议召开。　俞德春　摄

港崛起腾飞新征程》的报告。全会审议并通过《中共连云港市委关于制定连云港市国民经济和社会发展第十一个五年规划的基本思路》。

第九届第七次全体（扩大）会议　2005年12月25日，市委召开第九届第七次全体（扩大）会议，学习贯彻中共十六届五中全会和省委十届九次全会精神，回顾总结“十五”计划发展历程，谋划“十一五”计划发展蓝图。市委主要领导作题为《立足跨越，夯实基础，全面提速，迅速掀起大开发大建设大发展热潮》的报告。

连云港市出席中国共产党第十三、十四、十五、十六次全国代表大会代表一览表

表23-4

届　次	代表人数（人）	代表名单
中共第十三次代表大会	3	季允石　吕衍平　滕雨成
中共第十四次代表大会	3	秦兆桢　李训章　宋玉斋
中共第十五次代表大会	3	郁家树　鹿崇友　郭新来
中共第十六次代表大会	3	陈震宁　孙荣章　王　龙

连云港市出席中共江苏省第七、八、九、十次代表大会代表一览表

表23-5

届　次	代表人数（人）	代表名单
中共江苏省第七次代表大会	38	马元文　王广志　王洪仁　叶志俊　朱兆远　朱林森　任利戈 吕衍平　仲维修　何仁华　李　彬　李忆群　李登先　李敬松 苏　波　吴学志　金　逊　季允石　姚瑞珠　晏福荣　龚来宝 阎继尧　鲁少时　董玉珍　关　华　李永兴　张兴亭　张丽娜 徐坤林　曹双丁　营兆启　道立金　田家苏　许其富　安保春 张义丰　封海玲　夏伦田
中共江苏省第八次代表大会	37	于开勤　王向明　王贯春　王稳卿　朱月萍　关　华　孙业汉 孙存珀　杜义龙　李训章　李泽人　李贵清　吴加庆　邱　峰 张　玲　张连云　张顺荣　张殿臣　林淑娟　季允石　周保法 郑遵武　赵　泳　赵玉琴　胡为德　相恒伯　俞素娥　姚瑞珠 秦兆桢　耿锦荣　徐允宪　徐洪松　高丽芳　曹克明　彭岳鹏 鲁少时　戴镇基
中共江苏省第九次代表大会	39	王功卿　王向明　王佐国　王贯春　卞玉霞　朱鲜龙　刘殿斌 关　华　李训章　李传花　李泽人　李津生　杨海滨　吴加庆 汪建中　张连云　张福山　张耀华　陈东美　陈先浩　邵性兴 林淑娟　郁家树　侍述明　周　泽　周一芳　周同余　周谊萍 胡为德　相恒伯　俞素娥　徐守盛　徐桂珍　徐敬诚　唐贯淮 黄淑青　鹿崇友　葛秀英　鲍建宾

续表 23-5

届　次	代表人数（人）	代表名单
中共江苏省第十次代表大会	40	王国生　毛太銮　朱　浩　朱鲜龙　仲　琨　刘　健　孙　灿　孙汉洲　孙立家　孙荣章　杨　莉　杨思兰　李　震　李佩佑　李建平　李顺汀　李祝征　李新明　吴加庆　吴传利　邹文亮　汪建中　宋开智　宋金芳　张同生　张连云　张国良　陈修根　陈震宁　赵少麟　赵祥海　俞素娥　秦凯华　钱云珠　徐维钰　高锡伦　黄国富　董恕娟　程永贤　谢秀兰

第二章　组织机构

1984年，连云港市有基层党委194个、总支210个、支部5781个。2005年底，全市有基层党委357个、总支714个、支部8435个。

第一节　市委领导人员

1984～2005年，中共连云港市委员会共召开4次党的代表大会，选举产生4届中国共产党连云港市委员会。第六届市委有正式委员32人、候补委员5人，选举产生市委常务委员11人。第七届市委有正式委员26人、候补委员4人，选举产生市委常委9人。第八届市委有正式委员31人、候补委员6人，选举产生市委常委11人。第九届市委有正式委员35人、候补委员6人，选举产生市委常委10人。

1984～2005年中共连云港市委书记、副书记、常委一览表

表 23-6

职　务	姓　名	任职时间
书　记	叶志俊	1980.01～1984.07
	季允石	1984.07～1989.09
	秦兆桢	1989.09～1993.02
	郁家树	1993.02～2000.08
	王国生	2000.08～2001.12
	陈震宁	2001.12～2005.06
	王建华	2005.06～
副书记	李敬松	1981.04～1984.07
	何仁华	1983.02～1986.05

续表23-6

职　务	姓　名	任职时间
副书记	李登先	1983.02～1986.01
	郑申雄	1984.07～1989.09
	唐贯淮	1984.07～1991.12
	王稳卿	1986.05～1992.12
	龚来宝	1988.06～1994.10
	戴镇基	1989.10～1993.08
	徐守盛	1991.12～1996.08
	郁家树	1992.12～1993.02
	吴炳裔	1993.01～1993.08
	郑顺成	1993.08～2004.12
	俞素娥	1993.08～1997.12
	宋开智	1994.10～1997.12
	夏　耕	1996.09～2000.02
	李训章	1997.12～2001.01
	高有为	1997.12～2001.01
	陈震宁	2000.08～2001.12
	朱鲜龙	2001.01～
	仲　琨	2001.08～
	刘永忠	2001.12～
常务委员	叶志俊	1980.01～1984.07
	李敬松	1981.04～1984.07
	胡为德	1981.04～1989.10
	何仁华	1983.02～1986.05
	李登先	1983.02～1986.01
	鲁少时	1983.02～1986.05
	龚来宝	1983.02～1994.03
	俞素娥	1983.02～1997.12
	张洪儒	1983.09～1986.05
	季允石	1984.07～1989.09
	郑申雄	1984.07～1988.04
	唐贯淮	1984.07～1991.12
	徐　沙	1984.10～1986.05
	耿广义	1985.11～1989.01
	王稳卿	1986.05～1992.12

续表 23-6

职　务	姓　名	任职时间
常务委员	宋开智	1987.01～1997.12
	吴炳裔	1988.06～1993.08
	戴镇基	1988.12～1993.08
	马全珍	1989.01～1997.02
	秦兆桢	1989.09～1993.02
	徐守盛	1991.12～1996.08
	李训章	1992.12～2001.01
	郁家树	1992.12～2000.08
	高有为	1992.12～2001.01
	郑顺成	1993.08～2004.12
	吴加庆	1994.10～
	朱鲜龙	1994.10～
	王向明	1994.10～1999.01
	夏　耕	1996.09～2000.02
	朱泰曾	1997.01～2000.01
	宋玉友	1997.02～1999.06
	鹿崇友	1997.02～1997.12
	王维凯	1997.12～2000.12
	常二茂	1999.06～2003.03
	王国生	2000.08～2001.11
	陈震宁	2000.08～2005.06
	仲　琨	2000.12～
	周保法	2001.01～
	董恕娟	2001.08～
	张同生	2001.08～
	刘永忠	2001.12～
	孙立家	2002.12～2004.04
	许其国	2003.03～2004.08
	郗同福	2004.02～
	戴元安	2004.12～
	王建华	2005.06～
	丁军华	2005.07～
	徐一平	2005.08～
	张光东	2005.12～
	唐铁飞	2005.12～

第二节　机构设置

一、市委工作机构

1984年底，中共连云港市委下设工作机构12个：市委办公室、政策研究室、组织部、宣传部、统一战线工作部、农村工作部、政法委员会、对台工作办公室、机关委员会、经济案件办公室、老干部局、保密委员会办公室。

1986年5月，市委决定成立市社会治安综合治理办公室，隶属市委政法委；成立市委讲师团。10月，市委政策研究室更名为市委研究室。

1987年10月，市委经济案件办公室撤销。

1989年2月，市保密委员会办公室增挂市国家保密工作局牌子。

1990年3月，市委、市政府信访办公室更名为连云港市信访局。

1991年8月，市委对台工作办公室更名为市委台湾工作办公室，同时增挂市人民政府台湾事务办公室牌子；1993年由二级局机构升格为一级局机构。

1994年1月，市编制委员会办公室更名为市机构编制委员会办公室。

1996年7月，市委机关委员会更名为市委市级机关工作委员会；市信访局升格为一级局机构。

1997年9月设立市精神文明建设指导委员会办公室（简称市文明办），副处级建制，由市委宣传部管理。

2001年7月，市委研究室与市委办公室合署办公，实行一套工作机构、两个机关名称；设立市委企业工作委员会，与市委组织部合署办公；市社会治安综合治理委员会办公室列入编制序列，与市委政法委员会合署办公；市编制委员会办公室列入市委工作机构序列，与市人事局合署办公；市委农村工作部更名为市委农村工作办公室，同时增挂市人民政府农村工作办公室和市扶贫工作办公室牌子；机要局改为市委办公室内设机构，称市委办公室机要局。10月，市信访局改为市委部门管理机构，由市委办公室、市政府办公室共同管理。2005年4月，市文明办升格为正处级建制。5月，市委办公室机要局更名为市委机要局，同时增挂市国家密码管理局牌子；市委企业工作委员会撤销。

2005年底，市委下设工作机构16个：市委办公室、研究室（与办公室合署）、组织部、宣传部、统一战线工作部、政法委员会、市级机关工作委员会、农村工作办公室、台湾工作办公室、精神文明建设指导委员会办公室、机构编制委员会办公室、保密委员会办公室（国家保密工作局）、信访局、老干部局、机要局（国家密码管理局）、讲师团。

二、市委直属事业机构

1984年底，市委有2个直属事业机构，即市委党校、连云港日报社。1985年1月，市委党史资料征集研究委员会成立，委员会下设办公室。1988年5月，市委党史资料征集研究委员会办公室撤销，成立市委党史工作委员会，为正处级事业单位。1994年7月，市行政学院成立，与市委党校一套机构、两块牌子。1996年7月，市委党史工作委员会更名为市委党史工作办公室，同时将市地方志编纂委员会办公室并入，实行一套工作机构、两个机关名称。2001年10月，市档案局、市档案馆明确为市委、市政府直属正处级事业机构，由市委、市政府共管。2003年6月成立市社会科学院（江苏省社会科学院连云港分院）。2005年底，市委有直属事业机构5个：市委党校（市行政学院）、连云港日报社、市委党史工作办公室（市地方志编纂委员会办公室）、市档案局（档案馆）、市社会科学院（省社会科学院连云港分院）。

三、市委直辖基层党委（党组、工作委员会）

1984年底，市委直辖基层党委（党组）有34个，其中市级行政机构党组5个、市政府工作部门党委和党组29个。

1985年1月，市委成立市政公用局党委。3月，市委撤销市计划委员会党组和市经济委员会党组，成立市计划经济委员会党组；市劳动局党组与市人事局党组合并为市劳动人事局党组。4月，市委成立市财政贸易办公室党组。9月成立市统计局党组。

1986年3月成立市对内经济技术联合委员会党组，12月更名为市经济技术协作委员会党组。

1988年10月，市劳动人事局分设为市劳动局和市人事局后，市委再建市劳动局党组和市人事局党组。11月成立市监察局党组。

1991年2月，市委撤销对外经济贸易委员会党组，成立市对外经济贸易委员会党委；撤销水产局党组，成立市水产局党委。6月撤销市计划经济委员会党组，分别成立市计划委员会党组和市经济委员会党组。12月，市经济技术协作委员会增挂国防科学技术工业办公室牌子，同时成立市国防科学技术工业办公室（经济协作委员会）党组。

1993年2月，市监察局与市纪律检查委员会合署办公，监察局党组撤销。5月，市教育局更名为市教育委员会，9月市委成立教育委员会党委。

1996年9月，市委撤销市城乡建设委员会党组和市规划管理局党组，成立市规划建设委员会党组；市房地产公司更名为市房产管理局，党委更名为市房产管理局党委；成立市法制局党组、市侨务办公室党组。

1997年1月，市教育委员会党委更名为市委教育工作委员会。

1998年4月成立市政府研究室党组、市城市管理委员会党组、市连岛海滨旅游度假区党组。

2001年7月，市委成立经济体制改革委员会办公室党组；市计划委员会更名为市发展计划委员会，党组改称市发展计划委员会党组；市经济委员会党组、财政贸易办公室党组、国防科学技术工业办公室党组合并成立市经济贸易委员会党组；市劳动局更名为市劳动和社会保障局，党组更名为市劳动和社会保障局党组；市对外经济贸易委员会更名为市对外贸易经济合作局，党委更名为市对外贸易经济合作局党委；撤销水产局党委，成立市海洋与渔业局党委；撤销规划建设委员会党组、市政公用局党委、园林管理局党委，分别成立市规划局党组和市建设局党委；市法制局更名为市法制办公室，党组更名为市法制办公室党组；市侨务办公室与市外事办公室合署办公，侨务办公室党组撤销；撤销市政府研究室党组；市城市管理委员会更名为市城市管理局，党组更名为市城市管理局党组；撤销市政公用局党委；撤销市园林管理局党委；乡镇企业管理局并入市经济贸易委员会，撤销乡镇企业管理局党组；市科学技术委员会更名为市科学技术局，党组更名为市科学技术局党组；撤销多种经营管理局党组，成立市林业局党组；市体育运动委员会更名为市体育局，党组更名为市体育局党组；成立市民族宗教事务局党组、成立市行政审批制度改革办公室党组。

2003年12月，市委重建侨务办公室党组。

2005年5月，市委撤销市发展计划委员会党组、市经济体制改革委员会办公室党组，成立市发展和改革委员会党组；撤销市计划生育委员会党组，成立市人口和计划生育委员会党组；成立市安全生产监督管理局党组、市国有资产监督管理委员会党组。

2005年底，市委直辖党委（党组、工作委员会）90个，其中，市级行政机构党组5个：市人大常委会党组、市政府党组、市政协党组、市中级人民法院党组、市人民检察院党组。

市政府工作部门党组28个、党委10个、工作委员会1个：市发展和改革委员会党组、经济贸易委员会党组、外事办公室党组、科学技术局党组、司法局党组、财政局党组、人事局党组、劳动和社会保障局党组、规划局党组、城市管理局党组、水利局党组、农业局党组、林业局党组、广播电视局党组、体育局党组、人口和计划生育委员会党组、审计局党组、统计局党组、安全生产监督管理局党组、环境保护局党组、物价局党组、民族宗教事务局党组、人民防空办公室党组、侨务办公室党组、法制办公室党组、行政审批制度改革办公室党组、国有资产监督管理委员会党组、连岛海滨旅游度假区党组；市公安局党委、民政局党委、建设局党委、房产管理局党委、交通局党委、文化局党委、对外贸易经济合作局党委、卫生局党委、粮食局党委、海洋与渔业局党委；市委教育工作委员会。

市政府直属事业单位党委1个、党组8个：市供销合作总社党委；市港口管理局党组、机关事务管理局党组、接待办公室党组、农业资源开发利用管理局党组、旅游局（云台山风景名胜区管理委员会）党组、投资促进局党组、农业机械管理局党组、房屋拆迁管理办公室党组。

群众团体党组8个：市总工会党组、共青团连云港市委员会党组、妇女联合会党组、科学技术协会党组、文学艺术界联合会党组、哲学社会科学联合会党组、残疾人联合会党组、工商业联合会党组。

市管事业单位党委14个、党组1个：连云港职业技术学院党委、连云港教育学院党委、连云港师范高等专科学校党委、连云港广播电视大学党委、江苏省连云港财经高等职业技术学校党委、江苏省新海高级中学党委、连云港中医药高等职业技术学校党委、连云港市第一人民医院党委、江苏省经贸高级技工学校党委、江苏省海州高级中学党委、连云港市职业技术教育中心党委、连云港市第二人民医院党委、连云港市公路管理处党委、连云港市花果山风景区管理处党委；连云港市农业科学院党组。

市管国有企业党委12个、党组2个：连云港港口集团有限公司党委、江苏金海投资有限公司党委、连云港振兴实业集团有限公司党委、连云港市商业资产管理公司党委、连云港市商业银行党委、江苏奥神集团有限责任公司党委、连云港海通集团有限公司党委、连云港市建筑总公司党委、连云港市轻工资产管理公司党委、连云港物产控股集团有限公司党委、连云港市煤炭工业公司党委、连云港市机电资产管理公司党委；连云港市建设开发公司党组、江苏连云发展集团有限公司党组。

四、县（区）委、工委

1984年，中共连云港市委下辖赣榆县委、东海县委、灌云县委、新海区委、云台区委、连云区委。

1986年6月，新海区撤销，分设新浦区、海州区，新浦区委、海州区委隶属中共连云港市委。12月，市委成立连云港经济技术开发区管理委员会党组。1989年3月撤销经济技术开发区管理委员会党组，成立连云港经济技术开发区党委。1996年7月，灌南县划归连云港市管辖，灌南县委隶属连云港市委。2001年10月，云台区撤销，云台区委随之撤销。2004年2月撤销经济技术开发区党委，成立中共连云港市经济技术开发区工作委员会，作为市委派出机构，代表市委对所属党组织进行管理。

2005年，中共连云港市委下辖4个县委、3个区委、1个工委：赣榆县委、东海县委、灌云县委、灌南县委、新浦区委、海州区委、连云区委、连云港经济技术开发区工作委员会。

五、基层组织

1984年底，全市共有中共基层委员会194个、总支部委员会210个、支部委员会5781个。1994年底，全市有基层党委246个（其中乡镇党委96个和街道党委9个）、总支385个、支部8381个。

1996年灌南县划入连云港市后，全市党委数增至289个，总支增至436个，支部增至9802个。1998年开始加强改制企业党组织建设。1999年年底，全市有85%以上的改制企业建立党组织。1999～2000年实施街道居委会“一居一支”[1]工程，全市154个居委会建立独立党支部，14个居委会建立联合党支部。2001年底，全市有基层党委306个、总支455个、支部8627个。

2002年开展村组撤并，全市撤并村组605个，基层支部减至8420个。2003年加强在非公有制经济组织、社团组织和社会中介组织中建立中共组织工作，全市具备建立中共组织条件的非公有制经济组织487家、社团组织415家和社会中介组织121家，全部建立中共的基层组织。2005年底，全市有各级基层党委367个、总支714个、支部8435个。

1984～1997年连云港市党组织情况统计表

表23-7　　单位：个

年份	党组织	合计	分布情况									
			机关	工业	交通邮电	基本建设	农林水气	财贸金融	文卫体	科研	公用事业	其他
1984	支部	5781	484	1135	286	148	2427	585	522	41	37	116
	总支	210	23	60	12	8	65	17	19	—	4	2
	党委	194	18	29	11	5	92	2	12	1	1	23
1985	支部	6211	589	1264	327	175	2472	595	589	49	33	118
	总支	231	35	64	12	8	58	19	29	1	3	2
	党委	188	114	33	13	7	8	2	10	1	—	—
1986	支部	6597	625	1463	368	180	2445	638	658	48	36	136
	总支	251	42	84	13	10	40	19	39	1	3	—
	党委	192	116	33	17	4	9	2	10	1	—	—
1987	支部	6906	682	1545	412	186	2437	694	689	73	49	139
	总支	287	48	102	13	9	44	24	44	—	3	—
	党委	203	116	35	22	4	10	3	11	2	—	—
1988	支部	7135	740	1603	430	199	2433	723	707	76	60	155
	总支	293	49	101	11	9	43	27	47	1	2	3
	党委	211	116	38	25	5	10	3	12	2	—	—
1989	支部	7376	793	1670	433	201	2482	751	737	85	52	172
	总支	311	57	103	11	7	49	31	47	1	2	3
	党委	221	117	41	25	5	11	6	14	2	—	—
1990	支部	7495	846	1652	462	188	2500	764	739	88	55	201
	总支	312	56	100	14	7	49	31	48	1	2	4
	党委	224	117	43	25	6	11	6	14	2	—	—

① “一居一支”指1个居委会建立1个独立党支部。

续表23-7

年份	党组织	合计	分布情况									
			机关	工业	交通邮电	基本建设	农林水气	财贸金融	文卫体	科研	公用事业	其他
1991	支部	7786	928	1722	481	197	2550	782	754	89	74	209
	总支	330	59	104	16	7	52	38	50	1	2	1
	党委	225	113	46	26	6	10	7	15	2	—	—
1992	支部	7922	941	1706	518	193	2549	814	787	90	70	2[illegible]9
	总支	348	58	112	16	6	56	43	52	1	3	1
	党委	229	114	44	29	6	10	9	14	2	—	1
1993	支部	8144	995	1776	504	225	2588	874	794	93	88	207
	总支	366	59	110	15	11	64	49	53	1	3	1
	党委	237	115	51	29	6	10	10	13	3	—	—
1994	支部	8381	1047	1793	528	220	2595	955	822	103	83	235
	总支	385	58	97	14	11	88	48	64	1	3	1
	党委	246	117	53	30	6	10	12	14	3	—	1
1995	支部	8585	1104	1800	536	213	2670	990	900	96	110	166
	总支	404	62	121	15	9	75	49	69	—	3	1
	党委	252	117	55	30	6	9	15	16	3	—	1
1996	支部	9802	1365	2000	591	233	3045	1132	1004	104	150	178
	总支	436	82	129	16	11	58	53	76	5	4	2
	党委	289	141	62	32	6	9	21	14	3	—	1
1997	支部	9912	1397	1943	581	228	3071	1158	1008	103	183	240
	总支	461	98	133	15	10	57	59	77	4	4	4
	党委	294	141	60	33	6	10	26	14	3	—	1

1998～2002年连云港市党组织情况统计表

表23-8

单位：个

年份	党组织	合计	分布情况										
			机关	采掘、制造业	交通邮电	基本建设	农林牧渔业	电水气生产供应业	财贸金融	文卫体	科研	房地产业及社会服务业	其他
1998	支部	9814	1515	1460	697	358	2960	159	839	977	151	213	485
	总支	464	99	103	30	13	65	2	42	74	11	7	18
	党委	300	139	45	39	7	10	9	20	13	4	—	14
1999	支部	9678	1434	1552	696	379	2957	167	828	1001	103	185	376
	总支	580	107	108	24	13	72	2	42	93	—	8	111
	党委	447	143	65	37	6	10	8	21	12	2	—	143

续表 23-8

年份	党组织	合计	分布情况										
			机关	采掘、制造业	交通邮电	基本建设	农林牧渔业	电水气生产供应业	财贸金融	文卫体	科研	房地产业及社会服务业	其他
2000	支部	9681	1487	1546	680	412	2970	161	815	974	102	218	316
	总支	499	114	105	27	16	78	—	42	100	2	7	8
	党委	299	133	65	37	10	10	6	20	15	2	—	1
2001	支部	8627	1554	1142	572	382	2258	162	773	985	110	217	472
	总支	455	114	71	26	9	88	—	35	97	—	5	10
	党委	306	148	44	38	9	9	6	27	18	2	—	5
2002	支部	8420	1542	1017	615	384	2197	166	742	1020	115	218	404
	总支	455	116	60	27	9	95	3	33	96	1	6	9
	党委	348	169	44	38	13	12	8	29	22	2	1	10

2003～2005年连云港市党组织情况统计表

表 23-9　　单位：个

年　份	党组织	合　计	分布情况						
			城市街道	建制镇	乡	机　关	企　业	事　业	其　他
2003	支部	8266	238	2195	1031	1428	2692	1957	2189
	总支	460	9	50	25	122	174	103	61
	党委	376	15	56	35	164	127	32	53
2004	支部	8248	255	2438	998	1465	2922	1979	1882
	总支	486	14	67	22	122	160	119	85
	党委	378	5	56	35	147	128	36	67
2005	支部	8435	329	2578	1013	1466	2763	2059	2147
	总支	714	40	161	121	131	150	120	313
	党委	367	4	56	31	142	132	39	54

第三章　主要工作及重要决策

1984年，连云港市被列入首批沿海开放城市后，中共连云港市委将体制改革和对外开放摆在首要位置，围绕这两大方面开展各项重点工作。此后，市委将对外开放作为城市发展的主题，着力推进外向型经济发展、国家级开发园区建设、港口建设等重点工作。1985年5月，市委第六届第二次全委（扩大）会议确立全市开放的指导思想是立足本市，面向全国，打入国际，努力为港口、为苏北、为陇海沿线省区加快开放服务。2000年12月，市委第八届第十七次全体（扩大）会议提出实施开放兴市、科教兴市、以港兴市三大主战略，要求大力推进市场化、工业化、信息化、城市化、经济国际化和农业产业化进程。2005年，市委、市政府确定以工兴港、以港兴市、以市带农的发展方针，立足于岸线资源开发整合和港口、产业、城市互动发展的需要，提出“一体两翼”的组合港布局框架。此后，围绕该总体目标和战略定位，全市尤其是靠近港口的东部城区开展新一轮大开发、大建设，全市在产业经济、城市建设、科教文卫事业、民主与法治建设以及党的自身建设方面都取得一系列成就。

第一节　全面推进各项改革

一、推进农村经济体制改革

1984年，连云港市基本完成农村家庭联产承包责任制改革，开始调整农业产业结构，改革农产品收购政策，促进农村商品经济发展。1986年10月30日，市委、市政府制定下发《关于贯彻全省农村工作会议精神，进一步做好农村工作的十条意见》。1987年9月23日，市委、市政府制定下发《关于深化农村改革，促进农村经济稳定发展的意见》，要求进一步完善双层经营制，推进农村流通体制改革，加大农村金融改革，深化乡镇企业改革。1989年初，全市农村开始实施以两田制为主要形式兼有其他形式的承包土地调整方案。

1990年5月17日，市委、市政府印发《关于推行农业双向承包，建立健全乡村综合服务体系的意见》，要求全市农村以双向承包（集体包服务，农民包任务）为主要形式，建立村级综合服务站；农业综合服务体系建设要按照建立健全村一级，充实完善乡一级，加强提高县一级的要求，把工作重点放在建设好村级服务组织上；在服务内容上，近期重点是粮、棉、油作物的生产服务和多种经营的产前、产中、产后服务。

1992年4月，市委连续印发有关农业的4个文件：《关于稳定和完善以家庭联产承包责任制为主的双层经营体制的意见》《关于进一步加强农业社会化服务体系建设的意见》《关于进一步控制和减轻农民负担的意见》《关于进一步搞活农产品流通的意见》。其中，《关于稳定和完善以家庭联产承包责任制为主的双层经营体制的意见》明确提出，稳定土地承包，强化集体统一经营功能。对因人口变动、集体少量用地和土地承包期满等需要调整土地的，应在稳定原承包关系、保证国家粮食定购任务的前提下，采取动账不动地的办法，通过调整口粮田和承包田的比例，重新签订承包合同的方式解决；明确责任权利关系，加强承包合同管理。全市所有村都实行“农民包任务，集体包服务”的双向承包制度；发挥土地优势，壮大集体经济；进一步调整农村产业结构；大力发展商品经济，因地制宜地推进集体经济组织建设。

1993年8月，市委印发《关于加快我市乡镇工业发展的意见》，要求调动一切积极因素，发动和组织全市人民大办乡镇工业，加速农村产业结构调整，加快农村工业化和城镇化进程。

1998年11月召开的市委八届十三次全委（扩大）会议，全面总结农村改革20年的成就和经验，进一步明确全市农业和农村跨世纪的发展目标，提出实施农业产业化、加快小城镇建设、实施科教兴农等战略，到2010年初步实现农业现代化。

2000年12月，市委成立农村税费改革工作领导小组。2001年5月制定全市农村税费改革实施方案；8月，全市农村普遍进入配套改革阶段，其主要内容为取消统筹、取消农村教育集资等专门面向农民的行政事业性收费及政府性基金和集资、取消村内一事一议筹资筹劳等8项。2003年，全市农业特产税全部改征农业税。2005年，全市农村全面实行“一免三补”政策，即免征农业税及其附加、对种小麦农民实行种粮补贴、对种小麦和水稻农民实行良种补贴、对购置农机具农民实行购置农机具补贴。是年，全市发放上述“三项补贴”7889.6万元。

二、推进城市经济体制改革

1984年，市委召开全市经济工作会议，推动全市工业、商贸流通领域的体制改革渐次展开。4月，全市工交企业开始推行经济责任制。6月26日，市委出台《关于进一步扩大工业企业自主权的暂行意见》。生活资料管理由指令性计划改为指导性计划，鼓励和支持个体私营商户从事生活资料经营，允许农民进城直接销售农副产品，恢复城乡农贸市场。1985年，市委制定《关于县区以上城镇集体所有制企业实行改革若干政策的规定》《关于计划体制改革的意见》。是年取消蔬菜统购包销，城镇居民的食用蔬菜由菜农直接进入集市销售。1986年8月，国有企业厂长（经理）开始实行任期目标责任制，在企业内部实行层层承包经营责任制。1987年2月，市委颁布《小型企业租赁经营试行办法》。10月8日，市委下发《关于深化市属集体工业企业改革的意见》。1988年8月，118家企事业单位开始推广实施“共保合同”制度。是年底，全市实行承包租赁经营的市、县、区属企业占企业总数的90.5%。

1991年9月7日，市委、市政府制定出台《关于进一步搞活大中型和重点企业的若干政策措施》。1992年5月9日，市委、市政府作出《关于加快改革开放，实现经济发展再上新台阶若干问题的决定》。12月24日提出《关于贯彻〈全民所有制企业转换经营机制条例〉若干问题的意见》。

1992～1993年，粮、油、棉等生活资料和农药、化肥等农业生产资料指导性计划相继取消，放开购销市场，放开价格管理，放开营销渠道。1994年，钢材、木材、水泥、煤炭等工业生产资料计划管理相继取消，实行市场化经营；原由国家实行指导性计划管理的名牌自行车、缝纫机、彩色电视机、洗衣机、肥皂等日用工业品市场全部放开，由商贸企业自行采购、自主经营。20世纪90年代，计划经济时期形成的商业、粮食、物资、供销社四大国营体系逐渐失去市场主导地位，个体、私营、外资等多种经济形式的商贸服务企业迅速兴起。

1995年在国营企业推行人事、劳动用工、内部分配三项制度改革，取消企业干部和职工的全民所有制身份，实行全员劳动合同制，建立绩效工资制。此后，城乡分工、条块分割的商贸计划性管理体系彻底解体，跨行业、跨地区、跨所有制的市场化管理体制逐渐形成。商业、粮食、物资和供销社系统之间的行业界限被打破，开始相互渗透，实行一业为主、综合经营。工商、农商、军商、商商联合，多种形式的横向经济联合体纷纷建立。商贸企业拓宽购销渠道，在市内外、省内外广设经营窗口，建立基地，形成新的购销网络。国内贸易市场准入条件进一步放宽，开始允许外资企业进入零售市场，市内民营企业的市场份额大幅增长。

1997年11月29日，市委、市政府出台《市属国有、集体企业改制工作意见》《市属国有、集体企业改制若干政策规定》，提出国有大中型企业、城乡大型和骨干集体企业，以建立现代企业制度为目标，以股份有限公司和有限责任公司为主要形式，实行规范化的公司制改造；国有小企业和城乡集体中小企业，实行以股份合作制为主要形式的产权制度改革，通过改组、联合、兼并、租赁、承包、出售、拍卖等多种形式，放开搞活。是年底，由市四套班子领导参加的连云港市企业改制工作委员会成立，先后确定2批125家市属企业为改制试点单位。12月3日，市委、市政府印发《连云港市市属企业改制实施方案》。

1999年12月23日，市委、市政府印发《关于推进国有企业改革和发展的若干政策规定》，确定除涉及国家安全、自然垄断、提供重要公共产品和服务的行业，以及支柱产业和高新技术产业中的骨干企业可保持国有形式或国有独资公司外，国有大中型企业均要按照《中华人民共和国公司法》改组为多元出资者的公司制企业。部分效益好、有发展前景的企业可改制为股份有限公司，积极争取上市；对不具备整体改制条件的国有大中型企业采取租赁承包、分立重组、关闭破产等形式实施分块改制和重组改制；面广量大的小企业继续采取改组、联合、兼并、租赁、承包经营和股份合作制、出售等形式，放开搞活；鼓励个人资本、法人资本和外商资本投向国有企业，参与国有经济改造。鼓励和支持个体工商户、私营企业等非公有经济采取承包、购买、租赁、兼并、入股等形式，参与国有企业改制。

2000～2005年，全市以产权制度为核心的工业企业改革迅速推进。2000年1月10日，市委、市政府联合下发《关于进一步加快国有企业改革与发展的意见》《1999～2000年全市国有企业改革工作方案》《关于推进国有企业改革和发展的若干政策规定》3个文件。12月25日，市委成立工业企业改革与发展领导小组及办公室，出台《关于对国有企业经营管理者奖励的实施意见》《关于推进国有企业改革与发展若干政策的补充意见》等配套政策和文件。至年底，全市国有大中型企业改制面为81.32%。至2005年底，全市市属工业企业有324家通过关闭歇业、建新并旧、引进外资、股权重组、股票上市、整体改制、国有股和集体股退出等形式完成改制，205家企业依法破产，完成对市级化工、纺织等八大国有工业公司撤并、改组、整体改制，基本形成国家所有、分级代表、权责统一的三个层次国有资产监管和运营体系框架。

三、推进社会配套改革

改革行政管理体系　1984～2005年，连云港市先后于1984年、1996年、2001年、2005年进行4次党政机构改革。每次改革，机构数和人员编制数均精简25%以上。1997年，连云港市党政机构进行定机构、定职能、定编制的“三定”工作，开始全面实行国家公务员制度。积极推进机关效能建设，将效能建设与年度目标考核、公务员年度考核相结合。通过改革加快政府职能转变，建立起功能齐全、结构合理、运转协调、廉洁高效的行政管理体系。

改革行政审批制度　2000年7月26日，市委、市政府下发《连云港市行政审批制度改革实施意见》，阐明审批制度改革的指导思想、改革的原则、改革的内容，要求制定规范的审批程序和审批方式，制定政府部门政务公开实施方案，清理行政审批收费项目，改善服务态度和手段，建立审批监督机制。10月16日，连云港市行政审批服务中心试运行，属于江苏省首家。

2002年2月7日，全市行政审批制度第二轮改革启动，改革的指导思想是发挥市场在资源配置中的基础性作用，继续精简审批项目，规范行政行为，提高行政效率、推进行政机关的廉政建设，创造有利于经济发展的行政审批环境。总体要求是不符合政企分开和政事分开原则、妨碍市场开放和公平竞争以及实际上难以发挥有效作用的行政审批，坚决予以取消；可以用市场机制代替的行政审批，改为市场机制运作。7月9日，市行政审批服务中心车辆管理分中心、供电服务分中心、房地产市场管理分中心、国税分中心、地税分中心成立。各分中心根据规范运作、统一管理、接受监督的要求，办理各自职责范围内审批、办证、检测、检验等事项，提供相关的服务。

建立健全社会保障制度　随着企业改革深化、市场经济体制的逐步建立，连云港市的社会保障体系也逐步建立健全。1986年，连云港市开始在国营企业中统筹提取劳动合同制工人退休养老基金，建立职工失业保险制度，启动社会保险制度改革。1992年正式颁布实施《连云港市企业职工养老保险暂行办法》和《连云港市企业职工待业保险暂行办法》，参保范围扩大到各类企业职工，包括农民合同制职工、计划内城镇临时工，社会保险范围不断扩大。1996年实施《连云港市企业职工工伤社会保险暂行办法》和《连云港市企业职工生育社会保险暂行办法》。2000年建立城镇职工基本医疗保险制度，2001年7月出台《连云港市城镇职工补充医疗保险暂行办法》，实行大病医疗救助等补充保障政策。是年12月出台《连云港市城镇个体从业人员和失业职工基本医疗保险管理办法（试行）》，将基本医疗保险覆盖面扩大到所有城镇居民。2004年1月1日起实施《连云港市工伤保险认定办法》和《连云港市城镇职工生育保险实施细则》。至2005年基本建成覆盖全市、涉及各类劳动者较为完善的社会保障体系。

第二节　实施“三大战略”

一、开放兴市战略

改革开放后至1984年，连云港市建有各种涉外机构23个，涉外工作人员7200多人，与世界上50多个国家和地区有贸易往来。全市利用外资引进技术设备452项，与10多所大专院校、科研单位确定95个协作项目，与中央有关部门和中西部部分省区商定22个联合经营项目。

1984年3月，连云港市为争取进一步对外开放，就建立经济特区有关情况，向省委、省政府作书面汇报。4月6日，中共中央书记处、国务院召开进一步开放14个沿海港口城市座谈会，连云港市被列入进一步开放的14个沿海城市名单。5月4日，国务院印发《沿海部分城市座谈会纪要》，确定进一步开放连云港在内的14个沿海港口城市。连云港市成立开放工作领导小组及办公室和市对外贸易委员会、国内经济联合委员会及4家专业开发公司，研究制定引进技术设备和进口商品物资的暂行规定、利用外资工作的暂行办法等，推动全市进一步对内对外双向开放。

建设经济技术开发区　1984年12月，国务院批准连云港建立经济技术开发区，按3平方千米规划，1.3平方千米起步，起步阶段总投资2.55亿元。

1985年9月，连云港经济技术开发区开工建设，确立走内联打基础，外引上水平，内外结合，逐步以外为主的发展策略。1987年4月7日，市委、市政府下发《关于加快连云港经济技术开发区建设的意见》，要求充分发挥开发区管委会的行政职能作用，建立以开发区发展总公司为主体的企业化集团；实行简政放权，增强开发区活力；用好开发区特殊政策，充分发挥政策效应；全市各部门、各单位要大力协调，密切配合，全力支持开发区的生产建设。1991年9月16日，连云港市委、市政府下发《关于支持开发区建设和发展若干政策的通知》，要求全市上下进一步提高对开发区建设的认识，在思想上、行动上真正做到关心、重视、支持开发区的建设，并颁布进开发区发展的14条政策。2003年，市政府转发连云港工商局《关于支持我市开发园区加快发展的意见》，出台支持开发园区加速发展十条意见。2004年，市政府下发《关于坚持科学发展观促进开发园区持续快速健康发展的意见》。2005年，全市有国家级开发区2个、省级开发区5个、市级开发区4个。

确定外向型经济发展战略　1988年初，连云港市确定发展外向型经济的重点是“抓住一个龙头，开辟两个市场，调整四个结构，建好四大网络”。抓住一个龙头就是抓住港口建设，带动整个城市经济及社会发展。开辟两个市场，一是国内市场，重点是苏北经济区、淮海经济区、陇海兰新经济腹地市场；二是国际市场，重点开辟欧美、东欧市场，发展日本市场。调整四个结构，即调整产业结构、产品结构、技术结构、企业组织结构。建好四大网络，一是航空、海运、内河、铁路、公路立体运输网络体系；二是以国际市场为中心的信息网络；三是发展第三产业，建立健全交通服务网络；四是开发旅游资源，与苏北经济区、淮海经济区、陇兰经济带形成旅游联合网络。

1992年，全市开展“进一步解放思想，加快发展”大讨论。在此基础上，市委、市政府于7月17～18日召开全市对外开放工作会议，制定印发《关于加快改革开放实现经济发展再上新台阶若干问题的决定》，号召全市人民解放思想，抢抓机遇，加快改革开放步伐，坚持以市场调节为主，以外向型经济为主，以高新技术为主导，实现经济的跳跃式、超常规发展。决定要求，比照特区政策办好开发区，大胆利用外资，大力兴办“三资”企业，扩大出口创汇，大力发展境外企业，积极开拓境外市场。

1995年，市委印发《关于进一步扩大对外开放的实施意见》，要求进一步扩大利用外资领域，拓展农业、第三产业利用外资渠道，扶持外资、外贸企业扩大出口创汇，促进全市外向型经济快速发展。

2001年，市政府成立招商引资联席会议制度，全市组织16个招商分团，开展系列招商活动。2003年，市委出台《关于开展服务环境大建设活动的意见》《关于开展发展项目大推进活动的意见》，市政府出台《关于进一步促进外贸出口发展的扶持措施的通知》，大力推进招商引资和对外贸易，改善投资环境。2004年，市委、市政府发文鼓励机关干部离岗创业、轮岗招商，市政府要求对重点投资商和重点企业实行直通卡服务。至2005年底，全市“三外”工作取得长足发展，全方位、多层次、宽领域的对外开放格局初步形成。

二、以港兴市战略

1985年10月19～21日，应交通部、江苏省政府邀请，江苏、安徽、河南、陕西、甘肃、青海、新疆七省区联合开发连云港港座谈会在连云港市召开。与会代表听取连云港市市长何仁华及江苏省建港指挥部、连云港港务局负责人所作的有关情况介绍，按照互惠互利、共同发展的原则，研究制定《关于筹集资金加快连云港口建设的试行办法》，签订“七五”计划期间集资建港的协议，明确规定“谁投资、谁使用、谁受益”。河南、陕西、甘肃等省就“七五”计划期间在连云港投资兴建7个万吨级深水泊位达成协议。

1991年11月11日，市委召开扩大会议，专题研究港口建设和港口利用工作。会议听取港务局和口岸各单位的情况汇报和建议，提出要举全市之力加快建港用港步伐。1992年1月14日召开市委第七届第六次全委（扩大）会议，提出“以港兴城”的发展战略方针。“八五”计划期间，重点建设墟沟港区和庙岭三期工程，建成泊位25个。

2001年8月，市委召开第九次党的代表大会，明确提出全面实施开放兴市、科教兴市、以港兴市战略，大力推进市场化、工业化、信息化、城市化、经济国际化和农业产业化进程，培育优势产业，壮大经济实力。

2003年11月28日，连云港港口管理实现政企分开，连云港市港口管理局、连云港港口集团有限公司在连云港港揭牌。新组建的市港口管理局以原连云港港务局港口行政管理职能为基础，将市相关部门涉及港口管理的职能调整划入，市口岸管理委员会与其合署办公，作为市政府主管全市沿海港口以及口岸行政管理的职能部门。原连云港港务局及其所属企业改制组建为连云港港口集团有限公司，对国有资产实行营运和监管，承担国有资产的保值和增值责任。

2004年3月12日，连云港港口集团有限公司和中国外运集团公司在北京钓鱼台国宾馆签订《关于新陆桥（连云港）码头有限公司合作协议》。双方通过对原由连云港港口集团、江苏交通产业集团合资的连云港科茵格散货码头有限公司增资2.2亿元，成立新陆桥（连云港）码头有限公司。7月27日，中国海运集团与连云港港口集团就建设庙岭三期突堤集装箱码头签订合作框架协议，全省第一个第五代集装箱泊位在连云港港投入使用。

2005年，市委、市政府组织东部滨海地区规划招标，提出“一体两翼”的组合港布局框架。12月9日，15万吨级航道扩建工程开始试挖掘。是年，港口吞吐量实现6016.22万吨，集装箱运量首次突破100万标准箱，跻身全国十强沿海港口和全球百强集装箱港行列。

三、科教兴市战略

提出“以智取胜”发展战略　1985年1月12日，市委、市政府印发《关于加强教育科技工作的意见》，提出“以智取胜”的发展战略和确立以智力优势为后盾的观点，提出摆在全市面前的一项极其重要的任务就是同一切轻视科学技术、轻视智力开发、轻视知识分子的思想和行为作斗争，真正把教育、科技工作放到战略重点的位置上来抓。

以“科技兴市”落实“科技兴省”战略　根据省委、省政府《关于依靠科技进步振兴江苏经济的决定》，1989年8月1日，市委、市政府下发《关于贯彻“科技兴省”决定的意见》，提出以“科技兴市”来落实“科技兴省”的战略思想，进一步确立科学技术在全市经济和社会发展战略中的首要位置，使全市社会经济发展转移到主要依靠科技进步上来，特别是要从决策科学化、管理现代化和技术装备现代化入手，把连云港市建设成为华东地区新兴的工业、外贸、港口城市。

1992年2月11日，市委、市政府颁布《连云港市关于深入实施“科技兴市”发展战略若干政策规定》。鼓励企业技术开发，加强企业技术进步考核，积极发展高新技术，继续开展争创市级“科技开发型企业”活动，建立健全各类科研机构，加强科研体制改革，加强科技管理和服务体系建设，加强技术政策的贯彻落实工作，鼓励专业技术人员走与工农相结合、与生产实际相结合的道路，鼓励科技人员开展各种形式的技术创新和承包活动，支持各类技术人员合理流动，多渠道增加科技投入，建立各类科技进步基金，包括企业技术开发基金、行业科技开发基金、市科技兴农基金。12月16日，市委、市政府印发《连云港市“八五”期间“科技兴市”实施方案》，提出以科技为先导、教育为基础、人才为根本，积极发展高新技术，大力改造传统产业，优化全市经济结构，推动经济建设和社会事业的发展，努力建立起经济科研教育密切结合的运行机制，把连云港市建成苏北地区科技先导型城市。

1993年10月19日，市委、市政府召开全市科技兴市工作会议，确立当前科技兴市的重点是运用高新技术嫁接改造现有企业，加快科技进步和高新技术发展，促进经济结构调整。

实施科教兴市战略　为进一步丰富科技兴市的内涵，拓展科技兴市的抓手，1995年11月7日，市委、市政府制定《关于实施科教兴市战略加快科技进步的若干措施》。提出积极推进高新技术产业园区建设、利用高新技术改造传统产业、加快海洋经济技术开发，建设“海上连云港”、实施跨世纪人才培养计划、把教育工作摆上科教兴市整体战略的重要位置等24条措施。

1997年12月11日，市委、市政府出台《连云港市“521新世纪高层次人才培养工程”选拔、培养与管理暂行办法》。1998～2000年，市委、市政府组织实施“521高层次人才培养工程”，评选出培养对象246人。一批培养对象脱颖而出，成长为各学术、技术领域的带头人和业务骨干，推动全市高层次人才队伍建设工作。1998年1月17日，市委、市政府召开全市科技成果向生产力转化工作会议，表彰20个优秀项目和29名先进个人。

2001年，市委、市政府提出实施“521新世纪高层次人才培养工程”（简称“521二期工程”）。即到2005年，重点培养50名在科学技术领域贡献突出的市级知名专家；200名贡献较突出的市级学术技术带头人；1000名有发展潜力的市级知名专家和市级学术、技术带头人的后备力量。

前三年每年选拔培养对象350人左右。其中，在科学技术领域贡献突出并在省内乃至国内有一定影响的市级知名专家15人左右；在市内外各学科、各行业的成就突出，具有一定声望的市级学术、技术带头人50人左右；有发展潜力的市级专家和市级学术、技术带头人的后备人才300人左右。

2003年3月1日，连云港市举行百名教授兴百村小康工程启动仪式。来自南京农业大学、中国农科院蚕研所、江苏省淡水水产研究所、江苏省海洋水产研究所、淮海工学院5家高校、科研院所的107名专家、教授受聘为全市107个村的科技经济发展顾问。

2005年，连云港市启动实施“51880”科技富民行动计划，东海县被命名为国家富民强县示范县；实施高新技术产业“双倍增”计划，高新技术产业成为推动全市经济发展的主导产业。

第三节 发展民营经济

1984～1991年，连云港市民营经济发展缓慢，民营经济在整个国民经济中所占比重较小。全市城镇私营个体从业人员从1984年1.75万人增加到1991年的1.82万人，占全部从业人员的比重从1984年的1.05%下降到1991年的0.85%。

1992～2003年，市委、市政府放手发展民营经济。1992年，邓小平视察南方重要谈话发表后，市委、市政府进一步解放思想，加大扶持力度，拓宽投资领域，调动全民创业的积极性，民营经济发展速度明显加快。是年5月9日，市委、市政府出台《关于加快改革开放实现经济发展再上新台阶若干问题的决定》，提出“各种所有制形式的企业可以相互参股”。1993年，市委、市政府出台《关于加快发展个体私营经济的决定》《关于进一步加快发展个体私营经济的实施意见》等文件。鼓励公民以自然人身份申办民营企业和作为出资人兴办中外合资、合作企业；鼓励事业单位、社会团体及其工作人员以资金、设备或专利、商标、非专利技术等，向民营企业投资入股；在不涉及本单位商业秘密的前提下，事业单位的专业技术人员可以到民营企业兼职或创办民营企业；放宽对经营范围的核定，除国家明令禁止或涉及国家安全、人民身体健康、国家专营专控的商品、行业外，其他全部放开。1998年3月4日，市委、市政府召开全市个体私营经济工作会议。2003年，全市民营经济实现增加值121.5亿元，占全市生产总值的比重达34.6%；私营企业和个体工商户5.09万户，其中私营企业注册资本在100万元以上的有1042家；个体私营经济从业人员15.74万人，占全市从业人员的7.5%；个体私营经济实现社会消费品零售额73.8亿元，占全市零售额的比重达59.7%。

2004～2005年，连云港市民营经济进入快速发展时期。2004年2月20日，市委、市政府召开全民创业动员大会，就鼓励干部招商、方便群众创业、支持企业发展、强化环境整治等出台《关于加快发展民营经济推动全民创业的若干意见》《关于提高机关效能服务全民创业的意见》《关于建立发展民营经济、推动全民创业工作和服务体系的通知》等一系列文件，掀起新一轮民营经济快速发展的热潮。同日，市委、市政府决定成立市民营经济发展局、民营经济投资发展服务中心、民营企业投诉中心、干部创业服务指导中心和职业培训服务指导中心。2004年5月，开发面积126公顷、总投资16亿元的江浙民营工业园落户东海浦南开发区。2005年，全市私营企业1.19万家，总产值48.63亿元，销售收入56.39亿元；全市有个体工商业从业人员9.1万人，全市个体工商户实现总产值26.5亿元，销售收入119.37亿元；全市民营经济实现总产值222.86亿元，占全市地区生产总值的48.9%；民营经济对全市经济增长的贡献率超过60%。

第四节　规划建设国际性海滨城市

1984～2005年，连云港市委、市政府先后于1984年、1995年、2005年三次组织修编城市总体规划，逐渐突出港口城市、旅游城市、陆桥城市功能，提出加快建设国际性海滨城市、现代化港口城市、山海相拥的知名旅游城市。1984年组织编制的《连云港市城市总体规划（1980～2000年）》确定连云港市的城市性质为中国沿海中部的重要海港城市；确定城市总体布局为“一市双城式”，新海城区是政治、经济、文化中心，连云城区是港区、风景旅游和外贸、工业区，猴嘴为原盐集散地和云台行政管理中心。1985年、1986年对规划部分内容进行调整，并经省政府审批同意。1995年修编的《连云港市城市总体规划（1991～2010年）》明确连云港城市的性质为新亚欧大陆桥东桥头堡，中国沿海中部的重要的工业、商贸、科技、文化、风景旅游综合发展的海港城市，远景发展成为国际海港城市。城市的主要职能为亚欧大陆桥东桥头堡、临海工业基地、带动地区经济发展的龙头、风景旅游胜地。

2005年，市委、市政府制定“城市东移”战略。《连云港市总体规划（2003～2020年）》经省政府批复同意。规划确定连云港市的城市性质为新亚欧大陆桥东桥头堡和国际性海港城市、全国重点旅游城市、江苏省海洋开发基地。城市结构形态为由新海城区和连云城区组成的组团式城市形态。其中，新海城区为城市的行政、文化体育、商业商务中心、科研教育和创新研发基地；连云城区为城市对外交流的窗口，是区域性国际商务中心、国际海港、经济技术开发区、保税加工区、临海产业区和海滨旅游基地。新海城区主要向东北方向发展，适度向东南方向发展，连云城区主要向西南方向发展，形成“一主一副双中心”格局。编制完成《连云港东部滨海地区发展战略规划（2005～2020年）》。规划确定连云港东部城区城市性质为承托城市未来希望的国际性滨海新城、支撑城市经济腾飞的现代化产业基地、能够带动区域经济发展的枢纽大港群。规划提出“一体两翼”组合大港、“一纵一横”产业体系、“一心三极”城市结构的核心理念，确定连云港国际性海滨城市，现代化的港口工业城市，山海相拥的知名旅游城市的三大城市定位。规划建设150平方千米的滨海新城，服务东部滨海地区。加大对东部滨海地区536平方千米盐田和滩涂的利用，为城市建设提供更多具有价值的滨海空间。

第五节　加强党的建设

一、组织建设

整党　1985年1月，根据省委部署，连云港市260个党委168个党组251个党总支6597个党支部，共13.3万名党员（其中预备党员5063人）分三批开展整党。1985年3～7月，71家市直机关及部、省属驻连云港单位参加第一批整党。1985年6～12月，赣榆县、东海县、灌云县和云台区、连云区机关，市属县团级单位及党组织关系在连云港市的其他企事业单位160家参加第二批整党。1986年，所有城乡基层党组织参加第三批整党。1987年3月，全市整党工作基本结束。整党的基本任务是端正业务工作的指导思想、清理“三种人”①、纠正新形势下的不正之风、调整和建设好领导班子、提高党员的思想觉悟。全市处理党员1536人，其中开除党籍189人、留党察看153人、撤销党内职务79人、严重警告21人、警告110人、不登记146人、缓登记838人；共调整65个县处级领导班子，提拔155名中青年干部，降免干部6人，充实调整256个村党支部班子；“文化大革命”错误和影响进一步肃清，审定“三种人”18人、犯严重错误54人、犯一般错误37人。全市调整充实了各级领导班子，建立健全以民主集中制为核心的各项党内制度。

建立党建工作联系点 1987年6月，市委印发《关于市委常委建立党的建设工作点的通知》，明确19个单位为市委常委党建工作点。1988年，全市建立市、县、乡三级党建工作点973个，其中县级党建工作点179个、乡级党建工作点775个，市县乡三级党建工作网络基本形成。1989年，全市党建工作点调整为971个，其中市委常委党建工作点17个、县级党建工作点179个、乡级党建工作点775个。是年，市委组织部先后与7个县（区）和16个局（公司）党委签订基层党组织建设工作目标责任书。

加强基层党组织建设 1984年，部分市直属企事业单位党委和基层党委进行换届选举。1986年2月，根据中央组织部《关于调整和改进农村中党的基层组织设置的意见》，全市开始逐步调整农村党的基层组织设置。1987年整党结束后，党的基层组织建设工作开始规范化和制度化。1988年，推行农村党支部任期目标责任制。年底，全市85%的农村党支部实行任期目标责任制。

1995年3月17日，市委制定出台《连云港市农村基层党组织建设三年规划》，确定从是年开始，用3年时间对全市1778个行政村党支部和其他村级组织进行整顿，实现中央提出的“五个好”②目标。是年5月，全市农村基层组织协调会议成立并召开第一次成员单位会议。1997年，市委制定下发《全市整顿后进村和经济薄弱村党支部的三年（1997～1999）规划》，对456个后进村和经济薄弱村党支部进行整顿。1998年6月19日，市委下发第二个农村基层组织建设三年规划（1998～2000），指出农村基层组织建设主要是乡镇、村两级组织建设；确定从1998年开始，以争创“党建工作先进乡镇”和“百强五好村党组织”活动为载体，用3年时间对全市118个乡镇、2098个行政村党支部和其他村级组织进行建设整顿。

2000年，在全市农村党组织中推行以村务公开、财务公开为主要内容的民主管理。至2001年底，全市建立固定公开栏5200块、村民代表议事会2114个、村民监督小组2210个、民主理财小组2194个。是年，全市开展以“创党建工作先进县区、创六好乡镇党委、创五好村党支部，党员争当先进生产力的促进者、先进文化的传播者、农民利益的维护者”为主题的“三创三争”活动。2003年在全市农村基层党组织和党员中开展“实践‘三个代表’、争做发展之星”主题教育活动。至2005年全市评选出30个市级乡镇党委“发展之星”、59个村党组织“发展之星”和98名农村党员“发展之星”。2005年在全市开展“双带双强”党建活动，选配带头创业致富、带民共同致富，发展经济能力强、做群众工作能力强型农村干部，组建村党支部班子。

加强各级领导班子建设 1984年，市委开始按照干部“四化”（知识化、年轻化、专业化、革命化）标准对各直属党委、党组领导班子进行调整充实，调整后的各级领导班子基本呈现梯形年龄结构和合理的专业结构。1986年，领导班子建设工作重点开始从侧重调整转向侧重思想、作风建设，侧重提高班子的整体功能。是年实行领导干部年度考察制度，结合整顿纪律和民主生活会

① “三种人”指跟着林彪、江青反革命集团造反起家的人，帮派思想严重的人，打砸抢分子。

② “五个好”指建设一个好班子、培养锻炼一支好队伍、选准一条发展经济的好路子、完善一个好的经营体制、健全一套好的管理制度。

开展端正党风教育。1987年建立领导班子及其成员分析排队制度，将县处级领导班子成员通过分析排队，分为好、比较好、一般、问题比较多4类，并据此分别采取稳定、帮助、调整、加强的措施。1988年在市政府口24个委、办、局领导班子中试行岗位目标管理责任制，制定下发《岗位目标管理责任制年度考核实施办法》《施行岗位目标管理责任制委办局领导班子奖惩办法》。1989年在市政府所属各部门全面推行岗位目标管理责任制，建立市级党政领导分管各部门领导班子建设的首长负责制。1990年8月，市委下发《关于加强县处级领导班子建设的意见》，提出加强县处级党的领导班子建设6个方面的具体要求。

1991年，市委建立理论中心组学习制度。全市196个县处级单位（包括部省属单位）均建立理论中心学习组，实行每月不少于2个半天的学习日制度；县处级党委（组）普遍建立党委（组）议事规则，集体研究重大决策、干部任免、干部调动及群众普遍关心的问题；建立谈心谈话制度，通过谈心谈话沟通思想、交流感情，增强班子的团结意识。1992年邓小平视察南方重要讲话发表后，开始从适应加快改革开放和经济建设的需要方面加强各级领导班子建设。在班子调整配备上向经济主管部门、外经外贸部门、科技部门和港口以及重点骨干企业和生产一线倾斜，侧重提高领导班子经济工作的能力和水平。1993年，市县区人大、政府、政协换届后，各县区人大班子平均年龄52.9岁，较上届下降3岁，具有大专以上文化程度的由12人增至17人；政府班子平均年龄45.6岁，较上届下降2.1岁，具有大专以上文化程度的由18人增至22人；政协班子平均年龄53.4岁，较上届下降3.3岁。按照总体稳定、适应调整、完善结构、提高素质、增强班子整体功能的原则，对市直各单位领导班子进行调整充实。1996年，市委组织部、宣传部联合下发《连云港市党组（党委）中心组学习基本制度》，开始加强对各县处级单位党组（党委）中心组学习的指导、督促和检查。是年在全市县处级领导干部中开展向孔繁森等模范领导干部学习活动。2002～2003年对县区人大、政府、政协领导班子进行换届调整。调整后，县区党政领导班子成员107人，平均年龄41.2岁。2003年3月，市委制定下发《中共连云港市委关于切实加强领导班子和干部队伍建设的意见（试行）》。2004年集中2个月时间分3批对全市141个县处级领导班子的660名成员和312名后备干部进行考察。2005年对全市155个市管领导班子中的864名领导干部进行集中考察，考察中首次组织市、县、区党代表、人大代表和政协委员民意调查。

加强企业党组织建设　1990年4月，市委印发《关于加强企业党组织建设的几个问题的实施意见》，指出党在企业的基层组织处于政治核心的地位，明确企业党组织的主要任务。1993年，市委召开全市第一次乡镇企业党建工作会议，下发《关于进一步加强乡镇企业党建工作的意见》《关于加强外商投资企业党的工作的意见（试行）》。1997年，按照中央组织部和省委组织部通知，组织实施国有企业领导班子考核，共考核市、县、区属国有企业481家，涉及领导干部1939人。1999年开始加强新经济组织中的党建工作，下发《关于加强新经济组织党建工作的意见》，召开全市新经济组织党建工作会议。2001年组织实施企事业单位领导人员年度考核工作，考核县属以上国有企业领导班子459个，领导干部1812人；考核事业单位领导班子879个，领导干部2085人。考核后，全市调整县属以上国有企业领导班子160个，领导干部344人；调整事业单位领导班子205个，领导干部268人。2003～2005年逐步理顺国有企业党组织隶属关系，将国有企业党组织纳入市委企业工委管理范围；实施非公经济组织党建工作“四百工程”，对凡具备条件的非公有制经济组织、社团组织和中介组织，全部建立党组织、全部组建工会、全部组建团的组织，对不符合条件的全部派遣党建工作指导员。

加强市级机关党组织建设　1984年起，市机关工委每年在市级机关党校举办1～2期入党积极分子培训班，学习时间1个星期，学习内容为党章和党的基本知识，学习结束后进行考试，考试成绩作为加入党组织的基础条件。1984～1990年，市机关工委参与组建市总工会、工商局等5个机关党委，市行政管理局、水产局、人防办、外办、中级人民法院等22个机关党总支，连云港经济技术开发区管委会、新疆驻连云港办事处、康华连云港分公司等36个党支部。1985年，市级机关开始注重在优秀知识分子和优秀中青年中发展党员。是年，市级机关工委发展新党员133人，其中知识分子93人。1990年1月，市委下发《关于加强和改进机关党的工作的意见》。12月成立市机关党校，隶属于机关党委。1991年在县区19个系统的党政机关试行党内工作目标责任制。1998年，市级机关工委下发《连云港市市级机关贯彻〈中国共产党和国家机关基层组织工作条例〉实施办法》，先后举办5期培训班，对机关直属党组织和基层党支部的320名负责人进行轮训。1999年制定下发《市级机关工委发展党员程序》。年底，市级机关工委辖市级机关党委15个、总支41个、支部329个，共有党小组642个、党员5844人。2000年5～6月在市级机关党员干部中开展学习党的基本知识测试活动，来自市级机关的279名党员干部在市委党校参加抽测考试。2002年4～5月，市级机关工委在市委党校举办市级机关党务干部培训班3期，来自市级机关79个直属党组织的副书记、组织委员、党办工作人员以及各基层党组织新选任的书记或副书记303人参加培训。2003年1月，市级机关工委举办首次最佳组织生活实例评选，连云港电视台党支部等30个党组织的生活实例分获一、二、三等奖。2005年，市级机关工委严格执行发展党员公示制和“双票票决”制①，发展新党员129人，预备党员转正145人。

二、作风建设

1984年8月，市委下发《中共连云港市委常委关于改进领导作风提高工作效率的十项规定》。要求坚定不移地贯彻执行党的路线、方针、政策，自觉坚持四项基本原则；加强学习；每年要有四分之一的时间深入基层搞调查研究；坚持党的民主集中制原则，实行集体领导和个人分工负责相结合的制度；建立正常的民主生活会制度；克服文山会海，提高工作效率；坚持党政分工，充分发挥政府的职能作用；执行中央关于“少宣传个人”的指示；增强团结；发扬艰苦奋斗的优良传统，带头执行准则，自觉抵制和反对不良之风。

1986年2月，市委制定《关于在各级党委中建立抓党风责任制的规定》，明确要求建立抓党风责任制首先从市委抓起，建立市委常委抓党风责任制度。

1991年3月，市委下发《关于进一步改进领导作风的规定》，要求加强调查研究，密切联系群众；克服事务主义，集中精力抓大事、办实事；机关要切实改善服务态度，提高办事效率，积极为基层服务；克服文山会海，切实改进文风会风；凡要求县区局主要负责人参加的会议，必须经市委、市政府批准；继续抓好领导机关的廉政建设；认真开展学雷锋、学焦裕禄活动。

1994年10月28日，市委第八届第一次会议就加强市委自身建设，作出《中国共产党连云港市第八届委员会关于加强自身建设的决定》，从7个方面对市委自身建设提出具体要求。11月1日，市委常委会作出《中共连云港市委常委会关于贯彻十四届四中全会精神　进一步加强自身建设的意见》，确定市委常委10项制度建设内容，即坚持和完善学习制度，坚持和完善议事制度坚持和完善分工责任制度，坚持和完善调查研究制度，建立和健全个人工作及生活中大事报告制度，坚持和完善谈心制度，坚持和完善民主生活会制度，坚持党外人士联系制度，建立和健全抓基

① “双票票决”制指发展中共党员时，在双票基础上实行“票决”。“双票”指全体党员和党外群众对评议对象分别投民主评议票；“票决”指改变举手的方式为无记名投票的方式进行表决。

层党组织建设责任制度，坚持党管干部制度。

2000年召开的市委第八届第十七次全委扩大会议提出，树立狠抓落实的工作作风，坚持走群众路线，坚持分类指导，坚持责任到人，进一步增强领导班子的战斗力。

至2005年，市委在召开重要会议和制定重要文件前，都坚持做好调查研究工作，确保决策的科学准确。

三、思想建设

1986年，中共连云港市委按中央部署开展端正党风教育活动。全市县以上党政机关违法经商办企业的歪风被遏制，在企业兼职的党政机关干部全部辞去兼职，出国考察中的不正之风和违反外事纪律的现象基本纠正，争相更换高级小轿车的歪风基本刹住，用公款旅游、大吃大喝、铺张浪费的现象有所收敛。全市立案查处党员违纪案件409起，查处党员363人，其中开除党籍60人、留党察看113人、撤销党内职务24人、严重警告88人、警告78人。各级党组织普遍制定实现党风根本好转规划，实行抓党风责任制。是年经过检查核实，对11家县级单位党风根本好转予以认可，认可总数达25家。

1988年开始，市委分5批在市区168家单位、1094个党支部、21157名党员中开展民主评议党员试点。1989年上半年试点工作基本结束，共评出优秀党员1676人，处置不合格党员562人。是年5月12日，市委民主评议党员指导小组办公室制定下发《关于开展民主评议党员工作的意见》。民主评议分为学习教育、民主评议、总结整改3个阶段。民主评议阶段分为自我评价、党内互评、群众评议、组织考察4个步骤。全市农村第一轮民主评议党员工作到1990年4月底结束，在参加评议的1800个党支部、67049名党员中，评出优秀党员4895人，占7.3%；不合格党员3014人，占4.5%，其中劝退、除名、取消预备党员资格、开除党籍912人。9月25日，市纪委和市委组织部、宣传部制定下发《关于民主评议党员工作制度化的意见》。1990年底，全市城乡基层党组织相继建立和实行民主评议党员制度。

1990年在全市共产党员中开展“富民兴连争贡献”活动，要求通过为富民兴连多办实事、多作贡献，对全体共产党员进行一次马克思主义群众观点和党的群众路线的再教育；发挥共产党员先锋模范作用，在治理整顿和深化改革中带头艰苦奋斗；增强基层党组织的凝聚力、吸引力和战斗力。

1999～2000年，按省委部署，在全市各级领导班子和领导干部中开展以“讲学习、讲政治、讲正气”为主要内容的党性党风教育活动，全市127个县处级领导班子和50个延伸部门共602名县处级干部、222名科级干部参加。活动中重点学习“三个代表”重要思想，通过“自己找、群众提、上级点、互相帮”方式，对照中央要求和群众意见找准在党性党风方面存在的突出问题，按照“严、准、实、深”要求进行自我剖析。

图23-2　1994年10月1日，连云港市举办中华人民共和国成立45周年庆祝活动。　赵鸣　摄

2000年4月，市委作出《在全市开展致富思源、富而思进，适应新形势、迎接新

图23-3　2005年，连云港经济技术开发区召开建党84周年纪念大会暨第二批先进性教育活动工作会议。　　吉志强　摄

挑战、增创新优势、赢得新发展教育活动的决定》，动员组织广大干部群众集中智慧，抢抓机遇，加快发展不动摇。是年12月，根据中央和省委统一部署，市委决定在全市农村分2批开展“三个代表”重要思想学习教育活动。第一批从2000年12月至2001年3月，参加活动的乡镇（街道）党委和县区部门领导班子共782个、党员2.12万人。第二批从2001年3月至5月，全市1430个行政村的支部委员会和村民委员会成员、1938个乡镇站所和乡镇企事业单位领导干部共4.44万人参加。活动分准备、学习培训、对照检查、整改四个阶段进行。

2005年1月在全市开展保持共产党员先进性教育活动。整个活动分三批进行。第一批在市、县（区）两级机关中进行，从2005年1月开始到6月结束，全市有2380个基层党组织、36232名党员参学，开展“立学立行、三比三创”①“学‘雷锋车’精神、五进三服务”②“六查六反思”③等多项主题实践活动。第二批先进性教育活动在城市基层和乡镇机关中进行，全市有4353个基层党组织、82952名党员参学，召开“科学发展在港城”专题报告会，开展“学习邓建军、岗位争先锋”党员劳动技能大比武、“学习赵勇华，发展当先锋”主题活动。第三批先进性教育活动在农村和部分党政机关中进行，全市有2089个基层党组织9.63万名党员参学，开展“千个支部结对帮、万名党员牵手学”“五争两满意，建设新农村”④“永葆先进性，党员送温暖”等主题活动。活动中，全市各级领导干部共建立先进性教育活动联系点2317个，深入联系点指导工作1.88万次，为基层上党课465次，为基层作专题报告4026场次。9月13日，全市第三批先进性教育活动开始试点。

四、党风廉政建设

1989年8月，市委成立惩治腐败领导小组。

1990年11月19日，市委召开惩腐倡廉工作汇报会，要求年内集中抓好并完成清理党政干部建私房、清查“空关房”、清理拖欠公款和清理腐朽公司等4项工作。

1993年10月，市委印发《中共连云港市委关于坚定不移地开展反腐败斗争的意见》，要求各级党政干部不准经商办企业，不准从事有偿中介活动，不准利用职权为配偶、子女和亲友经商办企业提供任何优惠条件；不准在各类经济实体中兼职（包括各类名誉职务），个别经批准兼职的不得领取任何报酬；不准到下属单位和其他企业、事业单位报销应由个人支付的各种费用；不准买

① “三比三创”指比学习、创一流素质，比服务、创一流作风，比工作、创一流业绩。

② “五进三服务”指走进企业、走进社区、走进农户、走进学校、走进困难群体，服务发展、服务基层、服务群众。

③ “六查六反思”指查党性观念强不强、查宗旨意识浓不浓、查服务质量优不优、查工作效能高不高、查廉洁形象正不正、查立足本职先锋作用发挥好不好；反思理想信念是否坚定、反思公仆意识是否增强、反思为民服务是否到位、反思工作作风是否扎实、反思遵守纪律是否严格、反思人民群众是否满意。

④ “五争两满意”指争当科学发展的引路人、争当致富群众的带头人、争当文明村风的倡导人、争当优美环境的创建人、争当民主管理的践行人，让组织满意、让群众满意。

卖股票；不准在公务活动中接受礼金和各种有价证券；不准接受下属单位和其他企业、事业单位赠送信用卡，也不准把本单位用公款办理的信用卡归个人使用；不准用公款获取各种形式的俱乐部会员资格，也不准用公款参与消费性娱乐活动。

1999年，市委召开全市纪检监察工作会议，贯彻中纪委三次全会和省纪委九次全会精神，要求深入开展党风廉政建设和反腐败工作。1994～2000年，全市立案查处党员干部违纪违法案件5162起，其中县处级以上干部案件66起、乡科级干部案件533起、万元以上经济案件626起。给予党纪处分3594人，其中开除党籍836人、留党察看708人、撤销党内职务160人，给予行政处分1669人。

2001年，市委全面贯彻落实领导干部廉洁自律各项规定，加强对领导干部不准接受和赠送礼金、有价证券和支付凭证规定的执行情况的监督检查，制定《关于各级领导干部接受和赠送礼金、有价证券和支付凭证的处分决定》。2003年，市委围绕"两个务必"和融入"两个率先"主题教育活动，在党员干部中开展理想信念教育、党纪政纪条规教育、正反典型教育活动，把反腐倡廉贯穿于改革和各项重大决策之中，在全市落实党风廉政建设责任制。市纪委制定下发市纪委负责人与县处级党政主要负责人谈话制度的意见，对新提拔的领导干部实行任职廉政谈话，对信访举报反映一般性问题的领导干部实施诫勉谈话。

2005年1月，中共中央《关于建立健全教育、制度、监督并重的惩治和预防腐败体系实施纲要》下发后，市委及时制定实施办法，明确时间、任务和进度要求。市纪委制定出台《连云港市工程建设领域违法违规行为防治实施细则》《关于对招标投标活动中违纪违法和违规行为实行责任追究的暂行规定》《连云港市行政效能投诉中心投诉处理暂行办法》等制度规定，加强对制度执行的监督检查，促进各项规章制度落实。

第六节　加强社会主义民主法治建设

一、民主政治制度建设

1984年10月，中共连云港市第六次代表大会提出，要根据民主集中制原则，加强人民代表大会制度的建设，使各级人大成为有权威的人民权力机关；社会主义民主建设必须同社会主义法制建设结合起来，使社会主义民主制度化、法律化；要把社会主义民主扩展到政治生活、经济生活、文化生活和社会生活的各个方面。

1988年10月31日，中共连云港市委召开党外人士会议，通报市委、市政府贯彻中共中央重大决策的情况，首次开展政治协商。12月1日，市委召开人大、政协工作会议，提出要更好地加强和发挥中共连云港市委的领导核心和保证监督作用，进一步理顺国家权力机关与行政机关的关系，努力完善中国共产党领导下的多党合作和政治协商制度。是年在人大、政协换届选举中，市委建议安排非中共党员的副市长1人、非中共党员的人大常委会副主任1人、非中共党员的政协副主席4名，市政协领导成员比例达到党外多于党内的要求。

1989年《中共中央关于进一步加强中国共产党领导的多党合作和政治协商制度建设的意见》（简称《意见》）下发，连云港市委就贯彻《意见》精神下发文件，要求全市各级党委认真抓好全体党员特别是领导班子的学习，真正弄懂共产党领导的多党合作和政治协商制度是中国的一项基本政治制度。至1991年底，市委书记秦兆桢为各民主党派、工商联成员作多党合作和政治协商制度专题报告3次。

1991年11月，市委组织部、市委统战部抽调6人组成党外干部考察办公室，对市直单位565名党外副科级以上干部进行调查摸底，筛选出39名重点考察对象，连同各县区筛选的重点培养考察对象近百人，初步形成一支党外后备干部队伍。中共连云港市委确定民建市委、民进市委分别与市机械工业公司、教育局进行对口联系试点。是年，各民主党派和工商联组织专家、学者对市内各项建设进行40多次专项调查。各民主党派在赣榆县边远山区建立科技扶贫点，实施11个扶贫项目并取得较好成效。民主党派开办的3所业余学校共举办160多个专业培训班，培训各类人才7万多人。1992年，民主党派、工商联与市政府相关部门对口联系的做法逐步推广。1993年6月，市委制定出台《关于建立市政府有关部门同民主党派工商联对口联系制度的意见》。1999年，市委组织开展贯彻《意见》情况大检查，召开34个不同类型单位党内外人员座谈会，在300多名党派成员中开展问卷调查。

2002年，市委印发《关于政协连云港市第十届委员会人事安排的意见》，在原有28个界别基础上，新增无党派代表人士界别，委员规模扩大为400人。

2003年，市委召开双月座谈会和情况通报会7次，与市各民主党派、工商联负责人就经济发展、社会稳定、重要人事安排、“非典”防治等重大事项进行协商。市委10名常委与10名党外人士建立交朋友制度，广泛听取他们对市委工作的意见建议。

2005年，市委召开6次由各民主党派、无党派人士参加的民主协商会、座谈会和情况通报会；下发《关于加强和改进人大工作的意见》。

二、人民监督

1988年9月19日，经市委常委会议研究决定开通市长电话，及时了解群众关心的突出问题。1989年8月，市委、市政府作出《关于近期做好几件群众关心的实事的决定》，决定进一步清理整顿公司，严格禁止用公款请客送礼，严格控制领导干部出国，坚决制止干部在建房、分房、购房中的以权谋私行为，严格按规定配备和使用车辆，坚决禁止购买进口小轿车，坚决制止领导干部子女经商，各级领导干部在子女、亲友升学、就业、晋升、住房等方面，不得利用职权谋求特殊照顾，抓紧查处大案要案。

1990年4月，市委召开全市党员负责干部会议，就学习贯彻《中共中央关于加强党同人民群众联系的决定》，提出要重点办好4件实事，即保持经济稳定协调发展；努力减轻基层企业和农民群众的负担；切实加强社会治安，稳定社会，依法从重从快打击刑事犯罪活动；加强廉政建设，坚决克服腐败现象。

2004年9月27日，全市检察机关人民监督员制度试点工作启动，70位市民成为市、县两级检察机关选任的首届人民监督员，对检察机关直接受理立案侦查工作实施监督。2005年组织人民监督员开展活动31次，启动人民监督员监督程序案件19起。

三、依法治市

制度建设 1986年4月18～19日，市委召开政法工作会议，要求各级党政领导把法制建设作为根本任务抓紧抓好。

1997年6月26日，《中共连云港市委关于开展依法治市的决定》出台，要求在全市范围内广泛宣传依法治市的重要意义，深入开展法制宣传教育，加快建章立制工作，逐步完善全市行政措施体系；各级政府及其职能部门必须严格依法行政，强化人大及其常委会的监督职能，人民检察院、人民法院必须严格执法。

1999年3月，市委转发市人大常委会党组《关于全面实行执法责任制和错案责任追究制工作的意见》，要求政府机关实行执法责任制，司法机关建立冤案、错案责任追究制，严格依法行政，坚持公正司法，切实维护法律尊严，推进依法治市进程。4月23日，市委办公室、市政府办公室印发《关于转发依法治市办公室〈1999年依法治市工作意见〉的通知》，要求全面深化依法治县区工作，以村务公开和民主管理为重点，认真搞好依法治村活动，开展专项治理。

2001年10月，市委印发《关于进一步加强人大工作的决定》，要求充分发挥人大及其常委会在推进依法治市工作中的重要作用，支持和尊重人大及其常委会依法行使各项职权。

普法教育　1986～2005年，连云港市连续开展"一五"到"四五"普法教育。1986～1989年，"一五"普法教育普及法律常识的内容是《中华人民共和国宪法》《中华人民共和国刑法》《中华人民共和国刑事诉讼法（试行）》《中华人民共和国婚姻法》《中华人民共和国森林法》《中华人民共和国兵役法》《中华人民共和国治安管理处罚条例》等。组织各级干部学习《中华人民共和国经济合同法》，涉外企业单位干部学习《中华人民共和国中外合资经营企业法》等涉外经济法规，适应经济发展和对外开放。

1991～2005年，全市相继开展"二五"（1991～1995）、"三五"（1996～2000）、"四五"（2001～2005）普法教育。普法教育的重点对象为县处级及其以上领导干部、司法人员和行政执法人员、企事业单位管理人员和青少年，针对不同对象规定了不同的普法教育内容。县处级及其以上领导干部重点了解和掌握《中华人民共和国宪法》《中华人民共和国行政诉讼法》《中华人民共和国国家赔偿法》《中华人民共和国行政处罚法》《行政复议条例》《国家公务员暂行条例》以及构建社会主义市场经济框架的法律法规和其他与本职工作相关的法律法规。

2005年，市依法治市领导小组制定下发《关于对全市"四五"普法暨依法治理实施情况考核验收意见》和《关于分解"四五"普法考核验收任务的通知》，对全市"四五"普法进行考核验收，重点考核7个县区、11个市直单位和28家基层单位。全市创建省、市、县级民主法治示范村（社区）848个，创建率52%；全市有657名县处级及其以上领导干部和5495名科级干部参加系统法律知识学习，人大任命的领导干部全部参加上岗前法律知识考试；市电视台和《连云港日报》《连云港广播电视报》开辟法制宣传专栏，定期宣传报道全市法治建设动态。是年，连云港市被省"四五"普法考核组推荐为省级"四五"普法先进市，1个县被省推荐为国家级"四五"普法先进县。

第四章　纪检监察

1984年4月1日，中共连云港市委纪律检查委员会更名为中共连云港市纪律检查委员会。1988年1月成立连云港市监察局。此后，全市各级纪检、监察机构逐步健全。1992年底，全市有各级纪检机构283个。1993年3月，市、县、区纪委与同级监察局合署办公。2005年底，市直机关、事业单位有派驻纪检监察机构38个、内设纪检监察机构17个；各县区直属机关、事业单位派驻纪检监察机构114个；全市487家机关、企业、事业党委均成立纪检监察机构，配齐工作人员。

1984～2005年，连云港市各级纪检监察机关按照党要管党、从严治党的方针，围绕提高党的领导水平和执政水平、提高拒腐防变和抵御风险能力两大历史性课题，围绕"领导干部廉洁自律、查处违纪违法案件和纠正不正之风”工作主题，从加强党性、党纪和反腐倡廉教育入手，不断加大案件查处和执法监察力度，努力构建教育、惩处、监督并重的惩治和预防腐败体系。

第一节 党风廉政建设

一、党风廉政教育

正面教育 1984～1987年，连云港市通过上党课、召开组织生活会、报告会、表彰会、演讲会、党风廉政建设经验交流会，以及开展“我怎样为党旗添光彩”“新时期共产党员的形象”“我身边的共产党员”大讨论等形式，对广大党员干部进行党性、党风、党纪和廉政教育。

1988年4月16日，市纪委、市委组织部联合下发《关于在全市共产党员中开展怎样经得起改革和开放考验大讨论的意见》。市纪委通过对61个单位的调查，对5名先进个人通报表扬并广为宣传。1989年3月，市纪委创办《连云港党风》杂志，发表宣传廉政建设和反腐败斗争的各类文章。1989年6月，市纪委、监察局与市委组织部、宣传部联合举办全市廉政建设图片展览，通过900多幅图片表扬和宣传近300个勤政为民、廉洁自律的先进党组织和党员。1990年上半年，市纪委、市委组织部、宣传部共同组织开展“富民兴连争贡献”党员教育活动，举办市情知识竞赛，组织观看以廉政为内容的话剧《大潮中的漩涡》，编辑出版《廉政佳话》《党旗下的报告》。海州区纪委开展以党风廉政建设为主要内容的系列教育活动，市公安局纪委组成廉政建设报告团在全市公安系统巡回演讲。1990年下半年至1991年年底在全市党员中开展普及党纪基础知识教育，有95%以上的党员参加学习，90%的党员参加考试。

1994年5月，市纪委、市委组织部、宣传部在全市党员干部中开展党风廉政主题宣传教育活动，宣传各类先进典型396个，组织7个党风廉政先进事迹报告团巡回演讲15场，举办党风廉政建设和反腐败斗争图片展览97场，近10万人观展。是年，全市9万名党员干部参加省、市组织的党风廉政知识竞赛。是年起，市纪委、市委组织部、宣传部在全市党员干部中每年开展1次以党风廉政建设为主题的教育活动。

1995～2004年，市、县、区纪委会同市委组织、宣传部门在全市党员和党员领导干部中相继开展民主集中制知识、党纪政纪条规知识、党内法规知识等7次书面或电视竞赛测试活动，参加人员累计52.6万多人次。其间，全市纪检机关购买《党纪政纪条规手册》1.42万册、编印《领导干部廉洁从政手册》1万册下发各县区和市直单位科级及其以上领导干部。东海县纪委将1994年以来在市级及其以上报刊发表的党风廉政建设文稿汇编成《荡腐》一书，下发基层党组织，作为党风廉政建设教材。市纪委在市电视台开辟《廉政之声》和《以案说纪》栏目。

2005年在全市开展廉政文化进机关、进社区、进家庭、进学校、进企业、进农村活动，共举办廉政文艺演出67场，观众达4万余人。是年6月在全国反腐倡廉歌曲评选活动中，有连云港市创作的3首廉政歌曲被省纪委选中，其中《八坚持八反对》和《青莲》被评为全国新创廉政歌曲三等奖。

警示教育 1985年1月，市纪委发出《关于连云港港务局港口服务公司挥霍集体资财，大肆请客送礼的通报》，对该公司利用庆典活动用公款请客27桌、送牛皮鞋212双和大小提包228只及挂历等总花费8983.77元的错误行为进行通报批评，责令公司领导向群众作出公开检讨，要求凡参加吃请、收礼的人员认真退赔，号召全市党员干部从港口服务公司的错误中吸取教训，坚决纠正用公款请客送礼、挥霍国家和集体资财、巧立名目滥发钱物等不正之风。

1986年4月，市纪委对连云港市环境保护局挪用环保专用资金37.9万元为本单位职工购买住房的违纪违规错误进行通报批评，并作出4条处理决定。1988年，市纪委针对少数党员干部以权谋私、违反外事纪律、观看淫秽录像、吸毒等违纪违法问题，连续发出4期反面典型通报，向全社会公开处理结果。1989年“七一”前夕，市纪委、市委组织部、宣传部、市监察局联合举办全市廉政建设图片展览，曝光10余名搞权钱交易的反面典型。1990年，全市各级纪委先后发出剖析反面典型的通报8期，并在报纸、电台、电视台公开曝光。1991年1月25日，市纪委发出《企业党员干部也要清正廉洁——关于李某某收受巨额贿赂被开除党籍的通报》，6月24日发出《绝不允许党员领导干部利用职权攫取不义之财——孙某某、王某某、刘某某收受索取巨额贿赂被开除党籍的通报》。

1996年1月，市纪委发出通报，对市房产公司系统领导和公司机关及下属单位领导自1993年春节至1995年中秋节收受22万多元礼金礼品的错误进行严肃批评与剖析。6月，连云港市经联公司原董事长、总经理特大经济犯罪案件一审判决后，市委专门召开全市干部大会，通报案情。

1998年2月，市纪委对灌云县、灌南县废旧金属回收公司与个别公安民警在公路管理上顶风违纪问题发出查处通报，分别给予在公路上乱收费、乱罚款的21名责任人和有关领导留党察看、撤职等党纪政纪处分。7月，灌南县纪委举行新闻发布会，对查处的8起典型违纪违法案件进行通报。

1999年3月，原副市长鹿某某因受贿罪被逮捕和开除党籍后，市委随即召开全市领导干部大会，市委书纪郁家树讲话并通报案情。10月，市纪委对连云港技术监督局隐瞒和截留财政收入、严重违反财经纪律的错误进行查处，并在媒体上曝光。

2000年，市纪委将1997～2000年上半年10个典型案例汇编，作为县处级领导干部“三讲”教育的参阅材料，印发人手一册。

2002年，市纪委以省纪委通报的10名厅级干部违法犯罪案例为反面教材，对县处级及其以上领导干部进行警示教育，组织1300名党员干部到市看守所、灌云监狱听取服刑人员现身说法。东海县纪委将发生在当地的33个违法违纪典型案例汇编成《警钟》一书出版下发，在全县党员干部中开展“读《警钟》话廉政”活动。2003年，全市各级纪委开始对新提拔的科级及以上领导干部进行任前廉政谈话、对信访反映有一般问题的干部进行询问谈话，全年对有苗头性或有问题的但不构成严重违纪违法的干部648人进行诫勉谈话。2005年，全市接受廉政谈话的干部864人、诫勉谈话84人。

二、干部廉洁自律

1984年起，全市各级纪委每年会同组织部门开展1次全市性党风检查。各级党组织坚持每年召开2次领导班子民主生活会，对党风廉政建设方面存在的问题进行自查自纠。1988年，全市有26个县处级党组织制定保持廉洁的规定。

1993年10月开始贯彻落实中共中央、国务院和省委关于党政机关领导干部廉洁自律的“八不准”规定。年底，37名在企业兼职的县处级以上领导干部中，有32名按规定辞去兼任职务，有1名与机关完全脱钩；党员干部在自查自纠中主动退出或上交公务活动中收受的礼金、有价证券及礼品折价58.58万元，退出有关单位赠送的信用卡4000元，转让股票3000元，补交购房和装修费用2725.52元。

1996年有40名企业领导干部自查自纠收取回扣、中介费、礼金等问题，退赔7.4万元；有100名党政领导干部自查自纠在建房、住房装修方面的问题，共退赔公款11.5万元。1997年，全市有159个县处级及以上领导班子、438个县区直属机关事业单位和525个国有企业的党组织，专门召

图23-4 2004年，市纪检部门组织开展“扬正气、重预防、倡廉洁”演讲比赛。 吉志强 摄

开廉洁自律民主生活会；有698名县处级以上领导干部、4048名乡科级干部和2032名国有企业领导干部对照廉政准则等有关廉洁自律规定进行自查自纠。全市共停建、缓建办公楼22栋，节约经费2560万元；停止装修办公楼22栋，节约经费208.6万元；取消或压缩庆典活动123次，节约经费110万元；取消购车58辆，节约经费885万元；减少不必要的公务出国44人，节约经费87.8万元。有850名领导干部作收受礼品登记，礼品折款60.2万元。全市国有企业招待费比1996年降低14%。

1998年，全市上交不合规定的手机1082部，退回借用单位93部，收回折款48.8万元；压缩会议516个，节约经费186.8万元；停止改、扩建和装修办公楼项目10个，取消压缩庆典活动76次，压缩减少检查评比活动82次，取消压减公费出国出境79人，节约经费910.4万元。

1999年4月，赣榆县设立拒礼拒贿资金账户并下发通知公布账号，到年底该账户收到拒贿资金9万余元。2000年，全市有68名领导干部遵照廉洁自律规定上交礼品礼金18万余元。2001年3月，市、县、区纪委根据省纪委统一部署，在所在地工商银行开设“510”廉政账户，要求党员干部将未能拒收和及时上交的礼金、礼品、有价证券折款、贿金等钱款交入该账户。是年，全市各级领导干部共上交礼品、礼金110余万元，市县区“510”廉政账户收到35.3万元。

2002年，赣榆县委常委带头廉洁自律，向全县作出“十项承诺”，自觉接受社会监督。全市有675名党员干部上交礼金和有价证券113万元，“510”廉政账户收到上交款26万余元。

2004年初，市委就坚决抵制跑官要官、拒收钱物、管好家属子女和身边工作人员、带头遵纪守法等向社会作出公开承诺。全市130多个部门和单位的985名县处级领导干部向市委、市政府提交廉洁从政保证书。至年底，全市各级领导干部退出用公款购买的商业保险525万元；党政机关工作人员偿还借用、拖欠的公款1484.28万元；有98名领导干部主动上交收受的礼金、有价证券196.7万元；市、县、区纪委设立的“510”廉政账户收到上交款197万元。2005年，全市有214人次主动上交礼品、礼金146万元，“510”廉政账户收到上交款144.3万元。

三、纠正不正之风

1984年1月，全市各级纪委开始对党政机关经商办企业、倒买倒卖、滥发奖金补贴和实物及用公款请客送礼等歪风进行查处。至1985年底，全市党政机关所办12家企业中停办、转办10家；参与经济活动的11人中，10人辞去兼任顾问，1人辞去行政职务；44个单位为职工制发服装所用公款按规定扣回67.43万元，没收倒买倒卖非法收入105.58万元，罚款11.19万元。

1986～1990年，针对党政机关争相更换和购买进口小轿车、公费旅游、公款请客送礼、滥发钱物、在住房分配和建私房中违规谋私、用公款为领导干部子女代培上学等不正之风，各级纪委连续开展专项整治行动。1990年，市、县、区纪委针对一些部门和行业乱设卡点、乱收费、乱罚款等行业不正之风，组织力量进行调查写出专题调查报告，引起各级党委和政府重视。

1991年，对党员干部利用职权到集体和个人承包的鱼塘钓鱼的歪风进行专项治理，对用公车钓鱼的党员干部，在媒体上曝光。1992年，对“乱着装”（制服）、违规“农转非”和制售假冒伪劣商品等问题进行专项治理，全市乱着装的7855人全部脱下着装，交出着装标记，收回个人负担费用82.75万元；清退弄虚作假户口"农转非"61户243人，对14名有责任的党员干部给予党纪政纪处分；捣毁制假"黑窝"72个，罚没收入70万元，查获一批假冒伪劣商品。是年，市监察局制定下发《1992年纠正部门和行业不正之风工作意见》，年底对16家重点部门和单位纠风情况进行检查，对查出的问题督促整改。

1995～1996年，市纪委制定下发《关于不准接受可能对公正执行公务有影响的宴请和不准参加用公款支付的营业性场所娱乐活动的具体规定》《关于坚决纠正公款钓鱼歪风的通知》《关于暂时冻结用公款为领导干部购买住房的通知》，及时制止公款玩乐、公款吃喝和一些领导干部在房改中用公款突击购买住房的不正之风。全市纠正14名领导干部违规集资建房问题，纠正29名领导干部违规建私房问题，纠正57名领导干部用公款超标准为个人装修住房问题，退赔公款11.5万元。1995年上半年，各级纪委、交通、公安、水利、矿管等部门对全市国道、省道和重点河道设卡收费情况进行明察暗访，查处56个乱设卡、乱收费、乱罚款问题，给予7人党纪政纪处分，灌云县撤销9个乱收费站卡，市交通部门撤销6个乱收费站点。1996年，市委、市政府先后7次召开治理公路、河道"三乱"（乱设站卡、乱罚款、乱收费）会议，全市先后纠正"三乱"问题39个，给予19人党纪、政纪和刑事等处分。市、县、区纪委和市教育、物价、新闻等部门抽调300多人次，先后对中小学收费情况进行8次大规模检查，清理出违规收费142.5万元，其中清退139.5万元，对16起乱收费案件进行查处或通报。

1997～1998年对奢侈浪费和党政机关、事业单位公费安装住宅电话和手机问题进行专项治理。停建、缓建和制止改扩建办公楼项目52个，取消或压缩庆典活动199次，纠正违规购车58辆，取消不必要的公费出国出境110人次，节约经费4760万元；清理出公费住宅电话7138部、手机2537部，通过折价过户给个人，收回过户和折价款190.9万元。

1999～2002年开展对领导干部违反规定用公款相互宴请，收、送"红包"，用公车接送学生考试和送外地上学等不正之风的治理。东海县先后对8名违规参与宴请吃喝人员进行查处，其中1名乡党委书记受到党纪处分。2000年高考期间，市、县、区纪委组织40多人，在13个考点对用公车接送学生情况进行检查，对11辆违规公车接送的责任人进行查处。至2002年底，全市收缴各级党员干部的礼品、礼金、代币购物券合计311.3万元。

2003～2005年对领导干部用公款购买个人商业保险、党政机关工作人员借用拖欠公款、党员干部参与赌博、党政领导干部违反规定兼任企业领导职务等不正之风进行重点治理。清退违规购买商业保险费用646万余元，全部退付；偿还违规借欠公款1829万余元；查处涉赌党员干部27人；责令29名县处级党政领导干部辞去在企业兼任的领导职务。

四、党风廉政制度建设和党内监督

1984～1996年，全市各级纪委相继协助各级党委建立健全党风责任制、党内民主生活会制、党风检查制、干部述职考评制、领导干部接待群众来信来访制、政务厂务村务公开制、领导干部财产申报制、干部离任审评制等党风廉政建设规章制度。

1997～2000年，市纪委制定下发《关于贯彻落实党风廉政建设责任制规定的实施意见》《连云港市企业党风廉政责任制实施意见》《连云港市政府采购制度暂行办法》《关于严禁党政机关领导干部接受和赠送钱物、代币购物券的通知》《关于实行收支两条线的规定》等规章制度。

2001～2005年，市纪委制定下发《连云港市医疗机构药品集中招投标采购试点工作的实施意见》《领导干部述职述廉制度》《连云港市工程建设领域违法违规行为防治实施细则》《关于对招标投标活动中违纪违法和违规行为实行责任追究的暂行规定》《连云港市行政效能投诉中心投诉处理暂行办法》《政务公开实施方案》《政务公开考核评议办法》《关于对领导干部行使权力进行硬约束的规定》等文件。其中《关于对领导干部行使权力进行硬约束的规定》实施后，各级党政主要负责人不再直接分管财务、工程建设、物资采购，一般不再直接分管干部人事工作，对分管上述工作的副职实行三年轮换的刚性约束，使权力合理分解、互相制约。此项工作获得2005年度江苏省纪检监察工作“创新奖”。

第二节 案件查处

1984～1989年，连云港市各级纪检机关受理群众来信18000多件次，接待群众来访5600人次，为查处违纪违法案件提供大量线索。全市各级纪委立案查处违反政治纪律和外事纪律、贪污受贿、严重官僚主义、失职渎职、腐化堕落和严重以权谋私等违纪违法案件1388起，处分违纪党员1301人。其中，开除党籍268人，留党察看334人，撤销党内职务77人。在受处分党员中，有县处级干部14人、科级干部81人。

1990～1992年，全市各级纪委立案查处各种违纪违法案件1913起，处分违纪党员1814人。其中，开除党籍198人，留党察看346人，撤销党内职务36人。在受处分党员中，有县处级干部29人、乡科级干部150人。

1993年，全市各级纪委和监察机关合署办公后，开始着重对党政领导机关、司法机关、行政执法部门、经济管理部门及其工作人员的违纪违法案件进行查处。是年，全市立案查处党内违纪违法案件650起，其中万元以上经济大案22起、县处级干部要案6起；处分违纪党员643人，其中开除党籍82人、留党察看94人、撤销党内职务9人、党内严重警告217人、警告241人。立案查处行政违纪案件37起，处分违纪干部31人，其中开除3人、留用察看5人、撤销行政职务9人、降级等处分14人。通过执纪办案，为国家挽回经济损失415.97万元。

1994～2000年，全市立案查处违纪违法案件5162起。其中，县处级以上干部案件66起、乡科级干部案件533起，万元以上经济案件626起。给予党纪处分3594人，其中开除党籍836人、留党察看708人、撤销党内职务160人；给予政纪处分1669人，为国家挽回或避免经济损失4.9亿余元。

2001～2005年，全市查处各种违纪违法案件4420起，党纪处分3051人，政纪处分1393人。

1994～2005年连云港市纪检系统查办案件情况统计表

表23-10

年份	新立案件（起）	党纪处分（人）				政纪处分（人）				科级以上干部案件（起）		万元以上经济案件（起）	挽回经济损失（万元）
	总数	总数	开除党籍	留党察看	撤职	总数	开除公职	留用察看	撤职降级	总数	县处级干部		
1994	437	311	78	64	14	103	9	8	21	48	5	57	329.70
1995	564	395	112	86	14	185	16	7	40	63	5	81	1193.50

续表 23-10

年份	新立案件（起）	党纪处分（人）				政纪处分（人）				科级以上干部案件（起）		万元以上经济案件（起）	挽回经济损失（万元）
	总数	总数	开除党籍	留党察看	撤职	总数	开除公职	留用察看	撤职降级	总数	县处级干部		
1996	668	498	155	84	30	196	15	9	57	69	10	65	41000.00
1997	841	563	148	122	29	314	40	23	86	101	7	104	2025.00
1998	863	590	110	116	20	309	36	12	73	95	8	107	2823.00
1999	882	592	110	107	31	285	23	12	62	112	19	102	634.30
2000	907	645	124	129	22	277	23	14	70	111	12	110	1143.00
2001	867	620	123	146	18	277	14	11	19	91	8	91	1488.90
2002	884	634	121	152	28	251	23	4	68	70	6	95	2194.40
2003	902	633	91	90	16	275	17	2	43	61	7	88	1328.19
2004	889	601	86	64	12	288	17	8	64	54	6	73	1659.14
2005	878	563	105	82	10	302	10	7	91	63	5	170	2400.05
合计	9582	6645	1363	1242	244	3062	243	117	694	938	89	1143	58219.28

第三节　执法监察

1993年3月，连云港市各级纪委与监察局机关合署办公后，在全市开展76项执法监察和监督检查活动，其中各级纪委主办或独立办理50项、协办26项，挽回经济损失72.7万元。执法监察的重点包括落实减轻农民负担政策，建筑工程发承包管理，医药生产、经营、使用，宁连一级公路连云港段、连云港机场二期扩建工程建设等。执法监察中，市委办公室、市政府办公室发文取消28项涉及农民负担的收费项目；对查出的1010种假、劣药品及其责任单位分别进行处理。

1994～1999年，各级纪委完成执法监察项目107个，立案查处违纪违法案件128起，给予党纪、政纪处分160人，挽回或避免经济损失4971.58万元。对建筑市场混乱无序、招标投标暗箱操作、弄虚作假骗取中标等问题进行专项治理，建立招投标有形市场，规定所有工程项目招投标均须在市场内公平进行。1997～1999年，全市新开工的928个工程中，项目报建率、招投标率均为100%；通过招标投标共降低工程造价2858万元。在对1998、1999年计划外生育费管理进行的执法监察中，市纪委会同有关部门组成专项治理办公室，组织东海县、赣榆县、灌云县、灌南县互查和重点复查，共清退被单位和个人借用的计划外生育费3578.8万元，查处90起违纪案件，追缴违纪金额68.8万元。

2000年初，全市各级纪检、监察部门开始对行政审批项目进行执法监察。是年，全市削压审批项目368个。2001年，在对土地批租情况进行的执法监察中，发现和纠正、处理132起违法用地问题。是年，市县两级均建立土地批租交易中心，推行经营性土地公开拍卖。交通、水利、电信、邮政、电力等专业工程纳入招投标市场管理。

2002年，全市各级纪检、监察部门开展执法监察48项，查处违纪违法案件88起，查处违纪金额657万元，纠正、退还违纪金额561万元，给予党纪、政纪处分100人，移交司法机关处理7人；提出监察建议49件，被采纳45件。

2003年，全市各级纪检、监察部门对经营性土地使用权招标拍卖和出让、下岗失业人员优惠政策落实、社会保障基金管理使用以及一些重点工程建设进行监督检查，查处违纪违法案件81起、违纪金额189万元，纠正退还违纪金额189万元，给予党纪政纪处分87人，移交司法机关处理15人。

2004年，全市各级纪检、监察部门对国家宏观调控政策落实情况、社保基金管理情况、重大工程建设情况等57个项目进行监督检查，发现和查处违纪金额272万元，挽回经济损失393万元。是年，市纪委制定下发《关于加强行政效能建设的若干规定》，市和各县区均成立效能投诉中心，全年受理投诉1950次，办结率98%。

2005年，市、县、区纪委、监察部门开展执法监察80项，包括市政府确定的重点项目和农村七件实事落实情况、拖欠工程款和农民工工资情况、违章建筑拆迁和社保资金落实等。查处违规问题17个，避免和挽回经济损失2261.9万元，清理拖欠的工程款和农民工工资2.11亿元。

第五章　组织工作

1984年起，中共连云港市委组织部门开始重视在知识分子和专业技术人员中发展中共党员，全市党员队伍的知识、专业结构得到改善。按照干部“四化”（革命化、知识化、年轻化、专业化）方针对各级领导班子进行调整充实，将科级干部管理权下放给各主管部门，建立科级干部管理备案制度。加强后备干部队伍、优秀年轻干部、女干部和党外干部选拔培养力度，同步推进干部教育培训、干部监督工作，初步建立起一支适应全市经济社会发展需要的党员干部队伍。

第一节　党员管理

1984年，连云港市各级组织部门对党员进行纠正“文化大革命”错误的教育，组织党员学习中共中央整党指导委员会编印的《党员必读》；全市举办党训班121期，培训党员2万多人，培训党课教员3112人。

1985年开始建立、巩固和提高各乡镇党校，充实教员队伍，开展农村党员教育。全年全市99所乡镇（场）党校举办党员培训班815期，培训党员8万多人次。1985年1月至1987年3月在全市开展全面整党活动。1987年6月起开展民主评议党员活动。至1988年，每年全市农村党员冬训参训率达95%以上；普遍建立党员联系户制度，并与民主评议党员、争先创优活动相结合，党员教育和管理逐步制度化。

1989～1990年组织农村党员学习中共十三届四中、五中、六中全会精神，明确市委第七次党代会提出的各项任务，为完善联产承包责任制、推动双层经营体制的实施打下思想基础。在党员中有计划地开展马克思主义基本理论、党的基本路线和党的基本知识教育，开展治理整顿、深化改革、坚持四项基本原则、反对资产阶级自由化和党纪、廉政教育。市委成立党员教育工作领导小组。全市97所乡镇党校全部建成，1800多个村党支部多数建有党员活动室，市区各企事业单位建有基层党校近百所。

1991年，市委在全市党员中开展“忆传统，做贡献，做新时期合格共产党员”教育活动。1992年利用业余党校、文化技术学校和科教中心等阵地，开展中国特色社会主义理论教育和商品经济知识及科学文化知识教育。1993年，市委组织部、市科委联合下发《关于加强对农村党员干部实用技术培训的意见》，开展对农村党员干部实用技术培训。

1995年在全市党员中开展“学理论、学党章、学科技、学孔繁森”的“四学”活动，并与党员冬训、民主评议党员、整顿后进村支部、带领群众奔小康等活动相结合。按照中央和省委部署，在全体党员中开展建设有中国特色社会主义理论和党章的学习活动；重点轮训县（处）级以上领导干部、党政机关一般干部、企事业单位中层以上党员干部以及乡镇和村党员干部。1996年，利用基层党校重点轮训城乡基层一般党员和入党积极分子。

1997年在全市农村组织实施“6211金钥匙工程”①。是年，利用基层党校重点轮训基层流动在外的党员以及前两年遗漏的、尚未参加轮训的党员。

1998年开始加强对流动党员的教育管理。全市建立临时党支部65个、党小组157个，发放流动党员活动证1354本。

2000年12月，根据中央和省委统一部署，市委决定在全市农村分两批开展“三个代表”重要思想学习教育活动。是年，全市基层党员教育培训网络和党员教育培训机制初步形成。2001年开始加强对新社会阶层中党员的管理，在市人才交流中心成立党组织专门负责对流动人才中党员的管理；在民政部门成立党组织专门负责待安置期间退伍战士党员的管理；对活动分散又不定期回来的党员通过发放流动党员活动证，实行流动管理。

2002年实施农村党员“三向培养”②。增强农村党员干部的致富和带富本领。2003年在全市党员中开展学习贯彻中共十六大精神知识竞赛活动，全市1600多个基层党组织、7万多名党员和入党积极分子参加竞赛活动。

2004年在全市党员中开展“双培”活动③。全市有5000多名党员被培养成致富带头人，2100多名致富带头人被培养成为入党积极分子或预备党员。

2005年1月起，全市开展保持共产党员先进性教育活动。市委组织部按照组织管理依托条，活动管理依托块及党员社会化管理的要求，对社区党员实施分类管理。是年制定下发《关于加强流动党员管理办法》。

---

① “6211金钥匙工程”指建立实用技术示范点60个，培训党员干部20万人次，树立100个学科技致富带头人，兴办100个镇、村级科技企业项目。

② “三向培养”指把农村党员培养成为农村的致富能手、经营大户，把农村的经营大户、致富能手培养成为能帮富群众的党员，把经营大户、致富能手培养成为农村村干部。

③ “双培”活动指把农村党员和基层干部培养成为农村致富带头人，把农村致富能手培养成党员和基层干部。

第二节 干部管理

一、干部选拔任用

1984年，连云港市委将大部分科级干部管理权下放给各主管部门，同时建立科级干部管理备案制度，开始加强后备干部队伍建设。1985年1月开始试行干部任期制和选聘合同制。

1986年底，市委组织部转发《关于加强和完善科级干部管理工作的报告》《关于印发按照程序选任干部和做好组织考察两个试行意见的通知》《加强企业干部管理工作的试行意见》，至1987年10月，全市共择优录用干部999人，市、县、区机关录用合同制干部376人，乡镇机关选聘干部567人。

1988年在企业干部选拔中推行聘任制，对机关事业单位中层以下干部试行聘任制。1989年3月，市委办公室、市政府办公室下发《连云港市中小型全民所有制企业干部管理暂行规定》《连云港市招聘企业经营者暂行规定》《连云港市外资企业中方干部管理暂行规定》和《连云港市党政机关事业单位科级干部管理暂行规定》等文件，加强干部管理力度。

1984～1990年，全市提拔县处级干部581人。其中，35岁以下的49人，占8.4%；36～40岁的104人，占17.9%；41～45岁的172人，占29.6%；46～50岁的140人，占24.1%；51～54岁的70人，占12.0%；55岁以上的46人占8.0%。提拔干部中大专以上文化程度的346人，占59.6%。

1990年，市委组织部、市人事局联合下发《连云港市乡镇聘用干部管理暂行办法》，加强对乡镇聘用干部队伍的宏观管理。

1991年，按照“完善体制、加强控制，逐步理顺”的要求，开始加强干部的宏观管理。在县处级干部管理上，坚持定期分析，控制调整幅度，把握干部调整交流比例；在科级干部管理上，加强政策导向，实行编制手册管理。1992年，以市、县（区）、乡三级政府换届为契机，提拔一批年龄较轻、文化程度较高的优秀年轻干部，全市共提拔县处级干部34人，平均年龄43.9岁，大专以上文化程度的27人。

1993年，市委制定下发《关于健全和完善县处级后备干部工作制度的意见》。1995年开始重点培养选拔优秀年轻干部、党外干部和女干部，市委先后制定下发《连云港市跨世纪领导干部培养选拔规划》《连云港市1995～1999年培养选拔党外领导干部工作规划》《连云港市1995～1999年培养选拔女干部、发展女党员工作规划》。

1996年开始执行中央《党政领导干部选拔任用工作暂行条例》，干部选拔任用实现规范化、程序化。1997年，全市开始启动实施国家公务员制度。1998年，市委组织部制定下发《干部考察任免工作暂行规定》。是年，全市参照公务员管理队伍共通过审查3894人，暂缓过渡113人，不能过渡43人。

1999年在市中级人民法院和市检察院机关开展中层领导干部竞争上岗试点。2000～2003年，市委组织部先后制定下发《关于党政领导干部任前公示制的暂行规定》《关于党政领导干部交流工作的暂行规定》《关于实行干部考察工作预告制的暂行办法》《连云港市党政领导干部任职试用期实施办法》《国有企业中层管理人员选拔任用工作暂行意见》，干部的任职、交流、考察等程序逐步规范。

1991～2000年，全市共提拔县处级干部636人。其中，35岁以下的50人，占7.9%；36～40岁的130人，占20.4%；41～45岁的209人，占32.9%；46～50岁的142人，占22.3%；51～54岁的74人，占11.6%；55岁以上的31人，占4.9%。提拔干部中大中专以上文化程度的546人，占85.8%。

2001年，市委组织部在市级机关实行中层领导职位全员竞争上岗，制定下发《连云港市党政机关内部中层干部领导职位竞争上岗实施意见》。2003年在市级机关实行中层领导职位缺位竞争上岗，制定下发《连云港市党政机关中层领导职位缺位竞争上岗实施细则》。是年，面向省内外公开招考111个副处级、科级及国有控股企业高层经营管理者职位，3639名报考者经笔试、面试、体检、组织考察、常委会差额票决、任前公示等环节后，有94人走上领导岗位。

2004年，按照市委"一年一考核、三年一竞争、五年一轮岗"的要求，实施新一轮全员竞争上岗，制定下发《连云港市市级机关中层干部新一轮全员竞争上岗实施意见》。全市有2549名干部参与竞争上岗，1303名干部通过竞争上岗走上中层领导岗位。是年，按照中央文件精神，采取公推公选方式选拔任用干部。市委组织部制定下发《连云港市公推公选领导干部工作实施意见》，在全市公推公选产生市教育局、建设局和接待办正职拟任人选。

2005年在市卫生、交通、水利系统公开推荐市管事业单位县处级干部。至年底，全市行政机关干部及国有企事业单位管理、技术人才总数91254人。其中，35岁以下42320人，占46.4%，大专以上文化程度62565人，占68.6%；行政机关13023人，占14.3%；事业单位68757人，占75.3%；企业单位9474人，占10.4%。

二、干部教育培训

1984～1987年重点开展干部学历教育。1987年开始加强干部岗位培训，主要学习中共十二大、十三大文件、社会主义初级阶段理论、普法知识及不同岗位所需的专业知识和业务技能等。1987～1990年，全市培训各级党政干部3698人，其中政治理论培训2378人、学历教育1320人。

1991～1993年，全市培训各级党政干部2.58万人，其中政治理论培训1.43万人、岗位培训1万人、学历教育1503人。

1991年7月，市委成立干部培训工作领导小组，统一协调全市干部教育培训。是年开始加强中青年干部培训，在市委党校举办2期中青年干部培训班，培训中青年干部599人，其中妇女和党外干部332人。

1992年加强干部经济理论、经济知识、现代科技和管理方面知识的培训，邀请北京大学、武汉大学、南京大学、东南大学、东北工学院等院校经济学专家到连云港举办有关股份制经济、知识产权、债券、市场经济等专业知识讲座。1993年加强企业管理干部的岗位培训，举办各类企业干部培训班26期，培训干部1200多人。1994年，全市各级教育培训机构培训各级各类干部2.87万人次，其中脱产培训1个月以上（含学历培训）1.74万人次；培训企业经营管理人员和专业技术人员2.45万人次。

1995～1998年，全市培训各级各类干部6.75万人次，其中出国培训100人，各级党校（行政学院）培训1.47万人次，干部学院等其他教育培训机构培训4.16万人次；培训企业经营管理人员和各类专业技术人员3.81万人次。1996年与南京大学、南京师范大学等高校联合举办研究生课程进修班。市委组织部制定下发《关于加强干部学历管理的若干意见》和《连云港市干部培训班管理办法（试行）》，制止干部学历教育中乱办班、乱培训现象。

1999年，市委组织部制定出台《连云港市县处级党政领导干部理论学习考核制度》。1999～2005年，连云港市选送285名县处级干部和乡镇党委书记，分别参加省委党校、省行政学院以及省以上其他院校的培训。

2001年，市委成立干部教育培训领导小组，加强干部教育培训的宏观指导。2002年，市委组织部制定下发《关于进一步加强干部教育培训工作的意见》。是年，全市举办各类干部培训班278期，培训各级各类干部3.49万人次。2003年，以县处级党政领导干部和优秀青年后备干部为培训重点，举办政治理论和新知识培训班16期，培训干部1550余人次；培训内容主要有中共十六大精神、“三个代表”重要思想以及WTO与招商引资等新知识。2003～2004年举办2期境外培训班。

2004年，按照中央和省委大规模培训干部的要求，以市委党校为主阵地，把全市县处级领导干部普遍轮训一遍。全市举办市、县（区）两级主体班次85个，调训学员5203人；轮训班次21个，轮训3110人；专题班次10期，培训1078人。

2005年，按照建设“三宽三创”（眼界宽、思路宽、胸襟宽，具有创业、创新、创优精神）型干部队伍要求，以市、县党校为培训主阵地，举办市管干部进修班、青年干部培训班、党外干部培训班、妇女干部培训班、选调生培训班、乡镇长进修班、企业高级经营管理人才培训班等培训班次90余个，累计培训各级各类干部4万余人次。

1984～1990年连云港市干部情况统计表

表23-11　　单位：人

干部情况			1984年	1985年	1986年	1987年	1988年	1989年	1990年
干部总数	合计		45506	49840	52887	59446	52439	55784	58840
	其中	妇女	10272	11664	11593	13451	11960	13294	14183
		少数民族	134	166	171	168	124	137	120
年龄	25岁以下		6652	7986	9244	11048	9830	10029	10502
	26～35岁		11295	11993	12563	14515	12671	14604	16221
	36～45岁		14074	14945	14798	16586	13968	14191	14845
	46～55岁		11622	12528	13339	14384	13145	13533	13969
	56～60岁		1629	2077	2602	2728	2666	3211	3242
	61岁以上		234	311	341	185	159	216	61
文化程度	高等院校	毕业者	9204	10880	12469	14465	14198	16398	18240
		相当者	2345	1745	1757	1631	3036	2635	243
	大专	毕业者	12531	14371	15530	17966	16311	18523	21198
		相当者	2098	1503	1435	1253	3717	3701	334
	高中		5356	6306	6939	9278	5438	5483	7643
	初中以下		13972	15035	14757	14853	9739	9044	11182
政治面貌	共产党员		19494	22374	24630	26867	23970	24764	25069
	共青团员		6554	7501	8450	10092	8370	9579	10340
	民主党派		146	231	267	339	296	356	354
	无党派		19312	19734	19540	22148	19803	21085	23077

续表 23-11

干部情况		1984 年	1985 年	1986 年	1987 年	1988 年	1989 年	1990 年
分布情况	党政群团	3737	3926	3941	4256	8498	8739	8793
	政法	2314	2506	3041	3195	3075	3267	3346
	工业	13402	14719	15219	17324	7137	7681	7666
	交通邮电	2371	2318	2568	2994	3313	3615	3729
	基本建设	412	1687	1703	2015	1458	1943	2039
	农林水气	2050	2862	3589	3768	1602	1791	2039
	财贸金融	5386	5524	6139	6847	3852	4317	5360
	文卫体科	14522	15865	16296	18260	22878	23594	25198
	其他	1312	433	391	787	626	837	670

1991～1999 年连云港市干部情况统计表

表 23-12　　单位：人

干部情况			1991 年	1992 年	1993 年	1994 年	1995 年	1996 年	1997 年	1998 年	1999 年
干部总数	合计		61635	67451	70401	73238	77236	92248	95992	98918	100326
	其中	女	15492	17201	18642	19863	21585	25732	27891	29773	31519
		少数民族	134	146	157	159	162	173	166	208	212
年龄	30 岁以下		21610	24236	25306	25506	27236	31454	33317	35625	36132
	31～40 岁		14579	16260	17377	18874	19903	24170	25314	25526	25889
	41～50 岁		14996	15940	16284	17092	18106	22382	22850	23077	23406
	51～59 岁		10032	10728	10994	11376	11592	13821	14127	14388	14593
	60 岁以上		418	287	440	390	399	421	384	302	306
文化程度	大学以上		6171	6879	7439	7827	8686	9870	11168	11756	13097
	大专		14361	16370	17952	19652	23707	27114	30328	32064	34180
	中专		22996	24815	26102	27259	27657	35046	35941	37769	37175
	高中以下		18107	19387	18908	18500	17186	20218	18555	17329	15874
政治面貌	共产党员		25869	27284	28091	28478	29367	34417	35926	36486	37005
	共青团员		10890	11947	12951	12793	13343	15027	16037	18217	18476
	民主党派		361	341	349	349	364	367	451	376	381
	无党派		24515	27879	29010	31618	34162	42437	43578	43839	44464
行业分布	行政机关		13449	13683	13733	13153	13442	15608	15919	16080	14769
	事业单位		29696	31587	33466	36024	40030	51034	54525	57411	60938
	企业单位		18490	22181	23202	24061	23764	25606	25548	25427	24619
地区分布	市直合计		23446	32149	33286	34418	35846	36724	37326	37226	36705
	新浦区		2164	858	783	811	621	612	608	667	687
	海州区		1736	729	755	780	754	912	940	1000	997

续表 23-12

干部情况		1991 年	1992 年	1993 年	1994 年	1995 年	1996 年	1997 年	1998 年	1999 年
地区分布	云台区	1819	736	783	786	762	827	866	906	915
	连云区	1739	727	794	805	712	754	789	837	865
	赣榆县	10991	11575	12379	13490	14553	16254	17405	18296	18723
	东海县	10494	11067	11717	12029	13151	14482	15423	16804	17125
	灌云县	9246	9610	9904	10119	10837	11725	12206	12808	13606
	灌南县	—	—	—	—	—	9958	10429	10374	10703

说明：1996 年，灌南县划入连云港市管理。

2000～2005 年连云港市行政机关干部及国有企事业单位管理、技术人才统计表

表 23-13　　　　单位：人

干部情况			2000 年	2001 年	2002 年	2003 年	2004 年	2005 年
人员总数	合计		101393	100425	95639	93847	92282	91254
	其中	女	32659	33616	33048	32429	31889	33559
		少数民族	204	186	176	173	170	189
		共产党员	36765	36544	34766	34117	33547	36119
年龄	35 岁以下		52544	51958	49602	47775	43470	42320
	36～45 岁		24009	24230	24462	24261	26070	26977
	46～54 岁		18429	24230	16901	17175	17781	17006
	55 岁以上		6411	5774	4674	4636	4961	4951
文化程度	研究生及以上		203	219	232	344	425	616
	大学本科		14566	15625	17318	19728	22286	25003
	大专		36417	36449	37346	37086	38015	36946
	中专		36596	35891	31774	27787	23977	21665
	高中以下		13611	12241	8969	8902	7579	7024
行业分布	行政机关		14695	13469	12610	12527	12782	13023
	事业单位		64042	66145	66558	67032	68274	68757
	企业单位		22656	20811	16471	14288	11226	9474
地区分布	市直合计		35112	33885	31821	30783	28074	25683
	新浦区		574	556	792	810	1425	1441
	海州区		997	1078	1030	963	930	932
	云台区		907	891	—	—	—	—
	连云区		888	869	964	1117	1114	1078
	赣榆县		19302	19523	18359	18355	18063	18205
	东海县		17738	18052	17081	16073	17137	17489
	灌云县		13906	13739	14316	14407	14183	14755
	灌南县		11969	11832	11276	11339	11356	11671

说明：行政机关主要统计干部情况，国有企事业单位统计管理人员、专业技术人才情况。2001 年云台区撤销后无统计。

三、干部监督

1983年，市委召开工作会议，部署全市历史老案复查工作。至1986年底全市累计复查处理1949～1966年历次政治运动中干部因政历问题受到处理的历史老案1255件；复查地下党历史案件58件，经过复查纠正15件。1986年11月至1987年12月落实情报侦察人员政策工作，复查落实情侦人员33人；落实知识分子政策工作，复查解决历史遗留问题2141个；落实各项统战政策2801人3533件。

1989年，按照中央和省委部署，开展机关内部清理工作，对104个县处级领导班子及653名领导干部在动乱中的情况进行考察，清理出参与错误活动的218人73件（情节大多比较轻微）。对新中国成立前干部参加工作的时间进行确定和更改。至1990年底，全市确定和更改新中国成立前442名干部参加革命工作时间。其中，更改到抗日战争时期的272人、更改到解放战争时期的170人；更改时属于市厅级的8人、县处级的60人、其他干部374人；更改过程中查阅档案1.07万份、各种历史资料603份，召开老干部座谈会33次。

1991年，市委组织部建立领导干部廉政档案，档案内容主要为信访材料、审计结论、专题调查以及纪检、检察部门的查结情况。1992年平反冤假错案，落实干部政策和知识分子政策，确定和更改新中国成立前干部参加革命工作时间等工作任务基本完成，审查干部工作转向正常化。1993年重点开展对犯严重错误干部的管理、教育和使用工作，做好信息综合交流，为正确选拔使用干部提供依据。1993～1994年，按照省委组织部、省人事局《关于村（大队）干部被录用为国家工作人员后工龄计算问题的通知》精神，做好审查审批工作，共审理解决455名被录用为国家工作人员的原村（大队）干部的参加工作时间和工龄计算问题。

1995年建立领导干部谈话制度，对发现存在党性不纯、事业心不强、个人主义严重、以权谋私、工作浮夸等问题的领导干部实行诫勉谈话。1997年建立组织部门与执纪执法部门联系通报制度，互通干部相关信息。联系通报单位包括纪检、监察、法院、检察院、公安、信访、审计等12个部门，每季度定期联系通报一次。

1998年，连云港市按照中办文件规定，开始实行领导干部报告个人重大事项制度。市委对县区和部分市直单位党委、党组贯彻《干部任用条例》情况进行专项检查。是年起，市委组织部每年定期下发通知，要求各地各单位对贯彻执行《干部任用条例》的情况进行自查和检查；领导干部谈话制度、领导干部回复制度、领导干部重大事项报告制度、领导干部收入申报制度等干部监督管理制度逐步完善。

2001年开始加强对领导干部的经济责任审计工作。2003年，市委、市政府制定下发《连云港市党政领导干部任期经济责任审计暂行规定》《连云港市国有企业法定代表人任期经济责任审计暂行规定》。实行上级组织部门列席下级党组织研究干部工作会议制度，加强对党委、党组选拔任用干部程序的监督。2004年对部分离休干部提高享受厅局级医疗、乘车待遇进行审批，全市先后分两批审批通过122人，其中抗战时期参加革命工作的108人、解放战争时期参加革命工作的14人。按照全国组织系统统一部署，开通“12380”干部选拔任用工作专用举报电话。

至2005年底，全市受理群众“12380”电话举报425件次，涉及选人用人方面的37件次。是年，市委组织部建立干部工作监督员制度，聘请包括离退休干部、在职干部、省市人大代表、政协委员等在内的29人作为全市首批干部工作监督员。

第三节 知识分子（人才）队伍建设

1985年10月，连云港市人才规划领导小组成立。1986年，《连云港市人才需求预测和规划工作实施方案》颁布。1988年，全市落实党的知识分子政策工作基本完成，市委组织部确定第一批联系掌握的52名优秀专业技术人员名单并建立联络员制度。1989年，市委组织部、市人事局等在全市范围内开展民主荐才活动，重点是举荐县处级后备干部和外经、外贸等方面的专门人才，参加荐才活动的工人、农民、知识分子和各级领导干部6489人，收到各类荐才信8003份，推荐出各级各类人才2530人。其中，被推荐为县级职务的人才1291人、妇女人才291人、非党人才279人、优秀专业人才50人。

1991年，市委知识分子工作领导小组成立，建立知识分子联席会制度，颁布《关于选拔、管理有突出贡献专业技术人员暂行办法》并开始首批选拔工作。1992年，市委组织部、市经委、外经委、科委、人事局联合开展选举推荐人才活动，建立优秀科级干部、党外干部、外地连云港籍副高级以上专业技术人员等12类人才名单库。

1995年建立包括享受国务院特殊津贴人员、省级优秀中青年专家、市级有突出贡献的专业技术人员、45岁以下副高级职称人员、各学会主要负责人、各重大工程项目的技术负责人和主要管理人员、获得国家级四大科技奖（自然科学奖、发明奖、科技进步奖、星火奖）的科技人员、获得省市科技进步奖的课题组负责人以及大中型企业的总经济师、总会计师、总工程师等在内的人才信息库。

1997年4月，市委组织部成立知识分子工作科，制定下发《关于进一步加强知识分子工作的意见》。1997年底开始实施“521工程”，5年为1个培养周期。1998年制定下发《连云港市市级专业技术拔尖人才管理暂行办法》，选拔第一批乡村优秀科技人才167名。是年开始对省“333工程”培养对象进行选拔推荐、培养和管理。

2000年，市委组织部制定下发《连云港市县（区）、局（公司）党政领导科技进步与人才工作目标责任制考核意见》，先后对38个县区和市直单位进行重点考核。

2002年8月，市委组织部知识分子工作科更名为知识分子工作处。2003年9月，市委知识分子工作领导小组更名为市人才工作领导小组，下设办公室。2004年开始组织实施“百名专家科技兴百企”振兴工程。

图23-5 2005年全市人才工作会议 俞德春 摄

2005年邀请高校科研单位的专家办班22期，开设讲座36场次，直接技术辅导3900人次，培训企业技术人员1200余人。通过组织协调和市场化运作方式，新上项目40个，完成新产品新技术开发505项、新产品新技术鉴定118项。2001～2005年，“521工程”改为两年1个培养周期，一年评选1批。至2005年底，评出2期3批643名培养对象。

第六章　宣传工作

1984～2005年，连云港市宣传工作密切联系改革开放实践，深入推进全市党员干部学习贯彻邓小平理论和“三个代表”重要思想，学习贯彻中共十三大、十四大、十五大、十六大精神，大力宣传全市改革开放所取得的成就，推出一批先进人物、先进典型；抓住新中国成立40周年、50周年，长征胜利60周年等重大节庆契机，积极开展爱国主义、集体主义、社会主义教育宣传活动；精心打造《西游记》文化节、“连云港之夏”文化活动品牌，为经济搭台唱戏；不断拓宽渠道，开展对外新闻宣传和文化交流活动；加强思想政治工作，为全市改革开放与经济社会全面发展提供精神动力、智力支持和思想保证，营造良好舆论环境。

第一节　理论武装

1984年，连云港市委组织全市干部群众学习《中共中央关于经济体制改革的决定》，通过编印材料和直接辅导，帮助大家全面领会改革的目的、意义、性质、任务和方针政策。是年9～12月举办3期县区、局领导干部学习班，300多名干部参加学习。10月首次举办市经济社会发展讨论会，对全市经济、社会、科技发展战略进行探讨。举办市、县区、市直部门领导干部国民经济管理原理讲座。适应农村经济发展的新形势，把学经济、学管理、学经营、学科学、学技术作为乡镇党校教学的重要内容。乡镇党校举办各种培训班230多期，轮训干部、党员和积极分子3.7万多人次。

1985年组织党员干部学习邓小平建设有中国特色的社会主义理论和中共中央关于经济体制改革、科学技术体制改革、教育体制改革的决定。10月组织召开关于连云港市经济发展和改革研讨会，市委、市人大、市政府、市政协领导到会宣读论文。是年举办4次世界经济系列专题报告会，3000名经济和理论工作者听取讲座。

1986年组织1.8万多名县区以上机关干部和基层厂矿企业单位的领导干部和政工干部，分成245个教学班学习《政治经济学》社会主义部分相关知识。举办形势与改革讨论会和经济体制改革和发展战略系列报告会，撰写《论十大观念更新》等一批有参考价值的理论文章。编印《连云港市经济社会发展论文集》《世界经济报告集》《领导科学政策论》理论学习参考书。

1987年，市委组织学习中共十三大文件，开展坚持四项基本原则、反对资产阶级自由化的正面教育。下发《关于组织全市干部学习〈坚持四项基本原则反对资产阶级自由化〉和〈建设有中国特色的社会主义〉两本书的意见》，举办5期319人参加的县区以上领导干部学习班。

1989年组织各级党政机关和企事业单位党员学习《社会主义初级阶段理论与党的基本路线》和《马克思主义哲学简明读本》。全市有1.65万名干部取得省讲师团颁发的干部正规化理论教育结业证书。组织全市干部和理论工作者结合市情、县情、厂情、乡情等，深入研究讨论新时期党的建设、精神文明建设和治理整顿、深化改革等一系列问题，撰写数千篇论文，汇编《学习与思考——连云港市干部理论学习文章选编》《市情、战略、蓝图——连云港市经济社会发展论文选》。

1990年举办6期县处级以上领导干部《关于社会主义若干问题学习纲要》学习班，全市690名县处级以上领导干部分期分批参加学习。市委宣传部下发《关于今冬明春县以上党委学习中心组政治理论学习的安排意见》，要求认真学习《马列著作选读（哲学）》和《马列著作选读（科学社会主义）》，分6个专题进行。

1992年，市委宣传部印发《关于组织全市干部群众认真学习贯彻邓小平同志重要谈话的意见》。联系市情，组织全市性的“解放思想、放胆实干”大讨论。中共十四大闭幕后，下发《关于在企业开展深化改革，扩大开放，搞好企业系统轮训的通知》，对全市企业系统教育进行总体部署。举办科技是第一生产力讲座和理论研讨会，编发教材和参考资料，培训教育骨干，全市职工轮训率89%以上。

1994年举办县处级以上领导干部学习《邓小平文选》和社会主义市场经济理论轮训班5期，轮训500余人。市委宣传部组织人员深入基层宣讲社会主义市场经济理论基本知识。举办全市98个乡镇、街道宣传委员和党校校长参加的培训班，对95%的乡镇干部和科局级干部进行培训。

1996年全面部署树立桥头堡市民形象、国际性港口城市形象的落实措施。年底，省委宣传部在赣榆县召开首次全省县以上理论学习先进中心组联席会议。全市16万名党员中90%完成集中轮训。《连云港日报》“理论与实践”栏目由原来的半版扩为整版，全年发表理论文章100多篇；市广播电台编播《邓小平建设有中国特色社会主义理论学习纲要》系列辅导18讲。在省思想道德理论研讨会上，连云港市理论研究成果被录成2集电视专题片。1997年，全市兴起学习中共十五大精神的热潮，突出重要内容重大专题的学习。举办县处级领导干部轮训班5期，533人参加轮训，撰写论文500篇。

1999年，全市深入开展中共十五届四中全会精神、江泽民在中共十一届三中全会召开20周年纪念大会上的讲话、“三讲”教育必读篇目和中央关于揭批邪教问题等有关文件的学习。举办4期县处级干部学习讲话轮训班，744人参加轮训。开展五星级基层党校创建活动、百篇优秀党课教案评比活动。

2000年，全市突出抓好“三个代表”重要思想的学习宣传，下发《在全市开展“三个代表”重要思想学习活动的通知》。是年先后举办2期200余人参加的城乡宣传干部和党委学习中心组骨干培训班。举办理论教育热点、难点问题研讨会和西部开发与连云港发展研讨会。东海县、云台区和国税局等学习中心组被省委组织部、省委宣传部表彰为先进中心组。

2002年，市委召开全市理论武装工作会议，规划理论武装工作的总体布局。市委组建中共十六大精神宣讲团，到各县区、各系统、大中专院校宣讲85场次，听众1.7万人次。召开全市学习“三个代表”重要思想理论研讨会，收到论文100余篇。围绕实施“开放兴市”战略，举办全市县处级以上干部“WTO与连云港发展”学习研讨活动，收到调研报告180余篇。扎实开展农村冬训工作，对全市14万余名农村党员干部进行以中共十六大精神、农村全面建设小康社会和农村基层党组织建设为主要内容的教育培训。

2003年，全市以领导干部为重点，以党委中心组为龙头，以党校轮训、政校培训和各类学习型组织为阵地，以开辟专栏、组织宣讲报告团、召开研讨会、邀请专家辅导等形式为抓手，兴起学习贯彻“三个代表”重要思想的高潮。举办10期县处级干部轮训班，轮训1700名县处级领导干部。发挥各级宣讲团及基层党校、党员活动室等宣传阵地的作用，作宣讲报告8500余场次。编发《连云港市学习贯彻“三个代表”重要思想论文集》。全面启动创建学习型城市工作，举办全市第一个全民读书月活动，营造人人学习、处处学习、时时学习、终身学习的良好风气。

2005年，市委召开保持共产党员先进性教育活动工作会议，开展先进性教育活动。举办纪念抗日战争胜利60周年座谈会。

第二节　舆论宣传

一、新闻报道

1984年，连云港市抓好新闻报刊的征订工作，全市各种报刊的发行量大幅度增长。《连云港报》发行5万多份，《连云港科技报》发行8万份，征订《半月谈》近9000份。1986年，结合党的中心任务和重大政治举措，开展宣传活动。《连云港报》开辟《新西游记》专栏，派出5批记者，历时7个月，行程2万千米，沿陇海、兰新线采访6个省区，撰写10万字的新闻通讯稿件。1987年，市广播电台开办系列节目《厂长经理谈改革》，《连云港报》开辟《港城论坛》，连云港电视台增加专题采访，宣传改革开放成果，回答群众关心的难点、热点问题。

1989年，《连云港报》、连云港广播电台、连云港电视台分别开辟《光辉的四十年》《非凡的四十年》《希望之路》等专版、专栏、专题，宣传新中国成立40年来的伟大成就。

1991年，全市宣传单位组织3次规模较大的现场短新闻竞赛活动，搞好大中型企业、桥头堡、开发区建设等宣传。组织新闻单位编辑记者学习《新闻职业道德条例》。全市农村有线广播入户率达到76%，28个广播空白村实现有线广播入户，新增喇叭3万多只，80%乡镇兴办自办节目。

1992年，市委宣传部编写《农村奔小康广播讲话》在市电台播放，组织县区和乡镇广播站、放大站进行转播。举办企业改革通报会和新闻竞赛，连续报道全市企业进行人事、用工、分配制度改革的情况。

1994年，全市加大经济和改革开放的宣传力度，加强外引内联、农村经济、市场流通、个体私营经济等全市经济发展战略“四个突破口”的报道。开辟《沿海经济闹春潮》《市场建设系列评论》《亏损企业奋斗篇》《改革开放十年路》《县区经济巡礼》《国庆巡礼》等系列报道。1.6万户有线电视放装联网，有线广播入户率78%，实现村村通广播。《连云港宣传》被评为全国地市级优秀宣传刊物。

1995年，各新闻单位坚持团结、稳定、鼓劲和正面宣传为主的方针，在经济生活、政治生活、文化生活、社会生活等方面进行正确的舆论引导。多方位宣传报道中国江苏亚欧大陆桥经贸恳谈会，在国内外报刊、电台、电视台发稿1000余篇次。《连云港日报》组织《陆桥行》大型系列报道，历时168天，发稿127篇，为市委、市政府实施“桥牌”战略鼓劲呐喊。

图23-6　2001年连云港市党报党刊发行工作会议
赵鸣　摄

1996年，连云港市组织一批有影响的宣传稿件在中央、省级新闻媒体刊播：中央电视台播放22集《陆桥行》专题纪录片和新闻50多次，新华社播发《新亚欧大陆桥东桥头堡》的特稿，《人民日报》海外版发

图23-7　2000年1月1日，连云港市举行迎接新世纪火炬接力赛新亚欧大陆桥起点处出发仪式。　　赵鸣　摄

表市委书记的访谈录，《工人日报》以“连云港现象”为题就全市经济发展作了系列报道，《经济日报》《农民日报》头版报道全市精神文明建设的情况。10月初，《新华日报》10天内连续在头版头条和重要位置刊登《东桥头堡连云港三年大变样》《连云港崛起告诉我们什么》等系列报道；省电台连续播出6档，每档半小时关于新亚欧大陆桥的报道。

2000年，全市开展国有企业改革、经济结构调整和旅游经济等系列重大宣传报道，对治理软环境等一系列重点问题进行专题报道。在全省首家全面建立新闻质量评估体系。建立新闻发布会报告、批复制度。

2001年，连云港市首次成功进行市人大、市政协“两会”和市第九次党代会开幕式的现场直播。全年召开新闻发布会6次。2002年，连云港市首次设立市政府新闻奖并组织首届评选，评出2001年度新闻奖获奖稿件10篇。在新闻媒体开辟《新闻调查》《文明监督岗》等栏目，实施舆论监督。在《行风热线》栏目中，定期安排与投资发展、群众生活密切相关的22家职能部门和单位主要负责人走进直播室，就群众关心的热点问题进行现场对话，受理群众投诉，解决各种困难和问题60多个。

2003年，全市新闻媒体大力宣传“抗非”（抗击非典型性肺炎）斗争中展现出来的民族精神。发起建立新亚欧大陆桥新闻协作网，与宝鸡、兰州、郑州、乌鲁木齐等城市开展版面互换，实现资源共享、互动宣传。

2005年，全市宣传工作重心转向宣传市委、市政府发展战略重心东移的决策，宣传全市上下创业创新创优的新成效。《走遍中国——山海连云港》节目在中央电视台国际频道播出。市电台利用飞越城市协作体，与西安、遵义等市电台进行双向热线节目直播。市委宣传部、连云港日报社和市广电局被授予第十届全运会组织工作奖。市委宣传部制定《关于在全市设立新闻发言人规范新闻发布制度的意见》，推动全市新闻发布工作走上规范化轨道。

二、思想政治工作和形势教育

1984年，连云港市开展整党宣传，组织干部群众学习整党决定、邓小平和陈云在中共十二届二中全会上的讲话及《党员必读》，开展纠正“文化大革命”错误的教育，县区以上领导干部集中在市委党校办学习班，基层干部由各级党委办轮训班，党员上党课。全市培训党员2.06万人。1985年召开全市思想政治工作会议，成立全市思想政治工作研究会。举办300多名企业党委书记参加的学习会，集中学习中央有关加强思想政治工作的文件。把“四有”（有理想、有道德、有文化、有纪律）教育作为思想政治工作的重要任务来抓，组织老山、都月山作战英模事迹报告会，邀请83239部队巡回报告36场次，直接受教育30多万人次。

1986年，市委下发《关于加强思想政治工作若干问题的意见》，就思想政治工作的领导责任制，政工队伍的组织建设、思想建设等作出具体规定。开展时政知识电视竞赛，众多员工踊跃参赛，时政知识成为人们议论的“热门”话题。1987年，运用报纸、广播、电视、电影、画廊、橱窗等大众化传播工具和宣传阵地，抓好社会公德和职业道德教育。组织全市乡镇企业思想政治工作研讨会，其中《关于乡镇企业思想政治工作的调查》一文参加省思想政治工作研究会交流获一等奖。

1988年，市委宣传部举办27集团军英模报告会，组织《祖国在我心中》图片和实物展览，用前线将士无私奉献的精神激励全市人民为振兴祖国、建设连云港而努力。1989年，连云港市按照中央《关于加强和改进宣传思想工作的通知》要求，恢复和加强政工机构和队伍。举办宣传干部培训班，培训宣传干部370余人。组织宣传干部开展企业、农村、机关思想政治工作和农村文明村镇建设等10多个专题的调查，使宣传工作的思路更加清晰。

1990年，市委召开全市思想政治工作会议。在市锦屏化工厂召开全市企业形势教育现场会，紧密联系企业的生产经营和职工思想实际对职工进行形势教育。组织评比第二次农村思想政治工作优秀论文，评选优秀论文15篇。1991年，面对严重洪涝灾害，大力倡导“一方有难，八方支援、风雨同舟、扶危济困、助人为乐”的社会主义新风尚。组织义演义卖活动，捐款、捐物支持灾区。

1995年，全市按照《连云港市爱国主义教育三年（1995～1997）实施规划》的要求，举行抗日山、安峰山烈士陵园献花圈仪式，举办“侵华日军南京大屠杀暴行史料展”“不忘国耻”和“民族魂”图片展，召开纪念抗战胜利50周年座谈会、学术讨论会，确立市县两级44个爱国主义教育基地。

1997年开展企业改制过程中职工思想状况调查，并有针对性地编写教育材料对职工进行思想教育。在农村进行“三提倡、三反对”教育，开展移风易俗、清理墓葬用地等专项治理工作；宣传东海县办好农民学校的经验，推动农村思想政治工作阵地建设。开展文化、科技、卫生“三下乡、富下乡”活动。1998年，市委宣传部制定《关于企业改制的宣传工作意见》，编发宣讲材料《企业改制问答》，举办企业改制知识电视大赛，开展“十佳”兴业带头人评选活动。

1999年，市委召开全市农村宣传思想工作会议，下发《关于深入进行爱国主义教育的意见》，部署跨世纪全市农村宣传思想工作任务。组织农民冬学，参加培训农民达53.58万人。全市70%乡镇建立“三校两站两馆一队”，75%行政村建有农民学校、图书室、活动室(或宣传栏)。举办“青春之光”大型诗歌朗诵会和“五四的纪念”大型文艺晚会。组织升国旗、唱国歌、庆国庆爱国主义教育系列活动，开展国旗法知识竞赛、升国旗仪式、国歌主题教育、庆国庆读书竞赛等活动。征集编辑革命烈士传记《群英谱》。全市城乡基层广泛开展“看成就、争贡献、迎接新世纪”主题教育活动。

图23-8　2001年，连云港市举办“增强连云港意识、树立连云港人新形象”电视辩论赛。　赵鸣　摄

2001年，连云港市出台《关于建立思想政治工作目标体系和考评制度的意见》，评出新浦汽车总站等42家单位为全市首批思想政治工作示范点，给予命名表彰。举办“增强连云港意识、树立连云港人新形象”电视辩论大赛，吸引社会各方面踊跃参与，提炼出连云港精神和连云港人新形象的内涵和本质，成为全市人民共同行动准则。

2003年开展连云港精神大讨论活动，增强热爱连云港的家乡意识、建设连云港的责任意识、献身连云港的奉献意识。开展“实现快速崛起目标、融入

‘两个率先’大局”主题教育活动，推出一批率先发展、艰苦创业、后来居上的典型，在全社会形成抢抓机遇、“率先”为荣的发展氛围。2004年，开展“全民创业、奋力赶超”主题教育活动。以新中国成立55周年等为契机，广泛开展升国旗、唱国歌、参观爱国主义教育基地等多种形式的群众教育活动。制定出台《连云港市爱国主义教育基地管理办法》，加强爱国主义教育基地建设。

2005年，全市广泛开展“弘扬三创（创造、创新、创业）精神，奋力提速赶超”宣传教育活动，激发广大干部群众创业创新创优的动力。开展抗战胜利60周年纪念活动。编辑出版《江苏人民打击日寇英雄事迹·连云港卷》。

三、重大节庆宣传

1984年，连云港市组织开展以歌颂祖国、歌颂家乡为主要内容的庆祝国庆文艺活动，鼓舞全市人民为把港城建设成为现代化的开放港口城市而奋斗。1989年，全市宣传部门统筹安排庆祝新中国成立40周年各项活动。市委宣传部印发《用四中全会精神统一思想、统一行动，夺取社会主义现代化建设和改革开放事业的新胜利》《关于在全市广泛开展大唱革命歌曲的通知》，推荐《没有共产党就没有新中国》《祖国颂》等20首革命歌曲。从7月下旬到10月，全市举办各种类型、不同规模的革命歌曲演唱、比赛活动500多场次；各县区、各部门以及基层企事业单位，分别举办焰火晚会、游园会、报告会、演讲会、文艺演出、征文比赛、舞蹈比赛、书法美术展览、体育比赛等丰富多彩、各具特色的庆祝活动。

1991年，全市开展各具特色的庆祝建党70周年主题教育活动。赣榆县在农民中开展“献策、议策、决策、对策”致富四部曲活动，东海县在职工中开展职工劳动竞赛活动，灌云县在党员中开展“点、面、体”闪光活动，新浦区组织退休老干部开展“智囊团”和“党员责任区”活动，交通局动员党员开展“奉献卡、奉献牌、奉献点”活动。1995年，全市组织纪念毛泽东同志在延安文艺座谈会讲话发表54周年音乐会、江苏亚欧大陆桥经贸恳谈会“桥头堡之光”文艺晚会及艺术周活动等。1997年，全市组织150多个代表队、1万多人参加的迎香港回归基本法知识竞赛、百名儿童共绘百里长卷庆香港回归活动、大中专学生“庆香港回归、颂伟大祖国”征文演讲活动、“庆七一、迎回归”万米健身跑和全民健身大演练活动。1998年，“走进新时代——纪念党的十一届三中全会20周年暨连云港市解放50周年”大型文艺晚会在市体育馆举办，歌颂连云港市解放50年来取得的巨大成就。

图23-9　1992年，中央电视台在当时全国最长的拦海大堤上报道连云港。　　赵鸣　摄

2002年，围绕新亚欧大陆桥开通10周年，经贸部、铁道部、江苏省政府联合在连云港市召开新亚欧大陆桥区域经济合作国际研讨会。人民日报社、中央电视台、新华社等20多家媒体到会采访。新华网向全世界现场直播会议全程，新华社播发《以港兴市，服务中西部》和《新亚欧大陆桥区域经济在提速》新闻通稿；中国国际广播电台开设《走进桥头堡》专栏，每月推出2档介绍连云港经济社会发展情况的专题节目，用中、英、日、韩四种文字向世界各地滚动播出。2003年，全市围绕连云港举办的世界女子沙滩排球赛、江苏国际农洽会和“实现

快速崛起目标、融入两个率先大局”主题活动，组织3台大型文艺晚会；举办连云港市首届家庭文化艺术节。

2005年，全市宣传部门组织抗战胜利60周年纪念活动、“世界旅游日中国主会场”、江苏农洽会、第二届苏北投资贸易洽谈会等重大活动的宣传。举办徐福研讨会，来自境内外20余位徐福研究专家、学者参加，中新社等媒体报道活动盛况。

四、对外及对港澳台宣传

1984年，市委宣传部编发《对外开放宣传学习材料》。在香港《文汇报》刊登4个版面的连云港市专刊，介绍连云港市招商引资优惠条件和良好的投资环境。接待日本东海电视台等境外媒体10余家。

1985年，市委宣传部设立对外宣传科，举办对外宣传和涉外单位负责人培训班。1986年，全市举办涉外单位宣传业务培训班，聘请30多名对外宣传联络员，初步形成对外宣传网络。中国香港、新加坡、泰国的报刊刊发连云港消息。1987年拍摄对外宣传录像片《花果山下连云港》。1988年制作一批外观精美、内容丰富、方便实用的对外宣传品，编写出版英文版开放系列丛书《连云港》和中日文对照的折页《今日连云港》；涉外部门和企业制作画册、录像带等数十种。中国香港《经济与法律》和《明报》刊发连云港专版，系统介绍连云港的优势和良好的投资环境。

1989年，市委宣传部制定《关于对外宣传报道的奖励办法》，举办全市对外宣传、涉外知识竞赛。邀请中国港澳台地区和国家对外新闻机构的新闻工作者到连云港采访，接待7批海外记者、13批国家对外新闻机构记者，共72人次。中国香港《明报》刊登连云港专版、专页。日本NHK电视台摄制的《徐福东渡的传说》，在日本文化节之夜向日本播放。中国国际广播电台用38种语言、4种方言和普通话播出录音通讯《黄海明珠——连云港》。1990年，市委宣传部印发《关于进一步加强对外宣传工作的领导和管理的意见》。举办“让我们走向世界”图片展览。

图23-10　改革开放后，市委成立对外宣传领导小组。图为市委外宣小组扩大会议。　赵鸣　摄于1996年

1991年，连云港市调整充实市委外宣工作领导小组及办事机构，组织召开外宣工作会议。组建对外宣传报道中心组。全市接待中外记者16批45名，在海内外报刊、电台、电视台发表、播发各类宣传报道文章近700篇，在国际广播电台开办《今日连云港》专题节目。制作10多种对外宣传的图书、画册、挂历、折页和音像制品，向海外交流、散发。

1994年，全市以连云港跻身沿海开放城市10周年为契机，摄制《崛起的东桥头堡》《如意之花别样红》等专题片，在中央电视台《神州风采》和各沿海开放城市电视台播出。制作《投资连云港》画册等各类外宣品，举办“连云港·木浦中韩儿童艺术作品展览”。全年对外及对中国港澳台地区发稿800余篇、图片180多幅，在泰国《世界日报》、中国香港《天天日报》等媒体组织27个专版、专辑。1995年，对外宣传以美洲东方卫星电视《中国连云港》专栏为龙头，全年在北美、法国、日本、东南亚及中国香港累计发稿1100多篇次。

图23-11　20世纪80年代末国内外外文报刊发表的连云港市有关文章　　赵鸣　摄

图23-12　1988年，日本NHK电视台记者采访徐福村和徐福遗迹。　　赵鸣　摄

1997年组织新亚欧大陆桥开通5周年系列宣传报道，与中央电视台联合举办新亚欧大陆桥国际美术作品会展，编辑大型画册《连云港》，举办第二届中韩少儿书画展、首届中韩摄影展赴韩国展出。市电视台制作的3部外宣片在全国第四届外宣片“金桥奖”评比中获优秀奖。1998年在欧洲东方卫视开通《中国江苏连云港》专栏，播出专题片35部。全年对外发稿1300多篇次。

1999年推出大型画册《海滨城市连云港》，VCD光盘《崛起的桥头堡——连云港》等外宣品。在欧洲东方卫视、美国斯科拉电视台、日本NHK电视台和中央电视台播出专题片30余部次。全年对外发稿1200多篇次，基本覆盖西方主要国家的华文传媒。

2003年配合市委、市政府重大招商活动，印制中日、中英、中韩3种文字双语对照的《投资指南》8500册，出版介绍连云港经济社会发展成就以及投资环境的“中国·连云港”光盘。开通连云港新闻网站，在澳门卫视、美国斯科拉电视台和欧洲凤凰卫视播出连云港专题片。

2005年，连云港市组织由日本《读卖新闻》、俄罗斯新闻社、新加坡《联合早报》、巴西环球电视网、香港《大公报》等13家媒体组成的大型记者团对连云港市发展战略重心东移进行集中宣传。邀请台湾非凡电视台制作播出2部专题片和10部新闻短片，集中推介连云港发展情况。在凤凰卫视欧洲台、美国斯科拉电视台等播出宣传连云港的专题片28部460分钟。组织市文工民乐团赴韩国举办3场文艺演出，举办连云港城市形象图片展览，开展“中国连云港与韩国历史文化交往”学术交流等文化活动。中宣部《宣传工作》、中央外宣办《外宣工作案例》专刊介绍连云港外宣工作的做法和经验。

第三节　文化建设

1984年，连云港市宣传文化部门围绕经济建设，编印《振兴中华建设连云港》的宣传材料，组织全市专业剧团自编新剧目调演、县区幻灯调演、乡镇文化中心宣传队文艺调演。1985年，全市认真组织元旦、春节、国庆节、教师节和抗日战争胜利40周年纪念活动的文艺演出，丰富群众的文化生活。宣传国务院《关于严禁淫秽物品的规定》，贯彻中央办公厅、国务院办公厅《关于禁止营业性录像放映和加强录像管理的通知》，对街头毒化社会风气的书刊和音像制品进行收缴、查禁。

1986年，全市加强文化阵地建设和管理，抓好乡镇文化中心和职工俱乐部建设，80%的乡镇建立文化中心，城区形成文化馆、站、室、俱乐部四级文化网。加强对文化市场管理和检查督促，完善文化设施。查处一批非法出版物，对内部刊物实行审查报批，基本杜绝擅自编印的现象。采用群众喜闻乐见的文艺形式进行普法宣传，市、县法制演出小分队深入乡镇、厂矿演出，受到基层群众欢迎。1987年，市委宣传部与市文联、文化局组成专门班子，编辑出版连云港市民间文学（民谚、民谣、民间传说）三套集成。

1988年，全市积极鼓励文艺工作者深入生活，创作更多更好的文艺作品。市专业和业余文学创作人员在各种刊物上发表的小说、诗歌、散文、报告文学、文艺评论等比1987年有大幅度的增加，各种艺术表演、文化活动等场次也比1987年有所增加，丰富群众的文化生活。1989年拍摄大型电视连续剧《罪与罚》《她的代号白牡丹》《魂牵鹿特丹》等。召开全市干部大会动员"扫黄"工作，各地区和有关单位建立工作机构，清理、整顿书报刊和音像出版市场，收缴淫秽刊物和音像制品。

1990年，连云港市召开全市农村文化工作现场会和文化阵地活动现场经验交流会，部署加强乡镇文化中心建设、丰富农民文化生活等工作。连云港港务局职工艺术团赴西宁进行慰问演出。1991年，全市组织纪念"七一"征文活动，举行全市革命歌曲大家唱竞赛，全市近百万干部群众参加演唱活动。市京剧团赴日本堺市访问，实现连云港市文艺团体出国访问"零"的突破。

1992年，连云港市狠抓"五个一工程"[①]，完成电视剧《百年梦幻》拍摄和首映工作，出版《连云港民间文学集成》，组织举办纪念毛泽东同志《在延安文艺座谈会上的讲话》发表50周年系列活动，举办第四届全国《西游记》理论研讨会。

1994年，全市召开"五个一工程"现场观摩会，组织"五个一工程"评奖活动。市话剧团、歌舞团、淮海剧团等专业剧团积极排练新剧，坚持送戏下乡，全年演出390余场。举办第三届专业剧团新剧调演，推出吕剧《红丝带》等5个剧种6台新戏。在中国美术馆举办"东方桥头堡画展"和"赞连云港楹联展"。市群众艺术馆新馆投入使用，举办市首届少儿艺术节。赣榆县、连云区和海头镇等20个乡镇被命名为省群众文化先进县区、乡镇。电影《早春一吻》获中宣部"五个一工程"提名奖和第十四届中国电影金鸡奖特别奖。

1996年，连云港广播电视中心演播厅落成。举办"河海共涌潮"春节大型电视文艺晚会，推出《在海一方》《亚欧紧拥抱》等一批精品力作，在省电视台和中央电视台播出。开展爱国主义新歌征集活动，编辑出版以连云港为题材的《在海一方》歌曲集。1997年，全市"五个一工程"领导小组召开题材规划会、情况交流会、作品研讨会，推出一部分图书、广播剧、话剧、歌曲等优秀作品。编辑出版名家赞连云港的《在海一方》散文集。全市广播电视光缆传输市、县并网，走在苏北各市前列。赣榆县获"全国文化先进县"称号。

1998年，连云港市出台《关于进一步做好多出优秀作品工作的若干意见》，建立文艺、社科人才库，形成精品生产和管理的良好机制。对1998～2000年重点作品的创作和生产进行规划论证，确定一批重点项目。歌曲《我深深地热爱这片土地》、电视剧《青春波尔卡》等6项7件作品获省第三届"五个一工程"入选作品奖，市委宣传部获省组织工作奖，中宣部《宣传信息》等刊文介绍

① "五个一工程"指一部好的戏剧作品、一部好的电视剧（或电影）作品、一部好的图书（限文艺类）、一部好的理论文章（限社会科学方面）、一部好电影。

图23-13　1988～2005年，连云港市持续开展“扫黄打非”专项行动。图为2002年销毁非法出版物现场。
赵鸣　摄

连云港市精品生产的成果和经验。

2000年，连云港市一些文艺作品在全省、全国获得重要奖项或产生较大影响。6个门类9件作品获省第四届精神文明建设“五个一工程奖”，市委宣传部第三次获组织工作奖。与中宣部、《人民日报》联合举办全国“五个一工程奖”获奖作品评论征文活动。

2001年，全市开展唱响《在海一方》《古城春秋》《丝绸之路绽新花》《亚欧紧拥抱》歌曲活动。与国际广播电台电视中心联合拍摄《老外看中国——连云港篇》电视片。举办纪念建党80周年歌曲演唱赛，唱响共产党好、社会主义好、改革开放好的主旋律。举办市首届社区艺术节，调动各个社区的业余文艺团体和文艺爱好者参与艺术节，其中以“在海一方”为主题的大型广场文化活动达100余场，直接观众100多万人次，为“连云港之夏”和首届中国《西游记》文化节渲染气氛。召开“五个一工程”精品生产汇报交流会3次，展示艺术精品，提升城市文化品位。

2002年，为纪念毛泽东《在延安文艺座谈会上的讲话》发表60周年，举办大学生文艺汇演、全民读书节等14项大型活动。全市形成灌南“五张文化名片”[①]、赣榆的殷庄锣鼓、海州的舞龙等富有地方特色的文化精品。

2004年，连云港市组织召开全市戏剧创作工作会议，举办戏剧文学奖征稿评奖活动，收到作品24部，其中大戏10部。淮海戏《代代乡长》、歌曲《老师的目光》获省“五个一工程奖”。1月26日至2月12日，市女子民乐团在西班牙、德国、荷兰、法国访问，演出13场，观众近2万人次。组织开展“先进文化进万家”暨第四届“在海一方”广场文化系列活动。

2005年，连云港市出台《关于对以连云港为题材的优秀文艺作品实行奖励的暂行规定》，召开市第五届精神文明建设“五个一工程”表彰暨工作会议，举办纪念抗日战争胜利60周年文艺演出，开展先进文化进万家暨第六届“在海一方”广场文化系列活动，编纂出版反映连云港历史文化底蕴的《文化连云港》丛书。海州五大宫调入选全国非物质文化遗产；歌曲《在海一方》在中央电视台首届“城市之歌”评比中获最佳城市形象歌曲奖；广播小说《一路格桑花》获中国广播电视大奖。全市确定首批15位宣传文化拔尖人才，并对其培训给予资助。

第七章　统战工作

1984年起，连云港市委统战部帮助全市各民主党派建立健全组织。1985年，市委统战部开始建立与各民主党派双月谈制度、对口联系制度、交友谈心制度。1986年9月，市委统战部下发《中

① 灌南“五张名片”指王咏梅的作曲、汪奇魔的魔术、胥立浦的书画、李梅芳的体育、孙志忠的小品。

共连云港市委关于进一步加强党的统战工作的决定》。1991年聘请民主党派成员担任各级行政执法机关特约监察员、检察员和特约教育督导员，深化与民主党派的联系和合作，充分发挥民主党派参政议政积极性。

2001年，市、县（区）相继成立民族宗教工作领导小组，把依法管理民族工作和宗教事务纳入县、乡、村三级综合目标考核体系。2002年建立乡、村两级民族宗教工作责任制。2003年制定《连云港市少数民族扶贫开发工作的实施意见》和《全市少数民族2003～2005年扶贫开发工作规划》。至2005年底，全市建成省级少数民族生产基地2个、市级少数民族生产基地16个、少数民族企业7家。

第一节　多党合作与政治协商

一、民主党派和工商联组织建设

1984年前，连云港市只有民主建国会（简称民建）1个民主党派组织。1984年5月5日，农工民主党（简称农工党）召开第一次全市党员大会，选举产生第一届市委，委员5人，其成员主要为从事医药卫生以及科技、教育和其他工作的知识分子。5月30～31日，国民党革命委员会（简称民革）召开第一次全市党员大会，选举产生第一届市委，委员5人，其成员主要为同原中国国民党有关系的人士、同民革有历史和社会联系的人士、同台湾各界有联系的人士和其他人士。6月2日，民主促进会（简称民进）召开成立大会。6月14日，民主同盟（简称民盟）第一次全体盟员大会召开，选举产生民盟第一届市委，委员7人，其成员主要为从事文化教育以及科学技术工作的高、中级知识分子。12月11日，市九三学社召开第一次社员大会，选举产生第一届市委，委员5人，其成员主要为从事科学技术工作以及高等教育、医药卫生等方面的高、中级知识分子。

1985年3月20日，致公党召开全体成员会议，选举产生致公党连云港市工作委员会，委员3人。1991年12月9日，致公党召开第一次全体党员大会，选举产生第一届市委，委员5人，其成员主要为归侨、侨眷中的中上层人士和其他有海外关系的代表性人士。

1997年，为加强各民主党派领导班子建设，市委统战部开始建立各民主党派和工商联主委学习会制度。先后组织各民主党派领导班子成员到中央社会主义学院进行脱产培训，分别举办民主党派新任市委委员培训班、民主党派骨干和新成员培训班。引导各民主党派根据各自问题和薄弱环节，抓好岗位责任制、机关决策管理制度、机关工作人员考核晋升制度等相关制度的建设，促进民主党派机关运转逐步走向规范化、制度化。

1998年5月22日，市委办公室转发市委统战部《关于支持和帮助我市各民主党派加强基层组织建设的意见》，要求中共各基层支部在民主党派基层组织活动的时间、地点、经费等方面给予更大支持。2000年11月30日，市委统战部召开市民主党派基层工作经验交流会，全市7个民主党派推荐的14家先进基层单位代表作经验交流。2001年8月，市委统战部在市社会主义学院举办民主党派基层组织负责人研讨班，市各民主党派基层组织负责人60余人参加学习和研讨。2003年6月，市委统战部邀请市各民主党派负责人，对民主党派组织发展的指导思想、组织发展程序等问题进行协商，并由各民主党派联合下发《关于进一步贯彻民主党派中央纪要精神，做好全市民主党派组织发展工作的座谈会纪要》，对全市民主党派组织发展工作作出规范。2005年底，全市各民主党派成员平均年龄50岁，大学以上学历占61%，中、高级职称占87%。

至2005年底，全市有7个民主党派市级组织、94个基层支部，民主党派成员1641人。其中，民革基层支部10个共139人，民盟基层支部15个共332人，民建基层支部11个共240人，民进基层支部21个共368人，农工党基层支部16个共234人，致公党基层支部8个共124人，九三学社基层支部13个共204人。各民主党派成员主要分布在高校（淮海工学院、连云港职业技术学院、连云港师范高等专科学校、连云港广播电视大学）、医疗单位（连云港市第一、第二、第三人民医院）、科研院所（连云港矿山设计院、连云港建筑设计院）以及大型企业（连云港碱厂、连云港港务局）等单位。

二、民主监督

1986年9月13日，全市统战工作会议召开。会议传达中央统战部《关于新时期党对民主党派工作的方针任务的报告》等文件；下发《中共连云港市委关于进一步加强党的统战工作的决定》，要求各级党委进一步加强对统战工作的领导，把统战工作列上重要议事日程，每年至少研究讨论2次；各级党委要有一位书记或副书记主管统战工作；要注意发挥各民主党派、工商联的积极作用，为参政议政、民主监督创造条件。

建立“双月谈”制度 1985年起，市委同各民主党派、工商联建立“双月谈”制度。其主要内容是通报或交流重要情况，传达重要文件，就经济和社会发展中的重大问题、重要决策听取民主党派、无党派人士的意见和建议。

建立对口联系制度 1993年6月，市政府印发《关于建立市政府有关部门同民主党派工商联对口联系制度的意见》，就进一步加强同市各民主党派、工商联的联系提出具体意见。

建立联系交友和谈心制度 1994年2月起建立市委负责同志与各民主党派、工商联负责人联系交友制度。市、县、区各级党委的负责人根据形势需要，不定期地邀请各民主党派主要领导人和无党派代表人士举行高层次、小范围谈心活动，就共同关心的问题自由交谈、沟通思想、征求意见。1998年11月，市委出台《关于进一步健全和落实市委常委与党外代表人士交朋友制度的通知》，进一步健全和落实该项制度。

建立特约人员制度 1991年，市委、市政府建立特约人员工作制度，在涉及行政执法监督、与群众利益密切相关的市纪委、市监察局、市检察院、市中级法院、市教育局等部门中聘请28名党外人士担任特约监察员、检察员、教育督导员等各类特约人员。1996年12月，为在市政府及司法机关中进一步加强同民主党派、工商联的联系，市委办公室下发《关于在政府及司法机关工作中进一步加强同民主党派、工商联联系的通知》。根据全市开展特约人员工作的情况，2002年4月4日，市委转发市委统战部《关于进一步加强和规范特约人员工作的实施意见》，对特约人员的聘请、考核，特约人员的权利、义务等作出规范，建立健全特约人员各项工作规章制度。

参加重要活动 1992年起，市委遵照中共中央有关通知精神，主动邀请各民主党派负责人参加重要内事、外事活动，密切了与各民主党派的关系，扩大了多党合作制度的社会影响。

三、参政议政

20世纪80年代，市委认真贯彻中共中央《关于坚持和完善中国共产党领导的多党合作和政治协商制度的意见》和《进一步加强中国共产党领导的多党合作和政治协商制度建设的意见》，拓宽民主党派参政议政渠道，充分发挥民主党派参政议政的作用。

1993年起，民革连云港市委连续7年关注蔷薇河污染问题，邀请民革江苏省委到连云港进行调研并在省政协会议上提出议案，得到省政府有关部门采纳。1996年起，蔷薇河送清水工程连续

5年被中共江苏省委和省政府列为为民办实事的重点投资建设工程。1998年，致公党市委提交的《净化城市空气，环保检测数据定期向社会公布、接受社会监督，群众参与督促》的集体提案得到市政府重视和采纳，市内新闻媒体自此每周向社会公布城区空气质量状况。2003年起，民进连云港市委先后提交《我市农村职业技术教育不容忽视》《全面提高义务教育的质量，为“科教兴市”培养后备人才》《关于我市义务教育问题的思考与对策》等提案或意见、建议，得到市委、市政府和市有关部门的高度重视，为全市教育改革发展作出贡献。

2003年，“抗非”期间，市各民主党派充分发挥人才智力密集的优势，积极为防治非典型性肺炎建言献策、捐款捐物。“抗非”期间，全市各民主党派捐赠钱物折合人民币50余万元，部分从事医疗卫生工作的民主党派成员，坚持战斗在“抗非”第一线。是年，九三学社连云港市委针对多年来云台山松树大面积枯死、直接威胁到花果山资源保护和可持续发展的问题，开展云台山松树病虫害情况调查，经省内专家确认后形成调查报告，得到中共连云港市委的高度重视和好评。九三学社市委原主委、全国人大代表冯义提出的《关于调整个人所得税政策的建议》，受到全国人大常委会的重视，为此冯义受邀列席2005年十届全国人大第十八次常委会，并参加《中华人民共和国个人所得税法》修改决定的审议。

2005年在全市建立“致富农民、致强企业”的党外专家社会服务网络，该网络由农林渔牧、医药卫生、工程技术、经济管理、法律等方面的106位党外专家组成，服务项目涉及技术咨询和推广、农业产业结构调整、县域经济发展、中小企业营销等。该网络专家团成立一年就先后开展调查研究活动35次，提出合理化建议、意见380余条；实施各类兴村富民项目23个，引进、推广新品种30个、新技术28项，涉及资金9800万元；举办农业、教育、医疗等各类咨询培训班200余场，受益人员达2万余人。

第二节　联谊与服务

一、联络联谊

联谊团体　20世纪80年代起，市委统战部发挥市台湾同胞联谊会、台属联谊会、归侨侨眷联合会、海外联谊会、香港联谊连云港同乡会的桥梁和纽带作用，增进联系，加深友谊，积极宣传推介连云港。举办各种活动，加强对台胞的宣传教育，为促进祖国统一凝心聚力。1988年6月，连云港市海外联谊会成立。该会由市内各界代表人士及有关团体、香港同胞、澳门同胞、台湾同胞和海外侨胞中的知名人士自愿结成。1989年5月，市台属联谊会成立。2003年，市海外联谊会在省海外联谊会的协助下，引进海外资金建成赣榆县海联小学，并设立海联奖学金，资助市内大中专院校困难学生。是年11月，市海外联谊会进行换届选举，产生第二届理事会，常务理事和理事共59人，市委统战部部长任会长。2004年6月18日，香港连云港联谊同乡会成立，重点联系宗亲、乡亲62人。2004年9月，香港连云港联谊同乡会组织20余名旅港同乡参加国庆参观团到连云港参观访问。2004年11月成立连云港市归国留学人员协会。2005年12月成立市海外联谊会书画院，首批聘请20多位在海内外具有一定知名度的书画家作为会员。

联谊活动　1984年1月17日，市委对台工作小组办公室在市政协礼堂举行新春茶话会，台胞、台属，各界爱国人士以及市各有关部门的负责人近百人出席茶话会。是年5月，市委统战部、市委对台工作办公室（简称市委对台办）接待台胞胡绍义一行到连云港参观。是年7月12日，市委对台办、市台联邀请部分台胞、台属，品尝台属孙广良从台湾引进培育的“福寿”西红柿。1986年1月28日，市委统战部、市委对台办以及市各民主党派联合举办春节联欢会，市区的部分台胞台属参加会议。是年2月9日（正月初一），市长何仁华通过江苏省广播电台台播部，向在台湾的连云港乡亲拜年。3月9日，何仁华代表市委、市政府向全市台胞台属发表新春广播电视讲话，宣传中共对台方针政策。1995年1月19日，市政协、市委统战部、台办联合在政协礼堂举行迎春茶话会。1996年1月31日，市台办、市台谊会联合召开市台属理事会，纪念国家主席江泽民《为促进祖国统一大业的完成而继续奋斗》讲话发表1周年，学习国务院总理李鹏在首都各界人士座谈会上发表的重要讲话和《人民日报》社论。1999年2月2日，市台办举行新春团拜会，市人大、市政府、市政协领导及市各有关涉台部门负责同志与全市台胞、台属共60多人欢聚一堂，共贺新春。

二、台胞、台属政策落实

1984年起，全市统战部门陆续落实涉及台胞、台属政策的各类问题106件。其中，房屋问题30件，解决工作问题43件，归还查抄财物1件，其他问题32件。1985年，市委统战部制定下发《关于落实台胞台属政策的情况和进一步落实台胞台属政策的意见》。是年，通过调查初步确定全市有台胞台属2405户1.9万人。至2005年，全市尚有43件涉及台胞、台属政策的问题需要落实。其中，私房问题28件，计501.5间（代管房屋26间，占用房屋475.5间）；因受“台湾关系”影响被下放或其他原因失去工作5件；“文化大革命”期间查抄财物归还问题10件。

第三节　非公经济代表人士工作

1984年起，连云港市各级统战部门发挥工商联在非公有制经济代表人士参与政治和社会事务中的主渠道作用、在联系和服务非公有制经济发展中的桥梁纽带作用、在政府管理非公有制经济方面的助手作用，帮助和支持市工商联恢复和建立健全组织，拓宽服务非公有制经济的渠道。

1984年9月，市工商联与市民建、民盟合办育才业余学校，开设会计、外语、珠算和高考自学辅导等12个专业，培训学员3000余人。1986年，市工商联相继开办5家企业，安置待业青年。

1987年7月，市委办公室转发市委统战部《关于工商联发展新会员进一步发挥积极作用的报告》。是月，市工商联成立发展新会员工作领导小组。8月28日，中共连云港市委召开由有关部门负责人参加的工商联发展新会员工作座谈会。12月23日，市工商联批准首批46个新会员。1989年8月，第二批发展120个新会员。

1989～1993年，市工商联组织有关经济建设调研活动6次，相继形成《对我市轻工系统调整结构提高经济效益的分析和建议》《关于我市亏损企业情况的调查报告》《我市纺工系统亏损企业浅析》《稳定健康地发展私营经济》等专题报告。其间，市工商联于1991年组织3个小组，用40天的时间，调研18家单位，召开5次不同类型的座谈会、报告会、讨论会，最终形成《连云港市非公有制经济情况的调查报告》和《关于连云港市个体工商户、私营企业中代表人士情况的调查报告》。

1992年6月，市委统战部批准张干等30人为首批市级非公有制经济代表人士。7月10日，市工商联增挂连云港市商会牌子。9月，市委统战部、市工商联在东海县召开组织工作经验交流会，推广东海县工商联开展基层组织建设的做法。

1993年下半年，市工商联在板浦镇、桃林镇、赣马镇、陡沟乡、宁海乡开展乡镇分会试点。1994年初，市工商联开始进行新时期同业公会、行业商会的试点，率先在东海县建立水晶精品研究会；灌云县工商联在摄影业进行组建行业商会试点。

1996年3月，市标准计量局、市工商联联合下发《关于加强非公有制企业标准化、质量、计量工作意见的通知》，启动非公有制企业技术监督工作。6月18日成立连云港市维尔利律师事务所工商联法律事务部。

1997年，市委统战部门支持各级工商联通过拆借、协调贷款、担保贷款、商会互助金等多种途径为会员企业和个体工商户融资。是年建立市商会基金和担保基金。

1999年1月成立连云港市工商联美容美发业商会。4月1日，市工商联、市经委联合召开非公有制企业技改工作座谈会，启动非公有制企业技术改造项目和星火计划项目申报工作。是年，帮助企业申报中小企业国际市场开拓资金项目11个，申请支持资金51.5万元。

2000年1月，市委统战部、市工商联成立连云港市光彩事业促进会。9月，经市政府批准，由市工商联、市个私协会、市商业银行等单位以及4家私营企业参股，市内首家面向个体私营经济服务的担保服务机构——连云港市格斯达咨询担保有限公司成立。到2001年底，东海县、灌南县、新浦区、连云区工商联先后建立法律服务机构，开展法律服务。

2001年，市工商联为107家私营企业和个体户担保贷款1600余万元。是年9月，第六届世界华商大会在南京召开期间，市工商联通过多种途径获取3000名与会华商名单及联系方法等信息，及时传递给市、县（区）政府及有关部门，邀请70名华商参加连云港市在华商大会期间召开的招商引资座谈会。是年底，全市非公有制企业会员有1826家，占会员总数的95.3%；市级非公有制经济代表人士发展到120人。

2002年初，市工商联与永安会计事务所合作成立连云港市工商联财务培训服务中心。2002年3月，连云港经济技术开发区建立工商联组织。

2003年1月，连云港市商会更名为连云港市总商会，为江苏省内第一家经民政部门登记的市级总商会。随后，东海县、赣榆县、灌云县、灌南县商会相继更名为总商会。

2004年2月，赣榆县工商联成立赣榆县外来投资者商会。是年3月，市工商联成立连云港市浙江投资企业商会。2005年5月，市工商联与市法制办联合成立市总商会民营企业法律服务中心。是年11月，东海县工商联成立东海县浙江投资企业商会。

第四节　非中共党员干部和知识分子工作

一、非中共党员人士进入各级人大、政协

1987年，中共连云港市委印发《关于市人大、政协换届选举中领导班子配备的几点意见》，同时批转市人大常委会党组、中共连云港市委组织部《关于市人大换届人事安排的意见》，批转市政协党组、中共连云港市委统战部、中共连云港市委组织部《关于政协连云港市第七届委员会人事安排的意见》。对市人大、市政协的人事安排中党内外的比例提出指导性意见，首次对非中共党员人士在人大、政协任职提出相应的年龄和素质要求。1988年1月，在市人大八届一次会议上，无党派人士周沔当选为市人大常委会副主任；在市政协七届一次会议上，民主党派、无党派人士徐开第、张广远、谢家汉、杨铸九当选为市政协副主席。

1988年6月，中共连云港市委组织部、统战部联合印发《关于市、县两级人大代表、政协委员和县级人大、政协领导班子中党外人士入党问题的通知》。

1993年3月底，市、县两级人大、政协换届工作全部结束。在选举产生的458名（缺额2名）连云港市第九届人民代表大会代表中，非中共党员占29%。在市人大九届一次会议上，无党派人士许维铭当选为市人大常委会副主任；在市政协八届一次会议上，民主党派、无党派人士周沛、徐开第、张广远、杨铸九当选为市政协副主席。

1997年，选举产生的417名（缺额2名）连云港市第十届人民代表大会代表中，知识分子代表131人，占代表总数的31.41%；非中共党员代表84人，占代表总数的20.14%。

1998年1月14～18日，政协连云港市九届一次会议召开。出席会议的九届政协委员383人。其中，非中共党员委员230人，占委员总数的60.05%。民主党派人士甘黎明、钮永梁、谢建民当选为市政协副主席。

2003年1月，经选举产生市十一届人大代表419名。其中，非中共党员代表93人，占代表总数的22.2%。出席市十届政协400名委员中，非中共党员委员240人，占委员总数的60%。在市十一届人大一次会议上，无党派人士许维铭再次当选市人大常委会副主任；在市政协十届一次会议上，民主党派、无党派人士冯义、钮永梁、谢建民、董淑旺、赵波、徐晔宇当选市政协副主席。

二、非中共党员知识分子工作

1984年1月10日，中共连云港市委组织部、统战部、宣传部联合召开知识分子比较集中的40家单位的党委（总支）书记会议，研究全市非中共党员民主人士政治安排问题。

1990年，中共连云港市委知识分子工作领导小组成立，市委统战部为成员单位。199[illegible]年11月23日，中共连云港市委统战部召开全市非中共党员知识分子工作座谈会，确定淮海工学院、七一六研究所和市农科所3家单位为市非中共党员知识分子工作联系点，聘请一批非中共党员知识分子工作联络员。

2001年12月6日，中共连云港市委统战部召开高校统战工作会议，交流各院校统战工作情况和经验。2005年，中共连云港市委统战部、组织部联合印发《关于推荐党外后备干部建议人选的通知》，在全市开展推荐非中共党员干部人选活动。经过严格筛选，建立10名厅级后备干部、100名县处级后备干部、200名科级后备干部人才库。

三、无党派人士工作

1991年，中共连云港市委统战部印发《关于建立无党派知识分子工作联系对象的通知》，在市直有关部门、高等院校及科研单位中推荐上报无党派知识分子工作联系对象，初步确定72人为无党派知识分子代表性人士。截至是年9月，市各有关部门配备非中共党员处级干部8人。1996年6月，中共连云港市委统战部在高校、企业、科研院所、医卫、文化系统中筛选上报5名非中共党员知识分子代表人士。1999年，中共连云港市委统战部制定出台《连云港市2000～2005年无党派知识分子代表人物队伍建设工作的规划》。

2000年2月，中共中央统战部在《关于加强无党派人士工作的意见》中规范无党派人士的称谓，明确对无党派人士群体称“无党派人士”，对其代表人物称“无党派代表人士”。是年，中共连云港市委统战部从各县区、高校、企业、科研院所及省直有关部门推荐的无党派知识分子代表人士中确定110名代表人士，建立市级无党派知识分子代表人物库，确定45名重点联系对象；各县区建立一支约50人的无党派知识分子代表队伍。2003年，根据中央和省委统战部有关精神，市政协从第十届开始单独设立无党派人士界别。2003年11月28日，连云港市无党派知识分子联谊会成立，会员以全市各界有影响的知识分子中的无党派人士为主，设理事28人，团结和支持全市无党派知识分子为推进连云港市的改革开放、经济发展和社会进步服务。

第八章　涉台事务

连云港市在台湾的同胞有3万余人，主要分布在台北、台中，多为台湾军界、政界和文化教育界人士。台胞在连云港的亲属有6万多人。两岸开放前，有思乡台胞多方取道回家探亲。1984年起，市委加强对台工作。3月，中共连云港市委对台工作小组办公室改称中共连云港市委对台工作办公室。

1985年后，两岸关系发展较快，大量台胞到连云港探亲、旅游。连云港市对台工作的重点为接待台胞探亲和协助台属去台会亲。1987年，连云港市委对台工作办公室增挂连云港市人民政府台湾事务办公室（简称市台办）牌子。1989年起始有台商到连云港投资。1991年8月，市委对台工作办公室更名为中共连云港市委台湾工作办公室（简称市委台办）。12月，市委办公室批转市委台办《关于加强当前台湾工作意见》。市委台办围绕“反台独，促统一”，促进连云港对台经贸合作与交流交往，加强引进台资、对台联络、人员交流等工作。至2005年底，在对台经济工作、经贸往来、人员交流等方面取得多项成果。1984～2005年，全市累计接待探亲、旅游、讲学、考察、经商台胞1.76万人次，有4500人次到台湾探亲、参观、访问及招商引资。

第一节　对台经济工作

一、对台招商

1988年，市委台办着手引进台资工作，是年洽谈成功2个项目：市玻璃二厂与台商陈世辅合资生产经营电光源系列产品及配件、市晶体管厂与台商李竹合资生产晶体二极管。1989年，首家台资企业——连云港连毅实业有限公司落户新浦区，总投资170万美元，主要从事电光源系列产品及电器产品的生产和销售。是年，全市批办台资企业2家。1990年8月，市委台办接待以吴兆树为首的台商考察团，该团考察后与新浦农场签订购买2块土地的意向书。1991年9月22～24日，连云港市作为江苏省10个分团之一参加在上海举行的海峡两岸经济洽谈会，达成意向性项目24个。至1991年底，全市批准注册台资项目12个，其中10个为合资或合作企业，合同台资总额2643万美元。台商投资主要以地方优势资源加工为主。

1992～1998年是引进台资的快速提升期。1992年开始，连云港市抓住邓小平视察南方重要讲话、海峡两岸关系出现新变化的历史性机遇，内引外联，采取“以台引台”“以侨引台”等方式，多渠道开展对台招商引资。1992年5月26日，连云港经济技术开发区首家台商投资企业——云丰照明电器有限公司正式开工。7月28～30日，连云港市参加在南京举行的海峡两岸工商同业交流合作会，谈成意向项目26个，签订意向书5份。11月12日，以董事长应孟起为首的台中市众成投资集团一行24人到连云港进行3天考察。1993年市政府下发《连云港市鼓励台湾同胞投资的规定》。1996年10月，台资企业万有商业城开业，该商业城由祖籍灌云县杨集镇的台胞陈君林等台商投资60万美元在杨集镇兴建，占地2.43公顷。12月，由54名台商组成的台湾商务考察团到连云港进行4天考察，参加市政府和新浦区联合召开的对台招商说明会，并分制造、建筑、餐饮、时装、海产、食品等10多个行业小组与连云港市有关行业人员进行对口项目交流洽谈。至1998年，全市批准注册台资企业（大部分是合资企业）321家，合同利用台资1.89亿美元。台商投资大多数以劳动密集型和简单加工型企业为主。

1998～2005年是台资引进稳步发展期。台胞投资方向开始由传统的劳动密集型和简单加工型转向新兴产业和第三产业。全市各级政府着力改善投资环境，加强基础设施建设，简化办事程序，颁布实施招商引资优惠政策，增强对台商吸引力。这段时期全市新批注册台资企业151家，大部分是独资企业，合同利用台资9.64亿美元。

1984～2005年，全市累计批准注册台资企业484家，总投资12.6亿美元，合同利用台资11.8亿美元，实际利用台资9.5亿美元。484家企业中，有合资企业309家，占63.84%；独资企业175家，占36.16%；在投资规模上，1000万美元以上的有15家、500万～999.99万美元的有20家、100万～499.99万美元的110家、100万美元以下的有339家；在行业分布上，农业养殖业114家、商业服务业38家、房地产业32家、轻工业77家、化学工业36家、机械制造业50家、纺织业34家、皮塑业21家、电子制造业39家、医药业13家、建材业30家。

二、优化台商投资环境

1992年2月，市委台办举办首期对台经贸学习班，参加学习的人员为市、县、区台办主任和专兼职对台经贸工作干部共16人。学习班期间，由市外经贸委、计委、工商局、税务局和中国人民银行连云港分行派员系统地讲授对台经贸业务知识。

1998年，市委办公室、市政府办公室转发市台办《关于应邀赴台进行经贸、交流等活动报批办法及有关要求的通知》，要求全市各级政府大力改善投资环境，加强基础设施建设，简化办事程序。2000年4月，市台商投诉协调中心成立并颁布《连云港市台商投诉协调中心实施细则》共6章19条。

2005年8月，市政协召开第十届第二十六次主席会议，听取市台办关于全市涉台资源开发利用情况汇报，要求强化服务理念，盘活台商资源，为引进台资、加快连云港建设作出更大贡献。

第二节　对台交流交往

一、来访交流

1984年4月，连云港市台胞郭守仁从台湾绕道日本回连云港定居，被安置在市麻纺厂工作，为全市首位回乡定居台胞。1985年，连云港首次接待台湾渔船“金惠永”号9名台湾渔民。1987年7月9～12日，台胞董学傅、陈宜真夫妇到抗日山祭扫其三姐夫田守尧和三姐陈洛莲夫妇（抗战期间牺牲的新四军著名将领）。1988年，全市台属与在台亲友通电话达448次、接通293次，收到台湾来信近6000件，寄往台湾的信函7000余件。1989年，市台办印发《接待台湾渔民工作小组工作程序的通知》。10月，连云港市谢黎明正式赴台定居，为连云港市首位赴台定居人员。

1991年10月，台北道教大陆朝圣旅游团一行24人到连云港市朝拜“齐天大圣”孙悟空，此为连云港市首次接待台湾道教团体。是月7日，连云港市海峡两岸书画展在市博物馆开幕。书画展由市委统战部和市台办、市政协、市委宣传部、市文联、文化局、市广播电视局、连云港日报社等单位联合举办，收到应征作品274件，展出156件，其中来自台湾省的有70件。1992年1月21日，应中国科协邀请，台湾“中华顾问工程司”吴荣贵（台湾海洋大学教授、系主任）、港湾部工程师谢宗诚、刘沈荣一行到连云港，就港口建设、港口贸易以及新亚欧大陆桥运行等实际问题进行考察。1994年4月18日，在市台办帮助下，台胞徐霖找到失散50年的二弟。1999年8月，台湾醒吾商业专科学校校长顾建东等台湾教育界人士一行6人到连云港考察，此为连云港市首次接待台湾教育界参访团。

2000年4月下旬，台湾僧人及信徒旅游团一行11人，到花果山海宁禅寺作为期20天的水陆法会，同时进行海峡两岸佛教理论交流。5月下旬，陈立夫侄子陈旭率陈氏家族成员一行12人到连云港考察观光。6月中旬，台湾海峡评论杂志社、海峡学术出版社总经理方守仁、世新大学社会发展研究所教授陈信行、研究生张传圣及林正惠女士一行4人，到连云港进行农业发展规划考察。2001年5月，台湾绿豆苗篮球队一行20余人与连云港港务局篮球队进行体育交流，此为连云港市接待的第一批台湾体育团组。2002年10月13日，台湾书法家高华山的“高华山书法展”在市博物馆开展。2004年6月10～16日，应市台办邀请，以理事长李平荫为团长的旅台海州同乡会文化、经贸考察团一行32人到连云港参观考察。2005年7月，台湾“中山大学”、义守大学、大荣高中等师生组成的台湾师生锦绣江苏夏令营第三分团100余人到连云港开展新亚欧大陆桥东方桥头堡体验之旅活动，此为连云港市首次接待台湾青少年团组。9月5日，台湾玻璃公会董事长、台玻集团常务董事林伯实一行20余人到连云港考察。

1984～2005年，全市接待探亲、旅游、讲学、考察、经商台胞1.76万人次，探亲访问团组220个。

二、赴台交流

1993年3月，连云港市开始因公赴台交流。市蜂疗医院院长、中国养蜂学会副理事长房柱应邀到台湾进行专业考察交流活动，为全市首位应邀因公赴台人员。

2001年12月，连云港市总工会应台湾宜兰县总工会邀请组团赴台交流，为连云港市首批赴台交流公务团组。此后，全市各有关部门积极开辟交流渠道，筛选优势项目，扩大交流规模。交流领域涉及经贸、文化、艺术、体育、教育、新闻、农业、环保、房产、工会等方面。至2005年底，连云港市4500人次赴台探亲、参观、考察交流。

三、涉台宣传

涉台宣传早期手段和形式较单一，主要是对干部群众进行对台方针政策的宣传教育，帮助、指导台属与在台亲友通过中转关系建立通信联系，并相机介绍家乡变化情况。对台宣传稿件多通过海峡之声、金陵之声广播电台，《人民日报》（海外版）、《团结报》以及中国新闻社等传媒播出和发布。

1984年7月，市台办邀请部分在连云港台胞、台属，以品尝台属孙广良从台湾引进培育的福寿西红柿为题开展宣传活动，共叙两岸情谊。中国新闻社、《新华日报》、江苏人民广播电台、《天津日报》《人民政协报》《羊城晚报》《爱国报》《团结报》《连云港报》、连云港电台等新闻单位对此事作报道。1986年10月，市委台办编印《对台方针政策回答》小册子1000份，下发各有关单位。1987年4月，市台办与市政协“三胞”工作委员会、市民革、市台联会在市博物馆联合举办“统一祖国振兴中华”图片展览，共展出照片151张，展出时间2个月。

1992年3月，台湾著名影视制片人凌峰到连云港拍摄《八千里路云和月》系列片。7月，台湾《联合报》记者徐东海到连云港采访后，在7月27日的台湾《联合报》第七版发表报道，介绍大陆改革开放后连云港的建设成就、投资环境和优惠政策。1994年10月，金陵之声广播电台举办的“市长话改革”系列报道活动中，两次播放连云港市副市长程智培的录音讲话，向岛内同胞宣传连云港。

2004年，市委印发《关于进一步加强新形势下对台工作的意见》，要求加大对台经济合作的力度，扩大和深化对台交流交往。4月，由台湾东森、无线卫星电视台、中天电视台等媒体组成的“江淮大地行”两岸媒体采访团到连云港采访。9月，市台办组织编印的对台宣传画册《大圣故里连云港》正式发行。2005年6月，市委台办、市委宣传部联合举行当前台湾政局与两岸关系专题报告会。11月，台湾非凡电视台到连云港进行为期8天的采访；是月，“连云港台湾事务在线”网站开通，在主页设置《港城要闻》《涉台资讯》《连台情谊》《工作动态》等栏目。至年底，全市各级涉台部门举办两岸关系和台海形势报告会100多场，参会人数2万多人次。

四、台胞捐赠

1989年10月，灌云籍台胞田涛（1948年去台，任永安公司董事长）回乡探亲，向圩丰乡政府捐赠1万元，资助圩丰乡建设一座安息堂。1990年9月，按照台湾嘉义小学教师、原籍连云港市海州的张佩芬生前遗愿创办的张佩芬教育基金会启动仪式在海州举行。1991年，全省遭受特大洪涝灾害，全市台胞台属开展救灾募捐活动，共捐款1.15万元、粮票987千克。1992年4月，由灌云籍台胞宋光梁出资3万元在东磊捐建的天愚亭落成，在举行揭幕仪式后移交国营南云台林场管理。1998年8月，长江、嫩江、松花江发生特大洪水，连云港市台资企业和台商向灾区捐款、捐物折合人民币10.5万元。

2001年12月，台胞殷宗文捐款300万元在家乡海州高级中学校园内兴建4000平方米图书馆，再向海州高级中学捐赠100万元作为奖励基金，奖励在教学中作出优异成绩的教师和品学兼优的学生。2005年1月，经江苏省社会捐助中心联系安排，台湾慈济慈善事业基金会在灌云县举办冬令赈济活动，台湾和苏、沪等地的台商捐献价值人民币1200多万元的衣被和粮油等物资，惠及灌云县21个乡镇2.73万名贫困者和残疾人。至2005年底，全市累计接收台胞捐款1800万元。

第九章　老干部工作

1984年，连云港市老干部局更名为中共连云港市委老干部局。1986年，市委成立老干部工作领导小组，各县区、各部门先后成立老干部工作机构。老干部各项政治、生活待遇逐步落实。1990年开始着重落实企业单位老干部离休费发放和医药费报销政策。1996年，连云港市建立老干部“两费”（离休费和医药费）保障机制，在全省率先实行离休费社会化发放，基本解决“两费”拖欠问题。

2005年底，全市有离休干部3204人，其中土地革命战争时期参加工作的1人、抗日战争时期参加工作的851人、解放战争时期参加工作的2352人。

第一节　落实老干部政治和生活待遇

一、落实政治待遇

政治学习和文件阅读　1984年，连云港市各级党委认真贯彻执行中央、省委和市委关于老干部阅读文件、听政治报告、参加重要会议的各项规定，保证离休干部和同级在职干部一样阅读相应级别的文件，参加重要会议精神的传达；离退休干部人数较集中的单位，建立定期组织离退休干部学习和阅读文件制度；对行动有困难的老干部，在遵守保密规定的前提下，指定专人到其住地进行文件传达；有条件的单位建立离休干部阅文室，重要事项及时向老干部通报情况。

1994～2005年，市委老干部局每年在市委党校举办1期老干部理论读书班，学习党和国家的各项方针政策，了解国际国内形势，讲授养生保健知识等。

思想建设和组织建设　1991年6月4日，市委老干部局在市政协礼堂召开全市老干部党支部建设经验交流会。1992年10月9日，市委组织部、老干部局联合下发《关于印发连云港市离休、退休干部党支部工作条例（试行）的通知》，要求凡就地安置并归原单位（系统）管理的离退休干部中的党员，原单位（系统）的党组织要负责将他们编入党支部定期过组织生活；有正式党员3人以上的应单独编为党小组，有条件的单位应单独建立离退休干部党支部；党员人数满10人的离退休干部党支部应设3～5人的支部委员会，不设支部委员会的党支部应设支部书记1人、必要时可增设副书记1人；离退休干部党支部要坚持"三会一课"（党员大会、党小组会、支委会和党课）制度；支委会和党小组一般半年召开1次民主生活会，开展批评和自我批评；对年老多病、身体较差、行动不便的党员，不勉强他们参加会议和活动，可指定党员负责联系、单独征求他们的意见和要求。1996年4月23～26日，市委组织部、老干部局在市委党校举办全市老干部党支部书记培训班，37名老干部党支部书记参加培训。7月24日，市委组织部、老干部局召开全市老干部党支部建设经验交流会，市内各县区委组织部分管部长、县区委老干部局局长，市直各单位和驻连云港各单位的组织科长、老干部科长，以及老干部党支部书记代表等共120余人出席。

2004年10月10日，市委老干部局下发《关于在全市老干部中开展学理论知识测试活动的通知》。全市共有3000多名老干部参加该项活动。2005年底，全市共有老干部党支部213个、老干部党小组115个、老干部政治学习小组421个。

提升政治生活待遇　1984年始，按中央组织部和省委组织部相关文件精神逐步提高老干部各项政治和生活待遇。1989年1月起，对全市抗日战争时期参加革命工作、工资改革前行政15级、担任过县处级职务的离休干部，给予享受厅局级医疗、乘车待遇。1992年7月，对全市抗日战争时期参加革命工作、工资改革前行政15级的所有离休干部，集中办理并经省委组织部和老干部局审批，从是年1月起给予享受厅局级医疗和乘车待遇；对抗日战争时期参加革命工作、1982年底前行政15级、1966年5月16日前担任县处级职务的离休干部，集中办理并经省委组织部和老干部局审批，从是年1月起给予享受厅局级政治、生活待遇；对解放战争时期参加革命工作、工资改革前行政15级、1966年5月16日前担任过县处级职务的离休干部，集中办理并经省委组织部和老干部局审批，从是年1月起给予享受厅局级医疗和乘车待遇。

规范丧事待遇 1984年8月2日，对享受厅局级待遇的离休干部，按组织程序办理在《新华日报》发布逝世消息事宜。

1990年5月28日后，执行中央组织部规定，中国共产党党员逝世后在其骨灰盒上覆盖党旗。1992年，市委和市政府发文规定，老干部逝世后，治丧事宜由所在单位负责办理，不成立治丧机构；生前曾任县处级以上职务和1945年9月2日前参加革命工作的老干部以及经批准享受县处级以上政治、生活待遇的老干部逝世后，按组织程序在《连云港日报》上发布逝世消息；中共党员逝世后，其遗体上可覆盖二号党旗，遗体火化时党旗不得火化。

1999年4月12日后至2005年，执行省委《关于县处级以上干部逝世后丧事改革的通知》：县处级以上干部逝世，丧事从简办理，不成立治丧委员会，不开追悼会，不举行遗体告别仪式；治丧事宜由所在单位办理；除直系亲属外，一般不邀请外地人员参加，家属不得强求上级领导干部参加；逝者生平撰写由组织负责，应实事求是、简明扼要；县处级以上干部逝世后，除个别经批准按有关民族宗教礼仪办理丧事外，均实行火葬，严禁土葬；生前曾任厅局级职务和1937年7月6日前参加革命工作的老干部，以及经批准离休后享受厅局级政治、生活待遇的干部，按组织程序在《新华日报》发布逝世消息。

二、落实生活待遇

离休费 1984年，对1921年7月1日至1949年9月30日期间参加革命工作的老干部，实行离休后原工资照发。1985年，针对离退休干部不参加国家机关和事业单位工作人员工资改革情况，全市行政事业单位离退休人员自是年5月1日起每月发给17元生活补贴费，企业离退休人员每月发给12元生活补贴费。

1988年1月起，对土地革命时期参加工作的老干部工资不到行政14级的补发到行政14级工资；对抗日战争时期参加革命工作的老干部工资不到80元的补发到80元；对解放战争时期参加革命工作的老干部工资不到70元的补发到70元。1989年1月起，对抗日战争时期参加革命工作的老干部工资低于行政18级的，补助到18级工资额；对解放战争时期参加革命工作的，工资低于行政19级的补助到19级工资额。

1992年1月起，提高企业离休干部的离休费，提高标准为：大革命时期及土地革命时期参加革命工作的，每人每月增加50元；抗日战争时期参加革命工作的，每人每月增加30元；解放战争时期参加革命工作的每人每月增加20元。1993年9月起，对1985年工资制度改革前从企业离休的老干部，在1992年底省定增发离休费补贴的基础上，大革命时期及土地革命时期参加工作的每人每月增发35元，抗日战争前期参加工作的每人每月增发30元，抗日战争后期参加工作的每人每月增发25元，解放战争时期参加工作的每人每月增发20元；对1985年工资改革后至1988年底离休的人员，在1992年省定增发的基础上，按参加革命工作时期分别增发20元、15元和10元。

1993年10月，行政事业单位离休干部开始与在职同职务、同条件人员一样实行工资套改增加离休费，离休后享受县处级和厅局级待遇的老干部分别按副县处级和副厅级在职干部一样套改工资增加离休费。企业离休干部从同月起增加离休费，增加标准为：大革命时期和土地革命时期参加工作的增加250元，抗日战争前期参加工作的增加200元，抗日战争后期参加工作的增加150元，解放战争时期参加工作的增加120元。对1985年工资制度改革前离休和1988年底以前离休、虽参加工资改革但在企业实行“工效挂钩”时未增资、离休时有明确职级待遇的老干部，均根据以上办法增发离休费；对不足下列标准的，按下列标准补足：按副厅级享受待遇的250元，按正处级享受待遇的200元，按副处级享受待遇的150元。

针对微利、亏损企业老干部离休费发放难问题，经市委老干部局与市劳动局协商、测算并报经市政府批准，自1995年5月起，市属企业离休干部离休费转由市劳动保险处统一发放，市内70余家企业的400余名离休干部的生活得到基本保障。自是年7月1日起，企业离休人员的离休费（含各项补贴）低于行政机关同职务同条件离休人员工资套改后确定的离休金额的，按大体相当原则予以补足，高于或等于的则不变。是年11月，行政事业单位离休干部按照在职同职务同条件人员增加职务津贴。至2005年仍执行这一规定。

特需经费　该项经费主要用于解决离休干部的特殊困难和必要的活动所需，一般不发给个人，也不得挪作他用，是年结余可跨年度使用。1983年开始按每年每个离休干部150元计算，由离休干部所在单位或上级主管部门作为特需经费列入单位经费预算。1987年12月19日，市委组织部、市委老干部局、市财政局联合下发通知，规定从1988年1月起在离休干部每人每年150元的特需经费中，市区每人每年交市委老干部局15元、主管部门提留25元、离休干部所在单位保留30元、发给离休干部本人80元。此项规定由于种种原因未能完全执行。4月，市委老干部局和市财政局再次通知，调整特需经费管理办法，将150元特需经费发给离休干部本人100元、离休干部所在单位或主管部门留50元统一管理使用。

1997年8月，按省委老干部局通知，离休干部特需经费由150元调整为300元，其中200元发给离休干部本人、100元由所在单位或主管部门统一掌握使用。2002年，特需经费由原来的每人每年300元调整为500元。其中，200元仍按原有规定发给离休干部本人使用；其余300元由所在单位或主管部门统一掌握，用于解决离休干部的特殊困难和必要的活动开支。至2005年仍执行此规定。

交通补助费　1984年2月27日，市财政局、市委老干部局联合通知，规定从是年1月起，副市长以上（包括相当职务）和行政14级以上（含14级）干部离休后，可由原单位每月发给本人交通费10元，包干使用，不再报支市内交通费；1988年1月起，凡14级以上（含14级）、离休后经批准享受地市级待遇的老干部的交通费由每人每月10元提高到20元；县处级及其以下干部离休后发给交通费每人每月10元。1992年9月起，厅局级及享受厅局级待遇的离休干部交通费调整为每人每月30元，县处级以下离休干部的交通费调整为每人每月20元。2004年1月1日起，厅局级及享受厅局级医疗和乘车待遇的离休干部，交通费标准提高到每人每月60元；县处级及其以下离休干部，交通费标准提高到每人每月40元。至2005年仍执行这项规定。

护理费　1984年开始发放。标准为：离休干部户口在农村的每人每月15～20元，户口在城镇的每人每月20～25元。1986年11月起，护理费标准调整为六类区每月51元、五类区每月50元。

1993年7月起，护理费标准由每人每月51元调整为70元。护理费发放范围调整为：1945年9月2日前参加革命工作、年满70岁的离休干部，享受厅局级待遇、年满70岁的离休干部，年满75岁的离休干部。对因病长期瘫痪、生活完全不能自理的离休干部，除发放护理费外，视困难程度给予特殊照顾。1994年11月起，凡1945年9月2日前参加革命工作的离休干部均享受护理费。1995年4月起，抗日战争和解放战争时期参加革命工作的离休干部护理费标准由每人每月70元调整为100元，红军时期离休干部调整为每人每月150元；享受副省级医疗待遇以上的离休干部自雇服务人员费标准调整为每人每月150元。1998年4月，抗日战争和解放战争时期参加革命工作的离休干部护理费由每人每月100元调整为150元，红军时期参加革命的离休干部由每人每月150元调整为250元。护理费发放范围扩大到年满70周岁的其他离休干部。

2002年3月26日，市委组织部、老干部局、市财政局、劳动局联合下发通知，将经市、县劳动鉴定委员会鉴定符合完全护理依赖、大部分护理依赖、部分护理依赖的离休干部的护理费，分别调整到市区320元、260元、200元，四县300元、200元、170元。至2005年仍执行这一规定。

遗属补助 包括遗属困难补助和“三无”遗属医疗待遇。1982年执行省人事厅规定，离休干部逝世后遗属生活困难的给予补助，补助对象主要指由死者生前供养的亲属，包括：父（包括抚养死者长大的抚养人）、夫年满60岁，或虽未满60岁但基本丧失劳动能力的；母（包括抚养死者长大的抚养人）、妻年满50岁，或虽未满50岁但基本丧失劳动能力的；子女（包括遗腹子女、养子女、前妻或前夫所生子女）年未满18岁，或虽满18岁但尚在学校学习或者基本丧失劳动能力的；弟妹（包括同父异母或同母异父弟妹）年未满18岁，或虽满18岁但尚在学校学习或者基本丧失劳动能力的。

1999年10月15日，市人事局、财政局联合通知，规定解放战争时期参加革命工作的离休干部，其遗属补助标准为每人每月190元；抗日战争时期参加工作的，其遗属补助标准为每人每月220元；红军时期参加革命的，其遗属补助标准为每人每月250元；死者遗属为孤寡一人或医公死亡者遗属，每人每月增发20元；死者遗属户口在农村的，在现行补助标准的基础上减发20元。

2002年12月，市委老干部局规定离休干部去世后，其无工作单位、无工资收入、无公费医疗的配偶要纳入当地社会医疗保障范围，享受参保退休人员的基本医疗待遇；医疗救助金按每人每年72元计算，由离休干部原单位每年年初向当地医疗保障部门一次性缴纳。

生活补贴 1982年4月10日起，按国务院规定，对1937年7月6日前参加革命工作的老干部，按本人离休前标准工资，每年增发2个月工资作为生活补贴；1937年7月7日到1942年12月31日参加革命工作的老干部，按本人离休前标准工资，每年增发1个半月工资；1943年1月1日到1945年9月2日参加革命工作的离休干部，按本人离休前标准工资，增发1个月工资；1945年9月3日到1949年9月30日参加革命工作的老干部，不增发生活补贴；享受上述待遇的离休老干部，一律不再发给任何形式的奖金；增发的工资自离休之日起按年发给。

医疗保健 1984年，市第一人民医院在内科病房开设12张老干部专用病床。实行老干部到市第一人民医院特约门诊就医制度，市委老干部局开始组织老干部每年一次健康检查。1987年，实行离休干部看病挂号、就诊、取药、住院“四优先”。1988年8月，市卫生局、市委老干部局联合下发通知，要求在老干部比较集中的地方开办老干部特约门诊。是年，老干部健康检查改为每两年组织一次。

1989年7月3日，市政府召开老干部医疗问题协调会，规定享受公费医疗的离休干部患病应先到市公费医疗门诊部就医，需转诊的经医生同意后到指定医院就医，就诊一律交现金，凭单据到原工作单位报销；凡在市公费医疗门诊部就诊的离休干部，需要住院治疗的，由市公费医疗门诊部开给记账单，收治医院每月与公费医疗门诊部结算一次；老干部病房首先保证离休干部使用，其他干部不得占用；老干部看病原则上到指定医院就诊，家住农村或远离单位（指跨区）的老干部可以就近到指定的市、县、区医院就医，市公费医疗门诊部准予报销医疗费。是年7月，市第一人民医院设立老干部专用门诊。

1990年10月始，凡享受公费医疗和享受地市级待遇的离休老干部，可凭特约医疗证直接到市一院、二院和市中医院就诊，其挂号、交款、取药均由医院护士代办。

2001年12月，市委办公室、市政府办公室发文确定：离休干部在定点医院就医，凭由市离休干部医疗保险保障办公室统一制发的离休干部医疗门诊病历和离休干部医疗证挂号就诊；易地安置的离休干部，可选择安置地医疗保险经办机构确定的2所不同级别的医院作为就诊医院，由离休干部所在单位报市离休干部医疗保险保障办公室备案；建立离休干部个人医疗账户，每年每人存入4000元，符合规定的医疗费用，在4000元以内的由个人账户支付，结余部分在年底结算时按60%的比例返还给个人。2002年4月，市第一人民医院老干部病房搬至该院急诊中心大楼16层，病床增至48张。2003年8月，市委组织部和老干部局、市劳动和社会保障局、财政局、卫生局联合发文，建立离休干部医疗费控制指标制度、就医用药报销制度、奖惩制度。至2005年仍执行这一规定。

易地安置　1988年，省委老干部局将外省、市、区老干部易地安置审批权下放给连云港市，市委老干部局下发《关于接受易地安置老干部有关问题的通知》。

1990年9月，市委老干部局发文对易地安置在连云港市的离休干部收取的经费项目和标准作出规定：公用经费，地市级（含享受地市级待遇）每人每年750元，县处级以下每人每年550元；医疗预备金，每人2000元，为老干部生病住院押金专用；一次性安置费，地市级（含享受地市级待遇）每人1万元，县处级以下每人5000元，已经安置的不再收取。至2005年，全市易地安置离休干部137人（不包括省内安置），其中外市到连云港安置的98人，连云港市安置到外市的39人。

第二节　老干部活动

一、老干部文体活动

1984年8月5～11日，连云港市委老干部局和市体育运动委员会、总工会联合承办江苏省第一届老年人游泳比赛。参加比赛的有12支代表队、66名运动员和教练员，包括省内的南京、镇江、无锡、扬州、常州、连云港及南京铁路体育协会和省级机关体育协会代表队，上海市、江西省、安徽省、福建省也应邀派代表队参赛。1985年9月16～20日，市委老干部局和市体委、市总工会联合承办江苏省第一届老年人乒乓球比赛，11个省辖市和省级机关、高校、南京铁路分局、泰州市共15支代表队参加比赛。连云港市代表队获团体第四名，赵秀章获男子单打第一名。1988年10月18日，市委老干部局、市退休职工管理委员会联合在市工人文化宫剧场，为结婚50年以上的老干部、老职工夫妇举办“金婚”庆祝会，共有300对老年夫妇参加。

1990年5月30～31日，连云港市发起的徐州、淮安、盐城、连云港四市老干部联谊门球比赛第一轮赛事在市老干部门球场举行。四市共派出10支代表队参赛。1993年10月5～8日，市委老干部局与市体委、老龄委及连云港港务局等单位联合在市体育馆举办连云港桥头堡杯老干部门球邀请赛，亚欧大陆桥沿线的徐州、商丘、开封、三门峡和沿海开放城市南通、厦门、湛江等城市的13支代表队参加。1995年9月10日，日本大阪妇女友好之翼访华团15人，由团长野泽正子率领，到市老干部活动中心与连云港市老干部书画研究会部分成员进行书画艺术交流。1996年8月6日举办市第五届老年人海滨运动会，市内19个系统和单位的300名老干部参加。10月18日，市委组织部、老干部局举办纪念红军长征胜利60周年老干部联欢会。1997年6月17日在市第一招待所礼堂举办迎香港回归报告会，市区享受县处级待遇以上的老干部近500人出席。1999年10月11～13日，市老干部活动中心承办全省老干部庆祝新中国成立50周年暨澳门回归书画展。

2005年市委老干部局组织老干部合唱团、京剧团、书画协会等老年团体参加先进文化进万家系列活动。全年组织大型活动和比赛20余次。

二、基层老干部活动阵地

1984年12月，市老干部俱乐部成立。

1986年，市委老干部局制定下发老干部活动室建设的6条标准，并组织检查验收。是年，全市有离休干部达5人的乡镇84个，其中建有老干部活动室的67个。

1991年1月，市委组织部、老干部局发文对赣榆县班庄镇等24个老干部活动室进行表彰。1993年，市老干部俱乐部改称老干部活动中心。1995年开始接待老干部活动。1997年1月，市委老干部局授予赣榆县老干部活动中心等36个活动室“先进老干部活动室”称号，确定市公安局老干部活动室等33个活动室为合格老干部活动室。

2005年，市委老干部局开展“活动中心（室）创优达标”活动，并探索适应老干部高龄养老管理服务的各种方式。

第十章　党史工作

1985年1月，中共连云港市委党史资料征集研究委员会成立，下设办公室。1988年5月，中共连云港市委党史工作委员会（简称市委党史工委）成立。1996年7月，市委党史工委更名为市委党史工作办公室（简称市委党史工办）。至1998年底，全市党史工作重点围绕编纂《中共连云港市地方史（第一卷）》，对民主革命时期的党史资料进行全面征集、编辑、研究和宣传。是年完成《中共连云港市地方史（第一卷）》出版工作。1998年后，党史工作重点转向《中共连云港市地方史（第二卷）》的征编工作，2005年完成《中共连云港市地方史（第二卷）》初稿。在进行地方党史资料征集、党史书籍编纂的同时，市、县党史部门以抗战胜利、中国共产党建党等重大事件和重要人物纪念为主题，以各级爱国主义教育基地、革命纪念地、纪念馆为平台，开展多项纪念、展览活动，进行爱国主义和地方党史宣传。

第一节　党史资料征编

一、党史资料征集

1985年，连云港市委党史资料征集研究委员会及办公室成立后，重点开展民主革命时期地方党史资料征集工作，并以此为基础开展《中国共产党连云港市地方史（第一卷）》编纂工作。资料征集方法有上门采访、邀请老同志开座谈会、调查会、发征集信、约请老同志写回忆录、查档案等。至1994年，先后走访老同志及相关人员1700余人次，邀请数百位老同志座谈回忆，应邀参加座谈130余人次，挖掘、抢救、征集、整理资料约3900万字；在此基础上出版《中共连云港市组织史》《人物传》《大事记》《专题史料》等各种书刊59种。四县党史部门对各县的相关党史资料进行广泛征集。市党史部门征集的16本《杜李日记》成为研究淮北盐场历史的重要档案资料，赣榆县党史办征集的延安时期林伯渠、陈云等老同志的手稿等资料被复制后送中央党史资料室留存。市、县党史部门对征集到的党史资料进行整理出版，1984年、1985年、1986年先后出版《连云港革命史料》第二、三、四辑。1988年出版第五辑。四县党史部门先后出版民主革命时期党史资料和文史资料30余册。

1994年，市委党史工委制定社会主义时期党史资料征集方案，并报经市委同意召开全市党史工作会议，调动全市力量开展资料征集。1998年《中共连云港市地方史（第一卷）》出版之后，党史资料征集工作重点转向社会主义建设时期。这一时期的党史资料征集方式，除广泛采访和调查外，还在全市各行业开展宣传并得到各行各业的广泛支持。至1998年底先后与相关部门合作编印以历史文献和回忆文章为主的党史资料丛书。在此基础上开始《中国共产党连云港市地方史（第二卷）》的编写工作。2002年编辑《中国共产党连云港市历次代表大会文献汇编》。至2005年底，市、县党史专题资料征编基本完成，为党史二卷本编写奠定资料基础。

二、党史书籍编纂

1984年起，全市各级党史部门对党史资料研究编纂整理，先后出版上百种党史书籍。1986年《赣榆县组织史》出版，在全省属第一家。1989年，连云港市党史工委出版《海属地区早期党组织有关文献汇编》；1990年出版《抗战歌曲一百首》；1993年出版《连云港市烈士传选编》《中国共产党江苏省连云港市组织史资料》《连云港市革命纪念地》；1994年出版《连云港市革命斗争故事选》《革命战争中的淮北盐场》。1995年，市委党史工委和市委统战部联合出版《连云港市资本主义工商业的社会主义改造》。1996年市委党史工办出版《国民经济恢复时期的新海连市（1948.11～1952.12）》《连云港市党史资料丛书：手工业社会主义改造》。1998年出版《中共连云港市地方史》（第一卷）。1999年，该书被评为江苏省哲学社会科学优秀成果，获得连云港市第五次哲学社会科学优秀成果一等奖。是年出版《热血凝成的乐章——连云港市革命斗争要事简介》《丰碑颂——连云港市革命烈士传（1949.10～1999.10）》。是年，市委党史工办全面开展《中国共产党连云港市地方史（第二卷）》征编工作。2001年，为纪念中国共产党建党80周年，编纂出版《中共连云港市历史大事记（1949～1999）》《曲折与辉煌——中共连云港市地方史专题资料》，赣榆县党史工办出版《探索与辉煌——中共赣榆县地方史专题资料（1949～1999）》；2002年出版《民族之光——抗日山专题集》。2003年东海、灌南相继出版《中共东海县地方史》《中共灌南县地方史》。2005年，为纪念抗日战争胜利60周年，市委党史工办先后出版《热血颂——连云港抗战歌曲集》《海属抗战风云录》，编写《江苏人民打击日寇英雄事迹·连云港卷》《群英谱——连云港分卷》。是年，《中国共产党连云港市地方史（第二卷）》完成初稿。年末，赣榆县、灌云县陆续完成地方党史一卷本初稿撰写。

图23-14　1984～2005年间全市党史部门编纂出版的党史书籍
侍志　摄

第二节　党史宣传和研究

一、党史宣传

宣传教育基地　1987年，连云港市委决定建立连云港市革命纪念馆，确定把馆址选在陇海公寓。是年6月6日，市革命纪念馆开馆。1989年，抗日山烈士陵园入选全国重点烈士纪念建筑物保护单位。1994年，市委、市政府为纪念中国共产党海属地区早期的革命活动，在海州师范学校校园内建立一座纪念碑式的雕塑，正面镌刻“中国共产党海属地区早期组织活动基地纪念标志”。是年，东海县委、县政府为纪念1946年6月“安峰山事件”，决定兴建安峰山烈士陵园。1995年，中共海州区委在白虎山的山顶建一座纪念亭，以纪念1928年中共东海特别支部成立。1997年，市革命纪念馆、中国共产党海属地区早期组织活动基地纪念标志、中共东海特别支部纪念亭被省委宣传部命名为江苏省爱国主义教育基地。1998年4月，安峰山烈士陵园对外开放。2002年9月，灌南县烈士陵园被江苏省全民国防教育委员会授予“省级国防教育基地”称号。是年，根据全市旧城改造规划要求，连云港市革命纪念馆需要新建。市委党史工办做好陇海公寓搬迁时期馆藏资料的保管、维护工作，制作拆迁前的陇海公寓全貌录像片，拍摄陇海公寓原貌及工艺性构件部位照片。2003年，市革命纪念馆因旧城改造正式拆迁。新馆地址选定在朝阳东路南、新博物馆东，占地面积2.5公顷。2004年8月，灌南人民革命纪念馆开始建设。是年，市委党史工办委托天津市建筑设计院对市革命纪念馆进行整体方案设计，完成新馆馆址的土地勘测工作。2005年，抗日山烈士陵园入选第三批全国青少年爱国主义教育基地，市革命纪念馆新馆完成施工设计、代理和监理招标等工作，并为新馆征集珍贵史料27件。

宣传、纪念活动 1984年起，全市各级党史部门先后以抗战胜利、中国共产党建党、连云港市对外开放、连云港市解放以及毛泽东100周年诞辰等重大历史事件和历史人物的纪念为主题，在全市开展党史宣传活动。

1995年，市委开展纪念抗日战争和世界反法西斯战争胜利50周年活动。8月，市委宣传部、党史工委、市社科联联合举办纪念抗日战争胜利50周年学术讨论会。9月3日，市委宣传部、市委统战部、党史工委邀请部分参加过抗日战争的老同志、爱国人士举行纪念抗日战争胜利50周年座谈会。辑录相关纪念文章并出版《前事不忘》一书。

1998年，为纪念连云港市解放50周年暨中共十一届三中全会召开20周年，设计制作“光辉的历程——连云港人民革命斗争史展览”“腾飞的港城——改革开放以来建设成就展览”大型展览。此后，该展览连续数年在县区及企业、学校流动展出，累计参观16万余人次。市革命纪念馆开展馆校挂钩，共建签约学校33所，多次走出馆门作革命斗争故事报告会。《连云港日报》以《收集史料备展忙》《以革命历史育才树人》为题作3次专题报道。

1999年，为纪念新中国成立50周年，市委党史工办举办“共和国的脚步”大型图片展，编印《热血凝成的乐章》，以图文并茂的方式对青少年尤其是中小学生进行爱国主义和革命传统教育。为推动全市学习地方党史，市委党史工作办公室与市委组织部、宣传部、市自来水公司联合举办“迎七一、庆国庆”地方史知识竞赛活动，全市近万人参加，评选出一、二、三等奖共10名。

2001年，为纪念建党80周年，市委党史工办到全市党政机关、部队、部门作连云港地方史专题报告4个专场，为市广播电台专题讲座7次（每次30分钟）。

2002年，市革命纪念馆举办“迎接十六大——连云港市成就展”，参观人数近万人。制作“战斗的历程——连云港人民革命斗争史”“辉煌的成就——连云港市建国以来建设成就”流动图片展。为纪念连云港市解放55周年，举办“红三环杯”市情知识竞赛。制作《血染的丰碑》文献纪录片。举办“人民不会忘记——共和国第一珍贵图片展”。

2004年，为纪念连云港市对外开放20周年，市委党史工委编纂、出版《大潮奔涌——连云港开放二十周年纪实》；召开连云港市开放20周年理论研讨会，出版研讨会优秀论文集；开展建党

83周年纪念活动，研究整理有关海属地区第一个党的领导机构——东海特支成立的相关资料，发布公告，向全社会公开征集文史史料。

2005年，市委下发《关于纪念中国抗日战争和世界反法西斯战争胜利60周年活动的通知》，全市开展10项纪念活动，市委党史工办承办7项。赴北京走访参加连云港地区抗战的八路军官兵，征集连云港保卫战的有关史料，市电视台制成电视专题片播放，《连云港日报》刊登相关访谈。市委宣传部、市委党史工办联合举办知识竞赛、座谈会、连云港抗战组歌演唱会等一系列纪念活动。为配合全市保持共产党员先进性教育活动，举办牢记"两个务必"永葆政治本色——西柏坡精神巡回展览、延安精神永放光芒、连云港革命史略等主题展览，在全市各界引起强烈反响。

二、党史研究

1985年后，市、县、区各级党史部门认真开展地方党史的研究。在开展研究的过程中，对连云港党史进行完善和修正，特别是对连云港地区最早的党组织的建立、连云港地区的中共地下党组织东山第一支部、半滩支部、大浦特别支部等重要问题都形成了最新的研究成果，对补充完善中共连云港地方历史提供了有力依据。同时，对地方党史的研究成果帮助组织部门解决了许多历史遗留问题。

1991年6月，连云港市成立党史学会，吸收全市党史工作者100余人。1993年，东海县党史办宋宝智的《毛泽东论廉政和反腐败斗争》一文发表于《求是》杂志。1995年，在纪念抗战胜利50周年活动中，全市3篇文章入选中央党史研究室文集，5篇入选省委党史工办文集，4篇入选省纪念抗战胜利50周年学术讨论会。1998年，为纪念中共十一届三中全会召开20周年，撰写一批论文。其中，为省研讨会组织论文13篇，被录用2篇；为市研讨会组织论文10篇，被录用、获奖2篇。组织各类研讨文章，被《世纪风采》录用2篇、《党史资料与研究》录用4篇、《连云港论坛》录用4篇、《连云港日报》录用近10篇。

2001年，市委组织部、宣传部、党校、党史工办联合举办建党80周年理论研讨会，参会论文辑录为论文集。连云港市一批优秀成果获省党史系统优秀成果奖。其中，《中共连云港市地方史》获一等奖。2002年，市委党史工办参与《中共滨海地方史》纲目的研讨修改，得到中共山东省委党史研究室的充分肯定。2003年6月20日，市中共党史学会召开第二届理事会第一次会议，选举产生新的学会领导机构。12月24日，市委党史工办、淮海工学院、市中共党史学会联合召开纪念毛泽东诞辰110周年理论研讨会，在近百篇征文中评出19篇优秀论文。

第十一章　党校工作

1984～1989年，连云港市各级党校认真贯彻中共中央《关于实现党校教育正规化的决定》，干部培训从短期轮训为主逐步转向正规化培训为主，以适应社会主义现代化建设的需要。1990年后，各级党校将党性教育作为培训必修课。1995～1999年，党校教育进入规范化、制度化建设新阶段。2000～2005年，贯彻《中共中央关于面向21世纪加强和改进党校工作的决定》和全国、省市党校工作会议精神,以全面培养领导干部政治家素质为目标,全市各级党校建立完善理论基础、世界眼光、战略思维、党性修养四位一体的教学新布局。

至2005年,全市各级党校共举办各类干部培训班298期,培训各级各类干部25087人;干部学历教育累计毕业8565人。

第一节 干部培训

1984～1989年,连云港市委党校进行教学改革,干部培训内容以马克思列宁主义、毛泽东思想和中国共产党的方针政策为主,同时开设世界经济、管理数学、现代科技、领导科学、法学基础知识等课程。其间举办县区局级领导干部学习班22期,累计培训1691人;举办乡镇领导干部学习班6期,培训246人;举办中青年干部培训班6期,培训214人;举办军队转业干部培训班1期,培训34人;举办宣传理论干部培训班1期,培训105人;举办科级干部培训班2期,培训82人;举办外向型经济实务班1期,培训65人;举办新闻文艺干部学习中共十三届四中全会文件轮训班2期,培训160人。

1990年,把学习马克思主义基本理论、党的基本路线和党内政治生活基本原则作为培训干部的主要内容,把党性教育作为必修课。举办县处级以上领导干部学习中共十三届六中全会文件轮训班5期,培训学员480人;举办县处级以上领导干部《关于社会主义若干问题学习纲要》学习班1期,培训学员126人;举办中青年干部培训班、党外干部培训班等3期,培训学员120余人。

1991～1994年,市委党校举办各类干部轮训班、培训班、《邓小平文选》第三卷读书班29期次,累计培训1326人。1995年,贯彻"学马列要精,要管用的"原则,以马克思主义基本理论为主课,同时开设与社会主义现代化建设相关的领导干部必备业务知识课、现代科学文化知识课。至1997年底举办各类干部培训班、研讨班49期次,累计培训3813人次。

1998年,市委党校举办各类培训班和轮训班21期次(其中公务员初任培训班3期),培训2408人。1999年举办县处级领导干部学习江泽民在纪念中共十一届三中全会召开20周年大会上的讲话精神轮训班、县处级领导干部金融专题研讨班、入党积极分子培训班等22期,培训、轮训学员2503人次。是年承办全省党校系统法学教学座谈会暨合同法研讨班,全省党校系统54名法学教师和市各有关单位52名从事法律工作的干部参加学习。

2000年举办国家公务员初任培训班、非公有制经济代表人士培训班等18期,培训学员1532人次。2001年举办各类干部学习研讨班、轮训班13期次,共培训学员1612人次。2002年举办市管领导干部学习WTO轮训班、县处级领导干部学习中共十六大精神轮训班等26期,轮训、培训学员2154人次。

2003年举办乡镇党委书记学习中共十六大精神培训班、新疆维吾尔自治区伊宁县和巩留县党政领导干部培训班等17期,培训2307人次。2004年举办青年干部培训班、女干部培训班、党务干部培训班等27期,共培训学员1875人次。

2005年举办保持共产党员先进性教育骨干培训班、党外干部培训班等19期,培训内容主要有"三个代表"重要思想、科学发展观、党的执政能力建设和先进性建设等,全年培训学员1473人。是年,市委党校和省委党校《唯实》杂志社联合举办提高构建社会主义和谐社会能力专题研修班1期,97人参加研修班学习。

第二节　学历教育

一、函授本科和大、中专教育

1985年，中共中央党校函授学院江苏分院连云港学区和中共江苏省委党校干部函授学院连云港分院成立。1985～2005年，全市党校系统开办中专班4届、大专班20届、中函本科班13届、省函本科班10届，毕业学员8565人。2005年，在籍党校函授学员3086人，其中市委党校直属班2203人、县委党校函授辅导站883人；在校班级64个班，其中市委党校直属班40个班、县委党校函授辅导站24个班；开设专业有经济管理、法律、计算机、公共管理等。

二、在职研究生教育

2000年，江苏省委党校开始在连云港市委党校设立在职研究生教学点，培养具有马克思主义理论基础、较高专业知识水平和较强党性的党员干部和理论骨干。至2005年举办在职研究生班6期，培养在职研究生459人。

2000～2005年中共连云港市委党校在职研究生班情况统计表

表23-14　　单位：人

年级	专业	研究方向	人数
2000	科学社会主义	政治学	70
2001	政治经济学	经济管理	78
2002	政治经济学	经济和政治	78
2003	科学社会主义	社会主义法制建设	71
2004	区域经济学	经济发展与城乡管理	71
2005	区域经济学	区域经济发展与城乡管理	91

三、联合办学

1994年4月，徐州师范学院成人教育学院连云港分院在市委党校成立。1994～2001年招收汉语言文学教育、政治教育、英语教育、数学教育等专业的本科学员共8届。

1995～1996年，市委党校和南京师范大学经济法政学院联合举办在职研究生课程进修班2期，培养学员157人。

1997年，市委党校和南京大学联合举办研究生课程进修班1期，培养学员82人。

第三节　科　研

一、科研管理

1984～2005年，连云港市各级党校围绕改革开放和现代化建设中的重大理论问题和实际问题开展科研调研工作，完成科研成果1810余项。其中，出版专著、编著等30多部，在省级以上刊物发表论文321篇，其他科研成果730余项。

1985年，市委党校制定1985～1986年科研计划。1985～1989年有63篇论文在市级以上刊物发表。1990～1993年，市委党校公开发表科研成果75项，其中省级以上成果45项，参编出版著作16部；59篇论文在市级以上刊物发表，其中3篇论文获省党校系统社科成果三等奖，1篇论文获省级优秀论文一等奖，《中共党史专题20讲》获省级优秀成果奖。

1994年，市委党校制定并颁布科研工作规定，对科研成果实行倾斜政策，为教师参加学术活动提供便利条件。1994～1995年，市委党校在市级以上刊物发表理论文章76篇，参编出版著作4部，其中由曹佳鸣撰写的《理论思维的成熟是党成熟的重要标志》、窦立夫撰写的《构建市场经济条件中的政府行为分析》在党中央理论刊物《求是》内部文稿上刊载。

1996年起，市委党校将科研工作纳入教学工作量化考核指标体系，促进科研工作的普及。1998年，公开发表的科研成果达190项，其中省级以上成果40项、参编出版著作4部。

2000年，党校各级教研管理人员完成科研成果181项，公开发表146项。其中，《连云港现代化研究》课题被列为连云港市2000年第十批科学技术发展计划（软科学）项目之一。

2001～2005年，市委党校发表科研成果499项，其中省级以上成果144项、市级成果355项。1人获"江苏省优秀哲学社会科学工作者"称号，5人分获市哲学社会科学一、二、三等奖。

二、科研活动

1990年6月，全省党校系统科研、校刊工作会议在连云港市召开。1991年，市委党校举办首次科研成果展，收录科研成果100余项。1993年12月，市委宣传部、市委党史工委、市高校工委、市社科联和市委党校联合举办纪念毛泽东诞辰100周年理论研讨会，市委党校有9篇论文参加会议交流。1994年6月，邓小平领导思想研讨会暨全省党校系统领导学研究会第六届年会在连云港市委党校召开，全省各地的30余名代表参加会议。1998年12月，全市纪念中共十一届三中全会召开20周年理论研讨会在市委党校召开。全市宣传部门领导和理论工作者130余人参会，有200篇论文入选，市委党校提交论文6篇。2000年12月，由市委宣传部、市委党校、市教委、市社科联联合举办的全市干部群众关注的热点难点问题理论研讨会在市委党校召开。2001年6月，全市党校系统纪念建党80周年理论研讨会在市委党校召开。2002年6月，市委宣传部、市级机关工委、市委党校、市教委、市社科联联合召开连云港市学习"三个代表"重要思想理论研讨会。2004年5月，由市委宣传部、党校、党史工办、市社科联联合举办的纪念连云港市对外开放20周年理论研讨会在市委党校召开；7月，全市纪念建党83周年座谈会在市委党校召开。2005年8月，全省党校系统第五届科研工作会议在南京召开，市委党校获科研成果二等奖1项。

连云港市志

第二十四卷　地方人民代表大会

在经历十年“文化大革命”的严重破坏后，1980年开始，连云港市人民代表大会制度重新进入正常运行轨道。1984～2005年，是连云港市第七届至第十一届人民代表大会任期，先后进行4次换届选举，产生第八、第九、第十、第十一届市人民代表大会常务委员会（简称常委会），每届任期5年。1986年起，直接选举人大代表的范围扩大到县、区一级，普遍实行差额选举。1990年起，在全市乡、镇普遍设立人大主席团常务主席。

1984～2005年，连云港市人民代表大会及其常委会认真行使宪法和法律赋予的职权，发挥地方国家权力机关的作用，按照有关法律规定，认真行使监督权、重大事项决定权、选举和人事任免权，做好代表工作，加强常委会和机关自身建设，在事关全市改革开放稳定大局和群众切身利益、社会普遍关注的重大问题上积极开展法律监督和工作监督，在社会主义民主政治建设中发挥着越来越重要的作用。

第一章　人民代表大会代表

连云港市人民代表大会的代表是市人民代表大会的组成人员，依照法律规定执行代表职务，每届任期5年。换届选举前，市人大常委会根据《中华人民共和国人民代表大会和地方各级人民代表大会选举法》和省人大常委会的有关规定，确定本届市人大代表名额及其具体分配方案，并报省人大常委会批准。各选举单位选出市人大代表后，市人大常委会代表资格审查委员会依法对换届选举和补选代表的市人大代表资格进行审查，向市人大常委会提出审查报告，确认当选代表的代表资格是否有效。

第一节　代表构成

一、第七届人大代表

连云港市第七届人民代表大会（1983年4月～1988年1月）代表580人。各选区代表名额为：新浦区90人、连云区55人、盐区45人、海州区47人、南城区46人、东海县93人、灌云县94人、赣榆县90人、解放军驻连云港部队20人。全体代表中，中青年代表515人，占88.79%；妇女代表132人，占22.76%；少数民族代表8人，占1.38%。按界别分，工人代表108人，占代表总数的18.62%；农民代表107人，占18.45%；党和国家机关工作人员代表139人，占23.97%；知识分子代表128人，占22.07%；民主党派和爱国人士代表73人，占12.59%；归国华侨代表5人，占0.86%；军人代表20人，占3.44%。

市第七届人大第一次会议后，代表资格终止13人，其中调离连云港市9人、逝世2人、被罢免2人。补选代表3人。市七届人大二次会议时，有代表570人。

市第七届人大第二次会议后，代表资格终止8人，其中调离连云港市3人、逝世4人、被罢免1人。

市第七届人大第三次会议后，代表资格终止9人，其中调离连云港市8人、被罢免1人。

市第七届人大第四次会议后，代表资格终止4人，其中调离连云港市3人、逝世1人。

二、第八届人大代表

连云港市第八届人民代表大会（1988年1月～1993年3月）代表460人。各选区代表名额为：赣榆县74人、东海县76人、灌云县78人、新浦区75人、海州区50人、连云区48人、云台区43人、解放军驻连云港部队11人。

市第八届人大第一次会议后，代表资格终止6人，其中调离连云港市5人、逝世1人。

市第八届人大第二次会议后，代表资格终止6人，补选代表10人。

市第八届人大第三次会议后，代表资格终止4人，其中调离1人、逝世2人、被罢免1人，补选代表5人。

市第八届人大第四次会议后，代表资格终止8人，其中调离6人、逝世1人、被罢免1人。

三、第九届人大代表

连云港市第九届人民代表大会（1993年3月～1998年1月）代表458人。各选区代表名额为：赣榆县74人、东海县76人、灌云县78人、新浦区74人、海州区50人、连云区48人、云台区47人、解放军驻连云港部队11人。全体代表中，工人和农民代表占33.6%，知识分子代表占28.2%，干部代表占29.6%。

市第九届人大第一次会议后，代表资格终止5人，其中调离连云港市4人、逝世1人。补选代表6人。

市第九届人大第二次会议后，代表资格终止7人，其中调离连云港市5人、辞去代表职务1人、被罢免1人。补选代表9人。

市第九届人大第三次会议后，代表资格终止9人，其中调离5人、逝世3人，辞去代表职务1人。

市第九届人大第四次会议后，代表资格终止6人，全部为调离连云港市。补选代表12人。

四、第十届人大代表

连云港市第十届人民代表大会（1998年1月～2003年1月）代表417人（缺额2人）。各选区代表名额为：赣榆县61人、东海县61人、灌云县66人、灌南县44人、新浦区58人、海州区38人、连云区42人、云台区37人、解放军驻连云港部队10人。全体代表中，工人和农民代表占26.4%，知识分子代表占31.4%，干部代表占40.8%。

市第十届人大第一次会议后，代表资格终止12人，其中调离连云港市7人、逝世3人、罢免1人、辞去代表职务1人。补选代表9人。

市第十届人大第三次会议后，代表资格终止9人，其中调离连云港市6人、逝世3人。补选代表7人。

市第十届人大第四次会议后，代表资格终止9人，其中调离连云港市7人、逝世2人。补选代

表10人。

五、第十一届人大代表

连云港市第十一届人民代表大会（2003年1月～2008年1月）代表419人。各选区代表名额为：赣榆县61人、东海县64人、灌云县64人、灌南县44人、新浦区79人、海州区38人、连云区58人、解放军驻连云港部队11人。全体代表中，工人和农民代表占26.5%，干部代表占27.9%，知识分子代表占27.7%，解放军、少数民族、归侨侨眷、新经济成分等其他方面代表占17.9%。

市第十一届人大第一次会议后，代表资格终止13人，其中调离连云港市12人、辞去代表职务1人。补选代表8人。

市第十一届人大第三次会议后，代表资格终止10人，其中调离连云港市6人、罢免2人，暂停代表职务2人。补选代表6人。

市第十一届人大第四次会议后，代表资格终止5人，其中调离连云港市4人，暂停代表职务1人。补选代表10人。

附：连云港市出席江苏省人民代表大会代表名单

一、出席省第六届人民代表大会代表

1983年4月7日，市第七届人民代表大会第一次会议选举产生出席省第六届人民代表大会代表64人（按姓氏笔画排列）。

于月钦	万玉绪	王友芝	王水娟	王维良	王淑兰	王疆权
毛庚年	尤　淇	左方明	田德洪	朱广沛	朱玉成	朱同仁
朱越国	刘开祥	刘士花	刘学珍	刘国杰	孙玉霞	安桂林
李正基	李　华	李　明	李登先	李德来	杨庆芳	何源禄
张季龙	张治法	张铭芬	陆天明	陆咸凤	陈开山	陈光美
陈怀国	苏德晶	林　永	季文树	金　逊	周庆立	周　沛
单会府	呼宗富	宗祥基	宗献瑞	武俊英	禹　光	赵成锭
赵　泳	姜　荣	宫维桢	徐年修	秦秀芳	夏洪烈	梁皓群
黄大雨	黄绥九	黄惠贤	董　何	褚惠玉	蒋志华	鲍家桢
薛玉霞						

代表变动情况：省第六届人大第三次会议后，调离江苏省1人：毛庚年；补选1人：唐贯淮。省六届人大四次会议后，省内调动（即调出连云港市到省内其他地方，下同）2人：李登先、呼宗富。

二、出席省第七届人民代表大会代表

1988年1月9日，市第八届人民代表大会第一次会议选举产生出席省第七届人民代表大会代表55人（按姓氏笔画排列）。

马元文	马成果	王力行	王友芝	王水英	王廷柱	王振茂
邓瑞珍	甘黎明	叶志俊	吕道生	朱有权	朱泰曾	刘士花
刘国杰	刘梅秀	孙　弦	孙召云	杨庆芳	李元海	李正基
李庆鹏	吴锡军	何淑华	何源禄	邹林瑞	沈国斌	张玉华
张关林	张治法	陈　寰	陈昆山	邵理修	武俊英	林蔡治
周庆立	周克成	周松亭	郑申雄	赵　泳	赵成锭	姜　荣

秦秀芳	贾仁松	顾育白	晏福荣	高有为	黄惠贤	葛良昌
程巨田	程智培	鲁少时	强丽英	谢瑞章	蔡海江	

代表变动情况：省第七届人大第一次会议后，省内调入（即省内其他地方调入连云港市，下同）1人：吴炳裔。省第七届人大第三次会议后，省内调入1人：王四绪。省第七届人大第四次会议后，省内调入1人：徐守盛。

三、出席省第八届人民代表大会代表

1993年3月22日，市第九届人民代表大会第一次会议选举产生出席省第八届人民代表大会代表55人（按姓氏笔画排列）。

凡　兵	马元文	王水英	王汉彰	王时中	王忠基	王学清
王秋丽	冯健亲	朱永源	朱季文	朱泰曾	许孟高	许维铭
孙召云	李　洁	李　瑜	李正基	李佩佑	李建平	李贵梁
李洪甫	李景祥	吴生林	吴炳裔	吴骏生	何淑华	邹林瑞
沈　蝶	宋呈莲	张学仁	张顺荣	张洪泉	张蕴生	张耀华
周庆立	周桂珍	房月林	柏继英	胡济璜	钟　平	姚瑞珠
秦文娟	秦秀芳	袁诗德	聂长兰	高有为	高家鸿	唐念慈
唐贯淮	曹祖炜	程天祥	谢瑞璋	黎正宇	滕雨成	

代表变动情况：省第八届人大第一次会议后，省内调动1人：吴炳裔；逝世1人：钟平；补选1人：冯其湘。省第八届人大第二次会议后，调离江苏省1人：吴骏生；补选1人：张连珍。

四、出席省第九届人民代表大会代表

1998年1月23日，市第十届人民代表大会第一次会议选举产生出席省第九届人民代表大会代表42人（按姓氏笔画排列）。

丁汝洋	王士运	王丕易	王如道	王时中	冯　义	朱本美
刘梅青	汤建鸣	许赞有	孙　才	孙云花	孙飘扬	杨少仁
李传彩	李佩佑	李建平	束鹏邺	吴松青	吴德往	何淑华
宋开智	张蕴生	陈卫国	陈必亭	陈　刚	陈如根	郁家树
罗逸涛	周桂珍	项　平	赵铁柱	袁立峰	钱勤英	徐庆松
徐旨云	徐寿可	郭家登	高有为	唐念慈	程学光	戴镇基

代表变动情况：省第九届人大第一次会议后，调离江苏1人：王丕易；省内调动1人：陈卫国。省第九届人大第二次会议后，补选1人：朱浩。省第九届人大第三次会议后，调离江苏省1人：陈必亭；省内调动1人：郁家树。逝世1人：唐念慈。补选2人：王国生、李源潮。省第九届人大第四次会议后，省内调动1人：汤建鸣；罢免1人：朱本美；省内调入2人：仲琨、李开华。

五、出席省第十届人民代表大会代表

2003年1月23日，市第十一届人民代表大会第一次会议选举产生出席省第十届人民代表大会代表42人（按姓氏笔画排列）。

丁亚梅	丁汝洋	王立步	王永敏	王如道	王时中	王国生
王淮龙	王新军	尹哲强	白力群	仲　琨	刘　健	刘兴梅
许　斌	孙登祥	孙飘扬	李灿先	李佩佑	吴立生	吴松青
何继平	宋开智	宋金玲	陈玉军	陈如根	陈震宁	周保法
周健民	项　平	赵少麟	赵润生	赵祥海	顾雅能	钱勤英
徐大勇	高建梅	高毓林	常　南	董春科	谢杜崔	滕　勇

代表变动情况：省第十届人大第三次会议后，因工作变动辞去代表职务1人：高建梅；补选1人：王建华。省第十届人大第四次会议后，调离江苏省1人：常南；补选1人：关永健。

附：连云港市出席全国人民代表大会代表名单

一、第六届全国人大代表（5人）：何仁华　徐同和　伏祥进　张季龙　马旭升

二、第七届全国人大代表（6人）：秦兆桢　唐贯淮　徐同和　徐　梅　黄永言　邵洪泽

三、第八届全国人大代表（5人）：徐守盛　金　镠　叶汝春　甘黎明　赵金香

四、第九届全国人大代表（6人）：夏　耕　王庆云　甘黎明　冯书祥　王兴亚　陈叶俊

五、第十届全国人大代表（4人）：刘永忠　冯　义　张国良　钱云珠

第二节　代表工作

一、第七届人大代表工作

连云港市第七届人大第二次会议之前和会议期间，代表提出建议、批评和意见1117件，会后整理合并为977件，到1984年底全部办理完毕并向代表作了答复。1984年6月9～14日，市人大常委会组织市人大常委会委员、市人大代表和政府有关部门负责人，对全市《中华人民共和国食品卫生法》贯彻落实情况进行视察，对市区102家食品生产、销售企业及农贸市场进行考察评议。是年10月20～24日，市人大常委会组织部分省人大代表、市人大代表，对《中华人民共和国环境保护法》实施情况以及市政府工作报告中安排的环保治理项目实施情况进行视察。

市第七届人大第三次会议期间，代表提出建议、批评和意见361件，到1985年底全部办理完毕并向代表作了答复。1985年市七届人大常委会第十二次会议对人大代表联系制度作修改和补充，重新颁布《连云港市人大常委会加强人大代表的联系办法》，加强同人大代表的联系。

市第七届人大第四次会议期间，代表共提出建议、批评和意见361件，到1986年底全部办理完毕并向代表作了答复。1986年，市第七届人大常委会制发人大代表视察证，除市人大常委会组织视察外，人大代表还可以就地持证视察。市政府发出《关于认真接待市人大代表视察工作的通知》，要求各级政府和单位如实向人大代表介绍情况，诚恳听取人大代表的意见，认真办理人大代表在视察中提出的建议、批评和意见。1986年，市人大常委会收到代表视察意见100余件。

市第七届人大第五次会议期间，代表提出建议、批评和意见304件，到1987年底全部办理完毕并向代表作了答复。市人大常委会组织部分市人大代表对全市8个研究所（院）和赣榆县万亩对虾高产养殖技术、山楂高产栽培及加工等被列入国家"星火计划"的重点项目进行视察。

二、第八届人大代表工作

市第八届人大第一次会议期间，代表提出建议、批评和意见508件，到1988年底全部办理完毕并向代表作了答复。其中，解决或基本解决的206件，占40.55%；列入规划逐步解决的203件，占39.96%；因条件限制暂不能解决的99件，占总数19.49%。1988年3月，市人大常委会组织常

委会委员、部分市人大代表视察贯彻《中华人民共和国计量法》情况。是年4月30日，市第八届人大常委会第二次会议审议通过《连云港市人大常委会联系代表的暂行办法》。是年12月，市人大常委会组成5个小组走访市人大常委会委员、县区人大负责人和部分市人大代表，征求对市人大工作的意见和建议。

市第八届人大第二次会议期间，代表提出建议、批评和意见381件，其中政法方面47件、财经方面186件、教科文卫方面45件、城建环保方面70件、其他方面33件。381件建议中，由市人大办公室承办6件，市政府承办368件，市中级人民法院承办1件，其他机关和组织承办6件。1989年1月，市人大常委会成立内务工作委员会，负责人大代表工作；4月，常委会组织部分市人大代表视察《中华人民共和国环境保护法》实施情况；6月，视察社会治安管理情况和环境卫生工作；7月，分组视察代表建议办理工作；8月，组织驻连云港全国人大代表视察农药供需和夏粮征购情况。是年，内务工作委员会组织各级代表50余人进行5次视察和5次专题调研，评选出7个先进代表小组、62名优秀市人大代表和61名优秀人大干部。全年接收代表及人民群众来信来访329件，均作了妥善处理。

市第八届人大第三次会议期间，代表提出建议255件，至1990年8月中旬全部办理完毕，并向代表作了答复。

市第八届人大第四次会议期间，代表提出建议240件，内容涉及政法、财经、教科文等方面，交由市政府和县区政府承办224件，1991年8月底办理完毕。市人大常委会于1991年7～8月，组织市人大代表有重点地对公检法机关廉洁执法、纠正行业不正之风情况进行视察。是年召开代表工作经验交流会和乡镇人大工作经验交流会。

市第八届人大第五次会议期间，主席团确定将4件议案交市人大常委会审议。闭会后，市人大常委会主任会议经研究将该批议案交有关工委调查并提出处理意见。会议期间，代表共提出建议188件，其中交由市属部门和县区政府承办177件，1992年8月底办理完毕，并向代表作了答复。

三、第九届人大代表工作

市第九届人大第一次会议期间，代表提出建议247件，交由市政府及所属部门和县区政府承办236件，交由党群部门办理11件，是年9月底全部办结。1993年8～11月，常委会组织40余名市人大代表在全市范围内开展评议市公、检、法、司工作活动，召开各种座谈会50多次，调查走访400多人次，向457名市人大代表发放征求意见信。

市第九届人大第二次会议期间，代表提出建议194件。市人大常委会组织常委会组成人员和部分代表听取和评议市外经委、财贸办、工商局、水利局、文化局主要负责人的述职报告。

市第九届人大第三次会议期间，代表提出建议145件，交由市政府及其所属部门和县区政府办理136件，是年10月底全部办结并答复代表。1995年撤销市人大常委会内务工作委员会，成立市人大常委会人事代表联络委员会。组织代表检查《中华人民共和国代表法》贯彻情况，召开全市代表工作表彰会，邀请部分代表参加述职评议和《中华人民共和国组织法》《中华人民共和国选举法》等法律法规的修改讨论及各项执法检查活动。

市第九届人大第四次会议期间，代表提出建议和议案161件，涉及50多个承办单位，交由市政府及所属部门和县区政府承办149件，1996年10月底基本办理完毕。办理过程中，市人大人事代表联络委员会跟踪督办，认真探索现场办理、当面办理、开门办理的新路子。年内组织部分委员、市人大代表视察《中华人民共和国药品管理法》《江苏省暂住人口管理条例》《中华人民共和国科技进步法》《江苏省科学技术进步条例》《中华人民共和国未成年人保护法》贯彻实施情况，年底组织开展评先创优活动。

市第九届人大第五次会议期间，代表提出建议164件，交由市政府及其部门和县区政府承办152件，1997年底全部办结。对代表提出的关于加快开发灌河的议案，常委会有关工委于会后组织调查组进行专题调研，提交常委会审议后作为建议交由市政府办理。年内组织检查组对全市实施《中华人民共和国农业技术推广法》《江苏省实施中华人民共和国农业技术推广法办法》情况进行检查。12月，市人大常委会组织部分市人大代表到赣榆县、灌云县和海州区以及市城管委、司法局、法制局、水利局等单位，视察依法治市规划实施情况和市人大依法治市决议执行情况。

四、第十届人大代表工作

市第十届人大第一次会议期间，代表提出建议171件，均交有关单位办理并答复代表。1998年底组织代表开展会前专题视察。

市第十届人大第二次会议期间，代表提出意见和建议119件，其中交由市政府承办116件，至1999年11月基本办结。是年表彰8个先进市人大代表小组和42名优秀市人大代表。组织代表视察科教兴海、农村合作医疗等工作开展情况和《江苏省计划生育条例》《江苏省发展个体私营经济条例》的执行情况。

市第十届人大第三次会议期间，代表提出意见和建议157件，交由39家承办单位办理，年底全部答复代表。2000年组织代表视察《中华人民共和国义务教育法》《中华人民共和国执业药师法》实施情况，视察城市管理情况，组织代表会前专题视察。

市第十届人大第四次会议期间，代表提出的《关于加快恢复云台山森林植被》的议案经市人大常委会审议，决定将议案交由市政府组织实施。12月，市人大常委会组成人员分成7个组分赴县区走访省市人大代表组长，召开座谈会，交流活动情况，听取意见和建议。

市第十届人大第五次会议期间，代表提出建议179件，2002年底全部答复代表。其中，办结、基本解决和措施落实的138件，因受财力因素影响、列入以后工作计划、暂不能办到的32件，因各方面原因难以办理的9件。

五、第十一届人大代表工作

市第十一届人大第一次会议期间，代表提出议案和建议225件，到2003年底全部答复代表，代表表示满意和基本满意的占97.1%。根据《中华人民共和国地方组织法》的有关规定和省人大常委会的要求，2003年11月28日，市第十一届人大常委会第六次会议通过决定，在新浦区、海州区、连云区的街道设立人大工作室，作为区人大常委会的派出机构。

市第十一届人大第二次会议期间，市人大常委会制定《关于办理市人大代表建议、批评和意见的办法》，确定通过听取建议办理情况报告、组织代表实地视察、主任会议成员重点督办、对不满意建议集中会办、建立建议办理台账等办法，促进代表建议办理工作的落实。代表提出的142件建议以及闭会期间提出的8件建议全部得到答复。制定出台《市人大代表小组活动制度》，引导并规范代表开展活动。安排代表参加政府的行风评议、软环境建设、会前视察等活动，先后7次组织代表旁听市中级人民法院关于经济纠纷、房屋拆迁等案件的开庭审理。

市第十一届人大第三次会议期间，代表提出的228件建议和闭会期间提出的12件建议均办结并答复代表。对240件建议的答复中，代表作出反馈意见的224件，反馈率93.3%，其中表示满意和基本满意的占96.2%。对不满意建议，常委会责成有关部门重新办理。组织市以上三级代表视察、调查活动58次，专题调研29次，代表组形成视察调研报告87篇，提出意见和建议174件。

第二章　代表大会

根据《中华人民共和国地方各级人民代表大会和地方各级人民政府组织法》关于“地方各级人民代表大会会议每年至少举行一次”的规定，1984～2005年，连云港市人大常委会先后召集22次市人民代表大会会议。

第一节　第七届人民代表大会

1984～1987年，连云港市第七届人民代表大会共召开4次会议。驻连云港的省六届人大代表，不是市七届人大代表的市政府各委、办、局（公司）和相关单位的主要负责人，市人大常委会副秘书长和各委、办负责人列席会议。市六届政协委员，党委、群团部门负责人列席会议。

一、第二次会议

1984年8月7～12日，市第七届人大第二次会议在新浦召开。会议听取市长何仁华作的《政府工作报告》，市计划委员会主任袁寄萍作的《关于1983年国民经济计划执行情况和1984年国民经济及社会发展计划草案的报告》，市财政局局长苗德仿作的《关于1983年财政决算和1984年财政预算草案的报告》，市人大常委会副主任林永作的《市人大常委会工作报告》，市中级人民法院院长刘易辰作的《市中级人民法院工作报告》，市人民检察院检察长蔡云龙作的《市人民检察院工作报告》。会议审议批准上述报告，并作出相应决议。

会议依法补选周沛为市第七届人大常委会副主任，邹正新为市七届人大常委会委员；补选郑申雄、高有为为市人民政府副市长。会议接受张绍云、王晓楼辞去市人大常委会副主任职务的请求；接受朱越国、周家辉、宗献瑞、徐占恩、郭永贵辞去市七届人大常委会委员的请求；接受李敬松、严建辞去市人民政府副市长的请求。

二、第三次会议

1985年6月25～29日，市第七届人大第三次会议在新浦召开。会议听取市长何仁华作的《政府工作报告》，市计划委员会副主任马元文作的《关于1984年国民经济计划执行情况和1985年国民经济及社会发展计划草案的报告》，市财政局局长苗德仿作的《关于1984年财政决算和1985年财政预算草案的报告》，市人大常委会副主任林永作的《市人大常委会工作报告》，市中级人民法院副院长周德音作的《市中级人民法院工作报告》，市人民检察院检察长蔡云龙作的《市人民检察院工作报告》。会议审议批准上述报告并作出相应决议。

会议补选唐贯淮、严建、许维铭为市人民政府副市长，选举周德音为市中级人民法院院长。会议批准宋广益辞去市七届人大常委会委员职务，批准郑申雄、吴学志辞去市人民政府副市长职务，批准刘易辰辞去市中级人民法院院长职务。

三、第四次会议

1986年5月16～22日，市第七届人大第四次会议在新浦召开。会议听取市长何仁华作的《关于连云港市第七个五年计划的报告》，市计划经济委员会副主任马元文作的《关于连云港市1986年国民经济和社会发展计划草案的报告》，市财政局局长苗德仿作的《关于1985年财政决算和1986年财政预算草案的报告》，市人大常委会副主任林永作的《市人大常委会工作报告》，市中级人民法院院长周德音作的《市中级人民法院工作报告》，市人民检察院检察长蔡云龙作的《市人民检察院工作报告》。会议审议批准上述报告，并作出相应决议。

会议补选鲁少时为市第七届人大常委会副主任，王绪寅、金镠、朱兆远、厉以蕴为市人大常委会委员。补选唐贯淮为市人民政府市长、周国林为市人民政府副市长。会议批准张胜荣、曹文年辞去市第七届人大常委会委员职务；批准何仁华辞去连云港市人民政府市长职务。

四、第五次会议

1987年4月2～6日，市第七届人大第五次会议在新浦召开。会议听取市长唐贯淮作的《政府工作报告》，市计划经济委员会主任马元文作的《关于连云港市1986年国民经济计划执行结果和1987年国民经济和社会发展计划草案的报告》，市财政局局长苗德仿作的《关于1986年财政决算和1987年财政预算草案的报告》，市人大常委会副主任林永作的《市人大常委会工作报告》，市中级人民法院院长周德音作的《市中级人民法院工作报告》，市人民检察院检察长蔡云龙作的《市人民检察院工作报告》。会议审议批准上述报告，并作出相应决议。

会议批准单怀枢、孙芹辞去市七届人大常委会委员职务。

第二节　第八届人民代表大会

1988年1月，连云港市第八届人民代表大会第一次会议召开。在5年任期内，市第八届人民代表大会召开5次会议。

一、第一次会议

1988年1月4～9日，市第八届人大第一次会议在新浦召开。市长唐贯淮作《政府工作报告》，市计经委主任马元文作《连云港市1987年国民经济计划执行结果和1988年国民经济社会发展计划（草案）的报告》，市财政局局长苗德仿作《连云港市1987年财政预算执行情况和1988年财政预算安排意见的报告》，市人大常委会主任叶志俊作《连云港市人民代表大会常务委员会工作报告》，市中级人民法院院长周德音作《法院工作报告》，市人民检察院检察长蔡云龙作《检察院工作报告》。会议审议批准上述报告，并作出相应决议。

会议进行换届选举。依照选举办法，市人大常委会主任、市长和市中级人民法院院长、市人民检察院检察长人选实行等额选举，其他各项人选实行差额选举。会议选举唐贯淮为市第八届人民代表大会常务委员会主任，鲁少时、周沛、朱兆远为副主任，张峻为秘书长，26人为委员；选举王稳卿为市人民政府市长，高有为、刘步生、许维铭、周国林为副市长；选举周德音为市中级人民法院院长、蔡云龙为市人民检察院检察长；选举连云港市出席省第七届人民代表大会代表55名。

二、第二次会议

1989年3月13～17日，市第八届人大第二次会议在新浦召开。市长王稳卿作《政府工作报告》，市计经委主任王庆云作《1988年国民经济计划执行情况和1989年国民经济社会发展计划（草案）报告》，市财政局局长苗德仿作《1988年财政决算和1989年财政预算草案的报告》，市人大常委会主任唐贯淮作《人大常委会工作报告》，市中级人民法院院长周德音作《法院工作报告》，市人民检察院检察长蔡云龙作《检察院工作报告》。会议审议批准上述报告，并作出相应的决议。会议补选丁义珍、王锡甲为市第八届人大常委会委员。

三、第三次会议

1990年3月10～14日，市第八届人大第三次会议在新浦召开。市长王稳卿作《政府工作报告》，市计划经济委员会主任王庆云作《1989年国民经济社会发展计划执行情况和1990年国民经济社会发展计划草案》报告，市财政局局长苗德仿作《1989年财政决算和1990年财政预算（草案）报告》，市人大常委会主任唐贯淮作《人大常委会工作报告》，市中级人民法院院长周德音作《法院工作报告》，市人民检察院检察长蔡云龙作《检察院工作报告》。会议补选田烈武、沙俊忠、林永生、黎镇鑫为市八届人大常委会委员，批准张治法、卢彩繁辞去市第八届人大常委会委员职务。

四、第四次会议

1991年3月2～6日，市第八届人大第四次会议在新浦召开。市长王稳卿作《政府工作报告》，市计划经济委员会主任王庆云作《关于1990年国民经济社会发展计划执行情况和1991年国民经济社会发展计划草案的报告》，市财政局局长苗德仿作《连云港市1990年财政决算和1991年财政预算草案的报告》，市人大常委会主任唐贯淮作《连云港市人民代表大会常务委员会工作报告》，市中级人民法院院长周德音作《连云港市中级人民法院工作报告》，市人民检察院检察长蔡云龙作《连云港市人民检察院工作报告》。会议讨论了《连云港市国民经济和社会发展十年规划和“八五”计划纲要》（征求意见稿）。会议补选孙守炳、潘印玺为市八届人大常委会委员，批准谢兆玉、黎镇鑫辞去市八届人大常委会委员职务。

五、第五次会议

1992年3月16～20日，市第八届人大第五次会议在新浦召开。市长王稳卿作《政府工作报告》，市计划委员会主任王庆云作《关于1991年国民经济社会发展计划执行情况和1992年国民经济社会发展计划草案的报告》，市财政局局长邵桂芳作《连云港市1991年财政决算和1992年财政预算草案的报告》，市人大常委会主任唐贯淮作《连云港市人大常委会工作报告》，市中级人民法院院长周德音作《连云港市中级人民法院工作报告》，市人民检察院检察长蔡云龙作《连云港市人民检察院工作报告》。会议审议通过上述报告，并作出相应的决议。

第三节　第九届人民代表大会

1993年3月4日，连云港市第九届人民代表大会第一次会议在新浦召开。在5年任期内，市第九届人民代表大会共举行5次会议。

一、第一次会议

1993年3月4～8日，市第九届人大第一次会议在新浦召开。代市长徐守盛作《政府工作报告》，市计划委员会主任王庆云作《关于1992年国民经济社会发展计划执行情况和1993年国民经济社会发展计划草案的报告》，市财政局局长邵桂芳作《连云港市1992年财政决算和1993年财政预算草案的报告》，市人大常委会主任唐贯淮作《连云港市人民代表大会常务委员会工作报告》，市中级人民法院院长周德音作《连云港市中级人民法院工作报告》，市人民检察院检察长蔡云龙作《连云港市人民检察院工作报告》。会议选举唐贯淮为市第九届人大常委会主任，朱兆远、许维铭、张治法、王继新为副主任，张峻为秘书长，选举产生市第九届人民代表大会常务委员会委员26名。会议选举徐守盛为市人民政府市长，高有为、程智培、周保法、周游、吴加庆、徐昆荣、刘振堂为副市长。选举周德音为市中级人民法院院长，杨文彬为市人民检察院检察长。选举产生连云港市出席江苏省第八届人民代表大会代表55名。

二、第二次会议

1994年3月5～9日，市第九届人大第二次会议在新浦召开。市长徐守盛作《政府工作报告》，市计划委员会主任王庆云作《关于1993年国民经济和社会发展计划执行情况和1994年国民经济社会发展计划草案的报告》，市财政局局长邵桂芳作《连云港市1993年财政决算和1994年财政预算草案的报告》，市人大常委会主任唐贯淮作《连云港市人民代表大会常务委员会工作报告》，市中级人民法院院长周德音作《连云港市中级人民法院工作报告》，市人民检察院检察长杨文彬作《连云港市人民检察院工作报告》。会议补选龚来宝、周国林为市第九届人大常委会副主任，批准王淮辞去市人大常委会委员职务。

三、第三次会议

1995年2月14～18日，市第九届人大第三次会议在新浦召开。市长徐守盛作《政府工作报告》，市计划委员会主任王庆云作《关于1994年国民经济社会发展计划执行情况和1995年国民经济社会发展计划草案的报告》，市财政局局长张文武作《连云港市1994年财政预算执行情况和1995年财政预算草案的报告》，市人大常委会主任唐贯淮作《连云港市第九届人民代表大会常务委员会工作报告》，市中级人民法院院长周德音作《连云港市中级人民法院工作报告》，市人民检察院检察长杨文彬作《连云港市人民检察院工作报告》。会议通过了《连云港市人大常委会关于设立“见义勇为”基金会议案办理情况的报告》。会议选举喻太源为市人民检察院检察长，批准喻太源辞去市人大常委会委员职务；接受杨文彬辞去市人民检察院检察长职务的请求；对刘振堂、吴加庆辞去副市长职务的报告予以备案。

四、第四次会议

1996年2月8～12日，市第九届人大第四次会议在新浦召开。市长徐守盛作《政府工作报告》，市计划委员会主任王庆云作《1995年国民经济社会发展计划执行情况和1996年国民经济社会发展计划草案的报告》，市财政局局长张文武作《连云港市1995年财政预算执行情况和1996年财政预算草案的报告》，市人大常委会主任唐贯淮作《连云港市第九届人民代表大会常务委员会工作报告》，市中级人民法院院长周德音作《连云港市中级人民法院工作报告》，市人民检察院检察长喻太源作《连云港市人民检察院工作报告》。会议讨论《连云港市国民经济和社会发展第九个五年计划和2010年远景目标纲要草案》。对周游、任致远辞去副市长职务的报告予以备案。

五、第五次会议

1997年3月11～14日，市第九届人大第五次会议在新浦召开。代市长夏耕作《政府工作报告》，市计划委员会主任孙立家作《连云港市1996年国民经济社会发展计划执行情况和1997年国民经济社会发展计划草案的报告》，市财政局局长张文武作《连云港市1996年财政预算执行情况和1997年财政预算草案的报告》，市人大常委会主任唐贯淮作《连云港市第九届人民代表大会常务委员会工作报告》，市中级人民法院院长周德音作《连云港市中级人民法院工作报告》，市人民检察院检察长喻太源作《连云港市人民检察院工作报告》。会议选举夏耕为市人民政府市长，对徐守盛辞去市长职务的报告予以备案。

第四节　第十届人民代表大会

1998年1月16日，连云港市第十届人民代表大会第一次会议在新浦召开。在5年任期内，市第十届人民代表大会共举行5次会议。

一、第一次会议

1998年1月16～21日，市第十届人大第一次会议在新浦召开。市长夏耕作《政府工作报告》，市计划委员会主任孙立家作《连云港市1997年国民经济社会发展计划执行情况和1998年国民经济社会发展计划草案的报告》，市财政局局长张文武作《连云港市1997年财政预算执行情况和1998年财政预算草案的报告》，市人大常委会主任唐贯淮作《连云港市人大常委会工作报告》，市中级人民法院院长周德音作《连云港市中级人民法院工作报告》，市人民检察院检察长喻太源作《连云港市人民检察院工作报告》。会议审议通过上述报告，并作出相应决议。会议选举宋开智为市第十届人民代表大会常务委员会主任，周国林、许维铭、张治法、周德音为副主任，张义驔为秘书长，选举产生市第十届人大常委会委员29名。选举夏耕为市人民政府市长，高有为、周保法、余炳才、邵桂芳、鹿崇友、冯义、周同余为副市长。选举张年庚为市中级人民法院院长，喻太源为市人民检察院检察长。选举出席江苏省第九届人民代表大会代表42名。

二、第二次会议

1999年1月25～29日，市第十届人大第二次会议在新浦召开。市长夏耕作《政府工作报告》，市计划委员会主任孙立家作《连云港市1998年国民经济社会发展计划执行情况和1999年国民经济社会发展计划草案的报告》，市财政局局长张文武作《连云港市1998年财政预算执行情况和1999年财政预算草案的报告》，市人大常委会主任宋开智作《连云港市人民代表大会常务委员会工作报告》，市中级人民法院院长张年庚作《连云港市中级人民法院工作报告》，市人民检察院检察长喻太源作《连云港市人民检察院工作报告》。会议审议通过上述报告，并作出相应决议。

三、第三次会议

2000年2月27日至3月1日，市第十届人大第三次会议在新浦召开。常务副市长高有为作《政府工作报告》，市计划委员会副主任钱方作《连云港市1999国民经济社会发展计划执行情况和2000年国民经济社会发展计划草案的报告》，市财政局局长张文武作《连云港市1999年财政预算执行情况和2000年财政预算草案报告》，市人大常委会主任宋开智作《连云港市人民代表大会常务委员会工作报告》，市中级人民法院院长张年庚作《连云港市中级人民法院工作报告》，市人民检察院检察长喻太源作《连云港市人民检察院工作报告》。会议增选朱泰曾为市十届人大常委会副主任，补选杨建勤为市十届人大财政经济委员会主任委员。会议对夏耕辞去市长职务，常二茂、余敬诚辞去市人大常委会委员职务，田烈武辞去市十届人大财政经济委员会主任职务的报告予以备案。

四、第四次会议

2001年2月25日至3月1日，市第十届人大第四次会议在新浦召开。代市长陈震宁作《政府工作报告》，市计划委员会副主任钱方作《连云港市2000年国民经济社会发展计划执行情况和2001年国民经济社会发展计划草案的报告》，市财政局局长张文武作《连云港市2000年财政预算执行情况和2001年财政预算草案报告》，市人大常委会主任宋开智作《连云港市人民代表大会常务委员会工作报告》，市中级人民法院院长张年庚作《连云港市中级人民法院工作报告》，市人民检察院代理检察长李开华作《连云港市人民检察院工作报告》。会议审议通过《连云港市国民经济和社会发展第十个五年计划纲要》。会议补选陈震宁为市人民政府市长，补选李训章为市第十届人大常委会副主任，补选李开华为市人民检察院检察长。会议通过关于高有为辞去市人民政府副市长职务、张治法辞去市人大常委会副主任职务的报告，对喻太源辞去市人民检察院检察长职务的报告予以备案。

五、第五次会议

2002年1月28～31日，市第十届人大第五次会议在新浦召开。代市长刘永忠作《政府工作报告》，市发展计划委员会主任李国章作《连云港市2001年国民经济和社会发展计划执行情况及2002年国民经济和社会发展计划草案的报告》，市财政局局长张文武作《连云港市2001年财政预算执行情况和2002年财政预算草案报告》，市人大常委会主任宋开智作《连云港市人民代表大会常务委员会工作报告》，市中级人民法院院长张年庚作《连云港市中级人民法院工作报告》，市人民检察院检察长李开华作《连云港市人民检察院工作报告》。会议补选刘永忠为市人民政府市长，补选汪建中为市十届人大常委会副主任。对陈震宁辞去市长职务、曹玉和和茆庆国辞去市人大常委会委员职务、余炳才和汤建鸣辞去副市长职务及胡家敏辞去市十届人大城建环保委员会主任职务的报告予以备案。

第五节 第十一届人民代表大会

2003年1月18日，连云港市第十一届人民代表大会第一次会议在新浦召开。至2005年底，市第十一届人民代表大会举行3次会议。

一、第一次会议

2003年1月18～23日，市第十一届人大第一次会议在新浦召开。市长刘永忠作《政府工作报告》，市发展计划委员会主任李国章作《连云港市2002年国民经济和社会发展计划执行情况与2003年国民经济和社会发展计划草案的报告》，市财政局局长张文武作《连云港市2002年财政预算执行情况和2003年财政预算草案报告》，市人大常委会主任宋开智作《连云港市人民代表大会常务委员会工作报告》，市中级人民法院院长张年庚作《连云港市中级人民法院工作报告》，市人民检察院检察长李开华作《连云港市人民检察院工作报告》。会议选举宋开智为市第十一届人民代表大会常委会主任，李训章、周国林、许维铭、周德音、邵桂芳、朱泰曾、汪建中为副主任，张祝好为秘书长。选举产生市第十一届人民代表大会常委会委员26名。选举刘永忠为市人民政府市长，周保法、杨少华、马建国、赵建华、杨莉、朱浩、施炎为副市长。选举张年庚为市中级人民法院院长，李开华为市人民检察院检察长。选举出席江苏省第十届人民代表大会代表42名。

图24-1 2003年1月18日，连云港市第十一届人大第一次会议召开。 赵鸣 摄

二、第二次会议

2004年1月13～16日，市第十一届人大第二次会议在新浦召开。市长刘永忠作《政府工作报告》，市发展计划委员会主任董春科作《连云港市2003年国民经济和社会发展计划执行情况与2004年国民经济和社会发展计划草案的报告》，市财政局局长张文武作《关于连云港市2003年财政预算执行情况和2004年财政预算草案的报告》，市人大常委会主任宋开智作《连云港市人大常委会工作报告》，市中级人民法院院长张年庚作《连云港市中级人民法院工作报告》，市人民检察院检察长李开华作《连云港市人民检察院工作报告》。会议对宋世敏辞去市第十一届人大常委会委员职务的报告予以备案。

图24-2 2005年1月26日，连云港市第十一届人大第三次会议召开。 俞德春 摄

三、第三次会议

2005年1月26～29日，市第十一届人大第三次会议在新浦召开。市长刘永忠作《政府工

作报告》，市人大常委会主任宋开智作《连云港市人民代表大会常务委员会工作报告》，市中级人民法院院长张年庚作《法院工作报告》，市人民检察院检察长李开华作《检察院工作报告》。会议讨论批准《连云港市2004年国民经济和社会发展计划执行情况与2005年国民经济和社会发展计划报告》《连云港市2004年财政预算执行情况和2005年财政预算报告》。会议补选郑顺成、孙立家为市第十一届人大常委会副主任，对陈先浩辞去市第十一届人大常委会委员职务的报告予以备案。

第三章　人民代表大会常务委员会

连云港市人民代表大会常委会是市人民代表大会的常设机关，对市人民代表大会负责并报告工作，负责讨论、决定市行政区域内的重大事项，监督市人民政府、市中级人民法院和市人民检察院的工作，依法决定市级国家机关工作人员的任免等。

第一节　组成人员

连云港市人大常委会由市人民代表大会在代表中选举产生主任1人、副主任若干人、秘书长1人、委员若干人组成。市人大常委会组成人员的名额根据组织法的规定，按辖区人口数确定。

一、第七届人大常委会

1983年4月，市第七届人大第一次会议选举产生市七届人大常委会组成人员35人，其中主任1人、副主任8人、委员26人。

二、第八届人大常委会

1988年1月，市第八届人大第一次会议选举产生市八届人大常委会组成人员31人，其中主任1人、副主任3人、秘书长1人、委员26人。

三、第九届人大常委会

1993年3月，市第九届人大第一次会议选举产生市九届人大常委会组成人员32人，其中主任1人、副主任4人、秘书长1人、委员26人。

四、第十届人大常委会

1998年1月，市第十届人大第一次会议选举产生市十届人大常委会组成人员35人，其中主任1人、副主任4人、秘书长1人、委员29人。

五、第十一届人大常委会

2003 年 1 月，市第十一届人大第一次会议选举产生市十一届人大常委会组成人员 35 人，其中主任 1 人、副主任 7 人、秘书长 1 人、委员 26 人。

1983～2005 年连云港市人大常委会主任、副主任一览表

表 24-1

届次及任期	职　务	姓　名	备　注
第七届（1983.04～1988.01）	主　任	叶志俊	
	副主任	林　永	
		张绍云	1984 年辞职
		王晓楼	1984 年辞职
		鲁少时	1986 年补选
		徐进德	
		常钜勋	
		耿志英	
		王友芝	
		周　沛	1984 年补选
第八届（1988.01～1993.03）	主　任	唐贯淮	
	副主任	鲁少时	
		周　沛	
		朱兆远	
第九届（1993.03～1998.01）	主　任	唐贯淮	
	副主任	龚来宝	1994 年补选
		朱兆远	1993 年病逝
		许维铭	
		张治法	
		王继新	
		周国林	1994 年补选
第十届（1998.01～2003.01）	主　任	宋开智	
	副主任	周国林	
		许维铭	
		张治法	2001 年辞职
		周德音	
第十一届（2003.01～　）	主　任	宋开智	
	副主任	郑顺成	2005 年补选

续表 24-1

届次及任期	职　务	姓　名	备　注
第十一届（2003.01～　）	副主任	李训章	
		周国林	
		许维铭	
		周德音	
		邵桂芳	
		朱泰曾	
		汪建中	
		孙立家	2005年补选

第二节　工作机构

一、代表资格审查委员会

代表资格审查委员会是市人大常委会设立的专门审查人大代表资格的常设机构，由主任委员、副主任委员和委员组成。代表资格审查委员会人选由市人大常委会主任会议在市人大常委会组成人员中提名，经市人大常委会会议表决通过，并随市人大常委会换届进行换届。代表资格审查委员会在市人民代表大会闭会期间，依法对换届选举和补选的市人大代表资格进行审查，并向市人大常委会会议提出审查报告，由市人大常委会审议通过，确认当选代表的代表资格是否有效。除第九届人大常委会代表资格审查委员会由6人组成外，第七、八、十、十一届人大常委会代表资格审查委员均由7人组成。设主任委员1人、副主任委员1～2人。

二、工作委员会

依照《中华人民共和国地方各级人民代表大会和地方各级人民政府组织法》的规定，市人大常委会根据工作需要，设立办公室、研究室和工作委员会，为市人民代表大会及其常委会服务。

1984年，市人大常委会设有法制工作委员会、财政经济工作委员会、教科文工作委员会和城乡建设委员会。1989年1月，市第八届人大常委会第七次会议决定成立内务工作委员会。1991年2月，市第八届人大常委会第二十二次会议决定成立农业经济工作委员会。1993年5月，市第九届人大常委会第一次会议决定成立民族宗教侨务工作委员会。1998年1月，市第十届人大常委会第一次会议决定将内务工作委员会改为人事代表联络委员会。2005年，市人大常委会设有内务司法委员会、财政经济工作委员会、城建环保工作委员会、教科文卫工作委员会、农业经济委员会、人事代表联络委员会、民族宗教侨务工作委员会。

各工作委员会在市人大常委会和主任会议领导下工作，负责市人民代表大会会议、市人大常委会会议、主任会议的准备工作，联系市政府有关部门、市中级人民法院、市人民检察院及人大代表、人民群众，开展视察和调查研究，检查国家法律、法规及人民代表大会及其常务委员会决议、决定的实施情况，督促办理议案和代表提出的建议、批评、意见等。

三、办公室　研究室

1980年2月，设立市人大办公室。主要负责会议服务、常委会视察的执法检查服务、综合文字、机关管理、行政服务、后勤保障、信访接待等工作。

1998年1月，设立市人大研究室。主要负责综合性议题调研、人大工作理论研究、重要文稿撰写、常委会工作制度修订、新闻宣传和信息、机关杂志编印和资料管理等工作。

第三节　讨论决定重大事项

一、第七届人大常委会

1984年1月至1987年12月，连云港市第七届人大常委会召开会议28次，听取审议市政府、市中级人民法院、市人民检察院（简称“一府两院”）报告35项，作出决议2项、决定8项。

1984年3月1日，第七届人大常委会第五次会议作出关于组建新浦区人大常委会的决定。3月8日，第七届人大常委会第六次会议作出批准授予5家单位“拥军优属先进单位”称号的决定。12月17～19日，第七届人大常委会第十一次会议作出关于认真贯彻江苏省普及初等义务教育和扫除文盲两个条例的决议。

1987年2月25日，第七届人大常委会第二十五次会议作出《连云港市人大常委会关于认真学习、坚决贯彻全国人大常委会〈关于加强法制教育维护安定团结的决定〉的决定》。7月20～24日，第七届人大常委会第二十九次会议作出关于整治新浦龙尾河、西盐河、扁担河的决议。

二、第八届人大常委会

1988年2月至1993年2月，市第八届人大常委会召开会议38次，听取审议市政府、人民检察院、市中级人民法院报告95项，作出决议9项、决定13项。

1988年6月27～30日，第八届人大常委会第三次会议作出关于加快解决全市中小学幼儿园现有危房问题的决议。

图24-3　1991年2月，市第八届人大第二十二次会议讨论机构调整事宜。　市人大　供

1989年3月3日，第八届人大常委会第八次会议作出《关于增加市人大常委会组成人员名额的决定》。10月24～26日第八届人大常委会第十二次会议作出关于加强文化市场管理的决议、关于县乡人民代表大会换届选举的决定，通过《连云港市人大常委会对行政审判、检察机关行使监督权的规定（试行）》。12月6～8日，第八届人大常委会第十三次会议作出关于进一步搞好普法工作的决议。

1990年6月28～30日，第八届人大常委会第十七次会议作出关于批准撤销江苏省灌云县五图河地区人民检察院的决定。8月9～11日，第八届人大常委会第十八次会议作出关于依靠科技进步、振兴连云港市经济的决议。12月24日，第八届人大常委会第二十一次会议作出关于撤销孙继忠市城乡建设委员会主任职务的决定。

1991年2月4～5日，第八届人大常委会第二十二次会议作出关于调整市人大常委会工作机构的决定。6月5～7日，第八届人大常委会第二十五次会议作出关于在全市公民中深入开展法制宣传教育的决议。8月20～23日，第八届人大常委会第二十七次会议作出关于《连云港市国民经济和社会发展十年规划和第八个五年计划纲要》的决议。

1992年9月21日，第八届人大常委会第三十四次会议作出关于连云港市第九届人民代表大会代表名额和选举问题的决定、连云港市县（区）乡（镇）人民代表大会换届选举问题的决定、连云港市各县区下一届人民代表大会代表名额的决定。

三、第九届人大常委会

1993年5月至1998年1月，市第九届人大常委会召开会议34次，听取审议“一府两院”报告72项，作出决议6项、决定13项。

1993年7月13～15日，第九届人大常委会第二次会议作出关于加快发展个体私营经济的决议、关于减轻农民负担的决定。12月21～23日，第九届人大常委会第五次会议作出《连云港市人大常委会关于连云港市城市总体规划（1991～2010年）的决议》。

1994年4月26～28日，第九届人大常委会第八次会议作出关于成立连云港市见义勇为基金会的决定。

1995年10月25～27日，第九届人大常委会第十八次会议作出关于乡镇人民代表大会换届选举的决定、连云港市市区禁止燃放烟花爆竹的决定、撤销周克举法律职务的决定。12月20～22日，九届人大常委会第十九次会议作出批准设立连云港市经济技术开发区人民检察院的决定。

1996年6月24～26日，第九届人大常委会第二十二次会议作出关于继续开展法制宣传教育的决议。8月7日，第九届人大常委会第二十三次会议作出关于接受徐守盛辞去连云港市人民政府市长职务的请求的决定。9月16～17日，第九届人大常委会第十四次会议决定任命夏耕为市政府副市长，代理市长。10月30～31日，第九届人大常委会第二十五次会议作出关于依法治市的决议、关于深入贯彻实施《中华人民共和国教育法》有关问题的决议。

1997年10月28～29日，第九届人大常委会第三十二次会议作出关于调整1997年国民经济和社会发展计划部分指标的决议。

四、第十届人大常委会

1998年4月至2003年1月，市第十届人大常委会召开会议35次，听取审议“一府两院”报告87项，作出决议6项、决定17项。

1998年10月12～13日，第十届人大常委会第五次会议作出关于全市乡级人民代表大会换届选举问题的决定。

1999年5月25～26日，第十届人大常委会第九次会议作出关于深入贯彻实施《中华人民共和国防洪法》的决议。8月3～5日，第十届人大常委会第十次会议作出关于撤销鹿崇友副市长职务的决定。

2000年6月27～28日，第十届人大常委会第十六次会议作出关于批准1999年市级财政决算的决议。8月30～31日，第十届人大常委会第十七次会议作出关于陈震宁代理连云港市长的决定。

12月25～27日，第十届人大常委会第十九次会议作出关于召开市第十届人大四次会议的决定、关于撤销姜汉武职务的决定。

2001年2月6日，第十届人大常委会第二十次会议作出关于市第十届人大四次会议列席人员范围的决定。4月24～25日，第十届人大常委会第二十一次会议作出关于对加快恢复云台山森林植被议案的决定、批准连云港市2000年市级财政决算的决议。8月16～17日，第十届人大常委会第二十四次会议作出关于进一步开展法制宣传教育的决议。10月15～16日，第十届人大常委会第二十五次会议作出关于全市乡镇人民代表大会换届选举问题的决定。

2002年9月23日，第十届人大常委会第三十三次会议作出关于连云港市第十一届人民代表大会代表名额分配和选举问题的决定、全市县区人民代表大会换届选举问题的决定。

2003年1月7日，第十届人大常委会第三十五次会议作出关于召开市第十一届人大第一次会议的决定、列席市第十一届人大第一次会议人员的决定。

五、第十一届人大常委会

2003年1月至2005年12月，市第十一届人大常委会召开会议20次，听取审议“一府两院”报告46项，作出决议5项、决定16项。

2003年7月，第十一届人大常委会第四次会议通过《连云港市人民代表大会常务委员会述职评议工作暂行办法》《连云港市人民代表大会常务委员会联系代表办法》。11月26～28日，第十一届人大常委会第六次会议作出关于在新浦、海州、连云区的街道设立人大工作室的决定。

2004年1月16日，第十一届人大常委会第八次会议作出授予俞建华连云港市荣誉市民称号的决定。3月30～31日，第十一届人大常委会第九次会议作出关于废止连云港市人民代表大会常务委员会人事任免办法的决定、同意《连云港市城市总体规划（2003～2020年）》的决定。

2005年2月22日，第十一届人大常委会第十五次会议作出关于银杏树为市树、玉兰花为市花的决定。4月26～27日，第十一届人大常委会第十六次会议作出关于批准《连云港生态市建设总体规划》的决议。8月25日，第十一届人大常委会第十八次会议作出关于批准市人民政府授予李润载连云港市荣誉市民称号的决定。10月25～27日，第十一届人大常委会第十九次会议作出关于确认对姜金钟、姜洪、许学海采取强制措施的决定。12月13～15日，第十一届人大常委会第二十次会议作出进一步贯彻落实《中华人民共和国食品卫生法》的决议、确认对蒋鸿烈采取强制措施的决定、接受高建梅辞去江苏省第十届人民代表大会代表职务的决定。

第四节　法律监督和工作监督

一、第七届人大常委会

1984年3月1日，连云港市第七届人大常委会第五次会议听取和审议市政府关于开展文明礼貌月活动意见的报告。10月16～17日，第七届人大常委会第十次会议听取和审议市政府关于对外开放工作、全市利改税贯彻意见的情况报告。12月17～19日，第七届人大常委会第十一次会议听取和审议市政府关于普及初等义务教育和扫盲暂行条例贯彻、农村扶贫和城市社会福利工作、市人防工程情况报告。

1985年2月9日，市第七届人大常委会第十二次会议听取和审议市政府关于贯彻实施《中华人民共和国水污染防治法》情况报告。4月8～9日，第七届人大常委会第十三次会议听取和审议市政府关于开展法制宣传教育和普及法律常识工作的情况报告。8月27日，第七届人大常委会第十六次会议听取和审议市政府关于农业生产夏收情况和秋收秋种工作安排、《中华人民共和国药品管理法》贯彻实施、连云港经济技术开发区管委会工作、价格改革贯彻情况的报告。10月25～27日，第七届人大常委会第十七次会议听取和审议市政府关于1985年财政预算调整和1～9月份财政预算执行情况以及社会治安综合治理和审计工作情况的报告。12月24～27日，第七届人大常委会第十八次会议审议《连云港市城市总体规划修改方案》和《连云港经济技术开发区规划》。

1986年2月27日至3月1日，市第七届人大常委会第十九次会议听取和审议市政府关于全市工交企业经济体制改革情况和1986年工作打算的报告、市检察院关于打击严重经济犯罪活动情况的报告。6月30日至7月2日，第七届人大常委会第二十一次会议听取和审议市政府关于城市维护和建设项目安排及实施意见、《中华人民共和国食品卫生法》贯彻情况、《江苏省食品商贩和城乡集市贸易食品卫生管理办法》贯彻情况的报告。8月26～28日，第七届人大常委会第二十二次会议听取和审议市政府关于全市夏季作物生产情况的报告。10月28～30日，第七届人大常委会第二十三次会议听取和审议市政府关于全市劳动制度改革实施意见、全市土地管理情况和《中华人民共和国土地管理法》贯彻情况、《中华人民共和国义务教育法》贯彻情况的报告。12月18～20日，第七届人大常委会第二十四次会议听取和审议市人大常委会关于县（区）、乡（镇）人民代表大会换届选举工作意见、市政府关于严厉打击盗窃犯罪活动和贯彻《中华人民共和国文物保护法》情况报告。

1987年3月23日，市第七届人大常委会第二十六次会议听取和审议市政府关于1987年国民经济和社会发展计划（草案）的报告。5月25～27日，第七届人大常委会第二十八次会议听取和审议市政府关于贯彻实施《中华人民共和国渔业法》、1987年城市建设安排、市科技体制改革情况的报告、市法纪检察工作情况报告。7月20～24日，第七届人大常委会第二十九次会议听取和审议市政府关于新浦龙尾河、西盐河、扁担河现状和治理意见的报告。9月20日，第七届人大常委会第三十次会议听取和审议市政府关于贯彻全国人大常委会决定开展以宪法为核心的法制宣传教育情况的报告。11月17～20日，第七届人大常委会第三十一次会议听取和审议市政府关于市经济体制改革工作情况的报告。

二、第八届人大常委会

1988年4月27～30日，市第八届人大常委会第二次会议听取和审议市政府关于城市建设项目安排、执法大检查、实施《中华人民共和国计量法》情况的报告。6月27～30日，第八届人大常委会第三次会议听取和审议市政府关于发展外向型经济的规模和现状、开发区建设和经济工作情况、全市农业生产情况、普及教育事业发展情况的报告，听取市中级人民法院关于上半年工作及“两庭”建设情况的报告。11月28～30日，第八届人大常委会第六次会议听取和审议市政府关于市场物价检查、清理国家机关和工作人员经商办企业、贯彻实施《中华人民共和国土地管理法》、体育事业发展情况的报告，听取市人民检察院关于贯彻执行市人大常委会《关于加强法纪检察工作的决议》情况的报告。

1989年1月25～27日，市第八届人大常委会第七次会议听取和审议市政府关于全市民政工作、广播电视事业发展情况的报告。5月15～17日，第八届人大常委会第九次会议听取和审议市政府关于贯彻实施环境保护法律法规、《中华人民共和国计量法》情况的报告。7月4～7日，第八届人大常委会第十次会议听取和审议市政府关于全市农业生产情况、社会治安情况、贯彻实施《中外合资经营企业法》《中华人民共和国食品卫生法（试行）》《中华人民共和国档案法》情况的报告。8月24～25日，第八届人大常委会第十一次会议听取和审议市政府关于财政预算调整和执行情况的报告、市检察院关于举报经济案件打击经济犯罪情况的报告。10月24～26日，第八届人大常委会第十二次会议听取和审议市政府关于清理整顿文化市场情况、整治“三河”决议贯彻实施情况的报告，市中级人民法院关于告诉、申诉、审判工作情况的报告。12月6～8日，第八届人大常委会第十三次会议听取和审议市政府关于普及法律常识、清理整顿公司、贯彻实施《加快解决全市中小学、幼儿园现有危房问题的决议》以及市第八届人大二次会议期间代表建议、批评和意见办理情况的报告。

1990年2月6～8日，市第八届人大常委会第十四次会议听取和审议市政府关于全市工业生产情况的报告。4月11～14日，第八届人大常委会第十六次会议听取和审议市政府关于除“六害”斗争情况、城市总体规划实施情况、《中华人民共和国会计法》实施情况、县乡两级换届选举情况的报告。6月28～30日，第八届人大常委会第十七次会议听取和审议市政府关于农业生产情况、计划生育情况、《中华人民共和国环境保护法》实施情况的报告。8月9～11日，第八届人大常委会第十八次会议听取和审议市政府关于科技兴市情况、上半年国民经济计划和财政预算执行情况、《中华人民共和国水法》实施情况的报告。10月4～6日，第八届人大常委会第十九次会议听取和审议市政府关于创建卫生城市情况、开发区建设生产和管理情况的报告，听取市人民检察院关于查处贪污贿赂经济犯罪案件情况的报告。12月6～9日，第八届人大常委会第二十次会议听取和审议市政府关于第一个五年普法任务完成情况和第二个五年普法工作意见、贯彻实施《中华人民共和国传染病防治法》《中华人民共和国土地管理法》情况、市第八届人大三次会议代表建议办理情况的报告。

1991年4月17～19日，市第八届人大常委会第二十四次会议听取和审议市政府关于贯彻实施《企业法人登记管理条例》和《中华人民共和国标准化法》的情况报告。6月5～7日，第八届人大常委会第二十五次会议听取和审议市政府关于“二五”普法规划和普法工作意见、加强文化市场管理的决议执行情况、实施《江苏省保护老年人合法权益条例》情况的报告。8月20～23日，第八届人大常委会第二十七次会议听取和审议市政府关于贯彻实施《中华人民共和国军事设施保护法》情况的报告以及全市审判、检察、公安机关贯彻人大决议开展廉洁执法检查情况的报告。10月17～19日，第八届人大常委会第二十八次会议听取和审议市政府和市中级人民法院关于《中华人民共和国行政诉讼法》实施情况的报告，市政府关于乡镇企业生产情况、减轻农民负担情况、贯彻执行《依靠科技进步，振兴连云港市经济的决议》情况。12月7～9日，第八届人大常委会第二十九次会议听取和审议市政府关于贯彻中央和省委工作会议精神搞好大中型企业情况、贯彻执行《江苏省计划生育条例》情况、社会治安综合治理工作情况、加强冬春水利工作情况、贯彻实施《中华人民共和国矿产资源法》情况的报告。

1992年4月8～11日，市第八届人大常委会第三十一次会议听取和审议市政府关于贯彻八中全会精神加强农业工作、市区住房制度改革工作、广播电视事业发展的情况报告。6月24～26日，第八届人大常委会第三十二次会议听取和审议市政府关于“三外”工作情况、反盗窃斗争情况、《中华人民共和国水法》实施情况、《中华人民共和国义务教育法》实施情况、人事制度改革情况、劳动制度改革情况的报告。8月11～13日，第八届人大常委会第三十三次会议听取和审议市政府关于1992年政府工作情况、《中华人民共和国渔业法》实施情况、贯彻实施《江苏省计划生育条例》情况的报告，市中级人民法院关于经济审判工作情况的报告。10月19～21日，第八届人大常委会第三十五次会议听取和审议市政府关于开展“二五”普法情况、调整农业结构发展农村经济情况、市场建设与管理情况、市第八届人大五次会议期间代表建议、批评和意见办理情况的报告。12月21～23日，第八届人大常委会第三十六次会议听取和审议市政府关于贯彻《全民所有制企业转换经营机制条例》和工业企业经济效益状况的报告、市人民检察院关于打击贪污贿赂犯罪为经济建设保驾护航情况的报告。

三、第九届人大常委会

1993年7月13～15日，市第九届人大常委会第二次会议听取和审议市政府关于个体私营经济发展情况、控制和减轻农民负担情况的报告，听取市中级人民法院关于实施《中华人民共和国民事诉讼法》情况的报告。9月2～4日，第九届人大常委会第三次会议听取和审议市政府关于上半年国民经济和社会发展计划执行情况、上半年财政预算执行情况、《中华人民共和国土地管理法》实施情况、创建卫生城市工作情况的报告。10月21～22日，第九届人大常委会第四次会议听取和审议市政府关于利用外资情况、连云港经济技术开发区建设情况、市第九届人大第一次会议代表建议办理情况的报告。12月21～23日，第九届人大常委会第五次会议听取和审议市政府关于1991～2010年连云港市城市总体规划、开展反腐败斗争及近期情况、贯彻实施《中华人民共和国归侨侨眷权益保护法》和实施细则情况的报告。

1994年4月26～28日，市第九届人大常委会第八次会议听取和审议市政府关于《中华人民共和国消费者权益保护法》《中华人民共和国教师法》《中华人民共和国农业技术推广法》实施情况、“二五”普法情况的报告。6月14～16日，第九届人大常委会第九次会议听取和审议市政府关于财税体制改革情况、1993～1997年市区重大市政公用建设项目情况、全市对外开放十年成就的报告。8月11～13日，第九届人大常委会第十次会议听取和审议市政府关于贯彻执行《中华人民共和国科学技术进步法》和《江苏省科学技术进步条例》情况的报告。10月17～19日，第九届人大常委会第十二次会议听取和审议市政府关于调整农业产业结构发展创汇农业情况、实施《中华人民共和国环境保护法》情况、市第九届人大第二次会议代表议案及建议、批评和意见办理情况的报告。12月29～30日，第九届人大常委会第十三次会议听取和审议市政府关于经济协作工作情况的报告，市人大常委会执法检查组关于《社会治安综合治理的决定》执法检查情况的报告。

1995年4月17～19日，市第九届人大常委会第十五次会议听取和审议市政府关于《中华人民共和国义务教育法》实施情况、贯彻实施《中华人民共和国妇女权益保障法》情况、私营企业发展情况的报告。6月20～22日，第九届人大常委会第十六次会议听取和审议市政府关于创建卫生城市工作情况、滩涂和浅海水产资源开发利用情况的报告，市人民检察院关于刑事检察监督工作情况的报告。8月23～25日，第九届人大常委会第十七次会议听取和审议市政府关于上半年经济工作情况、贯彻实施《江苏省村镇规划建设管理条例》情况、《消防条例》实施情况的报告。10月25～27日，第十八次会议听取和审议市政府关于实施《江苏省计划生育条例》情况、《江苏省基本农田保护条例》实施情况的报告。12月20～22日，第九届人大常委会第十九次会议听取和审议市政府关于1995年国民经济和社会发展计划执行情况，1995年财政预算执行情况，市第九届人大三次会议代表建议、批评和意见办理情况的报告。

1996年4月18～19日，市第九届人大常委会第二十一次会议听取和审议市政府关于《中华人民共和国药品管理法》实施情况、《江苏省实施〈农业技术推广法〉办法》实施情况的报告。6月24～26日，第九届人大常委会第二十二次会议听取和审议市政府关于“三五”普法规划情况、《中华人民共和国审计法》实施情况、《江苏省水利工程管理条例》实施情况以及连云港市机构改革实施意见的报告。9月17～18日，第九届人大常委会第二十四次会议听取和审议市政府关于上半年经济工作情况、《江苏省暂住人口管理条例》实施情况、《中华人民共和国科学技术进步法》和《省科技进步条例》实施情况的报告。10月30～31日，第九届人大常委会第二十五次会议听取和审议市政府关于依法治市规划及说明、全市34个重点排污单位治理情况的报告，市人大常委会执法检查组关于《中华人民共和国教育法》实施情况的检查报告。12月25～27日，第九届人大常委会第二十六次会议听取和审议市政府关于国民经济和社会发展计划执行情况、财政预算执行情况、市第九届人大四次会议期间代表议案和建议办理情况、《中华人民共和国未成年人保护法》实施情况的报告。

1997年4月23～24日，市第九届人大常委会第二十八次会议听取和审议市人大常委会执法检查组关于对《中华人民共和国农业技术推广法》和《江苏省实施〈中华人民共和国农业技术推广法〉办法》实施情况的执法检查报告，市政府关于落实市人大贯彻教育法有关问题的决议情况、1996年度同级财政审计情况的报告，市人大常委会调查组关于对加快开发灌河的议案的调查报告。6月23～25日，第九届人大常委会第二十九次会议听取和审议市人大常委会执法检查组关于对《中华人民共和国环境保护法》实施情况的执法检查报告，市政府关于《中华人民共和国渔业法》实施情况、全市文化工作情况的报告。8月25～27日，第九届人大常委会第三十一次会议听取和审议市政府关于上半年国民经济和社会发展计划执行情况、上半年财政预算执行情况、《中华人民共和国产品质量法》实施情况的报告。10月28～29日，第九届人大常委会第三十二次会议听取和审议市政府关于全市工商部门实施《中华人民共和国行政处罚法》情况、淮河流域工业污染源达标排放进展情况的报告。12月16～17日，第九届人大常委会第三十三次会议听取和审议市政府关于依法治市情况、1997年国民经济和社会发展计划执行情况、1997年财政预算执行情况的报告。

四、第十届人大常委会

1998年4月2日，市第十届人大常委会第一次会议听取和审议市政府关于“三五”法制宣传教育情况的报告。6月18～19日，第十届人大常委会第三次会议听取和审议市政府关于1997年度同级财政审计情况、《中华人民共和国土地管理法》实施情况的报告。8月20～21日，第十届人大常委会第四次会议听取和审议市政府关于上半年国民经济和社会发展计划执行情况、上半年财政预算执行情况、市属企业改制工作情况、全市社会治安情况的报告。10月12～13日，第十届人大常委会第五次会议听取市中级人民法院、市人民检察院、公安局、司法局关于《中华人民共和国刑事诉讼法》实施情况的报告，听取市政府关于发展农业产业化经营情况、“科技兴海”五大工程建设情况的报告。12月16～17日，第十届人大常委会第六次会议听取和审议市政府关于1998年国民经济和社会发展计划执行情况、1998年财政预算执行情况、农村合作医疗工作开展情况、市第十届人大一次会议期间代表建议办理情况的报告。

1999年3月25～26日，市第十届人大常委会第八次会议听取和审议市中级人民法院执行工作情况报告。5月25～26日，第十届人大常委会第九次会议听取和审议市人大常委会执法检查组关于对《中华人民共和国防洪法》实施情况的执法检查报告，市政府关于1998年度同级财政审计情况、市区旅游景点规划建设情况的报告。9月20～21日，第十届人大常委会第十一次会议听取和审议市政府关于全市村务公开情况、《中华人民共和国归侨侨眷权益保护法》实施情况、落实《市人大关于深入贯彻实施〈防洪法〉的决议》的情况报告。11月23～25日，第十届人大常委会第十二次会议听取和审议市政府关于推行执法责任制情况、《江苏省计划生育条例》实施情况、市第十届人大二次会议代表建议办理情况的报告。12月28～29日，第十届人大常委会第十三次会议听取和审议市政府关于1999年国民经济和社会发展计划执行情况、1999年财政预算执行情况、《中华人民共和国防震减灾法》和《江苏省防震减灾条例》实施情况、贯彻落实省发展个体私营经济条例情况的报告。

2000年4月25～26日，市第十届人大常委会第十五次会议听取和审议市政府关于农业结构调整情况的报告，市中级人民法院、人民检察院、公安局为国有企业改革和发展服务情况的报告。6月27～28日，第十届人大常委会第十六次会议听取和审议市政府关于1999年度同级财政审计情况、1999年市级财政决算草案、《中华人民共和国义务教育法》实施过程中控制流生和加强师资队伍建设情况的报告。10月25～27日，第十届人大常委会第十八次会议听取和审议市政府关于《中华人民共和国税收征管法》实施情况、全面推行行政执法责任制实施情况、全市失业下岗职工基本生活保障和再就业工作情况、《中华人民共和国执业医师法》实施情况的报告。12月25～27日，第十届人大常委会第十九次会议听取和审议市政府关于2000年国民经济和社会发展计划执行情况、2000年财政预算执行情况、减轻农民负担情况、“三五”普法总结验收情况的报告。

2001年4月24～25日，市第十届人大常委会第二十一次会议听取和审议市政府关于2000年市级财政决算情况、农业科技示范园区建设情况、城市管理整改情况的报告。6月25～26日，第十届人大常委会第二十二次会议听取和审议市政府关于对同级财政审计情况、《中华人民共和国渔业法》实施情况、《江苏省旅游管理条例》实施情况、《中华人民共和国台湾同胞投资保护法》实施情况的报告。8月16～17日，第十届人大常委会第二十四次会议听取和审议市政府关于2001年上半年国民经济和社会发展计划执行情况、2001年上半年财政预算执行情况、《中华人民共和国食品卫生法》实施情况、“以港兴市”战略实施及港口发展情况、法制宣传教育第四个五年规划情况的报告。10月15～16日，第十届人大常委会第二十五次会议听取和审议市政府关于振兴工业经济情况、《江苏省民营科技企业发展条例》实施情况、市第十届人大常委会第二十二次会议关于《中华人民共和国台湾同胞投资保护法》实施情况审议意见办理情况、代表建议办理情况的报告，听取和审议市人民检察院关于全市检察机关预防和打击职务犯罪情况的报告。12月26～27日，第十届人大常委会第二十七次会议听取和审议市政府2001年国民经济和社会发展计划执行情况、2001年预算执行情况、恢复云台山森林植被情况的报告。

2002年3月21～22日，市第十届人大常委会第二十九次会议听取和审议市政府关于2001年市级财政决算情况、《中华人民共和国体育法》实施情况的报告。5月28～29日，第十届人大常委会第三十次会议听取和审议市政府关于对同级财政审计情况、《江苏省公路条例》《中华人民共和国种子法》实施情况的报告，视察市区城建重点工程建设情况。7月23～24日，第十届人大常委会第三十一次会议听取和审议市政府关于2002年上半年国民经济和社会发展计划执行情况、2002年上半年财政预算执行情况、改善投资发展软环境情况、工业经济结构调整情况的报告。2002年9月23日，第十届人大常委会第三十三次会议听取和审议市政府关于社会治安综合治理情况的报告。2002年11月26～27日，第十届人大常委会第三十四次会议听取和审议市政府关于“四五”普法情况、《江苏省物业管理条例》《江苏省文化娱乐市场管理条例》实施情况、恢复云台山森林植被情况的报告。

2003年1月7日，市第十届人大常委会第三十五次会议听取和审议市政府关于2002年国民经济和社会发展计划执行情况、2002年财政预算执行情况的报告。3月27日，第十一届人大常委会第二次会议听取和审议市政府关于2002年市级财政决算草案的报告。5月28～29日，第十一届人大常委会第三次会议听取和审议市政府关于2002年度市本级预算执行情况和其他财政收支的审计工作、《中华人民共和国职业教育法》实施情况、全市农产品质量标准化建设情况的报告。7月24～25日，第十一届人大常委会第四次会议听取和审议市政府关于《江苏省禁毒条例》实施情况的报告。9月24～25日，第十一届人大常委会第五次会议听取和审议市政府关于招商引资及项目实施情况、代表建议办理情况的报告，听取和审议市检察院关于诉讼监督情况的报告。11月26～28日，第十一届人大常委会第六次会议听取和审议市政府关于税源经济发展情况、创建全国优秀旅游城市情况、《江苏省宗教事务条例》《江苏省渔业管理条例》实施情况的报告以及关于2002年市级财政预算执行和其他财政收支情况审计报告中涉及的有关部门违纪问题的处理反馈意见。12月18～19日，第十一届人大常委会第七次会议听取和审议市政府关于2003年国民经济和社会发展计划执行情况、2003年预算执行情况的报告。

五、第十一届人大常委会

2004年3月30～31日，市第十一届人大常委会第九次会议听取和审议市政府关于2003年市级财政决算草案、2003年度市本级预算执行和其他财政收支情况的审计工作、城市总体规划修编情况的报告。5月26～27日，第十一届人大常委会第十次会议听取和审议市政府关于《江苏省人口与计划生育条例》实施情况、创建平安连云港情况的报告。2004年7月19～20日，市第十一届人大常委会第十一次会议听取和审议市政府关于民营经济发展情况、2004年上半年国民经济和社会发展计划执行情况、2004年上半年预算执行情况的报告。9月27～29日，第十一届人大常委会第十二次会议听取和审议市政府关于《中华人民共和国民办教育促进法》实施情况、建议办理情况的报告。11月23～24日，第十一届人大常委会第十三次会议听取和审议市政府关于《中华人民共和国行政许可法》实施情况、田湾核电站运行前后加强对生态环境保护和监管措施、全市农民增收和农村劳动力转移情况的报告。12月21～22日，第十一届人大常委会第十四次会议听取和审议市政府关于2004年国民经济和社会发展计划执行情况、2004年预算执行情况的报告，听取和审议补选代表资格审查报告。

2005年4月26～27日，市第十一届人大常委会第十六次会议听取和审议市政府关于2004年市级财政决算、同级财政审计情况、编制《连云港生态市建设总体规划》有关情况的报告。6月15～16日，第十一届人大常委会第十七次会议听取和审议市政府关于《江苏水资源管理条例》实施情况、换届以后城市建设情况的报告。10月25～27日，第十一届人大常委会第十九次会议听取和审议市政府关于《住房公积金管理条例》实施情况以及人大代表建议办理情况的报告。12月13～15日，第十一届人大常委会第二十次会议听取和审议市政府关于2005年国民经济和社会发展计划执行情况、2005年预算执行情况的报告，听取和审议市人民检察院关于预防和查处职务犯罪情况的报告，听取和审议市人大常委会执法检查组关于《中华人民共和国食品卫生法》执法检查情况的报告。

连云港市志

第二十五卷　地方人民政府

1984～2005年，连云港市政府秉承"人民政府为人民"的执政理念，认真贯彻市委决策部署，坚持以经济建设为中心，以改革开放为动力，致力加快发展，实现经济持续快速健康发展和社会全面进步。

经济实力显著增强。牢固树立发展是第一要务的理念，不断深化体制机制改革，调整经济结构，强力推进沿海开发、沿东陇海线开发和园区建设，经济持续快速发展。农业基础地位不断稳固，农产品区域布局不断优化，农业产业化经营、标准化生产快速推进。工业加快发展，新医药、新材料产业形成较强竞争力，纺织机械、电子信息等成长性产业形成一定优势。服务业体系初步形成，山海旅游创出地方特色。港口加快向发展要素集聚港转变，现代物流体系不断完善。全市地区生产总值由1984年的23.62亿元增长到2005年的495.64亿元，三次产业比例由1984年的49.7：29.7：20.6调整到2005年的20.5：42.3：37.2。2005年，连云港在国家统计局中心发布的城市综合实力全国百强排名中列第55位。

改革开放成果丰硕。至2005年底，市属工业企业、非工业流通企业改革改制面分别达到97.3%和92.4%，国有集体资本基本从中小企业退出，实现资产重组45亿元，3家股份公司上市，5家公司通过上市辅导验收。民营经济占全市经济比重达49%。2005年，全市实际利用外资及港澳台资2.75亿美元，引进内联资金144亿元，分别是1985年的274.57倍和83.24倍；园区工业增加值占规模以上工业比重达51%，外贸进出口总额达20.39亿美元。

城乡面貌发生巨变。地区发展承载能力和服务功能得到增强，海陆空立体交通网络进一步完善，成为交通部规划建设的长三角地区7个国家级综合运输枢纽之一。港口实现第五代集装箱船舶全天候进出，连徐、汾灌高速公路全线通车。完成城市总体规划修编和市域城镇体系规划，城市建成区面积扩展到78平方千米，城市化水平提高到38.3%，创建国家环保模范城市和省级园林城市通过省级验收。

政府工作务实高效。进一步转变政府职能，加快行政管理体制改革和服务型政府建设，公共服务能力显著增强。建立健全会议制度、公文制度和政府工作报告制度，逐步扩大政务公开，推进行政审批制度改革和依法行政，政府管理水平不断提高。

外事、港澳事务、侨务和信访工作贯彻执行国家相关方针政策，积极主动协调服务，为全市经济建设和社会发展营造良好环境。

第一章　组织机构

1984～2005年是连云港市第七届至第十一届人民政府任期。市政府工作部门机构设置经历多次调整改革，至2005年底，市政府有工作部门48个、派出机构2个、作为议事协调机构的常设办事机构1个、直属事业机构10个。

第一节　市政府领导人员

1984～2005年，连云港市历经第七届至第十一届政府，每届任期5年。每届政府设市长1人、副市长10～11人。历届市长、副市长由市人民代表大会选举产生。市人民代表大会闭会期间，代市长、副市长增补由市人民代表大会常务委员会会议决定任命。

1984～2005年连云港市人民政府市长、副市长一览表

表25-1

届次及任期	职　务	姓　名	任职时间
第七届人民政府（1983.04～1988.01）	市　长	何仁华	1983.02～1986.05
		唐贯淮	1986.05～1988.01
	副市长	李敬松	1983.04～1984.08
		胡为德	1983.04～1988.01
		吴学志	1983.04～1985.06
		毛庚年	1983.04～1985.08
		严　建	1983.04～1984.08 1985.06～1988.01
		郑申雄	1984.08～1985.06
		高有为	1984.08～1988.01
		徐　沙	1984.10～1988.01
		唐贯淮	1985.06～1986.05
		许维铭	1985.06～1988.01
		周国林	1986.05～1988.01
第八届人民政府（1988.01～1993.03）	市　长	王稳卿	1988.01～1992.12
	代市长	徐守盛	1992.12～1993.03
	副市长	高有为	1988.01～1993.03
		刘步生	1988.01～1991.03
		许维铭	1988.01～1993.03
		周国林	1988.01～1991.04
		吴炳裔	1988.06～1993.03
		程智培	1989.01～1993.03
		周保法	1991.04～1993.03
		周　游	1991.10～1993.03
		徐昆荣	1992.12～1993.03
		吴加庆	1993.02～1993.03
		刘振堂	科技副市长，1993.02～1993.03

续表 25-1

届次及任期	职　务	姓　名	任职时间
第九届人民政府（1993.03～1997.12）	市　长	徐守盛	1993.03～1996.08
	代市长	夏　耕	1996.09～1997.03
	市　长	夏　耕	1997.03～1997.12
	副市长	高有为	1993.03～1997.12
		程智培	1993.03～1997.12
		周保法	1993.03～1997.12
		周　游	1993.03～1995.06
		吴加庆	1993.03～1994.10
		徐昆荣	1993.03～1997.06
		刘振堂	科技副市长，1993.03～1994.06
		任志远	1993.05～1997.06
		余炳才	1994.06～1997.12
		邵桂芳	1994.09～1997.12
		冯　义	1997.07～1997.12
第十届人民政府（1998.01～2003.01）	市　长	夏　耕	1998.01～2000.02
	代市长	陈震宁	2000.08～2001.03
	市　长	陈震宁	2001.03～2001.12
	代市长	刘永忠	2001.12～2002.01
	市　长	刘永忠	2002.01～2003.01
	副市长	高有为	1998.01～2001.01
		周保法	1998.01～2003.01
		余炳才	1998.01～2002.01
		邵桂芳	1998.01～2003.01
		冯　义	1998.01～2003.01
		周同余	1998.01～2003.01
		杨少华	2001.07～2003.01
		汤建鸣	2001.07～2002.01
		马建国	2002.01～2003.01
		赵建华	2002.01～2003.01
第十一届人民政府（2003.01～）	市　长	刘永忠	2003.01～
	副市长	周保法	2003.01～
		杨少华	2003.01～
		马建国	2003.01～
		赵建华	2003.01～
		杨　莉	2003.01～
		朱　浩	2003.01～
		施　炎	2003.01～

第二节 机构设置

一、1984年政府机构

1984年4月，连云港市被列为全国第一批沿海开放城市。为适应改革开放的新形势，政府机构随之调整，至1984年底，市政府有34个部门，分别是市政府办公室、计划委员会、经济委员会、科学技术委员会、城乡建设委员会、计划生育委员会、体育运动委员会、外事办公室、人民防空办公室、统计局、物资局、劳动局、人事局、编制委员会（与市人事局合署办公）、交通局、物价局、财政局、税务局、粮食局、商业局、工商行政管理局、环境保护局、农业局、水利局、多种经营管理局、水产局、民政局、文化局、教育局、卫生局、广播电视局、公安局、司法局、审计局。

二、1997年政府机构

1996年7月，连云港市根据省委、省政府部署，开展党政机构定职能、定机构、定编制"三定"改革。1997年，市政府设工作机构49个：市政府办公室、计划委员会、经济委员会、对外经济贸易委员会（外商投资管理中心）、经济体制改革委员会、教育委员会（市委教育工作委员会）、科学技术委员会（海洋管理局）、规划建设委员会、城市管理委员会、口岸管理委员会、国防科学技术工业办公室（经济技术协作委员会）、体育运动委员会、计划生育委员会、财贸办公室、政府外事办公室、人民防空办公室、政府研究室、政府侨务办公室、公安局、国家安全局、监察局（与市纪委机关合署）、民政局、司法局、财政局、地方税务局、连云港工商行政管理局、人事局（市编办与其合署）、劳动局、审计局、物价局、房产管理局（房改办）、统计局、交通局、贸易局、粮食局、文化局（新闻出版局）、广播电视局、卫生局、农业局、水利局、水产局、多种经营管理局、环境保护局、乡镇企业管理局、农业资源开发局、国土管理局、技术监督局、医药管理局、法制局。设部门管理机构7个：市信访局、民族宗教事务局、地质矿产局、国有资产管理局、园林管理局（云台山风景名胜区管理局）、市政公用局、建筑工程管理局。设事业机构7个：市农业机械管理局、供销总社、市级机关事务管理局、档案局（档案馆）、旅游事业管理局、地震局、新亚欧大陆桥国际信息中心（市经济信息中心）。设派出机构2个：经济技术开发区管委会、市连岛海滨旅游度假区筹委会。

三、2001年政府机构

2001年7月，市委、市政府下达《连云港市市级党政机关机构改革实施意见》，进行新一轮党政机构改革。改革后，市政府设工作部门38个：市政府办公室（市政府研究室与其合署办公）、发展计划委员会、经济贸易委员会（挂市乡镇企业管理局牌子）、口岸管理委员会、教育局（挂市委教育工作委员会牌子）、科学技术局、公安局、监察局、民政局、司法局、财政局（市国有资产管理办公室与其合署办公）、人事局（市机构编制委员会办公室与其合署办公）、劳动和社会保障局、国土资源局、规划局、建设局、城市管理局（挂市城市管理行政执法局牌子）、房产管理局、交通局、水利局、农业局、林业局、对外贸易经济合作局、文化局（挂市新闻出版局、市版权局牌子）、广播电视局、卫生局、体育局、计划生育委员会、审计局、统计局、环境保护局、粮食局、海洋与渔业局、物价局、民族宗教事务局、人民防空办公室、外事办公室（市政府侨务办公室与其合署办公）、政府法制办公室、行政审批制度改革办公室。设置议事协调机构的常设办事机构1个：市经济体制改革委员会办公室。设置直属事业机构8个：市市级机关事务管理局（市接待处与其合署办公）、农业资源开发局、旅游局、云台山风景名胜区管理委员会、招商局、农业机械管理局、地震局、供销合作总社。

四、2005年政府机构

2005年5月，市政府召开全市政府机构改革工作会议，6月10日下发《关于印发连云港市人民政府机构改革的实施意见的通知》。2005年底，市政府设工作部门40个：市政府办公室（市政府研究室）、发展和改革委员会（市发展计划委员会与市体改委办公室合并，组建市发展和改革委员会；挂市信息产业局（市无线电管理办公室牌子）、经济贸易委员会（市乡镇企业管理局、市中小企业局、市贸易发展办公室）、口岸管理委员会（与市港口管理局合署办公）、教育局（市委教育工作委员会）、科学技术局、公安局、监察局、民政局、司法局、财政局、人事局（市机构编制委员会办公室）、劳动和社会保障局、国土资源局、规划局、建设局、城市管理局（市城市管理行政执法局）、房产管理局、交通局、水利局、农业局、林业局（市绿化委员会办公室）、对外贸易经济合作局、文化局（市新闻出版局、市版权局）、广播电视局、卫生局、体育局、人口和计划生育委员会（市计划生育委员会更名为市人口和计划生育委员会）、审计局、统计局、安全生产监督管理局（升格为正处级政府工作部门）、环境保护局、粮食局、海洋与渔业局、物价局、民族宗教事务局、人民防空办公室、外事办公室、政府侨务办公室、政府法制办公室、行政审批制度改革办公室。设置直属特设机构1个：市政府国有资产监督管理委员会。设置派出机构2个：连云港经济技术开发区、市连岛海滨旅游度假区。设置直属事业机构12个：市港口管理局（市口岸管理委员会）、市级机关事务管理局、接待办公室、农业资源开发局、旅游局（与市云台山风景名胜区管理委员会合署办公）、投资促进局、农业机械管理局、地震局、供销合作总社、新亚欧大陆桥国际信息中心（市经济信息中心）、中国国际贸易促进会连云港市支会、市房屋拆迁管理办公室（市房屋拆迁安置办公室更名）。

第二章　政务运行

根据《中华人民共和国宪法》和《中华人民共和国地方各级人民代表大会和地方各级人民政府组织法》，连云港市人民政府对省政府和市人民代表大会及其常务委员会负责，并报告工作。1984～2005年，市政府多次调整和完善《连云港市人民政府工作规则》，不断增强自身依法行政能力、规范服务能力、拒腐防变能力，履行市政府经济调节、市场监督、社会管理和公共服务职能，打造服务型政府。

第一节　会议制度

连云港市政府实行常务会议、市长办公会议、全体会议、全市性大会和专题会议制度。市政府政务运行由常务会议、市长办公会议决策，市政府全体会议进行阶段性总结和工作安排，全市性大会和专题会议进行具体部署落实。

一、常务会议

由市长、副市长、秘书长组成，市长或由市长委托常务副市长召集和主持。根据会议议题，安排有关部门负责人列席会议。会议讨论、审议或者决策以下工作事项：传达国家、省和市委重要决策部署精神，研究贯彻落实意见；审议市政府制定的行政措施和规范性文件；讨论审议提请市人民代表大会及其常务委员会审议的工作报告和议案；讨论决定向省政府请示或者报告的重要事项；《政府工作报告》确定的目标任务推进落实情况；市政府目标管理与考核工作；全市国民经济和社会发展规划、年度工作计划及计划执行情况；城市总体规划、近期建设规划及年度实施计划、重要专项规划及规划的重大调整；土地利用规划、年度用地计划；财政预决算，财政预算执行情况，重大财政资金安排；重要资源配置和社会分配调节事项，国有资产处置方面的重大事项，政府投资的重大项目；改革创新及社会经济管理、公共服务方面的重大政策措施；安全生产、环境保护及社会稳定方面的重大事项；部门和县区政府请示市政府解决或者须由市政府批准的重要事项；市政府聘请经济顾问、法律顾问和授予荣誉市民情况；市政府各类奖励、表彰事项；对监察对象行政处分决定；市长认为应当由市政府常务会议决定的其他重大事项。市政府常务会议一般每月召开1～2次，如有需要市长可以决定临时召开。1984～2005年，市政府累计召开常务会议223次。

二、市长办公会议

由市长或由市长委托分管副市长主持召开，有关副市长和部门负责人参加。会议主要内容是研究、处理市政府日常工作中的重要问题，讨论决定各部门请示市政府的重要事项，研究需提请市委常委会讨论的有关政府工作等。根据工作需要，市长办公会议不定期召开。

三、全体会议

由市长、副市长、秘书长、各委办主任、各局局长组成。必要时邀请有关方面主要负责人列席。会议由市长召集。会议主要任务是传达贯彻中共中央、国务院和省委、省政府的重要文件、指示、决定；传达贯彻市委、市人民代表大会及其常务委员会的重要决定、决议；通报情况；决定和部署市政府的重要工作和阶段性工作；研究政府自身建设工作；讨论其他需要全体会议讨论的事项。市政府全体会议一般每半年召开1次，根据工作需要经研究决定可以临时召开。1984～2005年，市政府共召开全体组成人员（扩大）会议31次。

图25-1 市政府全体（扩大）会议 俞德春 摄于2004年

四、全市性大会

包括市政府决定召开的全市性大会；由有关部门提请，经批准后以市政府名义召开的全市性大会；由市政府主管部门主持召开的、需请市政府分管市长或副市长和各委办局负责人出席的全市性工作会议。会议由市长、副市长或由他们委托的有关委办局负责人召集并主持。大会主要任务是传达贯彻中共中央、国务院和省委、省政府的重要文件或会议精神；部署市政府全面工作或某一方面的重点工作；部署涉及各部门的综合性工作或需各部门共同完成的重要专业性工作。根据工作需要，不定期召开全市性大会。

五、专题会议

由市长、副市长或委托秘书长、办公室主任主持召开。根据会议议题，请有关部门负责人出席。会议主要任务是协调、处理市政府工作中的专题问题。根据工作需要，专题会议不定期召开。

第二节　公文制度

提请市人民代表大会及其常务委员会审议的议案、人事任免，提请省政府或市委决定的工作报告、计划、请示，以连云港市政府名义发布的规范性文件，涉及全市性的重要文件，均由市长签发。以市政府名义发文，属于有关副市长主管业务范围的，由主管副市长签发。涉及几位副市长主管范围的，由有关副市长核签后报市长或常务副市长签发。

按照《国家行政机关公文处理办法》，对各部门和各县、区政府报送市政府审批的公文，市政府办公室按市长、副市长分工呈批，重大事项报市长审批。市政府对报送审批的公文在规定期限内办结或答复。

第三节　政府工作报告制度

连云港市政府每年向省政府报告一次工作。各县、区政府和市政府各部门每年向市政府报告一次工作。遇有特殊情况随时请示报告。各地、各部门、各单位的重要活动和信息、重大事故和突发事件，及时、迅速、准确地报告市政府办公室。部、省级领导（包括同级别离退休干部）、江苏省省级机关各部门主要领导、外省省辖市主要领导以及国内知名人士等重要内宾到连云港工作或行动的信息，要及时、迅速、准确地报告市政府办公室。市政府领导的主要活动实行一周一报的预报制度。

对全市国民经济和社会发展计划、财政预算、经济调控和改革开放的政策措施、社会管理事务、地方性法规议案和规章等，市政府在做出重大决策前，对其合法性进行审查，并根据需要，通过召开座谈会、论证会等形式，直接听取民主党派、群众团体、基层企业、专家、学者等方面的意见和建议。对一年一次的《政府工作报告》，市政府在向市人民代表大会报告前，广泛听取人大代表、政协委员等各方面的意见、批评和建议，并进行认真修改。市政府自觉接受市人民代表大会及其常务委员会监督，虚心听取意见和建议。

市长、副市长会见外宾，由接待单位请示市政府办公室并抄送市外办，由市外办提出意见，报市政府审定。会见台港澳人士及华侨、外籍华人知名人士，由接待单位提出请示，分别抄送市台办、侨办审核提出意见后，报市政府审定。

第三章　施政纪略

1984～2005年，连云港市各届人民政府以经济建设为中心，大力推进改革开放和外向型经济发展，以规划为引领，大力推进城市交通、道路、公用事业基础设施建设，逐步加大对科学教育文化体育等社会事业的投入，有计划、有步骤地完善社会保障体系，着力提升城市形象，发展社会事业，让发展成果惠及全体人民。

第一节　第七届政府

第七届政府任期为1983年4月至1988年1月。1987年，连云港市实现地区生产总值39.52亿元、财政收入2.97亿元，分别比1982年增长119.68%、61.41%。

一、经济建设

1983～1987年，全市工业总产值由1982年的13.67亿元增加到1987年的41.54亿元。农林牧渔业总产值由1982年的11.73亿元增加到1987年的26.71亿元，粮食产量达由1982年的173.56万吨增加到1987年的223.52万吨，棉花总产量由1982年的2.01万吨增加到1987年的2.41万吨。连云港庙岭煤码头和三突堤杂货码头交付使用。1986年庙岭二期工程开工建设。连云港碱厂建设累计完成投资2.78亿元。实施东陇海铁路改造、新海电厂扩建等重点项目。

二、对外开放

1983～1987年，全市批准利用外资及港澳台资项目39个，合同利用外资与港澳台资4291万美元，批准技术引进项目108个，总投资2.5亿元；建成投产72个，总投资8587万元。1985年9月至1988年1月，连云港经济技术开发区完成总投资9724万元。国内横向经济联合发展较快，全市先后与国内25个省、市、自治区和国家21个部委以及170多所大专院校、军工、科研单位开展多种形式的经济技术合作，引进项目645个，总投资5.16亿元；至1987年底建成投产464个，投资额2.6亿元。

三、城市建设

1983～1987年，全市新建和改建主次干道18条，平均每年铺设和改建下水道9000米；城市道路由1983年初的61千米增加到1987年的97千米；排水管道由1983年初的75千米增加到1987年的123千米。翻建解放中路，建成东方大厦、物华商场、通信大楼等一批建筑，市区面貌有较大改观。茅口水厂一期工程和海州水厂改造工程竣工投产，城市居民人均日用水量由1982年的61公升升至1987年的118公升。11万伏输电线路和22万伏变电工程投入使用。民航开通连云港至北京、南京、上海等航线。4000门程控电话、960路微波、256户电报交换机和光纤通信系统投入使用。

四、社会事业

1983～1987年，全市共安排各类科研项目349个，投入资金2169万元，完成市级以上科研成果264项。新办和扩建淮海大学、连云港职业大学、连云港广播电视大学、连云港教育学院、连云港师范学校、连云港中药学校等大中专院校。新建、修缮中小学校舍36.7万平方米，新建各级文化活动中心和场所300多个，新建中医院、精神病院、妇幼保健院等6所专科医院。

三、人民生活

1987年，全市城乡居民储蓄余额6.7亿元，比1982年增加5.2亿元。1983～1987年，全市安置城镇待业人员4.6万人。1987年，全市城镇居民人均可支配收入1084元，农村居民人均纯收入567元。

第二节 第八届政府

第八届政府任期为1988年1月至1993年3月。1992年，连云港市地区生产总值68.92亿元，财政收入4.5亿元，分别比1987年增长74.39%和51.52%。

一、经济建设

1988～1992年，全市农业共投入4.3亿元，实施黄淮海开发、世界银行滩涂开发等农业综合开发项目，完成水利建设土石方2.6亿立方米。1992年，全市实现农林牧渔业总产值43.95亿元，比1987年增长64.55%；粮食总产连续三年超过200万吨。1992年实现工业产值78.15亿元，比1987年增长88.13%。五年间工业固定资产累计投入21亿元，相继建成设计年产60万吨纯碱的连云港碱厂等一批大中型工业骨干企业，连云港港口吞吐量由894万吨增加到1359万吨。相继建成市农副产品批发市场、华联商厦、中国银行大楼等一批大中型商业设施。1992年底，全市银行存、贷款余额比1987年分别增长133%和121%。

二、外向型经济

1988～1992年，全市累计新批各类利用外资及港澳台资项目333个。其中，1992年新批“三资”企业301家，合同利用外资及港澳台资3.7亿美元，分别比1987年增长19.1倍和12.4倍。五年完成国际承包工程、劳务输出项目72个，签订合同额4743万美元，完成营业额1816万美元，批准成立海外非贸易企业8家。

三、开发区建设

1988～1992年，连云港经济技术开发区共完成基建投入1.5亿多元，基础设施开发和工业项目投入4.1亿元，完成开发面积2.64平方千米。批准利用外资与港澳台资项目69个，合同利用外资与港澳台资1.1亿美元，实际利用外资与港澳台资1280万美元。五年共实现工业产值8.02亿元，实现财政收入3268万元，出口创汇3528万美元，形成8家利税超百万元的骨干企业。

四、基础设施建设

1988～1992年，连云港港完成投资7.8亿元，庙岭二期新建的5个专用泊位通过交通部验收。完成东陇海铁路技改工程及中云铁路编组站建设。新建公路245千米，改建干线公路565千米，建成新墟一级公路，五年累计投入公路建设资金2.2亿元。民航建成候机楼等主体工程，开通至上海、北京、广州航线。完成茅口水厂二期工程扩建、海州水厂改造，铺设主供水管道88千米，增加城市供水能力12.5万立方米。建成日供气能力8万立方米的储气罐。扩建新海发电厂，2台20万千瓦机组先后投入运营。

五、城市建设

1988～1992年，全市新建城市道路22.9千米，建成蔷薇路、海连东路、解放东路、朝阳中路、海棠路、中山东路、龙河广场等城市骨干工程；完成龙尾河、扁担河等排水、防洪、排涝河道整治。五年间净增绿化面积514公顷、公共绿地66.3公顷。新建海宁小区，改造沿通灌路两侧旧城区。

六、社会事业

1988～1992年，全市组织实施国家级重大成果推广项目7个、省级“星火计划”项目39个，累计鉴定科技成果526项。全市多渠道筹集教育经费1.3亿元，新建和扩建、修建校舍158万平方米，市区新建东港中学、职业技术教育中心等7所中学和大庆路小学、港师附小等一批小学，新建95所农村实验中心小学。5年间建成市图书馆阅览楼、东方影视中心和93个乡镇文化中心、3座电视卫星地面站、5座电视差转台，增开3个电视频道。新建市第一人民医院外科大楼、妇儿医院门诊楼，新增卫生机构32个、床位924张。

七、人民生活

1992年，全市城镇居民人均可支配收入1997元，比1987年增长84.23%；农村居民人均纯收入803元，比1987年增长41.62%；城镇人均居住面积由1987年的6.4平方米增加到1992年的8.6平方米，农民人均住房面积由1987年的15平方米增加到17.4平方米。待业率较1988年下降0.26个百分点。

第三节　第九届政府

第九届政府任期为1993年3月至1997年12月。1997年，连云港市实现地区生产总值195.86亿元，财政收入15亿元，分别比1992年增长184.18%和233.33%。

一、经济建设

1997年，全市实现农林牧渔业总产值144.33亿元，比1992年增长2.28倍；粮食产量

280.04万吨，比1992年增长16.6%。海水养殖形成特色，成为全省重要的海产品养殖基地。1993～1997年，全市累计完成技改投资35.8亿元，完成新产品鉴定527个，一批重点技改项目竣工投产。旅游业发展加快，连岛浴场、海州湾度假区、渔湾、桃花涧等景区相继开放。新建18个成交额过亿元的市场，白虎山小商品批发市场、市农贸批发市场等专业市场初具规模。1997年，连云港港口完成吞吐量1652万吨，比1992年增长21.5%。5年累计集装箱运量32.9万标准箱。

二、体制改革

1993～1997年，全市国有企业改革步伐加快，15家企业成为省级现代企业制度试点企业，7家企业组建为股份有限公司，492家企业改制为有限责任公司。1996年11月，如意股份公司上市。民营经济蓬勃发展，1997年底，个体工商户达13.4万户，私营企业达3108家。住房公积金归集率85%，市区出售公房3.7万套。

三、对外开放

1993～1997年，连云港市与30个国家和地区建立经济贸易和友好往来关系，与5个外国城市结为友好城市。1997年实际利用外资与港澳台资1.2亿美元，是1992年的3.2倍；自营出口3.3亿美元，是1992年的9.2倍；完成外经营业额5490万美元，是1992年的8倍。

5年间，连云港经济技术开发区实际利用外资与港澳台资1.64亿美元，完成固定资产投资25.4亿元，实现工业总产值112亿元，出口创汇3.1亿美元，财政收入5.3亿元。签订经济技术合作项目1044个，投产开业953个，引进客方资金9.7亿元。实施南北挂钩项目526个，客方到位资金3.3亿元。

四、基础设施建设

1993～1997年，东陇海铁路复线主体工程完工，新火车站基本建成。宁连公路连云港段、云台山公路隧道建成使用，开工建设连徐高速公路试验段和新沭河大桥，建设县乡黑色化路面400千米。港口建成万吨级泊位5个，拦海大堤投入使用，庙岭三期工程获准立项。民航机场完成二期扩建，开通8条国内航线。核电站可行性研究报告通过国家审查，正式签订总合同。五年间，市政基础设施投资5亿元，新建扩建朝阳路、郁洲路、幸福路等城市干道，新增城市路灯4000盏。新建第三水厂，自来水普及率87.7%。

五、社会事业

1993～1997年，全市完成科技投入6.5亿元，鉴定各类科技成果776项。先后建成市职教中心、东方中学、大港职中和体育学校。新建扩建中小学校舍170万平方米，新建教职工宿舍26万平方米。《水晶缘》《红丝带》等文艺作品获省“五个一工程奖”。

六、人民生活

1997年，全市城乡居民储蓄余额88.4亿元，比1992年增长2.6倍，年均递增29.2%；城镇居民人均可支配收入5296元，比1992年增长1.7倍；农村居民人均纯收入2705元，比1992年增长2.4倍。五年中，全市投入18.1亿元，兴建商品房492万平方米。8.9万城镇失业人员实现就业和再就业，安置下岗职工4.9万人。

第四节　第十届政府

第十届政府任期为1998年1月至2003年1月。2002年，连云港市实现地区生产总值296.84亿元、财政收入26.99亿元，分别比1997年增长51.56%和79.93%。

一、经济建设

1998～2002年，全市累计完成全社会固定资产投资175亿元，直接利用外资与港澳台资1.1亿美元。建成全省最大的海水育苗基地，海洋产业总产值年均递增20%。重点龙头企业发展到109家，新创农产品品牌51个。工业增加值占地区生产总值比重由1997年的32.6%提高到2002年的36.3%。累计完成工业技术改造投资186亿元，高新技术产业产值年均递增20%以上。1998年4月田湾核电站开始土石方工程施工。五年完成社会消费品零售总额113亿元。花果山景区和连岛度假区被评为国家AAAA级景区。市区拆除危旧房屋153万平方米，新增配套完善的住宅500多万平方米。

二、体制改革

1998～2002年，全市国有企业改革强力推进，国有资产管理监督营运体系初步形成。恒瑞医药、康缘药业成功上市，正大天晴、港口股份完成上市辅导，国有大中型企业改制面达91%，78%的中小企业退出国有集体资本。实施行政机构改革和区划调整，市县乡行政编制减少20%，市级部门行政机构减少13.6%，撤并云台区和26个乡镇、654个村、74个居委会。在全省率先改革行政审批制度，市审批中心成立运行，市级审批项目减少573项。农村税费改革和各项配套改革取得重要成果，取消和降低收费项目182个，农民负担人均减少101.8元，减负率50.7%。

三、对外开放

1998～2002年，全市累计实际利用外资与港澳台资12.6亿美元。其中，2002年实际利用外资与港澳台资5.2亿美元，占五年累计的41.3%。累计吸引内联资金32.6亿元，外贸出口年均递增23.8%，外经营业额年均递增13.5%。连云港经济技术开发区直接利用外资及港澳台资占全市的45.3%，2002年建成出口加工区一期工程，并具备封关运作条件。

四、重点工程

1998～2002年，全市建成高速公路213千米，改造国、省道434千米。东陇海铁路复线和新火车站建成使用。亚洲大陆第一口超深科学勘探井开钻。汾灌高速公路、连徐高速公路连云港段一期工程等投入使用，7万吨级深水航道疏浚工程，7万～10万吨级深水泊位改造和庙岭三期集装箱泊位开工建设，田湾核电站1号、2号机组主体设备安装调试，建成220千伏云台输变电工程。

五、城乡建设

1998～2002年，城市建设总投资近100亿元，建成区面积扩大至61.1平方千米。新建改建

60多条城市主次干道和一批重点市政工程，新增城市道路70多千米，城市人均公共绿地7.2平方米，绿化覆盖率33%，建成人防工程1.6万平方米。国展中心、新银双夏等标志性建筑相继建成，新行政中心开工建设。新增亮化面积18万平方米，城镇化率由24%提高到33%。创建4个省级示范小城镇和36个市级新型小城镇。

图25-2　2002年6月29日，连云港市行政中心主楼奠基。
赵鸣　摄

六、社会事业

1998～2002年，全市实施省以上火炬计划项目72项、星火计划项目144项，培育省高新技术企业21家、国家重点高新技术企业8家。其中2002年新医药产业基地成为国家级火炬产业基地，中电华威成为国家863计划成果产业化基地，建成企业工程中心、企业技术中心、博士后技术创新中心54家。4所高中创建为国家级示范性普通高中，14所中学创建为省重点中学，高中阶段教育入学率提高到72%，组建连云港职业技术学院和连云港师范高等专科学校。市急救中心投入使用，获省以上竞技体育金牌176枚，成功举办第五届中国国际风筝节、市第十届运动会。连续三次获“全国双拥模范城”称号。

七、人民生活

2002年，全市城镇居民人均可支配收入6953元，比1997年增长31.29%；农村居民人均纯收入2991元，比1997年增长10.6%。归集城镇职工住房公积金6.4亿元，为城市中低收入家庭建设经济适用住房190万平方米。1998～2002年，全市累计发放下岗职工基本生活保障金1.6亿元、养老金18.1亿元，1.5万名城市贫困居民纳入最低生活保障范围。改造草危房162万平方米，救济灾民和困难群众176.3万人次，5.4万名下岗职工实现再就业。

第五节　第十一届政府

第十一届政府任期为2003年1月至2008年1月。2005年，连云港市实现地区生产总值495.64亿元，财政总收入56.28亿元，分别比2002年增长66.97%和108.52%。连云港市在全国中心城市综合实力百强排名中列第55位。

一、经济建设

2003～2005年，全市累计完成全社会固定资产投资782亿元，三次产业结构由2002年的26.1∶38.2∶35.7调整为2005年的20.5∶42.3∶37.2。2005年，全市实现农林牧副渔业总产值174.02亿元，比2002年增长11.92%。建成无公害、绿色、有机食品品牌130个，下辖4县全部成为省级无公害农产品整体推进示范县。畜牧业良种覆盖率达到80%，建成全省特色渔业、设施渔业、

图25-3　2005年全市一季度经济形势分析交流会
侍志　摄

观光渔业基地。工业总产值由2002年的277.61亿元增加到2005年的342.87亿元。田湾核电站1号机组反应堆实现首次临界，实施新海发电公司机组扩建等23项国家技改项目。2005年，高新技术产业产值占规模以上工业比重达到9.8个百分点，医药、化工、食品等5个支柱行业增加值占全市工业增加值的比重提高到64%。大力推进临港开发和沿东陇海线产业带建设。港口加快向发展要素集聚港转变，2005年，港口吞吐量达到6016.22万吨，集装箱运量100.52万标准箱。成功创建中国优秀旅游城市，连岛等4个景区被评为国家AAAA级旅游区。

二、体制改革

2003～2005年，全市加快以产权制度改革为重点的企业改革，市属工业企业、非工业流通企业改制面分别达到97.3%和92.4%，国有集体资本基本从中小企业退出，实现资产重组45亿元，妥善安置破产企业职工和离退休人员3.4万人。民营经济发展迅猛，占全市经济比重达到48.9%.实施行政区划调整，撤销云台区和32个乡镇。财税体制和投融资体制改革有序推进，实施部门预算、国库集中支付和政府采购制度改革。

三、对外开放

2003～2005年推进重点地区、重点产业和重点项目招商，全市累计实际利用外资与港澳台资15.71亿美元，内联资金到位255.71亿元。成功举办江苏国际农洽会、苏台经贸洽谈会等经贸活动。累计完成出口22.7亿美元，完成外经营业额3.92亿美元。出口加工区获批运营。

四、城市建设

2003～2005年，全市累计投入城市建设资金125.2亿元，市区建成区面积从2002年的61.1平方千米扩大到2005年的78平方千米。市行政中心主楼建成使用。东部城区建设拉开框架，撤除朝阳收费站。旧城改造步伐加快，拆除危旧房屋189万平方米，新建住宅433万平方米。新建、改建城市道路102条，新增城市道路103千米，新海城区一环、二环路网基本形成。城市绿化覆盖率37.1%，人均公共绿地7.47平方米。

五、科技教育

2003～2005年，全市实施省以上火炬、星火计划项目212个，培育国家高新技术企业7家、省高新技术企业30家，建成新医药、硅材料2个国家火炬计划特色产业基地和中电华威、恒瑞医药国家863计划成果产业化基地，成为苏北地区仅有的4个国家级高新技术产业基地。培育5个国家博士后科研工作站、8个省工程技术研究中心。完善以县为主的教育管理体制，小学、初中入学率分别达到99.9%和99.7%，对8.2万名农村贫困学生实行“两免一补”（免教科书费、免杂费、补助寄宿生生活费）政策。创成省四星级高中4所，高中入学率87.3%。加强人才培养引进，各类人才总量达23万人。

六、社会事业

2003～2005年，全市累计用于社会事业发展的财政支出62.7亿元，是前五年的2.1倍。完成将军崖岩画、孔望山摩崖造像防风化工程。启用数字电视中心大楼，完成中波发射台重建，全市行政村有线电视联网率62%。成功举办国际国内沙滩排球和十运会帆船帆板等比赛。建成全民健身工程28个、健身点252个，常年参加体育活动人口达全市人口的45%。三项国策得到落实。计划生育率90%。复垦新增耕地3800公顷。实施云台山封山育林，植被覆盖率73.9%。市区空气质量优良率88.8%，蔷薇河饮用水源水质达标率保持100%，进入全国污染控制最好城市行列。

七、人民生活

2003～2005年，全市城乡居民收入持续增加，城镇居民人均可支配收入年均增长14.3%，农村居民人均纯收入年均增长11.6%，2005年分别达10006元和3869元。城乡居民消费结构不断优化，耐用消费品数量持续增长，汽车等贵重消费品逐步进入家庭，教育文化、休闲娱乐等消费比重大幅提高。城乡居民人均住房面积分别增加6.3平方米和2.1平方米。城市惠民工程得到实施，新建改建便民道路130条，发展管道燃气用户2.3万户。农村基本完成草危房改造，新增改水受益人口133万人，建成农村公路3800千米，加强农业综合开发，新型农村合作医疗人口覆盖率达90%。实施农村税费改革，农民人均负担下降79%。

第四章　政府建设与管理

1984～2005年，连云港市政府围绕转变职能、审批制度改革、依法行政、改进作风等重点，努力建设学习型、服务型、法治型政府，不断提高工作效率和服务水平，为经济、社会持续健康发展营造良好环境。

第一节　审批制度改革

一、审批项目清理

1984～1999年，连云港市行政审批工作由政府职能部门对应各自职能承担，在各部门办公场所办理。随着社会经济的不断发展，全市行政审批服务过程中，审批项目过多、审批环节繁琐、审批程序僵化、审批收费过滥等诸多弊端凸现。2000年9月5日，市第十届政府第三十一次常务会议讨论通过《连云港市保留取消的审批核准备案事项目录》。市行政审批制度改革领导小组办公室对75个市政府部门和直属单位以及部分省属单位原有的1118项审批、核准、备案事项进行认真清理，保留审批、核准、备案事项782项。

2002年2月22日，市政府批转市审批办、监察局、法制办、体改办、编办等部门《关于推进第二轮行政审批制度改革的工作意见》。二轮改革主要是围绕“实现两个目标，坚持三个结合，力求四个到位”来开展工作。“两个目标”即审批项目再减少20%，保留项目95%进中心；“三个结合”即时间步骤与集中整治相结合，五项原则与实际工作相结合，大胆工作与耐心细致相结合；“四个到位”即项目清理到位，环节与时限缩减到位，进中心规范办理到位，联合审批紧抓到位。至2002年底，审批项目实际削减30.3%，审批项目总数由782项减少为545项，净减少237项。进审批中心办理的项目比例达到96.38%，审批项目全部进中心的窗口单位达到17个。承诺项目的审批时间普遍压缩1/3以上，平均每个项目的承诺时限由24.49天削减为16.45天。

2003年，结合国务院和省政府公布取消的项目，市政府发文公布第二批取消行政审批项目目录，市本级行政审批项目削减至473项。2004年8月20日，连云港市决定再对应取消调整45项行政审批项目，同时取消子项目27项，取消企业登记前置审批36项。在对应取消调整的45项审批项目中，取消的35项、下放的2项、合并的2项、改变方式的6项。市本级行政审批项目削减至428项。

2005年6月底至7月初，全市进行第四轮审批项目清理。对内容相近、重复设置的审批环节予以合并，对多重审核把关的环节一律削减；凡涉及审批的各个环节，包括现场踏勘、办文、制证等原则上都进中心，促进审批要素高效集聚；政府职能从重审批转到审批、监管适度分离，突出服务职能上来。全市保留的审批项目从428项削减至415项，处室负责人以下人员可以直接审批的项目所占比例从22.07%上升到36.14%；对77个项目的审批时限在法定期限内进一步缩减，共缩减1072天。进一步降低市场准入条件，促进行政审批的规范化和高效化。7月22日，市第十届政府第44次常务会议讨论通过，进一步扩大县级政府审批管理权限，向各县下放84个项目审批权限，其中完全下放64项、部分下放15项、改变管理方式5项。

2001～2005年连云港市审批制度改革办公室审批项目办理情况统计表

表25-2

年　份	办理项目数（万件）	即办件（万件）	即办件比例（%）	承诺件（万件）	承诺件比例（%）	按时办结率（%）
2001	8.30	7.19	85.54	1.11	14.46	100
2002	14.43	12.89	89.33	1.54	10.67	100
2003	17.84	16.24	91.03	1.60	8.97	100
2004	18.55	17.30	93.26	1.25	6.74	100
2005	18.56	17.50	94.29	1.06	5.71	100

二、审批服务机制改革

2000年3月，市委、市政府召开千人干部大会，把行政审批制度改革作为一项改善软环境的硬措施向全市作出部署，下发《关于进一步改善经济发展软环境的意见》《连云港市行政审批制度改革实施意见》。7月26日，连云港市党政联席会议决定成立市行政审批制度改革领导小组，下设办公室，并决定筹建市行政审批服务中心。10月16日，连云港市在江苏省内率先成立行政审批服务中心，作为市政府派出机构。是年，市行政审批服务中心对行政审批项目实行“六公开”办事、“五件”管理、“六制”办理的“六五六”运作模式。即审批内容、办事程序、审批依据、申报材料、承诺时限、收费标准“六公开”；对即办件、答复件、承诺件、联办件、补办件分别采取不同的管理办法；对不同情况，分别采取直接办理制、承诺办理制、联合办理制、申报办理制、明确答复制、统一扎口收费制。

2001年7月，在市党政机构改革中，市行政审批服务中心更名为市行政审批制度改革办公室，作为市政府的工作部门，统一负责全市行政审批制度改革工作。是年，市行政审批制度改革办公室制定窗口首席代表制度、审批过错责任追究暂行办法、重点服务对象联系制度等20多项规章制度。2002年3月，市政府下发《连云港市重大行政审批项目联合审批暂行办法》，提出重大项目审批工作"一站式"办理、"一条龙"服务的指导性意见。市审批制度改革办公室、市发展计划委员会、经贸委、建设局、工商局、外经贸局，分别制定下发基本建设、技术改造、房地产开发、工商企业注册登记和外商投资企业联合审批办法，房地产开发联合审批环节由原来的63个减少到14个，审批时间压缩到68个工作日以内，缩短一半左右时间。外商投资项目审批原来涉及28个部门和单位，改为由市外经贸局牵头，只需4个环节，盖12～15个章即可。

2003年，市行政审批制度改革办公室召开联审会63次，下发联办单256份，快速办理联审项目257个，联合审批满意率95%以上。推出告知承诺制，在企业注册登记时，将涉及的卫生、环保、消防、治安等19个经常发生的前置审批环节后移，先核发筹建期营业执照；开展网上审批试点，开通网上审批直通车，18个部门的160个审批项目实现网上下载表格、网上申请的功能，占全部承诺件的60%；出台项目代理方案，对办件量较少的10个部门的19个审批项目由相关单位进行代理。

2004年，市交通局、经贸委、质监局、民政局、人事局、文化局6家单位的14项年检事项实行集中办理。市行政审批制度改革办公室设立民营企业注册登记总服务台，组织工商、国税、地税、质监、房产、环保等窗口首席代表轮流值班，集中提供咨询、代办服务。出台《连云港市行政审批代办服务实施办法》，成立国有基建、房地产开发、外商与港澳台商投资、新浦区、连云区等10个项目审批代办服务组，明确代办人员；出台《关于对招投标工作实行"六统一"管理服务的通知》，要求招投标统一进场交易、统一信息发布、统一报名登记、统一评委抽取、统一收费标准、统一接受监督；编制工商一条龙网上联合审批程序，开展网上联合审批试运行工作。

2005年，市行政审批制度改革办公室建立通联制度，与相关部门建立联系制度，与投资促进局建立经常性的沟通机制；与行政效能建设办公室互通信息，了解社会各界对审批部门的直接评价，加大对审批行为的监督力度；建立上门咨询服务制度，对各类开发区、工业园区等项目办理相对集中的区域，不定期组织相关审批部门集中上门服务；建立市县审批中心联动制度，开通重大项目市县联动服务绿色通道；定期召开联席会议，及时通报问题，分析探讨解决方案，共同服务经济发展。7月，市政府决定向县下放84个项目审批权限。是年，全市办理审批项目18.56万件。承诺件平均办理时间从2000年的15.71个工作日缩短至2005年的3.63个工作日，即办件比例由40%提高到94.29%。

第二节　依法行政

一、规范性文件审核

1987年，连云港市政府办公室设立法制科，配置2名法制专职人员。1989年1月成立市政府法制局，由市政府办公室代管，为副处级办事机构，核定行政编制6名。是年，市政府出台《连云港市小型企业租赁经营试行办法》《市属集体所有制工业企业推行承包经营责任制办法》，为企业引入竞争机制，提高生产经营者的积极性。市政府法制局对1949～1988年颁布的499件行政措施进行清理，其中继续有效80件、需要修改52件、予以废止367件。

1990年，市政府出台《连云港市鼓励外商投资的优惠办法》《关于鼓励企业出口创汇的暂行办法》《连云港市经济联合中若干具体问题的暂行规定》，进一步优化和完善全市投资环境；出台《关于建立和充实技术开发基金的办法》《连云港市实行明码标价和统一商品标价暂行规定》，对增强地方财力、稳定市场发挥重要作用。1993年，市政府出台《连云港市城市建设综合开发若干问题的暂行规定》《连云港市建筑工程预（决）算审计暂行办法》，强化政府对城市建设、经济建设的宏观调控；出台《连云港市矿产资源管理实施办法》《连云港经济技术开发区土地使用管理试行办法》，规范资源开发、土地保护利用。1997年出台《连云港市科学技术进步奖励办法》《连云港市技术市场管理暂行办法》《关于基础教育实行分级管理的意见》《关于计划生育若干问题的暂行规定》等规范性文件。1998年，市政府法制局审核、制发行政性措施66件。1999年市政府出台《连云港市市区防洪预案》《连云港市行洪河道管理办法》，增强城市防汛功能。2000年出台《连云港市城镇职工基本医疗保险实施细则》《连云港市城镇职工医疗保险与征缴办法》，确立连云港市基本医疗保险制度。

2001年，市政府法制局更名为市政府法制办公室。2002年，市政府出台《连云港市城市房屋拆迁管理规定》《连云港市行政处罚监督办法》，分别规范城市建设中的拆迁行为和行政处罚行为。制定《连云港市人民政府工作规则》，明确所有市政府规范性文件必须经过市政府法制办审查，确保其合法性、民主性和可操作性；规范性文件由起草单位负责起草、市法制办负责审查并出具审查意见、市政府常务会议或办公会议讨论通过。2003年，市政府出台《关于"十五"期间全市农产品质量建设意见》《连云港市名牌产品管理办法》，推进产品质量管理。2004年出台《连云港市农村医疗救助实施细则》《关于建立和完善农村居民最低生活保障制度的意见》，建立和完善农村基本保障制度。2005年，市政府制定出台《关于进一步加强食品安全工作的意见》《连云港市重大食品安全事故应急预案》，完善保障居民日常生活食品安全管理制度。

1988～2005年，市政府法制部门审核政府各部门规范性文件3100余件；办理法律、法规和规章征求意见稿442件，提出修改意见或建议2000多条；为市政府本级制定和审核规范性文件413件。

二、行政执法监督

1995年10月，市政府法制局发文，明确执法证件发放对象和发放程序，规定申领证件的人员必须进行行政执法基础知识和有关专业知识的培训考核，不符合条件或经考核不合格的人员不得申领。1996年核发由江苏省政府统一印制的行政执法证和行政执法监督证；对已申领使用的行政执法证和行政执法监督证进行年检注册。全市40多个行政执法部门和8个县区成立法制机构。积极实施《中华人民共和国行政处罚法》，对全市行政执法主体进行梳理、规范，确认市级行政执法主体53家，通过报纸向社会公布。1997年，市政府法制局制定出台行政执法责任制度、行政执法评议制度、行政执法考核制度，要求全市各行政执法单位普遍建立行政执法责任制度，将执法岗位和人员的具体职责、执法流程、时限要求等进行整理、界定、说明，明确执法程序和执法标准，并在办公场所向社会公示，接受监督。

1998年，市政府建立和实施行政执法资格审查制度，市政府法制局对全市6000余名行政执法人员的持证资格进行动态审查，对审查合格人员予以登记注册，对调出人员或因违法违纪被调离、清退或离退休人员及时注销并收回行政执法证件。新领证人员必须通过法律知识考试合格后才颁发执法证件，严把入口关。

1999年1月，全市首次开展行政执法证件换证工作。2001年8月开展第二次换证，共审核、换发行政执法证及行政执法监督证书3753份；审核发放新领行政执法证1553份、行政执法监督证124份。

2003年，市政府法制办公室成立行政执法投诉中心，接受社会各界对行政执法行为的即时投诉。2004年9月开展第三次行政执法证件换证工作，共审核、换发行政执法证及行政执法监督证书4940份；审核发放新领行政执法证1876份、行政执法监督证76份。

三、行政复议

1990年，全市贯彻《中华人民共和国行政诉讼法》，行政应诉主要由行政责任部门到市各基层法院行政审判庭参加诉讼。1991年3月，连云港市人民政府复议委员会成立。5月，全市行政执法单位工作人员和县区政府法制工作人员开展《行政复议条例》学习活动。在市政府法制局设行政复议机构，代表市政府办理行政复议案件和参加行政诉讼。1998年9月建立行政复议及其错案追究制度，进一步规范行政复议行为。2001年规范行政复议文书制作工作。2003年，连云港市在全省率先实施行政复议听证制度，在审理某申请人状告市劳动局因不服工伤认定行政复议案件中首次采用听证程序。2004年，市政府规定对事实清楚、法律依据明确、程序得当的复议案件在30日内结案。实施重大疑难案件集体会办制度，并将调查、调解、当事人庭前见面会制度引入行政复议审理程序。2005年，全年举行行政复议听证28次，听证率占受案总数的45%。

截至2005年底，市政府法制部门累计办理行政复议案件224起，其中维持199件、撤销4件、当事人撤回申请19件、中止1件、终止1件。全市累计审结行政诉讼案件431起，其中受市政府委托，市政府法制局（办）在连云港市中级人民法院和江苏省高级人民法院参加行政诉讼案件37起。

1991～2005年连云港市行政复议案件审理情况统计表

表25-3　　单位：起

年份	收到申请	不予受理	受理	其中				
				维持	撤回	撤销	终止	中止
1991	3	3	—	—	—	—	—	—
1992	2	1	1	1	—	—	—	—
1993	6	2	4	2	2	—	—	—
1994	11	1	10	8	2	—	—	—
1995	7	2	5	5		—	—	—
1996	4	1	3	1	1	—	1	—
1997	5	3	2	2	—	—	—	—
1998	3	—	3	3	—	—	—	—
1999	12	2	10	9	1	—	—	—
2000	15	3	12	12	—	—	—	—
2001	19	3	16	15	1	—	—	—
2002	21	2	19	17	—	1	—	1
2003	35	5	30	27	2	1	—	—

续表 25-3

年份	收到申请	不予受理	受理	其中				
				维持	撤回	撤销	终止	中止
2004	58	11	47	41	5	2	—	—
2005	81	19	62	57	5	—	—	—
合计	282	58	224	199	19	4	1	1

四、政府法制宣传

1990年，市政府举办2期政府法制干部和县处级干部学习《中华人民共和国行政诉讼法》培训班，在全市进行《中华人民共和国行政诉讼法》知识考试。在市电视台举行行政诉讼知识竞赛，举行《中华人民共和国行政诉讼法》知识咨询和图版展评活动，接待群众390余人。编写、印发《中华人民共和国行政诉讼法讲座》8000余册。1995年编印《行政处罚法学习手册》，作为全市行政执法人员的学习教材，对市区行政执法人员1200余人进行轮训。1997年，市法制局创办《政府法制工作》期刊，免费向市四套班子领导成员和县区政府、市政府各部门发放，宣传政府法制工作动态。

2004年，市政府法制办编印《行政许可法释义》教材，开办7期专题培训班，举办23场专题讲座、2期企业家专题学习班。至2005年底，《政府法制工作》期刊累计印发212期。

第三节　政务督查

20世纪80年代，政务督查主要由市政府办公室各科承担。1998年，市政府办公室编印《市政府常务会议纪要落实情况》《市长办公会纪要落实情况》《督查反馈》等督办刊物，加大对市政府全体会议、市政府常务会议、市长办公会议议定事项和市政府领导关注的热点、难点问题的督查力度。1999年督促检查市政府全体（扩大）会议确定事项65个、常务会议议定事项106项、市长在上下级来文和各类信息上批示120个，编印《督查与反馈》39期。

2001年，市政府办公室设立信息与督查科，围绕市政府常务会议、办公会议、领导批示和为民办实事等内容进行督查。各县、区和市政府各部门逐步建立督查网络。

2003年2月，市政府办公室在信息与督查科基础上分设信息处、督查处，由督查处负责开展政务督查工作。是年组织开展“双过半”督查、污染整治督查、年度目标完成情况督查等系列督查工作，编发《政务督查》24期；组织办理人大代表建议和政协委员提案624件，办复率100%，代表委员满意和基本满意率97%。

2004年，市政府办公室督查处对全市小化肥整治情况、狂犬病防治情况、全民创业会议精神落实情况、行政效能建设情况等重点工作进行督查，组织较大规模的督查活动4次。7月“省长信箱”开通交办后，督查处对省政府办公厅交办的“省长信箱”来信认真办理，及时反馈，与各地、各部门做好沟通与协调工作，全年办理“省长信箱”交办件22件。

2005年开展世界旅游日中国主会场筹备情况、安全生产隐患排查、园林城市创建等专项督查，以及全市目标完成及发展项目推进情况、市政府全体（扩大）会议精神贯彻落实情况、年度重点工作完成情况等系列督查工作，全年编发《政务督查》64期。组织办理人大代表建议和政协委员提案456件，办复率100%，代表委员满意和基本满意率97.5%。

第四节　政策研究

1984年9月，连云港市政府成立经济研究中心，为正处级行政单位，主要职能是研究全市国民经济状况、发展战略及发展规划并提出可行性报告，为市委、市政府领导提供准确的决策依据。是年11月15日，《研究与建议》（后更名为《连云港经济》）出刊。1985年2月，编印《连云港市经济社会发展论文集》。

1990年3月，市政府经济研究中心、市社科联组织召开经济形势分析座谈会。1992年9月，《连云港经济》改刊为双月刊《新经济》。是年12月组织撰写《新亚欧大陆桥对通过区域发展影响和作用评估》，运用系统工程方法对新亚欧大陆桥通过区域中国段的陇海、兰新地带的经济、交通、城镇等发展的影响与作用进行研究。

1996年，市政府撤销经济研究中心，组建市政府研究室。是年11月，市政府研究室和市科委共同筹办全国STS（科学、技术与社会）第五届学术研讨会，对连云港建成国际性港口城市提出建设性建议和意见。1997年5月，苏北五市面向21世纪共同发展研讨会在北固山庄召开。是年9月，《新经济》杂志被评为全国优秀期刊。1999年6月，《田湾核电站建设对我市经济发展影响的研究报告》通过专家评审。

2003年6月，市政府研究室组织撰写的《连云港市城市发展与产业布局调整研究——兼谈堆沟港化学工业园区建设》调查报告，围绕政府作为园区建设发展的第一推动力应该如何运作等问题进行深入探讨。8月，东海县制造业发展研究课题组完成《东陇海产业带（东海县）制造业发展研究》报告，对加快东海县域经济发展的科学决策起到积极推动作用。

2005年，市委、市政府组织召开连云港市战略暨规划研讨会、东部滨海地区发展战略国际竞赛专家评审会。市政府研究室开展税源经济、海州湾开发、陆桥经济带保税物流政策研究等事关全市中长期发展的多项战略研究。

第五章　信　访

1984年，连云港市政府办公室信访科升格为市委、市政府双管的信访办公室（简称市信访办公室）。各县区也相应成立信访办公室。1985～1989年，全市各级信访部门大力查办各类投诉案件，加强基层信访机构建设，相继建立和完善领导接待日、信访问题排查分析、信息报告、信访工作联系点等制度，共受理人民群众来信来访3.58万件次，查办信访案件2066件。

20世纪90年代后，经济利益分配格局加速调整，由此引发的信访问题逐渐增多。1990年3月，连云港市委、市政府信访办公室更名为连云港市信访局。《江苏省信访暂行条例》实施后，全市进一步强化信访工作责任制，各级相继成立信访工作领导小组，逐步形成领导包案、目标管理、县区工作例会等制度，先后制定出台《关于市级机关各部门归口处理信访问题的办法》《县区信访工作例会制度》《乡镇信访工作暂行规定》等一系列规章制度。1995年，政府出台《连云港市群众信访工作管理办法》。2001年10月，市信访局调整为党委部门管理机构。全市各级信访部门在解决实际问题化解集体上访、控减越级上访等方面做了大量工作。先后制定完善《信访问题会办制度》《信访事项听证制度》《公安排查信访督办制度》《信访问题责任追究制度》等13项制度，信访工作逐步走向法制化、制度化、规范化轨道。

第一节 信访工作制度建设

一、信访信息报告

1984年，连云港市信访办公室编发《信访简报》28期，反映群众信访情况，梳理、分析信访问题。1987年，省委办公厅《信访简报》采用连云港市4篇信息，在全省11个市中排名第一。1988年编发《要信呈批》和《信访摘报》55期，《信访动向报告》35期，提供信访信息34条。1990年建立市、县、乡三级信访信息网络，全年报送信访摘报、专题报告、动向报告等信访信息282条，被国家信访部门采用2条，被省级部门采用21条，被采用量全省第一。1999年，市信访局编发总结赣榆县马站乡、海头镇，海州区锦屏镇等实行村务公开、政务公开、自觉接受群众监督、减少群众上访诱发因素等先进经验的信息，先后被《江苏信访》《陕西民情与信访》《连云港日报》《连云港宣传》等省内外报刊杂志转载刊发。2002年建立重大信访必报制度。2003～2005年建立来信来访呈报制度，对每一批到市集体上访和来信、来访及办案中反映的突出信访问题，都通过《信访摘报》《集访通报》《信访专报》《来信来访情况》《人民来访接谈报告》等形式及时上报市委、市政府，推动问题解决处理。

二、信访排查

1984年，市信访办公室建立信访排查制度，定期组织开展信访矛盾排查化解工作。1990年，全市在亚运会和国庆节期间无一人进京上访。1998年，市信访局开始每月开展一次社会矛盾大排查。1999年，市内多数乡镇设立信访办公室并配齐专、兼职信访干部，纵向到底、横向到边的全市排查工作网络初步健全。2003年开展信访问题集中排查活动，全市共排查信访不稳定因素221个，对排查出的信访不稳定因素均由市委办公室发函转交市委、市政府相关领导，各县区委书记、县区长和市直单位主要负责人。2004年，市公安局开始对影响全市稳定的信访突出问题进行不定期排查，对排查出的信访问题均以信息快报的形式，及时向市委办公室报告，由市领导批示信访部门进行分类处理。是年，市公安局分14次共排查出121个信访不稳定因素。2005年，全市信访工作建立专题交办、督促催办制度，绝大多数信访件得到妥善处理。

三、领导接待日

1984年，连云港开始实行由市、县领导干部值班、预约等形式接待来访群众，解决群众信访问题；是年共接待来访群众367人，会商解决疑难问题69个。1989年，领导接待来访日制度纳入各级考评指标。1992年开始在基层乡镇实行领导接待群众来访制度。1996年，市信访局确定每周一为局长接待日。2002年，市委办公室、市政府办公室下发《关于进一步加强和完善党政领导信访接待日制度的通知》，规定市委和市政府领导人开展预约接待群众制度，每月安排接待群众不少于1次；各县区及市级有关部门领导实行双周接待制，每月安排接待群众来访不少于2次；乡镇、街道党政领导实行每周接待制，每月安排接待群众来访不少于4次，并以适当方式进行公示。2004年建立领导干部层层下访接访制，规定各级领导干部公开接待信访群众，处理群众信访问题。2005年，市、县均建立人民来访接待中心。

四、领导包案

1984年，市信访办公室开始对信访老户实行包案处理，由各单位主要负责人向基层单位的主要领导点名交办，初步建立领导包案制度。1995年，各县区及市各有关部门均开始实行领导包案制度。1999年对集体上访反映的疑难问题及重大信访问题，开始实行领导包案制度。2005年，市委、市政府各条线分管领导经常听取信访问题专题汇报，并亲自接待上访群众。

五、重点乡镇管理

1997年，市信访局实行信访工作重点管理，落实基层信访工作责任，强化信访源头防范。是年将赴京上访和去省到市集体上访发生量较大的乡镇列为下年度信访工作重点管理乡镇，确定14个重点管理乡镇。对被确定的重点管理乡镇，市信访局采取领导一帮一、蹲点帮扶、牵头协调等方法，帮助解决问题。重点管理乡镇实行滚动管理，根据年度信访工作形势任务确定考核依据，经年度信访工作考核合格的，次轮退出重点管理乡镇行列。至2005年，连云港市开展9轮重点管理乡镇工作。

六、信访应急处理

20世纪90年代，全市国有企业改革工作开始后，集体上访和越级上访逐渐增多。1998年，市委、市政府制定出台信访工作应急预案，建立处理集体上访责任制，成立由市委、市政府秘书长以及有关部门主要负责人组成的集体上访应急处理小组，负责协调、处理、指导来市集体上访处理工作；各县区均成立由分管领导挂帅的集体上访应急处理小组。1999年，全国“两会”期间，市信访局派遣工作人员进京参与江苏省处理信访问题应急处理小组工作，协助国家信访局接待江苏省、重点接待连云港市进京上访群众，做好信访应急处置。2002年，全国“两会”和中共十六大召开期间，市信访局、公安局共同组成连云港市驻京应急小组，共接待连云港市赴北京上访群众11批32人次，未发生一起不良事件。2003～2005年，市信访局派遣工作人员常年驻北京、驻南京值班，随时做好北京、南京两地连云港市信访群众应急处置工作。

七、人民建议征集

1998年4月，市人民建议征集办公室成立（与市信访局信访接待科合署办公），在《连云港日报》、连云港电视台、连云港人民广播电台等新闻媒体上刊文介绍开展人民建议征集工作的有关情况，并在市百货大楼、医药采购中心和广播电视局附近设立3个人民建议征集箱。是年征集人民建议486条。2002年，市信访局制定人民建议征集制度，实现人民建议征集工作规范化、制度化，先后征集涉及经济、文教、旅游、城市建设等方面人民建议100余条，从中评选出优秀人民建议16条。2003～2005年，市人民建议征集办公室定期组织开展人民建议征集工作，评选优秀人民建议并给予表彰和奖励。

八、律师接待

连云港市实行律师接待来访群众制度在全省最早。2000年9月，市信访局与市司法局商定，从司法行政机关组织一批政治素质好，业务能力强的法律工作者参与信访工作，主要职责是提供法律咨询，进行法制宣传教育，参与法律论证，提出司法建议。2001年开始选派律师参与信访接待工作。实行该项制度后，全市涉法类信访问题逐渐减少，信访案件结案质量明显提高。是年，国家信访局《人民信访》第8期刊发连云港市律师参与信访接待工作的做法。2003年6月，全市各县区信访部门全部实行律师信访接待制度。是年，市、县、区共安排律师接待上访群众480人次，解答涉法信访问题1900个，近200个信访问题通过法律途径得到合理解决。2004～2005年，市司法局排出律师接待值班表，安排律师每周一在市信访局接待来访群众，形成长效机制。

九、联席会议

2004年9月，市委、市政府成立处理信访突出问题及群体性事件联席会议。联席会议设召集人，由市委副书记或常务副市长、市委政法委书记、市委秘书长、市政府秘书长担任，召集人可共同也可分别牵头召开联席会议；联席会议成员包括市四套班子分管领导，市公安、人事、国土、拆迁、民政、财政等部门负责人。联席会议的主要职责是了解掌握信访突出问题及群体性事件的情况和动态；分析研究社会稳定形势，针对信访突出问题及群体性事件提出对策建议；组织协调有关方面处理跨地区、跨部门、跨行业的信访突出问题及群体性事件；督促检查各地各部门处理信访突出问题及群体性事件各项措施的落实。联席会议分设农村土地征用问题工作小组、城镇房屋拆迁问题工作小组、国有企业改革问题工作小组、涉法涉诉问题工作小组、企业军转干部问题工作小组。联席会议下设办公室，承担联席会议的日常工作，办公地点设在市信访局。至2005年底，联席会议相继建立和完善信访责任查究制度、重点突出信访问题领导干部包片包线负责制度和领导包案责任制度、进京非正常上访责任单位领导来市说明制度等，同时建立矛盾纠纷排查化解机制。

第二节　来信来访受理

中共十一届三中全会后，全国开展拨乱反正。1984～1988年，连云港市信访问题主要集中在干部群众要求落实政策、平反冤假错案、解决历史遗留问题等方面。1989年后，群众来信来访主要为反映在执行政策中发生的问题和治理、整顿、改革中发生的问题。

中共十四大后，反映基层干部工作作风、集资摊派造成农民负担过重、亏损企业职工工资和生活、城乡规划建设、征地拆迁等方面的问题成为信访热点，信访方式开始以检举揭发为主，其中联名信访、集体上访增多。1995年，群众信访反映现实问题增多，集中在要求解决劳动工资、生活福利、土地征用、经济合同纠纷等方面。是年，市信访局接待集体上访365批1万人次，集体上访呈上升趋势。

随着全市改革开放的不断深化，涉及群众切身利益的信访问题不断增多。1998年，人民群众来信来访反映的问题主要集中在特困企业的离退休人员和下岗职工要求解决离退休工资的发放和生活保障金问题，基层干部以权谋私、贪污受贿问题，农村集体摊派、农民负担过重问题，征地拆迁补偿安置问题。1999年，全市发生765批1.78万人次5人以上集体上访。

2001～2005年，市信访局受理人民来信2.18万件，接待群众来访1.9万批13.6万人次。其中，集体来访4163批11.2万人次，赴省访451批2062人次，赴京访261批780人次。群众信访反映的问题集中在农村税费改革后，少数基层干部工作作风粗暴，侵吞集体资产以及选举过程中违法违纪，农村土地管理承包不规范等问题；改制破产企业拖欠工资、养老金、医药费、生活费，以及职工下岗后生活无出路、无来源等问题；在城镇拆迁改造、道路建设过程中，拆迁补偿标准太低或补偿费用不到位、开发商不兑现承诺或商品房质量问题；政法部门有法不依、司法不公等问题。

第三节　信访案件查办

1984年，连云港市信访工作按照中央书记处关于尽快平反冤假错案和“因地制宜、量力而行、积极主动解决问题”的指示，落实党的政策，查处申诉案件和处理历史遗留问题。1986年，全市查处历史老案100余起，按政策为1600多名下放老职工办理定期补助，为885名20世纪60年代停办的中等技术学校学生补办文凭和安置工作；通过查处申诉信访案件，先后有5659人得到平反、改变成份、减轻处分；给1549人清退“文化大革命”时查抄的金银财物和字画等财产，累计退赔现金15万余元；为335户落实私房政策，累计退回房屋19087.95平方米。市信访局直接查办和联合有关部门查处各类违纪案件500起以上，结案率90%。

1987年，按照党中央、国务院“在党的十三大以前要把历史遗留问题基本上解决好”的要求，全年共排查老案566起，结案560起。中共十三大期间，全市进京上访在全省11个市中人数最少。1988年，继续加大案件查办力度，全市平均结案率93.8%，重信重访率下降4.5%，越级集体上访和信访老户越级缠访得到较好治理。1989年，加强信访案件协调会办，强化催办，年内市级结案率比上年增长3%，全市有30个单位做到年底无积案。1990年，全市自办、会办信访案件457起，其中立案、自办、会办处理信访问题73起。在北京亚运会期间，加强自办、组织会办和协调处理，全市未出现一人进京上访。1991年全市办结各类信访案件95起。

中共十四大后，全市各级信访部门重点加大对重信重访、越级上访和信访老户的查办力度。1992年，中央、省交办16起信访案件全部报结，自办案件71件，结案率95.77%，重信率比上年下降2%，信访老户结案率94.52%。1995年，干部作风、社会分配不公以及农民负担过重问题成为查处重点，全年报结重点信访案件79起，化解信访老户29人。

1996年，《信访条例》实施。是年实行定期报告查处进度制度和跟踪督办检查。1997年，落实越级上访老户“三定三包”责任制（定人员、定时间、定任务，包调查、包处理、包做思想工作），排查、结案信访老户。1998年开展集体上访、信访老户、联名信处理工作，查处办结中央、省交办信访案件68起，结案信访老户38人。1999年，根据中央、省部署，重点查处加重农民负担案件，79起涉农信访案件全部查处办结。2000～2002年，市信访局先后查处办结中央、省交办重点信访案件175起，结案率均达到100%。

2003年，全市各级信访部门开始从严要求案件结案时限和结案质量。2003～2005年，全市办结中央、省交办案件359起，结案率100%；市级案件结案率90%以上。

表 25-4

1984～2005年连云港市信访案件查办情况统计表

年份	中央、省案件处理情况			市级案件处理情况			信访老户办理情况	
	交办数（起）	查结数（起）	结案率（%）	交办数（起）	查结数（起）	结案率（%）	排查（人）	查结（人）
1984	38	27	71	134	127	94	68	59
1985	34	29	85	75	68	90	62	—
1986	24	22	91	169	153	90	—	54
1987	29	27	93	566	560	98	71	—
1988	8	8	100	101	93	92	85	76
1989	17	17	100	441	427	96	484	348
1990	7	7	100	73	68	93	111	—
1991	14	13	92	—	82	—	225	—
1992	16	16	100	71	68	95	73	59
1993	15	15	100	63	61	96	70	58
1994	15	15	100	664	—	—	—	53
1995	19	19	100	64	60	93	—	29
1996	16	16	100	108	—	—	23	—
1997	52	52	100	97	—	—	13	13
1998	68	68	100	77	—	—	38	38
1999	84	84	100	194	194	100	41	—
2000	56	56	100	138	—	—	—	22
2001	58	58	100	101	—	—	—	16
2002	61	61	100	121	118	97	25	—
2003	140	140	100	22	20	90	—	12
2004	123	123	100	87	84	96	29	27
2005	96	96	100	20	19	95	24	—

第六章　外　事

1984年7月，国务院批准连云港市可以自行审批为开展对外经济活动而派遣的临时出访和邀请到访人员。10月，市政府外事办公室（简称市外办）港口科、旅游科划出，分别成立市政府港口口岸办公室、中国国际旅行社连云港支社。1985年6月，市政府将云台山宾馆、中国国际旅行社连云港支社、市外办车队从市外办划归市旅游公司领导。1988年4月，中国人民对外友好协会连云港分会更名为连云港市人民对外友好协会。

2001年7月，市政府外事办公室更名为连云港市外事办公室，市政府侨务办公室与市外事办公室合署办公。2003年12月，市外事办公室与市政府侨务办公室分设。

1984～2005年，连云港市与5个国家的有关城市缔结为友好城市，与6个国家的有关城市建立友好交流关系，在平等互利原则下，加强相互间的经济贸易、文化科教等方面的交流与合作。

第一节 友好交往

一、到访

1984～2005年到连云港市进行经贸洽谈、文化交流和友好访问的有30余个国家和地区的政府、友好团体200余团组2000余人次。其中，官方到访54个团组270人次，文化教育新闻界到访35个团组154人次，党派及社会友好团体到访14个团组152人次，科技实业界到访24个团组147人次。

1984～2005年连云港市接待重要外宾情况一览表

表25-5

年份	国别	团组（人员）	活动内容
1984	美国	驻沪副总领事包瑞齐	了解经济开发、对外开放、对外贸易的情况
	日本	以中野福三为团长的大阪府日中友好经济交流访华团一行8人	参观访问，商谈两市经济协作等问题
	日本	堺市市长田中和夫率领堺市友好访中团一行11人	参加连、堺缔结友好城市一周年庆祝活动
	澳大利亚	驻华公使何科林一行2人	考察经济发展与对外开放情况，到东辛奶牛场参加中澳东辛奶牛场项目协调委员会第一次会议
1985	日本	烧津市市长服部毅一一行3人	考察访问
	澳大利亚	驻沪总领事黄乐哲	到东辛农场参加中外合资奶牛项目协调会，与市经济部门负责人商谈澳方在连云港市投资事宜
1986	日本	驻沪总领事本田重信一行4人	了解对外开放和对外贸易情况
1987	日本	国会参议员、日中友协会长宇都宫德马一行	与市开放办公室洽谈，参观连云港开发区和三得利食品有限公司
	瑞典	驻华大使贝里奎斯特	参加神州宾馆开业剪彩庆祝活动
	日本	堺市副市长幡谷豪男一行10人	签署友好交流协议
	澳大利亚	驻沪总领事黄乐哲	公务访问，为在东辛奶牛场结束援建任务即将离任的澳专家送行
	苏联	驻华使馆一等秘书瓦西里耶夫一行2人	了解对外开放政策，参观连云港开发区和连云港港
1988	美国	驻沪总领事孙学理一行2人	考察连云港港和连云港开发区
	加拿大	驻沪总领事沙克强一行3人	考察连云港开放情况，探讨合作途径
	日本	新宫市市长田阪匡玄一行8人	参加在赣榆县金山乡举行的徐福塑像揭幕仪式
	比利时	驻沪副总领事汉斯	考察市邮电局引进的比利时程控电话设备，参观连云港港、连云港开发区、涤纶厂、葡萄酒厂
1989	英国	驻沪代总领事艾德仁一行	访问连云港市，参观连云港开发区苏兰林饮料水产公司、市地毯厂
	日本	新宫市副市长西耕作一行6人	参加赣榆县举办的中国首届徐福节活动

续表25-5

年份	国　别	团组（人员）	活动内容
1991	波兰	驻华大使邓鲍夫斯基一行4人	商务洽谈，参观连云港港、开发区、渔业公司、地毯厂，游览孔望山
1992	日本	国会议员仙谷由人一行6人	公务访问
	日本	泉大津市副市长田中普一行16人	参观访问
	英国	驻沪总领馆总领事麦约翰	友好访问
	哈萨克斯坦	阿拉木图市代表团一行5人	参加新亚欧大陆桥通车庆典，并就两市结好进行商谈，签署两市友好交流协议书
1993	比利时	前副首相、议会名誉议长、欧中商务合作中心主席德马雷夫妇	商谈与该国根特港及布鲁热港建立友好港口关系、与欧中商务合作中心开展经贸合作事宜
	日本	堺市市长幡谷豪男一行20人	参加两市缔结友好城市10周年庆祝典礼
1994	韩国	高京柱副市长一行11人	参加两市儿童美术交流展开幕式，商讨经贸文化交流事项
1995	韩国	驻青岛总领事金浩泰一行4人	了解投资环境，考察韩资企业
	韩国	木浦市市长权彝淡一行8人	商谈1997年两市友好交流计划，并参加缔结友好城市3周年纪念活动
1996	韩国	木浦市市长权彝淡一行8人	参加两市缔结友好城市关系4周年纪念活动
	俄罗斯	核工业部副部长列舍特尼科夫一行10人	考察核电站选址和港口集装箱码头
	美国	驻沪总领馆总领事柏瑞琪一行4人	友好访问
1997	哈萨克斯坦	交通运输部长尤里·拉维利年科一行9人	参观连云港港、外运公司，游览花果山
1998	俄罗斯	驻沪总领馆总领事康诺夫一行6人	参观核电站厂址，与江苏核电有限公司进行座谈
	新西兰	纳皮尔市市长艾伦·迪克一行16人	友好访问
	印度	驻沪总领事南达	与市经济委员会、市对外经贸委员会、开发区有关单位进行座谈
1999	韩国	木浦市市长权彝淡一行9人	参加连云港市举办的第五届国际风筝节和花果山金秋登山节活动
	美国	驻沪总领馆总领事薄瑞光一行2人	参观田湾核电站、港口、海州古城
	俄罗斯	伏尔加斯基市市长安那托利·谢梁耶夫一行4人	考察连云港市社会、经济、港口等方面情况
	俄罗斯	驻华大使罗高寿、驻沪总领事康诺夫、核工业部副部长等一行	参加田湾核电站第一罐混凝土浇灌仪式
2000	德国	驻沪总领事龙贝格一行2人	拜会市政府，参观港口及相关合资企业
	日本	以平泽市市长金善基为团长的一行5人	考察城市建设和港口发展状况，参观开发区、港务局，游览花果山
	拉脱维亚	议会外委会主席、前总理贡塔尔斯·克拉斯茨偕夫人	友好访问
	日本	川崎市副市长木口荣为团长的川崎港代表团一行14人	考察访问
2001	日本	新宫市市长佐藤春阳一行13人	与市徐福研究人员交流，拜访徐福村
	日本	八女市市长野田国义一行43人	友好访问和观光，与市少年宫有关人员进行音乐、舞蹈和书法绘画交流，考察赣榆县徐福村

续表 25-5

年份	国　别	团组（人员）	活动内容
2002	加拿大	驻沪总领事贝思德一行 7 人	拜会市政府，参观连云港港、核电站
	以色列	驻沪总领事马弈良	经贸座谈，参观苏马湾风景区、死海溴化物公司
	马其顿	驻华大使盖奥而吉	参加连云港新医药新材料高新技术产业化暨成果展示会
2003	德国	威尔堡市市长汉斯·彼特·席克一行 6 人	探讨两市在有关领域的友好交流
	俄罗斯	原子能部副部长戈沃卢新、俄ASE公司总经理科兹洛夫一行 3 人	参加江苏核电公司工作协调会
2004	澳大利亚	昆士兰州格雷斯顿市市长彼得·科罗内斯一行 4 人	考察开发区、临港产业区
2005	新加坡	驻上海总领事馆领事林瑞光一行 2 人	商务考察
	日本	驻上海总领事馆领事本部一行 2 人	考察利民援助情况
	联合国	交流合作与协调委员会副主席温彻斯特·珍妮一行	考察访问

二、出访

1984 年，连云港市因公出国共 15 批 40 人次。1998 年前，出访活动集中在日、韩等国家。1998 年，因欧亚大陆桥运营与核电站的项目合作，连云港市加强与欧美和欧亚大陆桥沿线国家交往，陆续派团访问美国、荷兰、德国、法国、俄罗斯等国家。2001 年后，外事工作将友好交往与招商引资工作相结合，以政府间高层交往促进经济合作。由市领导带队的经贸团组先后出访多个国家和地区，举办多种形式的投资说明会，促成外国企业进一步扩大到连投资规模，达成一批新的合作项目。

2005 年，全市因公出国（境）团组 416 批 1107 人次。

1984～2005 年连云港市官方重要出国访问情况一览表

表 25-6

年份	团组（人员）	活动内容
1984	副市长毛庚年一行 5 人	在日本堺市等地进行为期 10 天的经贸推介和洽谈活动
1985	市长何仁华一行 5 人	拜会大阪府厅、堺市政府和日中友协及工商社团
	副市长徐沙一行 5 人	参加中国对外经济贸易部在大阪举办的中国投资洽谈会
1986	副市长许维铭一行 5 人	考察日本堺市等地
	副市长周国林率领连云港市农业代表团一行 5 人	考察日本堺市农业生产状况
1987	副市长高有为一行 8 人	在日本东京参加中国江苏三得利食品有限公司第六次董事会
1988	市长王稳卿一行 8 人	与意大利乌迪内省商会和维那多工业企业协会签订协议书，与乌迪内市市长探讨建立友好城市事宜
1989	副市长许维铭等 39 人	在日本堺市举办连云港市物产展览会
	市长王稳卿率领经济考察团一行 7 人	访问日本堺市
	市委书记秦兆桢一行 5 人	访问日本堺市

续表25-6

年份	团组（人员）	活动内容
1992	市委书记秦兆桢率经贸考察团	在美国进行经贸推介和洽谈活动
1993	市委书记秦兆桢率市亚欧大陆桥运输考察团	考察日本运输业
	市人大常委会主任唐贯淮一行5人	访问日本堺市
1994	市人大常委会主任唐贯淮一行4人	考察泰国畜牧养殖及加工生产线
1995	市委书记郁家树率市经贸考察团	考察泰国、马来西亚、新加坡
	市长徐守盛一行23人	在韩国、日本进行经贸洽谈及开展招商活动
1996	市委副书记俞素娥一行5人	考察访问韩国木浦市，商讨开通客货两用定期航班
	市纪委书记朱鲜龙随省纪委团	考察新加坡公务员管理和廉政建设经验
	市委书记郁家树一行5人	访问澳大利亚大吉朗市、新西兰纳皮尔市
	副市长余炳才一行12人	在韩国、日本进行投资项目和贸易洽谈
	市长夏耕随省团	考察俄罗斯、芬兰核电技术
1997	市委书记郁家树率市核电考察团	考察俄罗斯、芬兰、德国
	市长夏耕一行5人	考察日本堺市，参加韩国木浦港开港100周年纪念活动
	市人大常委会副主任王继新一行4人	参加韩国木浦市木浦港开港100周年摄影展开幕式和经贸活动
1998	市委书记郁家树率连市友好访问团	考察访问法国佩里格市，并签署友好城市意向书
	市长夏耕一行5人	考察访问澳大利亚大吉朗市、新西兰纳皮尔市
	市长夏耕一行3人	随中国海外经济合作总公司到德国、法国考察旧城改造、基础设备开发、公用技术管理
1999	市委副书记李训章率代表团	访问美国路易斯安那州新奥尔良市，两市签署缔结友好城市意向书
	副市长周保法一行5人	在乌兹别克斯坦、哈萨克斯坦参加亚欧大陆桥运输研讨会，开展经贸洽谈
	市政协主席俞素娥一行5人	考察访问新西兰纳皮尔市
	常务副市长高有为一行5人	在韩国木浦市举办经贸投资说明会
	市委副书记郑顺成一行4人	在加拿大访问，考察洽谈污水处理工程
	副市长周保法一行3人	参加日本堺市举办的2000年世界民族艺术节活动
	副市长周保法率经贸考察团一行5人	参加江苏省赴美国招商团活动
	常务副市长高有为率市经贸考察团	考察访问德国、意大利，洽谈项目
2001	市委宣传部长吴加庆一行5人	访问澳大利亚大吉朗市，并拍摄“友城之窗”电视素材
	市委书记王国生一行6人	访问新西兰纳皮尔、澳大利亚大吉朗市
2002	市委书记陈震宁一行5人	随中国核工业集团公司组团到俄罗斯、法国考察核电工业
	市人大常委会主任宋开智一行5人	访问日本堺市，考察日本旅游景区管理经验和具体做法
	市委副书记仲琨一行6人	在韩国釜山、汉城开展经贸交流活动
2003	市委书记陈震宁一行5人	到新西兰纳皮尔市、澳大利亚大吉朗市友好访问
	市长刘永忠一行11人	日本、韩国进行招商推介活动
2004	市委书记陈震宁率经贸考察团	韩国木浦市进行友好交流和举办投资说明会

续表 25-6

年份	团组（人员）	活动内容
2005	市人大常委会主任宋开智一行6人	参加友好城市俄罗斯伏尔加斯基市伏尔加斯基市成立50周年庆典活动，并进行经贸考察推介
	市委书记陈震宁率团	韩国、日本进行经济招商和文化交流活动。市歌舞剧院女子民乐团一行17人随同招商团到韩国进行文艺演出
2005	市长刘永忠一行7人	随江苏省政府代表团参加2005中国江苏—欧盟经贸合作促进周活动
	市人大常委会副主任汪建中一行5人	参加新宫市举办的徐福文化交流节，参加佐贺市举办的徐福像揭幕仪式

第二节　友好城市

1984～2005年，连云港市与5个境外城市缔结为友好城市，成为连云港市对外交往的重要渠道。至2005年底，连云港市共与6个境外城市缔结为友好城市[①]。

一、澳大利亚大吉朗市

1991年11月9日，在澳大利亚科雷奥郡友谊公园，科雷奥郡市长瑞·塔克与中国连云港市市长王稳卿分别代表两市政府签署缔结友好城市关系协议书。1993年，科雷奥郡和附近的5个郡合并为大吉朗市，科雷粤郡成为大吉朗市的一个区。1994年7月21日，连云港市市长徐守盛与大吉朗市市长贝尔·狄克斯在连云港市签署缔结友好城市协议书。

1984～2005年，连云港市与大吉朗市互访团组12批49人次。其中，连云港市访问大吉朗市团组计8批39人次，大吉朗市访问连云港市4批10人次。

二、韩国木浦市

1992年11月1日，连云港市与韩国木浦市结为友好城市，成为中韩建交后两国间第一对友好城市。1984～2005年，连云港市与木浦市互访团组38批503人次。其中，连云港市访问木浦市团组计19批154人，木浦市访问连云港市19批349人。

三、新西兰纳皮尔市

1994年6月3日，连云港市市长徐守盛与新西兰纳皮尔市市长艾伦·迪克在连云港市天然居宾馆签署两市建立友好城市关系协议书。1984～2005年，连云港市与纳皮尔市互访团组21批78人次。其中，连云港市访问纳皮尔市团组计10批38人次，纳皮尔市访问连云港市11批40人次。

四、俄罗斯伏尔加斯基市

1996年9月，以连云港市人大常委会主任唐贯淮为团长的友好代表团应邀对俄罗斯伏尔加斯

① 1983年12月3日，连云港市与日本堺市缔结为首对友好城市。

图25-4　1994年6月3日，连云港市与新西兰纳皮尔市缔结友好城市协议签字仪式。　　赵鸣　摄

基市进行访问，双方签订缔结友好城市意向书。1997年6月24日，中国人民对外友好协会批准双方缔结友好城市。是年12月18日，连云港市市长夏耕与伏尔加斯基市副市长柳波夫·阿达米高在连云港市签署友好城市关系协议书。1984～2005年，连云港市与伏尔加斯基市互访团组5批24人次。其中，连云港市访问伏尔加斯基市团组计2批11人次，伏尔加斯基市访问连云港市3批13人次。

五、日本佐贺市

1998年11月27日，连云港市市长夏耕与日本佐贺市市长西村正俊在连云港市天然居宾馆签署友好城市关系协议书。1984～2005年，连云港市与佐贺市互访团组25批336人次。其中，连云港市访问佐贺市团组计5批35人次，佐贺市访问连云港市团组20批301人次。

第三节　涉外管理

一、出入境管理

1984年，连云港市接待外国人7427人次，办理留宿留医的外国人530人次。全市公安部门办理外国人入出境、过境、居留证件签证89人次，办理中国公民因私出境签证43人次。1989年，办理外国人证件签证178人次。

1991年，全市清除“外国人未经许可不准超越”标志牌，扩大开放区域，增加开放单位。1994年2月，市政府明确授予外国人“荣誉市民”称号的条件及报批程序，被授予“荣誉市民”称号的外国人，由市人民政府举行仪式，给他颁发市长签发的荣誉证书。1996年4月，市政府授予日本友人松村寿为“连云港市书画院名誉院长”称号。1998年，全市接待临时境外人员4974人次，其中外国人3309人次；各级公安出入境部门办理各种签证、证件手续707人次，受理公民因私出国出境9980人次，处理涉外案（事）件57起。

2000年9月，连云港市举办投资说明会，邀请美、英、日、加等12个国家16名驻沪总领事或参赞到会。是年，全市受理境外人员临时住宿登记5360人；办理境外人员签证、证件751人次；处理和配合处理涉外案（事）件42起，依法遣送非法入境、非法居留外国人17人。批准公民因私出国（境）2305人次。2003年7月，市外办、教育局、公安局等单位对申请聘用外籍教师资格的学校进行联合初审；10月21日，实行按需申领护照工作。是年，全市公安出入境管理部门共受理审批出国（境）人员13188人次，境外人员居留、签证1263人次，境外人员临时住宿登记7034人次，处理涉外案（事）件20起。2004年，全市有17所学校获聘请外籍教师资格。

2005年，市政府加强因公出国（境）团组和人员审批管理，严格控制党政干部无实质内容的因公出访，全年审核压缩因公出访团组68批180人次。是年，全市公安出入境管理部门受理审批出国（境）申请17271人次，办理境外人员签证（注）证件3806人次，为1009名外国人办理口岸签证，受理境外人员临时住宿登记13888人次，查处涉外案（事）件25起。

二、因公护照签证（通行证）办理

自1984年11月1日起，连云港市政府有权向中国驻外各馆（处）发签证通知函电，中国各驻外馆（处）可凭连云港市发给国外人员的邀请电核发签证。是年，全市办理因公出国15批次40人次，办理因公出国护照34本。1985年4月，市外办开始试行受理全市因公出国人员的护照、代办出国签证事宜。1985年后，出国劳务人员护照改为因私护照，由市公安局出入国（境）处办理。

1986年1月9日，外交部正式同意连云港市外办自行办理连云港市临时因公出国人员护照签证和来华外国人签证事宜。2月4日，市外办将负责签署护照、签证以及申请出国护照签证事项基表的人员名单上报外交部领事司备案。是年9月，外交部下发给连云港市办理护照签证所用的钢印、带国徽的铜印和签证章。1987年1月1日起，连云港市外办自行办理因公出国人员护照，向美国、日本、德国、澳大利亚4国驻沪总领事馆签发连云港市因公出国人员签证照会，自行办理来华外国人签证。是年，全市办理因公出国72批次329人次，办理因公出国护照310本。

1994年11月9日，外交部同意市外办为连云港市因公赴俄罗斯、韩国人员申办签证时，自行向两国驻沪总领事馆出具申办签证公函。是年，全市办理因公出国244批次1472人次，办理因公出国护照1310本。1998年实现护照颁发、签证与外交部微机联网。

2003年，市外办对全市10多家拥有长期护照的企业进行跟踪服务，加强护照管理。是年，全市办理因公出国275批次808人次，办理因公出国护照651本。2004年，对因公出国（境）团组、人员护照、通行证的颁发，护照办理时限由3个工作日缩短至1个工作日。2005年10月，市外办对因公护照计算机管理系统改版升级，启用公务护照机读码技术。是年，全市办理因公出国416批次1107人次，办理因公出国护照531本。

1984～2005年连云港市因公出国情况统计表

表25-7

年 份	批 次	人 次	办理护照（本）	年 份	批 次	人 次	办理护照（本）
1984	15	40	34	1995	347	1925	1750
1985	30	57	49	1996	321	1540	1440
1986	70	107	93	1997	390	2194	2080
1987	72	329	310	1998	336	1514	1358
1988	68	275	236	1999	409	2350	2170
1989	76	520	447	2000	468	2851	2877
1990	91	323	268	2001	465	3202	2859
1991	66	828	780	2002	294	1643	1277
1992	268	1351	1227	2003	275	808	651
1993	281	1410	1218	2004	445	1187	551
1994	244	1472	1310	2005	416	1107	531

三、因私赴日签证代办

2004年9月10日，市外办与日本驻上海总领事馆签署《有关委托代办申请签证业务的备忘录》，自9月下旬起，市外办所属的连云港市友好签证服务中心开始办理赴日因私签证业务，成为苏北第一家因私赴日签证代办点。是年10月13日，签证服务中心正式受理第一宗赴日探亲签证业务。至2005年底，市外办累计代办赴日因私签证133批318人次，获签率95.2%。

第七章　侨务　港澳事务

1984年，连云港市有归侨53人、侨眷190户1018人、港澳同胞眷属322户1318人。侨务和港澳同胞事务的工作重心逐渐由落实有关政策向为经济建设服务、为在连云港市的广大侨胞和港澳同胞的发展服务转变。2005年，全市有归侨、侨眷7000余人，主要分布在美国、日本、加拿大、新加坡、法国、澳大利亚、印尼等国家。1984～2005年，63名归侨侨眷和港澳同胞担任市、县人大代表或政协委员，7名华侨和4名港澳同胞应聘为市政府经济顾问、县（区）政府经济顾问。到2005年底，美国、日本、新加坡等23个国家的41个华侨华人社团与连云港市建立密切联系。

第一节　侨　务

一、侨务宣传

1984年，连云港市侨务部门配合市委宣传部在党员教育材料上专辑宣传中共中央总书记胡耀邦关于侨务工作的重要讲话以及新时期党的侨务工作政策。1986年，为纪念新中国成立37周年和全国侨联成立30周年，连云港日报社、连云港广播电台对全市落实各项侨务政策取得的成就、归侨侨眷和海外侨胞在国家经济建设中的突出贡献进行综合报道。

1991年，连云港市采取市长讲话、报纸专版、电视台专访、资料发放等多种形式开展《中华人民共和国归侨侨眷权益保护法》宣传。1992年，组织全市归侨侨眷学习中共中央《关于建立社会主义市场经济的有关决定》和邓小平视察南方重要谈话精神。1992年以后，侨务宣传工作的方式逐渐多样化，连云港市积极借助海外华文媒体开展海外宣传工作。1994年7月，法国《欧洲时报》开辟连云港专版，刊登7篇文章、8幅照片和连云港经济技术开发区23个招商项目。1997年，《侨报》和《欧洲时报》刊发连云港市市长夏耕“一桥连亚欧、力求同发展”的文章和照片。《侨报》刊发介绍连云港市投资环境、区位优势、外向型经济发展情况的文章。1991～1999年，连云港市在《江海侨声》组织宣传专版11个，发表《黄海明珠——连云港》《最具商贸潜力的中国连云港》等市领导署名文章和其他介绍连云港市建设成就、优惠政策、区位优势以及招商项目的文章33篇、图片74幅。

2000年，法国和澳大利亚的华文媒体刊文宣传连云港市作为新亚欧大陆桥东桥头堡的区位优势和投资政策。2004年9月，中国新闻社连云港办事处成立，建立中国新闻社连云港新闻网站。2001～2005年，美国《国际日报》、法国《欧洲时报》、日本《关西华文时报》等华文报刊刊发宣传连云港的专版、专题新闻867篇。

二、侨务交往

1984年，连云港市被确定为首批沿海开放城市之后，到连云港探亲访友、寻根祭祖的海外华人华侨不断增加。全市侨务部门加大对海外华人华侨和市内归侨侨眷的联络联谊。1984～1990年，全市接待华人华侨289人次，举办11次国庆茶话会、中秋联谊会、侨台青年学生夏令营等活动。

1990年后，随着连云港市各类基础设施的健全完善和引资引智政策的制定实施，到连云港市参观考察和交流洽谈的海外华人华侨日益增多。1994年10月，连云港市对外文化交流代表团访问韩国木浦市、釜山市、汉城市，与当地华文媒体和侨务社团交流洽谈。1999年10月，连云港市海外交流协会召开成立大会，35名海外理事参会交流。是月，连云港经贸代表团访问欧洲，与德国莱茵区华商会、荷兰华人社团联合会、鹿特丹区华商会、荷兰中国商会等华侨社团联谊交流。

1991～2005年，全市接待华人华侨1200余人次。其中以团组形式居多，如接待旅日大阪华侨江苏同乡会、美国加州苏浙同乡会、泰国江浙侨胞同乡会、德国华商会、欧洲华人社团联合会等。

三、华侨投资

1984～1988年，86名华人华侨到连云港市投资兴业，项目涉及地毯制作、贝雕画、剪刀生产、柳织品外销、香水生产等领域。至1989年底，全市累计批准华侨投资项目63个。

1997年，连云港市组织参加由江苏省人民政府、国务院侨务办公室举办的经贸洽谈会，成功洽谈热传感色带、色拉油加工、冻鸡出口等5个项目。1999年5月，市政府在加拿大温哥华市举办1999年连云港市经贸洽谈会。加拿大中华商会会长、温哥华市经贸发展局副主席等70多位华商出席经贸洽谈会。是年9月，连云港市在上海举办投资洽谈会，印尼金光集团、美国摩根基金等企业派代表参加。会上，美国金海湾集团与连云港市公路管理处签订合作意向协议，澳大利亚澳新亚集团与灌南县签订合作意向协议。10月，1999年连云港经济技术开发区投资情况说明会召开，韩国、美国、加拿大、德国等16个国家和地区的78名海外侨商到会，洽谈签订连云港经济技术开发区国际学校、房地产开发等项目6个。2001年3月和7月，市政府在香港举办2001中国连云港投资合作（香港）说明会暨招商周活动，183位海外侨商应邀参会，签约项目47个，项目金额3.19亿美元。2003～2005年，市政府在东南亚、南美、欧洲等地和浙江省、福建省、广东省等侨乡开展招商引资活动19次，洽谈引进澳大利亚澳吉圣纸业、久安消防成套设备有限公司等项目58个。至2005年底，全市有华人华侨投资企业100余家。

四、为侨服务

落实华侨政策　1984年，连云港市落实华侨私房政策，对历史上遗留的华侨私房问题进行调查处理。至1988年，全市清退华侨私房91户9422平方米。1984～1994年，组织全市归侨侨眷赴赣榆县抗日山烈士陵园、山东临沂烈士陵园扫墓，参加人员近200人。1995年，连云港化工矿山设计院、江苏锦屏磷矿有限公司等归侨相对集中的单位，按政策办理工龄满30年的男归侨和工龄满25年的女归侨的退休工资补发问题，全市有7名归侨补发退休工资。1999年7月，市政府成立为侨资企业服务领导小组，协调处理侨资企业发展中的困难与问题。2003～2004年，连云港市争取江苏省侨办小额扶贫贷款12.8万元，帮扶14户贫困归侨侨眷实施商品零售、生猪养殖、水晶制品零售等致富项目。2003～2005年，连云港市加大对困难归侨侨眷慰问救助工作，走访慰问贫困归侨侨眷438户，发放各类慰问金、补助金和救济金近20万元。

服务侨属企业 1984年，市侨务部门利用侨务资源，创办赣榆县侨兴建筑公司、东海县侨联饭店、新海区侨联商店。1985年，新增中外合资云侨彩色照相扩印中心、东海县侨联华兴镜片厂，吸纳用工285人，其中归侨侨眷137人。1988年，市本级侨属企业实现利润2万余元，赣榆县侨兴建筑公司创产值100余万元。1989年，赣榆县侨兴建筑公司通过资格审查被定为四级建筑企业。1992年，连云港市侨汇公司和香港国盛有限公司合资兴办连云港华侨装饰工程有限公司；赣榆县侨办牵头与香港昊易企业公司合资兴办连云港华侨化工有限公司。是年11月，连云港市侨汇公司与香港江苏旅游有限公司合资兴建华侨大酒店。1993～1997年，全市侨属企业完成销售收入2.63亿元，实现利税1059万元。1997年政企分开后，侨属企业经营状况日趋困难，经过2002年、2004年两次企业改制，全部转为民营企业。

第二节 港澳事务

1984年，连云港市办理因公赴香港通行证6本。1985～1996年，连云港市与港澳地区交往较少，民间交往主要由市公安局出入境管理部门办理，单位因公、出境劳务通行证由市外办办理。1997年7月1日起，内地因公赴港人员持用往来香港特别行政区通行证前往香港，内地人员进入香港特别行政区仍采取从严掌握的政策。原持因公护照往来澳门改为因公通行证。1984～1997年，市外办办理因公（含劳务）赴港澳通行证719本，其中1994年办理数量最多，为130本。

1998年后，连云港市与香港、澳门地区来往以商贸、投资活动为主。1999年12月20日起，内地因公前往香港、澳门地区人员统一持用"因公往来香港、澳门特别行政区通行证"，全年办理14本。2001年，市外办经授权在办理本地区人员因公赴港工作6个月（含）以内事项时，可直接征求香港特区政府出入境管理部门的意见，并对1个月（含）以内的短期因公赴港工作事项进行审批、办证。全市办理因公赴香港、澳门通行证92本。2004年，全市办理因公赴香港、澳门通行证137本。2005年，全市办理因公赴香港、澳门通行证66本。

1984～2005年连云港市办理因公赴港澳通行证统计表

表25-8　　单位：本

年 份	办证数	年 份	办证数	年 份	办证数	年 份	办证数
1984	6	1990	45	1996	43	2002	86
1985	8	1991	38	1997	62	2003	79
1986	14	1992	61	1998	23	2004	137
1987	15	1993	115	1999	14	2005	66
1988	25	1994	130	2000	25		
1989	59	1995	98	2001	92		

连云港市志

第二十六卷　地方人民政协

中国人民政治协商会议连云港市委员会（简称市政协）牢牢把握团结和民主两大主题，广泛团结和组织民主党派、工商联、有关人民团体和社会各界代表人士，始终坚持“长期共存、互相监督、肝胆相照、荣辱与共”的方针，切实履行政治协商、民主监督、参政议政职能，发挥协调关系、汇聚力量、建言献策、服务大局的作用，为推动科学发展、促进民生改善、维护社会和谐、建设美好港城作出积极贡献。

1984～2005年为连云港市政协第六届委员会至第十届委员会的任期，每届任期均为5年，设置界别25～29个，协商产生政协委员300余人，届中根据情况略有增补变动。

1984～2005年，市政协第六届至第十届委员会共召开全会22次、常委会议134次，举办学习座谈会、形势报告会、理论研讨会、委员培训班260余次，参加人数1.2万余人次。开展政治协商、民主监督、参政议政活动533次，参加人数2.36万人次。组织调研视察448次，参加委员1.23万人次。撰写建议案、调研视察报告398篇，近400万字。提出提案6836件，办理答复率平均达到98%。收集社情民意857件，整理编发686期，其中472期被市领导批办。编印内部刊物、文史资料1400万字，为市委、市政府全局工作提供有力支持和决策参考。

第一章　政协委员

1984～2005年，连云港市政协历经5次换届。历届市政协委员均根据《中国人民政治协商会议章程》的规定，由上届市政协常委会邀请各界代表人士协商产生。

第一节　委员产生

1984～2005年，连云港市政协委员的产生均按照《中国人民政治协商会议章程》的规定和相关文件精神，由上一届市政协委员会常务委员会会议协商，决定下一届政协的参加单位、委员名额和人选及界别设置，委员任期与委员会任期一致，为5年。每届任期内，有必要增加或变更参加单位、委员名额和决定人选时，经当届委员会主席会议审议同意后，由常务委员会协商决定。

市政协委员会由中国共产党、民主党派、无党派民主人士、人民团体、少数民族和社会各界的代表及特邀人士组成。市政协界别设置依据当时经济社会发展和形势需要适时调整。

第二节　委员履职与培训

一、履职保障

1984年2月2～4日，连云港市政协首次举办“委员之家”活动。是年2月14日，市政协常务委员会下发《关于贯彻省委对非党政协委员知情出力若干问题规定的意见》。是年5月，市委办公室、市政协办公室联合召开会议，研究落实省、市委关于政协委员知情出力规定的具体措施。1986年1月，市委办公室发出通知，要求全市各委、办、局、直属各单位加强与政协各专门委员会、工作组的联系，为政协委员知情出力提供必要条件。1988年9月1日起，市政协委员持委员证在全市范围内开展调研视察活动。1989年4月，为便于委员参加活动，市政协建立35个委员活动小组。1990年8月28日，市政协办公室发函，要求市直属单位为政协委员参政议政提供必要条件。

2000年12月，全市政协工作会议召开，市委印发《关于进一步加强人民政协工作的决定》，进一步推进委员履职工作。2005年，全市27个委员小组围绕民营经济发展、建筑节能工作、城乡教育均衡发展等开展调研视察，参加委员400余人次。

二、学习培训

中心组学习　1984年2月10日，经市政协主席办公会研究，恢复政协学习中心组活动。1984～1988年，市第六届政协主要组织学习《中共中央关于经济体制改革的决定》《中共中央关于精神文明建设指导方针的决议》《中共中央关于当前反对资产阶级自由化若干问题的通知》《邓小平文选》、中共十三大精神以及全国和省、市统战工作会议精神。先后举办2期统战理论学习班，培训干部168人。为配合学习，为委员每人订阅1份《人民政协报》和《学习参考资料》。1988～1993年，市第七届政协组织中心组集体学习26次，召开学习心得交流会、学习专题座谈会10次。1989年，市政协组织委员学习讨论《人民日报》社论和邓小平重要讲话，统一思想认识，抵制资产阶级自由化思潮影响。结合中共十三届七中全会精神的学习贯彻，利用报告会等形式，开展专题讨论，加深对国家十年规划、“八五”计划以及有中国特色社会主义理论的理解，引导委员把注意力集中到经济建设上来。1990年，市政协组织委员学习贯彻《中共中央关于坚持和完善中国共产党领导的多党合作和政治协商制度的意见》《中共中央关于加强同人民群众联系的决定》和江泽民同志在全国统战工作会议上的讲话精神。2001～2005年，市政协中心组成员学习中共十五届四中、五中全会及中共十六大精神，座谈研读《中共中央关于国有企业改革和发展若干重大问题的决定》，全面理解和贯彻“三个代表”重要思想，继往开来，为全面建设小康社会和推进社会主义现代化奉献才智。

形势分析报告会　针对台湾海峡局势的变化，市政协组织委员学习江泽民总书记《为促进祖国统一大业的完成而继续奋斗》的讲话，邀请省台办领导到连云港市作《近期台湾政局和海峡两岸关系》的报告，并分县区举办台湾形势报告会。在香港回归祖国前夕，市政协编辑印发《香港回归专辑》，举办“迎香港回归、学习基本法”报告会。1988～1993年，市第七届政协共举行学习报告会22次。1992年，市政协组织委员学习邓小平视察南方重要谈话精神，交流学习体会，解决过去困扰和束缚思想的许多重大认识问题。2001～2005年，市政协围绕中共十六大、十六届二中、三中全会精神，结合市委工作部署，及时召开常委专题学习会，组织学习辅导报告会，将学习活动引向深入。

主题教育活动　2003～2005年，市第十届政协组织学习贯彻中共和国家的路线、方针、政策，学习贯彻新的政协章程，集中举办市政协常委培训班和专题讲座，开展对循环经济理论的学习研讨；严格按照市委先进性教育活动领导小组的要求，积极参加保持共产党员先进性教育活动。

第二章　重要会议

1984～2005年，连云港市政协按照《中国人民政治协商会议章程》规定，由政协连云港市委员会常务委员会召集并主持政协连云港市第六届至第十届委员会的全体会议，每年举行1次。政协连云港市委员会的每届第一次全体会议，由预备会议选举的主席团主持。召开全体会议由主席会议提出建议，并在主席会议后向社会公布全体会议召开的时间和议程。

1984～2005年，连云港市政协共召开全体委员会议22次，其中，第六届4次、第七届5次、第八届5次、第九届5次、第十届3次；市政协召开常务委员会会议134次；主席会议由市政协主席召集，会期和商讨的事项根据情况需要确定。

第一节　第六届委员会

一、全体会议

1984年8月6～11日，连云港市政协第六届委员会第二次会议在新浦举行。应出席会议政协委员370人（新增补55人），实到委员315人。在连省政协委员和三县四区政协负责人应邀列席会议。会议听取和审议市政协副主席邱效周作的常务委员会工作报告、副主席徐开第作的提案工作情况报告。会议分组对兴利除弊等问题进行热烈讨论，提出意见和建议。会议补选李敬松为市政协主席，李川、张广远、谢家汉为副主席，增选王宪亭等15人为常务委员。

1985年6月24～29日，市政协第六届委员会第三次会议在新浦举行。应出席会议政协委员371人，实到委员335人。会议听取和审议市政协主席李敬松作的常务委员会工作报告、副主席李川作的提案工作情况报告，举行大会发言。会议通过决议，要求市政协工作必须以改革为中心，积极开展政治协商和各项咨询服务，保证全市改革的顺利进行，促进“两个文明”建设。会议增选吴学志、杨铸九为市政协副主席，增选王青泽等13人为常务委员。

1986年5月15～20日，市政协第六届委员会第四次会议在新浦举行。应出席会议政协委员371人，实到委员315人。会议听取和审议市政协副主席刘余隆作的常务委员会工作报告、副主席李川作的提案工作情况报告。会议举行大会发言。会议通过决议，要求市政协围绕“七五”计划的贯彻和实施，奋发努力开展工作。会议接受王世凯辞去市政协秘书长职务的请求（保留市政协常委），补选胡为民为市政协秘书长，补选于学勤等4人为常务委员。

1987年3月31日至4月4日，市政协第六届委员会第五次会议在新浦举行。应出席会议政协委员371人，实到委员331人。会议听取和审议市政协主席李敬松作的常务委员会工作报告、提案委员会主任于学勤作的六届四次会议以来提案工作情况报告和六届五次会议提案审查情况报告。会议号召全市各级政协组织、各民主党派和各界人士坚持四项基本原则，反对资产阶级自由化，积极投入到“增产节约、增收节支”运动中去。

二、常务委员会会议

1984年2月至1988年1月，市政协第六届委员会共召开24次常委会议。主要内容是传达贯彻全国政协、省政协会议和市第六次党代会精神，协商通过增补政协委员人选和有关人事任免，听取并讨论连云港市对外开放、经济体制改革和连云港经济技术开发区建设有关情况。

第二节　第七届委员会

一、全体会议

1988年1月3～7日，连云港市政协第七届委员会第一次会议在新浦举行。第七届政协委员373人，实到委员341人，驻连省政协委员应邀列席会议。会议听取和审议市政协第六届委员会主席李敬松作的常务委员会工作报告、提案委员会主任于学勤作的第六届第五次会议以来提案办理情况的报告。委员开展分组讨论，与市政府有关部门负责人对话，现场解决有关问题。会议选举胡为德为市政协主席，阎继尧、吕衍平、徐开第、张广远、谢家汉、杨铸九为副主席，胡为民为秘书长，选举常务委员64名。

1989年3月12～16日，市政协第七届委员会第二次会议在新浦举行。应出席会议委员372人，实到委员332人。会议听取和审议市政协主席胡为德作的常务委员会工作报告、市政协提案委员会主任于学勤作的市政协第七届第一次会议以来提案工作情况报告。会议分组进行讨论审议，18位委员在大会上发言。会议通过决议，要求全市各级政协组织支持改革，投身改革，为治理整顿、深化改革创造安定团结的政治局面，确保各项措施落到实处。会议补选王宝光为常务委员。

图26-1　1991年2月28日，市政协第七届委员会第四次会议召开。　徐放　摄

1990年3月9～13日，市政协第七届委员会第三次会议在新浦举行。应出席会议委员371人，实到委员328人。会议听取和审议市政协主席胡为德作的常务委员会工作报告、提案委员会作的关于市政协第七届第二次会议以来提案工作情况报告。会议进行分组讨论，18名委员作大会发言，2名委员作书面发言。会议通过第七届第三次会议决议，补选张学贤为常务委员。

1991年2月28日至3月4日，市政协第七届委员会第四次会议在新浦举行。应出席会议委员373人，实到委员

321人。会议听取和审议市政协主席胡为德作的常务委员会工作报告、副主席阎继尧作的第七届第三次会议以来提案工作情况报告。会议分组进行审议讨论，23名委员作大会发言。会议补选范永泉为秘书长，胡为民为常务委员。

1992年3月14～18日，市政协第七届委员会第五次会议在新浦举行。应出席会议委员368人，实到委员326人。会议听取和审议市政协主席胡为德作的常务委员会工作报告、副主席阎继尧作的第七届第四次会议以来提案工作情况报告。与会委员进行分组讨论，21名委员作大会发言，2名委员作书面发言。

二、常务委员会会议

1988年1月至1993年3月，市政协第七届委员会共召开31次常委会议。主要内容是传达学习全国人大、全国政协七届一次会议、中共十三届三中全会和全国统战工作会议精神，讨论通过《政协连云港市委员会常务委员会工作规则》和《政协连云港市七届委员会专门委员会组织通则》，听取并讨论关于经济形势和治理整顿、廉政建设和扫黄工作，通过《关于政治协商、民主监督的暂行规定》实施办法和《提案工作规则》，审议通过《政协连云港市委员会关于进一步密切同委员联系的暂行办法》，审议市政协七届四次会议决议、提案审查报告和选举办法，听取并讨论外贸体制改革情况的通报，协商通过政协机构设置和有关人事任免。

第三节　第八届委员会

一、全体会议

1993年3月2～6日，连云港市政协第八届委员会第一次会议在新浦举行。应出席会议政协委员373名，由28个界别组成，实到委员331人。会议听取和审议市政协第七届委员会主席胡为德作的常务委员会工作报告、副主席阎继尧作的第七届第五次会议以来提案工作情况报告。会议选举胡为德为市政协第八届委员会主席，阎继尧、雷成堂、周沛、徐开第、张广远、杨铸九为副主席，范永泉为秘书长，选举产生常务委员64人，通过第八届第一次会议决议。

1994年3月3～7日，市政协第八届委员会第二次会议在新浦举行。应出席会议委员371人，实到委员323人。会议听取和审议市政协主席胡为德作的市政协常务委员会工作报告、提案委员会主任胡希锐作的第八届第一次会议以来提案工作情况报告。会议增补王维凯、魏玉怀为常务委员。

1995年2月13～17日，市政协第八届委员会第三次会议在新浦召开。应出席会议委员368人，实到委员324人。会议听取和审议市政协主席胡为德作的市政协常务委员会工作报告、副主席阎继尧作的第八届第二次会议以来提案工作情况报告。

1996年2月7～11日，市政协第八届委员会第四次会议在新浦召开。出席会议委员327人。会议听取和审议市政协主席胡为德作的市政协常务委员会工作报告、提案委员会作的第八届第三次会议以来提案工作情况报告。会议补选董汉清为市政协副主席，马维法、王元、许赞有、张钦龄为常务委员。

1997年3月9～13日，市政协第八届委员会第五次会议在新浦召开。出席会议委员340人。会议听取和审议市政协主席胡为德作的市政协常务委员会工作报告、提案委员会作的第八届第四次会议以来提案工作情况报告。会议分组进行审议讨论，通过会议决议。会议选举田作江为市政协秘书长、周达春为常务委员。

二、常务委员会会议

1993年3月至1998年1月，市政协第八届委员会共召开31次常委会议。主要内容是学习贯彻全国政协第八届三次会议精神和《政协全国委员会关于政治协商、民主监督、参政议政的规定》，研究探讨新形势下政协工作新思路，听取并讨论卫生城市创建、经济工作、全市国民经济和社会发展第九个五年计划和2010年远景目标纲要、建设“海上连云港”规划及行政区划调整，讨论并通过人事任免事项。

第四节 第九届委员会

一、全体会议

1998年1月14～18日，连云港市政协第九届委员会第一次会议在新浦举行。第九届政协有政协委员383人，由28个界别组成。出席会议委员315人。会议听取和审议市政协第八届委员会主席胡为德作的市政协常务委员会工作报告、提案委员会作的第八届委员会提案工作情况报告。会议分组进行审议讨论，通过会议决议。会议选举俞素娥为市政协第九届委员会主席，雷成堂、董汉清、甘黎明、钮永梁、谢建民为副主席，张名丽为秘书长，选举产生常务委员62人。

1999年1月24～27日，市政协第九届委员会第二次会议在新浦召开。会议应到委员379人，实到委员356人。会议听取和审议市政协主席俞素娥作的政协常务委员会工作报告、提案委员会作的第九届第一次会议以来提案工作情况报告。会议通过决议。会议增补顾普堂、冯义、张钦龄、李一丁为常务委员。

2000年2月25～28日，市政协第九届委员会第三次会议在新浦举行。会议应到委员379人，实到委员330人。会议听取和审议市政协主席俞素娥作的政协常务委员会工作报告、提案委员会主任朱林芝作的第九届第二次会议以来提案工作情况报告。会议进行分组讨论，通过会议决议。会议增补喻太源为市政协副主席。

2001年2月23～26日，市政协第九届委员会第四次会议在新浦举行。会议应到委员379人，实到委员338名。会议听取和审议市政协主席俞素娥作的常务委员会工作报告、副主席雷成堂作的第九届第三次会议以来提案工作情况报告。会议分组进行讨论，通过会议决议，强调政协委员要充分发挥自身优势，紧紧围绕改革、发展、稳定的大局，认真履行政协职能，积极反映社情民意，为实现连云港市“十五”计划目标作出新贡献。会议增补高有为为市政协副主席。

2002年1月27～30日，市政协第九届委员会第五次会议在新浦举行。会议应到委员378人，实到委员312人。会议听取和审议市政协主席俞素娥作的常务委员会工作报告、副主席雷成堂作的市政协第九届第四次会议以来提案工作情况报告。会议进行分组讨论，通过会议决议。会议增补董淑旺、赵波为市政协副主席，范忠华、舒小平为常务委员。

二、常务委员会会议

1998年1月至2003年1月，市政协第九届委员会共召开30次常委会议。主要内容是实地视察连云港市经济建设和社会发展10件实事完成情况，听取并讨论全市"九五"计划完成情况及"十三"发展计划、医疗卫生体制改革，审议通过调整市政协专门委员会的决定，通过增补市政协副秘书长和部分专委会主任的任命事项。

三、主席会议

1998年3月至2003年1月，为市第九届政协任期。其间，主席会议主要研究主席工作分工，讨论九届政协副秘书长人选，各专委会主任、副主任及组成人员名单，讨论市政协常委会工作规则、专委会组织通则、秘书长会议制度、委员约谈制度；听取并讨论粮食流通体制改革、贯彻实施新的土地管理法情况；审议通过《政协连云港市委员会关于民主党派、团体提案的征集和办理办法》《政协连云港市第九届委员会关于评选优秀提案办法》《关于组织驻各县区市政协委员跨县区视察工作的意见》；通过《政协连云港市委员会关于贯彻执行〈政协全国委员会关于政治协商、民主监督、参政议政的规定〉的实施意见》；讨论通过专题协商会议课题及市政协理论研究会人员名单，审议通过有关人事事项。

第五节　第十届委员会

一、全体会议

2003年1月16～20日，连云港市政协第十届委员会第一次会议在新浦举行。会议应到委员396人，实到委员388人。会议听取和审议市政协第九届委员会主席俞素娥作的常务委员会工作报告、副主席雷成堂作的提案工作情况报告。会议分组进行讨论审议，通过会议决议。会议选举俞素娥为市政协第十届委员会主席、高有为、雷成堂、董汉清、冯义、周同余、钮永梁、谢建民、董淑旺、赵波、徐晔宇为副主席，张名丽为秘书长，选举产生市政协常务委员64人。

2004年1月11～14日，市政协第十届委员会第二次会议在新浦举行。大会应到委员396人，实到委员321人。会议听取和审议市政协主席俞素娥作的常务委员会工作报告、副主席雷成堂作的提案工作情况报告。18名委员作大会发言。会议进行分组审议讨论，通过会议决议，要求全市政协组织和政协委员强力推进政协规范化、制度化、程序化建设，使人民政协更加充满生机和活力。

2005年1月24～27日，市政协第十届委员会第三次会议在新浦举行。大会应到委员396人，实到委员345人。会议听取和审议市政协主席俞素娥作的常务委员会工作报告、副主席雷成堂作的第十届第二次会议以来提案工作情况报告。18名委员作大会发言。大会分组讨论审议，通过会议决议，要求各级政协组织以服务发展、维护群众利益、构建社会主义和谐社会为重点，不断提高政协履行职能的质量和水平。

二、常务委员会会议

2003年1月至2005年12月，市政协第十届委员会共召开18次常委会议。主要内容是学习贯彻省政协九届三次主席会议、市委市政府关于加强非典防治工作、发展项目大推进和服务环境大建设动员大会精神，审议通过《政协连云港市委员会常务委员会工作规则》《政协连云港市委员会专门委员会组织通则》，听取并讨论新区规划建设、提案办理、实施再就业工程、沿东陇海线产业带建设、市属事业单位改革、中小学教师流失及对策、改制企业职工权益保护、大力发展临港产业、加快发展现代服务业和县域经济，协商并通过有关人事任免。

三、主席会议

2003年1月至2005年12月，为市第十届政协任期。其间，主席会议明确市十届政协主席、副主席、秘书长分工情况，通过有关人事事项。学习传达全国、全省政协提案工作座谈会精神，学习贯彻市委九届六次全体（扩大）会议精神；听取关于人口和计划生育工作情况、拓宽农民增收渠道以及委员提案审查立案情况等的汇报；听取关于稳定中小学教师队伍和控制义务教育阶段流生情况汇报；听取关于水环境状况、文化市场管理的情况汇报；讨论修改提交常委会讨论的常务委员会工作报告（讨论稿）和提案工作情况报告（讨论稿）；听取并讨论市属企业改革；审议市政协年度工作要点、年度常委会议、主席会议议题安排、年度调研视察课题；讨论确定市政协重点提案和主席督办提案内容；讨论市政协常务委员会工作规则、市政协专门委员会组织通则；审议通过市政协秘书长会议制度、市政协委员联系工作制度；审议《中国人民政治协商会议连云港市委员会全体会议工作规则》（讨论稿）；讨论通过《政协连云港市委员会关于市各民主党派、工商联、团体提案的征集和办理办法》。会议期间还组织实地考察东海县、赣榆县、灌云县、灌南县村级规范化建设情况，视察大浦化工区、临港产业区等重点工程。

第三章　组织机构

政协连云港市委员会常务委员会由主席、副主席、秘书长和常务委员组成，经政协全体会议选举产生，每届任期5年。市政协根据工作需要设专门委员会（工作组），政协机关设办公室（研究室）。

第一节　常务委员会领导人员

1984～2005年，连云港市政协设常务委员会主持会务。常委会由政协全体会议选举产生的主席、副主席、秘书长和常务委员组成，主席主持常委会日常工作，副主席、秘书长协助主席工作。主席、副主席、秘书长组成主席会议，处理常委会日常工作。

1984～2005年政协连云港市委员会主席、副主席一览表

表26-1

届次及任期	职　务	姓　名	备　注
第六届（1983年3月至1988年1月）	主　席	李登先	
		李敬松	1984年补选

续表 26-1

届次及任期	职　务	姓　名	备　注
第六届（1983 年 3 月至 1988 年 1 月）	副主席	邱效周	
		徐河均	
		方　进	
		万锦文	
		周　召	
		李　川	1984 年补选
		刘余隆	
		车秀民	
		王玉焕	
		刘一麟	
		邹乃福	
		徐开第	
		于少文	
		戴崇松	
		张广远	1984 年补选
		谢家汉	1984 年补选
		吴学志	1985 年补选
		杨铸九	1985 年补选
第七届（1988 年 1 月至 1993 年 3 月）	主　席	胡为德	
	副主席	阎继尧	
		吕衍平	
		徐开第	
		张广远	
		谢家汉	
		杨铸九	
第八届（1993 年 3 月至 1998 年 1 月）	主　席	胡为德	
	副主席	阎继尧	
		雷成堂	
		周　沛	
		徐开第	
		张广远	
		杨铸九	
		董汉清	1996 年补选
第九届（1998 年 1 月至 2003 年 1 月）	主　席	俞素娥	
	副主席	雷成堂	
		董汉清	

续表26-1

届次及任期	职　务	姓　名	备　注
第九届 （1998年1月至2003年1月）	副主席	甘黎明	
		钮永梁	
		谢建民	
		喻太源	2000年补选
		高有为	2001年补选
		董淑旺	2002年补选
		赵　波	2002年补选
第十届 （2003年1月～）	主　席	俞素娥	
	副主席	高有为	
		雷成堂	
		董汉清	
		冯　义	
		周同余	
		钮永梁	
		谢建民	
		董淑旺	
		赵　波	
		徐晔宇	

第二节　工作机构

1984年8月连云港市政协第六届委员会第二次会议后，市政协机关设办公室、文史资料委员会、学习委员会，增设工作组委员会（后更名为经济工作委员会、经济科技委员会）、咨询服务委员会、提案工作委员会。

1988年1月市政协第七届委员会第一次会议后，市政协机关设办公室、提案委员会、学习委员会、文史委员会、经济科技委员会、祖国统一联谊对外联络委员会、文教卫体委员会、社会法制委员会。

1993年3月市政协第八届委员会第一次会议后，市政协机关设办公室、学习委员会、文史资料委员会、提案委员会、文教卫体委员会、社会法制委员会、祖国统一联谊对外联络委员会。

1998年1月市政协第九届委员会第一次会议后，市政协设办公室、提案委员会、学习委员会、文史资料委员会、经济科技委员会、文教卫体委员会、社会法制委员会和祖国统一联谊对外联络委员会。

2003年1月市政协第十届委员会第一次会议后，市政协机关设办公室、研究室、提案委员会、学习文史资料委员会、经济科技委员会、教育文化医卫体育委员会、社会法制民族宗教委员会、港澳台侨外事委员会、人口资源环境委员会。

2005年底，市政协机关内设机构有9个，即办公室、研究室、提案委员会、学习文史资料委员会、经济科技委员会、教育文化医卫体育委员会、社会法制民族宗教委员会、港澳台侨外事委员会、人口资源环境委员会。

第四章　履行职能

1984～2005年，连云港市政协紧紧围绕市委、市政府中心工作，切实履行政治协商、参政议政、民主监督职能，为推动全市经济发展、促进民生改善、维护社会和谐发挥重要作用。政治协商分全委会会议协商、常委会会议协商、主席会议协商三个层次。形式灵活多样，有请进来协商、走上门协商和边调查视察边协商等形式，协商内容多为涉及国计民生和民众关心的大事。市政协积极组织广大委员参政议政。1989年后，市政协开始围绕国家宪法与法律、法规的实施，国家及省市大政方针、政策的贯彻执行，国家机关及其工作人员履行职责等方面开展民主监督，通过建议和批评的方式协助相关单位改进工作，提高工作效率。至2005年，市政协履行政治协商职能的氛围日渐浓厚，条件日渐成熟，开始走上规范化道路。

第一节　政治协商

连云港市政协对一些涉及全局性的重大问题，通过举办委员论坛、专题调研视察等形式进行协商，集中委员的智慧，为市委、市政府重大决策提供参考。

1984年4月，市政协召开座谈会，就恢复连云港海上客运问题进行专题座谈。1985年5月，全国政协科技咨询组一行15人，在裴丽生、钱伟长带领下到连云港考察并举行咨询情况报告会，形成《关于连云港市对外开放和经济开发的几点建议》，对谋划连云港市对外开放和开发区建设有重要指导意义。是年12月，市政协部分常委列席市人大第十八次常委会，讨论《连云港市城市总体规划修改方案》。1986年9月，市政协科技工作组、市科协联合召开座谈会，就建设连云港西大堤进行协商。1987年9月，市政协先后3次邀请部分政协委员和政府部门负责人座谈讨论《连云港市国土规划纲要》和《连云港市城镇体系规划》，并撰写《试析连云港市经济发展优劣势》等3个专题材料。

1998年，市政协围绕企业改制、整治环境污染、发展旅游产业等关系到全市改革开放和发展大局的热点、难点问题，开展25项调研视察活动，形成一批有前瞻性和可操作性的意见和建议，受到中共连云港市委、连云港市政府的重视和采纳。2004年2月，市政协召开全民创业建言献策座谈会，邀请部分经济界、非公有制企业和部分民主党派委员参会，会议就出台创业手册、提供创业信息、降低准入门槛、制定优惠政策等达成共识。

2005年，市政协围绕全市"十一五"规划的基本思路，搞好东部滨海地区战略规划，加快市、县（区）产业园区重点项目建设，拓宽农民增收渠道，连云港市融入“长三角”经济圈等重要议题进行座谈讨论，提出建设性意见和建议。

第二节 参政议政

1984年4月，连云港市政协城乡建设工作组对南城、东磊地区的旅游资源开发和保护情况进行实地考察，提出开发利用建议。市政协医卫组、妇幼组分别赴岗埠农场、灌云县调查妇幼卫生工作。1985年5月，市政协组织委员考察龙尾河、大浦河污染情况，进行座谈讨论，向市委、市政府提出疏浚及排污的具体建议。1986年3月，组织驻连云港的省政协委员考察淮海大学，就相关问题进行研讨协商。是年7月，市政协城建工作组、连云区政协多次对连岛旅游资源进行调查，并提出逐步开发连岛的建议。1989年7月，市政协围绕煤气建设工程、乡镇工业发展等议题，先后2次到10余家企业进行考察。市政协普教工作组会同民进市委、市教育局先后对赣榆县7所中学和29所小学实施九年制义务教育情况、市内5所高校学生政治思想工作状况进行调查，针对存在问题提出改进建议。

1991年，市政协组织委员和有关职能部门人员围绕路港贸和港城一体化、劳动就业和企业扭亏增盈等议题，采取连云港市和外市相结合的方式，进行深入细致的调查研究，形成《关于路港贸和港城一体化专题调查报告》《关于劳动就业情况的调查报告》《关于企业深化改革扭亏增盈和提高经济效益的调查报告》，以建议案形式上报，得到市委、市政府的重视。市委、市政府成立专门机构，加以推进落实。

2001年5～6月，市政协组成由市有关部门负责同志和145名市县政协委员参加的23个调查组，对全市县域经济发展情况进行全面调研，先后召开31个不同类型的座谈会，实地调查部门82个，走访群众300多人次，问卷调查545份，形成调查材料22篇20余万字。2002年9月，市政协组织有关界别委员，赴东海县、赣榆县、灌云县就多渠道增加农民收入问题进行调研，围绕农业产业化经营、土地流转、农村劳务输出以及农业工业化、农村城镇化等进行座谈协商，形成《关于多渠道增加农民收入的调查报告》被市委研究室《调查与研究》采用。2003年，市政协围绕全市工业园区发展问题，组织委员对市域及徐州等周边地区进行调研，视察21个工业园区和部分重点企业，走访100多人次，召开10个专题座谈会，提出关于进一步加快全市工业园区建设的意见和建议。

2005年，市政协围绕搞好东部滨海地区战略规划、抓好台资侨资资源的开发利用、加快产业园区重点项目建设、加强农村基层基础建设等重要议题进行座谈讨论。组织委员深入农村，调查了解新型农村合作医疗的开展情况，提出加强乡镇医院建设、改善乡村卫生机构医疗条件、探索改进合作医疗报销机制等意见和建议。

第三节 民主监督

一、执法执纪及履职情况监督

1984年5月，连云港市政协法制工作组前往市糖厂就法制建设情况开展为期4天的调查活动。1986年7月，市政协教育工作组、法制工作组会同民进连云港市委分别对市青龙山劳教所失足青年和东海农场犯人管教问题进行调查并进行案情分析。1988年10月，市政协社会法制组就灌云县普法教育情况进行专题调查。1989年6月，市政协建立举报中心，设置举报箱，公布举报电话，开始围绕国家法律、法规的实施，国家及省市大政方针、政策的贯彻执行，国家机关及其工作人员履行职责，参加政协的单位和个人遵守政协章程和执行政协决议的情况等开展民主监督，通过建议和批评的方式，协助相关单位改进工作，提高工作效率。

图26-2　1998年7月1～2日，江苏省港口城市政协工作协作年会在连云港市召开。　徐放　摄

2000年，省委、市委分别召开第一次全省、全市政协工作会议，市政协及时向市政协委员传达会议精神，并配合市委、市政府对各县区委贯彻落实《中共连云港市委关于进一步加强人民政协工作的决定》情况进行检查。2001年，市政协委员、市政协机关工作人员、各民主党派、工商联成员有近百人被推荐到市政府有关职能部门、公检法和纪检机关担任特约监督员。2002年，全市开展集中整治投资发展软环境活动，40名市政协委员参加105家单位的公开测评和明察暗访工作，参加座谈会150多人次，填写各类征求意见表1000余份。

2005年，78名政协委员担任32个党政机关和单位的行风监督员，参与市委、市政府及有关部门开展目标任务完成情况、干部依法办事、发展环境整治、廉政制度执行等督查、评议活动，发挥民主监督作用。

二、经济及工业城建情况监督

1984～1985年，市政协组织委员对连云港港、西大堤工程施工中的相关问题进行考察。1986年10月，市政协组织委员到赣榆县、东海县、灌云县、新浦区、海州区、云台区、连云区和纺织等七大工业公司，就横向经济联合进展情况进行调查。1987年6月，市政协对全市工交企业开展“双增双节”（增产节约、增收节支）运动情况进行调查。

1991年11月，市政协就加强城市房地产综合开发建设及管理进行调查。2003年10月，省政协组织省政协委员到连云港就安全生产工作开展专题民主监督，委员们听取市政府有关情况汇报，深入连云港港口集团有限公司、东海水晶市场、江苏龙腾化工公司等现场实地察看，与市安全生产监督局、劳动和社会保障局、公安局等11个部门进行座谈，提出整改意见。2004年，市政协就继续推进全市村级规范化建设问题成立调研督查小组，进行协商督查，提出整改建议。

2005年，市政协委员参与市委、市政府及有关部门开展的目标任务完成情况、软环境整治等督查评议活动，部分监督员向所在单位反馈情况、交流信息。

三、民生及社会事业情况监督

1984年6月，市政协教育工作组赴东海县就如何集资解决小学“一无两有”（校校无危险房屋，班班有教室，学生有课桌凳）、中学招生、青少年犯罪及中小学师资队伍状况等进行专题调研，提出有针对性的意见和建议。1985年，市政协教育工作组会同民进市委会组成联合调查组，调研连岛、高公岛乡教育工作情况，对新海中学当年划片招生问题进行调查监督。1987年4～5月，市政协经济工作委员会、市爱国卫生运动委员会对赣榆县北朱皋村移民耕地和饮用水问题进行调查。

1991年10月，市政协文教卫体委员会普教组就市内高校毕业生质量问题进行跟踪调查。是年12月，市政协文教卫体委员会就东海县争创省级体育先进县和灌云县迎接省级体育先进县复查工作进行专题视察。1992年6月，市政协文教卫体委员会利用《中华人民共和国食品卫生法》颁布10周年契机，就全市食品卫生状况进行视察。

2001年，市政协组织委员先后围绕《中华人民共和国高等教育法》落实、新浦地区中小学布局、港口经济发展等议题进行视察，提出针对性的批评和建议。2002年，市政协组织委员先后就县乡公路网络建设、职工安置和社会保障、重点提案办理、提案落实情况等进行视察，提出批评和建议。2003年，市政协组织委员对城市管理等工作进行调查研究，开展专项测评。

2005年，市政协组织市政协常委对与群众生产生活密切相关的肉菜粮放心工程、疾病预防控制、城市水环境、农业综合开发、乡村道路建设等10项利民工程的实施情况进行调研视察，提出改进建议，多数被有关部门采纳和落实。

第五章　日常工作

1984～2005年，连云港市政协把提案征集和提案办理作为履行职能的重要方式，设立专门委员会办理提案工作。市政协推广开门办理、现场办理和主席督办重点提案等经验，开展优秀提案和先进办理单位、个人评选表彰活动，不断提升提案办理质量。

政协学习文史资料委员会主要承担文史资料的征集、整理、研究和编辑出版工作，组织政协委员和文史工作者撰写“亲历、亲见、亲闻”史料。

1984～2005年，市政协组织委员学习贯彻中共中央“和平统一、一国两制”的方针政策，广泛开展对外联谊活动，成立专门工作机构，对全市“三胞”（港澳同胞、台湾同胞、海外侨胞）情况进行调查了解，邀请“三胞”亲属参加传统节日和重大纪念活动，做好有影响的“三胞”回连云港探亲的服务接待工作，并以亲情乡谊为纽带，加强与台湾民间组织和有关方面的联系和交流。

第一节　提案工作

1984年9月，连云港市政协提案委员会召开会议，审查第六届第二次会议以来的提案办理情况，通过提案办理工作细则。1986年，市政协组织委员到重点单位视察，促进承办单位与提案人直接见面，推进提案办理，做到件件有答复。是年11月，提案工作委员会视察云台区板桥镇、市皮塑公司等单位办理委员提案情况。1988年11月，市政协召开首次县区政协提案工作座谈会，交流提案征集和提案办理经验。1988年1月至1993年3月，市第七届政协累计收到委员提案1526件，全部予以办理。对重点提案，通过调查研究，充实提案内容，促成提案人与承办单位协商办复。

1990年，市委、市政府转发市政协《提案工作规划》，为加快办理速度、提高办复质量起到推动作用。1993年3月至1998年1月，市第八届政协累计收到提案1808件，审查立案1777件。全部予以办结，委员满意率达95%。

2001年，市政协第九届第四次全会收到提案394件，立案387件，提案办复率100%。提案中提出的意见被采纳和问题得到解决的占75.7%,委员满意率和基本满意率96%。2002年1月，市政协九届五次全会收到提案401件，立案387件，提案办复率100%。提案中提出的意见已被采纳和问题得到解决的占88.9%，委员满意率和基本满意率98%。2003年，市政协第十届第一次全会共收到提案484件，经审查立案443件。是年3月，市人大、市政府、市政协联合召开人大代表建议、政协委员提案交办会议，将年初市“两会”期间人大代表和政协委员提交的664件建议及提案交付77家承办单位办理，至年底全部办复，委员对提案办理结果表示满意和基本满意率为97.9%。

2004年，市政协第十届第二次会议收到提案272件。是年3月，市政协主席带领有关部门和委员到连云港碱厂，听取碱厂关于废渣、废液、烟尘治理情况汇报，督办委员提案办理情况。2004年1_月，全市政协提案工作座谈会在市政协礼堂召开，研究部署新形势下提案工作。是年开展优秀提案评选工作，27件提案被评为优秀提案。

2005年，市政协第十届第三次全会期间共收到388件提案，经审查，立案345件。确定主席会议成员和专委会主任督办提案25件。通过深入现场，召开协调会和办公会，促进提案落实和办理。至年底，所有提案全部办复，委员满意和基本满意率97%。

第二节　文史资料征编

1984年至1987年12月，连云港市第六届政协委员会发挥文史资料存史资政的作用，征集文史资料278篇，计120余万字，编辑出版5期《连云港市文史资料》。1988年5月，市政协文史工作委员会召开扩大会议，传达贯彻全国政协文史资料工作会议精神。是年12月，市政协文史工作委员会召开文史工作座谈会，召集市县区政协文史工作者共商文史资料征集编研大计。1990年4月，市政协文史资料委员会召开扩大会议，研究编纂《江苏名人录》和《连云港市名人选录》稿件征集工作。

1991年10月，市政协文史资料委员会、市历史学会联合举办纪念辛亥革命80周年学术研讨会。是年12月，文史资料委员会召开会议，审议《纪念辛亥革命80周年》专辑稿件。1992年4月，市政协文史资料委员会召开经济界老同志座谈会，征集新中国成立初期经济史料。至1992年12月，市七届政协广征博采，征集出版一批有价值、可资政的文史资料，总计611篇212万字。编辑出版《新浦街的变迁》《纪念辛亥革命80周年》《纪念人民政协成立40周年》《建国初期连云港市经济》等专辑。

1993～1997年，市第八届政协共征集各类史料80余万字。整理编辑反映新民主主义革命时期市境部分商界名流、教育家、实业家等方面珍贵史料多篇。编辑出版反映市著名医学博士、儿科专家、原江苏省政协常委、连云港市副市长、市政协副主席刘一麟的事迹专辑《一代名医刘一麟》。编辑出版《连云港近代大事记》《海外纪行》等文史资料。

2001年，市政协编辑出版连云港市近现代教育史料《杏坛轶事》，收录稿件96篇20余万字。整理编印《连云港市政协书画藏品选》，收录200余幅书画作品。2003年征集连云港近现代人物史料70篇50多万字。

2005年，为纪念抗日战争暨世界反法西斯战争胜利60周年，市政协编辑出版《亲历抗战》《云山灌水抗战风云录》。征集连云港近现代人物史料70篇50多万字。

第三节 海外联谊

1986年10月，连云港市政协"三胞"工作委员会召开侨台属座谈会，就落实政策、"外引"工作等进行座谈。是月，市政协领导和民革市委会负责人会见并宴请从美国回国探亲的原抗日爱国将领蔡炳炎烈士的夫人赵志学及其亲属。1987年4月，市政协"三胞"工作委员会、民革市委会、市台办、市台联在市文化宫联合举办"统一祖国，振兴中华"图片展览，展出40天。在纪念抗日战争爆发50周年及孙中山先生120周年诞辰之际，市政协分别召开不同类型的座谈会。1988年5月，市政协"三胞"工作委员会接待从台湾回乡探亲的台胞，召开部分台胞亲属座谈会，就发展外向型经济进行座谈。是年12月，市政协召开三县四区"三胞"工作经验交流会。1989年3月，应市政协邀请，日本中高学生友好访中团20余人到连云港访问，向市政协委员、各界人士介绍日本教育情况。是年4月，市政协会同有关部门邀请日本大阪府中小企业家同友会29人到连云港考察，共同探讨经济技术合作问题。1990年4～5月，市政协祖国统一联谊对外联络委员会、市委对台办联合举办对台形势报告会、对外投资环境和优惠政策报告会。

1991年5月，市政协文史资料委员会、学习委员会联合举办报告会，介绍赴韩国文化交流活动相关情况。1991年7月，市政协主席胡为德主持召开海峡两岸书画展第三次协调会，议定成立筹委会和办事机构。是年10月，纪念辛亥革命80周年海峡两岸书画展在市博物馆展出，展出书画156件，其中台湾省作品69件，近万人参观展览。1992年9月，市政协祖国统一联谊对外联络委员会接待回乡探亲的台湾《海州文献》社副社长。

1997年，为庆祝香港回归，市政协、市委宣传部、统战部、市文化局等8家单位联合举办庆祝香港回归祖国大型书画展，征集书画作品400余幅，展出书画作品197件，其中来自台湾省和香港特别行政区的作品35件。2003年，市政协赴台开展联谊活动，促成台湾海州同乡会32名会员组团到连云港考察；引荐台商到赣榆县班庄镇投资开发大理石项目。

2005年，市政协港澳台侨外事委员会联合市外办、侨联、台办等部门开展"五侨"部门（侨办、侨联、致公党、人大华侨委员会、政协港澳台侨委员会）联动和《江苏省归侨侨眷权益保护法及实施细则》宣传咨询活动，宣传省、市相关政策，推进和加强与海外友好人士的联系和交往。

连云港市志

第二十七卷　民主党派　工商联

第一章　中国国民党革命委员会连云港市委员会

第一节　参政议政

第二节　重要活动

第二章　中国民主同盟连云港市委员会

第一节　参政议政

第二节　重要活动

第三章　中国民主建国会连云港市委员会

第一节　参政议政

第二节　重要活动

第四章　中国民主促进会连云港市委员会

第一节　参政议政

第二节　重要活动

第五章　中国农工民主党连云港市委员会

第一节　参政议政

第二节　重要活动

第六章　中国致公党连云港市委员会

第一节　参政议政

第二节　重要活动

第七章　九三学社连云港市委员会

第一节　参政议政

第二节　重要活动

第八章　连云港市工商业联合会

第一节　调研建言与参政议政

第二节　重要活动

1982年8月至1985年3月，连云港市陆续成立6个民主党派，选举产生7个民主党派市委。1990年，全市7个民主党派成员总数733人，支部83个。工商联组织成员以工商业者为主。2005年，全市各民主党派成员总数1641人，支部94个；全市工商联会员4486人。

1984～2005年，市内7个民主党派及工商联紧紧团结在中共连云港市委周围，在认真履行参政议政和政治监督职能的同时，坚持以经济建设为中心，坚决贯彻改革开放方针，努力发挥在经济建设和科技教育领域的优势，不断加强与政府职能部门联系，积极参与有关经济决策的协商，开展与港澳台和国外工商社团的联络，引导非公有制经济健康发展，在推动全市经济建设和社会民主法治建设方面发挥重要作用。

第一章　中国国民党革命委员会连云港市委员会

1984年1月9日，中国国民党革命委员会（简称民革）连云港市学习小组成立。是年5月30日，民革连云港市委员会（简称民革市委）成立，选举出第一届委员会。1988年5月，民革市委建立祖国和平统一促进委员会、"四化"工作委员会、妇女工作委员会、文史工作委员会4个内设机构。1999年6月增设参政议政工作委员会、学习委员会。2003年6月增设社会服务工作委员会，内设机构达7个；原"四化"工作委员会更名为经济工作委员会。至2005年无变化。

1984年初，民革江苏省委员会派员到连云港发展成员，是年成员总数12人。1990年，全市有民革党员42人，建立6个支部2个小组。至2005年底，连云港市有民革党员139人，设有基层支部10个。民革党员中，64%有台属关系，71%具有高、中级专业技术职称。

图27-1　1984年5月30日，民革连云港市委在市第一招待所小礼堂召开成立大会。　侍志　摄

1984～2005年民革连云港市委员会组织、成员统计表

表 27-1

年份	组织（个）		成员（人）			年份	组织（个）		成员（人）		
	市委会	支部	总数	高级职称	新成员		市委会	支部	总数	高级职称	新成员
1984	1	—	12	2	12	1995	1	8	60	21	3
1985	1	—	14	2	2	1996	1	8	64	23	4
1986	1	—	22	4	8	1997	1	8	70	27	6
1987	1	—	30	9	8	1998	1	10	82	30	12
1988	1	5	36	11	6	1999	1	10	87	33	7
1989	1	5	42	12	6	2000	1	11	94	36	7
1990	1	6	42	12	0	2001	1	11	96	36	3
1991	1	7	45	14	4	2002	1	11	103	36	7
1992	1	8	49	14	4	2003	1	11	109	37	6
1993	1	8	50	14	1	2004	1	11	126	41	17
1994	1	8	57	19	7	2005	1	10	139	44	16

第一节　参政议政

1984～1990年，民革连云港市委组织有关专家对市内合资企业经营状况开展调查，写出3份调研报告供有关部门决策参考。1992年起，民革市委开始关注环境问题，特别是水环境问题，将其作为参政议政的重点。1993年，张广远、沙俊忠两位省政协委员在省政协会议上联名提案，提出“建设蔷薇河送清水工程”的治污建议，受到中共江苏省委和省政府的高度重视。从1993年首次提出治理蔷薇河水污染问题到2000年蔷薇河送清水工程竣工，民革市委共向省委、省政府提出相关提案9件（次），坚持8年跟踪关注。其间，省政协副主席、民革江苏省委主委童傅两度到连云港考察调研蔷薇河污染状况以及送清水工程的实施情况，并促成省政协3次组织委员到连云港作专题调研。

1999年6月，民革市委成立参政议政工作委员会。民革市委利用参加中共连云港市委双月座谈会等机会，先后向省、市提出落实《台湾同胞投资保护法》、加速宁连一级公路建设、加快调整教育结构步伐等50多项调研报告或建议。2003年9月5日，《团结报》在头版头条以“八年心血为百姓，清水工程促环保”为题介绍民革连云港市委参政议政成果。

至2005年，全市民革党员中有民革省委委员2人、省人大代表2人、省政协委员1人、市政协委员15人（其中副主席1人、常委2人）、区人大代表3人（其中常委3人）、区政协委员12人（其中副主席1人、常委2人）。民革党员中的各级人大代表、政协委员共提出各类提案、意见和建议800余件。全市民革界别的政协委员提案被列为重点提案、主席督办提案或被评为优秀提案的60余件。民革市委副主委沙俊忠《关于尽快规范、统一江苏几个地域名称的建议》等10余项提案在省、市获奖。2003年，民革党员、市政协委员程峰提出的《对碱厂“三废”排放应实施监控》提案被《连云港日报》刊载，引起市环保局高度重视，对碱厂安装远程自动监控设施，促成碱厂投资

4370万元建成废液治理工程，使周边环境污染程度得以缓解。

第二节　重要活动

一、社会服务

中山业余学校　1985年1月由民革连云港市委兴办。首期开办4个日语班，招收学员200余人。此后相继开设成人高考、高中文化课、外语、服装裁剪、无线电、家电维修等培训班。学校从1985年至1987年连续3年被评为连云港市职工教育先进单位。至2005年底，中山业余学校累计开办各类培训班550个，培养各类实用人才近2万人。

中山咨询服务部　1987年5月由民革市委兴办。1987～2005年先后完成赣榆县厉庄乡对虾养殖引资、连云港市物资贸易中心与赣榆县宋庄乡任庄冷库20万元补偿贸易、连云港中药学校温室建造、市政协办公楼施工技术管理等技术、咨询项目100多个。

中山书画社　1985年5月开办，民革中央主席朱学范亲书“团结奋斗，振兴中华，为建设连云港贡献力量”题词。1986年，该社与连云港市妇女联合会等单位联合举行书画义卖，义卖收入7万元全部捐给连云港市少儿基金会。1987年举办“振兴中华，统一祖国”大型图片展。1991年与市政协等联办纪念辛亥革命80周年海峡两岸书画展。2001年协办纪念辛亥革命90周年暨徐希善90寿辰书画展。

外引内联　1986年，民革市委邀请澳门创纪中国贸易公司经理、香港华俞有限公司总经理、美籍华人等到连云港洽谈经济合作项目。1990年，民革市委主委张广远促成香港康登集团有限公司与连云港船舶燃料公司合资3000万元，在连岛建成为往返中外船舶提供燃料用油的2.2万吨油罐项目。1994年，经民革市委介绍推动，在香港的省政协委员为淮海工学院捐赠10万元人民币，建立优秀教师奖励基金。至2005年底，民革市委为连云港市引进各类项目100余个，引资总额5000余万元。

扶贫助困　1995年，民革市委帮助对口扶贫单位灌云县同兴乡引进高效净洁剂生产技术，为该乡2名失学儿童捐款1000元。1997年，民革市委妇女工作委员会发出为贫困地区的贫困母亲捐献衣物的倡议，民革党员捐献数百件衣物送往贫困地区。2003年在民革省委“交特殊党费，建助学基金”活动中，全市民革党员缴纳特别党费4553.5元。是年，民革市委向对口联系单位东海县张湾乡2户养殖专业户提供资金2万元，扶持他们扩大再生产；经民革市委努力争取，民革省委将东海县房山中学10名品学兼优的贫困学生作为助学基金的资助对象。至2005年底，民革市委及全市党员共向社会各方直接捐款捐物逾50万元。

二、推进祖国统一

1988年，民革市委成立促进祖国统一工作委员会，围绕宣传“一国两制”方针、组织台属学习时政、帮助台属寻亲、接待“三胞”和为赴台探亲台属服务等方面开展工作。民革促进祖国统一工作委员会每年均举办面向台属党员及其联系人士的台情报告会；每年中秋、春节召开“思亲人，话统一”座谈会，邀请市台办负责人通报台湾情况，帮助党员加深对台湾现状、两岸关系新发展及党和国家对台工作方针政策的了解，提高党员的政策意识和水平；鼓励、帮助有台属关系的民革党员利用书信、电话、互联网等介绍大陆经济社会发展情况，引导海外亲友到连云港探亲、旅游、经商，为宣传连云港、建设连云港发挥作用。至1990年，全市有35户台属找到在台亲人。至2005年，民革市委共举办与反独促统有关的讲座、会议、活动等近50次。接待“三胞”500余人次 其中有民革主委张广远的胞兄、台湾装甲兵原司令张广勋和台湾“立法委员”张广仁，台湾海州同乡会会长辛子方及耿介、徐传礼等一批旅台海属名人。连云港市民革党员中有10人次赴台探亲。

第二章 中国民主同盟连云港市委员会

1984年6月，连云港市有中国民主同盟（简称民盟）盟员28人。是年6月14日召开第一次全体盟员大会，选举产生民盟连云港市第一届委员会。1985年1月29日，民盟连云港市委员会（简称民盟市委）机关开始办公。1990年，全市有盟员159人，建立支部13个。2005年，全市有盟员332人，其中具有中、高级技术职称的盟员320人。有基层支部15个。

1984～2005年民盟连云港市委员会组织、成员统计表

表27-2

年 份	支 部（个）	成员（人）			年 份	支 部（个）	成员（人）		
		总 数	高级职称	新成员			总 数	高级职称	新成员
1984	1	35	23	25	1995	13	203	151	5
1985	6	63	47	26	1996	13	206	152	3
1986	7	78	62	18	1997	13	216	158	10
1987	8	100	77	22	1998	13	240	171	27
1988	11	144	109	46	1999	15	250	178	12
1989	12	154	117	9	2000	15	267	190	18
1990	13	159	121	5	2001	15	286	199	22
1991	13	163	124	4	2002	16	290	201	7
1992	13	169	129	7	2003	15	302	208	16
1993	13	184	140	16	2004	15	318	213	19
1994	13	197	147	13	2005	15	332	221	17

第一节 参政议政

1984～1990年，民盟连云港市委在中国共产党的领导下，发挥政治协商、民主监督和参政议政作用，至1990年全市民盟盟员中有省政协常委1人、省人大代表1人、市政协委员11人、市人大代表1人。1993年起，经民盟连云港市委建议，民盟江苏省委经过深入调查研究后，连续数年在省政协和全国政协会议上呼吁连云港市核电站建设事宜。

1984～2005年，盟员中先后有29人次当选省、市、区（县）人民代表大会代表。其中，省人大代表2人次、市人大常委会常委2人次、县人大常委会副主任1人次、区人大常委会常委6人次。有175人次担任各级政协委员。其中，省政协常委5人次、市政协副主席2人次、市政协常委26人次、区政协副主席3人次、区政协常委16人次。

至2005年底，民盟市委在历次政协会议上共提交提案400余件，提案内容涉及发挥地方资源优势、发展农村经济、深度开发市内非金属矿产资源、发展海洋经济、食品安全、城镇社会保障体系建设等方面。在教育、卫生、科技、工业、环保、交通、社会治安综合治理等方面积极调查研究、建言献策，其中《关于发展我市海洋经济中若干问题的思考和建议》一文在财政部《经济研究参考》发表，通过市科委软科学课题组鉴定。上报各类信息和社情民意600余件，部分信息被中央统战部、民盟中央和江苏省委统战部采用。民盟市委在与市计委对口联系过程中，组织盟内有关专家对《连云港市"九五"计划和2010年远景目标计划（草案）》进行多次讨论研究，提出具体意见和建议，部分建议被市计委采纳。

第二节　重要活动

一、创办学校

1985年4月，民盟连云港市委、民建连云港市委、连云港市工商联共同创办连云港市育才业余学校。至1993年该校停办时，累计开设会计、珠算、日语、高等教育自学辅导等12个专业，培训学员2993人，其中为扶持下岗工人再就业举办会计、计算机培训班4期，培训800余人。

二、科技服务

1987年成立民盟科技咨询服务部，面向农村、面向边远地区服务。2002年10月，该部派出专家参加由国家计划委员会和中国国际咨询公司组织的专家小组，对罗布泊钾盐矿床与开采技术可行性进行实地考察。至2005年底，该部承接技术服务项目90余个。

三、捐资助学

1995～2004年，民盟市委开展的捐资助学活动主要有：为灌云县同兴镇贫困失学儿童捐款、捐衣物和文具教具，向灌云县鲁河乡小学捐赠40台电脑并对师生进行计算机知识培训，帮助青海省大通回族土族自治县的20名贫困生完成从小学到高中的学业，捐助河北省希望小学，为赣榆县翠竹村图书馆捐书932册。2005年，民盟市委与江苏省经贸技师学院建立灌南县三口镇社会服务点。是年，为三口镇中小学45名贫困生捐资7500元，组织盟内医疗专家到三口镇卫生院举行义诊。

四、招商引资

民盟市委利用节日座谈会之机，协助有关部门接待回乡探亲台胞、侨胞和海外华人，联系海外亲友到连云港考察、访问、讲学、贸易、投资。2001～2005年，帮助赣榆县沙河镇将关闭多年的徐福酒业集团公司恢复生产，为其清理债权债务近1000万元，每年为地方增收80余万元；引进浙江温州康乐药业集团，在赣榆建立年产6000吨乙酰氨基酸（扑热息痛）、总投资7000万元的原料药生产厂；协助引进浙江瑞邦药业有限公司年产6000吨葡萄糖酸钙生产项目，总投资5000万元。

第三章　中国民主建国会连云港市委员会

1956年2月，中国民主建国会（简称民建）徐州市委员会在新海连市发展会员，组成新海连小组，与市工商联合署办公。1982年8月，民建连云港市委召开第五次会员大会，选举产生民建连云港市第一届委员会。1985年，全市有民建会员87人，建立支部5个。1990年，全市有民建会员126人，建立支部委员会10个。至2005年底，民建市委下设11个支部，有会员240人。民建会员中80%具有大专以上学历，73%具有中高级专业技术职称。

1985～2005年民建连云港市委员会组织、成员统计表

表27-3

年　份	组织（个）	成员（人）		年　份	组织（个）	成员（人）	
	支　部	总　数	新成员		支　部	总　数	新成员
1985	5	87	19	1996	10	142	6
1986	6	96	13	1997	10	148	9
1987	10	112	9	1998	10	153	9
1988	10	124	15	1999	11	162	13
1989	10	129	8	2000	11	174	15
1990	10	126	0	2001	11	183	13
1991	9	127	4	2002	12	197	18
1992	9	126	2	2003	12	207	14
1993	10	128	5	2004	11	225	14
1994	10	133	8	2005	11	240	19
1995	10	139	9				

第一节　参政议政

1984～2005年，民建连云港市委组织会员就国有企业改革、城市建设、农业经济、生态环境保护等重大问题，深入基层调查研究，撰写59篇调查报告，上报政协提案260余件和社情民意300多条。其中，由民建市委会撰写的《关于大力推进农业产业化进程》《关于促进中小企业发展的建议》等调研报告和提案，得到市领导批示和采纳；由市民建会员提出的《关于发展我市现代物流业的建议》《关于加速推进农民新村规划的建议》等6件提案被评为市十届政协优秀提案。

22年间，全市民建会员有39人次分别担任省、市、区人大代表和政协委员，其中市政协委员23人次、市人大代表5人次、省政协委员2人次，当选市人大常委会副主任、市政协副主席

各1人，当选副区长1人。23名民建会员被中共连云港市纪律检查委员会和市公安局、教育局等部门聘为特邀监督员、督导员，参与软环境测评、政府年度目标考核、县处级干部素质考评，及市纪委组织的明察暗访、市政府组织的专项治理和专项检查等活动。

第二节　重要活动

一、服务经济建设

1984～2005年，民建连云港市委每年均开展送科技、送温暖、送医药下乡活动。先后组织会员到赣榆县黑林乡和厉庄乡、灌云县沂北乡和同兴镇、东海县洪庄乡和浦南镇等地，接受乡镇企业和农村专业户科技咨询，发放科普读物，举办培训班。民建农业支部科技人员自发组成致富致强专家团，开展进村入户，结对帮扶活动，在云台乡建立水稻、棉花、林果、畜禽对接示范基地。

二、扶贫助学

1998年以后，民建市委筹集20万元扶贫资金，扶持灌云县沂北乡三图村饲养江浙湖羊，在该村建立农民养羊协会，委派专人驻村为养羊户免费提供防疫、治病、种草等技术服务。至2005年底，该村养羊户规模由18户发展到80户。

2001年起，民建市委在赣榆高级中学开展助学活动，资助品学兼优的应届高三贫困生，每年20名，每生每月资助生活费150元。至2005年已有76名受助贫困生顺利考入大学。民建市委妇委会实施“春蕾”计划，长期资助东海县郑庄小学8名失学女童，助其顺利完成学业。

图27-2　1993年，民建连云港市委财经支部开展“大篷车”送科技下乡活动，受到民建中央表彰。
侍志　摄

三、社会服务

1984年起，民建市委医卫支部多次组织医务专家到乡镇义诊，免费为农民进行体检和健康咨询。每年中秋、国庆和春节期间，民建市委均专门看望慰问原工商界会员、困难会员及部分贫困户。2005年，民建东城区支部向连云区图书馆捐赠价值3万余元的少儿科普读物和世界名著1500多册。

第四章　中国民主促进会连云港市委员会

1984年1月，经中国民主促进会（简称民进）江苏省委员会批准，杨铸九等13人为连云港市民进会员。是年6月2日，民进连云港市第一次会员大会召开，选举产生民进连云港市第一届委员会。1985年10月召开第一届会员代表大会。1990年，全市有民进会员212人。2002年，民进连云港市委员会（简称民进市委）将35个支部缩减为22个支部和1个总支。2005年，全市有会员368人，其中教育界会员占65%、文化艺术界会员占23%、其他界别会员占12%；会员中具有高、中级技术职称的占85%。3人被选为民进省委委员，其中常委1人。

1984～2005年民进连云港市委员会组织、成员统计表

表27-4

年份	组织（个）		成员（人）			年份	组织（个）		成员（人）		
	总支部	支部	总数	高级职称	新成员		总支部	支部	总数	高级职称	新成员
1984	—	18	76	—	76	1995	1	36	243	—	12
1985	—	25	122	—	46	1996	1	36	248	53	9
1986	—	28	164	—	42	1997	1	37	262	—	15
1987	1	30	182	—	26	1998	1	37	275	—	16
1988	1	32	200	—	18	1999	1	37	291	—	16
1989	1	36	211	33	11	2000	1	35	296	—	8
1990	1	36	212	—	1	2001	1	35	309	74	14
1991	1	35	212	—	5	2002	1	22	322	—	16
1992	1	36	221	—	11	2003	1	22	336	—	16
1993	1	36	226	—	5	2004	1	22	353	—	17
1994	1	36	232	—	9	2005	1	21	368	92	15

第一节 参政议政

1984年6月，民进连云港市委成立后，积极参政议政，组织会员对连云港市经济发展、科教兴市、“三个文明”建设等开展调查研究，建言献策。1985年6月，民进市委副主委杨铸九被增选为市政协副主席。1986年3月，民进市委组织会员调查连岛乡基础教育情况，关于改善连岛乡教师生活、工作条件的建议被有关部门采纳。《关于市区实施九年制义务教育师资情况的调查报告》主要内容被《人民政协报》刊登。1998年1月，民进市委主委甘黎明当选为市政协副主席。黄永言、甘黎明先后当选为全国人大代表。至2005年，民进市委累计向全国人大提交议案和建议70余件，向省政协会议提交提案30多件，向市人代会、市政协会提交集体提案、个人提案、建议600多件。民进市委对教育文化和城市建设、边远乡村中小学学生辍学、旅游业的现状与发展趋势、农村义务教育现状、各县区法院收取案件诉讼费用情况、农村宗教、外向型经济产业结构和湿地保护情况等进行调研，完成调研报告55篇。全市会员中先后产生省政协委员1人、市政协委员28人（其中副主席2人、常委7人）；区人大代表1人，区（县）政协委员14人（其中副主席1人、常委3人）；19名民进成员被市有关单位聘为党风监督员、特约监察员和人民陪审员。

第二节 重要活动

一、社会服务

1984～2005年，民进连云港市委先后50多次组织教育专家到赣榆县黑林镇和柘汪镇、灌云县同兴镇、灌南县张店镇、东海县双店镇、新浦区云台乡等乡镇的中小学开展智力扶贫活动。民进市委解放路小学支部与锦屏中心小学开展“手拉手”教学研讨活动。累计捐资4万余元，资助灌南县张店小学等学校的50多名贫困学生；民进市委联合江苏美术出版社为灌南县张店中心小学捐赠4大类52个品种1079套（册）儿童读物，价值万余元。2002～2005年，民进市委每年为灌南县三口镇何荡小学10名贫困学生资助2000元，助其完成小学阶段学业。

二、学习教育

1984年后，民进市委坚持对广大会员进行会史和多党合作传统教育，每年均组织基层骨干和新会员参加中共连云港市委统战部组织的培训班学习，各基层支部定期召开理论学习和专题会务活动，统一思想认识，坚定政治立场。至2005年陆续撰写学习体会文章和统战论文270多篇，其中在国家、省、市各级刊物上发表或参与会议交流的有数十篇。至2005年底，民进会员中有110人次获得“全国优秀教师”“江苏省名师”“江苏省劳动模范”“江苏省有突出贡献的中青年专家”“连云港市十大杰出青年教师”“连云港市优秀教育工作者”等称号和中国戏剧文学奖、话剧金狮奖、教育部曾宪梓教育基金奖等奖项。画家会员张承德创作的《江山春华图》获全国人大常委会副委员长、民进中央主席许嘉璐颁发收藏证书。民进淮海剧团支部成员主演的戏剧《代代乡长》获省“五个一工程奖”，民进市文化馆支部成员主演的小品《追求》获文化部文华奖，民进会员创作的歌曲《老师的目光》获省“五个一工程奖”。民进新浦中学（原陇东中学）支部、经济支部先后被民进中央授予“全国先进支部”称号。

图27-3 2004年4月，民进新海高级中学支部送教下乡。 侍志 摄

第五章 中国农工民主党连云港市委员会

1984年5月5日，中国农工民主党连云港市委员会（简称农工党市委）成立，第一次全体党员

图27-4　1984年5月5日，农工党连云港市委员会召开成立大会。　赵鸣　摄

大会在新浦召开，选举产生第一届委员会。农工党市委设组织处、宣传处，共有党员25人，设市一院、医卫、机关、市东4个支部和文艺小组。1986年4月，农工党市委内设立妇女工作委员会、医药咨询委员会。1999年，全市农工党员155人。

2005年，全市农工党员发展到234人，72%为医药卫生界党员，其中131人具有高级职称。市区及市直单位设有15个支部，另设有东海支部。农工党市委下设参政议政、社会服务、文艺宣传、妇女老年4个工作委员会。

1984～2005年农工党连云港市委员会组织、成员统计表

表27-5

年份	组织（个）			成员（人）		年份	组织（个）			成员（人）	
	总支部	支部	总数	高级职称	新成员		总支部	支部	总数	高级职称	新成员
1984	—	4	25	—	13	1995	—	12	113	—	11
1985	—	4	35	—	10	1996	—	12	121	—	8
1986	—	4	43	—	8	1997	—	12	128	51	9
1987	—	5	47	—	4	1998	—	13	143	56	15
1988	—	6	62	12	15	1999	—	14	155	70	13
1989	—	8	74	—	9	2000	—	16	168	76	14
1990	—	8	74	—	2	2001	—	16	178	85	10
1991	—	9	74	17	0	2002	—	16	197	101	15
1992	—	9	82	—	10	2003	1	16	209	112	13
1993	—	9	91	—	9	2004	1	16	222	118	15
1994	—	12	102	—	11	2005	1	16	234	131	14

第一节　参政议政

第一届农工党连云港市委主委于少文担任市政协第六届副主席；第四届农工党市委副主委、第五届农工党市委主委董淑旺担任市政协第九、十届副主席。2005年，全市农工党员中有市人大代表1人、县人大代表1人、省政协委员1人、市政协委员20人、县区政协委员15人、副县长1人。1984～2005年向各级人大、政协提出建议、议案、提案累计830余件，集体提案35件。《提高导游素质》《控制食品污染保证饮食安全》《强化我市医疗卫生广告的管理》等20多件提案被列为市政协重点提案和主席督办提案；《建议合理配置卫生资源优化组合发挥效益》《组织生产和供应无公害蔬菜》《给予来连经商者子女上学享受市民待遇》《进一步加强我市网吧、游戏厅管理》等10多件提案被评为市政协优秀提案。

至2005年底，农工党市委累计向各级政府提供热点问题调查报告28篇。其中，1993年提出的《抓好村卫生室建设巩固农村卫生三级医疗网》、2000年提出的《重视个体诊所管理保证百姓就医安全》、2001年提出的《加快我市制药工业发展的几点建议》等得到市政府的重视和办理落实。

第二节　重要活动

自1984年起，农工党连云港市机关医院支部连续13年为市机关幼儿园儿童义务体检、建立健康档案。1990年，农工党市委、市医学会联合成立亚运会义诊分团，组织名医专家开展义诊活动。1991年起先后将赣榆县黑林镇、沙河镇、柘汪镇，海州区新坝乡，灌云县板浦镇、同兴镇，灌南县张店镇，东海县南辰乡等作为扶贫点，定期送医下乡，帮助培训乡村医生，提高卫生院管理水平。1992年10月，农工党员自筹资金创办前进门诊部。1998年，中国南方发生百年不遇的特大洪涝灾害，全市农工党员捐款1.4万余元支持灾区建设。2001年暑假期间开展关注西部教育活动，发动农工党成员向宁夏回族自治区贺兰县通义中学捐赠各类图书1200册。2002年，全市农工党员向对口帮扶的贵州贫困地区失学儿童和内蒙古“农工世纪林”捐款1.2万元，资助贫困学生15名，栽树木200株。2003～2005年，农工党江苏省委、农工党连云港市委开展情系贫困学子行动，连续三年资助赣榆县柘汪镇35名贫困学生，捐资总额2.45万元。

1984～2005年，农工党市委组织开展医疗咨询270次，受益人数达7.6万人次，捐赠药品价值30万元。为赈灾扶贫、希望工程捐款18万元，捐赠衣物2500余件，捐赠各类书籍3000余册。

第六章　中国致公党连云港市委员会

1985年3月，中国致公党（简称致公党）中央组织部负责人廖性豪、致公党江苏省工作委员会筹委负责人邓建中到连云港市，在归侨侨眷中发展致公党党员8人。是年3月20日，召开全体党员大会，成立致公党连云港市工作委员会（简称致公党市工委）。致公党市工委直属致公党中央领导，党员发展由致公党中央组织部批准。1985年5月，连云港市内第一个致公党支部——化学工业部化工矿山设计院支部成立。至1990年底，全市有致公党党员44人，建立6个支部和科技建筑服务部。

图27-5　2002年，致公党连云港市第三次党员大会召开。
侍志　摄

1991年12月，致公党连云港市第一次党员大会召开，选举产生第一届中国致公党连云港市委员会（简称致公党市委）。2005年底，全市有致公党员124人，建立8个支部。其中具有中高级职称的113人；归侨7人，侨眷54人，港澳台属40人，留学及访问学者2人，其他有海外关系人士5人。党员中有1人获“全国劳动模范”称号，1人获国务院特殊津贴。

1985～2005年致公党连云港市委员会（工作委员会）组织、成员统计表

表27-6

年　份	支部（个）	成员（人）			年　份	支部（个）	成员（人）		
		总　数	高级职称	新成员			总　数	高级职称	新成员
1985	1	9	7	9	1996	6	71	26	3
1986	2	25	8	16	1997	6	73	27	5
1987	3	33	11	8	1998	7	81	33	13
1988	4	40	13	7	1999	7	87	33	7
1989	4	43	15	3	2000	8	93	38	6
1990	6	44	15	1	2001	8	101	43	9
1991	6	47	17	3	2002	8	106	47	6
1992	6	51	19	4	2003	8	112	51	6
1993	6	55	20	4	2004	8	118	52	6
1994	6	57	20	2	2005	8	124	55	9
1995	6	68	24	12					

第一节　参政议政

1993～1997年，致公党连云港市委在市八届政协历次会议上共提交51件集体和个人提案。其中，《切实加强“三资”企业引进设备的鉴定与评估》《对我市“三资”企业设备引进情况跟踪调查的情况汇报》等被列为市政协大会发言材料。

1998～2002年向市九届政协提交集体和个人提案75件。其间对落实侨务政策、维护归侨侨眷合法权益等问题进行调研，提出调研报告《努力改善投资软环境切实保护侨、港、台资企业利益》和《关于制定归国留学人员来我市工作优惠政策的建议》《关于开展对我市海外人员及家属人员学术，专长等动态信息收集工作的建议》《“五侨”联动开展大侨务工作的建议》等。

2003～2005年提交集体、个人提案32件，主要有《发展地方政府债券市场的建议》《尽快新编港口发展规划和启动北港区建设的建议》《关于尽快争取国家东陇海铁路线路电气化改造的建议》《尽快出台我市重大市政建设及改建项目设计方案公示制度的建议》等；提交上报各种信息、社情民意300余件，其中部分信息被中共中央统战部、致公党中央、中共江苏省委统战部和各级政

府部门采用。

1985～2005年，全市致公党员中先后有46人次当选市人大代表、政协委员，其中任市九届政协副主席1人、市十届政协副主席1人，任市政协七届常委2人、八届常委3人、九届常委3人、十届常委1人。

第二节　重要活动

一、社会服务

1987年4月，致公党连云港市工委组织矿山设计院和市建筑设计院中致公党党员到侨眷集资办的赣榆县侨兴建筑公司做技术顾问，使公司转亏为盈。1989年，致公党连云港市工委成立科技建筑咨询服务部，为市内工业与民用建筑设计、预算编制及审计提供咨询服务。1990年后，配合致公党江苏省委对赣榆县黑林镇水利设施进行考察，开展资助灌云县同兴镇贫困学生活动。2001年，党员李建彬主动报名到陕西陇县支教一年半。党员高敏为救治患白血病学生四处奔走呼吁，引起社会关注，2002年被致公党中央评为社会服务先进个人。2005年10月，经致公党市委联系，在连云港市启动致福工程，由省政府和致公党省委提供32台电脑及10万元资助致福工程赣榆培训点，是年即培训农村实用技术带头人500多人次。

二、海外联络

1989年，致公党市工委开展"写好一封信、通好一次话"活动，要求党员认真做好归侨、侨眷工作，积极开展海外联络。1998年配合市侨办调查《归侨侨眷权益法》实施情况，致公党市委撰写《进一步发挥留学人员和新移民作用，为连云港经济和科技进步服务》调研报告，明确要求帮助致公党党员中的归侨侨眷解决住房和探亲等实际问题。致公党市委与灌南籍在台人士辛子方老人建立密切联系。2002年辛子方捐资建设灌南县田楼乡图书馆，致公党市委组织党员捐助图书1100余册。经致公党市委联系，美国加州华人社团先后资助灌云县沂北乡、赣榆县海头镇两个乡镇图书馆经费9000美元，两馆分别于2004年11月、2005年10月开馆。

第七章　九三学社连云港市委员会

1984年12月11日，九三学社连云港市第一次社员大会召开，选举产生九三学社连云港市第一届委员会（简称九三学社市委）。是年，全市有九三学社社员28人。1985年11月，九三学社市委成立科技支社、农林支社、高教支社和矿专支社。1988年5月成立市建筑设计院小组和化学工业部矿山设计院小组（1993年8月成立支社）。1993～1996年，全市设九三学社社员小组3个，其余年份未设。1997年9月成立市第一人民医院支社和机关支社。2000年10月成立城建支社、淮工支社。至2005年底，全市有社员204人，建立13个基层支社。

1984～2005年九三学社连云港市委员会组织、社员统计表

表27-7

年份	支社（个）	社员（人）			年份	支社（个）	社员（人）		
		总数	高级职称	新社员			总数	高级职称	新社员
1984	—	28	—	26	1995	7	94	70	12
1985	4	—	—	—	1996	7	103	71	11
1986	4	—	—	—	1997	10	116	73	15
1987	4	—	—	—	1998	10	128	83	13
1988	4	69	15	—	1999	10	134	80	11
1989	4	—	—	—	2000	14	138	94	13
1990	4	76	—	—	2001	14	149	99	13
1991	4	76	—	—	2002	13	170	130	23
1992	7	76	43	3	2003	13	181	142	11
1993	7	82	62	9	2004	13	189	150	8
1994	7	85	68	3	2005	13	204	181	15

第一节　参政议政

1998～2002年，九三学社连云港市委提交的《关于推动我市旅游业长足发展的几点建议》《发现除日本松干蚧以外的新虫害“牡蛎蚧”的调查报告》得到中共连云港市委、连云港市政府领导重视；在市政协九届三次会议上提出的《大力发展食草型畜牧业，促进农业结构调整》集体提案被列为1号提案。

2003～2005年，九三学社市委提交的《加快发展生态农业促进农业产业化经营》《在全市开展连云港大发展讨论的建议》《应打通原火车站龙尾河桥两侧道路》等提案被列为市政协重点提案；《关于进一步加强农用耕地保护的建议》被列为2004年向省政协提交的重点提案；《加强信息系统安全大力推广国产正版软件》《关于促进提高东部城区医疗卫生水平的建议》被列为三届督办提案；《连云港市高等教育应着力提高办学层次》《连云港市中小型水库亟待整修》《关于保障食品安全的建议》等被市政协列为重点提案办理情况视察内容。九三学社社员、全国人大代表冯义提出的《关于调整个人所得税政策的建议》，受到全国人大常委会的重视，应邀列席2005年十届全国人大第十八次常委会，并参加《中华人民共和国个人所得税法》修改审议。

1984～2005年，全市九三学社社员中有3人任第六届、第七届、第十届市政协副主席，有2人任第六届、第七届、第十届江苏省政协常委，有1人任第十届全国人大代表，有4人次任第八届、第九届、第十届江苏省人大代表。九三学社市委共向全国、省、市、区人大提交建议案136件，向省、市、区政协提交提案478件，提交市政协大会发言稿24篇。其中《关于切实做好防治禽流感的三点建议》《关于加大对政协提案办理力度的建议》《关于开发区环境绿化工作的建议》等建议获市政协表彰。

第二节　重要活动

1985～1990年，九三学社连云港市委先后开展为工矿企业培训科技检索人才、邀请南京工业学院建筑系教授到连举办现代建筑专题讲座，选派高级农艺师、兽医师为农村贫困山区送医送药等社会服务活动。九三学社科技咨询服务部参与完成岩土公司筹建、葡萄新品种培训、小型建筑设计咨询、园林规划设计、乡镇企业新品种开发咨询、预算审计、光学仪器鉴定等技术服务项目17个。1991年起，在赣榆县黑林镇建立科技咨询服务点。

1998～2000年，九三学社市委组织科技支社、农林支社、海州支社和一院支社专家到灌南县五队乡开展科技服务；组织社员到市社会福利院慰问孤残儿童；向九三学社江苏省委争取近万元药品送往水灾受灾区；为灌南县北陈集镇杨圩村修缮学校，资助15名贫困学生完成学业。2001～2002年到海州区锦屏镇，赣榆县土城乡、柘汪乡、金山镇举办加入WTO与农业标准化、青贮氨化饲料、果树栽培等专题讲座。

2003～2005年，九三学社市委邀请南京农业大学等专家教授在灌南县开办8个不同专题的讲座，赠送优良稻种数百斤；会同九三学社省委领导为杨圩小学送去文具、工具书、电脑等物资及4500元扶贫款，协调社会资金5万元用于小学危房改造。

至2005年底，九三学社市委累计举办义诊65次、科技咨询服务活动213场次，发放科技资料20万余份，为灾区和贫困地区捐资助学60余万元。

第八章　连云港市工商业联合会

1984～1988年，连云港市工商业联合会（简称市工商联）机关调入工作人员13人。1988年3月，市工商联机关设业务联络科、组织宣传科、办公室3个职能科室。1989年7月增设企业工作科。1991年2月，原组织宣传科改为会员科，企业工作科改为经济科。1992年7月，经民政部门登记，市工商联增挂连云港市商会牌子（2003年1月更名为连云港市总商会）。1992年9月建立中共连云港市工商联党组。1998年起，省以下工商联负责人称会长。2005年底，市工商联辖8个县区级（含开发区）工商联、70个行业商会、3个异地商会、82个基层商会。全市有工商联会员4486个，其中企业会员2244家、团体会员56个、个人会员2186人。

1988年12月、1989年9月、1992年3月、1994年12月分别恢复灌云县、赣榆县、东海县、灌南县工商业联合会组织。1997年恢复连云区、海州区、云台区工商联，新成立新浦区工商业联合会。2001年随行政区划调整，撤销云台区工商业联合会。2002年3月，连云港经济技术开发区建立工商联组织。

1994年，市工商联开始探索建立新时期同业公会、行业商会。1999年1月，第一个市级行业商会——连云港市工商联美容美发业商会建立。2002年，开始在灌云县板浦镇、赣榆县欢墩镇进行建立乡镇行业商会试点。至2005年，全市有行业（市场）商会70个，其中市建6个、县（区）建45个、乡镇建19个。

2004年3月，市工商联引导成立连云港市浙江投资企业商会。是年2月，赣榆县外来投资者商会成立。2005年11月，东海县浙江投资企业商会成立。至2005年底，市内共有3个异地商会。

2005年连云港市工商联行业商会统计表

表27-8

地　区	行业（市场）商会				
	市　建	县（区）建	乡镇建	小　计	备　注
市　直	6	—	—	6	
赣榆县	—	6	10	16	
东海县	—	15	3	18	
灌云县	—	15	6	21	
灌南县	—	2	—	2	
新浦区	—	2	—	2	
海州区	—	3	—	3	含市场商会1个
连云区	—	2	—	2	
开发区	—	—	—	—	
合　计	6	45	19	70	含市场商会1个

第一节　调研建言与参政议政

一、调研建言

1991年底至1992年初，连云港市工商联分3个小组分别到三县四区，历经40余天、走访18家单位，召开不同类型的座谈会、报告会，撰写《连云港市非公有制经济情况的调查报告》和《关于连云港市个体工商户、私营企业中代表人士情况的调查报告》。1993年，围绕非公有制经济发展的重点、热点、难点问题进行调查研究，起草《关于加快发展个体私营经济的决定》。

1997～2001年，市、县、区工商联开展调研活动59次，撰写调研报告及论文41篇，其中《非公有制企业参与国有企业改革的调查与思考》《连云港市民营企业发展外向型经济情况的调查》《质量是企业的生命》在省工商联系统调研报告和论文评比中获奖。

2002年，市工商联对民营企业、企业经营者队伍和商会工作等开展专题调研。2003年抗"非典"期间，市工商联调研报告《我市部分餐饮、旅游行业民营企业"非典"时期经营及应对情况调查》提出的政策性建议被市政府采纳，市政府据此制定应对"非典"影响的扶持政策。2004年《连云港市66家私营企业抽样调查数据分析报告》被收入《2004年江苏民营经济发展蓝皮书》。2005年，市工商联把调研工作的重点转向民营企业在和谐社会建设中的作用、促进民营经济发展的政策贯彻落实情况及推动产业发展等方面。

二、参政议政

1984～1996年，市工商联界别的政协委员围绕振兴地方经济，向市政协提交提案60件，其中部分提案被列入《市政协委员提案选编》。1997～2001年，各级工商联向人大、政协提交代表建议、议案72件，委员提案310件，部分建议、议案、提案反映的问题得到及时解决。1999年提出的《关于成立由市财办、工商局、工商联、财政局等部门组成个体私营经济发展协调领导小组，解决有关个体私营经济发展中的问题》的提案，经市政府专题办公会议研究，60万元贷款担保资金一次拨付到位。

1998～2005年，市工商联分别在市政协全委会上作《认真落实党的十五大精神，促进私营个体经济健康发展》《贯彻落实十五届四中全会精神，推动非公有制企业参与国有企业改革》《优质服务，重点扶持，推动外向型民营科技企业快速健康发展》《关于加快发展我市民营科技企业的建议》《关于推进我市民营企业快速发展的建议》的大会发言。2005年1月市政协十届三次全委会上，市工商联作《关于来连投资民营企业的调查及建议》的大会发言，提出多渠道、多层次宣传和推介连云港市投资发展环境、进一步完善对项目招引的优惠政策和考核办法、加快与招商引资相配套的融资服务平台建设、加强落户企业服务工作等建议。

2002～2005年，各级工商联提交政协提案197件，上报社情民意83件。市工商联提交政协的团体提案中有14件被确定为重点提案，其中7件被确定为主席督办提案、7件被评为优秀提案。《关于扶持苏北建立县级信用担保机构的建议》的联名提案、《关于提高省财政支持苏北市县担保公司资金担保效果的建议》被采纳后，省财政连续三年共给予连云港市担保机构4170万元专项无息资金扶持。

第二节　重要活动

一、引导非公经济健康发展

1994年，连云港市工商联、中共连云港市委宣传部和市工商局、税务局、广播电视局及连云港日报社举办“十佳私营企业”评选活动。开展争创关爱员工优秀民营企业家和热爱企业优秀员工的“双爱双评”活动，评出的14名关爱员工优秀民营企业家、14名热爱企业优秀员工、8家“双爱双评”先进企业先后受到全国、江苏省和市总工会以及工商联的表彰。

2000年，市工商联在非公有制经济人士中开展“双思”（致富思源、富而思进）、‘四新”（适应新形势、迎接新挑战、增创新优势、赢得新发展）教育活动，引导非公有制经济克服小富即安、小进即满思想，树立干大事业、求大发展的开拓进取精神，引导非公企业建设优秀

图27-6　2002年，市工商联组织召开私营企业做大做强研讨会。　侍志　摄

图27-7 连云港市工商联会员单位——连云港鹰游纺机有限公司
侍志 摄于2005年

企业文化。2002年，市工商联在东海县太平洋石英制品有限公司召开全市民营企业做大做强现场会暨研讨会；在赣榆、海州、灌云等县区及开发区召开规模民营企业进园区、技术创新、文化建设、参与东部城区建设等三题现场观摩会，引导非公有制经济代表人士感受全市大发展氛围，交流会员企业发展经验。是年，市工商联在市总商会开设的非公有制经济人士思想政治工作网站中设立《企业文化建设》专栏，刊登有关企业文化建设的文章，介绍企业文化建设经验，宣传企业文化建设典型事迹。此后每年均召开全市工商联系统企业文化建设经验交流会、现场观摩会和企业内刊交流会。康缘药业、鹰游纺机、天明机械、宜尔杉制衣等先后成为全国、省、市民营企业文化建设先进典型。

2002～2005年，经各级工商联组织培育和推荐，全市民营企业中涌现出一批跨越发展、以商引商、技术创新、品牌培育等方面的先进典型，165家会员企业和129名非公有制经济人士先后获得市级及以上奖项70个、729个（次）表彰。2004年，市工商联组织并承办沿海地区民营经济发展企业家论坛。2005年，首批20名民营企业家作为优秀社会主义事业建设者受到市政府表彰，4名非公有制经济代表人士被省工商联评为优秀建设者。

二、经济服务

经济咨询与开办企业 1984年，市工商联开办时新百货商店、新风工贸商店。1987～1988年先后开办市工商进出口物资服务公司、市工商经济联合开发公司、连云港工商股份有限总公司。1989年对上述5家自办企业进行清理整顿，保留时新百货商店、新风工贸商店，采取独立经营的承包责任制；撤销工商进出口物资服务公司、工商经济联合开发公司、工商股份有限总公司。

1990～1992年，市工商联制定并实施经济咨询服务管理办法，利用全国工商联系统网络，向企业会员提供经济信息、技术信息，在新浦磷矿、连云港有机化工厂等处建立咨询服务联系点。1993年，市工商联筹集资金35万元，对位于民主路202号（1952年由53名工商会员捐款购置）的原办公用房进行翻修，建成面积600余平方米、41间标准营业房的商业一条街——小香港商城，年营业额1000万元、上缴税费20万元，帮助50多名下岗职工再就业。1994年开办市工商联工商经济发展公司，利用民间商会对外联络的优势，与日本、新加坡、科威特等国家开展劳务输出合作，派出服装、种植、建筑、食品加工等研修生485人，直接创汇760万美元。1995年新风工贸商店歇业。1999年时新百货商店停业。2001年小香港商城停业。

项目服务 1999年4月1日，市工商联、市经委联合启动非公有制企业技术改造项目和星火计划项目申报。2001年起，市工商联与市外经贸局实施定期会晤的工作联系制度。市工商联组织和引导会员企业申报争取国际市场开拓资金项目20余个，获支持资金300万元。至2002年底，市内拥有外贸进出口自营权的私营企业达18家。2005年底，全市有外向型私营企业204家。会员企业获国家星火计划和火炬计划立项项目6个。

三、会员服务

经贸与招商服务　1987～1997年，市工商联陆续组织企业会员参加两省三市名优产品展示展销会、全国各地工商联首届企业商品展销交易会、华东六省一市工商联商品交易会、江苏省商品交易会、全国工商联经贸展交会等，累计成交额1050余万元。

2001年，市工商联、经贸委、农科所、工商局等单位成功举办市旅游商品展示会和农产品展示会。是年9月第六届世界华商大会在南京召开期间，市商会获取3000名华商名单及联系方法的信息，向大会推荐5家民营企业招商合作项目，邀请70名华商参加连云港市在华商大会期间召开的招商引资座谈会。2002年，市工商联组织21次、92家私营企业参加在南京、昆明、大连、西安等地举办的交易会、展销会、洽谈会、服装节等，直接销售300余万元，订供货合同金额4000余万元，达成合作协议4项，签订商品总代理、总经销协议40多项。

2004年6月，市工商联承办由厦门、温州、连云港、青岛、大连等沿海11个城市商会联合主办的中国沿海地区民营经济发展企业家论坛暨沿海城市商会联谊会，沿海18个城市商会的领导和120多名知名民营企业家出席，建立沿海11城市商会合作机制。至2005年底，市工商联和招商主体共同在浙江、福建、广东、上海等地和江苏苏南地区举办招商引资活动90多次，配合举办南北产业转移、苏北投资经贸洽谈会、沿海城市民营企业家在连云港投资考察等活动120多次，会员企业以商引商方式累计引进市外到位资金22.6亿元。

融资服务　1994年开始，市工商联把改善非公有制企业融资环境作为服务的重要内容。从市政协第八届第一次会议开始，历次政协全委会上，市工商联及工商联界别委员均将解决私营企业融资难问题作为提案重要内容。市政协第八届第五次会议上，市工商联作《强化信贷扶持，加快个体私营经济健康发展》的大会发言，就金融部门强化对个体私营经济信贷支持提出建议。1999年，市政府采纳工商联建议，以财政拨款的形式，拨付60万元贷款担保资金交由市工商联管理，用于个体私营经济贷款担保。2000年9月，市工商联与资产经营公司、市工商局、商业银行等单位以及4家私营企业共同出资320万元，发起成立市格斯达咨询担保有限公司，专门为私营企业和个体工商户提供贷款担保服务。2001年为107家私营企业和个体户担保贷款1600余万元，其中帮助东浦管桩有限公司协调贷款300万元，助其在南京建立分厂。

2002年，市工商联在省政协九届一次全会上提交《关于扶持苏北建立县级信用担保机构的建议》提案，所提建议得到采纳，连云港市担保机构连续3年获得省财政共4170万元专项无息资金的扶持。相继参与《中小企业信用评级试点工作的实施意见》的制定，与市人民银行牵头组织银行、商会、民企合作沙龙。2005年10月，市工商联、财政局联合举办首次财政扶持企业政策培训班，为民营企业申报财政扶持企业专项资金提供政策服务。至2005年底，全市各级工商联推荐会员企业贷款项目落实到位资金8.7亿元。

维权服务　1996年，连云港市维尔利律师事务所工商联法律事务部成立，为非公有制经济提供法律服务。1999年，连云区墟沟镇29名私营个体业主诉区职能部门行政侵权案，以原告获胜结案，此为连云港市第一起行政诉讼案。2000年，市工商联采用风险代理方式帮助连云区西连铝合金加工厂诉连岛镇东山村租赁纠纷案胜诉，原告获赔25万元，使这起久拖不决的案件通过法律途径得到解决。

2003年，市工商联、法制办联合成立连云港市民营企业法律服务中心，与市仲裁委合作成立连云港市工商联（总商会）仲裁法律事务部。至2005年底，全市各级工商联举办法律培训班21期次，为民营企业开展维权服务500余次。海州区工商联为维护会员合法权益，与大陆桥法律事务所联合成立商会法律顾问室，会同区法律援助中心共建法律服务室，为会员提供法律咨询服务。连云区工商联与明智达律师事务所合作成立连云区工商联明智达法律服务部，聘请常年法律顾问，开展维权服务。东海县工商联成立东海县法律服务中心。新浦区工商联举办法律知识培训班，邀请区法院院长、庭长与企业家座谈，现场提供法律咨询服务。

四、对外联络

1984～1989年，市工商联接待加拿大华人等到连云港商务考察人士，就淡水养殖、虾壳加工、建材、纺织、对虾养殖、再生革生产等项目进行投资洽谈，达成一批合作意向。

1990年，市工商联开始积极与海内外工商社团和工商界人士建立广泛联系。1992年后，市工商联开始组织会员参加由全国、省工商联组织的赴泰国、美国等国家和中国香港地区的经贸考察活动，参与市政府及有关部门出国（境）团组境外考察。1990～1993年，市工商联接待中国港澳台地区同胞以及日本、美国、加拿大等国的客人40余人次，洽谈贸易和投资项目20个。经加拿大籍华人张肇泌与韩国客商联系，双方出资200万美元，在东海县合作开办全省第一家与韩国的合资企业——连云港金五食品有限公司。该公司1990年8月建成年产3000吨的粉丝、冷面生产线，是年出口冷面食品27吨。

1994～1997年，市工商联共接待来访“三胞”12批35人次。1996年，市工商联参加海内外华人友好商会，与280名海内外华商建立信息联系。

1997年起，市工商联开始自行组团出访；与全德华人社团联合会、德国莱茵区华人商会、香港新界旅荷华人协会缔结为友好商会。1997～2001年邀请韩国、阿曼苏丹国、日本、德国等国家和中国台湾地区工商社团组织的客商团组8批12人次，到连云港作商务考察。

2002年以后，市工商联引导帮助民营企业实施走出去、请进来战略，相继组织民营企业参加在马来西亚、韩国举行的世界华商大会。至2005年组织6批次36人赴日本、新加坡、马来西亚、泰国等国家和中国香港、澳门等地区考察。2005年10月，在韩国首尔召开的第八届世界华商大会期间，市工商联与加拿大中国商会缔结为友好商会协议。

五、光彩事业

1994年8月18日，中共中央统战部下发《关于大力推动光彩事业的意见》。市工商联立即制定落实措施并向民营企业提出倡议。至2002年底，全市非公有制经济人士投入光彩事业项目44个，投资1.48亿元，实际到位资金1.43亿元，培训2094人，帮助2001人脱贫。

2003年起，市工商联积极参与赴福建、浙江、上海和江苏苏南地区等经济发达地区招商引资牵线搭桥，相继引进金海岸度假村、文峰大世界等50多个南北挂钩光彩项目。至2005年底，全市工商联系统累计引进项目资金13.3亿元，配合市委统战部引进市外捐赠420万元，建设光彩小学6所；参与社会公益事业捐赠达3100万元；1名会员获得“江苏省光彩之星”称号，26名会员获“连云港市光彩之星”称号。

连云港市志

第二十八卷　群众团体

第一章　连云港市总工会
　第一节　组织建设
　第二节　职工民主管理
　第三节　劳动竞赛和技术创新
　第四节　职工教育培训
　第五节　职工权益维护
　第六节　职工生活保障
　第七节　劳动模范和先进工作者管理服务
第二章　共青团连云港市委员会
　第一节　组织建设
　第二节　青少年思想道德建设
　第三节　青少年维权
　第四节　科教文体工作
　第五节　社会公益活动
第三章　连云港市妇女联合会
　第一节　组织建设
　第二节　妇女儿童权益维护
　第三节　儿童少年培养与教育
　第四节　创建评比活动
第四章　连云港市哲学社会科学联合会
　第一节　组织建设
　第二节　地方经济社会发展研究
　第三节　地方特色文化研究
　第四节　社会科学成果评奖
　第五节　社会科学知识普及与宣传
第五章　连云港市文学艺术界联合会
　第一节　组织建设
　第二节　创作与活动
第六章　连云港市科学技术协会
　第一节　组织建设
　第二节　学术交流
　第三节　科学普及
　第四节　科技咨询
第七章　连云港市归国华侨联合会
　第一节　组织建设
　第二节　侨眷利益维护
　第三节　联谊联络
第八章　连云港市红十字会
　第一节　组织建设
　第二节　灾害救助
　第三节　无偿献血

1984～2005年，连云港市总工会、共青团连云港市委员会、连云港市妇女联合会、连云港市哲学社会科学联合会、连云港市文学艺术界联合会、连云港市科学技术协会、连云港市残疾人联合会、连云港市红十字会、连云港市归国华侨联合会等群众团体，紧跟改革开放和经济社会发展的时代潮流，立足自身职责和职能，组织和动员各界群众为经济和社会发展建功立业，开展多种多样适应时代特点的建功立业活动，在党和人民群众之间发挥纽带和桥梁作用，为推动连云港市各项事业的全面进步作出积极贡献。

2005年，全市基层工会组织发展到2292个，会员31.08万人。全市有共青团员20.01万人，基层团委432个、团总支276个、团支部7351个。市妇联辖县区妇联7个、直属机关妇工委1个、直属部门妇工委25个、民主党派妇工委5个、事业单位妇工委28个。全市有社科类学会、研究会43个。市文联拥有文学、电影戏剧、美术、摄影、音乐舞蹈等10个文艺家协会，会员2808人。市科协共有下属学会、协会43个，企事业科协28个。市侨联先后与美国、法国、日本等150余个国家和地区华侨社团建立联系。

第一章　连云港市总工会

1984年，连云港市总工会（简称市总工会）有基层工会1152个，会员22.34万人。至2005年底，全市基层工会组织发展到2292个，会员31.08万人。

1984～2005年，在计划经济向市场经济的转型期，市总工会组织动员全市广大职工积极投入企业生产经营，围绕企业扭亏增盈开展多种形式的增产节约、增收节支、合理化建议、技术革新、技术协作等劳动竞赛活动，促进企业扭亏增盈。针对一段时期只注重抓经济建设，忽视精神文明建设的状况，市总工会总结和推广新浦汽车总站长途服务组“宁愿自己千般苦，不让旅客一时难”的“雷锋车”精神，在社会上产生强烈反响。在企业改制整体推进，停产、半停产企业部分职工下岗，职工生产生活受到影响的情况下，各级工会组织采取多种措施帮助企业恢复生产和兴办第三产业，推进下岗职工转岗就业、企业富余人员自谋职业、自主创业，开展送温暖工程，帮助困难职工解决生产生活所需。组织企业职工通过建立完善职代会制度、实行厂务公开，参与企业的重大决策和管理。在实行承包的企业中创建推行共保合同制度，完善厂长（经理）经营承包责任制，维护职工合法权益，经验做法在全省推广。

第一节 组织建设

一、市总工会

1984年5月，连云港市总工会设办公室、组织部、生产部、宣传部、企业民主管理部、劳动保护部、生活女工部、财务部、职工技术协会办公室、退休职工管理委员会办公室、法律顾问处、新海区办事处、连云区办事处、云台区办事处。下辖市工人文化宫、市总工会干部学校、职工学校、职工之家（即市总工会招待所）等事业单位。1986年6月，新海区办事处分设为新浦区办事处、海州区办事处。1989年，增设调研室、连云港经济技术开发区办事处。1992～1996年先后成立市职工需求服务公司、市职工对外交流中心、国际联络部、事业发展部、经费审查委员会办公室、权益保障部。根据经济社会发展需要，部分部门作归并、调整。1997年，连云港国际海员俱乐部划归市总工会管辖。1998～2002年先后将生产部和事业发展部合并为经济技术部，成立法律工作部和市职工法律援助中心、市困难职工援助中心。2004年12月设立监察室。2005年12月撤销连云港市职工之家。

二、基层工会组织

1984年底起，市总工会陆续在“三资”（中外合资、中外合作、外商独资）企业和具备条件的乡镇企业组建工会组织、发展会员。1990年，市总工会组织开展“三资”企业和乡镇企业组建工会组织及工作方式调查。1992年10月、11月先后印发《关于加强乡镇企业工会工作的意见》《关于加强外商投资企业工会工作的意见》，对外商投资企业和乡镇企业工会组建工作坚持积极进取循序渐进的方针，逐步建立工会组织。1993年6月21日，市委召开全市工会工作会议，提出在机构改革和调整中不得以任何借口将工会机构撤并，对已经撤销、合并工会组织的，应立即予以纠正。市总工会积极参与改制企业工会组织的巩固、整顿和重建。至1994年底，全市303家“三资”企业建立工会组织227家，建会率74.92%；893家乡镇企业建立工会组织696家，建会率77.94%。

随着改革开放的不断深入，私营经济迅速发展。1995年11月，连云港市私营企业工会联合会成立，指导管理私营企业组建工会和开展工作。至1998年底，建会的私营企业占应建会数的81%。

21世纪初期，大量新经济组织如外商投资企业、个体私营企业，公司制、股份制企业，原国有、集体企业进行重组改制的民营企业，跨地区、跨行业的联营企业等不断产生。2000年7月，市总工会成立新建企业工会组建工作领导小组，实行工会组建工作例会制度、信息发布制度、建会进度月报制度、结对互查制度，举办建会工作单项竞赛等，推动新经济组织在较短期限内组建工会，已建工会的新经济组织职工入会率达90%以上。

2001年9月，市总工会将原企事业单位录用的合同制工人、临时工等须工作连续满半年方能入会的规定改为凡与企业签订个人劳动合同，即可申请入会。2002年，市委组织部、市总工会联合开展“党工共建”工作，分别创设社区乡镇型、联合覆盖型、工业园区型、行业垂直与挂靠型以及独立型等多种建会模式，新建工程项目工会、市场工会、农电工工会和劳务公司（职介机构）工会等形式的工会组织。陇海步行街有商户500多家，从业人员3000多人，成立步行街工会联合会。

2005年3月，市总工会加大组建村级工会、社区工会的力度，组建船员工会、出租车司机工会联合会和商贸市场工会联合会。市总工会、经贸委、建设局、人事局等单位印发《关于切实做好进城务工人员入会和维权工作的通知》等文件，把非公企业建会和进城务工人员入会作为重点工作来抓。至2005年底，全市基层工会组织发展到2292个，会员总数31.08万人。全市建立进城务工人员工会组织220个，发展6.1万名进城务工人员入会。

1984～2005年连云港市总工会基层工会、会员情况统计表

表28-1

年　份	基层工会数(个)	会员数(人)	年　份	基层工会数(个)	会员数(人)
1984	1152	223431	1995	1646	293401
1985	1210	238100	1996	1576	290244
1986	1323	245000	1997	1675	293896
1987	1419	257000	1998	1609	285715
1988	1493	264000	1999	1748	293933
1989	1513	276579	2000	1823	303428
1990	1541	279696	2001	1811	303873
1991	1526	276974	2002	1870	294317
1992	1471	266991	2003	1909	308171
1993	1582	287138	2004	2148	307756
1994	1646	300000	2005	2292	310835

三、工会代表大会

1984年5月28～31日，连云港市工会第十一次代表大会在新浦召开。出席会议代表843人。会议审议通过《发扬主人翁精神，立志改革，忘我劳动，为夺取新的“七战七捷”建设好连云港市而努力奋斗》主题报告。大会选举产生市总工会第十一届委员会委员69人、常务委员8人、经费审查委员会委员9人；选举鲍建宾为主席。

1989年7月19～21日，市工会第十二次代表大会在新浦召开。出席会议代表357人。会议审议通过《提高职工素质，增强工会活力，努力把我市工人运动继续推向前进》主题报告。大会选举产生市总工会第十二届委员会委员43人、常务委员9人、经费审查委员会委员9人，选举鲍建宾为主席。

1994年5月26～28日，市工会第十三次代表大会在新浦召开。出席会议代表399人。会议审议通过《团结带领全市职工，肩负起新时期工人阶级伟大历史使命，为实现连云港市九十年代发展目标而努力奋斗》主题报告。大会选举产生市总工会第十三届委员会委员49人、常务委员11人、经费审查委员会委员9人，选举鲍建宾为主席。

2003年12月15～17日，市工会第十四次代表大会在新浦召开。出席会议代表366人。会议审议通过《努力实践“三个代表”重要思想，团结动员广大职工，为全力推进连云港市快速崛起和全面振兴而努力奋斗》主题报告。大会选举产生市总工会第十四届委员会委员43人、常务委员

11人、经费审查委员会委员9人，选举赵建军为主席。

四、职工之家建设

1984年，市总工会抽调8名机关干部组成整顿建设职工之家工作办公室，7月在连云港市锦屏化工厂先行试点。此后相继在不同规模、不同所有制形式、不同行业的单位进行试点，制定出有量化标准的考核验收细则。1985年11月1日，市总工会召开首批职工之家命名大会，向125个合格职工之家颁发证书。1986年，全市建成合格职工之家1014个。1989年，在全市已建成合格工会小组12693个的基础上，市总工会在基层工会开展创建先进职工之家和模范职工之家活动。2003年，市总工会制定《非公有制企业工会规范化建设意见》，开展以“双爱双评”（即厂长爱职工、职工爱企业，评选爱职工模范厂长、爱企业优秀职工）为主要内容的建设职工之家活动。2004年，1980多个基层工会开展会员评家活动，开展会员评家基层工会达93.2%。2005年，市总工会在全市实施工会组织建设“强基工程”，开展基层工会组织规范化建设。至年底，全市有2292个基层工会被评为合格职工之家，478个基层工会被评为市先进、模范职工之家，56个基层工会被评为省模范职工之家，7个基层工会被评为全国模范职工之家。

五、工会干部队伍建设

干部管理 1984年10月，中共连云港市委转发市总工会党组《关于协助党委管理工会干部的意见》，明确了市总工会协管工会干部的范围，工会基层干部逐步实行党委管理为主、工会协助管理的制度，加快了企业工会主席按同级党政副职配备的进度。1987年底，全市从业人员达200人以上的企业，按照同级党委、行政副职配备工会主席的占78.5%。1988年，市总工会、市委组织部在灌云县进行企业工会干部直接选举和依照《中国工会章程》管理工会干部的试点工作。1989年起，全县凡是任期届满，重新换届的基层工会，都由会员直接选举工会主席，改变了以往名义上选举制，而实际存在委派制的状况。赣榆县委组织部制定《关于直接民主选举工会领导班子的意见》，对直接选举产生的工会专、兼职主席，任职期间享受的政治、经济待遇，作出明确规定。

1990～1994年，市总工会协助各级党委搞好工会领导机关机构改革，协助党委选准配强工会干部。到1994年底，全市各县区、产业、直属单位有工会专职主席635人、工会专职干部1214人、工会积极分子48642人，481名工会干部受到省总工会、全国总工会表彰。

2000年起，市总工会主动协助党委落实关于企业工会主席按同级党政副职配备的规定，至2005年底，全市国有和国有控股企业工会主席按同级党政副职配备的占85%。

干部培训 1984年4月，市总工会成立干部学校，工会干部和工会积极分子学习培训逐步规范化、制度化。到1985年底举办培训班7期，培训基层工会干部478人。1987年5～11月，市总工会与中国工运学院联合办学，大面积、正规化培训工会干部，372名专职工会干部领取中国工运学院颁发的结业证书，25人被评为优秀学员。1988～1990年培训专职工会干部655人，全市专职工会干部基本上都经过正规化岗位培训。1992年，市总工会干部学校培训工会干部和职工代表872人。1994年对全市工会干部全面进行社会主义市场经济知识培训。1996～2003年，全市举办工会干部岗位培训班34期，培训工会干部1522人次；进行适应性培训26期，2800多名工会干部参加学习。2005年对全市工会干部进行“一法六条例”①培训，培训工会干部1117人。

① “一法六条例”指《江苏省实施〈中华人民共和国工会法〉办法》《江苏省劳动合同条例》《江苏省社会保险费征缴条例》《江苏省工资支付条例》《江苏省集体合同条例》《江苏省安全生产条例》《江苏省民主管理条例》。

第二节　职工民主管理

一、职工代表大会制度

1984年起，连云港市总工会贯彻落实《国营工业企业职工代表大会暂行条例》，推动基层工会坚持和发展职工代表大会（简称职代会）制度，建立完善以职代会为基本形式的民主管理制度。1988年《中华人民共和国全民所有制工业企业法》颁布实施，企业职代会制度建设纳入法制化轨道。至1989年底，全市建立职代会制度企业1021家，建立厂、车间、班组三级民主管理网络企业431家，民主评议中层以上干部4621人，经评议被免职42人。1992年7月，全市企业领导干部培训教材增设《中华人民共和国工会法》、企业民主管理与职工代表大会等工会知识相关内容。1994年，市总工会、市委组织部联合印发《关于在转换企业经营机制建立现代企业制度中加强职工民主管理的意见》，规定企业改革改制方案要提交职代会审议，特别是涉及职工切身利益的改革方案，必须经职代会审议通过后才能实施。1995年，全市20%的外商投资企业实行职代会制度。1997年，全市进行现代企业制度试点的21家企业，工会主席作为职工代表进入董事会或监事会，参与企业重大决策的制定和贯彻执行。

2000年4月，在省委组织部、省总工会等部门召开的民主评议企业领导干部电视电话会议上，连云港市介绍民主评议企业领导干部的做法和经验。2002年，职代会制度向非公企业延伸。全市1021家国有、集体及其控股企业建立职代会制度，改制的260家非公企业中，应实行职代会制度的120家企业建立职代会制度。至2005年底，全市国有、集体和公有资产控股企业普遍建立职代会制度。92%以上的企业改革改制方案、职工认配股方案、破产企业职工安置分流方案等企业重大事项，由职代会讨论通过；职工持股会在改制企业得以实施；90%以上的公司制企业建立职工董事、监事制度；全市963家应建立民主管理制度的非公企业中，832家建立民主管理制度。全市基层工会建立职代会制度2092个，覆盖职工28万人。

图28-1　用人单位与求职者签订劳动合同
侍志　摄于2002年

二、厂务公开

1999年3月，市总工会与市有关部门联合印发《关于在企业实行厂务公开、民主管理的意见》。至年底，全市911家应公开企业中，公开740家，占81.23%，连云港市被省厂务公开协调小组评为厂务公开先进市。2000年10月，市厂务公开协调小组制定并实施厂务公开工作考核办法。连云港供电局总结的“回音壁”经验[①]，在全省厂务公开工作会

① “回音壁”经验指厂务公开后的再公开，在职工大会上回答或利用厂务公开栏中的“回音壁”栏目答复职工提出的问题。

议上作介绍。2002～2004年，厂务公开在国有、集体及其控股企业和非公有制企业中全面推开，逐步向事业单位延伸。2005年8月4日，市政府召开“三公开”（政务公开、厂务公开、村务公开）暨工资集体协商工作会议，要求所有企业全部实行厂务公开，切实保障职工在企业改革发展过程中的知情权、协商权和监督权，维护职工合法权益。至2005年底，有1106家企业实行厂务公开。

三、共保（集体）合同

1984年10月，中共中央下发《关于经济体制改革的决定》，以城市为中心的经济体制改革全面展开，企业普遍实行厂长负责制和企业承包经营责任制。1987年，市总工会学习借鉴东北地区实行双保合同制的经验，在省盐业公司台北盐场、市电讯器材厂、锦花制线厂、聚兴旅社进行试点，试点单位到年底都超额完成合同规定的年度生产和改善职工生活等指标。1988年1月，市委召集市有关部门负责人和部分企业厂长、党委书记、工会主席座谈会，研究进一步推行双保合同制问题。会议确定将名称改为“共保合同”，以体现合同自身具有共同保证的特征。合同主要内容为“四保”，即保产值、利润和上缴税利，保企业技术改造，保精神文明建设，保职工生活及劳动条件改善。1988年2月，全市企业实行共保合同制由试行逐步向产业系统和县、区企业推开。

1990年10月，市总工会与有关部门联合举办推行共保合同制度新闻发布会，全国人大法工委、中国社会科学院经济研究所、国家体改委法规司等有关部门的领导和专家学者到连云港市参加会议，新华社、中央电视台等新闻媒体到会采访报道。至年底，全市505家企业签订共保合同，取得良好的经济效益和社会效益。1991年，企业普遍签订新的第二轮承包合同，全市616家企业签订共保合同，占二轮承包企业的93.1%。5月21日，《论共保合同制》一书出版发行。中央电视台、江苏电视台拍摄4部共保合同专题片，在全国报刊上发表有关共保合同的新闻文章40多篇。1993年，市政府印发《关于在转换企业经营机制中进一步完善和发展共保合同的意见》，要求凡实行承包责任制的企业都要签订共保合同，做到企业“承包”和“共保”两个合同同步签订、同步实施管理、同步检查考核。共保合同在“三资”企业和私营企业探索试行，在合同中充实协调劳动关系内容，规范职工与企业双方在劳动就业、劳动报酬、劳动保护、劳动时间等方面的权利和义务。

1994年，连云港市推行共保合同经验在更大范围产生积极影响。9月，南澳大利亚阿德雷德大学劳动研究中心高级讲师、博士欧莱瑞受国际劳工组织委派，到连云港市考察共保合同制并予以肯定。10月，市总工会主席鲍建宾应邀在北京召开的亚洲太平洋地区第四届劳动法讨论会上专题介绍连云港市推行共保合同制的情况。12月，中共中央政治局委员、全国总工会主席尉健行在连云港市总工会关于共保合同制的一份材料上批示：“连云港的经验很好，一些思路很值得重视和采纳”。全国26家新闻单位、60多名新闻工作者报道连云港市推行共保合同的情况，16个省5000多人次到连云港学习交流共保合同经验。至1994年底，全市618家企事业单位签订共保合同，66.4%的企业完成共保目标，46.7%的亏损企业实现扭亏和减亏。1996年，共保合同向集体合同过渡。1997年，全市660家企事业建立集体协商制度、786家企事业单位签订集体合同。1998年起，着重规范集体协商、集体合同的内容和程序，提高合同的质量和履约率。

2005年8月，市政府印发《关于进一步推进全市企业工资集体协商的意见》，明确提出企业工资必须进行集体协商，支持工会和职工在工资分配制度、分配形式、收入水平及调整办法等方面的发言权，确保工会、职工与企业平等协商，共决分配。市总工会建立一支由307名协商代表组成的工资协商指导员队伍，选树培育80多家具有示范作用的试点单位，指导1882家企业开展工资集体协商。是年9月在全市建立并实施工资协商“五书”①制度，规范用人单位工资集体协商行为。

第三节　劳动竞赛和技术创新

一、技术创新与合理化建议

1984年，连云港市520家企业开展合理化建议和技术革新活动，提出合理化建议1300多条。1985年，全市发动职工深入开展合理化建议和技术革新活动。到1986年4月，全市130项技术成果参加省总工会举办的职工合理化建议技术革新成果展览会，其中13项达国内先进水平，14项填补国内、省内空白。1990～1991年，市总工会深入开展“双增双节”（增产节约、增收节支）活动，在市锦屏化工厂召开学常柴，学锦化，深入开展企业管理年活动现场会。1992～1995年，在计划经济向市场经济的转型期，部分企业生产经营困难，市总工会围绕企业扭亏增盈，发动职工开展双增双节、合理化建议、技术革新、技术协作，开展质量竞赛、女职工清债竞赛、争当服务明星、促销积压产品大赛等系列活动。1996年起，市总工会把促进亏损企业扭亏减亏作为工作重点，开展帮扶工作。1999年，围绕市委提出的科教兴市发展战略，市总工会开展“六小”（即小核算、小革新、小改造、小建议、小节约、小经验）等群众性技术比武、技术练兵活动。2001年，开展学习一门技术、提出一项建议、创造一项成果、推广一项新工艺、刷新一项新纪录的“五个一”活动。2003年，实施群众性经济技术创新工程。2005年，市总工会组织全市15万名职工开展技术革新、技术比武和合理化建议活动，推广运用新技术207项，技术革新1426项。

图28-2　2004年，连云港市重点工程“创新奉献杯”立功竞赛誓师大会。　侍志　摄

二、劳动竞赛

1984年起，连云港市劳动竞赛由体力型逐步向智力型、技术型发展。市总工会提出产值指标、利润指标等进行层层分解，开展“创优达标”等多种形式的劳动竞赛。1986年，部分基层工会运用目标管理的方法把企业的奋斗目标层层分解落实到车间、班组、个人，与职工的个人利益挂钩。竞赛活动由工人层发展到企业管理层、决策层，由单一生产型转向智力型、经营管理型。1988年5月，市政府批转市总工会、计经委、外经委《关于出口创汇企业厂际竞赛活动的意见的通知》，重点抓110家创汇企业厂际竞赛活动。到1989年底，出口创汇企业参加厂际竞赛增至130多家。是年10月底，出口创汇企业提前完成省、市下达的全年出口任务。1990年，启动以出口创汇、“双增双节”为主要内容的劳动竞赛。1991年，开展“学先进、当主人、创一流、增效益，为东

① “五书”指工资协商要约书、审查意见书、履行情况报告书、整改建议书、处罚决定书。

图28-3 市总工会组织开展职工技能比赛。图为厨艺专场。 吉志强 摄于2004年

方桥头堡添光彩”为主题的“八五”桥头堡立功奉献竞赛活动。1991～1995年，全市开展竞赛单位3730家，参赛职工累计85.6万人次。1996年起，市总工会组织开展学先进、比贡献、创一流、增效益的“跨世纪奉献杯”立功竞赛。1999～2000年在全市重点工程和重点技改项目中首次开展以保工期、保质量、保安全、保效益为主要内容的重点工程创优争先竞赛活动。在竞赛活动中，连云港港口集团、市交通局、市政工程总公司、三航五公司等单位组织实施五大工程（即争先创优工程、素质强化工程、源头增效工程、塑造形象工程、金点子工程）。2001年，在生产企业开展创新立功竞赛，在服务行业开展优质服务竞赛，在基础设施建设中开展重点工程竞赛。2004年，市总工会联合市劳动和社会保障局等8家单位，在重点行业、重大项目、重要领域，组织75个单位、133项重点工程项目参加重点工程创新奉献杯立功竞赛，投资总额358.28亿元，参赛职工8万人次。2005年12月，市委、市政府召开阶段性表彰大会，表彰重点工程（项目）创新奉献杯立功竞赛先进单位和个人。

三、职工技术协作

1984年，市职工技术协作委员会成立。是年全市建立基层技术协会23个，其中建筑系统80%企业建立基层技协，全市初步形成职工技术交流网络。1986年，市职工技协会同市财政局、税务局制定职工技协有偿服务文件和技协会计管理方法、基层技协考核办法，保证职工技协活动有章可循。1990年，市总工会、财贸办公室、计划经济委员会、团市委、市劳动局联合举办市第一届职工生产技术运动会，118名选手获“市技术能手”称号。1992年3月，市总工会增设市职工技术协会办公室。1994年5～8月举办市第二届职工生产技术运动会，表彰技术明星10人、技术能手47人、优秀技工87人。1996年起，市职工技术协会深化群众性科技创新活动，开展百项攻关大赛，连云港港务局、市变压器厂等单位完成100项攻关项目，创经济效益3000多万元。1998年、2002年分别举办市第三届、第四届职工生产技术运动会。2003年，市总工会印发《关于表彰百万人计算机应用大赛优秀集体和优秀个人的决定》《关于表彰多媒体制作竞赛先进集体和先进个人的决定》，对成绩突出的单位和个人进行表彰。2004年，市职工技术协会办公室与市总工会经济技术部合署办公，由经济技术部统一管理。至2005年底，职工生产技术运动会覆盖至县、区、行业、外资企业、民营企业等400多家非公企业。

第四节 职工教育培训

一、文化技术培训

1984年，连云港市各级工会组织对在“文化大革命”中进厂的青年职工采取业余学习、专题培训等形式，进行初中文化和初等技术补课（简称“双补”），广泛开展职工读书活动。到1985年底，全市初中文化补课合格的职工达8.3万人，初等技术补课合格的职工达5.05万人。1986年后，职工培训从“双补”逐步转向多层次、多学科的专业培训。到1989年底，各级工会的职工业余学校开设技术专业班43个，培训学员1495人。全市企业建立多种读书小组、兴趣小组，一大批职工通过读书学习，岗位成才。宋玉斋、蒋祖安、武骝、陈兆华被全国总工会评为“职工读书自学成才先进个人”。2004年，市各级工会组织职工开展家庭读书活动。

图28-4　2005年，市总工会举办首届职工风采艺术节。侍志　摄

安全生产教育培训　1984～1985年，市总工会、计经委、劳动局、卫生局等单位采取办培训班、事故分析会、图片展览、报刊专栏等形式开展安全生产教育，培训劳动保护干部920人。举办职业病防治培训班，培训厂矿医务人员90人。市化工、医药、纺织、建筑等27个系统和单位举办培训班161期，7147人参训。1987年，市总工会印发《关于加强群众监督，大力减少伤亡事故的几项措施》。1990～1996年，采取举办全市安全知识竞赛，开办劳动保护积极分子培训班，举办厂长（经理）、车间主任岗位培训班，自编自演安全知识节目，撰写论文等形式，对职工进行安全教育。1999年，15家企业1万多名职工参加“安康杯”竞赛活动。2000年后，市总工会以安康杯竞赛为载体，开展安全文化竞赛活动。2003年起，举办安全生产知识电视培训。2005年，市总工会、安监局在全市进行职工安全生产知识培训考试，1.2万名职工参加。市总工会、江苏宏安集团、连云港供电公司获“全国职工安全生产知识电视培训优秀组织单位”称号。

二、思想政治教育

1984年后，针对职工的思想观念、价值取向面临转型的特点，全市各级工会开展一系列职工思想政治教育活动。1988～1989年，在职工中开展“三讲三树立”①宣传教育活动。1990年，经济体制改革进入治理整顿、结构调整阶段，市委宣传部、市总工会在职工中开展“三个为什么、一个怎么办”②大讨论教育活动。1991～1992年，组织职工开展“三热爱、四大讲”③和“双知、双爱、双兴”④教育活动。1993～2000年，开展“创企业精神，树主人翁形象”系列教育活动。新浦汽车总站、新海发电厂分别于1997年、1998年被中共中央宣传部、国家经济贸易委员会、国务院纠风办公室、中华全国总工会联合授予“全国职工职业道德十佳单位”称号。市总工会被评为省“创、

① “三讲三树立”指讲国情、讲改革、讲民族精神；树立一切为了发展生产力的观念，树立社会主义有计划的商品经济观念，树立奋发图强、艰苦创业的工人阶级主人翁观念。

② “三个为什么、一个怎么办”指为什么要走社会主义道路、为什么要坚持共产党的领导、为什么要进一步治理整顿；深化改革，企业、国家有困难，我们怎么办。

③ “三个热爱、四大讲”指热爱中国共产党，热爱社会主义，热爱连云港；大讲社会主义建设的伟大成就，大讲今后十年发展前景和历史责任，大讲工人阶级的光荣传统和党与工人阶级的紧密关系，大讲连云港的战略地位和发展前景。

④ “双知、双爱、双兴”指知社会主义、爱社会主义、兴社会主义，知连云港、爱连云港、兴连云港。

树”主题教育活动先进集体。2003～2004年，市总工会先后在全市开展“创学习型班组、争做知识型员工、树新时代员工形象”系列教育和争当文明职工活动。2005年，市委宣传部、市总工会、文化局等5家单位联合举办市首届职工风采艺术节，全市800家单位16万名职工参加知识竞赛、职业技能演练、职工书画展、体育比赛、文艺演出等各项主题教育活动。

三、职工普法教育

1986年起，市总工会配合市普法办公室在全市职工中进行“九法一例”①宣传教育，至1988年底，全市34万职工基本完成规定的学习内容。在1991～2005年的“二五”“三五”“四五”职工普法教育中，全市工会系统举办法律法规宣传培训班，培训普法宣传骨干，发放普法宣传资料，开展多种形式的知识竞赛等。市总工会被省总工会评为全省普法先进集体。

第五节　职工权益维护

一、职工法律援助

1984年，连云港市总工会把协调劳动关系，维护职工队伍稳定作为工会工作的重要内容。1985年11月，市总工会成立法律顾问委员会，12月设立法律顾问处。1988年8月，市总工会制定《连云港市职工法律服务工作章程》。至1989年底，市总工会法律顾问处共为职工提供法律咨询64起，代写法律文书31份，接受刑事辩护2起，代理诉讼案件16起，为企业和职工挽回经济损失44万元。1995年，市总工会先后成立贯彻实施《中华人民共和国劳动法》（简称《劳动法》）工作协调领导小组、宣讲队、监督领导小组。1995年5月，连云港市天正律师事务所成立，专门负责劳动争议案件的调解和诉讼。1998年10月，市职工法律援助中心委员会成立。2002～2003年，市总工会职工法律援助中心通过法律程序处理市某企业连续5年无故欠缴工会经费和为某企业单方解除劳动关系的23名职工讨回公道、企业依法履行劳动合同等案件。2004年5月，市总工会职工法律援助团成立。至2005年底，市总工会累计接待处理职工来信来访1226件次，处理、结案1176件次，结案率95.92%。

二、劳动争议预防和处理

1987年9月，市劳动争议仲裁委员会成立。市总工会将劳动争议的处理纳入市总工会法律顾问处的职责范围。至1989年底，市总工会受理职工来信来访1885件次，其中立案864件次、结案800件次，结案率92.59%。职工反映退休工龄及待遇、医疗费报销及病假工资、劳动报酬、调资、转正、住房等问题共678件，占立案的78.47%。1990年，推进企业建立劳动争议调解委员会（简称劳调会）。1991年3月，市总工会、劳动局、经贸委在全市开展争创合格、先进劳调会达标升级竞赛活动，830家企业劳调组织先后达到合格标准，占已建劳调组织的92%。1993年，全市各基层工会举办劳动争议调解员培训班26期，培训调解骨干2210人。1995年《劳动法》颁布实施后，

① “九法一例”指《中华人民共和国宪法》《中华人民共和国刑法》《中华人民共和国刑事诉讼法》《中华人民共和国民事诉讼法》《中华人民共和国婚姻法》《中华人民共和国兵役法》《中华人民共和国继承法》《中华人民共和国经济合同法》《中华人民共和国民法通则》《中华人民共和国治安管理处罚条例》。

市总工会与市相关部门对38家改制企业的劳动合同签订和变更情况开展专项监督检查。1996年，市总工会受理违反《劳动法》案件29起。1997年，市总工会与市劳动、司法等部门建立三方合作长效机制，共同化解劳动争议纠纷。1998年推广连云港碱厂先预防、再调解、后仲裁的工作模式。2000年，市总工会针对企业主管部门被撤并，有的企业在改制、破产、重组、兼并中劳动争议调解委员会消失的情况，探索建立区域性、行业性劳动争议调解组织，市机械系统第一个建立行业性劳动争议调解组织。是年11月，市总工会印发《关于〈连云港市总工会劳动关系预警机制实施办法（试行）〉的通知》，全市基层工会建立劳动关系预警网点420个，占应建数的87%。至2005年，全市258家非公企业建立劳调组织，工会系统选聘108名特邀调解员，海州区成立连云港市第一个区域性劳动争议调解委员会。全市各级劳动争议调解组织调处劳动争议案件6581起，调解率达98%；调解群体性劳动争议26起，涉及职工640人。全市各级工会兼职仲裁员参与处理劳动争议仲裁案件228起，参与率35%以上，首席仲裁率20%以上。

三、劳动保护组织网络建设

1984年，市总工会设立劳动保护部。全市各级工会认真贯彻落实《劳动保护监督检查条例》，在企业普遍建立劳动保护监督检查委员会，班组设立检查员并相应建立各项制度和台账。至1985年底，全市23家单位建立劳动保护监督检查委员会35个，配备劳动保护监督检查委员715人、班组检查员3987人。1986年，7人经省级培训合格，担任全国和省级劳动保护监督检查员。1988年7月成立市总工会劳动保护监督检查站。1991年，全市工业、交通及基本建设系统开展创“三优”①竞赛活动。1995年开展以“敢于监督、切实维护、治理隐患、保障安全”为主题的工会劳动保护监督检查站站际竞赛活动。至1996年底，全市有市、县级工会劳动保护专职监督检查员12人、兼职433人，全市工会安全生产群众监督网络和劳动保护体系逐步健全。2004～2005年，市总工会在全市各级工会中开展创建企业劳动保护工作合格、示范工会活动，评比表彰15个劳动保护工作示范工会、36个劳动保护工作合格工会。

四、安全生产防护

1984年，市总工会组织开展“安全月”活动，发动职工群众排查安全隐患，对安全生产隐患及时整改。市白集煤矿投资14万元安装5000多米防尘系统管道，解决矿工生产中的防尘和通风问题。市总工会配合企业行政落实市政府颁发的各级安全生产责任制。1985年，连云港市监测工作领导小组对10个主要工业系统101家工厂进行尘毒和噪声测定，获取监测数据1004个。1986年5月，市总工会、计经委、劳动局、卫生局联合对全市接触铅、汞、铬、有机磷作业的单位职工进行职业病体检，对2000名有病兆的职工进行复查确诊，并制定治疗方案。1988年，全市各级工会参加劳动保护检查281次。1991年10月，市总工会向市政府提交《关于连云港市尘毒防治工作情况的调查报告》，提出防治环境污染的建议。1992年，市总工会成功调处连云港碱厂与台北盐场环境影响纠纷，连云港碱厂以每平方米250元支付给台北盐场墅港工区职工宿舍搬迁费用，彻底解决碱厂生产过程中产生的废弃物对职工生活区的污染问题。1996年在全市工会系统推行事故隐患和职业危害作业点建档跟踪整改制度，实行安全生产、劳动保护动态管理。1998年起在企业推行事故隐患和职业危害监控法，开展对有毒有害化学品生产、销售和使用的专项整治工作，

① “三优”指优秀工会劳动保护监督检查站、优秀工会劳动保护监督检查委员会、优秀工会劳动保护监督检查员。

督促企业改善劳动条件，加强劳动保护，防控职业危害的发生。2004～2005年，市总工会开展夏季送清凉、送安全、送文化活动。全市各级工会干部带着清凉饮料、白糖、绿豆等降温物品慰问工作在高温一线的职工。

五、女职工特殊权益维护

1984年，针对女工中患妇科病普遍的情况，在全市开展女职工妇科病检查，普查率85%以上，并对患者进行治疗。1986年在全市贯彻《女职工保健工作暂行条例规定》，全市建立女职工卫生室105个，占应建数的74%，全市组织妇科病普查4万余人次。1988年7月，国务院颁发《女职工劳动保护规定》。1989年4月，《江苏省女职工劳动保护办法》颁布实施。全市各级工会宣传贯彻国家、省、市有关女职工劳动保护政策规定，制定女职工劳动保护细则，整顿和完善女职工保护设施。至1990年底，全市95%的企业建立女职工淋浴室，80%以上的企业建立女职工卫生室、冲洗室，86家企业在女工卫生室内配有保健医生。许多工厂还规定怀孕女工不上夜班。1991年后，随着外商投资企业的逐步发展，全市各级工会指导督促外商投资企业贯彻落实《女职工劳动保护规定》《女职工保健工作规定》。1996年，对部分外商投资企业女职工生产定额高、工资低、劳动强度大、劳动条件差、加班加点严重等问题，市总工会及时会同企业主管部门责令企业进行纠正，维护女职工的合法权益。全市各级女职工委员会还通过举办法律知识培训班，提高女职工法律意识和维权意识。1998年起，对全市企业女职工每1～2年进行一次以防癌为重点的妇女病查治，建立健康档案。2002～2003年，市、县联动开展女职工“健康快车”活动，集中半个月，为困难企业女职工和女性农民工进行妇科病免费查治。2004年下半年起，女职工权益维护重点是建立女职工权益维护机制。市女职工委员会印发《关于开展签订女职工权益保护专项集体协议工作的意见》，在全市推行女职工权益保护专项集体协议签订工作。2005年，市、县、区总工会相继建立女职工特殊保护专项集体合同电子档案，企业普遍推行签订女职工特殊保护专项集体合同，全市女职工权益保护工作实现制度化、规范化。

第六节　职工生活保障

一、后勤保障

1984年，连云港市总工会继续在全市开展职工生活后勤服务一条龙竞赛，加强职工生活后勤保障工作。1991年，全市679家企事业单位建有职工食堂1031个、职工浴室536个、托儿所292个、职工集体宿舍976间、医务室（所）180个。各级工会及200多家企事业单位采取“自建公助”（职工自筹部分资金新建或翻建住房，公家借钱给予帮助）办法，借出资金320万元，新建、翻建住房70万平方米，为9000余户职工家庭解决住房困难。1990～1993年，全市各级工会参与住房制度改革，职工提出的许多对住房制度改革的建议，被改革方案采纳。1994年，市总工会通过与银行合作，成立市职工住宅合作社，解决城镇常住户口无房户或人均住房面积不足6平方米职工家庭的住房困难。1996年后，职工住房除按住房制度改革方案予以保障外，各级工会配合政府行政部门通过对困难职工实施住房救助的办法解决。随着各项配套改革推进，至2005年底，企业所办托儿所、浴室等职工生活后勤保障工作基本实现社会化。

二、生活保险

1984年，市总工会组织人员对39家企业自行改革医疗制度的情况进行调查，将调查意见及时向上级有关部门反映，对损害职工医疗保险权益的做法提出纠正意见。1985年起，市、县总工会都派代表参与因公伤、残职工的医疗鉴定，参与有关劳动保险法规的研究与制定；基层工会通过职工代表大会，讨论审议医疗、病事假等职工生活保险方案。1990年，市总工会、计经委、体改委、劳动局、财政局等部门联合发文，提出工会参与企业内部分配工作的意见，维护职工在工资收入、奖金分配、福利待遇、医疗保险等方面的合法权益。1994年9月，市总工会成立市职工互助互济储金会，吸纳互助互济储金200余万元。至1997年底，市职工互助互济储金会先后为535名患重病职工补助医疗费58万余元。许多基层工会组织职工成立多种形式的互助补充保险团体，以解职工应急之需。至2005年底，市医保机构吸纳70家困难、破产企业及非公企业1.2万名就业人员参加医疗保险。全市参加医疗保险的职工累计达30万人。

三、再就业工程

1990年，随着企业改革改制的不断深入，部分企业生产经营困难，有的企业停产或半停产，职工下岗。市总工会组织人员到23家企业进行调查研究，向市政府提出《关于妥善处理停产半停产企业有关问题的8项意见》，协助市政府有关部门推动企业兼并，兴办第三产业，帮助停产半停产企业恢复生产，让部分下岗职工重返工作岗位。经过各方共同努力，是年停产半停产企业数下降57%，停工待业职工减少42%。1991～1996年，全市各级工会推进下岗职工转岗就业、企业富余人员自谋职业自主创业，安置下岗职工1.2万余人，8000多名下岗职工通过培训实现自谋职业。1998年，各级工会为1万多名下岗职工建立档案；举办下岗职工各类技能培训班358期，培训下岗职工2.3万人，6000余名下岗职工通过培训实现再就业。1999～2002年，市总工会以干部学校、职工学校为基地，建立下岗职工再就业培训中心；与淮海工学院联合开办出国人员英语培训班，初步形成下岗职工教育培训网络。2003年，市各级工会建立振兴集团花卉市场、德云酿化厂等再就业基地17个，吸纳安置6200多名下岗职工再就业，为8778名下岗职工提供保洁、烹饪、足疗、家政等10个项目的技能培训，逐步实现培训、就业一体化。2005年，全市各级工会为下岗失业人员提供政策咨询、就业辅导、职业介绍及小额创业贷款等一条龙、一站式服务，举办各类短平快技能培训班23期，帮助2835名下岗失业人员实现再就业，组织4331名农村务工人员劳务输出。

四、送温暖工程

1984年，全市各级工会在春节前向生活困难职工提供应急救助。1990年，市总工会筹集30万元资金救助600名生活困难职工。1992年，市总工会、经委、劳动局、财政局联合印发《关于元旦、春节期间广泛开展送温暖活动的通知》，深入困难职工家庭送钱送物。1994年，市总工会成立送温暖工程领导小组，下发《关于实施送温暖工程的意见》，为653名特困职工发放特困证。1995～1996年的元旦、春节、中秋、国庆期间，全市共有5000名党、

图28-5　1997年，市总工会成立心连心基金会。图为基金会第十一次爱心助学活动捐助仪式。　侍志　摄

政、工领导干部走访慰问4000多户困难职工家庭，累计发放困难补助金、慰问金840万元。1997年，市总工会成立心连心基金会、市特困职工扶贫基金会，印发《关于解决特困职工生活问题的意见》，动员全社会力量帮助特困职工解决生活、子女上学、医疗、住房等各方面的困难。1999年，驻连部队官兵与在高校上学的42名特困职工子女签订结对助学协议，全市300家单位分别与300名特困职工结成帮扶对子。2002年，市总工会获"全国送温暖工作先进单位"称号。2004年7月，市政府办公室下发《关于建立完善特困职工扶贫帮困救助机制的实施意见》的通知，对特困职工进行就业扶助、医疗救助、教育援助、住房协助、生活补助、急难帮助为主要内容的"送温暖六大帮扶行动"。至2005年底，全市社会各界人士与2000名特困职工结成帮扶对子，累计救助特困职工1.2万人次，发放救助金7000多万元，基本守住困难群体"有饭吃、有衣穿、有房住"的生活底线。特困职工子女上大学全部得到学费援助，无一人因学费困难失学。4000多名特困职工实现脱贫。

第七节　劳动模范和先进工作者管理服务

1985年12月，中共连云港市委办公室、连云港市人民政府办公室联合转发连云港市总工会《关于劳动模范管理工作暂行办法》，市总工会对中华人民共和国成立以来全市市级及以上劳动模范的情况进行调查，组织400多名劳动模范进行体检。1988年底，全市各基层工会普遍建立和健全劳动模范档案。1993年10月，市总工会、中国人民保险公司连云港分公司联合制定市级及以上劳模实行养老优抚金保险政策。至1998年先后为470名劳模办理养老优抚金补充保险，为23名劳模家属办理"农转非"。1994年，市政府印发《连云港市劳动模范评选和管理工作暂行办法》，规范市劳模的评选和管理。1995年5月，市总工会举办全国劳动模范事迹报告（演讲）会。1997年，市总工会、卫生局、新浦区政府联合发文，为劳模和困难职工办理医疗优惠卡。持优惠卡免收挂号费，减半收取治疗费、住院费等，每年免费体检一次。2000年10月，市总工会组织全市500名劳模、先进职工参加省总工会组织的万名劳模、先进职工游江苏看南京系列活动；组织劳模赴中国香港、澳门等地区参观、交流。2004年11月，市劳模协会成立。依托市劳模协会，做好劳模档案管理工作，坚持劳模"七必报①"制度。2005年6月，市总工会印发《连云港市劳动模范动态管理的有关规定》，为市区140名省级及以上企业退休劳动模范发放荣誉津贴。2005年底，市总工会为全市58名全国劳动模范，847名省、市劳动模范发放生活困难补助金、特殊困难帮扶金33万元。

第二章　共青团连云港市委员会

1984～2005年，共青团连云港市委员会（简称团市委）经历5次换届，团员人数由6万余人发

① 劳模"七必报"制度指调进调出时间、有突出贡献的科研成果和业绩、退休时间、犯错误情况、死亡时间、全国劳模月收入低于1242元、生活特殊困难情况必报。

展到20余万人。先后实施“希望工程”、中国青年志愿者行动和创建“青年文明号”行动。1999年起，团市委坚持评选、推报国家级、省级、市级“五四”红旗团组织，以基层团组织为抓手，积极发挥组织青年、引导青年、服务青年和维护青少年合法权益职能作用。至2005年底累计捐建、筹建希望小学17所，筹集助学金2069万元，帮助贫困学生1.7万人；招募青年志愿者7万余人；评选或推报市级“青年文明号”418个、省级161个、国家级14个；全市有团员20.01万人。

第一节　组织建设

一、团市委

1984～1996年，团市委内设办公室、组织部、宣传部、青工部、青农部、学少部、青联部。1997年5月至2002年8月，内设办公室（维护青少年权益部）、组织部、宣传部、青年工作部、学少部（同时挂市希望工程办公室、市少先队工作委员会、市学联秘书处牌子）、市青年联合会秘书处。

2002年8月至2005年，团市委设办公室、组宣部、统战部（挂市青年联合会秘书处牌子）、社会工作部、学少部（挂市希望工程办公室、市少先队工作委员会、市学联秘书处牌子）、权益部（挂市未成年人保护委员会办公室牌子）。

二、基层组织

1984～2005年，团市委把改革基层团组织的设置结构，逐步形成适应行业、地区特点的新基层组织格局作为工作重点。各级团组织深入开展合格团支部、合格团员建设活动，坚持评选、推报国家级、省级、市级“五四”红旗团组织，以基层团组织为抓手，积极发挥组织青年、引导青年、服务青年和维护青少年合法权益的职能作用。至2005年底，全市团员人数发展到20.01万人，有基层团委432个、团总支276个、团支部7351个。

1984～2005年连云港市团组织、团员情况统计表

表28-2

届　次	年　份	团委数（个）	总支数（个）	支部数（个）	团员数（人）
十	1984	149	1380	7321	61844
十一	1987	179	945	6992	76495
十二	1992	214	647	6678	94616
十三	1997	315	545	7841	143866
十四	2002	377	373	7487	177947
十四	2005	432	276	7351	200103

三、代表大会

1984年5月4～7日，共青团连云港市第十次代表大会在新浦召开。出席会议代表650人。会议审议通过《胸怀全局议大事，建设家乡献青春》主题报告。大会选举产生由51名委员组成的共青团连云港市第十届委员会，选举王向明为书记。

1987年5月4～5日，共青团连云港市第十一次代表大会在新浦召开。出席会议代表620人。

会议审议通过《坚定信念，艰苦奋斗，用青春的力量推动港城现代化事业》主题报告。大会选举产生由55名委员、9名候补委员组成的共青团连云港市第十一届委员会，选举杨莉为书记。

1992年5月4～5日，共青团连云港市第十二次代表大会在新浦召开。出席会议代表349人，其中特邀代表20人。会议审议通过《解放思想，坚定信心，放胆实干，团结带领港城青年用青春浇铸桥头堡》主题报告。大会选举产生由50名委员、15名候补委员组成的共青团连云港市第十二届委员会，选举董春科为书记。

1997年5月4～5日，共青团连云港市第十三次代表大会在新浦召开。出席会议代表362人。会议审议通过《实事求是，开拓创新，为港城改革开放和现代化建设事业贡献青春、智慧和力量》主题报告。大会选举产生由39名委员、16名候补委员组成的共青团连云港市第十三届委员会，选举金建猛为书记。

2002年4月26～28日，共青团连云港市第十四次代表大会在新浦召开。出席会议代表389人。会议审议通过《努力实践"三个代表"，积极创造新的业绩，为实现新世纪连云港市"富民强市、快速崛起"的宏伟目标贡献青春、智慧和力量》主题报告。大会选举产生由45名委员、10名候补委员组成的共青团连云港市第十四届委员会，选举阮冰为书记。

四、连云港市青年联合会

1984～2005年，连云港市青年联合会共召开第五、六、七、八、九次代表大会，选举产生新一届市青联主席、副主席。主席一般由团市委书记或副书记兼任。

第二节　青少年思想道德建设

1984年，连云港市通过开展军队地方青年联谊读书、乡校青年挂钩读书等活动，进行爱国主义、共产主义人生观教育。1986年，团市委组织500名新团员到抗日山烈士陵园举行集体宣誓仪式。1988年，全市各级团组织开展"国情、改革、创业"专题系列教育最佳活动竞赛。1991年开展少先队组织建设、教师队伍建设和活动阵地建设。至1993年底，全市创建成解放路小学等45个少先队基础建设合格校，均达到少先队达标大队标准。1993年，团市委、市教育局在全市中学生中联合开展"学史明志、实践成才"系列活动、"东风杯"青年工作调研竞赛，探索共青团工作新位置、新内容、新方法，丰富校园文化、提升学生思想道德水平。1999～2005年组织全市青年学习邓小平理论，中共十五大、十六大精神，在青年入党积极分子、基层团干、优秀团员和农村青年中开展专题报告、讲座等活动。围绕新中国成立50周年、"五四运动"80周年等重要纪念日，通过举办专题读书学习活动、援建一批农村青年科技图书站和希望书屋、出版反映全市青年运动史的画册、在抗日山建立全国青少年教育基地等活动开展思想政治教育。

第三节　青少年维权

1992年，《中华人民共和国未成年人保护法》颁布实施。团市委联合市公检法系统全面加强未成年人保护工作，利用电视、广播、板报、幻灯、图片开展宣传咨询，组织团市委机关工作人员走上街头发放宣传手册。1995年，连云港市未成年人保护委员会成立，定期聘请校外法制辅导员和宣传员到校作法制报告、在校园内举办图片展览，建立家长学校，通过校家联动实现对未成年人24小时保护。1999年，团市委在全市法院系统、司法行政系统、检察系统、广播电视系统、技术监督系统开展青少年维权岗创建活动，维护青少年合法权益，预防和减少青少年违法犯罪。2000年起相继开展连云港市杰出（优秀）青年卫士评选、创建优秀青少年维权岗、创建青少年安全放心网吧、创建社区青少年法律学校等活动，推动青少年维权工作深入开展。2004～2005年，市未成年人保护成员单位组成检查组，对全市部分超市、幼儿园、学校、网吧、游戏厅等场所进行抽查，组织海州区法院、新浦区法院等优秀青少年维权岗单位的20余名禁毒志愿者到东海劳教所开展“抵制毒品，参与禁毒”帮教活动。

第四节　科教文体工作

一、青年文化活动

1984年开始，团市委举办演讲比赛、读书会、文艺联欢等活动。1987～1989年，团市委组织青年农民文化科学知识培训、学生法律知识学习、中专技校学生书法美术作品展览、青年学生夏令营等活动。1995年，团市委、市学联联合举办首届市大中专院校“世纪之光”科技文化艺术节，此后每届科技文化艺术节围绕不同主题，组织团员青年参加校园歌手大赛、优秀学生会干部评比、书画现场表演赛、辩论赛、科技讲座等系列活动。2001年，团市委举办连云港市首届大中专学生“真我的风采”校园主持人大赛、青年歌手大赛。2002年举办纪念建团80周年系列活动。2003～2005年，团市委联合市内高校举办“华联商厦杯”市首届新世纪“校园之星”服饰展示大赛、全市“小哥白尼杯”科普知识竞赛等活动。

图28-6　“激情广场大家唱”青年专场活动　　侍志　摄于2005年

二、青年科技活动

1984年起，团市委在全市农村团组织中开展“一团二户”（致富报告团、青年科技示范户、青年专业户）活动。1985年起组织送技术下乡等活动，全市农村各级团组织开展万名青年致富争状元、创一流活动，建立青年科技示范户、青年专业户档案，帮助青年科学致富。1990年，团市委、市旅游局联合举办“青春在旅游中闪光”主题活动。1993年，团市委、市青联、市财办联合举办“满意在连云港、青年文明服务标兵”评选活动，举办农村青年科技信息发布会、庆“五四”中学生韵律操比赛、“五四”青年征文比赛等。1998年，围绕科教兴市战略，组织一批青年科技服务团深入农村基层传播新技术。团市委、市委宣传部、市外经贸委等单位举办首届港城青年外语大赛，至2000年第三届比赛时，已形成笔试、口试两轮选拔，英语专业、业余和日语专业、业余四类赛程，为发现和培养青年外语人才搭建良好平台。围绕新中国成立50周年和迎接澳门回归，举办18岁成人宣誓仪式，组织开展“知我澳门、爱我澳门”活动。2003年12月命名首批10个市级青年农业科技示范园区。2005年，团市委、市青联举办港城学子喜看家乡新变化活动。

第五节　社会公益活动

一、希望工程

1993年，连云港市全面启动“希望工程”，至1996年，全市适龄儿童少年入学率上升至99.8%，小学毕业生升学率达96.26%；中小学生流生率分别控制在3%和2%以内，低于全省平均水平。1999年，为落实省委、省政府大力实施科教兴省和区域共同发展战略，团市委、市扶贫办、市委宣传部、市级机关工委、市教委等20余家单位在全市发起99希望工程帮扶助教行动，主要以各级组织、希望工程志愿者义卖希望工程纪念徽章进行劝募，采取一般性捐款和结对性捐款两种方式进行。至1999年底，全市援建、改建希望小学9所，救助失学或面临辍学的学龄儿童4000余名，累计募集救助款物300余万元。2004年8月27日，团市委、市“希望工程”办公室、市天明机械有限公司在灌云县龙苴镇后埠希望小学举办“天明希望工程助学基金”设立捐赠仪式，天明机械有限公司捐赠15万元，用于设立天明“希望工程”助学金。团市委、市“希望工程”办公室举办“希望工程”明德奖学金发放仪式，10名品学兼优的贫困大学生获总额3万元的资助。至2005年底，全市共捐建、筹建希望小学17所。

二、公益环保活动

1999年3月，团市委和市绿化委员会、环保局、园林管理局、文明办联合发起“认养一片绿地，美化港城明天”活动，号召青年参与公益劳动。2000年4月，团市委启动保护母亲河行动，首次对共青团绿地认养活动进行表彰。2001年2月在新浦区举办“保护母亲河”集中行动。7月设立保护母亲河环保监督岗。2004年3月12日，团市委牵头组织市建设局、林业局、卫生局、民政局、公安局、文化局等单位联合举行植树护绿、美化港城活动启动仪式。此后每逢植树节，各级共青团组织均组织开展植树造林、绿化环境活动。

第三章　连云港市妇女联合会

1984～2005年，连云港市妇女联合会（简称市妇联）围绕一手抓发展、一手抓维权职能，坚持党建带妇建、妇建服务党建原则，强化妇女儿童权益维护，合力提升家庭教育水平。加强组织队伍建设和宣传教育，开展“五好文明家庭”“双学双比”“巾帼建功”等创建评比活动。

第一节　组织建设

一、妇女组织

连云港市妇联领导机构为市妇联执行委员会和市妇联常务委员会。市妇联执行委员会由市妇女代表大会选举产生，任期五年。

1984年，市妇女联合会下辖东海县、赣榆县、灌云县、新海区、连云区、云台区6个县、区妇联。市妇联机关设组织部、宣传部、办公室、生产福利部、儿少部。1995年8月，开发区妇女联合会成立；年底，市妇联内设办公室、调研室、法律顾问室、宣传部、组织部、生产福利部、儿少部等7个部门。1996年增辖灌南县妇联。2005年，市妇联辖县区妇联7个、直属机关妇工委1个、直属部门妇工委25个、民主党派妇工委5个、事业单位妇工委28个。

2005年连云港市机关、事业单位妇工委（妇委会）状况统计表

表28-3

	直属机关妇工委			直属部门妇工委			民主党派妇工委	事业单位妇工委					
								机关（部门）直属事业单位妇工委（个）	科研院所妇工委（个）	文化事业单位妇工委（个）	卫生事业单位妇工委（个）	高校妇工委	
	应建数（个）	已建数（个）	所占比例（%）	应建数（个）	已建数（个）	所占比例（%）	已建数（个）					部属高校妇工委（个）	省、市属高校妇工委（个）
市级	1	1	100	25	25	100	5	—	—	12	10	—	6
县（区）	7	7	100	150	142	94.67	—	6	—	6	18		

二、代表大会

1984年11月，市第八次妇女代表大会在新浦召开。出席会议代表484人。会议审议通过《全市妇女奋发自强，为加速开放振兴连云港作贡献》主题报告。大会选举产生第八届委员会，执行委员49人，常委5人，选举潘印玺为主任。

1989年11月，市第九次妇女代表大会在新浦召开。出席会议代表470人。会议审议通过《自强不息奋发进取，为振兴连云港再展英姿》主题报告。大会选举产生第九届委员会，执行委员55人，常委9人，选举李建平为主任。

1994年10月，市第十次妇女代表大会在新浦召开。出席会议代表398人。会议审议通过《全市妇女团结起来，为实现连云港市经济腾飞再创辉煌》主题报告，选举张名丽为主席。

1999年11月，市第十一次妇女代表大会在新浦召开。出席会议代表450人。会议审议通过《高举伟大旗帜，高扬时代旋律，团结动员全市妇女为实现跨世纪宏伟目标努力奋斗》主题报告，选举杨思兰为主席。

2004年10月，市第十二次妇女代表大会在新浦召开。出席会议代表450人。会议审议通过

《贯彻“三个代表”重要思想，团结动员全市妇女为港城的崛起振兴而努力奋斗》主题报告。选举于丽华为主席。

三、妇联组织建设

1985年2月，市委办、市政府办批转市妇联《关于加强妇联干部管理和妇联组织建设的意见》，明确加强妇代会建设，配好配齐妇女干部，协调解决妇代会主任的政治、经济待遇问题。1987年5月，市妇联在东海县青湖镇开展加强基层妇代会建设、发挥基层妇代会作用试点工作，帮助青湖镇妇联制定基层妇代会目标管理千分考核制，创建“妇女之家”。1988年，全市95%以上村妇代会建立目标管理千分考核制，75%的村建立“妇女之家”。1989年，市妇联面向社会聘请20多名社会热心人士担任妇联特邀调研员。1990年，市委明确一名副书记分管妇女工作、市政府一名副市长联系妇女工作，市妇联负责人列席政府组成人员会议，妇联工作的地位进一步提高。

1991年，市妇联从抓组织健全、制度完善、活动正常、阵地落实、报酬落实等方面入手，制定印发《关于在基层妇女组织中开展达标创先活动的意见》；市委办转发市妇联《关于在党政机关、科教文卫等事业单位建立妇委会的意见》。是年，全市新建妇委会13个。1995年，市妇联召开全市农村基层妇女组织配套建设工作现场经验交流会，总结全市农村基层妇女组织配套建设工作情况。1998年10月，市妇联、工商局联合下发《关于在个体和私营经济领域加强妇女工作的意见》，在海州区召开全市个体、私营经济领域妇女工作现场会，推动全市个体、私营经济领域妇女工作的开展。1999年起，市妇联落实抓组织、抓活动、抓阵地、抓协调、抓经费的“五抓”工作要求。至2000年底，全市45%的妇代会达到省“四好妇代会”标准①。

2001～2005年，市妇联贯彻落实市委2001年下发的《连云港市加强和改善党对妇联和妇女工作的领导的意见》，协助党委做好基层妇联干部配备、使用工作，研究解决村级妇代会组织不健全、村妇代会主任待遇难落实等问题。

四、女干部队伍建设

1984年，市妇联采取举办妇女干部读书班、培训班、组织参观考察等形式，推动女干部拓宽思路，加强妇联干部队伍能力建设。1985年在全市开展招工、招干、提干及培养选拔女干部的调查研究，形成调研报告。1989年，市妇联、市委组织部联合下发《关于进一步加强培养选拔女干部的意见》《关于在全市范围内广泛开展荐才活动的通知》，加大对女干部的选拔和培养，从思想上、观念上、组织上为女性健康成长、成才创造条件。1990年，市、县、区建立妇女人才库8个，储存妇女人才520人。县、乡两级人大换届选举中妇女代表比例明显提高。

1991年起，市妇联协调有关部门组织召开“话女干部成长”座谈会、全市女干部工作经验交流会，各级人大、政府、政协换届中妇女参选参政人数增加，初步改变过去女干部副职多、正职少，虚职多、实职少的“两多两少”状况。1993年，连云港市以《找准位置，当好配角，为女干部成长创造良好环境》为题在江苏省第八次妇女代表大会上作经验交流。

1994年8月，市妇联、市委组织部联合下发《关于进一步做好选拔、培养女干部的工作意见》，要求县区党政领导班子中有1名女干部；市直女职工相对集中的部门和单位领导班子中有1名女干部；乡镇党政领导班子中，两三年内70%的乡镇党政领导班子中有女干部；县（处）乡（科）级

---

① “四好妇代会”指动员妇女为四化出力好、维护妇女儿童合法权益和计划生育好、儿少工作好、发挥组织作用好。

后备干部中女性比例不少于20%。至1994年底，全市三县四区党政领导班子全部配备女干部，全市72.1%的乡镇和街道办事处党政班子配备女干部；全市40%的村委会配备女性主任、女书记，94.8%的村妇代会主任进“两委”班子。1995年，全市12名妇联干部走上乡镇长以上领导岗位。市妇联按照《连云港市1995～1999年培养选拔女干部、发展女党员工作规划》，配合市委组织部抓好落实，至1999年底，全市130个乡镇街道办事处有117个党政班子配备女干部，占总数的90%；全年发展女党员比例为26.3%，超过规划目标。

图28-7　2003年，连云港市举办纪念“三八”妇女节93周年大会。　侍志　摄

2000年，市妇联对市级机关492名科级女干部现状进行调查摸底、梳理分析，继续充实女性人才库，积极推优荐才。2001年，全市提拔副处级女干部13人，占提拔人数的15.5%。2002～2003年，市妇联参与全市十类优秀专业人才荐才活动，共推荐各类女性人才近百名。2005年，全市新提拔县处级女领导干部20人，占提拔县处级领导干部的13.5%。

2005年连云港市市、县、乡三级领导班子中女干部配备情况统计表

表28-4

分　级	党委（人）	占同级比例（%）	人大（人）	占同级比例（%）	政府（人）	占同级比例（%）	政协（人）	占同级比例（%）
市级	1	9.1	1	11.0	1	12.5	1	9.1
县区	5	7.2	3	9.1	6	10.3	4	10.3
乡镇	69	9.2	10	6.3	79	14.5	—	—

2005年连云港市党政部门领导班子中女干部配备情况统计表

表28-5

分级	党委部门					政府部门				
	部门数（个）	已配女干部部门数（个）	所占比例（%）	正职女干部数（人）	占同级干部比例（%）	部门数（个）	已配女干部部门数（个）	所占比例（%）	正职女干部数（人）	占同级干部比例（%）
市级	25	13	52.0	7	28.0	51	31	60.8	9	17.7
县区	115	58	50.4	24	20.9	240	122	50.8	30	12.5

第二节　妇女儿童权益维护

一、维权法律宣传

1984年，连云港市妇联、司法局编印《维护妇女儿童合法权益法律条款选编》，在全市开展学

图28-8 1995年连云港市妇女儿童工作委员会会议
赵鸣 摄

习宣传活动。开展万名妇女法律知识竞赛，邀请法律专家讲解有关婚姻家庭法律知识，开展妇儿维权活动。1992年起，全市掀起宣传《中华人民共和国妇女权益保障法》热潮；至2000年底举办各级培训班1960期，播放法制宣传稿133篇，组织全市3万多名妇女参加省妇联“恩威杯”知识竞赛。2003年，市妇联、司法局联合开展“三八”维权周活动，邀请法律专家通过“148”热线为妇女解答法律问题。2004年开展“我与妇女法”征文、“妇女法与妇女权益保障”论文征集等“万家学法”读书系列活动。2005年，全市开展“四五”法制宣传教育工作先进典型评选活动。

二、维权基础建设

1985年，市妇联成立妇女儿童法律咨询站，县、区妇联成立法律顾问室，乡镇、街道妇联成立法律咨询站，形成法律咨询网络，协助有关部门处理重大妇女儿童侵权案件11起。1999年4月，市妇女权益法律援助中心成立。2000年，市妇联、市中级人民法院联合建立妇联干部特邀陪审员制度，全市妇女维权工作走上法制化轨道。2002年，市妇联、市中级人民法院联合召开全市妇联干部特邀陪审员工作研讨会，交流新时期妇联维权工作的措施和方法。2003年，市妇联分别在新浦区、连云区试点建立家庭暴力投诉中心、家庭暴力伤情鉴定中心。2004年，连云港市妇女权益法律援助中心获评省法律援助工作先进集体。

三、综合治理

1984年，市妇联配合政法部门使159名残害儿童的犯罪分子归案。1988年，东海县妇联协助司法部门处理拐卖妇女案件24起，解救妇女24人。1990年，市妇联配合新浦区法院对新浦地区206起婚姻纠纷案件进行调查回访，解救妇女30余人。1991～2005年，市妇联配合有关部门对摧残、虐待、遗弃、侮辱等严重侵犯妇女儿童合法权益的事件进行认真查处；组成规劝团到江苏省第一监狱、第二监狱和南通女子监狱进行回访帮教；开展“不让毒品进我家”活动；前往南京监狱探望55名连云港市籍女犯，与狱方签订帮教协议；在市收容所建立“四自”（自尊、自爱、自重、自强）教育基地。

第三节　儿童少年培养与教育

一、儿童少年教育培训

1984～1985年，全市各级妇联开展一园、一校、一街、一厂家庭教育试点，全市建立150多个儿少暑期活动站，城镇幼儿入园率提高到86%。1989～1990年对全市民办幼儿园招收的2100名幼师毕业生进行专科、单科业务培训和考核，表彰先进园（所）30所、优秀园丁70名。1993年起，市妇联按照社会及私人办托儿所的管理办法，加强对社会和私人开办托儿所的扶植和管理。

2003年，连云港市成立“小公民”道德建设活动领导小组，制定下发《连云港市实施〈中国“小公民”道德建设计划〉方案》。2004年，市妇儿活动中心主楼封顶，少儿活动的条件与设施明显改善。2005年，市妇联建立100个“小公民”道德建设实践基地，其中48个被授予国家级和省、市级“小公民”道德建设示范基地称号。

二、家庭教育

1986年，市妇联成立市家庭教育研究会，全市成立家长学校168所，以东海实验小学、青湖中心幼儿园为试点，开展社会、学校、家庭“三结合”教育，编写家庭教育材料4000多份，建立科学育儿咨询站2个。90年代，市妇联指导有关单位建立校外辅导站232个，开办季刊《家庭教育报》，在《连云港日报》教育园地栏目开办港工杯家庭教育征文，举办全市家庭教育作品剧本评比，开展家庭教育论文征集，编写《怎样当好小学生家长》等系列教材。2001年，市妇联举办妇女发展规划、儿童发展规划宣传咨询活动。2004年，市妇联在社区成立家庭教育指导中心母亲课堂，提高科学育儿教子水平。2005年，市妇联开展“双合格”家庭教育实践活动，指导成立市、县（区）、乡（镇）三级家长学校1010所，其中565所家长学校被评为省、市、县（区）优秀或合格家长学校。

图28-9　2003年，连云港市妇联举办全市首届家庭文化艺术节。　侍志　摄

三、春蕾计划

1994～2005年，全市实施“春蕾计划”。开办春蕾女童班108个，4500多名小学生、3400多名中学生、200名贫困女大学生得到资助，接受社会各界捐款捐物1370多万元。“春蕾计划”在全市实现由救助小学贫困女童向全部贫困女学生、城镇下岗困难家庭儿童、孤残弱势儿童延伸。2005年3月，市妇联、市委宣传部和市文明办、教育局向全市下发《关于在我市加强未成年人思想道德建设中，实施“社会妈妈助春蕾”工程的意见》，号召社会各界爱心人士积极参与社会妈妈助春蕾“四个一”爱心行动，即扶一株春蕾，争一份春光，助一名女童，赢一片希望。全市“社会妈妈”扩大到3500多人，帮助贫困儿童3800多人，捐助金额200余万元。

第四节　创建评比活动

一、“五好文明家庭”创建活动

1984年，连云港市妇联在全市开展争创“五好家庭”[①]活动。1985年，连云港市将“五好家庭”

---

①“五好家庭”指爱国守法，热心公益好；学习进取，爱岗敬业好；男女平等，尊老爱幼好；移风易俗，少生优生好；勤俭持家，保护环境好。

创建纳入全市精神文明建设总体规划，延伸开展各类特色文明户争创评比活动。1986年，市妇联要求各级妇代会普遍建立“四本账”（五好户、典型户、争创户和好人好事簿），培养树立一批事业进取型、智力开发型等有时代特色的新型家庭，同时突出对军烈属、贫困户、“五保”户和有女无儿户的扶持。在城区，开展厂街共建、军民共建活动；在农村，把“五好文明家庭”争创活动与发展商品生产结合起来。是年，全市表彰“五好家庭”13.75万户，占全市总户数的19.1%。25户家庭和4个先进集体获省政府表彰。1987年初，市妇联在全市开展厂居挂钩共建“五好”活动。1989年开展家政管理教育，举办家政培训班。在农村，针对普遍存在的封建迷信、赌博等现象，重新修订“五好家庭”公约。1993年，“五好家庭”评选活动纳入全市精神文明建设发展目标。1994年组织开展国际家庭年系列活动。1997年开展“美在万家”双休日家庭文明行动系列主题活动。1998年起，突出家庭美德建设重点，立足家庭阵地建设，对全市“五好家庭”创建活动提出新的要求。2001年开展市级“五好文明家庭”“十星户”评比活动。2002年开展“十佳敬老好儿女”评选活动。2003年举办市首届家庭文化艺术节，出台《连云港市创建学习型家庭实施意见》。2005年开展以和谐家庭创建为总揽，包括廉洁家庭、绿色家庭、环保家庭、节约家庭等各种创建活动为主要内容的十类百户特色“五好文明家庭”评选表彰活动。东海县钱恩英家庭、连云区王浩敏家庭荣获全国“五好文明家庭”称号。

二、“双学双比”竞赛活动

1989年3月，全市开展农村妇女学文化、学技术、比成绩、比贡献的“双学双比”活动。举办全市妇女十年征程图片展，摄制《洒满阳光的路——连云港市农村妇女“双学双比”竞赛活动专辑》纪录片。1990年，市妇联表彰50名女能人、38个先进协调组织。1991年，市妇联将“双学双比”纳入科技兴农战略，全市征订近3万册《农村妇女实用技术》培训材料和9万份农业科技试卷，35万名参赛妇女参加实用技术培训，受训率达80%；指导各地妇联组织充分发挥科技示范户带头作用，让科技示范户、专业户与贫困户结成对子，给予资金、技术扶持。1992年，全市1354名农村妇女获得市科委颁发的星火培训结业证书。1993年，全市2753名妇女获各级生产能手称号。1994年起，各级妇联带领农村妇女大力发展农业经济，开展种、养、加、工、贸“五龙”齐舞竞赛，创建“三八”龙头项目。2001年开发来料加工、家政等就业项目，全市参与的女性劳动力2.03万人，人均收入6000元，比2000年增加300元。

图28-10　2000年7月12日，市妇联家政培训班开班，培训班提供月子保姆、老人护理等技能培训。　　赵鸣　摄

三、“巾帼建功”活动

1991年，市妇联在城镇妇女中开展“巾帼献计，奉献岗位”“学先进、当主人，创一流，增效益，为东方桥头堡添彩”等竞赛活动。1993年起，市妇联指导新浦区妇联和市商业局、卫生局等单位妇联开展“巾帼之光百花赛”“巾帼十佳创评”“巾帼建功、巧手奉献”等活动。至2005年，全市

举办巾帼建功培训班755期，培训女职工33万余人次，岗位竞赛75场，技术比武116场，提出合理化建议2.28万条，被采纳6204条；举办下岗女工培训班200余期，帮助5800余人实现再就业；建成妇联系统缝纫培训基地4个、家政服务培训基地4个，参与组织输送农村妇女2.06万人次；建立以大平乳制品加工为龙头的种草养牛基地等4个龙头项目；巾帼服务中心帮助1202名大龄失业妇女岗位创业或服务创业。

第四章　连云港市哲学社会科学联合会

1979年12月，连云港市哲学社会科学界联合会（简称市社科联）成立。1984～2005年，市社科联团结和组织全市社科组织和社科工作者，结合连云港市经济和社会发展实际，致力于哲学社会科学理论和现实重大课题研究，强化对社科成果的转化应用，开展市内外学术交流，做好科普宣传工作，注重对所属学会的指导和管理，促进全市哲学社会科学事业的繁荣和发展，基本形成社科研究、学术交流、社科普及、社科评奖、学会管理五大工作格局。市社科联于1997年、1999年获"全国先进社科联"称号，获2001～2002年度"全国大中城市先进社科联"称号。《连云港论坛》累计出刊138期，成为全市社会科学工作者学术交流的平台。

第一节　组织建设

一、市社科联

1984年至1985年11月，连云港市社会科学联合会未单独设立机构，挂靠在市委宣传部，未设专职工作人员。1985年12月，市社会科学联合会更名为市哲学社会科学联合会，为正处级行政机构。1987年4月起独立办公。

二、社科学会　研究会

1984～2005年，市社科联积极倡导、指导和扶持，推动一批社科社团组织（学会、研究会、协会）相继成立。市社科联先后制定《关于建立社会科学学会的暂行规定》等制度和规定，服务和指导学会建设，引导学会健康、规范发展。至2005年底，市社科联指导和管理社科类组织43个，会员8000多人。

2005年连云港市社会科学类学会（协会、研究会）一览表

表28-6

序号	学会名称	序号	学会名称	序号	学会名称
1	连云港市经济学会	3	连云港市卫生经济学会	5	连云港市经济法研究会
2	连云港市商业经济学会	4	连云港市供销经济学会	6	连云港市投资学会

续表 28-6

序号	学会名称	序号	学会名称	序号	学会名称
7	连云港市金融学会	20	连云港市精神文明理论研究会	33	连云港市历史文化研究会
8	连云港市农村金融学会	21	连云港市统战理论研究会	34	连云港市旅游文化学会
9	连云港市钱币学会	22	连云港市青年工作研究会	35	连云港市企业文化学会
10	连云港市保险学会	23	连云港市党建学会	36	连云港市民俗学会
11	连云港市财政会计学会	24	连云港市人才学会	37	连云港市老年学会
12	连云港市建筑会计学会	25	连云港市家庭教育研究会	38	连云港市检察官协会
13	连云港市税务学会	26	连云港市成人教育研究会	39	连云港市地方志年鉴学会
14	连云港市国际税收研究会	27	连云港市远程教育研究会	40	连云港市党史学会
15	连云港市价格协会	28	连云港市语言学会	41	连云港市广播电视学会
16	连云港市审计学会	29	连云港市逻辑学会	42	连云港市档案学会
17	连云港市统计学会	30	连云港市《西游记》研究会	43	连云港市图书馆学会
18	连云港市工商行政管理学会	31	连云港市《镜花缘》研究会		
19	连云港市人大工作理论研究会	32	连云港市历史学会		

三、代表大会

连云港市社科联的最高权力机构是市哲学社会科学界代表大会。按章程规定，每五年召开一次代表大会，代表名额主要由参加市社科联的各团体会员单位选举（推荐）产生。代表大会听取和审议理事会工作报告，讨论和决定重大工作事项，修改、通过本会章程，选举产生新的理事会。1984～2005 年，市社科联先后召开第三、四、五次代表大会。

1985 年 12 月 26 日，连云港市社会科学界第三次代表大会在新浦召开，出席大会代表 130 人。会议决定将连云港市社会科学联合会更名为连云港市哲学社会科学联合会。会议选举产生由 35 人组成的理事会，选举龚来宝为兼职主席。

1992 年 3 月 25 日，连云港市哲学社会科学界第四次代表大会在新浦召开。会议通过关于修改《章程》的决定，选举产生由 67 人组成的理事会，选举张良群为兼职主席。

1998 年 4 月 9～10 日，连云港市哲学社会科学界第五次代表大会在新浦召开。出席会议代表 150 多人。会议通过新的《章程》，选举新的由 70 人组成的理事会，选举杨春流为兼职主席。

第二节　地方经济社会发展研究

一、连云港发展战略研究

1984～1989 年，连云港市社科联开展系列研讨，编著出版《连云港》《连云港在腾飞》《论海州湾综合开发》《市情、战略、蓝图》《低谷崛起》等著作。

1995 年 7 月，市社科联召开中国特色社会主义理论与连云港发展理论研讨会，评选出 29 篇文章进行重点交流。2000 年 5 月，市委宣传部、市社科联召开西部大开发与连云港发展座谈会，来自高校、企业、经济主管部门和社科界人士35人参加会议，围绕西部大开发给连云港带来的机遇和挑战，以及新亚欧大陆桥的国际地位展开讨论。

2001年3月下旬，市社科联、市政府研究室联合举办连云港社科与经济论坛。以全市“两个文明”建设在新形势下出现的重点、难点为主线，以市委、市政府关注的重要问题为切入点，组织社科工作者进行专题研讨。是年4月，市社科联举办第一次连云港发展论坛，邀请有关高校和经济部门的专家学者围绕“以港兴市、开放兴市、科教兴市”主战略和经济国际化、农业产业化等“六化”目标进行研讨，提出充分认识新亚欧大陆桥开通给连云港市带来的机遇、关于加快连云港市工业化进程的有关问题等建议。

2005年，市社科院编辑出版第一部《连云港经济社会发展研究》蓝皮书，为全市经济社会发展提供理论支持。

二、陆桥经济研究

陆桥经济研究在连云港市开展较早，罗栋生著书首先提出“陆桥经济”概念，奠定新亚欧大陆桥研究的理论基础。此后，新亚欧大陆桥研究上升到国家经济发展和对外开放的总体战略层面，连云港作为新亚欧大陆桥的桥头堡地位得以确认。

1986年12月18日，陇海兰新经济研究促进会在西安成立，沿线7个省区和40多个市、地、州的200多名代表出席成立大会。该促进会针对以陇海兰新铁路为纽带，以沿线大中城市为依托，以东西两个开放窗口为特征的经济带的经济和社会发展战略性、共同性问题进行调查研究，统一规划、综合开发。

1991年，市社科联组织专家编著出版《连云港与海上丝绸之路》。书中收录北京、连云港两地专家、学者论文21篇。介绍由长安（西安）经洛阳、徐州、海州至日本、朝鲜、东南亚诸国的海上丝绸之路的历史，对以陇海兰新铁路为纽带的新亚欧大陆桥的形成、新现代丝绸之路的前景作深入探讨。著名学者季羡林为该书题词“深入开展对海上丝绸之路研究，促进中外文化交流”。市社科联将此书赠送联合国教科文组织丝绸之路项目考察队，参加在中国境内的海上丝绸之路考察活动。

1991年5月11日，亚欧大陆桥专业研究会在连云港市成立。全国经济、交通、铁路等部门的代表、专家、学者、知名企业家和人士等参加研究会，聘请第六届全国政协副主席吕正操为名誉会长。

1996年5月15日，新亚欧大陆桥沿线中心城市公共图书馆协作网成立大会在连云港市召开，连云港、乌鲁木齐、西安、徐州等沿桥14个中心城市图书馆负责人和代表29人出席会议。

2005年9月27日，市社科联等部门参与承办的新亚欧大陆桥国际旅游暨中韩旅游合作论坛在连云港市举行。来自国际旅游组织、新亚欧大陆桥沿线国家和地区、韩国的旅游官员、中国社会科学院、南京大学等国内知名科研院所、国内多家旅行社负责人就新亚欧大陆桥沿线国家和地区的旅游合作进行研讨，陆桥沿线城市代表讨论通过《创建新亚欧大陆桥国际旅游带（连云港）宣言》。

三、旅游经济研究

1987年9月8～11日，连云港市社科联、盐城市社科联、南通市社科联联合发起的江苏省滩涂开发利用学术讨论会在江苏射阳县召开，就如何综合开发江苏省沿海滩涂，如何统一规划、综合开发等问题进行深入探讨。市社科联组织7篇论文参会。

1999年10月28日，市社科联、旅游局、连云区政府联合召开连云港市旅游经济理论研讨会。

2004年11月17日，市社科联组织的整合苏北旅游资源研讨会在连云港市举办。连云港、徐州、淮安等苏北五市的60多位专家、学者参会。

第三节　地方特色文化研究

一、《西游记》研究

1992年6月30日，连云港市社科联等单位联合举办连云港市《西游记》学术研讨会。与会专家围绕《西游记》的渊源关系、地方色彩、人物原型演化、《西游记》与《镜花缘》《封神演义》的比较，以及《西游记》与花果山的旅游开发等课题进行研讨，20余篇论文在会上交流。8月22日，江苏省社科联、连云港市政府牵头组织的全国第四届《西游记》学术研讨会在连云港举行。全国15个省、市从事《西游记》研究的专家、学者84人参会，收到论文45篇。会议围绕《西游记》的成书过程，对《西游记》主题思想、地方色彩，《西游记》与连云港市旅游资源开发，与其他古典名著的比较研究、孙悟空的形象渊源等方面作探讨。

2001年9月28日，连云港市社科联和江苏省明清小说研究会共同主办的全国第六届《西游记》学术研讨会在连云港举行。中国社会科学院、北京大学、复旦大学等10多所大学和研究机构的20多位专家、学者与会。国学大师季羡林为此次研讨会题词祝贺。大会编印14万字的《西游精粹》一书。

2002年9月26～28日，市社科联举办的名人名著与连云港暨花果山旅游资源开发研讨会召开，北京大学、南京师范大学、江苏省明清小说研究会的专家学者70余人与会交流，系统梳理连云港市历史文化渊源，编辑出版《名人名著与连云港》一书。10月，省委宣传部扶持苏北文化建设领导小组批准连云港市社科联申报的全国《西游记》研究应用中心项目，划拨20万元资金予以资助。

2003年7月上旬，市社科联通过《连云港日报》《苍梧晚报》、市电台、电视台等向全社会公开征集与《西游记》有关的物品。9月25日，市社科联在淮海工学院图书馆举办《西游记》文化陈列馆开馆仪式并召开专家文化论坛。年内，《西游记》文化研究中心出版4期《西游记文化》特刊，发表来自全国《西游记》研究人员的学术论文112篇；《西游记》网站正式开通。

二、徐福研究

1984年9月14日，赣榆县徐福研究会召开成立大会。次日，赣榆县徐福研究会、徐州师范学院徐福研究室联合召开考察开发徐福村协商会，开始对赣榆县徐福文化进行开发。1985年春，赣榆县徐福研究会更名为连云港市徐福研究会。

1985年7月31日，赣榆县政府在徐福故里——金山乡徐阜村勒石树碑“徐福村”，以纪念秦代方士徐福东渡日本传播中国文化的功绩。12月1日举行揭碑仪式，全国政协副主席赵朴初题写碑文。

1986年5月28日，市社科联、市徐福研究会、江苏省历史学会、徐州师范学院徐福研究室联合主办的江苏省首届徐福学术研讨会在赣榆县召开。这是在连云港市召开的首次专题研究徐福其人其事的省级学术讨论会。省内外专家学者67人对徐福东渡入海线路等问题进行探讨，交流论文23篇，考察徐福村、秦山岛及秦代出土文物，进一步确认徐福其人其事。

1990年12月5～7日，中国赣榆首届徐福节在赣榆县举行。徐福节期间，市社科联等部门举办纪念徐福东渡2200周年学术讨论会，海内外60多名学者出席，交流论文30余篇。日本新宫、佐贺代表团出席讨论会开幕式。会后，由中国科学技术出版社出版《纪念徐福东渡2200周年·徐福研究文集》。

1991年11月25日，经文化部批准，市社科联参与主办的首届全国徐福国际学术讨论会在江苏省赣榆县开幕。参加会议的有日本的徐福研究机构人员27人、国内各省市专家学者66人，收到论文42篇。

1992年11月24～26日，市社科联参与主办的第三届徐福研究学术交流会在赣榆县举办。国内外近百名专家学者出席会议，就徐福在世界航海史上的地位、徐福东渡对中日古代文化的交流和社会进步所起的作用等问题进行探讨和研究。会议收到学术交流论文24篇。会上举行《神秘之物的消散——徐福东渡之谜的今与昔》《徐福国际学术讨论会论文集》首发仪式。

图28-11　徐福研究是连云港市文化研究的主要课题之一。图为连云港市学者参加在日本举行的中日徐福交流研讨活动。赵鸣　摄于1998年

1993年10月20日，中国徐福会成立大会暨徐福国际学术研讨会在赣榆县召开。中国徐福会100余名理事、顾问出席大会开幕式。日本徐福会、日本东京徐福研究会、佐贺县徐福会、新宫徐福协会和佐贺市代表团等50余人及中国香港徐福会代表团、中国台湾徐氏宗亲会等出席大会。

1998年，日本和歌县新宫市徐福研究会会长6人访问徐福村，参观徐福祠，交流徐福研究情况。

2005年9月30日，市社科联、赣榆县政府承办的中国赣榆徐福国际学术研讨会在中国赣榆第五届徐福节期间隆重举行。日本佐贺、八女、堺市等地和中国多地学者应邀参会，发表论文20余篇。会后，市徐福研究会出版《徐福研究》第13期。

三、《镜花缘》研究

1986年7月25日，连云港市《镜花缘》研究会成立。8月14～17日，全国首届《镜花缘》学术研讨会在连云港市召开，北京、上海等地的专家学者及连云港市60名专家学者参会，交流论文34篇。

1998年10月，全国第二届《镜花缘》学术研讨会在连云港市召开，80余人参会。会议收到论文60多篇，围绕《镜花缘》文学创作、时代背景、李汝珍的人生经历等方面，多角度地对《镜花缘》进行研讨。

2003年10月3日，市社科联、市《镜花缘》研究会等单位联合举办的李汝珍纪念馆开馆10周年仪式在灌云县板浦镇举行，70余人参加活动。是日举行第三届全国《镜花缘》学术研讨会，中国工程院院士、华东师范大学教授陈吉余等200多名专家学者参会，对《镜花缘》与连云港及板浦旅游文化资源的开发、《镜花缘》的版本流变等问题展开讨论。

四、东夷文化等研究

1990年11月26日，连云港市首届孔子研究学术报告会在连云港教育学院召开。报告会由市社科联、地方志办公室、教育学院、博物馆和历史学会等单位联合举办。

2005年12月，市社科联举办夏暨东夷文化在连云港专题研讨会。来自国内的上古史研究专家学者30多人参会，对连云港地区与夏以及东夷文化的关系进行分析探讨，并参观藤花落遗址。

五、《儒林外史》研究

2004年10月28日，市社科联、赣榆县政府、江苏省明清小说研究会联合主办的纪念吴敬梓来赣榆290周年暨逝世250周年学术报告会在赣榆县举办。报告会的主要内容包括《儒林外史》的思想主旨、艺术成就、吴敬梓的生平及吴敬梓在赣榆的活动等。

第四节　社会科学成果评奖

1986年10月29日，连云港市社科联印发《连云港市社会科学优秀成果评奖的意见》，决定对自1979年12月市社科联成立后的社会科学优秀成果进行评奖。1987年6月首次评出优秀成果。此后，每隔2～3年组织一次社会科学优秀成果评选。至2005年，共组织社科优秀成果评选8次，评出市级社科奖项920项，其中16项获省级社科优秀成果奖。

1987～2005年连云港市社科优秀成果统计表

表28-7

次　别	评奖时间	评选结果（项）		
		一等奖	二等奖	三等奖
1	1987.06	4	8	29
2	1990.10	5	19	119
3	1994.10	7	20	110
4	1997.10	8	19	111
5	1999.10	11	20	70
6	2001.11	20	30	70
7	2003.09	20	30	70
8	2005.07	20	30	70
合　计		95	176	649

1987～2005年连云港市作者获得省社科优秀成果奖一览表

表28-8

序号	研究成果	作　者	奖项名称
1	《小学数学应用题的思维训练》	顾　荣	江苏省第二届哲学社会科学优秀成果奖三等奖
2	《连云港港史》（古、近代部分）	徐德济　杨贤益	
3	《连云港》（海外版）、《连云港在腾飞》	龚来宝　范永泉　张殿臣	江苏省第二届哲学社会科学优秀成果奖优秀作品奖
4	《连云港港口建设与腹地经济发展》	周子文	
5	《再论孔望山造像的时代》	李洪甫	
6	《关于企业群体的思索》	叶瑞云	
7	《开放城市及开发区经济发展规划的系统性》	秦光汉	

续表28-8

序号	研究成果	作　者	奖项名称
8	《青年思想政治工作新论》	顾进达　杨东升	江苏省第三届哲学社会科学优秀成果奖三等奖
9	《国情学》	杨东升	江苏省第四届哲学社会科学优秀成果奖三等奖
10	《曾巩年谱》	李　震	江苏省第六届哲学社会科学优秀成果奖二等奖
11	《论连云港在徐连经济带建设中“龙头”地位》	吴加庆　邓维鉴	
12	《企业家学》	杨东升　吴价宝	
13	《论中国龟文化及其扭曲》	刘兆元	
14	《尹湾汉墓简牍》	市博物馆	
15	《合同法原理》	王庆军	江苏省第八届哲学社会科学优秀成果奖三等奖
16	《连云港市财政志》	张文武	

第五节　社会科学知识普及与宣传

1984～2005年，连云港市社科联每年编制社科普及宣传计划，要求有关社团结合自身工作实际和特点，积极采取措施，开展行之有效的科普宣传活动。各类社团组织累计开展科普宣传活动300多次，受教育人数10万多人次。2004年，市社科联启动繁荣哲学社会科学宣传周暨首届社科书市活动。是年3月27日，由市社科联牵头，市税务学会、保险学会等20多个社团组织的100多名社科工作者，在陇海步行街开展社科知识普及宣传、社科成果展示和社科图书销售活动，散发宣传材料4600多份。2005年，一些社团组织建立科普大讲堂，不定期举办科学知识讲座。

第五章　连云港市文学艺术界联合会

1979年10月，连云港市文学艺术界联合会（简称市文联）成立。至2005年底，市文联拥有文学、电影戏剧、美术、摄影、音乐舞蹈等10个文艺家协会，会员2808人。

1984～2005年，市文联先后召开第二、三、四、五次代表大会。22年间，市文联坚持“两为”（文艺为人民服务、为社会主义服务）方向，贯彻“双百”（百花齐放、百家争鸣）方针，按照“抓学习、抓阵地、抓创作、抓活动”的总体工作思路，认真办好《连云港文学》杂志，积极开展各种丰富多彩的文艺活动，组织广大文艺工作者投身到改革开放和社会主义现代化建设热潮中，创作紧贴时代脉搏、唱响主旋律的文艺作品，歌颂各行各业在改革开放以来所取得的辉煌成就及涌现出来的感人事迹和先进典型，为弘扬民族精神和时代精神、满足人民群众的文化需求作出贡献。

第一节　组织建设

一、市文联

1979年10月，连云港市文联成立。1980年7月召开第一次代表大会。1996年，市文联内设机构有办公室、组联部，设主席1名。2005年，市文联机关设主席1名、专职副主席2名。内设办公室（事业发展部）、组联部（创作研究部）。

二、社团组织

1980年7月，市文联第一次代表大会后，设文学、电影戏剧、美术、摄影、音乐舞蹈5个文艺工作者协会和书法篆刻研究会，会员284人。1987年4月增设市民间文学工作者协会、电影电视工作者协会，原电影戏剧工作者协会更名为戏剧曲艺工作者协会。1987年，市文联设有7个工作者协会和1个研究会，会员发展至732人。1992年7月，连云港市书法篆刻研究会更名为市书法工作者协会。1993年4～12月，8个工作者协会分别更名为文学家协会、戏剧曲艺家协会、美术家协会、摄影家协会、音乐舞蹈家协会、民间文学家协会、电影电视家协会、书法家协会。1997年，市文联撤销音乐舞蹈家协会、戏剧曲艺家协会，成立音乐家协会、舞蹈家协会、戏剧家协会、曲艺杂技家协会。2005年，市级10个文艺家协会有市级（以上）会员2808人，其中，全国文艺家协会会员182人、省文艺家协会会员706人。

三、代表大会

1986年9月，市文联第二次代表大会召开。会议审议通过《开拓，为了崛起的明天》主题报告。大会选举产生委员74人，常务委员9人，选举周维先为市文联主席。

1992年9月，市文联第三次代表大会召开。会议审议通过《团结奋进，以港兴文，为人民创作更多的艺术精品》主题报告。大会选举产生委员36人，选举周维先为市文联主席。

1997年9月，市文联第四次代表大会召开。会议审议通过《团结开拓，力创精品，全面繁荣连云港市文学艺术事业》主题报告。大会选举产生委员43人，选举刘畅征为市文联主席。

2004年11月，市文联第五次代表大会召开。会议审议通过《团结开放，与时俱进，为创造我市文艺事业的新辉煌而努力奋斗》主题报告。大会选举产生委员44人，选举魏琪为市文联主席。

第二节　创作与活动

20世纪80年代初，连云港市文联组织开展民间故事、民间歌谣、民俗的采风搜集。1984年，《连云港民间传说》获江苏省首届民间文学作品集体荣誉奖；市音乐舞蹈工作者协会选送吴国荣等人参加全国总工会合唱团，到全国其他地方演出，获全国"青年工人歌手"称号；周明亮创作的国画《渔家》，周兴、周国忠合作的版画《岭上八月》入选第六届全国美展，实现连云港市美术作品入选全国美展"零"的突破，其中《渔家》被中国美术馆收藏。1985年，市文联邀请著名声乐教授金钦霖、著名歌唱家马玉涛等艺术家到连云港开办讲座、授课和作学术报告；刘国华散文《银色的大地》获《海洋》杂志全国征文一等奖；徐兆良书法获《中国书法》评比佳作奖。

连云港市被国务院批准为全国首批沿海开放城市后，市文联加强对外对内文艺交流。1985年，杜庚代表市书法篆刻研究会到日本堺市举办书法展览并进行书法艺术交流活动。1986年，市文联选送青年歌手李媛参加全国青年业余歌手电视大奖赛江苏赛区比赛，获通俗唱法第一名；张耀山在中国书协、中国青少年书法报联合举办的全国神龙杯书法比赛中获青年甲组金奖。1987年，市文联组织中长篇小说作者与出版社对话会，邀请《钟山》《清明》等大型文学期刊主编到连云港与作者对话；周维先领衔编剧的新时期江苏第一部散文电影《夏之雨冬之梦》在全国公映。是年9月1日，由市文联发起，陇海兰新沿线的乌鲁木齐、西宁、西安、郑州等13个大中城市共同举办的第一届"横贯中国"摄影艺术展在兰州开幕。1988年，市文联组织美术、书法、摄影65件作品到日本堺市博物馆展出。1989年张耀山作品入选第四届全国书法篆刻展。

1990年，市民间文学工作者协会、市总工会联合举办新故事讲习班，特邀上海《故事会》、江苏《垦春泥》主编到连云港讲课；沈涛、尚爱民等人创作的5集电视连续剧《罪与罚》获江苏省第六届优秀电视剧评选一等奖、飞天奖提名奖。市戏剧曲艺工作者协会会员舒畅新编京剧《大内精英》获省首届兆丰杯戏剧文学奖。刘国华创作的曲艺、剧本集《跋涉》由中国文联出版公司出版发行。1991年，市戏剧曲艺工作者协会会员化敏获第二届中国话剧演员金狮奖优秀演员奖。1992年，由市文联牵头，彭云、姜威等人主编的《连云港民间文学集成》出版，是连云港市有史以来规模最大的一部文艺类书籍，填补连云港市民间文学搜集整理工作的空白。姜威创作的民间文学集《〈西游记〉外传》获江苏省第二届民间文学奖一等奖。张岚军创作的《晚秋时节》入展第十一届全国版画展。

1994年，市文联主席周维先编剧、南京电影制片厂拍摄的电影《早春一吻》获第十四届中国电影金鸡奖特别奖、第二届北京大学生电影节优秀影片奖和第三届江苏省文学艺术奖，剧本收入《江苏文学50年·电影文学卷》。青年作曲家王咏梅创作的歌曲《香泉水》获全国歌曲创作大赛金奖。11月，市文联承办的东方桥头堡画展、"赞连云港楹联展"在北京中国美术馆展出，这是新中国成立后连云港市首次在北京办展。

1995年，张文宝、蒯天创作出版的长篇报告文学《东方大港梦》，获江苏省第二届"五个一工程奖"。1996年，许赞有、张远松、冯寿干等8人被联合国教科文组织授予"民间工艺美术家"称号。1996～1997年，市摄影协会与韩国木浦市写真协会联合举办2次摄影艺术交流展览。1999年，市文联组织知名美术家、书法家联手创作巨型画幅《莲花颂》，作为市政府礼品赠送澳门特别行政区政府；省文联授予化敏首届"德艺双馨会员"称号。2000年，市文联主席周维先获"中国百佳老电视艺术工作者"荣誉称号；市舞蹈家协会编排女子舞蹈《海边的姑娘》参加在日本举办的国际民族艺术节；陈迅获中国书法家协会"德艺双馨会员"称号；成磊创作的《火红的乐章》入选江苏省第十六届摄影艺术展并获金奖。

图28-12　1992年9月，连云港市文联第三次代表大会召开。
赵鸣　摄

2001年，魔术家汪其魔被中国杂技家协会授予"特别贡献奖"；张晓东创作的摄影作品《参赛者》获江苏省"五星工程奖"金奖；何连海作品获江苏省青年书法篆刻精品展金奖。2002年，在第二届全国魔术杂技比赛中，汪其魔创作的《魔柜变九仙》获全国魔术杂技艺术最高奖“金菊奖”，是年中央电视台《乡村大舞台》栏目专门报道他的魔术团队；刘晶林报告文学《一个人、一个村庄和一个梦》获2002年《人民文学》征文优秀作品奖。市政府举办连云港市文学艺术奖评奖，涵盖文学、戏剧、影视、舞蹈、音乐、美术、摄影、书法、民间文学、曲艺杂技等领域。2003年，王咏梅创作的歌曲《你爱太阳到永远》获全国军旅歌曲创作大赛银奖、《美丽的家园》获文化部“文华奖”银奖；曲艺老艺人张同举被授予“有突出贡献的曲艺艺术家”称号；许金方摄影作品《种子》获中央电视台、《大众摄影》杂志主办的全国老年题材摄影大赛三等奖。2004年，王咏梅创作的歌曲《放飞青春》被选为第七届全国大学生运动会会歌，《让时代为我们喝彩》被选为第十届全国运动会会歌，《和谐中国》被选为第十届全国运动会火炬传递主题歌；在《小小说选刊》《百花园》发起的全国最受读者欢迎的十大小小说作家评选中，连云港作家相裕亭名列其中。2005年，市美协会员张龙创作的巨幅国画作品《长城万里行》在北京军事博物馆展出；文化部、中国民间文艺家协会授予姜威民间文学集成贡献奖；在江苏省第二届少儿版画展上，200幅展品中连云港市占50幅，获奖数全省第一。

图28-13 全国魔术杂技艺术最高奖“金菊奖”获得者汪其魔为战士们表演魔术节目 侍志 摄

第六章 连云港市科学技术协会

1984～2005年，连云港市科学技术协会（简称市科协）积极推进科技进步和科技创新，广泛开展群众性、社会性和经常化的科普活动，打造科协科普活动品牌。开展“三下乡”“百名教授兴百村”等服务活动，拓展全市农村科学技术普及面。推进城市科普事业发展，提高全民科学文化素质和生活水平，促进全市“三个文明”建设。至2005年底，市科协有下属学会、协会43个，会员25万人。

第一节 组织建设

一、市科协

1981年，连云港地区科协恢复建立。1983年3月市科协独立建制。1991年10月，市科协为政协连云港市委员会的组成单位，23位政协委员组成科协组。2002年12月，市科协机关内设办公室（组织宣传部）、学会学术部、科学技术普及部、国际联络部设主席1名、专职副主席2名。至2005年底，未有变化。

二、基层组织

从1984年建立第一个科技协会开始，至1988年底，市科协辖学会、协会、研究会53个，会员1.2万人；企事业科协22个，会员4500人。1989年成立连云港市地学会、连云港市能源研究会，吸收中华医学会连云港预防学会为市科协所属学会。市地震学会调整为市地学会分会，市水貂学会调整为市畜牧兽医学会分会。至1990年，市科协所属学会、协会、研究会共59个，会员1.39万人。1992年，市科协所属63个学会、协会、研究会全部完成登记工作。其中，登记后划出科协系统的有消防、会计、图书馆、玩具、包装5个学（协）会，饲料、技术管理现代化2个学（协）会未予登记，医院管理学会改为二级学会。新成立市劳动保护科技学会、汽车工程学会、系统工程学会。是年新建有机化工厂、市第一食品厂、大华厂、药检所、卫生防疫站、测量队、工商银行、供电局8个厂（所、行）基层科协组织。1993年，市区新建连云港缸套厂、市农科所等2个厂（院）科协和测绘、针灸2个市级学会。1995年，市城市规划学会成立。1997年，市科协以完善学会组织网络建设为重点，联合市民政局对25个学会进行清理整顿并填表登记。1999年，市科协辖学会、协会、研究会62个、企事业科协37个。2000～2005年，激光学会、自然辩证法研究会、气功科学研究会、金属学会、汽车工程学会、硅酸盐学会和热处理协会先后被注销。由于企业改制兼并等多种原因，企业科协数量大幅减少。至2005年底，市科协共有下属学会、协会、研究会43个，其中企事业科协28个，会员25万人。

三、代表大会

1981年10月，市科协第三次代表大会召开。出席会议代表340人。会议审议通过《振奋精神，同心同德，为加快我市"四化"建设贡献智慧和力量》主题报告。会议讨论通过《连云港市科学技术协会章程》和《连云港市科学技术协会自然科学专门学会组织通则》；选举产生第三届委员会，委员83人，常委29人，选举刘一麟为主席。

1985年8月，市科协第四次代表大会召开。出席会议代表350人。会议审议通过《奋发努力，锐意改革，为振兴连云港市发挥积极作用》主题报告。会议通过修改后的《连云港市科学技术协会章程》；选举产生第四届委员会，委员85人，常委29人，选举卢彩繁为主席。

1989年10月，市科协第五次代表大会召开。出席会议代表354人。会议审议通过《发挥科技群团优势，为科技兴市而努力奋斗》主题报告。会议通过修改后的《连云港市科学技术协会章程》；选举产生第五届委员会，委员85人，常委31人，选举徐广才为主席。

1993年12月，市科协第六次代表大会召开。出席会议代表350人。会议审议通过《解放思想，开拓创新，为促进我市科技进步和经济发展而努力奋斗》主题报告。会议修改《连云港市科学技术协会章程》；选举产生第六届委员会，委员93人，常委33人，选举徐广才为主席。

1998年12月，市科协第七次代表大会召开。出席会议代表250人。会议审议通过《抓住机遇，开拓创新，组织动员全市科技工作者为实现我市跨世纪的战略目标而奋斗》主题报告。会议修改《连云港市科学技术协会章程》；选举产生第七届委员会，委员73人，常委31人，选举宋怀玉为主席。

2005年1月，市科协第八次代表大会召开。出席会议代表420人。会议审议通过《开拓创新，锐意进取，团结和动员广大科技工作者为实现富民强市目标而奋斗》主题报告。会议修改《连云港市科学技术协会章程》；选举产生第八届委员会，委员105人，常委49人，选举陈佑龙为主席。

第二节　学术交流

一、学术研讨

连云港市科协每两年组织一次自然科学优秀学术论文评选表彰活动。1988～1989年，市科协发动科技工作者对连云港市"八五"经济和社会发展纲要及建设项目规划进行论证，提出许多有价值的建议。1999～2004年组织举办世界科学技术现状与发展趋势学术报告会、农业产业化和农业产业结构调整学术研讨会、城市可持续发展研讨会、城市交通发展和建设研讨会、连云港市农业机械化发展方向研讨会、连云港市发展海洋经济全国专家座谈会以及针对夏季肠道传染病、灾害性天气、"非典"疫情等大型学术活动26次，组织科技讲座96场次，邀请两院院士曲钦岳、中科院院士周锡元等43名省内外著名专家学者到连云港作报告。2005年，全市共举办各类学术交流、学术讲座活动194场次，承办省级及其以上学术研讨会（报告会）9次，现代农业发展论坛、农机化发展论坛、蔬菜产业化发展研讨会等较有影响的学术活动12次。至2005年底，市科协累计征集论文1.39万篇，评出优秀论文3147篇；全市科协系统组织各类学术活动3667次，参加交流的科技人员近20万人次。市科协推荐的496篇论文先后在中国科协学术年会、省青年科技学术论坛上参加会议交流。

二、科学考察

1986年，市林学会配合省植物学会接待美国国家树木园专家到连云港市考察云台山自然保护区，商定中美双方共同申请，将云台山自然保护区加入联合国的"人与生物圈"。1989～1993年，全市向国外派遣出国进修生31名。2001年，为配合市政府秸秆禁烧政策，市科协、环保学会、农机学会就秸秆还田、秸秆综合利用等问题组织调研与机械现场演示活动。2003年组织9名科技管理人员赴美国、欧洲等地考察学习，向中国科协、省科协推荐赴日研修预选生12名；有关学会选派36人分赴美国、日本、欧洲等地进行技贸考察或出席国际会议。2005年，市科协组织有关系统学会围绕"三农"问题、科技创新开展课题研究；市环境科学学会完成连云港市循环经济建设规划的课题研究。至2005年底，全市科协系统共组织开展科学考察62次。

第三节　科学普及

一、城市科普

自1989年5月举办首届科普宣传周活动起，至2005年底，连云港市连续举办17届科普宣传周活动，组织5万多名科技工作者开展街头咨询、科普报告会、科普进军营等活动6380多场次，现场散发科普资料610余万份，制作科普展版5400余块，放映科普电影1940余场次。

二、农村科普

1984年，全市各级科协围绕农民需求及农村经济发展需要，开展送科技下乡活动。1985年，市科协组织开展“创文明生活，破陈规陋习”的科普文明村活动，全市命名10个科普文明村。1987年初，市科协、市委宣传部等单位下发《关于在全市农村开展“破除封建迷信，反对陈规陋习”活动的意见》，在东海县安峰乡召开破除封建迷信、建立红白理事会的经验交流会。1990年，全市通过农村“讲比”活动，共建科普文明村238个。至2005年底，市科协共开展送科技下乡活动1346次，举办农业科技讲座1742场次；组建农业科技志愿者服务团20个、科技服务人员180人，接受电话咨询3.3万余次，到现场服务1.7万余次，帮助解决实际问题1.11万个；38个乡镇被命名为市级科普示范乡镇，45个行政村被评为科普文明村，各县区还命名5000余个科普文明示范户；灌南县、东海县被命名为“国家级科普示范县”，赣榆县被命名为“江苏省科普示范县”。

从1987年5月起，市电视台每周播放一次科普知识电视节目。1989～1993年，全市共扶持发展农村专业技术研究会213个，建立科技示范点92个，普及推广各类实用技术185项。建立科技扶贫点4个，3200户农民依靠科技摆脱贫困。至2005年底，市科协组织各类农村实用技术培训班3500余期，其中食用菌培育培训班300余期、养殖项目培训班1000余期，培训技术骨干5.6万人次，农村党员、基层干部受训50多万人次，100多万农民参加培训。

2003年开始，市科协、市委组织部共同组织实施为期三年的“百名教授科教兴百村”小康工程。南京农业大学、淮海工学院、省海洋水产研究所、省淡水水产研究所、中国农科院蚕业研究所的107名专家教授到连云港市107个具有一定产业基础的村担任科技顾问，建立相关产学研协作基地和专业工作站，对农村基层干部、专业大户、技术能手和广大农民开展技术培训，为全市农业产业化发展长年提供信息服务，帮助上述村庄成为教学科研成果的孵化器、优良品种推广的生产基地。至2005年底，全市有1200多名经济能人成长为农业技术人才，实施富民项目117个，总投资6.4亿元。

图28-14　“百名教授科教兴百村”小康工程是连云港市政府服务新农村建设的重要举措之一。图为市政府举行活动表彰大会。　赵鸣　摄于2003年

三、青少年科普

20世纪80年代初开始，全市每年都举办1期科技夏（冬）令营。1992年，受联合国儿童基金会委托，全国青少年环保知识竞赛系列活动闭幕式和全国青少年环保夏令营开营式在连云港市举办。1998年，在南京举行的第十一届国际科学与和平周全国中小学生（江苏地区）“金钥匙”科技竞赛团体赛中，连云港市代表队蝉联团体第一名。2000年，连云港市开展创建省、市青少年科技示范校活动，中小学普遍开展读1本科普书籍、听1场科普报告、写1篇科普文章、出1期科普板报的“四个一”活动。2004年12月，市科协、市委宣传部、市教育局与中央电视台合作拍摄5集专题片《异想天开——走进连云港》，在中央电视台少儿频道和科教频道连续播出。2005年，市科协与教育部门举办全市青少年科技创新大赛，收到参赛作品352件，49件作品获得省级奖励，其中

图28-15 市科协在国际爱鸟日开展科普活动
赵鸣 摄于2002年

14件作品获省一等奖。

至2005年底，全市建有省级科普教育基地16个、省级科普教育特色学校24所、市级科普教育特色学校20所，建成一批县区级科普教育基地及城乡社区科普活动室、图书室。东海县青少年科技活动中心成为连云港市乃至苏北地区县一级规模最大、功能最全的科普教育基地。全市组织青少年科技活动1200多场次，表彰优秀中小学生9430多人次；在省级及以上科技竞赛中，全市有572人次、76个科技活动兴趣小组获得优秀奖，其中赣榆县柘汪第二小学科技活动兴趣小组开展的绣针河中下游野生动植物研究实践项目获得全国青少年科技创新大赛科技活动类一等奖，近200名中小学生在全国数学、物理、化学、生物类竞赛和“五小发明”等竞赛中获奖。

第四节 科技咨询

1985年，连云港经济技术咨询服务中心成立，委托中国国际工程咨询公司组织专家组对全市经济社会发展规划成果作出评价。1985年春，市电力学会为市塑料二厂设计引进国外生产线配套的变电所。1986年，矿山院科协为青海钾肥厂建设工程从可行性研究到技术引进、招标决标以及施工组织管理等方面提供全面系统的咨询服务，不仅保证工程及早试车投产，而且为国家节约大量资金，仅工程招标审核就节约1475.2万元。1985～1989年，全市咨询分支机构由原来的35个发展到62个，完成科技咨询1043项，创造经济效益约2亿元。1989年2月，市邮电局开工建设4000门程控电话机房。2月，机房室温达38℃，机器不能保证夏季正常工作，市制冷协会耗时1个月，对空调系统进行修改、调试后最终达标，保证全市电话的正常使用。1989～1993年，全市科协系统组织2万余人次科技人员参加科技咨询服务工作，完成技术合同1760项，合同额1060万元；扶持中小企业、乡镇企业239家，增创经济效益约2亿元。1993年，市科协组织35家单位，携带59个产品和成果，参加江苏省首届专利科技博览会，获7块金牌、8块银牌。2005年，12个学会分别承担32项技术论证工作，承担软科学研究课题8个，提交调研报告6份；开发新产品58项，举办各类培训班365期，培训人员1.54万人次。

第七章 连云港市归国华侨联合会

1983年，连云港市归国华侨联合会（简称市侨联）成立后，紧紧围绕全市发展大局，深入开展侨情调研，切实强化对外联络载体建设，服务经济发展，依法维护归侨侨眷权益，拓展海内外联谊联络，积极参政议政，为侨界和广大人民群众提供认证、劳务输出、移民签证、留学中介、创业服务、法律服务等服务项目，向海外宣传介绍连云港市的经济发展、投资环境、政策法规、合资合作项目，引进海外资金、技术、人才，为推进连云港市经济社会发展和扩大开放提供有力支持。

第一节 组织建设

一、市侨联

1983年，连云港市侨联成立，为正科级单位，不设驻会干部，日常工作由市侨务办公室代办，遇有重要事项即召开市侨联常委会或全委会研究。1984年，市侨联编制2名。1987年6月，市委组织部任命市侨联秘书长（正科级）、副秘书长（副科级），为市侨联驻会干部，与市侨办合署办公。

1998年2月，市侨联划归市委统战部管理。2004年1月，市侨联机关升格为正处级机构，设驻会主席1人、秘书长1人。

二、代表大会

1987年11月，市归侨侨眷第三次代表大会召开。出席会议代表82人。会议审议通过《沿着党的十三大指引的方向，努力做好侨务工作》的主题报告。大会选举产生第三届委员会，委员25人，常委15人，选举主席1人。

1992年12月，市归侨侨眷第四次代表大会召开。出席会议代表68人。会议审议通过《在党的十四大精神指引下努力开创侨务工作的新局面》的主题报告。大会选举产生第四届委员会，委员23人，常委14人，选举主席1人。

1998年11月，市归侨侨眷第五次代表大会召开。出席会议代表70人。会议审议通过《抓住机遇，开拓创新，提升侨务工作新水平》的主题报告。大会选举产生第五届委员会，委员17人，常委9人，选举主席1人。

2004年2月，市归侨侨眷第六次代表大会召开。出席会议代表120人。会议审议通过《充分发挥优势，全面履行职能，为富民强市全面建设小康社会作出新贡献》的主题报告。大会选举产生第六届委员会，委员19人，常委11人，选举主席1人。

第二节 侨眷利益维护

1998年，针对连云港市企业退休归侨工资低、年老多病、生活比较困难等实际情况，连云港市侨联积极向上级侨联和市委、市政府有关部门提出办法和建议，并在市“两会”上提出《关于对全市困难归侨给予困难补助的建议》，引起人大、政协和社会各界的关注和重视，企业退休归侨生活补助得到落实。1999年11月，市政府办公室下发《关于对归侨实行优惠待遇的通知》，明确归侨进入各类旅游景点等公共文化场所免收门票；免费办理图书馆、文化馆图书借阅手续；免费到电影院、剧场观看电影；到市卫生医疗系统所属医疗机构就诊，享受普通挂号费减半优惠，并优先就诊缴费取药；减半收取有线电视初装费；免费乘坐市内公共汽车等优惠待遇。2004年，市政府下发《关于贯彻实施〈中华人民共和国归侨侨眷权益保护法实施办法〉的通知》。2005年，市侨联在市“两会”上提出《关于加大维护侨商和侨资企业合法权益的力度》《强化服务意识，积极维护侨港资企业的合法权益的建议》《维护侨商合法权益》等提案和建议，得到相关部门重视。至2005年底，全市侨界各级人大代表、政协委员提出意见和建议累计600余件，52户归侨享受优惠待遇。

第三节　联谊联络

从1984年开始，连云港市侨联先后与美国、法国、日本等150余个国家和地区的华侨社团建立联系。与云南省大理、红河，江苏省无锡、泰州，山东省日照，陕西省宝鸡等地区侨联组织建立友好关系。2002年，连云港市女子民乐团到法国、德国、荷兰、西班牙为华侨华人演出。2004年，市侨联引荐超市项目1个、到位资金500万元；引进天易国际学校，总投资1200万元；引进复合肥项目，到位资金50万美元。2005年，市侨联到韩国参加木浦市花节；引荐房地产、娱乐、汽车城建设3个项目，到位资金2920万元；培训农民及下岗职工1500余人，派遣1000余人到新加坡、阿联酋等国家务工，人均年创收3万元。至2005年底，市侨联累计接待马来西亚、日本、新加坡、印尼考察团等200余批1000余人次。

第八章　连云港市红十字会

连云港市红十字会（简称市红十字会）自1982年9月恢复活动后，认真履行红十字会各项职责，加强组织建设，发展红十字会会员，加大宣传教育，开展无偿献血活动，深入开展救灾、救助、救护工作。抓好红十字青少年工作，红十字事业有较大发展。

第一节　组织建设

一、市红十字会

连云港市红十字会始建于1957年5月。1967年4月停止活动。1982年9月恢复活动。1985年1月组建市红十字会理事会。此后陆续在市内各医疗卫生单位建立基层红十字会。1990年底，全市有基层红十字会433个，会员2.57万人。1995年，红十字备灾救助基金募捐活动组织委员会成立。1996年，红十字备灾救助基金管理委员会成立。1996年底，全市红十字会组织发展到1292个，会员24.7万人。2001年市编委同意设立市红十字会办公室。2005年5月27日，市编委发文将市红十字会由市卫生局代管改为市政府领导联系，为相当于副处级全额拨款事业单位，参照国家公务员制度管理。市红十字会内设综合部和赈济救护部。

二、代表大会

1991年1月23日，市红十字会第四次代表大会召开。出席会议代表75人。会议审议通过《连云港市红十字会第四次代表大会工作报告》《连云港市红十字会1990～1994年工作规划提要》。大会决议通过工作报告和五年工作规划提要，选举产生理事58人，选举会长1名。

1994年9月15日，市红十字会第五次代表大会召开。出席会议代表120人。会议审议通过《连云港市红十字会第五次会员代表大会工作报告》《连云港市红十字会1995～1999年五年工作规划提要》。大会决议通过工作报告和五年工作规划提要，选举产生理事59人，选举会长1名，聘请名誉会长1名。

此后至2005年，市红十字会未召开代表大会。

第二节　灾害救助

1991年，连云港市发生特大洪涝灾害。市红十字会无偿拨发救灾款25万元及总价值约200万元的各类物资。1993年，市内先后遭受龙卷风、冰雹和洪涝灾害。市、县红十字会前往灾区慰问受灾居民，发放救灾物资；受灾较重的灌云县、东海县组织医疗队下乡防疫。1994年初，市红十字会为灌云县龙苴镇范庄村100余户受灾贫困居民分发大米5吨。1996年，在全市发起红十字备灾救助基金募捐活动。

2000年8月28～31日，全市普降暴雨，局部特大暴雨，全市平均降水405.3毫米，降雨量最大的灌南县长茂镇一日降水量达812毫米。灌南县红十字会组织2批医疗队深入灾区防疫治病，在18个乡镇106个行政村诊治各类病人5000余人次，无偿发放各类药品价值8万余元；全市组织352支专业消毒队，投放漂白粉片350万片、漂白粉精1.5吨、漂白粉4吨、灭毒威800千克、敌敌畏1.2吨，共消毒饮用水约3.6万立方米、消毒清理村庄内外环境500万平方米。

2003年3～4月，传染性非典型肺炎疫情日趋严重。市、县、区红十字会及时向社会公布捐赠热线电话号码，至6月底，市红十字会收到捐赠款物40余万元，全部用于治疗工作。入夏后全市遭受洪涝灾害。灌云县红十字会为灾区募得捐款3.6万元、衣物900件；灌南县红十字会募得毛衣400件、棉被30床；海州区红十字会会同区防疫部门及时向新坝乡、锦屏镇饮用直供水的居民发放漂白粉精片20余万片。7～10月，江苏省红十字会向连云港市灾区下发价值约28万余元的救灾药品和消毒药品、价值16万余元的大米90吨、价值7万余元的棉被1500条、价值10万余元的各类慰问品500箱。

第三节　无偿献血

1998年，连云港市无偿献血工作启动。是年9月24日至10月1日，市中心血站组织开展《中

图 28-16　市红十字会无偿献血志愿者服务队在华联广场开展活动　　侍志　摄于2003年

华人民共和国献血法》宣传周活动，其间500余名市民参与献血活动，献血10余万毫升。

1999年，连云港市献血工作领导小组成立，分管副市长任组长，领导小组办公室设在市卫生局。是年5月，市红十字会、市卫生局共同组织无偿献血宣传周活动，市内各医疗卫生单位均在醒目位置悬挂横幅、张贴标语，印发《中华人民共和国红十字会法》和《中华人民共和国献血法》宣传资料10万余份，其间600余名市民参加无偿献血。6月，市政府颁发《连云港市公民无偿献血暂行办法》。

2003年3月4日，中国造血干细胞捐献者资料库江苏省分库连云港市采样点在市中心血站揭牌，同时举行连云港市造血干细胞血样首次采集活动。市卫生系统400余名捐献造血干细胞志愿者接受采血。至是年底，全市500余人接受采血。

2005年11月，省卫生厅、省红十字会和省军区后勤部在南京召开2002～2004年度全省无偿献血表彰大会，连云港市129人获无偿献血奉献奖。

1998～2005年连云港市区无偿献血情况统计表

表 28-9

年　份	献血人次	献血量（毫升）	占临床用血量（%）	年　份	献血人次	献血量（毫升）	占临床用血量（%）
1998	1369	273100	9.04	2002	10509	2266810	80.19
1999	7557	1466030	48.24	2003	10249	2413830	77.24
2000	11917	2385140	81.71	2004	17530	3970000	90.76
2001	9395	1883980	69.67	2005	24261	6412200	99.90

第二十九卷 政 法

1984～2005年，连云港市政法部门依法办事，严格执法，深入开展平安连云港、法治连云港建设，维护全市稳定，保障和促进经济社会发展。其间，政法工作经历恢复和发展两个阶段。1984～1990年是全市政法工作的恢复阶段。1984年起，全市开展为期3年的严厉打击严重刑事犯罪活动的斗争，政法部门坚决贯彻执行“从重从快”方针，至1987年3月先后依法处决一批严重犯罪分子。此后继续贯彻“严打”方针，不间断地开展打击流窜犯罪及反盗抢、反流氓、“扫黄打非”“除六害”等专项斗争和治理，打击犯罪分子嚣张气焰，净化社会环境。司法行政部门开展法制宣传、律师、公证、人民调解工作，加强劳动教养、劳动改造管理，有效防止矛盾激化，增强人民内部团结。至1990年底，全市政法工作重点从拨乱反正转移到服务改革开放上来。市、县、区检察机关相继恢复重建，市委政法委员会成立。1991～2005年是全市政法工作的改革发展阶段。各级政法部门围绕社会矛盾化解、社会管理创新、公正廉洁执法三项重点工作，扎实推进平安建设、法治建设、队伍建设，全力服务保障开发开放，切实维护全市政治和社会治安大局稳定。1992年，全市社会治安综合治理工作明确“严打”、安置帮教、青少年教育管理、群防群治、矛盾调解、基层组织建设6项工作任务。贯彻中共中央关于开展“严打”整治斗争的重大部署，坚持“什么问题突出就整治什么问题”，在“打黑除恶”、治暴缉枪、整治规范市场经济秩序和禁毒四条战线上开展一系列专项惩治行动，依法严惩一批严重犯罪分子，摧毁一批黑恶势力犯罪团伙。1998年3～9月，在全市组织开展公正执法、文明执法主题教育整顿活动。1999年着手解决人民法院“执行难”问题。2003年8月起，在全市开展平安连云港创建活动。

至2005年底，全市公安机关累计破获刑事案件11.4万起，抓获作案成员9.6万人；检察机关受理提请逮捕犯罪嫌疑人78622人，决定逮捕61411人，移送起诉4.36万件6.74万人，提起公诉3.96万件5.63万人；市、县两级法院审结、执结各类案件42.3万件，其中审结刑事案件5.03万件，判处犯罪分子5.24万人；司法机关完成“一五”“二五”“三五”“四五”普法工作，全市人民调解委员会调解各类民间纠纷62.5万件，调解成功61.25万件，调解成功率98%。

第一章 社会治安综合治理

1985年，连云港市成立社会治安综合治理机构，组织、参与严厉惩治严重刑事犯罪活动，开展社会治安综合治理各项工作。1992年，全市各县、区、乡镇（街道）全部建立社会治安综合治理工作机构，建立治安联防队等基层群防群治组织，制定本地区社会治安综合治理目标。1997年，全市组织开展安全文明小区、安全文明村镇、安全文明单位创建活动。2003年，全市组织开展建设平安连云港、创建最安全地区活动，市及县区制定分阶段创建和奋斗目标，实施十大重点工程，制定并推行目标责任制、领导责任制、警示制、一票否决制等各项制度。至2005年底，全市7个县区全部达到江苏省社会治安安全县、区标准。

第一节　综合治理体制建设

一、组织建设

市级组织　1986年5月10日，中共连云港市委决定成立连云港市社会治安综合治理办公室（简称市综治办），属市委政法委内部机构。1992年2月，市、县（区）、乡镇（街道）社会治安综合治理工作领导小组更名为社会治安综合治理委员会（简称综治委）。2001年，市综治办列入编制序列，与市委政法委合署办公，下设1个科级工作机构——协调指导处。市综治委设立刑释解教人员安置帮教工作领导小组及其办公室、预防青少年违法犯罪领导小组及其办公室、流动人口管理工作领导小组及其办公室、禁毒工作领导小组及其办公室和铁路护路联防工作领导小组及其办公室。

乡镇（街道）组织　1992年调整充实乡镇（街道）综治办，从市公安局、司法局、人民检察院、中级人民法院选派65人到乡镇（街道）担任副乡镇长或副主任，专门从事社会治安综合治理工作。全市105个乡镇（街道）设立综治办。1995年5月，市委政法委、市综治委印发《关于对全市各乡镇（街道）综治专干实行目标管理工作的意见》，明确责任目标，实行百分制考核。1997～1998年，全市126个乡镇（街道）专抓社会治安综合治理的党政副职全部配齐，配备综治办专职工作人员77人。2002年解决乡镇（街道）综治办专职工作人员享受政法特岗津贴问题。2003年，全市105个乡镇（街道）建立社会治安综合治理委员会，综治办专职工作人员全部配齐。2004～2005年，全市101个乡镇（街道）全部建立党委政法委员会，与乡镇（街道）综治办合署办公，由同级党委副书记兼任书记，全面负责乡镇（街道）政法综治工作，下设办公室，作为日常办事机构，具体负责政法综治方针政策和工作措施落实。探索和推行乡镇（街道）政法工作区模式，全市组建政法工作区（试点）30个。

基层群防群治组织　1998年，全市126个乡镇（街道）组建乡级治安联防队伍上百支。2003年，配备专职保安联防队员，公开招聘，择优录用，并对其进行政治、业务培训。全市有义务联防队伍近1000支。2005年，按照集综合治理、社区警务、治保调解、外来人口管理职能于一体的原则，全市开始建立村（居）社会治安综合治理办公室。村（居）综治办既是村（居）社会治安综合治理工作的领导机构，又是工作机构。

二、制度建设

目标责任制　1992年，连云港市开始实行社会治安综合治理目标责任制，市委、市政府与各县区和市直有关部门签订社会治安综合治理目标责任书，明确规定县区和市直有关部门年度应当完成的社会治安综合治理目标任务，其他市直相关部门参照市综治委成员单位参与社会治安综合治理的职责任务，落实社会治安综合治理措施。1999年，2个县区、5个乡镇（街道）和3名个人分别被评为江苏省社会治安综合治理先进集体、先进个人。

领导责任制　1994年7月起，全市推行社会治安综合治理领导责任制，将社会治安综合治理工作作为党政领导干部任期目标之一，其成效优劣同党政领导的政治荣誉、经济待遇直接挂钩。建立由综治委、纪委、组织部、人事局、监察局以及其他有关部门组成的社会治安综合治理监督机构，按季度通报情况，交流信息，研究解决领导责任制实施中的有关疑难问题。

警示制度　2002年7月，市综治委、纪委、组织部、人事局、监察局印发《连云港市各县区2002年度社会治安综合治理末位警示标准》，对社会治安综合治理工作不力，经检查考核处于末位的，予以末位警示诫勉，限期落实整改措施。是年，新浦区受到警示诫勉，7个乡镇（街道）被通报警示，限期整改。2004年8月，全市开始实施社会治安综合治理警示制度。

一票否决制　1994年8月，市综治委印发《连云港市社会治安综合治理一票否决权实施办法（试行）》。2000年，全市否决59家单位、2名个人评选先进或者晋升职级资格。2001年，全市否决17家单位、5名个人评选先进资格。2002年，否决24家单位评先受奖资格。2004年，云台山风景名胜区发生群体性事件，致花果山道路被围堵，造成严重影响；市建设局局长被司法机关追究刑事责任。云台山风景名胜区、市建设局被市社会治安综合治理委员会一票否决。2005年1月，市教育局因原局长、副局长被司法机关追究刑事责任，市综治委对其2004年度社会治安综合治理工作实行一票否决。淮海工学院因主要领导被司法机关追究刑事责任，其2005年度社会治安综合治理工作被一票否决。

联系点工作制度　2002年4月，连云港市开始实行社会治安综合治理联系点工作制度，每3～5个成员单位组成1个综合治理联系组，每组对应联系1个县区，帮助2001年度综合治理检查考核中名列末位的乡镇（街道）制定整改计划，督促其限期整改；市综治委各成员单位在本系统另行选择1个基层单位作为联系点，开展帮扶工作。全市建立乡镇联系点10个、系统内联系点41个。2005年5月，调整市综治委成员单位共建工作联系点，市综治委每个成员单位分别联系1个乡镇（街道），开展社会治安综合治理和平安连云港建设工作。

法制环境110联动制度　2002年3月开始推行法制环境“110”联动制度。市委政法委和市综治办牵头协调或配合有关部门排查涉及重大项目和外资企业法制环境的矛盾纠纷和治安问题，及时化解处置。至2005年底，对学院路施工、核电站淡水输送管道铺设工程、大浦河应急工程、移动公司综合楼后院施工、徐连高速公路焦庄段施工受阻及外地法院强行扣押连云港人质等重大事件的处理，均取得良好效果。

第二节　专项治理

1984年，连云港市开展刑事犯罪集中打击行动。1985年12月，市社会治安综合治理领导小组组织开展全市社会治安综合治理工作大检查，市委、市人大、市政府、市政协及市纪委联合组成检查团，由市长任团长，分6组抽查22家单位，对存在问题提出明确具体的整改要求。1987年5月，东海县被省委、省政府表彰为1986年社会治安综合治理先进县。1988年，全市先后开展禁赌第二次集中惩治行动、惩治流窜犯专项斗争、防范和惩治严重暴力犯罪及重大现行犯罪活动。1990年5月，在全市集中开展严厉惩治严重刑事犯罪活动。

1991年2月，对县区和市直部门进行综合治理大检查，推动各地落实综合治理措施。1994年5月，全市部署开展集中“严打”行动。是年9月至1995年6月底，全市开展集中整治城乡社会治安统一行动。1995～1996年，先后开展惩治盗抢机动车和撬盗保险柜专项斗争、惩治利用游戏机进行赌博、禁毒专项行动、惩治拐卖妇女儿童犯罪等行动。1997～1999年，连续3年在全市城乡开展“创三安”（创建安全文明小区、安全文明村镇、安全文明单位）活动。开展惩治车匪路霸、惩治邪恶势力、涉爆犯罪、机动车专项整治、追捕逃犯等专项斗争。2000年，在全市开展惩治组织和利用邪教及封建迷信进行的违法犯罪活动，开展“扫黄”“打非”集中行动第二阶段工作，开展打盗车、打流窜、“扫黑恶”为主要内容的“两打一扫”治安整治行动。

2001年2月，市社会治安综合治理委员会成立矛盾纠纷排查调处工作领导小组。2002年10月，市综治委先后成立学校及周边地区治安综合治理工作领导小组、预防青少年违法犯罪工作领导小组，在全市开展了学校及周边地区治安秩序集中整治专项行动。2003年8月部署开展“建设平安连云港，创建最安全地区”活动。市综治委、连云港警备区组织民兵参与维护社会治安工作。2004年，全市开展平安创建活动“十大重点工程”建设，在全市建设系统开展创建平安拆迁、平安建筑工地、平安住宅小区、平安景区活动。

2005年，全市先后开展整治赌博行动、学校及周边地区治安秩序集中整治活动、治安重点整治活动等专项活动。市综治办下发《市综治委成员单位联系点共建工程实施方案》，明确市级综治委成员单位联系1个乡镇（街道），实施协作共建。出台《关于组建村（居）综治办的意见》《连云港市市级社会治安安全乡镇（街道）、企事业单位复查暂行办法》，对市级社会治安安全乡镇（街道）、大中型企业、市属以上企业实行动态管理。

第三节　平安连云港建设

一、基层安全文明创建

1997年2月，连云港市综治委、公安局转发江苏省综治委、公安厅《关于在全省开展创建安全文明小区、安全文明村镇、安全文明单位活动的意见》，在全市组织开展安全文明小区、安全文明村镇、安全文明单位创建活动。2002年，根据中央综治委《关于进一步开展基层安全文明创建活动的意见》，在全市深入开展创建安全文明村、安全文明小区、安全文明单位活动，对深化基层安全文明创建工作提出新的要求。至2005年底，全市91个乡镇（街道）、188个居委会、1246个村委会、653个内部单位达安全文明标准，达标率分别为89.7%、92%、86.7%和90.7%。通过动态管理，全市取消21个村、单位的安全文明称号。

二、“平安连云港”创建活动

2003年8月，市综治委印发《关于开展“建设平安连云港、创建最安全地区”活动的意见》，在全市组织开展建设平安连云港、创建最安全地区（简称平安创建）活动。意见提出，通过两年努力，全市100%的县区、95%以上的乡镇（街道）和100%的大中型企业分别达到社会治安安全县区、社会治安安全乡镇（街道）、社会治安安全单位的创建标准。

2004年，市综治委制定实施《关于2004年平安创建活动“十大重点工程”建设的意见》，开展创建社会矛盾大调解、科技防范、治安卡口、流动人口管理、预防青少年违法犯罪、安置帮教和社区矫正、基层组织建设、严打整治专项斗争、政法队伍建设和平安建设宣传“十大重点工程”，构建严打整治专项行动、社会矛盾大调解、社会治安大防控、基层政法综治组织建设以及预防和减少青少年违法犯罪“五大创建体系”。年底，全市刑事案件发案势头得到有效控制，没有发生在全省有重大影响的恶性刑事案件；构建以人防、物防为基础，技防、边防、海防为重点，省际、市际、县区际治安卡口和治安查报站为屏障的打防控一体化的治安防控网络。

2005年，市综治委印发《关于实施2005年平安创建活动“四大强化机制、六项深化措施”

的意见》，推动平安连云港创建活动深入开展。对市级社会治安安全乡镇（街道）、大中型企业、市属以上企业实行动态管理。8月，部署全市平安创建百日冲刺工作，加大创建工作力度。2005年底，全市7个县区全部达到省社会治安安全县区标准，92个乡镇（街道）达到市社会治安安全乡镇（街道）建设标准，实现平安创建目标。

第二章　公　安

1984年至20世纪90年代初期，连云港市各级公安机关适应改革开放形势，围绕经济建设，依法履行维护国家政权稳定、服务经济发展的职能，严厉惩治各种严重刑事犯罪和各类违法犯罪活动。贯彻“从重从快”方针，根据形势发展适时开展严打专项斗争、严打集中统一行动和严打整治斗争，惩治犯罪，维护社会稳定。20世纪90年代中期起，公安机关加强对经济案件的侦破，为经济发展营造稳定的环境。进入21世纪，全市各级公安机关积极投入平安连云港创建活动，加强治安环境整治和治安防控体系建设。以加强公安队伍建设为根本，深化公安运行机制改革，强化内部执法监督，实现公正执法、文明执法。

第一节　案件侦查办理

一、刑事案件侦办

1984～1986年，连云港市开展为期3年的严厉惩治各种严重刑事犯罪活动的斗争。各级公安机关贯彻依法“从重从快、一网打尽”的方针，重点惩治严重危害社会治安的7类重大刑事案件。3年间，全市发生各类刑事案件1850起，破获1571起，破案率84.92%。其中，特大、重大案件336起，破获301起，破案率为89.58%。1987～1990年，刑事犯罪活动处于多发期，重大刑事案件呈上升趋势。全市公安机关继续贯彻“严打”方针，把斗争的重点指向杀人、抢劫、强奸、重大盗窃和带有黑社会性质的流氓团伙等重大刑事犯罪活动，狠抓大案要案。其间，全市发生各类刑事案件4663起，其中特大、重大案件1788起。1987年发生的杀人、强奸、诈骗特大案件全部破获。1988年，在市第一人民医院门诊部设立市公安局刑事科学检验所法医检验室。1989年，杀人、强奸、抢劫三类重大案件破案率分别达80%、94.5%和82.7%。

1991年，经过持续几年的“严打”，刑事案件总数有所下降，但杀人、抢劫、拐卖人口等重大刑事案件仍时有发生。全市惩治严重刑事犯罪转向有针对性的专项斗争为主。1992年，全市破获诈骗、走私等经济案件47起，其中重特大案件35起。1993年，破获张某某等拐卖妇女儿童、强奸案等重大刑事案件。1994年，攻克新浦“5·5”特大黄金劫案等久侦未破的疑难案件。至1995年底，全市破获各类刑事案件1.24万起。

1996年起，全市公安机关开展“严打”集中统一行动，对一批有影响的大案要案集中力量快侦快破，对罪大恶极的犯罪分子及其团伙予以严厉惩治。是年，破获赣榆县城东下口蟹苗场特

图 29-1　刑事技术检验鉴定
侍志　摄于2002年

大投毒案等一批全市乃至全省有影响的大要案件。1997年，全市破获各类刑事案件4637起，其中市挂牌督办案件5起，省公安厅督办案件1起，破获杀人案件44起。1998年，破获东海"11·16"邮件爆炸案等一批有影响的大要案件，同时破获"7·23"开发区正大饲料公司备料库被盗案等重特大积案。2000年，全市公安机关将开展"严打"与专项斗争相结合，组织开展打击人贩子，解救被拐卖妇女儿童专项行动、"两打一扫"专项斗争、百日破案竞赛等专项惩治行动。至年底的5年间，全市破获各类刑事案件2.96万起。

2001～2005年，全市公安机关开展为期3年的"严打"整治斗争，把"黑恶势力"犯罪、严重危害人身安全的暴力犯罪和侵害公私财产的多发性犯罪作为打击重点，同时与打击"双抢"（抢劫、抢夺）、扫除黄赌毒等专项整治活动相结合。全市破获各类刑事案件6.03万起，发案数和破案数均呈逐年增长趋势。2003年，在公安部组织开展的全国指纹破案会战中，利用指纹破获外省市刑事案件263起。2004年，全市公安机关精心组织开展"命案会战""打黑除恶""追逃"专项行动，破获现行命案50起、积案15起，破获外省市命案9起，抓逃命案逃犯25人，侦破命案专项斗争行动综合排名居全省前列。2005年，全市发生命案63起，破获62起，其中36起杀人案件以及省公安厅挂牌督办3起黑社会性质犯罪案件全部告破。

二、经济案件侦办

1995年后，随着农村经济体制改革的不断深入，城乡工农商业和外向型经济的发展，行贿受贿、贪污盗窃、侵吞国家和集体财产、侵犯个体户及经济联合体合法权益的经济案件逐年上升。公安机关针对经济领域犯罪的新特点，不断加大惩治力度。1999年3月，市公安局经济案件侦查支队成立。在全市开展以惩治假化肥为重点的打假专项斗争，破获制售假化肥案件45起，抓获违法犯罪人员57名，捣毁造假窝点170余处。全年立案侦破各类经济案件144起。2000年开展惩治违反《中华人民共和国公司法》犯罪专项斗争，受理涉嫌妨碍公司、企业管理秩序及职务侵占、挪用资金等案件90起。连云公安分局破获连云区建安公司驻泰安办事处会计张某某侵占63万元资金案，东海县公安局破获石梁河信用社储蓄员刘某挪用单位43万元资金案。开展惩治制贩假币专项斗争，查破假币案件82起，缴获假人民币39.7万元。开展惩治信用卡诈骗专项行动，立案7起，追缴款项54万元。对全市历年未破经济案件进行全面梳理，会战2个月，破获各类经济案件42起。全年侦破各类经济案件210起。

2001年，市公安局组成工作组，进驻桃林地区开展专项集中治理整顿，摧毁拼装报废机动车窝点20余个，查获旧机动车辆配件万余件。对海州地区制售假化肥问题进行专项整治，破获制假案件8起，查获假冒伪劣产品价值80万元。配合市烟草稽查大队在灌南县查获价值408万元走私香烟案。协查增值税专用发票960份，追缴税款入库1030余万元。全年侦破各类经济犯罪案件167起。2002年开展整顿规范出资行为打击虚报注册资本、虚假出资和抽逃出资犯罪专项行动，会同工商部门查处违法企业20家。公安部督办价税达4.2亿元“东海税案”全面告破，主要犯罪嫌疑人8人全部归案，追回赃款赃物价值达1000万元。开展涉税违法专项治理行动，侦破涉税案件5起。开展惩治涉烟犯罪“闪电行动”，破获涉烟案件67起，摧毁涉烟犯罪团伙8个，查获非法卷烟2.2万条。7月，市经济案件侦查支队更名为经济犯罪侦察支队。全年侦破各类经济案件179起。

2003年组织开展银行卡整治专项行动和打击假币犯罪专项斗争；开展惩治制售假发票和建筑安装企业偷税专项行动；开展惩治利用出国劳务进行经济犯罪专项行动，查处和取缔“三无”中介机构，整治非法劳务市场，遏制利用出国劳务进行经济犯罪的上升势头。全年侦破各类经济案件346起。2004年，开展打击传销“雷霆”行动、“灭鼠”行动，摧毁严重扰乱社会经济秩序传销网络8个，抓获传销头目31人，捣毁传销窝点70余处，教育和驱散传销人员1.2万余人，强制遣送传销骨干400余名。开展惩治假币犯罪、地下钱庄违法犯罪和整治金融票证专项行动，破获各类金融犯罪案21起。开展惩治虚开货物运输发票和制售假发票专项整治行动，破获涉税案件4起。全年侦破各类经济案件342起。2005年，开展惩治制售假发票违法犯罪专项行动，抓获制售假发票犯罪嫌疑人36名、捣毁制售假窝点10个、缴获印刷设备11套、各类假票模板270种、各类成品假票100余种，预计最高可开额3300亿元，涉及16个省30个市。开展惩治虚开用于抵扣税款发票和骗取出口退税等涉税违法犯罪专项行动，破获案件21起。全年侦破各类经济案件675起，抓获犯罪嫌疑人230名，挽回经济损失9472万元。

三、毒品案件侦办

1984年5月，市公安局、卫生局、民政局联合下发《关于查禁私种罂粟通知》，全市查处罂粟苗3040株，全部铲除销毁。1985～1986年，市公安部门查处吸毒贩毒案件16起，查处罂粟苗2.11万株，全部铲除销毁。全市铲除非法种植罂粟3万余株，依法处理非法种植人员212人，查处吸贩毒案件21起。1992～1993年，全市查获非法种植罂粟案件47起，查处吸毒、贩毒人员7人。铲除非法种植罂粟4.1万余株，依法处理非法种植人员172人。1994年查获非法种植罂粟案件4起，查处吸毒、贩毒人员5人，收缴大麻16.5千克、海洛因20克。1995年查获吸毒、贩毒违法犯罪分子51人，缴获海洛因4克、鸦片53克、杜冷丁1050支、罂粟壳50多千克。1996年铲除非法种植罂粟608株，缴获罂粟壳10余千克，破获吸毒贩毒案件79起，抓获吸毒、贩毒人员106人，收缴海洛因19.7克、杜冷丁10支。1997年，全市查获吸毒、贩毒违法犯罪分子80人，铲除非法种植罂粟2800株，收缴罂粟壳20余千克、杜冷丁50余支。1998年，全市查破涉毒案件192起，其中贩毒案件144起、查获毒品违法犯罪分子97人、查获涉毒团伙8个。铲除29户非法种植罂粟1.35万株，缴获冰毒3千克、鸦片155克、罂粟壳13.5千克、咖啡因500克、杜冷丁17支，收缴一批吸毒工具。1999～2000年，全市查破涉毒案件619起，其中贩毒案件460起、吸毒案件149起、种毒案件10起；打击处理毒品违法犯罪人员193人，其中强制戒毒109人；捣毁吸贩毒窝点17个，缴获海洛因等毒品260余克；铲除非法种植罂粟1900株，缴获一批吸、扎毒工具。

2001年，全市查破涉毒案件595起，其中贩毒案件372起，打击处理毒品违法犯罪人员269人，其中强制戒毒145人；缴获海洛因360余克、易制毒化学品苄基甲基酮4吨；铲除非法种植罂粟5170株。收治强制戒毒人员145人，出所戒毒人员生理脱瘾率、法制教育面均达100%。通过对强制戒毒人员教育，为公安机关提供各类违法犯罪线索106条，破案17起，抓获网上逃犯3人。2002年，破获涉毒案件199起，其中贩毒案件49起；查获毒品违法犯罪人员328人，其中逮捕17人、强制戒毒211人；摧毁吸贩毒窝点5个，缴获海洛因120克，铲除非法种植罂粟2户720株。

收治强制戒毒人员233人，脱瘾率、法制教育面均达100%。2003年查破涉毒案件346起，其中贩毒案件67起、吸毒案件279起，查获毒品违法犯罪人员330人，其中逮捕21人，强制戒毒165人，摧毁吸贩毒窝点10个，缴获海洛因163.9克，铲除非法种植罂粟2户151株。2004年查破涉毒案件366起，其中贩毒案件97起、吸毒案件269起；查获毒品违法犯罪人员387人，其中逮捕25人、强制戒毒157人，摧毁吸贩毒窝点17个，缴获海洛因840余克、咖啡因240克，铲除罂粟945株。2005年查破涉毒案件415起，处理毒品违法犯罪嫌疑人372人，其中刑事处理32人；缴获海洛因340余克、新型毒品吗啡针剂21毫升、摇头丸30余粒、K粉100余克，铲除罂粟4500余株。

第二节　治安管理

一、公共场所管理

1984年，连云港市公安部门查处赌博、聚赌案件36起，查处制作、销售、贩卖反动淫秽书刊案2起，查处利用封建迷信骗钱案件5起。对涉案的违法人员分别给予警告、罚款、行政拘留等治安处罚。1985年查处赌博、聚赌案件298起，查处制作、销售、贩卖反动淫秽物品案6起，查处利用封建迷信骗钱案件4起。市委宣传部、市公安局发布《关于加强严禁淫秽物品宣传教育意见》。1986年查处赌博、聚赌案件298起，查获赌场144个、赌资4269元；查处制作、销售、贩卖反动淫秽物品案件9起。治安处罚504人，惩治犯罪分子5人。1987年查处赌博、聚赌案43起，查处制作、销售、贩卖淫秽物品案9起，查封3个个体录音制作、复制经销点，查获非法印刷品、各类淫秽照（画）片、录像带7万多件。取缔1154家乱摆乱放、无证经营及治安问题多、无法整改的文娱单位和台球户。挖出1个15人纠合性盗窃团伙。1988年对117个车站码头、115个影剧院、149个录像放映点、2000个台球户、16个舞厅、5个体育场进行专项治理，查处卖淫嫖娼案件4起，查处赌博、聚赌案件325起，查处制作、贩卖、传播淫秽物品案14起，收缴淫秽录像带、淫秽画报（图片）、裸体扑克等非法印刷品3000余件，收缴各类凶器229件、子弹334发、手榴弹17枚、赌具142件。

20世纪80年代末至90年代末，涉黄、赌、毒和卖淫嫖娼案件处于高发期。1989～1990年，全市公安部门组织1000多人，对3380个公共场所进行清理整顿。查处卖淫嫖娼案件171起、卖淫嫖宿283人、卖淫团伙9个，查处赌博案件363起，查处制作、贩卖、传播淫秽物品案45起，治安处罚124人。1991～1992年查处卖淫嫖娼犯罪团伙26个、卖淫嫖娼案件72起，取缔卖淫窝点69个；查处治安案件2434起，治安处罚2478人；对文化、音像市场进行清理，收缴淫秽书刊2000余册、录像带214盘；对电子游戏机进行清理整顿，封存97台苹果机、赛马机、麻将机，取缔无证经营5家；整治旅店业，对26名犯罪嫌疑人宣布逮捕。1993年，全市开展“扫黄”“打非”集中行动，惩办在公共场所、路边店、车站码

图29-2　销毁赌具　　侍志　摄于1990年

图29-3 2005年，全市公安部门查破赌博案件840起。图为惩治赌博专项行动成果展示。 侍志 摄

头等窗口地区卖淫嫖娼、敲诈勒索等违法犯罪活动。1993～1995年查处卖淫嫖娼人员997人。1995年摧毁卖淫团伙22个，端掉卖淫窝点52个，查获从事营利性陪侍、异性按摩和接受营利性陪侍、异性按摩人员141人；查获赌博电子游戏机354台，取缔违法经营单位23家；收缴反动淫秽录像带12352件，查处违法犯罪人员39人。1996～1999年对全市范围内电子游戏场所进行集中检查整顿，查处淫秽物品案件270起，收缴反动淫秽音像制品1600余件，捣毁出租淫秽音像制品摊点31家、放映点5家，提出娱乐服务场所治安秩序整改意见754条，要求限期整改。

2000年，全市在巡逻、守候中抓获违法犯罪嫌疑人646人。落实物业管理治安责任，签订物业管理治安责任书45份。推广技防、设施防措施，94.12万户居民安装各类防盗报警装置。全市60.64万辆机动车中，58.78万辆落实防范措施。全市审核娱乐服务场所3094家，压减1387家。重建治保组织693个，培训治保人员1678人。收缴小口径步枪、气枪239支。查处黄、赌、娼案件1235起。受理各类治安案件1.38万起。

2001～2002年，在“春雷行动”中，检查机动车、自行车旧货市场215个次，清查娱乐场所3618家次，破获各类刑事案件167起，查处治安案件284起，抓获各类违法犯罪嫌疑人393人。

2003～2004年，在防治“非典”中，市公安、药监、卫生、质监、工商等部门对全市30多家医疗机构、9家药品批发企业、86家零售药店、106家诊所进行集中检查。立案侦办涉及食品、药品、农资制假售假刑事案件10起，捣毁制假窝点27个。

2005年，全市公安部门查破赌博案件840起，没收赌资170余万元，打掉赌博团伙32个；取缔“黑车市场”9个，查处违法经营单位133家，整治治安安全隐患347处；查获非法音像制品8万余件，非法（图）书刊3万余册，取缔非法出版物摊点389个。检查危险物品单位526家次，收缴炸药1082千克、雷管7233支、导火索197米、各类炮弹、炸弹13枚、手榴弹65枚、各类枪支32支、子弹1021发、氰化物15.1千克、管制刀具1624把。查处治安案件4.97万起，查处违法人员4.88万人。

二、水上治安管理

2002年3月，市公安局成立水上警察支队（简称市水警支队）。是年，市水警支队、水利局等部门全力维护市重点防洪水利工程——大浦河导流工程施工，教育疏导群众600余人次。全市组织水上严打整治斗争，抓获各类违法犯罪嫌疑人15人。通过夜巡查破各类治安案件39起。开展全市船舶、船民清理登记工作，建立档案，实行微机管理。在全市内河水域集中开展“三无”（无船名船号、无船舶证书、无船籍港）船舶专项整治行动，清理登记“三无”船舶280艘，取缔8艘。2003年4月，赣榆县水警大队先后两次化解、平息因防汛清障引发的群体性事件。5月，东海县水警大队化解1起村民强行砸开电灌站门锁开机打水群体性事件。赣榆县水警大队对沿海滩涂养殖区强卖强买、敲诈客户等情况进行治安专项整治，抓获违法犯罪嫌疑人7人。灌南县、灌云县水警大队配合海事部门及当地派出所对渡口进行整治，整改渡口安全隐患4处，停运渡船6艘。全年查破各类水上治安案件64起，查处违法犯罪人员140人，疏导平息群体性事件20起，调处水上纠纷34起。

2004年，围绕创建平安水域目标，全市开展水上治安防控体系建设，开展以信息员系统建设、人口信息质量、流动人口落脚点治安管控、水上危险物品单位治安防范达标为内容的水上治安防控攻坚战。预防和妥善处置水域群体性事件，强化重点水利工程建设安全保卫工作，查破各类案件24起，处置水域群体性事件44起，调处各类水上纠纷51起。2005年，查破各类水上违法犯罪案件15起，处置水域群体性事件22起，调处各类水上纠纷142起。

三、特种行业管理

1984年，全市有4个特种行业2603家单位。其中，旅店业491家，旧货业282家，印铸刻字业254家，修理业1576家。1985年，对全市特种行业管理范围进行调整，调整后特种行业管理范围为旅馆业、刻字业、收购生产性废旧金属和信托寄卖业。1986年，市公安局对旅馆、收旧、寄售、刻字行业进行为期1个月专项清理整顿，建立规章制度1071条，与33家单位签订治安承包协议书。1988年组建市废旧金属联合管理办公室。对全市663家旅馆、156家旧货企业、102家刻字业户进行专项治理，查获涉嫌违法犯罪人员344人，破获各类案件205起。

1989～1993年，全市公安部门对1338家特种行业企业开展专项治理，以旅馆、收旧为重点开展整顿。对5166家公共场所、特种行业全面核发公共场所安全合格证、特种行业经营许可证。1994～1997年对收旧业集中开展清理整治，清理关闭铁路、大型企业附近收购站点18个，关闭不符合安全经营条件收购站点48个，吊销安全许可证9家。对旅馆业进行集中整治专项行动，破获旅馆业中盗窃、敲诈勒索等案件43起，吊销许可证6家。

2000年，全市清理整顿废旧金属收购业单位254家、机动车修理业单位1484家、旅馆业单位1188家、旧货企业8家。2002年完成全市旅馆业治安管理信息系统组建任务，全市1139家旅馆全部纳入系统管理。2005年，全市取缔旧自行车交易场所21处，破获盗、收、销自行车案件210起，打掉犯罪团伙14个，抓获团伙成员55人。取缔无证经营旅馆60家，停业整顿127家，责令限期整改96家。

四、信息网络监管

2001年，市公安局信息网络安全监察处成立。2002年在全市开展互联网有害信息清理整治工作，检查、清理接入服务、信息服务单位18家次，联网单位132家次，网吧702家次，网站105个次，网页5386个次，清除各类有害信息4274条。侦破省内首例利用黑客软件攻击国家主干网案件。2003年协助侦破各类案件46起，抓获违法犯罪嫌疑人18人。2004年侦办各类案件162起，抓获违法犯罪嫌疑人76人。成立计算机网络安全协会，利用社会力量维护网络安全。2005年协助抓获犯罪嫌疑人112人，协助侦破刑事案件161起。在全市开展计算机信息网络国际联网备案工作，为500多家单位办理备案手续，建立全市重点网站和论坛维护人员、管理员和负责人资料库。

五、“110”报警服务

1998年初，灌南县公安局“110”报警服务台向社会正式开通。至年底，市区和四县全部开通有主叫号码显示和自动录音录时功能的“110”自动报警服务台，实行24小时工作制度，全天候接受群众报警和求助。市区财物高度集中的230家单位安装CK电脑区域自动报警设备。各级公安机关围绕建立、完善快速反应机制和治安防控体系目标，构建和完善以“110”为龙头的新型公安运行机制。全年通过“110”报警服务渠道为群众提供紧急救助服务1.13万次，挽回经济损失2800万元。市公安局指挥中心、赣榆县公安局及市供电、供水等部门和单位，组织处置重大灾害事故联合实战演练，完善社会联动工作方案、预案，增强联动工作整体效应。是年，在“110”社会联动工作中，全市接到水电气、伤病危难、消费纠纷等方面求助2736次。1999年，市“110”报警服务台设立现场快速查询终端。金融等财物高度集中的250余家单位安装CK电脑区域自动报警设备。全市“110”报警服务台共接警9.59万起，其中有效接警3.8万起。通过“110”共破获刑事案件1460起；通过社会联动，处置各类群众求助5600余次。2000年，各级“110”报警服务台接有效报警5.03万起，通过“110”破获各类刑事案件1194起，查处治安案件1.01万起，抓获各类违法犯罪嫌疑人2337人。全市国道、省道按每5千米设立1个报警点要求，建立报警服务网点52个、治安查报站5个。群众通过拨打“110”向社会联动部门和单位求助3403余次。

2001年，全市接有效报警4.16万起，通过“110”指令快速出警，破获各类刑事案件426起，查处治安案件7333起，抓获各类违法犯罪嫌疑人1063人，为民排忧解难做好事9250余件次，挽回经济损失300余万元。市盐务局、技术监督局、有线电视台等单位加入联动队伍，“110”社会联动工作社会覆盖面进一步扩展。2002年接有效报警8.18万次，通过“110”指令共破获各类刑事案件1663起，查处治安案件1.35万起。市公安局协调金融等398家财物高度集中单位安装CK电脑区域自动报警设备，四县公安局分别安装98家、100家、101家和58家，提高要害部位和目标技防水平。全市“110”报警服务台接群众求助5653次，出动警力和专业抢修1916次。2003年接有效报警8.34万起，日均有效接警量228.49起。指挥调度出警24.7万人次，破获各类刑事案件1719起，查处治安案件1.25万起，抓获各类违法犯罪嫌疑人1930人，协助有关部门成功处置灾害事故和群体性事件590余起。市烟草专卖局、安监局、邮政局、中国网通连云港分公司等与人民生活密切相关部门和单位纳入“110”社会联动体系，扩大社会联动覆盖面，创出“供电110”“城管110”“环保110”“新闻110”等系列服务品牌，市“110”社会联动成员单位达29家。

2004～2005年，“110”接有效报警27.36万起。通过接处警快速反应破获各类刑事案件3144起，查处治安案件1.95万起，抓获各类违法犯罪嫌疑人2246人，出动警力和专业抢险救助人员11.17万人次，救护危重病人485人次，处理水电气事故2001次。

六、保安服务

1989年，连云港市保安服务总公司成立。全年签订客户单位20家，提供保安队员116人。抓获各类违法犯罪嫌疑人153人，提供破案线索18条，协助破获各类案件16起，处置治安案件51起，抓获盗窃团伙1个，缴获赃物赃款折合人民币7426元，查堵隐患漏洞437处，为群众做好事136件。1993年，保安服务客户单位37家，协助破获各类案件19起，抓获各类违法犯罪嫌疑人63人，消除、堵塞各种安全隐患漏洞1217处，扑救火警火灾10次。1995年，提供保安队员313人，签订保安客户单位92家。协助破获各类案件7起，扑救火警火灾24起，查堵隐患漏洞398处。1998年，组建CK报警中心，安装CK报警用户318家。2000年，签订保安客户单位73家，抓获各类违法犯罪嫌疑人213人，收缴赃款赃物折款148.9万元，对客户单位安全检查1495次，查堵隐患漏洞2899处。

2002年，组建市保安服务总公司押运部，新购运钞车6辆。协助破获刑事案件4起、治安案件36起，抓获各类违法犯罪嫌疑人47人，制止违法犯罪76人次，扑救火灾3起，查堵隐患漏洞694处。2003年新增中国银行19个网点14个上门收送款押运业务。2004年，先后拓展市商业银行、市区农村信用联社收送款押运业务，新增运钞车5辆、金库1个。2005年，拓展市交通银行、工商银行、农业银行四县收送款押运业任务，新增运钞车6辆，新增合同额（押运）129万元，为6家金融单位、191个营业网点、3个金库、135个上门收款大户提供保安服务。

第三节　道路交通管理

一、交通安全宣传

1984～1990年，连云港市公安局每年印发《交通安全报》12期计20万～30万份，制作宣传牌和宣传栏多处，宣传牌每月公布事故数字，宣传栏登载事故案例。组织宣传车上路上线宣传交通安全法规。1991～1994年召开交通安全宣传会议2743场次，每年出版《交通安全报》13期，组织交通安全文艺宣传160多场次，召开事故现场会50余场，组织安全检查300余次。

图29-4　2005年，全市在步行街等重点场所开展交通安全宣传活动。　侍志　摄

1995～1998年召开宣传会议、安全课239场次，召开事故现场会28场，开展交通法规咨询活动33场次，评选交通安全村18个、交通安全教育学校5所，组织文艺演出、宣传栏、大型图版展览、中小学生联系卡等宣传活动。1999～2003年，市公安局、市广播电台联合开办《交警之声》专栏，《连云港广播电视报》开辟《人、车、路》专版。2004～2005年通过现场咨询、图版展览、宣传车流动广播等方式，在华联广场、花果山广场和全市各社区、村镇、学校、企业等重点场所开展富有特色交通安全宣传活动。出动宣传车1700余辆次，组织咨询活动75场次，召开各类交通安全会议120场。

二、交通治安秩序管理

1984～1987年，市公安局先后印发《关于整顿交通秩序加强交通管理通告》《关于自行车停放规定》《关于交通违章处罚暂行规定》《关于1985年度自行车验证换发牌照规定》《关于市汽车交易市场管理暂行规定》等，加强交通秩序整顿，加大对机动车辆违章处罚力度，加强汽车交易市场管理。1988～1990年，市政府印发《关于加强道路交通管理通告》，市公安局印发《关于驾驶三轮车机动车安全管理通告》《加强摩托车管理通告》《公安交通管理工作有关程序和规定》《机动车驾驶员管理工作程序规定》《机动车管理程序规定》等，加强交通秩序管理，规范汽车交易市场行为。

1991年通过打盗车专项行动，破获自行车被盗案件1798起，收缴赃车3060辆，抓获犯罪分子683人。1992年查纠交通违章47.62万起。1995～1997年组建公路巡逻民警队，处置治安、刑事案件144起，抓获犯罪嫌疑人48人。1999年增设报警点、查报站和治安卡口，既管交通又管治安。抓获犯罪嫌疑人513人、在逃交通肇事犯罪嫌疑人32人。2001年，在204国道、310国道设立28

个报警点，在县乡道路设立64个报警点。2002年，卡口堵控抓获犯罪嫌疑人24人，缴获被盗抢机动车50辆、非机动车373辆，查获毒品10克，其他赃款赃物折款82.5万元，接受群众求助2548起，现场调解纠纷2905起。2003～2005年，在全市相继开展春运交通治安秩序整治、摩托车专项整治、农机安全生产专项整治、东部城区交通秩序整顿、机动车禁鸣专项整治、重点道路交通安全整治等12次大规模专项整治行动，查处各类交通违法行为160多万起，抓获各类违法犯罪嫌疑人3422人，摧毁犯罪团伙16个。

至2005年底，全市各级交通管理部门累计查纠道路交通违章1103万起，查破交通治安案件7396起，收缴赃车687辆，吊扣驾驶证3927本。

三、车辆管理

1984～2005年，全市检验各类机动车75.76万辆，核发新入户机动车牌照11.34万副，报废停驶各类机动车997辆；验证各类非机动车247.38万辆，破获盗车案件392起，协查群众丢失自行车1.66万辆。

机动车管理 1984年，全市检验各种机动车辆7823辆。1985年改革车辆、驾驶员年审办法，实行上门检车，委托5个汽车修理厂为代检点。1986～1987年对全市拖拉机及其驾驶员进行审验。根据不同车型分期分批检验，车检人员采取分片定点与流动、预约相结合方法进行工作。对320辆老旧车发给停驶、收回牌照通知。1988年抽出专人对全市客运单位和个体运输户、509辆大客车进行检查，制定客车定员、每月定期检查制度；整顿市区繁华地段客运摩托车，取缔噪音大、污染重、安全系数小的拼装改装三轮载客车250辆。1989年，市县车管所先后与56家单位签订车辆安全管理承包合同，落实安全管理措施。

1993年，全市强制报废老旧汽车413辆，收缴报废车牌274副，吊销、注销驾驶证45本。2002年开始发放机动车登记证书。2005年，核发新入户机动车牌证1.96万副，办理机动车过户、补牌补证7959份，年检车辆16万辆次，查处违规登记车辆76辆。

非机动车管理 1984年，全市内部单位共建停车棚点194处，公共场所建停车点28处。验证自行车11.4万辆，打印1.44万辆。通过对自行车登记，破获39起自行车被盗案件，收缴赃车39辆，帮助群众寻找错推、丢失自行车134辆。1985年重新建立自行车档卡11.35万张。1987年，市公安局建立自行车管理所。至年底，全市30个派出所和4个刑警队对赃车、无主车、遗失自行车进行集中处理，接收自行车161辆，根据钢印号码找到车主，发还47辆，12辆被认领，上缴财政局95辆、保险公司7辆。定制15万副验证牌，4万本自行车证。年内发生自行车被盗案371起，通过验证破获56起，收缴赃车59辆，整顿停车点54个。1989年，市县车管所帮助群众协查寻找错推、丢失自行车4869辆。1993年验证非机动车20.22万辆，破获偷盗自行车案件223起，追缴赃车276辆，为群众协查自行车4196辆。2002年缴获被盗抢非机动车373辆。2005年取缔“黑车”市场9个，取缔旧自行车交易场所21处，缴获赃车303辆。

四、驾驶员管理

1984年，全市公安部门举办驾驶员培训班、训练班21期，轮训驾驶员5350人，审验驾驶员8848人。1985年，市机动车驾驶员培训中心成立，为社会直接培训驾驶员。1988～1990年，整顿全市机动车培训单位，取缔不符合办学条件和规定的培训单位，组织300名违章肇事驾驶员上路执勤。发动各单位成立1000多个检审小组，召开各种会议310场次，1.1万多名驾驶员受到教育。审验驾驶员1.64万人。开展全市机动车驾驶员换发新证工作。1991～2000年，市、县建立驾驶员安全活动小组442个，举办违章肇事驾驶员学习班5期，召开各类车管干部及驾驶员安全会议142场次、受教育8942人次。2003～2005年，全市办理各类驾驶员考试3.8万人次，召开各类车管干部及驾驶员安全会议466场次、受教育1.46万人次。

1984～2005连云港市机动车驾驶员管理情况统计表

表29-1

<table>
<tr><th rowspan="2">年　份</th><th rowspan="2">培训班（期）</th><th rowspan="2">培训驾驶员（人）</th><th colspan="2">违章肇事</th><th rowspan="2">核发驾驶证件（本）</th><th rowspan="2">年审驾驶员（人）</th></tr>
<tr><th>学习班（人）</th><th>驾驶员（人）</th></tr>
<tr><td>1984</td><td>21</td><td>5350</td><td>—</td><td>—</td><td>—</td><td>8848</td></tr>
<tr><td>1985</td><td></td><td>1360</td><td>—</td><td>—</td><td>—</td><td>—</td></tr>
<tr><td>1986</td><td>2</td><td>400</td><td>—</td><td>—</td><td>—</td><td>—</td></tr>
<tr><td>1987</td><td>2</td><td>450</td><td>—</td><td>—</td><td>—</td><td>—</td></tr>
<tr><td>1988</td><td>10</td><td>350</td><td rowspan="2">33</td><td rowspan="2">1720</td><td>—</td><td rowspan="2">16377</td></tr>
<tr><td>1989</td><td>4</td><td>—</td><td>—</td></tr>
<tr><td>1990</td><td>4</td><td>—</td><td>17</td><td>829</td><td>18947</td><td>—</td></tr>
<tr><td>1991</td><td>9</td><td>569</td><td>—</td><td>—</td><td>—</td><td>—</td></tr>
<tr><td>1992</td><td>65</td><td>6870</td><td>—</td><td>—</td><td rowspan="2">3870</td><td rowspan="2">44155</td></tr>
<tr><td>1993</td><td>10</td><td>8224</td><td>5</td><td>537</td></tr>
<tr><td>1994</td><td>79</td><td>9307</td><td>6</td><td>450</td><td></td><td>24735</td></tr>
<tr><td>1995</td><td rowspan="4">65</td><td rowspan="4">15269</td><td rowspan="4">6</td><td rowspan="4">480</td><td rowspan="4">51000</td><td rowspan="4">30992</td></tr>
<tr><td>1996</td></tr>
<tr><td>1997</td></tr>
<tr><td>1998</td></tr>
<tr><td>1999</td><td rowspan="3">23</td><td rowspan="3">1609</td><td rowspan="3">307</td><td rowspan="3">9516</td><td>—</td><td>120509</td></tr>
<tr><td>2000</td><td>38549</td><td>37714</td></tr>
<tr><td>2001</td><td>—</td><td>218000</td></tr>
<tr><td>2002</td><td>—</td><td>—</td><td>—</td><td>—</td><td>16824</td><td>85427</td></tr>
<tr><td>2003</td><td>—</td><td>—</td><td>—</td><td>—</td><td>22435</td><td>77644</td></tr>
<tr><td>2004</td><td>—</td><td>—</td><td>—</td><td>—</td><td>—</td><td>30410</td></tr>
<tr><td>2005</td><td>—</td><td>—</td><td>—</td><td>—</td><td>53307</td><td>—</td></tr>
</table>

五、交通设施管理

1984年，市公安局与有关部门统一划定各种车辆停放地点128处，设立明显标志。1985～1988年，新浦区解放路翻修后，设置快慢车隔离栏2700米。市区交叉路口6个灯岗手控指挥全部更新为自控信息指挥。增设岗点18个，新建交通标志牌39块，漆划各种车辆停车点610个，机动车临时停车点6个。1989～1990年，新增隔离护栏223米、人行道护栏335米。市区有交通标志448块，其中警告标志120块、禁令标志220块、指示标志108块。灌云县新增道路交通标志33块，东海县新增69块，赣榆县新增60块。1991～1994年，新增交通标志牌401块，更新交通标志牌179块，新增隔离护栏7403米，漆划交通标线4.39万平方米，在主干线上设立信息点84个，聘请信息员117人，设立警示桩512个。1995～1998年，新增、更换交通标志158块，新增、更新隔离及人行护栏800米，漆划交通标线2.8万平方米。1999～2002年投入260万元更换和设置城市道路交通安全设施，投入370万元购买交通管理科技装备，改善交通设施和交通管理科技手段。2003～2004年筹措资金500余万元，在市区道路新增交通标志牌232余块，重新划定道路标线4.87万平方米，增设中央隔离护栏915米，新增信号灯、信号警示灯9组，在17个主要路口新设48组电子警察。2005年增设交通指挥信号灯26套、交通标志369块、电子警察12个路口、48组，漆划交通标线4万平方米，设置交通隔离护栏4430米。

六、交通事故处理

1984年，全市发生交通事故263起，其中重大事故1起、大事故110起、一般事故152起，死114人，伤147人，经济损失折款6.35万元。1986年，全市发生交通事故163起，其中重大事故42起。对重大事故中负有主要责任的28名机动车驾驶人员，全部追究刑事责任；对25名严重违章肇事者，予以行政拘留，并协助法院，组织召开公判大会3次；发生肇事逃跑案37起，破获34起。1989～1990年，全市发生肇事逃跑案105起，查破86起。1995～1996年，全市发生交通事故353起，车物损失141.33万元。2000年，全市发生交通事故2501起，车物损失折款901.2万元。2003年，全市受理交通事故6302起，其中上报道路交通事故1106起。2005年，全市发生交通事故745起；发生交通肇事逃逸案件51起，侦破43起，其中重大肇事逃逸案件29起，破获26起。

1984～2005年连云港市道路交通事故情况统计表

表29-2

年份	交通事故（起）	其中		死亡（人）	受伤（人）	经济损失（万元）
		重大事故（起）	特大事故（起）			
1984	263	1	—	114	147	6.35
1985	156	39	4	44	93	10.88
1986	163	42	—	41	104	7.64
1987	745	196	2	196	334	39.50
1988	569	180	12	199	383	45.58
1989	484	—	—	168	380	44.72
1990	444	—	—	160	325	38.17
1991	413	—	—	146	290	31.34
1992	426	—	—	169	326	91.81
1993	452	—	—	205	278	77.99
1994	513	—	—	249	317	117.15
1995	353	—	—	260	271	141.33
1996		—	—			
1997	402	—	—	306	277	312.36
1998	1977	—	—	504	984	819.40

续表 29-2

年份	交通事故（起）	其中		死亡（人）	受伤（人）	经济损失（万元）
		重大事故（起）	特大事故（起）			
1999	767	—	—	—	—	—
2000	2501	—	—	379	2100	901.20
2001	2060	—	—	318	2100	748.30
2002	6729	293	—	323	1752	586.00
2003	6302	—	—	313	1226	531.00
2004	923	—	—	345	934	414.78
2005	745	—	—	338	827	370.40

第四节　出入境管理

一、境外人员管理

1984～1990年，连云港市接待临时到连云港的外国人、华侨、港澳台同胞2.08万人次，办理留宿留医外国人530人、港澳台同胞332人，办理外国人、华侨、港澳台同胞入境、出境、过境签证315件。1991年后，连云港市籍的台湾老兵及其亲属回乡探亲人员逐年增多。1994～1995年，接待临时到连云港的境外人员9082人次，其中台湾居民1509人次，占到连云港境外人员的16.62%，1998年占21.4%。2000年，公安部批复同意在连云港口岸设立外国人签证补办点。是年正式施行1999版外国人贴纸签证计算机网络化管理。2001年，连云港市开始受理审批台湾居民到大陆定居申请。2003年开展惩治非法出入境、非法移民"捕蛇"行动、"秋风"行动，查处"三非"（非法就业、非法入境和非法居留）外国人5名。2004年正式受理和审核外国人永久居留申请。12月30日，"紫玉兰"号客货班轮自连云港到仁川首航成功，标志着江苏省第一条国际客货班轮航线开通。是年正式开展补办口岸签证工作。2005年启用5年期台胞证管理系统，开展补发、换发五年期台湾居民来往大陆通行证、一次有效台通证、来往大陆签注、居留签注等各类台湾居民办证业务。是年为日本侨民祝某某颁发全市首张外国人永久居留证。

图29-5　市公安局出入境管理处开展便民服务
侍志　摄于2005年

二、中国公民出入境管理

1984～1985年，市公安局办理中国公民因私出境签证128件。1994～1997年，市公安局受理审批公民因私出国（境）1376人次，其中出国818人次、赴港澳167人次、赴台391人次。90年代后期起，连云港市居民出国出境探亲人员逐年增多。1998年，查处骗办护照案（事）件7起，涉及9人。1999年，依法查处出国

（境）违法案件5起，涉及16人，处理涉案人员7人，对9人作出不予受理决定。2000年，依法查处弄虚作假、骗办证件违法案件7起18人。正式启用1997版护照计算机网上受理审批管理系统。2001年查处弄虚作假、骗办出入境证件违法案件11起23人；依法阻止3名法定不准出境人员出国境。市公安、教育、劳动、工商行政管理等部门对全市出入境中介机构进行清理整顿，依法宣布停止中介活动7家，其中立案查处1家，依法取缔“三无”机构18家，责令限期整改6家。2003年依法阻止3名法定不准出境人员出国境；查处弄虚作假、骗办出入境证件违法案件15起33人。2004年依法阻止7名法定不准出境人员出国境，查处弄虚作假、骗办证件违法案件29起178人，发现没有按规定提交单位意见登记备案人员153人，发现并阻止登记备案企图隐瞒真实身份办理护照国家工作人员3人。开展全市清理整顿非法出入境中介专项行动，查处利用出国劳务进行经济犯罪案件6起，破案4起，为受害群众挽回经济损失100余万元。2005年依法阻止6名法定不准出境人员出国境，其中抓获在逃人员1名；查处弄虚作假、骗办证件违法案件13起20人。

1984～2005年连云港市出入境人员管理情况统计表

表29-3　　　　单位：人次

<table>
<tr><th rowspan="3">年份</th><th colspan="4">境外人员到连</th><th colspan="4">中国公民出入国（境）</th></tr>
<tr><th rowspan="2">接待</th><th colspan="2">其中</th><th rowspan="2">签证</th><th rowspan="2">总计</th><th colspan="2">其中</th><th rowspan="2">依法阻止</th></tr>
<tr><th>外国籍</th><th>华侨、港澳台同胞</th><th>出国</th><th>赴港澳台</th></tr>
<tr><td>1984</td><td rowspan="2">862</td><td rowspan="2">530</td><td rowspan="2">332</td><td rowspan="2">315</td><td rowspan="2">128</td><td>—</td><td rowspan="2">128</td><td>—</td></tr>
<tr><td>1985</td><td>—</td><td>—</td></tr>
<tr><td>1986</td><td>—</td><td>—</td><td>—</td><td>59</td><td>5</td><td>—</td><td>5</td><td>—</td></tr>
<tr><td>1987</td><td>2775</td><td>—</td><td>—</td><td>—</td><td rowspan="4">689</td><td>—</td><td>—</td><td>—</td></tr>
<tr><td>1988</td><td>—</td><td>—</td><td>—</td><td>270</td><td>—</td><td>—</td><td>—</td></tr>
<tr><td>1989</td><td rowspan="2">6562</td><td rowspan="2">6081</td><td rowspan="2">481</td><td>—</td><td>—</td><td>—</td><td>—</td></tr>
<tr><td>1990</td><td>—</td><td>—</td><td>—</td><td>—</td></tr>
<tr><td>1991</td><td>2358</td><td>1406</td><td>952</td><td>105</td><td rowspan="3">501</td><td rowspan="3">202</td><td rowspan="3">299</td><td>—</td></tr>
<tr><td>1992</td><td>3374</td><td>1626</td><td>1748</td><td>—</td><td>—</td></tr>
<tr><td>1993</td><td>6374</td><td>—</td><td>—</td><td>—</td><td>—</td></tr>
<tr><td>1994</td><td rowspan="2">9082</td><td rowspan="2">6372</td><td rowspan="2">2710</td><td rowspan="2">550</td><td rowspan="4">1376</td><td rowspan="4">818</td><td rowspan="4">558</td><td>—</td></tr>
<tr><td>1995</td><td>—</td></tr>
<tr><td>1996</td><td>5333</td><td>3859</td><td>1474</td><td>515</td><td>—</td></tr>
<tr><td>1997</td><td>5502</td><td>3918</td><td>1584</td><td>634</td><td>—</td></tr>
<tr><td>1998</td><td>4974</td><td>3309</td><td>1665</td><td>707</td><td>979</td><td>714</td><td>265</td><td>9</td></tr>
<tr><td>1999</td><td>5499</td><td>4225</td><td>1274</td><td>729</td><td>1006</td><td>739</td><td>267</td><td>16</td></tr>
<tr><td>2000</td><td>5350</td><td>4089</td><td>1261</td><td>744</td><td>2305</td><td>2055</td><td>250</td><td>18</td></tr>
<tr><td>2001</td><td>6204</td><td>4906</td><td>1298</td><td>1027</td><td>3340</td><td>3025</td><td>315</td><td>3</td></tr>
<tr><td>2002</td><td>7411</td><td>6018</td><td>1393</td><td>1241</td><td>9401</td><td>7798</td><td>1603</td><td>10</td></tr>
<tr><td>2003</td><td>7044</td><td>5935</td><td>1109</td><td>2391</td><td>13188</td><td>10887</td><td>2301</td><td>3</td></tr>
<tr><td>2004</td><td>12221</td><td>10571</td><td>1650</td><td>3335</td><td>13139</td><td>8658</td><td>4481</td><td>7</td></tr>
<tr><td>2005</td><td>13888</td><td>12248</td><td>1640</td><td>3806</td><td>17271</td><td>12227</td><td>5044</td><td>6</td></tr>
</table>

第五节　监所管理

一、日常管理

1984年，连云港市各看守所普遍建立岗位责任制，实行分片包干、责任到人。赣榆县看守所制定25条安全措施。东海县看守所实行收押凭证、提审手续、昼夜值班、岗位责任4种制度。灌云县看守所建立各种表册，把好收押关、检查关、出入关、接见关、投送关。1985年，市看守所制定双人提审、出入监房搜身和日巡视、周检查、月评比卫生制度，并配合医院对200余名犯罪嫌疑人进行X光检查。市公安局依据《看守所工作实施细则》，对全市所属4个看守所进行检查评比。各看守所均设立医务室，配备专职或兼职医生。1986年，市公安局对法定范围内留所执行犯罪嫌疑人制定三级审批制度，即凡余刑超过一年犯人需留所执行，均由看守所写出报告、预审科签署意见、报请分管局长批准。市看守所、东海县看守所建立医生与管教人员一起巡视监房制度。1989年，各看守所通过对入监犯罪嫌疑人的人身、物品检查，查出匕首、剃须刀等凶器、违禁品2388件；通过对监所定期检查和重大节日前检查，发现不安全因素40个，排除事故隐患31个。1990年，各看守所查监417次，查出事故隐患987个；在犯罪嫌疑人入监前查获匕首、针、铁钉、打火机、药物等1897件。

1991～1992年，全市各监所关押各类犯罪嫌疑人1.11万人次，其中逮捕人犯10135人次、刑拘404人、收审人员580人。1993年，监所收押逮捕犯罪嫌疑人1397人，拘留犯罪嫌疑人1014人，处理出所1298人。1995～1996年，关押逮捕犯罪嫌疑人4796人，拘留犯罪嫌疑人2324人，处理出所3588人。1999年，各监所收押各类犯罪嫌疑人7185人，市戒毒所收押戒毒人员93人，市收容教育所收押231人，市治安拘留所收押1184人。

2005年，将新入押人员录入全国在逃人员信息系统进行比对，全年共比对网上逃犯5人。

二、监所教育

1987年，市看守所办起图书阅览室。赣榆县看守所开展赠书寄语活动。东海县、灌云县看守所开办犯罪嫌疑人学习园地，并帮助犯罪嫌疑人代购250余套法律、科普书籍。1988年，市看守所干警与犯罪嫌疑人个别谈话788次，上大课14次，上小课171次，召开犯罪嫌疑人座谈会27人次，组织家属规劝3次。1990年，各看守所请公检法部门领导为犯罪嫌疑人上大课76次，收到犯罪嫌疑人检举他人犯罪线索487条，增捕犯罪嫌疑人32人，缴获赃款赃物折款7.43万元。2000年做好9800余名在押人员教育改造工作。2004年，全监所对在押人员开展个别谈话教育1.6万人次，集体教育1863人次。2005年对在押人员开展个别谈话1.68万人次，集体教育1863人次。

三、深挖犯罪

1988年，各看守所通过开展政治教育，挖出各类犯罪线索232条，查破各类案件23起，其中重大案件5起、追缴赃款赃物折款1.5万元；预防各种事故125起，其中重大事故6起。犯罪嫌疑人检举犯罪线索27条，增捕犯罪嫌疑人2人，防止自杀事故6起、逃跑事故1起。1989年，各看守所对在押犯罪嫌疑人开展政治教育18次，97名犯罪嫌疑人坦白交待余罪247起，检举揭发各类案件线索287条，其中重大案件线索102条。经查证，破获各类案件112起，其中重、特大案件31起，追缴赃款赃物折款32.75万元，摧毁犯罪团伙6个，追诉案犯47人。

2000年在政治攻势中获取线索1835人，破获刑事案件495起，其中重大案件48起，查处犯罪嫌疑人120人，摧毁犯罪团伙7个，追缴赃款赃物折款110余万元。2002年，监所获取各类违法犯罪线索2226条，查证破获各类刑事、治安案件455起，其中重特大案件36起，摧毁犯罪团伙4个17人，追处犯罪嫌疑人122人，抓获逃犯3人，追缴赃款赃物价值人民币12.5万元。

2005年，全市监所获取各类违法犯罪线索1095条。通过线索查证破获各类案件397起，追处犯罪嫌疑人37人，抓获逃犯7人，追缴赃物价值人民币9万余元。

第六节 安全保卫

一、经济文化保卫

1984年，连云港市734家厂矿企业，制定、修改厂规厂法、岗位责任制、经济奖惩责任制等安全保卫制度。1986年，全市1011家工矿企业中，711家实行治安保卫厂长（经理）负责制，70%内部单位达到“四无”（无刑事案件、无治安案件、无火灾、无重大生产事故）标准。1987年，市公安局印发《给全市保险柜用户和使用人员一封信》，要求各单位财会部门严格执行现金存放制度；市公安局、工商银行联合发出《关于办理国库券代保管问题通知》，要求各单位一律不准存放数额较高国库券。全市先后展开以防火为重点、以抓防范、查隐患、堵漏洞、压事故为主要内容的安全大检查，整改各种隐患3000个。1988年，全市974家内部单位中，274家单位主要负责人签订治安保卫工作责任书，占总数28.13%；224家单位制定治安保卫实施细则。1989年，市公安部门组织民警、保卫干部、治安积极分子在全市内部单位开展安全大检查，查出各类隐患183个，限期整改。内部单位为加强技术防范工作，安装报警器460个、闭路电视2个；当场抓获犯罪嫌疑人24人，预防案件发生43起。1990年，市公安局、计经委、总工会等部门联合开展安全合格仓库检查验收，全市650个内保列管单位1309个仓库，1104个验收合格，合格率84.34%。新添30余万元防盗器材，98.5%财会室安装电子报警器。

1991～1995年，全市经济组织开展春季严打攻势，查破各类案件33起。全市经济系统开展创建治安安全合格单位、安全财会室、安全仓库、安全车间、安全办公室、合格门卫活动。全市内部单位增添报警器500余台、增设防盗门200余个，加固铁护栏200余处。组织开展各种形式安全检查80次，发现各类隐患1557个，整改率94.7%。全市经济民警抓获各类违法、违纪人员272人，扑救火灾4起，排除事故隐患及不安定因素130余次，为企业挽回经济损失180万元。1996～1997年，全市679个营业网点、249个金库合格率分别达84.1%和97.2%；188辆需要加固运钞车加固47辆，新购制式运钞车26辆。全市金库、营业网点安装监控报警装置386台；安装CK报警系统180套，其中95套实现与“110”联网，全市金融系统技防覆盖面达90%。1998年，市邮电局、供电局、新海发电厂等20余家重点单位开展安全检查，及时整改消除隐患56个。加强企业内部人防、技防、设施等防范措施建设，全市列管511家重点监督指导单位，370家验收合格。全市126家文保单位财务室、计算机室、实验室、库房和学生宿舍等200余处重点部位进行安全检查，查出各类隐患28个。在连云港中药学校召开安全文明校园现场会，推动各院校创建工作，10所院校创建工作获得验收通过。2000年处置企业内部各类不安定事端58起，全市经济民警、保卫干部协破各类刑事案件99起，抓获犯罪嫌疑人113人，缴获赃款赃物87万余元。组织安全检查216次，督促有关单位新装CK报警系统367套，加固保险柜38台，安装红外线报警器98个。开展安全检查创建安全文明校园活动，学生主动上缴和收缴各类管制刀具120余件。

2001年，市公安部门在市内高校、文化科研单位开展安全文明校园、安全文明单位等系列创安活动，60%单位达标。2002年，市公安局与400余家单位落实挂钩关系，签订警企挂钩责任书；帮助企事业单位整顿保卫组织306个，新增保卫人员145人。建成具有防弹功能营业网点331个，占网点总数的57%；安装CK报警装置网点81个。破获"两电"（电力、电信）案件821起，摧毁犯罪团伙14个，抓获43人，挽回经济损失104万元。

2003～2004年，市公安部门对97家单位下发治安隐患整改通知书，经督促检查，整改率91%。组织学校安全宣教工作15场，受教学生6000人次。组织开展在校大学生法制及防范技能教育宣教活动15场，1万名在校学生接受法制教育。集中清理整治连云港职业技术学院门前网吧、电子游戏机、录像厅、歌舞厅、音像书刊点和违章建筑、无证经营饮食、食品、生活用品摊点以及出租房屋，清理校内外来人员130人，取缔校园周边非法经营娱乐网点57处、无证经营个体食品摊点22个。2005年，市公安部门对213家治安保卫重点单位安全检查120次。全市事业单位共投入技防资金500余万元，安装视频监控系统144个、探头260个、红外报警器160台、断线报警器400台。

二、专项警卫

1985～1988年，全市公安系统完成警卫任务32次，其中中央及省、市重要会议保卫工作19次，外事保卫任务6次。1991年投入警力3000余人次完成东海水晶节、赣榆徐福节安全保卫工作。1992年完成全国青年篮球比赛、全国钓鱼比赛、女子摩托车远征、三县农民进城文艺演出及公园灯展安全保卫任务。1995年完成中国江苏连云港欧亚经贸恳谈会开幕式、展厅、驻地、文艺活动场所保卫。1996年完成市人民代表大会、市政治协商会议、苏北四市科技成果巡回展、全国政协考察团、对韩贸易洽谈会等9次安全保卫任务。1998年完成连云港之夏、第二届花果山金秋登山节等8次大型活动安全保卫任务。2001年完成春节花车巡游会演、"两会""五一""十一"旅游黄金周、第五届连云港之夏、《西游记》文化节等13次大型活动安全保卫工作。2002年完成元宵花灯巡游、"两会"、第二届连云港之春、第六届连云港之夏、第二届《西游记》文化节、第二届新亚欧大陆桥经贸恳谈会、新亚欧大陆桥区域经济合作国际研讨会等大型活动安全保卫工作。2003年完成第三届中国连云港之春、第七届连云港之夏、2003年世界女子沙滩排球巡回赛中国连云港站比赛、2003年中国连云港《西游记》文化节、2003年全国帆船锦标赛暨全国青年帆船锦标赛等8次安保任务。2004～2005年完成连云港之夏、《西游记》文化节等重大安保任务30次。

第七节 消 防

一、消防设施

1985年，连云港市建有7座消防站。2001年建成开发区消防站，购置消防车3辆、消防通信指挥车1辆和执勤战备检查车辆、消防监督检查车6辆。2003年建成覆盖全市的119指挥网络，添置各类特勤装备和2辆水罐消防车。2004年，新增道路消火栓86个。购置大功率消防车4辆、指挥车2辆。投资近500万元的特勤中队综合楼投入使用。2005年，全市86个中心镇及有总体规划的乡镇全部完成消防规划编制任务。全市有消防站9座。

二、消防监督

1985年，市公安局消防大队组织人员到厂矿、企事业单位进行安全检查，查出隐患500余个，督促限期整改。逐级签订麦场防火责任合同书3000份。1987年，防火重点单位推行逐级防火责任人和以职工岗位防火责任制为中心的防火安全责任制度。各重点单位确定1名分管安全的负责人作为一级防火责任人，车间主任、科（室）负责人为二级防火责任人。1990年加强对消防安全重点单位的规范化管理，建立健全防火台账和防火档案。新浦区将通灌路两侧28家消防安全重点单位、140多家一般单位及居民组成联防片，成立联防小组，开展自查互查。1991年开展百日防火安全活动，检查整改火灾隐患200多个，落实消防安全措施150多条，建立和恢复消防组织12个。加强对“三资”企业、开发区消防安全管理。1992年进行消防基础数据调查，并依此制作消防基础数据手册。1994年对全市82家仓储企业进行综合治理，对存在问题的35家仓储单位和货场提出限期整改要求。整顿全市79个加油站和20个液化气站，发现存在火灾隐患270余条。12月，市政府召开全市防火安全工作会议，常务副市长与11家重大火灾隐患单位签订重大火险隐患整改责任书。1995年开展建筑工程、加油站、公共娱乐场所、易燃易爆化学危险物品专项治理活动，共查处火灾隐患1600余个。11家重大火灾隐患单位，5家基本整改完毕，4家单位拿出具体整改意见和方案，2家单位计划搬迁。

1996年，存在问题较多、安全无保障的东海县浦南镇农机站液化气站、新安村液化气站、市警备区液化气站、市涤纶厂液化气站停业整顿。1997年，市政府决定建立消防联席会议制度。11月6日召开首次消防联席会议，研究协调全市消防重大问题。1999年，动态调整全市一、二、三级消防重点单位，建立和实行一级消防安全重点单位防火工作例会、月报制度，规范防火档案和防火台账，召开全市消防安全重点单位防火工作会议，与各单位法人代表签订防火人员责任书49份，并在此基础上制定《重点单位消防安全考评标准》。在连云港电视台《记者视点》栏目曝光消防安全隐患较大的灌云县龙桥商场。

图29-6　消防演练　　李家岭　摄于2003年

2000年，全方位开展公共娱乐场所专项治理工作。组织13个夜查小组进行消防安全夜查。市消防、工商、文化、公安治安等部门对全市540家公共场所开展“地毯式”消防安全检查，取缔不符合要求场所58家。2001年开展公众聚集场所消防安全专项治理，全市4548家公众聚集场所消防安全合格率由原来的不足70%提高到97.79%。加大对消防安全重点单位、公共场所、易燃易爆危险品及烟花爆竹清理整顿工作力度，实现重点单位连续3年无火灾。2002年开展公众聚集场所、加油站和网吧消防安全专项治理，对2001年全市公众聚集场所消防安全专项治理后遗留的97家火灾隐患单位进行跟踪检查。检查加油站（点）157家，责令停产停业2家，依法取缔8家。2005年开展人员密集场所、“三合一”（生产、销售、居住为一体的厂房和操作间）消防安全整治和隐患排查整治工作，顺利通过省级验收。

三、火灾情况

1984～2005年，全市发生火灾3629起，死亡182人，受伤216人，直接财产损失2316.13万元，其中重特大火灾事故1起。

1984～2005年连云港市火灾情况统计表

表29-4

年　份	起　数	死亡（人）	受伤（人）	经济损失（万元）
1984	41	4	1	13.66
1985	53	4	15	46.50
1986	69	7	8	80.33
1987	64	3	6	18.57
1988	69	12	4	65.69
1989	45	1	8	33.16
1990	114	6	—	27.03
1991	158	33	29	278.97
1992	186	12	21	155.74
1993	124	7	9	71.95
1994	106	20	13	131.98
1995	107	20	14	132.03
1996	114	6	9	135.08
1997	447	7	3	24.13
1998	311	10	20	340.60
1999	408	8	17	191.97
2000	257	7	18	138.89
2001	112	6	9	117.71
2002	176	3	4	88.89
2003	232	2	8	97.18
2004	240	2	—	86.59
2005	196	2	—	39.48
合计	3629	182	216	2316.13

四、重大火灾扑救

1985年1月19日凌晨2时许，市红光五交化商店因营业员调试电热褥后未切断电源而引起大火。市消防大队先后出动10辆消防车、39名消防指战员投入扑救。连云港军分区指战员及时赶到参加扑救，帮助转移物资，扑灭大火。

1986年7月7日中午12时5分，市麻纺厂原料场因施工人员违章用电，引发特大火灾，场内5

个堆垛的1500多吨原料全部着火。火场燃烧面积4000平方米，火焰高达10余米，料场内6～15号垛5000多吨原料下风方向240平方米的理麻车间受到火势严重威胁。市公安局调集全市消防力量增援，出动消防车27辆、消防指战员213人、武警和公安干警351人、军分区指战员300余人以及该厂干部职工3000多人参加扑救。下午6时许，大火被基本扑灭。火灾烧掉原麻355吨，直接经济损失折款约42.7万余元。

1987年6月11日21时许，市造纸厂露天料场因自燃发生重大火灾。市消防大队接到报警后，先后出动13辆消防车救援。市委、市政府领导闻讯后及时赶到火场指挥灭火，并调集武警支队和公安干警，组织厂内职工及附近居民300余人参加扑救。至深夜23时许，火灾扑救工作基本结束，保住该料场价值100万余元的造纸原料。

1991年12月25日2时25分，市云华宾馆因话务室电话程控机内电气线路短路发生火灾。市消防支队接到报警后立即调集8辆消防车、47名消防官兵赶到现场扑救。市政府组成火场指挥部，开展救援行动。经过近2个小时扑救，大火被扑灭，救出被困人员9人，疏散人员85人。

2003年1月22日4时44分，德邦兴华化工股份有限公司净氨泵出口车间变换气泄漏发生火灾。市消防支队接警后立即调集7辆消防车、30余名官兵赶赴现场扑救。大火于6时10分被扑灭，气体泄露处被成功封堵，有毒气体未扩散至周边区域。

2004年2月15日12时9分，市博瑞化工厂存放在厂区内总容量为60吨的3个卧式储罐先后发生泄漏，大量异丁烯迅速在厂区及附近地区扩散，一旦发生爆炸，整个厂区及附近居民安全将受到极大威胁。市消防支队接到报警后，迅速调度4辆消防车及特勤中队抢险救援车赶到现场处置。16时08分，储罐连接管泄漏处被成功封堵。

2005年7月4日凌晨1时许，位于连云港化学工业园区的连云港澄鑫化工有限公司20吨地下卧式硝酸储罐发生泄漏，严重威胁到周围槽内硫酸、硝基苯、液碱等储罐的安全。市消防支队接到报警后，立即调遣灌南县消防中队、特勤中队抢险救援消防车前往增援。6时许，硝酸储罐泄漏被控制，避免泄漏液与硝基苯化学反应爆炸事故的发生。

第三章 检 察

1984～2005年，连云港市检察机关贯彻公正执法、加强监督、依法办案、从严治检、服务大局工作方针，依法从重从快、惩治严重刑事犯罪，集中骨干力量投入审查批捕、审查起诉和出庭公诉工作。1986～1990年把惩治经济犯罪列为主要任务，重点查处一批玩忽职守和重大责任事故案件，全面复查“文化大革命”前检察机关免诉案件，平反、纠正一批错案。围绕中央提出的“稳定压倒一切”的方针，配合公安、法院等部门积极开展专项斗争。1991～1998年参加社会治安综合治理，进一步巩固和扩大“严打”成果，深入亏损企业清理腐败分子。坚持“一手抓办案、一手抓服务”，各项控申检察业务和文明接待室、文明接待员争创活动全面展开。1997年起，受理刑事赔偿申请。1999～2003年突出惩治“黑恶势力”犯罪、严重暴力犯罪和严重影响人民群众安全感的多发性犯罪。依法惩治制售假冒伪劣食品、药品等严重危害人民生命健康的犯罪以及骗汇、逃汇、金融诈骗、侵犯知识产权、虚开增值税专用发票等严重破坏社会主义市场经济秩序的犯罪。推广主诉检察官办案责任制等捕诉机制改革措施。检察机关专门设立预防职务犯罪部门，推动建立全市预防职务犯罪工作体系和社会化网络。推行刑事申诉案件公开审查等改革举措，建立完善检察长接待日制度、首办责任制等便民措施。2004～2005年配合公安机关重点打击制假售假、偷税漏税等破坏社会主义市场经济秩序的犯罪活动。开展严肃查办国家机关工作人员利用职权侵犯人权犯罪专项活动和集中查办破坏社会主义市场经济秩序渎职犯罪专项工作。民事行政检察工作得到进一步规范，检察机关发展成为以刑事检察、职务犯罪侦查与预防、监所检察、控告申诉检察、民事行政检察等业务为支柱，拥有现代化技术手段的法律监督机关。

第一节　刑事检察

一、审查批捕

1984年，根据全国严厉惩治严重刑事犯罪活动统一部署，连云港市检察机关贯彻依法从重从快、一网打尽的方针，重点惩治严重危害社会治安的7类重大刑事案件，将农村经济体制改革中的专业户、重点户和经济联合体的合法权益作为保护重点。1985～1986年，在审查批捕中做到“两个提前”（提前介入侦查、提前介入预审）和“两个基本”（基本犯罪事实清楚，基本犯罪证据确实、充分），坚持个人阅卷，集体讨论，检察长决定和重大疑难案件提交检察委员会讨论决定制度，对公安机关报捕的刑事拘留案件一般均能在2个工作日内作出批捕或不批捕的决定，非刑事拘留案件一般在10个工作日内作出决定。1987～1988年，全市检察机关积极参加专项斗争。把杀人、抢劫、爆炸、强奸、流氓等重大刑事案犯列为重点惩治对象，及时作出批捕决定。是年市检察院办理涉外刑事案件5起。1989年，针对刑事犯罪活动处于多发期、重大刑事案件呈上升趋势，全市检察机关先后开展打击爆炸犯罪等4次专项斗争。全年全市批捕犯罪嫌疑人比1988年上升61.43%。

1991年重点惩治杀人、强奸、抢劫、破坏电力设施及各类团伙犯罪。1992～1995年，全市检察机关针对治安方面的突出问题，既与公安、法院紧密配合，开展多次专项斗争，批捕一大批犯罪分子；又积极参加社会治安综合治理，制定目标责任制，定期派员到联系点开展法制宣传和专项整治。到1995年，全市治安形势有所好转，是年全市批捕各类犯罪嫌疑人比1994年下降18.94%。1996年，社会治安又呈严峻态势，全市检察机关实行定人员、定时间、定任务办案制度，确保案件在检察环节上的流转速度。经过“严打”，1997年全市刑事案件受理移送批捕人数和批捕人数均较1996年有明显下降。1998～1999年，社会治安形势再次反弹，全市刑事发案率居高不下。检察机关将严重危害社会治安和人民群众生命财产安全的暴力犯罪、流窜、涉枪、涉毒犯罪和带有黑社会性质的团伙犯罪等恶性犯罪列为惩治重点，同时积极配合公安机关开展惩治生产销售假化肥、“追三逃”等专项斗争。市检察院、公安局联合印发《关于刑事诉讼法有关条文执行中具体问题的规定》，采取一系列保障措施，严把事实、证据关。2000年配合公安机关开展打拐、追逃，打击黄、赌、毒犯罪等专项斗争，先后受理涉黄案件75起89人，批捕72起84人。

2001～2003年，全国社会治安工作会议和全国整顿规范市场经济秩序工作会议召开后，全市检察机关建立与公安机关联席会议制度，深入开展“严打”整治工作。把黑恶势力犯罪、严重危害人身安全的暴力犯罪和侵害公私财产的多发性犯罪3类重点案件作为惩治重点；将“严打”斗争与治爆缉枪，扫除黄、赌、毒等专项整治活动结合起来；同时与工商、技术监督等行政执法机关配合，依法惩治制售假冒伪劣食品、药品等严重危害人民生命健康的犯罪活动，以及骗汇、逃汇、金融诈骗、侵犯知识产权、虚开增值税专用发票等严重破坏社会主义市场经济秩序的犯罪活动。3年间全市批捕人数持续下降，但刑事犯罪仍处于高发态势。2005年参加惩治赌博犯罪及商业欺诈等专项行动，加大对食品、药品安全专项整治力度，全市批捕各类刑事犯罪嫌疑人比2004年上升4.75%。

1984～2005年连云港市检察机关受理公安提请批捕统计表

表29-5 单位:人

年份	受案	批捕	不批捕	年份	受案	批捕	不批捕
1984	1605	1445	112	1995	1459	1391	40
1985	801	688	63	1996	1809	1686	80
1986	544	489	33	1997	1470	1334	123
1987	566	536	20	1998	2088	1814	255
1988	931	879	40	1999	2551	2244	216
1989	1490	1419	38	2000	2586	2309	2
1990	1331	1313	23	2001	2962	2683	112
1991	1465	1447	11	2002	2544	2323	73
1992	1475	1431	29	2003	2424	2192	11
1993	1390	1359	9	2004	2937	2571	108
1994	1797	1716	30	2005	3165	2693	286

二、审查起诉

1984年，全市检察机关在“严打”斗争中做到准确打击、不枉不纵，所有案件均在法定期限内办结。至1986年，全系统起诉正确率99.8%，其中赣榆、云台、连云等县区检察院，起诉正确率100%。1987～1990年，严重刑事犯罪重大案件呈上升趋势。全市检察机关坚持疑难案件集体讨论制、复议复核案件易人审查制、免诉案件备案审查制等各种行之有效的办案制度，在保证办案质量的前提下做到快审、快诉。

1991～1993年，全市检察机关对案件实行定人员、定时间、定任务“三定”制度，确保每个案件在检察环节上能够快速而有序地运行，不在检察环节上贻误战机。在为期3个月的“严打”斗争中，全市检察机关向法院起诉469人。1994年坚持把惩治重点放在严重危害社会治安秩序和人民群众生命财产安全的犯罪上，起诉重特大刑事案件犯罪嫌疑人610人。在连续打击下，1995年，受理公安机关移送起诉人数比1994年下降7.21%。1998年，东海县、连云区检察院推行主诉检察官制度改革试点取得成功，办案效率明显提高。

2000～2002年在全市推广主诉检察官办案责任制，办案效率进一步提高。2004年，市检察院赴各县区检察院对公诉工作中存在的质量问题展开调研，重点对无罪、不起诉、撤回起诉案件质量进行总结分析，肯定好的做法和经验，深入剖析存在的问题及时加以解决。2005年坚持把办案质量作为起诉工作的生命线，全市起诉4207人，比2004年上升23.23%，为改革开放后历年最高。

1984～2005 年连云港市检察机关审查起诉案件统计表

表 29-6

年　份	受案（人）	起诉（人）	免诉（人）	不诉（人）	出庭公诉（件）
1984	2092	1821	180	21	1705
1985	765	684	34	4	750
1986	650	547	32	1	457
1987	570	535	25	2	397
1988	816	719	29	—	500
1989	1403	1285	111	7	711
1990	1631	1490	185	—	785
1991	1452	1260	28	—	—
1992	1660	1484	48	—	—
1993	1419	1316	48	—	—
1994	1733	1491	29	—	—
1995	1608	1349	39	1	901
1996	2189	1693	91	3	1123
1997	1539	1311	—	26	902
1998	2124	1805	—	5	976
1999	2942	2533	—	11	1269
2000	2755	2551	—	18	1256
2001	3379	2849	—	—	—
2002	3454	3064	—	38	1720
2003	2954	2544	—	58	1279
2004	3923	3414	—	41	1209
2005	4937	4207	—	44	1049

说明：1996 年《中华人民共和国刑事诉讼法》修订后取消“免诉”提法。

三、出庭公诉

1984～1985 年，除被告人罪行较轻且经法院同意的案件可不派员出庭外，全市检察机关对法院开庭审理并通知出庭的案件均派员出庭支持公诉。1986 年起，把提高全市出庭公诉水平作为工作重点，提高公诉人业务素质。同时利用庭审时机加强对被告人的法庭教育，既打击犯罪又宣传法制，保障庭审法律效果与社会效果的有机统一。

1992 年，全市实行自侦案件侦查与起诉分开办理制度。1993 年起，检察机关规范出庭支持公诉工作，对起诉的贪污贿赂大要案均指派有经验、素质高的公诉人出庭支持公诉。1996 年，修订后的《中华人民共和国刑事诉讼法》开始实施，庭审方式发生重大变革。全市检察机关开展学习、练兵、组织观摩庭等活动，在较短时间内掌握新的出庭模式和工作技巧。是年起，全市检察机关进一步探索实行庭前证据展示、普通程序简化审、量刑建议和多媒体示证等多项庭审改革措施。

东海县检察院在全市率先推行量刑建议制度，把出庭前准备的文书扩展为“三纲两书”（讯问提纲、出示证据提纲、答辩提纲和起诉书、公诉意见书），提高量刑建议的科学性、准确性。市检察院首次在庭审中运用多媒体示证，使庭审举证方式更加直观，举证效果更加突出。1998～2000年，庭前证据展示、普通程序简化审、量刑建议和多媒体示证等庭审改革措施普遍应用，全市开展检察长出庭公诉、配合法院进行庭审直播等活动。

2001年，全市检察机关检察长亲自抓出庭工作，带头办案出庭。2002～2003年，全市进行庭前证据展示和普通程序简化审2项公诉改革试点，市检察院在办理江苏田湾核电站2名处级干部受贿案件中主动适用上述改革措施，取得较好办案效果。2004年，全市组织11个考核庭进行自侦案件考核，推动以证据为核心，以出庭公诉为中心观念在出庭中的深入应用。2005年，全市举办首届公诉对抗赛，参赛选手在笔试基础上进行“一对一”公诉抗辩，通过比赛发现和锻炼一批优秀公诉人才，推动全市检察系统公诉工作规范化建设和岗位练兵深入开展。

四、侦查监督

1984～1987年，全市检察机关履行侦查活动监督职责，通过审查案卷、讯问被告、询问证人、深入发案地点调查、接待群众来信来访等环节，检查公安机关侦查活动有无违法行为，及时向公安机关反馈。1988年加强侦查活动监督职能，严格区分罪与非罪、此罪与彼罪的界限，纠正公安机关漏捕5人。1989年纠正漏捕28人，防止错捕6人，改变案件定性3件。

1990～1996年，全市检察机关提出纠正违法意见340件，依法纠正公安机关漏捕143人。1997年提出纠正违法意见61件，依法纠正漏捕34人，其中对公安机关延长羁押期限中违法超期现象提出纠正意见6件、3起案件作书面通报。1998～2002年对公安机关侦查中的违法行为提出纠正意见38件，依法纠正公安机关漏捕213人，对逮捕（不捕）后诉讼情况和侦查羁押期限实施监督。2004年重点对人民群众反映强烈的滥用职权、执法不公、刑讯逼供、超期羁押、执法违法等严重影响社会稳定的案件加强监督，提出纠正违法意见27件，纠正漏捕16人。2005年，全市检察机关开展以纠正刑讯逼供为重点的侦查活动专项监督行动，提出纠正违法意见40件，纠正漏捕31人。

1984～2005年连云港市检察机关侦查活动监督案件统计表

表29-7

年　份	提出纠正违法意见（件）	纠正漏捕（人）	年　份	提出纠正违法意见（件）	纠正漏捕（人）
1984～1987	—	—	1997	61	34
1988	—	5	1998～2002	38	213
1989	—	28	2003	55	19
1990	—	—	2004	27	16
1991	3	—	2005	40	31
1992～1996	337	143			

五、立案监督

1996年修订的《中华人民共和国刑事诉讼法》，首次对检察机关开展立案监督作出规定，全市检察机关据此向公安机关发出要求说明不立案理由通知书2份，通知公安机关立案4起。1998年规范刑事立案工作，向公安机关发出要求说明不立案理由通知书8份，通知公安机关立案7起。1999～2001年，向公安机关发出要求说明不立案理由通知书86份。2002年，市检察院在全省率先开展专项集中监督，重点对涉枪涉爆案件、聚众斗殴等黑恶势力团伙犯罪案件、交通肇事案件、卖淫嫖娼案件以及劳改、劳教等“两牢”人员案件进行集中立案监督。是年全市立案监督120件，居全省地级市首位，新模式得到省检察院肯定和推广。2003年重点开展经济犯罪立案监督专项行动，全市立案监督173件。2004年开展打击制假售假等侵犯知识产权犯罪专项立案监督，立案93起。2005年以制售假冒伪劣产品立案监督专项行动为龙头，加大对各类破坏市场经济秩序犯罪的惩治力度；推动建立刑事司法与行政执法相衔接机制，初步落实行政执法单位刑事案件移送检察机关备案制度。

1997～2005年连云港市检察机关立案监督案件统计表

表29-8

年份	发出要求说明不立案理由通知书（份）	公安机关主动立案（起）	通知公安机关立案（起）	纠正不当立案（起）
1997	2	—	4	—
1998	8	1	7	—
1999	18	9	6	—
2000	16	14	2	—
2001	52	79	—	—
2002	120	115	1	—
2003	173	168	1	10
2004	93	93	—	13
2005	118	107	8	42

六、审判监督

1984～1987年，全市检察机关审判监督工作重点是保障《中华人民共和国刑法》《中华人民共和国刑事诉讼法》的贯彻实施，保护诉讼当事人的合法权益。通过派员出庭支持公诉，对审判中不符合法律程序的行为及时提出口头纠正，或在闭庭后提出意见，对严重违法行为以书面意见提出纠正；通过审查判决书，发现量刑畸轻、畸重的均及时提出抗诉。1988～1996年从严掌握抗诉条件，对不属抗诉范围而判决确有不当的案件及时与审判机关沟通，确保司法公正。1996年，修订后的《中华人民共和国刑事诉讼法》施行。检察机关重视对被害人提出抗诉请求案件的审查。1999年，全市提出抗诉案件9起11人，其中8起10人得到省检察院支持。2000年，市检察院在一起盗窃案件中坚决对一审判决有罪、重审改判无罪的戚某某提出抗诉，得到省检察院支持及二审法院认可，戚某某后被改判有期徒刑13年。

2001～2003年，全市检察机关提出抗诉25起29人。2004年提出抗诉12件14人，获省检察院支持6起8人。2005年，在马某某贪污抗诉案中，市检察院依法支持抗诉。这一历经3次一审、2次发回重审的重大疑难案件抗诉成功。马某某在制作工资发放表过程中以涂改手段贪污公款的事实和犯罪数额被二审法院全额认定，马某某被改判更高刑期。

1984～2005年连云港市检察机关办理刑事抗诉案件统计表

表29-9

年 份	提出抗诉	备 注
1984～1988	—	—
1989～1990	2起	改判2起
1991～1992	—	—
1993	4起	改判3起
1994～1996	—	—
1997	3起	—
1998	3起	—
1999	9起11人	8起10人得省检察院支持
2000	5起	—
2001	7起8人	—
2002	9起12人	3起5人得省检察院支持
2003	9起9人	—
2004	12起14人	6起8人得省检察院支持
2005	7起8人	—

第二节 职务犯罪侦查与预防

一、经济检察与贪污贿赂犯罪侦查

1984年，全市各类案件中，贪污案件上升比例最大。连云港市检察机关针对经济犯罪活动新特点，加大打击力度，立案侦查各类经济犯罪案件74起122人。其中，贪污达1万元或5000千克粮食的大案15起41人，占立案数的20.27%。东海县检察院在粮食系统查处贪污粮食案件9起19人，计贪污粮食6.5万余千克。1985年重点查处借改革开放之机，行贿受贿、贪污盗窃、偷税抗税、侵吞国家和集体财产、侵犯专业户和个体户及经济联合体合法权益的经济案件。1986年，最高人民检察院作出"关于把打击经济犯罪作为检察机关主要任务抓紧抓好"的指示，是年全市经济犯罪立案数比1985年增长112%，其中大要案增长160%。1987年，市检察院向税务部门派驻8个税务检察室，协助查处偷、抗、漏税违法案件80起。1988年，全市检察机关均设立经济罪案举报机构，受理经济案件举报。1989年，贯彻最高人民检察院和最高人民法院《关于贪污、受贿、投机倒把等犯罪分子必须在限期内自首坦白的通告》，在通告规定期限内，全市47名经济违法和犯罪嫌疑人到检察机关投案自首，交代违法犯罪总额50余万元，退出赃款总额30余万元。在粮食、供销、金融等部门设立派驻机构，协助有关单位对重大偷税案件进行查处。1990年，以肃贪倡廉为重点，查处一批贪污贿赂经济犯罪大要案件，并结合反贪污贿赂工作的开展，2次召开新闻发布会，向社会各界公布检察机关查处大要案情况。

1991～1993年，全市检察机关抽调114名干警，编成24个小组，深入全市80多家亏损企业调查研究，从中发现贪污贿赂等经济犯罪线索104条，立案59起，通过办案使20多家企业减少亏损、

12家企业扭亏为盈。1996年，加大查办发生在党政、行政执法、司法机关及经济管理等部门“三机关一部门”的犯罪力度。是年发生在上述机关和部门的案件占总数的30.4%。检察机关将国家工作人员利用职务之便实施的贪污、贿赂等犯罪案件作为惩治重点。是年全市国家机关工作人员贪污、贿赂、挪用公款等犯罪案件占立案总数的89%，司法人员利用职务便利实施的犯罪案件共立案8起8人。1998年，随着修订后《中华人民共和国刑法》《中华人民共和国刑事诉讼法》配套司法解释的颁布，检察机关直接立案侦查经济类职务犯罪案件罪名进一步减少，全市检察机关立案数大幅下降。1999年，检察机关将国企中发生的以及乡镇领导干部或科级干部实施的贪污贿赂犯罪作为惩治重点。是年，发生在国企的案件占立案总数的57.6%，比1998年上升47.4%；查办乡镇领导干部或科级干部案件20起20人。2000年，加大查办大要案及农村基层组织工作人员犯罪力度，仅赣榆县检察院即立案查办村支部书记、村委会主任及乡镇站、所负责人受贿案件10起10人。

2001年重点查办数额大、影响大的贪污贿赂大要案以及发生在“三机关一部门”的贪污贿赂案件。全年查办县处及厅局级领导干部犯罪要案7人，查办发生在“三机关一部门”案件占立案总数的32.3%。是年9月，市检察院成立“9·10”专案组，查办北京中昊财务公司董事长、富井投资公司总裁陈某等人重特大经济职务犯罪案。2004年，针对群体性犯罪现象较为突出的特点和规律，利用已掌握的犯罪线索，先后在全市教育、卫生、交通、土地管理、水利系统开展“系统抓、抓系统”集中打击专项行动，查办贪污贿赂等职务犯罪案件。其中，教育系统24起24人、卫生系统21起22人，交通系统9起9人，水利系统7起7人，土地管理系统1起1人。加大对立案后畏罪潜逃犯罪嫌疑人的追逃力度，上网追逃9人，抓获7人；7名嫌疑人到检察机关投案自首，20余名涉案人员主动到检察机关说明情况、退赃并检举他人犯罪。2005年，全市检察机关办理贪污贿赂等职务犯罪案件讯问犯罪嫌疑人开始实行全程同步录音录像，提高办案质量。立案侦查各类经济犯罪案件114起126人。市检察院查办的淮海工学院原院长王某某、副院长贾某某受贿案，被最高人民检察院评为全国检察机关年度十大精品案件。

1984～2005年连云港市检察机关查办贪污贿赂等经济犯罪案件统计表

表29－10　　单位：件/人

年份	立案	大要案	贪污	贿赂	挪用公款	其他
1984	74/122	15/41	9/19	—	—	65/103
1985	50/70	10/25	43/59	3/3	—	4/8
1986	106/106	26/26	53/53	28/28	—	25/25
1987	61/61	6/6	22/22	13/13	—	26/26
1988	47/47	6/6	29/29	3/3	4/4	11/11
1989	154/183	49/58	68/79	42/47	17/17	27/40
1990	167/189	55/62	79/89	52/58	27/33	9/9
1991	160/187	46/50	73/84	41/43	29/40	17/20
1992	155/175	40/59	86/95	—	—	69/80
1993	148/148	41/41	98/98	—	—	50/50
1994	155/155	67/67	97/97	—	—	58/58
1995	177/198	53/53	70/79	34/41	—	29/32
1996	184/184	35/35	112/112	—	25/25	47/47
1997	191/191	54/54	63/63	71/71	36/36	21/21

续表 29-10

年　份	立　案	大要案	贪　污	贿　赂	挪用公款	其　他
1998	90/90	43/43	43/43	18/18	25/25	4/4
1999	99/99	37/37	57/57	21/21	21/21	—
2000	115/121	60/60	59/65	13/13	42/42	1/1
2001	143/143	71/71	80/80	29/29	30/30	4/4
2002	130/147	69/81	76/91	37/37	11/11	6/8
2003	149/149	90/90	85/85	51/51	11/11	2/2
2004	133/142	111/120	57/66	67/67	7/7	2/2
2005	114/126	86/97	48/60	58/58	6/6	2/2
合计	2802/3033	1070/1182	1407/1525	581/601	335/354	479/553

二、法纪检察与渎职侵权犯罪侦查

1984年，检察机关反渎职侵权工作由法纪检察部门负责。是年，全市诬告陷害案和重大责任事故案较为突出，占法纪案件总数的52%。1985年，全市立案侦查各类法纪案件19起，其中大要案2起。1987～1988年，把侵犯公民人身权利和民主权利、重大责任事故、玩忽职守案件作为查处重点，占是年法纪案件立案总数的85.7%。

1993年，全市检察机关集中查处人质型非法拘禁案件16起。1994年查办大要案增多，查处司法人员犯罪案件上升，突破全市历年查处徇私舞弊案件不足和市检察院立案空白状况。其中大要案11起，占立案数的1/3。1995年，市检察院直接参与县、区检察院查办重大、疑难案件，将查处司法人员渎职侵权犯罪案件作为工作重点，6个月内连续查处3起司法人员刑讯逼供案件。1996年查办赣榆县石油公司原副经理杨某某玩忽职守案，查办灌云县穆圩乡破坏选举相关案件。1997年，市检察院查处连云区法院原院长黄某某徇私舞弊、泄露国家秘密、受贿案。1999年，全市检察机关建立预防职务犯罪工作网络。2000年，把查办案件作为加强渎职侵权检察工作的中心任务，市检察院制定《连云港市检察机关关于渎职侵权犯罪案件线索移送规定（试行）》。

2002年，市检察院从办案工作、犯罪预防、调研工作、队伍建设、基础工作等方面对县、区检察院渎职侵权检察工作提出量化要求。至2003年实现立案数连续6年增长，全市连续数年存在的立案空白状况明显改观。2004～2005年，全市检察机关开展严肃查办国家机关工作人员利用职权侵犯人权犯罪专项活动，立案查处侵权案件23起。

1984～2005年连云港市检察机关办理渎职侵权犯罪案件统计表

表 29-11　　单位:起

年　份	受　理	立　案	年　份	受　理	立　案
1984	—	25	1990	127	23
1985	—	19	1991	149	22
1986	87	25	1992	149	30
1987	101	22	1993	167	37
1988	127	27	1994	169	33
1989	130	12	1995	179	33

续表29-11

年 份	受 理	立 案	年 份	受 理	立 案
1996	184	34	2001	120	15
1997	166	35	2002	112	16
1998	85	6	2003	93	19
1999	72	4	2004	82	21
2000	87	7	2005	68	23

三、职务犯罪预防

1984～1994年，全市检察机关无专门的职务犯罪预防机构，由相关业务部门履行一般性预防职务犯罪工作职能。1995年反贪污贿赂局成立后，其综合科兼有预防职务犯罪职能，但仍以个案预防为主要工作形式，以向发案单位发出检察建议为主要手段。2002年，市检察院将反贪污贿赂局内设的侦查三处更名为职务犯罪预防处，成立以检察长为组长的预防职务犯罪工作领导小组，动员社会各界力量共同参与，走社会化预防之路，并积极推进建立预防职务犯罪社会化网络机制。市委办公室转发市检察院《关于进一步加强预防职务犯罪工作的意见》。2003年，市委成立由市委副书记任组长、25个部委办局主要负责人为成员的市预防职务犯罪工作领导小组，办公室设在市检察院。全市7个县区均成立预防职务犯罪领导小组。全市检察机关结合实际，开展以工程优质、干部优秀为主题，以重大工程项目公开、招标投标公开、资产运作透明为核心的专项预防活动，在《连云港日报》举办预防职务犯罪知识竞赛答题活动，在市委党校挂牌成立市预防职务犯罪法制教育基地，开展多项预防职务犯罪业务活动。

2004年，市检察院制定《连云港市检察机关个案预防工作细则》，规定个案预防的范围、任务和内容，推行个案预防“五个一”工程①。全市全年个案预防率85%以上。至年底，全市普遍建立多行业、跨领域的预防职务犯罪网络联系点，形成多层面、宽领域的社会化预防网络。2005年，制定《连云港市工程建设领域违法违纪违规行为防治实施细则》，建立检察机关与建设行政主管和行政监察部门联席会议制度，形成对全市工程建设领域不当行为的自律、监督、预防、惩治相结合的防治机制。对全市36项工程建设项目的508名法人代表和项目经理进行有无行贿行为的查询。市委办公室转发市检察院提交的《关于市行政执法机关、司法机关工作人员职务犯罪情况的调查报告》，给全市行政执法机关、司法机关领导参阅，促进预防职务犯罪工作的深入开展。

第三节　监所检察

1984年，连云港市检察院增设监所检察科，各县、区检察院先后设立监所检察部门。对看守所实行驻所检察，制定人犯羁押期限登记等制度，驻所检察工作逐步实现经常化、制度化。加强对判处管制、缓刑、剥夺政治权利和裁定假释、监外执行5种罪犯（简称“五种人”）的执行监督和

① “五个一”工程指每开展1件个案预防都要责令犯罪嫌疑人写出1份悔过书，与发案单位共同召开1次分析会，提出1份书面检察建议，上好1堂法制课，做好1次整体回访考察。

考察工作。1985年，在五图河农场设置江苏省连云港市五图河地区人民检察院，加强劳改检察。1986年，考察全市监外执行“五种人”228人，制定和落实帮教措施。1988年，对监所单独检察36次，联合检察42次，办理重新犯罪案件7起7人，受理“两劳”（劳改、劳教）人员及其申诉案件20起20人，查处10起。1989～1990年，全市检察机关纠正监所看守人员违法乱纪行为143起；抓好监所防暴乱工作，破获预谋越狱案3起16人，破获脱逃越狱案8起8人。

1991年纠正监管场所违法违规行为多起，追回21名人犯被扣押的有关物品，大力促进看守所文明管理。1993～1995年着力打击狱内犯罪活动，2次集中打击在押犯中的牢头狱霸。1997年初查涉及监所的经济犯罪案件6起7人，办理所内犯罪案件12起16人，受理控告申诉案件2起2人。1998～2000年，全市检察机关采取多项措施进一步加强对监管活动的日常监督，配合公安机关做好看守所等级创建工作。市看守所被评为国家二级看守所。

2001年将查办发生在监督改造场所的职务犯罪案件与强化刑罚执行监督有机结合。灌云县检察院立案侦查灌云监狱监区长高某某受贿案及干警黄某某、高某某徇私舞弊暂予监外执行案。2002年，全市检察机关针对13名不符合暂予监外执行条件罪犯向执行机关发出收监执行建议书。2004年，市检察院派驻市看守所检察室对100余名留所服刑人员进行减刑前法制教育。对2002～2004年办理的减、假、保案件进行专项检察，重点检察职务犯罪案件92起，发现违法办理保外就医1起1人，应该办理续保手续而没有办理的6人，均及时给予监督纠正；查处司法人员徇私舞弊暂予监外执行案2起，2人受到刑事追究。

2005年，全市将余刑1年以上3年以下罪犯留所服刑占在押人员总数的比例严格控制在2.2%，杜绝余刑3年以上罪犯留所服刑现象；减刑、假释比例严格控制在在押被监管人总数的30%、3%以内。全市检察机关开始试行监所检察“四个流程”①，推进监所检察工作规范化建设。

第四节 控告申诉检察

1984年，连云港市逐步恢复建立信访案件登记、批阅、交办、答复、检察长接待日等制度。1985～1987年，全市检察机关针对检举揭发经济犯罪、侵犯公民人身权利、民主权利案件及“严打”中刑事申诉案件增多的情况，采取设立巡回接待站、挂牌接待、走访接待及设置检察长接待日等多种形式解决群众上访难问题。1987年，全市检察机关受理人民来信来访2147件，自行查办33件，其余均作妥善处理。1988年受理人民群众来信来访1727件。增设经济罪案举报中心，受理各类举报线索403条。1990年，全市建立健全检察长定期接待和处理群众来访制度，控告申诉工作有明显起色，受理群众来信1696件。对不服检察机关处理决定的“不捕、不诉、不立案、免诉、撤案”申诉案件16起进行复查，9起改变原处理决定。

1991年，市检察院以举报工作和办理控申案件工作为重点，全面开展各项控申检察业务。1992～1993年，全市检察机关开展文明接待室、文明接待员争先创优活动。开展试行聘任检察助理员活动。1995年，《中华人民共和国国家赔偿法》颁布实施，检察机关刑事赔偿工作由控告申诉检察部门承担。1997年，东海县检察院根据举报线索，一举侦破牛山镇经委副主任兼英疃村党支部书记郭某某受贿4.4万余元、巨额财产来源不明经济犯罪大案。2000年，全市推行刑事申诉案

① “四个流程”指看守所检察监督流程、社区矫正检察监督流程、劳教所检察监督流程和监狱检察监督流程。

件公开审查、署名举报集体答复等改革举措。2001年，全市开始推行检察长接待首访负责制，充分发挥检察长接待效能，切实为民办事。东海县检察院在办理陶某某请求刑事赔偿案件中，经阅卷和核实，认为对申请人逮捕错误，检察机关依法应承担责任，即根据国家赔偿法有关规定，依法赔偿申请人陶某某人民币7302.57元。

2003年，全市全面推行检察长接待日制度、控告申诉首办责任制等便民措施。海州区检察院结合区位特点，开展以进社区、进企业、进乡村为内容的信访接待工作"三进"活动。2004年，全市实现涉检进京上访零纪录。东海县、赣榆县检察院被最高人民检察院评为全国文明接待室。2005年，全市开展集中处理涉检信访问题专项活动，集中处理一批重大、疑难、多年未解决案件。

1987～2005年连云港市检察机关受理信访案件统计表

表29－12

年份	受理各类信访件（件）	其　中		
		控告类（件）	申诉类（件）	检察长接待日接待（件／人）
1987	2147	—	—	—
1988	1727	—	—	—
1989	2929	2642	287	7／11
1990	1915	1696	219	9／13
1991	2012	1672	340	18／19
1992	1385	1066	319	19／28
1993	1387	1110	277	126／146
1994	1595	1195	400	178／251
1995	1589	1325	264	216／299
1996	2331	2101	230	302／378
1997	2083	2018	65	308／451
1998	2086	2004	82	199／271
1999	1991	1806	171	216／352
2000	1929	1600	329	289／479
2001	1913	1320	613	391／572
2002	1860	1300	560	407／673
2003	2369	1986	383	353／602
2004	2114	1225	824	438／756
2005	1822	1145	677	269／373

1989～2005年连云港市检察机关办理申诉案件统计表

表29－13　　单位：起

年份	受理刑事申诉案件	立案复查	其　中	
			维　持	改变或部分改变原决定
1989	12	12	10	2
1990	16	16	13	3

续表 29-13

年份	受理刑事申诉案件	立案复查	其　中	
			维　持	改变或部分改变原决定
1991	19	12	10	2
1992	21	18	15	3
1993	11	11	8	3
1994	12	9	5	4
1995	4	4	4	—
1996	10	10	4	6
1997	16	16	12	4
1998	7	7	7	—
1999	13	13	13	—
2000	15	15	12	3
2001	198	31	29	2
2002	29	29	25	4
2003	45	35	31	4
2004	41	20	20	1
2005	23	23	23	—

1996～2005年连云港市检察机关办理刑事赔偿案件统计表

表 29-14

年份	受理刑事赔偿案（起）	确认（起）	不予确认（起）	赔偿金额（万元）
	—	—	—	—
1996	2	—	2	—
1997	8	—	—	—
1998	4	—	4	—
1999	—	—	—	—
2000	3	—	3	—
2001	3	2	1	2.85
2002	11	3	4	7.20
2003	12	5	7	3.50
2004	13	8	5	15.47
2005	6	5	1	7.09

1987～2005年连云港市检察机关初查举报线索统计表

表 29-15

年份	初查举报线索（件）	其　中	
		移送立案（件）	挽回经济损失（万元）
1987	23	—	—
1988	21	—	—

续表 29-15

年份	初查举报线索（件）	其中	
		移送立案（件）	挽回经济损失（万元）
1989	132	132	13
1990	39	24	48
1991	51	15	60
1992	62	17	129
1993	93	24	112.4
1994	124	15	139.5
1995	125	18	160
1996	140	13	434
1997	181	10	250
1998	179	8	112
1999	153	13	158
2000	231	10	252
2001	279	15	130
2002	359	25	269.33
2003	290	21	165.3
2004	322	19	112
2005	343	14	80.6

第五节 民事行政检察

1991年，连云港市检察院成立民事行政检察部门，是年受理民事行政申诉案件18起。1992年受理民事行政申诉案件26起，其中立案审查6起、发出检察建议3起，均被采纳。1993～1997年，各基层检察院相继成立民事行政检察部门，优先办理标的额巨大和严重损害农民合法权益的案件，受理民事行政申诉案件257起，立案138起，提请、建议提请抗诉74起，抗诉22起，发出检察建议12起，被采纳6起。2000年，全市受理民事行政申诉案件中，立案审查87起，经提请、建议提请抗诉，法院再审改判22起，改判案件取得零的突破。

2001年，按照最高人民检察院《人民检察院民事行政案件办案规则》，全市检察机关开展民事行政检察宣传工作，扩大民事行政检察工作社会影响。全市民事行政检察立案数、提请、建议提请抗诉案件数、抗诉案件数、改判数等主要办案指标均达历史最高点。2002年，转变民事行政检察工作重点，重视做好当事人服判息诉工作，带动民事行政申诉案件数从该年起逐年下降，维护社会稳定。2003～2004年，全市重点加强民事行政检察工作规范化建设，先后制定、下发《连云港市民事行政检察案件规范化管理暂行规定》等文件，统一和规范全市民事行政检察工作操作程序。2005年，围绕强化法律监督，维护公平正义的检察工作主题，市检察院不断加大办理民事行政申诉案件力度，全年受理的各类民事行政申诉案件中，抗诉改判率继续保持全省地级市检察机关前列。

表 29-16

1991～2005 年连云港市检察机关办理民事行政抗诉案件统计表

年 份	受理（起）	立案（起）	提请、建议提请抗诉（起）	抗诉（起）	改判（起）	检察建议（条）	采纳（条）
1991	18	3	1	—	—	—	—
1992	26	6	—	—	—	3	3
1993	14	6	3	1	—	1	—
1994	26	24	10	1	—	5	—
1995	37	—	2	1	—	3	3
1996	51	34	20	5	—	3	3
1997	129	74	39	14	—	—	—
1998	117	42	30	16	—	—	—
1999	61	58	31	9	—	1	—
2000	225	87	64	22	22	—	—
2001	293	125	100	45	35	2	—
2002	304	108	32	17	10	8	—
2003	264	102	16	11	14	6	—
2004	229	106	42	14	16	2	1
2005	175	115	43	13	12	5	6

第四章 法 院

20 世纪 80 年代中期，连云港市法院系统贯彻从重从快方针，加大刑事案件审判力度，从严惩处严重刑事犯罪活动。民事审判庭开始尝试受理行政诉讼案件，行政审判工作开始起步。开展商事审判工作，审理大量商事案件。设立执行庭和告诉申诉审判机构，信访申诉工作由行政工作向审判工作转变。90 年代起，加强基层法庭建设，承办农村承包合同纠纷、债务纠纷、相邻关系纠纷及假种子、假化肥、假农药等各种类型案件。市中级人民法院（简称市中院）和所辖基层法院相继设立经济纠纷调解中心。1995 年，市中院成立赔偿委员会，受理申请国家赔偿案件。20 世纪 90 年代末，连云港市两级法院实行立审分立，推行审执分立和审监分立，改革审判方式，实行公开开庭；实行审判长对合议庭负责制；完善诉讼证据制度；改革司法鉴定体制，实行司法鉴定对外委托制度。2003～2005 年，市中院在全省率先设立审判管理办公室，将案件结案扎口管理、案件质量监督评查、法官审判业绩考评、质效指标统计评估在内的各项审判管理基本职能统一划归审判管理办公室行使，促进各部门审判管理工作的协调配合。

第一节 刑事审判

一、严重刑事犯罪案件审判

“严打”斗争 1984年是全国开展“严打”斗争的第二年。连云港市、县两级法院继续保持高压态势，坚持严厉惩处严重刑事犯罪“从重从快”方针。1985年，全市召开宣判大会102场次，参加大会群众近30万人次。1987年，全市法院坚持狠抓大要案件，从严惩处严重刑事犯罪活动。召开宣判大会18场次，对254起案件309名犯罪嫌疑人公开宣判。1988年，全市召开宣判大会30场次，对200起案件290名人犯公开宣判。1989年，全市法院收结案件大幅上升，佟某某等全国特大盗窃军用仓库爆炸物案3名主犯被判处死刑。1990年，以“严打”为中心开展刑事审判工作。市中院成立“严打”斗争指导小组，对全市法院系统“严打”斗争实行统一部署、指导和监督。

“严打”专项斗争 全国“严打”斗争告一段落后，刑事案件总数有所下降，但每年杀人、强奸、抢劫等重大恶性案件仍有发生，抢劫、盗窃案件居高不下。面对严峻的社会治安形势，全市法院和公安、检察机关密切配合，积极开展“严打”各项专项斗争，从重从快惩处严重刑事犯罪活动。1991年，市中院在五图河农场召开减刑假释大会；在市看守所召开宽严大会，对7名罪犯给予减刑，严惩牢头狱霸，近300名在押犯旁听；召开宣判大会2场次；公开开庭审理判决章某某等务罪。1992年，调整“严打”策略，严厉惩治拐卖人口、强奸、杀人、抢劫、绑架犯罪等严重危害社会治安的犯罪分子。是年召开宣判大会6场次，对首起绑票杀人案案犯李某某作出一审死刑判决。1994年，全市召开宣判大会58场次，参加大会群众近21万人次。是年底，市中院刑一庭被省高院评为十年“严打”先进单位。1995年，全市召开宣判大会41场次，参加大会群众近18万人次。

“严打”集中统一行动 1996年，中央作出在全国开展“严打”集中统一行动的重大决策。市中院成立“严打”领导小组，结合连云港社会治安实际，重点惩治车匪路霸、抢劫、杀人、重大盗窃、拐卖妇女儿童和流氓、黑社会势力等严重刑事犯罪。全市成功摧毁流氓、车匪路霸等37个团伙。市中院分别在市区、赣榆县、东海县、灌云县召开宣判大会61场次，依法判处一批罪大恶极的犯罪分子，参加大会群众近28万人次。1997年，市两级法院集中审判力量开展专项斗争；市中院法警训练基地暨固定刑场竣工并投入使用。1998年，市电视台《法庭传真》节目开播，法院对连云港籍的139名未成年犯和90多名女性服刑犯进行帮教回访活动。1999年，从重从快审理在全国有较大影响的杨某某爆炸派出所、抢劫案。2000年，加强诉讼规范化建设，着力纠正重实体、轻程序问题，强化死刑执行的规范操作，保证办案质量。

“严打”整治斗争 2001年，中央作出开展为期3年的“严打”整治斗争的重大部署。全市法院充分运用审判手段，召开宣判大会8场次，依法严惩一批严重危害社会治安的刑事犯罪分子。2002年成功摧毁一起造成恶劣的社会影响的家族性的特大抢劫、盗窃团伙案。2003～2005年，全市法院系统根据省、市委的重大决策，开展第一轮“平安连云港”创建活动。开展严打“双抢”（抢劫、抢夺）、整治侵财型犯罪专项斗争，保持“严打”高压态势，依法严厉打击各类严重危害国家安全和社会治安的刑事犯罪。全市法院开展人民禁毒战争，坚持以案讲法，以案释法，扩大办案社会效果，努力营造知法、守法环境。

1984～2005年连云港市审判机关刑事审判案件统计表

表29-17

年　份	受　理（起）	审　结（起）	判处人犯（人）	年　份	受　理（起）	审　结（起）	判处人犯（人）
1984	1617	1594	1891	1995	1371	—	—
1985	744	720	741	1996	—	—	478
1986	714	703	678	1997	1579	—	1684
1987	600	586	606	1998	1790	1781	1677
1988	659	605	634	1999	2283	2230	2348
1989	1006	977	1472	2000	2492	2320	2626
1990	1131	1076	1409	2001	2670	2631	2662
1991	1180	1112	1698	2002	2724	—	1989
1992	1258	1211	1960	2003	1796	—	2574
1993	1083	1043	1684	2004	2916	2879	3370
1994	1414	1379	—	2005	2257	—	3895

二、经济犯罪案件审判

1984～1985年，全市法院受理经济犯罪案件761起，其中盗窃529起、诈骗129起、贪污85起、渎职9起、其他经济犯罪案件9起。1986～1990年，认真区分经济犯罪与不正之风、经济犯罪与经济纠纷的界限，全市法院受理贪污、受贿、行贿、投机倒把、偷税抗税等经济犯罪案件1798起，其中盗窃案1393起、诈骗案127起、贪污案185起、渎职案47起、挪用公款案14起、破坏市场经济秩序案32起，审结1785起。1986年，市中院召开两级法院院长会议，决定对判处10年及其以上有期徒刑的要犯和县团级干部及干部子女经济犯罪上报市中院，扭转以往重罪轻判、缓刑比例大的倾向。1989年，在对经济犯罪分子从重处罚的同时，坚持普遍适用财产刑罚，为国家和集体挽回经济损失。

1993年，全市法院通过打击经济犯罪活动，为国家、集体挽回损失196.09万元。1995年，贯彻中央关于深入开展反腐败斗争的指示精神，严格控制适用缓刑和免刑，注重对犯罪分子实行经济制裁，为国家、集体挽回直接经济损失333万元。1996年，全市法院审理经济犯罪案件635起。审理市经联公司、连国投公司经济犯罪大案，为国家挽回经济损失4亿多元，主犯汪某某被一审判处死刑，剥夺政治权利终身，其他26名涉案成员也被分别判处无期徒刑和有期徒刑。审结全市影响较大的原市房产管理局局长李某某受贿案和全市最大走私案。1998年，重点打击发生在“三机关一部门”中国家工作人员贪污、贿赂、挪用公款等经济犯罪77起106人。1999年，惩处非法吸收公众存款、票据诈骗、非法经营等破坏市场经济秩序犯罪84起141人。

2000～2002年把走私，危害金融管理秩序，涉税，生产、销售伪劣商品和破坏生产经营犯罪作为惩治重点，审结该类案件363起，判处经济犯罪474人，判处罚金1972万元，追缴赃款赃物折合人民币777.22万元，为国家挽回直接经济损失1.31亿元。其中，对1起偷逃国家税款2500余万元的特大团伙走私案的15名被告人依法追究刑事责任。2003年，市中院受理最高人民法院指定审理的“9·10”专案，为国家挽回经济损失近3亿元。2004年，重点打击生产销售伪劣产品犯罪、以虚开增值税发票为主的危害税收征管犯罪，发布《关于做好打击制售假化肥犯罪案件审判工作的通知》，指导全市法院及时依法审理销售假化肥案件。市中院先后公开审理在社会影响较大的市建设局原局长陈某某受贿案，市教育局原局长杨某某、原副局长赵某某受贿案等经济犯罪案件。2005年，全市法院受理经济犯罪案件1077起，审结1069起，结案率为99.26%。审结全国十大税案之一、公安部督办的北京四通仪器有限公司等3家被告单位、李某等9名被告人虚开增值税专用发票案，涉案价税额合计达5亿多元，抵扣税款4000余万元，为国家挽回经济损失近2000万元。

三、未成年人犯罪案件审判

针对未成年人犯罪日渐成为严重社会问题的现实情况，1987年起，全市法院探索参与社会治安综合治理、预防和控制青少年犯罪的新途径。1989年3月，市中院在刑庭设立未成年人犯罪案件合议庭，随后基层法院进一步发展成具有独立或相对独立性质的少年法庭。6月，市中院审理未成年人犯罪案件合议庭依法不公开审理2起（各1名）14岁少年杀人、抢劫案件。1993年2月，海州区法院正式成立独立建制的少年案件合议庭，同时创办对缓、管、免青少年犯进行延伸帮教的特殊机构——新岸业余学校。1995年5月，新浦区法院成立独立建制的少年案件审判庭。1998年5月，市中院召开全市少年刑事审判工作会议，研究少年刑事案件指定管辖、集中审理试点工作的具体实施意见。

至2005年底，全市两级法院审理涉及少年案件的机构由刑庭内专人审理发展到全市7个基层法院都成立独立建制的少年法庭。审理案件范围由涉及未成年被告人的刑事案件扩展到涉及未成年人权益保护案件。在未成年人犯罪案件的审判方式上进行探索和改进，统一审前社会调查，发现未成年人的闪光点，寻找教育突破口，科学运用法律，公正裁决；人民陪审员参与未成年人案件的审理，调动社会力量，教育、帮扶失足少年；对未成年人实行宣判时的再教育，让失足少年重新树立起生活和成长的信心；在社区范围内，对未成年人刑事案件集中指定管辖；适度延伸回访帮教，建立完整的网络化跟踪帮教体系。

第二节　民事审判

1984年起，《中华人民共和国民事诉讼法》（简称《民事诉讼法》）《中华人民共和国合同法》（简称《合同法》）等基本法律相继出台，《中华人民共和国婚姻法》（简称《婚姻法》）《中华人民共和国土地管理法》等法律也进行全面修订。公民维权意识不断增强，大量民事纠纷案件涌入法院，新类型案件亦不断出现。全市民事审判工作审结大量民事案件。至2005年底，全市法院受理各类民事案件21.04万起（含二审），审结20.32万起（含二审）。案由涉及婚姻家庭、侵权、债务、房地产、劳动争议等约80种。其中离婚、人身损害赔偿、财产损害赔偿、民间借贷、相邻权纠纷等民事案件占很大比重。

1984～2005年连云港市审判机关民事案件受理、结案情况统计表

表29-18　　单位：起

年　份	一审受案（含旧存）	一审结案（含旧存）	二审受案（含旧存）	二审结案（含旧存）
1984	1546	1589	55	61
1985	1806	1695	57	53

续表 29-18

年 份	一审受案（含旧存）	一审结案（含旧存）	二审受案（含旧存）	二审结案（含旧存）
1986	2496	2256	108	103
1987	3544	3137	140	129
1988	6287	6095	164	163
1989	8867	8373	272	262
1990	7815	7468	249	231
1991	5311	5041	312	306
1992	4872	4627	277	270
1993	4605	4361	217	213
1994	6428	6231	275	272
1995	10085	9957	365	358
1996	10822	10686	367	366
1997	10744	10529	1111	1099
1998	10641	10344	662	605
1999	12055	11536	869	840
2000	11876	11950	1000	1013
2001	10883	10925	1033	1024
2002	16908	16328	1499	1458
2003	15732	15285	1724	1647
2004	16196	15435	1666	1529
2005	16696	15581	1796	1738
累计	196215	189429	14218	13740

一、婚姻家庭案件审判

婚姻案件 1984～2005年，全市法院受理婚姻案件5.67万起，占民事案件总数的26.96%。2001年4月28日，新修订的《中华人民共和国婚姻法》颁布，全市法院一面采取送法下乡、法制讲座、就地开庭等形式向群众宣传新《婚姻法》的相关规定，一面加强审判组织建设。市中院设立婚姻案件合议庭，基层法院指定相对固定的审判人员专门审理离婚案件，并成功审理一批矛盾易激化及疑难婚姻家庭案件。

继承案件 1984～2005年，全市法院受理继承案件927起。法院在审理继承案件中，严格依照《中华人民共和国继承法》的规定，坚持男女平等，坚持保护老人、妇女和未成年人合法权益。对未成年的子女、对被继承人尽主要赡养义务或者与被继承人共同生活、现已丧失劳动能力的老人酌情多分遗产，提升和弘扬社会主义公德和家庭美德。海州区法院创办婚姻家庭学校，针对离婚案件和“三养”（抚养、扶养、赡养）案件当事人的年龄结构、职业构成、文化程度等实际情况每月组织1次集中授课，先后有200多人接受教育，20多起案件当事人主动撤诉。在婚姻和继承案件审理中，人民法院坚持“件件都做调解工作”原则，引导群众妥善解决家庭纠纷，促进婚姻家庭关系和睦稳定。在1995～2001年审结的2.5万起婚姻继承案件中，调解结案和经调解后当事人和解撤诉的1.6万件，占审结案件总数的64%。

二、劳动争议案件审判

1984～1994年，全市法院受理劳动争议案件482起。1995年后，随着《中华人民共和国劳动法》的施行及市场经济体制的加快建立、劳动用工制度改革的深化，劳动关系发生巨大变化，劳动者与用人单位之间的利益关系处于不断调整与碰撞中，法院审理劳动争议案件的数量逐年增多。劳动争议案件出现新的特点，很多劳动争议案件不仅涉及个别劳动者利益，还涉及多家企业多数劳动者的共同利益。在审理此类案件中，全市法院运用法律手段和劳动政策，规范和调整劳动关系，依法保护劳动者和用人单位的合法权益。1995～2005年，全市法院受理劳动争议案件3035起。其中，2005年受理劳动争议案件773起。

三、债权债务案件审判

1984～2005年，全市受理债务类案件4.27万件，占民事案件总数的20.31%。其间，法院审理的债权债务纠纷主要由于生产需要或重大生活需要而形成。如借贷用以投资生产，或在经济来往中结欠账款，为建房、结婚等个人重大事务而举债。法院在审理此类案件时，既反对高利盘剥，又充分保护合法的借贷关系。1999年新的《合同法》颁布，债务类案件在案由上有所变化，由原先的欠款纠纷向借款合同纠纷转变，在范围上也有缩小，一些因特定合同关系（如买卖、加工承揽合同）产生的纠纷被独立出此类案件，债务类案件占民事案件总量上的比例缩小。同时出现集资欠款等新纠纷。2000～2005年，法院在审理此类案件过程中做好疏导工作，妥善化解集资欠款纠纷，力促双方达成分期付款的调解协议。

四、损害赔偿案件审判

1984～2005年，全市受理赔偿类案件2.02万起。赔偿类案件主要包括因交通事故、医疗事故、工伤事故、名誉权、其他伤害等造成的人身损害赔偿，包括各类财产损害赔偿。赔偿类案件从最初因普通伤害引发的赔偿占主导，后来具体案件类型不断扩大，名誉权案件、触电人身损害赔偿案件、环境污染侵权案件、医疗事故案件等增多，涉案范围日益拓展。1996年，赣榆县法院在受理1153户农民诉县农业局和城南农技站销售劣质稻种致水稻减产、绝产损失赔偿的集团诉讼案件中，审判人员查清县农业局和城南农技站销售劣质稻种，导致水稻大面积减产、绝产，依法保护受损农民的合法权益，最终使被告拿出30万元赔偿农民损失。2001年审结的江苏省东海县石梁河镇97户农民状告山东金沂蒙纸业有限公司、临沭化工总厂水污染损害赔偿案，影响重大。市中院组成合议庭公开开庭，在查明事实的基础上，依法支持原告赔偿污染损失的请求，判决被告连带赔偿560.4万元，经山东省铁路运输中级人民法院执行，最终将赔偿款发放到原告手中。

五、房地产案件审判

1984～1994年，全市受理房产纠纷案件1314起，平均年收案119.46起。1995年1月《中华人民共和国城市房地产管理法》施行。1995～2005年，全市受理房产纠纷案件3372起，平均年收案306.55起。随着旧城改造、城市拆迁重建步伐加快，房屋拆迁补偿安置纠纷案件因双方争议大、矛盾易激化成为审判实践的热点、难点。有的因补偿范围、补偿标准问题对已签订的补偿安置协议反悔，有的因房屋回迁安置问题或者留恋故土而拒绝搬迁，有的主张在签订协议时精神上受胁迫而申请行使撤销权。人民法院在依法办案的前提下，兼顾国家、企业、群众三者利益，特别加强对处于相对弱势的城市拆迁安置户利益的保护，11年间受理该类案件978起。全市法院审结在住房制度改革和房地产产业恢复中发生的各种纠纷案件279起，受理法人单位房屋转让和租赁纠纷案件247起。对征地补偿费用分配案件，因涉及群体性利益的重新分配问题，2005年9月1日前，全市法院均对该类案件裁定不予受理。2005年9月1日以后，最高人民法院出台《关于审理涉及农村土地承包纠纷案件适用法律问题的解释》，明确规定对该类案件应予受理，全市法院开始正常受理，纳入人民法院民事案件管辖范围。

六、知识产权案件审判

2001年，中国正式加入世界贸易组织以后，知识产权审判领域明显拓宽。2002年1月，市中院成立民事审判三庭，专事审理知识产权、涉外商事、企业破产案件。2002年受理知识产权案件5起。市中院规范举证时限制度，加强庭前证据交换等工作，上诉案件无改判。组织3人参加省高院组织的业务培训班，1名法官参加全省法院法官代表团访问香港、澳门，接受世界贸易组织知识培训。2003年受理知识产权案件8起。其中著作权侵权纠纷案件3起、商标侵权纠纷案件2起、专利技术转让合同纠纷案件2起、商业秘密侵权纠纷案件1起。2004年受理知识产权案件14起，案件类型逐步由单一化向多样化发展，商业秘密侵权、商标侵权、技术转让合同等新类型案件不断出现，案件审理难度加大。对涉外知识产权案件，特别强调庭审的规范化，严把实体审理关，全年无超审限案件和被上级法院改判及发回重审案件。2005年受理知识产权案件23起，受案数比2004年度上升64.29%。案件类型有所增加，系列案件增多，占全年受理数的74%。

第三节 经济审判

一、企业破产案件审判

1994年，连云港市法院开始受理企业破产案件，是年审结11起。2000年以后，企业改革进入攻坚阶段，向法院申请破产的国有企业大幅增多，2001年升至49起。破产案件审理的特殊性在于能否杜绝假借破产逃债损害债权人的利益，因此审查立案是关键。对此，法院既积极受理又审慎审查，采取有效措施避免和减少破产对社会带来的震荡，防止国有资产流失，维护社会稳定。2002年审理企业破产案件40起。审理中坚持严格适用法律和实事求是相结合的原则，先后召开19家破产企业债权人会议，依法豁免债务金额7.85亿元，安置职工7292人。解决债权争议采取公开债权认定程序、促进和解的方式，共促成清算组和债权人和解38笔，认定有效抵押债权5笔，涉及金额近2000万元。针对有的破产企业资产变现不规范、效果不理想等情况，尝试集中委托拍卖的方式。在清收债权中，对数额不大，已过诉讼时效或债务人态度较好的，尽量协商解决；对欠款数额较大，或者对偿还财物通知不提异议及所提异议不成立的债务人，在查清事实的基础上依法作出裁决，并强制执行。2003年，企业破产案件保持高位增长，全年审理企业破产案件67起。市中院对全市基层法院审理企业破产案件情况进行调研，形成《关于我市企业破产案件审理情况的调查报告》报市委，市委领导作出批示，市相关部门多次召开专题会议研究和协调报告中提出的问题，破产企业土地房产变现难、工作协调差等难题得到解决。积极处置企业境外资产工作，连云港市国际信托投资公司于2001年破产，经清查其在中国澳门有6套房产。市中院委托市陆桥拍卖公司在广东省珠海市举行拍卖会，成功处置内地破产企业的境外财产。

2004年，市中院受理破产案件44起。尝试中外合资企业、外贸流通企业破产的审理，先后受理海州工艺品进出口公司、国元公司和医药保健品进出口公司等企业的破产申请，拓宽服务领域。在破产企业财产处置上，坚持公开、公平、公正原则，采用集中拍卖、实行资产整体转让和分散捆绑式转让相结合的方式进行资产变现。全年组织拍卖会10余次，成交金额达2000万元。2005年，全市破产案件总量减少，受理16起。

二、农村承包案件审判

随着农村经济体制变革，农村承包合同纠纷时有发生，全市法院受理和审判农村承包合同纠纷案件逐渐增多。1984～2005年，全市法院受理农村承包合同纠纷案件1.1万起并全部审结。1984～1993年，全市受理农村承包合同纠纷2054起并全部审结。1994年后，市农村联产承包责任制进入二轮承包期，农村承包合同纠纷案件激增。1994年受理1157起，1995年增至3498起。农村承包合同纠纷出现新的特点，一些发包单位在法定代表人变更后，擅自解除合同，重新发包导致新老承包户之间争吵，甚至械斗，生产无法进行。法院对大批村民共同诉讼的案件，精心调查取证，公开开庭审理，让当事人进行充分质证、辩论和陈述，细致疏导当事人的思想情绪，将可能出现的矛盾消灭在萌芽状态。1996年后，农村联产承包责任制在二轮承包磨合中落实，进入稳定发展阶段。农村承包合同纠纷案件逐步减少，2005年减少到352起。

三、金融纠纷案件审判

1984～2005年，全市法院受理金融纠纷案件4.35万起，占商事案件总数的32.1%。1984～1988年，市金融市场处于成长和拓展时期，全市法院受理金融案件454起并全部审结。20世纪80年代末至90年代初，在治理通货膨胀、调整产业结构、整顿经济秩序、深化改革开放的进程中，包括金融案件在内的大量经济纠纷开始诉诸法律。1989～1990年，由于国家紧缩银根和金融部门贷款收资受阻，资金周转发生困难，银行与企业、企业与企业之间的借款纠纷急剧增多，全市法院两年分别受理金融纠纷2363起和1760起。市、县两级法院适时调整部署，把经济审判工作的重点放在运用诉讼手段依法收贷上，收回贷款近2000万元。20世纪90年代中后期，国家调整国民经济发展过热问题，仅1995年全市法院即受理金融案件3096起。1998年是全市金融纠纷高发期，法院受理金融案件4892起，其中以部分县区农村合作基金会出现的挤兑现象最为突出。1999年后，随着《中华人民共和国合同法》及相关金融法律法规的颁布施行，全市法院受理金融纠纷案件明显减少，金融案件的审判逐步归入民商事案件类型进行审判。

四、涉外及涉港澳台商事案件审判

2002年，市中院民三庭负责审理具有涉外因素的普通民事案件，但不具有涉外商事案件的管辖权。是年，涉外民事案件较少，受理涉外民商事案件3起。在审理中国信达资产管理公司南京办事处诉亚洲集装箱有限公司、中国兵器工业集团公司、中国兵器装备集团公司及第三人河南江河机械厂借款纠纷一案中，合议庭多次走访相关当事人，对不了解中国国情的外方人员反复讲解中国政策、法律，最终使亚洲集装箱有限公司避免损失3000余万元。2003年审理涉外民商事案件1起。2004年受理涉中国港澳台地区的民事商案件9起。2005年6月，经最高人民法院批准，市中院取得涉外商事案件管辖权，集中受理全市范围内的一审涉外商事纠纷案件。市中院配备一批年纪轻、学历高、业务能力强的涉外商事审判人员，实现审判机构、审判人员和审判业务的统一化和专门化。是年受理涉外民商事案件6起，总量仍较少。

表 29-19　1984～2005年连云港市审判机关商事案件受、结案情况统计表

年　份	受理数（起）	审结数（起）	诉讼标的额（亿元）	备　注
1984	142	133	0.02	
1985	432	402	0.06	
1986	732	660	0.17	结案率90%
1987	1029	939	0.45	结案率91%
1988	2168	1843	0.69	结案率85%
1989	5596	5273	0.93	结案率94%
1990	4431	4496	1.27	
1991	2248	2611	0.72	
1992	2418	2449	1.32	
1993	2363	2379	4.14	
1994	6456	6667	6.22	
1995	13537	12594	7.98	
1996	10579	10591	9.84	
1997	9665	9670	7.14	结案率100%
1998	10568	10410	9.90	
1999	9211	9249	9.19	
2000	6905	6959	8.39	
2001	7712	7715	8.71	结案率100%
2002	10480	10516	5.54	
2003	9848	9930	6.43	
2004	9881	9758	6.55	
2005	9012	8896	9.14	

第四节　行政审判

一、行政诉讼案件审理

1987年《中华人民共和国治安管理处罚条例》《中华人民共和国投机倒把行政处罚暂行条例》颁布，至1990年底，这一时期主要审理不服治安处罚和工商行政处罚等案件。连云港市、县法院普遍适用民事诉讼法及相关解释审理行政案件；行政案件类型分布较为集中，主要集中于土地和治安案件；受理案件数少，全市年均受案不到16起；地区之间发展不平衡，法院收案数量不一；行政诉讼环境较差、老百姓不敢告、不会告；行政机关不应诉、不举证、不出庭；人民法院不愿受理、不会审判、不敢裁判；行政案件审理的阻力大、干扰多。4年间，全市法院受理行政案件63起，审结53起。

1991年1月，《中华人民共和国行政诉讼法》（简称《行政诉讼法》）正式实施。1991～1995年，全市法院受理行政案件462起，结案472起，年均受案92.4件，为《行政诉讼法》实施前年均受案

数的近6倍。案件类型除土地、治安、规划案件外，还包括烟草、计划生育、税务、房管和医药卫生等行政案件。在行政审判过程中，市、县两级法院通过各种措施提高行政机关执法水平。对行政机关在执法中暴露出来的问题，及时发出司法建议，帮助其纠正错误；为行政机关举办《行政诉讼法》《行政复议条例》等法律法规培训班，帮助其提高应诉能力；在发案较多的土地、交通、公路等系统和行业设立巡回法庭，提供诉讼外和诉讼内服务。

1996～2000年，全市法院受理行政案件1042起，审结1034起。1996年，《中华人民共和国行政处罚法》《中华人民共和国国家赔偿法》《最高人民法院关于执行〈行政诉讼法〉若干问题的解释》，以及中共十四大之后大量新修订的法律和行政法规相继出台，成为行政审判工作打开新局面的重大契机，行政诉讼逐渐被行政机关和社会公众所接受，全市行政案件数量达到历年最高值。1997年，为加快行政审判方式改革步伐，市中院在灌云县法院召开行政庭审观摩会。其他各县区也相继规范公开开庭审理案件，当庭宣判率得到较大提高。东海县法院审理的1起360多户农户诉乡政府违法收费的集体诉讼，该院院长和分管院长10多次带领案件承办人深入农村调查取证，并敦促行政机关及时退还多收的费用。1999年，全市受理一审行政案件253起，审结250起，其中行政机关改变被诉具体行政行为后原告撤诉109起、驳回起诉29起。

2001～2005年，全市法院受理行政案件1272起。这一时期案件类型涉及的行政管理领域广泛，几乎涵盖所有行政机关。2001年，全市两级法院把与整顿和规范与市场经济秩序息息相关的行政案件作为审判工作重点，审结一批工商管理、税务征收、产品质量监督、烟草专卖管理等案件。2003年7月，市中院受理东海县驼峰乡古庄村村民委员会诉东海县国有资产管理办公室及第三人东海县驼峰水务站行政确认上诉案。遵循谁投资、谁拥有产权的产权确认原则，判决撤销东海县法院行政判决；撤销东海县国有资产管理办公室《关于县水务局驼峰水务站所属古庄电站资产产权界定的函》。《人民法院报》在头版头条宣传该案，产生广泛良好社会效果。8月，市中院邀请规划、城管、建设、拆迁、国土等部门负责人座谈，出台《关于依法审理和执行拆迁行政案件服务城市建设的若干意见》，各县区法院审结一大批拆迁案件。

二、非诉行政案件审理

1993年起，全市法院开始受理非诉行政执行案件。非诉执行案件的规范化操作是保证案件审查和执行质量的重要措施。市、县两级法院的非诉执行案件在立案、审查、执行3个环节上，不同法院以及同一法院在不同时期是由不同部门负责操作的。在立案环节上，有的法院由立案庭负责，有的由行政庭负责。在审查裁定环节上，有的法院由行政庭负责，有的法院由执行局负责，有的法院由立案庭负责。在执行环节上，既有行政庭负责执行的，也有执行局负责执行的，还有法警队负责执行的。1997年，市中院明确非诉执行案件由行政庭管辖，行政机关申请人民法院执行其具体行政行为的，必须向法院提出申请，由行政庭审查、立案并执行；对全市法院非诉执行案件从立案受理、审查执行到发出执行通知与裁定强制执行等各个环节的程序都作出明确规定。至1998年底，市、县两级法院受理非诉执行案件5382起，审执结5229起，未结153起。1999年后，非诉执行案件呈大幅下降趋势。2004年，市中院推行非诉执行案件审查方式改革，统一非诉执行案件的案号、执行主体、业务管理，首次引入听证制度，提高审查的公开性和透明度。2005年受理非诉行政案件564起。

三、国家赔偿案件审决

1994年5月12日，第八届全国人大常委会第七次会议通过《中华人民共和国国家赔偿法》。

1995年3月，市中院成立国家赔偿委员会，随后成立赔偿委员会办公室，与行政庭合署办公。1997～2005年，市中院受理国家赔偿案件28起，审结28起，其中决定不予受理1起、申请人撤回赔偿请求4起、决定驳回赔偿请求6起、决定不予赔偿7起、决定给予国家赔偿10起。赔偿费用均能及时、足额给付赔偿请求人。2000年7月，市中院审理1起本院作为赔偿义务机关的刑事赔偿案件，决定赔偿受害人张某某9343.25元，赔偿其1996年房租租金损失7000元。

第五节 审判监督

一、申请再审

1998年11月，连云港市中级人民法院撤销告诉申诉庭，分设立案庭和审判监督庭。各类案件的告诉立案、信访接待由立案庭办理；申诉、申请再审、再审和减刑、假释归审判监督范畴。市、县两级法院新组建审判监督庭，进一步建立和健全各项监督制度和程序，全面实行申诉、申请再审、复查案件的听证制度。是年受理各类再审案件135起，审结120起，其中改判或发回重审54起，以调解等其他方式处理5起。2000年，市、县两级法院受理再审案件157起，审结143起，其中改判或发回重审89起，调解或其他方式处理21起。2001年，市中院在审判监督中注意把握维护判决稳定性、权威性与保护当事人合法权益的关系，对没有证据和理由，或证据不充分、理由不充分的申诉，坚决予以驳回；对确有错误或可能有错误的生效判决及时立案再审。受理再审案件192起，审结178起，其中维持原判52起，改判和发回重审89起，调解和其他方式处理37起。2002年，全市法院受理再审案件161起，审结149起。2003年受理再审及复查案件352起，其中复查案件230起。案件的实体处理和审理程序基本符合法律规定，初步实现依法纠错和维护生效裁判权威的有机统一。2004年，最高人民法院施行《关于审理人民法院国家赔偿确认案件若干问题的规定（试行）》。基层法院不再受理确认案件，确认案件由中级及其以上人民法院管辖，审理国家赔偿确认案件应当组成合议庭，可以采取书面审理和听证审理形式。市中院由审监庭受理国家赔偿确认案件，全年受理再审案件44起、复查案件358起，审结393起。是年，全市基层法院申诉案件和解撤诉率处于全省首位，案件平均审理天数及再复查率分别居于全省第二、第三名。

2005年，市中院受理各类再审复查案件162起，审结140起。其中，受理再审案件30起、审结17起；受理复查案件126起，审结119起；受理国家赔偿确认案件6起，审结4起；受理并审结减刑假释案件597起。根据省高院规范司法行为、促进司法公正专项整改活动的要求，市中院开展专项整改活动，制定32条司法行为规范，在全市法院审监系统推广。

二、再审复查

1984～2000年，案件复查是从归档立卷的案件中抽查。2001年起，再审复查工作归并审监庭办理，安排审判经验丰富的人员对全部归档案件逐件进行评查，发现问题及时纠正，严把案件质量最后关口。2002年发挥审判监督工作的定纷止争功能，做好矛盾钝化工作。加大再审案件的调解力度，市中院再审案件的调解撤诉率达到30%。打造精品工程，把再审案件办成铁案。对提起再审的案件凡欲改判的，必须先与原承办人沟通，交流对事实和法律适用的看法，力求在基本事实和法律适用上达成共识，确保公正。市中院先后建立《民事复查及再审庭审程序实施细则》等9项制度，加强规范管理。2003年定期对各类再审及复查案件质量进行分析，通过调解工作，促使当事人撤回申诉或和解，市中院民事再审案件调解率为20%。法院、检察院加强协调配合，继续推行检察建议书制度，减少民事、行政抗诉案件的数量，缩短审查周期，减轻当事人的诉累，同时维护法院的司法权威。市中院先后制定《刑事再审案件操作规程》《民事再审案件操作规程》《行政再审案件操作规程》《申诉复查案件操作规程》，规范各类再审及复查案件的审理。2004年，市中院加大对当事人的调解和息诉工作力度，民事再审案件调解结案率46.3%，比2003年上升26.3个百分点。至2005年起，对1998年以来的4800余起减刑假释案件进行逐案检查，在再审上诉的24起案件中，改判及发回重审各2起，改判发回率比2004年下降16%。在复查案件大量增加的情况下，全部案件结收案比达97.8%，再审案件的结收案比达到100%。

三、减刑假释

2000年，市中院从严控制减刑、假释，既让符合条件的罪犯及时得到减刑、假释，鼓励罪犯认真改造，又坚持严格依法审查，保持刑法对犯罪分子的威慑力。全年办理减刑、假释案件749起。2001年，在办理减刑、假释案件时，严格执行行政讼法、刑事诉讼法的有关规定和最高人民法院《关于办理减刑、假释案件具体应用法律若干问题的规定》，对罪犯悔改或立功表现的具体事实和证据进行认真调查核实。首次在灌云监狱（后改名为连云港监狱）对减刑、假释案件开展听证，增加减刑、假释案件的透明度，促进罪犯的改造。全年依法为服刑犯657人办理减刑、假释。2003年审理减刑假释案件继续推行5%的案件听证制度，省人大、省高院领导对连云港市减刑假释工作作出重要批示并给予充分肯定。2005年，全市审监工作推进减刑、假释案件审判机制改革。人民陪审员参与案件审理，邀请人大代表旁听监督，人民陪审员从听证、审理、评议至裁决全过程参与，享有与审判人员同等权利，进一步增强这项司法行为从程序到实体裁决的公正性，使罪犯感受到社会关怀，同时增强司法机关自身抵御不正之风的能力。

第六节　执行工作

1984～1985年，连云港市法院的执行机构尚未建立。市、县两级法院在裁判民事经济纠纷案件所作出的判决、裁定等具有给付内容的法律文书，需要通过执行程序来实现的，由审判庭兼管，实行审执合一。1986年5月，市中院增设执行庭。1987年，全市基层法院相继成立执行庭或执行组，逐步实行审执分开，形成执行工作体系。是年，全市法院受理执行案件2488起，执结2322起，执行标的额174.7万元。

1988年，清理积案成为当时法院执行工作的当务之急。全市受理各类执行案件2249起，结案2004起，结案率89.11%。1989年初，新浦区法院执行人员在蚌埠执行时被殴打；云台区法院执行人员在郯县执行时被围困，扣押的物资被抢走。市中院为此召开外地执行工作研讨会，提出到外地执行的10条注意事项。全年全市法院受理执行案件1057起，执行684起，执行标的额651.57万元，结案率64.71%。全年办理外地委托执行案件27起，结案率100%，执行外地法院要求协助执行的案件20起。1989年5月26日，《法制日报》第一版登载市中院就解决经济案件执行难问题向全国法院发出的倡议书。1990年，市中院采取措施克服商事案件执行难问题。全市法院共受理执行案件4567起，执行3823起，执结率83.71%，初步扭转执行工作被动局面。1991年，全市两级法院组织“执行月”“突击周”活动15次，由院长挂帅，抽调力量，集中时间，依法强制执行。全市法院受理执行案件1624起，执结1009起，执行标的额1336.7万元，结案率62.13%。

20世纪90年代，审结案件执行难已成为困扰人民法院审判工作的首要难题。1992年，市中院组织全市法院进行执行会战，取得明显效果。全市法院执结案件3200余起，执结标的额5000余万元，执结率80%以上。1993年，全市组织第二年度执行会战，全市法院受理执行案件6167起，执结5282起，执结标的额9176万元。1994年，全市执行工作会议提出大干三年，基本扭转执行工作被动局面。工作中坚持统一管理、分流任务的做法，注意在审理环节上为执行创造条件。全市法院受理执行案件7694起，执结7010起，执结率91.11%，执行标的额1.62亿元。1995年，全市法院推行审执分开，完善执行机制，审判庭不再搞自审自执，执行人员按审判人员编制的10%配备。分别向全国9个省、市近100家单位追回债款150多笔，总金额5000余万元。组织各种类型大小会战37次，1427起异地案件和老大难案件在会战中被攻克。对拒不履行生效法律文书的223名被执行人采取拘留等强制措施。全市法院受理执行案件1.35万起，共执结1.31万起，执结率97.04%，兑现逾期债权2.4亿元。

1997年，市、县两级法院成立反对地方和部门保护主义专项治理领导小组，对涉及外地当事人的经济纠纷案件进行彻底清理，清理出3031起涉及外地当事人的案件，及时向外地当事人发出征求意见函2620份、答疑信40封。全年受理执行案件6593起，结案6422起，执行标的总额2.6亿元。

2000年，市中院设立执行局并升格为副处级，下设综合协调处、执行裁决处和执行实施处。在执行程序中设置执行裁决听证程序、执行异议复议程序，增加当事人举证程序。至2005年底，执行局执行受案数64541起，执结61176起，执结率94.79%，兑现执行标的额38.97亿元。

2000～2005年连云港市审判机关执行案件统计表

表29-20

年　份	执行受案数（起）	执结数（起）	执结率（%）	兑现执行标的额（亿元）
2000	12095	11897	98.36	6.10
2001	13188	11910	90.31	4.40
2002	11383	10175	89.39	6.67
2003	9794	10278	104.94	8.70
2004	9921	9039	91.11	8.50
2005	8160	7877	96.53	4.60
合计	64541	61176	94.79	38.97

第七节 立案 信访

一、审查立案

1985年，连云港市法院系统推广东海县法院总结的经济纠纷立案“三优先”原则①，注意把

① “三优先”原则即对直接影响生产和经济效益的经济纠纷优先处理、对诉讼标的物容易腐烂变质的经济合同纠纷优先处理、对外省诉讼标的额大的经济纠纷案件优先处理。

握及时立案、采取必要措施、主动与有关部门联系三环节。1987年，市中院制定出台《关于告诉申诉审判庭工作细则（试行）》，明确告诉申诉工作的地位、性质、职责范围和工作方法。1988年，市、县两级法院告诉申诉庭受理案件13175起，调解简易纠纷169起。1989年，市、县两级法院各类告诉立案工作由告诉申诉庭统管。告诉申诉庭立案4776起，处理简易纠纷和各类案件685起。1990年，全市法院告诉申诉庭受理立案9750起，自行审判告诉申诉案件3743起。1991～1992年，市、县两级法院告诉申诉庭按照立审分离程序，实行全天候接待制度。根据新修订的《中华人民共和国民事诉讼法》，由市、县两级法院的告诉申诉庭开始受理督促程序和公示催告程序的案件。1993年，市、县两级法院告诉申诉庭受理告诉立案4230起，调处简易纠纷527起，防止矛盾激化60余起，受理督促程序案件951起，审结949起，结案率99.79%。

1994年，全市法院告诉申诉工作会议召开，提出统一立案权，提高再审案件结案率。1995年，市、县两级法院除行政、执行和破产案件由业务庭自行立案外，其余案件全部由告诉申诉庭进行审查立案，统一编号、收费。1996年，全市法院各类审判监督案件统一由告诉申诉庭审理。是年7月，全市法院告诉申诉工作会议规定，告诉申诉庭不准办理一审案件，两级法院不得搞经费包干，告诉申诉庭不再直接对下办理执行中止及暂缓执行通知。是年审查立案1.44万起，调处简易纠纷259起。

1998年11月，市中院撤销告诉申诉庭，其职能由新设立的立案庭和审判监督庭分别承担。1999年，全市各基层法院相继撤销告诉申诉庭，设立立案庭，将各类案件的立案工作全部划归立案庭审查办理。2000年，市、县两级法院立案21088起，由立案庭统一分案，减少案件流转环节。部分基层法院试行由立案庭统一排期开庭。2001年，两级法院立案工作推行柜台式作业，实行立案、收费一条龙服务。市中院全年立案3060起。2003年，全市法院立案受理案件3.29万起，审执结3.17万起，结案率96.35%。2004年，两级法院规范各类案件的立案标准，实行首问负责制，为群众诉讼提供便利。2005年，全市法院对涉"三创"（创新、创业、创优）的诉讼案件开辟"绿色通道"，做到快速审查、快速立案。

二、信访申诉

1984年，市中院受理人民来信5582件，接待来访9766人次。信访科与刑二庭重点做好原国民党起义投诚人员的复查和政策落实工作。全年受理刑事申诉案件415起，审结137起。1985年，部分县区法院成立信访科，建立院长接待日制度。市、县两级法院接待来信来访1.05万件次，重信重访4304件次。受理申诉案件和加、减刑案件802起，审结510起。1986年，市、县两级法院查找历史档案2.7万余份，受理1145件，复查616件。通过审判监督程序对申诉案件作不同处理。1987年，市、县两级法院接待群众来访13479人次，处理来信7139件次。复查"文化大革命"之前和期间政治性案件310起，是年9月基本完成复查任务。复查"严打"申诉案件488起。建立市、县两级法院院长联合接待日制度。1988年10月，省高院在连云港市召开全省告诉申诉工作会议。是年市、县两级法院接待来访1392人次，处理来信5069件次，受理申诉案件2010起，审查立案3955起。

1990年，全市法院告诉申诉工作逐步走向制度化、规范化，做到来信有回音，来访有接待，调判能及时，立案转处快。全年处理来信5274件次，接待来访1.07万人次。1993年，全市法院接待和处理来信来访1.16万人次，其中接待来访7387人次。全市非诉信访、上访人数连续7年为全省最低，两级法院受理各类申诉来信400余件次，立案审查167件，审结52件。1994年，两级法院接待来访1.07万人次，处理来信5288件次，全市涉诉赴京、赴省上访人数在全省保持最低。

1996年，全市法院坚持院长接待日、挂牌接待日和设专人接待制度。全年无一人进京上访，上访总量全省最低。1997年，在迎接香港回归中国和中共十五大召开前夕，市中院分管院长带领告诉申诉庭人员深入各基层法院，了解和掌握可能进京上访的人员情况，与政府部门和当事人单位协商做好稳控工作，做好当事人疏导工作。2000年，市、县两级法院立案信访工作推行首问负责制。全年接待来访4787人次，处理来信2278件次，接待集体上访21次。两级法院再审案件由立案庭立案，转审判监督庭审理。2001年，市、县两级法院严格落实分级负责、归口处理制度。全年院长接待来访群众812人次。2004年，全市法院认真落实信访工作分级负责制，完善一把手负责制、会办专办制、领导走访制、责任追究制等制度。全国"两会"期间无一人上访。2005年，市中院全年接待来信来访1069人次，其中来信417件、来访652人次。对申诉复查案件全部采取听证方式，并实行流程管理和限期办结制度，年内审结复查案件的结案周期为41.1天。

第五章　司法行政

1984～2005年，连云港市司法行政部门主要开展律师、公证、人民调解、法制宣传、法学教育、乡镇法律服务、法律援助、司法鉴定与仲裁管理、国家司法考试管理和社区矫正等业务。律师业务经历恢复、发展和改制等阶段，全市法律工作者积极参与经济社会事务，担任法律顾问、刑事辩护及代理、民事、经济、行政诉讼代理等业务，为国家机关、企事业单位和公民个人等挽回和避免经济损失19亿元。开展国内民事公证、国内经济公证、涉外公证、涉港澳台公证等业务。全市完善县乡两级调解组织，建立起三级调解网络和社会矛盾纠纷大调解机制，共调处各类民间纠纷22万多起，为实现社会稳定发挥积极作用。1986年起在全市开展第一至第四个五年普法教育，向公民宣传社会主义法律法规，各行各业开展依法治理工作，全市有接受教育能力的人都先后学习宪法和有关法律法规。大中小学校普遍开设法制课，增强广大师生的法制观念和运用法律维护自身合法权益的能力。1998～2005年，全市建成市、县（区）、乡镇（街道）三级联动的法律援助网络，全市法律援助中心为确因经济困难无能力或无完全能力支付法律服务费用的残疾人和未成年人为刑事被告人或犯罪嫌疑人，没有委托辩护律师的各类对象进行法律援助，维护其合法权益。2004年起，全市建成由1500余人组成的社区矫正工作队伍，按照法律、法规、规章规定，加强对社区矫正对象的管理和监督，防范、减少矫正对象脱漏管和重新犯罪现象的发生。

第一节　普法宣传

一、"一五"普法

1986～1990年是"一五"普法教育阶段。普法对象为工人、农（渔）民、干部、学生、军人、其他劳动者和城镇居民中有接受教育能力的公民。普法内容为《中华人民共和国宪法》《中华人民共和国刑法》等"九法一例"。领导干部、机关一般干部、乡（镇）村干部以自学为主，定期举办法制讲座或脱产轮训。企事业单位职工以上大课为主。农村、街道以创办法制业余学校、农民夜校等形式上法制课。1986～1990年，全市举办法制宣传骨干培训班1290期，培训法制宣传员7.95万人，举办法律知识竞赛500多场，建立普法试点109个，225.45万人参加普法学习，占普法对象的92%，其中约有201.6万人学完规定的普法内容。5.5万名干部（含教师2.8万名）中有5.4万人学习“九法一例”，经过考试，取得合格证书。37万职工中有35万人学完规定内容，146万农民中有128万人学习“九法一例”的主要内容，8万名城镇居民中有7.36万人参加普法学习，56.2万名大、中、小学生参加法制课学习。市、县、区政府和134家政府部门聘请律师担任常年法律顾问，800余家企业聘请律师担任常年法律顾问，解决企业经济法律纠纷2745起，索赔和避免经济损失1.17亿元。

二、“二五”普法

1991～1995年是“二五”普法教育阶段。普法对象为工人、农（牧、渔）民、知识分子、干部、学生、军人、个体劳动者以及其他一切有接受教育能力的公民。重点对象为县、团级以上各级领导干部；执法人员，包括司法人员和行政执法人员；青少年，特别是大、中学校在校生。主要内容为普及《中华人民共和国宪法》等14个与本职工作有关的法律法规。1991～1994年，连续4年在全市开展宪法宣传周活动。1991～1995年，全市举办法制宣传骨干培训班240期，培训普法骨干2.33万人。购置、编印《干部读本》《群众读本》《社会主义法制建设若干问题讲话》《法律法规汇编》等普法教材12万册。普及学习全民性法律法规和专业性法律法规60多个，全市350万人中参加普法教育293.3万人次，完成率83.8%。

三、“三五”普法

1996～2000年是“三五”普法教育阶段。1996年初，市政府将制定“三五”普法规划作为全市社会发展30项目标之一。10月29日，举办全市领导干部法律知识讲座。1997年，组织全市县（处）级以上领导干部学习邓小平民主与法制建设理论和《社会主义法制建设基本知识》，组织知识产权法培训，组织全市近千名企管人员以函授形式学习《中华人民共和国公司法》等11部法律法规，召开第二次企业普法依法治理经验交流会；市电视台拍摄并播放《全民普法利国利民》专题片；成立青少年法制教育报告团。全年组织中小学生上法制课2000多场次。1998年，市政府印发《关于“三五”普法期间加强青少年学生法制教育实施意见的通知》，明确青少年学生法制教育的目标和基本内容。为29所大中专院校和中学2.5万名师生举办25场法制报告会，制作《法苑育新苗》依法治校专题片，举办领导干部法制讲座10期、各类各级普法骨干培训班365期1.52万余人。全市279万普法对象参加普法教育，普及率72.6%，党政干部普及率98.7%，执法人员普及率100%。根据依法治市规划要求，制订印发依法治县（区）、乡（镇）、村、企、校的指导标准。1999年，开展送法下乡活动，分别向4县农民群众赠送法律书籍2300余册，散发宣传材料4000余份，举办法律咨询6场，接待群众咨询2000余人次，培训村干部近千人。

2000年举办县区以上领导干部法制讲座14期，重点学习60多部法律，组织法律知识竞赛40多场次，形成多形式、社会化群众学法网络。下发全市“三五”普法依法治市考核验收实施意见及评分标准。

四、“四五”普法

2001～2005年是“四五”普法教育阶段。2001年6月，市委宣传部、市司法局联合制定《关于在全市公民中开展法制宣传教育的第四个五年规划》，8月，经市十届人大常委会审议通过。全市各地开展纪念现行宪法实施20周年暨全国“12·4”法制宣传日法制宣传、法律咨询活动。2003年调整充实普法讲师团成员，36名司法、行政执法部门领导，高校法学教授及资深律师受聘为讲师团成员；组织部分机关干部、律师、法律援助志愿者到东海县双店镇开展送法下乡活动。2004年 全市分2期举办乡镇、街道主要负责人减轻农民负担法律政策培训班；全省法制宣传教育工作座谈会在连云港市召开；江苏卫视新闻报道组对多年来坚持义务普法宣传的赣榆县“普法鸳鸯”许家昌夫妇先进事迹作专题采访。2005年，全市1.6万余名公务员参加“四五”普法考试。普法学习被列入各级党委（党组）中心组学习计划，全市657名县处级及其以上领导干部和5495名科级干部参加法律知识学习，人大任命的领导干部全部进行上岗前法律知识考试。连云港市被评为全省“四五”普法先进市。

第二节　法律服务

一、公证

国内公证　1984～1994年，连云港市公证处办理国内经济合同公证3.84万件，国内民事公证1.67万件，为当事人提供法律咨询近2万人次。公证机关还直接参与企事业单位的经济谈判，起草、修订合同。1995年，全市公证机关担任常年公证服务单位71家，拒办公证96件，制止不法活动40件，涉及标的304.05万元。1996年，全市公证机关在办理公证过程中，揭露、制止不法犯罪活动66起。向当地政府及有关部门提出司法建议5条，其中4条被采纳。1997年，全市公证机关为企事业单位担任常年公证服务单位45家，办理经济公证事项涉及金额4.5亿元，制止不法经济活动25起。1998年，全市公证机关参与企业改制，办理各类企改公证事项1000余件。1999年，全市公证机关办理企业承包、租赁、联营、劳动合同公证1100余件。市公证处为田湾核电站、徐连高速公路等国家、省、市重点工程办理招投标及现场监督公证近600件。2000年，全市公证机关为21家企事业单位担任常年公证顾问，为社会提供公证法律援助153件，减收服务费32.2万元。3月，市司法局针对省内一些公证机构置公证暂行条例及司法部有关公证管辖的规定及禁止不正当竞争的规定于不顾，擅自竞相向田湾核电站压低公证费报价，造成田湾核电站要求公证处以企业投标工程的方式各自报价的混乱局面一事，向省司法厅提出《关于公证管辖的请求》，请求依法制止竞相压价的不正当竞争行为。3月27日省司法厅复函予以支持。2001年，市公证处为田湾核电站提供法律咨询，草拟合同，办理招投标公证6件，涉及标的达6亿元。2002年，市司法部门适应经济发展，拓宽招投标、房屋销售、抵押登记、强制拆迁、证据保全、常年公证服务等公证业务范围，办证数量激增。2005年，全市公证机构办理各类公证事项1.46万件，业务收费278.31万元。

涉外（境外）公证　1984年4月，连云港市实行对外开放，涉外公证事项日益增多。市公证处草拟《连云港市涉外事项公证暂行规定》，分总则、业务范围、公证程序、公证费、附则等5章20条。报经省司法厅和司法部修改后，市政府于1988年2月23日印发执行。1984～1994年，连云港市公证机关办理涉外（境外）公证2226件。1995年，市公证处为161名前往以色列劳务输出人员办理中、外文公证文书1449份。至2005年底，连云港市公证机关办理涉外（境外）公证2.01万件、涉港澳台公证2743件。

1984～2005年连云港市公证业务统计表

表29-21

年　份	办证总数（件）					收费（万元）	
	合　计	国内公证		国外公证		外　证	合　计
		民　事	经　济	涉　外	涉港澳台		
1984	2994	861	2122	11	—	0.016	4.50
1985	4605	406	4062	137	—	0.12	11.16
1986	3765	466	3248	51	—	0.19	12.43
1987	4977	592	4347	38	—	0.86	14.68
1988	4780	417	4309	35	19	0.10	13.94
1989	5682	1171	4363	128	20	0.35	14.39
1990	4084	1259	2664	102	59	0.35	10.17
1991	4733	1657	2822	172	82	0.78	13.32
1992	5353	2137	2857	254	105	1.50	20.67
1993	8060	3334	4275	335	116	2.26	41.14
1994	8260	4354	3344	391	171	4.37	82.31
1995	3683	1782	1572	226	103	2.71	30.12
1996	14296	10057	3108	788	343	10.94	126.82
1997	23618	12078	10461	877	202	13.94	145.21
1998	21428	12133	8021	1051	223	16.74	151.90
1999	18133	4227	12309	1393	204	16.90	166.90
2000	15792	5842	8025	1736	189	22.36	166.53
2001	17036	3878	10912	2077	169	24.65	171.60
2002	21381	3706	15062	2399	214	46.10	196.68
2003	20426	4371	13758	2133	164	35.38	221.56
2004	16239	4178	9558	2292	211	58.57	247.39
2005	18257	5045	9600	3463	149	62.65	278.31
合　计	247582	83951	140799	20089	2743	321.84	2141.73

公证管理　1984年5月，市司法局设公证律师管理科，负责全市公证（律师）工作的管理与业务指导。1991年，市司法局出台《连云港市公证质量、公证文书制作及立卷归档暂行规定》。1992年，连云港市公证员专业中级职务任职资格评审委员会成立，代行初级职务任职资格评审工作。1993年，各公证处普遍建立以“四定”（定人员、定任务、定质量、定奖励）和“四考”（考德、考职、考勤、考绩）为内容的岗位目标责任制。市政府印发《连云港市公证工作若干规定》，规范全市公证工作。1994年，中共十四届四中全会决定把国家公证机关确定为中介机构。全市历年送训、自训公证人员63人，其中参加司法部高级公证员培训7人、省中级公证员培训16人。全市进行全面公证质量检查10次。全市8个公证处有5.93万件公证文书立卷归档，建立健全《公证档案立卷归档制度》等10项制度。1995年制定《连云港市公证质量百分考核办法》。1996年2月印发《连云

港市公证员注册实施办法》，规范公证员执业证书发放、使用和管理。完成全市公证处、公证员年检注册工作。1998年对全市33名公证员和9名涉外公证员进行年度考核注册。1999年实行公证岗位目标管理责任制、证务公示制。2002年，司法部授予连云港市公证处"司法部部级文明公证处"称号。全市8家公证处共同签订《连云港市公证行业反不正当竞争约定》。2003年，市公证员协会成立，举办公证培训班暨业务研讨会。2005年，连云港市公证员协会业务指导委员会成立。

二、律师

律师制度改革　1984～1992年，全市律师管理体制主要沿用以司法行政机关行政管理为主的模式。1993年，市律师事务所、市对外经济律师事务所实行效益工资试点。1994年10月，连云港市海天律师事务所成立，是全市第一家合作制律师事务所。1995年4月，全市第一家合伙制律师事务所——连云港市中大律师事务所成立。1998年，进行国资所改革试点，原东辛律师事务所由国资所改为合伙所。2000年9月制定《连云港市律师事务所脱钩改制实施方案》，成立律师事务所脱钩改制工作领导小组。11月，完成国资所脱钩改制工作。全市16个国资所中，脱钩改制14家，注销2家。全市律师事务所在人员、财务、业务、名称四方面与原隶属或挂靠的行政、事业单位、社会团体彻底脱钩。改制形式有合伙制和合作制两种。改制后，司法行政机关主要负责对律师工作的宏观管理，日常事务性管理工作移交给律师协会，实行行业自律管理。

图29-7　市中级法院开法律咨询活动　　法院　供

律师业务　1984～2005年，全市律师办理各类案件10.23万起。其中，代理刑事辩护1.8万起、民事案件3.91万起、经济案件2.12万起、行政诉讼1675起、非诉讼法律事务2.19万起、涉外法律事务401起。担任政府机关、企事业单位等法律顾问1.54万家，办理各类法律事务1.80万件；解答法律咨询28.14万起，代写法律文书3.34万件；索赔和避免经济损失19.16亿元，业务收入1.52亿元。

1984～2005年连云港市律师业务情况统计表

表29-22

年份	办案总数（起）							法律顾问		索赔和避免经济损失（万元）	解答法律咨询（起）	代写法律文书（件）	业务收支（万元）	
	合计	刑事辩护及代理	民事代理	经济代理	行政代理	非诉讼代理	涉外法律事务	单位（个）	办理法律事务（件）				收入	支出
1984	316	269	24	—	—	15	8	27	8	56.20	1323	160	1.23	0.04
1985	504	174	159	—	—	124	47	64	194	969.40	2148	459	12.40	5.74
1986	653	271	258	—	—	94	30	71	254	1928.20	3576	655	27.26	13.71
1987	980	287	507	—	—	124	62	163	709	2721.20	2650	874	40.07	17.12

续表29－22

年份	办案总数（起）							法律顾问		索赔和避免经济损失（万元）	解答法律咨询（起）	代写法律文书（件）	业务收支（万元）	
	合计	刑事辩护及代理	民事代理	经济代理	行政代理	非诉讼代理	涉外法律事务	单位（个）	办理法律事务（件）				收入	支出
1988	1193	336	625	—	1	187	44	244	632	3130.39	4365	699	52.80	2[illegible].69
1989	1410	467	820	—	4	87	32	254	742	1902.18	4605	791	71.36	4[illegible].91
1990	1116	524	497	—	6	69	20	210	408	1972.51	4513	470	77.75	40.36
1991	1679	586	337	470	28	258	—	237	1257	2426.13	8308	584	92.23	76.17
1992	2061	665	304	495	28	569	—	265	2303	3808.60	7341	612	93.48	83.44
1993	2393	620	345	904	19	505	—	493	3023	13545.30	6025	687	273.17	214.41
1994	2689	737	442	1145	41	324	—	653	2485	10556.00	5826	692	350.76	303.08
1995	5060	870	876	1572	50	1692	—	822	2994	15980.18	7731	1431	516.42	480.23
1996	5419	1039	1364	1839	62	1115	—	1001	2946	9680.00	9001	1577	601.00	592.40
1997	6302	1510	1633	1699	102	1317	41	996	—	9870.80	49443	2157	697.06	726.216
1998	6226	1351	2166	1816	83	793	17	1104	—	21045.00	20914	2748	803.29	736.48
1999	6572	1298	2546	1874	185	596	73	1085	—	21206.00	25201	2208	931.03	892.54
2000	6168	993	2789	1581	133	667	5	1060	—	7220.10	9640	2275	860.915	792.55
2001	7361	1098	3913	1763	166	401	20	1121	—	15906.30	15701	2313	1206.493	1111.30
2002	8548	1223	4639	1772	167	747	0	1290	—	13374.60	24742	2058	1435.30	1300.00
2003	10784	1293	4248	2994	148	2101	0	1360	—	26040.00	21355	3959	2212.00	1874.00
2004	11462	1165	4305	1325	222	4443	2	1366	—	8274.00	23516	3104	2340.00	2238.00
2005	13390	1230	6300	0	230	5630	0	1549	—	0	23441	2884	2477.00	2212.00

律师机构与管理 1984年5月，市司法局设公证律师管理科负责律师业务管理、职称评定、资格考核、业务考核及各种报表、工作总结，组织有关会议，交流工作经验，维护律师人员的合法权益。新海区、云台区、连云区法律顾问处成立。10月，连云港市对外经济律师事务所成立。1985年，全市经考核、评审取得律师资格17人。1986年，司法部决定两年进行一次全国律师资格统考，应试成绩合格后，经市司法局考查，报省司法厅审查，方可获得律师资格，由省司法厅颁发资格证书。7月，新浦区和海州区法律顾问处成立。1987年，法律顾问处统一改称律师事务所。1988年，市司法局成立职称改革办公室，负责全市律师职称评定工作。1989年，刑事辩护指导小组成立，负责全市律师受理的重大、疑难案件的集体讨论和指导。1990年，市司法局制定律师工作10项制度。1992年，司法部决定改革律师考试制度，每年举行一次。资格审批手续由市司法局考核，省司法厅审查，司法部授予。8月，连云港市律师专业中级职务任职资格评审委员会成立。10月连云港经济技术开发区律师事务所成立。1993年，新浦区成立连云港市永信律师事务所，东海县成立第二律师事务所。1994年，连云港市第一家合作制律师事务所——连云港市海天律师事务所成立。全市346人参加律师资格考试，取得律师资格47人。1995年4月，连云港市成立第一家合

伙制律师事务所——连云港市中大律师事务所。是年5月，连云港市天正律师事务所成立。1996年5月，连云港市律师事务所更名及1996年度律师注册工作经省司法厅核定和注册完毕，核定注册20个律师事务所和166名律师。是年7月，开发区律师事务所由开发区管理变更为市司法局管理。1997年7月，连云港连大律师事务所成立。1998年对国资律师事务所财产进行清理核定。

2000年1月，江苏连云港田湾律师事务所成立。是年9月成立律师事务所脱钩改制工作领导小组。先后成立江苏连云港保宁、江苏连云港港人、苍梧、连政、法哲、震云、瑞杰律师事务所。注销江苏连云港苏信达、信安达、兴云、海州湾律师事务所。是年12月注销江苏连云港兴港城、兴华厦律师事务所。连云港市公职律师达30余人，主要承担"148"法律服务和法律援助等任务。2002年，司法部取消特邀律师。2003年开展律师执业责任保险工作。选派2名骨干律师为市行政中心法律顾问。2004年3月召开全市第三次律师代表大会。2005年4月注销江苏连云港保宁律师事务所。是年5月设立江苏连云港田湾律师事务所东海分所。是年7月设立南京化学工业有限公司连云港碱厂律师事务部。江苏连云港连城律师事务所、瑞宏律师事务所、润鑫律师事务所和田湾律师事务所连云分所，分别经省司法厅批准设立。是年12月设立江苏连云港和济律师事务所。至2005年底，全市律师事务所合计33个，专职律师263人。

1984～2005年连云港市律师机构及队伍情况统计表

表29-23

年　份	律师事务所（个）	专职工作人员（人）								兼职律师（人）	特邀律师（人）
		合计	专职律师工作者						专职辅助人员		
			小计	一级	二级	三级	四级	律师助理临时执照			
1984	8	29	23	—	—	—	—	—	6	2	—
1985	8	31	29	—	—	—	—	—	2	12	4
1986	9	74	65	—	—	—	—	—	9	8	2
1987	9	84	76	—	—	—	—	—	8	3	1
1988	9	90	81	—	6	12	9	54	9	5	1
1989	9	85	79	—	6	11	9	53	6	4	—
1990	9	87	80	—	4	10	13	53	7	5	—
1991	9	85	77	—	4	10	19	44	8	4	1
1992	11	90	83	—	4	12	29	38	7	6	1
1993	13	118	99	—	4	14	55	26	19	9	6
1994	17	151	122	—	5	17	54	46	29	24	14
1995	19	160	93	—	3	17	56	17	21	33	13
1996	23	177	90	—	9	20	54	7	29	40	18
1997	24	239	148	—	—	—	—	—	53	24	14
1998	25	255	145	—	—	—	—	—	69	28	13
1999	24	255	135	—	—	—	—	—	84	24	12
2000	27	263	140	—	—	—	—	—	99	17	7
2001	27	325	182	—	—	—	—	—	119	20	4

续表 29-23

年份	律师事务所（个）	专职工作人员（人）								兼职律师（人）	特邀律师（人）
		合计	专职律师工作者						专职辅助人员		
			小计	一级	二级	三级	四级	律师助理临时执照			
2002	27	344	224	—	—	—	—	—	96	24	—
2003	28	355	251	—	—	—	—	—	94	10	—
2004	29	375	269	—	—	—	—	—	95	11	—
2005	33	376	263	—	—	—	—	—	102	11	—

三、法律援助

法律援助机构 1996年9月，《连云港市律师法律援助实施办法（试行）》出台，规定申请法律援助的条件、办理程序、律师的职责等相关要求。1998年9月，灌南县法律援助中心成立。10月，市法律援助中心成立。1999年2月，市总工会成立职工权益法律援助中心和妇女权益法律援助中心。2000年，全市118个乡镇（街道）全部成立法律援助工作站，形成市、县（区）、乡镇（街道）三级联动的法律援助网络。2001年3月，省司法厅规定律师事务所脱钩改制后，全省所有公职律师执业机构为各级法律援助中心，公职律师不得从事有偿法律服务。2002年8月，连云港市维护国防利益和军人、军属合法权益法律援助中心成立。2003年9月，灌云监狱成立维护服刑人员合法权益的法律援助工作站。2004年3月，淮海工学院成立连云港市首家高校法律援助中心。市民族宗教局成立连云港市首家民族宗教法律援助中心。5月，市总工会成立全省首家以专、兼职律师为主的职工法律援助团。9月，东海县成立乡镇职工法律援助站。2005年，全市法律援助机构合计8个。

2002～2005年连云港市法律援助机构情况统计表

表 29-24

年份	法律援助中心（个）	人员结构（人）					经费（万元）								
		人员编制数	实有人数	执业律师数	学历		收入					支出			
					本科以上	大专中专	合计	财政拨款	社会捐助	行业捐助	其他	合计	基本支出	业务经费	
														法律援助机构人员办案经费	社会律师办案补贴及其他
2002	8	14	32	7	12	20	18.96	16.16	2.40	0.20	0.20	4.44	1.68	0.96	1.80
2003	8	—	26	9	12	14	18.90	14.90	3.80	0.20	0.00	14.50	3.00	10.90	0.60
2004	8	—	24	10	11	13	25.62	25.22	0.00	0.40	0.00	25.40	23.92	1.30	0.18
2005	8	19	28	11	18	10	26.92	26.42	0.00	0.00	0.50	22.40	11.40	5.10	5.74

法律援助工作 1998年，全市办理各类法律援助案件1064起，为当事人减免收费42万元。1999年，市司法局制定《连云港市司法行政法律援助试行办法》，明确法律援助的范围、形式、对象、程序。与市中级人民法院联合制发《关于刑事审判法律援助有关问题的决定》，就刑事审判

图29-8 全国司法行政系统二级英模王立步在向农民讲解法律知识 赵鸣 摄于2005年

法律援助的范围、对象、费用结算等作出规定。全市办理各类法律援助事项388件，接待来访1115人次。2000年，市法律援助中心被省委、省政府授予“人民满意的政法单位”称号，并记集体一等功。全市办理法律援助案件554起，接待来访2725人次，处理来信33件。2001年3月19日，农村进城务工人员马某某因海上捕捞作业时右手被缆绳打成骨折住院，要求雇主顾某某赔偿3000元遭拒绝，遂至连云区法律援助中心请求法律援助。连云区法律援助中心立即通知在海上作业的雇主顾某某返回，参加先行给付医疗费调解会，同时邀请连云区法院、连岛镇边防派出所、西山村委会干部等共同参与调解。双方达成和解协议，顾某某赔偿马某某3000元，援助中心免除全部援助费用。

2002年，连云港市出台《关于在全市开展维护国防利益和军人、军属合法权益法律援助工作的意见》《连云港市法律援助管理试行办法》。2003年，全市招募法律援助志愿者101人。9月1日，第一部全国性法律援助法规《法律援助条例》正式颁布实施，全市举行贯彻实施条例大型广场法律咨询活动。2004年6月，市政府办公室下发《关于贯彻实施〈法律援助条例〉的意见》。8月制定《连云港市司法局法律援助办案补贴办法》。2005年6月，《关于加强法律援助工作规范化建设的意见》出台。赣榆县法律援助中心办理的涉外劳务纠纷案，涉及农民工93人，涉案金额210万元，被评为江苏省法律援助十大典型案例。

2001～2005年连云港市法律援助情况统计表

表29-25　　单位：起

年　份	办案总计	民事法律援助案件	刑事法律援助案件	行政法律援助案件
2001	728	592	136	—
2002	481	376	101	4
2003	420	347	73	—
2004	340	221	118	1
2005	370	231	139	—

“148”法律服务　1999年3月，东海县司法局在全市率先开通“7210148”法律服务专用电话。8月，连云港市“148”法律服务专用电话正式开通。全市“148”法律服务工作领导小组成立，成立“148”指挥协调中心，建成市司法局“1605148”平台，开通2条热线。2000年，全市“148”接听电话咨询6887人次，接待来访3769人次。市、县（区）两级“148”平台和法律援助中心提供上门服务136次，解决纠纷601起，移送有关部门处理事项48件，避免和挽回经济损失430.8万元。2001年，全市乡镇（街道）全部建立“148”工作站。《苍梧晚报》开辟“148”视线，通过每周1～2个典型案例的分析，普及法律常识，宣传法律援助制度。2002年，赣榆县开通海上“148”，为寻求法律帮助的渔民及时提供法律服务。7月1日，连云港市“148”改号为“12348”。2004年，市“12348”法律服务专线向社会公开承诺免费提供法律咨询服务，把接待咨询中了解到的信访苗头

图29-9　市星化社区开展“送法律进农村”活动
侍志　摄于2000年

上报市委、市政府，避免2起省“两会”期间上访事件的发生。2005年，启动“12348”法律服务进校园计划。全年接听热线电话2031人次，接待当事人1439人次，与有关部门联动95人次，解决纠纷321起，向市委市政府及时反映社情民意8次。

四、司法鉴定

2002年8月，市委、市政府成立连云港市司法鉴定工作委员会，分管副书记任主任，分管副市长任副主任，公、检、法、司等17个部门分管领导担任委员，市司法鉴定工作委员会办公室与市司法局司法鉴定管理处合署办公，负责日常工作，司法局局长兼任办公室主任。9月，印发《连云港市司法局关于管理面向社会服务司法鉴定工作的意见》。12月成立市司法鉴定工作委员会劳动伤残、精神疾病、房屋安全3个专家鉴定组，聘请全市相关行业26名专家、教授和学科带头人作为专家组成员。2003年2月，连云港市首家司法鉴定机构——连云港港城司法会计鉴定所成立。7月制定《司法鉴定专家组工作规范》，对专家组的业务范围、受理、时限、鉴定活动的实施、责任追究等作出明确规定。11月，连云港永安司法会计鉴定所经省司法厅审核后获准设立，业务范围为司法会计、资产评估、司法鉴定。是月召开连云港市司法鉴定工作委员会第一次全体委员会议。

2004年4月实行司法鉴定执业证制度。对全市首批符合条件的10名司法鉴定人申领颁发司法鉴定执业证，并对14名司法鉴定人建立司法鉴定人名册。6月上旬，市司法鉴定工作委员会成立由8名资深司法会计鉴定执业人员组成的司法会计鉴定专家组。全年受理鉴定事项20件，作出鉴定结论18件。2005年2月28日，第十届全国人大会常委会第十四次会议通过《全国人民代表大会常务委员会关于司法鉴定管理问题的决定》。规定自2005年10月1日起，国务院司法行政部门主管全国鉴定人和鉴定机构的登记管理工作，省级人民政府司法行政部门负责对鉴定人和鉴定机构的登记、名册编制和公告，人民法院和司法行政部门不得设立鉴定机构，侦查机关根据侦查工作的需要设立的鉴定机构不得面向社会接受委托从事司法鉴定业务。国内司法鉴定事业步入科学化、规范化、制度化的轨道。是年9～12月，市第三人民医院法医司法鉴定所、东海县人民医院法医司法鉴定所、赣榆县人民医院司法鉴定所、灌南县中医院司法鉴定所成立。受理和出具司法鉴定书245份，被司法机关、仲裁机构采信240份，采信率98%。

第三节　法学教育及司法考试

一、法学教育

岗位培训　1984～1988年，连云港市司法局负责系统内干部、公证、律师、司法助理、法律服务所等人员的专业培训。1989～1994年培训乡镇企业公司经理62人。组织全市企事业单位经理、供销、财务人员2229人参加《中华人民共和国经济法》《中华人民共和国工商法》《中华人民共和国说法》函授学习。培训“三资”企业及有关单位厂长、经理、涉外人员105人。组织律师调训28人，公证员调训20人。

1995年，市司法局选送10人参加省司法厅第七期中级律师、中级公证员培训班，推荐3人参加硕士学位研究生进修班学习。1996年，市司法局培训50周岁以下的干警、律师、公证人员74人；举办2期基层法律服务所主任培训班。1997年组织公证、律师、法律工作者中培、高培、外培及各类岗位培训11期，参训人数320人次。1998年选派5人参加省司法厅新法规培训班，选派2名律师参加司法部高级律师培训班。2000年举办2期培训班，系统内140位公务员和公证员参加培训。2001年，全市司法行政系统281名公务员、司法助理员（含工作人员）参加司法部统一组织的司法行政系统公务员基本素质教育考试，参考率为90.95%。2004年，选派3名律师参加司法部举办的高级律师培训班，选调县区司法局领导干部5人参加省司法厅培训，推荐9名律师参加南京大学法律硕士考试。

函授教育　1984年，华东政法学院在连云港市司法局设函授分站，招生范围从检察院、法院、司法局干部扩大到党政机关和企事业单位在职人员。1988年，华东政法学院开办法律专业证书班函授，招生范围限于司法行政系统的在职干部，学制1年半，系统内承认大专学历。至1996年，连云港市被华东政法学院录取专、本科生48名，毕业38名。

1988年，中华全国律师函授中心大专部在连云港招收法律专科函授生，学制3年半。2001年，律师专业开考计划作重大调整，免考外语的考生年龄由40岁降至35岁。

2002年，东南大学在连云港开展法律函授教育。2005年，47名学员顺利毕业，取得国家承认的本科毕业证书。

自学考试　江苏省自学考试委员会自1993年下半年起增加高等教育自学考试法律专业本科段，开考13门课程。省司法厅负责报名、社会助学的统筹和组织管理。连云港市法律本科段自学考试由市司法局法学教育科具体承办。1993年，195人报名参加法律本科自学考试，参考115人。2002年下半年起，法律本科自学考试报名工作移交市自学考试办公室。

1993～2001年连云港市自学考试法律本科报考情况统计表

表29-26

年份	上半年						下半年					
	报名人数（人）	报考门数（门）	实际参考人数（人）	实际参考门数（门）	及格率（%）	毕业人数（人）	报名人数（人）	报考门数（门）	实际参考人数（人）	实际参考门数（门）	及格率（%）	毕业人数（人）
1993	—	—	—	—	—	—	195	439	115	227	22.90	—
1994	162	352	110	212	47.16	—	182	430	129	276	48.00	—
1995	299	680	201	418	51.67	—	327	750	225	418	56.98	—
1996	421	965	288	607	51.24	—	506	1211	430	781	48.60	3
1997	626	1515	496	967	54.70	4	700	1595	531	1102	55.20	12
1998	1082	2260	1050	1488	57.60	9	1314	2990	947	2108	51.90	18
1999	1383	3226	988	1971	43.99	22	1402	2957	995	1920	58.60	—
2000	1362	2988	—	1807	64.00	28	1271	2721	—	1085	68.30	48
2001	1292	2995	—	1930	69.33	41	1512	3319	—	2288	60.14	52

二、司法考试

司法考试是国家统一组织的从事特定法律职业的资格考试。2002年1月，连云港市国家司法考试办公室成立。是年3月30～31日，全国统一举行首次国家司法考试。全市1216人报名参加考试，实际参考1033人，考试合格110人，合格率11%，高于全国7%的平均合格率。是年7月，市司法局增设国家司法考试管理处（对外称国家司法考试办公室）。2003年，全市520人报名参加国家司法考试。2004年，全市国家司法考试报名人数为527人，合格率14.01%，高于全国平均水平。2005年，连云港市829人网上报名参加国家司法考试，57人考试合格，合格率6.88%。

第四节　安置帮教和社区矫正

一、安置帮教

1994～1996年，连云港市有刑释解教人员3270人，落实帮教措施3097人，妥善安置1946人，安置就业率59.51%，重新犯罪率5%以内。1997年4月，市刑释帮教人员安置帮教工作领导小组及其办公室成立。1998年确立“先报到，后落户”的安置帮教办理程序。全市回归报到率69%，其中市区刑释解教人员回归报到率98%。城镇安置渠道逐渐拓宽，初步形成原单位接收、社会安置、自谋职业、从事个体私营经济的安置格局。1999年，全市基层组织开展争创无重新犯罪、无漏管人员、无失控对象的单位活动。2000年，市政府首次召开全市安置帮教工作经验交流会，表彰17个先进集体和18名先进个人。2001年，全市1645个村（居）委会全部建立安置帮教组织，实现村组、居委调整后帮教小组不散、帮教对象不漏、帮教工作不停、规范有序。2003年，安置帮教工作纳入社会治安综合治理和创建平安连云港目标。2004年，开展2000年以来刑释解教人员、社区矫正对象（“五类”人员）等违法犯罪高危人群排查工作，建立基础台账，针对存在问题制定整改帮教措施。2005年，建立市级刑释解教人员安置基地1个，县、乡两级安置基地15个。

1998～2005年连云港市安置帮教工作情况统计表

表29-27

年份	回归刑释解教人员（人）	落实帮教措施（人）	帮教率（%）	落实安置措施（人）	安置率（%）	重新犯罪（人）	重新犯罪率（%）
1998	529	527	99.62	492	93.00	—	—
1999	909	907	99.78	886	97.47	45	4.95
2000	1081	1064	98.43	1053	97.40	54	5.00
2001	1356	1336	98.53	1167	86.06	46	3.39
2002	1592	1592	100.00	1404	88.19	54	3.39
2003	1744	1661	95.24	1577	90.42	9	0.52
2004	1814	1760	97.02	1571	86.60	33	1.82
2005	1622	1576	97.16	1499	92.42	4	0.25

二、社区矫正

连云港市社区矫正主要适用于5种罪犯：被判处管制的；被宣告缓刑的；被裁定假释的；被剥夺政治权利并在社会上服刑的；被暂予监外执行的。社区矫正的工作内容为按照法律、法规、规章规定，加强对社区矫正对象的管理和监督；安排矫正对象的学习、教育活动；组织矫正对象参加社会公益劳动；对矫正对象进行心理矫正。2003年11月5日，市司法局成立社区矫正试点工作领导小组。是年12月31日，连云港市被确定为全省3个社区矫正试点市之一。赣榆县和新浦区试点工作全面启动。根据国家现行法律规定。

2004年1月，市社区矫正领导小组成立，下设办公室，设在市司法局。是年1月制定《连云港市社区矫正试点工作实施意见》。2月，新浦区举行社区矫正宣告仪式，对9名社区矫正对象进行集中宣告，市社区矫正试点工作进入具体实施阶段。赣榆县举行首批43名矫正对象集中宣告仪式。赣榆县青口镇和新浦区新海社区2个试点单位共接收社区矫正对象54人，有14人按期解矫，无一脱管、漏管和重新犯罪。江苏省电视台《法治社会》栏目专题报道连云港市社区矫正工作，英国驻上海总领事馆及省内外20余家单位代表到连云港学习社区矫正经验做法。2005年，全市各级相继成立由党政领导任组长、各相关职能部门负责人为成员的社区矫正工作领导小组，市、县区领导小组办公室设在司法局，各乡镇（街道）领导小组办公室设在司法所，村（居）设立社区矫正工作站，形成市、县（区）、乡（镇、街道）、村（居）四级社区矫正工作网络。全市建立1500余人组成的三支社区矫正工作队伍。市委办公室、市政府办公室批转市司法局《关于做好全市社区矫正工作的意见》。各县区把社区矫正工作列入社会治安综合治理和创安目标考核内容。全市101个乡镇全部举行交接宣告仪式。全年872名矫正对象进入社区矫正管理，103人期满解矫，无脱漏管和重新犯罪现象发生。

第六章　仲　裁

1984年6月，连云港市工商局经济合同仲裁委员会（简称仲裁委）成立，市各工商分局和县（区）相继成立县（区）仲裁委员会，部分工商所设立派出仲裁庭，另设建筑合同仲裁庭、汽车维修合同仲裁庭2个专业仲裁庭。至1995年8月底，市工商局经济合同仲裁委员会处理各类经济合同案件3264起，涉案标的金额5392.8万元。1998年2月，连云港市仲裁委员会成立，仲裁工作逐步进入良性循环快速发展轨道。至2005年底，市仲裁委累计受理各类仲裁案件832起，涉案标的金额2.69亿元。

第一节　案件受理

1995年9月1日《中华人民共和国仲裁法》施行前，连云港市经济合同仲裁工作由市工商局经济合同仲裁委员会行使。其办案方式为先行调解，灵活处理；委托并参与分局仲裁委办案，设立派出（专业）仲裁庭；部门协作，制定严格审核把关制度。1996年9月1日，市工商局经济合同仲裁委员会依法自行终止，停止受理一切经济合同案件。1998年2月，连云港市仲裁委员会成立。3月2日起正式受理案件。至2005年底，受理各类仲裁案件832起，涉案标的金额2.69亿元。

1984～1995年连云港市工商局经济合同仲裁委员会案件受理情况统计表

表29-28

办结数案件类型	案件总数（起）	争议金额（万元）	其中办结50万元以上案件数（起）
购销等9类经济合同纠纷	3164	5138.3	15
技术合同纠纷	2	1.3	—
企业承包租赁经营合同纠纷	98	253.2	—
合计	3264	5392.8	15

1998～2005年连云港市仲裁委员会受理仲裁案件情况统计表

表29-29

年　份	案件总数（起）	涉案总标的额（万元）	年　份	案件总数（起）	涉案总标的额（万元）
1998	20	299.07	2003	262	7272.82
1999	46	775.55	2004	191	7903.16
2000	62	1536.73	2005	181	4679.00
2001	38	923.86	合　计	832	26902.73
2002	32	3512.54			

第二节　法律服务

1984～1997年，连云港市仲裁机构成立初期，编写《仲裁讲座》、《连云港仲裁委简介》材料，在《连云港日报》开辟仲裁专栏，宣传仲裁基础知识；开通“168”仲裁咨询热线5条，介绍连云港仲裁委员会概况、仲裁受案范围、申请仲裁条件、仲裁申请书应载明事项和仲裁特点等，向社会提供法律咨询服务；分批走访相关单位，专门讲解《中华人民共和国仲裁法》，推广仲裁条款。1998年3月15日世界消费者权益保护日，市仲裁委参加由市消协等部门联合举办的大型宣传活动，以接受咨询、现场解答等多种形式向群众宣传仲裁法。1999年5月，举办首批仲裁联络员培训班，并颁发仲裁联络员证书。2002年7月，仲裁委秘书处召开仲裁推介大会，全市100余家重点企业经营管理部门负责人及主要工作人员参加会议。2003年10月设立连云港仲裁委员会云台联络站、平明联络站。2004年2月设立连云港仲裁委员会海州批发市场联络站；9月参加连云港市房地产交易大会，接受现场仲裁法律咨询，发送相关仲裁法律宣传资料；11月成立连云港仲裁委员会房地产仲裁调解中心。2005年11月成立连云港仲裁委员会保险仲裁调解部。

连云港市志

（上）

连云港市地方志编纂委员会 编

LIANYUNGANG SHIZHI 1984~2005

方志出版社

图书在版编目（CIP）数据

连云港市志：1984~2005/连云港市地方志编纂委员会编.
-- 北京：方志出版社，2017.12
ISBN 978-7-5144-2319-8

Ⅰ.①连… Ⅱ.①连… Ⅲ.①连云港－地方志－
1984~2005 Ⅳ.①K295.33

中国版本图书馆CIP数据核字（2016）第320238号

连云港市志（1984~2005）

编　　者：连云港市地方志编纂委员会
责任编辑：陈　菁

出 版 人：冀祥德
出 版 者：方志出版社
　　　　　地址　北京市朝阳区潘家园东里9号（国家方志馆4层）
　　　　　邮编　100021
　　　　　网址　http://www.fzph.org
发　　行：方志出版社发行中心
　　　　　电话（010）67110500
经　　销：各地新华书店
印　　刷：南京凯德印刷有限公司

开　　本：889×1194　1/16
印　　张：146
字　　数：4102千字
版　　次：2017年12月第1版　2017年12月第1次印刷
印　　数：0001-5000册

ISBN　978-7-5144-2319-8　　定价：1300.00元

连云港市地方志编纂委员会

2004年6月至2006年9月

主　　任	刘永忠						
副主任	吴加庆	周保法	张同生	张祝好	滕士涛	张名丽	石海波
	丁心昂						
委　　员	吕从亮	李广成	曹佳鸣	孙　灿	马维法	董春科	俞向阳
	陈先浩	刘景班	徐继春	张光东	程永贤	张文武	吴建成
	程学光	毛太銮	黄咏梅	杜宇平	陈　敏	张义立	邹允祥
	单新中	周诗泉	杨保东	胡宝明	李祝征	杨增泰	张怀锋
	刘岱南	赵世豪	郝殿钰	郝新建	顾绍平	王　华	徐岳昕
	李振峰	陈瓦夏	邸占山	宋书信	陈良灵	王淮龙	尹哲强
	陈书军	姜　洪	滕　雯	钟　敏	杨光留	刘新华	赵祥海
	任　路	林永军	陈修根	秦玉莲	周裕昌	常　南	陈　滨
	符晖明	李治洪	王兆军	董　巍	范正满		
主　　编	丁心昂						
副主编	孙　铭	徐惟学	董　忠	陆瑞萍			

2006年9月至2009年10月

主　　任	刘永忠						
副主任	仲　琨	张同生	张光东	石海波	张名丽	李玉章	李　东
委　　员	钟　敏	鲁　林	陈良灵	李广成	曹佳鸣	孙　灿	马维法
	董春科	徐毓敏	潘立刚	王淮龙	陈佑龙	程永贤	朱国兵
	吴建成	徐以广	毛太銮	黄咏梅	杜宇平	陈　敏	李东阳
	单新中	王丙模	何维芳	田　明	杨增泰	张怀锋	刘岱南
	赵世豪	郝殿钰	郝新建	顾绍平	陈瓦夏	邸占山	林永军
	曹新民	王加培	关永健	尹哲强	陈书军	金建猛	李　航
	徐开信	夏兴润	程广宇	邱家海			
主　　编	李　东						
副主编	孙长贵	董　忠	陆瑞萍				

2009年10月至2012年7月

主　　任　徐一平

副主任　魏国强　张同生　张光东　于丽华　石海波　郝殿钰　李　东

委员单位　连云港警备区，东海县、赣榆县、灌云县、灌南县、新浦区、海州区、连云区政府，连云港经济技术开发区管委会，市委宣传部、政法委、农工办、市级机关工委、老干部局，市档案局，连云港日报社，市发改委、经贸委、教育局、科技局、公安局、监察局、民政局、财政局、人事局、劳动和社会保障局、国土资源局、规划局、建设局、城管局、房产局、交通局、水利局、农业局、林业局、外经贸局、文化局、广电局、卫生局、审计局、统计局、环保局、海洋与渔业局、物价局、港口管理局、人行连云港市中心支行。

主　　编　李　东

副主编　张　斌　朱　瑞　陆瑞萍

2012年7月至2013年9月

主　　任　杨省世

副主任　张同生　张光东　唐国海　程永贤　李振峰　钟　敏　李　东

委员单位　连云港警备区，东海县、赣榆县、灌云县、灌南县、新浦区、海州区、连云区政府，连云港经济技术开发区管委会，市委宣传部、政法委、农工办，市档案局，市发改委、经信委、教育局、科技局、公安局、监察局、民政局、财政局、人力资源和社会保障局、国土资源局、规划局、城乡建设局、住房保障和房产管理局、城管局、交通运输局、港口管理局、水利局、农委、商务局、文化广电新闻出版局、卫生局、审计局、统计局、环保局、海洋与渔业局、物价局，人行连云港市中心支行。

主　　编　李　东

副主编　张　斌　朱　瑞　陆瑞萍

2013年10月至2015年2月

主　　任　赵晓江

副 主 任　曹永林　郑　平　曹佳鸣　李　东

委员单位　连云港警备区，东海县、赣榆县、灌云县、灌南县、新浦区、海州区、连云区政府，连云港经济技术开发区管委会，市委组织部、宣传部、政法委、农工办，市档案局，市发改委、经信委、教育局、科技局、公安局、监察局、民政局、财政局、人力资源和社会保障局、国土资源局、规划局、城乡建设局、住房保障和房产管理局、城管局、交通运输局、港口管理局、水利局、农委、商务局、文化广电新闻出版局、卫生局、审计局、统计局、环保局、海洋与渔业局、物价局。

主　　编　李　东

副 主 编　张　斌　赵廷旗　陆瑞萍

2015年2月至2016年10月

主　　任　赵晓江

副 主 任　滕　雯　郑　平　吴海云　曹佳鸣　匡中远　苏中保

委　　员　邱占山　胡广林　朱志祥　谭　卫　张晓红　张孝昌

其他委员单位　连云港警备区，东海县、灌云县、灌南县、赣榆区、海州区、连云区政府，连云港经济技术开发区管委会，市委组织部、宣传部、统战部、政法委，市档案局，市发改委、经信委、教育局、科技局、公安局、民政局、财政局、人力资源和社会保障局、国土资源局、环保局、规划局、建设局、住房保障和房产管理局、城管局、交通运输局、港口管理局、水利局、农委、商务局、文化广电新闻出版局、卫生局、统计局、海洋与渔业局、物价局。

主　　编　苏中保

副 主 编　张　斌　赵廷旗　陆瑞萍

《连云港市志（1984~2005）》编纂人员

主　　编	徐勤飞	苏中保					
副主编	张　斌	赵廷旗	陆瑞萍	魏　鹏			
总　　纂	陆瑞萍						
副总纂	姜龙才						
责任编辑	贾栋钰	徐　敏	郭　云	王佳生	戴义春		
特邀编审	丁心昂	刘　军	刘畅征	江　华	孙大伟	朱殿卿	张卫怀
	张文科	张建民	张树庄	张骏鹏	陈其弟	陈　红	杜仁彬
	赵　鸣	顾晓红	高庆华	黄　静	韩世泳	蔡立志	
责任校对	于冰清	邱仕明	张伟敏	高鹤婷	徐　亮	徐　玲	赵维娜
索引制作	徐　敏	郭　云	贾栋钰	王佳生	姜龙才		
编　　务	王　滨	吕修军	刘　鹏	李　岩	赵　丽	郝　芳	高新民
	唐善国						

《连云港市志（1984~2005）》审稿人员、审定单位

终审专家	李广成	曹佳鸣	沈仁国	花　蕾	施国俊	葛　红	姚　震
	缪小咏						

终审、验收、审核单位　江苏省地方志编纂委员会办公室

批准出版单位　连云港市人民政府

国家创新型试点城市

全国双拥模范城市

全国科技进步先进市

全国性综合交通枢纽

中国「十大幸福城市」

中国城市综合实力百强城市

中国投资环境百佳城市

福布斯中国大陆最佳商业城市

中国外贸百强城市

国家环保模范城市

国家节水型城市

中国旅游竞争力百强城市

最美中国·人文（休闲）旅游目的地城市

《西游记》文化发源地

城市荣誉

中国首批沿海开放城市

新亚欧大陆桥东方桥头堡

“一带一路”交汇点城市

新亚欧大陆桥经济走廊首要节点城市

中国优秀旅游城市

国家园林城市

国家卫生城市

世界水晶之都

中国十大海港城市

国家东中西区域合作示范区

上海合作组织出海基地

中哈物流中转基地

国，题刻铭志万寿山。寻武装起事地点，逸仙慧眼识海州。李超时创东海特支，于无声处起风雷。邓小平曾亭天故事，融入大海化沧泥。

人文荟萃，盛绩煌煌。吴承恩遍访云台胜迹，挥写惊世鸿篇《西游记》；李汝珍博搜坊间轶闻，描画骇俗佳构《镜花缘》。一曲《梦归乡》，俊逸鲍参军。太白游云台，华章耀中天。敬梓雏凤声，《观海》四座惊。苏辛石陶林梁，览胜境而诗涌。清韵戏苑流韵，智贤杏坛毓贤。仲琴海属泰戈尔，朱琳孤诣塑女杰。同举首绘《年表》，云沛力建陇海。板浦二许氏，州志二编修；汪氏三兄弟，学部三委员。佩弦正气，挺民族脊梁；彦涵力作，树一帜画坛。五大宫调，跻身『非遗』；工鼓锣音，绘声又绘色；童子傩戏，娱神更娱人。

品类繁富，风物殊丽。地埋瑰宝，海藏奇珍。东海水晶甲天下，可佩可赏可健身。水晶之王，出东海而名弥宇内；水晶饰品，耀眼目而扮美群芳。东海温泉，华东第一，池涌琼液，润肤清心。春潮起秋汛至，彤蟹对虾媲美，海贝海参竞鲜，沙光羊汤一色。千年云雾茶香，神曲汤沟酒醇。滴醋味美，入《随园食单》；淮盐莹洁，进寻常人家；风鹅质优，飨中外宾朋；冬青仙桃，为冰雪珍果；条斑紫菜，系长寿佳品。林林总总，不可胜数。

改革潮涌，开放雷奔。弄潮中流，大谋大智大勇；跨跃发展，求实求快求新。『一体两翼』，港拓凌云之势；『一心三极』，城展拱海之形；T型布局，纵横产业走廊。走进大海，悠悠远古呼唤；拓建新区，昂昂时代金声。层楼比肩，厂房接踵，码头凸起，巨轮穿行。楼影帆影鸥影漾波影；车声机声笛声壮涛声。东方大港，百年圆梦。临港工业，星罗云布。『三新』中三元，『风谷』旋巨风，『药港』开新埠，『中海』任驰骋。海洋经济，借兴渔而冲浪；旅游事业，重生态以飞升。文明创建，城乡合谐合力；科学发展，人文自然共荣。雷锋车组，拉出文明路；宋口渔村，小康作先锋。国家双拥模范城，国家优秀旅游城。八方枢纽之城兮，车流船流物流；山水园林之城兮，宜居利居乐居；山海旅游之城兮，美景美物美情。

赞曰：包坤奥区兮人文灿烂，大港连云兮势镇狂澜，呵护生态兮水澄气鲜，物阜民康兮棹歌频传，东部开发兮雄图大展，瞻望前程兮绮霞满天！

连云港赋

刘畅征

神奇山海，浪漫古城。北扼齐鲁，南控江淮，东濒黄海，西倚九州。亚欧陆桥之东堡，一虹飞架两万里；中国脐部之锁钥，航路连通五大洲。背依云台，山峨峨而耸翠；面对连岛，峰郁郁而列屏。碧海吐珠，独揽其九；峻峰摩云，一柱擎天。斯为连云港也。

山海形胜，秀美绝伦。若夫观海，胸拓神驰。浮天无岸，波如连山，骇浪惊湍，涛起沫飞。或去凰窝，或去西墅，或去秦山，或去连岛，而苏马湾为最。月牙海湾，滩平沙细，山花溢芳，茂树滴翠。海蚀岩壁，千孔百穴，吻浪花而潇洒；天籁之音，如诉如吟，借汛风而激越。漫步栈道，眺海听涛，尘烦顿除，俗念皆消，浑然忘机，何其乐哉！若夫看山，悦性怡情。吴山、羽山、锦屏山、大伊山、云台山，山山藏奇蕴妙；龙洞、鸽洞、太白洞、云中涧、桃花涧，涧涧喷玉溅银。云台山昔曰郁州、苍梧、蓬莱、方丈、瀛洲、旸谷。花果山者，云台山之一脉，孙猴子老家也。女娲炼石补天，遗一片于山中。感天地之灵气，受日月之精华，石迸裂，卵石出，清风吹，化石猴，皈禅道，名悟空。《西游记》因花果山神奇而尽显魅力；花果山以《西游记》浪漫而愈现奇美。今之花果山，葱茏靓丽，享五A景区之美誉，拥优秀景区之美名。柔云吞吐，秀峰山花时隐现；岚烟游移，巨壑峻岩尽空灵。伫立玉女峰顶，纵目眺之，则沧海无极；俯而察之，则绣谷难测。海涛流金，易生追日之念；盐田暮雪，疑撒琼瑶之英。泉声遥接潮声壮，天风散入万壑松。处斯境也，可揽九天，可扪星月，可闻天籁，可纵遐思。感宇宙之大美，叹自然之奇观者也。

文明悠远，史迹斑斓。古称瀛洲，战国属楚，秦设朐县，汉置东海郡，东魏定海州。隋唐以降，东海海州互称。大贤庄石器，见证先民初猎；将军崖岩画，勾芒人观天留痕；孔望山造像，九州崖佛第一尊；大伊山石棺，寻系社会遗存；尹湾汉简牍，郡级文书之首。少昊留遗墟，藤花落佐证。始皇东巡，两到朐界而立阙东门；贤相伊尹，隐居三伊而助汤立国。孔子相鲁，会齐侯于夹谷，遗碑仍在；徐福东渡，播文明于扶桑，石锚犹存。田横高岗，五百壮士冰雪肝胆；白虎山上，梁山好汉气薄云天。孙膑出奇谋，马陵留胜踪。扶危刘豫州，麋竺倾囊铸伟业；默助同盟会，卞赓吞金成大仁。羽山呜咽，诉殛鲧之哀；飞泉瀑泻，吟唐宋之文。歼日寇，建陵园，抗日山巍然矗立；战海疆，卫家

张言华 摄

连云港山海相依、港城一体，是一个典型的海港城市。

（吉志强　摄于2011年）

连云港东部滨海城区

（王浩敏　摄于2014年）

①

②

⑤

③

④

连云港山海风光秀美，是全国49个重点旅游城市和江苏三大旅游富集区之一。总面积近200平方千米的云台山景区横贯市区，有“六脉皆通海，青山半入城”之誉。其中花果山是古典名著《西游记》的主要取材地，主峰玉女峰是江苏最高峰。

① 市花——玉兰（吉志强　摄于2005年）
② 市树——银杏（胡宽法　摄于2005年）
③ 花果山玉女峰（吉志强　摄于2009年）
④ 花果山海宁禅寺（侍志　摄于2010年）
⑤ 阿育王塔（冯义　摄于2005年）
⑥ 云雾中的花果山（侍志　摄于2010年）

①

②

①苏马湾浴场（连云区　供）
②连岛海滨栈道（连云区　供）
③在海一方公园（吉志强　摄于2008年）
④大沙湾浴场（张晓晖　摄于2003年）

①连云港港是中国沿海十大外贸港和全球百强集装箱港。图为港口全景。（张晓晖　摄于2003年）

②连云港港集装箱码头（张晓晖　摄于2011年）

③30万吨级矿石码头（侍志　摄于2014年）

④大型集装箱班轮靠泊连云港港（任汉诗　摄于2015年）

⑤拦海大堤（王浩敏　摄于2015年）

伴随改革开放的春风，连云港市城市建设加快推进，老城区通过拆迁改造，设施不断完善；新城区加强规划和顶层设计，不断向东、向南拓展。2017年底，全市城市化率达61.7%。

①

②

① 新浦城区东部景观（俞德春　摄于2012年）
② 新浦城区南部景观（金城　摄于2010年）
③ 龙河广场（俞德春　摄于2012年）
④ 郁海广场（俞德春　摄于2010年）

①

②

③

①海州古牌坊（侍志　摄于2009年）
②新浦城区西盐河风光（张晓晖　摄于2011年）
③海州朐阳门（侍志　摄于2009年）
④海州镇远楼（侍志　摄于2009年）

④

①连云新城（张言华　摄于2017年）
②连云城区海滨景观（吉志强　摄于2014年）
③连云港港口集团大楼（胡卫星　摄于2010年）
④连云城区夜色（陈艳　摄于2017年）

③

④

赣榆县城一角（赣榆区 供）

东海县城一角（东海县 供）

灌云县城一角（灌云县　供）

灌南县城一角（灌南县　供）

①

②

③

④

⑤

①海滨大道北固山段
（王健民　摄于2015年）

②连徐高速墟沟互通
（王浩敏　摄于2014年）

③连云港机场候机楼
（侍志　摄于2014年）

④连云港东站
（胡卫星　摄于2014年）

⑤东陇海铁路连云港段
（吉志强　摄于2013年）

⑥灌江口大桥
（王健民　摄于2015年）

①

②

6

连云港山海风光秀美，是全国49个重点旅游城市和江苏三大旅游富集区之一。总面积近200平方千米的云台山景区横贯市区，有“六脉皆通海，青山半入城”之誉。其中花果山是古典名著《西游记》的主要取材地，主峰玉女峰是江苏最高峰。

① 市花——玉兰（吉志强　摄于2005年）
② 市树——银杏（胡宽法　摄于2005年）
③ 花果山玉女峰（吉志强　摄于2009年）
④ 花果山海宁禅寺（侍志　摄于2010年）
⑤ 阿育王塔（冯义　摄于2005年）
⑥ 云雾中的花果山（侍志　摄于2010年）

①

②

① 苏马湾浴场（连云区　供）
② 连岛海滨栈道（连云区　供）
③ 在海一方公园（吉志强　摄于2008年）
④ 大沙湾浴场（张晓晖　摄于2003年）

①连云港港是中国沿海十大外贸港和全球百强集装箱港。图为港口全景。
（张晓晖　摄于2003年）

②连云港港集装箱码头（张晓晖　摄于2011年）

③30万吨级矿石码头（侍志　摄于2014年）

④大型集装箱班轮靠泊连云港港（任汉诗　摄于2015年）

⑤拦海大堤（王浩敏　摄于2015年）

伴随改革开放的春风，连云港市城市建设加快推进，老城区通过拆迁改造，设施不断完善；新城区加强规划和顶层设计，不断向东、向南拓展。2017年底，全市城市化率达61.7%。

①

②

① 新浦城区东部景观（俞德春　摄于2012年）

② 新浦城区南部景观（金城　摄于2010年）

③ 龙河广场（俞德春　摄于2012年）

④ 郁海广场（俞德春　摄于2010年）

决战新海州 跃上新台阶

①海州古牌坊（侍志　摄于2009年）

②新浦城区西盐河风光（张晓晖　摄于2011年）

③海州朐阳门（侍志　摄于2009年）

④海州镇远楼（侍志　摄于2009年）

①连云新城（张言华　摄于2017年）
②连云城区海滨景观（吉志强　摄于2014年）
③连云港港口集团大楼（胡卫星　摄于2010年）
④连云城区夜色（陈艳　摄于2017年）

③

④

赣榆县城一角（赣榆区　供）

东海县城一角（东海县　供）

灌云县城一角（灌云县　供）

灌南县城一角（灌南县　供）

①

②

③

连
④

⑤

① 海滨大道北固山段
（王健民　摄于2015年）

② 连徐高速墟沟互通
（王浩敏　摄于2014年）

③ 连云港机场候机楼
（侍志　摄于2014年）

④ 连云港东站
（胡卫星　摄于2014年）

⑤ 东陇海铁路连云港段
（吉志强　摄于2013年）

⑥ 灌江口大桥
（王健民　摄于2015年）

①

②

③

④

① 新奥燃气（张晓晖　摄于2011年）
② 田湾核电站（吕钢维　摄于2008年）
③ 新浦污水处理厂（侍志　摄于2010年）
④ 茅口水厂（吉志强　摄于2005年）
⑤ 连云港市区应急备用饮用水源——大圣湖（侍志　摄于2014年）

⑤

①

②

①星海湖（俞德春　摄于2015年）
②苍梧绿园（张晓晖　摄于2006年）
③灌云县伊甸园景区（孙海东　摄于2017年）

③

潮河湾生态湿地

（江能尧　摄于2015年）

1984年，连云港市被批准为中国首批沿海开放城市。翌年，连云港经济技术开发区动工建设。此后，全市传统产业加快转型升级，新兴产业向高端发展，结构不断优化。招商引资和软环境建设不断加强，外向型经济取得长足发展。2004年，连云港市位列全国城市综合实力百强榜第55名。2017年，全市实现地区生产总值2640.31亿元。

③

①

②

①② 连云港经济技术开发区（胡卫星　摄于2005年）

③ 中国科学院能源动力研究中心（吉志强　摄于2015年）

④ 国家东中西区域合作示范区核心区——徐圩新区管委会办公楼（张晓晖　摄于2014年）

① 连云港出口加工区（胡卫星　摄于2010年）
② 江苏海州经济开发区（俞德春　摄于2008年）

③ 连云港保税物流中心（吉志强　摄于2010年）

④ 连云港化学工业园（灌南县　供）

①

②

① 江苏新海石化有限公司（宋浩学　摄于2015年）

② 益海（连云港）粮油工业有限公司（吉志强　摄于2006年）

③ 连云港碱厂是中国三大碱厂之一。 图为碱厂除硝装置。（朱华南　摄于2004年）

④ 江苏省镔鑫特钢材料有限公司生产车间（朱代桂　摄于2014年）

①中复神鹰碳纤维有限公司高品质碳纤维规模化生产线（吉志强　摄于2011年）

②中复连众复合材料集团有限公司自主研发的风电叶片（吉志强　摄于2014年）

③鹰游集团公司生产车间（雷克　摄于2017年）

④天明机械公司氨纶纺丝成套设备生产线（侍志　摄于2015年）

③

④

①恒瑞医药集团造影车间（吉志强　摄于2011年）

②江苏康缘药业股份有限公司建成国内首个中药数字化提取车间（张肖峰　摄于2014年）

③江苏豪森药业股份有限公司（吉志强　摄影于2010年）

④中国最大的药用包装材料生产企业——中金医药包装材料有限公司生产车间（赵鸣　摄于2005年）

江苏豪森药业
③

精心操作
④

①

②

① 万亩水稻示范片（东海县　供）

② 花果山风鹅生产线（赵鸣　摄于2008年）

③ 黄川草莓（张开虎　摄于2015年）

④ 柳编（赵鸣　摄于2009年）

⑤ 灌南花卉园（刘霁军　摄于2016年）

①

① 台北盐场生产的淮盐
（侍志　摄于2006年）
② 夕阳下的盐田
（侍志　摄于2005年）
③ 海洋捕捞
（俞德春　摄于2004年）
④ 西连岛渔港
（吉志强　摄于2010年）

②

③

④

① 大润发超市（刘聪　摄于2015年）
② 陇海步行街（侍志　摄于2012年）
③ 连云港国际展览中心（侍志　摄于2007年）

④解放东路菜市场（侍志　摄于2015年）
⑤墟沟海鲜一条街（赵鸣　摄于2012年）
⑥神州宾馆（赵鸣　摄于2010年）

①1997年起，连云港市每年举办一届“连云港之夏”。（赵鸣　摄）

②每年农历四月初八，海州区举办白虎山庙会。（海州区　供）

③2004年12月30日，连云港—仁川国际客货班轮开通。（谢飞　摄）

④ 第二届连云港丝绸之路国际物流博览会（张晓晖　摄于2015年）

⑤ 1991年起，东海县每两年举办一届水晶节。图为第十三届中国·东海国际水晶节开幕式。（东海县　供）

少有所教，老有所养，病有所医，住有所居，乐有所娱，连云港市各项社会保障不断健全完善，人民生活逐步迈向全面小康。2015年初，连云港市入选《中国经济生活大调查2014-2015》“十大幸福城市”。

① 淮海工学院（张晓晖　摄于2010年）

② 连云港师范高等专科学校（侍志　摄于2017年）

③ 连云港职业技术学院（侍志　摄于2017年）

④ 江苏省新海高级中学（侍志　摄于2017年）

②

③

④

①

②

③

① 全国三甲医院——连云港市第一人民医院
（赵鸣　摄于2009年）

② 2003年，赣榆县被确定为江苏省首批新型农村合作医疗试点县。图为赣榆县新型农村合作医疗网络实施图。（赣榆县　供）

③ 2010年，新浦区启动“社区医生进家庭”活动。（新浦区　供）

④ 医保咨询活动（吉志强　摄于2008年）

⑤ 口腔门诊（赵鸣　摄于2010年）

④

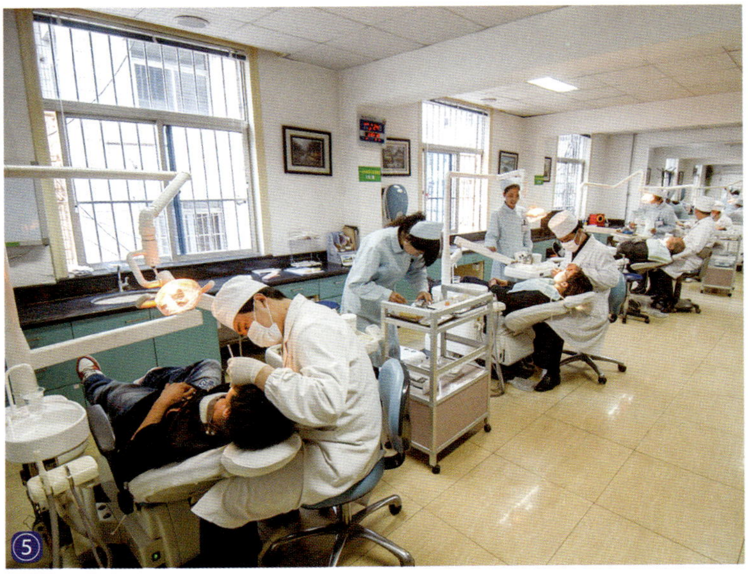
⑤

①

③

④

① 中国东海水晶博物馆（东海县　供）

② 2009年开始，连云港市每年举办一届文化产品博览会。图为第八届文化产品博览会。（文广新局　供）

③ 中国大陆科学钻探第一井（科技局　供）

④ 全国第二批非物质文化遗产——海州五大宫调展演（文化局　供）

⑤ 2016年12月16日，江苏女子民乐团“一带一路”沿线城市巡演。（文广新局　供）

① 十运会帆板比赛在连云港举办（俞德春　摄于2004年）

② 海州湾锣鼓（侍志　摄于2011年）

③ 2016年，连云港市海宁小区建成市区规模最大的社区全人群体育公园。（体育局　供）

④ 连云港市体育馆（侍志　摄于2015年）

①

②

③

④

①

① 2016年3月2日，“与雷锋车同行 共建美德港城”全市学雷锋活动暨2016年志愿服务活动月启动仪式。（文明办　供）

② 集体婚礼（江能尧　摄于2016年）

③ 2016年4月6日，全市万人健步走活动在海州区月牙岛举办。（牟进勇　摄）

④ “清洁海岸义工团”活动（苍梧晚报　供）

②

④

③

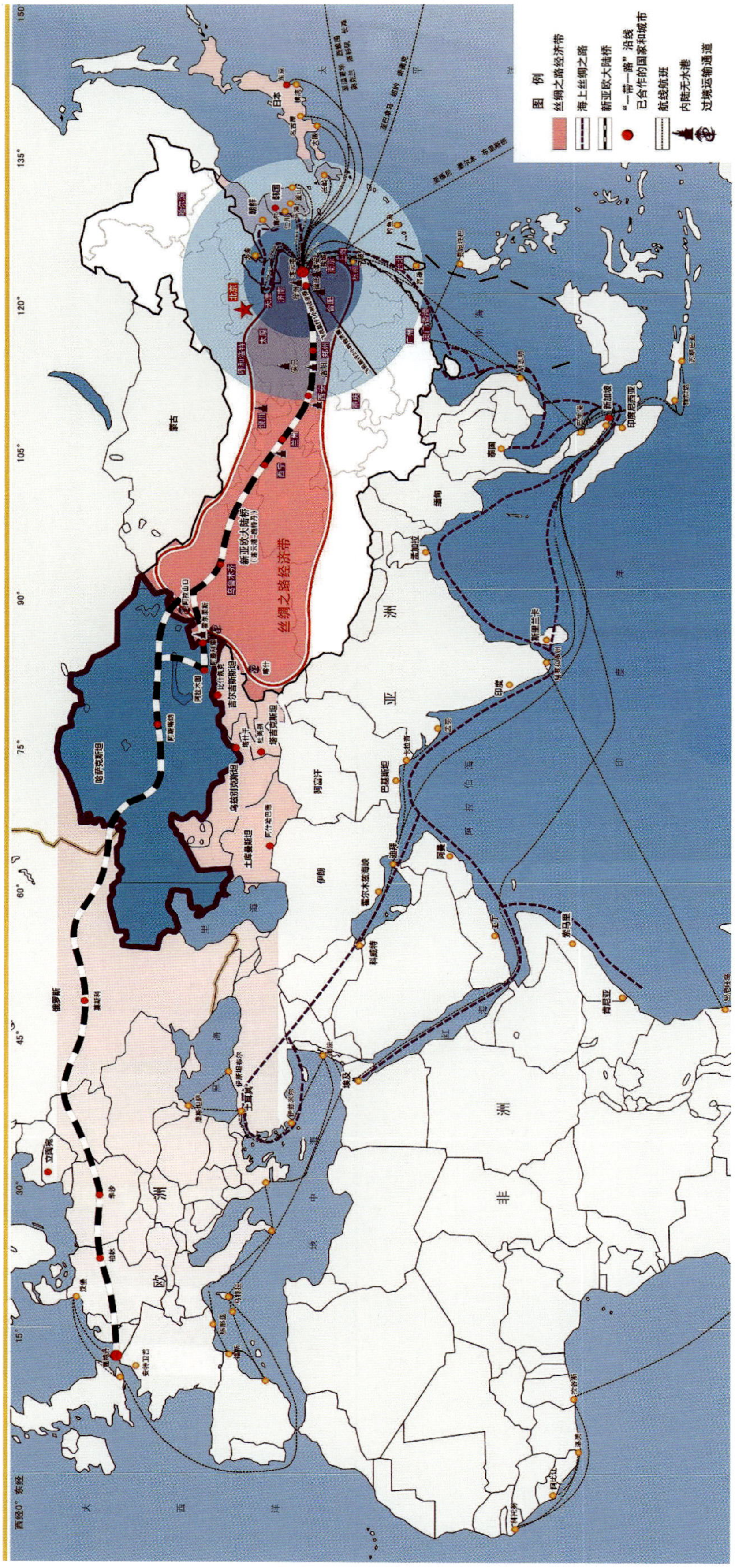

连云港在“一带一路”倡议中的位置图

市政区图（1984年）

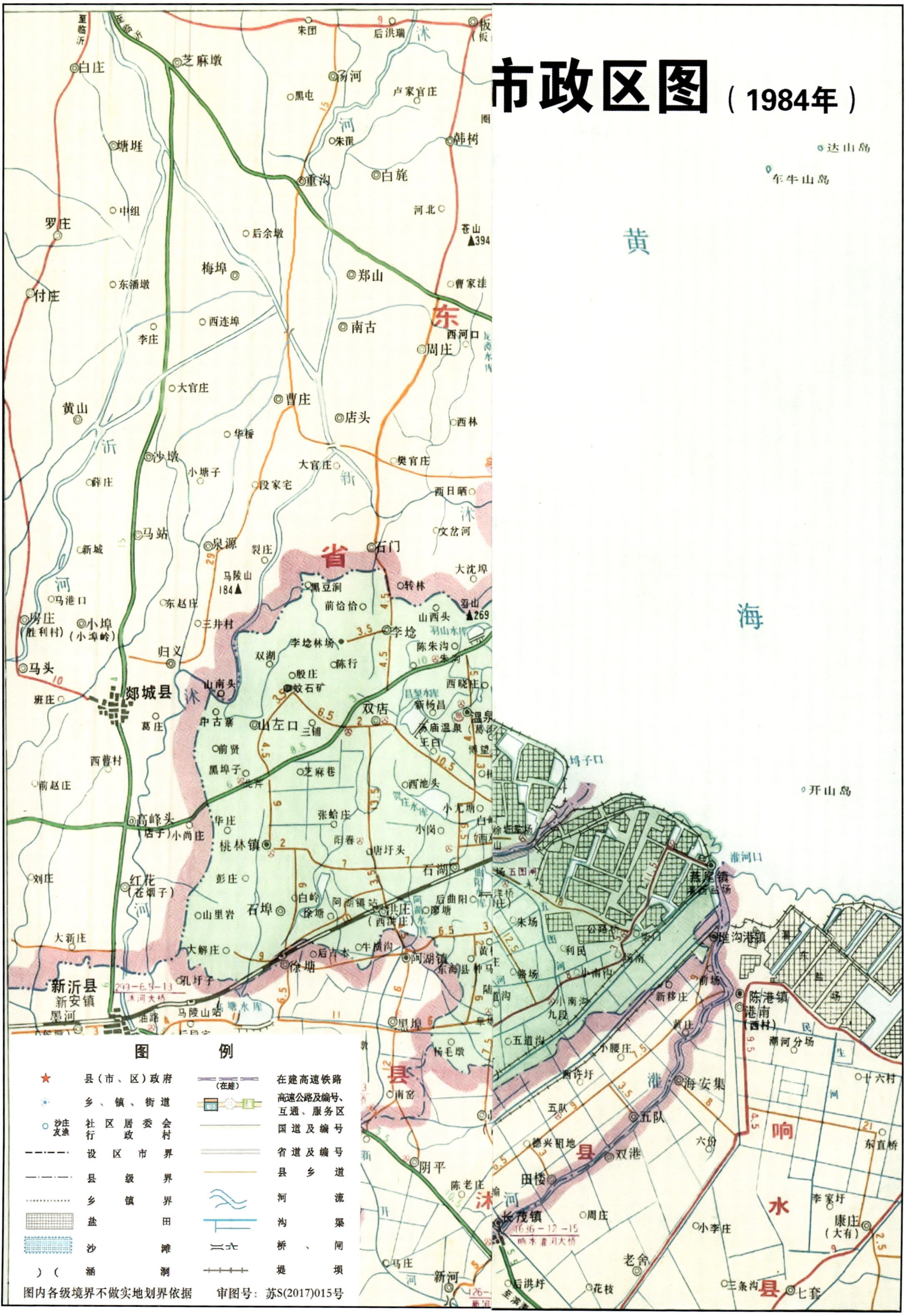

图 例
县（市、区）政府
乡、镇、街道
沙庄 友渔 社区 居委会 行政村
设区市界
县级界
乡镇界
盐田
沙滩
涵洞
在建高速铁路
（在建）
高速公路及编号、互通、服务区
国道及编号
省道及编号
县乡道
河流
沟渠
桥、闸
堤坝
图内各级境界不做实地划界依据
审图号：苏S(2017)015号
黄
海
达山岛
车牛山岛
开山岛
东
省
县
沭
响
水
郯城县
新沂县
新安镇
墨河
燕尾镇
堆沟港镇
陈港镇
港南
（西村）
灌河口
埒子口
长茂镇
双港
五队
海安集
田楼
七套
康庄
（大有）
白庄
芝麻墩
罗庄
付庄
黄山
马头
房庄
（胜利村）
小埠
（小埠岭）
梅埠
郑山
南古
周庄
曹庄
店头
重沟
白旄
赣榆
石门
李埝
双店
山左口
桃林镇
石湖
石埠
徐塘
阿湖镇
黑埠
阴平
新河
高峰头
红花
（苍烟子）
马陵山
184▲
羽山
▲269
苍山
▲394

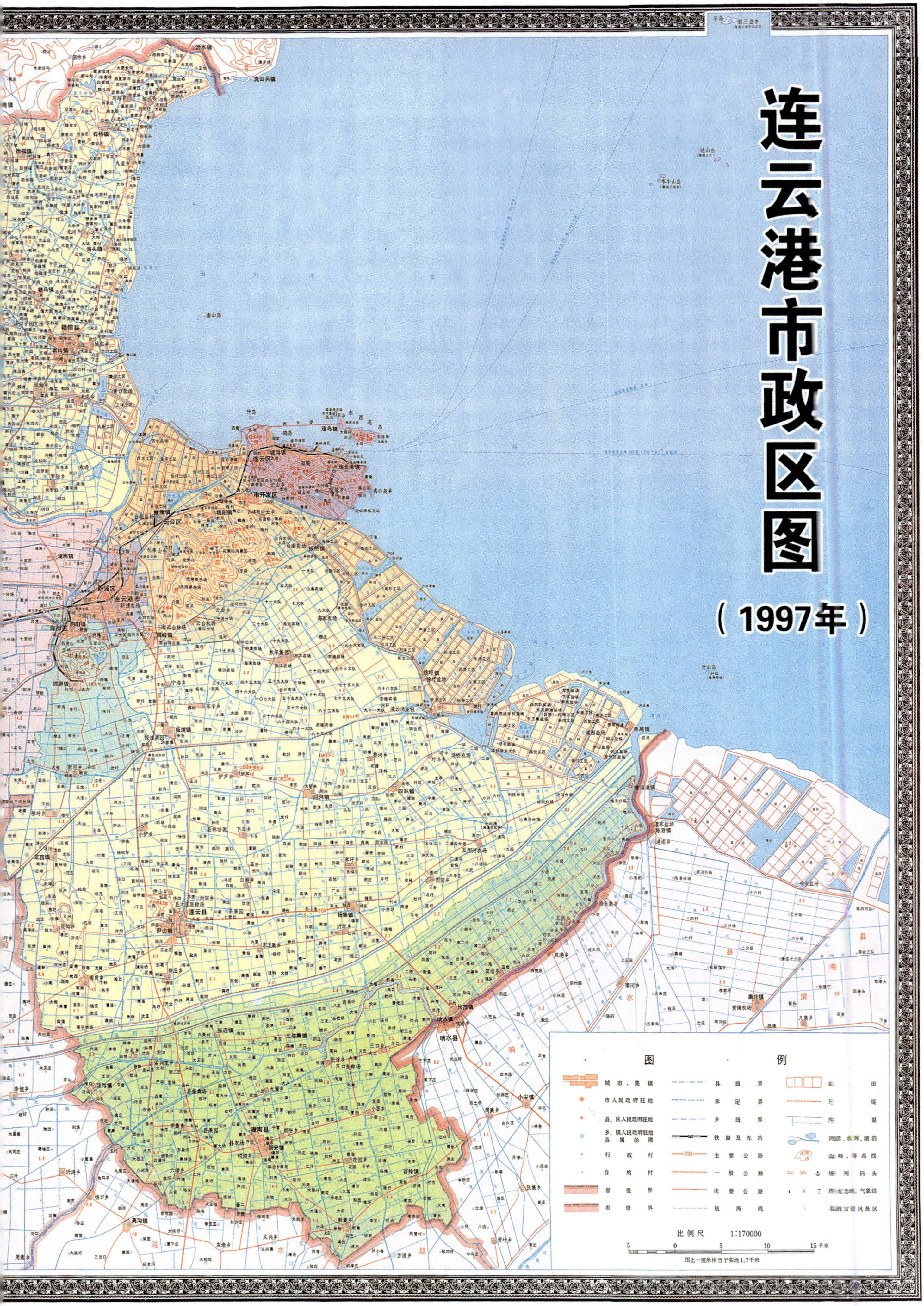

连云港市勘察测绘院编制　西安地图出版社印刷厂印刷　一九九七年六月

港市地名委员会办公室 编制 2003年3月出版

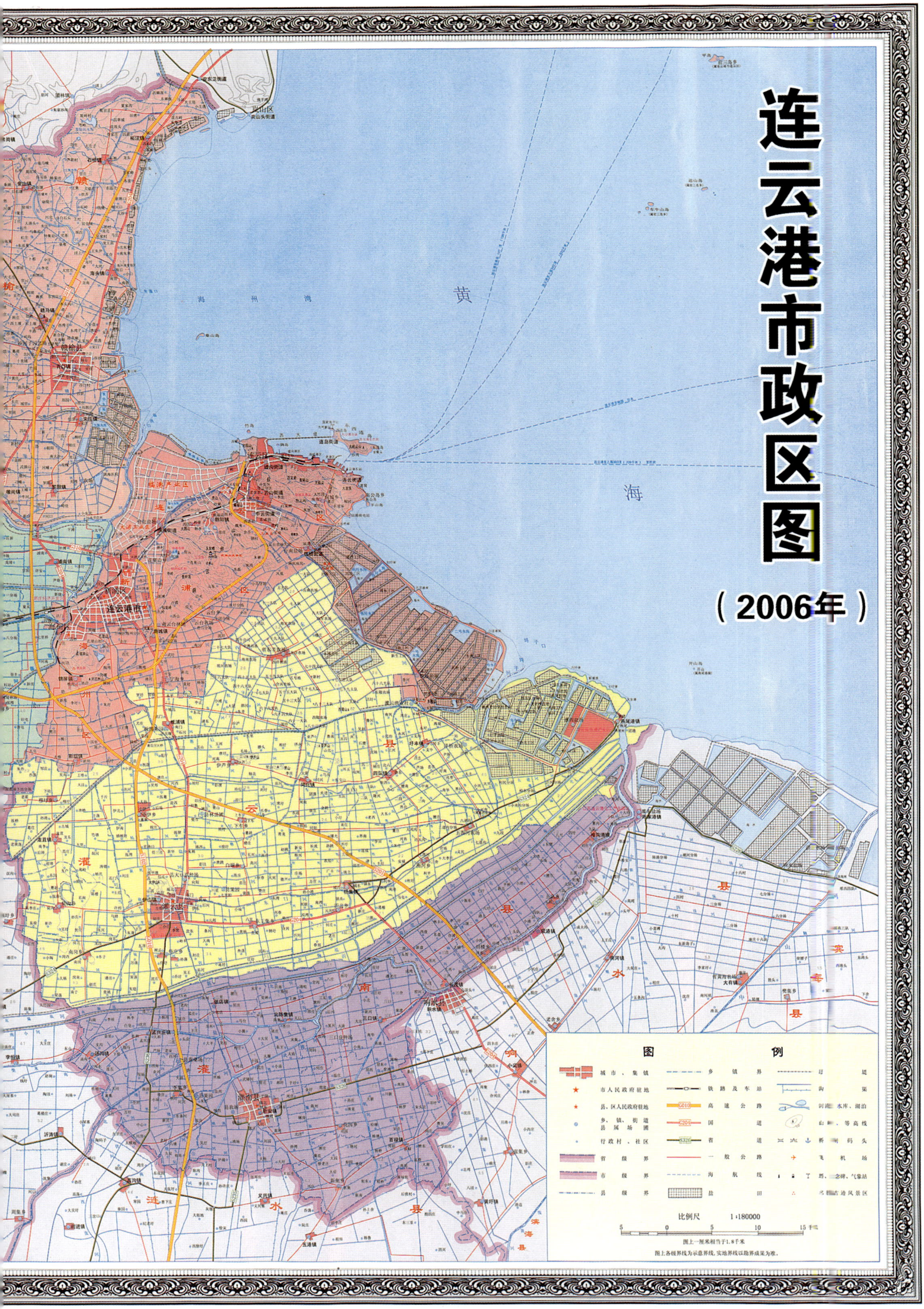

地图审查号：苏S（2006）0125号 2006年12月出版

序

“治天下者以史为鉴，治郡国者以志为鉴。”《连云港市志（1984~2005）》自2005年启动编纂以来，历时12年，经过广大方志工作者的艰苦努力，终于付梓面世了。这是连云港市二十余载改革开放史的梳理和总结，是连云港特色地域文化自信的彰显和实践，是连云港借鉴历史面向未来的桥梁和纽带。

连云港有2200多年的建置史，秦时置县，北朝置州，兼融南北，汇聚江海，是苏北、鲁南沿海地区的政治、经济、文化中心和军事重镇。在漫长的历史长河中，这座古城演绎了无数传奇：从孔子登山望海留下遗迹孔望山到“东方天书”将军崖岩画，从五百壮士葬田横岗到魏胜抗金，从东连岛界域刻石到张叔夜题名碑，从《西游记》到《镜花缘》，连云港灿烂的文化广大精微，历久弥新。从抗日山到董力生的小推车，从卞赓舍金助逸仙到云台山遍布的抗日石刻，先忧后乐、先国后家的观念在这片土地上深入人心，影响深远，昂扬向上、开放包容、勤勉创业、排难奋进的连云港精神，深深镌刻进一代又一代连云港人的心里。

自1984年被列入国家首批沿海开放城市以来，连云港市积极抢抓体制改革、对外开放和建设新亚欧大陆桥东方桥头堡等历史机遇，坚持以经济建设为中心，在改革中发展，在发展中调整，加快城市跨越发展、科学发展步伐，努力开启城市改革开放的崭新历史篇章。22年间，连云港地区综合实力稳步增强，人民生活水平显著提升，城乡环境面貌焕然一新。2005年，连云港市完成地区生产总值495.64亿元、财政收入56.28亿元，分别是1984年的20.98倍和26.67倍。先后创成中国优秀旅游城市、全国城市综合实力百强城市，初步实现了小康目标，开创了改革发展的新局面。

盛世修志，志载信史。《连云港市志（1984~2005）》以400余万字、800多幅图片的鸿篇巨制翔实记录了这段非凡的历史进程，展现了这一进程中连云港改革开放的奋斗史、经济建设的发展史、各行各业的创业史。全志既记载了令人鼓舞的新事物、新成就和新经验，也反映了值得后来者深思借鉴的曲折、教训和不足，是全面系统客观真实地反映连云港发展历程的百科全书式的地情文献。它的出版，为专家学者研究连云港提供了翔实资料，为各级党委政府科学决策提供了可靠依据，也为海内外各界人士了解连云港打开了一扇“窗口”。

不忘初心，砥砺前行。当前，连云港全市上下正面临着全面建成小康社会、推动改革开放和社会主义现代化建设再上新台阶的新要求和新任务。在党中央提出增强文化自信、加强修史修志的新形势下，全市各级党委、政府要高举中国特色社会主义伟大旗帜，全面贯彻中共十九大和习近平新时代中国特色社会主义思想，认真贯彻落实国务院《地方志工作条例》，坚持以史鉴今、修志为用，做好读志用志工作，深刻感受发展巨变带来的欣喜，认真感悟巨变背后蕴含的规律和奋斗之中凝结的精神，从中汲取引领未来发展的历史智慧和力量源泉。各级地方志部门要增强做好地方志工作的责任感、使命感，记载历史，传承文明，服务当代，服务未来，为建设经济强、百姓富、环境美、社会文明程度高的新港城谱写更加精彩的篇章！

中共连云港市委书记　　杨省世
连云港市人民政府市长　　项雪龙

2017年12月

凡例

一、本志为2000年版《连云港市志》（简称前志）的续志。以马克思列宁主义、毛泽东思想、邓小平理论、“三个代表”重要思想、科学发展观和习近平新时代中国特色社会主义思想为指导，坚持辩证唯物主义和历史唯物主义的立场、观点和方法，全面、系统、翔实地记载断限内连云港市自然、政治、经济、文化、社会等方面的历史和现状，力求突出改革开放的时代特色和连云港市作为海港城市、《西游记》文化发源地和新亚欧大陆桥东桥头堡的地域特色。

二、本志上限起自1984年，下限止于2005年。为保持记述历史的完整性，前志已载的基本地情等项，本志酌情复载；前志漏载的某些事项，本志予以补载。《政区》《环境》《花果山》《文博》等卷从事项发端写起。文前照片下限延至2017年。

三、本志以2005年连云港市行政区划为记述的地域范围，以市区为主，兼及县域。2001年撤销行政区划的云台区不再单独记述，有关内容融合到接纳它的新浦区、连云区相关记述中。行政区划范围内的部、省属部门和单位主要记述其在连云港工作、活动的大事、要事。

四、本志按照现代社会分工和科学分类相结合的原则，共设43卷。卷下设章、节、目，个别地方设子目。横排门类，纵述史实。志首设彩页、地图、序、凡例、目录、总述、大事记。志末设附录、索引和编后记。

五、本志为反映时代和地方特色，除设立政区、环境、文博、人物等卷和艺文、方言、民俗等章外，把具有地方特色的花果山、连云港港·口岸、连云港与新亚欧大陆桥升格为卷，并前置到作为基本地情的政区、环境、人口卷后。设立开放型经济、旅游业、信息化建设、精神文明建设等卷，突出时代特色。

六、本志体裁以志为主体，兼用述、记、传、图、表、录诸体。大事记以编年体为主，辅以纪事本末体。章节末必要时设附，作为志文的补充。图、表随文，按卷排序，力求图文并茂。

七、本志采用语体文、记述体。除总述及卷章下小序外，一律述而不论。除原始文献和引用原文外，均以第三人称记述。

八、本志纪年，中华人民共和国成立前用历史纪年加注公元纪年，中华人民共和国成立后用公元纪年。本志所称“解放”前后，以1948年11月7日新浦、海州解放为界限。多次出现旧时代同一年号的括注公元纪年，承前省略，在同一自然段中只括注首次出现者。

九、本志使用文字以国家语言文字工作委员会1986年10月10日重新发布的《简化字总表》为准，使用标准的简化字。标点符号、数字和计量单位（除引文外），以国家标准GB/T 15834-2011《标点符号用法》、GB/T 15835-2011《出版物上数字用法》和《中华人民共和国法定计量单位使用方法》为准。数据计算四舍五入，小数点后一般保留两位，特殊情况因事而异，涉及土地面积、物价等敏感数字保留原样。

十、本志记载人物，遵循“生不立传”原则，主要收录对连云港历史发展有重要贡献或较大影响的人物，所记人物以连云港籍为主，兼记客籍人物。人物传略按逝世时间排序，人物简介按出生年月排序，先进模范人物按授予荣誉称号先后排序。

十一、本志所记机构、单位、会议、职官等名称，在文中第一次出现时使用全称，并括注简称。本志所称“全市”“市境”包括行政区划所辖三区四县，“市区”指新浦区、海州区和连云区。本志以“连”作为连云港市的简称，如驻连云港部队称驻连部队。机构、单位、地名等，以本志下限2005年名称为准，必要时说明旧称。

十二、对缩略语、资料出处及需要说明的专用名词、特定事物等予以注释。其方式视注释文字长短用括注或页下注。

十三、本志采用的统计数据，原则上以统计部门公布的数据为准；统计部门没有数据的，使用主管部门提供的数据。因资料来源和统计口径不一而有差异的重要资料注明出处。表格中无数字或无法获得数字和有关情况的，在单元格中用“—”字线表示；数据为零的，用“0”表示。

十四、本志资料来自档案、方志、年鉴、报刊、图书、文物，并经鉴别核实。有关人士提供的文稿、图片、实物等经考证鉴别后酌情载入。

总目录

（上册）

（中册）

（下册）

目 录

（上册）

第一卷 政 区

第二卷 环 境

第三卷 人 口

第四卷 花果山

第五卷 连云港港 口岸

第六卷 连云港与新亚欧大陆桥

第七卷　城市建设与管理

第八卷　交　通

第九卷 水 利

第十卷　经济综情

第十一卷 开放型经济

第十二卷　海洋经济

第十三卷 农 业

连云港市志

总　述

一

连云港是一座美丽的海滨城市，陆地坐标北纬33°58′55″～35°08′30″、东经118°24′03″～119°54′51″，地处中国沿海中部、江苏省东北部。市境东濒黄海，隔海与韩国、日本相望，西与江苏省徐州市和山东省临沂市毗邻，南与宿迁市、淮安市和盐城市相连，北与山东省日照市接壤。2005年底，市境东西最大横距129千米，南北最大纵距132千米，土地面积7499.91平方千米，海域面积6677平方千米，总人口472.18万人。连云港是中国首批沿海开放城市、新亚欧大陆桥东桥头堡、中国优秀旅游城市、中国水晶之都。

连云港历史悠久。大贤庄遗址、桃花涧遗址等旧石器时代晚期遗址的发现，证明连云港地区在四五万年前已有人类活动踪迹。二涧遗址、大伊山石棺墓证实6000多年前此地受北辛文化和青莲岗文化影响，形成独特的地域文化。藤花落龙山文化遗址证实此地在6000年前已跨入早期文明的门槛。市域有明确行政建置始于秦代。秦朝统一中国后，推行郡县制，在今海州置朐县，属东海郡。北朝东魏武定七年（549年）置海州，辖6郡19县，以“东滨渤海，西绾徐郯，北控齐鲁，南蔽江淮”的区位优势，成为苏北、鲁南沿海地区的政治、经济、文化中心和军事重镇。清雍正二年（1724年），海州升为直隶州，辖赣榆县、沭阳县。民国元年（1912年），海州改称东海县，后又分置东海县、灌云县。民国年间，市境为江苏省第八行政督察区，辖赣榆县、东海县、沭阳县、灌云县。1948年11月9日全境解放后，设立新海连特区，隶属山东省。1949年11月，新海连特区改称新海连市。1953年1月1日，新海连市改隶江苏省徐州专区。1961年9月，因港得名更名为连云港市。1962年6月升格为江苏省辖市，为江苏当时7个省辖市之一。1983年1月，江苏省实行市领导县体制，原属徐州地区的赣榆县、东海县和原属淮阴地区的灌云县划归连云港市管辖。6月，新浦区、海州区和新坝公社、锦屏公社、新浦农场合并成立新海区。7月，南城区与盐区合并成立新的云台区。至年底，全市辖赣榆区、东海县、灌云县和新海区、连云区、云台区。1986年6月，新海区撤销，分设为新浦区、海州区。1996年7月，经国务院批准，原属淮阴市的灌南县划归连云港市管辖。2001年10月，云台区撤销，原所管辖地区分别划归新浦区、连云区。至2005年底，连云港市辖赣榆县、东海县、灌云县、灌南县和新浦区、海州区、连云区，土地面积7499.91平方千米，其中市区面积898.86平方千米，建成区面积78平方千米。

连云港自然条件优越。市境地势由西北向东南倾斜，地形以平原为主，兼有丘陵、山地、湖泊、湿地、滩涂等。云台山主峰玉女峰海拔625.3米，为江苏省第一高峰。市境内有长达204.82千米的海岸线，其中40.25千米的基岩海岸线为江苏省仅有。有大小岛屿20个，连岛是江苏省第一大基岩海岛。连云港市地处暖温带和北亚热带过渡地带，属暖温带南缘湿润性季风气候，四季分明，气候温和，兼受海洋调节，生物生长环境优越，种类丰富。平原地区土壤肥沃，盛产水稻、小麦、玉米、大豆、花生等粮食和油料作物，山区则生长林木、果品、茶叶等各种经济作物。广阔的海域、滩涂以及内河水体盛产鱼、虾、蟹、贝等水生动物以及紫菜、海带等水生植物。由于地形地貌的多样性，连云港的地下埋藏着丰富的磷、水晶、蛇纹石等矿产资源，其中，锦屏磷矿是国内开采最早的采磷和磷化工企业；所辖东海县是“中国水晶之都”，水晶品质和蕴藏量居全国之冠。

连云港旅游资源丰富。连云港是全国49个重点旅游城市和江苏三大旅游资源富集区之一。

近200平方千米的云台山风景名胜区贯穿市区，有“六脉皆通海，青山半入城”之誉，1988年被国务院公布为国家重点风景名胜区，1993年被批准为国家森林公园。2003年，连云港市被国家旅游局评为中国优秀旅游城市。至2005年底，全市有旅游风景区20个、景点116个。广为世人熟悉的花果山山海相依，自然风光旖旎，人文历史悠久，是古典文学名著《西游记》的取材地。东西连岛风光秀丽，有长达数千米的优质沙滩。依山面海，放眼四望，身后是青山翠谷，眼前是千米银滩，远方浩瀚的大海与蓝天相接，景色美不胜收。每到夏季，慕名而来的人们徜徉在山海之间，尽享大自然的馈赠。

连云港是典型的海港城市。周敬王六年（公元前514年），吴王阖闾在古海州地区经营海盐，史载其“煮海为盐，国用丰饶”。春秋战国时期，朐山与孔望山之间是天然的港湾，港湾南侧、背依朐山的集镇逐步发展成为朐港，并与相继出现的龙苴港、新坝港形成了商贸兴盛、极富渔盐之利的港口群。秦始皇修驰道通朐界，立石为秦东门，奠定面向大海的朐县成为秦王朝东大门的战略地位。方士徐福从这里启航开辟海上丝绸之路的东方航线。汉代，朐县对外交往频繁，朐港可以直接与今越南、缅甸、印度、斯里兰卡交通，市境成为陆上和海上丝绸之路的交汇点。北朝东魏武定七年（549年）置海州，城市东、北邻海，是名副其实的“海边州”和海港。唐代，海州开凿80千米长的官河，沟通运河与海运，使海州港成为繁华的商港、南北货集散的码头和海上补给粮饷的军港，宿城出现新罗人居住的村落。宋代，海州年运销原盐47万石，盐、茶、紫菜、粮、油等大宗商品经海州港口转销，许多新罗人长期侨居海州经商。宋神宗时，朝廷将海州作为与高丽等海外国家来往的四大重要口岸之一，在海州建高丽亭馆接待海外商旅。元、明两代，改漕粮河运为海运，海州港是中转之处，时称海州为“淮口巨镇”。清康熙年间，朝廷在攻占台湾后开放海禁，允许民船进行沿海南北运输，在江苏、浙江、福建、广东四省设立海关。因为海州一直是对外贸易口岸，有海外贸易的传统，因此朝廷于康熙二十四年（1685年）在海州云台山设江海关，成为清初四大海关之一。20世纪30年代，陇海铁路东延至海州，为连云港港建成国际枢纽港奠定了基础。1961年，新海连市因港得名改称连云港市。1973年，在国务院总理周恩来“三年改变港口面貌”的指示下，连云港港被列为国家重点建设的八大港口之一和对外贸易口岸。1984年，连云港市跻身国家首批对外开放的14个沿海城市行列。1992年，横贯欧亚、全长10870千米的新亚欧大陆桥开通，连云港市成为新亚欧大陆桥东方桥头堡，成为中国内陆地区东出日、韩最便捷的出海口和西进中亚、欧洲距离最短的口岸。

二

在连云港这块土地上，“江山代有人才出”，遍布政治、经济、文化、军事、科技、教育诸领域，群星璀璨，文采风流，留下不朽佳话。

连云港地区自古英才荟萃。秦代方士、赣榆人徐福从这里东渡扶桑，带去先进的生产工具和百工技艺，受到日本民众的崇拜，被称为中日文化交流第一人。南城人鲍照是南北朝时期著名诗人，开东晋一代诗风，“上挽曹刘之逸步，下开李杜之先鞭”，是中国诗歌史上一颗闪亮的巨星。清代乾嘉学者凌廷堪、许乔林、许桂林也都生长、生活在这片土地上。晚清出生于海州望族的沈云沛，官至邮传部右侍郎，在其任上力排众议，将东陇海铁路的出海口定在海州，使边陲古镇海州从此迈入现代港口城市的大门。近代以来，连云港地区的名人更是层出不穷，灿若星辰。水利学家武同举、职业教育家江问渔、作家朱自清、画家彦涵、表演艺术家朱琳都出生在这块土地上。尤令连云港人骄傲的是被称为“汪氏三杰”的汪德耀、汪德昭、汪德熙三兄弟。他们出生于海州古镇板浦，先后留学法国、美国并获博士学位。汪德耀是中国著名的细胞生物学家，曾任厦门大学校长、国家肿瘤细胞实验室负责人。汪德昭是中国著名的物理学家、大气电学家、水声学专家、中国水声事业的奠基人、中科院院士。汪德熙是中国著名的高分子化学家、核化学化工事业主要奠基人之一、中科院院士，为中国核燃料萃取、核工业发展作出巨大贡献。连云港地区还留下不少达官显贵、文人墨客在此或为官、或游历、或寓居的古迹和史话。春秋战国时期，孔子以鲁相身份与齐侯会盟于夹谷山（赣榆县境内），抒写了一段外交史上化干戈为玉帛的佳话；登山观海留下历史文化遗存“孔望山”。唐代大书法家李邕曾任海州刺史，在此留下传世名碑《娑罗树碑》和《海州大云寺禅院碑》。宋代文学家石曼卿、苏东坡或为官或游历海州，写下数十首与海州有关的诗篇。宋代著名女词人李清照到此游历，将其看到的碑刻记于与丈夫赵明诚合著之《金石录》中。明代文学家吴承恩以海州、云台山为背景，写下被誉为中国四大古典名著之一的《西游记》。《儒林外史》的作者吴敬梓、《镜花缘》的作者李汝珍也都长期在这里生活，从这里汲取丰富的营养，写出为世人称誉的文学巨著。晚清著名政治家林则徐、魏源、陶澍都曾宦游这里并留下文章和诗词。

连云港革命传统深厚。民国16年（1927年）秋，连云港地区早期中共党员顾浚泉、陈秀夫、李静山在海州二营巷开会，成立连云港地区第一个党组织中共东海支部，揭开中共连云港市地方史的新篇章。各级党组织建立后，组织多种形式的群众斗争，多次发动学潮、工潮和农民暴动，如新浦黄包车工人斗争、大村暴动、引羊寺暴动、牛山暴动、“同杨四”暴动、贯庄鲁兰暴动等，有力冲击了国民党当局的反动统治。面对国民党反动派的残酷统治和镇压，面对日本侵略军的疯狂进攻，中国共产党领导人民在连云港地区进行顽强不屈的斗争，涌现许多可歌可泣的事迹，付出巨大的牺牲。民国16～23年，党在海属地区领导了轰轰烈烈的土地革命斗争。在斗争中，党的领导机关多次遭到破坏，成百上千名共产党人和革命志士被捕牺牲，在东海县白塔埠入党的女共产党员冯菊芬，东海县行委委员、中共白塔区委书记冯硕仁血洒南京雨花台，成为1519名雨花英烈中的英雄。抗日战争爆发后，中共中央长江局派干部到驻新浦的东北军第57军112师建立中共地下工作委员会，发动军民抗击日军侵略。中共苏皖特委组建中共海属工作委员会，统一领导海属各县党组织开展抗日斗争。海属地区党组织先后组织反日会、读书会、义勇团等抗日群众组织，开展抗日武装斗争、建立敌后抗日根据地，给日本侵略者以沉重的打击。中共长江局书记刘少奇亲临东海县、赣榆县指导抗日根据地工作，陈毅曾驻赣榆徐班庄、欢墩埠等地领导解放区斗争，黄克诚、张爱萍、陈士榘等一大批老一辈无产阶级革命家曾在连云港大地上留下战斗的足迹。境内的抗日山是全国第一座也是唯一以“抗日”命名的山。解放战争期间，连云港地区各级党组织紧紧依靠人民群众，为争取和平民主、保卫人民的胜利果实，展开了艰苦卓绝的战争。民国36年，山东莱芜战役和孟良崮战役中，竹庭县支前指挥部组织了万余名队员组成的担架总队，冒着枪林弹雨，爬山坡，攀陡崖，千方百计抢救受伤战士，被誉为“钢的担架队”。女担架队员董力生被授予特等功，她使用的小推车至今陈列在中国革命历史博物馆里。为了取得淮海战役的胜利，连云港地区动员民工近6万人，组织担架4000余副、小车1.3万多辆，运送粮食3200万千克、食盐37.09万千克。在长期的革命斗争中，连云港境内留下革命遗址遗迹168处，成为对广大人民特别是青少年进行爱国主义教育的生动课堂。

三

中国共产党十一届三中全会的召开，标志着中国从此进入了改革开放新的历史时期，也启动了连云港市快速发展的引擎。1984年，国务院明确连云港市为中国首批实行进一步对外开放的沿海城市，使连云港市得以和中国对外开放前沿的所有城市站在同一个起跑线上，470万名连云港人勇立潮头，拉开了加快改革、扩大开放、跨越发展的大幕。

农村改革持续深化。1984～2005年，连云港市的农村改革经历联产承包责任制全面推行后进一步深化改革的重要阶段。连云港市的农村改革是从1979年开始的，主要是在全市农村全面推广联产承包责任制，到1984年底，这项改革已经基本完成，在此基础上开始调整农业产业结构，改革农产品收购政策，促进农村商品经济发展，进一步完善家庭联产承包责任制。1989年初，在全市全面实施以"两田制"为主要形式兼有其他形式的承包土地调整方案。其中，实行"两田制"的有1356个村，占调整村数的76%；其他村则根据大稳定、小调整原则进行调整。1990年5月17日，市委、市政府印发《关于推行农业双向承包建立健全乡村综合服务体系的意见》，要求全市农村以"集体包服务，农民包任务"的双向承包为主要形式，按照"建立健全村一级，充实完善乡一级，加强提高县一级"的要求，把工作重点放在建设村级服务组织上。从1992年开始，连云港市把完善统分结合的双层经营体制作为进一步深化农村改革的战略举措，市委、市政府连续下发《关于稳定和完善以家庭联产承包责任制为主的双层经营体制的意见》《关于进一步加强农业社会化服务体系建设的意见》《关于进一步控制和减轻农民负担的意见》《关于进一步搞活农产品流通的意见》等文件，使以联产承包责任制为中心的农村改革得到深入和发展。1994年，随着农村改革的深入，连云港市按照"明确所有权，稳定承包权，搞活经营权"的思路，将承包土地"三权"分离，在坚持土地集体所有权不改变和土地用途不改变的前提下，试行流转土地经营使用权，流转的形式有转包、转让、互换和租赁等。进城务工的农民不再视土地为包袱，优质土地向种粮大户集中，大大提高土地利用率和产出率。至2005年底，全市有1070个村开展土地流转工作，参与土地流转的农户15.58万户，流转土地2.58万公顷，农村生产力得到进一步解放，农业的规模化、集约化水平大幅度提高。

城市综合改革成效显著。1984～2005年是计划经济体制向社会主义市场经济体制过渡的重要时期。在此期间，作为城市经济体制改革的突破口，连云港市商贸流通行业的管理体制、所有制结构以及经营方式、购销形式都发生了根本性变化。计划经济时期形成的商业、粮食、物资、供销四大国营体系逐渐失去市场主导地位，个体、私营、外资等多种经济形式的商贸流通企业迅速兴起，逐渐形成多种经济成分并存、竞相发展的格局。1984年6月，连云港市国营商业、供销、粮食、物资系统开始以推行扩大企业自主权、划小核算单位、经理承包责任制为主要内容的改革，拉开全市商贸流通体制改革的序幕。1993年4月，境内粮食市场全面放开，粮食定购任务取消，改为合同定购，油料退出定购计划。全市物资系统各种生产资料的分配调拨计划取消，进货、销售渠道全面放开。1997年，全市供销系统开始实行企业改制试点。2002年，开始在国营商贸企业推行以"国退民进"为主要内容的产权制度改革，对企业进行清产核资、审计评估，在剥离债务和改制成本后，国有资本退出，原企业改建为民营有限公司；职工进行第二次身份置换，买断工龄，由劳动合同制职工转换成社会自然人，自谋职业。至2005年底，国有商业、供销、粮食、物资等流通企业的整体改制基本结束，个体、私营、外资等多种经济成分参与的大商贸、大市场、大流通的市场化流通体制初步形成，原有计划经济体制被市场化体制所取代。

以流通体制改革为先导，工业领域的体制改革很快全面展开。1984年6月，市政府印发《关于进一步扩大工业企业自主权的暂行规定》，在生产经营计划、产品销售、产品价格、物资选购、经营决策、人事和劳动管理等方面制定17条简政放权措施，扩大企业自主权。1985年1月，市委、市政府印发《关于计划体制改革的若干意见》，明确规定指令性计划和指导性计划的范围和项目。1987年8月，市委、市政府召开推行承包责任制大会，印发《连云港市属全民所有制工业企业推行承包经营责任制办法》，在全市开始实行国有企业厂长（经理）任期目标责任制。是年印发《关于深化市属集体工业企业改革的意见》，对实行承包经营责任制的原则、形式、内容、办法、步骤等提出具体要求。是年底，全市实行承包租赁经营的市、县、区属企业416家，承包面80%以上。1990年，首轮承包三年期满，市政府先后印发《关于坚持和完善企业承包经营责任制的意见》《关于坚持和完善城镇集体所有制企业承包责任制的意见》，开始启动全市工业企业第二轮承包工作。1992年后，在邓小平视察南方重要谈话的鼓舞下，连云港市加快企业改革的步伐。市化工系统率先在预算内企业实行"利税统算"自费改革试点，为企业增产扩销和增强后劲创造条件。与此同时，按照中央关于"有进有退""从战略上调整国有经济""使股份制成为公有制的主要实现形式"等一系列国企改革的要求，连云港市开始探索企业产权制度改革。市委、市政府成立市企业改制工作委员会，出台《市属国有集体企业改制工作意见》《关于进一步加快国有企业改革和发展的若干政策规定》等文件，推进企业实行现代企业制度试点和以产权制度改革为中心的企业改革。至2001年底，全市企业改制面91%。其中，国有大中型企业改制面95%，国有小企业改制面97%，95%的中小企业退出国有和集体体制。至2005年底，以产权制度改革为核心的市属工业企业改制基本结束。

1984～2005年，与农村改革、流通体制改革、工业企业改革相适应的城市宏观经济体制改革全面推进，财税、金融、计划、投资、价格，以及住房、医疗、教育、社会保障等方面的改革循序渐进，全面展开，深刻影响着全市人民的观念和生活。与经济体制改革相配套，党政机关、干部人事、行政管理等上层建筑领域的改革也取得显著成效。

对外开放全面展开。1984年，党中央、国务院决定连云港市为中国沿海进一步实行对外开放的港口城市之一，从此揭开连云港市对外开放的崭新篇章。市委、市政府始终坚持把对外开放作为全市工作的重中之重，确立"开放兴市"的总体战略。改革开放之初，从连云港市经济基础较为薄弱的实际出发，确立"内联打基础、外引上水平"的阶段性策略，迅速打开开放局面。1984年，连云港市引进第一家外商投资企业江苏三得利食品有限公司，是年全市实际利用外资及港澳台资650万美元。此后利用国家赋予开放城市的政策和地方享有的外商投资审批权限，连云港市利用外资与港澳台资快速发展，至2005年底，全市累计批准利用外资和港澳台资项目3120个，协议利用外资及港澳台资66.03亿美元，实际利用外资及港澳台资34.92亿美元。在引进外资及港澳台资的同时，连云港市注重与国内各地特别是苏南、沿海、大陆桥沿线地区的合资合作，实现双方互利共赢。1985年连云港市引进第一家内联企业，至2005年底，全市累计引进内联客方到位资金331.65亿元。

1990年以前，连云港市的外贸企业没有进出口贸易经营权，主要是与省对口公司衔接争取供货订单，承担省级外贸公司下达的收购计划任务，按照省公司下达的计划安排工厂生产，组织收购商品，然后发运至指定口岸。1990年12月，按照国务院《关于进一步改革和完善对外贸易体制若干问题的决定》，省、市外贸企业彻底脱钩，连云港市级外贸企业开始走上自主经营、自负盈亏的道路。外贸企业从建立自负盈亏机制入手，以自营出口为主，内外贸并举；接受委托代收购和代理出口相结合；多口岸经营，利用新亚欧大陆桥运输贯通的有利条件，加强与中西部地区的横向经济联合，发展仓储运输业务，逐步走上经营多元化、实业化和国际化的道路。2005年，全市完成外贸进出口总额20.39亿美元，是1988年的341.6倍；其中，出口9.32亿美元，在全省13个省辖市中列第9位，居于苏北领先地位。自1987年东海县组织215名劳务人员到科威特从事建筑工程施工劳务，至2005年底，连云港市累计向境外派出劳务人员近5万人次，累计外派劳务总人数在全国同类城市中位于前列，成为在国内外具有较强市场影响力的技能型劳务供应基地。

1984～2005年，全市开放型经济历经由外贸为主转向以引进外资为主；由制造业利用外资为主向农业、服务业利用外资拓展；由来料加工、来样加工、来件装配和补偿贸易（简称"三来一补”）转向中外合资合作，再到引进外商兴办独资企业；外商投资企业由中小型转向大企业、大集团和跨国公司；由劳动密集型逐步转向技术、资本密集型的发展过程。

港口建设突飞猛进。港口是连云港市对外开放的基础，也是连云港市对外开放的优势。1984年以前的连云港港规模较小，管理水平不高，主要生产单位只有2个作业区。从1984年开始，市委、市政府把港口建设放在全市经济建设和改革开放的突出位置，确立“以港兴市”的发展战略。1984～2005年，连云港港建设突飞猛进，新增庙岭港区、墟沟港区，码头从5个增至12个，码头岸线长度从1.41千米增至6.44千米，生产性泊位从9个增至32个，其中万吨级泊位27个，设计通过能力从523万吨增至3155万吨，新增集装箱通过能力74万标准箱。泊位、航道的靠泊、通过等级明显提升，靠泊最大等级从1万吨级提高到10万吨级，航道由1万吨级提升到15万吨级。连云港拦海大堤及港口煤炭、集装箱、木材专用码头等一批重点工程相继完成建设，港内船舶作业、铁路运输、供电等能力得到显著提高和增强。1988年，连云港港在开港55年后，首次跨入中国千万吨级港口行列，是年完成货物吞吐量1114.11万吨；1999年，连云港港货物吞吐量跨上2000万吨台阶，达到2016.72万吨；此后又分别于2001年、2004年、2005年连跨3个千万吨级台阶。2005年，连云港港完成吞吐量6016.22万吨，是1984年吞吐量的6.68倍；集装箱吞吐量跨入百万标准箱行列，达100.53万标准箱，成为江苏集装箱第一港、中国十强、全球百强港。伴随着1992年新亚欧大陆桥的开通运营，连云港港日益成为中国中西部地区最便捷的出海口，通过新亚欧大陆桥发运的过境集装箱至2005年底累计达12.43万标准箱。

开发区建设奋力前行。1984年12月19日，国务院批准设立国家级连云港经济技术开发区，拉开了全市开发园区建设发展的序幕。连云港经济技术开发区于1985年9月动工建设后，市委、市政府先后下发《连云港经济技术开发区客商投资优惠待遇暂行办法》《关于加快连云港经济技术开发区建设步伐的意见》，多次召开全市开放工作会议、加快开发区建设专题会议，提出举全市之力办好开发区，项目向开发区集聚，人才向开发区汇聚，资金向开发区汇拢。建区初期，连云港经济技术开发区采取“内外结合、逐步以外为主”的开发策略，在努力吸引外资的同时，侧重吸引内陆腹地企业，特别是“三线”军工企业共建共用开发区，以服务新亚欧大陆桥、主攻日韩为特色，以加快对现有企业的技术改造作为重点，通过横向经济联合，增强自身实力，提高吸引外资的能力，为扩大利用外资、兴办“三资”企业打下坚实基础。“九五”期间，连云港经济技术开发区按照市委把开发区建成“改革开放的试验区、加快发展的示范区、现代化的新城区”的要求，坚持“以工业项目为主，以利用外资为主，以出口创汇为主”的方针，不断加快建设步伐。宋跳工业区、大浦化工区先后划入，使连云港经济技术开发区面积增至58.38平方千米，中心区建成区面积达到6平方千米，配套建设了医院、学校、商业街等设施，由单一的工业区逐步发展成为城市功能比较完善的综合性城区。“十五”期间，开发区东西两个片区连为一体。2005年，猴嘴街道及辖区范围内的台北盐场海域和滩涂划入，使开发区面积增至197.5平方千米，其中76平方千米的临港产业区基本具备项目落户条件，连云港出口加工区起步区、国家级新医药产业基地、省级高新技术产业开发区、临港新兴产业区等片区基本建成。是年，连云港经济技术开发区完成的地区生产总值、财政收入、实际利用外资及港澳台资、工业总产值、出口总额占全市比例分别为13.9%、19.8%、44.5%、47.1%和29.7%，真正实现了“试验田”“示范区”的目标。至2005年底，全市有国家级开发区2个、省级开发区5个、市级开发区4个。

四

1984～2005年正处在新旧世纪交替的重大历史时期，“以经济建设为中心，坚持改革开放，坚持四项基本原则”的党在社会主义初级阶段的基本路线焕发出巨大的能量，创造出无穷的人间奇迹。这20多年，是连云港市经济、社会、文化以及各项事业高速发展的历史时期，全市经济发展的速度和质量、城乡面貌的变化和居民文明程度的提高都出乎人们的意料，在连云港市经济社会发展史上留下了浓墨重彩的一页。

经济总量和运行质量持续提升。1984～2005年，全市经济规模不断壮大，地区生产总值从1984年的23.62亿元，增加到2005年的495.64亿元，年均增长9.5%。其中，第一产业增加值年均增长5%，第二产业增加值年均增长13.4%，第三产业增加值年均增长10.8%。全面小康社会建设综合实现程度达75.2%。人均地区生产总值从1984年的673元增加到2005年的10873元，增加了10200元，年均增长8.2%。城市居民人均可支配收入年均增长14.3%，农村居民人均纯收入年均增长10.6%。全社会固定资产投资额年均增长24%，社会消费品零售总额年均增长15.6%，财政总收入年均增长16.9%。22年间，连云港市加速转变经济增长方式，经济发展的协调性明显增强，运行质量不断提升。产业密度由1984年的每平方千米31万元，上升到2005年的608万元；产业层次明显提升，传统优势产业改造提升成效显著，先进制造业和高新技术产业快速发展；财政总收入占地区生产总值的比重由1984年的8.93%上升到2005年的11.36%，为加快发展提供有力的支撑；外贸依存度由1988年的1.1%上升到2005年的36.1%，经济开放程度大幅度提高；出口依存度由1988年的0.8%上升到2005年的16.5%，外需对经济的拉动作用增强。产业结构不断调整。历史上连云港市经济结构长期为“一、二、三”格局，1984年三次产业结构为49.7：29.7：20.6。1998年国民经济以“农”为主的结构得以改变，开始呈现“二、一、三”格局，是年产业结构为33.2：34.1：32.7。1999年服务业超过农业，开始呈现“二、三、一”格局。2005年，连云港市三次产业结构调整为20.5：42.3：37.2，农业比重继续下降，非农产业比重上升。2005年与1984年相比，第一产业比重下降29.2个百分点，第二产业比重上升12.6个百分点，第三产业比重上升16.6个百分点，国民经济内部主要比例关系趋于协调。

农村经济实现历史性跨越。连云港市气候条件适宜，土壤质地肥沃，水源较为充裕，具有发展农业生产和农村经济的良好条件，农业生产历史十分悠久。中共十一届三中全会后，随着家庭联产承包经营责任制的推行和各项配套改革的落实和完善，大大提高了广大农民从事农业生产、发展农村经济的积极性，生产力得到进一步解放。在坚持推进农村经营体制改革的同时，全市不断增加农业资金和技术的投入，加强农村基本建设，整治农村环境，加强饮水安全建设和能源建设；开展国家农业综合开发、沿海滩涂开发和丘陵山区农业综合开发，坚持推广农作物优良品种，推进农业机械化，普及农业技术，加强农业科研和技术培训，推行农业标准化。经过20多年的努力，全市农业生产水平明显提高，农村经济全面发展，农民生活水平大幅提高。农村经济逐步由自给半自给生产向规模化、商品化生产格局转变，农村产业结构由农业产业为主发展为以非农产业为主，农业产业结构由以种植业为主发展为农林牧渔业全面发展，种植业内部结构调整也经历了稳粮扩经到压粮扩经再到鼓励农民种植积极性的三个阶段。1984年前，连云港市农村第一产业产值在农村社会总产值中一直占80%以上。1984年后，第一产业比重逐步下降，第二、三产业比重不断上升。2005年全市农村社会总产值640.81亿元。其中，第一产业占27.2%，较1985年下降37.6个百分点；第二、三产业占72.8%，较1985年上升37.6个百分点。1984年，全市农业总产值16.6亿元。其中，种植业产值12.75亿元，林、牧、渔业产值3.85亿元。2005年，全市农业总产值174.02亿元。其中，种植业产值85.08亿元，林、牧、渔业产值88.94亿元。2005年，全市粮食总产量达到248万吨，较1984年增长19.6%；人均占有粮食525千克，居全省各市之首，在全国地级市中位居前列。

工业经济加快转型升级。1984～2005年，全市工业以建立现代企业制度为抓手，以提高经济效益为中心，加快推进工业化进程，产业结构、行业结构、企业组织结构、所有制结构发生重大变化。原有的化工、纺织、轻工、机械等八大国有工业公司先后撤并或改制，民营工业蓬勃发展。全市初步形成了以恒瑞医药为龙头的全国新医药产业基地，以田湾核电站为中心的新能源基地，以东海硅材料等为重点的高新技术产业基地。工业增加值在国民经济三次产业中的比重由1984年的23.6%上升到2005年的30.1%，上升6.5个百分点，工业经济对全市经济发展的贡献率持续攀升。20世纪80年代，全市先后建成连云港碱厂、中日合资江苏三得利食品有限公司、钟山氨纶厂、药用包装厂等重点企业。1992年邓小平视察南方重要谈话发表后，连云港市工业企业加快产权制度改革步伐，至90年代末，全市先后有1000余家企业实施拍卖、先售后股、租赁等多种形式的改制。工业经济在改造传统行业的基础上，初步形成医药、化工、纺织、食品加工及建材五大新兴支柱行业，其总资产占全市工业资产的50.44%。20世纪90年代末至21世纪初，全市高新技术加快发展，伴随现代企业制度逐步建立，全市工业步入一个新的发展时期，出现一批新的支柱产业和龙头企业，医药制造业开始成为全市高新技术产业的龙头。2005年，全市规模以上工业企业实现增加值98.09亿元，食品、化工、医药、纺织、电力五大支柱行业实现工业增加值占全部规模以上工业增加值的80%。

第三产业发展异军突起。1984～2005年，随着城乡商贸流通体制改革的深入，全市第三产业快速发展。1984年，生活资料供应由指令性计划改为指导性计划，个体私营商户开始从事生活资料经营，农民可以进城直接销售农副产品，城乡农贸市场恢复。1985年取消蔬菜统购包销，城镇居民的食用蔬菜由菜农直接进入集市销售。1992～1993年，粮、油、棉等生活资料和农药、化肥等农业生产资料相继取消指导性计划，放开购销市场，放开价格管理，放开营销渠道。1994年，钢材、木材、水泥、煤炭等工业生产资料相继取消计划管理，实行市场化经营；原由国家实行指导性计划管理的自行车、缝纫机、电视机、洗衣机等日用工业品市场全部放开。1995年后，城乡分二、条块分割的商贸流通计划管理体系彻底解体，跨行业、跨地区、跨所有制的市场化管理体制逐渐形成，商业、粮食、物资和供销系统之间的行业界限被打破，行业之间相互渗透，开始实行一业为主、综合经营方针，工商、农商、军商、商商联合，多种形式的横向经济联合体纷纷建立。各商贸企业不断拓宽购销渠道，在市内外、省内外广设经营窗口，建立基地，形成新的购销网络。国内贸易市场准入条件进一步放宽，外资企业进入零售市场，个体、私营企业市场份额大幅提升。第三产业在全市国民经济总量中所占比例由1984年的20.7%升至2005年的37.2%，上升16.5个百分点。

1984年，全市只有中国人民银行连云港分行和工商银行、中国银行等4家专业银行机构，全年各类人民币存款余额7.82亿元，贷款余额12.5亿元。1987年，连云港市第一家城市信用合作社解放中路城市信用合作社成立。1989年，交通银行连云港支行重新组建营业。1996年，国家政策性银行中国农业发展银行连云港市分行成立。2001年，具有地方独立法人资格的股份制商业银行连云港市商业银行组建。1984～2005年，银行业经营性金融机构从原来的工商银行、农业银行、中国银行、建设银行4家国有银行发展成为由政策性银行、国有商业银行、股份制商业银行、地方城市商业银行、农村信用社等8家机构组成的银行业金融机构体系。保险公司由1家增至11家。证券业金融机构发展较快，典当、担保机构相继成立。至2005年底，全市金融机构各类人民币存款余额426.83亿元，比1984年增长53.58倍；人民币贷款余额263.31亿元，比1984年增长20.06倍，金融服务业的发展壮大促进了地方经济的快速稳健发展。

城市面貌日新月异。1984～2005年，随着改革开放的深入和经济社会的发展，连云港市的城市建成区面积不断扩大，城区人口逐年增加，城市化率持续攀升，从20世纪80年代中期的一个边陲小域，发展成21世纪初基础设施基本齐全、载体功能更加完备、人居环境极大改善的中等城市，先后获“中国优秀旅游城市”“国家环保模范城市”“江苏省园林城市”等称号。

连云港市于1984年、1995年、2005年三次修编城市总体规划，突出港口城市、旅游城市、陆桥城市功能，加快建设国际性海滨城市、现代化港口城市、山海相拥的知名旅游城市。经过20多年的艰苦奋斗，“一体两翼”组合大港、“一纵一横”产业体系、“一心三极”城市框架初具雏形。以城市总体规划为基础，还相应编制了老城区、新浦新区、东部城区、开发区等分区规划和各类道路、小区、广场专业规划和详细规划。大力开发建设新浦新区、连云城区、连云港经济技术开发区、云台山风景区，城市向南、向东南、向东拓展。1984年，连云港市城市建成区面积25.4平方千米，至2005年扩大至78平方千米。建成区道路、桥梁、照明、排水等基础设施不断完善，道路作为城市骨架不断延伸，从20世纪90年代的“三纵三横”扩展到21世纪初的“八纵五横”，形成四通八达的网络体系。1984年，市区道路总长84千米，人均道路面积2.49平方米。至2005年底，市区道路总长668.94千米，人均道路面积13.67平方米，分别是1984年的7.96倍和5.49倍。至2005年底，全市共有桥梁40座，新建了一批广场和公园、游园，全市建成区绿化覆盖率37.1%，人均公共绿地7.51平方米，为成功创建国家环保模范城市和省级园林城市创造了条件。公用事业和服务水平提升迅速，全市3座水厂日供水能力达30万立方米，自来水水质合格率100%；燃气普及率99.9%，污水处理率70.1%。全市城市运行井然有序，建成比较完善的环境卫生配套设施，市容管理和监察执法水平不断提高，亮化美化水平显著提升。

城市建设的飞速发展催生壮大了房地产业。开发地块由一类地区扩展至二、三类地区，商品房开发从一般档次扩展到多档次、高档次，出现了花园别墅。风景区及度假场所也得到开发建设。至2005年底，全市商品房开发逐渐形成产业，房地产业成为独立的重要的经济门类。是年，全市房地产开发投资35.36亿元，商品房施工面积400.91万平方米，竣工面积125.85万平方米，销售面积144.86万平方米。

与城市建设发展相适应，22年间交通事业有了飞速发展。从1984年起，连云港市实施交通先行战略，多方筹措资金，加快建设步伐。至2005年底，全市交通基础设施供给能力、运输生产能力、服务保障水平等都得到长足发展，成为国家45个公路主枢纽之一和“长三角”地区7个国家级综合运输枢纽之一，区位交通优势日益凸显。宁连、连徐、汾灌、连盐4条高速公路相继建成通车；3条国道、7条省道全部达到二级公路标准；市境内公路总里程4834千米，公路密度每百平方千米64.95千米，平均每万人拥有公路10.3千米。内河航道总里程1138.48千米。全社会公路运输车辆6.93万辆、内河水路运输船舶2132艘；开通民航航线7条，铁路始发旅客列车13对。全市形成以高速公路、国道干线为骨架，县乡村道纵横交错、四通八达的公路交通网和水运、铁路、空运物流网络。

社会事业欣欣向荣。与经济发展相适应的是各项社会事业的发展和繁荣。科技事业率先发展。市委、市政府于1989年提出“科技兴市”发展战略，积极推进技术创新，全面推进科技进步，整体规划星火产业带、高新技术、海洋科技、专利事业和科学普及。1997年8月，连云港高新技术产业开发区获江苏省政府批准成立，成为促进技术进步、增强自主创新能力的重要载体和带动区域经济结构调整与经济发展方式转变的强大引擎。至2005年底，全市拥有省级高新技术开发区1个、国家级高新技术特色产业基地4个，获批认定国家火炬计划重点高新技术企业9家、国家重点新产品58个，形成8个“星火计划”支柱产业。各类专业技术人员达13.76万人，每万人拥有专业技术人员超过300人。教育事业全面提升。从1984年到2005年的22年间，全市教育改革和发展的力度不断加大，城乡教育综合改革全面推进，九年制义务教育全面实行，各级、各类学校内部管理体制改革深入开展。全市义务教育阶段学生全部实行免试就近入学。基础教育课程改革得到积极实施，教育质量明显提高。2005年，全市拥有各级各类学校1489所，在校生99.47万人，22年间为全市和全国各地培养了数万名各类专业人才。积极稳妥地推进文化体制改革，加快文化馆、美术馆、博物馆、纪念馆等公共文化设施建设，加大对歌舞厅、网吧、音像制品市场、民营书店等新型文化、娱乐场所的管理，构建健康向上的文化市场体系，推进文化更好地为经济建设服务。1995年，市政府设立市文学艺术奖——连云港文学奖，推新人，出精品，繁荣社会主义文艺创作。22年间，全市群众文艺创作获省以上奖项200多个，其中国家级奖项20多个。常年组织开展社区艺术节、家庭艺术节、农民艺术节等各类文艺演出活动，定期举办灯会、文艺晚会、歌舞大奖赛、书法、绘画、摄影展览。启动"在海一方"广场文化系列活动，每年举办群众性文化活动上百场次。文学、戏剧、影视、音乐、舞蹈、美术、摄影、曲艺创作成果丰硕，一大批优秀作品在全国和省获奖。积极稳妥地推进医疗卫生体制改革，提高医疗卫生单位自我发展的积极性，各项卫生事业得到很大提高和发展。大量先进医疗设备陆续投入使用，医疗机构的诊疗水平大为提高。加强公共卫生体系建设，卫生部门应对传染病暴发流行等突发事件的能力显著提高，经受住了2003年春夏"非典"流行的严峻考验。2005年全市法定传染病发病率降至每10万人129例，低于全省平均水平。全市卫生机构数由1984年的608个增至2005年的923个，设置床位数由5411张增至8240张，卫生技术人员数由8200人增至1.18万人。体育事业蓬勃发展。1984年以后，全市机关、厂矿企事业单位、农村普遍建立体育组织，常年开展广播操等多种多样的群众性体育活动。2000年起，市体育局根据连云港市的地域特征，推广"春演练、夏游泳、秋登山、冬长跑"的全民健身"四季歌"工程。1984～2005年，全市新建、改建各类体育场地2366个，占地面积1566万平方米。2005年底，每万人拥有体育场地5个，人均体育场地面积1.6平方米，高于全省平均水平。男子篮球、女子排球、女子足球、无线电测向、柔道、摔跤等项目在江苏省一直保持优势。

民生幸福指数不断提高。市委、市政府制定并落实一系列改善人民生活的政策措施，城乡居民生活发生巨大变化。特别是1992年后，城乡居民物质消费由量的满足开始向质的提高转变，总体生活水平和生活质量全面提高，城乡广大人民群众的幸福指数持续提升。城市居民人均可支配收入由1984年的604元提高到2005年的10006元，增长15.57倍；农村居民人均纯收入由1984年的462元提高到2005年的3869元，增长7.37倍。城市居民人均消费支出由1984年的502元提高到2005年的7213元，增长13.4倍；农村居民人均消费支出由1984年的409元提高到2005年的2574元，增长5.3倍。伴随着居民收入增加和住房制度改革的推进，城乡居民的住房条件也有了较大改善。城市居民人均住房建筑面积由1984年底的9.8平方米增至2005年底的31.8平方米，农村居民人均住房面积由1984年底的14.1平方米增至2005年底的24.5平方米。与此同时，各项社会保障制度也先后出台并得到落实。1986年，连云港市开始在国营企业中统筹提取劳动合同制工人退休养老基金，建立职工失业保险制度，启动社会保险制度改革。1992年正式颁布实施《连云港市企业职工养老保险暂行办法》和《连云港市企业职工待业保险暂行办法》，将参保范围扩大到各类企业职工，包括农民合同制职工和计划内城镇临时工，社会保险范围不断扩大。1996年实施《连云港市企业职工工伤社会保险暂行办法》和《连云港市企业职工生育社会保险暂行办法》，1997年建立解决困难企业职工生活困难资金筹集和管理制度，启动城乡居民最低生活保障工作。2000年建立城镇职工基本医疗保险制度。2001年7月，出台《连云港市城镇职工补充医疗保险暂行办法》，实行大病医疗救助等补充保障政策，是年12月，出台《连云港市城镇个体从业人员和失业职工基本医疗保险管理办法（试行）》，将基本医疗保险覆盖面扩大到所有城镇居民。2004年1月1日起，实施《连云港市工伤保险认定办法》和《连云港市城镇职工生育保险实施细则》。2005年10月制定下发《连云港市实施工伤保险条例细则》。至此，基本建成覆盖全市、涉及各类劳动者的较为完善的社会保障体系。至2005年底，全市25.08万人参加城镇职工养老保险，54.5万人参加农村养老保险，1.1万人参加机关事业单位养老保险；33.6万人参加医疗保险，覆盖面90%。

五

1984～2005年，连云港市在大力推进改革开放和经济建设的同时，切实加强精神文明建设和民主法治建设，提高人民群众的综合素质和道德水平。党的建设和政府自身建设得到加强，执政能力和行政效率不断提高。

精神文明建设结出硕果。1984年在全市开展的“五讲四美三热爱”活动，标志着连云港市精神文明创建活动拉开序幕。1986年9月，《中共中央关于社会主义精神文明建设指导方针的决议》颁布后，全市把思想道德建设作为精神文明建设的主要内容，各级党委和政府坚持在干部、群众和学生中普遍进行爱国主义、集体主义和社会主义教育，加强社会公德、职业道德、家庭美德建设，引导人们树立建设有中国特色社会主义的共同理想和正确的世界观、人生观、价值观，做“四有”（有理想、有道德、有文化、有纪律）社会主义公民。全市社会文明程度不断提高，先后涌现出“雷锋车”“6000元现象”等一批全国、全省思想道德建设先进典型，在全社会形成了崇尚先进、争当先进的良好氛围。1992年邓小平视察南方重要谈话发表后，全市各级党委、政府坚持“两手抓，两手都要硬”，把精神文明建设放在和经济建设同等重要的位置常抓不懈。1995年，市委制定下发《连云港市爱国主义教育三年实施规划》，指导和促进精神文明建设在更广阔的领域持之以恒地开展，收到良好成效。从2001年9月开始，全市切实加强《公民道德建设实施纲要》的宣传、贯彻工作，把践行“爱国守法、明礼诚信、团结友善、勤俭自强、敬业奉献”的基本道德规范和文明创建活动紧密结合起来，形成以创建文明城市为龙头，创建文明行业、文明单位、文明村镇、文明社区为基础，创建优质服务及各类单项创建活动为重点的三大系列精神文明创建活动。至2005年底，全市有10家单位先后获“全国文明单位”和“全国精神文明建设工作先进单位”称号，5个村镇获“全国文明村镇”和“全国先进村镇”称号，创建4个省级文明单位、村镇标兵，4个省级文明行业和40个江苏省文明单位。

民主法治建设扎实推进。1984年10月召开的中共连云港市第六次代表大会明确提出，要加强人民代表大会制度的建设，使各级人大成为有权威的人民权力机关；社会主义民主建设必须同社会主义法治建设结合起来，使社会主义民主制度化、法律化。1988年12月，市委召开人大、政协工作会议，提出要进一步理顺国家权力机关与行政机关的关系，努力完善中国共产党领导下的多党合作和政治协商制度。人大和政协在发挥各自职能作用、推进政府依法行政和全市民主法治建设进程中发挥了重要作用。1988年开始贯彻《中华人民共和国村委会组织法》，开展第一届村民委员会换届选举，农村基层民主政治建设持续推进。1998年7月，市委召开全市农村基层民主建设工作会议，提出大力增强农村基层干部的民主法治意识和民主管理能力，全面实行民主选举、民主决策、民主管理和民主监督，推进农村的民主、法治建设，促进全市农业、农村经济和社会事业全面发展和进步。是年，全市有56个乡镇876个村基本达到村民自治模范单位标准。22年间，市委把完善法律法规、实行依法治市作为民主法治建设的根本大计，制定、完善了一系列依法治市政策措施，明确依法治市的指导思想。1986～2005年，全市连续开展“一五”至“四五”普法教育，在广大干部群众中普及《中华人民共和国宪法》《中华人民共和国刑法》《中华人民共和国婚姻法》《中华人民共和国兵役法》《中华人民共和国治安管理处罚条例》等法律法规知识，使广大干部和人民群众都能做到学法、懂法、守法。全市政法机关一手抓严厉打击刑事犯罪，一手抓综合治理和平安创建。2005年，连云港市被评为江苏省平安创建先进市，6个县区达到省社会治安安全县区标准，90%的乡镇（街道）、大中企业和市属以上事业单位达到市级社会治安安全单位标准。

党的建设得到加强。22年间，中共连云港市委认真贯彻落实中共中央和江苏省委各项战略部署，坚持以经济建设为中心，以改革开放为总抓手，带领全市党员和广大人民群众，解放思想，同心同德，真抓实干，为将连云港市建成经济繁荣、社会和谐的现代化海港城市奋力前行。市委从连云港市的市情出发，确立“开放兴市、以港兴市、科教兴市”的发展战略并矢志不渝地向前推进。从1984年开始，在实行联产承包责任制基础上进一步调整农村产业结构，大力发展农村商品经济，扎实推进新农村建设；以搞活流通为突破口，积极开展城市经济体制改革；以搞活企业为中心环节，探索政企分开，实行所有权和经营权分离，推行厂长负责制和多种形式的承包经营责任制，大刀阔斧地推进产权制度改革，逐步建立和完善现代企业制度，培养和扶持龙头企业，实现产业结构的调整和提档升级。市委始终抓住对外开放不放松，实行鼓励引进外资的优惠政策，提出“内联打基础、外引上水平”引资策略，加大外贸体制改革力度，鼓励对外经济合作，外资、外贸、外经的发展带动整个区域经济的转型和跨越式发展。在加快改革开放和经济发展的同时，市委注重精神文明建设、法治建设和各项社会事业的发展，关注民生，关心群众疾苦，大力推进和谐社会建设。22年间，市委认真贯彻“党要管党”“从严治党”方针，不断加强党的建设，充分发挥党组织的领导核心和战斗堡垒作用。1984年8月印发《中共连云港市委常委会关于改进领导作风提高工作效率的十项规定》，1986年2月制定《关于在各级党委中建立抓党风责任制的规定》，1991年3月作出《关于进一步改进领导作风的规定》，推动全市各级党组织切实改进工作作风，深入基层调查研究，帮助基层解决实际问题，有效化解各类矛盾。按照上级部署，自1985年开始相继开展“纠正‘文化大革命’中出现的错误”教育、端正党风教育、民主评议党员、共产党员先进性教育等主题活动，进一步提高党员思想觉悟，统一全体党员思想。在民主评议党员等活动中，审定处理不合格党员，进一步纯洁党的组织；充实调整基层党支部，使党组织增添了新的活力。切实加强党风廉政建设和反腐败斗争，一方面坚持正面教育，教育干部廉洁自律，用制度规范党员言行；另一方面加大违纪案件查处力度，对贪污受贿、腐化堕落、渎职失职、以权谋私等违纪、违法案件坚决予以查处，党风廉政建设和反腐败工作取得新成效。

连云港，这颗镶嵌在祖国万里海岸线上的明珠，在党的改革开放政策的指引下，在市委、市政府坚强有力的领导下，在全市人民的共同努力下，朝着既定的宏伟目标奋力前行。回首过往，全市人民已经取得了令世人瞩目的伟大成就；展望前方，还有更加美好的未来等着连云港人去实现。处在世纪之初的连云港人必将以更加火热的情怀、更加广阔的视野、更加饱满的士气，抓住机遇，把握命运，实现梦想。一个更为美丽、富庶、文明的国际性海滨城市、现代化港口城市、山海相拥的知名旅游城市必将以崭新的面貌矗立在黄海之滨。

大事记

1984年

1985年

1986年

1987年

1988年

1989年

1990年

1991年

1992年

1993年

1994年

1995年

1996年

1997年

1998年

1999年

2000年

2001年

2002年

2003年

2004年

2005年

1984年

1月3日 市政府成立旧城改造领导小组。

1月12～15日 市委、市政府召开农村工作会议，确定全年农村工作的重点是在稳定和完善生产责任制基础上，提高生产力水平，梳理流通渠道，发展商品生产。

1月14日 省农垦农工商联合总公司所属东海农场划属连云港市。

3月3日 市供销合作联社成立。

3月16日 连云港减厂开工建设。

3月21日 日本三得利公司和中国国际信托投资公司、江苏省国际信托投资公司、连云港市轻工业公司就合资经营中国江苏三得利食品有限公司在北京签订合同书和章程。10月30日，该公司在连云港市注册成立。11月1日，建成投产。

3月 市政府撤销市园林管理处，成立市园林管理局。

4月3日 省政府批复《连云港市城市总体规划（1980～2000）》。

4月6日 中共中央书记处、国务院联合召开的沿海部分城市座谈会闭幕，连云港市被列入进一步开放的14个沿海港口城市名单。5月4日，国务院印发《沿海部分城市座谈会纪要》，确定进一步开放包括连云港在内的14个沿海港口城市。

4月13～15日 以日本堺市议会议员北野明夫和团长千川道春为首的堺市—连云港市友好使节团到连云港参观访问。

4月20日 全市工交企业开始实施经济责任制，在完成规定计划后，实行奖金随利税增长上下浮动。

4月25日 连云港市对外开放领导小组成立。

4月26～29日 全国政协副主席、著名社会学家费孝通视察连云港，就小城镇建设、乡镇工业发展等问题提出意见和建议。

4月 市规划管理局成立。

5月5日 中国农工民主党连云港市委员会召开成立大会，选举产生农工民主党连云港市委员会。

5月8～10日 中共中央书记处书记、国务委员谷牧在南通考察经济工作时，听取连云港市关于进一步搞好对外开放工作的汇报。要求连云港市、南通市要争取时间把内部改革搞好，改革的步子要大些。

5月23日 市国家安全局成立。

5月28～29日 灌云县、赣榆县、东海县和新海区、云台区先后遭受冰雹和暴风雨袭击，46个乡450多个村受灾。

5月30日 中国国民党革命委员会连云港市委员会成立。

6月2日 中国民主促进会连云港市委员会成立。

6月上旬 全市经济体制改革会议召开，要求简政放权、搞活企业、搞活流通。

6月14日 中国民主同盟连云港市委员会成立。

6月20日 市经济体制改革办公室成立。

6月 全市商贸流通体制改革启动。

7月3日 国务院、中央军委作出决定，批准连云港机场开辟民航。

7月24日　省委决定，季允石任中共连云港市委书记。

7月30日　市对外经济委员会成立。

8月3日　东陇海铁路连云港段技术改造工程破土动工。这项由国家计委安排的技术改造工程，全程212千米，概算投资4.4亿元。其中连云港境内41千米，投资2.5亿元。

8月6～11日　政协连云港市第六届委员会第二次会议召开。会议同意李登先辞去市政协主席职务，补选李敬松为市政协主席。

8月7日　国家计划委员会批准新海发电厂扩建2台2万千瓦燃煤机组。

8月上旬　中共中央顾问委员会委员、原中共江苏省委书记江渭清视察连云港。

8月30日　经市政府批准，市经济技术开发公司、经济联合开发公司、建设开发公司和旅游服务公司同时宣告成立。

8月31日　在全国“质量月”授奖大会上，市罐头厂生产的“梅林”牌绿白头去皮芦笋罐头、市锦屏化工厂生产的“锦屏山”牌黄磷被授予国家优质产品银质奖牌。

9月4日　市政府经济研究中心成立。

9月7日　中共江苏省委、省政府决定，在连云港市创办苏北地区第一所综合性大学——淮海大学。1985年4月18日，淮海大学在连云港筹建。1986年9月4日举行开学典礼。1989年7月，淮海大学（筹）更名为淮海工学院。

10月5～9日　中共连云港市第六次代表大会召开。大会选举产生中共连云港市第六届委员会、中共连云港市纪律检查委员会，季允石当选市委书记，李彬当选市纪律检查委员会书记。

10月9～11日　美国驻上海总领事馆副总领事包瑞其访问连云港。

10月27～29日　中共中央总书记胡耀邦视察连云港。胡耀邦为连云港市题词：“对外开放，对内搞活，站在四化前列”“高效率建港，高效益管港”“友谊结五洲，朋友遍天下”，为淮海大学、市博物馆题写了校名、馆名。

10月31日　市对外经济贸易局并入市对外经济委员会，两个机构合并后称连云港市对外经济贸易委员会，统管全市外资、外经和外贸工作。

10月　市政府印发《连云港市实行劳动合同制暂行办法》和《连云港市劳动合同制工人社会保险试行办法》。

11月5日　市政府印发《连云港市国家建设征用土地补偿安置实施细则》。

11月5～18日　以市长何仁华为团长的连云港市赴香港参加中国开放城市投资洽谈会代表团，在香港举行洽谈会，初步达成9份协议书、13份意向书及其他合作性项目7个，总投资3.6亿美元。

11月10日　市人民银行、工商银行分设，分别为中国人民银行连云港分行、中国工商银行连云港分行。

11月　省政府批准成立连云港师范学校。

12月11日　九三学社连云港市委员会成立。

12月12日　连云港市葡萄酒厂生产的“花果山”牌白羽干葡萄酒和山楂酒在轻工业部举办的1984年度酒类质量大赛中分获金杯奖和银杯奖，被选送日本参加国际万物博览会。

12月19日　《国务院关于南通市、连云港市进一步对外开放的批复》下发，批准设立连云港经济技术开发区。

12月22日　市造纸厂生产的高级出口餐巾纸和面巾纸被评为全国优秀新产品，荣获国家经委颁发的金龙奖。

12月 市市政公用局成立。

△ 市政府召开全面推行劳动合同制大会。

是年 连云港市实现地区生产总值23.62亿元、工业增加值5.58亿元、农业总产值16.6亿元、粮食总产量207.33万吨，完成财政收入2.11亿元、财政支出1.79亿元，城镇居民人均可支配收入604元、农民人均纯收入462元，年末总人口353.05万人。

1985年

1月4日 连云港市与新疆维吾尔自治区伊犁哈萨克自治州、伊犁地区缔结友好市州、友好市地签字仪式在伊犁举行。

1月5日 市委党史资料征集研究委员会成立，下设办公室。

1月12日 市政府批转市计划委员会《关于计划体制改革的若干意见》。

1月 根据中共中央和中共江苏省委的整党部署，全市整党工作从是月起在260个党委、168个党组、251个总支、6597个支部、13.31万名党员中分4批进行，整党工作于1987年3月结束。

2月5～8日 市政府召开对外开放工作会议，提出全市开放模式要以内联为基础，以中小企业技术改造为重点，以内联促外引，做到引联结合。

2月26日 市政府撤销市计划委员会、市经济委员会，成立连云港市计划经济委员会；撤销市建筑工程公司、市建筑工程管理处，成立连云港市建筑总公司。

2月27日 经省政府批准，市政府决定兴办连云港市化工职工中等专业学校、市商业职工中等专业学校、市建筑职工中等专业学校。

2月 市政府批准成立市旅游事业管理局，原市旅游服务公司更名为连云港市旅游公司，与市旅游局合署办公。

3月4日 市政府颁布《连云港市关于直接利用外资的暂行规定》《连云港市关于引进技术设备和进口商品物资的暂行规定》。

3月11～20日 以市长何仁华为团长的连云港访日友好代表团一行5人赴日访问。

3月14日 市委、市政府撤销市劳动局、市人事局，成立连云港市劳动人事局。

3月20日 中国致公党连云港市工作委员会成立。

3月22日 赣榆县各界群众隆重集会，纪念中国共产党的真诚朋友、原国民党少将旅长、赣榆县县长朱爱周殉国45周年。江苏省政府追认朱爱周为革命烈士。

3月26日 中国民航连云港站正式通航，航线为上海—连云港—北京。

3月31日 市政府召开会议，研究贯彻《中华人民共和国专利法》，决定成立连云港市专利管理处和连云港市专利服务中心。

4月24～25日 国务院副总理李鹏视察连云港港及其配套铁路、水路、公路的建设情况。

4月26日 市对内经济技术联合委员会成立。

5月1日 市电视台开播。

5月12～21日 由全国政协常委、中国科协副主席裴丽生为组长，全国政协常委、上海工业大学校长钱伟长为副组长的全国政协科技组到连云港市开展咨询活动。

5月17日 由中国科协和连云港市政府共同投资兴建的连云港科技活动中心落成。工程于1983年7月开工，建筑总面积3800平方米。

6月17～22日 中共中央书记处书记、国务委员谷牧视察连云港市对外开放工作。

6月22日　在1984年度全国地震地磁基本台网观测资料评比会上，市地震台观测资料获全国Ⅱ类基本台网第一名，受到国家地震局嘉奖。

7月3日　市有机化工厂生产的EVAL树脂获国家经济委员会颁发的优秀新产品金龙奖。

7月31日　为纪念秦朝方士徐福东渡日本传播中国文化的功绩，赣榆县政府在徐福故里金山乡徐阜村勒石树碑。连云港市徐福研究会同时成立。

7月　在第五届中国工艺美术品“百花奖”评比中，连云港贝雕厂生产的“花冠”牌贝雕画被评为轻工业部优质产品。

8月　江苏广播电视大学连云港分校更名为连云港广播电视大学。

△　江苏省制盐工业研究所研制的“寿星”牌低钠盐应市，为国内首创，荣获1985年全国轻工业优质产品奖。

9月1日　下午2时至次日凌晨3时半，连云地区遭受特大暴雨袭击，降雨量597.6毫米，局部达629毫米。

9月8日　市委、市政府召开大会，庆祝第一个教师节。

9月12日　国务院“三线”调整改造规划办公室致函江苏省政府，决定将中国船舶工业总公司第七研究院第七一六研究所迁往连云港市。

9月30日　连云港经济技术开发区破土动工，开始场地回填工程。

10月10～11日　全市科技工作会议召开，讨论通过关于科研机构整顿改革、科技干部管理体制改革和科学技术奖励办法等规定。

10月19～21日　应交通部、江苏省政府邀请，江苏、安徽、河南、陕西、甘肃、青海、新疆7省区联合开发连云港港座谈会在连云港市召开。

10月　连云港镇至连岛供水管道、海底电缆敷设成功，全长3200米，输电能力1500千瓦。

11月18日　市职称评定工作领导小组成立。

11月19日　国家计划委员会批准建设庙岭港区三期工程，规模为8个深水泊位，其中，木材、钢材、杂货和多用途泊位各2个，设计年吞吐能力350万吨，投资额6亿元，预计1995年全部建成。

12月4日　国内第一家采用超高压釜生产人造压电水晶的东海县水晶厂建成投产。

12月19日　江苏省淮北盐务管理局更名为江苏省盐务管理局，由江苏省轻工业厅代管。

是年　由市科委组织实施的“六五”期间国家科技攻关项目“黄淮海中低产地区优势产品开发”历时三年全部完成。

△　连云港市实现地区生产总值29.64亿元、工业增加值6.97亿元、农业总产值20.59亿元、粮食总产量212.57万吨，完成财政收入2.49亿元、财政支出1.82亿元，城镇居民人均可支配收入815元、农民人均纯收入495元，年末总人口358.24万人。

1986年

1月上旬　全市经济体制改革工作会议召开，要求继续搞活企业，积极完善“市管县”体制，发挥城市功能。

1月21日　连云港至日本堺泉北港海上航线开通，这是连云港港开通的第一条定期国际班轮航线。

1月　东海县被卫生部评为全国计划免疫工作先进县。

2月11日 市委出台《关于在各级党委中建立抓党风责任制的规定》，要求领导干部带头负责，一级抓一级，形成全党抓党风的局面。

2月20日 市口岸办公室、连云港火车站被国务院口岸领导小组评为全国口岸工作先进单位。

3月8日 市委召开精神文明建设工作会议，要求做文明市民、创文明单位、建文明城市。

3月15～17日 苏鲁豫皖接壤地区15个地、市在徐州召开第一次专员、市长会议。会议决定成立以徐州为中心、以连云港港和石臼港为“窗口”的淮海经济区，建立淮海经济区经济开发联合会。

4月7日 中国公布71个口岸准予中外籍人员入出境，连云港口岸名列其中。

4月24日 由连云港市和西安市牵头，陇海、兰新铁路沿线12个重要城市的有关负责人和经济研究人员在西安集会，就开拓横贯中国东西的“现代丝绸之路”，发展横向经济联合进行商讨，决定成立陇海兰新经济研究促进会。12月18日，该促进会在西安成立。

4月 连云港市财经学校更名为江苏省连云港财经学校，隶属江苏省财政厅领导。

5月15日 市政府批准成立市农村土地管理办公室。

5月16～22日 连云港市第七届人民代表大会第四次会议召开。会议选举唐贯淮为市长，审议通过《关于连云港市第七个五年计划草案的报告》。

5月 赣榆县林木覆盖率和农田林网达到国家平原绿化标准，被林业部命名为全国平原绿化先进单位。

6月3日 经国务院批准，新海区分设为新浦区、海州区。

6月19日 县、区人民武装部改归地方建制工作完成。

6月 庙岭港区二期工程开工建设。

7月1日 《淮北盐工报》更名为《江苏盐业报》，该报是中国盐业系统唯一公开发行的报纸。

7月9日 下午2时15分至2时45分，海州湾海面出现海市蜃楼景象。

7月14日 市委、市政府决定成立市老龄问题委员会。

8月11日 经中国工业自动化仪器仪表质量监督检验中心评审小组评定，连云港水表厂生产的“浪花”牌水表质量达到部优标准，被评为国家优等品。

8月18日 全国最大的出口饲料加工储存企业——市出口饲料加工厂建成开业。

8月19日 市政府召开全市颁发居民身份证工作动员大会，部署居民身份证发放工作。

8月24日 安徽省、陕西省分别与连云港建港指挥部签订投资建设3个泊位的合同，其中安徽2个、陕西1个。

8月 市地方志编纂委员会及其办公室成立，全市社会主义时期首轮修志工作全面展开。

9月10日 国内最长的拦海大堤——连云港拦海大堤主体工程正式开工。大堤长6700米，总投资1.58亿元。1993年12月8日，拦海大堤经过7年建设顺利合龙。

9月16日 市政府出台《连云港市鼓励客商投资的优惠办法》。

9月23日 陇海兰新对外经济贸易联合会在连云港市成立。

9月26日 连云港碱厂建设工程经化工部批准正式动工。

10月10日 广州远洋公司“鸭绿江”号轮运载装有进口设备的5个标准集装箱，由德国汉堡港抵达连云港港，这是连云港港首次接卸集装箱。

10月15日 市经济技术协作委员会成立。

11月5～9日 全国海岸河口学术讨论会在连云港市召开，会议一致认为连云港港口、赣榆县沿海和灌河口是黄金海岸，应抓紧开发。

11月19日 连云港建港指挥部与中科院力学研究所合作的港口软基爆炸处理施工技术被列入国家经济科技合作课题。

11月29日 新墟公路开工建设，全长22.6千米，投资6000多万元。1990年12月24日竣工通车。

11月 东海县发现一处珍贵稀有的大型石榴红宝石矿藏，储量居全国之首。

12月1日 在第四次全国企业技术进步工作会议上，市造纸厂获全国技术进步先进企业奖。

12月5日 国家“六五”计划期间重点建设项目——连云港庙岭煤码头通过国家验收，正式投产使用。

12月23～25日 中共中央书记处书记、全国人大常委会副委员长陈丕显视察连云港。

是年 连云港市实现地区生产总值35.43亿元、工业增加值7.96亿元、农业总产值23.91亿元，粮食总产量223.83万吨，财政收入2.71亿元，财政支出2.28亿元，城镇居民人均可支配收入1016元，农民人均纯收入530元，年末总人口363.89万人。

1987年

1月10日 全市体制改革工作座谈会召开，要求改革企业领导体制和内部分配制度。

1月22日 全市工业企业第二次大规模普查工作历时两年半结束。

2月19日 市委召开大会，要求坚决反对资产阶级自由化。

2月 中央绿化委员会授予赣榆县“全国绿化先进单位”称号。

3月1日 市委、市政府召开大会，动员全市各界广泛深入地开展“双增双节”运动。

3月7日 根据国务院决定，连云港港由交通部领导改为由连云港市和交通部双重领导，以市为主。原交通部连云港港务管理局的港务监督业务划出，另组建交通部连云港海上安全监督局，实行部、市双重领导，以部为主。江苏省连云港建港指挥部和原交通部连云港港务局合并，成立连云港港务局，为市政府直属机构。

3月8日 由连云港市政府、交通部和江苏电视台联合摄制的30集大型电视片《横穿中国》首映式在连云港市举行。

3月27日 连云港至香港航线定期班轮经过5个月试航，即日正式通航。

3月 在全国海湖盐质量评比中，东辛农场东滩盐场粉洗盐厂生产的粉洗盐获第一名。年底，又获农牧渔业部优质产品称号。

4月7日 市委、市政府印发《关于加快连云港经济技术开发区建设步伐的意见》。

4月7～9日 淮海经济区首次农副土特产品交易会在连云港市举办。

4月8日 东海县、赣榆县部分地区发现金矿资源。

4月28日 市商业、粮食、供销部门开始实行经济承包。

5月8日 省政府分配给连云港市利用世界银行开发性贷款1473万美元，这是连云港市对外开放以来最大的利用外资项目。

5月15日 全市开始职称评定工作，实行专业技术职务聘任和以职务工资为主要内容的结构工资制度。

5月16日 历时3年的药材资源普查工作结束，查明中草药材1190种。

6月11日 市政府印发《关于加强控制管理坚决稳定市场物价的通知》，提出控制物价上涨的10条措施。

6月16日 全市深化企业改革现场会在市制碘厂召开，在全市大中型企业推行承包经营责任制。

6月底 自中共十一届三中全会召开至是年6月底，连云港市开展的落实知识分子政策工作基本完成。共解决2141件历史遗留问题，2000多名知识分子担任副科级以上领导职务，知识分子党员数占知识分子总数的36%。

7月7日 连云港市第一家热电厂——新浦热电厂并网发电。

7月 市政府出台《云台山风景名胜区保护管理条例》。

8月1日 江苏省第一套长距离光纤通信系统——140兆比特每秒光纤通信系统在连云港市竣工。

8月7～9日 灌云县圩丰、四队等7个乡遭受历史上罕见的冰雹和龙卷风袭击，受灾农田作物2400公顷，毁损房屋557间。

8月15日 市委、市政府召开推行承包经营责任制大会，要求在年底前，全市所有市属全民所有制工业企业都要实行承包经营责任制。

8月30日 孔望山摩崖造像和锦屏山将军崖岩画被列为世界著名古迹，入选《中国五千年》一书。

9月9～11日 市委、市政府召开工作会议，决定加快对外开放步伐，努力发展外向型经济。

9月16日 中国第一座年产500吨的蓝晶石精矿选矿厂在东海县房山乡建成投产。

9月23日 市委、市政府印发《关于深化农村改革促进农村经济稳定发展的意见》，要求进一步完善双层经营制，推进农村流通体制改革，加大农村金融改革，深化乡镇企业改革。

9月28日 由市水表厂与意大利麦特伦那有限公司合资的连利水表有限公司在连云港市成立，这是中国水表行业首家合资企业。

10月6日 市土地管理局成立。

11月1日 国家重点建设项目——东海县蛇纹石矿第一期工程通过部级鉴定。

11月5日 由国家和江苏省共同投资2200万元的220千伏平茅线、220千伏茅口变电所，经过3年的建设，即日投入供电，缓解全市电力严重不足的状况。

11月10日 连云港籍运动员张新霞在第六届全国运动会无线电测向比赛中，获女子80米波段冠军。

11月12日 由中国医药工业公司与连云港制药厂合资经营的国内最大的药用包装厂在连云港试车成功。

11月30日 中国自行设计、组织施工的第一个全桩基梁板结构码头连云港港三突堤码头工程通过国家验收，正式投产使用。

12月4日 东陇海铁路工程重点改造项目之一的新海铁路绕行线施工全面展开。该线绕开新浦、海州中心城区，东起新浦丁字路，西至张道口，全长9.5千米，总投资9326万元。

12月12日 市邮电局从比利时引进的4000门市话/220线长途S-1240程控自动电话交换机割接投入使用。

12月21日 江苏省第一家大型纵横联合企业集团苏粤豫皖工业供销联营公司在连云港市成立。

12月24日 连云港市在海外创办的第一家实业公司连云港市振云有限公司在香港开业。

12月30日 市境内等级最高的城乡公路——新牛（新浦区至东海县牛山镇）公路一期工程

竣工并交付使用。

是年 全市有47个工业产品荣获江苏省优秀新产品“金牛奖”。“熊猫”牌卫生纸获国家金质奖。全市共开发新产品109个，全部投产。

△ 连云港市实现地区生产总值39.52亿元、工业增加值9.24亿元、农业总产值26.7 亿元、粮食总产量223.52万吨，财政收入2.97亿元，财政支出2.55亿元。城镇居民人均可支配收入1084元，农民人均纯收入567元，年末总人口371.68万人。

1988年

1月3～7日 政协连云港市第七届委员会第一次会议召开，选举产生政协连云港市第七届常务委员会，胡为德当选市政协第七届委员会主席。

1月4～9日 连云港市第八届人民代表大会第一次会议召开，选举产生市第八届人大常委会和新一届人民政府。唐贯淮当选市人大常委会主任，王稳卿当选市人民政府市长。

2月2日 经江苏省政府批准，连云港港建立台湾渔船停泊点，对台轮实行开放。

2月3日 新浦汽车站被评为1987年交通部优质运输先进集体，成为全省唯一连续5年被评为部级优质运输先进集体的单位。

2月24日 市监察局成立。

△ 将军崖岩画、孔望山摩崖造像被公布为国家级文物保护单位。

3月9日 市政府成立住房制度改革领导小组，启动城镇住房制度改革。

3月16日 市政府批准组建连云港市经济信息中心。

3月31日 国务院决定扩大沿海经济开放区范围，赣榆县、东海县、灌云县列入开放区范围。

4月 全市开展第一届村民委员会换届选举。

5月3日 连云港市所辖赣榆县、东海县、灌云县和新浦区、海州区、连云区、云台区被列入国家黄淮海农业开发规划。市政府成立黄淮海农业开发领导小组

5月6日 连云港渔业公司519号渔船在温州东部2161海区拖网作业，被美国加利福尼亚州奥克兰港“门罗总统”号商船撞翻并沉没，船上20名船员中3人被救出，其余17人全部遇难。7月下旬，“门罗总统”号所在的公司按协议赔偿连云港海洋渔业公司经济损失840万元。

5月13日 市委决定，撤销市党史资料征集研究委员会及其办公室，成立市委党史工作委员会。

6月11日 由商业部和江苏省商业厅共同投资的连云港市肉联厂5000吨冷库及辅助设施投入使用。

6月14日 全市开始清查对外经济合同，纠正和查处对外经济交往中的违法违纪行为。

6月 市工商局开始受理私营企业登记。

7月2日 共青团连云港市委和市少先队工作委员会联合作出决定，授予为抢救落水同学英勇献身的徐圩盐场中心小学学生杨佃池“英雄少年”称号，并号召全市青少年向杨佃池学习。

7月28日 连云港港至日本神户港的集装箱定期班轮航线开通，结束连云港港无集装箱定期航线的历史。

8月10日 欧亚—新海大陆桥运输前期研究技术评审会在连云港市举行。铁道部组织的专家评审委员会经过多种方案的比较选择，确认连云港大陆桥运输方案。

8月上旬 国务院批准确定40处国家重点风景名胜区，连云港市云台山风景区名列其中。

8月13日 市纪律检查委员会、市计划经济委员会和工商、财政、税务、审计等部门组成连云港市清理党政机关办企业领导小组，开始有重点地开展检查清理、整顿市属企业、公司工作。

8月中旬 省政府批复同意，公布连云港市第一批对外开放重点工业卫星镇16个。

8月24日 全市118家企事业单位推广实施"共保合同"，取得显著成效，省委办公厅要求各地积极加以推广。

9月9日 东海县被国家教委、财政部命名为教育先进县。

9月14日 在全国轻工业出口产品展览会上，市造纸厂生产的"熊猫"牌生活系列用纸获轻工业部出口产品金质奖，同时获优秀出口创汇企业银质奖。

9月19日 "市长电话"正式开通。

9月下旬 灌云县被国家体委命名为全国体育先进县。

9月 按照中共中央部署，连云港市开始治理经济环境，整顿经济秩序。

10月10日 市劳动人事局撤销，分别设立市人事局、市劳动局。

10月14日 市委、市政府召开全市深化改革工作会议。

10月下旬 在全国轻工业出口创汇工作会议上，省盐业公司被评为1987年全国轻工业出口创汇先进生产企业，荣获"金龙腾飞"银牌奖。

10月 在纺织工业部举办的全国1988年针织产品评比中，市经纬编一厂生产的涤纶单双面提花面料被评为优质产品。

11月1日 晨7时15分，在连云港市军、警、民合力围捕下，全国通缉的哈尔滨持枪杀人凶犯宋某某、白某某在灌云县穆圩乡小朱村附近被击毙。

11月24日 连云港港吞吐量首次达1001万吨，跨入年吞吐量超1000万吨的沿海港口行列。

12月下旬 赣榆县南水北调工程竣工，全线通水。

是年 连云港市实现地区生产总值46.2亿元、工业增加值10.93亿元、农业总产值33.61亿元，粮食总产量218.46万吨。财政收入3.36亿元，财政支出3.33亿元。城镇居民人均可支配收入1325元，农民人均纯收入607元。年末总人口378.86万人。

1989年

1月1日 在中国首届食品博览会上，连云港市参展食品获得9枚金牌、18枚银牌和20枚铜牌。其中"花果山"牌啤酒，市罐头厂芦笋罐头、番茄酱罐头、"梅林"牌午餐肉罐头、850克糖水阳梨罐头、火腿罐头，市葡萄酒厂的"白羽"牌干白葡萄酒、"花果山"牌山楂酒和省盐业公司的淮盐荣获金牌。

1月9日 市纪委、监察局在全市开展党风、政风大检查。

1月12日 市政府法制局成立。

1月22日 联合国教科文组织国际岩画委员会在澳大利亚举行的1988年执委会上，决定吸收市博物馆李洪甫为国际岩画委员会会员，李洪甫成为该组织6名中国学者之一。

2月中旬 市委、市政府出台《关于加强普通教育事业发展和改革的决定》。

3月4日 东海县被评为全国粮食生产交售先进县，受到商业部通报表彰。

3月9～14日 由市对外经济贸易委员会、中国国际贸易促进会连云港市支会、中国连云港物产展堺市实行委员会共同举办的中国连云港物产展在日本堺市高岛屋帕恩堀商场展览厅展出。

4月1日 市政府召开对外开放、经贸工作会议，全面兑现市政府制定的鼓励出口创汇政策。

4月7日 市云台山风景名胜区管理局成立。

4月21日 全国政协副主席钱正英到连云港市视察。

4月27～28日 市委、市政府召开全市政法工作会议，要求广大党员干部认真学习4月26日《人民日报》社论，旗帜鲜明地反对动乱。

5月10～11日 市委召开民主评议党员工作会议。

5月13日 经省政府批复同意，撤销市经济体制改革办公室，设立市经济体制改革委员会。

5月14日 由市制药厂、中国医药工业公司合资兴建的国内最大的药用铝箔生产厂——连云港药用铝箔包装材料工程在开发区投产。

6月23日 市委、市政府召开全市试行岗位目标管理责任制总结表彰会，表彰市外经贸委等3个先进集体和13名先进个人。市政府决定自1989年起，政府各职能部门和工业公司全面推行目标管理。

6月26日 市委召开常委会议，认真学习中共第十三届中央委员会第四次全体会议公报，表示坚决拥护全会作出的各项决定，坚决拥护全会对赵紫阳同志所犯严重错误作出的组织处理，坚决拥护党中央新的领导核心。

△ 连云港市与西宁市缔结为友好城市。

6月29日 全市民主评议党员试点工作结束，共评出优秀党员1676人、不合格党员562人。

7月6日 市公安局发出通告，要求"淮海大学学生自治会"及一切未经批准非法成立的组织都要自行解散，停止活动。

7月8日 参与创建中共连云港市早期党组织、中央顾问委员会委员、中共江苏省委原书记、原省长惠浴宇逝世，终年80岁。

7月20日 经交通部批准，连云港海洋运输公司成立，主要经营至日本、朝鲜等国家和东南亚地区的进出口货物的运输业务。

8月8日 市惩治腐败领导小组成立。

8月20日 赣榆抗日山烈士陵园被国务院批准为第二批全国重点烈士纪念建筑物保护单位。

9月12日 晨2时44分，连云区连岛乡西山村"苏连渔2012"号渔船航行至北纬33°35′、东经122°35′附近海域时，与一艘货轮碰撞后沉没，船上11名船员全部遇难，直接经济损失100万元。

9月15日 新浦至浙江杭州公路客运班车首班营运，这是连云港市开往外地最长里程的首条公路班车客运线路。

9月16日 在江苏省第六届轻工业优秀新产品展览评比会上，市制碘厂生产的肠溶性丙烯酸树脂Ⅰ号、Ⅲ号和市日用品化工厂生产的咪唑啉两性表面活性剂双双获得金奖。

9月19日 省委决定，秦兆桢任中共连云港市委书记。

9月24日 国家重点工程——连云港港散粮码头筒仓基础工程正式开工。

10月25日 国家"七五"期间重点建设项目，中国三大碱厂之一的连云港碱厂正式投产。

10月29日至11月1日 中共连云港市第七次代表大会召开。大会选举产生中共连云港市第七届委员会和市纪律检查委员会，秦兆桢当选市委书记，俞素娥当选市纪律检查委员会书记。

11月22日 市政府颁发科学技术进步奖，对连云港市1988年度50项科学技术成果予以表彰奖励。

11月25日 云台山隧道贯通，全长3654米，是国内最长的公路隧道。

12月4日 连云港—广州直达航线正式开通。

12月8日 民航连云港机场建站工程通过国家验收，该工程建筑面积2.2万平方米，投资1856万元。

12月15日 经中国人民银行和交通银行总管理处批准，交通银行连云港支行正式营业。

是年 连云港市实现地区生产总值49.05亿元、工业增加值11.74亿元、农业总产值36.08亿元，粮食总产量225.31万吨。财政收入3.98亿元，财政支出3.92亿元。城镇居民人均可支配收入1471元，农民人均纯收入650元。年末总人口387.52万人。

1990年

1月13～16日 中共中央政治局常委宋平在连云港市视察指导工作。

3月6日 全国第一家市级太阳能研究机构——连云港太阳能研究所成立。

3月21日 上午8时45分，“阳方口”轮驶离连云港港前往泰国曼谷，标志着连云港至东南亚集装箱班轮航线开通。

4月6日 江苏邮电系统最高的数字微波铁塔工程在灌云县破土动工。塔高83.7米，是盐城—连云港市长途数字微波通信的主体工程之一。

5月14～17日 在全国酒类评比会上，市葡萄酒厂生产的“凯威”干白葡萄酒获得总分第一名。比前，“凯威”干白葡萄酒在英国伦敦举行的第27届世界优质产品会上获得金奖。

5月15日 连云港港首次办理集装箱出口货物海铁联运业务。

7月10日 全国第一条村办铁路——连云港远洋院前储运公司铁路专用线正式通车。铁路全长1.76千米，耗资308万元。

7月12日 连云港市与新疆博尔塔拉蒙古自治州缔结为友好城市。

7月19日 副省长凌启鸿、省军区司令员章昭薰、市长王稳卿等赴前三岛（平山岛、达山岛、车牛山岛）慰问守岛部队全体官兵，庆贺守岛建岛30周年。

7月中旬 省盐业公司、市发酵厂被轻工业部列为全国首批轻工行业重点骨干企业。

8月上旬 连云港市各地普降暴雨，出现多年未遇的严重雨涝灾害。

8月18日 市政府出台《关于坚持和完善城镇集体所有制企业承包责任制的意见》。

8月23日 国家大陆桥工作小组组长于绍儒到连云港市考察。

8月26日 市太阳能研究所研制的PBCD系列太阳能热水器，获省青年优秀科技成果一等奖和省优秀新产品金牛奖。

9月12日 中国兰新铁路西段与苏联土西铁路在阿拉山口接轨，新亚欧大陆桥宣告全线贯通。

9月20日 省盐业公司步入全国500家大中型工业企业行列。

9月25日 市政府召开工业工作会议。会议要求各企业进一步搞活经营，以销保产，以销促产，制定销售积压产品的鼓励措施，积极开拓国内外市场。市委、市政府在会上印发《关于进一步搞活经营扶持工业生产的意见》。

10月11日 连云港市与河南省郑州市缔结为友好城市。

10月28日 在能源部、农业部联合举办的1990年全国太阳能热水器质量评比会上，市太阳能研究所研制、市新海太阳能热水器厂生产的MBB0.75-IA型、MTG0.75-IA型家用太阳能热水器，在全国160余家同类产品中脱颖而出，获得一等奖。

10月30日 由交通部和卫生部组成的国家卫生港鉴定委员会通过对连云港港争创国家卫生港考核鉴定。连云港港成为全国第八个国家卫生港。

11月17日　根据南京军区命令，连云港军分区改编为连云港警备区。

11月20日　第七一六研究所在国内率先研制开发高精度数字模拟转换器件，建成一条年产1万块转换器件的生产线。

11月30日　连云港港两个2.5万吨级深水泊位木材专用码头通过国家交工验收，全港年新增通过能力100万吨。

12月1日　市政府出台《连云港市关于鼓励台湾同胞投资的规定》。

12月5～7日　首届中国赣榆徐福节举办，纪念徐福东渡日本2200周年。

12月6日　新浦汽车站被命名为1990年度全国文明汽车站。

12月9日　海州师范学校高级讲师黄永言祖孙三代执教数十年，被中国教育总工会评为全国先进教育世家。

12月15日　轻工业部“七五”期间重点技术改造工程、年产2万吨棉浆板生产线安装完毕。该工程总投资8000万元，是亚洲生产能力最大的棉浆板生产线之一。

12月20日　江苏省“八五”期间重点工程——市氨纶厂动工建设。

12月21～25日　建设部城市规划司、国家计委国土司联合在连云港市召开陇海兰新经济带城镇体系规划工作会议。会议确定陇海兰新地带城镇规划的目标、地域范围、规划内容、规划年限和规划原则。

12月24日　连云港市粮食总产量超历史最高水平，达233.38万吨。连云港市及所辖赣榆县、东海县、灌云县，被评为全国粮食生产先进单位。

是年　连云港市实现地区生产总值55.19亿元、工业增加值12.18亿元、农业总产值40.25亿元、粮食总产量233.38万吨。财政收入4.26亿元，财政支出4.37亿元。城镇居民人均可支配收入1501元，农民人均纯收入696元。年末总人口405.05万人。

1991年

1月5日　全市治理乱收费、乱罚款、乱摊派动员大会召开。

1月7日　国家中欧大陆桥集装箱运输研究和试运工作小组第四次会议在连云港市召开。

2月26日　市委、市政府召开全市农民负担清理整顿工作会议。

2月27日　市煤气工程试送气点火成功，西小区1000余户居民用上管道煤气。

3月2～6日　连云港市第八届人民代表大会第四次会议召开，通过关于《连云港市国民经济和社会发展十年规划和“八五”计划纲要》的决议。

3月9日　连云港港煤炭外贸出口工作受到国家计委和国务院生产委员会表彰。

4月3日　市委、市政府在黄海影剧院召开以“科技、质量、品种、效益”为重点的“企业管理年”活动动员大会。

4月6日　灌云县龙苴镇范庄村发现一座距今约2000年的西汉中晚期男女合葬木椁墓。这是连云港市迄今发现的最大汉墓葬。

4月21日　耗资5000万元，总容量为1.6万门市话、800线长途通信工程割接开通，连云港市电话号码由5位数升为6位数。

4月24日　连云港庙岭二期集装箱泊位工程建成试投产。

4月25日　茅口水厂二期扩建工程通过验收，全市日供水能力由2.5万立方米扩大到10万立方米。

4月26日 连云港港双向航道首航成功，结束了连云港港开港58年来单向航道的历史。

4月30日 市政府召开全市经济体制改革工作会议。

4月 国务院生产委员会等七部委明确连云港为新亚欧大陆桥东方桥头堡。

5月5日 将军崖岩画、孔望山摩崖造像保护工程正式列入国家"八五"重点文物保护计划。

5月9日 国务院召开的亚欧大陆桥过境集装箱运输有关问题会议确认连云港为新亚欧大陆桥东方起点，连云港港被确定为中国开办大陆桥过境集装箱运输的第一批9个开放口岸之一。

7月4日 市政府下发通知，要求打破地区、部门、企业之间的关卡，进一步搞好商品流通。

7月5日 东海县被国务院表彰为全国保险工作先进县。

7月5～11日 应市政府邀请，以澳大利亚科雷奥郡连云港友好关系委员会主席杰瑞·斯密思为团长的科雷奥郡访华团一行3人对连云港市进行为期一周的友好访问。是年11月9日，在澳大利亚科雷奥郡公园大厅，中国连云港市市长王稳卿和澳大利亚科雷奥郡市长瑞·塔克分别代表两市政府签署缔结友好城市协议书。

7月25日 东海县儿童版画展在北京中国儿童少年活动中心开幕。

8月9日 市惩腐倡廉领导小组召开会议，要求各级党委、政府把清理户口"农转非"和清理"两房"（装修住房、购买商品房）工作作为加强党风和廉政建设的重点工作来抓。

9月13日 总投资5.5亿元的陇海铁路徐州至连云港段复线二期工程获国务院批准。

9月18日 市政府召开清理"三角债"工作会议。

9月25日 两集电视剧《情牵"雷锋车"》在北京人民大会堂江苏厅举行首映式。该电视剧是根据全国文明汽车站新浦汽车站服务员坚持28年学雷锋事迹所创作的。

10月1～3日 首届中国东海水晶节举行。

10月19日 市委、市政府下发《关于支持开发区建设和发展若干政策的通知》，进一步搞活开发区。

10月26日 以莲见义博为团长的苏联、美国、日本、德国、意大利和澳大利亚驻沪总领事馆总领事、商务领事一行14人访问连云港市。

10月30日 连云港市与延安地区缔结为友好地市。

11月20～21日 国务院副总理朱镕基视察连云港市，提出城市要为港口服务。

11月23日 连云港西墅村附近海域发生重大海难事故。该村到秦山岛采海蛎子的村民乘坐的一艘渔船遇风翻沉，63人遇难，35人获救。

12月18日 连云港市与开封市缔结为友好城市。

12月25日 凌晨2时30分，云华宾馆因总机房电器事故发生火灾，1400平方米客房全部烧毁，死亡14人。

是年 连云港市实现地区生产总值59.51亿元、工业增加值13.07亿元、农业总产值41.8亿元、粮食总产量243.64万吨。财政收入4.13亿元，财政支出4.82亿元。城镇居民人均可支配收入1731元，农民人均纯收入745元。年末总人口412.4万人。

1992年

1月14～15日 市委召开七届六次全委（扩大）会议，提出"解放思想、加速开放、求实创新、以港兴城"的发展战略方针。

1月19～20日 中共中央总书记、中央军委主席江泽民视察连云港。

1月28～29日 市政府召开全市计划工作会议。

2月8～9日 国务委员宋健在连云港市考察。

3月13日 市政府召开破“三铁”经验交流会，市属43家工业企业掀起以破除铁饭碗、铁工资和铁交椅为中心的企业劳动、工资和人事制度改革热潮。

3月31日 赣榆县美榆果制品有限公司生产的“多康”牌保健果茶在意大利维也纳第95届国际农业博览会上获金奖。

4月2日 中江连云港分公司中标塔纳河农业工程项目。该工程总造价约3000万美元，是中国最大的农业对外承包项目。

4月16日 市政府召开住房制度改革工作会议，出台《市区住房制度改革实施方案》，部署房改工作。

4月25～27日 市委召开七届八次全委（扩大）会议，讨论并通过《关于加快改革开放实现经济发展再上新台阶若干问题的决定》。

4月26～28日 全国政协副主席王恩茂视察连云港。

5月14日 连云港首次开通直航日本班轮航线。

5月15日 连云港气象预报在中央电视台播出。

5月15～17日 国务院生产办公室在连云港召开新亚欧大陆桥运输工作商谈会，落实大陆桥开通运营前的有关工作，进一步明确陆桥运输先从连云港开始，然后再逐步开通天津、上海等港口运营。

6月17日 市委、市政府召开紧急抗旱会议，要求全市全力以赴做好抗旱工作。

6月29日 市房改领导小组举行新闻发布会。实行长达43年之久的低租金住房制度产生根本变革。从7月1日开始，交纳建房公积金、公房提租补贴、新租公房定金和优惠售房等一系列措施在市区全面实行。

7月1日 宁连一级公路连云港段开工建设。1996年12月竣工通车。

7月17～18日 全市对外开放工作会议召开，市委、市政府颁布一系列配套政策，为加速发展创造优良环境。

7月23日 中国江苏三得利食品有限公司生产的“新世纪”牌啤酒、“王子”牌啤酒，在第30届布鲁塞尔世界酒类评选中双双荣获世界金奖。

8月22日 由江苏省社科联、连云港市政府牵头组织的全国第四届《西游记》学术研讨会在连云港市举行。

9月15日 灌云举办建县80周年乡亲联谊会、地方产品展销会，海峡两岸灌云籍书画家作品展同时举行。

9月23日 全市第一个农村合作基金会——赣榆县殷庄乡农村合作基金会成立。

10月14日 海州经济开发区破土动工，首期规划面积3平方千米。

10月30日至11月1日 以韩国木浦市市长李万仪为团长的木浦市代表团访问连云港市。11月1日，两市正式签订缔结友好城市议定书，这是中韩两国建交后两国间第一对友好城市。

11月4日 东海县被农业部授予“全国商品粮生产先进县”称号。

11月27日 市政府出台《连云港市企业职工养老保险暂行办法》。

11月28日 市政府出台《关于加快个体、私营经济发展若干问题的意见》。

12月1日 凌晨，从连云港发出第一列过境国际集装箱专列，新亚欧大陆桥正式开通。

△ 连云港市与青海省海北藏族自治州缔结为友好市州。

12月16日 中国城市综合实力50强及中国城市投资硬环境40优评选揭晓，连云港市名列其中。

12月17日 市委、市政府、连云港警备区向丁敬思、潘守冠等15位在抗日战争、解放战争期间作出贡献的老同志颁发独立功勋和胜利功勋荣誉章。

是年 连云港市实现地区生产总值68.92亿元、工业增加值17.75亿元、农业总产值43.95亿元、粮食总产量240.17万吨。财政收入4.5亿元，财政支出4.86亿元。城镇居民人均可支配收入1997元，农民人均纯收入803元。年末总人口417.54万人。

1993年

1月1日 连云港市第一台由储户直接操作、具有存款和取款双重功能的自动存取款机在市农业银行投入使用。

1月11日 经省职改领导小组批准，连云港教育学院李德身晋升为教授，成为全市高校中首位教授。

1月29日 市新海粮库被正式批准为国家粮食储备库，更名为江苏连云港新海国家粮食储备库。

1月30日 全国人大常委会副委员长彭冲到连云港市视察工作。

2月13日 省盐业公司重奖科技人员陈兆年一辆桑塔纳轿车。他发明的“析硫法”揭开中国盐化工工艺史上崭新一页。

2月27日 省委决定，郁家树任中共连云港市委书记。

3月2～6日 市政协第八届委员会第一次会议举行，选举产生政协连云港市第八届委员会。胡为德当选市政协第八届委员会主席。

3月4～8日 市第九届人民代表大会一次会议召开，选举产生连云港市第九届人大常委会和新一届人民政府。唐贯淮当选市九届人大常委会主任，徐守盛当选市人民政府市长。

3月18日 省政府批准前三岛设乡，乡政府机构设在平山岛。

4月1日 连云港市粮食、油料购销价格全面放开，使用40多年的粮票、油票从此退出历史舞台。

4月2日 由化工部矿山设计院总承包的上锦2万吨出口磷酸散装储罐一期工程投入运营。这是中国最大出口散装磷酸储罐，结束连云港港口无化工码头的历史。

4月3日 连云港东风制药厂与淮阴清江制药厂合并重组为连云港东风制药总厂。

4月7日 市委、市政府制定出台《关于发展个体私营经济的决定》，放宽政策，简化手续，实行低税轻费。

4月24～26日 全国人大常委会副委员长、著名社会经济学家费孝通到连云港市考察。

5月18日 东海县粮食总公司与韩国共同投资200万美元兴建的年产2600吨方便面调味品的连云港金五调味品有限公司建成投产。

5月27日 连云港港庙岭二期工程散粮码头通过交通部验收。

6月6日 连云港市与安徽省蚌埠市缔结为友好城市。

7月8日 国家“八五”重点科技攻关项目N-甲基甲酰胺项目在市曙光化工厂通过国家级鉴定。

7月25日 新沂河、新沭河防洪重点工程通过水利部淮河水利委员会验收。

8月1日 《连云港市区优惠出售公有住房实施办法》开始实施。

8月4～6日 连云港市遭受大暴雨和大风袭击，直接经济损失2亿多元。

8月13日 连云港市与山西太原市缔结为友好城市。

8月中旬 东辛农场、岗埠农场进入全国亿元农场行列。

8月18日 连云港港口煤炭交易市场开业。

8月28日 连云港市与甘肃酒泉地区缔结为友好地市。

9月6日 赣榆籍选手许学宁在第七届全国运动会上夺得男子重剑冠军，这是连云港市在全运会上获得的第一枚金牌。

9月14～16日 中共中央政治局委员、中央书记处书记、中央纪律检查委员会书记尉健行视察连云港。

9月28日 连云港机场扩建后复航，南方航空公司广州至连云港航班首架波音737-300大型客机首飞港城，连云港机场不能起降大型民航飞机的历史宣告结束。

10月10日 坐落在新浦区海连东路的华东木材市场开业，为华东地区最大的木材中转站。

10月19日 市委、市政府召开科技兴市工作会议。

10月20日 中国徐福会在赣榆县成立。

10月27日 连云港市与四川绵阳市缔结为友好城市。

11月16日 市政府研究决定取消仓储管理费、商业网点配套费、商品房登记注册费等9项行政事业性收费项目，切实减轻企业和群众负担。

△ 云台山僧众抗日纪念碑揭幕暨义僧亭落成仪式在花果山三元宫举行。

11月17日 国家批准墟沟港区开工。墟沟港区计划多方筹资建设6个万吨级泊位，概算总投资6.24亿元。

是年 连云港市实现地区生产总值86.26亿元、工业增加值24.38亿元、农业总产值53.91亿元、粮食总产量227.17万吨。财政收入6.45亿元，财政支出6.49亿元。城镇居民人均可支配收入2623元，农民人均纯收入941元。年末总人口420.41万人。

1994年

1月9日 由连云港建港指挥部、锦屏磷矿与中国科学院力学研究所等单位共同持有的专利技术——水下淤泥软基爆炸处理法，获得国家发明专利金奖。

1月15日 中华人民共和国成立后连云港市最大一起贪污案审结，贪污犯陈某某、王某某被一审分别判处死刑和无期徒刑。

1月20日 下午5时，"云龙"轮满载着集装箱首航韩国釜山，连云港至韩国釜山国际集装箱班轮航线正式开航。

2月14日 应澳大利亚大基隆市、新西兰纳皮尔市政府邀请，以市长徐守盛为团长的连云港市友好代表团一行6人开始对两市进行为期14天的友好访问。

3月1日 连云港市开始执行每天工作8小时、每周工作44小时的新工时制度。

3月23日 连云港市与北京市西城区缔结为友好市区。

4月10日 连云港市有史以来最大的一次海损事故保险赔偿案办理终结。1993年12月4日，连云港船务公司的"云腾"轮途经澎湖列岛海域时遭台风袭击触礁搁浅，后在有关方面救助下，船员全部安全离船返回大陆。市保险公司总经理向连云港船务公司兑现260万美元的"云腾"号海损赔偿。

4月24日 全国政协副主席洪学智视察连云港市。

5月17～22日 国务院总理李鹏对江苏进行为期6天的考察，李鹏先后考察连云港等地的商品粮基地和国有大中型企业，并为新亚欧大陆桥亲笔赋诗《新丝绸之路》："巍巍天山皑皑雪，漫漫古道滚滚沙。一桥如虹贯欧亚，丝绸之路绽新花。"

5月18日 连云港生产资料国际商城开业。

5月24日 土库曼斯坦至中国连云港铺设天然气管道项目合作意向书签订。该工程总投资90亿美元，管道全长约6250千米。

6月3日 连云港市与新西兰纳皮尔市缔结为友好城市。

6月8日 国内沿海第二条杂货班轮——连云港至广州定期杂货班轮首航。至此，连云港无沿海定期杂货班轮的历史宣告结束。

6月中旬 在第五届亚洲及太平洋国际贸易博览会上，连云港市"汪恕有"滴醋获金奖。

6月26日 零时，连云港市建成本地电话网，东海县、赣榆县、灌云县电话号码同时由6位升7位，统一使用"0518"长途区号。8月28日，市区电话号码升至7位。连云港市成为继南京市之后在全省第二个电话号码升至7位的城市。

6月27日 灌云县镜花缘酒厂生产的镜花缘44度大曲、53度特曲双双获得在珠海举行的1994年国际优质商品博览会金奖。

6月28日 经省体改委批准，连云港如意集团股份有限公司正式成立，全市第一个面向国际市场、依托国内广阔基地的创汇农业龙头企业正式诞生。

7月7日 《云台山风景名胜区规划》通过省建委评审。

7月8日 连云港市工业系统第一家股份制企业——连云港元升实业股份有限公司成立。该公司是经省体改委批准、由原市制碘厂改组创建的，总股本2150万元。

7月21日 连云港市与澳大利亚大基隆市缔结为友好城市。

7月22日 连云港市首次被全国拥军优属拥政爱民工作领导小组命名为全国双拥模范城。

9月1～2日 韩国、哈萨克斯坦双向利用新亚欧大陆桥过境运输，于9月1日、2日分别在中哈边境完成边境交接。

9月12日 江苏省建设规模最大、最长的公路桥——宁连一级公路新沂河大桥通车。

9月15日 连云港市国家税务局和地方税务局分别宣告成立。

△ 市政府出台《连云港市机关事业单位工作人员养老保险暂行办法》，确定自10月1日起实行机关事业单位工作人员养老保险制度改革。

10月18日 经省体改委批准，以原连云港东风制药总厂为基础，成立江苏天晴药业集团。

10月25～28日 中共连云港市第八次代表大会召开，选举产生中共连云港市第八届委员会、中共连云港市纪律检查委员会。选举郁家树为市委书记、朱鲜龙为市纪委书记。

是年 连云港市实现地区生产总值110.61亿元、工业增加值30.68亿元、农业总产值94.2亿元、粮食总产量235.08万吨。财政收入7.48亿元，财政支出7.46亿元。城镇居民人均可支配收入3881元，农民人均纯收入1375元。年末总人口423.72万人。

1995年

1月12日 经市体改委批准，由市国际经济技术合作公司、建筑工程总公司等24家单位组成的连云港国际经济技术合作集团公司正式成立。

1月17日　市政府研究决定，撤销市国有资产管理办公室，成立市国有资产管理局，为市财政局管理的副处级行政机构。

2月6日　连云港市见义勇为基金会成立。

2月23～25日　由国家科委政策体改司等部门11人组成的国家新亚欧大陆桥开发项目考察团抵达连云港市考察。

2月　经国家经贸委等部门批准，江苏天晴药业集团、中金医药包装有限公司晋升为国家大型企业。至此，全市国家大型企业达6家。

4月14日　市委、市政府出台《关于进一步扩大开放的实施意见》。

4月20～21日　市委在黄海影剧院召开以经济建设为中心、“两个文明”一起抓动员大会。

5月4日　全国劳动模范、赣榆县私营企业主祁德林投资兴办的农贸市场在赣榆县动工建设，这是全市第一家私营企业主投资兴办的市场。

5月11日　省政府批复《连云港市城市总体规划（1991～2010）》。

6月3日　墟沟海滨浴场正式向游客开放。

6月19～20日　全国政协副主席万国权一行到连云港市考察国有大中型企业情况。

6月28日　连云港至新加坡班轮航线开通。

7月18～27日　市新浦中学女子排球队在淮阴市参加江苏省女子少年组排球赛，夺得冠军。之后，以新浦中学女子排球队为主组队的江苏省女子排球队，参加在上海举行的全国中学生运动会华东赛区预赛，夺得第一名。

8月1日　市区自即日起，使用新的城镇居民粮油供应证，原供应证作废。

8月14日　连云港市在全市企业全面推行劳动合同制度。

8月23日　国家科委、亚欧大陆桥国际商运股份有限公司联合在连云港市召开中国连云港亚欧大陆桥发展促进座谈会。

9月10～13日　国务委员、国家科委主任宋健和国家13个部门负责人及鲁、豫、皖三省分管省长抵达连云港市考察石梁河库区污染情况，商讨防治工作。

9月12～16日　由徐州、淮阴、盐城、连云港四市联办的苏北有史以来规模最大的对外经贸洽谈会——1995年中国江苏亚欧大陆桥经贸恳谈会在连云港市举办。

9月25日　市政府、连云港警备区召开军民联防模范连命名30周年纪念会。

11月1日　地质矿产部连云港黄海机械厂投产，是全市最大的内联企业。

11月17日　中共中央宣传部向全国推广连云港市精神文明建设经验。

11月23日　满载78个标准箱过境美国货物的782次列车从连云港港区启动，开始沿新亚欧大陆桥西行，向乌兹别克斯坦进发。这是新亚欧大陆桥首次以整列方式运输国际过境货物。

11月28日　连云港如意集团股份有限公司被省政府批准为股票发行额度企业，成为全市首家发行股票的企业。

12月18日　连云港市成立江苏省首家保险理赔鉴定中心。

12月21日　连云港市遭遇22年未遇冬旱，连续78天无降水，全市三麦普遍受旱，部分山区人畜饮水发生困难。

12月29日　经中共中央和国务院批准，连云港市被确定为一类市。

是年　连云港市实现地区生产总值139.29亿元、工业增加值35.67亿元、农业总产值[illegible]1[illegible].34亿元、粮食总产量256.86万吨。财政收入10.55亿元，财政支出10.36亿元。城镇居民人均可支配收入4504元，农民人均纯收入2011元。年末总人口427.78万人。

1996年

2月7日 连续12年获“全国文明站”称号的新浦汽车站长途服务组被评为全国城镇妇女巾帼建功先进集体，是全国唯一获此殊荣的汽车站。

2月8～12日 连云港市第九届人民代表大会第四次会议讨论并审议通过《连云港市国民经济和社会发展第九个五年计划和2010年远景目标纲要》。

2月29日 连云港市被命名为江苏省卫生城市。

3月20日 总投资5.6亿元的北沿海光缆工程（江苏段）在连云港市破土动工，连云港段于5月21日竣工。

4月20日 由连云港化肥厂整体改制组建的江苏德邦化学工业集团有限公司举行挂牌仪式。

4月24日 《连云港港总体布局规划》通过交通部、国家计委组织的评审。

5月1日 中国人民保险公司连云港分公司分设为中保财产保险有限公司连云港分公司、中保人寿保险有限公司连云港分公司。

5月5日 新亚欧大陆桥东桥头堡连云港建设发展咨询座谈会在北京亚运村国际会议中心召开。

5月7～9日 由国家科委、国家计委、外经贸部联合举办的1996年北京新亚欧大陆桥区域经济发展国际研讨会在北京国际会议中心召开。

5月 市政府出台《连云港市安居工程实施意见》，启动安居工程建设。

6月24日 徐连复线、连云港港墟沟港区一期工程列入1996年国家重点建设项目。

6月26日 连岛供水工程竣工送水，连岛居民从此结束靠天吃水的历史。

7月2日 江苏省盐业国家职业技能鉴定所在连云港市成立。

7月8日 市委、市政府召开党政机关机构改革动员大会。改革后共设市级党政机构58个，其中市委机构9个、市政府机构49个，另设部门管理机构10个。

7月19日 经国务院批准，灌南县划归连云港市管辖。

7月24日 连云港籍国家女子足球队主力队员陈玉凤，成为全市有史以来第一位参加奥运会的运动员。

8月10日 国家科委批准东海县硅资源加工产业为第二批国家级星火计划区域性支柱产业。

9月2～4日 1996年江苏连云港军转民经济技术合作洽谈会召开。洽谈会由中国和平利用军工技术协会、国家计委“三线”建设调整办公室和连云港市政府共同主办。签约项目198个，总投资15.4亿元。

9月16～17日 市九届人大常委会召开第十四次会议。会议决定任命夏耕为市政府副市长、代市长。

10月8日 市劳动力市场建成投入使用。

10月11日 中国农业发展银行连云港市分行成立。

10月27日 苏北四市科技成果巡回展与技术协作洽谈会在连云港市举行。会上连云港市共签订科技协作协议22项、意向性协议461项，与74个高校、科研院所达成长期协作关系，聘请专家顾问90余人。

11月1日 连云港市调整企业最低工资标准，市区为每月200元（原175元）；赣榆县、东海

图0-1　1996年11月28日，连云港如意集团股份有限公司股票在深圳证券交易所挂牌交易。　李家岭　摄

县、灌云县、灌南县为每月160元（原140元）。调整后的最低工资标准从1996年7月1日起执行。

11月20日　国务院公布第四批全国重点文物保护单位250处，连云港市大伊山石棺墓榜上有名。

11月28日　连云港如意集团股份有限公司1250万股A股，在深圳证券交易所大厅挂牌交易，成为全市公开发行股票的第一家企业，也是江苏第一只农业概念股。

12月11日　新亚欧大陆桥国际信息中心成立。

12月13日　徐连通信光缆干线连云港段在东海县境内破土动工。

12月15日　零时，灌南县电信网割入连云港本地网，原区号0527改为0518。

12月19日　连云港市被确定为全国45个公路主枢纽之一。

△　国家经贸委立项、苏北最大的中外合资项目——江苏东海圣戈班玻璃有限公司高档浮法玻璃生产线开工兴建。

12月27日　全市深化企业职工社会保险制度改革大会召开。

12月30日　市公安局“110”报警服务台开通。

是年　连云港市实现地区生产总值169.52亿元、工业增加值42.13亿元、农业总产值123.31亿元、粮食总产量269.72万吨。财政收入12.95亿元，财政支出12.02亿元。城镇居民人均可支配收入4993元，农民人均纯收入2396元。年末总人口432.96万人。

1997年

1月10日　灌云县创建农村电气化县工作通过验收，跻身全国农村电气化县行列。

1月22日　新海发电厂被电力部命名为全国一流火力发电厂。

1月29日　连云港市第二次被全国拥军优属拥政爱民领导小组命名为全国双拥模范城。

2月20日　市政府出台《连云港市国家公务员制度实施方案》。

3月11～14日　市九届人大五次会议选举夏耕为市政府市长。

3月18日　《连云港公路主枢纽总体布局规划》通过交通部审查。

3月26日　市“十佳”“十差”建筑评选结果揭晓，天然居等10幢建筑被评为“十佳”建筑，银河购物中心等10幢建筑被评为“十差”建筑。

3月　国内外50多家单位投资开发赣榆海滨，“江苏北戴河”首期工程启动。

4月2日　连云港至阿拉山口“五定”班列开通。“五定”即固定装卸车地点、运行路线、车次、时间、运价。

4月5日　连云港市首届玉兰花会开幕式在连云区东磊举行。

4月12日　中共中央政治局委员、国务委员李铁映到连云港市视察工作。

4月18日　连云港口岸第一家综合性保税仓库——连云港陆桥公共保税仓库挂牌开业。

△ 市政府印发《连云港市农村合作医疗管理办法》。

4月26日 成都—连云港—大连航线开通。

4月 市政府出台《连云港市城市居民最低生活保障暂行办法》，成立城市居民最低生活保障领导小组，全面实施城市居民最低生活保障制度。

5月9～10日 苏北五市面向21世纪共同发展研讨会在连云港市召开。

5月13日 市预备役军官授衔仪式在云台宾馆举行。

5月14日 市委、市政府召开全市加快建设大型专业批发市场工作座谈会。

5月25日 "花果山十景"评选揭晓。水帘洞、玉女峰、三元宫海宁禅寺、阿育王塔、飞泉、七十二洞、花果山山门、九龙桥、神字碑、金镶玉竹成为"花果山十景"。

5月25～26日 以中国驻俄罗斯大使李风林为团长的中国驻外国和联合国机构的20多位大使、参赞到连云港市考察。

6月8～15日 全国政协副主席、中国社科院院长胡绳到连云港市视察。

6月30日 从5月12日至6月30日，全市48天干旱无雨，出现60年一遇的特大干旱。

7月1日 连云港市各界人士彻夜狂欢庆祝香港回归。

7月21日 市政府召开全市高新技术产业"百亿工程"座谈会。

7月22日 市政府召开海洋经济发展会议，加快"海上连云港"建设。

7月25日 由省旅游局和连云港市联手举办的1997年江苏"连云港之夏"开幕，这是首届"连云港之夏"活动。

8月2日 省政府批准连云港市建立省级连云港高新技术产业开发区。

8月5～7日 省委、省政府在连云港市召开徐连经济带建设工作会议。

8月6～7日 全省农业产业化经营工作会议在连云港市召开。

8月18～20日 1997年11号台风从8月18日晚9时30分开始影响连云港市，风力最大时达11级，降雨达232.2毫米，赣榆等地60多处海堤决口，全市大部分农田受灾，倒塌房屋3000多间。

8月28日 连云港变压器有限公司挂牌。至此，全市第一批9家省级现代企业制度改革试点企业全部挂牌运作。

9月2～11日 市长夏耕率市经贸代表团赴新疆出席中国与中亚五国经贸合作研讨会。

9月3日 江苏新海发电厂被命名为全国职业道德"十佳"标兵单位。

9月7日 连云港市首次面向社会公开招考县以上机关公务员和参照公务员制度管理单位工作人员，全市2231名考生参加全省统一组织的笔试，232人被录用。

9月8日 国家"七五"重点建设项目——连云港碱厂年产60万吨纯碱工程通过国家级竣工验收。

9月16日 由市政府和中央电视台联合主办、中央电视台书画院承办的新亚欧大陆桥美术作品汇展开幕，共展出174幅美术作品。相继在连云港、洛阳、兰州、乌鲁木齐等城市巡回展出，历时两年，于1999年11月30日结束。

10月8日 赣榆县被文化部授予"万里边疆文化长廊建设先进单位"称号。

10月10日 由市政府主办的首届花果山金秋登山节开幕。

10月12日 市委、市政府召开清理党员干部违反计划生育问题工作会议。

10月13日 连云港籍运动员时海峰在第八届全运会上荣获皮划艇冠军。

11月1日 江苏省淮海地区口岸工作座谈会在连云港市召开，徐州、淮阴、盐城、宿迁、连云港五市政府及有关部门参加。

11月7日 市见义勇为基金会作出决定，追授因公牺牲的新浦公安分局市东派出所联防队员杨兵“连云港市见义勇为先进分子”称号，并颁发奖金5000元，这是市见义勇为基金会给见义勇为人员颁发的第一笔奖金。

11月17～20日 以市委书记郁家树为团长的连云港市党政代表团抵达陕西宝鸡市进行考察访问。20日下午，连云港市与宝鸡市缔结为友好城市。

11月20日 投资5000多万元、年产500吨氨纶丝的连云港钟山氨纶有限公司三期扩建工程试车成功，使该公司形成年产1500吨的综合生产能力，为中国规模最大、产品品种最全的氨纶丝生产基地。

11月29日 市委、市政府出台《市属国有、集体企业改制工作的意见》《市属国有、集体企业改制若干政策规定》。市委、市政府决定成立市企业改制工作委员会。

12月1日 国家批准立项建设庙岭港区三期工程，总投资6.28亿元。

12月9日 新沂河海口控制工程全面开工，工程总投资1.39亿元。

12月12日 连云港市与河南省三门峡市缔结为友好城市。

12月18日 以柳波夫·阿达米高副市长为团长的俄罗斯伏尔加斯基市友好代表团抵达连云港市，进行为期4天的友好访问。下午，连云港市与俄罗斯伏尔加斯基市缔结友好城市签字仪式在天然居宾馆举行。

12月22日 总投资20亿元的国家铁路重点建设工程——新亚欧大陆桥徐（州）连（云港）段复线建设工程通过国家验收。

12月29日 中俄合作建设的连云港核电站总合同签字仪式在北京举行。国务院总理李鹏、副总理李岚清和俄罗斯第一副总理涅姆佐夫出席签字仪式。

是年 连云港市实现地区生产总值195.86亿元、工业增加值50.21亿元、农业总产值144.33亿元、粮食总产量280.04万吨。财政收入15亿元，财政支出14.39亿元。城镇居民人均可支配收入5296元，农民人均纯收入2705元。年末总人口437.25万人。

1998年

1月5日 蔷薇河送清水一期主体工程竣工，行程300多千米的长江水流进蔷薇河，年流量20亿立方米。

1月7日 市委、市政府召开全市科技成果向生产力转化工作会议，对20个优秀项目和29名先进个人予以表彰。

1月8日 全市首期安居工程入住仪式在新浦龙河小区举行。

1月14～18日 政协连云港市第九届委员会第一次会议召开，选举产生政协连云港市第九届委员会，俞素娥当选市政协第九届委员会主席。

1月16日 首届新亚欧大陆桥（中国）沿桥城市优势信息发布会在北京人民大会堂新闻发布厅举行，12个沿桥城市的领导参加会议。

△ 经省政府批准，省盐业公司改制为江苏省盐业集团有限责任公司，在南京召开成立大会。

1月16～21日 连云港市第十届人民代表大会第一次会议召开，选举产生第十届人大常委会和新一届人民政府。宋开智当选市第十届人大常委会主任，夏耕当选市政府市长。

2月3日 全市清理公费住宅电话4801部、手持机1265部。清理后全市每年减少话费支出近1000万元。

2月5日 市委、市政府出台市医药系统国有资本营运体制改革试点方案，决定组建连云港恒瑞集团公司，实行企业经营与行业管理“分家”。

2月10日 市汽车总站长途服务组被确定为全省精神文明建设重大典型。17日，省委宣传部等部门发出通知，在全省开展学习长途服务组活动。26日，中宣部、中央文明委和团中央联合召开先进典型座谈会，市汽车总站长途服务组应邀到会发言。

2月17日 连云港市仲裁委员会成立。

3月1日 《连云港日报》庆祝创刊40周年。

3月20日 连云港市获“1997年度全国水政水资源工作先进市”称号。

3月24～26日 以新西兰纳皮尔市市长艾伦·迪克为团长的友好代表团一行17人访问连云港市。

4月16日 省政府、省军区授予市汽车总站女子民兵排“雷锋式女子民兵排”荣誉称号大会在连云港市举行。

4月25日 上午8时50分，副省长季允石、中国核工业总公司副总经理陈肇博和俄罗斯原子能部副部长列舍特尼科夫同时按动爆破按钮，位于高公岛乡扒山头的连云港核电站土石方工程正式开工。

5月6日 连云港国际展览中心初步设计通过审定，月内开工。国展中心是江苏省三大展览中心之一，被列入省“九五”发展规划。

5月22日 市政府发出通知，决定全市义务教育阶段中小学全面实施免试就近入学。

5月30日 市委、市政府召开全市粮食流通体制改革工作会议。

6月2日 市委、市政府召开国有企业下岗职工基本生活保障和再就业工作会议。

6月19日 经国家有关部门批准，全国科技兴海技术转移连云港中心在朝阳路建设大厦挂牌。

6月20～21日 由国家计委、经贸委、科技部、外贸部联合举办的新亚欧大陆桥发展战略与信息网络建设工作座谈会在连云港市举行。

6月 中国联合通信连云港分公司成立。

7月16日 全市高速公路建设工作会议召开。

8月4日 全市学习邓小平理论工作会议召开。

8月12日 东陇海铁路新浦—海州绕行线开通运行，新浦火车站及相关工程全面建成并开通运营。横穿市区几十年的老铁路线以及新浦老火车站、海州火车站终止运营。

8月18日 连云港口岸国际集装箱查验联合办公室成立。

8月20日 由市政府主办的东海尹湾汉墓简牍学术研讨会开幕。

8月23日 市政府出台《关于进一步改善外商投资软环境的若干规定》。

8月 连云港移动通信从市邮电局剥离，成为境外上市公司中国移动（香港）公司全资子公司江苏移动通信有限责任公司连云港分公司。

9月3日 市委、市政府召开国有企业改革座谈会。

9月4日 市委、市政府召开全市计划外生育费专项治理工作会议。

9月14日 全国政协副主席李贵鲜带领全国政协调研组一行到连云港市调研围海造地与滩涂开发利用情况。

9月16日 市行政学院成立。

9月17日 连云港市举行第三届（1996～1997年度）精神文明建设“五个一工程”工作会议

暨表彰会。

9月20日　新海发电厂获“全国环保先进企业”称号。

△　投资4000万元、建筑总面积3.4万平方米的中国东海水晶城全面竣工，成为全国最大的水晶珠宝交易中心。

9月　青口、台北、台南、徐圩、灌西5个盐场和云台盐业运销公司、海精盐厂联合组建江苏金桥盐业有限公司。

10月8日　市法律援助中心成立。

10月14日　邮政、电信分营，市电信局成立。

10月28日　市政府召开失业保险工作会议。

10月28～29日　参加21世纪亚欧经贸关系和新亚欧大陆桥国际学术研讨会的外国代表和部分国内代表到连云港考察。

10月30日　汾灌高速公路新沭河特大桥合龙。

11月6日　中国电信连云港移动通信全球通网络三期扩容工程割接成功，提前2个月投入运营，全市移动电话网络容量由3.8万户猛增到近8万户，工程总投资4亿多元。

11月26日　国家重点建设项目——连云港国家粮食储备库立项奠基。工程总投资4305.53万元，设计总仓容7500万千克。

图0-2　1998年11月27日，连云港市和日本佐贺市建立友好城市关系协议书签字仪式。　李家岭　摄

11月26～28日　以日本佐贺市市长西村正俊、议长光武重一为首的佐贺市缔结友城访华团到连云港市访问。27日，连云港市和佐贺市缔结为友好城市。

12月1日　连云港市全面停止住房实物分配，住房货币补贴政策启动运行。

△　连云港市建立劳动关系协调会议制度。

12月4日　交通部连云港海监局通过ISO 9002质量体系认证，成为全国第一家通过ISO 9002质量体系认证的行政执法单位。

12月21日　中国大陆科学钻探2号预先导孔在东海县开钻。中国大陆科学钻探于1997年6月被国家科技领导小组确定为“九五”期间国家重大科学工程，是世界上第一口钻入大陆古山脉最深部位的科学深井。

12月25日　连云港市全面超额完成3年农村改水攻坚任务，实际完成新增农村改水受益人口63.5万人，全市农村自来水普及率由“八五”期末的32.4%提高到54.2%。

是年　连云港市实现地区生产总值216.51亿元、工业增加值58.75亿元、农业总产值150.4亿元、粮食总产量251.93万吨。财政收入16.47亿元，财政支出15.53亿元。城镇居民人均可支配收入5458元，农民人均纯收入2938元。年末总人口443.53万人。

1999年

1月1日　由湖北省、内蒙古自治区、河南省7名世界语协会会员组成的横穿亚欧大陆桥徒步考察队从新亚欧大陆桥东端连云港集装箱码头启程。考察经过中、哈、俄等7个国家，最终到达荷兰鹿特丹市。

1月6日 全市第一条商业步行街——陇海步行街拆迁工作全面展开。陇海步行街以市区原铁路为中心线向两侧各拓展33米，东至龙尾河，西至西盐河，长1170米。

1月8日 灌南县淮海剧团排演的大型淮海戏《姐妹花》在江苏省第二届淮海戏艺术节上获得12项大奖。

△ 由团市委、市希望工程办公室筹资35万元兴建的全省第一所共青团希望小学教学楼，在灌南县田楼乡希望小学建成。

1月10日 由连云港康缘制药有限公司承担的十滴水软胶囊系列产品、市电讯器材厂承担的石英晶体元件以及江苏星云集团承担的亚克力毛毯等11项省级以上“星火计划”项目，列入省1998年度“星火计划”贷款贴息计划。

1月20日 全市首家省级工程中心——江苏省海洋化工工程技术研究中心获准建立。

2月3日 市边防支队在集中查港查船行动中，查获一起特大团伙偷渡案件，抓获偷渡分子30人。

3月15日 国家“八五”跨“九五”重点建设工程连云港墟沟港区一期工程，通过国家有关部委组织的竣工验收，交付使用。

3月18日 全市党员干部主题教育工作会议召开，开展以“学习理论、弘扬正气、振奋精神、加快发展”为主题的党性党风党纪教育。

4月17～18日 1999年“春兰杯”第五届中国国际风筝会暨第九届全国风筝赛在连云港市举办。韩国木浦市友好访问团到连云港市参加风筝盛会。湖北队、太原队、连云港队分获团体总分前三名。

4月 市政府出台《连云港市市区廉租住房建设租赁管理办法》，开始实施廉租房制度。

5月6日 经省政府批准，新海中学成为江苏省重点中学。

5月8日 市政府出台教育系统人事制度改革方案，全市中小学教师实行全员聘用制。

5月31日 连云港至库尔勒特快列车首发，是连云港市开通的首列特快列车。

6月1日 市首条无人售票公交线路（6路）开通。

6月3日 全国46个重点城市环境综合整治排行榜公布，连云港市环境质量名列全国第二。

6月17日 全市打击制售假冒伪劣化肥工作会议召开。

6月18日 全市首例虚开增值税专用发票案宣判，两被告分别被判处无期徒刑和有期徒刑10年。

7月16日 苍梧绿园对市民开放。

7月23日 第五届全国《西游记》学术研讨会在连云港市召开。

7月 经教育部、江苏省政府批准，连云港市职工大学、连云港市职业技术教育中心合并成立连云港职业技术学院。

△ 市政府印发《关于筹建连云港师范专科学校的通知》，撤销连云港教育学院、连云港师范学校、海州师范学校，筹建连云港师范专科学校。2000年3月，连云港师范专科学校正式成立。

8月20日 市委召开市级领导班子、领导干部“三讲”（讲学习、讲政治、讲正气）教育动员大会。

9月3日 市中级人民法院分别在东海县、灌云县召开公判大会，对一批犯有爆炸、故意杀人、抢劫、强奸罪的严重刑事犯罪分子进行公开宣判，其中9名重犯伏法。

9月5日　全市科教兴农工作会议要求加快实施农业品种、技术、知识更新工程。

9月8日　全市房改房上市及商品房交易大会在市房地产市场管理处开幕，标志着住房二级市场正式开放，居民的“房改房”和经济适用房可以上市交易。

9月11日　市公安交通巡逻警察支队组建挂牌。

9月16日　江苏新海发电有限公司、新浦汽车总站获“全国精神文明建设工作先进单位”称号，赣榆县城东乡宋口村获“全国创建文明村镇工作先进单位”称号。这是中央文明委首次表彰国家级精神文明创建先进单位。

10月8日　中共中央政治局常委、国务院副总理李岚清到连云港港集装箱码头视察，现场察看港口的生产、建设情况。

10月9日　“连云港市人民政府网站”开通运行，市政府上网工程正式启动。

10月20日　随着国务院副总理吴邦国按下混凝土布料机信号按钮，江苏田湾核电站1号核岛反应堆基础施工开始浇灌第一罐混凝土，宣告中国装机容量最大的核电站正式开工。

10月24日　赣榆县被确定为“九五”期间第二批国家商品粮基地县。

△　市急救中心主体工程破土动工。该工程计划用两年时间建成，主楼19层，楼高70米，建筑面积3万平方米。

10月26日　连云港经济技术开发区举行投资说明会，美国、德国、日本、澳大利亚、加拿大、法国、新加坡的60多位华人、华侨企业家到会，就微晶玻璃等26个项目进行洽谈，达成近2000万美元的投资意向协议。

11月5日　连云港市有6个产品被列入1999年度国家重点新产品计划，分别是连云港钟山氨纶公司开发的单孔纺氨纶丝、连云港晶宇电子有限公司开发的JA500型低功耗石英晶体元件、连云港华威电子集团有限公司开发的KL-4000-1型256K集成电路用环氧模塑料、江苏双菱化工集团有限公司开发的年产1万吨高含量氯化苄、连云港纺织机械厂开发的QM98起毛机、江苏恒瑞医药股份有限公司开发的阿曲库铵苯磺酸盐及其制剂。

11月12日　市科委认定第一批10家市级高新技术企业。

△　由市政府主办、市地方志办公室编纂的地方综合性年鉴《连云港年鉴（1999）》首发式在市政协礼堂举行。

△　连云港市技术监督局更名为江苏省连云港质量技术监督局，实行省垂直管理。

11月13日　在南京举行的第十一届“国际科学与和平周”全国中小学生（江苏地区）“金钥匙”科技竞赛决赛中，连云港市代表队获得团体一等奖。

11月19日　连云港出入境检验检疫局成立。该机构是根据国务院指示，由原连云港出入境卫生检疫、动植物检疫和进出口商品检验三个机构合并组建而成。

12月13日　连云港市与云南省西双版纳傣族自治州缔结为友好州市。

12月28日　经国务院批准，连云港海监局撤销，成立中华人民共和国连云港海事局。

是年　连云港市实现地区生产总值232.24亿元、工业增加值63.49亿元、农业总产值152.96亿元、粮食总产量280.98万吨。财政收入17.12亿元，财政支出16.87亿元。城镇居民人均可支配收入5981元，农民人均纯收入3051元。年末总人口448.15万人。

2000年

1月6日　市农业机械管理局被评为全国跨区机收小麦先进单位。

1月10日 市委、市政府下发《关于进一步加快国有企业改革和发展的意见》《1999～2000年全市国有企业改革工作方案》《关于推进国有企业改革和发展的若干政策规定》，进一步推动国企改革和发展步伐。

3月7日 连云港市大规模城市电网建设与改造工程启动，总投资1.16亿元。

3月9日 市工商局、质量技术监督局、烟草专卖局等部门联合在新浦马籁举行假冒伪劣商品现场销毁活动，总案值约120余万元。

3月20日 市委、市政府召开千人干部大会，下发《关于进一步改善经济发展软环境的意见》《连云港市行政审批制度改革实施意见》，标志全市行政审批制度改革工作正式启动。

△ 市新浦丰利机电商行成为按照新颁布的《中华人民共和国个人独资企业法》登记的全市首家个人独资企业。

△ 中国首辆太阳能自行车在连云港市研制成功。

3月21日 市委召开全市县处级领导班子和领导干部“三讲”教育动员大会。

3月23日 康缘制药有限责任公司、中金包装有限公司被科技部认定为国家重点高新技术企业。

3月29日 市公安交巡警支队七大队大队长张思山获“全国特级优秀人民警察”称号。

4月9日 连云港市遭受历史上罕见的沙尘暴袭击，持续时间达3小时，最大风力10级左右。全市共损坏房屋924间，失踪2人，死亡1人，直接经济损失1450万元。

4月12日 全市全面推行涉农收费公示制度。

4月21～22日 市政府召开全市技术创新大会，进一步实施科教兴市战略，大力推进技术创新工作。

5月7日 连云港市CAD技术应用高层研讨会在连云港化工高等专科学校举行。

5月8日 国家经贸委批准连云港市开通连云港至韩国木浦客货航线。

5月17日 市教委出台2000年中小学、中等专业学校招生工作意见，部分政策有较大调整：小学入学年龄放低到6周岁，初中招生全面实施小学毕业生免试划片就近升入初中，普通高中招生实施并轨。

6月10日 南云台林场生产的“清妙”牌云雾茶获中国国际茶博览会金质奖。

6月13日 新亚欧大陆桥与中西部开发战略研讨、招商洽谈会在连云港市召开。来自国家5个部委、社科院、研究中心的专家、学者与陇海兰新沿线地区政府及企业负责人参加会议。

6月16日 藤花落遗址考古发现中国保存最完好的内外城结构史前城址，距今约6000年。

6月19日 市党政联席会议决定，对新浦地区8所中小学实施布局调整，组建江苏省新海高级中学。

6月21日 省委、省政府在灌云县举行蔷薇河送清水工程竣工典礼。

7月7日 市委、市政府召开个体私营经济二次发展大会。

8月1日 连云港市城镇职工基本医疗保险制度实施。首批参加单位259家，参保24398人。

8月4日 市政府出台《连云港市住房公积金管理办法》，对住房公积金缴纳单位、缴存比例及住房公积金总额等方面作出重大调整。

8月23日 省委决定，王国生任中共连云港市委书记。

8月28～31日 受12号台风“派比安”和农历八月初三天文大潮的影响，连云港市形成历史上罕见的风、雨、潮“三碰头”。从28日凌晨至31日8时许，连云港市普降大暴雨，局部特大暴雨。全市平均降雨量405.3毫米，灌南县、灌云县超过500毫米。市区龙尾河漫岸，城区积水及膝，民房进水，大多数企业因水患而停产。大潮使赣榆海头段海堤坍塌200多米。至31日下午4时，全市80%农田受灾，损坏房屋7.5万间，倒塌房屋4556间，直接经济损失27亿元。

8月30日　市十届人大常委会举行第十七次会议，任命陈震宁为副市长、代理市长。

9月13日　市华洁树脂有限公司研制开发的酚醛树脂和环氧树脂，彻底结束中国电子工业环氧模塑料所需的电子级专门树脂全部依赖进口的历史。

9月20日　田湾核电站2号机组开工，标志着核电站主体工程土建施工全面展开。

10月1日　连云港市第一份晚报《苍梧晚报》创刊。

△　陇海步行街东街开街迎客。

10月16日　连云港市在江苏省率先成立市行政审批服务中心。

10月18日　江苏恒瑞医药股份有限公司在上海证券交易所向社会公开发行人民币普通股股票4000万股。发行价格每股11.98元，募集资金总额4.79亿元。

10月24日　市政府召开会议，全面推进城镇职工医疗保险制度和医疗卫生体制改革。

11月1日　连云港市第五次全国人口普查工作结束。以11月1日零时为标准时间，连云港市常住人口为465万人。

11月8日　江苏奥神集团有限责任公司成立。

11月10日　市政府召开《连云港市志》首发式暨续修志动员大会。

11月15日　宁连公路连云港段高速化完善工程封闭施工结束，即日起全线实行高速化管理，结束连云港市无高速公路的历史。

11月20日　连徐高速公路宁海大型互通立交桥建成。

11月27日　大浦抽水站工程正式开工建设。

△　全省首家县级水务局在东海县挂牌成立。

11月29日　赣榆县被省政府命名为“建筑之乡”。

12月22日　连云港海关分别与郑州海关、西安海关签订协议，中西部地区的进出口货物在西安海关、郑州海关和连云港海关可办理三地直通式转关运输。至此，西安—洛阳—郑州—连云港集装箱运输“五定”班列正式开通，连云港港成为中西部地区进出口集装箱运输最便捷、最经济的绿色通道。

是年　连云港市实现地区生产总值249.07亿元、工业增加值73.95亿元、农业总产值140.71亿元、粮食总产量207.03万吨。财政收入17.21亿元，财政支出18.43亿元。城镇居民人均可支配收入6457元，农民人均纯收入2597元。年末总人口455.61万人。

2001年

1月6日　市委下发通知，进一步转变领导工作作风，反对和克服形式主义、官僚主义。

1月9日　市委、市政府在开发区召开实施“三大主战略”（开放兴市、以港兴市、科教兴市）情况汇报会。

2月25日至3月1日　连云港市第十届人民代表大会第四次会议审议通过《连云港市国民经济和社会发展第十个五年计划纲要》，选举陈震宁为市政府市长。

3月3～4日　由国务院法制办、建设部、水利部及国家环保总局组成的核查组到连云港市检查淮河流域水污染防治工作。

3月8日　全市农村税费改革工作会议在灌南县召开，农村税费改革在全市展开。

3月24日　化工部连云港设计研究院与世界上最大的磷酸盐生产厂家美国IMC公司合作开展的佛罗里达高镁磷矿选矿试验技术项目获得成功。

4月9日　江苏省海州高级中学举行揭牌仪式。

4月27～30日　全国政协副主席孙孚凌到连云港市视察。

5月8日　全市森林分类区划界定工作全面展开。

5月11日　连云港出口加工区开工建设。

5月13日　国务院副总理温家宝对连云港市人大代表的提案作出批示：石梁河污染提案已连续提了9年，要抓紧办理，2001年一定要给人大代表们一个答复。

6月10日　俄罗斯、哈萨克斯坦、吉尔吉斯斯坦、塔吉克斯坦联合新闻代表团抵连采访。

6月16日　连云港市“以港兴市”战略研讨会召开。

6月23日　江苏三得利食品有限公司ISO 14001体系通过国内认证机构的考评，成为全省第一家通过ISO 14001认证的食品企业，也是全市唯一拥有“国际双证”的企业。

6月28日　连云港药品监督管理局成立。

7月1日　连云港港7万吨级航道扩建工程开工。

7月3日　连云港供电公司成立，电力行政管理职能移交政府。

7月14日　市委、市政府召开全市市级党政机构改革动员大会。这次机构改革，市委部门由9个调整为8个，市政府工作部门由44个调整为38个；市级机关行政编制由2166名减为1625名，精简24.98%。

7月24日　江苏省海上训练基地在连岛开工建设。

7月28日　连云港市规划建设委员会分设为市规划局、市建设局、市房产管理局。

8月3日　全市农村税费改革暨清理整顿农村合作基金会工作会议召开。

8月3～4日　全国政协副主席万国权视察连云港。

8月4日　全国首项重大地质科学工程——“中国科钻第一井”在东海开钻。

8月17日　全市县区乡镇机构改革动员大会召开，要求县区机关行政编制精简比例不低于15%，乡镇机关行政编制精简比例总体控制在25%左右。

8月27～30日　中共连云港市第九次代表大会召开。会议选举产生中共连云港市第九届委员会和新一届市纪律检查委员会。王国生当选市委书记，朱鲜龙当选市纪委书记。

8月29日　最高人民法院在连云港市召开座谈会，研讨全国法院系统党风廉政建设责任制工作。

9月15日　连云港市首次承担的国家重大农业科技攻关项目棉花“150”通过专家验收，棉花亩产由75千克提高到150千克。

9月18日　连云港市林业局挂牌成立。

9月28日　市委举行全市国有企业“三个代表”重要思想学习教育活动动员会。会议决定在全市国有企业领导班子及成员中普遍开展为期20天的“三个代表”重要思想学习教育活动。

9月30日　中国首届《西游记》文化节开幕，同时开展社区艺术节、《西游记》学术研讨等系列活动。

9月30日　江苏三大展览中心之一的连云港国际展览中心举行落成典礼。

10月8～9日　苏北五市发展开放型经济经验交流会在连云港市召开。

10月10日　中国与俄罗斯、东欧、中亚经贸合作研讨会在连云港市召开。

10月18日　连云港市海洋与渔业局成立。

10月22日 江苏省新海高级中学举行揭牌暨一期工程竣工典礼。

10月 云台区撤销。南城镇、花果山乡、云台乡、猴嘴镇划归新浦区管辖，朝阳镇、徐圩镇、板桥镇、中云街道划归连云区管辖。

11月1日 连云港中药学校被批准为国家中医药管理局重点中医药学校，成为全国17所重点中医药学校之一。

11月12日 在中共江苏省委十届一次全会上，市委书记王国生当选为省委常委。

11月16日 中国信达资产管理公司与连云港港务局合作实施股份制改造的江苏连云港港口股份有限公司宣告成立。

11月21日 云台山风景名胜区管理委员会成立。

11月26日 全市第一家地方股份制金融企业——连云港市商业银行挂牌开业。

11月28日 连云港市信息产业局挂牌成立。

12月15日 连云港市首届农民艺术节在赣榆县海头中学开幕。

12月20日 汪德昭院士铜像揭幕仪式在灌云县板浦中学举行。

12月22日 新海实验中学举行揭牌仪式。

12月24日 国家火炬计划连云港新医药产业基地获得科技部批准，江苏恒瑞医药股份有限公司、江苏康缘药业股份有限公司、连云港豪森制药有限公司、连云港中金医药包装有限公司、连云港正大天晴制药有限公司、连云港千樱医疗设备有限公司6家企业被认定为国家火炬计划连云港新医药产业基地的骨干企业。

12月25日 省委决定，陈震宁任中共连云港市委书记，刘永忠任中共连云港市委副书记、代市长。

12月26日 新海地区污水处理工程（一期）建成。

12月28日 连云港市招商局挂牌。

12月29日 连云港碱厂获得江苏出口商品生产一类企业证书，成为全市第一个获此殊荣的企业。

是年 连云港市实现地区生产总值269.29亿元、工业增加值78.23亿元、农业总产值149.05亿元、粮食总产量226.34万吨。财政收入19.84亿元，财政支出20.68亿元。城镇居民人均可支配收入6981元，农民人均纯收入2763元。年末总人口459.64万人。

2002年

1月9日 中国外运集团与连云港市政府签订《关于巩固发展新亚欧大陆桥国际联运业务的运输业务合作备忘录》。

1月11日 连云港市企业改革与发展工作会议召开。

1月16日 连云港市最大的超市——时代超级购物中心开业。

△ 来自市科技、文化、卫生等15个部门的200多名科技人员、专家、文艺工作者，奔赴赣榆县、灌云县等地，开展文化、科技、卫生的新年“三下乡”服务。

1月28～31日 连云港市十届人大五次会议召开，选举刘永忠为市政府市长。

2月25日 市政府召开贯彻落实全省土地批租专项治理工作电视电话会议。决定全市全面实行经营性土地使用权出让招标拍卖、建设工程项目公开招标投标、政府采购、产权交易进入市场等制度。

2月26日 连云港至绵阳国际集装箱“五定”班列开通。

2月27日 全市商贸流通企业改革与发展工作会议召开。

2月28日 江苏恒瑞医药股份有限公司博士后科研工作站揭牌。这是人事部批准成立的中国加入世界贸易组织后首批博士后工作站之一，也是苏北鲁南地区第一家医药行业博士后科研工作站。

3月1日 外经贸部发布公告，决定对来自欧盟的进口邻苯二酚开展反倾销立案调查。这是中国加入世界贸易组织后发起的第一个反倾销立案，由连云港三吉利化学工业有限公司提出申请。

3月4日 全市招商引资暨集中整治投资发展软环境动员大会召开，决定开展为期2个月的软环境集中整治活动。

△ 市委、市政府出台《连云港市招商引资奖励办法》《关于公开评议投资发展软环境建设工作的意见》《关于对损害投资发展软环境行为实行责任追究的暂行规定》。并于5日成立市投资服务中心、软环境整治建设投诉中心、重大项目和外资企业法制环境“110”，同时制定出台行政审批重大项目联审办法和对损害投资发展软环境行为实行责任追究的规定。

3月7日 全市行政审批制度第二轮改革启动。

3月8日 花果山荣获国家AAAA级旅游区称号。

△ 尹湾汉墓简牍入选第一批《中国档案文献遗产名录》。

3月30日 中国首次公布健康型海水浴场名单，连云港市连岛浴场名列其中。

4月11日 市委召开党政联席会议，印发《关于切实加强市级领导班子作风建设的意见》。

4月13日 汾灌高速公路新沭河特大桥通过交通部竣工验收，工程质量优良，达到国内先进水平。

4月15日 科技部公布2002年度国家火炬计划重点高新技术企业认定结果，连云港豪森制药有限公司列入其中，成为全市第八家国家重点高新技术企业。

4月19日 连云港市与安徽省淮北市缔结为友好城市。

4月 市住房公积金管理中心成立。

5月1日 市房地产交易中心建成开业。

5月15日 由市纪委、市监察局、市纠风办、市广播电台共同举办的《行风热线》开播。

5月16日 赣榆县青口镇青年农民胡英刚被团中央、农业部、财政部等6部委授予第六届中国杰出青年农民提名奖。

5月19日 由加拿大政府出资的中国—加拿大中小企业应用管理与环保援助项目在连云港市启动。

5月26日 16时15分至27日1时，市境自北向南先后出现雷雨、大风、冰雹等强对流天气。

6月4日 海州东风路施工现场发现两座北宋古墓。

6月16日 西安、郑州至连云港集装箱快运班列开通。

6月18日 市第一人民医院急救中心综合病房楼启用，至此市第一人民医院拥有840张床位，跨入大型综合医院行列。

6月19日 江苏省盐业集团连云港有限公司成立。

7月9日 海州的一处大型汉墓中发现保存完好的汉代女尸。初步观测，这具保存2000多年的湿尸皮肤完好，肌肉尚有弹性，是继湖南马王堆汉墓、湖北荆州汉墓之后中国又一次发现保存完好的汉代湿尸。

7月15日 市境最高温度达40.2°C，创历史最高。

7月30日 全市县域经济工作会议在东海县召开。

8月19日 根据省委决定，连云港化工高等专科学校并入淮海工学院。

8月25日 连云港市与新疆维吾尔自治区吐鲁番地区缔结为友好地市。

9月1日 市委、市政府出台《关于进一步加强投资发展软环境建设的意见》。

9月18日 康缘药业股份有限公司4000万A股股票在上海证券交易所上市交易。

9月19日 花果山风景区被评为全国风景区“十佳文明示范点”。

9月24日 连云港市新医药新材料高新技术产业化论坛暨成果展示会开幕。

9月25日 市困难职工援助中心成立。

9月28日 花果山海宁禅寺隆重举行玄奘法师纪念塔奠基仪式暨观世音菩萨佛像开光庆典法会。

10月3日 李汝珍纪念馆开馆十周年纪念仪式暨全国第三届《镜花缘》学术研讨会在灌云县板浦镇举行。

10月13日 连云港市政府致函北京奥组委，推荐孙悟空为2008年北京奥运会吉祥物。

10月17日 投资1.07亿元的赣榆县小塔山水库除险加固工程开工。

10月21日 第二届新亚欧大陆桥经贸合作恳谈会与2002年中国（江苏）海洋渔业和水产加工国际博览会在国际展览中心举行。

△ 新亚欧大陆桥区域经济合作国际研讨会在连云港市召开。

△ 新亚欧大陆桥国际协调机制第三次工作会议在连云港市召开。

10月21～22日 江苏省发展海洋经济工作会议在赣榆县召开。

10月22日 汾灌高速公路全线建成通车。

△ 连云港出口加工区举行落成典礼。翌年7月15日封关运作。

10月22～23日 全省农业结构调整工作会议在东海县召开。

10月25日 江苏省嵌入式软件工程技术中心连云港分中心挂牌。

10月28～30日 全国政协副主席杨汝岱视察连云港市。

11月2日 中电华威电子股份有限公司SMD国债项目、恒瑞医药股份有限公司开发区新厂二期工程举行开工奠基仪式。

11月10日 连云港现代农业科技示范园揭牌，这是连云港市首家国家级现代农业示范园。

11月20日 市政府召开深化事业单位职称改革工作会议，会议下发《关于事业单位专业技术职务岗位设置管理的意见》《连云港市事业单位专业技术职称上岗实施办法》。

11月22日 中国食用小麦首次打入国际市场，首批5000吨小麦在连云港港装船启运。

11月25日 经中国雷锋工程委员会第七次常委会研究和评选，授予曾经培养“雷锋车精神”的新浦汽车总站“第六届中国集体雷锋标兵”称号。

11月29日 刘少奇纪念广场及刘少奇塑像落成典礼仪式在赣榆县黑林镇大树村举行。

12月3日 全市四县同时实施火箭人工增雨，全市普降水15毫米左右，最大降水28.4毫米，旱情得到缓解。

12月12日 国家治淮骨干工程石梁河水库除险加固及扩大泄洪流量工程、新沭河大浦抽水站工程和大浦河应急整治工程建成。

△ 由中国外运连云港分公司首次代理的格鲁吉亚经新疆喀什吐尔尕特山口出境发往吉尔吉斯斯坦的首批货柜在连云港港卸船装车，上“桥”发运，标志着新亚欧大陆桥通向中亚地区的

西行过境运输大通道正式开通。

12月16日 连云港市首家为特困职工和特殊群体服务的医院——惠民医院挂牌运营。

12月23日 科技部发布国家“十五”重大科技专项立项项目，江苏恒瑞医药股份有限公司的“COX-2抑制剂的开发研究”、康缘药业股份有限公司的“银杏内酯注射液的研究”、华威电子股份有限公司的“ULSI电路用环氧塑封料制备技术研究”3个项目列入其中。

12月30日 连云港港7万吨级深水航道通航。

是年 连云港市实现地区生产总值296.84亿元、工业增加值86.04亿元、农业总产值155.48亿元、粮食总产量230.64万吨。财政收入26.99亿元，财政支出26.15亿元。城镇居民人均可支配收入6953元，农民人均纯收入2991元。年末总人口464.03万人。

2003年

1月16～20日 政协连云港市第十届委员会第一次会议召开，选举产生政协连云港市第十届委员会，俞素娥当选市政协第十届委员会主席。

1月18～23日 连云港市第十一届人民代表大会第一次会议召开。会议选举宋开智为市十一届人大常委会主任，选举刘永忠为市政府市长。

1月28日 国家邮政局发行《“雷锋车”四十年》纪念明信片。

2月4日 2002年全国十大科技事件评选揭晓，位于东海县的中国大陆科学钻探工程名列其中。

2月9日 江苏新海发电有限公司总投资14.6亿元的1台30万千瓦热电联产技术改造工程，被国家经贸委列入第三批亖点技术改造“双高一优”项目。

2月26日 联合国开发计划署专家组到连云港市大陆桥国际信息中心评估信息能力建设项目。

2月27日 北美集装箱班轮航线开通。

△ 市委、市政府召开发展项目大推进和服务环境大建设动员大会。

3月1日 连云港市启动“百名教授科教兴百村小康工程”。来自南京农业大学、中国农业科学院蚕业研究所、江苏省淡水水产研究所、江苏省海洋水产研究所、淮海工学院5所高校、科研院所的107名专家、教授，受聘成为连云港市107个村的科技经济发展顾问。

3月10日 国家级连云港出口加工区经国务院批准设立，这是连云港市第一个实行“境内关外”特殊政策的开放区域。

3月30日 科技部“星火计划”八大科技燎原行动之一——农村信息化体系建设与示范工程在连云港市启动。

4月7日 连云港海关、成都海关在成都签订协议，对四川省的进出口集装箱货物可在连云港、成都两地办理快速转关运输，成都、连云港集装箱运输“五定班列”同时开通。

4月9日 全市首条县（区）际海域行政区界线——连云区与灌云县的海域行政区域界线划定。

4月12日 庙岭三期工程开工建设。

4月18日 市委召开常委会，传达中央政治局常委会和省政府关于非典型肺炎（简称“非典”）防治工作会议精神，听取市预防“非典”工作的汇报。28日成立“非典”防治指挥部。

5月3日 灌云县发现首例输入性“非典”疑似病例。

5月6日 市千樱医疗设备有限公司捐赠一批设备至北京小汤山医院，支持北京抗“非典”工作。

5月22日 市委书记陈震宁等到灌南县长茂镇，慰问在抗“非典”一线殉职的乡村医生耿文灿的家属。

△ 市委、市政府召开四级联动帮扶、项目推进致富农民动员大会。

5月30日 连云港市启动建设学习型城市工作。

6月17日 根据国家最新制定的《中小企业标准暂行规定》，连云港市对大中小型企业进行重新划分。连云港碱厂、江苏德邦化学工业有限公司、江苏新海发电有限公司和连云港港务局为大型企业。

6月18日 根据国务院办公厅、省政府和交通部文件精神，原由交通部与连云港市双重领导的连云港港务局下放给连云港市管理。

6月19日 市委召开市、县（区）联动公开选拔领导干部动员大会。

△ 连云港留学人员创业园在开发区挂牌，这是苏北第一个留学人员创业园。

6月29日 中共中央组织部追授潘少和"全国防非工作优秀共产党员"称号。

6月30日 连云港开通至东南亚集装箱班轮。

6月 连徐高速公路全线建成通车。

7月1日 连云港市现行文件服务中心建成开放。

7月18日 江苏省唯一的人工鱼礁建设工程启动，首批人工鱼礁投入海州湾海域。

8月13日 2003年世界女子沙滩排球巡回赛中国连云港站比赛开幕。

8月16日 连云港市推荐奥运会吉祥物美猴王邮资封首发式举行。

8月27日 商务部发布2003年第41号公告，公布对原产于欧盟的进口邻苯二酚反倾销调查的终裁决定，判决连云港三吉利公司胜诉。

8月30日 连云港市女子排球队获第五届全国城运会冠军。

△ 世界上第一个核电短周期地震数字台网——田湾数字地震监测台网通过验收，投入使用。

6月至8月 全市出现连续暴雨天气。

9月1日 连云港碱厂"长江三角"牌纯碱获"中国名牌产品"称号，这是连云港市创建的首个中国名牌。

9月2日 连云港至地中海集装箱远洋干线开通。

9月8日 2003年中国连云港《西游记》文化节开幕，中央电视台"《同一首歌》走进连云港"晚会在花果山下五圣广场举行。

△ 市委任命在公选中脱颖而出的26名市管领导干部。

9月11日 市委、市政府召开临港开发动员大会。

9月17日 连云港市在全省率先启动以大病统筹为主的新型农村合作医疗。每个农民每年缴纳10元钱，看病时就会得到补偿，每人每年累计最高补偿额度为2万元。

9月25日 中国工艺美术协会在北京人民大会堂举行首批中国工艺美术行业特色区域荣誉称号授牌仪式暨新闻发布会，东海县被命名为"中国水晶之都"。

11月6日 连云港至盐城高速公路全线开工。连盐高速北起汾灌高速终点灌云北互通，在盐城市南洋镇与盐通高速公路相接，全长152千米，其中连云港市境内44.3千米。

11月9日 在第七届世界武术锦标赛70公斤级比赛中，连云港市运动员部普庆获世界冠军。

11月13日 花果山风景区通过ISO 14001国际环境管理体系认证。

11月28日 连云港市港口管理局、连云港港口集团有限公司揭牌，连云港港正式实行政企分开的经营管理体制。

12月4日 江苏恒瑞医药股份有限公司、江苏意源科技公司信息化安全平台合作项目签约，标志着连云港市企业信息化安全平台建设正式启动。

12月8日 连云港市城市管理行政执法局成立。

△ 南京中央商场股份有限公司斥资7400万元收购市百货大楼80.2%的股权，成立江苏中央连云港百货有限公司，收购签约仪式在神州宾馆举行。

12月10日 连云港被国家旅游局命名为中国优秀旅游城市。

12月16日 中国银行业监督管理委员会连云港监管分局挂牌成立。

12月31日 “新浪连云港”网站开通。

是年 连云港市实现地区生产总值332.75亿元、工业增加值96.55亿元、农业总产值151.16亿元、粮食总产量203.47万吨。财政收入34.13亿元，财政支出35.08亿元。城镇居民人均可支配收入7782元，农民人均纯收入3139元。年末总人口467.83万人。

2004年

1月3日 正大天晴药业股份有限公司的“异甘草酸镁原料及其注射液”和恒瑞医药股份有限公司的“艾瑞昔布”两个项目被列入“十五”国家重大科技专项“创新药物和中药现代化”。

1月6日 新浦火车站更名为连云港站，揭牌仪式在连云港火车站举行。原连云港西站、连云港站分别更名为云台山站、连云港东站。

1月8日 “连云港新闻网”开通。

1月9日 在全国拥军优属拥政爱民工作会议上，连云港市第四次被命名为全国双拥模范城。市供电公司同时获“全国爱国拥军模范单位”称号。

1月25日 全国人大常委会副委员长顾秀莲到连云港市视察。

2月1日 市长刘永忠主持召开市政府第17次常务会议，研究部署高致病性禽流感防治工作，审议并原则通过《连云港市动物高致病性禽流感应急控制预案》。

2月17日 联合国下属亚太经济理事会（ESCAP）决定开通连云港至阿拉木图的亚欧大陆桥集装箱试验运输线路。

2月20日 市委、市政府召开全民创业动员大会，决定成立市民营经济发展局、民营经济投资发展服务中心、民营企业投诉中心、干部创业服务指导中心和职业培训服务指导中心。

2月21日 连云港市市区农村信用合作联社成立。

3月1～2日 全国首届河蟹育苗交易大会在赣榆县召开。

3月18日 市政府批复同意市自来水公司70%股权以2.18亿元的价格转让给北京京建水务投资有限责任公司。由北京京建水务投资有限公司和市城市建设投资有限责任公司共同组建的连云港市水务集团有限责任公司负责全市城市供水。6月12日，新组建的连云港市自来水有限责任公司揭牌。

3月24日 沿东陇海线（连云港段）产业带发展战略专家论坛开幕。

4月3日 抗日山烈士陵园被团中央命名为全国青少年教育基地。

4月5日 连云港中药学校升格为江苏省连云港中医药高等职业技术学校，同时增挂江苏联合职业技术学院连云港中医药分院牌子。

4月8日 市政府决定，将东方中学并入江苏省新海高级中学。

4月12日 由江苏自动化研究所、无锡国家集成电路设计基地有限公司和上海瑞深信息科技公司等单位合作成立的连云港杰瑞深软科技有限公司揭牌，为连云港市第一家具有国内领先水平的IT软件开发企业。

4月28日 2004年中国（连云港）新亚欧大陆桥国际旅游用品博览会开幕，8个国家的参赞和使节、国内20多个城市旅游部门领导以及300多家参展单位1500多名代表参加开幕式。

5月10日 江浙民营工业园落户东海县浦南开发区。

5月12日 市政府研究决定，对2004年1月1日后报批的征用土地，调整提高征地补偿安置标准。

5月21日 全省首个以专、兼职律师为主的职工法律援助团在连云港市成立。

△ 连云港财经学校被省教育厅批准升格为江苏省连云港财经高等职业技术学校，同时增挂江苏联合职业技术学院连云港财经分院的牌子。

6月3日 市城市建设拆迁整治全面开始，重点为旧城改造、美化亮化工程和“平改坡”项目。

△ 连云港检验检疫局动植物实验室通过中国实验室国家认可委员会评审，成为江苏省首家具备细菌学、血清学、病毒学检测的动植物实验室。

6月6日 中国沿海地区民营经济发展企业家论坛暨沿海城市商会联谊会在连云港开幕。全国沿海城市的70多名民营企业家纵论民营经济发展前景，为连云港市民营经济发展建言献策。

6月10日 赣榆青口港被农业部批准为国家级中心渔港。

6月18日 连云港港建成10万吨级深水泊位，新增港口年吞吐能力700万吨。

6月25日 连云港机场新候机楼投入运营。

6月26日 江苏正大天晴药业股份有限公司在南京举行博士后科研工作站揭牌仪式，这是人事部批准在肝病科研领域建立的首个博士后工作站。

7月2日 市委召开全市领导干部廉洁从政警示教育会议，决定在领导干部中开展廉洁从政承诺保证活动。

7月10日 中国国民党革命委员会、中国民主同盟、中国民主促进会、中国农工民主党和九三学社连云港市委员会庆祝成立20周年大会召开。

7月12日 连云港港、市现代农业示范园和赣榆县宋口村分别被命名为全国工业旅游示范点和全国农业旅游示范点。

7月13日 江苏省首届渔民文化节在连岛海滨浴场举行。

7月19日 连云港市招商局更名为连云港市投资促进局。

图0-3 2004年8月4日，花果山世界儿童联欢节暨第七届中国《西游记》文化节在花果山山门前广场举行开幕式。
赵鸣 摄

7月29日 市政府召开进一步促进开发区发展政策措施协调会，专题研究依法下放部分市级行政管理和审批权限。

8月4日 2004年花果山世界儿童联欢节暨中国第七届《西游记》文化节开幕。

8月5日 江苏省政府致函北京奥组委，推荐美猴王孙悟空为2008年北京奥运会吉祥物。

8月15日 由中共中央党校学习时报社和市委、市政府共同举办的全国加强党的执政能力建设理论研讨会在连云港市开幕，全国组织、宣传、党校系统的近百名领导和专家、学者参加开幕式。

8月17日 由市委宣传部主办的“一代伟人邓小平——纪念邓小平同志100周年诞辰图片展”在市博物馆展出。

8月19日 市委、市政府召开市属事业单位改革动员大会，全市事业单位改革全面展开。

8月20日 建设部决定在包括连云港在内的10个大中城市进行建设工程质量保险试点工作。

8月21日 市委、市政府召开东部城区加快发展动员大会，推进东部城区加快发展、率先发展。

8月28日 由江苏康缘药业股份有限公司承担的国家高技术产业化项目年产12亿粒桂枝茯苓胶囊高技术产业化示范工程通过验收，标志着连云港市传统中药高技术产业达到国内先进水平。

8月30日 由科技部、农业部联合召开的全国星火富民经验交流会在连云港市召开。

9月4日 市政府出台《连云港市涉农价格和收费公示制度实施办法》。

9月7日 交通部《长江三角洲地区现代化公路水路交通规划纲要》出台，连云港被纳入长江三角洲的“半日交通圈”。

9月12日 市长刘永忠主持召开市政府第28次常务会议，讨论并原则通过《连云港市人民政府工作规则》《连云港市人民政府关于加强行政效能建设的若干规定》《连云港市海域使用权出让招标拍卖实施办法》。

9月16日 国家“十五”计划重点建设项目——花果山天气雷达经过一年零四个月的安全试运行，正式交付使用。

9月18日 市政府召开全体（扩大）会议，部署加强行政效能建设。

10月8日 连云港至霍尔果斯国道主干线4395千米“新丝绸之路”中国公路快速大通道全线建成通车。

10月16日 全市第七届村民委员会换届选举工作启动。

10月29日 江苏省新海高级中学东方分校、市第一人民医院东方医院暨市涉外医院揭牌。

11月2日 连云港—郑州—西安首条西部航线开通。

11月21日 中原油田钻井三公司在位于江苏东海的中国大陆科学钻探工程科钻1井，成功地取出一根长4.03米的岩心。这根直径95毫米、材质均匀、外表光滑的长英质片麻岩，是世界上在超高压结晶变质地层所获得的最长、最完整的岩心。

11月23日 市委、市政府召开投资发展软环境建设暨市级机关中层干部竞争上岗工作会议。

11月27日 徐连高速公路获第四届詹天佑土木工程奖。

12月3日 市政府出台意见，扶持外向型农业发展。

12月6日 南京博物馆、市文管办、市博物馆组成的将军崖旧石器遗址考古队，在桃花涧挖掘出土百余件细石器和旧石器时代晚期的原生层，将连云港市有人类活动的历史向前推进到距今四五万年。

12月8日 由中国外运集团、连云港港口集团有限公司和江苏交通控股有限公司三方合资组建的年设计吞吐能力达到1080万吨的新陆桥（连云港）码头有限公司开业。

12月21日 由恒瑞医药研发的具有自主知识产权的化学药艾瑞昔布片通过一期临床验证。这是中国首个具有自主知识产权的抗关节炎西药，也是江苏省第一个自主知识产权西药，标志着连云港市新医药产业实现由“仿制”向“创新”的转变。

12月30日 江苏省首条国际客货班轮航线开通，连云港—仁川线客货班轮“紫玉兰”号首航。

△ 总投资3亿元的连云港港34号10万吨级散杂货码头通过国家竣工验收。

是年 连云港市实现地区生产总值391.52亿元、工业增加值120.08亿元、农业总产值154.31亿元、粮食总产量260.29万吨。财政收入42.33亿元，财政支出42.38亿元。城镇居民人均可支配收入8872元，农民人均纯收入3501元。年末总人口468.81万人。

2005年

1月1日 连云港至乌鲁木齐1085/1086次“汤沟”号列车、至上海2525/2526次“太阳雨”号列车从连云港东站驶出。这是以连云港市知名民营企业产品命名的列车专线。

1月7日 包括花果山景区、东磊景区、渔湾景区、云中涧景区、朝阳景区和仙姑岭景区等六大景区在内的连云港花果山地质公园通过省国土资源厅专家组评审，入围省级地质公园。

1月16日 市委召开全市保持共产党员先进性教育活动工作会议暨先进典型事迹报告会。

1月30日 中外合资江苏德邦化学工业集团公司成立，江苏德邦化学工业集团公司成功完成企业改制，由国有独资公司改制为中外合资企业。

2月6日 市行政中心启用，市直相关单位迁入新址朝阳东路69号办公。

2月22日 市人大常委会召开第十五次会议，审议决定银杏为市树、玉兰为市花。

3月4日 《人民日报》以《连云港有辆“雷锋车”》为题报道市新浦汽车总站“雷锋车”组弘扬雷锋精神、服务旅客、奉献社会的感人事迹。

3月23日 全国最具升值前景商业街评选揭晓，陇海步行街跻身“十佳”。

3月24日 连云港市孙飘扬、韩江龙入选江苏省选拔的中央直接掌握联系的50名高级专家库。

4月1日 连云港市区开始实施新型农村合作医疗保险。

4月12日 省政府批复《连云港市总体规划（2003～2020）》。

4月15日 市委、市政府在黄海影剧院召开全市创业创新创优动员大会。

4月18日 中国大陆科学钻探工程竣工。

4月25日 市纪委、监察局出台《关于严禁党员干部、国家机关工作人员婚丧喜庆等事宜大操大办的暂行规定》。

4月26日 经省政府同意，新浦区猴嘴街道办事处划归连云区管辖。办事处辖区范围内的海域和滩涂一并划归连云区管辖。

5月19日 市委、市政府召开“四城同创”动员大会，国家卫生城市、国家环保模范城市、省园林城市和省文明城市创建工作全面启动。

5月26日 全市政府机构改革会议召开，市县区政府新一轮机构改革启动。

5月30日 全省沿海开发座谈会在连云港市召开。

6月8日 在江苏省连云港药品监督管理局基础上成立的江苏省连云港食品药品监督管理局挂牌。

6月10日 经省政府同意，灌云县宁海乡整建制划归新浦区管辖。

6月17日 省委决定，王建华任中共连云港市委书记。

6月22日 连盐高速连云港段全线贯通。

7月5日 民航连云港至宁波、沈阳航线开通。

7月13日 中国首次直接出口日本市场6600多万张紫菜经检验检疫部门检验合格后在连云港口岸外运日本。

7月14日 市委、市政府召开发展战略暨规划研讨会，对涉及连云港市发展的长远定位、近期规划、操作思想等重大问题进行研讨。

7月17日 《江苏省沿海开发总体规划（草案）》经省政府审议并原则同意。《规划》明确提出把连云港港建成国际性、综合性远洋枢纽港和集装箱干线港。

7月23日 连云港至东南亚国际集装箱班轮航线开通。

8月2日 连云港市遭暴雨袭击，16万公顷农作物受涝，造成直接经济损失5亿余元。

8月4日 市政府召开全市政务公开、厂务公开、村务公开工作会议。

8月8日 市国有资产监督管理委员会成立。

8月16日 国内外8家知名城市规划设计机构汇聚连云港，举行连云港东部滨海地区发展战略规划竞赛。经专家评审、成果展示、市民投票，11月14日评选结果揭晓，8号方案胜出。

8月18日 连云港至中东杂货班轮开通。

8月25日 市委、市政府召开加快发展现代服务业工作会议。

9月1日 市政府下发《关于全面推行农村部分计划生育家庭奖励扶助制度实施意见的通知》，将农村只有一个女孩的夫妇享受奖励扶助政策的年龄从60周岁提前到50周岁。

9月4日 由连云港市青年曲作家王咏梅作曲、著名词作家石顺义赋词的歌曲《让时代为我们喝彩》入选十运会会歌。

9月5日 连云港杜钟氨纶有限公司生产的“奥神”牌氨纶长丝、连云港市太阳雨热水器制造有限公司生产的“日出东方太阳雨”牌真空管式太阳能热水器被授予“中国名牌产品”称号。

9月17日 经国家文物局审批立项的将军崖岩画、孔望山摩崖造像防风化保护工程正式开工。

9月21日 中国文物研究所石窟室副主任、高级工程师贾瑞广发现的孔望山石象“永平四年四月”的铭刻得到确认。这一重大考古发现将孔望山摩崖石刻雕造时间确认为“永平四年”，即公元61年，早于敦煌莫高窟300年。

9月27日 由国家旅游局、江苏省政府主办，省旅游局、连云港市政府、陇海兰新经济促进会共同承办的2005年世界旅游日中国主会场庆祝活动暨第八届中国《西游记》旅游文化节、首届新亚欧大陆桥国际旅游文化节活动开幕式在花果山五圣广场举行。

△ 新亚欧大陆桥国际旅游暨中韩（连云港）旅游合作论坛在云台宾馆举行，陆桥沿线城市代表讨论并原则通过《创建新亚欧大陆桥国际旅游带（连云港）宣言》，提出推进新亚欧大陆桥（中国段）国际旅游带建设，加速发展沿桥国际旅游业的八条行动纲领。

9月28日 新浦区举行建区50周年庆祝大会。

9月29日 由市农科院小麦课题组培育的拥有自主知识产权的小麦新品种“连麦2号”，同时通过国家及省农作物品种审定委员会审定，填补连云港市无国家级审定的小麦品种空白。

10月10日 国家开发银行和市政府签订开发性金融合作协议，提供市开发性金融信用额度46亿元，其中政府信用额度16亿元。这是连云港市有史以来获得的单项最大一笔政策性授信。

10月22～24日 2005年（第七届）江苏农业国际合作洽谈会在连云港市国展中心广场举行。连云港市共签约外资及港澳台资项目20个，总投资2.92亿美元；利用内资项目11个，总投资14.02亿元；签约外贸项目2个，成交额560万美元。

11月16日 连云港市慈善总会成立。

11月18日 市政府召开第三次地方志工作会议，启动社会主义时期第二轮地方志编纂工作。

11月26日 由省政府主办，省苏北发展协调小组和市政府承办的第二届苏北地区投资贸易洽谈会在连云港国展中心开幕。

11月29日 市急救中心大楼开工建设。

11月30日 由中国石油天然气集团公司投资建设的直径1016毫米、全长876千米的天然气管道“冀—宁”联络线、“邳州—连云港”线工程在东海县举行开工仪式。

12月2～4日 中国海洋文化可持续发展主题研讨会暨欧盟便捷基金小项目第一次研讨会在连云港市召开。

12月5日 全市海堤达标建设工作会议召开，海堤达标建设工程全面启动。

12月9日 经国务院批准，连云港经济技术开发区用地规划扩大12平方千米。

12月10日 全市车辆试用乙醇汽油。

12月22日 连云港港集装箱年运量突破100万标准箱。

12月27日 国家统计局最新发布的2004年度中国城市综合实力百强榜上，连云港市综合指标排名百强榜第55位，比2004年提升17位。

12月28日 市区数字有线电视开播。

图0-4 2005年12月，连云港市首个经济适用房小区茗馨花园一期交付使用。 市住房局 供

12月 连云港市首个经济适用房小区茗馨花园一期工程交付使用。

是年 连云港市全面停止征收农业税。

△ 连云港市实现地区生产总值495.64亿元、工业增加值166.77亿元、农业总产值174.02亿元、粮食总产量248万吨。财政收入56.28亿元，财政支出59亿元。城镇居民人均可支配收入10006元，农民人均纯收入3869元。年末总人口472.18万人。

连云港市志

第一卷 政 区

连云港市陆地坐标北纬33°58′55″～35°08′30″、东经118°24′03″～119°54′51″，地处中国沿海中部、江苏省东北部。市境东濒黄海，隔海与韩国、日本相望，西与江苏省徐州市和山东省临沂市毗邻，南与宿迁市、淮安市和盐城市相连，北与山东省日照市接壤。

早在四五万年前，就有原始先民在市境内生息繁衍。秦代，市境开始有明确的行政建置。北朝东魏武定七年（549年）罢青、冀二州，改称海州，辖6郡19县。市境以“东滨渤海，西绾徐郑，北控齐鲁，南蔽江淮”“为黄淮扼要之区”的明显区位优势，成为苏北、鲁南沿海地区的政治、经济、文化中心和军事重镇。清代，市境为直隶州，辖赣榆县、沭阳县。中华民国（简称民国）元年（1912年），海州改称东海县，后又分置东海县、灌云县。民国年间，市境为江苏省第八行政督察区，辖赣榆县、东海县、沭阳县、灌云县。

1948年11月全境解放后，成立新海连特区行政专员公署，隶属山东省。1949年11月，新海连特区改称新海连市。1953年1月1日改隶江苏省徐州专区。1961年9月，因港得名更名为连云港市。1962年6月为江苏省辖市。1983年1月，江苏省实行市领导县体制，连云港市辖赣榆县、东海县和灌云县。1996年，灌南县划归连云港市管辖。2001年，云台区撤销。2005年底，连云港市辖赣榆县、东海县、灌云县、灌南县和新浦区、海州区、连云区。市域东西最大横距约129千米，南北最大纵距约132千米，土地面积7499.91平方千米，海域面积6677平方千米。

第一章 境域区位

连云港市是陇海兰新铁路的东端出海口，是中国首批沿海开放城市、新亚欧大陆桥东方桥头堡。其境域随着行政区划的调整而不断变化，清雍正二年（1724年）升直隶州后境域面积最大达2万平方千米。中华人民共和国成立后至1982年底，境域没有较大变动，土地面积约830平方千米。1983年1月江苏实行市管县体制后，赣榆县、东海县、灌云县划归连云港市管辖，1996年，灌南县划归连云港市管辖，境域面积持续扩大。随着行政区划调整，加之沿海滩涂生长和填海造陆，至2005年底，全市土地面积7499.91平方千米，海域面积6677平方千米。

第一节 境 域

连云港市境域随着行政区划的调整而不断变化。唐武德四年（621年），境域东西宽99千米，南北长128.5千米。清嘉庆八年（1803年），境域东西宽135千米，南北长152.5千米，土地面积约2万平方千米。中华人民共和国成立至1982年底，境域没有较大的变动，面积约830平方千米。

图 1-1 连云港山海相依、港城一体，是典型的海港城市。图为海滨一隅。 吉志强 摄

1983年1月江苏实行市管县体制后，赣榆县、东海县、灌云县划归连云港市管辖，境域面积扩大至6417.14平方千米。1996年灌南县划归连云港市管辖，境域面积再次扩大，达7443.9平方千米。至2005年底，由于沿海滩涂生长和填海造陆，全市土地面积7499.91平方千米，占江苏省土地总面积的7.44%。市境东西最大横距约129千米，南北最大纵距约132千米。

连云港市东濒黄海，在北至赣榆县绣针河口、南至灌河口的区域内，大陆标准海岸线长204.82千米。有山地299.47平方千米、耕地3835.29平方千米、滨海沿岸滩涂土地1100平方千米。市域沿海有大小岛屿20个，总面积6.94平方千米；海域面积6677平方千米。

2005年连云港市境域情况一览表

表1-1

区 划	土地面积（平方千米）	山地面积（平方千米）	耕地面积（平方千米）	滩涂面积（平方千米）	海岸长度（千米）	岛 屿	
						数量（个）	面积（平方千米）
连云港市	7499.91	299.47	3835.29	1100	204.82	20	6.94
赣榆县	1427.27	60.31	681.53	—	62.50	1	0.14
东海县	2250.07	4.67	1292.26	—	—	—	—
灌云县	1897.69	6.44	1098.75	—	32.10	1	0.02
灌南县	1027.02	—	596.35	—	—	—	—
新浦区	259.54	105.67	72.47	—	—	—	—
海州区	158.90	21.59	64.13	—	—	—	—
连云区	479.42	100.79	29.80	—	110.22	18	6.78

第二节 界 线

连云港市有连徐线、连宿线、连淮线、连盐线4条市界和连临线、连日线2条省界。西面与山东省临沂市、江苏省徐州市交界，南面与江苏省宿迁市、淮安市、盐城市相连，北面与山东省日照市接壤。全市周界线长1C51.61千米，沿线有1座山丘、9条河流，其余为农田。

一、省界线

连临线 连临线为连云港市与山东省临沂市分界线，代号3237。北起连云港市、临沂市、日照市交汇点，南到连云港市、临沂市、徐州市交汇点。由北向南折向西南。连云港市沿线涉及赣榆县城头镇、班庄镇，东海县石梁河镇、李埝乡、山左口乡、桃林镇；临沂市涉及临沭县朱仓乡、蛟龙镇、大兴镇、石门镇，郯城县泉源乡、郯城镇、高峰头镇、红花乡。

连日线 连日线为连云港市与山东日照市分界线，代号3237。北起苏鲁交界绣针河口，南到连云港市、临沂市、日照市交汇点。由东北折向西南。连云港市沿线涉及赣榆县柘汪镇、石桥镇、金山镇、黑林镇；日照市涉及岚山区安东卫街道，莒南县团林镇、壮岗镇、洙边镇。

二、市界线

连徐线 连徐线为连云港市与徐州市分界线，代号0307。北起徐州市、临沂市、连云港市交汇点，南到徐州市、宿迁市、连云港市交汇点。由西北折向东南。连云港市沿线涉及东海县桃林镇、洪庄镇、曲阳乡；徐州市涉及新沂市北沟镇、双塘镇、阿湖镇。

连宿线 连宿线为连云港市与宿迁市分界线，代号0713。北起徐州市、宿迁市、连云港市交汇点，南到连云港市、宿迁市、淮安市交汇点，从西向东折向东南。连云港市沿线涉及东海县安峰镇、平明镇、张湾乡，灌云县龙苴镇、陡沟乡、南岗乡，灌南县孟兴庄镇、汤沟镇；宿迁市涉及沭阳县茆圩乡、桑墟镇、青伊湖镇、高墟镇、西圩乡、吴集镇、李恒镇、沂涛镇。

连淮线 连淮线为连云港市与淮安市分界线，代号0708。西起连云港市、淮安市、宿迁市交汇点，东到连云港市、淮安市、盐城市交汇点，由西北折向东南。连云港市沿线涉及灌南县李集乡、新集乡；淮安市涉及涟水县高沟镇、义兴镇。

连盐线 连盐线为连云港市与盐城市分界线，代号0709。西起连云港市、盐城市、淮安市交汇点，东到灌河口，由西南折向东北。连云港市沿线涉及灌南县百禄镇、三口镇、田楼乡、五队乡、堆沟港镇；盐城市涉及响水县黄圩镇、响水镇、双港镇、陈家港镇。

三、县区界线

东海县—灌云县 北起东海县、灌云县、海州区边界线交汇点，南至东海县、灌云县、沭阳县边界线交汇点，全长4.27千米。

东海县—赣榆县 西起苏鲁两省赣榆县、东海县、临沭县交汇点，东至临洪河口，全长56.43千米。

东海县—海州区 北起东海县、新浦区、海州区交汇点，南至东海县、灌云县、海州区交汇点，全长26.8千米。

东海县—新浦区 北起东海县、新浦区、连云区交汇点，南至东海县、新浦区、海州区交汇点，全长9.52千米。

东海县—连云区 西起东海县、新浦区、连云区交汇点，东至赣榆县、东海县、连云区交汇点，全长3.7千米。

灌云县—灌南县 西起灌云县、灌南县、沭阳县交汇点，东至灌云县、灌南县与响水县交汇点，全长87.8千米。

灌云县—海州区 西起东海县、灌云县、海州区交汇点，东至灌云县、海州区、连云区交汇点，全长26.72千米。

灌云县—连云区 北起灌云县、新浦区、连云区交汇点，北至埒子口，全长38.02千米。

灌云县—新浦区 西起灌云县、新浦区、海州区交汇点，东至灌云县、新浦区、连云区交汇点，全长33.38千米。

赣榆县—连云区 西起赣榆县、新浦区、连云区交汇点，东至临洪河口，全长15.72千米。

新浦区—连云区 北起东海县、新浦区、连云区交汇点，南至灌云县、新浦区、连云区交汇点，全长29.7千米。

新浦区—海州区 西起东海县、新浦区、海州区交汇点，西至灌云县、新浦区、海州区交汇点，全长23.44千米。

第三节 区 位

自古以来，连云港市就是一个典型的海港城市。周敬王六年（公元前514年），吴王阖闾在古海州地区经营海盐，史载其“煮海为盐，国用丰饶”。春秋战国时期，朐山与孔望山之间是天然的港湾，港湾南侧、背依朐山的集镇逐步发展成为古朐港，并与相继出现的龙苴港、新坝港形成了商贸兴盛、极富渔盐之利的港口群。秦王政二十六年（前221年），以古朐港为中心设置朐县，将连云港市最早的行政建置定位于海港城市。秦始皇修驰道通朐界，立石为秦东门，奠定了面向大海的朐县成为秦王朝东大门的战略地位。汉代，朐县对外交往频繁，市境成为陆上和海上丝绸之路的交汇点。

魏晋南北朝时期，中原动乱，市境及其港口群是沿海南北襟要和东渡朝鲜、日本的交通枢纽及南北商品交换的重要边陲市场之一。北朝东魏武定七年（549年）撤青、冀二州，改称海州，城市东、北邻海，是名副其实的“海边州”和海港。唐代，海州开凿80千米长的官河，沟通了运河与海运，使海州港成为繁华的商港、南北货集散的码头和海上补给粮饷的军港，“艨艟游弋，帆樯如林”。

图1-2 连云港市地处中国沿海中部，是沟通东西、连接南北的重要枢纽城市，交通发达便利。 俞德春 摄

宋代，海州年运销原盐47.7万石，盐、茶、紫菜、粮、油等大宗商品经海州港口转销，许多新罗人长期侨居海州经商，宿城等地建有新罗人宅，朝廷在海州建高丽亭馆，接待海外商旅。元、明两代，改漕粮河运为海运，海州港是中转之地，时称海州为“淮口巨镇”。明代中后期至清代长期推行闭关锁国政策，清初“裁海”，以及清康熙后期开始的海陆变迁，境内的海运优势一度丧失。

清末民国初期，横贯中国东西的陇海铁路直达市境。中国民主革命的先驱孙中山规划在连云港建设“二等港”作为陇海铁路出海口。20世纪30年代，随着陇海铁路东延至海州，为连云港港建成国际枢纽港奠定了基础。

1973年，连云港港被列为国家重点建设的八大港口之一和对外贸易口岸。1984年，连云港市跻身国家首批对外开放的14个沿海城市。1992年，横贯欧亚、全长10870千米的新亚欧大陆桥开通运营，连云港市成为新亚欧大陆桥东方桥头堡，成为中国内陆地区东出日、韩最便捷的出海口和西进中亚、欧洲距离最短的口岸，连云港的区位优势进一步凸显。

第二章 建置沿革

连云港市古称朐县、海州，行政建置始于秦代。秦统一中国后，推行郡县制，在今市境置朐县，故城在朐山西侧。境内赣榆县是中国最早设置的县之一。由于市境处于南北要冲，战争频繁，建置屡有更迭。但自北朝东魏武定七年（549年）置海州后，海州成为周边诸县的政治、经济、文化中心，曾为六郡故郡，素有“东海名郡”“淮口巨镇”之誉。1961年，新海连市因港得名更名为连云港市，此地始有连云港作为行政区划的地名。

第一节 秦代至清代

秦朝，推行郡县制，在今市境置朐县，属东海郡。境内赣榆县亦为秦置县，属琅琊郡。

汉初袭秦制，境内朐县仍属东海郡。汉武帝元封五年（公元前106年）置刺史，东海郡属徐州刺史部，领38县，其中，朐、利城、海西、曲阳、厚丘、襄贲等县大部在现行市域。东汉时，东海郡领13县，赣榆县由琅琊郡来属，其时朐、利城、祝其、厚丘、襄贲、赣榆等县大部分在现行市域内。

三国，魏黄初年间（220～226年），置东海国（治所在郯县，今山东郯城北），领11县，其中朐、襄贲、利城、祝其、厚丘等县大部在现行市域。

西晋时，东海郡领12县，其中，朐、襄贲、利城、祝其、厚丘、赣榆等县大部在现行市域内。东晋时，东海郡领朐、郯、利城、襄贲、祝其、厚丘、赣榆7县，除郯县外，大部在现行市域。

南北朝时期，南朝宋泰始年间（465～471年），东海郡领襄贲、赣榆2县。泰始元年（465年），东海郡移治朐山。泰始六年（470年），宋明帝失淮北地，侨置青州、冀州，治所在郁洲（今云

图1-3 秦始皇三十五年（公元前212年），“立石东海上朐界中，以为秦东门”。图为海州秦东门广场雕像。 俞德春 摄

台山地区)。先后在境内侨置的郡治还有齐郡、北海郡、西海郡、东莞郡、琅琊郡。北朝东魏武定七年(549年),罢青、冀二州改称海州,州治移至龙苴(今灌云县龙苴镇),领6郡、19县。北齐文宣帝时(550～559年在位)海州属琅琊郡。北周建德六年(577年),改琅琊郡为朐山郡,改朐县为朐山县,“取县内朐山为名也。”[①]

隋开皇初年,废朐山郡,仍称海州,州治由龙苴移至朐山。大业初年,复称东海郡,治朐山。领朐山县、东海县、涟水县、沭阳县、怀仁县。

唐初废郡,实行道、州(或府)、县三级行政区划。改东海郡为海州,隶属河南道。武德四年(621年),置海州总管府,领海州、涟州、环州、东楚州。海州辖朐山县、龙苴县、新乐县、曲阳县、沭阳县、厚丘县、怀仁县、利城县、祝其县。武德六年,将新乐县并入祝其县。武德七年(624年),东楚州改属扬州府,将沂州划归海州总管府。武德八年,废环州及龙苴县、祝其县、曲阳县、厚丘县、利城县,将东海县划归海州管辖。武德九年,废涟州。其时海州领朐山县、东海县、沭阳县、怀仁县。天宝元年(742年),废海州置东海郡。乾元元年(758年),复为海州。

五代十国时,市境隶属多变。后梁、后唐时属吴,后晋、后汉时属南唐,后周显德五年(958年)属后周,治朐山,领县未变。

北宋时,改道为路,实行路、府(或州、军)、县三级行政区划。海州属淮南路。熙宁五年(1072年),分淮南路为东西二路,海州属淮南东路。南宋建炎元年(1127年),海州陷于金。绍兴十年(1140年),复归南宋。隆兴元年(1163年),割以畀金,属山东东路,辖朐山县、东海县、沭阳县、赣榆县、涟水县。嘉定十二年(1219年),复归南宋[②]。端平二年(1235年),徙治东海县(今南城镇)。景定二年(1261年),还治朐山,析置西海州,治南城的东海县为东海州。

元朝实行省、路(府)、州、县四级行政区划。元初,废东、西海州,仍置海州,治朐山。至元十五年(1278年),升为海州路,置总管府。后改为海宁府,又降为海宁州,属淮安路。管辖朐山县、沭阳县、赣榆县,东海县并入朐山县。

明洪武元年(1368年),改海宁州为海州,管辖赣榆县,属淮安府。

清初,海州属徐海道。雍正二年(1724年),升为直隶州,辖赣榆县、沭阳县,直属江苏布政司。乾隆年间(1736～1795年),改属江宁布政司。嘉庆八年(1803年),属淮扬道。

第二节　民国时期

民国年间,全国政区废府、州、县制,实行省、道、县三级制。民国元年(1912年),裁海州直隶州置东海县,县治海州城。是年4月,析东海县东南部11镇成立灌云县,治所板浦。民国3年6月,江苏省划为5道,市境属徐海道。

民国中、后期,全国政区实行省(行政区、特别市、地方)、县(省辖市、设治局、管理局、旗、宗)二级制,道制废除。民国21年(1932年)起,在全国大多数省区划分行政督察区,设行政督察专员公署,作为省的派出机构,管理一部分县。是年9月,江苏省划分为12个行政督察区。次年12月,改为9个行政督察区,东海县为第八区,行政督察专员公署驻东海县城海州,辖东海县、灌

① 参见《太平寰宇记·卷二十二》
② 参见《隆庆海州志·卷一》

云县、赣榆县、沭阳县，通称海属四县。

民国24年（1935年）1月18日，江苏省决定，连云港埠设置普通市，以连岛和云台山首字，定名为连云市。其水陆区域以临洪河口以南、烧香河以北、东至东西连岛、西至新浦龙尾河为范围。4月23日，在墟沟成立连云市政筹备处。

民国27年（1938年），第八行政督察区改属淮海专署。民国28年3月，市境相继沦陷。日伪在市区成立伪连云市公署、伪海州专员公署和伪东海县政府。灌云、赣榆也相继建立伪政权。

民国28年（1939年），伪连云市公署、伪东海县政府隶属伪苏淮特别区行政公署。民国政府东海、灌云、赣榆等县政权转入乡下，不久先后解体。民国29年8月，八路军第五纵队挺进淮海；28日，灌云县抗日民主政府成立。11月，东海县抗日民主政府建立，隶属于华中区苏皖边区；山东纵队进驻赣榆县，开辟抗日民主根据地；30日，赣榆县抗日民主政府建立，隶属于山东省滨海专署。民国30年8月，改陇海铁路北境东海办事处为海陵县抗日民主政府，先属山东省鲁南区第一行署，后改属滨海专署。

民国33年（1944年）1月，伪苏淮特别区行政公署改置淮海省。12月，伪东海县析置海州市，隶属淮海省，治海州城。

抗战胜利后，中共山东省委、省政府决定成立海州市政府，同时成立中共海州市委，下辖新海工委，着手接管新浦、海州、连云港港等地。民国34年（1945年）9月，国民党先行接管了新（浦）海（州）连（云港）。民国35年10月，国民政府内务部指令江苏省政府，“恢复连云市，增设徐州市以应该区发展需要，连云市依国父（孙中山）实业计划，拟辟为二等港埠，以利工商发达计，战前经呈准设省辖市。”民国37年4月，江苏省决定，将驻东海县城海州的行政督察专员公署迁驻连云市，以专员兼任市长，市府业务由专署职员兼办。国民政府行政院、内务部方域司公布连云市为省直辖市。

第三节 解放以后

民国37年（1948年）11月6日，华东野战军在陇海线东段发动攻势，海州国民党军44师弃守西去。7日，滨海军区所属一、二、三团及苏北第六军分区、灌云独立团等部队先后解放板浦、新浦、海州，成立新海连特区临时军事管制委员会。9日，正式成立新海连特区军事管制委员会。11月28日，军事管制委员会撤销，成立新海连特区行政专员公署，隶属山东省鲁中南行政公署，下设新海市、连云市、云台办事处。此时今连云港市境还有一个隶属苏北行政区的淮北盐特区，其地域范围包括猴嘴、板箴、徐圩、燕尾港、堆沟港、陈家港、头罾等地。

1949年10月1日，中华人民共和国成立。11月11日，鲁中南行政公署奉山东省政府命令，将新海连特区行政专员公署改置为新海连市人民政府。25日，新海连市人民政府发布第1号通令，撤销新海市政府、连云市政府和云台办事处，设新龙区、新华区、民主区、锦屏区、浦西区、前云区、后云区和连云港办事处。12月，前云区、后云区合并成立云台区。

1950年5月1日，新海连市与东海县合并，成立新海县，隶属山东省临沂专区。下设新龙区、新华区、民主区、锦屏区、云台区、浦西区、新民区、临洪区、河南区、羽东区、末山区、羽西区、白河区、牛山区和连云港办事处。12月12日，撤销新海县，恢复新海连市、东海县，同属山东省临沂专区。

1951年8月，新龙区、新华区、民主区撤销，以龙尾河为界，河以东称龙尾区，河以西称盐河区。

1952年，连云港办事处改为连云区，锦屏区改为海州区。1953年1月1日，新海连市及东海

图1-4 2005年,连云港市辖4县3区,新浦区为中心城区。图为新浦区城市面貌。 俞志春 摄

县、赣榆县划归江苏省管辖,隶属江苏省徐州专区。4月4日,撤销淮北盐特区,成立盐区,由新海连市管辖。6月,盐区划分为猴嘴区、陈家港区。淮北盐务管理局改为淮北盐务局,仍为部属企业,专事盐业生产经营活动。

1954年11月22日,江苏省政府决定,新海连市改为省辖市,辖海州区、盐河区、龙尾区、云台区、连云区、猴嘴区、陈家港区,受徐州专区督导。

1955年9月21日,经江苏省政府批准,龙尾区、盐河区合并成立新浦区,隶属新海连市。

1959年1月1日,中共江苏省委、省人民委员会根据国务院将淮北盐务局下放管理的指示精神,决定撤销淮北盐务局。淮北盐场行政区域进行划分,埒子口以北的台北盐场、台南盐场、徐圩盐场属新海连市管辖;埒子口以南、灌河以北的灌西盐场属淮阴专区灌云县管辖,成立灌云县盐务局;灌河以南的灌东盐场、淮河盐场、新滩盐场属盐城专区管辖,成立滨海县盐务局。新海连市从管辖整个淮北盐场的7个制盐场,减少到只管辖其中的3个制盐场,地域范围缩小。

1960年2月,原属淮阴专区灌云县的新坝公社划归新海连市。

1961年9月2日,经国务院批准,新海连市更名为连云港市。

1962年6月2日,中共江苏省委第二十九次常委会议决定,徐州专区所辖的连云港市升格为省辖市,成为江苏省7个省辖市之一,辖新浦区、海州区、连云区、盐区和朝阳、中云、云台、新坝、锦屏、宿城6个人民公社。1966年1月,云山公社划归连云港市直接领导。

1983年1月,江苏省实行市管县体制。原属徐州地区的赣榆县、东海县和原属淮阴地区的灌云县划归连云港市管辖。3月,原属灌云县的南城镇和云台公社划归连云港市区,与原属市区的朝阳、中云合并组建南城区,区政府驻南城镇。6月,新浦区、海州区和新坝公社、锦屏公社、新浦农场合并成立新海区,区政府驻新浦。7月,南城区与盐区合并成立新的云台区,区政府驻猴嘴。年底,连云港市辖赣榆县、东海县、灌云县和新海区、云台区、连云区。

1986年6月,新海区撤销,分设为新浦区、海州区。

1996年7月,经国务院批准,原属淮阴市的灌南县划归连云港市管辖。

2001年10月,云台区撤销,原所管辖地区分别划归新浦区、连云区。至此,全市辖赣榆县、东海县、灌云县、灌南县和新浦区、海州区、连云区,至2005年底未有变动。

连云港市建置沿革表

表1-2

朝代（时期）	隶属	名称	区域范围	资料来源
旧石器时代（距今4万～5万年左右）	旧石器一细石器文化			据连云港市博物馆研究成果
新石器时代（距今7000～4000年）	大汶口一龙山文化			据连云港市博物馆研究成果
夏（约公元前21世纪～公元前16世纪）	人方东夷			《尚书·禹贡》:“海、岱及淮惟徐州。”
商（约公元前16世纪～公元前11世纪）	人方国、东夷、郁夷国			
西周（公元前11世纪～公元前771年）	青州人方国、东夷			一说属兖州,《海州直隶州志》:“周无徐州，分隶于青兖州，……而海州属鲁，仍当在兖州境。”《太平寰宇记》:“海州，周无徐州，并为青兖州，则为青州之域。”《周礼·职方》:“正东曰青州。”查《禹贡九州图》，海州距青州较兖州近，故取青州为是。明《隆庆海州志》:“海州本春秋郯子国地。”宋《太平寰宇记》:“春秋鲁国之东界……七国时属楚。”
春秋至战国（公元前770～公元前221年）	郯国			
	楚			
秦（公元前221～公元前206年）	东海郡	朐县	东海郡领朐县、郯县、兰陵县、襄贲县、缯县、下邳县、淮阴县、盱台县、东阳县、堂邑县、广陵县、凌县	《汉书》《后汉书》《太平寰宇记》、明清《海州志》均认为汉置东海郡。据谭其骧《秦郡释考》《关于秦郡和两汉州部》核实，秦设郡46，中有东海郡而无郯郡。《中国历史地图集》亦从谭说，故取秦置东海郡一说。《水经注》:“朐山西山侧有朐县故城。”
汉（公元前206年～公元220年） 西汉（包括新莽王朝）	徐州刺史部 东海郡（沂平）	朐县	东海郡领38县。其中朐、襄贲、利城、海西、厚丘、曲阳等县大部在现行市域	明《隆庆海州志》:汉改属东海郡，武帝（公元前140年～公元前87年在位）置刺史时，隶徐州。东汉属东海郡。《汉书·地理志》:“东海郡，……莽曰沂平”。《中国历史地图集》:“海曲县在今山东日照，西汉时属琅琊郡；海西县在今灌云县，西汉时属东海郡。”《汉书·地理志》载：东海郡“平曲县有二”。徐州刺史部载于《中国历史地图集》（第二册）。阴平县载《后汉书·郡国志》。
汉 东汉	徐州刺史部 东海郡	朐县	东海郡领朐、郯、兰陵、襄贲、戚、利城、祝其、承、厚丘、合乡、昌虑、赣榆、阴平等13县。其中朐、襄贲、利城、祝其、厚丘、赣榆等县大部在现行市域	
三国（220～280年）	魏（徐州） 东海国	朐县	东海国领朐、郯、兰陵、襄贲、戚、利城、祝其、承、厚丘、昌虑、合城等11县。其中朐、襄贲、利城、祝其、厚丘等县大部在现行市域	《三国疆域志》:“东海国，汉置郡。魏黄初中，作国，领县十一。”《中国历史地图集》（第三册）：东海国治所在郯县（今山东郯城北）。”

续表 1-2

朝代（时期）		隶属		名称	区域范围	资料来源
晋（265～420年）	西晋	徐州	东海郡	朐县	东海郡领朐县、郯县、兰陵县、襄贲县、戚县、利城县、祝其县、承县、厚丘县、昌虑县、合乡县、赣榆县。其中朐、襄贲、利城、祝其、厚丘、赣榆诸县大部在现行市域	《晋书·地理志》："东海郡，汉置，统县十二：郯、祝其、朐、襄贲、利城、赣榆、厚丘、兰陵、承、昌虑、合乡、戚。"
	东晋	后赵	东海郡	朐县	东海郡领朐县、郯县、利城县、襄贲县、祝其县、厚丘县、赣榆县。除郯县外，大部在现行市域	《晋书》《嘉庆海州直隶州志》载后赵、南燕及赣榆县。《中国历史地图集》(第三、四册）载前燕、东晋、东海郡郡治在郯县(今山东郯城北）
		前燕				
		南燕				
		东晋				
南北朝（420～589年）	南朝	宋		东海郡	襄贲县、赣榆县	《宋书·州郡志》："青州，宋泰始初，淮北没虏。六年始治郁洲土。"《太平寰宇记》："宋明帝（465·471）失淮北地，于郁洲更置冀州。"《资治通鉴》：宋侨立青、冀二州，治郁洲"。东海郡，《宋书·州郡志》载："宋泰始前，仍称东海郡，领襄贲、赣榆二县。"齐郡、东莞郡、琅琊郡、西海郡、东海郡、北海郡见《江南通志》："宋泰始中，侨立青、冀二州于此，置北海郡。"《宋书·州郡志》："明帝失淮北，侨立青州于赣榆县，泰始七年又立东海县，属东海郡，又割赣榆县，置郁县，立西海郡，并隶侨青州，领县二：襄贲、赣榆。""明帝失淮北，于郁洲侨立青州、齐、北海、西海郡。"清《嘉庆海州直隶州志》："刘宋泰始六年侨置东莞、琅琊二郡。"
				青州（侨置）冀州（侨置）	齐郡、东莞郡、琅琊郡、西海郡、东海郡、北海郡	
		齐		青州冀州（侨置）	东莞、琅琊郡领即丘县、南东莞县、北东莞县	《南齐书·州郡志》："……建元四年，移镇朐山后，复旧领郡如左：北海郡：都昌、广饶、赣榆、胶东、剧、下密、平寿;东莞、琅琊郡：即丘、南东莞、北东莞。"《中国历史地图集》（第四册）："齐郡：临淄、齐安、宿豫、尉氏、平虏、昌国、西安、泰、益都。"
		梁			东海郡领襄贲县、僮县、下邳县、厚丘县、曲城县	
					北海郡领都昌县、广饶县、赣榆县、胶东县、剧县、下密县、平寿县	
					齐郡领临淄县、齐安县、宿豫县、尉氏县、平虏县、昌国县、益都县、西安县、泰县	

续表1-2

<table>
<tr><th colspan="2">朝代（时期）</th><th>隶属</th><th>名称</th><th>区域范围</th><th>资料来源</th></tr>
<tr><td rowspan="11">南北朝（420～589年）</td><td rowspan="11">北朝</td><td rowspan="6">东魏</td><td rowspan="6">海州</td><td>东彭城郡领龙沮县、安东县、勃海县</td><td rowspan="11">《太平寰宇记》："武定七年，罢青冀二州为海州，移治于旧州南龙沮故城。"《嘉庆海州直隶州志》："梁于琅琊故城置招远县，属琅琊郡。后属魏，改为朐县。"《元和郡县图志》："高齐文宣帝移海州理琅琊。"《嘉庆海州直隶州志》："周武帝建德六年，改琅琊为朐山郡，改朐县为朐山县。取县内朐山为名也。"</td></tr>
<tr><td>东海郡领赣榆县、安流县、广饶县、下密县</td></tr>
<tr><td>西海郡领襄贲县、海西县、临海县</td></tr>
<tr><td>沭阳郡领下城县、临淄县、怀文县、服武县</td></tr>
<tr><td>琅琊郡领朐县、海安县、山宁县</td></tr>
<tr><td>武陵郡领上鲜县、洛要县</td></tr>
<tr><td rowspan="3">北齐</td><td rowspan="5">海州</td><td>东海郡领广饶县、东海县</td></tr>
<tr><td>朐山郡领朐山县</td></tr>
<tr><td>武陵郡领上鲜县、洛要县</td></tr>
<tr><td rowspan="2">北周</td><td>沭阳郡领沭阳县</td></tr>
<tr><td>海安郡领襄贲县</td></tr>
<tr><td colspan="2" rowspan="2">隋（581～618年）</td><td rowspan="2"></td><td>海州</td><td rowspan="2">领朐山县、东海县、涟水县、沭阳县、怀仁县</td><td rowspan="2">《江南通志》："隋开皇初，郡废，仍曰海州。大业初，改海州为东海郡。"</td></tr>
<tr><td>东海郡</td></tr>
<tr><td colspan="2" rowspan="3">唐（618～907年）</td><td rowspan="3">河南道</td><td>海州总管府</td><td>领海州、环州、涟州、东楚州。海州领朐山县、龙苴县、新乐县、曲阳县、沭阳县、厚丘县、怀仁县、利城县、祝其县</td><td rowspan="3">《江南通志》："唐复为海州，属河南道。天宝初，又为东海郡。乾元初，复为海州。"《旧唐书·地理》："武德四年置海州总管府，领海、涟、环、东楚四州。海州领朐山、龙苴、新乐、曲阳、沭阳、厚丘、怀仁、利城、祝其九县。六年，省新乐入祝其。七年，以东楚州为扬州府，又以沂州来属。八年，废环州及龙苴、祝其、曲阳、厚丘、利城五县，仍以废环州之东海来属。九年，废涟州。贞观元年罢都督府。"《元和郡县图志》："隋末丧乱，乱君相窃据之。武德四年，君相以郡归顺，改为海州。"</td></tr>
<tr><td>东海郡</td><td rowspan="2">领朐山县、东海县、沭阳县、怀仁县</td></tr>
<tr><td>海州</td></tr>
<tr><td colspan="2" rowspan="3">五代（907～960年）</td><td>吴</td><td rowspan="3">海州</td><td rowspan="3">领朐山县、东海县、沭阳县、怀仁县</td><td rowspan="3">《五代史·职方考》："海州，梁唐时属吴，晋汉时属南唐，周时属周。"</td></tr>
<tr><td>南唐</td></tr>
<tr><td>后周</td></tr>
<tr><td rowspan="2">宋（960～1279年）</td><td rowspan="2">北宋</td><td>淮南路</td><td rowspan="2">海州</td><td rowspan="2">领朐山县、东海县、沭阳县、怀仁县</td><td rowspan="2">《宋史·地理志》："淮南路，旧为一路，熙宁五年分为东西两路。"</td></tr>
<tr><td>淮南东路</td></tr>
</table>

续表 1-2

朝代（时期）	隶属	名称	区域范围	资料来源
宋（960～1279年） 南宋	山东东路	海州	领朐山县、东海县、沭阳县、赣榆县、涟水县	《隆庆海州志》：“宋属淮东道，后为团练淮南东路，仍置西海州。建炎初陷于金；绍兴十年，韩世忠遣王胜收复；十一年，张浚夷其城，迁其民于镇江；隆兴初，魏胜下海州，金攻不克，汤思退割以遗金，隶山东东路；嘉定中，制臣贾假遣李全收复后又升东海郡、县为军。”
元（1271～1368年）	河南行省淮安路	海州路总管府	领朐山县、沭阳县、赣榆县	《元史·地理志》：“海宁州。至元十五年，升为海州路总管府，复改海宁府，未几降为州，隶淮安路……，二十年……，东海县并入朐山，领县。”
		海宁府		
		海宁州		
明（1368～1644年）	淮安府	海州	领赣榆县	《明史·地理志》：“海州，元朝曰海宁州，洪武初，复曰海州，以州治朐山县省入，领县一。”《续文献通考》：“海州，隶属淮安府。”
清（1644～1911年）	淮安府	海州	领赣榆县	《清史稿·地理》：“海州直隶州，隶淮扬（海）道，顺治年间，属淮安府，领县一。”
	徐海道	海州直隶州	领赣榆县、沭阳县	《江南通志》：“海州旧属淮安府，雍正二年升直隶州，又以沭阳县来属。辖县二。”又据清《江苏全省两司八府一厅图说》：“雍正二年升州，直隶江苏布政司，乾隆中分设江宁布政司，又改隶焉，领县二。”
	江苏布政司			
	江宁布政司			
	淮扬道			
中华民国（1912～1948年）	徐海道	东海县	区域为现域市区和东海县、灌云县及灌南县、响水县部分地区	海属四县，同属徐海道，仍隶江苏省。民国21年，江苏省政府设若干督察专员行政区，将东、灌、沭、赣划为“东海行政区”，辖区一如直隶州。《江苏省城市历史地理》：“辛亥革命后改海州为东海县，属徐海道。后又分东海县的东南部置灌云县。”江苏淮海专署、江苏徐州绥靖公署、连云市之设置，见连云港市档案局档案、《民国时期政区沿革》（湖北教育出版社）
	江苏淮海专署	东海行政区	东海县、灌云县、沭阳县、赣榆县、连云市	
	江苏徐州绥靖公署			
中华民国～中华人民共和国	山东省鲁中南行政公署（1948.11～1949.11）	新海连特区	新海市、连云市、云台办事处	据连云港市档案局档案
		新海连市	新龙区、新华区、民主区、锦屏区、浦西区、前云区、后云区、连云港办事处	据连云港市档案局档案

续表1-2

朝代（时期）	隶属	名称	区域范围	资料来源
中华人民共和国	山东省临沂专区（1949.11～1953.1）	新海县	新龙区、新华区、民主区、锦屏区、浦西区、新民区、临洪区、云台区、河南区、羽东区、末山区、羽西区、白河区、牛山区、连云港办事处	据连云港市档案局档案
		新海连市	锦屏区（海州区）、云台区、连云区、龙尾区、盐河区	据连云港市档案局档案
	江苏省徐州专区（1953.1～1954.11）（1957.12～1962.5）	新海连市	1953.1～1955.9：龙尾区、盐河区、海州区、云台区、连云区、盐区（1953年6月划分为陈家港区、猴嘴区）	据连云港市档案局档案
			1955.9～1957.1:新浦区、海州区、云台区、连云区、陈家港区、猴嘴区	
			1957.1～1960.2：新浦区、海州区、云台区、连云区、盐区（1957年1月陈家港区、猴嘴区合并为盐区）	
			1960.2～1961.6：新浦区、海州区、云台区、连云区、盐区、新坝公社、锦屏公社	
		连云港市	1961.6～1961.9：新浦区、海州区、连云区、盐区、新坝公社、锦屏公社、朝阳公社、中云公社、云台公社	
	江苏省（1962.6～）	连云港市	1961.10～1966.1：新浦区、海州区、连云区、盐区、新坝公社、锦屏公社、中云公社、云台公社、朝阳公社、宿城公社	据连云港市档案局档案
			1966.1～1983.2：新浦区、海州区、连云区、盐区、新坝公社、锦屏公社、朝阳公社、中云公社、云台公社、云山公社、宿城公社	据连云港市档案局档案

续表 1-2

朝代（时期）	隶属	名称	区域范围	资料来源
中华人民共和国	江苏省（1962.6～）	连云港市	1983.3～1983.6：赣榆县、东海县、灌云县、新浦区、海州区、连云区、南城区、盐区	据连云港市档案局档案
			1983.6～1986.6：赣榆县、东海县、灌云县、新海区、连云区、云台区	据连云港市档案局档案
			1986.6～1996.7：赣榆县、东海县、灌云县、新浦区、海州区、云台区、连云区	据连云港市档案局档案
			1996.7～2001.10：赣榆县、东海县、灌云县、灌南县、新浦区、海州区、云台区、连云区	据连云港市档案局档案
			2001.10～2005.12：赣榆县、东海县、灌云县、灌南县、新浦区、海州区、连云区	据《连云港年鉴（2006）》

第三章　行政区划

民国以后，市境建置多变，区划也屡次调整。从民国初年的撤州置县辖镇，至民国中后期的行政区管辖县；从解放初期的市辖区和办事处，至1983年开始实行市管县体制，20世纪末21世纪初又多次实行乡镇合并、街道合并和撤乡建镇、撤乡镇建街道的区划调整。至2005年底，全市辖赣榆县、东海县、灌云县、灌南县和新浦区、连云区、海州区，有14个街道、31个乡、56个镇，管辖204个社区、1437个村。

第一节　民国时期

一、东海县

民国元年（1912年），民国临时政府开始撤道、废府（包括州、厅）、存县并县工作，决定裁撤海州直隶州，置东海县，辖50镇。原海州所领赣榆县、沭阳县分治。是年4月11日，分东海县东南部11镇置灌云县。

民国元年（1912年）4月东海县、灌云县分置后区划表

表1-3

县 名	区 域
东海县（辖39镇）	申明亭、临洪、新坝、卓王河、下坊、龙苴、南岗、港河、高墟、湖东口、滥泥洪、兴谷、白塔埠、驼峰、高桥、王家沟、平明、卸甲坊、石湫、房山、南榴、牛山、张谷、安峰、毛墩、青伊、七埝、赤岸、石埠、团池、竹墩、篓山、博望、阿湖、西门、石榴、横沟、石桥、上林
灌云县（辖11镇）	板浦、大伊、张店、湖坊、铁牛、新安、莞南、莞北、莞渎、东路、西路

民国之初，实行地方自治，市境各县实行市、乡制，行政区域划分为若干区，大区称市、小区称乡，由县直管市、乡。

民国3年（1914年）赣榆县、东海县、灌云县区划表

表1-4

县 名	区 域
赣榆县	赣榆市、青口市、太和市、夹谷市、金山市、六合市、保合乡、三合乡
东海县	海朐市、临洪市、永和市、海南市、石峰市、房山市、西门乡、石林乡
灌云县	板浦市、大伊市、协和市、新莞市、三新市、响水市、中正乡、西临乡、苍梧乡、苍梧北乡、新县乡、墟沟乡、郁林乡、山前乡、大西乡、东辛乡、苇南乡、苇北乡、苇左乡、双港乡

民国18年（1929年），市境各县调整区划，废市、乡制，设区，由县直管区。

民国18年（1929年）赣榆县、东海县、灌云县区划表

表1-5

县 名	区 域
赣榆县	赣榆区、青口区、太和区、夹谷区、金山区、六合区、保合区、三合区
东海县	海州区、新浦区、新坝区、湖东口区、白塔埠区、石榴树区、房山区、桃林区
灌云县	板浦区、大伊山区、张家店区、新安镇区、杨家集区、响水口区、双港区、 同兴区、南城区、新县区

民国28年（1939年），日本侵略军侵占海州后建立东海县伪政权，封锁陇海铁路，东海县被分割成南北两部分。民国30年8月，抗日民主政府在东海县境西北部置海陵县，辖高埝、白河、马陵、东安、羽东5区。民国33年8月，在陇海铁路以南县境合东海、潼阳二县为东海县（路南），辖10区。民国34年11月，海陵县更名为东海县（路北）。民国37年11月7日，东海县全境解放，析县境海州、新浦及连云市置新海连特区。

二、东海行政区

民国南京政府时期，江苏省政府参考豫鄂皖三省“剿匪”总部所制专员公署条例，于民国21年（1932年）9月将全省划为12区。1933年12月，又制定《江苏省行政督察专员公署组织规程暨办事通则》，将全省划分为9区，并呈行政院备案，1934年2月获准设立溧阳、无锡、松江、南通、江都、盐城、淮阴、东海、铜山9个行政督察区。市境为第八区，亦称东海行政督察区，专员公署驻东海县城海州，辖东海县、灌云县、沭阳县、赣榆县。辖境大体相当于清海州直隶州。

三、连云市

民国江苏省政府依照孙中山实业计划，拟辟连云港为二等港埠，把东海、灌云两县合并起来，在连云港建立一个规模宏大的现代都市。将东陇海铁路继续向西展延，和西伯利亚铁路相接，以达到欧洲腹地，把太平洋和大西洋连贯起来。民国24年（1935年）1月18日，江苏省政府决定在灌云县老窑置市，以连岛和云台山首字命名，设置连云市。4月23日，在墟沟成立连云市政筹备处。日本侵略军占领期间，连云市建市工作被迫中断。民国35年，国民政府决定恢复连云市，直属江苏省政府。民国37年11月当地解放后，连云市隶属新海连特区。

民国36年（1947年）连云市区划表

表1-6

区　名	区　域
第一区	宿城乡、老窑乡、连岛乡、墟沟乡、西石乡、盐场乡
第二区	五羊乡、沃云乡、东磊乡、隔村乡、风云乡、新县乡、罗巨乡
第三区	关里乡、龙山乡、南城乡、郁林乡、新村乡、新龙乡、海平乡、大兴乡

第二节　解放以后

一、新海连特区

民国37年（1948年）11月7日，板浦、新浦、海州解放。11月9日，市域全境解放。11月28日，成立新海连特区行政专员公署，隶属于山东省鲁中南行政公署。

民国37年（1948年）11月新海连特区区划表

表1-7

市（办事处）名	区　域
新海市	民主区、新华区、通灌区、新龙区、浦西区、锦屏区
连云市	东港区、宿城区、墟沟区、连岛区
云台办事处	大浦区、前云台区、中云台区、新建区

二、新海连市

1949年11月11日，鲁中南行政公署奉山东省政府命令，将原新海连特区专员公署改为新海连市人民委员会。是月25日，新海连市人民委员会发布第1号通令，宣布新海连特区改为新海连市，境域不变；同时撤销新海市、连云市、云台办事处，成立新龙区、新华区、民主区、锦屏区、浦西区、云台区和连云港办事处。1953年，新海连市划归江苏省徐州专区管辖。1954年，新海连市辖海州区、盐河区、龙尾区、云台区、连云区、猴嘴区、陈家港区。1955年9月，盐河区、龙尾区合并，成立新浦区。1957年1月，撤销猴嘴区、陈家港区，成立盐区。1960年，新海连市辖新浦区、海州区、云台区和连云港办事处、盐区、新坝公社、锦屏公社。

1954年新海连市行政区划简表

表1-8

区　名	区　域
海州区	磷矿乡、西门乡、东门乡、南门乡、车站乡，砚池街、鼓楼街、文化街、南中街
盐河区	临洪乡，新河街、义和街、洋桥街、新新街、通池街、市民街、新海街、民族街、同和街、东池街、民主街
龙尾区	贾圩街、新建街、新德街、新村街、站北街、市东街、通灌街、同兴街、菜市街、新市街、维新街
云台区	当路乡、大村乡、中云乡、胜利乡、隔村乡、新县乡、平山乡、云山乡、宿城乡
连云区	墟沟镇，连岛乡、柳河乡、陶庵乡、海头乡
猴嘴区	猴嘴镇、大浦镇，台南乡、方洋乡，船公所
陈家港区	陈港镇、燕尾镇、洋桥镇，新滩乡、东港乡，船民协会

三、新海县

1950年5月，新海连市与东海县合并成立新海县。是年12月12日，撤销新海县，恢复新海连市和东海县建置。

四、连云港市

1961年9月，新海连市更名为连云港市。1962年6月2日，经中共江苏省委第二十九次常委会议研究决定，连云港市为江苏省辖市。1966年1月，连云港市辖新浦区、海州区、连云区、盐区和新坝、锦屏、朝阳、中云、云台、云山、宿城7个人民公社。1983年1月18日，江苏省实行市管县领导体制，原属徐州地区的东海县、赣榆县，原属淮阴地区的灌云县3个县划归连云港市管辖。当年3月，原属灌云县的南城镇和云台公社划归连云港市区，与原属市区的朝阳公社、中云公社合并建立南城区，市辖区增至5个。是年6月，新浦区、海州区和新坝公社、锦屏公社、新浦农场合并为新海区；7月，南城区与盐区合并为云台区，市辖区减为3个。是年底实行政社分开，撤销人民公社和生产大队，建立乡镇政府和村民委员会，城区设街道办事处。全市3县3区共辖城镇街道8个、乡82个、镇12个。

1986年6月，新海区分设为新浦区、海州区。新浦区辖临洪街道、浦西街道、浦东街道、路南街道、市东街道和沈圩村、临洪村。海州区辖海州街道、幸福路街道、锦屏镇和新坝乡、朐阳乡、洪门乡及锦屏林场、孔望山果园、洪门果园。

图1-5　2005年建成的市行政中心　　张晓晖　摄

1990年，连云港市辖赣榆县、东海县、灌云县和新浦区、海州区、连云区、云台区。县区共辖街道9个、乡66个、镇30个。

1996年7月，经国务院批准，原属淮阴市的灌南县划归连云港市管辖。全市4县4区共辖街道8个、乡72个、镇47个，管辖社区256个、村2114个。

2001年10月，云台区撤销，该区南城镇、花果山乡、云台乡和猴嘴街道划归新浦区管辖，朝阳镇、徐圩镇、板桥镇和中云街道划归连云区管辖。世纪之交前后，为适应经济和社会的发展，经省政府批准，连云港市有过多次乡镇合并、街道合并和撤乡建镇、撤乡镇建街道的调整。至2005年底，全市辖赣榆县、东海县、灌云县、灌南县和新浦区、海州区、连云区，共有14个街道、31个乡、56个镇，管辖204个社区、1437个村。

2005年连云港市行政区划一览表

表1－9

区域名称	所辖乡（镇、街道）名称	乡（个）	镇（个）	街道（个）
连云港市		31	56	14
新浦区	乡： 云台、花果山、宁海 镇： 南城 街道：路南、浦东、浦西、新海、新南、新东	3	1	6
海州区	镇： 锦屏、新坝 街道：海州、幸福路、洪门、朐阳	—	2	4
连云区	乡： 宿城、云山、前三岛、高公岛 镇： 连岛、板桥、徐圩、朝阳 街道：墟沟、中云、连云、猴嘴	4	4	4
赣榆县	镇： 青口、海头、赣马、城头、欢墩、沙河、墩尚、石桥、黑林、金山、厉庄、柘汪、罗阳、宋庄、塔山、班庄、城西、门河	—	18	—
东海县	乡： 驼峰、南辰、横沟、李埝、山左口、曲阳、张湾、石湖 镇： 牛山、白塔埠、青湖、温泉、桃林、房山、浦南、黄川、石榴、石梁河、平明、安峰、洪庄、双店	8	14	—
灌云县	乡： 伊芦、图河、沂北、下车、白蚬、东王集、侍庄、小伊、穆圩、陡沟、南岗 镇： 伊山、板浦、杨集、燕尾港、四队、龙苴、同兴、圩丰	11	8	—
灌南县	乡： 五队、田楼、李集、新集、花园 镇： 新安、堆沟港、长茂、北陈集、张店、汤沟、百禄、三口、孟兴庄	5	9	—

附：连云港市消失的区划地名

一、消失的区

云台区

二、消失的乡镇（街道）

赣榆县：城东乡、城南乡、马站镇、九里乡、吴山乡、殷庄乡、大岭镇、龙河乡、徐山乡、土城镇、官河乡、夹山乡

东海县：牛山乡、石埠乡

灌云县：伊山乡、向阳乡、界圩乡

灌南县：硕湖乡、新安乡、大圈乡、九队乡、小窑乡、白皂乡、张湾乡、六塘乡

海州区：东辛乡、中正镇、德芳镇、新民镇

连云区：墟沟镇、猴嘴镇、中云乡、连岛乡、前山岛办事处、陶庵街道、连云港镇

三、消失的村（居）

赣榆县：大新庄村、秦河村、陈洪爽村、时洪爽村、于沟村、于岭村、陈接庄村、徐接庄村、王接庄村、郑接庄村、韩洪爽村、杨洪爽村、董沟村、吴沟村、廖沟村、庙前村、庙后村、庙东村、塘沟村、三河村、卢圩村、李庄村、闫庄村、陆庄村、南万庄村、圩桥村、陈顶村、李村、欧口村、李圩村、南官庄村、何家庄村、张家庄村、刘庄村、朱桥村、桥头村、南邵庄村、胜利村、西单村、坡里村、舍庄村、东刘村、西刘村、后湖村、前小山村、万赤涧村、吴林村、河北尚庄村、河南尚庄村、河西尚庄村、河东尚庄村、墩尚村、坝东村、坝西村、上小山村、车赤涧村、张赤涧村、仲赤涧村、顾赤涧村、徐店村、谷店村、点马厂村、汤元岭村、卢园村、小道口村、大潘庄村、许顶村、宋桥村、张王庄村、南朱汪村、芦河村、演马村、朱田湖村、谷集村、瓦屋基村、穆庄村、胡桥村、新安村、南徐庄村、东颜庄村、河南村、新康邑村、小沙村、单留村、方庄村、肖岭村、刘河头村、新宅村、大路旁村、吴公村、大朱庄村、南夏庄村、董家湾村、张朱孟村、孟岭村、汪庄村、三圪村、头圪村、沙上村、前远庄村、港西村、王家岭村、董家沟村、周庄村、平子埃村、韦家湖村、徐家湖村、后岭村、北邵庄村、小官庄村、大洼村、王庄村、前太平村、西岭村、东岭村、杨村、七里亭村、小毛庄村、蒋河村、大探马村、温旦头村、芦草沟村、马旦头村、陈旦头村、范良庄村、尹良庄村、朱良庄村、陶店村、邵埠地村、李埠地村、沟屋村、申疃村、土层村、界河子村、凤凰岭村、半路村、单家店村、左庄村、大湾子村、张村、卢上堰村、小庄村、柏藕埃村、于顶村、林庄村、大石桥村、仲马村、周宅村、祁湾子村、尚湾子村、焦湾子村、董大园村、林头村、杜高巅村、戴岭村、许南庄村、徐南庄村、南庵村、陈三庄村、刘庄村、克桥村、孙桥村、冲田汪村、匡林村、高巅庙村、居庄村、冯顶村、西关村、六里桥村、万庄村、吕庄村、乔庄村、碱滩村、一沟村、富园村、殷宅村、鲁王村、三沟村、城新村、官庄顶村、城建村、圈子村、张望河村、左湾村、柳沟村、陈庄村、宋庄村、河东村、河西村、尚门河村、三庙村、旺河头村、相李村、鲍门河村、刘门河村、李瓦沟村、陆瓦沟村、赵圩村、彭瓦沟村、季瓦沟村、朱岔汪村、董湾村、欢东村、欢南村、欢北村、欢新村、瓦屋村、河北村、三角汪村、太平村、爱国村、辉埠村、邱庄村、戚园村、蒋庄村、南庄村、范庄村、渊头村、楼子村、老庄村、葛埠村、唐疃村、王家庄村、仲家湖村、张家湖村、陈家湖村、董家湖村、宋家岭村、李陡泼村、三合村、新河村、赵沙村、芦沟村、董庄村、马台村、樊葛埠村、管葛埠村、孙家岭村、小探马村、汪头村、高庄村、徐新庄村、沟西村、青墩岭村、邵庄村、前沟子村、西竹园村、徐青墩村、青墩庙村、穆新庄村、石东村、曹岭村、朱官庄村、娄官庄村、于家沟村、沟头村、徐莒洲村、马朱孟村、王场村、匡湖村、大朱尹村、莫村、房家村、墩头村、倪家村、尚家庄村、西城村、大吕村、孟班庄村、小半路村、三角庄村、黄泥沟村、小河村、早立王村、朱庄村、单集村、小官湖村、彭湖村、程圩村、小埠子村、三高庄村、全岭村

东海县：湖南村、杨墩村、吴庄村、苗庄村、东柳村、西柳村、张井村、老河汪村、马小埠村、新官村、前顶村、前城村、后城村、伏庄村、麦墩村、前滩村、晏圩村、沈李村、董园村、新民村、新顶村、新半村、胜昔村、夹河村、刘顶村、上河村、下河村、张村、大兴村、李岭村、朱桥村、长久村、郑村、东尧村、兴庄村、袁湖村、界埃村、魏庄村、青西村、打么塘村、北辰村、磨山村、石榴村、转红水村、西马村、姜庄村、李白、后双村、棠沂村、前昌村、后昌村、竹西村、斗沟村、王白村、梁圩村、北涧村、前岭村、范庄村、河口村、棠树村、西高埝村、东高埝村、东李埝村、西李埝村、邵家村、黑豆涧村、单新庄村、大王庄村、吴庄村、岭南村、马庄村、山西村、山南村、山北村、英山村、前贤村、后贤村、上左庄村、下左庄村、营南村、水湖村、道埝村、卢沃村、葛芹村、马芹村、小桃林村、孔岭村、前皇村、后皇村、华庄村、王官庄村、韩庄村、邱庄村、哈庄村、张陈村、连东村、郭阳村、

郭马村、楚团村、徐庄村、小岗村、金塘村、张墓村、苏庄村、后曲阳村、徐孟村、侍庄村、黄泥村、古河村、张李村、王村、沈村、赵于村、祝场村、韦庄村、房东村、尚仁村、草街村、前杨村、相哨村、梁桥村、曲坊村、赵口村、马河村、夫厅村、新坝村、车沟村、军营村、买屯村、魏屯村、穆跳村、林场村、吕湾村、雷顶村、官庄村、向阳村、小官庄村、道口村、郎庄村、小兴村、新安村、永安村、汪庄村、团结村、龙江村、包埠村、郎敦村

灌云县：头庄村、三里村、黄庄村、渠北村、邓庄村、科技村、畜牧场村、任二庄村、任老庄村、象沟村、张口村、叮河村、毛街村、侍沟村、丁庄村、毛舍村、后学田村、条丰村、朐兴村、乔东居委会、桥西居委会、团结居委会、西成村、东成村、孙兴村、闸口村、新街居委会、丁圩村、跃北村、路西村、葛沟村、普场村、新华居委会、街东村、双桥居委会、龙苴村、果林村、涟河村、龙城居委会、大由村、同兴村、振兴居委会、新兴居委会、大新闸村、山南村、佑兴村、光明村、四合村、头段村、二道沟村、海宁村、郝跳村、六道沟村、冯圩村、孟圩村、张庄村、杨徐村、小西庄村、泊阳村、宁徐村、赵沟村、侍庄村、剑墩村、马圩村、蒲沟桥村、沂北村、大埝村、野杨村、梁王村、石剑村、下庄村、陈赵村、西马庄村、石羊村、跳口村、河崖村、后皂村、普庵村、大兴村、建新村、西岗村、朱曹村、殷口村、丁林村、官庄村、钱庄村、董王村、潘庄村、义兴村、边庄村、胜沟村、江庄村、涟北村、朐兴村、双闸村、官沟村、姜府村、马庄村、河西村、白蚬村、黄舍村、前腰村、北三村、龙王村、鲁南村、北五村、春一村、春三村、春二村、谢湾村、房湾村、公兴村、前河村、武庄村、孙口村、孟河村、尚兴村、玉蝉村、新南村、林场村、浦南村、东葛村、天池村、小楼村、槐树村、东风村、前进居委会

灌南县：大西村、大东村、西条河村、四道圩村、新圩村、闸口村、前三合村、河西村、龙武村、栾埝村、胥荡村、友南村、何荡村、李庄村、小圩村、林南村、新条村、林场村、永志村、街西村、高庄村、白果村、惠岭村、湖坊村、义河村、向阳村、红星村、硕项村、罗元村、侉二村、小湾村、镇南村、尹河村、硕湖村、乔庄村、惠庄村、肖大桥村、惠涧村、大圩村、永胜村、果林村、尺北村、新移村、蔬菜村、管王村、吴庄村、花庄村、吴陆村、戈正村、李王村、杨花村、城头村、大庄村、大埝口村、义庄村、渠东村、渠西村、王码村、河南村、左庄村、圩田村、斜房村、前河村、于桥村、怀庄村、和圩村、朱庄村、大杨圩村、陈沟村、沂河村、小莽牛村、周沟村、响连村、邵圩村、盐河村、小窑村、大窑村、官庄村、周口村、史倪村、大周村、小周村、左营村、苗圩村、大平村、义兴村、陈圩村、朱闸村、安圩村、杨李村、盐西村、南大兴村、李集村；前街居委会、后街居委会、东元居委会、镇中居委会、西苑居委会、新兴居委会、新民居委会、镇南居委会

海州区：天池村、小楼村、东风村、槐树村、浦南村、东葛村、孙庄村、何庄村、新南村、林场村、前进居委会

连云区：院前村、东哨村、白沙村、水岛村、大路口村、东大街居委会、西大街居委会、马路居委会、北城居委会、东街居委会、环城居委会、南城头居委会、程巷居委会、云南居委会、西街居委会、石门居委会、花园居委会、凉水泉居委会、北固山居委会、双井沟居委会、胡沟居委会、海头湾居委会、龙门居委会、新港居委会、大岭头居委会、滨州路居委会、洞山居委会、环山居委会、中山居委会、东山坡居委会、高原居委会、西山坡居委会、马腰居委会、海丰居委会、砚台居委会、庞沟居委会、新建居委会、陶新居委会、港新居委会、新航居委会

第二卷 环 境

连云港市位于中国沿海中部，地处南北过渡和海陆过渡的交会点。境内地势自西北向东南倾斜，低山、丘陵岗地、平原、滩涂、河湖各种地形俱备。全市土地面积7499.91平方千米，占全省总面积的7.44%。其中，平原区面积5292.91平方千米，占70.57%；山丘区面积1726平方千米，占23.02%；水域面积481平方千米，占6.41%。

东部云台山区占地近200平方千米，主峰玉女峰海拔625.3米①，为江苏省最高峰。有蔷薇河、灌河、新沂河、新沭河等过境入海河流和区域性河道67条，大小水库178座。境内海域属南黄海的一部分，面积6677平方千米，毗连区和专属经济区海域面积2.5万平方千米，海域岛、礁众多，为江苏省辖市之首。市境地处暖温带和北亚热带过渡地带，属暖温带南缘湿润性季风气候，四季分明，气候温和，兼受海洋调节，生物生长环境优越。木本植物、药用植物及其他经济作物种类繁多，在江苏仅次于苏南太湖流域。海洋资源丰富，盛产上百种经济鱼类和海珍，淮北盐场是全国四大海盐产地之一。地下埋藏着丰富的磷、水晶、蛇纹石等矿产资源，锦屏磷矿是国内开采最早的采磷和磷化工企业，东海县是国内水晶的主要产地。

境内良好的自然环境、丰腴的土地、富饶的矿藏和宜人的气候，为经济建设提供了坚实的环境和物质基础。20世纪80年代中后期，社会对环境保护重要性的意识开始增强，环保工作刚性措施、资金投入和管理力度不断加大，环境污染恶化的趋势得到一定程度的遏制。进入90年代，各级媒体对环境保护的宣传、监督力度明显加大，人民群众的环境意识普遍增强，政府更加重视环境问题，大幅增加用于环境保护的投入，一批新建的环保设施投入运营。至2005年底，全市基本建成环境污染控制、生态保护、环保科技、宣传教育等协调配套的环境保护和管理体系。

第一章 自然环境

连云港市境内地质在漫长的发展过程中经历多次构造变动和岩浆活动，在海浸和黄河全流域夺淮带来的大量洪积泥沙的共同作用下，造就了低山、丘陵、平原、河湖、滩涂和海洋层次分明的地形地貌。境内地貌可分为构造剥蚀低山丘陵及岗地区、侵蚀堆积冲洪积平原区、冲积平原区和冲海积平原区四大单元，并在成土母质及人类活动的作用下，形成棕壤土、紫色土、潮土、砂礓黑土和盐土5个土类，为农业生产提供了多种适耕的土地。境内沂蒙山余脉云台山等山系，有大小山头362个，山区生长着品种繁多的树木、药用植物以及金镶玉竹等珍稀物种，是江苏省三大名茶之一的云雾茶的主要产地。境内河网稠密，大小水库星罗棋布，具有良好的内河通航和农业灌溉条件，其中石梁河水库为江苏省最大水库。境内地下还蕴藏着磷、硅等丰富的矿产资源。

连云港沿海海岛和海礁总面积6.94平方千米，连岛是江苏省最大的基岩海岛。海岸带地质类

① 2007年4月27日，国家测绘局和建设部联合公布19座名山高程数据，云台山列第7位，高程624.4米。

型齐全，其中西墅至烧香河口海岸为江苏省境内仅存的基岩海港型海岸。丰富的海洋资源，为发展海洋经济提供了得天独厚的条件。

第一节 地 质

连云港市地质基底属于华北地台南延地带和扬子准地台之间的秦岭—大别山造山带的东延部分，属于苏北造山变质带地质构造单元。由于长期处于隆起状态，盖层不发育，在漫长的地质发展过程中经历多次构造变动和岩浆活动，并伴有强烈的混合岩化作用，各种岩石类型发育齐全，形成了层次分明、错落有致的地形地貌和丰富多彩的矿产资源，西北高、东南低的地形特征，造成了境内高山、丘陵、平原、滩涂、海洋层次分明的地貌特征。

一、地质演变

连云港市变质地层、变质作用和矿产性等与皖北、鲁南接近。郯庐断裂以西为华北地台，盱眙—响水口断裂以东为扬子地台，郯庐断裂和盱眙—响水断裂之间为苏北造山变质带，地质背景复杂，地质内容丰富，岩浆活动和矿产的形成存在明显差异。

在距今23亿年前的晚太古代至早元古代早期，与大别山、胶东地区一样，连云港地区被海水淹没，海底一边下沉一边沉积，形成以海底中基性、中酸性火山喷发夹有碳酸盐东海岩群的沉积岩石生成。受五台运动影响，海水向南退出，早已形成的岩石受到强大挤压，在高温高压作用下，由原来的各种沉积岩和火山沉积岩变为不同程度的区域变质岩。伴随大量超基性、基性岩的侵入，各种矿物质相互作用，重新组合生成水晶、金红石、石榴红宝石、蛇纹石、蓝晶石及各种变质岩。基底隆起形成相对稳定地块，后又继续下沉，发生海浸，在朐山组风化剥蚀面上沉积了一套以浅海相泥沙质岩、含磷碳酸盐以及碳酸盐为主的锦屏群组，并继续海浸，海底火山喷发堆积了以强酸性火山熔岩及火山碎屑岩为主，夹有少量的海底喷发的沙泥层，形成沉积枏的云台群组。武陵运动使境内地块遭受强烈褶皱、断裂和区域变质成矿作用，形成海州式磷矿和秦岭褶皱带东延部分的基底，奠定了境内构造的基本框架。

距今14亿年至2亿年间，因长期处于隆起剥蚀状态，境内地势逐渐夷平，在市境北侧沉积华北型早元古代晚期至中生代地层，南侧沉积扬子型中元古代至中生代地层。其间海面下降，沧海变成平川。

距今2亿年至1.35亿年间的侏罗纪，燕山运动使走向北北东、纵贯中东部的郯（城）庐（江）大断裂形成，同时两侧发生了相对的南（西盘）北（东盘）大平移，使原为一体的秦岭褶皱系东段分割为大别山向南，和海州至胶南向北平移的两大部分。

距今1.6亿年至1亿年，由于郯庐断裂的平移，地壳内部失去平衡，郯庐断裂两侧地壳薄弱地带发生大量岩浆喷发和侵入活动，境内东海县山左口以西一带形成地堑，并有中基性火山喷发，这一地带的桃林、李埝、抗日山、徐山及吴山一带在中性岩侵入过程中形成了铁、铜、铅、金、重晶石、萤石等矿藏。

距今1亿年至6600万年前的晚白垩世，火山活动基本停止，气候炎热干燥，郯庐断裂和海韩（山）断裂带以地堑形式下陷，郯庐断裂带内沉积了厚达2000米以上的王氏组沙砾岩，境内逐渐下陷的地堑再次上隆，云台山成为海中岛屿。

距今2500万年至200万年的晚第三纪，濒临海湾的安峰山、平明山、岗埠一带有基性火山岩喷发。第四纪中期，市境西北地区有间隙性抬升，以剥蚀为主。东南部大部分地区则为间隙性下降，形成河流三角洲。海水入侵沉积了大量的海相及冲海积相地层，在近山部分为洪坡积或洪冲积混合物。

全新世时，地壳继续下降，市境东部广大范围受海浸影响，距今6000～5000年前，海浸达到最大范围，锦屏山滨临海湾。距今约4000年时，发生大规模海退，此后持续波动退缩，一直到清光绪年间。西部地区一直处于不均匀抬升中，逼使山左口南流的沭河转向西北，沿马陵山西侧再向南流。云台山经过全新世多次抬升，遗留多层海蚀地貌。清康熙四十年（1701年）起海涨沙淤、渡口渐塞。康熙五十年，云台山和大陆相连。清咸丰元年（1851年），五羊湖成陆，南北云台山之间成为平原陆地。

二、地质构造

连云港市地处大地构造单元秦岭褶皱系大别—苏胶褶皱带的苏北—胶南复背斜之上，地质构造较复杂，既存在与变质变形有关的塑性流变构造，也发育有众多的中新生代脆性断裂。

境内变质岩层的基本构造格局是多期次、多级强变形带与弱变形域的规律组合，或剪切岩片的拼接或堆叠。强变形带呈东西至南东或向南西至南缓倾的平面状或变曲面状或线状展布，带内中心部位常见各种类型的糜棱岩，构造外观貌似（假）单斜，实质是一系列韧性剪切带的叠置，或称叠瓦状韧性剪切阵列。弱变形域呈大小不同的透镜状或长短厚薄不一的长条状或板条状，内部不同程度地保存了早期构造的形迹。

境内断裂构造主要为北东、北北东、北西和近东西向多组断层，彼此交错切割，较大断裂控制了山体形态，并形成了断凸、断凹相间展布的构造格局。

在南部平原，北东向断裂控制山体的走向和第四系的发育。东辛农场—穆圩断裂北部有锦屏山、云台山，呈北东向分布；东辛农场—穆圩断裂与四队—蔡庄断裂之间，有大伊山、小伊山、伊芦山、罘山、亚芦山、张宝山、西陬山、东陬山等孤山分布，基岩面起伏大，相对于东辛农场—穆圩断裂带是一个隆起带。四队—蔡庄断裂与陈港西—灌南西断裂之间是一个阶梯式断裂，向东南第四系厚度不断增加，最厚处超过150米。

郯庐断裂带是国内东部一条古老而至今仍在活动的巨型断裂。该断裂经过东海县李埝、山左口、桃林、石埠等乡镇，其活动特点是强度大，频率低。清康熙七年（1668年）7月25日，郯城发生8.5级特大地震，连云港境内房屋损毁严重。

三、岩浆活动

阜平—五台期岩浆活动及侵入岩 此期间的侵入岩主要为基性岩（变质为榴辉岩，在东海县境内有安峰毛北岩体200个、青龙山岩体、陆湖岩体、白岭村北岩体、任朱沟岩体、西恰庄东南岩体、孙圩村岩体，在赣榆县境内有石桥岩体等）和超基性岩（多变质为蛇纹岩，侵入于东海群地层中，岩石经受区域变质作用后，变成榴辉岩，或岩石自变质为蛇纹岩，岩体具片理、片麻理构造）。有许沟蛇纹岩体、芝麻坊岩体、陈集岩体、代相岩体、李埝林场岩体、黑林岩体及隐伏的岗尚岩体、夏口岩体等较大岩体。全市蛇纹石矿储量在11亿吨以上。

武陵期岩浆活动及侵入岩 境内岩浆活动因第四系覆盖仅在云台山地区及钻孔中见有基岩岩脉（已变质为绿片岩类）的侵入。由于强烈的构造变动，岩石的高度混合岩化作用形成了混合花岗岩的侵入，主要出露在锦屏山一带。

燕山晚期岩浆活动及侵入岩 境内燕山期岩浆侵入活动最强烈。侵入岩主要为中酸性—酸性岩，主要分布于桃林、班庄、芦山等地。

岩石类型有正长闪长岩、石英二长岩、二长花岗岩、花岗闪长岩等。岩体面积大者达数百平方千米，如桃林岩体，平面形态为楔形，轴向北10度～15度东，长49千米，北部宽9千米，南逐渐变窄，面积256平方千米；李埝—蓬子湾岩体，在江苏省境内长达37.6千米；大吴山—徐山—抗日山岩体成片，面积数十平方千米。这些岩体的岩石是很好的花岗石板材原料，成材率高，储量大。

喜马岩浆活动 境内由于构造运动的强烈作用，地壳升降频繁，玄武岩浆局部沿着断裂上升，形成中心式喷发，主要出露在安峰山、平明山两地，另外在王沟也有分布。岩性有致密状玄武岩、角砾状玄武岩等。玄武岩上部可见气孔状结构，属霞石玄武岩。

四、地层

连云港市地层属华北地层区鲁东地层分区连云港地层小区。境内第四系广泛发育，约占全市总面积的三分之二，主要分布于中部、东部和南部。西北部及云台山区属于前震旦系变质岩地区，仅在局部地段可见中生界白垩系纪和新生界古近系玄武岩，有晋宁期造山运动晚期的碱性或偏碱性和燕山期中酸性岩浆活动，以不规则状岩脉广泛穿插于古老的变质岩系中。

第四纪地层 连云港市地层第四系发育广泛，厚度从西北向东南和沿海不断加厚，南部灌云、灌南地区第四系下更新统、中更新统、上更新统、全新统发育比较齐全，厚度超过150米。

下更新统 主要分布在灌云、灌南地区，岩性以灰白色、棕黄色、棕红色粉砂质黏土为主。该砂层分选性较差，含较多的长石，孔隙度略低，区域性第Ⅲ含水层一般厚度50米左右，以冲洪积、坡积为主，向南部过渡为河流相。

中更新统 在云台山以南的平原地区广泛分布，一般具有上细下粗二元结构，上部是棕色，底部含砾石，以河流相为主。北部逐渐过渡为冲洪积、坡积，厚度随基底起伏变化，一般厚度40～50米，是灌云、灌南地区的第二含水层；灌云南岗—陡沟的岗地前缘为含砾粗砂，含水性好。

上更新统 在赣榆、东海西北部山前地带往往出露地表，岩性为棕红色、褐色粉砂质黏土，夹碎石，含有较多的钙质结核，多为冲洪积相和河流泛滥相。河流相粉细砂层呈带状分布，厚度一般为20～30米，往东逐渐被全新统覆盖。在东南部沿海平原一般分上、下层，下层岩性为灰色、黑灰色粉砂质黏土与黏土质粉沙、粉细砂互层，具水平微层理，一般厚度20～30米，是典型的“千层饼”结构特征，是末次间冰期海浸遗留的沉积物；上层岩性常为顶底灰黄色粉砂质黏土，中间为灰色、黑灰色粉砂质黏土与黏土质粉砂、粉细砂互层，与淤泥质黏土逐渐过渡，具水平微层理，顶底层不稳定，经常缺失，厚度一般为15～20米。

全新统 在连云港市东部的沿海平原发育，以灰色、深灰色、黑色淤泥质黏土、淤泥为主。往西过渡为灰黄色粉砂质黏土，下部可见河流相粉砂层，呈透镜体状，规模较小，厚度一般为10～20米。

前第四纪地层 连云港市境内前第四纪地层属上太古界至古元古界、中元古界至上元古界变质岩地区，深变质相的片岩、变粒岩、浅粒岩、花岗片麻岩等广泛分布，厚度较大，仅在局部地段可见中生界白垩系纪层。

上太古界～古元古界东海岩群（$Ar_2—Pt_1D$） 主要分布在赣榆县、东海县西北部山区，为花岗片麻岩、片麻岩、含透辉石白云质大理岩组合，局部蛇纹石化。由武强山岩组（$Ar_2—P_{t1}D_w$）、演马场岩组（$Ar_2—P_{t1}D_y$）和摩天岭岩组（$Ar_2—Pt_1D_m$）组成。

中元古界锦屏岩群（Pt_2J） 分布于锦屏山，是变粒岩、绿片岩、大理岩、磷灰岩组合，由东山岩组（Pt_2J_d）和西山岩组（Pt_2J_x）组成。

中元古界至上元古界云台岩群（$Pt_{2\sim3}Y$） 分布于云台山地区和灌云孤山，在灌云县、灌南县平原地区广泛隐伏分布。主要是变粒岩、浅粒岩、绿片岩组合，由花果山岩组（$Pt_{2\sim3}Yh$）和竹岛岩组（$Pt_{2-3}Y_{zh}$）组成。厚度大于1000米。

古生界震旦系 仅零星分布在赣榆县石桥镇娄家官庄，由石桥岩组（Z_1S）组成。

中生界白垩系 分布在东海县山左口乡西部和桃林镇西部，受郯庐断裂带控制，由王氏群（K_1W）的辛格庄组（K_1W_x）和大盛群（K_1D）寺前庄组（K_1D_s）组成。

新生界系 分布在东海县南部，由安峰山火山锥组（β）组成，为一套陆相火山喷发的基性霞石玄武岩。

第二节 地 貌

连云港市位于鲁中南丘陵和淮北平原接合部，地势由西北向东南倾斜，依次为低山丘陵、残丘垄岗、山前倾斜平原、洪积冲积平原、滨海平原、沿海滩涂和云台山地，平均比降1‰～9‰。依据地貌特征，全境大体又分为四个区域，即西部低山丘陵区、中部平原区、东部沿海滩涂区和云台山区。地貌以平原为主，兼有山地、丘陵、岗地，地形多样，层次分明。

一、低山丘陵

连云港市境内低山丘陵地貌，分布在市境西部、北部及东部沿海云台山地及灌云县内诸山，面积442平方千米，占市境总面积5.89%。

西北部低山丘陵 主要分布在赣榆县、东海县境内。一般高度小于400米，相对高度大于100米，多为石质低山，坡度在5度～15度之间。赣榆县境内低山由夹山、吴山、芦山三条山系和武强山、秦山（海岛）两座独立山体组成。夹山山系分布在夹山、徐山、班庄、黑林等乡镇，由夹山、横山、牛王山、双山、祝其山、车辐山、抗日山等17座山体组成，其中夹山最高，海拔304.9米；吴山山系分布在吴山、厉庄等乡镇，由大吴山、小吴山、九泉山、猪山、狼山等13座山体组成，其中大吴山最高，海拔364.4米；芦山山系分布在金山、石桥、马站等乡镇，由芦山、龟山、怀仁山、雹雾庙岭及鸡山等5座山体组成，其中芦山海拔195.2米。东海县境内的低山有羽山、马陵山、安峰山、房山、虎山、青龙山、磨山、小土山、牛山、平明山，其中羽山海拔269.5米；马陵山自北向南经李埝、山左口、桃林、石埠等乡镇，境内长37.6千米。

云台山及灌云县诸山 市境东部沿海有云台山，为沂蒙山余脉。云台山呈西南东北向分布，依次为锦屏山、南云台山、中云台山、北云台山、北固山和鹰游

图2-1 市境内低山丘陵地貌，分布在市境西部、北部、云台山地及灌云县。图为南云台山。 侍志 摄于2005年

山（东西连岛）6条山脉，有大小山峰251座，海拔400米以上的山峰29座，其中南云台山玉女峰海拔625.3米，为江苏省最高峰。

云台山西南灌云县境内平原上分布着大伊山、小伊山、伊芦山、亚芦山、罘山、张宝山、西陬山、开山（海岛）等孤岛状低山残丘，大伊山海拔226.6米。平原上独立山体，山脚与周围平原界限清楚，一般无堆积物。延绵于山地与岗地之间的过渡地带为丘陵。按其高程可分为高丘陵和低丘陵两种类型。高丘陵海拔在200米以上，主要分布于接近山麓地带，多为山地前缘或支脉延伸的部分，地面坡度大多在20度以上，丘体常呈系带状，丘谷深度在5～10米之间，除局部基岩裸露外，大多发育为厚度不一的风化壳。低丘陵海拔高度在200米以下，坡度一般为10度～15度，地貌呈垄岗状，丘谷交错，丘间冲沟、坳沟发育，有中度水土流失现象。

二、岗地

境内岗地面积1284平方千米，占市境面积17.12%。地表切割微弱，起伏和缓，岗顶为平顶状、浑圆状及部分垄岗状，地面坡度小于10度，海拔高度大于30米，相对高度一般在100米以下。按其形态又分为高岗地和缓岗地两类，高岗地主要分布在东海县西北部与山东临沭、郯城以及省内与新沂等县（市）接壤的地方，占岗地面积的三分之一，地面起伏坡度5度～7度，部分高岗地可达10度以上，相对高度约10～20米，海拔50～100米，岗体呈短条状或垄岗状，岗间冲坳沟谷较低，河网较少，冲沟较多。缓岗地处于高岗地与平原过渡地带，主要分布在龙梁河以东及灌云县西部，占岗地面积的三分之二左右，低岗地地面切割较浅，一般深度1～2米，岗顶平顶呈东北西南向条带状分布。地面坡度多在3度以下，海拔高度一般超过30米，相对高度在3～10米之间。岗间发育有宽浅的坳沟、浅洼地，低岗内侧与平原接触处，常见数米到数十米的坡坎，外侧向丘陵或高岗逐渐过渡。缓岗地的现代地貌过程，以流水的面状冲刷为主，风化次之。

三、平原

境内地貌以平原为主，是淮北平原的组成部分。按其成因主要分为剥蚀堆积平原、河湖相冲积平原、海积平原三种类型。

剥蚀堆积平原 主要分布在山地丘陵岗地的前缘，随地势由西向东倾斜。市境东北部由海拔15米降到5米，西南部降至8米，覆盖物以洪积冲积为主，有黄砂土、黄淤土等发育，是市境旱谷和花生主要产地。中华人民共和国成立后，上游山岭地带修建了众多水库，改善了灌溉条件，也有不少地方种植水稻。

河湖相冲积平原 主要由河流冲积和湖相沉积而成，沿河床微向下游缓倾，地面平坦开阔，坡度小于5度，相对高差小于5米。境内新沂河、新沭河、蔷薇河等源远流长，水量大，夹带物质丰富，特别是黄河夺淮后，夹带大量泥沙，在河口形成三角洲。平原由东北向西南逐渐变宽。在赣榆县马站乡大王坊、朱堵乡前屯、城南乡的李城子、墩尚乡的武强山以及市区锦屏镇酒店、灌云县的沂河农场一带，有泻湖相沉积，连云港市出土的古代生物化石亚化石多数在这个层位。冲积平原占沿海平原面积的95%。

海积平原 位于沿海，由河流冲积沉积物经过沿海潮流的搬运而成。海积平原约占沿海平原面积的5%，其组成发生地域性筛选，以粒径为例，从灌河口到临洪河口粒径由大到小，即由中细沙—细沙—粉沙—淤泥，含沙量逐渐递减。由于受海州湾局部地形影响，在兴庄河口以北，砂土性质重，兴庄河口以南，黏土性质重，到临洪河口两侧，全部是潮泥，沿海平原中有相当一部分土地未完全脱盐。

第三节 山 体

连云港市山体主要分布在市区和东海县、赣榆县、灌云县，共有99座山体362个山头。

一、市区山体

云台山横贯连云港市区，为泰山山脉沂蒙山支脉的一条余脉，形成于16亿年前的震旦纪。山呈西南东北向分布，依次为锦屏山、南云台山、中云台山、北云台山、北固山和鹰游山。中间有断层隔开，面积19784公顷，有35座山体251个山头。主峰玉女峰海拔625.3米，是江苏省最高峰。

图 2-2 云台山是连云港市主要山体。图为云台山山门旧址。 赵鸣 摄于2003年

云台山山系表

表 2-1

山系名称	山体（座）	山头（个）	面积（公顷）	最高峰	海拔（米）	主峰地理坐标	
						北纬	东经
锦屏山	9	36	2159	马耳峰	427.7	34°32′56″	119°08′08″
南云台山	15	114	9467	玉女峰	625.3	34°39′13″	119°17′15″
中云台山	5	21	1293	推磨顶	291.0	34°39′53″	119°23′43″
北云台山	4	56	5397	大桅尖	605.4	34°39′53″	119°25′57″
北固山	1	14	615	紫阳岭	245.0	34°45′15″	119°20′40″
鹰游山	1	10	757	大桅尖	357.8	34°45′24″	119°28′02″
合 计	35	251	19784	—	—	—	—

锦屏山系 锦屏山古称朐山，位于海州古城南1.5千米，由9座山体36个山头组成，面积2159公顷，有青龙涧、白鸽涧等沟壑20多条。自然景观秀丽，名胜古迹众多。锦屏山中蕴藏着丰富的磷矿资源和片麻岩、片麻花岗岩等建材资源，环绕锦屏山西、南、东侧山麓，长达13千米。20世纪20年代成立的锦屏磷矿，以开采磷灰石为主，兼采锰矿，90年代仍是全国六大磷矿之一。

锦屏山 海拔427.7米，面积1992公顷，是锦屏山系中最大的山体，含石龟顶、刘顶山、万丈崖、将军崖等20个山头。

刘志洲山 海拔105.9米，面积250公顷，含刘志洲山、岗嘴峰、平顶山、哑吧山4个山头。

青龙山 海拔143.7米，面积300公顷，含塔山、淮河顶、白鸽窝、钓鱼山、前小山5个山头。

孔望山 海拔123米，面积73公顷。《舆地要览》记载："孔子问官于郯子，尝登此山，以望东海，故名，又名古城山，山畔有故城基址"。唐时称龙兴山。宋金交战之际，义军首领魏胜在此设兵巡望，故又名巡望山。有国家级文物保护单位东汉佛教摩崖造像以及龙洞摩崖石刻群、圆雕石像和石蟾蜍、杯盘石刻及建于北宋年间的古刹龙洞庵等人文景观。2004年，孔望山景区被评定为国家AAAA级旅游景区。

凤凰山　海拔37.8米，面积13公顷。南宋绍兴二十一年（1151年）八月，这里展开了一场激烈的抗金保卫战，留有工事、炉灶等遗迹。

磨盘山　海拔114.2千米，面积37公顷。因山头岩石重叠若磨盘状，故名。此山由磨盘山和焦山2个山头组成。

石棚山　海拔71.2米，面积20公顷。清《嘉庆海州直隶州志》记载："山有巨石，覆压岩上如棚，因名。一名万花岩。又名锦岩山。"山上有安汉将军糜竺墓、石曼卿读书处及诸多名人诗刻。1982年被省政府列为文物保护单位，1998年被开发为风景游览区。

蜘蛛山　海拔119.8米，面积11公顷。位于石棚山西1千米处。因传说此山曾有蜘蛛精出现，故名蜘蛛山。

白虎山　海拔64.8米，面积13公顷。位于海州城西南200米，为一孤立小山，因山体含白云母较多，白石嶙峋，形若伏虎，故名白虎山。山上有唐以来历代摩崖石刻30多处，其中北宋年间知州张叔夜登高石刻，印证了宋江在海州被擒的史实。山下有建于元代的碧霞宫，是海州白虎山庙会的发源地。

南云台山系　该山系是云台山最大的一条山系，面积9467公顷，由15座独立山体114个山头组成。

南云台山　南云台山是南云台山系中最大的山体，面积8811公顷，含花果山、巨平山、九层顶、九岭山、虎窝山、推磨山、万年山、笊崖山、双石人山、诸麻山、鬲峰山、大东山12条山脊，玉女峰、金牛顶、大团山等91座山头。最高处玉女峰625.3米，是江苏省最高峰。其中的花果山自然风光优美，人文景观丰富，因文学名著《西游记》而蜚声海内外，是全国著名的旅游胜地。

鸡鸣山　海拔115.4米，面积117公顷。在花果山小村南、大村北。为石质山，土层仅15厘米左右。

凤凰山　又称南城山，海拔130.5米，面积191公顷。位于新浦南6千米处。分凤凰东山、凤凰西山两个山体。有大沟顶、仙人洞顶、石门顶、龟石顶、东小山、谢禄山、石婆山、奶奶山、团山9

图2-3　云台山主峰玉女峰海拔625.3米，是江苏省最高峰。图为玉女峰风光。　吉志强　摄于2002年

个山头，其中，东凤凰山5个、西凤凰山4个，东西对峙如凤之两翼，故称凤凰山。

茅山　又称猫山，古称社林山。海拔29.1米，面积8公顷。四周均为平原滩地，山上多生茅草，故名茅山。

蒲山　又称浦山，海拔12.8米，面积1公顷。在云台农场境内。

葫芦山　海拔66米，面积9公顷，土层深厚。因有两个不高的圆形山头呈南北分布，似一只倒扣的葫芦瓢，故名。在云台乡境内。

东窑山　海拔48米，面积33公顷。山体平缓，土质沙壤，已开发为耕地。在云台乡境内。

鲤鱼山　海拔65米，面积10公顷。因呈鲤鱼状，故名。在云台乡境内。

大岛山　又名金蝉大岛。海拔217米，面积93公顷。在云台乡境内。

小岛山　又名金蝉小岛，海拔62米，面积10公顷。在云台乡境内。

妖怪山　海拔58米，面积3公顷。在中云街道焦庄村境内。

腰山　古称诸韩山。最高处海拔104米，面积45公顷。在中云街道焦庄村境内。

龙山　海拔102米，面积102公顷。在腰山北。

马山　海拔54.7米，面积29公顷。

朱山　海拔25米，面积5公顷。四周皆为台北盐场盐田。

中云台山系　中云台山为云台山系中部的山脉，东起东陬山，西到搭山，呈东南—西北走向，由5座山体21座山头组成，面积1293公顷。近海靠河，空气湿润，雾气常生。

中云台山　中云台山是中云台山系的主体，海拔291米，面积 1050.3公顷。由板桥西山、推磨山、华盖山等15座山头组成。

弁雾山　又称蝙蝠山。海拔107.8米，面积73.3公顷。在中云街道范庄村北侧。

虎山　海拔109米，面积103公顷。位于蝙蝠山西北1千米处。新墟公路和东陇海铁路从山南通过。

搭山　海拔9米，面积3.4公顷。

东陬山　海拔89.1米，面积63公顷。由东庵、中庵、西庵3座山头组成，位于中云台山最东端。

北云台山系　又称后云台山。唐代称为东海山。北云台山系是云台山的一条重要分支，由4座山体56个山头组成，面积5397公顷。主峰大桅尖海拔605.4米。

北云台山　主峰大桅尖海拔605.4米，面积5311公顷。北云台山是北云台山系的主体，由云山、墟沟南山、桅尖山、黄窝山、宿城山、扒山头等53座山头组成。

东崖屋　海拔12.5米，面积0.3公顷。

连子山　东山头海拔17.8米，西山头海拔16.4米。两座小山包连在一起，故名连子山，面积1公顷。位于宿城乡政府南200米处。

西小山　海拔101米，面积84.7公顷。1986年，连云区政府从连云镇迁驻其东，山南为工厂和居民区，整个山体被各类建筑所环抱。

北固山系　为北云台山西北侧的一组山体，由北固山、望海楼、胡坡头、紫阳岭（又称大棺材山、舍利山）、鸡心岭、营山、玉枕山（又称佛座崖、小棺材山）、西石岛、大佛头、小佛头、小庙岭、后大门山、鹰嘴山、海头山（又称东大岭）14个山头组成，面积615公顷。主峰大棺材山，海拔245米。该山傍海，气候宜人，树木茂盛，为国内驰名的避暑疗养胜地。

鹰游山系　鹰游山系又称连岛，由大桅尖、双山渡、蛤蟆山、水岛、大山顶、独立山、西山、小龟山、灯塔山、东连岛10座山头组成，面积607.31公顷。最高山头大桅尖山海拔357.8米。

图 2-4 吴山山系是赣榆县境内主要山系。图为吴山主峰。 赵鸣 摄于2002年

二、赣榆县山体

赣榆县地势西北高、东南低，境内山区、丘陵、岗地、平原、滩涂层次分明。低山丘陵分布在西部和北部，总面积592.3平方千米，占全县土地面积的41.5%，其中山区面积24.3平方千米。

赣榆县诸山包括夹山、吴山、卢山3条山系和武强山。夹山山系包括夹山、黄山、牛王山、双山、祝其山、车辐山、抗日山等17座山体，最高的夹山海拔304.9米。吴山山系分布在吴山、厉庄等乡境内，有大吴山、小吴山、九泉山、猪山、狼山等13座山体，最高的吴山海拔364.4米。卢山山系分布在金山、石桥、马站等乡境内，有卢山、龟山、怀仁山、雹霁庙岭及鸡山5座山体，最高的卢山海拔195.2米。武强山为独立山体。

三、东海县山体

东海县地势西高东低。境内原有山体12座，后因开山采石，导致部分山体消失。至2005年，有羽山、马陵山、安峰山、房山、虎山、青龙山、牛山、平明山、磨山、石鹿山10座山体。

四、灌云县山体

灌云县地势平坦，西高东低。境内伊山镇、伊芦乡、同兴镇等9个乡镇（场）分布有大伊山、伊芦山、亚芦山、小伊山、罘山、西陬山、张宝山、开山等8座孤山，均为孤岛状低山，互不相连。其中大伊山最高，海拔226.7米。

附：消失的山体

1965年前，连云港市境内有105座山体。1965年后，因开山采石消失6座。至2005年，尚存山体99座，山头由376个减为362个。消失的6座山体为市区的菩山，东海县的白玉山、坞墩山，灌云县的潘小山、大星山、小青山。除菩山系城市建设采掘石料而消失，东海、灌云境内消失的山体均因“农业学大寨”兴修水利采集石料所致。消失的山头有：市区的菩山、扒山、扒山头、小山顶、黑崖根，刘志洲山的岗嘴峰、哑巴山，锦屏山的园林山；东海县的白玉山、坞墩山；灌云县的潘小山、小青山、蛤蟆山、大星山。

第四节 海 域

连云港市海域属于南黄海的一部分，称海州湾，为一敞口形海湾，有标准海岸线204.82千米。根据《中华人民共和国领海及毗连区法》，连云港市的领海基线为达山岛（北纬35°00′31.7″，东经119°53′25.2″）和山东省朝连岛（北纬35°53′06″，东经120°53′01″）及盐城市麻菜珩屿（北纬

33°21′08″，东经121°20′08″）三点分别连成的直线组成。连云港市海域面积6677平方千米，毗连区、专属经济区面积2.5万平方千米。

一、海岸[①]

连云港市海岸线东起燕尾港镇，向西北延伸到板桥镇，沿连云港港北上至绣针河口，长达204.82千米。以1979年海岸线为基线，1987年时平均海岸线向海洋推进了101.5米，2000年时平均海岸线向海洋推进了148.5米。在连云港海岸带，人类活动频繁的区域其海岸线向海洋前进，而人类活动较少的区域其海岸线向陆地后退。相比于自然因素对海岸线的影响，人为因素对海岸线的变化影响更大。

沙质海岸 从绣针河口至兴庄河口为缓慢蚀退型沙质海岸，岸线走向近于南北。从民国2年（1913年）至1956年的43年间，海岸冲刷海岸线向陆地后退1400～2600米，平均每年后退32～60.2米；1970～1990年，北部海岸平均每年后退15米。连云区的田湾、黄窝、海头湾、西墅、后大门、连岛、庙前湾、庙后湾、白沙、苏马湾也分布有基岩海岸间的沙质海岸，长度约8000米。至2005年，庙后湾、苏马湾、西墅、黄窝等处已开发为海滨浴场。

基岩海岸 从西墅至烧香河北口为基岩海岸，标准海岸线长40.25千米，为江苏省仅有。基岩海岸多由花岗岩、玄武岩、石英岩、石灰岩等山岩组成，岸线曲折、岬湾相间，岩质坚硬，变化幅度较小。

淤泥质海岸 从兴庄河口至西墅为淤泥质增长型海岸，属于持续推进型海岸，海岸线不断向海洋推进。从民国2年（1913年）至1956年向海洋延伸2200米，平均每年增长50米。1960～1990年向海洋延伸1000米，每年平均延伸30多米。2000～2009年的推进速度最快，向海洋推进564米，平均每年延伸56.4米。烧香河北口至灌河口之间为泥质后退型海岸，从民国11年至1960年，小丁港岸线后退500米，平均每年后退13米。1953～1981年后退520米，平均每年后退20米。灌河口后退更甚，清咸丰五年（1855年）开山岛和大陆相连，至2001年已距大陆9.5千米，平均每年后退62.7米。

1996年连云港市大陆海岸线类型一览表

表2-2 单位：千米

岸段名称	理论海岸线	标准海岸线	外沿海岸线	海岸类型
绣针河口—兴庄河口	48.93	30.06	30.06	沙质海岸
兴庄河口—临洪河口	30.40	17.31	15.57	淤泥质海岸
临洪河口—西墅	21.38	14.56	14.56	淤泥质海岸
西墅—烧香河北口	41.33	40.25	40.25	基岩海岸
烧香河北口—埒子口	60.50	32.33	17.10	淤泥质海岸
埒子口—灌河口	91.98	27.33	17.10	淤泥质海岸
合计	294.51	161.84	134.64	

① 参见汪红梅、蔡玉林、高祥伟撰《连云港海岸线时空变化规律研究》。因资料原因，本目部分内容下限延至2009年。

1996年后，由于港口建设、填海造地、西大堤建成等原因，全市海岸线又有所增长。2009年底，全市海岸线长204.82千米。

2009年连云港市海岸线情况一览表

表2-3 单位：千米

岸段名称	长　度	起止点	备　注
赣榆县岸段	45.38	绣针河口至临洪河口	
连云区岸段	118.41	临洪河口至埒子口	
灌云县岸段	39.08	埒子口至新沂河南泓闸北侧	含团港岸线
灌南县岸段	1.95	新沂河南泓闸北侧至灌河口	
合计	204.82		

滩涂　市境北自绣针河口，南至灌河口的滨海沿岸有多处滩涂地和潮间带，据最近百年间纪录显示，沙质海岸受海水冲刷使沿海滩涂面积不断缩小，泥质增长型海岸致滩涂有所增加。2005年，市境东部沿海地区有盐田700平方千米、滩涂1100平方千米。

二、海岛[①]

江苏省境内大多数海岛分布在连云港市境内，包括连岛、达山岛、达山南岛、花石礁、达东礁、平岛、平岛东礁、车牛山岛、牛尾岛、牛背岛、牛角岛、牛犊岛、竹岛、鸽岛、羊山岛、开山岛、秦山岛、小孤山、大狮礁、船山20个，总面积693.7公顷。连岛是江苏第一大基岩海岛。达山岛、车牛山岛、平岛合称为“前三岛”。

图2-5　西连岛　　　吉志强　摄于2003年

连岛　又称东西连岛，由东连岛和西连岛两部分组成。古称鹰游山，亦作嘤游山，因“群鹰常集其上”“群鸟翔集，嘤嘤然自相喧聒”而得名。该岛位于北纬34°35′，东经119°28′，面积607.31公顷，岸线长17.5千米，最高点高程357.8米，近陆距离6.7千米，是江苏省最大的基岩海岛。1990年连岛设乡。1993年随着拦海大堤合龙，连岛与大陆连成一体。1996年连岛撤乡建镇。2002年建成国家AAAA级旅游风景区。

达山岛　又称达念山岛、搭连山岛。位于北纬35°00′，东经119°53′，面积13.34公顷，岸线长1973米，最高点高程48.8米，近陆距离48.71千米。

达山南岛　位于达山岛南侧，故名。位于北纬35°00′，东经119°53′，面积0.09公顷，岸线长139米，最高点高程5.5米，近陆距离48.63千米。

① 海岛相关内容综合《江苏省海岛保护规划（2011～2020）》和市海洋与渔业局提供资料整理。海岛位置为岛上最高点经纬度。

花石礁 在达山岛东南20米海域中，为海蚀基岩组成，岩石似朵朵海花，故名。位于北纬35°00′，东经119°54′，面积0.35公顷，岸线长267米，最高点高程6.2米，近陆距离48.63千米。

达东礁 又名莲花礁。在达山岛东南，由海蚀基岩组成，因山岩似莲花状，故名。位于北纬35°00′，东经119°54′，面积0.12公顷，岸线长147米，最高点高程5米，近陆距离49.62千米。

车牛山岛 又称牵牛山岛。因岛旁有三四座小岛，远望如数牛共挽一车，故名。位于北纬34°59′，东经119°49′，面积6.63公顷，岸线长1154米，最高点高程68.2米，近陆距离42.71千米。

鸽岛 鸽岛岩石层含白云母较多，远望呈白色，外形像一只凫在海面上的灰白色鸽子，故名。又名鸭岛。位于北纬34°45′，东经119°22′，面积1.49公顷，岸线长513米，最高点高程23.6米，近陆距离0.25千米。

图 2-6 鸽岛 王继澍 摄于2005年

牛尾岛 又名海鸥岛。在车牛山岛西南侧700米处，从位置上看属牛尾，故名。位于北纬34°59′，东经119°49′，面积0.62公顷，岸线长307米，最高点高程24.2米，近陆距离42.32千米。

牛背岛 又名大白鹭岛。在牛尾岛西侧，形似白鹭，从位置上看属牛背，故名。位于北纬34°59′，东经119°48′，面积1.87公顷，岸线长857米，最高点高程29.7米，近陆距离41.41千米。

牛角岛 又名小白鹭岛。在牛背岛西侧，从位置上看属牛角，故名。位于北纬34°59′，东经119°48′，面积0.37公顷，岸线长259米，最高点高程15.1米，近陆距离41.21千米。

牛犊岛 从位置上看，似跟随的牛犊，故名。位于北纬34°59′，东经119°48′，面积0.39公顷，岸线长305米，最高点高程10.8米，近陆距离41.62千米。

竹岛 因岛上生产茂密的细竹而得名。位于北纬34°46′，东经119°20′，面积8.58公顷，岸线长1307米，最高点高程55.4米，近陆距离0.51千米。该岛属基岩海岛，山体土层较厚，为粗骨棕壤土。

羊山岛 传说岛上曾出现金羊，故名。位于北纬34°41′，东经119°28′，面积20.59公顷，岸线长2685米，最高点高程61.3米，近陆距离0.1千米。

平岛 又称平山岛、平山。因岛顶地势较平，故名。位于北纬35°08′，东经119°54′，面积15.64公顷，岸线长2722米，最高点高程46.7米，近陆距离58.93千米。该岛在前三岛中面积最大，地势平坦。

平岛东礁 又称大参礁。该岛在平山岛东北端1海里处，犹如一只巨大的海参伏于波涛之中，故名。位于北纬35°08′，东经119°55′，面积0.11公顷，岸线长148米，最高点高程4.7米，近陆距离59.92千米。

开山岛 当地称远处为开边，近处为拢边，此岛在灌河口外，故名。位于北纬34°31′，东经119°52′，面积1.78公顷，海岸线长725米，最高点高程36.4米，近陆距离7.8千米。

秦山岛 相传秦始皇曾登此山求仙，故名。曾以岛形似瑶琴得名琴山。岛上原有奶奶庙（已毁）、奶奶洞等，故俗称奶奶山。春季常现海市蜃楼，故又名神山。位于北纬34°52′，东经119°16′，

图 2-7 秦山岛 张晓晖 摄于2005年

面积14.24公顷，岸线长2603米，最高点高程57米，近陆距离7.89千米。

小孤山 在连岛西山东北侧。位于北纬34°46′，东经119°26′，面积0.12公顷，岸线长152米，最高点高程3.9米，近陆距离0.54千米。

大狮礁 此礁与相邻一礁大小相对，均状如石狮，此礁大，故名。位于北纬34°31′，东经119°52′，面积0.05公顷，岸线长91米，最高点高程3.9米，近陆距离7.81千米。

船山 因其形狭长，东南、西北两头高，似小船，故名。位于开山岛东南，北纬34°31′，东经119°52′，面积0.01公顷，岸线长41米，最高点高程3.2米，近陆距离6.77千米。

三、潮汐 波浪

潮汐 连云港市沿海为正规半日潮，平均潮差为3.08～3.34米，最大潮差5.5米。平均高潮位1.89～4.61米，最高潮位6.8米；平均低潮位-1.2～ -1.24米，最低潮位-3.16米。潮流为西南一东北向往复潮，涨潮历时3小时40分至5小时40分，落潮历时7小时20分至8小时20分；流速大体相当，为1～2节。

灌河涌潮 灌河是境内最大入海河流，每年入海流量100亿立方米，是江苏省苏北地区唯一未建挡潮闸的入海河流。其潮汐受大海潮汐影响，为不规则的半日潮，每日两涨两落，全潮历时12小时45分左右。各区段涨、落潮历时不一。燕尾港涨潮历时5小时45分左右、落潮历时7小时30分左右；响水口涨潮历时4小时45分左右，落潮历时8小时左右；龙沟涨潮历时3小时30分左右、落潮历时9小时15分左右。灌河时有涌潮发生。涌潮俗称虎头潮，涨潮时潮水涌进内河，遇河床断面缩窄，引起潮水位暴涨，潮头壁立，来势凶猛。东北风越大，河面越窄，涌潮越高。农历每月初三或十八更易发生涌潮。特别是东三岔至武障河闸河段，涌潮尤为明显。

1984～2005年灌河涨潮时间一览表

表2-4 单位：时、分

农历日期		燕尾港	陈家港	响水口	东三岔	武障河闸
初一	十六	2:36	3:06	4:06	5:06	5:06
初二	十七	3:24	3:54	4:54	5:54	5:54
初三	十八	4:12	4:42	5:42	6:42	7:42
初四	十九	5:00	5:30	6:30	7:30	8:30
初五	二十	5:48	6:18	7:18	8:18	9:18
初六	二十一	6:36	7:06	8:06	9:06	10:06
初七	二十二	7:24	7:54	8:54	9:54	10:54
初八	二十三	8:12	8:42	9:42	10:42	11:42

续表 2-4

农历日期		燕尾港	陈家港	响水口	东三岔	武障河闸
初九	二十四	9:00	9:30	10:30	11:30	12:30
初十	二十五	9:48	10:18	11:18	12:18	13:18
十一	二十六	10:36	11:06	12:06	13:06	14:06
十二	二十七	11:24	11:54	12:54	13:54	14:54
十三	二十八	12:12	12:42	13:42	14:42	15:42
十四	二十九	13:00	13:30	14:30	15:30	16:30
十五	三十	13:48	14:18	15:18	16:18	17:18

说明：1.遇风向影响，涨潮时间稍有误差。
2.大潮是一个月中涨、落最大的潮汐，每个月有两次大潮，发生在农历初三和十八；小潮是一个月中涨、落最小的潮汐，一般发生在农历初七、初八和二十二、二十三。
3.春秋气候温和，潮水能按时涨落。夏季夜潮按时，日潮来迟。冬季日潮按时，夜潮来潮时间短。
4.涨潮、落潮受气候的影响很大，如季节、风向、风力、气压变化等。

波浪 海州湾波浪运动能量主要来自西北太平洋，受南黄海无潮点（北纬34°30′，东经120°10′）为中心的左旋潮波系统控制，潮波为正规半日潮。20米等深线以内，涨落潮流较为对称，流速较小，一般在1.8～2.5节。沿海波浪受风力、风向控制，平均浪高为0.6～1.2米，最大浪高5米。

夏季余流主要为离岸流，其势呈辐射状，流速一般在10厘米/秒以下，海流方向底层向岸、表层向海的趋势比较明显。冬季余流，表层至10米层除离岸20海里范围内主要由西北向外流外，其余一般为离岸流，其中又以东北流向为主；底层近岸水为东北方向。流速各层不一，表层多在每秒10～15厘米，中层在每秒5～10厘米，底层在每秒5厘米。

海州湾的波浪主要受季风影响。全年盛行北东向浪，其中北东向占25%，北北东向占14%。各向平均波高以北北西—北北东向为最大。各月平均波高冬季略大，春季略小，最大波高出现在9月，最小值出现在6月和7月；波形以混合浪为主，东向为以风浪为主的混合浪，北东向为以涌浪为主的混合浪，东南东向和西向以风浪为主。

第五节 气候 物候

连云港市处于暖温带和北亚热带过渡地带，属暖温带南缘湿润性季风气候，兼有暖温带和北亚热带气侯特征。四季分明，气候温和，光照充足，雨量适中，雨热同季，有利于农作物生长。

一、四季

春季起讫时间，平均在4月2日至6月12日，其间72天，相比同纬度的徐州地区略晚。其特点是温度回升缓慢，且不稳定。日平均气温介于10℃～22℃之间，气温平均每天升高0.17℃，进入5月气温才稳定上升。春季阳光和煦，少雨干燥，春旱较为突出，5～6月间北方冷空气频频南下与暖湿空气交汇，有时会出现冰雹天气。

夏季起讫时间，平均在6月13日至9月10日，其间90天。其特点是炎热多雨，日平均气温在22℃以上，受东南季风影响全市进入雨季。处于西太平洋副热带高气压控制时，天气炎热。副热带高气压的进退，加上北方小股冷空气的切入，时常酿成暴雨；中后期有时受台风影响，也会带来大量降水和风灾。夏季雨量占全年总降水量的62%。日最高气温≥35℃的高温日数平均为5.3天。东西连岛和沿海港口一带夏季起讫时间较新浦地区偏迟7天左右，夏季持续时间比新浦地区长3天，高温天气平均只有2～3天；花果山景区三元宫、玉女峰、金牛岭等地海拔超过400米，夏季无酷暑，凉爽宜人。

秋季起讫时间，平均在9月11日至11月8日，其间59天，为全年最短季节。其特点是秋高气爽，风微天晴，气候宜人。日平均气温介于10℃～22℃之间，昼夜温差大，有利于秋熟作物生长、成熟和秋收秋种，也有利于盐业生产，但也有少数年份秋雨连绵影响农业生产。

冬季起讫时间，平均在11月9日至翌年4月1日，其间144天，是一年中最长的季节。其特点是天气较冷，日平均气温在10℃以下，雨雪不多，处于强大而单一的冬季风控制下，大陆高压稳定，相比同纬度徐州严寒期偏短。日最低气温≤-8℃的日数平均为3.3天，东西连岛及沿海一带平均为1.5天。每年平均有2～3次寒潮影响，造成剧烈降温，并伴有大风和雨雪天气。

二、气象要素

气温

基本特征　1984～2005年，连云港市年平均气温14.5℃。常年最冷月为1月，月平均气温0.8℃，1990年2月1日出现-13.2℃的极端最低气温。常年最热月为7月，月平均气温26.9℃，2002年7月15日出现极端最高气温40.2℃。夏季最高气温≥35℃的日数，最多年份达19天（1994年），最少年份为0天。1984年以后出现最低气温≤-10℃的日数，最多年份6天（198[illegible]年）；最少年份为0天。1984～2005年，全市年平均气温有明显的升高趋势，冬季增温最为明显，20世纪90年代冬季平均气温较常年偏高0.9℃。

2005年，连云港市年平均气温14.9℃，与常年相比正常略高。年极端最高气温3[illegible].4℃，出现在6月23日；年极端最低气温-8.5℃，出现在1月1日。

1984～2005年连云港市各月平均气温和极端最高、最低气温统计表

表2-5　　单位：℃

月份		1	2	3	4	5	6	7	8	9	10	11	12	年平均或极值
平均气温		0.8	3.0	7.6	14.4	19.7	24.0	26.9	26.3	22.4	16.5	9.5	3.1	14.5
极端最高气温	值	17.5	23.8	28.0	33.1	35.6	37.9	40.2	37.8	35.8	32.4	27.7	20.2	40.2
	日	11	13	30	21	21	15	15	1	2	1	2	27	15/7
	年	2002	1996	2003	2004	2000	1996	2002	2003	1995	1998	2003	1987	2002
极端最低气温	值	-12.1	-13.2	-9.1	-1.4	6.7	12.6	18.0	15.6	9.7	-0.1	-7.1	-12.1	-13.2
	日	31	1	7	1	2	7	23	31	26	29	24	9	1/2
	年	1990	1990	1988	1991	1991	1987	1993	2003	1988	1986	1993	1985	1990

气温变化规律　1984～2005年，连云港市年平均气温最高15.7℃，为2004年；最低13.5℃，为1984年。

月平均气温从1月至7月呈逐月增长趋势，8月略低于7月，9月至翌年1月呈下降趋势，1月气温达最低值。4月升温最快，月平均气温升高6.8℃，相当于每旬升温2.3℃；11月降温最快，月平均气温降低7.2℃，相当于每旬降温2.4℃。

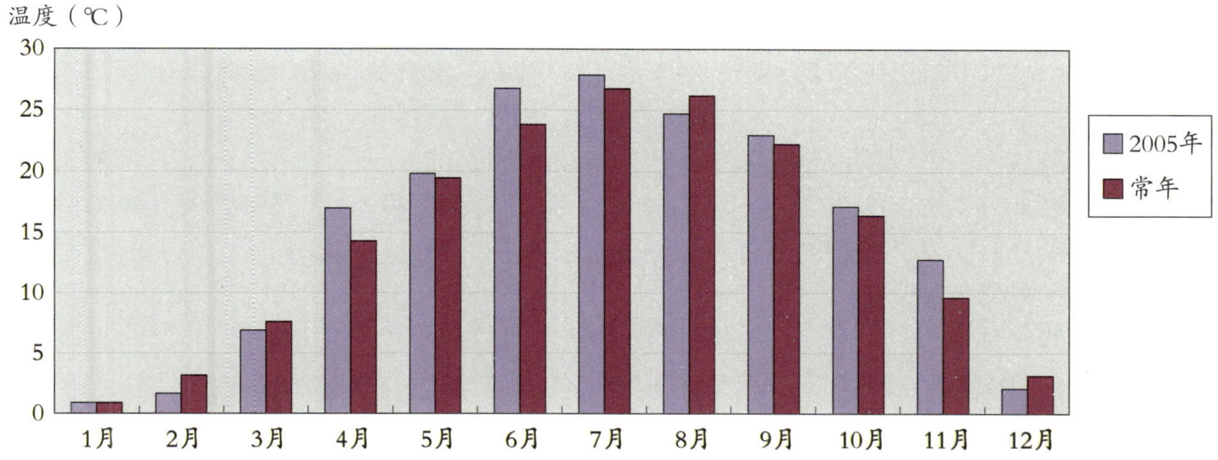

图 2-8 2005 年连云港市各月平均气温图

一日最高气温一般出现在14～15时，16时以后开始降温，至次日凌晨达最低值。日最高气温出现时间，四季变化不大；日最低气温出现时间则明显不同，冬季常出现在清晨7～8时，春秋季出现在6时，夏季提前至5时。由于受天气条件影响，一日中最高或最低气温的出现时间会有所不同。年平均气温日较差9℃，7、8月最小，平均日较差7.2℃；4月最大，平均日较差10.7℃。

积温　1984～2005年，连云港市日平均气温稳定通过0℃的初日平均为2月7日，终日为12月20日，间隔317天，其间积温5286℃；稳定通过5℃的初日平均为3月12日，终日为11月29日，间隔264天，其间积温5065.8℃；稳定通过10℃的初日平均为4月2日，终日为11月9日，间隔222天，其间积温4708.1℃；稳定通过15℃的初日平均为4月28日，终日为10月20日，间隔176天，其间积温4061.3℃；稳定通过20℃的初日平均为5月23日，终日为9月26日，间隔127天，其间积温3141.3℃。

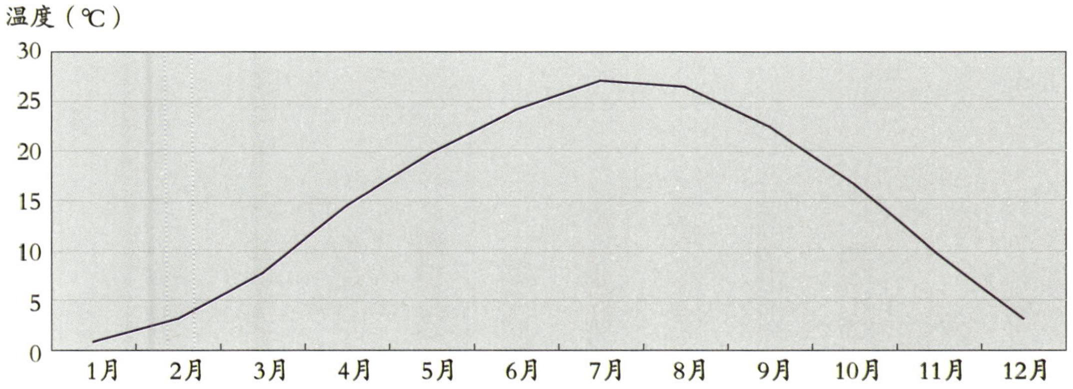

图 2-9 1984 ～ 2005 年连云港市月平均气温变化曲线图

2005年，日平均气温稳定通过0℃的初日为2月21日，终日为12月3日，间隔286天，其间积温5396.9℃；稳定通过5℃的初日为3月14日，终日为12月3日，间隔265天，其间积温5316.7℃；稳定通过10℃的初日为3月26日，终日为11月13日，间隔233天，其间积温5047.4℃；稳定通过15℃的初日为4月16日，终日为10月20日，间隔188天，其间积温4404.3℃；稳定通过20℃的初日为5月17日，终日为9月20日，间隔127天，其间积温3261.5℃。

越冬期温度　1984～2005年，连云港市越冬期日平均气温稳定≤0℃。平均日期始于12月21日，终于翌年2月6日。平均越冬期48天，最长的年份达79天，最短的年份仅8天。负积温历年平均为-36.3℃，最冷的年份负积温-106.0℃（1984年），最暖的年份负积温-12.2℃（1994年）。

2005年，全市越冬期始于12月4日，终于翌年2月20日，越冬期为79天，负积温-42.3℃。

日照

1984～2005年，连云港市年平均日照时数2283.6小时，年日照百分率51%，呈“春多冬少”型分布。春天3～5月日照时数累计647.9小时，冬天12月至次年2月日照时数累计473.5小时，春天比冬天多169.4小时。一年中5月日照最多，为233.7小时，日均7.5小时；12月份日照最少，为157.5小时，日均5.1小时。

日照时数年际间变化较大。多的年份全年日照时数2593小时（1988年）；少的年份只有1891.9小时（2003年）。年日照百分率最高为58%，最低为43%。

2005年5月日照最多，为264.9小时，日均8.8小时；9月日照最少，为129.4小时，日均4.3小时。全年日照时数2299.5小时，年日照百分率为52%。

1984～2005年连云港市各月平均日照时数和日照百分率统计表

表2-6

月　份	日照时数（小时）	日照百分率（%）	月　份	日照时数（小时）	日照百分率（%）
1	158.2	51	8	201.0	48
2	162.8	52	9	199.4	54
3	195.1	53	10	198.0	57
4	219.1	56	11	169.2	55
5	233.7	54	12	157.5	52
6	199.3	46	全年	2283.6	51
7	190.4	43			

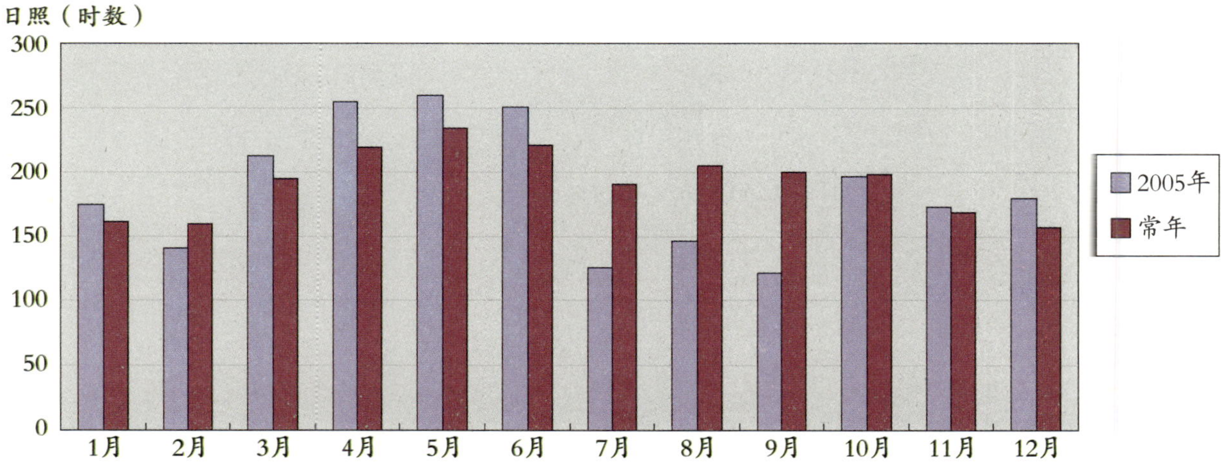

图2-10　2005年连云港市各月日照时数图

气压

1984～2005年，连云港市气压年变化显著，但年际变化小。年变化呈现明显的季节性特点，即冬季高、夏季低。年平均气压1017.1百帕。1月和12月平均气压分别为1027.5百帕和1028百帕，7月平均气压为1004.3百帕。

在不同的天气系统影响时，气压值变化很大。1996年6月29日，由于高空低涡配合地面气旋波动中心移经连云港市，气压只有989.5百帕，为1984～2005年间气压最低值。2000年1月31日，由于受强大冷高压控制，连云港市出现了极端最高气压，为1047.4百帕。

2005年，连云港市极端最高气压为1039百帕，出现在2月11日；极端最低气压为990.6百帕，出现在6月26日。

1984～2005年连云港市各月平均气压和极端最高、最低气压统计表

表2-7 单位：百帕

月 份	1	2	3	4	5	6	7	8	9	10	11	12
平均气压	1027.5	1025.6	1021.3	1015.2	1010.7	1006.0	1004.3	1007.0	1014.1	1020.6	1024.5	1028.0
极端最高气压	1047.4	1045	1037.9	1036.3	1025.7	1019.9	1014.7	1017.9	1026.2	1036.9	1044.5	1044.4
年 份	2000	1996	1985	1991	1992	2004	1998	1993	1992	1997	1987	1995
极端最低气压	1008.3	1000.8	999.9	993.6	994.9	989.5	993.6	992.6	992.1	1005.9	1004.8	1009.5
年 份	1988	1988	2000	1993	2004	1996	2002	1985	1990	2002	1997	1989

降水

降水量　1984～2005年，连云港市年平均降水量883.9毫米。2000年出现年极端最多降水量1374.3毫米；2002年出现年极端最少降水量549.3毫米。1985年9月1日，连云区墟沟和西连岛一带出现特大暴雨，日降水量597.6毫米，创连云港市最高纪录，为江苏省历史罕见。各年降水主要集中在汛期6～9月，平均降水量620.5毫米，占年降水量70.2%；冬季12月至翌年2月降水量最少，平均降水量54.7毫米，占年降水量6.2%。

2005年，连云港市降水量1251.3毫米，比常年平均降水量多41.6%。日最大降水量128.5毫米，出现在7月10日。降水时空分布极不均匀，7～9月降水量876.6毫米，占年降水量的72.9%，相当于常年一年的降水量，比常年同期多70.2%。10月平均降水量仅11.4毫米，较多年同期降水量偏少70%。11月14日至12月30日连续47天无降水。

1984～2005年连云港市月降水量统计表

表2-8

月 份		1	2	3	4	5	6	7	8	9	10	11	12
月平均降水量（毫米）		19.2	21.2	34.0	42.1	67.6	105.6	244.7	197.0	73.2	38.5	34.4	14.3
月最大降水量（毫米）	值	61.5	49.1	111.3	104.2	197.6	296.6	429.1	512.8	239.3	151.8	162.2	37.2
	年	2001	1990	1991	1998	1985	1989	2005	2000	2005	1987	1993	2001
雨日（天）		4.5	5.4	7.1	6.3	7.9	7.4	13.8	11.3	7.6	5.6	5.6	4.0

降水日数　1984～2005年，连云港市年平均雨日（日降水量≥0.1毫米）86.5天，占全年天数的23.7%。雨日最多年份2003年为119天，最少年份2002年为62天。最长连续降水日数为12天，出现在2001年7月21日至8月11日，过程总降水量268.8毫米。最长连续无降水日数为50天，出现在1995年10月25日至12月13日。

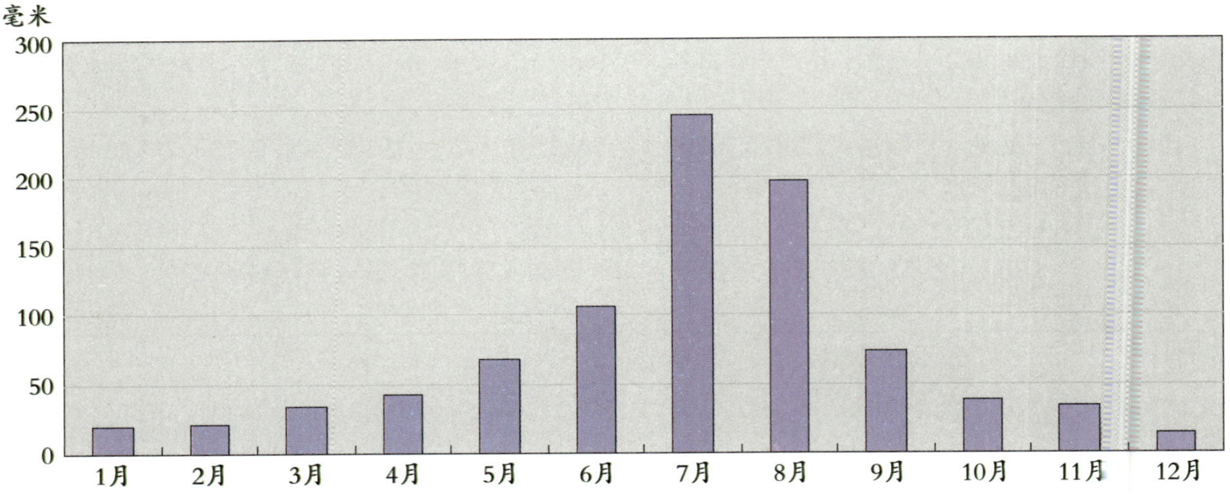

图 2-11　1984 ～ 2005 年连云港市月平均降水量分布图

2005年，连云港市雨日101天，占全年的27.7%；最长连续降水日数为6天，分别出现在7月8～13日、7月31日至8月5日、8月25～30日，过程降水量分别为66.7毫米、64.3毫米和70.2毫米。

降水强度　根据1984～2005年降雨自动记录（降雨时段计量：分钟）统计，15分、30分、60分、90分、120分、180分、240分、360分、540分、720分、1440分11个时段最大降水量分别为39.2毫米、53毫米、74.6毫米、98.1毫米、120.6毫米、147.4毫米、168.1毫米、192.1毫米、193.1毫米、193.2毫米、231毫米。

1984～2005年连云港市各时段最大降水量统计表

表2-9　　单位：毫米

年份	15分钟	30分钟	60分钟	90分钟	120分钟	180分钟	240分钟	360分钟	540分钟	720分钟	1440分钟	定时一日最大	定时一月最大
1984	21.9	40.4	52.6	55.0	60.9	72.7	83.4	100.7	109.9	117.5	125.7	122.3	324.5
1985	17.2	22.7	31.3	38.0	43.0	52.7	63.6	73.6	92.9	124.1	130.6	122.0	234.7
1986	16.5	19.1	21.5	28.5	35.8	50.0	61.0	81.2	97.3	98.5	98.5	98.7	276.9
1987	18.1	24.2	34.5	41.4	46.6	51.2	55.7	65.7	75.0	76.2	91.9	78.7	178.1
1988	20.7	24.0	27.7	33.1	41.6	50.4	54.2	57.9	58.4	62.1	68.8	68.3	170.2
1989	19.7	20.7	26.3	35.1	39.7	47.5	57.5	84.3	100.7	101.4	126.3	103.3	296.6
1990	25.1	32.8	39.2	45.2	48.6	49.3	56.3	57.6	82.7	85.3	91.0	87.8	282.4
1991	19.5	34.4	49.0	54.4	58.0	71.6	90.5	114.4	119.9	135.9	218.4	116.9	279.0
1992	23.7	35.0	56.2	82.0	105.4	143.0	159.3	176.8	183.8	183.9	183.9	167.1	389.2
1993	21.6	36.4	58.3	60.5	62.8	70.6	77.3	103.7	115.4	116.5	190.2	169.6	271.3
1994	27.0	40.0	40.5	46.8	49.2	49.9	49.9	60.7	77.1	84.8	86.1	85.0	203.4
1995	39.2	49.5	54.9	57.3	58.8	73.9	74.8	75.0	76.0	76.1	76.1	76.7	326.8
1996	29.7	37.8	40.5	50.8	56.9	78.5	101.7	124.4	141	145.1	145.2	147.0	259.3

续表 2-9

年份	15分钟	30分钟	60分钟	90分钟	120分钟	180分钟	240分钟	360分钟	540分钟	720分钟	1440分钟	定时一日最大	定时一月最大
1997	25.4	52.9	74.6	80.9	95.9	98.3	98.4	98.5	127.2	156.8	202.8	146.5	279.5
1998	36.2	43.2	45.8	46.0	47.6	49.9	51.1	52.0	55.9	55.9	89.1	65.3	310.6
1999	26.3	40.6	42.4	42.4	42.4	43.6	47.4	47.5	48.6	62.9	82.4	65.2	161.1
2000	38.3	53.0	59.7	59.8	59.8	59.9	78.8	84.8	124.3	155.2	231.0	139.1	512.8
2001	22.9	39.4	66.9	98.1	112.7	147.4	168.1	192.1	193.1	193.2	193.6	194.4	267.3
2002	18.0	26.6	27.6	33.9	38.4	43.3	48.3	66.8	76.5	92.9	95.9	98.8	136.1
2003	21.0	31.2	55.9	56.1	56.1	56.1	56.1	60.9	88.9	102.8	109.8	109.2	380.3
2004	23.4	41.6	68.8	95.3	120.6	138.6	154.6	159.4	168.2	174.9	174.9	164.0	429.1
2005	21.8	30.3	30.8	43.8	52.7	75.6	99.0	112.7	117.9	119.5	119.7	128.5	333.2

风

连云港市受季风气候和海陆地形的共同影响，夏季盛行东南风，冬季盛行偏北风，历年最频风向为东南东风，其次是东南风和东北风。市区年平均风速每秒2.3米，年有效风时2483小时，年有效风功率密度每平方米25.4瓦。西连岛站年平均风速每秒5.3米，年有效风时6326小时，年有效风功率密度每平方米194.8瓦。沿海风速明显大于内陆，为风能资源较丰富区，沿海风能资源在江苏省名列前茅。

2005年，连云港市年平均风速每秒1.8米，最频风向为东南风。年最大风速每秒10米，出现在9月12日。

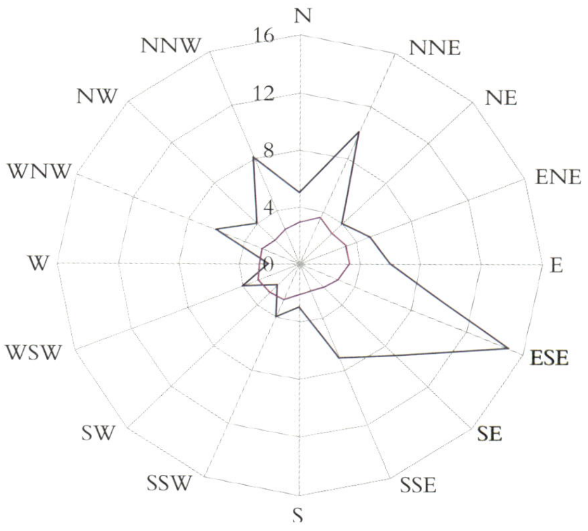

图 2-12 1984～2005 年连云港市风向频率玫瑰图

1984～2005年连云港市各月平均风速、最大风速、最多风向及频率统计表

表 2-10

项目	1	2	3	4	5	6	7	8	9	10	11	12	年平均
平均风速（米/秒）	2.2	2.4	2.8	2.8	2.6	2.5	2.3	2.2	2.0	2.0	2.1	2.1	2.3
最大风速（米/秒）	14.0	16.0	13.7	13.0	15.3	15.0	13.3	16.3	10.0	10.0	15.0	12.0	16.3
最大风速的风向	E	E	ENE	NNE	E	SE	E	ENE	ESE NE	N E NNE	NNW	NNE	ENE
平均最多风向	C NNE	NNE	ESE	ESE	ESE	ESE	ESE	ESE	ESE	C ESE	C NNE	NNW	ESE
平均最多风向频率	15，13	12	14	19	20	25	23	17	16	15，12	17，10	12	15

1984～2005年连云港市各风向频率及其平均风速统计表

表2-11

风向	N	NNE	NE	ENE	E	ESE	SE	SSE	S	SSW	SW	WSW	W	WNW	NW	NNW	C
频率	5	10	4	5	6	15	9	7	3	4	2	4	2	6	4	8	9
风速	2.9	3.5	3.0	3.3	3.3	2.8	2.3	2.0	2.1	2.6	2.7	2.9	2.6	2.6	2.3	2.5	0

湿度

水汽压　1984～2005年，连云港市年平均水汽压13.9百帕。一年中7月水汽压最大，平均为29.1百帕；1月最小，平均为4.4百帕。历年极端最大水汽压为40.9百帕，出现在2003年7月31日；极端最小水汽压为0.4百帕，出现在1988年3月6日。

2005年，连云港市平均水汽压14.1百帕，7月水汽压最大为30.2百帕，1月水汽压最小为3.9百帕。年极端最大水汽压为40.4百帕，出现在7月13日；年极端最小水汽压为0.3百帕，出现在2月18日。

相对湿度　1984～2005年，连云港市年平均相对湿度70%，年际变化很小。一年中各月相对湿度变化较大，以7、8月相对湿度为最大，均为82%；4月最小，平均相对湿度63%。极端最小相对湿度6%，出现在1999年2月18日。

2005年平均相对湿度67%，7月和8月相对湿度最大均为84%，12月最小为52%。年极端最小相对湿度为12%，出现在5月8日。

1984～2005年连云港市各月水汽压和相对湿度统计表

表2-12

月　份	1	2	3	4	5	6	7	8	9	10	11	12
平均水汽压（百帕）	4.4	4.9	6.6	10.3	15.5	21.5	29.1	28.1	20.2	13.0	8.4	5.2
最小水汽压（百帕）	0.6	0.8	0.4	1.1	3.5	7.5	15.1	14.2	6.2	2.2	0.9	0.7
最大水汽压（百帕）	11.2	15.3	17.0	25.4	31.3	34.8	40.9	40.4	37.7	25.7	21.2	15.1
平均相对湿度（%）	65	65	64	63	68	74	82	82	75	70	68	66
最小相对湿度（%）	9	6	8	7	10	15	24	26	19	12	8	10

云雾

云　1984～2005年，连云港市年平均总云量5.6成，常年平均多云天气。日均总云量≤2成的晴天日数，常年有79.5天。日均总云量≥8成的阴天日数，常年有113.9天。一年中以12月晴天最多，平均11.1天；7月晴天最少，平均2.3天。一年中以7月阴天最多，平均14.2天；12月阴天最少，平均6.9天。

2005年，连云港市年平均总云量5.4成，日均总云量≤2成的晴天94天，日均总云量≥8成的阴天118天。

图2-13　花果山云雾　　张晓晖　摄于2003年

雾 1984～2005年，年平均雾日17.3天，一年中12月雾日最多，平均10天；8月雾日最少，平均2天。年最多雾日34天，出现在1992年；年最少雾日8天，出现在1996年。

2005年，连云港市出现雾日14天，11月雾日最多为3天，有4个月最少为0天。

1984～2005年连云港市各月平均云量和雾日统计表

表2-13

月 份	1	2	3	4	5	6	7	8	9	10	11	12
月平均总云量（成）	4.8	5.1	5.8	5.8	6.2	7.1	7.2	6.2	5.3	4.8	4.3	4.4
日平均总云量≤2成的晴天日数	9.1	7.4	5.6	5.2	4.9	2.6	2.3	3.7	7.1	9.5	11.0	11.1
日平均总云量≥8成的阴天日数	8.0	7.3	9.9	8.6	10.7	14.2	14.2	10.4	8.5	7.7	6.9	7.5
平均雾日（天）	2.3	1.5	1.3	1.2	1.5	1.0	0.9	0.6	0.5	1.2	2.5	2.8
各月最多雾日（天）	12	5	6	3	5	3	3	2	3	3	7	10

霜雪

霜 1984～2005年，连云港市年平均有霜期148天，最长190天，最短128天。平均初霜期11月1日，平均终霜期3月28日。最早初霜出现在1989年10月17日，最迟初霜出现在1998年11月19日；最早终霜出现在2002年3月7日，最迟终霜出现在1990年4月24日。霜日最多月份为1月，平均21天。月最多霜日出现在1987年12月，达29天。年平均无霜期217天，最长无霜期247天，最短无霜期193天。

图2-14 冬日云台山 王浩敏 摄于2005年

2005年，连云港市有霜日数75天，初霜期10月27日，终霜期3月15日，初终期140天。

雪 1984～2005年，连云港年平均初雪日12月12日，平均终雪日3月9日。最早初雪日出现在2003年11月8日，最迟初雪日出现在1995年2月1日；最早终雪日出现在1997年1月23日，最迟终雪日出现在1988年4月6日。年平均有积雪日数7.1天，最早积雪初日为1997年11月16日，最迟积雪终日为1987年4月1日。最大积雪深度24厘米，出现在1987年3月6～7日。出现积雪平均初日为12月28日，平均终日为2月19日。

2005年，连云港市初雪日出现在11月26日，终雪日出现在3月11日。年有积雪日数11天，积雪初日12月21日，积雪终日2月18日。

蒸发

1984～2005年，连云港市年平均蒸发量为1494毫米，相比江苏省其他地区，连云港地区多日照，蒸发量偏大。历年总蒸发量年际变化不明显，但一年中各月蒸发量差异较大。常年平均5月蒸发量最大，月均193.5毫米；1月蒸发量最小，月均44.8毫米。

2005年，连云港市年平均蒸发量1419.2毫米，6月蒸发量最大为207.9毫米，1月蒸发量最小为43.5毫米。

1984～2005年连云港市各月平均蒸发量统计表

表2-14　　　　　　　　　　　　　　　　　　　　　　　　　　　　单位：毫米

月　份	1	2	3	4	5	6	7	8	9	10	11	12
蒸发量	44.8	61.9	112.7	166.8	193.5	190.9	174.1	162.3	145.6	119.2	72.7	49.5

地温

地表温度　1984～2005年，连云港市地表温度变化趋势与气温总体趋同。0厘米地温（即地表温度）常年平均为16.6℃，比气温高2.1℃。一年中以7月、8月地表温度为最高，平均30.4℃。1月份最低，平均0.6℃。极端最高地表温度66.5℃，出现在1998年7月10日；极端最低地表温度为-21.0℃，出现在1990年2月1日。

与气温相比，除11月至翌年1月地表温度略低于气温外，其他各月地表温度均高于气温。12月地表温度和气温差值最小，为-0.8℃，逆差，其原因主要是昼短夜长，地面接收太阳辐射能力偏弱，加之12月雨雪稀少，地面对外辐射较强。6月差值最大，为4.3℃，其原因主要是受太阳辐射影响，雨季之前太阳辐射最强，昼长夜短，地面接收辐射明显多于向外辐射。

2005年，连云港市0厘米平均地温为16.5℃，其中6月平均地温最高为29.9℃，1月最低为0.4℃。极端最高地表温度61.3℃，出现在6月3日；极端最低地表温度-10.3℃，出现在12月18日。

1984～2005年连云港市各月地表温度与气温平均温差统计表

表2-15　　　　　　　　　　　　　　　　　　　　　　　　　　　　单位：℃

月　份	1	2	3	4	5	6	7	8	9	10	11	12
温　差	-0.2	0.8	2.0	3.5	4.2	4.3	3.5	3.5	2.8	1.5	-0.3	-0.8

1984～2005年连云港市各月平均最高、最低地表温度统计表

表2-16　　　　　　　　　　　　　　　　　　　　　　　　　　　　单位：℃

月　份	1	2	3	4	5	6	7	8	9	10	11	12
平均最高	13.9	19.7	26.9	37.0	42.7	46.7	45.8	45.2	41.7	34.4	23.1	15.3
平均最低	-6.2	-4.2	0.5	7.2	13.2	18.7	22.9	22.3	16.7	9.1	1.9	-4.2

地中温度　地中温度分浅层和较深层两种。浅层地温有5厘米、10厘米、15厘米、20厘米；较深层地温有40厘米、80厘米、1.6米、3.2米。各层地温累年平均值均在15.8℃～16.0℃之间。垂直变化呈现三个特点：在冬季，越往深处温度越高，11月至翌年1月各层温度都是5厘米处最低，3.2米处最高；在夏季，越往深处温度越低，6～8月，5厘米处地温最高，3.2米处地温最低；越往深层，地温年变化幅度越小，5厘米地温年变差为27.3℃，3.2米地温年变差为5.2℃。

2005年仅观测浅层地温，各层年平均地温变化不大，冬季，越往深处温度越高，夏季越往深处地温越低。

1984～2005年连云港市各月平均地中温度统计表

表2-17　　　　　　　　　　　　　　　　　　　　　　　　　　　　单位：℃

项　目	1	2	3	4	5	6	7	8	9	10	11	12	年平均
5厘米地温	1.7	4.2	9.0	16.2	22.1	26.4	29.0	28.6	24.3	17.9	10.1	3.8	16.1
10厘米地温	2.1	3.6	8.2	14.7	20.6	25.0	27.7	27.9	23.8	17.7	10.4	4.2	15.5
15厘米地温	2.9	4.4	8.5	14.9	20.5	24.8	27.7	27.7	24	18.3	11.2	5.1	15.8

续表 2-17

项 目	1	2	3	4	5	6	7	8	9	10	11	12	年平均
20厘米地温	3.3	4.6	8.4	14.5	20	24.2	27.2	27.4	23.9	18.4	11.6	5.6	15.8
40厘米地温	5.1	5.4	8.5	13.4	18.3	22.5	25.6	26.4	23.9	19.4	13.5	7.9	15.8
80厘米地温	7.8	7.0	8.7	12.2	16.4	20.2	23.4	25.0	23.7	20.4	15.8	10.9	16.0
1.6米地温	11.8	10.1	10.1	11.5	14.1	16.9	19.7	21.8	22.1	20.8	18.2	14.8	16.0
3.2米地温	16.2	14.8	13.8	13.3	13.5	14.3	15.5	16.9	18.0	18.5	18.4	17.5	15.9

三、天气现象

寒潮 连云港市出现的寒潮持续时间多在1～2天。大风多为偏北大风，一般风速可达5～7级，海上达6～8级，冷空气前锋过境后，气温骤降，可持续1天至几天，降温引起霜冻、结冰，偶有降雪。春、秋季，寒潮天气除大风、降温外，降水机会也较冬季增多。

1984～2005年，全市出现寒潮37次，平均每年1.7次；最多年份有5次，最少年份0次。寒潮天气的季节特征比较明显，秋季最多，占44.4%，冬、春季次之，夏季没有寒潮天气。各月中，11月出现寒潮最多，12月次之。

大风 境内大风的季节特征明显，春季大风日最多，占全年大风的41%，夏季次之，冬季、秋季大风依次减少。1984～2005年各月中，4月最常出现大风，平均为1.1天；10月大风最少，平均为0.1天。1997年8月19日，出现最大瞬时风速每秒31.5米的大风。

连阴雨 1984～2005年，全市出现连阴雨86次，平均每年3.9次；最多年份有8次，出现在1984年；最少年份是1996年，没有出现连阴雨。一次连阴雨持续时间最长12天，出现在2001年7月21日至8月1日，过程总降水量268.8毫米。

暴雨 1984～2005年，全市出现暴雨77次，年平均3.5次，其中大暴雨和特大暴雨19次，年平均0.8次。暴雨最早出现日期是4月22日（1988年），最迟终止日期是10月16日（1994年）；暴雨次数最多年达8次，出现在2000年；最少年仅1次，出现在1993年、1994年、2002年。7～8月是各类暴雨最为频繁的时期，共51次，占暴雨总数的66%。

雷暴 雷暴是境内经常出现的天气现象之一。1984～2005年，全市年平均雷暴次数24.6次。雷暴初日出现时间一般在4月中旬，终日一般在9月下旬。6～8月为多发期，占72%以上；其次是春季和秋季，冬季最少。各月中7月为雷暴频发期，占全年35%以上。雷暴初日最早为2月11日，最迟为11月10日。

连续无降水日 1984～2005年间，境内最大连续无降水日多发期主要在冬季，占65%以上，其次是秋季和春季，夏季最少。12月连续无降水日最多，约占30%以上。新浦区最长连续无降水日为50天，发生在1995年10月25日至12月13日。

四、物候

农作物候

小麦 9月下旬至10月上、中旬播种出苗，一般10月下旬至12月中旬为分蘖期，次年1～2月为越冬期，2月下旬返青，3月下旬、4月上旬拔节，4月下旬抽穗，6月上旬成熟收获。

水稻 麦茬稻一般5月上旬播种，5月中旬出苗，6月中下旬移栽，6月下旬至7月上旬返青，7月下旬至8月上旬拔节，8月下旬至9月中旬抽穗，10月中旬至下旬成熟。

大豆　6月中旬播种，8月上旬开花，9月下旬至10月上旬成熟。

夏玉米　6月中、下旬播种，7月上、中旬拔节，8月下旬抽穗，9月中、下旬成熟。

棉花　3月下旬育苗，4月上旬播种，5月上旬移栽，6月上旬现蕾，6月下旬至7月上旬开花，8月中旬裂铃吐絮，10月初收获。

植物候

银杏　3月下旬至4月上旬开花，10月核果状种子（白果）成熟。

玉兰　秋末形成花芽，冬月孕育花蕾，翌年4月上旬开花。

杏树　3月中旬至4月上旬开花，5～6月结果。

樱桃　3月下旬开花，5月中旬果实成熟。

桃树　开花盛期在4月上旬，7～8月果实成熟。

香椿　3月下旬吐出叶芽。

柳树　4月中旬柳絮乱飞。

杨树　4月中、下旬杨絮形成。

榆树　4月上旬果实成熟。

山楂　5月开花，9～10月结果。

栀子花　开花盛期在6月。

洋槐　5～6月开花。

板栗　9月中、下旬果实成熟。

柿树　10月果实成熟。

石榴　6～7月开花，10月果实成熟。

图2-15　连云港市生态环境优美，吸引大量迁徙鸟类驻足。侍志　摄于2005年

动物候

大雁始见　一般在10月上旬，也有较早的在9月下旬、较迟的在11月上旬初见。

家燕始见　一般在4月上、中旬。

布谷鸟始鸣　一般在5月中旬至6月上旬。

青蛙始鸣　一般在4月中旬至5月上旬。

蟋蟀始鸣　一般在9月上旬。

蝉鸣　一般在6月下旬始鸣，8月下旬至9月中旬终鸣。

第六节　水系　水文

一、水系

市境地处淮河流域沂沭泗水系。南宋以前，沂沭泗水排水通畅，泗水入淮，沂水入泗，沭水入泗入淮。境内古游水和唐垂拱四年（688年）开挖的官河（又称漕河，今盐河）纵贯南北，洪涝水由自然河道经沿海诸浦下泄入海。

南宋绍熙五年（1194年）黄河夺淮后，河床抬高，沂沭泗水入淮受阻。明万历年间杨一魁分黄导淮后，泗水、沂水主要由六塘河经灌河口入海；沭水原经涟水入淮河道淤塞阻断，加之沂水洪水干扰，最终由蔷薇河经临洪口入海。清康熙二十七年（1688年），为防沭水侵沂和减轻骆马湖洪水负担，河道总督王新命在禹王台筑竹络坝，迫使沭水全流南下。其北支由分水沙河入青伊湖，经蔷薇河从临洪口入海；其南支的后沭河入青伊湖，经古泊阳河由埒子口入海，南支的前沭河经沭阳城东流入硕项湖，由灌河口入海。清咸丰九年（1859年）黄河在铜瓦厢决口后，结束了黄河夺泗夺淮665年的历史，但沂沭泗河下游原有水系全被破坏，河道失修，排水不畅，洪水出路很小，境内水旱灾害严重。

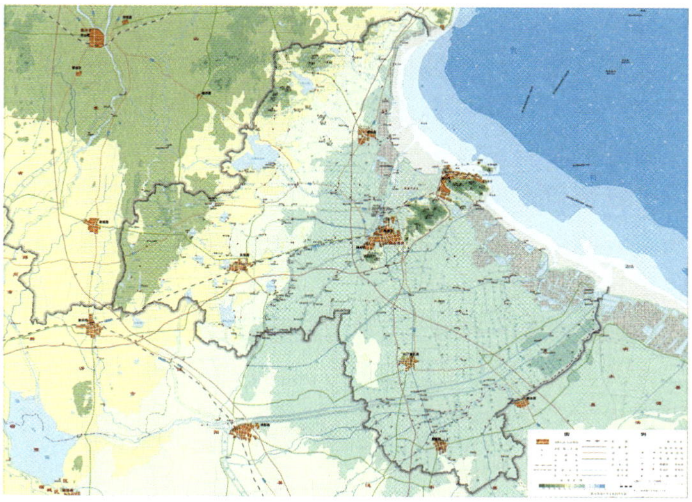

图2-16 连云港市水系图

中华人民共和国成立后，开辟新沭河、新沂河，沂、沭河及泗水有了排洪专道，随之形成灌河水系、沂北沭南水系和沭北独立入海水系。此后，通过开挖新河、整治老河、兴建水库，实现了沂沭泗尾闾地区洪涝分排，排灌调引结合，发挥巨大的减灾兴利效益。至2005年，市境西东流向的主要水系由南而北为灌河水系、新沂河水系、沂北沭南水系、新沭河水系、沭北水系，有流域性河道2条、区域性河道5条，建成大、中、小水库178座。

灌河水系 灌河是新沂河以南、废黄河以北地区唯一的入海干流。西起灌南县武障河、义泽河交汇处的东三岔，东流经灌南县境、灌南与响水两县边界，至灌南县堆沟以下至灌云县燕尾港入海。全长60余千米。堆沟以上流域面积7273平方千米。灌河自东三岔承接南六塘河、北六塘河、柴米河与沂南小河4条大支流分别汇流的武障河、义泽河来水，向东北流约8千米，左有小潮河闸下引河汇入。自小潮河闸下引河口东北流约11千米至响水县响水镇，有通榆公路桥横跨；响水镇附近右有一帆河、唐响河、甸响河、黄响河、民便河、坎响河汇入，入灌河口均建有挡潮闸。从响水镇东流31.5千米至陈家港，在陈家港南潮河从右岸汇入，入灌河口有闸。自陈家港以下北流约5千米至堆沟镇，再向北与新沂河交汇，于灌云县燕尾港入海。五灌河在堆沟镇南从左汇入灌河口。

新沂河水系 新沂河是1949年苏北“导沂整沭”开挖的排洪入海河道。西起骆马湖出口嶂山闸，经嶂山切岭循新沂、宿迁边界东行5.5千米，南有山东河、北有湖东自排河汇入。再东行12千米至口头，总沭河自北汇入。口头东行10千米有路北河从南汇入。再东行12千米，柴沂河自南汇入。稍东，北有岔流新开河汇入，再东至沭阳城西北与淮沭新河十字相交。经沭阳城北东行35千米到大陆湖段，南北岸分别入市境，再东行14千米与盐河相交，再行18千米至小潮河旧道。穿小潮河旧道后东行17千米至东友涵洞。再东12.5千米至挡潮闸，再东4.5千米与灌河相汇，于燕尾港南灌河口入黄海，全长144千米。新沂河开成后，经多次续建加固，设计流量每秒6000立方米。同时有淮沭河与淮河相沟通，在淮沂洪水不遭遇的情况下，设计分泄淮河洪水每秒3000立方米入新沂河下泄入海。

沂北沭南水系 沂北沭南水系包括新沂河以北、新沭河以南、总沭河以东地区，流域面积

6959平方千米。主要河流有蔷薇河、烧香河、古泊善后河、车轴河、界圩河、五图河等。另有北南向盐河自新沂河盐河北套闸向北，经灌云至新浦，长48千米，沿线与上述诸河相交，为送水、航运河道。还有沭新河自沭阳北流，穿蔷薇河折向东至新浦，长75.3千米，为灌溉输水河道。蔷薇河上游建有大型水库安峰山水库。

新沭河水系 新沭河，沂河下游新辟分泄沂河、沭河洪水的河道，1949～1953年开辟，南起山东省临沭县大官庄北沭河左岸，东穿马陵山麓，过石梁河水库入连云港市境，东流会蔷薇河，由临洪口入海，全长80千米。

沭北水系 沭北水系江苏境内在赣榆县境内，流域面积1382平方千米，境内有16条河道，主要河流有范河、朱稽河、青口河、龙河、兴庄河、绣针河，自成水系入海。沭北诸河在汛期经常暴发山洪，峰高量大势猛，加之海潮顶托，经常洪涝成灾。青口河中上游建有大型水库小塔山水库。

二、水文

连云港市地处沂沭泗水系的最下游，西、北部低山区库塘闸星罗棋布，中、东、南部平原区河渠沟纵横交织、河网稠密。全市有石梁河水库、小塔山水库和安峰山水库3座大型水库，新沂河、新沭河2条行洪河道过境，承泄上游沂、沭、泗诸水约7.8万平方千米集水范围之水，防洪压力大，素有“头顶三盆水，腰缠两条河，脚蹬黄海潮”之说，是全国水文条件较为复杂的地区之一。

按照全国水资源规划的统一分区规定，连云港市划属淮河（一级区）的沂沭泗河区（二级区），分列沂沭河区、日赣区2个三级区。灌南县属于沂沭河区沂南区（四级区），灌云县、东海县、海州区和连云区属于沂沭河区的沂北区（四级区），赣榆县属于日赣区的四级区。全市共有水功能区86个，其中国家级重点水功能区16个、省级重点水功能区30个。

1983年3月，连云港市水文局成立。2004年更名为江苏省水文水资源勘测局连云港分局。至2005年底，全市有水文站13个、水位站8个、蒸发站3个、雨量站47个、地下水观测站37个。

市境河流流量、水位受降水和过境客水影响较大，由于降水季节分配不均，年际变化较大。丰水年沂、沭水并涨，流量大，水位高，汛期易酿洪涝灾害；降水量较少的年份，河流流量少，水位低，枯水期河流流量常为零，须调引江淮水补充水源。

第七节 土壤 植被

一、土壤

连云港市境内的土壤，受成土母质、水文、海拔、海陆变迁及人类活动的影响，在残积、洪积、冲积和沉积四种因素作用下，形成棕壤土、紫色土、潮土、砂礓黑土、盐土5个土类14个亚类21个土属63个土种。

连云港市土壤分布呈现垂直、水平双重分布规律。垂直分布表现为从高海拔至低海拔，依次分布着棕壤类土壤的生草棕壤、粗骨棕壤、酸性棕壤、白浆化棕壤和潮棕壤。水平分布表现为紫色土类、潮土类、砂礓黑土类及盐土类的区域性分布。

全市有农用土壤43.99万公顷，分为五类。

棕壤土类 面积13.2万公顷，占土壤总面积28.21%。其中，耕地8.74万公顷，占耕地总面积的24.21%，耕垦系数66%。主要分布在赣榆县、东海县的西、北部，灌云县的西部，云台山及其他裸石山间。根据地形、母质、植被、水文发育程度和土壤属性，分为生草棕壤、粗骨棕壤、酸性棕壤、白浆化棕壤和潮棕壤5个亚类，生草棕壤、酥石岭砂土、酸性棕壤、白浆土、包浆土、板土6个土属，20个土种。多为旱作土壤，水利条件好的地段可种植水稻。

紫色土类 分布于东海县马陵山东侧海拔40～90米的坡麓，是地域性分布最集中的土类。土地面积3460公顷，占土壤总面积的0.5%，耕垦系数57.62%。由紫砂岩残积物发育而成，是一种跑水、跑肥、低产旱作土壤。

潮土类 分为棕潮土、黄潮土和盐潮土3个亚类，黄沙土、黄土、老黄土、淤土、黏质盐潮土5个土属，14个土种，分布于赣榆县、东海县河流两侧的狭长地带及市区和灌云县、灌南县排水良好的地段。土壤面积为6.99万公顷，占土壤总面积的25.7%，其中，耕地面积9.1万公顷，占耕地总面积的25.2%，耕垦系数76%。成土母质为片麻岩、砂页岩风化物，在河流搬运、沉积及地下水活动影响下，经耕作熟化而成，是境内主要高产耕作土壤之一。

砂礓黑土类 分为砂礓黑土和盐碱化砂礓黑土2个亚类，有黑土、湖黑土、盐黑土3个土属，13个土种。土壤面积7.82万公顷，占农用土壤总面积的16.7%，其中耕地面积7.23万公顷，占耕地总面积的19.8%，耕垦系数92%。分布于潮湿、低洼平原处及局部岗岭低坡地。母质来源于黄土性古河流相沉积物，经沼泽草甸化和旱耕熟化发育而成，有黑土层和砂礓层次发育。地下水位较高，土壤质地黏重、耕性差。适宜于稻麦两熟及稻、棉轮作耕种，是连云港市主要耕作土壤之一。

盐土类 分为潮盐土、滨海盐土和潮间盐土3个亚类，沙质盐潮土、壤质盐潮土、黏质盐潮土、黏质草甸盐土、沙质潮甸盐土、黏质潮甸盐土6个土属，13个土种。主要分布于灌云县、灌南县、赣榆县及市区的滨海低平原地区。面积为15.63万公顷，占土壤总面积的28.9%，其中，耕地面积10.87万公顷，占耕地总面积的28.2%，耕垦系数80%。该土壤的成土母质为黄淮冲积物，成陆后经淡水淋溶而成，是开发利用历史较短的农用土壤。虽然适耕性较差，但一般土壤肥力较高，具有较大的增产潜力。

二、植被

连云港市植被属暖温带湿润季风气候下的地带性植被，植被有南北兼容特征。其水平分布南北差异不大，东西变化明显。山地植被垂直分布有明显差异。

云台山地带性植被 云台山地带性植被类型原为落叶阔叶林，经历史上诸多的自然和人为的严重干扰破坏，绝大部分为赤松林所代替，只在高公岛柳河、凰窝、宿城固后大沟以及花果山等处的沟谷中还保存着次生的落叶阔叶林和竹林，成片状或零星状分布。至2005年底，江苏省境内仅在云台山有分布的植物种类40多种，如海边铁角蕨、骨碎补、烟台百里香、小野珠兰、腺齿越桔、朝鲜槐、狭叶太行铁线莲、大叶胡颓子、紫草、卷茎蓼、山东万寿竹、滨海前胡、楼斗菜、山文竹、兴安天门冬、鹿药、珊瑚菜、辽吉侧金盏花等。

云台山木本植物有69科140属240多种。主要建群种有栓皮栎、麻栎、短柄枹树、白栎、盐肤木、黄连木、

图 2-17 南云台林场毛竹林
俞德春 摄于2005年

黄檀、枫香、乌桕、化香、楸树、苦树、刺楸、山合欢以及金镶玉竹等。常见灌木有扁担杆子、圆叶鼠李、茶条、野蔷薇、化香、崖椒、牡荆、山胡椒、算盘子、野山楂及常绿灌木小叶女贞、刚竹等；藤本植物有木通、菝葜、野葛、木防己、海金砂、爬山虎、南蛇藤和常绿藤本络石等。人工栽培的植被有油桐、油茶、茶、火炬松、湿地松、女贞等，毛竹、杉木也逐渐成林；板栗、柿、苹果、梨、桃等果树亦大面积栽培。

丘陵岗地植被 东海县、赣榆县的丘陵岗地人工栽培树种主要有黑松、赤松、火炬松、湿地松等常绿针叶林；灌木有野蔷薇、花椒等；草本植被以禾本科的野古草、黄背茅、香茅、马唐、狗尾草为主，还有地榆、结缕草、射干、白茅、莎草、鸡眼草、胡枝子、山豆花等。

盐生植被 市境东部的盐土地区，一般植被难以立苗，仅有少数耐盐碱的植物在此落脚，组成一种特殊的盐生植被，主要由藜科、禾本科、菊科等组成。

黏质盐土植被 排水不良、表层不积水的低洼地以盐蒿、獐毛草、荸荠草等为主，伴生有盐云草、苦蒿草等；排水良好的盐田埂、堤岸等处植被以羊角草、盐蒿、萹蓄等为主；积水地区以芦苇、野西瓜苗、竹叶菊等为主；潮间带引种大米草。

这些植被自东向西随脱盐程度差异而呈有规律分布。

砂质盐土植被 沙质盐土除具黏质盐土的植被类型外，还有天门冬、虫实、野豌豆、小麦门冬等植物生长。

其他植被 波状平原人工栽培植被有意大利杨、沙兰杨、健杨、毛白杨、加拿大杨、柳树、中国槐、侧柏等。沂沭河冲积平原植被有人工栽培的洋槐、中国槐、柳树、杨树、水杉、泡桐、苦楝、白榆、臭椿等；野生草本植物有马唐、狗尾草、鸡眼草、野艾蒿、蒲公英、飞蓬和耐涝的漂浮草、球柱草、荆三棱等莎草科植物。湖沼相堆积平原植被有耐盐碱的榆树、天津白蜡及野生的盐蒿等。

第八节 自然资源

一、土地资源

耕地 1984年，全市耕地统计面积31.91万公顷，其中赣榆县5.83万公顷、东海县10.85万公顷、灌云县8.72万公顷、灌南县5.16万公顷、市区1.35万公顷。1994年12月，全市土地利用现状调查显示，全市共有耕地39.06万公顷，占全市土地面积的52.07%，其中赣榆县7.26万公顷、东海县13.25万公顷、灌云县10.55万公顷、灌南县6.08万公顷、市区1.92万公顷。此后，随着各县区开发区的兴办和乡镇企业的发展，工业用地猛增，占用大量耕地。至2005年底，全市耕地面积38.35万公顷，占全市土地面积的51.14%，比1994年下降0.93个百分点。

图2-18 2005年，全市有茶园460公顷。 侍志 摄

园地 2005年，全市园地面积1.6万公顷，占全市土地面积的2.14%。其中，果园面积1.45万公顷，桑园面积101公顷，茶园面积460公顷，其他939公顷。

林地 1984年，全市林地面积3.26万公顷，占全市土地面积的5.2%。2005年，全市林地面积2.11万公顷，占全市土地面积的

2.81%，其中南云台林场1463公顷、墟沟林场2210.3公顷、李埝林场1622.7公顷，另在班庄镇、花果山乡、云台乡、中云街道、朝阳镇分布较多。

牧草地 2001年，全市只有灌南县张店镇、新安镇有少量牧草地，其中天然草场0.4公顷、人工草场0.2公顷。2005年基本消失。

居民点及工矿用地 2005年，全市居民点及工矿用地面积11.68万公顷，占全市土地面积的15.58%。市区最多，为3.39万公顷，占全市居民点及工矿用地面积29.04%；灌云县次之，为2.55万公顷，占21.81%。

交通运输用地 2005年，全市交通运输用地面积6423公顷，占全市土地总面积的0.86%。其中，铁路用地752公顷，公路用地4797公顷，民用机场用地347.9公顷，港口码头用地面积526.1公顷。

水利设施用地 2005年，全市水利设施用地面积3.46万公顷，占全市土地面积的4.61%。

未利用地 2005年，全市未利用地土地面积7.09万公顷，占全市土地面积的9.46%。

2005年连云港市用地类型统计表

表2-18

单位：公顷

类 型	全 市	市 区	赣榆县	东海县	灌云县	灌南县
农用土地	521177	38858	97505	173060	136085	75669
耕 地	383529	16640	68153	129226	109875	59635
园 地	16042	2031	6231	5323	1412	1045
林 地	21080	11548	3210	4611	439	1272
其他	100526	8939	19911	33900	24539	13717
建设用地	157867	39220	31810	39666	34288	12883
居民及工矿用地	116842	33926	23077	23318	25489	11032
交通运输用地	6423	1710	1355	1939	964	455
水利设施用地	34602	3580	7378	14409	7835	1396
未利用地	70947	11708	13412	12281	19396	14150

二、水资源

2005年，连云港市水资源总量56.06亿立方米，其中，地表水资源量47.98亿立方米、地下水资源量9.46亿立方米、重复计算量1.38亿立方米。全市平均产水系数0.6，产水模数每平方千米74.7万立方米。

全市用水主要取用地表水，少量取用地下水。2005年，全市总用水量23.72亿立方米。其中，地下水开采量0.26亿立方米，地表水23.46亿立方米，人均用水量502立方米；农田灌溉亩均用水量385立方米，城镇人均生活用水量每人每日171立方米，农村居民每人每日用水89立方米。

2005年连云港市行政分区水资源量统计表

表2-19

单位：亿立方米

地 区	地表水资源量	地下水资源量	重复计算量	水资源总量
市区	5.96	0.56	0.03	6.49
东海	13.25	3.84	0.43	16.66

续表 2-19

地　区	地表水资源量	地下水资源量	重复计算量	水资源总量
赣榆	7.64	2.13	0.24	9.53
灌云	15.45	1.22	0.32	16.35
灌南	5.68	1.71	0.36	7.03
合计	47.98	9.46	1.38	56.06

2005 年连云港市各行政分区用水量统计表

表 2-20　　单位：亿立方米

地　区	农田灌溉		农村生活		林牧渔业	工　业		城镇生活	总用水量	
	小　计	地下水	小　计	地下水	小　计	小　计	地下水	小　计	小　计	地下水
市区	0.50	0.00	0.07	0.00	0.26	1.86	0.01	0.48	3.17	0.01
东海	5.62	0.02	0.31	0.03	0.20	0.34	0.01	0.17	6.64	0.06
赣榆	2.72	0.01	0.24	0.01	0.15	0.35	0.03	0.19	3.65	0.05
灌云	4.80	0.00	0.26	0.03	0.17	0.26	0.01	0.17	5.66	0.04
灌南	3.86	0.00	0.23	0.03	0.10	0.30	0.04	0.11	4.60	0.07
全市	17.50	0.03	1.11	0.10	0.88	3.11	0.10	1.12	23.72	0.23

地表水　连云港市地处淮河流域沂沭泗下游，全流域洪水经市境入海，汛期承泄上游大量来水，非汛期上游来水极少，加之境内径流拦蓄能力较差，属于水资源比较紧缺的地区。

全市外来水主要为外调水和过境水。过境水主要为灌河、新沂河、新沭河、蔷薇河等河流的入海水。新沂河、新沭河丰水年过境水量约 150 亿立方米，平水年约 100 亿立方米，枯水年约 60 亿立方米，其水源可用而不可靠。灌河主要用作航运和排涝，唯蔷薇河作为引淮入连的主要通道，年平均引水 8.61 亿立方米，是连云港市的主要供水水源。因地处江苏省南水北调末端，全市水资源不能满足社会经济发展的需要。2005 年，全市天然年径流量 47.98 亿立方米，入市境水量 173.1 亿立方米，作为连云港市可用的仅 17.18 亿立方米，余水全部入海；出市境水量（入海水量）227.37 亿立方米。

地下水　境内地下水按贮存类型可分为松散岩土层孔隙水和基岩裂隙水。松散岩土层孔隙水多分布于地下水较贫乏的平原地区，水质为弱咸水至咸水，表面被淡化。基岩裂隙水多分布在山体周围和岩层断裂附近，是地下水的主要贮存区域。境内地下水总体为自西北向东流向，依次是重碳酸钙型—碳酸钙钠型—碳酸氯化钙钠型—氯化钠型。境内地下水资源量和质量随年际降水量变化而变化。资源量丰水年为 7.49 亿立方米，平水年为 6.31 亿立方米，枯水年为 4.84 亿立方米，沿海地区地下水多为咸水，矿化度 10‰左右；中部平原和倾斜平原地区为半咸水，矿化度 4‰～7‰；丘陵山区则为淡水或微咸水，矿化度在 3‰以下。2005 年，全市地

图 2-19　东海温泉出水口　　赵鸣　摄于 2000 年

下水资源量为9.46亿立方米，其中灌南县1.71亿立方米、灌云县1.22亿立方米、东海县3.84亿立方米、赣榆县2.13亿立方米、市区0.56亿立方米。1996～2005年，全市年均开采量0.84亿立方米，主要用于饮用和灌溉。

地下热水 蕴藏在东海县温泉镇，古称羽山温泉，现称东海温泉。地下热水面积0.7平方千米，埋深200～250米，以东海温泉浴室一带地下热水温度和出水量最高，向外围逐渐降低。20世纪70年代初，此泉有3处水温在44～48摄氏度裂隙水泉眼，流量0.03升每秒。1973年、1984年，江苏省水文队和省地质六队对此处进行钻孔勘察，钻孔最大深度600余米，测得最高水温88℃，属大气降水深循环断裂型中低温地下热水，无色透明，微有硫化氢气味，水温27～77摄氏度，水质属钙钠型，pH酸碱度7.4～8.5，属弱碱性水，总硬度9.56～18.62，属微硬—硬水，含有多种对人体有益和必需的微量元素，其中锶、锂、锌、铝等含量较高，氡、氟及二氧化碳含量达到矿泉水标准。

矿泉水 连云港市有矿泉水点150多处，已开发并经鉴定达到优质矿泉水标准的有5处：花果山矿泉水、锦屏磷矿西山矿泉水、赣榆县龙泉山矿泉水、东海县龙湾矿泉水和李埝林场矿泉水，均为岩石裂隙水。其他获得开发的矿泉水还有东磊、南城、李庄、伊芦山等处。

1984～2005年连云港市各代表年份水资源量统计表

表2-21

代表年	降水量（毫米）	地表水资源量（亿立方米）	地下水资源量（亿立方米）	水资源总量（亿立方米）	人均（立方米）	公顷均（立方米）
P=50%	904.1	16.54	7.49	24.03	593.2	7567.5
P=75%	782.9	10.98	6.31	17.29	426.9	5446.5
P=95%	550.1	5.38	4.84	10.22	252.3	3219.0

说明：P表示某一降水量获得保证的年份数占计算总年数的百分比。

水资源平衡 全市用水主要包括工农业生产用水、人民生活用水和牲畜用水，农业用水量最大。当地水资源相对匮乏，地表水资源可利用率较低，属于水源型缺水地区，用水主要依赖于外来水。

1984～2005年连云港市水资源供需平衡表

表2-22 单位：亿立方米/年

代表年		P=50%	P=75%	P=95%
可供水量	合 计	29.61	28.57	23.12
	地表水流量	9.68	7.50	3.40
	地下水开采量	0.84	0.84	0.84
	农业用回归水	0.60	0.72	0.88
	工业用回归水	0.05	0.05	0.05
	河网调蓄量	1.67	2.47	2.67
	外调水量	16.77	16.99	15.28
需用水量	合 计	25.62	30.49	36.46
	农 业	20.33	25.19	30.94
	工 业	2.79	2.79	2.79
	生 活	1.20	1.20	1.20
	其 他	1.31	1.31	1.54
废弃水量		7.66	6.09	1.54
短缺水量		3.66	8.01	14.90

说明：P表示某一降水量获得保证的年份数占计算总年数的百分比。

水质 1988年，市水利部门在海州区朐阳乡和连云区墟沟镇设立地下水井监测点。据1990年监测，小型地下水蓄水区水质良好，符合饮用水标准。是年，全市工业废水排放量约5300万吨，生活废水排放量约2000万吨。这些污水大部分未经处理而直接排入河道。农业生产中使用化肥48.5万吨、农药4500吨，对市境河流的水质有影响。

市区的大浦河、龙尾河是城市的排污河流。20世纪70年代后，市境上游山东、江苏徐州等地工业废水的排放对境内的蔷薇河、石梁河水库造成严重污染。蔷薇河自1990年12月起，连续多次遭受上游来水的污染，给市区的居民健康和工业生产带来严重危害。石梁河水库主要受山东临沭县的工业污水和生活污水污染，水质较差。

1990年连云港市地下水监测数据表

表2-23　　单位：毫克/升（pH、总硬度除外）

监测月份	类别	pH值	高锰酸盐指数	总硬度	氨氮	硝酸盐氮	亚硝酸盐氮	挥发性酚	总氰化物	总砷	总汞	氟化物
5月平水期	最高值	7.29	4.1	21.31	0.020	1.55	0.003	未检出	未检出	未检出	未检出	0.68
	最低值	6.84	1.1	7.63	0.003	1.50	0.003	未检出	未检出	未检出	未检出	0.25
	平均值	7.38	2.6	14.47	0.012	1.53	0.003	未检出	未检出	未检出	未检出	0.47
	总检井数	2	2	2	2	2	2	2	2	2	2	2
	超标率(%)	0	0	0	0	0	0	0	0	0	0	0
9月丰水期	最高值	7.86	2.7	18.96	未检出	2.68	0.004	未检出	未检出	0.008	未检出	0.15
	最低值	7.66	1.0	8.08	未检出	0.48	未检出	未检出	未检出	未检出	未检出	0.03
	平均值	7.76	1.9	13.52	未检出	1.58	0.002	未检出	未检出	0.004	未检出	0.09
	总检井数	2	2	2	2	2	2	2	2	2	2	2
	超标率(%)	0	0	0	0	0	0	0	0	0	0	0

2005年，全市35个水质监测功能区按逐月水质类别统计，二类水占2.1%，三类水占29.8%，四类水占31.7%，五类水占5%，劣于五类水占31.4%。

从污染物类别看，主要污染因子为高锰酸钾指数、氨氮、生化需氧量，属耗氧类污染。从空间看，工矿企业、居民生活相对集中的市区、县城的河段水质基本上全年超标。主要湖库及市区、县城主要河道的富营养程度不容忽视，总磷、总氮等项目维持在较高浓度水平。

三、生物资源

连云港市气候温和，地形地貌多样，加之受到海洋调节，生物生长环境优越，有南北兼容的生物群落，其种类仅次于苏南太湖流域。

植物资源 连云港市植物种类多样，有维管束植物164科642属1277种。其中蕨类植物24科33属47种，裸子植物4科10属16种、被子植物136科599属1214种。

优势科以种的数量依次排列为菊科（52属118种）、禾本科（73属118种）、豆科（40属79种）、蔷薇科（21属66种）、莎草科（14属64种）、百合科（17属43种）、唇形科（22属39种）、十字花科（17属32种）、蓼科（4属32种）、毛茛科（12属27种）、伞形科（18属26种）、玄参科（12属23种）、石竹科（13属19种）、大戟科（11属19种）、茄科（8属19种）、葫芦科（9属18种）、藜科（7属17种）、木犀科（7属15种）、旋花科（6属14种）、茜草科（6属13种）、萝藦科（3属13种）、苋科（5属12种）、紫草科（7属11种）、锦葵科（6属11种）、榆科（6属10种）、葡萄科（4属10种）。

药用植物 云台山药用植物有812种，其中低等植物药26种、苔藓类药2种、蕨类药29种、种子植物药755种。根及根茎类有桔梗（包袱花根）、拳参（山虾子）、黄芩、南沙参（沙参、老鸡腿肉）、地榆（小紫草）、丹参（红参、紫丹参）、青木香（臭铃铛）、太子参（孩儿参）、百合（白合）、百部（一窝虎）、苍术、天南星（南星）、苦参（野槐树）、草乌（小脚乌）；藤木类有木通（八月札）、寻骨风（猫耳朵、穿地筋）、鸡矢藤（鸡屎屯、臭藤子）、忍冬藤（银花、金银花）、络石藤（鹿角草）、南蛇藤（降龙草、挂廊鞭）、爬山虎（捆石龙）；叶、皮类有石韦（金钗匙）、臭梧桐叶（臭桐、追骨风）、艾叶（艾蒿）、地骨皮（狗奶子）、香加皮（五加皮、钻墙柳）；花类有芫花（药鱼棵）、野菊花（野菊）、旋覆花（复花、驴儿菜）、松花粉（马尾松）、闹羊花（映山黄，羊不食草）、凌霄花（五爪龙、喇叭花）；果实、种子类有山茱萸、白蒺藜（蒺骨子）、车前子（猪耳菜）、地肤子（扫帚苗）、蛇床子（野芫荽）、酸枣仁（角针仁，小酸枣）、蔓荆子；全草类有茵陈（茵陈蒿、白蒿）、青蒿、仙鹤草、马鞭草、鬼针草（鬼骨针、小鬼针）、益母草（野麻、小胡麻）、夏枯草（羊胡草）、连钱草、香薷（牙刷草）、龙葵。

观赏植物 云台山有许多茎叶优美、花果鲜艳、气味芬芳的植物种类，颇具观赏价值。如红楠（寒夏青），叶片革质，凌冬不凋，四季常青；枫香（枫树），每年深秋，枫叶经霜变黄转红，奇美娇艳；爬山虎（扒山虎），夏季枝叶密布，秋季红叶鲜艳；络石（鹿角草），其花芬芳馥郁；麦冬（麦门冬）成丛簇生，形似韭菜，叶子清香；金镶玉竹，黄秆绿槽，上下交叉，曾为特种邮票的选题；玉兰（白玉兰）先花后叶，色白微碧，香气似兰；流苏树（糯米茶），花瓣狭长，状若流苏，清秀典雅；杜鹃（映山红），云台山有红杜鹃、黄杜鹃、紫杜鹃等品种；锦带花（海仙花），漏斗形钟状花，初为白色，后转粉红，再呈紫玫瑰色，一花而色数变；紫藤（藤花），紫色瓔珞似的花朵攀缘垂拂，很耐观赏；金银花（银花），花冠白色带紫红，后变黄色，很耐观赏。

芳香植物 云台山有芳香油类植物50多种，可作为化妆品和食品工业的天然香料。枝叶和茎叶含芳香油的植物有侧柏、黑松、赤松、山胡椒、狭叶山胡椒、三桠乌药、华荠苧、白苏、茵陈蒿、艾蒿、白莲蒿、青蒿、黄花蒿、野菊、海州香薷、藿香、烟台百里香、薄荷、紫苏等；花朵含芳香油的植物有刺槐、楝树、石竹及野菊花；根（干、果）含芳香油的植物有香附子、枫香树、黄荆、牡荆、野花椒、崖椒、竹叶椒。主要分布在宿城、柳河、朝阳、东磊等地。

纤维植物 云台山纤维类植物约有近百种。野生草本类有白茅、五节芒、芒以及蕨等；野生木本类有榔榆、构树、小构树、柘桑、扁担杆、芫花及藤本植物野葛等；栽培类有桑、蒙桑、榆以及芦苇等。

木本植物 云台山木本植物有240多种，树种成分反映南北过渡的特点。主要建群种有栓皮栎、麻栎、短柄枹树、白栎、盐肤木、黄连木、黄檀、枫香、乌桕、化香、楸树、苦树、刺楸、山合欢以及金镶玉竹等。赤松又称红头松，为绿化荒山的造林树种。中华人民共和国成立初期，云台山上树木稀少，在国家“大搞植树造林，迅速消灭荒山”的号召下，经过10多年努力，赤松遍及云台山。1988年，云台山赤松成林面积9733公顷，占整个山区有林地面积的73%，活立木蓄积量34.6万立方米，占总量的86%。但从1989年开始，云台山赤松林开始遭受松毛虫、松干蚧病害，虽经积极抢救，仍有大片赤松死亡。楸树又称小叶梧桐，为中国特有的珍贵速生用材树种，也是云台山优良的乡土树种。在宿城、黄窝、柳河、花果山、东磊、云山、云门寺村等地有成片的楸树纯林和楸竹、楸杂混交林以及大量的散生林。云台山30～60年生的散生木有1.8万余株，活立木蓄积量1万余立方米。楸树生长快，茎挺直，材用价值大。楸材纹理致密，不翘不裂，耐腐，耐水湿，坚韧且易加工，为建筑、造船、家具等珍贵木材。云台山的楸树心材特别，呈金黄色，具有绢丝光泽，堪称云台山之宝。海州多处汉墓中曾出土楸木棺椁，可见其在此地生长历史悠久。但由于楸树自花不孕，加之楸螟、根结线虫的严重危害和管理粗放，长期以来发展停滞不前。杉木又称楠木，为中国特有的常绿用材树种。南云台、墟沟、中云、朝阳4个国有林场以及宿城、中云都先后栽植了杉木，总面积达200公顷。杉木纹理通直，结构均匀，不翘不裂，材质较韧，强度适中，木材气味芳香，杉中含有“杉脑”，能抗虫耐腐，可用于建筑、造船、家具等。麻栎又称橡树，为云台山的主要树种之一，从1957年开始引种栽培，成林面积达1300多公顷，分布广泛。麻栎材质坚硬，经久耐用，色泽悦目，花纹美观，可作建筑、车舟、家具及枕木用材。与麻栎同科同属的栓皮栎在云台山分布也较为广泛。云台山毛竹于20世纪60年代末引种，宜生地在海拔130多米、空气较湿润、土壤深厚、肥沃的沟谷缓坡处。毛竹竿粗大端直，材质坚韧，可作建筑、竹筏、工艺美术品，劈蔑可以编制各种用具。云台山野生阔叶乔木和亚乔木近百种，组成的混交林通称为杂木林。主要有黄檀、枫香、短柄枹树、白栎、槲树等。

野菜　云台山有丰富的野菜资源，且开发利用历史悠久。明、清两代的地方志书以及吴承恩《西游记》里就记载有马兰头、白鼓丁、芽儿拳（蕨菜）、山马菜、荠菜、香椿、灰条菜、枸杞头、苦苣菜、马齿苋、水芹、野苋菜、蒲儿菜、碎米荠等30多种海属乡土野菜。这些野菜无污染，含有丰富的维生素、食物纤维素、蛋白质、氨基酸、无机盐及微量元素等营养物质，不仅可以做成一般蔬菜所不及的多种风味菜肴，而且还是防病治病、康复保健的良药。据2000年专业调查结果显示，全市有野菜种类168种。

动物资源　连云港市地处暖温带和北亚热带过渡气候区，动物资源丰富，有原生动物、多孔动物、腔肠动物、线形动物、环节动物、拟软体动物、扁形动物、软体动物、节肢动物、棘皮动物、毛鹗动物、尾索动物、头索动物、脊椎动物14个门2242种。

原生动物门　有变形虫、绿眼虫、毛滴虫、疟原虫、锥虫、利什曼虫、孢子虫、弓形虫、袋虫等。

多孔动物门　生活在潮间带和海洋底部，主要有海葵、海绵等种类，产量不多，经济价值不大。

腔肠动物门　属比较原始的动物。主要有海蜇、水母、水螅等数十种。

线形动物门　线形动物门习惯称为线虫类。体型微小，细长如线。大多生活在土壤中，以动植物为食，也有寄生在动植物体内，成为人、畜、禽、鱼及农林作物病原，如水稻干尖线虫、甘薯糠腐线虫，花生根结线虫等，轻则造成作物生长衰弱、减产，重则绝收。其他还有剑线虫、长针线虫，半穿刺线虫、根腐线虫等，分别能给豆类，果树、蔬菜及其他草本、木本植物造成不同程度的危害，寄生在人畜体内的蛔虫、蛲虫等造成人畜寄生虫病害。

环节动物门　有生活在海水中的沙蚕，淡水中的蚯蚓，海淡水共有的腮虫、鳞虫、水蛭，土壤中的蚯蚓等。

拟软体动物门　种类不多，有海豆芽、苔虫、帚虫等。幼体是海洋鱼类的天然食饵。

扁形动物门　扁形动物门分涡虫纲、吸虫纲和绦虫纲，主要种类有近20种，其中涡虫在水中生活，是鱼类的天然饵料，其他各种均为寄生虫，是重要的防治对象。人畜共患的有布氏姜片吸虫、肝片吸虫、钩带条中，猪囊虫、牛囊尾蚴、无钩带绦虫、脑多头蚴、犬多头绦虫禽，鱼及其他动物共患的寄生虫有同盘吸虫、东方次睾吸虫、扩张莫尼茨绦虫、贝氏莫尼茨绦中、细颈囊尾蚴、泡状带绦虫、粗颈带绦虫、有轮瑞利绦虫、棘钩瑞利绦虫、四角瑞利绦虫、节片戴文绦虫等。

软体动物门　软体动物中的腹足纲、板鳃纲和头足纲的绝大多数种类是重要的水产资源。淡水产的中国圆田螺、中华圆田螺、梨形环棱螺、铜锈环棱螺，海洋产的大马蹄螺、锈凹螺、福氏玉螺、扁玉螺、短滨螺、脉红螺、香螺、织纹螺、蛾螺、鲍、泥螺等；瓣鳃纲（双壳类）如泥蚶、毛蚶、魁蚶、紫贻贝、翡翠贻贝、栉孔扇贝、华贵栉扇贝、牡蛎类、江珧、西施舌、文蛤、蓝蛤、各种蛏仔、淡菜、竹蛏类，以及淡水产的蚌类、蚬类等；头足纲的乌贼、望蛸、柔鱼等，都可食用。陆岸及沿海的贝类，是收藏品及制作工艺品的材料。

节肢动物门　境内陆地和海洋中的节肢动物是动物界种类最多的一个门，与人类的关系极为密切。鳃足纲主要种类有丰年虫、裸腹溞、大眼溞、谷粒鲎虫、中国鲎虫等。桡足纲是海淡水浮游生物的重要组成部分，主要种类有哲水蚤目19种、剑水蚤目2种、水蚤目3种，为鱼虾类的天然饵料。软甲纲在境内有十足目、端足目、糠虾目、磷虾目等4目，主要种类有糠虾、磷虾、毛虾、白虾、沼虾、梭子蟹、绒螯蟹、蟳等。唇足纲在境内有蜈蚣目、地蜈蚣目、石蜈蚣目、蚰蜒目4个目，均地栖性，少棘蜈蚣干燥后可入药。昆虫纲在境内有19目215科1145种，家蚕、柞蚕和蓖麻蚕的茧是缫丝、纺织材料，又可成为美容、牙膏工业及医药工业的原料；可药用昆虫主要种类有衣鱼目、蜻蜓目、蜚蠊目、螳螂目、直翅目、同翅目、半翅目、膜翅目、脉翅目、鞘翅目、双翅目、鳞翅目等数十种；可食用昆虫有白蚁类、蝗虫类、蟋蟀、蝉类、大田鳖、龙虱和水龟、金龟子类、天牛类、天蛾类、蜜蜂、蚂蚁等。境内蛛形纲有3目23科83种，主要种类有草间小黑蛛、机敏漏斗蛛、圆蛛、横纹新蛛、黄褐新圆蛛、四斑锯螯蛛、迷宫漏斗蛛、拟环纹狼蛛、斜纹猫蛛、粽管巢蛛等。

棘皮动物门　属潮间带至近海底生性动物，境内主要有海胆纲、海星纲、蛇尾纲、海参纲4纲17种，其中海参和海星等有较高经济价值。

毛颚动物门　境内有强壮箭虫、拿卡箭虫及肥胖箭虫3种，2000年后，强壮箭虫上升为海州湾渔场的优势种群，每年的2月和11月密度最大，可达每立方米93只。它们是鱼类的食饵，既有利于渔汛场的形成，又是稚幼鱼类凶猛的捕食天敌。

尾索动物门（被囊动物门）　境内已知有柄海鞘、海鞘、异体住囊虫3种。海鞘是浮游生物，是鱼类的天然食饵。异体住囊虫是2000年后发展起来的种类，群体密度大，每年5月及8月最大密度可达每立方米1292只。

头索动物门　地产只1种，即文昌鱼科的文昌鱼，俗名蛞蝓鱼，体形像小鱼而不属于鱼类，肉可食用。

脊椎动物门　境内已知有脊椎动物5纲556种，其中哺乳纲41种、鸟纲302种、爬行纲23种、两栖纲11种、鱼纲179种。境内尚存野生哺乳动物约8目17种、家养或饲养的哺乳动物24种，主要种类有野生的刺猬、小鼩鼱、蝙蝠、貉、狐、豹猫、果子狸、黄鼬、獾、草兔、海豚、黑线姬鼠、大仓鼠、黑线仓鼠、褐家鼠、小家鼠等，人工养殖的牛、马、驴、骡、山羊、绵羊、奶羊、水牛、黄牛、奶牛、梅花鹿、猴、猪、狗、猫、水貂、兰狐、兔等。境内陆域和海域共有野生鸟类18目55科302种、亚种及变种，主要种类有小鸊鷉、白额鹱、黑叉尾海燕、斑嘴鹈鹕、苍鹭、池鹭、大白鹭、夜鹭、黄斑苇鳽、白头蓑鹳、白额雁、鸿雁、豆雁、小白额雁、灰雁、大天鹅、小天鹅、瘤鼻天鹅、罗纹鸭、白眉鸭、鸳鸯、中华秋沙鸭、绿头鸭、鸢、苍鹰、雀鹰、大鵟、雉、鹌鹑、白冠长尾雉、黄脚三趾鹑、丹顶鹤、红脚苦恶鸟、白胸苦恶鸟、普通秧鸡、董鸡、骨顶鸡、大鸨、剑鸻、环颈、彩鹬、小杓鹬、白腰草鹬、扇尾沙雉、丘鹬、反嘴鹬、普通燕鸻、海鸥、须浮鸥、黑尾鸥、红嘴巨鸥、普通燕鸥、白额燕鸥、岩鸽、

图2-20　连云港市动物资源丰富，有14门2242种。图为白鹭。
侍志　摄于2005年

山斑鸠、灰斑鸠、珠颈斑鸠、火斑鸠、四声杜鹃、大杜鹃、中杜鹃、草鸮、红角鸮、雕鸮、鹰鸮、灰林鸮、长耳鸮、短耳鸮、普通夜莺、楼燕、白腰雨燕、普通翠鸟、三宝鸡、戴胜等，其中丹顶鹤、白鹳、黑鹳、大鸨、白腹军舰鸟、白尾海雕、中华秋沙鸭8种，属国家一级保护鸟类；黄蹼洋海燕为国内首次观察到的国家新记录鸟种。境内有爬行纲动物8科23种，其中水生5种（淡水4种、海水1种）、陆生18种，主要种类有乌龟、中华鳖、石龙子、丽斑麻蜥、北草蜥、黑眉锦蛇、锦蛇、赤链蛇、乌梢蛇、蝮蛇、水赤链、虎斑游蛇、翠青蛇等。境内有两栖动物5科11种，主要种类有中华蟾蜍（癞蛤蟆）、花背蟾蜍、东方铃蟾、无斑雨蛙、中国雨蛙、黑斑侧褶蛙、金线侧褶蛙、泽陆蛙、中国林蛙、北方狭口蛙等。境内共有鱼类18目59科179种，主要种类有鲤鱼、鲫鱼、青鱼、草鱼、鲢鱼、鳙鱼、长春鳊、团头鲂、黄姑鱼、白姑鱼、蓝点马鲛、朝鲜马鲛、牙鲆、条鳎、宽体舌鳎、半滑舌鳎等，其中淡水产的鲢、鳙、鲤、鲈、鲫、鳊，海水产的马鲛、带鱼、鲻鱼、梭鱼等，为本地当家品种。

物种变化 随着人类活动的加剧、经济的发展和环境污染，境内有些物种逐渐减少甚至消失，新的物种走进了人们的生活。

植物资源特别是稀有植物急剧减少。云台山是赤松自然分布的南界，在该山分布面积很大，最多时占全山森林面积的73%。但从1988年起，云台山赤松林开始遭受松毛虫和日本松干蚧的侵害，以后为害逐年严重，虽经积极抢救，仍然大片死亡。原先寄松篱下的阔叶杂木，又因得到充足的阳光雨露，开始生长起来，形成了新的林相。珊瑚菜是国家二级保护植物，原为连云港海岸沙生植被的主要建群种之一，2005年时几近绝迹。此外，沿海其他沙生植物种源流失现象也很严重，单叶蔓荆、兴安天门冬、沙滩黄芩等典型沙生植物只偶见残存。被列为国家重点保护野生药材物种的紫草、黄芩、远志等，由于长期滥采乱挖，不注意保护、抚育，危在旦夕。稀有树种红楠、大叶胡颓子、北枳椇、雪柳、云实、羊踯躅、朝鲜槐、玉铃花、四照花、黄槽竹、黄纹竹等种类仅剩下几株或几十株。列当、野菰、苍术、辽吉侧金盏花、徐长卿、柴胡、滨海前胡、短茎马先蒿、荠苨、团扇蕨、过山蕨、鹿药等近百个物种所剩无几。铃兰、白及、当药、云台南星、越齿腺桔、卷茎蓼等稀有植物经多年考察，仍不见踪迹。紫金牛、山东万寿竹、蜈蚣兰、杜鹃、满山红、石灰花楸、竹叶椒等也在逐年减少。

重要经济鱼类渔汛不断消失。海州湾著名的加吉鱼渔汛因日本的酷渔滥捕在20世纪40年代中期消失；50年代鳓鱼渔汛、60年代大黄鱼渔汛、70年代对虾渔汛、80年代马鲛鱼渔汛、90年代带鱼渔汛、乌贼渔汛也相继消失。

鸟类资源渐少。20世纪60年代中期以前，云台山区的优势鸟类有雕、灰喜鹊、乌鸦、岩鸽等，可谓成群结队，遮天蔽日，但由于用“六六六”（六氯化苯）、“二二三”（双对氯苯基三氯乙烷）粉剂防治松毛虫，打破了云台山的生态平衡，使这些鸟类数量骤减，甚至成了珍稀之物，连麻雀数量也减少很多。

许多新的动物种类被广泛地引进养殖。原来云台山区只有老淮猪养殖。中华人民共和国成立后引进了国外的约克夏、长白猪、杜洛克、斯格猪和国内的二花脸、荣昌猪等猪种，海子水牛、抗旱王、西门塔尔、秦川牛、丹麦黑白花奶牛及中国黑白花奶牛等牛种；良种青山羊、奶山羊、大尾寒羊、小尾寒羊、细毛羊、美利奴羊等，良种AA鸡、白洛克、红波罗、罗斯、来航、星杂、海赛克斯等鸡种；引进良种鸭、鹅有高邮鸭、康火尔鸭、狄高鸭、樱桃谷鸭、白鹅、雁鹅、狮头鹅等，中国白兔、日本大耳兔，西德长毛兔、新西兰兔、加利福尼亚兔、亚美尼亚兔等兔种；引进良种貂有示准貂、日本豺貂，以及意大利蜂、七彩山鸡、鹌鹑、美国落地王鸽、蓝狐、蛇、海狸狐等珍稀畜禽品种和珍稀养殖动物品种。20世纪80年代以后陆续引进日本车虾、斑节对虾、罗氏沼虾、螯虾等；淡水鱼引进建鲤、太平洋牡蛎、鲍鱼等，丰富了连云港市的动物资源种类。

四、矿藏

连云港市的矿藏资源主要为非金属石矿，水晶和地热资源闻名省内外，其水晶储量和开采量均居全国第一。蛇纹石、磷、云母、蛭石、大理石、石榴红宝石和榴辉岩系列矿藏储量均居江苏省第一；蓝晶石、硅石资源总量居全省第二；花岗石、瓷石、玄武岩和建筑用砂等资源也具有区域优势。至2005年底，连云港市共发现矿藏103处，矿藏41种，其中，非金属矿藏32种、金属矿藏6种、液体矿藏3种。已获开发的矿藏24种，其中，非金属矿藏18种、金属矿藏3种、液体矿藏3种。

金红石 矿产名称为钛矿。境内金红石矿分为原生矿和砂矿2种。原生矿以东海县安峰乡毛北岩体原生金红石矿为最大，赣榆县门河堰水房金红石矿次之，均为大型矿区，资源量分别为313万吨和200万吨，平均品位分别为2.17%和2.20%。砂矿主要分布在东海县的唐庄、蒋庄、陆湖、安峰、青龙山、朱沟等处，为中小型矿床，以东海县唐庄金红石砂矿较大，资源量为10万吨，平均品位2.98%；东海县安峰金红石砂矿资源量为7.1万吨，平均品位2.36%；均为单一矿产，总储量为全省第一，均未开采利用。

铁矿 境内矿点为小型矿床，主要分布在东海县的芝麻坊、许沟、西印庄及赣榆县的黑林等地，估算储量29万吨。

多金属 境内的锦屏山和赣榆县的车辐山一带有多金属矿化点，主要金属有铅、锌，并伴生有锰、铜、银、镉、铍等金属元素。锦屏山紫竹林附近有铅锌锰矿多金属矿点，1918年曾进行过工业开采，但因品位低、储量小而停开。经地质勘察，该处储有铅962吨、锌752吨。

铜 东海县小桃林、赵小庄、小贤庄等地有铜矿矿化点，但品位较低，矿点分散。

金 境内金矿矿点有3处。东海羽山西南坡金矿点赋存于破碎蚀变带内，围绕山体周围水系分布，离山体近则含量高，远则低，含金量为每立方米0.07～0.26克，砂金粒度为每粒0.88～0.01毫米，一般为每粒0.1～0.3毫米。花崖头金矿点分布在赣榆县马站乡花崖头村境内，为残坡积砂矿，富集区面积0.2平方千米，矿层厚度0.3～0.6米，品位一般为每立方米0.06～0.19克，最高为每立方米0.44克，单个金粒为0.1～0.35毫米。另外在赣榆县石桥村北河流中也有少量砂金赋存。

稀土金属 赣榆县柘汪乡有稀土金属矿赋存，储量C1级铈83.21吨、钇41.61吨，C2级铈116.08吨、钇58.02吨。已开采铈38.62吨、钇19.31吨。

图2-21 1958年出土的东海“水晶大王” 侍志 摄

水晶 主要分布于东海县的池庄、陈集、朱沟、横沟、青湖、曹林、白石岭、张谷、牛山、房山、柘塘、红土山、八湖、马小埠一带及赣榆县的大岭、沙河、欢墩、门河、石桥等乡镇。全市水晶呈两个矿带：小官庄—朱沟—横沟—树墩—大岭为北矿带，范围较窄小，石英脉的含晶率较低，单个晶洞矿体也较小；陈集—团池—曹林、柘塘—南榴—八湖—红土山—董马庄—马小埠一线为南矿带，矿点多，矿体大，为主要产区。1958

年房山公社出产单晶重3.5吨的“水晶王”、1982年驼峰乡南榴村出产2.1吨的“水晶二王”、1995年曹林出产的1.98吨大水晶等，均出自南矿带。

根据水晶石英收购量进行统计分析，估算出境内水晶总储量为25.5万吨，按10%为可采资源计算储量约2.6万吨，储量及开采量均占全国总量的三分之二。2003年，东海县被中国工艺美术协会授予“中国水晶之都”称号。

磷 连云港市是中国北方最大的磷矿产地。含磷地层为海州群锦屏含磷组，矿体形态呈层状、似层状、透镜状，产于大理岩、云母片岩中，与围岩呈过渡关系，称为“海州式磷矿”。分布在海州至大浦一带，有矿产地5处，均为中型矿床，其中以西山矿体最大，长200～800米，延深550米，厚度5～35米，平均厚度23米。矿石类型主要有细粒磷灰岩、磷灰石云母片岩及锰磷矿岩，五氧化二磷品位13.22%～24.18%，最高29.82%。至2005年底，全市有锦屏磷矿和大浦磷矿两家采矿企业，均为化工原料矿。锦屏磷矿投产于民国8年（1919年），为中国最早开采的磷矿。1992年最高年产量200万吨，2005年改制成立锦屏矿业有限公司。大浦磷矿建于1971年，最高年产量50万吨，2005年生产磷矿石15万吨。

蛇纹石 蛇纹石是连云港市境内优势矿产之一，已探明储量13亿吨。已查明的特大型矿区2处，即赣榆岗尚蛇纹石矿和赣榆丁庄蛇纹石矿；大矿区1处，即东海县许沟蛇纹石矿；中型矿区2处，即赣榆县牛王山蛇纹石矿和东海县陈集蛇纹石矿。多处矿区已开采。

云母 东海县是江苏省云母的唯一产地。青龙山、陆湖两处云母矿发现于清同治五年（1866年），曾被上海人张寿西及其后人开采，民国28年（1939年）停采。1957～1960年，江苏省地质局苏北地质队对境内云母矿进行普查评价，相继发现池庄、埠后、黄树、双店等地矿点，储量634.1万吨。后来陆续对陆湖、青龙山、埠后，池庄等中型矿床进行露天开采。

图 2-22 赣榆班庄雪花白大理石矿 赵鸣 摄于1989年

大理石 连云港市大理岩主要为白云石大理岩，分布在东海县双店乡的范庄至三铺、山左口乡吴庄、黄川镇张埠墩、李埝乡黑豆涧，赣榆县班庄镇三清阁、泉子坡、吴沟、刘闫庄、秦山岛及马站等处。其中，大型矿床2处、中型矿床1处，其余为小型矿床。东海县三铺大理石矿始开采于20世纪70年代。赣榆县于80年代成立赣榆县大理石厂、班飞石材加工厂。全市大理石储量5.8亿吨，主要品种有斑灰、斑绿、黄、雪花白等。其中雪花白储量占总储量的70%，其主要成分为白云石、方解石、透闪石、透辉石、石英、滑石等，洁白细腻，具有雪花斑点，入选国家石材样品库，定名为“雪晶王”，编号057。

花岗岩 主要分布在赣榆县大吴山、抗日山、徐山、夹山、芦山，东海县桃林、李埝、莲子湾、罗庄、房山，灌云县伊芦山、大伊山、小伊山等处。经勘察有矿产地24处，其中大型矿床23处，中小型矿床多处，总储量206亿立方米。品种有大芦花、小芦花、芦山红、狼山黑、夹山绿等，块大、色美、质细、硬度大。开采历史悠久，东海房山、灌云小伊山等处100年前就采石制磨制碾加工石槽、石臼等；现代开采以赣榆县班庄三清阁大理石厂开采利用较有深度，1984年组建的赣赣榆县花岗石厂、1987年组建的班飞石材加工厂，年生产石料板材4万多平方米，加工的石灯笼还销售日本等地。

硅石 连云港市为全国重要的硅工业基地之一。境内硅石有石英岩和脉石英两种。石英岩分布在赣榆县大岭、班庄、沙河、墩尚、罗阳、秦山岛等地，脉石英主要分布在东海县境内。依其赋存状态又分为原生矿和次生碎石砂矿及地下含水古砂层。含水古砂层主要分布鲁兰河畔及安峰山至平明山之间，储量14.4亿吨。脉石英和水晶的关系呈“母子”关系，分布特点与水晶相似。全市硅石储量8.2亿吨，可满足高、中、低档各类硅系列产品的质量要求，其储量、质量均居国内之首。丰富的硅资源为硅工业的发展提供了雄厚的物质基础，全市建有石英加工厂50多家、以硅石为原料的加工厂90多家。

图2-23 东海石英 吉志强 摄于2005年

红色岩 红色岩矿分为红色砂岩和页岩。分布于东海县石埠—桃林—山左口的马陵山地带，出露长度20余千米，宽2～4千米，厚0～2千米，抗压强度每平方厘米800千克，抗折强度每平方厘米45千克，易加工，成材性好，可作陶质黏土原料。

蛭石 似层状矿体，多为伴生矿。主要分布于东海县安峰乡毛北、白塔埠镇埠后、青湖镇青庄、横沟乡小李庄、洪庄乡朱官庄、李埝乡小官庄、温泉镇朱沟等7处。已查明3处矿体，总储量49.2万吨，其中，埠后蛭石矿32.7万吨、毛北蛭石矿15.7万吨、青庄蛭石矿0.8万吨，均已开采。埠后和毛北矿体较大，伴生磷灰石和黑云母，但片度小，膨胀率不高，质量较差。青庄矿体品位较高，伴生石英，品位每立方米1580千克。产品大部分以原矿外销，少部分烧制蛭石砖、蛭石粉等保温隔热材料。

瓷石 境内瓷石总储量2.9亿吨，主要分布在赣榆县的夹山、徐山、金山、石桥、马站一线和东海县李埝乡石寨、双店乡季岭至温泉镇羽山一带。主要矿物成分为长石及石英，含量在95%以上。矿物颗粒细小，可见石英斑晶，呈致密块状结构。仅有赣榆王集瓷石矿一处小矿获开采，年产量5300吨。

玄武岩 境内玄武岩总储量50亿立方米，主要分布在东海县安峰山和平明山，厚度50米，均为大型矿床。安峰山出露面积10平方千米，体积5亿立方米；平明山出露面积1.2平方千米，体积0.8亿立方米。呈黑、灰黑色，致密块状结构，具气孔杏仁状结构，发育有六方柱状节理。两处矿床均已开采，年采获量120万立方米。虽可生产加工为岩棉等高等建筑轻质材料和保温材料，但限于技术水平仅能生产石子、石块，用于建筑、公路、水利工程建设。

砖瓦黏土 黏土在连云港市各县区广大平原及部分山间洼地、丘陵边缘地带多有分布。其中，湖沼相灰黑色亚黏土分布在东、中部平原区及中、西部波状平原区；残坡积棕红、灰黄色亚黏土分布在西部岗岭地区的缓坡或顶部以及丘陵边缘地带。这些黏土均能烧制砖瓦，有些可作保温隔热材料。山脚黄土及中西部丘陵区的中灰黄、淡红色黏土甚至可作水泥用黏土。全市开发黏土矿床最多时达250处，2005年底尚存75处，是年开采量373万吨，生产红砖9.6亿块。

黄砂 黄砂是主要的建筑材料，有河砂、海砂、贝壳砂之分。河砂主要分布在赣榆县和东海县的古、近代河床内，海砂分布在赣榆县、连云区的海岸处，贝壳砂分布在市区及灌云县的海岸处。总储量32亿立方米，其中东海县占三分之二，最厚砂层达20米。2005年，全市有黄砂生产企业3家，年开采量72.5万吨。

石榴子石 该类矿物面广量大，有石榴红宝石、石榴子绿辉石（硬玉）、石榴子透辉石（软玉）等，伴生于超基性岩体中，主要分布在东海县房山镇芝麻、林疃、安峰乡汤庄、蔡湖、大椡、阜塘及赣榆县门河、大岭、厉庄、柘汪、马站等近百处。石榴红宝石储量9.17吨，石榴子绿辉石储量4亿吨。石榴红宝石于20世纪80年代开采，共获残坡积型单晶粒矿物1000多千克。虽然储量可观，质量上乘，但粒度偏小，影响其经济价值。从总体看，境内石榴子石因矿点多，储量丰、品种多，具开发利用价值。

蓝晶石 蓝晶石属于无水高硅酸盐矿物，在高温条件下膨胀，冷却后不收缩，并在高温1100℃～1480℃的条件下变成富铝红柱石（莫来石），体积膨胀系数为16%～18%，是高级耐火材料。其矿点分布在东海县虎山、陆湖、池庄、王庄，赣榆县大岭及市区猴嘴山头等处，均为小型矿床，储量20多万吨。王庄矿体最大，为13.6万吨。东海县虎山蓝晶石矿储量1.17万吨，已获开采利用，品位16%～25%，为单一矿种矿点。

含钾岩石 多为伴生矿，易与蛇纹石、混合岩共生，其矿石为钾长石。境内矿点众多，主要分布在赣榆县黑林、岗尚，东海县许沟、李埝、代相、芝麻等处，是生产钙镁磷钾肥的原料。赣榆岗尚矿床已获开采，2005年产量1万吨。

陶土 矿产名称为陶瓷黏土，主要成分为二氧化硅和三氧化二铝，含量分别为60%和20%左右。已发现矿区有赣榆县徐山、班庄、欢墩陶土矿以及灌云县龙苴陶土矿。徐山陶土矿已获开采。1992年，香港域洋国际有限公司为开发灌云县陡沟红泥陶土，投资85万美元成立连云港域洋新型材料有限公司，年产新型建筑材料500吨，其中70%外销。

建筑石料 主要有混合花岗岩、混合片麻岩等多种岩石，分布于云台山、羽山、房山、吴山、夹山、徐山、大伊山、伊芦山等大小山体，可作为建筑用材、建港抛填、筑路修桥之原料，总储量达400多亿吨，是境内数量最大、开采历史最长的一个矿种。2005年，全市已开采矿山152处，占矿山总数的49%，其中市区92处；为港口码头建设、东部城区及出口加工区提供回填石料2400万吨。

泥炭 全市有泥炭矿产地9处，总储量599.2万吨，有机质平均品位50%。其中，大型矿床2处，灌南县刘元矿储量420万吨，赣榆县朱堵矿储量112.5万吨；中型矿床2处，灌云县东辛矿床储量21.7万吨，灌南县大于庄矿储量22.5万吨；小型矿床有赣榆县大树、新浦区山东庄和山北、灌云县费庄等矿床。开发前景良好。

第九节　自然灾害

连云港市地处沿海，地形地貌复杂，地质灾害主要有崩塌、滑坡、地面塌陷、泥石流、海岸坍塌、海岸决堤、土地次生盐渍化等，是江苏省三大地质灾害易发区之一。市境地理位置处于中纬度，为南北气候的交汇地带，受季风影响较为明显，常常因异常天气造成干旱、雨涝、风灾等气象灾害和生物灾害，给经济建设和人民生命财产造成损失。

一、气象灾害

干旱 1988年1月5日至2月22日连续49天无降水，10月25日至12月7日连续44天无降水，严重影响冬小麦生长。

1992年5月25日至7月8日，干旱持续44天，其间降水量13.3毫米，仅占常年同期的7.2%。市区唯一水源蔷薇河水位急剧下降，主河道水位比控制水位1.5米还低0.25米，为20年来所罕见。

1994年5～9月干旱，全市大中型水库储水量锐减，沟河水位急剧下降，东海县、赣榆县岗岭地区大、中、小沟及水库大部分干涸见底。21.9万公顷农作物不同程度受灾，绝收面积1.3万公顷。

1995年10月4日至12月21日连续78天无降水，为1950年有记录以来同期最少，是50年来最严重的秋旱连冬旱。17.3万公顷“三麦”遭受不同程度旱灾，0.8万公顷“三麦”枯死，6万多公顷三麦无法抗旱濒临枯萎。森林火险等级居高不下，11～12月共发生森林火警7起，过火面积8公顷，损失木材6万立方米，经济损失4万元。

1997年8月下旬至10月底，降水16毫米，较常年同期偏少9成多，严重影响秋收秋种，导致1万公顷小麦无法播种。

2001年12月11日至翌年2月20日连续72天仅有0.2毫米降水量，形成严重冬旱。

雨涝 1985年9月1日，连云区出现百年罕见特大暴雨，降水量597.6毫米。山高坡陡，雨大势急，形成山洪，冲垮水库、铁路、公路，港口物资被淹，房屋倒塌，造成4人死亡4人受伤，农作物受灾面积710公顷，经济损失1000万元。

1986年6月12日，全市出现大风和暴雨天气，瞬时最大风力10级。农作物受灾面积7330公顷、绝收面积200公顷，房屋损坏4000间、倒塌750间。

1989年6月7～15日，全市出现连阴雨天气，累计降水量226.8毫米，其中7日降水量103.3毫米。农作物受灾面积7.1万公顷，房屋损坏2400间、倒塌1159间。

1990年8月3～6日，全市出现暴雨。其中赣榆特大暴雨，全县在田农作物受淹2300公顷，成灾面积1000公顷，房屋进水45369户、倒塌5415间，死亡2人、伤119人，牲畜伤亡5369头，损坏涵洞、桥梁393座，冲毁河堤17602米、道路202千米，直接经济损失3003万元。

1993年8月5日，全市降水量达到169.6毫米，造成经济损失2.6亿元。

2000年8月28～31日，连云港市连降暴雨到特大暴雨，全市平均雨量达405.3毫米。其中，灌南县总降水量达503.9毫米，5个乡镇降水量超600毫米，长茂镇降水量达812.2毫米，降水强度创连云港市历史极值。全市80%农作物受灾，大多数企业停产，农作物受灾面积31万公顷，成灾25万公顷，损坏房屋7.5万多间，有800多家工矿、企业进水，400万人受洪水围困，7人死亡，1人失踪。此次特大洪涝灾害共造成全市直接经济损失27亿元。

2001年7月21日至8月1日，连续12天降雨，累计降水量268.8毫米，部分农作物受淹，灌云县、灌南县棉花受灾3.3万公顷，倒塌、损坏房屋1630户3855间，直接经济损失3.4亿元。

2003年6～8月出现连续暴雨天气，累计降水量市区824.8毫米，东海县897.7毫米，赣榆县785.9毫米，灌云县1195.3毫米，灌南县1099.9毫米。连续降水，加之上游客水压境，形成外洪、内涝双重影响，全市大部分地区受灾严重，农业直接经济损失6.91亿元。全市受灾人口224.02万人，成灾人口153.31万人；农作物受灾面积17.38万公顷，成灾面积12.06万公顷，绝收3.14万公顷；倒塌房屋7081间，损坏房屋10287间，紧急转移安置人口4057人；漫溢鱼虾塘0.25万公顷，损失鱼虾3562吨；刮断树木21.3万株。

2005年7月10日早晨至夜间，市区、东海、灌云、灌南等地出现暴雨。市区10日5时至11日5时24小时降水量128.6毫米，低洼地区积水较深，最深处达50～60厘米，部分民宅和厂房进水。东海县中南部的石湖、曲阳等乡镇部分农田被淹，低洼处房屋积水。

2005年7月31日晨至8月1日晨，全市暴雨到大暴雨，雨量100毫米以上，东海县房山镇最大雨量达254.8毫米。全市受灾人口129.66万人，成灾人口98.58万人；农作物受灾面积10.86万公顷，成灾面积6.33万公顷，绝收面积0.26万公顷；倒塌房屋888间，受淹企业16家；损失粮食715吨，漫溢鱼塘6440公顷，损失鱼6438吨，倒断树木1500棵。造成直接经济损失5.1亿元，其中农业直接经济损失4.73亿元。

冰雹 1984年5月28日15时15分至17时20分，全市各地先后遭受冰雹和暴雨袭击，最大冰雹似拳头大小，一般如板栗。宁海、东辛等乡麦田积累冰雹三寸多厚，每平方市尺积雹3.25千克，砸死飞鸟无数。降雹同时还伴有暴风雨，风力7～8级，阵风10级。受灾农田1.7万公顷，损坏房屋1万多间，倒塌房屋900多间，砸死鸡鸭约10万羽，造成经济损失6000万元以上。

1993年6月24日下午1时20～45分，赣榆县西起厉庄东至海头7个乡镇遭受大风和冰雹袭击，最大风力10级，徐福、龙河等乡镇降雹持续时间30分钟，直径约30～40毫米，积雹最厚达25厘米。造成农作物受灾9000多公顷，其中4000多公顷绝收，果园60%～70%果树折枝落果，损坏房屋1.2万间，砸死砸伤牲畜家禽5.6万头（羽），刮倒电线杆40根，损害供电线路2460米，直接经济损失9000多万元。

1997年6月3日6时30分至7时15分，东海县中、西部地区9个乡镇遭受冰雹和雷雨大风袭击，冰雹一般直径3厘米，最大直径6厘米，降雹最长时间约45分钟。造成6700公顷农作物受灾，砸死家禽1.5万余羽，损坏民房350间，刮断树木200棵，直接经济损失1500余万元。

2002年5月26日16时15分至27日1时，市境自北向南先后出现雷雨、大风、冰雹等强对流天气，市区最大风力达9级，瞬时风速每秒24米，赣榆县、灌云县、灌南县冰雹直径9毫米以上。全市受灾人口135.5万人，农作物受灾面积9.7万公顷，倒断树木53580棵，刮断电杆438根，倒塌房屋756间，刮坏蔬菜大棚1543个，造成1人死亡11人受伤。灾害造成直接经济损失1.96亿元。

2003年7月19日15时20分至16时30分，灌南县李集、六塘、孟兴庄、新安镇等乡镇遭受雷雨、强风和冰雹袭击。冰雹最大直径30毫米，持续时间10分钟，最大风力达12级。造成7个乡镇30条供电线路全部瘫痪，损毁高低压供电线路200余千米，损坏变压器121台。受灾人口17.3万人，受灾农作物8400公顷，直接经济损失9200万元。

2005年4月25日15时28分到17时30分，新浦区、赣榆县、灌云县、灌南县先后出现冰雹、雷雨大风，降雹时间一般5～15分钟，冰雹最大直径10毫米，造成1人死亡10人受伤，农作物受灾面积1500公顷，损坏房屋91间，造成经济损失3845万元。6月14日18时40分开始，新浦区、海州区和赣榆县、东海县、灌云县、灌南县先后出现雷雨、大风天气，其中赣榆县、东海县出现冰雹，冰雹最大直径20毫米。赣榆县柘汪、欢墩等镇1200公顷农作物被砸，1500棵树被风刮断，造成经济损失约1000万元。东海县青湖、横沟、牛山、安峰、曲阳、房山、东海农场、张湾、平明出现冰雹，最大冰雹直径4毫米左右；安峰镇一农民因电线被大风刮断触电而死亡，教育电视台128米高发射塔被大风刮倒，砸坏14间房屋，3人受伤；全县受伤87人，农作物受灾面积9854公顷，直接经济损失8975万元。6月18日19时开始，新浦区、海州区、赣榆县、东海县、灌云县、灌南县先后出现雷雨、大风天气，其中东海县和赣榆县部分乡镇出现冰雹，冰雹最大直径40毫米；赣榆县、东海县、灌南县有12个乡镇受灾。造成直接经济损失3160万元，其中农业损失2615万元。

台风 连云港市受台风直接影响较少，多以外围影响为主。1984～2005年间对全市产生较大影响的台风有8次。

1990年9月6～11日，受15号台风影响，灌南县倒塌房屋157间，6700公顷水稻、1300公顷棉花倒伏；10日受台风带来的暴雨大风影响，连云港港区附近6艘小船翻沉，造成3人死亡。

1996年8月1～2日，受第8号台风及海潮袭击，580米海堤被破坏，倒塌电灌站1座。

1997年8月18～19日，受台风“温妮”影响，市区降水量211.9毫米，瞬时风速每秒31.5米，受灾3.16万户11.06万人，农业受灾面积1万多公顷，损坏房屋13804间，倒塌房屋3963间，造成3人死亡。全市100多个工厂车间、仓库进水，40多家工厂短时间停产。刮断电话杆2402根，损坏通信电缆线40370米，刮断供电线70千米，直接经济损失4.48亿元。

2000年8月27～31日，受12号台风“派比安”影响，连云港市连降暴雨到特大暴雨，全市平均雨量达405.3毫米。全市80%农作物受灾，大多数企业停产，农作物受灾面积31万公顷，成灾25万公顷，损坏房屋7.5万多间，7人死亡，1人失踪。

2001年8月1日，受台风“桃芝”外围影响，全市日降水量102.4毫米，风力9级以上。

2004年8月13日夜至14日白天，受第14号台风“云娜”外围影响，沿海地区、东辛农场等地出现暴雨，并伴有雷暴。东辛农场24小时降水量达74.7毫米。

2005年8月6日，受9号台风“麦莎”外围影响，造成农作物大面积倒伏。9月12日，受15号台风“卡努”外围影响，连云港市普降大到暴雨，日降水量103毫米。

高温　1994年6～8月，出现高温天气19天，创全市夏季高温天气最多日数，7月2～5日连续高温，4日最高温达38.4℃。

2002年6～8月，出现高温天气12天，7月15日最高温度达40.2℃，比历史最高的1959年8月20日40.0℃高0.2℃，创历史新高。

2005年6～8月，出现高温天气12天。

酸雨　随着工业经济的发展，20世纪80年代后酸雨危害不断出现，对农、林、牧各业显现出不同程度的危害，其中，对渔业生产中淡水养殖危害最大。1984年以后，淡水鱼嗜水气单孢菌病害呈地域性发生，呈出血病症状，且无药可施。一旦发生，大鱼小鱼无一幸免，全部死亡。

其他气象灾害　连云港市还有干热风、春秋低温等气象灾害，发生概率分别为四年一遇、三年一遇。

二、生物灾害

病害　境内农作物病害有水稻纹枯病、条纹叶枯病、百叶枯病、稻瘟病、干尖线虫病、稻曲病、烂秧病、胡麻斑病、恶苗病，小麦白粉病、秆锈病、条锈病、叶锈病，黑穗病、纹枯病、赤霉病，玉米粗缩病、大小斑病，甘薯黑斑病、线虫病、棉花茎枯病，猝倒病、红腐病、角斑病、炭疽病、红粉病、黑果病、曲腐病，花生倒秧病，黄瓜霜霉病、白粉病、灰霉病、豆枯病、枯萎病、蔓枯病、白粉病、白斑病，番茄早疫病、溃疡病、青枯病，茄子绵疫病，辣椒绵腐病、叶枯病、白菜软腐病等。

林业病害有松梢枯病、松材线虫病，楸树根结线虫病、松苗豆枯病，杨树溃疡病、锈病、黑斑病，板栗胴枯病、茎枯病、疫病，苹果腐烂病、干腐病、轮纹病、花叶病、锈果病、小叶病、果缩病、早期落叶病、白粉病、炭疽病、白粉病，梨黑星病、锈病、轮纹病，葡萄霜霉病、白粉病，灰霉病、白腐病，柿角斑病，枣锈病，石榴干腐病，桃细菌性穿孔病、根瘟病等。

畜禽病害有猪瘟、猪蓝耳病、猪丹毒、败血性链球菌病、猪气喘病、仔猪副伤寒、猪水肿病、猪附红细胞体病、口蹄疫，鸡新城疫、传染性法氏囊病、传染性支气管炎、脑脊髓炎，雏鸭病毒性肝炎，小鹅瘟，牛羊蓝舍病，兔瘟，狂犬病等。

鱼类病害有1990年发生的对虾弧菌病，致全市2000多公顷养殖东方对虾失收。淡水养殖中的嗜水气单孢菌病，20世纪80年代在市境初发，其后经常发生，规模不等。一旦发生，便会给渔民造成严重损失。

虫害　农作物虫害有蝗虫、稻纵卷叶螟、稻飞虱、大螟、二化螟、三化螟、稻粘虫、稻蓟马、稻叶蝉、稻蝗、卷粘虫、卷蜘蛛、卷蚜虫、小卷灰飞虱，玉米螟、玉米粘虫、蝼蛄、蛴螬、金针虫、地老虎，棉铃虫、棉蚜、红蜘蛛、棉花盲蝽蟓、棉花红蛉虫，蓟马、小造桥虫，蚜虫、菜粉蝶、菜蛾、甘蓝夜蛾、斜纹夜蛾、菜螟、黄曲条跳甲、菜叶蜂、菜蝽蟓，28星瓢虫、白粉虱、烟粉虱、茶黄螨、豆荚螟，豌豆潜蝇，大豆造桥虫、大豆食心虫等。

林业虫害有赤松毛虫、日本松干蚧、草履蚧、杨扇舟蛾、杨小舟蛾、天牛、刺蛾、板栗瘿蜂、栗链蚧、食心虫等。

畜禽寄生虫病有牛锥虫病、猪蛔虫病、鸡球虫病等。

草害　市境农田杂草共443种，分属66个科。其中分布广、数量多、危害较大的约25种。水田主要杂草有稗草、千金子、异型莎草、鸭舌草、野慈菇、耳叶水苋、节节草、牛毛草、荆三棱、矮慈菇、眼子菜、鲤肠、莎草、水葱等，旱田主要杂草有看麦娘、硬草、网草、荠菜、播娘蒿、猪殃殃、巢菜、王不留行、小旋花、小蓟、灰菜、狗尾草、蟋蟀草、苍耳、红蓼、旱稗等。

据20世纪80年代中期调查统计，东海县中东部、赣榆县中南部地区麦田中的看麦娘，海州区、云台区麦田中的硬草密度，一般田块每平方米约100株，高的田块每平方米2000株左右。80年代后期，实行农田无草害工程，农田草害有所降低。1990年，全市杂草发生面积32.5万公顷，其中稻田9.4万公顷、麦田14.5万公顷、玉米2.6万公顷、大豆2.3万公顷、棉田1.1万公顷、油料2.7万公顷。2005年境内麦田杂草中等偏重发生，局部田块重发生，全市发生18.1万公顷（包括混发田）；稻田杂草中等发生，其中秧田发生面积1.5万公顷、大田发生面积8万公顷；棉田杂草中等发生，发生面积为2.4万公顷。

20世纪80年代后期，连云港市港口粮食及农副产品进口量增大，传入世界十大恶性杂草之一的假高粱。自1987年在铁路沿线发现该草后，农业部门每年都组织大量人力（检疫人员）、物力、财力调查和防除。至2005年底，未发现假高粱进入农田。

21世纪初，国际、国内地区间农产品调运频繁，加拿大一枝黄花传入连云港市，2004年局部地区零星发现，2005年发生面积（折实面积）为30万平方米，通过采用“耕、拔、除”综合防除措施，有效地控制了扩展与蔓延。

鼠害　20世纪80年代初期，连云港市农田害鼠数量猛增，常见的种类有黑线姬鼠、黑线仓鼠、褐家鼠、小家鼠、板齿鼠、小巢鼠，其中以黑线姬鼠、黑线仓鼠为主。1980～1989年，赣榆县年均发生农田鼠害约2.7万公顷。花生田受害最重，一般鼠害率约为20%左右，重的达50%以上；其次为玉米、大豆、甘薯田；水稻田受害较轻。1984年，赣榆县实施“春普治、夏挑治、冬专治”措施，推广规模灭鼠技术，1985年开展统一行动防治田鼠，年防治面积1万～2万公顷，至1990年赣榆县田鼠密度已由1985年的12%降至4%。20世纪90年代末至21世纪初，全国推广毒饵站代替裸体投药，同时推广使用氯敌鼠钠盐、溴鼠灵等高效安全的抗凝血类杀鼠剂，防治效果进一步提高。2004年，全市防治面积为10万公顷，2005年为7万公顷。

三、地质灾害

滑坡　自20世纪50年代至2005年，全市发生滑坡83处，滑坡总体积580.99万立方米。其中，大型2处，中型7处，小型74处；采矿、修路切坡及爆破震动导致的岩质滑坡18处，因建房切坡、斜坡上开荒毁林类的土质滑坡65处。滑坡主要分布在云台山、大伊山、棺材山及西陬山等处。

滑坡发生于云台山的有81处，占总数的97.59%。滑坡发生的形态特征明显，在18处岩质滑坡中有16处滑动面为绿片岩夹层、2处为构造裂隙；65处土质滑坡中有64处的滑动面为基岩面。另外，修筑进山道路或建设工程也会造成滑坡。1993年，连岛乡水岛一组山坡土体发生滑坡，2000年8月，滑坡复活。1997年7月，云台乡虎窝村龙爪沟源头发生小型土质滑坡、沟溪堵塞，在强山洪作用下发展为小型泥石流，造成6人死亡，3 人受伤。1999年，高公岛西山村斜坡土体开始沿基岩面蠕动，2000年8月31日，暴雨后发生滑坡。2000年8月，云台乡黄崖村发生土体滑坡。2000年8月28日，云台乡西山村桃园一组山坡土体发生滑坡，滑坡体上的19户民房大部分被毁。2000年8月31日，东磊村发生4处滑坡。2001年4月和7月凤凰山两次滑坡。2001年7月，中云乡金苏村西南山坡发生土体滑坡，2003年8月再次发生滑坡；2001年7月，孔望山北坡索道下土体发生滑坡，2002年8月两次滑动。2001年8月，云台乡凌州村西北山体发生岩质滑坡，2005年初又发生崩塌。2001年，灌云县棺材山发生崩塌，砸死2人、伤3人；2003年5月，该处滑坡致4人死亡。2003年7月，云台乡东磊村大塘湾一组山坡发生滑坡。2005年5月，东磊风景区云角湾发生山坡岩体滑坡。

1955～2005年连云港市滑坡灾害统计表

表2-24

地点		数量(处)	面积(平方米)	体积(立方米)
新浦区	云台乡	31	88000	977250
	花果山乡	5	2000	12950
开发区	中云街道	14	116200	1357250
连云区	云山乡	4	91275	1357250
	连岛镇	5	1095	6375
	墟沟街道	7	1900	9350
连云区	高公岛乡	4	2800	16800
	宿城乡	7	9450	36900
	朝阳镇	3	1400	3500
海州区	锦屏镇	1	1250	12500
灌云县	伊山镇	1	150000	2016000
	东辛农场	1	375	3750
合计		83	465745	5809875

崩塌 境内崩塌分为坠落式和移动式，天然崩塌隐患区主要集中在云台山高危地段，崩塌灾害主要发生在人工采石宕口。境内有崩塌灾害点82处、隐患点51处，崩塌造成的经济损失占全市地质灾害总损失额的58.5%。

东海县是连云港市境内崩塌灾害点最多的地域，共38处，占全市的46%，主要分布在安峰山、房山和马陵山一带。赣榆县次之，有崩塌灾害点30处，占全市的37%，主要分布在刘山—抗日山、马山—夹谷山—祝其山、大小吴山、车辐山等处。灌云县有崩塌灾害点10处，分布在大伊山、伊芦山及西部岗岭地段；市区有崩塌灾害点4处，与采石宕口相比相对较少，但自然崩塌隐患区很多，成因主要为高差大，一般超过200米，山坡陡峭，坡度大于35度，主要分布在前云台山的西坡、后云台山的北坡、锦屏山西坡及连岛的北坡。崩塌灾害点主要分布在采石宕口，以连云区和开发区较为集中。严重的崩塌灾害为灌云县丕墩崩塌，地处大伊山北坡，最大一次崩塌体积超过5000立方米，先后造成10人死亡、多人受伤。

1955～2005年连云港市崩塌灾害统计表

表2-25

地　点		数量（处）	面积（平方米）	体积（立方米）
连云区	连云镇	1	10	10
	连岛镇	1	360	2150
	陶庵镇	1	10	10
开发区	中云街道	1	50	50
赣榆县	班庄乡	9	360	540
	塔山乡	7	225	340
	厉庄乡	6	800	1000
	黑林镇	4	560	700
	金山镇	2	58	700
	吴山园艺场	1	50	50
	抗日山园艺场	1	10	10
东海县	安峰乡	16	450	670
东海县	房山镇	3	100	120
	平明镇	2	50	50
	温泉镇	2	50	50
	双店镇	4	200	200
	桃林镇	3	60	120
	洪庄镇	2	50	100
	山左口乡	1	400	300
	南辰乡	1	100	100
	石湖镇	1	10	20
	石榴镇	1	10	20
	白塔埠镇	1	50	50
	石梁河镇	1	50	50
灌云县	伊山镇	3	300	6[illegible]0
	伊芦乡	3	100	350
	陡沟乡	2	50	50
	南岗乡	2	130	200
合　计		82	4653	86[illegible]0

地面塌陷 连云港市地面塌陷的形成主要是因地下采矿区形成空腔，护板岩体失去支撑后变形逐渐发展而成。全市地面塌陷有3处。20世纪70年代，锦屏磷矿东矿区和西矿区发生地面塌陷，塌陷形态为长弧形，长2100米、宽30～600米，面积分别为56.7万平方米和54.5万平方米，剖面形态近似三角形，地貌形态呈深浅不一的凹陷槽，一般在地槽外围岩体上发育有规模不等的地裂缝，长几十米至数百米不等，宽度最大180厘米，最小仅有几毫米。新浦磷矿的1处地面塌陷发生于1980年，当时开采深度不大，在疏排水过程中，引发上部淤泥粉沙涌入坑道，涌入量3400立方米，造成坑道淤塞，并出现地面塌陷地质灾害，面积为2.5万平方米。

软土地质灾害 连云港市沿海平原全新统海相淤泥、淤泥质黏土非常发育，大范围厚度超过10米，含水量高达40%～70%，孔隙比1～1.6，多呈流塑状态，具有高压缩性、低渗透性和高灵敏度特点，一旦遭受一定规模工程建设扰动，极易引发地面不均匀沉陷、侧向挤滑、基坑壁滑塌等地质灾害。20世纪70年代，东海县富安大桥因不均匀沉降而形成大桥垮塌。2000年，徐连高速公路东磊至大岛山4千米路段处于淤泥、淤泥质黏土发育地段，原先采取路堤施工，因不堪负荷，只得改为桥线方案重新施工，造成2000万元的经济损失。20世纪90年代修筑新墟公路东排淡河桥时，因不均匀沉陷使工程停顿达两年之久。

连云港市软土地质灾害易发区分布在柘汪—青口—新浦—新坝一线以东地区。可划分为高、中、低三类易发区，临洪河口三角洲沿海平原、徐圩镇至燕尾港镇一线以东的沿海平原两处为高易发区，面积485平方千米；青口至临洪河口三角洲顶部—南城—板浦—伊山—张店—大新集一线向西北为低易发区，面积212.7平方千米；两者之间为中易发区，面积2220平方千米。

地面沉降 地面沉降主要因为强烈开采承压孔隙水而诱发，表现为地面高程的丧失，属缓变型地质灾害。连云港市境内承压孔隙水强烈开采区仅局限于伊山—四队—徐圩以南地区。20世纪80年代以后，第二、三层承压水开采井数逐年增加，累计开采井数达411眼，其中灌云县155眼、灌南县256眼。年开采量1586万吨，其中灌云县461.5万吨、灌南县1124.5万吨。与南部盐城市地下水开采漏斗区已连成一片，水位降落漏斗覆盖整个开采区，水位普遍埋深在10～20米，中心区在新安—田楼—五队一带，最大水位埋深分别达到22.3米和21.8米，波及面积1500平方千米。开采区内有地面沉降发生，但程度轻微，最大沉降量没有超过200毫米，属于地面沉降易发区。在南岗—伊山—同兴—徐圩以及灌云、灌南地区约有2000平方千米的面积，有可能导致地面沉降地质灾害。

第二章 环境保护

20世纪80年代初，连云港市城乡工业兴起，企业“三废”（废水、废气、废渣）超标排放，餐饮娱乐服务业油烟、噪声污染扰民，环境污染问题日益严重。1980年2月，连云港市环境保护局（简称市环保局）成立，为市政府组成部门，下设环境管理科、计划治理科和市环境保护监测站。1986年3月成立连云港市环境保护科学研究所，与市环境保护监测站合署办公。90年代，环境保护被列为基本国策。1990年9月、1994年5月，连云港市先后成立排污监理站和环境保护宣传教育中心。由于工业和城市人口规模不断扩大，污染排放不断增加，环境状况改善有限。2000年后，市委、市政府从战略和全局高度，转变发展思路和发展方式，实施“碧海蓝天”工程，推行清洁生产，开展大气污染治理和水污染治理工作，加强环保制度建设，加大环保宣传力度和环境保护的投入，推动经济发展、城市建设和环境保护良性互动。2005年，全市环境质量综合指数86.6%，空气质量达国家二级标准，建成区绿化覆盖率37.1%，生活垃圾无害化处理率100%。开展国家环保模范城市创建工作，人居环境不断改善。

第一节　环境质量

一、大气环境

20世纪80年代，连云港市工业能源以煤为主，居民燃煤及冬季取暖用煤炭，对环境影响较大，特别是民用燃煤，污染物未经处理直接进入大气，增加了环境的污染负荷。此外，由于城市建设相对落后，城市绿化及森林覆盖率低，受城市建设、北方沙尘等因素所引起的浮尘和扬尘影响，市区空气污染负荷较高，空气污染类型为“煤烟型”污染。

1984～2005年连云港市燃料消耗量及大气污染量统计表

表2-26

年　份	燃料消耗		二氧化硫（吨）	氮氧化物（吨）	烟尘（吨）	工业粉尘（万吨）	一氧化碳（吨）
	煤（万吨）	石油（万吨）					
1984	95	—	22704	10074	27359	1.59	10405
1985	139	—	32667	11916	40885	6.50	—
1986	154	11.23	30540	10970	47470	2.17	10531
1987	151	13.44	35208	11627	39400	2.53	11002
1988	167	14.03	36478	12023	44102	2.21	—
1989	205	14.60	39561	—	40937	3.59	—
1990	266	19.33	43333	—	50857	2.90	—
1991	168	—	41520	—	29385	—	—
1992	296	—	70874	—	82202	—	—
1993	332	—	41760	—	17607	—	—
1994	331	—	79267	—	35942	—	—
1995	265	—	45145	—	12820	—	—
1996	305	—	56970	—	14059	0.22	—
1997	308	—	74219	—	23792	1.49	—
1998	305	—	60727	—	19833	1.44	—
1999	268	—	43930	—	18771	0.37	—
2000	265	—	43383	—	18953	0.35	—
2001	339	—	56296	—	18371	0.60	—

续表 2-26

年 份	燃料消耗		二氧化硫（吨）	氮氧化物（吨）	烟尘（吨）	工业粉尘（万吨）	一氧化碳（吨）
	煤（万吨）	石油（万吨）					
2002	361	—	52578	—	19114	0.59	—
2003	335	—	50434	—	18922	0.58	—
2004	349	—	49761	—	17815	0.47	—
2005	467	—	46146	16956	16504	0.47	—

1984～2005 年连云港市区污染物监测情况统计表

表 2-27

年 份	二氧化硫（毫克/立方米）	氮氧化物（毫克/立方米）	总悬浮微粒（毫克/立方米）	降尘（吨/平方千米·月）	硫酸盐化速率（毫克二氧化硫/100 平方厘米碱片·天）
1984	0.042	0.032	0.538	9.96	—
1985	0.026	0.026	0.520	8.83	—
1986	0.032	0.027	0.550	8.80	—
1987	0.045	0.016	0.640	10.30	—
1988	0.104	0.031	0.580	10.20	—
1989	0.066	0.100	0.560	11.20	—
1990	0.067	0.024	0.380	12.50	—
1991	0.049	0.024	0.243	7.55	—
1992	0.055	0.038	0.260	7.37	—
1993	0.011	0.018	0.192	4.72	0.42
1994	0.012	0.022	0.219	5.45	0.62
1995	0.024	0.026	0.244	5.68	0.55
1996	0.025	0.023	0.251	7.78	0.62
1997	0.030	0.026	0.198	6.71	0.53
1998	0.018	0.030	0.196	8.22	0.43
1999	0.018	0.032	0.182	6.78	0.34
2000	0.017	0.031	0.179	7.25	0.44
2001	0.032	0.019	0.119	8.21	0.31
2002	0.035	0.021	0.121	6.89	0.34
2003	0.041	0.016	0.095	6.20	0.20
2004	0.044	0.020	0.090	6.06	0.18
2005	0.049	0.025	0.097	5.74	0.17

1984～1990 年，市区大气环境质量低于国家二级标准，大气污染日趋严重，主要污染物中总悬浮微粒超过国家三级标准，二氧化硫污染呈发展趋势，氮氧化物年均值符合国家二级标准；降尘量于 1989 年、1990 年略有超标，市区局部地区工业废气污染较重，发生多次大气污染事故。

1991～1995年，连云港市大气中二氧化硫、氮氧化物、总悬浮微粒、降尘等主要污染物年、日平均浓度均达到国家二级标准，但仍属中度污染，市区工业生产能源、民用能源主要为煤炭，工业耗煤量呈递增趋势，由于没有脱硫措施，造成市区大气环境中二氧化硫浓度逐年上升。主要污染物为含硫化合物，其次为烟尘。

1996～2000年，连云港市加大空气环境管理力度，随着环境综合整治、烟尘控制区建设和城市气化率、清洁能源使用率、区域采暖集中供暖率的提高，各种污染治理措施有力，市区空气中二氧化硫、总悬浮颗粒物浓度逐年下降。2000年，市区二氧化硫达国家一级环境质量标准，总悬浮颗粒物达到国家二级标准，城市环境综合整治取得阶段性成果。

2001～2005年，连云港市实施“碧海蓝天”工程，市区可吸入颗粒物浓度呈逐年下降趋势，2003～2005年，市区可吸入颗粒物年均值达国家二级标准。尽管居民生活用煤增加、市区车流量增多，大气中二氧化硫、二氧化氮浓度逐年上升，但年均值均符合相应功能区国家标准。

由于连云港市属北方取暖型城市，冬季气温较低，工业生产和居民取暖耗煤量较大，所以冬季污染负荷较高，二氧化硫、二氧化氮污染较重；夏季气温较高，降雨量较集中，污染物浓度较低。连云港市大气质量季节性特征明显，以夏季最好，冬季最差，各季节空气污染从高到低顺序为：冬季、春季、秋季、夏季。

受降水分布、沙尘暴出现频率和时间以及局地建筑扬尘等因素制约，可吸入颗粒物各年度在季节分布上规律性不强。随着全国环境治理的逐步展开，二氧化硫及酸雨控制区的建设，大气中二氧化硫排放量逐年减少，连云港市酸雨频率、危害程度呈下降趋势。1984～2005年，酸雨pH极值出现在1996年，为3.66；1992年酸雨频次达最大值51.43%。

1984～2005年连云港市区酸雨监测情况统计表

表2-28

年份	采雨次数（次）	酸雨次数（次）	降水pH范围（或最小值）	酸雨pH均值	酸雨频次（%）
1984	68	8	4.27～5.59	—	11.76
1985	53	8	4.85～5.59	—	15.09
1986	62	3	4.76～8.92	6.68	4.84
1987	85	19	4.75～7.74	5.65	22.35
1988	59	21	4.27～7.38	5.08	35.59
1989	112	41	3.95～7.62	5.12	36.61
1990	104	15	4.60～7.60	5.82	14.42
1991	30	8	3.97～7.15	4.26	26.67
1992	35	18	4.02～7.83	5.07	51.43
1993	60	13	4.13～7.59	4.65	21.67
1994	71	19	2.72～8.10	3.53	26.76
1995	68	26	3.58～6.87	4.45	38.24
1996	70	35	3.66	4.80	50.00
1997	62	13	3.99	5.28	20.97
1998	84	25	3.78	5.17	29.76

续表2-28

年份	采雨次数（次）	酸雨次数（次）	降水pH范围（或最小值）	酸雨pH均值	酸雨频次（%）
1999	63	4	4.98	5.82	6.35
2000	97	1	5.34	6.39	1.03
2001	67	6	4.31	5.81	8.96
2002	52	5	5.02	5.94	9.62
2003	131	48	4.16	5.35	36.64
2004	84	11	4.32	6.12	13.10
2005	111	7	5.03	5.82	6.31

二、水环境

河流水环境质量 20世纪80年代，由于工业生产和城市建设的发展，连云港市工业和生活废水排放量逐年增大，尽管采取一系列管理、治理措施，但仍有相当量的超标废水携带化学需氧量、氨氮等有毒有害物质，排入龙尾河、大浦河、玉带河等水体，使地表水受到有机污染和水体富营养化，表现在高锰酸盐指数、生化需氧量、氨氮、总磷、石油类等测值超标现象严重。1986年以前，蔷薇河水质一直保持在二类水以内；1986年后，由于经常受到上游地区综合废水的污染，沿岸农田施用化肥量的增加、河中拦网养鱼以及通航等因素的影响，蔷薇河高锰酸盐指数、氨氮、总磷、生化需氧量、石油类等污染物浓度呈上升趋势。

1992年后，连云港市工业废水排放量呈逐年下降趋势，工业废水处理达标率接近100%。1995年，蔷薇河高锰酸盐指数和石油类100%超标，氨氮40%超标，总磷20%超标，生化需氧量60%超标，水质下降现象比较严重。1996～2000年实施蔷薇河送清水工程，蔷薇河水质得到较大改善。2000年起，连云港市开展水污染防治工作，建立健全淮河流域水污染防治工作机制，全面开展水环境综合整治工作，水环境质量不断恶化的趋势得到有效控制，地表水水质基本达到相应功能区标准。

随着社会经济的发展，城市规模不断扩大，城市人口不断增加，人均用水量、排水量有较大幅度增加，生活污水排放亦逐年上升，生活污水污染负荷增大。2005年，全市生活污水排放量9783万吨，为1985年的5.54倍。除高锰酸盐指数、总磷年均值超过二类水质标准外，其他各项污染物年均值满足二类标准。

表2-29

1985～2005年连云港市废水及主要污染物排放情况统计表

年份	工业废水排放量（万吨）	生活污水排放量（万吨）	化学需氧量（吨）	总汞（吨）	总镉（吨）	六价铬（吨）	总砷（吨）	总铅（吨）	挥发酚（吨）	氰化物（吨）	石油类（吨）	悬浮物（吨）	五日生化需氧量（吨）	硫化物（吨）	氨氮（吨）
1985	7456	1765	31189	0.14	—	1.16	21.84	18.05	20.27	26.10	142.86	—	—	—	—
1986	8464	1353	43446	0.14	0.37	0.58	26.41	3.23	17.70	22.11	96.63	—	—	—	—
1987	8123	1437	25823	0.02	0.25	0.71	28.33	1.63	10.86	69.72	38.82	—	—	—	—

续表 2-29

年份	工业废水排放量（万吨）	生活污水排放量（万吨）	化学需氧量（吨）	总汞（吨）	总镉（吨）	六价铬（吨）	总砷（吨）	总铅（吨）	挥发酚（吨）	氰化物（吨）	石油类（吨）	悬浮物（吨）	五日生化需氧量（吨）	硫化物（吨）	氨氮（吨）
1988	8358	1518	33809	0.02	0.39	1.82	53.04	0.35	11.37	6.51	18.60	—	—	—	—
1989	7984	1679	44103	—	0.21	1.03	57.11	0.18	14.02	11.13	6.57	—	—	—	—
1990	7358	1745	42937	—	—	0.26	43.75	0.03	15.99	17.98	100.00	23737	6056	—	—
1991	7944	1798	32405	—	—	0.10	21.78	0.02	21.21	8.73	0.49	21637	—	163	166.13
1992	8064	1841	21133	—	—	0.90	6.33	—	6.32	27.36	1.36	14178	—	145	823.72
1993	7379	1885	16878	—	—	0.66	6.43	0.08	10.27	23.59	1.46	100467	—	[illegible]51	437.92
1994	7061	1981	22929	—	—	0.95	9.36	—	10.20	32.09		22001	—	[illegible]64	735.45
1995	10183	2028	34292	—	—	—	—	—	5.67	18.59	12.13	18038	—	—	—
1996	6968	4403	22467	—	—	—	—	—	3.22	17.72	3.22	9968	—	—	—
1997	5509	4531	19116	—	—	—	—	—	2.35	10.33	2.35	13660	—	—	—
1998	5147	4614	8000	—	—	—	—	—	2.35	0.17	2.35	5229	—	—	—
1999	5118	4769	8076	—	—	—	—	—	0.70	0.16	0.70	5404	—	—	—
2000	4650	5859	7362	—	—	—	—	—	0.10	0.10	0.10	5093	—	—	—
2001	5765	5125	29878	—	—	—	—	—	0.09	0.05	0.13	—	—	—	1022.84
2002	5912	5804	29873	—	—	—	—	—	0.08	0.05	0.08	—	—	—	769.64
2003	5098	7009	28975	—	—	—	—	—	0.10	0.05	0.10	—	—	—	601.61
2004	4229	9310	35891	—	—	—	—	—	0.07	0.07	0.07	—	—	—	368.96
2005	4196	9783	36361	—	—	—	—	—	0.07	0.07	0.07	—	—	—	363.40

1984～2005年连云港市蔷薇河水质监测数据统计表

表 2-30

年份	溶解氧		高锰酸盐指数		氨氮		总磷		生化需氧量		石油类	
	均值（毫克/升）	超标倍数（倍）	均值（毫克/升）	超标倍数（倍）	均值（毫克/升）	超标倍数（倍）	均值（毫克/升）	超标倍数（倍）	均值（毫克/升）	超标倍数（倍）	均值（毫克/升）	超标倍数（倍）
1984	—	—	3.20	—	—	—	—	—	—	—	—	—
1985	7.94	—	3.49	—	0.52	0.04	—	—	—	—	0.09	0.80
1986	—	—	4.50	0.13	0.17	—	—	—	—	—	—	—
1987	7.03	—	4.10	0.03	0.27	—	0.05	—	2.05	—	0.23	3.60
1988	—	—	4.65	0.16	—	—	0.10	—	1.94	—	0.11	1.20
1989	7.37	—	4.62	0.16	0.29	—	0.06	—	2.00	—	0.15	2.00
1990	7.23	—	4.43	0.11	—	—	0.11	0.10	1.27	—	0.28	4.60
1991	—	—	4.90	0.23	0.50	—	0.11	0.10	2.00	—	0.23	3.60

续表 2-30

年份	溶解氧		高锰酸盐指数		氨氮		总磷		生化需氧量		石油类	
	均值（毫克/升）	超标倍数（倍）	均值（毫克/升）	超标倍数（倍）	均值（毫克/升）	超标倍数（倍）	均值（毫克/升）	超标倍数（倍）	均值（毫克/升）	超标倍数（倍）	均值（毫克/升）	超标倍数（倍）
1992	7.86	—	5.70	0.43	1.32	1.64	0.11	0.10	3.10	0.03	0.21	3.20
1993	8.50	—	5.80	0.45	1.64	2.28	0.07	—	3.30	0.10	0.26	4.20
1994	8.70	—	5.60	0.40	0.39	—	0.09	—	3.40	0.13	0.38	6.60
1995	9.70	—	5.90	0.48	0.96	0.92	0.07	—	3.00	—	0.21	3.20
1996	8.60	—	6.10	0.53	1.33	1.66	0.15	0.50	2.90	—	0.28	4.60
1997	8.50	—	5.20	0.30	0.33	—	0.15	0.50	2.50	—	0.04	—
1998	9.10	—	5.40	0.35	0.28	—	0.14	0.40	2.60	—	0.04	—
1999	9.00	—	4.87	0.22	0.54	0.08	0.09	—	2.92	—	0.04	—
2000	7.80	—	4.70	0.18	0.34	—	0.09	—	2.50	—	0.04	—
2001	8.70	—	4.50	0.13	0.14	—	0.08	—	1.90	—	0.04	—
2002	8.60	—	4.60	0.15	0.26	—	0.13	0.30	1.70	—	0.03	—
2003	8.70	—	4.30	0.08	0.24	—	0.20	1.00	1.90	—	0.02	—
2004	8.20	—	5.40	0.35	0.14	—	0.19	0.90	2.40	—	0.03	—
2005	7.30	—	5.10	0.28	0.32	—	0.16	0.60	2.60	—	0.03	—
评价标准（Ⅱ）	≥6		≤4		≤0.5		≤0.1		≤3		≤0.05	

1984～2005年连云港市龙尾河水质监测数据统计表

表 2-31

年份	溶解氧		高锰酸盐指数		氨氮		总磷		生化需氧量		石油类	
	均值（毫克/升）	超标倍数（倍）	均值（毫克/升）	超标倍数（倍）	均值（毫克/升）	超标倍数（倍）	均值（毫克/升）	超标倍数（倍）	均值（毫克/升）	超标倍数（倍）	均值（毫克/升）	超标倍数（倍）
1984	0.00	超标	32.0	1.13	8.55	3.28	—	—	—	—	0.64	—
1985	1.91	超标	78.9	4.26	50.40	24.20	—	—	—	—	0.86	—
1986	0.88	超标	62.1	3.14	12.87	5.44	—	—	—	—	1.68	0.68
1987	1.26	超标	50.4	2.36	16.24	7.12	—	—	110.4	10.40	2.31	1.31
1988	0.37	超标	39.5	1.63	11.07	4.54	1.05	1.63	90.9	8.09	1.67	0.67
1989	0.40	超标	54.4	2.63	16.40	7.20	1.20	2.00	327.0	31.70	1.94	0.94
1990	0.20	超标	154.7	9.31	16.43	7.22	1.62	3.05	97.5	8.75	3.05	2.05
1991	0.75	超标	37.4	1.49	27.31	12.66	2.32	4.80	103.9	9.39	2.88	1.88
1992	0.77	超标	42.8	1.85	31.72	14.86	2.17	4.43	79.1	6.91	1.84	0.84

续表 2-31

年份	溶解氧		高锰酸盐指数		氨氮		总磷		生化需氧量		石油类	
	均值（毫克/升）	超标倍数（倍）	均值（毫克/升）	超标倍数（倍）	均值（毫克/升）	超标倍数（倍）	均值（毫克/升）	超标倍数（倍）	均值（毫克/升）	超标倍数（倍）	均值（毫克/升）	超标倍数（倍）
1993	0.50	超标	40.8	1.72	23.29	10.65	1.84	3.60	158.8	14.88	2.37	1.87
1994	0.50	超标	68.2	3.55	10.61	4.31	1.72	3.30	181.6	17.16	6.43	5.43
1995	0.70	超标	43.1	1.87	22.54	10.27	1.26	2.15	86.2	7.62	3.53	2.63
1996	1.80	超标	27.4	0.83	16.80	7.40	1.24	2.10	63.3	5.33	10.20	9.20
1997	0.70	超标	27.6	0.84	18.30	8.15	1.96	3.90	72.8	6.28	3.62	2.62
1998	1.00	超标	22.8	0.52	18.60	8.30	2.13	4.33	44.7	3.47	2.74	1.74
1999	1.20	超标	21.3	0.42	12.50	5.25	2.15	4.38	53.6	4.36	2.11	1.11
2000	1.80	超标	15.3	0.02	20.90	9.45	2.18	4.45	30.4	2.04	0.24	—
2001	1.30	超标	18.3	0.22	28.32	13.16	1.91	3.78	16.9	0.69	0.06	—
2002	1.70	超标	22.3	0.49	29.10	13.55	3.00	6.50	25.8	1.58	0.08	—
2003	2.80	—	10.8	—	5.52	1.76	1.49	2.73	13.3	0.33	0.05	—
2004	2.10	—	11.6	—	6.12	2.06	1.30	2.25	12.1	0.21	0.04	—
2005	3.50	—	11.1	—	4.11	1.06	1.22	2.05	6.20	—	0.03	—
评价标准（V）	≥2		≤15		≤2.0		≤0.4		≤10		≤1.0	

1984～2005年连云港市大浦河水质监测数据统计表

表 2-32

年份	溶解氧		高锰酸盐指数		氨氮		总磷		生化需氧量		石油类	
	均值（毫克/升）	超标倍数（倍）	均值（毫克/升）	超标倍数（倍）	均值（毫克/升）	超标倍数（倍）	均值（毫克/升）	超标倍数（倍）	均值（毫克/升）	超标倍数（倍）	均值（毫克/升）	超标倍数（倍）
1984	1.35	超标	24.98	0.67	11.74	4.87	—	—	—	—	2.18	1.18
1985	2.05	—	12.95	—	8.16	3.08	—	—	—	—	1.04	0.04
1986	1.92	超标	21.95	0.46	12.00	5.00	—	—	—	—	1.99	0.99
1987	1.07	超标	25.89	0.73	11.51	4.76	—	—	36.30	2.63	1.96	0.96
1988	1.51	超标	20.30	0.35	12.96	5.48	1.17	1.93	39.70	2.97	1.90	0.90
1989	1.28	超标	20.31	0.35	14.56	6.28	2.19	4.48	31.66	2.17	1.55	0.55
1990	1.60	超标	16.20	0.08	19.43	8.72	1.69	3.23	16.10	0.61	1.98	0.98
1991	2.15	—	12.50	—	18.40	8.20	1.31	2.28	15.90	0.59	2.07	1.07
1992	1.25	超标	21.35	0.42	12.04	5.02	1.63	3.06	26.25	1.63	1.53	0.53
1993	0.98	超标	19.40	0.29	16.19	7.10	1.04	1.60	31.40	2.14	0.96	—
1994	1.90	超标	27.65	0.84	12.52	5.26	1.52	2.80	33.65	2.37	3.74	2.74

续表 2-32

年份	溶解氧		高锰酸盐指数		氨氮		总磷		生化需氧量		石油类	
	均值（毫克/升）	超标倍数（倍）	均值（毫克/升）	超标倍数（倍）	均值（毫克/升）	超标倍数（倍）	均值（毫克/升）	超标倍数（倍）	均值（毫克/升）	超标倍数（倍）	均值（毫克/升）	超标倍数（倍）
1995	0.80	超标	27.85	0.86	14.75	6.38	0.87	1.18	53.80	4.38	1.90	0.90
1996	1.20	超标	18.30	0.22	30.30	14.15	1.39	2.48	34.80	2.48	2.49	1.49
1997	0.90	超标	20.40	0.36	10.90	4.45	2.05	4.13	38.50	2.85	1.25	0.25
1998	1.80	超标	13.20	—	7.92	2.96	1.39	2.48	17.20	0.72	0.94	—
1999	1.00	超标	17.90	0.19	10.50	4.25	1.80	3.50	22.70	1.27	1.76	0.76
2000	2.20	—	11.70	—	17.60	7.80	1.47	2.68	14.60	0.46	0.15	—
2001	3.20	—	13.90	—	24.64	11.32	1.45	2.63	14.10	0.41	0.07	—
2002	2.20	—	14.80	—	23.69	10.85	2.34	4.85	19.60	0.96	0.06	—
2003	2.80	—	7.90	—	4.88	1.44	1.26	2.15	5.50	—	0.04	—
2004	3.30	—	8.20	—	2.76	0.38	0.97	1.43	5.60	—	0.04	—
2005	3.90	—	8.80	—	2.40	0.20	0.84	1.10	5.40	—	0.03	—
评价标准（Ⅴ）	≥2		≤15		≤2.0		≤0.4		≤10		≤1.0	

1984～2005年连云港市玉带河水质监测数据统计表

表 2-33

年份	溶解氧		高锰酸盐指数		氨氮		总磷		生化需氧量		石油类	
	均值（毫克/升）	超标倍数（倍）	均值（毫克/升）	超标倍数（倍）	均值（毫克/升）	超标倍数（倍）	均值（毫克/升）	超标倍数（倍）	均值（毫克/升）	超标倍数（倍）	均值（毫克/升）	超标倍数（倍）
1984	5.39	—	16.97	0.13	1.08	—	—	—	—	—	0.70	—
1985	3.39	—	17.40	0.16	1.08	—	—	—	—	—	0.58	—
1986	2.01	—	22.06	0.47	6.88	2.44	—	—	—	—	2.22	1.22
1987	2.09	—	12.80	—	0.66	—	—	—	29.1	1.91	0.41	—
1988	2.09	—	12.80	—	34.40	16.20	0.84	1.10	14.9	0.49	0.52	—
1989	0.96	超标	12.50	—	43.70	20.85	0.57	0.43	11.0	0.10	0.86	—
1990	1.00	超标	16.40	0.09	16.15	7.08	1.10	1.75	27.5	1.75	1.51	0.51
1991	2.00	—	16.70	0.11	31.53	14.77	1.70	3.25	23.1	1.31	0.68	—
1992	3.00	—	27.40	0.83	19.80	8.90	1.37	2.43	27.4	1.74	0.69	—
1993	1.90	超标	25.00	0.67	12.45	5.23	1.24	2.10	65.6	5.56	0.83	—
1994	0.00	超标	28.30	0.89	32.33	15.17	2.05	4.13	55.4	4.54	0.83	—
1995	1.30	超标	34.40	1.29	24.93	11.47	1.68	3.20	45.8	3.58	2.49	1.49
1996	1.70	超标	28.00	0.87	82.80	40.40	1.82	3.55	51.0	4.10	1.14	0.14
1997	2.70	—	14.40	—	12.20	5.10	1.77	3.43	22.0	1.20	0.85	—

续表 2-33

年份	溶解氧		高锰酸盐指数		氨氮		总磷		生化需氧量		石油类	
	均值（毫克/升）	超标倍数（倍）	均值（毫克/升）	超标倍数（倍）	均值（毫克/升）	超标倍数（倍）	均值（毫克/升）	超标倍数（倍）	均值（毫克/升）	超标倍数（倍）	均值（毫克/升）	超标倍数（倍）
1998	3.60	—	7.50	—	9.47	3.74	1.32	2.30	5.4	—	0.62	—
1999	2.80	—	11.40	—	11.50	4.75	1.66	3.15	15.6	0.56	0.35	—
2000	1.90	超标	10.90	—	18.10	8.05	1.64	3.10	17.4	0.74	0.20	—
2001	2.70	—	7.80	—	18.44	8.22	1.04	1.60	4.7	—	0.05	—
2002	2.30	—	9.20	—	5.13	1.57	2.19	4.48	8.7	—	0.04	—
2003	2.50	—	7.20	—	6.22	2.11	1.74	3.35	4.0	—	0.04	—
2004	2.30	—	11.40	—	3.04	0.52	1.61	3.03	9.0	—	0.04	—
2005	2.50	—	9.30	—	4.41	1.21	1.33	2.33	5.4	—	0.03	—
评价标准（Ⅴ）	≥2		≤15		≤2.0		≤0.4		≤10		≤1.0	

海水环境质量　连云港市近岸海域主要污染物为氮、磷等营养盐及有机污染物，活性磷酸盐、无机氮超标，溶解氧略有超标，其余指标均符合国家相应功能区标准。

1991年5月和8月海岛环境质量调查时，两次海域生物监测结果表明，鱼类中铅平均值超过国家二类标准，满足三类标准，镉、“六六六”超过一类标准，满足二类标准，其余指标均满足一类标准；软体类中铜平均值超过二类标准，满足三类标准，锌、镉、“二二三”均超过一类标准，满足二类标准，汞、铅、“六六六”满足一类标准；甲壳类中铅超过三类标准；锌、镉均超过一类标准，满足二类标准，汞、铜、“二二三”“六六六”满足一类标准。海洋生物污染较重的为铅、镉等重金属。

1991年连云港市近岸海域生物有害物质监测结果统计表

表 2-34　　单位：毫克/千克

生物类别	统计指标	汞	铜	铅	锌	镉	二二三	六六六
鱼　类	最大值	0.233	18.21	7.10	27.22	1.68	0.020	0.153
	最小值	0.000	0.00	0.91	0.00	0.17	0.001	0.000
	平均值	0.037	4.05	2.97	12.36	0.46	0.005	0.028
软体类	最大值	0.163	205.88	13.55	61.04	11.08	0.046	0.005
	最小值	0.000	3.45	1.10	7.40	0.49	0.000	0.002
	平均值	0.019	43.39	4.45	21.00	1.93	0.012	0.004
甲壳类	最大值	0.017	10.14	12.00	36.53	1.27	0.008	0.007
	最小值	0.000	5.48	2.49	8.93	0.59	0.005	0.003
	平均值	0.006	8.47	6.35	20.82	0.90	0.007	0.005

1999年对近岸海域生物进行的监测结果显示，生物体内有害物质含量总体有所减少。鱼类汞、镉、砷超过一类标准，满足二类标准，其余指标满足一类标准；软体类铅超过三类标准，锌超过二类标准，满足三类标准，镉超过一类标准，满足二类标准，其余指标满足一类标准；甲壳类中铬

超过二类标准，满足三类标准，锌、镉、砷超过一类标准，满足二类标准，其余指标满足一类标准。

1991年、1999年连云港市近岸海域生物有害物质监测结果对照表

表2-35 单位：毫克/千克

有害物质	鱼类		软体类		甲壳类	
	1991年	1999年	1991年	1999年	1991年	1999年
铜	4.05	0.50	43.39	4.20	8.47	7.90
铅	2.97	1.50	4.45	12.60	6.35	0.75
锌	12.36	4.50	21.00	57.30	20.82	24.60
镉	0.46	0.25	1.93	0.50	0.90	0.63
砷	—	1.05	—	0.93	—	1.94
汞	0.04	0.06	0.02	0.03	0.01	0.02
铬	—	0.00	—	0.50	—	4.90

2005年监测的海水养殖、海水捕捞鱼类、贝类中铅超过一类标准，满足二类标准，其余指标锌、汞、镉、铬均满足《海洋生物质量》（GB18421-2001）一类标准。

2005年连云港市海产品体内残毒监测结果统计表

表2-36 单位：毫克/千克

项目		监测项目				
		总锌	总铅	总汞	总镉	总铬
海水养殖	鱼类	2.2	0.18	0.019	0.0026	未检出
	贝类	4.4	0.25	0.018	0.0312	未检出
海水捕捞	鱼类	4.7	0.18	0.022	0.0262	未检出
	贝类	3.4	0.24	0.015	0.0312	未检出

三、声环境

1984～1990年，连云港市声环境质量大多数区域未达到国家标准。1991年起开展环境噪声达标区建设，采取了一系列声环境保护措施。

2001～2005年，重点改善居民区和交通干线的声环境。对居民区附近噪声污染较大、污染防治措施难以保证实现稳定达标的餐饮业等企业，实行“退二进三”①政策或给予其他优惠政策，搬离敏感区域，实施城市布局的调整，减少噪声污染。加强城市道路基础设施建设和改造步伐，先后拓宽、改建和新建了市区建成区内的朝阳路、郁洲路等主次干道和火车站站前广场、幸福广场和市民广场，降低了城市交通干线噪声。道路交通噪声平均等效声级在67.1～67.9分贝（A）之间，全部达到国家标准，超标路段比由“九五”计划期末的18.3%降至“十五”计划期末的4.8%。“十五”计划期末，赣榆县、东海县、灌云县、灌南县县城交通噪声分别为62.5分贝（A）、67分贝（A）、65.9分贝（A）、67.2分贝（A），均符合国家标准。至2005年底，市区声环境质量得到很大的改善，环境噪声基本稳定，年平均等效声级在54.0～54.7分贝（A）之间。

① “退二进三”即第二产业从城市繁华地段退出，发展商贸服务业等第三产业。

1984～2005年连云港市区道路交通噪声监测数据统计表

表2-37 单位：分贝（A）

年份	噪声	年份	噪声	年份	噪声	年份	噪声	年份	噪声	年份	噪声
1984	76.3	1988	75.1	1992	71.8	1996	69.0	2000	67.6	2004	67.1
1985	76.7	1989	76.2	1993	70.9	1997	67.3	2001	67.5	2005	67.1
1986	74.7	1990	72.2	1994	72.1	1998	67.3	2002	67.8		
1987	73.4	1991	72.0	1995	72.6	1999	67.7	2003	67.5		

第二节 污染治理

一、大气污染治理

1984年，连云港市针对烟煤型大气污染日益严重的问题，开展消烟除尘工作。1986年，市政府颁发《连云港市消烟除尘管理暂行规定》，市环保等相关部门印发《关于加强锅炉管理的通知》《关于迅速制止烟尘污染的通知》等文件。1987年开始着手建立烟尘控制区，1988年在市中心区首先建设了1.3平方千米的烟尘控制区。1989年，烟尘控制区建设列入市长目标责任状。是年底，2.94平方千米的连云港港区烟尘控制区建成，连云港港继天津港之后成为全国第二个“无黑烟港”。至1990年底，市区烟尘控制区面积达9.3平方千米；642台锅炉的烟尘排放达标率为90%，128座工业窑炉改造率26%以上；市区型煤普及率达81%；建成集中供热区5个，每年可减少5000余吨烟尘污染；投资1340万元建成煤气工程，使市区气化率由1985年的5%上升到1990年的25%。赣榆县、东海县、灌云县的锅炉消烟除尘更新改造率达75%～85%。

1991年后，全市烟尘控制区建设步伐进一步加快。1992年，连云区、新浦区、海州区8个街道25.76平方千米的烟控区全部通过省级验收。1994年，市区烟控区面积28.7平方千米，占市区建成区面积的73%。1995年，市区烟控区覆盖率100%。1999年，连云港市建成区面积扩展至50.6平方千米，新增建成区全部建成烟控区；市区烟尘控制区范围内有工业窑炉、锅炉、茶炉大灶等燃烧装置2828台，烟气黑度及烟尘排放浓度达标率均为100%。各县烟控区建设工作也得到加强，2001年，四县烟控区均通过市环境保护委员会验收，其中赣榆县建成烟尘控制区9.1平方千米、东海县10平方千米、灌云县9.1平方千米，灌南县11.98平方千米，烟控区覆盖率均达到100%。

至2005年底，连云港市区建成烟尘控制区79.01平方千米，其中新浦区28.24平方千米、海州区8.18平方千米、连云区19.78平方千米、开发区22.81平方千米。建成区内有锅炉、窑炉、茶炉大灶等燃烧装置2202台，烟尘浓度和烟气黑度排放达标率均为100%。

二、水污染治理

工业废水治理 1984年，连云港市增加投入，抓好重点工业污水治理工程。市炼糖厂引进的“上浮法”炼糖新工艺，避免大量滤泥污染，一年节煤4000吨左右。1985年完成市化工厂、化肥厂、发酵厂3家企业年排放1000万吨含高浓有机物、酚、氰的污水治理。1986年，市制车厂、化工厂、制碘厂、医疗机械厂完成污水治理。1986年3月，省政府发文要求连云港市锦屏化二厂限期治理黄磷污水。1988年6月该项投资150万元、年处理废水50万吨的治理工程破土动工，采用闭路循环工艺，运行后达到国内先进水平。1987年，市化肥厂冷却水封闭循环二期工程、市床单厂染色废水处理以及“五七”造纸厂草浆黑液回收草木素项目完成。1989年完成红旗化工厂、制碘厂、针织二厂等5个治理项目，投资263万元。1990年，投资45万元的市酿酒厂酒糟废液治理项目、投资50万元的“五七”造纸厂酸化法回收碱木素二期工程以及市第二农药厂废水治理工程竣工。至1990年底，全市用于废水治理的投资累计2272万元，完成治理项目107个，每年新增污水处理能力1400万吨，工业废水处理率由1985年的6.3%升至44.3%。

1985～1990年连云港市废水治理设施运转情况统计表

表2-38

年份	工业废水排放量（万吨）	经过处理量（万吨）	处理率（%）	达标量（万吨）	达标率（%）	处理达标量（万吨）	处理达标率（%）
1985	7456	475	6.3	614	8.2	218	45.9
1986	8469	1835	21.7	1024	12.1	628	34.2
1987	8123	1466	18.0	1106	13.6	533	36.3
1988	8358	1072	12.8	1236	14.8	401	37.4
1989	7984	1527	19.1	1059	13.3	218	14.3
1990	7358	3262	44.3	1041	14.1	763	23.4

1991～2000年，连云港市配合淮河流域水污染防治整体规划部署，进一步加强工业污水治理工作，对污染企业采取限期治理和关停等措施。1992年完成市水泥厂、锦屏磷矿、红旗化工厂、海州医院、“五七”造纸厂黑液治理二期等工程，启动市第二农药厂、洪门白酒厂废水治理工程。1995年，锦屏磷矿尾矿水处理工程、第二农药厂废水处理一期工程、“七二”化工厂治理工程列入省淮河流域限期治理工程，关停市酿酒厂、灌云县小伊乡造纸厂、东海县郑庄冶炼厂和小李造纸厂，赣榆县第二造纸厂、东海县黄川张桥造纸厂和青湖花荡卫生纸厂停制草浆。1996年，市锦屏化工厂、锦屏磷矿、市酿酒厂、赣榆县第二造纸厂、东海县肉联厂等10家企业完成废水治理工作。1998年，市制药厂、制革厂、元升公司、市硫酸厂、甲乙粘胶公司等10家企业污水治理工作通过市环保局验收。

1991～1999年连云港市企事业单位废水处理设施运行情况统计表

表2-39

指　标	1991	1992	1993	1994	1995	1996	1997	1998	1999
汇总单位数（家）	145	151	153	67	83	445	273	235	232
废水处理设施总投资（万元）	3194.3	3622.0	4892.6	6182.0	3758.2	5003.9	7426.0	13686.4	11336.2
废水处理设施数（家）	129	112	133	126	98	138	84	88	81
废水处理量（万吨）	4172.4	4934.0	5100.4	4451.0	5032.0	5595.2	6004.9	8972.1	7707.1

2000年后，随着工业园区的开发建设，全市工业废水处理力度进一步加强，工业污水经过企业自身处理设施处理以后，进入园区污水处理厂集中处理再排放。2003年，连云港碱厂、星球塑料有限公司、正大天晴制药有限公司3家单位列入《淮河流域水污染防治“十五”计划》工业企业综合治理项目，计划总投资3250万元，实际投资4460万元。2005年，赣榆、东海县城污水处理厂基本建成，灌云县城、墟沟污水处理厂开始建设。

市区河流整治 1984年，贯穿市区的龙尾河、大浦河、西盐河河水变黑变臭，鱼虾绝迹。1985年，市政府将这3条河流列入治理重点，对3条河长11千米、170个断面进行测量，并制定了疏、冲、管、治分期实施的整治方案。1985～1990年，全市实施废水治理项目51个，每年新增污水处理能力1400万吨，新增下水管道49千米，城市下水道普及率66.7%。市区疏浚河道7千米，砌筑护坡4.8千米，对扁担河实施覆盖工程。20世纪90年代前期，由于工业的发展，市区附近河流水质仍呈下降趋势。1996年起，全市开展城市环境综合整治，1998年建成龙尾河、西盐河污水截流管网，2000年建成大浦污水处理厂，并对大浦河、龙尾河两岸的污水实施截流，市区河流全面实施清淤疏浚、护岸护坡、沿河道路整治，市区河流污染程度总体呈下降趋势。2003年启动西盐河水变清工程，先后实施新浦港搬迁、西盐河海宁路污水截流泵站及管网延伸、钓鱼山垃圾处理场渗滤液污水管道并网、玉带河水质改善等工程，建设玉带河南岸幸福桥泵站，使入河污染物大大减少，船舶排污得到有效控制。至2005年底，市区河流污染程度总体继续呈下降趋势，但解放路至人民路段的龙尾河、大浦河河水黑臭和鱼虾绝迹现象未得到根本改变。

市区污水整治 1984年，全市实施一系列工业排污沟、污水处理厂和污水管网工程。1985年整治化肥厂至硫酸厂段的化工排污沟。1986年新建市化工厂至红旗化工厂段的排污沟，减少沿线单位每年300万吨污水对玉带河的污染。1989年将化工排污沟延伸2.3千米，形成长12千米的排放体系，将工业废水引出市区。20世纪90年代末投入176.84万元整治沟道4.54千米，改善市区河流水质。1998年底投资2.54亿元，开工建设大浦污水处理厂、17.9千米截污管网和5个污水提升泵站，分别于2002年、2004年底建成使用。2004年，海州幸福桥污水截流泵站和新浦龙尾河东岸和平桥北口及贾圩桥冯口污水截流工程投入使用。2005年，墟沟污水处理厂建设工程启动。

饮用水源保护 蔷薇河是连云港市区唯一集中饮用水源，除供市区居民和东海县部分居民日常饮用外，还担负着连云港港口外轮供水和市区工业、农业用水任务，被市政府列为重点保护河流。1984年，建成4000米长的排污管道，对原向蔷薇河排放废水的企业和医院实施改道排污，对位于河流下游、无法改道排污的白酒厂进行废水治理；在河上设立5个监测点位，常年定期进行水质监测。1985～1990年，蔷薇河水质基本符合国家地面水二类水质标准和生活饮用水卫生标准。但由于客水污染的影响，1991年，该河水质出现恶化趋势。1992年，市区切断了向蔷薇河排污的主要污染源，完成洪门酒厂的治理，蔷薇河水质达标率95.2%。1994年，市政府加大对蔷薇河污染治理力度，是年初建立蔷薇河水质状况月报制度，每月通报水质状况。1995年，蔷薇河3次受到上游严重污染，连云港市采取关闸调水冲污等措施，恢复饮用水源的水质，是年饮用水质达标率93%。市环保部门整治5家污染源，拆除蔷薇河沿岸小码头，清理新海发电厂在蔷薇河道淤积近10年的粉煤灰。1996年，省委、省政府将蔷薇河送清水工程列为为民办实事项目之一，分两期实施，于2000年6月竣工，实现蔷薇河清、污分流。市水利局建立蔷薇河水质预警机制，利用市环境保护局在蔷薇河地涵建立的水质自动监测系统，对蔷薇河入境水质进行全天候监测，发现水质异常，立即采取应急措施；建立长效管理机制，制定沿河取水口、排水口的管理方案，加大巡查力度和巡查次数，蔷薇河沿线基本无排污口直接排入污染物。

2001年后，蔷薇河水质达标率一直保持在100%。2005年，由于蔷薇河水位降低，以及东金化工厂的大量排污和黄川镇越秀食品有限公司的废水汛期外流，造成蔷薇河水质下降。市环保部门关闭了东金化工厂，加强对越秀食品公司的污水池管理，拆除河道内的养鱼网具，对排入蔷薇河的生活污水进行截流，加强涵闸监管，减轻农业面源对蔷薇河的污染。

淮河流域水污染防治 1995年，根据国务院环境保护委员会第二次淮河流域环保执法检查现场会精神，连云港市出台《“九五”期间连云港淮河流域水污染防治规划(纲要)》，对列入省淮河流域限期治理的34处重点污染源实行重点整治。1996年，全市取缔、关闭或停产40家污染严重企业。1997年，全市组成4个联合督查组对达标排放工作实行“半月查、半月报”，市、县两级安排600万元污染防治基金、800多万元环保补助资金和贷款用于企业污染治理，至年底，全市67家工业企业污染源治理通过验收51家、调试13家、停产治理3家。1999年通过取缔关停重污染企业，实现淮河流域工业污染源达标排放，环境保护工作由点源治理进入全面整治阶段。2000年后，实施淮河流域重点污染源现场监控系统建设项目，全市纳入淮河流域控制单元和水质控制断面的有8个，至2005年，6个单元实现水质控制目标，水质呈好转趋势。

三、噪声污染治理

交通噪声治理 20世纪80年代后，为改善交通噪声污染状况，市交通部门在市区主要干道上开辟快慢车道，使车流、人流分开，采取限制过境车辆进入市区、划定禁鸣路段(解放中路和平桥—解放桥)、市区禁鸣高音喇叭等交通管理措施。1985年，全市有机动车7095辆，此后逐年上升，2005年新入户机动车1.96万辆，总数近16万台。市有关部门通过新建改建海连路、盐河路、郁洲路等60多条城市主次干道，提高车辆通过速度，实施市区机动车禁鸣专项整治等措施，使市区的交通干道噪声逐年下降，其平均声级监测值1985年为76.7分贝(A)，1990年为72.2分贝(A)，2005年为67.1分贝(A)。

噪声达标区建设 1991年，连云港市开始噪声达标区建设，是年建成浦南小区1.1平方千米的噪声达标区，占市区建成区面积的0.3%。1994年底，市区建成18.73平方千米共6个环境噪声达标区，建成区内环境噪声达标区覆盖率为47.4%。2000年7月，全市将原有的噪声达标区按照功能调整为11块单一功能区。功能区调整后，全市有工业固定噪声源55个、建筑施工噪声源28个、社会生活噪声源36个。2001年，噪声达标区建设工作列入市长环保目标责任状。是年，噪声达标区建设情况为赣榆县8.65平方千米，东海县8.2平方千米，灌云县7.5平方千米，灌南县11.9平方千米。至2005年底，市区建成噪声达标区67.61平方千米，占市区建成区面积的97%，环境噪声达标区覆盖率82.04%。

其他噪声源治理 1984～2005年，市环保部门对市涤纶厂的长丝车间空调系统、电讯器材厂的柴油发电机房、塑料一厂压延车间和渔网车间等9个工业噪声源进行治理，对噪声污染严重的海州合线厂予以搬迁、拆除市区6条主干道沿街商店的高音喇叭，对录像放映点和其他音像设备加强管理。对纠纷日益频繁的夜间施工噪声，采取严格夜间施工许可证审批制度等措施，除因工艺要求确需夜间连续施工外，禁止夜间施工。加强餐饮噪声监测和整治，开展专项整治行动。高考前，市环保部门启动“绿色护考”活动，会同教育、公安、建设、文化、工商及城管部门，联合开展中高考期间噪音污染和监督检查工作。

四、废弃物污染治理及利用

废弃物污染治理 20世纪80年代初，全市工业废弃物产生量每年约30万吨，此后逐年增加。危险品、医疗等废弃物有明显增长，农村秸秆禁烧工作效果不明显。危险废弃物只能进行简单的焚烧处理，许多危险固体废弃物与生活垃圾混在一起填埋，给环境留下很大隐患。2002年11月，连云港铃木组废弃物处理有限公司成立，一期工程总投资100万美元，2004年10月竣工并投入运营。其引进的焚烧炉设备可有效清除焚烧过程中产生的污染物，防止二次污染，解决了危险废物安全处理问题。2005年8月，垃圾焚烧热电项目公司——连云港晨兴环保产业有限公司完成注册，连云港市垃圾焚烧热电项目建设启动。

固体废弃物利用 市区一般工业固体废弃物主要有锦屏磷矿、新海电厂的粉煤灰、碱厂的氯化钙及锅炉渣等，有害的固体废弃物主要是锦屏化工厂的黄磷渣、硫酸厂的硫铁矿渣、红旗化工厂的硫酸钙和第二农药厂的有机废渣。其中，尾矿砂、炉渣、化工渣、煤渣4类占市区工业固体废弃物的96.3%，对其利用主要是制造砖瓦、水泥和铺路、填塘等。1985年，市节能器材厂利用新海电厂粉煤灰研制成功PGN系列高强度轻质隔热耐火砖，建成1条年生产2500立方米的生产线，1986年通过省级鉴定，其中0.4级超轻漂珠耐火砖技术填补了省内空白。1987年获国家优秀项目奖、省科技进步奖三等奖。该厂先后研制出粉煤质毛面贴墙砖、粉煤灰彩色地坪砖、ATMP系列水质稳定剂和305树脂胶等新产品，粉煤灰综合利用量每年在14万吨以上，综合利用率连续8年达100%。21世纪初，连云港碱厂开展固体废弃物综合利用，2002年实施废渣固液分离一期工程，碱渣综合利用率保持在80%以上。2002年，锦屏磷矿年产尾矿砂和磷石膏分别为24.8万吨和3.7万吨，当年实际利用尾矿砂6万吨，销售磷石膏3.7万吨，利用率34%。

2000～2005年连云港市工业废弃物利用、处置情况统计表

表2-40

项　目	2000年	2001年	2002年	2003年	2004年	2005年
工业固体废物综合利用量（万吨）	97.76	145.42	177.41	174.25	180.42	202.93
工业固体废物处置量（万吨）	15.35	41.70	52.54	43.55	12.06	15.08
“三废”综合利用产品产值（万元）	4537.40	7279.80	7681.60	5519.40	10655.80	9244.50

秸秆综合利用 2001年，赣榆县建成“四位一体”沼气池2200余只、大中型沼气工程7个，年可利用秸秆6.5万吨；班庄镇古城村投资45万元建成秸秆气化站，年可利用秸秆1000余吨，解决了该村900余农户的燃气问题。赣榆县还推广秸秆青贮制畜饲料技术和利用稻草编织草帘、草苫、草包等，年可利用秸秆和稻草25万吨，秸秆综合利用率85%以上。位于灌南经济开发区的江苏大盛板业有限公司年产环保型秸秆均质板3万立方米。2005年，全市已形成以东海县秸秆青贮氨化、赣榆县稻草编织秸秆气化、灌云县压缩秸秆、灌南县麦套稻等秸秆综合利用体系。

第三节　环境监测

一、环境空气质量监测

1984～1990年，连云港市空气质量监测采用人工间断性监测，分别在冬、春、夏、秋四个季节的1、4、7、10月的中旬连续5天，每天进行4次监测。监测项目为二氧化硫（SO_2）、氮氧化物（NO_x）、总悬浮微粒（TSP）、灰尘自然沉降（降尘）、降水酸度（pH）共5项。1993～2000年采用24小时连续监测法，在各测点设采样亭，连续24小时采样，二氧化硫、氮氧化物每隔1天采样1次，总悬浮微粒隔双天采样，降尘、硫酸盐化速率以1月为周期进行采样。共设石油基地招待所、市环保监测站、洪门派出所、淮海工学院（对照点）、连云宾馆、云台区政府6个测点，前4个测点监测全部项目，后2个测点专测硫酸盐化速率。2001年起，市区环境空气质量监测由隔日24小时采样监测改为自动监测，同时增加开发区市政公司空气自动监测点位，监测项目氮氧化物改为二氧化氮，总悬浮颗粒物改为可吸入颗粒物，四县空气质量监测频次由五日采样改为隔日24小时采样，监测项目氮氧化物改为二氧化氮。

酸雨监测点于20世纪90年代设立。1991～1992年在市监测站设酸雨测点1个，1995～2002年为市监测站及墟沟石油基地招待所2个，2003年增加淮海工学院测点1个。2002～2005年，必测项目为降水量、pH酸碱度、电导率，全分析项目为硫酸根、硝酸根、铵离子、氯离子、氟离子、钙离子、钾离子、钠离子、镁离子。

2005年连云港市空气质量监测点位及监测项目统计表

表2-41

序 号	测点名称	编 号	功能类别	监测项目	采样高度（米）
1	石油基地招待所	51	二类区	SO_2、NO_2、PM10、降尘、降水、硫酸盐化速率	11
2	市环境监测中心站	52	二类区	SO_2、NO_2、PM10、降尘、降水、硫酸盐化速率	14
3	洪门派出所	53	三类区	SO_2、NO_2、PM10、降尘、硫酸盐化速率	11
4	开发区市政公司	54	二类区	SO_2、NO_2、PM10、降尘、硫酸盐化速率	10
5	云台区政府	55	二类区	硫酸盐化速率	5
6	连云宾馆	56	二类区	硫酸盐化速率	5
7	淮海工学院	1	二类区	降尘、硫酸盐化速率、降水	11

1998年3月20日起，连云港市发布城市空气质量周报。2001年4月，《连云港市环境质量周报》改版为《连云港市空气质量日报、预报》，并通过中国环境监测网、中央电视台、《连云港日报》等多家新闻媒体向社会发布。

二、水环境质量监测

地表水监测 1985年，全市列入水环境质量监测范围的河流为7条。1990年为河流24条、水库4座，1995年为河流25条、水库4座，2000～2005年为河流30条、水库4座。蔷薇河、小塔山水库、西双湖水库、叮当河分别为市区、赣榆县、东海县、灌云县县城的饮用水源，灌南县县城饮用水源为地下水。全市地表水饮用水源水质监测频率为每年12次、每月上旬监测，河流、水库的水质监测频率均为每年6次、单月上旬监测。河流监测项目为《地表水环境质量标准》中规定的基本项目24项及电导率，湖库加测透明度和叶绿素a。地表水饮用水源监测项目根据国家环保局《城市集中式饮用水源地水质监测、评价与公布方案》，必测项目10项。2005年，市环保部门对30条河流（61个监测断面）、4座水库（8条监测垂线）共69个监测点位进行地表水环境质量例行监测，在61个河流监测断面中，24个是省控断面（包括新沂河南、中、北偏泓和肖大桥4个市界断面）。1998年7月起，以市区及四县饮用水源统一监测项目、监测方法和评价标准为主要内容，编制《连云港市饮用水源水质周报》，并通过《连云港日报》《苍梧晚报》等新闻媒体向公众发布。

地下水监测 1988年开始监测市区地下水，选定朐山村、墟沟镇2个监测点，全部为潜层井水，主要对农业和非饮用生活用水的11个项目进行监测。1991～2000年增设海州双龙井监测点，朐山水井2001年封井后，市区仍为2个监测点。至2005年底，监测项目为24项，每年监测2次。

河流底泥监测 1988年起对河流底泥进行监测，每年枯水期3月监测1次。常年监测点位：1988～2000年为大浦闸，2001～2005年为人民桥。监测项目：pH值、总砷、总汞、总铬、总铅、总镉、总铜、总锌、硫化物、化学需氧量、有机质和有机氯农药、有机磷农药。另外，1994年、1997年、2000年、2003年对市区地表水16个站位的河流沉积物进行全面监测。

三、近岸海域环境质量监测

水质监测 1984～1990年，连云港市海域分为3个海区，设立11个水质监测点位，每年监测3次，监测项目13项。1991～1995年，监测分为沙旺河口、临洪河口、港区、排淡河口4个海区、设10个监测点位，每年4～5月、7～8月、10～11月各监测1次。1996～2003年分为沙旺河口、临洪河口、临洪河口拦海大堤外、港区、排淡河口5个海区，共设11个例行监测点位，每年监测3次，在5月、8月、10月进行。2000年起，除定期监测外，增加了枯水期3月份的监测（全年监测4次），监测项目14项。2003年下半年起，连云港市近岸海域监测点位按总站调整后的点位进行监测，设14个监测点位，分别代表10个不同的海水功能区，即前三岛海珍品保护区、连云港水产资源保护区、海州湾旅游度假区、连云港港区、沿岸盐业养殖区、连云港水产资源保护区、羊窝头高公岛海洋倾废区、连云港渔业区、河口工业用水区、连岛海滨旅游区。一年监测4次水质，在3月、5月、8月、10月进行，海水水质监测项目为潮时、pH值、水温、盐度、溶解氧、无机氮、固本悬浮物浓度、高锰酸盐指数、活性磷酸盐、石油类、汞、铅、镉、铜等14项。

海洋沉积物监测 1986～1988年每年监测一次，1991年、2000年、2005年，对部分监测点位沉积物进行过监测，监测项目主要为重金属、油类、硫化物等。

生物质量监测 1986年、1991年、1999年对近岸海域生物鱼类、甲壳类、软体动物类等进行监测，监测项目主要为重金属等有毒物质。2005年起，市环境保护监测站对主要饮用水源地、近岸海域、水产品等开展生物监测，监测项目包括底栖动物、浮游动物、浮游植物、叶绿素a含量、水体细菌总数和粪（总）大肠菌群、水产品残毒（铬、铅、锌、汞、镉）、植物叶片中硫与氟含量、空气微生物细菌及霉菌等。

专项监测 按中国环境监测总站的要求，2003年起，市环境保护监测站参加每年7～9月的全国18个沿海城市28个海水浴场水质周测周报工作，其中有连岛、苏马湾、凰窝3个海滨浴场，并编制《连云港市海水浴场海水水质周报》，由中国环境监测总站汇总后在《中国环境报》、中国环境监测网、《中国青年报》《法制日报》、中央电视台、新华网等媒体上发布。

四、噪声监测

1986年起，市环境保护监测站对市区道路交通噪声进行监测。

1989年在新浦、海州、连云、猴嘴进行区域环境噪声监测，共布设167个测点，覆盖面积41.75平方千米。1997年监测点位增至202个，覆盖面积50.5平方千米。

1990年起，选择有代表性的区域进行功能区噪声监测。1992～2000年，市区划分0类、1类、2类、3类、4类5个功能区6个测点。2001～2005年调整为1类、2类、3类、4类共4个功能区8个测点，1类区测点为连云宾馆、市环境监测中心站，2类区测点为盐务局招待所、云台区招待所，3类区测点为大光明酒店、港务局招待所，4类区测点为水产招待所（解放路）、涤纶厂门前（海连路），在每季度最后一个月的中旬进行监测，每个测点连续监测24小时。

1986～2005年连云港市噪声监测情况统计表

表2-42

地 区	区域环境噪声		交通噪声		功能区噪声	固定声源
	网格（米）	测点（个）	干道（条）	测点（个）	测点（个）	测点（个）
市 区	500×500	202	28	93	1类、2类、3类、4类区各2个测点	34个
赣榆县	250×250	203	14	52	—	—
东海县	200×200	116	8	19	—	—
灌云县	200×200	180	6	16	—	—
灌南县	200×200	110	7	20	—	—
监测频次	每年1次		每年1次		每季度1次、每季度末月中旬监测	每年1次

五、污染源监测

连云港市的污染源监测，重点是为工业污染源防治、排污收费、治理设施运转监督检查、总量控制等做好监测服务工作。2005年，市环境保护监测站开展工业废水、废气、固定声源、汽车尾气和锅炉年检监测等工作，取得9.36万个数据，其中污染源废水监测数据5.21万个、废气数据2.77万个、废渣数据8个、噪声数据1.38万个。在老污染源污染治理消减排放、城市生活污水集中治理、总量控制等方面为主管部门提供技术支持。

六、放射性监测

为配合江苏田湾核电站建设，确保公众核与辐射环境安全，2003年底，连云港辐射环境监督监测管理站成立，拥有辐射环境连续监测系统和放化分析实验室，能够开展瞬时、累积γ剂量率监测、表面沾污监测和锶、铯等项目的分析能力。2005年，对连云港市的陆地γ辐射水平、陆地放射性水平进行测量。

第四节 环境管理

一、新建项目环境影响管理

1984年起，连云港市政府对全市新建、扩建、改建的建设项目和技术改造项目加强环境管理，新上项目严格执行“环境影响报告书”制度和“三同时”（同时设计、同时施工、同时投产使用）管理。在发展乡镇工业和产业结构调整进程中，要求污染性项目尽量避开污染敏感区，严格控制“五小”（小炼铁、小炼焦、小化肥、小造纸、小煤窑）企业的审批；在居民稠密区、风景游览区及饮用水源保护区内严禁建设污染企业。1994年以后，市各开发区和工业园区规划建设逐渐展开，区域环境管理工作同时开展。1996年5月，《连云港经济技术开发区环境影响报告书》和《连云港经济技术开发区环境保护规划》通过省环保局组织的评审。2001年起，全市实行建设项目环保预审制度，市环保部门与市计委等部门建立项目审批联系制度，项目审批实行“三级审核，一人审批”和重大项目会审制度，严格执行审批权限。2005年，全市审批建设项目2229个，环评执行率100%；执行“三同时”项目255个，“三同时”执行率100%。

1990～2005年连云港市新建项目环境影响评价及“三同时”执行情况统计表

表2-43

年份	执行环评项目数（个）	环评执行率（%）	执行“三同时”项目数（个）	“三同时”执行率（%）
1990	78	85	35	83
1991	38	100	23	100
1992	83	100	93	100
1993	71	100	33	100
1994	67	100	42	100
1995	272	100	61	100
1996	243	100	58	100
1997	220	100	45	100
1998	359	100	44	100
1999	444	100	17	100
2000	672	100	11	100
2001	893	100	17	100
2002	744	100	44	100
2003	744	100	171	100
2004	2094	100	196	100
2005	2229	100	255	100

二、排污收费与排污许可

排污收费 1984年，连云港市区征收排污费215.61万元。1988年进一步规范排污费征收，提高排污收费标准，对超过国家或地方排放标准的污染企业加倍征收排污费。2003年起加大对餐饮、洗浴、娱乐等服务行业的排污收费力度。2005年，市区征收排污费2999.96万元。1984～2005年累计征收排污费2.5亿元。

1984～2005年连云港市区排污收费情况统计表

表2-44

年份	收费额（万元）	比上年递增（%）	年份	收费额（万元）	比上年递增（%）
1984	215.61	—	1995	960.65	0.68
1985	261.05	21.08	1996	1158.66	20.61
1986	249.33	-4.49	1997	1277.06	10.22
1987	304.17	24.99	1998	1381.57	8.18
1988	402.18	32.22	1999	1423.76	3.05
1989	285.03	-29.13	2000	1668.55	17.19
1990	238.90	-16.18	2001	2009.39	20.43
1991	429.80	80.59	2002	2341.48	16.53

续表 2-44

年份	收费额(万元)	比上年递增(%)	年份	收费额(万元)	比上年递增(%)
1992	746.19	73.61	2003	2408.90	2.88
1993	606.11	-18.77	2004	2672.57	10.95
1994	954.14	57.42	2005	2999.96	12.25

排污许可 1989年,市区8个行业、34家企业排放工业废水5403万吨,占市区排放量的87.9%。其中,12家企业年排放化学耗氧量1.66万吨,占市区化学耗氧量排放量的51.5%。1990年起,连云港市执行排污许可证制度,对市区企业年排放废水的化学需氧量、悬浮物、挥发酚、石油类4项指标实施排污申报登记制度,对12家企业化学耗氧量指标实施排污许可证制度。1991年,市政府出台《连云港市水污染物排放申报登记和排放许可证工作实施意见》。1992年,市环保局完成市区25家企业水污染物排放申报登记表的审核,占市区污染负荷的95%。是年对市辖四县进行排污申报试点。1995年,排污申报登记工作实施。2000年,市环保部门完成1828家单位排污申报登记年审工作,编写《连云港市2000年度污染物排放状况报告》。2001年起,市、县环保部门加强对重点污染源许可证的发放和监督管理。2003年5月,市政府下发《关于加强排污许可证管理工作的通知》,扩大许可证的发换范围,日排放化学耗氧量30千克以下的县、区属以及B类企业由县、区负责发换排污许可证。至2005年底,全市有A、B类申报单位1399家,其中A类企业203家。

三、城市环境综合整治定量考核

1989年起,连云港市实施城市环境综合定量化考核,考核设环境质量指标、污染控制指标、城市环境建设指标3个项目。环境质量指标包括大气总悬浮颗粒年日均值、二氧化硫年日均值、饮用水源水质达标率、城市地面水化学耗氧量平均值、区域环境噪声平均值、城市交通干线噪声平均值;污染控制指标包括烟尘控制区覆盖率、民用型煤普及率、万元产值工业废水排放量、工业废水处理率、工业废水处理达标率和工业固体废弃物综合利用达标率;城市环境建设指标包括城市气化率、城市污水处理率、城市人均绿地面积。1997年,连云港市被国家环境保护局确定为城市环境综合整治国家直接考核城市。全市城市环境综合整治定量考核成绩维持平稳,1998年,排放污染物总量控制完成情况考核成绩排名全省第一。1999年,全国46个重点城市环境综合整治定量考核中,连云港市环境质量列第一位、污染控制指标列第32位、环境建设指标列第37位、环境管理得分列第24位。2000年,连云港市得分83.62分,在全国46个重点城市中排第13位。2003年得分为74.73分,污染控制目标在全省5个完成较好的城市中列第一,其中大气污染指数列全省第一。2005年,连云港市得分列全省第9位。

四、环境污染事故查处

石梁河水库污染处理 1985年起,石梁河水库遭受鲁南地区工业污水的不断污染。到1992年,污染面积达水库总面积的三分之一。1995年7月,连云港市启动石梁河水库洁净饮用水源开发工程。1996年5月,一期工程通过验收,建成32眼机井、13眼大口井、35座水塔和配套管网送水工程。1998年3月,石梁河水库北线入库河流石门头河上游的龙潭水库被鲁南污水灌满,并大量进入石梁河水库,石门头河宏达桥点位高锰酸盐指数达每升91毫克,为历年最高值。石梁河水库西线入库河流新沭河大兴桥点位高锰酸盐指数平均值达23.5毫克/升。石梁河库区沼泽地水生植物枯死80%以上，浅水区黄砂变成黑砂，水库四分之三以上水面无法养殖，渔业资源枯竭，银鱼绝迹，农民收入锐减。2000年6月27日晚，石梁河水库上游山东省境内大量未经任何处理的高浓度工业废水污水直接倾入石梁河水库，造成东海县石梁河镇、南辰乡1350个网箱约70万千克的网箱养鱼全部死亡，直接经济损失300多万元。经连云港市中级人民法院和江苏省高级人民法院判决，山东省临沭县金沂蒙化工集团和临沭县造纸厂赔偿东海县、赣榆县库区97户养鱼户1999～2000年期间的损失560.4万元，但山东两企业拒不执行判决，两县97户渔民一直未得到合理赔偿。2001年，石梁河水库再度遭受山东临沭县境内农民大量加工山芋淀粉产生大量高浓度废水的污染。2003年10月，市环保部门对石梁河水库入库口一带水域和入库河流上游来水进行调查监测发现，山东省临沭县蛟龙镇农户山芋制粉加工排放大量高浓度粉浆水，造成入库河流及水库严重污染。2004年10月中旬再次出现山东省境内大量高浓度制粉废水排入石梁河水库，致大面积网箱养鱼死亡，赣榆县欢墩镇300余户渔民1000多只养鱼网箱死鱼40万千克，损失240万元。事故发生后，市环保局组织现场调查，将调查结果报告省环保厅。2003年，省环保厅邀请山东省环保部门到现场调查处理，要求山东省相关地区加强污染源治理，关闭一批企业，要求尽快建设污水处理厂。同时，商讨山东部分县和连云港市东海县、赣榆县建立环保联合执法机制。

龙王河污染处理 龙王河是赣榆县北部6个镇的工、农、渔业用水主要来源。20世纪90年代中期后，由于山东省莒南县大量工业废水和生活污水流入，致使其水质受到严重污染。2001年6月，每升河水中氨氮达124毫克，超出地表水三类标准近250倍，溶解氧为零，沿河金山、龙河等乡镇用龙王河水灌溉，出现烧苗、死苗现象。此后污染持续，逐渐降到四类，到2002年已下降为五类水。赣榆县70多个行政村、近20万人饮水困难，1.33万公顷水稻遭受污染，污水流经河道鱼虾绝迹，淡水渔业资源枯竭，近海滩涂2.39万公顷养殖区日渐荒芜，仅海头镇养殖业直接经济损失就近亿元。事故发生后，市环保局按照国家环保总局、省环保厅要求，撰写《关于山东省莒南县工业废水对我市赣榆县龙王河流域严重污染的情况报告》，请求省环保厅加大向上反映力度，请国家环保总局给予进一步高度重视，加大对山东鲁南地区污染源的监督力度，督促上游认真贯彻落实《淮河流域水污染防治暂行条例》，确保所有工业废水和生活污水达标排放。建议省、国家继续扩大洁净水源开发范围，请省环保厅在资金上予以支持，拨出专款解决龙王河流域人民群众生活用水问题。2002年12月，国家环保总局进行协调并于2003年1月印发《解决龙王河流域（山东莒南与江苏赣榆）跨界水污染纠纷的几点意见》，要求跨界断面水质要分期达到相应的水质标准，即2003年底前化学需氧量浓度达到90毫克/升以内，2004年底前达到五类水质标准，2005年底前达到四类水质目标。

其他 1984年8月8日，新海电厂2号油柜下部放油闸门的法兰橡胶垫片老化损坏，造成2道压力油柱向外喷油，漏失柴油23.1吨，漏失柴油全部流入海州护城河和玉带河，致使河水污染。8月14日上午，市环保部门在电厂水入护城河处、护城河入玉带河处、幸福桥下和工农桥下测得浮油含量分别为1.36%、1%、0.77%、0.4%，其中层水含油量分别为每升1.24毫克、每升0.55毫克、每升0.3毫克和每升0.89毫克，超过国家规定的地面水每升0.3毫克的标准。事故发生后，市水利、环保部门采取协调调水冲刷、稀释的处理办法，很快恢复正常。

1985年，连云区海滨化工厂生产期间因管理不严、操作工责任心不强和突然停电等原因，造成多次氯气外逸，使周围的大气质量明显下降。事故发生后，海滨化工厂封堵氯气排口。经监测，没有对周围环境造成影响。

1988年2月，连云区墟沟镇院前村鱼塘陆续出现死鱼现象，虽然采取必要措施，但至5月塘鱼基本死完，直接经济损失5万多元。经连云区环保办现场调查和市环境监测站采样化验确认，死鱼主要原因系驻墟沟地区的外运公司、连云港碱厂等28个单位生活、生产污染所致。事故发生后，市环保部门要求相关企业达标排放，加强治理。

1989年，国营新浦农场下属的浦南、马条2个农业分场及东上、东河2个农场唯一用水水系东盐河及玉带河不断遭受污染，受损鱼苗1000余千克、成鱼5000余千克，经济损失3.5万余元；86.7公顷玉米减产19.5万千克、折合人民币约15.6万元。事故发生后，经调查了解，玉带河水质污染属实，主要是上游生活污水污染所致，经协调，从农赔资金中拿出部分资金予以补偿。

1994年8月，东海县张湾乡七里村、河南村近千亩水稻生长发生异常。经市县农科部门技术鉴定，排除了病虫、肥、药等致害因素，同时发现生长异常水稻条带现象明显，且位于锦屏化工厂黄磷车间西北方向呈喇叭状辐射，据查在东南方向锦屏化工厂是突出的污染源，且有排污行为，从而认定张湾乡水稻生长异常现象主要原因是锦屏化工厂废气污染。事故发生后，相关部门和企业排查原因，限期整改，达标排放。

2001年10月10日，连云港碱厂1号渣场西堤西北段坝基下沉，围堤塌陷长度约200米，废液流过的宽度约30米，渣场内的废液进入近海滩涂，流量约每小时600～700吨，造成污染。事故发生后，该厂调集大量机械设备进入现场抢修。市环保局根据污染事实和监测报告，对其下达了征收废水超标排污费和责令整改的通知。涉事企业按规定缴纳了排污费。

第五节 生态保护

一、生态修复

1984年起，连云港市把山丘区水利建设的重点转移到以小流域为单元进行综合治理、连续治理、连片治理，在赣榆县夹谷山成立水土保持试验站，开展科学试验和研究。至2005年底完成水土流失治理面积1276平方千米，建成库容11亿立方米的大中小水库及塘坝，兴建抽水泵站440座3.32万千瓦，发展水土保持用材林1.78万公顷、经济林1.45万公顷，水土流失得到有效控制。

20世纪90年代末，灌云县、灌南县开始限制开采地下水、建设河流水源水厂，以控制地面沉降。市区境内关闭除黄泥岭砖瓦厂以外的全部黏土窑厂，扩展空心砖生产，将黏土生产砖瓦向河泥生产砖瓦的方向转移。根据《云台山风景旅游区保护规划》，禁止在云台山、锦屏山开山采石。2002年起压缩开采宕口，至2005年底，全市300多个宕口压缩至90个，其中市区内的110个宕口压缩至13个。对关闭的宕口依据计划安排专项经费进行复绿，黄崖、渔湾、朝阳西山、牛王庙等宕口陆续得到治理。

二、循环经济

1985年、1988年，连云港市分别召开第一次和第二次农村生态环境保护工作会议。至1990年，全市有3个乡40个村2万户初具生态农业端倪。赣榆县后赤金村以沼气建设为纽带，形成种、养、加（饲料—养鸡—喂猪—沼气）的循环农业生态模式。东海县石梁河乡胜泉村以沼气为纽带，走出了集三园（苹果园、山楂园、葡萄园）、二场（养猪场、养鸡场）于一体的生态经济之路。灌云县陡沟乡王范村走“农、工、副并举，种、养、加结合”“猪多、肥多、粮多”的发展之路，改良土壤，增加地力，保护环境。1994年，东海县、赣榆县、灌云县6个生态村的农业生态试点建设取得成效，其中赣榆县后赤金村生态试点通过省环保局考核验收。至2002年底，全市建成

图 2-24 东海县安峰湖湿地边的杨树 赵鸣 摄于2005年

无公害农产品基地17个，面积2.8万公顷，其中2个产品通过农业部、省农林厅认定；发展有机食品基地10个，面积1000公顷，赣榆县宋庄镇建成全国首家有机海产品示范基地。随着全国生态示范区建设的开展，连云港市开拓生态农业建设思路，探索农业“生态链”建设模式，积极发展循环经济。全市建成饲草青贮氨化池30万立方米，每年可处理花生、玉米、山芋秸秆20余万吨。灌南县的大盛板业有限公司开始利用当地秸秆资源生产均质板。2003年，赣榆县投资10亿元进行农村生态环境建设和小流域生态环境综合整治，出台林业产权制度改革相关政策，70%绿色庄园建成无公害食品生产基地、20%建成绿色食品生产基地、10%建成有机食品生产基地，以基地为依托建起数十家龙头企业，开发出芦笋茶、银杏茶、绿茶、桑茶、黑麦挂面、粉丝、柳编工艺品等绿色食品和产品，年创产值6亿余元。灌南县建成有机食品基地3个，面积100公顷；绿色食品基地2个，面积333公顷；无公害食品基地1.34万公顷。全市建成生态循环经济园66.7公顷。东海县建成桃林有机食品科技示范区，2003年8月，该示范区13.6公顷核心区通过国家环保总局有机食品发展中心检测，获得有机食品生产最终认证，结束了苏北地区无有机食品基地的历史。2005年，赣榆县初步形成了“猪—沼—田”生态链，通过实施自制秸秆有机肥、自制秸秆糖化、氨化饲料、禽畜鱼立体混养等循环经济方案，实现环境效益和经济效益的双赢。灌云县在4家单位开展循环经济试点，初步形成以棉花、种养加、林菌草等为特色的循环经济模式。灌南县形成以河堤林带为骨架、农田林网为主体、成片林为基地的林木产地，全县林业用地面积1.95万公顷，林网化率97%，村庄绿化覆盖率60%以上，建成大圈乡有机无籽西瓜生产基地和百禄浅水藕有机食品基地等有机食品生产基地。赣榆县、东海县、灌云县成为国家级秸秆养畜示范县，全市利用秸秆50万吨。

在工业经济方面，连云港市从1996年开始全面进行清洁生产审核工作，在生产过程中进行节能降耗。江苏新海发电有限公司利用先进技术开发利用粉煤灰，实施干出灰系统改造，实行清洁生产，水耗减少48%，电耗减少45%，灰水排放量减少48%。江苏省金桥盐业有限公司黄海化工厂、连云港氯化钙厂利用连云港碱厂的制碱废液生产氯化钙等无机化工原料，每年消耗7000多立方米的氨碱废液，做到变废为宝。2002年，随着《中华人民共和国清洁生产促进法》的实施，连云港市的清洁生产试点工作取得长足进步。是年基本完成全市化工、医药等重点污染行业的清洁生产审核工作。江苏德邦兴华化工股份有限公司投入1000余万元建成锅炉消烟除尘、造气吹风炉、小苏打生产、氨回收等十几项“三废”治理及综合利用项目。2005年，市政府下发《连云港市发展循环经济工作意见》，举办循环经济与清洁生产培训班，开展赣榆县金山化工有限公司“废糟液综合利用”等6个循环经济企业试点工作。

与此同时，连云港市在各方面、各行业推进“绿色”建设和评比活动。在全市范围内开展绿色饭店评比活动，县、区开展绿色学校、绿色机关建设活动。新浦区建设绿色商贸一条街。新一代社区在加大基础设施建设和绿化、美化、硬化、净化社区环境的基础上，投资建设太阳能热水系统，鼓励进行集中供热。

连云港市志

第三卷　人　口

1984～2005年，连云港市户籍总人口由353.05万人增至472.18万人。其间，人口自然增长减缓，机械增长适度。人口密度尤其是市区人口密度显著增长，显示境内人口迁移向城市和集镇集中的特征，城市化进程加快。2005年，全市户籍人口中，男性244.7万人，女性227.48万人，人口性别比107.57，持续高于省平均水平；老年人口41万人，占总人口的比例达8.68%，持续升高，人口老龄化加速；汉族占99.79%，少数民族占0.21%；人口总体科学文化素质不断提高，但高中及以上文化程度人口比重偏低。

随着经济快速发展、社会不断进步和人们生育观念的变化以及计划生育工作的不断强化和完善，连云港市的人口再生产类型发生转变。人口发展由自然增长状态向自觉控制状态转变，人口再生产类型从高出生、低死亡、高增长类型向低出生、低死亡、低增长类型转变。人口发展进入总量基本稳定、人口老龄化步伐不断加快的新时期。面对新形势，市委、市政府深入贯彻实施计划生育基本国策，认真搞好计划生育、优生优育、避孕节育各项管理和服务，特别是加强了对流动人口的管理服务，推动人口政策落地生根。①

第一章　人口规模

1984～2005年，连云港市人口自然增长有所减缓，机械增长适度，人口密度加大。22年间，全市户籍总人口由353.05万人增至472.18万人，市区户籍人口由46.58万人增至70.17万人。人口迁移呈现向市区集中、经济相对欠发达县区迁出人口较多的特征。

第一节　人口总量

1984～2005年，连云港市户籍总人口持续增长。1984年末，全市户籍总人口为353.05万人。1990年末，全市户籍总人口突破400万人，达到405.04万人。2000年末，全市户籍总人口超过450万人，达到455.61万人。2005年末，全市户籍总人口472.18万人，比1984年末净增119.13万人，年均增长1.4%。1987年、1988年、1989年、1990年、1991年、2000年人口增长较快，分别比上年增加7万人以上，年增长率超过1.5%；2004年人口增长最缓慢，比2003年增加0.98万人，年增长0.2%。2005年末，全市户籍总人口472.18万人，在全省13个省辖市中排第9位。

① 由于区划变动，数据来源、统计口径和截止时间的不同，本卷部分数据存在一定误差。

1984～2005年连云港市户籍人口统计表

表3-1

年份	年末总人口（人）	总户数（户）	平均每户人数（人）
1984	3530499	857483	4.12
1985	3582468	882901	4.06
1986	3638867	897588	4.05
1987	3716757	935669	3.97
1988	3788576	969734	3.91
1989	3875203	1017337	3.81
1990	4050355	1063904	3.81
1991	4123878	1088924	3.79
1992	4166437	1103063	3.78
1993	4204151	1129049	3.72
1994	4237213	1132814	3.74
1995	4277833	1146461	3.73
1996	4329604	1170131	3.70
1997	4372524	1183921	3.69
1998	4435331	1216939	3.64
1999	4481543	1243012	3.61
2000	4556084	1268431	3.59
2001	4596358	1292627	3.56
2002	4640282	1302584	3.56
2003	4678306	1312097	3.57
2004	4688104	1344176	3.49
2005	4721818	1362898	3.46

说明：本表按2005年行政区域，依据市公安局提供数据编制。

第二节　人口密度

1984～2005年，随着连云港市人口不断增长，人口密度①不断增大。1984年，全市人口密度为每平方千米470.7人。1990年，全市人口密度为每平方千米540.1人，与1984年相比每平方千米增加69.4人，增长14.74%；其中市区人口密度为每平方千米574.8人。2000年，全市人口密度为每平方千米607.5人，与1990年相比每平方千米增加67.4人，增长12.48%；其中市区人口密度每平方千米688.7人。2005年，全市人口密度为每平方千米629.6人，与2000年相比每平方千米

① 人口密度数据按2005年行政区划，综合市公安局提供数据和1984～2005年《连云港统计年鉴》整理。

增加22.1人，增长3.64%；其中市区人口密度为每平方千米743.4人。市区中，新浦区作为全市政治、经济、文化、商业中心，人口密度最高，为每平方千米1390.29人。东海县人口密度为每平方千米512.24人，为四县最低。

第三节　人口变动

一、自然变动

1984年，连云港市出生人口43455人，出生率12.4‰；死亡人口16962人，死亡率4.84‰；自然增长人口26493人，自然增长率7.56‰。

全市人口出生率此后持续上升，到20世纪90年代初达到最高点，1988～1991年连续四年人口出生率超过20‰。之后随着计划生育工作深入开展和人们生育观念发生变化，全市人口出生率开始下降，除个别年份外，人口出生率保持在15‰以下。2003年出生人口49220人，出生率10.56‰，是出生率最低的年份。死亡率一直变动不大，1984～2003年均不超过5‰；2004年达到最高的6.82‰。自然增长率1985～1991年连续在10‰以上，其中1991年最高，为16.72‰；此后基本都在10‰以下，只有2000年达到12.14‰。

2005年，全市出生人口62898人，出生率13.37‰，比1984年高0.97个千分点。死亡人口24156人，死亡率5.13‰，比1984年高0.29个千分点。自然增长人口38742人，自然增长率8.23‰，比1984年高0.67个千分点。

1984～2005年连云港市户籍人口自然增长统计表

表3-2

年　份	年平均人口（万人）	出生人口（人）	死亡人口（人）	出生率（‰）	死亡率（‰）	自然增长率（‰）
1984	350.45	43455	16962	12.40	4.84	7.56
1985	355.65	55516	17640	15.61	4.96	10.65
1986	361.07	56001	17295	15.51	4.79	10.72
1987	367.79	57522	16881	15.64	4.59	11.05
1988	375.27	76818	18576	20.47	4.95	15.52
1989	383.19	77864	17627	20.32	4.60	15.72
1990	396.29	84765	19378	21.39	4.89	16.50
1991	408.73	88448	20109	21.64	4.92	16.72
1992	414.97	56394	20002	13.59	4.82	8.77
1993	418.98	55011	20488	13.13	4.89	8.24
1994	422.07	53560	20344	12.69	4.82	7.87
1995	425.75	56284	20138	13.22	4.73	8.49
1996	430.37	56809	19324	13.20	4.49	8.71
1997	435.11	55171	20319	12.68	4.67	8.01

续表3-2

年 份	年平均人口（万人）	出生人口（人）	死亡人口（人）	出生率（‰）	死亡率（‰）	自然增长率（‰）
1998	440.39	60994	20258	13.85	4.60	9.25
1999	445.84	55596	18948	12.47	4.25	8.22
2000	451.88	77362	22504	17.12	4.98	12.14
2001	457.62	52979	19705	11.58	4.31	7.27
2002	461.83	54070	18993	11.71	4.11	7.60
2003	465.93	49220	21064	10.56	4.52	6.04
2004	468.32	74212	31953	15.85	6.82	9.02
2005	470.50	62898	24156	13.37	5.13	8.23

说明：本表按2005年行政区域，依据市统计局提供数据编制。

二、机械变动①

1986年，全市机械增长人口12189人。是年，全市迁入人口46121人，迁出人口33932人。其中迁入人口比1985年增长2.32%。

1990年，全市机械增长人口20783人。是年，全市迁入人口53390人，其中省外迁入6249人；迁出人口32607人，其中迁往省外4701人。据第四次人口普查资料显示，迁移原因占人口比重前三位的为婚姻迁入、工作调动和务工经商，分别占17.66%、17.36%和16.84%。此外，迁移原因占人口比重10%以上的还有随迁家属和学习培训。

1995年，全市机械增长人口2469人。是年，全市迁入36320人，其中省外迁入4924人；迁出人口33851人，其中迁往省外4585人。县区中，新浦区净流入人口最多，为5679人；灌云县净流出人口最多，为3516人。

1996年，全市机械增长人口5361人。是年，全市迁入人口52255人，其中省外迁入4892人；迁出人口46894人，其中迁往省外5546人。

1999年，全市机械增长人口6849人。是年，全市迁入人口42193人，其中省外迁入7545人；迁出人口35344人，其中迁往省外6531人。县区中，新浦区净流入人口最多，为3190人；灌云县净流出人口最多，为1941人。

2000年，据第五次人口普查资料显示，迁移原因占人口比重前三位的为婚姻迁入、拆迁搬家和学习培训，分别占21.07%、19.82%和14.76%。此外，迁移原因占人口比重10%以上的还有务工经商和随迁家属。

2005年，全市机械增长人口为-5273人。是年，全市迁入人口34058人，其中省外迁入7132人；迁出人口39331人，其中迁往省外9241人。分县区来看，市区机械增长人口3572人，除海州区外，新浦区、连云区机械增长人口均为正值；其中新浦区净流入人口最多，为2380人。四县机械增长人口为-8845人，除赣榆县外，东海县、灌云县、灌南县机械增长人口均为负值；其中灌云县净流出人口最多，为3963人。

① 全市人口机械变动情况综合1984～2005年《连云港统计年鉴》和连云港市第四次、第五次人口普查资料整理。1996年，灌南县由原淮阴市（现淮安市）划归连云港市。1996年（不含）前的全市人口机械变动数据未包含灌南县数据。

第二章　人口分布与构成①

1984～2005年，随着连云港市经济社会发展，全市人口城镇化进程加快。据第五次人口普查资料显示，2000年，全市市镇人口128.03万人，比1990年增长81.37%；县人口328.96万人，比1990年减少2.55%，人口城镇化水平上升10.72个百分点，呈现出人口向市镇集中、非农人口转移的明显特征。

1984～2005年，全市人口性别比稳定在104～108之间，男性人口出生数持续偏高于女性人口出生数，显示境内传统的生育观念仍未得到改变。人口平均年龄持续增高，老年人口占总人口比重有所上升，人口加速老化。与此同时，受教育人口不断增长，高学历人口增多；少数民族人口特别是女性少数民族人口上升较快。婚姻家庭总体稳定，家庭规模呈缩小趋势，离婚率上升。

第一节　人口分布

一、市县分布

1984年底，连云港市区户籍人口46.58万人，占全市人口的13.19%；四县人口306.47万人，占全市的86.81%，其中赣榆县81.75万人、东海县86.84万人、灌云县81.08万人、灌南县56.8万人。1987年末，市区户籍人口超过50万人，为50.47万人。1990年，东海县户籍人口突破100万人，达到100.2万人。1996年，市区户籍人口超过60万人，为60.32万人；赣榆县户籍人口突破100万人，达到100.89万人。1999年，灌云县户籍人口突破100万人，达到100.08万人。

1984～2005年连云港市分县（区）人口统计表

表3-3　　单位：万人

年　份	全　市	市　区	赣榆县	东海县	灌云县	灌南县
1984	353.05	46.58	81.75	86.84	81.08	56.80
1985	358.25	47.81	82.87	88.13	81.82	57.62
1986	363.89	49.09	84.07	89.39	82.72	58.62
1987	371.68	50.47	85.78	91.33	84.14	59.96
1988	378.86	51.87	87.52	92.84	85.50	61.13
1989	387.52	52.87	89.63	95.09	87.45	62.48
1990	405.05	54.26	95.10	100.20	90.72	64.77

① 本章第二节、第三节、第四节、第五节1996年前数据均不含灌南县。人口普查数据均为常住人口。

续表 3-3

年　份	全　市	市　区	赣榆县	东海县	灌云县	灌南县
1991	412.40	55.18	96.77	102.03	92.24	66.18
1992	417.54	57.02	97.27	103.67	92.66	66.92
1993	420.41	56.92	98.24	104.33	93.72	67.20
1994	423.72	58.04	99.04	104.72	94.43	67.49
1995	427.78	59.26	99.89	105.43	95.04	68.16
1996	432.96	60.32	100.89	107.07	96.30	68.39
1997	437.25	61.53	101.58	107.67	97.08	69.40
1998	443.53	62.70	102.56	109.18	99.13	69.96
1999	448.15	64.10	103.66	110.00	100.08	70.31
2000	455.61	65.00	104.88	112.69	101.77	71.26
2001	459.64	66.27	105.83	113.39	102.47	71.66
2002	464.03	67.39	106.83	113.97	103.61	72.23
2003	467.83	68.33	107.91	114.35	104.53	72.71
2004	468.81	69.26	107.09	114.43	104.61	73.42
2005	472.18	70.17	107.69	115.26	105.05	74.01

说明：本表按2005年行政区域，依据市统计局提供的数据编制。

2005年底，市区户籍人口70.17万人，比1984年净增23.59万人；占全市总人口的14.86%，比重比1984年高出1.67个百分点。其中，连云区（含连云港经济技术开发区）19.87万人，新浦区36.91万人，海州区13.39万人。四县人口402.01万人，占全市的85.14%。其中，赣榆县107.69万人，东海县115.26万人，灌云县105.05万人，灌南县74.01万人。

2005年连云港市户籍人口地区分布情况统计表

表 3-4

地　区	总人口（人）	占总人口比例（%）	总户数（户）	占总户数比例（%）
全市	4721818	100.00	1362898	100.00
市区	701685	14.86	220019	16.14
连云区	198656	4.21	67599	4.96
新浦区	369153	7.82	109400	8.03
海州区	133876	2.83	43020	3.15
辖县	4020133	85.14	1142879	83.86
赣榆县	1076919	22.81	334180	24.52
东海县	1152587	24.41	311498	22.86
灌云县	1050528	22.25	288440	21.16
灌南县	740099	15.67	208761	15.32

说明：本表按2005年行政区域，依据市统计局提供的数据编制。

二、非农业人口[①]

1984年，全市总人口353.05万人，其中非农业人口50.31万人，占总人口的14.25%。随着连云港社会经济发展，连云港经济技术开发区的设立以及地方城镇人口政策的改革，城镇规模及地域不断扩大，全市人口逐步向城镇、非农领域流动。1989年12月，因新浦、海州地区实施铁路绕线技改工程，海州区洪山乡新庄村城圩队、车站村战西队和范庄村村民小组被撤销，598人转为城镇户口。1990年，全市非农业人口65.47万人，占总人口比重为16.16%。1993年，连云区云山乡老君堂村撤队转城，安排“农转非”（农村户口转为城镇户口）指标487人。1995年，全市非农业人口77.53万人，占总人口的18.12%。1997年，全市实施户籍制度改革，推行以合法固定住所、稳定职业为基本条件的户口迁移新政策，人口流动和户口迁移的束缚被打破，连云港城乡人口比例出现乡村人口绝对规模由上升转为下降的历史性转折。2000年，全市非农业人口107.11万人，占总人口的23.51%。其中，市镇人口比1990年增长81.37%；县人口比1990年下降2.55%，人口城镇化进程加快。至2005年底，市区撤村转城的单位还有新浦区临洪村、沈圩村等。是年，全市非农业人口218.26万人，占总人口的46.22%，比1984年提高近32个百分点。但在全省各省辖市中，连云港市人口城镇化水平仅高于宿迁市，列第12位。

表3-5

1984～2005年连云港市非农业人口占总人口比重统计表

年份	非农业人口数（人）	非农业人口占总人口比重（%）	年份	非农业人口数（人）	非农业人口占总人口比重（%）
1984	503061	14.25	1995	775348	18.12
1985	528281	14.75	1996	805006	18.59
1986	497186	13.66	1997	828322	18.94
1987	529788	14.25	1998	843648	19.02
1988	563343	14.87	1999	872027	19.46
1989	626369	16.16	2000	1071127	23.51
1990	654712	16.16	2001	1206749	26.25
1991	674282	16.35	2002	1270839	27.39
1992	692087	16.61	2003	1724884	36.87
1993	708604	16.85	2004	2234049	47.65
1994	742058	17.51	2005	2182576	46.22

说明：本表按2005年行政区域，依据市公安局提供的数据编制。

第二节 人口构成

一、性别构成

1984～2005年，连云港市总人口的男女性别比差异不大，维持在104～108之间，比例偏高。

① 非农业人口数据综合市公安局提供的数据整理。

1984年末总人口中，男性180.33万人，女性172.72万人，男女性别比为104.41（女性=100）。1990年末，男性人口超过200万人，1991年底，女性人口超过200万人。2004年底，男女性别比上升到最高点，为108.1。2005年底，男性244.7万人，女性227.48万人，男女性别比为107.57，比全省平均水平高7.47。22年间，全市净增男性人口64.37万人，增长35.7%；净增女性人口54.76万人，增长31.7%。男性增加人数比女性多9.61万人，男性增长幅度比女性高4%。

1984～2005年连云港市户籍人口男女性别比例一览表

表3-6

年　份	年末总人口（万人）	按性别分（万人）		性别比（女性=100）
		男	女	
1984	353.05	180.33	172.72	104.41
1985	358.24	183.53	174.71	105.05
1986	363.89	186.62	177.27	105.27
1987	371.68	190.93	180.75	105.63
1988	378.86	194.85	184.01	105.89
1989	387.52	199.55	187.97	106.16
1990	405.05	207.90	197.15	105.45
1991	412.40	212.15	200.25	105.94
1992	417.54	214.86	202.68	106.01
1993	420.41	216.43	203.98	106.10
1994	423.72	218.12	205.60	106.09
1995	427.78	220.21	207.57	106.09
1996	432.96	222.97	209.99	106.18
1997	437.25	224.52	212.73	105.54
1998	443.53	229.23	214.30	106.97
1999	448.15	231.89	216.26	107.23
2000	455.61	235.69	219.92	107.17
2001	459.64	237.27	222.37	106.70
2002	464.03	239.19	224.83	106.39
2003	467.83	241.56	226.27	106.76
2004	468.81	243.53	225.28	108.10
2005	472.18	244.70	227.48	107.57

说明：本表按2005年行政区域，依据市统计局提供的数据编制。

二、年龄构成

1984年后，特别是1990年后，连云港市0～14岁少年儿童占总人口比重持续下降，老年人口占总人口的比重有所上升，人口加速老化。

1990年第四次人口普查时，全市0～14岁人口占总人口比重为31.19%；15～64岁人口比重为63.32%；65岁及65岁以上人口比重为5.49%。全市人口平均年龄27.03岁，年龄中位数为24.27岁。

2000年第五次人口普查时，全市0～14岁人口为122.38万人，占总人口比重为26.86%；15～64岁人口为302.4万人，比重为66.37%；65岁及65岁以上人口32.21万人，比重为7.05%。与1990年相比，0～14岁人口比重下降4.41个百分点，老年人口比重上升1.56个百分点。全市人口平均年龄为30.92岁，比1990年上升3.89岁；年龄中位数为29.96岁，上升5.69岁。普查登记百岁及百岁以上人口66人，比1990年增加51人。其中，男性9人，增加3人；女性57人，增加48人。

2005年，全市常住人口中，0～14岁人口为97万人，占常住人口的21.31%；15～64岁人口为317万人，占常住人口的69.77%；65岁及以上人口为41万人，占常住人口的8.92%。与第五次人口普查相比，0～14岁人口比重下降5.47个百分点，65岁及以上人口比重上升1.87个百分点。

三、民族构成

连云港市是一个以汉族为主的多民族居住地区。改革开放后，随着经济社会的发展，因婚姻、工作、学习、经商等原因迁居连云港的少数民族人口不断增加。

1990年第四次人口普查显示，全市有汉族、蒙古族、回族、藏族、维吾尔族、苗族、彝族、壮族、布依族、朝鲜族、满族、侗族、瑶族、白族、土家族、哈尼族、哈萨克族、傣族、黎族、傈僳族、佤族、畲族、高山族、拉祜族、水族、纳西族、达斡尔族、仫佬族、布朗族、锡伯族、普米族、鄂温克族、赫哲族33个民族，比第三次普查时增加15个民族。其中，汉族343.62万人，占99.9%；少数民族3593人，占0.1%。改革开放后人口流动性增强，部分农村从少数民族地区婚进妇女，是民族成分增多的主要原因。

2000年第五次人口普查显示，全市有汉族、蒙古族、回族、藏族、维吾尔族、苗族、彝族、壮族、布依族、朝鲜族、满族、侗族、瑶族、白族、土家族、哈尼族、哈萨克族、傣族、黎族、傈僳族、佤族、畲族、高山族、拉祜族、水族、纳西族、景颇族、柯尔克孜族、土族、达斡尔族、仫佬族、羌族、布朗族、撒拉族、毛南族、仡佬族、锡伯族、阿昌族、普米族、塔吉克族、怒族、鄂温克族、德昂族、保安族、京族、独龙族、鄂伦春族、赫哲族、基诺族49个民族，比第四次普查时增加16个民族。其中，汉族人口为456.03万人，占99.79%，少数民族人口为9573人，占0.21%。与1990年相比，汉族人口增加112.42万人，增长32.71%；少数民族人口增加5980人，增长166.43%。有15个少数民族人口超过百人，其中，回族、蒙古族、苗族人口超过千人，分别为2772人、1095人、1094人。受外来婚嫁人口影响，全市少数民族人口女性多于男性，少数民族女性占少数民族人口比重为69.33%。

四、学历构成

1990年第四次人口普查显示，全市平均每万人中具有大专及大专以上教育程度的81人，具有高中（包括中专）教育程度的640人，具有初中教育程度的2202人，具有小学教育程度的3325人。

2000年第五次人口普查显示，全市平均每万人具有大专及大专以上教育程度的为253人，具有高中（包括中专）教育程度的为987人，具有初中教育程度的为3379人，具有小学教育程度的为3739人。与1990年相比，每万人中大专以上文化程度者增加172人，增长2.12倍，境内人口接受高等教育者明显增多。在业人口中，具有大专及大专以上教育程度的占3.46%，比1990年上升2.23个百分点；具有高中（包括中专）教育程度的占11.54%，上升2.21个百分点；具有初中教育程度的占45.30%，上升13.4个百分点；具有小学及小学以下教育程度的占39.71%，下降17.83个百分点。

2005年，全市常住人口中，具有大学程度人口为18万人，高中程度人口为49万人，初中程度人口为170万人，小学程度人口为130万人。与第五次人口普查相比，大学程度人口增加7万人，高中程度人口增加4万人，初中程度人口增加15万人，小学程度人口减少41万人。文盲人口由1990年的82.65万人减少到34.03万人，下降58.83%；文盲率由29.43%下降到10.17%，平均每年下降1.86个百分点。

改革开放后，境内人口文化素质不断提高，高中以上文化程度者占总人口的比重持续上升，但接受高等教育者人口比重偏低，初中及以下文化程度人口比重偏高。

五、婚姻家庭

婚姻[①] 1984～2005年，全市居民婚姻状况总体稳定，但20世纪90年代后，随着人们婚姻观念的逐步开放和物质利益渗透进择偶和家庭生活，居民离婚率呈现升高的趋势。1990年第四次人口普查抽样资料显示，全市15岁及15岁以上人口中，未婚人口占22.17%，有配偶人口占71.89%，离婚人口占0.32%。2000年第五次人口普查抽样资料统计显示，全市15岁及15岁以上人口中，未婚人口占18.93%，比1990年下降3.24个百分点；有配偶人口占75.41%，比1990年上升3.52个百分点，比江苏省平均76.78%的水平低1.37%；离婚人口占总人口的0.56%，比1990年上升0.24个百分点。

2005年，全市登记结婚30160对，登记离婚2989对。因婚姻观、价值观转变，离婚者大幅增加，离婚率上升。

家庭 由于计划生育政策实施、独生子女进入婚姻、生育观念转变、生活方式改变等原因，1984～2005年，境内家庭规模呈缩小趋势，由大家庭户向核心家庭户转变。2000年第五次人口普查显示，全市总户数121.05万户，比1990年增加19.3万户。其中，家庭户119.14万户，增加17.73万户。家庭户平均人口3.71人，比1990年减少0.25人。家庭户中，三人户家庭占26.26%，比1990年上升5.51个百分点；二人户家庭占14.02%，上升3.54个百分点；一人户家庭占5.41%，上升0.45个百分点；四人户家庭占27.65%，下降3.36个百分点；五人户家庭占16.57%，下降3.95个百分点；六人及六人以上户家庭占10.09%，下降2.18个百分点。全市育龄妇女总和生育率1.31，一孩率72.16%，比1990年上升29.58个百分点；二孩率22.83%，下降10.98个百分点；多孩率5.01%，下降18.6个百分点。总抚养比为60.17%，比1990年下降6.65个百分点，其中少年抚养比48.35%，下降8.18个百分点；老年抚养比11.82%，上升2.24个百分点。

2005年，全市有户籍家庭136.29万户，户均人口3.46人，比2000年减少0.13人。

第三章 人口控制

20世纪80年代初，计划生育被正式确定为基本国策。这一阶段，连云港市开始从“晚、稀、

① 全市婚姻数据综合1984～2005年《连云港统计年鉴》和连云港市第四次、第五次人口普查资料整理。

少”[①]向“一对夫妇只生育一个孩子”的生育政策过渡。1986～1990年，全市平稳度过第三次人口出生高峰。“八五”计划期间虽然处于生育高峰的顶峰阶段，但人口过快增长势头得到控制，年均出生率为14.99‰。2000年，受“千禧宝宝”[②]影响，全市人口出生率17.12‰，较正常年份高5个千分点左右。2001～2005年，《中华人民共和国人口与计划生育法》等“一法三规一条例”相继颁布实施，全市投入5000多万元建成规范化的技术服务设施。全市计划生育工作把计划生育与发展经济、帮助农民致富奔小康和建立文明幸福家庭相结合，形成人口与经济、社会、资源、环境协调发展的良好态势。2005年，全市人口出生率13.37‰，总和生育率1.5左右，计划生育率90.72%，独生子女累积率48.3%。

第一节 人口规划与统计

一、人口规划

1981～1985年，连云港市人口规划按照“晚、稀、少”要求编制，开始全面推行一对夫妇只生育一个孩子、经批准照顾生育第二个孩子的人口增长计划。其间，照顾生育第二个孩子的政策分别于1981年、1982年、1984年、1985年作过4次调整与完善，每年的人口计划随之调整。1985年末，户籍总人口358.25万人，是年人口自然增长率10.65‰。

1986～1990年，人口规划依据1982年全国第三次人口普查有关数据和继续推行一对夫妇只生育一个孩子政策编制，计划到1990年末，总人口控制在400万人以内。其间，由于在1962～1971年出生的77万人相继进入结婚生育期，连云港市进入第三次人口出生高峰期，加之原有的行政管理手段未能迅速适应农村经济改革后的新情况，部分农村地区计划生育工作有所放松，人口增长速度明显高于“六五”计划时期，平均达到14‰左右，人口计划逐年突破，1990年末户籍总人口达到405.04万人。

1991～1995年，人口规划参照1990年全国第四次人口普查有关人口年龄组数据等因素编制，规划到1995年末总人口控制在425万人以内。其间，由于全市育龄妇女总数处于历史最高值，加之1990年《江苏省计划生育条例》颁布实施生育政策完善后的累积补偿生育等因素的影响，人口出生率虽逐年下降但仍处于高位，1995年人口自然增长率8.49‰，年末户籍总人口427.78万人。

1996～2000年，人口规划以第四次人口普查资料为主依据编制，规划要求全市人口总数控制在455万人以内。其间，全市组织开展计划生育先进乡镇、合格村居创建活动，完善双月服务、重点管理乡镇、领导干部联系点等制度，人口增长控制在计划以内。2000年末，户籍总人口455.61万人。

2001～2005年，人口规划以第五次人口普查资料和2000年中共中央、国务院《关于加强人口与计划生育工作稳定低生育水平的决定》为主依据编制。规划2005年全市人口总数控制在475万人以内。其间，全市进一步完善计划生育目标管理责任制、综合治理机制，全市低生育水平得到稳定，年平均出生率13‰。2005年末，户籍总人口472.18万人，比1984年末增加119.13万人，

① “晚”指晚婚，男25周岁、女23周岁结婚；“稀”指拉长生育间隔，两胎间隔4年左右；“少”指少生，一对夫妇只生两个孩子。

② 2000年千禧龙年出生的孩子，称为千禧宝宝，也叫千禧宝贝。

年均增长1.4%。

在制定五年人口规划的基础上，每年由市计划（发展改革）部门和计生部门联合下达县区年度人口控制计划，主要指标由20世纪80年代的人口总量逐步过渡到1990年后的人口出生率、自然增长率、计划生育率等指标。1992年起，采取自下而上逐级排查、核实上报计划人数，自上而下下达人口出生绝对数，基层通过“双月查”[①]摸底数、摸清底数排计划、排上计划发通知、查清孕情换“准生证”四个环节落实人口计划。1993年，市计划生育委员会（简称市计生委）印发《连云港市基层人口计划管理和统计信息管理办法》，完善“两公布、三坚持、四签订、五访问、六到人”人口计划管理方法，此经验被国家计生委在全国推广。1997年修订印发《关于印发连云港市基层年度人口计划管理规范的通知》，实行生育计划通知单和生育证管理制度。2002年，废止一孩生育证制度，此后至2005年，变按计划生育为按政策生育，同时组织开展“人、卡、机、单、证”一致性核查核实工作，促进人口计划的落实。

二、统计调查

计划生育统计工作伴随着计生机构的建立而开始。统计指标主要设计为人口总量、出生、死亡、四项手术以及出生率、自然增长率、节制生育率等。1982年起全面建立统计报表制度。1987年起，部分乡镇计划生育机构设立专职统计员。1994年上半年，市计生委统一全市基层账卡的样式、内容，明确定期变更规定和规范。2000年规范村级统计工作台账，印发《村干部计划生育工作手册》。2004年，市、县计生部门推行《基层人口和计划生育工作规范》，进一步完善村级管理台账（包括常住人口登记簿、育龄妇女信息卡、信息报告单、村级计划生育干部工作手册）。2005年，市政府建立市、县、乡评估分析制度，定期召开全市人口形势分析会。

第二节　计划生育

一、避孕节育

1985年，连云港市计划生育委员会建立市避孕药具管理站（简称市药具站），避孕药具改由江苏省避孕药具管理站统一计价调拨，经费承包，市药具站统一经营管理，全市各县、区所需的避孕药具实行计划调拨。是年8月，市计生委、财政局、卫生局印发《关于调整计划生育手术收费标准和加强手术经费管理的通知》。1987年7月，市药具站在新浦区、海州区、云台区、连云区的医药站设立10处零售点。

1990年起淘汰“O”型环，推广宫型环、“T”型环和荷兰环等新型宫内节育器。市计划生育指导所引进皮下埋植避孕法、药物流产等技术应用于临床。孕情监测由乳胶试验逐步过渡到B超监测。1993年，部分乡镇将“双月查”放到村里，或以村为主、乡村配合，运用B超、胶乳、透环、妇检等多种方法交叉使用，提高检测质量，“双月查”开始向注重孕前管理和服务、开展育龄妇女医学监护等方面转化。是年，已婚育龄妇女节育率93.29%，长效措施落实率98.29%。1997年，部分乡镇建立党员干部“双月查”专项档案，建立村干部签字负责制，落实节育措施8.01万例。

2000年，全市对“九五”规划以来出生人口情况进行全面清查。通过期内避孕节育措施落实

---

① 每2个月组织一次对育龄妇女的经期、孕期和避孕节育措施落实情况的检查。

提示牌、随访服务通知单等形式，公布落实措施和随访服务对象，接受群众监督。是年，市卫生局与计生委联合发文，制止非医疗性的选择性引产。2002年，市计生委印发《连云港市计划生育随访服务工作的意见》，通过登门随访与定期随访相结合的方法，逐步取代“双月查”管理模式。同时，废除一孩生育证，试行一孩生育服务证。是年7月，建立向农村实行计划生育的育龄夫妻免费提供避孕、节育技术服务制度。2005年5月，全市已婚育龄妇女人数92.23万人，采取避孕节育措施人数85.1万人。

二、管理措施

20世纪80年代开始，连云港市认真推动落实计划生育目标任务。1984年3月，市计划生育工作会议下达当年出生率指标14‰、一胎率90%的目标，组织开展“清三查四”活动。1990年，全市建立计划生育目标管理责任制，市、县（区）、乡镇、村（居委会）以及局（公司）与管辖单位五个层次之间逐级签订计划生育目标管理责任书。1991年，在全市普遍实行“双月查”制度，并作为一项龙头措施，逐步实现计划生育工作由孕后向孕前管理转变。同时开展计划生育专项清理活动，落实节育措施6946人，兑现缴纳社会抚养费7032人。1992年，市政府出台《关于全市制止违法婚姻、加强晚婚晚育管理的意见》等文件；是年10月出台《连云港市实施〈江苏省计划生育条例〉办法》，对领导责任制、计划生育目标管理、婚姻登记体检制度、怀孕生育意外事故处理管理等方面作出规定。规定办理结婚登记时，由公安、计生、卫生、妇联、民政、司法等部门联合办公，共同把关，是年晚婚率22.17%。普遍建立党员干部“联系户”制度，东海县2.5万名农村党员干部签订“保包带”（保自己、包亲属、带四邻）责任书。1993年，市计生委出台《关于在农村广泛建立计划生育邻里小组的意见》，组建计划生育邻里小组5.69万个。1994年，市计生委出台《村级计划生育工作规范》《计划生育五好邻里小组标准》《村级计划生育协会规范化建设基本标准》《合格村计划生育服务室标准》。村级基本成立人口与计划生育领导小组、人口与计划生育基础知识教育领导小组、计划生育协会三个组织。普遍建立育龄妇女分类管理和孕情监测制度、党员干部和协会会员联系户制度、合同管理和兑现制度、流动人口管理制度、岗位目标、基础台账管理制度等。1996年，市政府印发《关于依法管理计划生育，提高正确执法、文明执法水平的意见》，举办县区、乡镇依法管理研讨班。1998年，市政府印发《关于加强党员干部及其亲属“双月查”专项管理的意见》，实行党员干部保自己、包亲属、带四邻的“保、包、带”责任制。东海县四套班子成员带头张榜公布其生育、节育情况。1999年3月，市委办公室印发《关于转发市计生委〈关于建立计划生育以村为主工作机制加快实现“三为主”的意见〉的通知》，县区相继出台推进以村为主工作机制的文件，并与协会组织建设、合格村创建紧密结合。2000年试点推动计划生育村（居）民自治工作。2001年，市计生委印发《关于开展计划生育村民自治工作的实施意见》，突出依法建章立制、民主管理、优质服务三项重点内容，建立县调控、乡管理、村负责、户落实、民自治的工作运行机制。是年，全市建立健全计划生育行政执法责任制和执法过错责任追究制，实行领导信访接待日制度，是年受理信访343件次。2002年，全市取消一孩生育证，规范再生一孩审批程序。2003年建立“依法管理、村民自治、优质服务、政策推动、综合治理”的人口和计划生育工作新机制，全市打造和完善10个先进典型；将预收社会抚养费等严重违法违规行为列入目标考核的否决性指标，调整公安、工商、财政、卫生等七大部门的职责。2004年，市政府印发《连云港市实施〈江苏省人口与计划生育条例〉办法》《连云港市禁止非医学需要的胎儿性别鉴定和选择性别终止妊娠暂行规定》，试点建立城市计划生育工作机制，依托社区资源，开展计划生育管理和服务。40%的村建立计划生育村民自治工作机制。2005年，全市进一步完善计划生育行政执法责任制和行政执法公示制，查处违规征收社会抚养费和乱收费、乱罚款的案件5起，依法处理行政复议案件5例、行政诉讼案件1例。是年，女性晚育率46.51%，全市计生信访量比2004年下降16%。

三、奖励制度

20世纪80年代初，连云港市开始建立计划生育奖励制度。主要政策有凭独生子女证可优先入园、入学、招工、分配城镇住房、分配农村口粮等；城市发放儿童保健奖金，农村奖励保健工分；凡实行晚婚者其婚假从法定3天增至10天；晚育并领取独生子女证者，产假增至86天。1988年，市政府批转市计生委《关于计划生育若干问题的若干规定》，规定领取独生子女证夫妇每年享受保健费40元，农村可按2个孩子的份额分给自留地和承包责任田，退休职工可加发5%的退休金；国家工作人员和城乡企事业单位职工实行晚婚的，各增加婚假7天；实行晚婚晚育并领取独生子女证的产妇，增加产假30天；增加的婚假和产假视同出勤。1989年，全市开办独生子女平安保险等险种。是年有1421名独生子女，575名独生子女家长、两女结扎户和基层计生干部参加保险。1993年，赣榆县试点和推行独生子女股份合作经济组织。1994年，全市启动养殖业、海洋捕捞业等10多类致富项目，缔结帮扶致富对子33688对。1995年，县区出台独生子女优惠奖励政策，在独生子女父母奖励金、宅基地分配、减免义务工、入园入托、教育附加费、养老保险、就业安置等方面做出具体规定，在资金、政策方面帮助计划生育家庭勤劳致富、少生快富。1997年，市计生委、计生协会在灌南县九队乡试点启动“送一还一”少生快富滚动发展工程。全市投保200万元，为独生子女及其父母办理计划生育系列保险。1998年，全市探索建立花卉、蔬菜、水果等“少生快富”示范园10个。2000年，市计生、财政、劳动等部门联合印发《连云港市市级行政事业单位职工子女、女职工生育医疗费报销管理暂行办法》《关于妥善解决城镇职工计划生育手术费用问题的通知》。灌南县、东海县规定独生子女参加中考可享受增加10分的特殊照顾。是年，全市投入385.9万元为独生子女及其父母办理“两全险”、养老保险。2001年，赣榆县采取政府支持、金融让利的办法成立独生子女帮扶基金会，筹措100万元设立独生子女家庭脱贫致富低息贷款基金，由县农信联社每年启动贴息贷款4300万元资金开展独生子女家庭帮扶工程。2002年，连云区实施“七个一”工程，为独生子女办理就医优惠卡，向新生儿家庭馈赠独生子女保险单、婴儿用品、生殖保健卡。新浦区、开发区启动独生子女父母再就业工程、心连心帮扶工程和计划生育幸福工程，由政府购买就业岗位，安排800多名下岗独生子女父母再就业。2003年2月，市计生委下发关于持有独生子女父母光荣证的职工加发退休金由县区审批的通知。是年，全市建成花卉、蔬菜种植、动物养殖、海洋捕捞等“少生快富”示范园30多个。2004年，市政府出台的《连云港市实施江苏省计划生育条例办法》中规定：自领取独生子女光荣证之日至18周岁止，夫妻每人每年发放奖励金不少于30元；享受最低生活保障家庭的独生子女在定点医院就医的，住院费、治疗费和药费可减免20%，检查费按半价收取；独生子女入园、入托的管理费和九年制义务教育阶段的杂费，由独生子女父母单位轮流报销；把实行计划生育的贫困家庭优先纳入最

图3-1　2005年8月，连云港市首次建立计划生育家庭奖励扶助制度，农村独生子女父母年满60周岁每人每月领取50元奖励金。　侍志　摄

低生活保障范围，并提高补助标准等。2005年8月，市政府办转发市计生委、财政局《关于全面推行农村部分计划生育家庭奖励扶助制度实施意见》，规定对年满60周岁，子女在1963年1月1日以后出生，领取独生子女父母光荣证的农村夫妇每人每月发放扶助金50元；扩大农村只生一个女孩家庭的奖励扶助范围，年满50周岁即可作为奖励扶助对象。是年，通过市、县、乡、村四级审核，共确认奖励扶助对象5001人，发放奖励扶助金299.7万元。是年，各县区制定《人口和计划生育公益金管理暂行办法》，市财政安排15万元计划生育公益金的启动资金，全市筹集公益基金110万元，对260多户计生困难家庭进行救助。

第三节　优生优育

一、优生

20世纪80年代初，连云港市计划生育管理部门通过举办广播讲座、画廊橱窗等形式开展优生优育宣传。1988年5月，市政府印发《关于计划生育若干问题的规定》，要求适婚男女必须进行婚前检查，凡患有不应生育疾病的不准生育，已怀孕的应终止妊娠，严禁任何单位和个人为孕妇鉴定胎儿性别。

1994年，江苏省计生委提出开展避孕节育全程服务和生殖保健服务的意见。连云港市部分县区将孕产期保健、孕情医学监护、妇女病查治等内容纳入“双月查”服务范围，建立育龄妇女健康档案。1995年10月，市计生委印发《连云港市计划生育双月查和双月服务管理办法》。1996年、1997年，市、县计划生育优质服务示范站推行避孕节育全程服务和生殖保健服务。1998年依托育龄妇女信息管理系统提供的服务对象名单，开展妇女病查治服务。1999年9月，市计生委制订计划生育科技发展“十五”计划，提出建立完善的以避孕节育全程服务和生殖保健服务为主的优质服务体系，推广新技术、新方法。

2000年，市计划生育指导所开展PCR基因检测等优生项目，县、乡两级计生部门规范优质服务的内容和手术管理台账。2001年，市计生委印发《连云港市生殖道感染综合防治工程实施规划》。2002年启动避孕节育随访服务、避孕节育知情选择、出生缺陷干预、青少年生殖健康教育、男性生殖健康、育龄妇女生殖道感染综合防治六项计划生育优质服务工程。是年，在灌南县花园乡试点的知情选择工程、在新浦区新南街道办事处试点的青少年生殖健康工程通过省项目组验收。2003年，市计生委印发《关于实施计划生育随访服务、避孕节育知情选择和出生缺陷一级干预工程的意见》《连云港市人口和计划生育优质服务实施意见》。是年7月，市委、市政府在东海县召开全市计划生育优质服务现场会，启动避孕节育服务和生殖健康促进系列工程。各乡镇服务站建立避孕节育不良反应、不孕不育症夫妇档案，指导

图3-2　2002年11月，基层计生服务机构组织开展生殖健康咨询活动。　计生委　供

孕妇服用斯利安或福斯福等营养素预防、干预出生缺陷发生。2004年，全市全面推行避孕节育随访服务、生殖道感染综合防治和出生缺陷一级干预工程，开展登门随访服务和以集中服务为主的定期随访。

2005年6月，市计生委出台《连云港市计划生育免费避孕药具社会网络化发放管理暂行办法》，开展环境优美、技术优良、条件优惠的“三优”服务活动，推进生殖道感染综合防治、出生缺陷一级干预、避孕节育知情选择、避孕节育随访服务等系列工程。是年开展生殖健康检查27.5万人次，综合防治面达92%以上；接受婚前保健知识和婚育指导人群12万人次，发放服用斯利安叶酸片5000人次，出生缺陷一级干预受益人群2.5万人，全市避孕节育和生殖保健服务率达75%以上。

二、优育

孕产妇系统管理 1990年，连云港市开始推行孕产妇系统管理，从怀孕3个月至产后1周，由专业妇幼保健人员定期检查管理孕产妇和胎儿健康状况，发现异常及时处理。1990～1992年，全市死亡孕产妇124人（农村孕产妇占死亡总数的93.55%），其中30人死于家庭分娩、24人死于转送途中。1993年，市卫生局发文禁止村医生、接生员、个体开业医生接生。是年，《连云港市综合医院妇产科工作质量考核标准》《连云港市乡（镇）卫生院妇产科等级评比标准》出台，全市医院开展等级妇产科创建活动。1993年底，全市有13家乡镇卫生院通过市级甲级妇产科验收，市第一人民医院、市妇幼保健院、灌云县医院开设母婴同室病房。1995年，全市孕产妇保健覆盖面64.97%，住院分娩率87.51%，孕产妇死亡率每10万人34.62人。灌南县孕产妇死亡率长时间处于全省较高位置，1995年为每10万人111人，1998年为122人，2001年达125.3人。2002年，市政府与灌南县政府签订目标责任书，由省、市、县共同筹集项目资金125万元，实施降低灌南县孕产妇死亡率项目方案。是年，灌南县孕产妇死亡率降至每10万人75.78人，2003年降至18.08人。2005年，孕产妇系统管理纳入新型农村合作医疗报销范围。是年，全市孕产妇保健覆盖面74.13%，孕产妇死亡15例，其中城市3例、农村12例，死亡率每10万人29.6人。

新生儿疾病筛查 1997年，连云港市筹备启动新生儿疾病筛查项目。1998年6月完成全部实验，配齐仪器设备，在市第一人民医院开展筛查试点。1999年，市新生儿疾病筛查中心在市第一人民医院成立。2000年9月，连云港市新生儿筛查工作领导小组召开全市新生儿筛查工作启动大会，印发《连云港市新生儿疾病筛查管理规定》《连云港市新生儿疾病筛查血样采递送常规》，全市30家医疗保健单位首批开展新生儿疾病筛查。2001年3月21日，筛查出首例甲状腺功能低下症患儿，6月7日筛查出首例苯丙酮尿症患儿，筛查出的患儿均接受正规治疗。至2005年6月，全市新生儿疾病筛查采样12.11万人，筛查率82.54%，查出可疑苯丙酮尿症1736例、召回1683例，可疑甲状腺功能减退2657例、召回2590例；确诊苯丙酮尿症11例，甲状腺功能低下症53例。所有患儿除7例家长放弃治疗、1例死亡外，其余经正规治疗，半岁以上患儿智力均恢复正常。至2005年底，全市有127家医疗保健单位开展新生儿疾病筛查。

第四节　宣传教育

一、宣教载体

1984年，连云港市有计划生育宣传指导站、所3个。1985年逐步建立完善县、乡、村三级宣传工作网路。1987年，全市26个乡镇配备电视录放机，占乡镇总数的27%。20世纪90年代初开始建立人口学校。1992年，市、县、区计生部门强化固定宣传阵地建设，在集贸中心或交通要道建立计划生育过路门9处，在村居建立人口警示牌。1995年，市计生委下发《关于在第二个五年普法教育中开展计划生育法规教育的规划》，市政府成立计划生育普法领导小组，做到计划、阵地、教员、教材四到位。县、乡、村层层设立人口学校。1997年，各级党校开设人口理论课程，报纸、电台、电视台开设人口与计划生育教育固定专题栏目，乡村人口学校开展国情国策、政策法规和人口与计划生育知识的普及教育。2000年，全市建立人口学校1383所，向群众传授计划生育、优生优育、避孕节育知识及生产技术信息。2002年，80%的乡镇在主要街道和公共场所建立以“婚育新风”为主题的一条街、一条路，设立计划生育宣传标语、灯箱广告、科普知识展板。2003年，市、县、乡投入30余万元开展生育文化环境宣传，建立人口理论课、专题栏目、宣传品、计生网页、宣传环境、广场宣传“六位一体”的宣传教育载体。是年4月，市计生委、教育局下发《关于在全市中学及中等以上学校开展青春期教育工作的通知》，学校配备1名青春期教育的专（兼）职教师，负责青春期知识的课堂教学，向学生提供心理咨询。2005年，市新闻媒体开辟专题栏目，政府网站设立专题网页，主要道口设立专题性的大型公益广告牌500余块，85%的乡镇（街道）建成生育文化一条街（一条路），80%的村（居）建成生育文化一面墙。

二、宣教活动

1984年，全市把计划生育工作与文明村镇建设、“五讲四美三热爱”、“五好家庭”创建活动结合起来，组织开展“六访五问”[①]活动。1985年，市委、市政府开展纪念中共中央《关于控制我国人口增长问题致全体共产党员共青团员的公开信》（简称《公开信》）发表五周年纪念活动，召开先进人物报告会、座谈会，市委分管领导发表广播电视讲话，举办人口理论、避孕节育、优生优育等宣传活动700多场，放映《连云港计划生育工作在前进》等专题片、计划生育有关电影800多场，展出图片1000余幅；卫生部门及驻连部队组织避孕节育知识咨询、优生优育、生理卫生咨询服务700余次，为4万名儿童做健康检查。1989年，市计生委开展人口与计划生育“双基”（基础知识、基本国策）教育活动。

图3-3　1987年7月11日，市计生委举行世界50亿人口日宣传活动。
赵鸣　摄

1991年，全市开展人口与计划生育基本知识、计划生育政策、法律知识和晚婚晚育、优生优育、避孕节育等科学知识教育。东海县结合“9·25”（中共中央《公开信》发表纪念日）纪念活动，对农村10周岁以上的独生子女农户进行表彰。海州区四套班子走上街头，宣传晚婚晚育光荣、独生子女家庭光荣。1992年，全市开展“一对夫妇只生育一个孩子”政策宣传。新浦区组织辖区内57个单位、82个居委会举办人口与计划生育知识问答有奖猜谜活动，1万余名群众参加；市供电、

① “六访五问”即访独生子女夫妇、手术者、被罚户、手术后遗症者、新婚夫妇和模范人物积极分子；问寒、问暖、问母婴健康、问家庭困难、问工作意见。

图 3-4 2000 年 9 月 25 日，纪念中共中央《公开信》发表 20 周年广场咨询活动。 赵鸣 摄

交通、房地产、汽车公司等企事业单位组织独生子女家长座谈会等活动。各县区开展农村独生子女家长领取独生子女证、表彰独生子女家庭和10年以上无计划外生育妇女等一系列活动。1992年3～5月，市计生委、司法局分别在东海县石梁河乡、新浦区浦东街道组织开展计划生育“二五”普法试点。1996年8月，市计生委印发《关于在第三个五年普法教育中开展计划生育法规教育的规划》的通知。1998年2月，市委组织部、宣传部、党校、市计生委印发《关于在各级领导干部中加强人口与计划生育理论知识教育的通知》。是年，市级新闻媒体刊播计划生育新闻专栏41期。

2000年，全市启动开展“婚育新风进万家”活动，面向家庭宣传人口与计划生育知识，市区主要干道增设计划生育宣传牌。是年9月，全市召开纪念中共中央《公开信》发表20周年座谈会暨先进表彰会。2001年2月，市计生委下发《关于进一步做好计划生育宣传品制作、发行、管理及进村入户工作的意见》，育龄群众家中普遍发放人口与计划生育知识科普、宣传卡（单）等。9月，市计生委、市委宣传部等12个部门联合印发《关于广泛深入开展婚育新风进万家活动的意见》。2002年，市委、市政府印发《关于集中开展学习贯彻〈人口与计划生育法〉的通知》，举办大型广场宣传咨询、图板展示、文艺演出等活动。市计生委发放宣传品5万余份；编排以婚育新风为主题的文艺节目，在乡村巡回演出100多场次；举办全市首届“婚育新风进万家”文艺节目大赛。2003年，市计生委、教育局联合在大、中学校开展青春期生殖健康教育试点，为试点学校提供教材370册、VCD光盘700盘。2005年，市计生委组织计生知识咨询服务队、为已婚育龄群众查病治病服务队、为贫困乡村社区送温暖扶贫队，深入乡村开展“三下乡”集中活动6次；印制下发200余万份宣传品，开展关注女性、关爱女孩、关心男性健康广场咨询活动30场次，举办婚育新风专场晚会15场。是年11月，市计生委被中共中央宣传部、国家人口计生委等部委联合表彰为2001～2005年全国婚育新风进万家活动先进集体。

第四章　人口管理

连云港市是江苏省内人口出生率和出生人口性别比较高的地区。1992年起，市政府开始对计划生育落后乡镇实行重点管理，通过持证怀孕凭证生育、计划生育一票否决、村民自治等制度的实行，控制人口过快增长；加强流动人口计划生育管理和服务，落实计划生育合同书、婚育证明措施；加大出生人口性别比综合治理力度，出生人口性别比升高势头得到有效遏制。

1984～2005年，全市不断深化户籍管理制度改革，加强暂住人口管理。1986～1988年，颁发居民身份证，全市以常住人口登记表取代户口登记簿。1994年，市公安局建立人口综合信息管理系统，常住人口户口管理工作实现计算机管理。2004～2005年，全市共清理登记暂住人口50.2万人，发放暂住证20.21万本。2005年底，全市总人口达136.29万户472.18万人。

第一节　生育管理

一、计划生育目标管理

1981年，连云港市建立计划生育抽样调查、典型调查等制度。1984年后每年组织检查考核3～4次，其中抽样调查1～2次。1988年，全市组织开展生育节育抽样调查，共调查42个样本点，实际调查人口7324人，占全市1987年末总人口的2.35‰。1990年起，市政府每季度对县区计划生育目标执行情况进行一次抽样调查和重点调查。1992年，对19个后进乡镇实行重点管理，此后每年列出部分乡镇进行重点管理，制定改进落后面貌的具体标准，单独检查考核。1994年，全市开展争创计划生育先进乡镇、合格乡镇和规范化建设合格村活动，出台验收标准。1997年，市委建立常委联系点制度，对所辖4个县实行重点管理。2000年，健全县区党政一把手计划生育例会制度，推广使用《党政领导计划生育工作手册》。2003年，全市建立党政领导承包责任制和目标考核奖惩制、诫勉谈话制及末位淘汰等制度。2004年进一步完善党政领导、相关部门、计生系统分线考核机制，增加随访服务率、知情选择率等指标，试行"阳光考核"和县级自查，完善电话咨询、函件咨询、面对面访谈、入户调查、特殊顾客案例模拟等调查方法。2005年，市委、市政府把群众对计划生育的知晓率、参与率、满意率作为考核的重要内容，设立县区改革创新奖；健全完善民政、卫生、公安等相关部门信息资源共享制度；通过"四个一"①等方式，改进调查方法。

二、计划生育群众自治

计划生育群众自治起步于20世纪90年代末。1998年，赣榆县马站乡建立村级计划生育主动抓、自觉抓的工作机制，后逐步在全市范围内分阶段、分层次推广。2001年11月，市委、市政府在灌南县召开计划生育村民自治工作现场会。2002年初，各县区分别召开现场会或经验交流会，建立《计划生育村民自治章程》《计划生育村民公约》。是年底，全市基础较好的一类村初步建立计划生育村民自治工作机制。2003年，连云港市摸索建立的"依法管理、村（居）民自治、优质服务、政策推动、综合治理"计划生育工作新机制，受到国家人口计生委的充分肯定和高度评价。2004年，计划生育村民自治在一类村和基础较好的二类村广泛推行。2005年，全市40%的村建立"村为主、民自治、户落实"计划生育群众自治机制。

三、流动人口计划生育管理

20世纪80年代初，流动人口计划生育管理服务对象主要是离开户籍所在地跨地区流动的已婚育龄夫妇，管理主要以户籍地为主，定期回乡接受孕情检查，流入地配合查验。1986年，市政府批转市计生委等部门《关于加强流动人口计划生育管理工作的意见》，规定流动人口计划生育坚

---

① "四个一"即给育龄妇女发一封信、一份《江苏省人口与计划生育条例》、召开一次群众座谈会、完成一份需求问卷。

持“块块管理、条块结合、归口协助、做好工作”的方针，由流动人口居住所在单位和街道居委会负责日常管理，各有关部门按照权限归口做好工作。流动人口外出，须经乡级以上计划生育部门审核其计划生育执行情况，签署计划生育合同后，所在单位方可出具外出证明；外地进入连云港市的流动人口，须持县级以上计划生育部门证明，经乡级以上计划生育部门审核签章、签订计划生育合同，方能从事工商和其他劳务活动。流动人口已婚育龄夫妇，必须每季度自行到计划生育部门规定的县级以上医院做一次节育措施落实和孕情检查，及时将检查情况向归口单位、当地乡镇、街道办事处汇报。

1990年，《江苏省计划生育条例》颁布后，按照流出地和流入地共同管理的规定，市计生部门为流动人口提供管理与服务，但仍然要求流出育龄妇女定期回乡参加孕情检查。1992年，在全市推行“明三情、把三关、发三证”①。新浦区建立流动人口育龄妇女专项档案，制定流动人口申请暂住和营业的计划生育审批审核程序。1993年，市政府印发《连云港市流动人口计划生育管理暂行规定》，就管理对象范围、管理机构职责分工、计划生育合同书、计生查验证、暂住证管理、避孕节育措施落实、处罚规定等方面做出19条具体规定。1994年，全市加强流动人口计划生育证明发放管理，强化重点地区清理和规范工作。市区建立企业与社区定期通报联系会办制度、企业与街道合作共建共管共保制度、“三资”企业中方代表责任制。新浦区在街道居委会设立流动人口登记站；海州区、连云区、云台区建立完善流动人口账册管理，对城乡接合部和流动人口集中区域清理整治；各县采取与外出务工人员签订计划生育合同、办理流动人口计划生育证明等措施，建立流出人员管理制度。是年6月，市政府召开流动人口计划生育管理现场会。全年发放流动人口计划生育证明2万余份。

1996年，市政府先后召开城区计划生育工作座谈会、流动人口计划生育管理协调会、城区计划生育工作会议，建立流动人口计划生育工作协调组织，推行“以块为主、单位负责、条条保证、条块结合”的管理体制。是年底，市政府出台《连云港市流动人口计划生育管理办法》，进一步完善婚育证明、合同管理措施。

2000年，全市开展流动人口计划生育集中整治活动，加强流入人口婚育证明的查验工作，发放流动人口婚育证明2.15万份。海州区、连云区、开发区建立流动人口登记站；云台区对离岗、下岗职工计划生育对象进行排查摸底登记造册，由公安、工商、卫生等部门配合，实施综合治理。2001年，全市探索城区流动人口管理体制改革，围绕建立“属地管理、单位负责、居民自治、社区服务”的城市人口与计划生育管理机制，将计划生育工作融入社区建设，新浦区在海宁社区和龙尾社区进行改革试点。2002年3月，市计生委印发《关于启用流动人口计划生育工作规范文书和定点服务的通知》，启用使用流动人口育龄妇女计划生育信息通报单、流动人口已婚育龄妇女计划生育信息登记卡、江苏省流动人口避孕节育情况报告单等规范文书；确定连云港市计划生育指导所等10家定点服务机构，对流动人口孕情检查实行定点服务。2003年7月建立连云港市流入人口统计制度，在村一级建立流入人口统计台账，登记流入人口的个案信息，并实行月报制度；自外县流入连云港，拟在连云港居住30日以上，从事务工、经商等活动，年龄在18～49周岁的人员为登记对象。工商部门在办理营业执照时，查验外来育龄流动人员的婚育证明，督促未提供证明的210人次补办证明，并配合计生药具管理部门对药具市场进行集中整治。劳动和社会保障部门在办理就业登记卡时，查验了4576人次婚育状况证明，为1937个单位的18.6万名职工办理生育

①“明三情”指流动人口的孕情、生育情况、节育情况。“把三关、发三证”指由居委会把审验关，审验合格后发放审验证；公安派出所把暂住证发放关，凭审验证发暂住证；工商部门把营业执照发放关，凭暂住证发营业执照。

保险。2004年，市计生委印发《城市社区人口与计划生育工作改革方案》，使计划生育工作落实到社区、服务到社区。

2005年，连云港市进一步完善城区及流动人口管理机制，改过去户籍地管理为主为居住地管理为主，推行法定代表人计划生育责任制，发挥非公有经济组织计生协会作用。改革城区及流动人口计划生育信息采集渠道，公安、民政、卫生、统计、计生等部门建立信息定期交流制度，对流动人口运行综合管理。赣榆县实行“归档、属地、挂靠”管理模式，加强对下岗职工的计划生育管理。开发区、灌云县探索民营企业、“三资”企业计划生育管理服务新方法。海州区筹建计划生育综合治理协管站和下岗职工计划生育管理站，加强对流动人口和特殊人群较为集中的小商品市场的计划生育管理。新浦区、海州区开展封闭住宅小区计生管理试点工作，健全流动人口登记站，成立失业人员计划生育服务站。

四、关爱女孩及出生人口性别比综合治理

1990年前，全市出生人口性别比基本正常，1990年开始偏高，且呈迅速上升态势。2000年第五次全国人口普查时，0岁组的性别比为143.66，为江苏省最高，所辖4县均被省列为重点管理县。2003年初，连云港市完成“关爱女孩行动工程”项目争取的前期准备和调研工作。4月，国家人口计生委发文确定东海县为国家人口计生委“关爱女孩行动工程”试点县，并补助东海县计生局专项经费22万元，配备价值20万元的宣传图板、资料。

2004年初，市政府印发《连云港市“关爱女孩行动”实施方案》，成立以市政府副市长为组长，市委组织部、宣传部、市计生委、卫生局、食品药品监督管理局、公安局等22个部门负责人组成的市出生人口性别比升高问题专项治理工作领导小组。先后印发《连云港市实施〈江苏省人口与计划生育条例〉办法》《连云港市禁止非医学需要的胎儿性别鉴定和选择性别终止妊娠暂行办法》等文件，并作为对县区经济与社会发展目标考核的一票否决指标。市纪委、监察局印发《关于对出生人口性别比专项治理工作加强监督检查和实施责任追究的意见》，市卫生局印发《禁止非医学需要胎儿性别鉴定和选择性别终止妊娠实施细则》等10多个文件，市药监局印发《关于加强终止妊娠药品管理的通知》。市政府召开全市人口和计划生育综合治理工作会议、出生人口性别比升高问题集中专项治理工作会议，组织开展为期2个月的集中治理活动，查处非法胎儿性别鉴定6例、非法终止妊娠8例、非法行医4例。

图3-5　2005年12月，省政府在连云港市召开出生人口性别比升高问题专项治理工作会议。　计生委　供

2005年，市计生委牵头组织市直22个部门和单位，对1000多个卫生医疗机构、计生技术服务机构、个体诊所和药店进行巡查；开展为期3个月的集中治理活动，查处非法胎儿性别鉴定、非法终止妊娠、非法接生以及拐卖妇女儿童、遗弃女婴等案件87起。实施环境、致富、成才、维权“四大关爱”工程，落实女孩及其家庭就医、就学、生产、生活等方面奖励资金3100多万元，惠及11.2万户女孩家庭。建立贯穿生育全过程的监管服务机制，形成“围绕三个依托、推行‘三双’制

度、把好三个‘关口’”的经验[①]。2005年，在全国、全省人口性别比攀升的情况下，连云港市出生人口性别比升高势头得到初步遏制，据卫生系统统计和2005年国家1%抽样调查等有关数据显示，全市出生人口性别比与2000年第五次人口普查时相比，下降近20个百分点，但依然处在120以上的高位。2005年12月，省政府在连云港市召开全省出生人口性别比专项治理工作现场会。

第二节 户政管理

1984～1985年，连云港市各级公安机关对2.75万名外地在市区做工、经商人员（简称外工）进行全面调查登记，纳入暂住人口管理。外工必须在3日内到所在地派出所申报暂住户口，发给外工住宿证，允许外工到居民私房出租户寄宿，但出租户须持户口簿到所在地派出所申请批准，人来登记，人走注销。对暂住人口进行分类登记，年满16周岁以上，暂住时间达6个月以上，一律申领暂住证；投亲靠友，暂住时间较长，由所在地公安派出所登记为寄住户口，发给寄住证。1986～1988年，国家实施居民身份证制度，全市以常住人口登记表取代户口登记簿。1989年，连云港市沿海渔民换发出海船舶户口簿、出海船民证、临时出海船民证，实施船舶申报签关制度。1990～1991年在市东派出所辖区进行第四次人口普查前户口整顿试点；全市各县、区政府开展户口整顿工作。全市查清常住人口84.88万户33.69万人，比整顿前增加1.03万人；暂住人口4.53万人；无户口人员21.44万人，其中出生未落户的20.45万人；人户分离25.07万人；重新登记户口4419人；漏登户口4.36万人；应销未销户口5.68万人；户口登记中姓名、性别、年龄、民族等项目差错6.11万项；核出文化程度、婚姻状况、服务处所、职业等项目发生变化尚未更正的19.58万项。对暂住人口，按照《江苏省暂住人口管理办法》核发暂住证，补发证4020份；对出生未落户20.45万人补办出生登记19.39万人；整改人户分离14.21万人；对重登、漏登户口和登记项目差错及需变更项目全部予以纠正。在户口整顿中，赣榆县、东海县、灌云县公安局为69万户农户统一换发户口簿，并落实村级户口协管员2019人。在户口整顿中发现违法犯罪线索179条，破获案件208起，惩治违法犯罪人员191人；提供查询人口信息1592人次，打印底卡7436张，核发居民身份证8349张。1992～1993年，市政府规定只要缴纳一定城市建设配套费，户口可以在市区落户，全市公安机关办理地方城镇户口1.4万人。全市共登记暂住人口9.21万人，登记应发证暂住人口3.66万人，发放暂住证2.98万人。

1994年，全市人口综合信息管理系统启用。市公安局完成市区55.92万名常住人口微机录入，常住人口户口管理工作实现计算机管理。

1995年，全市清理登记暂住人口9.42万人，核发暂住证2.68万本。市公安局整治暂住人口重点地区、重点单位34个，查获混迹暂住人口中违法犯罪嫌疑人777人；制发居民身份证13.38万张。

1997年，市公安局换发18.27万本户口簿和58.84万张常住人口登记表，整改户口问题3.24万人次，变更修改人口信息数据2.24万人次，赣榆县、东海县、灌云县、灌南县在换发新表、簿过程中，推进农村户口城市化管理，纠正项目差错1018项，整改未落常住户口832人，变更户口登

① 依托B超收费管理系统，推行B超检查“双签字”制度，把好胎儿性别鉴定关；依托卫生妇幼保健保偿报销平台，推行孕产服务“双定点”制度，把好非法终止妊娠关；依托育龄妇女个案信息系统，推行孕产信息“双通报”制度，把好孕情和婴儿性别监测关。

记项目2410人，完善村级和自然庄平面示意图832张，换发新户口簿5.28万本、常住人口登记表36.11万张，规范整理户口底册1.3万本，补充常住人口登记表照片16.65万张，建立村级户口底册1.36万本，落实户口协管员2018人。1998年，市、县、区公安部门组织开展实际居住人口调查工作，登记实际居住人口458.53万人，其中，常住人口443.53万人、暂住人口12.81万人、寄住人口2.19万人。整治外来人口聚居地23处，清理劝返无合法证件、无固定住所、无稳定经济来源人员（简称"三无"人员）1561人。市区派出所换发新的户口簿18.34万户、常住人口登记表59.29万张。全市105个乡镇实现农村户口城市化管理，绘制村级平面示意图2745张，建立村级户口底册1.61万本，审批户口材料708户1383人。1999年，市户政管理部门审批办理子女投靠父母、父母投靠子女、夫妻投靠户口2.46万人，其中新生婴儿1.56万人、子女投靠父母5947人、夫妻投靠2365人、父母投靠子女744人。19个试点乡镇完成小城镇户口改革试点工作，受理群众申请落户4.74万户15.75万人，办理小城镇户口3.41万户12.03万人。2000年，全市调查登记持证未落常住户口9.38万人，注销应销未销户口3.45万人，纠正主项差错6267项、次项差错9.33万项，登记有人无户4.58万户9.78万人、有户无人6.71万户16.84万人，动迁归户1.05万户2.45万人。全市各级政府和公安机关组织实施户籍管理制度改革，共审批办理小城镇户口1.39万户4.62万人。2002～2003年，全市进一步放宽市区和县城在引进人才、投资、购房等方面落户条件，降低进入城市门槛。在全市范围内取消农业户口、非农业户口等户口性质，统称为居民户口。改革大、中专院校学生户口迁移办法，入学大中专学生根据本人意愿，可以迁移户口，也可以不迁移户口。下放审批权限，夫妻投靠、子女投靠父母、父母投靠子女"三投靠"户口迁移审批权限由市公安局下放到各县公安局、公安分局审批。大中专毕业学生、退学学生、退伍转业军人、回国定居、刑满释放、解除劳动教养等人员回原籍落户，由原来市公安局、县公安局和区公安分局审批办理，改为凭相关证明材料直接到派出所办理落户手续，两年共审核办理户口1.87万人。2004年，市户政管理部门审核134.31万户467.07万人，发现主项差错8.3万项，整改8.18万项；发现次项差错48.06万项，整改47.47万项；发现持证未入户人员1.99万人，整改落户1.94万人，登记管理1.96万人；发现应销未销2.96万人，整改2.92万人；发现人户分离5.55万人，整改3.6万人；登记录入寄住人口1.46万人。2005年，市户政管理部门核对125.39万户449.34万人户籍信息，核出主项差错3.93万项，整改3.89万项；次项差错21.62万项，整改20.91万项；持证未落户7536人，登记7500人，落户5355人；应销未销5535人，整改5231人；人户分离2.11万人，整改1.31万人；登记寄住人口8802人。

第三节　暂住人口管理

1984～1993年，连云港市公安机关登记暂住人口14.49万人，办理暂住证6.31万本。建立暂住人口管理办公室89个、小组258个，专兼职管理人员896人；建立治保组织331个，治保人员1064人。通过暂住人口管理提供案件线索653条，查破刑事案件121起。清理遣返居无定所、生活无着流浪乞讨和有轻微违法犯罪行为人员1912人。

1994年2月，《江苏省暂住人口管理条例》颁布实施后，连云港市公安机关印发宣传提纲4161份，召开宣传动员会364场次，张贴标语3261张，发送公开信4.1万封，出版宣传板报131期，广泛宣传条例，提高暂住人口管理水平。至1995年底登记暂住人口24.47万人，办理暂住证5.07万本，签订治安责任书2.66万份。两年间建立暂住人口管理办公室192个、登记站376个，落实专、兼职管理人员2089人，建立自管自治治保组织1329个，落实治保力量4186人，清理劝返“三无”人员888人。

1996～1999年，全市登记暂住人口47.57万人，办理暂住证6.76万本，签订治安责任书3.34万本，清理劝返流浪乞讨“三无”人员4951人；整治外来人口聚居地23个，破获刑事案件546起，查处治安案件945起。

2000年，全市公安机关开展暂住人口清理整治，登记暂住人口13.17万人，核发暂住证4.21万份，登记出租房屋1.31万户，签订治安责任书1.08万份，依法取缔非法劳务市场19个、非法出租户163户，依法处罚出租房主84人、用人单位业主16人，清理劝返“三无”人员564人。破获刑事案件512起，查处治安案件813起。

2001年，全市开展以出租房屋为重点的暂住人口清理整治，登记暂住人口13.38万人，核发暂住证3.58万本，登记出租房屋1.96万户，依法取缔非法劳务市场14个、非法出租户356户，依法处罚出租房主138人，整治暂住人口集中重点场所3517处，清理劝返“三无”人员1572人，发函、电查证12018人次，破获案件606起，抓获违法犯罪嫌疑人员280人。

2003年，全市公安机关清理登记暂住人口24.75万人，发放暂住证6.32万本，登记房屋出租户1.65万户，破获刑事案件828起，查处治安案件771起，抓获违法犯罪嫌疑人员765人。全市建立暂住人口管理组织1535个。

2005年，全市清理登记暂住人口50.2万人，发放暂住证20.21万本，登记房屋出租户6.9万户，破获刑事案件3948起，查处治安案件4134起，抓获违法犯罪嫌疑人员3948人。建立暂住人口管理组织2511个，落实管理力量4079人。

第四节　身份证管理

1986年3月起，连云港市开始部署颁发居民身份证工作，在海州区海州街道和朐阳乡试点，凡在城乡有常住户口、年满16周岁以上的公民，均为居民身份证发证对象。1987年，市区完成30余万人的制发证任务。1987年7月起，居民身份证逐年按年满16周岁发放对象颁发。1988年上半年，全市制发证136.13万个。1993年，全市核查居民身份证16.8万人次，查获违法犯罪嫌疑人131人。1996年起，采用透视全息塑封套制发防伪居民身份证。1999年，全国建立和实行公民身份号码制度，居民身份证号码由原15位编号增加到18位编号。旅馆、银行、证券等行业全面建立和落实居民身份证核查员制度。2000年，全市公安机关纠正重、错居民身份证号9.1万对，市区7300对重、错号人员全部换发新证。2004年3月，市政府成立换发第二代居民身份证工作领导小组。至2004年底，全市累计制发居民身份证530余万份，实有持证人口近360万人，居民身份证在社会广泛应用。2005年启动集中换发二代证工作。至12月底，全市35.6万人换发第二代居民身份证，其中新浦区14.6万人、海州区6.44万人、连云区7.88万人、开发区3.8万人、东海县2.63万人、赣榆县2256人、灌南县432人。

连云港市志

第四卷　花果山

花果山位于连云港市区，是国家级云台山风景名胜区的核心组成部分，地处北纬34°38′16″～34°39′13″、东经119°12′04″～119°17′15″，是文学名著《西游记》的文化发源地之一。主峰玉女峰海拔625.3米，是江苏省最高峰。

花果山地质历史漫长。形成于19亿年前，初为海中岛屿，后由于地壳运动变化，海面缓慢降低，海水逐渐后退。至清康熙年间，花果山始与大陆相连。花果山原指南云台山山系中前顶、后顶一带山体。1994年7月获批的《云台山风景名胜区总体规划》明确花果山由南云台山山体12条山脊88个山头和鸡鸣山独立山体组成。花果山山海相依，自然风光旖旎，山中古树参天，溪涧潺潺，花果飘香，猕猴嬉闹，奇石异洞，景色神奇秀丽。野生动植物资源丰富，其中，四大观赏名竹之一的金镶玉竹、老君堂“怀中抱子”的千年古银杏等都是省内罕见，还有国内稀有的珍贵树种和古树名木。景区内产有灵芝、何首乌、薄荷、益母草等1000余种中草药材，其中江苏省境内仅在花果山有分布的植物种类就有40多种，是省内重要的珍稀药材库。

花果山人文历史悠久。夏商时代，以鸟为图腾的少昊氏族便在此活动，《山海经》称为“东方海外之大壑，少昊之国”。花果山是三元（天元、地元、水元）崇拜的发祥地之一，被誉为“海内四大灵山”之一。以三元崇拜为主尊的三元宫古建筑群始建于唐，重建于宋，敕封于明，修复于清，一直是徐淮地区历史上著名的佛教、道教活动场所。千百年来，古建筑、古遗址、古石刻、古代名人游迹遍布山中。修建于宋天圣元年（1023年）的海清寺阿育王塔是苏北地区最高、最古老的一座宝塔。钱起、苏轼、石延年、陶澍、魏源等先后游历于此，留下赞颂的诗词。毛泽东曾三次提及“孙猴子的老家在新海连市云台山”。花果山还与文学名著《西游记》有着密切的关系。20世纪70年代末，学术界陆续就《西游记》中的花果山原型进行考证，有学者结合《西游记》中所描绘的景致与当时云台山各个景点之比较，包括书中主要人物及云台山地区民间的民俗、文献、文物、乡老传说，直至方言土语，考证连云港花果山为《西游记》中花果山的原型，得到国内诸多学者和社会的广泛认同。

20世纪70年代起，连云港市加强对花果山景区资源的开发、利用和管理。1982年成立花果山风景区管理处。1988年8月，花果山作为云台山的一部分被确定为国家级重点风景名胜区。1994年7月，《云台山风景名胜区总体规划》通过建设部批复，花果山景区面积扩展为84.33平方千米。景区发掘《西游记》文化背景，打造旅游品牌，开展一系列重大节庆活动，提升花果山的知名度。1997～2001年举办5届花果山金秋登山节，2001～2005年举办5届《西游记》文化节。至2005年底，花果山景区先后投入资金2.1亿余元进行开发建设，旅游基础设施不断完善，服务质量不断提高。2005年，花果山景区接待中外游客量突破100万人次，旅游综合收入近2亿元。景区先后被国家旅游局评定授牌为国家AAAA级旅游区，被中央文明办、建设部、国家旅游局评为全国文明风景旅游区示范点，跻身全国年度十佳景区，成为连云港市旅游业的龙头。

第一章　景观名胜

花果山景区是国家级风景名胜区云台山的核心组成部分，重峦叠嶂、绿树葱茏，不仅有着美丽的自然风光，而且蕴藏着丰富的人文景观。

花果山景区分为《西游记》境界游览区、玉女峰游览区、阿育王塔游览区、渔湾游览区、东磊游览区、孔雀沟游览区、云龙涧游览区、朝阳游览区，游览区内景点密布，紧密地组成南云台山景观。其中既有奇峰异岭、悬崖瀑布、幽岩怪洞，又有林海松涛、古树名木、奇花异果、名贵草药；既有史前遗存及名人遗迹，又有与文学名著及神话传说相关的景点；既有古塔名刹，又有诗文刻石，是人们到连云港旅游的必选之地。

花果山与《西游记》故事紧密相关的名胜，主要有三元宫、团圆宫、水帘洞、七十二洞、娲遗石、唐僧崖、八戒石、沙僧石、石猴、定海神针、怪石园等30余处。

第一节　《西游记》境界游览区

《西游记》境界游览区位于花果山景区中部，范围界于玉皇阁、青峰顶以南，向西经刘家坡，再沿山路向南，经凤凰坡，至南段嘴一线，西与阿育王塔游览区、丹霞游览区相邻，南至边界线，面积18.33平方千米。

一、花果山山门

坐落在十八盘之下、仙人桥西端，是花果山景区的大门。花果山山门由四川国际艺术研究所设计，始建于1995年，1996年7月1日竣工。山门高11.27米，长27.4米，宽4米。正门上镌刻“花果山”3个大字，其上雕塑孙悟空头像。北门上首图案为唐僧师徒四人去西天取经的浮雕，门前有6只石雕雄狮把门。山门前广场周围分布108只半人高青色猴雕石柱，与整个山门和谐一致。山门背面门额上书“东胜神洲”4个大字，由著名书法家沈鹏题写。

图4-1　国家AAAA级风景区——花果山山门

侍志　摄于2003年

二、仙人桥

位于花果山山门东。相传有人在此修道成仙，因而得名。又相传为各路神仙进山聚会之处，故又名“聚仙桥”。此桥原是由两块短条石搭成的独孔桥，呈东西向，是花果山居民上、下山的通道，更是每年正月十五日远近朝山进香的香客必经之地。后在原位置改建。桥长4.2米，宽1.8米。桥东侧立有回文诗碑1块，全诗由“聚仙桥上得逍遥瑞气飘香花结彩”14字组成七言诗4句，且每句的首尾连环使用便成回文诗“聚仙桥上得逍遥，上得逍遥瑞气飘，瑞气飘香花结彩，香花结彩聚仙桥。”回文诗碑北侧塑有吴承恩巨型石雕像。

三、十八盘

由仙人桥步行登山，沿途有18组349级阶梯，名曰“十八盘”。它砌建在竹节岭上，依山势起伏或左或右，逶迤而进，逐级升高。前人曾用“步步阶梯盘若线，层层石栈巧相钩”和“绝壁千重须到顶，回头喘咳似吴牛”来形容建筑的精巧与攀登的艰辛。路侧有大石如鱼头，俗称“鲤鱼石”。十八盘上方，原是创建于清光绪二十四年（1898年）的云台树艺公司西大门，今存地界碑等遗迹。

四、风门口

位于竹节岭之上。地处磨盘顶、鸡嘴石两峰对峙所形成的“凹”字形中心，犹如敞开的两扇大门，无风时自有风，小风时变大风。鸦片战争前，林则徐任漕运总督视察海防时到过此处，在他给两江总督陶澍的诗中，“半岭吞云竹树昏”诗句写的便是这里。1998年，花果山风景区管理处在此地中心处建起“风门亭”。

五、南天门

位于风门口东上方，背倚峻岭，形势险要，是通往九龙桥、三元宫、水帘洞、照海亭、神海园、玉女峰等景点的必由之路。南天门建于明代，石拱门，门前有石级，有照壁俯临深涧。驻足南天门，如置身云端。清黄申瑾《云台山二十四景》图将南天门列为“云护天门”，称道“群峰环拱，云气卷舒，豁人心目，令观者有物外之思”。清道光年间，两江总督陶澍倡捐修缮南天门，竣工后题“高镇南天’，刻为题额悬于门上。南天门内祀武圣关公，称“武安宫”，抗战期间关公塑像随庙宇毁于战火。

六、九龙桥

九龙桥筑于西沟、松溪、石涧、秃龙沟、华严涧、万沟、别峰涧等多条山涧汇集的九龙口上。始筑于宋年间，原为山僧在涧上架设的石板小桥，便利南北过往。由于山洪激流的冲击，屡修屡垮。明万历十五年（1587年）重建三元宫时，将石板桥改建为长33.4米、宽8米的砖石拱桥，是连云港市历史最为悠久的拱桥，又称“万寿桥”。明顾乾《云台山三十六景》名其曰“长桥飞瀑”，着眼于“飞瀑半空，声闻数里”。清黄申瑾《云台山二十四景》，将其分为两景，一曰：“九涧争流”，着眼于“山间细流甚多，大者从涧迅注，其数有九，随径曲折，声韵泠然可听”，一曰：“龙桥喷雪”，着眼于“水激若雪，声震一山”，水珠飞溅，飘荡若雪。

图4-2　花果山九龙桥　　吉志强　摄于2005年

七、多宝佛塔

据史书记载，多宝佛塔建于明代。原位于九龙桥和三元宫之间较平整的小山岭上，塔基为八角形平台，直径约10米，周围镌有莲座、缠枝等高浮雕图案，高31.4米，十分壮观，与陕西省西安市多宝佛塔相类似。此塔建成不久即倒塌。1995年，市园林部门邀请专家设计重建。塔为石雕，实心，长柄铃型舍利塔，为仿南唐风格古塔，高12.77米，9级8面。塔身周围有石雕佛像64尊，小巧玲珑，神态不一。

八、三元宫

又名海宁禅寺，是云台山的主庙，建于玉女峰下山脊之上，地势显凸，是一组规模庞大的建筑群。原名三官殿、三官庙、三元庙，最初建于唐代，供奉道教中的“三元大帝”。据历代地方志记载，三元宫“发迹于唐，重建于宋，敕封于明”。明顾乾《云台山志》记载：“成化乙酉，鲁府王孙度为僧，持钵于此，爱其山水幽峻，可以栖禅，因募资重修三官殿。”明万历十五年（1587年），淮安人谢淳毁家扩建三元宫，前后历时十年，于万历二十四年九月落成。万历二十七年，慈圣太后颁赐三元宫《大藏经》1部，始在敕谕中称之为“海宁寺”。明天启四年（1624年），明熹宗手书“敕赐护国三元宫”，自此“三元宫”名称沿用380年。清顺治十八年（1661年）裁海后，三元宫倾圮。清康熙十六年（1677年）复海后开始重修，康熙三十一年，康熙皇帝书写“遥镇洪流”颁赐三元宫。从此，三元宫香火鼎盛，成为苏北鲁南地区重要的佛、道教活动场所。民国27年（1938年），三元宫及所属殿宇遭侵华日军飞机轰炸，次年日军搜山时被全部焚毁。1980年起，三元宫在原址逐步重建。1993年更名为海宁禅寺。1998年11月28日，海宁禅寺举行全堂佛像开光庆典。2001年9月26日至10月11日，海宁禅寺举行迎接唐玄奘法师顶骨舍利供奉大典，在千佛殿作瞻礼堂。海内外万余人瞻仰礼敬唐玄奘法师顶骨舍利，盛况空前。

图4-3　花果山三元宫　　　俞德春　摄于2005年

图4-4　金镶玉竹　　　赵鸣　摄于2005年

九、屏竹禅院

坐落在海宁禅寺西北涧沟侧的一片金镶玉竹丛中，因丛竹如屏而得名，是花果山建筑群中最为清幽的处所。曾有松风殿、妇生堂、屏竹社等名，俗称“西竹园”。屏竹禅院是明代建筑物，为高僧修行场所。清乾隆年间的常建极曾为屏竹禅院写过一副对联：“世外凭临，一面峰峦三面海；云中结构，二分人力八分天”，体现了禅院的特色。民国27年（1938年）被日军焚毁。1984年，在原址上复建屏竹禅院，并在其间修筑房舍、亭台、月门、回廊等园林建筑，兴建鱼池，栽植古木和金镶玉竹，以供游客观赏。门前有“惠心泉”。

十、自在天

位于海宁禅寺东下侧。内有正殿、西偏殿各3间，并依山势起伏修筑长廊，正殿内供奉水晶观音像，二楼供奉能宽法师舍利。壁上嵌清姚陶《登云台山记》等碑刻。自在天重修后，《登云台山记》不在墙壁上。院中有一株珍贵圆柏，5米以下无旁枝，为明代谢淳修建三元宫时遗留。

十一、楸树林

位于自在天东侧，是花果山的一个重要自然景观。自汉唐时期，花果山自然生长大量楸树，连云港市出土的汉墓，都以楸木为棺。中华人民共和国成立后，花果山封山育林，在景区培育数公顷楸树林。

十二、墨香小径

在楸树林下，是1994年新辟的一个景点。在天然石块上镌刻了104名中国现当代知名书画家的书法作品。墨香小径的刻字内容，主要取材于陈振伦、陈凤桐主编的《当代楹联墨迹选》，该书大部分为1981年向全国公开征集的国内知名书法家书写连云港市风光的作品，其中有林散之、启功、李苦禅、王个簃等人的作品。

十三、义僧亭

位于屏竹禅院旁。1992年，为纪念抗日战争中英勇牺牲的三元宫僧众而建。亭正面有“义僧亭”匾额。亭内立纪念碑，刻“云台山爱国僧众抗日纪念碑”12个大字，为全国政协副主席、中国佛教协会会长赵朴初所书。纪念碑背后所刻碑文，为彭云撰文、周庚如书。碑文记录民国27～28年（1938～1939年）间花果山僧众抗击侵华日军的英勇事迹。

十四、水帘洞

水帘洞是花果山景区的核心景点之一。位于三元宫上方低团圆宫东约10多米处，洞口为“人”字形，中有方形小池，名曰“灵泉”，泉水甘洌，常年不涸。传说用此泉洗眼可以明目和治愈眼疾。洞上方为刀劈一般的悬崖绝壁，石壁上刻有明嘉靖二十三年（1544年）海州知州王同题写的“高山流水”4个大字，有清道光皇帝为两江总督陶澍所题“印心石屋”摩崖石刻，还有“神泉普润”“水帘洞”等题刻。1995～1996年，在洞里开凿成一条长205米、平均高3米、宽2.5米的人工隧道。隧道高低错落，由高向低延伸至出口处。

图4-5　花果山水帘洞　侍志　摄于2001年

十五、照海亭　七十二洞

照海亭位于水帘洞东南方不远处，为四角亭。其亭半掩石下，半露岩上，粉墙琉瓦，四角起翘，古色古

图 4-6 七十二洞
侍志 摄于1998年

香。亭子附近有七十二洞，为数万年前造山运动所形成。清光绪二十九年（1903年），高僧悟五看中这里怪石垒叠，洞穴连接，神秘幽静，又靠近三元宫，决定在此修身养性。他将自己居住的最大的一个洞取名为“海天洞”。后在海天洞上建亭一座，名为“照海亭”。照海亭、七十二洞一带遍布古今石刻，有刻于岩壁上的大字题刻“洞天福地”“别有洞天”，有刻于巨岩顶面的“海天一览”，有晚清书法家李瑞清的题刻“环瀛仰镜”。海天洞内壁上有清末民国初期花果山下大村人章兰溪书刻的《云台山海天洞缘起纪略》。“花果山”“七十二洞”两处大字题刻，为陈永高所书。

十六、朝阳洞

“花果山”题名碑西边有一洞，洞口上镌有“朝阳洞”3个大字。洞东西长约7米，可容十数人。原为三元宫方丈厚庵的住室。内有石台，曾供奉释迦牟尼塑像。厚庵是《云台导游诗钞》作者张百川的族侄，所以《云台导游诗钞》中对朝阳洞着墨较多，并有《朝阳洞记》传世。该文说它“未加补葺增筑之功，亦无片瓦尺椽之费”，是天然神斧劈成的洞。朝阳洞在抗日战争胜利后一度荒废，20世纪80年代整理恢复。

十七、小蓬莱

照海亭东10余米处，山石颇多，形态各异，错列垒叠。有一块孤石，四无连接，突兀其间，仿佛茫茫大海中的一座小山峰。就在这块孤石上镌刻有段崇安题刻“小蓬莱”。清末，三元宫住持悟五曾在这里兴建花园，在山石间因地制宜，广植花木，名曰“悟五花园”。崖下有一小石池，名曰“阿耨达池”。

十八、大圣佛

位于水帘洞东、照海亭北侧的山坡上，是一尊取经归来成佛的孙悟空巨像。像高10米，双手合十，目视南天。游人登58级台阶至一级平台，再登9级台阶至二级平台，便是大圣佛像，上有石雕香炉，供人焚香祭祀。据《西游记》记载，孙悟空保护唐僧西天取经归来，功德圆满，被封为斗战胜佛。后世崇敬孙悟空忠贞果敢、坚韧不拔、一往无前的精神，立佛奉祀。

十九、毛公碑

照海亭南不远处，一耸立的巨石上镌刻着“孙猴子的老家在新海连市云台山”14个行草大字。1955年、1956年，毛泽东视察南方途经镇江和徐州，与两地负责人交谈

图 4-7 毛公碑 赵鸣 摄于2001年

时，言及“孙猴子的老家在新海连市云台山”。1958年春，中共中央委员、共青团中央第一书记胡耀邦离京调研，毛泽东要他到新海连市云台山看看孙猴子老家到底是什么样。是年4月，胡耀邦视察新海连市传达了毛泽东的嘱咐。1993年，为纪念毛泽东100周年诞辰，连云港市将毛泽东的话集字镌刻于此，故称“毛公碑”。毛公碑刻面近100平方米，正文14字是集自毛泽东的手书，每字平均1.5平方米左右。

二十、娲遗石

娲遗石是《西游记》中孙猴子的出生地。这块石头在大石夹缝之中，上不靠天，下不着地。娲遗石旁那边口残缺的半个圆球石块，传说就是石球迸裂时剩下的，另一半被孙猴子外蹦时顶出天外，不见踪影。娲遗石右上方的巨石，是个形象十分逼真的猴头，传说是孙猴子成仙后，思念出生地而将自身留于此处的凡胎。

二十一、一线天

一线天是由许多巨石和洞穴组成的一组景点，古人称之为“天通一线”“石壁洞天”。其主景是两块天然巨石壁立相倚，呈“人”字形。高十余丈，宽尺余，中间形成一条狭窄的通道，可容十数人。人行其间，仰望可看到上面露出的一线蓝天。晚清诗人张百川留下“巨石崔巍立两边，神工削出费周旋。撑开半壁斜阳影，露出中间一线天。”的诗句。

二十二、八戒石

一线天附近，有许多天然形成的怪石垒叠，在西南山腰望之，似“猪八戒”头戴光顶僧帽，拱嘴向东，两只耳朵紧贴腮边垂挂，嘴巴噘在树丛中。换一个角度看，又像是八戒吃饱了在憨睡。因此人们称之为“八戒石”。八戒石中间有四五个天然石洞，游人可从一个“猪耳朵”钻进去，再从另一个‘猪耳朵”中钻出来，十分有趣。

二十三、天然碑

在一线天下侧，有一块天然巨石，前后两面平整光滑，厚度基本匀称，而无人工雕凿的痕迹，是从山体上滑落下来的天然碑材，故称“天然碑”。天然碑是花果山中最大的一块古代摩崖石刻，刻着明万历十三年（1585年）海州知州唐伯元写的《游青峰顶记》，全文1062字，字径0.07米。碑文中涉及116地名、景点，为花果山历史演变、地名考证提供了资料。

二十四、仙砚

天然碑近旁有一块巨石，扁圆形，顶面四边高，中间凹，形似一块研墨的砚台，上刻“仙砚”2字。砚中有水常年不干。

二十五、怪石园

16亿年前，花果山曾经历一次大的地壳运动，许多山峰崩裂，乱石滚满山坡，形成一片石海。这些石块形状怪异，令人称奇，与《西游记》所描述的许多事物相类，经过市工艺美术家李家华的揣摩、发掘、整理，形成了千姿百态的神奇景观。怪石园中主要有四圣佛像、白骨精、猴子拜师、上山虎、哮天犬、佛手石、娃娃猴、玉兔拜月、双飞燕、大佛头、骆驼石、千年老鼋等奇石，惟妙惟肖，令人叫绝。

图 4-8 “神”字王 赵鸣 摄于 2004 年

二十六、“神”字王

三元宫东秃龙沟西岸，有块方方正正的大滑皮崖，石骨裸露。1994年，花果山景区选用唐代大书法家怀素的狂草“神”字，放大后镌刻于此。字长39.4米，宽15.8米，为世界上最大的单体汉字摩崖石刻，1996年入选吉尼斯世界纪录。

二十七、如意金箍棒

又名“金箍狼牙石”，在三元宫西涧畔。石高6米，周长3米，上粗下细，挺拔直立，峻峭如削。传说，此为孙悟空持有的如意金箍棒变幻而来。

二十八、玄奘纪念堂

位于三元宫上方，为三元宫古殿宇建筑群的一个重要组成部分，原名团圆宫，与三皇阁、海宁禅寺在一条中轴线上，地势高峻。正殿内祀奉唐僧一家9口，故《云台新志》称之为“九圣团圆宫”。神龛中最后一排，并排两尊神像，一男一女，是唐僧的父母，父名陈光蕊，母名殷温娇；中间一层是唐僧；最前一排，也是最低一层，是三尊男菩萨，传说为唐僧的三弟兄，即天、地、水三官。三官身后，各有一尊女菩萨，是三官的妻子，东海龙王的三个女儿。前后四层，九尊菩萨，为花果山所独有。民国27年（1938年），团圆宫和三元宫被日军飞机炸毁。1986年修复。1995年，市旅游、宗教部门将团圆宫改为玄奘纪念堂，原九尊菩萨未塑，正殿东侧为旃檀功德佛，唐僧塑像西侧为斗战胜佛塑像。

第二节　玉女峰游览区

玉女峰游览区是花果山最高峰地域，面积4.68平方千米，以山景景观、天象景观为主要特色，可以登高远眺、观日观海。

一、玉皇阁

玉皇阁是三元宫古建筑群重要组成部分，位于建筑群的最高处。原阁于民国27年（1938年）被日军炸毁。1988年，由著名建筑学家潘谷西教授设计，在原址重建玉皇阁。阁高24米，8面3层，黑顶红壁。阁前有平台，凭栏可观赏花果山景色。玉皇阁位于花果山景区中途要道口，步行游人多于此小憩蓄力，再登高峰。

二、瑶池

位于玉皇阁上方，依自然山势而建，坝长70米，宽25米，坝栏均为汉白玉制成，水深6米，蓄水量6000立方米。池中保留原有的山石形貌，自成一景，远眺近观，宛如《西游记》中描绘的天上瑶池。

三、玉女峰

图 4-9 玉女峰顶云雾 曹玉和 摄于2005年

玉女峰海拔625.3米，是云台山最高峰，也是江苏省第一高峰。玉女峰所在地古称清风顶，景色优美。此处自古有“红日浴涛”“云台铺海”景色。据《云台补遗》载述，早在唐代这里就建有望日楼，后倒塌。明代万历年间再建海曙楼，但因山高风大，不久倒塌。清道光十三年（1833年），陶澍捐资重修，建成上下各三间的阁楼，亲题“海曙楼”3个字悬于门额上，并书联“曙色正平分，听万籁无声，已觉人来天上；楼光开四面，看一轮初上，始知身在日边。”分置于门的两侧。清同治六年（1867年），海曙楼再次倒塌。20世纪80年代，在海曙楼旧址重建迎曙亭，是中国最大的全石结构的亭子。

第三节 阿育王塔游览区

阿育王塔游览区位于花果山景区西侧，范围从朝阳镇西山公路向南，沿山路、山脊、绝壁、沟涧等，经八角庙、九层皮、倒座崖、梧桐沟，至红山、东山水库，在花果山乡当路村北与其区境边界相接。面积16.4平方千米。以大村水库、阿育王塔、郁林观石刻、猴石等自然风光为主要景观。

一、猴石

猴石位于花果山的北口，峰顶巨岩竖裂形成外凸之石，酷似一只蹲坐的猴子。此山得名猴嘴山，山下小镇得名猴嘴镇。1985年，云台区政府在猴嘴山东北坡建“观猴亭”，是观赏石猴的最佳位置。

二、海清寺阿育王塔

图 4-10 阿育王塔

吉志强 摄于2005年

海清寺阿育王塔耸立于花果山入口处大村，俗称大村塔，是国家级文物保护单位。阿育王塔建于宋天圣元年（1023年），竣工于天圣九年，是江苏北部地区历史最久、体量最大、保存最为完好的一座宝塔。明顾乾《云台山三十六景》诗称之为“古塔穿云”；清黄申瑾《云台山二十四景》称之为“塔影团圆”。塔高40.58米，9级8面，全砖结构，正东、正西、正南、正北均辟有拱状券门，四个侧面还隐出直棂窗。中间塔心为八角形砖柱，可沿台阶逐级而上。第九层藻井券成笼盖状。阿育王塔与河北定县宋开元寺料敌塔，并称中国古塔建筑中的南北两巨构。海清寺塔建成以来，经历多次地震影响，仍巍然挺立。尤

图 4-11 大圣湖 俞德春 摄于 2005 年

其是清康熙七年（1668 年）7 月 25 日，郯城发生 8.5 级大地震，连云港市和赣榆一带海岸线向黄海推进 15 千米，海清寺塔安然无恙。

三、大圣湖

大圣湖原名大村水库，位于海清寺阿育王塔旁，三面环山，水域面积 0.1 平方千米，是连云港市区最大的人工水库，始建于 1959 年 12 月，1960 年 7 月建成。水库大坝北起鸡鸣山南坡，南至牛首山北坡，长 1200 米，高 17.5 米，底宽 100 米，总库容 650 万立方米，可保障山下 1000 公顷农田灌溉和城市应急用水需要。20 世纪 80 年代中期以后，每到冬季，上万只野鸭成群结队到水库栖身越冬，成为一道特有景观。

四、老君堂遗址

在海清寺阿育王塔东南方，原有一座古老的庙宇老君堂，供奉道教始祖老子。老君堂门前有一棵古银杏，树龄已千余载，从根部生出一棵小银杏树，枝干亦较粗大，依偎大树怀抱中，亲昵难分，群众称为“怀中抱子”。虽历经多次劫难，两棵树仍挺拔葱茏，为国家级保护名木。

五、唐王坝

老君堂遗址东百余米，旧有一道南北向蓄水坝。据史料记载，明代万历年间，海州判官唐伯元大兴水利工程，在此修筑拦水坝，以蓄山水，抑山洪，保护其下方不远处的老君堂免受山洪冲击。群众感念唐伯元功绩，称之为“唐王坝”。现存的唐王坝，是于 1958 年在原废址修筑起来的。1999 年由园林部门投资整修，蓄水 30 万立方米。

六、郁林观碑刻群

在花果山下大圣湖东南方不远处，有狮子崖。隋开皇五年（585 年），崖下已建郁林观。唐开元元年（713 年），东海县令元暖看中此处，在山涧源头垒石蓄水，抬高水位，让涧水翻越崖头，飞奔而下，名曰飞泉。此处山水俱佳，有朝霞壁、埋云石、喷水崖、濯缨泉等诸多自然名胜。在狮子崖几百平方米范围内，镌刻着唐、宋、明、清时期 18 处摩崖题勒。1976 年，郁林观碑刻群被定为省级文物保护单位。郁林观石刻群中最有价值的属“唐隶”“宋篆”。刻在一块净面高 2 米、宽 3.8 米巨石斜面上的《东海县郁林观东岩壁纪》，隶书，通称“唐隶”，北宋年间，被李清照收录于《金石录·今存碑目》中。在“唐隶”斜对面，刻于高 5 米、宽 6 米的立岩面上，为宋代的祖无择三言诗勒，祖无择

图 4-12 郁林观“唐隶”石刻 吉志强 摄于 2000 年

撰文，苏肩卿篆书，王君章镌刻，人称“三绝碑”，通称“宋篆”。

第四节 渔湾游览区

渔湾游览区位于新浦区云台乡境内，坐落在南云台山招崖山麓、花果山景区东部。景区中心区域包括渔湾村、凤凰窝（东山）、大磨垛顶、小磨垛顶、练步山顶、小龙头山等，面积约4平方千米。其外延区域包括双石人山、招崖顶、朝阳洞顶、小楼堂顶、黄崖顶诸峰。景区以水见长，其瀑布最为出名。被誉为江苏的“九寨沟”、苏北的“张家界”。2005年，渔湾风景区被国家旅游局评定为AAAA级旅游景区。

一、神鱼化龙铜雕

雕塑高8.2米，龙首高达3.5米，被誉为“天下第一龙首”。这座鱼身龙头的雕塑讲述的是古时东海有大鱼化身成龙的故事，在《长安谣》中就记载了神鱼化龙的传说。这座雕塑的整体造型取自汉墓出土的神鱼化龙玉雕。

二、九孔桥

相传古时候渔湾还在海中时，9条山涧在此汇聚流向大海，因此在这里建的这座桥叫九孔桥。该桥有9孔，护桥栏杆被雕成盘龙石柱的样子，龙嘴相对喷出水柱形成水廊。

三、龙潭涧

由三龙潭、二龙潭和老龙潭组成。明顾乾的《云台山三十六景》名其曰“三潭汲浪”“渔湾有龙潭三，曰老龙潭，二龙潭，三龙潭，相距数武。潭水喷薄，殷殷若雷”。自珍珠瀑至绿水汪水库，全长1.2千米，地形呈阶梯状变化，珍珠瀑海拔10.6米，三龙潭海拔28米，龙祈洞海拔68.5米，老龙潭海拔80米，老龙床海拔122米，藏龙洞海拔142.5米，绿水汪水库海拔168米。

从三龙潭直上约30米就到了二龙潭。二龙潭一带山势较为平缓，涧水蜿蜒流淌。这里潭水面积较大，水寒彻骨。传说二龙潭深不见底，潭底有石洞直通东海龙宫。小白龙探母的传说就出自此处。二龙潭的景色与气候的变化关系密切，风和日丽的时候，两岸悬崖上杂花生树，百鸟齐鸣。

老龙潭在龙潭涧的上方，两岸峭壁如削，人在涧里，如行狭巷。举首上望，飞流直下，阳光投处，可见彩虹。耳旁水声如雷，轰轰作响。瀑布落差37.5米，是江苏省最高的瀑布。

图4-13 三龙潭瀑布
韩世泳 摄于2005年

四、龙祈洞 金鸡石 千年龟

龙祈洞又名棋洞，传说是黄龙、青龙、绿龙下棋的地方。龙洞在巨石下，周围环境清幽寂静，适宜下棋博弈。传说龙王三太子经常到此洞玩耍。后百姓经常在此烧香，祈求龙王保佑天下太平、风调雨顺。

龙祈洞上行有块巨石，宛若一只蹲卧的雄鸡，形态逼真可爱，称为金鸡石。再朝前，一层层的岩石堆积如乌龟的龟壳一般，俗称千年龟。

五、藏龙洞　绿水汪

藏龙洞传说是龙王三太子为躲避天廷惩罚的藏身之地。瀑布像一幔水帘将洞口遮挡。洞顶仅能容一人进出，而洞内能容纳数十人。进入洞内，一线阳光从洞顶透过，犹如天眼，似在寻找躲在里面的龙王三太子。洞外深潭，因为周围草木葱茏，把一潭清水映得碧绿，似颜料染成一般，故得名绿水汪。

第五节　东磊游览区

东磊游览区位于花果山景区东南部，东起招崖山黄崖顶，南临南岛公路，西至万年山，再向西北经胡蛮庵，至韩窑与《西游记》境界游览区相接，面积约9平方千米。景区以延福观为中心，境内有800年树龄的中华玉兰花王、怪石嶙峋的石海和生长茂盛的金镶玉竹。

一、延福观

位于东磊村的山上、钟鼎峰下、围屏山腰。据《云台拾遗》记载，明洪武三年（1370年），围屏山下建观音殿。明万历年间，观音殿拆除，在此基础上建延福观，成为道教场所。山门呈东南向，门前巨崖垒石，筑一平台。台侧有石级上下，与崎岖山路相连。清黄申瑾将此作为《云台山二十四景》的第十七景，称作“平台水月”。北配殿原为钟鼓殿，尚存一面大鼓，鼓径1米，是清代文物。

二、玉兰花王

东磊延福观内的4株玉兰树，是东磊景区的主要景点。每年早春时节，玉兰树冠似片片白云飘落半山，如雪如云，引来游人如织。最大的一株玉兰树高17.2米，树围3.64米，为全国最大的玉兰花王。据《云台拾遗》记载，系明初紫丹道人栽植。玉兰树东面的山石间长有大片金镶玉竹，碧绿一片。清代陶澍曾题联：“奇石似人花下立，仙人如鹤竹间来”。1985年后，每年清明前后，这里都举办玉兰花会。

三、石门

延福观后边的围屏山，群崖拔地而起，矗立如屏，中间有裂缝，如围屏敞开一门，称为“石门”。清黄申瑾的《云台山二十四景》称为“屏山叠翠”。石门内山泉争流，石门上古人刻有“焦石鸣琴”4字，可谓传神。石门北侧有温泉，南侧有冷泉，两泉相距只几步，而水温却冷热不同。温泉崖上刻有“温泉”2字。石门的最佳处是玉女洗头盆，石壁下有一方清池，碧彻透底，相传玉女曾在此洗头。崖壁上刻有一首七绝：“飞流飘洒云山根，冷韵清音听石门。恍疑华山来玉女，现看珠落洗头盆。”石门附近石刻，清代书法家钱泳在石门东侧崖壁上留下“登山观海”4字。西侧有篆书“小蓬莱”以及“天上人间”“神仙聚会”“万壑朝宗”等摩崖题刻。

四、石海

位于东磊村的石磊山山坡上、延福观前。清黄申瑾的《云台山二十四景》称之为“东磊奇石”。清代著名学者凌廷堪有诗描绘它：“凌峋饶异态，万叠势嵯峨。不是鞭羊起，非关射虎讹。云生迷翠黛，雨过洗青螺。遥映松篁里，偏饶别致多。”这里几乎每走一步都会遇到不同形态的怪石，前推后拥，错落叠压。在石海对面山上，有一块布满岩画、具有4000多年历史、记录祭祀太阳活动的“太阳石”。

五、三磊石

在石海东北部，东磊水库西面的山坡绿荫中有3块巨石，上中下交错重叠在一起，人们称为“三磊石”。临近仰视，似乎倾斜欲倒，令人望而生畏。磊石上有“磊磊落落”题勒。磊石一侧刻有：“民国十七年季春，重来东磊”，落款“宋球”。宋球，字天愚，灌云县白蚬人，教育界名士。抗日战争期间亲率壮丁抗日。磊石旁建有天愚亭，以示纪念。

图4-14　三磊石
俞德春　摄于2005年

六、朱樱

东磊朱樱是明顾乾《云台山三十六景》之一。朱樱开花早，每年早春，崖侧常见朱樱盛开，娇媚鲜艳。东磊的樱桃久负盛名，果大，汁甜，皮薄，味美，堪称上品，历代诗人多有题咏。《嘉庆海州直隶州志》载：“石磊山在北沟浦上，山有樱桃千余本，杂以诸树，紫翠烂然”。

第六节　孔雀沟游览区

孔雀沟游览区位于云台山南麓、花果山景区西南部，面积4平方千米，是云台山国家级风景名胜区重要组成部分。景区内有棠梨沟、老窑沟交织汇聚为一湖，状如孔雀开屏，故名孔雀沟。孔雀沟景区是国家AA级景区、三星级乡村旅游点。明代海州文人顾乾著《云台山志》中写道，孔雀沟，在苍梧山东太平观侧，深崖巨壑，形似孔雀；又在《云台山三十六景诗》中描写其“竹涧迎凉”。孔雀沟野生动植物资源丰富，有植物3680余种、野生动物近400种、药物资源1000余种。其中，金镶玉竹、金钱松、龙凤同体的糯米花王、柿树王等尤为珍贵稀有，是江苏省重要的野生植物资源库。孔雀望湖崖、三磊神石、观音石、点将台、一线天、嫦娥化蟾蜍、石婆等30余处自然景观分布其中。

一、孔雀望湖崖

相传以前多有孔雀栖息于孔雀崖山脚一带，孔雀崖下东南方为孔雀湖。孔雀眺望湖面，欲展翅东南飞。

二、三磊神石

孔雀沟景区主要观赏点。三块巨石重叠而成，相传二郎神曾在此鞭山填海，此石为神鞭鞭打而成。

三、糯米花王

孔雀沟景区有一颗雌雄同体的糯米花树，是国内最大的糯米花王，属国家级古树名木。东边雄树，西边雌树。雄树粗壮高大，树冠高约10米；雌树修长，树冠小巧。两树均已有970多年历史。每年春天花开时，香气四溢。其花叶可用来泡茶，具有清神明目、祛火化痰之功效。

四、情人洞

相传，东海龙王九太子蒲到孔雀湖游玩，被一美丽少女吸引，自此，龙太子常约女子到此洞相会。此洞内外自然而生的岩石，形如桌、椅、灶、台、床、房，似情侣约会的地方。

五、石婆

位于孔雀湖边的一块石头。民间有拜“石干妈”的习俗，相传本地人家新生儿出生后，为保孩子平安，抱孩子到此石跪拜敬香，“石干妈”“石婆”由此得名。

六、知青林

1963年，来自南京和苏州的知识青年在南云台林场栽种成片黑松林，后命名为“知青林”。

第七节　云龙涧游览区

云龙涧游览区位于花果山景区中东部，面积10.5平方千米。原名瀛洲岛。景区内有白龙涧和青龙涧两条山涧，呈“Y”型，故命名云龙涧。景区集奇石怪岩、碧水深潭、天泉瀑布、白龙峡谷于一身，曲折幽深，步移景换，盛夏时节凉气袭人，为天然旅游避暑胜地。

一、云龙涧

发源于南云台山东北端的双石人山巅，南北走向，全长4千米。云龙涧有2条，东为白龙涧，沿涧景点有剑壁、大鹰嘴、虎眼、天狮望月、白龙潭等；西为青龙涧，沿涧景点有莲花池、神泉、滴水崖、天泉瀑布等。两涧汇流而下的涧水，倾泻在巨崖上，如同珍珠四溅，故名珍珠瀑。云龙涧一带拥有丰富的文化遗存，如鬲峰山顶的汉代艾不城、田横墓，山下藤花落古城遗址、崇善寺遗址等。崇善寺遗址前有1500年树龄的银杏，是云台山的银杏王。

二、即林园遗址

位于中云街道焦庄村吴庵山下的大、小妖山南面。原为当地望族吴氏所有，又称吴家花园。其间有水明楼、自娱阁、移深庵、陋不轩、示志山房等景观。《西游记》作者吴承恩的一些遗稿墨迹及其与海州地区名儒来往的书信，先后在此处被发现。因年代久远，一些人文建筑仅存遗址。

三、三百洞

位于中云街道魏庵村南山山麓一条南北涧沟的西畔。其处有一块巨石下滑，支撑山体，形成一个洞，洞口朝北，洞长24米，宽16米，高2.4米，上透一隙光，相传为古代避兵处，可容纳300人，故称“三百洞”。洞的周边一些巨石相互垒叠，形成许多小洞，每洞都能容纳数十人。当地人又称三百洞为大磊洞，其他为小磊洞。

四、长春庵遗址

位于中云街道魏庵村南山一条俗称“暗沟”的沟畔西岸。初建于唐代，修复于明代。相传为丘处机修道之处。遗址处一块巨石上镌刻“天下第七十一福地，长春庵丘真人，里人吴莹重修立”。20世纪80年代曾出土1尊大鎏金佛和12尊小鎏金佛。

五、偕隐洞

位于中云街道隔村南山上。明崇祯十七年（1644年），明朝灭亡，隔村刘文照背其祖母渡海来此，隐居其中，故名偕隐洞。洞门外窄里宽，可侧身而进，右边向下约2米，有一大洞穴，可容数千人。后刘文照在山中构筑居所，名“会隐庵”，后演变为隔村刘氏家庙。

六、田横岗

位于南云台山东北的鬲峰山上。鬲峰山海拔250米，山势险要。因山冈上筑有相传为田横五百义士营造的营寨，故称“田横岗”。田横岗山上石城遗址尚存。分左、中、右、前4营寨，部分垒以石墙设防。中寨面积最大，有4条小径通连4寨。东、西、北面都是峭壁，只在南面有石砌城墙，并留有1米多宽的寨门。右寨和中寨相隔一条山涧，当地人称“鹰嘴顶”。左寨设于狼牙顶，前寨设在与渡口相通的条山顶。岗上有田横墓，传为后人崇敬田横之德，葬其衣冠于此。又感五百义士之忠烈，收敛遗骨合葬于田横墓侧，形成五百义士冢。2003年在山顶上建成高12米的大佛。

第八节　朝阳游览区

朝阳游览区位于花果山景区北部，范围起自朝阳中学东山坡，沿山脊线至鹁鸽顶、万丈崖、鬼牙，折向西，沿400米等高线至朝阳镇西庄，转向西南，沿山脊线到朝阳南山，再沿公路与阿育王塔游览区相接，面积12.08平方千米。主要景点有娘娘庙、太白涧等。

一、娘娘庙

位于朝阳镇北狮子山西山脚下、朝阳中学的北面，紧靠港城大道，原名汉东海孝妇祠。孝妇其人，最早见于班固的《汉书·于定国传》：“东海有孝妇，少寡亡子，养姑甚谨。”元代剧作家关汉卿将其事迹改写为杂剧《窦娥冤》。自明朝朐山县令刘昭在他的《东海孝妇窦氏祠记》里把这里的孝妇称为窦娥后，云台群众便把这里的孝妇称为窦娥娘娘。孝妇祠原有东、西两个院落，前有照壁，后有陵墓，除正殿奉祀孝妇外，其余殿内奉祀于定国、孝妇婆及其他诸像。早期殿宇古朴雄伟，碑刻较多，“文化大革命”中遭毁。1996年11月，兴国禅寺迁址重建，首先恢复建设孝妇殿，1997年11月竣工。殿内新塑孝妇及侍女像，接受香客参拜。2000年6月在孝妇殿对面建观音观。

二、沙僧石

沙僧石有两处，其一位于朝阳镇西山的东北坡，在小山脖西南250米处，又名大鹰嘴，从正北方远观此石，如一身穿袈裟匆匆下山的僧人。另一处位于猴石向东约1000米左右的东南山坡上，酷似《西游记》中沙僧的半身像。山下不远，是自古以来有名的沙河口。

三、太白涧

位于朝阳镇政府南2000米。太白涧发源于南云台山的金牛顶北。相传唐朝大诗人李白曾游于此，故名太白涧。景区有众多的人文景观和自然景观，如北海观音禅寺遗址、玄武石雕、将军庙、乌龙潭、太白石、彭家园、慈海普度观音石、红叶山庄等。太白涧风景游览区内有李白雕像1尊。雕像于2002年建成，高6米。雕像南20余米处有太白石，长5米，宽4米，厚3米，石上刻“太白石”3个大字。沿太白涧上行，过了龙尾（山岭名），再向西折上，涧中有巨石，忽开两扇，一立一卧，立者面南，卧者朝天。石面平滑，几乎成90度角，宛如一个收藏巨形圆镜的石盒，名“镜子石”。从镜子石向上有鬼门关、北海观音寺遗址等景点。1991年沿太白涧铺筑简易水泥路，直通花果山顶。

四、乌龙潭

太白涧向西200米为小乌龙潭，潭水澄碧见底，潭畔立崖对峙，犹若石门。小乌龙潭西为乌龙潭，潭边有一巨崖，高两丈许，崖上有石棱，犹如台阶。涧水由巨崖南的凹槽直泻而下。民国11年（1922年），东吴大学教授俞子夷及著名职业教育家黄炎培赴云台考察农村教育，曾到此观赏，拍摄风光照片，汇集成《云台风光影集》，由商务印书馆出版。20世纪80年代，朝阳镇韩李村在潭之上方修建水坝，拦蓄山洪，致使流断潭涸。

第二章　《西游记》原型

新文化运动兴起后，学界兴起对《西游记》小说中的花果山原型的考证。至20世纪90年代，学界和社会普遍认可连云港市花果山是《西游记》中花果山的原型。17世纪中叶以前，云台山一直是大海中的岛屿，与《西游记》中对花果山地理位置的描述一致；与《西游记》故事相关联的娲遗石、水帘洞、七十二洞等名胜，早在《西游记》成书之前就已存在，并在志书、碑记中频繁出现；《西游记》中唐僧家世故事与花果山地区的民间传说一致；《西游记》中还有大量的海州方言。同时，大量资料表明，《西游记》作者吴承恩与海州的关系十分密切。1982年10月，全国研究《西游记》的专家相聚江苏，先在淮安举办纪念吴承恩逝世四百周年活动，紧接着到连云港召开全国首届《西游记》学术讨论会。127名专家和学者通过实地考察和对文物资料的考证，一致认为连云港云台山中的这座花果山，是《西游记》中所描述的真正的花果山。

第一节　《西游记》中花果山原型

一、古今云台山

《西游记》描述花果山地理位置“东胜神洲，海外有一国土，名曰傲来国。国近大海，海中有一名山，唤为花果山。”《西游记》第一回描述花果山“左边龙，右边虎”，这与连云港市云台山的龙山、虎山雄踞花果山正北完全契合。小说写孙悟空离开花果山出外访仙学道只有海路可行：“独自登筏而尽力撑开，飘飘荡荡径向大海波中。”吴承恩在描述花果山的赋中明确指出了山的位置：“势镇汪洋，威宁瑶海”“东海之处耸崇巅。”这都与云台山当时的地理位置一致。

17世纪中叶以前，云台山一直是大海中的岛屿，古称“郁洲山”“苍梧山”等，位于海州东北的大海中。南宋建炎二年（1128年）后，由于黄河夺淮南下，带来大量泥沙淤积，尤其是清康熙七年（1668年）郯庐断裂带发生8.5级大地震，云台山下的海岸线向北推移15千米，海中岛屿逐渐成陆。清康熙五十年（1711年），云台山与陆地相连。

《山海经·海内东经》：“都州在海中，一曰郁洲。”郭璞注：“今在东海朐县界，世传此山自苍梧从南徙来，上皆有南方物也。”朐县即今连云港市。

郦道元《水经注》：“朐县东北海中有大洲，谓之郁洲。《山海经》所谓郁山在海中者也。”

《旧唐书·地理志》：“东海县隶海州，县治郁洲，四面环海。”

明代高登龙的《云台山图序》：“余郡隶有海州，滨于海之东，因曰东海，至云台则巍然万仞立焉，即古郁洲苍梧山也。”这里的“余郡”指淮安府，“古郁洲苍梧山”指云台山。

《江南通志》：云台山“在州（指海州）东北四十里，一名青峰顶，山北有望日峰（即今云台山顶的望日楼处）。”“郁洲山在州东北海中，有大洲，谓之郁洲，一名郁洲山，一名苍梧山。”郁洲山又名郁林山，《中国古今地名大辞典》：“郁林山，亦名郁山，在江苏灌云县东北郁洲，旧在海中……，今已连于大陆，名云台山。”

北宋苏轼《次韵陈海州书怀》：“郁郁苍梧海上山，蓬莱方丈有无间。旧闻草木皆仙药，欲弃妻孥守市寰。”

吴承恩的朋友、淮安知府陈文烛作序的《隆庆海州志》所收录的明隆庆三年（1569年）海州知州杨本骏《登青峰顶》诗：“山如驾海海围山，山海奇观在此间。乘兴时来一登眺，恍疑身世出尘寰。”

《云台新志》载：“直到康熙四十年”，云台山与海州大陆的“渡口渐塞”，“至五十年，忽成陆地。”康熙五十一年（1712年）以前，云台山被海水分割成3个部分：连岛与北云台山之间，由鹰游门海峡相隔；北云台与中云台、南云台之间，由咸丰元年（1851年）成陆的五羊湖相隔；花果山所在的南云台山与今天的海州锦屏山，由康熙五十一年形成陆地的黑风口相隔。

二、景观地名考

《西游记》中的诸多地名，如水帘洞、娲遗石、南天门、老君堂、玉皇宫、沙河口、牛王庙、平顶山等，在其成书之前，云台山区已经存在。

水帘洞　水帘洞位于云台山青峰顶上，洞口呈人字形，状如“介”形的屋山。雨季，洞口泉水垂流倒挂，如水帘披挂。在《西游记》成书之前，地方志和文人的游记中便已有关于“水帘洞”的记载。

实业印书馆民国31年（1942年）刊印胡适《〈西游记〉考证》所附录的董作宾《读〈西游记〉考证》中写道："因此看《淮安府志》的时候，偶然见到《艺文》里有《朱世臣题云台山水帘洞》的标题，想到水帘洞是美猴王的发祥地，也算这部《西游记》的发祥点，不无研究价值。于是就加意探访，果然寻到了水帘洞的去处。《嘉庆海州直隶州志》卷第十一《山川》：姚陶登云台山记……'夜半，呼仆夫乘月登山，观日出。由殿东石径上一里许，为水帘洞；洞中石泉极浅，冬夏不竭，泉甚甘美，云为三元弟兄修真之所。'云台山就是郁洲。他有许多名字是'苍梧山''青峰顶''青风顶''复釜山''逢山''郁洲'等等。云台的名字，是万历年间起的。此山是海边的一个孤岛，周围约有二百余里。志又称：'云台，向在海中，禁为界外，康熙十六年，奏请复为内地。'此山的形势，也似乎是花果山的背景，游览过此山的吟咏记载，有很多的人，我们一看，就可以知道云台山的价值了。"

与吴承恩同时代的海州人张朝瑞，在《海州云台山三元庙碑记》中写道："余尝从鸡猩上登，曦轮晃烁，荡漾涛沫……至若，塔之为金牛；崖之为倒跳，为马蹄；洞之为二仙，为水帘，为华严，为朝阳；台之为凤凰……"张朝瑞所列举的是云台山的名胜：金牛塔、倒跳崖、马蹄崖、二仙洞、水帘洞、华严洞、朝阳洞、凤凰台，均在三元宫建筑附近。

明朝人顾乾《云台山三十六景》写道："三元殿东上一里许，有水帘洞，洞中石泉极浅，而冬令不竭，泉甚甘美，相传为三元修真之所，郡守题字其上。"

娲遗石 云台山青峰顶上有一块大石，高5米余，宽7米余，中开一缝，缝下有一块椭圆形石块，恰巧又完全夹在下面两块石头中间，很像从大石中迸出来，底部完全悬空无依托。石块上镌"娲遗石"3字。缝前，尚有一块极像半个蛋壳似的石块，边缘破碎，参差不齐，破口朝着娲遗石。这块卵形娲遗石，顶部形如猴头，四周植被稀少，《西游记》"灵根孕育源流出"一回中说孙猴子的出生地"四周更无树木遮阴"。迸出石猴的石洞所在的大石，有吴承恩"那座山，正当顶上，有一块仙石。其石有三丈六尺五寸高，有二丈四尺围圆"的描述，与此石的大小十分相似。

南天门 南天门是小说《西游记》里一个很重要的地名。云台山上，南天门与三元大殿、玉皇宫遥遥相对。南天门为一拱形的明代建筑，下有石阶。志书谓"有照壁俯临深涧。"明万历十五年（1587年），三元宫重建项目中列有南天门。与吴承恩同时代的张朝瑞在他的《东海云台山三元庙碑记》中记述南天门："如绣殿之阳，有接佛洞、九龙庙、九龙桥、南天门……"《云台新志》所载《明泰兴王东海云台山三元庙碑记》记载三元宫重建时的情况说："三元宫庙制正殿五楹，……殿南营接佛殿、九龙桥、南天门三所……"黄申瑾《云台山二十四景》："由草庵左折，从南天门至万寿桥为登大殿之正路。右折从山东庄亦经万寿桥，为登大殿之捷径。然游览胜境，必取正路为佳，群峰环拱，云气卷舒，豁人心目，真令观者有物外之想"。清两江总督陶澍曾题"高镇南天"匾额于南天门上。

第二节 唐僧原型及海州方言

一、唐僧家世考

《西游记》的故事原型是唐代高僧玄奘法师西行取经的故事。据《大唐大慈恩寺三藏法师传》记载："玄奘，俗姓陈，缑氏（今河南缑氏镇）人，兄弟四人。"元末明初人杨景贤创作的《西游记杂剧》第一次加入了唐僧的身世故事，记述唐僧的父亲是"海州弘农县陈光蕊""妻殷氏，乃大将殷开山之女”。吴承恩的《西游记》继承了此种说法，在百回本《西游记》的附录“陈光蕊赴任逢灾，江流僧复仇报本”中写道：“小生陈萼，表字光蕊，系海州弘农县人……”“海州地方，有一人姓陈名萼，表字光蕊……彼时是大唐太宗皇帝登基，改元贞观，已登极十三年，岁在己巳……唐王御笔亲赐状元，跨马游街三日。不期游到丞相殷开山门前……迎状元入府成婚。”这都与云台山地区的民间传说一致。

《嘉庆海州直隶州志·山川》载姚陶《登云台山记》：“小村为唐宰相殷开山故里。殷有女，赘陈状元光蕊为婿，生三子，即三元兄弟，盖世俗相传之说也……”

明代张朝瑞《东海云台山三元庙碑记》：“世传三元之先，家东海。今大村盖有陈子春遗冢，子春本名光蕊，实始诞三元云。”“三元大帝为东海人，父萼，字光蕊，一字子春，唐贞观己巳及第，玄相殷开山妻以女，生三子，官天、地、水，因尊为三元三官三品。”

清黄申瑾《云台山二十四景》：“云台山有前顶、后顶，皆称胜境，此为前顶。登山之始，有团圆宫，内肖三元大帝、三藏禅师像，盖其昆仲四人也，并肖帝父母像，祖墓其侧。”

20世纪80年代，连云港市园林处为修复三元宫大殿清理场地时，发现一块竖立在原大殿前的《三元庙田地碑记》碑，其中写道：“三元大帝，溯及以来，固知帝父姓陈氏讳光蕊，唐贞观时状元，诞育三元，圣躬东海……”。

二、《西游记》中的海州方言

《西游记》在语言方面也反映出鲜明的海州地方特色，有许多的海州方言。

回目	海州方言	解释
1	把我们俱闪在这里!	抛弃、撇下、受骗
1	那个是水帘洞洞主?	谁
1	抛弹子，邷么儿	一种玩弄碎瓦或小石子等的儿童游戏
2	古怪跷蹊真恶狞	奇怪
3	可可的今岁放光	恰好，正巧
4	尖嘴咨牙	门牙翘起
6	也不弄喧头	故弄玄虚，耍花招儿
8	可（kǒ）死群蟯	咬
10	桥长数里，阔只三摣	伸开拇指与中指用来量物的距离
14	与贫僧是华宗	同姓一家
15	伸过孤拐来	脚孤拐、踝骨
15	钻入草科中去了	草丛
16	嚣嚣薄翅会乘风	薄
16	烂板凳，高座阔论	形容人贪坐不动
18	食肠却又甚大	食量
18	降得那老怪就地打滚	就在原处
19	替你巴家做活	一心为家着想
20	好道汤着饿鬼了	沾、碰
21	把个令旗磨（mǒ）一磨	转动或移动
21	轻轻小小忒钻疾	灵活、机灵
22	全没一些儿眼色	查看事物随和适应的机灵性

23	招我做了家长，又唤作“倒踏门”	倒插门
24	就是害了馋痞	馋嘴的家伙
24	已经调动我这馋虫	形容嘴馋、贪吃
25	就是叫小炉儿匠使掭子	拨动东西的工具
27	桃子吃多了，也有些嘈人	吃的东西肠胃不适用而口泛酸水
28	只见三藏头直上，貌堂堂	头上
30	相貌有些雷堆	笨重、累赘
31	那呆子跳得起来，两边乱张	张望
31	不要只管揭挑他了	揭短
31	掼作个肉陀子	肉丸
32	撮弄他去甚么巡山	教唆，煽动
32	只怕睡着，急（jǐn）忙不醒	时间又慢又长，意同“迟迟”
32	这是有对问的话	当面对质弄清
32	我到了地头了	目的地
33	打寒噤想是伤食病发了	吃多，消化不良
34	把些儿我们吃吃	给
37	夜间提尿瓶务脚	焐脚
38	你可把他都捻就了筋	抽筋
39	莫要撒村	说粗鲁下流的话
40	让老孙解解手	大小便
41	形比哪吒更富胎	胖
42	他会变苍蝇、蚊子、蛇蚤	跳蚤
43	下溜头	靠近急速水流的下游处
43	去请他舅爷来暖寿	过生日前一天，家里人和关系较近的亲友来祝寿
43	拿捏我父子们	要挟、刁难
43	有一个巡营的螺螺	泛指螺壳类动物
44	把个毛坑也与他起个道号	厕所
44	他才念到兴头上	高兴、得意
44	那里面秽气畜（xù）人	熏、呛
46	塞在那柜脚纥络里	角落
46	那刽子手将一条绳套在他脖项上	脖子
48	手也振得生疼	很疼

第三节 《西游记》创作溯源

一、吴承恩祖籍海州

吴承恩祖籍江苏涟水（今属江苏灌南县），出生于淮安府山阳县（今淮安市淮安区）。吴承恩在为其父吴锐写的《先府宾墓志铭》中写道：“先世涟水人”。涟水和海州的前身汉朐县同属东海郡。《古今图书集成》《方舆汇编·职方典·淮安府部》：“隋初，改为涟水县，属东海郡”“隋废海州为东海郡，治朐山。”历史上，涟水也曾隶属东海郡。吴承恩在他的诗文集里称自己为“淮海竖儒”（见《射阳山人存稿》），这个“淮海”所指不光是淮安，还包括海州。宋、金时期，涟水曾多次归属海州。《宋史·地理志》：“海州……隆兴初，割以畀金，隶山东路，以涟水县来属。嘉定十二年复。”《金史·地理志》在“海州”目下写道：“涟水，本涟水军，皇统二年降为县来属。”元代时，涟水与海州同属河南行省淮安路，明代同属淮安府。

二、吴承恩心系海州

吴承恩自号“淮海浪士”“淮海竖儒”，祖籍江苏涟水（今江苏灌南县）。连云港古称海州，在明代曾隶属于淮安府的行政管辖。在写《西游记》之前，吴承恩和海州人士交往很密切，对海州的风物掌故十分熟悉。他常到淮安知府陈文烛家作客，与《隆庆海州志》的校对裴天佑是挚友，吴承恩的老师、舅舅胡琏世居海州。海州沭阳县人吴万山与吴承恩在淮安并称“二吴高士”，情深意笃。吴承恩死后，他的遗著几近绝迹，可是在海州却发现了吴承恩诗文集的稿本。正是因为吴承恩与海州的种种关联，所以他选择了海州的云台山作为《西游记》中花果山的原型。

陈文烛 字玉叔，号五岳山人，湖北沔阳人。明嘉靖四十四年（1565年）进士，授大理寺评事，明隆庆四年（1570年）任淮安知府。博学工诗，著有《二酉园诗集》。对海州地方志极为关注，曾为《隆庆海州志》作序，撰《海州重修学记碑》《孔望山铭》，《嘉庆海州直隶州志》将此二文分别载《学校考》和《山川考》。

吴三播《山阳志遗》卷四引徐子舆给陈文烛的信说：“二吴高士，咄咄仲举，设榻待之可也。”这里的二吴，一个是吴承恩，一个是吴从道。清同治《山阳县志》卷十五写道：“吴从道，字万山，沭阳人……，郡守陈文烛折节交之。与邑人吴承恩皆为文烛上客。”

李维桢《吴射阳先生集选叙》记载：“汝忠善吾郡人陈玉叔，玉叔行其业，盛有所称引。”吴承恩字汝忠，陈文烛字玉叔。吴承恩死后，陈文烛于万历十八年（1590年）为吴承恩的遗作《射阳先生存稿》作序，回忆了万历元年（吴承恩死前第九年）和吴承恩在淮安韩侯祠内饮酒论文的往事：“往陈文烛守淮安时，长兴徐子舆过淮。三人者呼酒韩侯祠内，酒酣，论文论诗不倦也。汝忠谓：‘文自六经后，唯汉魏为近古；诗自三百首唯唐人为近古。近时学者徒谢朝华，而不知道畜（蓄）多识；去陈言，而不知漱芳润。即欲敷文陈诗，溢缥囊于无穷也，难矣。’徐先生与余深韪其言。”三人者即吴承恩、陈文烛、徐子舆。

陈文烛和吴承恩经常相聚畅谈，进行思想、诗文上的交流。陈文烛还对吴承恩评论诗的观点“深韪其言”，十分佩服、尊重。陈文烛在《射阳先生存稿序》中写道：“汝忠缘情体物，其辞微而显，其旨博而深。淮自张文潜以后，一人而已。”张文潜即张耒，北宋大诗人，苏门四学士之一。可见陈文烛对吴承恩文才十分推崇。

裴天佑 字顺之，号鹤洲，明代赣榆人。嘉靖二十九年（1550年）进士。历官建安令（今福建省建瓯市）、监察御史，巡按河南、陕西、四川、山东，拜大理寺右丞、左丞，晋右少卿，逾年擢升光禄寺正卿。后因朝廷腐败，弃官还乡。著有《拙逸亭稿》，并校正张峰所撰《隆庆海州志》。当他晋升大理寺卿时，吴承恩为他写了《赠裴鹤洲晋列卿兼逢初度歌》一诗。吴承恩在

图 4-15 吴承恩塑像 赵鸣 摄于2005年

诗中写："主人本是瀛洲客""文苑每攀锦绣花""西巡三晋东齐鲁""十年临察敢辞劳""廷尉班行卿月丽"。吴承恩称裴天佑是瀛洲客，说明他对海州有"海上神山"的地理位置很了解。诗的最后，吴承恩希望裴天佑"坐待成功娱绿野，仙人驾鹤再飞来。"这里的"绿野"，指海州的绿野亭，在《嘉庆海州直隶州志·山川考》中有记载。

胡 琏 字重器，别号南津，明淮安府沭阳县人。史书称其聪颖嗜学，喜交文友，名噪一时。胡琏于弘治乙卯（1495年）科中举人，乙丑（1505年）科中进士，历任南京刑部郎中、闽广兵备道，擢升巡抚、户部右侍郎，是中国学习和改进西方坚船利炮之先驱人物。著有《南津诗集》。胡琏既是吴承恩的舅舅，也是吴承恩的老师。吴承恩在为胡琏的儿媳牛氏贺寿所作的《寿胡母牛老夫人七秩障词》中称胡琏为"我舅南津翁"，为胡琏的孙媳张孺人写的《寿胡内张孺人六秩序》里说："自孺人之归西畹也，我师南津翁，方在九列"。《隆庆海州志》《嘉庆海州直隶州志》里不厌其详地载有胡琏及其子胡效才、胡效忠，孙胡应征、胡应嘉，重孙胡一炳的行迹，说明胡家世居海州，是海州的社会贤达。

吴万山 吴万山与吴承恩并称"二吴高士"。刘修业《吴承恩诗文事迹辑录》引《山阳志遗》卷四说："与射阳先生同时者，又有吴万山先生，万山名从道，字惟一，沭阳籍，世居郡城，陈玉叔守淮安，常延为上客，不以部下士待之。长兴徐子舆常与玉叔书云：'二吴高士，咄咄仲举，设榻待之可也。'"

《同治山阳县志·流寓传》："吴从道，字万山，沭阳人，廪生。……与弟从正，皆以善书名。从道兼工诗，情韵高逸，郡守陈文烛折节交之，与邑人吴承恩皆为文烛上客。"

罗振玉《淮阴金石仅存录》记述吴承恩与吴万山的一次共事："重抚唐李邕书《娑罗树碑》，在府署。碑刻高一尺三寸，百三十八行，行八字，行书，在府署。明淮安府陈文烛得旧本于山阳吴承恩，属沭阳吴从道摹勒上石……"

三、吴家园林与长春庵

据明人顾乾的《云台山志》，在隔村西北山中，为长春庵遗址。石刻有"天下第七十一福地"字。相传元时丘处机曾居此。今隔村西面的魏庵村有唐代的建筑遗址。遗址旁的一块摩崖石刻上镌"邱真人，长春庵。里人吴莹重修立。天下第七十一福地。"计21字。

长春庵地近吴家园林。为辑录《射阳山人存稿》的淮安人吴进的哥哥吴用晦"世守之"（见《云台新志·胜迹上》。既是"世守"，说明在吴用晦之前很久，长春庵附近即为吴家园林。据《嘉庆海州直隶州志·山川》，吴进曾来到这个园林，他在《游云台山北记》（原载《揖堂文钞》）里写道："乾隆乙亥（1755年）予客板浦，兄用晦招，过诸韩村，得游云台山之北小山……小腰山而上，用晦之别墅在焉……"吴进从淮安多次来这里，乾隆丁卯（1747年），他曾在海州朐山友人家发现吴承恩的遗著《射阳先生集》。吴家子弟到这个园林中来觞咏的很多，见于史乘方志的也有多人，如吴恒暹、吴之栻、吴俊三、吴恒宣等。

四、吴承恩遗稿遗墨

《射阳先生存稿》 吴进在《吴射阳先生遗集跋》里写道："射阳先生集，予三十年前在朐山友人家见之，仓卒未见录。"吴进在海州发现吴承恩的遗稿是在清乾隆十二年（1747年），30年后（即乾隆四十二年，1777年）又在他的朋友金玉书家，"见案上残本，借录数篇，略存吾淮文献。"辑校吴承恩诗文集的刘修业说，《射阳先生存稿》在他（吴承恩）的故乡淮安，也很少有人收藏。而在海州朐山却可以发现，说明吴承恩和海州有许多关联。

吴承恩的墨迹　江苏省外贸学校教师杨石青曾于民国12年（1923年）在三元宫珍宝库房内看到过吴承恩写的一帧条幅。这帧条幅，行书洒脱，文曰："神仙可学无它术，店里提壶陌上眠。隆庆二年，蓬门浪士山阳吴承恩书。"上句"神"字的书法体势，其竖划悬针劲挺，神韵不俗，给目击者印象很深。

"神仙可学无它术，店里提壶陌上眠。"为吴承恩于嘉靖四十五年（1566年）寓居杭州玄妙观时所作的四首七言绝句之一首中的后两句。全诗为："嘉靖丙寅，余寓居玄妙观，梦一道士，长身美髯，时已被酒，牵余衣曰：'为我作醉仙词。'因信口十章，觉而记其四："有客焚香拜我前，问师何道致神仙？神仙可学无它术，店里提壶陌上眠。"

第三章　名人与花果山

花果山自古为海内"四大名灵"之一。其得天独厚的山海仙境，孕育了一批又一批名人，也引得诸多文人墨客、达官贵人前来登山游览。中华人民共和国成立后，特别是改革开放后，随着《西游记》文化研究的深入，花果山作为《西游记》中孙悟空的老家，更为世人瞩目。国家领导人和很多专家学者纷至沓来，或游览胜境，或考察调研。这些名人的到来，进一步扩大花果山的知名度，也在一定程度上促进花果山的开发建设。

第一节　登临花果山的历史名人

本节收录出生于花果山地区的地方名人和中华人民共和国成立前登临游览花果山的历史名人32人，按登临时间先后排列。

登临花果山的历史名人一览表

表4-1

姓　名	身　份	登临花果山时间	备　注
田　横	齐王	楚汉战争期间	云台山有田横岗
艾　不	汉朝武将	公元前202年	云台山有艾不城
于定国	西汉丞相，封西平侯	西汉	花果山乡新滩人
崔　琰	名士	东汉中平元年（184年）	在花果山完成《述初赋》
明僧绍	隐士、经学家	南朝	—
元　暖	东海县令	唐开元二年（714年）	规划建造"飞泉"景点
马待封	工匠	唐代	朝阳镇人
石延年	海州通判	北宋仁宗年间	—

续表 4-1

姓　名	身　份	登临花果山时间	备　注
祖无择	海州知州	北宋庆历四年（1044年）	撰三言诗刻于郁林观东岩壁
赵明诚	金石家	北宋末年	—
李清照	著名词人	南宋建炎元年（1127年）	—
王　规	明洪武年间大理寺评事、山东布政司参议	元末明初	云台乡诸麻村人。提议在花果山地区修建25千米海堤，人称“王公堤”
清风道士	朱元璋第十子朱檀之孙朱肇辉之子	明成化元年（1465年）	募资建三官殿
王　同	海州知州	明嘉靖二十三年（1544年）	水帘洞“高山流水”4字为王同手迹
吴承恩	小说家	明嘉靖年间	以花果山为原型，著《西游记》
张朝瑞	官员	明隆庆年间	海州人，写下许多关于花果山的诗、游记
王鸣鹤	军事家	明万历年间	花果山乡当路人，写有关于花果山的诗
谢　淳	和尚，法号“无相”	明万历年间	在修复三官殿的基础上建三元宫
顾　乾	文人	明代末年	海州人，号苍梧野叟。编修《云台山志》，著有《云台山三十六景》诗
傅　山	书法家、文学家、医生	清顺治十六年（1659年）	有《东海倒座崖》诗轴传世：“关窗出海云，著被裹秋皓。半夜潮声来，鳌抃郁洲倒。佛事要血性，此近田横岛。不生不死间，如何为怀抱。”
江之蓰	贡生	清顺治、康熙年间	向清廷奏请复海，著有《复山鸿集》
姚　陶	淮安府知府	清康熙年间	游花果山，写下《登云台山记》
黄申瑾	书画家	清雍正七年（1729年）	江苏南京人，绘制《云台山二十四景》图
崔应阶	官员	清乾隆三十五年（1770年）	撰修《云台山志》
吴恒宣	崔应阶幕僚	清乾隆年间	云台山人，一生遍游云台，校订《云台山志》
李汝珍	文学家	清乾隆年间	以花果山为背景撰《镜花缘》
陶　澍	两江总督	清嘉庆道光年间	遍游花果山，捐资修建殿宇神像
谢元淮	官员	清嘉庆道光年间	总修《云台新志》
许乔林	文人	清乾隆、嘉庆年间	主编《海州文献录》，纂辑《云台新志》
钱　泳	书法家，学者	清嘉庆二十一年（1816年）	游花果山，写下《游郁林观》诗
童　濂	官员	清道光年间	编辑《淮北票盐志略》
林则徐	清末政治家	清道光十二年（1832年）四月二十六日	与陶澍共游花果山并有诗歌唱和
钱　冰	书画家	清道光二十四年（1844年）	绘制《云台胜境图》
高鹤年	居士	清同治、光绪年间	6次游花果山
张百川	文人	清代末年、民国初年	朝阳镇人，著有《云台导游诗钞》
缪秋杰	淮北盐务稽核分所经理	民国年间	出资修筑大村至刘籁公路
宋绮云	西北文化日报社记者	民国23年（1934年）11月	随陕西各界考察团到连云港进行经济考察和合作商谈，游览花果山。著有《陕西各界陇海铁路考察记》

第二节　视察花果山的党和国家领导人

本节收录中华人民共和国成立后到花果山视察、调研、游览的党和国家领导人19人，按登临时间先后顺序排列。

1958～2005年视察花果山的党和国家领导人一览表

表4-2

姓　名	职　务	视察花果山时间	备　注
胡耀邦	中国共产党第十一届中央委员会主席，中国共产党第十一届、十二届中央委员会总书记	1958.04.20 1984.10.27	1958年4月20日，时任中共中央委员、共青团中央第一书记的胡耀邦至新海连市（今连云港市）视察，转达毛泽东主席关于"孙猴子老家在新海连市云台山"的指示。1984年10月在中共中央总书记任上再次视察花果山
彭　冲	中国共产党第十一届中央政治局委员、中央书记处书记，第五届全国政协副主席，第五届、六届、七届全国人大常委会副委员长	1993.04.25 1996.05.16	—
谷　牧	中国共产党第十一届、十二届中央书记处书记，第五届、六届国务委员，第四届、五届国务院副总理，第七届全国政协副主席	1973.04.26 1996.10.19	曾任新海连特委书记。为花果山题词："花果仙山 旅游胜地"
姚依林	中国共产党第十三届中央政治局常委，第五届、六届、七届国务院副总理	1983.11.14	—
费孝通	第七届、八届全国人大常委会副委员长，第六届全国政协副主席	1984.04	—
陈丕显	中国共产党第十二届中央委员会中央书记处书记，第六届全国人大常委会副委员长，第二届中共中央顾问委员会常务委员	1986.12.23	—
宋　平	中国共产党第十三届中央政治局常委	1990.01.16	—
乔　石	中国共产党第十三届、十四届中央政治局常委，第十三届中共中央纪律检查委员会书记，第八届全国人大常委会委员长	1990.06.28	—
王恩茂	第六届、七届全国政协副主席	1992.04.26	—
洪学智	第七届、八届全国政协副主席	1994.04.24	—
李　鹏	中国共产党第十三届、十四届、十五届中央政治局常委，第七届、八届国务院总理，第九届全国人大常委会委员长	1994.05.18	为花果山题词
廖汉生	第六届、七届全国人大会常委会副委员长	1994.10.08	—
万国权	第八届、九届全国政协副主席	1995.06.19	为花果山题词
宋　健	第九届全国政协副主席	1995.09.13	—
胡　绳	第七届、八届全国政协副主席	1997.06.13	为花果山题词："海角胜境"
许嘉璐	第九届、十届全国人大常委会副委员长	1999年夏	为花果山题诗："烟雾生海上，温润此山情。妙笔乡人事，遂扬天下名。果然锺秀气，东海第一峰。"

续表 4-2

姓　名	职　务	视察花果山时间	备　注
回良玉	中国共产党第十六、十七届中央政治局委员，第十届、十一届国务院副总理	2000.06.11	—
李瑞环	第十三届、十四届、十五届中共中央政治局常委，第八届、九届全国政协主席	2003.09.21	为花果山题词："仙境"
张怀西	第十届全国政协副主席	2005.09.27	出席第五届全国《西游记》文化节

第三节　名人歌咏花果山

哭晁卿衡

〔唐〕李白

日本晁卿辞帝都，征帆一片绕蓬壶。
明月不归沉碧海，白云愁色满苍梧。

雨中望海上　怀郁林观中道侣

〔唐〕钱起

山观海头雨，悬沫动烟树。
只疑苍茫里，郁岛欲飞去。
大块怒天吴，惊潮荡云路。
群真俨盈想，一苇不可渡。
惆怅赤城期，愿假轻鸿驭。

观　海

〔唐〕独孤及

北登渤澥岛，回首秦东门。
谁尸造物功，凿此天地源。
鸿洞吞百谷，周流无四垠。
廓然混茫际，望见天地根。
白日自中吐，扶桑如可扪。
迢遥蓬莱峰，想象金台存。
秦帝昔经此，登临异飞翻。
扬旌百神会，望日群山奔。

徐福竟何成，羡门徒空言。
惟见石桥足，千秋潮水痕。

郁林观东岩三言诗

〔宋〕祖无择

犯惊涛，航溟渤。披宿莽，屐崛岉。
愒檠石，解簪韨。挹飞泉，醒心骨。
挥高论，谢俗物。思古人，自终日。
足饮酣，清思逸。即绝壁，试奇笔。
千万年，苍藓没。后有人，为吾拂。

东海郁林观

〔宋〕石曼卿

上蹲狮子石，下有濯缨泉。
石崖对镌磨，唐宋留二贤。
大暑日不到，银河倾九天。
花气晓薰谷，春水如珮悬。
坐久捐埃尘，冠弁斯泠然。

次韵陈海州书怀

〔宋〕苏轼

郁郁苍梧海上山，蓬莱方丈有无间。
旧闻草木皆仙药，欲弃妻孥守市阛。
雅志未成空自叹，故人相对若为颜。
酒醒却忆儿童事，长恨双凫去莫攀。

次韵孙职方苍梧山

〔宋〕苏轼

苍梧奇事岂虚传，荒怪还须问子年。
远托鳌头转沧海，来依鹏背负青天。
或云灵境依贤者，又恐神功亦偶然。
闻道新春恣远览，羡君平地作飞仙。

苍梧晚渡

〔金〕贾伯良

瀛海洋洋岛溆青，沙头候渡月将生。
操舟三老醉愈健，放棹中流恬不惊。
顾我不须嗟道远，归装只欲待潮平。
会当鞭石成桥后，来往晨昏各称情。

题清风顶

〔明〕廖世昭

偶到东溟第一峰，白云深处路不通。
恍疑身在蓬壶上，万里山河指顾中。

郁林观

〔明〕张朝瑞

云岑深处寂无哗，松桧森森院宇嘉。
狮子石呈千载秀，豹头沙献四时华。
欹碑藓罩生霞色，悬壁泉飞喷雪花。
忽听老尼歌佛偈，酒卮莫酌梵王家。

水帘洞

〔明〕吴承恩

一派白虹起，千寻雪浪飞。
海风吹不断，江月照还依。
冷气分青嶂，余流润翠微。
潺湲名瀑布，真是挂帘帷。

登清风顶

〔明〕周于德

金牛绝顶瞰晴空，万里乾坤入望中。
桐柏西来千水合，沃焦东去九霄通。

长风吹人酒不醉，中夜闻鸡日又红。
归憩禅林心似洗，清真况与惠连同。

登清风顶

〔明〕王同

渺渺玄云万壑空，观风访古到山中。
寿延玉屑谁奇遇，仙在金牛感自通。
绿竹叶连诸岭翠，碧桃花映满岩红。
胜游千里偕良会，倾倒清尊兴更同。

登云台

〔明〕杨本俊

山如驾海海围山，山海奇观在此间。
乘兴时来一登眺，恍疑身世出尘寰。

云台山三十六景中有关花果山十三景

〔明〕顾乾

灵山香会

青峰顶三元圣宫，坐苍梧绝顶，四环苍海，万象森罗，远近香火，虔趋不绝，孟春尤甚，每于上元前后，朝山者如归市焉。诗曰：

崔巍标殿宇，万里尽来潮。
仙果金盘献，名香宝鼎烧。
盛仪肃罡斗，讽诵入云霄。
为识虔趋意，弥知圣泽昭。

仙境朝参

自山下至青峰顶，历竹节岭，过南天门、万寿桥，始诣圣宫。百步九折，扪历层峦，真仙界也。诗曰：

迢迢仙境里，拾级整朝参。
上望青峰顶，深临碧水潭。
迂回竹节岭，接引入茶庵。
鸾鹤盘旋处，琪花蔚翠蓝。

神泉普润

三元宫东上一里许，有水帘洞。洞中石泉极浅，而冬令不竭，其水甘美，相传为三元修真之所，郡守王同题字其上。诗曰：

一勺原泉水，长流了不穷。
幽深思圣迹，润泽见神功。
地脉苍溟接，天源河汉通。
想看喷薄处，烟雨落空濛。

松溪听月

松溪在三元宫西，地藏庵后，松柏满山，下临溪涧，上有听月楼，每遇风清月朗，松涛鼓籁，听之有绝尘之想。诗曰：

松下皆流水，水清松影疏。
受风千树响，笼月一林虚。
碧浪青天外，苍颜太古初。
绿荫垂杰阁，临眺意何如。

竹涧迎凉

孔雀沟多生丛竹，翠碧参天，夏月纳凉，令人忘暑。诗曰：

披拂浓荫爽，风飘一涧凉。
凉飔生碧水，清气绕修篁。
绿霭盈眸丽，流泉到耳长。
此间堪避暑，幽意乐徜徉。

山楼望日

后顶有海曙楼，晨起登楼，望海中朝旭初升，红霞万顷，洵山海奇观。诗曰：

登楼观晓日，火耀满洋中。
动散长天外，霞明渤海东。
涛翻鳌眼赤，风卷浪花红。
纵目乾坤阔，苍茫万虑空。

炉峰霁雪

虎窝山顶有香炉峰，最高峻，每逢霁雪，累月不消，望之如玉山然。诗曰：

密雪霁东海，炉峰积素多。
白云铺涧壑，明月落岩阿。
皎洁迷银海，阴寒浸古柯。
丰年留瑞色，天际望嵯峨。

梵宫行径

当路东山华严庵，长廊古殿，曲径通幽，修竹成林，自然深邃。诗曰：

梵宫多翠竹，一径绿参差。
叶密风来细，林深月到迟。
影摇经院静，响应磬声宜。

幽邃人踪罕，清虚老衲知。

石涧桃花

小村有桃花涧，花满岩谷，相传殷氏女种桃于此，事虽不经，然三春锦绣，亦自灿然可观。诗曰：

涧畔秾华盛，芬芳万树花。
妖含清露润，艳带夕阳赊。
照水波翻锦，映山绮散霞。
仙源随处是，拟泛武陵槎。

石壁洞天

三元圣殿东，有两石相对，高数十丈，两峰欲合，中露一线天光，旁有啸云、朝阳诸洞，承露石、说经台并在左右侧，其间名人题刻最多。诗曰：

峭壁凌霄耸，悠然出洞深。
通天开一线，拔地回千寻。
云涌峰常暗，山寒昼欲阴。
我来吹铁笛，空谷静传音。

仙宫碑篆

大村郁林观，创自隋开皇间，唐宋碑文，遍刻两壁，虽苔藓斑驳，不可尽识，而金薤琳琅著名，远近求拓本者殆无虚日。诗曰：

为访名碑篆，来游仙观中。
半阶芳草绿，一径野花红。
石古莓苔积，文残冷翠丛。
徘徊潜玩久，方识故书工。

古塔穿云

大村海清寺旁，古塔高耸云间，远近瞻仰。诗曰：

亭亭瞻古塔，高插海天傍。
铃响风传韵，灯明月泻光。
山头飞瀑落，云外老松苍。
临眺心神远，盘桓到夕阳。

长桥飞瀑

花果山九龙桥，为九涧汇流之所，飞瀑半空，声闻数里，一名万寿桥，登山者必经此。诗曰：

瀑水冷潇潇，山林影动摇。
飞流辞峭壁，直下泻长桥。
怒洒千岩雨，惊喧万树飚。
潺湲白云外，声乱海门潮。

登玉皇阁

〔明〕顾桥

玉皇高阁倚崆峒，万顷烟霞眼界中。
沧海波涛流日月，尘寰今古任穷通。
参差栋宇排丹壑，高下松筠指碧空。
自信登临真不偶，飘飘两袖驾天风。

登云台山

〔明〕黄九章

六鳌蹲海转崚嶒，遥望天门扪历登。
白鸟色分苍树杪，玄猿声出碧云层。
巨灵劈石岩疑坠，海若驱涛地欲腾。
长啸划然风乍合，图南唤起九霄鹏。

登云台三元宫四望

〔明〕武尚行

苍梧绝顶逼三台，化国清都海上开。
信是尘寰真阆苑，何须弱水问蓬莱。
天连齐鲁千峰绕，地接江淮万里来。
徒倚飞楼时极目，自惊身在五云堆。

题云台山水帘洞

〔明〕朱世臣

半壁飞泉今古流，水晶宫阙景悠悠。
仙机点断人间巧，织就珠帘不用钩。

登云台山

〔明〕薄询

何处探奇适性灵？云台孤插在东溟。
涧生丛竹连山绿，溪长苍松覆坐青。

佛舍庄严西竺国，禅心映彻水晶瓶。
兴浓更上金牛顶，足蹑云梯手摘星。

登海曙楼望日

〔明〕杜一璠

清风独眺俯遐荒，绝顶鸡鸣见日光。
潮落帆悬河汉岸，窗开身逼斗牛傍。
地标齐鲁千峰迥，天界华夷一水长。
白眼临风发狂啸，乘槎真欲到扶桑。

金牛洞

〔清〕赵一琴

洞里仙翁去不回，惟余岚气任徘徊。
点金妙术原无灶，承露仙机岂用台。
林鸟有声留客听，山花无语向人开。
而今若觅修真境，可解名缰拂袖来。

冬日感怀

〔清〕陈鹏年

海天一角浪孤翻，斗大州连十八村。
彤管至今夸孝妇，青山何处访于门。
民如怀葛风全古，吏比黄农道自遵。
汉碣秦碑留马耳，几摩苍藓吸朝暾。

登云台山有感

〔清〕李震

三元宫殿气霏微，云树苍茫对夕晖。
种竹已穿当日径，量松更长旧时围。
溪通活水源源发，花落空林点点飞。
最是呢喃新燕子，似曾相识语依稀。

三元宫

〔清〕杨锡绂

琼花踏碎海天遥，处处寒流冻野桥。
直到上方开夕照，竹枝压低暝烟消。

云台山

〔清〕管干贞

飞来炎岫压重溟，巨浪连天倚翠屏。
万里淮黄筹去路，千秋郦部注东经。
田横岛废春潮满，徐福船虚紫雾冥。
绝顶三元香火盛，仙居呵护有山灵。

阅兵云台山东海营

〔清〕阮元

云台山下结军辕，弓矢锄犁共一屯。
田已为桑原是海，营惟种柳半成村。
潮头沙影犹清浅，月底峦光更浑沦。
认作家山安稳住，今宵有梦到三元。

登云台望日峰

〔清〕崔应阶

峭壁峻嶒耸碧空，白云深处隐琳宫。
三元自昔钟天地，百福而今锡叟童。
鹤驭遥飞沧溟外，鲸波直射海门东。
偶来策杖闲游眺，不道登峰老更雄。

延福观

〔清〕唐仲冕

石楼重叠倚岩东，紫气侵寻上帝宫。
老树杂花横挂壁，天生十幅绣屏风。

登云台山

〔清〕凌廷堪

千仞崔嵬峻莫扳，天边浓结绿云鬟。
泉悬绝壁垂寒练，日浴洪涛转大轘。
万里风波回砥柱，千秋峦障作重关。
团圆塔影浮云处，半插青霄半倚山。

海清寺塔

〔清〕程枞

塔影凌霄逼斗牛，山深昼静梵宫幽。
飞泉沫迸三时雨，古木阴寒六月秋。
鹤去鹤来清唳远，花开花落暗香稠。
逍遥物外人踪少，老衲谈经石点头。

九龙桥

〔清〕程宗城

长虹横驾海东头，万顷波涛入望收。
一半松声一半水，泠然同作十分秋。

小海

〔清〕吴恒宣

海水无波二十年，平沙一望接山巅。
马蹄乱踏荒原里，笑指沧溟是稻田。

《云台山二十四景》中有关花果山十三景

云村钟瑞

〔清〕李大全

山麓有兑村，相传三元大帝降生于此。慈云缭绕，瑞气氤氲，迥非凡境。诗曰：

山村瞻毓秀，佳气识神宫。
万叠云遮日，千重雨带风。
诞生征地瑞，赞育代天工。

自昔多灵异，氤氲烟霭融。

塔影团圆

〔清〕凌廷堪

云台山前顶后顶，皆称胜境，此为前顶。登山之始，有团圆宫，内肖三元大帝、三藏禅师像，盖其昆仲四人也，并肖帝父母像，祖墓在其侧。诗曰：

路入云台境，团圆识古宫。
山光苍树外，塔影白云中。
九级供施普，千秋享祀崇。
荒唐稽故实，野语笑雷同。

云护天门

〔清〕凌廷堪

由草庵左折，从南天门至万寿桥，为登大殿之正路。右折从山东庄亦经万寿桥，为登大殿之捷径。然游览胜境，必取正路为佳，群峰环拱，云气卷舒，豁人心目，真令观者有物外之想。诗曰：

郁郁绕天门，纷纷四望盈。
迷离浓复淡，隐约散还萦。
偶识因风起，还惊触石生。
氤氲真异境，坐此足怡情。

九涧争流

〔清〕凌廷堪

山涧细流甚多，大者从涧迅注，其数有九，随径曲折，声韵泠然可听。诗曰：

万壑泻飞泉，千山瀑布悬。
相看九涧水，争落一溪烟。
响与松声合，寒随雨气连。
石桥闲憩息，云树总茫然。

龙桥喷雪

〔清〕程校

九涧之水，汇流桥下，故名九龙桥。侧有九龙庙，一名万寿桥。由草庵左折或右折登山者，皆取道于此。水激若雪，声震一山。诗曰：

桥下银涛转，滔滔昼夜盈。
水声惊鹤梦，雨气夹龙鸣。
风卷千堆雪，泉水九脉清。
寒光差凛冽，几欲断人行。

云台铺海

〔清〕程校

此三元大帝正殿也。殿以上为藏经阁，将晓，洞云滚滚而升，若银涛状，久之殿阁皆失。日出则金光闪烁，平铺似海。海上山，山上云，不知是云，是海。觉人山云海，飘然欲动，移时始散，老衲说："此累月经时不得见者"。诗曰：

江洋真一片，殿阁蔽层阴。
不辨水云合，浑如山海沉。
竹浮佳气绕，松激怒涛深。
入眼多奇幻，茫茫自古今。

红涛浴日

〔清〕李大全

望日楼在前顶上，昧爽，望东海日出，大如车盖，赤若丹砂，与波涛相起伏，云天山海，万象皆红，洵伟观也。望日楼即海曙楼，道光甲午重建。诗曰：

扶桑初出日，万顷望悠悠。
赤浪连天拍，朱霞接水浮。
遥从黄道转，宛逐碧波流。
更看腾空起，阳光一气收。

后顶观潮

〔清〕凌廷堪

此为山阴后顶也。倚崖构殿，亦奉三元大帝像，前顶向南一带有沙堤盐市，村舍田庐，水面尚小，后顶向北，极目大海茫茫，天水相接，早潮晚汐，空阔无际。诗曰：

苍茫连碧海，极目望悠悠。
浪涌鼋鼍伏，波翻日月浮。
奔腾吞远屿，出没乱虚舟。
试问逍遥客，何如水上鸥。

屏竹松风

〔清〕李大全

后顶稍下左折，转屏竹社，为老衲子兰栖禅处，松枝如织，风来声若洪涛。有一松倾卧虚崖，夭矫偃盖，古致不可状，名曰"睡松"。诗曰：

偶来屏竹社，闲坐听松风。
清磬声如叶，朱弦韵未工。
泉飞山涧外，涛卷月明中。
长啸禅林下，披襟兴不穷。

天通一线

〔清〕程校

由屏竹社左折，经正殿而东，有两石相夹，高十数丈，交其头而离其身，中露一缝，宽尺余，从缝中望石外，天色如一线，号称佳境。诗曰：

石壁交相合，天光一线明。
恍如仙境隔，微觉阆风生。

欲访浑无路，相看或有情。
更闻空洞里，仿佛有棋声。

石枕流泉

〔清〕程校

由一线天而登，有大石欹卧崖下，水从石隙出，腾沸四流，溅珠喷玉，其声铿然。诗曰：

何处波音发，流澌隐隐鸣。
韵同晓籁远，响逐晚风清。
浪似舟中听，泉从石下生。
尘心浑欲化，静听若忘情。

万岭飞雪

〔清〕程校

由一线天而登万岭，望海水茫茫，风涛如雪，而当急雪舞风之时，空蒙一白，更为奇幻之境。诗曰：

万岭凝飞雪，凭临眼界宽。
山城迷粉堞，平野照银滩。
但觉岚光显，弥添海气寒。
欲寻樵采路，到处总漫漫。

仙桥霁雪

〔清〕凌廷堪

昔有修道于此山仙去者，今名仙人桥，千崖万壑，赤黛相间，雪霁点染，更为可观。诗曰：

寒山初霁后，积雪满桥东。
冻合千峰路，花开几树风。
诗吟驴背上，景忆画图中。
更欲寻仙迹，登临兴不穷。

云台山《印心石屋》诗荟

四首选其一

〔清〕陶澍

振衣直蹑苍梧上，万里瀛云郁此台。
眼底地形三岛在，城中山势两条来。
黄流一气包淮海，青顶双峰挟雨雷。
传与鸴鸠应一笑，十洲风景信悠哉。

四首选其一

〔清〕林则徐

鹏背青天笑共扪，坡仙吟侣职方孙。

层楼望日扶枝曙，半岭吞云竹树昏。
可许成丹烧石灶，也应留带镇山门。
登临本是瀛洲客，沧海横流倒一尊。

四首选其一

〔清〕梁章钜

剑履平跻舄道开，真看策马上云台。
金天迹自都州溯，玉局诗从海市来。
路仄千盘披夙雾，风回一壑走晴雷。
鲸波清宴鸿嗷辑，麦陇旌旗亦壮哉。

四首选其一

〔清〕邹锡淳

烟霞深获三重阁，云物平临百级台。
万里日轮朝涌出，九疑山色夜飞来。
苍龙盖偃蟠阴壑，碧海潮生走怒雷。
郁郁渭原壶峤境，登高舒啸信佳哉。

四首选其一

〔清〕李湘

闻道郁洲悬海外，峰峦高处有楼台。
求仙旧说成桥去，问俗今看骑马来。
邶壑新奇回日月，波澜壮阔卷风雷。
东山双屐知常健，揽胜登临亦快哉。

四首选其一

〔清〕陶廷杰

海水周迴逾万里，昆仑东下峙云台。
天临日月星辰近，地涌江淮河汉来。
树老千年疑化石，山深四月不闻雷。
而今簇拥迎旌节，益信升平庶矣哉。

四首选其一

〔清〕李彦章

左海十洲初出日，东方千骑正登台。
禹功尚赖回澜障，孔望曾经问礼来。
一柱擎天垂宇宙，九峰拔地起云雷。
山川能说高能赋，熏略雄才两快哉。

四首选其一

〔清〕谢元淮

到此蓬莱真不远，忽惊天际涌楼台。
千峦竞向云中出，一夕飞从海上来。
喜见南方多草木，吟成大壑响风雷。
陪游幸得随筇屐，阊阖披襟亦壮哉。

游郁林观

〔清〕钱泳

指点狮子岩，来寻郁林观。
东海日已高，山人未朝饭。
忽闻雷殷殷，飞泉落天半。
怪石何臬兀，痴云欲消散。
剔藓读残碑，生平未曾见。
我素嗜金石，幽居尤可羡。
况有洞壑奇，烟霞日千变。
何当结茅屋，深居遂吾愿。

小蓬莱

〔清〕李汝珍

逐浪随波几度秋，此身幸未付东流。
今朝才到源头处，岂肯操舟复出游！

南天门

〔民国〕张百川

不到天门顶上游，那能放眼豁双眸。
淮徐远送青山色，岛屿声摇碧海流。
几处翠弯迷佛塔，一林红叶打僧楼。
方欣云树微茫里，遥望排空雁阵留。

郁州怀古

〔民国〕许绍蘧

登峰一瞬水迢迢，为郁为都幻鹿蕉。
郡县六朝频鼎革，淮黄百岁免飘摇。
天然门户东西岛，淘尽英雄早晚潮。
此日海疆正多难，扶桑兵气已干霄。

第四章　花果山旅游

花果山旅游业兴起于20世纪70年代。1982年，连云港市花果山风景区管理处成立。1994年7月，涵盖花果山景区的《云台山风景名胜区总体规划》获批。2001年，云台山风景名胜区管理委员会成立。20余年中，景区不断强化管理，加大规划建设和资源开发力度，初步形成以自然生态为主线，点、线、面相结合的8个游览区近百个主要景点。

连云港市政府重视花果山旅游资源开发，将花果山作为连云港的城市名片加以宣传，致力将花果山培育成连云港市旅游业的龙头。1982年起，先后由市政府牵头组织举办《西游记》学术研讨会、《西游记》文化旅游节、花果山金秋登山节、世界旅游日中国主会场庆祝活动、玉兰花会等重大活动，充分展示花果山独有的《西游记》人文资源的旅游品牌，提升花果山的知名度，增强花果山在海内外的吸引力和影响力。花果山景区的游客从80年代初年接待量不足10万人次，发展到2005年接待游客量超过100万人次。花果山景区先后被评为江苏省文明风景名胜区、江苏省优秀旅游区示范点、国家AAAA级旅游区、全国文明风景旅游区示范点。

第一节　景区规划

1993年，连云港市政府委托中国城市规划设计研究院风景园林所编制《云台山风景名胜区总体规划》。规划组于1994年2月下旬完成总体规划大纲的编制工作，4月16日上报建设部，7月7日，省建设委员会受建设部委托召开高层次评审会，批准该规划。

《规划》认为，花果山景区以历史文化遗存和花果山而闻名，以“海古神幽”和山海港城相依为主要景观特色，是可供风景游览、休养度假和开展文化探讨、科研考察等活动的国家级重点风景名胜区。

根据该《规划》，花果山景区面积由原12.8平方千米扩展为84.3平方千米，范围为云台山系中的南云台山体和鸡鸣山独立山体。其中一级保护区4.75平方千米，范围由唐王坝、郁林观石刻沿山路向上，经已开发景点达后顶、观象台，界线沿山脊、山路、山谷划定；二级保护区29.35平方千米，范围为一级保护区外围，由猴嘴沿山脊线，经九层顶至朝阳水库南，向东经万丈崖、鬼牙、大磨垛子，达渔湾；大村水库南线经牛岭、仙人石崖、老窑沟西，绕马腰顶，经凤凰坡，至东磊，再沿其区域边界线与渔湾汇合。一、二级保护区范围外的所有地段为三级保护区，面积50.2平方千米。

《规划》计划开发建设94个主要景点，其中自然景点67个、人文景点27个。

1994年《云台山风景名胜总体规划》建设景点一览表

表4-3

序号	景点名称	类型	位置	规划内容
1	娘娘庙	人文	朝阳中学北侧	旧有景点“荒祠春会”，是明云台山三十六景之一
2	龙山	自然	牛王庙东南	保护山体，绿化
3	猴嘴石	自然	猴嘴镇东	保护，辟游览线至花果山，绿化山体
4	沙僧石	自然	沙河口公路旁	在最佳观赏处立碑
5	鹁鸽顶	自然	牛王庙南山	辟游览线至朝阳，至鬼牙，也可至吴家园林，建观景亭，绿化山体
6	吴家园林	人文	吴庵	重修园林，植名花异草，建吴承恩纪念馆，立吴承恩雕像，辟游览线至公路
7	朝阳果园	人文	朝阳林场	在现有果园基础上，建旅游果园及果园度假村，此外还可建现代化的娱乐设施，成为花果山北坡主要入口。在朝阳水库发现的新石器遗址处，立碑
8	万丈崖	自然	鹁鸽顶南	保护，绿化
9	长春庵	人文	魏庵	重建古庵，整治小环境
10	崇善银杏	自然	金庄	重建崇善寺，将2棵银杏有机地组织在同一小游园之中
11	旗杆夹	自然	小村东	保护，立碑
12	船石沟	自然	鸡鸣山东	整治环境，广植桃树，重现36景之一“石涧桃花”的美景
13	郭庄顶	自然	郭庄北	保护，绿化，辟登山旅游线
14	鸡鸣山	自然	小村东南	保护山体，鸡鸣石处立碑，鸡鸣寺摩崖石刻处辟赏景空间
15	石婆山	自然	鸡鸣山东	保护，绿化
16	六亩地	自然	王庄北	保护，绿化，建观景平台
17	玉女峰	自然	花果山顶	保护，绿化，辟集留点，选点设观日台
18	青峰顶	自然	玉女峰北	保护，辟游览山路
19	迎曙亭	人文	玉女峰顶	保护，游览
20	观象台	人文	后顶	组织参观
21	太白涧	自然	朝阳水库上游	整治环境，改善林相，重点保护太白涧石刻，建李白诗文集萃馆
22	镜台石	自然	太白涧	辟沟涧游览线路，镜台石、瞅眼石等处做摩崖石刻
23	龙渡	自然	太白涧东	辟游览山路，酒店处改建“太白遗风”小酒店
24	马棚	自然	龙渡东	保护，绿化，游览

续表 4-3

序号	景点名称	类型	位置	规划内容
25	大鹰嘴	自然	西庵西	保护，绿化，游览
26	大爪崖	自然	大庵庄南	保护，绿化，游览
27	北鬼牙	自然	南鬼牙北	保护，辟登山栈道至峰顶
28	双石人	自然	马棚东	保护，辟登山栈道，修观景亭
29	南鬼牙	人文	渔湾山中	建休息客栈，提供茶水、饮料等
30	大村水库（大圣湖）	人工	大村	水库泛舟垂钓，库区南建明清小说文学馆，库区西北建旅游商业街。绿化环境。发掘出古遗址处立碑
31	海清寺阿育王塔	人文	大村水库东	保护，绿化
32	沈山头	自然	大村水库东	保护植被
33	倒座崖	自然	六亩地东	保护
34	老君堂银杏	自然	大村水库东	保护古银杏，重建老君堂，整治环境，辟游览线路
35	唐王坝	人文	大村水库东	保护，立碑
36	飞泉	自然	水库东南	保护，设观景点、留影点
37	蔡庵涧	自然	大村水库南	保护
38	郁林观石刻	人文	大村水库东南	搬迁砖厂，在其西侧凿石壁，做现代摩崖石刻
39	西山	自然	大村水库南	保护，辟登山步道
40	梧桐沟	自然	阿育王塔东	清理河道，恢复溪水清澈。沟西普植梧桐树及豆科灌木等，建招鸟站
41	仙人桥	人文	唐王坝上	保护，立碑，新建猴门
42	仙人石崖	自然	仙人桥南	保护
43	十八盘	人文	竹节岭	周围环境适当修整，拓展视线
44	风门口	自然	仙人桥上	保护
45	关帝庙	人文	南天门	逐步将小学迁走，整治环境，恢复原貌，增加绿化
46	孔雀沟	自然	孔雀湖上	保护环境，辟游览路线
47	南天门	自然	风门口上	建停车场，恢复点将台
48	茶庵	人文	九龙桥东	设置小茶馆，突出“云雾茶香”等名特产品
49	多宝佛塔	人文	九龙桥北	考虑恢复原样
50	草堂庵	人文	九龙桥西	保护
51	照海亭	人文	海天洞上	保护
52	海天洞	人文	水帘洞东南	保护
53	团圆宫	人文	三元宫北	保护
54	毛泽东题词	人文	七十二洞上	保护
55	海宁禅寺	人文	九龙桥北	保护
56	屏竹禅院	人文	海宁禅寺西	开放做茶社，多植竹类植物
57	玉皇阁	人文	团圆宫东北	保护
58	花果山石	自然	海天洞下	保护

续表4-3

序号	景点名称	类型	位置	规划内容
59	定海神针	自然	西秃龙涧	保护，立碑
60	一线天	自然	仙砚上	保护
61	水帘洞	自然	团圆宫东	清理周围环境，摊位后移，增加水面积，保护洞前潭水
62	七十二洞	自然	水帘洞东	整理环境，组织游线，开辟新景点，结合《西游记》内容，新增摩崖石刻
63	娲遗石	自然	七十二洞	保护
64	唐僧石	自然	东秃龙涧东崖	保护岩体题刻
65	后顶	自然	玉女峰北	辟登山路，重建后顶庙
66	朝阳洞	自然	一线天下	保护
67	锁涧	自然	海宁禅寺东	保护，辟游览线路
68	九龙桥	人文	南天门北	保护
69	塔林遗址	人文	九龙桥南	恢复塔林
70	双磊石	自然	糖梨沟北	保护，辟游览线路及观景场地
71	香炉顶	自然	聚马岭南	保护，绿化，辟登山游路
72	聚马岭	自然	风门口南	保护，绿化
73	唐王洞	自然	聚马岭南	修整游览线路
74	西秃龙岭	自然	九龙涧北	绿化，保护茶园，辟登山游线
75	老窖沟	自然	九龙涧南	遍植板栗树，在观景佳处设休息亭
76	东秃龙岭	自然	老窖沟东	保护，绿化，修建游览线路，种植游赏茶园
77	糖梨沟	自然	山东庄水库北	将山村人家改建成茶园山庄，并设观景台等小品点缀
78	山东庄水库	自然	山东庄北	整治环境，辟垂钓点
79	马腰顶	自然	水库东	保护，绿化
80	十丈岩	自然	渔湾北	保护，辟步游山路至山顶
81	太阳石	人文	渔湾与东山峰	辟步游山路，整理周围环境，设围栏，立碑
82	渔湾龙潭	自然	渔湾	保护
83	渔湾村	自然	渔湾	辟民俗村，整治环境
84	延福观	人文	东磊	恢复原貌，保护玉兰花王及其他珍贵树种、摩崖石刻，并在其周围多植玉兰等珍稀树种
85	三磊石	自然	东磊	保护
86	东磊村	自然	东磊	遍植樱桃，辟赏景游线，串联延福观与三磊石、石海等景点
87	围屏山	自然	东磊	保护
88	玉带桥	自然	东磊村口	立碑，多植柳树，造“江南春晓”田园景观
89	东山村	自然	当路村东	保护，美化，建赏月台、钓鱼台，恢复明云台山三十六景之钓台夜月、梵宫竹径景致
90	土城顶	自然	后关北	保护山体植被，辟登山游路

续表 4-3

序号	景点名称	类型	位置	规划内容
91	虎窝岭	自然	虎窝西	遍植桃树，利用水库搞垂钓，建青少年活动宿营点
92	凌州村	自然	凌州村	多植柳树，恢复明云台山三十六景之凌州春柳
93	丹霞寺	自然	丹霞寺村	岭上建落丹亭，亭下建葛根花卉园
94	仙姑岭	自然	丹霞寺西	保护环境，辟登山游览线

第二节　景区建设

一、景点建设

古景恢复　1984～2005年，花果山景区管理处投资456万元，先后修复8个古景点，总面积4228平方米，做到修旧如旧、维持古风。

1984～2005年花果山景区恢复古景一览表

表 4-4

名　称	投资金额（万元）	开工年月	竣工年月	面积（平方米）
海宁禅寺	218	1982.10	1984.10	2855
屏竹居	10	1983.10	1984.04	262
团圆宫	5	1983.10	1984.10	45
藏经阁	28	1983.10	1984.10	95
茶庵	113	1984.10	1985.11	421
草堂庵	10	1985.11	1986.10	113
玉皇阁	52	1987.06	1988.10	297
五十三参	20	1995.06	1995.07	140

改造旧景　1984～2005年，花果山景区管理处投资2220万元，先后改造旧景点12个，总面积14048平方米，使其旧貌焕新、古为今用。

1984～2005年花果山景区景点改造情况一览表

表 4-5

名　称	投资金额（万元）	开工年月	竣工年月	面积（平方米）
九龙桥	59	1986.10	1987.09	267
玉女峰	10	1987.03	1988.12	360
水帘洞	279	1989.04	1999.07	700
多宝佛塔	34	1995.03	1996.10	88

续表 4-5

名 称	投资金额（万元）	开工年月	竣工年月	面积（平方米）
大圣山庄	1088	1995.11	1997.03	1533
七十二洞	125	1997.11	1998.10	750
唐王坝	125	1998.10	2000.06	3000
仙人桥	15	2001.03	2001.04	3[illegible]0
神路	35	2002.02	2002.04	[illegible]500
玉皇阁	10	2002.06	2002.09	350
唐王坝水库	400	2003.01	2003.04	5000
荠菜沟瀑布	40	2003.03	2003.05	200

新增景点 1984～2005年，花果山景区管理处投资1亿多元，先后开发新建主要景点30余个，与原有景点融为一体，形成独特的景观风貌。

1984～2005年花果山景区新建主要景点情况一览表

表 4-6

名 称	投资金额（万元）	开工年月	竣工年月	面积（平方米）
观猴亭	7	1985.03	1985.10	200
迎曙亭	14	1985.10	1986.10	100
猴王后花园	19	1987.07	1987.10	500
梅花园	4	1989.03	1999.03	8000
袖海苑	259	1990.10	2001.10	450
玉女亭	24	1992.04	1993.11	520
毛公碑	8	1993.10	1993.12	100
义僧亭	13	1994.04	1994.11	132
金镶玉竹	198	1995.02	2001.09	38100
索道	800	1995.06	1997.07	—
猴雕山门	87	1995.07	1996.07	109
墨香小径	18	1995.10	1999.05	3600
日军轰炸三元宫遗址碑	2	1996.10	1996.10	20
怪石园	10	1996.10	1997.10	41000
药草园	14	1996.10	1997.10	11115
神字王	2	1996.11	1997.04	523
观神台	5	1997.11	1998.02	50
樱花园	51	1998.20	2001.04	8080
杜鹃园	21	1998.02	2001.04	3000

续表 4-6

名　称	投资金额（万元）	开工年月	竣工年月	面积（平方米）
大圣佛	5	1998.03	1998.12	168
蟠桃园	15	1998.10	1999.03	3500
墨香亭	16	1999.10	2000.05	36
瑶池	95	2000.03	2000.10	1750
鹿苑	41	2000.06	2000.09	5280
猴苑	109	2000.06	2000.09	1500
迎客松	19	2001.08	2001.09	120
渡仙桥	60	2002.01	2002.04	—
松鼠园	120	2002.07	2002.09	1115
《西游记风雷图》壁画	56	2002.07	2002.09	125
罗汉堂	260	2002.07	2002.12	530
花果山松门	80	2002.08	2002.09	15
《西游记》文化研究中心	—	2003.02	2003.11	—
五圣广场	—	2003.02	2003.08	4000
大圣湖	—	2005.03	2005.12	950000

二、交通建设

1984～2005年，花果山景区累计投资1.27亿元进行交通设施建设，基本解决过去进山行车难、山中停车难和游客步行难的局面，实现景区内外交通便捷。

索道　投资800万元，于1997年建成从九龙桥至玉女峰索道，全长1388米。

盘山公路　先后投资1338万元，将从猴雕山门广场至玉女峰12.5千米土方路面拓宽为8米宽水泥路面。

步行道　投资1550万元，建成山中旅游步行道50千米。

停车场　2003～2005年，投资770万元，在唐王坝、猴雕山门、南天门、九龙桥、索道、海宁禅寺、玉皇阁、鹿苑和玉女峰等15处新建、扩建15个停车场，面积6万平方米，可同时容纳千余辆客车停放。

花果山路　花果山路一期工程起自新墟公路与海滨路交叉路口，终于花果山乡大村路，全长3.77千米，柏油路面，宽12米，双向双车道，于2001年4月竣工通车。花果山路二期工程，即花果山进山大道，西起大村路与花果山路一期工程交叉路口，东至花果山猴雕山门广场，全长2.47千米，宽15米，水泥混凝土路面，2001年12月竣工通车。花果山南路北起花果山进山大道，南至苍梧东路，全长4.35千米，柏油路面，宽15米，双向双车道。2002年4月开工，9月建成通车，投资3694万元。

三、环境美化

景区绿化　花果山风景区管理处成立后，十分注重景区绿化美化。以种植花果树种为主，适当点缀常绿树种和色叶树种，营造“四季好花常开、八节鲜果不绝”的景观。1998～2001年，每年投入200万元用于绿化美化，先后在景区车行道、步行道两侧栽植花草100余万株，种植花草30多万平方米；在大圣山庄、南天门、九龙桥、西山、聚马岭、山门广场等处栽植紫薇、木槿等花期较长的花灌木2万余株，栽植冬桃、雪枣、日本甜柿、板栗、银杏、樱花、白玉兰等花果树5.5万余株；营造国外松、黑松林53.33公顷；栽植楸树300余株，栽植黑松、雪松等长绿树种和栾树、紫叶李等观叶树种5000余株；在景区显要位置和主要景点栽植紫薇、木槿、锦带花、野杜鹃等花灌木2万余株。在玉女峰、唐王坝和怪石园开辟万株梅花园、万株蟠桃园、药草园及杜鹃园等专类园，使观果园、尝鲜果成为花果山景区新的旅游项目。2002年，景区栽植雪松、栾树、香樟、榉树等绿化树、果树80多个品种，栽植一串红、万寿菊等草花130万株，布置盆花55万盆。2003年，花果山景区通过ISO 14001国际环境管理体系质量认证，2005年被省环保厅评定为ISO 14001环境管理示范区，花果山省级地质公园申报通过专家组达标验收。

生态林建设 22年间，花果山景区管理处陆续对外围景区进行生态林建设。将远离主景区荒山划片承包给山民进行绿化管理，营造经济林。至2005年底，生态林面积达173.33公顷，初步形成外围景区建设与主景区相呼应、经济林与混交林并举的复合型生态林系统。

送清水工程 2001年底，投资160万元完成从大村水库至玉皇阁、海宁禅寺、瑶池的送清水工程，总高程500米，总长10.7千米。2003年4月投资300万元完成仙人桥循环水工程，投资90万元完成荠菜沟循环水供电工程。

第三节 旅游推介

1982～2001年，全国共召开6届《西游记》学术研讨会，除第二届在浙江（1986年）、第三届在新疆（1988年）召开外，其他4届均在连云港市召开。1997年起，花果山景区先后举办多种大型节庆活动，依托《西游记》文化资源，宣传推介花果山。1997～2001年先后举办5届花果山金秋登山节；2001～2005年连续举办5届《西游记》文化节。

一、《西游记》学术研讨会

1982年10月，首届全国《西游记》学术研讨会在淮安市和连云港市跨地召开。先在淮安举办纪念吴承恩逝世400周年活动，后到连云港市举办研讨会。来自全国22个省市的127名专家学者到会，就《西游记》故事背景和作者进行研讨。通过实地考察和考证，会议确认，连云港市云台山中的花果山，是《西游记》中孙悟空老家真正的原型。

1992年8月22日，第四届全国《西游记》学术研讨会在连云港市召开。研讨会围绕《西游记》作者论争、吴承恩生平、《西游记》版本学的研究等展开研讨，将《西游记》基础学的研究提升到整个《西游记》美学研究的高度。

1999年7月23日，第五届全国《西游记》学术研讨会在连云港市召开。研讨会围绕《西游记》主旨、《西游记》成书时代背景、《西游记》版本学、《西游记》语言艺术、《西游记》人物形象及其原型、《西游记》与其他话本小说和国外神话小说对比等方面展开研讨。

2001年9月27～29日，第六届全国《西游记》学术研讨会在连云港市召开。此次研讨会正值中国首届《西游记》文化节举办之际，来自北京、上海、南京等地的国内著名专家学者聚会连云港，白化文、王邦伟、葛维钧、李时人等著名专家学者与会，就充分发掘和利用《西游记》文化内涵、促进文化发展和旅游业发展作了发言，国学大师季羡林为研讨会题词。

二、花果山金秋登山节

1997年10月10日，由连云港市政府主办的首届花果山金秋登山节开幕式在山门广场举行，活动历时3天，于12日结束。出席开幕式的有市领导、运动员、游客和群众等近3万人。电视剧《西游记》中扮演唐僧师徒的六小龄童、马德华、阎怀礼、迟重瑞上台表演。参加登山比赛的运动员1250人，组成青壮年组（1000人）、独生子女家庭组（150人）、老年组（100人）3个组。同时举办群众操、拳、功、舞表演和摄影、书法笔会等近10项活动。登山节期间，景区接待游客6万多人次。

图4-16　1997年10月10日，连云港市政府举办首届花果山金秋登山节。　李家岭　摄

1998年9月26～29日，由市园林局主办的第二届花果山金秋登山节举行。出席开幕式的有市领导、运动员、游客、群众等1.5万余人。其中运动员1250人，组成青壮年、老年和独生子女（限幼儿园大班）家庭3个组。同时举办花果山寻宝、木偶剧表演和群众操拳表演等活动。登山节期间，景区接待游客近8万人次。

1999年9月26日至10月5日，由省体育运动委员会和连云港市政府主办的第三届花果山金秋登山节和省首届登山比赛在花果山举行。9月26日在山门广场举行开幕式。出席开幕式的有市领导、省体委和省委巡视组领导、韩国木浦文化访问代表团及运动员、游客、群众近3万人。参加比赛运动员1458人，分成5个赛组，其中省辖队青年组104人、中年组104人，市队青年组1000人、老年组100人、独生子女家庭组150人。同时举办杂技、驯兽、高空车技、时装模特表演和京剧票友演唱会等活动。登山节期间，景区接待游客10万余人次。

2000年9月10日至10月22日，由省体育局和连云港市政府主办的第四届花果山金秋登山节暨全国首届登山邀请赛举行。9月10日在山门广场举行开幕式。出席开幕式的有省体育局领导、连云港市领导、邀请单位负责人和运动员、游客、群众等近3万人。本届登山比赛只设青壮年组，并分期进行比赛。开幕式结束后，全国各省、市、自治区、大陆桥沿线城市及江苏省部分省辖市运动员近200人参加了全国首届登山邀请赛。9月16日上午，连云港市各县区、企事业单位400余名登山爱好者参加比赛。10月6日举行重阳节尊老登山比赛。9月10日至10月22日组织游客和群众进行有奖登山比赛，每周举行2～3次。登山节期间，邀请中国滑翔伞队前来表演，由运动员驾驶无动力滑翔伞，从玉女峰滑翔而下。登山节期间，景区接待游客10.2万人次。

2001年9月29日，由市政府主办的第五届花果山金秋登山节暨“王子杯”登山比赛在山门广场举行。来自全市机关、企事业单位和学校、幼儿园的60个代表队1000余名运动员，组成青壮年组、家庭组、老年组参加登山比赛，数千名游客参与登山活动。

三、《西游记》文化节

2001年9月30日，由省建设厅、连云港市政府、新华日报社、扬子晚报社主办，省文化厅、省旅游局、省体育局、省宗教局联办，连云港市建设局和云台山风景名胜区管委会承办的首届中国《西游记》文化节在花果山山门广场举行开幕式。省、市领导，省建设厅、体育局、宗教局、文化厅、《新华日报》、省广播电视总局、《扬子晚报》负责人，徐州市、淮安市、宿迁市、聊城市、日照市和临沂市的市领导，中央和省新闻单位的代表，德国、韩国、泰国、波兰、坦桑尼亚等10多个国家和中国香港、中国台湾地区以及陕西、甘肃、上海、广东、辽宁等省市的中外客商代表和游客、群众5万多人参加开幕式。文化节紧扣“探望猴王故里”主题，历时11天，于10月10日结束，接待游客12万人次。

2002年9月25日，由连云港市政府、中央电视台联合举办的第二届中国《西游记》文化节开幕式在花果山山门广场举行。省、市领导，省级驻连云港单位负责人，在连云港工作的外籍专家，到连云港投资的海外客商，韩国木浦文化放送株式会社访连云港代表团和游客、群众1万余人参加开幕式。文化节期间，市建设局在市区、县和周边城市组织花车巡游活动，花果山风景区在市区和周边城市举办国家热气球队空中飞行表演，花果山屏竹禅院举办以花果山云雾茶品尝和《西游记》文化体悟为主题的茶艺表演，市美术家协会和花果山风景区管理处联合在玉皇阁举行国内猴画精品和猴文化艺术品展出，市宗教局、海宁禅寺在三元宫举行玄奘法师纪念堂奠基仪式暨观世音菩萨佛像开光庆典法会。文化节历时14天，于10月8日结束，接待游客15万人次。

2003年9月8日，由中央电视台、江苏省建设厅和连云港市政府主办的第三届中国《西游记》文化节开幕式在五圣广场举行。开幕式晚会通过《同一首歌》栏目录播，观众达2.8万人。文化节以“走进《西游记》，拥抱花果山，相约连云港”为主题，采取政府主导、社会参与、市场运作、实体承办的方式，把文化、旅游、经贸活动相结合，举办了海宁禅寺建寺千年重建十年古佛开光佛事活动、中国《西游记》文化研究应用中心挂牌仪式暨专家论坛等活动。文化节历时30天，于10月7日结束，接待游客22万人次。

2004年8月4～10日，第七届世界儿童联欢节暨第四届中国《西游记》文化节在连云港花果山举行。在花果山世界儿童乐园，专门修建了高老庄、通天河、盘丝洞等儿童娱乐设施。第七届世界儿童联欢节是由中国人口文化促进会与连云港市人民政府联合主办，北京国文创世文化发展公司与花果山风景名胜区管委会承办，由中央电视台青少中心特别协办。香港电视台、上海电视台拍摄播放。联欢节历时7天，于8月10日结束，接待游客16万人次。

图4-17　2001年9月30日，首届中国《西游记》文化节在花果山山门广场开幕。　赵鸣　摄

2005年9月27日，由国家旅游局、江苏省政府主办，省旅游局、连云港市政府、陇海兰新经济促进会共同承办的2005年世界第26个旅游日中国主会场庆祝活动暨第五届中国《西游记》文化节、首届新亚欧大陆桥国际旅游文化节活动在花果山五圣广场举行。国家、省、市领导以及来自美国、加拿大、巴西、新加坡、韩国、罗马尼亚、尼泊尔等国大使馆官员、国际友人，兄弟城市领导人出席开幕式。活动首次设计制作中国主会场庆祝活动永久性标志——风托金猴。

四、玉兰花会

东磊延福观玉兰山房前的4株玉兰花，树龄均在800年以上，为全国玉兰花王。自1985年起，每年清明节前后，市政协、文联等单位在此举办玉兰花会。1997年，玉兰花会改由市政府、连云区政府主办，每次15～20天，游客最高日达万人。

五、影视拍摄

1985年7月，上海电影制片厂、解放日报社联合组织摄制组到花果山拍摄电视剧《淮海浪士》。该片以花果山为主要外景地，反映了吴承恩的生平及创作《西游记》过程。

2003年8月14～26日，中央电视台国际频道"四大名著文艺专题片《西游记》篇"在花果山风景区拍摄。该专题片分10集，以《西游记》故事背景花果山为切入点，将小说成因、故事内涵、文化价值、人物塑造、民风民俗以及戏曲动画等内容融为一体，深刻阐述了花果山的西游文化精髓。是年11月30日，《西游记》篇首播式发布会在北京京西宾馆举行。

六、旅游促销

1984～2005年，花果山景区每年投入40余万元，开展旅游促销活动。在市区车站、交通要道口等游人聚集的显要位置设立大型广告牌；在中央电视台、江苏电视台和连云港电视台进行花果山风光专题宣传；在河南、湖北、山东、上海、苏南等主要客源市场进行多层次、全方位的立体宣传；在《中国旅游报》《中国建设报》《旅游》《华东旅游报》《扬子晚报》等10多家报纸杂志发表宣传文章，并与《连云港日报》持续开展有关景物介绍的征谜、征联、征文活动。新亚欧大陆桥开通后，特别是进入21世纪后，随着市委、市政府"培育旅游支柱产业"战略的提出，连云港市加大沿陆桥沿线城市的宣传推介力度，每年均组织人员赴西安、兰州、乌鲁木齐等城市进行宣传，举办旅游推介会，并协调徐州铁路局开通沿桥城市赴连云港旅游"渔湾号"专列。开通"中国花果山"网站，在国家旅游局旅游热线网站设立花果山网页，定期更新信息。至2005年底，花果山旅游市场以陇海线、沪宁线和周边地区为主，东北的黑龙江、吉林、辽宁，西南的四川、云南、贵州等游客日益增多。

第四节　景区管理与旅游服务

1982年，花果山风景区管理处成立，统一建设、管理花果山。2001年11月，市政府组建市云台山风景名胜区管理委员会，将花果山景区、海滨景区、锦屏山景区、前三岛景区的旅游业务全部划归云台山风景名胜区管委会管理。花果山风景区管理处下辖山区队、监察执法大队、第一管理区、第二管理区、花果山居委会、花果山旅游公司、花果山建安公司、花果山茶林公司等单位。

一、景区管理

队伍管理　1984～2005年，花果山风景区管理处先后制定《花果山风景区管理处职工道德规范和行为准则》《花果山风景区服务人员职业道德规范要求》《花果山风景区职工管理细则》《花果山风景区服务人员服务守则》等一系列规章制度，提高服务人员的职业道德和服务水平。先后设立环卫组、养路队、春秋旅行社、旅游客车队、监察执法大队等青年文明岗。在海宁禅寺至照海亭间建立规范管理示范区。2005年全市有8人取得全国导游证，24人取得市旅游局颁发的讲解员证书。

环境卫生管理 1984～2005年，花果山风景区管理处制定一系列景区环境卫生管理制度，将环境卫生多项管理内容结合在一起，实行百分制考核。创造全天候跟踪清扫的模式，取代警示牌、批评和罚款，清扫人员跟在游客的后面，将其随手丢弃的杂物拣起，不让景点、路上和路边存有一点垃圾，被游客称为“找不到一个烟头的景区”。

安全管理 1984～2005年，花果山风景区管理处先后成立花果山园林派出所和景区监察执法大队及山区队，共同负责景区治安管理和护林防火工作。每逢重大活动和节假日期间，由市、区公安局统一组织警力，维护治安秩序。每逢冬春火灾多发季节，由景区毗邻乡镇组织联防队，日夜值班，张贴标语、公告，及时掌握火情。在防火重点季节，组织防火突击队，在进山大小道路设岗巡逻，严禁携带火种进山和上坟烧纸，违者予以处罚。

二、旅游服务

文明服务 20世纪80～90年代，花果山风景区管理处始终突出文明服务这一主线，建立健全文明服务各项规章制度，制定文明服务行为规范，设立举报电话，接受游客监督。1999年，花果山风景区管理处被评为省级“青年文明号”。2000年起围绕创建中国优秀旅游城市目标，在景区开展文明风景名胜区创建活动。2001年，市政府下发《关于进一步改善旅游服务质量的通知》，花果山景区开展创文明景区、青年文明号、诚信旅行社和“树文明形象，展行业风采”优质服务百日竞赛活动。2002年9月，景区投资340万元建成游客服务中心，面积3200平方米，使游客从购票进山开始，乘车、游览、消费、导游，直至安全离开景区，都有“青年文明岗”为之服务。服务人员统一着装，挂牌上岗，文明用语，收费明码标价。文明服务打造出良好的名山效应，客源从周边地区拓展到上海、南京、武汉、郑州、西安、洛阳以及港澳台等城市和地区。是年，花果山风景区被中央精神文明建设指导委员会办公室、建设部、国家旅游局评为“全国文明风景旅游区示范点”，被国家旅游局授予“AAAA级旅游区”称号。2005年，花果山风景区以创建全国文明风景旅游区先进单位、省级ISO 14000环境管理示范区和省级地质公园为抓手，强化优质服务举措，开展景区安全检查、旅游商品质量专项治理、旅行社规范经营和导游市场综合整治等活动，景区管理和服务水平大幅度提升。

餐饮购物 20世纪90年代后期，在玉女峰、海宁禅寺和山门广场建有3500多平方米相对集中的购物中心，设立百余处方便旅客的饮食部，能基本满足游客的购物、餐饮需要。

交通服务 1991年7月，花果山景区组建花果山旅游公司，11月成立客车队，有中巴车5辆，专门负责景区内山门广场—九龙桥—三元宫—玉女峰的上下山接送服务。2003年3月投资2000万元更新厦门金龙等车型40辆，而后相继更换。2005年有中巴车43辆，接送游客126万人次。

宾馆居舍 1996年，山上建成三星级旅游宾馆——大圣山庄，拥有18间标准客房、36张床位；10多个标准包间，可同时接待200人就餐。山下建有花果山宾馆，拥有209间客房。2001年，花果山景区管理处投入近300万元，按四星级标准，在袖海苑新建游客接待中心屏竹居，占地面积2万平方米，分上下两层，配有会议室、棋牌室、电视机、VCD、桌椅、休闲餐饮等设施，并在大厅设置2台电脑触摸屏，方便游客查询旅游线路、购物消费、住宿等方面的信息。

第五卷　连云港港　口岸

连云港港地处中国沿海中部的海州湾西南岸、江苏省东北部，为横贯中国东西的铁路大动脉陇海兰新铁路的东端终点港，新亚欧大陆桥的东方桥头堡，是以外贸运输为主的综合性国际贸易枢纽港。

1984年，管理连云港港的行政机构为交通部连云港港务管理局，连云港港的建设单位为江苏省连云港建港指挥部。1987年3月，连云港港下放地方，江苏省连云港建港指挥部与连云港港务管理局合并，实行交通部和连云港市双重领导，连云港港务管理局改称连云港港务局。2003年11月，连云港港务局及所属企业改制组建连云港港口集团有限公司，为市政府授权的国有资产投资主体；连云港港的公用设施建设、维护以及经营秩序、安全生产、环境保护等管理职能移交同期成立的连云港市港口管理局，连云港港实现政企分开。

1984年，连云港港务管理局有16个基层单位，主要生产单位只有2个作业区。随着连云港港的发展，港口规模不断扩大，至2005年底，连云港港口集团有限公司基层单位达44个，新增庙岭港区、墟沟港区，码头从5个增至12个，码头岸线长度从1.41千米增至6.44千米，生产性泊位从9个增至32个，设计通过能力从每年523万吨增至3155万吨，新增集装箱通过能力每年74万标准箱。泊位的靠泊、航道的通过等级明显提升，靠泊最大等级从1万吨级提高到10万吨级，航道由1万吨级提升到15万吨级。连云港拦海大堤及港口煤炭、集装箱、木材专用码头等一批国家重点工程相继建设完成，港内船舶作业、铁路运输、供电等能力得到显著提高和增强。2005年，连云港港货物完成吞吐量6016.22万吨；集装箱吞吐量跨入百万标准箱行列，达100.53万个标准箱，成为江苏集装箱第一港、中国十大集装箱港、全球百强集装箱港。2005年，连云港港口集团有限公司实现总收入13.35亿元，是1984年的17.22倍；实现利润6710万元，是1984年的1.62倍；完成外贸吞吐量3884万吨，居全国十大外贸港之列，为江苏最大外贸港；连云港港与160多个国家和地区的港口建立通航关系，国际竞争力不断增强，向着现代化、深水化、大型化、专业化港口迈进。

与此同时，海关、出入境检验检疫、海事、边检等部门和船舶代理、外轮理货、船舶燃料、船舶维修、海员接待等单位，根据国家相关法律法规的规定开展港口通关、检验检疫、海上安全、边防检查等工作，为进港船舶、人员提供服务，有力保障和促进了连云港港口的发展。

第一章　港口规划

1984～2005年，中央、省、市政府高度重视连云港港的发展建设。为更好地发展和利用连云港港，1987年、1997年、2005年，连云港市先后三次编制印发港口总体规划，对不同时期连云港港的岸线利用、港区布局、陆域和水域的划分进行明确界定，为科学、合理使用岸线资源，持续、快速推进连云港港发展建设发挥重要指导作用。

第一节　连云港港口总体规划

图 5-1　连云港港在中国沿海港口位置示意图

1984年，连云港市成为全国首批14个沿海开放城市之一。随着连云港市的对外开放，连云港港与周边地区特别是陇海沿线的横向经济联合不断加强。为适应陇海兰新铁路沿线各省区经济发展和对外贸易的需要，根据腹地经济特点和服务范围，在国民经济长期计划指导下，1984年，江苏省连云港建港指挥部开始编制《连云港港口总体规划（草案）》，该规划草案以2000年为目标，兼顾连云港港近期建设与长远发展的关系，1987年定稿印发。

规划指出，连云港港应当建成散货、杂货并重的综合性内外贸易港口，成为中国沿海中部以远洋运输为主的枢纽港。

规划指出港口范围东起旗台嘴与东连岛连线，西至平山路，总面积55平方千米。规划明确在西大堤建成后，连云港港共布置老港区、庙岭港区、墟沟港区及北港区4个港区，连岛南侧岸线为港口生产辅助区。其中，老港区位于鹰游海峡南岸中部，布置11个泊位，设计通过能力570万吨，是以装卸万吨级船舶为主的外贸杂货港区；庙岭港区位于庙岭山北侧，布置21个泊位，设计通过能力1950万吨，是以装卸散杂货并重的深水外贸港区；墟沟港区位于墟沟镇以东、港口站北侧，布置17个泊位，设计通过能力550万吨，为集资建设的以装卸万吨级船舶为主的杂货港区；北港区位于西大堤内侧，布置44个泊位，设计通过能力2000万吨，是以散货、杂货并重的外贸深水港区和工业港区。

根据该规划，连云港港最终可建成近百个泊位，码头岸线20多千米，港口设计年通过能力5000多万吨。

第二节　连云港港总体布局规划

20世纪80年代末至90年代初，随着中国改革开放的不断深入，连云港港经济腹地经济及社会快速发展，新亚欧大陆桥开通，亚欧两洲之间的铁路直达运输初步实现，连云港港骨干工程相继实施，港池减淤成功，深水航道开通，已具备发展深水大港的基本条件。为适应连云港市、江苏省及中西部地区物资交流的需要，1992年，连云港港务局在交通部水运规划设计院的协助下，开始编制《连云港港总体布局规划》。1997年5月，该规划获交通部、江苏省政府批复同意。

规划明确连云港港的主要服务范围为连云港市及连云港经济技术开发区，为临海工业的开发、建设和对外开放服务；为江苏省特别是苏北地区的经济开发、对外开放服务；为陇海、兰新铁路沿线及其内陆腹地的经济开发、对外开放、内外贸及能源物资运输服务；为亚欧大陆间国际货运、水陆联运的发展，促进洲际间货物中转和相关地区的经济发展服务。

根据该规划，连云港港划分为6个港区，即老港区、庙岭港区、墟沟港区、北港区、东港区、灌河港区。老港区位于鹰游海峡南岸中部，作为以万吨级泊位为主的散杂货港区，布置11个泊位，其中万吨级泊位9个，设计年通过能力615万吨；庙岭港区位于庙岭山北侧，作为大型深水泊位为主的散货、集装箱并重的港区，在原有7个泊位的基础上，规划再建9个泊位，设计年通过能力4960万吨；墟沟港区位于墟沟镇以东、港口站北侧，作为万吨级泊位为主的散杂货港区，在已有两个泊位的基础上，规划再新建16个泊位，设计年通过能力670万吨，并适时在墟沟港区兴建客运码头，墟沟港区西部预留新墟运河入海口及内河集疏运设施的位置；北港区位于连云港西大堤内侧，作为以中小型临海加工业和仓储、保税区为主要服务对象的集装箱和散货港区，顺岸部分将形成集装箱泊位5个、多用途泊位1个，设计年通过能力450万吨；东港区位于扒山头至羊山岛老虎嘴沿线，规划作为大型临海工业及危险品为主的深水港区；灌河港区位于灌河口上游10千米处，由燕尾港、陈家港组成，作为以原盐外运为主的散货港区，规划在已有2个泊位的基础上再新建2个泊位，设计年通过能力105万吨。

根据该规划，连云港港将新增30多个泊位，可用码头岸线20多千米，港口设计年通过能力在6800万吨以上。

第三节 连云港港总体规划

进入21世纪，国家实施东部率先、中部崛起、西部大开发等发展战略，要求连云港港大力提升服务中西部的运输枢纽功能；在江苏省振兴苏北、沿海开发、沿东陇海开发三大生产力布局中积极承担区域经济发展龙头带动作用。为明确连云港港发展方向，优化港口规划布局，合理、有效地开发港口资源，促进港口与城市、港口与腹地经济协调发展，2005年，连云港市港口管理局陆续组织交通部规划研究院、南京水利科学院、上海航道勘察设计研究院、华东师范大学、河海大学等多家规划、咨询、科研单位，开展连云港港新港址的前期研究和论证工作，委托交通部规划研究院编制《连云港港总体规划》。

按照“一体延伸，两翼拓展”和建设组合大港的发展思路，规划对连云港市200余千米的海岸线和40余千米的灌河岸线进行统筹规划，对连云港海湾内的港区布局、功能和名称进行整合，明确提出开辟两翼新港区，形成由连云港海湾内的连云港区、南翼的徐圩港区和灌河港区、北翼的赣榆港区和前三岛港区共同组成连云港港“一体两翼”总体格局。

连云港区由马腰、庙岭、墟沟、旗台、拦海大堤5个作业区组成，以集装箱和大宗物资中转运输为重点，规划发展成为连云港港核心枢纽港区。其中，马腰作业区位于鹰游海峡南岸中部，即连云港港的老港区。规划期内，马腰作业区基本维持通用散杂货功能，近期结合庙岭突堤建设进度，适时转移西侧煤码头和液体化工品码头功能，远期可通过回填突堤间港池，扩大堆场面积，实现总体布局调整，北岸岸线基本与旗台作业区保持一致，布置深水泊位。庙岭作业区位于庙岭山北侧，规划为大宗散货和集装箱运输功能的综合性作业区，西侧为散货发展区，东侧为集装箱发展区。散货发展区通过新建或升级改造，发展5万～10万吨级散货泊位，形成6个散货泊位、2600万吨通过能力；集装箱发展区以靠泊第四、五代集装箱船为主，建设9个专业化集装箱泊位，设计年通过能力300万标准箱以上。庙岭作业区全部建成后，远期可通过回填港池水域，增加陆域面积，最终形成大顺岸式码头总体布局。墟沟作业区位于墟沟镇以东、港口站北侧，规划以5万吨级洁净杂货泊位为主，兼顾客运功能，以排洪沟为界，分为墟沟西区和东区两部分。西区顺岸码头岸线可建3个5万吨级泊位，向西依次布置3个3万～5万吨级通用泊位和2个万吨级客运泊位，客运码头采用小突堤式布置，设计年货运通过能力500万吨以上；东区可建设5至6个5万～7万吨级泊位，设计年通过能力600万吨以上。旗台作业区位于鹰游海峡东部南岸，规划以大宗干散货和液体散货为主，重点建设10万吨级以上专业化泊位。旗台嘴以西2.1千米岸线作为大宗干散货发展区，可建6个15万吨级以上泊位，设计年通过能力4000万吨以上；旗台嘴以东1.9千米岸线作为大宗液体散货发展区及危险品发展区，可建5个15万吨级以上液体散货泊位或5至6个5万吨级以上油气和液体化工泊位，年通过能力可达3000万吨以上；东端规划为散货预留发展区，可布置4个以上大型散货泊位，年通过能力3000万吨以上。西大堤作业区规划在西大堤内侧，通过填海造地形成陆域和顺岸码头岸线，作为靠泊第五、第六代集装箱船为主的专业化作业区，兼顾部分支持系统功能，规划码头岸线长约5.9千米，建设18个3万～10万吨级集装箱泊位，通过能力约800万标准箱以上，其中，西部1.2千米岸线以建设3万～5万吨级泊位为主，东部4.7千米岸线以建设5万～10万吨级及以上泊位为主。

赣榆港区北起绣针河口南岸，南至赣榆县龙王河口北1.2千米处，岸线长20.3千米，通过填海造陆形成2个双堤环抱式港湾，码头以挖入式港池和突堤式相结合，可形成陆域79.8平方千米以上、码头岸线33.2千米以上。根据规划，该港区将以临港工业起步，并预留远期发展大宗散货、集装箱等货物转运的功能。港区距城区较远且地处下风向，环境容量大，主要发展石油、钢铁、煤炭等工业及上下游配套产业，形成港口与工业互动发展的产业集聚带。

前三岛港区位于海州湾内，距连云港区46千米。规划依托车牛山岛、平山岛或达山岛三岛之一形成大型石化专用港区。

徐圩港区位于连云港市城区东南部的埒子口至灌河口之间，将依托临港工业起步，并预留远期发展大宗散货、集装箱等货物转运的功能。该港区距城区较远且地处下风向，环境容量大，主要发展石油、钢铁、煤炭等工业及上下游配套产业，形成港口与工业互动发展的产业集聚带。规划该港区近期布置于埒子口以西，自然岸线长12.8千米，港区形成码头岸线长14千米以上，陆域43.3平方千米。该港区建设从南侧起步，首先发展内侧突堤，逐步向外滚动发展。埒子口至灌河口之间自然岸线长约10千米，规划为港口预留发展区，可由北向南逐步开发。

灌河港区指204国道灌河大桥至灌河口段所有水域。规划明确该港区近期以发展千级泊位的散杂货(矿建材料、原盐等)和小规模化工品运输及修造船为主，为地方经济和临港产业发展服务；远期结合南翼航道建设和拦门沙治理情况，统筹建设深水码头。

第二章　港口建设

1984～2005年，连云港港口建设突飞猛进，新增庙岭港区、墟沟港区，码头从5个增至12个，码头岸线长度从1.41千米增至6.44千米，生产性泊位从9个增至32个，其中万吨级泊位27个，设计年通过能力从523万吨增至3155万吨，新增集装箱年通过能力74万标准箱。泊位的靠泊、航道的通过等级明显提升，靠泊最大等级从1万吨级提高到10万吨级，航道由1万吨级提升到15万吨级。连云港拦海大堤及港口煤炭、集装箱、木材专用码头等一批国家重点工程相继建设完成，港内船舶作业、铁路运输、供电等能力得到显著提高和增强。

第一节　港区　码头

一、老港区

老港区又称马腰港区，位于鹰游海峡南岸中部，为连云港港前身。1984年，该港区有3座码头，即1号码头、2号码头、煤码头。其中，1号、2号码头始建于20世纪30年代，后经多次修建、改建；煤码头1974年建成投产。有生产性泊位7个。其中，1号码头有2个泊位，即1号、2号泊位；2号码头有4个泊位，即3号、4号、5号、6号泊位；煤码头1个泊位，即14号泊位。该港区的7个泊位中，2号和3号泊位靠泊等级为5000吨级，其余泊位靠泊等级均为1万吨级。1986年，经连云港市口岸委核定，1号码头年通过能力75万吨，2号码头年通过能力165万吨，煤码头年通过能力253万吨。

1987年11月，交通部决定扩大连云港港区水域，具体范围界线为自旗台嘴引一直线至东连岛羊窝头嘴，沿东西连岛南岸水边至西连岛小兔头，再引一直线至墟沟北鹰嘴，沿水陆岸线折回旗台嘴。修订后的水域面积从18.9平方千米扩大至29.7平方千米。是月，位于2号码头与煤码头之间的3号码头即三突堤码头工程通过交通部竣工验收。3号码头总投资1.4亿元，设计年通过能力140万吨。共有7号、8号、9号、10号、11号、12号泊位6个泊位，其中7号泊位靠泊等级5000吨级，8号、10号、12号泊位靠泊等级1万吨级，9号、11号泊位靠泊等级2.5万吨级。为适应进港船舶大型化的需求，1994年4月，连云港港务局第二装卸公司对3号码头9号泊位实施改造，通过挖泥浚深，9号泊位的水深由原来的-11米加深到-12.2米，靠泊等级从2.5万吨增至3.5万吨。1994年9月，9号泊位改造完成后，是年即接卸3万吨级以上船舶10艘，其中最大船舶6.5万吨级。

1995年5月，由连云港港务局自筹资金并自行设计和施工的危险品码头即16号泊位开工建设，1997年1月，该码头工程竣工。16号泊位靠泊能力2万吨级，设计通过能力100万吨，工程投资3200万元。该码头的建成，结束了连云港乃至江苏省沿海无危险品专用码头的历史。

2002年，3号码头的11号泊位和煤码头的14号泊位相继完成升级改造。改造后，11号泊位靠泊等级由2.5万吨级增至5万吨级，14号泊位靠泊等级由1万吨级增至2万吨级。

图5-2　20世纪80年代的连云港港　　赵鸣　摄

至2005年底，老港区有1号码头、2号码头、3号码头、煤码头、危险品码头5座生产性码头，码头岸线长2.53千米，布置生产性泊位14个，即1至12号泊位及14号、16号泊位，其中万吨级以上泊位11个，11号泊位为靠泊等级最大泊位。2005年，该港区设计年吞吐能力715万吨。

二、庙岭港区

庙岭港区位于庙岭山北侧。1982年3月，该港区一期工程开始施工，总投资3.77亿元，包括9号码头即煤炭专用码头、年运输能力1351万吨的港口铁路工程、航道局靠船码头。1986年9月，港区一期工程竣工并交付使用。9号码头定位为大型煤炭出口码头，设计年通过能力900万吨，布置38号、39号2个泊位，靠泊等级分别为1.6万吨、3.5万吨。庙岭港区煤炭码头工程是连云港港跳出老港区开辟新港区的第一个工程，是国家“六五”期间组织建设的重点工程之一，是中国自行设计、施工并首次实现全套负载设备国产化的连续式、高效率、现代化大型煤炭出口码头。庙岭港区一期工程由交通部第三航务工程局设计院设计，水工由三航五公司承担施工，航道由上海航道局一处、四处开挖，铁路由铁道部四局施工。

1986年6月，庙岭港区二期工程开工建设。该工程是国家“七五”时期重点建设工程，工程包括6号码头的两个集装箱专用泊位、7号码头的1个散粮专用泊位、8号码头的2个木材专用泊位。1991年6月，6号码头的31号泊位建成投产。1992年3月，6号码头的32号泊位建成投产。该两个集装箱专用泊位设计年通过能力均为20万标准箱，靠泊等级均为2.5万吨级，其专用堆场约10万平方米，可容纳1822标准箱，并配有面积1.18万平方米的集装箱拆装库。该两个泊位建设总投资1.37亿元人民币、50.5亿日元。

1987年5月，8号码头的2个木材专用泊位即35号、36号泊位开工建设，1990年3月竣工并通过交通部验收。35号、36号泊位靠泊等级均为2.5万吨级，设计年通过能力均为100万吨。两个泊位建设总投资1.16亿元人民币、26.7亿日元。8号码头是中国第一个以预应力混凝土管桩做桩基的码头（即管桩梁板结构）。2004年，35号泊位升级为5万吨级泊位，与36号泊位可以联合靠泊7万吨级散货船舶。

1989年5月，7号码头的33号泊位开工建设。该工程为国家“七五”跨“八五”重点工程，也是中国第一个粮食装卸两用专业化泊位。1993年5月，33号泊位建成投产。该泊位为3.5万吨级散粮装卸专用泊位，设计年通过能力200万吨，工程投资7657万元人民币、39亿日元。2002年，33号泊位改造升级为5万吨级泊位。

图5-3　1986年6月，庙岭港区二期工程开工建设。图为连云港锦屏磷矿庙岭采装工程开工典礼。　赵鸣　摄

在庙岭港区二期工程中，8号码头的34号非生产性泊位于1991年2月建成。2002年7月，34号泊位经过改扩建，成为以装卸矿石、煤炭为主的散杂货通用的10万吨级深水泊位，水工按15万吨级设计建设，设计年通过能力700万吨，2004年12月通过国家竣工验收，工程累计投资3亿元。

2002年9月26日，国家计划委员会批准庙岭港区三期工程建设计划，同意建设1个2.5万吨级集装箱泊位和1个3.5万吨级多用途泊位，预留改造为集装箱泊位），即6号码头的29号、30号泊位。设计年通过能力为集装箱25万个标准箱、件杂货15万吨，工程总投资6.7亿元，建设工期3年，由连云港港务局和中海码头发展有限公司共同成立的中海集装箱码头有限公司为工程投资主体。2003年4月12日，工程开工建设。2004年，29号、30号泊位建设工程通过交工验收。2005年底，后方陆域及堆场面层整体交付使用。2005年，庙岭三期集装箱突堤码头工程启动建设，该工程包括24号至28号5个泊位，布置2万吨级泊位1个、10万吨级泊位1个、7万吨级泊位3个，总投资26.5亿元，设计年通过能力200万个标准箱。

至2005年底，除在建的庙岭三期集装箱突堤码头，庙岭港区有生产码头4座，即6号码头、7号码头、8号码头、9号码头（煤码头），码头岸线长2.61千米，布置生产性泊位10个，即29号、30号、31号、32号、33号、34号、35号、36号、38号、39号泊位，其中34号泊位靠泊等级最大，为10万吨级。2005年，该港区设计年吞吐能力2200万吨、集装箱45万标准箱。

图5-4　连云港港庙岭三期工程和墟沟工程可行性研究报告审查会
赵鸣　摄于1986年

图5-5　连云港港庙岭三期航道平均水深 −16.5米
谢飞　摄于2005年

三、墟沟港区

墟沟港区位于连云区墟沟镇以东、港口站北侧。20世纪80年代中期，为促进腹地经济发展，适应港口杂货运量增长的需要，江苏省政府与河南、安徽、陕西、甘肃、新疆、四川、宁夏、山西、青海等省和自治区商讨，在连云港港集资建设9个万吨级泊位，所选港址为庙岭和墟沟2个港区。1991年10月，墟沟港区一期工程获国家批准建设，被列为国家“八五”计划期间重点工程建设项目。该工程建设规模为6个万吨级通用杂货泊位，即15号码头61～66号6个泊位，设计年通过能力210万吨，总投资6.36亿元，其中由日本协力基金会贷款56亿日元，主要用于采购港口装卸设备、港作车船及材料；国内投资4.52亿元。这一集资建港工程，是中国港口基本建设和经营管理体制深化改革的一个试点。

1993年11月，墟沟港区一期工程开工建设。1995年12月，61号、62号泊位通过交通部验收。1996年12月，63号泊位竣工交付。1998年12月，66号泊位建成。1999年3月，64号和65号泊位通过交通部验收。2003年1月，61～65号泊位完成升级改造工程，靠泊能力均由原来的1.5万吨级升级到5万吨级。

2003年10月，墟沟港区二期工程项目中的67～69号3个5万吨级泊位、墟沟港区二期铁路线及5万吨级粮食筒仓同时开工建设，总投资约5亿元。2005年12月，67号泊位交付使用并简易投产，靠泊等级为2万吨级（远期为5万吨级），设计年通过能力98万吨。

图 5-6 连云港港陆域吹填现场 陈立东 摄于 2003 年

2005年10月，墟沟港区三期工程中的59号散货通用泊位工程开工建设。该泊位岸线长为290米，靠泊等级7万吨级，设计年通过能力200万吨。

至2005年底，除在建和尚未通过验收的码头外，墟沟港区有码头1座，即15号码头，码头岸线长1.1千米，布置生产性泊位6个，即61～66号泊位，其中除66号泊位靠泊等级为1.5万吨级外，其他泊位均为5万吨级。2005年，该港区设计年吞吐能力210万吨。

四、灌河港区

燕尾港码头位于灌河口北岸，北距连云港港35千米，1982年兴建，为散杂货码头。该码头岸线长150米，布置1个泊位，靠泊等级3000吨级。1986年，经连云港市口岸委核定，该码头年通过能力为15.22万吨。

陈家港码头位于灌河下游南岸，距燕尾港11千米。1954年在原有破旧码头基础上改建而成，为盐业专用码头。该码头岸线长50米，布置1个泊位，靠泊等级3000吨级。1986年，经连云港市口岸委核定，该码头年通过能力为15万吨。

1984～2002年，燕尾港和陈家港装卸的货物以盐为主，年吞吐量保持在40万吨～50万吨。2003年7月，连云港港务局灌河办事处整体移交灌云县政府，燕尾港和陈家港至此由灌云县政府负责经营管理。2005年，按照新修编的《连云港港总体规划》，灌河港区被规划成连云港港的南翼，主要承接大宗散杂货功能转移，发展临港产业。

第二节 设施 设备

一、航道

连云港港航道为淤泥质。1984年，连云港港航道总长18.52千米，水深-7～-7.5米。其中，外航道长11.1千米，设计宽度80米，使用水深-6.5米；老港区内航道2.12千米，使用水深-7米；一港池航道600米，使用水深-7米；庙岭航道甲段2千米、乙段1.91千米，设计宽度100米，使用水深-7.5米；两航基地航道长790米，设计宽度60米，使用水深-3.5米。该航道可供2.5万吨级船舶2艘同时引航、3.5万吨级以上船舶乘潮进出。

1988年5月，连云港港外航道改线工程开工建设。1991年6月通过交通部验收并交付使用。改造后外航道底宽160米、水深-8米，可供2.5万吨级船舶双向、3.5万吨级船舶单向、5万吨级船舶单向乘潮航行。

1993年3～12月，连云港港对内外航道实施技术改造，1995年工程竣工。改造后的航道总长20.35千米，其中外航道总长由11.1千米延长到12.35千米，水深由-8米浚深至-9米，变成双向3.5万吨级、单向5万吨级航道；庙岭港区航道由3.91千米延长到4.6千米，底宽由100米拓宽到140米，水深从-7.5米浚深至-9米。至此，该航道可供单向5万吨级船舶进出。

2000年4月，连云港港7万吨级航道扩建工程开工建设，航道总长22.61千米，其中外航道长17.5千米。2003年4月，扩建工程通过交通部验收并交付使用。至此，连云港港航道基本能够满足第四代、第五代集装箱船舶进出港需要。

图5-7　连云港港旗台港区大型散货码头抛填土石方现场　赵鸣　摄于2002年

2005年，连云港港航道总长22.61千米，疏浚水深-12.5米。其中外航道长17.5千米，底宽230米，弯道段底宽230～370米，疏浚水深-12.5米。2.5万吨级船舶可双向航行，7万吨级船舶可单向航行，20万吨级船舶非满载可乘潮进出。

二、锚地

1984～2000年，连云港港有引航检疫锚地4个，均为1984年以前划定。第一个为以羊窝头灯塔正方位250°，距4.5海里处为圆心、半径0.5海里的水域范围；第二个是以羊窝头灯塔东1.6海里处为圆心、半径0.5海里范围的水域；第三个为羊窝头灯塔正方位250°，距11海里处、半径1.5海里的圆形水域；第四个为羊窝头灯塔正方位260°，距3.5海里处、半径1海里的圆形水域。

2001年，连云港海事部门对连云港港锚地进行重新划分，分为1号锚地、2号锚地、3号锚地、危险品船舶锚地、大型船舶引航检疫锚地、新1号锚地共6个锚地。6个锚地中，1号锚地面积最大，为2778平方米，水深最深，为-14米；危险品船舶锚地面积最小，为269.2平方米，水深最小，为-4.5米。

2002～2005年，连云港港锚地基本情况无变化。

三、防波堤

1984年，连云港港有东、西防波堤各1条，长度分别为1050米和1600米，顶宽均为3米。东

图5-8　连云港拦海大堤　吉志强　摄于1998年

防波堤建于民国22年（1933年）。西防波堤于民国31年兴建，1955年续建。

1986年9月10日，连云港拦海大堤开工建设，长6700米，顶宽12米，底宽60米，在迎浪面大堤顶端还筑有高2.8米弧形挡浪墙。1993年12月8日，连云港拦海大堤合龙。1994年8月30日通过国家竣工验收。

1995～2005年，连云港港防波堤情况无变化。

四、港内铁路

连云港港老港区铁路专用线大部分建于20世纪80年代前。1984年，连云港港铁路专用线长7.78千米，其中内装卸线长4.19千米。

1984年，庙岭港区铁路专用线工程开工建设。该线路与陇海铁路东段新建的中云车站接轨。1986年，庙岭港区煤码头区间正线及站场线建成，长24.77千米。1987年，老港区三突堤码头增铺的6条铁路专用线建成使用。1988年，庙岭港区二期铁路专用线工程开工建设，该专用线长6.11千米；是年，墟沟北二线库场铁路专用线建成，该专用线长2.43千米。1989年8月，庙岭港区铁路一分区车场工程竣工。1990年，连云港港铁路专用线长59.25千米，其中内装卸线长11.32千米。

1994年9月，墟沟港区铁路一期工程开工，包括车场3股道和10条装卸线，共铺线路6.7千米。1995年，连云港港铁路专用线长70.51千米，其中内装卸线长11.32千米。1997年5月，墟沟港区铁路一期工程竣工并投入使用。2000年，连云港港铁路专用线长90.55千米，其中内装卸线长14.09千米。

2002年，庙岭港区铁路一分区实施改造，5股道改成6股道，每股由650米改为850米，同时增加庙岭煤码头及集装箱码头12股道。2004年2月，一分区车场改扩建及矿石装车线工程开始施工，7月竣工并投入使用。2005年，连云港港铁路专用线长107.49千米，其中内装卸线长16.44千米。

五、机车

1984年，连云港港尚无属于港方的机车。1986年3月，连云港港务管理局从山西大同引进第一台蒸汽机车。是年购进6台蒸汽机车，其中2台为建设型蒸汽机车、4台为前进型蒸汽机车，总运用功率1.21万千瓦。1986年9月1日，连云港港口铁路开始运营，6台蒸汽机车投入运行。

随着港口生产的快速发展，为适应日益增长的铁路运输需求，2000年9月，连云港港务局购置第一台车型为DF10型的内燃机车，最大运用功率2200千瓦。是年，连云港港机车运行实行蒸汽机车与内燃机车并用，蒸汽机车开始逐步被淘汰。2001年购进两台DF7型内燃机车，该型机车的最大运用功率1840千瓦。2002年购进4台DF7型内燃机车。至此，原有6台蒸汽机车全部退出运营。2005年，连云港港有内燃机车7台，总运用功率1.32万千瓦。

六、作业船舶

1984年，连云港港拥有作业船舶21艘，总功率1.08万千瓦，其中拖轮8艘、驳船8艘，总载重量6100吨，其中由日本船厂建造于1981年的8号拖轮为全港马力最大作业船舶，功率2352千瓦。1987年2月，港口实行管理体制改革，港务监督职能从连云港港务局划出，成立交通部连云港海上安全监督局（简称海监局），4艘船舶划归海监局。1990年11月，日本建造的"浮吊二号"轮抵达连云港港并投入运营。是年，港务管理局拥有船舶22艘，其中机动船和非机动船各11

艘，总载重量6000吨，总功率1.9万千瓦。1995年，连云港港务管理局在上海东海船厂监造的1艘功率为1911千瓦的全回旋拖轮于12月8日下水。1996～2000年，连云港港作业船舶数维持在18～20艘之间。2003年10月，功率为3822千瓦的全回旋拖轮“东方一号”轮抵达连云港港并投入运营。

2005年，连云港港拥有作业船舶23艘，固定资产原值2.36亿元。

图5-9　20世纪80年代的港口挖泥船　　赵鸣　摄

七、装卸机械

1984年，连云港港拥有装卸机械460台。其中起重类机械69台，包括门机19台、吊车49台、浮吊1台；装卸搬运类机械122台，包括叉车89台、装载机33台；输送类机械226台，长度7.4千米；其他专用机械43台。1990年，连云港港拥有装卸机械490台。其中起重类机械98台，包括门机32台、吊车64台、浮吊2台；装卸搬运类机械236台，包括叉车89台、装载机58台；输送类机械83台，长度8.46千米；其他专用机械73台。1995年，连云港港有装卸机械540台。其中起重类机械128台，包括门机39台、吊车72台、浮吊1台；装卸搬运类机械259台，包括叉车153台、装载机60台；输送类机械90台，长度9.23千米；其他专用机械63台，包括集装箱起重机、集装箱装卸桥等专用机械11台。2000年，连云港港拥有装卸机械603台。其中起重类机械147台，包括门机44台、桥吊16台、吊车86台、浮吊1台；装卸搬运类机械311台，包括叉车194台、装载机65台；输送类机械87台，长度10.38千米；其他专用机械58台。

2005年，连云港港拥有装卸机械703台，其中起重类机械176台，包括门机53台、桥吊16台、吊车89台、浮吊1台；装卸搬运类机械400台，包括叉车230台、装载机103台；输送类机械107台，长度18.61千米；其他专用机械20台。2号浮吊起重量达200吨，为连云港港起重量最大机械；德国产型号KMK6140汽车吊负荷量达150吨，为苏北地区负荷量最大汽车吊。

八、仓库　堆场

港内库场　1984年，连云港港仓库面积为2.65万平方米，容量3.28万吨；有堆场14.08万平方米，可堆存货物19.75万吨，其中煤炭堆场面积7.68万平方米，可堆存煤炭12.08万吨。1986年，庙岭港区煤码头竣工，同期建成的煤炭堆场面积13万平方米，可堆存煤炭60万吨。是年，连云港港墟沟库场建成投产，总面积8.74万平方米，其中仓库面积0.74万平方米、堆场8万平方米。1987年，老港区三突堤码头竣工，同时竣工的两个仓库面积1.96万平方米，另有5.9万平方米的货物堆场同期交付使用。至1990年底，连云港港仓库面积5.32万平方米，容量4.29万吨；堆场面积40.03万平方米，可堆存货物85.66万吨。1991～1995年，随着庙岭港区与墟沟港区的建设，港口的库场堆存能力随之扩大。1995年，连云港港库场总面积119.73万平方米，可堆存货物约110万吨，其中集装箱堆场6.1万平方米，可堆存集装箱6783标准箱。1997年4月，占地5000平方米的连云港陆桥公共保税库建成。1997～2000年，连云港港仓库面积有所扩大，但由于部分堆场改变用途，堆场面积有所减少。至2000年底，港口仓库面积9.06万平方米，容量7.23万吨；堆场面积72.23万平方米，可堆存货物166.41万吨。2003年8月，连云港陆桥公共保税库迁址扩容工程开工建设，2005年6月竣工并投入使用。该保税库拥有12.93万平方米堆场，堆存能力达30万吨以上。2003年11月，庙岭二期散粮筒仓扩建工程开工，2004年12月通过竣工验收。该筒仓拥有15个筒仓单体，设计容量3.6万吨。2004年5月，墟沟港区三期堆场工程开工建设，2005年1月工程竣工。该堆场在庙岭港区34号泊位北侧墟沟东港吹填区内，总面积43.6万平方米。至2005年底，连云港港仓库面积242.45万平方米，容量971.7万吨；堆场面积232.36万平方米，可堆存货物938.08万吨，其中集装箱堆场面积40.69万平方米，可堆存集装箱5.74万个标准箱。

仓储企业 1984年，港口外部有多个仓储企业，年储存能力450万吨左右。1990年，港外从事仓储的企业66家，年储存能力780万吨。2005年，港外仓储企业80余家，年储存能力4000万吨。

九、供电

20世纪70年代中期，连云港港第一座35千伏变电所建成。1984年，港口庙岭35千伏变电所开工兴建，1985年投入使用，容量6290千伏安。1995年，港口原35千伏变电所陈旧老化，连云港港重建港口35千伏变电所，1998年建成，1999年1月投产运行。2003年进行增容改造，改造后的容量达1.6万千伏安。2005年，港口拥有35千伏变电所2座，负责维护的10千伏变（配）电站22座、6千伏变（配）电站50座。

第三章 港口运输

1984～2005年，连云港港生产经营取得长足进步。货物吞吐量由1984年的900.19万吨跃升至2005年的6016.22万吨，增长5.68倍。特别是2001～2005年，港口吞吐量5年跨越4个千万吨台阶，年平均增长17%，是连云港港开港以来港口生产规模扩张最快的时期。集装箱装卸业务从零起步，至2005年吞吐量突破100万标准箱，达100.52万个标准箱，跻身中国十大集装箱港和全球百强集装箱港行列。

第一节 散货运输

一、航线

1984年，连云港港与世界60多个国家和地区的近200个港口通航。1986年1月21日，连云港港至日本堺泉北港海上航线开通，上海远洋公司“华安”号轮定期往返于连云港港和日本的大阪港、横滨港，是连云港港第一条国际定期班轮航线。1987年1月25日，连云港港至香港定期货运班船“华盛”号轮抵港靠泊装货，是连云港港通往香港的第一条定期班轮航线。至1990年底，连云港港与世界上273个港口通航，涉及83个国家和地区，建立连云港港至日本、东南亚、新加坡、马来西亚、朝鲜、孟加拉湾、波斯湾、东非、红海、苏联、地中海、西北欧、大洋洲、美国东岸、美国西岸、加拿大、中南美17条国际航线。

1992年，连云港港除与中国大陆沿海、沿江主要港口通航外，与世界5大洲571个港口，123个国家（地区）通航。1994年，通航港口增至600个。随着港口外贸业务量的迅速增长，1997年与连云港保持航运、陆运往来关系的国家（地区）增至160多个、1000多个港口。1998年，连云港港开通的世界海运主要航线有22条，即连云港—中国南部沿海港口（包括港澳台地区），连云港—中国北部沿海港口，连云港—日本，连云港—朝鲜半岛，连云港—东南亚，连云港—南亚、孟加拉湾沿岸，连云港—大洋洲、太平洋岛国，连云港—波斯湾沿岸、阿拉伯海沿岸，连云港—东非，连云港—西非，连云港—俄罗斯东部港口，连云港—西北欧、波罗的海沿岸，连云港—西欧，连云港—东欧、黑海沿岸，连云港—北非红海，连云港—地中海沿岸，连云港—加拿大，连云港—美国东海岸，连云港—美国西海岸，连云港—中美洲、加勒比海沿岸，连云港—南美洲西海岸，连云港—南美洲东海岸。2000年，连云港港开辟至美西新航线。是年每月班轮航班达62个。

2005年，连云港与世界160多个国家、地区的1000多个港口有航运往来关系，开通国内、国外班轮航线70多条。

二、货种和吞吐量

1984年，连云港港完成货物吞吐量900.19万吨，其中出口货物550.74万吨、进口货物349.45万吨。在全年出口货物中，煤炭所占比重最大，为434.78万吨，占78.94%；在全年进口货物中，钢铁类产品比重最大，达122.44万吨，占35.04%。

1986年，连云港港完成货物吞吐量948.51万吨。10月26日，中波公司“毕生”号轮满载1万吨大米驶离港口，这是江苏省首次从连云港港出口大米。

1988年，连云港港完成货物吞吐量1114.11万吨，首次突破1000万吨大关。所装卸的货种中煤炭达546万吨，所占比重接近一半，其次分别是粮食和钢铁。

1991年，为维护和开发货源市场，连云港港务局在郑州、西安设立办事处，调整和充实北京办事处人员，开展揽货活动。是年港口完成货物吞吐量1213.01万吨。

1995年，连云港港完成货物吞吐量1715.88万吨。外贸货物吞吐量1054万吨，其中进口粮食144万吨、氧化铝51.1万吨。焦炭、钢铁等货物出口量增幅较大，水泥和饲料的出口量有所下降。

1996年，受国际上超大型船舶增长迅速、连云港港水深不够、难以参与竞争等因素的影响，连云港港完成货物吞吐量1583.44万吨，为1990年以来首次同比下降。

1997年，在全国港口吞吐量普遍滑坡的形势下，连云港港务局制定1997年度货运揽货目标、责任和奖惩办法，加大煤炭、矿砂、化肥等大宗货源的组织和争揽，开发固体硫磺、液体硫磺、液体沥青、液化气等新货种，增加矿砂和煤炭等10多家新货主。1月，连云港港危险品码头通过验收，连云港港开始接卸液体化工货物。全年完成货物吞吐量1651.59万吨。

1999年，连云港港货物吞吐量突破2000万吨，达到2016.72万吨，其中进口化肥136万吨、氧化铝75万吨，进口量分别位于全国沿海港口第三位和第一位。

2000年，连云港港货物吞吐量2708.22万吨。是年，完成外贸货物吞吐量1453.61万吨、内贸吞吐量1254.61万吨。年内增幅较大的货种为煤炭、氧化铝、金属矿石、钢铁、粮食和焦炭。

“十五”期间，连云港港口生产发展显著提速，5年跨越4个千万吨级台阶，年平均增长17%。累计完成货物吞吐量超过2亿吨，是“九五”时期的2倍多。连云港港成为全国进口氧化铝、出口铝锭和胶合板第一大港，增长较快的主要货种为煤炭、氧化铝、铁矿砂和粮食。2005年，连云港港完成货物吞吐量从2004年的4300多万吨跃升至6016.22万吨，创开港以来一年跨越2个千万吨级台阶的历史纪录，是1984年的6.68倍，主要货种为铁矿砂、煤炭、氧化铝、金属矿石。

1984～2005年连云港港货物吞吐量统计表

表5-1　　　　单立：万吨

年　份	吞吐量	年　份	吞吐量	年　份	吞吐量	年　份	吞吐量
1984	900.19	1990	1136.86	1996	1583.44	2002	3316.17
1985	929.02	1991	1213.01	1997	1651.59	2003	3751.74
1986	948.51	1992	1358.76	1998	1775.81	2004	4352.31
1987	894.10	1993	1416.61	1999	2016.72	2005	6016.22
1988	1114.11	1994	1588.81	2000	2708.22		
1989	1125.59	1995	1715.88	2001	3058.11		

三、货源及流向

煤炭　煤炭是连云港港的重点货种。1984～1987年，连云港港煤炭吞吐量保持在420万吨左右。1987～1990年，随着庙岭煤炭专用码头投产使用，连云港港的煤炭吞吐量年均超过500万吨，并逐年增加。1990年吞吐量583.25万吨。1990年前，铁道部通过煤炭平衡计划保障煤炭的铁路运输量，连云港港主要以大屯煤电公司、徐州矿务局、枣庄矿业公司的煤炭货源为主。1991～1995年，兖州煤业成为连云港港煤炭出口第一大客户，每年出口量150万吨左右。1995～2005年，连云港港煤炭出口货源在山东省、江苏省的基础上，逐渐扩展到安徽、河南、陕西、山西等省，其中安徽的淮北矿业、山西的焦炭集团和晋城煤业以及长治、临汾等地的货源量较大。连云港港出口的煤炭主要发往日、韩等东亚国家。2005年，连云港港煤炭吞吐量1444.28万吨。

铁矿石　1991年，连云港港开始接卸铁矿石，是年吞吐量5.01万吨。1994年，铁矿石成为连云港港重点开发货种，吞吐量95.55万吨。1995～2000年，铁矿石吞吐量逐年小幅增长，2000年吞吐量165.78万吨。2002年，连云港港开始进口印度铁矿石，装载铁矿石的船型以五六万吨级的船舶为主，弥补了连云港港泊位吃水不足的缺陷。为保证长江腹地钢厂的铁矿石用量，连云港港开辟了内贸转水的运输航线。2002年，连云港港完成铁矿石吞吐量341万吨。2003年，连云港港铁矿石吞吐量530.68万吨。2004年，连云港港新陆桥码头公司矿石专用码头改造投产，是年铁矿石吞吐量达893万吨。2005

图5-10　中国煤炭进出口公司连云港分公司的职工根据港口船舶进出情况调度煤炭运输　　赵鸣　摄于1996年

年，连云港港铁矿石吞吐量1158万吨，货主单位集中在河南、陕西、甘肃、江苏、山西、河北等省，主要厂家有安阳钢厂、济源钢厂、信阳钢厂、龙门钢厂、淮阴钢厂、中宇钢厂、海鑫钢厂、建邦钢厂等。

图 5-11　2003年，连云港港成为中国铝锭出口第一港。
谢飞　摄

氧化铝　1993年，连云港港开始进口氧化铝，是年完成吞吐量20多万吨，进口国主要为澳大利亚、印度和牙买加。1993～1998年，连云港港氧化铝进口量逐年增加，1998年占全国港口进口氧化铝的60%以上。1999年后，连云港港氧化铝进口量迅猛增长。2001年吞吐量达209万吨。2005年，连云港港氧化铝吞吐量374万吨，货主单位主要集中在甘肃、河南、宁夏、山西等省，厂家主要有兰州连城铝业、兰州铝业、焦作万方、河南中孚实业、河南豫港龙泉铝业、山西关铝股份有限公司等。

钢铁　钢铁制品是连云港港主要作业货种之一。20世纪80年代以从日本、欧美进口为主，进口的品种主要有钢材、钢管、生铁、钢锭、方钢、盘元、钢板等。1984～1989年，连云港港每年钢铁吞吐量均在100万吨以上。1990～1999年，连云港港钢铁制品吞吐量起伏较大，低时三四十万吨，高时100万吨。2000～2005年，连云港港钢铁制品吞吐量小幅增长，出口量逐年加大，2005年出口量60万吨，约为进口量的1倍。连云港港出口的钢铁制品主要产地集中在江苏、甘肃、河南、陕西等省，主要货源有酒泉钢厂的盘元、安阳钢厂的钢坯、宝鸡钢管厂的石油钢管、徐州圣戈班公司的钢铁铸管等。

粮食　粮食是连云港港作业的重点货种，开港以来，粮食进口量一直高于出口量。连云港港进出口的粮食品种较多，有大豆、小麦、玉米、大米、大麦、稻谷、面粉、杂粮和薯类等。1984～1986年，连云港港每年粮食吞吐量不足50万吨。1987～1992年，连云港港粮食吞吐量每年均超过100万吨。1992年达192万吨。1993～1995年，连云港港粮食进出口主要以外贸进口小麦为主，由于国家储备需要，1995年进口小麦142万吨。小麦主要进口地为加拿大、美国和澳大利亚。1999年，连云港港开始进口大豆，吞吐量逐年增长，进口地主要为美国、巴西、阿根廷。2002年，国家出台转基因大豆限制进口政策，其吞吐量出现萎缩，但由于进口限制很快解除，大豆进口量又趋于平稳。2002年11月，国家从河南省调集小麦出口，至2005年的3年间从连云港港出口小麦100多万吨，主要流向为东南亚国家。2003年，连云港益海粮油有限公司投产，是年连云港港进口大豆170万吨，2005年增至287万吨。

有色金属矿石　连云港港进口的有色矿主要有铅精矿、铜精矿、锰矿、铬矿、锌精矿、镍矿（包括红土镍矿）和锂精矿、钛矿等。1984～1990年，连云港港有色矿石吞吐量很小，多数年份仅数千吨。1991～2005年，有色矿石吞吐量迅速增加。1995年为111.48万吨，2005年为1431.69万吨。铅精矿的流向绝大部分在河南，以济源豫光、豫北金铅2家企业为主。铜精矿的流向主要是山西的中条山有色公司、甘肃的白银有色和金昌集团公司。锌矿的主要厂家有宝鸡凤翔冶炼厂和汉中八一锌业公司。铬矿和锰矿的流向主要集中于四川、甘肃、陕西、河南等省的多个厂家。2005年，红土镍矿进入连云港港成为快速增长的新货种，用矿的主要厂家集中在山西、河南等省和江苏省北部地区，全年进口量51万吨。

化肥　进口化肥是连云港港的重点货种，主要为钾肥和复合肥。1984～1985年，连云港港化肥年均吞吐量约40万吨。1988年，连云港港引进台湾灌包机，开始用灌包机灌装散化肥。1990年，连云港港化肥吞吐量72万吨。1995年，连云港港进口化肥56万吨，其中袋装化肥8万吨、散化肥48万吨。1995年后，连云港港化肥进口量大幅上升，最多的2003年达172万吨，2005年回落至124万吨。化肥货源地为加拿大、俄罗斯、约旦等国家，主要流向为江苏、山东、河南、山西、陕西、湖北、河北等省。化肥出口产品主要有尿素、磷酸二铵、磷肥等，主要出口东南亚国家。

第二节　集装箱运输

一、运输企业

连云港港开展集装箱运输业务较晚。1986年2月，连云港港务管理局成立集装箱公司筹建组。1987年，中国外运连云港分公司成立集装箱运输货运站开办代运业务，中国外轮代理公司连云港分公司、中国远洋运输公司连云港办事处先后成立集装箱运输业务机构，开办集装箱运输代理业务。1987年12月，连云港港务局集装箱公司成立。1989年10月更名为连云港港务局集装箱运输公司。2000年4月，连云港港务局与中海集团签署合作经营连云港港集装箱码头协议，同时成立连云港中海集装箱码头有限公司。2002年12月1日，连云港中海集装箱码头有限公司更名为连云港新东方集装箱码头有限公司。至2005年底，新东方公司有职工300多人、装卸机械200余台、生产性泊位2个（租赁连云港港31号、32号泊位）。

图5-12　集装箱班轮靠泊连云港集装箱码头
任汉诗　摄于2002年

图5-13　2005年12月22日，连云港港第100万个标准箱启吊仪式。
俞德春　摄

二、航线

1986年，连云港港装卸13个标准集装箱，标志着连云港港首次开通集装箱运输。

1988年前，连云港港无集装箱定期班轮，由装载杂货的船舶代为运送。1988年，中国外运连云港分公司和中国上海远洋运输公司达成协议，开通连云港港至日本神户港的集装箱运输定期班轮航线，由有174个标准箱位的“抚顺城”号轮首航此航线，6月4日，“抚顺城”号轮抵达连云港港锚地，6月8日装载42个20英尺标准箱、5个40英尺标箱前往日本和美国。集装箱内货物为钛锭、柠檬酸、服装、贝雕画等。6月25～30日，“抚顺城”号轮第二次试航。7月28日，在连云港港举行班轮正式开航典礼，初定每月1班，由“径河”号轮承担，挂靠港为大连港—连云港港—神户港，以美国、加拿大航线各港口的货物运输为主，在连云港港载量不限。“径河”号轮的开航，标志着连云港港第一条集装箱定期班轮航线开通。1988年9月，由于该班轮开通后货源充足，连云港港增开1个航次，改为每月两个航班，是年共开8个航次。至1990年底，连云港港开通至韩国和日本神户、大阪、名古屋以及中国香港5条集装箱班轮航线。

图 5-14　连云港集装箱码头　　赵鸣　摄于2005年

1992～2005年，国内班轮公司逐步进入连云港港并增开航班。至2005年底，世界班轮公司前20强中有10多家公司在连云港港经营集装箱运输及相关物流业务；连云港港先后开通欧洲、地中海、北美、中东、东南亚、日本、韩国和中国香港、中国台湾地区以及中国大陆沿海港口集装箱运输班轮航线近30条，航班近200个；连云港港每天都有直达日本、韩国港口的国际近洋集装箱外贸班轮和国内沿海港口的内贸集装箱班轮。

三、货种和吞吐量

1986年10月10日，广州远洋公司“鸭绿江”号轮运载装有进口设备的5个标准集装箱，由德国汉堡港抵达连云港港，连云港港首次接卸集装箱。是年，连云港港接卸13个标准集装箱。集装箱装卸无专业化泊位，临时借用第一装卸公司的2号泊位进行装卸作业。1989年7月1日起借用第二装卸公司的12号泊位进行装卸作业，是年装卸集装箱6186个标准箱。1990年5月，庙岭二期工程中的集装箱专业化泊位简易建成，集装箱装卸业务移至31号、32号泊位，全年装卸集装箱8590个标准箱。1991年，连云港港集装箱吞吐量1.44万个标准箱，突破1万个标准箱，1994年达5.03万个标准箱。1997年增至11.31万个标准箱，跻身沿海集装箱规模港口行列。1998～1999年，受东南亚金融危机影响，连云港港集装箱吞吐量出现徘徊局面。2000年4月，中国海运集团和连云港港务局合资经营集装箱码头，是年集装箱吞吐量达12.01万个标准箱，其中内贸箱2万个标准箱。2001～2005年，连云港港集装箱运量从2001年的15.6万个标准箱猛增到2005年的100.53万个标准箱，年均增长53%。2005年，连云港港集装箱运输进入世界港口100强、中国沿海港口前10强之列。

1986～2005年，连云港港集装箱运输的主要进出口货物有铸铁、体育器材、对虾、虾仁、酱油、柠檬酸、石墨、桐木板、硅、碳化硅、熔炼石英、磷酸钾、稀土合金、电熔镁、铝锭、球铁、压力机、水果、黄麻袋、磨球、毛拼板、泡桐、石膏、大豆、甘草、阀门、镁磷肥、松香、熔炼硅、棕刚玉、磷肥、原棉、锰化硅、番茄罐头、蜂窝煤、焦炭、纱布、棉线、氨、漂白剂、鞋、红岭粉、骨粉、马鲛鱼、蜂蜜、瓦、日光灯、眼镜片、镀锌电焊网、乙炔、铅笔、机电产品、家用电器、汽车零散件、模具等。

1986～2005年连云港港集装箱吞吐量统计表

表5-2　　单位：标准箱

年　份	吞吐量	年　份	吞吐量	年　份	吞吐量
1986	13	1993	23269	2000	120116
1987	126	1994	50334	2001	156038
1988	1460	1995	65492	2002	205130
1989	6194	1996	89558	2003	3[illegible]1108
1990	8590	1997	113081	2004	5[illegible]2188
1991	14415	1998	91628	2005	[illegible]0[illegible]5297
1992	15530	1999	110428		

四、国内运输

1990～1994年，连云港港国内集装箱运输很少有成组或专列发运，运量比较小。1995年4月，连云港港开通至郑州海棠寺集装箱成组快运列车，实现集装箱成组发运，全年完成国内集装箱班列运输2553个标准箱。1996年4月，连云港港开通直达阿拉山口“五定班列”，实现集装箱专列发运，运输时间从25天缩短到8.5天。1997年，连云港港至郑州海棠寺集装箱成组快运列车运行路线改为连云港港至郑州二里岗。1998年10月13日，连云港港至成都、重庆集装箱运输“五定班列”开通。2000年12月，连云港港至西安集装箱运输“五定班列”开通。2002年7月，连云港港至郑州集装箱运输“五定班列”开通，全年国内集装箱班列运量为1.65万个标准箱。至2005年底，连云港港开通的国内“五定班列”有至郑州、西安、成都、阿拉山口、西宁、侯马6条。是年，连云港港完成国内集装箱班列运输2.05万个标准箱。

图5-15　2005年，连云港港完成集装箱运量100.53万个标准箱，其中国内班列运输2.05万个标准箱。　谢飞　摄

五、过境运输

1990年5月，连云港港口首次办理集装箱出口货物海铁联运业务。1995～2005年，连云港港发运的过境集装箱累计为12.43万个标准箱。（参见第六卷第二章第三节《过境运输》）

第三节　旅客运输

1995年前，连云港港无海上客运业务。1995年3月16日，连云港港至大连的客货班轮“中原”号轮开航。是年，连云港港至大连班轮旅客吞吐量为5.79万人次。1996年“中原”号轮停开。

2004年8月，商务部同意连云港港口集团有限公司和韩国兴亚海运株式会社合资在连云港设立连云港中韩轮渡有限公司，经营连云港港至韩国仁川港海上客货班轮运输业务，经营期限11年。2004年8月30日，连云港中韩轮渡有限公司成立。12月30日，连云港至仁川客货班轮航线首航，每周两班，运营船舶为“紫玉兰”号轮。“紫玉兰”号轮船籍为中国，航线挂靠港口为连云港港、仁川港，载货量为集装箱293个标准箱、载客量392人，航运距离383海里。中韩轮渡有限公司设总部（中国）及营业代理本部（韩国）。至2005年底，连云港港客运出入境旅客4.43万人次，其中出境旅客2.16万人次、入境旅客2.27万人次，平均每航次载客222人。

图5-16　2004年12月30日，连云港—仁川国际客货班轮首航庆典仪式。赵鸣　摄

第四章　海关通关管理

中华人民共和国连云港海关位于连云港市连云区中华西路46号，是国家设在连云港口岸的进出境监督管理机关，负责连云港口岸进出境货物、运输工具监管，进出境人员行李物品验放，办理征收关税和其他税费、查缉走私、编制海关统计等海关业务。1984年，连云港海关直属海关总署，1985年3月划属南京关区。1986年起开展进出口货物监管业务。1988～2005年，面对全市外贸大发展的格局，连云港海关推行快速通关、便捷通关、区域通关等一系列改革，采取24小时预约通关、下厂查验等措施，按照“守法便利”原则建立起与进出口企业的合作伙伴关系，取得显著成效。18年间监管进出境商品总值424.48亿美元，监管进出境旅客行李物品35402人次，监管进出境运输工具52763艘次。加工贸易和保税物流监管制度不断完善，成为连云港市开放型经济发展的强大推力。

第一节　海关监管

一、进出境货物监管

1986年，连云港海关开始监管海运集装箱进出口货物。为促进港口集装箱上量发展，连云港海关配合地方政府加大对中西部地区招商引资力度，努力拓展新的航线，至1990年开通至日本神户、大阪、韩国仁川和釜山、新加坡、泰国等多条航线班轮，集装箱量实现跨越式发展，1995年达6万余标准箱。

1999～2005年，在连云港海关协调下，南京海关连续6年牵头召开陇海沿线海关协作会议，

图5-17 海关工作人员在杜钟氨纶公司现场就地封关 赵鸣 摄于2003年

通过签订关际之间的快速转关协议等方式，实现新亚欧大陆桥沿线各海关辖区内的进出口转关货物可在属地或口岸办理快速转关运输手续，实现转关运输一次申报、一次查验、一次放行。2000年，连云港海关把监管重点放在建立全过程有效的物流监控体系上，清理整顿口岸存放海关监管货物场所，实行封闭式卡口管理和24小时巡查，是年监管进出境货物1314.14万吨。2003年，中西部五省六市郑州、西安、绵阳、成都、兰州、襄樊货物实现进出连云港港快速转关运输，办理转关货物通关手续时间从1～2个工作日缩短为1～2个小时。2005年3月，连云港海关出台《连云港海关支持新亚欧大陆桥沿线海关铁路转关工作五项承诺》。是年，连云港海关监管新亚欧大陆桥运输货物近240万吨、3万余个标准箱。2005年4月1日起，在连云港港开展内外贸集装箱同船运输以及中国籍国际航行船舶承运转关运输货物试点工作，连云港港成为在全国首个获批进行“同船运输”业务试点的港口。是年，连云港口岸开展同船运输船舶25艘次，载运内贸箱5.31万个标准箱、外贸箱4.26万个标准箱，填补舱位运力2.3万个标准箱，航线涉及国内南沙、上海、新港等港口，全市有62家仓储企业获得准予存放海关监管货物资格，港口增加堆存能力260万吨。连云港海关先后与郑州、西安、兰州等海关就进一步简化跨关区保税仓库直提货物的监管签订联系配合办法，口岸保税物流业的服务功能和辐射功能得到进一步发挥，2005年，连云港陆桥公共保税库进出库货物164万吨。

1988～2005年连云港海关监管进出口商品统计表

表5-3　　　　单位：美元

年份	商品总值	进口	出口	差额（出超+ 入超–）
1988	126379	97829	28550	-69279
1989	136006	111833	24173	-87660
1990	111511	78087	33424	-44663
1991	122840	78983	43857	-4385
1992	129895	90127	39768	-50359
1993	117101	68804	48297	-20507
1994	122441	76717	45724	-30993
1995	177674	94716	82958	-11758
1996	164765	83679	81086	-2593
1997	164624	73584	91040	17456
1998	151110	69942	81168	11226
1999	137059	72499	64560	-7939

续表 5-3

年　份	商品总值	进　口	出　口	差额(出超+　入超-)
2000	197504	116649	80855	-35794
2001	253400	142712	110688	-32024
2002	299527	160380	139147	-21233
2003	488320	269438	218882	-50556
2004	661000	374000	287000	-87000
2005	806000	449000	357000	-92000

二、进出境旅客行李物品监管

2004年12月30日，连云港港开通至韩国仁川客运班轮，是江苏省首条国际客运班轮航线。连云港海关先后与南京海关现场业务处、苏州工业园区海关、金华海关驻义乌办事处分别就南京LG、苏州三星的信息技术产品快速转关和义乌小商品通过中韩客货班轮航线出口韩国的通关问题商订联系配合办法，建立科学、规范的行邮工作制度。2005年7月16日，韩国三星集团承诺将连云港港作为其进出口首选口岸，连云港海关实行全天候通关，客运班轮及相关货物随到随办通关手续，满足企业“零库存”的需求。至2005年底，连云港海关监管进出境旅客44349人次。

图 5-18　海关工作人员在韩国货轮上现场验关

赵鸣　摄于2005年

三、进出境运输工具监管

1984年，连云港海关监管进出境运输工具982艘次。1984年9月，连云港海关实行24小时船边值班制度。此后，根据交通部、海关总署、卫生部、公安部要求，由口岸查验单位组成联检小组，实施锚地联检、驻船监管制度。1995年，全国实施国际航行船舶监管制度改革后，连云港海关简化船舶进出境监管手续，便利船舶装卸货物、港区作业和船员办理验放手续。通过加强情报线索经营和卡口监管、机动巡视监管、重点船舶检查相结合的方式，突出监管重点。20世纪90年代，监管船舶基本保持在1500～2600艘次。进入21世纪，随着港口吞吐量的增长和中韩客运航线的开通，海关监管船舶大幅增长，2004年突破5000艘次，2005年达5930艘次。

1984～2005年连云港海关监管进出境运输工具统计表

表 5-4

单位：艘次

年　份	进出境运输工具	年　份	进出境运输工具	年　份	进出境运输工具	年　份	进出境运输工具
1984	982	1987	1216	1990	1382	1993	1679
1985	1028	1988	1362	1991	1558	1994	2016
1986	1182	1989	1412	1992	1551	1995	2272

续表 5-4

年　份	进出境运输工具	年　份	进出境运输工具	年　份	进出境运输工具	年　份	进出境运输工具
1996	1690	1999	2614	2002	4140	2005	5930
1997	1815	2000	3098	2003	4665		
1998	2399	2001	3649	2004	5123		

四、加工贸易及保税业务监管

1984年，连云港海关加工贸易备案金额2341.3万美元。1989年，中国外运公司连云港分公司墟沟保税库设立，面积480平方米。1993年起，连云港市加工贸易进入快速发展阶段。是年，海关加工贸易备案金额4432.2万美元，是1984年的1.89倍。1995年，连云港开发区首家保税工厂——连云港中金医药包装有限公司成立并投入运营。是年，连云港海关完善前期备案、中期核查、后续核销“三位一体”的监管体系，全年审批保税工厂加工贸易合同备案471份。2000年，连云港海关加工贸易备案金额突破5000万美元。2003年，连云港海关加工贸易备案金额突破1亿美元。2005年，全市保税仓库增加到5家，连云港海关加工贸易备案金额1.19亿美元。

1984～2005年连云港海关加工贸易备案金额统计表

表 5-5　　　　单位：万美元

年　份	备案金额	年　份	备案金额	年　份	备案金额	年　份	备案金额
1984	2341.3	1990	3988.7	1996	5550.4	2002	8346.0
1985	2586.2	1991	4150.3	1997	3877.8	2003	10400.0
1986	2586.2	1992	4287.9	1998	3362.4	2004	7147.7
1987	3258.9	1993	4432.2	1999	3760.0	2005	11900.0
1988	3688.4	1994	3750.3	2000	5072.0		
1989	3893.6	1995	5481.8	2001	5042.0		

第二节　关税征管

一、关税征收

1984年，连云港海关征收税款2000万元。1984～1990年，连云港海关共征收出口税1.5亿元，原煤出口是连云港海关主要应税货物。1985～1990年是连云港海关进口税征收最高年份。进口税源主要是汽车和钢材。1987年，连云港海关征收税款1.34亿元，突破1亿元大关。

20世纪90年代，连云港海关税收起伏较大，主要原因为连云港港被取消整车进口口岸资质，进口关税明显降低；连云港口岸进口货物大多为中央企业进口，口岸申报由在北京海关集中纳税改为直接在口岸纳税，使连云港海关税收增加。连云港海关不断加大审单、审价、查验、归类、核销、稽查等环节的执法力度，税收征管质量逐步提高，1999年征收税款11.03亿元，是1991年的25倍。

2001～2005年，连云港海关建立起综合治税的长效机制，加强归类、核销补税，开展进口商品的调研分析，加强原产地审核认证，保证税款应收尽收。5年间税款征收跨越4个10亿元台阶，2005年征收税款52.78亿元，比2001年多入库税收33.39亿元。1984～2005年，连云港海关征收税款222.03亿元。

1984～2005年连云港海关税款征收统计表

表5-6　单位：亿元

年　份	税款总额	年　份	税款总额	年　份	税款总额	年　份	税款总额
1984	0.20	1990	0.76	1996	5.46	2002	14.93
1985	0.26	1991	0.44	1997	6.53	2003	28.71
1986	0.81	1992	0.65	1998	5.66	2004	40.30
1987	1.34	1993	4.60	1999	11.03	2005	52.78
1988	0.55	1994	6.14	2000	15.70		
1989	0.80	1995	4.99	2001	19.39		

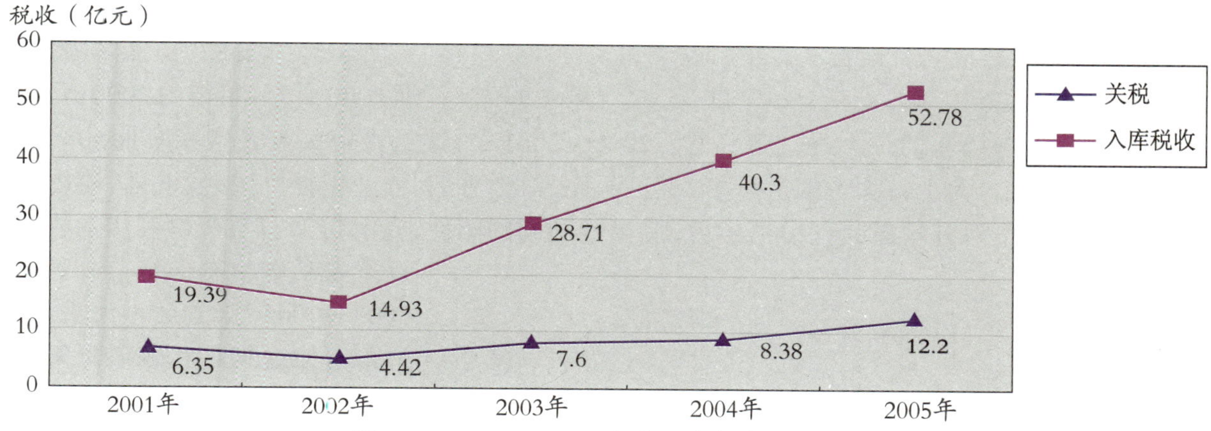

图5-19　2001～2005年连云港海关税收增长图

二、减免税管理

1984年，连云港海关按照有关规定减免税款1000万元。1985年，日本日中交易株式会社赠送连云港港务管理局1艘旧挖泥船。是年4月，海关总署批准对该挖泥船作为特案予以免征进口关税和增值税，是连云港海关首票设备减免税。1987年，连云港海关减免税2900万元。1992年，国家政策进一步放开，连云港市加大吸引外资及港澳台资力度。是年，连云港海关减免税突破1亿元，达1.19亿元。1996～1998年，随着开发区热和全市外资企业的增加，连云港海关连续三年减免税突破10亿元。2001～2005年，受国家政策调整及缩减减免税大幅下降，连云港海关减免税减少较为明显，年均减免税2.75亿元。

1984～2005年连云港海关减免税情况统计表

表5-7　单位：亿元

年　份	税款总额	年　份	税款总额	年　份	税款总额	年　份	税款总额	年　份	税款总额
1984	0.10	1989	0.25	1994	6.08	1999	9.54	2004	3.68
1985	0.14	1990	0.17	1995	6.12	2000	5.78	2005	3.04
1986	0.20	1991	0.21	1996	14.53	2001	2.20		
1987	0.29	1992	1.19	1997	15.57	2002	2.35		
1988	0.24	1993	2.90	1998	12.36	2003	2.46		

第三节 查缉走私

1984年，连云港海关的查缉走私工作重点主要是查处国营、集体企事业单位违法走私活动，全年查获走私案件27起，案值4.6万元。1985年，连云港海关与盐城市联合查处3起走私汽车案，共查获走私倒卖汽车7辆。在现场查缉走私工作中，连云港海关将查缉走私与船舶监管、船员自用物品验放等工作有机结合起来，抓住联检、物品验放、船边调研等环节，密切注意靠港船舶及船员动态，掌握重点，区别对待。1984～1987年，连云港海关查获的走私违章案件中，现场查获中远公司船员走私违章案件占30%。1991～1995年，连云港海关查获走私案件61起，案值6569.21万元。1998年，针对走私案件高发态势，连云港海关印发《连云港海关全面开展打击走私活动专项斗争行动方案》，成立打击走私专项行动小组。是年9月14日，连云港海关820艇在黄海海域缉获1艘福建籍走私烟船，查获走私进口“555”“希尔顿”牌香烟6000余箱，价值约2000万元人民币，是当年全国查获的最大香烟走私案。2000～2001年，连云港海关查获走私案件50多起，刑事立案7起，侦办海上特大香烟走私案2起。至此，海上香烟、农业工程机械、发电机、漆皮、冻虾、文物等走私得到有效遏制。2003年后，受高额利润的驱使，走私分子打着废物利用的幌子，口岸走私废物案件呈上升势头。2003～2005年，连云港海关开展打击固体废物走私专项斗争，侦办固体废物走私案件4起。2005年3月2日，连云港海关缉私分局对中国冶金进出口内蒙古公司涉嫌走私废物案立案侦查，该案涉嫌走私进口废物80余吨。是年，连云港海关查获走私案件55起，案值1450万元。

图5-20　连云港海关缉私船　　　赵鸣　摄于2005年

第四节 海关统计

20世纪80年代，连云港海关统计工作主要依靠手工计算完成，收集纸质报关单副联，并将数据逐级上报上级海关。1985年起，连云港海关使用计算机H883系统和磁带来处理和存报统计数据。1990年配备计算机小型机系统。进入21世纪，H2000系统上线，海关业务全面数据化、电子化和网络化，贸易统计数据实现报关单自动读取、电脑参数检控和数据自动上报，在提高上报数据的及时性和准确性的同时减轻了工作强度。2002年起，运用统计数据开展监测预警和执法评估工作，并将报关单数据管理和使用安全纳入统计职能，形成以数据审核、数据应用、数据管理为三大板块，涵盖贸易统计、业务统计、报关单数据管理、监测预警、执法评估、统计监督六大任务的现代海关统计雏形。

一、贸易统计

1987年起，连云港海关编发反映连云港市进出口情况的海关贸易统计月报。1988年1月1日起，连云港海关统一执行海关总署规定，以进出口货物报关单、运输单证的正本或复印件、进出口货物征减免税证明和退补税联系单、进出口货物化验鉴定书等单证作为海关统计原始资料，以30美元为最低起步统计线，收集“贸易统计”“单项统计”“不统计”3类数据。1992年，国家实行新的《海关统计商品目录》，结构和编码完全更新，编码由6位扩展到8位，商品由3000多种扩展到6000多种，致使海关总署下发的原价控参数失去对统计过录表的参考作用。1995年，新的《海关统计制度》下发，国别（地区）、贸易方式、运输方式、经营单位编码等7类统计指标变动较大。2004年6月，海关总署“海关统计数据质量检控系统”（简称TSD系统）试运行，连云港海关根据TSD系统“数据更正”“数据初审更正”“更正检控结果”栏目南京海关分发的疑问数据，按时反馈说明、更正差错。2005年，连云港进出口结关报关单量大增，每月5万份，进出口记录条数约30万条。

二、业务统计

1984年，连云港海关统计主要是人工统计。1987年起，连云港海关执行新的《海关业务统计制度》。每月28日前转录当月统计数据到磁带（盘）中，由专人送报海关总署，审核后的单项统计数据一并上报。1990年，连云港海关结束手工填报的历史，开始使用计算机上报业务统计报表数据。是年4月起，数据的操作处理、报表打印及审核由海关统计部门负责。通过严格操作步骤，指定专人操作审核并拷贝、备份、网络传输拷贝盘数据，加强程序应用管理确保数据的准确性。1993年起，南京海关要求连云港海关各项业务报表的统计数据于每年1～11月的25日、12月的31日截止，经三级审核后于次月1日（12月份为次月6日）前附数据软盘报南京海关。1995年10月，海关总署《海关业务统计工作制度》明确要求以业务现场的单证、记录和文书等作为海关业务统计的原始资料，业务统计报表由各关业务部门填具并作三级审核。2000～2004年，海关业务统计工作使用海关业务统计管理信息系统。2004年，海关通关系统由H883升级为H2000，但统计系统仍使用H883系统。2005年，海关业务统计管理系统升级到4.0版本。

第五章　出入境检验检疫

1998年前，连云港口岸的出入境检验检疫工作分别由中华人民共和国连云港进出口商品检验局、连云港卫生检疫所、连云港动植物检疫所负责，分别在连云港口岸代表国家行使出入境检验检疫权力。1998年，国家改革口岸管理体制。1999年11月19日，商检、动植物检疫、卫生检疫“三检合一”的执法机构——中华人民共和国连云港出入境检验检疫局挂牌成立，实行“一次报验、一次取样、一次检验检疫、一次卫生除害处理、一次收费、一次发证放行”的工作制度，严把进出口商品质量关、卫生检疫关，对不合格货物、船只和动植物严格按照国家有关法律法规的要求进行熏蒸、消毒、封存、检疫监管、销毁、出证索赔等处理。

第一节　商品检验

20世纪80～90年代，连云港口岸进口检验的重点商品有化肥、粮食、木材，出口检验的重点商品有煤炭、柠檬酸、禽肉类、罐头类、水产品类、饲料等。1984年，连云港商检处检验进出口商品4169批次，其中进口286批次、出口3883批次。是年，连云港口岸进口机电、出口棉花大幅增加。

90年代，随着连云港市经济外向度的扩大，连云港商检部门的业务量逐年增加。1990年，连云港进出口商品检验局贯彻《中华人民共和国进出口商品检验法》和国家关于强化检验把关的24条规定，抓人员落实、检测手段落实、检验依据落实，提高检验工作质量。是年检验进出口商品5273批次，货值26.7万美元，出口商品不合格率下降到1.6%，低于全国平均4.5%的不合格率。1995年，连云港进出口商品检验检疫局制定《连云港市出口商品生产、供货单位认定检验员鉴定实施细则》《连云港口岸集装箱检验、鉴定管理规定》《连云港口岸船舱检验管理规定》等规章制度，全年检验进出口商品3139批次，商品总值9.22亿美元。

1999年11月19日，连云港出入境检验检疫局挂牌后，推行“一次报验、一次取样、一次检验检疫、一次卫生除害处理、一次收费、一次发证放行”的工作制度，全年检验商品3762批次，货值6.78亿美元。其中，检验出口货物3076批次，货值2.27亿美元；发现不合格出口货物65批次，货值2564万美元；检验进口货物686批次，货值4.52亿美元；发现不合格进口货物21批次，货值5757万美元，均出具索赔证书。

图5-21　2000年，连云港出入境检验检疫局工作人员在码头上现场检查商品质量。　出入境检验检疫局　供

2001年，连云港出入境检验检疫局推行分类管理，对辖区内74家出口企业进行摸底排查。针对田湾核电站等特殊企业专门制定《田湾核电站进口货物检验监管办法》，建立绿色通道，做到随报随检，全年完成6批大件货物监卸任务。此后，随着取消人工报检，全面实施电子报检、产地证电子签证和电子转单，口岸放行效率不断提高。2004年，从连云港口岸出口的胶合板总计151万立方米，占全国胶合板总出口量的37.75%，连云港港成为全国最大的胶合板出口港。同时，连云港出入境检验检疫局对牛蒡出口企业提供支持和帮助，全年保障出口保鲜牛蒡1640批42265吨，货值1616万美元，占全国牛蒡出口总量的85%，连云港港成为全国出口牛蒡第一口岸。是年，连云港口岸检验出入境货物2.97万批次，货值8.96亿美元。

2005年，连云港出入境检验检疫局加强对核电站进口货物的检验和监管，全年接受核电站进口货物报检75批，总货值3407.3万美元。

对两批核燃料进行监卸和监运，检验出证82份，货物总值6722万美元。其中，对外索赔60批，货值553.56万美元。在验收1批从俄罗斯进口的设备时，检验出1台电机和1个液压接头均为旧品，立即对该设备进行封存，并出具索赔证书。是年在9家较大的代理企业进行无纸化报检试点工作，通过企业资格认证、电子数据申报、特殊检验检疫条款声明等措施，使报检评审工作环节前移，缩短报检现场审单时间，原来需要8～10分钟的审单时间缩短到1～2分钟，原来需要5分钟的申报手续缩短到30秒。2005年接受出入境货物报检6.8万批次，货值86.35亿美元；实施检验检疫3.58万批次，货值62.87亿美元；口岸查验放行2.48万批次，发现不合格货物245批次，涉及金额9.37亿美元。

图5-22　2005年，连云港出入境检验检疫局工作人员对进口集装箱进行消毒处理。　出入境检验检疫局　供

2005年连云港出入境检验检疫情况统计表

表5-8

检验检疫项目	类别		实绩	比2004年增长（%）	货值（万美元）
货物（批次）	出入境货物报检		68015	—	863500
	实施检验检疫		35758	19.1	628700
	口岸查验放行		24780	43.4	—
	出境货物		31278	20.2	130800
	入境货物		4480	12.0	497900
	不合格	总计	245	66.7	93700
		出境	48	—	174
		入境	197	—	93512
船舶（艘次）	总计		3731	27.5	—
	出境船舶		1585	—	—
	入境船舶		2146	—	—
集装箱（标准箱）	总计		276559	58.0	—
	不合格		1300	—	—
人员（人次）	传染病健康检查		7486	-2.7	—
	预防接种		6532	-24.3	—
	艾滋病		7407	6.2	—
	发现病例		1114	—	—

第二节　卫生检疫

一、检疫查验

1984～1990年，连云港卫生检疫部门共查验入境中外籍船舶4960艘次、入境旅客13067人次。从1987年5月1日起，对所有从连云港港直接驶往国外的中、外籍船舶一律实施出境卫生检疫查验。1987～1990年共查验出境的中外籍船舶2053艘次、人员5.83万人次。

1994年起开展电讯检疫。1998年查验进出境船舶1573艘次、出入境人员3.36万人次、集装箱1.19万个标准箱，货物59.5万吨、进口食品31.3万吨；检疫入境船舶950艘次，其中电讯检疫706艘次，占74.32%。1999年加强对来自疫区的货物和废旧物品的检疫，对来自疫区的、可能携带媒介生物的6批次货物实施卫生消、杀、灭处理。

2001年，连云港出入境检验检疫局加强对国际航行船舶垃圾收集处理单位的监管及技术指导和技术保障，全年对垃圾处理厂进行38次检查监督。强化对口岸服务单位、储存场地的卫生监督，要求口岸饮食服务单位和供船食品单位必须取得口岸卫生许可证，相应的从业人员必须持有卫生部门颁发的健康证，并加大对供船食品、饮用水的监督管理。是年，中断近十年的对口岸食品、饮水从业人员的体检工作开始恢复。

2003年检疫出入境船舶4324艘次、集装箱8.42万个标准箱。截获国家禁止进境一、二、三类危险性有害生物17种205批次、一般病虫草447批次。

2005年，连云港出入境检验检疫局检疫出入境船舶3731艘次，其中入境船舶2146艘次、出境船舶1585艘次；检疫出入境集装箱27.66万个标准箱，检出问题集装箱1300个。

二、疾病监测

20世纪80年代初，根据卫生部颁布的《国境口岸传染病监测试行办法》，连云港卫生检疫部门开始在连云港口岸开展对流感、疟疾、脊髓灰质炎、登革热、斑疹伤寒和回归热6种传染病的检测工作。1984年起对交通员工进行健康体检，掌握国际航行交通员工健康情况，并在海员俱乐部、第三人民医院和港务局医院建立疾病监测点，对疑似或确认为传染病患者的交通员工实行隔离，并由卫生检疫所负责对疫点进行卫生学调查及处理，建立起多层次的卫生检疫屏障。1990年对出入境人员进行健康检查5030人次，并筹备在进出境人员及有关重点单位人群中开展性病及艾滋病血清学检查，是年预防接种1090人次。1998年，连云港卫生检疫部门对港口出入境人员进行健康检查5294人次，预防接种5170人次，检出患有肺结核21人、肝炎50人、皮肤病7人、梅毒10人、乙肝表面抗原阳性184人。至2000年底，连云港卫生检疫部门查验80多个国籍的船员25.22万人次，未发现检疫传染病直接从国外传入或由国内传出。

2002年，在出入境人员传染病监测体检中，共发现病例1016例，其中性病13人次、艾滋病病毒感染者1人。艾滋病病毒抗体阳性的检出，是连云港口岸在归国人员体检中首次发现。

2005年，中国及周边国家的禽流感、口蹄疫等疫情先后爆发并有迅速扩散蔓延之势。连云港出入境检验检疫部门成立领导小组、技术小组、防疫处理小组、后勤保障小组，明确职责，在不同部门之间建立协作机制，制定防控预案和处理措施，严防疫情传入传出。是年对出入境人员传染病健康检查7486人次、预防接种6532人次、艾滋病监测7407人次，监测体检发现病例1114人次。

三、卫生监督

1984年，连云港卫生检疫部门对连云港口岸和停留在港口的入境、出境船舶交通工具的卫生状况实施卫生监督，对来自疫区的船舶进行重点卫生监督，凡船方的废水、废物、生活垃圾等未经卫生检疫所许可、不经卫生处理，一律不准在港内排放或丢弃。对国际航行船舶鼠患检查每隔半年进行一次。1985年后，为巩固保持连云港港"无鼠害港"称号，对船舶的灭鼠要求越来越严。至1990年共对4464艘次的船舶进行卫生监督，实施鼠患检查1034艘次，为985艘次船舶签发免予除鼠证书。港区鼠额度一直保持在1%以下。1998年对停泊在连云港港口的船舶消毒1383艘次，除虫15艘次、卫生处理集装箱2996标准箱。是年5月19日，卫生检疫机构在墟沟院前仓库检查发现9个集装箱废塑料卫生状况不符合要求，海关做出退货处理。2001～2005年，连云港出入境检验检疫局加强对口岸服务单位、储存场地的卫生监督，加大对供船食品、饮用水的监督管理，防止不符合卫生条件和动植物检疫要求的食品供船。对港区有关单位进行大面积的杀灭作业，使媒介生物得到有效控制。恢复对口岸食品从业人员的体检工作，把外籍人员的体检和验证工作列入工作计划，填补口岸疫病监测的空白。

四、进出口食品检验

1984～1990年，连云港口岸从泰国、菲律宾、印度、澳大利亚、法国、比利时、美国、古巴、加拿大、巴西等16个国家和地区，进口小麦、玉米、大豆、面粉、大米、原糖、白糖共884万吨食品。连云港卫生检疫所对进口食品都详细调查、记录，检出不符合卫生标准和卫生要求的食品1.45万吨，并根据食品危害和污染程度分别作销毁、改作他用及罚款、出证对外索赔等处理。

1990年10月，国家将进出境食品卫生监督检验职能划归口岸卫生检疫机构。连云港卫生检疫局负责对连云港口岸进口食品的卫生监督检验。进口食品包括饮料、酒类、糖类、食品添加剂、食品容器、包装材料、食品用工具及设备等。

1996年起，连云港卫生检疫局对外贸部门、进出口企业、口岸代理部门进行注册登记。至1998年底共注册登记98家单位，并核发国境卫生检疫监管注册证。1998年检疫粮食、糖类、食用油类及酒类等进口食品31.3吨，发现问题食品5批次2.06吨，不合格率6.6%。

2002年，连云港检验检疫局管辖下的连云港味之素如意食品有限公司、连云港味之素冷冻食品有限公司被列为国家检验检疫局出口食品检验模式转变试点单位。2003年3月，山东九九集团公司从连云港港对日本出口食用酒精1550吨，经口岸卫生检疫人员检验鉴定，该批货物顺利发运，这是连云港口岸首次出口散装液体食用级货物。

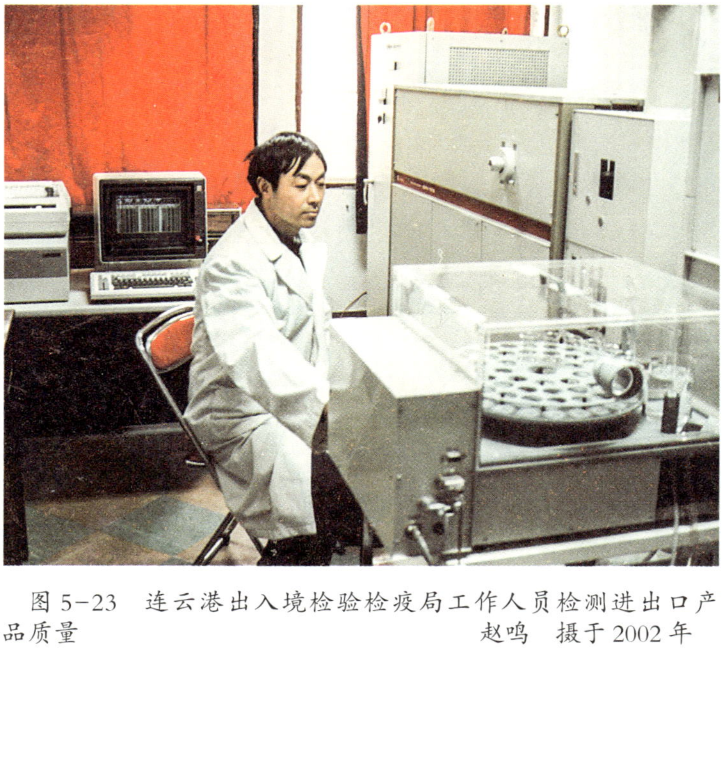

图5-23 连云港出入境检验检疫局工作人员检测进出口产品质量 赵鸣 摄于2002年

2005年，根据预警通报，连云港口岸检疫部门将出口二次加工紫菜使用的辣味调味料、出口什锦水果罐头中使用的樱桃、出口番茄酱罐头中使用的番茄原料、出口米果和糖果中使用的染色剂、出口冷冻调理食品中使用的调味液以及进口棕榈油和调味品等作为“苏丹红”系列检测的重点。对出口食品的原辅料按进货批次实行批批检测、领用核销，对进口棕榈油和调味品实行批批检测、合格后放行。在连云港口岸进出口食品中未发现含有“苏丹红”系列有害残留物。

第三节　动植物检疫

1984～1990年，连云港进口检疫动植物的品种主要有粮食、棉花、鱼粉、种苗、雏鸡、虾苗、木材等，出口检疫品种主要有玉米、大豆、棉花、冻蔬菜、饲料、活羊等。在对进口粮食检疫中，曾发现有小麦矮腥、毒麦、假高粱等，有的发现活害虫超标。对不符合检疫要求的进出口动植物分别采取熏蒸、退货等方法予以处理。

1992年4月1日《中华人民共和国进出境动植物检疫法》颁布施行后，连云港动植物检疫部门逐步落实“重点检疫，分级管理”措施，简化手续，减少环节，方便进出，快验快放。是年，连云港动植物检疫局检疫进出口动植物及其产品1037批次，检疫品种70余种，均比1991年实现翻番。1994年，针对出境箱货批次多、数量少、品种杂、时间紧且许多货物为门对门装货的特点，连云港动植物检疫局将检疫重点放在生产和加工基地，对生产厂家的生产、加工、贮存、运输实行全面检疫监督，对其产品实行预检和集中检疫相结合，加强对出境箱货的全面管理。1998年，面对口岸体制改革进入攻坚阶段、中国遭受亚洲金融危机影响等新形势，连云港动植物检疫局围绕检疫工作中心，提高检疫质量。是年共检疫进出境货物7243批92.9万吨，总货值22.6亿元，检疫截获国家一、二、三类危险有害生物132批次，疫情检出率创历史最好水平。

2000年，连云港出入境检验检疫局检疫进出境植物及其产品7039批次640个品种91.39万吨。其中，进境检疫409批次60个品种66.5万吨，包括粮谷类、种子类、棉麻类、植物油、原糖、废纸木浆类等；出境检疫6630批次580个品种24.89万吨，包括粮谷类、蔬菜类、饲料类、竹木制品类、苗木类等。是年共检疫来自动植物疫区的国际航行船舶918艘次，验证258艘次。10次截获国家一类危险生物菜豆象和咖啡果小蠹、二类有害生物鹰嘴豆象和双钩异翅长蠹等。对来自疫区的动植物产品作熏蒸、消毒、封存、检疫监管等处理。

2001年，连云港口岸截获一类危险有害生物4批次、二类危险有害生物136批次、三类危险有害生物56批次、一般有害生物和杂草籽45种近300批次。是年4～5月连续两次从进口大豆中截获国家一类禁止进境危险性有害生物大豆疫病菌，为连云港口岸植物检疫史上首次。

2002年，连云港口岸截获一、二、三类动植物危险有害生物15种203批次。其中截获的小麦印度腥黑穗病菌在连云港口岸属首次发现。2002～2004年，从连云港口岸进口的7批次1.69万头奶牛安全入境。2004年，连云港出入境检验检疫局完成4批次1.07万头进境奶牛的隔离检疫工作，检出二类传染病阳性牛78头次，全部进行扑杀、销毁处理。

2005年，连云港出入境检验检疫局检出国家禁止进境的一类危险有害生物4种26批次，分别是大豆疫病菌、小麦印度腥黑穗病菌、菜豆象和谷斑皮蠹；检出二类危险有害生物7种416批次，分别是假高粱、异尖线虫、鹰嘴豆象、巴西豆象、松材线虫和黑高粱等；检出三类危险有害生物8种234批次，一般病虫草119种1869批次。

第六章 海事管理

1984～2005年，海事部门名称历经港务监督、海监局、海事局的演变。中华人民共和国连云港海事局（简称连云港海事局）是代表国家对所辖海区的水上交通安全、船舶污染防治实施统一管理的行政执法机关，2002年前隶属交通部，2002年6月1日起成为江苏海事局分支机构。连云港海事局管辖范围为下列南北界线之间的中国管辖海域：南界线为自岸边沿北纬32°40′00″纬度线向正东延伸至北纬32°40′00″、东经121°05′00″，再沿东经121°05′00″经度线向正北延伸到北纬33°00′00″、东经121°05′00″，再沿北纬33°00′00″纬度线向正东延伸；北界线为自北纬35°05′10″、东经119°18′00″至平岛北端再沿北纬35°08′30″纬度线向正东延伸。

1984～2005年，连云港海事局履行海域通航秩序管理、船舶适航及技术管理、船员及引航员培训考试发证管理和船舶载运危险货物及其他货物的安全监督等职能，多项工作位居江苏海事系统前列。

第一节 通航管理

一、施工作业管理

1984年，连云港水上水下工程监督管理工作开始步入正轨。连云港港务监督开始参加港口工程审查会、初步设计方案讨论会等，担负起维护施工单位在通告批准的范围内正常施工和港口正常生产的职责。1987年3月7日，连云港港务监督改革组建为连云港海上安全监督局（简称连云港海监局），履行对水上水下工程进行监督管理的职责，全年审批水上水下施工作业69起。1990年，连云港海监局制定《水上水下施工许可证制度》《水上水下施工管理办法》《建港租用民船的有关管理规定》《码头开通使用维护管理办法》等，全年审批水上水下施工作业38起。1992年1月24日，连云港海监局向连云港港务局轮驳公司签发第一份水上水下施工许可证。1999年12月28日，连云港海监局改称连云港海事局后，宣传贯彻《中华人民共和国水上水下施工作业通航安全管理规定》，遵循安全第一、预防为主、方便群众、依法管理的原则，加强港口水上水下活动通航安全管理。2005年4月，连云港海事局政务中心开始实行水上水下施工作业受理与审批分离制度，是年审批水上水下施工作业101起。

1987～2005年连云港海事局（海监局）审批水上水下施工作业统计表

表5-9 单位：起

年 份	施工作业	年 份	施工作业	年 份	施工作业	年 份	施工作业
1987	69	1989	54	1991	52	1993	40
1988	54	1990	38	1992	53	1994	28

续表 5-9

年　份	施工作业	年　份	施工作业	年　份	施工作业	年　份	施工作业
1995	50	1998	34	2001	29	2004	70
1996	35	1999	29	2002	86	2005	101
1997	24	2000	46	2003	91		

二、巡航护航管理

巡　航　1984年，连云港港务监督由港务局船舶签证处负责。1987年3月7日，连云港海监局组建后，“云监巡一”“云监巡二”“云监引一”“云监引二”海监船从港务局船队划出，组建连云港海监局船队，担负辖区水域巡航任务。1988年2月，连云港海监局设置连云监督站，负责对辖区内锚地、航道、掉头区、港池等水域和港口内海上设施、助航标志、码头、泊位等实施监控巡航。1991年，“云监巡一”海监船报废，“云监巡二”“云监引一”“云监引二”相继退役，连云港海监局重新购置“云监巡3”“云监巡4”“云监巡5”“黄海巡52”等装备先进、大马力的巡逻艇。1992年，连云港海监局规定巡航工作除季节性管理特别规定外，坚持每日三次出海巡航制度。1993年，随着西大堤合龙建成，水域巡航的范围向西扩大到墟沟港区。1994年，港口建设规模扩大，船舶进出连云港港日趋增多，连云港海监局巡逻人员每天上、下午各对港区码头进行一次巡视。在出海执行巡航任务时，查看港内设施、助航标志的工作情况，检查施工船舶是否按通告要求和规定施工，负责对海上交通事故、港区水域污染事故及其他相关事故现场进行紧急处置。1995年4月，连云港海监局设水上安全巡逻监督员，专门负责水上巡逻工作。1996年，水域巡航实行监督员与巡逻艇“联系单”制度，将水域巡航、码头巡视与交管中心的监控连成网络，对港区水域交通秩序、在港船舶的航行、在泊作业、锚泊等实施动态监督管理。2001年3月，连云港海事局根据《中华人民共和国海事局水上巡航管理办法（试行）》，把海上巡航分为A级（内港水域）、B级（港口水域）、C级（近岸水域）三级巡航。2003年3月11～12日，连云港海事局组织辖区综合业务联合巡航，巡航活动覆盖辖区灌河口、射阳河口、绣针河口及连云港港口航道、锚地等重要通航水域，巡航里程400多海里。2005年3月8日，中海发展公司“华凌”轮与塞浦路斯籍“MSCCHRISTINA”轮在黄海中部海域发生碰撞事故，“华凌”轮断裂，船尾沉没，船首搁浅；韩国籍“SUNCROSS”轮与马绍尔籍集装箱船“RICKMERSGENOA”轮在黄海中部海域发生碰撞事故，“SUNCROSS”轮沉没。连云港海事局组织“海标103”“海巡091”“云港十号”等轮携带清污器材、扫测和灯浮标等设备对“华凌”轮船尾及船首处进行现场巡查和警戒，对沉船进行扫测定位和清污，在“华凌”轮沉船处设孤立危险

图5-24　2005年11月7日，连云港海事局首次开展立体巡航。　　海事局　供

物标2个，巡航204小时，航程1420海里。2005年4月27日，“海巡091”轮首次在船舶上坞维修途中开展海上巡航。巡航路线为连云港港—“云鹤”轮沉船处—“SUNCROSS”沉船处—“华凌”轮船尾沉船处—“华凌”轮船首沉船处—长江口—南通江东船厂，航程约500海里，续航时间近40小时。2005年6月6日，连云港海事局首次组织实施灌河水域B、C级联合巡航。巡航从连云港海事局船队码头到达灌河大桥，往返航程近100海里，历时11小时。2005年9月起，连云港海事局开展陆上巡航工作，使用海事执法车辆对辖区码头靠泊船舶、内河水工作业等进行巡逻监管。2005年11月7日，连云港海事局租用“米-8”型直升机，联合海上海巡艇和陆上执法车辆，首次开展海、陆、空立体巡航。立体巡航出动直升机2架次，空巡6小时，航程1235千米；出动巡航船艇8艘次，水上巡航18.5小时，航行117海里；出动执法车辆14台次，陆上巡航29小时，行程1110千米；累计出动人员72人次，航拍照片300余幅，摄制5小时的影像资料。是年，连云港海事局实施船艇巡航2425次，巡航5770小时，巡航里程57474海里。

图5-25 领航员领航进出港口的客货轮
赵鸣 摄于2005年

护 航 1984年，连云港港务监督对进出连云港港口的船舶实施24小时护航。1988年9月，连云港海监局制定对进出连云港船舶实行护航的暂行规定，护航工作由连云监督站实施。护航范围为从被护航的船舶进入外航道，到该船舶所停靠泊位之间的航行水域或其反向水域。1995年后，凡船舶总长200米及以上、船宽30米及以上、实际最大吃水在10.5米及以上船舶和装运散装化学品船舶进入1号灯浮时，连云港海监局护航监督员均乘坐巡逻艇进行水域巡逻、护航，查看靠泊泊位是否清洁并及早在9号浮（外航道弯段）等候，直到被护航船舶靠泊系上第一根缆绳。1996年，连云港海监局建立总值班室、连云监督站、庙岭监督站、交管中心和船队相互通报护航动态、进出港、移泊信息传递制度。1997年7月1日，《连云港海上安全监督管理规则》实施，对进出连云港港船舶总长225米及以上、船宽29米及以上、船舶最大实际吃水10.5米及以上、船舶总长180米及以上的滚装船和散装液体化学品船舶和散装液化气体船舶实施强制护航。1998年，将船舶护航信息流转、船舶进出港护航工作纳入ISO 9000质量管理体系。2004年3月29日起，连云港海事局对进出港船宽30米以下、吃水11米以下的船舶不再实施强制护航。

航行通（警）告发布 1984年1月1日，《中华人民共和国海上交通安全法》颁布实施，明确由港务监督部门负责统一发布航行通（警）告。1987年，连云港海监局发布航行通（警）告78则。1989年3月，交通部重新划分海上交通安全管辖区后，连云港海监局分工负责北纬35°以南、33°以北，东经124°以西的中国管辖水域范围内的航行通（警）告发布工作。1992年3月6日，连云港海监局首次发布英文航行警告。1993年6月5日，中华人民共和国港务监督局重新调整航行通（警）告区域。上海港务监督设连云港航行警告分台，主管北纬35°08′以南、33°以北中国沿海水域的航行警告发布和管理工作，在发布航行通（警）告的同时，收集本港台管辖区航行通（警）告资料向上海分台报告。1993年，连云港海监局发布航行通（警）告47则。1993年后，连云港海监局扩大航行通（警）告的传播范围，对一些重要的、影响较大的航行通（警）告，采用电台和书面文件的形式发布，增加在报纸和电视上登载或公告的办法。对新发现的沉船、沉物、漂浮物、暗礁、浅滩及航标的失常、飘失等严重影响航行安全的碍航情况，一般每个警告播发2天，影响时间较长的播发7天甚至1个月。2003年，根据江苏海事局《关于调整江苏沿海航行警告和航行通告发布体系的通知》，连云港海事局负责起草航行警告文稿，报江苏海事局审查、编号，报上海区台对外播发，全年起草航行通（警）告文稿153篇。2005年，连云港海事局起草航行通（警）告文稿148篇。

三、船舶交通管理

1980年初，连云港港务管理局筹建船舶交通管理系统（VTS），是年8月16日通过验收并交付连云港港务监督内部试运行。1993年6月1日系统对外使用。1994年，连云港海监局实行船舶使用航道审批制度，对300总吨及以上船舶全面监视、跟踪；对3个引航检验锚地船舶进行监视、识别，对港口浮标位置实施监控；对船舶、港航单位提供水文气象、航行通（警）告、港口情况、交通动态和管理规章等信息服务；对初次到港、雾季进出、深吃水船舶和特殊（油船、渡船、化学品船）船舶或应船舶请求的提供助航服务。1997年4月1日，连云港海监局颁布实施《连云港港务监督船舶交通管理细则》，对VTS中心在审批船舶使用航道、加强船舶报告管理等工作提出具体要求。2000年，连云港船舶交通管理系统中心编写《船舶交通管理系统工作手册》。是年7月3日，《连云港内港一号锚地锚泊管理办法》颁布实施。2001年9月6日起，连云港船舶交通管理系统中心实施《航行安全信息播发办法》，对外提供气象预报和通航环境、航行安全信息服务。2005年7月1日起，连云港港主航道、庙岭航道对总长160米及以下的船舶（危险品船舶、客货船除外）实行双向通航。是年，连云港海事局实施船舶交通组织8.63万次，VTS监控跟踪船舶1.47万艘次。

四、碍航物清除打捞

1984年，《中华人民共和国海上交通安全法》颁布实施，明确港务监督机构为沉船沉物打捞的主管机关。1987年，连云港海监局组建。1990年7月，连云港海监局对影响船舶航行安全的碍航物组织人力物力清除。1991年，连云港海监局与政府及养殖单位共同研究，划出季节性临时水产养殖区并对外公布。1995年11月7日，装载2800吨钢材的"衢阳"轮沉没于北纬34°01′45″、东经121°52′44″水域，严重影响过往船舶航行安全。1996年7月1日，连云港海监局依据相关法律法规，对"衢阳"轮采取强制性打捞措施，10月11日结束，捞获包括船体残骸在内的各种钢材3200余吨，原沉船处海图水深得到恢复。1999年，连云港海事局组织4次海上沉物的打捞，清除碍航网具591处。2003年3月20日，连云港海事局牵头组织连云港市海洋与渔业局、连云港港口集团等单位对港口水域实施海上碍航渔具清理活动，动用船艇3艘、监督员12人，清理6处泥灌式渔具和2处定置网具。2004年，连云港海事局加大碍航渔具强制清除力度，1～2月出

图5-26 2002年4月19日，"航链702"轮打捞沉船。
海事局 供

动海巡艇40艘次，强制清除碍航渔网43张。是年3月24日组织港区水域航道碍航网具集中清理行动，清除碍航网具77处、泥罐90余只；6月2日，连云港海事局、市港口管理局联合下发《关于限期拆除港口通航水域内非法养殖、捕捞设施的通告》，责令碍航养殖、捕捞设施所有人在通告发布之日起10日内自行拆除碍航养殖、捕捞设施。2005年，辖区海域通航情况良好。

第二节 船舶管理

一、船舶登记

1984年，连云港市实行统一的船舶登记制度。1987年10月24日，交通部水上安全监督局发出《关于我国海船登记机关分工问题的通知》，连云港海监局被授权第一批开展国际、国内航线的船舶登记工作。1988年，连云港海监局核发船舶国籍证书89份，在册船舶66艘次。2001年6月28日，交通部海事局明确连云港海事局登记船舶范围为国际航行船舶及国内航行海船，连云港海事局登记号为1700，确定船舶登记专用章的新格式。根据交通部海事局发布《关于地方海事（港监）机构船舶登记权限及登记档案移交问题的通知》，2001～2002年，连云港海事局分别与江苏省地方海事局、盐城市地方海事局、连云港市地方海事局进行沿海航行船舶登记档案交接，共接收船舶登记档案71份。2002年，连云港海事局启用新版船舶登记系统，同时启动新版船舶登记证书的换发工作，通过交通部海事局网站进行船舶名称审核和注册。2003年，连云港海事局按照船舶登记工作规程的要求对内部程序进行梳理，理顺受理、初审、审核、审批、空白证书保管、制证、校核、用印、发放一系列工作流程，完善船舶证书库存记录、空白证书领用登记表、作废证书登记表等船舶登记证书管理台账。2002～2004年，连云港海事局为124艘次船舶办理新版船舶登记证书的换发手续。2005年1月1日，连云港海事局船舶登记工作启用B/S结构的新登记系统，登记数据直接汇入交通部海事局数据库实行集中管理。4月18日，连云港海事局启动实施“长三角”地区船舶一卡通工程，为登记在册的船舶发放船舶IC卡，船舶登记工作实现受理、审核、审批分离。

1987～2005年连云港港国际、沿海航行船舶登记统计表

表5-10　　　　单位：艘次

年 份	所有权	国 籍	抵押权	注 销	年 份	所有权	国 籍	抵押权	注 销
1987	—	3	—	—	1997	5	8	0	8
1988	—	89	—	—	1998	6	8	0	4
1989	—	21	—	—	1999	21	24	0	5
1990	—	4	—	3	2000	48	51	0	6
1991	—	3	—	3	2001	28	27	3	17
1992	—	14	—	—	2002	62	81	4	31
1993	—	13	—	—	2003	70	90	4	68
1994	—	10	—	—	2004	87	100	5	80
1995	98	104	1	6	2005	94	92	10	59
1996	10	8	1	3					

二、船舶进口岸管理

1984年，连云港港国际航行船舶进口岸审批工作由连云港港务监督机构负责。1987年，连云港海监局组建后，对国际航行船舶的国籍、船舶概况、所载货物等项目进行审批，同时对到连云港的国际航行船舶的吃水和船舶长度作限制性审批，全年审批国际航行船舶进口岸569艘次。20世纪90年代，随着连云港港口的扩建和航道、掉头区、港池、泊位条件的改善，连云港船舶交通管理系统开通使用，连云港海监局将船舶进口审批中的船长和吃水限制标准由船长220米、吃水9米放宽至船长220米、吃水10米；1993年放宽至船长240米、吃水12米，超过限制标准的船舶，经连云港海监局特批认可，在连云港海监局巡逻艇的监护下，可进靠连云港港泊位进行装卸作业。1997年4月14日，连云港海事局特批总长259.82米、船宽39.6米、总吨6.46万吨、载重吨11.85万吨的英国籍“阳航”轮安全进港作业。1998年7月1日起，连云港海监局在办理进港手续时，对到港的油船、化学品船、气体运输船、散货船和载货高速船等国际航行船舶查验符合证明（DOC）副本、安全管理证书（SMC）正本。2001年8月20日，船长270米、船宽43.99米、载重量15万吨的巴拿马籍“希望之光”轮安全进港作业。是年，连云港海事局审批国际航行船舶进口岸2062艘次。2002年，连云港海事局开通国际航行船舶进口岸电子申报系统，外代、外运等船舶代理公司通过该系统在网上直接进行船舶进口岸申报，国际航行船舶进口岸申报单由人工传递转变为网上申报。2002年7月1日起，连云港海事局办理进港手续时，按照《国际安全管理规则》的要求，对500总吨以上的其他货船符合证明副本、安全管理证书正本的持有情况进行查验。2004年7月1日起，连云港海事局在审批外国籍船舶进口岸申请时，要求船方提供国际船舶保安证书确认书和以往航程中的保安活动信息；在办理国际航行船舶进口岸手续时，对船舶持有国际船舶保安证书、临时国际船舶保安证书的情况进行查验。是年9月13日，船长288.97米、宽44.98米、总吨8.62万吨、载重吨16.92万吨的巴拿马籍船舶“YUESHAN”轮安全进港作业。2005年，连云港海事局审批国际航行船舶进口岸3110艘次。

三、船舶签证

1984年，《中华人民共和国海上交通安全法》施行，使船舶签证工作有法可依。1987年，连云港海监局下发《关于重申国内航行船舶必须办理进出港签证规定的通知》，加强对船舶签证的管理，全年办理船舶进出港签证2711艘次。1989年6月，连云港海监局制定出台《交通部连云港海上安全监督局船舶签证管理规定》，在全国率先对在港航行、作业的施工船、交通船、港作船实行定期签证制度。1993年7月1日，《中华人民共和国船舶签证管理规则》开始施行。是年，连云港海监局办理船舶进出港签证2782艘次。1998年起，连云港海监局逐步完善船舶开航前检查制度，严把船舶签证关、现场检查关、危险品装卸关和特殊船舶的明火作业关。2001年，连云港海事局在办理船舶进出港签证时，开展对老旧船舶持有船舶营运证或国际航行船舶运输批件情况的检查。2003年对第一批适用船舶持有符合证明副本情况进行监督检查，对未按规定持有符合证明副本及安全管理证书的船舶实施禁止离港的强制措施。2004年在江苏海事局系统内试运行船舶动态管理系统。是年4月27日，连云港港口集团轮驳公司向连云港海事局递交航行于日照—连云港航线的“北固山”“石棚山”2艘集装箱班轮的定期签证申请，5月13日，连云港海事局批准上述2轮的定期签证申请，并于5月14日为“北固山”轮办理定期签证，这是连云港海事局办理的第一艘跨省航行定期签证船舶。至2005年底，连云港海事局陆续批准航行于日照—连云港—射阳航线的17艘煤船的定期签证申请。2005年通过船舶动态管理系统正式受理来港船舶持有船舶

IC卡的签证申请，全年办理船舶进出港签证1.22万艘次，是1987年的4.51倍。

1987～2005年连云港海事局（海监局）办理船舶进出港签证统计表

表5-11 单位：艘次

年份	船舶进出港签证	年份	船舶进出港签证	年份	船舶进出港签证	年份	船舶进出港签证
1987	2711	1992	2618	1997	2784	2002	4733
1988	6304	1993	2782	1998	3207	2003	4350
1989	7003	1994	2966	1999	3387	2004	5440
1990	3066	1995	3665	2000	4062	2005	12218
1991	2620	1996	3376	2001	4129		

四、船舶现场检查

1984年，连云港港务监督会同连云港船检、连云港港公安局消防队等部门对来港船舶实施季节性联合安全检查。1986年12月，连云港港务监督设立船舶检查科。1987年7月起，连云港海监局独立对来港的中国籍船舶实施安全检查。1990年7月1日，交通部授权连云港海监局开展港口国管理检查，连云港港成为中国首批授权开展港口国管理检查的九大港口之一。是年7月5日起，连云港海监局开展港口国管理检查业务，检查的第一艘船舶是利比里亚籍的“银杉”轮。1994年，连云港海监局的港口国管理工作与亚太地区接轨，成为亚太地区港口国管理区域合作的一部分。1997年起，为降低中国籍国际航行船舶在国外的滞留率，连云港海监局对航经美国、澳大利亚、欧洲国家15年以上的中国籍船舶实施开航前检查。1999年8月在连云港辖区开展水上统一执法行动，出动巡逻船艇24艘次，检查船舶130艘，查出有缺陷船舶92艘、缺陷515项。2000年3月，《连云港海事局对部分国际航行船舶实施开航前检查办法》发布实施。2002年9月，连云港海事局部署开展液货船专项检查活动，检查4艘液货船，查出缺陷6项，全部在开航前纠正。2003年5月对被举报的“富阳”轮进行安全检查，查出缺陷31项，其中重大缺陷7项，依法对其实施滞留。是年，连云港海事局分两阶段开展“四客一危”（客渡船、客滚船、高速客船、旅游船和危险品运输船）船舶的专项整治活动，检查客船、液货船12艘，发现缺陷93项。2004年1月1日起，连云港海事局将船舶安全信息录入船舶动态管理系统，实现船舶安全检查信息的共享。2005年3月，灌河海事处、赣榆海事处、盐城海事局相继开展海船和内河船的安全检查工作。连云港海事局开展低质量船舶专项治理活动，将进入辖区的2002年1月1日以后建造完工的船长大于60米的国内航行海船、船长大于50米的内河船作为重点船舶开展安全检查，检查船舶154艘次，查出缺陷1833项，滞留船舶13艘次。

图5-27 2000年8月，连云港海事局执法人员在水上统一执法行动中对船舶进行安全检查。 海事局 供

1987～2005年连云港海事局（海监局）船舶安全检查统计表

表5-12 单位：艘次

年 份	船舶安全检查	年 份	船舶安全检查	年 份	船舶安全检查	年 份	船舶安全检查
1987	107	1992	141	1997	180	2002	348
1988	190	1993	120	1998	184	2003	741
1989	124	1994	120	1999	233	2004	637
1990	101	1995	121	2000	257	2005	606
1991	129	1996	123	2001	189		

五、船舶公司管理

1996年5月，连云港海监局成立国际安全管理规则办公室，负责推进辖区内所有国际航运公司实施国际安全管理规则工作，召开由辖区4家国际航运公司参加的实施国际安全管理规则推进会。1998年6月，撤销国际安全管理规则办公室，其职能划归海监局船舶监督处。1999年起，江苏地区实施规则的主管机关由连云港海事局调整为江苏海事局。2004年7月1日，《中华人民共和国船舶安全营运和防止污染管理规则》对跨省航行的客船（50人以上的）和500总吨及以上的油船生效。在连云港海事局辖区内的中国船舶燃料供应连云港公司及其所属4艘船舶取得符合证明和安全管理证书。

第三节 船员管理

一、船员培训

1987年前，连云港地区没有专门的培训机构承担船员的业务培训。1987年，连云港港口协会成立连云港船员培训中心，承担对船员、引航员的业务培训，开展船员基本安全训练培训、B类船员考前培训、港澳航线培训、D类航线培训等项目。1989年，连云港海监局完成对连云港船员培训中心的培训项目重新审验。1995年，连云港海监局成立连云港船员培训中心，负责辖区内船员培训。1996年12月，连云港船员培训中心更名为连云港海事咨询服务中心。1997年，连云港海监局停止受理海上求生、救生艇筏操纵、船舶消防、海上急救4项专业训练的培训和考试申请，开始受理船员基本安全专业培训和考试申请。为做好小型旅游船舶驾驶人员的培训，保障海上观光游客的人身安全，2000年4月30日起，连云港海事局实施《连云港海事局小型旅游船舶监督管理规定》，组织小型游艇驾驶员培训。2001年，交通部海事局《关于海船船员管理分工授权有关问题的通知》对海事机构的船员管理授权分工进行调整，连云港海事局不再承担南通航海职业技术学院水上专业学生及其所培训船员的海船船员专业培训项目的考试、发证和管理工作；批准连云港海事咨询服务中心开展海船船员船上医护专业培训。2002年起对参加培训的学员实施人数、人照、证照对比的"三项"核查机制。对因违反水上交通安全管理法规受到海事行政处罚的船员、船舶安全检查存在缺陷的当事船员和实际操作检查不合格的船员实施违法记分。2004年，连云港海事局举办第一期违法记分强制培训和考试，对4名违法记分满15分的船员组织强制培训和考试。2005年组织船员专业培训22期674人次，发放专业合格证书1056本。

二、船员适任考试

1987年前，辖区内技术职务船员的考试发证工作由上海港务监督机构负责。1987年，连云港海监局接管原省港监与南京港监的B类船员的考试发证业务。1987～1992年按照海船船员考试发证规则和考试大纲，分B类船舶驾驶、3000千瓦以下轮机员、一二等电机员等类别每年组织考试。1994～1997年，连云港海事局组织近洋航区（D类）船员适任培训、考试7期，602名船员参加培训。1997年，近洋航区船员培训考试工作停止。2001年，交通部海事局对海事机构的船员管理授权分工作重新调整。连云港海事局负责劳动关系所在单位在连云港市、盐城市行政区域内沿海航区（丙类）、近岸航区（丁类）船员适任证书的考试、评估和发证工作。2002年6月1日，交通部对连云港海事局管理关系进行重大调整，连云港海事局作为江苏海事局的分支机构进行管理，船员管理业务接受江苏海事局的指导。2003年，江苏海事局管辖范围内的首期近岸航区船员适任证书考前培训在连云港举行，61名船员参加培训。1997～2005年，连云港海事（海监）局对30多名作弊考生给予取消考试资格、中止其考试、取消考试成绩等处理。

三、船员证书签发

20世纪80年代初，连云港港务监督首次给参加考试通过的106名船员签发证书。1987年，连云港海监局印发《关于船员证书发放签证、换证办法的通知》。1989年印发《关于颁发〈在过渡期内换发海船船员适任证书的实施细则〉的通知》，是年基本完成旧证书换发新的海船船员适任证书工作。1997年起，连云港海监局使用海员证管理信息系统对海员证进行微机化管理，海员证制作由手工制作转为打印制作，定期将海员证签发情况上传至上海海事局信息中心。1999年8月，船员培训及适任证书管理系统启用，实现专业培训合格证的数据录入、证书制作和数据管理的电子化。2001年，连云港海事局利用该系统签发和管理“97规则”新版船员适任证书。2003年停止使用船员培训及适任证书管理系统，原发证数据导入船员管理系统，开始使用船员管理系统对海船船员适任证书、船员服务簿等船员证件进行签发、制作和管理。2004年，船员证书数据实现全国联网。是年3月1日起，按照《全国海事系统行政执法八项便民措施的公告》精神，连云港海事局开始受理公民以个人名义申办除海员证、海员出境证明以外的船员证件。2005年签发海船船员证书362本。

四、引航员管理

20世纪80年代初，连云港港务监督开办首期引航员培训班。1988年8月，连云港海监局5名二级引航员、3名三级引航员通过考试获得引航员证。1989年，连云港海监局印发《关于本港执行船舶引航技术人员职务试行条例的补充规定》，对引航单位、引航员的资格取得、晋升等作出明确规定。1991年8月、1993年4月先后两次举行引航员考试，为3名二级引航员、3名三级引航员颁发证书。1997～2005年，连云港海事（监）局签发海港助理引航员、海港三级引航员、海港二级引航员适任证书26本。2003年以前所签发海港引航员适任证书均为长期有效。2004年起利用引航员管理系统软件签发的新版引航员适任证书有效期不超过5年。连云港海事局对引航员的日常监督管理实行报表制度，引航站定期向海事局通报引航员引航尺度、艘次、工作业绩和事故情况。

第四节 危险品和防污染管理

一、船舶载运危险货物管理

1987年，连云港海监局设危管防污处，配备有可燃气体、静电、放射性物品等检验仪器，开展对船舶载运危险货物的监督管理。由货主或货物托运人提供单证和资料，船舶代理人填写船舶载运危险货物准单向港务监督申报，准单一式两份，船方在接到准单后方可开工作业。1991年，交通部安监局授权连云港海监局开展集装箱装箱现场检查员的培训和发证工作。是年，连云港海监局举办第一期装箱检查员培训班。现场监管工作从船舶、码头延伸到陆上的货场、装箱点和生产厂家。1993年9月，连云港海监局举办第一期危险货物申报员培训班，65人取得合格证书。1994年11月，首次经海上运输的78标准箱危险货物氰化钠顺利在连云港港接卸，整列过境至乌兹别克斯坦。1995年起，连云港海监局对检查员和申报员实施年度审核制度。1995年，连云港港第一个油码头——康云油码头建成。连云港港第14号泊位经连云港海监局批准，有条件地作为临时散化肥接卸码头使用，全年接卸散化肥、油类船舶56艘，接卸货物9.86万吨。2000年，港口危险货物吞吐量突破100万吨。2003年4月，连云港海事局开展船舶载运危险货物集装箱专项整治活动，检查载运危险货物集装箱船舶92艘次，开箱检查出口危险货物集装箱595个标准箱，查处违章2起。2005年，危险品运输管理呈多元化管理模式，连云港海事局在船舶载运危险货物适装许可、危险货物装卸作业现场监管、液货船安全检查、信号显示、安全值守等方面加强监督检查。

二、船舶防污染管理

1986年，连云港船舶残废油接收处理站成立。船主处理残废油或油污水向港务监督提出申请，经批准后，由残废油接收处理站接收处理。1987年，废钢船拆解业在连云港兴起。为防止船舶在拆解过程中造成海域污染，连云港海监局制定《连云港船舶拆解管理办法》，全年开展防污染船舶检查57艘次。1988年设立连云港港小型船舶油污水接收处理站，解决在港进行各类作业的小型船舶机舱油污水的处理和接收问题。1990年，连云港海监局设立油样化验室，购置进口化验设备，开始对油样的油种和油量进行定性和定量分析。1992年，连云港海监局制定《小型船舶实施铅封规定》，对在港的150总吨及以上的油轮和400总吨及以上的非油轮机舱排污设备，一律实施铅封。1994年，连云港海监局根据《国际防止船舶造成污染公约》规定，对本船籍港航行国际航线的150总吨及以上的油轮和400总吨及以上的非油轮船舶的油污应急计划进行审批。1995年，连云港海监局开展防污染船舶检查588艘次。90年代后期，加大船舶污染防治力度。2002年11月4～5日，连云港海事局、连云港港务局轮驳公司、外轮服务公司、海军79大队、边防检查站等11家单位对港口水域开展“碧海行动”，出动船艇15艘，对港区水域1～66号泊位岸线及相邻水域、渔业码头及相邻水域、康云油码头、连岛游艇码头与相邻水域漂浮的白色污染物（塑料餐具、饮料瓶及其他漂浮物和垃圾）彻底打捞清除，清除垃圾5吨。2005年10月1日，《国际防止船舶造成污染公约》对国内沿海航行船舶生效，连云港海事局对辖区200余艘船舶配发船舶垃圾管理计划、垃圾公告牌、垃圾记录簿，全年开展船舶防污染检查762艘次。

1987～2005年连云港海事局（海监局）船舶防污染专项检查统计表

表5-13　　单位：艘次

年　份	防污染专项检查	年　份	防污染专项检查	年　份	防污染专项检查	年　份	防污染专项检查
1987	57	1990	123	1993	175	1996	79
1988	145	1991	147	1994	125	1997	70[illegible]
1989	128	1992	170	1995	588	1998	68[illegible]

续表 5-13

年 份	防污染专项检查	年 份	防污染专项检查	年 份	防污染专项检查	年 份	防污染专项检查
1999	600	2001	460	2003	964	2005	762
2000	720	2002	460	2004	930		

第五节 海事搜救

一、搜救组织

1984年，连云港海上安全指挥部搜救责任区为北纬35°08′30″～33°30′00″，南北宽约98.5海里的海域。1987年连云港海监局组建后，连云港海上安全指挥部设在连云港海监局，具体日常事务由连云港海监局总值班室办理。1989年搜救责任区扩大为北纬35°08′30″～33°00′00″，南北宽128.5海里的海域。1991年，连云港海上安全指挥部更名为连云港海上搜救中心。1999年，连云港海监局更名为连云港海事局，海上搜救职责由连云港海事局继续履行，搜救中心办公室设在连云港海事局船舶交通管理中心。

二、搜救工作

1987年3月，连云港海监局组建后，连云港海上搜救责任区的海上搜救任务基本上由连云港海监局具体组织协调和实施，全年组织协调水上搜救行动9次，遇险人员获救13人。1987～1996年组织协调海上搜救行动119次，救起中国籍人员86人、外国籍人员9人，组织海区防抗热带气旋17次。1997～2005年，连云港海上搜救中心组织协调水上搜救行动140次，遇险人员1516人，获救人员1390人；遇险船舶138艘次，获救船舶109艘次；组织台风和热带风暴防抗行动6次。

表 5-14

1987～2005年连云港海上搜救情况统计表

年 份	搜救次数（次）	获救人员数（人）	年 份	搜救次数（次）	遇险人员数（人）	获救人员数（人）
1987	9	13	1997	12	110	102
1988	12	7	1998	12	74	72
1989	14	4	1999	15	201	182
1990	8	11	2000	4	187	175
1991	12	3	2001	4	48	24
1992	5	3	2002	17	151	151
1993	9	13	2003	23	132	113
1994	13	20	2004	28	229	219
1995	17	5	2005	25	384	352
1996	20	16				

说明：1997年前无遇险人员统计。

第七章　边防检查

1984～2005年，连云港边检站围绕维护口岸秩序和稳定，打击违法犯罪活动这一主线，不断加强边防基础工作，改革和完善各项查验手续和措施，加强对出入境人员及其行李物品、交通运输工具及其载运货物的监管和检查。22年间共检查出入境人员68.63万人次、办理证件21.52万本、检查船舶4.95万艘次、查处走私偷渡案件429起，保障连云港口岸的和谐稳定，促进连云港市开放型经济的发展。

第一节　人员检查

1984年，连云港边检站依照国务院发布的《中华人民共和国出入境边防检查条例》的规定，联合海关、卫生检疫部门对抵港船舶及人员进行检查。是年检查出入境人员8346人次，办理证件7155本，抓获企图偷渡外逃分子3起5人，查控重点船员29人。1985～1986年，根据公安部《关于进一步改革入出境船舶检查监护工作的通知》和省公安厅有关通知要求，连云港边检站放宽检查手续，对国际航行的中国籍船舶入出境时，只收取船员名单，无特殊情况一般不再查验船员证件，对旅客仍查验证件。外国籍船舶入境时，收取船员、旅客名单，查验证件；必要时人证对照，并根据船方书面申请，签发船员登陆、住宿证；出境时，如船员、旅客无变动，不再收取名单，如有变动则船方须向边检站提供更动人员名单。对在中国港口间航行的外籍船舶的检查，外轮代理提交一份船员、旅客名单即可。

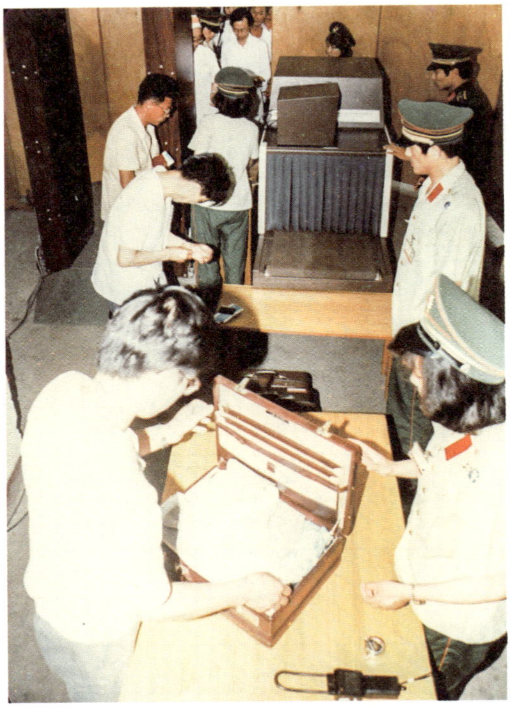

图5-28　连云港边防检查站人员在机场进行安全检查　　　赵鸣　摄于1986年

1989～1990年，江苏省边防局将查控内部外逃列为重点工作，连云港边检站加强对出境人员的验证检查，执行双人检查制度，对出境外轮和船体检查率不低于50%。1993～1994年，为适应改革开放和形势发展的需要，在确保安全的前提下，连云港边检站简化检查手续，对签发登轮、搭靠外轮等证件，由原来的8小时办证改为全天办证，做到随到随办、急事特办，必要时上门办证，方便港口作业生产。1995年，连云港边检站改进对外轮船员的管理，外轮船员返船时间由当日24：00延至次日凌晨2：00前。1998年，连云港边检站推行社会承诺服务制度，实行签证、船检24小时服务，挂牌上岗，接受监督。是年检查出入境人员3.92万人次，办理证件8256本。2000年，海港边检站常用业务证件电脑签发系统投入使用，提高办证效率和质量。2004年底，连云港—仁川国际客货班轮开通，是年检查出入境人员5.22万人次，办理证件1.74万本。2005年检查出入境人员10.68万人次，办理证件2.16万本，人员数比2000年实现翻番，连云港—仁川国际客货班轮旅客人数占出入境人员总数的48%。

1984～2005年连云港边防检查站检查出入境人员、办理证件数量统计表

表5-15

年份	检查出入境人员（人次）	办理证件（份）	年份	检查出入境人员（人次）	办理证件（份）
1984	8346	7155	1995	29361	7515
1985	8537	7587	1996	31274	8396
1986	8760	7230	1997	41876	8151
1987	9635	7372	1998	39242	8256
1988	10247	7851	1999	32865	8922
1989	11500	8360	2000	40251	9545
1990	11295	8380	2001	45220	11501
1991	12142	8508	2002	43725	14032
1992	28964	8825	2003	51627	14556
1993	32276	7522	2004	52196	17394
1994	30158	7583	2005	106846	21584
合　计				686343	216225

第二节　船舶检查监护

1984年，连云港边检站检查出入境船舶860艘次。1985年5月完成对希腊籍“格罗斯”轮拆卸废旧船舶的安全检查任务，首次实施船舶直接冲滩上岸试点工作。1986年压缩锚地外轮驻船监护范围，全年重点监护外轮27艘次。1987年放宽对停泊在锚地和在海上过驳作业的外国籍船舶和小型冷藏船、外国籍定期班轮的监管。1991年夏季，连云港遭受百年不遇的特大洪涝灾害，为保障救灾物资在口岸尽快得到中转，连云港边检站简化检查手续，免收办理运送救灾物资外籍船舶、船员的登陆证、搭靠证有关费用。1992年简化对航行国际航线的国内班轮的出入境检查手续，由登轮检查变为由船方代理到执勤点办理。1993～1994年，连云港边检站对出入境中外籍船舶实行24

图5-29　连云港边防检查站战士对外籍轮船进行监护。
赵鸣　摄于1997年

小时联检制度，提高港口码头的使用效率。1995年，国务院颁布《国际航行船舶进出中华人民共和国口岸检查办法》《中华人民共和国出境入境边防检查条例》，连云港边检站改变登轮检查方式，将登轮联检改为船方或代理人到边防检查站办理手续，无特殊情况不再登轮检查。是年检查船舶2188艘次。1999年，连云港边检站推行中国籍及悬挂方便旗船舶信誉管理，向"松子"轮颁发船舶信誉证铜牌。2001～2003年，连云港边检站成立港口巡查队，在执勤业务科和监护中队推行科队联勤制度，在口岸船舶代理公司和经常往返连云港港船舶中开展"星级诚信管理"活动。2003年，连云港边检站推行边检勤务改革，坚持双人办案和重大、疑难案件领导通案制度，是年检查出入境船舶4219艘次；出动警力1.68万人次，巡查在港船舶5356艘次。2005年检查出入境船舶5556艘次。1984～2005年，连云港边检站检查出入境船舶4.95万艘次。

1984～2005年连云港边防检查站船舶检查数统计表

表5-16　　单位：艘次

年份	检查船舶	年份	检查船舶	年份	检查船舶
1984	860	1992	1239	2000	3356
1985	975	1993	1557	2001	3476
1986	877	1994	1931	2002	3909
1987	843	1995	2188	2003	4219
1988	972	1996	1987	2004	5038
1989	1009	1997	2282	2005	5556
1990	1009	1998	2456	合计	49469
1991	1159	1999	2571		

第三节　口岸稳定维护

1984年9月2日，连云港边检站查获希腊籍"阿卡荻亚星"轮8名坦桑尼亚偷渡人员，是当年江苏省第一次发生外国人随外国籍船舶偷渡到江苏口岸的案件。是年12月28日，连云港边检站将巴拿马籍"拉里克斯"轮3名刚果籍偷渡人员由北京遣送回国。1985年5月17日成功阻止企图偷登日本籍"海王日身丸"轮偷渡外逃未遂1起3人。1989年，连云港边检站采取双人联检模式，加大码头巡查和船体检查，认真查验船员的护照、证件，防止伪造证件和冒名顶替；与港口公安、连云区军警民联防办公室等单位建立防范偷渡外逃情报互通制度，制定反偷渡外逃、封锁港区、查获人犯、追捕逃犯快速反应方案。是年1月5日成功阻止企图偷登利比里亚籍"春星"轮偷渡外逃未遂1起1人；6月6日成功阻止企图偷登巴拿马籍"眉山"轮偷渡外逃未遂1起1人。

1990～1995年，江苏沿海走私和企图外逃人员增多。连云港边检站成立反走私反偷渡外逃工作领导小组和机动小分队，定期召开会议分析港口走私及偷渡外逃的活动规律，研究制定相应的反走私、反偷渡外逃工作措施。1991年4月11日查获洪都拉斯籍"王子皇帝皇后"轮在灌云县燕尾港走私轿车40辆。1992年1月3日抓获偷登"平乡城"轮欲偷渡日本未遂6人。1993年3月在灌云县燕尾港截获走私船1艘、引渡船2艘、走私香烟4000余箱；7月24日查获洪都拉斯籍"超级六月”轮在赣榆县海头港走私轿车50辆；8月6日查获韩国籍“黄吉7号”货船在连云港港非法走私芝麻。1994年4月12日抓获偷登“云龙”轮欲偷渡日本人员1人；4月16日抓获“华安”轮欲偷渡日本人员2人。1995年1月15日抓获偷登“云龙”轮欲偷渡日本人员4人；3月29日抓获偷登洪都拉斯籍“大捷”轮欲偷渡韩国人员2人；7月29日抓获欲乘“金溪”轮偷渡日本人员3人。

1996～1998年，连云港口岸不法分子偷登船舶非法出境问题凸显。连云港边检站加强监护管理，查获偷渡案件15起，偷渡人员38人次，抓获“蛇头”2人。1996年4月6日在对巴拿马籍“鑫丰”轮进行出口检查时，查获1起价值4万余元的毒蛇走私案；7月协助查处1起用26只集装箱载运的香烟走私案，收缴香烟8770箱；10月查获“兴达”轮5人偷渡的外逃案件。

1999～2004年，连云港边检站完善处理突发事件预案，加强港口、码头、停泊点、集装箱和船舶管理。2000年抓获偷渡人员16人。2003年11月，连云港口岸反偷渡工作领导小组在连云港边检站成立，是年查处涉边违法违规案件49起。

2005年，连云港边检站落实《公安机关行政许可工作规定》，突出重点，拓宽情报渠道，开展反偷渡综合治理，查处违法违规案件24起28人次，获取情报信息11条，被武警江苏边防总队立案侦查4起。

1984～2005年连云港边防检查站查处违法违规案件统计表

表5-17 单位：起

年份	查处案件	年份	查处案件	年份	查处案件
1984	12	1992	10	2000	26
1985	10	1993	24	2001	19
1986	9	1994	28	2002	20
1987	17	1995	27	2003	49
1988	15	1996	21	2004	19
1989	13	1997	14	2005	24
1990	16	1998	21	合计	429
1991	17	1999	18		

第八章 口岸服务

1984年前，连云港港已被国家辟为对外通商口岸。至1990年底，连云港港已成为初具规模、颇具影响的内外贸易口岸。口岸服务机构包括船舶代理、外轮理货、船舶燃料供应、船舶维修、海员俱乐部等，具备为国际船舶代理、理货、维修和提供燃料、淡水和各种生活、航行用品、文化娱乐的能力。此后，随着市场经济的发展和沿海港口运输市场竞争的日趋激烈，港口经营由过去卖方市场转变为买方市场，口岸服务单位逐渐转变为自主经营、自负盈亏的市场主体，服务的内容和项目更加丰富广泛。

第一节　船舶代理

连云港口岸船舶代理机构主要有中国外轮代理公司连云港分公司（简称外代连云港分公司）、中国外运陆桥运输有限公司（简称外运）、连云港中远公司（简称中远）和连云港中海集装箱运输公司（简称中海）。

1984年，外代连云港分公司为连云港口岸规模较大的专职船舶代理机构，承办对象为国际航线的中、外籍船舶所隶属的船公司。1990年，外代连云港分公司代理中、外籍船舶1207艘次327.19万净吨，代理进出口货运量579.53万吨，实现营业收入797.58万元，与世界82个国家和地区的273个主要贸易港口建立业务关系，航线达18条。1995年代理中、外籍船舶1404艘次806.66万净吨，代理进出口集装箱4.38万个标准箱，实现营业收入1911.14万元，实现利税1203.1万元。1998年，由于受东南亚金融危机影响，连云港口岸外贸市场缩小，外代连云港公司代理中、外籍各类船舶1450艘次874万净吨，代理进出口货物645万吨，在连云港口岸的船舶市场占有率为60%，全年完成营业收入1616万元，实现利润1009万元。2000年，随着国家宏观经济形势好转和连云港港口外贸吞吐量的增长，外代连云港分公司在郑州、西安、徐州、合肥设立办事处，恢复成都办事处，完善揽货网络，开拓散货业务，全年代理中外籍船舶1478艘次1009万净吨，完成业务收入2248万元，实现利润1029万元，继续保持连云港口岸过半的市场份额。2004年代理中、外籍船舶1063艘次，货运代理量1053万吨；散杂货代理量458万吨；代理集装箱12040个标准箱。2005年，外代连云港分公司调整货源结构，理顺焦炭接货、堆存、装船等环节，代理的出口焦炭市场份额占连云港口岸市场份额的52%；全年代理中外船舶1112艘次，货运代理量1042万吨，散杂货代理量441万吨，代理集装箱1.14万个标准箱，完成营业收入2226.6万元。

随着连云港口岸外贸业务的不断扩展，口岸船舶代理业务形成多家竞争的局面。至2005年底，外运、中远、中海等对外运输公司也将船舶代理业务纳入自身的业务范围。2005年，中国外运陆桥运输有限公司完成散杂货代理量500万吨，集装箱代理量2.5万个标准箱，船舶代理350万净吨；连云港中远公司代理船舶83艘次，代理进口货物102.91万吨，船舶代理59.49万净吨，货种包括氧化铝、小麦、钾肥等；连云港中海集装箱运输公司代理船舶237艘次，其中内贸船舶124艘次、外贸船舶113艘次。

第二节　外轮理货

1971年11月，中国外轮理货公司连云港分公司（简称外理连云港分公司）成立，是为航行于国际航线船舶和国内外进出口货物在连云港口岸提供公正理货的机构。主要业务是接受船方委托，根据船方提供的舱单等单证资料进行计数核对标识、检查残损、监督装船积载、办理交接签证提供理货证明等。80年代中期后，随着中国远洋运输业的发展和国际贸易的增长，连云港外轮理货业务范围逐步扩大到对航行国际航线的中国远洋运输船舶的理货；理货对象进一步增加，由对普通货物理货扩大到对集装箱船舶理货；由在港口理货扩大到锚地兑驳和集装箱地头装拆箱理货。1984年，外理连云港分公司年进出口理货船舶343艘次，理货量248.16万吨，理货费收入171.46万元。1988年首次办理集装箱理货，是年完成1480个标准集装箱的理货。1990年，外理连云港分公司受理理货船舶453艘次，理货量180.89万吨，理货费收入234.79万元。理货货类主要有钢材、化肥、袋糖、碱、水泥、原木、板材、机械、车辆、化工品、纸类、集装箱等。1998年受理中外船舶理货1356艘次，受理货物3112万件，理货量315万吨；完成集装箱理箱量9.1万个标准箱、装拆箱3069个标准箱。2005年，外理连云港分公司受理中外籍船舶理货2567艘次，完成理货量470万余吨，集装箱理箱量26万个标准箱，完成理货收入1480万元，实现利润400.13万元。

2005年，在连云港口岸从事理货的除外理连云港分公司外，还有中联理货有限公司与连云港港口集团有限公司合资组建的连云港中联理货有限公司。是年，该公司受理件杂货船舶192艘次，理货347.3万件、理货量91.99万吨。

第三节　船舶燃料供应

1973年8月，中国船舶燃料供应公司连云港分公司（简称中燃连云港分公司）成立，是负责连云港港口船舶燃料供应的专门机构。中燃连云港分公司燃料和淡水的供应范围是泊、离连云港港的中外船舶，其中以外籍船舶和中远船舶为主。燃油的供应品种有低硫与中硫的轻柴油、重柴油；润滑油的供应品种有船用汽缸油和柴油、机油等。

1984年，中燃连云港分公司为船舶供应燃油3.51万吨，供应淡水5.5万吨。1990年，公司有作业船舶3艘，全年完成燃油供应2.92万吨，完成淡水供应2.16万立方米，实现利润337.09万元。1995年完成保税泊供应2.5万吨，销售燃油2.54万吨，代销润滑油275吨，供水1462立方米，实现利润46万元。

2001年，中燃连云港分公司克服国际国内石油市场价格一路走低的困难，降低库存油成本，加大油品销售力度。全年完成代运油品11万余吨。是年，中燃连云港分公司拥有运、供油船4艘，与外资公司合资兴建的供油专用码头经技术改造，由原来靠泊5000吨级油轮升级为可靠泊1万吨级油轮。2005年，中燃连云港分公司面对连云港港深水泊位增多和到港船舶越来越大型化的新形势，年内增加380CST燃料油的供油品种和供油量，有效满足到港船舶对燃油品种的需求。

第四节　船舶维修

1984～2005年，连云港口岸从事船舶维修的有连云港远洋船务工程有限公司和连云港鸿云实业有限公司。连云港远洋船务工程有限公司隶属于连云港远洋运输有限公司，是一个集远洋船舶修理、船舶备件制造与供应为一体的综合性公司，有综合车间2个近6000平方米，综合仓库3层约8000平方米。连云港鸿云实业有限公司原名连云港外轮航修厂，隶属于连云港港务局，1974年7月由交通部投资兴建，1979年10月正式投产，2003年3月整体并入港务局轮驳公司，成立连云港鸿云实业有限公司，主要承接到港中外籍船舶航次修理及港作船舶的航、坞修、潜水作业、港口机械修理、钢结构制作安装、集装箱及散货运输、仓储、海上交通、技术服务等。

第五节 海员接待

20世纪50年代初，连云港国际海员俱乐部成立，分连云港、陶庵两部分，是国家按照国际公约设立在连云港口岸专事国际海员接待、服务、宣传工作的机构。主要服务对象为进出港口的外籍商船、旅游船和其他民用船舶的海员、国内海员和随船家属，或到港口会亲的船员家属。1984年，连云港国际海员俱乐部接待国际船舶331艘次、船员7535人次，接待国内船舶131艘次、船员4710人次。1990年起，海员俱乐部实行主任负责制，并实行目标管理责任制、业务部门经营承包制和租赁经营制，全年接待国际船舶411艘次、船员9521人次，接待国内船舶689艘次、船员26182人次。1992年，全国总工会下发《国际海员俱乐部工作条例》后，连云港海员俱乐部除履行登轮拜访、邀请座谈和举办文体活动等工作职能外，还开展各种有特色的活动和服务项目，组织船员参观城市面貌、田园风光，为船员举办生日庆典及问医购物等。1993年，海员俱乐部实施经济承包责任制和全员聘用制，形成以接待服务海员和对外宣传为主，对内实行经营承包制的发展格局。20世纪90年代后期至21世纪初，由于连云港海员俱乐部摊子铺得过大、阵地分散和多数专业技术人员调离，其事业发展受到影响。2004年，根据市政府关于市属生产经营性事业单位改制转企的文件精神，俱乐部列为事改企单位。2005年底，俱乐部的资产评估报告获市国资委批准，市财政局核销海员俱乐部不良资产127万元。

1990～2005年，连云港海员俱乐部接待到港船舶2.52万艘次，其中外轮9899艘次；接待中外海员31.46万人次，其中外籍船员12.14万人次；赠送泊港船舶各种报纸、杂志等宣传品7.35万份。

第九章 港政管理

1978年，连云港市港口口岸办公室成立，主要负责组织疏港和口岸协调管理工作；1985年更名为连云港市口岸管理委员会。1987年3月，连云港港下放地方，实行交通部和连云港市双重领导，交通部连云港港务管理局更名为连云港港务局，2003年前，连云港港行政管理职能由政企合一的连云港港务局承担。

2003年5月15日，根据国务院办公厅《关于深化中央直属和双重领导港口管理体制改革意见的通知》要求，连云港市政府印发《关于印发连云港市港口管理体制改革总体方案的通知》，组建连云港市港口管理局，作为市政府主管全市沿海港口行政事务的职能部门，市口岸管理委员会与其合署办公。连云港港口管理局落实《中华人民共和国港口法》和交通部下发的《港口经营管理规定》，严格岸线审批，加强港口安全管理和引航管理，维护港口正常经营秩序，促进连云港港生产建设的发展。

第一节 岸线审批

2003年以前，由连云港港务局负责港口岸线的申请受理并上报交通部，当时申请的岸线以及所建的码头均为港务局使用，没有货主码头。港务局严格岸线使用，先后上报、申请批复8～12号通用件杂货码头、庙岭港区31～36号通用散货码头、老港区16号液体化工泊位、中燃公司码头、墟沟港区61～66号通用件杂货码头、灌河长茂码头岸线的使用。2004年1月1日，《中华人民共和国港口法》施行。是年3月10日，交通部规定，使用港口岸线实行两级审批制。至2005年底，连云港港有老港区、庙岭港区、墟沟港区及灌河港区4个港区，有生产性泊位32个、码头岸线6.44千米，综合通过能力3155万吨；其中万吨级以上泊位27个，最大靠泊吨级10万吨级。

第二节 安全管理

1984年，连云港港发生4起因工死亡事故。是年，交通部决定在部属单位建立统一的安全例会和安全生产日制度。是年10月15日，连云港港务管理局安全生产委员会成立，开始建立各级安全例会，其中港务管理局安全委员会实行每月25日例会制度，港务局安全系统实行每月3日例会制度，局属各单位分别于不同时间召开安全例会，一般一月一次。班组实行逢五安全日活动制度，总结分析研究安全生产情况。班前、班后会则布置和总结一个班的安全生产事项。

80年代后期，除日常的安全检查外，每年有季节性检查多次和专业性检查不少于4次。检查组通常由安全、工会、劳资、设备管理、公安、卫生防疫等多部门人员组成，边看边议，对存在的问题逐级下发整改通知书，要求边查边改，限期复查。90年代，随着港口吞吐量上升，为适应安全形势的需要，港口各项有关安全生产的规章制度逐步得到建立和完善。连云港港务局先后下发《安全管理暂行规定》《安全技术操作规程》《关于做好防暑降温工作规定》《关于认真做好防台防汛规定》《关于加强防毒工作规定》《建筑安装工程安全生产有关规定》《安全工作评价计分标准》等。2003年连云港市港口管理局成立后，组织综合检查和专项检查35次，查出问题278项；组织安全培训班115期，培训职工4500人。2004年，连云港市港口管理局投入1000多万元，改善港区道路状况，增设交通安全设施，更新装备，重点整治港区道路交通环境；组织开展危险化学品专项整治，完善事故应急预案，加强对重大危险源的监控。2005年，市港口管理局接受危险货物作业申报1200多票，督办96项关于安全生产方面的工作，协调解决安全生产方面的重大事项，全港安全质量及能耗指标控制在年定目标范围内。

第三节 引航管理

1984年，连云港港务监督引航科负责港口引航工作。1987年，港务监督与港务局分离，连云港港务局成立引航站，负责船舶引航工作。是年12月30日，引航站更名为连云港引航公司。1990年，连云港引航公司引领船舶2040艘次。1991年4月26日，连云港5万吨级航道试航。截至6月7日交通部对新航道验收，连云港引航公司共引领进出港船舶267艘次。1997年6月18日首次引领巴拿马籍“韩进”轮进靠危险品码头，该轮长96米、宽16.2米，共装载液化气1700吨，属一级危险品。1997年9月26日，大型集装箱船“塔河”轮长209米、宽26.75米，载重2.08万吨，首次夜航成功。2000～2005年，港口步入深水化、船舶大型化、加快建设亿吨大港时期，港口引航能力大幅提升。2002年11月9日，连云港引航公司安全引领船长260.05米、载重吨5.08万吨的马耳他籍“中海鹿特丹”集装箱班轮进港。2003年4月，连云港引航公司更名为连云港引航站。2004年9月，成功引领长度288.97米、载重吨16.92万吨的矿砂船“玉山”轮靠泊。2005年10月，引领长299.9米、船宽47.5米、载重吨19.42万吨的“阿塔”轮靠泊。2000～2005年引领船舶2.75万艘次，其中2005年为最多，达5827艘次。

1984～2005年连云港港口引航船舶情况统计表

表5-18

年　份	引航船舶（艘次）			最大长度、吃水、载重吨		
	合计	外轮	国轮	长度（米）	吃水（米）	载重（吨）
1984	1553	847	706	200.00	10.40	—
1985	1870	1036	834	213.20	10.30	—
1986	1805	925	880	212.45	10.06	—
1987	1801	820	981	218.84	10.23	45149
1988	2044	1002	1042	213.20	10.36	—
1989	2091	905	1186	213.00	10.70	—
1990	2040	933	1107	218.84	11.70	—
1991	2288	1057	1231	238.00	11.70	—
1992	2397	1125	1272	230.00	11.58	69421
1993	2974	1313	1661	256.80	12.25	79826
1994	2885	1320	1565	238.00	12.00	67307
1995	3017	1563	1454	254.00	12.30	78130
1996	2728	1570	1158	253.65	11.90	78130
1997	2834	1600	1234	259.82	12.27	118000
1998	2925	1707	1218	254.00	12.40	73048
1999	2751	1771	980	254.05	12.50	78130
2000	3294	2464	830	254.23	13.10	76384
2001	3847	2574	1273	270.00	13.25	149995
2002	4767	3035	1732	260.05	13.60	115153
2003	4920	3753	1167	260.05	13.92	76905
2004	4914	3854	1060	288.97	14.20	169159
2005	5827	4492	1335	299.90	14.37	194226
总计	65572	39666	25906	—	—	—

第六卷　连云港与新亚欧大陆桥

新亚欧大陆桥是相对于西伯利亚大陆桥而言，它以连云港为起点，经江苏、新疆等省、自治区，出中国国境后，经哈萨克斯坦、俄罗斯、乌克兰、白俄罗斯、波兰、德国，直达荷兰鹿特丹港，全长10870千米，是横跨亚欧两大洲，连接太平洋和大西洋，实现海—陆—海统一运输的国际大通道。新亚欧大陆桥在中国境内长4131千米，联结和辐射江苏、山东、安徽、河南、山西、湖北、重庆、陕西、甘肃、宁夏、新疆11个省、自治区40多个城市。

1990年9月，新亚欧大陆桥实现全线贯通。1992年12月，从连云港始发首列过境集装箱列车，标志着这条亚欧大动脉正式投入运营，世界经济在江河经济、海岸经济的基础上，逐步进入一个新的经济时代——陆桥经济时代。1993年，国家决定陆桥中国段全线开发开放，明确将新亚欧大陆桥中国段列为重点开发建设的经济区域，提出区域经济合作的发展规划和一系列新亚欧大陆桥运输管理办法，明确依托新亚欧大陆桥交通干线，发挥中心城市作用，有重点地推进中国西部大开发等重大决策。1995年9月，中国政府与哈萨克斯坦政府签署《关于利用连云港装卸和运输哈萨克斯坦过境货物的协定》。1996年，《国民经济和社会发展"九五"计划和2010年远景目标纲要》中强调要加快建设新亚欧大陆桥经济带。2000年11月，国务院建立16个部委成员参与的新亚欧大陆桥国际协调机制，通过地区经济社会调研、召开研讨会等形式，促进沿桥城市加强交流和合作，推动沿线资源开发和经济发展。2003年8月，国家计划委员会和国家科学技术委员会联合推出《中国21世纪议程优先项目计划》，将新亚欧大陆桥沿线列入可持续发展首批优选项目。联合国开发计划署、上海合作组织、亚洲开发银行、世界银行等国际组织对新亚欧大陆桥的发展给予高度关注和支持，中亚五国、俄罗斯以及日本、韩国和东南亚国家成为开发利用新亚欧大陆桥的积极参与者和受益者。

连云港市地处中国沿海中部，是横贯中国东西的铁路大动脉陇海兰新铁路的东端起点，沟通东西、连接南北的重要枢纽，也是广大内陆省区最便捷、最经济的出海口和服务中西部地区对外开放的重要门户。新亚欧大陆桥的贯通给连云港市带来重大发展机遇。1991年4月，国务院生产委员会等7部委确定连云港为新亚欧大陆桥东方桥头堡。从此，连云港走进陆桥时代。1995～2005年，连云港从完善港口基础设施入手，不断推进深水大港和集装箱港建设；以连云港港口集团、中国外运连云港公司、连云港中远公司等为主体的港口生产、服务单位公司不断加大招商揽货力度，扩大港口货源；连云港市先后与中西部11个省、自治区的18个地市州结成友好关系，沿桥地区在连云港设立办事机构近200家、兴办企业近400家；连云港货物吞吐量的80%、外贸出口业务的40%、国内游客总数的85%来自陆桥沿线的中西部地区。至2005年底，连云港港发运的过境集装箱累计达12.43万个标准箱。经过连云港港运输的沿桥货物以年均15%的速度递增，集装箱运输年均递增30%。利用新亚欧大陆桥运输货物的有日本、韩国、美国、哈萨克斯坦、乌兹别克斯坦、俄罗斯、德国、澳大利亚等14个国家和地区。

第一章　综　述

大陆桥指连接海洋之间的陆上通道，是横贯大陆、以铁路为骨干的便捷运输大通道。陆桥运输是20世纪50年代兴起的一种新型运输形式，它以横贯大陆的铁路为桥梁，以集装箱为媒介，利用海运、航空、公路、河运、管道等多种运输方式，实行海陆衔接、一票到底的国际联运，具有运输线路便捷、运输时间短、运输成本低的特点，被称为“运输线上的一场革命”，具有广阔的发展前景。

第一节　概　况

一、世界主要大陆桥

西伯利亚大陆桥　西伯利亚大陆桥是利用1891年开始建筑的西伯利亚大铁路和欧洲铁路为陆上桥梁，把太平洋远东地区与原苏联波罗的海和黑海沿岸以及西欧大西洋口岸连接起来的陆上大通道。它东从俄罗斯东部的纳霍德卡港或东方港上桥，西至荷兰鹿特丹港，全长11880千米，是世界上最长的运输大陆桥。因为这条陆桥主要以东起海参崴、西至车里雅宾斯克、长7000多千米的西伯利亚大铁路为主，所以被称为西伯利亚大陆桥。因其地跨欧亚两洲，又称欧亚大陆桥。西伯利亚大陆桥运输正式开始于1971年。从远东至欧洲，通过西伯利亚大陆桥，水陆全程13000千米，它比经苏伊士运河的远东至西欧海上航线缩短运距7000千米，比通过巴拿马运河缩短运距近10000千米，比绕道好望角缩短一半的距离，一般比全程海运提前10～15天到达。原苏联为了利用西伯利亚大陆桥赚取外汇，在经营手段上十分灵活，对能收取外汇的货源有意识地降低运价标准，并对不同国家、不同货主予以不同的回扣，运费一般比全程海运要便宜20%～30%。此后该大陆桥东端又延伸到俄罗斯东方港和纳霍德卡港。在其东段与之连接的其他干线有：海参崴（符拉迪沃斯托克）—清津港—咸兴—平壤铁路；大连—沈阳—长春—哈尔滨—赤塔铁路；广州—长沙—武汉—郑州—北京—大同—乌兰巴托—乌兰乌德铁路。

美国大陆桥　美国大陆桥有两条线，一条是从太平洋沿岸至大西洋沿岸的铁路线和公路线，另一条是从太平洋沿岸至东南部墨西哥湾沿岸的铁路线和公路线。后因美国东部港口和铁路十分拥挤，货到后难以保证及时换装，抵消了大陆桥运输所带来的时间节省，以致美国大陆桥运输并未得到预期的发展，但小陆桥运输和微型陆桥运输发展很快，尤其是通往美国墨西哥湾口岸的小陆桥运输，因为运输时间缩短显著，成本降低明显，很受货主垂青。自小陆桥运输出现以后，以前经营这一地区直达班轮的公司纷纷停止派船直达，改为参加小陆桥运输。2005年，远东至美国墨西哥湾地区的货运，有70%以上通过小陆桥运输。微型陆桥运输比小陆桥运输节省运输费用更多，运输时间更短，到货速度更快，发展非常迅速。

二、新亚欧大陆桥

新亚欧大陆桥东起中国连云港，西至荷兰鹿特丹，全长10870千米，其中中国境内4131千米，由陇海铁路和兰新铁路组成。它以中国、独联体、欧洲铁路为陆上桥梁，把太平洋与大西洋以及波罗的海、黑海连接起来，是新兴的亚欧国际集装箱运输陆上通道。因为它是连接亚欧的第二条大陆桥，所以称为新亚欧大陆桥。1990年9月12日，新亚欧大陆桥全线贯通。1992年12月1日，连云港市在国务院生产办、铁道部的支持下，组织了新亚欧大陆桥的首列试运。1993年以后，这条陆桥运输逐步走上正常化。

图6-1　位于连云港港集装箱码头的新亚欧大陆桥东端起点标志　　赵鸣　摄于2000年

新亚欧大陆桥形成的历史根源，可追溯到2000多年前秦汉时代的陆上丝绸之路。陆上丝绸之路的开辟始于西汉建元三年（公元前138年）。其时，张骞奉汉武帝之命，出使西域[①]。张骞及其使团的足迹所及，不仅包括中国玉门、敦煌以西，葱岭[②]以东的广大地区，还包括葱岭以西的中亚、西亚、南亚的一部分以及东欧、北非的部分地区。丝绸和铸铁制品随着张骞出使西域传到中亚、西亚，进而传到希腊、罗马。张骞开辟的这条通往欧、亚、非三大洲的通道，因而被称为丝绸之路，是历史上沟通亚、欧、非三大洲的唯一陆上国际通道。新亚欧大陆桥的走向与古丝绸之路（包括陆上和海上）的走向基本一致。

新亚欧大陆桥近代的发展，可追溯到19世纪。中日甲午战争对日作战失败后，清政府认为战败原因之一是中国铁路太少，严重影响战时调兵运械。清光绪二十一年（1895年）冬，清政府发布上谕，宣称“决心实力”修筑铁路。于是，朝野人士提出各种建议建造纵贯南北、横跨东西的铁道大通路计划，其中重要的有沙海昂[③]的铁路大通道计划。

沙海昂的中国铁路发展规划中，提出修建21个铁路网，即21条干线。每条干线与若干支线组成一个铁路网，由各铁路网组成全国铁路网。其中，他提出修建南北国际大通道，即南与越南、泰国、缅甸相连，北到沙俄之恰克图；又提出修建东西国际大通道，即中国沿海各个港口，如天津、青岛、连云港、上海、福州等，通过铁路网均能与陇、秦、豫各省相通，与外国铁路接轨。此铁路通道与新亚欧大陆桥方向相近，只是自海上入陆有几个方向可以选择。

到了20世纪初的清光绪三十年（1904年），清政府铁路总公司督办盛宣怀以“预筹芦汉干路

① 西域在中国古代文献中多指玉门关、阳关以西地区的总称。在丝绸之路影响下，西域特指汉、唐两朝所设机构所管辖的今中国新疆大部及中亚部分地区，位于亚欧大陆中心，是丝绸之路的重要组成部分，其文化特征可见于新疆地区的遗址及中国敦煌的壁画。该地区是东西方国家贸易文化交流的重要中转站。

② 葱岭即今帕米尔高原。

③ 沙海昂（Antoine Henri Joseph Charignon，1872～1930），法国人，后入中国籍，任交通部扶正，1930年8月17日在北京去世。

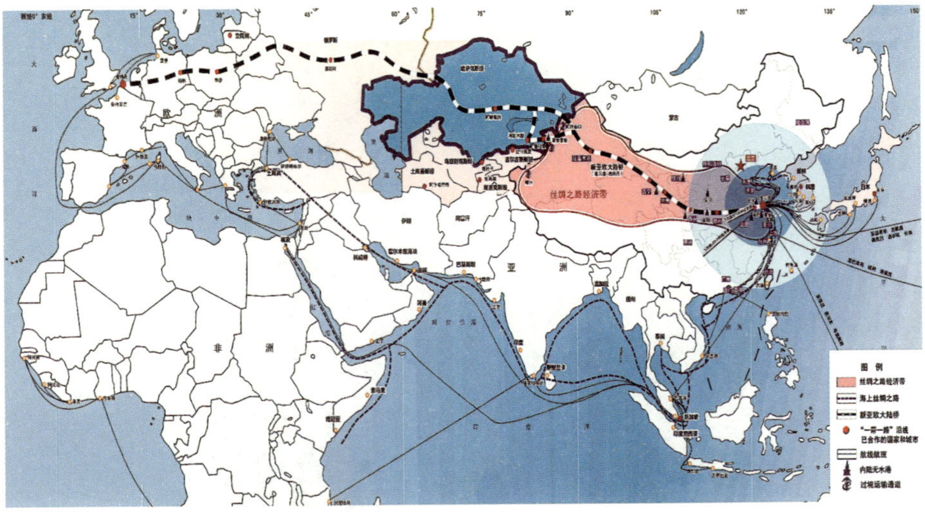

图 6-2　新亚欧大陆桥使亚欧运输距离大大缩短，图为新亚欧大陆桥示意图。

还款并保全支路利益”为名提出在黄河南岸修筑汴洛铁路[1]，光绪三十一年六月开工，宣统元年（1909年）竣工，此即陇海铁路的发端。海州人沈云沛时任商部典农司典农校尉，他提请商部尚书载振奏请将汴洛铁路由支线升级为干线：西段由洛阳展筑至潼关、兰州，东段由开封向东展筑经徐州、邳州至海州，形成横贯中国东西的交通干线。后因无资金而搁置。光绪三十一年，粤汉铁路自美方争回自办权后，全国掀起商办铁路的热潮。是年十月，张謇、沈云沛以及数十名江浙绅士为争取苏路、浙路商办两次联名上书两江总督周馥和北京的商部。光绪三十二年二月，商部章京阮惟和首先提议建开（封）海（州）铁路。光绪三十三年，商部参议袁克定赴河南专门筹议办开海铁路（开封到海州），后因需要先筑洛潼铁路而搁置。后邮传部接受江苏绅商建议将开海铁路分为开徐、海清铁路两段建设。苏路公司计划分筑南北两线，其中北线以清江浦为中心，先后规划过由清江浦经徐州伸入河南的清徐线、至海州的海清线以及至瓜州的瓜清线、至通州的清通线等，北线工程由海州人许鼎霖任协理。清宣统元年春，邮传部奏派路政司郎中阮惟和、铁路总局顾问沙海昂勘查“开（封）徐（州）海（州）清（江）路线”，在开封设开徐海清铁路总局，在海州设分局，筹办筑路事宜。是年，沙海昂组织自两端进行勘测，十二月提出造线方案，因无款停办，总局随之裁撤。宣统三年二月，清徐线清江浦至杨庄17千米告竣，后因经费不支，陷于停顿。五月，清政府宣布实行“干路国有”政策，洛潼铁路、西潼铁路、开徐海清铁路收归国有，并且邮传部改变开徐海清铁路由徐州到清江再到海州的路线，取道由徐州经过邳州直达海州。北洋政府成立后，与比利时铁路电车公司签订《陇秦豫海铁路借款合同》，将原洛潼铁路、西潼铁路、开徐海清铁路并入陇海铁路建设中。民国2年（1913年）5月，开封至徐州铁路开工。民国4年5月，开封至徐州段筑成通车。民国7年，孙中山在《建国方略》中，第一次提出建设以中国沿海北方、东方、南方三大港口体系以及东西北、东西南、中央三大铁路系统为骨架的港路相接、贯通全国、连接世界的交通运输网络设想。他还曾特别提出修建乌鲁木齐到伊犁的铁路，与欧亚各国铁路贯通，发展中国的对外联络。民国10年始筑徐州至新浦铁路，由荷兰工程师负责测量、设计和指导施工，民国14年7月竣工通车。次年，铁路从新浦延伸至大浦码头。

民国19年（1930年）前后，大浦港渐淤，计划修筑新浦旗站至老窑（今连云港码头）铁路。民国20年底开始筹建。民国21年4月修通新浦至墟沟40千米，开行新浦至墟沟客车。是年8月，开工修筑墟沟至老窑铁路，民国22年在孙家山设临时客站，民国23年连云港站竣工通车。

中华人民共和国成立后，国家对西北铁路建设十分重视。1952年，天（水）兰（州）铁路通车，并开始修筑兰（州）新（新疆阿拉山口）铁路。在兰新铁路修筑期间，中苏两国在1956年签订修建

① 汴洛铁路指汴梁至洛阳（今开封至洛阳）的铁路。

兰新铁路到苏联阿克斗卡的协定，为新亚欧大陆桥的形成奠定雏形。1958年，中国境内乌鲁木齐到阿拉山口的铁路线完成勘测、设计，并部分动工。1961年，苏联将铁路修到中国边境阿拉山口北侧，并建立"友谊门"以象征两国人民的友好。此后由于中苏关系恶化，兰新铁路西段（北疆铁路）停建，与苏联铁路接轨进程推迟。

20世纪80年代初，陇海、兰新铁路东端起点连云港市的部分有识之士及国内许多专家、学者重新提出建设北疆铁路，接通苏联，在亚欧之间形成一个新的大陆桥的构想。1985年，经国务院批准，北疆铁路乌鲁木齐至乌苏段正式开始兴建。1986年，国务院副总理李鹏出访西欧途经乌鲁木齐时指出，北疆"这条铁路不仅修到乌苏，而且应修到阿拉山口，与苏联接起来"。是年11月，国家计委批准乌苏至阿拉山口段铁路工程先进行复工设计的准备工作。经过5年建设，北疆铁路于1991年与苏联铁路顺利接轨。

1990年9月1日，中共中央总书记江泽民为首趟从乌鲁木齐西站开往阿拉山口的列车剪彩。9月12日，当兰新铁路西段与原苏联土西铁路在中哈边境的阿拉山口站与哈萨克斯坦德鲁日巴站之间接轨时，国务院为新亚欧大陆桥全线贯通专门致电表示祝贺："我国兰新铁路和苏联土西铁路胜利接轨，沟通了又一座亚欧大陆桥，这是新疆建设和我国铁路建设又一件大事。希望再接再厉，为加强我国与世界各国人民的友好往来和经济技术文化交流做出新的贡献，使这座连接两大洋横穿两大洲的亚欧大陆桥，成为造福世界人民的友谊之桥、和平之路。"

中国政府先后投资几十亿元对陇海兰新铁路进行大规模整治、改造和新建。相继完成郑州北站、徐州半自动化双向三级十场编组站、徐州到宝鸡的1100多千米复线工程、郑州到武威的1400多千米的电气化工程、武威到乌鲁木齐1000多千米的内燃机改造工程、新建500千米的宝（鸡）中（卫）分流线和兰新铁路复线工程等主要建设项目。这些工程使铁路运输通过能力提高50%到1倍以上。

新亚欧大陆桥运输东向日本、朝鲜、韩国等国家，西经中亚、西亚、俄罗斯、东欧、中欧、西欧等40多个国家和地区。中国境内经过江苏、安徽、河南、陕西、甘肃、新疆6个省区，同时又通过京沪、京广、宝成、包兰、兰青等南北大干线，间接连接全国除台湾、海南、西藏3省区以外的中国全部省区，使亚欧之间的货运距离比西伯利亚大陆桥缩短陆上距离2000～2500千米。从日本、韩国至欧洲，通过新亚欧大陆桥，水陆全程仅为1.2万千米，比经苏伊士运河少8000多千米，比经巴拿马运河的海上运输线缩短1.1万千米，比经北美大陆桥缩短运距9100千米。新亚欧大陆桥避开高寒地区，港口无封冻期，自然条件好，吞吐能力大，可以常年作业。1995～2005年，连云港港累计发运的过境集装箱占全国新亚欧大陆桥过境箱量的90%。

第二节　新亚欧大陆桥协调机构

一、国务院新亚欧大陆桥国际协调机制办公室

2000年11月，国务院新亚欧大陆桥国际协调机制（简称协调机制）由外经贸部与外交部、国家计委、国家经贸委、财政部、科技部共同组建。外经贸部为协调机制组长单位，其他五部委为副组长单位。

2005年，协调机制成员单位有商务部（组长单位）、外交部（副组长单位）、国家发展和改革委员会（副组长单位）、科学技术部（副组长单位）、财政部（副组长单位）、公安部、国土资源部、铁道部、交通部、信息产业部、海关总署、国家质量监督检验检疫总局、国家环保总局、中国民用航

空总局、国家旅游局、国务院西部开发办公室、陇海兰新经济促进会、中国国际货运代理协会。

协调机制常设机构为新亚欧大陆桥国际协调机制办公室，设在商务部中国国际经济技术交流中心。协调机制的主要职能包括新亚欧大陆桥沿线经济发展政策协调，组织专家对新亚欧大陆桥经济发展进行前瞻性调研，为党中央和国务院提供参考建议，为国际经贸交流与技术合作及成员单位间跨部门合作提供平台，为新亚欧大陆桥沿线地方政府提供政策指导和建议。

新亚欧大陆桥国际协调机制成立后，至2005年底召开6次正式工作会议，举办6次新亚欧大陆桥区域经济合作国际研讨会。协调机制是联合国开发计划署（UNDP）丝绸之路区域合作的协调枢纽，对国内新亚欧大陆桥沿线省（区）市的经济协作起到带动作用。

二、陆桥沿线城市市长联谊会

陆桥沿线城市市长联谊会由新亚欧大陆桥沿线部分城市领导、全国人大代表于2003年全国人大十届一次会议期间在北京发起，目的是在每年全国人大会议召开期间，召集陆桥沿线城市出席会议的主要领导、全国人大代表，围绕“加强交流合作、促进优势互补、推动共同发展”的主题，就联合向全国人大提交议案和建议事项进行讨论与协商，共同争取国家及有关部委的支持。

2003年，第一次联谊活动的主题是加强陆桥沿线交流合作，促进优势互补共同发展。至2005年底，联谊会共举办3届，向全国人大提交的多项提案得到落实。

表6-1　2003～2005年陆桥沿线城市市长联谊会一览表

届别	时间	地点	参加城市	承办单位	主要议题	主要成果
第一次	2003-03-09	北京	连云港、郑州、洛阳、西安、宝鸡、乌鲁木齐、博尔塔拉蒙古自治州	连云港市政府	加强陆桥沿线交流合作，促进优势互补共同发展	签署合作备忘录
第二次	2004-03-10	北京	乌鲁木齐、郑州、西安、宝鸡、洛阳、连云港、兰州、新疆博尔塔拉蒙古自治州	乌鲁木齐市政府	—	共同签署《关于请求国家批准建设自由贸易区式陆桥经济带的议案》，提交《关于设立阿拉山口边境贸易区的议案》等12个议案建议
第三次	2005-03-09	北京	郑州、连云港、开封、洛阳、西安、宝鸡、兰州、乌鲁木齐、昌吉州	郑州市政府	—	—

图6-3　1988年9月11～13日，陇海兰新经济促进会第三次年会在连云港市召开。　　赵鸣　摄

三、陇海兰新经济促进会

陇海兰新经济促进会于1986年12月在西安成立，是以陇海兰新铁路为纽带，以沿线中心城市为骨干，以东西海陆口岸为对外开放窗口，依托新亚欧大陆桥，由陇海兰新地带各市地州、各铁路部门、各口岸自愿联合组成的跨省区的区域性、政府间、非营利性的社会团体。陇海兰新经济促进会在民政部登记注册，有会员理事单位83个，其中各理事长、常务理事、理事均为沿线各市、

地、州和铁路局的在职领导。

在促进会的倡导推动下，1987年6月组建陇海兰新市（州）长、专员联席会，此后相继组建陇海兰新沿线对外经济贸易促进联合会、人民银行行长联席会、黄河流域广告信息联合会、城市建设联合会、国际科技交流协会、统计协会、旅游局长联席会等10多个行业联合组织。沿线相毗邻的地市先后建立淮海经济协作区、中原经济协作区、晋豫陕黄河金三角协作区、关中经济协作区、陕甘川宁四省十六方经济协作区、丝绸之路西端经济协作区、黄河中上游多民族经济协作区等，在陇海兰新经济带形成多层次、多领域的联合格局。

第三节　连云港在陆桥经济带中的地位和作用

一、连云港是中西部地区最便捷出海口

中国的中西部在中华民族的历史中曾是经济发达地区，以丝绸之路为国际贸易通道创造出灿烂的文化。但是由于自然地理的变化，这条维系亚欧大陆东西交流的纽带一度为大漠荒野所阻隔，西部地区的对外通道，又由西转而向东，连云港成为中西部地区最便捷出海口。

图6-4　2000年6月12～16日，新亚欧大陆桥与中西部开发战略研讨会暨招商洽谈会在连云港市召开。

李家岭　摄

始建于清光绪三十一年（1905年）的陇海铁路，于民国15年（1926年）修到新浦临洪河口的大浦，民国23年修到老窑（连云港码头），连云港与中西部的联系通过这条铁路日益紧密。改革开放以后，连云港在中西部开发开放中的地位逐步显现。在连云港港每年的吞吐量中，中西部地区的进出口货物占吞吐量的80%左右，煤炭、矿石、非金属矿、化肥、农药、粮食、木材、氧化铝等大宗进出口货物，基本上都是中西部地区输出的基础原材料和工农业生产所需的生产资料。中西部地区许多外贸企业不断在连云港扩大进出口业务。部分地处中西部地区的企业整体搬迁至连云港市或到连云港市建分厂、设窗口，如中国船舶工业总公司第716研究所、西北探矿机械厂整建制搬迁到连云港。1984～2005年，中西部地区在连云港市投资近130个经济技术协作项目，客方到位资金5.5亿元，投资规模在500万元以上的项目有28个，其中1000万元以上的项目15个。中西部地区除直接利用港口开展技术经济协作外，在连云港设立近200个办事机构，在传递信息、开发市场、利用连云港的区位优势开展进出口贸易方面发挥重要作用。

二、连云港在“两个大局”战略中的地位

在中国国土东西构架中，东起上海、西至成都的长江流域和东起连云港西至阿拉山口的新亚欧大陆桥是东西两条主轴线，它们与沿海地区相交，形成中国三次开放的“π”型战略格局。在这个格局中，连云港和上海一样，分别成为沿海和沿桥、沿海与沿江两个接合部。

在东部开放、西部开发的"两个大局"中，新亚欧大陆桥和沿江经济带成为西部及其通过地区及辐射地带大开发的主要载体。特别是以连云港为起点的新亚欧大陆桥在西部大开发中较之以沿江经济带在西部大开发中有明显优势和特点：一是新亚欧大陆桥呈东西双向开放，连接亚欧两大国际市场；二是新亚欧大陆桥沿线交通运输网络立体化、综合运输构架形成，除陇海兰新铁路外，还有东起连云港、西至霍尔果斯的连霍高等级公路，有管道运输和日趋完善的空中运输通道；三是陆桥沿线地区土地面积大，资源富集，发展潜力大。

第二章 新亚欧大陆桥运输

从1990年9月新亚欧大陆桥贯通、1992年12月开通运营，到1995年11月整列运输、1997年4月开通至阿拉山口"五定"班列，新亚欧大陆桥运输不断升温。1995～2005年，连云港港发运的过境集装箱累计12.43万个标准箱，占全国新亚欧大陆桥过境箱量的90%。经过连云港港运输的沿桥货物年均增长15%，集装箱运输年均增长30%。

第一节 新亚欧大陆桥开通

一、新亚欧大陆桥贯通

1990年9月1日，新疆举行乌西—阿拉山口火车通车仪式，在新疆视察工作的中共中央总书记江泽民为乌鲁木齐开往阿拉山口的首趟列车剪彩。9月12日，中苏两国铁路在中国阿拉山口接轨，标志着全长10870千米的新亚欧大陆桥贯通。

二、新亚欧大陆桥首列运输

新亚欧大陆桥贯通后，1991年7月9日，国家计委、铁道部、交通部、对外经济贸易部、海关总署、卫生部、农业部等联合发布《关于亚欧大陆桥国际集装箱过境运输试行办法》。这是中国关于亚欧大陆桥运输的第一个法规性文件。

1992年5月15～17日，国务院生产办公室在连云港市召开亚欧大陆桥运输工作会议。是年10月27日，国务院经贸办在北京铁道部国际公寓召开第三次亚欧大陆桥运输工作座谈会，研究首列开通有关工作。参加会议的有铁道部、经贸部、交通部、国家科委、国务院口岸办、全国集装箱工作协调小组办公室、中国铁路对外服务公司、中国远洋运输总公司、中国外运总公司、中国外代总公司、济南铁路局、乌鲁木齐铁路局、北京铁路局、徐州铁路分局、连云港西站、阿拉山口站、天津市交通委员会、连云港市大陆桥工作办公室等有关单位负责人39人。这次会议确定，从连云港经阿拉山口的新亚欧大陆桥于1992年12月1日正式开通运营。连云港市委、市政府为开办首列运输召开多次专题会议，11月5日，连云港市召开首列货源组织工作会议，为首列试运准备充足货源。

11月30日上午10时，新亚欧大陆桥运输首列庆典仪式在连云港港务局集装箱码头举行，国务院经贸办、口岸办、铁道部、国家科委以及江苏、河南、青海等省、市的有关负责人，连云港市各级领导和群众代表及来自日本、美国、韩国等国家和地区的宾客1000多人参加庆典仪式，国内外148个政府机构和公司向连云港市发来贺电。12月1日凌晨1时35分，新亚欧大陆桥从东桥头堡连云港港发出第一列国际集装箱运输专列。在这个专列上装载的50个标准箱，有日本运往中亚的过境集装箱，有中国出口欧洲的集装箱，有从东南亚进口到中国内地的集装箱。日本日新株式会社、日本蝶理公司、中国香港海富国际有限公司、中国铁路对外服务公司、中国对外贸易运输公司连云港公司、中国外轮代理公司连云港分公司、连云港远洋运输公司、连云港市纺织工业公司、连云港市纺织品进出口公司、连云港市对外贸易公司、连云港市通洋贸易公司等单位为首列运输组织了货源。12月9日上午10时，首列试运车经过8天多的运行，顺利到达阿拉山口站。

三、新亚欧大陆桥整列运输

1992年开始，陆桥运输按照“从东到西，由少到多，由近到远”的原则逐步发展。

1994年，中国政府把沿桥（中国段）可持续发展列为中国21世纪议程优先项目。4月18～29日，国务院总理李鹏访问乌兹别克斯坦、土库曼斯坦、吉尔吉斯斯坦、塔吉克斯坦，在开通亚欧大陆桥、建设现代丝绸之路方面达成诸多共识。12月，有关单位完成大陆桥中国段遥感综合调查，对资源、环境进行了初步评价。

图6-5　1995年11月23日，新亚欧大陆桥国际集装箱整列运输仪式在连云港港集装箱码头举行。　赵鸣　摄

1995年11月23日，连云港市政府在连云港港集装箱码头举行首列整列运输开通仪式。这次运输的货物是美国杜邦公司出口到乌兹别克斯坦的危险品，共78个标准箱。11月初从美国长滩港启运，经香港转运，20日在连云港上桥，历时273个小时，于是年12月5日抵达乌兹别克斯坦扎拉夫山站，标志着陆桥跨洲、大运量、全程化运输时代的到来。

第二节　货源货种

一、进出口总值

从2011年[①]的统计数据来看，沿桥地区对亚洲地区的进出口总值比重最大，约占50%。其次是欧洲和北美洲地区，各占10%以上。其中，在亚洲，进出口贸易主要是针对日本、韩国等国家；对北美地区的进出口贸易主要集中在美国；对欧洲的进出口贸易集中在英国、德国、法国和俄罗

① 因资料原因，本处使用2011年统计数据。数据来源于相关省区2011年统计年鉴。

斯等多个国家，与其他地区相比较为分散。

新亚欧大陆桥沿桥各省区因省情、区情不同，进出口贸易的主要对象差异较大。如山西省和山东省对韩国进出口总值最大，分别为9.43亿美元和28.08亿美元；江苏、河南、陕西、重庆和甘肃对美国的进出口总值最大，分别为712.86亿美元、23.2亿美元、212.17亿美元、17.19亿美元和3.89亿美元；安徽、湖北和宁夏对日本的进出口总值最大，分别为31.55亿美元、28.45亿美元和3.2亿美元；新疆对俄罗斯的进出口总值最大，为5.69亿美元。沿桥地区的主要贸易对象相对集中在发达国家和地区，与发展水平落后的国家和地区之间开展贸易的广度与深度不足。各省区与地理位置接近的国家和地区贸易密切，因这些地区之间的运输成本较低，文化和风俗习惯相互影响和渗透，市场需求相似性大。

二、货物流向

在沿桥节点城市中，连云港市的进出口货物流向主要为日韩、东南亚、美洲；日照市的进出口货物流向主要为美洲、东南亚；徐州市的进出口货物流向主要为日韩、东南亚、欧洲、美洲；宝鸡市的进出口货物流向主要为东南亚、欧洲、美洲；银川市的进出口货物流向主要为西亚、日韩、东南亚；兰州市的进出口货物流向主要为欧洲、美洲、非洲。[①]

第三节　过境运输

中国从事新亚欧大陆桥国际过境集装箱运输的经营机构主要有中国对外贸易运输总公司、中国铁路对外服务公司、中国远洋运输总公司、中国外轮代理总公司、中国对外贸易运输公司连云港分公司、中国外运陆桥运输有限公司、中国铁路对外服务公司连云港办事处、连云港远洋船务企业公司、中国外轮代理公司连云港分公司。

图 6-6　1990 年 5 月，连云港港口首次办理集装箱出口货物海铁联运业务。　赵鸣　摄

1990年5月，连云港港口首次办理集装箱出口货物海铁联运业务。1991年7月9日，国家计委、铁道部、交通部、对外经济贸易部、海关总署、卫生部、农业部联合发布《关于亚欧大陆桥国际集装箱过境运输试行办法》，是中国关于大陆桥运输的第一个法规性文件。1992年12月1日，“东方1808”号国际集装箱过境专列从连云港港出发，将载有韩国、日本等国家和中国香港地区的50个集装箱、30车钢管运往东欧，新亚欧大陆桥正式投入运营。1994年9月，韩国、哈萨克斯坦双向利用新亚欧大陆桥运输，于9月1日、2日分别

① 参见新亚欧大陆桥开通运营20年对沿桥城市经济发展贡献度调查表。

在中哈边境完成边境交接，标志着新亚欧大陆桥双向运输的开始。10月，中国外运连云港分公司首次代运哈萨克斯坦阿拉木图发往韩国的10个满载铜片的东行过境重箱，是新亚欧大陆桥开通以来首批东行下“海”过境重箱。1995年9月，国务院副总理李岚清与哈萨克斯坦共和国第一副总理伊辛加林在北京签署《中哈关于利用连云港装卸和运输哈萨克斯坦过境货物的协定》。是年起，中国外运连云港分公司先后在韩国釜山、哈萨克斯坦阿拉木图和乌兹别克斯坦阿赛克设立办事处，拓展海外运输市场，并与铁道部集装箱运输中心、哈萨克斯坦交通运输部建立长期合作关系。是年11月23日，装载78个标准箱的782次列车从连云港港口启动，沿新亚欧大陆桥西行，开往乌兹别克斯坦，于12月26日6点30分抵达终点，新亚欧大陆桥集装箱实现过境整列发运。全年运输257个标准箱。随后，新亚欧大陆桥国际集装箱运输逐渐步入大运量、正常化轨道。1994～1995年，由连云港港发往新亚欧大陆桥的国际标准集装箱8448个，利用大陆桥运输的有美国、韩国、日本、哈萨克斯坦、塔吉克斯坦、吉尔吉斯斯坦等国家。

图6-7　1992年12月1日，“东方1808”国际集装箱专列从连云港港发运，标志着新亚欧大陆桥正式运营。　赵鸣　摄

1996年，伊朗至土库曼斯坦铁路接轨，标志着新亚欧大陆桥西端南线全线贯通。是年，连云港港完成陆桥过境箱运量1.21万个标准箱，比1995年增长46.15倍，占全国港口新亚欧大陆桥过境集装箱运量的99%以上。1997年4月1日，连云港至阿拉山口开行定点、定线、定车次、定时和定价的“五定”班列，全程运行6.5天。此后，由连云港港开往中亚及欧洲方向的过境国际集装箱“五定”班列每日达1列以上，由西向东发送的过境专列正常开行。1997年，经由连云港港通过新亚欧大陆桥运输的过境集装箱量3万个标准箱，超过西伯利亚大陆桥运输箱量。1998年，中国国家主席江泽民访日期间与日本首相小渊惠三就中日合作开发新亚欧大陆桥沿线问题达成共识，并将其写入《中日联合宣言》。1999年，连云港口岸集装箱航班由1998年的月均40班增加到月均50班。2001年3月6日，西安至连云港铁路海洋联运线开通。8月1日，国务院新亚欧大陆桥协调小组在北京召开第一次工作会议。2002年1月，中国外运公司与连云港市政府签订《关于巩固发展新亚欧大陆桥国际联运业务的合作备忘录》。是年，连云港开通至郑州、绵阳、西安集装箱“五定”班列，开辟哈萨克斯坦经新亚欧大陆桥至蒙古国的过境运输北部通道（中亚—阿拉山口—兰州—二连浩特—蒙古），2003年开通至南亚各国的大陆桥过境运输南线通道（连云港—宝鸡—昆明—南亚），打通了东亚、南亚之间的过境运输新市场。是年4月，中国外运连云港分公司代理缅甸发往日本的2个返程农副产品货柜，标志新亚欧大陆桥南线过境运输实现双向互通平衡发展。是年9月2日，满载2000多个集装箱的“中海福州”号轮离开连云港驶向地中海，标志着连云港至地中海远洋集装箱航线开通。2004年2月9日，连云港至美西集装箱远洋航线开通，结束长期以来从连云港出口至美国西部货物需要在中国上海或韩国釜山中转的历史，改为从连云港直达美国西部港口，大大缩短货物运输时间，降低运输成本。是年4月22日，装载着韩国、日本货物的76个大陆桥集装箱的专列从连云港驶向阿拉木图，这是新亚欧大陆桥连云港至阿拉山口的“五定班

图 6-8　1992 年 12 月，新亚欧大陆桥过境运输座谈会在连云港市召开。　　赵鸣　摄

列”首次延伸至阿拉木图。至2005年底，新亚欧大陆桥铁路运输开通至郑州、西安、阿拉山口等地的集装箱“五定班列”6条，利用新亚欧大陆桥开展过境运输的有日本、韩国和美国等14个国家和地区，运输的主要产品有机械设备、汽车及配件、矿产品、农副产品等10多个大类。连云港至阿拉山口的集装箱铁水联运通道获批，成为交通运输部和铁道部联合建设的示范项目。1995～2005年，连云港港发运的过境集装箱累计为12.43万个标准箱。经过连云港港运输的沿桥货物年均增长15%，集装箱运输年均增长30%。

第四节　通关服务

一、沿桥海关联席会议制度

1999年，经海关总署同意，由南京海关牵头组织陇海兰新沿线地区海关成立区域通关领导小组，建立联席会议制度。这是全国首个海关区域合作组织。2000年，海关总署在陇海兰新沿线推广两水、两路快速通关作业改革，连云港海关与郑州海关、西安海关签订转关运输协议。2003年8月4日，新亚欧大陆桥沿线海关转关运输协调会在连云港召开，讨论制定《陇海兰新铁路沿线集装箱货物封关运输管理配合办法》《陇海兰新铁路沿线过境货物管理联系配合办法》。是年，连云港海关先后与成都海关、兰州海关等内陆海关签订协议，完善转关运输办法，四川、甘肃等省的进出口集装箱可在连云港、成都、兰州等地办理快速转关运输，实现“一次申报、一次查验、一次放行”，中西部5省6市（河南郑州、陕西西安、四川绵阳、四川成都、甘肃兰州、湖北襄樊）货物实现进出连云港快速转关运输。2005年3月，连云港海关出台《连云港支持新亚欧大陆桥沿线海关铁路转关工作五项承诺》，推出应转尽转、应转快转、提供操作流程便利、支持海铁联运集装箱换装以及发送电子回执五项服务承诺，使转关运输工作效率进一步提高。是年连云港海关监管新亚欧大陆桥运输货物235.38万吨、集装箱2.88万个标准箱。至2005年底，沿线海关召开协作会议4次。连云港海关与郑州、西安、西宁、兰州、洛阳、绵阳、乐山等7个海关签订简化跨关区货物监管办法。6年间，连云港海关向中西部地区海关转关进口货物1000多万吨，转关的商品主要有铁矿砂、铜精矿、铝精矿、镍精矿、氧化铝等；协作机制服务的国土面积、人口、经济规模均占全国1/3左右。

二、属地报关、口岸放行

2004年前，徐州地区的进出口货物仅有约12%经过连云港口岸。连云港海关于2005年9月起，在连云港—徐州之间采取“属地报关、口岸放行”的快速通关新模式，徐州企业在徐州海关报关，货物到达连云港港后，连云港海关对货物进行实货验放，企业不需再办理其他通关审核，通关时间由过去的2天左右缩短到几十分钟，通关成本减少约三分之一。到年底，连云港海关受理4

家试点企业申报的报关单30份，其中进口9份、出口21份；监管进出境货物2000余吨。

三、新亚欧大陆桥检验检疫合作机制

2001年，连云港检验检疫局与兰州检验检疫局签订连云港—兰州直通式铁海联运检验检疫协议，为兰州地区外贸进出口货物经连云港口岸进出创造便利条件。2003年，增加郑州、乌鲁木齐直通式铁海联运检验检疫工作机制，设立郑州—连云港、乌鲁木齐—连云港、兰州—连云港3个铁海联运报检窗口，明确规定内陆口岸出口货物和连云港口岸进口货物快检快放的检验检疫协作办法，以加快进出口货物在连云港口岸的通关放行速度。

第三章　陆桥经贸

新亚欧大陆桥受到联合国开发计划署（UNDP）、沿线各国政要以及有关经济组织的高度重视，国际地位日益提升。联合国发展计划署长期资助大陆桥发展项目，上海合作组织在地区战略中十分重视大陆桥国际通道建设。新亚欧大陆桥成为各国之间、地区之间、经济组织之间开展经济、文化、旅游合作和交流的有效载体。新亚欧大陆桥东桥头堡连云港市本着服务陆桥、优势互补、共同发展的原则，大力开展与沿桥地区的经贸合作，于1995年、2002年举办两次陆桥经贸恳谈会，在扩大与沿桥国家和地区、城市经济技术合作方面取得良好效果。

第一节　国际合作

一、联合国相关组织支持

联合国开发计划署从1994年起开始对大陆桥的前期调研给予技术和资金支持。1995～1998年资助在北京、连云港、日照、乌鲁木齐召开的一系列大陆桥国际会议，取得良好的社会效益，在此期间联合国开发计划署派遣大量专家开展调研，中国政府与沿桥国家就共同开发大陆桥进行了友好协商和探讨。1999年始，执行国别项目“新亚欧大陆桥中国段开发的能力建设”。主要内容分为四部分[①]：完成新亚欧大陆桥中国段的贸易导向型经济发展规

图6-9　1996年12月，联合国代表参观新亚欧大陆桥国际信息中心。　赵鸣　摄

① 参见《大陆桥视野》2005年第8期。

划，提交国务院为国家“十五”计划作参考；提高省级政策制定者在编写沿桥贸易导向增长政策中的能力，加强新亚欧大陆桥国际培训中心的能力建设；加强新亚欧大陆桥国际信息中心的能力建设，为投资伙伴提供优良、迅捷的服务；完成沿桥国际集装箱转运站的发展规划，推进中国多式联运系统的发展。是年启动联合国开发计划署区域合作项目“丝绸之路：区域合作与发展的能力建设”，加强贸易和交通领域在区域合作与国际合作的政策与机构协调能力，促进参加国之间、此区域与世界各国之间的交通和过境方面的效率，通过执行区域和国际的有关协定、过境合作、规范有关法律法规和文件，促进贸易和海关的效率。

2000～2005年，陆桥相关国家和地区在《亚欧合作框架》《亚欧贸易便利行动计划》及《亚欧投资促进行动计划》基础上，发挥亚欧基金、亚欧展望小组、亚欧环境技术中心、亚欧会议信托基金的积极作用，开展包括政治、经济、科技、环境、文化教育等领域的一系列后续行动。沿桥国家和地区各城市间加强对话与磋商，开辟多种合作渠道，扩大相互投资规模，减少贸易壁垒，把各方的经贸合作提高到一个新的水平。

至2005年底，联合国开发计划署共投入5000多万美元支持大陆桥的开发与合作。

二、上海合作组织支持

2003年5月，中国国家主席胡锦涛在上海合作组织（简称上合组织）于莫斯科召开的第三次元首峰会上，提出“先从交通运输领域入手，尽快签订多边公路运输协定，并切实有效地落实”的倡议。2004年，上合组织6国交通主管部门着手就制定统一的道路运输便利化协定举行谈判。9月，上合组织成员国元首理事会第十四次会议在塔吉克斯坦首都杜尚别举行。会议期间，中国、哈萨克斯坦、俄罗斯、塔吉克斯坦、乌兹别克斯坦、吉尔吉斯斯坦6国代表共同签署《上海合作组织成员国政府间国际道路运输便利化协定》，决定赋予各当事方道路运输承运人和车辆在许可证制度下，按商定的线路从事跨境和过境运输的权利，倡导各方协调和简化国际道路运输文件、程序和要求，并成立国际道路运输便利化联合委员会，协调处理合作中出现的问题。各方商定6条连接中、哈、俄、塔、乌、吉6国的运输线路，所有线路将在不晚于2020年前开通，其中，中国连云港—哈萨克斯坦—俄罗斯圣彼得堡的线路全长9400多千米，构成连接亚欧大陆的主要道路运输通道。中方承诺的境内运输线路全长6669千米，长度居各国之首。

三、其他国际组织支持

亚洲开发银行（ADB）、世界银行（WB）在技术和资金方面给予新亚欧大陆桥运输支持和帮助。亚洲开发银行提出亚洲高速公路方案，并对中国与中亚国家交通运输、能源、贸易与支付领域提供2期3040万美元的技术援助。

1993年，世界银行提供350万美元贷款，支持中国集装箱追踪项目建设。1998年提供贷款1.5亿美元支持吐鲁番—乌鲁木齐—黄山其中高等级公路283千米建设。

中亚五国组织召开一系列的新亚欧大陆桥国际会议，于1998年5月14日签署《经济合作组织过境交通框架协议》。2000年在吉尔吉斯斯坦共和国首都比什凯克举行的中国、俄罗斯、哈萨克斯坦、吉尔吉斯斯坦、塔吉克斯坦5国首脑会议上，5国元首签署《比什凯克宣言》。中国国家主席江泽民指出中国将尽快研究建设连接乌兹别克斯坦、吉尔吉斯斯坦和中国的铁路等问题。吉尔吉斯斯坦总统阿卡耶夫提出“丝路外交”。日本、韩国从20世纪90年代开始对中国的新亚欧大陆桥研究给予重视，并提出“新丝路开发计划”。沿线国家和地区各城市间共同研究影响和制约区域经济发展的重大问题，积极开展多领域、多层次的交流与合作。

第二节　沿桥节点城市发展

一、连云港市

位于中国沿海中部、江苏省东北部，地处中国海陆、南北过渡的结合部，是中国首批14个沿海开放城市之一、新亚欧大陆桥东方桥头堡、中国优秀旅游城市、中国水晶之都。有中国沿海十大港口之一的连云港港，集装箱吞吐量进入全球百强；有全国第一批设立的国家级经济技术开发区。2005年，全市土地面积7499.91平方千米，辖4县3区，人口472.18万人。实现地区生产总值495.64亿元，其中第一产业增加值101.31亿元、第二产业增加值209.77亿元、第三产业增加值184.56亿元，三次产业结构之比20.5∶42.3∶37.2。实现财政一般预算收入24.59亿元，年末金融机构各项存款余额437.39亿元，各项贷款余额311亿元。城镇和农村居民人均可支配收入分别为10006元和3869元。

图6-10　20世纪90年代，连云港市多次举办大陆桥沿线城市情况说明会。　赵鸣　摄

二、徐州市

位于江苏省西北部、华北平原的东南部，苏、鲁、豫、皖四省接壤地区，长江三角洲北翼，京杭大运河从中穿过，陇海、京沪两大铁路干线在徐州交汇，素有“五省通衢”之称。2005年，徐州市土地面积11258平方千米，辖5区2市3县，人口925.31万人。实现地区生产总值1212.15亿元，其中第一产业增加值168.16亿元、第二产业增加值612.04亿元、第三产业增加值431.95亿元，三次产业结构之比13.9∶50.5∶35.6。实现财政一般预算收入55.22亿元，年末金融机构各项存款余额1010.89亿元，各项贷款余额491.18亿元。城镇和农村居民人均可支配收入分别为11185.3元和4443元。

三、郑州市

位于华北平原南部，河南省中部偏北，黄河下游，是河南省省会。郑州地处中国地理中心，是全国重要的铁路、航空、高速公路、电力、邮政电信主枢纽城市。有汽车、装备制造、煤电铝、食品、纺织服装、电子信息六大优势产业，氧化铝产量占全国总产量的50%，拥有亚洲最大、最先进的大中型客车生产企业，冷冻食品占全国市场份额的40%以上，是中国中部地区重要的工业城市。2005年，郑州市土地面积7446平方千米，人口716万人。全市地区生产总值1650亿元，其中，第一产业增加值72亿元，第二产业增加值873亿元，第三产业增加值705亿元，三次产业结构之比为4.4∶52.9∶42.7。实现财政一般预算收入136.1亿元，年末金融机构各项存款余额3116.1亿元，各项贷款余额2428.1亿元。城镇和农村居民人均可支配收入分别为10977元和4774元。

四、洛阳市

位于河南省西部、黄河中游，因地处洛河之阳而得名。洛阳有着5000多年文明史、4000年的建城史和1500多年的建都史，是华夏文明的发源地之一、中华民族的发祥地之一，是国务院首批公布的历史文化名城，被誉为“千年帝都，牡丹花城”。2005年，洛阳市土地面积15230平方千米，人口641.7万人。全市地区生产总值1111.5亿元，其中第一产业增加值110.5亿元、第二产业增加值648.4亿元、第三产业增加值352.6亿元，三次产业结构之比为4.2：64.2：31.6。实现财政一般预算收入61亿元，年末金融机构各项存款余额914.8亿元，各项贷款余额480.3亿元。城镇和农村居民人均可支配收入分别为10175元和2903元。

五、西安市

古称长安，地处中国陆地版图中心，是陕西省省会，长三角、珠三角和京津冀通往西北和西南的门户城市与重要交通枢纽，古丝绸之路的起点。有着7000多年文明史、3100多年建城史和1100多年的建都史，是中华文明和中华民族发祥地之一，世界四大古都之一，也是国家重要的科研、教育和工业基地，陕西省的政治、经济、文化和科教中心，中国历史文化名城，中国最佳旅游目的地城市之一。2005年，西安市土地面积10108平方千米，辖9区4县，人口741.73万人。全市地区生产总值1270.14亿元，其中第一产业增加值64.08亿元、第二产业增加值539.61亿元、第三产业增加值666.45亿元，三次产业结构之比为5：42.5：52.5。实现财政一般预算收入73.05亿元，年末金融机构各项存款余额3599.7亿元，各项贷款余额2158.1亿元。城镇和农村居民人均可支配收入分别为9628元和3460元。

六、兰州市

地处黄河上游，是新亚欧大陆桥中国段五大中心城市之一，包兰线四大铁路干线交汇于此，是西北地区第二大货运站和新亚欧大陆桥上重要的集配箱转运中心。2005年，兰州市土地面积13085平方千米，辖5区3县，人口311.74万人。全年实现地区生产总值567.04亿元，其中第一产业增加值22.13亿元、第二产业增加值249.99亿元、第三产业增加值294.92亿元，三次产业结构之比为3.9：44.1：52。年末金融机构各项存款余额1421.92亿元，各项贷款余额1089.42亿元。城镇和农村居民人均可支配收入分别为8529元和2713元。

图6-11　新亚欧大陆桥经济腹地示意图

七、西宁市

位于青海省东部、湟水中游河谷盆地，是青海省省会，青藏高原的东方门户，古丝绸之路南路和“唐蕃古道”的必经之地，自古就是西北交通要道和军事重地，素有“西海锁钥”“海藏咽喉”之称。西宁是青海省的政治、经济、文化、教育、科教、交通和通信中心，是国务院确定的内陆开放城市。2005年，西宁市总面积7649平方千米，辖4区3县，人口209.5万人。全年实现地区生产总值206.27亿元，其中第一产业增加值11.5亿元、第二产业增加值109.78亿元、第三产业增加值84.99亿元，三次产业结构之比为5.6∶53.2∶41.2。实现地方一般预算收入11.79亿元，年末金融机构各项存款余额531.9亿元，各项贷款余额521.8亿元。城镇和农村居民人均可支配收入分别为8397元和2593元。

八、乌鲁木齐市

位于中国西北、新疆中部，是新疆维吾尔自治区首府，地处亚欧大陆中心、天山山脉中段北麓、准噶尔盆地南缘，是世界上离海洋最远的城市。乌鲁木齐是新亚欧大陆桥中国西部桥头堡和向西开放的重要门户，毗邻中亚各国，自古就是沟通东西商贸的重要枢纽，对中亚地区具有较强的辐射作用。2005年，全市土地面积13787平方千米，辖7区1县，总人口194.15万人，居住着汉、维吾尔、哈萨克、回、锡伯等52个民族。全年完成地区生产总值571亿元，其中第一产业增加值7.3亿元、第二产业增加值229.3亿元、第三产业增加值334.4亿元，三次产业结构之比为1.3∶40.2∶58.5。实现地方一般预算收入58.7亿元。年末金融机构各项存款余额1407.54亿元，各项贷款余额986.39亿元。城镇和农村居民人均可支配收入分别为10816元和4249元。

第三节　经贸活动

新亚欧大陆桥开通后，这一地区横向经济联合与技术协作活动频繁，形式活跃，省区、地市、经济区、行业、企业直接进行双边、多边联合，先后在西安、郑州、乌鲁木齐、兰州、西宁、连云港、伊犁等地举办区域性的外贸洽谈会、经济技术洽谈会、名特优新产品展销会、物资交流会、边境贸易会等。

一、新亚欧大陆桥经贸恳谈会

1995年9月12～16日，首届中国江苏新亚欧大陆桥经贸恳谈会于在连云港市新浦华联商厦（主会场）和外贸精品城（分会场）举行。恳谈会设置内联摊位30个，有山东、安徽、河南、陕西、甘肃、新疆、四川、江苏、北京、云南10个省区12个地市的经贸部门、大型企业、科研单位参展，来自美国、日本、韩国等33个国家及中国香港、中国台湾地区和陇海兰新沿线十几个省区的6000多人参加恳谈会，淮北市、宝鸡市、开封市、陕西省、武威地区、酒泉地区、蚌埠市等省、市、地区派出由副市长、副专员及省

图6-12　1995年9月12～16日，首届中国江苏新亚欧大陆桥经贸恳谈会在连云港市举行。图为项目签字仪式。

赵鸣　摄

经贸委副主任带队的代表团参会。恳谈会签约外资及港澳台资项目423个，总投资10.0[illegible]亿美元，协议利用外资及港澳台资5.56亿美元；签约外经项目39个，合同额6103万美元；成交外贸出口额2.01亿美元，进口订货额1801万美元；签约内联项目182个，总投资6亿元，协议引进资金2.87亿元；国内购销总额16.71亿元。

2002年10月，第二届新亚欧大陆桥经贸合作恳谈会在连云港国际展览中心召开。恳谈会由联合国开发计划署、国务院新亚欧大陆桥协调机制办公室、铁道部、对外贸易经济合作部、江苏省政府联合举办。沿桥城市代表和哈萨克斯坦、吉尔吉斯斯坦、塔吉克斯坦、日本、韩国、德国、芬兰、俄罗斯、乌克兰、印尼等国家的来宾近万人参加恳谈会。连云港市签约项目64个，其中内资项目36个，总投资1.1亿元；外资及港澳台资项目28个，总投资1.8亿美元。

二、新亚欧大陆桥国际旅游合作高级论坛

新亚欧大陆桥开通后，西安市旅游局发起成立陇海兰新沿线城市旅游局长联席会，并于2003年8月在连云港市召开第一届联席会。经历届旅游局长联席会的推动，陆桥沿线旅游界就建立旅游联合宣传促销体系以及实现咨询、救助、投诉一体化等达成广泛共识。陆桥旅游界约定沿线各城市在制作本市旅游宣传册时，增加制作陇海兰新沿线主要旅游景点示意图；编制沿线城市旅游资源宣传册；各城市在本市旅游咨询服务中心互相摆放沿线其他各城市的旅游宣传资料，实现沿线城市间旅游宣传片置换播出的经常化、规律化等；充分利用沿线各城市旅游咨询、投诉、救助电话服务台及呼叫中心系统，逐步实现对接和信息共享，努力实现旅游咨询、救助、投诉受理、接待服务的一体化服务。

2005年9月底，连云港市举办2005年世界旅游日中国主会场庆祝活动，其间举办新亚欧大陆桥国际旅游合作暨中韩旅游合作高级论坛。会上，新亚欧大陆桥中国段沿线城市代表就整合优势资源，合作创建新亚欧大陆桥国际旅游带形成共识。共同签署《创建新亚欧大陆桥国际旅游带（连云港）宣言》，重点打造海滨旅游、山河生态旅游、历史文化旅游、民俗风情旅游、雪山冰川旅游和红色旅游6条精品线路，进而建设成为与万里长江游、万里长征游、万里长城游、万里海疆游、三江流域游并列的中国第六大国际旅游带。

第四章　陆桥研究

20世纪80年代至21世纪初，随着新亚欧大陆桥的开通与发展，以罗栋生为代表的一批陆桥经济研究工作者，提出陆桥经济理论，揭开陆桥经济研究与宣传的序幕。随之，国内外学术界掀起陆桥研究与宣传的热潮。

1989年8月，铁道部在连云港召开亚欧陆桥——新海大陆桥[①]运输前期研究成果技术评审会。1993年，江苏省科委、省科协、连云港市政府研究室等单位和部门完成国家科委下达的新亚欧大陆桥东段（江苏段）未来发展研究重大课题并通过鉴定。

① 新亚欧大陆桥最初被称为亚欧新海大陆桥。

陇海兰新经济促进会成立以后，至2005年先后召开7次全局性、整体性的发展战略研讨会，对这一地带利用连云港港口发展对外经济贸易带动内地发展的战略地位、战略重点、经济布局及战略选择与对策措施等进行开发研究，同时就工业、金融、外贸、交通、旅游等进行考察和研究，普遍认为陆桥经济带开发应选择内外向结合型、资源开发型战略模式，采取联合开发、协调发展、循序渐进的发展方针，走相互开放、互惠互利、优化结构、共同振兴的道路。

第一节　陆桥研究阶段

关于亚欧大陆桥的研究可以追溯到20世纪20年代至30年代。随着陇海铁路修到连云港，按照孙中山《建国方略》中的构想，江苏省政府以连云港口为基础筹建连云市。一些有识之士开始筹划连云港的未来，推测水陆联运给沿线省区带来的影响，成为陆桥研究的雏形。

新亚欧大陆桥理论研究真正开始于改革开放后，从中共十一届三中全会至2005年，大致经历了三个阶段[①]。

图6-13　1998年10月27日，21世纪亚欧经贸关系和第二条大陆桥国际学术研讨会在北京召开。　赵鸣　摄

第一个阶段，20世纪80年代初至90年代初。当中央决定进一步开放连云港等14个沿海港口城市，并在这些城市建立经济技术开发区时，连云港市政府经济研究中心的罗栋生发表题为《大港　大市　大陆桥》的论文，引起江苏省内社会科学界的关注，很快得到陆桥沿线城市和国内外社会科学界的广泛响应，研究新亚欧大陆桥的热潮随即兴起。这一时期，研究者多以专业研究部门或民间学术团体身份出现，政府间接参与；研究主题多围绕新亚欧大陆桥的可行性进行论证，对陆桥开通后可能产生的影响进行探索。这一时期的主要著作有《亚欧新海大陆桥研究》《连云港与海上丝绸之路》《连云港港口经济研究》等10余部专著。

第二个阶段，从20世纪90年代初至90年代中期。这一阶段，随着新亚欧大陆桥的贯通和无阻碍运输的发展，新亚欧大陆桥研究逐渐走出自我论证阶段，开始向纵深发展。1993年6月，国家科委、国家计委、外国专家局会同7个省、自治区政府及国务院有关部门、沿桥14个主要城市，成立新亚欧大陆桥发展研究会。政府部门主动参与、积极引导新亚欧大陆桥的研究，召开各种规格的大陆桥理论研讨会。有关社科规划管理部门通过向社会公开招标的办法，鼓励专题研究。在这些有利条件下，新亚欧大陆桥研究重点转向陆桥国际运输的沟通和完善、陆桥配套交通设施建设、陆桥区域经济发展、陆桥文化、陆桥旅游等方面。这一时期的主要著作有《新亚欧大陆桥》

① 参见孟祥途撰《新亚欧大陆桥研究与连云港》，《大陆桥视野》，2004年第2期。

《陇海兰新旅游天地》《论新亚欧大陆桥和苏北振兴》等，研究成果不仅促成东陇海段和兰新段铁路的复线建设，促成连云港集装箱码头和陆桥沿线的公路建设，还促进陆桥沿线区域经济发展，推动陆桥沿线地区经济技术协作和文化交流。

第三个阶段，20世纪90年代后期至21世纪初。国内外学术界对新亚欧大陆桥理论研究成果丰硕。罗栋生在《第三个时代》中提出“三个经济时代”（江河经济时代、海洋经济时代、陆桥经济时代）理论，成为中国陆桥理论研究的扛鼎之作。之后，专家学者们在东方桥头堡理论、连云港与区域经济协调发展理论方面多有建树。这一时期的主要著作有《加快建设连云港国家区域经济枢纽研究》《东方桥头堡理论构建与路径安排》《连云港市开放型经济战略纵论》等几十部专著。

第二节　陆桥研究阵地

一、主要研究刊物

20世纪90年代以后，围绕大陆桥研究创办的刊物主要有：连云港市主办的《大陆桥经济》、山东省日照市主办的《大陆桥论坛》、新疆铁道报社主办的《大陆桥视野》等。

1992年1月，《大陆桥经济》在连云港市创刊，为内部资料性出版物，是国内第一本研究大陆桥经济的杂志。该刊以研究陆桥经济理论、传播陆桥经济信息、宣传陆桥发展趋势为宗旨，广泛介绍陆桥沿线的政治、经济、文化、社会诸方面，为中西部广大区域和连云港市的经济发展服务。该刊辟有陆桥论坛、陆桥专论、中国金腰带、丝路纵横、热点聚焦、桥头堡专栏、金桥瞭望、东方快车、陆桥史话等特色栏目，是一本在陆桥沿线影响较早、较大的刊物。

1993年3月，《大陆桥报》在贵州省创刊发行。它是贵州实施全方位开放战略，为加强与周边省区及东南亚、南亚各国经济、文化、科技联系而创办的刊物。该报对开四版，彩色印刷。时任中共中央政治局委员、国务院副总理田纪云题写报名。

2001年，日照市社科联（院）创办《大陆桥论坛》，为双月刊。

2002年9月，由新疆铁道报社、新疆大陆桥文化发展有限公司主办的《大陆桥视野》杂志创刊，在国内外公开出版发行，是国内唯一面向国外发行的大陆桥研究杂志。《大陆桥视野》旨在深层次报道沿桥省区经济生活，传播经济信息。

图6-14　1996年，首届新亚欧大陆桥区域经济合作国际研讨会在北京举行。　赵鸣　摄

二、重点研讨活动

新亚欧大陆桥区域经济合作国际研讨会　新亚欧大陆桥区域经济合作国际研讨会是联合国开发计划署和中国政府共同打造的国际性合作平台。1996～2005年间共举办7届。

1996～2005年新亚欧大陆桥区域经济合作国际研讨会一览表

表6-2

届别	时间	地点	主办单位	承办单位	主要议题	主要成果
第一届	1996.05.07～09	北京市	国家科委、国家计委、对外经济贸易合作部	联合国开发计划署、联合国发展资助与管理服务部、欧洲联盟委员会、世界银行、亚洲开发银行、中国外国专家局、欧中商务合作中心、日本海外咨询企业协会、世桥基金会(香港)、中国新亚欧大陆桥发展促进会等	加强新亚欧大陆桥区域经济合作,推进整个区域共同持续发展	通过《主席声明》和建立“亚欧大陆桥开发论坛”的倡议
第二届	2000.07.20～21	河北省秦皇岛市	联合国开发计划署、中国国际经济技术交流中心、科技部政策体改司、国家计委地区经济司、国家经贸委经济运行局、中国工业经济联合会	秦皇岛市政府	促进新亚欧大陆桥东西部发展与合作,加快新亚欧大陆桥经济带的开发与开放	发表《秦皇岛宣言》
第三届	2001.10.10～11	陕西省西安市	联合国开发计划署、新亚欧大陆桥协调机制办公室、对外经济贸易合作部、信息产业部	西安市政府	加强国际合作,促进新亚欧大陆桥经济协调发展	发表《西安宣言》《2001新亚欧大陆桥国际协调机制论坛备忘录》《2001新亚欧大陆桥市长论坛备忘录》
第四届	2002.10.21～22	江苏省连云港市	联合国开发计划署、新亚欧大陆桥协调机制办公室、外经贸部、铁道部、江苏省人民政府	中国国际经济技术交流中心、铁道部国际司、中国外运(集团)总公司、江苏省外经贸厅、连云港市政府	加强新亚欧大陆桥区域经济合作,为新亚欧大陆桥区域经济发展和世界经济发展作出贡献	
第五届	2003.11.03～04	河南省郑州市	联合国开发计划署、新亚欧大陆桥协调机制办公室、商务部	中国国际经济技术交流中心、郑州市政府	现代物流产业的国际发展趋势,新亚欧大陆桥沿线国家和地区物流产业的发展战略与对策,加快沿桥区域经济协调发展步伐	通过新亚欧大陆桥物流发展行动纲领——《郑州宣言》

续表6-2

届别	时间	地点	主办单位	承办单位	主要议题	主要成果
第六届	2004.08.26～27	新疆维吾尔自治区乌鲁木齐市	联合国开发计划署、新亚欧大陆桥协调机制办公室、国家商务部、铁道部、民航总局	乌鲁木齐市政府、中国国际经济技术交流中心、中国对外贸易运输（集团）总公司、南航集团、海航集团	新亚欧大陆桥的协作与发展	发表《乌鲁木齐宣言》《建立新亚欧大陆桥旅游业可持续发展路线图框架计划宣言》
第七届	2005.12.06	江苏省徐州市	联合国开发计划署、新亚欧大陆桥协调机制办公室、商务部、江苏省政府	中国国际经济技术交流中心和徐州市政府	加强协作，改善新亚欧大陆桥沿桥投资环境，促进沿桥经济社会发展，研究解决促进沿桥地区经济发展的共性问题	

欧亚经济论坛 欧亚经济论坛由国务院批准成立，是以上海合作组织国家为主体，面向广大欧亚地区的政商学界对话平台。论坛发起于2005年，永久会址设在西安，每两年举办一次。

首届欧亚经济论坛于2005年11月10～11日在西安举行，由上海合作组织、联合国亚太经济与社会理事会和国家开发银行主办，博鳌亚洲论坛、联合国开发计划署协办，西安市政府和北京当代世界发展研究院共同承办，包括中国与中亚及俄罗斯等部分国家领导人、相关企业界人士及专家、学者约600多人出席大会。论坛全体会议主要就搭建中国中西部与中亚及俄罗斯相关地方政府合作平台等次区域合作的重大问题发表各自建议，4个专题会议分别就能源、丝绸之路旅游、开发性金融合作、中国中西部地方政府与中亚及俄罗斯地方政府合作等议题进行深入交流，并就如何进一步推进项目合作提出倡议。

其他研讨会 2000年1月31日至2月1日，由中国国际经济技术交流中心与日本全球基础设施研究财团共同举办的大陆桥（新丝绸之路）东京经济论坛在日本东京举行。中日两国政府有关部委参加会议，对新亚欧大陆桥开发研究中心的建设和功能进行研讨。

第三节 陆桥经济研究

陆桥经济的研究在连云港市开展得比较早，在联合国教科文组织推动丝绸之路研究的人文背景下，连云港市学者罗栋生首先提出“陆桥经济”概念，奠定新亚欧大陆桥研究的理论基础。

1986年12月18日，陇海兰新经济研究促进会在西安成立，大陆桥沿线7个省区和40多个市、地、州的200多名代表出席。该促进会旨在对以陇海兰新铁路为纽带，沿线大中城市为依托，以东西两个开放窗口为特征的经济带的经济和社会发展中的战略性、共同性问题进行调查研究，统一规划，综合开发。

1988年，联合国教科文组织启动“对话之路——丝绸之路整体性研究”项目。连云港市社科联组织专家编著《连云港与海上丝绸之路》一书，1991年由海洋出版社出版，书中收录北京、连云港两地专家学者和理论工作者的论文21篇。该书介绍由长安（西安）经洛阳、徐州、海州至日本、朝鲜、东南亚诸国的海上丝绸之路的奥秘，对以陇海兰新铁路为纽带的亚欧大陆桥的形成、新的现代丝绸之路的前景作深入探讨。著名学者季羡林为该书题词："深入开展对海上丝绸之路研究，促进中外文化交流"。市社科联派员将此书赠予联合国教科文组织丝绸之路项目考察队，并参加在中国境内的海上丝路考察活动。

1991年5月11日，亚欧大陆桥专业研究会在连云港市成立。全国经济、交通、铁路等部门的代表、专家、学者、知名企业家和知名人士参加研究会。

图6-15　2005年9月，新亚欧大陆桥国际旅游合作暨中韩（连云港）旅游合作论坛在连云港市举办。　赵鸣　摄

1996年5月15日，新亚欧大陆桥沿线中心城市公共图书馆协作网成立大会在连云港市召开，连云港、乌鲁木齐、西宁、天水、西安、宝鸡、咸阳、郑州、开封、三门峡、徐州等14个沿桥中心城市图书馆负责人和代表29人出席会议。

1997年，连云港市学者、中国沿海开放港口城市研究会秘书长罗栋生出版专著《第三个时代》，第一次提出"陆桥经济时代"概念，阐述陆桥理论研究中"三个经济时代"（江河经济时代、海洋经济时代、陆桥经济时代）、"三大"（大港、大市、大陆桥）等理论。《第三个时代》成为中国陆桥理论研究的扛鼎之作。随着新亚欧大陆桥的研究上升到国家经济发展和对外开放的总体战略层面，连云港作为新亚欧大陆桥的桥头堡地位得以确认。

2000年5月31日，市社科联、市委宣传部召开"西部大开发与连云港发展"座谈会，参会的高校、企业、经济主管部门和社科界人士，围绕"西部大开发"给连云港带来的机遇和挑战以及新亚欧大陆桥的国际地位展开讨论。

2005年9月27日，新亚欧大陆桥国际旅游暨中韩（连云港）旅游合作论坛在连云港市举行。论坛就新亚欧大陆桥沿线国家和地区的旅游合作进行研讨，陆桥沿线城市代表讨论通过《创建新亚欧大陆桥国际旅游带（连云港）宣言》。年内，市社科院出版首本《连云港经济社会发展研究》蓝皮书，陆桥经济研究是其中的重要内容。

第四节　陆桥研究成果

20世纪90年代是国内陆桥经济研究的繁荣时期，这一时期的陆桥经济研究成果具有奠基性、战略性与宣传性的特点。21世纪后较有影响的有《丝绸之路论坛丛书》等。

《横穿中国》　主编刘葵华，新华出版社1990年出版。该书由时任国务院研究中心总干事马洪作序。马洪在序中高度评价陇海兰新经济带的形成，他指出："在改革和开放的推动下，陇兰经济带各省区和市、地、州突破了相互之间的封锁，实现了横贯全经济带的大联合，这是一件大好事"。全书共分为陇兰在呼唤、通向世界之桥、现代丝绸之路、在古老而神奇的土地上、拉开开发帷幕、跨度最大的横向联合、专家们的真知灼见、决策者的新构思以及经济带上群星闪烁等篇章。

《亚欧新海大陆桥研究》 主编罗栋生等，海洋出版社1990年6月出版。1988年8月铁道部科技局在连云港举行亚欧新海大陆桥运输前期研究技术评审会，专家确认连云港为亚欧新海大陆桥东端桥头堡的运输方案。该书收集北京、兰州、乌鲁木齐、南京、连云港等地专家和理论工作者研究亚欧新海大陆桥的论文20余篇。

《连云港与海上丝绸之路》 主编张殿臣等，海洋出版社1990年出版。该书收集北京、连云港两地专家、学者和理论工作者的论文20余篇，研究和探讨连云港与海上丝绸之路密切关系。对连云港地区的经济史演变过程、古代中外交通、陆上丝绸之路的东延、连云港在海上丝绸之路中的地位、佛教遗址和文化以及连云港在现代和未来丝绸之路的突出地位和作用等方面作深入探讨。

《现代丝绸之路·新大陆桥》 主编刘晏普等，中国社会科学出版社1991年出版。该书是《横穿中国丛书》的第一本，由著名经济学家童大林作序。这套丛书以反映新亚欧大陆桥陇兰沿黄经济带的形成与发展为主题，展现中国这一交通型经济带实行改革、联合与开放的巨大潜力与广阔前景。

《新亚欧大陆桥暨陇兰名城概览》 主编张殿臣等，海洋出版社1991年出版。该书介绍新亚欧大陆桥暨陇海兰新铁路沿线一批著名的城市，对它们的历史沿革、风景名胜、经济发展等情况作系统介绍。

《中国陆桥经济》 顾涧清等著，海洋出版社1992年8月出版。该书把陆桥经济作为一门新兴经济学科来研究，努力探索并揭示陆桥经济的发生和发展规律。

《国际大通道——陇海兰新大陆桥纵横》 洪钧主编，中国铁道出版社1992年12月出版。作为"横穿中国丛书"的铁道卷，该书以翔实的资料介绍新亚欧大陆桥主体陇海线、兰新线和辅助桥两侧引入线以及铁路发展的有关情况，并对集装箱运输、国际货物联运、国际旅客联运、港口以及口岸等作详尽介绍。

《亚欧第二大陆桥研究》 杨发仁主编，1993年3月出版。该书由新疆社会科学院经济研究所和中亚研究所的部分研究人员历时三年半时间编著而成。该书探讨新亚欧大陆桥沿线国际环境，地区经济以及与新疆经贸发展的关系。

《中国四沿经济发展战略研究》 杨春生、徐其林主编，复旦大学出版社1994年6月出版。该书阐述中国"四沿"（沿海、沿江、沿边、沿桥）经济格局的形成过程和发展趋势，提出并充实"四沿经济学"新理论。

《东方大港梦》 张文宝、蒯天著，江苏文艺出版社1995年12月出版。该书由中共江苏省委书记陈焕友作序。

《第三个时代》 罗栋生著，1997年完成，为内部资料性出版物。该书提出"陆桥经济时代是世界经济发展的第三个时代"理念。阐述"三个经济时代"（江河经济时代、海洋经济时代、陆桥经济时代）、"三大"（大港、大市、大陆桥）等理论。

《新亚欧大陆桥经济方略》 古龙高编著，东南大学出版社1998年6月出版。该书从理论和实践、宏观和微观结合的角度，对新亚欧大陆桥进行系统研究。

《依托陆桥振兴连云港》 1998年12月，国内知名刊物《经济研究参考》第113、114期刊登连云港市以周文军为组长的"陆桥经济研究"课题组撰写的《依托陆桥振兴连云港》文章。该课题认为，连云港迎来陆桥经济新时代，依托陆桥是连云港振兴的必然选择，连云港应打好"桥"牌，加快以港兴市步伐。《经济研究参考》专门配发编者按。

《丝绸之路论坛丛书》 孟昭勋等主编，2000年3月开始出版，至2005年出版有《新亚欧大陆桥沿线国家文化经贸概览》《丝路华夏医学辨析》《丝路商魂——新亚欧大陆桥再创丝路辉煌》等。

连云港市志

第七卷　城市建设与管理

1984年，国务院决定开放连云港等14个沿海城市，连云港市城市规划建设迎来重大发展机遇。1984～2005年，随着改革开放的深入和经济社会的发展，连云港市建成区面积不断扩大，城区人口逐年增加，城市化率持续攀升，从20世纪80年代的海滨小城发展到21世纪初期基础设施基本齐全、载体功能更加完备、人居环境极大改善的中等城市，先后被授予“中国优秀旅游城市”“国家环保模范城市”“江苏省园林城市”等称号。

连云港市于1984年、1995年、2005年三次修编城市总体规划，城市定位从中国中部重要的海港城市，中国沿海中部重要的工业、外贸、港口城市、新亚欧大陆桥东桥头堡调整为国际性海港城市、全国重点旅游城市、江苏省海洋开发基地，并相应编制老城区、新浦新区、东部城区、开发区等分区规划和各类道路、小区、广场专业规划和详细规划。根据省委、省政府加快苏北振兴和沿东陇海产业带、沿海经济带开发总体部署，2005年，连云港市规划局启动编制《连云港东部滨海地区发展战略规划（2005～2020）》，指出“一市双城”模式已不适应连云港快速发展的要求，提出“城市东进，拥抱大海”新的城市空间发展战略。该规划提出“一体两翼”组合大港、“一纵一横”产业体系、“一心三极”城市结构的核心理念，确定连云港国际性海滨城市、现代化的港口工业城市、山海相拥的知名旅游城市的三大城市定位。

22年间，连云港市按照规划大规模建设新浦新区、连云城区、连云港经济技术开发区、云台山风景区，建成一批规模化、现代化、智能化小区，城市向南、东南、东方向拓展。2005年，连云港市城市建成区面积达78平方千米，是1984年的3.07倍。城市道路从20世纪90年代的“三纵三横”扩展到21世纪初的“八纵五横”。2005年，市区道路总长668.94千米，人均道路面积13.67平方米，分别是1984年的7.96倍和5.49倍。全市建成区绿化覆盖率37.1%，人均公共绿地7.51平方米。公用事业和服务水平提升迅速，全市3座水厂日供水能力30万立方米，自来水水质达标率100%；燃气普及率99.9%，污水处理率70.1%。全市市政建设及建设单位逐步适应形势走向市场，改制为自负盈亏的法人企业。全市建成较为完善的环境卫生配套设施，市容管理和监察执法水平不断提高，城市亮化美化水平显著提升。

第一章　城市规划

1984年4月连云港市规划管理局成立后，按照全市经济社会发展的需要，有计划、有步骤地组织城市规划编制，加强规划管理与监督，指导城市建设。1990年，《中华人民共和国城市规划法》颁布实施后，规划工作逐步走上科学化、规范化轨道。1996年7月，市规划管理局撤销，组建市规划建设委员会。2001年7月，市规划建设委员会分设为市规划局、市建设局、市房产管理局等独立的政府工作部门。

1984～2005年，连云港市对城市总体规划进行3次修编调整。2001年以前，全市城乡规划编制主要以分区规划和专项规划为主。2001年7月后，全市城乡规划的重点转向以编制控制性详细规划、专项规划为主，为重点工程项目落地提供依据。市规划局根据《连云港市域城镇体系规划》，结合县乡行政区划调整，先后编制完成赣榆县、东海县、灌云县、灌南县的《县城总体规划（2001～2020年）》和赣榆沙河镇、灌云杨集镇等10个省级重点中心镇总体规划，为城乡协调发展提供科学依据。

第一节　城市总体规划

一、连云港市城市总体规划（1980～2000）

1984年4月3日，江苏省政府批复同意《连云港市城市总体规划（1980～2000）》。

根据连云港市地理位置、港口前景、资源禀赋、工业基础、城市建设条件等，该规划确定连云港市的城市性质为中国沿海中部的重要海港城市。根据城市特点和发展要求，确定城市总体布局为“一市双城”式，新海区是政治、经济、文化中心，连云区是港区、风景旅游和外贸、工业区。规划年限近期1990年，远期2000年。规划城市规模为中远期人口45万人，其中，新海地区22万人、连云地区15万人、其他地区8万人。规划用地控制在50.5平方千米。

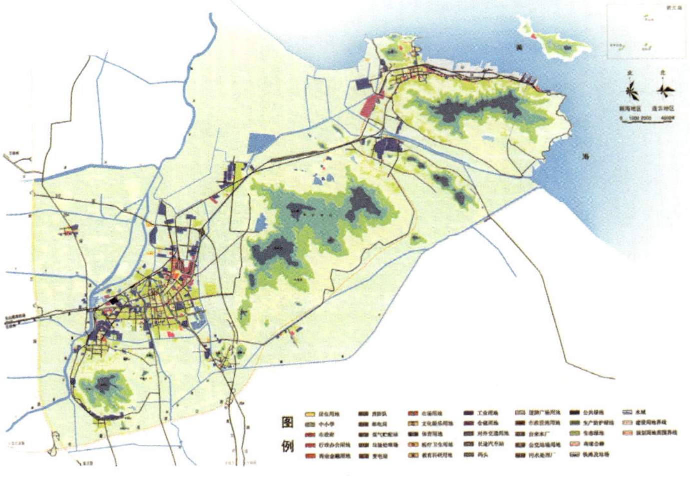

图7-1　连云港市城市总体规划图（1980～2000）

1985年10月，连云港市对城市总体规划提出调整意见，并邀请省内外有关专家对调整后的《连云港市城市总体规划（1980～2000）》进行论证。规划调整的主要内容有：城市人口规模调整到53万人，其中新海地区22万人、连云地区20万人、开发区3万人、其他地区8万人。城市功能分区上增加海宁工业区、虎山工业区、平山西仓储区。在墟沟院前留出250米宽通道，为铁路、公路、运河等用地。控制铁路以北150米、以南100米用地。西大堤提前建设，预留港口岸线600米。改造通榆汾线和307国道市区段为一级公路，规划204国道为一级公路。削平平山填海造陆，以作生活用地。要求海州古城采取保护措施，保留鼓楼、中大街，区内不建多层和高层建筑。

1986年，连云港市政府印发《关于连云港市总体规划的批复》《连云港市“七五”国民经济和社会发展计划》，对《连云港市总体规划（1980～2000）》《连云港经济技术开发区规划》进行调整，将城市性质由“我国沿海中部的重要海港城市”调整为“我国沿海中部新兴的工业、外贸、港口城市”，要求积极发展轻工业、化工业，大力开发风景旅游资源。

二、连云港市城市总体规划（1991～2010）

1995年5月11日，省政府批复同意《连云港市城市总体规划（1991～2010）》。

该规划明确连云港城市的性质为新亚欧大陆桥东桥头堡，中国沿海中部的重要的工业、商贸、科技、文化、风景旅游综合发展的海港城市，远景发展成为国际海港城市。城市的主要职能为新亚欧大陆桥东桥头堡、临海工业基地、带动地区经济发展的龙头、风景旅游胜地。规划确定市域总人口2000年达380万～390万人；2010年达455万～460万人；市域城镇总人口2000年达到120万～125万人，2010年达170万～390万人；市区人口2000年达81万人，2010年达109万人；市域城镇化水平2000年达32%，2010年达到36%以上。城市规划区范围北起蔷薇河、临洪河，南至八一河、盐河、妇联河、烧香河（含烧香河向南8千米），东起黄海西岸，西至蔷薇河，并包括前三岛、白塔埠机场控制范围，总面积888平方千米。

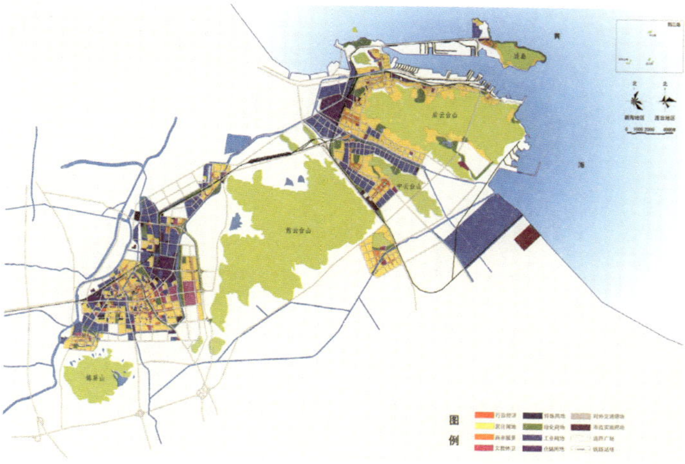

图7-2　连云港市城市总体规划图（1991～2010）

三、连云港市总体规划（2003～2020）

2002年，连云港市组织编制《市域城镇体系规划》和《城市总体规划纲要》。2005年4月12日，省政府批复同意《连云港市总体规划（2003～2020）》。

该总体规划确定连云港的城市性质为新亚欧大陆桥东桥头堡和国际性海港城市、全国重点旅游城市、江苏省海洋开发基地。确定中心城区人口规模近期（2007年）达到72万人，其中新海城区50万人、连云城区22万人；中期（2010年）达到80万人，其中新海城区55万人、连云城区25万人；远期（2020年）100万人，其中新海城区68万人、连云城区32万人。中心城区用地规模近期（2007年）88.72平方千米，其中新海城区50.71平方千米、连云城区38.01平方千米；中期（2010年）101.83平方千米，其中新海城区59.09平方千米、连云城区42.74平方千米；远期（2020年）120.15平方千米，其中新海城区70.37平方千米、连云城区49.78平方千米。城市结构形态为由新海城区和连云城区组成的组团式城市形态，其中新海城区为城市的行政、文化体育、商业商务中心、科研教育和创新研发基地，连云城区为城市对外交流的窗口、区域性国际商务中心、国际海港、经济技术开发区、保税加工区、临海产业区和海滨旅游基地。新海城区主要向东北方向发展，适度向东南方向发展，连云城区主要向西南方向发展，形成“一主一副双中心”格局。规划区范围包括连云港市区行政区划范围以及东海县浦南镇、灌云县宁海乡和沿海铁路编组站以东岗埠农场的部分用地、同三国道以东的张湾乡部分用地、白塔埠机场控制区，总面积1022平方千米。规划期限为近期2003～2007年，远期2008～2020年，远景展望至21世纪中叶。

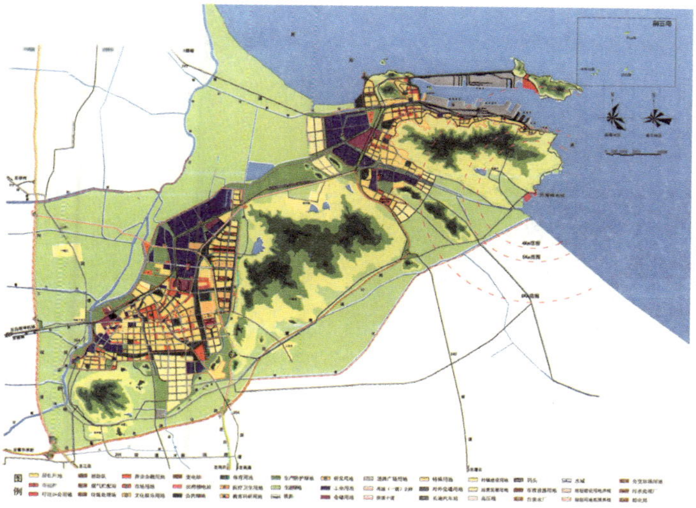

图7-3　连云港市城市总体规划图（2003～2020）

第二节 分区规划

一、新浦区城市规划

1984年4月经省政府批准的《连云港市城市总体规划（1980～2000）》中，界定连云港市“一市双城”式格局，新海区位于“双城”的西城区，为连云港市政治、经济、文化中心。规划面积22.02平方千米，规划人口规模24万人（2000年）。

1995年，《连云港市城市总体规划（1991～2010）》获省政府批准。调整后的规划期限从1991年至2010年，新浦仍作为全市行政中心、文化教育中心和商业中心。规划确定新浦区的人口规模近期达到17万人、远期达到22万人。用地规模近期18.1平方千米，远期25.6平方千米，主要向东南方向发展。将工业区调整改造发展为机械、食品等综合性工业区，用地面积约1.2平方千米。仓库区用地2.43平方千米，分浦西、浦东2个库区。规划浦北、浦西、浦南3个生活居住区，总面积8.7平方千米，可容纳17.4万人。

1997年5月，《连云港市新浦东区发展规划》获市政府批准。新浦东区规划范围东到前云台山等高线10米，西到新墟运河，北到新墟公路，南到红砂路，总用地23.64平方千米，人口规模34万人。规划确定新浦东区是以生活配套为主，行政办公、科研教育、商业金融等综合发展的现代化新区，是新海地区的一个分区。其发展方向是依据开发时序的需要，依次向西向北发展。区内规划1个片区中心、2个次中心、4个功能区：宁连公路以西为行政办公区以及西部生活区；宁连公路以东为东南生活区，北部为云台区行政办公与生活综合区。

随着城市建设的需要，新浦城区向东向南发展，新浦地区规划几经调整，主要有《连云港市新浦区总体规划（1990～2010）》蓝本及《连云港市新浦区总体规划（2000～2020）》蓝本。2005年，新浦东部地区纳入市总体规划。

二、海州区城市规划

1984年4月经省政府批准的《连云港市城市总体规划（1980～2000）》中，界定连云港市“一市双城”式格局，新海区位于“双城”的西城区，为连云港市政治、经济、文化中心。1990年，由连云港市规划局和苏州城市环保学院共同编制《海州区城市规划》，于1994年1月编制完成。《规划》确定海州区以“近期发展城南，逐步向东发展”为原则，城区以海州老城区为中心，主要向南、向东方向发展。保持完善“北工业，南生活”的布局形态。远景期，城市向东跨越西盐河，向北跨越玉带河，并和远期建设的城东新区联成整体。总体布局按棋盘式的道路结构，形成“三横四纵”结构模式。规划原则上在玉带河北集中设置工业发展用地，并根据综合区的特点，在居住区内适度发展无害、无污染的小型工业。工业区内交通主要由新海路承担。在对外交通的出入口，北、西、东设立仓储区，北部在新海粮库基础上形成粮食仓储区，东、西仓储区作为中转性的物资和城市生活性物资仓库。居住用地规划2010年为2.58平方千米，人均约30平方米，规划期内人口为8.6万人。居住区组织以准小区或扩大街坊为单元，其建设以统一开发为主，新区建设平均人口容量按每公顷400～500人控制。规划遵循保护性开发的原则，对古城开发既延续老城的历史文脉，又创造一个充满生机的居住环境。

2005年，海州区委托法国同科国际设计集团编制海州区总体发展概念规划。概念规划确定海州总体空间结构为“一城、两心、五轴”。“一城”指海州古城，通过对古城的保护规划，将古城建设成为海州的主要旅游景点。“两心”，指充分体现海州古城现代文明和生态文化的海州行政中心和以锦屏山为主体的生态“绿心”。西盐河以西、江化路以东、新建东路以北、海宁西路以南区域为海州新区，也是海州新的行政中心所在地。“绿心”即以锦屏山为主体的海州生态绿化核心，通过蔷薇河、玉带河、西盐河等沿河绿化，有组织地形成海州结构性绿网。“五轴”即由洪门产业组团、锦化产业组团、锦屏组团组成的连云港市区西部产业轴，洪门老城生活组团、海州古城绿心和锦屏组团形成的城市文脉拓展轴，海州新区、陶湾高尚生活区、海州开发区形成的东部城市空间拓展轴，洪门产业组团、洪门老城生活组团、海州新区形成的海州开发区轴，锦化产业组团、绿心、陶湾高尚生活区形成的城市空间形成轴。设计方案综合考虑海州区的生态效益和功能定位以及连云港都市区的城市化发展，规划海州城区人口合理发展规模为26万～31万人，用地规模为26～37平方千米。

三、连云区城市规划

1984年4月经省政府批准的《连云港市城市总体规划（1980～2000）》中，界定连云港市“一市双城”式的布局，连云区被定位为“一市双城”的东城区，规划为港区、风景旅游和外贸、工业区。连云城区的规模近期（1980～1985年）人口为6万人，用地7.4平方千米；远期（2000年）人口为15万人，用地24.9平方千米。1985年城市规划调整后，连云地区中远期人口由15万人调整为20万人。

1995年省政府批准的《连云港市城市总体规划（1991～2010）》突出连云港新亚欧大陆桥桥头堡的城市性质，连云区仍被定位为“一市双城”的东城区。

《连云港市域城镇体系规划》和《连云港市城市总体规划（2003～2020）》规划连云城区包括连云区、港区、开发区及临港产业区建成区范围。规划再次明确连云区是新亚欧大陆桥的东桥头堡、苏北主要出海口岸，并明确连云港港在全国沿海港口体系中的地位。按照连云港市“一主一副双中心”的城市格局，连云城区为城市副中心，包括城市商业副中心和区域性国际商务中心功能。规划连云城区的人口规模近期（2007年）22万人、中期（2010年）25万人、远期（2020年）32万人；用地规模近期（2007年）38.01平方千米、人均172.75平方米，中期（2010年）42.74平方千米、人均170.96平方米，远期（2020年）49.78平方千米、人均155.55平方米。此次规划将连云城区的功能定位为城市对外交流的窗口、区域性国际商务中心、国际海港、经济技术开发区、保税加工区、临海产业区和海滨旅游基地。规划连云城区发展方向主要向西南发展。

四、连云港经济技术开发区总体规划

1984年4月，连云港市被确定为全国首批对外开放的14个沿海城市之一。是年，连云港经济技术开发区经国务院批准设立。1985年10月，《连云港经济技术开发区总体规划》施行。规划确定开发区的指导思想是遵循中央政策，创造基础设施齐全良好的投资环境，逐步把开发区建设成为技术的窗口、知识的窗口、管理的窗口和对外政策的窗口。规划范围在排淡河以南、南云台山以北、蝙蝠山以东、华盖山与大炮台山的鞍部以西，近期规划面积3平方千米，预留10平方千米的发展用地。

1995年，开发区修编总体规划。规划范围北起北云台山南麓、新光路、平山西库区一线，南至南云台山北麓，东至板桥镇、烧香河，西靠大港路。规划总用地面积53.65平方千米，总建设用地43平方千米。规划指导思想是要把开发区办成产业高度化、经济外向化、贸易国际化的改革试验

图 7-4 连云港经济技术开发区总体发展概念规划布局结构图

区、开放试验区、高新技术中心区。

2002年，经与江苏省盐业公司协商，开发区发展用地使用台北盐场部分盐田地。在此基础上，2004年，开发区管委会委托深圳市城市规划设计研究院编制完成《连云港经济技术开发区总体发展概念规划》。概念规划确定开发区重点发展临港产业，建设临港新兴产业区和国际性海滨城市核心区。规划范围北到242省道，南到新港城大道，西到临洪河，东到排淡河、新港城大道、平山路一线。总用地规模扩大到126.23平方千米，人口规模56万人。

五、东部滨海地区发展战略规划

2005年，市委、市政府为贯彻省委、省政府加快苏北振兴和沿东陇海产业带、沿海经济带开发总体部署，进一步明确连云港市东部滨海地区的功能定位、发展目标，市委、市政府举行东部滨海地区发展战略规划国际竞赛活动。7月30日，连云港市东部滨海地区发展战略规划竞赛活动通过《中国日报》《新华日报》、全球建筑网、建设部网站、中国连云港网站等媒体向国际发布。8月16日，来自国内外的8家知名城市规划设计机构①就参加竞赛签订设计合同。10月30～31日，连云港东部滨海地区发展战略规划国际竞赛专家评审会举行，会议邀请城市规划、产业经济、港口物流与交通等方面的11名国内外知名专家，对设计方案进行评审。专家对参赛方案充分讨论论证后，投票评出参赛规划的前两名：香港都市规划顾问有限公司的8号方案、深圳市城市规划设计研究院的3号方案。11月1日，为期10天的成果展示活动开始，广泛听取港城社会各界人士的意见、建议。11月14日，经市民代表、县区领导、市有关行政部门负责人投票，报市委、市政府批准，评定8号方案为第一名，3号方案为第二名。最终，以8号、3号方案为基础，整合其他6个规划方案优点，编制完成《连云港东部滨海地区发展战略规划（2005～2020）》。

图 7-5 2005年10月30～31日，市委、市政府召开连云港东部海滨地区发展战略规划国际竞赛专家评审会。 吉志强 摄

规划确定连云港东部城区城市性质为承托城市未来希望的国际性滨海新城、支撑城市经济腾飞的现代化产业基地、能够带动区域经济发展的枢纽大港群。规划提出“一体两翼”组合大港、“一纵一横”产业体系、“一心三极”城市结构的核心理念，确定连云

① 8家机构包括美国亚图建筑设计咨询（上海）有限公司、德国欧博迈亚工程咨询（上海）有限公司、深圳市城市规划设计研究院、英国阿特金斯顾问有限公司、浙江省城乡规划设计研究院、日本株式会社日本设计研究所、香港城市规划顾问有限公司、香港都市规划顾问有限公司。

港国际性海滨城市、现代化的港口工业城市、山海相拥的知名旅游城市的三大城市定位。规划根据连云港东部滨海地区人口状况特征与增长趋势、就业需求以及环境与资源容量，确定东区人口控制规模目标，即近期（2010年）100万人、中期（2015年）160万人、远期（2020年）200万人。规划建设150平方千米的滨海新城，服务东部滨海地区。规划用地覆盖台北盐场、台南盐场、徐圩盐场的全部盐业用地和青口盐场的部分盐业用地，并在滨海新城核心区进行30平方千米的填海工程，为城市建设提供更多具有价值的滨海空间。规划建成区面积近期（2010年）140平方千米、中期（2015年）200平方千米、远期（2020年）250平方千米。

第三节　详细规划

1986年，连云港市规划局组织编制《新浦朝阳路一条街规划》。1989年，连云港市委托机械电子工业部第七设计院编制《连云港市新浦火车站地段详细规划》。1992年，委托南京大学城市规划研究所编制《连岛控制性详细规划》。

此后，在城市发展的各个时期，为引导城市重点区域和地段的开发建设，市规划局相继组织编制一系列详细规划。1996年，为扭转房地产热和开发区热引起城市发展宏观失控现象，市规划局编制《宋跳工业区详细规划》《市化路拆迁安置小区总平面规划》等37个详细规划。1997年后，对城市道路、景区、住宅小区等进行详规控制。道路详细规划对规划范围内不同性质用地的界线和各类用地内适建、不适建或者有条件地允许建设的建筑类型作了规定，确定各地块建筑高度、建筑密度、容积率、绿地率、基础设施和公共服务设施配套等控制指标，设计提出建筑后退红线距离、机动车出入口方位等。景区控制性详细规划以景区总体规划为依据，对建设地区的土地使用性质和使用强度的控制、道路和工程管线控制性位置以及空间环境进行控制，确定支路红线位置、控制点坐标和标高，确定工程管线走向、管径和工程设施的用地界线等。住宅小区详细规划充分考虑地形条件和建设现状，对总建筑面积、住宅建筑面积、容积率、日照间距、建筑密度、绿地率进行控制，使住宅小区按照城市总体规划，合理布局，统一建设，统一配套，做到环境适宜，景观丰富。先后编制完成《连岛广场详细规划》《连岛中心区详细规划》和朝阳路、海棠路、中华路、中山路、郁洲路、人民西路、东风路、新浦六号街区、公园小区、极美苑小区、新海花园小区、墟沟关帝巷、新浦老火车站控制性详细规划，以及《连云港加油站布局规划》《连云港城市雕塑布局规划》。

2001年后，市规划局强化规划的控制与引导作用，谋划塑造海滨风光、山海相拥、碧水环绕、以链串珠、绿色生态、现代港城六大特色，挖掘城市内涵，全面开展控制性详细规划编制。

2002年，市规划局组织编制完成海连路、花果山路、人民西路等8条道路控制性详细规划。编制完成苍梧小区三期工程、水泵厂地块、麻纺小区、桐木厂及周边地块等7个招标地块详细规划。出台《连云港市城市规划建筑设计方案竞选暂行办法》《关于实施规划设计精品工程暂行办法》。

2003年，市规划局组织编制完成《连云新区控制性详细规划》《核电专家村二期工程详细规划》《海宁西路控制性详细规划（修编）》《新浦新区修建性详细规划》《东部城区城市色彩控制性详细规划》以及百货大楼西地块、西籚小学及西侧地块、港务处地块、拔丝制钉厂、玉龙小区地块5个地块的控制性详细规划。审查批复建筑单体、学校、小区控制性详细规划和修建性详细规划95项。

2004年，市规划局组织开展东部城区各项规划编制，编制完成《连岛度假区发展概念规划》《临港产业区详细规划》《连云港国际商务中心西片区17.5公顷控制性详细规划》《连云港外商生活区28.5公顷详细规划》。审查批复建筑单体、学校、小区控制性详细规划和修建性详细规划90项。编制完成《新浦区行政中心控制性详规》，规划将新浦行政中心迁至新浦东区，构建新的2.64平方千米区级行政文化中心。完成新城区8.2平方千米的拓展规划，对瀛洲路东、海宁路南、宁连路西、南城镇以北的范围进行充分整合和控制。是年，市规划局编制完成花果山旅游服务中心85公顷控制性详细规划、连云港现代教育园区4.2平方千米详细规划。

2005年，市规划局编制完成《新华广场控制性详细规划》《经济适用房小区修建性详细规划》以及同和小区、海棠小区、南极北路小区、通灌北路小区等总面积86公顷的修建性详细规划。审查批复建筑单体、学校、小区控制性详细规划和修建性详细规划等项目120余项。完成连云港经济技术开发区和连云区26条约70千米道路及配套的市政管线工程施工图设计，完成242省道、310国道、东方大道、新港路等16项景观工程方案设计。是年，市规划局编制完成《平山转盘城市与景观设计》《开发区中心区城市设计》《海棠路道路景观概念设计和旧城立面改造设计》《中山路道路景观概念设计和旧城立面改造设计》等10项特定地段详细设计。

第四节　规划管理

一、建设用地规划管理

1984～1990年，连云港市规划部门根据国务院《城市规划条例》实施规划管理。在城市规划区内进行建设的组织和个人，须持有国家批准的建设计划、设计任务书，向城市规划主管部门提出申请，由城市规划主管部门批准后，发给用地执照和建筑执照。

1990年4月1日，《中华人民共和国城市规划法》施行。是年10月28日，江苏省人大常委会通过《江苏省实施〈中华人民共和国城市规划法〉办法》，城市建设用地规划管理走上法制化轨道。市规划局启用建设部统一印制的“一书两证”（建设项目选址意见书和建设用地规划许可证、建设工程规划许可证）。

1994年3月31日，连云港市发布《连云港市〈城市规划法〉实施细则》，对城市规划用地管理作出具体规定。所有建设项目必须安排在村镇规划建设用地范围内，严禁在基本农田保护区进行工厂、住宅以及各类开发区建设；任何单位和个人在村镇范围内的新建、扩建的建设工程项目都必须服从村镇总体规划和建设规划，并依法办理规划和用地手续；任何单位和个人必须服从市、县区人民政府根据村镇规划作出调整用地的决定；村镇居民新建住房必须在规划住宅区内进行，凡不在规划住宅区内的房屋，必须逐步搬迁，不准擅自翻建、扩建、改建；在村镇规划区内进行建设需要申请用地的，必须经村镇建设管理部门审查，办理村镇规划选址意见书，再向土地管理部门申请用地，经批准后，按审定的用地位置、面积和范围办理征（拨）地手续，严禁擅自占地建设；对未办理村镇规划选址意见书的，土地部门不得批准建设用地。

1997年6月2日，市政府发布《连云港市建设用地计划管理实施细则》，对全市建设用地计划作出具体规定。该实施细则成为连云港市建设用地规划管理的纲领性文件。至1999年底，全市批准建设用地规划定点4296件。

2001年开始，改变先定点、后批地的规划用地管理办法，由规划部门提供规划设计条件送国土管理部门，通过招标、拍卖、挂牌进行市场化运作，中标单位取得土地使用权，再向规划部门申请办理用地规划手续。2004年，连云港市加快经营性土地招标拍卖步伐，全年提供招标地块19个，总用地98公顷。

2005年，市规划局向国土储备中心提供招标地块20个，公开出让用地208公顷。发放建设项目选址意见书116件，定点用地面积4.63平方千米。核发建设用地规划许可证78件，批准用地面积2.98平方千米。实行项目审批窗口代办制，对符合受理条件的事项予以当天受理、当天书面告知、当天转交相关处室办理。2000～2005年，市规划局共发放建设用地选址意见书625份，定点用地面积70.28平方千米，核发建设用地规划许可证573本，审批用地20.59平方千米。

二、建设工程规划管理

1984年1月，连云港市按照国务院《城市规划条例》，规定对城市各项建设的规划管理实行许可证制度，进行建设的组织和个人必须向城市规划主管部门提出建设申请，经城市规划主管部门确定其建设位置，提出地面控制标高、建筑密度、建筑层数、建筑立面以及与环境协调等设计要求，并审查其有关设计文件和图纸，发给建设许可证后方可施工。

1990年4月1日《中华人民共和国城市规划法》施行后，连云港市启用建设工程规划许可证，废止沿用已久的建筑执照制度。

1994年3月31日，市政府发布《连云港市〈城市规划法〉实施细则》，规定在城市规划区新建、扩建、改建房屋、围墙、大门、铁路、公路、桥梁、码头、道路、广场、停车场、各种罐、池、炉、窑、人防工程以及公园、绿地和各种大型露天装置等，给水、排水、电力、电信、供气、供热、广播电视等地上地下管线及其附属设施，修缮装饰工程、服务亭、雕塑等，必须向市、县城市规划行政主管部门申请办理建设工程规划许可证，并规定办理程序和方法。至1999年底，市规划部门核发建设工程规划许可证7689本。

2000年后，随着城市建设大规模展开，建设工程规划项目日益增多，建设工程规划管理面临诸多新问题、新挑战。2002年开始实行建设工程规划许可证正、副本制度，特别加强对市政工程的规划管理。是年，市规划局核发市政工程建设项目选址意见书15份、建设用地规划许可证11本、建设工程规划许可证40本。2004年9月28日，市政府发布《连云港市民房建设规划管理暂行办法》，规定民房建设工程规划许可证的审批程序。

2005年，市规划局核发建设工程规划许可证正、副本221本，核发临时许可证41本，审批用地170.1万平方米。

三、规划公示与监察

1994年，连云港市规划监察大队成立，负责查处违法违章建设。是年，市政府印发《连云港市〈城市规划法〉实施细则》，对规划监督管理的权责作出具体规定。1997年11月，市规划建设委员会发布《关于印发〈连云港市规划建设委员会工程建设行政监察执法程序〉的通知》，对执法单位监察执法和行政处罚的程序作出规定。1998年，市规划监察大队依法拆除违法建筑8447平方米。

2000年后，随着城市建设规模的拓展，城市规划监督检查管理工作力度亦相应加大。2000年，市规划监察部门查处违法建设378起，建筑面积13.54万平方米。2002年，全市查处违法建设161起，建筑面积17万平方米，拆除面积1万平方米，申请法院执法85起。2003年查处违法建设203起，拆除违法建筑1.2万平方米，举行听证会16次。

2004年起，市规划局开始对市区重大项目实行规划公示。市政府发布《连云港市城市规划公示制度实施细则》，强化规划的公众参与和公众监督，增强城市规划的合理性和可行性。

2005年，城市规划公示制度全面推行。市规划局通过固定公示牌、建设工程现场公示牌、网站等载体公示总体规划、专业规划、详细规划等10项，公示建筑方案、小区规划方案等75项，公示"一书两证"许可项目、规划调整近500项，审查会办违法建设案件7起。

第二章　市政建设

图7-6　建设中的市外经贸大厦　　　赵鸣　摄于1992年

1984年，连云港市区城市道路总长84千米，道路面积69万平方米，呈方格网状，道路以沥青路面为主，城市人均道路面积2.49平方米。路况差，排水设施不完善，雨污共用排水系统；城市桥梁小而少，通行能力低；水泥路灯杆，白炽灯照明，广场狭小。1984年后，政府实施道路建设"先行工程"，但由于财力紧张，建设投资主要用于改善城市交通拥挤状况。20世纪80年代，先后对城区主次干道改建、扩建、延伸和新建，拓宽"蜂腰"路段，打通"断头路"，拓宽主干道路，改建路基，修复路面，道路分快、慢车道和人行道，铺设水泥混凝土或沥青混凝土路面、人行道板砖、路牙石，配套修建下水道。90年代后，改建、扩建和新建一批支路及街巷，组成城市交通网络体系，架设造型美观的灯杆，使用新型光源和节能路灯。2001年开始，以市政道路建设带动土地开发，成为新的城市建设模式。2005年，连云港市区有主干道34条、支路257条、街巷374条，形成五横八纵道路格局，道路总长668.94千米，城市人均道路面积13.67平方米，分别是1984年的7.96倍和5.49倍。

第一节　道　路

一、市区主干道

解放路　东起丁字路，西至幸福广场，全长5138米。1985年、1991年两次改建解放中路路面和解放东路慢车道。1995年、2000年铺设改造人行道板、路牙石。2003年路面大修后，道路宽25米，其中中间为15米混凝土路面，两侧各5米人行道，同步实施排水、给水、消防、广电、电信、热力、燃气、供电、照明和交通工程，2004年8月竣工。

海连路　东起凌州广场，西至蔷薇河大桥，全长7600米。1989年至1992年8月，海连西路铺设沥青路面。1998年3月铺设快车道混凝土路面和快车道沥青路面，修建两侧慢车道。其中，主城区海连中路（幸福广场至龙河广场）段全长3000米，是迎宾大道的重要组成部分，宽50米，中间为23.5米机动车道，两侧各1.5米分隔带、各6米非机动车道、各5.75米人行道。9月20日改造完成，机动车道为混凝土路面，表面采用刻纹工艺；非机动车道为沥青混凝土路面，彩色人行道板，沿路采用无障碍设计，主要路口设置语音提示系统，全线供电、电信、有线电视、供热、给水、消防、燃气等管线全部实行地下埋设，高标准安装交通信号灯、交通标志和港湾式交通停靠站、亭。路灯统一采用造型美观的五火花灯，不锈钢金属灯杆。工程获1999年度全国市政金杯示范工程奖。

图7-7　海连路　　赵鸣　摄于1999年

朝阳路　东起学院路，西至镇海路，全长8805米。1984年，修建朝阳路南侧慢车道。1990年，铺设朝阳西路北侧慢车道沥青路面。1991年3月至1992年8月修建朝阳中路（南极路至瀛洲路）段，长1530米，宽50米，新建快车道，铺设沥青路面2.48万平方米、两侧人行道板各3米宽，路牙石1070米，修建下水道1188米。全长1890米，宽30米。1995年3～11月拓宽改造朝阳西路（镇海路至海连西路），铺设沥青路面长590米，宽30米，其中快车道宽15米。2001年5～11月新建完成朝阳东路（郁洲南路至运河路）段，全长1108米。2002年1月至2004年12月新建朝阳东路运河路至学院路段1364米，按园林大道标准建设，宽80米，中间机动车道24米，两边绿化分隔带各8米、非机动车道各6米、人行道和绿化带各14米。机动车道和非机动车道均铺设沥青路面，人行道和部分路牙石采用花岗岩材料，道路照明采用4排分离式路灯照明型式，所有管线全部地埋。2005年，改建快车道为混凝土路面。工程获“江苏省市政优质工程”称号。

图7-8　朝阳路　　俞德春　摄于2001年

人民路　东起解放路，西至海连西路，全长4973米。1992～1994年修建完成人民中路（郁洲北路至火车站广场），长2630米，宽40米。1994年4～12月修建完成人民东路（解放东路至郁洲北路），长683米、宽15米，铺设排水污水管道1950米。2004年10月至2005年初，建设人民西路（火车站广场至海连西路），长1660米，宽60米。其中，中间快车道为沥青混凝土路面，宽24米，两侧绿化带各3米，慢车道各6米，绿化带及人行道各9米，同步建设雨水、污水、消防、通信、供电、路灯和交通工程等市政公用设施。

海宁路　东起郁海广场，西至蔷薇桥，全长9204米。其中，海宁东路长2015米，宽33米；海宁中路长2326米，宽46米；海宁西路长4863米，宽60米。同步铺设雨水管线、污水管线、通信、

图 7-9　通灌路　　　　赵鸣　摄于 1990 年

给水、消防、供电等管线，实施地埋。2004年完成快慢车道、人行道及相关配套设施建设，是年11月建成通车。2005年5月完成绿化和路灯工程。

通灌路　北起建国路，南至车管所，全长3030米。1986年，拓宽通灌南路（海连路至扁担河），长650米，两侧各拓宽2米，铺装路牙石1400米，原路面补强加铺4厘米沥青面层。1999年9～12月实施通灌北路降坡改造工程，全长362.3米，其中快车道宽15米、人行道宽5米。2002年4～11月拓宽改造通灌北路（民主路至解放路段），全长257.25米，宽40米，中间机动车道15米，两边绿化分隔带各1.5米，非机动车道各6米、人行道各5米，机动车道铺设水泥混凝土路面，非机动车道铺设沥青混凝土路面，人行道铺装彩色人行道板。同步实施排水、污水、路灯、通信、广电、供水、照明、煤气等市政公用设施。2004年6月改造通灌中路（解放中路至海宁中路段），全长2720米，宽40米，中间混凝土路面混合车道21米，两侧绿化带及人行道各9.5米，同步实施排水、给水、消防、广电、电信、热力、燃气、供电、照明设施。2005年修建通灌北路，全长350米，宽40米，中间水泥混凝土机动车道15米，两侧宽绿化带各1.5米，非机动车道各6米，人行道各5米，同步实施雨水、污水、通信、给水、消防、供电、路灯和交通工程等市政公用设施。工程获江苏省市政示范工程奖。

海昌路　北起民主路，南至玉带河，全长3180米。1994年5～8月改造拓宽解放路至海连中路段，将原10米宽路面拓宽为18米，修建排水管道1100米，铺设人行道板4215平方米。2000年，实施旧铁道口降坡改造工程，施工长度160米，宽30米，其中，混合车道宽18米，双向四车道，铺设沥青路面，人行步道两侧各宽6米。2002年4～7月，大修海昌南路朝阳中路至农贸市场段，全长360米，宽20米，中间为10米混合车道，两边各5米人行步道，同步实施煤气和通信管线工程。

南极路　北起解放路，南至玉带河，全长3000余米。1996年6月，以海连路为界分别命名为南极北路、南极南路。

盐河路　北起连云港火车站站前广场，南至朝阳路，全长2200米，宽60米，双向6车道，快车道沥青混凝土路面，铺设彩色人行道板，2000年10月建成。路灯采用双排双臂海鸥式五火花灯，道路主要交叉口处设置箭头式相位交通信号灯和语音提示系统，沿路设置港湾式不锈钢公交停靠站和蝶形电话亭，各种管线全部地埋，配套设施完善。道路东侧至河边，建设6万多平方米的河滨绿地，以绿地、树木、小品为主，集观赏、游玩、休闲于一体。工程获2001年度“全国市政金杯示范工程”奖。

郁洲路　北起解放路，南至瀛洲路，全长3327米。1996年10月建设苍梧路至朝阳东路段。2001年5～11月建成郁洲南路海连路至瀛洲路段，长2710米，宽

图 7-10　郁洲路与朝阳路交叉路口　王斌　摄于 2003 年

60米。2004年3月，建设郁洲北路，全长830米，宽60米。同步实施排水、给水、消防、广电、电信、热力、燃气、供电、照明和交通工程。获江苏省市政优质工程奖。

巨龙路　北起解放路，南至海宁路，全长2947米。2003年开工建设巨龙北路，长1027米，铺设混凝土路面。2001年，建设苍梧路至朝阳东路段，长950米，宽32米，三块板式，中间15米混凝土混合车道，两侧各5米沥青混凝土非机动车道。2004年，建设巨龙南路，长970米，宽32米。同步实施排水、给水、消防、广电、电信、热力、燃气、供电、照明和交通工程。

幸福路　北起幸福广场，南至朐阳门，全长3197米。1989年改建幸福南路，长583米，两侧为仿古建筑。1998年幸福北路两侧修建10米混凝土路面，形成两块板式。2002年8月对幸福中路沥青路面大修，改为15米混凝土路面，两侧各5米沥青混凝土慢车道，铺装彩色人行道板。

图7-11　瀛洲路　　俞德春　摄于2001年

瀛洲路　北起龙河广场，南至宁海立交桥，全长7783米。1998年改建龙河广场至魏跳桥段，长3000米，宽60米，中间23米混凝土路面，两侧各2米分隔带、各6米非机动车道、各5米人行道，西侧至河边为绿化带。2002年4月开工建设瀛洲南路，北起魏跳桥北桥台以北475米处，南至宁海立交北桥台，全长4783米，宽60米。全线共设7处平交口、4处公共汽车停靠站、桥梁1座、涵洞6个。

海滨大道　北起海棠路，南至大港路，全长1572米。1998年建成海棠路至国展路段，长630米，宽40米，中间混合车道21米，为混凝土连锁砌块高级路面，西侧绿化景观带10米、人行道4米；东侧人行道5米，海景观光护栏；同步实施雨水、通信、供水、路灯、绿化、消防、交通工程等市政公用设施。2002年6月至2004年建设国展路至大港路段，长942米，宽50米，中间18米沥青混凝土混合车道，西侧10米绿化带、5米人行道，东侧12米绿化景观带、5米花岗岩人行道及观光护栏，沿海修建混凝土防浪墙，新建10米防洪小桥、5米涵洞各1座，同步实施通信、供水、路灯照明工程。工程获江苏省市政示范工程奖。

港城大道　东起平山广场，西至宋跳互通式立交，全长35千米，是连接东、西部城区的主通道。全线双向6车道，除猴嘴山头段外，道路红线按100米宽控制，其中机动车道24米、两侧非机动车道各5米、两侧侧分带各8米、绿化带各20米、人行道各5米、各种管线均进行地埋。2004年9月开工，2005年11月建成通车，同步实施照明和绿化工程。

中山路　东起连高路入口，西至平山广场，全长3839米。中山西路，东起荷花街310国道0桩号，西至平山广场，全长1079米，1986年建成，2004年对中间混凝土路面进行大修。中山东路，东起连高公路入口，西至310国道0桩号，全长2760米，宽25米。2005年7月全面拓宽改造，同步建设雨水、污水、供电、通信、消防、路灯、交通工程等市政公用设施。工程获2005

图7-12　港城大道　　吉志强　摄于2005年

年江苏省市政示范工程奖。

中华路　东起海滨大道，西至平山路，全长5373米。其中中华东路（海滨大道至海棠路）、中华中路（海棠路至院前路）共3813米，20世纪90年代前建成。中华西路（栖霞路至平山路）长1560米，宽40米，中间机动车道为15米混凝土路面，两侧绿化带各2米，非机动车道各5米，人行道各4.5米。同步实施雨水、污水、路灯、绿化等设施，2005年建成。

2005年连云港市区其他主干道一览表

表7-1

序号	道路名称	起止地点	道路长度（米）	道路宽度（米）
1	运河路	苍梧路—海宁路	1945	40
2	苍梧路	龙河广场—高速公路	3315	40
3	东风路	花园路—锦屏路	2300	12
4	花果山南路	苍梧路—花果山进山路	5495	25
5	科苑路	苍梧路—红砂路	3036	36
6	绿苑南路	郁洲路—学院路	2400	25
7	学院路	朝阳东路—海宁东路	2822	40
8	振海路	海连西路—燃气公司	1400	25
9	锦屏路	新建西路—东风路	958	20
10	江化南路	幸福北路—新建东路	1800	24
11	海棠路	环山路—老海滨浴场	3300	60
12	平山路	平山广场—大港路	2510	40
13	云宿路	平山广场—宿城	14000	15
14	连高路	连云镇—高公岛乡	9000	10
15	凌州西路	解放东路—凌洲广场	1296	60
16	新建路	锦屏路—盐河路	4631	48
17	新光路	港城大道—大港路	4727	34

二、市区支路和街巷

1984年前，市区支路及街巷状况较差，路面年久失修，居民出行不便。1984年后，建设部门加大对支路和街巷的综合治理，特别是1990年后，对支路及街巷进行全面整修，道路质量明显提高。至2005年底，新浦区有支路123条、街巷374条；海州区有支路及街巷67条；连云区有支路及街巷57条。

民主路　东起龙尾桥，西至新孔路，全长1900米。1986年、1993年、2004年

图7-13　民主路　　王斌　摄于2004年

对民主路进行翻修、翻建，完善雨、污水系统，维修龙尾桥；对其他路段进行局部补强罩面，维修道路坑塘，彻底清理疏通排水系统。

锦屏路　北起新建西路，南至磷矿选矿场，全长6530米。

新孔路　北起海连路，南至大庆西路，长345米，宽25米。1989年修建两侧人行道板及下水道。1992年5月建成朝阳西路至海宁西路段，长800米，宽40米。2005年9月实施解放路至海连西路段改造，长505米，宽25米，改建道路、雨污水管道、路灯、交通工程、消防栓，配套建设相关管线。

棠梨路　东起海滨浴场，西至棠梨水库，长674米，宽7米，1990年建成混凝土路面。

海州南北大街　北起新建西路，南至青龙桥，以十字街为中心，以北称北大街，以南称南大街，统称南北大街，全长613米，宽14米。1997年12月建成混凝土路面，并建成南大街延伸工程。

青年路　东起通灌路，西到南极路，长810米。1998年路面大修，共铺设沥青路面6591平方米。

利民路　东起繁荣路，西至河滨路，长360米，宽7米，2001年改建成混凝土路面。

整洁路　东起通灌路，西到海昌路，长363米，宽7米，2001年改建成混凝土路面。

镇海路　北到海连路，南至海宁路，长1600米，宽30米，2002年建成。

新生民路　东起海昌路，西至康泰路，长100米，宽15米，2002年建成混凝土路面。

花园路　南起东风路，北至新建路，长681米，宽10米，2002年8月建成沥青路面。

龙河路　北起解放路，南至海连路，长802米，宽20米，同步实施排水、污水、路灯、供电、通信、广电、煤气等市政公用设施。2002年11月建成。

陇海路　东起巨龙路，西至龙河路，长961米，宽20米，同步实施排水、污水、路灯、电信、广电、煤气等市政公用设施。2002年11月建成。

向阳路　东起通灌路，西至海昌路，长558米，宽12米，同步实施煤气、通信和自来水管线铺设。2002年7月大修改建成混凝土路面。

大庆东路　东起海昌南路，西至康泰路，长161.2米，宽20米。2002年修建疏通下水道。

大庆西路　东起盐河南路，西至幸福路，长1830米，宽20米。2005年6月改建、翻修路面，新建雨污水管道，整治人行道板，新装路灯、交通工程、消防栓，配套建设相关管线。

公园南路　东起郁洲中路，西至瀛洲路，长925米，宽20米，同步实施排水、给水、消防、广电、电信、热力、燃气、供电、照明和交通工程。2004年12月建成。

市化路　东起通灌北路，西至海昌北路。2004年进行维修，新建道路、排水和人行道。

海丰路　北起解放中路，南至体育场，长198米。2004年翻建、新建道路、排水和人行道。

玉门路　北起民主西路，南至解放西路，2004年部分翻建，局部补强，沥青罩面，更换雨水井，疏通下水道。

市场路　东起海昌路，西至南极路，长450米。2004年翻建、新建道路、排水和人行道。

图7-14　郁海广场交通环岛　　张晓晖　摄

江化南路 北起幸福北路，南至海宁路，长1060米。20世纪80年代初建成混凝土路面，宽6米。2003年10月，对新建路至江化桥段进行改造，拓宽为10米混凝土路面。2004年5月，对江化桥至海宁路段进行改造，拓宽为8米混凝土路面。

建设西路 东起新孔南路，西至振海路，长720米，宽20米，2005年10月新建雨污水管道、新装路灯、交通工程、消防栓，配套建设相关管线。

振海路 北起海连路，南至建设西路，长800米，宽40米，2005年新建雨污水管道、路灯、交通工程、消防栓，配套建设相关管线。

栖霞路 东起海棠路，西至中华西路，长6200米，宽10米，2005年7月新建雨污水管线等配套设施。

第二节 广 场

1984年前，连云港市只有一两个较小的广场。1984～1990年，建设平山广场、龙河广场。1991～2005年，在对原有广场改造的同时，新建站前、朐阳门、幸福、市民、凌洲5个广场。

平山广场 位于新墟公路与平山路交汇处，1988年10月建成。中央为直径80米环形绿岛，绿岛周围车行道宽14米，沥青混凝土路面。

龙河广场 位于贾圩桥东端，海连路、苍梧路等4条主要道路交汇处，1987年7月开工，1988年12月建成。占地2万平方米，南北双岛式。双岛直径各45米，周围环道宽20米。2002年3月改造绿岛，由两个圆形对称绿岛组成，占地3180平方米。

市民广场 位于龙河广场旁，2000年5月建成并投入使用，占地2.6万平方米，主要包括绿化、铺装、花坛、景观照明、雕塑小品等。

站前广场 位于连云港火车站前，1997年建成，1998年改造。总面积1.33万平方米，混凝土砌块铺装，绿化面积9435平方米，喷泉广场面积1963平方米。

朐阳门广场 位于幸福南路与新建路交汇处，1998年建成。占地6.2万平方米，为全市最大的绿地广场。其中，配套建筑8921平方米，道路及环道22000平方米，道板5935平方米，绿化25244平方米。

幸福广场 位于新浦区西部，1998年建成。总面积约1万平方米，由中心环岛和四周导流岛组成，植物主要以龙柏、金叶女贞、石楠球、海桐球、大叶黄杨、月季、红花酢浆草为主。

图7-15 龙河广场 俞德春 摄于2002年

凌洲广场　位于新港城大道、海连东路和凌洲路交汇处，2003年3月建成。占地5.31万平方米，绿化面积2.03万平方米，机动车道与非机动车道铺设沥青混凝土路面，人行道铺设矩形混凝土砌块，同步实施排水、污水、供水、供电、通信、路灯、消防、交通工程等市政公用设施。工程获江苏省市政示范工程奖。

第三节　桥　梁

连云港市地势低洼，新浦地区有盐河、玉带河、大浦河、龙尾河，海州地区有蔷薇河、护城河、西门涧沟等河道，连云地区有多条涧沟。这些河道沟渠上修建有若干桥梁。至1984年，市区主要桥梁有玉带河桥、幸福桥、解放桥、民主桥、贾圩桥、和平桥、向阳桥、龙尾桥和中山西路一号桥、二号桥等桥梁。1984年后，市政建设部门对旧有桥梁进行大规模改造、扩建，以适应经济、交通不断发展的需要，桥梁建设有了较大发展。是年9月，在铁路南侧龙尾河上建利民桥，为钢筋混凝土结构。1985年在中山路涧沟建石门桥，为混凝土板梁桥；改造扩建中山路涧沟墟沟桥为板梁桥。1988年在海棠路涧沟建海棠桥，为混凝土板梁桥。1990年后随着经济的快速发展和城区的扩大，桥梁建设步伐加快，在对旧有桥梁维护改造的同时，又新建一批桥梁。城区桥梁由木石结构发展为钢筋混凝土结构，由平板桥发展为单曲拱、双曲拱和立交桥。至2005年底，连云港市区共有桥梁40座，其中新浦区20座、海州区6座、连云区14座。

图 7-16　朝阳桥　　　　赵鸣　摄于1990年

2005年连云港市城区桥梁一览表

表7-2

序号	桥梁名称	所在路（河）名称	主桥结构形式	桥梁长（米）	桥梁宽（米）	设计荷载	抗震等级（级）	梁底标高（米）	建造年份
1	民主桥	民主路	拱形	2.1	6.1	汽-15 挂-80	8	4.5	20世纪30年代末
2	龙尾桥	民主路	板梁	14.1	5.1	汽-15 挂-80	6	4.5	1937年建 1970年改造
3	和平桥	解放路	板梁+T梁	16.6	24.5	汽-15 挂-80	6	4.5	1942年建 1952年改造
4	贾圩桥	海连路	板梁+T梁	13.5	50.0	汽-20 挂-100	8	5.0	20世纪40年代初建 1963年改造

续表 7-2

序号	桥梁名称	所在路（河）名称	主桥结构形式	桥梁长（米）	桥梁宽（米）	设计荷载	抗震等级（级）	梁底标高（米）	建造年份
5	解放桥	解放路	板梁	35.7	14.4	汽-15 挂-80	8	4.8	1950年建后多次改造
6	新海天桥	解放路	钢	45.0	3.5	人行天桥	8	5.0	1990
7	瀛洲桥	朝阳路	板梁	8.0	36.0	汽-20 挂-100	8	4.5	1991
8	人民桥	人民路	预应力梁桥	16.0	2.4	汽-20 挂-100	8	4.8	1994
9	朝阳桥	西盐河	预应力梁桥	16.0	40.0	汽-20 挂-100	8	5.5	1995
10	沈圩桥	新新路	预应力梁桥	16.0	12.0	汽-20 挂-100	8	4.5	1995
11	利民桥	利民路	T梁	12.0	8.0	汽-15 挂-80	6	4.5	1998
12	西盐河桥	海连路	预应力梁桥	16.0	54.0	汽-20 挂-100	8	5	1999
13	建设桥	建设中路	板梁	6.0	30.0	汽-20 挂-100	8	4.5	2001
14	朝阳东桥	朝阳路跨东盐河	预应力梁桥	16.0	60.0	汽-20 挂-100	8	4.8	2002
15	苍梧桥	东盐河	预应力梁桥	20.0	60.0	汽-20 挂-100	8	4.5	20世纪60年代
16	海宁中路桥	海宁路跨西盐河	预应力梁桥	16.0	60.0	汽-20 挂-100	8	5.0	2003
17	海宁东桥	海宁路跨东盐河	预应力梁桥	16.0	60.0	汽-20 挂-100	8	5.0	2004
18	建设东桥	建设东路跨东盐河	预应力板梁	16.0	30.0	汽-20 挂-100	8	5.0	2004
19	郁海广场								
	一桥	跨龙尾河	现浇板梁	25.0	10.0	汽-15 挂-80	8	4.5	2004
	二桥	跨龙尾河	现浇板梁	27.0	8.0	汽-15 挂-80	8	5.0	2004
	三桥	跨龙尾河	现浇板梁	27.0	12.0	汽-20 挂-100	8	4.5	2004
	四桥	跨龙尾河	现浇板梁	30.0	18.0	汽-20 挂-100	8	4.8	2004
20	绿园路桥	跨东盐河	预应力梁桥	16.0	32.0	汽-20 挂-100	8	4.8	2005
21	江化桥	江化路	拱形	30.0	8.5	汽-15 挂-80	6	4.5	20世纪50年代

续表7-2

序号	桥梁名称	所在路（河）名称	主桥结构形式	桥梁长（米）	桥梁宽（米）	设计荷载	抗震等级（级）	梁底标高（米）	建造年份
22	幸福桥	幸福路	拱形	35.4	20.0	汽-15 挂-80	6	4.5	1976
23	青龙桥	南大街	石拱	40.0	15.1	汽-15 挂-80	8	4.5	1992
24	虎西桥	防洪沟	梁式	6.0	5.0	汽-15 挂-80	6	4.5	1996
25	双龙桥	幸福南路	箱式	20.0	33.0	汽-20 挂-100	8	4.5	1997
26	朐阳广场	防洪沟	石拱	5.0	24.0	汽-15 挂-80	8	4.8	1998
27	外仓桥	外仓路	板梁	6.0	15.0	汽-15 挂-80	6	4.8	1975
28	程庄桥	中山路	石拱	4.0	32.0	汽-20 挂-100	8	4.8	1983
29	庞沟桥	中山路	石拱	7.0	32.0	汽-20 挂-100	8	4.5	1983
30	石门桥	中山路	板梁	6.0	32.0	汽-20 挂-100	6	5	1984
31	墟沟桥	中山路	板梁	6.0	32.0	汽-20 挂-100	6	5.5	1984
32	砚台桥	中山路	板梁	4.0	32.0	汽-20 挂-100	8	5.0	1984
33	北城桥	石门涧沟	板梁	10.0	20.0	汽-15 挂-80	6	5.0	1988
34	振兴路桥	出口 加工区	预应力梁板	20.0	30.0	汽-20 挂-100	8	4.8	1995
35	海棠桥	海棠路	板梁	6.0	60.0	汽-20 挂-100	8	4.5	1997
36	出口 加工区桥	出口 加工区	预应力梁板	20.0	30.0	汽-20 挂-100	8	4.8	2002
37	大港路桥	大港路	预应力梁板	—	—	汽-20 挂-100	8	4.8	2003
38	海滨 大道桥	海滨大道	预应力梁板	10.0	30.0	汽-20 挂-100	8	4.5	2004
39	新光路桥	新光路 跨东盐河	预应力梁板	20.0	60.0	汽-20 挂-100	8	4.8	2005
40	栖霞桥	栖霞路	预应力板梁	10.0	15.0	汽-20 挂-100	8	4.5	2005

第四节 排 水

1984年,连云港市下水道总长97千米,服务面积13.4平方千米,占城市建成区面积的52.76%。是年,改建市区新农路、解放路至铁路段、解放中路、通灌路自铁路至海连路段、大浦路、中山路自海军司令部旧址至港务局北段、北城西路、新孔路自海连路至大庆路段,同时配套修建排水设施。同时修建盐河西路下水道1080米、南极路至龙尾河段下水道1470米。

1986年,配套修建海昌路南延机耕路排水设施,同时修建海连路贾圩桥至炼糖厂段下水道600米、新海南路新海桥至新建路段下水道748米。1987年,修建幸福路东侧快车道排水设施,修建新建西路排水管道1009米。1988年,新建巨龙路下水道130米。1989年,修建铺设海连东路慢车道下水道。5月,开工建设新孔路、南极南路、水管南路、蔷薇路下水道。全年疏浚下水道16千米。

1990年,修建朝阳西路北侧慢车道下水道。海州东大街改造时,同步翻建下水道。修建海州中环路下水道605米、海州南大街下水道70米,铺筑南城东大街排水管道1027米。1991年3月,修建朝阳路、南极路交叉口至通榆汾路段下水道1188米,7月完成蔷薇路幸福路圆盘至洪门大桥段区域排水,9月新建新孔南路大庆路至看守所段下水道880米。1992年7月,新建龙河广场至妇幼保健医院段双侧下水道1936米、排水管沟100米,完成人民中路站前广场至向阳桥段排水工程、墟沟北城路延伸院前路至院西路段下水道810米,修建云台区福塘路海滨路至顾圩路段、新农中路铁路至海连东路段排水设施。是年,修建小街巷下水道1000米。

1993年,修建连海东路新农路至新墟公路段过路沟580米,建成瀛洲路海连东路至苍梧路段两侧排水系统,修建海州幸福南路鼓楼广场至立交桥段下水道、大港路铁路以北海棠路至院前路段下水道985米,铺装市民路下水道360米。1994年,修建人民路排水污水管道、大港路排水管道、海昌路连海路至解放路段排水管道、通灌南路下水道。

1995年,修建朝阳西路排水设施,新建解放东路新农路至高渠道段排水沟1700米。完成苍梧路排水和道路整治,新建两侧石砌排水沟640米。1996年,修建郁洲路排水设施;调整西小区排水,新建排水沟823米,清淤394米。1998年,青年路路面大修,疏通雨水井下水道;完成外仓街排水工程。1999年,市区加快城市基础设施建设步伐,重点投资建设海连中路和瀛洲路,排水管线全部实现地下铺设。

进入21世纪后,随着城市建设的快速发展,特别是2000年"8·30"洪灾后,对排水设施建设在规模、速度、技术标准等方面有了更高的要求,城市排水投入显著增加,城市排水设施状况明显好转。2000年,新建的盐河路排水设施全部实现地埋,修建东风街排洪工程全长927米。2002年,配套修建瀛洲南路排水设施和涵洞,同步建成振海路、新建东路、通灌路、滨海大道排水工程,整修海昌南路、幸福中路排水沟,实施龙河路、陇海路排水、污水工程。2003年,铺设新建中路下水道4300米,砌筑雨水井57眼,完成甲子河涵洞主体50米、引水道90米,同步铺设新建东路石砌下水道和过路涵洞。是年11月,建设解放西路,同步实施排水工程。2004年后,伴随公园南路、大庆中路、人民西路、海连东路等道路工程建设,同步实施排水工程。

2005年,海宁西路、中山东路工程同步实施雨水、污水工程。大庆西路幸福路至盐河南路段,因房地产开发及管线建设造成路面破损比较严重,下水道严重堵塞,每逢雨季周边区域受淹严重。

6月进行改建，同时改建下水道。疏通青年路排水管网930米，更换大小井框盖60套。新建云华路海连东路至苍梧路段、新民路康泰路至南极路段、建设西路南极路至西盐河段、气象路瀛洲路至新农路段、海宁西路建设路至房开段、高渠道解放东路至振兴房开段、市民路解放路至民主路段、新河路解放路至民主路段、新孔南路朝阳西路至海宁西路段排水。是年，清掏下水道172千米，疏通下水道12千米，清掏大小井1.8万眼次，维修大小井3.7万眼次。至2005年底，全市下水道总长253.43千米，是1984年的2.61倍。

第五节　路　灯

1984～2005年，连云港市路灯杆从单一的水泥杆逐步被多种形式的钢杆、金属杆代替，灯具由搪瓷铁盆罩发展为多种截光式、半截光式的器材或敞开式灯具，形状各异的灯臂取代简单的角铁灯架，单一路灯发展为多种造型的庭院灯、景观灯、中杆组合灯、高杆组合灯等。每条道路、每座桥梁、每个小区路灯装饰各具特色，达到照明与美化环境相兼的城市规划建设要求。

一、设置

1984年，全市道路、桥梁、小区设置路灯2223盏，其中，白炽灯1183盏、汞灯924盏、钠灯116盏，灯型灯种6种，线路长123.8千米。

1985年，改装海连西路、海连中路路灯为水泥柱双臂灯，改装海棠路路灯为水泥柱单臂灯，改装通灌路路灯为金属柱单臂高压钠灯。1986年，改装海滨路、通园路、台中路、北城路、海昌路、新海路、新建路和海棠路等主要道路路灯为汞灯。1987年，市区路灯在采用光电自动控制基础上，开始使用时钟控制。市区除少数干道路灯使用金属柱或水泥柱专用灯杆外，多数使用供电部门的水泥电线杆，1988年，市路灯管理处在海昌路率先采用自制金属杆，改变水泥电线杆“一统天下”的局面。至1990年底，市区新建路、新海路、北城路、新墟公路、新孔路、幸福路东车道、苍梧路和连云港经济技术开发区经二路、纬二路路灯改装为水泥柱单臂灯，龙河广场路灯改装为水泥柱花灯和金属柱庭院灯，通灌路路灯改装为水泥柱单臂灯，新建路路灯新装为水泥柱双臂灯。

1992年，市路灯管理处在办公楼院内建成路灯微机控制楼，路灯控制由20世纪50年代的手控、60年代的时控、80年代的光控，发展到20世纪90年代的电脑控制。1994年，市区新增路灯162套，新增线路11.42千米，改造旧灯13套，全市路灯线路总长度达292千米，有路灯4558盏、分控柜145套，总功率562千瓦。1995年后，灯杆普遍采用金属杆和不锈钢杆。

1996年，在拦海大堤安装路灯，由金属灯杆及五火灯、销灯、玉兰花灯组成；在朝阳桥安装中杆组合灯，在朝阳西路首次安装一套高30米、24火400瓦高压制灯高杆组合灯。至1998年底，市区共新装路灯2400盏，架设照明线路120千米。

2000年，新建、改建海州仿古城、盐河路、苏马湾、连岛海滨浴场、花果山山门广场、海宁小区、海昌路降坡工程等10处路灯，新立灯杆284根，新增路灯近千盏，新安装路灯控制表箱18座，布设线路32.18千米。改建中山西路、中华路、五羊路、国展路等6条道路路灯。2001年，新建、改建苍梧东路、河滨路、朝阳东路、郁洲南路、海昌南路、建设东路、国展路、利民路、艺校路、大港东路以及各条小街巷的路灯，新增路灯1780盏。2002年，菜市街、市场路安装7套单臂琵琶灯，幸

图 7-17 港城大道安装的帆船灯 吉志强 摄于 2005 年

福路西侧安装9套单臂琵琶灯，新海路北段安装17套单臂琵琶灯，架设线路5000米。是年，进行花果山进山道路亮化，改造拦海大堤亮化，同时改建和新建郁洲北路、中华西路、巨龙路、振海路、通灌北路、陇海路、龙河路等多条小街巷的路灯。2003年，新建学院北路、科苑北路、拦海大堤护栏、解放东路、大庆中路、龙河南路、连岛西入口、新建路、中华中路以及多条小街巷的路灯照明工程。2004年，海宁中路、通灌路、海连东路、巨龙路、港城大道、海滨大道、环山路、国展西路、利民路安装路灯。其中，海滨大道安装131套具有海滨特色的帆船灯，铺设电缆7.2千米，安装专用表箱两座。2005年，新建、改建科苑路、朝阳东路、公园南路、海连东路、盐河南路、连岛环山路、中山东路、港城大道、新牛公路路灯。

至2005年底，市区路灯总数3.8万盏，其中小街巷安装路灯4611盏；照明线路总长801.62千米。

二、光源

1984年前，连云港市路灯照明光源以白炽灯为主。1984年，全市路灯2223盏，其中白炽灯1183盏，占53.22%。1985年后，多数一般道路和少数小街巷改装或新装汞灯、钠灯。

1990年前，市区主干道路灯以汞灯、钠灯为主，占总数的61.63%；白炽灯占总数的38.37%，主要分布在支路及小街巷。1990年后增加金属卤化物灯、霓虹灯、荧光灯等新的光源。2000年后，市路灯管理处对路灯光源进行改造，增加节能灯。通过对路灯光源的改造，白炽灯逐年减少，节能灯逐年增加。2005年，市区主要道路、小区有白炽灯919盏、汞灯1516盏、钠灯2.19万盏、节能灯7162盏、发光二极管灯1910盏。钠灯占57.9%，节能灯（含发光二极管灯）占23.9%。

第三章 公用事业

1984年后，连云港市政府持续加大对自来水、管道燃气、供热和污水处理等公用事业的投入。1990年后，多次对茅口水厂、海州水厂进行改造、扩建。1997年，建成日供水能力10万立方米的第三水厂。在改建、扩建水厂的同时，完善供水管网，建设加压站，调节容量，增加传输能力，建立供水管网监测点，对管网水质加强检测。2000年后，城市居民广泛使用管道天然气，石油液化气用户逐年减少。新海电厂、新浦热电厂（后更名为田申热电公司）、新城热电公司和海兴热电公司向城区居民和工业用户供热，全市建成数个集中供热小区。大浦污水处理厂日处理污水能力10吨，有效解决市区污水处理问题。

2005年底，全市自来水普及率96.37%，水质达标率100%，日供水能力30万立方米，供水管道长839.82千米。市区供热能力每小时839吨，供热面积140万平方米。铺设污水管道50余千米。全市液化石油气供气总量2.2万吨、天然气供气总量730.98万立方米，煤气、液化气普及率99.9%。

第一节　供　水

一、水源

地下水源　20世纪80年代初，江苏省地质矿产局第二水文地质大队在市区进行水资源勘察，认为连云港市水文地质条件分为4种，第一种为基岩裂隙水，普遍富水性差；第二种为海积平原孔隙水，由于海水长期浸没成陆时间短，水质较差；第三种为山麓坡洪积物内孔隙潜水，地下水位埋深一般小于3米，水质较好，矿化度小于每升1克，是当地居民主要供水水源；第四种为埋藏古沟内第四系浅层承压孔隙水，承压水位埋深1.5～3.5米。

连云港市城区地下水有小型分散水源地5个：墟沟水源地位于后云台山与棺材山之间谷地内，汇水面积约4.7平方千米；朝阳水源地位于朝阳镇境内，汇水面积15.5平方千米；大村水源地位于花果山乡境内，汇水面积约15平方千米；海州城南水源地位于海州城南一带，汇水面积约12平方千米；桃花涧水源地位于锦屏山南侧，桃花涧至下陶湾一带。

地表水源　连云港市地处沂、沭、泗水系下游，海水倒灌河道，地下水含氟量高，基本不能利用，淡水资源极其匮乏。枯水季节上游无来水。多年平均降水量883.9毫米，折合地表径流量为16.7亿立方米，人均占有水资源不足400立方米，是典型的水源型缺水城市。蔷薇河是市区唯一的地表供水水源，供给市区及沿岸100多万人口的生活用水和工农业生产用水。

1984年，市政府下发《连云港市城镇供水资源管理实施细则》，规定水厂取水口半径100米水域范围内为水厂戒严地带，水厂取水口上游1000米至下游1000米水域为水源卫生防护地带。在水源卫生防护地带范围内，有污染水质的单位必须制定治理规划，限期达到排放标准；在卫生防护地带以外排放的凡影响水质的工业废水，市县城建、环保、卫生等部门都要加强管理，确保取水口的水质要求，并在取水处设置明显标志牌。

图7-18　花果山大圣湖应急水源地　李家岭　摄于2005年

1990年后，蔷薇河持续遭到上游来水和农田回归水的污染，表现为耗氧量、氨氮及色度超标。为解决蔷薇河上游污染问题，省市有关部门提出清污分流方案。1999年，建成蔷薇河送清水工程，水质得到较大改善。2000年后，蔷薇河水质较稳定，达到地面水三类标准。

除蔷薇河外，流经市区的主要河流还有排淡河、烧香河、东盐河、大浦河、龙尾河、玉带河、西盐河和善后河，这些河流由于水量不足，水体污染严重，未能作为城市供水水源。

二、水厂

1984～2005年间，全市共建有3个公共水厂，日供水能力30万立方米，日实际供水38万立方米。此外还有2家企业自备水厂。

茅口水厂　1984年，连云港市自来水主要由海州茅口水厂供给，日供水能力7.5万立方米。茅口水厂占地3.2万平方米。1986年5月开工建设二期工程。新建项目主要包括增设一级泵房115千瓦机组2台、改建平流式沉淀池为斜管沉淀池和人字折板反应斜管沉淀池、改建普通快滤池为双层滤料滤池，增建清水池2座，二级泵房新换2台310千瓦机组、新增2台280千瓦机组（以上为净水厂项目），改建黄九埝加压站，新建陶庵加压站和中山路加压站，新建庙岭清水池和黄九埝至平山段配水管及部分输水工程。采用常规水处理工艺，有反应沉淀池3座和滤池8组；消毒采用三点投加的液氯消毒方式；混凝剂采用液体聚合氯化铝，泵前投加；在原水污染时，附以粉末活性炭。1990年7月二期工程建成，日供水能力达到10万立方米，主要为连云港市区中、东部地区供水。

图7-19　1990年7月，茅口水厂二期工程建成，日供水能力达到10万立方米。　吉志强　摄

海州水厂　位于海州区铁西路17号，占地2.5万平方米。1989年10月，市自来水公司投资510万元对海州水厂进行改造。工程包括新建一级泵房、吸水井1眼、反应沉淀池4座、365平方米加矾加氯间、6000吨滤池1座、6000吨清水池1座。形成18组滤池，采用常规水处理工艺。消毒采用三点投加的液氯消毒方式，混凝剂采用液体聚合氯化铝，泵前投加，在原水污染时附以粉末活性炭。1993年建成投产，日供水能力由5万立方米增加到10万立方米，主要为新海地区西南部供水。

第三水厂　1990年，市政府批准立项建设第三水厂。1993年筹建，占地6.4万平方米，1995年建设一期工程。采用常规水处理工艺，建设反应沉淀池2座、滤池8组；采用三点投加的液氯消毒方式；采用液体聚合氯化铝混凝剂，泵前投加，在原水污染时附以粉末活性炭。1997年建成投产，日供水能力10万立方米，预留相同工艺的扩建空间。与茅口水厂共用出厂管道，主要为新浦区东北部和东部城区供水。

连云港碱厂水厂　1989年建成，企业自备水厂，日供水6万立方米。从蔷薇河一级泵房取水，在马山建有水处理设施，采用分质供水，供企业生活与生产使用。

田湾核电站水厂　2004年建成，为企业自备水厂，日供水6万立方米。从蔷薇河刘顶段一级泵房取水，在大板篛处建有水处理设施。

三、供水管网

1984～1985年，铺设海州水厂沿新建路向东经纺织厂沿盐河路至塑料四厂直径500～1000

毫米钢筋混凝土管道、海棠路沿中山路至庙岭直径500毫米混凝土管道和国产球墨铸铁管道、新海路沿江化路至碾米厂直径500毫米钢筋混凝土管道。

1986年6月，铺设新海南路直径800毫米钢筋混凝土管道和新浦大粪场沿新龙路、海连东路至陇海饭店直径500毫米钢筋混凝土管道。1987年，铺设茅口水厂沿新墟公路至黄九埝直径800毫米钢筋混凝土管道。1988年10月，铺设茅口水厂经沈圩桥至和平桥直径500～800毫米钢筋混凝土管道。1989年5月，改造黄九埝至平山供水管道为800毫米日本产球墨铸铁管道。1990年，铺设海棠路直径500毫米钢筋混凝土管道，以及连云港经济技术开发区经一路、经二路、经三路、纬一路、纬二路供水管道2.8千米。新海地区中心地带、猴嘴中心地带形成环状供水管网，连云区为枝状供水管网。

1997年，第三水厂投产运行，铺设茅口至黄九埝之间2条直径800毫米管道17.71千米，铺设黄九埝至连云区2条直径500毫米自应力水泥管道13.5千米，新浦区、云台区、开发区和连云区供水管网实现连接。1999年，铺设长9千米、直径400毫米的供水管道，跨越拦海大堤，将管网延伸到连岛，结束连岛居民靠雨水和船运水生活的历史。2003年，实施新坝镇和锦屏镇区域供水工程，铺设供水管线16.1千米。2004年，改造区域内老旧供水管道200千米。

2005年，全市新建、改建供水管道30余千米，锦屏镇、新坝镇、板桥镇、宁海乡10万农村居民告别吃井水的历史。市区日供水能力达到30万立方米，供水管道总长839.82千米，其中直径75毫米以上供水管道长780千米。

1997～2005年连云港市城区供水情况统计表

表7-3

年份	水厂个数（座）	水厂综合生产能力（万立方米/日）	供水管道长度（千米）	供水总量（万立方米）
1997	3	31.1	487.00	8126
1998	3	31.1	557.00	7587
1999	3	31.1	585.00	6931
2000	3	32.1	606.00	7710
2001	3	38.0	643.00	7575
2002	3	38.0	693.62	7905
2003	3	38.0	764.87	8070
2004	3	38.0	810.04	8204
2005	3	38.0	839.82	9046

四、加压站

1984～1990年，市建设部门陆续扩建、改造黄九埝加压站供水泵房，改造后港口泵房与开发区泵房分设，有4座调节水池。1987年，建成庙岭水池，调节容量7000吨，水池底部高程46米。1990年，建成陶庵加压站，为介于黄九埝加压站与庙岭水池之间的串联中途加压站，最大转输能力每日3万立方米，地面高程15米。是年建成中山泵房，位于庙岭水池与凰窝水库之间，担负为连云区供水任务。1993年，建成南城加压站，供水范围为南城镇、云台乡，日供水能力5000立方米。2004～2005年，市自来水公司改制后，顺应全市道路管网建设和技术改造的热潮，全市新增二次加压泵站10余座。

五、水质

蔷薇河是市区唯一的地表水供水水源，1984年时水质为国家地面水二类标准。1989年，市区内设30个监测点监测管网水质，每月取样检测一次。20世纪90年代前，各水厂出厂水浊度、余氯合格率99%以上，细菌、大肠杆菌合格率100%。1990年后，蔷薇河水质受污染，水质降为地面水三类标准，水质综合合格率98%以上。2000年后，市区管网监测点增至34个。2005年，管网余氯、浊度、细菌、大肠杆菌4项水质指标检验合格率均在99%以上，水质达标率100%。

六、供水企业改制

根据建设部、江苏省政府“将现有供水、供气、供热、污水处理等企业的国有存量资产进行整体或部分转让”的文件精神，2002年11月，连云港市建设局以市城市投资有限责任公司为操作平台，就转让市自来水公司部分股权公开选择资产审计、资产评估和招标代理单位，选定上海东方国际招标有限公司为招标代理机构。2003年4月10日，确定北京京建水务投资有限责任公司为第一谈判候选人。

2004年3月18日，市政府批复同意市自来水公司70%的国有股权（2.18亿元）转让给北京京建水务投资有限责任公司。北京京建公司出资70%，市城投公司出资30%，组建连云港市自来水有限责任公司，合营期限为50年。2005年4月，双方签订连云港市自来水公司70%股权转让合同修改和补充协议。是年6月6日，市城市建设投资有限责任公司批复确认连云港市自来水有限责任公司工商注册登记净资产及转让价，市国资办签署同意，市工商局核发营业执照。6月12日，新组建的连云港市自来水有限责任公司在神州宾馆举行揭牌仪式。

第二节　供　气

一、石油液化气

1984年底，连云港市级机关有60户职工家庭使用石油液化气，气源来自华东输油管道局。随后，市内一些单位自行赴外地采购石油液化气供应职工家庭。1985年10月，市机关石油液化气站建成投产，有40立方米贮罐1个、槽车1台，气源来自山东省、江苏省各炼油厂。此后至1989年，市内先后出现连云港轻工仓库、港务局、三航五公司、涤纶厂、军分区和渔业公司6家专业石油液化气经营单位。

1990年，市机关事务管理局在石油液化气钢瓶检测站的基础上成立市石油液化气钢瓶检测站，经营石油液化气钢瓶检测业务。20世纪90年代至21世纪初是居民使用石油液化气的高峰，2003年全市供应居民石油液化气突破2万吨。随着管道燃气、天然气开始进入居民家庭，石油液化气用户逐渐减少。2005年，市区有石油液化气站16家，储存能力6420立方米。

二、管道燃气

1984年12月，市煤气筹建处成立。1986～1987年，先后委托上海化工设计院、华北市政设计院进行市内管道燃气工程可行性研究设计。气源采用市化肥厂生产的煤气、碳化气及施放气，日生产规模8万立方米，供气范围为新浦西小区、镇海小区、南小区、东小区、通灌路两侧居民及机耕路以南新开发的小区。1987年12月兴建煤气储配站工程。

1988年，完成气源厂改造，供应优质煤气。是年铺设燃气管道40余千米。1989年铺设化肥厂至储配站中压管道、储配站至西小区中压管道、西小区内低压管道。

1990年9月煤气储配站主体工程建成。1991年2月27日，首次向西小区居民送气点火，600户居民用上了管道煤气，到年底总供气41.45万立方米，安装用户1750户。9月，安装西盐河煤气拱管，净跨56米，为江苏省内净跨最大拱管。1992年12月，南小区完成置换气工程，向300余户居民送气，是年发展管道燃气用户2500户，供气量75万立方米。1996年6月，矿山设计研究院1100户用户成功并入市煤气管网。1997年，启动管道液化气工程，8月，管道液化气罐装车间建成投产，向国税局和地税局宿舍102户居民供气。1999年3月，连云港市气源改造和大港液化气工程分别启动。气源改造工程在原煤气储配站内新建1座储量200立方米的液化气混空站；大港液化气工程是连云地区首个管道燃气项目，在中华西路新建1座80立方米的液化气气化站和配套管道设施，2001年建成投产，供气规模1万户。2000年建成新海气源厂，燃气管道接通海州地区。2004年，市区铺设直径200～700毫米的中、高压天然气管道51千米，新增管道燃气用户7043户。

2005年，铺设宋簏至连云港港中压燃气管道16千米；市区新铺设燃气管道35千米，新增管道燃气用户1万户。年底，全市有燃气管道总长度243千米，西气东输天然气门站开工建设，完成连云区天然气置换，益海粮油公司、东方集装箱公司首次用上天然气。市区管道燃气用户5.32万户，用气人口17.1万人，天然气供气总量730.98万立方米。

1996～2005年连云港市燃气使用情况统计表

表7-4

年　份	液化石油气供气总量（吨）	天然气供气总量（万立方米）	管道长度（千米）
1996	13173	—	—
1997	13769	—	—
1998	14154	—	5
1999	14067	—	5
2000	15265	—	60
2001	17819	—	94
2002	19766	—	133
2003	20380	—	156
2004	17420	244.00	190
2005	22000	730.98	243

三、管道燃气企业改制

连云港市煤气公司成立于1994年8月12日，后更名为连云港燃气总公司，为市建设局下属企业。2003年，进行股权转让，经评标委员会评定和实地考察，确定新奥江苏投资有限公司为中

图 7-20　2003 年成立的新奥燃气有限公司　　张晓晖　摄

标人，投资连云港市管道燃气项目。7月29日，连云港市人民政府印发《关于燃气总公司股权转让有关问题的批复》，同意将市燃气总公司70%的国有股权转让给新奥江苏投资有限公司，原则同意市城投公司与新奥江苏投资有限公司双方签订的合营管道燃气50年的协议。8月15日，合资公司连云港新奥燃气有限公司成立。

第三节　供　热

一、供热管网

1984～1985年，新海发电厂抽气供热机组向周围2千米范围内的市红旗化工厂、农药厂、树脂厂、发酵厂供热，供热能力每小时290吨。1986年冬，由于供汽量增加导致水处理设备过载运行，新海发电厂开始对热用户限汽。1987年9月，田申热电公司建成西线和南线管道，西线管道向市区西郊老工业区用户供热；南线管道向市区西南部工业和商业用户供热，配合老城区改造，建成水管路和通灌路集中供热站。1989年，市炼糖厂供热管道建成，向附近七一六研究所等单位供热。1991年9月，新海发电厂将6号机组改建为供热机组，1992年4月投入运行，最大供汽量为每小时20吨。1992年，新海发电厂将7号机组改建为供热机组。1993年，发酵厂自筹资金建设供热管道，成为拥有双管道的热用户。1999年，新电实业公司建成东线管道，服务于市区巨月和商贸服务业。2002～2003年铺设通往江苏三得利食品有限公司的供热管道1200米。2003～2005年，新城热电有限公司铺设文昌路至苍梧路、巨龙路、科苑路至联通置业小区、兴隆路、金色家园、翠竹苑、温哥华小区等供热管线8870米。至2005年底，全市供热管道长26千米，市区供热能力每小时839吨，城市供热总面积140万平方米。

二、供热企业

田申热电有限公司　1987年9月，全市第一家供热企业——新浦热电厂一期工程建成投产，向周围半径1千米范围内的造纸厂、罐头厂、色织一厂、变压器厂等9家工厂供热。新浦热电厂一期工程装有每小时35吨次高压锅炉1台和3兆瓦背压汽轮发电机1台。经过二期建设和技术改造，形成规模为3台每小时25吨锅炉、装机容量1.5万千瓦时、年供热量75万吨、发电量7000千瓦时的生产能力。2004年，新浦热电厂改制为连云港田申热电有限公司，是集供热、供电为一体的热电联产企业。供热范围为以田申公司为中心的5千米半径区域。

连云港新电实业公司　2001年，连云港新电实业公司建成3台供热机组，最大供热能力每小时80吨，有供热管线3条，主要供热用户是德邦精细化工有限公司、双菱化工集团有限公司、平安气体有限公司、诺贝科技生化有限公司，年供汽量18万吨。是年10月至2002年4月，分别将8号、9号机组改造为供热机组，单机供热能力每小时50吨。2003年3月，新电实业公司成立热电公司。2004年、2005年供热量分别达26.8万吨、32.1万吨。

连云港海兴热电有限公司　2005年5月，连云港海兴热电有限公司建成投产，是连云港经济技术开发区内唯一的热电联产集中供热中心，供热半径约3千米，采暖供热半径约5千米，管网总长7.5千米。供热区域为开发区内的工业企业，有18家用汽单位，2005年供热量14万吨。

第四节　污水处理

一、污水处理厂

1984年前，连云港市没有污水处理厂，城市污水直接排入玉带河、龙尾河、西盐河，经大浦河入海。1993年筹建全市第一个污水处理厂——大浦污水处理厂。至2005年底，大浦污水处理厂、赣榆县污水处理厂建成（试）运行，墟沟污水处理厂完成选址、设计，东海县西双湖污水处理厂开工建设。

大浦污水处理厂　1993年2月，连云港市污水处理厂筹建处成立，下设大浦污水处理厂和管网管理所两家生产单位，主要从事污水处理厂一期工程管理、技术工作和二期工程筹建以及生产、泵站看护、管网维护等工作。2004年在一期工程一级处理基础上完善二级处理，建成大浦污水处理厂二期工程。主要设备从德国进口，污水处理采用厌氧—缺氧—好氧法工艺，年底完成土建施工及设备安装调试，生物池、二沉池通水。2005年4月，大浦污水处理厂投入试运行，新浦、海州城区污水日处理能力达到10万吨。

图7-21　2005年4月，大浦污水处理厂投入试运行，日处理能力达到10万吨。　侍志　摄

墟沟污水处理厂　原厂址选在平山路东侧、台北盐场送水渠西侧、大港路南侧地段，2005年7月底完成征地、拆迁、“三通一平”①、施工便道回填等工作，主要构筑物粗格栅间及进水泵房、生物池、二沉池桩基图、建筑专业施工图完成并具备招投标条件，配套建设大港路、碱厂南路、新光路、中华路等污水主干管道18千米。根据建设国际化海滨城市要求及东部滨海地区规划需要，市委、市政府于2005年8月决定将墟沟污水处理厂迁址于大港路北侧、刘圩闸西侧，距离原址约1千米处重新建设。8月26日，连云港市规划局东区分局核发墟沟污水处理厂建设项目新厂址选址意见书，连云港市建设局委托中国市政工程华北设计院对原厂区总平面设计进行调整。10月18日，调整后的厂区总平面设计通过连云港市规划局东区分局的审查。

赣榆县污水处理厂　2004年开工建设，2005年10月建成投入试运行，一期工程污水处理能力为每日2万吨。

东海县西双湖污水处理厂　2002年10月经省发展和计划委员会批准立项，2005年4月28日开工建设。

① “三通一平”指水通、电通、路通、场地平整。

二、污水管网

20世纪90年代前，连云港市城市污水管网建设非常薄弱。1990年，海州城区建设化工排污沟2.3千米，将海州地区大部分工业废水引至市区下游的大浦河。1999～2000年，新浦城区在西盐河两岸、龙尾河两岸、大浦河北岸铺设污水截流管网17.81千米，污水经截流管网收集后再经污水提升泵站送至大浦污水处理厂。2001年底建成新浦、海州城区17.8千米污水截流管道，建设完成1～5号泵站。2002～2004年新建朝阳东路、科苑路、学院路、巨龙路、郁洲北路、郁洲南路、海滨大道、国展东路、公园南路、海连路、解放东路、大港路等城市道路配套污水管道37千米。2004年，海州泵站和海宁泵站投入运行。2005年新建人民西路、科苑南路、中华西路、栖霞路等城市道路配套污水管道10千米。是年，新建苍梧绿园、人民公园污水提升泵站。

三、污水处理企业改制

2004年7月，连云港市建设局根据建设部《关于加快市政公用行业市场化进程的意见》、省政府《关于进一步推进全省城市市政公用事业改革的意见》精神，积极推进污水处理事业的市场化运作，盘活存量资产，向市政府申请对连云港市污水处理厂筹建处进行改制转企，将大浦污水处理厂以TOT（移交—经营—移交）方式、东部污水处理项目以BOT（建设—经营—转让）方式进行捆绑招商，面向国内外市场公开招标。

2004年11月3日，市政府《关于城市污水处理项目招标有关问题的批复》，授权连云港市城市建设投资有限责任公司作为城市污水处理项目的招标人，负责城市污水处理项目的招标工作。同意“厂网分离”分开运作方案，授予新组建的污水处理公司特许经营权，特许经营期限为25年（含建设期）；原则同意大浦污水处理厂采用TOT方式进行产权转让；同意对拟建的墟沟污水处理厂按照BOT方式进行运作，大浦、墟沟两个污水处理项目同步合并操作。

2005年5月16日，市城市建设投资有限公司与新加坡金迪生物科技公司签约。是年底，市建设局完成大浦污水处理厂专项验收、移交工作，大浦、墟沟污水处理厂项目交由连云港金兆水务公司运行、建设，企业改制工作完成。

第四章　老城改造与新区开发

1984～2005年是连云港市老城改造与新区开发的兴盛期。1989年开始，海州区开始修复钟鼓楼，开展大规模的古城改造工程，建筑风格以明清为主，总建筑面积达17万平方米。1996～2000年，全市完成18万平方米的危旧房拆迁安置，建成商品房30万平方米。2000年后，连云港市开始大规模的城市建设和拆迁改造，海昌路、解放中路、通灌北路经改造建设，形成全市最大最密集的商业区；陇海铁路市区段经改造建设，形成长1170米的陇海商业步行街，先后创建成为江苏省“百城万店无假货”示范街，被中国商业步行街工作委员会评为中国最具升值前景商业街。

与此同时，连云港市根据城市规划积极向东、向南拓展建设新区。2001～2005年间建成新区总面积23平方千米，其中，首期开发地块范围东起宁海公路，西至瀛洲路，南起海宁路，北至苍梧

图 7-22 市区西盐河风光带 张晓晖 摄于 2005 年

路，用地面积6.75平方千米，规划居住人口6万人，是集市级行政办公、文化娱乐、教育和地区性的商业、金融、居住为一体的现代化新城市中心。

至2005年底，连云港市建成区面积78平方千米，城市化率37.18%，城镇人均居住面积31.6平方米。

第一节 老城改造

1984年，连云港市建设部门继续在新浦南片区实施旧城改造，重点改造贾圩、通灌路一带，后继续向南延伸，将贾圩桥以东以南的原新浦农场场部全部拆迁改造，形成以龙河广场为中心的新市区，建有多处高层、大型建筑物。

1986～1988年，对新浦南片区的两条主街道海昌路和南极路片区进行改造。1988年，投资改造连云区墟沟镇龚大巷旧城区，该巷原属镇郊农村，房屋破旧，生活设施不配套。经过拆迁改造后，成为面貌一新、生活设施齐全的新城区。

1989～1991年，海州区实施仿古改造，修复钟鼓楼，拆除沿街旧房屋，累计拆除旧房7.2万平方米，兴建仿明、清风格建筑17万平方米，扩建新建道路7条。拆除周围民房，形成鼓楼广场。

1998年，对新浦青年路、公园街片区进行彻底改造，由市几家房地产公司共同开发成为新的住宅小区。

2000年，市委、市政府对城市建设提出“一年一变化、三年明显变化、五年大变化”的目标，连云港市的拆迁工作随之有了量的突破。是年改造原火车站老城区，该地区原为新浦火车站所在地，已建站60多年。铁路北移后，原有的成片破旧仓库、站房经拆迁改造，成为新颖别致的住宅新区。

图 7-23 市区老城区改造拆迁现场 吉志强 摄于2002年

“十五”计划期间，连云港市旧城改造取得显著成效。2001年，全市完成拆迁项目41个，拆迁房屋37万平方米，拆迁居民3000户、单位63家，完成延安新村、公园新村、陇海步行街片区等一批旧城改造拆迁项目。2003年后，连云港市城市建设进入快速发展时期，拆迁量大幅增长。《连云港市城市房屋拆迁管理规定》《连云港市城市房屋拆迁补偿价评估技术规范》等一批新政施行，市拆迁办全面推行拆迁评估和评估结果公示制度，对拆迁资金实行专户储存、统一发放。是年拆迁总面积80.12万平方米。2003～2005年，全市拆迁总面积312万平方米，拆迁居民1.48万户，拆迁单位603家，是全省同类城市中拆迁量最多的城市之一。

图7-24 铁路改线前，火车经过市区常造成出行不便。 李家岭 摄于1990年

铁路改线与老城区改造 1984年，市区铁路从南极路、海昌路、通灌路3条主干道穿过，常造成交通堵塞。1985年，经济南铁路局研究通过并报铁道部批准，将海州火车站到连云港港40余千米的铁路列入整体改造规划，其中以海州火车站到新浦火车站之间的老城区铁路改线为重点。从海州火车站西向北方向改线，绕过新浦老城区再转向东取直至连云港港，原有路基和海州站、新浦站报废，选择其中间位置新建火车站及相配套的铁路货场、站前广场；报废云台火车站，该段铁路向南平移建朝阳编组站。是年，该项工程启动，市政府成立征地拆迁办公室。至1995年底，拆除数万平方米房屋，征用土地370余公顷。1996年，铁路绕行线全线通车，新浦新火车站、货场、编组站等铁路设施启用。

铁路改线后留给市区很大的用地空间。市委、市政府将铁路两侧居民区、火车站周边棚户区、污染企业纳入城市规划改造范围。1998年，先期启动陇海步行街建设。此后，对南极路、海昌路、通灌路实施降坡、拓宽改造，道路两侧地块按照规划进行开发建设，形成新的商业街区。陇海商业街再向东拓展，跨过龙尾河至郁洲路，利用原铁路专用线路基建设陇海路，路两侧进行商业开发，建成以大润发超市、地方海鲜、小商品市场为特色的陇海商业一条街。2000年底，原新浦火车站土地及周边地块进入开发建设阶段。至2005年底，先后建成阳光丽景、阳光园、怡景苑等住宅小区。

海州古城改造 海州古城始建于梁天监十一年（512年），城周1.5千米，设东西两城门，东门位于今甲子桥西侧，西门即今钟鼓楼。明永乐十六年（1418年），加砌城墙，筑镇海门、通淮门、朐阳门、临洪门。现在的古城是在原址的基础上规划重建的。1989年，海州区仿古改造启动，先行修复钟鼓楼。1991年，海州区成立仿古改造指挥部，正式实施仿古改造工程。累计拆除旧房面积7.2万平方米，兴建明清风格仿古建筑17万平方米，建成8条仿古街巷。结合仿古改造工程，恢复修建钟鼓楼、大型古牌坊、城雕“秦东门”、朐阳门及广场、百子庵、观音庵、碧霞寺等，配套建设幸福南路、中大街、西大街、西尚路、南北大街等道路基础设施，增强城区服务功能。

图7-25 海州仿古街区 赵鸣 摄于2000年

1993～2005年连云港市区拆迁情况统计表

表7-5

年　份	拆迁项目(个)	拆迁单位(家)	拆迁户数(户)	拆迁面积(平方米)
1993	45	56	1257	77104
1994	24	44	791	68720
1995	41	67	884	91350
1996	31	79	644	85885
1997	27	81	910	138462
1998	51	152	1848	224000
1999	49	278	2743	342973
2000	44	97	1477	177000
2001	48	83	3400	390000
2002	68	170	3362	400000
2003	53	127	3618	866660
2004	42	356	5408	1098819
2005	44	120	5786	1157500
合计	567	1710	32128	5138473

第二节　新区开发

1984～1990年，连云港市的新区开发主要集中在连云港经济技术开发区。

1991年，市政府开始计划在新浦与猴嘴之间设立新区，成立宋跳工业区，使市区逐渐向东延伸；同时开发新浦南片区，三条南北主干道通灌路、海昌路、南极路建设延伸至新浦南部玉带河，形成约5平方千米新城区。1997年8月，省政府批准在宋跳工业区设立连云港高新技术产业开发区，占地面积12.6平方千米，与国家级开发区实行一套工作机构、两个机关名称的管理体制。

2001年，新浦新区开始建设，新区位于新浦城区的东南部，西自瀛洲路，东至宁连公路，北至苍梧路，南至海宁路，是新浦新城区建设的起步区，占地6.75平方千米。2002年3月，市委、市政府决定实施行政中心东移迁建工作，新的行政中心即位于新浦新区。

新浦新区以东盐河绿化风光带为界，分为东西两片，东片为连云港市的政治、文化、体育中心，西片为新区生活居住用地，并配套发展片区商业服务设施。新区规划“三横四纵”道路总骨架，“三横”即苍梧路、朝阳东路、海宁路，“四纵”即瀛洲路、郁洲路、科苑路、学院路。

图7-26　2005年开发建设的东盐河风光带　　韩世泳　摄

2004年底，新的市行政中心投入使用，由建筑面积5.6万平方米的行政中心主楼、占地面积5万平方米的市政广场和面积0.48万平方米的北广场地下停车场组成，配套实施绿化7.6万平方米、区内市政道路2.7千米，总投资4亿元。

2005年，新区建设主要包括科苑路、科苑南路、景观大道及周边道路和市民广场、郁海广场绿化工程，总投资4791万元。

第五章　园林绿化

1984年，连云港市区有新浦公园、海滨公园供市民休闲娱乐，但其规模、景观设施无法满足城市的发展和人们日益增长的精神文化生活的需求。90年代后，市政园林部门对这2个公园进行整修和扩建，并兴建苍梧绿园、海宁公园、在海一方公园等。2005年底，全市有公园10个，面积183.97公顷。

1984年，全市道路绿化已初具规模。20世纪90年代后，根据城市总体规划，绿化与道路建设同步进行。市建设部门坚持新建扩建一条街，绿化美化一条街，追求一街一树种、一路一特色，消灭黄土裸露，拓展街头绿化，实施植物造景，建造有层次、有起伏、色彩鲜艳的道路绿化带，从传统单一的行道树，向乔、灌、花、草相结合的多层次、多类型绿植格局发展。通过街头游园、单位绿化、居住区绿化建设，绿地数量明显增多，涌现出一批高水平的公共绿地、园林式单位和居住区。至2005年底，全市建成区园林绿地面积2526公顷，其中公共绿地527.04公顷，建成区绿化覆盖率37.1%，人均公共绿地7.51平方米。

第一节　公　园

一、新浦公园

位于新浦市区西南部。占地7.33公顷，1963年建成开放，系仿清朝建筑结构、江南园林布局的综合性山水园林。1987年建成花卉馆。公园内设动物园，展出20余种动物，有东北虎、非洲狮以及灵长类、鹤类、雉类和多种观赏鸟等珍禽动物。园内娱乐设施较为丰富，有电动碰碰车、卡丁赛车、摩天车、登月火箭、高架游览车等40余种。2000年在南大门西侧建露天游泳池。公园花房培育有君子兰、茶花、杜鹃、米兰、鹤望兰等，还有南洋杉、大雪松、苏铁等观赏植物。盆景园有树桩、山石等盆景供游人观赏。2005年公园有绿化树86种3000余株，花卉品种370余种。公园年接待游客25万～30万人次，属国家二级公园。

图7-27　新浦公园锦绣阁　　　刘聪　摄于2005年

图 7-28　1999 年建成的苍梧绿园　　侍志　摄

二、苍梧绿园

位于新浦东城区。1997 年 5 月兴建，1999 年 7 月建成开放。东西长 570 米，南北宽 480 米，占地总面积 28 公顷，其中陆地面积 23.4 公顷、水体面积 4.6 公顷。绿化面积 18.94 公顷，园路及广场铺装面积 4.2 公顷。栽植香樟、广玉兰、雪松、银杏、黑松、合欢、栾树、乌桕等大规格苗木 4300 余株，栽植花灌木 5 万株、地被 16 公顷、草花 5 万株，竹岛栽植金镶玉竹、佛肚竹、黑竹等竹林 3560 平方米。中心广场配有花柱灯、壁灯、蝴蝶灯、广玉兰泛光灯、雪松泛光灯、音乐之声灯、现代都市灯等灯饰。分为中心广场、自然山水、游戏活动、运动休闲和竹岛 5 个景观功能区。

三、海宁公园

位于新浦南小区。占地面积 6000 平方米，1987 年 3 月建成开放，属居住区公园。园内有假山，山上有石舫、蘑菇亭，栽植四季常青的花卉灌木、乔木，并设有亭、台、廊、阁等园林建筑小品和儿童迷宫。

四、朐园

位于海州城北原护城河南岸。面积 5 公顷，1987 年城建部门规划建园。1988 年 4 月成立朐园工程筹建处，投资 120 万元开工建设。1989 年 1 月完成一期工程，面积 3 公顷，造型仿照苏州园林古建筑。园内建有花园 1600 平方米、2 座花房、两个花坛。全园划分为群众活动区、儿童活动区及安静休息区。区域间以绿化树丛相隔。1990 年春节对游客开放。1995 年 3 月实施二期工程，面积 2 公顷。主要在园内修建混凝土路面、花坛及草坪，种植各类名贵树木。20 世纪 90 年代末，海州区政府决定将此作为招商引资项目列入连云港市招商引资“直通卡工程”。2003 年 2 月，朐园整体拆迁，开发建设宝利商业步行街。

五、双龙井游园

位于海州古城双龙桥西南侧。双龙井始建于明代景泰年间（1450～1456 年）。1995 年在建设海州区幸福南路期间，投入资金 40 万元实施一期工程，改造双龙井挡土墙，兴建井亭。2002 年 2

月实施二期工程，兴建龙泉阁、远香堂、仿古长廊、拱桥、水池等，其中龙泉阁、远香堂为仿明代建筑。此后，相继引种名贵花木百余株，园内植物配置以桂花为骨干树种，园内树木采用孤植与丛植相结合进行布置。游园占地6400平方米，建筑面积800平方米。

六、海滨公园

位于连云区墟沟镇海棠北路。占地8.17公顷，其中，水面0.17公顷、建筑0.33公顷、绿地7.67公顷，绿化覆盖率88%。园内有海角园、硕园、盆景园、友谊园、瑞石园和游乐园6个景区。海角园位于公园入口处，浓缩山海风光，主要景点有雕塑——“海的女儿”。友谊园位于公园南部，园内有韩国、日本等国的石刻和种植的友谊树。游乐园位于公园北部，有溜冰场、卡丁车、旋转木马、碰碰车等，是儿童的乐园。盆景园位于公园西南角，有形态各异的盆景。瑞石园位于公园东部，天然奇石自成景观，主要景点有向若亭、乐寿山庄、瑞石窝、海狮喷泉。硕园位于公园西部，绿树成荫，小品造型别致。

七、在海一方公园

位于连云区墟沟镇海棠路北端。原为墟沟海滨浴场。东至海域，西、南至海滨大道，北至拦海大堤，总面积117.3公顷，其中陆地面积25.4公顷。2005年7月开工建设，有怡情海域、阳光沙滩、景观铺装、疏林草地等，还有纪念广场、台地花园、生态池塘、观海平台、开敞草地5个独立园景，通过园路和木栈道将景观串联。

第二节　城市绿化

一、道路绿化

道路绿化是城市绿化的重点。20世纪90年代后，连云港市根据城市总体规划，道路绿化与道路建设同步进行，普遍植树、栽花、种草；根据连云港市土壤、气候特点和植物适植性，对树种进行更新改造，通过乔、灌、花、草相结合，打造高低错落、色彩鲜艳的道路绿化带，美化城市和居民生活空间。2005年底，连云港市城市道路绿化占地1612.66万平方米，绿化覆盖面积550.94万平方米，城市道路绿化普及率99.2%。

海滨路绿化　1989年新建海滨南路时，根据道路盐碱性土质，将行道树由白蜡改植为黑松、柳、桧柏，绿化带栽植小叶黄杨、木槿等花灌木以及大叶黄杨绿篱。

图7-29　绿树如荫的郁洲路　　　侍志　摄于2003年

海昌路绿化　1990年在铁路以南海昌路人行道宽阔处建花坛13处，内植各种球类花草。2002年栽植悬铃木120株，栽植龟甲冬青、金叶女贞、红叶小檗4.8万株。2004年实施海昌南路绿化工程，绿化带面积3000平方米，中间布置由金叶女贞和红叶小檗组成的3组椭圆形图案，每40米循环一次，种植立面上利用植物修剪的高度不同形成中间高、四周低的格局；栽植龟甲冬青、金叶女贞、红叶小檗5.12万株，栽植行道树160株。

幸福路绿化 1990年两旁建绿化带，栽植法桐、合欢、国槐、栾树等，绿化带内栽植大叶黄杨、红叶小檗、金叶女贞、桂花、红梅等31个品种7569株，种植草坪1800平方米，绿化覆盖率76.7%。

海连东路绿化 1999年在原有绿化基础上，采用红叶小檗、金叶女贞、红花酢浆草等低矮色叶花草，在花池中做成海浪图案，共栽植金叶女贞3500株、雀舌黄杨8600株、红叶小檗4150株、洒金柏2000株、红花酢浆草9000株，新栽草坪1000平方米，新建立体花坛1个，修补各类花池10个。2000年完成绿化风光带二、三期工程建设，栽植雪松206株、蜀桧77株，在每个植物色块组团中间间隔栽植草花色块，每个草花色块长20米、宽5米，共有13个草花色块组成，共栽植草花3.25万株。

港城大道绿化 1999年实施一期工程，时称新墟公路绿色风光带。采用红叶小檗、金叶女贞、大叶黄杨、瓜子黄杨等4种植物组成长40米、宽5米的色块，每个色块间距20米，在花池中做成日出、波浪、船帆图案，以体现海滨城市的特色，绿化面积1.8万平方米。2004年实施二期工程，道路横断面为中间分隔绿带，两侧各20米绿地，绿地总面积约63万平方米，栽植火炬树、山麻杆、椤木石楠、旱柳、银杏、大叶女贞、雪松、石楠、紫荆等近10万株、色块灌木近100万株，道路绿化率42%。

二、游园及街头绿地

20世纪80年代，市区开始在街头种植树木花草，开辟小游园。20世纪90年代后，按城市建设规划开展街头小游园及绿地建设，改善城市生态环境，美化城市。至2005年底，市区各具特色的小游园及街头绿地199处，面积363.69万平方米。

孔巷街头小游园 位于海州古城中大街和孔巷交界处。1989年5月建成，2005年秋改造。总面积1200平方米，地面铺装面积330平方米。牌坊、长廊、凉亭重新彩绘油漆，栽植银杏、石楠球等苗木20株。

朝阳西路圆盘绿地 1996年建草坪，栽植金叶女贞1.77万株、火棘1.48万株、红叶小檗1.16万株、麦冬730平方米、石楠141株、美人蕉270丛、龙柏球1875株，绿化面积3000平方米。

朐阳门广场绿地 1999年北广场更换种植土1200立方米，砌筑花坛6个，铺草坪4000平方米，栽植龙柏球700株、黄杨球1000株。2003年建设南广场绿化，面积3000平方米。2005年5月改建西侧绿地1.25公顷，绿地设计为自然式半开放游园，南侧为绿地中心，高低起伏，点缀景石。园内道路以花岗岩碎片铺装为主，配以片石。植物配置采用乔、灌、草相结合的自然群落式种植方式，植物品种主要有银杏、白玉兰、大叶女贞、合欢、栾树、紫薇、红叶李、海桐、火棘、大叶黄杨等，达到四季常青、三季有花效果。2005年秋季改造南广场绿地，重新播种草坪，栽植法桐、合欢、红叶小檗等灌木1.4万株。

海昌路游园 2005年5月建成。占地面积1公顷，内设休闲广场、园路、景墙、木质休闲步道。栽植雪松、桂花、榉树、国槐、银杏、青桐、五角枫、栾树、白玉兰等乔木树种近800余株，栽植紫薇、红枫、梅花、木槿花灌木1000余株和日本鸢尾、金叶女贞、红叶小檗等色块灌木近5000平方米。

西天池游园绿地 位于民主中路西天池牌楼东北角。1985年建成。占地面积3000平方米，周围设钢管护栏，外围种植白蜡树，园内种植各种花灌木215株、大叶黄杨3000株。北端建水池、

图 7-30　市政职工在龙河广场修剪植物
赵鸣　摄于2005年

假山喷泉、廊架，廊下设有座凳。

龙河广场绿地　1987年初始建，1989年建成。呈长条形河滨绿地，占地面积0.24公顷。栽植花灌木38个品种5233株。绿地内建有花坛、凉亭、花廊等园林建筑小品和曲径小路。

蔓园绿地　1989年建设。位于连云区中山路北侧，占地2.7万平方米。园内植物主要以地被攀缘开花的藤本植物为主，利用海边自然地形，开辟高、低、平坦相接的场地，设有游园路、小桥、廊架，辅以大面积的草坪。

龙尾河滨河绿化　2001年实施。北起人民桥，南至农副产品批发市场，贯穿6座桥梁，横穿人民路、解放路、海连路、朝阳路4条主干道，绿化总长5.4千米，绿地面积5.5万平方米，种植草皮5.3万平方米，栽植各类树木6612株，各种花卉2万余盆，安装护栏671米。

盐河路及滨河绿地　2005年建成。北起火车站，南至朝阳桥，全长2.2千米，总面积6公顷，其核心部分滨河广场占地面积3公顷。滨河绿地是盐河路的主要绿地，以常绿草坪为基调，点缀乔、灌木及四季花卉，形成树林草地的效果。局部地段设休闲小广场及游览步道，营造园林空间。

市民广场绿地　2000年3月建成。占地面积6.6万平方米，绿化面积3万平方米，栽植大乔木1383株、灌木1790株、草坪和地被植物2.07万平方米，栽植胸径25厘米以上的刺楸、黄檀、朴树、栾树、香樟等大型植被23株。

行政中心广场绿地　2005年建成。广场空间通透，绿化集观赏性、适用性于一体，乔、灌、草结合，花坛、绿地、林荫道交错，体现空间形态及季节变化。绿地面积7.6万平方米，绿地率50.87%，绿化覆盖率51.54%。

三、生产绿地

1984～2005年，海州区、新浦区结合农业产业结构调整，加大挖掘乡土树种和引进苗木新品种力度，采取国家、集体、个人多渠道有序育苗，对个体苗农、花农，在政策、资金和技术上给予扶持等措施，促进苗木基地发展。1984年，云台区扩建苗圃1.6万平方米，为市区提供耐盐碱的绿化苗木和比较高档的花灌木。1986～1990年，该苗圃引进各类梅花、海棠花、樱花、桃、梨花等近20个品种。1990年，市区有生产绿地38万平方米，分布在新浦区、海州区、连云区、云台区、花果山风景区等地，每年为城区提供大批量地被植物和苗木，全市苗木自给率85%。2005年，市区主要有振兴集团浦东苗圃、新浦区城建苗圃、海州孔望山苗圃、海州园林苗圃、花果山苗圃、岗啃苗圃、开发区华源市政公司苗圃、双龙苗圃、东风路苗圃、海州双龙苗圃、海州苗圃及新建东路生产绿地。市区生产绿地面积291.44公顷，其中，新浦区131.26公顷、连云区（含开发区）144.24公顷、海州区15.94公顷。生产的苗木基本能满足全市绿化建设需要。

四、防护绿地

连云港市地处沿海，历来重视防护绿地建设。至2005年底，全市建成玉带河防护林、老果山南路防护林、大浦河防护林、蔷薇河防护林等防护绿地196.64公顷，基本形成城市绿化防护林体系。

玉带河生态防护林 全长2.8千米，面积22.4万平方米。沿玉带河两侧各栽植两排垂柳，河道机耕路两侧以大叶女贞和合欢间植，其他地段栽种杨树5000株、泡桐800株、大叶女贞1800株、合欢1000株、蜀桧1.03万株、木槿1.58万株。

蔷薇河防护绿地 位于蔷薇河两岸，面积6.3万平方米。沿河道两侧主要栽植杨树、大叶女贞、栾树、香樟等乔木，配置红叶石楠球、海桐球以及樱花、海棠等花灌木，局部地段设休闲广场及木栈道。

五、居住区绿化

20世纪80年代，连云港市对居住区绿化没有要求。20世纪90年代后，随着城区的扩展和群众对居住环境要求的提高，新建小区开始同步进行绿化配套建设，由园林部门跟踪管理并参与竣工验收。2001～2005年，新建和改建的居住区绿化全部达标，建成区内居住区绿地总面积391.7万平方米。49个居住区绿化达到江苏省城市居住区和单位绿化标准，全市创建市级园林式居住区33个、省级园林式居住区12个，分别占全市居住区总数的72%、48.5%和17.6%。

西大岭住宅区绿化 1992年后开始栽植花木，铺设草坪，兴建景点。1996年、2002年分别建成西苑及其盆景园，绿地面积5.6万平方米，以乔、灌、草相结合的方式绿化，地被以常绿草坪为主，绿化面积3.31万平方米。

图7-31 2005年，全市居住区绿地总面积391.7万平方米。 张晓晖 摄

杰瑞新村绿化 2000年3月建成。总面积2.18万平方米，绿地面积8512平方米，公共绿地面积3240平方米，人均公共绿地面积5平方米，绿地率39%，绿化覆盖率42%。

苍梧小区绿化 小区占地13.7万平方米，其中，绿化面积5.51万平方米，绿化覆盖率40%。栽植桂花、樱花、红叶桃、海棠、合欢、雀舌黄杨等名贵树种和木槿、红枫紫薇、西府海棠等40余种植物，有中小乔木1800余株，小龙木、冬青等灌木5000余平方米，铺设常绿草坪2.8万平方米。2004年被省建设厅授予“江苏省园林式居住区”称号。

兴业时代花园绿化 小区占地9.3万平方米。小区内共栽种各种江苏省名贵树种1000余株、金叶女贞1.4万株、红叶小檗1.2万株、常绿草坪1.6万平方米、马尼拉草坪6000平方米。其中，干枝直径在20厘米以上的榉树24株，干枝直径在15厘米以上的广玉兰260株，高达2米、树冠直径1.5米的桂花150株，干枝直径在6厘米以上樱花24株，以及雪松、黑松、龙爪柏、香樟等名贵成年树种。小区各楼位间建设桂花园、樱花园、广玉兰园、香樟园、棕榈园等12个。2000年被省建设厅授予“江苏省园林式居住区”称号。

光明小区绿化 小区内廊架、景亭、水系相互融合，绿化用苗丰富多样，乔木有雪松、法桐、银杏、广玉兰、垂柳等，灌木有大叶黄杨、瓜子黄杨、火棘、龟印冬青、碧桃、梅花等，地被有四季青草皮、马尼拉草皮、白三叶等，达到四季常青、三季有花效果。绿化面积2.5万平方米。

六、单位绿化

20世纪80年代起，连云港市区机关、学校、宾馆、医院、工厂等企事业单位在建设过程中，普遍将绿化与建筑统筹规划设计。1990年，全市开展创建省级园林式单位活动。1996年，神州宾馆、云台宾馆、连云港化工高等专科学校、江苏省海州师范学校等9家单位创建成省级园林式单位。1998年，连云港市第三水厂、连云港市职教中心等5家单位获第二批省级园林式单位称号。2001年，连云港市新浦热电厂、恒瑞集团获第三批省级园林式单位称号。2003年，江苏省赣榆高级中学、江苏省东海高级中学、东海县殡仪馆等6家单位获第四批省级园林式单位称号。2005年，省政府命名新海高级中学、淮海工学院东港学院、东海县实验中学等5家单位为第五批省级园林式单位。在此期间，市政府分两批公布62家市级园林式单位名单，全市共有154家单位获“绿化达标单位”称号。至2005年底，市区绿化达标单位达163家，其中新浦区70家、连云区39家、海州区29家、开发区25家。

图7-32　灌云县园林式居住区　江能尧　摄于2003年

1996～2005年连云港市园林绿化情况统计表

表7-6

年份	园林绿地面积（万平方米）	建成区绿化覆盖面积（万平方米）	建成区绿化覆盖率（%）	人均公共绿地面积（平方米）	城市公园数（个）
1996	1130	1438	30.01	5.00	6
1997	1187	1481	30.24	5.40	7
1998	1237	1550	30.82	6.05	8
1999	1285	1598	31.58	6.56	8
2000	1315	1629	31.69	6.76	8
2001	1343	1657	31.99	6.52	8
2002	1396	1709	27.97	5.78	8
2003	1559	1872	29.90	6.46	8
2004	2056	2398	34.43	6.99	10
2005	2526	2883	37.10	7.51	10

第三节　古树名木

一、古树名木调查

连云港市境内生长着许多南北方珍贵树种，有些还是中国特有的珍稀树木，是国家古树名木较多的城市之一。20世纪80年代，市政府投入专项资金，集中专业人员，对全市古树名木进行普查。普查分为山区和市区两大片区，重点以花果山、东磊、孔望山3处有古代寺院的山区为主。其中花果山有800年以上树龄的银杏几十株，千年银杏也有十几株。调查发现的10株圆柏中有3株在千年以上。最著名的是位于东磊延福观内的4株白玉兰，其中3株树龄均为800多年，1株树龄为400多年，最大的一株树干直径115厘米、冠径15米、树高14米。调查显示，全市古树名木共有15科20属21种计78株。古树名木包括唐代的银杏，宋代的松，明代的圆柏，清代的玉兰，近代的白榆、白蜡，以及亚热带的树种红楠等，大多分布在云台山的柳河、宿城、花果山、东磊等地。按树龄分，有500年以上符合一级保护单位标准的39株、300年以上的符合二级保护单位标准的12株、100年以上的并具有纪念意义的符合三级保护单位标准的36株；按属、种分，有银杏25株、赤松15株、其他38株。

图7-33 花果山九龙桥旁古银杏，树龄超过800年。 侍志 摄于2005年

2003年8月，市园林部门开展古树名木全面详细调查。结果显示，全市有古树名木130株，其中，一级古树63株、二级古树53株、二级名木14株；有古树名木后续资源17株；有千年以上古树14株，其中，花果山7株、孔望山1株（圆柏）、云山乡1株（银杏）、宿城悟正庵2株（银杏）、中云林场2株（银杏）、灌云县1株（圆柏）。至2005年底，全市有古树名木103株，其中，一级54株、二级49株。

2005年连云港市主要一级古树情况统计表

表7-7

序号	树名	地址	树龄（年）	干枝直径（厘米）	冠径（米）	高度（米）	管护单位（人）	生长状况
1	银杏（雌）	花果山老君堂	1100	181	28.0	25.5	花果山风景名胜区管理委员会	良好
2	银杏（雌）	花果山九龙桥旁	818	150	20.6	25.5	花果山风景名胜区管理委员会	良好
3	银杏（雌）	花果山灵官殿下	818	118	17.0	19.5	花果山风景名胜区管理委员会	良好
4	银杏（雌）	花果山袖海院内南	818	108	21.0	19.5	花果山风景名胜区管理委员会	良好
5	银杏（雌）	花果山袖海院内北	818	95	15.0	19.5	花果山风景名胜区管理委员会	良好
6	银杏（雌）	花果山七十二洞上	1018	140	20.0	20.0	花果山风景名胜区管理委员会	良好
7	银杏（雌）	花果山七十二洞下	818	99	18.0	19.0	花果山风景名胜区管理委员会	良好
8	圆柏	花果山三元宫正门前	1218	85	6.6	8.5	花果山风景名胜区管理委员会	较好

续表7-7

序号	树名	地址	树龄（年）	干枝直径（厘米）	冠径（米）	高度（米）	管护单位（人）	生长状况
9	银杏（雄）	花果山三元宫院内东	1018	169	23.7	28.0	花果山风景名胜区管理委员会	良好
10	银杏（雌）	花果山三元宫院内西	1018	132	17.0	24.0	花果山风景名胜区管理委员会	良好
11	银杏（雌）	花果山和尚斋堂西	818	103	15.5	19.5	花果山风景名胜区管理委员会	良好
12	银杏（雌）	花果山和尚斋堂东	818	115	20.7	21.0	花果山风景名胜区管理委员会	良好
13	银杏（雌）	花果山团圆宫前	818	111	12.2	20.3	花果山风景名胜区管理委员会	良好
14	银杏（雌）	花果山三元宫大殿后	1018	78	9.0	9.0	花果山风景名胜区管理委员会	较好
15	银杏（雌）	花果山屏竹居下	1018	158	25.0	20.0	花果山风景名胜区管理委员会	良好
16	圆柏	孔望山龙洞庵院内大殿西侧	1218	69	9.0	11.6	孔望山景区管理处	良好
17	流苏树	孔望山龙洞庵院内大殿东侧	818	60	8.0	7.0	孔望山景区管理处	良好
18	银杏（雌）	中云林场院内（原崇善寺）	1280	210	45.0	32.0	市中云林场	良好
19	银杏（雌、一棵分四株）	云山乡白果树村	1018	102	23.0	30.0	云台乡白果树村	良好
20	银杏（雌）	宿城悟正庵左侧	1018	164	22.0	23.5	宿城风景区管理处	良好
21	银杏（雌）	宿城悟正庵右侧	1018	138	18.0	19.5	宿城风景区管理处	良好
22	银杏（雌）	中云林场院内（原崇善寺）	1280	105	21.0	32.0	市中云林场	良好
23	白玉兰	东磊延福观后殿前仙家乐境内	813	115	15.0	14.0	国营南云台林场	较好
24	白玉兰	东磊延福观后殿以南路西	813	73	14.0	17.2	国营南云台林场	良好
25	白玉兰	东磊延福观以南路西	813	31	8.0	14.1	国营南云台林场	较好
26	银杏（雌）	东磊延福观大门对面拐台口下	813	80	12.0	13.5	国营南云台林场	良好
27	银杏（雌）	东磊延福观以南路东	813	132	18.0	30.0	国营南云台林场	良好
28	银杏（雌）	东磊延福观以南路西	813	110	14.0	30.0	国营南云台林场	较好
29	银杏（雌）	东磊延福观以南后庵杨家前	813	121	12.0	21.5	国营南云台林场	良好

续表 7-7

序号	树名	地址	树龄（年）	干枝直径（厘米）	冠径（米）	高度（米）	管护单位（人）	生长状况
30	柿树	宿城云岭村李学田家门前	600	48	12.0	15.0	宿城风景区管理处	良好
31	柿树	宿城云岭村李学田家门前	600	43	11.0	13.0	宿城风景区管理处	良好
32	银杏（雌）	花果山多宝佛塔下	818	83	12.5	10.0	花果山风景名胜区管理委员会	差
33	银杏（雌）	花果山照海亭旁	818	51	17.0	28.0	花果山风景名胜区管理委员会	良好
34	圆柏	灌云县伊山镇山前村	1000	95	13.3	12.0	山前村委会	差
35	银杏（雌）	灌云县板浦小学对面	800	73	15.0	20.0	板浦镇政府	良好
36	银杏（雄）	灌云县伊庐山	500	86	8.6	16.0	伊芦乡政府	一般
37	银杏（雌）	赣榆县黑林汪头村	500	162	17.5	25.0	赣榆县园林处	一般
38	银杏（雄）	东海县石榴镇浦西小学院内	700	169	26.0	21.0	石榴镇人民政府	良好
39	银杏（雌）	花果山茶庵院内	900	108	18.0	25.0	花果山风景名胜管理委员会	良好

二、古树名木保护

1984年后，随着全市古树名木大规模调查的展开，全市古树名木的保护工作开始受到重视。1984～1990年，市电台、电视台、报纸等新闻媒体广泛宣传国家关于古树名木保护的法规条令，市园林管理部门在风景名胜区古树名木集中地段竖立广告牌，书写有关法规条文，让游人知晓。对一些单株或在私人住宅区的古树名木悬挂宣传牌、保护牌。1990年后，市财政局每年拨出专项资金保护和管理古树名木，市园林局派专人从事古树名木保护工作，分散在乡村私人住宅的古树名木责任到人，并实施支架支撑、堵树洞、设避雷针、防治病虫害、定期施培水肥土等具体保护手段。2000年后，市政府根据国家和省政府政策法令，出台《连云港市古树名木保护试行办法》，加强对稀有树种、古老树种的保护。2005年，市政府出台《连云港市古树名木保护管理办法》，形成一套完整的关于古树名木保护管理的地方规章，古树名木保护工作步入法制化、正规化、科学化轨道。

第四节　市树市花

2004年6月，连云港市开始市树、市花评选工作，市园林部门多次在市级新闻媒体上对市树市花评选活动的目的意义、评选原则及候选品种进行宣传推介。是年9月24日，市建设局组织市

图 7-34 2005 年，银杏、玉兰被确定为连云港市树、市花。图为"玉兰花"邮票首发现场。 俞德春 摄

图 7-35 连云港市树——银杏 王浩敏 摄于2005年

内15家单位的专家就评选市树市花问题展开讨论，广泛听取专家意见，最终确定银杏、国槐为市树候选品种，玉兰、石榴为市花候选品种。随后，向市民发放选票1万张，开展投票评选活动，收回有效选票9378张，银杏得票率82.43%，玉兰得票率77.69%。2005年2月22日，经市十一届人大常委会第十五次会议批准，确定银杏为连云港市树、玉兰为连云港市花。

第六章 城市建设资金

1984年后，连云港市政府为了满足城市建设发展的需要，采用多种手段筹措城市建设资金，推动城市建设。1990年前，城市维护建设税是连云港市城市建设资金的最主要来源。1993年分税制后至2005年，逐步形成市场机制与行政手段、国内与国外、直接融资与间接融资并举的城市建设资金筹集格局。特别是1996年后，土地出让金收入成为城市建设重要的资金来源。1990～2005年，全市城市建设资金投资62.26亿元，城市建设维护资金支出62.78亿元。

1984～2005年，城市建设资金使用经历了计划经济、计划经济到市场经济转变、由市场需求调节三个阶段。在资金管理方面也经历微观管理，以经济、法律手段为主、行政手段为辅，建立独立的城市建设资金运行机制三个阶段。

第一节 城市建设资金来源

1984年，连云港市遵循国家综合开发城市的建设方针，要求无论工业或民用项目，必须将房屋建设与市政公用设施建设配套进行，同时交付使用；配套设施的建设费用由开发部门垫付，通过向用户收取开发费进行补偿。

1985年，国务院发布《中华人民共和国城市维护建设税暂行条例》，以城市维护建设税取代城市维护"三项费用"。至1989年，连云港市城市建设资金基本平衡，每年约在800万～1000万元，城市维护建设税是连云港市城市建设资金的最主要来源。1990年，市区城市维护建设税901.3万元，中央财政拨款和地方财政拨款分别为20万元、30万元。1993年，国家实行以分税制为核心的新财政体制，明确城市建设是地方政府的职责。市政府为加快城市基础设施发展，转变观念，努力开拓资金渠道。通过多年探索，逐步形成市场机制与行政手段、国内与国外、直接融资与间接融资并举的城市建设资金筹集格局。至1995年，市区城市维护建设税升至2200万元，地方财政拨款增加到513万元，并开始大规模地应用国内贷款进行建设，是年贷款资金达到2660万元。1996年后，土地出让金收入开始稳定地成为城市建设资金的重要来源，国内融资贷款也主要以土地出让金偿还。2001年起，土地出让金收入超过城市维护建设税，成为城市建设资金的主要来源。2001～2003年，市区用于城市建设的土地出让金收入3.69亿元，比同期城市维护建设税收入高1.93亿元；国内贷款由2001年的1590万元增至2003年的2.25亿元。

2005年，市区城市维护建设税增至1.49亿元，国内贷款达4.4亿元，土地出让金收入5.8亿元。

1990～2005年连云港市城市建设资金投资来源情况统计表

表7-8 单位：万元

年份	城市维护建设税	公用事业附加	中央财政拨款	地方财政拨款	国内贷款	水资源费	单位自筹	市政公用设施有偿配套费	城市公用设施有偿使用费	土地出让金	其他收入
1990	901	429	20	30	150	—	306	171	218	—	466
1991	953	465	20	55	—	—	176	277	660	—	246
1992	1300	400	20	89	—	—	47	486	758	—	700
1993	1418	479	10	63	—	—	22	836	1051	150	326
1994	2018	520	10	50	550	—	50	989	1537	1600	1426
1995	2200	655	—	513	2660	—	1338	1232	1710	728	3394
1996	2200	600	137	775	2800	160	300	528	456	1000	4766
1997	2292	900	—	243	1980	70	2735	600	520	1550	3870
1998	3138	900	—	—	2765	114	2109	856	670	3084	2930
1999	3321	916	7000	—	4900	132	6550	1663	1039	—	200
2000	3995	847	1700	715	7400	96	4954	927	1000	1085	200
2001	4398	810	—	3330	1590	10	20704	2134	2340	5211	499
2002	5866	2720	535	8268	21670	131	11517	2681	2292	13867	3367
2003	7371	2670	1977	5338	22460	60	4022	5132	7846	17792	12948
2004	11292	2044	515	3290	6600	280	15502	8282	4046	60132	26
2005	14871	1577	600	8085	44103	226	6710	15272	16607	58047	12333

第二节 城市建设资金支出

1984～1990年，连云港市城市建设资金支出完全按计划开支。每年由市城乡建设委员会会同市财政局拿出具体意见安排，报市政府批准，然后由市城乡建设委员会、市财政局下达给各区政府以及城建局、园林局等部门组织实施，市财政局负责监督。每年建设费用主要用于市政道路、园林绿化项目的新建、维修、养护以及市区环境卫生清扫等。城市建设资金管理本着按计划、有多少钱办多大事的原则，由市和县区财政部门统收统支，管理到具体项目，政府和企业职能混合在一起，实行微观管理。

1991～2000年，国家经济体制由计划经济逐渐向市场经济过渡，连云港市在城市建设资金使用方面也经历了从计划经济到市场经济的转变。1993年开始推行项目法施工，实行项目经理制。城市建设中的供水、供热、道路、桥梁按项目施工，组成项目经理部。在管理上注重投资效益分析，计算现金流量和资金的时间价值。采用投资效益的静态分析方法如投资回收期法、投资收益率法和投资效益的动态分析方法如净现值法、现值指数法、内部收益率法、动态投资回收期法，以最大限度地提高资金使用率。城市建设资金管理体制逐渐从计划经济向社会主义市场经济转变，管理方式向以经济、法律手段为主、行政手段为辅转变，建设经营市场向有控制地放开、有秩序地竞争转变。

2001～2005年，全市城市建设资金的支出由市场需求调节，市建设主管部门进行宏观调控，逐步建立起协调、高效、规范的城市建设资金管理体系。2002年7月，连云港市城市建设投资有限公司（简称城投公司）成立，标志着连云港市形成独立的城市建设资金管理体系。城投公司通过对原市燃气公司、自来水公司、污水处理厂股权的公开转让，共筹措3.18亿元城建资金；通过土地一级开发、授权土地储备和合作开发筹集城建资金；运用抵押、担保等多种形式进行银行借贷，有效保障市政重点工程的顺利完工。

2005年，全市城市建设维护资金支出18.35亿元。其中，用于供水建设4763万元、燃气建设4905万元、集中供热1750万元、公共交通设施建设955万元、道路桥梁建设125429万元、排水设施建设9200万元、防洪设施建设355万元、园林绿化23402万元、市容环境卫生2099万元、其他10665万元。

1990～2005年连云港市城市建设维护资金支出情况统计表

表7-9　　单位：万元

年份	供水	燃气	集中供热	公共交通	道路桥梁	排水	防洪	园林绿化	市容环境卫生	其他
1990	46	—	—	—	339	—	—	232	211	489
1991	127	65.5	—	35	927	—	—	473	444	725
1992	150	279	—	40	1197	—	—	542	549	714
1993	560	306	—	45	1015	—	—	571	733	935
1994	2416	310	—	50	2903	—	—	747	967	1114
1995	3650	345	—	55	5688	—	—	1597	1684	1305
1996	3021	300	600	65	5759	1100	—	943	1764	1955
1997	1033	190	—	100	6770	856	—	1672	1876	3330
1998	1459	839	—	100	8816	370	—	1620	1800	2554
1999	1330	743	5	415	11396	4654	—	3089	2137	4396
2000	935	1172	—	100	9541	4910	—	1768	1999	2299
2001	1849	1080	3100	133	20077	5963	273	1750	2739	3339
2002	2768	1299	3400	100	40469	6929	2826	7757	3284	3430

续表7-9

年份	供水	燃气	集中供热	公共交通	道路桥梁	排水	防洪	园林绿化	市容环境卫生	其他
2003	2843	1970	—	145	51053	7918	3993	9126	3685	17122
2004	4352	5370	—	400	74667	7506	1120	2262	3496	230
2005	4763	4905	1750	955	125429	9200	355	23402	2099	10665

第七章　城市管理

1984年，连云港市城市管理主要以道路清扫、公厕清掏、垃圾清运（简称“三清”）为基本工作内容，作业主要以手扫、肩挑、人力车拉等方式完成。1987年，市区成立城市管理执法队伍，城市管理范围由单一的“三清”拓展到城市秩序管理。1996年，随着城区人口和建成区面积不断增加，为进一步加强城市管理，市政府成立市城市管理委员会，城市管理工作范围逐步扩大，环境卫生作业机械化程度不断提高。2001年，市城市管理委员会更名为市城市管理局，挂市城市管理行政执法局牌子，实行一套工作机构、两个机关名称的管理体制。建立城市管理“110”快速反应平台，全市城管人员素质、装备水平和管理能力不断提高。至2005年底，全市建成比较完善的环境卫生配套设施，城区美化亮化建设迅速发展，市容管理和监察执法水平不断提高，为连云港创建省级文明城市、中国优秀旅游城市打下良好基础。

第一节　市容管理

一、综合整治

1984～1986年，连云港市区只有环卫所负责城区环境卫生工作，市容整治工作未系统展开。1987年8月，连云港市城建监察大队成立。1988年，连云港市城建监察大队查处违法违章行为7305起，其中，查纠乱设乱摆摊点56900余人次，拆除违法建设38处6342平方米，取缔无证经营246户，纠正违章车辆2381辆次，处罚损坏绿化及环境卫生设施行为11起。

1994年，市城建监察大队拆除违法建设4000多平方米，维护施工面积2万多平方米，保障轻工商场二期工程、石油公司工程、市建筑三公司外包仓库等工程顺利进行。

1995年，新浦区、连云区、海州区、云台区相继成立区属城建监察大队。1996年，各城建监察大队清理占道经营2100人次、店外开店234户，拆除违章广告标牌340处，查处乱停乱放车辆614辆次，拆除乱搭乱建400余户2300平方米，其中强行拆除800平方米。

1997年，市城建监察大队更名为市城市管理监察支队。此后，城管监察侧重于对城区市容市貌、环境卫生、乱搭乱建等开展综合整治。1999年，城管监察支队出动2000多车次、1万多人次，拆除占道亭棚80余处，清除违法建设130处2000多平方米，拆除违章广告647幅，清理占道经营

图 7-36　环卫工人清理卫生死角　　侍志　摄于2002年

1229户次，查处违章车辆200辆次，查缴白色污染物品470余万件。2000年开展11次综合整治和专项整治工作，拆除违法建设88处，清理店外店59户，取缔非法集贸市场3个，占道作业房8间，清理流动摊点2万余户次，铲除户外小广告6000余幅。

自2001年起，市城市管理局先后制定《连云港市城市管理行政执法程序规定》《连云港市行政执法监督管理规定》《关于罚款决定与罚款收缴分离实施办法》《连云港市城管行政执法错案追究制度》等19项规章制度。是年，市城建监察支队依法拆除破损户外广告牌1200余块，清理违章亭棚150余处，拆除违法建设261处，铲除拾荒点54户，治理和搬迁马路市场5个，清理违章摊点1600多个，整顿货运市场6个，取缔沙石市场21个，查纠违章车辆10800余辆次，查处违章施工工地10余个。2002年，市城建监察支队结合创建卫生城市开展22次突击整治工作，出动1.2万多人次，依法清理小广告22万多条，纠正违章行为1300多起，清理摊点大排档221处，拆除占道亭棚40多处，拆除市区河道两侧违建60多间，查处违章车辆130多辆次。

2003年，连云港市城市管理局创立“条块结合，以块为主、权责分明、日巡周查、月考年评”的管理机制和“统一领导、上下联动、机动突击、划段定人、包片到队、定期轮换、责任追究”的执法机制，制定《行政执法责任制实施意见》，开展27次环境整治工作，依法查处各类违法违章行为1.6万余起，清除小广告50余万条，查处“三乱”（乱张贴、乱涂写、乱刻画）行为人200多人，单向中止通信工具1538部，铲除办证制假窝点15个，拆除市区内45条道路、两侧850余处计7.2万平方米的违法建设，取缔葵花巷、大庆西路、沈圩3个马路市场。

2005年，针对违法建设屡禁不止问题，市政府召开全市整治违法建设动员大会，成立“四城同创”（创建国家卫生城市、省级文明城市、环保模范城市、园林示范城市）指挥部拆违办公室。全市城管系统打造连云地区“十里港湾”、新浦地区“两河两路区域”、海州地区“一路一场”3个城管示范片，创建10个城管示范物管小区和10个城管示范社区，完成329个社区垃圾散放点专项整治。依法取缔自发形成的马路市场9个、占道洗车点17个，清理摊点1500多户次，查缴落地招牌460块，拆除违法建筑11.5万平方米。

二、户外广告管理

1984年，市区除普通店字招牌外，几乎没有相对固定的户外广告。1989年，市区开始设置零星户外广告。1995年在龙河广场周边首次成批设置20块具有围挡功能的临时性大型户外广告牌。1996年，市城市管理委员会在解放路百货大楼、龙河广场华联商厦、中华路购物中心、秦东门广场周边等地段设置大型楼顶和楼体广告牌。2000年，连云港市开源广告有限公司在通灌北路和解放中路设置不锈钢护栏，市区在重大活动期间发布路灯杆挂旗广告，是年起各户外广告按照10%比例发布公益广告。2002年2月，《连云港市户外广告设置规范》出台。2005年，市区在中山西路、海棠北路、盐河路、海连路、朝阳路、苍梧路、幸福路、郁洲路、通灌路等路段大批量设置落地灯箱广告和路灯杆灯箱广告。市城市管理局对主干道新建楼体进行勘察、规划，制定统一设置标准，并及时通报户外广告审批和违规设置情况，新楼体广告牌整治合格率95%。

三、美化亮化

1984年，市区有30条道路设置路灯，路灯密度不大，且因电力供应不足不能保持常亮，沿街楼体建筑基本上无常备亮化设施。1985年，市政府首次在解放中路举办元宵灯会，组织40多家企业在解放中路两侧展示自行设计制作的简易灯饰，吸引众多居民参观。1987～1993年，市区多处设置霓虹灯亮化店字招牌，市商业局、新海发电厂、陇海饭店、百货大楼等沿街机关和厂矿企业的门头与楼体上安装七彩罩式固定亮化灯具，每当重大节日或庆典活动时插彩旗、亮彩灯进行环境渲染。1994年，解放中路、海昌北路开始设立立杆式双面内置光源灯箱140只。1995年，解放中路的48家沿街单位投入资金85万元用于楼体门面装饰轮廓灯、霓虹灯。1996年，全市投入500万元在解放路、龙河广场、海棠路等地段开展亮化工程，在龙河广场设置大型户外广告牌，采用外光源照明，沿街亮化楼体装饰贴面30万平方米，粉刷墙面20万平方米。是年，市城市管理委员会成立后，设置广告与亮化管理科，对户外广告设置与亮化建设进行审批管理。出台《连云港市市区霓虹灯建设管理暂行办法》，对市区内设置霓虹灯亮化进行规范管理。1997年，市区实施“两场三路”（龙河广场、新火车站广场、海连路、朝阳路、解放路）为主框架的亮化工程，投资385万元，设置立柱式双面内光源灯箱164只；21个单位对楼体实施轮廓灯设置和射灯亮化；连云区中山路74家单位设置装饰灯81处、霓虹灯36处、轮廓灯13840米。是年，为推动市区美化亮化建设，市城管委、市供电局联合发文，为美化亮化工程提供优惠电价政策，公益亮化用电享受居民照明电价。1998年，投入200万元在通灌路、海昌路设置96只立杆式灯箱，在海棠路设置121只灯箱。1999年，华联商厦、振兴大厦的大型霓虹灯广告设施建成使用，成为市区亮化的亮点地段。2000年，市城管委出台《全市城区亮化工程实施意见》，试行收取户外广告城市空间有偿使用费。2002年，连岛海滨浴场、花果山风景区投资240多万元实施景点亮化工程。2003年，为进一步推进城市亮化建设，市政府开始把亮化工程建设纳入政府年度工作目标，要求全市（含县）每年至少完成80项亮化工程建设任务。是年，全市投资1200万元，完成亮化工程96项，亮化面积80万平方米，建成苍梧绿园、滨河广场等一批精品亮化项目。2004年，全市投入近3000万元，建成134个城区亮化项目，新增亮化面积175万平方米，建成祥源大厦、库斯科保龄球馆等一批精品亮化项目。

2005年，全市吸纳社会投资1051万元，对近31万平方米的破旧楼体粉刷亮化，对1.76万米长的破旧围墙进行景观改造；投资2200万元，建成105个亮化项目，新增亮化面积58万平方米。

四、城管“110”

2001年，连云港市城市管理行政执法支队设立城管“110”求助、投诉电话和城管新闻曝光台，24小时接受市民投诉和举报，初步形成城市管理快速反应机制。是年，受理投诉电话113起，办结113起，办结率100%。2002年，城管“110”受理市民投诉举报案件明显增长，全年受理1105起，办结处理1038起，办结率95%。2004年，城管“110”强化快速反应机制，增设市级接处警人员，设置区级接警专用电话，组建市、区两级接处警机动大（中）队，年内共受理群众投诉举报4235件，处理办结4223件，办结率99.7%。2005年，城管“110”受理群众投诉举报4875件，处理办结4868件，办结率99.9%。举报投诉内容主要以占道经营、抛撒滴漏、乱搭乱建为主。通过城管“110”快速反应，有效解决影响广大市民群众生活的热点、难点问题。

第二节 环境卫生维护

一、环卫机制建设

1984年，连云港市各城区环卫所隶属各区城乡建设委员会。1986年，连云港市市政公用局增设环卫管理科，负责全市环卫工作的监督、检查、协调和指导。1987年，全市环卫行业实行逐级定员、定岗、定经费责任承包制。1988年，市区环卫工作实行“一包四定”制（路面清扫保洁承包到人，定人员、定任务、定责任、定标准）。1990年，市政府出台《连云港市市容和环境卫生2000年长远规划》，确定市区市容和环境卫生管理工作的长远发展目标。1993年，市政府颁发《连云港市城市建筑垃圾管理实施细则》。1999年，市政府公布实施《关于建立“两级政府、三级管理、四级网络”城市管理体系的实施意见》，进一步明确各级政府和部门的管理责任。2002年，市城市管理局制定《连云港市环境卫生管理考核细则（试行）》，建立环境卫生目标管理考核责任制，初步形成行政手段、经济制约、物质奖励、精神奖励和民主监督相结合的奖惩体制。2003年，各区环卫处实行公司制改组，成立环卫总公司和分公司，按企业化管理体制承包经营。2004年，全市推广新浦区环境卫生工作由环卫部门“一家管理、一家收费、一家作业”的一体化运行方式，全市环卫作业一体化覆盖率69%。各环卫公司普遍实行市容环境卫生管理责任制，制定“五定”（定点、定人、定时、定责、定考核奖惩）工作规范。2005年继续推行环卫作业一体化改革，环卫作业进一步市场化、专业化、社会化。

图7-37 20世纪80年代的垃圾清运车 城管局 供

图7-38 2005年的垃圾清运车 城管局 供

二、环卫设施

1984年后，市区主要道路普遍增设铁制和玻璃钢制果皮垃圾箱。1987年，海州区、连云区环卫所各投资新购1辆道路冲洗车，在全市环境卫生作业中率先使用专业机械。1990年，海州区环卫所购置1辆道路吸扫车，实现人工清扫向机械清扫的转变。1987～1990年，市内增设2200个封闭式铁制垃圾桶，各环卫所共购进12辆封闭式自动装卸垃圾清运车、3辆铲车和12辆翻斗汽车，生活垃圾每天清运两次，做到日产日清。随着生活垃圾量的增加，新浦地区新建市东、临洪、艺北3座垃圾转运站。1993年，新浦地区新建40多个密闭式垃圾池、5座垃圾转运站。1997年，市区新建4座垃圾转运站，累计15座。2000年，新浦地区有垃圾桶池点1070处（座），市区建成使用垃圾转运站41座，有55辆生活垃圾运输车，年生活垃圾清运量18.07万吨。2003年，市区新建垃圾中转站2

座、垃圾收集房6座、果皮箱60个，分布在城区内的垃圾桶池共有1540处（座）。2005年，因城市建设拆迁改造，176处垃圾桶池点被拆除，城区内垃圾桶池减少到1364处（座）；新设置200个垃圾房（框）、500个果皮箱；购置4个压缩式生活垃圾收集车、3辆垃圾运输车、8辆道路清扫车和4辆高压冲洗车，垃圾集运机械化水平进一步提高。

三、道路清扫

1984年，市区20条主要道路分别由新浦区、海州区、云台区、连云区环卫所负责专业清扫，每日清扫一次，清扫总面积48万平方米。专业清扫以外的部分次支道路和小街巷由街道办事处和居民委员会指定的保洁员清扫，每个街道设相对固定的保洁员2～3人负责清扫保洁工作。1987年，市区专业清扫道路增至25条，清扫面积62.72万平方米，每天清扫两次、保洁一次。垃圾以箱式人力平板车运输完成，专业清扫以外的道路改由各区城市管理办公室组织“门前三包”民办保洁员清扫。1989年，市内专业清扫保洁道路增至37条，清扫面积74.5万平方米。1990年，市内专业清扫面积93万平方米，有民办保洁员347人。1998年，随着城区建设步伐的不断加快，市内清扫道路面积增至259万平方米，机械化清扫率15%以上，民办保洁员发展到1200余人。2000年，市区环卫行业实施改革，将道路保洁经营权面向社会招标，实行“一把扫帚扫到底”和“墙到墙”的清扫保洁管理运行机制。2003年，城区199条主次干道清扫面积677万平方米。2004年，市区217条主次干道，清扫面积635万平方米，机械化清扫率提高到20%以上。2005年，道路清扫面积933万平方米，机械化清扫率提高到40%。

四、公厕建设

1984年，境内公厕多为旱厕，主要保洁手段为人工清掏、清扫、人力集运。市区内有新浦北场、连云区平山场、海州区幸福桥北场、云台区猴嘴中学北场等7处粪便处理厂，采用单纯裸露堆放晾晒处理方式。1986年，市内有公厕566座，其中水冲式公厕115座。1987年在解放路建成市内第一座沼气公厕。1987～1990年，市区新建公厕210座，其中水冲式公厕45座，公厕内设施配备较为完善，装贴瓷砖和马赛克，配有洗手池、挂衣钩及照明灯具等设施。购置吸粪车和粪罐车多辆，市区内粪便集运机械化水平有所提高。1990年，粪便处理场开始实行粪便堆晒拌制无害化处理。是年，市区开始使用8格无害化粪池，实行全封闭处理，封闭发酵后成为有机肥料。1993年，市区新建和改建水冲式厕所170座，部分公厕实行收费。1998年，市区有公厕674座，其中水冲式公厕247座；有机械吸运粪便车11辆，年粪便清运量1.64万吨。2000年，因城市建设拆迁改造等因素影响，市区公厕减少到636座，其中水冲式公厕219座；有机械吸运粪便车10辆。2002年，花果山景区、连岛浴场、陇海步行街等一批旅游景点新建12座一类旅游公厕。2003年，新建公厕9座、流动式环保公厕10座。2005年，市区新建公厕32座，改建配套公厕30座，总数达到795座。市区公厕实行每日两清掏一清扫保洁制度，定时对公厕撒药消毒灭菌，粪便做到日产日清。

五、垃圾处理

1984年，市区有海昌南路南场、北郊盐河边北场、磷矿西南方东场等垃圾堆放场。1988年，连云区建成陶庵、黄崖2个垃圾堆放场。市区内建筑垃圾和特种垃圾主要用于填坑塘。1990年，海州区在朐山新建垃圾处理场。1995年，在创建全国卫生城市活动中，市政府决定重新规划建设新的垃圾处理场。6月，钓鱼山垃圾处理场管理处成立。市政府投资近1000万元，建设占地18公

图7-39 1997年投资建设的地埋式垃圾中转站
城管局 供

顷的钓鱼山垃圾粪便处理场，7月建成投入使用，采用卫生填埋方式，日处理生活垃圾300吨，设计使用年限为20年。1997年，西墅垃圾处理场管理处成立。1999年8月，连云港市成立工程渣土管理处，对建筑垃圾实施专项管理。2000年，市区建筑垃圾实行倾倒审批制度，对建筑垃圾运输实行定时、定线、定点管理。2003年，开始实行城市生活垃圾处理收费制度，促进城市垃圾处理产业化发展。2004年，钓鱼山垃圾处理场污水管道并网工程竣工，建有污水泵站、污水输送管线等设施，生活垃圾无害化处理率达100%。2005年，总投资2.4亿元的连云港晨兴环保热电厂在大浦化工区奠基。钓鱼山垃圾处理场、西墅垃圾处理场全年完成29万吨生活垃圾处理工作，全市生活垃圾无害化处理率100%。

1996～2005年连云港市环境卫生维护情况统计表

表7-10

年份	清扫面积（万平方米）	生活垃圾清运量（万吨）	粪便清运量（万吨）	垃圾无害化处理量（万吨）	粪便无害化处理量（万吨）	公共厕所（座）
1996	190	16.94	1.66	9.60	1.66	715
1997	229	17.97	2.27	14.80	2.27	754
1998	259	19.52	1.64	19.52	1.64	674
1999	259	18.50	2.81	18.50	2.81	636
2000	270	18.07	3.10	18.07	3.10	618
2001	570	20.5	3.80	19.70	3.70	667
2002	610	24.00	4.00	21.50	4.00	653
2003	677	22.00	2.50	22.30	2.50	758
2004	635	24.00	2.60	24.00	2.60	820
2005	933	29.00	2.50	29.00	2.50	795

连云港市志

第八卷　交　通

第一章　公　路

第一节　高速公路

第二节　国　道

第三节　省　道

第四节　农村公路

第五节　公路桥梁

第六节　公路养护

第七节　公路运输

第八节　运输市场建设

第九节　运输辅助业

第二章　水　路

第一节　航　道

第二节　船　闸

第三节　内河港口

第四节　渡　口

第五节　货物运输

第三章　铁　路

第一节　线　路

第二节　站　场

第三节　客货运输

第四章　航　空

第一节　机　场

第二节　生产经营

第五章　交通行业管理

第一节　公路管理

第二节　航道管理

第三节　水上交通管理

第四节　运输市场管理

1984年起，连云港市实施交通先行战略，各级政府多方筹措资金，不断加大投资力度，加快道路交通建设步伐。至2005年，全市交通基础设施供给能力、运输生产能力、服务保障水平均得到长足发展，成为国家45个公路主枢纽之一和“长三角”地区7个国家级综合运输枢纽之一，区位交通优势日益凸显。到2005年底，宁连、连徐、汾灌、连盐4条高速公路相继建成通车；3条国道、7条省道全部达到二级公路标准；市境内公路总里程4834千米，公路密度为每百平方千米64.95千米，平均每万人拥有公路里程10.3千米；内河航道总里程1138.48千米；全社会公路运输车辆69309辆、内河水路运输船舶2132艘；开通民航航线7条，铁路始发旅客列车13对。2005年实现全社会客运量6811万人次、货运量5628万吨，分别是1984年的2.17倍和3.67倍。全市形成以高速公路、国道干线为骨架，县乡村道纵横交错、四通八达的公路交通网和铁路、港航、空运物流网络。

1984～2005年，随着各类交通运输能力的显著提高，全市交通行政管理部门的行政能力也大幅提升。公交车辆更新加快，市区出租车逐步更新换型。1992年以后干线公路改扩建工程、地方重点工程招投标均达100%，高速公路、干线公路、地方重点工程及农村公路建设的质量监督覆盖率100%，建设工程监管能力全面提高。连徐高速公路获第四届詹天佑土木工程大奖，汾灌高速公路获交通部优秀工程质量奖，连徐、汾灌高速公路获江苏省“扬子杯”优质工程奖。

通过20多年努力，全市交通行业树立良好形象。市交通系统成为江苏省文明行业，连云港市高速公路建设指挥部、连云港市运输管理处相继获“全国交通系统先进集体”称号，涌现出一大批国家和省部级先进个人。新浦汽车总站长途服务组“雷锋车”入选首届江苏交通十大服务品牌。

1984～2005年连云港市全社会客货运输情况统计表

表8-1

年 份	全社会客运量（万人）	全社会货运量（万吨）	年 份	全社会客运量（万人）	全社会货运量（万吨）
1984	3143	1532	1995	3610	4947
1985	3180	2452	1996	4458	3741
1986	3331	2666	1997	3153	2654
1987	3672	2713	1998	4506	3360
1988	3550	3026	1999	4817	4265
1989	3350	3027	2000	5034	3629
1990	3044	2701	2001	5138	4094
1991	3350	1507	2002	5297	4318
1992	4442	3142	2003	5429	4452
1993	3760	3146	2004	6137	4837
1994	3964	3175	2005	6811	5628

第一章　公　路

连云港市交通基础设施水平的全面提升，以公路建设为始。1984年时，市境内公路等级全部为二级以下。1990年12月24日，310国道新浦至墟沟（新墟）一级公路全线通车后，境内始有高等级公路。2000年11月15日，宁连一级公路连云港段高速化完善工程建成通车，境内高速公路实现“零”的突破。2001年省道路网调整后，境内道路网络进一步完善。

1984～2005年，连云港市公路通达程度和等级水平不断提高。1984年全市境内公路总里程1772千米、密度为每百平方千米23.63千米，2005年公路总里程4834千米、密度为每百平方千米64.48千米，均增长2.73倍。公路技术等级明显提高，至2005年底，全市境内4条高速公路总长286.88千米；一级公路56千米，二级公路1034千米，三级公路653千米，四级公路2509千米，等外公路343千米。公路桥梁规模数量不断增长，1984年，全市公路管养桥梁共348座、总长13.43千米；至2005年底，公路管养桥梁发展到412座、总长19.88千米，所有桥梁均为永久性桥梁。

第一节　高速公路

连云港市高速公路建设始于1996年。为了推进高速公路建设，改善城市交通环境，连云港市于1997年成立高速公路建设指挥部。建设资金主要通过投融资解决，以此后历年收取的过路费偿还。

图8-1　2005年底，全市境内有4条高速公路，总长286.88千米。图为立体化高速公路鸟瞰。　赵鸣　摄

一、宁连高速公路

宁连高速公路纵贯江苏腹地，起于省会南京，经淮安止于连云港市中心城区新浦，全长306.5千米，其中连云港段全长70千米。其前身为宁连一级公路。

宁连一级公路连云港段于1992年7月开工，1996年12月通车。工程按一级公路标准建设，总投资7.82亿元，设计车速每小时100千米，路基宽24.5米，双向四车道。境内沿线主要构造物有宋跳互通式立交桥、红沙路和马圩分离式立交桥、烧香河大桥、盐河大桥、善后河大桥、新沂河大桥。路段线形顺适流畅，桥梁线条清晰，绿化、照明、安全设施美观。道路平整度经连续平整度仪检测，路面标准偏差值为0.85毫米，优于交通部1.8毫米标准。

图 8-2　2000 年 11 月 15 日，宁连公路高速化完善工程建成通车。　赵鸣　摄

1998年12月，宁连一级公路连云港段高速化完善工程开工，采用双向四车道全封闭、全立交桥高速公路技术标准，设计车速每小时100千米，桥涵设计荷载汽车-超20级、挂车-120。全线设置27座跨线桥，其中，互通式立交1座、半互通式立交1座、分离式立交8座、机耕桥16座、人行天桥1座；设灌南六塘服务区1个，连云港主线收费站1个，灌南、灌云南、灌云西、连云港宁海4个匝道收费站。2000年11月15日，宁连公路高速化完善工程建成通车，全市高速公路实现零的突破。

二、连徐高速公路

图 8-3　2003年6月，连徐高速公路连云港段建成通车。图为连徐高速公路连云港段匝道。　侍志　摄

连徐高速公路是国道主干线连（连云港）霍（新疆霍尔果斯）公路的东段。东起连云港市连云区墟沟镇，西至徐州苏皖省界老山口，途经灌云、东海、新沂、邳州、铜山5县（市），全长236.78千米，其中连云港段87.68千米。公路全线按全封闭、全立交、双向四车道高速公路标准建设，设计行车速度每小时120千米，桥涵设计荷载汽车-超20级、挂车-120，路面宽度28米。

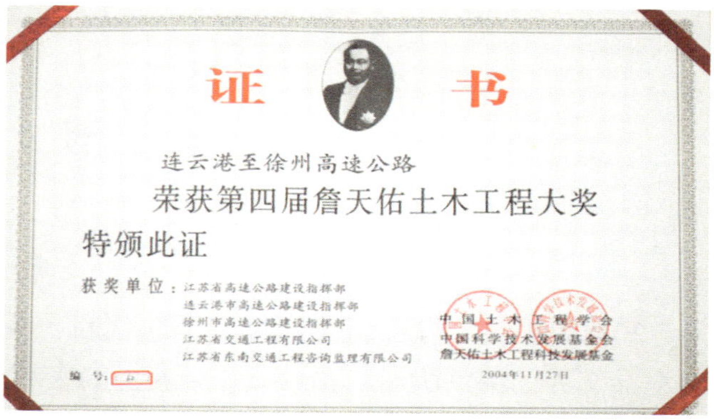

图 8-4　2004 年 11 月，连徐高速公路获第四届詹天佑土木工程大奖。　侍志　摄

1996年12月，连徐高速公路连云港段先导试验段开工建设，2003年6月全线建成通车，总投资27.65亿元。工程起点位于大港路与北港路交叉口以东150米处，路线基本与陇海铁路平行，往南跨越碱厂专用铁路和仓储中心专用铁路，在4千米+560米～4千米+900米

段依次跨越排淡河、陇海铁路、新墟公路进入连云港经济技术开发区，在隔村预制厂以东绕石虎咀转向西南，从大岛山以北通过，往西经连云区云台乡、灌云县宁海乡武圩村，跨越204国道、宁连高速公路进入东海县；在东海县境内跨越蔷薇河，经纪荡、小安营、张庄、曲阳曹庄，在87千米+672米处进入徐州市新沂市。沿线设置新墟公路、宁海、锦屏、纪荡、张庄5座互通式立交桥，锦屏山、曹林2个服务区，渔湾主线收费站和机场路、东海2个匝道收费站，管理分中心1个。全线配置完善的收费、监控、通信、照明、安全、绿化等交通工程和管理设施。

三、汾灌高速公路

汾灌高速公路为同（黑龙江同江）三（海南三亚）国道主干线江苏段重要组成部分。北起赣榆县境内的苏鲁界河绣针河，接同江—三亚国道主干线（山东境）汾水—日照高速公路。路线自北向南经赣榆县、东海县、海州区，止于灌云县，向南接淮连高速公路，全长84.9千米。

1997年9月，汾灌高速公路新沭河大桥段作为交通部及省委、省政府的提案办理工程，提前开工建设。1999年3月公路全线开工建设，2002年10月建成通车。工程总投资26.19亿元。按全封闭、全立交高速公路标准建设，设计行车速度每小时120千米，双向四车道，路基宽度28米，中央分隔带宽3米；桥涵设计荷载汽车-超20级、挂车-120，地震防震烈度7度。全线设有完善的收费、监控、通信、照明、安全、绿化、服务等交通工程和管理设施。

四、连盐高速公路

连盐高速公路是交通部规划的嘉荫至南平国家重点公路的一部分，也是江苏省规划的“四纵四横四联”高速公路骨架网中“纵一”沿海高速公路的重要组成部分。2003年1月，该公路连云港段先导段开工建设，2003年11月全线开工。工程北接汾灌高速公路，向南经灌云县小伊乡、下车乡、白蚬乡、杨集镇、图河乡，到灌南县的长茂镇、田楼乡，路线全长44.3千米。全线采用平原微丘区高速公路标准，全封闭，全立交，设计行车速度每小时120千米，双向六车道，路基宽度35米，桥涵设计荷载为汽车-超20级、挂车-120。

图8-5　2003年11月，连盐高速全线开工。图为连盐高速灌南段。　交通局　供

第二节　国　道

一、204国道

204国道连云港段北起赣榆县绣针河大桥，经东海县、海州区、新浦区、灌云县，止于灌南县与响水县交界的灌河大桥。沿线设5个养护工区和道班、3个收费站及路政管理部门，全线公路管养里程144.14千米。

1990年4月，该国道新浦至南城段按一级公路标准实施改造，路基宽24米，路面宽14.5米。

是年9月,改造工程完工,总投资470.5万元。

1993年6月赣榆段实施拓宽改造,是年12月完工,路基由12米拓宽至17米。1996年灌南段改造,原沥青路面改建成水泥混凝土路面,路基宽12米,路面宽9米。

1997年3月,宁海立交桥至玉带河魏籁桥段按一级公路标准改造,设计路基宽32米,路面宽23米。

1998年,绣针河至墩尚段按二级公路标准改造,路基宽17米,路面宽14米,设计车速每小时80千米,桥涵设计荷载为汽车-超20级、挂车-120,2001年5月改造工程完工,总投资1亿元。是年7月,灌云县伊山镇至灌南县长茂镇头图村段实施改造,按二级公路技术标准,路基宽15米,路面宽12米,改造桥梁12座,总投资9500万元,2000年6月完工;浦南镇(大酒壶至海州洪门)段及乌龙河桥按二级公路标准改造,路基宽15米,路面宽12米,1999年10月工程完工,总投资2058.6万元。

1999年3月,瀛洲路段按城市一级交通主干道标准开工改造,是年9月竣工。改造后路面宽60米,主车道宽24米,两侧各1.5米分隔带,6米非机动车道,5米人行道,西侧有11米绿化带。

2000年10月,灌云县宁海至伊山段按照二级公路标准改造,路基宽15米,路面宽12米,沥青混凝土路面。2002年竣工,总投资9000万元。

2001年,宁海立交桥至沂河淌段共54.76千米按二级公路标准改造。2002年竣工,总投资2亿元。

2003年4月,蔷薇河桥至宁海段按一级公路标准改造,路基宽26米,路面宽24米,设计车速每小时100千米,桥涵设计荷载为汽车-超20级、挂车-120。2003年11月竣工,总投资1.1亿元。

2004年,灌南段启动并完成全线大修,总投资2700万元。

2005年8月,赣榆县墩尚南段启动改造。该工程为204国道、310国道、327国道的共线,按二级公路标准改造,路面宽14米。2005年9月通车,总投资980万元。

二、310国道

310国道连云港段东起连云区荷花街,西至东海县与山东省郯城县交界处,全长107.67千米。沿线途经朝阳镇、新浦区丁字路,进入东海县浦南镇,再进入赣榆县新沭河漫水桥、罗阳镇、墩尚镇、沙河镇、蒋庄漫水桥,复入东海县境内,经黄川、青湖、双店等乡镇,止于与山东郯城高峰头镇交界处。

1984年3月,该国道东海段88.28千米的路基拓宽至13米。后经多次分段改建,铺设沥青路面,于1990年达到二级公路标准。

1985年,该国道新浦至墟沟段建成为二级公路,全长22.59千米。1986年11月,在原有基础上按一级公路标准修建310国道新墟段,全线共建涵洞86座和中、小桥各1座,总投资4900万元,1990年12月竣工通车,其沥青路面平整度达到国际标准优良级。

1986年7月,赣榆段墩尚至漫水桥段实施拓宽改造,其中,10座涵洞接长与路基同宽,拓宽小桥4座。1987年4月至1989年11月该段又先后大修3次,两边增建2.5米沥青慢车道和1.5米宽的路肩,使路基达17米。

2001年,东海段蒋庄至山东交界段按照二级公路标准实施改建,全长57.39千米,桥梁与路基同宽;同步实施公路标准化、美化工程,总投资1.5亿元。是年7月开工,2002年4月通过交工验收。工程质量经检测各项技术指标达到设计要求和部颁优良级工程标准。

2004年3月,海棠路至宋跳段20千米实施拓宽改造,总投资3亿元,2005年12月竣工。

2005年5月，该国道荷花街至海棠路段共6.5千米按二级公路标准进行改造，总投资2400万元。是年9月建成通车。

三、327国道

327国道连云港段起于新浦区幸福路大转盘，沿海连路，经巨龙北路、解放东路、丁字路、临洪闸、东海县浦南镇大酒壶和赣榆县罗阳镇、墩尚镇、沙河镇、大岭镇、欢墩镇，止于与山东临沭县交界处。全长53.4千米，其中，与204国道共线21.38千米，与310国道共线11.98千米。

1991年4月，该国道新浦区丁字路至高渠道段共1.7千米进行改造，原9米沥青路面拓宽成12米宽路面，总投资117万元。

1992年8月，新浦区幸福路大转盘至铁道口段10.5千米拓宽改造，快车道拓宽为15米，总投资63.79万元，1993年5月竣工。

2000年2月，赣榆段改扩建。工程南起赣榆县墩尚镇，与204国道相接，北至欢墩镇与山东交界处，全长31.29千米。全线有桥梁5座、涵洞12座。按照二级公路标准实施改造，路基宽17米，路面宽14米，设计车速每小时80千米，桥涵与路基同宽，总投资9100万元。2001年6月建成通车，工程质量优良。

2004年5月，327国道新浦区华联转盘至丁字路段6.3千米按二级公路标准实施改造，路基宽14米，路面宽12米，设计车速每小时80千米，总投资4950万元，2005年12月竣工。

第三节　省　道

一、235省道

2001年，省道路网调整，原306省道和213省道局部路段合并，更名为235省道。该省道灌南段起于灌南县李集乡秦庄村，止于灌南县新安镇罗园村，全长18.67千米。1992年，5千米～10千米段拓宽改建成路面宽24米、路基宽42米的城市一级公路。1999年，0千米～5千米段进行路面拓宽。2000年，12千米+600米～18千米+670米段砂石路面改建成沥青路面。2004年　新建路段10千米～12千米+600米。2005年，14千米+100米～15千米+800米段进行大修。

二、236省道

2001年省道路网调整后，原214省道更名为236省道。236省道连云港段起于东海县与山东郯城交界处，止于灌南县与淮安市交界处，全长63.57千米。1984年，灌云段进行16厘米灰土补强，投资25.9万元。1985年，69千米～80千米+600米段计11.6千米按二级公路标准改造，路基宽12米，路面宽9米，总投资55.6万元。2001年东海段按二级公路标准实施改造，总投资2800万元，2002年竣工。

2003年，该省道灌云段和灌南段按二级公路标准改造，总投资9000万元。灌云段改造工程2004年6月建成通车，灌南段改造工程2005年竣工。

2004年1月，236省道灌云段11.6千米进行改造，将原简易油路拓宽为路基宽17米、路面宽9米的二级沥青混凝土路面；新沂河漫水公路拓宽为路基宽17米、路面宽14米的水泥混凝土路面；城镇段拓宽为路面宽16米的二级水泥混凝土路面，桥涵设计荷载为汽车–20级、挂车–100，总投资6402万元。

三、242省道

2001年省道路网调整后，原220省道更名为242省道。242省道连云港段起于赣榆县赣马镇，止于该县黑林乡，全长33.5千米。1988年青口城区段3.91千米改线，避开县城，改走城西，总投资449万元。1998年11月，赣榆县黑林至青口段33.5千米按二级公路标准实施改造，总投资6711万元，2001年5月建成通车。

四、245省道

2001年省道路网调整后，原227省道更名为245省道。该省道连云港段起于东海县青湖镇，经该县牛山、房山、吴场等地，止于与宿迁市沭阳县交界处，全长39.6千米。

2000年5月，原227省道东海段改造工程开工，是年12月建成通车。工程北起东海县青湖镇310国道以北540米处，南止房山镇小吴场，全长38.23千米。按二级公路标准实施改造（其中“15千米+460米”～“21千米+755米”段按一级公路标准），沥青混凝土路面（部分路段为水泥混凝土路面），沿线有特大桥1座，中桥8座，盖板涵21座，圆管涵86座，总投资1.4亿元。

五、323省道

2001年省道路网调整后，原县道新牛公路（机场路）更名为323省道。该省道连云港段起于新牛公路与204国道交汇处，止于东海县与徐州市境交界处，全长50.8千米。2001年9月，按一级公路标准进行改造，路基宽26米，路面宽24米，沥青混凝土路面，设计车速每小时100千米，桥涵设计荷载为汽车-20级、挂车-100，总投资5.5亿元。

图8-6 2005年改造完工后的323省道新浦至牛山段
侍志 摄

六、324省道

2001年省道路网调整后，原304省道更名为324省道。该省道连云港段东起灌云县燕尾港镇，西止于灌云县与沭阳县交界处，全长81.03千米，贯穿整个灌云县，是连接连云港与宿迁市的公路主干线。

2001年，该省道燕尾港至南岗段进行改造。该段起于燕尾港东新庄，向西接204国道共线段23.8千米，至陆庄立交复入324省道老线，止于南岗，全长77.85千米。实际改造里程为54.05千米，按二级公路标准实施，沥青混凝土路面，桥涵与路基同宽，同步实施公路标准化、美化工程。2004年8月建成通车，总投资1.8亿元。

2002年10月，柴门大桥至杨集段26.25千米按二级公路标准改造，2003年2月竣工通车。

七、326省道

2001年省道路网调整后，原306省道更名为326省道。326省道连云港段起于灌南县百禄镇南房村与响水县交界处，止于灌南与淮安交界处，全长18.72千米。

2001年3月，绕城段及盐河二桥工程8.85千米按二级公路标准改造，2004年11月建成通车，总投资7000万元。

2005年3月，绕城段以东13.6千米按二级公路标准改造，全线采用沥青混凝土结构，设计车速每小时80千米，是年12月竣工，总投资4200万元。

八、307省道

2001年省道路网调整后，307省道下放为灌南县道新百线，起于灌南县百禄镇曹舍村，止于灌南县与涟水县交界处平安河桥，全长20.39千米。

第四节　农村公路

1984～1995年，连云港市农村公路基本为砂石、黄土等简易路面，宽度较窄，坑洼不平，行车困难。2000年前后，市内农村公路建设启动，部分乡镇将集镇段的公路改建为灰黑化道路。2003年全市新一轮农村公路建设启动。至2005年底，全市完成农村公路建设投资13.4亿元，新建、改建农村公路总里程3898.89千米，其中，县至乡公路557.16千米，乡至乡公路207.57千米，乡至村及村际间公路3134.16千米。县至乡公路路面宽度不低于9米，技术等级达到公路二级标准；乡至乡公路路面宽度不低于6.5米，技术等级达到公路三级标准；乡至村及村际间公路路面宽度不低于3.5米，技术等级达到公路四级标准，路面全部为沥青或水泥混凝土路面。全市80%以上乡镇及行政村通达沥青或水泥混凝土道路。

2003～2005年连云港市农村公路建设里程统计表

表8-2　　单位：千米

地　区	合　计	县至乡道路	乡至乡道路	乡、村至村道路
全　市	3898.89	557.16	207.57	3134.16
新浦区	69.00	46.30	0.70	22.00
海州区	131.60	34.70	32.50	64.40
连云区	118.20	44.42	42.58	31.20
东海县	812.43	81.70	28.00	702.73
赣榆县	675.44	83.86	23.87	567.71
灌云县	972.80	166.90	46.30	759.60
灌南县	1119.42	99.28	33.62	986.52

一、市区农村公路

南岛线　南岛线东接连云港经济技术开发区徐圩线和242省道，西至204国道，全线长23.9千米。该道路贯穿南云台风景区。原路主要为砂石简易路面，自2003年起至2005年底，主要路段建成二级水泥混凝土道路。

海州区新坝中路 自环山路向南，止于新坝镇，全长12.98千米。2003年8月对普安桥到新坝镇7.78千米进行改造，于2004年建成通车。

海州区环山路 始于锦屏镇刘顶村，经西山、磷矿、岗嘴、狮树、朐山村，止于朐山，全长8.1千米。原路主要为砂石路面，2003年10月按二级公路标准改造为水泥混凝土路面，设计年限20年，2004年建成通车，总投资810万元。

云台线 云台线位于新浦区境内，南接云台乡，北至连云港经济技术开发区，全长8.7千米。2004年实施改造。

图8-7 2004年改造后的云台线 侍志 摄

二、赣榆县农村公路

青班公路 东起204国道青口镇西环段，西至班庄镇与327国道相接，途经城西镇、门河镇、班庄镇，是赣榆县东西方向的主要通道，也是汾灌高速公路赣榆县互通连接道路，全长25.82千米。该路原为7米宽的砂土路面，1995年全线路基拓宽。2000年实施改造，按二级公路标准施工，路基宽12米，路面宽9米，水泥混凝土路面，投资4800多万元，2002年12月建成通车。

厉大公路 北起厉庄镇，经塔山、城头、城西、殷庄、沙河等村镇，至墩尚大道口与310国道相接，全长31.3千米。原路为风化石路面，2005年按二级公路标准实施改造，水泥混凝土路面，总投资3100万元。

欢林公路 是赣榆县西部山区唯一的南北向道路，起于欢墩镇、途经抗日山烈士陵园、止于黑林乡，全长23.1千米（含抗日山专线2.15千米）。2001年该路按二级公路标准改造，水泥混凝土路面，2002年9月建成通车，总投资5280万元。

三、东海县农村公路

李洪公路 位于东海县西部地区。起于东海县李埝乡，经双店镇，分别与310国道、236省道相交，止于洪庄镇境内，全长32.4千米。2005年5月该路李埝乡境内10.3千米按二级公路进行改建，投资2500万元，是年10月竣工。

石平公路 北起新沭河与310国道交叉点，经黄川、白塔埠、平明等乡镇，由北向南分别与310国道、青浦线、323省道、陇海铁路、连徐高速公路、张房线等公路、铁路交叉，依次跨越乌龙河、鲁兰河、淮沭新河、马河、民主河、蔷薇河等河流，止于宿迁市沭阳县交界处，全长43.05千米。2004年，该路白平段（起于白塔埠镇与323省道相接处，止于平明镇镇区）10.8千米进行改造，路基宽12～20米，路面宽9～15米，是年建成通车，总投资3500万元。

李安公路 呈南北走向，北起东海县与山东临沭县石门交界，经羽山、310国道、温泉、石湖、种畜场、安峰镇小唐庄，止于东海县与沭阳县茆圩交界，南接205国道，全长44.7千米。

四、灌云县农村公路

伊东公路 位于灌云县东北部地区，起于伊芦乡，与204国道相交，止于圩丰镇东陬山，全长约33千米。2005年2月按二级公路标准进行改造，12月竣工。

南新公路 南起南岗乡政府所在地，与324省道相交，经陡沟、龙苴、穆圩等乡镇，止于海州区新坝镇，全长27千米。2005年2月按二级公路标准进行改造，12月建成通车。

伊利公路 呈东西走向，西起县城伊山镇，经白蚬乡、杨集镇，止于杨集镇利华村，全长22.5千米。2005年2月按二级公路标准实行改造，是年12月建成通车。

五、灌南县农村公路

中心公路 建于1991年，起于长茂镇茂兴村，沿线经过长茂镇、田楼乡、五队乡，止于堆沟港镇大嘴村，全长31.98千米。原为3.5米宽砂石路，1997年按三级公路标准实施黑色化改造，设计标准为汽车–20级、挂车–100，桥梁与路基同宽。2005年拓宽改造为沥青混凝土路面，同步实施安保工程，11月建成通车，总投资4000万元。

涟新公路 始建于1992年，起于新安镇镇郊村，经新安镇、花园乡，止于新集乡新南村，全长16.3千米。原为4米宽砂石路，1998年按三级公路标准实施黑色化改造，设计标准为汽车–20级，桥梁与路基同宽。2005年拓宽改造为沥青混凝土路面，同步实施安保工程，11月建成通车，总投资1500万元。

兴汤公路 始建于1994年，起于孟兴庄镇孟兴庄村，止于汤沟镇支沟村，全长9.2千米。原为4米宽砂石路，1999年按三级公路标准实施黑色化改造，桥梁与路基同宽。2005年实施拓宽改造，路基宽14米，路面宽12米，沥青混凝土路面，11月建成通车，总投资2100万元。

第五节 公路桥梁

一、高速公路桥梁

宁连高速公路新沂河大桥 位于灌云县、灌南县接壤处，横跨新沂河，是宁连高速公路上最长的一座桥。桥梁总长2024.74米，宽24.5米，共设71座墩台，68孔跨，灌注桩292根，680片大梁。桥型下部采用桩柱式墩台，上部采用预应力混凝土简支T型梁。设计车速每小时120千米，桥涵设计荷载汽车–20级、挂车–120，洪水频率1/100。工程总投资9000多万元。1992年10月开工，1994年7月建成。

图8–8 宁连高速公路新沂河大桥 赵鸣 摄于1994年

汾灌高速公路新沭河大桥 位于204国道漫水桥以西700米处，跨越新沭河和204国道，为江苏“九五”期间交通重点建设项目之一，是国道主干线同三高速公路的一部分。该桥双向六车道，全长3492米，其中主线桥长1688米，宽33.5米，一般路堤路基宽28米。上部结构采用48孔、35米跨部分预应力混凝土箱型组合梁，具有建筑高度低、桥型美观、行车舒适特点；下部结构采用单排双柱（半幅）式墩台基础，盖梁设计为倒T型截面。设计车速每小时120千米，桥涵设计荷载汽车-超20级，挂车-120，洪水频率1/300，桥梁按地震8度设防。总投资2.27亿元。1997年9月开工，1999年8月建成通车。

连徐高速公路宁海互通立交桥 位于连云港市区南204国道、宁连高速公路和连徐高速公路三条公路的交汇处，是国道主干线连霍公路连云港至徐州段中最大的互通立交桥。桥型为全苜蓿叶型，双向四车道，全长2000米，其中主线桥长1284.5米，宽28米，8座匝道桥长1593.5米，占地34公顷。工程造价1.1亿元。从南京、徐州、连云港港、新浦各方向经过宁海的车辆均无平面交叉，互通行驶。1998年2月开工建设，2000年11月建成通车。

图8-9 1999年8月，汾灌高速公路新沭河大桥建成通车。图为大桥合龙仪式。 赵鸣 摄

连徐高速公路起点高架桥 起于连徐高速公路起点墟沟大港路，向西跨越新墟一级公路和东陇海铁路，止于连云港经济技术开发区。双向四车道，全长6310米，宽28米。全桥采用组合箱梁、现浇连续箱梁、T型梁和灌注桩建设，1999年8月开工，2001年6月建成通车，总投资2.6亿元。

二、普通公路[①]桥梁

绣针河大桥 位于204国道403千米+700米处，始建于2002年。2005年4月按二级公路标准拓宽改造，是年10月建成通车。桥梁全长345米，宽21米，上部构造为预应力空心板梁，下部构造为钢筋混凝土扩大基础。

海头大桥 位于204国道425千米+150米处，原桥为钢筋混凝土双铰平板拱、U型桥台，桥面宽7米。2001年实施改造，设计荷载汽车-15级、挂车-80。桥梁全长226米，桥面宽17米，11×20米钢筋混凝土空心板简支梁桥；桥梁与河道正交，两侧各设0.5米宽护轮带，桥面横坡为2%的双向坡；桩柱式桥墩，立柱直径1.2米。

兴庄桥 位于204国道430千米+830米处，原为钢筋混凝土实心板简支梁桥，2001年拆除重建。新桥中心桩号为6千米+189米，全长106米，桥宽17米，5×20米钢筋混凝土空心板简支梁，桥梁与河道正交，两侧各设0.5米护轮带。

赣榆大桥 位于204国道440千米+200米处，建于1990年。2001年进行改造，新桥中心桩号为15千米+427.56米，设计荷载汽车-20级、挂车-120。桥梁全长115米，宽17米。采用5孔T梁结构，两侧各设0.5米宽护轮带。

乌龙河桥 位于204国道465千米+410米处。始建于1986年，2000年1月开工改造。新桥中心桩号1千米+156.8米，全长120米，宽8米。中心线与河床正断面线交角为40度，采用620米跨径布置。下部结构为钻孔灌注桩，上部结构为预应力空心板梁，引道长600米，总投资600万元，是年8月31日建成通车。

① 普通公路是指除高速公路以外的、为公众出行提供基础性普遍服务的公路，由普通国、省干线公路和农村公路组成。

蔷薇河桥 位于204国道472千米+665米处，始建于1986年。1998年9月实施拓宽改造，在老桥南侧新建单幅公路桥，全长160米，共12跨，主跨为30米预应力T型梁，边跨为16米预应力空心板梁，桥面净宽20米。1999年6月竣工。

宁海立交桥 位于204国道489千米+898米处，横跨宁连一级公路。全长517米，桥宽18米，为钢筋混凝土箱型梁桥，钻孔灌注桩式墩台。匝道共长1870米，其中左转匝道桥长60米，匝道为单向双车道，宽12.5米；立交桥引道长1026米。总投资7000万元。1998年11月建成通车。

善后河桥 位于204国道499千米+723米处，长256米，宽15米。2002年在原桥址东侧扩建。2003年大桥及引道进行改造，设计荷载为汽车-20级、挂车-100。上部构造为10孔后张法预应力箱梁，每孔等跨25米；下部结构为钻孔灌注桩基础，肋式桥台，圆柱式桥墩。

灌河大桥 位于204国道灌南县长茂镇与响水县响水镇之间。由交通部和江苏省共同投资2121.63万元兴建。桥梁总长636米，桥面机动车道宽12米，两旁各有1.5米人行道，桥梁设计荷载为汽车-20级、挂车-100，桥面纵坡度2.5度。主桥为3孔90米预应力T型钢构，两岸各设一个60米的过渡跨，挂梁为30米预应力T梁，通航标准为四级航道，最高通航水位3.5米，抗震烈度7度。

友谊桥 位于245省道36千米+680米、东海县与沭阳县交界处的蔷薇河上。2002年1月按二级公路标准改造。桥梁全长120米，桥面宽16米，公路与河流斜交，斜交角度20度，设计荷载汽车-20级，是年7月建成。

萧大桥 位于235省道8千米+70米处，跨越南六塘河。2003年3月，老桥拆除重建。新桥长144米，宽23米，共7孔，每孔跨径20米，桥高5.3米，基础为钢筋混凝土灌注桩，下部结构为桩式墩台，上部结构为空心板梁。设计荷载汽车-20级、挂车-100。2004年3月竣工，总投资425万元。

小窑桥 位于326省道50千米+814米处。1988年5月开工新建，1989年12月竣工。2005年3月拆除重建。新桥按一级公路桥梁标准设计，桥长140米，宽24米，地震烈度按7度设防，设计车速每小时80千米。该桥下部采用钻孔灌注桩基础，上部为预应力混凝土空心板梁。总投资750万元。

盐河大桥 位于326省道63千米+638米处盐河上。全长520米，宽20.5米。下部基础为钻孔灌柱桩，主桥上部为预应力箱梁结构，引桥上部为预应力空心板梁，设计荷载为汽车-20级、挂车-100。主桥跨径55米，可以满足四级航道的通航技术要求。2003年2月开工，2004年5月竣工。工程总投资2800万元。

2005年204国道连云港段桥梁情况一览表

表8-3

属　地	桥梁名称	桥梁等级	桩号	桥梁类型	建设年份	长（米）	宽（米）	跨径组合	设计荷载
赣榆县	绣针河桥	2	K403+700	梁桥	2002	345	21	20-16	汽-20
	西林桥	2	K408+300	拱桥	2001	14	17	2-5	汽-20
	柘汪桥	1	K410+650	梁桥	2001	64	16	3-20	汽-20
	秦沙后桥	1	K411+490	拱桥	2001	13	17	2-5	汽-20
	秦沙桥	1	K412+380	梁桥	2001	47	17	3-15	汽-20
	柳树底桥	3	K412+920	梁桥	2001	19	17	2-7	汽-20
	九里北桥	3	K415+750	梁桥	2001	9	17	1-7	汽-20
	韩口桥	2	K418+400	梁桥	2001	70	17	3-20	汽-20

续表 8-3

属 地	桥梁名称	桥梁等级	桩号	桥梁类型	建设年份	长（米）	宽（米）	跨径组合	设计荷载
赣榆县	小沙桥	2	K420+882	梁桥	2001	6	17	1-6	汽-20
	马庄桥	2	K421+640	梁桥	2001	18	13	2-8	汽-20
	海头大桥	2	K425+150	梁桥	2001	226	17	11-20	汽-20
	鲁河桥	1	K427+640	梁桥	2001	25	17	2-10	汽-20
	兴庄桥	1	K430+830	梁桥	2001	106	17	5-20	汽-20
	五里墅桥	1	K443+960	梁桥	2001	23	17	1-20	汽-20
	赣榆大桥	2	K440+200	梁桥	1990	115	17	5-20	汽-20
	朱稽河桥	2	K443+960	梁桥	2001	86	17	5-15	汽-20
	范河桥	2	K449+750	梁桥	2001	45	17	3-15	汽-20
	芦河桥	2	K453+240	梁桥	2001	39	17	3-4	汽-20
	墩尚双桥（北）	2	K455+430	梁桥	2001	26	17	2-13	汽-20
	墩尚双桥（南）	2	K455+460	梁桥	2001	14	17	1-6	汽-20
	墩尚南桥	2	K458+540	梁桥	2004	21	24	1-20	汽-10
	新沭河漫水桥	2	K462+850	梁桥	1970	192	8	28-7	汽-10
东海县	乌龙河桥	2	K465+410	梁桥	1986	120	8	6-20	汽-20
	富安桥	2	K470+708	板梁桥	1985	20	12	10-16	汽-20
海州区	蔷薇河桥	2	K472+665	板梁	1986	160	20	10-16	汽-15 拖-60
新浦区	魏跳桥	1	K483+660	空心 板梁	1996	60	22	3-20	汽-20 挂-100
	南城桥	2	K786+350	板梁	1997	52	33	3-15	汽-20 挂-100
灌云县	宁海立交桥	3	K489+898	梁桥	1998	517	18	23-20	汽-20 挂-100
	新北河桥	2	K491+541	梁桥	2000	19	15	1-12	汽-20 挂-100
	黄圩河桥	2	K492+884	梁桥	2002	35	14	3-10	汽-20 挂-100
	乡干河桥	2	K495+404	梁桥	2002	28	15	3-8	汽-20 挂-100
	善后河桥	2	K499+723	梁桥	2002	256	15	10-25	汽-20 挂-100
	大柴市桥	1	K504+359	梁桥	2002	81	15	5-16	汽-20 挂-100
	小柴市桥	1	K511+074	梁桥	2002	54	15	3-16	汽-20 挂-100
	向阳桥	2	K515+209	梁桥	2002	21	15	1-16	汽-20 挂-100
	东门河桥	4	K517+672	梁桥	1984	52	12	3-16	汽-20 挂-100

续表 8-3

属　地	桥梁名称	桥梁等级	桩号	桥梁类型	建设年份	长（米）	宽（米）	跨径组合	设计荷载
灌云县	西大沟桥	2	K524+379	梁桥	2000	24	15	1-22	汽-20 挂-100
	一帆河桥	2	K528+068	梁桥	2000	72	16	1-20+1-25+1-20	汽-20 挂-100
	六里沟桥	2	K528+323	梁桥	2000	20	15	1-16	汽-20 挂-100
	官沟河桥	3	K531+971	梁桥	2000	24	15	1-22	汽-20 挂-100
	新春桥	2	K533+876	梁桥	2000	20	15	1-16	汽-20 挂-100
	妇联河桥	2	K535+318	梁桥	2000	24	15	1-20	汽-20 挂-100
	正南沟桥	3	K536+799	梁桥	2000	20	15	1-16	汽-20 挂-100
	潮河大桥	2	K538+300	梁桥	2000	184	15	9-20	汽-20 挂-100
	黄湾桥	1	K535+690	梁桥	2000	16	16	1-6	汽-20 挂-100
	排灌河桥	2	K540+338	梁桥	2000	16	19	1-6	汽-20 挂-100
	沂河桥	3	K543+000	梁桥	2000	32	17	2-16	汽-20 挂-100
灌南县	中泓桥	3	K543+763	板梁桥	1999	47	15	3-15	汽-20
	南偏泓桥	3	K545+285	板梁桥	1999	32	16	4-8	汽-20
	沂南桥	4	K545+575	空心板梁	1985	45	13	6-8	汽-20
	新盘石拱桥	3	K546+783	石拱桥	1983	13	25	1-5	汽-20
	头庄石拱桥	2	K547+528	石拱桥	1983	13	25	1-5	汽-20

2005年310国道连云港段桥梁情况一览表

表 8-4

属　地	桥梁名称	桥梁等级	桩号	桥梁类型	建设年份	长（米）	宽（米）	跨径组合	设计荷载
市区	庞沟桥	2	K02+035	拱桥	1983	22	28	1-6	汽-20
	程庄桥	2	K02+590	拱桥	1983	15	32	1-8	汽-20
	墟沟桥	2	K05+061	拱桥	1985	18	33	1-7	汽-20
	石门桥	2	K06+190	板梁	1985	20	31	2-4	汽-20
	运盐河桥	2	K11+260	板梁	1989	43	13	5-12	汽-20
	排淡河桥	2	K12+044	板梁	1989	80	13	5-13	汽-20
	猴嘴闸桥	2	K20+750	板梁	2005	33	12	4.3+7.5+4.3	汽-20
	大浦桥	2	K29+050	板梁	1997	66	7	5-13	汽-20

续表 8-4

属 地	桥梁名称	桥梁等级	桩号	桥梁类型	建设年份	长(米)	宽(米)	跨径组合	设计荷载
市区	翻水河桥	4	K29+890	板梁	1997	186	8	12-14	汽-20
	临洪闸桥	3	K30+500	板梁	1950	182	8	26-13	汽-20
东海县	引河桥	2	K32+830	T型梁桥	1985	64	15	3-20	汽-20
	朱桥电站	2	K58+872	板梁	1963	15	25	5-2.5	汽-15
	石安河桥	2	K67+850	板梁桥	1964	39	16	3-13	汽-20
	坡林东桥	2	K76+500	板梁桥	1964	12	12	1-5	汽-20
	坡林西桥	2	K79+870	板梁桥	1985	15	12	1-5	汽-20
	官庄桥	2	K80+410	板梁桥	1964	17	11	1-15	汽-20
	朱沟东桥	2	K81+750	空心板梁桥	2002	17	11	1-5	汽-20
	朱沟桥	2	K82+135	双曲拱	1980	26	12	3-20	汽-15
	代相村桥	2	K90+360	板梁桥	1980	7	7	1-5	汽-15
赣榆县	丁巷桥	2	K49+530	梁桥	1975	14	17	1-6	汽-20
	蒋庄水漫桥	4	K55+350	梁桥	1975	204	7	9-10+20-5.4	汽-20

2005 年 327 国道连云港段桥梁情况一览表

表 8-5

属 地	桥梁名称	桥梁等级	桩号	桥梁类型	建设年份	长(米)	宽(米)	跨径组合	设计荷载
赣榆县	沙河西桥	3	K35+752	梁桥	2001	14	52	1-12	汽-20
	赤金桥	2	K38+925	梁桥	2001	28	17	1-16	汽-20
	北干渠桥	2	K46+060	拱桥	2001	51	16	1-40	汽-20
	姚朱范桥	2	K55+450	梁桥	2001	38	17	3-10	汽-20
	古城桥	2	K55+910	拱桥	2001	50	17	1-38	汽-20

第六节 公路养护

1984年，连云港市养护公路总里程1236.1千米。1985年，全市养护公路总里程1237.7千米，其中水泥路面15.6千米、柏油路面330.5千米、碎石路面891.6千米，有涵洞2654座。1986年后公路等级普遍提高。1990年，一、二级公路达到256千米。其中，一级公路由5千米增至34千米，二级公路由189千米增至222千米；高级、次高级路面达417千米，占总里程的28.1%，其中，水泥路面由17千米增至45千米，沥青路面由27千米增至372千米；公路桥梁总数由1985年的348座13.52千米，增至1990年的382座15.3千米。2005年，全市公路管理部门管养的道路有国道3条（G204、G310、G327），养护里程277.22千米；省道7条（S245、S236、S326、S324、S235、S242、S323），养护里程276.36千米；县道69条，养护里程878千米。

随着公路养护投入逐年增加以及科学养护和规范养护全面推行，至2005年底，全市干线公路年平均好路率为93.2%，支线公路年平均好路率54.6%，居江苏省前列。

1984～2005年连云港市普通公路养护质量执行情况统计表

表8-6　　单位：%

年份	干线公路年平均好路率	支线公路年平均好路率	年份	干线公路年平均好路率	支线公路年平均好路率
1984	84.3	75.7	1995	79.7	70.1
1985	83.8	77.0	1996	71.3	63.2
1986	83.8	76.0	1997	65.0	65.6
1987	83.7	74.9	1998	61.5	53.3
1988	86.3	68.6	1999	68.0	52.8
1989	92.3	74.6	2000	73.0	52.2
1990	88.6	72.9	2001	78.4	51.6
1991	87.0	68.6	2002	88.3	49.7
1992	87.6	70.5	2003	90.5	46.6
1993	88.1	74.9	2004	95.6	49.2
1994	82.3	70.8	2005	93.2	54.6

第七节　公路运输

一、公路客运

1984～1990年，连云港市道路运输市场逐步放开，多种类型客运企业，包括乡镇、社会团体以及个体户、私营业主纷纷进入运输业；客运市场的运力结构单一，大多为普通大客车。

20世纪90年代至2002年，随着高等级公路和高速公路的建设，全市客运网络逐步完善，客运运力不断增强，运量、周转量逐年增长。1996年，宁连一级公路通车，江苏省连云港汽车运输总公司快速客运分公司、捷安快速客运有限公司先后成立。连云港至南京、上海的客运车辆全部更新成沃尔沃、大宇等高级豪华车型，连云港至郑州、灌云至上海等客运班线先后开通。1998年，全市客运车辆1534辆3.79万座，道路客运量4498万人次，周转量32.62亿人千米；全市有长、短途客运班线263条，日发班次1774班，通达省内所有地级市、县和省外周边地区；发展旅游客运车辆13辆，行政村班车通达率38%；全市拥有等级客运站7个，新浦区、连云区、海州区和各县县城均建成客运站。

图8-10　连云港至南京班线配置的豪华快客　侍志　摄于2005年

2002～2005年，随着交通部、省交通厅清理超类别客运班线的规定实施，运输企业向规模化、集约化发展，运力结构逐渐改善。2003年、2004年，连云港汽车运输总公司先后收购海州客运公司及捷安快速客运有限公司。2005年，全市拥有客运车辆1767辆5.91万座；公路客运量6551万人，客运周转量42.49亿人千米；全市

13个2级以上等级客运站在全省率先实现客运联网售票、电子检票；595辆客运车辆安装全球定位系统、行车记录仪等动态监管设备。

长途客运班线 1984年底，江苏省连云港汽车运输总公司开通青岛、临沂、日照、上海等7条省际班线，投放12辆车；开通南京、徐州、淮阴、高沟、响水、扬州等23条市际班线，投放42辆车；开通赣榆、东海、灌云、燕尾港等10条县际班线，投放82辆车。1988年底，省际班线增至28条，市际班线增至51条，县际班线增至12条。1990年后，道路客运班次更加趋密。至2005年底，已开通省际班线48条，市际班线121条，县际班线46条。

2005年连云港市区开通省际客运班线一览表

表8-7

序号	营运线路	班次	车辆数	序号	营运线路	班次	车辆数
1	连云港—北京	2	4	25	连云港—合肥	2	2
2	连云港—沈阳	0.5	1	26	连云港—寿光	1	1
3	连云港—石家庄	0.5	1	27	连云港—滁州	1	1
4	连云港—莆田	1	2	28	连云港—蚌埠	1	1
5	连云港—上海	8	8	29	连云港—莒南	3	2
6	连云港—天津	1	2	30	连云港—东营	1	1
7	连云港—杭州	2.5	5	31	连云港—日照	12	6
8	连云港—温州	1.5	3	32	连云港—临沭	10	5
9	连云港—宁波	1	1	33	连云港—厦门	0.5	1
10	连云港—奉化	1	1	34	连云港—济南	1	2
11	连云港—义乌	0.5	1	35	连云港—青岛	8	8
12	连云港—温岭	0.5	1	36	连云港—临沂	11	11
13	连云港—路桥	1	2	37	连云港—淄博	1	2
14	连云港—柯桥	1	2	38	连云港—枣庄	1	1
15	连云港—长沙	1	1	39	连云港—威海	3	3
16	连云港—盛泽	0.5	1	40	连云港—郑州	0.5	1
17	连云港—嘉兴	2	2	41	连云港—西安	0.5	1
18	连云港—南京	15	10	42	连云港—武汉	0.5	1
19	连云港—潍坊	2	2	43	连云港—牟平	1	1
20	连云港—湖州	1	1	44	连云港—襄樊	1	2
21	连云港—淮南	1	1	45	连云港—平顶山	0.5	1
22	连云港—芜湖	1	1	46	连云港—邳州	0.5	1
23	连云港—胶州	1	1	47	连云港—烟台	2	2
24	连云港—黄岛	1	1	48	连云港—深圳	0.5	2

市区公共交通 1984～1994年，连云港市区只有1路、2路、3路共3条公交线，不足30辆车。新浦至海州锦屏磷矿的3路公交车，是市区主要公交线路之一，沿线设置16对停靠点、31个公交候车亭。

图 8-11 连云线上的公交车辆 侍志 摄于2005年

1993年，连云港市公共交通公司在省汽车运输公司连云分公司102车队基础上成立，为市交通局下辖全民事业单位，实行企业化管理，下辖3个公交分公司。

1994～1998年，市区增加4路、6路、7路、8路、10路5条公交线路，车辆增至81辆。公交运营主体为连云港市公共交通公司。

1999年2月通过招商引进民营企业——连云港市佳连公共交通有限公司。该公司是年投放46辆友谊牌中巴车，开辟21路、22路、23路、24路4条公交线路。是年，连云城区开辟31路、32路、33路3条公交线路，由连云港市公共交通总公司第四分公司运营。

2004年，连云港市公共交通总公司改制更名为连云港海通公共交通有限公司，运营公交1路、2路、3路、4路、5路、6路、7路、8路、9路、10路、11路、19路及夜班3路线和双层巴士环城线共14条公交线路。是年，连云港东部公共交通有限公司在连云港海通公共交通总公司第四分公司的基础上成立，运营31路、32路、33路、34路、35路等5条公交线路。

2005年底，全市共有连云港海通公共交通有限公司、连云港市佳连公共交通有限公司和连云港东部公共交通有限公司3家公交企业。运营公交线路23条，公共汽车保有量384辆，年发送旅客4000万人次。设置公交站点192对、公交站牌394个、公交候车亭166个。

出租车客运 1984年，连云港市在原以三轮车为主的出租车市场首次引入小菲亚特轿车，当时未使用计价器，多为定点候客，实行议价制。1994年初，市区出现16辆招手即停的出租车，并按照计价器计费。1994年底，市区出租车发展到53辆，大多为个体经营。

1995年，山东威海、安徽淮北、江苏徐州的一些国有和民营企业开始投资连云港市出租汽车行业。至1998年底，全市成立33家出租汽车公司，拥有出租汽车2808辆，其中市区2572辆。个体经营与公司化经营并存，有近600辆为个体经营。出租车型绝大部分为微型面包车，少部分为两厢夏利轿车。此时，开始出现出租汽车经营权有偿使用（约每年720元），收费标准参照班线经营权收取。连云港市城市万人拥有出租车量次于南京、苏州、无锡，位居江苏省第四。

随着出租车增多，汽车出租市场出现乱收费、乱停车等问题。1999年4月，市交通局公告暂停新增出租车，市内汽车出租市场进入总量控制和市场规范阶段。2000年，市政府转发《连云港市交通局关于出租汽车更新的实施意见》，对出租汽车公司进行整合，对个别不具备经营资质的公司实行强制退出，并逐步取消个体经营；对车况差、档次低的老、旧车辆按3∶1的比例进行第一轮更新，夏利、桑塔纳、捷达、富康等中档轿车逐步取代微型面包车。整合后，市区出租汽车公司由33家减为9家，出租汽车总量由2808辆减至1909辆。更新后出租汽车实行“八统一”，即：统一营运号牌、统一起步价、统一标识、统一营运顶灯、统一计价器、统一着装、统一座位套、统

图 8-12 2000年，全市出租汽车进行第一轮更新。图为投入营运的桑塔纳出租汽车。 李家峰 摄

一票据；开始采取挂靠经营模式，即驾驶员出资购车，营运证、行驶证挂公司名称，驾驶员按月向公司缴纳管理服务费。

市交通局从2001年起停止征收出租汽车运管费。2005年4月起停止征收出租汽车客票附加费，同时取消出租汽车营运证年审年检收费，出租汽车综合性能检测由1年4次调整为1年1次。2000～2005年，市区未新增出租汽车。2005年底，市内共有7家出租汽车公司，拥有出租汽车1611辆。

旅游客运 1984年，连云港市被批准为首批沿海开放城市后，旅游热逐渐兴起。1990年，连云港市开始与周边的省、市建立客运联系，互通长途班车，每年夏季旅游运输成为当时班线运输的重要组成部分。2001年，连云港汽车运输公司风光旅游分公司首次投放10辆客车从事旅游客运，填补了连云港市无专业旅游运输队伍的空白。2004年，市内第一家专业旅游客运公司——连云港永峰汽车旅游客运公司成立。2005年，连云港龙翔旅游客运有限公司成立。至年底，市内拥有经营资质的旅游客运企业3家，拥有中高级旅游客车30辆。

农村公路客运 连云港市农村客运起步于20世纪80年代中期，大多为个体户经营，线路以县城至各乡镇农村公交客运班线为主，车型由中型普通客车和小型普通客车组成，经营主体众多。1994年，各县开始对农村公交班车进行专项整治，将从市区到各县县城的车辆更新为中型客车。2000年后，市内农村公路运力结构逐步改善。2004年实施农村客运班车通达工程，至2005年底，全市1437个行政村有1354个通达班车，通达率94.2%；全市建有农村乡镇客运站亭122个、行政村客运站牌1432个。

二、公路货运

1984年，全市有货运汽车4108辆，总吨位2.05万吨，年货物运输量318万吨，货物周转量39359万吨千米。1984年后，公路货运市场逐步开放，逐渐形成国有、集体、个体三者并存格局，人力板车、独轮车退出货运市场，货物运输方式逐步转向以汽车运输为主。1989年，全市拥有普通货运汽车9195辆、总吨位4.19万吨，拖拉机1.47万辆、总吨位1.49万吨。从事营业性运输的汽车持证率100%，个体手扶拖拉机持证率85%。

20世纪90年代初期，三轮拖拉机、三卡机动车、拖拉机逐步退出货运市场，货运汽车、大型集装箱运输车、特种车辆和危险货物运输车以及货运出租车成为市场主体。1996年后开始组建有形货物运输交易市场，至1998年货运交易市场基本成熟。

2002年，全市重型、中型、轻型货车比例调整为1：4：5，全市有货物运输经营企业（包括个体运输户）6554家，其中货运三级资质企业2家、四级资质7家、五级资质74家。货车总数7830辆4.56万吨。2005年，全市货物运输汽车发展至1.43万辆4.44万吨，完成公路货运量3843万吨，周转量37.76亿吨千米。

1984～2005年连云港市全社会公路货运量统计表

表8-8 单位：万吨

年 份	全 市	市 区	赣榆县	东海县	灌云县	灌南县
1984	792	688	21	59	24	—
1985	1659	1581	8	48	22	—
1986	1769	1680	12	54	23	—
1987	1860	1761	16	57	26	—

续表8-8

年 份	全 市	市 区	赣榆县	东海县	灌云县	灌南县
1988	2263	2165	11	66	21	—
1989	2173	2066	11	78	18	—
1990	2091	1991	10	66	24	—
1991	1010	916	12	57	25	—
1992	2331	2220	12	75	24	—
1993	2374	2250	12	86	22	4
1994	2246	2120	13	89	19	5
1995	3973	3850	15	85	18	5
1996	2719	2573	13	107	19	7
1997	1780	1649	5	102	16	8
1998	2582	2458	6	99	11	8
1999	3380	3159	8	98	107	8
2000	2739	1942	501	88	198	10
2001	2913	1970	501	107	325	11
2002	2962	1084	565	540	498	275
2003	3062	1122	585	559	514	282
2004	3328	1220	636	607	559	306
2005	3843	1729	584	559	512	459

集装箱货物运输 20世纪80年代，全市开始推行集装箱运输，年运送集装箱500标准箱。1990年后，为促进集装箱运输业发展，省、市运输管理部门相继实施一系列优惠政策。1997年底，省政府印发通知，对通过徐州连云港地区新墟公路、邳州运河大桥和徐州三环东店子3个收费站的集装箱运输车辆实行单程收费。2004年，省政府又根据连云港市政府请示，对进出连云港港的集装箱运输车辆在连云港市境内收费站全部实行减半收费，并于2005年6月撤销东西城区主干道新墟公路朝阳收费站，大幅降低连云港港进出货物的运输费用。

2005年，全市有集装箱运输业户13家，集装箱运输车辆604辆，总吨位1.3万吨。

冷藏保鲜货物运输 1984年，全市冷藏保鲜运输的货物品种主要是海产品、肉类等副食品，以市食品公司自有车辆运输为主。1990年后，冷藏保鲜运输的货物品种从副食品发展到电子元器件等，如连云港汉高华威电子有限公司生产的电子元器件即通过冷藏保鲜运输车辆运输。2005年，全市有冷藏保鲜货物运输车35辆，总吨位169吨。

1996～2005年连云港市冷藏保鲜车辆发展情况统计表

表8-9

年 份	运输车（辆）	吨位（吨）	平均吨位（吨）	年 份	运输车（辆）	吨位（吨）	平均吨位（吨）
1996	78	330	4.23	1999	52	243	4.67
1997	80	342	4.28	2000	80	379	4.74
1998	50	256	5.12	2001	44	177	4.02

续表 8-9

年　份	运输车（辆）	吨位（吨）	平均吨位（吨）	年　份	运输车（辆）	吨位（吨）	平均吨位（吨）
2002	44	191	4.34	2004	34	148	4.35
2003	43	185	4.30	2005	35	169	4.83

罐式容器运输　1984年，全市罐式容器运输货物品种主要为燃料油品，经营单位以石油企业为主，共有30辆油罐车。2000年以后，出现散装水泥、混凝土、液体化工品等罐式运输。2005年，罐式运输车与混凝土搅拌车发展迅速，全市有罐式运输车辆201辆，总吨位2639吨。

1996～2005年连云港市罐式运输车辆统计表

表 8-10

年　份	运输车（辆）	吨位（吨）	平均吨位（吨）	年　份	运输车（辆）	吨位（吨）	平均吨位（吨）
1996	35	300	8.57	2001	131	843	6.44
1997	35	300	8.57	2002	163	1073	6.58
1998	68	372	5.47	2003	175	1469	8.39
1999	83	442	5.33	2004	183	1940	10.60
2000	114	789	6.92	2005	201	2639	13.13

大件货物运输　2000年前，道路大件货物专项运输主要由连云港市汽车货运公司大件分公司、灌云县恒通运输有限公司经营。至2005年底，市内有大件运输公司11家，大件货物专项运输车辆28辆、623吨，运输货源主要以挖掘机、大型机械设备等为主。

1996～2005年连云港市大件运输车辆统计表

表 8-11

年　份	运输车（辆）	吨位（吨）	平均吨位（吨）	年　份	运输车（辆）	吨位（吨）	平均吨位（吨）
1996	43	630	14.65	2001	12	190	15.83
1997	43	630	14.65	2002	10	217	21.70
1998	3	174	58.00	2003	19	338	17.79
1999	1	80	80.00	2004	24	399	16.63
2000	12	241	20.08	2005	28	623	22.25

危险货物运输　1990年前，全市危险货物运输因量小、批次少，均以各单位自运为主。1993年后根据交通部道路危险货物运输管理规定，市运输管理部门对危险货物运输实行专项管理。从2001年开始每年一次对道路危险货物运输安全进行专项整治。2002年开展专项整治工作，对原有的124家危险货物运输业户226辆车，逐一对照资质要求重新审核，取缔不符合资质要求的危险货物运输业户117家97辆车。至2005年底，全市有危险货物运输企业12家，其中市区8家、赣榆县1家、东海县1家、灌云县1家、灌南县1家；危险货物运输车辆329辆，总吨位3418.69吨；危险货物运输从业人员753人，其中驾驶员374人、押运员379人。

三、运输企业

江苏省连云港汽车运输总公司　该公司成立于1954年。2002年初通过ISO 9001：2000质量体系认证。2005年底，公司辖20个二级单位，分布于市内4县3区；有员工1848人，拥有营运客车564辆、出租车521辆。经营业务以公路旅客和货物运输为主，兼营汽车及配件销售、出租车营运、汽车维修及技术服务、旅行社、宾馆、公路绿化及养护等，拥有一级客运站2个、二级客运站7个、三级客运站3个，营运线路249条。日发班次2000余班，班线通达南至深圳、北至沈阳、西至西安，线路覆盖省内各县市，通往京、津、沪、鲁、豫、皖、浙、赣等15个省市。“雷锋车”品牌成为全国精神文明建设的重大典型，公司先后被评为中国企业文化建设先进单位、省级文明单位等。连云港市汽车运输总公司新浦汽车总站党支部被中共中央和中共江苏省委授予全国和全省“先进基层党组织”称号，新浦汽车总站连续25年被交通部授予“全国文明汽车站”称号，并被国家及有关部门授予“全国学雷锋先进集体”、全国“五一”劳动奖状、“全国职业道德建设十佳单位”等称号。

图8–13　江苏省连云港汽车运输总公司　赵鸣　摄于1997年

连云港市海通公共交通有限公司　该公司原为连云港市汽车运输总公司102车队，1996年经市政府批准成立连云港市公交总公司，为市交通局下辖国有企业，下设3个分公司，拥有车辆56台，经营公交线路7条。1999年9月托管第五运输公司并成立公交第四分公司，公交线路增至12条。2001年，实行政企分开后划归海通集团管辖，经营公交线路20条，营运车辆195辆。根据市场需要相继成立公交旅游有限公司、公交广告公司，实行自主经营、自负盈亏经营模式。

2004年2月，连云港市公交总公司整体改制为连云港海通公共交通有限公司，为国有控股企业，注册资本920万元。6月，原公交第四分公司整建制划出另成立东部公交有限公司。至2005年底，海通公共交通公司拥有公交运营车辆252辆，运营线路20条总长322千米，日发班次1424班，年客运周转量2亿多人千米，有公交站场6个；下辖3家运营分公司、汽车维修分公司、旅游公司、广告公司等9个基层单位。

连云港市佳连公共交通公司　该公司由黑龙江省佳木斯市公交总公司投资400余万元于1999年2月10日成立，是市内公共交通行业中唯一的民营企业。成立后先期投放46辆“友谊”牌中巴车，开通沈圩至车管所的21路、火车站至南城镇政府的22路、火车站至兴业小区的23路、淮海工学院至海州石棚山的24路4条互联的中巴车公交线路。2000年4月，投入资金100万元，开辟东港学院至运管处的25路公交路线，并增加12辆公交车。2002年投入资金300万元，开通26路（昌旺购物中心至云台后关）、27路（新浦火车站至海州南园新村）公交线路，运营车型由中巴车改为大型客车。2005年底，共经营21～27路7条公交线路，投入运营车辆101辆，从业人员260多人，其中安排市区下岗职工再就业人员占90%以上；线网总长约196千米，年客运量约1300万人次。

连云港东部公共交通有限公司　1999年9月，市交通局决定由连云港市公共交通总公司对已停产的连云港市第五运输公司进行托管，在东部城区成立公交第四分公司，开通公交31路、32

路、33路。2000年7月，公交第四分公司开通国展中心至宿城的公交34路，并实行31路、32路、33路、34路循环运行。2001年3月，公交第四分公司开通国展中心至船山景区的公交35路线。至2004年，公交31路、32路、33路、34路、35路共投放中型公交车辆49辆。

2004年6月，市公共交通总公司第四分公司改组为连云港市东部公共交通有限公司。2005年底，公司有运营车辆127辆，其中公交车49辆、出租汽车73辆、通勤车5辆；拥有公交线路5条，线路总长76.2千米，年客运量为900万人次，客运周转量9000万人千米。

连云港市海通集装箱运输有限公司 1992年3月，在江苏省汽车运输总公司连云港分公司集装箱车队的基础上成立，是年连云港市第四运输公司并入，为全民所有制企业，拥有固定资产515万元，职工247人，运输车辆47辆。1995年5月，公司迁址到连云港经济技术开发区，后分为连云港大港集装箱运输有限公司（后更名为连云港开发区通港集装箱运输有限公司）、连云港新连汽车运输有限公司。2003年9月，连云港市海通集团将连云港开发区通港集装箱运输有限公司、连云港新连汽车运输有限公司、连云港市南方运输工程有限公司3家公司资产和人员重新组合，成立连云港海通集装箱运输有限公司，注册资金100万元，拥有196辆运输车辆、在岗职工36人，主要经营集装箱公路运输、中转及维修、汽车货物运输、汽车修理等。2005年实现主营业务收入3468万元，新增车辆45辆。

江苏泰和国际货运有限公司 成立于2002年8月，注册资本1200万元。承办各类进出口货物的海、陆、空国际货物运输代理业务和公路物流运输业务。2005年，经连云港市运输管理处批准成立危险品运输公司，除从事液体硫磺运输外，还经营各类毒性、腐蚀性危险物质运输。有专用运输车11辆324.96吨，驾驶员、押运员37人。2005年，运输液体硫磺17万吨、集装箱1200个标准箱，实现运输收入750万元、利润320万元。

连云港海通联运有限公司 成立于1984年10月，以经营铁路、公路多式联运为主。2002年转属连云港市海通集团。是年进行改制，改制后公司下设新浦分公司、海州分公司、连云港分公司、墟沟分公司、盐坨分公司、铝型材总汇、集装箱分公司7家二级基层分公司，以及金联出租车公司、中联旅行社2家独立法人的全资子公司。开始经营运输中介服务、物业管理服务、汽车出租、旅游服务等，形成专业建材市场物业管理、房地产代建管理、出租汽车经营管理3大利润中心。2005年实现收入500余万元。

连云港市汽车货运公司 成立于1950年初，主要从事公路客运、货运、大件运输、危险货物运输、汽车出租、汽车检测、汽车销售、汽车配件制造销售和汽车驾驶员培训、超重装卸、搬家、客货站（场）等业务。

2005年，公司下辖16个基层单位，其中汽车运输分公司拥有各种类型汽车近400辆，可承运10～300吨超高、超长、超宽不解体大件及特大件货物；连云港解放商用汽车服务站是中国一汽集团在连云港地区唯一的定点服务单位；连云港苏港汽车综合性能检测中心是全市唯一的通过省交通厅认证的汽车综合性能A级检测中心；东港汽车驾驶员培训中心培训合格驾驶人员年逾1000人。

连云港市全福出租汽车有限公司 成立于1995年10月，公司由全福、云阳、货运、港盛、新连、通港出租车公司先后整合而成，为四星级出租客运经营企业，隶属于连云港海通集团。2005年底拥有出租汽车394辆。

连云港阳光出租汽车有限公司 成立于1995年10月，隶属于万联能源集团公司，有诚信的士品牌车队1个，薄荷青色作为公司车辆标识色，车型为夏利、桑塔纳、富康。2000～2002年，该公司收购、兼并中北、安全、白云、蓝天、天乐、益云等6家出租车公司的223辆出租车，车辆总数432辆。2005年底，经营模式开始由挂靠经营向公司化经营转变，出租车保有量由432辆减至370辆。

连汽出租公司 成立于1995年，由连云港汽车运输总公司投资组建。初期有50辆出租车，其中，面的30辆、夏利20辆，全部采取挂靠经营模式实施管理，即驾驶员出资购车，营运证、行驶证挂公司名称，驾驶员每月向公司缴纳管理服务费。1999年，该公司对一批小型出租车企业及个体户进行兼并和收购，出租车增至254辆。2000年11月，将老旧面的、夏利车更新为桑塔纳、捷达、富康等中档车型。2004年4月，神龙出租公司划归该公司管理，出租车增至555辆，占全市出租行业车辆总数的三分之一，企业经营规模跃居全市行业第一。

第八节 运输市场建设

一、客运站

1984年，连云港市有客运站点721个，其中市区345个、四县376个。1987～1990年，新建东海汽车站、灌云汽车站、墟沟汽车站，站房总面积达6.12万平方米。1993年赣榆汽车站建成。1995年新浦汽车总站重建。1999年灌南汽车站投入运行，至此各县均建成综合性客运枢纽站。1999年，全市各主要客运站设立驻站管理办公室。2001年8月，苏欣快客站竣工投入运营。所有往南方向的客运班线全部进苏欣快客站发车；所有往北方向的客运班线全部进新浦汽车总站发车；所有农公客运班线全部进捷安快客站、海州客运站、客运南站、墟沟客运站发车。各县的长途和县际、县内客运班线全部进站统一发车。至此，全市客运汽车实现“车进站，人归点”目标。2004年，赣榆县城北汽车客运站建成投入使用，总投资1360万元。至2005年底，全市有客运站17个，其中一级站2个、二级站8个、三级站3个、四级站2个、简易站2个；有客运站务人员1200人，设计日发车班次3070班次，日发送旅客6.43万人次。

2005年连云港市客运站场标准化建设情况统计表

表8-12

序号	站名	等级	建站年份	投资规模（万元）	占地面积（平方米）	日发班次（次）	日发旅客量（人）
1	新浦汽车总站	一级	1954	350	20702	400	[illegible]0000
2	苏欣汽车客运站	一级	2001	1665	14894	350	[illegible]1200
3	新浦客运东站	二级	1998	900	6200	350	5000
4	墟沟汽车站	二级	1990	140	19800	200	5000
5	赣榆汽车站	二级	1993	286	22678	260	5000
6	赣榆城北汽车客运站	二级	2004	1360	22000	350	5000
7	东海汽车站	二级	1987	280	21000	350	5000
8	东海客运北站	二级	1998	400	5600	260	5000
9	灌云汽车站	二级	1987	180	20400	350	5000
10	灌南汽车站	二级	1955	720	18620	200	5000

新浦汽车总站 连云港市主要交通客运枢纽中心，为交通部核定的国家一级汽车客运站。始建于1954年。1995年1月在新浦区人民路易地重建，占地2万余平方米、建筑面积6800平方米、候车室面积2000平方米、主楼6层。每天发往北京、天津以及山东、沈阳、河南等18个省、市长途、超长途客运班车400余班次，旅客流量1万人次左右。

图8-14 20世纪80年代新浦汽车站外景 侍志 摄

苏欣汽车客运站 2000年6月开工建设，2001年8月建成投入使用。该站由主楼、站前广场、停车场组成。主楼4层，局部5层，总投资1665万元。建筑面积5957平方米，占地1.49万平方米。旅客日进出量1.12万人次，日发班车350辆次，有6个售票窗口。

图8-15 2001年建成的苏欣汽车客运站 侍志 摄

赣榆汽车站 1992年9月开工建设，1993年投入使用。位于赣榆县城青口镇。占地2.27万平方米，建筑面积2102平方米，站内停车场2万平方米。2004年新建钢构专线流水发车大棚近900平方米。该站承接赣榆县中长途及农公线旅客运输，设计能力为旅客日进出量5000人次，日发班车260辆次。

赣榆城北汽车客运站 2003年开工建设，2004年11月竣工、12月营业。主楼建筑面积7800平方米，停车场9500平方米，站前广场9460平方米。设计能力为旅客日进出量5000人次，日发班次350辆次，4个售票窗口，10个发车门位。

东海汽车站 1987年开工建设，1988年建成投入使用。位于东海县牛山镇，占地2.1万平方米，建筑面积2349平方米，分为办公楼和旅客候车室。主要承接东海县中长途及农公线的旅客运输，日发班车350辆次，设计日发送旅客5000人。有6个售票窗口，10个发车门位。

灌云汽车站 1987年始建。2002年11月在灌云县城振兴南路3号，按国标二级客运站标准重建。设计能力为旅客日进出量5000人次、日发班车350辆次。

灌南汽车站 1955年始建。1996年易地重建，新址位于灌南县城人民西路122号，1999年1月投入使用。占地1.86万平方米，建筑面积2600余平方米，站前广场5000平方米，停车场地8000平方米，有6个售票窗口、7个发车位和检票口。设计日发班次200班次，日发送旅客5000人次。

二、货运站场

2001年以前，全市无大型货运站场，只有港务处、新浦港、刘籁港等小型货物堆场。2001年，市运管处以华运物流公司为主体建立华运交易市场，库场内有3千米长的铁路专用线。是年底有10余家配载业户进场经营，每天进场车辆100辆以上，日吞吐量3000吨左右。2002年，该站场转卖给市燃料集团作为他用。

2003年，在中国物资储运总公司连云港分公司的基础上成立连云港中储物流中心，库区占地面积36万平方米，拥有仓储库房3.4万平方米，设有4条铁路专用线与东陇海铁路相接，铁路专用线有效作业长度2.83千米，设计年吞吐能力120万吨。2004年7月，市政府发布《连云港市现代物流发展规划纲要（2004～2020年）》，将连云港中储物流中心规划为连云港市区区域性物流中心。是年，连云港港口集团成立连云港物流中心，集货物配载、中转、仓储、配送、交易、信息交流等功能于一体，显著提高了港口货物的集散速度。

2005年，市政府邀请东南大学、北京交通大学、河海大学、省交通规划设计院等单位的交通规划专家，研究制定《连云港市"十一五"货运站场及物流发展总体规划》。是年底，港口集团中心货运站、庙岭集装箱中转站等大型专用货运站场启动建设。

三、搬运装卸

1984～2000年，连云港市搬运装卸企业主要有港务处、货运公司等交通企业。港务处主要从事码头的货物装卸，有专业装卸人员及机械。货运公司主要利用中储仓库、棉花仓库、国际商城等货运站场的一些装卸机械和自购的简单工具进行操作。此外还有一些个体经营户从事吊装业务。2005年底，全市搬运装卸业基本萎缩，只有港务处玉带河港等零星码头存在人工搬运装卸，其他均被机械化设备所替代。

四、搬家运输

2000年前，连云港市企事业单位和个人家庭搬家，都是自装自卸。2000年，市区出现蚂蚁、喜顺、高华、迁喜4家专业搬家公司。2005年底，市区有搬家运输服务业户8家，其中新浦区7家、海州区1家；有车辆18辆，从业人员100余人。蚂蚁搬家公司规模最大，拥有10辆搬家专用车、从业人员50余人。

五、运输代理配载

连云港市道路运输服务（货运代办、货运配载）产生于1993年前后，但直至2000年全部未办理经营许可证。2001年开始，市交通运输部门将运输代理配载业户纳入管理范围，由交通运输部门统一办理道路运输经营许可证。2003年5月至2004年5月，市交通运输部门对全市的道路货运代理（代办）和货运配载市场进行重点整治。2001～2005年共为96家运输代理业户办理经营许可证。

第九节　运输辅助业

一、汽车维修业

汽车维修企业　1986年12月，交通部、国家经济委员会和工商行政管理总局联合下发《汽车维修行业管理暂行办法》，汽车维修行业纳入交通部门管理范围。1987年，连云港市交通局对全市汽车维修企业进行摸底调查。1988年，市交通局设立汽车维修行业管理处（1999年并入市运输管理处），着手对汽车维修厂进行整顿，使汽车维修业开始规范发展。2002年，市内首家汽车4S店[①]广州本田4S店开业。2002～2005年间，别克、日产、现代等品牌车4S店相继开业，至2005年

---

① 4S店全称为汽车销售服务4S店，集整车销售、零配件、售后服务、信息反馈为一体。

底，全市有11家汽车4S店，有一类维修企业30家、二类维修企业96家、三类维修业户254家，从业人员2036人，年维修各类汽车24.55万辆次。

表8-13

2005年连云港市汽车维修企业情况统计表

地 区	维修业户(家)					从业人员(人)	维修总量(辆次)	维修总产值(万元)
	合计	一类	二类	三类	其中4S店			
全 市	380	30	96	254	11	2036	245545	14753
市 区	235	20	50	165	11	852	174362	7209
东海县	46	5	18	23	—	405	25167	2791
赣榆县	37	4	12	21	—	326	21752	2353
灌云县	33	1	10	22	—	287	15132	1465
灌南县	29	0	6	23	—	196	9132	935

机动车综合性能检测站 1990年，连云港市中北客运公司成立市内第一家汽车综合性能检测站，接受交通部门委托，负责全市营运车辆的技术等级评定和二级维护竣工检验等。随后，灌云县、东海县、赣榆县、灌南县先后建立汽车综合性能检测站。市汽车维修管理处在各检测站内设立驻站办公室，负责车辆技术档案的建立和使用监督管理、车辆二级维护和等级评定备案、监督送检员送检行为、监督检测站检测行为。至2005年底，全市有5家汽车综合性能检测站、5条汽车综合性能检测线，是年检测车辆4.96万辆次。

二、驾驶员培训

1984年，经市公安局交通管理部门批准，连云港市汽车货运公司抽出15辆车从事汽车驾驶员培训业务，对外招收学员。1986年成立汽车驾驶员培训队，教练车发展到40辆，同时代管市公安部门40辆教练车。

1996年，连云港市成立机动车驾驶员培训行业管理处，1999年并入市运输管理处。到2001年全市驾培企业发展到7家，其中市区4家，东海县、灌云县、灌南县各1家。拥有教练车180辆、从业人员和教练员232人。

2004年10月，市运输管理处、市公安局交巡警支队联合发文，对汽车驾驶员培训、考试作出明确规定。

至2005年底，全市有机动车驾驶员培训学校24家，其中一级驾校1家、二级驾校23家。有教练车948辆，从业人员及教练员1400余人。所有学校均达开业标准，实现驾驶训练场内化、模拟训练自动化、学员管理网络化；教练员均持有交通部核发的教练员证，其中具有中级以上技术等级证书的达70%以上。

表8-14

2001～2005年连云港市驾驶员培训学校基本情况统计表

年 份	培训业户(家)	从业人员(人)	教练员数(人)	教练车数(辆)	培训人数(人)
2001	7	130	102	180	2000
2002	7	150	231	230	3000

续表 8-14

年　份	培训业户（家）	从业人员（人）	教练员数（人）	教练车数（辆）	培训人数（人）
2003	10	245	538	320	13124
2004	17	302	701	596	33412
2005	24	354	1081	948	43967

连云港市交通培训中心 成立于1983年，为市汽车运输总公司内部教育基地。1994年取得社会办学资质，开始面向社会开展驾驶员初级培训和技术等级培训。2000年8月，与市交通局交通培训中心合并，更名为连云港市交通培训中心。2004年11月，连云港市交通培训中心从连云港汽车运输总公司划归连云港海通集团有限责任公司管理，取得企业独立法人营业执照。同时，东港驾校整建制合并到连云港市交通培训中心，该培训中心成为唯一通过交通行业部门审批的一级驾培机构，主要从事道路客货运驾驶员从业资格、危险货物运输驾驶员从业资格以及大型客车（A1）、大型货车（B2）、小型汽车（C1）等驾驶资格培训业务。

第二章　水　路

连云港市境内河流纵横交错，具有发展内河水上运输的优越自然条件。1994年，内河航道技术定级工作全面完成，定级后全市有内河航道83条1127.5千米，其中等级航道15条390.3千米、等外级航道68条737.2千米。2005年底，全市有内河航道84条，总长1138.48千米，其中，等级航道16条441.97千米、等外级航道68条696.51千米。全市航道上建有能通航的船闸71座，分别位于市区和灌云县、灌南县境内。内河港口是多种运输方式的连结点，2005年，全市内河港口货物吞吐量由1984年的122.04万吨增至2005年的161.26万吨，新浦港、海州港、玉带河港、刘籁港、大岛山港、青口港、白塔港、新安港、堆沟港、长茂港、汤沟港和伊山港均初具规模。

第一节　航　道

一、干线航道

盐河 南起淮安市淮阴区杨庄，经涟水县、灌南县、灌云县至连云港市新浦区，全长152千米，其中连云港市境内70千米，1993年4月被省航运部门定位为五级航道。

盐河自杨庄运河口至朱码船闸长49.3千米，最低通航水位时水深2.5米以上，航道底宽19～28米，航宽28～37米，最小弯曲半径100米。朱码船闸至新沂河中心长55.7千米，最低通航水位时水深2.5米，底宽15～32米，最小弯曲半径100米。新沂河中心至盐河桥长47.5千米，在最低通航水位时，灌云县境内水深2.5米左右，航宽除仲集桥附近在17米左右外均达到20米以上。市区境内航道水深接近2.5米，底宽8～15米，航宽12～18米，通航条件一般。玉带河至墟沟港32千米待开发。全线有船闸2座，通航尺度135×10（12）×2.5米；套闸3座，通航尺度240×8（12）×2.5米、140×8（12）×2.5米、180×8（12）×2.5米；通航节制闸2座，净高3.5～4.5米，净宽6～7米。全线有桥梁18座，其中公路桥14座、机耕桥2座、人行闸桥2座。跨河电线、管道97道，其中电力线70道、电话通信线20道、水下电缆5道、架空管道2道。临河有码头51座、翻水站32座。

图8-16　盐河自淮安市淮阴区至连云港市新浦区，全长152千米。图为盐河连云港段。　李家岭　摄于1989年

1987～2005年，省、市航道管理部门共投资5522.6万元对盐河航道进行整治，完成护岸工程21.77千米，疏浚航道1944.74千米。整治后通航条件明显改善，常年可通航300吨驳船组成的拖带船队，年运量1000万吨。

图8-17　1987～2005年，省、市航道管理部门投资5522.6万元对盐河航道进行整治。图为整治后的盐河。

规划展示馆　供

武障河口北岸设通行信号灯1座，南岸设横流标1座；北六塘河、龙沟河、义泽河口分别设置通行信号标、横流标各1座；新沂河内盐河东西两岸各设置泛滥标2座。

灌河　又称潮河，自灌南县武障船闸起，经大三岔、响水、双港、堆沟港、陈家港，至燕尾港入海，全长67.5千米。灌河西接盐河可入京杭大运河，向东入黄海，可与国内外各大港口通航，为江苏省内河主要干线航道之一。

2005年，灌河河面宽250～1200米，底宽100～400米，常年水深6～8米，最深13米，最大潮差达4.98米（响水口）。一帆河口至大三岔一带河面宽250～520米，底宽80～140米，水深2.1～4.5米，千吨级船队畅通无阻。一帆河口至堆沟港40千米河段较为顺直，河面宽520～1200米，底宽140～300米。堆沟港镇大嘴处至灌河口之间的航道，3000～5000吨船舶可常年通航，个别浅段和港池稍加浚深后，万吨级海轮也可通航。

淮沭新河　南起洪泽二河闸，北流经武墩、杨庄、渔沟、庄圩，过沭阳南通航孔，穿新沂河，过沭新南套闸、沭新北船闸，经吴场、赵集、张湾、刘顶至连云港市新浦区临洪闸止，全长179.2千米。淮沭新河是治淮工程的重要组成部分。全河由二河、淮沭河、沭新灌渠、蔷薇河组成。全线有桥梁29座，均符合六级航道桥梁标准，正航道上有沭新南船闸、沭新北船闸及沭阳大闸通航节制闸。此外可经张福河船闸进出洪泽湖。淮沭新河货运主要是输出沭阳县境盛产的黄砂。

二、支线航道

东门河　西起灌云县大伊山盐河，向东流经灌云县伊山镇、向阳乡、白蚬乡、东王集乡、沂北乡、杨集镇，全长19.2千米。与一帆河、官沟河十字相交。河底宽30～65米，河底高程-0.8～1.4米。沿河建有伊山东门河桥、东门节制闸和套闸等跨河建筑物，是灌云县境内一条重要的航运、灌溉、排涝河道。

五图河 西接东门河，向东流经灌云县界圩乡、图河乡、五图河农场、灌西盐场、圩丰乡、洋桥农场，在小南沟处与界圩河和五灌河交汇，成自由分流，全长29.31千米。杨集至小南沟段河底宽65米，小南沟至五图河段底宽44米，沿河建有杨集公路桥、图河交通桥、小南沟公路桥和五图闸等建筑物。1989年，其杨集至小南沟段，被省交通厅验收为文明航道。

古泊善后河 西起沭阳县境内，东达埒子口入海。沭阳境至板浦南的盐河段称古泊河或古涟河，盐河至东陬山段称善后河。沿岸经沭阳县、海州区新坝乡、灌云县穆圩、龙苴、小伊、板浦、伊芦、东辛农场、同兴、四队、圩丰等乡镇和东辛农场、徐圩盐场。曾被列为战备航道。运输物资以矿石、食盐、石料、黄砂及生活用品为大宗。1988年，被省交通厅验收为文明航道。

武障河 自灌南县境盐河起至东三岔，全长13千米，为三级航道，其中武障河口至武障河闸0.4千米为静水。2005年河底宽120米，枯水位水深1.9米；武障河闸至东三岔12.6千米，河底宽64～120米，枯水位水深0.7米，为感潮河段。

六塘河 西起宿迁市的井头，经泗阳县庄滩闸、淮安市六塘河闸、宿迁市沭阳县钱集、涟水县杨口，止于灌南县李集乡大渔涝至北六塘河闸，全长124.5千米（总六塘河与北六塘河之和）。六塘河自宿迁市永济桥东行桃源至清河分南北二股，即南、北六塘河，分别流经盐河入武障、龙沟两河汇灌河入海。

南六塘河 古称南股河，自涟水县洋河口，经麻垛、高沟，至灌南县境六塘至武障河口，全长35.5千米。从沈三圩经丁头庄，肖大桥至盐河（武障河口），长12.5千米，列为七级航道。2005年，河底宽40～60米，枯水位2.3米，最高水位3.8米，常水位2.5米，可行驶100吨级驳船组成的船队。

中六塘河 原为南六塘河故道，又称老六塘河，西起灌南县李集乡丁头庄，经李集入盐河，全长13.03千米。2005年，河底宽20米，枯水位1.9米，最高水位3.6米，常水位2.5米（李集街以东河段），被列为八级航道。

北六塘河 西自淮安市淮阴区六塘河闸，经宿迁市沭阳县钱集、周集、沈集、涟水县杨口、灌南县李集乡大渔涝至北六塘河闸，全长55.5千米。灌南县境从王口经大渔涝至北六塘河船闸，长15.44千米，列为七级航道。2005年，河底宽35～40米，最高水位3.8米，枯水位1.6米，常水位2.5米，可行驶100吨级船舶组成的船队，通航船舶可入淮沭河直抵京杭大运河苏北段。

柴米河 西起宿迁市沭阳县柴米河闸，经沭阳县章集、汤涧、李恒，灌南县白皂，东入盐河，全长59.5千米。灌南县境从侯庄起，经汤沟、白皂、孟兴庄、张店至盐河，长18.52千米。2005年，河底宽30～80米，最高水位4.03米，常水位2.5米，枯水位1.5米，可通行50吨级船舶。

柴南河 西起宿迁市沭阳县，东至灌南县白皂沟，全长43.8千米。灌南县境从魏庄起，流经汤沟镇至白皂入柴米河，长7.4千米，列为七级航道。2005年运量约10万吨。

义泽河 西起灌南县境盐河，经马台北陈集东至东三岔入灌河，全长11千米。2005年，河底宽30～60米，义泽河闸上游最高水位3.94米，常水位1米，为感潮河段。列为七级航道。该河建节制闸后，上游水源被控制，下游潮涨潮落致泥沙沉淀，航道日益淤塞，枯水时通航困难。

一帆河 南起淮安市涟水县胡集乡刘桥，北至灌南县三口镇的窑河口入灌河，全长42.5千米。灌南县境从新集乡赵八沟起经花园、小窑、三口到窑河口，长18.14千米，被列为七级航道。2005年，该河底宽40～100米，最高水位2米，常水位1.5米，枯水位1米。年运量约8万吨。

三、航标

1986年起，连云港市航道管理部门开始在所辖航道布设内河航标。1988年，为贯彻实施内河助航标志两项国家标准和省交通厅有关通知精神，市航道管理处和赣榆县航道站共同完成赣榆县入海口5处航标制式改革工作，经验收符合国家标准，是年5月17日启用，正位率和发光率均达100%。1990年，市境内航标均达省对主线航道95%、支线航道85%通航率和100%航标正位率、发光率的要求。1995年，在赣榆县绣针河口新建航标1座。1999年，市航道管理处对灌南县、赣榆县境内的18座航标进行维护和保养，使航标发光率、正位率分别达99.5%和100%。2002年12月，投资10.5万元改建灌南境内的4座航标。2005年底，全市有内河航标13座，以泛滥标、横流标和信号标居多。

2005年连云港市内河航标设置情况一览表

表8-15

名　称	航标类型	地　点	岸别	形状	光色	闪光	功率	视距（米）
盐河1号	横流标	武障河闸	右岸	菱形	红色	顿	2.4/4–6	1500
盐河2号	信号标	武障河闸	右岸	横木	红色	—	60瓦×3	2000
盐河3号	横流标	六塘河闸	右岸	菱形	红色	顿	2.4/4–6	1500
盐河4号	信号标	六塘河闸	右岸	横木	红色	—	60瓦×3	2000
盐河5号	横流标	龙沟河闸	右岸	菱形	红色	顿	2.4/4–6	1500
盐河6号	信号标	龙沟河闸	右岸	横木	红色	—	60瓦×3	2000
盐河7号	横流标	义泽河闸	右岸	菱形	红色	顿	2.4/4–6	1500
盐河8号	信号标	义泽河闸	右岸	横木	红色	—	60瓦×3	3000
盐河9号	泛滥标	沂河淌	右岸	锥形	—	—	—	2000
盐河11号	泛滥标	沂河淌	右岸	锥形	—	—	—	2000
盐河11号	泛滥标	沂河淌	右岸	锥形	—	—	—	2000
盐河12号	泛滥标	沂河淌	右岸	锥形	—	—	—	2000
灌　河	示位标	东三岔	右岸	塔形体	—	—	—	3400

第二节　船　闸

一、盐河善南套闸

位于灌云县板浦镇南、盐河与善后河交汇处南侧，其主要作用是保持盐河适宜水位有利航运，涝时阻挡善后河高水入境，亦能向善后河排除涝水；旱时引善后河水入盐河，补充车轴河的灌溉水源，保证盐河的交通航运。该闸孔净宽8米，分上下两个闸道，闸室总长180米，一次可通过1000吨拖轮船队，年通过量80万吨。1964年7月建成通航。

二、盐河沂北套闸

位于灌云县侍庄乡和东王集乡交界、盐河与新沂河北堤交叉处，其主要作用是保证盐河的交通航运以及引上游供水、灌南县灌溉回归水入灌云，解决航运及抗旱水源。该闸单孔净宽8米，分上下两闸道，闸室总长202米，一次可通过1000吨拖轮船队，年航运通过量100万吨。1970年6月建成通航。

三、东门河套闸

位于灌云县界圩乡条河村境内东门河闸北侧，为解决兴建东门节制闸后利于航运而建。闸室长100米，一次可通航吨位400吨的船队。闸室底宽10米，单孔，闸门净宽6米，通航净高4.1米。门底高程5.5米，上下闸道底高程分别为-0.5米、-1.5米，上下扉闸门均为钢架木质面板平面门，各配5吨卷扬机1台启闭。

四、同兴套闸

位于灌云县同兴街西首、同兴节制闸北侧，为解决兴建同兴节制闸后利于航运而建。该闸一次可通航吨位1000吨级拖带船队。闸总长265米，闸孔净宽6米，“人”字门启闭，上闸道闸门为钢架木面“人”字门，下闸道为钢架钢面“人”字门，输水洞使用2吨螺杆式启闭机。

五、武障河闸

位于灌南县境内武障河、盐河东岸400米处，武障河节制闸附设通航孔2孔，净高8.67米，净跨8米，闸底高程通航孔为-2.17米，其余为-2.5米。闸顶高程5米，小型船舶需待平潮才能通过，每天通航1～2次，每次1小时左右。汛期排水时不能通航。

第三节　内河港口

一、新浦港

位于盐河桥东南首。始建于1960年。建有直立式顺岸浆砌块石驳岸950米，其中，盐河东岸750米、西岸200米。拥有固定式吊车11台、铲车5台、汽车吊2台，最大起重能力16吨。堆场面积10.03万平方米，仓库1553平方米。年吞吐量最高达100余万吨。主要装卸运输连云港市和周边市、县厂矿企业及山东南部、上海、浙江等地区的化肥、粮食、煤炭、建筑材料、抗洪救灾物资等。2003年7月，因城市规划建设需要搬迁至玉带河港，与玉带河港合并，仍称新浦港。

二、海州港

始建于1975年，当时为顺岸河坡简易码头，主要装卸连云港市化肥厂、第二农药厂等附近化工企业的原料和产品。1983年开始建设顺岸直立式浆砌块石驳岸100米，设5吨岸吊两台及抓斗等其他装卸机械6台（套），最高年吞吐量10万多吨。20世纪90年代后因市化肥厂自建码头、第二农药厂等企业搬迁，海州港的吞吐量逐年减少，年均吞吐量不足10万吨。

三、玉带河港

始建于1980年，先期为顺岸河坡简易码头，主要经营黄砂、煤渣和连云港市纺织厂的生产原料。初建时属新浦港管理，1994年独立后新建顺岸浆砌块石驳岸70米，顺岸堆场2000平方米，设岸吊2台、轮胎吊1台、铲车两台，年吞吐量最高近20万吨。2003年与新浦港合并。

四、刘籁港

位于市区东玉带河。1984年开工建设，1987年一期工程建成投产。有岸线约1000米，其中顺岸直立式浆砌块石驳岸300米。有固定岸吊4台、汽车吊2台、转运自卸车42辆，堆场面积近20万平方米。年均吞吐量80万吨。因城市建设规划需要，于2001年报废停业。

五、大岛山港

为适应东部城区开发需要和连云港港建设发展，2003年经海通集团批准在东疏港通道烧香河大岛山段建设港口，岸线长100米，设岸吊2台，散装货物倾卸码头嘴1座，斗铲、叉铲等配套装卸设备6台（套），泊位3个，最大靠泊能力400吨，堆场面积1500平方米，年吞吐能力50万吨。

六、青口港

位于赣榆县青口河北岸，1985年始建，总投资23.3万余元。码头为顺岸直立式块石结构，全长100米，港池水深4米，安装固定吊车2台。码头作业区面积6000平方米，货场面积3.3万平方米，设计年吞吐量15万～30万吨。1988年在码头东侧续建顺岸码头100米，港口年吞吐能力增至110余万吨。

七、白塔港

位于东海县白塔埠镇新沭河边，1976年始建，由东海县航运公司负责管理。1985年改属东海县港务处管辖。港口可停泊货物500吨。港区面积4.2万平方米，有固定式吊车3台、装载机1台。1985～1995年，东海县粮油物资调运绝大部分在该港疏运，年吞吐量在50万吨以上。2002年后，该港运输业务基本依靠外地进入的船舶进行，主要中转东海县内农副产品、矿产资源（蛇纹石、石英砂、黄沙）等物资，外运到上海、浙江、安徽等省市；黄砂主要运输到灌云、灌南、响水等地。

八、新安港

位于灌南县新安镇，码头沿盐河两岸建设，南到石油公司油库，北至武障河闸（包括县建材一、二厂码头、库场），港区长约7千米。2005年，新安港码头岸线长180米，堆场面积9900平方米，库场面积962平方米，年吞吐量75万吨。

九、堆沟港

位于灌南县堆沟港镇堆沟村境内，灌河下游西侧。1984年，港区内有码头4座。1989年后，随着灌河上游长茂港的兴起，堆沟港日益衰败。2005年时仅有散货轮运码头、油库码头、外贸码头、水产码头4座总长不足100米的钢筋混凝土码头，是年吞吐货物5万余吨。

十、长茂港

位于灌南县长茂镇境内的灌河上。1989年经省交通厅批准，长茂千吨级海轮杂货码头一期工程开工，1992年12月底竣工，总投资427万元，设计年吞吐能力15万吨。配套设施有8吨轮胎起重机1台、库房1440平方米（货棚）、堆场2774平方米。2000～2005年，年吞吐量均在10万吨左右。

十一、汤沟港

位于灌南县境内柴南河上游，始建于1981年6月，主要承担江苏汤沟酒厂及汤沟镇居民的生产、生活物资的集散任务。1988年10月，在汤沟大桥东300米处的柴南河北岸建成浆砌块石驳岸110米，堆场面积5654平方米，驳岸前沿正常水位2.5米，可靠泊120吨级船舶4艘。驳岸配有5吨级固定起重吊车及抓斗2台。2002年后业务萧条，该作业区码头岸线的装卸设备被拆除，港区转为汤沟酒厂的厂区和库房装卸作业区。

十二、伊山港

位于灌云县东门河与盐河交汇处，素有“锁航古塞，南北咽喉”“人稠货聚，米粟流通”之称。水运北抵新浦，南下江淮，东至燕尾港等地。1989年3月，投资184万元建设现代化码头，1990年12月竣工投入使用。码头面积2.26万平方米，设5个泊位，最大可停泊100吨级船舶。泊岸长170米，货场1万平方米，设置5吨级吊车两台，设计年吞吐量40万吨。

第四节　渡　口

图8-18　2005年，连云港市实施渡口渡船安全专项整治，撤除东海南辰渡口，修建南辰大桥。图为建成后的南辰大桥。
侍志　摄

1990年，连云港市有渡口92道，其中灌云县66道、东海县9道、赣榆县1道、市区16道。1996年灌南县划入连云港市，增加灌南县渡口77道，全市渡口达169道。1998年底，全市有渡口163道，年渡运量465万人次。有渡船192艘，其中钢质渡船19艘、木质渡船4艘、水泥渡船169艘；机动船38艘、人力渡船154艘。后经不断的撤渡建桥，至2005年底，全市尚存渡口114道。

2005年连云港市主要渡口情况一览表

表8-16

属　地	渡口名称	渡口所在乡镇	渡口所在河流	年渡运量（万人次）
市　区	郑　北	新坝镇	盐　河	3.2
	山　岔			3.0
	墙　匡		善后河	3.0
	后五圩	板桥办事处	排淡河	4.0
东海县	季　墩	房山镇	蔷薇河	3.5
	甜水河	张湾乡		4.0
	南　辰	南辰乡	石梁河	3.5

续表8-26

属　地	渡口名称	渡口所在乡镇	渡口所在河流	年渡运量（万人次）
赣榆县	三洋港	宋庄乡	临洪河	3.0
灌云县	岳　河	下车乡	大新河	3.0
	杨树圩	小伊乡	叮当河	3.0
	大柴市		盐　河	3.0
	小柴市			3.0
	跃进门			3.0
	叮河口	伊山镇	叮当河	3.5
	任老主		盐　河	3.0
	同　兴	同兴乡	车轴河	3.0
	先　进			3.0
	亚　芦		善后河	4.0
	唐　桥	龙苴镇	古泊河	4.0
	永　兴	圩丰镇	车轴河	3.0
	鲁河港	鲁河乡	善后河	3.5
	西陬山			3.5
	龙王口		车轴河	4.0
	四　队			3.0
	果　园	板浦镇	盐　河	3.0
	罗　渡		善后河	3.0
	五里墩			4.0
	团　港	燕尾镇	灌　河	3.0
	卞　浦	宁海乡	盐　河	3.0
	伊芦山	伊芦乡	善后河	3.5
	新河头	东辛农场		3.0
	四叉河	白蚬乡	东门河	3.0
	黄　舍			3.0
	七道沟	图河乡	五图河	3.5
	八道沟			3.0
	江　庄	穆圩乡	善后河	3.5
	黄　荡		古泊河	3.0
灌南县	大　嘴	堆沟港镇	灌　河	3.0
	九　队			3.0
	五　队	五队乡		3.0
	三　队			3.5
	田　楼	田楼乡		4.0

续表 8-16

属　地	渡口名称	渡口所在乡镇	渡口所在河流	年渡运量（万人次）
灌南县	金　星	汤沟镇	柴米河	4.0
	史　倪		北六塘河	3.0
	孙　湾	花园乡	盐　河	3.0
	晏柴厂		一帆河	3.0
	南河口	新安镇	盐　河	3.5
	头　圩		公兴河	3.0
	大　兴	李集镇	盐　河	3.5
	大兴北			3.0
	武障河西		六塘河	3.0
	朱　闸		南六塘河	3.0
	小　友	北陈集镇	灌　河	3.0
	顾　庄		沂　河	3.8
	一帆河		盐　河	3.0
	张　湾	大圈乡	武障河	4.0
	宋　集			3.0
	大　庙			3.0
	新河南		盐　河	3.0
	大　丰			3.0
	张　店	张店镇		4.0
	龙　沟			3.0
	义泽河南			3.0
	大　堰	新集乡		3.0

第五节　货物运输

一、货运船舶

1984年起，连云港市货运船舶用钢质货驳取代水泥船，运输安全性能提高，开始具备进入长江、大运河远程航线的能力。是年底，全市拥有船舶2.07万载重吨。

1985年，连云港市航运公司加入南京、无锡、苏州、南通、常州、连云港、镇江、扬州、盐城9市航运企业运输协调网络，使该公司船舶在上述9市港口之间的异地托运和相互代办业务方面取得突破，率先实现江河联运；同时在江苏省航运公司驻沪办事处设立调度联络点，为连云港市水运企业船舶进出上海港进行配载。

1990年底，全市拥有船舶7.72万载重吨，承担全市货运量、货运周转量70%的任务。此后，水运生产在全社会运输生产中所占的比重逐年下降。“八五”计划期末至“九五”计划初期，全市内河水运总运力仅占全社会总运力的10%。随着运输市场的不断开放和公路集装箱运输的兴起，市、县航运公司连年亏本，纷纷改制转型。

至2005年底，全市水运市场结构调整初步完成，一批新兴民营水运企业成立，先后有灌南连运船务有限公司等2家内河水运企业、连云港丰旺船务公司等4家海运企业获得交通部批准筹建。其中，连云港恒荣船务有限公司被批准开业，连云港华生科贸有限公司和港务局轮驳公司扩大经营范围开展沿海运输的申请获得批准。至是年底，全市有水运企业22家，其中，内河运输企业10家（含筹建）、沿海水运企业12家（含筹建）；总运力21万载重吨，其中沿海运力11万载重吨。

1984～2005年连云港市内河水运企业运输船舶情况统计表

表8-17

年份	货船		拖轮		货驳		小马力机动船	
	艘	吨	艘	功率（千瓦）	艘	吨	艘	功率（千瓦）
1984	—	—	40	4482	346	20651	8	320
1985	—	—	46	5459	380	25165	6	240
1986	—	—	50	6274	415	29566	11	324
1987	—	—	50	4729	435	30912	13	274
1988	—	—	51	4988	417	30821	10	210
1989	—	—	51	4987	405	30216	9	180
1990	—	—	51	4988	428	32406	2	59
1991	—	—	50	4892	431	32566	1	29
1992	—	—	46	4417	410	30964	1	29
1993	—	—	46	4417	409	31059	1	29
1994	—	—	45	4606	402	33626	1	29
1995	—	—	44	4604	385	34335	0	0
1996	—	—	43	4597	378	32600	0	0
1997	—	—	50	5061	406	36445	0	0
1998	407	33912	47	4727	357	83792	3	29
1999	307	27518	33	3679	274	27518	0	0
2000	277	26050	27	4499	250	21720	0	0
2001	181	25055	25	4271	156	20725	0	0
2002	153	28826	20	8294	133	16880	0	0
2003	116	16880	14	1802	102	16880	0	0
2004	84	7425	10	980	74	7425	0	0
2005	2899	6411	9	855	352	6408	—	—

说明：1998年前货船缺统计资料

二、货源货种

1984～2005年，连云港市水路货物运输以砂石、煤炭、水泥、钢材、海盐、化肥、农药、粮食等生产资料、生活资料的运输为主，砂石、水泥、钢材以运进为主，化肥、粮食、农药、海盐、煤炭以运出为主。工业、社会、民营企业所用的原材料，主要从上海、苏州、无锡、张家港、南京等地由水路运进，基本建设材料如水泥主要从徐州、山东济宁运入。另外承担上海市部分矿建材料的运输，如黄砂主要从安徽等地，石料从浙江省杭、嘉、湖地区运入上海。

1985～2005年主要年份连云港市全社会水路主要货类运输量统计表

表8-18

年份	粮食		煤炭		钢材		矿建材料		化肥农药	
	运量（万吨）	周转量（万吨千米）	运量（万吨）	周转量（万吨千米）	运量（万吨）	周转量（万吨千米）	运量（万吨）	周转量（万吨千米）	运量（万吨）	周转量（万吨千米）
1985	9.9	5304	15.5	4366.5	1.9	989	20.9	5465	10.2	4304
1990	0.2	3756	23.4	9592	0.2	1232	9.6	3702	6.6	4220
1995	3.5	2143	22.2	6971	0.2	104	13.8	6774	1.7	1144
2000	1.7	930	14.8	8464	1.4	311	12.3	4730	0.4	187
2005	7.0	2345	73.0	27012	12.0	2456	48.0	16987	6.0	1390

三、水路运输企业

1984年，市交通部门有8家水运企业，为全市水路运输骨干。1996年后，陆路运输逐渐分流部分水路运输量，水路货源减少。2000年后，各航运公司先后改制，赣榆县、东海县航运公司停业，市航运公司改制为个人出资参股的民营航运股份公司。

连云港市港务总公司 成立于1960年4月，原称新海连市新浦港务管理处。1969年更名为连云港市港务管理处。1993年7月改称连云港市港务总公司，隶属连云港市交通局。2002年2月转属连云港海通集团有限责任公司。2005年3月托管连云港市货运公司大件运输分公司等7个基层单位。公司拥有新浦港、大岛港、海州港3个内河港口，1个沿海管理站（归属新浦港），共有9个泊位，泊岸总长270米，最大靠泊能力400吨，堆场面积4500平方米，拥有装卸机械20台（套）、出租车394辆、大件运输平板车两辆、挂靠经营集装运输车、普货运输车90辆。

连云港市航运公司 成立于1959年。1984年，该公司实现利润100万元，固定资产1亿元，船舶吨位1万吨，企业发展处于鼎盛时期。2000年时拥有拖轮25艘2160马力，货驳182艘1.61万吨位，组建成18个船队，年完成货运量28万吨，货运周转量1.36亿吨千米，主要航区为盐河、长江、大运河、里下河等，运输范围遍及江苏各市、县以及山东、安徽、浙江、上海等地。2002年后，主业逐步萎缩，效益下滑，亏损逐年增加，公司处于停产、半停产状态。2004年7月，经市体制改革办公室批准整体歇业清算。

赣榆县航运实业总公司 1986年8月，赣榆县内河航运公司成立。1996年3月更名为赣榆县航运实业总公司。1998年12月，赣榆县航运实业总公司因严重亏损，无力偿还到期债务，被赣榆县人民法院依法宣告破产还债。

东海县航运公司 该公司与东海县港务管理处实行一套工作机构、两个机关名称的管理体制。1984年从无锡船厂购买10艘钢质驳船组成第一个船队。1990年，公司有钢质拖轮6艘、钢质驳船60艘，组建6个船队，主要担负县内粮食、矿石等物资的外运任务。2005年，完成货物运量6.3万吨，货物周转量2500万吨千米。

灌云县航运公司　1973年，灌云县航运合作社更名为灌云县航运公司。到1996年，公司拥有船舶11418载重吨，主要担负全县粮食、煤炭、木材、石灰石、日用品、化肥、盐、钢材、建筑材料、农药、石油等大宗物资的运输，航线远达浙江、安徽、山东、上海等省、市及省内各市、县。2000年后因货源不足，经济效益逐年下滑，船舶常年失修。2003年，大部分船队出售给个人，与公司脱钩。2005年，实行“弃水登陆”工程，水上运输终结。

灌南县航运公司　成立于1978年。1986年1月，该公司组建“苏淮617”钢质船队，主要负责长途运输。运行航线为盐河、灌河、通榆河、大运河、淮河、长江等。1992年底，公司购置400吨级甲板驳船两艘，从事近海运输。至2005年底，拥有钢质拖船3艘286马力，钢质货驳6艘1570载重吨，年货运量4.7万吨，货运周转量860万吨千米。

第三章　铁　路

连云港市境内铁路自东0千米+248米起，到99千米+000米结束，全长99.2千米。沿线有桥梁106座2243米、涵渠171座5999米、隧道1座295米。设有连云港东、墟沟、中云、云台山、盐坨、新浦东、连云港、包庄、白塔埠、东海县、石湖、阿湖12个车站。其中，连云港东、墟沟、连云港、东海县4个车站开展客货运业务，其余8个车站仅开展货运业务。1984年，境内铁路货运量493.11万吨，全年运送旅客178.04万人次。2005年，境内铁路货运量增至3668.36万吨，全年运送旅客266万人次，客运量、货运量分别增长49.4%和6.44倍。

图8-19　2005年，连云港市境内铁路货运量3668.36万吨，全年运送旅客266万人次。图为连云港铁路沿线新貌。
吉志强　摄

第一节 线 路

一、陇海铁路徐连段

技术改造工程 1984年8月，由国家计委安排，东陇海铁路连云港地区铁路技术改造工程开工，该工程西起大湖，东到连云港，全长212千米。同时，连云港西站（铁路编组站）、中云站（铁路交接站）开始修建。1987年4月，以上工程竣工通车。是年，铁路改线，自盐坨站以东经连云港西站、中云站与墟沟站连接，原盐坨至墟沟的老线路废弃拆除。1995年1月11日零时起，原为地方民兵看守的东陇海134千米+125米和153千米+795米两座特大桥改由新浦工务段巡守。次日，东陇海线换铺P50无缝线路工作完成并通过竣工验收。1998年4月23日，国家投资的东陇海线二期改造工程重点项目之一的徐州至连云港217千米SDH（同步数字体系）光缆同步系统开通。

徐连段复线改造工程 该线路东起连云港港，西到徐塘庄，营业里程201.51千米，特线158.24千米，道岔502组，道口33处，隧道1座。因连云港港发展需要，1996年，东陇海复线连云港段工程（中云站至张道口站）全面开工，总长24.84千米，总投资3.5亿元。1997年2月，东陇海邳州至连云港段复线工程基本完工，12月通过国家验收。1998年，东陇海铁路徐连段实现全线通车。1999年8月14日，徐连段复线配套工程——连云港客车整备所工程竣工，共新建客车整备线6股、临修棚等房屋5600平方米。2000年7月3日，徐州工务一段与新浦工务段管界变更为217米+000千米处。是年10月21日零时起，新沂至新浦区间行车时速由每小时80千米提高到每小时110千米。2001年3月12日，徐州至连云港段自动闭塞改造工程开工，4月27日开通投入运行。2002年7月17日，东陇海线“平改立”工程招标结束，5个标段总造价1000万元。

新浦至海州绕行线工程 1993年，作为陇海铁路徐连段复线改造工程重要组成部分的新浦至海州之间绕行线（从新浦市区移至新浦北郊）工程开工，1998年8月12日开通运营。原经过市区的铁路线废弃后开发为商业步行街。新火车站及站前广场正式启用，开通到汉口直快列车和至成都、重庆“五定”班列。

东陇海铁路电气化改造工程 2005年底，东陇海铁路电气化改造工程开始筹备。该工程东起连云港东站，西至徐州客运站，全长223.9千米，总投资13.3亿元，建成后能满足双层集装箱列车运行需要。

图8-20 连云港市新浦东火车站 赵鸣 摄于1987年

二、专用线

20世纪80年代，随着改革开放的推进和全市经济社会的发展，全市非路产企业相继修建专用铁路。这些线路的修建，由使用单位投资，产权属使用单位所有，铁路部门负责设计施工、养护维修和大修改造。

1984年11月，建成轻工业部连云港储运仓库专用线，全长1602米；商业部连云港仓库专用线，全长2532米；江苏省连云港商业库专用线，全长1858米；物资连云港仓库专用线，全长3133米。新浦至海州间铁路绕行线1998年8月开通后，上述专用线相继废止。

1990年，连云港市境内有非路产专用线35条36.99千米，涉及16家单位。其中，连云港东站22条，总长8.96千米，包括连云港港务局18条；墟沟站4条，总长1.93千米，包括连云港外贸运输仓库2条、外贸连云港冷库1条、陶庵办事处1条。另有路外企业自建自营的连云港碱厂铁路、墟沟院前村修的全国第一条村办铁路。

图8-21　1986年，连云区墟沟镇院前村农民自筹资金，建设了中国第一条村办铁路。图为铁路开通庆典仪式。
赵鸣　摄

1994年，连云港墟沟港区一期铁路系统工程动工，1997年7月开通使用。至2005年底，连云港港口集团所辖铁路换算长度124千米，其中装卸线16.44千米、道岔125组。其间，锦屏磷矿兴盛时，建有1条铁路专用线，专门负责磷矿和新海发电厂的煤炭、矿粉等物资运输。

2005年，连云港市专用线企业到发货物109.93车793.36万吨。

第二节　站　场

陇海铁路在连云港境内设有连云港东、墟沟、中云、云台山、盐坨、新浦东、连云港、包庄、白塔埠、东海县、石湖村、阿湖镇12个车站。其中，连云港东、墟沟、连云港、东海县4个车站开展客货运业务。

一、连云港东站

原名连云港站，2004年1月改称连云港东站。连云港东站为陇海铁路东端起点站，西与墟沟站相邻。该站中心线位于陇海线0千米+00米处，为客货兼办的二等站。主要办理徐州方面客货列车的到发、货物列车的编解以及连云港港务局专用线的取送作业。主要货运业务为陆海物资的转运、站陆物资的发送以及部分零担物资的发送和旅客行包的到发。1990年后，站线及专用线渐增至140余条，总有效长度22.5千米。

图8-22　陇海铁路东端第一站——连云港东站
赵鸣　摄于2005年

二、墟沟站

位于东陇海线6千米+690米处。其东端衔接连云港东站，西端衔接中云站，为四等客货运站。主要业务为旅客列车的到

图 8-23 陇海铁路连云港站　　金城　摄于 2005 年

发、出口货物的集散、内贸物资的接入和发运。1990年有到发线7条、专用线3条，线路总有效长度约9千米。1992年12月31日，该站新站房投入使用。

三、连云港站

原名新浦站，新浦至海州铁路改线时同时实施新站建设工程，1998年建成，2004年1月更名为连云港站。位于市区人民路。东端衔接中云站，西端衔接东海县站，为二等客货运站。主要办理旅客列车的到发，行李、包裹托运和整车、零担货物到发。连云港站铁路客运和货运列车可直通北京、武汉、南京等大中城市；通过京沪线、京九线、陇海线等连接中国各地。2005年，开通到发列车13对。

四、东海县站

东海县站位于东海县政府驻地，东接连云港站，西接新沂站，距离连云港东站73千米，距离兰州站1686千米，为三等客货运站。2005年，有站线5股，其中正线1股、到发线2股、货物线2股。

第三节　客货运输

一、客运

1984年，连云港开通至徐州的区段列车和至南京的普通列车。1988年起，陆续增开连云港至南京西、连云港至宝鸡、连云港至上海等直达旅客快车。到1990年，连云港开通至南京、上海、宝鸡、天津、徐州的直达列车6对、市郊客车4对。客流量最高峰时安排临时客车。

1995年10月25日，连云港至南京的244次列车延伸至杭州，早上8点零5分从连云港站发车，经南京、上海西站于次日凌晨4点50分到达杭州。此班列车开通后，连云港至上海列车停止运行。

1996年8月31日16时09分，首趟连云港至北京南站的204次直达列车从连云港站发车。1998年4月25日6时，首趟郑州至连云港Y25次列车抵达连云港站，此趟列车每周五从郑州开出，周日返回。

1999年5月31日，连云港至库尔勒189/192次（隔日）列车开行；6月5日连云港至广州422次直快列车（隔日运行）首发。

进入21世纪后，伴随着全国铁路大面积提速，特别是2000年10月21日的铁路第三次大面积提速，连云港管线内的列车数量和运行时速均大幅提升。2003年7月，针对汉口、西安、洛阳等方向到连云港旅游人员增多情况，在1444/1441、2264/2261次旅客列车加挂软卧和硬卧车厢，专供游客返程使用。2004年，连云港增设至太原、乌鲁木齐、徐州等地的直通和管线内列车4对，到发客车增至12对。管线内的旅客列车平均时速全面提升，连云港至北京、广州间列车运行时间缩短近3个小时，连云港至宝鸡、乌鲁木齐方向的列车全线运行时间缩短3～6小时。

2005年，连云港始发的旅客列车有连云港至北京西、连云港至上海、连云港至广州、连云港至汉口、连云港至南京、连云港至济南、连云港至太原、连云港至宝鸡、连云港至乌鲁木齐、连云港至徐州等13对，全年发送旅客266万人次。

二、货运

1984年，新浦东站（货运站）开工建设，1985年投入使用。此时连云港站到达、始发的货运列车日均4对，主要输出货种为煤炭。

1990年后，连云港进口货物增多，大宗货物有钢材、木材、化肥、粮食、糖及化工产品，另有少量成套整装机械设备等。连云港站到达和始发的货物列车增至日均22对，比1984年增加18对。

1998年，连云港铁路货运推出一系列新举措，如行包专列、大宗货物直达专列、“五定”（即按货主要求定点、定线、定车次、定时间、定运价）班列等。是年7月4日，连云港至成都首列“五定”班列试运行，10月1日正式运行。全年东陇海线货物发送量542万吨。

2001年，连云港地区铁路发送货物923万吨，全年日装车393辆，发送集装箱13816标准箱，运输收入3.95亿元。

2003年，连云港铁路发送货物1155万吨，其中，铁矿砂415万吨，氧化铝213万吨，钢铁20万吨，化肥94万吨，粮食120万吨，硫磺9万吨，锰、铬、锌、铜精粉110万吨。

2005年，连云港境内铁路到发货3668.36万吨，其中发货1485万吨、到货2183.36万吨。在全部到发货中，煤炭所占比重最大，为935.8万吨，占25.51%。

图 8-24 夜幕下的朝阳编组站 吉志强 摄于2003年

1984～2005年连云港境内铁路客货运发送量统计表

表 8-19

年 份	客运发送量（万人）	货运发送量（万吨）	年 份	客运发送量（万人）	货运发送量（万吨）
1984	178	493	1995	218	501
1985	161	529	1996	182	516
1986	157	532	1997	192	551
1987	170	595	1998	195	542
1988	179	562	1999	195	539
1989	167	589	2000	209	626
1990	137	457	2001	198	923
1991	149	372	2002	189	1101
1992	179	493	2003	179	1155
1993	206	388	2004	217	1247
1994	207	445	2005	266	1485

第四章 航 空

1985年3月26日，民航连云港白塔埠机场开航。随着连云港市改革开放的深入以及境外、外省市到连云港客商、旅客不断增多，连云港民航事业快速发展。至2005年底，连云港开通至上海、北京、南京、沈阳等航线7条，20年间完成客运量97.51万人次，货邮运量1.22万吨。2005年，连云港白塔埠机场完成客运量9.6万人次，货邮运量993.5吨，分别是1985年的11.4倍和123倍。其间，白塔埠机场经历了从直属国家民航总局管理到下放地方进行属地化管理的转变。机场航道、航行调度、场道灯光等航行保障设施、设备逐步现代化。

第一节 机 场

一、沿革

民航连云港站的前身是民航新海连站，建于1960年12月，1962年4月撤销。1984年，连云港市被国务院确定为首批14个沿海开放城市之一后，市政府于是年4月3日向国家请求重建民航连云港站。国务院于7月3日批准建立民航连云港站；8月8日，民航连云港站开始筹建，隶属民航江苏省管理局。1985年3月16日试航成功。3月26日，民航上海管理局一架A24型客机从上海载着旅客降落连云港白塔埠机场，标志着民航连云港站正式开通民用航线（属简易开航）。1986年11月14日，民航上海管理局确定连云港站为副处级单位。1991年7月7日，民航华东管理局将该站确定为正处级单位。1993年8月，该站油料科划交中航油华东公司江苏省油料分公司，另成立中国航空油料公司连云港油料供应站。

2003年11月26日，民航总局将连云港白塔埠机场移交给江苏省政府。2004年5月25日，江苏省政府办公厅下发《省政府办公厅关于常州南通连云港机场下放管理的通知》，将白塔埠机场移交连云港市政府，实行属地化管理。2004年11月2日，市政府与民航华东地区管理局签署《连云港机场部分空管设施、设备和人员移交协议》，连云港白塔埠机场二次雷达等设备、设施、人员移交民航华东地区管理局华东空管局。

图8-25 连云港机场候机楼 赵鸣 摄于1985年

二、机场建设

1985年1月12日，民航江苏省管理

局与连云港市政府签订《关于建立中国民用航空连云港站协议书》，组建民航连云港站工程建设办公室，负责民航连云港站工程建设。随后确定机场占地10公顷，其中，占用东海县白塔埠镇西柳村土地8公顷，用于航站区停机坪、候机室、航管楼、办公室、仓库、武警营房以及辅助用房建设。经过6个月筹建，完成简易候机室和其他简易通航设施建设，在各类设施尚不完善的情况下，于1985年3月26日简易开航。

图8-26 连云港机场候机楼、航管楼 赵鸣 摄于1989年

1986年11月26日，民航总局批准修建连云港民航机场，总投资1856万元，其中民航总局投资600万元，主要用于民航通信导航、特种车辆设备购置；省政府投资200万元，连云港市政府投资1056万元。1988年5月1日，候机室、航管楼开工建设，1989年5月竣工，12月8日通过验收。

图8-27 连云港机场候机楼 赵鸣 摄于2005年

1993年机场进行二期工程扩建，投资7000万元，其中国家投资3000万元、地方政府投资4000万元；是年3月31日开工，12月29日通过竣工验收，1994年1月1日交付使用。扩建后的连云港白塔埠机场飞行区达到4D级机场标准，可起降波音767、麦道82等大型运输机。

2003年，连云港市政府投资2000万元重建候机楼。2003年6月开工，2004年6月22日通过验收，6月25日投入使用。新候机楼包括候机厅、迎送厅、进港厅和附属用房，建筑面积5100平方米。

2004年，市政府投资400万元对站区周围环境实施绿化，投资1700万元建成机场迎宾大道，投资2000万元新建机场油库。

第二节 生产经营

一、航线航班

1985年3月16日，民航上海管理局使用A24型机执行上海至连云港航线试飞成功，开辟连云港至上海、北京航班。

1993年3月起机场停航扩建。次年1月复航后，分别由国际航空公司、南方航空公司、东方航空公司飞行连云港至北京、广州航班。

2002年，赣榆县政府出资200万元，与民航连云港站联合经营温州航线1年，于是年4月2日执行。

2004年10月31日，东方航空公司山西分公司在连云港机场设立航空过夜基地，由于受内蒙古包头“11·21”空难事故影响，12月基地撤离。2005年10月31日，经民航连云港站争取，东航山西分公司恢复连云港机场的航空过夜基地，连云港至上海的航班实现早出晚归。2005年，民航连云港站开通上海、广州、沈阳、深圳等国内航线7条，全部采用波音B737大型机运营。其中至上海航班占机场运输总量的45%以上。

1985～2005年民航连云港站航线航班情况一览表

表8-20

开航日期	终止日期	承运人	航班号	机型	航线	每周班次
1985.03.16	1994.06.23	民航上海管理局	5528	A24	连云港—上海	1
1985.03.16	1993.02.29	民航上海管理局	5119	XT360	连云港—北京	2
1985.08.08	1987.03.16	民航上海管理局	5734	A24、XT360	连云港—南京	1
1985.11.16	1986.03.16	民航上海管理局	5247	XT360	连云港—济南	2
1989.12.04	1993.02.29	东方航空公司	5303	BAe-146	连云港—广州	2
1993.09.27	1994.01.05	国际航空公司	5142	YK42	连云港—北京	2
1993.09.28	1997.12.31	南方航空公司	3540	B737	连云港—广州	3
1993.10.31	1993.11.28	东方航空公司	5304	FK100	连云港—广州	2
1994.01.06	1999.01.03	通用航空公司	7595	YK42	连云港—北京	2
1994.06.24	1995.01.01	南方航空公司	3812	B737	连云港—上海	2
1994.11.02	1999.12.31	北方航空公司	6807	MD82	连云港—沈阳	2
1994.11.02	1999.12.31	北方航空公司	6808	MD82	连云港—厦门	2
1995.01.02	1997.05.02	通用航空公司	7583	YK42	连云港—上海	1
1995.08.05	1995.12.21	东方航空公司	5971	FK100	连云港—上海	1
1995.03.28	1995.07.28	南京航空公司	553	Y-7	连云港—武汉	1
1996.01.02	1996.12.22	南京航空公司	535	Y-7	连云港—南京	1
1997.05.03	2000.04.16	南京航空公司	242	BAe-146	连云港—上海	2
1997.11.01	2005年底仍执行	南方航空公司	3530	B737	连云港—广州	5
1997.11.01	2000.03.24	通用航空公司	7160	YK42	连云港—北京	3
1997.01.01	1997.02.29	南京航空公司	241	BAe-146	连云港—温州	2
1997.04.26	1997.10.19	西南航空公司	4617	B737	连云港—大连	1
1997.04.26	1997.10.19	西南航空公司	4618	B737	连云港—成都	[illegible]
1998.04.25	1998.11.02	南京航空公司	2830	BAe-146	连云港—温州	[illegible]
1999.01.02	1999.12.31	北方航空公司	6806	MD90	连云港—沈阳	[illegible]
1999.01.02	1999.12.31	北方航空公司	6805	MD90	连云港—厦门	[illegible]

续表 8-20

开航日期	终止日期	承运人	航班号	机型	航线	每周班次
2000.01.16	2001.03.22	北方航空公司	6428	MD82	连云港—大连	2
2000.01.16	2001.03.22	北方航空公司	6427	MD82	连云港—昆明	2
2000.01.03	2000.04.28	西北航空公司	287	BAe—146	连云港—厦门	2
2001.05.11	2001.12.29	北方航空公司	6850	MD90	连云港—厦门	2
2001.05.11	2001.12.29	北方航空公司	6806	MD90	连云港—沈阳	2
2004.06.19	2004.11.12	南方航空公司	6324	MD82/A319	连云港—大连	2
2004.06.19	2004.11.12	南方航空公司	6323	MD82/A319	连云港—深圳	2
2004.11.02	2005.02.05	海南航空公司	7584	DO-328	连云港—郑州—西安	3
2005.07.09	2005.07.30	海南航空公司	7714	DO-328	连云港—宁波	2
2005.07.09	2005.07.30	海南航空公司	7713	DO-328	连云港—沈阳	2

二、客货运输

1985年，民航连云港站旅客吞吐量8453人，货邮吞吐量68.6吨。随着连云港及周边地区经济发展及人们出行观念的转变，民航连云港站的客运量和货运量逐年上升，分别于1996年和1995年突破10万人次和1000吨。1998年后，周边徐州、临沂、盐城机场相继投入使用，航空客货源分流严重，民航连云港站客货吞吐量开始下滑，1999～2003年，旅客吞吐量下滑至4万人左右，货邮吞吐量下滑至600吨左右。2004年均开始回升。2005年完成旅客吞吐量9.6万人次，货邮吞吐量993.5吨。1985～2005年，民航连云港站累计完成旅客吞吐量97.51万人次，货邮吞吐量1.22万吨。

1985～2005年民航连云港站客货邮吞吐量统计表

表8-21

年　份	货邮吞吐量（吨）	旅客吞吐量（人次）	换算旅客吞吐量（人次）	年　份	货邮吞吐量（吨）	旅客吞吐量（人次）	换算旅客吞吐量（人次）
1985	68.6	8453	9215	1996	1172.9	108413	121445
1986	88.7	12970	13956	1997	1184.2	89032	102190
1987	112.4	13071	14320	1998	1086.0	75369	87436
1988	101.8	13495	14626	1999	801.6	41257	50164
1989	102.2	11347	12483	2000	960.8	46904	57580
1990	170.6	19736	21632	2001	707.8	39742	47606
1991	195.7	28607	30781	2002	607.9	35341	42095
1992	241.1	31932	34611	2003	662.7	45020	52383
1993	156.2	15731	17467	2004	920.0	82290	92512
1994	796.3	62100	70946	2005	993.5	95975	106347
1995	1086.7	98363	110437	合计	12217.7	975148	1110232

第五章　交通行业管理

交通行业管理涵盖路政、运政、港监、航政、规费征稽、运输稽查、安全监管、公路管理、海事管理和工程质监等。1984～2005年，连云港市交通部门以政府职能转变为核心，按照精简统一效能的原则，不断推进政企、事企分开，减少职责交叉、理清权责关系，逐步优化组织结构，规范机构设置；交通行业管理体系日趋健全，监管水平逐渐提高，保障了交通事业的快速发展。2005年，全市交通基层站所、车站、码头、渡口、收费站拥有管理执法人员1100余人。

第一节　公路管理

一、路政管理

连云港市公路管理处设有路政科负责路政管理。1984年开展公路环境整治，拆除违章建筑154处1735平方米，清除路障1085处9875立方米，清除公路打谷晒场1313处38613平方米。1989年开展客货运输市场治理整顿，对全市客货运车辆进行登记、发证、换证，对经营户进行资格审验，核发客车线路标志牌。20世纪90年代起在各交通要道口、重要地段安装道路交通标志牌。1998年，开展联运市场整顿，取缔不符合条件的联运业户10家、限期整改4家。

2000年4月，连云港市公路路政监察支队成立，路政管理改由该支队负责。2001年开始治理车辆超限超载，共检查客运车辆4810辆次、货运车辆3080辆次，查处和纠正客运车辆超载413辆，“摩的”520辆，查获非法营运“黑车”17辆。2002年6月开展连云线客运秩序专项整治月活动，8月开展运输市场集中整治月活动。2003年开展整治超载车辆、危险品运输车辆活动。2004年，交通部下发《公路安全保障工程实施方案》，并发文要求开展车辆超限超载治理，全市交通行政执法部门多次开展大规模路面执法行动。至2005年底，在全市8个超限联合检查点查处超限车辆192辆，卸载1894.17吨，超限率从2004年的70%下降到7%，超限吨位下降30%。公路部门投入资金180多万元，在204国道、327国道、235省道等7条国、省干线上安装防撞护栏7508米，设置标志牌435块。

图8-28　公路路政执法人员查处超限运输车辆
侍志　摄于2003年

二、规费征收

养路费 连云港市公路管理处下辖市区、赣榆、东海、灌云、灌南5个征稽所，负责全市公路汽车养路费征收管理。1984～2005年，连云港市养路费征收保持稳定增长，全市累计征收养路费18.88亿元。

1984～2005年连云港市公路养路费收入统计表

表8-22

单位：万元

年 份	征收额	年 份	征收额	年 份	征收额
1984	1221.10	1992	4756.52	2000	11478.31
1985	1851.40	1993	5178.30	2001	12567.09
1986	2577.21	1994	6116.07	2002	13896.42
1987	3141.50	1995	7162.38	2003	14204.55
1988	3779.25	1996	8645.39	2004	19786.82
1989	4129.22	1997	10623.55	2005	27078.91
1990	4260.25	1998	10784.74		
1991	4493.31	1999	11040.84		

车辆通行费 为偿还公路工程贷款，经省政府批准，自1989年开始，连云港市先后设置9个普通公路收费站，共有13个收费点、50个收费车道，收费公路总里程640.13千米。1989～2005年，全市普通公路收费站累计征收车辆通行费8.3亿元。

2005年连云港市普通公路收费站情况一览表

表8-23

序号	收费站名	设站时间	站部地点	收费道路名称	收费里程	收费点设置及变更情况			
						收费点	收费点位置	收费车道数（条）	站点调整情况
1	310国道朝阳收费站	1989.06.04	朝阳镇	东郯线	36.5千米	一站一点	310国道18千米+800米	6	1989.06.04～2001.07.28为一站两点、名称为新墟一级公路收费站
2	204国道赣榆收费站	1994.11.10	赣榆县柘汪镇	烟沪线	60.4千米	一站一点	—	6	—
3	310国道东郯公路东海收费站	1997.01.06	东海县双店镇	东郯线	93.9千米	一站四点	310国道89千米+95米 236省道36千米+38米	8	—
4	306省道乔庄收费站	1999.11.10	灌南县花园乡	灌楚线	46.3千米	一站一点	306省道33千米+00米	4	—
5	327国道欢墩收费站	2001.08.23	赣榆县欢墩镇	连荷线	56.9千米	一站一点	327国道29千米+340米	6	—

续表 8-23

序号	收费站名	设站时间	站部地点	收费道路名称	收费里程	收费点设置及变更情况			
						收费点	收费点位置	收费车道数(条)	站点调整情况
6	204国道宁海收费站	2002.01.20	新浦区宁海乡	烟沪线	54.73千米	一站一点	204国道489千米+617米	6	—
7	242省道官河收费站	2002.03.26	赣榆县赣马镇	莒杨线	113.5千米	一站一点	220省道21千米+700米	4	—
8	324省道204国道灌云收费站	2002.07.28	灌云县东王集乡	烟沪线 燕沭睢线	115.4千米	一站二点	204国道528千米+600米 324省道526千米+600米	6	—
9	245省道房山收费站	2003.07.28	东海县房山镇	青泗线	62.5千米	一站一点	245省道36千米+800米	4	—

图 8-29 310国道朝阳收费站 吉志强 摄于2000年

公路运输管理费 1984年,省政府开征公路运输管理费,汽车按营业收入的1%、其他按营业收入的1.5%征收。1993年,连云港市执行《江苏省运输管理费征收和使用办法》,按定额计征运输管理费,货车按每车每吨每月15元,客车6～8座按每座每月8元、9～15座按每座每月5元、16～30座按每座每月4元、31座以上按每座每月2元收取;同时确定船舶运管费征收标准为每吨每月1.2元、每客位每月0.3元。

汽车客票附加费 1986年3月,连云港市开征汽车客票附加费。征收标准按营运里程不同划分为每人每票0.05元、0.1元、0.15元、0.2元、0.25元5个档次;出租、旅游、包车按车辆核定座位,每次每座征收0.25元。1991年3月,汽车客票附加费由定额征收改按每人每千米0.01元计征。1998年7月1日起,汽车客票附加费按每人每千米0.03元标准计入票价,由客运经营者向旅客收取;各级运管部门向客运经营者征收,征收标准每车每座每月分别为72元、90元、108元。

1998～2005年连云港市"三项规费"收入一览表

表 8-24 单位:万元

年份	运输管理费	货物附加费	客票附加费	年份	运输管理费	货物附加费	客票附加费
1998	1504.10	1836.90	1781.00	2002	1208.50	1568.90	33[illegible]8.22
1999	1580.50	1682.22	2677.26	2003	1198.08	1645.06	1999.13
2000	1331.70	1544.79	2784.12	2004	1485.56	2207.18	3409.93
2001	1162.34	1449.92	3257.85	2005	1961.28	2979.90	3103.73

“五小”车辆养路费　根据省交通厅规定，1998年起，“五小”车辆（摩托车、小三轮客车、改装机动三轮车、三轮摩托车、手扶拖拉机）养路费委托地方交通局所属运管部门征收，按县（市、区）交通特种资金管理，由县（市、区）交通局平衡使用于支线公路和城郊公路的养护。1998～2005年，全市累计征收“五小”车辆养路费1.61亿元。

1998～2005年连云港市“五小”养路费收入统计表

表8-25　单位：万元

年　份	赣榆县	灌云县	灌南县	东海县	市　区	合　计
1998	250	345	128	279	111	1113
1999	289	345	125	249	214	1222
2000	375	407	162	398	234	1576
2001	389	389	165	470	330	1743
2002	450	453	173	445	333	1854
2003	507	553	221	582	421	2284
2004	529	682	384	691	661	2947
2005	589	785	512	750	743	3379

第二节　航道管理

一、航道行政审批

航道行政审批（许可）的对象为对航道通航条件有影响的闸坝、桥梁、渡槽、架空电线、水下电缆、管道、隧道、码头、驳岸、栈桥、护岸矶头、滑道、房屋、涵洞、抽（排）水站、固定渔具、贮木场等拦河、临界河建筑物和其他工程设施的通航尺度，审批内容由航政部门向社会公示。2004年，按省交通厅实施部分交通行政许可的分工新规定，在航道上建设临河、跨河、过河、拦河构筑物、设施的交通行政许可由省辖市交通部门实施；兴建等外级航道的临河、跨河、过河、拦河构筑物的许可由县级交通主管部门实施。连云港市16条内河等级航道共计航道里程441.97千米，1984～2005年共实施航道审批、许可临跨河建筑859处、码头52座、通航节制闸26座、过河管线485条、桥梁96座、抽排水站房153座、渡口24座、房屋23处。

二、航政管理

市航道部门实行巡航制度并定期打扫河床，疏浚河道，清除违法设施，打捞水下障碍物，依法征收航道规费，开展创建文明航道活动。1986～1989年，市航道部门组织对东盐河、盐河干线善南闸至仲集段、灌云县境内航道进行疏浚，完成土方40万立方米。

1990～2000年，全市拆除、清理违章码头8处，险桥和旧桥墩各1座，渔网渔簖582处；清障扫床1692.5千米，打捞沉船42艘，清除沉石淤泥1830吨。

2002年4月，《连云港市航道航政审批管理规定》颁布，市航道部门进一步加强航道的养护完善管理。2003年完成盐河护岸、玉带河护岸和盐河市区段疏浚3项航养工程，累计投资340万元，建成灌南段护岸650米、灌云段护岸500米、玉带河护岸1000米，盐河市区段疏浚7.9万立方米。是年10月1日起，无主沉船打捞职责改由地方海事局承担。2004年，市航道部门建成玉带河护岸1000米、盐河灌云段护岸500米，盐河灌南段疏浚改善航道里程3.6千米；是年完成投资453万元，其中专项工程245万元、养护改善工程208万元；完成盐河灌南龙沟段疏浚和玉带河前土疏浚6.1万立方米，改善航道里程2.6千米。2005年建成全市内河等级航道临跨河设施动态信息库，涵盖全市15条内河等级航道的临河、跨河建筑859处，覆盖航道里程419.58千米，涉及码头52座、通航节制闸26座、过河管线485条、桥梁96座、抽排水站房153座、渡口24座。

三、航道养护费征收

1997年起，全市航道部门根据《中华人民共和国航道管理条例》和《内河航道养护费征收和使用办法》，向船舶、竹木排筏、浮运物体的所有者或经营者征收航道养护费，用于航道养护。1997～2005年，连云港市累计征收航道养护费5113.27万元，解缴率100%。

1997～2005年连云港市航道养护费征收情况统计表

表8-26 单位：万元

年份	征收额	年份	征收额	年份	征收额	年份	征收额	年份	征收额
1997	562.55	1999	410.82	2001	434.21	2003	556.76	2005	978.18
1998	450.00	2000	422.95	2002	529.95	2004	767.85	合计	5113.27

第三节 水上交通管理

一、船舶及船员管理

船舶登记 1984年，连云港市船舶登记数160艘，以后逐年增加。1994年6月开始执行《中华人民共和国船舶登记条例》。2004年，船舶登记实行全国联网。至2005年底，全市登记内河运输船舶1320艘。

船员管理 1984～1987年，市港航监督部门按省交通厅1979年颁布的《江苏省轮船船员考试办法》，负责二级轮船驾驶员、轮机员考试发证，各县港航监督部门负责三级轮船驾驶员、轮机员考试发证，船员考试以笔试、现场操作等方法进行。二级船员持中华人民共和国轮船船员证书，三级船员持江苏省机动船船员证书，船员证书自发证之日起3年内可作职务签证，超过3年者必须经发证机关审验并盖有审验章之后方可继续使用。客渡船（客船、客货船、客渡船和汽车渡船、游览船）持证船员的审验期限为1年；在特定类型船舶（客船、滚装船、高速船、油船、化学品船、液化气船）上任职的船员，还应持有内河船舶船员特殊培训合格证。

1987年开始执行《江苏省挂桨机船管理办法》，挂桨机船员须持中华人民共和国小轮船员证书。1990年开始执行江苏省交通厅颁发的《江苏省非机动船船舶驾长考核发证办法》。1992年开始对在60总吨或150千瓦以上机动船上服务的所有船员签发船员服务簿。

1993年1月开始实施内河船舶船员考试发证规则，对船员职务及名称重新设置，将船员职务分5个等级，市港航监督部门负责三、四等船员考试发证；三、四等船舶驾驶部设船长、大副、二副，轮机部设轮机长、大管轮、二管轮。县港航监督部门负责五等船员考试发证，五等船舶设驾驶、司机，挂桨机船舶设驾机员。

2002年实行三、四等船员考培分离制度和考官任职资格制度。2005年3月开始执行交通部颁布的《中华人民共和国内河船舶船员适任考试发证规则》，对船员考试的年龄、船员职务的设置、船舶等级的划分作了修改，船员申请适任证书的年龄从原来的男性60岁、女性55岁放宽到男性65岁、女性60岁；三、四等船员设船长、驾驶员和轮机长、轮机员，五等船舶设驾机员。适任证书有效期3年，到期可申请适任再有效。至2005年底，全市有内河航行船舶船员1394人。

二、船舶检验

船舶检验工作实行省、市、县三级分工。1992年前，连云港市船检部门负责41马力以上、61载重吨以上的船舶及客船、危险品运输船的检验，县级船检部门负责40马力以下、60载重吨以下的船舶检验。1992年3月，连云港市船舶检验处按省规定负责船长50米以下，且主机总功率36.8千瓦以下船舶的图纸审查；负责船长20米以上或主机功率29.4千瓦以上船舶的建造和初次检验；负责船长23米以上或主机功率29.4千瓦以上船舶的营运检验；受江苏省船舶检验局委托负责船用产品的日常检验。县船舶检验所负责船长20米以下且主机功率29.4千瓦以下船舶的建造和初次检验；负责船长23米以下且主机总功率29.4千瓦以下船舶的营运检验。

2002年3～5月，连云港市辖区验船人员参加首批高级验船师、验船师、助理验船师、验船员等级别的考试，全部及格，取得相应级别的验船师证书。至2005年底，全市有高级验船师2人、验船师6人、助理验船师和验船员7人。

2005年，连云港船检部门启动船舶法定检验质量管理体系建设，编写船检质量管理体系文件，统一船检记录格式并颁布实施。是年11月通过省船舶检验局的内部审核。

1987～2005年，市船检机构完成建造船舶检验1466艘19.96万吨，完成营运船舶检验3.16万艘、114.68万吨。

1987～2005年连云港市船舶检验情况统计表

表8-27

年份	建造检验			营运检验			合计			审图
	艘次	船舶吨位（万吨）	船舶功率（万千瓦）	艘次	船舶吨位（万吨）	船舶功率（万千瓦）	艘次	船舶吨位（万吨）	船舶功率（万千瓦）	
1987	18	0.09	0.26	804	5.43	1.87	822	5.52	2.13	—
1988	26	0.14	0.47	918	5.94	2.03	944	6.08	2.50	—
1989	56	0.48	0.65	1013	6.24	2.70	1069	6.72	3.35	—
1990	80	0.93	0.86	1211	6.81	2.36	1291	7.74	3.22	—
1991	90	1.03	0.98	1431	7.04	2.82	1526	8.07	3.80	—
1992	118	1.35	1.28	1643	7.93	3.05	1761	9.28	4.33	—
1993	72	0.86	0.81	1582	7.64	2.69	1654	8.50	3.50	—
1994	60	0.74	0.71	981	5.37	1.33	1041	6.11	2.04	—
1995	71	0.94	0.87	873	4.96	1.05	944	5.90	1.92	—
1996	68	0.67	0.26	862	4.74	0.95	930	5.41	1.21	—
1997	98	0.88	0.47	1246	5.46	1.08	1344	6.34	1.55	—

续表 8-27

年　份	建造检验			营运检验			合　计			审图
	艘　次	船舶吨位（万吨）	船舶功率（万千瓦）	艘　次	船舶吨位（万吨）	船舶功率（万千瓦）	艘　次	船舶吨位（万吨）	船舶功率（万千瓦）	
1998	110	1.11	0.56	1311	5.88	2.48	1421	6.99	3.04	—
1999	121	1.34	0.30	1980	8.60	3.60	2101	9.94	3.90	—
2000	14	0.13	0.33	2088	9.56	5.80	2102	9.69	6.13	—
2001	125	1.38	0.56	1391	6.04	3.90	1516	7.42	4.46	3
2002	62	1.69	0.65	2773	2.38	8.83	2835	4.07	9.48	3
2003	80	1.54	0.79	2156	3.55	15.95	2236	5.09	16.74	2
2004	108	2.93	1.52	5245	7.92	23.84	5353	10.85	25.36	4
2005	89	1.73	0.85	2066	3.19	10.30	2155	4.92	11.15	5

三、水上安全管理

船舶签证　1984年前，由于航道限制，连云港市每年签证船舶仅4000艘次左右。此后随着内河航道建设发展和港口码头增加，签证船舶数逐年增加。1985年11月开始使用省交通厅统一印制的船舶航行签证簿，实行一船一簿；签证站点设在各乡交管所及港监站。1991年3月按交通部《船舶进出内河港口签证管理规则》，换发全国统一制式的航行签证簿。1993年5月，按《中华人民共和国船舶签证管理规则》，再次换发船舶签证簿，船舶签证专用印章由省交通厅统一刻制发放。1998年，贯彻省港监局《江苏省船舶签证工作管理规定》。2004年7月1日《中华人民共和国行政许可法》实施后，船舶签证权限划归连云港市辖区5个海事所。2005年，全市船舶签证量1.2万艘次。

水上交通事故处理　1986年1月1日起执行《船舶海损事故统计报告规定》，事故按5个船舶级别划分为重大事故、大事故、一般事故和小事故4个等级。1990年6月起执行《船舶交通事故统计规则》，海损事故改称船舶交通事故，对船舶交通事故分级标准重新界定，船舶级别划分由6个级别扩大至11个级别。

1995年6月起，内河航道交通事故按省政府《江苏省内河交通事故处理办法》处理。2002年起按交通部《水上交通事故统计办法》，在事故类别中增加爆炸、自沉及其他引起人员伤亡和直接经济损失等项；船舶级别由11个级别改为3个级别，事故等级改划为特大事故、重大事故、大事故、一般事故和小事故5个级别。

至2005年底，连云港市未发生等级上报事故，各项水上事故统计指标均为零。

四、规费征收

连云港市地方海事规费包括船舶港务费、船舶和船用产品检验费、船检港监费。1987～2005年，市地方海事规费累计征收2577.28万元。

船舶港务费　1987年8月，连云港市开征船舶港务费。船舶每进港或出港一次，分别计征进港或出港船舶港务费，货轮、货驳、挂桨机船按每载重吨计征，客轮、客驳、客货轮、车辆渡轮按每总吨计征，排筏及水上浮具按每立方米0.05元计征；从事港内航行和作业的船舶按每载重吨（总吨、马力、立方米）每月0.8元计征；江苏省交通系统国有、集体所有制的专业运输单位，根据其拥有的船舶载重吨（总吨、马力）按每月0.5元或每季度1.5元计征船舶港务费。

1993年4月，船舶港务费费率调整为：零缴按每进港或出港一次每总吨（千瓦、立方米等）0.25元计征；从事港内或县（市）范围内航行和作业的船舶每月每总吨（千瓦、立方米等）2.4元计征；江苏省交通系统县及县以上专业运输单位每总吨（千瓦、立方米等）每月1.6元或每季4.8元计征。

船舶、船用产品检验费　船舶检验费收取标准按《全国地方船舶检验计费规定》文件执行，船用产品检验费收取标准按《船用产品检验计费规定》文件执行。1993年11月，国家船舶检验局颁布《船舶检验计费规定》《船用产品检验计算规定》，省交通厅制定《江苏省船舶和船用产品检验计费规定实施办法（1993）》。1996年2月起按河船取0.85、海船取1.00的“K”值收取船检费。

船舶港监费　船舶港监费包括船舶登记、船员培训与考试、水上特种秩序维护、海事调解、船厂电焊工培训和考试及审验、乡镇船厂生产技术条件认可与审验、船名牌、证书工本费等。

1987～2005年连云港市地方海事系统规费征收统计表

表8-28　　单位：万元

年份	征收额	年份	征收额	年份	征收额	年份	征收额
1987	22.04	1992	42.75	1997	117.83	2002	153.57
1988	31.95	1993	62.86	1998	168.02	2003	251.75
1989	35.42	1994	141.70	1999	152.60	2004	327.78
1990	43.26	1995	179.37	2000	124.38	2005	373.68
1991	33.53	1996	194.68	2001	130.11	合计	2577.28

第四节　运输市场管理

一、客运市场管理

运输结构调整　1984～2000年，连云港市客运班线发展较快，出现大量个体经营班线。2001年起，市交通运输管理部门推广集约经营，将分散的个体经营推向联合经营，同时按交通部要求清理超类别客运班线。至2003年底，全市道路客运企业完成收购、合并、重组。2005年开始改善客运运力结构，客运企业班线向公司化、快客化发展，客运企业淘汰老、旧车型，旅游客运和高速公路客运全部使用高级客车；选择座位少、空间大的车型，发展农村客运；推广安装全球定位系统、行驶记录仪等高科技动态监管设备系统。

线路审批　1985年前，全市客运线路审批实行报备制，双方公司沟通协调后即可开通班线。1985年后，道路客运线路实行报批制，按省、市、县分管权限，逐级审核上报。2000年，连云港市到县、县到乡镇、乡镇到行政村的三级区域内客运网络基本形成。2000年后，省、市际客运班线推行资质招投标，县际线路实行以服务质量信誉考核为主的线路审批评价制度，县内线路也根据情况实行招投标制度。至2005年全市相继发展快客线路20余条，近百辆中高档客车投入快客运输，市内至周边城市的快客网络基本形成。

场站管理　1984～1994年，全市客运班线车辆均依托运输客运站场，统一进站发车。1995年后鉴于社会业户和个体客运经营业户发展较快，开始建立客运社会车辆停车场，市运管处成立驻站管理办公室，负责车站及周围地区的营运秩序、交通安全和商业经营的管理。1997年开始对连云港汽车运输总公司所属客运站实行属地管理，动员各二级企业自用站对社会开放，把分散各处的社会、个体客车全部吸纳进站经营；颁布《连云港市公用型客运汽车站管理办法》，实现“车进站、人归点”目标。2003年后全市各客运站实现联网售票。2005年开始实行全省联网售票，全市所有客运班线车辆实现进站发车。

假日运输管理　自国家实行“五一”“十一”等长假制度以后，市运输部门建立假日运输应急保障预案，保障节假日旅客运输安全。每年春节期间均严格控制加班车、包车，要求进站车辆必须为一级客车，对达不到要求的一律不发。

二、货运市场管理

公路运输结构调整　1984年，全市有纳入运输管理（除专业交通部门外）的货车4108辆、2.05万吨。是年，市运输管理部门对运输经营单位和个人重新登记、发证、换证。1989年实行“先审批，后购置”制度，规定新增运力只能承担本单位物资运输，新增营业性运力只限于更新。1993年货运市场放开，各行各业和各种经济成分参与货运市场竞争，对具备经营资格的只批不控。2000年后，推广货运规模化和集约化经营。2005年，全市有货物运输业户6554家、货运车辆1.43万辆，全年完成公路货物运输量3843万吨，周转量37.76亿吨千米。

船型标准化工程　2004年1月1日，连云港市落实《江苏省京杭运河船型标准化工程实施方案》，组织开展船型标准化工作。全年全市完成挂桨机船拆解154艘、落舱改造33艘，总计发放补贴资金562.94万元。2005年，全市完成拆解、改造84艘，第一批钢质挂桨机船全部拆改完毕；小吨位挂桨机船退出航运市场，新建船舶向大型化发展；全市各船闸待闸船舶数下降40%，船舶航速增长20%，航次周转率增长30%，水上交通事故和噪音、废油、废气等污染排放明显减少。

2005年连云港市交通运输基本情况统计表

表8-29

项　目	单　位	数　量	项　目	单　位	数　量
一、全社会公路总里程	千米	4834	四、全社会内河水路运输船舶	艘	2132
#等级公路	千米	4252	净载重量	吨位	439135
#高速公路	千米	287	五、民航航线	条	7
一级公路	千米	56	起降架次	架次	1835
#国道	千米	326	航空货邮运量	吨	993
省道	千米	305	#离港	吨	611
二、内河航道里程	千米	1138	航空客运量	人	95975
#等级航道	千米	442	#离港	人	45497
三、全社会公路运输车辆	辆	69309	六、铁路旅客列车始发对数	对	13
#汽车	辆	27201	#旅客发送量	万人	266

说明：本表不含港口相关数据

连云港市志

第九卷 水 利

第一章　河道整治

第一节　流域性区域性河道整治

第二节　城市河道整治

第三节　县乡河道疏浚

第二章　水库除险加固

第一节　大型水库

第二节　中型水库

第三节　小型水库

第三章　灌区改造

第一节　大型灌区

第二节　中型灌区

第三节　小型灌区

第四章　水利枢纽　海堤　闸站

第一节　水利枢纽建设

第二节　海堤达标建设

第三节　闸站建设

第五章　农村水利建设

第一节　丘陵山区综合治理

第二节　低洼圩区治理

第三节　小型农田水利工程

第四节　村庄河塘整治

第五节　农村饮水安全

第六章　水资源管理

第一节　水资源调查和水资源规划

第二节　用水管理

第七章　水行政执法

第一节　法规制定与宣传

第二节　水行政审批

第三节　水事案件查处

第八章　防汛抗旱

第一节　组织指挥

第二节　防　汛

第三节　抗　旱

连云港市地处黄淮流域的沂沭泗水系尾闾，是历史上著名的洪水走廊。加之特殊的气候环境，洪涝旱潮时常并发或交替发生。防洪除涝、防潮降渍、抗旱灌溉、保护生态是水利建设的重点。

20世纪80年代前期，连云港水利设施老化严重，大中型涵闸年久失修，农田水利投入很少。1985年，中央提出重新认识水利在国民经济中的地位和作用，连云港市市、县政府加大政府投入，积极争取国家支持，全市围绕治水用水，大规模开展农村水利工程建设，实施山丘区小流域水土保持综合治理，疏浚沟渠，改造灌区，同时加强城市给排水基础设施建设。1984～2005年，全市完成水利建设投资45.51亿元，加高修缮河湖堤防504千米，开挖疏浚骨干河道57条，整治农田排水沟渠5.15万条，建成大中型涵闸66座、大中型排灌站14座，建成2万公顷以上灌区2处，完成土方21亿立方米。先后实施新沂河消险、新沭河尾闾清障、小塔山水库分洪道开挖、蔷薇河复堤、烧香河浚挖、朱堵翻水站新建、房山和芝麻翻水站改造、沂沭泗洪水东调南下工程、沭南灌区改造一期工程等重点工程。成功抗御1997年、2000年、2005年特大洪水。

2003年，市政府办公室下发《关于全市水利工程管理体制改革工作的实施意见》，提出建立与社会主义市场经济相适应的水利工程管理体制和运行机制，确保水利工程安全运行，保障社会经济的可持续发展。随着水法规的不断完善，水利工程管理逐步走向法制化轨道。在惩治破坏水利工程行为的同时，全社会爱水、惜水、节水的风气逐步形成。

第一章　河道整治

连云港市有流域性河道2条、区域性河道5条、地方骨干河道50多条，县乡小型河道密布。20世纪60年代，市水利部门对重点行洪河道不断复堤加固，并在东海县、赣榆县山区开挖等高线调水河道，在河道入海口建成挡潮节制闸。此后至2005年，对新沭河、新沂河、青口河、灌河等流域性、区域性河道进行除险加固整治，但防洪标准不高，个别河道淤塞严重，亟待整治疏浚。

第一节　流域性区域性河道整治

一、新沭河

新沭河位于淮河流域沂沭泗水系东北部，自山东省临沭县大官庄起，分泄沭河洪水连同沙河故道区间来水经石梁河水库，再向东南流汇蔷薇河，由临洪河口入海。河道全长80千米，流域面积2850平方千米，其中江苏境内长61.89千米，流域面积2135.3平方千米，是沂沭河洪水就近东调入海的主要通道。

1987年冬至1988年5月，按堤顶高程5米、顶宽5米、边坡1∶5标准，完成入海口段元宝港以下2.67千米筑堤。1991年淮河大水后，根据国家计委关于沂沭泗河洪水东调南下一期工程调整核算的批复，东调南下一期工程复工。江苏省新沭河扩大工程，主要实施新沭河20年一遇剩余工程和新沭河堤防消险工程，以及太平庄闸下至入海口段两岸堤防复堤、左堤太平庄闸下至朱稽河闸防汛道路、左堤西赤金段墩尚段与右堤墩尚段充填灌浆、墩尚至朱圈段干砌石护坡工程等，2002年工程整体竣工。新沭河20年一遇剩余工程于1998年12月8日开工，2002年9月完工，累计完成土方309.5万立方米、混凝土及钢筋混凝土6386立方米、石方8.32万立方米、钢筋制安315吨、土工布铺设25.6万平方米。新沭河堤防消险工程是2000年江苏省委、省政府为民办20件实事之一，工程于2000年3月2日开工，至2001年5月20日完工，总投资1713.49万元。

2003年4月，水利部在北京召开加快沂沭泗河洪水东调南下续建工程及南水北调东线一期骆马湖至南四湖段工程省部联席会议，会上确定实施新沭河50年一遇治理工程。

二、新沂河

新沂河西起骆马湖嶂山闸，流经新沂、宿豫、沭阳、灌南、灌云五县（市）境，东至堆沟港、燕尾港，与灌河会合后并港出海，全长144千米，其中，连云港市境内长68.58千米，既是骆马湖的排洪出路，又是沂沭泗洪水两大入海通道之一。

图9-1　20世纪90年代新沂河南偏泓河道土方工程施工现场　侍志　摄

1983～1988年进行除险加固工程。20世纪90年代初沂沭泗河洪水东调南下工程复工后，新沂河按20年一遇洪水标准实施治理，一期工程主要对沿线问题突出的海口、病险涵闸、险工等进行加固治理，工程从1994年开工至1999年基本结束，完成投资2.9亿元。

1998年长江流域大水后，省委、省政府决定实施新沂河堤防消险工程。连云港市境内工程自2000年1月开工，2001年7月投入使用。

2005年，新沂河实施50年一遇整治工程，是国家治淮19项重点工程之一，是实施沂沭泗洪水东调南下二期工程的骨干工程，被省政府列为2005年度为民办实事工程。工程概算投资14.1亿元。

三、青口河

青口河旧名小沙河，上游山东境内称洙边河，发源于山东省沂蒙山余脉，自莒南县、临沭县山区流入连云港境内，经赣榆县小塔山水库东南流至下口村南入海。全长64千米，流域面积493平方千米，连云港市境内长47.54千米，流域面积267平方千米。该河为赣榆县主要防洪入海河流之一，承泄小塔山水库400立方米每秒泄洪流量。

1983年冬，青口河与通榆河接通。1985年在青口漫水闸下游建成码头开始通航。1992年5月，青口河第三次疏浚，完成土方5.2万立方米。

2002年2月，水利部淮河水利委员会、江苏省水利厅批复整治青口河小塔山水库主坝溢洪闸至入海口段，全长28.2千米，包括土方和建筑物工程。土方工程主要包括河道开挖、疏浚、复堤及部分堤段护砌等，建筑物工程主要由青口河挡潮闸加固工程、沙河子漫水闸加固、青口河漫水闸加固、新建瞿沟陡坡、拆建邵庄陡坡和穿堤建筑物组成。工程概算总投资3500万元，实际完成总投资5453万元。

四、龙河

龙河亦名龙王河、朱汪河，发源于山东省五莲山南麓，主流绕山东临沭县壮岗镇，经石堰闸至赣榆县海头镇东南朱篷口入黄海，为独流入海河道。全长75千米，流域面积554.5平方千米，连云港境内长27.5千米，流域面积123.5平方千米。河底高程19.1～0.5米，河底宽140～400米。1984～2005年未有整治。

五、灌河

灌河又名大潮河、北潮河，是苏北地区最大的入海潮汐河流，是唯一未在干流上建闸的黄金入海通道。干流西起灌南县境内的东三岔，东至灌云县燕尾港的灌河口，全长67.5千米，流域面积7273平方千米。一般河宽350米，水深7～11米。

1988年对灌河东三岔苏口段实施块石护坡工程，长580米，坡顶高程3.0米，底坎顶高程0.0米。1991年修建九队老沟段块石护坡100米、长茂龙王庙段块石护坡180米。1997年修建长茂大埝口段块石护岸300米、田楼街段块石护岸200米；新建丁坝1道，维修丁坝2道。

2001年对三口、张湾、北陈集段堤防加固25.8千米，完成土方90万立方米。

六、蔷薇河

蔷薇河发源于新沂市马陵山区，流经新沂市、沭阳县、东海县、海州区，于临洪闸下3千米处经临洪口入海，全长97千米，流域面积1816平方千米，连云港境内长50.66千米，流域面积1348平方千米。

河道为历史自然河道，是连云港市区唯一饮用水源。1983～1984年，对蔷薇河洪门桥至临洪闸段按20年一遇标准复堤；1987年12月至1988年5月，加高培厚田水河至洪门桥段东堤6.8千米，完成土方35万立方米。

1996年12月，省政府投资12689.22万元，结合淮河水污染治理和环境保护，分两期实施拦截蔷薇河中游污水入新沂河工程，一期工程于1997年竣工，解决了蔷薇河屡遭污染问题；二期工程于1999年开工，2000年5月竣工，解决了叮当河、盐河遭受污染问题。

七、古泊善后河

古泊善后河系古泊河、善后河两段相连河道的统称，是淮沭新河的主要支流。发源于江苏省宿迁市沭阳县高墟镇，下游至连云港市善后闸，经埒子口入海，是一条跨沭阳县、东海县、灌云县和海州区的排涝干河，全长77.15千米，流域面积1470平方千米。

古泊善后河原来的上游为古涟河，起点在沭阳高墟镇港河陆口东，尾闾入卓王河，一股沿卓王河向北入前蔷薇河，再北入后蔷薇河从临洪口出海；一股由卓王河入泊阳河，再向东入善后河从埒子口出海。后因临洪口被新沭河占用，导致泄水不畅。1952年开始治理，将起点移至沭阳县高墟湖东口，接生疏沟，下段从灌云县穆圩乡向下改线顺东北向至小李庄接泊阳河，由此古涟河与泊阳河合称为古泊河。1984～2005年未进行整治。

第二节　城市河道整治

一、龙尾河

龙尾河南起玉带河，北接大浦河，全长5.2千米，排涝面积7.5平方千米。

该河1998年之前未进行整治。1998年11月，市委、市政府把整治龙尾河作为市政府1999年10件实事之一列入全市重点建设项目，由市水利部门承担。1999年2月开工，2002年8月完工，总投资1650万元。

图 9-2　整治后的龙尾河　　　俞德春　摄于2005年

整治工程按20年一遇标准设计，包括河道清淤及开挖土方10.2万立方米，上游新建玉龙引排两用泵站（规模为50厘米的2台轴流泵，设计流量为1立方米每秒），下游新建龙尾节制闸（规模为3孔，总净宽8米），整修护岸6700米，新建护岸3677米、安装花岗岩石护栏10400米。

2001年，实施龙尾河两岸滨河道路绿化工程。北起人民路，南至农副产品批发市场，绿化带总长5.35千米，绿地面积5.4公顷。种植草皮5公顷，栽植树木881株，新建护栏330米，加固了河堤。

二、玉带河

玉带河西起电厂闸与蔷薇河相连处，东到魏跳桥与龙尾河、东盐河相接点，全长6.9千米。

玉带河自20世纪70年代初至2003年未进行过整治。2003年10月至2004年6月，市国土部门投资142.44万元对玉带河840米段进行河道拓宽，部分河道河坡采用混凝土浆砌石护坡，整治后河道上口宽60米，底宽40米，河道坡比1∶4。

三、大浦河

大浦河南起盐河新浦闸，北止大浦闸，长7.57千米，流域面积122平方千米，河道排洪流量168立方米每秒，是市区唯一排污河道。

图 9-3　大浦河调尾工程现场　吉志强　摄于2002年

2000年“8·30”大水之后，市委、市政府将大浦河整治列入城市防洪重点工程。工程于2002年5月3日开工，12月28日竣工，总投资1106万元。共开挖土方68万立方米，两岸局部砌石挡土墙和护坡、护栏1.3万立方米。整治后的大浦河河底宽30米，河口宽近70米，河底高程-1.3米，边坡1∶4，达到20年一遇防洪标准。大浦河生态防护林工程绿化面积约30万平方米，采用垂柳、雪松、紫薇、草坪及色块等组合景观以增强绿化效果，共种植柳树4700株、杨树3.7万株、雪松1000株，还有紫薇、瓜子黄杨等灌木。

四、大浦副河

大浦副河南起新墟公路宋跳公路涵与东盐河相连，北到大浦副闸与大浦河相接，全长5.26千米。该河2002年之前未进行整治。2002年，江苏省发展计划委员会、水利厅批复大浦副河应急治理工程项目。工程于2002年12月13日开工，2003年5月31日竣工，总投资1348万元。

五、西盐河

西盐河市区段南起南城镇，北止新浦闸，全长7千米。

该河2000年之前未进行整治。2000年，市委、市政府把西盐河环境整治工程列入2000年度市政重点工程，由市水利部门承担。经连云港市计划委员会批复，市水利局实施南起朝阳桥、北至人民桥的3.2千米新浦城区段整治工程，工程标准为20年一遇。工程于2000年4月25日开工，新浦闸等主体工程于2001年6月30日竣工并投入运行，其余扫尾工程及部分管理设施工程于2003年5月25日全部完成。工程总投资646.08万元。

六、东盐河

东盐河西起魏籁桥与玉带河相连处，东至猴嘴闸与排淡河相接点，全长15.6千米，排涝面积47.6平方千米。

东盐河2003年之前未进行整治。2003年，市委、市政府决定实施东盐河整治工程，由市水利部门承担。该工程分三期实施，一期工程2003年3月26日开工，2003年6月30日竣工，主要实施浦东粮库到宋跳立交桥段河道平移和护岸工程，总土方34万立方米。二期工程2003年10月18日开工，2004年4月30日竣工，主要实施河道平移、海峰桥接长和护栏工程。三期工程2004年1月27日开工，2004年6月30日竣工，主要实施玉带河闸到刘籁港段河道拓宽工程。

第三节 县乡河道疏浚

2002年前，连云港市有县乡河道1341条6594.29千米，其中跨两个以上乡镇的县级河道187条1962.34千米、跨两个以上村的乡级河道1154条4631.95千米。绝大部分河道几十年未疏浚，淤积严重，基本是四类水质。

2002年9月，根据省水利厅统一部署，市水利部门编制《连云港市2003～2007年县乡河道疏浚规划》，2003年5月市政府批复同意实施。2003～2005年，全市疏浚完成县级河道107条、乡级河道418条，完成土方4440万立方米。

图9-4 2003～2005年，全市疏浚乡级河道418条。图为疏浚后的灌云县东王集乡河道。 侍志 摄

第二章 水库除险加固

境内有水库178座，均建于20世纪50～70年代，大多年久失修，存在较多安全隐患。1992年，水利部将连云港市大部分大中型水库列入全国第二批重点病险水库，要求除险加固。至2005年底，全市完成石梁河、小塔山、安峰山3座大型水库，贺庄、大石埠等8座中型水库的除险加固整治和56座小型水库消险任务。

第一节 大型水库

一、石梁河水库

石梁河水库建成于1962年，位于新沭河中游，地处山东省临沭县和连云港市赣榆县、东海县交界处。最大库容5.31亿立方米，防洪库容3.23亿立方米，兴利库容2.34亿立方米，控制流域面积1.54万平方千米。东调南下工程实施后，增加沂河集水面积1.01万平方千米，占沂沭泗流域面积的19.3%，是江苏省最大的人工水库。

1988年11月至1989年7月，对副坝桩号1+430至3+030坝段坝顶纵向裂缝进行灌浆加固。

1995年3～6月，更换泄洪闸15孔闸门轨道铁。1997年，对主坝迎水坡高程22.5～24.5米局部翻砌，并增修正坝中泓后戗台，长120米，宽60米，顶高程20米。1998年重新翻砌主坝桩号0+200至3+000迎水坡浆砌块石护坡；浇筑厚10厘米混凝土面层。

1999年，经水利部批准，连云港市投资2.85亿元实施石梁河水库除险加固工程和扩大泄量工程。其中，扩大泄量工程包括兴建新泄洪闸、南涵电站和改线段土坝修筑等，是国家治淮沂沭泗流域洪水东调南下工程的重要部分，总投资1.27亿元。除险加固工程包括老泄洪闸加固工程、主副坝加固工程等8个，总投资1.61亿元。石梁河水库除险加固工程竣工后，水库达到百年一遇的防洪标准，沂沭河洪水的80%可通过新沭河就近东调入海。2002年，市委、市政府批准石梁河水库同时冠以“海陵湖”名称。为纪念工程建设功绩和进一步开发库区旅游资源，市水利局在南北泄洪闸之间制作“安澜”雕塑1尊。

图9-5 石梁河水库 侍志 摄于2002年

二、小塔山水库

小塔山水库位于连云港市赣榆县西

图 9-6 小塔山水库 赵鸣 摄于 2003 年

北部塔山镇境内，是苏北第二大人工湖，始建于1958年，库容2.82亿立方米。

1984年，市水利部门在小塔山水库主坝36.5米高程以上修筑干砌块石护坡，背水坡加做混凝土预制板排水沟和草皮护坡。

1992年，水利部将小塔山水库列为全国第二批重点病险水库要求除险加固。是年加做西副坝浆砌块石挡浪墙至高程38.2米。江苏省水利勘测设计院于2000年10月编制完成《小塔山水库除险加固工程可行性研究报告》，工程概算投资1.07亿元。该次加固水库百年一遇设计水位35.37米（废黄河零点、下同），2000年一遇校核洪水位37.13米，正常蓄水位为32.8米。

2005年，小塔山水库主坝长2303米，坝顶高程38.5米，最大坝高22.5米，坝顶宽8米；东副坝长1060米，坝顶高程38米，最大坝高6.3米，顶宽8米；西副坝长1000米，坝顶高程37米，坝顶宽8米；主坝泄洪闸4孔，每孔净宽8米，两孔一联，底板高程29.5米；主坝涵洞总长43.5米，洞身断面尺寸内径长、宽各为2.5米，外径长、宽各为3.7米，底板面高程23米，洞首顶高程38.5米。

三、安峰山水库

安峰山水库位于东海县安峰镇境内，始建于1958年6月，总库容1.22亿立方米，设计集水面积175.6平方千米，是以防洪、灌溉为主，结合水产养殖等综合利用的大（二）型水库。

2005年2月，安峰山水库除险加固工程开工，工程总投资7983.67万元。

2005年，安峰山水库主、副坝坝顶高程均为20米，主坝长2326米，坝顶宽4米，最大坝顶高程9.5米，坝顶浆砌石挡浪墙长2300米，墙顶高程21米；副坝长4265米，坝顶宽3米，最大坝高5米。有溢洪闸3孔，总净宽15米，堰顶高程12.5米，设计最大下泄流量335立方米每秒。主坝东、西灌溉涵洞孔口净宽1.2米，孔口尺寸1.2米，洞身长1.8米，设计流量16立方米每秒，铸铁闸门配有螺杆式手、电两用启闭机。

第二节 中型水库

一、八条路水库

八条路水库地处苏鲁交界低山丘陵区谢湖河下游，位于赣榆县金山镇，是赣榆县第二大水库，于1958年建成蓄水。水库集水面积32平方千米，库容2310万立方米，年均蓄水量1200万立方米。

1984～2005年，市、县水利部门对八条路水库进行16次维修加固，主要包括修建消力池、进库道路，建漫水桥1座、放水涵洞1座，修筑溢洪道护坡、护底，对大坝块石护坡、背水坡做反滤体及排水沟，更换电气设备等。

2005年，八条路水库坝长920米，坝顶高程34.7米，坝顶宽6米，最大坝高13.4米。

二、西双湖水库

西双湖水库位于东海县境内，始建于20世纪60年代，集水总面积22.3平方千米，库容1954万立方米。

1992年，东海县水利部门对西双湖水库进行干砌块石护坡接高，并砌筑长1.04千米、底宽0.7米、顶宽0.4米、高1.4米的梯形浆砌石底脚墙，抛石固墙，对北库北坝自4号涵洞以东和东坝进行培厚，坝顶宽从8米加到12米，并对东北角长1千米坝段进行灌浆加固。1997年5～6月，修复北库大坝护坡0.11万平方米，至1997年12月，水库配套加固工程完成土方264.95万立方米、石方8.49万立方米、混凝土0.29万立方米，累计投资227.38万元。

2005年底，西双湖水库大坝全长9.7千米，坝顶高程34.2～34.5米，最大坝高11.9米，坝顶宽8米，大坝迎、背水坡比在1∶2.5至1∶3范围内。

三、横沟水库

横沟水库位于东海县境内。1958年6月建成，集水面积42.2平方千米，库容2529万立方米。

1992年，东海县水利部门为横沟水库泄洪涵洞更换15吨启闭机5台，混凝土闸门更换为铸铁闸门，闸墩往上游接长0.7米，并架设输电线路。1998年，大坝中泓段在桩号0+950～1–350坝段加做后戗台，顶宽8米，顶高程26.5米，同时增建大坝反滤体。2000年，桩号0+850～0–950坝段，高程27～30.5米的块石护坡采用C20混凝土灌填勾缝；将灌溉输水涵洞闸门更换为铸铁闸门。2001年，泄洪闸钢筋混凝土闸门更换为铸铁闸门，并建设启闭机房32平方米，架设输电线路1200米、30千伏安变压器1台。

2005年底，横沟水库大坝长1950米，坝顶高程30.5米，坝顶宽度6米，最大坝高9.14米，大坝挡浪墙顶高程31.6米。

四、昌梨水库

昌梨水库位于东海县双店镇境内，1958年6月建成，集水面积4平方千米，库容2210万立方米。

1995年翻修大坝护坡1600平方米。1997年铺设防汛路700米。2000年，溢洪闸北侧高程45.5～50米的200米原干砌块石护坡浇筑厚12厘米混凝土，更换主坝灌溉涵洞钢筋混凝土闸门为铸铁闸门，建水位、雨量遥测井1眼。

2005年底，昌梨水库主坝长1850米，坝顶高程52米，坝顶宽度6米，最大坝高15米，大坝挡浪墙顶高程53米。迎水坡、背水坡坡比均为1∶3。护坡起止高程40～52米。

五、房山水库

房山水库位于东海县房山镇境内，是一座以防洪、灌溉为主的中型水库，集水面积38.2平方千米，库容2218万立方米。

1987年加固泄洪涵洞中墩尾部，表面凿除0.15米，重新浇筑混凝土，并将中墩接长0.3米。1991年泄洪闸拆除重建，仍为7孔，底板高程由9.15米降至8米，配置铸铁闸门。1992年对门槽进行加固，混凝土门墩表面凿除0.2米，重新浇筑混凝土；建便桥1座；更换15吨螺杆启闭机5台，配置铸铁闸门5扇。1996年更换泄洪闸10吨螺杆式启闭机7台。1997年、1998年、2001年对主坝桩号1+036～1+450段增建拱形贴坡式反滤体。1998～2000年，对高程9米以上主坝块石护坡进行灌浆勾缝。2001年建水位、雨量遥测井1眼。

至2005年底，房山水库主坝长1700米，坝顶高程13米，坝顶宽7米，最大坝高8.2米；迎水面设浆砌石挡浪墙，长1500米，墙顶高程13.7米；迎水面坡比为1∶3，背水坡坡比为1∶2.5。

六、大石埠水库

大石埠水库位于东海县桃林镇，集水面积78平方千米，库容1930万立方米。1984～2003年未进行除险加固。

2003年4月，市水利规划设计院编制完成《大石埠水库除险加固工程初步设计》。工程于2004年3月开工建设，2005年7月竣工，工程总投资1880万元。

2005年底，大石埠水库主坝长881米，坝顶高程55.1米，坝顶宽6米，最大坝高12.8米。

七、贺庄水库

贺主水库位于东海县双店、石榴、石湖3个乡镇交界处，1959年5月建成，集水面积57平方千米，库容2880万立方米。

1992年，水利部将贺庄水库列为全国第二批重点病险水库。2000年6月，江苏省水利厅和连云港市水利局专家鉴定贺庄水库大坝为三类坝。2004年2月23日开工建设除险加固工程，2005年2月28日竣工。工程总投资2200万元。

2005年底，贺庄水库主坝长3680米，坝顶高程42米。配置调度闸1座，总净宽7米，底板高程34米。

八、羽山水库

羽山水库位于东海县横沟、温泉两乡镇交界处的羽山南麓，1979年4月建成。水库集水面积7平方千米，总库容1225万平方千米。1993年，在主坝中泓老泓道处背水坡培厚，并延长650米，顶宽3米，顶高程42米的戗台，主坝西端接长350米，坝顶宽8米；迎水坡和背水坡与原坝顺接。进库涵洞洞下消力池加固。主坝迎水坡干砌块石护坡接高至高程49米等，有效提高水利综合利用效益的发挥。1999年8月，水库扩大泄量工程于开工兴建，2001年5月完工。

2005年，羽山水库主坝长2870米，最大坝高16.5米。进库涵洞位于龙梁河堤上，5孔，洞径2米×2米。溢洪涵洞在主坝上，2孔，洞径2米×2米。灌溉涵洞位于主坝上，单孔，洞径0.8米×1米，设计流量2.5立方米每秒。

第三节 小型水库

1984年，连云港市有在册小型水库135座，其中小(一)型35座、小(二)型100座。分布在东海县47座、赣榆县70座、市区18座。这些水库大多兴建于20世纪50～60年代，受当时施工条件限制，普遍存在筑坝土质差、碾压不实、建筑物标准低等问题，加之年久失修，大部分水库存在坝脚渗水、涵洞老化漏水、溢洪道标准不足等隐患，严重危及水库下游居民生命财产安全。

1990年10月，国家防汛抗旱总指挥部办公室下发《关于加强小型水库安全管理工作的通知》，要求各地抓好小型水库的除险加固工作，把小型水库除险加固列为1990～1991年冬春农田水利基

图 9-7　市区小型水库——朝阳水库、新县水库俯瞰图
赵鸣　摄于 2003 年

本建设的主要内容。本着“谁受益　谁负担”的原则，由当地受益群众投工投劳解决，各地在农田水利基本建设资金中给予一定补助。

1992年，市水利部门完成在册135座、不在册15座小型水库普查工作。1995年，市水利局编报“九五”期间东海县43座、赣榆县28座、市区12座小型水库除险加固计划。1998年11月，市水利局编报小型水库消险工程建设可行性研究报告，省水利厅核定连云港市小型水库消险工程经费2848.91万元，其中省财政补助建筑物部分工程经费400万元。

2004年2月，省政府调整省级水利资金投资结构，将小型水库除险加固列入基本建设内容，确定从2005年起用5年时间基本完成小型水库除险加固建设任务。至2005年底，市、县水利部门对56座小型水库进行除险加固。

第三章　灌区改造

20世纪60～70年代，东海县、赣榆县在丘陵山区兴建3座大型水库、8座中型水库和诸多小水库，配合这些水库兴建相应灌区，利用水库水资源灌溉农田。灌云县、灌南县以河道作为水源，兴建部分中、小型灌区。20世纪80年代以后，连云港市水利部门对大、中型灌区实施续建配套工程，提高灌溉保证率和水资源利用率。

第一节　大型灌区

一、沭南灌区

沭南灌区位于东海县中部及东北部的新沭河以南、石安河沿线及以东、淮沭新河以西地区。土地面积5.28万公顷，耕地面积3.68万公顷，设计灌溉面积3.2万公顷，实际灌溉面积2.61万公顷。灌区总人口45.6万人，其中农业人口37.3万人。种植作物以水稻、小麦为主，复种指数1.55，设计灌溉保证率75%，渠系水利用系数0.5，灌溉水利用系数0.45。

1998年，国家立项实施沭南灌区一期续建配套工程，兴建支渠以上桥、涵、闸、拦沙坝等配套建筑物110余座、防渗渠道42千米，新建、改建电灌站15座、装机泵38台1441千瓦。工程投资1510万元，其中中央补助600万元、地方配套910万元。2002年进行二期工程续建配套，完成总干渠、干渠、干渠节制闸、支渠首新建改建工程和灌区尾水闸、拦水闸、泵站改造、渠道险工段加固工程。工程总投资1250万元，其中，中央补助500万元、地方配套750万元。2003年进行三期工程续建配套，新建节制闸2座，改建节制闸2座；改建泵站6座；灌区输水干渠护砌3条。工程总投资750万元，其中中央补助300万元、地方配套450万元。2004年进行四期工程续建配套，改建干渠渠首及节制闸22座，新建、改建泵站9座，干渠及泵站送水干渠护砌10.28千米，兴建灌区管理设施及自动化遥测系统。工程总投资1250万元，其中中央补助500万元、地方配套750万元。

二、沭新渠灌区

沭新渠灌区位于东海县东南部，是江淮水北调工程的一部分，灌区东至县界，西至沭新干渠，南至泊阳河，北至乌龙河。土地面积4.71万公顷，耕地面积3.19万公顷，设计灌溉面积3.19万公顷，实际灌溉面积3.09万公顷，其中机提灌溉2.3万公顷、自流灌溉0.79万公顷。灌区总人口22.56万人，其中农业人口21.42万人。种植作物以水稻、小麦为主，复种指数为1.6左右。设计灌溉保证率为75%，渠系水利用系数为0.5，灌溉水利用系数为0.45。

1984～2005年，由于国家基本无资金投入加之地方财政有限，故未进行续建。

2005年，灌区有总干渠1条，即沭新干渠，全长50千米，设计流量65立方米每秒；干渠33条140千米，支渠124条290千米；排水总沟1条，即蔷薇河，长50.7千米；排水大沟33条88.5千米，中沟124条290千米。

三、小塔山水库灌区

小塔山水库灌区位于赣榆县中部，南临青口河，北至绣针河，东濒黄海，西到小塔山水库。水库以东为开阔平原，自西向东逐渐倾斜，主送水干渠为梯级渠道，在地貌上形成良好的自流灌溉区域。引水涵洞底板高程分别为23米和24米。灌区土地面积3.75万公顷，耕地面积2.1万公顷，设计灌溉面积2.02万公顷，实际灌溉面积1.73万公顷。

2005年，小塔山水库灌区有总干渠1条4.4千米，干渠10条129.14千米，支渠152条387.5千米，斗渠1560条1200千米，斗渠以上建筑物6350座，抽水站256座，容量8380千瓦；总排水干沟9条125千米，干沟6条83.9千米，支沟119条295千米，斗沟1560条1200千米，排水建筑物6130座；配套补水抽水站4座，装机49台6630千瓦。

四、石梁河水库灌区

石梁河水库灌区位于赣榆县南部的石梁河水库下游，北到青口河，南到新沭河，东临黄海，在地形上形成一个良好的自流灌溉区域。灌区土地面积4.95万公顷，耕地面积3.02万公顷，设计灌溉面积2.71万公顷，实际灌溉面积2.33万公顷。

2005年，灌区有总干渠3条30.8千米，干渠10条119.9千米，支渠191条350千米，斗渠1121条920千米，斗渠以上建筑物4222座；排水大沟10条120.3千米，中沟191条350千米，小沟1121条920千米，干河4条116.95千米；建有排灌站471座1.54万千瓦。

图9-8 赣榆县石梁河灌区节水改造工程

侍志 摄于2005年

第二节 中型灌区

一、安峰山水库灌区

安峰山水库灌区位于东海县南部，北至安房河，东至淮沭新河，南与沭阳县接界，西与新沂市接界。灌区土地面积1.4万公顷，耕地面积0.83万公顷，设计灌溉面积0.69万公顷，实际灌溉面积0.33万公顷。灌区总人口8.5万人，其中农业人口7.5万人。种植作物以水稻、小麦为主，复种指数为1.55。灌区设计灌溉保证率为75%，渠系水利用系数为0.5，灌溉水利用系数为0.45，工程节水灌溉面积0.04万公顷，技术节水灌溉面积0.31万公顷。

图9-9 安峰山水库泄洪闸 赵鸣 摄于2005年

2005年，灌区有总干渠1条1.4千米，干渠5条24千米，支渠23条75千米；排水中沟5条15千米，小沟23条25千米；补水站26座，机泵62台2215千瓦。

二、古城翻水站灌区

古城翻水站灌区位于赣榆县班庄镇古城村，1975年建成。设计灌溉面积0.67万公顷。种植作物以水稻、小麦为主，花生、玉米为次，复种指数为1.32。灌区经过多年的建设改造配套，基本形成灌得上、排得出、挡得住的水利工程体系。

2005年，灌区有主干渠26.4千米，其中引水渠4.4千米、送水渠22千米；装机19台2910千瓦。主要引用石梁河水库水源，渠首取水流量为10立方米每秒，担负欢墩镇、班庄镇、城头镇、塔山镇农田灌溉以及小塔山水库补水任务。

三、叮当河灌区

叮当河灌区位于灌云县中部，西临叮当河，东至盐河，南至新沂河，北临古泊善后河。灌区土地面积2.92万公顷，耕地面积1.64万公顷，设计灌溉面积1.64万公顷，实际灌溉面积0.98万公顷。

灌区灌溉水源为叮当河，叮当河水位在1.8～2米时，叮当河涵洞引水能力为57.3立方米每秒。叮当河涵洞引叮当河水后，由叮当河沿线控制闸门引入各乡镇的大中沟，通过灌区内补水泵站直接提水灌溉农田。

2005年，灌区有斗渠92条128.8千米；排水大沟24条155千米，中沟45条85.6千米，小沟868条736.8千米；提水泵站92座，机泵103台2623千瓦。

四、官沟河灌区

官沟河灌区位于灌云县中东部，西临盐河，南至新沂河，北至牛墩界圩河，东门五图河横贯东西。灌区土地面积2.62万公顷，耕地面积1.47万公顷，设计灌溉面积1.47万公顷，有效灌溉面积1.32万公顷。

2005年，灌区有支渠4条18.6千米，斗渠102条126.5千米；排水大沟17条92.51千米，中沟140条283.6千米，小沟1592条1400千米；提水泵站102座，机泵111台2067千瓦。

五、涟中灌区

涟中灌区位于灌南县盐河以东，武障河以南。土地面积3.59万公顷，耕地面积2.36万公顷。灌区内的一帆河以西地区，原属淮阴地区涟中自流灌区，总面积253平方千米，1992年涟中干渠上游停止向灌南供水，涟中灌区改造为提水灌区。一帆河以东地区建有泵站64座2752千瓦，有效灌溉面积30平方千米。

六、灌北灌区

灌北灌区位于灌南县东北部，新沂河以南，灌河以北，小潮河闸以东。土地面积2.45万公顷，耕地面积1.23万公顷，设计灌溉面积1.25万公顷，实际灌溉面积0.5万公顷。

至2005年底，灌区建成小潮河穿堤涵洞2个，引水涵洞1个；干渠东西门闸2座，南偏泓滚水坝1座；大沟22条、中沟287条、小沟1646条；干渠1条、斗渠178条；提水泵站133座。

七、柴塘灌区

柴塘灌区位于灌南县城西北部，南起北六塘河，北至柴米河、柴南河，西邻古屯河与沭阳县相接，东达盐河。土地面积0.64万公顷，耕地面积0.39万公顷，人口5.14万人。灌区设计灌溉面积0.36万公顷，实际灌溉面积0.21万公顷。

至2005年底，灌区有大沟16条、中沟132条、小沟417条；干渠1条、分干渠1条、支渠16条、斗渠91条、提水泵站53座。

八、柴沂灌区

柴沂灌区位于灌南县新沂河以南、柴米河以北，西接沭阳界，东至盐河。土地面积0.72万公顷，耕地面积0.33万公顷，人口4.65万人。灌区设计灌溉面积0.36万公顷，实际灌溉面积0.15万公顷。

至2005年底，灌区有大沟14条、中沟114条、小沟273条；干渠1条、支渠14条、斗渠72条、提水泵站40座。

九、淮涟灌区

淮涟灌区位于灌南县公兴河、武障河以北，北六塘河、义泽河以南，西接涟水，东至东三岔。土地面积1.21万公顷，耕地面积0.77万公顷，人口8.75万人。灌区设计灌溉面积0.69万公顷，实际灌溉面积0.36万公顷。

至2005年底，灌区有大沟21条、中沟173条、小沟837条；支渠21条、斗渠119条、提水泵站100座。

十、沂南灌区

沂南灌区位于灌南县城北部，盐河以东，龙沟河、义泽河以北，小潮河闸以西，土地面积0.92

万公顷，耕地面积0.49万公顷。灌区设计灌溉面积0.54万公顷，实际灌溉面积0.24万公顷。

2005年底，灌区有引水口门涵闸1座、干渠退水闸1座、节制闸2座；大沟11条、中沟128条、小沟646条；引水干渠1条、支渠11条、斗渠97条、提水泵站52座。

十一、茅口灌区

茅口灌区位于新浦区北部，通过引取蔷薇河水，灌溉新浦农场、连云区、新浦区、开发区的农田。该灌区设计灌溉面积0.67万公顷，实际灌溉面积0.33万公顷。

至2005年底，灌区有总干渠1条、干渠6条、节制闸16座、渡槽1座、倒虹吸4座、涵洞10座。

第三节　小型灌区

连云港市小型灌区大多是依托小型水库兴建于20世纪50～60年代的自流灌区。全市共建小型水库自流灌区167处，水库拦截山丘区来水面积409.8平方千米，建成兴利库容9777万立方米，设计灌溉面积2.28万公顷，有效灌溉面积1.95万公顷。其中，在册小型水库灌区136处，小水库拦截山丘区来水面积362平方千米，兴利库容8891万立方米，设计灌溉面积2.06万公顷，有效灌溉面积1.83万公顷。在册小型水库灌区中，赣榆县70处、东海县48处、市区18处。另有不在册的小型水库自流灌区31处，拦截山丘区来水面积47.8平方千米，兴利库容886万立方米，设计灌溉面积0.22万公顷，有效灌溉面积0.12万公顷。

第四章　水利枢纽　海堤　闸站

连云港市有临洪水利枢纽、盐东水利枢纽2个水利枢纽，承担挡潮、蓄淡、排涝、泄洪、排污、灌溉、航运等功能，在保障防洪安全和市区工农业生产、生活用水方面发挥着重要作用。

市境内海堤堤线走向从西北至东南，北起绣针河口，南到灌河口，海岸线全长204.82千米，海堤沿线从北向南途经赣榆县、连云区、灌云县、灌南县，海堤保护区域面积共计2156平方千米，保护人口145万人。沿线修筑海堤，并在河道入海口建有多个挡潮闸。

第一节　水利枢纽建设

一、临洪水利枢纽

临洪水利枢纽工程位于新浦区北部，处于蔷薇河、大浦河、新沭河、乌龙河最下游，由大（二）型水闸两座（临洪闸、太平庄闸）、中型水闸4座（沭南闸、沭北闸、乌龙河调度闸、自排闸）、小

(一)型涵闸两座(排涝涵洞、调度涵洞)、大(一)型排涝站1座(临洪东站)、大(二)型排涝站1座(临洪西站)、中型排涝站1座(大浦抽水站)、110千伏变电所1座及河道堤防31千米组成,是连云港市大型水利枢纽工程之一。工程分别建于20世纪50年代、70年代及2000年、2004年,担负着蔷薇河流域1365平方千米、大浦河流域130平方千米、乌龙河流域197平方千米的挡潮、蓄淡、排涝、泄洪、调水、排污、拦淤、沟通航运等任务,同时在保证港口建设、东陇海铁路防洪安全及市区工农业生产、生活用水等方面发挥着重要作用。

二、盐东水利枢纽

盐东水利工程始建于1968年,建成于1980年。位于连云港市灌南县境内,是灌河流域末级大型水利枢纽工程,具有防洪排涝、挡潮御卤、供水灌溉、交通航运等综合功能。由武障河闸、北六塘河闸、龙沟河闸、义泽河闸和盐河南套闸组成,总设计排涝流量2480立方米每秒。控制范围西至宿迁市中运河,南至废黄河,北至新沂河,控制面积4160平方千米。流域内主要河流有沂南河、柴米河、北六塘河、南六塘河、老六塘河和盐河。

至2005年底,市、县水利部门先后投入资金近亿元,对盐河南套闸、武障河闸、北六塘河闸进行除险加固,对义泽河闸拆除重建。

第二节 海堤达标建设

1984年6号台风后,国家补助17万元用于修复赣榆县韩口河北岸海堤石墙220米,加固柘汪至石羊河间石墙850米。

1985年春,在九里乡木套段按自然坡用混凝土预制板护坡,板与板之间预留钢筋焊接。坡顶高程4.5米,加1米直墙封顶。

1989年,国家补助47万元修筑海堤块石护坡,其中,木套段250米、梁东沙段130米。是年,赣榆县海堤防护形式改为二级消浪式浆砌块石加毛桩,设计标准为100年一遇潮水位加1.5米风浪爬高(风力11级,风速30米每秒)。

1990年8月22日,12号台风大潮冲毁海头、九里段海堤。是年,国家补助93万元用于修复九里乡白石头段土堤260米、韩口河北岸石墙300米,修复海头镇梁东沙段石墙110米、龙口河石墙250米,修筑九里七段块石护坡345米、加固300米,修筑梁东段块石护坡360米。

图9-10 2003年,赣榆县实施第二期海堤达标工程。图为新建成的海头镇新河段海堤。 侍志 摄

1998年3月,江苏省水利厅批复实施连云港市海堤达标建设1998年度第一期工程,包括赣榆县海堤土方达标16.1千米,海堤防护工程119千米,穿堤建筑物新建改建6座,兴建海堤管理处管理设施;市区宿城乡段海堤土方达标1.5千米;灌南县灌河堤土方达标30.55千米,堤防护坡工程1千米,

图 9-11　赣榆县海堤达标纪念碑　　侍志　摄于 2005 年

穿堤建筑物除险加固6座。是年完成投资4064万元。

1998年4月，省水利厅批复实施连云港市海堤达标建设1998年度第二期工程，主要实施灌云县燕尾海堤（天生港到炮阵地段，堤长1080米）工程，完成工程投资380.5万元。

1998年12月，省水利厅批复实施连云港市海堤达标建设1999年度第一批工程，主要实施灌南县加固灌河堤25.6千米，浆砌块石防护工程2千米，完成投资415万元。批复实施连云港市海堤达标建设1999年度第二批工程，主要实施灌云县海堤达标建设总长7.5千米，其中，3千米混凝土护坡及砌块石挡浪墙，其余4.5千米做挡浪墙，完成工程投资447万元。

1999年1月，省水利厅批复实施武障河闸除险加固工程更换闸门工程，核定武障河闸更换两孔闸门，完成工程投资59万元。是年2月，省水利厅批复实施连云港市海堤达标建设1999年度第三批工程，主要实施赣榆县海堤达标工程，包括新建浆砌块石护坡2.7千米，重建小型林南挡潮闸1座，重建、改建石洋排水涵等小型涵9座，完成投资1560万元。5月，省水利厅批复实施连云港市海堤达标建设1999年度第四批工程，主要实施灌南县灌河堤穿堤涵闸加固工程，完成投资522万元。10月，省水利厅批复实施大板跳闸除险加固工程，完成投资258万元。

2001年4月，省水利厅批复实施连云港市海堤达标工程管理设施项目，完成投资566万元。是年8月，省水利厅批复实施朱稽河闸除险加固工程，完成投资364万元。

2002年1月，省水利厅批复实施连云港市大浦闸拆建工程，完成总投资1279万元。6月，省水利厅批复实施赣榆县2002年度海堤达标护坡工程，工程位于赣榆县海堤中段，紧靠龙河入海口北侧，工程标准采用防御50年一遇高潮位4.6米，加十级风浪爬高，堤顶7.6米，顶宽8米。工程完成投资1703万元。

2003年6月，省水利厅批复实施赣榆县2003年度海堤达标工程，工程设计标准采用50年一遇高潮位4.73米和4.6米，加十级风浪爬高和安全超高。主要实施柘汪镇林子段2.8千米、石桥镇韩口河至海头镇北朱皋段6千米、海头镇新河段1.6千米工程，完成投资5448万元。9月，省水利厅批复实施连云港市烧香河北闸拆建工程，新闸建于老闸上游，按2级水工建筑物设计，完成投资4508万元。

2005年7月，省水利厅批复实施赣榆县2005年度海堤达标工程，工程设计防御标准采用50年一遇高潮位4.73米，加十级风浪爬高，堤顶高程7.5米，顶宽8米。2座涵洞按3级建筑物、50年一遇高潮位设计，百年一遇高潮位校核。工程完成投资1116万元。

第三节　闸站建设

一、大型水闸

蒋庄漫水闸　位于赣榆县沙河镇新沭河上，为38孔通航闸。闸孔净高3.3米，净宽4.7米，闸顶高程13米，闸底高程7.1米。2000年大修，加固闸门，更换18孔止水橡皮，整修限位墩，更换防震木，防碳化处理减震墩，检修油压减震器；上游导流堤平台封顶，浆砌块石护坡勾缝，下游翼墙平台清理勾缝，闸两侧路东剔缝、勾缝；下游导流堤浆砌块石护坡、勾缝、护坦清理，消力池及滚水堰浇混凝土，管理所内混凝土地坪。完成土方2146立方米，使用混凝土664.54立方米、钢筋5.88吨、止水橡皮1944千克、木材5.9立方米。完成投资60万元。

图9-12 太平庄挡潮闸 赵鸣 摄于2002年

太平主闸 位于东海县浦南镇新沭河上，为22孔通航闸。闸孔净高5.2米，净宽5米，闸顶高程3.7米，闸底高程-1.5米。1995年1月21日至5月30日对水毁部分进行加固，包括闸底板下淘空处理、回填混凝土、压力灌浆、消力池及海漫下深坑处理、上下游水平止水处理等。

2002年8月，对4号、11号、12号、13号、20号孔反拱底板裂缝进行补强加固，采用灌浆法对闸底板及闸墩分区进行补强。2003年、2004年分别对8处闸墩裂缝补强，并用槽钢、钢板、钢筋对21座闸墩进行捆绑加固。2005年1～4月再次进行工程加固。

临洪闸 位于新浦区蔷薇河上，为26孔通航闸。闸孔净高6.2米，净宽5米，闸顶高程7.5米，闸底高程-3米。1986年修理闸门，更换闸门轨道。1987年架设钢板围堰缆式吊装系统，更换闸门主滚轮轨道，增做下游检修门槽。1992～1993年，将原来7台“一带四”卷扬式启闭机更换为13台QPS-2×300KN“一带二”卷扬式启闭机，新建启闭机房469平方米。1994～1996年，研制开发临洪闸启闭运用工况遥测系统，获省水利厅水利科技进步奖二等奖。1996年、2000年分两期在临洪闸两侧修建配电控制室，建筑面积378.2平方米，并对闸身工作桥排架、启闭机大梁进行防碳化处理。

二、中型水闸

沭南闸 该闸为单孔通航闸，航孔净高8米、净宽10米，闸总长84米、总宽12.96米，闸顶高程9.9米，闸底高程-1米，使用2台油压式启闭机启闭航孔。交通桥面高程9.9米、净宽6.9米，荷载设计汽-15级。

沭北闸 该闸为单孔通航闸，航孔净高8米、净宽10米，闸总长84米、总宽12.96米，闸顶高程9.9米，闸底高程-1米，使用2台油压式启闭机启闭航孔。交通桥面高程9.9米、净宽6.9米，荷载设计汽-15级。

乌龙河调度闸 位于东海县浦南镇乌龙河上，主要作用为调水、通航。该闸为单孔通航闸，航孔净高8米、净宽10米，闸总长85.6米、总宽12.96米，闸顶高程9.9米，闸底高程-1米，使用油压式启闭机启闭航孔。交通桥面高程9.06米、净宽5.4米，荷载设计汽-13级。

磨山闸 位于东海县南辰乡龙梁河上，主要作用为防洪、灌溉。该闸4孔，闸孔净高3米、净宽3米，闸总长51.4米、总宽15米，闸顶高程44.5米，闸底高程41.5米，使用4台螺杆式启闭机启闭闸孔。交通桥面高程47米、净宽5.3米。

烧香河北闸 位于连云区板桥镇烧香河上，主要作用为挡潮、排涝、蓄水、灌溉。该闸为5

图 9-13 烧香河北闸 侍志 摄于2003年

孔，闸孔净高5米、净宽10米，闸总长160.5米、总宽57.8米，闸顶高程7.5米，闸底高程-2.5米，使用5台卷扬式启闭机启闭闸孔。交通桥面高程7米、净宽7.6米，荷载设计汽-15级。

柘汪河闸 位于赣榆县石王镇柘汪河上，主要作用为挡潮、排涝、灌溉。该闸3孔，闸孔净高4.5米、净宽4米，闸总长60.52米、总宽16米，闸顶高程5.3米，闸底高程-1米，使用3台螺杆式启闭机启闭闸孔。交通桥面高程5.5米、桥宽4.5米，荷载设计汽-6级。

盐河南套闸 位于灌南县张店镇盐河与新沂河交汇处，主要作用为灌溉、通航。该闸闸室宽度12～58米、长260米，闸室顶高程7米、底高程-2米，采用门底输水方式，设计通航能力为500吨标准船队，设计输出流量为30立方米每秒，使用卷扬式启闭机各2台启闭上扉门、下扉门和输水门。交通桥荷载设计汽-10级。

车轴河闸 位于灌云县圩丰镇车轴河上，主要作用为排涝、挡潮。该闸8孔，其中，航孔1孔，闸孔净高4.5米、净宽6米，闸总长92.85米、总宽53.73米，闸顶高程6.5米，闸底高程-2.33米，使用卷扬式启闭机7台、2台，分别启闭闸孔、航孔。交通桥面高程7米，桥宽4米，荷载设计汽-10级。

三、翻水站

临洪东翻水站 是临洪水利枢纽的4座泵站之一，该工程是沂沭泗东调南下新沭河扩大工程的主体工程，最大排水流量360立方米每秒，是国内单站流量最大的排水泵站。主要承担蔷薇河流域即宿迁市、徐州市、连云港市的防洪排涝任务。1984年2月，市政府批准成立连云港市临洪水利工程施工指挥部，具体负责临洪东翻水站建设任务。1998年7月，临洪东翻水站主体工程完工，2000年1月通过水利部淮委、省水利工程建设局竣工验收。工程总投资5120.24万元，其中中央投资2271万元、以工代赈572万元、省级负担1122万元、市级负担1155.24万元。

图 9-14 临洪东泵站 赵鸣 摄于2000年

大浦抽水站 位于市区北郊的新沭河上，是连云港市区防洪排涝的主体工程，1978年立项，1980年停建。2000年“8·30”水灾后获国家计委重新立项和复工审批。工程于2000年11月27日复工兴建，2002年11月18日通过省水利厅组织的完工验收。总投资4919万元，设计流量40立方米每秒，防洪标准为50年一遇设计，100年一遇校核，排涝模数为5年一遇，由泵站、排涝涵洞、调度涵洞、引河、送变电、管理所房屋6个单位工程组成。

石梁河翻水站 位于东海县石梁河镇驻地，为引淮入石梁河补水工程的第三级翻水站。该站安装有36台20SH-19A型卧式双吸离心泵，配置JS-125-6型130千瓦电动机，总装机容量4680千瓦，泵站设计扬程9米，实际扬程20米，流量20.16立方米每秒，配用SJL1800-35/0.4千伏主变压器3台。

图9-15 小塔山水库翻水站 赵鸣 摄于2001年

古城翻水站 位于赣榆县班庄镇古城村南，从石梁河水库提水，主要解决赣榆县西北部丘陵山区班庄镇、欢墩镇、城头镇6600公顷农田的灌溉用水，为黑林镇、厉庄镇、塔山镇高程45米以下的耕地提供抗旱水源，同时向小塔山水库补水，为塔山灌区提供水源。安装有20英寸双吸卧式离心泵19台，20SH-19A型双吸离心泵配JS127-6型185千瓦电动机，总装机容量3515千瓦，设计扬程18米，设计流量12.6立方米每秒。

第五章 农村水利建设

20世纪80～90年代，农村水利建设主要是维修和改造已有工程，改造中低产田。进入21世纪，各种农村水利建设规划相继出台，农村水利事业进入高质快速发展新时期。连云港市各级政府在进行山丘区综合治理、圩区治理的同时，把疏浚县乡河道、整治村庄河塘和解决农民饮水安全问题列为重要工作内容，农业生产条件、农民生活质量、农村生态环境都得到较大改善和提高。

第一节 丘陵山区综合治理

连云港市丘陵山区主要分布在东海县、赣榆县及市郊区34个乡镇，总面积19.18万公顷，其中水面2.3万公顷、耕地面积10.38万公顷。全市丘陵山区水土流失面积近10万公顷，根据1998年夹谷山水土保持试验站的测试资料分析，多年平均侵蚀模数为1352吨/平方千米·年，主要分为轻度、中度和严重三种流失类型，其主要特征为岭低、坡缓、裸岩少；按淮河流域水土流失分级标准，全市轻度流失区面积为7.05万公顷，中度流失和严重流失区面积为2.83万公顷，坡度较大的山地及植被差的岭头土壤侵蚀严重。

1984～1987年，在水利部淮河水利委员会和省水利厅的支持下，连云港市分别在东海县李埝乡高山河小流域、温泉镇朱沟小流域和赣榆县怀仁山小流域进行山丘区小流域综合治理试点。其

图 9-16　20 世纪 90 年代东海县建成的防渗渠道
侍志　摄

中东海县高山河试点区以治理水土流失和干旱缺水为方向，采取修建库塘植被、兴建水平梯田改造坡耕地、实行分类承包责任制等治理措施，整修水平梯田500公顷，修筑地埂38万米，建成小水库4座、塘坝106座、谷坊145座、沟头防护900座、跌水650座、截潜流蓄水坝1座、电灌站1座，开挖环岭截洪沟3条27.5千米，营造水土保持林和经济林109.27公顷。至1990年底，全市山丘区进行小流域治理13条，控制水土流失面积126平方千米。小流域内建成高标准水平梯田4933公顷、水土保持林2400公顷、经济林873公顷，修建跌水、水簸箕、谷坊、滚水坝5466座，开挖撇洪、截洪沟43千米，发展灌溉面积2267公顷，完成土石方716万立方米。通过验收的7条小流域，治理率90%以上，水土流失强度由3～4级降到2级，年土壤侵蚀模数由4353吨/平方千米·年减少到1238吨/平方千米·年，植被覆盖率由11%上升到36%，年平均粮食亩产量从284千克提高到544千克，年人均纯收入从268元提高到576元。

20世纪90年代末至21世纪初，连云港市投入33万元建设东海县桃林桃东种畜场片灌溉工程和赣榆县黑林大树片区水源工程；投入25万元用于东海县平明镇青龙山、石梁河镇磨山和山左口乡西山3条小流域治理；投入48万元用于赣榆县柘汪镇夏家沟、石桥镇芦山、金山镇八条路、厉庄镇汤元岭、欢墩镇朱孟和黑林镇东屏山6条小流域治理；投入2万元用于夹谷山水土保持试验站夹山水土保持监测网络建设；投入629.76万元用于东海县2002年度因旱居民饮水和抗旱水源应急工程建设，在西部丘陵山区12个乡镇打井200眼，其中列入国债补助计划100眼，另100眼由地方自办。是年编制丘陵山区水源工程规划。

2005年，连云港市投入15万元用于东海县南辰镇东山后小流域治理，投入140万元用于桃林镇引水泵站工程，投入8万元用于石梁河镇王埠防渗渠工程建设。开展“河道生态修复试验研究”和“生态修复水土保持效应监测与评价体系的建立”课题研究。

第二节　低洼圩区治理

盐东水利枢纽工程建成后，虽解决了灌南县的灌溉水源问题，但加重了排水不畅的问题，加之新沂河以及灌云县、灌南县主河道的存在，使沂南地区的外河由潮汐河道变成蓄水河道，自排能力基本失去。每逢汛期，上游洪水居高临下，峰高量大，来速去缓，下游潮水顶托，沂南地区变成典型的低洼圩区。

1987～1999年，灌云县、灌南县利用江苏省淮北重点地区中低产田改造经费、重点农业补助经费、粮食专项资金、国家商品粮基地建设资金、第二批黄淮海开发资金，改造了大面积连片低产田。

2005年，按照省、市统一要求，灌云县、灌南县水利局分别编制《灌云县洼地圩区治理工程规划》《灌南县盐西圩区治理工程规划》，对圩区进行综合治理。此次规划灌云县改造圩口闸115座，新建圩口闸231座，改造排涝站62座，新（拆）建排涝站（含灌排结合站）56座，加高加固圩堤201.65千米，土方94.57万立方米，新筑圩堤1046.2千米，土方106.33万立方米，维修封闭闸3座，需投资6471.9万元；灌南县盐西圩区拆建封闭闸51座，加固封闭闸32座，改造泵站27座、1698千瓦，新建泵站44座、4271千瓦，加固圩堤133.2千米，土方208.5万立方米，疏浚圩内大中沟43条、153.5千米、295万立方米，开挖引河3.5千米、土方209.5万立方米，投资1.57亿元。

第三节　小型农田水利工程

1984～1997年，国家对小型农田水利工程投入极少，省、市地方政府也少有资金投入，面广量大的小型农田水利工程建设面临困难。

1998年，连云港市启动实施小型农田水利产权制度改革。1999年制定《连云港市小型水利工程产权制度改革试点办法》。通过各县区试点，2000年，全市完成以泵站、河堤、荒山承包经营管理为主体的体制改革，并探索电站、涵闸等一批其他小型水利工程的拍卖及股份合作制的改制试点。2001年，市政府下发《关于加快小型农田水利工程产权制度改革的意见》，农田投入与收益挂钩。2003年，全市小型农田水利工程产权制度改革基本完成，共完成改制工程3587处，改制工程长度1645千米，回收资金1340万元。

2005年8月，根据省财政厅、省水利厅要求，灌云县财政局、水利局编报中央财政小型农田水利工程设施建设民办公助项目计划。该项目在灌云县陡沟乡马蹄村、龙苴镇杨范村、侍庄乡沈庄村、小伊乡大孙村4个试点区新建电灌站5座5台（套）207千瓦，改建电灌站5座5台（套）248千瓦；配套电灌站混凝土防渗主渠道24.2千米，新开、清淤电灌站引水土渠64.5千米，土方35.4万立方米；配套农桥、涵、闸、斗门、跌水等渠系和田间建筑物1115座。工程总投资673.2万元，其中，中央补助100万元、省级补助100万元、市级补助20万元、县级补助20万元、乡村自筹解决经费433.2万元。

图9-17　1994年冬，大量农村劳动力利用农闲兴修水利。
赵鸣　摄

第四节　村庄河塘整治

村庄河塘处于农村水系的末梢，多年未进行整治。2005年以前，连云港市村庄河塘淤积严重，平均淤深1.5米左右，沟塘内杂草、杂树、芦苇丛生，河道防洪排涝能力极低。汛期，涝水无法及时排出，村庄内普遍积水，灌云县、灌南县情况尤其严重。非汛期，沟塘内垃圾成堆，蚊蝇孳生，污染严重。

2005年连云港市村庄河塘基本情况统计表

表9－1

地区	河塘（条、座）	村河（条）	长度（千米）	淤积较重（条）	淤积长度（千米）	淤积土方（万立方米）	水塘（座）	水面积（公顷）	淤积水塘（座）	淤积土方（万立方米）
全市	11934	9120	7110.4	8670	6860.9	4589	2814	1193	2629	1452
赣榆县	2548	1970	1883.5	1929	1802.8	1219	578	200	565	387
东海县	2742	2361	1821.4	2341	1794.1	1237	381	251	380	249
灌云县	3370	2148	1603.7	2052	1551.1	963	1222	425	1150	468
灌南县	2496	2052	1320.3	1776	1248.0	901	444	262	362	280
新浦区	248	170	157.4	170	158.4	75	78	12	78	13
海州区	354	285	198.4	285	198.4	109	69	36	69	45
连云区	176	134	125.7	117	108.1	85	42	9	25	10

2005年12月，省委第三批共产党员先进性教育活动将村庄河塘整治工程提上议事日程，下决心治理农村环境。省先进性教育办公室、省农村工作领导小组办公室、省水利厅、财政厅联合下发《关于在先进性教育活动中组织农村党员集中疏浚整治村庄河塘的实施意见》。连云港市水利部门于12月31日下发《关于在先进性教育活动中组织农村党员集中疏浚整治村庄河塘的实施意见》，启动村庄河塘整治。

第五节　农村饮水安全

20世纪80年代前，连云港市农村居民自掘水井取用浅层地下水或直接取用周围河流、湖泊、坑塘之水作为饮水、生活用水，不做任何净化处理。

进入90年代，省政府要求各地开展农村改水工作，由卫生部门负责，督促各县区自行改水，同时提供技术服务，上级财政给予适当补贴。

1996年，针对地方病日趋严重的形势，江苏省政府提出淮北高氟和污染严重地区改水攻坚方案。连云港市成立农村改水领导小组，各县区成立相应机构，出台一系列具体办法、实施意见和资金筹集管理规定，此后全市迅速兴建一批乡镇级和村级水厂。

2003年12月，《连云港市农村饮水安全工程近期（2004～2005）实施规划》和赣榆县、东海县农村饮水安全工程可行性研究报告编制完成。规划提出2004年新建和改建水厂13个，供水规模10876立方米每日，工程投资3131.84万元，重点解决赣榆县、东海县9.1万人饮水氟超标问题；2005年新建和改建水厂10个，供水规模9397立方米每日，工程投资2680万元，重点解决赣榆县、东海县7.06万人饮水氟超标和0.86万人饮苦咸水问题。2005年8月，《连云港市“十一五”农村饮水安全工程规划》出台，提出“十一五”期间重点解决高氟水、苦咸水、污染程度严重的饮水不安全问题。“十一五”期间农村饮水安全的目标任务为改建、拆扩建集中式供水工程71座，使63.58万人喝上卫生、洁净的放心水。至2005年底，全市农村饮用安全水人口达246.5万人，农村居民自来水普及率达70%以上。

第六章　水资源管理

连云港市平水年人均水资源426.9立方米，仅为全国平均数的14%，远低于国际公认的人均1760立方米的用水紧张线，市区生活和生产用水唯一可利用水源蔷薇河主要依靠长江客水补充，属严重水源型缺水城市。境内河道经常受到上游下来的废水污染，具有过境水多、污染水多、可利用水少等特点。20世纪90年代开始，全市加强水资源调查、规划和计划用水、节约用水工作，先后制定《连云港市城镇供水管理规定》《连云港市超计划用水加价收费管理办法》和《连云港市水资源管理实施办法》等规范性文件，实施定额用水与计划用水管理制度、水平衡测试制度等。90年代中期开始依法征收水资源费和冲污水费。水行政主管部门在加强水资源日常管理、查处一般污染事故的同时，重点查处蔷薇河、石梁河水库、龙王河等典型水污染事故。

第一节　水资源调查和水资源规划

连云港市属水源型缺水城市。为加强全市水源管理工作，1992年12月，市水利部门开展《连云港市市区供水水源规划》编制工作。1993年，连云港市被淮河水利委员会（简称淮委）和江苏省列为第一批缺水城市供水水源规划工作试点市。1994年9月28日，《连云港市市区供水水源规划》通过淮委和省水利厅验收鉴定。1996年开始编制全市《水资源公报》，按年发布。公报大纲由市水利局确定，具体编制工作由连云港水文局承担。是年，开展全市排污口调查，全市城区（含县城）计99家排污单位，主要纳污河流10条，河道上设排污口36个，年排污水7000万立方米，其中市区4000万立方米、赣榆县800万立方米、东海县750万立方米、灌云县850万立方米、灌南县600万立方米。

1997年5月，市水利局委托省水文地质工程地质勘查院开展调查评价，1999年编制完成《连云港市地下水资源调查分析评价报告》，2000年6月通过专家评审。

1997年7月，市水利局和扬州大学合作开展《连云港市东部城区原水供水工程可行性研究报告》的研究工作。1998年8月，该研究报告通过市科委组织的验收和鉴定。

1998年开始编制《连云港市水质公报》，市水文局按季发布全市20个主要河库断面、10项污染物的监测结果。

2000年3月底，在淮委和省水利厅的统一部署下，连云港市开展水资源保护规划编制工作，市水利局、水文局联合成立工作领导小组和工作小组。规划工作主要任务为规划水功能区，评估河道水域纳污能力，提出排污量控制和削减方案、利用工程措施和非工程措施，统一考虑水量、水质，提出水资源保护对策。2002年3月，市政府批准实施《连云港市水功能区划报告》。

2002年，按照省水利厅的要求，连云港市在全市范围内开展地下水深井普查。普查显示，全市有地下水深井443眼，其中机械提水的潜水井20眼。

2003年，按照省、市规划领导小组的要求，市水利部门完成《连云港市水资源保护规划》的编制和修订，同时编制节约用水和地下水利用专项规划。2004年，完成《连云港市节约用水规划工作大纲》《连云港市地下水开发利用规划工作大纲》；完成《连云港市水资源利用专题研究报告》，初步完成《连云港市地下水专项规划和全市水资源调查评价报告》。

2005年，《连云港市水资源保护规划》通过省水利厅评审验收。是年根据省水利厅统一部署，启动《连云港市城市饮用水水源地安全保障规划》编制工作。

第二节　用水管理

一、计划用水

根据省水利厅要求，1995年5月8日，连云港市水利部门向全市用水企业下发水资源管理统计报表，要求一切取水单位（不含农业灌溉单位）于每年年底向水行政主管部门报送用水计划，并按规定填送报表。是年，在全市工业、生活用水单位实施计划用水月报制度，主要用水单位按月填报《大生活户月用水情况表》或《工业企业月用水情况表》。

1995年10月30日，市政府成立连云港市水资源管理委员会，在市水利局下设水资源管理办公室和节水办公室，负责全市的水资源管理和节水工作，全面开展计划用水和节约用水工作。1996年，市水利局、市经委联合下达当年用水计划，对用水单位实行总量控制。1997年，全市非农业用水计划下达3.2亿立方米。1998年，下达全市计划用水量24.24亿立方米，其中，市区用水企业计划用水量2.44亿立方米。1999年，下达全市计划用水量22.59亿立方米，其中，非农业计划用水量3.03亿立方米、市区用水企业计划用水量2.39亿立方米。2000年，下达全市计划用水量24.8亿立方米，其中非农业计划用水量2.7亿立方米、市区用水企业计划用水量1.96亿立方米。2001～2005年下达全市计划用水量分别为21.6亿立方米、20.8亿立方米、23.28亿立方米、24.15亿立方米、23.25亿立方米。

二、节约用水

1982年12月，市政府批准成立连云港市节约用水办公室（简称市节水办）。1984～1990年，市节水办对城区用水大户进行节水管理。

1991年4月开始，市节水办根据国家、省、市有关文件规定，将月用水量超过500立方米的企事业单位纳入计划用水管理，实行超计划用水加价收费，对实行计划用水的单位每月进行一次计划考核。1992年计划用水考核户356户，市区节约用水1600万立方米；工业用水重复利用率从10%提高至50.5%；万元产值取水量由260立方米降至135立方米。

1992年11月，市城乡建设委员会下发《连云港市城市房屋便器水箱应用监督管理办法》，推广使用性能符合GB6952-1986、GB6953-1986、GB8219-1987、JB/T5346-1998的标准要求的节水型便器水箱和配件。规定新建房屋建筑必须安装符合国家标准的便器水箱和配件，否则不得竣工验收交付使用，供水部门不予供水。

1995年11月，市城乡建设委员会、财政局、物价局联合下发《连云港市城市超计划用水加价收费管理规定》，城市规划区内的用水户（不包括居民用水和行政事业、社会福利等单位的办公用水），包括使用公共设施供水和自建设施供水的单位，建筑施工用水和其他用水，凡超过市节水办核定计划用水指标的，必须交纳超计划用水加价水费。建筑施工用水应在工程开工之前由建设单位持规划部门批准的建设工程规划许可证，到市节水办办理建筑施工用水计划后，方可用水。超计划加价水费由施工单位支付。

1996年，实行每季度进行一次用水计划考核，超计划用水加价水费从税后留利或预算包干经费中支出，不纳入成本。加价水费专门用于改善城市供水、节水技术的推广应用。是年，市水利局、经委、标准计量局下发《关于安装用水计量设施的通知》，要求各取、用水单位必须按照国家规定安装计量设施，实施计量用水。新建取水口在设计中必须明确安装计量设施，否则不予批准取水。是年，全市安装取水计量设施145台。至1997年底，全市安装计量设施420台，非农业用水计量设施安装率100%。

1998年，三得利食品有限公司、新海发电厂等14家企业被列为开展企业水平衡测试工作试点单位。相关企业以节水减排、节资增效为目标，积极筹措资金，开展节水技改和节水设施建设。

1999年12月，市政府办公室下发《连云港市创建节水型城市实施方案的通知》，对创建节水型城市的目标、工作任务和保证措施提出相关要求。2000～2003年，市节水办到用水单位协助符合实施节水技改项目的单位制定技改方案，督促完成改造，企事业单位进行节水技改56项，年节约用水110万立方米。

2003年，市节水办对月用水量500立方米（含500立方米）、年用水量6000立方米（含6000立方米）的用水单位，包括机关、医院、学校、餐饮业、住宿业、商业、工程和非主要工业企业等用水单位实行定额管理。市节水办每季度对纳入计划管理的单位进行考核，对节约用水好的单位进行表彰，对超计划用水的单位征收超计划加价水费，建立节约用水考核指标体系。

2004年4月，市建设局、经贸委联合下发《关于进一步推广使用节水新技术、新工艺、新材料、新设备和新器具的通知》，对推广使用节水型器具提出明确要求。市节水办对市区工业和商贸企业使用节水型器具情况进行调查摸底，制定整改方案，各有关部门、公司、集团在各自系统内积极倡导推广使用节水型器具。

2005年，市节水办重点向市区学校、医院等单位推广一批节水型器具。是年对全市478家用水单位实行用水考核，重新核定78家用水单位用水定额。

1984～2005年部分年份连云港市节约用水情况统计表

表9-2

项目		1984年	1990年	1995年	2000年	2005年
计划户节水量（万立方米/年）	计划户计划取水量	1358	2812	2743	2681	8283
	计划户实际取水量	1063	2302	2259	1502	6807
	节水量	295	573	484	850	1476
万元产值取水量	工业总产值（万元）	110528	207770	300988	925826	—
	工业取水量（万立方米/年）	1762	2778	2526	—	1400
	万元产值取水量（万立方米/元）	159	134	38	22	—
工业用水重复利用率	工业用水量（万立方米/年）	2731	5199	6409	5419	3179
	工业重复利用水量（万立方米/年）	969	2421	3883	3653	—
	工业用水重复利用率（%）	35	47	61	69	—

续表9-2

项　目		1984年	1990年	1995年	2000年	2005年
工业计划用水率	工业计划户实际取水量（万立方米/年）	1064	1835	2049	1519	—
	全市工业计划用水率（%）	60	66	81	87	—

三、水资源费征收

1994年，连云港市开始征收水资源费，地表水非农业用水每立方米0.01元（农业灌溉用水暂不征收），地下水每立方米0.15元。

1997年11月10日，为科学利用、保护和管理地下水资源，控制地面沉降和地质灾害进一步发展，市水利局、物价局、财政局转发省物价局、财政厅《关于调整地下水资源费收费标准的通知》，将地下水资源费标准调整到每立方米0.45元。

2001年6月12日，市物价局、财政局、水利局联合转发《关于调整地表水水资源费的通知》，地表水水资源费征收标准由每立方米0.01元调整到0.03元。

2004年5月，江苏省出台水资源费调价文件后，6月9日市物价局对水资源费进行调整。地表水水资源费征收标准由每立方米0.03元调整到0.13元。2005年1月，市区公用水厂自来水水资源费标准按照省政府规定的要求调整到每立方米0.13元，在全省率先将水资源费全部调价到位。

1994～2005年，全市征收水资源费逐年增长，12年间共征收水资源费2323.46万元。

四、地下水管理

连云港市地下水系统主要由浅层孔隙水、深层承压水和基岩水组成。1998年起，连云港市加强地下水监测，定期编发深层地下水监测报告。2001～2005年，全市浅层孔隙水年均开采量约500万立方米，主要用于农业生产；深层承压水年均开采量约1500万立方米，以工业生产和生活用水为主；基岩水年均开采量约300万立方米，以生活用水为主。存在浅层孔隙水开发利用率低、深层承压水开采过度、水质恶化等问题。连云港市建立自备水审批、取用制度，对超计划取用水单位实行累进加价，在全市范围内加强深层地下水开采总量控制。至2005年底，全市自备水计划用水率100%。建成39眼浅层地下水监测井，每半个月监测一次。

第七章　水行政执法

1985年前，水行政执法工作由水利工程管理单位负责，水事违法案件由地方政府和司法部门处理。1985年，连云港市设立石梁河水库、安峰山水库、小塔山水库、临洪闸4个水利公安派出所，1987年成立盐东水利派出所，由派出所查处水事违法案件并行使部分水行政执法职能。20世纪90年代初建立水行政执法体系，市、县（区）、乡（镇）及水利工程管理单位设立水政机构，配备水行政执法专职人员，依法从事水政执法工作，水利派出所撤销。在水政执法工作中，注重水利法律、法规的宣传、普及，加强规范性文件的制定和实施，强化水行政审批工作，严肃查处水事违法案件。

第一节 法规制定与宣传

1988年7月1日,《中华人民共和国水法》颁布实施。水利部确定每年7月1～7日为水法宣传周。1993年1月,第47届联合国大会决议确定每年3月22日为“世界水日”。1994年起,水利部将水法宣传周时间改为3月22～28日,并更名为中国水周。此后每年中国水周期间,连云港市、县水利部门都集中开展宣传活动,明确宣传主题,运用广播、电视、报刊、互联网、知识竞赛、座谈会等载体,宣传法律法规,提高全体市民节约用水意识。

与此同时,市政府出台《连云港市水利工程管理暂行规定》等规范性文件,推动水利工程建设、管理和水行政执法、水资源保护走上法制化、规范化轨道。

1984～2005年连云港市涉水规范性文件一览表

表9-3

制发年份	文件名称	制发机关
1986	连云港市水利工程管理暂行规定	市政府
1987	连云港市水利工程管理实施办法	市政府
1988	关于禁止在石梁河水库管理范围内挖沙的通告	市政府
1988	关于严禁在新沭河内采沙的通告	市政府
1990	连云港市水利工程水费核订、计收和管理规定	市政府
1992	连云港市筹集防洪保安资金暂行规定	市政府
1992	转发《河道管理范围内建设项目管理的有关规定》的通知	市水利局、市计委
1992	关于明确全市河道采沙由水利部门收费管理的批复	市政府
1993	关于临时提高城市水费标准用于偿还“省利用世行贷款改造大型泵站分摊全市经费”的通知	市物价局、市财政局、市水利局
1994	转发《省政府关于做好〈江苏省水资源管理条例〉贯彻实施工作的通知》	市政府办公室
1994	关于征收水资源费的通知	市物价局、市财政局、市水利局
1995	连云港市水利工程水费核订、计收和管理办法	市政府
1996	连云港市水利工程管理实施办法	市政府
1996	关于转发《江苏省占用农业灌溉水源、灌排工程设施补偿实施细则》的通知	市财政局、市计委、物价局、市水利局
1997	关于转发《江苏省水利系统船舶过闸费征收和使用办法》的通知	市财政局、市物价局、市水利局
1997	连云港市水土保持设施补偿费水土流失防治费征收使用管理办法	市政府
1997	关于转发省物价局、财政厅《关于调整地下水资源费收费标准的通知》的通知	市物价局、市财政局、市水利局
1998	关于印发《连云港市河道堤防工程占用补偿费征收使用管理实施细则》的通知	市物价局、市财政局、市水利局

续表9-3

制发年份	文件名称	制发机关
1998	连云港市水利工程管理办法	市政府
2000	连云港市河道堤防占用补偿费征收使用管理实施细则	市物价局、市财政局、市水利局
2000	市政府关于加强水利工程管理工作的意见	市政府
2000	关于调整水利工程供水价格的通知	市物价局、市水利局
2000	转发水利局《关于进一步加强水利建设工作的意见的通知》	市政府
2000	关于核减水产种植养殖河道堤防占用补偿费收费标准的通知	市政府办公室
2001	转发《关于调整地表水水资源费的通知》	市物价局、市财政局、市水利局
2001	关于印发《连云港市防洪实施细则》的通知	市政府办公室
2003	关于全市水利工程管理体制改革的实施意见	市政府
2004	转发《全省水政监察工作年度考核评比办法》	市政府办公室
2005	连云港市石梁河水库管理暂行办法	市政府
2005	关于修订《连云港市河道管理范围内建设项目管理规定》的通知	市水利局
2005	转发《市水利局2006年度连云港市农村水利工作意见》的通知	市政府办公室

第二节 水行政审批

1991年2月，连云港市水利局转发省水利厅《关于开展取水登记工作的通知》，在全市范围内开展取水登记工作。

1992年，连云港市水利局开展河道管理范围内建设项目和取水口门的审批。先后审批江苏新海发电厂在蔷薇河堤边建围墙、向东机械厂高压线路、墩尚乡和浦南乡建自来水厂取水口门、市自来水公司第三水厂、大浦河上建人民路大桥、锦屏化工厂取水口门改造、青口盐场运卤穿堤工程等10余项建设项目。

1993年，根据《取水许可证制度实施办法》的规定，连云港市开展取水许可发证工作。到12月20日，市水利局完成全市3149本取水许可证的发放，并对重点用水户分7批在市、县报纸上进行公告，在全省率先完成取水口普查登记工作，实现对农业、城市工业、生活用水，地表水、地下水的统一管理。

1994年1月28日，市水利局批复同意市自来水公司第三水厂在蔷薇河下游临洪东站引河东岸取水，日取水量10万立方米。9月8日批复同意新海发电厂六期扩建工程2台30万千瓦机组取水项目，按电力部用水指标下限确定消耗水流量为0.83立方米每秒，年取水量2630万立方米。全市补发取水许可证172本。

1995年7月，市水利局对市区22个取水单位(含自来水公司)进行调查，对各单位申报取水量和实际用水量逐一核实，做到一个口门一本取水许可证、一张供水管路图、一个装表方案、一份报表。

1995～1996年，按照水利部要求，全市开展取水许可证换发工作，共换发许可证3630本，并建立取水许可年审制度，对全市非农业用水的取水口全部建立档案，做到一个取水口一份档案、一本取水许可证、一张取水口布置图、一张排污口平面图、一张计量设施安装及使用情况表。

1997年6月6日，为搞好取水许可管理，严格取水许可预申请申报、审批制度，市水利局、市计划委员会转发《省水利厅、省计经委关于建设项目办理取水许可预申请的通知》。是年，全市审批发放取水许可证120本。

1998年5月开始，在全市范围内开展河道堤防占用普查。全市调查市管、县管河道52条、水库15座。普查发现占用行为2146起、建筑物13.28万平方米、养殖水域136万平方米、种植2826.7万平方米、渔网簖137处、占用河道岸线650米。至10月底，全市对符合发证条件者发放占用证604本，征收占用补偿费71万元。对影响河道行洪、危害河堤安全的予以清除。全面落实全市地下水“四个一”（一本取水许可证、一个深井井牌、一张深井档案卡、一个计量设施）管理措施。是年，全市审批发放取水许可证3本，审批取水量8.4万立方米，其中，地表水取水许可证1本，水量7万立方米；地下水取水许可证2本，水量1.4万立方米。

2000年，市水利部门对江苏田湾核电站、华晶公司、八方加油站、灌南县长茂轧花厂、堆沟河蟹育苗场、江蟹育苗中心的取用地下水等项目进行审批，并审批发放河道工程占用证21本。

2002年，市水利部门办理河道工程占用许可8项、河道采沙许可5项，完成核电站取水许可证的办理和2家企业增加用水量审批及1件农业取水许可的审批工作。全市年审取水许可证3775本，取水许可证批准水量25.75亿立方米。

2004年，市水利部门审批连云港市垃圾焚烧热电厂等3个新建建设项目取水申请，审批河道工程占用项目近40项，发放河道工程占用证17本。

2005年8月，连云港市向县区水行政主管部门完全下放占用农业灌溉水源、灌排工程设施等6个审批项目审批权，水利工程开工等3项审批项目部分下放。是年，市水利局审批各类水行政许可项目40余项，发放河道工程占用证19份。全市市、县两级非农业取水年审率均为100%，农业取水年审率25%以上。

第三节 水事案件查处

20世纪80年代中后期，连云港市每年发生非法设障、圈圩等影响水利工程正常运行的案件40余起。《中华人民共和国水法》及相关行政规章实施后，违章、违法事件得到遏制。1990～1995年，东海县浦南乡太平渔业公司未经水利部门批准，擅自在临洪西站工程管理范围内建设违章建筑物，有船坞、围墙、房屋、码头、油罐、收费站等，其中在临洪西站导流堤顶建有2个容量250吨的大油罐，距离高压电力线和西站变电所主变压器较近，极易引起爆炸，直接威胁水利工程安全和市区防洪保安及周围群众的生命财产安全，属严重违反《中华人民共和国水法》《中华人民共和国河道管理条例》的行为。水利部门自1990年起多次下达停止违法行为通知书，直至1999年7月5日太平渔业公司才拆除2个大油罐，消除了长期存在的重大防洪隐患。

1993年4月，交通部公路一局连云港宋跳立交桥项目经理部未向水利部门提出书面申请，擅自在蔷薇河电力排灌站高干渠4+600米处进行立交桥打桩施工，毁堤填渠35米。市水利局发现后，下达责令停止违章行为通知书和关于宋跳立交桥项目经理部在高干渠违章施工的处理决定，要求施工单位立即停工，恢复工程原貌并处以罚款8000元。该桥建设单位和施工单位按期履行处罚决定。

1998年3月，海州区新坝乡政府和市一级公路管理站在古泊善后河非法挖取河堤7975立方米，修建新中线公路。9月22日，市水政监察支队下达处罚决定书，对新坝乡政府和市一级公路管理站分别给予警告、罚款8000元的处罚，并责令新坝乡政府限期恢复河堤原状。这是实施罚交分离后市水利局查处的第一起水事案件。

2000年3月6日，市水利工程管理处和有关群众举报新沭河下游左右滩面的违章圈圩问题。3月16日，市水政监察支队分别对王某某、孙某某、宋某某3起违法行为当事人罚款2万元、1万元和2000元，并要求限期恢复原状。4月26日，宋某某等人将处罚决定的自行恢复一项履行完毕。违法人王某某、孙某某在收到处罚决定书后既不履行处罚决定又企图推卸责任，市水利局于7月10日组织强行清除，并依法申请人民法院强制执行，当场拘留2人。

2002年，全市制止违章行为171起，责令补办有关批准手续34起，登记保存非法电鱼船1条、电鱼器2台、柴油机4台，拆除渔网、渔簖134处，制止违章占用47处、违章凿井10口、非法取土64起，拆除违章建筑物8730平方米、围墙1160米、蘑菇棚30个，清除违章种植50公顷、树木3.12万株。全市共查处水事违法案件267起，结案260起，结案率97%。

2005年，市水利部门在全市范围内开展“三河一库”（新沂河、新沭河、蔷薇河、石梁河水库）和集中式饮用水源地保护专项执法活动。清除占用河道建筑物及临时违章搭盖400处，面积3257.6平方米，铲除违章种植169处57公顷，清除违章圈圩67处293公顷、围网35处6.3公顷，清理违章占用52处7403平方米、违章堆放309吨622平方米，审批占用项目28项。是年，全市查处水事案件468起，结案率99%。

第八章　防汛抗旱

连云港市位于黄海之滨，在暖温带与北亚热带气候过渡带，地处淮河沂沭泗流域最下游，新沂河、新沭河经域内入海，汛期要承泄上游7.8万平方千米的洪水过境入海，是著名的“洪水走廊”。同时，连云港市又处于江淮水供给的最末端，干旱期间用水十分困难。特殊的地理位置和气候特征，使连云港市易旱易涝，易受台风暴潮袭击。

市委、市政府加强防汛抗旱工作的领导，实行以行政首长负责制为中心的各级责任制。各级行政首长对辖区内防汛抗旱抗台工作负总责。通过层层签订责任状，加强社会监督，确保各项防汛防旱抗台措施落实到位。

第一节　组织指挥

1983年实行市管县体制后，连云港市成立由驻军、铁路和市计委、经委、财政局、水利局、公安局、供电局、邮电局、物资局、供销社、商业局、石油公司、交通局、气象局、农业局、水文水资源勘测处、盐业公司等职能部门组成的防汛抗旱指挥部（简称市防指），分管水利的副市长任指挥。指挥部下设办公室，设在市水利局，下辖水情组、抢险组、工程组、财务组、物资组、运输组、综合组。每年5月1日至10月1日实行24小时防汛值班。同时成立新沂河、新沭河与石梁河水库、蔷薇河防汛联防指挥部，各县区、乡镇亦成立防汛抗旱指挥部。

1985年7月6日，市防指编制《"三河一库"防汛抢险方案》，对汛期新沂河、新沭河、蔷薇河、石梁河水库的护堤（坝）抢险工作作出明确具体的规定。1986年，为确保"三河一库"及市区防汛安全，实行市政府、市防指领导成员防汛责任制。

1987年后，实行市、县区、乡镇三级政府首长分段防汛责任制、防汛人员岗位责任制、市政府有关部门防汛责任制和地方政府河道清障责任制。同时成立连云港市城市防洪指挥部。

1991年，市政府防汛抗旱指挥部更名为连云港市防汛防旱指挥部。为加强县级防汛防旱指挥部办公室正规化、规范化和现代化建设，适应防汛防旱工作的需要，从1996年6月开始，开展县级防汛防旱指挥部办公室工作考评活动。

1998年，市机构编制委员会批准市防指为常设机构。

2003年起，国家防汛防旱总指挥部印发《各级地方人民政府行政首长防汛防旱工作职责》，明确"我国的防汛防旱工作实行各级人民政府行政首长负责制"，是年起，市防指指挥由市长担任。

2004年6月25日，市政府印发《连云港市防洪预案》，明确防洪基本原则和目标，制定洪水调度、防洪抢险、防汛物资储备供应、交通运输和通信联络预案，同时制定城市防洪和防台风工作预案、全市水利工程调度方案。7月，增补市城市管理局为市防指成员单位。水利部门所属的水利工程管理单位、施工单位以及水文部门等建立相应的汛期专业防汛抗灾组织。有防汛任务的大中型企业根据需要成立防汛指挥部。遇有重大突发事件，组织临时分指挥机构，具体负责应急处理工作。

第二节 防 汛

一、防汛原则

在农业用水高峰期间（5～6月），水库适当超蓄，8月下旬以后注重蓄水、保水至兴利水位，主汛期一律不准超蓄；除抗旱期间外，内河水位一律按汛期控制水位控制；根据天气情况，及早调度，预降水位或腾空河道；汛期，小水库严格按照汛限水位，病险小水库在汛期放空度汛；当水库安全无问题时，充分利用水库调蓄功能，照顾下游排洪和排涝；闸坝管理单位汛期确保24小时值班，在未接到有关防指指令情况下，任何人不得擅自启闭闸门。

二、流域性洪水调度

现状工程标准以下的洪水调度 根据淮委制定的大官庄枢纽洪水调度方案，当预报大官庄上游来水组合流量小于3000立方米每秒时，来水量扣减50立方米每秒后的70%经新沭河泄洪闸下泄东调，其余流量经人民胜利堰闸下泄；当预报石梁河水库坝前水位超过汛限水位23.5米时，水库预泄接纳上游来水。遇石梁河水库需控制下泄流量时，控制坝前水位不超过24.5米，并于洪峰过后尽快降至汛限水位；当预报骆马湖水位超过23.5米时，骆马湖提前预泄（汛限水位22.5米）；

嶂山闸泄洪，控制新沂河沭阳站洪峰流量不大于5000立方米每秒。

在此情况下，石梁河水库在市境未降雨时，按省定泄洪方案执行。市境与上游发生同频率洪水时，利用上下游洪峰形成的时间差，实行错峰，在水情允许情况下，发挥水库调蓄功能，腾出时间给蔷薇河、磨山河、范河及市区和农田排涝，以减轻下游灾害。

新沭河在市境未降雨时，关闭磨山河闸、范河闸、临洪闸、大浦闸，开启太平庄闸，确保水库泄洪及时排泄入海；当市境与上游发生同频率洪水时，新沭河承担上游泄洪、本地排涝功能，石梁河水库控制泄洪3500立方米每秒、控制新沭河支流磨山河、范河等利用石梁河水库暂停泄洪时期错峰排洪，并控制新沭河最大行洪流量不超过3500立方米每秒。

蔷薇河的临洪闸在洪水初期控制泄量，照顾市区排涝，利用石梁河水库控制泄量时机，全力排泄。

现状工程标准洪水调度　根据大官庄枢纽洪水调度方案，当预报大官庄枢纽上游来水组合流量为3000～7500立方米每秒时，来水尽量东调。新沭河泄洪闸下泄流量不超过5000立方米每秒；其余流量经人民胜利堰闸下泄。石梁河水库提前预泄接纳上游来水，下泄流量不小于2500立方米每秒。控制坝前水位不超过25米，并于洪峰过后尽快降至汛限水位。骆马湖通过嶂山闸泄洪，控制新沂河沭阳站洪峰流量不大于5500立方米每秒。

市境未降雨时，石梁河水库提前预降，尽量控制下泄量不超过3000立方米每秒，确保新沭河堤防安全。

新沭河在未降雨时，关闭沿河各口门，确保上游洪水及时下泄，并上堤巡查，确保堤坊及穿堤建筑物安全；当本地与上游同时发生同频率洪水时，本地涝水尽量采用强排和调尾解决，在可能的情况下，利用石梁河水库泄洪暂停时机，排泄本地涝水。

为减轻蔷薇河洪水压力，安峰山水库、房山水库发挥调蓄功能，控制下泄量，石安河以西洪水错峰东调，适当控制范埠闸、埝河闸泄量。当蔷薇河堤防出现险情时，在保证水库安全前提下，安峰山、房山水库尽可能拦蓄洪水，实行错峰排洪，险情继续加重时，开启临洪东、西站实行强排。

超标准洪水调度　当预报大官庄枢纽上游来水组合洪峰流量超过7500立方米每秒时，来水尽量东调。新沭河泄洪流量不超过6000立方米每秒；人民胜利堰闸视新沂河、老沭河洪水，下泄流量不超过3000立方米每秒。超额洪水在大官庄枢纽上游地区采取应急措施处理。石梁河水库要提前预泄接纳上游来水，尽量加大下泄流量，必要时按保坝要求泄洪。洪峰过后水库尽快降至汛限水位。骆马湖多蓄洪水，新沂河加大泄洪，沭阳站流量控制在6000立方米每秒以下。

在此情况下，石梁河水库为确保水库大坝安全及照顾下游地区的防洪安全，下泄流量尽量控制在4000立方米每秒以内，水库水位继续上涨、危及大坝安全时，按保坝要求泄洪，紧急情况下采取非常措施，确保主坝安全。

新沭河行洪达到4000立方米每秒时，沿河所有口门一律关闭或封堵，按抢险预案对险工处着重看守、巡视，准备好一切抢险措施。流域内大中型水库尽可能不向蔷薇河泄洪，并相继开启临洪东、西站强排，利用一切方法，保证蔷薇河市区段不破堤。

封闭新沂河沿河各口门，严格实行三级水位控制，按抢险预案、物资预案，实行人员、物资到岗到位，加强防守，做好抢险准备工作。

三、区域性大中型水库调度

小塔山水库　遇20年一遇暴雨时，充分利用水库调蓄功能，采取错峰或控制泄洪，以减轻青口河的洪水压力；遇20年一遇以上暴雨、库水位超过汛限水位30.3米时，主坝溢洪道开始泄洪，库水位达33.5米时，最大泄量400立方米每秒；当库水位达35米时，经省防指同意开启东副坝溢洪闸分洪，控制泄量500立方米每秒，以确保水库大坝安全。

安峰山水库 水库达汛限水位15米后，一般先开副坝涵洞向房山水库泄洪，控制在20立方米每秒以内，若水库水位仍上涨，再开溢洪闸泄洪，并兼顾蔷薇河的防洪安全。随着水库水位上升加大泄洪流量，库水位16米时20立方米每秒；库水位16.5米时25立方米每秒；库水位17米时30立方米每秒，库水位17.5米时150立方米每秒，超过18米时200立方米每秒。遇超标准洪水时，溢洪闸、输水涵洞全部开启，确保水库大坝安全。

贺庄水库 库水位超过汛限水位38米后，在西双湖水库需要补水情况下，首先开启尤塘闸向西双湖水库分洪；在西双湖水库不需要补库时，开泄洪涵洞南泄，使洪水入新沂市阿湖水库。随库水位上升加大泄洪，泄洪流量库水位38米时50立方米每秒，库水位38.5米时100立方米每秒，库水位39米时119立方米每秒，库水位39.5米时124立方米每秒，库水位40米时130立方米每秒，且非常溢洪道开始溢洪保坝。

横沟水库 库水位在27～27.5米时，仅开溢洪闸泄洪，流量从20立方米每秒逐步加大到50立方米每秒；库水位超过27.5米时，再开泄洪涵洞（设计流量106立方米每秒）泄洪，合计流量加大到120立方米每秒；库水位超过28米，非常溢洪道泄洪。泄洪时照顾石安河的安全，尽量错峰泄洪。

昌梨水库 根据水库蓄水需要及龙梁河安全调节需要，昌西闸补水、分洪；当库水位达47.5米以上，龙梁河超警戒水位50米，应开昌西闸分摊原流域面积洪水，入库流量控制在200~300立方米每秒，同时打开溢洪闸泄洪，流量20立方米每秒；随库水位上升加大泄量，库水位接近48米时38立方米每秒，库水位接近48.5米时53立方米每秒，库水位接近49米时70立方米每秒，库水位接近49.5米时88立方米每秒，库水位达50米时108立方米每秒；库水位达50.5米时，溢洪闸全开，至123立方米每秒。水库泄洪时照顾石安河的安全，尽量错峰泄洪。若超过200年一遇设计暴雨时，采取非常保坝措施。

房山水库 库水位超过9.5米时溢洪闸泄洪20立方米每秒；库水位超过10米时50立方米每秒；库水位接近10.5米时，开泄洪涵洞分洪计100立方米每秒；库水位接近11米时，合计泄洪162立方米每秒；库水位接近11.5米时加大到170立方米每秒，并采取非常保坝措施。

西双湖水库 库水位超过汛限水位32米时，先开湖南闸，再开湖东闸，兼顾郑庄、英疃两座小水库的安全。因北库没有泄洪口门，汛期控制水位比南库低1～2米。库水位32米时40立方米每秒；库水位32.5米时80立方米每秒；库水位33米时120.5立方米每秒；库水位33.5米以上127立方米每秒，并采取非常保坝措施。

小水库 库水位超过汛限水位立即进行泄洪。

四、市区防洪

蔷薇河、大浦河流域防洪 当蔷薇河临洪站水位达3米，大浦河水位达2.3米，且水位继续上涨时，市防指通知海州区、新浦区防汛防旱指挥部，对所管范围内的蔷薇河险工堤段、小水库和涵闸派专人看守；病险小水库降低库水位或暂空库运行。市水利工程管理处开闸预降大浦河、玉带河、龙尾河、东盐河水位；市临洪管理处打开临洪闸预降蔷薇河水位。

当蔷薇河临洪站水位达3.5米，大浦河水位达2.5米，且水位继续上涨时，派员巡逻；善后河水位在盐河闸高出市区水位时，立即关闭盐河闸，把高水挡于市区之外；当大浦闸因下游水位高而无法排水时，大浦抽水站开启部分机组强排大浦河水；临洪东、西站做好开机强排的各项准备工

图 9-18　大浦抽水站　　　　　　　侍志　摄于2005年

作；处于低洼易淹地区的工厂、仓库、居民区等，作好架机强排准备。

当蔷薇河临洪站水位达4.5米，大浦河水位达2.8米，且水位继续上涨时，市、区防汛指挥部24小时安排技术人员值班，指挥部领导到岗就位；市防指及时做好每日水雨情报告，每2～3小时作一次水情预报分析；临洪闸利用新沭河错峰排洪及落潮的有利时机，全力开闸自排蔷薇河洪水。当新沭河发生同频率洪水行洪或下游涨潮时，关闭临洪闸，挡住下游高水，必要时开启临洪东站强排；大浦抽水站开启全部机组强排大浦河洪水，并伺机打开大浦闸自排；海州区、新浦区、市临洪水利工程管理处、市市区水利工程管理处组织巡逻队上堤巡逻，备足抢险物资；市临洪东站开机强排蔷薇河洪水，在乌龙河水位低于蔷薇河临洪站水位时，可调部分洪水进入乌龙河，开临洪西站强排；处于低洼易淹地区的工厂、仓库、居民区等，架机强排积水。

当蔷薇河临洪站水位达5.5米，大浦河水位达3.5米，且水位继续上涨时：全面防守蔷薇河堤防，市防指坐镇指挥，物资、交通、供销等部门派联络员到市防指办公，市防指各成员单位专人值班；沿线各有关区、县组织民兵值班待命，市级抢险队整装待发；市防汛指挥部及时做好水情预报，及时向有关部门通报；大浦抽水站开机全力强排大浦河涝水，城区积水严重地区由城建部门架临时泵站，强排市区积水。

当蔷薇河临洪站水位达5.95米，大浦河水位超过3.8米以上时，市防指主要负责同志及有关区、乡镇领导亲临各级防汛指挥部坐镇指挥，公安部门维护好重要地段、交通道口治安、交通秩序，保证抢险车辆、物资运输畅通；各重点堤段除日夜严加防守外，备足抢险物资；巡逻队24小时巡逻，所有抢险队伍全部集中待命，一切服从于防汛。

当蔷薇河临洪站水位超过5.95米，大浦河水位超过4米时，极力减轻蔷薇河洪水和大浦河排涝压力，请省防指协调关闭上游进入蔷薇河的口门，安峰山、房山等大中型水库充分拦蓄洪水，石梁河水库控制下泄流量，保证蔷薇河市区段不破堤；各级抢险队、预备队，立即赶赴各自抢险地段，随时投入抢险。

排淡河流域经济技术开发区和连云区片防洪　当排淡河大板跳闸水位达到2米，且水位继续上涨时，市防指及时做好水雨情预测预报，开发区、连云区防汛防旱指挥部各级领导到岗到位，科学调度本地区排洪，抓住落潮间隙提闸排水。病险小水库降低库水位或暂时空库度汛。

当排淡河大板跳闸水位达3～4米时，连云区、开发区撤离积水严重地区人员到高岗地区，架设临时泵站强排城市积水，重点险工险段和小水库大坝安排人员昼夜巡逻，防汛抢险队伍待命。

当排淡河大板跳闸水位超过4米（超标准洪水）时，市防指领导亲临两区指导抗洪排涝，两区防汛防旱指挥部主要领导坐镇指挥，两区防指成员单位在区防指值班。必要时开启排淡河下游云门寺以下地区8平方千米的洼地。

烧香河流域云台山以南片区防洪　主要为市郊农业区，通过农田沟系分别汇入妇联河、烧香河，经烧香河北闸排水入海。

连云港港区片防洪　以海棠路为界，以东城区直接向海排水，以西城区山水一部分经过山下截洪沟由西墅河排水入海，另一部分水截入北排淡河入排淡河排泄入海。连云港区所辖海堤由连云区负责，加强防守巡逻，抢险队伍集中待命。

五、重大抗洪纪实

1985年7月上、中旬，全市普降大雨至暴雨，局部大暴雨，伴有大风夹带冰雹。7月9日23：00至24：00，赣榆县沙河镇降雨107毫米，汪子头降雨111毫米，东海县石梁河乡降雨107毫米，黄川乡降雨111毫米，雨骤风狂，地面积水瞬间达0.7～1米，局部地区受灾严重。7月15日又突降大暴雨，降雨范围广，持续时间长，石梁河乡达136毫米、青口镇达143毫米，班庄、夹山、城头、门河4个乡镇降冰雹，直径2厘米左右，最大直径有5厘米，并伴有8～10级台风。云台区中云乡15日15：00开始，45分钟内降雨112.5毫米，山洪暴发，冲毁该乡魏安村环山渠道，山洪直扑村庄，冲倒房屋2间，造成危房43间，36户受灾。其间，赣榆县在田作物受淹4000公顷，刮断刮倒林木4万多棵，冲毁桥梁8座、路渠761米，倒断电杆27根、高压线杆3根，倒塌及揭走屋顶1049间。灾情发生后，赣榆县抽调1000多名机关干部和群众一起排涝降渍，云台区委、区政府领导挨家挨户组织抗灾自救，市防指领导成员到灾区察看灾情。

1989年8月2～4日，受13号台风影响，赣榆县沿海海潮水位超过50年一遇，海堤决口8处，被毁16.5千米，冲毁护岸石墙30米，塌堤560米；对虾池毁坏379公顷，流失对虾173.4吨；盐田300公顷受冲，淌化原盐5000吨；损失机电站21座、水闸93座。该县投入44万余元，动员两万余名群众参加抗潮。针对风大浪高的严峻形势，采取涨潮时抛石、落潮时堵口等措施加固险段，共用抢险草包6.5万只、麻袋4000条、编织袋800只、木桩900根、铅丝600千克、块石2500吨。

1997年8月19日5时至20日8时，全市普降大暴雨和特大暴雨，平均降雨量165.8毫米，最大点雨量达276毫米。风力达9～10级，最大风力11级，风速每秒31.5米。8月20日是农历七月十八大潮，赣榆县兴庄河闸、灌云县燕尾港潮位分别达到4.2米和4.1米，超历史最高潮位。由于台风风大、潮位高、雨大，全市工业和农业损失严重，全市137千米海堤遭受不同程度破坏，其中破坏严重的43千米，决口117处11.92千米，冲垮桥涵560余座，直接经济损失达7.7亿元。

2000年8月28～31日，12号强热带风暴使连云港市普降特大暴雨，平均降雨量405.3毫米，降雨量之多、强度之大历史罕见，加上恰逢天文大潮和上游客水压境，发生暴雨、洪水、大潮三碰头局面，形成百年不遇的“8·30”洪水。全市在田农作物受灾面积22万公顷，成灾面积16.8万公顷，绝收面积2.8万公顷；损失粮食2.02万吨，农业直接经济损失12.86亿元。全市因暴雨受淹企业807家（其中市区173家），造成公路中断1019千米，倒断电线杆270根，倒断树木8560株，直接经济损失达26.5亿元。全市住宅进水受淹22.22万户（其中市区2.4万户），损坏房屋2.97万间（其中市区395间），倒塌民房1.7万间（其中市区29间），直接经济损失1.55亿元。受灾人口293.35万人（其中市区8.3万人），被水围困28.07万人，无家可归1208人，被困村庄341个，饮水困难6.98万人，紧急转移3.31万人（其中市区260人），因灾伤病2017人（其中市区36人），因灾死亡2人。全市淹没盐田150平方千米，139万立方米卤水全部损失，淌化盐斤37.1万吨，盐业直接经济损失0.9亿元。全市有1.6万公顷鱼塘被雨水淹漫破塘，损失鱼5.06万吨，直接经济损失达5亿元。灾害发生后，市委办、市政府办联合下发《关于抗御12号台风加强防汛排涝的紧急通知》，召开会商会、动员会，全面布置各项抗台抗洪工作。各级防指层层动员，在全市范围内迅速形成防汛抗台的指挥领导系统。各类水利工程共排泄洪水、涝水39亿立方米。

2005年，全市总降水量为1251.3毫米，比常年多41.6%。其中7、8、9三个月降水量达876.6毫米，相当于常年一年的降水量。9月连阴雨长达16天，特别是受到第9号台风“麦莎”和第15号台风“卡努”的外围影响严重，沂沭泗地区发生强降水过程，骆马湖地区发生特大洪水，新沂河、新沭河等长时间大流量行洪。全市受灾人口151.82万人，成灾人口10.06万人，紧急转移安置人口1.21万人；农作物受灾面积16.26万公顷，成灾面积9.39万公顷，绝收面积2.23万公顷；倒塌房屋3000间，损坏房屋5400间，住宅进水1.55万户；漫溢鱼塘1.02万公顷，损失鱼7900吨。直接经济损失达8.79亿元，其中农业直接经济损失8.14亿元。灾害发生后，市防指紧急落实专业抢险队伍和沿河、沿库群众性抢险队伍1018个19.27万人，落实和储备草包20.28万只、编织袋63.5万只、块石10.97万吨、土工布7.04万米、木材1010.5立方米。市委、市政府组织全社会力量，帮助灾后群众恢复和发展生产，减少经济损失。

第三节　抗　旱

一、抗旱原则和措施

连云港市区的供水水源主要是调引江淮水进入蔷薇河，再以蔷薇河水供给城市。东海县县城用水以西双湖水库供水为主，以房山翻水站和芝麻翻水站翻引江淮水为辅。赣榆县县城用水以小塔山水库供水为主，水库水源不足时，调引蔷薇河水源翻引水入小塔山水库。灌云县县城用水主要依靠盐河供水，当河道水量不足时，商请省水利厅从南偏泓闸等通过新沂河南偏泓送水。灌南县县城用水以地下水为主。对于农业灌溉用水，灌云县和灌南县主要靠拦蓄上游“回归水”灌溉。东海县（除沭新渠灌区用江淮水外）、赣榆县和郊区靠水库、塘坝、河道等工程供水。

全市抗旱的基本原则是在水源调度上实行统一调度，严肃调度纪律，下级服从上级，局部服从全局，上游照顾下游；首先确保居民生活、发电及港口用水；工农业用水统一安排，相互兼顾；农业用水采用以供定需的方针；优先保证用水量少、经济效益高的工业用水；充分利用江淮水源，挖掘用好地方水源。省水利厅供给连云港市的江淮水分配方案为：当洪泽湖水位在12.5米以下时，向连云港市送水50立方米每秒（其中市区15～20立方米每秒）；当洪泽湖水位降至11.3米时，向连云港市送水不少于30～40立方米每秒。

二、重大抗旱纪实

1992年5月23日至7月9日，全市平均降雨仅16.7毫米，为常年同期雨量的9%，比特旱的1978年和1988年分别少127.9毫米和38.2毫米，时值夏熟作物生长、秋熟作物栽种和工农业生产、生活用水高峰，加之淮河断流、洪泽湖降至死库容致来水骤减，至7月9日，全市11座大中型水库全部低于死库容，小水库和绝大部分沟河干涸。蔷薇河7月9日水位降至1.15米以下，大大低于警戒水位。山丘区及沿海居民生活用水困难。面对特大干旱，全市出动上百万群众，投入10万台机械全力抗旱救灾。原预估秋粮、棉减产55万吨、9250吨，实际减产16万吨、2285吨，减少损失2.8亿元，加上工业、林业和渔业等领域，共减少损失30亿元。

1997年5月12日至6月30日，全市48天干旱无雨，出现60年不遇的特大干旱。河库水位陡降，致使取水普遍困难。全市25.3万公顷农田作物受旱，22万人和9万头牲畜饮水困难。全市渔业损失达5000吨，1万公顷果树减产20%，部分工业企业被迫停产。9月1日至11月上旬的60多天里连续干旱无雨，14万公顷秋播作物受旱。全市出动抗旱劳力140万人，投入各种抗旱机泵1.6万台，翻水补库5500万立方米，出动抗旱车辆2300多辆，全市抗旱消耗柴油2286吨、电力2250万千瓦时，投入抗旱经费2160万元。

连云港市志

第十卷　经济综情

1984～2005年，连云港市根据中共中央、国务院确定的改革开放大政方针和总体部署，结合连云港市实际，对经济体制和传统经济管理模式进行一系列富有成效的改革，全市经济在改革开放的推动下快速发展，成为连云港历史上经济发展最快的时期。1984年6月20日，市政府成立连云港市经济体制改革办公室，全市国有流通企业体制改革全面展开。改革以扩大企业自主权为主要内容，以后逐步深化，相继完成对市化工、纺织等八大国有工业公司撤并、改组、整体改制。

1987年开始改革管理体制，1995年开始推行以绩效工资为主要形式的商贸流通企业内部分配制度改革。2002年启动企业整体改制，国营商贸企业开始推行以"国退民进"为主要特征的产权制度改革，对企业进行清产核资、审计评估，在剥离债务和改制成本后，国有资本退出，原企业改建为民营有限公司；职工进行第二次身份置换，买断工龄，由劳动合同制职工转换成社会自然人，自谋职业。至2005年底，国有流通企业的整体改制基本结束。在全市商贸服务行业中，除市百货总公司、纺织品总公司等因为固定资产较少尚未实行整体改制外，其余企业均改制完毕，国有资本全部退出，实行私有民营，个体、私营、外资等多种经济成分参与，改制后多数企业放弃原主营业务，改为资产经营。大市场、大流通的市场化流通体制初步形成。324家市属工业企业通过关闭歇业、建新并旧、引进外资、股权重组、股票上市、整体改制、国有股和集体股退出等形式完成改制，205家企业依法破产。22年间，连云港市经济社会向现代工业社会加快迈进，全市地区生产总值由1984年的23.62亿元增加到2005年的495.64亿元，增长19.98倍，人均地区生产总值由1984年的673元增加到2005年10873元，增长15.16倍。

这一时期，全市经历"七五"至"十五"4个五年计划时期。市委、市政府紧紧抓住入选国家首批沿海开放城市和江苏省实施沿东陇海发展战略的机遇，根据不同时期经济社会的发展水平，组织制定发展规划，提出切合实际的经济发展战略和发展目标，始终坚持以经济建设为中心，把发展作为第一要务，大力实施以港兴市、开放兴市、科教兴市等战略，加快转变经济增长方式，经济发展的协调性明显增强，经济运行质量不断提升，在总量扩张中实现质量的不断改善，在快速增长中实现效益的明显提升。2004年，连云港市跻身全国城市综合实力百强榜第55位。2005年，连云港全面小康社会建设综合实现程度达到75.2%，基本实现由温饱型社会向小康社会的过渡。产业结构发生根本变化，全市一、二、三产业比例由1984年的49.7：29.7：20.6，调整为2005年的20.5：42.3：37.2。2005年，全市全面完成"十五"计划确定的主要发展目标，国民经济和社会发展实现新跨越。

第一章 经济体制改革

连云港市的经济体制改革从农村改革开始，然后转向城市。由一开始的单项改革转向综合配套改革，由生产领域扩展到流通领域，由突破旧体制转向重点建立新体制。通过农村改革、国有工业企业改革和商贸流通体系等一系列改革，逐步实现由高度集中的计划经济向社会主义市场经济转变。改革的不断深入为全市经济社会发展带来前所未有的生机和活力。

第一节　农村综合改革

一、农村土地使用制度改革

土地承包制度　1984年前，连云港市已初步实行家庭联产承包责任制，建立统分结合双层经营的运行体制。土地经营制度的改革，土地经营权的回归，使农民生产积极性空前高涨。1984年，全市实现农业总产值16.6亿元，农民人均纯收入462元。

1984～1987年，全市对承包土地进行调整，调整的生产队占总数的55%，调整的土地面积约占承包土地总面积的8%；调整的土地来源主要是因人口减少退出的土地、劳动力转移转让的土地和预留的机动田。1987年，机动田调整到户0.57万公顷，占全市预留机动田的85%。

1987年秋至1988年上半年，全市有6个乡51个村进行土地承包综合性调整试点。调整的方法有两种，一是实行均田承包，即按原来的承包形式，重新核定承包人口，相对集中分散零星土地，此类调整涉及35个村，占调整总数的68.6%；二是实行"两田制"，即将农户承包地划分为口粮田和责任田两个部分，分别承包，口粮田一经划分则不再调整，此类调整涉及16个村，占调整总数的31.4%。调整后农村人均口粮田350平方米左右。云台区朝阳乡西山村村办企业参加竞争承包，建立企业小农场。

1989年初，全市开始实施以"两田制"为主体的土地调整。至是年9月，全市进行土地调整的村有1356个，占总村数的76%，调整土地面积约占耕地总面积的65%。灌云县412个村全部实行"两田制"。东海县480个村中有441个村实行"两田制"，占91.88%。

1992年，赣榆县少数乡镇用高于承包责任田的承包金发包经济田，1993年东海县也发生发包经济田现象。1997年8月，中共中央办公厅、国务院办公厅发文要求整顿"两田制"。1998年2月10日，市委农村工作部（简称市委农工部）印发《关于进一步稳定农村土地承包关系的意见》，要求各县区严禁以推行"两田制"或"多田制"为名收回农民承包地进行高价发包。至3月21日，东海县、赣榆县所有乡镇，灌云县大部分乡镇均改"两田制""三田制"（口粮田、责任田、经济田）为"一田制"（责任田），全市收回经济田1.01万公顷，减少农民不合理负担近1000万元。1998～2005年，全市承包土地全部实行责任田"一田制"。

土地承包合同　1984年，全市各乡镇均已建立农村经营管理站，负责指导土地承包合同的签订和鉴证、监督合同的履行、承包金收缴管理、合同纠纷的调解和仲裁以及档案管理。1989年9月，全市农村统一土地承包合同文本，土地承包金提取比例为上一年或前三年村人均纯收入的3%～3.5%，最高不超过4%，承包金一般分夏、秋两季收缴，承包金实行村有乡管。

1990年2月，《连云港市农村合作经济组织经济承包合同管理暂行办法》颁发。各乡（镇）成立农村承包合同管理委员会或办公室，村成立合同管理小组并配备专、兼职人员。全市配备合同管理人员1840人。

1991年1月1日起，在全市统一实行农村合作经济承包合同文本制度，同时公布第一批实施农田、果园、农村商业（服务业）、农机具和运输车辆、农村副业、渔业、农村工业承包75种合同文本。3月，市委农工部在连云区举办农村承包合同管理培训班，各县区和各乡镇115名从事农村承包合同管理工作的人员参加培训。是年，全市有85%的乡（镇）、90%的村实行统一合同文本；全市签订农村各业承包合同69万份，其中农田承包合同63.6万份、专业承包合同5.4万份；承包合同鉴证67.2万份，鉴证率97.4%。是年，全市推行干部包服务、农户包任务的农业双向承包，健全承包合同，强化集体服务功能。

1992年，全市农村签订各业承包合同75.9万份，使用市统一文本合同75.6万份，占总数的99.6%。1994年，全市农村签订各类承包合同70.57万份，有91个乡镇成立合同管理委员会或合同管理小组（办公室），配备乡级合同管理人员135人、村级合同管理人员2790人。

1998年1月1日起，全市统一使用《连云港市农田承包合同》文本，农田承包合同签订后必须由乡（镇）经管站鉴证，鉴证合同受法律保护。

2003年3月1日，《中华人民共和国农村土地承包法》正式实施。是年，全市签订专业承包合同4.37万份，合同金额6245万元。

土地二轮承包 1995年底，全市农村绝大部分土地承包期满。是年8月28日，市委、市政府下发《关于稳定和完善农村土地承包制的意见》，指出原土地承包办法基本合理、群众基本满意的，应尽量保持原承包办法不变，在完善承包合同的基础上，直接延长承包期30年不变；耕地承包期未满的要继续执行原承包合同，待承包期满后再进行延期工作。凡是从事集体荒山、荒地、荒水、荒滩等开发性农业生产项目的，承包期一般再延长50年。延长土地承包期后，提倡在承包期内实行“增人不增地、减人不减地”。未实行“增人不增地、减人不减地”的地方，对于确需调整土地的农户，也可经该集体经济组织内部大多数农民同意，适当调整土地，但小调整的间隔最短不得少于5年；严禁强行改变土地权属关系，严禁发包方借调整土地之机多留机动地。原则上不留机动地，确因村镇建设和发展非农产业需要保留机动地的，其面积占耕地总面积的比例一般不得超过5%。所留机动地在未作它用以前由合作经济组织招标承包，上交的承包金作为村提留和乡镇统筹费纳入人均纯收入5%以内。各乡、村不得在调整土地时留有经济田。1996年，市委农工部在东海县石湖乡等地进行延长土地承包期30年不变的试点，调整土地采取公开人口土地核实情况、公开土地归户计算结果、统一张榜公布格式、统一张榜公布内容、统一张榜公布时间。试点后，东海县各乡镇全部实行延长土地承包期30年。至1998年底，除海州区和云台区外，全市土地延长承包期签约工作基本结束。全市保留机动田0.68万公顷，占耕地总面积的2.55%，全部实行招标承包。至2002年底，全市延长土地承包期30年不变工作全部结束。全市83.14万户、312.4万人签订延长土地承包期合同，承包耕地25万公顷。

2005年，全市开展农村土地承包经营权证补发工作。年底，全市承包土地的农户均持有1份农村土地承包经营权证。

承包土地流转 家庭联产承包责任制实行后，一些常年从事非农产业的农民没有时间耕种承包地，而一些有技术、劳动力充足的农户承包地不够种，故一度产生有田无人种和有人无田种现象。1994年，连云港市按照明确所有权、稳定承包权、搞活经营权思路，将承包土地“三权”（所有权、承包权、经营权）分离，在坚持土地集体所有权不改变和土地用途不改变的前提下，试行流转承包土地的经营使用权。是年流转范围较小，1995年后流转面积逐渐增大。至2001年6月，全市农村5.25万户农户参与承包土地流转，占农村承包土地农户的6.2%；流转土地1.33万公顷，占全市农村承包土地面积的5.4%。土地流转主要在农户间自发进行，转让方与受让方大多关系密切，同村居住。流转区域主要是沿海、城郊及二、三产业较为发达和农民外出劳务较多地区，流转形式有转包、转让、出租、互换等，以转包、转让和出租为主。

2002年，专业大户、工商企业、科技推广人员、城镇居民、外资企业开始参与土地流转。至

2003年3月，全市土地流转面积1.58万公顷，占承包耕地面积的6.3%；涉及农户7.49万户，占承包农户的8.9%。

2005年，全市有1070个村开展土地流转工作；参与土地流转农户15.58万户，占农村承包土地农户的17.8%。全市流转土地2.58万公顷，占农村承包土地面积的10%，其中因产业结构调整流转土地1.27万公顷，占流转面积的49.2%；种植、养殖户参与流转土地面积1.11万公顷，占流转面积的43%；城镇居民、工商企业、外商及港澳台商参与流转土地面积0.2万公顷，占流转面积的7.8%。全市通过土地流转发展项目544项，土地流转补偿金额5589万元。

二、农村财务管理制度改革

合同和上缴提留财务管理　1984年，市内98%的生产队建立合同和上缴提留财务管理制度。生产队根据社员承包的地块分户计算包工、包产、包成本的数额，与社员签订合同。合同内容包括粮、棉、油等主要农产品的生产指标，向国家交售的征购、超购任务，向集体上缴的公积金、公益金和管理费数额等。对集体留用的固定资产实行管用合一，明确报酬；对联户承包的固定资产，实行保本保值，利润分成，上缴折旧费。对下放到户的固定资产，有的产权归队所有，保本、保值，交折旧费；有的折价归户，分期还款，收取公积金。分配由原来的多劳多得、按劳取酬改为包产到户在“三包”（包工、包产、包投资）之内由生产队统一分配；包干到户按合同规定在完成上缴（包括向国家交纳税收和交售农副产品，向集体上缴提留）以后，余下的产品和收入全部归农户，生产经营过程中的各项开支也由承包农户自己承担。

财务清理　1984年3月中旬，市委农工部召开全市农村财会工作改革座谈会。3月下旬，在全市范围内开展村、队财务清理。清理内容包括财产物资、债权债务、现金存款、收支账目、包干垫底资金、财产变卖和平分等。4月，开始在村级配备专业会计，一般每村配备2～4人；村成立会计服务组，由村会计任组长。6月底，全市实行专业会计的生产队8721个，占生产队总数的71.8%。经财务清理整顿过的生产队一律实行会计新科目，将原来设置的34个会计科目改为20个，将原来的主体账形式改为记账凭证核算形式，实行新的账簿格式，简化记账程序，改单一的会计核算为会计核算和统计核算相结合。1986年，全市再次开展村、队财务清理，是年11月清理工作基本结束。经清理，全市生产队固定资产总额6162.57万元，村级固定资产总额6496.61万元。共清理债权4966.32万元、债务1259.64万元；清理贪占、挪用、拖欠公款13.9万人，金额1800多万元。对清理出的问题，均按照政策作出相应处理。1989年7月下旬至9月中旬，全市抽调乡村干部1669人，在各县区先行试点的基础上，分期分批开展农村村、组两级财务清理工作，清理内容为固定资产、产品物资、公积金、公益金、管理费、教育附加费、暂收款、暂付款、社员往来及贷款，各种筹款、代办款和罚款，以及各种收支分配等。至12月底，全市90个乡镇1551个村完成财务清理，收回各项欠款539.18万元，查清贪污、挪用金额33.54万元。

村队合账　1986年以后，随着农村改革逐步深化和乡（镇）工业的发展，村级经济逐步壮大，其经济职能不断扩展，成为村队两级的主体经济，生产队财务单独建账核算已无现实意义。为此，市委农工部于1988年初部署生产队财务管理体制改革，推行村队合账。2月开始试点，5月全面推广。村队合账采取统一核算与分队核算两种形式。统一核算是在村队财务清理、积累基数计算到队结审账目的基础上，编制村队合账科目结转和新旧科目余额对照表，以村建账，实行村队合账统一核算。村队合账后，原生产队的账户全部撤销，建立各生产队积累基金到队登记簿。分队核算俗称“合账不合资”，是将生产队账务集中到村会计服务组织，与村一级经济组织的账务合在一起建账，实行统一会计科目记账，分队核算。至1988年底，全市有965个村基本完成村队合账工作，郊区近100个蔬菜专业村情况特殊，仍实行村队分账。1990年，全市村队合账工作基本结束。

农村合作经济组织财务管理和村账乡管　1989年，根据农业部、财政部通知，全市农村开始执行新的村合作经济组织会计制度。1990年5月4日，《连云港市农村合作经济组织财务管理制度》出台。全市农村财务核算停止使用增减记账法，统一实行借贷记账法。是年，全市农村成立各种形式的审计组织，对农村合作经济组织的财务进行审计。1991年上半年，农村合作经济审计工作全面展开。9月，市委农工部下发《关于进一步开展农村集体经济审计工作的意见》，要求各乡、镇成立农村集体经济审计办公室（站、所）。是年，全市农村合作经济组织财务管理按照新财务管理制度，实行"双审制"，即每月村级收支单据先由会计服务组审查，再由民主理财小组复核，月底送交乡经营管理指导站审核、加盖财务会审专用章后，由各村会计入账，然后于下月的5日左右再对账务处理情况进行"二审"。是年6月底，全市有1718个村建立合作经济组织，实行"双审制"财务管理制度。

1992年，灌南县部分乡镇开始实行村账由乡经营管理站统一管理（简称村账乡管、村账站管）。1996年3月28日，市委农工部下发《关于加强农村集体经济组织财务管理工作的意见》，强调农村集体所有资金必须坚持"村有乡管"制度和农村集体经济组织财务活动的审计监督制度。

1998年初，赣榆县、东海县、灌云县开始实行村账乡管。1999年11月，全市60%以上的乡镇实行村账乡管。11月5日，市委农工部下发《关于加快实施村账站管和村会计委派制工作的通知》，要求村财务账目全部由乡镇经营管理站统一管理，会计定期到站记账，各村总账会计和出纳会计均由所在乡镇经营管理站委派。

2000年3月1日，市委农村工作领导小组办公室、市委农工部联合下发《关于实施乡（镇）经管站代记村合作经济组织财务账目的意见》，确定实行乡（镇）经管站代记账，村合作经济组织的财产"三权"（所有权、使用权、审批权）不变。5月，全市有75%的乡镇实行村账乡管。是年底，全市村会计委派工作基本结束，全市委派村会计2900人，其中委派经营管理站人员为村代记总账会计约500人，精简村财会人员2100人。2002年，全市所有村会计均实行委派制。

2004年，市委农工办在东海县、赣榆县的9个乡镇开展农经一站式窗口服务工作试点，在乡镇农经中心服务大厅里为农民提供会计代理、土地流转、农产品营销、集体资产经营和劳务中介等相关服务。2005年4月，省农林厅在东海县召开全省农经一站式窗口服务工作会议，在全省推广连云港市经验。

村级集体资金管理　1984年起，全市乡镇农村合作经济组织先后开展内部融资活动。至1988年8月底，全市由农经服务组织代收、代筹、代管的可融资金1200多万元，融资总额2000多万元。

1992年7月，市委农工部在赣榆县殷庄乡开展农村合作基金会试点。9月23日，全市第一个农村合作基金会——赣榆县殷庄乡农村合作基金会成立。至1994年底，全市农村合作基金会发展到64个，累计投放资金3.72亿元。

1996年1月16日，市委农工部、人民银行连云港分行联合下发《关于加强农村合作基金会管理的意见》。9月2日，市委农工部下发《关于切实开展自查自纠工作 进一步强化农村合作基金会规范管理工作的通知》，要求各县区从10个方面对辖区内农村合作基金会进行整改。至9月底，市委农工部与人民银行连云港分行组成联合检查组，先后对东海县、赣榆县、灌云县的54家基金会进行检查，发现各地农村合作基金会存在资金占用费率偏高、提前退股比例较高等突出问题。至年底，全市有农村合作基金会98家，其中赣榆县29家、东海县24家、灌云县21家、灌南县22家、海州区2家，融入资金余额5.24亿元，投放资金余额4.12亿元。98家农村合作基金会中有77家年度经营盈利，共盈利688.03万元；有21家年度经营亏损，共亏损219.13万元，亏损面21.4%。

1999年6月底，根据省委、省政府清理整顿农村合作基金会工作会议精神，市委、市政府召开全市农村合作基金会清理整顿工作会议，决定全市农村合作基金会从7月1日起停止吸股、停止放款。是年底，全市98家农村合作基金会全部清盘关闭。此后，境内各农村合作基金会采取措施加快清产核资进度，加大清收欠款力度，努力兑付会员股金。2000年5月，全市3.03亿元农村合作基金会股金到期，市政府于是年5月15日、12月25日分别向省政府申请解决清理整顿农村合作基金会再贷款8000万元、1.5亿元。省政府批准两次再贷款额分别为8000万元和1.2亿元，使连云港市农村合作基金会实现平稳过渡。

2003年，全市开始实行村级"三项资金"（财政转移支付资金、农业税返还资金、农业税附加资金）专户管理。2005年，由于农业税全部免征，村级"三项资金"由原来从农业税中提取改为县（区）财政年初安排预算。8月25日，市政府办公室转发市税改办、市委农工办、市财政局《关于加强和改进村级"三项资金"管理的意见》，要求严格预算编制，按照行政村村均年度资金不低于6万元标准列入县（区）级财政预算；继续实行村级"三项资金"县（区）级专户管理制度；控制资金开支范围和发放标准，实现专款专用；畅通资金发放渠道，规范资金支付方式，村干部报酬和分散供养的"五保户"供养费实行"一折（卡）通"方式发放。

至2005年底，全市农村合作基金会累计清收放款总额2.93亿元，放款余额2.1亿元，兑付股金总额4.3亿元，股金余额降为8980万元。

村级债务化解 1984年以后，全市村级债务不断增加。1994年底负债总额2.84亿元，1996年底增加到5.27亿元。2000年底，负债总额8.2亿元，村均负债38.73万元；村级债权5.53亿元，村均债权26.12万元。2001年底，全市村级债务负债总额8.92亿元，村均负债62万元。2001年12月2日，市委办公室、市政府办公室联合下发《关于化解村级债务的意见》，要求各地尽快化解村级旧债。2002年3月29日，市委、市政府召开全市化解村级债务、深化农村税费改革工作电视电话会议。5月初，市委、市政府组织5个督查组，对各县区化解村级债务、深化农村税费改革工作进行督查。2002年，全市村级新增债务2.54亿元，化解4.04亿元，至年底村级债务总额降为7.58亿元，比2001年下降15%。2005年，全市村级债务总额8.08亿元，村均56万元，与2001年相比，债务总额下降9%。至年底，全市累计化解村级债务7.64亿元，其中涉农债务3.28亿元。全市335个村实现涉农零债务，占总村数的22.7%。

财务公开 1994年4月7日，市委农工部下发《关于开展乡（镇）村集体经济组织财务规范化管理检查验收的通知》。1994年8月，开展农村财务检查，1995年3月结束，共检查1746个村，占全市村总数的98.3%。全市农村集体固定资产22.9万件、2.78亿元，查出有账无物7100件、793万元，有物无账640件、55.5万元；查出违纪金额144.3万元，其中贪污209人25.1万元，挪用570人67.6万元；全市回收往来欠款2100万元，占应收款的47%。年底，全市有1240个村达到省农村财务管理规范化标准，占全市村总数的70%。

1997年7月20日，市委农工部、市监察局印发《关于农村财务公开规范化管理的意见》。1998年5月18日，市委下发《关于全面推行村务公开工作的意见》，规定每月1～3日，村财会人员要整理上月的财务收支及往来活动资料，交村务公开小组审核，确认合格、合理、准确无误后加盖村务公开监督小组印章，4～5日统一到乡镇经管站会审，会审通过后加盖会审章，财会人员据此登记入账，拟定公布方案并抄报乡（镇）村务公开监督办公室；凡在审核中被认定为不合理开支的，一律加盖作废印章，不准入账报销；财务收支的公开时间为每月6～10日；债权债务情况、“两工”（义务工和积累工）使用与结算、村提留乡统筹决算等年底一次性公布。至年底，全市有2108个村开展以财务公开为主要内容的村务公开，占全市总村数的99.5%，其中较规范的村1918个，占90.5%。全市有2113个村建立民主理财小组，1667个村成立村民议事会，设立公开意见箱1600多个、监督电话117部。

2002年1月1日起，除税收票据和农民负担专用收据以外，村合作经济组织向农民收取的所有款项必须使用江苏省农村合作经济经营管理站统一监制的江苏省农村合作经济组织内部结算专用凭证，各地自行印制的收款收据一律停止使用。9月初，市政府办公室印发《关于开展农村财务公开检查的通知》，要求各县区组织自查自纠。10月21～30日，市委农工办、市纠风办组织2个检查组，对各县区14个乡镇32个村进行抽查。检查结果显示，全市所有村会计都实行委派和持证上岗，全市96个涉农乡镇有94个实行村账乡管。全市村级财务管理基本达到规范化要求。

2005年9月22日，市委办、市政府办联合下发《关于健全和完善村务公开和民主管理制度的意见》，对农村财务收支公开的内容、程序、时间提出指导性意见。12月26日，农业部办公厅下发《关于确定全国农村集体财务管理规范化示范单位的通知》，赣榆县青口镇下口村被确定为全国120个示范单位之一。是年，全市有5000余人经培训进入民主理财岗位，全市村集体经济组织普遍实行民主理财。

三、农村税费改革

税费征收　1984年，境内农业税仍以征收粮食为主，实际税率由大包干前的5%下降至4%，征收方式由原来的队交队结改为户交户结，全市纳税农户约71万户。乡、村农民各项社会负担总额占是年承包纯收入的12%以上，有的占20%左右，超过省、市委的规定。是年，全市农村合同内的公积金、公益金、管理费提留金为2900.83万元。

1985年起，农业税征收改征收粮食为征收折代金，统一按粮食“倒三七”比例收购价计算，即30%按原统购价，70%按原超购价，直接征收折代金。是年，全市农民社会负担总额7616.27万元，人均32.08元。剔除农业税1501.48万元后，合同内和合同外的负担总额为6114.79万元，占承包纯收入的10.22%，人均25.76元。

1986年，全市农村合同内的公积金、公益金、管理费（简称“两金一费”）提留金2324.04万元，比1985年下降10%，193个村全部免缴“两金一费”，123个村部分免缴“两金一费”。

1987年4月1日起开征耕地占用税，市郊蔬菜地占用每平方米耕地平均税额9元，赣榆县占用每平方米耕地平均税额6元，东海县和灌云县占用每平方米耕地平均税额均为4元。是年，市区和赣榆县、东海县、灌云县农业税附加率统一调整为13%。

1988年开征农林特产税。1989年起，连云港市将桑、药材、果用瓜和海水养殖等产品收入列入农林特产税征收范围，执行全国统一税率的应税产品有：海淡水养殖，税率为收入的10%，其中水珍品15%；水果，税率为收入的10%，其中苹果15%；果用瓜10%；原木，税率为收入的8%。执行省统一税率的应税产品有：桑、药材、原竹、苗木、花卉、茶叶、芦笋、水生植物，税率为收入的5%；干果，税率为收入的10%；鳗鱼苗及珍珠、海参、鲍鱼，税率为收入的15%。

1991年开始向农民征收乡统筹和村提留费，统称为“三提五统”。“三提”指公积金、公益金、管理费；“五统”指计划生育费、民兵训练费、教育费附加、优抚费、乡村道路建设费。全市农民负担总额1.9亿元，人均69.11元，其中，国家税金11.5元、村（社）提留19.54元、乡（镇）统筹13.23元、社会负担24.84元。全市农民人均合同内负担占1990年农民人均纯收入的4.65%。

1995年，全市农民负担总额4.89亿元，人均124.14元，其中国家税金44.12元、村（社）提留29.21元、乡（镇）统筹23.72元、社会负担27.09元。全市农民人均合同内负担占1994年全市农民人均纯收入的3.8%。

1996年，全市农民负担总额6.71亿元，人均190.49元，其中国家税金58.42元、村（社）提留48.34元、乡（镇）统筹33.28元、社会负担50.45元，全市农村劳动力承担的劳动积累工和义务工（简称“两工”）总数为2841.89万个标准工日，劳动力人均22.2个标准工日。全市农民人均合同内负担占1995年全市农民人均纯收入的4.1%。

2000年，全市农民负担总额8.81亿元，农民人均负担252.77元，农民人均上缴村提留乡统筹费占1999年农民人均纯收入的比重为3.9%。

2000年农村税费改革后，农村税费主要项目由农村税收、村提留乡统筹、教育集资、水利工程水费和“两工”变为农业两税及其附加、“一事一议”筹资筹劳和经营性水费，征收方式由村组干部征收变为以财政部门为主征收。2002年，连云港市农民负担监督卡的入卡项目有农业税、农业特产税、“一事一议”筹资、公平负担款、“两工”。税费改革前全市农村税收及合同内外负担总额6.55亿元，改革后全市农民负担总额3.23亿元，减负率50.74%；人均税收及合同内外负担从200.64元减至98.84元，减少101.8元，减负率50.74%。

2003年，全市农民承担农业税及其附加2.8亿元、“一事一议”筹资5344.78万元，与2002年基本持平；劳动力人均承担“两工”11.8个标准工日，总计1709.11万个标准工日，较2002年减少213.24万个标准工日。

2004年，全市农民负担总额1.44亿元，人均68元。2005年，农业税全部免征，全市农民实际负担8814.87万元，人均42元。

全面取消农业税 2000年9月，江苏省分别在苏南、苏中、苏北3个经济发展不同类型的地区，选择4个县进行农村税费改革试点，连云港市灌南县为试点县之一。12月，连云港市农村税费改革工作领导小组成立。

2001年初，农村税费改革在全市展开。全市106个乡镇2114个行政村1.46万个村民小组纳入农村税费改革，涉及84.36万农户352.17万农业人口159.64万个劳动力。农村税费改革的主要内容包括“四取消、两调整、一改革”，即取消乡统筹，取消农村教育集资等专门面向农民的行政事业性收费及政府性基金和集资（农村中小学危房改造所需资金由财政预算安排），取消屠宰税，分三年逐步取消统一规定的劳动积累工和义务工；调整农业税政策，调整农业特产税政策；改革村提留使用办法，村内“一事一议”筹资筹劳，继续实行公平负担政策。

2003年，市内农业特产税全部改征农业税。自是年11月20日起，取消对农用运输车、拖拉机征收的铁路无人看管道口安全监护费，降低船舶户牌工本费收费标准，对四县继续缓征水资源费，对省级农业产业化龙头企业计划内的生产和基地种植养殖用水继续减半征收，仍保留涉农收费71项。

2004年，连云港市开始落实省委、省政府以“一降三补”（降低农业税，发放农民种粮补贴、小麦良种补贴、农机具购置补贴）为主要内容的支农惠农政策，农业税税率由7%降为4%，农业税附加按照降点后征收的农业税的20%征收。

2005年，全市全面停止征收农业税，实施“一免三补”政策，即免征农业税及其附加，对种小麦农民实行种粮补贴，对种小麦和种水稻农民实行良种补贴，对购置农机具的农民实行购置农机具补贴。全年全市发放“三项补贴”7889.6万元，其中种粮补贴5036.6万元、良种补贴2044万元、购置农机具补贴809万元。

减轻农民负担 1991年初，连云港市农民负担清理整顿领导小组成立，各县、区委成立农民负担清理整顿领导小组和办事机构。是年2月10日，市委、市政府下发文件规定：农民上缴的“两金一费”以乡为单位人均提留控制在上一年人均纯收入的5%以内，其中公积金不低于40%、公益金不高于40%、管理费占20%；乡统筹费从公益金中切块划拨的部分不超过公益金的60%。1991年，在全市范围内开展农民负担清理整顿。至1993年6月底，全市清理涉及农民负担文件146份、涉农项目119项，整顿后取消涉农项目28项、暂缓执行37项、修改后执行10项、继续执行44项。

1994年，全市试行减轻农民负担“三项制度”，即建立农民负担监测点、推行农民负担监督卡、统一农民负担收费票据。全市设立50多个农民负担监测点。1996年起全面实施农民负担监督卡制度，农民上缴村提留和乡统筹费及其他各项收费全部凭农民负担监督卡收取。全市核减农民负担3000多万元。

1997年3月，市政府和各县（区）政府分别签订减轻农民负担目标责任状，县、乡、村建立减轻农民负担责任制。是年起开始实行规范农民负担“三项制度”，即农民负担监督卡制度、农民负担预决算制度、农民负担专项审计制度。

1998年1月8日，市委农工部召开全市减轻农民负担业务工作会议。同期，《连云港日报》开辟《农村政策问答》专栏，系统宣传减负政策。市、县、区相继建立信访接待日制度，设立农民负担举报电话。

1999年1月开始全面推行农民负担“三项改革”，即改农民负担为一定三年不变（1998～2000年）；改农民平均负担为公平负担，兑现“收入高的多负担、收入低的少负担”政策；全面推行依法治负，将农民负担管理纳入法制化轨道。10月25日，市委、市政府下发《关于认真落实国办发〔1999〕65号文件进一步做好当前减轻农民负担工作的意见》，要求确保1999年全市以村为单位农民承担提留统筹费总额控制在1998年人均纯收入5%以内。是年，全市确定农民高收入者8.09万人，多负担651.87万元；低收入户2.29万户，少负担324.16万元。

2000年，市、县两级开始建立健全农民负担监测网络，农民负担监测点遍及有代表性的乡、镇和村。3月，市委、市政府决定市委农工部增挂连云港市农民负担监督管理办公室牌子，承担市政府监督农民负担职能部门责任。6月中旬，全面推行涉农收费公示制度，将与农民密切相关的村务和收费项目、标准、依据全部向农民公示。是年，全市停止以资代劳审批，仅此1项减轻农民负担5000多万元，劳动力人均减轻负担40元。

图10-1 2004年，连云港市开始实施“一降三补”惠农政策。图为农民在领取种粮补贴。 侍志 摄

2002年1月，市委农工办、市监察局联合下发《关于认真执行农村税费改革政策规范税费收缴行为的通知》，严禁按人或按田亩平摊农业

特产税、自行车牌照税等农村税收，严禁以资代劳或超限额使用"两工"；严禁强行服务、强行收费，严禁采取非法手段向农民收取欠款。2月，进一步规范涉农价格和收费公示，扩大公示的范围。公示内容由涉农收费扩展到农机作业、机电排灌、牲畜防疫等经营服务性收费。

2003年，全市发放农民负担监督卡86.53万份，入户率99.36%。各乡镇驻地、行政村以及收费点均设立固定公示栏。各县财政均建立"三项资金"（包括农业税正税的10%、省级财政转移支付的15%、农业税附加）管理专户；对烈军属、革命残疾军人、特困户和因农村税费改革政策因素导致负担增加的纯农户和种粮大户等减负对象应缴的税费实行"先征后减"。

2004年，农业税税率由7%调减为4%，农业税附加同比例下降。2005年，市委农工办会同有关部门联合印发连云港市农村税费明白卡、农民负担监督卡和《致全市农民的一封信》农民负担监督卡入户率99.39%。

四、农产品购销制度改革

1985年，连云港市取消粮食、棉花统购，实行合同定购和市场收购双轨制，定购以外的粮食按市场价格自由购销。各粮管所与农民签订粮食定购合同。粮食、棉花购销体制的改革，带动了农村流通体制改革，全市水产、水果、蔬菜、茶叶、畜牧、蛋奶等农产品流通陆续放开。1990年，按国务院决定改合同定购为国家定购。从1994年起，国家定购的粮食全部实行"保量放价"，即保留定购数量，收购价格随行就市。

图 10-2　20世纪80年代的赣榆县牲畜交易市场　侍志　摄

1998年底，按照国务院《关于印发当前推进粮食流通体制改革的意见》，全市农产品购销推行"四分开、一完善"政策，即政企分开、储备与经营分开、中央与地方责任分开、新老财务挂账分开，完善粮食价格形成机制。1999年开始执行国务院"三项政策，一项改革"，即按保护价敞开收购农民余粮、粮食收储企业实行顺价销售、粮食收购资金封闭运行、加快国有粮食购销企业自身改革。在实施过程中，由于连云港市国有粮店粮食挂牌销售价格高于实际市场价格，个体和非国有粮食企业以及农民自产自销的粮食占领销售市场，所以连云港市未能完整实施按保护价敞开收购农民余粮政策，粮食收储企业未能实行顺价销售。

2001年，全市实行粮、棉购销市场化改革，确立市场形成价格机制。

2004年，连云港市全面放开粮食收购和销售市场，实行购销多渠道经营。国有粮食购销企业转变经营机制，依法收购。是年，全市国有粮食企业收购农民余粮4.8亿千克，收购量占上市商品粮的60%以上。2005年，全市国有粮食企业收购农民余粮6.85亿千克，其中小麦4.3亿千克，小麦收购数量创历史新高。

五、乡镇企业改革

1984年，连云港市对乡镇企业进行以"一包三改"为主要内容的体制改革，"一包"即落实和完善经营承包责任制；"三改"即改厂长、经理任命制为民主选举或招聘制，改固定工资为计件、浮动工资制，改固定工录用制为合同工合同制，在领导体制上实行政企分开。1985年后，实行乡办企业、村办企业、组办企业、联户办企业、户办企业共同发展方针，促进乡镇工业发展。1994年后推行股份合作制，新办的乡镇企业按照股份合作制运作，老企业通过建立股份合作制以及承包、租赁、拍卖、委托、民营等多种形式进行改制和转换经营机制。1998年起，非公有制企业参与乡镇企业改制、改组、改造。2004年，全市农村民营企业实现销售收入365.78亿元、利税19.76亿元、利润12.72亿元。2005年，全市有规模以上民营农业企业77家，其中省级17家、市级60家。

第二节 工业企业改革

一、管理体制改革

1983年8月30日，中共连云港市委、市政府将涉及工业的市机械工业局、化学工业局、轻工业局、电子工业局、纺织工业局、医药管理局、建筑工程局、建筑材料工业局8个行政局改为公司，实行政企分开。这8家工业公司除承担行业管理职能外，还根据市计委、经委的计划和安排，负责对所属企业人、财、物、产、供、销统一管理，实行公司、厂两级核算。

1985年2月26日，为适应市管县和计划体制改革的需要，市委、市政府决定将市计划委员会与市经济委员会合并成立连云港市计划经济委员会（简称市计经委），统管全市经济计划和工业经济运行。是年，市委、市政府印发《关于计划体制改革的意见》，明确规定指令性计划和指导性计划的范围和项目。工业方面，工业总产值及由国家、省分配调拨的煤炭、水泥、发电量、基本化工原料、钢材、有色金属、化肥、农药、机电设备、化纤、机制纸等主要原材料和支农工业产品，实行指令性计划；各县区和各主管局、公司的全民企业项目，在省下达的控制规模内安排，实行指导性计划；全社会的职工人数和工资总额、全民单位的职工人数和工资总额下达指导性计划。

1989年1月，市政府发布《连云港市保护企业领导人依法行使职权的若干规定》。是年6月23日，市政府决定政府在各职能部门和工业公司中全面推行目标管理。

1990年1月，市国有资产管理办公室成立，作为市财政局内设机构，负责全市国有资产清查、评估、界定和登记工作。

1991年6月，市计经委再次分设为市计划委员会和市经济委员会，管理职能和管理方式由以计划调控为主转变为市场调节为主。

1993年4月，市委、市政府明确全市工业以市场为导向，以效益为中心，坚持"三改"（改革、改组、改造）并举，盘活存量，扩大增量，逐步实现工业经济良性循环，加快工业经济发展的工作思路。明确要求，连续3年亏损又无力扭亏的企业将令其停产，厂长（经理）就地免职。是年底，计划管理产品被全部取消。

1995年1月，市国有资产管理办公室撤销，成立连云港市国有资产管理局，为市财政局管理的副处级行政机构，负责全市国有资产的综合管理。

1998年2月5日，市委、市政府决定组建连云港恒瑞集团有限公司，实行企业经营与行业管理分家，开始建立全市国有资产监管运营体制。2000年9月，市纺织工业公司改制为江苏奥神集团有限公司。

2001年7月，市计划委员会更名为市发展计划委员会，市经济委员会更名为市经济贸易委员会。市国有资产管理局改称市国有资产管理办公室，作为市国有资产管理委员会的办事机构，与市财政局合署办公。不再保留市物资总会（市物资局）和市贸易局（保留商业协会），其原承担的政府管理职能划入市经济贸易委员会。按照政企分开和国有资产管理体制改革的要求，组建市物资集团，实行授权经营。对市纺织、化工、皮塑、机械、电子、建材等工业公司实行撤并、改组、转体改制，原承担的行业管理职能划归市经济贸易委员会。按母子公司体制组建的市恒瑞集团、振兴集团、资产经营公司、海通集团、奥神集团、化工集团、轻工资产管理公司、机电资产管理公司，实行授权经营。

2002年3月5日，市行政审批制度第二轮改革启动，取消妨碍市场开放和公平竞争以及实际上难以发挥有效作用的行政审批事项。对可以用市场机制代替的行政审批，改为市场机制运作。市投资服务中心、软环境整治建设投诉中心、重点项目和外资企业法治“110”成立，制定行政审批重大项目联审办法和损害投资发展软环境行为责任追究制度。2002～2004年，市物资控股集团、交通投资公司、港口集团挂牌运营。连云港经济技术开发区及4县3区分别组建县（区）资产经营公司。

2005年，市政府加大工业企业管理体制改革力度，制定并实施企业登记注册、外商投资企业、房地产开发、国有基建项目、企业技术改造5个“一条龙”联合审批办法和项目登记备案办法，根据“谁投资、谁决策、谁收益、谁承担风险”的原则，落实企业投资项目自主权，为扩大投资创造宽松环境。是年8月8日，市政府国有资产监督管理委员会（简称市政府国资委）挂牌成立。“国家所有、分级代表、权责统一”的国有资产监管和运营体系基本形成。

二、经营机制改革

扩权让利　1984年6月，市政府印发《关于进一步扩大企业自主权的暂行规定》，制定17条简政放权措施。此后选择市红旗化工厂等部分企业试行厂长负责制。

1986年11月，市政府重申向企业下放干部管理权、机构设置权、工人调配权、产品供销权、资产处置权、资金处理权、工资奖金分配权、自主联合权8项权利。全市工业企业普遍推行以“层层组阁、块块承包、条条考核”为主要内容的厂长负责制以及承包、租赁等多种形式的经营承包制。是年，全市国营工业企业利润留成总额占实现利润的12%。

1987年，全市229家企业实行包括租赁制、股份制和承包经营制等在内的多种形式的“两权”（所有权、经营权）分离改革，427家企业实行厂长（经理）负责制、厂长（经理）任期目标责任制和任期终结审计制。

1988年，连云港市试行税、利分流，将国有大中型企业55%所得税率改为35%所得税率。将国有小型企业八级累进税改为5%～35%的五级超额累进税，改税前还贷为税后还贷和税后承包。

1992年，为贯彻国务院颁发的《全民所有制工业企业转换经营机制条例》，落实国有企业享有的14项经营自主权，连云港市明确提出工业部门对企业转变职能下放职权基本框架，清理废止一批与条例不相适应的文件、规定，取消一批行政审批项目，开展企业自主权落实情况大检查。

承包经营　1987年8月，市政府印发《连云港市属全民所有制工业企业推行承包经营责任制办法》，要求市属全民所有制企业全部实行承包经营责任制，承包期限为1987～1990年。10月8日，市政府颁布《关于深化市属集体工业企业改革的意见》，对实行承包经营责任制的原则、形式、主要内容、办法、实施步骤等提出具体要求。第一轮工业企业承包全面推行。连云港市成立由市计经委、体改办、财政局等部门组成的市承包经营责任制领导小组及办公室，负责企业承包方案的审查、相关政策制定和具体问题的协调处理工作。主管工业公司与所属企业厂长签订经营承包合同。是年底，全市有416家企业实行承包和租赁，承包面逾80%，预算内国营工业企业承包面逾90%。全市预算内工业企业完成产值7.9亿元，销售收入7.97亿元、利润0.48亿元，分别比承包前的1986年增长16%、27.1%和124.8%，流动资金周转速度较1986年上升10.3%。至1988年底，全市国有大中型企业全部实行不同形式的承包经营责任制。

1990年5月、8月，市政府批转市计经委、体改委等部门《关于坚持和完善企业承包经营责任制的意见》《关于坚持和完善城镇集体所有制企业承包责任制的意见》，启动全市工业企业第二轮承包工作。

1992年，连云港市化工系统率先在全民预算内企业实行“利税统算”自费改革试点，为企业增产扩销和增强后劲创造条件。市化肥厂、玻纤玻钢总厂、车辆厂、变压器厂、第二农药厂5家重点骨干企业被列为江苏省投入产出总承包试点企业。1992年后，全市工业企业改革重点逐步转移到产权制度改革。

三、产权制度改革

现代企业制度试点　按照中央关于“有进有退”“从战略上调整国有经济”“使股份制成为公有制的主要实现形式”等一系列国企改革的要求，20世纪90年代初，连云港市开始探索企业产权制度改革，企业公有制实现形态向多种形式发展。1994年，市化肥厂、制药厂、玻纤玻钢总厂等9家企业被列为全省127家首批现代企业制度试点企业。连云港市分2批选择18家国有大中型企业进行现代企业制度试点。

1996年3月，经省政府批准，市化肥厂整体改制为国有独资的江苏德邦化学工业集团有限公司，率先在全市挂牌。此后，市制药厂、玻纤玻钢总厂、东堡车辆集团等8家企业相继改制挂牌运行。

1999年，市政府先后出台《关于进一步加快国有企业改革和发展的意见》《今明两年全市国有企业改革工作方案》《关于进一步加快国有企业改革和发展的若干政策规定》《连云港市公司制公司董事会、经理和监事会工作暂行办法》等一系列政策措施。列入全省改制考核的53家国有大中型企业有32家完成整体改制，2家破产，3家关闭退出，改制面69.8%。

2000年，列入省100家骨干企业的氨纶公司、康缘药业、德邦公司、汤沟酒厂4家企业完成现代企业制度达标论证工作。

图10-3　1996年，连云港市化肥厂整体改制为江苏德邦化学工业集团有限公司。图为生产区一角。　赵鸣　摄

推行以产权制度改革为中心的企业改革　1997年11月29日，市委、市政府出台《市属国有集体企业改制工作意见》《市属国有集体企业改制若干政策规定》，决定成立市企业改制工作委员会，组织开展全市国有集体企业改制工作。12月3日，市委、市政府出台《连云港市市属企业改制实施方案》。年内有36家工业企业改

制为股份有限公司或有限责任公司，有269家乡镇工业企业改制为股份合作制企业。

1999年，全市国有大中型企业改制面87.1%，国有小企业改制面61%，乡镇企业改制面92%。

2000年1月10日，市委、市政府联合下发《关于进一步加快国有企业改革与发展的意见》《1999～2000年全市国有企业改革工作方案》《关于推进国有企业改革和发展的若干政策规定》3个文件。12月25日，市政府成立工业企业改革与发展领导小组及办公室（简称市改发办），出台《关于对国有企业经营管理者奖励的实施意见》《关于推进国有企业改革与发展若干政策的补充意见》等一系列配套政策和文件。12月28日，市改发办向市属工业企业派驻指导服务组，110名干部进驻30家企业，及时协调解决有关问题，督促推进政策实施。是年底，48家国有大中型企业中，有39家实施改制，其中27家企业改为公司制，2家企业被兼并，2家企业破产，4家企业分块改制，4家企业关闭退出。40家小企业实施不同形式的改革，涉及产权制度改革的16家，其中改为职工控股的有限公司2家、建新租旧4家、股份合作制2家、“退二进三”4家、破产淘汰4家。

2001年，全市企业改革进入以产权制度改革为核心的攻坚克难阶段。是年，企业改制面91%，其中国有大中型企业改制面85%，市属国有、集体企业改制面80.6%，61%的中小企业退出国有、集体。资产重组规模24亿元，其中盘活存量资产1.9亿元、吸收社会资本1.3亿元。2002年，市属80个和县区200个重点改制项目基本完成，国有企业改制大部分完成。2003年，年初确定的40个重点工业企业改革项目和20个其他改革项目全部完成。市属国有大中型企业改制面95%，国有小企业改制面97%，95%的中小企业改制退出。三年改革目标基本实现。

2005年，市属18个重点企业改革项目全面完成。至此，以产权制度改革为核心的市属工业企业改制基本结束。

扭亏脱困 1995年7月，市罐头厂、丝织厂、水表厂、锦屏化工厂、造纸厂5家企业成为全市首批特困企业。1996年，市政府制定搞活市属工业企业的9类改革措施，采取“一厂一策”、深化改革的办法，帮助企业加速发展。1997年，股份制、股份合作制、先售后股、公有民营、兼并破产、一厂多制等多种形式的中小企业改制和各项配套改革全面启动，先后有1109家企业实施拍卖、先售后股、租赁等改革。1998年，市政府制定《连云港市国有大中型企业三年改革与脱困实施方案》，国有经济战略性调整和国有企业战略性改组开始全面推进。是年，市属159家企业改革面达85.5%，3624家乡镇企业改革面92%。2000年9月21日，市政府召开工业企业改革工作领导小组扩大会议，要求继续坚持“一厂一策”原则，逐户指导企业制定脱困方案。12月底，全市企业亏损面15.4%，比1999年下降0.9个百分点；亏损企业亏损额1.52亿元，比1999年下降28.9%。列入国家和省考核的27家国有大中型亏损企业有24家脱困，脱困面88.89%，其中列入省重点考核的12家企业全部实现脱困。国有大中型企业三年脱困目标基本实现。

企业兼并 1993年4月，全民企业市化工供销公司以“承担债务式”兼并集体企业市红光化工厂，开创全市企业兼并先河。1995年2月，东辛集团兼并市无线电十厂。1996年，市电化厂、化工厂共同兼并市制锅厂，市水泥厂兼并市农房水泥制品厂。1997年4月，江苏德邦化学工业集团有限公司以承担债务式兼并市红旗化工厂。是年，全市完成优势企业对劣势企业兼并27对。1998年，市天晴制药总厂兼并市葡萄酒厂，江苏恒瑞集团兼并市华铝公司，先后实施江苏康缘药业有限公司与市医疗器械厂、市纺机厂与市友谊服装厂、市食品公司与市肉制品厂等企业间的联合与兼并。2002年6月，连云港立本农药化工有限公司兼并市第二农药厂，实现资本在国有和民营之间的规范有序流动。至2005年底，全市有56对工业企业实施兼并重组。

企业破产 1995年2月，市电瓷厂宣告破产，成为全市第一家政策性破产企业。是年，赣榆县针织厂、东海县桃林酒厂、市第二砖厂、染织厂先后宣告破产。通过重组，盘活5家破产企业3400多万元存量资产，所有职工得到妥善安置，全市企业破产试点取得初步成效。1996年，全市有19家县属以上企业基本完成破产终结工作，其中市属企业8家；盘活存量资产7725万元，安置职工3399人。1998年，市绝缘材料厂、拔丝制钉厂、极美食品总公司实施规范破产。2004年6月，国家大型企业锦屏磷矿进入破产程序。至2005年底，全市工业企业先后有市电线电缆总厂、锦屏化工厂、造纸厂、罐头厂、涤纶厂等82家国有企业进入破产程序，17家国有企业关闭。通过对破产企业的土地使用权、破产财产变现等办法，筹措职工安置费和清偿费1.82亿元；通过转让恒瑞、康缘、德邦等优势企业的国有股权，筹集改革成本7.1亿元。

收购重组 2003年，市属国有、集体企业通过改制重组、破产重组等多种形式，重组资产12亿元，盘活存量资产3.4亿元，安置下岗失业人员6135人。2005年，市有关部门运用市场机制实施企业收购重组，多渠道、多层面推进企业闲置资产优化配置。江苏奥神集团收购重组市床单厂、第二毛纺厂等破产企业，盘活存量资产5330万元，安置950名失业人员重新上岗。连云港鹰游纺织机械有限公司收购重组市毛巾厂、第三毛纺厂等破产企业，实现低成本扩张，盘活存量资产2600万元，安置610名职工重新就业。恒瑞集团收购重组市医疗机械厂、华铝公司等破产企业，盘活存量资产3600万元，安置480名职工重新上岗。江苏康缘药业有限公司收购重组市医药采购供应站，重组资产5000万元，安置366名职工重新上岗。市发酵厂、针织内衣厂吸引外地优势企业进行资产重组，盘活存量资产9217万元，安置1310名职工重新上岗。市纺织厂通过招商引资实现资产重组，盘活资产6000万元，解除市财政为该企业外国政府贷款担保的风险。市机电公司通过招商引资，促成连云港锻压机床有限公司收购重组破产企业市铸造总厂，接收安置全体职工。市机械厂、元件四厂、水泵厂、石化机总厂等企业破产后，由内部职工投资入股，成立民营法人实体，收购破产企业有效资产，走上自救重组、自主创业的新路。锦屏磷矿进入破产程序后，在符合法律规定的前提下，将有效资产租赁给民营企业江苏明达磷化工有限公司经营，705名职工重新上岗。

国有资本退出 1998年，全市有600家乡镇、村办工业企业通过拍卖、租赁、股份合作等形式登记为私营企业，约200家企业解除个体挂靠集体的形式。2001～2003年，全市61家市属企业改制退出国有，其中市机床厂、医疗器械厂、热电厂等42家企业整体改制为职工控股、经营者持大股的有限公司。2002年、采用整体改制、分块改制、出售、经营者持大股等方式，市第二农药厂等33家市属中小企业的国有、集体资本实现规范有序退出。2004年初，市政府召开10万人全民创业大会，下发《关于加快发展民营经济推进全民创业的若干意见》等一系列文件，成立民营企业局、民营经济服务中心、民营经济投诉中心等服务机构，国有资本加快退出步伐。是年，江苏恒瑞医药股份有限公司1.43亿股国有股、江苏康缘药业股份有限公司2538.2万股国有股转让给民营企业。连云港中金医药包装有限公司95%国有股权、连云港连众集团79.1%国有股权和4.8%集体股权相继转让给其他企业和经营层个人。市立本农药化工有限公司、海水化工有限公司、耐火材料厂等中小企业通过多种形式完成国有和集体股减持。江苏德邦化工集团有限公司将95%国有股权转让给外商、台商和企业经营层，成为外资控股企业，引进外资和台资1080万美元。连云港泰乐化工有限公司引进外资，实现国有资本全部退出。连云港中金包装有限公司、江苏华威电子有限公司等企业引进外资，形成外资控股、国有和民营资本参股的股权结构。至2005年底，全市有民营工业企业1.19万家，其中规模以上民营工业企业368家。是年民营经济实现增加值222.86亿元，占全市地区生产总值的44.96%。民营经济对全市经济增长的贡献率超过60%，拉动全市经济增长超过8个百分点。

1994～2005 年连云港市市属破产企业情况统计表

表 10-1

序　号	企业名称	职工人数（人）			资产总额（万元）	负债总额（万元）	破产年份	资产变现（万元）
		合　计	在　职	离退休				
1	电瓷厂	300	197	103	261	937	1994	261
2	海滨化工厂	677	559	118	1214	5128	1996	1214
3	针织一厂	258	220	38	567	2265	1996	567
4	无线电厂	165	114	51	382	1351	1996	382
5	皮鞋厂	405	291	114	312	1488	1996	312
6	副食品采购供应站	33	33	—	77	158	1996	77
7	保健食品厂	135	106	29	225	335	1996	225
8	中连新型材料厂	148	115	33	291	985	1996	291
9	光学仪器厂	278	224	54	314	599	1996	314
10	绝缘材料厂	499	272	227	331	1511	1998	331
11	纸浆厂	627	626	1	2108	16225	1998	2108
12	拔丝制钉厂	232	170	62	99	1350	1998	99
13	纺织厂	3151	2414	737	6526	18781	1999	6933
14	水产供销总公司	435	273	162	365	3352	1999	365
15	连锻公司	561	390	171	886	3034	2000	886
16	陇东火柴厂	931	575	356	353	1686	2000	353
17	包装一厂	428	327	101	191	459	2000	191
18	玻璃制品厂	258	160	98	211	451	2000	147
19	曙光化工厂	598	473	125	66	2393	2001	66
20	毛巾厂	1282	910	372	5650	7037	2001	1[illegible]22
21	丝织总厂	571	491	80	4979	7075	2001	[illegible]34
22	麻纺织厂	1338	680	658	5005	9144	2001	647
23	国际信托投资公司	—	—	—	14534	76771	2001	6399
24	极美生化食品公司	1295	1065	230	1975	4722	2001	1975
25	华东铝塑公司	553	460	93	8491	10299	2001	2756
26	医疗机械厂	345	222	123	208	1463	2001	133
27	合营铸件厂	131	99	32	545	1187	2001	4[illegible]0
28	卷尺厂	282	170	112	417	929	2002	1[illegible]5
29	元升实业公司	1142	792	350	1552	11075	2002	909
30	塑料三厂	379	217	162	1741	1873	2002	319
31	新海玻璃厂	585	384	201	2066	2307	2002	244
32	无线电元件三厂	89	56	33	87	159	2002	12
33	第三毛纺织厂	408	315	93	2768	3861	2002	333
34	铸造总厂	359	222	137	1364	1606	2002	324

续表10-1

序　号	企业名称	职工人数（人）			资产总额（万元）	负债总额（万元）	破产年份	资产变现（万元）
		合　计	在　职	离退休				
35	无线电元件四厂	559	368	191	2256	6667	2002	429
36	起重机械厂	233	156	77	518	836	2002	130
37	水泥厂	445	302	143	1226	1898	2002	392
38	罐头食品厂	1245	934	311	1500	13654	2002	1042
39	制革厂	376	273	103	1928	12465	2002	566
40	精密仪器厂	258	169	89	1117	1983	2002	196
41	石化机总厂	690	553	137	2666	5300	2002	1758
42	崇理食品工业公司	52	52	—	468	2788	2002	99
43	地毯厂	233	148	85	712	1348	2002	23
44	润立乐佳食品公司	29	27	2	226	437	2002	48
45	造纸厂	1382	998	384	8021	14554	2002	2117
46	皮鞋二厂	142	54	88	192	271	2002	95
47	床单厂	252	149	103	1007	1468	2002	305
48	华泰塑料公司	1078	701	377	2336	6466	2002	325
49	塑料四厂	532	369	163	1066	3722	2002	127
50	电磁线分厂	70	70	—	263	1817	2002	7
51	电线电缆总厂	809	514	295	2038	4682	2002	322
52	酿酒厂	321	246	75	1378	2589	2002	165
53	砂轮厂	227	119	108	861	1510	2002	144
54	锦屏化工厂	1801	1179	622	2091	17782	2002	720
55	日用品化工厂	182	128	54	812	1366	2002	27
56	连成化纤公司	260	260	—	9121	18690	2002	678
57	硫酸厂	462	314	148	3052	3545	2003	278
58	万方橡胶厂	417	251	166	148	1249	2003	92
59	贝雕总厂	97	76	21	253	335	2003	107
60	光明碳素厂	393	222	171	265	300	2003	164
61	热熔粘合剂厂	219	113	106	549	1221	2003	98
62	威美画框条厂	88	81	7	365	740	2003	—
63	建筑材料厂	67	44	23	91	121	2003	2
64	工艺制品厂	124	91	33	1499	2750	2003	223
65	盐化厂	184	98	86	588	1073	2003	84
66	雕塑工艺厂	129	102	27	553	750	2003	135
67	华宇标准件厂	252	166	86	491	1261	2003	123
68	电器厂	154	73	81	370	406	2003	132

续表 10-1

序号	企业名称	职工人数（人）			资产总额（万元）	负债总额（万元）	破产年份	资产变现（万元）
		合计	在职	离退休				
69	复合包装厂	89	77	12	1516	2034	2003	218
70	服装二厂	566	476	90	822	1627	2003	197
71	水泵厂	344	234	110	906	1030	2003	400
72	连云服装厂	199	112	87	678	771	2003	93
73	发酵厂	635	454	181	2997	4093	2003	268
74	第二毛纺织厂	436	244	192	1212	2441	2003	259
75	晶体管厂	173	114	59	981	1645	2003	119
76	针织内衣厂	809	581	228	6304	12698	2003	480
77	塑料制品二厂	423	205	218	1886	2945	2003	195
78	特种灯泡厂	153	111	42	798	4290	2003	68
79	机械厂	885	526	359	5604	7201	2003	469
80	金属包装厂	187	108	79	305	1054	2003	203
81	连合兴灯饰公司	74人调出	—	—	492	936	2003	2
82	连毅实业公司	320	264	56	697	3415	2003	141
83	新海印刷厂	439	266	173	362	1954	2003	608
84	连发包装公司	187	140	47	626	1513	2003	63
85	华森桐木厂	108	68	40	56	84	2003	46
86	云玉化工公司	160	98	62	181	740	2003	138
87	鑫森机械制造公司	277	122	155	438	452	2003	288
88	瑞康物资公司	51	37	14	20	76	2003	13
89	色织一厂	967	584	383	4099	8724	2003	792
90	晶宇电子公司	711	508	203	5388	6597	2003	704
91	电子器材公司	187	129	58	1646	1756	2004	67
92	连云印刷厂	57	26	31	15	51	2004	28
93	锦屏磷矿	5161	2551	2610	21880	25046	2004	5182
94	轻工业发展公司	26	23	3	154	444	2004	6
95	堂福电子公司	265	197	68	599	1209	2004	146
96	锦屏磷矿劳动服务公司	1166	386	780	608	1023	2004	330
97	梦乡软体家具公司	51	49	2	135	197	2004	0
98	轻工业供销公司	49	29	20	1164	1458	2004	38
99	机械供销总公司	47	35	12	284	459	2004	67
100	涤纶厂	972	832	140	11592	16401	2004	4165
101	欣达利胶粘剂公司	87	70	17	93	309	2005	10

续表 10-1

序　号	企业名称	职工人数（人）			资产总额（万元）	负债总额（万元）	破产年份	资产变现（万元）
		合　计	在　职	离退休				
102	锦化实业公司	116	40	76	25	32	2005	20
103	多菱实业公司	—	—	—	73	102	2005	70
104	红旗工贸联营柠檬酸厂	—	—	—	931	2886	2005	800
105	红旗化工厂	730	286	444	1798	3374	2005	1000

第三节　商贸流通体制改革

一、商业体制改革

购销体制改革　1984年7月，原分属江苏省百货公司、五交化公司、糖烟酒公司管理的连云港百货站、五交化公司、糖烟酒公司改由连云港市管理；原由市商业局管理的15家独立核算集体所有制商业企业、109个商业网点改由所在地区政府管理。是年底，市区小商品价格全部放开，国家管理的计划商品从135种减少到26种。

20世纪80年代末至90年代初，商品计划管理逐步取消。在商品的收购、调拨环节，不再安排计划；在商品的销售环节，逐步取消票证，放开市场，敞开供应。至1992年，全市日用消费品与副食品经营进入市场化运作的商品经营新阶段。

1996年，市商业局更名为连云港市贸易局，东海县、赣榆县、灌云县、灌南县商业行政主管部门退出政府序列，分别成立商业总公司。2001年7月，市贸易局撤销，其政府管理职能划归市经济贸易委员会。

2002年12月，撤销市商业协会，成立连云港市商业资产管理公司，主要职能是推进商业企业改制，运营商业国有资产；市内商品流通管理职能改由市贸易发展办公室承担。至2005年，境内商业管理体制未有新的变化。

经营机制改革　1984年，全市经济工作会议召开后，市商业局制定下发《关于商业体制改革试行意见》，提出改革批发体制、完善经营责任制等多项措施，规定企业享有经营权、劳动用工权、物价管理权、财务处理权、人事机构调整权；在大中型企业实行多种形式的经营责任制，在商办企业实行计件工资制，对年利润10万元以下的小企业推行职工承包经营。

1987年，全市商业系统有78家小企业实行租赁经营，26家骨干小企业实行承包经营，合计占全部小型企业的94%；大中型商业企业第一轮承包经营责任制全面推开，市商业局所属15家企业中有13家实行承包经营责任制。

1990年，第一轮实行承包经营的市属14家企业完成销售近24亿元，实现利润7245万元，比承包前的1986年分别增长57.4%和58.7%。1991年，连云港市开始在商业零售企业推行经营、价格、用工、分配“四放开”，划小核算单位，推行柜组承包经营。1992年1月，市商业局制定下发用人、用工、分配三项制度改革总体方案。8月，赣榆县百货大楼实行国有民营改革，将经营场地、柜台货架租赁给职工使用，将库存商品作为铺底金转让给职工，由职工自筹资金、自主经营、自负盈亏，包交租金、税金、铺底金，形成固定资产国有、流动资金私有的复合式所有制结构，激发承包职工的经营积极性，是年实现扭亏为盈。

1993年，连云港市贸易中心分割成立连云港市百货站（保留市贸易中心牌子）、连云港市百货总公司，连云港市五交化公司分割成立连云港市五交化总公司、连云港市交电总公司，连云港市食品公司分割成立连云港市食品公司、连云港市肉制品厂，连云港市食品总厂和连云港市酿化厂合并成立连云港市极美生化食品总公司。是年，市商业局在海滨商店、连百商店、工农兵商店等12家零售企业推广赣榆县百货大楼实行国有民营改革经验。至1994年底，市商业系统实行国有民营改革的零售门店和服务网点占所有网点的52%。

1995年，全市商业系统开始推行以绩效工资为主要形式的内部分配制度改革；推行全员劳动合同制，废除职工的所有制身份，在企业内部实行经营者与职工双向选择、竞争上岗，优化劳动组合；上岗职工与单位签订上岗合同，下岗职工由企业组织再就业培训、在再就业前只享受最低生活费待遇，鼓励下岗职工自谋职业。1996年，作为江苏省首批改制试点单位的市百货大楼改制为国有控股的有限责任公司。1998年，市内首批改制试点单位连云港市饮食服务公司改制为国有参股有限责任公司。

2000年，市属大中型商业企业普遍实行职工个人或集体买断经营及风险抵押承包经营。市饮食服务公司所属的通云旅社试行股份合作制，市五交化公司在金三角商场试行内部合股经营，市百货大楼所属的珠宝分公司和市食品公司所属的3个肉联厂分别改制为由职工持股的股份制企业。

2002年，国营商贸企业推行以“国退民进”为主要特征的产权制度改革，国有资本退出，原企业改建为民营有限公司；职工买断工龄，由劳动合同制职工转换成社会自然人，自谋职业。

2003年，华联商厦、市五交化总公司、百货站、糖烟酒公司、副食品公司、外轮供应公司、商业进出口物资接运公司、商业幼儿园等9家企业完成整体改制。饮食服务有限公司、百货大楼有限公司国有股退出，改制为民营性质的有限公司。

2004年，南京中央商场股份有限公司斥资7400万元收购连云港市百货大楼有限公司80.2%的股权，成立连云港中央百货有限责任公司。原市肉联厂内部成立的民营企业苏海肉食品有限公司经增资扩股后买断市肉联厂部分资产，承担部分债务，接受全部职工，改制成为民营性质的有限公司。市商业发展公司和香港雅禾投资集团合资成立连云港雅发实业有限公司。2005年，该公司国有股全部退出，改制为港商独资企业。

二、粮油体制改革

购销体制改革 1984年是实行粮食征购、调拨差额包干的最后一年。是年7月起，各行业用粮改为议价供应，取消奖售粮、粮油补助，仍保留市、县召开的党代会、人代会、政协会、先进代表会的补助粮，保留招待所和医院病员就餐凭票供粮的食油补助，保留10个少数民族开斋节的面粉和食油补助，保留高校学生军训的粮油补助。

1986年1月，市区范围内城镇定量人口和按统销价供应粮油的农业人口，实行凭购粮券和购油券购买粮油的新办法，取消划片定点供应。9月，市粮食局规定，合同定购外的议购议销粮油和农副产品的价格，由经营者按综合差率10%自行确定议销价格。

1988年，根据省政府决定，连云港市实行购、销、调粮钱挂购包干。是年2月，市粮食局、物价局下发《关于调整部分粮油收购价格的通知》，规定小麦合同定购价由原来的“倒四六”（即40%按统购价、60%按超购价）比例计价改为“倒三七”（即30%按统购价、70%按超购价）比例计价，粳稻合同定购价由“倒二八”（即20%按统购价、80%按超购价）比例计价改为“倒三七”比例计价，玉米、油菜籽的合同定购价仍按“倒三七”“倒四六”执行。是年5月，市政府下发通知，要求在夏秋粮油收购期间，以县为单位完成国家定购和“议转平”任务后，方可开放市场实行多渠道经营。8月，对驻军的粮油豆供应开始按市内统销价执行。是年秋季开始严格控制粮油外流，稻谷、大米均由市粮食部门统一收购，不准外省、市、县任何单位和个人在市境内设点收购；在市内各交通道口设卡检查，凡外运出省的合同定购粮油品种，均须经江苏省粮食局批准并加盖出省准运章，否则交通部门不承运、工商部门不放行，一经发现即予查扣，由当地粮食部门按比例价强行收购。

图 10-4　1993 年全市粮食市场全面放开后，市内个体粮行剧增。　　赵鸣　摄

1990年，根据国务院决定，自秋粮收购起，改合同定购为国家定购。是年12月，连云港市在全省率先完成三年国家粮食定购任务。1992年，全市城镇粮食统销价格提高50%，粮食定购价格提高20%。

1993年4月1日，全市粮食市场全面放开，放开购销价格，取消粮食定购任务，改为合同定购；油料退出定购计划。取消粮票、食油票券，取消所有行业用粮的计划供应，取消对农村缺粮人口的口粮计划供应，但保留定量人口的粮油供应关系和人口迁移及“农转非”粮食供应关系，军供粮油仍按国家原有规定执行。是年，全市个体粮商粮行剧增，自下半年起粮价不断上涨，粮油市场一度混乱、失控。1994年，市物价局、粮食局、工商局联合下发《关于平抑大米价格稳定市场的通知》，在市区对大米实行挂牌经营，对城镇居民实行凭证、定点、限量供应。

1995年1月1日起，全市施行粮食风险基金征收制度。8月，市区城镇定量人口换发使用新的城镇居民粮油供应证，内配粮油备用券，在市区内通用。

1998年，为防止粮食收储企业逆向操作、低价销售，市、县（区）粮食局分别制定粮食销售审批把关制度，要求加大企业压库促销力度、加快陈化粮的销售处理。7月，东海县粮食批发市场成立。10月，东海黄川粮食批发市场成立。

2001年，全市粮食价格和经营全面放开，粮油议价经营具有的国家计划指导下市场调节功能消失。5月，城镇居民粮食供应转移证明取消，城镇居民户口迁移、出生、死亡等不再办理城镇居民粮食供应证及定量人口变更事宜。10月，粮食定购任务取消。2004年，全市首批470户粮食收购经营者获粮食收购资格证书。

2005年，市粮食局决定对全市军供粮油实行市级筹措，统一采购、加工、包装、配送、结算。是年，市粮食系统采取国家粮仓与粮管所联手、粮源多的粮管所与粮源少的粮管所联手、与省内外粮商联手委托代购当地粮食、与种粮大户签单直接上门收购等措施，共收购粮食6.85亿千克，其中小麦4.3亿千克，达到历史最高水平。

国有粮食企业改革　1984年，全市粮食仓储企业推行经济责任制，城区粮店实行独立核算、一业为主、多种经营；农村粮管所试行“民代国储”（农民代国家储存粮食），是年，全市农户合同存粮700万千克。

1985年，粮油加工企业实行利改税，开始由单一生产型向生产经营型转变。市属粮食企业从意大利、德国、法国引进面粉专用粉加工、饲料加工、面包加工3条生产线。市新海粮油厂新上烤麸面筋生产线，填补市内食品项目的空白。1987年，市粮食局下发简政放权16条规定，扩大企业经营自主权。全系统27家粮油加工厂全部实行以利税考核为主要内容的厂长负责制。1988年，全市粮食系统有105家企业实行经营承包责任制，占全部粮食企业的77.21%，其中市属企业和灌云县、连云区的粮食国有企业全部实行经营承包责任制。

1992年，连云港市粮油议购议销公司更名为连云港市粮油贸易公司。市区新增独立核算、自负盈亏的粮油经营企业30家。1993年，市区17家国有粮油店进行国有民营试点。

1995年，市粮食局下发《关于国有粮店连锁经营的实施意见》。是年7月1日，首批10家连锁店开业。至年底，市区粮油食品连锁店达45家，占市区粮店总数的94%。东海县粮食局与韩国不倒翁集团合资成立连云港越秀食品有限公司。

1996年1月1日起，国有粮油企业的购销分为政策性经营和商业性经营两条线运行，实行账务分开，分别核算。农村粮管所在保证完成国家定购任务的同时，开展议价粮油收购和"两代一换"（即代农存粮、代民加工、原粮兑换成品粮及其他商品）业务，全市建立农村粮油服务社126个。1998年初，市新浦粮油总公司在内部试行股份制改革，由职工自愿认股、动态组合、竞争上岗。

2000年，市粮食局直属13家一级法人企业实施主、附营业务分离和产权制度改革，新海粮库、浦东国家粮库完成主、附营业务分离，减员分流283人。至2003年底，市粮食局直属单位中应改制的11家企业全部完成改制。

2005年，全市粮食系统企业中，国有资产整体出让的46家（含粮店），经法院裁定破产终结的12家，资产重组的23家；职工总数3644人，比1997年改制前的14678人减少11034人。全市105个农村粮管所与6498名职工解除劳动关系，占职工总数的99.5%。赣榆县、东海县、灌云县、灌南县的96家国有粮食购销企业，实行租赁经营28家、承包经营32家。是年12月，连云港市粮食行业协会成立。

三、供销体制改革

管理体制改革　1984年3月，连云港市供销合作社召开第四届社员代表大会，决议更名为连云港市供销合作联社，退出政府序列。市供销合作联社下设赣榆县、东海县、灌云县供销合作联社以及新海区、云台区、连云区供销合作联社，县、区供销合作联社业务上由市供销合作联社领导和管理。市农业生产资料公司、信托贸易公司、土产果品公司、日用杂品公司、物资回收利用公司、棉麻公司、进口棉麻接运站仍为市供销合作联社直属企业。

1985年，各供销合作联社召开社员代表大会，民主选举理事会、监事会。全市136名社员被选为基层供销合作社理事会理事，200人被选为监事会监事。按照集体所有制原则改革原有的计划、财务、物价、基本建设、人事等管理制度，扩大经营自主权，推行经营承包责任制，划小核算单位。是年，基层供销社从入股农民中招收合同制职工2831人，该批职工均经统一考试择优录用，不转户口，不吃商品粮，不跨单位调动。

1989年3月，市供销合作联社召开第五届社员代表大会，通过新的联社章程，各级供销合作社的理事会、监事会改为社务委员会。是年，市、县（区）供销合作联社改称供销合作总社，基本职能是代行政务（即接受政府委托，代行部分行政管理职能）、管理社务；组织经营供销业务，做好服务。

1992年，市、县（区）供销总社相继成立集团总公司，原名称仍保留，实行两个名称、一套机构的管理体制。一些经营范围较广的综合性公司将其下辖的经营部改为分公司，在生产经营、产品定价、劳动人事和内部分配上享有更大的自主权；全系统设分公司20余家。是年，各级供销总社积极拓展业务领域，增设物资、石油、旅游、贸易等公司，并在海南、上海浦东和佳木斯等地开办贸易公司。

1994年，市供销总社连续制定下发财务管理、经济合同管理、劳动人事管理等多项制度；开始对下属企业财会人员实行双重管理，年终进行企业经济效益评估和审计；取消企业级别，建立干部和职工动态竞争上岗制度。

1997年，全市供销社系统开始企业改制试点。第一批试点单位为市东方大厦和市物资回收公司。至1998年底，全系统完成企业改制119家，其中，组建有限责任公司4家、组建和完善控股集团公司3家、组建股份合作制企业11家、租赁11家、托管7家、拍卖4家、抽底承包79家。

2000年，实行社企分开，市供销总社不再对县（区）社下达经营任务，对直属企业的管理进一步放开。

20世纪末21世纪初，全市供销社系统以产权制度改革为核心，以建立现代企业制度为目标，完成市农业生产资料公司、苏果超市（连云港）有限公司、市土产果品公司、棉麻公司、开发区供销社、苏豫公司、供销房地产公司、四方钢材城、市供销贸易中心的改制。

2005年，全市供销系统建立现代企业制度目标基本达成，涌现出灌南县新金花集团、江苏省灌云绿灌禽业有限公司、连云港祥华肉食品公司、东海水晶城、连云港丰润米业有限公司和市棉麻公司、新苏豫公司、苏果超市等一批辐射面广、带动能力强的龙头企业。

经营机制改革　1990年，全市供销合作系统的12家市属企业、19家县属企业和96家基层合作社全部实行承包经营。在承包经营中实行全员风险抵押，抵押金最高2000元、最低500元，如承包的企业或部门出现亏损，则以承包人的抵押金抵补；在分配上推行工资总额与企业经济效益挂钩，把国家、集体和个人利益紧密联系在一起。是年，全系统收缴风险抵押金和社员股金3000万元。

1993年，为帮助下属企业摆脱历史包袱，市、县（区）供销总社采取“脱壳裂变”办法，即从各下属公司中“裂变”出若干新公司、新企业，与老企业账务分开，独立核算，原有债务仍由老企业承担，新企业轻装上阵。

1997年，全市供销社系统兴办市场13个，其中东海县供销总社投资2000万元兴建的东海水晶城占地1.8万平方米，建筑面积3.2万平方米，为当时国内最大的水晶市场。全年全系统销售化肥81万吨，收购棉花98.5万担（4925万千克），发展商品基地6660公顷，增加农民收入3000万元，实现以农副产品加工为主的工业产值4.7亿元、销售收入5.9亿元。

2001年，根据国务院深化棉花流通体制改革的决定精神，市供销总社彻底放开棉花收购，实行多渠道经营和有序竞争。

2005年，全市供销系统的农资经营形成覆盖全市农村的经营网络，全年实现销售额58亿元，其中农副产品购进额7.5亿元，农资销售额11亿元；拥有大型农资连锁企业3家、综合服务社439家、专业合作社（专业协会）57家、农资连锁店77家、生活资料连锁店93家。

四、物资体制改革

购销体制改革　1984～1992年，国家对物资系统所经营的钢铁、有色金属、煤炭、木材、机电产品及化工原料等生产资料实行计划分配与调拨。随着向市场经济的过渡，计划执行出现困难，物资系统花大量精力从计划外争取货源或通过协作的办法组织货源。1994年前后，各种生产资料的分配调拨计划先后取消，进货、销售渠道全部放开，资源配置完全由市场决定。

经营机制改革　1984年，市物资系统开始实施以扩大企业自主权为重点的经营机制改革。是年起在物资企业内部推行人事、用工、分配制度改革，是年7月在市金属材料公司进行劳动分配制度改革试点。

1986年，试行企业厂长（经理）任期目标责任制，市物资局与市金属材料公司、燃料公司、化工轻工公司、建筑材料公司、物资贸易中心分别签订为期5年（1986年1月至1990年12月）的经理任期目标责任书。是年，市、县物资部门开始与外省（区）生产企业和物资经营企业建立横向经济联合，全年组织计划外煤炭38.8万吨、钢材3.64万吨、木材5.7万立方米、水泥2.8万吨，分别占是年供应总量的49.7%、70.6%、82.1%、51.3%；全年完成销售额3.54亿元，实现利润比1985年增长61%。

1988年，开始推行企业承包经营。是年6月，市物资局与其直属的10家企业签订为期3年的承包经营合同，合同中均标明上缴利润、资产增值、安全生产、优质服务和推行企业现代化管理等承包指标。赣榆县、东海县、灌云县物资局所辖的26家企业，与县财政部门签订承包经营合同。

1989年，对重点工程实行配套承包供应，全年供应连云港碱厂钢材4229吨、木材1200立方米、水泥2.32万吨。

1992年，市、县物资部门改变传统经营观念，扩大经营范围，新建再生能源、机电产品、汽车、旧家具4个交易市场，增设房地产开发企业2家，在130个城市设立经营窗口150个。

1994年，生产资料指令性计划全部取消，市物资局投资400万元建设生产资料专业市场。市物资系统9家国营公司投资建立连云港九联物资有限责任公司。是年12月8日，连云港市信物商务经纪有限责任公司成立，主营物资期货贸易，设立交易席位40个，1995年8月停业。

1995年，市、县物资系统推行全员劳动合同制，取消职工的全民所有制企业固定工身份，对企业中层干部实行聘用制，所有企业的法定代表人均分别与主管局负责人、所有职工与企业法定代表人签订劳动合同。1996年，市内国有物资贸易企业销售额大幅下降，67家市县级独立核算企业中有53家亏损。

1998年，市燃料集团公司与市内重点企业建立物资供应总代理关系，与国内大型煤炭基地确立协作关系，全年成交煤炭21.8万吨。市木材总公司新建板材市场。市金属公司为市交通物资公司代存代发钢材2万吨。是年，全市物资系统完成销售额11.25亿元，亏损1021.9万元。

2005年，市物资系统通过招商引资、优化产业结构和开拓发展新项目等措施，全年销售额增加到14.54亿元，实现利润774万元。

企业改制　2001年，市东大物资开发有限公司、机电设备总公司实行整体改制，以零资产出售方式退出国有资本，改建为民营企业连云港市东大物产开发有限公司和连云港市蓝天机电设备有限公司。是年，连云港市东大国际货运有限公司实施股份合作制改革，注册资本510万元，公司名称不变。

2002年，市农业机械总公司、汽车工业贸易总公司、东方旧货市场实行改制，国有资本退出，分别改建为民营企业连云港市农业机械销售有限责任公司、连云港市天驰汽车贸易有限公司、连云港市东方市场开发有限公司。

2003年，市木材总公司、金属材料总公司、建筑材料总公司、化工轻工总公司、九联公司关闭歇业；公司与其原有职工中586人解除劳动关系，另有内退103人、离休12人。

2004年，市生产资料服务公司、燃料集团公司进行改制，分别组建为国有股占10%、个人和集体股占90%的连云港市盛资实业有限责任公司、连云港市兴业房地产开发有限公司和江苏万联能源集团有限公司。

至2005年底，市属15家物资企业中13家完成改制，分流安置职工1492人，其中解除劳动关系1126人、内退301人、离休42人、退养23人；投入改制成本8052万元，其中安置退休人员提留资金1260万元。

1997～2005年连云港市属工业企业和商贸流通企业改制完成情况表

表10-2

序号	企业名称	所在行业	改制形式	在职职工数（人）	离退休人员数（人）	批准年份	批准文号
1	反件二厂	轻工	关闭歇业	30	30	1997	—
2	衡器修配厂	轻工	关闭歇业	17	20	1999	—
3	家具二厂	轻工	关闭歇业	22	20	1999	—
4	家电总厂	轻工	改制退出	600	280	2000	—
5	海州印刷厂	轻工	关闭歇业	40	60	2001	—
6	轻工商场	轻工	整体改制	212	22	2001	连改发办复〔2001〕40号
7	星球公司	轻工	整体改制	618	346	2001	连改发办复〔2001〕51号
8	热电厂	轻工	改制退出	235	8	2002	连改发办复〔2002〕7号
9	塑料五厂	轻工	改制退出	161	4	2002	连改发办复〔2002〕10号
10	云燕水泥厂	轻工	改制退出	142	37	2002	连改发办复〔2002〕27号
11	制砖厂	轻工	改制退出	122	186	2003	连改发办复〔2003〕8号
12	协和实业发展公司	轻工	关闭歇业	8	2	2003	—
13	合力拉链厂	轻工	关闭歇业	82	11	2003	—
14	宏达印刷厂	轻工	关闭歇业	47	100	2003	—
15	金桥商厦	轻工	关闭歇业	100	10	2003	—
16	耐火材料厂	轻工	改制退出	114	97	2004	连改发办复〔2004〕3号
17	家具一厂	轻工	关闭歇业	70	300	2005	—
18	华都房地产开发公司	轻工	关闭歇业	6	1	2005	—
19	建材供销公司	建材	关闭歇业	20	30	2003	—
20	砂石公司	建材	关闭歇业	40	27	2003	—
21	皮塑劳动服务公司	皮塑	关闭歇业	10	2	2004	—
22	电机厂	机电	整体改制	475	70	2001	连改发办复〔2001〕7号
23	水表厂	机电	分块改制	480	192	2001	连改发办复〔2001〕9号
24	机床厂	机电	整体改制	386	103	2001	连改发办复〔2001〕19号
25	音响公司	机电	关闭歇业	160	15	2002	—
26	连利水表公司	机电	改制退出	157	6	2003	连改发办复〔2003〕17号
27	家电经销总公司	机电	关闭歇业	57	20	2003	—
28	电子制冷公司	机电	关闭歇业	6	—	2003	—

续表10-2

序号	企业名称	所在行业	改制形式	在职职工数（人）	离退休人员数（人）	批准年份	批准文号
29	电脑公司	机电	关闭歇业	26	—	2003	—
30	电子研究所	机电	关闭歇业	13	—	2003	—
31	电子工贸公司	机电	关闭歇业	11	—	2003	—
32	纺机厂	纺织	整体改制	672	630	2001	连改发办复〔2001〕36号
33	纺织供销公司	纺织	改制退出	24	5	2002	连改发办复〔2002〕25号
34	服装总厂	纺织	改制退出	252	385	2002	连改发办复〔2002〕42号
35	振扬纸品公司	纺织	国有股减持	52	4	2005	—
36	双菱集团公司	化工	分块改制	1343	502	2001	连改发办复〔2001〕28号
37	化工机械厂	化工	有限公司	250	86	2001	连改发办复〔2001〕37号
38	第二农药厂	化工	有限公司	941	201	2001	连改发办复〔2001〕42号
39	海水化工一厂	化工	有限公司	144	142	2002	连改发办复〔2002〕5号
40	第一橡胶厂	化工	建新并旧	51	81	2003	连改发办复〔2003〕5号
41	橡胶供销公司	化工	改制退出	5	—	2003	连改发办复〔2003〕6号
42	化工供销公司	化工	改制退出	26	16	2003	连改发办复〔2003〕13号
43	德邦集团公司	化工	引进外资、股权重组	1734	1148	2004	连改发办复〔2004〕10号
44	光学仪器厂	医药	整体改制	224	54	2001	连改发办复〔2001〕29号
45	苏云医疗器材有限公司	医药	整体改制	139	53	2001	连改发办复〔2001〕30号
46	恒瑞股份公司	医药	股票上市	1270	92	2001	2003年国有股转让
47	康缘公司	医药	股份公司	927	61	2001	2002年股票上市、2004年国有股退出
48	医疗设备厂	医药	改制退出	67	26	2002	连改发办复〔2002〕2号
49	天使大药房	医药	改制退出	180	—	2003	连改发办复〔2003〕2号
50	医药采购供应站	医药	改制退出	445	160	2003	连改发办复〔2003〕[illegible]号
51	中金公司	医药	股权重组	417	4	2004	连改发办复〔2004〕6号
52	粮油供应公司	粮食	改制退出	98	31	2001	连改发办复〔2001〕41号
53	丰源粮油贸易公司	粮食	改制退出	69	16	2002	连改发办复〔2002〕11号
54	粮油贸易公司	粮食	改制退出	33	18	2002	连改发办复〔2002〕12号
55	粮油购销公司	粮食	改制退出	8	24	2002	连改发办复〔2002〕13号
56	禽蛋开发公司饲料厂	粮食	改制退出	57	37	2002	连改发办复〔2002〕14号
57	开发区粮油公司	粮食	改制退出	15	11	2002	—
58	新浦粮油公司	粮食	关闭歇业	106	43	2002	—
59	苏北粮城	粮食	关闭歇业	153	27	2002	—
60	东大物产	物资	整体改制	16	3	2001	连改发办复〔2001〕38号

续表 10-2

序号	企业名称	所在行业	改制形式	在职职工数（人）	离退休人员数（人）	批准年份	批准文号
61	机电设备总公司	物资	整体改制	164	28	2001	连改发办复〔2001〕39 号
62	物资综合公司	物资	建新停旧	27	2	2002	连改发办复〔2002〕3 号
63	农机总公司	物资	改制退出	154	35	2002	连改发办复〔2002〕15 号
64	汽车工业贸易总公司	物资	改制退出	76	3	2002	连改发办复〔2002〕16 号
65	汽销公司	物资	改制退出	125	31	2002	连改发办复〔2002〕17 号
66	东方旧货市场	物资	改制退出	28	45	2002	连改发办复〔2002〕47 号
67	汽配总公司	物资	改制退出	20	40	2002	—
68	木材公司	物资	关闭歇业	167	49	2002	—
69	中北公司	物资	关闭歇业	76	3	2002	—
70	九联公司	物资	分流职工	5	1	2002	—
71	金属材料公司	物资	关闭歇业	153	39	2003	—
72	建材公司	物资	关闭歇业	88	37	2003	—
73	化轻公司	物资	关闭歇业	135	20	2003	—
74	生产资料服务公司	物资	增量改制	172	26	2004	连改发办复〔2004〕12 号
75	燃料集团公司	物资	增量改制	452	251	2004	连改发办复〔2004〕13 号
76	百货站	商业	改制退出	247	85	2001	连改发办复〔2001〕54 号
77	蔬菜公司	商业	改制退出	386	335	2001	连改发办复〔2001〕55 号
78	糖烟酒公司	商业	改制退出	297	120	2002	连改发办复〔2002〕4 号
79	华联商厦	商业	改制退出	534	68	2002	连改发办复〔2002〕37 号
80	百货大楼	商业	国有股退出	752	174	2002	连改发办复〔2002〕38 号
81	商业发展总公司	商业	合　资	254	134	2002	连改发办复〔2002〕39 号
82	五交化公司	商业	改制退出	327	65	2002	连改发办复〔2002〕40 号
83	肉联厂	商业	有限公司	357	77	2002	连改发办复〔2002〕44 号
84	食品公司	商业	改制退出	690	245	2002	—
85	对外供应公司	商业	改制退出	188	43	2003	连改发办复〔2003〕3 号
86	商业进出口物资接运站	商业	改制退出	67	32	2003	连改发办复〔2003〕21 号
87	商业对外经济贸易公司	商业	改制退出	70	30	2003	连改发办复〔2003〕22 号
88	陇海饭店	商业	改制退出	127	114	2005	连改发办复〔2005〕4 号
89	开发区供销总社	供销	改制退出	27	6	2002	连改发办复〔2002〕20 号
90	土产棉麻公司	供销	改制退出	16	6	2002	连改发办复〔2002〕21 号
91	农业生产资料总公司	供销	改制退出	160	30	2002	连改发办复〔2002〕22 号
92	苏豫棉花储运公司	供销	改制退出	75	8	2002	连改发办复〔2002〕36 号
93	供销贸易中心	供销	改制退出	90	70	2002	连改发办复〔2002〕46 号

续表 10-2

序号	企业名称	所在行业	改制形式	在职职工数（人）	离退休人员数（人）	批准年份	批准文号
94	开发区农资公司	供销	关闭、分流职工	70	20	2002	—
95	供销房地产开发公司	供销	改制退出	8	1	2002	—
96	四方钢材城	供销	改制退出	24	5	2003	连改发办复〔2003〕12号
97	南极路日用百货批发站	供销	改制退出	13	3	2003	连改发办复〔2003〕14号
98	苏果副食品超市公司	供销	改制退出	114	—	2003	连改发办复〔2003〕20号
99	金属回收公司	供销	有限公司	90	132	2004	连改发办复〔2004〕5号
100	东方大厦	供销	集体股退出	261	63	2004	连改发办复〔2004〕11号
101	舒卧客车运输公司	其他	改制退出	5	—	2001	连改发办复〔2001〕2号
102	民政福利企业	其他	改制退出	751	438	2001	连改发办复〔2001〕8号
103	华威电子集团有限公司	其他	股份公司	235	57	2001	连改发办复〔2001〕12号
104	中租公司连云港营业部	其他	整体改制	15	3	2001	连改发办复〔2001〕24号
105	连云港国际船舶代理公司	其他	整体改制	10	—	2001	连改发办复〔2001〕45号
106	无线电专用设备厂	其他	整体改制	217	305	2001	连改发办复〔2001〕46号
107	锦屏磷矿机械设备制造厂	其他	改制退出	189	—	2001	连改发办复〔2001〕47号
108	港师化工厂	其他	改制退出	20	—	2001	连改发办复〔2001〕53号
109	锅炉安装公司	其他	改制退出	64	4	2001	连改发办复〔2001〕56号
110	交通物资贸易公司	其他	改制退出	20	3	2002	连改发办复〔2002〕18号
111	环境保护公司	其他	有限公司	27	1	2002	连改发办复〔2002〕28号
112	锦屏磷矿印刷厂	其他	改制退出	8	—	2002	连改发办复〔2002〕31号
113	锦屏磷矿职工医院	其他	改制退出	163	—	2002	连改发办复〔2002〕43号
114	连众集团公司	其他	国有、集体股退出	400	—	2003	连改发办复〔2003〕1号
115	煤炭建筑安装工程公司	其他	改制退出	11	—	2003	连改发办复〔2003〕9号
116	热电发展总公司	其他	改制退出	27	1	2004	连改发办复〔2004〕1号
117	青年职业服务中心	其他	有限公司	6	—	2004	连改发办复〔2004〕2号
118	连云港船务公司	其他	改制退出	284	—	2004	连改发办复〔2004〕4号
119	连云港陆桥国际经济技术合作公司	其他	改制退出	15	—	2004	连改发办复〔2004〕8号
120	机械科技贸易公司	其他	改制退出	1	—	2005	连改发办复〔2005〕1号
121	第二勘察设计院	其他	有限公司	43	—	2005	连改发办复〔2005〕7号
122	锦屏磷矿机电设备安装公司	其他	有限公司	75	—	2005	连改发办复〔2005〕8号

续表 10-2

序号	企业名称	所在行业	改制形式	在职职工数（人）	离退休人员数（人）	批准年份	批准文号
123	连云港明达工程爆破公司	其他	有限公司	159	—	2005	连改发办复〔2005〕9号
124	锦屏磷矿供销运输处	其他	有限公司	103	—	2005	连改发办复〔2005〕10号

说明：此表不含破产企业以及破产后资产重组企业、原连云港市体制改革委员会等有关部门批准的市属改制企业。

第二章　经济发展

1984～2005年，连云港市坚持以经济建设为中心，坚持改革、开放、搞活的总方针，及时调整各个发展阶段的指导思想、发展战略和政策措施，推动全市国民经济和社会事业健康、科学发展，经济发展实现历史性跨越，走出一条具有连云港特色的改革开放和经济社会发展之路。

经过“七五”至“十五”4个五年计划的建设，全市经济持续增长，经济活力明显增强，综合实力显著提升。全市地区生产总值从1984年的23.62亿元增至2005年的495.64亿元，增长19.98倍，年均增长9.5%。人均地区生产总值从1984年的673元增至2005年的10873元，增长15.16倍，年均增长8.2%。但一些深层次的矛盾和问题未得到根本解决，主要是经济总量偏小，一些主要经济指标占全省的比重有所下降，与首批沿海开放城市的差距持续扩大，经济增长方式粗放的状况未能根本改变。

第一节　经济总量

一、经济规模

1984年，连云港市实现地区生产总值23.62亿元，其中第一产业增加值11.73亿元，占49.66%，是典型的农业市。随着改革开放的深入、各级各类经济开发区的建立，全市外向型经济取得长足发展，由农村发端继而深入到各个领域的改革有力释放发展活力，推动全市经济规模不断迈上新台阶。1990年，全市地区生产总值超过50亿元，1994年突破百亿元大关，1998年突破200亿元，2003年超过300亿元，平均四年即迈上一个百亿元台阶。在2004年度中国城市综合实力百强榜中，连云港市排名第55位。2005年，全市地区生产总值495.64亿元，比1984年增加472.02亿元，是1984年的20.98倍，年均增长9.5%；其中第一产业增加值101.31亿元，占20.44%，第一产业在全市经济规模中的占比比1984年下降29.22个百分点；第二产业和第三产业占比分别提高12.64个、16.58个百分点。全面小康社会综合实现程度达75.2%，比2003年提高10.8个百分点。

1984～2005年连云港市地区生产总值统计表

表10-3

年份	地区生产总值（亿元）	第一产业（亿元）	第二产业（亿元）	第三产业（亿元）	人均地区生产总值（元）
1984	23.62	11.73	7.01	4.88	673
1985	29.64	13.78	8.74	7.12	833
1986	35.43	17.07	10.24	8.12	931
1987	39.52	18.54	11.78	9.20	1075
1988	46.20	20.87	13.45	11.88	1231
1989	49.05	22.13	14.00	12.92	1280
1990	55.19	25.45	14.70	15.04	1391
1991	59.51	26.26	15.88	17.37	1456
1992	68.92	26.62	20.99	21.31	1660
1993	86.26	32.50	28.58	25.18	2058
1994	110.61	42.25	35.47	32.89	2520
1995	139.29	54.14	43.09	42.06	3240
1996	169.52	63.18	51.17	55.17	3939
1997	195.86	68.35	62.38	65.13	4501
1998	216.51	71.91	73.87	70.73	4916
1999	232.24	74.44	81.11	76.69	5209
2000	249.07	69.82	94.28	84.97	5512
2001	269.29	73.86	101.66	93.77	5884
2002	296.84	77.58	113.41	105.85	6427
2003	332.75	81.00	129.81	121.94	7141
2004	391.52	89.27	163.00	139.25	8531
2005	495.64	101.31	209.77	184.56	10873

1984～2005年连云港市分地区生产总值统计表

表10-4　　单位：亿元

年　份	全　市	市　区	赣榆县	东海县	灌云县	灌南县
1984	23.62	7.89	4.79	5.17	3.78	1.99
1985	29.64	10.69	6.13	6.40	4.31	2.11
1986	35.43	12.24	7.64	7.65	5.06	2.84
1987	39.52	13.57	8.16	7.76	6.25	3.78
1988	46.20	16.26	8.86	8.60	7.79	4.69
1989	49.05	18.00	9.47	9.07	8.30	4.21
1990	55.19	18.75	10.39	10.47	10.53	5.05
1991	59.51	21.14	10.93	10.96	10.72	5.75

续表 10-4

年 份	全 市	市 区	赣榆县	东海县	灌云县	灌南县
1992	68.92	26.86	12.87	12.22	10.16	6.81
1993	86.26	33.34	16.33	17.15	10.46	8.98
1994	110.61	35.77	21.70	26.38	14.63	12.13
1995	139.29	41.70	28.82	34.94	20.69	13.14
1996	169.52	55.62	36.44	38.13	23.89	15.44
1997	195.86	67.45	40.54	42.33	27.29	18.25
1998	216.51	75.08	44.38	47.38	28.86	20.81
1999	232.24	82.08	46.99	49.40	31.04	22.73
2000	249.07	98.74	49.39	51.04	27.89	22.01
2001	269.29	104.05	54.21	55.42	31.72	23.89
2002	296.84	116.59	59.58	59.69	34.56	26.42
2003	332.75	147.79	60.66	58.28	36.92	29.10
2004	391.52	185.07	64.01	67.08	40.95	34.41
2005	495.64	256.49	74.80	77.82	46.48	40.05

1984 年、2005 年连云港市地区生产总值对比表

表 10-5

指 标	单 位	1984 年	2005 年	增长（倍）
地区生产总值	亿元	23.62	495.64	19.98
第一产业	亿元	11.73	101.31	7.64
第二产业	亿元	7.01	209.77	28.92
#工业	亿元	5.58	166.77	28.89
第三产业	亿元	4.88	184.56	36.82
人均地区生产总值	元	673.00	10873.00	15.16

二、人均实力

1984 年，全市人均地区生产总值 673 元，1987 年超过 1000 元，1993 年超过 2000 元，跨越第一个千元用了 6 年时间。以后基本以每两年跨越一个千元台阶的速度向前迈进，1995 年超过 3000 元，1997 年超过 4000 元，1999 年超过 5000 元，2002 年超过 6000 元。2002 年后基本一年一个千元台阶，2003 年超过 7000 元，2004 年超过 8000 元，2005 年突破 1 万元，达 10873 元，是 1984 年的 16.16 倍，年均增长 8.2%。

1990～2005 年主要年份连云港市社会经济指标年人均水平统计表

表 10-6

指 标	单 位	1990 年	1995 年	2000 年	2005 年
一、地区生产总值（当年价格）	元	1391.00	3240.00	5512.00	10873.00
二、农业总产值（当年价格）	元	986.00	3020.00	3078.00	3818.00

续表10-6

指　标	单　位	1990年	1995年	2000年	2005年
三、财政收入	元	104.00	245.00	377.00	1235.00
财政支出	元	107.00	241.00	403.00	1294.00
四、粮食产量	千克	571.00	597.00	591.00	544.00
耕地面积	亩	1.17	1.10	1.24	1.20
五、社会消费品零售总额	元	529.00	1455.00	2091.00	3994.00
六、每千人拥有固定电话机数	部	7.20	31.90	132.60	307.30
每千人拥有移动电话机数	部	—	—	44.30	163.80
七、教育					
每万人拥有专业技术人员	人	148.30	164.80	217.70	301.90
每万人拥有高校在校学生	人	7.80	14.80	35.40	60.40
八、卫生					
每万人拥有医院床位数	张	15.20	15.20	15.20	18.20
每万人拥有医生	人	10.70	12.20	11.60	11.50
九、人民生活					
在岗职工平均工资	元	1838.00	4662.00	6646.00	15043.00
城市居民可支配收入	元	1501.00	4504.00	6456.00	10006.00
城市居民生活消费支出	元	1224.00	3732.00	4735.00	7213.00
农民纯收入	元	780.00	2011.00	2597.00	3369.00
农民生活消费支出	元	617.00	1415.00	1541.00	2574.00
城乡居民储蓄	元	389.00	1446.00	2503.00	5487.00
城市居民住房总使用面积	平方米	12.24	14.59	19.05	23.81
城市居民人均日生活用水量	升	155.50	207.50	192.40	159.27
城乡居民人均日生活用电量	度	—	0.21	0.26	0.41

说明：按常住人口计算

1990～2005年主要年份连云港市每天经济活动产出情况统计表

表10-7

指　标	单　位	1990年	1995年	2000年	2005年
一、全市每天创造的财富					
地区生产总值（当年价）	万元	1512	3816	6824	12492
农业总产值（当年价）	万元	1103	3557	3855	4768
财政收入	万元	117	289	470	1542
发电量	万度	244	877	715	1401
原　煤	吨	1422	2050	2750	2960
原　盐	吨	4155	5142	2712	2096

续表10-7

指 标	单 位	1990年	1995年	2000年	2005年
布	万米	8.95	12.15	2.52	1.32
磷矿石（折30%）	吨	825.00	353.00	383.00	278.00
纯 碱	吨	333.00	1316.00	2686.00	3771.00
化 肥（折纯）	吨	401.00	400.00	661.00	516.00
水 泥	吨	942.00	2077.00	1330.00	2441.00
水 表	只	1496.00	1528.00	3790.00	6641.00
啤 酒	千升	61.00	152.00	161.00	222.00
二、每天其他经济活动					
货物运输量	万吨	9.85	13.77	9.92	10.53
旅客运输量	万人次	6.62	10.08	13.74	17.95
固定资产投资额	万元	293.00	1664.00	3493.00	8865.00
竣工房屋建筑面积	平方米	1428.00	3348.00	3830.00	6517.00
#住 宅	平方米	547.00	1598.00	2331.00	3067.00
邮电、通信业务收入	万元	4.31	53.82	261.50	367.40
社会消费品零售额	万元	592.00	1713.00	2611.00	4988.00
三、每天人口变动和婚姻					
出生人数	人	238.00	147.00	211.00	172.00
死亡人数	人	53.00	55.00	62.00	66.00
结婚对数	对	83.70	75.00	80.60	82.60
离婚对数	对	1.00	1.30	2.80	8.20

三、发展阶段

从1984～2005年地区生产总值各年增幅比较看，连云港市的经济发展可划分为五个不同阶段，大致呈现三个高峰、两个低谷。这种阶段性波动呈现高峰时期时间长、低谷时期时间短特点，总体呈螺旋式上升，后阶段的高峰期发展快于前阶段的高峰期，后阶段的低谷期发展快于前阶段的低谷期，低谷期受宏观经济形势或自然环境影响明显。

1984～2005年连云港市地区生产总值增长率统计表

表10-8　　单位：%

年 份	地区生产总值	第一产业	第二产业	第三产业	人均地区生产总值
1984	11.6	5.9	13.8	24.4	10.2
1985	13.4	0.4	22.0	33.4	11.9
1986	10.9	14.8	8.6	6.5	9.2
1987	6.0	5.9	8.8	3.6	4.2

续表10-8

年　份	地区生产总值	第一产业	第二产业	第三产业	人均地区生产总值
1988	0.3	-4.1	5.4	3.4	-1.8
1989	-0.1	2.7	-0.1	-4.9	-2.1
1990	8.8	4.0	12.6	13.7	5.2
1991	6.9	7.3	4.3	8.7	3.6
1992	11.8	0.4	24.9	17.4	10.1
1993	8.1	3.7	15.4	6.7	7.1
1994	12.5	7.4	17.9	13.3	11.7
1995	11.2	6.9	15.0	12.3	10.3
1996	13.3	11.4	11.5	17.9	12.1
1997	13.7	6.9	19.4	14.9	12.4
1998	13.2	6.9	22.3	9.0	11.8
1999	9.2	6.7	11.9	8.2	7.9
2000	8.7	-0.8	15.3	9.2	7.2
2001	7.6	5.9	8.3	8.2	6.3
2002	7.9	4.5	8.4	10.1	6.9
2003	10.5	4.0	14.5	10.9	9.5
2004	13.9	7.9	17.9	13.7	15.7
2005	14.2	3.3	19.9	14.9	14.5

说明：按可比价格计算，下同。

第一阶段从1984年到1986年，为低水平的持续快速增长阶段。1984年5月，连云港市被国务院确定为全国沿海14个首批对外开放城市之一，全市改革开放进入新阶段。开放初期，连云港市坚持对外实行开放、对内搞活经济的总方针，狠抓城市基础设施改造，加快港口、铁路、公路及通信等基础设施建设，着手新建国家级经济技术开发区——连云港经济技术开发区、当时江苏最大的食品合资企业——中日合资三得利食品有限公司、当时全国最长的拦海大堤——连云港拦海大堤等。这一时期经济发展速度快、稳定性强，地区生产总值增速年均达10%以上。但总量增长势头弱、水平低，1986年地区生产总值比1984年增加11.81亿元。第一产业是国民经济增长的主要推动力，三年中在地区生产总值增长中的贡献率持续保持在46%以上。

第二阶段从1987年到1991年，为低速徘徊阶段。全市改革由农村向城市推进，进入城市经济体制改革全面展开的新阶段。在探索城市全面改革的过程中，市委、市政府以搞活企业为中心环节，配套推进计划、投资、财税、金融、价格、流通、外贸和科技、教育等相关体制改革。先后在国有企业实施扩大企业经营自主权、利润递增包干和承包经营责任制试点，开展企业承包责任制改革，调整国家和企业的责权利关系，明确企业的利益主体地位。新建全国三大碱厂之一的连云港碱厂、连云港民航站候机楼、钟山氨纶、药用包装项目等。1990年9月，伴随着新亚欧大陆桥全线贯通，全市掀起对外开放热潮。但由于这一时期农村改革处于体制转轨时期、城市改革刚刚启动、对外开放步伐不快，全市经济发展表现出热得慢、冷得快的显著特点，经济增长速度不高，呈

图 10-5　2004～2005 年，连云港市地区生产总值年均增长 14%，创改革开放以来最高水平。图为港产城一体的东部城区。　俞德春　摄

现出明显的低增长、高通胀的特性。五年平均增速只有 4.3%，最高的 1990 年增速 8.8%，而 1988 年和 1989 年综合物价上涨水平达 10.2%。

第三阶段从 1992 年到 1998 年，为稳定持续高速增长阶段。全市经济建设进入到整体推进、重点突破，加快实现经济体制和经济增长方式两个根本性转变，建立社会主义市场经济体制的攻坚阶段。这一阶段，在邓小平视察南方重要谈话的鼓舞下，全市上下解放思想，更新观念、谋求发展的热情高涨，加之国家宏观经济治理整顿结束，发展环境较为宽松，连云港市经济发展出现前所未有的提速。市委、市政府坚持"能快先快、能活先活"的经济发展思路，坚定不移地实施对外开放和对内搞活，不断加快工业企业改革发展力度，经济建设取得明显成果，是中华人民共和国成立以来最快的发展阶段之一。七年间，地区生产总值平均增速高达 12%，且持续时间长，稳定性强，七年中只有 1993 年增速低于 10%，其余六年都在 11%以上，其中 1996～1998 年连续 3 年增速超过 13%。第二、三产业成为经济增长的主要推动力，1998 年，二、三产业对地区生产总值增长的贡献率达 66.8%。

第四阶段从 1999 年到 2003 年，为高速增长之间的曲折波动阶段。全市各项经济改革向更深层次和更广领域推进，尤其在进入 21 世纪后，全市在加快国企改革、完善股份制改造、深化融资体制改革、推进完善农村综合改革等方面均取得突破，经济建设进入新的加速增长期。随着益海粮油、恒瑞医药、港口集团、罗盖特公司以及江苏核电等企业的崛起，进一步拉动连云港市社会经济的发展。这一阶段，连云港市遭遇 2000 年特大洪涝灾害和 2003 年"非典"影响，给经济发展带来严重损害，造成全市地区生产总值增长速度有所回落。五年平均增速 8.8%，最高的 2003 年增速 10.5%，最低的 2001 年增速 7.6%。

第五阶段从 2004 年至 2005 年底，为高水平快速增长阶段。连云港市围绕"全面奔小康、重振连云港"的目标，掀起大开发、大建设热潮，全市国民经济保持强劲增长势头。这一阶段，连云港市坚持以工兴港、以港兴市、以市带农发展战略，经济发展持续稳定加快，步入第三周期的上升期。地区生产总值年均增长 14%，创改革开放以来最高水平。经济总量高位快速攀升，在 2003 年 332.75 亿元的基础上，两年增加 162.89 亿元，2005 年达 495.64 亿元。工业主导地位强化，工业化进程加快，工业重化倾向日益明显，工业对经济拉动作用越发显现，成为经济增长的主要推动力。2005 年，工业对地区生产总值增长的贡献率达 42.3%。

第二节　发展质量

1984～2005年，连云港市加速转变经济增长方式，经济发展的协调性明显增强，经济运行质量不断提升，在总量扩张中实现质量的不断改善，在快速增长中实现效益的明显提升。产业密度由1984年的每平方千米31万元，升至2005年的608万元；传统优势产业改造提升成效显著，先进制造业和高新技术产业快速突破，文化旅游、现代物流、服务外包等现代服务业加快发展；财政总收入占地区生产总值的比重由1984年的8.93%升至2005年的11.36%；外贸依存度由1988年的1.1%升至2005年的36.1%，经济开放程度大幅度提高；出口依存度由1988年的0.8%升至2005年的16.5%，外需对经济的拉动作用增强。

一、财政收入占比

1984年，全市完成财政收入2.11亿元，占地区生产总值的8.93%。1995年超过10亿元。2002年后每年登上一个10亿元台阶，到2005年达56.28亿元。2005年与1984年相比，财政收入增长25.67倍，年均增长16.9%。1984～2005年，连云港市实现财政收入310.11亿元，主要来源为增值税、营业税、企业所得税及罚没收入、行政性收费收入等。财政收入占地区生产总值的比重在进入21世纪后持续攀升，2003年后占比均在10%以上，2005年达11.36%。

1984～2005年连云港市财政收入占地区生产总值比例一览表

表10－9

年　份	财政收入（亿元）	地区生产总值（亿元）	占比（%）	年　份	财政收入（亿元）	地区生产总值（亿元）	占比（%）
1984	2.11	23.62	8.93	1995	10.55	139.29	7.57
1985	2.49	29.64	8.40	1996	12.95	169.52	7.64
1986	2.71	35.43	7.65	1997	15.00	195.86	7.66
1987	2.97	39.52	7.52	1998	16.47	216.51	7.61
1988	3.36	46.20	7.27	1999	17.12	232.24	7.37
1989	3.98	49.05	8.11	2000	17.21	249.07	6.91
1990	4.26	55.19	7.72	2001	19.84	269.29	7.37
1991	4.13	59.51	6.94	2002	26.99	296.84	9.09
1992	4.50	68.92	6.53	2003	34.13	332.75	10.26
1993	6.45	86.26	7.48	2004	42.33	391.52	10.81
1994	7.48	110.61	6.76	2005	56.28	495.64	11.36

二、经济外向度

改革开放初期，连云港市对外经济往来和交流几乎是空白。1984年被批准为全国沿海开放城市以后，连云港市充分利用国家给予开放城市的优惠政策和待遇，以港口为纽带，以开发区为窗口，立足国内市场，面向国际市场，大力发展开放型经济，由单纯的对外贸易发展为对外贸易、利用外资和港澳台资、引进技术设备、国际旅游、对外劳务输出和到境外经商办企业多层次、全方位、多领域的开放格局。1984年，全市实际利用外商及港澳台商直接投资631万美元，2005年增至2.75亿美元，是1984年的42.31倍。外商及港澳台商投资项目涉及农业、工业、建筑业、交通运输、饮食娱乐和房地产等产业，资金技术密集型的基础产业、高附加值的高新技术产业是其投资的重点。2005年，全市有“三资”企业993家，日本三得利、韩国LG、日本福泰克、法国罗盖特、美国杜邦、日本味之素、泰国正大等国际知名企业纷纷到连云港投资，拉动连云港经济发展。

1984～2005年连云港市利用外资及港澳台资统计表

表10-10　　单位：万美元

年　份	实际利用外资及港澳台资	外商及港澳台商直接投资	年　份	实际利用外资及港澳台资	外商及港澳台商直接投资
1984	650	631	1995	9495	7089
1985	111	111	1996	17848	8314
1986	1137	49	1997	16731	10613
1987	889	268	1998	13145	10308
1988	1047	246	1999	16180	4668
1989	2267	736	2000	17360	4770
1990	1169	140	2001	19495	5781
1991	1136	151	2002	53726	10009
1992	3897	3024	2003	80892	21405
1993	7412	6495	2004	48730	24659
1994	8433	5845	2005	27480	27480

第三章　经济结构

1984年，连云港市启动工业化进程，调整优化经济结构。至2005年，连云港市经济结构逐步趋于合理，总体上进入工业化中期阶段。2005年与1984年相比，第一产业比重下降29.2个百分点，第二产业比重上升12.6个百分点，第三产业比重上升16.6个百分点，国民经济内部主要比例关系趋于协调，三次产业呈现“稳固、提升、活跃”的良好局面。随着经济的快速发展，特别是工业化进程的不断加快及第三产业的加快发展，连云港市就业结构发生显著变化。个体经济、私营经济等‘非公”经济和其他各种混合经济成分从无到有、从弱到强，加快发展，全市初步形成经济成分多元化、经济运行市场化、企业行为自主化的多种所有制经济共同发展的新格局。

第一节 所有制结构

改革开放初期，连云港市经济的所有制结构以国有、集体经济为主，个体、私营企业虽有发展，但其资本在全市企业的资本构成中占比极小。1984年，全市有工业企业1370家，其中全民所有制企业255家，占18.61%；集体所有制企业1113家，占81.24%；其他企业2家，占0.15%。工业总产值中，全民所有制企业占64.7%，集体所有制企业占26.6%。1984年，全市第一家中外合资企业江苏三得利食品有限公司兴办，总投资5000万美元。是年，全市有个体工商户3.32万户，城镇私营企业从业人员和个体劳动者1.75万人。20世纪80年代后期，对外开放不断扩大，外资及港澳台资经济加速发展，特别是1988年后连云港经济技术开发区进入开发收益期，至1990年累计创办外资及港澳台资企业9家，投资总额2709万美元，外资比例31.3%。90年代，外资及港澳台资经济在全市经济中所占的比重日益提高。1992年后，随着政策的逐步放开，由允许到鼓励、倡导、支持群众创业，连云港市民营经济从无到有，不断壮大，地位进一步强化，活力进一步增强，逐步成为全市经济的重要组成部分。截至2000年底，全市外商及港澳台商投资企业累计689家，其中外商及港澳台商独资企业213家、中外合资企业451家、中外合作企业25家。个体工商户6.01万户，私营企业总数6702家，个体私营经济完成产值93亿元，实现销售额178亿元。城镇私营企业从业人员和个体劳动者发展到10万人。进入21世纪后，全市外资及港澳台资经济和民营经济规模进一步扩大，在全市经济发展中的贡献进一步凸显。2005年，国有集体经济、外资经济和个体私营经济"三足鼎立"的格局基本形成。是年，全市有规模以上工业企业677家，其中国有集体63家、公司制企业99家、外资及港澳台资企业145家、私营企业368家、其他类型企业2家。民营经济实现增加值222.86亿元，占地区生产总值的44.96%。城镇私营企业从业人员和个体劳动者13.28万人。民间投资197.52亿元，占全社会投资比重为61%，对全社会投资起到举足轻重的作用。民营经济成为最具发展潜力和发展后劲的新的经济增长点。在规模以上工业总产值中，内资企业占55.2%；外商及港澳台商投资企业占44.8%。

图10-6 2005年，中外合资益海（连云港）粮油公司实现工业总产值48.43亿元。图为厂区一隅。

侍志 摄

1984年连云港市工业企业经济类型结构统计表

表10-11

	单位数（家）	比重（%）	工业总产值（万元）	比重（%）
合　计	1370	100.0	170615	100.0
全民所有制	255	18.61	110378	64.69
集体所有制	1113	81.24	45438	26.63
其他企业	2	0.15	14799	8.68

2005年连云港市规模以上工业企业经济类型结构统计表

表10-12

	单位数（家）	比重（%）	工业总产值（万元）	比重（%）
合　计	677	100.0	3428672	100.0
内资企业	532	78.6	1895013	55.2
国有企业	20	3.0	205806	6.0
集体企业	43	6.4	111542	3.3
股份合作企业	8	1.2	22375	0.7
联营企业	2	0.3	7211	0.2
有限责任公司	73	10.8	454081	13.1
股份有限公司	16	2.4	276592	8.1
私营企业	368	54.4	814242	23.7
其他企业	2	0.3	3165	0.1
港澳台商投资企业	47	6.9	420659	12.3
港澳台商合资经营企业	30	4.4	292244	8.5
港澳台商合作经营企业	1	0.1	10740	0.3
港澳台商独资经营企业	14	2.1	42862	1.3
港澳台商投资股份有限公司	2	0.3	74814	2.2
外商投资企业	98	14.5	1113000	32.5
中外合资经营企业	53	7.8	785352	22.9
中外合作经营企业	3	0.4	7795	0.2
外资企业	36	5.3	182213	5.3
外商投资股份有限公司	6	0.9	137641	4.0

2005年连云港市民营经济分产业增加值统计表

表10-13

	民营经济（亿元）	占地区生产总值的比重（%）	私营个体（亿元）
合　计	222.86	44.96	189.01
第一产业	25.56	5.16	10.08

续表 10-13

	民营经济（亿元）	占地区生产总值的比重（%）	私营个体（亿元）
第二产业	116.49	23.50	107.30
#工业	91.84	18.53	86.35
建筑业	24.65	4.97	20.95
第三产业	80.81	16.30	71.63

第二节　产业结构

一、三次产业结构

1984年，连云港市一、二、三次产业结构比为49.7∶29.7∶20.6。此后，随着工业经济发展，全市一、二、三产业比例关系逐步发生变化，以种植业和养殖业为主的第一产业在三次产业中的比重逐年下降。在全市工业化推动下，1992年，全市第一产业在三次产业中的比重首次下降到40%以下，为38.6%；第二产业在三次产业中的比重首次突破30%，为30.5%。1998年，全市国民经济以"农"为主的格局彻底改变，开始呈现"二、一、三"格局，产业结构调整为33.2∶34.1∶32.7，比1984年分别下降16.5个、上升4.4个和12.1个百分点。1999年服务业占比超过农业，开始呈现"二、三、一"格局，三次产业结构比为32.1∶34.9∶33.0。2005年，连云港市三次产业结构调整为20.5∶42.3∶37.2，农业比重继续下降，非农产业比重上升。与1984年相比，第一产业比重下降29.2个百分点，第二产业比重上升12.6个百分点，第三产业比重上升16.6个百分点，国民经济内部主要比例关系趋于协调发展，三次产业呈现"稳固、提升、活跃"的良好局面。

1984～2005年连云港市地区生产总值构成情况统计表

表 10-14　　单位：%

年　份	第一产业	第二产业	# 工业	第三产业
1984	49.7	29.7	23.6	20.6
1985	46.5	29.5	23.5	24.0
1986	48.2	28.9	22.5	22.9
1987	46.9	29.8	23.4	23.3
1988	45.2	29.1	23.7	25.7
1989	45.1	28.6	23.9	26.3
1990	46.1	26.6	22.1	27.3
1991	44.1	26.7	22.0	29.2
1992	38.6	30.5	25.8	30.9
1993	37.7	33.1	28.3	29.2
1994	38.2	32.1	27.7	29.7
1995	38.9	30.9	25.6	30.2

续表 10-14

年 份	第一产业	第二产业	# 工业	第三产业
1996	37.3	30.2	24.9	32.5
1997	34.9	31.8	25.6	33.3
1998	33.2	34.1	27.1	32.7
1999	32.1	34.9	27.3	33.0
2000	28.0	37.9	29.7	34.1
2001	27.4	37.8	29.1	34.8
2002	26.1	38.2	29.0	35.7
2003	24.3	39.0	29.0	36.7
2004	22.8	41.6	30.7	35.6
2005	20.5	42.3	33.6	37.2

2005 年连云港市分地区生产总值结构情况统计表

表 10-15　　单位：%

指 标	全 市	市 区	赣榆县	东海县	灌云县	灌南县
地区生产总值	100.0	100.0	100.0	100.0	100.0	100.0
第一产业	20.5	6.9	30.8	32.4	36.4	32.8
第二产业	42.3	53.8	36.1	35.6	33.9	36.0
第三产业	37.2	39.3	33.1	32.0	29.7	31.2

二、三次产业内部结构

1984～2005 年，连云港市坚持把农业和农村经济工作放在首位，持续调整农业内部结构，稳定发展种植业，加快发展林牧渔业，推动传统农业向现代农业转变。22 年间，全市农业生产条件不断改善，农业基础地位巩固，抵御自然灾害能力不断增强，农业现代化水平大幅提高。农村经济从单一经营向综合经营方面加速转变，经济总量明显扩大。以乡镇企业起步为标志，农村产业结构出现质的改变，农村产业化水平提升明显。连云港成为国家重要的粮棉油、林果、蔬菜等农副产品生产基地，全国三大海洋特殊开发区之一。农产品出口创汇位居江苏省首位。东海县是全国 50 个商品粮基地县之一；赣榆县为全国水稻单产最高的县之一，也是全国沿海对虾产量最多的县之一；灌云县是江苏大豆和棉花主要产区之一。紫菜养殖产量占到全国的三分之一。2005 年，全市实现第一产业增加值 101.31 亿元，是 1984 年的 8.64 倍；农林牧渔业总产值达到 174.02 亿元，是 1984 年的 10.48 倍；粮食总产量达到 248 万吨，比 1984 年增长 19.6%；油料总产量 10.3 万吨，是 1984 年的 94.2%；棉花总产量 1.89 万吨，是 1984 年的 68.2%；水产品产量 49.03 万吨，比 1984 年增长 6.53 倍；肉类总产量 22.55 万吨，比 1984 年增长 2.02 倍。1984～2005 年，全市共生产粮食 5205.76 万吨、棉花 79.46 万吨、油料 289.22 万吨；实现第一产业增加值 1073.15 亿元，完成农林牧渔业总产值 2048.68 亿元，其中农业产值 1220.28 亿元、林牧渔业产值 828.4 亿元。

1984～2005年连云港市第一产业情况统计表

表10－16　　　　单位：亿元

年　份	农林牧渔业总产值	农业产值	林业产值	牧业产值	渔业产值
1984	16.60	12.75	0.24	2.69	0.92
1985	20.59	15.17	0.31	3.78	1.33
1986	23.91	18.17	0.44	3.97	1.33
1987	26.71	20.13	0.43	4.16	1.99
1988	33.61	23.35	0.43	6.84	2.99
1989	36.08	24.77	0.38	7.14	3.79
1990	40.25	27.54	0.50	8.07	4.14
1991	41.80	28.14	0.51	8.36	4.79
1992	43.95	28.18	0.78	9.00	5.99
1993	53.91	32.71	1.01	12.42	7.77
1994	94.20	56.29	1.11	24.45	12.35
1995	111.34	73.64	1.77	15.67	20.26
1996	123.31	80.69	1.61	17.07	23.94
1997	144.33	89.54	1.92	25.03	27.84
1998	150.40	90.32	2.00	26.63	31.45
1999	152.96	96.54	2.09	23.84	30.49
2000	140.71	84.19	2.36	24.16	30.00
2001	149.05	89.91	2.20	24.19	32.75
2002	155.48	88.32	2.49	25.40	39.27
2003	151.16	70.38	2.51	40.66	37.61
2004	164.31	84.47	2.29	38.85	38.70
2005	174.02	85.08	3.13	42.96	42.85

第二产业通过结构调整，产业升级步伐加快，高新技术产业、低能耗产业、中间产品产业逐步取代资源依赖型的食品、轻纺等科技含量低的初级产品加工业，成为新的支柱产业。1984年，全市工业增加值占地区生产总值的比重为23.6%，2004年突破30%。2005年，全市全部工业增加值166.77亿元，占地区生产总值的比重达到33.6%，比1984年提高10个百分点。在国家分类的40个大类工业行业中，连云港市有35个大类，较1984年增加近10个大类。规模以上工业产值中，轻工业实现产值183.86亿元，重工业实现产值159.01亿元。轻重工业的比例由1984年的62.4∶37.6转变为2005年的53.6∶46.4，工业重化程度明显提高。大中型企业实现产值149.92亿元，占规模以上工业产值的43.7%，企业规模得到提升。高新技术产业实现产值62.04亿元，占规模以上工业产值的18.1%，高新技术产业发展迅速。1984年，连云港市实现第二产业增加值7.01亿元，1986年超过10亿元，1992年超过20亿元。1994～2003年每年增加10亿元，十年增加100亿元。2004年达到163亿元。2005年，全市实现第二产业增加值209.77亿元，比1984年增长28.92倍。其中，工业增加值166.77亿元，比1984年增长28.88 倍；建筑业增加值43亿元，

比1984年增长29.07倍。2005年，全市主要工业产品有电子封装材料、核电、医药制品、盐及盐化工、纯碱、啤酒、水晶制品、化纤产品、粮油加工、金属集装箱等，形成门类齐全，以农副食品加工业、化学原料及化学制品制造业、医药制造业、非金属矿物制品业、电力热力生产和供应业五大行业为支柱的工业体系。1984～2005年，全市累计实现第二产业增加值1304.39亿元，占地区生产总值的36.31%。

1984～2005年连云港市第二产业增加值统计表

表10－17　　单位：亿元

年　份	第二产业增加值	工业增加值	年　份	第二产业增加值	工业增加值
1984	7.01	5.58	1995	43.09	35.67
1985	8.74	6.97	1996	51.17	42.13
1986	10.24	7.96	1997	62.38	50.21
1987	11.78	9.24	1998	73.87	58.75
1988	13.45	10.93	1999	81.11	63.49
1989	14.00	11.74	2000	94.28	73.95
1990	14.70	12.18	2001	101.66	78.23
1991	15.88	13.07	2002	113.41	86.04
1992	20.99	17.75	2003	129.81	96.55
1993	28.58	24.38	2004	163.00	120.08
1994	35.47	30.68	2005	209.77	166.77

1984～2005年，连云港市变化最大、成就最突出的是第三产业，总量不断扩大，结构逐步优化，对经济增长和就业的贡献率不断提高。其中，交通港口、邮政通信、市场建设及旅游产业发展等在全省乃至全国具有比较优势。全市国内贸易的行政管理体制、所有制结构、购销形式和经营方式均发生巨大变化。计划经济时期形成的市场主体——商业、粮食、供销社、物资四大国营板块逐步解体，个体、私营、外资等多种经济成分的社会贸易蓬勃发展，大流通、大市场格局逐渐形成。1984年，全市实现第三产业增加值4.87亿元，1988年超过10亿元，1992年超过20亿元，1998年、1999年超过70亿元，2004年接近140亿元。2005年，全市实现第三产业增加值184.56亿元，比1984年增长36.89倍，年均增长幅度比地区生产总值增长幅度高1.2个百分点。22年间，全市累计实现第三产业增加值1206亿元，占地区生产总值的比重达33.57%。

1984～2005年连云港市第三产业增加值统计表

表10－18　　单位：亿元

年　份	第三产业增加值	年　份	第三产业增加值	年　份	第三产业增加值
1984	4.87	1988	11.87	1992	21.31
1985	7.12	1989	12.93	1993	25.18
1986	8.12	1990	15.03	1994	32.89
1987	9.19	1991	17.37	1995	42.06

续表 10-18

年　份	第三产业增加值	年　份	第三产业增加值	年　份	第三产业增加值
1996	55.17	2000	84.97	2004	139.25
1997	65.13	2001	93.77	2005	184.56
1998	70.73	2002	105.85		
1999	76.69	2003	121.94		

三、城乡产业布局调整

全市生产力布局调整　1984年前，全市没有统一的区域产业布局规划，各县、区处于各自为政状态。20世纪80年代后期，市政府加强规划引导，推进连云港经济技术开发区建设。20世纪90年代后，各县、区重点开发建设省级开发区，各乡镇按照“超前规划、统一布局、滚动发展、分步实施”原则，结合小城镇建设，建设工业小区。2005年，全市开发园区实际到账外资及港澳台资2.3亿美元，固定资产投资119.93亿元，基础设施投资23.8亿元；完成地区生产总值94亿元，业务总收入386亿元，出口3.7亿美元，工业增加值74亿元，财政收入14亿元。80%的新办项目集中在开发区和工业小区。开发区和工业小区成为全市生产力布局新的主要空间载体。

中心城区“退二进三”　1995年后，中心城区实施发展第三产业战略和产业布局调整，提出第二产业逐步退出、第三产业加快进入的“退二进三”计划，中心城区的工业企业退出城市，转换出来的存量土地主要用于发展服务业和社会公共事业，城市空间结构布局更加科学合理。至2005年底，市区建成区面积78平方千米，是1984年的3.07倍。市区常住人口79.71万人，比1984年底增加33.13万人。

城乡一体化建设　1984年，连云港城乡二元结构明显。1982年，全市城镇化水平只有11.83%。改革开放后，连云港市深化户籍制度改革，加快建立和完善社会保障体系，推进城乡就业体制和教育体制改革，初步解决长期存在的城乡两种身份制度、教育制度、就业制度、公共服务制度、社会福利制度和财政转移制度问题，加快城乡融合。2004年，市委、市政府提出要按照城乡统筹要求，加快城乡一体化建设。全市农村开始推进企业向开发区和乡镇工业小区集中、农民向居住小区集中、耕地向现代农业园区和种田大户集中，城乡结构加快调整。2005年，全市城市化率（城镇人口占常住人口比重）37.18%，比2000年人口普查时提高9.16个百分点，比1982年人口普查时提高25.35个百分点，城镇化进程进入快速发展阶段。

1990～2005主要年份连云港市城镇化水平统计表

表 10-19　　单位：%

年　份	全市	市　区	赣榆县	东海县	灌云县	灌南县
1990	17.42	—	3.78	3.49	6.26	4.72
2000	28.02	83.88	19.60	18.62	19.15	13.53
2003	34.50	87.45	32.27	23.03	24.51	22.79
2004	36.28	87.81	34.22	24.89	26.39	24.72
2005	37.18	80.00	31.24	28.34	26.26	25.46

说明：2005年起使用新的城乡划分标准

第三节　就业结构

改革开放后，连云港市的人口就业系数随着经济的快速发展明显提高，就业规模不断扩大。1984年，全市全社会从业人员166.89万人，占总人口的47.3%，其中第一产业从业人员122.51万人、第二产业从业人员23.61万人、第三产业从业人员20.77万人，三次产业就业结构为73.4：14.1：12.5。1985年，第一产业从业人员比重降至70%以下。1990年，全市全社会从业人员超过200万人。1995年，第一产业从业人员比重降至60%以下，第二产业从业人员比重升至20%以上。1997年，第三产业从业人员比重升至20%以上。1998年，全市三次产业就业结构为57.5：20.7：21.8，从"一、二、三"格局，转变为"一、三、二"格局。2004年末，第一产业从业人员比重下降到50%以下。2005年，全市全社会从业人员227.6万人，较1984年增加60.71万人；从业人员占总人口的48.2%，人口就业系数提高0.9个百分点。其中第一产业从业人员99.68万人，第二产业从业人员59.45万人(工业34.81万人)，第三产业68.47万人，三次产业就业结构为43.8：26.1：30.1。与1984年相比，第一产业就业人数比重下降29.6个百分点，第二和第三产业就业人数比重分别提高12个和17.6个百分点。二、三产业吸纳大量自然增加的劳动力和由于劳动生产率提高解放出来的农业产业大军，产业人口非农化步伐加快。

1984～2005年连云港市三次产业从业人员构成统计表

表10-20

年　份	从业人员数(万人)			从业人员比重(%)		
	第一产业	第二产业	第三产业	第一产业	第二产业	第三产业
1984	122.51	23.61	20.77	73.4	14.1	12.5
1985	118.46	31.92	24.37	67.8	18.3	13.9
1986	121.31	35.25	25.43	66.7	19.3	14.0
1987	124.27	37.00	27.80	65.7	19.6	14.7
1988	126.99	38.10	29.00	65.4	19.6	15.0
1989	134.30	36.44	29.22	67.2	18.2	14.6
1990	138.01	37.14	30.39	67.1	18.1	14.8
1991	146.02	37.11	31.18	68.1	17.4	14.5
1992	144.44	38.95	33.53	66.5	18.0	15.5
1993	140.78	42.91	37.54	63.6	19.4	17.0
1994	137.42	43.38	42.36	61.6	19.4	19.0
1995	133.21	45.32	44.39	59.8	20.3	19.9
1996	132.13	46.38	42.59	59.8	21.0	19.2
1997	122.62	48.90	47.42	56.0	22.3	21.7
1998	122.07	43.98	46.40	57.5	20.7	21.8
1999	121.83	42.50	45.28	58.1	20.3	21.6

续表10-20

年　份	从业人员数（万人）			从业人员比重（%）		
	第一产业	第二产业	第三产业	第一产业	第二产业	第三产业
2000	121.38	42.49	45.54	58.0	20.3	21.7
2001	118.19	41.47	48.37	56.8	19.9	23.3
2002	111.11	43.58	53.50	53.4	20.9	25.7
2003	105.85	47.04	56.30	50.6	22.5	26.9
2004	103.15	50.32	61.08	48.0	23.5	28.5
2005	99.68	59.45	68.47	43.8	26.1	30.1

1984～2005年连云港市不同经济类型从业人员构成统计表

表10-21　　单位：万人

年份	从业人员	职工人数	国有经济	集体经济	其他经济	城镇私营企业从业人员和个体劳动者	乡村劳动者	其他从业人员
1984	166.89	34.54	22.80	11.71	0.03	1.75	130.60	—
1985	174.75	36.32	23.96	12.33	0.03	1.82	136.61	—
1986	182.00	37.75	25.25	12.46	0.04	1.48	142.77	—
1987	189.07	39.56	26.92	12.50	0.14	1.74	147.77	—
1988	194.17	40.40	27.99	12.23	0.18	1.95	151.82	—
1989	199.96	41.01	28.21	12.45	0.35	1.84	157.11	—
1990	205.54	42.02	28.71	12.93	0.38	1.94	161.58	—
1991	214.31	43.28	29.65	13.12	0.51	1.82	169.21	—
1992	216.92	43.63	30.54	12.52	0.57	2.32	170.97	—
1993	221.23	45.48	32.19	12.40	0.89	6.15	169.41	0.19
1994	223.16	44.44	31.52	11.58	1.34	8.42	170.17	0.13
1995	222.92	44.84	32.42	10.99	1.61	10.04	167.95	0.09
1996	221.10	45.06	32.42	10.76	1.88	8.03	167.82	0.19
1997	218.94	44.76	32.74	10.20	1.82	7.26	166.73	0.19
1998	212.45	36.85	24.62	6.98	5.24	8.32	166.40	0.88
1999	209.61	34.72	23.69	5.95	5.08	6.91	166.88	1.10
2000	208.40	31.94	22.57	5.28	4.10	7.19	168.26	1.01
2001	208.03	29.64	21.22	4.12	4.30	8.34	169.14	0.91
2002	208.19	27.78	18.96	3.62	5.21	8.21	164.75	1.17
2003	209.19	26.84	17.47	3.27	6.1	9.18	165.32	1.32
2004	214.55	26.66	15.79	2.74	8.13	10.05	167.17	1.24
2005	227.60	27.97	15.75	2.43	9.79	13.28	168.24	0.78

连云港市志

第十一卷　开放型经济

1984年4月，连云港市被国务院批准为全国首批14个沿海对外开放城市之一，揭开连云港市全面对外开放崭新的一页。市委、市政府确立“开放兴市”发展战略，大力发展外向型经济，全面推进对外贸易、招商引资及对外经济技术合作，逐步形成以开发园区为主要载体，以利用外资及港澳台资为主导，带动外贸、外经和引进国外先进技术全面发展、全方位、多层次的对外开放格局，经济外向化、国际化水平逐步提高。

1984年10月31日，市外经贸局并入市对外经济委员会，市对外经济委员会更名为市对外经济贸易委员会（简称市外经贸委），主管全市对外经济贸易工作。2001年，市外经贸委更名为连云港市对外贸易经济合作局，负责全市外向型经济工作的宏观调控、行业管理、协调服务和监督检查。

1984年，连云港市引进第一家外商投资企业——江苏三得利食品有限公司，是年，全市实际利用外资及港澳台资650万美元。至2005年底，全市累计批准利用外资及港澳台资项目3120个，协议利用外资及港澳台资66.03亿美元，实际利用外资及港澳台资34.92亿美元；累计核准境外投资项目19个，中方协议出资额783.7万美元；进出口总额由1988年的597万美元增至2005年的20.39亿美元，增长340.55倍。

在引进外资及港澳台资的同时，连云港市注重与国内各地特别是苏南、沿海、大陆桥沿线地区的合资合作，实现双方互利双赢。1985年，全市到位内联资金1.73亿元。全市吸引内资从80年代后期90年代初期的吸引内地“三线”①军工企业逐步转向90年代中后期引进苏南、浙江等地的民间资本。2005年，全市内联客方到位资金144亿元，是1985年的83.24倍。

1984～2005年，全市开放型经济不断拓展和提升，由外贸为主转向以引进外资及港澳台资为主；由制造业利用外资及港澳台资为主向农业、服务业利用外资及港澳台资拓展；由来料加工、来样加工、来件装配和补偿贸易（简称“三来一补”）转向中外合资合作，再到引进外商及港澳台商兴办独资企业；外商及港澳台商企业由中小型转向大企业、大集团和跨国公司；由劳动密集型逐步转向技术、资本密集型。市委、市政府提出举全市之力办好开发区，项目向开发区集聚，人才向开发区汇聚，资金向开发区汇拢，开发区特别是国家级连云港经济技术开发区在全市开放型经济发展中发挥了重要作用。

第一章　外贸体制改革

改革开放后，随着计划经济体制向社会主义市场经济体制的转变，连云港市外贸体制改革经历了简政放权、政企分开，承包经营、财政包干，取消补贴、自负盈亏等发展过程。对外贸易经营

① 20世纪60年代中期，经济相对发达且处于国防前线的沿边、沿海地区向内地调整生产力布局。“三线”即指云、贵、川等13个省、自治区。

主体形成多层次、多元化的市场经济经营格局。20世纪90年代后，随着外商到连云港投资迅速增加，大批外商投资企业成为外贸增长的主力，全市经济与国际市场对接的步伐加快。

第一节 外贸管理体制改革

1984年9月，国家实行鼓励出口的政策，在外贸管理体制上实行政府统一领导、统一政策、统一规划。连云港市开始逐步实施政企职责分开，实行进出口代理制，工贸结合、技贸结合、进出结合的外贸体制改革方案。连云港市对外贸易企业的经营方式，主要是完成中央外贸企业和省级外贸企业下达的任务，包括作为港口口岸城市承担的一些出口商品货源组织和调拨装运任务。除连云港市对外贸易公司、连云港经济技术开发区对外贸易公司有少量对苏联、朝鲜等社会主义国家易货贸易自营出口外，其他市级外贸专营公司主要业务是承接省对口外贸公司订单，按照省公司下达的计划安排工厂生产，组织收购商品，然后发运至指定口岸。省级公司对市级公司考核出口商品收购计划，市级公司不直接承担经营的盈亏。为保证出口商品货源，建立连云港市造纸厂、桐木制品厂、铸铁厂、发酵厂、包装二厂等一批工贸联营企业和连云港市朝阳出口饲料加工厂等农贸联营企业，建立对虾、原盐、棉籽、铸铁件、桑蚕、芦笋、桐木等产品基地。

1988年，连云港市按照国家外贸体制改革的具体要求，由市政府向省政府承包出口创汇、上缴外汇和经济效益指标。市级外贸公司面临与省外贸公司脱钩后大多无自营出口权、未建立成交渠道的状况。连云港市建立“一联两包”的运营体系，即在市政府向省政府切块承包的基础上，由市外贸各专业公司与省有关公司联营，签订联营协议，利润共享，亏损共担；在货源商品加工和出口创汇上实行“双轨承包”，由市计经委、县（区）工业公司及其有关加工生产企业承包出口货源的供货，由市外经贸委及其外贸各专业公司承包出口创汇任务指标。是年，全市完成进出口总额597万美元。在联营中，省外贸公司掌握经营决策主导权，市级外贸企业承担省外贸公司分摊的经营亏损，背上沉重的债务包袱。1991年，省、市外贸公司联营中断。

20世纪90年代初，按照国务院《关于进一步改革和完善对外贸易体制若干问题的决定》，连云港市进一步改革和完善外贸体制，全市外贸实行新一轮承包经营，省、市外贸企业彻底脱钩，市级外贸企业开始自主经营、自负盈亏。外贸企业以自营出口为主，接受委托代收购和代理出口，利用亚欧大陆桥运输贯通的有利条件，加强与西部地区的横向经济联合，发展仓储运输业务，逐步走上经营多元化、实业化和国际化的道路。

图11-1 2005年，连云港市与148个国家和地区建立贸易关系。图为连云港市外经委与日本名古屋银行经济合作五周年庆典。 赵鸣 摄

1995年，全市外贸体制改革进入攻坚阶段。改革的重点是取消对外贸出口的财政补贴，使外贸逐步走上统一政策、平等竞争、自主经营、自负盈亏、工贸结合、推行代理制的轨道。为解决大部分市级外贸公司无自营进出口经营权的问题，连云港市采取“借权经营”模式，“一顶帽子

大家戴”，市、县（区）各级外贸公司以序号方式全部借用连云港市外贸公司和连云港经济技术开发区外贸公司的经营权，从事自营进出口业务，最多时有60家企业借权经营。1997年，连云港市外贸公司在中国进出口额最大的500家公司中排名第129位。

1997年，连云港市将争取企业外贸自营权作为外贸体制改革的主攻方向。中金医药包装集团公司、锦屏磷矿、电源器械厂3家生产企业和亚欧工贸集团公司及东海县、灌云县、赣榆县外贸公司先后获外贸自营进出口权。此后，市红旗化工厂、罐头厂等生产企业和连云港远泰、中土物产、国元进出口公司、汇恒五金矿产国际贸易公司、中化进出口有限公司等外贸流通企业相继获得外贸自营进出口权。至2005年底，全市有60家生产企业、2家科研院所、17家商业流通企业、15家外贸企业获得进出口经营权，初步形成市级外贸公司、县级外贸公司、外商及港澳台商投资企业、自营出口生产企业齐头并进的多层次、多元化开拓国际市场的格局。

第二节　外贸企业经营机制改革

1984年，连云港市加强外贸企业内部经营机制改革。改革初期，围绕适应政企分开、下放外贸经营权，在外贸企业内部实行以承包经营为核心内容的企业经营机制改革，在指令性计划、指导性计划、市场调节结合的新型体制下谋求企业经营发展。

1987年，在中国五金矿产进出口总公司连云港支公司进行公司经理负责制改革试点，公司不再设专职书记，实行公司经理负责制，公司经理对企业人、财、物和购、销、存实行一元化领导，副经理以下干部全部由经理自主聘任；在连云港市外贸华连贸易公司进行股份制改革试点，在企业所有制性质不变的情况下，实行董事会领导下的经理负责制。

1988年，为适应省、市外贸公司脱钩，市级外贸公司尚未取得自营出口权的新情况，全市外贸企业在系统内全面推行承包经营责任制。各专业进出口支公司、县外贸公司主要承包出口收购值和盈亏额，中国包装进出口总公司连云港支公司和外贸连云港冷库主要承包利润指标。市级外贸企业全面推行经理负责制，外贸连云港冷库实施主任任期目标责任制。改革劳动用工制度，在东海县外贸公司、中国包装进出口总公司连云港支公司、中国五金矿产进出口总公司连云港支公司进行全员优化组合试点。改革干部任用制度，打破干部终身制，赋予企业经理用人自主权，实行企业中层以上干部任期聘任制，在连云港市外贸华连贸易公司继续进行股份制试点。1999年起，在中国加入世界贸易组织协议生效前的3年过渡期内，连云港市抓住外贸经营许可制度改革的契机，实现对外贸易的独立自主经营。2000年，从经营发展较好的企业入手，推行以产权制度改革为核心、以有限责任公司为主要形式、以内部职工入股为突破口、以建立有效的法人治理结构为目的的改革，调整和完善所有制结构，建立起权责分明的现代企业制度。在外贸企业推行股份制试点，推动企业开展一业为主、多种经营。至2005年底，全市外贸企业实现由传统出口收购型企业向自主经营、多元化发展的现代企业的转型升级。连云港市中土物产有限公司、中联物产有限公司、金世纪国际贸易有限公司、江苏南天国际经贸有限公司等国有外贸企业在实行公司制改造的基础上，按照“国退民进”的思路，国有股有序退出，改制为民营企业。连云港市五金矿产机械进出口公司整体改制组建连云港汇恒五金矿产国际贸易有限公司，连云港市轻工工艺品进出口公司整体改制组建连云港新世纪对外贸易有限公司，云台外贸公司整体改制为有限公司；连云港市中化进出口公司分立改制组建连云港中化进出口有限公司，连云港市医药保健品进出口公司分立改制组建连云港市国元贸易有限公司，连云港市纺织品进出口公司分立改制组建连云港市纺织品进出口有限公司；连云港市对外贸易公司、连云港市粮油食品进出口公司、连云港市外贸华连贸易公司、江苏连云港云湾贸易公司、连云港市对外经济贸易信息咨询服务中心、连云港益丰实业公司、连云港市银河国际经贸发展公司、连云港市同源公司合并重组为连云港市对外贸易公司，解决了全市外贸企业长期存在的“小”和“散”的问题。

第二章　对外及对港澳台贸易

20世纪80年代前后，连云港市先后建立海关、商检等外贸管理机构以及外运公司、外贸公司等。1988年，全市实现进出口总额597万美元。1995年，连云港市外贸企业通过“一顶帽子大家戴”的借权经营方式从事自营进出口业务，是年完成进出口总额2.77亿美元。1997年，部分工业企业、外贸企业获得外贸经营权，抓住中国加入世贸组织的机遇扩大进出口贸易规模。2005年，全市完成进出口总额20.39亿美元，是1988年的341.6倍。

1984～2005年连云港市外贸进出口总额统计表

表11-1　　单位　万美元

年　份	进出口总额	进口	出口	年　份	进出口总额	进口	出口
1984	—	—	2056（非自营）	1995	27675	5676	21999
1985	—	—	3852（非自营）	1996	36525	6362	30163
1986	—	—	5000（非自营）	1997	36955	3836	33119
1987	—	—	5078（非自营）	1998	32824	6300	26524
1988	597	178	419	1999	41872	9821	32051
1989	1244	589	655	2000	48509	9679	38830
1990	2095	528	1567	2001	68078	19310	48768
1991	3534	623	2911	2002	74690	24374	50315
1992	4452	851	3601	2003	95167	37420	57747
1993	10233	2905	7328	2004	153923	77817	76106
1994	17855	5500	12355	2005	203906	110727	93179

说明：外贸进出口总额1998年起为海关口径

2005年连云港市各县区进出口总额统计表

表11-2　　单位：万美元

地　区	进出口总额	进口	出口	地　区	进出口总额	进口	出口
全　市	203906	110727	93179	赣榆县	2448	320	2128
新浦区	30540	1118	29422	东海县	8858	2639	6219

续表 11-2

地 区	进出口总额	进口	出口	地 区	进出口总额	进口	出口
连云区	56728	33996	22732	灌云县	891	275	616
海州区	4745	1149	3596	灌南县	1301	145	1156
开发区	98395	71085	27310				

2005年连云港市进出口总额前十位国家一览表

表 11-3 单位：万美元

序 号	进出口总额前10位国家	进出口总额	序 号	进出口总额前10位国家	进出口总额
1	日本	41891	6	印度	6979
2	美国	38742	7	越南	5681
3	巴西	21843	8	德国	5058
4	澳大利亚	13621	9	阿根廷	4573
5	韩国	13132	10	泰国	3580

第一节 出口贸易

一、出口规模

1984年2月，连云港市首批加工生产的1.2万吨白糖从连云港口岸出运，是连云港市通过省级外贸公司代理出口的第一笔业务。国有外贸企业是从事对外及对港澳台贸易的主体，与省级外贸公司相对应，连云港市有粮油食品、土畜产、轻工等8家专业公司为省公司办理货源收购和出口发运。是年，全市出口创汇2056万美元，完成外贸收购值9338.8万元。

1985年，连云港市完成外贸产品收购值超过省下达计划的25.94%。连云港市纺织品支公司、五矿支公司、粮油支公司、土畜产支公司、轻工支公司、包装支公司、外贸冷库及县属外贸公司均超额完成计划任务。是年组建连云港市华连公司等4个内贸单位，利用日本大洋株式会社提供设备的补偿贸易项目——外贸连云港冷库建成投产的机遇，开工建设市包装支公司、纺织支公司的铁路专用线及外贸仓库项目。是年，全市外贸出口3852万美元。

1986～1990年，连云港市大力发展外向型经济，进出口贸易规模不断扩大。1990年，全市对外及对港澳台贸易企业为省级外贸公司收购出口商品种类、规模显著增长，完成外贸收购总值3.39亿元，出口创汇1567万美元。是年，自营出口取得突破性进展，专业公司自营出口创汇309.12万美元。全市外贸系统进出口代理量达130.99万吨，商品价值6.17亿元，其中代理出口商品19万吨，分割肉、水泥等为首次出口。5年累计完成出口收购值13.89亿元。

1998年起，对外公布的对外贸易年报数据全部采用海关进出口数据，各进出口企业上报当地各市级以上地方外经贸主管部门的统计数据只作为内部参考，不再对外公布。1998年，连云港海关统计全市外贸出口2.65亿美元，其中中煤公司出口1.83亿美元，占全市出口总额的69%。1999年，国元进出口公司、中土物产等外贸流通企业获得外贸经营权。是年底，全市有外贸经营权的企业52家。

2000年，连云港市外贸出口3.88亿美元，其中外资及港澳台资企业完成出口1.02亿美元。2004年6月底，全市有外贸经营权的企业244家。2004年7月1日，外贸经营权实行备案登记制，此后全市外贸队伍急剧扩大。

2005年，全市完成外贸出口9.32亿美元，在全省13个省辖市中列第9位，保持苏北领先地位。其中，外贸企业出口4.7亿美元，占全市出口总额的50.42%；“三资”企业[①]出口3.95亿美元，占全市出口总额的42.34%；生产企业出口6725万美元，占全市出口总额的7.22%。全市具有对外贸易经营资格的企业920家，是年新增114家，有出口实绩的企业398家。其中，出口额在1000万～5000万美元的企业16家，出口额5.09亿美元；出口额5000万美元以上企业3家，出口额2.7亿美元。

二、出口商品

1984～1990年，连云港市6家专业外贸公司按照省属外贸公司下达的计划，收购大量初级产品和劳动密集型产品对外出口。粮油食品、土畜产、饲料及柠檬酸、碳化硅等化工产品成为出口量最大的主打出口商品。1984年，外贸出口商品品种11个大类，主要包括粮油食品、土畜产、纺织品、轻工业品、五金矿产、化工医药等农副产品、工业制成品，其中冻猪肉718吨、罐头3060吨、柠檬酸2613吨、毛巾4.77万打、水貂皮11.45万张。1987年，出口日本、美国等市场对虾2251.08吨。1988年，销往日本的活鳗鱼62吨、冻猪分割肉1200吨、冻兔肉120吨。1990年，全市出口商品种类发展到17个大类、178个品种，产品销往50多个国家和地区。是年，连云港港吞吐量1137万吨，其中外贸货物运量占54.88%。

图11-2　2005年，全市出口商品21个大类4000个品种。图为连云港港正在装卸出口货物。
港口集团　供

20世纪90年代，连云港市粮油食品、土产畜产、轻工业品、纺织品、化工医药保健品、五金矿产机械、出口商品包装、外贸冷库、国际经济技术贸易、云湾贸易、华连贸易、益丰贸易12家专业进出口外贸公司获准成立，并实现正常经营。

进入21世纪，连云港市加大对机电产品、地方产品、农产品的出口扶持力度，培育一批单项出口龙头企业。随着招商引资力度的不断加大，外商投资企业成为出口主力军，机电产品成为连云港市出口量最大的大类商品。市对外经济贸易局实施出口品牌战略，制定推进品牌建设的规划和年度工作计划。2002年，中化连云港进出口公司柠檬酸出口列全国第二位。

2005年，连云港市出口商品达21个大类4000个品种，其中初级产品出口3.02亿美元，占出口总值的32.39%；工业制成品出口6.3亿美元，占出口总值的67.61%。高新技术产品出口很少，出口值2787万美元，占出口总值的3%。元明粉出口量保持全国单一商品出口冠军地位；紫菜、太阳能热水器、碳化硅、胶合板、石英制品、农产品等地方产品的出口规模在全省占有重要地位。

① “三资”企业指在中国境内设立的中外合资经营企业、中外合作经营企业、外商独资经营企业三类外商投资企业。

在全市出口商品中，一般贸易出口 7.21 亿美元，占出口总值的 77.39%；加工贸易出口 2.11 亿美元，占出口总值的 22.61%。连云港市货源出口 5.89 亿美元，占出口总值的 63.22%；外地货源出口 3.43 亿美元，占出口总值的 36.78%。

2005 年连云港市前十名出口企业一览表

表 11-4　　单位：万美元

序　号	企业名称	出口额
1	中煤进出口公司连云港分公司	13931
2	连云港市远泰国际贸易有限公司	6580
3	大陆汽车电子（连云港）有限公司	6518
4	连云港中土物产贸易有限公司	3277
5	东方国际集装箱（连云港）有限公司	2888
6	连云港中化进出口有限公司	2523
7	连云港汇恒五金矿产国际贸易有限公司	2170
8	连云港飞雁毛毯有限责任公司	1906
9	连云港金世纪国际贸易有限公司	1881
10	连云港益海粮油工业有限公司	1869

三、出口国家和地区

1984～1990 年，市外经贸部门在日本、意大利、几内亚等国家设立办事处或境外企业，派驻常驻人员，初步建立覆盖欧美发达国家和国内开放前沿城市的国际经贸信息采集体系和销售网络。连云港港口与世界上 99 个国家和地区的 516 个港口有货物贸易往来。

20 世纪 90 年代，随着对外开放的深入，连云港市在稳定传统出口市场的同时，开拓拉丁美洲、中东、大洋洲等新兴市场，逐步形成日本、美国、欧盟、东盟及中东等五大出口市场。1998 年，连云港市出口商品远销 87 个国家和地区。

2000 年，连云港市与 126 个国家和地区建立贸易关系，传统国际市场得到巩固，出口日本的产品出口值 1.4 亿美元，占 36.04%；其次是美国和韩国，分别占 12.95% 和 12.23%。新兴的非洲、拉丁美洲和大洋洲市场开发初现成效，共有 53 个国家和地区，出口总额 1961 万美元，占出口总额的 5.05%。

2005 年，连云港市与 148 个国家和地区建立贸易关系。对新兴市场出口实现持续大幅度增长，2005 年对拉丁美洲出口比 2000 年增长 5.9 倍。至 2005 年底，全市商品出口国家和地区分别为亚洲 40 个国家（地区），出口值 6.01 亿美元，占出口总值的 64.54%；欧洲 39 个国家，出口值 1.31 亿美元，占出口总值的 14.02%；北美洲 2 个国家，出口值 1.14 亿美元，占出口总值的 12.2%；对非洲、拉丁美洲、大洋洲出口值分别为 2750 万美元、5016 万美元、844 万美元。

2005 年连云港市出口额前九名国家（地区）一览表

表 11-5　　单位：万美元

序　号	国家（地区）	出口额	序　号	国家（地区）	出口额
1	日本	34213	3	韩国	9231
2	美国	10838	4	德国	3702

续表 11-5

序　号	国家（地区）	出口额	序　号	国家（地区）	出口额
5	泰国	2411	8	意大利	1390
6	英属维尔京群岛	2141	9	比利时	1280
7	英国	1516			

第二节　进口贸易

1984年，连云港市被批准为全国首批沿海开放城市后，依托港口和区位优势，逐步开拓、发展进口贸易。是年8月，连云港市经济技术开发公司成立；12月，经对外经济贸易部批准，市经济技术开发公司经营全市引进国际市场技术项目和企业改造所需设备。是年，市经济技术开发公司从日本进口食品生产流水线、塑料生产线等设备价值78.5万美元。1985年1月，江苏省对外贸易进出口公司在连云港市成立办事处（简称市进口办事处），成交履约定货卡限额为机械设备、五金矿产、化工、纺织工业原料等10万美元以下，仪器仪表、医疗器械、电子元件、轻工产品、药品、土畜产品等5万美元以下项目。至1986年底，市进口办事处代理进口钢材、热熔胶生产线、五棱镜生产线等共计372.62万美元。是年底，市进口办事处撤销，业务移交江苏省国际经济技术贸易公司。1987年，市经济技术开发公司更名为市国际经济技术贸易公司，经营范围扩大。至1990年底，连云港市从国际市场引进纺织、食品、板材、塑料、服装等机械设备375台，实际用汇9358.58万美元。

1993年，全市进口货物贸易额2905万美元，进口商品主要是机械设备以及化肥、钢材、粮食等。1999年，全市进口货物贸易额9821万美元，其中外贸企业进口4388万美元、外资及港澳台资企业进口5433万美元，进口商品品种占进出口商品品种的41.93%。

2001年后，连云港市着力改善投资环境，强化招商引资力度，不断引进外资及港澳台资大型企业；内资企业深化改革，转型升级，参与国际市场竞争，企业设备及原材料进口不断增长，带动全市外贸进口额攀升。是年，全市外贸进口额突破1亿美元，达1.93亿美元。

图 11-3　20世纪90年代，连云港市葡萄酒厂从德国引进的罐装线。　赵鸣　摄

2005年，全市完成进口商品交易额11.07亿美元，进口值在全省13个省辖市中列第7位。其中，外贸企业进口4.15亿美元，占全市进口总值的37.52%；“三资”企业进口6.74亿美元，占全市进口总值的60.87%；生产企业进口1784万美元，占全市进口总值的1.61%。在进口商品中，初级产品进口9.3亿美元，占全市进口总值的84.08%；工业制成品进口1.76亿美元，占全市进口总值的15.92%。

2005年连云港市进口额前十名国家一览表

表11-6　　单位：万美元

序　号	国　家	进口额	序　号	国　家	进口额
1	美国	27904	6	越南	5105
2	巴西	21125	7	阿根廷	4350
3	澳大利亚	12956	8	韩国	3902
4	日本	7678	9	法国	1730
5	印度	5837	10	加拿大	1718

2005年连云港市前十名进口企业一览表

表11-7　　单位：万美元

序　号	企业名称	进口额	序　号	企业名称	进口额
1	益海（连云港）粮油工业有限公司	44585	6	大陆汽车电子（连云港）有限公司	3240
2	连云港陆桥公共保税仓库	24156	7	连云港罗盖特（中国）精细化工有限公司	2000
3	中煤进出口公司连云港分公司	6137	8	益海（连云港）油化工业有限公司	1743
4	江苏雅仕投资集团有限公司	5887	9	连云港瑞安特物流有限公司	1636
5	益海（连云港）农产品发展有限公司	4036	10	连云港艾业无纺布制品有限公司	1254

第三节　进出口企业选介

一、连云港开发区国际贸易有限公司

成立于1992年12月16日，隶属于连云港经济技术开发区管委会，注册资本500万元。2004年，公司改制为有限责任公司，注册资本增加到5000万元。自营和代理各类商品和技术的进出口业务。进出口品种包括农副产品、土畜产品、针纺织品、服装、工艺美术品、化工原料及产品、五金、交电、金属材料、矿产品、机械设备、机电产品、仪器仪表、建筑材料等，同时开展国际货运代理、商务信息咨询服务、仓储服务。2005年实现进出口总额1096万美元，其中出口额822万美元。

二、连云港远泰国际贸易有限公司

成立于1992年，位于新浦区通灌南路1-28号。前身是连云港市招商公司。2002年改制更名为连云港远泰国际贸易有限公司，由外经贸部批准赋予进出口经营权。公司注册资本2000万元。远泰公司经营产品门类包括建材、西药原料、化工、农药、五矿、机电、水果蔬菜等，产品全部出口，其中板材类产品的出口量位居全国前列。2005年实现进出口总额6710万美元，其中出口额6580万美元，被江苏省和商务部列为重点出口企业。

三、连云港中土物产国际贸易有限公司

前身为市土产畜产进出口公司，位于新浦区瀛洲路68号。1998年，市土产畜产进出口公司改制成立连云港中土物产国际贸易有限公司，由外经贸部批准赋予进出口经营权。2000年完成

全部资本民营化，注册资本2500万元。主要自营和代理各类商品的进出口业务、进料加工和“三来一补”业务及转口贸易。主营商品包括化工产品类、轻工日用消费品类、五金制品类、矿产品类等。其中化工产品类中元明粉的出口量排名全国第一。2005年实现出口额3277万美元。

四、连云港陆桥公共保税仓库

成立于1997年4月，位于黄海大道18号，隶属于连云港港口集团，属全资国有的公共型保税仓库，是连云港地区成立的首家公共型保税仓库，注册资本500万元。连云港陆桥公共保税仓库以存放供加工贸易企业及外商投资企业为加工复出口产品所需进口的生产性原料、转口贸易货物、暂存货物及海关批准的其他货物为主，仓库主营货种有氧化铝、铬矿、铅精矿、锌精矿、铁矿砂、煤炭等。

五、东方国际集装箱（连云港）有限公司

成立于2005年，位于连云港开发区新光路6号，是由中国海运（集团）投资的全资子公司。公司注册资本2534万美元，投资总额4980万美元。主要经营设计、制造集装箱产品及售后服务。设计年生产能力15万标准箱，产品95%以上出口。2005年，东方国际集装箱（连云港）有限公司实现当年建厂、当年投产。是年出口创汇2888万美元。

第三章　招商引资

20世纪80年代中后期，连云港市提出“内联打基础、外引上水平”的外向型经济发展方针，引进一批“三线”军工转民用企业和外资及港澳台资企业。80年代后期至90年代初期，市委、市政府相继下发《关于支持开发区建设和发展若干政策的通知》《关于进一步扩大对外开放的实施意见》等政策文件，制定利用外资及港澳台资和吸引国内投资的优惠政策。各县区、开发园区努力构筑招商引资平台，出台吸引投资的优惠政策和服务举措，加大资金投入，改善园区基础设施承载条件。20世纪90年代中后期，连云港市加快港口、机场、公路、铁路等基础设施建设，在改善投资硬环境的同时，改善投资软环境，引进一批体量大、技术含量高的外资和内资投资项目。进入21世纪，连云港市利用外资及港澳台资和引进内资更加注重规模和质量，新能源、新材料、新医药、生态农业、服务业等新兴产业，以及化工、钢铁、造船等临港产业，成为利用外资及港澳台资和引进内资的重要领域。1984～2005年，全市累计批准外商及港澳台商投资项目3120个，协议引进外资及港澳台资66.03亿美元，实际利用外资及港澳台资34.92亿美元；引进内联资金331.65亿元。

第一节　利用外资及港澳台资

1984年，连云港市进入国家首批沿海开放城市序列之后，充分发挥开放城市特殊优惠政策、

地方享有的外商投资审批权限以及作为港口城市初步改善的交通条件和投资环境，利用外资及港澳台资快于周边城市。是年10月30日，全市第一家中日合资企业——江苏三得利食品有限公司落户海州区，引进日本著名食品企业三得利食品公司资金和技术生产高品质啤酒。是年，全市实际利用外资与港澳台资650万美元。

图 11-4　1999 年，连云港市第一个临港产业合资项目举行合同章程签字仪式。　赵鸣　摄

1987年1月，市政府印发《关于鼓励外商投资的若干规定》。随着连云港市对外开放的不断扩大，吸收外资的环境进一步改善，外商及港澳台商投资速度明显加快，外商及港澳台商投资的产业结构有较大改善，生产性项目及产品出口企业大幅增加，宾馆、旅游服务项目的比重大大降低，投资的区域和行业有所扩大。至1988年底，全市累计批准利用外资及港澳台资项目43个，合同利用外资及港澳台资7249万美元。1989年，连云港金五食品有限公司在东海县成立，为全市招引的第一家韩资企业，生产的“金五”牌粉丝畅销韩国。

“七五”计划期间，全市利用外资及港澳台资规模进一步扩大，批准利用外资及港澳台资项目60个，合同利用外资及港澳台资9701万美元，其中对外借款5716万美元，外商及港澳台商直接投资2572万美元，外商及港澳台商其他投资1413万美元；实际利用外资及港澳台资6509万美元，其中对外借款3899万美元，对外直接投资1439万美元，外商及港澳台商其他投资1171万美元。

1990年11月，市政府在北京举办经贸联谊会，全市组成40多人的工作团赴京拜访国家部委、外贸总公司及外国商社驻华代表处，重点推介66个外资及港澳台资和外经项目。是年，全市新批外资及港澳台资项目13个，投资总额1062万美元，其中对外借款项目799万美元，外商及港澳台商直接投资262万美元，外商及港澳台商其他投资1万美元；实际利用外资及港澳台资1169万美元，其中对外借款1016万美元，外商及港澳台商直接投资140万美元，外商及港澳台商其他投资13万美元。

1992年，邓小平视察南方重要谈话发表，新亚欧大陆桥开通营运，为连云港市扩大对外开放创造难得的历史机遇，此后全市开放型经济发展步入高速增长时期。是年新批外资及港澳台资项目269个，合同利用外资及港澳台资3.34亿美元。“九五”计划期间，全市实际利用外资及港澳台资8.13亿美元，是“八五”计划时期的2.68倍。1999年，中日合资连云港云藤油脂装卸有限公司举行合同章程签字仪式，这是连云港市第一个临港产业的合资项目。

图 11-5　2004 年，外商参加在连云港举行的江苏农业国际合作洽谈会。　侍志　摄

2000年，全市新批118个外资及港澳台资项目，合同利用外资及港澳台资1.76亿美元，实际利用外资及港澳台资1.74亿

美元。2001年，连云港市抓住中国加入世界贸易组织带来的重大机遇，制定全方位扩大开放的发展战略。是年，全市新批外资及港澳台资项目93个，合同利用外资及港澳台资1.01亿美元，实际利用外资及港澳台资1.95亿美元。

2005年，全市新批外资及港澳台资项目271个，合同利用外资及港澳台资10.36亿美元，实际到账外资及港澳台资2.75亿美元。全年有53个国家（地区）到连云港投资，中国香港、法国、中国台湾、新加坡和韩国列前五位。总投资1.5亿欧元的罗盖特山梨醇及淀粉生产项目一期工程建成投产，一期总投资4980万美元的东方国际集装箱项目开工并于是年8月16日投产，总投资5000万美元的协鑫热电项目1号机组并网发电，注册资本2998万美元的天联工控木业公司竣工投产。至2005年底，全市批准引进外商及港澳台商投资项目3120个，引进汉高华威等8个世界500强企业投资项目。

1985～2005年连云港市利用外资及港澳台资情况统计表

表11－8

年份	签订合同数（个）	合同利用外资及港澳台资（万美元）				实际利用外资及港澳台资（万美元）			
		合计	对外借款	外商及港澳台商直接投资	外商及港澳台商其他投资	合计	对外借款	外商及港澳台商直接投资	外商及港澳台商其他投资
1985	6	326	—	59	267	111	—	111	—
1986	11	2710	1667	487	556	1137	1027	49	61
1987	9	1394	232	523	639	889	283	268	338
1988	17	2809	2294	329	186	1047	723	246	78
1989	10	1726	724	971	31	2267	850	736	681
1990	13	1062	799	262	1	1169	1016	140	13
1991	27	3216	162	3011	43	1136	981	151	4
1992	269	33433	786	32566	81	3897	792	3024	81
1993	404	25478	134	24775	569	7412	349	6495	568
1994	253	20537	6224	13595	718	8433	2169	5845	419
1995	313	28026	1464	26213	349	9495	2064	7089	342
1996	209	38395	5884	32511	—	17848	9534	8314	—
1997	187	9489	470	7728	1291	16731	5842	10613	276
1998	117	11390	2114	9261	15	13145	2822	10308	15
1999	121	210620	199600	11020	—	16180	11512	4668	—
2000	118	17642	7440	10202	—	17360	12590	4770	—
2001	93	10113	—	10113	—	19495	13714	5781	—
2002	161	19677	—	19677	—	53726	43717	10009	—
2003	237	50976	—	50976	—	80892	59577	21405	—
2004	274	69075	—	69075	—	48730	24071	24659	—
2005	271	103634	—	103634	—	27480	—	27480	—

1984～2005年连云港市批准投资2000万美元以上“三资”企业统计表

表11-9　　单位：万美元

序号	企业名称	国别（地区）	投资者名称	投资总额	协议外资及港澳台资
1	江苏东海圣戈班玻璃有限公司	法国	法国圣戈班玻璃公司	9980	4725
2	罗盖特（中国）精细化工有限公司	法国	法国罗盖特兄弟有限公司	7592	3247
3	沙索益海（连云港）醇工业有限公司	德国	沙索烯烃和表面活性剂有限公司	6600	1980
4	新苪桥（连云港）码头有限公司	中国香港	中国外运香港物流有限公司	6426	1812
5	中国江苏三得利食品有限公司	日本	日本三得利株式会社	5900	2938
5	连云港杜钟新奥神氨纶有限公司	美国	美国中国产权持有责任有限公司	4500	938
6	连云港旺旺家园开发有限公司	新加坡	旺旺控股有限公司	2998	2200
7	连云港航泰实业有限公司	泰国	泰国精细工程技术管理公司	2998	2398
8	连云港绿宝纸业有限公司	中国香港	香港绿宝实业集团股份有限公司	2998	2998
9	连云港司贝斯石英制品有限公司	中国香港	香港司贝斯投资集团有限公司	2998	2998
10	连云港司贝斯置业有限公司	中国香港	香港司贝斯国际投资集团有限公司	2998	2968
11	天陆纸制品（连云港）有限公司	中国香港	香港天陆实业集团股份有限公司	2998	2998
12	中榕基实业（连云港）有限公司	英国	英国创新国际有限公司	2998	1620
13	连云港苍梧公园	韩国	韩国世宝产业株式会社	2998	2000
14	连云港钢强基础工程有限公司	美国	DANIEL YAUYUEN	2998	1998
15	甲乙（连云港）粘胶有限公司	韩国	韩国甲乙纺织株式会社	2995	1198
16	连云港亚卡新材料有限公司	德国	韦卡开发有限公司	2992	858
17	连云港华韦塑料制品有限公司	德国	韦卡开发有限公司	2990	718
18	中创实业（连云港）有限公司	英国	英国创新国际有限公司	2990	1350
19	益海（连云港）油化工业有限公司	新加坡	新加坡丰益中国投资私人有限公司	2988	1006
20	泰鼎纸业（连云港）有限公司	中国香港	中国泰鼎国际纸业集团有限公司	2988	2988
21	连云港东方焦化有限公司	中国香港	陈夫杰	2980	2280
22	连云港杜钟新氨纶有限公司	英属维尔京群岛	香港钟山公司	2980	316
23	连云港开发区沃瑞达管材有限公司	澳大利亚	澳大利亚沃其列有限公司	2980	2900
24	连云港中新国际房地产有限公司	新加坡	新加坡国际经济技术合作有限公司	2980	900
25	欧洲太平洋（连云港）食油有限公司	菲律宾	欧洲太平洋国际贸易公司	2980	1192
26	中纸纸业（连云港）有限公司	英国	英国创新国际有限公司	2980	1440
27	赣榆县富大马实业有限公司	马来西亚	马来西亚富大马有限公司	2980	2980
28	黄河（连云港）家具有限公司	中国香港	黄河实业（集团）有限公司	2980	2880
29	连云港奥林匹亚石材有限公司	巴拿马	巴拿马CRANER ENTERPRISES S.A.	2980	2000
30	连云港共赢实业发展有限公司	中国香港	共赢国际投资集团（香港）有限公司	2980	2980
31	连云港市金港纸业有限公司	中国台湾	林伯世	2980	2486

续表11-9

序号	企业名称	国别（地区）	投资者名称	投资总额	协议外资及港澳台资
32	连云港鑫联散货码头有限公司	英属维尔京群岛	英属维尔京群岛联邦资源集团有限公司	2959	414
33	连云港花果山国际俱乐部有限公司	中国香港	香港新东方投资控股有限公司	2958	1183
34	连云港杜钟奥神氨纶有限公司	中国香港	杜邦中国集团有限公司	2950	738
35	连云港开发区百兴机械制造有限公司	中国香港	香港剑佰实业有限公司	2900	2200
36	家有家俬（连云港）有限公司	印度尼西亚	PT.CAHAYA SAKTI FURINTRACO	2900	2000
37	江苏德邦化学工业集团有限公司	萨摩亚	长庚铁工股份有限公司	2900	578
38	连云港晨兴环保产业有限公司	萨摩亚	晨兴置业有限公司	2880	1194
39	连云港双龙无纺布有限公司	中国香港	香港沈隆光集团有限公司	2820	1440
40	连云港苍梧教育发展有限公司	美国	美国C&T国际（集团）公司	2800	2300
41	连云港康力葡萄啤酒有限公司	美国	美国美联国际投资集团	2800	1200
42	连云港欧亚房地产开发有限公司	中国香港	香港胜徽投资有限公司	2800	960
43	连云港同福房地产开发有限公司	澳大利亚	澳大利亚英格伯瑞克有限公司	2800	480
44	连云港杜钟氨纶有限公司	英属维尔京群岛	香港钟山有限公司	2795	278
45	宝宏（连云港）码头有限公司	美国	美国联合收益有限公司	2779	604
46	连云港连城铝业有限责任公司	中国香港	香港联邦资源铝业发展有限公司	2779	362
47	益海（连云港）农产品发展有限公司	新加坡	新加坡丰益中国投资（益海）私人有限公司	2778	954
48	连云港海狮国际实业有限公司	新加坡	新加坡国际经贸有限公司	2700	900
49	汉高华威电子有限公司	德国	德国Henkel KGaA	2608	765
50	连云港金兆水务有限公司	中国香港	东兆国际有限公司	2532	1013
51	连云港国际工业园开发有限公司	新加坡	新加坡国际经济技术合作有限公司	2500	999
52	连云港海佳鳌工程塑料有限公司	中国台湾	台湾天华实业有限公司	2500	2500
53	连云港齐茂纺织制品有限公司	中国香港	香港齐茂发展有限公司	2500	1200
54	连云港万国建筑材料有限公司	日本	日本关西国际贸易株式会社	2500	1000
55	东海布莱特科技开发有限公司	日本	日本依基布莱特株式会社	2500	1000
56	连云港鑫源新达生物工程有限公司	美国	美国新纪元财务投资公司	2500	1000
57	华瑞（连云港）橡胶制品有限公司	瑞士	瑞士阿比芭公司	2450	2450
58	东方国际集装箱（连云港）有限公司	英属维尔京群岛	英属维尔京东方国际集装箱有限公司	2300	1000
59	中际实业（连云港）有限公司	英国	英国创新国际有限公司	2300	800
60	连云港中捷热电有限公司	捷克共和国	捷克CC国际贸易有限公司	2200	880
61	英民（连云港）电脑科技有限公司	中国台湾	莫丰民	2200	1100

续表 11-9

序号	企业名称	国别（地区）	投资者名称	投资总额	协议外资及港澳台资
62	连云港德兰环保压缩机有限公司	波兰	PZL-海吉奥公司	2100	500
63	富强（连云港）科技发展有限公司	中国香港	富强（香港）集团有限公司	2000	2000
64	连云港连丰炉料合作公司	美国	丰裕国际集团有限公司美国分公司	2000	1275
65	连云港榕港实业有限公司	俄罗斯	阿尔别克·阿古罗	2000	800
66	连云港特罗尼金属网有限公司	美国	美国SANLAND BIRD国际公司	2000	1800
67	连云港晓春生物制糖有限公司	英国	英国BC国际有限公司	2000	800
68	连云港迎旭实业有限公司	中国香港	香港迎旭投资集团有限公司	2000	1250
69	安德森（连云港）化工有限公司	美国	美国全球发展集团	2000	1440
70	冠林（赣榆）海珍品养殖有限公司	中国台湾	冠林股份有限公司	2000	1400
71	连云港东暻科技发展有限公司	韩国	郑在喆	2000	1500
72	连云港凡林水产养殖有限公司	韩国	韩国（株）凡友ISP	2000	1800
73	连云港昇达房地产开发有限公司	中国台湾	鲁永发	2000	2000
74	连云港溢盛工业有限公司	中国台湾	台湾溢垣贸易公司	2000	1000
75	圣得雅（连云港）服饰有限公司	美国	郎晓明	2000	1000

1990～2005年连云港市外商及港澳台商投资企业登记基本情况统计表

表 11-10

年　份	年末实有企业（家）	合资企业（家）	合作企业（家）	外商及港澳台商独资企业（家）	投资总额（万美元）	注册资金（万美元）	
						小计	其中外方
1990	33	24	8	1	9125	5800	2361
1991	56	45	8	3	13526	8778	4137
1992	292	—	—	—	65734	40682	20542
1993	662	594	30	38	116094	74088	38392
1994	815	710	35	70	136012	87268	46652
1995	1087	919	46	122	188236	119185	68495
1996	1053	869	44	140	182477	117331	68707
1997	920	723	40	157	155199	100319	60291
1998	964	724	40	200	162455	103717	62654
1999	736	535	35	166	124440	79004	47070
2000	650	451	34	165	119657	75218	46897
2001	709	482	36	191	130426	81771	53664
2002	583	355	29	199	119420	75100	52048
2003	751	413	28	310	156606	101943	75035
2004	794	361	21	412	220095	148437	119800
2005	993	406	26	561	341246	321678	185884

第二节　引进国内资金

1985年，连云港市开始实施“内联打基础、外引上水平”的外向型经济发展方针，成立对内经济联合委员会，负责全市国内经济协作和联合工作。是年，连云港市第一家内联企业——连云港市红光电子管厂（778厂）落户投产，总投资300万元。1986年11月，市对内经济技术联合会和市经济协作办公室合并，成立连云港市经济协作委员会，统一管理全市的对内经济协作工作。此后，连云港市引进国内资金主要是引进“三线”军转民企业。1985～1991年，全市引进内联项目799个，总投资11.95亿元，实际到位资金2.77亿元。

1992年后，内联引资进入快速发展阶段。至1998年底，在连云港的“三线”军转民企事业单位形成生产能力的有10家，注册资金1.3亿元，拥有固定资产5.13亿元，职工总数4056人，其中科技人员1251人。

2001年9月，连云港市招商局成立，保留连云港市经济技术协作办公室牌子。

2001～2005年，连云港市利用江苏农业国际合作洽谈会、苏北地区投资贸易洽谈会以及连云港之夏、东海水晶节等重大展会和节庆招商引资新平台，开展项目洽谈活动，累计引进内联项目5732个，引进资金280.79亿元，比“九五”计划期间增长9倍。通过引进内联资金，连云港市的新医药、新材料、新能源产业成长为极具竞争力的战略性产业，造船、钢铁、石化等临港产业形成集聚态势。2005年，晶澳太阳能有限公司投资的晶海洋半导体项目在东海县落户投产；中国建筑材料集团旗下的中复神鹰碳纤维项目在连云港开发区实施；中国国电集团在开发区投资成立国电联合动力技术有限公司，研发生产全球容量最大的5兆瓦海陆两用风力发电机；山东东明石化集团和北京万海石化集团在赣榆县共同投资设立的新海石化公司，具有年加工500万吨原油、300万吨重油的能力，年创产值200亿元。

图11-6　连云港北方变速器有限公司是20世纪90年代引进的中国兵器工业集团公司控股的子公司，也是连云港市较大的内联企业之一。　赵鸣　摄

1985～2005年连云港市引进国内资金统计表

表11-11　　单位：亿元

年　份	引进资金额	年　份	引进资金额	年　份	引进资金额	年　份	引进资金额
1985	1.50	1991	0.20	1997	4.40	2003	36.29
1986	2.52	1992	3.50	1998	4.88	2004	75.42
1987	2.13	1993	2.90	1999	6.27	2005	144.00
1988	2.80	1994	1.59	2000	7.96	合计	331.65
1989	0.40	1995	3.11	2001	9.36		
1990	2.40	1996	4.30	2002	15.72		

2005年连云港市主营业务收入前十名内联企业一览表

表11-12　　单位：万元

序　号	企业名称	主营业务收入
1	江苏省福润肉类加工有限公司	62786
2	灌南鑫盛金属制品厂	22409
3	东海县顺泰酒精厂有限公司	22260
4	赣榆县金山化工有限公司	20351
5	连云港中复连众复合材料集团有限公司	18480
6	江苏金山肥业有限公司	15029
7	南京雨润食品有限公司东海分公司	14689
8	灌南兴鑫建材有限公司	12312
9	连云港东成酒业有限公司	11594
10	连云港易达酒业有限公司	10891

第三节　投资软环境建设

1987年1月10日，连云港市政府出台第一个旨在改善发展软环境建设的政策性文件《连云港市人民政府关于鼓励外商投资的若干规定》，要求各级政府为外商到连云港投资创业提供各种便利条件和优惠政策，推动地方经济的快速发展。

1988年9月，全市开始贯彻落实中央“治理经济环境、整顿经济秩序”部署。是年10月26～28日，市委召开市各部、委、办、局党员负责人会议，提出坚决治理经济环境，整顿经济秩序，进一步深化改革，推动国民经济协调发展的三点意见。是年底，确定全市清理在建项目340个，首批31个，压缩投资1265万元；对待批的101个项目，按照要求清理压缩。1989年4月分期分批开展乡、村两级财务清理工作。是年8月5日开始对建设市场进行整顿，整顿重点为各级建设管理部门、建设单位、勘察设计单位、施工单位和城市综合开发单位。至年底，全市有90个乡镇、1551个村开展财务清理，占全市村总数87%的村建立和完善农村经营管理制度。

1990年1月5日始，全市治理“三乱”（乱收费、乱罚款、乱摊派）。1月18日起，全市统一清理“三角债”（企业之间超过托收承付期或约定付款期应当付而未付的拖欠货款）。2月26日，市委、市政府出台《贯彻中共中央关于进一步治理整顿和深化改革的决定的意见》，开展专项整顿，压缩集团消费，发展农村经济，调整工业结构、加强基础产业，大力整顿流通秩序、控制物价上涨幅度，加强企业管理，继续深化改革，推进科技进步，扩大对外开放、大力发展外向型经济8个方面的工作。

1992年5月9日，市委、市政府出台《关于加快改革开放实现经济发展再上新台阶若干问题的决定》，规定内联企业在税收、土地开发使用费等方面比照“三资”企业享受优惠政策，并在户口迁入、子女入学等方面提供方便。

1995年4月14日，市委、市政府出台《关于进一步扩大对外开放的实施意见》，进一步扩大利

图 11-7　2004 年，连云港市国税部门工作人员到外商投资企业开展服务。　侍志　摄

用外资及港澳台资领域，在土地利用、信贷支持、出入境签证办理等方面明确优惠举措和招商引资奖励机制，鼓励全民招商。

1998 年 8 月 23 日，市政府出台《关于进一步改善外商投资软环境的若干规定》，规范全市涉外部门和单位办事行为，提高办事效率和服务水平，进一步明确外商投资企业享受的优惠政策，并提出建立市、县（区）两级重点项目跟踪服务制度以及软环境建设行风评议制度。

2000 年 3 月 20 日，市委、市政府再次出台《关于进一步改善经济发展软环境的意见》，决定把改善发展软环境作为全年重点工作来抓，提升党政机关、司法机关、事业单位、窗口服务单位高效优质服务水平。

2002 年 3 月 2 日，市委、市政府决定用 2 个月时间对全市投资发展软环境开展一次集中整治。3 月 4 日召开全市招商引资暨集中整治投资发展软环境动员大会，印发《连云港市招商引资奖励办法》《关于公开评议投资发展软环境工作的意见》《关于对损害投资发展软环境行为实行责任追究的暂行规定》。在全市各级机关单位开展集中整治投资发展软环境活动，集中整治大局观念、服务意识、工作效率、法制环境、社会形象等方面的重点问题。3 月 5 日成立连云港市投资服务中心和软环境整治建设投诉中心、重大项目和外资企业环境 110。4 月 11 日，市委、市政府召开党政联席会议，专题研究制定落实整顿的具体措施。4 月 30 日召开全市干部大会，再次对集中整治软环境工作进行部署，与软环境关系较为密切的 26 个部门和单位作出公开承诺。市委、市政府制定《关于加强市级领导班子作风建设的意见》，严格按照“四不放过”（事故原因不查清不放过、责任人员未处理不放过、整改措施未落实不放过、有关人员未受到教育不放过）的要求，对梳理出来的突出问题认真制定整改方案，全面落实整改措施。5 月 15 日，市纪委、监察局在市广播电台开办热线直播节目《行风热线》，市卫生局等 22 个与投资发展、群众生活密切相关的职能部门和单位的主要负责人定期走进直播室，接受社会监督，回答群众投诉，宣传有关政策法规。2002 年 12 月实行直通卡制度，在投资服务、医疗保健、子女入学、道路收费、旅游服务等方面为外来客商提供方便。

2004 年 9 月，市政府常务会议讨论通过《关于加强行政效能建设的若干规定》，建立并实行岗位目标责任制、政务公开制度、服务承诺制等多项规章制度。

2005 年，市级机关建立软环境双向监控制度，常年走访 80 余家软环境监控企业，每季度对 30 个行政执法单位的行政处罚情况检查一次。12 月 12 日，4293 名社会各界代表对全市 96 个市级机关部门和驻连云港部省属单位 2004～2005 年的投资发展软环境建设情况进行分析测评。是年，有 40 余人因损害投资发展软环境受到诫勉谈话和大会检查以上的处理，其中 30 余人被通报批评、5 人停职待岗、2 人被辞退、1 人被行政警告、5 人被罚款。

至 2005 年底，全市软环境建设中共查处 259 人，其中党纪处理 40 人、政纪处分 39 人、待岗 30 人、责令检查 110 人、治安处理 14 人、刑事立案（拘留）20 人、辞退 6 人。各单位建立完善规章制度 1242 项，其中新建 504 项、修改完善 738 项。

第四节　外商及港澳台商投资企业选介

一、中国江苏三得利食品有限公司

1984年3月2日，中国国际信托投资公司、江苏省国际信托投资公司、连云港市轻工业公司和日本三得利株式会社在北京签署合资建设江苏三得利食品有限公司合同书。公司位于海州区，投资总额5900万美元，注册资本2938万美元，合营期限30年。年产啤酒15万吨、麦芽2.5万吨。多次获"市利税十佳外商投资企业""市利税十强工业企业"称号。1996年通过ISO 9000质量体系认证，2001年通过ISO 14001体系国内认证机构的考评，是连云港市当时唯一具有"国际双证"的企业，也是江苏省首家通过ISO 14001考评的食品企业。其生产的"王子"牌啤酒被江苏省技术监督局列为江苏省重点保护产品。2005年，公司完成主营业务收入2亿元。

二、江苏德邦化学工业集团有限公司

2004年11月26日，香港丰台有限公司投资设立，位于海州区。投资总额2899万美元，协议注册资金576万美元。主要从事有机化学原料的制造。公司生产的纯碱、氯化铵、小苏打、硅酸钠、柠檬酸、磷酸盐、柠檬酸盐、白炭黑、硫化油等产品远销欧洲、东南亚、北美。企业规模和利润在全国纯碱行业中排名前列。先后获全国五一劳动奖状、"全国守合同重信用企业"称号，主产品"银球"牌氯化铵被评为国家免检产品，"银球"商标获"江苏省著名商标"称号。2005年，公司完成主营业务收入8.87亿元。

三、甲乙（连云港）粘胶有限公司

1995年9月7日，韩国人都学鲁投资设立，位于连云港经济技术开发区。投资总额2500万美元，协议注册外资679.09万美元。主要从事人造纤维（纤维素纤维）的制造。主要产品粘胶纤维棉浆粕年生产能力5.5万吨。产品主要在国内市场销售，国内市场占有率5%。2005年，公司完成主营业务收入2.72亿元。

四、连云港雅玛珂紫菜有限公司

1995年12月，日本雅玛珂株式会社独资设立，位于连云港经济技术开发区。注册资本920万美元，1998年1月投产。雅玛珂株式会社是世界第一大紫菜烘干加工公司，在连云港市先后成立5家合资企业进行干海苔生产，形成从原藻养殖到最终产品销售的企业集团。2005年，公司实现利润2234万元。

五、江苏省东海太平洋石英股份有限公司

1999年4月23日，香港富腾发展有限公司投资设立，位于东海县。投资总额3381万美元，协议注册资金818万美元，占地30多万平方米，是一家集科研、生产、销售为一体的硅资源深加工企业。主要服务领域涉及照明、光伏及半导体用石英材料等，主导产品有石英管（棒）、高纯石英砂、大口径石英扩散管、石英坩埚、各种石英器件等，产品远销20多个国家和地区。公司先后通过ISO 9001、ISO 14001、OHSAS 18001认证。拥有省级技术中心和通过国家实验室认可委认可

的CNAS检测中心，建有博士后科研工作站，拥有高端产品开发和技术创新能力。2005年，公司完成主营业务收入1.13亿元。

图11-8　全国领先的石英制品生产商——江苏东海太平洋石英制品公司　　　　赵鸣　摄于2000年

六、汉高华威电子有限公司

2005年10月9日，德国汉高集团（Henkel KGaA）投资设立，位于连云港经济技术开发区。投资总额2608万美元，协议注册外资1408万美元，占地面积10.2万平方米，主要从事环氧模塑料的研发、生产和销售，是全球单体规模最大的塑封料生产商，中国市场占有率第一、全球排名第二，被认定为国家重点高新技术企业、国家"863"计划成果产业化基地，建有国家级博士后科研工作站和江苏省集成电路封装材料工程技术研究中心。2005年，公司完成主营业务收入2.39亿元。

七、益海（连云港）粮油工业有限公司

2000年9月22日，新加坡丰益中国投资私人有限公司投资设立，位于连云港经济技术开发区，投资总额1.32亿美元，协议注册外资4543万美元。益海（连云港）粮油工业有限公司是益海连云港企业群下属企业之一，主要从事进口大豆加工和进口棕榈油加工，2002年3月投产。项目引进美国皇冠公司设备及ADM公司工艺技术，全自动化操作和控制。生产"金龙鱼""口福"牌食用油和"丰苑"牌豆粕；引进新加坡LIPICO公司的棕榈油分提生产线，生产24℃、33℃、53℃等不同熔点的棕榈油。公司出口产品以豆粕为主，出口额连续多年名列连云港市相关企业前列。2005年，该公司实现销售收入47.3亿元，完成出口额1869万美元。

八、罗盖特（中国）精细化工有限公司

2001年9月14日，法国罗盖特兄弟有限公司投资设立，位于连云港经济技术开发区。投资总额8.2亿美元，协议注册外资3.53亿美元。具有年产13.5万吨液体山梨醇、2.5万吨粉体山梨醇、2.5万吨粉体麦芽糖醇以及7万吨变形淀粉的能力，是中国最大的多元糖醇生产企业。2005年，该公司完成工业总产值1亿元。

九、大陆汽车电子（连云港）有限公司

2003年，德国大陆公司与日本日清纺工业集团共同并购升德升（连云港）电子有限公司，组建合资企业大陆汽车电子（连云港）有限公司，投资总额6827万美元。主要生产ABS防滑制动系统传感器、传感器线圈、电源装置及其他车用传感器以及汽车用主、被动式安全系统产品等。2005年3月17日，该公司被海关总署批准为加工贸易联网企业。是年，公司完成进出口额9758万美元。

十、台玻东海玻璃有限公司

2003年11月18日，台湾玻璃中国控股有限公司投资设立，位于东海开发区，投资总额4600万美元，协议注册资金4600万美元，主要从事平板玻璃的制造。2005年，公司实现工业总产值1.55亿元。

第四章　对外及对港澳台经济技术合作

1984年后，连云港市在坚持吸收资金、项目、技术及设备“引进来”战略的同时，支持企业和人员“走出去”，大力发展对外劳务合作、对外承包工程和对外投资合作。对外投资的项目数、投资总额、海外布局、产业结构及技术水平逐步提升，总体水平一直保持苏北领先水平。1984～2005年，全市累计向境外派出劳务人员近5万人次，期末在外人数1.51万人，成为在境外具有影响力的技能型劳务供应基地之一。

第一节　对外劳务合作

1987年6月，东海县组织215名农村务工人员到科威特从事建筑工程施工劳务，首开连云港市成批农民出国劳务的先河。是年12月，市饮食服务公司派出1名厨师到德意志联邦共和国（简称西德）从事厨师技术劳务。1988年，全市派出技术工人52人、水利专家4人、翻译1人到突尼斯、伊拉克、西德、日本、喀麦隆等国家从事管道工程、水利技术、翻译等劳务。此后，在传统的建筑业之外开辟服装缝纫、水产品加工、渔业等新的对外劳务合作行业，全市对外劳务合作向市场多元化、行业多样化迈进。1989年，市政府与中国江苏国际经济技术合作公司各出资25万元，组建股份制全民所有制中型企业——中国江苏国际经济技术合作公司连云港分公司（简称中江公司连云港分公司），作为市政府直属唯一国有外经专业公司，从事对外承包工程、劳务合作和国际贸易等业务经营活动。1990年，全市完成外经（外派劳务）项目8个，新签合同额48万美元，完成营业额66.82万美元，年末外派劳务80人。“七五”计划期间，连云港市对外承包劳务项目19个，援外机电产品923台，外派劳务技术人员350人次，新签合同额666万美元，完成营业额686万美元，创汇286万美元。

1992年，经外经贸部批准，中江公司连云港分公司设立外派劳务培训中心，外派劳务培训规模迅速扩大。1993年，市政府在中江公司连云港分公司基础上投资组建连云港国际经济技术合作公司。经外经贸部批准赋予其对外承包工程和劳务合作经营资格（包括开展外派海员、对台远洋渔工劳务合作业务经营资格），主营对外承包工程、对外劳务合作及国际贸易等业务。是年，以连云港国际经济技术合作公司为主要经营单位，全市实施劳务项目4个，派出技术工人62人，赴西德、巴基斯坦、日本、扎伊尔等国，从事厨师、化工、缝纫、翻译等工作。到2000年，全市外派劳务企业通过外交部及对外友好协会、外经贸部等相关部门以及日本、韩国在连云港市兴办的独资或合资企业派遣研修生到母公司进行技术研修等途径，累计向30多个国家和地区外派劳务人员1万多人。

2002年，国家对外派劳务管理体制进行重大改革，由于监管措施未及时落实到位，各地外派劳务纠纷频发。是年，连云港市有数百人上当受骗，引发大规模集体上访，发生恶性刑事案件。

针对劳务市场出现的问题，市外经贸局、公安局、工商局、外事办公室等部门加强管理，规范和促进连云港市外派劳务业务健康发展。2003年2月，市政府出台《关于进一步加强全市外派劳务合作和境外就业中介管理的通知》，建立外派劳务项目备案、外派劳务中介经营资格管理等多项措施，对全市外派劳务市场进行集中清理整顿，取缔一批非法中介机构，依法查处一批诈骗案件，市场秩序明显好转。是年，全市完成对外合作劳务营业额1.13亿美元，新派人数4417人，年底外派劳务10226人。因受伊拉克战争及巴以冲突的影响，与中东地区签订的外经项目明显减少，日本、韩国等市场成为全市对外劳务合作的新增长点。

2005年，全市有纳入监管的外派劳务中介企业43家，是年新派劳务人员6385人，期末在外人数15134人，其中从事建筑业8632人、工业生产3920人、渔业生产1064人、其他1518人，分布世界30多个国家和地区。

1987～2005年连云港市对外劳务合作情况统计表

表11-13 单位：人

年　份	新派人数（人）	期末外派劳务人数（人）	年　份	新派人数（人）	期末外派劳务人数（人）
1987	215	203	1997	2458	4996
1988	28	215	1998	2810	5180
1989	96	—	1999	2678	566[illegible]
1990	—	80	2000	3504	6385
1991	—	283	2001	3720	7686
1992	409	389	2002	4354	9120
1993	603	688	2003	4417	10226
1994	291	1470	2004	5123	12088
1995	118	2346	2005	6385	15134
1996	564	3276			

第二节　对外承包工程

1984～1988年，连云港市对外承包工程业务较少。1989年，中国江苏国际经济技术合作公司连云港分公司成立，在开展对外劳务合作业务经营的同时，走出国门开展对外承包工程业务。1989～1990年，陆续承揽伊朗远洋渔业捕捞（中方派出2艘600马力渔船和52名船员）、几内亚渔业设备制造、几内亚水厂等承包工程项目。1990年，江苏国际经济技术合作公司中标也门贾马公路工程总承包项目，总投资1.4亿元。连云港市派出100多名工程技术人员和劳务人员，实施分包项目。中江公司连云港分公司通过实施海外造船、爆破、筑路、渔业合作、盐场改造等工程的劳务分包项目，与中国水产联合总公司、中国房建开发公司、中国港湾工程公司、中国路桥工程公司及四川、重庆、云南等省市的国际公司建立良好的业务合作关系，在几内亚、也门、印尼、伊朗、意大利等多个国家承揽工程项目。

1992年3月，中国路桥建设总公司中标肯尼亚塔纳河农业开发项目，合同额3456万美元。中江公司连云港分公司直接参与该项目的投标准备工作，作为主要分包商独立完成当年中国最大的境外农业开发承包项目建设任务。市外经贸委组织中江公司连云港分公司、东辛农场、东海县政府、江苏农垦连云港公司、中国银行连云港分行等单位，抽调土建、农业、水利、翻译等各方面专业人才投入工程建设，克服不熟悉国际承包工程规则和国际金融贸易惯例、不适应热带气候等诸多困难，圆满完成建设任务。1993年，中江公司连云港分公司获得外经贸部赋予的对外承包工程经营资格，连云港市对外经济合作规模跻身全省前列。1995年，连云港市对外承包工程市场扩展到韩国、美国、日本、毛里求斯等25个国家和地区，实施海外工程项目8个，合同总金额1655.97万美元。

图11-9　连云港市参与承建的也门贾马公路
赵鸣　摄于2005年

2000年，交通部第三航务工程局第五工程公司（简称三航五公司）对外承包工程申请签约权获批，对外承包工程主体进一步壮大。市外经贸局扶持市属龙头企业做大做强，是年，市属企业新签合同额3058.32万美元，实际完成营业额3447.06万美元；市海外经贸合作公司、对外服务公司、工商经济发展公司、职工对外交流中心等中小企业发展较快。

2005年，全市完成对外经济合作营业额1.66亿美元，新签合同额1.58亿美元。连云港市建筑工程公司、化工部连云港设计研究院、江苏三兴建工集团有限公司、三航五公司先后获得外经贸部对外经济技术合作资格。化工部连云港设计研究院在全省率先为美国佛罗里达磷矿提高磷矿石利用率提供设计咨询和技术服务，连云港市商业外经贸公司在美国实施关岛商业大厦项目，连云港海外经贸合作公司在毛里求斯实施商业中心工程项目，三航五公司承建缅甸蒂拉洼码头建设项目。连云港市企业成功拓展北美、东非、中东、中亚等地区的承包工程市场。

1990～2005年连云港市对外承包工程情况统计表

表11-14　　单位：万美元

年　份	合同额	营业额	年　份	合同额	营业额
1990	48	67	1998	6395	6179
1991	622	345	1999	7176	6831
1992	3456	686	2000	7617	7629
1993	1222	1414	2001	8416	8472
1994	2194	2369	2002	11674	10007
1995	3040	2946	2003	9328	11323
1996	4598	3726	2004	11143	13003
1997	5494	5490	2005	15842	16595

第三节　对外及对港澳台投资合作

1986年，经外经贸部批准，连云港市在香港设立第一家境外投资企业——振云有限公司。1988年，在香港设立华连磁带有限公司、置丰实业有限公司、崇润有限公司、湛惠有限公司、桓威鞋业有限公司和东苑物业投资有限公司6家境外企业。1989年，连云港市经济联合开发公司在日本大阪市合资兴办餐饮服务企业——南苑料理，总投资16万美元，中方出资8万美元，派出经理1人、厨师1人、服务人员3人，餐馆于9月开业。

图 11-10　1986年，连云港市在香港设立第一家境外投资企业——振云有限公司。　赵鸣　摄

1992年，邓小平视察南方重要谈话发表后，连云港市出现新一轮的对外投资热潮。由于当时大多数企业综合经济技术实力较为薄弱，体制机制僵化，思想认识落后，缺乏国际竞争力，没有一家企业能在国外长期生存发展。海州工艺品公司在荷兰开办的中国连云港自然纤维地毯（荷兰）有限公司、连云港国际经济技术合作公司在阿联酋投资的金城实业有限公司、连云港开发区在巴基斯坦设立的巴中友谊有限公司等均破产、倒闭。

2000年，连云港海苑工艺品有限公司在荷兰投资设立荷兰天然纤维有限公司，带动国内产品出口120万美元，实现境外带料加工零的突破。

2004年起，连云港市大力实施“走出去”战略，境外投资进入新一轮快速发展时期。6月21日，江苏康缘药业股份有限公司在香港投资300万美元创办康缘国际实业有限公司，开启连云港市由大型国有企业、上市公司及民营企业主导的对外投资合作新时代。

2005年，全市核准境外投资项目4个，投资总额470万美元，中方协议出资额385.36万美元。连云港港口股份有限公司、江苏恒瑞医药股份有限公司、连云港南天国际经贸有限公司、连云港瑞鸿国际贸易有限公司等企业进军海运、贸易、采矿及技术研发等投资领域。

第四节　境外投资企业选介

一、康缘国际实业有限公司

成立于2004年6月21日，由江苏康缘药业股份有限公司全资设立，位于香港，总投资300万美元。主要从事中西药制剂、生物化学制剂、保健品的研制开发、制造生产、销售以及相关技术咨询、服务。

二、马来西亚富华有限公司

成立于2004年6月22日，由连云港南天国际经贸有限公司合资设立，是江苏省第一个在马来西亚投资矿资源开采的企业，位于马来西亚吉隆坡，总投资132万美元，中方协议出资66万美元。主要从事矿资源开采与加工以及与此相关的国际贸易。

三、连云港轮渡株式会社

成立于2005年7月28日，由江苏连云港港口股份有限公司和韩国兴亚海运株式会社各投资15万美元设立，位于韩国仁川。主要从事连云港中韩轮渡公司的代理、装卸搬运和其他运输服务。

四、恒瑞医药（美国）创新药物研究公司

成立于2005年8月3日，由江苏恒瑞医药股份有限公司全资设立，位于美国旧金山，总投资290万美元。主要致力于抗肿瘤药、手术用药、内分泌治疗药、心血管药及抗感染药等领域的创新研发。

第五章　国内经济技术协作

1984～2005年，连云港市的经济协作及对口支援工作主要包括苏陕挂钩、南北挂钩共建苏北开发区及沿东陇海产业带建设等内容。经过多年的努力与探索，经济协作及对口支援成为促进东西部合作交流、推动江苏区域协调发展的重要载体。

第一节　苏陕挂钩合作

1996年12月，连云港市与陕西省宝鸡市建立挂钩扶贫协作关系。两市本着“优势互补、互惠互利、长期合作、共同发展”的原则，通过友好互访、干部互派、对口扶贫、项目合作等多种形式，谋求长期合作、互融互进、共同发展。

1997年，市政府成立由常务副市长任组长、有关县区和市相关部门负责人组成的对口协作与经济合作领导小组，在市计划委员会设立办公室负责日常工作。1997年3月，连云港市与宝鸡市签订工作协议，就互派挂职干部、无偿援助资金以及开展互访交流等达成共识。

2001年，连云港市选派7名优秀教师到宝鸡市的乡村中小学任教两年，并对口支援部分经费和教学仪器设备。是年，连云港市向宝鸡市对口学校捐助资金和物资近百万元，资助贫困学生245人，捐赠图书2万余册、学习用品5000余件、电脑50台、投影仪10台、衣物1200余件、电视机26台，援建希望小学及修缮学校34所。

2004年，赣榆县在宝鸡市兴建赣榆农业科技示范园，园区基础设施、蔬菜良种、技术指导、产品收购等均由赣榆县负责。墩尚镇的台资企业鸿美食品有限公司采取供种与产品回收的办法，扶

持宝鸡市农户种植日本大根萝卜、牛蒡等产品。宝鸡市麟游县2000户农民与赣榆蔬菜加工龙头企业签订产品收购订单，种植大根萝卜、牛蒡、甜葱等创汇蔬菜240公顷。是年在全国扶贫开发工作会议上，连云港市与宝鸡市挂钩扶贫协作工作受到国务院表彰。

1996～2005年，连云港市与宝鸡市共签订协作项目223个，实施158个，协议投资1.45亿元，实际完成投资1860万元，联办企业11家。其中投资过500万元以上的协作项目有万吨液态奶生产线、法门寺地热资源开发、秦川牛肉加工、千只养鹿场、农副产品交易中心、城区集中供热、果蔬深加工、汽车铸造件、崛山森林公园建设9个项目。

至2005年底，连云港市和宝鸡市共组织互访110余批1400多人次，互派9批挂职干部161人。连云港市帮助宝鸡市培训人员540人次，组织宝鸡市到连云港劳务输出300多人，输出技术26项；援建卫生院、所11所，解决人畜饮水600人、2500头，修建公路180千米。连云港市投入资金4500多万元，其中政府、社会无偿援助资金1532.44万元，赠物折款29万元。连云港市援建宝鸡市的妇女儿童发展服务中心、妇幼保健院、建国路幼儿园、少年宫微机培训中心、市县经济信息网络系统以及残疾人就业信息网等项目建成并投入使用。

第二节　南北挂钩发展

1994年，江苏省委开始实施区域共同发展战略。此后，苏北发展和南北挂钩成为推动区域合作发展的重要平台。

1998年，连云港市签订南北挂钩项目249个，建成投产项目224个。批准并实施南北产业转移标志示范工程项目4个。新增的南北挂钩项目占全市经济协作项目的44.7%，建成投产项目占38.9%。示范工程项目获得省财政周转金792万元、贴息贷款1396.8万元。南北挂钩项目——灌南的南京臣功达春制药项目、东海的摩托车轮毂项目投产见效，多功能小型农业机械、球墨铸铁项目进入实施阶段。

1999年，连云港市新增南北挂钩项目222个，建成投产项目201个；客方到位资金2.74亿元；产业转移示范工程上报5项，省计经委批准3项；干部培训387人，劳务输出4.57万人。

2000年，连云港市各县区在实施南北挂钩项目过程中，注重优势互补，当年新增南北挂钩项目237个，建成投产项目216个，客方到位资金3.64亿元；培训干部420人，劳务输出5.73万人。

2001年，省委、省政府确定镇江市与连云港市建立市级挂钩合作关系，南北挂钩进入新的发展阶段。这一时期，主要采取以项目带人才、带资金、带技术的形式进行，扩大合作层次和范围，提高合作效果和成功率，引导苏南地区有计划、有步骤地向苏北进行产业转移，联合开发优势产业，促进共同发展。是年11月13日，省委办公厅、省政府办公厅下发《关于印发〈苏北发展协调小组第一次会议纪要〉的通知》，确定扬中市和灌云县、丹阳市和东海县、太仓市和灌南县、丹徒县和赣榆县建立挂钩帮扶关系。经连云港市和镇江市协商，京口区和连云区、润州区和新浦区、镇江新区和连云港经济技术开发区、镇江港务局和连云港港务局建立结对帮扶关系。

2002年，连云港市与镇江市开展互访交流活动30批次500余人次，向镇江市转移劳动力3000多人。连云港德邦集团、双菱集团、鹰游公司、奥神集团等20家优势企业（集团）与镇江索普集团、钛白粉公司、天元公司、立达纤维公司等20家企业建立结对挂钩关系。两市科技局联合举办农业科技成果信息发布暨合作洽谈会，发布近百项先进农业科技成果和实用技术信息，签订28项合作协议。连云港市与镇江市科研院（所）签订的9个项目进入实施阶段。

2003年，连云港市举办镇—连区域合作论坛、镇—连农业产业化龙头企业合作对口交流、镇—连旅游研讨和合作洽谈会等活动4次，邀请镇江市专家、科技人员到连云港市举办技术培训或学术讲座活动8次，选派25名干部到镇江市挂职锻炼，苏南选派22名干部到连云港市帮助工作。全年实施投资额500万元以上的苏南产业转移项目56个，项目总投资8.78亿元，实际引进资金2.72亿元。其中，镇江市转移项目10个，项目总投资2.61亿元，实际引进资金6200万元。连云港市62家企业和单位100多人组成的连云港市代表团，参加在常州市举办的首次苏北地区投资贸易洽谈会，围绕机械、电子、化工、纺织、食品、农副产品深加工、劳务输出等13个行业和领域，与苏南企业签订投资项目68个，投资额9.6亿元；贸易项目20个，贸易额2亿元；劳务合作项目30个，劳务输出1万人。

图 11-11　2005年，第二届苏北地区投资贸易洽谈会在连云港市举行。　赵鸣　摄

2004年，镇江市、连云港市友好合作交流会在连云港市举行，镇江市向连云港市对口帮扶单位赠送援助资金480万元，两市签订2004年外经合作协议、旅游互动协议和人事人才合作协议。举办省“333工程”沿东陇海线（连云港）苏南企业家投资考察洽谈活动，苏南52家企业的60名企业家和连云港的180余家企业进行投资洽谈活动，达成投资合作意向18个，总投资22亿元，意向引进资金12.8亿元。是年，连云港市引进产业转移项目223个，为2001～2003年项目总数的三分之二；引进项目总投资92.57亿元，实际引进资金35.49亿元，均为2001～2003年累计投资的1.82倍；引进项目平均投资规模4151万元，为2001～2003年平均投资规模的3倍。

2005年11月26日，由省政府主办的第二届苏北地区投资贸易洽谈会在连云港市举行，连云港市签订投资类项目90个，吸引外来投资52.8亿元。是年，连云港市承接投资500万元以上的产业转移项目387个，总投资230亿元，实际引进资金54亿元。

第三节　沿东陇海线产业带建设

1984年，江苏省提出“积极提高苏南、加快发展苏北”的方针，把包括徐州、连云港地区在内的苏北开发、发展提上重要位置。

1992年，省委、省政府制定《江苏省淮海地区经济发展规划纲要》，提出要建设东陇海经济带，范围包括东陇海沿线各市、县；提出加强连云港桥头堡的建设，强化其对外窗口和亚欧大陆桥东出西联、双向开拓的功能；提出密切连云港和徐州的联系，用10年左右的时间，把这一地区建成以东陇海铁路为轴线的经济开放带。

1994年3月25日，国务院第10次常务会议通过《中国21世纪议程》，把连云港至徐州重工业

图11-12　2004年，沿东陇海线（连云港段）产业带发展战略专家论坛在连云港市举行。　赵鸣　摄

带规划为21世纪初首批开发项目，联合国开发计划署将其列为对中国优先承诺援助的20个意向项目之一。

1994年12月，中共江苏省第九次代表大会提出要大力实施区域共同发展战略，沿江、沿海、沿东陇海线整体推进，构建全省生产力布局框架，促进区域共同发展、南北共同富裕，使全省经济在更高层次上合理分工、协调发展。1995年9月，中共十四届五中全会在《关于制定国民经济和社会发展“九五”计划和2010年远景目标纲要的建议》中，把加快以新亚欧大陆桥为纽带的经济带发展放在重要位置，作出加快建设陇兰经济带的重大战略决策，要求该地带逐步成为继珠江三角洲、长江三角洲、环渤海地区之后一条新的经济带，带动陆桥沿线11个省区的开发开放，缩小东西差距。

1996年，省委、省政府制定《江苏省徐连经济带规划》。此后，徐连经济带基础设施建设取得重大进展，为东陇海产业带的进一步发展创造了有利条件。

2003年7月，省委十届五次全会作出“开发建设沿东陇海线产业带，打开苏北崛起的突破口”的重大战略决策。根据省委、省政府统一部署，省发展计划委员会、省委研究室共同组织开展东陇海地区主导产业选择，苏北地区工业化阶段确定、特点和发展思路，苏北地区工业化与城市化发展，苏北地区产业政策指引，苏北地区民营企业发展、东陇海地区矿产资源和地质环境质量评价6个专题研究，参考《江苏省徐连经济带规划》，吸收相关部门专项规划的成果，着手编制《江苏省沿东陇海线产业带建设总体规划》。

2005年6月15日，省政府下发《关于印发江苏省沿东陇海线产业带建设总体规划的通知》。规划以2004年为基期，2005～2010年为规划期，明确沿东陇海线产业带建设的主要目标和任务，重点规划产业发展、城镇建设、基础设施建设、环境治理和保护等内容，沿东陇海线产业带的建设区域包括徐州、连云港2个市市区和铜山、邳州、新沂、东海4个县（市）。是年，沿东陇海线产业带人口735.2万人，面积9900平方千米，区内生产总值1086.9亿元，分别占全省的9.9%、9.3%、7%；人均地区生产总值14838元，超过苏北平均水平，为全省平均水平的71.1%；三次产业结构比10.6：51.8：37.6，三次产业从业人员结构比43.3：30.6：26.1。

2005年，沿东陇海线产业带实现生产总值1233.72亿元，其中连云港市区实现地区生产总值214.81亿元，占沿东陇海线产业带地区生产总值的17.41%。

第六章　开发园区

1984年12月19日，国务院批准设立国家级连云港经济技术开发区（简称开发区），拉开全市开发园区建设发展的序幕。1993年12月，经省政府批准设立全市第一家省级开发区——赣榆经济开发区。2003年3月，国务院授权海关总署批准设立连云港出口加工区，是全市第一个海关特殊监管区。至2005年底，全市有国家级开发区2个、省级开发园区5个；各类开发区以不到全市1%的土地开发面积，创造了全市25%的生产总值和29%的财政收入。

至2005年底，全市省级以上开发区开发面积超过70平方千米，法国罗盖特、日本三菱、德国汉高等国际著名跨国公司落户连云港开发区，中海集团、中国建材集团等国内大公司在省级以上开发园区投资办厂，开发园区成为全市改革开放的“试验田”、经济增长新“引擎”。

第一节　连云港经济技术开发区

1984年12月19日，连云港经济技术开发区经国务院批准建立。1985年4月3日，开发区管理委员会成立。是年9月30日，开发区在中云黄九埝动工兴建。开发区位于连云港市东部城区，毗邻连云港港，规划面积3平方千米。建区初期，连云港开发区采取内联打基础、外引上水平、内外结合、以外为主的开发策略，在努力吸引外资的同时，侧重吸引内陆腹地企业，特别是“三线”军工企业共用共建开发区，以服务新亚欧大陆桥，主攻日、韩为特色；以加快对连云港市企业的技术改造为重点，通过横向经济联合，增强吸引外资和港澳台资的能力，为利用外资及港澳台资、兴办“三资”企业打下基础。

1985年3月18日，国家医药管理局批准连云港市制药厂引进药用铝箔生产线立项申报，同意中国医药工业公司与连云港市制药厂合资建设年产480吨药用铝箔生产装置，开启开发区工业项目引进的进程。至1987年底，开发区累计完成基本建设投资1.53亿元，开发面积0.43平方千米，基本实现“七通一平”[①]；引办外资项目4个、内资项目11个，开发区自办企业12家，建成投产企业9家。1988年，开发区进入首期开发收益期，连云港药用包装材料厂、连云港电子音响有限公司等19家工业企业相继投产，是年，实现工业总产值4100万元、财政收入206万元、出口创汇301万美元。至1990年底，开发区累计投产工业企业23家，其中“三资”企业3家；完成工业总产值1.35亿元，其中内资企业完成的工业产值占90.52%；主要工业产品涉及机械、电子、药用包装、农副食品加工及食品制造等行业。

1991年后，开发区把引进“三资”企业作为工业发展的重点，同时加快内联项目外向化步伐。1992年，云台区中云乡、猴嘴镇新光村划入，开发区管理面积增至42.8平方千米。一批国外和中国香港地区知名企业相继落户开发区，香港钟山有限公司与连云港市氨纶厂合资兴建的连云港钟山氨纶有限公司，泰国正大集团与连云港开发区工业技术发展公司合资兴建的连云港正大饲料有限公司，韩国宇矸株式会社与日本岛野株式会社合资兴建的连云港宇研鞋业有限公司等相继投产。1995年，开发区实现工业总产值20.73亿元，产值构成中外商投资企业及港、澳、台地区投资企业占47.26%，内资企业占52.74%；实现销售收入12.74亿元、利税2.01亿元，初步形成以食品、纺织、机械、包装为主导的工业体系。

1996～2000年，宋跳工业区、大浦化工区先后划入，开发区管理面积增至58.38平方千米，中心区建成区面积达到6平方千米，建成一批生活区，配套建设医院、学校、商业街等设施，由单一

① “七通一平”指通水、通电、通路、通邮、通信、通暖气、通天然气或煤气、平整土地。

的工业区逐步发展为城市功能比较完善的综合性城区。在国内经济长期紧缩和东南亚发生金融危机的形势下，开发区大力开展软环境建设，推行从项目引进、基本建设到企业投产后的全过程服务，工业经济实现较快发展。日本平河福泰克、日本长野无线电有限公司、日本樱花精机、日本雅玛珂、日本味之素、韩国LG、韩国甲乙等众多国外知名企业纷纷到开发区投资兴业。三吉利化学工业有限公司、江苏恒瑞医药公司、康缘制药公司、连众玻璃钢集团公司等相继进区投资建厂。“九五”计划期间，进区投产的工业项目数比“八五”计划期间翻两番。工业经济从建区初期以内联项目为主向以利用外资项目为主转变。2000年，开发区实现地区生产总值23亿元，工业总产值62.63亿元、出口创汇5786万美元、财政收入2.18亿元。至2000年底，开发区累计完成固定资产投资43.94亿元，批准外资与港澳台资项目490个，实际利用外资及港澳台资3.68万美元；内资项目2238个，注册资本75.79亿元。

2001年，云台区朝阳镇划入，开发区管理面积增至86.6平方千米。2003年，开发区实际利用外资及港澳台资1.17亿美元，首次突破1亿美元大关。

2005年，开发区协议注册外资与港澳台资3.89万美元，实际利用外资与港澳台资1.22亿美元，市外内联客方到位资金8.82亿元。是年，猴嘴街道及辖区范围内的台北盐场海域和滩涂划入，开发区管理面积增至197.5平方千米，76平方千米的临港产业区基本具备项目落户条件，连云港出口加工区起步区、国家级新医药产业基地、省级高新技术产业开发区、临港新兴产业区等片区基本建成。建成2个“863计划”成果产业化基地。国家、省、市高新技术企业达24家，在国内同行业排名第一的企业达12家，累计培育规模以上工业企业73家。是年，开发区实现工业总产值161.46亿元，从业人员1.84万人，形成以食品、医药、机械、化工、纺织、建材六大产业为主的工业体系。地区生产总值、财政收入、实际利用外资及港澳台资、工业总产值、出口总额占连云港市比例分别为13.9%、19.8%、44.5%、47.1%和29.7%，比1994年开发区建区10周年时分别高出10.4个、12.4个、19个、41个、3个百分点。

至2005年底，开发区累计完成地区生产总值322.04 亿元，总量于1996年、2004年分别突破10亿元、50亿元大关，“八五”计划期间年度环比增幅均在50%以上，“九五”计划期间年均增长

图 11-13　连云港经济技术开发区一角　　吉志强　摄于2005年

27.2%，“十五”计划期间年均增长22.5%。累计实现财政收入44.81亿元，总量于1995年、2005年分别突破1亿元、10亿元大关，年均增长38.06%。累计实现出口总额13.23亿美元。累计批准“三资”企业713家，注册资本18.61亿美元，项目总投资29.35亿美元，协议利用外资及港澳台资17.94亿美元，实际利用外资及港澳台资7.87亿美元，开业投产“三资”企业319家。注册内资企业3019家，注册资金75.57亿元。

图11-14　连云港经济技术开发区内中复神鹰碳纤维有限公司厂区
吉志强　摄于2005年

1988～2005年连云港经济技术开发区地区生产总值分布及增幅情况统计表

表11-15

年　份	地区生产总值（万元）	第一产业（万元）	第二产业（万元）		第三产业（万元）	比上年增长（%）
				工业增加值（万元）		
1988～1989	3750	—	—	—	—	—
1990	3685	474	2746	2306	465	—
1991	6288	545	4948	4271	795	70.6
1992	12559	601	9884	7874	2074	99.7
1993	25578	721	21024	15112	3833	103.7
1994	38453	868	31862	27246	5723	50.3
1995	69067	1606	57800	50006	9691	79.7
1996	100202	1734	85459	78926	13009	45.0
1997	123030	1813	105012	97512	16205	22.8
1998	155799	1765	131033	125023	23001	26.6
1999	180385	1701	150104	143829	28580	15.8
2000	230031	1625	198000	191071	30406	27.5
2001	280133	4996	237103	228378	38034	21.8
2002	380574	5005	312444	299836	63125	35.9
2003	451304	5013	375373	357898	70918	18.6
2004	524165	5831	437804	420554	80530	16.1
2005	635367	5923	534226	494136	95218	21.2
合计	3220370	40221	2694822	2543978	481607	

1988～2005年连云港经济技术开发区出口总额及增幅情况统计表

表11-16

年　份	出口总额（万美元）	比上年增长（%）	年　份	出口总额（万美元）	比上年增长（%）
1988	301	—	1998	4937	-54.5
1989	444	47.5	1999	5775	17.0
1990	565	27.3	2000	5786	0.2
1991	754	33.5	2001	7598	31.3
1992	2024	168.4	2002	9519	25.3
1993	3179	57.1	2003	15310	60.8
1994	3298	3.7	2004	20137	31.5
1995	6100	85.0	2005	27663	37.4
1996	8017	31.4	合计	132254	—
1997	10847	35.3			

说明：出口总额1988～1997年为企业统计口径，1998～2005年为海关统计口径。

1994～2005年连云港经济技术开发区主要经济指标占全市比例情况统计表

表11-17　　单位：%

年　份	地区生产总值	财政收入	实际利用外资及港澳台资	工业总产值	出口总额
1994	3.5	7.4	25.5	6.1	26.7
1995	5.0	11.9	31.8	8.2	27.8
1996	5.9	11.3	22.4	8.3	26.6
1997	6.3	11.2	30.0	8.9	32.8
1998	7.2	10.6	45.7	9.2	48.3
1999	7.8	10.6	34.5	9.5	18.0
2000	9.2	12.7	43.2	10.0	14.8
2001	10.4	13.9	25.7	11.2	15.6
2002	12.8	18.2	11.2	16.6	19.0
2003	13.6	17.6	14.5	20.3	25.5
2004	13.4	18.9	13.3	46.3	25.5
2005	13.9	19.8	44.5	47.1	29.7

第二节　连云港出口加工区

2001年5月，连云港出口加工区开工建设。加工区规划面积2.97平方千米，位于连云港经济技术开发区规划范围内。以东陇海铁路和连徐高速公路为界，分东西两部分。东区（起步区）占

图 11-15　连云港出口加工区一期　　吉志强　摄于 2005 年

地面积 0.7 平方千米，西区 2.27 平方千米。至 2002 年 9 月，出口加工区一期工程按照国际标准建成符合“九通一平”[①]要求的市政基础设施以及符合海关对出口加工区监管要求的监管设施，投入资金 1.1 亿元。

2003 年 3 月 10 日，连云港出口加工区获海关总署批准设立，成为第三批获准建设的 13 个出口加工区之一。是年 6 月，连云港出口加工区管理委员会成立，与连云港经济技术开发区管委会实行一套工作机构、两个机关名称的管理体制。2003 年 7 月，连云港出口加工区通过海关总署、国家发展改革委等 8 部委联合验收。2004 年 1 月 12 日，连云港出口加工区封关运作。是年 6 月，第一家企业连云港艾业无纺布制品有限公司落户区内。2004 年，连云港出口加工区实现进出口额 432.17 万美元，其中进口 268.39 万美元、出口 163.78 万美元。是年，按照“海关监管、政府协管、企业自管、社会共管”模式，出口加工区管委会联合海关、国检等部门建立企业巡访制度，宣传国家出口加工政策，解决企业在出口退税、仓库租用、人员进出等方面实际问题，规范企业运作。

至 2005 年底，连云港出口加工区累计批准外商及港澳台商投资项目 5 个，投资总额 4530 万美元，其中投资额 1000 万美元以上项目 3 个，累计投产项目 3 个，从业人员 1410 人。合同利用外资及港澳台资 2420 万美元，占投资总额的 53.42%；实际利用外资及港澳台资 513.4 万美元，占合同利用外资及港澳台资的 21.21%。2005 年，全区实现进出口额 4411.57 万美元。

第三节　省级开发园区

一、连云港高新技术产业开发区

1997 年 8 月，连云港高新技术产业开发区获省政府批准设立，规划面积 3 平方千米，后扩展

① “九通一平”指通市政道路、雨水、污水、自来水、天然气、电力、电信、热力及有线电视管线，土地自然地貌平整。

图 11-16　连云港高新技术产业开发区办公楼
赵鸣　摄于2000年

至5.74平方千米。地处新浦区宋跳，与城市中心区毗邻。是年10月，连云港高新技术产业开发区管理委员会成立，与连云港经济技术开发区管理委员会实行一套工作机构、两个机关名称的管理体制。2005年，进区企业69家，高新技术企业就业人数2410人，从事科技活动人员363人。是年，完成地区生产总值10.38亿元、工业总产值29.84亿元、总收入46.41亿元、税收5990万元、出口创汇1.31亿美元。

（参见第三十一卷第二章第二节《高新技术产业》）

二、赣榆经济开发区

1993年12月，赣榆经济开发区经省政府批准设立，规划面积57.5平方千米。2005年，赣榆经济开发区一期8.5平方千米面积开发完毕，二期完成15平方千米内道路等基础工程及配套设施工程。研发中心区、工业综合区、物流中心区、商务办公区、生态绿地区构成开发区功能区域。至2005年底，投资7000万元的榆嘉药业、投资1亿元的舜天工业园、投资5000万美元的协鑫热电厂、投资1.5亿元的雷华材料等20个项目建成投产，在建项目19个，总投资18亿元。初步形成以医药、服装、机械等行业为主的工业体系。

三、东海外向型农业综合开发区

1992年，东海外向型农业综合开发区开始创建。1995年，经省政府批准成立，批准面积8.8平方千米。开发区实行内、外并举的招商策略，重点吸引韩国、日本和国内“长三角”“珠三角”地区的客商。2005年，国家发改委、国土资源部、建设部集中清理全国范围内开发区，东海外向型农业综合开发区面积核减为4平方千米。1995～2005年，开发区累计签约项目226个，其中内资项目149个、外资项目77个；实际利用外资及港澳台资9649万美元，引进内资9.25亿元。

四、江苏赣榆海洋经济开发区

2003年1月，江苏赣榆海洋经济开发区作为特色产业类园区获批参照省级开发区管理，为全省首家以海洋产业为主的开发区。开发区位于赣榆县城东部，东临黄海，西依同三高速和204国道，南与建设中的赣榆新城相邻，规划面积18.9平方千米。

赣榆海洋经济开发区坚持以发展海洋特色产业为突破口，逐步形成海洋食品、海洋医药、海洋生物、海洋化工、水产育苗等特色产业。投资1.2亿元的榆城海洋食品有限公司、投资6000万元的顺德生物有限公司等38家企业投产开业。至2005年底，园区开发面积1.7平方千米，区内有全国最大的水产育苗基地、全国最大的育苗企业江苏榆城集团和苏北最大的紫菜加工基地。

五、江苏灌南经济开发区

1992年5月，淮阴市委、市政府同意成立灌南县经济技术开发区。是年10月，开发区管理委员会成立，12月挂江苏灌南县经济技术开发总公司牌子，并开始运行。2001年6月，新安临港产业园区划归开发区管委会管理。2003年，两处合并为灌南工业园区。2005年，省对外贸易经济合作厅在《关于邳州等15个重点工业园区参照省级开发区管理的通知》中，同意灌南工业园区更名为江苏灌南经济开发区。开发区东与灌南城区接壤，南与涟水县高沟镇相望，西邻李集乡，北靠武障河。规划面积6平方千米，后扩大至50平方千米。

至2005年底，灌南经济开发区建成区面积12平方千米。区内投产开业企业45家，在建企业40家，其中投资超1亿元企业15家、5000万元以上企业27家、外资企业14家。2005年，初步形成冶金机械、牛皮制革、板材家具、酿酒食品和纺织服装等主导产业。是年，开发区被省政府列为省级重点工业园区，被上海产业合作促进中心列为上海产业合作备选基地。

第四节　市级开发区

一、海州经济开发区

始建于1992年，位于海州区东部、瀛洲南路西侧，规划面积6平方千米，其中首期规划面积3平方千米。

1995年，按照总体规划、分期实施、规划一片、开发一片、建设一片、收益一片、滚动发展的原则，海州开发区开始建设道路、市政、管理服务设施。至2000年底，共投入2亿元，完成供水、供电、通信、排污、道路及场地平整等“五通一平”基础设施。2003年，进区企业形成机械制造、电子、新型材料等环保型特色，高新技术企业产值占开发区工业总产值的比重达60%。至2005年底，区内开发面积3平方千米；累计引进项目197个，其中投资过1亿元项目6个；驻区企业73家；累计完成地区生产总值6.25亿元，实际利用外资及港澳台资4862万美元，出口创汇3088万美元，引进国内资金7.09亿元。

二、连云经济开发区

始建于1992年6月。位于连云港市连云区，紧靠新墟公路，距连云港港3千米、白塔埠机场

图 11-17　海州经济开发区一角　　　　俞德春　摄于1998年

40千米。1993年10月底基本完成首期1平方千米的开发。2004年，开发区向东拓展，实施二期开发，开发面积0.44平方千米。此后，连云区开发临港产业区1.2平方千米，并启动建设40平方千米板桥工业园。至2005年底，连云开发区开发面积4.25平方千米，实现“五通一平”。

2001～2005年，连云开发区引进项目53个，合同利用外资及港澳台资2.55亿美元，实际利用外资及港澳台资9932万美元；累计投产开业企业42家，形成固定资产4.7亿元。区内企业以食品、机械、矿产品加工、服装、包装等行业为主，规模企业达18家，高新技术企业3家。

三、灌云经济开发区

始建于2003年。开发区西邻宁连高速公路，北枕324省道，东接盐河，南抵张洪河。规划面积40平方千米，一期开发面积10平方千米。

至2005年底，区内初步形成以同友电脑、银华春翔旋耕机为代表的机电加工，以源发纺业、惠丰服装为代表的纺织服装加工，以海天药业、瑞锦生物制药为代表的医药加工和以爱斯特沐浴器材、金圣食品为代表的轻工、食品加工4大清洁型产业。2005年，开发区实现地区生产总值1.8亿元，其中工业增加值1.66亿元；实现进出口总额900万美元、财政收入1500万元，区内就业人数5100人。

四、连云港市（堆沟港）化学工业园

2003年6月，连云港市（堆沟港）化学工业园获市政府批准成立。位于灌南县堆沟港镇，东临黄海，西接204国道，南、北隔灌河、新沂河与响水县、灌云县相望。规划面积30平方千米。

2003年10月，化学工业园启动建设。至2005年底，累计投资1.76亿元，完成道路桥梁、供热排污、给水排水、绿化亮化等基础设施建设，园区开发面积10平方千米。进区企业106家，其中投产28家、在建40家、签约38家，投资总额54.6亿元。2005年投产企业完成产值14.6亿元，实现利税1.3亿元。产品有医药中间体、农药及农药中间体、染料及染料中间体、生物化工制品4大类，主要销往日本、韩国、美国、东南亚、南美等国家和地区。园区被省政府确定为苏北地区唯一拟保留的化工园区，被上海产业合作促进中心列为上海产业合作备选基地。

图 11-18 连云港市（堆沟港）化学工业园一角

灌南县 供

第十二卷　海洋经济

第一章　海洋渔业

第一节　海洋捕捞

第二节　海水养殖

第三节　海洋渔业企业和服务单位

第二章　海岛与滩涂开发

第一节　海岛开发

第二节　滩涂开发

第三章　海水制盐

第一节　盐　场

第二节　生　产

第三节　运　销

第四章　海水化工

第一节　产业发展

第二节　海水化工产品

第三节　海水化工企业

第五章　海域管理与渔业执法

第一节　海域使用

第二节　海域管理

第三节　海洋渔业执法

第四节　渔业安全生产

连云港市海域总面积6677平方千米，沿海滩涂11万公顷，有17条直接入海河流。沿海涨落潮差适度，港湾、河口纳潮方便，适宜海水养殖。淡水径流量大，光照充裕，水产资源丰富。

1984年后，连云港市推进海洋渔业经济体制改革，全市从业者积极性逐年提高，产业结构逐渐优化，海水养殖快速发展。是年海洋渔业产量5.33万吨，海洋捕捞与海水养殖比为79.2：20.8。1985年，国家全面放开水产品价格，全市渔业生产打破封闭式格局，渔业生产所有制结构发生变化，渔民生产积极性提高，经济效益明显上升。1988年，连云港市提出“以养为主，养、捕、加、贸并举”的方针，加快海水养殖业的发展步伐，是年培育虾苗95亿尾，占江苏全省的80%，成为全国最大的对虾育苗基地。引进紫菜新品种和养殖新技术，全市紫菜养殖面积迅速扩大，由1989年的20公顷发展到1994年的2180公顷。1996年开始，江苏省在沿海地区实施“海上苏东”发展战略，连云港海水养殖业获得新一轮发展机遇，海水养殖面积、产量大幅增加。1998年紫菜养殖产量达3511吨，2002年，全市东方对虾养殖面积达到历史最高点1.15万公顷，2003年，中华绒螯蟹年育苗20万千克，成为全国最大的中华绒螯蟹育苗基地。2005年，全市海洋渔业产量32.11万吨，海洋捕捞和海水养殖比例为47.2：52.8；海水养殖面积4.03万公顷。

连云港沿海产盐历史悠久，是全国四大海盐产区之一，生产的淮盐以“色白、粒大、干燥”著称。盐场分布于广阔沿海滩涂上，面积410平方千米，1984年生产原盐130万吨。1997年后海盐产区实施大规模产业结构调整，本着“宜盐则盐、宜养则养、盐养结合、综合发展”的思路，大面积退盐转养、退盐转农。2005年生产原盐76.49万吨。

连云港海水化工起步于20世纪50年代。1984年，全市海水化工产品主要有碘、甘露醇、氯化钾、溴化钾等。2005年，全市生产海水化工产品总量1402万吨，主要产品有氯化钾、氯化镁、溴素、硫酸镁、氯化钙、海藻酸钠等。

第一章　海洋渔业

1984年，连云港市海洋渔业产量5.33万吨，其中海洋捕捞产量4.22万吨、海水养殖产量1.11万吨。1985年，国家放开水产品价格。随着体制改革的推进，所有制结构发生很大变化，小型渔船实行个体经营，中型渔船实行船长承包经营责任制，极大提高渔民造船置网的积极性。1989年开始大规模养殖紫菜。1991年发展贝类养殖。1994年采取对虾与鱼、虾、贝、蟹混养。1997年开始发展工厂化养殖。1998年海洋捕捞产量达到历史最高峰15.72万吨。1999年，各级政府开始划定禁渔区，规定禁捕期，组织捕捞渔民转产、转业，大力发展海水养殖业。2002～2005年，全市减少渔船420艘，转产渔民1388人。2005年，全市海洋渔业产量32.11万吨，海洋捕捞和海水养殖比例为47.2：52.8；海水养殖面积4.03万公顷；从事捕捞机动渔船3937艘。

第一节 海洋捕捞

一、渔场

海州湾渔场位于黄海中南部，范围为北纬34°0′～35°30′，东经121°30′以西，面积7906平方海里，占全国渔场面积的3%。表层水温年平均14.4℃～15.7℃，表层盐度年平均31.1‰～31.7‰，海水最深处50米。渔场西南部较浅，粉沙底质；东北部较深，多石贝底质。渔场大部分水域在禁渔区内，是东海带鱼的产卵场之一。

海州湾渔场主要捕捞对象为梭鱼、鮸鱼、鳓鱼、鲳鱼、小黄鱼、大黄鱼、真鲷、白姑鱼、黄姑鱼、梅童鱼、鰕虎鱼、鲈鱼、带鱼、黄鲫鱼、鲐鱼、鲅鱼、鲬鱼、比目鱼、金乌贼、枪乌贼、章鱼、鳐鱼、青鳞鱼、海鳗、鲨鱼、中国毛虾、东方对虾、周氏新对虾、哈氏仿对虾、鹰爪糙对虾、葛氏长臂虾、脊尾白虾、虾蛄、日本蟳（石闸蟹）、梭子蟹等。

连云港市渔船大部分时间都在海州湾渔场作业，部分渔船于2～4月到山东石岛渔场捕捞鲱鱼、鹰爪虾，4～6月到江苏吕四渔场捕捞小黄鱼、马鲛鱼、鳓鱼等，7～8月到山东青海渔场捕捞鲐鱼、马鲛鱼，11月至翌年2月到浙江舟山渔场捕捞带鱼等。

二、渔港

2005年，连云港市有渔港13个，其中临洪渔港、堆沟港渔港为内河渔港，其余都是沿海渔港。

柘汪渔港 位于赣榆县柘汪镇，是江苏境内最北部的一个自然渔港。2000年重新修建后，港区水域面积10万平方米，陆域面积15万平方米。航道北起柘汪桥，南至出海口，长1500米，满潮时宽100米，水深3米。该港是连云港市及山东省日照市的安东卫、荻水等地渔船避风、修造、装运的重要渔港，是二级群众渔港。

韩口渔港 位于赣榆县石桥镇，1995年始建。2002年，石桥镇投资2000多万元进行港区扩建、堤防加固、航道疏浚、港池拓宽，建造码头，增设泊位和配套服务设施。扩建后，港区水域面积10万平方米，陆域面积35万平方米。航道长1200米，满潮时宽180米，水深3米。基本具备停泊、修造、加冰、加水、加油、海运、商贸等服务功能。

图12-1 海头渔港　　李家岭 摄于2000年

海头渔港 位于赣榆县海头镇，龙王河下游。1955年建成，2002年7月扩建。港区水域面积67万平方米，陆域面积150万平方米。航道长3300米，满潮时宽200米，水深3米。可停靠船舶2000艘，是一级群众渔港。

新河渔港 位于赣榆县海头镇，兴庄河下游。1994年1月始建，2001年12月扩建。扩建后港区水域面积8万平方米，陆域面积13万平方米，航道长1200米，高潮时宽80米，最大水深5米。渔港配套设施较为齐全，可容纳600艘渔船停

图 12-2　西墅渔港　　　　吉志强　摄于 2005 年

泊，是二级群众渔港。

青口渔港　位于赣榆县青口河下游。2001 年 3 月始建，一级渔港。港区水域面积 25 万平方米，陆域面积 35 万平方米。航道长 3000 米，宽 120 米，平均水深 3 米。2005 年，农业部批准将青口渔港建设为中心渔港，总投资 4146 万元。

三洋港渔港　位于临洪河入海口处。港区总面积 75 万平方米，其中水域面积 35 万平方米、陆域面积 40 万平方米。航道总长 2500 米，宽 100 米，无障碍物。大潮最大水深 7 米，最小水深 3 米。1983 年，国家拨款 37 万元、地方自筹 23 万元，建成浮码头 2 座，宽 8 米，长 30 米，泊位 500 吨，年吞吐量 5000 吨。2005 年，港区有油库 1 座，总容量 1000 吨；淡水供应 2 处，每日可供淡水 1500 立方米；渔船修造企业 3 家，可修造主机功率 198 千瓦以下的渔船。

西墅渔港　位于连云区墟沟镇西墅村西侧。20 世纪 60 年代，由西墅村筹集资金，用石块砌成长 80 米的固定码头。满潮时水深 4 米，港内可停泊渔船近百艘，有油库、冷库、自来水及水产品交易市场等配套设施。

连岛渔港　位于西连岛海湾。1995 年 10 月，连岛渔港被列为江苏省“九五”计划期间重点建设的一级渔港。1997 年 4 月，连岛渔港列入农业部“九五”计划重点渔港建设计划，总投资 998 万元。1998 年 12 月 26 日开工建设，抛填陆域 3 万平方米，建成防波堤 147 米、码头 64 米、护岸 120 米。

连云港渔港　又名连云港渔业基地，位于连云区连云镇。该港隶属市政府管辖，由连云港海洋渔业公司使用。1996 年，由远大（连云港）海洋集团有限公司（简称远大公司）负责经营管理，江苏渔港监督局连云港分局负责安全管理。港区面积 42 万平方米，港池面积 13 万平方米，主航道长 1160 米，平均宽 22 米，有码头 6 座共 16 个泊位，是苏北地区最大的综合性渔港。港区有油库 1 座，总容量 3700 吨；1000 千瓦时和 500 千瓦时变压器各 1 台；供水能力每日 2760 立方米；渔船修造厂 1 家，可修造 1000 吨级以下渔船；水产品交易市场面积 1.6 万平方米，海产品加工车间面积 3575 平方米；冷库 1 座，速冻能力每日 100 吨，制冰能力每日 160 吨；有铁路专线直达港区。

高公岛渔港　位于连云区高公岛乡羊山岛老虎嘴南侧。2000 年 9 月开工建设，总投资 1500 万元。2001 年 6 月竣工。2002 年，连云区政府投资 100 余万元，完成港池清淤工程，形成数千平方米的港池避风区域，可停泊渔船 800 余艘。高公岛渔港码头全长 240 米，其中直立岸壁 150 米、防波堤90米；进港道路670米。2003年，高公岛乡投入1000余万元建成羊山大道，完成羊山岛大坝与核电北路K0段的顺接工程。

燕尾港渔港 位于灌云县东端黄海边。该渔港属灌云县管辖，由灌云渔港监督负责管理。1976年，燕尾港渔港建成，水域面积240万平方米，航道长10千米，最大水深11米，最小水深3.5米，3000吨级船舶可出入自如。渔业用港由燕尾小码头、团港渔码头以及燕尾港老闸、新闸、新沂河中泓、梅花港等组成，可停靠渔船1200余艘，是二级群众渔港。

堆沟港渔港 位于灌河下游西岸，是天然内河渔港。该港由灌南县管辖、堆沟港镇政府经营、灌南渔港监督负责管理。2005年，港区总面积129.9万平方米，其中水域面积63.9万平方米、陆地面积66万平方米。港池长3195米，宽200米，最大水深8.4米，最小水深3.5米。航道长4200米，航道高潮深度11.4米，低潮深度8.2米。可停靠渔船1800余艘，是二级群众渔港。

临洪渔港 位于临洪闸下游约500米处。属内河道港口，落潮干涸，渔船随潮进出港。1984年建成，属东海县浦南乡太平村所有，供太平渔业公司使用。有长300米的固定码头，可供50艘270千瓦以下钢质拖网渔船、50艘近海小船停泊。港口岸上配有冷库1座，鱼粉加工厂1个，鱼品加工厂1家，油库1家。

三、捕捞工具

渔船 自20世纪80年代初开始，连云港市海洋捕捞发展迅猛，渔船数量年年增加，作业范围不断扩展，捕捞产量逐年上升。1984年，连岛乡东连岛村建成1对135马力钢壳渔船，是年全市拥有海洋捕捞机动渔船1415艘6.29万马力。1988年，赣榆县捕捞公司建造1对270马力钢壳渔船从事外海捕捞。此后大马力渔船不断增加。与此同时渔民还建造一批6～20马力的小型渔船，以捕捞近海小型鱼类为主，从事定置网、流刺网作业生产。1998年，全市海洋捕捞机动渔船达5664艘，捕捞强度远超渔业资源的再生能力。是年，市政府提出“控制近海、发展远海”方针，采取控制渔船马力指标等措施控制捕捞强度。2000年6月1日，《中日渔业协定》生效。2001年7月1日，《中韩渔业协定》生效。传统的东海、黄海渔场相对缩小，可捕渔业资源减少。国家采取减船转产措施，渔民自愿拆船，由政府补助资金，同时对船员进行技能培训，转产到养殖、加工、商贸等行业。

图12-3　20世纪80年代，渔民手工建造渔船。
赵鸣　摄

2002～2005年，国家每年安排专项资金用于实施渔船强制报废和渔民转产转业项目补助，通过压减捕捞渔船船数和功率数，初步控制海洋捕捞强度和减少渔业资源过度开发，逐步实现海洋捕捞强度与海洋渔业资源可捕量相适应。其间，连云港市减船420艘，其中报废418艘、弃捕转产2艘，总功率2万千瓦，转产渔民1388人；实施省级转产转业项目4个，项目总投资745万元，吸纳转产渔民250余人。市海洋与渔业局在海州湾109海区实施海州湾渔场修复工程（人工鱼礁建设），举办转产渔民技能培训班23期，受训渔民1220余人。2005年，全市捕捞机动渔船从1998年的5664艘减至3937艘。

2002～2005年连云港市渔业减船转产情况统计表

表12-1

年份	减船数（艘）			功率数（千瓦）	人数（人）	项目数（个）	资金数（万元）					
	合计	报废	转产				总额	报废补助	项目补助	转产补助	拆解清污费	其他
2002	14	13	1	1062	86	1	409.99	57.75	345	0.44	6.80	—
2003	86	86	—	3932	348	1	388.59	256.31	100	—	32.28	—
2004	218	218	—	10056	601	1	925.15	607.97	200	—	78.88	38.30
2005	102	101	1	5029	353	1	498.69	327.81	100	1.76	41.38	27.74
合计	420	418	2	20079	1388	4	2222.42	1249.84	745	2.20	159.34	66.04

渔具 1984～1999年，连云港市渔民捕鱼主要用刺网、拖网、张网、笼壶等捕捞工具。笼壶类渔具有乌贼笼、蟹笼等，以蟹笼为主。渔船均可用蟹笼捕捞，由于其主捕蟹类，渔获物选择性强，有利于调整种群结构，合理利用、开发和保护渔业资源。2000～2005年，随着海洋渔业资源衰减以及国家渔业政策调整，对渔业资源破坏比较严重的双船底拖网、围网等网具逐渐被淘汰，渔船主要以流刺网生产为主，地笼网、底扒网等网具被明令禁止。

四、产量

1984年，连云港市海洋捕捞产量4.22万吨。此后，随着国家全面放开水产品价格，全市海产品产量、产值逐年提高。1986年后，全市海洋渔业加快渔业结构调整，限制小动力渔船，淘汰落后渔具，推广加裙对虾拖网、疏目快拖网，发挥大功率渔船设备齐全、抗风力强、续航时间长的优势，促使捕捞向外海远洋推进，99千瓦以上的机动船开往沙外、江外、舟外渔场捕捞带鱼，441千瓦渔轮开往钓鱼岛、对马渔场捕捞马面豚。1989年1月4日，连云港海洋渔业公司苏连渔601号、苏连渔602号尾滑道底拖网渔轮与江苏省海洋渔业公司、上海市海洋渔业公司渔轮组成船队远赴伊朗海域捕鱼。1990年，全市海洋捕捞产量6.02万吨。随着大马力渔船不断增加，此后几年海洋捕捞产量逐年递增，1998年，全市海洋捕捞产量达到历史最高峰15.72万吨，其中群众渔轮捕捞15.51万吨、国营渔轮捕捞0.21万吨。由于海洋捕捞强度过大，远远超过海洋渔业资源的再生能力，各大渔场渔业资源渐趋枯竭。各级政府开始禁用破坏渔业资源的网具捕鱼，限制网目尺寸，划定禁渔区，规定禁捕期，对违规者给予罚没等处罚。政府组织捕捞渔民转产、转业，从事养殖业、运输业

图12-4 2005年，全市海洋捕涝产量15.17万吨。图为鱼货上岸。 俞德春 摄

或旅游业等。1999年起，全市加大渔业生产结构调整力度，压缩捕捞船只，控制海洋捕捞强度，大力发展海水养殖业。2003年，海洋捕捞产量下降到12.04万吨。2005年，全市海洋捕捞产量15.17万吨。

1984～2005年连云港市海洋捕捞产量统计表

表12-2 单位：万吨

年 份	产 量	年 份	产 量	年 份	产 量
1984	4.22	1992	7.80	2000	15.40
1985	4.32	1993	9.12	2001	15.27
1986	4.83	1994	10.07	2002	13.92
1987	4.71	1995	12.35	2003	12.04
1988	4.60	1996	13.04	2004	13.35
1989	5.20	1997	13.97	2005	15.17
1990	6.02	1998	15.72		
1991	6.40	1999	15.29		

第二节 海水养殖

一、虾蟹类养殖

1984年，连云港市养殖对虾3746公顷，产量2570吨，养殖的虾类主要是东方对虾。1987年，全市东方对虾养殖面积7040公顷，产量8131吨。1988年，全市有东方对虾育苗厂30家，培育对虾苗95亿尾。1993年5月，养殖虾塘暴发病毒性疾病，短时间内对虾大量死亡，全年对虾减产85%。此后采取改变养殖模式和引进新品种等措施，在养殖模式上推广赣榆县“宋庄三法”以及虾、鱼、蟹、贝混养的方法。“宋庄三法”，即对虾养殖两茬法（避开夏季高温发病期，高温前养一茬，高温后养一茬）、适时适量换水法（保持水质良好）、鲜活饵料投喂法（饵料适口、适量，减少剩饵）。引进的新品种有斑节对虾、长毛对虾、南美白对虾、刀额新对虾、日本对虾等。赣榆县宋庄镇进行工厂化高密度养殖南美白对虾试验获得成功，折合亩产320千克。2002年，全市对虾养殖面积达到1.15万公顷，产量4077吨。此后养殖面积逐年回落。2005年，全市养殖东方对虾4416公顷，产量3320吨；养殖南美白对虾407公顷，产量2731吨；养殖日本对虾、斑节对虾产量450吨。

图12-5 赣榆渔民观察海水养殖育苗种蟹情况 赵鸣 摄于1993年

1984～2005年连云港市东方对虾养殖、育苗情况统计表

表12-3

年份	养殖		育苗	
	面积(公顷)	产量(吨)	面积(平方米)	产量(万尾)
1984	3746	2570	—	—
1985	5011	4012	4300	243340
1986	5520	5538	7560	334246
1987	7040	8131	—	650998
1988	6947	8024	29360	951400
1989	6340	6855	31445	750307
1990	5987	4838	30730	619561
1991	5847	6309	30627	545976
1992	5593	6403	28890	554511
1993	5793	947	32980	529738
1994	5160	1590	34538	313854
1995	5460	2173	36250	136000
1996	5433	2511	34650	265100
1997	8167	2301	39210	311700
1998	6927	3308	45700	310828
1999	7113	2876	104160	314980
2000	7033	2962	38850	322000
2001	11220	5051	215800	411200
2002	11527	4077	154150	299540
2003	6513	3037	251925	451230
2004	5640	3608	331895	416319
2005	4416	3320	222182	365200

蟹类养殖品种主要有三疣梭子蟹、锯缘青蟹。梭子蟹的养殖模式是在池塘中混养、吊养、单养。1991年，市水产科研所培育三疣梭子蟹幼蟹13.8万只，在海州湾渔场放流增殖。1994年，梭子蟹成为对虾塘中重要混养品种，全市混养梭子蟹234公顷，产蟹110吨。1996年发展中华绒螯蟹育苗和养殖。1999～2000年，市水产科研所人工培育锯缘青蟹获得成功，共培育大眼幼体18.9万只，并养殖成功。2001年培育梭子蟹幼蟹1.29亿只。赣榆县海头镇建立万亩梭子蟹养殖基地。2001年12月，连云区高公岛乡利用6600平方米的工厂化养殖基地进行梭子蟹越冬养殖、育肥和催熟，2002年5月底收获三疣梭子蟹10吨。2002年，全市中华绒螯蟹养殖产量达7848吨。2003年，中华绒螯蟹育苗场发展到264家，育苗20万千克，成为全国最大的中华绒螯蟹育苗基地。2005年，全市梭子蟹与鱼、虾、贝混养面积3301公顷，产量3332吨。

二、鱼类养殖

1984年，赣榆县水产养殖场培育夏花鱼种。1985年，云台区科学技术委员会实施的梭鱼全人

工繁育技术获得成功，达到国内先进水平。1993年对虾发生病害后，梭鱼成为对虾塘中主要混养品种。1997年开始发展海上网箱养殖、深海抗风浪网箱养殖及工厂化养殖，养殖品种有六菱鲆、河豚、半滑舌鳎、三文鱼、东方红鳍鲀、石斑鱼、鲈鱼、真鲷、黑鲷、黑鮶、美国红鱼、六线鱼、七星鲈、花鲈、条纹鲈、大黄鱼等。2001年更新和引进牙鲆、史氏鲟等高价鱼类品种。2005年，全市海水鱼类池塘养殖面积2380公顷，工厂化养殖面积28.29万立方米，深海抗风浪网箱养殖面积31.4万立方米，普通网箱养殖面积1.15万平方米，总产量1.16万吨。

三、贝类养殖

1984年冬，市水产科学研究所从山东购进紫贻贝幼苗2010串301万粒，在车牛山岛附近海域使用筏架养殖，1985年12月收获1.5吨。1985年冬天，该所从山东购进栉孔贝苗3万粒、海浪贝成贝7万只暂养后移至车牛山岛附近海域养殖。随着对虾养殖业的兴起，作为对虾适口饵料的蓝蛤养殖发展较快，沿海渔民采取滩涂护养、围养增殖等方式养殖。1991年，赣榆县政府出台《贝类护养规定》，鼓励渔民发展滩涂养殖。全市浅海滩涂的贝类养殖迅速发展，是年贝类养殖面积487公顷，产量818吨。贝类养殖的主要品种有蓝蛤、杂色蛤、菲律宾蛤、青蛤、泥蚶、牡蛎、贻贝、扇贝等。养殖方式有海上吊养、海上笼养、滩涂围养护养、虾池混养、浅海底播增殖等。1998年，虾、贝混养面积增至4000公顷。渔业科研部门适时引导贝类养殖结构调整，更新和引进市场适销的贝类新品种。2005年，全市贝类养殖面积2.63万公顷，产量14.64万吨，培育贝苗34.9亿粒。

四、海珍品养殖

鲍鱼养殖　1994年，连云区连岛乡利用600平方米坑道养殖鲍鱼，填补江苏省鲍鱼养殖空白。是年赣榆县培育鲍鱼苗2500粒。1996年5月，连岛乡东连岛村投资20万元，在平山岛太平湾放养鲍鱼2000只。2003年，赣榆县水产研究所在秦山岛海域养殖鲍鱼，是年7～8月从山东青岛、荣成购进皱纹盘鲍苗种50万粒，2004年1月收获鲍鱼15.6吨。2004年3月从福建购进鲍鱼苗50万粒，6月收获鲍鱼20.88吨。2005年，全市鲍鱼养殖产量6吨。

图12-6　1994年，连岛乡利用坑道养殖鲍鱼成功。图为工人观察鲍鱼生长情况。　赵鸣　摄

海参养殖　1996年5月，连岛乡东连岛村投资20万元在平山岛太平湾放养刺参苗4万粒。2004年，连云港瑞华海珍品养殖有限公司在前三岛海珍品养殖基地投放海参苗2250千克，进行海参增养殖。2005年，该公司在车牛山岛投入1000万元，建成333.33公顷以海参增养殖和深海网箱养鱼为主的海珍品基地。是年，连云港海前水产品有限公司进行海参试养，收获海参20吨。

五、海蜇养殖

2002年，赣榆县渔民从辽宁购进幼蜇进行海蜇池塘养殖。2003年，连云区在徐圩、板桥、宿城3个乡镇养殖海蜇33.3公顷，亩产150千克，平均个体达3千克，最大的达7.5千克。是年，市海洋水产科学研究所进行海蜇全人工育苗试验，2004年4月，首批50多万只“江苏红”幼蜇培育成功。2005年，全市养殖海蜇150公顷，产量22.5吨。

六、藻类养殖

海带养殖　连云港市是江苏省唯一的海带养殖基地。1984年，全市海带养殖面积593公顷，产量8406吨。1985年春，养殖海带发生点状白烂病，233.3公顷海带发病率99.53%，产量仅15吨。1989年，市渔业技术指导站在海峰养殖场、西墅三联养殖场和黄窝村进行三十烷醇乳粉用于海带促长增产试验，试验7.17公顷，推广133.67公顷，平均亩产增长28.8%。1991年海带养殖获得丰收，93公顷养殖面积收获海带1512吨。1997年，全市海带养殖面积260公顷，收获海带1903吨。1998～2005年，受市场影响，海带养殖面积总体呈下降趋势。2005年，全市海带养殖面积69公顷，产量142吨。

紫菜养殖　1984年，全市紫菜养殖面积7公顷，产量34吨。1989年，连云港市利用世界银行贷款，在方洋港潮间带养殖条斑紫菜20公顷，养成鲜紫菜58.5万千克。是年引进日本紫菜加工机1台，加工干紫菜160万张，出口创汇5.58万美元。1990年，从日本引进条斑紫菜新品种“曙光1号”栽培成功，采用全浮流式养殖技术。1991年，市水产科学研究所“条斑紫菜冷藏网技术应用研究”获得成功，建立条斑紫菜良种培育、保种育苗基地。全市引进紫菜加工生产线13条，紫菜加工质量不断提高。1995年8月，连云港市紫菜协会成立。1998年，全市养殖紫菜2460公顷，产量3511吨，加工商品紫菜4亿张，出口创汇2000万美元。2000年，全市养殖紫菜2480公顷，产量3155吨，一次加工紫菜4.4亿张，二次加工紫菜9000万张，95%外销。2003年12月，连云港紫菜交易所有限公司成立。全市形成较为完整的紫菜育苗、养殖、加工、贸易产业链，成为全国最大的条斑紫菜生产、加工和创汇基地。2005年6月2日，连云港紫菜交易所有限公司举办首次中日紫菜贸易投标会。是年，全市紫菜养殖面积3254公顷，产量3296吨，一次加工紫菜5.24亿张，二次加工紫菜1.45亿张。

图12-7　连云港市紫菜养殖历史悠久，产量占全国的三分之一以上。图为赣榆县海头紫菜养殖基地。

吉志强　摄于2004年

图12-8　2005年6月2日，连云港市举办首次中日紫菜贸易投标会。图为投标会现场。　侍志　摄

裙带菜　羊栖菜　江蓠养殖　1986年，市渔业技术指导站从威海育苗场引进裙带菜幼苗，亩产鲜菜1040千克。1990年秋，市渔业技术指导站引进裙带菜幼苗，分别在西墅三联养殖场、海峰养殖场、市养殖公司放养，放养面积1.33公顷，生产鲜菜32.15吨。1995年，连云区进行海

上养殖羊栖菜试验1.33公顷，获得成功。1999年10月，连云港海峰实业公司从山东日照购进裙带菜苗，放养70公顷，2000年4月收获裙带菜1080吨。2003年，连云区进行10公顷的江蓠引种栽培试验获得成功，收获商品江蓠141吨。至2005年，因裙带菜、羊栖菜、江蓠的养殖效益不如紫菜，未能推广养殖。

1984～2005年连云港市海带、紫菜养殖生产情况统计表

表12-4

年　份	海　带		紫　菜		年　份	海　带		紫　菜	
	面积（公顷）	产量（吨）	面积（公顷）	产量（吨）		面积（公顷）	产量（吨）	面积（公顷）	产量（吨）
1984	593	8406	7	34	1995	20	117	2327	2346
1985	233	15	11	64	1996	94	185	2327	2199
1986	147	2040	5	25	1997	260	1903	2173	3323
1987	60	680	1	1	1998	193	2304	2460	3511
1988	33	335	3	7	1999	67	560	2653	3188
1989	87	873	20	585	2000	40	317	2480	3155
1990	100	1442	6.7	10	2001	27	184	2333	3283
1991	93	1512	67	50	2002	67	390	2793	2320
1992	100	1566	273	157	2003	22	172	2738	3659
1993	100	1084	1280	820	2004	77	209	3055	3222
1994	40	70	2180	1906	2005	69	142	3254	3296

七、无公害水产品基地建设

2002年，连云港市开展无公害水产品基地建设。2005年，连云港市有省级无公害水产品生产基地43个，无公害水产品6个，有机水产品5个。江苏榆城集团“榆城”牌河蟹苗、连云港神仙紫菜有限公司“神仙”牌紫菜获得江苏省名牌产品认定。赣榆县被列为省无公害水产品基地整体推进县。全市无公害水产品基地面积1.33万公顷。

1984～2005年连云港市海水养殖情况统计表

表12-5

年　份	面积（万公顷）	产量（万吨）	年　份	面积（万公顷）	产量（万吨）
1984	0.43	1.11	1992	0.92	0.89
1985	0.53	0.42	1993	0.92	0.81
1986	0.58	0.76	1994	0.91	1.00
1987	0.71	0.88	1995	0.93	1.94
1988	0.72	0.84	1996	1.59	4.31
1989	0.64	0.77	1997	2.23	4.55
1990	0.61	0.63	1998	1.91	6.03
1991	0.65	0.87	1999	2.68	7.20

续表12-5

年 份	面积（万公顷）	产量（万吨）	年 份	面积（万公顷）	产量（万吨）
2000	2.57	8.00	2003	2.92	12.82
2001	3.58	9.62	2004	3.68	15.11
2002	3.91	12.16	2005	4.03	16.94

第三节 海洋渔业企业和服务单位

一、海洋渔业企业

连云港市海洋渔业公司 1986年，连云港市海洋渔业公司拥有渔轮35艘、2.1万马力，捕鱼15930吨。1989年1月4日，该公司苏连渔601号、602号渔轮，随远洋船队赴伊朗海域捕鱼。随后派出2批4艘渔轮到伊朗、尼日利亚海域捕鱼。随着国内海洋渔业资源的衰减，公司海洋捕捞产量逐年下降，1995年捕鱼1553吨，为历史最低。因经营亏损，缺乏资金，渔轮无法更新，冷库、码头等年久失修。1996年12月28日，市政府与中国远大集团公司签订兼并协议，将连云港市海洋渔业公司净资产9516万元与中国远大集团投入的484万元资金合并，成立注册资本为1亿元的远大（连云港）海洋集团有限公司，中国远大集团持有85%的股份，连云港市政府持有15%的股权。2003年，公司停产，后破产。

连云港市水产供销总公司 1954年，以新海连市鱼市场为基础，成立新海连市水产供销公司。1961年9月更名为连云港市水产供销公司。1973年更名为江苏省水产供销公司连云港分公司。1992年9月更名为连云港市水产供销总公司。1999年12月3日宣告破产。

连云港市渔业机械物资公司 1976年3月成立，称连云港渔机供销站。1986年1月更名为连云港市渔机供销站。1993年1月更名为连云港市渔业机械物资公司，同时由事业单位改制为企业。2000年因经营亏损停业，职工于2004年11月分流安置，企业注销。

二、海洋渔业服务单位

连云港市渔业技术指导站 1956年6月成立，称新海连市渔业技术指导站。1961年9月更名为连云港市渔业技术指导站。主要职能为水产技术推广管理、水产技术推广机构与队伍建设指导、水产技术推广业务指导、水产新技术引进与试验示范、水产技术培训、水产职业技术鉴定、水产病害防治、增殖放流、渔业环境管理、鱼药鱼料质量监测等。

连云港市海洋与水产科学研究所 1958年成立，称中科院江苏省分院新海连市水产科学研究所。2002年7月更名为连云港市海洋与水产科学研究所。（参见第三十一卷第一章第一节《科研机构》）

连云港市水产养殖公司 1979年10月成立，下辖海带育苗场、冷冻厂、大板桥对虾养殖场、修理厂、连云港海带养殖试验场。2004年11月，由连云港市事业单位改革领导小组办公室批准参加事业单位改制。改制结束后，单位撤销。

连云港市海洋技术开发研究中心 1994年1月成立，为科级全民事业单位，实行企业化管理，独立核算，自负盈亏。2005年8月，经批准参加事业单位改制。是年10月底改制结束，单位撤销。

第二章 海岛与滩涂开发

连云港市有岛屿20座。0.01平方千米以上的海岛有平山岛、达山岛、车牛山岛、秦山岛、竹岛、连岛、鸽岛、羊山岛、开山岛、牛背岛10座。至2005年已开发的岛屿有前三岛(平山岛、达念山岛、车牛山岛)、秦山岛、连岛、羊山岛等。

连云港市的滩涂，北起绣针河口，南至灌河口东岸的团港村，总面积约11万公顷，其中潮间带3万公顷，开发后主要用于海水养殖；潮上带已围垦8万公顷，其中用于海水养殖的约1万公顷。

第一节 海岛开发

一、前三岛

1984年前，连云港市政府多次组织干部群众到前三岛植树造林，绿化岛屿，防止水土流失。1984～1985年，市水产科学研究所在车牛山岛海域养殖贻贝、栉孔扇贝苗、海湾扇贝。1986年，连云区政府在前三岛设立办事处，成立前三岛乡政府，公务人员驻岛办公，负责日常行政、岛屿开发、渔政管理工作。1993年，江苏省和连云港市共同投资200多万元，建设100吨级平山岛渔杂码头。此后又投入3000多万元，在前三岛海域投放人工鱼礁，建设平山岛海洋观测站，人工放流海参、鲍鱼、紫贻贝等。1996年5月，连岛乡东连岛村投资20万元，在平山岛太平湾放养刺参4万粒、鲍鱼2000粒、养殖扇贝2公顷。2004年，连云港瑞华海珍品养殖有限公司在前三岛海域建设海珍品养殖基地，进行海参增养殖；2005年，该公司投入1000万元在车牛山岛建成海珍品基地。

图12-9 至2005年，连云港已开发的岛屿有连岛、前三岛、秦山岛等。图为前三岛之一的车牛山岛。 王健民 摄

二、秦山岛

1984年，秦山岛上有坑道6条、房屋80余间、淡水井2眼(能供应300人饮用)、航标灯1座、民用导航标2座。岛上的坑道、房屋等军用设施属连云港军分区所有。1986年1月起，由赣榆县青口镇代管并有偿使用。岛上建成码头1座，渔民自建活动房50间。青口、宋庄等乡镇的渔民在岛上季节性居住，主要从事定置张网捕捞和贝、藻类养殖。2003年，赣榆县水产研究所在秦山岛海域投放皱纹盘鲍苗种50万粒，收获商品鲍15.6吨。2004年，养殖皱纹盘鲍50万粒，收获商品

鲍20.88吨。在养殖鲍鱼海区还增养殖底栖贝类46.7公顷，收获杂色蛤等718吨。2005年，秦山岛海域有水产养殖面积433公顷，各种贝类底播护养面积约1000公顷。

三、连岛

1984年前，东西连岛已建有水岛码头、东连岛码头等渔用码头。1993年12月，在西连岛江家嘴与墟沟黄鹰嘴之间建成拦海大堤，连岛与大陆有了公路通道。1996年，建设大路口海滨浴场（后更名为大沙湾浴场）。1998～2005年，相继建成连岛渔港、苏马湾生态园、“邓小平和人民在一起”主题公园、江苏省连岛海上训练基地、连云港海底世界等旅游景点。2005年，连岛接待游客138万人次，门票收入2100万元。

东连岛羊窝头设有灯塔1座，高程121米，射程12海里。连岛北部海域是春、秋季节捕捞鱼虾的渔场。2005年，连岛镇有机动渔船628艘，海洋捕捞产量1.87万吨；海水养殖面积660公顷，养殖产量5100吨；实现渔业总产值2.39亿元。

四、羊山岛

羊山岛属连云区高公岛乡管辖。1987年，高公岛乡在羊山岛与高公岛之间修成一条15米宽的水泥路，使该岛与陆地相连。2000年，羊山岛南侧建设高公岛渔业码头，建有40余间水产品交易用房。2005年，羊山岛有居民200人，渔船20余艘。羊山岛周围海域开发紫菜和贝类养殖。

第二节　滩涂开发

一、潮间带

连云港市潮间带总面积约3万公顷，其上部底质多为泥质，生长有大面积的大米草，起到较好的促淤保沙作用。潮间带中下部多为砂质。潮间带水温超过25摄氏度的时间年均2～2.5个月，海水比重为每立方厘米1.021～1.025克，pH值8～8.3，透明度20～43厘米，其营养盐比较丰富。1984～1989年，潮间带上自然生长的贝类由渔民零星捕捞，未被合理开发利用。1989年起，利用潮间带进行大面积的紫菜养殖。1991年起开始贝类养殖，主要为蛤类、缢蛏、贻贝、牡蛎、蚶、扇贝。2005年，全市利用潮间带养殖贝类14.6万吨、紫菜3254公顷。

图12-10　2005年，连云港市利用潮间带养殖贝类14.6万吨。图为渔民收获牡蛎。　海洋渔业局　供

二、潮上带

连云港市拥有潮上带滩涂约8万公顷，从灌河口至大板桥为泥砂质底质，大板桥至西墅为基岩底质，从西墅至赣榆县宋庄镇为粉砂淤泥质底质，宋庄镇至兴庄河为泥砂质底质，兴庄河至绣针河口为砂质底质。砂质、泥砂质、粉砂淤泥质的潮上带盐业利用率高，其次为渔业。1984年

被开发用作养殖的滩涂共3746公顷，水产产量2618吨。2005年，全市潮上带被用于水产养殖的面积约1万公顷，产量1.94万吨，均为蓄水养殖，养殖品种为虾类、蟹类、鱼类和贝类，主要有东方对虾、南美白对虾、梭子蟹、梭鱼、花蛤等，养殖模式多为混养。

第三章　海水制盐

连云港市海水盐场主要由省属盐场（淮北盐场）和地方盐场两部分组成，以省属盐场为主体。盐场主要分布于沿海的赣榆、灌云、灌南、连云等县区。

1983年4月，江苏省盐业公司成立，驻连云港市新浦区。在连云港境内辖青口、台北、台南、徐圩、灌西5个制盐场。1985年12月，驻连云港的江苏省淮北盐务管理局更名为江苏省盐务管理局，与省盐业公司实行“一套机构、两块牌子”的管理体制。1992年，全市省属盐场总面积6.55万公顷，其中生产面积5.46万公顷，生产原盐200.61万吨。1997年原盐产量250.52万吨。1998年9月，境内青口盐场、台北盐场、台南盐场、徐圩盐场、灌西盐场和云台盐业运销公司、海精盐厂等单位联合组建成立江苏省金桥盐业有限公司，为省盐业集团公司全资子公司。20世纪90年代后期至2005年，公司实施产业结构调整，大规模退盐转养、退盐转农；同时服从地方经济开发建设需要，盐场部分土地被政府征用。2005年，公司有盐田3.5万公顷，生产原盐76.5万吨。

1984年，境内地方盐场主要包括赣榆县、灌云县、灌南县、连云港市区地方办盐场及省农垦、省劳改系统和军队办盐场。1990年，境内有县办盐场3个，乡办盐场27个，农垦、劳改系统盐场各1个，军队盐场9个，盐场总面积6721公顷，其中生产面积5908公顷，分别占全省地方盐场总面积的32%和36%；产量21.29万吨，占全省地方盐场总产能的39%。1996年实际产盐17.92万吨，占全省地方盐场当年海盐总产量的31.86%。2005年，市境内地方、部队和农垦盐场生产面积减少到2465.75公顷，生产能力降至11万吨。1984～2005年，全市地方盐场累计产盐498万吨，占全省地方盐场同期海盐总产量的37.23%。

第一节　盐　场

一、省属盐场

青口盐场　位于赣榆县境内，东至临洪河左堤，北至废朱稽河，南靠范河，西接宋庄镇，面积32.75平方千米，场署驻赣榆县黄沙坨。

1984年，青口盐场辖大新、三洋、黄沙、下口4个工区，33个生产小组，125个单元，有职工1368人，其中生产工人934人，完成工业总产值1332万元。

20世纪90年代初，因国家水利建设需要，新沭河、巷河等数条淡水河改道从场区经过排入大海，致使海水浓度稀释，原盐产量下降，企业亏损严重，1991～1996年累计亏损1493.38万元。其间，曾规划从台北盐场西墅扬水站引海水至青口盐场，但终因距离太远、投资过大等原因而未能实施。1996年后，在实施产业结构调整中，青口盐场被列入整体退盐序列，实施大规模退盐转养和退盐转农。至2000年经过首轮“咸改淡”工程，退盐面积1000公顷，盐、养面积比例调整为1∶0.8。2000年后进一步加快退盐转养、转农步伐，至2001年10月该场产盐面积全部转养、转农，由产品经营转为土地资产经营，职工大部分实行转岗或置换身份。

台北盐场　位于连云港市海州湾南侧，北濒海州湾，南依云台山，东临连云区，西傍临洪河。场区总面积73.42平方千米。场署原驻猴嘴镇，后迁至墟沟镇。

图 12-11　20世纪90年代的台北盐场　　赵鸣　摄

1984年，台北盐场辖大浦、泰和、开泰、海滨、先锋、昌圩、程圩、佟圩、塔山、墅港10个工区，80个生产小组，298个单元，有职工2723人，其中生产工人1793人，完成工业总产值3926万元。20世纪90年代后期至21世纪初，在产业结构调整中，该场被列为产盐基地之一，主要发展盐化工业。其间建成年产5万吨矿卤滩晒项目、氯化钙盐化工项目，精制海盐生产规模扩大，形成工业盐、海精盐、滩晒低钠盐、钙液复晒盐四大生产基地。2000年后推进盐养结合和退盐转养，养殖面积从400公顷发展到1215公顷，其中效益滩78公顷。2003年后，该场融入地方经济开发建设，至2005年共被征用土地3750公顷，全场仅存泰和、开泰2个产盐工区。2005年，全场产盐面积1270.34公顷，盐产量11.1万吨；水产养殖面积87公顷，水产品产量160吨，盐、养面积比重为9.3∶0.7。企业资产总额2.47亿元，社会总产值2774万元；在岗职工684人，年人均收入19141元。

台南盐场　位于连云区板桥镇。东与徐圩盐场接壤，西依板桥镇跃进村，北临黄海，南靠烧香河。场区总面积70.42平方千米，场署驻板桥镇。

1984年，台南盐场辖海丰、蒿西、蒿东、马二份、方洋、封跳、张圩、刘圩8个工区，77个生产小组，251个单元，有职工2057人，其中生产工人1312人，完成工业总产值2610万元。20世纪90年代后期至21世纪初，在盐业结构调整中，形成以盐化工为主、养殖为辅的产业格局。2005年生产原盐25万吨、加工盐3万吨、腌制盐1万吨；水产品产量5115吨；化工产品7万吨。

图 12-12　连云港是江苏海盐主产区。图为台南盐场工人生产场景。　　侍志　摄于2005年

徐圩盐场　位于连云区徐圩镇。南至埒子河畔，东、北两面濒临黄海，西与台南盐场接壤，总面积97.71平方千米。场署驻辛高圩镇。

1984年，徐圩盐场辖方南、新生、严港、新滩、管港、西港、深港、东港、张港9个工区，76个生产小组，有职工2394人，其中生产工人1665人，完成工业总产值2999.72万元。20世纪90年代后期至21世纪初，在盐业结构调整中，该场被列为省盐业公司产盐基地之一，形成以盐为主、以养为辅的产业格局。其间退盐转养742.7公顷；开发建设张港海水养殖高新技术开发区，开发净养殖面积406.6公顷，2003年被省海洋与渔业局认定为江苏省无公害水产品生产基地。

灌西盐场 位于灌云县东北的黄海之滨。东濒燕尾港镇，南与五图河农场毗邻，西沿善后河埒子口，北、东北濒临黄海。全场总面积97.5平方千米，场署驻公济二圩。

1984年，灌西盐场辖二湾、路北、埒南、新河、柴门、沂河、东塑、西塑、黄海9个工区，68个生产小组，300.5个单元。有职工2363人，其中生产工人1603人，完成工业总产值2776万元。20世纪90年代后期，在盐业结构调整中，该场被省盐业公司列为退盐转养、转农重点场。1997～1998年实施“咸改淡”面积614公顷，开发滩涂水面2186公顷。2002年实施成片退盐转养改造工程，成立江苏省西旺水产实业公司。2003～2004年退盐转养1615公顷，全场水产养殖面积扩大到4300公顷。2001～2005年先后实施3期土地复垦项目，累计投资5410万元，复垦土地1400公顷，新增耕地1020公顷、养殖面积42公顷，全场种植、养殖面积扩大到5470公顷。

二、地方和专业盐场

赣榆县盐场 赣榆县产盐历史悠久。1986年底至20世纪90年代初，该县利用国家三年免税优惠政策，扩建新盐田，改造旧盐田，扩大塑苫池。1990～1996年，全县有县办盐场1个、乡办盐场1个、村办盐场32个，盐场总面积1114.89公顷，其中生产面积1072.84公顷。20世纪90年代中后期实施产业结构调整，乡村办盐场纷纷退盐转养。2000年，全县村办盐场剩余19个，盐田面积减少到333公顷，其中直接产盐面积146.66公顷。2003年，民营盐田仅剩100公顷，2004年6月，民营盐田全面完成转产；全县仅存1个县办盐场，直接产盐面积90公顷，年产盐500吨左右。2005年10月，县办盐场大部分盐田征用于经济开发区开发，其余小部分纳入连云港市联兴制盐公司。1984～2005年，该县盐场累计产盐75.8万吨，占全省地方盐场同期海盐总产量的5.67%。

灌云县盐场 20世纪80～90年代，灌云县盐场面积逐年下降。1994年，全县有盐场面积1352.62公顷，生产单元75个，年生产能力6万吨左右，实际产盐7.3万吨。公顷单产60.69吨，单产居当时地方盐场之首。20世纪90年代后期至21世纪初，灌云县对乡、村办盐场实行民营化改造，由县盐务局及个人出资收购19个村办小盐场，组建灌云县民营盐场，其余村办盐场退出产盐。2004～2005年，跃进盐场等7个乡办盐场土地划入临港产业园区，圩丰盐场盐田复垦成农田。2005年，全县盐田面积减少到850公顷左右，年产盐3.5万吨。1984～2005年，该县盐场累计产盐156.16万吨，占全省地方盐场同期海盐总产量的11.67%。

灌南县盐场 1984年，全县盐田面积103公顷，年产量500吨。1988年后，因国家兴修水利，部分盐田被废，加之上游洪水经灌河、沂河入海，致使海水严重淡化，海盐产量下降到300吨左右。1984～1992年，该县盐场累计产盐1.66万吨，占全省地方盐场同期海盐总产量的0.3%。1993年6月起，盐田停止产盐，全部改为水产养殖和农副业之用。1998年更名为灌南县农场。

连云港市区盐场 连云港市区有地方盐场5个，分别为云台盐场、东陬山盐场、徐圩兴达盐场、大浦新生盐场、六道沟盐场。其中，云台盐场2005年产盐3200吨，东陬山盐场、徐圩兴达盐场2005年分别产盐600吨、800吨。大浦新生盐场、六道沟盐场盐田2005年分别被连云港经济开发区和连云经济开发区征用。

江苏省东辛农场东滩盐场 位于灌云县境内东辛农场东北侧，与徐圩、台南盐场接壤，总面积25平方千米，为江苏省东辛农场自办盐场。

1984年，盐田总面积1847公顷，直接生产面积1566公顷。1988年利用省盐业发展基金，扩建对口滩13份，面积286.2公顷，总面积扩大到2050公顷，年产能提高到4.8万吨。1995～1997年，实行产业结构调整，将467公顷盐田改造为淡水养殖鱼塘，划归东辛农场水产公司管理。1984～2005年累计产盐119.47万吨，占全省地方盐场同期海盐总产量的9.08%。

江苏省五图河农场盐场　位于灌云县境内。始建于1958年，1984年1月划归省劳改系统。1985年建设年产1.5万吨的粉洗盐厂。1990～1997年，盐场总面积1482公顷，有37个产盐单元，原盐年生产能力3万吨左右。1998年盐场全部退盐转农，结束产盐历史。1984～1998年累计产盐49.67万吨，占全省地方盐场同期海盐总产量的5.55%。

军队盐场　2005年，连云港市境内有军队盐场9个，其中，济南军区盐场4个、连云港警备区盐场3个、海军上海基地盐场1个、海军青岛基地盐场1个。

第二节　生　产

一、产量

连云港市是江苏省海盐主产区。1984年，国家解除原盐限产；是年，由于遇不利天时，海盐产量受到一定影响。1985年，全市生产海盐153.01万吨，占全省海盐产量的91.56%。1986年，海盐供应产不敷销，全市海盐区迅速扩能。1988年，全市实施100万吨盐田技改工程，是年生产原盐194.41万吨，1989年增加到214.77万吨。1986～1989年成为中华人民共和国成立后连云港盐区产量增长最快时期。

1990～1991年，全市海盐产区连续两年遭受暴雨、狂风、冰雹、台风等自然灾害，原盐大幅减产。其中，1990年，全市产盐151.6万吨，比1989年减产63.17万吨，减产29.41%。1991年，全市产盐93.04万吨，比1989年减产56.68%。1992年，通过生产自救产盐恢复到200.61万吨，占全省海盐产量的86%。

1993年，连云港海盐产区完成盐田技改。1994年产盐207.4万吨。1995年，盐产品严重积压，国家实施“限产压库”政策，产量回落到187.69万吨。1997年，全市产盐250.52万吨，占全省海盐产量的85.35%，达到连云港海盐产量最高水平。

1997年后，连云港盐场实施退盐转养、退盐转农，盐田转化为农田和养殖用地，海盐产量逐年下降。2000年，全市原盐产量下降到99.26万吨，占全省海盐产量的51.92%。2002年后，连云港市发展临港工业，盐田转化为开发园区用地及城市建设用地。2005年，全市省属盐场生产海盐76.49万吨，占全省海盐产量的40.63%。

图12－13　2005年，全市生产海盐76.49万吨，占江苏省海盐产量的40.63%。　李家岭　摄

1985～2005年连云港市盐业系统主要经济指标统计表

表12-6　　单位：万元

年　份	国营盐场工业总产值	地方盐场工业总产值	直属全民盐场利润总额
1985	13125.92	2923.72	830.10
1986	14630.97	4188.36	1013.39
1987	15121.46	4169.39	1299.06
1988	17076.85	5043.67	1986.89
1989	18919.43	5793.83	754.51
1990	13611.65	4132.13	-398.26
1991	13596.70	5845.60	-3415.41
1992	28710.65	9447.00	-913.54
1993	32686.72	9396.98	1151.98
1994	35379.46	11522.70	150.04
1995	26846.61	11627.50	-1735.78
1996	35670.63	11772.90	-3750.30
1997	38852.29	14356.80	1263.60
1998	28536.57	—	1100.70
1999	28402.91	10853.60	273.00
2000	—	8654.60	-649.37
2001	—	14451.00	421.98
2002	25937.33	11763.70	-996.95
2003	21561.86	8393.50	-3783.29
2004	20738.96	9521.50	-741.34
2005	44106.00	13562.50	697.34

说明：盐场工业总产值包括制盐及盐化工，统计数据均为同期不变价格；直属全民所有制盐场利润总额中1999年前利润包括盐场盐及盐化工利润，之后为全桥盐业公司综合利润。

二、产品

20世纪80年代前，淮盐产品品种结构单一，食用盐和工业盐大多以海原盐为主，盐粒大、杂质多、纯度低，难以满足市场需求。20世纪80年代后，根据市场需求，开始研发多品种盐，研制开发出低钠盐、硒强化营养盐、锌强化营养盐、调味盐等新产品。

1984年，境内原盐加工企业改造提升加工盐生产工艺，研制开发出第二代加工盐——精制海盐，提升海食盐品质。1985年，云台精盐厂生产的粉精盐获“江苏省第四届轻工业优秀产品”称号，1988年12月在首届中国食品博览会上获铜牌，1989年获“江苏省优质产品”称号，1990年被轻工业部评为优质产品。

20世纪90年代中期开始实施全民食用加碘盐工程。1996年后，连云港基本普及以精制盐为载体的加碘食盐，结束居民长期食用原盐和粗加工海盐的历史。对食盐实行定点生产许可制度，形成一批专业水平较强、产业集中度较高、生产装备先进的食盐定点生产企业。同时建立盐产品质量标准和质量检测网络体系，提高食盐卫生和安全水平。

1998年实施淮盐精品工程，先后研制出特制海盐、保健营养盐、生活用盐、其他专用盐4大品种系列50多个新品种。2001年，“淮”牌加碘食用盐被认定为江苏名牌产品。2002年，“淮”牌商标被评为江苏省著名商标。

2005年，全市加工盐产量9.02万吨，销售盐产品63.18万吨，其中销售食盐12.2万吨和小工业盐6.08万吨、两碱工业盐42.3万吨、出口盐产品2.6万吨。

第三节　运　销

一、运销体制

1983年7月，省政府为加强盐的分配和统一管理，决定实行产销合管。省盐业公司在各市、县成立分、支公司及批发部，场区食盐及工农渔业用盐按计划分配调拨各分、支公司和用盐单位。20世纪80年代末，国家相继出台盐业管理的一系列政策，进一步强调对盐的分配、调拨，运销实行计划管理。连云港市境内由市盐业公司组织实施。

图12-14　20世纪80年代，猴嘴盐坨车站转运淮盐。赵鸣　摄

1995年11月8日，国家计委、经贸委出台《关于改进工业盐供销和价格管理办法的通知》，将工业盐指定盐碱企业一对一计划分配改为在国家总量计划指导下的合同订货，按市场需求，实行盐碱双方双向议价。

1996年开始，部分工业盐市场放开。1997年2月，各单位工业盐销售按省盐业公司协调确定的流向、数量和价格，与化工企业签订供销合同，严格执行国家有关工业盐购销的规定。1998年1月起，对经省盐业主管部门鉴证的工业盐购销合同，其运输实行工业盐承运证制度，并实行一车（船）一证制。2000年后，各盐场生产的原盐直接运往化工企业。

二、运销方式

江苏省金桥盐业集团原盐的运输，主要有铁路运输和船运两种运输方式。

铁路运输以金桥盐业集团属下的云台实业公司铁路专用线为枢组，将盐场原盐集坨后，运至各省市。铁路专用线是淮盐输出的主要线路，1980～1998年，由铁路运输的原盐除供应江苏省内，还供应河南、安徽、山东、浙江、江西、湖南、湖北、广东、广西、福建、陕西、四川、云南、贵州及上海等省、市、自治区，并远销日本、朝鲜和中国香港，年运输量80万吨。

至2005年，运销方式无明显变化。

1999～2005年江苏省金桥盐业有限公司盐产品销售情况统计表

表12-7　　　　单位:吨

年　份	食　盐	小工业盐	两碱工业盐	出口盐	总　计
1999	104058	31554	731111	1691	868414
2000	109086	37398	633362	—	779846
2001	126068	47122	682096	813	856099
2002	117755	31539	648574	4700	802568
2003	104477	33364	664973	16289	819103
2004	133577	50256	572901	7057	763791
2005	122009	60788	423022	25973	631792

第四章　海水化工

1984年前，淮北盐务管理局为充分利用海水制盐剩余母液（又称废液），减少环境污染，相继建立灌西、徐圩盐化工厂，合并连云港市海水化工厂和台南盐化厂重组为台南化工厂，形成全市三大盐化工企业的生产格局。

2003年下半年，连云港市海盐化工行业实行改制，先后成立连云港市黄化制钙有限公司、连云港银化制镁有限公司和连云港氯化钙厂，生产氯化镁、硫酸镁、氯化钾和溴素。2005年，全市生产盐化工产品1402万吨。

第一节　产业发展

连云港市海盐生产历史悠久，但对苦卤的综合利用不足百年。

1984年，全市海盐化工企业全部实现无亏损。1987年，海盐产区盐化工产品达到20余种。

1988年，连云港盐业提出盐化并举、综合发展的方针，重视盐业生产和盐化工协调发展。通过提升原盐质量，促进老卤排放，投资300多万元，新建和更新输卤管道，增强苦卤收集能力。是年生产氯化钾6861.44吨、氯化镁65439吨、溴素473.6吨。研发钾系列产品、溴系列产品和镁系列产品等几十种新产品。其中工业溴、十溴联苯醚、“黄化”牌氯化钾、溴乙烷等获江苏省优质产品奖。

1989年，全市海盐化工企业实施技术改造。台南化工厂和黄海化工厂的苦卤进罐浓度由1985年的28波美度提高到32.34波美度；含钾量由每立升18～20克提高到28～32克；氯化钾煤耗、卤耗、电耗较1985年分别下降26.75%、16.57%、16.82%，取得率提高到72.91%。徐圩化工厂采用苦卤空气吹溴工艺，提高溴产品的生产能力。连云港盐化工成为江苏盐业三大经济支柱行业之一，步入全国盐化工先进行列。是年，黄海化工厂与天津制盐研究所盐化工厂共同研究，将动态逆流沉降分离技术运用于高低温盐分离，解决利用高低温盐生产硫酸镁的工艺技术问题，在国内首次小试取得成功，实现与氯化钾、溴素、氯化镁联产，将氯化钾、溴素、氯化镁提取率分别提高12%、10%、10%。经轻工部盐化专家及有关工程技术人员评审鉴定，认为该工艺具有国内领先水平。1990年，黄海化工厂投资120万元，完成高低温盐一期工程，是年生产一水硫酸镁5790.7吨，实现产值88.15万元、利税52.2万元。是年，徐圩盐场与新疆维吾尔自治区锂盐场实行跨地区联合，成立新苏溴化锂厂。该厂由徐圩化工厂供应溴素，新疆锂盐场供应锂岩盐，在徐圩化工厂生产溴化锂。溴化锂属制冷环保材料，经济效益较好。

1991年，江苏省盐业公司在全省盐化工行业推广运用动态逆流沉降分离技术。黄海化工厂、台南化工厂、灌东化工厂各投资100万元改造设备，分离高低温盐，回收七水硫酸镁。此3家化工厂的高低温盐基本得到综合利用，分离回收七水硫酸镁4.5万吨、氯化钠（加工盐）4万吨。

1992年，省盐业公司投入150万元，在连云港碱厂附近兴建年产1万吨的连云港氯化钙厂，在台北盐场墅港工业区七组铺设47公顷地复晒钙液，利用连云港碱厂排出的氨碱废液做原料，生产氯化钙。是年6月，黄海化工厂牵头承包台南化工厂和徐圩化工厂。3年承包期满后，台南、徐圩化工厂又回归所属盐场。

1995年后，因国家宏观调控，银根紧缩，盐化工企业资金紧张，生产开始滑坡，经营陷入困境。是年黄海化工厂负债2741.86万元，亏损684.31万元。

1998年9月，连云港海盐产区五大盐场改制为江苏省金桥盐业有限公司。黄海化工厂、台南化工厂、徐圩化工厂和灌西化工厂划归金桥公司。是年，金桥盐业公司关闭长期亏损、扭亏无望的灌西化工厂；对台南化工厂、徐圩化工厂实行资产重组，合并成立江苏省金桥盐业有限公司银海化工厂。

1999年，省盐业公司投资383万元，对黄海化工厂生产设备进行改造，利用氨碱废液和苦卤两种原料，实施钾、钙交替生产新工艺。全年生产氯化钙8783.8吨，日产量最高为164吨。为保证氯化钙生产有足够的钙液原料，台北盐场将墅港、塔山工区等处500多公顷盐田改为钙液复晒基地。基地生产钙液为氯化钙厂提供生产原料，并利用钙液生产过程中的废液，与海水冲兑制卤产盐。2000年，生产钙液11.5万立方米、氯化钙1.4万吨。

2001年，连云港海盐化工扭亏为盈，再次步入良性循环轨道。银海化工厂主要生产氯化钾、溴素、氯化镁，经济效益提高。黄海化工厂依托钾、溴、镁联产，延长氯化钙生产周期，氯化钙生产时间一年内达180天，全年生产氯化钙2.9万吨，其中1.87万吨销往境外。

2002年，黄海化工厂与化工部连云港化工研究院合作，用氯化钾控速结晶新技术对银海化工厂氯化钾生产设备进行技术改造取得成功。采用该新技术生产出的氯化钾，结晶颗粒达到2～3毫米，且不易结块，氯化钙回收率提高10%。之后，黄海化工厂、灌东化工厂相继采用控速结晶新技术生产氯化钾。控速结晶新技术是江苏盐业继开发动态逆流沉降分离高温盐技术后的又一个技术革新，该实用技术成果被全国海盐化工行业广泛应用，产生良好的经济、社会效益。

2002～2003年，黄海化工厂实施氯化钙扩产技改工程，累计投资1000万元，新上1条年产2.4万吨氯化钙生产线，氯化钙日产量由164吨提高到280吨，最高日产量突破300吨，年产量突破10万吨；氯化钙质量指标（含纯）提高到77%，达到国际市场质量要求。黄海化工厂由生产氯化镁、氯化钾、溴素为主体转变为以生产氯化钙为主体，成为国内屈指可数的氯化钙专业生产企业，年生产周期超过10个月，实现常年生产，年利润500万元。

2003年6月，黄海化工厂完成股份制改造，企业更名为连云港市黄化制钙有限公司。生产的氯化钙全部出口韩国、俄罗斯、加拿大等国家，全年实现利润62.74万元，上缴税金343万元。

2004年产量达4.84万吨，实现利润382.6万元，上缴税费366.57万元。银海化工厂改制后更名为连云港银化制镁有限公司，主要生产氯化镁、硫酸镁、氯化钾和工业溴素等。

2005年，全市盐化工行业投资1500万元，实施2万吨粒状氯化钙扩产工程和钙液复晒搬迁扩产工程，年新增钙液复晒能力40万吨。

第二节　海水化工产品

1984～2005年，连云港市生产数十种海水化工产品，主要产品有氯化钾、氯化镁、溴素、硫酸镁、氯化钙、海藻酸钠及部分精细化工产品。

一、氯化钾

连云港海盐化工生产氯化钾经历土法锅熬法和兑卤法两个阶段。其中，锅熬法主要于20世纪50年代末至60年代中期大办盐化工时使用，之后逐步被兑卤法工艺取代。

兑卤法又称蒸发罐生产法。生产工艺主要有兑卤、蒸发浓缩、保温沉降、冷却结晶、分解洗涤五道工序。生产设备主要有兑卤槽、苦盐沉淀器、预热器、蒸发罐、混合冷凝器、蒸汽喷射泵、保温沉降器、真空结晶器、脱水机等。1987年，全市海盐产区氯化钾产量4067吨，1995年达到历史最高的9190吨，此后逐年回落。2005年，连云港海盐产区氯化钾产量4086吨，主要生产企业有黄化制钙有限公司、台南化工厂等。

1987～2005年连云港市海盐产区氯化钾产量统计表

表12-8　　　　单位：吨

年　份	产　量	年　份	产　量	年　份	产　量
1987	4067	1994	8479	2001	4682
1988	5005	1995	9190	2002	4668
1989	5161	1996	8844	2003	4760
1990	3990	1997	8063	2004	4884
1991	4251	1998	4521	2005	4086
1992	5526	1999	5448		
1993	6247	2000	4718		

二、氯化镁

1984年，全市氯化镁生产能力为3万吨，实际生产3万吨。1987年，灌西化工厂生产的“海浪”牌氯化镁获“江苏省优质产品”称号。1990年，全市氯化镁生产能力为5万吨，实际生产5.47万吨。1993年，市盐化厂建成年产氯化镁500吨生产装置，开发和形成工业氯化镁、高纯电熔氯化镁、食品级氯化镁、药用级氯化镁、碳酸镁及硫酸镁、氢氧化镁等镁系列化工产品。后因市场变化和经营不善，1998年停产。2004年，市盐化厂破产后重组为连云港市盐化有限公司。2005年，全市氯化镁生产能力为20万吨，实际产量16万吨。

1987～2005年连云港市海盐产区氯化镁产量统计表

表12-9

单位：吨

年份	产量	年份	产量	年份	产量
1987	40755	1994	103813	2001	62589
1988	64936	1995	77689	2002	70701
1989	57836	1996	81350	2003	79779
1990	54681	1997	80674	2004	72574
1991	54801	1998	41314	2005	160000
1992	66251	1999	61637		
1993	87327	2000	59821		

三、溴素

1984年，市海水化工一厂有年产300吨溴素装置，因海水提溴电耗高而未投产。是年全市溴素产量250吨。1985年，黄海化工厂生产溴素185吨。连云港海盐区主要采取水蒸气蒸馏法和空气吹出法生产溴素。1990～2000年，黄海化工厂和银海化工厂分别建成年产500吨溴素生产装置。2005年，全市溴素生产能力为1500吨，产量317吨。

水蒸气蒸馏法生产工艺，主要包括预热、氧化、蒸馏、冷凝、分离、精馏6道工序。1984～1992年，灌西、台南、黄海化工厂都使用水蒸气蒸馏法生产溴素。空气吹出法又分纯碱吸收法和二氧化硫吸收法。1990年，徐圩盐场化工厂运用这两种方法生产溴素。1992～1994年，新滩化工厂运用空气吹出法生产溴素。空气吹出纯碱吸收制溴设备有氧化器、吹出塔、吸收塔、蒸馏塔等；空气吹出二氧化硫吸收制溴设备有吹出塔、吸收塔、硫黄燃烧炉、蒸发器、蒸馏塔、洗气塔等。

2000～2005年，黄化制钙有限公司（原黄海化工厂）、连云港银化制镁有限公司（原银海化工厂）仍保留水蒸气蒸馏法生产溴素，年产能800吨。

1987～2005年连云港市海盐区溴素产量统计表

表12-10

单位：吨

年份	产量	年份	产量	年份	产量
1987	791	1994	667	2001	399
1988	736	1995	536	2002	661
1989	743	1996	574	2003	667
1990	540	1997	574	2004	660
1991	561	1998	366	2005	317
1992	704	1999	494		
1993	538	2000	498		

四、氯化钙

1992年，连云港海盐产区氯化钙产量100吨。1997年，连云港碱厂建成以排放氨碱废液为原料、年产1.5万吨氯化钙生产装置。1998年，市黄海化工厂利用连云港碱厂的氨碱废液开发成功片状氯化钙产品，年产能1万吨。同时开发出无水钙、颗粒氯化钙等新产品。2003年，市黄海化工厂改制为市黄化制钙有限公司。2005年，市黄化制钙有限公司氯化钙及氯化镁、氯化钾、溴素、钾镁肥、硫镁肥、各种深加工工盐等盐化工产品的年生产和销售达10万吨，其中，含量为74%～80%的氯化钙产品月可供量8000吨以上。全市氯化钙年产能力为10.5万吨，实际生产5.73万吨。

1992～2005年连云港市海盐区氯化钙产量统计表

表12-11 单位：吨

年　份	产　量	年　份	产　量	年　份	产　量
1992	100	1997	8690	2002	34700
1993	2642	1998	4800	2003	34435
1994	3012	1999	8783	2004	60392
1995	3472	2000	14010	2005	57325
1996	7293	2001	29000		

五、碘

连云港市专业生产碘的厂家有市制碘厂、赣榆县七二化工厂。1984年，全市碘生产能力为30吨，实际产量17.7吨。1983年、1989年，市制碘厂“紫兰”牌碘、赣榆县七二化工厂“紫金”牌碘获国家银牌奖和江苏省优质产品称号。1990年，全市碘生产能力为30吨，实际产量21吨。1994年6月，市制碘厂改制为连云港元升实业股份有限公司，1999年停产。2002年7月，在原赣榆县七二化工厂破产拍卖基础上改制成立江苏中大生物科技集团有限公司，2005年，该公司生产碘60吨。

六、溴乙烷

1984年，市海水化工一厂四溴乙烷和溴乙烷年产能力分别为100吨和50吨。1988年8月，黄海化工厂投产溴乙烷，1994年产量为97.84吨。1995～2000年，市海水化工一厂溴乙烷生产能力扩大到1500吨，建成年产500吨溴丙烷生产装置。2002年2月，市海水化工一厂整体改制为市海水化工有限公司。2005年，全市溴乙烷年产能1500吨，实际生产67吨。

七、溴甲烷

1984年，市海水化工一厂建成年产500吨溴甲烷生产装置，是年产量240吨。1986年，市海水化工一厂生产的溴甲烷获省、部优质产品称号。1995年，市海水化工厂与以色列死海溴集团共同投资170万美元，成立连云港死海溴化物有限公司。该公司采用进口设备和国际先进工艺生产溴甲烷，质量达到国际先进水平。2005年，连云港死海溴化物有限公司生产溴甲烷699吨，实现利税1118万元，进入连云港市利税总额50强行列。

八、八溴醚

20世纪80年代末，市海水化工一厂是国内最大的八溴醚生产厂家。2000年，市海水化工一厂建成年产500吨八溴醚和溴丙烷生产装置，是年生产213吨，被认定为省级高新技术产品。2004年，市海水化工有限公司建成年产1500吨生产装置。2005年，市海水化工有限公司生产八溴醚995吨，市场占有率60%。项目先后被江苏省和科技部列为省级“星火”计划、国家级“火炬”计划。

九、甘露醇　海藻酸钠

连云港市是甘露醇、海藻酸钠的出口基地。1984年，全市生产甘露醇379吨、海藻酸钠822吨，分别出口20吨和483吨，主要生产厂家是市制碘厂和赣榆县七二化工厂，两厂生产的甘露醇先后获“江苏省优质产品”称号，市制碘厂生产的甘露醇获“部优产品”称号。1990年，全市甘露醇、海藻酸钠年产能分别为450吨和1000吨，实际产量339吨和792吨。2005年，全市甘露醇、海藻酸钠产量分别为2000吨和5000吨。由赣榆县七二化工厂改制成立的江苏中大生物科技集团有限公司在国内同行业中综合实力位居第三。

第三节　海水化工企业

一、连云港市黄化制钙有限公司

连云港市黄化制钙有限公司前身为市黄海化工厂，地处连云港市猴嘴镇，位于台北盐场西南部，占地39公顷。

1985年1月，市黄海化工厂生产的氯化钾产品在全国盐化工产品同行业32家质量评比中名列第四位。1986年4月注册“黄海”牌商标。是年底“黄海”牌氯化钾被评为江苏省优质产品。1987年产品由单一的盐化工产品发展到4大类近20个品种，年创利近300万元，为国家中型化工企业。是年该厂生产的氯化钾和十溴联苯醚获“江苏省优质产品“称号，低钠盐、氯化镁等产品远销日本、菲律宾、韩国。1989年12月，高低温盐综合利用项目通过化工部鉴定，十溴联苯醚被评为江苏省优质产品。

1992年6月12日，黄海化工厂承包台南、徐圩2家化工厂，形成联合体。是年，开发新产品一水硫酸镁、药用氯化钠和菱镁建材产品等。1994年投资180万元，对一水硫酸镁、十溴联苯醚和低钠盐等新产品加以技术改造和扩建，一水硫酸镁由年产5000吨扩大到1.2万吨，低钠盐由年产300吨扩大到5000吨，十溴联苯醚年产50吨扩大到200吨。是年新建年产300吨溴乙烷车间。

1999～2000年，该厂利用氨碱废液和自有设备优势，组织实施钾钙交替生产，实现当年投入、当年生产、当年收益。

2001～2002年，该厂氯化钙月生产能力从3000吨提高到5500吨，氯化镁创下月产6000吨的历史最高产量。2003年6月18日，由连云港市黄海化工厂改制为连云港市黄化制钙有限公司。2005年，该公司拥有固定资产5574万元，苦卤复晒面积16.7公顷，输卤管道33.76千米，有职工500余人，其中工程技术人员50多人，是江苏省最大的海盐化工企业。该公司主要产品包括氯化钾、溴素、氯化镁、氯化钙、钾镁肥等。氯化钙产品远销韩国、日本、东南亚、俄罗斯、北美等国家和地区。

二、江苏省连云港银化制镁有限公司

江苏省连云港银化制镁公司前身为银海化工厂，位于连云区板桥镇。

1985年，台南盐场自筹资金65万元建碱厂，1986年生产纯碱223吨，1987年生产纯碱401.74吨。是年碱厂移交台南化工厂管理，因成本高、亏损大而停产纯碱。

1988年，省盐业公司投资300万元改造台南化工厂输卤管道，减少管道跑、冒、滴、漏，降低输卤成本。1988～1990年，钾、溴、镁产量年递增16.7%。1990年，该厂投资100万元改造生产设备，分离高低温用盐，回收七水硫酸镁。

1997年，台南化工厂划归金桥公司。1998年，台南化工厂和徐圩化工厂合并，成立金桥盐业公司银海化工厂，合理利用卤源，提高设备利用率，延长生产时间，降低能耗。是年盈利50多万元。

2004年，银海化工厂进行股份制改造，成立江苏省连云港银化制镁有限公司。公司拥有标准化房2万平方米，固定资产4000多万元，职工近400人。主要产品有氯化镁、硫酸镁、氯化钾、农用钾肥、溴素、海水晶、溶雪剂、食用氯化镁、食用氯化钾等，附属产品有复晒盐、高低温盐、低钠盐、分离盐、精制盐等。各种化工产品年总产量7万吨以上。

三、连云港氯化钙厂

连云港氯化钙厂是台北盐场直属化工企业，厂房占地1000平方米，注册资金40万元，产品主要有原盐、无水氯化钙、二水氯化钙、液体氯化钙等。是江苏省首家专业氯化钙厂，产品填补江苏省同类产品生产空白。

1991年台北盐场利用连云港碱厂制碱废液，投资150万元，兴建连云港氯化钙厂。1992年连云港氯化钙厂成立，是年10月，试车投产成功，年生产能力3000吨，其产品氯化钙含量70%左右。

1994年，为满足市场需求，台北盐场扩建连云港氯化钙厂，氯化钙厂与墅港工区合并，是年氯化钙产量提高到3012.58吨。1995年，省盐业公司和台北盐场投资560万元，成立集体性质的专业钙厂，具有法人资格，实行独立核算。是年12月项目建成，氯化钙设计能力1.5万吨，实际生产氯化钙3472吨，创产值230.69万元。销售区域扩大到省内周边城市和南方有关省市，并与连云港外贸公司达成产品出口协议，是年100吨氯化钙产品出口国外。

1997～1999年，氯化钙厂开辟液体钙市场，年销售液体钙从4500吨增至8000吨。

2001年起，台北盐场对该厂进行租赁经营，与租赁者签订为期5年的租赁经营合同。2003年，该厂投入155万元对生产设备进行改造。2005年，氯化钙厂强化内部管理，严格小钙发包程序，深入挖潜改造，促进工业发展。

四、连云港海水化工有限公司

连云港海水化工有限公司位于连云港港区，2002年由连云港市海水化工一厂改制而成，是国内最早从事溴化工产品开发、生产和经营的主要厂家之一。

2002年初，经市科委批准，连云港海水化工有限公司成立连云港市阻燃剂工程技术研究中心。2005年，该公司主要生产溴系阻燃剂、磷系阻燃剂和溴代烷烃系列产品，广泛应用于工程塑料的阻燃和医药、农药、染料的有机合成。八溴醚、溴甲烷获"江苏省高新技术产品"称号。企业多次承担国家和原化学工业部下达的溴化工产品国家标准及行业标准的起草工作，获多项部、省、市科技进步奖。

第五章　海域管理与渔业执法

1984年，连云港市的水产业行政管理职能由连云港市水产局履行。2001年，市政府撤销市水产局、市海洋管理局，组建连云港市海洋与渔业局，作为市政府工作部门，履行原市水产局和市海洋管理局的行政管理职能。

1984～2001年，连云港市的海洋开发利用多局限于交通、捕捞、养殖、盐业等传统产业。在海域使用中，存在无序、无度、无偿的现象，造成局部海域生态环境恶化，海域权属不清，用海矛盾突出，海域无偿使用，国有海域资源性资产大量流失。2002年1月，《中华人民共和国海域使用管理法》实施，市海洋与渔业局组织划分海洋功能区，制定海域管理使用相关配套制度、措施，进行海域勘界，依法行使海域管理职能，维护国家海域所有权，保护海域使用权人的合法权益，促进海域的合理开发和可持续利用。2004年，市政府印发《连云港市实施〈中华人民共和国海域使用管理法〉暂行办法》《连云港市海域使用权出让招标拍卖实施办法》，发布《连云港市海域使用管理公报》《连云港市海洋执法公报》《连云港市海洋环境保护公报》，制定实施《连云港市海域使用申请审批管理程序》等制度。1984～2005年，市渔政部门共查处海上违规捕捞渔船7.5万艘次，其中外国渔船20艘次，外省、市渔船5万艘次；船检、港监部门检验渔船3万艘次。

第一节　海域使用

一、渔业用海

连云港市有渔港13个。其中，临洪渔港、堆沟港渔港属内河渔港，不占用海域，其他均为沿海渔港。2005年，渔港用海427公顷，海水养殖用海面积2.97万公顷。海水养殖用海主要是潮间带和近海。潮间带用于贝类护养和紫菜养殖，5米等深线以内的浅海域养殖紫菜、海带、裙带菜等，近海海域养殖海带、海参、网箱养鱼、吊养贝类等。

二、工业用海

连云港碱厂排渣场总面积3.5平方千米，用于该厂生产的废渣、废液的存放。由于废渣、废液存放量日益增加，排渣场的大堤曾多次发生渗漏或决堤。2002年11月10日，该场2号沉淀池发生决堤事故，污染渔业水域面积1900公顷。

图12-15　2005年7月16日，连云港市首次海域使用权拍卖会。　俞德春　摄

2002年11月30日、2003年1月16日，该场4号、3号池分别发生决堤事故。2005年，连云港碱厂申请使用海域（渣场向海一侧）140.5公顷，作为排污影响区。2005年底核电站试运行后未申请用海。

三、港口用海

1986年，由墟沟黄鹰嘴至西连岛江家嘴的拦海大堤开工建设。1993年12月26日全线贯通。拦海大堤全长6687米，顶宽12米，底宽60米，高15米。大堤的建成，使港区增加100多个泊位的空间。2005年，连云港港域岸线总长40.6千米，其中商港自然岸线23.9千米，临海工业岸线2千米，城市生活、旅游岸线6.1千米，预留及其他岸线8.6千米。港口水域总面积1133平方千米，港池用海面积2.47平方千米。航道总长22.61千米，水深-12.5米。其中外航道63°～243°走向，底宽230米，弯道段底宽230～370米，通航水深-12.5米，2.5万吨级船舶可双向航行，7万吨级可单向航行。航道使用海域面积41.69平方千米。

四、旅游用海

1996年，大沙湾海滨浴场开工建设，位于连岛大路口村北山坡下海湾内。该浴场呈月牙形，沙质细软，坡度适宜；东西长1000米，南北宽550米（其中潮上带330米，潮间带220米）；游泳区外的5米等深线内是快艇游览区。该浴场使用海域面积21.7公顷。

苏马湾浴场位于连岛北山坡的苏马湾生态园区，在大沙湾海滨浴场以东约3千米处，园区内鹰游山的北山坡下。该浴场的坡度、沙质与大沙湾海滨浴场相似，但面积稍小；东西长500米，南北宽400米（潮上带240米，潮间带160米）；游泳区外的5米等深线内是快艇游览区。该浴场使用海域面积7.73公顷。

图12-16　2005年，苏马湾海滨浴场用海面积7.73公顷。
连云区　供

黄窝海滨浴场位于云台山东麓、连云区高公岛乡的黄窝村，为黄窝风景区一部分，是天然的海水浴场。该浴场坐西朝东，南北长800米，东西宽480米（潮上带300米，潮间带180米），浴场用海面积14.47公顷。

海州湾度假区位于赣榆县海头镇，与海头渔港相邻，海滨有天然的海水浴场。该浴场坐西朝东，南北长1000米，东西宽2000米（潮上带500米，潮间带1500米）。该浴场使用海域面积150公顷。

第二节　海域管理

一、海洋功能区划

2002年，连云港市海洋与渔业局组织撰写的《连云港市海洋功能区划报告》《连云港市海洋功能区划》通过江苏省海洋与渔业局组织的专家评审，获省政府批准。连云港市海洋功能区划采用十类二级体系，划分为港口航运区、渔业资源利用和养护区、旅游区、海水资源利用区、海洋能利用区、工程用海区、海洋保护区、特殊利用区、保留区，共划定一级类9个、二级类23个共95个功能区。

二、海洋服务

海浪预报　国家海洋局连云港海洋站在西连岛设有观察站，监测水文气象及浪高、涌高、水质要素等。2001年12月1日，连云港海州湾海域海浪情况纳入中央电视台海浪预报范围，通过中央电视台、国家海洋局政府网站等媒体，每日发布海水浴场环境预报。

海籍调查　2004年12月30日，市海洋与渔业局成立海籍管理调查测量站。2005年4月20～29日，承担连云港市首次海籍调查测量任务，即连云区板桥镇至徐圩镇紫菜养殖海域情况调查与面积测量。2005年8月21～29日，对连云区板桥镇至徐圩镇紫菜养殖海域拍卖标的进行测量；是年12月，参与西墅到临洪河口海岸线勘定。

三、海洋环境保护

环境监测　20世纪80～90年代，连云港市海域设11个水质监测点位。2004年，连云港市环境监测中心监测到2次赤潮。2005年监测到4次赤潮，其中9月25日前后发生的赤潮面积约2000平方千米，赤潮优势种类为中肋骨条藻，持续时间5天，是海州湾有赤潮记录以来规模最大的一次。2005年5月，田湾核电站清洗进水、排水通道，导致海水污染，造成养殖户养殖的紫菜绝收。7月，市环境监测中心与市海监支队联合对东山酒精厂入海排污口进行检测，出具检测报告。是年，市内南起灌河口排污口，北至与山东接壤的绣针河口，纳入入海排污口监测的点有14个。其中，连云港堆沟港化工园区排污口、市区大浦河排污口被确定为重点监测排污口，赣榆的沙汪河排污口和龙王河排污口被确定为较为严重的排污口。

2004～2005年海州湾海域发生赤潮情况一览表

表12-12

年　份	起止时间	地　点	面积（平方千米）	持续时间（天）	赤潮生物种类
2004	5月23～26日	拦海大堤北海域	20	4	夜光藻
	9月29～10月3日	连岛东部海域	80	5	多纹膝沟藻
2005	9月23～27日	海州湾海域	2000	5	中肋骨条藻
	10月6～7日	连岛东部海域	20	2	中肋骨条藻
	10月21～22日	连岛东部海域	55	2	链状裸甲藻
	10月29～31日	海州湾海域	200	3	链状裸甲藻

人工鱼礁　1984年，市水产局组织制作人工鱼礁。1985年，在车牛山岛以南1000米的海域投放138组1104立方米的人工鱼礁。2002年12月至2004年12月，市海洋与渔业局在海州湾渔场109海区3小区投放钢筋混凝土大型单体礁250个、小型礁750个、废旧船礁70个、浮鱼礁25个。2005年，制作废旧船礁体80个、大型水泥礁体700个，建成人工鱼礁群5座，总面积7.5平方千米。

图 12-17　2004 年 7 月，连云港市在海州湾渔场进行放流增殖。　侍志　摄

人工放流　1983年起，连云港市在海州湾渔场进行人工放流增殖，至1990年共放流东方对虾苗4.7亿尾，其中示志放流12.1万尾、日本对虾苗放流40万尾。放流后比放流前年捕虾量增长5.39倍。1984～1987年，市水产科学研究所在车牛山海域放流海参苗4次60.68万粒。

2004年7月21日，连云港市在海州湾人工渔礁区组织放流黑鲷苗45万尾，平均规格5.1厘米；放流牙鲆苗2.5万尾，平均规格5.2厘米；放流海蜇幼体50万只，平均规格3.2厘米。是年11月3日，省海洋水产研究所实施黑鲷标志放流1738尾。2005年4～7月，分3次在海州湾进行增殖放流，其中4月16日放流菲律宾蛤仔120吨，规格0.9～1.55厘米；4月18日，放流中国对虾苗604万尾，规格0.6～1.5厘米；7月，放流黑鲷苗10万尾，规格4～5厘米。

四、海域执法管理

2001年，中国海监连云港市支队成立（简称海监支队）。2004年2月，海监支队查获连云港某土石方工程公司未经批准，在连云区高公岛乡海军码头油库东侧填海铺路，依法责令该公司退还非法占用的海域，恢复海域原状，没收违法所得，并处罚款1万元。该案是《中华人民共和国海域使用管理法》颁布实施以后江苏省非法填海第一案。2004年4月，海监支队执法人员在核电站外海域查获1艘满载贝壳沙的铁船。该船在台南盐场海堤外海域开采贝壳沙，无海域使用证、矿产开采证、矿产勘查证。市海监支队依法对船主进行行政处罚。该案是《中华人民共和国海域使用管理法》颁布实施以后江苏省非法采沙第一案。2004年6月，赣榆县宋庄镇郑庄村村民皮某擅自围海从事养殖。市海监支队依法责令其退还非法占用的海域，恢复海域原状，并处罚款2.84万元。该案是全省非法围海第一案，也是江苏省海洋行政复议第一案。2004年7月，连岛镇居民武某在未经连岛浴场同意的情况下，擅自动用小型游艇在浴场确权海域内载客观光。执法人员向武某下达责令停止海洋违法行为通知书，要求其立即将游艇退出浴场，并处以2000元罚款。该案是江苏省海域使用维权第一案。2005年5月3日，市海监支队联合海警、渔政，出动6艘执法船（艇）、50余名执法人员，查获非法采沙船6艘，依法对违法主体进行处罚，收缴罚款36万元。此为连云港市查获违法采海沙船舶最多、罚款数额最大的一次海洋执法行动。

至2005年底，海监支队出动执法人员730人次、执法车180台次、执法船68艘次，对执法对象实施行政检查220次。立案查处海洋违法案件26起，结案26起，案件类型涉及非法采沙、非法填海、非法倾废、非法围海、非法用海等。

五、海域勘界

苏鲁海域勘界　2002年，按照国务院办公厅《关于开展勘定省县两级海域行政区域界线工作有关问题的通知》，连云港市把苏鲁海域勘界工作提上日程。2003年，连云港市建立20多个部门单位参加的苏鲁海域勘界联席会议制度，成立由市政府领导挂帅的海域勘界领导小组，制定海域勘界工作实施意见，同时配合国家海洋局、江苏省海洋局勘界工作人员，开展省、市级海域勘界工作。2005年底，苏鲁海域勘界工作和市级勘界工作仍在进行中。

县区海域勘界 2003年4月9日，连云港市在江苏省率先划定第一条县际海域行政区域界线，即连灌线。是年组织召开新浦区、赣榆县海域勘界协调会，提出响灌线海域勘界的实施意见。2005年底，响灌线和连灌线仍未勘定。

第三节 海洋渔业执法

一、渔政监督管理

伏季休渔 1995年，按照农业部《关于修改〈东、黄、渤海主要渔场鱼汛生产安排和管理的规定〉的通知》规定，北纬35°以北海域，每年7月1日至8月31日禁止底拖网作业；北纬27°～35°海域，每年7月1日至8月31日禁止拖网渔船（桁杆拖虾除外）和帆张网渔船作业。1998年，开始执行农业部《关于在东、黄海实施新伏季休渔制度的通知》，北纬35°以北海域，每年7月1日至8月31日，禁止所有拖网和帆张网渔船作业；北纬26°～35°海域，每年6月16日至9月16日，禁止所有拖网（桁杆拖虾暂时除外）和帆张网渔船作业。1999年，农业部下发《关于延长黄海海域休渔期的通知》，北纬35°以北海域，休渔期延长半个月，为每年7月1日至9月16日。2003年，桁拖网纳入休渔范围；是年农业部下发《关于做好2003年伏季休渔管理工作的通知》，规定北纬35°以北海域，休渔时间调整为每年6月16日至9月1日；桁杆拖虾作业实行休渔，休渔时间为每年6月16日至7月16日，其他规定不变。2004年，《渤海生物资源养护规定》发布后，渤海伏季休渔时间为6月16日12时至9月1日12时，除使用网目尺寸90毫米以上的单层流刺网和钓钩从事捕捞作业以外，禁止在伏季休渔期间从事一切捕捞作业。2005年执行江苏省伏季休渔规定，拖网和帆张网休渔时间仍为6月16日12时至9月16日12时，桁杆拖虾作业休渔时间为6月16日12时至7月16日12时，调整定置作业休渔时间为6月16日12时至8月31日12时。

1995～2005年，连云港市沿海渔民均遵守有关规定，在伏季休渔期间做到船进港、网入库、人上岸。2005年，在农业部东海区伏季休渔十年总结表彰会议上，连云港市渔政监督支队荣获先进集体称号。

渔业执法 1984年后，连云港市渔政监督支队依法每年组织各县、区渔政船编组出海，履行渔政监督管理职能，在气象条件允许的情况下，确保一天24小时有渔政船在海上巡航。伏季休渔期间，开展宣传教育和港口检查，积极护渔巡航。市渔政管理部门每年均查处违规渔船数千艘。1986年后，韩国渔船经常进入海州湾渔场禁渔区内从事侵渔活动，1986～1999年，连云港市渔政部门共查处12艘韩国渔船。2002年11月10日，连云港碱厂2号沉淀池发生决堤事

图12-18 连云港市渔政监督支队依法履行监督管理职能，确保每天24小时有渔政船在海上巡航。 海洋渔业局 供

故，受污染渔业水域面积1900公顷，损失620余万元，市海洋与渔业局及时派渔政人员调查处理，使养殖户得到相应赔偿。2003年伏季休渔后期，市渔政部门组织海上联合执法行动，东海区渔政渔港监督管理局调度5艘渔政船支援，严守连云港市与日照市交界的北纬35°线附近海域，禁止无证渔船捕鱼；其间共查获山东违规作业渔船32艘，均依法处罚。2005年6月中旬，连云港市组织渔政、海警联合执法行动，5艘渔政船和5艘海警船编组出海联合检查，联合登临检查200余艘渔船，查处违规作业渔船13艘。

2001～2005年连云港市渔政查处海上违法渔船情况统计表

表12-13　　单位：艘次

年　份	市渔政	连云区渔政	赣榆县渔政	灌云县渔政	灌南县渔政
2001	2300	682	403	392	225
2002	2500	740	399	305	201
2003	1790	790	472	472	192
2004	1856	836	526	630	162
2005	1300	889	512	521	137

二、渔船检验

渔船船名及编号　按1975年4月农林部《关于渔船统一编号的通知》和1998年3月2日农业部《渔业船舶船名规定》，连云港市机动渔船船身为灰色，船名、编号为白色，仿宋体。

渔船检验　1984年9月，江苏省赣榆县渔船渔港监督站成立。1985年6月灌云县渔船检验站成立。1990年，江苏渔船检验局灌南县检验站成立。1992年5月，连云港市渔业船舶检验站（简称市船检站）和连云港市渔港监督管理站成立。1993年，市船检站检验渔船375艘。1994年，连云港市渔业船舶检验站更名为江苏省连云港市渔船检验站。1998年为渔民配备救生衣116件、救生圈36只、航行灯72对。1998年7月，江苏省连云港市渔船检验站更名为江苏渔船检验局连云港检验处。2001年检验渔船555艘。2003年，市海洋与渔业局组织船检站、渔政和无线电通信部门开展联合执法，检验渔船689艘。2005年检验渔船658艘，下发限期检验通知书115份、报废通知书45份。1984～2005年，全市共检验渔船约3万艘次。

渔船普查　2000年6月1日至8月31日，市船检部门对全市从事海洋渔业生产的船舶和为海洋渔业生产服务的船舶进行普查，共普查登记渔船5200艘，总吨位9.67万吨，总功率24.48万千瓦。其中，“三证”①齐全渔船1900艘，总吨位4.8万吨，总功率12.87万千瓦；“三证”不齐渔船1242艘，总吨位2.45万吨，总功率5.68万千瓦；“三无”②渔船2058艘，总吨位2.42万吨，总功率5.93万千瓦。

渔船清理整顿　按农业部于2001年1月21日下发的《关于清理整顿海洋“三无”和“三证”不齐渔船的通告》，连云港市对“三无”和“三证”不齐渔船进行清理整顿。清理整顿时间为通告下发之日起至2001年10月31日。全市普查渔船总数5200艘，其中三证齐全的渔船3125艘、“三无”和“三证”不齐的渔船2075艘。普查后进行清理整顿，核销297艘、注销97艘、报停577艘、

① “三证”指渔业捕捞许可证书、渔业船舶登记证书和渔业船舶检验证书。

② “三无”指无有效的渔业捕捞许可证书、无渔业船舶登记证书、无渔业船舶检验证书。

补办证件506艘。

三、渔港监督

1984年，江苏省渔港监督、渔船检验局在连云港渔港设有连云港分局，管理连云港市和淮阴市60马力以上渔船。1992年，连云港市渔港监督管理站成立。1993年办理渔业船舶进出港签证3452艘次。1994年，连云港渔港监督处更名为中华人民共和国连云港渔港监督处。1995年，中国渔船船东互保协会连云港分理处成立。1998年，连云港渔港监督处与市渔政站联合组织海上安全检查115次，检查渔船5000余艘，清理“三无”渔船17艘，调解处理渔船碰撞事件3起，制止港内倾废2起。2003年，进行渔船专项治理，开展安全大检查20余次。2005年，全市培训职务船员2038人，渔船签证1.98万艘次，检查渔船2.06万艘次，安全检查602次，查处违章渔船2202艘次。1997～2005年共清理“三无”渔船1231艘，调解处理渔船碰撞事件7起。

四、渔业无线电通信管理

1978年，赣榆县海头港设立渔业岸台。1988年，该岸台配备400瓦、150瓦发信机各1部和56、339、Z-14型收信机，是20世纪80年代江苏省配备最完善的群众渔业岸台。1990年开始对无线电管理实行按需设置，推广使用80系列10瓦超短波无线电话机，全市渔业无线电发射设备达650部，总功率8千瓦。1992年，连云港市渔业无线电管理站成立，对全市渔业无线电台和渔业无线电设备实行统一管理。1997年，全国沿海开始建设近海渔业安全求助通信网，共建岸站121座，其中连云港市有岸站3座，分别设在市水产局办公楼、赣榆县水产局办公楼和连云区高公岛乡政府院内。2005年底，全市有短波单边带岸台11座，主要分布在赣榆县、东海县和连云区，其中省级岸台1座、市级岸台1座；赣榆县有乡镇、村所属岸台3座，分别设在青口镇下口村、石桥镇九里村、柘汪镇；东海县有岸台1座，设在太平村；连云区西墅村设岸台1座；高公岛乡有岸台4座，分别设在乡政府、高公岛村、柳河村、黄窝村。

第四节　渔业安全生产

一、渔业生产事故

1984年，连云港市4艘渔船发生沉船事故，死亡7人。1984～1987年，全市捕捞渔船由国营、集体所有制逐步转为民营或个体经营，部分捕捞渔民为逐利故意延长捕捞作业时间、带病作业、违规操作，导致事故频发，损失严重。1988年5月6日，连云港海洋渔业公司苏连渔519号渔船在中国东海渔场2161海区2小区拖网作业时，被航经该区的美国总统轮船公司的“门罗总统号”商船撞沉，17名船员遇难，3人获救。1989年9月12日，连岛西山村苏连渔2012号渔船在140海区4小区航行中，被上海一货轮撞沉，船上11人全部遇难。1991年11月23日，连云区墟沟镇海棠村一艘“三无”渔船违章超载到秦山岛敲海蛎，返回途中遇大风倾覆，98名乘员落水，有35人获救、63人遇难。2001年12月3日，连云区高公岛乡苏连渔04227号、苏连渔04468号渔船遭遇海上大风浪袭击沉没，船上13人全部遇难。2002～2005年，渔业生产事故呈逐年下降趋势。

1984～2005年，连云港市在海洋渔业捕捞生产发生的海损事故中，共沉船111艘，死亡369人，重伤48人。

1984～2005年连云港市渔业生产事故情况统计表

表12-14

年 份	沉 船（艘）	人员伤亡（人）		年 份	沉 船（艘）	人员伤亡（人）	
		死 亡	重 伤			死 亡	重 伤
1984	4	7	—	1996	5	20	3
1985	2	4	1	1997	5	—	—
1986	5	7	4	1998	7	32	1
1987	9	11	—	1999	8	15	1
1988	6	22	4	2000	11	27	2
1989	4	23	1	2001	7	24	3
1990	2	6	1	2002	6	9	4
1991	5	79	6	2003	3	14	8
1992	3	6	1	2004	5	10	1
1993	5	19	—	2005	2	8	2
1994	7	12	5	合计	111	369	48
1995	2	14	—				

说明：表中的死亡数含失踪两年以上人数

二、渔业生产事故预防

2001年，为贯彻落实国务院《关于特大安全事故行政责任追究的规定》，市、县、区、乡分别成立安全工作领导小组，市政府把渔业安全生产工作纳入年度工作目标，副市长代表市政府与各涉海县、区签订海洋渔业安全生产目标责任状，县区与乡镇、乡镇与村、村与船主分别签订海洋渔业安全生产目标责任状。2001～2005年，市海洋与渔业局在沿海渔民中持续开展渔业安全生产月活动，利用报刊、广播电台、电视台、网站进行渔业安全生产宣传；在《连云港日报》《苍梧晚报》刊登渔业安全生产专题报道，向渔民发放安全宣传材料1.65万份；在市广播电台开办《海洋与渔业之声》栏目，宣传渔业生产技术和渔业安全生产知识。2005年9月，市海洋与渔业局举办全市海洋渔业安全知识竞赛活动，150余名渔民代表、渔业工作者参加，市电视台实况转播。

连云港市志

第十三卷　农　业

连云港市自然资源丰富，气候条件和地貌类型多样，具有发展农业生产和农村经济的良好条件。改革开放后，连云港市全面推行家庭联产承包责任制和统分结合的双层经营体制，农业生产走上健康、稳定、持续、快速发展的轨道。1984年，全市耕地面积31.91万公顷，粮、棉、油产量分别为207.33万吨、2.77万吨、10.93万吨，肉类产量7.46万吨，禽蛋产量2.29万吨，水产品产量6.51万吨。全市农林牧渔业总产值16.6亿元，其中农业产值12.75亿元、林业产值0.24亿元、畜牧业产值2.69亿元、渔业产值0.92亿元。

20世纪80年代中后期，市委、市政府制定“决不放松粮食生产、积极发展多种经营”方针，实行“稳定基础抓开发，立足资源种、养、加”的发展战略，逐步优化农业产业结构。此后，粮、棉、油产量呈逐年稳步增长态势。多种经营快速发展，农业产业结构发生深刻变化，传统种植业占农业总产值比重不断下降，农业产业结构逐步向农、林、牧、渔、服务业的多种经济结构转变。

1992年，全市开始发展优质高效农业，农业产业化步伐加快。1994年，市委、市政府提出扶持并发展“贸工农一体化、产加销一条龙”龙头企业，全市农业产业化经营迅速向规模化发展。以加工蔬菜为主的如意集团成立，成为江苏省发展农业产业化的典型。全市各地利用资源优势，开始因地制宜培育“一乡一品”或“数乡一业”特色主导产业，形成一批县域主导产业，建成一批农业产业化基地和龙头企业。伴随“科教兴农”战略的实施，传统种植业加大新品种、新技术的应用力度，向优质高效方向发展。1996年，如意集团成为全省首家上市的农业龙头企业。至1997年底，全市农业产业化龙头企业发展到1600余家。1998年，连云港市被国家批准为首批农业综合开发项目区（时称黄淮海农业综合开发区）。

2001年后，全市加强农产品质量建设，开始推行标准化生产，连云港市成为江苏省首个无公害农产品产地认定整体推进市。2004年后，国家和省出台并落实一系列促进粮食生产的支农惠农政策，先后对种粮农民实施直接补贴、良种补贴、农机具补贴、农业生产资料综合直补政策，并于2005年全面取消农业税，农民种粮积极性大幅提高。

2005年，全市耕地面积38.35万公顷；粮、棉、油产量分别达到248万吨、1.89万吨、10.3万吨，肉类产量22.55万吨，禽蛋产量11.76万吨，水产品产量49.03万吨，农业机械总动力248.22万千瓦，全市机耕面积30.66万公顷。实现农业总产值174.02亿元，是1984年的10.48倍。实现农业及农村非农行业总产值640.81亿元，其中非农行业总产值466.79亿元，占72.84%；农村经济总收入499.3亿元，是1984年的30.65倍；农民人均纯收入3869元，是1984年的8.37倍。

第一章　综　述

改革开放后，连云港市全面推行家庭联产承包责任制和统分结合的双层经营体制，农民生产积极性大幅提高，粮、棉、油产量大幅增长，成为国家重要的商品粮生产基地。1984年，全市实现农林牧渔业总产值16.6亿元，农村第一产业产值在农村社会总产值中的比重达到65.[illegible]%。20世纪80年代中后期，在“决不放松粮食生产、积极发展多种经营”方针和“稳定基础抓开发，立足资源种、养、加”的发展战略指导下，多种经营和农业产业化快速发展，农村产业结构和农业内部结构发生深刻变化，第一产业比重逐步下降，第二、三产业比重不断上升，传统种植业占农业总产值比重不断下降。1990年完成《连云港市农业资源与区划》的编制，在市境内划分4个农业区。2005年，全市实现农林牧渔业总产值174.02亿元，占农村经济总产值的27.2%，比1984年下降38.9个百分点；农村产业结构实现以农业为主到以非农为主的历史性转变。其间，各级政府加强农村基本建设的投入，包括农村新能源建设、扶贫开发等，加快农业综合服务体系建设，扶持壮大农业产业化龙头企业和产业化基地建设，发展壮大农村集体经济。2005年全市农村经济总收入499.3亿元，是1984年的30.65倍。

第一节　经济总量与结构

一、农业经济总量

1984年，连云港市农村总人口299.82万人，其中农村劳动力129.89万人；农村经济总收入16.6亿元，农民人均纯收入462元；农民人均住房面积13.13平方米。2005年，全市87个乡镇1437个村12058个村民小组共有农户89.38万户，人口355万人，占全市总人口的75.18%；农村劳动力168.24万人，其中从事农林牧渔劳动力97.06万人；农村经济总收入499.3亿元，其中农业收入72.82亿元、林业收入3.57亿元、牧业收入31.82亿元、渔业收入25.84亿元、工业收入26[illegible].79亿元、建筑业收入37.78亿元、运输业收入21.54亿元、餐饮业收入21.38亿元、服务业收入9.65亿元、其他收入8.11亿元；农民人均纯收入3869元，人均住房面积24.5平方米。

二、农村产业结构

1984年前，农村第一产业产值在全市农村社会总产值中一直占80%以上。1984年后，第一产业比重逐步下降，第二、三产业比重不断上升。1985年，全市农村社会总产值34.89亿元，第一产业占64.8%。1993年，非农产业的比重突破50%，首次超过第一产业所占的比重。1994年，全市农村社会总产值202.56亿元，其中第一产业占46.5%，第二产业占47.5%，第三产业占6%；第二产业比重首次超过第一产业。随着农业产业化发展，农村第二产业的比重越来越大。2005年，全市农村社会总产值640.81亿元，其中第一产业占27.2%，比1985年下降37.6个百分点，第二、三产业占72.8%，比1985年上升37.6个百分点，农村产业结构实现以农业为主到以非农为主的历史性转变。

图13-1　全市新农村建设示范点——东海县洪庄镇薛团村
邵光明　摄于2005年

1985～2005年连云港市农业及农村非农行业总产值构成统计表

表13-1　　单位：%

年　份	合　计	农　业	工　业	建筑业	运输业	商业、饮食业
1985	100	64.8	21.4	7.3	3.4	3.1
1986	100	61.8	23.1	8.0	4.1	3.0
1987	100	57.5	29.7	6.1	3.9	2.8
1988	100	59.3	27.9	5.8	3.9	3.1
1989	100	62.9	22.2	7.0	4.0	3.9
1990	100	62.4	23.7	6.6	4.0	3.3
1991	100	62.3	23.2	6.7	4.3	3.5
1992	100	58.1	27.8	6.2	4.1	3.8
1993	100	49.8	36.9	5.7	3.5	4.1
1994	100	46.5	43.4	4.1	2.7	3.3
1995	100	37.6	53.3	3.5	2.3	3.3
1996	100	33.6	56.5	4.0	2.3	3.6
1997	100	30.3	58.8	4.4	2.5	4.0
1998	100	26.3	63.4	4.1	2.5	3.7
1999	100	24.1	65.9	3.9	2.4	3.7
2000	100	22.1	68.0	4.1	2.4	3.4
2001	100	21.6	68.9	3.9	2.3	3.3
2002	100	20.5	70.1	3.9	2.2	3.3
2003	100	26.6	60.4	5.4	3.0	4.6
2004	100	27.9	58.7	5.7	3.0	4.7
2005	100	27.2	58.6	6.1	3.0	5.1

三、农业内部结构

1984年，全市农业总产值16.6亿元，其中种植业产值12.75亿元、林业产值0.24亿元、牧业产值2.69亿元、渔业产值0.92亿元；种植业产值占农业总产值的76.81%。20世纪80年代中后期，市委、市政府制定“稳定基础抓开发，立足资源种、养、加”的农业发展战略，确定全市农业主导产业布局：西部山区发展干果、花生、水土保持林、用材林、茶叶、食草家畜、生猪、淡水（水库）养殖，开发矿产资源；中部平原地区发展棉花、花生、蔬菜、水果、农田林网、速丰林、四旁植树、蚕茧、生猪、奶牛、家禽、淡水（水塘、河沟）养殖；东部沿海地区发展沿海防护林、羊、兔、水貂、海水养殖。

1993年，连云港市确立“三高一创”（高产、高效、高质、创汇）农业发展目标，加快农业结构调整，新增蔬菜、林果、茶桑等经济作物种植面积1.24万公顷。是年，种植业产值占农业总产值的60.68%，比1984年下降16.14个百分点；林业、畜牧业、渔业占农业总产值的39.32%，比1984年上升21.14个百分点。

1994年，全市农村多种经营（即林牧渔业产业）全面发展，实现产值37.91亿元，占农业总产

图 13-2　2005 年第七届江苏农业国际合作洽谈会开幕式在连云港市举行　　吉志强　摄

值的40.24%，成为增加农民收入的重要来源。全市扶持并发展贸工农一体化、产加销一条龙的龙头企业，带动优质粮棉油、蔬菜、紫菜、肉禽蛋奶、水产品等商品基地上规模、上水平，各类农副产品创汇基地发展到3万公顷。

1995年，全市实现多种经营产值43亿元，占农业总产值的比重上升为69.2%。至1997年底，全市组建40家销售收入超亿元、利税超1000万元的贸工农龙头企业。

1998年，全市继续加快产业化进程，多种经营产值增长18.2%。增加海水养殖品种，海洋渔业产值增长17.3%。畜牧业初步建成赣榆生猪、东海黄牛、灌南水禽、灌云蛋鸡等生产基地；水产业初步形成稻田养蟹、甲鱼、青虾、紫菜、贝类等海淡水特种养殖基地；林业初步形成速生丰产林、经济林、花卉苗木等基地。这些农业商品基地的建设，逐步形成农业生产布局的区域化特点。全市建成大中型龙头企业88家，其中销售收入1亿元以上的3家。

1999年，全市林牧渔业稳定增长，各类示范园区、生产基地和特色乡镇建设为农村经济发展注入新的活力。形成“云瑞”棉花、“神仙”紫菜等名牌农副产品。榆城集团、福润肉类加工、宏杨木业等龙头企业规模化、产业化经营水平进一步提高。

2003年，全市种植业产值比重在农业产业总产值中的比重第一次下降到50%以下，为46.56%；渔业和牧业产值所占比重大幅上升。2003～2005年，江苏农业国际洽谈会连续三届在连云港市举办。

2005年，全市实现农业总产值174.02亿元，其中种植业产值85.08亿元、林业产值3.13亿元、牧业产值42.96亿元、渔业产值42.85亿元；粮食产量稳定增长，棉花油料生产有所下降，肉类、禽蛋、水产品大幅度增长，其中水产业增长幅度最大。优质稻米、无公害蔬菜等10个优势产业培育初见成效。年销售收入5000万元以上农业产业化重点龙头企业33家。

1984～2005年连云港市农林牧渔业产值构成统计表

表 13-2　　单位:%

年份	合计	种植业	林业	畜牧业	渔业	其他
1984	100	76.81	1.42	16.25	5.52	—
1985	100	73.70	1.49	18.36	6.45	—
1986	100	76.01	1.82	16.62	5.55	—
1987	100	75.36	1.59	15.61	7.44	—
1988	100	69.46	1.28	20.37	8.89	—
1989	100	68.67	1.05	19.78	10.50	—
1990	100	68.43	1.25	20.03	10.29	—
1991	100	67.31	1.22	20.01	11.46	—

续表13-2

年份	合计	种植业	林业	畜牧业	渔业	其他
1992	100	64.11	1.77	20.49	13.63	—
1993	100	60.68	1.88	23.02	14.42	—
1994	100	59.76	1.18	25.95	13.11	—
1995	100	66.14	1.59	14.07	18.20	—
1996	100	65.43	1.31	13.85	19.41	—
1997	100	62.04	1.33	17.34	19.29	—
1998	100	60.05	1.34	17.70	20.91	—
1999	100	63.12	1.37	15.58	19.93	—
2000	100	59.84	1.68	17.17	21.31	—
2001	100	60.32	1.48	16.23	21.97	—
2002	100	56.80	1.60	16.34	25.26	—
2003	100	46.56	1.66	18.69	24.88	8.21
2004	100	51.41	1.40	19.86	23.56	3.77
2005	100	48.89	1.80	20.84	24.62	3.85

1984～2005年连云港市主要农产品产量统计表

表13-3

年份	粮食（万吨）	棉花（万吨）	油料（万吨）	肉类（万吨）	禽蛋（万吨）	水产品（万吨）	大牲畜出栏数（万头）
1984	207.33	2.77	10.93	7.46	2.29	6.51	7.92
1985	212.57	2.48	14.23	8.25	3.10	6.61	8.85
1986	223.83	1.98	15.08	8.54	3.65	8.06	9.52
1987	223.52	2.41	14.78	8.73	3.40	8.19	10.15
1988	218.46	3.12	15.09	9.84	4.64	8.15	10.80
1989	225.31	3.51	12.58	10.26	3.78	8.98	11.49
1990	233.38	2.28	12.73	10.64	4.24	10.01	11.44
1991	243.64	3.82	12.89	11.21	4.51	10.86	11.96
1992	240.17	3.22	10.53	13.66	4.90	12.68	13.24
1993	227.17	3.06	12.04	15.80	5.70	14.62	15.09
1994	235.08	4.31	13.82	18.90	7.72	17.20	18.94
1995	235.86	5.19	12.94	22.82	9.62	22.70	23.06
1996	269.72	5.14	12.56	24.95	11.52	26.59	25.48
1997	280.04	5.05	12.03	26.28	11.85	28.49	27.34
1998	251.93	5.61	12.48	15.97	8.72	32.36	18.68
1999	280.98	3.96	12.72	16.99	8.42	34.28	18.88

续表 13-3

年份	粮食（万吨）	棉花（万吨）	油料（万吨）	肉类（万吨）	禽蛋（万吨）	水产品（万吨）	大牲畜出栏数（万头）
2000	207.03	2.73	14.85	18.47	8.52	34.80	16.19
2001	226.34	5.02	16.78	18.70	11.56	37.71	16.35
2002	230.64	4.10	15.31	19.10	11.96	39.80	16.70
2003	203.47	3.00	10.92	19.57	12.58	39.91	18.03
2004	260.29	4.82	13.52	21.48	11.42	44.67	18.99
2005	248.00	1.89	10.30	22.55	11.76	49.03	29.84

四、种植业结构

连云港市种植业生产的主体是粮食生产，主要包括水稻、小麦、玉米、豆类、薯类。经济作物生产的主体是蔬菜、油料、棉花。

1984年前，全市农业连续几年获得大丰收，粮食和棉花由供不应求变为供过于求。1984年，市委、市政府制定“决不放松粮食生产、积极发展多种经营”的方针，逐步优化种植业结构，扩大经济作物在种植业中所占的比重。全市取消粮棉统购，改为合同订购，取消价外补贴。1985年，全市粮食、棉花种植面积分别比1984年调减1.33万公顷、1.2万公顷，棉花以外的经济作物面积比1984年增加1.67万公顷。

1988年开始，围绕“稳粮、扩棉、保油”的目标，连云港市稳定粮食种植面积，扩大棉花、油料等种植面积。

20世纪90年代初，全国普遍出现“卖粮难”现象，农产品价格全面下降。同时，局部地区发展优质农产品生产销路好，农民收入增加较快。1993年，连云港市落实省政府提出的“三高一创”农业发展目标，加快结构调整。粮食和经济作物比例得到调整，新增蔬菜、林果、茶桑等经济作物种植面积1.24万公顷。

1994年，连云港市对粮食实行常年开放经营，把农业引向市场，调优粮油生产，大力发展多种经营，发展创汇外向农业，但增产依然是调整的主要目标。是年，棉花总产4.31万吨。优化品种和品质结构，水稻种植压缩杂交籼稻，扩大优质晚粳稻，全市籼、粳稻比例由20世纪80年代的7∶3调整到1995年的3∶7，稻米质量全面提高。园艺作物推广设施和反季节栽培，特别是名、特、优、新、稀蔬菜和出口创汇蔬菜得到发展，丰富了城乡居民的菜篮子。

图 13-3 2005年，连云港市粮食总产达到248万吨。图为农业机械收割小麦。 侍志 摄

1998年，由于农业连续3年丰收，需求增长平稳，农产品从卖方市场转向买方市场，农民增产不增收。国家提出对农业结构进行新一轮调整。市委、市政府明确加快种植业结构调整，发展高效农业的思路，即立足本地资源，实施基地化、规模化生产，走产加销一条龙、贸工农一体化

的路子。全市开始新一轮种植业结构调整。着力促进农业产品升级换代，增强农业产品竞争力和产出效益。经济作物发展迅速，蔬菜播种面积4.46万公顷，首次超过棉花播种面积（4.18万公顷），跃升为第一大经济作物。此后全市经济作物播种面积逐年增加。

2005年，全市农作物播种总面积54.79万公顷。其中，粮食作物播种面积43.41万公顷，占农作物总播种面积的79.23%。麦稻、麦棉、麦玉米两熟复种的单一耕作制度被打破，种养结合、农林结合、农牧结合的粮、经、饲、果、菜等多元、多熟高效种植模式逐步得到推广。1984～2005年，连云港市、县多次被表彰为全国粮食生产先进单位。

2005年连云港市农作物播种面积统计表

表13-4 单位：公顷

类别	播种面积	类别	播种面积
一、粮食作物	434140	花生	29290
夏收粮食	196060	油菜籽	2430
#小麦	191040	芝麻	40
秋收粮食	238080	三、棉花	24940
#稻谷	179840	四、烟叶	50
玉米	34040	五、药材	380
豆类	13960	六、蔬菜类	43420
薯类	10240	七、瓜果类（果用瓜）	12870
二、油料作物	31790	八、其他农作物	310

第二节　农业区划

一、西部岗岭农林牧区

位于连云港市西北部，西、北与山东省接壤，西南与新沂、沭阳毗邻，东与市内中部平原农业区相接。区域范围包括赣榆县金山、厉庄、石桥、黑林、塔山、班庄、欢墩，东海县山左口、桃林、李埝、双店、洪庄、温泉、横沟、石梁河、南辰、石湖、曲阳，灌云县龙苴、陡沟、南岗共21个乡镇，土地面积1583.22平方千米，占全市总面积的21.11%。2005年，区内有耕地面积9.34万公顷，占全市耕地面积的25%，农业人口87.86万人，人均占有耕地0.11公顷。区内光照充足，春季升温快，秋季降温快，昼夜温差大，盛夏炎热，雨热同季。年均日照时数2299.3个小时，年均气温13.8℃，年均降雨量872.5毫米。区域内多丘陵、岗岭、坡地，除海拔364米的大吴山和海拔304米的夹山外，一般高程25～125米。土壤地域分布明显，丘陵岗地为棕壤土，岭间洼地多砂礓黑土，河流沿岸属冲击成的小片潮土，棕壤土占总面积的四分之三。有效土层浅，为30～50厘米；土体障碍多，30厘米以下有铁锰结核层、紫泥层、矿棚层等，作物根系难以下扎；耕层浅薄，仅15厘米左右，砂性，保肥保水能力差，养分含量低，地力薄，中低产田占的比例较大。水资源不足，2004年属于平水略枯年份，区内地下水资源量1.01亿立方米。2005年属于丰水年份，区内地下水资源量3.22亿立方米。区域内有石梁河、小塔山、安峰山3座大型水库，八条路、房山、贺庄、西双湖、昌梨、横

图 13-4 2005 年，连云港市粮食作物播种面积 43.41 万公顷。 侍志 摄

沟、大石埠、羽山8座中型水库，总库容11亿余立方米。建有小型电灌站1000多座，有效灌溉面积7.33万公顷。由于降水时空分布不均，70%的降雨集中在夏季，加上土地坡度大，水库容量有限，致使部分雨水变成废水；地下水位较深，部分地区地表与地下水中间夹有岩层，开采利用困难。水资源不足是该区农业生产发展的重大障碍。该区为典型的旱作物区，旱作物播种面积占总播种面积的90%。旱粮主要有小麦、花生、山芋、玉米、大豆等。丘陵岗地耕层浅，砂性大，疏松透气，利于花生生长发育，是花生的最适宜种植区，也是省、市花生重点产区。该区是经济林、用材林重要生产基地，适宜栽植板栗、山楂、桑树、茶树等；是市内食草家畜（牛、马、羊）的主要饲养区，饲养量占全市的56%；是马属动物的主要繁殖区，马属动物饲养量占全市的70%。该区饲料资源丰富，生猪饲养密度高于全市平均水平，家禽饲养密度低于全市平均水平。区内矿产资源种类多，可供开采的矿藏有水晶、石英、大理石、蛇纹石、蛭石、金红石、蓝晶石、白云石、红宝石等30多种。

二、中部平原稻麦区

位于市境中部，西与岗岭农林牧区接壤，东与东部沿海渔盐农区、市区综合农业区毗邻。该区域内有赣榆县的城头、门河、赣马、墩尚、城西、沙河，东海县的黄川、青湖、石榴、牛山、驼峰、白塔埠、张湾、平明、房山、安峰，灌云县的板浦、小伊、穆圩、伊山、侍庄、伊芦、下车、白蚬、东王集，灌南县的孟兴庄、汤沟、张店、李集、北陈集、新安、三口、花园、新集、百禄、长茂、田楼，新浦区的宁海共38个乡镇。土地面积3428.29平方千米，占全市总面积的45.71%。2005年，区内耕地面积17.02万公顷，占全市耕地总面积的44.4%。农业人口174.28万人，人均占有耕地0.1公顷。该区域内光热资源丰富，日照充足，全年平均日照时数为2299.3～2495.4小时，年平均气温13.6℃～14.2℃，无霜期201～215天。雨热同季，光热配合较好，可保证一年稻麦两熟。4～5月温差大，利于小麦抽穗。8月下旬光照充足，利于水稻抽穗、扬花。9～10月温差大，利于水稻及其他秋熟作物正常成熟。该区是连云港市西部低山、丘岗向东部沿海洼地的过渡地带，为冲积平原和滨海平原，是连云港市农业开发较早的区域，地面平坦，地势低洼，经过长期的耕作利用，土壤比较肥沃。土壤类型主要为潮土、砂礓黑土和盐土3个大类。土壤由西向东质地逐渐黏重，大部分土壤通透性差，雨后上层滞水包浆，干旱后易开裂，耕性不良，适耕期短，但土层深厚，潜在肥力高，适宜于各种农作物生长，尤其适宜优质中熟中粳稻和冬性、半冬性中筋小麦种植。优质专用小麦种植面积占全市小麦种植总面积

图 13-5 东海县是全国首批商品粮基地县。图为农民进行粮食脱粒。 侍志 摄于2005年

的56.2%；优质专用稻谷适种面积15.33万公顷，占全市稻谷适种总面积的80%左右。区内河流纵横、沟渠配套，水资源丰富，有效灌溉面积大，占耕地面积的90%以上，日降雨量160毫米不成涝，80～110天无雨保灌溉，但春季雨水多时“三麦”会受到渍害。该区适宜发展水土保持林、用材林及经济林，是水果生产的重点地区，全市8个大型果园有5个分布在该区。生猪、家禽（以鸡为主）饲养量高于全市平均水平。河沟、池塘与农田交错，水质较肥沃，营养较丰富，适宜多种水生物的生长和繁育，具有发展淡水鱼、水禽、水生植物的良好环境条件。灌云县伊芦、小伊、白蚬，灌南县新集、百禄、东海县张湾等乡镇是连云港市水生蔬菜主要生产区，主要品种有茭白、莲藕、菱角、荸荠等。

三、市区综合农业区

位于市境东部沿海中部，包括新浦区云台乡、花果山乡、南城镇，海州区洪门街道、朐阳街道、锦屏镇、新坝镇，连云区墟沟街道、中云街道、连云街道、猴嘴街道、宿城乡、高公岛乡、连岛乡、前三岛乡、云山乡、朝阳镇17个乡镇、街道。2005年，区内耕地面积1.65万公顷，农业人口19.6万人，人均占有耕地0.08公顷。日照5月、6月和10月最长，有利于小麦和水稻的抽穗、扬花和灌浆。年平均气温14.1℃～14.5℃，昼夜温差5.3℃～9.0℃，全年无霜期212～286天。热量资源是全省高值区，满足一年两熟的要求。耕地质量在全市各农业区中最好，郊区土壤有机质含量1.7%，云台山系土壤有机质含量高达1.92%，均高于全市土壤有机质含量1.24%的平均水平。云台山系土壤全氮平均含量为0.133%，土壤全磷和速效磷含量分别为0.031%和3.5百万分率。按照国家耕地土壤综合评价标准，区内一、二、三级土壤占耕地面积总数的80.8%，高于全市59.3%的平均水平。该区粮食生产比重小（低于全市平均水平），中远郊区以种植粮食为主，近郊区以蔬菜为主。海州区、墟沟镇老菜区土壤肥沃，农田工程配套技术力量强，生产水平高，是连云港市蔬菜主要产区。朝阳镇、中云街道、花果山乡和新浦农场是新发展的蔬菜产区。全市常年性菜地达800公顷，蔬菜品种50余个，复种指数4.5。区内山地面积1.67万公顷，云台山许多山间谷地为亚热带小气候，生长着许多亚热带常青植物，如柳河悟道庵山谷中的红楠，前云台山南麓阳坡谷地中的柑橘，中云台山和前云台山及白虎山和锦屏山山间谷地中的枇杷，花果山南坡的毛竹，宿城、花果山南坡的茶树、油桐、油茶、遍及云台山的油橄榄，都为淮河以北所仅有。该区家禽、奶牛饲养相对集中，在畜禽中所占比重较大，高于全市平均水平。生猪饲养在畜禽中所占比重较小，低于全市平均水平。肉牛、肉羊饲养极少。该区域内花卉生产具有悠久历史，海州谢小楼园林素有“花园”之称。

四、东部沿海粮棉渔林区

位于市境东部沿海，包括赣榆县沿海的柘汪、罗阳、青口、海头、宋庄，东海县的浦南，灌云县的杨集、沂北、图河、四队、同兴、圩丰、燕尾港，灌南县的堆沟港、五队，连云区的板桥、徐圩等17个乡镇。2005年，土地总面积1399.77平方千米，耕地面积5.35万公顷，农业人口80.48万人。盐土面积占本区的71.09%，为低平原地貌，海拔高程2～4米，地面平坦，西部略高。土壤除赣榆县境内部分为砂土外，其余多为黄淮冲积平原形成的盐潮土类和受海潮影响形成的盐土类。土壤有机质含量为1.45%，质地黏重，耕性差，适耕期短，保肥能力强，供肥能力差。东南部（灌云县、灌南县）适宜种植麦、棉、稻、豆，东北部（赣榆县）适宜种植稻、麦。北起赣榆县柘汪、南至灌南县堆沟港的沿海滩涂生物种类和资源量是江苏省沿海滩涂最丰富的岸段，在潮上带淤泥滩涂上生长着耐盐性由弱到强的各种植物，沙质滩涂上生长着各种类型沙生植物。植物中的珊瑚菜为连云港市特有种类，也是国家濒危保护植物。潮间带和潮下带的生物种类占江苏省滩涂生物种类的

84%。近岸浅海水域养殖着大面积海带，是江苏省唯一的海带养殖区域。海洋性气候特征明显，光、热、降水较为协调，日照充足，雨水充沛，光能资源丰富。年均日照时数2406.5～2495.4小时，年平均气温13.6℃～14.5℃，年均降雨量875.1～905.9毫米。气候条件有利于稻谷、小麦、棉花生长。

第三节　农业产业化经营

一、生产基地

20世纪80年代中后期，中共连云港市委、市政府确定“稳定基础抓开发，立足资源种、养、加”的发展战略，逐步建成粮食、蔬菜、水产、水果、家禽、家畜、芦笋等一大批商品基地。

90年代初，建立以蔬菜加工为主业的如意集团，成为当时江苏省发展农业产业化的典型。1993年开始在近海海域大规模养殖紫菜。1994年，全市扶持并发展“贸工农一体化、产加销一条龙“的龙头企业，带动优质粮棉油、蔬菜、紫菜、肉禽蛋奶、水产品等商品基地上规模。各类农副产品创汇基地发展到3万公顷。1996年建成20个畜禽示范乡镇。如意集团成为全省首家上市的农业龙头企业。1997年，全市海水养殖形成特色，成为全省重要的海产品养殖基地。

1998年，市委、市政府提出进一步加快农业产业结构调整，全市农业产业化经营迅速向规模化发展。全市开始因地制宜培育“一乡一品”或“数乡一业”特色主导产业。一批县域主导产业逐渐形成。养殖小区建设带动全市畜禽业的发展，是年全市有千头猪场60个、万羽以上禽场66个、百头以上牛场21个。赣榆县把兴建工厂化养殖小区列入富民工程，全县建起养殖小区110多处，有1500多户农户进区从事规模养殖。东海县建成养殖小区500余处。赣榆县、东海县、灌云县通过全国商品瘦肉型猪基地县验收。全市扶持并培育建成欢墩万亩芦笋基地及芦笋加工厂、赣榆万亩山楂板栗基地及果品加工厂、东海万亩苹果基地及果汁加工厂、灌云3500吨食用菌基地、厉庄西洋大樱桃基地、宋庄南美白对虾工厂化养殖基地、九里与城东万亩梭子蟹养殖基地和连云区万亩紫菜养殖加工出口基地等。

图13-6　东海县黄川镇被誉为“中国草莓第一镇”，建有千亩采摘园、科技示范园、生态观光园。　　赵鸣　摄于2005年

1999年起，市、县公共财政对农业产业化投资比例逐年增大，初步形成以东海平明为代表的优质稻米和特色蔬菜产业，以赣榆榆城为代表的海淡水珍品育苗养殖业，以灌云兴云集团为代表的绿色食品鹅产业，以赣榆、东海西部丘陵生态资源开发为核心的有机食品产业，以振兴集团名优花卉栽培为品牌的城郊特色花卉产业。实施产业化经营项目5个，项目总投资2572万元。全市有一定规模的养殖小区发展到120多个。赣榆县金山镇佃马场养牛场为省级秸秆养牛示范场。

2000年，全市建立一批较为稳定的商品粮、优质棉、油料、果茶、蔬菜、畜牧、水产、花卉、特种家禽养殖等生产基地，形成赣榆县海淡水育苗、蔬菜、果茶，东海县油料、果品、淡水养殖、肉类和林材加工，灌云县棉花系列开发、生猪、蔬菜、花卉、肉兔，灌南县酿酒、林木生产加工、沂河淌立体生态养殖特色。全市拥有种植业基地乡镇63个，种植面积10.21万公顷；畜禽业基地乡镇60个，饲养量3958.8万头（羽）；水产业基地乡镇46个，养殖面积2.56万公顷。是年，根据省农林厅规划，连云港市开始规划建设反季节切花基地。建立洋葱、莴苣、秋番茄、白蒜、浅水藕、冬韭菜、芦笋、草莓、西甜瓜、反季节蔬菜十大生产基地，种植面积4万多公顷。

图 13-7　岗埠农场是连云港市重要的鲜切花种植基地。图为连片的生产大棚。　侍志　摄于2005年

2001年，东海县通过国家级秸秆养牛示范县验收，成为江苏省养牛第一大县。赣榆县设施蔬菜、专用面包小麦、特用杂粮、特种经济动物养殖、海水育苗及海洋渔业均形成主导产业，其水貂、蓝狐饲养量在全省名列第一，鹌鹑饲养量名列第二。灌云县主导产业为棉花系列开发、生猪、蔬菜、肉鹅。灌南县每年外调苗猪120万头左右，成为远近闻名的苗猪基地。各主导产业大多采取农户、基地、龙头企业、市场的产加销一条龙、贸工农一体化经营模式，蔬菜、果品、木业、畜禽、海淡水育苗、紫菜、饲料、淀粉、棉花、草柳编等已形成完整的产业链，涌现出一批骨干龙头企业。

图 13-8　兴云集团是全市农业产业化国家重点龙头企业，主要生产加工风鹅系列产品。图为鹅养殖基地。　赵鸣　摄于2003年

2002年，全市建成2个国家级、1个省级瘦肉型猪和商品瘦肉型猪双料基地县，建有1个国家级养牛示范县，建成全省最大的海水育苗基地。

2003年，全市广大农民逐步按市场需求调整农业结构，开发拳头产品，培育主导产业，形成各具特色的区域板块经济。与龙头企业相联系的种植业基地乡镇有65个，基地面积10.7万公顷；畜牧业基地乡镇60个，饲养量400多万头、3500万羽；水产业基地乡镇46个，养殖面积2.7万公顷。区域性主导产业初步形成，东部沿海乡镇的水貂、蓝狐饲养量占全市的90%以上，以赣榆县金山、石桥等乡镇为中心的鹌鹑养殖占全市的85%以上，西部丘陵山区的肉牛饲养占全市的80%以上，中部平原区的猪、禽生产占全市饲养量的70%以上。建成36个畜禽养殖特色乡镇，建设国家级农业综合开发多种经营项目2个，省级农业综合开发多种经营项目2个；建设丘陵山区示范基地项目3个。项目区全年新增农业总产值1.78亿元，农民人均纯收入增加362元。兴云速度、榆城规模、有机品牌成为全市农业开发亮点。

2004年，在实施龙头带动战略中，农业外部增收空间进一步拓宽。农产品批发市场不断壮大，振兴农副产品交易市场、赣榆苏鲁海产品批发市场被命名为省级重点批发市场。民营经济、个体经济成为拉动乡镇工业增长的主体力量、农村劳动力转移的重要渠道、农民增收的有效来源。全市建立洋葱、莴苣、冬瓜、秋番茄、白蒜、浅水藕、淮山药、冬韭菜、芦笋、草莓、西瓜、马铃

薯十二大特色生产基地2.5万公顷、出口基地1.7万公顷，蔬菜出口量居全省首位。

2005年，连云港市四县均建成国家级商品粮基地县，灌云县、灌南县为国家优质棉生产基地县。全市建成农业特色乡镇58个，其中种植业23个、林业12个、畜牧业11个、水产业12个；养殖专业村680个，养殖专业户6万余户；特色农业产值占全市农业总产值的37%，农民收入的45%来自特色农业。建成国家农业示范园区1个、国家级粮食高产万亩示范园区4个、省级现代农业园区2个。建成全国最大的条斑紫菜养殖基地、全国最大的泥鳅养殖基地、全省最大的鲜切花基地。1999～2005年，农业产业化项目为全市新增农业总产值2.98亿元、增加值1.28亿元、利税5289.3万元，项目带动8.5万户农户增收2.92亿元，带动4万余名农村劳动力就业。

二、龙头企业

1994年，市委、市政府确立扶持并发展“贸工农一体化、产加销一条龙”的龙头企业的发展思路。是年6月，连云港如意集团股份有限公司注册成立，主要从事各类蔬菜的保鲜、冷冻、脱水、罐头加工。至1996年底，如意集团开发生产的各类蔬菜加工品种100余种，其中加工规模超过1000吨的蔬菜品种有牛蒡、芦笋、大根、草莓、荷兰豆、大葱等。是年，如意集团在上海证券交易所成功上市，成为连云港市第一家上市企业，也是江苏第一家上市的农业产业化龙头企业。

图13-9　如意集团是江苏省首家上市农业产业化龙头企业。图为20世纪90年代如意集团生产车间。　赵鸣　摄

1997年，全市加快推进农业产业化进程。是年底，组建40家销售收入超1亿元、利税超1000万元的贸工农一体化龙头企业。

1998年，全市农副产品加工龙头企业逐步壮大，形成以正大、东大、东墅饲料厂为龙头的饲料及预混料加工，以东海种鹿场为龙头的鹿制品加工，以东辛奶牛场为龙头的乳制品加工一条龙企业集群。

1999年形成“云瑞”棉花、“神仙”紫菜等一批名牌农副产品，榆成水产养殖、福润肉类加工、宏杨木业等龙头企业规模化、产业化经营水平进一步提高。

2002年，重点扶持一批具有较高科技含量、较高市场占有率、较好经济效益、较强辐射带动能力的重点龙头企业。全市有农业产业化龙头企业95家，年销售收入27.29亿元，出口创汇7511万美元，实现利润1.24亿元、利税1.55亿元。其中种植业龙头企业51家、畜牧业龙头企业5家、水产业龙头企业20家、林业龙头企业7家、其他12家。

2003年，连云港市全面实施农业产业化龙头带动战略。是年底，全市销售收入500万元以上龙头企业发展到108家，实现销售收入75.1亿元、利税6.56亿元、利润4.48亿元，资产总额35.8亿元，固定资产总值19.3亿元。其中有市级以上龙头企业33家。江苏金田集团被列为国家级龙头企业，江苏榆城集团等10家企业被列为省级重点龙头企业，市振兴集团现代农业示范园等22家企业被列为市级重点龙头企业，江苏兴云集团跻身全国农产品加工50强行列。

2004年，全市农业产业化步伐明显加快，年销售收入超1000万元的农业龙头企业达109家，年销售超1亿元的达18家。江苏兴云集团继江苏金田集团后，被认定为农业产业化国家重点龙头企业，全市国家级龙头企业达到2家。

2005年，全市有农副产品加工型龙头企业2047家，江苏福润肉类加工有限公司、兴云集团被列入第一批全国农产品加工业示范企业名单，兴云集团同时被列入全国农产品加工企业技术创新机构名单。被列入省考核的12家重点龙头企业年销售收入达43.8亿元。形成园艺产品、粮油制品、畜禽产品、海水产品、林木制品等5大类出口产品体系。17家企业进入江苏省农产品出口百强行列，居全省第二位。2005年，全市完成农产品进出口额1.62亿美元，居全省第三位。

2005年连云港市获评江苏省农产品出口百强企业一览表

表13-5　　单位：万美元

序 号	企业名称	出口额	全省排名
1	益海（连云港）粮油工业有限公司	1826	10
2	连云港味之素如意食品有限公司	1087	22
3	连云港味之素冷冻食品有限公司	994	25
4	江苏越秀食品有限公司	875	26
5	连云港雅玛珂紫菜有限公司	799	28
6	连云港顺福食品有限公司	744	29
7	连云港有利食品有限公司	691	33
8	连云港口福食品有限公司	586	37
9	连云港和丰食品有限公司	413	57
10	连云港天龙食品有限公司	407	59
11	江苏不倒翁食品有限公司	404	60
12	连云港开发区惠远食品有限公司	370	70
13	江苏金五综合食品有限公司	343	76
14	连云港经济技术开发区国际贸易公司	339	78
15	连云港金喜食品有限公司	322	80
16	连云港智远食品有限公司	283	92
17	连云港南天国际经贸有限公司	256	99

三、专业合作经济组织

1984年，连云港市鼓励农民利用当地自然资源，发展专业化生产，全市有各类专业户1万多户、专业村300多个。1987年初，全市农村启动第二轮改革。至7月底，赣榆县、东海县、灌云县相继组建22个农业专业生产合作社，联合1000余户农户，参加农民5000余人。20世纪90年代，全市围绕商品生产产前、产中、产后服务，进一步推进农村合作经济建设。

2000年，连云港市按照“民办、民管、民受益”的原则，全面规范农村专业合作经济组织，进一步推进农业产业化经营、加速农村现代化。全市建成合作社26个、专业协会226个、农民合伙组织2415个。海州区有专业合作经济组织29个，其中专门从事生产、销售的14个，集农资、技术销售为一体的11个。由3个专业养蝎农民发起的海州区养蝎合作社，有社员200余户，年销售额50万元。赣榆县金山镇发展特禽合作经济组织，有养殖协会20多个，会员200余人。

图 13-10 2005 年，赣榆县厉庄镇谢湖有机茶果观光基地成为全国农业旅游示范点。 侍志 摄

2002年，全市创新农业产业化组织形式，发展“订单农业”，龙头企业通过合同契约、股份合作等多种形式与农户建立稳定的产销关系和合理的利益关系，形成利益共同体和完整的产业化组织和经营形式。全市与农户形成合同关系的龙头企业有19家，与农户以股份制方式按股分红的龙头企业有26家。

2004年，全市专业合作经济组织发展到130家，社员人数突破5万人，辐射带动农户14.2万户，新发展农村经纪人2700人，实现成交额13.6亿元。合作组织内部统一签订合同、统一销售价格、统一结算，按订单生产。赣榆县黑林镇板栗生产合作社、东海县横沟无籽西瓜合作社和灌云县金云鹅业合作社被确定为江苏省财政重点扶持农民专业合作组织。市农业主管部门引导龙头企业创办各类合作组织，与农户结成紧密的联合体，增强企业加工原料来源的稳定性。由国家级重点龙头企业——江苏金田集团牵头，杨集、图河、鲁河等5个乡镇的棉农参与，联合部分纺织企业、棉花研究机构设立灌云县棉花协会；由江苏兴云集团牵头成立金云鹅业合作社；由江苏绿灌禽业有限公司牵头成立绿灌禽业合作社。

2005年，全市新增46家农村专业合作经济组织。至年底，全市有农村专业合作经济组织168家，社员总数11.6万人，带动农户24.67万户。东海县石梁河镇葡萄合作社申报为国家级农村专业合作经济组织。

四、农业现代化示范园区

1999年，国家在赣榆县马站乡投资400万元建设农业综合现代化示范区。该项目涉及17个村，土地总面积45平方千米。

2000年，振兴集团建成连云港现代农业科技示范园区，先后有连云港振兴种业有限公司、连云港振兴兰业有限公司等6家企业入驻园区。东海平明、灌云伊山、赣榆沙河、灌南三口等地先后建成高效农业科技示范园区。东海县桃林镇有机食品科技示范园区项目立项建设。

2002年，振兴集团振兴花卉园被国家发展计划委员会确定为国家级农业现代化示范园区，被中国农学会确定为科普教育示范基地。2004年，振兴花卉园“郁金香球茎繁育及促成栽培冷处理技术”通过江苏省科技厅组织的科学技术成果鉴定，开创郁金香种球国产化的先河，填补国内空白。

2005年，连云港市建成135个各种类型农业科技示范园区。其中蔬菜、花卉以及粮棉油等种植业科技园51个，林业、果品、畜禽、特种养殖等林牧业科技示范园区72个，水产科技示范园区2个，旅游观光类园区10个。是年，全市农业示范园区实施科技计划项目46项，引进推广农业新技术近30项，引进动植物新品种52个，推广新品种18个，技术辐射面积10万公顷以上。

第四节　农产品质量建设

一、无公害农产品、有机食品、绿色食品认证

2000年，东海县桃林有机食品科技示范园区开始建设。2001年，市农委启动无公害农产品生产以及农产品市场准入等工作。2002年，全市建成以种植蔬菜、水稻、草莓等为主的无公害农产品基地15个，总面积2.8万公顷。优质无公害稻米、优质专用小麦种植面积均达6.67万公顷以上。市区极美苑农贸市场设立无公害农产品销售专柜。“土成”牌黑麦，“平珠”“潮河”“蟹鱼”“福佑”大米被认定为无公害农产品。全市无公害菜田达到1.66万公顷，比2001年增加8000公顷。创建赣榆金山番茄、石桥洋葱、沙河草莓，东海黄川草莓，灌云蘑菇，灌南花园淮山药及韭菜，海州锦屏番茄无公害农产品品牌8个。

2003年，全市有22个品牌、30个基地通过江苏省无公害农产品认证委员会验收。新建并通过省认证的无公害农产品基地95个，面积7.36万公顷。全市无公害菜田达到2.4万公顷。建设赣榆沙河草莓、番茄、芦笋，东海洪庄辣椒，灌云沂河淌蒜薹，灌南花园的韭菜、淮山药、蘑菇、浅水藕，海州区毛豆，振兴集团香菇等无公害基地11个，并通过省品牌认证。经国家环保总局有机食品发展中心和江苏省无公害农产品认证委员会认证，全市农业综合开发项目区有“石梁河”牌葡萄、“欢墩”牌芦笋等15个无公害农产品，“花果山”牌风鹅、“凯碧”牌茶叶、“谢湖”牌大樱桃等6个绿色食品，“桃林”牌大米、洋葱通过有机食品认证。“花果山”牌风鹅被列入国宴菜谱，“桃林”牌有机大米销进中南海。东海县桃林有机食品科技示范园区获得国家环保总局有机食品发展中心（OFDC）的有机农场认证及有机稻米、有机洋葱的生产许可。东海县被确定为首批无公害农产品整体推进县。

2004年，全市新建1个国家级农业标准化示范区、1个省级示范区、3个市级示范区。新认定无公害农产品基地162个，面积7.9万公顷。其中，粮食（水稻、小麦）生产基地44个，面积6.3万公顷；无公害蔬菜品牌15个、生产基地36个。40个农产品获得国家无公害品牌证书，无公害农产品、绿色食品、有机食品品牌达到87个。认定无公害畜禽生产基地78个。通过无公害生产技术规程地方标准和企业标准10个。赣榆县、灌云县、灌南县被列入江苏省无公害农产品整体推进县。

2005年，全市农业标准化步伐加快，无公害农产品基地突破20万公顷，无公害农产品品牌突破100个。全市通过省认证、认定的无公害蔬菜产品5个，种植面积4466公顷；生产基地8个，面积3120公顷；通过无公害生产技术规程地方标准和企业标准8个。农、畜产品质量监督检验监测中心通过省级认证。至年底，连云港市共有103种农产品获得无公害农产品资格认证，有18种农产品获得绿色食品资格认证，有15种农产品获得有机食品生产基地资格认证。

图13-11　2002年3月19日，连云港市农产品质量监督检测测试中心揭牌。　赵鸣　摄

2005年连云港市获得绿色食品称号企业一览表

表13-6

序号	企业名称	产品	注册商标	证书编号
1	连云港兴云鹅业有限公司	风鹅	沂河淌	LB-30-0309100625A
2	岗埠农场粮食加工厂	大米	跨跃	LB-30-0309100725A
3	赣榆县富康银杏叶茶厂	银杏叶茶	门河	LB-45-0311101014A
4	灌南县农业技术服务公司	淮山药	绿韵	LB-15-0312101103A
5	连云港克立林实业有限公司	纯净水	克立林	LB-38-0406100646A
6	连云港克立林实业有限公司	矿物质水	克立林	LB-38-0406100647A
7	江苏省五图河农场粮食加工厂	粳米	五丰	LB-03-0505100605A
8	连云港永盛禽业有限公司	冻光鸭	瘦来喜	LB-28-0510101983A
9	灌南县东明粮食加工厂	大米	东明缘	LB-03-0512103373A
10	灌南县东明粮食加工厂	晚粳米	东明缘	LB-03-0512103374A
11	灌南县东明粮食加工厂	灌南大米	东明缘	LB-03-0512103375A
12	连云港市秀收米厂	晚粳米	秀收	LB-03-0607101774A
13	连云港五洲富硒食品有限公司	富硒大米	佳硒宝	LB-03-0607101807A
14	连云港神州东港米业有限公司	皇家贡米	世民	LB-03-0607101633A
15	连云港市岗埠粮油加工责任公司	珍珠米	晶晶	LB-03-0603100622A
16	连云港市桃林绿原农业有限公司	胡萝卜	桃林	LB-15-0607101705A
17	连云港市连云宿城企业总公司	云雾茶	苏云	LB-44-0607101714A
18	连云港永盛禽业有限公司	冻光鸭	瘦来喜	LB-28-0510101983A

二、农产品优质品牌

2001年，连云港市启动农产品市场准入工作，开展无公害农产品、有机食品、绿色食品认证工作。至2005年底，"桃林"西瓜、"禹王"无籽西瓜、"榆腾"中华绒毛蟹、"福佑"无公害大米、"苏棉"皮棉、"美港"果汁、"花果山"云雾茶、"徐福"碧绿春茶等品牌在省内外具有一定的知名度，其中灌云县"云瑞"棉花获"全国棉花十大著名品牌"称号。赣榆县以"神仙""神路""秦山岛"为品牌的紫菜制品在日、韩及东南亚地区创汇超1亿元，"海王"龙虾、"金韩"食品、"神仙"紫菜、"赣城"蟹苗4个品牌的外销规模都名列全国同行业之首。中华绒毛蟹育苗总量占全国的32%、全省的55%。

图13-12 葛藤粉是云台山著名特产，制作历史悠久。图为宿城居民晒制野生葛藤粉。 赵鸣 摄于2001年

三、地方特色农产品

葛藤粉 为云台山著名特产，有"南葛北参"美誉，具有悠久的制作历史。葛藤为多年生藤本植物，遍布云台山

区,以宿城、朝阳、云台地区最为集中。秋日开花,入冬后淀粉蕴藏于根部。葛藤粉制作经历刨根、清洗、捶根、换水、提纯、晒干等多道工序。葛藤粉冲食,可生津止渴,清热除烦,能治疗烦热、口渴、热疹、痿痹等症,为珍贵药用补品。2005年,全市产量30吨。

图13-13 连云港兴云集团生产的"花果山"牌风鹅被列入国宴菜谱。图为风鹅生产线。 赵鸣 摄于2004年

云雾茶 产于云台山。云雾茶鲜叶细嫩,炒制工艺精巧,条索紧圆,形似眉状,峰苗挺秀,色泽绿润显豪。氨基酸、咖啡碱、蛋白质含量均较高,饮后齿颊留香,可怡神健脑、清火名目、健心降压、去腻消食。1984年,全市种植面积46公顷,产量2吨。2002年获中国茶叶博览会金奖。2005年,全市产量26吨。

风鹅 20世纪90年代,灌云县在万顷沂河淌发展鹅养殖,成为江苏省内最大的绿色天然无公害家禽养殖基地。连云港市兴云鹅业公司采用低盐嫩化等现代技术,生产出具有地方特色的绿色保健食品——"花果山"牌风鹅。该产品低脂肪、高蛋白,皮薄肉嫩,腊香可口,富含不饱和脂肪酸、多种氨基酸和维生素,通过国家绿色食品认证,被确定为首都国宴供应品和江苏省名牌产品,获江苏省第九届食品博览会金奖。

紫菜 属红藻红毛菜科,色紫,褐绿色,体扁平,味道鲜美,营养价值高。1989年,连云港市开始重点发展条斑紫菜生产,加工出口日本。1998年,全市紫菜养殖面积2460公顷,加工成品紫菜4亿张,其中连云区紫菜养殖面积900公顷,年加工成品紫菜1.8亿张,居全国县区级之首,有"紫菜之乡"之称。2005年,全市紫菜养殖面积3254公顷,年产成品紫菜6.69亿张,产品销往日本、美国、加拿大等国家。

海英菜 为藜科藜属植物,其幼苗可作蔬菜食用,种子可食用也可榨油。因灾荒年景可供穷人度荒活命,连云港市沿海居民将其称为海边英雄菜,简称"海英菜"。该菜为一年生草本植物,株高30~100厘米,茎直立,上部多生细长分枝。具有柔嫩清香的适口性,为城乡居民特别是沿海地区居民餐桌上的一道美味。改革开放后被商家开发为食用商品和连云港市的旅游商品。

青萝卜 为十字花科萝卜种中的一个亚种,有大青萝卜和小青萝卜之分,主要分布于赣榆县境内。大青萝卜因其个大、产量高、可生熟食用而成为主要的冬春蔬菜之一。小青萝卜个体比大青萝卜小,相比大青萝卜品质更优,以生食为主,也可熟食,有水果蔬菜之称。市内城乡一年四季均有出售,自古海州谚语:"海州一大怪,萝卜当作苹果卖",即指小青萝卜。青萝卜与萝卜一样可供腌渍,种子、鲜根、枯根及叶片均可供药用。

过寒菜 为海州地区特产,为十字花科芸薹属芥菜种中的一个变种,只生长在海州城里,出海州城形态即发生变化。因此过寒菜分城里形和城外形两种。海州城里的过寒菜长有花边,叫花边过寒菜,食之辛辣中略带清香味,烧汤色白、叶鲜;生于海州城外的过寒菜不长花边,汤汁略黑,口味也次。过寒菜每年11月播种,12月深土移栽,春节前后上市。过寒菜口味微苦微辣,有野菜风味,最宜食用期为冬季"五九""六九"期间。其食用方法多样,最传统的吃法为清炒,或焯水后放入虾米等佐料冷拌,味道极其鲜美;也可烧肉、做汤,与虾皮、鸡蛋合做三鲜饺子,与猪肉合做荟馅饺子更是风味独特,入口绵鲜微辣,苦中带甘,菜香飘溢。

第五节 农村新能源开发

一、沼气建设

20世纪80年代，连云港农村开始沼气建设。1990年后沼气技术逐渐成熟，建设速度加快，连云港市先后承担全国沼气重点县、全国农村能源综合建设县、农业部沼气国债等国家级建设项目，逐步形成“猪—沼—葡萄”“猪—沼—花”“猪—沼—菜”等沼气高效生态农业模式。

2001年，东海县能源办成立技术攻关小组，通过数百次试验与改进，研制出新型强回流沼气池，在技术和功能上实现4项突破：保持水压式沼气池原理，彻底解决长期困扰沼气池出料难题；产气率比普通水压式沼气池产气量提高30%以上；实行粪草分离，破除结壳，不需大出料，解决了用气与用肥的矛盾；将沼气池建在圈舍下，与圈舍、厕所形成“三位一体”。与普通水压式沼气池相比，新型强回流沼气池具有外形美观、安全卫生、产气率高、破除结壳、造价低廉、管理方便等优点。2002年11月，江苏省在东海县召开沼气新技术推广会议，向全省推广。

2005年12月，“新型强回流沼气池技术”通过市科学技术委员会组织的鉴定，并被评为市科技进步一等奖。至年底，全市累计推广“一池三改”（沼气池、改圈、改厕、改厨）户用沼气池7.05万个，分布在全市30多个乡镇100余个行政村，建设生态家园100处，年产沼气5400万立方米，建设大中型沼气综合利用工程25处、沼气综合利用户3.5万户。东海县被农业部命名为全国沼气建设重点县、全国农村能源综合建设县、全国农村户用沼气综合利用模式示范县和农业部畜禽养殖场沼气工程试点县；赣榆县被国家环保总局确定为全国生态示范县，被省政府列为江苏省第一批农业生态县；灌南县被省政府确定为农业生态试点县、江苏省第二批农业生态县。

表13-7　　1984～2005年连云港市农村沼气池建设统计表　　单位：个

地　区	1984～1990年	1991～2000年	2001～2005年	合计
东海县	13120	16570	9860	39550
赣榆县	10356	10426	5961	26743
灌云县	1332	530	510	2372
灌南县	1400	146	300	1846
总计	26208	27672	16631	70511

二、省柴灶推广

1984年，东海县沼气办公室开始研制推广农村节煤省柴灶。经反复试验，设计出东海Ⅰ型、Ⅱ型节柴灶和东海Ⅰ型煎饼灶，其灶型具有好烧、省草、节时、不倒烟、利用余热高等特点，经检测平均热效率为31.22%。1986年8月，东海县承担全国省柴节煤试点县项目，经过3年努力，共新建、改建省柴节煤灶5万户。赣榆县被农业部列为全国节柴改灶试点县之后，3年共为16.85万农户改建、新建户用省柴灶。1989年9月通过农业部技术鉴定，节柴灶普及率90%以上，平均热效益28.73%，合格率96.7%。1993年10月，东海县、赣榆县分别被国家计划委员会和农业部评为全国省柴节煤先进集体。至2005年底，全市累计推广省柴节煤灶23.66万户，年节约柴草29.2万吨。

第六节　农村扶贫开发

一、脱贫帮扶

连云港市所辖灌云县、灌南县、东海县、赣榆县，先后被江苏省政府确定为需扶贫的经济薄弱县，进行重点帮扶、包干帮扶。家庭联产承包责任制实行前，连云港市农村的扶贫形式基本上是单纯的救济型扶贫。

1984年，市、县政府将烈军属、伤残军人列入扶持范围，对人均收入200元以下的重点乡、重点村、重点户实行重点扶持。是年扶持贫困户5220户，其中烈军属、伤残军人家庭1067户。筹措扶贫资金130.31万元，其中救灾款33.66万元、救济款13.84万元、地方财政32.47万元、低息农贷款36.26万元、集体筹款4.32万元，其他款项6.49万元。1985年，农村扶贫由配给钱物的救济型为主逐渐转向开发型为主，改“输血型”扶贫为“造血型”扶贫，利用当地资源，发展种植、养殖、加工项目，帮助贫困户建立经济实体。1986年，全市有83个乡镇实行扶贫周转金制度，周转金总额132.13万元，回收额41.62万元。全市扶贫项目总收入1214.56万元，户均收入802元；9238户实现当年脱贫，脱贫率53.84%，其中有175户贫困户脱贫并成为专业户。1988年，全市扶助贫困户1.64万户，投放扶贫资金591.87万元，脱贫9792户，脱贫率59.85%。至1990年底，全市累计投入扶贫资金3184.43万元，扶持贫困户9.4万户，脱贫5.2万户，脱贫率73.5%。

1992年，灌云县、灌南县被省政府确定为省扶贫县（江苏省无国家扶贫县），分类享受省扶贫政策。是年起，每年都有省委扶贫工作队到灌云县和灌南县扶贫。

1994年1月，省、市决定对灌云县实施重点扶贫，采取市派扶贫工作队进驻县，县直机关包贫困村、乡直机关帮贫困户、民政部门扶持特困户等对口帮扶方法。至1996年底的3年间，省、市在灌云县共投入扶贫资金9977万元，其中有偿资金8167万元、无偿资金1810万元；帮助新上项目350个，其中农业项目32个、多种经营项目92个、工业项目114个、社会事业项目112个。

1996年底，省委、省政府确定灌南县为1997年省重点扶贫县，灌云县继续享受省重点扶贫县政策。省派扶贫工作队帮扶灌南县10个乡镇，市派扶贫工作队帮扶灌南县12个乡镇。是年全市有省定重点扶贫村75个。

1997年，市委、市政府将扶持灌南县实现一年基本脱贫作为十件实事之一。全市共筹集扶贫资金20726万元（灌南13600万元，灌云5974万元、东海1152万元），其中无偿资金2830万元（灌南1906万元、灌云676万元、东海248万元）。灌南县农民人均纯收入2247.75元，比1996年增长21.04%，实现以乡为单位基本脱贫的目标。灌云县14个重点扶贫村人均纯收入2290元，比1996年增长34.9%，全县在1996年实现以乡为单位基本脱贫的基础上，1997年实现以村为单位脱贫。东海县19个省重点扶贫村人均纯收入1682元，较1996年增加557.2元，增幅49.5%，有8个村达到省定脱贫标准。

1999年，全市省定扶贫村由1998年的84个增加到179个，投入帮扶资金894.74万元，投放扶贫小额贷款担保基金252万元，支持1200多户农户新上增收项目。

2001年，省委、省政府确定全省16个需扶贫的经济薄弱县，连云港市4个县均在其中。市委、市政府决定继续重点帮扶灌南县，从37个市直单位选派37名扶贫工作联络员和3名驻县工作队员组成驻灌南县扶贫工作队。是年省安排连云港市扶贫资金总计12046万元（东海3216万元、灌

图 13-14 2005 年，连云港市实施帮扶增收项目 5.95 万个，帮扶农户 5.62 万户。图为利用扶贫资金建设的桑树园。
赵鸣 摄

云4178万元、灌南4652万元），其中有偿资金11400万元（东海3050万元、灌云4000万元、灌南4350万元），无偿资金646万元（东海166万元、灌云173万元、灌南302万元）。

2002年，省委、省政府加大对连云港市的扶贫力度，在继续派遣灌南县扶贫工作队的同时，向灌云县、东海县、赣榆县分别派驻省委扶贫促小康工作队，全市有43个省定经济薄弱村与省属单位结对帮扶。是年省、市、县三级扶贫工作队投入无偿扶贫资金1.5亿元，重点扶持57个乡镇、200个贫困村，新上524个增收项目，重点被帮扶农户人均增收近300元，有近4万人脱贫。

2003年，省、市、县三级投入扶贫资金1.5亿多元。小额扶贫贷款发放规模达到3741万元，扶持1.67万户贫困户发展增收项目，户均增收2234元。全年市、县两级开展扶贫培训1.55万人，输出1.32万人，培训就业率85.16%。

2005年，全市实施帮扶增收项目5.95万个，帮扶农户5.62万户，受益人口22万多人。省安排连云港市扶贫专项资金4990万元，发放扶贫小额贷款7170万元，累计发放扶贫贷款9885万元，扶持2.6万农户发展致富项目，户均增收2500元以上。市级筹集扶贫资金1.02亿元，实施交通、电力、水利、卫生、教育、通信等帮扶项目；全面推行扶贫劳务技能培训制度，培训重点对象为农村30岁以上女劳动力和40岁以上男劳动力，2803名贫困家庭劳动力经过培训走上就业岗位。市级扶贫后方单位结对帮扶农村贫困户2487户，资助贫困学生2054人。1991～2005年，全市累计投入扶贫资金11.09亿元，帮助22.36万户贫困农户脱贫。

二、草危房改造

1997年，连云港市开始改造农村草危房。1998年6月11日，市政府办公室转发市扶贫与减轻农民负担工作领导小组办公室、市民政局《关于草房改建实施计划（1998～2000年）》的通知。1999年，省拨给连云港市草房改瓦房专项资金230万元，资助2220户草房改瓦房。市扶贫工作领导小组将草危房改建纳入扶贫帮扶内容，市供电局等单位拿出专款用于帮助农户改建草危房。1998～2002年，全市农村实施安居工程，投入资金3179.5万元改造农村草危房3.07万户。

2003年6～8月，市内部分地区洪涝灾害严重，有倒塌、损坏及高危房1万多户3万多间。市政府下发《关于印发2003年全市灾民建房实施意见的通知》，规定凡2003年因灾倒塌需要重建的房屋，均与草危房改造统一规划、统一政策、统一部署、统一实施。8月22日，市政府下发《关于印发2003～2005年全市农村草危房改造实施方案的通知》，确定全市用3年时间完成22757户草危房改造任务，其中纯草房13562户、高危房9195户。2003～2004年，全市实际改造草危房2.03万户。

2005年，全市共改造农村草危房1.95万户，户均受益2550元。至2005年底，全市农村共改造草危房7.06万户，省、市、县三级累计投入资金1.39亿元。全市农村基本无草危房。

第二章 种植业

连云港市气候温和，适宜于多种作物生长。实行家庭联产承包责任制后，全市农业生产发展迅速。1984年，全市粮、棉、油总产量分别为207.33万吨、2.77万吨、10.93万吨。1984年后，种植业经历三轮结构调整。在稳定粮食产量的基础上，压缩粮食种植面积，发展蔬菜等经济作物，经济作物种植面积在种植业中所占比重逐年上升。推广水稻、玉米、棉花、小麦新品种和栽培适用技术，加强农产品质量建设，建立稻米、蔬菜无公害种植基地。2005年，全市粮食产量248万吨，棉花产量1.89万吨，油料作物产量10.3万吨。

1984～1999年，全市人均占有粮食一直保持在525千克以上，最高年份达644千克。2000～2003年，人均占有粮食降至500千克以下。2004～2005年人均占有粮食恢复到525千克以上。家庭联产承包责任制全面推行后，连云港市人均占有粮食一直居全省各市之首，在全国地级市中也位居前列，所辖四县均为国家级商品粮基地县。

第一节 作物种植

一、水稻

面积产量 1984年，连云港市水稻种植面积11.14万公顷，总产量83.99万吨，每公顷产量首次突破7500千克，达到每公顷7539.5千克。单产水平在20世纪80年代位居江苏省第一。1985～1991年，连云港市水稻种植面积年年上升，水稻种植面积年均12.32万公顷，年均总产量90.49万吨。因品种、技术没有大的突破，年均单产每公顷7346.05千克。

1992年，市农业局实施水稻品种和技术更新。品种上先后引进推广泗稻8号、9号，盐粳2号、4号，武育粳3号，镇稻88号、早丰9号，3114等新品种（系）。1995年，水稻单产首次突破每公顷8000千克，达到每公顷8044.94千克。1998年，全市水稻种植面积13.81万公顷，其中粳稻面积占水稻种植总面积的90%。水稻单产每公顷8945.69千克、总产123.54万吨，均创历史新高。

1999～2003年，水稻种植面积逐年下降，年均种植面积13.61万公顷，年均总产量111.79万吨，年均单产每公顷8216.08千克。

图13-15 2005年，全市水稻种植面积17.98万公顷，总产135.1万吨。图为赣榆县种植的优质水稻。 侍志 摄

图 13-16 农业技术人员在田间观察水稻生长情况
赵鸣 摄于1990年

2004年，水稻种植面积开始大幅回升。2005年，全市水稻种植面积17.98万公顷，总产135.1万吨。秋熟作物因灾遭受严重损失，水稻单产每公顷7513.9千克。

栽培技术 育秧 1984～1990年，全市水稻育秧推广免（少）耕秧田和机械点播。1989年，灌云县开始推广杂交稻疏密补稀技术；赣榆县推广集旱地全程作业配套于一体的机械化育秧技术，工作效率提高30倍左右、秧田利用率提高10%以上。1992年开始，改进稻作技术，从育秧栽插到田间管理引进推广肥床旱育秧技术、塑盘工厂化育秧技术、抛秧技术、水稻群体质量栽培技术等。

大田移栽 1984年后，水稻栽插注重增加秧田分蘖成穗比重，种植方式基本稳定，密度有所下降。20世纪90年代初期，相继试验、示范、推广以“扩行、减苗、调肥、控水”为主要特征的“小、壮、高”群体质量栽培技术，推广抛秧技术、机插秧技术、精确定量栽培技术。

水浆管理 20世纪80年代推广间歇灌溉技术，即灌好前期“返青水”、中期“孕穗水”、后期“扬花水”，每次保持浅水层10天左右，其余时间均采用间歇灌溉，促进前期早发、中期稳长、后期不早衰。水浆管理技术一直保持到2005年。

表13-8 1984～2005年连云港市水稻生产情况统计表

年份	面积（万公顷）	单产（千克/公顷）	总产量（万吨）	年份	面积（万公顷）	单产（千克/公顷）	总产量（万吨）
1984	11.14	7539.50	83.99	1995	13.35	8044.94	107.40
1985	11.14	7252.24	80.79	1996	13.98	8249.64	115.33
1986	11.64	7430.41	86.49	1997	14.19	8462.30	120.08
1987	11.64	7524.05	87.58	1998	13.81	8945.69	123.54
1988	11.84	7087.84	83.92	1999	14.63	8395.76	122.83
1989	12.12	7234.32	87.68	2000	13.88	7546.11	104.74
1990	13.43	7268.80	97.62	2001	13.34	8392.80	111.96
1991	14.42	7584.60	109.37	2002	13.20	8960.06	118.28
1992	14.28	6925.77	98.90	2003	12.98	7791.21	101.13
1993	12.68	7528.39	95.46	2004	16.03	8474.11	135.84
1994	12.35	7791.09	96.22	2005	17.98	7513.90	135.10

二、小麦

面积产量 1984年，全市小麦种植面积20.53万公顷，单产每公顷3796.4千克，总产77.94万吨。1985～1990年，除1988年种植面积略有回落外，小麦种植面积持续增加，年均种植面积21.82万公顷，年均单产每公顷3915.29千克，年均总产85.43万吨。1990年种植面积22.47万公顷，为1984～2005年22年间种植面积历史最高年份。

1991～1999年，全市小麦年平均种植面积21.58万公顷，年均单产增加到每公顷4496.16千克，年均总产增至94.9万吨。其中，1997年单产达到每公顷5310.98千克、总产115.62万吨，为22年间小麦种植单产、总产最高年份。1998年，全市推广种植小麦新品种鲁麦21，种植面积3.33万公顷。是年，全市农业生产遭受历史罕见的前期干旱和后期低温、寡照、多雨灾害，夏粮大幅度减产，全市小麦总产78.46万吨，总量较1997年减少32.14%，单产减少31.10%。

图13-17　20世纪90年代，全市农民基本实现机械化收割农作物并享有补贴。图为小麦收割场景。　赵鸣　摄

2000～2003年，小麦种植面积持续减少，年均种植面积18.77万公顷。2004年，国家实行粮食补贴政策后，小麦种植呈恢复性增长。2005年，全市小麦种植面积19.28万公顷，单产每公顷4915.96千克，总产恢复至94.78万吨。

栽培技术　少（免）耕配套技术　20世纪80年代初，开始示范推广小麦少（免）耕种植。盐黏土、砂礓黑土采用小铲点播、缮播及犁刀耩播，棕壤土、砂壤土采取少（免）耕机条播，盐碱地采用旋耕机浅旋条播，带足种肥、增施有机肥、重施和早施壮苗肥、适当增施拔节孕穗肥；灌好越冬水、拔节孕穗水，促进根系生长，稳定穗数增加。1985～2000年，该项技术应用面积每年平均保持在7万多公顷左右。2001～2005年，稻套麦技术成为稻茬小麦的主要种植方式，种植面积10万公顷以上。

高产群体质量调控技术　20世纪80年代，开始推广小麦高产群体质量调控技术。采用精量播种（每公顷60～120千克）方法，降低基本苗，形成小群体、壮个体，建立高光效的群体结构，以分蘖穗夺高产。早茬麦基本苗宜少，晚茬麦宜多，其密度在每公顷150万～375万株。单产每公顷6000千克以上的高产田基本苗150万株，适期播种期为9月底至10月上旬。

表13-9

1984～2005年连云港市小麦生产情况统计表

年　份	面积（万公顷）	单产（千克/公顷）	总产量（万吨）	年　份	面积（万公顷）	单产（千克/公顷）	总产量（万吨）
1984	20.53	3796.40	77.94	1995	21.04	4674.43	98.35
1985	20.86	3682.65	76.82	1996	21.24	4909.13	104.27
1986	21.93	4148.65	90.98	1997	21.77	5310.98	115.62
1987	22.09	4301.04	95.01	1998	21.44	3659.51	78.46
1988	21.29	3892.44	82.87	1999	21.76	5027.11	109.39
1989	22.28	3842.46	85.61	2000	20.24	3745.55	75.81
1990	22.47	3618.16	81.30	2001	18.72	4198.72	78.60
1991	22.30	4028.25	89.83	2002	18.16	3931.17	71.39
1992	22.42	4523.19	101.41	2003	17.95	4202.79	75.44
1993	21.63	3934.35	85.10	2004	18.98	4836.14	91.79
1994	20.61	4404.17	90.77	2005	19.28	4915.96	94.78

三、棉花

面积产量　连云港适宜棉花生长，灌云、灌南两县为主要产区，两县均是国家优质棉生产基地县。1984年，全市棉花种植面积2.92万公顷，平均单产每公顷947.43千克，总产2.77万吨。1985～1990年，棉花种植面积总体保持稳定，年均种植面积2.61万公顷，年均单产每公顷9425.89千克，年均总产2.46万吨。1991～1998年，随着种植业内部结构调整力度加大，棉花种植效益大于粮食收益，全市棉花生产发展较快，年均种植面积3.87万公顷，棉花单产每公顷1143.44千克，年均总产4.42万吨。1998年推广种植棉花新品种苏棉8号、苏棉12号，总产达到创纪录的5.6万吨。1999年棉花减产，棉价下降，棉农纷纷弃棉改稻种麦。2000年，棉花种植面积恢复到3.36万公顷，至2004年5年间种植面积年均3.52万公顷，年均总产3.94万吨。2005年，棉花种植面积2.49万公顷，由于遭受严重的自然灾害，单产仅为每公顷759.6千克，总产1.89万吨。

图13-18　灌云县、灌南县是国家优质棉生产基地县。图为棉农给棉花打包。
赵鸣　摄于1988年

栽培技术　耕作布局　20世纪80年代，在麦、油后套种棉花两熟制基础上，逐步建立以2～3年为一个周期的粮、棉、油、肥轮作换茬制。1990年后，逐步实行稻、麦、棉、油3～4年一轮换。至2001年，基本杜绝连茬棉花，减轻作物病害，改善土壤环境，提高作物产量。

育苗移栽　20世纪80年代，采用足肥大钵、硫酸脱绒、药剂拌种、矮壮素浸种等育苗技术，套栽棉一般于5月中旬移栽，麦（油）后棉于5月底前移栽结束。移栽方法主要采用开沟移栽和打洞移栽。20世纪90年代后，逐步形成以营养钵育苗移栽为核心，地膜移栽、地膜直播为辅的群体质量栽培技术，改湿籽播种为药剂包衣干籽播种，普遍运用“小、壮、高”栽培体系，即群体的总果节量（每公顷300万个）比以往少10%～30%，群体密度（每公顷3.9万株）比以往疏近半，适当控制盛蕾期至初花期的群体叶面积，用壮个体达到群体适宜总果节量和适宜叶面积指数的要求，使结铃期群体有高的成铃率、高的干物质积累量。

1984～2005年连云港市棉花生产情况统计表

表13-10

年　份	面积（万公顷）	单产（千克/公顷）	总产量（吨）	年　份	面积（万公顷）	单产（千克/公顷）	总产量（吨）
1984	2.92	947.43	27665	1989	2.50	1003.52	25088
1985	2.69	922.83	24824	1990	2.83	805.97	22809
1986	2.13	9297.77	19804	1991	3.27	1168.10	38197
1987	2.41	999.25	24082	1992	4.46	722.85	32239
1988	3.12	999.71	31191	1993	3.30	926.42	30572

续表 13-10

年　份	面积（万公顷）	单产（千克/公顷）	总产量（吨）	年　份	面积（万公顷）	单产（千克/公顷）	总产量（吨）
1994	3.98	1081.66	43050	2000	3.36	813.72	27341
1995	4.24	1223.82	51890	2001	4.01	1253.07	50248
1996	3.83	1519.67	51356	2002	3.04	1347.86	40975
1997	3.68	1371.58	50474	2003	3.75	800.64	30024
1998	4.18	1339.73	56001	2004	3.46	1392.57	48183
1999	2.96	1339.39	39646	2005	2.49	759.60	18914

四、油料

面积产量　连云港市油料作物以花生为主，另有少量油菜、芝麻。东海县、赣榆县是花生主产区。1984年，全市油料种植面积3.51万公顷，总产量10.93万吨，其中花生产量占99.87%。1985～1988年，全市花生种植面积年均4.38万公顷，年均单产每公顷3381.71千克，年均总产14.80万吨。1989～1999年，种植面积呈下降趋势，而单产总体呈上升趋势，总产量起伏不大。1989年种植面积3.92万公顷，单产每公顷3209.18千克，总产量12.58万吨。1999年种植面积2.86万公顷，单产达到历年最高每公顷4447.55千克，总产量12.72万吨。2000～2005年，种植面积有所回升，2001年达到22年间最大总产量16.78万吨。2003年遭受严重自然灾害，年均单产每公顷2829.02千克。2005年种植面积回落到3.18万公顷，单产每公顷3238.99千克，总产量10.3万吨，其中花生产量占94.43%。

栽培技术　20世纪80年代初，大面积春花生由平作改为起垅种植，由竖长垅改为竖沟横垅，深翻改土，增施磷肥，增厚活土层，改善花生生长环境。1985年起推广花生与玉米、山芋、大豆、蔬菜等作物间作套种，应用地膜覆盖以及春茬改夏茬等栽培技术。1992～2005年，推广鲁花系列等新品种，品种的优质化和专用化程度不断提高，减少农药、化肥和调节剂使用量，花生生产逐步向无公害、标准化方向发展。

图 13-19　农业技术人员在检查花生生长情况
赵鸣　摄于2000年

1984～2005年连云港市油料生产情况统计表

表 13-11

年　份	面积（万公顷）	单产（千克/公顷）	总产量（万吨）	年　份	面积（万公顷）	单产（千克/公顷）	总产量（吨）
1984	3.51	3113.96	10.93	1987	4.39	3366.74	14.78
1985	4.41	3226.76	14.23	1988	4.14	3644.93	15.09
1986	4.56	3307.02	15.08	1989	3.92	3209.18	12.58

续表13-11

年　份	面积（万公顷）	单产（千克/公顷）	总产量（万吨）	年　份	面积（万公顷）	单产（千克/公顷）	总产量（万吨）
1990	3.73	3412.87	12.73	1998	2.89	4318.34	12.48
1991	3.41	3780.06	12.89	1999	2.86	4447.55	12.72
1992	3.11	3385.85	10.53	2000	3.78	3928.57	14.85
1993	3.26	3693.25	12.04	2001	4.08	4112.75	16.78
1994	3.70	3737.84	13.83	2002	3.84	3986.98	15.31
1995	3.44	3761.63	12.94	2003	3.86	2829.02	10.92
1996	3.08	4077.92	12.56	2004	3.33	4060.06	13.52
1997	2.85	4221.05	12.03	2005	3.18	3238.99	10.30

五、旱谷杂粮

甘薯　20世纪80年代前，连云港市甘薯种植面积一直保持在8万公顷上下，是全市五大粮食作物中种植面积仅小于小麦的第二大作物。20世纪80年代后，甘薯种植面积逐年减少，至1990年降至近2万公顷，主要集中在西部旱作区。1990年后，甘薯加工市场兴起，价格抬升，种植面积逐步回升。在栽培上，90年代以前多采用高垄双行栽培技术，1990年开始采用起垄单行栽培技术，肥料运筹上重施富含磷钾的基肥，块茎形成期适当追施氮肥。2005年，全市甘薯栽培面积3万公顷，单产每公顷3783千克。大部分甘薯产品被淀粉加工企业消化，加工成淀粉或粉丝，40%以上出口韩国等国外市场，其中金五粉丝及山芋淀粉成为连云港市农产品出口的拳头产品。

玉米　1984～1990年，全市年均玉米种植面积约3万公顷，最高的1989年达3.56万公顷。其间，省、市、县相继开展丰收杯、吨粮杯高产竞赛活动和吨粮田建设，玉米单产、总产大幅度提高，其中1986年达到每公顷5730千克，1990年总产突破20万吨。1991～2005年，玉米种植面积基本稳定，平均播种面积3.76万公顷，正常年份单产每公顷6750千克，年均总产22.4万吨。1996年总产最高，达29.4万吨。1998年，推广应用玉米新品种苏玉9号、掖单12号、掖单13号，三品种种植面积达1.79万公顷，占玉米种植总面积的43%。2001年种植面积最大，为3.7万公顷。2005年，由于遭受严重自然灾害，玉米单产每公顷3522千克，比2004年下降44.4%。

大豆　1984～1990年，全市大豆种植面积在4.3万公顷左右。通过引进良种和应用新型种植技术，产量不断提高。1986年，大豆总产量最高值达7.6万吨，是年单产突破每公顷1950千克。1994年，全市大豆种植面积下降到2.64万公顷。此后种植面积逐渐减少。2004年单产每公顷3330千克。2005年，全市大豆种植面积1.4万公顷。是年，因遭遇洪涝灾害，大豆单产减至每公顷1075.5千克。

第二节　蔬菜生产

一、面积产量

1984年，连云港市郊区菜地面积460公顷。1985年开始建设水利工程配套的蔬菜基地，至1990年，全市每年安排菜田建设费70万元左右，共建成267公顷喷灌设施菜田，年均产量4250

万千克。推广普及保护地栽培措施，引进国内外优良品种，发展塑料大棚蔬菜，蔬菜复种指数提高；蔬菜生产、销售全面放开，上市数量及品种不断丰富，蔬菜市场供应的“春缺”“伏缺”现象得到改观。

20世纪90年代是连云港市蔬菜生产快速发展的时期，蔬菜种植面积和产量大幅提高。全市逐步建立洋葱、莴苣、秋番茄、白蒜、浅水藕、冬韭菜、芦笋、草莓、西甜瓜、反季节蔬菜10大生产基地。1998年，全市建成日光温室3万栋，蔬菜大棚及保护地栽培1万公顷。1999年，全市蔬菜种植面积7万公顷，蔬菜总产量260万吨，蔬菜总产值16.5亿元。郊区常年菜田稳定在840公顷，市区人均日消费蔬菜600克以上。全市标准化菜田面积466.67公顷，占郊区常年菜田的55%以上。引进荞头、雅致甘蓝、人参果等新品种进行试种，扩大芥蓝、茼蒿、生菜、木耳菜、空心菜、紫甘蓝、抱子甘蓝、绿花菜、西洋芹等品种的栽培面积。建立云台区花果山乡、赣榆县沙河镇无公害蔬菜基地，全市无公害蔬菜生产面积287公顷，比1998年增长72%。新增防虫网4万平方米。应用遮阳网100万平方米，实际覆盖面积466.67公顷，比1998年增长46.6%。

2000年，全市蔬菜种植面积8.4万公顷，蔬菜总产量280万吨，蔬菜总产值18.2亿元。

2003年，连云港市实施省蔬菜类农业“三项”（品种、技术、模式更新）工程项目3个、省科技厅项目2个、市科技局项目5个，使项目区及辐射区的蔬菜品种改良、生产技术、无公害生产、产业化开发水平有较大提高。加快无公害菜田建设，全市蔬菜种植面积9.67万公顷，其中蔬菜保护地面积1.8万公顷、无公害菜田1.6万公顷，建成特色生产基地19个、无公害生产基地11个，实现蔬菜总产值23亿元。

2004年，全市继续推进蔬菜标准化生产和出口创汇，蔬菜种植面积10万公顷，其中保护地面积3万公顷，总产量385万吨，实现产值24.5亿元。形成东海县、赣榆县以出口蔬菜为主，灌云县、灌南县以传统蔬菜为主，市区以叶菜为主的生产布局。全市通过省认证、认定的无公害蔬菜品牌15个、生产基地36个。建成洋葱、莴苣、冬瓜、秋番茄、白蒜、浅水藕、淮山药、冬韭菜、芦笋、草莓、西瓜、马铃薯12大特色生产基地共计2.5万公顷。建设出口基地1.7万公顷，蔬菜出口位居全省之首。

2005年，由于遭受严重自然灾害，全市蔬菜种植面积5.03万公顷，总产量212.87万吨，比2004年下降44.71%。

二、蔬菜品种

1984～2005年，全市主要蔬菜品种有十字花科9类83个品种、茄科4类55种、葫芦科9类92种、豆科8类78种、葱蒜科4类25种、伞形科4类16种、菊科6类15种、天南星科3类12种、苋科2类4种和菱科等。累计引进抗热王黄瓜，以色列189番茄，日本地球、珍星、光星、泉州中高黄等洋葱，幸香、顾丰、喻尼、富士、新莓1号、新莓5号等草莓，Uc157芦笋，徐州白蒜、苍山苔蒜等大蒜，塔兰多、红英达、世纪红、红罗丹、考曼等彩色椒和日本优秀青花菜、绿玉70绿花菜、金棚番茄、金优10号黄瓜、银翠甜瓜、红芯5号胡萝卜、白玉春萝卜、拍砸搅瓜、昆明芦蒿、玉帅占瓜等蔬菜新品种100余个；重点推广草莓、洋葱、番茄、西甜瓜、鲜食甘薯等新品种20个。

图13-20　灌南县新集乡是荷藕之乡。图为藕获得丰收。
赵鸣　摄于1996年

表13-12

1984～2005连云港市主要蔬菜品种一览表

类 别	品种数量	名 称	主要品种
十字花科	9类83个品种	大白菜	小狮头、中狮头、大狮头、双狮、中青麻叶、连杂1号、山东四号、山东五号、小杂55、小杂56
		小白菜	高腿黄、扁梗、矮老、矮脚黄、苏州青、上海青
		萝卜	小水泡、大水泡、小锥把、大锥把、羊角空、腊烛台、牛拔橛、五月红、老鼠嘴、猪嘴红、煨罐红、青圆脆、四季白、短大青、水果青及心里美西瓜萝卜、日本理想六根
		花菜	60天、70天、80天温州花菜，西安杂五等，包括白花菜、青花菜、紫花菜等系列
		甘蓝	报春、中甘11号、小鸡心、牛心、黑叶小平头、黄苗、京丰1号、春丰、春雪、苏晨1号
		球茎甘蓝	早白苤兰、天津大
		芥菜	板花叶芥，板花叶雪里蕻
		黑菜	小叶乌、大叶乌、仙鹤腿、毛叶黑菜、板叶过寒菜、花叶过寒菜、黄心乌
		大头菜	本大头菜、洋大头菜
茄科	4类55个品种	西红柿	矮生黄、北京早红、早魁、66～13、早丰、524、强力米寿、早粉2号、强丰、佳粉、L～402、榆粉2号及苏粉4、5、8、9号
		辣椒	羊角椒、朝天椒、线椒、黑壳椒、上海甜椒、早丰1号、苏椒2号、苏椒5号、连椒1号、赣椒系列、湘研系列
		茄子	小草茄、紫圆茄、徐州长茄、赣榆白茄、苏畸长茄
		马铃薯	74～4、高原7号、58～27
葫芦科	9类92个品种	黄瓜	洪门小刺瓜、转水洪棒瓜、早黄瓜、唐山秋瓜、74～18、新杂1号及津杂系列、津研系列、津春系列
		梢瓜	白草瓜、白皮瓜、拦路青，酥瓜品种有滑皮酥、花皮酥、青皮酥、白皮酥
		南瓜	草番瓜、黑皮牛腿、花皮牛腿、灯瓜、黑皮吊瓜、白皮吊瓜
		印度南瓜	黄皮笋瓜、花皮笋瓜，美国南瓜品种有一窝鸡、搅瓜
		冬瓜	草冬瓜、毛冬瓜、人冬瓜、马群1号、广东青皮、一串铃
		丝瓜	短丝瓜、生吃丝瓜、肉丝瓜、线丝瓜、五寸丝瓜
		瓠子	线瓠子、葫芦
		香瓜	生甜瓜、面喉头、关老脸、冬青瓜、小红种、黑狗腿、洋糖包、苹果酥
		西瓜	桃林三白、苏蜜1号、罗阳东关、黑林大树、新澄1号、郑杂5号、金钟冠龙、新红宝、北京早花、丰乐1号、抗病苏红宝
豆科	8类78个品种	四季豆	矮四季豆、老来嫩、关东青、八月梅、兔腿
		扁豆	小猪耳、大猪耳、大紫边、红绣鞋、白绣鞋、谢花饱、大刀片、洋扁豆、小肉扁豆、大肉扁豆、紫边肉扁豆、白皮扁豆、青皮扁豆
		蚕豆	大蚕豆
		豌豆	铁子豌豆、春豌豆、荷兰豆
		豇豆	红镶边、大红袍、一点红、连豆21号、秋赤豆、水红秋二忙、绿皮变二忙、草里攀、圆豆角、钉耙齿、白关肠、六月鲜、盘香豆、小猪肠、黑眼豆、之豇28～2、扬豇40
		毛豆	四粒仓、隔壁香

续表 13-12

类 别	品种数量	名 称	主要品种
豆科	8类78个品种	刀豆	大刀豆
		黎豆	毛兔子腿
葱蒜科	4类25种	韭菜	小韭菜、791、马蔺韭
		大蒜	草四瓣、草六瓣、荷花蒜
		洋葱	紫皮洋葱、黄皮洋葱系列、连葱1-8号
		葱	独腿虎、棵葱、楼葱、韭葱、日本甜葱
伞形科	4类16个品种	胡萝卜	草胡萝卜、黄锥把、新黑田五寸
		芹菜	实心芹、空心芹、黄芹、西洋芹
		芫荽	
		小茴香	
菊科	6类15个品种	莴苣	紫莴苣、圆叶莴苣、尖叶青莴苣、宽叶青莴苣、苔干
		茼蒿	花叶茼蒿
		生菜	结球生菜、蕨叶生菜
		牛蒡	
		菊芋	
		芦蒿	
天南星科	3类12个品种	石刁柏	华盛顿500号、云南农大石刁柏、UC157、冠军
		百合	白花百合、猫耳合
		黄花菜	丁庄大白菜、孔望山黄花菜
苋科	2类4个品种	苋菜	白苋菜、花苋菜、紫苋菜
		青番谷	
藜科	2类	菠菜	尖叶菠、圆叶菠
		甜菜	青叶甜菜、红叶甜菜
菱科	3种	—	鸡头菱、两角菱、四角菱
禾本科	2种	—	竹笋、茭白
襄荷科	1种	—	生姜
睡莲科	4种	—	红花藕、白花藕、鄂莲4号、宝应大紫
伞菌科	7种	—	蘑菇、平菇、草菇、金针菇、香菇、鸡腿菇、长寿菇
楝科	1种	—	香椿
锦葵科	1种	—	黄秋葵
落葵科	2种	—	木耳菜，亦称落葵

三、特色蔬菜栽培

桃林三白西瓜 以白皮、白籽、白瓤而得名，为东海县桃林镇特产。个大皮薄，一般瓜重7.5千克左右，大的达20千克以上，甜脆可口。20世纪80年代，年均种植面积140公顷，年产量约

图 13-21 桃林镇特色西瓜生产基地
侍志 摄于2005年

5000吨。2005年种植面积100公顷，产量约4500吨。

灌云西瓜萝卜 又名“心里美”，为灌云县西部岗岭地区特产。属中熟品种，生长势强，抗病，肉质，根长12厘米，横径10厘米，顶部浅绿色，根部白色。肉质鲜紫红色，脆嫩、味甜、汁多，既可作菜用，又可当水果食用。一般单产每公顷3.75万千克，高产田块达每公顷6万千克。

海州水萝卜 为海州区近郊菜农培育，后流传到云台区、连云区及东海县黄川、赣榆县沙河等地。在长期栽培中形成“大水泡”“小水泡”两个定形品种。植株直立，根近圆形，肉质，皮红肉白，早熟、抗寒能力强，一般2月中旬露天地播种，保护地栽培可提前至1月中旬。生长期45～60天，单产每公顷1.5万千克左右。

洪门小刺瓜 为海州洪门乡特产。属极早熟黄瓜品种，皮色深绿，有小黑刺，瓜长25厘米左右，横径2.5～3.5厘米，肉厚、籽少，单瓜重200～250克。2～3叶结瓜，瓜码密，每节均可结瓜，品质好、不易老，适宜保护地早春栽培，露天地3月上旬育苗，5月中旬收获，单产每公顷3万～3.75万千克，高产田块每公顷7.5万千克以上。

新杂一号黄瓜 为连云港市蔬菜研究所培育，1984年通过省级审定。境内菜区大面积栽培，河南、河北、山东、辽宁等省引种栽培。中熟品种，株高2.6～2.8米，分枝5～6条，长势旺，叶色绿。主蔓3～5叶着生雌花。以后间隔1～3叶生一雌花。前期以主蔓结瓜为主，后期侧蔓也结瓜。瓜条长约34厘米，瓜肉厚、瓜条直，抗白粉病、霜霉病、枯萎病，品质好、产量高。3月中旬冷床育苗，4月下旬定植，密度每公顷4.95万穴，每穴2株，5月下旬采收，单产每公顷7.5万千克以上。抗热性强，最适宜作伏菜瓜栽培。

洋糖包香瓜 又名“甜三天”，为海州区新坝一带特产。生长期100天左右，在主蔓3～5节处生长侧枝，叶心脏形，绿色。瓜形略扁圆，皮白色光滑，瓤白色，肉质脆嫩，香甜可口，种子淡黄色，单瓜重0.4～0.5千克，单产每公顷2.25万～3万千克。

灌南淮山药 又名薯蓣，产于灌南县花园乡、三口乡一带，株高1米左右，块茎品质糯性，含水量低，口感细腻，每100克含蛋白质1.5克、维生素C4毫克、钙14毫克、磷42毫克、铁0.3毫克，中医赞其“理虚之要药”“滋补药中之上品”。可炒、炸、煮、熘食之，亦可制成淀粉等。一般单产每公顷2.25万千克左右，高产可达每公顷3万千克。

图 13-22 20世纪90年代初，连云港市开始推广蔬菜日光温室栽培。 赵鸣 摄

四、栽培技术

20世纪80年代后期，全市菜区推广普及遮阳网覆盖栽培技术。1990年后，自山东省寿光县引进日光温

室栽培技术，解决冬吃夏菜问题，全年蔬菜供应更加均衡。从镇江等地引进防虫网，用于叶菜生产，提高安全水平。2005年，推广应用防虫网、遮阳网5万平方米，全市蔬菜地防虫网覆盖面积350公顷、遮阳网覆盖面积1000公顷，无公害蔬菜生产面积3万公顷。1984～2005年，全市蔬菜生产引进新技术40余项，重点推广春季大棚黄瓜（甜瓜）、西瓜、大白菜（小青菜）套栽技术、猪—沼—菜生产技术、一年多茬复种技术、无公害标准化栽培技术、淮山药提纯复壮技术、林套食用菌、夏季设施蔬菜高产栽培技术、无公害食用菌高产栽培技术、恒温调控育苗技术、温室蔬菜多茬种植技术、生物制剂诱导蔬菜抗病增产技术等10余项。

图 13-23　2005 年，全市蔬菜种植面积 5.03 万公顷。图为桃林万亩设施蔬菜产业基地。　侍志　摄

第三节　种　子

一、品种

1984～2005年，连云港市共选育小麦品种2个、水稻品种10个、大麦品种2个、大豆品种3个、蔬菜品种12个。

水稻　20世纪80年代，粳稻品种主要推广南粳35、盐粳2号、泗稻8号、苏协粳、徐稻2号及赣榆县育成的双城糯，其中盐粳2号、泗稻8号占粳稻种植面积的40%和30%；试验引种杂交粳稻黎优57、丰优57、亚优2号、徐优3-2。杂交籼稻品种主要推广南优2号和6号、泗优2号和6号、威优2号、汕优6号、汕优63等。1990年，全市水稻平均单产提高至每公顷7268.8千克。20世纪90年代后，以常规中粳水稻品种中的武育粳3号、镇稻88、早丰9号等为主要推广品种；在东海县和赣榆县部分地区小面积种植杂交籼稻和杂交粳稻。2000～2005年，以武连粳1号、连粳系列品种、连嘉粳1号、徐稻3号、徐稻4号等为主要推广品种；杂交粳稻的种植品种主要有九优138、九优418、三优18等，杂交籼稻有汕优63、特优559、汕优559等，正常年份水稻单产在每公顷8300千克左右。

三麦　20世纪80年代开始大面积推广济南13号，搭配种植泰山8号、津丰1号、京花1号、郑州743、郑州761、泗阳936、鲁麦7号、徐州21号等良种，其中济南13号年均种植面积占“三麦”种植总面积的70%～80%。1989年，“三麦”平均单产增至每公顷3842.46千克。1990年，主要推广冀麦84-5418、陕农7859，搭配种植百泉3039、鲁麦14号等良种，大麦推广苏啤引1号、西引2号，元麦基本不再种植。1990年后，主要推广种植的小麦品种有陕229、济南17号、烟农19号、淮麦18号、淮麦19号、淮麦20号以及连麦1号、连麦2号等良种，搭配种植95021、济麦19号等良种；大麦品种主要是西引2号等。2000～2005年，推广种植的主要品种有烟农19号、淮麦19号、淮麦20号、连麦1号、连麦2号等。

玉米　1984年，市内栽培的玉米品种主要有丹玉6号、鲁原单4号、郑单2号等单交种，此后又

图 13-24 江苏东辛集团种子公司 赵鸣 摄于1999年

推广苏引1号、苏玉4号、掖单2号及4号、12号、13号、51号等紧凑型玉米杂交一代种。1991～2005年，主要推广登海系列品种、农大108、苏玉10号、郑单958等。

大豆 20世纪80年代，引进推广徐豆1号、徐豆136号、泗豆11号、诱变30号、洪引1号等良种，同时试验推广灌豆1号、徐豆3号、洪引1号，其中灌云县大豆原种场培育的早熟、高产、优质品种灌豆1号占大豆种植面积的60%以上。灌豆1号全生育期100～103天，株高70厘米，株型紧凑，单株结荚30个左右，分枝低、豆粒大、光泽好，一般单产每公顷2250千克左右，高产田块可达每公顷3600千克。20世纪90年代后，大豆种植面积下降，大豆品种选育与更新速度放慢，2005年，种植的主要品种有徐豆11号、徐豆12号、淮豆8号等。

花生 1984～1990年，花生主要种植徐系11号，搭配种植徐州68-4、东花1号、鲁花19号等，同时示范推广东花1号、东花2号、青花2号等。1990年，全市花生平均单产每公顷3412.87千克。此后直至2005年，主要种植鲁花系列、徐花系列花生新品种和部分东花花生品种。

甘薯 20世纪80年代，主要种植徐薯18，搭配种植群力2号、青农2号、崂山2号、77-6、丰收白，示范推广徐薯289、苏薯2号、苏薯3号。至20世纪90年代，干品单产达到每公顷5565千克。2000～2005年，以徐薯系列品种为主。

棉花 20世纪80年代，引进推广泗棉2号和3号、苏棉1号和2号、鲁棉1号、中棉16等。1989年，全市2.5万公顷棉田全部实现良种化，平均单产每公顷1003.52千克。1990～2005年，主要种植徐州514、徐州553、泗棉2号和3号、苏棉2号、中棉16、中棉45、33B、99B、科棉4号、GK12等。

二、良种繁育与经营

境内作物良种培育主要由市农业局、农科所及各县农业主管部门主持进行。1984年，由市、县种子公司和乡镇种子站以及市、县特约良种繁育基地组成的良种推广体系形成。1996年，灌南县划入连云港市后，全市共有市、县种子公司5家、乡镇种子站90个；建有种子仓库1.8万平方米，水泥晒场2.02万平方米，种子门市部4236.5平方米，检验室1500平方米；各种农作物选种圃21.9公顷、株系圃11公顷、原种圃1046公顷；市、县特育良种繁育基地7000公顷，乡镇级良种繁育基地1.67万公顷，年产各种农作物原种350余万千克；全市农作物良种覆盖面积53万公顷，占总播种面积的95%，大田良种纯度达到97%。2000年后，市县国营种子公司开始改制，种子经营与管理分开。2005年，市内种子生产与经营全面实行生产与经营许可证制度。

第四节 耕地 肥料

一、耕地

耕地面积 1984年，连云港市有耕地31.91万公顷。随着工业发展和城乡建设加快，耕地逐年减少。1996年农业普查，全市耕地面积由1995年的31.56万公顷调整为38万公顷。1997年为38.11万公顷。2005年，全市耕地面积为38.35万公顷。

耕地地力 第二次全国土壤普查资料显示，连云港市土壤按全国土地肥力评级标准分为10级。

表13-13

1986年连云港市土壤肥力等级情况统计表

单位：公顷

地 区	1级	2级	3级	4级	5级	6级	7级	8级	9级	10级
郊区	147.7	3515.8	12400.9	2921.5	1249.2	0	222.2	1366.3	8160.7	8697.3
赣榆县	363.5	11247.1	29173.3	24359.0	15616.5	1571.1	5735.1	1799.6	0	0
东海县	511.4	25707.1	53195.1	30176.1	18458.9	10804.3	3284.1	2352.5	0	0
灌云县	19.8	8533.7	50944.1	51642.8	4545.8	0	0	0	44.9	0
合计	1042.4	49003.7	145713.4	109099.4	39870.4	12375.4	9241.4	5518.4	8205.6	8697.3

说明：此表不包含灌南县。

根据土壤分级标准，赣榆县、东海县耕地土壤为7级，8级以上为山地林土壤；灌云县和市区耕地土壤为5级，6级以上为山地林土壤和盐业用地。其中，一级土壤有机质在1.5%以上，耕层15～20厘米，pH酸碱度6.5～7.5，一年两熟，单产每公顷1.13万千克；二级土壤分布于平原地区，有机质1%以上，耕层15厘米左右，pH酸碱度6.5～8.0，单产每公顷7500千克以上；三级土壤主要分布在缓坡岗地、湖陆平原及滨海平原，单产每公顷5625千克以上，是一种具有较大增产潜力的土壤；四级土壤属低肥力土壤，主要分布在缓坡岗地、湖陆平原、滨海平原三类地区，单产3750千克/公顷以上，低产原因或因障碍层，或因排水不畅，或因盐土黏重，有机质低，改造成本较大；五级土壤单产每公顷3750千克以下，分布在丘岗及滨海平原地带或湖陆平原无浇灌条件地段，改造成本高；六级、七级土壤主要分布在赣榆县、东海县丘岗地区和赣榆县滨海地区，改造成本很大，但面积不大，全市2.16万公顷，占耕地面积的5.58%。

1984～2005年，全市土壤肥力发生较大变化。由于有机肥施用量减少、秸秆还田量不足时化学钾肥施用量不足，造成土壤有机质、氮素、有效钾含量下降。1984年，土壤有机质含量平均值每千克12.4克，土壤氮素含量全氮每千克0.94克、碱解氮每千克73毫克、速效钾每千克200毫克。2005年，土壤有机质含量平均每千克11.4克，土壤氮素含量全氮每千克0.5克、碱解氮每千克75.52毫克，速效钾每千克86.25毫克。由于实施土壤定量施磷肥，土壤中有效磷上升。2005年，土壤中全磷每千克0.5克，速效磷每千克6.89毫克，每千克分别比1984年上升0.1克、0.79毫克，土壤物理性状发生改变。由于耕作方式和轮作制度的改变，少耕免耕耕作技术广泛应用，造成耕作层变浅、土壤板结、通透性变差。

耕地污染 20世纪80年代初，市境内近城、近村、近化工厂的零星耕地开始受到污染，总面积不足100公顷。20世纪90年代，受污染耕地增至3万公顷，污染源有城乡生活污水、工厂排污及农药残留等。此后受污染耕地面积不断增加。进入21世纪，全市加快推进生态示范区、环境优美乡镇、生态村创建工程，耕地污染得到遏制。至2005年底，全市有污染耕地面积1058公顷、潜在污染面积1.29万公顷。

耕地占用 1984～2005年，全市建设用地1.7万公顷，占用耕地7718.3公顷，其中占用一等耕地1280.2公顷、二等耕地2395.1公顷、三等耕地1902.9公顷、四等耕地1970.1公顷、五等耕地170公顷。补划耕地7813.7公顷，其中一等耕地79.2公顷、二等耕地796.8公顷、三等耕地4656.7公顷、四等耕地2109公顷、五等耕地172公顷。

二、肥料

化肥 20世纪80年代初，化肥种类以氮肥为主，磷、钾肥料少，微量元素肥料更少，氮、磷、钾肥料比例失调。氮肥品种主要有碳酸氢铵、氯化铵、硫酸铵和尿素，磷肥有过磷酸钙、钙镁磷肥，钾肥有氯化钾、硫酸钾。

1984年，水稻生产中的肥料用量平均为氮每公顷180千克、五氧化二磷每公顷27千克、氧化钾每公顷18千克。此后推广应用水稻氮素调控技术，氮素用量下调到每公顷135～165千克，比大田常规施氮量减少10%以上。20世纪80年代后期，化肥施用量逐年增长，有机肥施用量下降。20世纪80年代初期以氮肥增长速度最快，中期以后磷肥增长速度加快，20世纪90年代复合肥和钾肥用量开始大幅度上升。90年代初，水稻化肥施用量一般为纯氮每公顷202.5千克、五氧化二磷每公顷42.45千克、氧化钾每公顷21千克。2005年，水稻化肥施用量一般为纯氮每公顷330千克、五氧化二磷每公顷42.45千克、氧化钾每公顷37.5千克。

有机肥 据土壤肥力长期定位观测数据，20世纪80年代，全市大田作物有机肥与无机肥施用比例约为5∶5，90年代初约为3∶7，2005年为1.4∶8.6。有机肥与无机肥的施用比例失调，有机肥施用量下降。

微量元素肥料 1984年，全市增施钾肥面积1.5万公顷，氯化钾平均用量每公顷243.5千克。1985年推广锌肥3.76万公顷，推广钼肥5.99万公顷，应用花生上根瘤菌面积6067公顷。1986年施磷面积为23.87万公顷，平均用量为每公顷1179.1千克。2005年增施钾肥18.42万公顷，氯化钾平均用量为每公顷269.13千克；磷肥施用面积29.64万公顷，平均每公顷施用过磷酸钙1221.91千克。

三、土壤改良与增肥

耕地质量改良 1985年，全市停止绿肥种植，秸秆还田量很少，出现焚烧秸秆现象，耕地质量下降。1986年后开展中低产田综合治理和农田水利建设，根除水涝；干耕晒垡促进土壤风化；种植绿肥，推广秸秆还田技术，开辟有机肥源，增加土壤有机质；推广测土配方施肥、平衡配套施肥技术，推广应用土壤改良剂，施用微肥、作物专用肥，保持土壤养分平衡。1987年，全市完成12个土壤肥力长期定位监测点建设并投入使用。1995～1996年开展提高耕地质量年活动。2005年推广测土配方施肥技术，施用复合肥、BB肥，建立耕地地力调查制度和耕地质量动态监测预警系统。

秸秆还田及综合利用 1984年，全市开始推广秸秆还田。1986年，全市秸秆还田推广面积14.7万公顷，平均每公顷还田秸秆1875千克；秸秆高温堆肥4.76万公顷。1994年春季开展“百日增肥”活动，推广作物留高茬、草覆盖、高温堆肥等多种形式的秸秆还田技术，增加土壤有机质。1995～1997年开展“提高耕地质量年”活动。1999～2002年推广秸秆还田及其综合利用技术。2005年，秸秆气化、造纸、制板、发电、还田初步形成产业化。

中低产田改造与吨粮田建设 1986年后，全市对中低产田进行综合治理。在修建农田水利配套设施、改善灌排条件、减轻水涝灾害基础上，实行干耕晒垡和冬耕冻垡以促进土壤风化；推广测土配方施肥、平衡配套施肥技术，应用土壤改良剂，施用微肥、作物专用肥，以保持土壤养分的基本平衡。1987年开始实施吨粮田建设，全市共建立12个土壤肥力长期定位监测点。至2005年增加到30个。

因土定量施用磷肥 第二次土壤普查结果表明，全市土壤严重缺磷，但磷肥在含磷量不同的土壤中施用效果差异很大。通过试验提出合理施肥指标：低于每千克3毫克含量的田块每公顷施用过磷酸钙750千克以上，每千克3～5毫克含量的田块每公顷施用过磷酸钙600～750千克，每千克5～10毫克的田块每公顷施用375～600千克，超过每千克10毫克的田块一般少施磷肥或不施。

水稻氮素调控 该项技术是广东省农科院研究成果。该技术实行施肥指标数量化、测试仪器化、计算公式化、节肥、增产、增效作用明显。1984年，连云港市引进示范，1986年全市推广面积达到3.28万公顷。此后推广面积逐年加大。至2005年，全市水稻田基本采用此项技术进行氮素调控。

测土配方施肥 1984年，根据作物需肥规律、土壤供肥性能、肥料效应等情况，开始推广以土定产、以产定肥的配方施肥技术。1987年推广配方施肥面积2.34万公顷。1997～1999年推广水稻高产平衡配套施肥技术。2002～2004年推广水稻精确施氮肥技术。2005年春季开始，全市围绕“测土、配方、配肥、供肥、施肥指导”五个环节推广应用测土配方施肥技术，是年推广测土配方施肥面积11.03万公顷。是年秋，赣榆县被农业部确定为部级测土配方施肥补贴资金项目试点县。

第五节 植物保护与检疫

一、病虫害

水稻条纹叶枯病 该病是由灰飞虱传播的一种病毒病。2001年起在连云港市零星发生，2002年后逐年加重，2004～2005年大流行。

水稻纹枯病 为水稻常见病，杂交稻重于粳稻。20世纪80年代后杂交稻种植面积扩大，此病呈加重趋势，病情严重的田块病斑上升到穗颈部，常年发病面积占水稻总面积的40%～50%，病株率60%～70%。1987年，全市发病面积7.19万公顷，占水稻总面积的77.2%。20世纪90年代后，推广籼粳杂交型水稻品种，引起病害前期早发。2005年发病面积14.73万公顷，占水稻总面积的88.4%。

水稻白叶枯病 为水稻细菌性病害，是江苏省内植物检疫对象。20世纪80年代初，赣榆县和云台区发生较重，东海县和海州区零星发生。1984～1986年云台区连续三年大发生，以汕优2号受害最重，很多田块一片枯白。2005年全市大流行，发病3.3万公顷，占水稻总面积的20%，以徐稻3号受害最重。

稻瘟病 粳稻发病率高于籼稻。20世纪80年代，苗瘟、穗颈瘟、谷粒瘟均有发生，其中以穗颈瘟为害最重。2005年，水稻破口露穗期适逢连阴雨天气，导致穗颈瘟大流行，全市发病面积3.45万公顷，占水稻总面积的20.72%；发病一般田块减产10%～20%，重病田块减产30%～40%，局部地区的个别田块绝收。

水稻干尖线虫病 粳稻重于籼稻。发病田块一般减产10%～20%。20世纪80年代以后推广巴丹、菌虫清浸种技术，发病率逐步降低。至2005年基本未见此病。

稻曲病 粳稻重于籼稻，高产田重于低产田。2005年水稻破口前一周至齐穗期遭遇连阴雨天气，该病发生较重，特别是穗肥施用量较大、产量高的田块。

稻纵卷叶螟 为水稻重要害虫之一。大发生年份一般稻田减产10%～15%，重害稻田减产50%。1984年后爆发频率逐年降低。2002年后发生程度又逐年加重，其中2003年大发生，2004年重发生，2005年中等偏重发生。

稻飞虱 包括灰飞虱、白背飞虱、褐飞虱。白背飞虱1984年特大发生，赣榆县平均百穴虫量达到7249头；1986年、1987年特大发生，平均百穴虫量分别为4770头和4711头。褐飞虱1985年大发生；1992年为重发生；2003年在赣榆县部分田块出现“冒穿”现象；1993～2005年期间均为轻发生。灰飞虱2002年开始发生危害，此后逐年加重，其中2002～2003年为中等发生；2004～2005年为大发生，2005年越冬代灰飞虱带毒率平均30.3%。

水稻钻心虫类 包括三化螟、二化螟、大螟等，危害程度随着年份和品种的变化而变化。三化螟危害只有灌南县部分田块轻发生，大螟仅在部分田块的田边发生。1985年、1987年二化螟发生较重。1987～2005年二化螟为害程度逐年下降，除1995年大发生外，其他年份均为中等至中等偏重发生。

小麦锈病 有秆锈、条锈和叶锈三种，群众称为“疸”，历年都有发生。1987年，东海县连片种植丧失抗性的济南13号小麦，造成条锈病大流行，发病率达100%。随后由于抗病品种的推广，该病危害逐年减轻。1990年后主要为叶锈病。2005年，全市发病面积2933公顷，占小麦种植面积的1.52%。

小麦黑穗病 包括小麦散黑穗病和小麦腥黑穗病，市内主要为小麦散黑穗病。20世纪80年代后期病害程度加重，最重田块病穗率达10%左右。20世纪90年代后，由于稻麦轮作的推广以及实行药剂拌种，病害逐渐减轻。2004年、2005年仅有零星发生。

小麦白粉病 为小麦的主要病害之一，每年均有不同程度发生，尤其是稻茬麦田危害严重。1990年、1997年、2002年、2003年为特重发生年，发病面积分别为13.33万公顷、17万公顷、18.45万公顷、15万公顷，一般麦田减产10%～20%，重病田减产40%～50%。2004年后推广抗病品种烟农19号小麦，病害程度减轻。2005年，全市发生13.75万公顷，为中等偏重发生年份。

小麦纹枯病 为小麦常见病，每年都有发生。旱茬麦重于稻茬麦，早播麦重于晚播麦。1985年后危害加重。1995年大发生，发病面积在16.7万公顷，受害重的麦田形成白穗或提前枯死。2005年，全市发生小麦纹枯病17.18万公顷。

小麦赤霉病 属典型的气候性病害。20世纪80年代后发生程度逐渐加重。1985年大发生，1998年中等偏重发生，2003年大流行。重病区一般病穗率20%～40%，严重的田块病穗率95%以上。2003年，发病面积达15万公顷，占小麦种植总面积的83.57%。2005年，全市发病3.57万公顷，为轻发生年份。

麦黏虫 为小麦主要害虫之一。1984年起大发生频率降低，危害逐年减轻。1987～1995年均为轻发生，仅在灌云县沂河淌、圩丰、四队，赣榆县青口河、龙河两岸及市郊中云、南云台等地为害较重。1995～2005年不构成危害。

麦蜘蛛 包括麦圆蜘蛛和麦长腿蜘蛛。20世纪80年代后，均为中等偏轻至中等偏重发生年份。2005年，全市发病11.1万公顷，为中等偏轻发生年份。

麦蚜虫 麦蚜虫以穗蚜对产量影响最大，1984～2005年均有发生。其中，1995年、2004年重发生；1999年、2000年大发生。2005年，全市发病17.55万公顷，达中等偏重发生程度，局部地区达重发生程度。

小麦灰飞虱 2001年开始发生，2002年以后逐年加重。2004年、2005年大发生，5月下旬麦田平均虫量每公顷156万头，最高虫量达每公顷1418万头。

玉米粗缩病 是由灰飞虱传播的一种病毒病。20世纪90年代末开始发生，此后逐渐加重。2003年后，由于玉米种植面积缩小和病害防治工作加强，发生程度逐渐减轻。2005年，全市发病面积7100公顷，占玉米总面积的23.28%。

玉米黑粉病 20世纪80年代前发生较重。此后夏玉米面积扩大、春玉米面积减少，此病零星发生。2005年发生面积2080公顷，占玉米种植面积的6.82%。

玉米大、小斑病　20世纪80年代前普遍发生。推广杂交玉米新品种后病害减轻。2005年发病面积9000公顷，占玉米种植面积的29.51%。

玉米螟　是玉米的重要害虫，发生重的年份蛀茎率及蛀穗率在70%以上，减产率10%～30%。20世纪80年代夏玉米危害明显减轻，棉区越冬后的玉米螟转向棉花，造成断枝、断头，且呈逐年加重趋势。20世纪90年代后均为中等至中等偏重发生。2005年，全市发生4.34万公顷，达中等发生程度。

玉米黏虫　三代黏虫回迁常在玉米上爆发成灾，大发生年份受害田块一般减产15%左右。1987年特大发生，云台区、赣榆县沿海一带50%以上的玉米被吃成光秆。1990～2005年，在玉米上均为轻至中等程度发生。

甘薯黑斑病　从育苗到薯块储藏期均有发生。苗期造成死苗或弱苗，储藏期造成大量烂窖。因无良好防治方法，病害严重的年份一般减产10%～20%，严重年份减产40%左右。1985年后推广徐薯18号、济薯5号等抗病品种和多菌灵浸薯块育苗技术，采用病薯腐熟堆肥、高温愈合、高剪苗、高温催芽、水旱轮作留种田等措施，病害基本得到控制。2005年仅在个别地方轻度发生。

甘薯线虫病　20世纪80年代后轻度发生，仅东海县双店镇棠沂村、桃林镇西南部少数田块发生较重。2005年双店镇棠沂村部分农户病薯率达10%。

棉花苗病和铃病　棉花苗期有立枯病、猝倒病、红腐病，蕾期有角斑、红粉、黑果、红腐、曲腐病，从苗期到蕾期还有炭疽病、立枯病发生，较普遍。2005年棉花苗病发生1.9万公顷，铃病发生2.4万公顷。

棉铃虫　棉花常发性害虫，是棉花丰产丰收的重要障碍之一。1988年大发生。1995年后推广抗虫棉，发生程度逐年降低。1999～2005年均为轻发生。

棉蚜　棉花常发性害虫。危害盛期在5月下旬至6月间。为害重的年份蚜株率90%以上。1986～2005年，均为中等偏轻至中等偏重发生。

图13-25　农业技术人员观察棉花铃病发病情况
赵鸣　摄于1990年

棉花红蜘蛛　20世纪80年代发生频率高、为害重，危害盛期在6月下旬至8月下旬。1990～2005年，均为中等偏轻至中等偏重发生。

棉花盲蝽蟓　20世纪80年代后危害逐年加重，1995～2005年均为中等偏轻至中等偏重发生。

棉花红铃虫　20世纪80年代以前危害较重，90年代后逐年减轻。1995～2005年均为轻发生至中等偏轻发生。

花生倒秧病　春花生发病轻重，与5月上中旬的低温多雨有关。一般田块病株10%～20%，缺株率10%左右；重的田块病株达到60%，缺株率达到30%，局部连片死亡，颗粒无收。1985年以后，推广多菌灵拌种、适当推迟播期和扩大麦茬花生，病害发生程度减轻。

蔬菜病害　市内蔬菜常年发生的病害有真菌性、细菌性、病毒性、寄生性4大类。真菌性病害主要有黄瓜霜霉病、白粉病、灰霉病、猝倒病、立枯病、枯萎病、蔓枯病、疫病、黑星病、炭疽病、菌核病等。细菌性病害主要有黄瓜角斑病、叶枯病，白菜软腐病，番茄溃疡病、青枯病等。寄生性病

图 13-26 灌云县南岗乡使用小型飞行器防治虫害
侍志 摄于2005年

害主要有根结线虫病。病毒性病害有各类病毒病。2005年上半年气候偏旱，病害发生较轻，但下半年8、9月份雨水过多，导致全市蔬菜疫病、霜霉病、软腐病等病害重发生。

蔬菜害虫 蔬菜害虫的种类共9目18科29种。主要有蚜虫、菜粉蝶、菜蛾、甘蓝夜蛾、斜纹夜蛾、菜螟、黄曲条跳甲等。

大豆食心虫 咬食大豆籽粒的害虫。20世纪80年代为害严重，虫食粒率一般年份20%～65%，高的年份达到87%，严重影响夏大豆产量和品质。1995～2005年均为轻发生至中等偏轻发生。

蝗虫 连云港市是历史上有名的"海州蚂蚱"大本营和蝗患发生地，20世纪80年代之后仍是江苏省内发生最为严重的两个蝗区之一（沿海蝗区、微山湖蝗区）。1990年，全市有待进一步治理的蝗区达6666公顷，分布于大岛山蝗区（约1000公顷）、宁海蝗区（约1000公顷）、大浦蝗区（约2666公顷）、徐圩蝗区（约2000公顷）。20世纪90年代中期以后，传统种植业和制盐业效益下降，大量的夹荒田和盐田重新抛荒，陆续成为蝗虫孳生地，新蝗区不断产生，老蝗区出现反复，蝗区范围不断扩大。2002年，全市新增蝗区面积3333公顷。此后不断改造蝗区，蝗区面积逐步缩小，2004～2005年，全市有待进一步治理的蝗区有6666公顷。

蝼蛄 俗称"土狗子"，主要为害旱粮作物的种子和幼苗。20世纪80年代后，由于普遍施用有机氯农药和推广旱改水，作物复种指数提高，荒地面积大幅度减少，加之林地、果园土地翻耕，破坏了蝼蛄的繁殖场所，蝼蛄危害逐年减少。2005年，在旱作物连作区以及水田的田埂、渠道等处有发生。

蛴螬 金龟子的幼虫，俗称"大头虫"，主要有暗黑、大黑、铜绿三种，其中以前两种为主。1986年发生较重。2003年重发生。2005年为轻发生，在旱作田发生2.27万公顷。

金针虫 旱作物主要害虫之一。春秋两季为害，危害麦子、玉米、高粱幼苗、甘薯、番茄、土豆的幼苗及块根。1985年以后发生程度逐年减轻，几乎不构成危害，但旱作区仍有个别年份发生较重。2005年，东海县山左口乡个别春季小麦田块发生金针虫害，造成严重缺苗断垄现象，缺苗率达到16%。

地老虎 俗称"土蚕"，有小地老虎、大地老虎、黄地老虎三种。以小地老虎为主，黄地老虎次之，前者春季从南方迁飞而来，后者在本地越冬。主要危害甘薯、玉米、花生等作物幼苗，局部地区损失严重。

二、草害

连云港市草害主要为农田杂草。连云港市境内农田杂草共443种，分属66个科。其中分布广、数量多、危害较大的约25种。水田主要杂草有稗草、千金子、异型莎草、鸭舌草、野慈菇、耳叶水苋、节节草、牛毛草等。

据20世纪80年代中期调查，东海县中东部、赣榆县中南部地区麦田中的看麦娘，海州区和云台区麦田中的硬草，密度一般田块每平方米约100株，密度高的田块达每平方米2000株左右。20

世纪80年代后期实施农田无草害工程，草害有所降低。1990年，全市杂草发生面积32.6万公顷，其中稻田9.4万公顷、麦田14.5万公顷、玉米田2.6万公顷、大豆田2.3万公顷、棉田1.1万公顷、油料田2.7万公顷。2005年调查统计，麦田杂草中等偏重发生，局部田块重发生，全市杂草发生面积18.1万公顷；稻田杂草中等发生，其中秧田发生面积1.5万公顷、大田发生面积为8万公顷；棉田杂草中等发生，发生面积为2.4万公顷。

三、鼠害

20世纪80年代初期，市内农田害鼠数量猛增。常见的鼠类有黑线姬鼠、黑线仓鼠、褐家鼠、小家鼠、板齿鼠、小巢鼠等，其中以黑线姬鼠、黑线仓鼠为主。花生田受害最重，一般鼠害率约20%左右，重的达50%以上；其次为玉米、大豆、甘薯田；水稻田受害较轻。1990～2005年，随着推广规模灭鼠、老鼠天敌黄鼠狼等的禁捕、农村住房条件改善等，老鼠生存环境有所恶化，为害程度下降。

四、综合防治

防治机械 20世纪80年代，市内使用的药用机械中，有半机械化的桶式、杆式、背负式手动等类型的喷雾器；机械化的有压缩式、活塞泵式和离心泵式喷雾机、喷粉机。2005年时普遍使用与微型汽油机、柴油机配套的背负式小型喷雾机和喷粉机。

预测预报 1984年，全市开始建立市、县、乡、村病虫测报网络，推行测报资料档案化、测报办法统一化、测报工具规范化、病虫情况汇报制度化，预测预报病虫害的准确性全面提高。20世纪90年代中后期测报工作有所削弱，乡、村测报网络基本停止运行。2000年，市、县两级植保站开始配备必备的硬件设备，市植保站对各县植保站统一配备测报灯，实施病虫害测报可视化、病虫害测报规范化、病虫联系汇报制度化、重大病虫会商制度化、植保信息发布及时化等措施，全市病虫害的预测预报准确度达95%以上。至2005年，市、县两级植保站健全，但乡、村两级的测报网络未得到恢复。

植物检疫 20世纪80年代后期，由于连云港港口的粮食及农副产品进口量增大，导致市内传入世界十大恶性杂草之一的假高粱。1987年在铁路沿线发现该草后，农业部门每年都组织大量的人力、物力、财力对之进行防除。21世纪初，由于国际、国内地区间农产品调运频繁，加拿大“一枝黄花”传入连云港市，2004年零星发现。2005年，“一枝黄花”发生面积为30万平方米，采用“耕、拔、除”综合防除措施，有效控制扩展与蔓延。

植物病虫害防治 20世纪80年代初期，通过播种前的种子精选、药剂拌种、推广普及抗病品种以及加强田间管理等措施防治病虫害。1984年起推广菊酯类、氨基甲酸酯类敌杀死、速灭杀丁等农药，应用混配剂乙敌粉、氧眯合剂等，淘汰对环境污染较重的有机氯农药。杀菌剂推广异稻瘟净防治稻瘟病，三唑酮防治白粉病、锈病，淘汰长期使用的西力生、赛力散、波尔多液、石硫合剂。利用杀螟杆菌、井岗霉素、DT杀菌剂等生物制剂防治水稻、小麦、蔬菜等病虫害。运用合理轮作及棉铃宝、快杀铃等混配剂和线虫清等防治棉花枯萎病、花生倒秧病、麦蜘蛛、小麦全蚀病、玉米黑穗病。合理运用水浆管理防治水稻白叶枯病、纹枯病，采用合理密植、改善全体通透性、降低田间湿度等措施减轻水稻、小麦纹枯病、小麦白粉病。稻田推广60%单胺乳油杀虫丹，麦田使用二甲四氯、苯达松，豆田使用盖草能、虎威、稳杀得等除草剂。20世纪80年代中后期，推广应用绿丁合剂、绿丹合剂、百甲合剂、苯甲合剂、施甲合剂、乙敌粉等复配农药制剂；同时推行一药多用，多药混用，从针对一病一虫为防治对象扩大到多种病虫。20世纪90年代推广抗虫棉，降低棉铃虫危害。推广井岗霉素防治纹枯病，多菌灵防治赤霉病，粉锈宁防治白粉病，杀虫单、杀虫双防治螟虫、纵卷叶螟，辛硫磷、马拉硫磷防治地下害虫。推广骠马、巨星防治麦田禾本科和阔叶杂草，实施无草害工程。2000年，种植对白粉病抗病能力较强的烟农19代替陕229、对水稻条纹叶枯病抗性较强的徐稻系列代替连嘉粳1号。推行物理措施如防虫网、黄板诱杀等防治烟粉虱。逐步削减并禁用甲胺磷、对硫磷、甲基对硫磷、久效磷和磷胺5种高毒有机磷农药，限用菊酯类农药，推广毒死蜱、稻本灵、扑虱灵、敌敌畏、锐劲特取代吡虫啉防治稻飞虱，应用灭菌成、龙克菌防治水稻白叶枯病，用阿维菌素、锐劲特等防治蔬菜害虫。

农田杂草防治 20世纪80年代推广应用的除草药剂品种有丁草胺、百草敌、施它隆、本达松、禾草克、盖草能等。1990年，全市除草剂的销售量230多吨，化学除草面积达19.72万公顷，除草效果一般均在90%以上。20世纪90年代中期至21世纪初期，主要推广骠马、精骠、异丙隆、使它隆、好事达等除草药剂。

鼠害防治 1984年，连云港市实施"春普治、夏挑治、冬专治"措施，推广规模灭鼠技术。1985年后开展统一行动防治田鼠，年均防治面积6万公顷。1990年，赣榆县田鼠密度由1985年的12%降至4%。20世纪90年代后鼠害明显降低。20世纪90年代末至21世纪初，全市推广毒饵站代替裸体投药，同时推广使用氯敌鼠钠盐、溴鼠灵等高效安全的抗凝血类杀鼠剂，防治效果提高。2004～2005年，全市防治面积17万公顷。

第三章 林 业

连云港市山、丘、平原地类齐全，林业生产历史悠久。1984年，林业由市多种经营管理局管理，是年市绿化委员会成立。农村家庭联产承包责任制施行后，林业管理进入林农承包管理和自主开发时期。20世纪90年代后推行林业产权制度改革，采用承包、联包、租赁、拍卖等多种经营形式，实行林木、林地流转。加强植树造林，实施植树造林多项重点工程，1995年，连云港市被评为全国平原绿化先进市，市属各县均创建成为全国绿化先进县。2000～2001年，全市深化林权制度改革，采取招标、承包、租赁、拍卖及股份合作制、返租、倒包等多种形式，提高林农绿化造林的积极性，植树造林、林业生产快速发展。2001年，市林业局成立。2004年，"绿色连云港"建设全面启动，组织实施城郊观光林业、名竹进城、沿海防护林、绿色通道、退耕还林、花卉苗木基地、农田林网、云台山封山育林8项林业重点工程。东海县获"全国绿化模范县"称号。2005年，全市有林地面积9.32万公顷，活立木蓄积量484.46万立方米；果林面积2.39万公顷，果品产量15.96万吨；茶园面积590公顷，茶叶产量201吨。全市实现林业总产值31.89亿元。

第一节 林业生产

一、林木资源

森林资源总量 1984年，连云港市林业用地面积3.35万公顷。1985年，全市林地面积增加到

3.52万公顷，林木覆盖率8.9%，活立木蓄积量121.12万立方米。全市开展农田林网建设、荒山造林、沿海防护林建设等植树造林活动，林业用地面积逐年增加。至1992年，全市林地面积4.01万公顷。1996年，全市有林地4.48万公顷。1998年，全市林地面积发展到5.67万公顷，森林覆盖率13.89%。2000年，全市林业用地7.44万公顷。至2005年底，全市共有林地面积9.32万公顷，森林覆盖率14.7%，活立木蓄积量484.46万立方米。

图13-27 2005年，连云港市森林覆盖率14.7%。图为东海县石湖乡田间林网。 赵鸣 摄

主栽树种 2002年对林业资源进行普查，全市树木分属69科140属240种。2005年，全市主栽树种有松树、意杨、刺槐等10余种。

松树 为境内山区森林资源主要树种，栽植历史悠久。与阔叶树种相比，松树叶狭窄，角质层发达，抗旱性强。境内种植的松树以马尾松、赤松、黑松、火炬松等为主，主要分布在云台山及西部丘陵地区。

意杨 20世纪80年代中期，全市大量引种意大利杨树I-69、I-72，其特点是生长快、适应性广，在土壤肥沃、深厚的地方更能发挥其速生性能，为全市平原森林资源主要树种，所占近80%。主要用于道路、河堤、沟渠绿化，以及成片速生丰产林、农田林网等建设。

刺槐 为落叶乔木，适应性强，生长快，喜光、喜暖湿，具有改良土壤的作用，是河堤造林和“四旁”（路旁、沟旁、渠旁、宅旁）绿化树种，各地均有分布。

楸树 根系发达，属深根性树种。固土防风能力强，耐寒耐旱，是农田、铁路、公路、沟坎、河道防护的优良树种。材质优良，用途广泛，是珍贵的用材树种之一。

泡桐 落叶乔木，适应性强，生长快，喜光、喜暖湿，具有改良土壤的作用，是河堤造林和“四旁”绿化树种，各地均有分布。

银杏 世界最古老物种之一，有“活化石”之称，国家二级保护树种，为连云港市树。1990年开始大量引进银杏栽培新品种，主要有大佛指、山东郯城5号和9号。2005年，全市有百年以上银杏50株，其中树龄最长的为中云林场院内的2株银杏，达到1200多年。

法国梧桐 是世界著名的优良庭荫树和行道树，树形雄伟端庄，叶大荫浓，有“行道树之王”之称。广泛应用于城市道路和园林绿化。

水杉 落叶乔木，中国特产的孑遗珍贵树种，第一批列为中国国家一级保护植物的稀有种类，有植物王国“活化石”之称。各地均有分布。

“三条” 杞柳、紫穗槐、白蜡俗称“三条”。改革开放后，随着柳编产品成为国际畅产品，“三条”栽植迅速发展，是境内柳编产业的主要原材料。

杂木 主要有黄连木、山槐、黄檀、野茉莉、化香、盐肤木、短柄桅、白栎、椴树等乡土树种。云台山有成片栽植。

竹 境内有淡杂竹、刚雅竹、毛竹三类，其中淡杂竹、刚雅竹为乡土竹种，毛竹为引进品种。淡杂竹共有长节竹、金镶玉竹、扫竹、阔叶箬竹4个品种。其中金镶玉竹为中国珍贵、稀有竹种，主要分布在云台山，用于园林绿化。

二、植树造林

义务植树　1984年，市政府积极提倡义务植树。1987年，市政府出台《关于贯彻执行省政府〈关于加快城乡绿化步伐进一步开展爱我中华绿化江苏活动意见〉的实施细则》，对全民义务植树活动的组织发动、任务分配和行政管理做出明确规定。1988年，连云港市成立市绿化委员会办公室（简称市绿委办），出台《关于实行各级政府领导干部任期绿化目标责任制的决定》，把各级政府和部门完成任期绿化目标和领导绿化项目建设情况，列入各级政府政绩的考核内容。1988年后的每年3月，全市开展绿化宣传月活动，倡导全民义务植树。1990年开始，每年的"3·12"植树节期间，市绿委办牵头组织大型义务植树活动，市四套班子领导、机关干部、部队官兵等积极参加义务植树活动，并动员全民参与。在城市，营造"青年林""三八林""教师林""幸福家庭林"等纪念林，推进花园式单位、花园式小区创建。在农村，围绕林网、路网、河网，充分利用田边隙地、河堤马坝、房前屋后等地块，广植适宜树木。1988～2005年，全市参加义务植树人数累计4265.4万人次，义务植树尽责率84.97%，建成义务植树基地368个，栽植树木1.35亿株，面积6879公顷。

1988～2005年连云港市义务植树情况统计表

表13-14

年　份	应尽义务人数（万人次）	义务植树完成情况		尽责率（%）
		植树总数（万株）	义务植树总人数（万人次）	
1988	230.44	518.10	192.42	83.50
1989	234.89	511.87	195.90	83.40
1990	240.26	529.74	201.82	84.00
1991	251.13	625.59	210.20	83.70
1992	255.69	627.32	214.78	84.00
1993	263.69	664.46	221.49	84.20
1994	264.86	692.15	223.28	84.30
1995	266.94	766.93	225.57	84.50
1996	273.78	689.92	229.97	84.00
1997	281.42	690.37	238.06	84.60
1998	279.84	713.58	237.86	85.00
1999	288.29	730.73	245.91	85.30
2000	299.80	626.52	257.34	85.83
2001	297.00	813.10	256.60	86.39
2002	293.50	1102.10	252.50	86.03
2003	280.60	1087.80	249.90	89.06
2004	296.90	1010.00	253.30	85.30
2005	421.00	1076.00	358.50	85.20
合计	5020.03	13476.28	4265.40	84.97

荒山造林　1984年，全市开展小规模荒山造林。1986年，全市开始开展“三荒”（荒山、荒地、荒滩）造林，是年造林628公顷。至1990年底，累计开展“三荒”造林1846.7公顷，主要营造树种为黑松、意杨、刺槐、泡桐等，达到国家“灭荒”要求。2005年，全市森林覆盖率14.7%。

云台山植被恢复　20世纪80年代后期，云台山松林遭受日本松干蚧危害，松树大面积枯死，加之森林火灾、乱砍滥伐、毁林取土、开山采石等，出现新的荒山。1996年，市政府成立防治日本松干蚧暨更新造林指挥部，制定《云台山林相改造方案》《“九五”期间云台山日本松干蚧防治及更新造林计划》等技术方案。1998年，市委办、市政府办下发《关于认真搞好云台山森林病虫害防治及更新造林的通知》，动员全市各行各业开展义务治虫和绿化造林活动，共栽植蜀桧、侧柏等树木135公顷。1998～2000年，省、市财政累计投入430万元，更新造林2013.3公顷，造林成活率在85%～90%。2001年，市十届人大常委会第21次会议通过关于对《加快恢复云台山森林植被的议案的决定》。市政府决定从2001年4月1日起，对包括锦屏山在内的云台山区实行为期5年的全面封山育林和人工辅助造林，加快云台山森林植被恢复。2002年，采取单位挂钩、推动林业产权制度改革等方式进行大规模的育林，挂钩的360余家机关、企业、部队积极响应政府号召，造林绿化。通过5年封山育林，共造林5580公顷，云台山1.67万公顷的山林得到保护。2005年，云台山地区林业用地面积1.57万公顷，有林地（含特灌林）面积1.21万公顷，森林覆盖率73.9%，较2000年提高12.5%。

沿海防护林建设　1988年，国家计划委员会批准连云港市为江苏省沿海防护林体系建设重点市，建设范围为沿连云港市海岸线范围，北起赣榆县绣针河，南至灌云县燕尾港镇东陬山闸坝，涉及赣榆县、灌云县和连云区。1991年、1992年，赣榆县、灌云县相继被林业部列为沿海防护林体系建设重点县。两县分别开始实施沿海防护林建设，1994年、1997年分别通过国家验收。1997年，市境内共建成宽20～50米的沿海基干林带148.6千米。1998年，全市完成沿海防护林体系建设一期成片造林1.42万公顷。2001年，江苏省开展沿海防护林二期建设工程。连云港市根据海岸类型多样的特点，拓宽基干林带，沿线乡镇建设高标准农田林网，在景观水平上构造布局合理、结构完善、高效完备的沿海防护林体系；在林分水平上，根据因害设防、适地适树等原则，营造乔、灌、草结合，防护功能、经济功能等多功能协调的防护林系统。至2005年底，全市建设沿海基干林带152千米，二期建设净增加林业用地面积1.92万公顷。

农田林网建设　1984年，全市有农田林网3.92万公顷。1985年，根据林业部颁布的平原绿化达标标准，全市启动开展平原绿化达标活动，农田林网主栽树种为意杨。1986年，赣榆县通过全省第一批平原绿化达标县验收。1987年，全市启动速生丰产林建设，是年造林344公顷，主栽树种为72杨、意杨、国外松等。至1991年底，全市营造速生丰产林基地1717.8公顷，灌南县通过平原绿化达标县验收。1992年，云台区、连云区通过平原绿化达标县（区）验收。1994年，东海县、灌云县通过平原绿化达标县验收，全市有21个乡镇建成高标准林网。1996年，省农林厅开展建设高标准农田

图 13-28　2005年，连云港市农田林网面积达到30.9万公顷。
侍志　摄

林网县、乡竞赛活动。至是年底，全市沿海基干林带基本合龙，通过林业部和省农林厅验收，共建成农田林网1.87万公顷，入海河堤、大型沟渠、马道绿化折合成片林面积2867公顷。至1993年底，全市高标准农田林网面积达6万公顷。2000年，全市有防护林带的农田面积达26.33万公顷，占应建林带农田面积的94%，农田林木覆盖率15.7%。2005年，全市农田林网化面积达到30.9万公顷、其中2005年新建农田林网3.67万公顷，改造低效林8000公顷，高标准林网控制率50%以上。

“绿色通道”建设 1984年，全市公路绿化费年度支出15万元。1998年，连云港市全面开展公路、铁路和河流沿线等植树绿化，建成沿线10个乡镇共56.8千米的绿色通道，外延大中河堤40余条。2000年，启动实施交通干线“绿色通道工程”，按照“政府出苗、农民出地、树归农民所有”的原则，对全市主要交通干道两侧进行林业工程建设。2001年，在宁连高速公路、汾灌高速公路、连徐高速公路及新改道的204国道等多条高等级公路两侧1.5千米配套高标准农田林网3467公顷，在林种结构上注重营造混交林，避免结构单一。2003年，实施新牛公路、汾灌高速公路和东陇海铁路连云港段共217.9千米铁、公路林带建设工程。林带宽度为机场路、新墟路两侧过沟以外各100米；宁连公路连云港段、连徐高速连云港段两侧连沟以外各50米，有条件的地段扩大至100米。2005年，市公路养护部门投资250万元完成324省道36千米绿色通道建设，全市高速公路、国道、主要省道绿色通道达403千米，林带面积8000公顷。

“四旁”植树 1984年，全市“四旁”绿化以村庄、道路和沟渠旁为重点，植树947万株，是年建设果林村47个。1985～2005年，全市累计栽植“四旁”树木2.34亿株。2005年底，全市实有“四旁”树木2.34亿株，“四旁”林木蓄积量70.41万立方米。

三、果品生产

面积、产量 1984年，全市有果林面积5647公顷，果品产量2699吨。1990年，全市有果林面积1.98万公顷，果品产量3.52万吨。1991年后，市内丘陵山区大量栽植山楂。1991年，全市山楂种植面积达5949.4公顷，是年开始发展红富士及新红星苹果。1996～1999年，果林面积逐年减少，1999年滑入低谷，其中山楂种植面积下降至485公顷。2001年后，结合退耕还林，对一些大宗果林面积进行调整，减少苹果种植面积，仅保留4700公顷；板栗、银杏、梨、桃、葡萄等栽培面积扩大，发展樱桃、柿、枣、黑莓、石榴、核桃、木瓜等种植。2005年，全市有果林面积2.39万公顷，果品产量15.96万吨。

图13-29 赣榆县厉庄乡黑莓基地 赵鸣 摄于2001年

东海县马陵山苹果良种场（马陵山果园）生产的金帅苹果、红星苹果分别于1991年、1993年获江苏省优质水果奖。东海牛山果园幸水梨1999年获江苏省优质水果奖、皇冠梨2004年获省园林杯银奖。海州区梨品种实验场（洪门果园）生产的古安梨1992年、1995年两次获江苏省优质水果奖。赣榆县厉庄乡谢湖村大樱桃1998年被评为江苏省优质果品，2003年经国家环保总局有机食品发展中心和江苏省无公害产品认证委员会认证为有机产品，注册“谢湖”牌大樱桃商标。东海县“洪庄”牌桃、“石梁河”牌葡萄先后获江苏省无公害农产品认定证书，生产企业被允许使用无公害农产品标志。

1984～2005年连云港市果树面积、果品产量统计表

表13-15

年份	面积（公顷）	产量（吨）	年份	面积（公顷）	产量（吨）
1984	5647	2699	1995	28600	91000
1985	6131	29903	1996	26300	115000
1986	10022	35612	1997	24900	121000
1987	14427	33327	1998	21500	119000
1988	17429	35028	1999	16700	131000
1989	18757	38495	2000	18300	134000
1990	19816	35194	2001	19840	136400
1991	20100	42000	2002	22639	139504
1992	18900	40000	2003	27695	144186
1993	22100	65000	2004	25878	145825
1994	27200	70000	2005	23934	159600

主栽树种 苹果 主要有金帅、新红星、红国光、玫瑰红、辽帅、伏帅等。市内先后引进与发展新嘎拉、美国8号、松本锦、高桥富士、短枝富士和制汁专用的澳洲青苹、酸王、瑞林等品种23个。1993年，东海县引进无病毒品种在石湖乡成片栽培，后因农村土地调整及管理不善而废除。2005年，全市苹果栽培面积1402公顷，年产量1.88万吨。

图13-30 赣榆石桥农业生态园内的果园
赵鸣 摄于2005年

板栗 主要以尖顶油栗、九家种、焦扎、青扎、处暑红、金丰、红栗、黑林1号、红林1号、宿城3号为主，其中黑林1号、红林1号、宿城3号为连云港市实生变异品种。20世纪80年代后陆续引进石丰、红丰、沂蒙短枝等品种，对原有低产劣质栗园进行高枝换头，改换良种。2005年，全市板栗栽种面积5990公顷，产量5420.35吨。

桃 20世纪80年代，境内主要栽培白桃、毛桃、一线红、交趾白等品种。1985年，全市植桃面积280公顷，年产量1078.17吨。1991年后引进与栽培桃子品种4大类36个。其中，水蜜桃有早凤凰、新白花、安农水蜜、新川中岛、中华寿桃等；甜油桃有曙光、华光、早红宝石、五月火、中油4号等；蟠桃有巨蟠、中华油蟠桃等；黄桃有813、19、罐5、金童5号、金童7号等。2005年，全市桃树栽培面积3806公顷，产量3.88万吨。其中黄桃面积315.2公顷，产量1.3万吨；油桃面积274公顷，产量6201.2吨。

图 13-31　2005 年，连云港市梨树栽培面积 2131.8 公顷。图为朝阳乡梨园。　　俞德春　摄

梨　老品种有古安梨、象牙白梨、黄梨等。1985 年培育出巴梨芽变新品种红巴梨。20 世纪 90 年代引进新水、丰水、幸水、筑水、秀水、水晶、皇冠等品种。2005 年，全市梨树栽培面积 2131.8 公顷，产量 2.7 万吨。

葡萄　20 世纪 80 年代初，全市主栽品种有巨峰、红富士、金后等。1990 年前后，市林业技术站从北京海淀区引进玫瑰香等 10 多个无病毒葡萄品种进行小面积试栽。此后在海州区锦屏镇、东海县石梁河乡等地大面积栽植红提、藤稔、巨藤、美人指、森田尼、红宝石等品种。2005 年，全市葡萄栽培面积 2042 公顷，产量 1.9 万吨。

枣　1995 年，赣榆县厉庄乡从山东引进雪枣进行试栽。1998 年后，东海县三左口乡、石湖乡，连云区徐圩镇，灌云县白蚬乡等地开始建立大枣基地，主要栽植品种有梨枣、冬枣、大白铃、金丝小枣等，少量栽培葫芦枣、茶壶枣、磨盘枣、龙枣等观赏品种。2005 年，全市枣树成片栽培面积 1169 公顷，产量 871.1 吨。

柿　20 世纪 80 年代，主栽品种有托柿、中心柿、大磨盘柿等。20 世纪 90 年代初，连云区利用后云台山的野生果树人工嫁接日本甜柿富有、次郎、西村早生等品种。2000 年，东海县双店乡等乡镇栽植阳丰、新次郎等甜柿品种。2005 年，全市柿树成片栽培 784 公顷，产量 1812.2 吨。

樱桃　20 世纪 80 年代初，云台区云台乡、中云乡和赣榆县厉庄乡开始大面积栽培，主栽品种为中国樱桃、那翁、大紫等。1985 年，全市栽培面积 85.4 公顷，年产量 75 吨。1996 年后，赣榆县厉庄乡和新浦区云台乡陆续引进与发展乌克兰系列甜樱桃品种 10 个。2005 年，全市樱桃栽培面积 608.4 公顷，产量 749.5 吨，其中甜樱桃 45 公顷、产量 418.4 吨。连云港市樱桃栽培面积与产量均为江苏省第一。

树莓　1991 年初，赣榆县吴山林场试栽赫尔、切斯特等品种，试验成功后在黑林、欢墩等乡镇成片栽植。2005 年栽培面积 400 公顷，每公顷单产 2.25 万～30 万千克。

杏　20 世纪 80 年代，主栽品种有青皮烂、小桃杏、大桃杏、胭脂红等。90 年代后期，主要产地在赣榆县厉庄乡等地，有凯特杏、金太阳杏、龙帽杏、丰仁等 7 个品种。2005 年成片栽种面积 547.8 公顷，产量 678.4 吨。

李　20 世纪 80 年代，主栽品种为玉皇李和红心李。1985 年，全市种植面积 20 公顷，年产量 83 吨。1995 年引进栽种布朗李、早美李、黑宝石等品种。2000 年后发展美国总统李、恐龙蛋、安哥诺、黑琥珀等 6 个品种。2005 年成片栽植 238 公顷，产量 883.7 吨。

石榴　20 世纪 90 年代前，境内零散种植。2000 年成片种植石榴 131.3 公顷，主要品种有泰山红、大红袍、大青皮、冰糖籽等。2005 年产量 330 吨。

图 13-32　2005 年，连云港市樱桃栽培面积 608.4 公顷。图为中云乡居民庭院种植的樱桃。　　侍志　摄

四、花卉生产

1984年，市内花卉生产多为自产自销，以海州区朐阳乡为主要生产地。1991年，市农科所花卉研究中心与岗埠农场联合生产鲜切花，开设一批花店对农户生产的鲜切花进行包销。1997年，岗埠农场建立10间日光温室进行鲜切花生产。1998年，连云港市被省农林厅定为江苏省鲜切花生产基地，市农科所花卉园艺中心按照产业化要求，采用科研、生产、销售一条龙的经营模式，在市郊区建立35公顷鲜切花生产基地。1999年，全市鲜切花种植面积333.3公顷，品种30多个，年产鲜切花1.2亿枝，占江苏省鲜切花总产量的70%以上，成为江苏省最大的鲜切花生产中心和鲜切花种苗中心。2001年新建海州区花卉批发市场、东海县安峰花卉园、赣榆县朱堵和沙河园艺场等花卉基地。2003年，连云港中荷花卉种球有限公司从荷兰引进20万株蓝钻、黑马、快乐一代等新优品种郁金香，在连云港现代科技示范园区栽培成功。是年，全市有花卉苗木基地1333.3公顷。2005年，全市有花卉苗木基地1466.7公顷，花卉种植面积17公顷，生产鲜切花38.5万枝、盆栽植物92万盆，观赏苗木42万株，完成销售额5950万元。以岗埠农场和东海县双店镇为代表的鲜切花生产基地、以灌南现代农业园区和连云港振兴集团为代表的高档盆花生产科研基地、以灌云县东王集乡和赣榆县城西乡为代表的花木产业基地初具规模。

图13-33　2005年，连云港市有花卉苗木基地1466.7公顷。图为东海县鲜切花生产基地。　侍志　摄

五、茶叶生产

面积产量　1984年，全市有茶园353.3公顷，主要分布在赣榆县北部丘陵山区和市郊云台山。1988年，全市开展林特产资源普查，是年，全市成片茶园173.3公顷。1990年，全市茶园208.67公顷，茶叶产量55吨。1999年，全市有茶园495.3公顷，茶叶产量124吨。2001年，全市茶园面积550公顷，茶叶产量142.15吨，其中春茶26.58吨。主要品牌有花果山云雾茶、赣榆夹谷春、南云台青妙茶、东海羽山茶等。2005年，全市茶园面积590公顷，开采茶园358公顷，产茶201吨。

品种　1984年，市内云台山主要茶叶品种为有性系的云台山群体种，赣榆县丘陵山区茶树品种主要是有性系的宜兴群体、黄山群体、福鼎大白等。1986年后，陆续引进无性系的福鼎大白茶、龙井43、龙井长叶、浙农113、浙农117、浙农139、福云6号等，茶叶质量、产量和经济效益明显提高。2000年，赣榆县引进鸠坑品种。2005年，连云区引进信阳10号品种。2005年底，全市共有茶树品种13个，其中有性系品种5个、无性系品种8个。

图13-34　2005年，连云港市茶园面积590公顷。图为宿城茶园。　吉志强　摄

六、种苗培育

1984年，全市培育苗木223.5公顷，其中国营57.9公顷、集体99.2公顷、个体66.4公顷，重点培育意杨、国外松、池杉和白蜡等。1991年，市林业技术指导站从省林科所引进良种柳J799和J795，开展试验性种植。1993年，东海县李埝林场引进10个品系的落羽杉进行引种选育试验。1997年12月，市多种经营管理局从北京林业大学附属苗圃引进7个三倍体毛白杨无性系，其中成品苗5000株、插穗30万支。1998年，全市共完成育苗415公顷，其中杨树349.2公顷、泡桐3.3公顷、侧柏1.6公顷、水杉0.5公顷，黑松0.4公顷、杉木0.1公顷、其他59.9公顷，总产苗量1982万株。全市容器育苗50万株。市林业技术指导站建立3个苗圃基地，开展大面积育苗工作。

2000～2001年，全市深化林权制度改革，苗木培育快速发展。大力培育杨树新品种如35杨、7号杨、I-74杨、欧美杨107、欧美杨108、美洲黑杨725等，名特优经济林果品种如美国黑核桃、梨枣、良种葡萄、大樱桃、良种油桃等。至2001年底，全市有苗圃面积1533.3公顷，育苗面积1150公顷，其中新育苗面积594公顷，从业人员2200人，年生产能力达到5200万株。2002年，全市有59个苗木基地，育苗面积1335公顷。其中金镶玉竹育种基地6个，面积17公顷。2003年开始实行林木种苗生产经营行政许可制度，全市首批培训种苗生产经营单位50家，发放林木生产经营许可证40多家。2005年，全市有苗圃1028个，培育苗木966公顷，总产值达1.92亿元。

第二节　林业资源保护与管理

一、林权管理

1984年前后，根据国家林业政策，山林管理进入林户承包管理和自主开发时期。20世纪90年代初，连云港市开始推进林业产权制度改革，实行承包、联包、租赁、拍卖等多种产权形式，允许林木、林地流转。1992～1994年，落实《江苏省实施〈中华人民共和国森林法〉办法》、林业部《林地管理暂行办法》和省有关通知要求，连云港市对林地管理、木材运输、行政执法、育林基金征收等执行新的规定。1996年后，执行国家林业局《林木林地权属争议处理办法》，处理林木、林地权属争议。

2000年11月起，执行国家林业局《林木和林地权属登记管理办法》，规范森林、林木和林地的所有权、使用权确权工作。2001年，全市进行新一轮林权证的核发和换发，结合森林分类区划界定，完成2.67万公顷生态公益林的确权发证。2002年，全市进行生态林与商品林的区划界定工作，在全市8万公顷有林地面积中，界定公益林4.45万公顷、商品林3.55万公顷，分别占有林地面积的55.62%和44.38%。其中，国家级重点公益林2.07万公顷、省级重点公益林1.53万公顷、市级一般公益林7800公顷、县级一般公益林700公顷。是年开展重点生态公益林的试点补助。公益林主要分布在云台山、沿海基本林带、国道省道等高等级公路两侧、大中型水库周边、大中型入海河道两侧，林业行政管理部门与公益林所有者或经营者签订公益林认定书和管理协议，明确双方权利义务。2003年1月，东海县开展林权登记发证工作试点。至2004年底，全市换发林权证1万余份。2005年，全市重点生态公益林累计试点补助面积5.6万公顷，森林生态效益补偿制度初步建立。

二、林业行政执法与监督

全市林业部门开展林地清查工作，清理1984～1993年违法使用林地4300公顷，清理1994～1998年违法使用林地1770公顷。20世纪90年代中期经省政府批准，连云港市建立赣榆墩尚、东海牛山、灌南六塘3个木材检查站。1997年，灌南六塘木材检查站撤销。1998年建立市宁海木材检查站。2000年6月起，开展以保护森林资源、巩固绿化成果、促进林业可持续发展为宗旨的木材加工业清理整顿活动，对全市474家木材加工企业进行摸底排查和清理整顿。2001年，全市发生林业行政案件177起，查处152起，查处率85.88%。2003年，连云港市林业行政执法支队成立。是年11月，在全市范围内开展打击破坏森林资源违法犯罪专项行动，查处林业行政案件199起，清理违法采石塘口26个，处罚违法人员204人。至2005年末，各木材检查站累计检查过境车辆3万余辆，查处违法运输、非法贩运、走私珍稀野生动植物案件2690起。

三、森林采伐管理

20世纪80年代，连云港市对森林采伐管理较松。1991～1995年，全市森林采伐年限额4.55万立方米。1996年后，森林采伐限额因林木蓄积量增多而有较大增长。2001～2005年，森林采伐年限额5.57万立方米，5年实际采伐20.47万立方米。以低产林改造和更新采伐为主，阔叶树种杨树采伐量占总采伐量的90%以上。

四、林业病虫害防治

松梢枯病　1989年4月，云台区朝阳乡烟灯山发现枯死松树，主要以黑松为主，分布面积13.3公顷，其他地方同时也有发生。经鉴定为松梢枯病，由子囊菌纲的铁锈薄盘菌引起。2000年后发病渐轻。

松材线虫病　2001年10月，连云港经济技术开发区蝙蝠山林地发生松材线虫病，造成90余株松树枯死，以黑松为主，间有少量赤松。2002年春季，清理死树与衰弱树木3662株，全部进行销毁处理，灾情基本得到控制。2002年秋季，大面积松树发病，枯死松树4959株。2004年秋季，发病严重，有7526株松树枯死。2005年，通过检疫封锁、人工清理、灭害处理、化学防治及生物防治等综合治理措施，枯死松树明显减少。

楸树根结线虫病　云台山楸树分布区黄窝、柳河、宿城、云山、云门寺、隔村、东磊、花果山等地，楸树根结线虫病从幼林到成林均有发生。1990年，中云林场楸树发病率高达93%。2005年，经积极防治，楸树根结线虫病发生不明显。

松苗立枯病　1988年、1990年，赣榆县吴山林场从国外引进火炬松种子育苗，严重感病。此后，在松类育苗过程中注重种子、土壤消毒处理，该病渐轻。

杨树溃疡病　1999年，灌云县苗圃发现该病，之后全市苗圃都有不同程度发生。其中新栽杨树发病最重，不少植株布满病斑，严重的造成死亡。2003年、2004年发病严重，部分新造林成活率不足30%，少数地块新造林全部死亡。2005年，发病不明显。

赤松毛虫　一年发生一代，少数两代。1984年春，市内山区普遍发生且虫口密度高。市政府组织普防普治。1985年后实行春天地防、秋天飞防。至1989年累计地防1.33万公顷、飞防2.56万公顷。1991年赤松毛虫又现大暴发。1999年灌云大伊山林地有较大面积发生。2004年春东海县西山林场局部暴发，翌年扩大至80多公顷。2005年，连云区墟沟林场出现局部暴发，发生面积66.7公顷，不少松树针叶被吃光。

日本松干蚧 1988年云台山发生日本松干蚧病害，大片赤松林死亡。至1996年春累计死亡面积2200公顷。1996年确诊为日本松干蚧危害所致。1997年灌云大伊山发生日本松干蚧危害。2000年东海县房山发生日本松干蚧危害面积66.7公顷。2002～2005年，东海县李埝林场和赣榆县吴山林场、塔山等地相继发生虫害，大片松树死亡。

草履蚧 又名草蒲鞋，一年发生一代，杂食性，危害板栗、杨柳、柿、枫杨、榆树、刺槐等20余个树种。1992年，赣榆县城头镇零星发生。1993～1994年，门河、城头、班庄等乡镇大面积发生，2000公顷农田林网的杨树遭受危害。1996年得到控制。2000年，赣榆县西部乡镇又暴发草履蚧虫害，1.33万公顷农田林网遭受不同程度的危害。2005年，东海县东海劳改农场、房山镇、三明镇和灌南县汤沟镇也相继发生。

杨扇舟蛾 一年发生4～5代，7～9月发生严重。一至二龄期群居结虫包，三龄后分散危害，三代后严重世代重叠。20世纪90年代开始，随着杨树面积的扩大，危害逐渐加重。

杨小舟蛾 一年发生5～6代。幼龄幼虫不结虫包，三龄后分散危害，三代后严重世代重叠。该虫第三、四代危害最为严重。20世纪90年代后期起发病渐重。发生严重的年份，公路两侧和农田林网的杨树叶片在很短时间内即被吃光。

天牛 主要有光肩星天牛、桑天牛、云斑天牛等。20世纪80年代中后期，东海县750万株、赣榆县1700万株大官杨曾遭天牛危害导致断头枯死。为害白蜡树的云斑天牛，使市区行道树和成片防护林受害，树干千疮百孔，死亡率95%以上。1994～2005年，陆续引进一些速生杨树品种，天牛得到控制，但市区栽植的柳树仍受害较重。

栗链蚧 20世纪80年代后期，东海县山左口乡板栗基地连年发生虫害，受害严重。90年代后期，云台山区板栗也严重发生，朝阳镇山上有很多30年以上的板栗树都因虫害而死。1998～2000年，全市板栗因虫害减产8000吨，遭受经济损失4800万元以上。2001～2005年，得到控制。

五、森林防火

1984～1987年，全市森林火灾很少。1987年，连云港市护林防火指挥部成立。1987～1995年，全市发生森林火灾437起，其中火警338起、一般火灾96起、较大火灾3起，无重大火灾和特大火灾。1996～1999年，全市发生森林火灾58起，过火面积464.74公顷，受害森林面积206.58公顷。1997年8月，市护林防火指挥部制定《连云港市森林防火与扑救预案》。是年，全市配备风力灭火机808台、灭火弹5140枚、油锯39台、水枪1406支、三号工具1869把，在重点林区建立望塔3座、蓄水池2个、铁丝网50多千米，开辟防火通道70多千米，投资160万元建设市防火物资储备库。全市林业用地纳入防火责任区面积2.13万公顷。2000～2005年，市区共发生森林火灾18起，其中6起发生在风景区，过火面积773公顷，受害森林面积397公顷，直接经济损失325万元。2003年，在市郊各林场和花果山景区及开发区组建7支219人的专业、半专业森林防火队伍，在连云港警备区部队、连云港预备役师某团、市武警支队、边防支队、消防部队成立6支210人的部队森林扑火应急分队，加强森林扑火力量。2004年，市

图13-35 2004年，花果山森林防火监控中心建成。 赵鸣 摄

林业局投资140万元建成花果山森林防火监控中心暨林火远程数码监控系统，对花果山景区周边近1万公顷山场进行实时监控。2005年，全市建立健全森林防火长效管理机制，新建森林火灾现场扑救指挥系统。采取化学除草、清除林内可燃物、拉铁丝网、建蓄水池等防火措施，举办森林防火培训班，足额配备防火器材，组建森林灭火突击队，遏制了森林火灾的频发态势。

表13-16

2000～2005年连云港市区森林火灾情况统计表

年份	一般森林火灾（起）	较大森林火灾（起）	过火面积（公顷）	受害面积（公顷）	直接经济损失（万元）
2000	2	—	59	29	10
2001	3	—	84	43	15
2002	3	1	158	93	35
2003	2	1	94	50	30
2004	1	1	87	35	26
2005	1	3	291	147	209

六、野生动物保护

1984年，连云港市爱鸟协会成立。1986～1987年开展鸟类资源调查，全市有鸟类19目53科250种。1992年开展蛇类资源普查，全市有蛇类2科7种。1998～1999年，市多管局、农业区划办公室组织开展野生动物普查，共查得鸟类、兽类、两栖爬行等野生动物14门2242种。2002年，全市共查获猎捕、运输、贩卖野生动物案件20余起。2004年，开展“候鸟二号”行动，对非法猎捕鸟类的行为给予严厉打击。2005年，全市联合执法9次，出动警力303人次，检查饭店、宾馆130余家、集贸市场60余次，巡护鸟类活动区域20处，摧毁捕鸟网30余张，查处野生动物涉案案件13起，收缴黄鼠狼、喜鹊等2118只，放生各类野生动物2万余只。

第三节　林业科技

1984年，连云港市林业部门开始注重科学集约营林，积极开展技术研究和推广工作。1986年，市果林研究所从市农科所试验地借用1公顷土地作为试验地，开展林果试验研究工作。市林业技术指导站承担的“黄淮海中低产地区优质产品开发——沙地葡萄优质高产配套技术研究”项目获国家“六五”科技攻关奖，“连云港沙地葡萄优质丰产技术研究”项目获市科技进步二等奖。1987年，市林业技术指导站从江苏省防风林试验站引进火炬松、杂交榆和良种刺槐等树种在海堤口进行试验。

1995年，连云港市林业科技推广中心成立，与市林业技术指导站实行一套工作机构、两个机关名称。市林业科技推广中心成立后，按照省农林厅的统一部署，在赣榆县和东海县西北部丘陵岗地的苹果栽植重点乡及国营果园开展苹果低产园改造技术示范推广，推广面积135公顷。1996年，全市推广意杨“五大一深”（大苗、大塘、大肥、大水、大株行距及深栽）栽植、栗链蚧综合防治、果园覆草及化学除草、板栗高接换头、苹果优质丰产栽培、良种茶园丰产栽培等先进实用技术。1999年，全市推广水杉育苗栽培技术，采取催芽及砂床播种、芽苗移栽、容器育苗播种和扦插繁殖两种方式，有效改变了平原绿化树种单一、I-69、I-72杨一统天下的局面。至1999年底，全市有30项林业科研成果分别获得国家、省、市科技进步奖或攻关奖；培训林农、果农、花农、茶农20万人次，推广新技术10余项。

2000年，全市推进农业“品种、技术、知识”三项更新工程（简称农业“三项”工程），先后引进苏桐3号、中林系列、欧美杨107、108、351系列、杂交柳、良种刺槐以及无核方柿、大王李、中华蟠桃等50余个名特优林果品种，建立一批良种苗木繁育基地和试验示范园，加强优良品种的推广后劲和辐射力度。市林业技术指导站与市科技情报所共同撰稿、摄制的科教片《果树春季管理》在市电视台科技栏目中播放普及。2001年，市林业技术指导站承担美国落羽杉优良种源引进项目，育苗10公顷，产苗120多万株，推广造林660公顷，通过省农林厅的验收。2002年，市林业技术指导站承担的“美国落羽杉优良种源扩繁推广”通过省验收，该项目向社会提供造林苗木115万株，创产值175万元。2004年，全市各县区都设有林业站、林果站、农技服务中心等林业服务单位。赣榆县、灌云县被国家林业局授予乡镇林业站建设达标县。全市推广落羽杉繁育技术、杨树种苗优质品种繁育技术、果树密植栽培技术等林果新技术20项，推广面积1.3万公顷，增加产量785吨，增加产值2504万元，净增收入1473万元。

2005年，全市开展林业技术培训200余期，培训人员2.5万人次，引进林果、花卉、茶树等良种80个。至2005年底，全市林业共承担完成农业“三项”工程项目8项，完成科研项目40余项，分别获得国家、省、市科技进步奖。

第四章　畜牧业

20世纪80年代，连云港市畜牧业为传统家庭副业。1984年，全市实现畜牧业总产值2.69亿元，占农业总产值的16.25%。20世纪90年代起，传统畜牧业稳步发展，特种养殖业发展迅猛，养殖数量大幅增长，养殖品种逐渐增多。至21世纪初，畜禽养殖逐渐由千家万户散养向规模化、区域化、集约化方向发展。2003～2005年，围绕建设有区域特色的畜牧主导产业和畜牧业优质化生产、产业化经营目标，全市进行畜牧业内部结构调整，畜禽品种结构逐步向优质化转变。规模养殖户饲养的畜禽占到总饲养量的35%左右。专业大户的发展与示范，带动了当地及周边地区养殖业的发展，全市形成一批各具特色的畜牧业养殖小区。2005年，全市有生猪、大家畜、羊、家禽等规模养殖场（户）1.2万家。克服禽流感等因素影响，猪牛羊禽出栏量和肉产量稳步增长。是年，畜牧业总产值42.96亿元，是1984年的14.97倍；畜牧业产值占农业总产值的比重为20.84%，比1984年提高4.59个百分点。

第一节　家畜饲养

一、猪

品种与繁育　1984～1985年，连云港市各县相继建立畜禽改良站，引进杜洛克、汉普夏、丹麦长白、大约克、斯格等国外瘦肉型种公猪，开始实行科学饲养管理，推行人工授精杂交改良生猪品种。至1990年底，全市累计人工授精17万头，受胎母猪约14万头，生产杂交仔猪120万余头；人工授精普及面90%，一次情期受胎率85%；人工授精比自然交配每窝产仔高1.38头，育成率高5%，日增重高0.15千克，种公猪利用率1：1000～1：1500，共增加经济效益2.1亿元。20世纪90年代后，灌云县、东海县从苏州引进二花脸、梅山等品种母猪，丰富市内母猪品种资源。其他各县分别从苏州、杭州等地引进大二、长二、大梅、长梅等二元母猪，与引进的杜洛克、长白、大约克等良种公猪自然交配或人工授精，生产三元杂交商品瘦肉型猪。2000年，赣榆县、东海县、灌云县分别引进苏太猪进行扩繁饲养，灌云县大南猪场被认定为省级苏太猪扩繁场。老淮猪被农业部列入地方保护品种名录，市财政拨专款6万元用于老淮猪的扩繁工作。至2005年底，全市三元杂交商品瘦肉型猪比例达到70%。

生产　1984年，全市生猪饲养量219.38万头，其中存栏120.28万头、出栏99.1万头。1990年，全市养猪专业户319户，饲养量240.51万头，其中存栏121.9万头、出栏118.61万头。20世纪90年代后，生猪生产稳步发展；1995年至1996年上半年，生猪价格猛涨，生猪饲养量迅速增加。1996年，全市生猪饲养量达到历史最高的409.17万头，其中存栏171.63万头、出栏237.54万头。当年全市20头以上养猪专业户5325户，年出栏15.22万头；养殖场29个，年出栏3.65万头。此后由于市场行情变化，饲养量开始下降，1997年生猪饲养量降至235.22万头。1998年后饲养量又逐年增加。2000年，全市生猪饲养量276.82万头，其中存栏118.75万头、出栏158.07万头。50头以上养猪专业户3094户，年出栏28.65万头；养殖场25个，年出栏5.17万头。2005年，全市生猪饲养量357.68万头，其中存栏132.83万头、出栏224.85万头；50头以上规模养殖场（户）5299个，年出栏70.58万头。

二、牛

品种　20世纪80年代引进西门塔尔种公牛的冷冻精液，采用人工授精配种方法，与本地母黄牛杂交产出“西杂”乳、役兼用牛。90年代初，东辛农场从澳大利亚引进黑白花奶牛1430头，组建东宝奶牛公司；东海种畜场从北京、南京引进黑白花奶牛320头；赣榆县改良站从山东引进鲁西黄牛在黑林、马站等乡镇推广饲养。2003年，连云港维维农牧科技有限公司在东辛农场建设奶牛隔离饲养场，饲养从澳大利亚、美国等国家引进的原种高产黑白花奶牛。至2005年底，全市累计引进奶牛1.5万头。

繁育　20世纪80年代中期，市政府拨款2万元在东海县实施“黄牛乳改”项目。1989年，在全市养牛较集中的38个乡镇设立人工配种站，配备输精设备，培训输精技术员，使牛的人工授精配种率迅速扩大。至1990年底全市累计人工配种牛2万头次，生产杂交牛1.6万多头，其中黄牛占95%，其余为水牛和奶牛。1990年后市内杂交牛逐年增多。1991～2005年，

图13-36　2005年，连云港市饲养牛44.69万头。图为东辛农场奶牛饲养场。　赵鸣　摄

全市累计人工配种牛24万头次，生产杂交牛18万多头。

生产　20世纪80年代初，东辛农场与澳大利亚政府合作兴办中澳技术合作东辛奶牛场，市内奶牛饲养量迅速增加，至1985年末发展到1224头。1986年后，牛肉、牛奶需求量增大，肉用牛、奶牛养殖量逐年增多。1990年全市养牛8.2万头，其中耕牛6.95万头，养牛专业户80户。2000年，全市种草养畜工作效果明显，出现东辛农场、灌云县四队镇、东海县种畜场等一批牧草种植典型，全市牛的饲养量达52.51万头。2005年，全市牛的饲养量为44.69万头，其中耕牛11.56万头、肉牛15.38万头、奶牛17.75万头；10头以上肉牛场（户）534户，出栏2.06万头；20头以上奶牛场（户）47户，出栏17.75万头。

三、羊

品种　20世纪80年代，引进青山羊、小尾寒羊、崂山山羊等，以公母羊混群饲养，自然交配为主、人工受精为辅的配种方式，改良地方山羊品种。90年代初期，引进波尔山羊冷冻精液颗粒，用人工授精方法改良地产山羊；中后期引进纯种波尔山羊公羊进行自然交配。2000年，全市有30个乡镇开展羊的人工授精工作，到年底生产杂交一代羊2000多只，赣榆县欢墩镇、金山镇生产出杂交二代羊。至2005年底，全市有纯种波尔公羊120多只。

生产　1984年，全市存栏羊9.13万只，其中山羊8.68万只。1985年后，羊饲养量逐年增加。1990年，全市存栏羊29万只。1992年后，羊肉、羊皮收购价提高，羊的饲养量再次增加。2000年，全市羊饲养量197.02万只，存栏72.29万只。2005年，全市羊饲养量197.27万只，存栏55.37万只。30只以上的规模羊场（户）3756个，年出栏25.95万只。

四、兔

品种　20世纪80年代初期引进法国青紫蓝皮肉兼用兔及西德长毛兔、安哥拉毛兔。80年代后期引进皮肉兼用的哈尔滨大白兔。90年代从南京和东北、浙江等地引进加利福尼亚肉兔、新西兰肉兔、镇海长毛兔等品种。2005年，灌南县悦诚牧业有限公司种兔场从苏州、山东引进金星獭兔和本明獭兔1600只，向社会推广良种獭兔近万只。

生产　1984年，全市存栏兔20万只。1986年上升至46.68万只，1990年降至27.97万只。随着兔肉消费量逐年增加，带动全市兔饲养量逐年增长。2001年，全市兔饲养量462.39万只，为历年最高。2002年后，兔肉价格下降，兔饲养量随之下降。2005年，全市兔饲养量245.6万只，其中存栏95.78万只。

五、马　驴　骡

马　1984年，全市存栏马750匹左右。1984年后农户多养马从事运输，饲养量逐年增多。1990年，全市存栏马2931匹。20世纪90年代后，由于道路交通的发展，用马从事运输逐渐减少。2001～2005年，全市存栏马保持在2500匹左右。

驴　20世纪80年代初，农村养驴从事个体运输开始增多。1990年，全市驴圈存量2.55万头。此后养驴从事运输逐年减少，驴逐渐向肉用方向发展。2005年，全市驴圈存量2.86万头。

骡　1984年，农村土地承包到户，骡归农户饲养，由于饲草、饲料较为充足，农村养骡从事个体运输增多。1990年，全市骡存栏量3848头。1990年后，市内基本未发展养骡。2005年存栏3700头。

第二节　家禽饲养

一、品种引进与改良

连云港市饲养的鸡、鸭、鹅家禽中，以养鸡为主。20世纪80年代，引进罗斯、希赛斯、星杂579、星杂288、海赛克斯、AA肉鸡等鸡品种和高邮麻鸭、绍鸭、卡叽康贝尔、狄高、樱桃谷等鸭品种及太湖鹅、四季鹅、狮头鹅等鹅品种，采取公母禽配套饲养自然交配为主、人工受精为辅方式，改良当地家禽品种。20世纪90年代后引进海兰、罗曼蛋鸡、AA、艾维茵肉鸡等鸡品种，绍兴蛋鸭，康贝尔、樱桃谷肉鸭等鸭品种及太湖鹅、隆昌鹅、北京鹅等鹅品种，实行家禽良种饲养。至2005年底，市内家禽良种覆盖率80%以上。

图13-37　2005年，连云港市家禽存栏量1466万羽。图为灌云县肉鹅养殖场。　侍志　摄

二、生产

1984年，粮食实行议购议销后，养禽专业村、专业户大量产生，全市养禽量迅速增长，年底圈存量642万羽。1987年后，东辛、新浦、岗埠等国营农场先后建成400万羽、80万羽、300万羽肉用鸡场，市禽蛋开发公司和台北盐场分别建成10万羽蛋鸡场和5万羽蛋鸭场，全市养禽量猛增。1990年，全市家禽存栏量1088万羽，其中鸡958.03万羽、鸭88.16万羽、鹅41.81万羽。全市有养禽专业户1154户，是年存栏37.85万羽、出栏26.43万羽。1996年，全市家禽存栏量增至2603万羽。2000年后，全市加快发展水禽生产，是年，全市饲养水禽800万羽，占全部家禽饲养量的11.43%。2005年，全市家禽存栏量1466万羽，其中鸡1205.26万羽、鸭196.02万羽、鹅64.72万羽。500羽以上商品蛋鸡规模养殖场（户）1871个，存栏462.52万羽；2000羽以上商品肉鸡规模养殖场（户）1206个，出栏853.06万羽。

第三节　特种动物饲养

一、鹌鹑

20世纪80年代初期，连云港市开始饲养鹌鹑，饲养量较少。1987～1988年，东海县山左口乡、赣榆县徐福镇、灌云县龙苴镇嵇岭村先后建立鹌鹑良种场、炕孵点和鹌鹑蛋收购加工厂，从无锡、南京等地引进鹌鹑近万羽、种蛋3万枚，进行孵化饲养。1990～1997年，赣榆县徐福镇等地引进良种鹌鹑300多万羽。1995年后鹌鹑饲养量逐年增加。2005年，全市饲养量1800万羽。

二、鸽子

1985年起，东海县芝麻翻水站、黄川乡李岭村、赣榆县龙河乡先后从无锡、广州引进美国落地王鸽、丹麦参鸽、澳洲白鸽200多羽，进行繁殖、销售。1994～1996年，赣榆县畜禽改良站、灌南县畜禽改良站等单位从上海等地引进美国白羽王鸽饲养。1995年后，鸽子饲养量逐年增加。1997年数量最高时达10万多羽，后又逐年减少。2005年，全市鸽子饲养量1.85万羽。

图13-38　2005年，连云港市饲养珍珠鸡6700余羽。图为珍珠鸡等特种产品饲养。　赵鸣　摄

三、珍珠鸡

20世纪80年代初期，新浦公园、东海县温泉宾馆开始饲养珍珠鸡。80年代后期，赣榆县野生动物养殖场引进600枚珍珠鸡蛋，经县畜禽改良站孵化后饲养繁殖，后因种鸡销路不畅停养。1990年，东海县药用植物种植场引进少量珍珠鸡饲养。海州区锦屏珍禽养殖场于2002年从内蒙古引进200套珍珠鸡（每套一公四母）进行饲养。2005年，全市珍珠鸡饲养量6700余羽。

四、蜜蜂

20世纪80年代初期，全市农村推行家庭联产承包责任制后，养蜂专业户增多，养蜂量逐年上升。1985年，全市养蜂3900箱。1987年养蜂1.52万箱，其中灌云县1.29万箱，占84.87%。1990年，全市养蜂1.1万箱，生产蜂蜜165吨。1990年后，农作物和林木农药残留造成蜜蜂大面积死亡，养蜂量减少。2005年，全市养蜂2540箱，年产蜂蜜56吨。

五、水貂　蓝狐

1985年，貂皮价格上涨，全市有个体养貂户3000多户。1988年，全市养貂增至28万多只。1989年起，国际市场貂皮价格下跌，养貂户减少。1990年，全市养貂不足7万只。1990年后，赣榆县城头镇、海头镇，连云区先后从山东、东北等地引进水貂12万只。1993年，赣榆县赣马镇从东北引进蓝狐10万只，灌云县鲁河乡从青岛引进蓝狐5000多只。进入21世纪，全市特种养殖发展迅猛，饲养水貂、蓝狐25万只。2005年，全市水貂养殖量45万多只，蓝狐养殖量5万多只。

六、鹿

境内养鹿历史悠久。1988年，全市养鹿175只。1990年末下降至100只，其中东海县种畜场88只。1990～1995年，东海县种畜场从辽宁、吉林等地引进梅花鹿400只，建立鹿产品加工厂生产鹿茸片、鹿茸酒、鹿血酒等产品。1995年，灌云县东辛乡从江西引进梅花鹿185只。1999年，全市鹿饲养量达到1000余只。随着养鹿经济效益下降，全市鹿饲养量逐年下降。至2005年，全市养鹿300多只。

第四节　疫病防治与检疫

一、主要疫病

猪瘟　1984年起，连云港市推行猪免疫程序，改季节性防疫为常年防疫。1990年发病率下降到十万分之一，多呈散发，已无流行。1990～2005年，出现一些非典型性猪瘟，又称温和型猪瘟。

猪蓝耳病 2003年10月始发于东海县。2004～2005年，该病呈零星发生，多发于体重30千克以下的仔猪。

猪败血性链球菌病 为C型链球菌引起的高度接触性急性传染病。1987年秋，灌云县、东海县部分乡镇发生流行，其中灌云县1345头猪发病，死亡164头；东海县1056头猪发病，死亡188头。2001年，新浦区一猪场发病40多头，死亡13头。此后至2005年，每年有零星发生。

猪气喘病 20世纪80年代初期，通过加强饲养管理、检疫、消毒以及用猪喘平、土霉素、卡那霉素治疗病猪等措施，该病发病率下降，死亡率降低。20世纪90年代以后发病率有所回升，外来品种猪的发病率明显高于本地品种。此后至2005年，发病率明显下降，每年仅有零星发生。

猪水肿病 1984年市内有零星发生。20世纪80年代后期发病数量逐年上升，至90年代初发病率达到0.1%，致死率70%。主要发生于断奶后、体重15～25千克的仔猪。90年代末至2005年，该病的发病日龄推迟到90日龄以后体重40千克左右的架子猪。

猪附红细胞体病 2002年7月始发，发病率10%，死亡率4%。2003～2005年，在每年的流行季节推广用土霉素、强力霉素拌料预防，控制了该病流行。

口蹄疫 俗称“口疮”“蹄黄”，发生于偶蹄牲畜猪、牛、羊。1984年起，市、县政府设立专门防疫机构，采取行政、技术、经济相结合的防治措施，在饲养、收购、运输、宰杀、集市等环节严格检疫，加强疫情监测，严格消毒，消灭疫点。1997年起，对猪、牛、羊实施防疫，注射O型口蹄疫灭活疫苗。至2005年，偶有发生。

禽流感 1984～2005年，连云港市境内未发现高致病性禽流感。1999年11月，赣榆县罗阳镇首发低致病性禽流感，发病3000多只，病鸡仅表现呼吸道症状和产蛋下降，后期有零星死亡。此后在每年的秋冬季节，市内均有零星发生。

鸡新城疫 俗称“鸡瘟”。1984年境内局部流行。1985年起推广使用新城疫Ⅱ系疫苗滴鼻或Ⅳ系疫苗饮水免疫雏鸡，用Ⅰ系疫苗注射2月龄以上鸡。1992年后，规模鸡场开始使用新城疫灭活油苗及新城疫三联油苗，有效率90%以上。1995年后转为零星发生。2000～2005年间出现零星的非典型新城疫。

鸡传染性法氏囊病 1988～1992年，境内发生局部流行，其中农村专业户养鸡场的发病率达90%以上，死亡率15%～30%。1995～2005年，该病呈零星发生，发病的多数为农村散养鸡，发病率5%，死亡率2%。

鸡传染性支气管炎 1992年，灌云县和市郊国营鸡场首次发生。其后每年均有流行，发病率几乎100%，但无死亡。1996年后市内多地发生肾型传染性支气管炎，此后每年均有零星发生，发病率2%，病死率30%以上。1999年在赣榆县殷庄乡首次发生腺胃型传染性支气管炎。此后至2005年每年均有零星发生。

鸡脑脊髓炎 1994年，市郊国营鸡场首次发生，7000羽肉鸡发病2000多羽，死亡1000多羽。1995年开始推广使用鸡脑脊髓炎疫苗免疫开产前的种鸡，雏鸡发病得到有效控制。此后，灌云县、东海县、赣榆县的部分蛋鸡养殖场相继发病，发病率10%，死亡率5%。2002～2005年，海州区、灌云县个别鸡场发生蛋鸡脑脊髓炎，临床表现为产蛋量下降。

雏鸭病毒性肝炎 1988年，东海县发生流行，主要发生于20日龄以内的雏鸭，病鸭死亡率接近90%。2000～2005年，采取对开产前的肉种鸭和1日龄的雏鸭注射鸭病毒性肝炎毒弱疫苗等防疫措施，该病在境内得到有效控制。

禽霍乱 又称禽巴氏杆菌病，俗称“禽出败”。1984～1989年，该病呈地区性、暴发性流行。

1989年起，全市规模禽场采取注射禽霍乱疫苗。2000～2005年采取在饲料中添加抗生素等防控措施，使该病在规模禽场得到有效控制。

小鹅瘟 1984年，境内首次发生该病，形成地方流行。1986年，境内呈暴发流行。1990～2005年，该病呈零星发生。

兔瘟 1984年，赣榆县、东海县部分乡镇发生流行。1985～1986年，灌云县、海州区又先后暴发流行。1987～2005年，境内有零星发生。

猪蛔虫病 该病在境内流行已久。1989年，境内开展畜禽疫病普查发现猪蛔虫感染率80%。1990～2005年，全市实施定期药物驱虫，采用加强饲养管理、改善饲养环境等措施，有效控制猪蛔虫的感染。

球虫病 1984～1988年，境内雏鸡发病年平均65万羽，病死率约25%。1989年起，全市各养殖场（户）加强该病防治，采取定期在饲料中添加抗球虫药物、改善饲养环境、加强管理等防控措施。1990～2005年，球虫病的发病率被控制在1%以内。

二、疫病防治

兽医 1984年，市级兽医组织有连云港市畜牧兽医站、连云港市农科所畜禽研究室、连云港动植物检验检疫局、连云港商品检验局检疫科、连云港市食品公司卫生检验科、连云港运输检疫站；县级兽医组织有县畜牧兽医站、县食品公司卫生检疫科。1985年，设立墩尚运输检疫站，建立赣榆、东海、灌云畜禽改良站。2003年抗"非典"期间设柘汪、黑林、桃林运输检疫站。2005年，全市有市级兽医机构2个、县级兽医组织10个、乡镇兽医站21个、农场兽医站5个，共有畜牧兽医技术人员585人。

2005年连云港市畜牧兽医机构人员统计表

表13-17

畜牧兽医机构		数量（个）	干部职工总人数（人）	高级技术职称（人）	中级技术职称（人）	初级技术职称（人）
畜牧兽医站	市	1	15	4	5	2
	县区	8	122	12	34	23
	乡镇、农场	26	369（在编80）	0	64	108
畜禽繁殖改良站	县区	3	41	1	11	9
兽医卫生监督所	市	1	6	1	2	1
	县区	2	32	4	6	7
合计		41	585	22	122	150

兽药 1984年后，市、县畜牧兽医站普遍设立兽药器械服务门市部，开展相关服务。乡镇以下部门和兽医使用兽药械均从市、县兽医站批发采购，1987年后改由市、县畜牧兽医站统一购进，实行专门供应。市、县畜牧兽医站均配备兽药监督员，在同级兽医卫生监督所指导下工作；乡镇畜牧兽医站配备1名兽药检查员，负责所在乡镇兽药市场的日常监督、检查工作。2002～2005年，兽药市场放开，经市、县兽医卫生监督所批准的单位均可经营兽药销售；市、县畜牧兽医站每年不定期与工商部门配合，对兽药市场及各级兽药经销单位的药品进行检查，严防销售假冒伪劣兽药。

疫苗 1988年起，疫苗经费改为定额包干使用，由省农林厅承担三分之二，地方财政负担三分之一。1989年实行畜禽防疫补贴承包制，不足部分由乡财政按市场价格进行补贴或由地方兽医站自行解决。至2005年未有变化。

三、畜禽检疫

1984年，境内畜禽检疫工作由市、县、乡畜牧兽医站临床兽医监管。1985年，市、县、乡畜牧兽医站配备专职检验员。1986年开始建立健全市、县、乡、村四级兽医防疫检疫网络，全面实行畜禽售前检疫、市场检疫、屠宰检疫、运输检疫“四检疫”制度。至1990年，全市共配备兽医卫生监督员26人、兽医卫生员276人。2003年抗击“非典”期间，各乡镇均建立畜禽疫情测报站，对全市3264头奶牛实施布病和结核病监测；发放动物产地证9100本、产品证2800本、运输证945套；检疫生猪128万头、禽类1200万羽、肉蛋3.54万吨。全市3个畜禽路检站共检查运输畜禽及其产品过境车辆2100辆次，处理病猪540头，抽检畜产品样品248个，检测饲料样品518个。2005年，全市共检疫生猪236万头、家禽3223万羽、肉蛋14.6万吨，生猪定点屠宰检疫率100%；产地全面实行报检制度，坚持24小时路检，防止外疫因运输传入。全年检查登记畜禽及其产品运输车辆173.3万车次、生猪116.6万头、禽类1585.4万羽、畜禽产品4.72万吨。

第五节　饲草　饲料

一、饲草

农作物秸秆　1984～2005年，连云港市秸秆年均产量约200万吨，包括麦秸、稻草、豆秸、玉米秸（叶）、山芋藤蔓、花生藤蔓、瓜果秧等，其中稻草、麦秸各占40%左右。

野生饲草　境内有野生饲草180多种，其中被放牧利用的主要品种有马唐草、狗尾草、虎尾草、狗牙根、雀稗、莎草、画眉草等约50种。据1983年全市草场资源调查统计，全市草场面积4.14万公顷。2005年，全市仅余零星草地600公顷。

图13-39　连云港市有野生饲草180多种。图为秋林牧业。　灌云县　供

人工饲草　20世纪80年代初，东海县种畜场和新浦农场奶牛场、东辛农场奶牛场引进试种法克斯草、抗牙苜蓿、日本小米等40多种牧草。90年代，人工种草曾一度兴起，1992年达2000公顷。随着国家粮食体制改革和一系列惠农政策落实，种粮效益明显高于种草，人工种草面积逐步缩小。2005年除零星种植外，连片种植仅有东辛农场奶牛场约100公顷。

二、饲料

籽实类饲料　主要有玉米、麦类、山芋干、豆类。20世纪80年代中后期，全市籽实类作物年均产量约120万吨，每年用作饲料的约25万吨。20世纪90年代后期至2005年，年均用作饲料原料的籽实类作物约20万吨，主要为来自东北、山东的玉米和进口的豆粕。

粮油加工副产品饲料 主要为麸皮、米糠、豆饼、花生饼、棉籽饼和菜籽饼。20世纪80年代，米糠、麸皮和各种饼类资源年均量18万吨。90年代年均量增至22万吨。2005年，全市粮油加工副产品饲料资源量26万吨，其中麸皮7万吨、米糠8万吨、豆饼5万吨、花生饼5万吨、棉籽饼和菜籽饼1万吨。

动物性饲料 包括水产品和屠宰下脚料以及畜禽血、蚕蛹等。20世纪80年代初期，市水产公司、植物油厂、食品公司相继建立动物性饲料加工厂，生产鱼粉、肉骨粉。80年代末，全市共建成动物性饲料加工厂8家，年产量约3.5万吨，其中低质水产品及水产品加工下脚料3.2万吨、畜禽屠宰血及下脚料0.3万吨。2005年，全市有动物性饲料加工厂25家，年产量约4.5万吨。

渣糟类饲料 主要为酒糟、酱糟、豆渣、山芋粉渣。20世纪80年代年均资源量10万吨，其中每年用作饲料的约8.2万吨。1992～2005年，年均资源量15万吨，其中每年用作饲料的约10万吨。

矿物质饲料 境内矿物质饲料资源丰富，主要有贝壳粉、骨粉、石粉等。1984年，锦屏磷矿磷肥厂开发石粉资源，建成年产1000吨脱氟磷酸氢钙生产车间。1985～1990年，全市矿物质饲料资源年均开发量约1万吨。随着家禽饲养规模化发展，矿物质饲料需求增加，产量明显增长。至2005年底，全市磷酸氢钙生产企业15家，年产量5.2万吨，生产企业、生产量在全省名列第一。

第五章　淡水渔业

连云港市淡水渔业以养殖为主，捕捞为辅。1984年，全市淡水养殖产量5600吨、捕捞产量3500吨，实现淡水渔业产值9150万元。1984～2005年，全市年均可养殖水面3.3万公顷，其中178座水库可养殖面积约1.11万公顷。2005年，全市淡水渔业养殖面积3.06万公顷，淡水养殖产量14.48万吨、捕捞产量2.45万吨，实现渔业产值42.85亿元。渔业产值占农业总产值的24.62%，比1984年提高19.11个百分点。

第一节　苗种繁育

1984年，连云港市有鱼种鱼苗养殖面积82公顷，鱼种产量1.22亿尾，鱼苗产量1.69亿尾。鱼苗鱼种生产以连云港市水产良种场和各县区鱼种场为主，各鱼苗鱼种场既繁育鱼苗，也能培育鱼种。1987年春，市水产良种场引进原种鲢鱼、鳙鱼、草鱼亲鱼和黄河鲤鱼亲鱼，1989年生产良种鱼苗2000万尾。1990年，全市有鱼种场20多家，年产鱼苗3.4亿尾，其中人工繁育2.7亿尾。2002年，市水产良种场从江苏邗江的国家四大家鱼（青鱼、草鱼、鲢鱼、鳙鱼）原种场引进400组长江原种青鱼，成功进行鱼种和成鱼的养殖试验，扭转市内四大家鱼种质退化现象，提高四大家鱼生长速度，缩短养殖周期。2005年，全市有淡水苗种场42家，养殖面积506公顷，生产鱼种9926万尾、鱼苗7.79亿尾。

1984～2005年连云港市淡水鱼苗鱼种生产情况统计表

表13-18

年　份	鱼种产量（万尾）	鱼种面积（公顷）	鱼苗产量（万尾）	年　份	鱼种产量（万尾）	鱼种面积（公顷）	鱼苗产量（万尾）
1984	12235	82	16877	1995	4869	640	65800
1985	18227	95	44389	1996	6795	913	50700
1986	13672	568	42412	1997	5587	1407	71200
1987	12122	500	51739	1998	5993	1820	61000
1988	10162	513	52204	1999	7219	1013	57900
1989	8993	885	36172	2000	12651	1233	63300
1990	8933	507	33991	2001	10023	1300	99000
1991	9513	560	43290	2002	8633	933	88900
1992	5789	613	48193	2003	9126	516	75850
1993	4234	427	66900	2004	9926	480	79501
1994	4176	840	82600	2005	9926	506	77930

第二节　养殖方式

一、网箱养殖

1989年，东海县水产局从北京引进高密度人工驯化网箱养殖鲤鱼技术，在石梁河水库试验成功后在全市推广。1990年，全市网箱养殖面积4356平方米，产量295吨。1997年，在东海县、赣榆县等有较多河沟的县区推广河沟网箱养殖，品种主要为鲢鱼、鲤鱼和鳙鱼。1999年，全市养鱼网箱3.2万箱，产鱼1.35万吨。2003年，在东海县石梁河水库、安峰山水库、横沟水库推广水库淡水网箱养殖，共养殖4060箱，生产商品鱼3800吨、鱼种805吨。2005年，全市网箱养殖面积218公顷，其中水库网箱养殖约占70%、河沟网箱养殖占30%；有网箱18.16万箱，产鱼1.61万吨。

图13-40　2005年，连云港市网箱养殖面积218公顷。图为水库网箱养殖。　金同乐　摄

二、池塘养殖

1984年，全市池塘养殖面积5473公顷，产量4216吨。1990年引进建鲤新品种和高密度驯化养殖技术。1991年，赣榆县欢墩养殖场进行建鲤池塘高密度驯化养殖，每公顷净产22.5吨，创江

图 13-41 2005年，连云港市池塘养殖面积1.77万公顷。图为池塘捕捞。 江能尧 摄

苏省最高纪录。此后，池塘养鱼水平迅速提高，逐步实现由粗养向精养、由单一品种向多品种、由小规格鱼种向大规格或斤两鱼种转变；养殖品种扩大到虾类、河蟹等。2005年，全市池塘养殖面积1.77万公顷，产量10.73万吨。

三、河沟养殖

1984年，全市河沟养殖面积1853公顷，产量686吨。2005年，主要为河道网箱养殖，养殖品种有异育银鲫、草鱼、鲢鱼、鳙鱼等，养殖面积4232公顷，产量1.02万吨。

四、稻田养殖

1988年，东海县张湾乡在13.33公顷的稻田试验养鱼获得成功，平均每公顷产量116.25千克。1994年，东海县、赣榆县在5.7公顷稻田内进行河蟹养殖，总产量7.6吨，平均每公顷产量1333.35千克。1996年，灌云县在6.7公顷稻田内进行青虾养殖试验，生产青虾2.5吨，平均第每公顷产量373.2千克。此后市内稻田养殖面积不断扩大，产量逐年增加，养殖品种扩大至泥鳅、黄鳝、乌鳢、河蟹、南美白对虾等。稻田养殖成为连云港市淡水渔业的新亮点。2001年，全市稻田养殖面积1.15万公顷，养殖产量1万吨，创历史最高纪录。2002年后养殖效益下降，稻田养殖面积减少。2005年，全市稻田养殖面积2750公顷，产量6556吨。

1984～2005年连云港市淡水养殖生产情况统计表

表 13-19

年份	池塘养殖		河沟养殖		水库养殖	
	产量（吨）	面积（公顷）	产量（吨）	面积（公顷）	产量（吨）	面积（公顷）
1984	4216	5473	686	1853	589	6280
1985	7907	6960	2043	3013	699	6400
1986	10409	8160	2863	3540	790	6633
1987	11099	6480	2706	3220	1616	7200
1988	12427	6594	2527	2667	1413	6953
1989	12952	7367	2936	2447	1708	6980
1990	14609	7507	3015	2840	1843	6447
1991	14864	6993	3318	3333	1547	6820
1992	22093	8347	3129	2653	1715	7120
1993	18359	8300	3347	2647	2529	6700
1994	25255	8913	4457	3213	2385	7080
1995	37111	10253	3271	2700	2226	7080
1996	56416	13993	4020	3193	9361	6740

续表13-19

年　份	池塘养殖		河沟养殖		水库养殖	
	产量(吨)	面积(公顷)	产量(吨)	面积(公顷)	产量(吨)	面积(公顷)
1997	62638	15033	3728	3493	10610	9320
1998	69011	16127	7646	3733	4532	6900
1999	80507	17193	4619	3867	3998	7053
2000	73254	18373	4463	4526	4136	6433
2001	85293	19133	3744	3993	4220	6353
2002	84387	20000	2672	2167	3655	6307
2003	93186	18375	12190	3321	15357	5830
2004	100152	18210	12452	3817	18504	5757
2005	107336	17658	10223	4232	18648	5938

第三节　特种水产养殖

一、鱼类

鳗鱼　1984年，江苏省粮油食品进出口公司与东海县温泉镇合营的东海养鳗场建有养鳗池1.2万平方米，产成鳗10吨；1987年产成鳗32吨；1990年出口成鳗25吨。此后规模不断扩大，1991～1995年，每年平均产成鳗72吨、黑子鳗苗种200多万尾。1996年，鳗鱼室内水泥养殖池面积9200平方米、室外养殖土池面积10公顷，是年产成鳗140吨。后因经营亏损，于1998年停产。

泥鳅　1991年，市水产供销总公司鱼品加工厂开始收购泥鳅，放在水泥池中暂养后出口韩国。1993年出口量1000多吨。2000年后，赣榆县墩尚镇开始养殖泥鳅，徐庄、岳韩、牛河等7个村成为泥鳅养殖专业村。2005年，该镇泥鳅养殖面积267公顷，产量8700吨，成为苏鲁边界最大的泥鳅养殖基地。东海县青湖、曲阳、浦南等乡镇和岗埠农场先后进行泥鳅养殖，主要出口日本、韩国。是年，全市泥鳅养殖面积516公顷，产量1.67万吨，泥鳅出口量占全国出口量九成以上。在全国13家泥鳅加工、出口的龙头企业中，赣榆县墩尚镇占8家。

乌鳢　1995年，赣榆县欢墩镇马朱孟村村民在石梁河水库北岸开挖池塘进行乌鳢养殖，初冬时每公顷池塘放入从微山湖购入的50克以上的大规格鱼种3万尾，投小杂鱼喂养1年后，每公顷产乌鳢9000～15000千克。此后乌鳢池塘养殖逐步推广到东海县的南辰乡、浦南镇和石梁河镇。2005年，全市乌鳢养殖面积269公顷，产量8051吨。

加州鲈　原名大口黑鲈，原产美国加利福尼亚州密西西比河水系，味美，有“淡水黄鱼”之称。1993年，连云港市试养加州鲈1.47公顷，产量500千克。1994年后，养殖面积稳定在30公顷左右。2005年养殖面积25公顷，产量67吨。

鳜鱼　1994年，云台区在6.7公顷池塘内进行鳜鱼试养成功，产量100千克。1996年开始在全市推广，有池塘单养、成鱼池套养及河蟹池塘套养等模式，养殖面积稳定在100公顷左右。2005年，全市养殖面积96公顷，产量614吨。

革胡子鲶　又名埃及塘鲺、埃及胡子鲶，原产于非洲尼罗河流域。1994年，赣榆县、东海县、海州区试养成功后成为市内淡水池塘和稻田养殖的主要品种之一。2005年，全市养殖面积246公顷，产量708吨。

黄颡鱼　俗称昂刺鱼、昂针。养殖方式有池塘养殖、网箱养殖和稻田养殖等。2001年，岗埠农场池塘试养3.33公顷。2002年养殖面积增至26.67公顷，其中主养成鱼10.67公顷、鱼种2.67公顷、套养13.33公顷，主养成鱼每公顷产鱼4.5吨，主养鱼种每公顷产鱼3吨。2004年，赣榆县罗阳镇在133.33公顷稻田内进行黄颡鱼养殖，收获绿色水稻1000吨，出产黄颡鱼50吨。2005年，全市养殖面积111公顷，产量156吨。

1993～2005年连云港市特种淡水鱼养殖情况统计表

表13-20

年份	加州鲈		鳜鱼		革胡子鲶		淡水白鲳	
	面积（公顷）	产量（吨）	面积（公顷）	产量（吨）	面积（公顷）	产量（吨）	面积（公顷）	产量（吨）
1993	1.5	0.5	—	—	—	—	—	—
1994	13.0	1.7	6.7	0.1	3.7	41.8	—	—
1995	—	—	—	—	138.0	634.0	0.1	0.3
1996	—	—	33.0	2.0	41.0	273.0	3.5	4.3
1997	—	—	66.7	1.0	32.5	353.0	1.3	6.0
1998	—	—	104.0	2.4	66.0	32.5	5.0	10.2
1999	66.7	10.0	6.3	4.7	21.0	176.0	8.3	4.0
2000	67.3	12.0	2.9	2.4	44.3	176.0	6.3	4.5
2001	13.0	40.0	10.0	13.0	82.0	806.0	15.7	8.4
2002	1.0	2.0	—	—	180.0	754.0	3.7	17.5
2003	29.0	72.0	21.0	97.0	184.0	609.0	—	—
2004	23.0	75.0	76.0	305.0	221.0	458.0	—	—
2005	25.0	67.0	96.0	614.0	246.0	708.0	—	—

2001～2005年连云港市特种淡水鱼养殖情况统计表

表13-21

年份	泥鳅		乌鳢		黄颡鱼		斑点叉尾鮰	
	面积（公顷）	产量（吨）	面积（公顷）	产量（吨）	面积（公顷）	产量（吨）	面积（公顷）	产量（吨）
2001	—	—	60	974	5	21	1.53	[illegible]0
2002	—	—	104	1020	46	100	5.00	10
2003	153	4766	160	5148	177	185	3.33	12
2004	174	6816	213	7946	167	204	14.33	160
2005	516	16734	269	8051	111	156	36.67	32

二、虾类

南美白对虾　1995年，赣榆县宋庄乡养殖场从青岛上马苗种场引进，养殖成功后进行淡化养殖试验。2001年，灌云县洋桥农场将13.33公顷淡水鱼塘改造成高标准养殖南美白对虾的池塘，是年6月初向池塘投放虾苗，3个月后对虾长到11～12厘米，总产30吨，平均每公顷2.25吨。2002年起，市内大面积推广南美白对虾淡水生态养殖。2005年，全市南美白对虾淡水养殖面积2499公顷，产量7151吨。

罗氏沼虾　1993年，东海县、赣榆县试养6.67公顷，获得商品虾4.33吨。赣榆县利用中国对虾育苗设施，用天然海水进行育苗试验，生产罗氏沼虾虾苗750万尾。1994年，全市推广罗氏沼虾养殖，主要为池塘养殖，有零星稻田和网箱养殖。2002年，全市养殖罗氏沼虾877公顷，产量1872吨。此后逐年减少。2005年，全市养殖面积568公顷，产量1332吨。

青虾　当地自然生长的淡水虾类。1996年开始进行青虾的池塘混养，后推广至网箱养殖和稻田养殖。2005年，全市养殖面积335公顷，产量495吨。

2001～2005年连云港市淡水虾类养殖情况统计表

表13-22

年份	南美白对虾		罗氏沼虾		青虾	
	面积（公顷）	产量（吨）	面积（公顷）	产量（吨）	面积（公顷）	产量（吨）
2001	13	30	519	571	411	591
2002	844	1650	877	1872	296	810
2003	1572	5482	665	1546	385	612
2004	1800	5780	691	1352	442	655
2005	2499	7151	568	1332	335	495

三、河蟹

人工育苗　1984年前，连云港市河蟹人工育苗已取得生产性突破。1992年，赣榆县兴庄育苗场成功进行河蟹工厂化育苗，生产河蟹苗10千克。1996年，市水产科学研究所开展河蟹秋冬季工厂化人工育苗技术研究，取得突破性成果，解决河蟹当年养成上市的难题，该成果在江苏沿海乃至全国推广。1998年，连云港市河蟹育苗量分别占全省的60%和全国总量的30%。2003年，全市有河蟹育苗水体30.45万立方米，培育河蟹苗20.44万千克、扣蟹20万千克。2005年，全市河蟹育苗水体23.99万立方米，培育河蟹苗13.14万千克。

幼蟹培育　1997年，市水产养殖公司为解决河蟹早繁苗当年养成上市问题，进行河蟹早繁苗塑料大棚土池培育幼蟹试验获得成功。2005年，全市有河蟹育苗场207家，幼蟹培育面积467公顷，产量7万千克。

成蟹养殖　1987年，东海县开展河蟹水库网围养殖。1988年，灌南县在新集乡菊花村进行稻田养殖河蟹试验，试点面积5.3公顷，产量3180千克。1994年，全市河蟹养殖面积为95公顷，产量11吨。1998年，全市河蟹养殖形成以池塘养殖、大水面网围养殖和稻田养殖为主要模式的规模化生产，单位面积产量大幅提高。市政府在灌南县堆沟港镇召开全市稻田养殖河蟹现场会，推动全市稻田河蟹养殖进一步发展。2002年，全市河蟹养殖面积1944公顷，产量7848吨。2005年，全市养殖面积1290公顷，产量4023吨。

1994～2005年连云港市河蟹生产情况统计表

表13－23

年份	河蟹育苗		幼蟹培育		成蟹养殖	
	水体（立方米）	产量（千克）	面积（公顷）	产量（万千克）	面积（公顷）	产量（吨）
1994	9940	631	—	—	95	11
1995	15770	3323	—	—	115	77
1996	46678	10120	—	—	826	284
1997	63414	27834	5	2	1033	193
1998	89144	35858	13	—	1795	1097
1999	129600	54176	127	10	1917	2124
2000	186400	80604	—	—	1725	2361
2001	233490	90730	271	57	1822	5948
2002	251360	105893	268	39	1944	7848
2003	304500	204401	355	20	2451	5672
2004	233700	136195	253	9	2246	4896
2005	239900	131367	467	7	1290	4023

四、其他特种水产品

甲鱼　俗称鳖、团鱼。1993年，全市池塘养殖5.93公顷，另有少量温室养殖，产量3.[illegible]2吨。1995年，全市在东海县召开特种水产品养殖流动现场会，推广该县甲鱼、鳗鱼等养殖经验。1996年，灌南县从吴江县、宝应县引进甲鱼苗2.4万只，建设养殖甲鱼温室1600平方米，养成的商品甲鱼平均每只重400克；赣榆县罗阳乡新建甲鱼工厂化育苗场和温室快速养殖场，甲鱼养殖池塘面积53.3公顷，是年孵化5万只甲鱼苗。2005年，全市甲鱼池塘养殖面积114.34公顷，温室养殖面积747平方米，产量122吨。

牛蛙　1995年，赣榆县在欢墩镇养殖场进行0.2公顷的牛蛙养殖试验成功，生产商品蛙200千克。1996年后在全市推广养殖。2005年，全市牛蛙养殖产量38吨。

珍珠　1984年，全市生产珍珠50千克。1994年，赣榆县、灌云县从苏南购回插好片的三角帆蚌育珠蚌进行挂养，获得成功。1998年，全市养殖珍珠蚌62.13公顷，生产珍珠806千克。后因效益不高中断养殖。

1995～2005年连云港市甲鱼、牛蛙生产情况统计表

表13－24

年份	甲鱼			牛蛙	
	池塘（公顷）	温室（平方米）	产量（吨）	面积（公顷）	产量（吨）
1995	158.27	1061	114.23	0.20	0.20
1996	266.80	6650	336.29	15.32	4.94

续表 13-24

年份	甲鱼			牛蛙	
	池塘（公顷）	温室（平方米）	产量（吨）	面积（公顷）	产量（吨）
1997	448.47	2210	200.60	16.13	14.25
1998	150.27	6590	185.77	4.80	31.79
1999	150.27	2690	283.65	8.93	117.30
2000	267.53	5600	311.35	9.33	12.12
2001	357.40	2020	448.25	8.47	14.83
2002	298.07	770	382.60	—	—
2003	178.36	650	253.00	1.33	6.00
2004	104.00	650	185.00	—	55.00
2005	114.34	747	122.00	—	38.00

第四节 淡水捕捞

一、捕捞工具

渔船 1984年，连云港市淡水捕捞渔船1500艘，大多是非机动渔船。1990年，全市淡水捕捞渔船1701艘，其中机动渔船333艘、非机动渔船1368艘。2005年，全市淡水捕捞渔船1505艘，多为1～5吨的小渔船，其中机动船702艘、非机动渔船803艘。渔船作业场所多在大河或水库。

渔具 1984～2005年，连云港市船用捕捞工具有小拖网、旋网，另外还有拦河大网、扳罾、扒网、刺网和垂钓具等，大都是自制的小型工具。还有少数违章作业的黄鳝笼、簖（迷魂阵）、炸鱼、电鱼、鱼鹰等。

二、捕捞生产

全市淡水捕捞多分散在民间，既有专业渔民，也有农民兼营，还有返乡的退休职工、待业人员等。专业渔民大多是“连家渔船”（全家老少吃住在船上，以捕鱼为生），其余人员都是自制工具，在水库、河道、沟渠中捕鱼。

1984年，全市淡水捕捞产量3467吨，捕捞品种主要有鲫鱼、鲤鱼、草鱼、泥鳅、黄鳝、黑鱼、银鱼、白虾、龙虾（克氏螯虾）、河蚬、螺螺等。1990年全市淡水捕捞产量4060吨，其中鱼类2784吨，虾770吨，蟹1吨，贝类466吨，其它39吨。1998年，全市淡水捕捞产量1.4万吨。2000年，全市淡水捕捞产量1.82万吨。捕捞的水产品中以鲫鱼为多，且捕捞量较稳定；龙虾捕捞量起伏较大，1998年捕捞产量为历史最高达4411吨，2005年则降至864吨；银鱼最高年份的捕捞量为369吨，因只捕捞不保护，资源量迅速下降，最少的年份只有2吨。2005年，全市淡水水产品捕捞产量2.45万吨，其中鲫鱼占捕捞产量的40%，草鱼和鲤鱼各占15%，泥鳅占10%，白虾占10%，贝类占6%，龙虾占4%。

第六章　农业综合开发

1988年，国务院决定设立农业发展基金，大规模地对农业资源进行综合开发。连云港市被国家批准为首批农业综合开发项目区（时称黄淮海农业综合开发区）。是年，市政府成立黄淮海农业综合开发办公室，挂靠市农业局；成立利用世界银行（简称世行）贷款开发滩涂项目办公室，挂靠市水产局。1991年上半年，上述两个办公室合并为连云港市农业资源综合开发利用管理局（列政府序列，行政一级局），负责全市农业综合开发的立项、审核、检查、验收和管理工作。

1988～2005年，连云港市先后实施并完成6期国家农业综合开发项目（三年为一期），完成项目总投资7.34亿元；实施或完成一至三期利用世行贷款加强灌溉农业项目，完成项目总投资4.09亿元；实施完成利用世行贷款开发滩涂项目，完成项目总投资1.29亿元。上述三类项目均为国家立项开发项目。1996年，开始参与江苏省丘陵山区农业综合开发和百万亩沿海滩涂围垦工程项目，10年间，全市完成丘陵山区开发项目投资4772.29万元；完成沿海滩涂围垦及开发总投资5109万元。至2005年底，全市累计完成国家与省级农业综合开发各类项目总投资13.71亿元。

第一节　国家农业综合开发

1988～1993年，为连云港市国家级农业综合开发起步阶段，开发项目主要为大面积的中低产田改造、宜农荒地开垦，提高粮食产量。全市改造中低产田12.6万公顷，占全市耕地一半以上。国家、省、市、县四级总投资1.6亿元，开发项目受益总人口154万人，完成赣榆龙北、东海龙梁、芦山河、灌云沂北、善（后河）北等重点项目区及工程104项。累计增加粮食综合生产能力24.3万吨，占全市同期粮食增产总量的40%。新增和改善灌溉面积12万公顷，增加和改善排涝面积4.87万公顷，扩大良种种植面积10.53万公顷，土壤改良面积3.47万公顷。1990年，全市遭遇特大洪涝，但因为实施综合开发，粮食产量仍突破200万吨，创历史新高。东海县马陵山东麓的芦山河小流域综合治理采取治理水土流失和开发山区经济相结合、开发水源和治理山坡相结合的方法，形成“岗坡造梯田、山腰搞果林”“林木封边、粮在中间”的立体农业结构，粮食亩产提高50%以上，花生亩产提高60%以上。灌云县善北地区水利控制工程的实施有效改善了善北地区灌溉条件、通航条件和居民生活用水条件，增加粮食产量1039万千克、水稻500万千克，增加旱改水面积3333.33公顷，平均每亩增产100千克，改善了该区10万人口和4.3万头牲畜的饮用水条件。

1994～1999年，为连云港市国家级农业综合开发的发展阶段。这一时期的开发主要是在继续进行中低产田改造的同时，加大多种经营项目的建设，把农业增产与农民增收结合起来，实施山水田林路综合治理、农林牧副渔全面发展。1998～1999年，全市发展多种经营龙头项目9个，总投资3473万元，发展食用菌、林果种苗、水产养殖、花卉种植等，实现农业增产、农民增收。项目区农民年人均增收346.5元。

2000～2005年，为连云港市国家级农业综合开发的提高阶段。开发重点为实行“两个转变”，即以改造中低产田为主，转变为尽量少开荒甚至不开荒，把农业开发与保护生态环境有机结合起来；从以增加农产品产量为主，转变为调整产业结构、依靠科技进步、努力发展优质高效农业上来。2000年，全市农业综合开发开始实施多种经营项目，是年完成多种经营及龙头加工项目5个，其中列入国家重点项目1个、一般项目4个，完成项目总投资1928.2万元。项目建成优质苗圃基地3.33公顷、优质果400公顷、全封闭循环水工厂化养殖4680平方米、果蔬加工保鲜厂1家、年加工400吨生猪加工厂1家。带动6.51万名农户致富，年创产值2892万元，利税964.1万元。2002年，连云港市通过调动多方社会力量开发农业，吸纳各方面资金发展农业，形成多渠道、多成分、多领域、多方式、大规模农业开发投入的新格局。农业综合开发完成投资7100万元，改造中低产田9270公顷，项目区农民人均增收305元。完成国家农业综合开发土地治理项目4个，项目总投资540万元，其中财政投资440万元。全年建设农业综合开发多种经营项目4个，其中总投资640万元的灌云县优质牧草基地项目和总投资1090万元的东海县4万吨免淘洗营养米加工生产线扩建项目被列为国家级重点项目，实现当年投资、当年生产、当年见效。灌云兴云公司牧草养鹅项目建设速度创全省农业开发项目之最，被省农开局称为“兴云速度”。

图13-42　石梁河晚秋黄梨

侍志　摄于2005年

2005年，全市完成农业综合开发项目投资1.1亿元，开发治理土地面积1.03万公顷；建设国家农业综合开发土地治理、产业化经营、丘陵山区开发、世行三期加强农业灌溉项目和滩涂开发项目等5类项目工程。农业综合开发项目区新增农业总产值2亿多元，农民人均增收375元，辐射带动2.6万户农民群众受益。实施由中央财政资金参股的振兴集团花卉种苗繁育基地项目经营试点项目。这是国家自1988年实施农业综合开发投资以来，在江苏省实施的第一个农业产业化龙头企业中央财政资金参股经营项目。该项目总投资5060万元，其中财政资金2400万元（中央财政资金1200万元、省财政资金1200万元），自筹资金2660万元。建设郁金香原种繁育苗圃6.67公顷，商品种球繁育基地80公顷，新建郁金香种球冷处理车间3000平方米，扩建组培苗培养车间4000平方米，新建驯化苗智能温室5000平方米，新建种球加工、包装、保鲜仓储车间3500平方米，花卉优良品种生产示范中心1000平方米，建设花卉苗种和花卉成品展示销售中心4500平方米。

至2005年底，全市完成国家农业综合开发项目投资7.34亿元，改造中低产田18.07万公顷，开垦宜农荒地0.11万公顷，营造防护林1.79万公顷，改良草场0.1万公顷，水产养殖0.32万公顷，发展经济林果0.53万公顷；完成农业产业化经营项目115个，其中种植项目28个、养殖项目58个、多种经营龙头项目29个。

1988～2005年，全市农业综合开发项目共投工投劳5120万工日，开挖土石8897.8万立方米；开挖疏浚沟渠8252.65千米；衬砌渠道1609.68千米，发展节水灌溉面积3.57万公顷；建中沟以上建筑物1.14万座，小沟级建筑物4.98万座；修建排灌站794座；打机电井259眼；架设农田线路242.81千米；修机耕路1009.53千米；建设农田林网12.93万公顷。全市项目区改良土壤4.67万公顷，共建良种基地2.45万公顷，建种子仓库1.9万平方米、晒场4.32万平方米，购置种子设备163台（套）、拖拉机342台、配套农机具3387台（套）、植保机械5741台（套）。经过治理的18.07万公顷中低产田变为田成方、林成网、路相通、桥涵闸站配套、能排能灌的标准化高产稳产农田。全市项目区累计新增生产能力为粮食50.38万吨、棉花0.35万吨、油料0.57万吨、肉类0.2万吨；推广农业适用技术180项，培训人员21.16万人次，购置仪器设备290台。全市项目区累计新增农业总产值11.41亿元，农民人均纯收入比非项目区高出300～400元。

1988～2005年连云港市农业综合开发项目投资统计表

表13-25　　　　单位：万元

项目名称	财政投资	自筹资金	银行贷款	世行贷款	合计
国家农业综合开发项目（1988～2005）	40863.88	21425.46	11062.00	—	73351.34
世行灌溉农业一期项目（1991～1995）	4293.62	2107.67	—	7415.59	13816.88
世行灌溉农业二期项目（1997～2002）	17070.10	8005.00	—	—	25075.10
世行灌溉农业三期项目（2005～　　）	1499.00	592.00	—	—	2091.00
世行滩涂开发项目（1988～1995）	296.00	5904.47	710.00	5993.81	12904.28
沿海滩涂开发项目（1991～2005）	3284.00	1825.00	—	—	5109.00
丘陵山区农业综合开发项目（1996～2005）	2222.80	2433.74	115.75	—	4772.29
合计	69529.40	42211.21	11887.75	13409.40	137119.89

第二节　滩涂资源开发

一、利用世界银行贷款开发滩涂项目

1988年，连云港市沿海滩涂开发始于国家立项的利用世界银行贷款开发滩涂项目。至1995年完成项目总投资1.29亿元，其中利用世行贷款5993.81万元、省级财政配套296万元、市县自筹5904.47万元、银行贷款710万元。建设项目包括对虾养殖、紫菜养殖与加工、林果经济项目、鳗鱼养殖四大类。全市新建对虾池747公顷，改造对虾池2573公顷，新建扬水站21座，改建扬水站73座，建排水闸513座，完成土石方1200万立方米；新建冷库4座，改建冷库1座。新建对虾育苗室4570平方米。新建紫菜育苗场2个，开发养殖面积230公顷，引进紫菜加工机13台（套）。建设山楂基地3500公顷、葡萄基地540公顷、板栗基地1300公顷，新建果品、果汁加工厂各1家。建设养鳗温室2500平方米。1995年，该项目创产值3.05亿元，实现利润2412.2万元。

二、江苏省沿海滩涂开发项目

1991～1995年，连云港市实施并完成由江苏省滩涂开发局立项的沿海滩涂开发项目计959万元，其中省财政投资659万元、自筹资金300万元。

1996～2005年，连云港市实施江苏省沿海百万亩滩涂围垦工程，完成项目投资4150万元，其

中省财政投资2625万元、自筹1525万元。项目包括灌云县埒子口万亩滩涂围垦项目、赣榆青口盐场高深养殖及低产盐田改造项目、赣榆罗阳万亩无公害养殖基地项目、赣榆宋庄工厂化对虾养殖及万亩滩涂围垦项目、赣榆柘汪、洋桥和东龙港等垦区配套项目，以及扶持榆城集团和富裕水产加工等龙头企业。

第三节 丘陵山区农业综合开发

连云港市地势自西北向东南倾斜，丘陵岗地面积17.26万公顷，约占全市陆域面积的四分之一。涉及东海县、赣榆县、灌云县和市区461个行政村33.05万户121.15万人。

1996年开始实施丘陵山区农业综合开发项目。1996～2000年，全市完成丘陵山区开发投资3378万元，实施小流域治理面积5300公顷，营造防护林347公顷，实施特色种、养殖等多种经营项目6个，新增农业总产值5219.33万元。2001～2005年，全市累计项目投资1394.29万元，改造中低产田1753公顷，建成经济林果、牧草养殖等项目基地9个，初步形成建、管、护并举的适宜山区特色的工程体系，项目区农民人均增收300元。在全市推广应用PVC低压管道输水技术，建成由大口井（蓄水塘）、小水库、拦水坝、电灌站、高压泵站、低压输水管道、出水口等组成的补水体系和供水网络；修建塘坝26座、电灌站38座、水利配套建筑物4269座、衬砌渠道73千米、机耕路152千米。改善灌溉面积5067公顷，项目区内农业基本生产条件明显改善，抵御自然灾害能力增强，农业综合生产能力提高。

第四节 利用世界银行贷款加强灌溉农业项目

1984～2005年，连云港市先后实施3期利用世界银行贷款加强灌溉农业项目。

1991～1995年，实施一期项目，完成投资1.38亿元，其中利用世行贷款7415.59万元、国内配套资金6401.29万元。范围包括东海县龙梁灌区、灌云县沂北灌区和赣榆县龙北灌区共25个乡镇，累计动员18万名劳动力，开挖土石方3205.9万立方米，改造中低产田5.07万公顷，改善灌溉面积10.7万公顷，新建农用林网2.04万公顷，推广农业新技术21项。1995年，项目区农作物总产量达63.41万吨，比1990年总产量增长33.07%，其中粮食作物增长18.4%、经济作物增长63.15%、水果等其他作物增长245.2%；1995年项目区农民人均收入1849元，比1990年增长220%。

图13-43 世界银行贷款黄淮海二期开发项目区
赵鸣 摄于2002年

1998～2002年，实施二期项目，完成投资2.51亿元，其中中央财政资金8782.5万元、地方财政资金8287.6万元、自筹资金及劳务折算资金8005万元。项目区涉及东海县、赣榆县、灌云县、灌南县共49个乡镇447个行政村，受益农户15.82万户65.29万人。改造中低产田5.67万公顷，改良土壤1.2万公顷，建设农田防护林2522.14公顷（折实面积），新增灌溉面积1万公顷，改善灌溉面积3.9万公顷，新增和改善除涝面积3.73万公顷。项目区主要农产品新增生产能力为：粮食1.28亿千克，棉花39.8万千克，油料2710万千克，粮经比例由原来8∶2调整到4∶6。项目区人均增收342元。

2005年起实施三期项目，项目区涉及赣榆县、东海县、灌云县和灌南县共28个乡镇139个行政村，受益农户71.03千户25.88万人。项目总投资1.5亿元，其中财政投资1.1亿元、群众自筹3945.6万元。2005年完成投资2091万元，其中财政资金1499万元、自筹资金592万元。

第七章　农业机械化

1984年，连云港市农业机械总动力94.13万千瓦，总值2.83亿元，净值1.78亿元。随着农业生产水平提高和生产经营体制转变，以及国家对农业机械专项“价外补贴”政策的实施，农民自购农业机械的积极性显著提高，成为农业机械化发展的主体，农业生产机械化作业程度不断攀升。1999年开始，打造全市农机到外省市跨区作业服务品牌。2005年，连云港市跨区作业麦收市场成熟，早稻市场稳定，农机跨区作业为农民增收2.1亿元。2005年末，全市农业机械总动力248.22万千瓦，总值17.66亿元，净值12.47亿元。全市机耕面积30.66万公顷，机播面积21.34万公顷，机械植保面积31.92万公顷，机械收割面积84.24万公顷。灌云县成立全省首家农机跨区作业协会。

第一节　机械装备

一、动力机械

拖拉机　1984年，连云港市有拖拉机3.96万台，其中大中型拖拉机0.21万台。1996年，小型拖拉机发展到9.56万台，是1984年的2.55倍。2005年，拥有大中型拖拉机0.78万台、小型拖拉机6.67万台，总动力200.47万千瓦，占当年全市农机总动力的80.76%。

电动机　1984年，全市农用电动机总动力21.09万千瓦，主要用于水泵、脱粒机、扬场机及农副产品加工机械等配套。2005年，全市农用电动机总动力47.75万千瓦，占当年农机总动力的19.24%。

二、耕作机具

1984年，全市有大中型拖拉机配套农具0.42万台，小型拖拉机配套农具8.62万台。其中机引犁、机引耙、旋耕机共计5.01万台，机耕面积21.75万公顷，占全市耕地面积的68%；播种机0.27万台，机播小麦面积5.84万公顷，占小麦播种面积的28%；开沟机600台，机开沟面积1.85万公顷，占耕地总面积的6%。

2005年，市农机部门从外地引进水稻插秧机250余台。水稻机插秧示范推广乡镇、农场38个，65个行政村进行机械化插秧。全市水稻机插秧面积达4133.33公顷，机插水稻亩产550千克，比全市平均产量高出10个百分点。全市大中型拖拉机配套农具0.95万台，小型拖拉机配套农具10.59万台。其中机引犁、机引耙、旋耕机共计9.93万台，机耕面积30.66万公顷，占全市耕地面积的82%；播种机1.01万台，机播小麦面积18.92万公顷，占小麦播种面积的98%；开沟机0.57万台，机开沟面积15.83万公顷，占耕地面积的42%。

三、排灌机械

1984年，全市有农用水泵1.14万台、节水灌溉类机械0.05万套，排灌机械动力21.66万千瓦。全市机电灌溉面积17.58万公顷，占耕地面积的55%。

2005年，全市有农用水泵2.27万台、节水灌溉类机械0.44万套，排灌机械动力达到38.01万千瓦。全市机电灌溉面积27.88万公顷，占耕地面积的75%。

四、植保机具

1984年，全市有人力喷雾（粉）器10.2万台、机动喷雾（粉）机0.27万台，机械植保面积3.84万公顷，占耕地总面积的12%。1990年后，人力植保机具逐年减少，不再纳入农业部机械化管理统计范围，机动植保机具快速发展。2005年，全市有机动喷雾（粉）机0.9万台，机械植保面积31.92万公顷，占耕地总面积的85%。

1984～2005年连云港市植保机械拥有量与机械植保面积统计表

表13-26

年　份	人力喷雾（粉）器（万台）	机动喷雾（粉）机（万台/万千瓦）	机械植保面积（万公顷）
1984	10.20	0.27/0.41	3.84
1985	11.28	0.25/0.42	5.32
1986	12.22	0.23/0.38	3.54
1987	13.99	0.21/0.33	4.43
1988	16.80	0.21/0.33	7.65
1989	18.15	0.18/0.28	6.21
1990	—	0.29/0.41	7.49
1991	—	0.42/0.60	10.97
1992	—	0.50/0.76	14.33
1993	—	0.50/0.76	17.13
1994	—	0.51/0.78	16.88
1995	—	0.60/0.97	14.01
1996	—	0.61/0.87	16.97
1997	—	0.68/0.85	24.02
1998	—	0.71/0.97	25.31
1999	—	0.75/0.99	31.62

续表 13-26

年 份	人力喷雾（粉）器（万台）	机动喷雾（粉）机（万台/万千瓦）	机械植保面积（万公顷）
2000	—	0.86/1.19	31.38
2001	—	0.90/1.25	27.04
2002	—	0.91/1.23	27.41
2003	—	0.93/1.24	28.04
2004	—	0.93/1.33	30.31
2005	—	0.90/1.47	31.92

说明：1990年起，人力喷雾（粉）器不再纳入农业部农业机械化管理统计范围。

图 13-44 2005年，连云港市拥有联合收割机7900台。图为农机作业。 侍志 摄

五、收割脱粒扬场机具

1984年，全市拥有割晒机0.03万台、机动脱粒机2.55万台、联合收割机0.01万台。机收小麦面积7950公顷，占小麦播种面积的3.9%；机收水稻面积2940公顷，占水稻种植面积的2.6%。1997年后联合收割机数量增长较快，割晒机和机动脱粒机拥有量逐渐减少。至2005年底，全市联合收割机0.79万台28.08万千瓦。机收小麦面积18.47万公顷，占小麦播种面积的95.8%；机收水稻面积17.09万公顷，占水稻种植面积的95%。

六、农副产品加工机械

1984年，全市农副产品加工机械动力5.79万千瓦。其中粮食、棉花、油料加工机械共计0.76万台，主要为小型碾米机、磨面机、淀粉加工机、轧花机、榨油机等。2005年增至1.6万台，总动力19.62万千瓦，分别是1984年的2.1倍和3.4倍。

七、运输机具

1984年，全市有农用载重汽车0.1万辆、农用拖拉机配套拖车3.36万台、胶轮手推车56.71万辆、胶轮大车0.41万辆。1990年起，胶轮手推车、胶轮大车逐渐被淘汰，不再纳入农业部农业机械化管理统计范围，农用运输车和拖拉机变型运输机逐步增多。1996年，全市有农用载重汽车0.22万辆、农用运输车1.18万辆。2000年起，农用载重汽车、农用拖车不再纳入统计范围。2005年，全市有农用运输车2.8万辆、其中拖拉机变型运输机0.48万辆。

1984～2005年连云港市农用运输机械拥有量统计表

表 13-27 单位：万辆

年份	胶轮手推车	胶轮大车	农用载重汽车	农用运输车	农用拖车	变型运输机
1984	56.71	0.41	0.10	—	3.36	—
1985	58.54	0.44	0.11	—	3.81	—

续表13-27

年份	胶轮手推车	胶轮大车	农用载重汽车	农用运输车	农用拖车	变型运输机
1986	62.23	0.52	0.15	—	4.14	—
1987	56.83	0.59	0.18	—	4.59	—
1988	57.84	0.61	0.19	—	5.22	—
1989	57.51	0.80	0.19	—	5.51	—
1990	—	—	0.17	0.01	5.65	—
1991	—	—	0.16	0.11	5.78	—
1992	—	—	0.16	0.33	6.03	—
1993	—	—	0.16	0.45	6.25	—
1994	—	—	0.18	0.69	6.06	—
1995	—	—	0.21	0.91	6.44	—
1996	—	—	0.22	1.18	6.75	—
1997	—	—	0.23	1.48	6.76	—
1998	—	—	0.23	1.94	6.08	—
1999	—	—	0.24	2.23	5.94	—
2000	—	—	—	2.25	—	0.22
2001	—	—	—	2.22	—	0.20
2002	—	—	—	2.43	—	0.28
2003	—	—	—	2.41	—	0.28
2004	—	—	—	2.64	—	0.39
2005	—	—	—	2.80	—	0.48

第二节 农机具供应

一、农机具进销

进销计划 20世纪80年代初，农机具进销除主机中少数短缺名牌产品（如常州产东风-12型手扶拖拉机、S195型柴油机等）及少数名优配件仍实行由省农机公司统一分配外，其余主机和配件的需求计划均由市、县农机公司自行确定，由其自行参加全国、省或农机生产企业召开的农机产品订货会，自行签订订货合同，实行以销定进、以销定产。1992年起，农机产品经销全部放开，实行市、县农机公司自主择优订货。

进销品种 20世纪80年代，全市农机具进销品种以中小型为主。1990年，全市农机进销主机品种93个。其中，大中型拖拉机机型有东方红-75、铁牛-55、东方红（千里马）-28、丰收-35、东风（江苏）-50、东方红-60、上海-50型等；手扶拖拉机机型有工农-7、工农-7A、东风-12型等，其中大部分是东风-12型；柴油机机型有110、120、170F、S195、295、495、2135、4135、6135、6160型等，以S195型柴油机销售量最多。

图 13-45　1992 年，农机产品经销实行市、县农机公司自主择优订货。图为大型农机具。　　赵鸣　摄

农机维修配件品种进销随着主机机型的更新换代相应变化。对社会拥有量较多的机型，统配件（由中央统一安排生产、统一分配的配件）为必需进销品种，非统配件则选择易损件进销。对社会拥有量逐渐减少的机型，主要进销易损件，逐年减少进货，逐步淘汰报废。1988 年，市农机公司进销配件 3542 种，其中拖拉机配件 1642 种、内燃机配件 1115 种、机引农机具配件 143 种、农副产品加工机械配件 96 种、植保机械配件 21 种、排灌机械配件 88 种、通用花什件 416 种、力车配件 21 种。全年实现销售额 839 万元。

进销价格　市、县农机供应机构成立后即设立物价员，建立物价台账，对进货价格逐笔核对。在规定的统一出厂价基础上，按统一的加费率，确定统一的销售价格。1984～2005 年，费率经过多次调整。

1984 年 4 月 15 日起连云港市执行的各类农机产品经营费率统计表

表 13-28　　单位：%

商品类别	统一销售加费率	市公司之间调拨加费率	市对县公司调拨加费率	县公司之间调拨加费率
一类	5.5	1.0	2.5	2.5
二类	7.5	1.2	3.5	3.5
三类	14.0	2.5	5.0	5.0

说明：规定的加费率是最高限额，如遇特殊情况，可协商下浮；鉴于大中型拖拉机、内燃机配件由市、县二级经营，调拨加费率按市对市 4.5%、市对县 7%执行。

1990 年 6 月起连云港市执行的各类农机商品经营费率统计表

表 13-29　　单位：%

商品类别	产品大类	统一销售加费率	市公司间调拨加费率	市对县调拨加费率	县公司间调拨加费率	市、县对下伸点调拨加费率
一类	拖拉机、拖车、农用汽车、加油车、推土机及装置、机引农具（包括犁、耙、播种机、中耕机、平地机、开沟器、镇压器、联结器等及手扶拖拉机农具）、收割机械、扬场机、烘干机、机动脱粒机、机动插秧机、机动植保机械、农机检修试验设备、畜牧机械、林业机械、机耕船（包括农用船）、液压悬挂装置等	6.5	1.5	3	3	一、二类商品原则上不调拨，如确需经营，调拨费率由各公司定。
二类	农田排灌机械（包括电动机、内燃机、喷灌机、水泵及其附件、水管、电器设备等）、船用齿轮箱、成套拖拉机拆装工具、小型（500 千瓦以下）水力发电设备、柴（汽）油发电机组、打井机具及油罐、挂浆挂机等	8.5	1.7	4	4	

续表13-29

商品类别	产品大类	统一销售加费率	市公司间调拨加费率	市对县调拨加费率	县公司间调拨加费率	市、县对下伸点调拨加费率
三类	各种拖拉机配件（附件）、防滑轮、各种动力机械配件、各种机引农机具配件、水泵配件、船用齿轮箱配件、各种农副产品加工机械及配件、维修用轴承、半机械化农具及配件、传动带、三角带、大车、力车底盘及其配件（包括内、外轮胎）、拖拉机（包括拖车）轮胎、标准件及其有关机具的配件、油桶等	14	2.5	5	5	7.5～8.5（常规8；特殊情况由公司审批）

说明：市、县农机公司从外地购进（运程在200千米以上）的一、二类农机产品销售时可另加0.5%的运杂费，从外省购进的一、二类产品可再另加0.5%的运杂费，并可合并为1%使用。

1991年3月20日起连云港市执行的各类农机商品经营费率统计表

表13-30　单位：%

商品类别	产品大类	统一销售费率	市公司间调拨费率	市对县调拨费率	县公司间调拨费率
一类	拖拉机、拖车、农用汽车（载重车、农用改装车、农用运输车、机动三轮车）、加油车、推土机及装置、收获机械、扬场机、烘干机、机动脱粒机、机动插秧机、机动植保机械、农机检修试验设备、畜牧机械、林业机械、机耕船（包括农用船）	7.5	2.5	3.5	3.5
二类	农田排灌机械（包括电动机、内燃机、喷灌机、水泵及其附件、电器设备等）、大中型机引农具（包括犁、耙、播种机、中耕机、平地机、开沟器、镇压器、联结器等）、船用齿轮箱、船用挂浆机、小型水力和风力发电设备（500千瓦以下）、柴（汽）油发电机组、打井机具及油罐等	9.5	3.5	4.5	4.5
三类	小型机动脱粒机械（简式型单脱粒机）、扬场机（10马力以下）、小型农机试验检修设备、各种拖拉机配件（附件、液压装置及拆装工具）、渔业机械、扎草机、小型水泵（口径6寸以下）和小型潜水电泵及其配件、各种水管、各种动力机械配件、各种机引农机具配件、船用齿轮箱配件、各种农副产品加工机械及配件、维修轴承、半机械化农具及其配件、传动带、三角带、大车和力车底盘及其配件（包括内外轮胎）、农用汽车和拖拉机（包括拖车）轮胎、标准件以及其他有关机具的配件、油桶等	15.0	4.5	5.5	5.5

说明：规定的统一销售加费率不含税金；规定的调拨加费率是最高限额，如遇特殊情况，可协商下调。

二、农机经营

经营政策　20世纪80年代，国有农机供应机构属非营利企业，实行“以收定支、收支平衡、保本自给、略有盈余”的经营原则，农机产品执行低价薄利政策，享受国家免税、财政补贴政策。1990年后，农机供应实行市场调节、多渠道流通体制，国有农机供应机构自主经营、自负盈亏，由单一经营转向多种经营。为降低农业生产成本，国家多次调低农机产品的销售价格，对农机供应机构产生的调价损失列为政策性亏损，由财政部门给予“调价补贴”。对有些紧缺的农机产品因生产成本高导致出厂价格高于统一销售价格的，农机供应机构按出厂价格收购、按统一销售价格销售，其差价损失由财政部门给予“价外补贴”。对农机供应机构按照上级计划收购后超储积压以及质次淘汰

图 13-46　联合收割机跨区作业　张开虎　摄于2001年

报废产品，经有关部门批准削价销售或报废的，其削价、报废损失列为政策性亏损，由财政部门给予政策性补贴。1992年起，国家对各类农机产品价格全部放开，实行市场调节价，由企业根据市场情况自主定价、自主经营。1999年，联合收割机跨区作业兴起，市农机公司与农业银行、人保财险公司联合推出联合收割机买方信贷销售业务，由市农机公司从新联集团新浦收割机厂批量购进新疆－2型联合收割机，利用买方信贷销售联合收割机139台。是年，市农机公司用此经营模式销售农用汽车57台、载重汽车27台，售出的联合收割机按期还款率91%，载重汽车还款率95%以上，农用车还款率84%。至2005年，全市农机经营政策没有大的变化。

收入　1986年，全市农机经营总收入2.12亿元，其中农机作业收入7568万元，占35.76%；农机运输收入1.03亿元，占49%；农机修理收入588万元，占2.78%；其他收入2684万元，占12.68%。2005年，全市农机经营总收入10.87亿元，比1986年增长4.14倍，其中农机作业收入4.07亿元，占37.43%，比重略有上升；农机运输收入3.26亿元，占30.01%，比重大幅下降；农机修理收入3756万元，占3.46%，与1986年基本持平；其他收入3.16亿元，占29.11%。农机作业收入中跨区作业收入2.51亿元，占全部农机作业收入的61.63%。

1986～2005年连云港市农机经营收入情况统计表

表13-31　　单位：万元

年份	总收入	作业收入	运输收入	修理收入	其他收入
1986	21163	7568	10323	588	2684
1987	21908	5675	12433	858	2942
1988	28607	7550	16337	472	4248
1989	26776	6832	14121	652	5171
1990	32172	14966	14380	1099	1727
1991	31679	19555	8520	984	2620
1992	33654	15022	11682	1276	5674
1993	35222	13412	12538	1349	7923
1994	42310	15320	16193	1677	9120
1995	46485	17899	18133	2084	8369
1996	47404	19404	16260	2775	8965
1997	55646	21247	18834	3540	12025
1998	58962	24153	19385	2830	12594
1999	60989	24278	19442	3766	13503
2000	—	—	—	—	—
2001	61049	24480	28507	3643	4419

续表 13-31

年份	总收入	作业收入	运输收入	修理收入	其他收入
2002	88599	31700	27200	3924	25775
2003	95114	29289	31348	4028	30449
2004	97016	30699	31110	4283	30924
2005	108692	40683	32618	3756	31635

说明：2000年数据缺失

成本与费用支出　1986年，全市农机服务与管理等经营成本与费用支出1.44亿元，其中农机服务成本与费用支出1.13亿元，占78.62%；农机管理与财务费用支出639万元，占4.44%；缴纳税金及各项附加费支出753万元，占5.24%；其他费用支出1683万元，占11.70%。2005年，全市农机服务与管理等经营成本与费用支出达5.92亿元，其中农机服务成本与费用支出5.65亿元，占95.46%，比重大幅上升；农机管理与财务费用支出391万元，占0.61%，缴纳税金及各项附加费支出763万元，占1.29%；其他费用支出1530万元，占2.57%，比重均有下降。

1986～2005年连云港市农机经营成本与费用支出统计表

表13-32　单位：万元

年份	总支出	服务成本与费用	管理与财务费用	税金及附加	其他费用
1986	14381	11306	639	753	1683
1987	13483	9772	1197	891	1623
1988	16213	12078	1420	1398	1317
1989	16577	12686	934	1852	1105
1990	18799	13548	2083	1753	1415
1991	20168	—	—	—	—
1992	22369	17192	1865	1485	1827
1993	23967	18812	1918	1471	1766
1994	28075	21984	2162	1617	2312
1995	31573	24773	2547	1440	2813
1996	32067	23410	3083	2011	3563
1997	37982	27471	4531	2241	3739
1998	41304	28998	3829	2528	5949
1999	43415	30034	4177	3185	6019
2000	—	—	—	—	—
2001	41972	33333	3937	1776	2926
2002	55322	44608	3847	2407	4460
2003	57522	46597	3059	2807	5059
2004	51740	48613	350	804	1973
2005	59156	56472	391	763	1530

说明：2000年数据缺失

利润 1986年，全市农机经营利润达6783万元，其中上交提留97万元，占1.43%；单位或农户所得6686万元，占98.57%。2005年，全市农机作业与经营利润达4.95亿元，其中缴纳所得税2328万元，占4.7%；上交提留57万元，占0.11%，比重下降；单位或农户所得4.72亿元，占95.19%，比重有所下降。

1986～2005年连云港市农机经营利润统计表

表13-33 单位：万元

年份	利润总额	所得税	上交提留	单位或农户所得
1986	6783	—	97	6686
1987	8425	—	235	8190
1988	12395	—	300	12095
1989	10199	—	390	9809
1990	13373	—	567	12806
1991	11511	—	—	—
1992	11285	—	563	10722
1993	11255	—	411	10844
1994	14235	—	756	13479
1995	14911	—	921	13990
1996	15336	—	739	14597
1997	17664	—	1022	16642
1998	17658	—	894	16764
1999	17574	—	871	16703
2000	—	—	—	—
2001	19077	1788	798	16491
2002	33277	1958	1154	30165
2003	37592	5013	1398	31181
2004	45276	2753	—	42523
2005	49536	2328	57	47151

说明：2000年数据缺失

第三节 农机社会化服务

一、农机补贴

1986年9月，灌云县财政局对农民购买免耕条播机每台补贴150元、开沟机每台补贴50元。1986～1989年，市、县财政部门从国家发展粮食生产专项资金中给各乡镇购置种子精选机60余台、弥雾机1700余台以及种子土肥测试仪器等。1988～1992年，国家黄淮海农业综合开发投入连云港市农机项目资金548.7万元，主要用于县乡农机推广培训基地建设、农机维修网点建设、乡村农机服务队建设以及稻麦生产适用农机具推广等。1990年，省农机局拨款10万元，县乡财政配套20万元，在东海县白塔埠镇进行新机具推广与社会化服务试点。1991年，连云港市利用世界银行贷款加强灌溉农业项目中，共招标采购大型联合收割机、秸秆还田机、三铧犁、旋耕机、少耕条播机、挂车等农业机械262台。1991～1993年，国家发展粮食生产专项资金共投入连云港市农机项目120.8万元，用于乡村农机服务体系建设、农机维修网点建设、适用新机具新技术推广以及农机人员培训等。1998年，农业部下拨东海县100万元资金，建设全国水稻生产机械化示范县；灌南县设立农机化发展基金，确定1998～1999年对农户购买大中型联合收割机给予18%的资金补贴。2001年，农业部下拨连云港市50万元用于节水农业示范基地项目。是年，市农机局对农民购置东洋牌步行式插秧机每台补贴2000元。

2005年，中央财政下拨东海县50万元农机购置补贴资金，对农民购置大中型拖拉机每台补贴1万元。是年，全市农业机械化总投入3.26亿元，农民投入占94.7%，国家财政补贴占4.1%，集体和其他投入占1.2%；全市新增50台大中型拖拉机。

2001～2005年连云港市农机化投入情况统计表

表13-34　　单位：万元

年份	合计投入	其中：中央财政投入	地方财政投入	单位和集体投入	农民投入	其他投入
2001	12207	935	25	912	10291	68
2002	16077	775	25	354	14888	60
2003	16792	589	—	303	15847	53
2004	17576	521	—	199	16179	677
2005	32623	1339	57	7	30900	377

2001～2005年连云港市农机化支出统计表

表13-35　　单位：万元

年份	合计支出	一般行政事业支出	基本建设支出	农机购置支出	科研推广培训支出	其他支出
2001	12207	506	33	11535	27	105
2002	16077	343	306	15328	40	60
2003	16792	458	—	16189	72	73
2004	17576	549	—	16936	32	1
2005	32623	486	32	32011	62	32

二、农机服务组织

1984年起，全市各乡镇农机管理站与乡镇农机站（拖拉机站）合并组建为乡镇农机管理服务站，作为乡镇政府行使农机管理职权的职能部门，具有管理和服务的双重职能；主要经营服务项目有农机配件供应、油料供应、农机修理、运输等。是年，市农业局遵照省农机局《关于乡级农业机械化技术人员考评工作实施意见》，组织对全市乡级农机技术人员、会计人员进行考试和考核，合格者发给由省农机局颁发的乡级农机技术人员合格证书、乡级农机会计人员合格证书。

1988年12月，市农业局制定下发《连云港市农业机械化专业农民技术人员实行专业技术职务聘任工作的实施意见》。1989年，东海县首次公布67名农民农机专业技术任职资格，其中工程师2名、助理工程师23名、技术员42名。6月，全市择优招聘乡镇农机管理服务站15名农民技术人员为聘用制干部，负责本乡镇农业机械的管理、服务和技术推广等工作。是年底，全市有乡镇农机管理服务站113个，工作人员1840人，其中国家职工23人。

1991年，全市按照省农机局印发的达标农机站、村级合格农机服务队基本条件，开展乡镇农机站达标、村农机服务队合格创建。

2001年进行乡镇事业单位机构改革，将农机管理服务站、农技站、林业站、水产站等事业单位统一合并成综合性的乡镇农技推广服务中心（增挂乡镇农机管理站牌子），作为国家设在基层的全额拨款的公益性事业单位，承担共性关键技术的推广与示范、农业投入品使用监测、农机安全监理、农业公共信息服务、农民公共培训教育等服务职能。此外，还在村建立农机化服务组织，包括设立农机服务专业户、建立农机服务合作社等。2005年，全市有乡村农机服务人员13.92万人、农机服务专业户1.34万户。

1984～2005年连云港市乡村农机人员与农机户发展统计表

表13-36

年份	乡村农机人员（万人）	其中拖拉机驾驶员（万人）	农机户（万户）	其中农机服务专业户（万户）
1984	5.76	4.71	3.58	0.37
1985	6.32	5.31	5.77	0.52
1986	6.85	5.73	4.76	0.90
1987	8.21	6.89	6.02	1.18
1988	9.99	7.06	7.26	1.40
1989	10.96	7.80	7.67	1.25
1990	11.34	5.06	7.98	1.00
1991	11.70	6.04	8.03	0.95
1992	11.80	5.34	8.80	1.05
1993	12.19	6.67	8.57	0.88
1994	12.39	7.05	8.79	0.71
1995	13.08	6.58	8.94	0.85
1996	14.23	6.72	9.53	0.90
1997	14.82	6.99	10.14	0.82
1998	14.58	7.11	9.98	1.26
1999	14.88	6.13	9.86	1.25
2000	14.52	7.65	9.86	1.09
2001	12.98	6.84	9.46	1.06
2002	13.01	6.61	9.63	1.14
2003	12.67	6.64	7.77	1.02
2004	12.57	7.14	10.03	1.06
2005	13.92	8.03	7.81	1.34

三、农机修理网点

1986年，各县举办农机培训班对农机修理个体户进行技术培训。其学员由市、县农机主管局考核，达到三级农机修理工技术标准的，核发由省农机局统一印制的农机修理工技术考核合格证。农机修理个体户可凭技术考核合格证向当地工商行政管理部门申请营业执照。是年，市农机多种经营服务指导站引进推广如皋县拖拉机修配厂生产的BGY-15型功率油耗仪与BTJ-81型不拆卸检查仪。至1988年，全市推广功率油耗仪与不拆卸检查仪96套；检测手扶拖拉机4.43万台，调整2.44万台；检测面32%以上，调整维修面18%以上；平均每台手扶拖拉机提高功率1.06马力，耗油率每马力小时下降28克，相当于每年节油2620吨。

1988年10月，执行农业部《关于农村机械维修网点等级审定管理的补充规定》和《关于农村机械维修行业工人技术考核的补充规定》，将农机维修点等级分为一、二、三级综合维修点和专项维修点。1989年7月，省农机局拨款在东海县新建江苏省东海县喷油泵维修服务中心，经营喷油泵维修业务，同时提供技术培训与服务，承担全省喷油泵维修行业活动。

1990年3月，国家黄淮海农业综合开发投入专项资金50万元，建设东海县农机维修服务中心。1991年，赣榆县农机推广站利用国家黄淮海农业综合开发资金30万元，建设县农机维修服务中心。

2001年8月1日，按照农业部及省农机局要求，农机修理工实行就业准入制度。

至2005年底，全市取得农机维修技术合格证的修理厂（点）716家，从业人员1498人，其中一级综合修理点3家、二级综合修理点32家、三级综合修理点584家、专项修理点97家，取得农机修理工职业资格证书上岗人员535人。

表13-37

1986～2005年连云港市农机修理厂发展情况统计表

年份	修理厂（家）					年末人数（人）	其中持证上岗人员（人）
	总计	一级修理厂	二级修理厂	三级修理厂	专项修理厂		
1986	440	—	—	—	—	1633	—
1987	537	—	—	—	—	1690	—
1988	534	—	—	—	—	1812	—
1989	643	—	—	—	—	1568	—
1990	530	—	—	—	—	1318	—
1991	747	1	13	1	—	1897	—
1992	704	1	14	1	—	1938	—
1993	707	1	20	24	—	1981	—
1994	695	1	19	24	—	1919	—
1995	809	1	24	37	—	2125	—
1996	853	3	40	76	—	2113	—
1997	925	2	38	157	—	1947	—
1998	1052	2	38	209	—	2220	—
1999	1034	2	39	232	—	2258	—
2000	505	2	40	270	61	1366	—

续表 13-37

年份	修理厂（家）					年末人数（人）	其中持证上岗人员（人）
	总计	一级修理厂	二级修理厂	三级修理厂	专项修理厂		
2001	520	2	40	287	61	1501	—
2002	488	2	37	261	82	1119	—
2003	425	2	34	307	40	1018	134
2004	477	2	35	328	112	980	188
2005	716	3	32	584	97	1498	535

四、农机作业社会化及跨区作业

1984年，在全市实行“四统四定一奖罚”农机作业社会化服务制度，“四统”即统一调度使用、统一连片作业、统一供油、统一收费标准，“四定”即定作业任务、定作业质量、定作业时间、定报酬，“一奖罚”即农忙结束后，在检查验收基础上对农机手予以奖励或罚款。该制度解决了无机户种田难问题，提高了有机户农机使用效率和经济效益。

1990年，东海县白塔埠镇被确定为省、市农机化综合试点乡镇。省农机局拨款10万元，县乡财政配套投入20万元、乡和村自筹10万元，用于购置大中型拖拉机、秸秆还田机、播种机、弥雾机、联合收割机等机具以及维修和储油供油设备。该镇选取10个村、1000公顷耕地为新机具推广配套区域，成立农机试点服务队。是年增产粮食37.5万千克，粮食增收15万元，农机服务队增收5.85万元。

1991～1992年，全市开展“铁牛杯”竞赛活动，在夏收夏种、秋收秋种农忙期间，开展千人为万名机手、万名机手为百万亩农田优质服务月活动。赣榆县、东海县、灌南县被省农机局评为“三夏”（夏收、夏种、夏管）农机优质服务月活动先进县，赣榆县被评为全国“铁牛杯”竞赛活动优胜县。

1996年6月，东海县农机局根据全县西部地区小麦早熟、东部地区小麦晚熟的时差，组织50多台联合收割机从桃林镇开始，由西向东跨乡镇抢收小麦，使全县提前5天结束抢收小麦。海州区联合收割机手自发地开机到云台区、东海县、灌云县等地跨区帮助抢收小麦。

1997年，市农机局根据全国各地麦熟时差分四个阶段组织全市联合收割机跨区作业。5月中旬至下旬，组织灌云县、东海县、海州区299台联合收割机赴张家港、常州、苏州、镇江、南京、安徽天长等地抢收“三麦”（小麦、大麦、元麦），机收“三麦”5800公顷，收入400多万元。6月1日开始，组织455台联合收割机开赴东海县马陵山麓、赣榆县西部和灌云县西部岗岭地区抢收“三麦”。6月5日，组织市内920台联合收割机并引进外地300台联合收割机会战沂河淌和平原湖荡地区。6月13日，组织联合收割机奔赴山东寿光、安丘、诸城以及天津、内蒙古等地机收“三麦”，均取得较好收益。是年，全市1200多台联合收割机由南向北跨区作业，收割“三麦”4.6万公顷。

1998年，市农机局在组织农机跨区作业中实行“挂图作战、按表作业”，将全国收获小麦的时间、地点、面积、机具数量用示意图表示出来，统一组织、调配农机作业。是年夏收季节引进苏州、金湖、浙江等地500多台联合收割机到连云港作业，使全市21.3万公顷小麦在开镰后7～10天基本登场，仅3天时间就将沂河淌1.33万公顷“三麦”抢收完；组织570多台联合收割机南下浙江、安徽和苏中、苏南，北上山东、黑龙江、内蒙古等地作业，机收“三麦”2万多公顷，创经济收入1200万元。是年秋收期间，在组织200余台联合收割机参加机收水稻跨区作业的同时，还组织大中型拖拉机、配套少免耕条播机、开沟机赴山东等地跨区作业。

1999年，全市农机系统成立调度、信息、服务中心，先后组织1500余台大中型联合收割机跨区作业，南下安徽、浙江、湖南，北上山东、河北、辽宁等地，转战8省26个市、县进行作业，共机收小麦6万多公顷，为机手创经济收入4000万元。是年，市农机局被评为全国跨区机收小麦工作先进单位。

2002年，全市开始培育跨区作业经纪人，农机跨区作业实现体制创新。全市麦收跨区作业市场份额突破1亿元。水稻机收完成作业面积92千公顷，作业收入2650万元。参加跨区机耕作业的大中型拖拉机近100台，完成机耕作业量3.3千公顷，作业收入100万元。全市高性能半喂入式联合收割机拥有量大幅增长，达到77台。

2004年，全市农民自主购买高性能联合收割机126台，投入资金2500万元；购买低性能联合收割机800台，投入资金350万元。市农机局全力打造规模化的跨区作业体系。全市农机部门将夏季跨区机收"三麦"工作全面交给农机经纪人组织，促进跨区作业组织体系向市场化转变。水稻跨区作业区域由安徽、山东、浙江拓展到中原及西部、南部地区。

2005年，市、县农机部门通过专业培训和资质认证，培养200余位经纪人和43个跨区作业中介组织。全市农机跨区作业初步实现市场化、社会化、产业化。是年，参加跨区作业机具达9000余台次，收入超2.1亿元。12月2日，灌云县成立全省首家农机跨区作业协会，市农机局成立跨区作业服务队，东海县成立60个跨区作业服务队，为外出机手跨区作业提供保障。

第八章 农业科技

连云港市农业科学研究的主体是连云港市农业科学院。1984年，江苏省农业科研区划调整后，连云港市农业科学研究所改称江苏徐淮地区连云港农业科学研究所，也称连云港市蔬菜研究所。199[illegible]年6月增挂连云港市农业科学研究所牌子。2002年2月，连云港市农业科学研究所更名为连云港市农业科学院。

1984年，市委、市政府提出"科技兴农"战略，推进农村经济结构调整。至2005年，基本建成农村科技进步决策体系、农村科技管理体系、农村科技示范体系和农村科技信息服务体系，农业科技进步贡献份额达到46.8%。市农业科学院共完成科研项目210多项，其中获市级以上奖励成果65项；培育引进稻、麦、蔬菜、花卉等新品种30多个。

第一节 作物栽培研究

一、水稻

种质资源 一是大车粳，又名芒稻，是连云港市著名的地方品种，属粳稻，粒长，米质优，做稀饭有"两粒一寸"之说，做干饭有"香满庄"之誉；株高1.2米左右，不抗倒，产量低。二是穞稻，又称马稻，在直播田中和沟塘边生长最多，村旁坡地沼泽中也有生长；春生秋实，谷壳黑褐色，种皮红色，长芒，成熟时谷粒渐次脱落，翌年再生。

品种选育 1984年前后主要进行杂交育种。1998年后开展无融合杂交种优势育种。1989年5月，利用云台山地区贡米大车粳为亲本选育出79-12-2中粳新品种，被江苏省农作物品种评审委员会审定并命名为连粳1号，1990年获江苏省科技进步四等奖、连云港市科技进步二等奖。1997年4月，连粳2号通过省农作物品种评审委员会审定并命名。

2001年，“水稻无融合生殖固定杂种优势的育种方法”获国家发明专利。2004年2月，水稻种粒机理与调控技术研究成果获教育部科技进步二等奖；优质高产多抗中粳新品种选育项目被列入国家2004年“六大人才高峰”13类资助项目。至2005年底，市农科院相继培育出连丰糯、连粳3号、连粳4号、武连粳1号、连嘉粳1号、云台香粳等水稻新品种。

栽培技术研究 根据不同条件、不同品种，科学安排水稻的播种、插秧、抽穗、成熟四期，使水稻生产处在安全有利的光温时段，克服早播造成大量死秧现象，避免籽种和人力浪费。

施肥技术研究 20世纪80年代后期开始推广钾肥、复合肥和微量元素肥料。90年代开始推广水稻基肥重施和分层施肥技术。2000年开始研究秸秆还田技术。

二、小麦

品种选育 1984年后小麦育种工作重新起步。2005年选育成功优质专用小麦品种连麦2号，9月通过国家及江苏省品种审定委员会的审定。

品种引进与推广 1996年引种推广陕麦229成功，较济南13增产12%，获市科技进步成果二等奖。2002年引进推广优质专用小麦烟农19成功，获市科技进步成果三等奖。

栽培技术研究 1984～2005年，市农科院（所）先后开展冬小麦精播、半精播高产栽培技术，冬小麦氮肥后移高产栽培技术，小麦定额灌溉技术，以肥补晚小麦高产栽培技术，以早补晚小麦高产栽培技术，两晚增产栽培技术以及其他栽培技术研究。

图13-47 农业技术人员检测农作物生长情况 赵鸣 摄于1993年

三、大麦

品种（系）引进 1984年，中日合资企业三得利食品有限公司建立后，为解决啤酒大麦原料问题，从日本引进多个啤酒大麦品种（系），委托市农科所与市农业局大麦改良中心进行栽培试验。1988年通过种植试验，推选3个引进品种（系），参加江苏省大麦品种比较试验。1991年4月，苏引麦2号通过江苏省农作物品种评审委员会审定，并在全国推广。1996年，在全国主要大麦产区推广面积80万公顷。该项目同时获江苏省及连云港市科技进步二等奖。

品种选育 市农科所在啤酒大麦品种（系）引进的基础上，开展有性杂交大麦品种选育。1989年培育出优质高产抗病啤酒大麦新品种，1993年9月经江苏省农作物品种评审委员会审定，定名为连啤1号。1998年该项目获市科技进步三等奖。

栽培技术研究 1984年后相继开展啤酒大麦优质高产栽培研究、啤酒大麦品种品质性状及应用研究、抗病性研究、引进选育的优良品种高产栽培技术研究等，均取得良好成果。1989年，啤酒大麦优质高产栽培技术研究及其开发利用项目获江苏省农林厅科技进步三等奖。1994年10月，大麦品种资源啤用品质性状及其遗传育种研究成果分别获得省、市科技进步三等奖和二等奖。1995年11月，大麦抗白粉病资源的鉴定及其抗病新品种选育项目分别获得省、市科技进步三等奖和二等奖。1997年12月，优质高产抗病啤酒大麦新品种苏引麦2号的引进、鉴定及应用成果分别获得省、市科技进步三等奖和一等奖。

四、蔬菜

1986年，市蔬菜研究所开展优质高档蔬菜引进驯化栽培和开发利用研究、金针菇和平菇的栽培技术研究、芦笋茎枯病的防治研究。是年，芦笋茎枯病的防治研究项目通过省农科院技术鉴定。1988年，开展洋葱新品种（连葱1号、2号、3号）选育与推广应用研究。1994年，连葱1号、连葱2号项目获得市科技进步二等奖、省科技进步四等奖。1999～2000年，市蔬菜研究所承担省科委“九五”计划攻关项目黄皮洋葱品种选育与开发课题。2001年，承担省科技厅早熟、优质、抗病黄皮洋葱、芦笋新品种产业化开发课题。2002年，承担省农业“三项”工程项目——出口创汇蔬菜新品种繁育技术研究与产业化开发课题。2003年，承担省科技厅芦笋组培快繁技术的推广应用和省农林厅993A、997C芦笋、阳春黄、世纪黄洋葱新品种产业化开发，以及省农科院出口创汇蔬菜极早熟黄皮洋葱新品种选育等项目。2004年，承担省农科院春播秋收黄皮洋葱新品种选育及省发改委出口创汇蔬菜黄皮洋葱、芦笋新品种示范推广和产业化开发项目。2005年，承担农业部出口创汇洋葱新品种示范与基地建设项目，获项目经费50万元，同时承担省农科院极早熟黄皮洋葱杂交新品种选育项目。

五、花卉

花卉栽培 1987年3月，市农科所成立园艺花卉研究室，开始鲜切花生产与推广研究。1991年建2栋温室大棚，种植唐菖蒲和切花月季。1992年，开始加强市场培育，建立全市第一个鲜花店。到1996年，全市已有20多个乡镇场从事鲜切花生产，栽培面积达400公顷。1998年，市农科所在原花卉园艺研究室的基础上成立花卉研究中心，配备中、高级科研技术人员5名，拥有试验和生产基地4公顷、组培室40平方米和恒温种球冷库60平方米；郁金香、马蹄莲等球根切花品种引进课题被列入连云港市科学技术发展计划项目，被省农林厅列入新品种更新工程。2001年，球根鲜切花优良品种通过省鉴定。2002年3月，名贵鲜切花高效设施栽培与配套技术项目通过江苏省三项工程验收。全市鲜切花产业处于省内领先水平，成为江苏省球根花卉生产与种球繁育中心和江苏省五大花卉中心之一。2005年，市内栽培的鲜切花品种主要有非洲菊、郁金香、百合、天门冬、唐菖蒲等，花农的年收入平均达2.5万元。

表13-38 **1998～2005年连云港市花卉研究中心主要科研项目一览表**

起止年份	项目名称
1998～2001	省农林三项工程项目“球根切花优良品种引进”
1999～2000	市科技局项目“连云港市花卉生产科技示范园建设”
1999～2002	省农林三项工程项目“名贵鲜切花高效设施栽培与配套技术”
2001～2003	市科技局项目“切花百合周年供应系列配套品种引进与栽培技术开发研究”
2001～2003	省农科院科技开发项目“切花百合周年供应配套品种与栽培技术开发”
2002～2003	市财政专项资金项目“连云港市鲜切花基地建设与技术培训”

续表 13-38

起止年份	项目名称
2002～2005	省财政专项资金项目“江苏省鲜切花工程技术研究中心建设”
2003～2004	市科技局“球根花卉优质种质资源引进及利用技术”
2003～2004	省农科院基金项目“名贵鲜切花引种及栽培技术研究”
2004～2005	省农科院基金项目“切花百合种质资源挖掘整理与利用”

第二节　农业科技推广

一、农技推广体系

1985年，连云港市开始农业社会化服务体系建设，逐步建立起包括国家经济技术部门、乡镇农业技术推广机构、各级地区性合作经济组织在内的各种社会化服务实体，开展技术咨询、技术承包以及产、供、销过程中的有偿服务工作。1986年，初步形成以市农业技术推广中心为龙头、县农业技术推广中心为中枢、乡镇农业技术推广站为骨干的农技服务体系。

20世纪90年代，各乡镇争创“五有”（有先进服务手段、有优良专业人员、有规模示范基地、有严格责任制度、有稳定财政保障）农技服务站，实现种子、机耕、植保、灌溉、肥药“五统一”，为农户提供产前、产中、产后多种形式和内容的综合配套服务。

2001年，市农业局、多种经营管理局合并为市农业局，农业社会化服务体系得到加强。乡镇事业单位改革中，将乡镇农技站、农机站、林技站、畜牧渔业站和经管站合并为农业技术推广服务中心。是年底，全市乡镇农技人员达3700人。2003年，按照江苏省统一要求，对农业技术服务中心进行公益性和经营性分类改革，对公益性农技岗位实行县级财政统一管理，对经营性岗位农技人员开展多种形式的分流。2005年底，全市有县乡级种植业和畜牧兽医推广机构232个，工作人员2394人，其中高级职称103人、中级职称785人。

二、农技推广成果

1984～2005年，全市农业科技研究与农业技术推广共获得省农林厅三等奖、市政府二等奖以上农业科技成果38项。

1998年开始实施江苏省农业“三项”工程项目。至2005年底承担并完成该项目32个。

表 13-39　1998～2005年连云港市承担农业“三项”工程项目一览表

年份	项目名称	主要承担单位
1998	球根切花优良品种引进	云台区农水局作物栽培站
1999	农技人员转岗培训	连云港市农业干部学校
	水稻、棉花等作物新品种新技术培训	连云港市农业干部学校
	时鲜蔬菜新技术培训	灌云县农业干部学校
	优质稻米生产技术培训	灌云县农业干部学校

续表 13-39

年份	项目名称	主要承担单位
2000	无公害蔬菜生产技术开发	连云港市植保农化服务公司
	三元杂交商品猪推广与猪优良品种的产业化开发	灌南县兽医站
	农业产业结构调整新品种、新技术知识更新培训班	连云港市农业干部学校
	畜牧系统产业结构调整知识更新培训班	连云港市农业干部学校
	农业产业结构调整新品种、新技术知识更新培训班	连云港市农业干部学校
2001	新型饲料添加剂FAMP的国产化及其在畜禽生产中的应用推广	连云港市畜牧兽医站
	连云港市无公害蔬菜生产技术开发应用	连云港市蔬菜办公室
	特用粮集约化高效生产技术	连云港市作栽站
	灌云高品质棉示范基地及产业化开发	灌云县农业局
	连云港市优质粳稻新品种扩繁及其无害化开发生产	连云港市种子站
2002	黄淮海黑猪的保护与产业化开发	东海种猪场
	优质中粳新品种“9805”扩繁及无公害标准化生产	连云港市农业技术推广中心
	无公害淮山药标准化生产及产业化开发	灌南县农技推广中心
	灌云县优质种鹅良种繁育体系建设	兴云农业技术公司
2003	年产一万吨生物有机肥系列产品的产业化开发	连云港市农业技术推广中心
	露地主要蔬菜生产与产业化开发	连云港市蔬菜办公室
2004	优质瘦肉型猪高效集约化养殖技术集成与推广	东海县兽医站
	优质瘦肉型猪高效集约化养殖技术集成与推广	灌南县兽医站
	灌云县绿色肉鹅生产技术集成与推广	灌云县兴云农业技术公司
	种草养畜和秸秆利用配套技术应用与推广	连云港市畜牧兽医站
	水稻新技术推广计划	赣榆县作栽站
2005	波杂山羊标准化生产技术示范与推广	连云港兰发波尔羊养殖场
	水稻精确定量栽培技术示范与推广	东海县土肥站
	连云港出口蔬菜清洁生产技术推广应用	连云港市蔬菜办公室
	优质专用小麦品质调优技术示范与推广	赣榆县作栽站
	优质中强筋小麦品质调优技术示范与推广	连云港市种子站
	灌南县优质无公害商品猪生产技术示范与推广	灌南县畜牧渔业局

1995～2005年连云港市获江苏省农业丰收奖项目一览表

表 13-40

年度	项目名称	主要完成单位	等级
1995	灌云县棉花良种及高产配套技术	灌云县农业局、灌云县棉花办、灌云县棉花良种场等	省一等
	50万亩稻茬麦综合丰产技术	东海县农业局、东海县农业技术推广中心等	省二等
	灌南县十万亩棉花良种推广及高产配套栽培技术	灌南县农业局、灌南县农业技术推广中心等	省三等

续表 13-40

年度	项目名称	主要完成单位	等级
1998	灌云县水稻综合增产技术	灌云县农业局、灌云县农业技术推广中心、灌云县作栽站等	省三等
	灌南县水稻综合增产技术	灌南县农业局、灌南县作栽站、灌南县种子公司等	省三等
	小麦优良新品种及综合配套技术	灌云县农业局、灌云县作栽站等	省三等

第九章　农林场

1984年，连云港市境内有东辛农场、云台农场、岗埠农场3家国营农场，均隶属于江苏省农垦局，由省农垦局派出机构江苏省连云港农垦公司协调管理。各国营农场实行农业包干到户责任制，并逐步调整产业结构，走农、工、贸一体化发展道路。1997年，连云港农垦公司改称连云港农垦事业管理办公室。2001年后，各农场进行经营体制改革。2005年，连云港市共有国营农场3个、劳改农场2个、国营林场19个。

第一节　农　场

一、东辛农场

1984年，东辛农场实行农业包干到户责任制。1985年，澳大利亚援建的东辛奶牛场建成并通过专家评估。1987年，农场建成发电中心。1988年，农场祖代鸡场建成投产。1989年，农场创利1200多万元，成为全国农垦十大盈利企业之一。1990年，农场被国务院授予“粮食生产先进单位”称号，并被农业部评为农业科技推广年活动先进单位。1992年，东辛农场与江苏省农垦总公司联合投资建立江苏农垦机械工程公司。1993年被日本厚生省确定为江苏省唯一对日出口冻鸡产品药残免检单位。

图 13-48　农民将丰收的粮食送到国家仓库　　赵鸣　摄于1989年

1995年，东辛农场“三麦”、水稻、皮棉亩产分别达到500千克、600千克、95千克，比周边乡镇高20%～30%；肉鸡养殖达到600万羽，比20世纪80年代初增长近30倍；奶牛养殖从20头左右发展到1000多头，乳品年产量猛增到3000吨。

20世纪90年代中期以后，由于农业生产资料价格不断上扬，农副产品价格持续走低，以及自然灾害等原因，农场经济效益下降。1997年5月，农场遭受暴风雨和冰雹袭击，在田“三麦”严重倒伏，棉花断头率50%以上。1998年，东辛农场关闭农垦机械工程公司、建筑安装公司、新星鸡场、丰泰肥料公司等。是年国内棉花价格大跌，农场发放棉农损失补贴近800万元。1999年，农场对场属机械厂、植物油厂、卫生材料厂等企业进行改制。2000年8月，农场遭受建场以来最严重的暴风雨袭击，直接经济损失8000余万元，出现改革开放后首次亏损。

2001年后，东辛农场注重改善生产经营条件和人居环境，先后争取省土地复垦资金8458万元，对山南管理区羊场、水产公司苇滩和东滩盐场进行复垦，共新垦耕地1533.33公顷。2003年、2004年，先后被江苏省海洋与渔业局和农业部命名为无公害水产品基地和无公害农产品基地。2005年，全场总面积202平方千米，下设9个农业管理区、1个水产养殖公司、1个盐场。总人口3.74万人，从业人员人均收入7930元。工业企业从改革前的22家增至59家，民营和个体工商户达到806户。全场民营农机、工程机械和运输车辆1171台，资产总额3.08亿元。

二、云台农场

1984年，云台农场农业生产实行大包干政策。1992年，对二、三产业实行自主经营、独立核算、自负盈亏政策。2000年，农场出台各业深化改革意见，农业继续完善“两田制”，推行先交钱后种田以及“两费”（生产、生活费用）自理做法；深化企业产权制度改革，减少国有资产在股份制企业中的比重，并逐步向经营者、经营层持大股过渡。

图 13-49　国营云台农场办公楼　　赵鸣　摄于1994年

2002年，全场生产种子粮75万千克，销售粮食500万千克。种植有机水稻33公顷，每公顷产量1.35万千克。开展设施农业、高效农业建设，建设12幢日光温室，发展棉套西瓜、棉套小杂粮333公顷。

2005年，云台农场面积30.74平方千米，总人口6000人，拥有耕地面积1733.33公顷。全场设2个农业管理区、5个农业生产区、1个高效农业示范区管委会、1家房地产开发公司、1个产业区管委会。

三、岗埠农场

岗埠农场总面积64平方千米。1990年被农业部确定为直属杂交油菜制种基地。1994年被确定为国家小麦种子基地。1997年试种鲜切花。2000年，粮油总产达到5.36万吨，皮棉0.97万担，全场良种覆盖率100%。生产各种鲜切花229.7万支，创产值160万元，每公顷创利超15万元。

2002年，推广订单农业，先后引进优质高产、抗病小麦品种淮麦18号和淮麦20号、烟农19号与原种229以及水稻新品种9805等。2003年进行二、三产业改制，对闲置多年的冷冻厂、拉管厂固定资产产权进行买断式改革，引进场外投资600多万元，盘活闲置资产近800万元。

2004年，岗埠农场完成地区生产总值1.73亿元，实现财政收入2541万元、利润868万元，全场人均收入达5889元。农场133.3公顷养殖水面被江苏省海洋与渔业局认定为无公害水产品生产基地，其中“淮河”牌鲤鱼被认定为无公害水产品。

2005年，农场生产鲜切花9大类、近30个品种、2000多万支，畅销国内20多个大中城市，成为全省最大的鲜切花生产基地。

第二节　林　场

1984年，全市有国有场圃19个，其中林场10个、苗圃1个、果园8个，均为事业单位。1993年，林业部批准在墟沟林场建立云台山国家森林公园。1995年，省农林厅批复同意在锦屏林场建立锦屏山省级森林公园。1998年，市多管局批准建立朝阳林场市级森林公园、中云林场市级森林公园、东海县李埝林场市级森林公园。2002年，市多管局批准建立安峰山林场市级森林公园，南云台林场由江苏省农垦总公司划归连云港市管辖；李埝林场开工建设泰丰生态农业观光园。2005年，全市有国有场圃19个，土地总面积1.38万公顷，其中林地面积9729公顷；总人口8874人，其中职工2801人。

2005年连云港市国有场圃情况统计表

表13-41

序号	单位名称	总人口（人）	职工人数（人）	总面积（公顷）	林地面积（公顷）	成立年分
1	连云港市墟沟林场	585	206	2651	2261	1950
2	连云港市中云林场	42	19	724	628	1958
3	连云港市朝阳林场	70	39	653	542	1958
4	连云港市锦屏林场	48	32	1282	818	1958
5	国营南云台林场	1246	867	1907	1573	1950
6	东海县李埝林场	1300	228	2871	1966	1958
7	东海县安峰林场	82	62	547	280	1956
8	东海县西山林场	146	116	824	448	1957
9	东海县石湖林场	126	104	521	167	1958
10	赣榆县吴山林场	79	64	320	261	1949
11	灌云县仲集苗圃	128	48	35	26	1953
12	连云港市洪门果园	110	25	59	31	1948
13	连云港市孔望山果园	117	44	61	32	1962
14	东海县牛山果园	573	403	162	101	1957
15	东海县马陵山果园	457	256	204	114	1957
16	赣榆县抗日山园艺场	59	50	118	49	1958
17	赣榆县沙河子园艺场	2400	70	400	105	1956
18	灌云县板浦果园	978	78	114	102	1950
19	灌云县白蚬果园	328	90	328	225	1958